JN045979

必携

教職六法

2025
年度版

監修
京都光華女子大学学長 高見 茂

上席編集委員
京都大学特任教授 若井 彌一

編集委員
東北大学教授 青木 栄一
学習院大学教授 梅野 正信
福山平成大学教授 古賀 一博
日本女子大学教授 坂田 仰

協同出版

■本書の内容と構成

この『必携教職六法』は、短大や学部、修士課程や専門職学位課程、博士課程等大学院の学生、さらには、現職の小・中・高等学校等の教職員、教育委員会の委員や行政職員等を、主な対象として編さんされた教育法規集である。法令等の収録件数は総計一四五件である。

Ⅰ「**法規**」は、現行の教育法規中より、教育学、教育行政学、教育法学、教育制度・経営・社会等の学習および教員試験に必須の法規一三九件を集め、内容を一二の編（基本編、学校教育編……条約編）に分け、法規の体系化を図ってある。

Ⅱ「**わが国における重要教育判例**」は、教育判例のなかで特に重要と思われる判例文を選んである。

Ⅲ「**旧法制**」は、戦前から終戦（一九四五年）までの主要な教育法規を納めたものである。

Ⅳ「**資料**」は、現在の日本の教育行政の理解を深めるに必要な指導要領、答申などを厳選した。

Ⅴ「**事項別解説**」は、教育制度、教育法規、教育行財政等の重要事項を解説したものである。

Ⅵ「**統計・組織図等**」は、教育学等の専門科目および教員採用試験の学習に役立つ教育関係の統計・組織図等を収録したものである。

Ⅶ「**教育法制史**」は、明治初年から現在までの教育法規、教育行政の主な出来事を年表として整理したものである。

「**教員採用試験問題**」は、令和二～令和五（二〇二〇～二三）年に実施された全国の教員採用選考試験で出題された問題の中から重要と思われるものを精選した。

巻末の索引は、「**法令索引**」と「**総合事項索引**」とに分かれている。「**五十音順法規名索引**」は表表紙見返しに掲載し、本書で用いる法令の略称に関する「**法令名略称一覧**」は裏表紙見返しに掲載してある。

■本書の読み方

法令の公布日と最終改正日

法令の公布年月日と番号は、法令の左下に括弧を付して示した。また、その法令の最終改正日およびその最終改正法令番号を、その次に示した。

法令の読み方

法令に固有の条文見出し（肩見出し）は（　）でくくられているが、編集者の付した条文見出しはそれと区別するために〔　〕でくくった。

また、法令に固有の項番号は2、3……となっているが、編集者の付したものは、それと区別するため②、③……とした。なお、第一項には項番号は付さず、項は原則として条文の行がえごとに別項として扱った。**教採に頻出の条文は、太字にしている。**

法令内容現在日

本書中の法令は、すべて令和五年十二月一日現在をもって加除訂正してある。

既に改正法令として公布され、令和六年四月一日までに施行予定の改正内容は、条文に織り込んである。

■略語・略記号一覧

一②3	その法令の第一条第二項第三号を表わす
➡資料「……」	「資料」中の……を参照せよ、の意味
（……）	……が法令に固有の記述であることを示す
〔……〕	……が編集者の付した註、記述であることを示す
〔略〕〔中略〕等	編集者の判断で条文等を省略したことを示す。

（法令名略称は裏表紙見返しに一覧として掲載）

二〇二五年度版『必携教職六法』序文

本書『必携教職六法』は、全国の大学の学部・学科等や大学院における教職課程等で、将来教職に就く上で必須とされている教員免許状の取得に関連して開設されている多様な教職（専門）科目、即ち、教育学、教育法規、教育行政、教育制度、教育経営、学校経営、学級経営、生徒指導等の科目に関連してマスターすべき主要な教育関係法規を中心に収録編集しています。新年度版は電子書籍も発売いたします。

加えて、教育に関する多種多様なトピックスとそれに関連する法規を「事項別解説」として体系的に整理しています。したがって本書は、「教育法規集」としてのみならず、法解釈に軸足を置いた「教育用語集」としての性格を併せ持つ「読んで鍛える教育法規集」となっています。新年度版では、一部の法令にQRコードを付けて全文検索を可能とするなど、利便性の向上に努めております。

また初学者に向けて「教育法規学習の手引」を掲載した他、巻末索引前に教員採用試験を受ける方々の利便性を考慮して「採用試験問題」を付しました。さらに、現に教職に就いて活躍されている教職員や、教育委員会の教育長、指導主事・管理主事や事務職員等にとっても、実務と研修に際して活用いただけるよう歴史的に重要な旧法規や主要な判例、統計資料等も精選収録しています。

新年度版では、令和四年一二月二日より令和五年一二月一日までに成立した法令改正に基づき、収録法規の加除訂正を行っています。教員採用試験や管理職試験の受験志望者には、この『必携教職六法』を、「習うより慣れよ（Practice makes perfect）！」の気構えで使い慣れ親しんで、ぜひとも目標を達成されるよう願っております。

「事項別解説」については、毎年度最新の解説内容となるようにしておりますが、新年度版では執筆者および内容を一部入れ替え、関心の高い時事的問題の収録にも努めたところです。執筆の労を担われている先生方には、監修・編集委員一同、心より感謝の意を表します。

最後に、『必携教職六法』を活用される方々に、本書の利便性と質的向上のために、お気付きの点がございましたら、編集部までお届けくださるよう、お願い申し上げます。

令和六年一月

『必携教職六法』**監修・編集委員一同**

監　修

高見　茂（京都光華女子大学学長、京都大学学際融合教育研究推進センター特任教授、国際高等研究所チーフリサーチフェロー）『教育行政提要（平成版）』協同出版（二〇一六年）、『学校と大学のガバナンス改革』（共著）教育開発研究所（二〇〇九年）、『教育法規スタートアップ・ネクスト ver.2.0』（共編著）昭和堂（二〇二三年）

上席編集委員

若井彌一（京都大学学際融合教育研究推進センター特任教授、京都光華女子大学前副学長）『若井彌一著作集』全五巻　協同出版（二〇一〇～二〇一三年）、『要説　教員養成・採用と免許法』（共著）協同出版（二〇一二年）

編集委員

青木栄一（東北大学教授）『文部科学省―揺らぐ日本の教育と学術―』中公新書（二〇二一年）

梅野正信（学習院大学教授）『教育管理職のための法常識講座』上越教育大学出版会（二〇一五年）

古賀一博（福山平成大学学長補佐、教授）『教育行財政・学校経営（教師教育講座第五巻）改訂版』（編著）協同出版（二〇一九年）

坂田　仰（日本女子大学教授）『学校のいじめ対策と弁護士の実務』（編集代表）青林書院（二〇二二年）

執筆者一覧

○印…編集協力者

○南部初世（名古屋大学教授）「学校経営」『教育行政提要（平成版）』（高見茂・服部憲児編著）協同出版（二〇一六年）、「学校の組織構造と経営」『教育経営』（高見茂・服部憲児編著）協同出版（二〇一七年）

○服部憲児（京都大学大学院教授）『教育行政提要（平成版）』（共編著）協同出版（二〇一六年）、『フランスの教員養成制度と近年の改革動向』ジアース教育新社（二〇二二年）

荒井英治郎（信州大学准教授）『新基本法コンメンタール 教育関係法』（共著）日本評論社（二〇一五年）

石川裕之（京都ノートルダム女子大学教授）『韓国の才能教育制度』東信堂（二〇一一年）、『比較教育学原論』（共著）協同出版（二〇一九年）

石村雅雄（鳴門教育大学教員教育国際協力センター所長）「『フランス的特徴』を持つ国での授業研究に依る授業改善の導入についての援助協調の方向」『日仏教育学会年報』第四四号（二〇一六年）

市田敏之（皇學館大学准教授）「教育の法制度」岡本徹・佐々木司編著『現代の教育制度と経営』ミネルヴァ書房（二〇一六年）

井上兼一（皇學館大学准教授）「一九三〇～四〇年代における就学義務規定に関する一考察」『皇學館大学紀要』第五六輯（二〇一八年）

井本佳宏（東北大学准教授）『日本における単線型学校体系の形成過程』東北大学出版会（二〇〇八年）、『世界のテスト・ガバナンス』（共著）東信堂（二〇二一年）

植竹　丘（共栄大学准教授）「戦後日本における『学校の自律化』政策の歴史的再検討」『日本教育経営学会紀要』第六五号（二〇二三年）、『地方教育行政とその空間』（共著）学事出版（二〇二二年）

牛渡　淳（仙台白百合女子大学名誉教授）『教師教育におけるスタンダード政策の再検討—社会的公正、多様性、自主性の視点から』（共著）東信堂（二〇二二年）、『新版　初めて学ぶ教育の制度・行政・経営論』（編著）金港堂出版部（二〇二〇年）

大野裕己（滋賀大学教授、放送大学客員教授）『日本の教職論』（共編著）放送大学教育振興会（二〇二二年）

小野まどか（植草学園大学専任講師）「研究開発学校制度の成立過程に関する研究—四六答申『先導的試行』以降の展開を中心に—」『日本教育行政学会年報』第四四号（二〇一八年）

大桃敏行（学習院女子大学学長）『日本型公教育の再検討』（共編著）岩波書店（二〇二〇年）、『アメリカ教育改革のポリティクス』（共訳書）東京大学出版会（二〇一八年）

小田桐忍（聖徳大学教授）『法と文化の歴史社会学』（共著）世界思想社（二〇〇四年）

小美野達之（早稲田大学非常勤講師、弁護士）『三訂版　学校と法』（分担執筆）放送大学教育振興会（二〇二〇年）、『新版　よくわかる教育学原論』（分担執筆）ミネルヴァ書房（二〇二〇年）

開沼太郎（京都大学大学院准教授）『教育法規スタートアップ・ネクスト ver.2.0』（共編著）昭和堂（二〇二三年）

加藤崇英（茨城大学教授）『教育の制度と学校のマネジメント』時事通信出版局（共編著）（二〇一八年）、『「チーム学校」まるわかりガイドブック』教育開発研究所（二〇一六年）

金井里弥（仙台大学准教授）「シンガポールの中学校における宗教理解学習の実態—「宗教理解」の解釈に着目して—」『比較教育学研究』第四八号（二〇一四年）

川口有美子（公立鳥取環境大学准教授）「高校教育における『多様化』の追求」『日本教育制度学会創立30周年記念・日本教育制度学会紀要特別号』（二〇二三年）。

菊地かおり（筑波大学助教）『イングランドのシティズンシップ教育政策の展開—カリキュラム改革にみる国民意識の形成に着目して—』東信堂（二〇一八年）

雲尾　周（新潟大学教授）『学校の安全・地域の安心』新潟日報事業社（二〇二二年）、『チーム学校の発展方策と地域ユニット化への戦略』（共著）学事出版（二〇一八年）

北神正行（国士舘大学教授）『全訂版　学校教育の基礎知識』（共著）協同出版（二〇一五年）

鞍馬裕美（明治学院大学准教授）『教育発達学の展開』（共著）風間書房（二〇二〇年）

黒川雅子（学習院大学教授）『生徒指導・進路指導論』（編著）教育開発研究所（二〇一九年）

合田哲雄（文化庁次長）『学習指導要領の読み方・活かし方』教育開発研究所（二〇一九年）、『学校の未来はここから始まる』教育開発研究所（二〇二一年）

高妻紳二郎（福岡大学教授）『【改訂版】新・教育制度論』（編著）ミネルヴァ書房（二〇二三年）

河野和清（京都光華女子大学教授、京都教育大学大学院連合教職実践研究科教授）『市町村教育委員会制度に関する研究』福村出版（二〇一七年）

小入羽秀敬（帝京大学准教授）『私立学校政策の展開と地方財政』吉田書店（二〇一九年）、『教育制度を支える教育行政』（共著）ミネルヴァ書房（二〇一九年）

小早川倫美（島根大学講師）「第14章　教育財政の現状と課題」『教育行財政・学校経営　教師教育講座　第五巻（改訂版）』（共著）協同出版（二〇一八年）

小松郁夫（京都大学学際融合教育研究推進センター特任教授、関西国際大学客員教授）『「新しい公共」型学校づくり』（編著）ぎょうせい（二〇一一年）

佐藤智子（東北大学准教授）『学習するコミュニティのガバナンス—社会教育が創る社会関係資本とシティズンシップ—』明石書店（二〇一四年）

阪根健二（鳴門教育大学大学院特命教授）『学校の危機管理最前線』（編著）教育開発研究所（二〇〇九年）

坂野慎二（玉川大学教授）『統一ドイツ教育の多様性と質保証』東信堂（二〇一七年）、『海外の教育改革（改訂版）』（共編著）放送大学教育振興会（二〇二一年）

佐々木幸寿（東京学芸大学理事・副学長）『教育裁判事例集—裁判が投げかける学校経営・教育行政へのメッセージ—』学文社（二〇二二年）

佐々木　司（山口大学教授）『教育と人間と社会』（共著）協同出版（二〇二二年）、『公教育制度の変容と教育行政』（共著）福村出版（二〇二一年）

全　京和（京都光華女子大学准教授）「韓国における国際バカロレアの展開」『グローバル人材育成と国際バカロレア』東信堂（二〇一八年）

惣脇　宏（京都産業大学客員教授）『教育行政提要（平成版）』（共著）協同出版（二〇一六年）、『教職教養講座 第14巻　教育経営』（共著）協同出版（二〇一七年）

髙瀬　淳（岡山大学大学院教育学研究科長・教授）『最新・教育法規の要点—岡山県版』オフィスSAKUTA（二〇二二年）

滝沢　潤（広島大学大学院准教授）『公教育制度の変容と教

育行政―多様化、市場化から教育機会保障の再構築に向けて』（共編著）福村出版（二〇二一年）

滝波　泰（文部科学省総合教育政策局政策課長、（命）初等中等教育局教育課程総括官、元同省高等教育局私学部私学行政課長）

多田孝志（金沢学院大学教授）『見聞の学び、耳見の学び―いま未来の教育を創る教育者におくる伝薪録』（共著）三恵社（二〇二四年）、『グローバル時代の対話型授業の研究』東信堂（二〇一七年）

田中　洋（淑徳大学教授）「義務教育とは何か―就学義務の行方―」『スクール・コンプライアンス研究』第四号（二〇一六年）

田中真秀（大阪教育大学准教授）『新たな学びの構築へ　コロナ危機から構想する学校教育』（共編著）アドバンテージサーバー（二〇二一年）

谷村綾子（千里金蘭大学准教授）『教育法規スタートアップ』（第三版）（共著）昭和堂（二〇一五年）

張　磊（大連大学講師）「中国における学校給食制度の成立過程に関する一考察」『アジア教育』第八巻（二〇一四年）、「食育を推進する学校給食制度の在り方に関する一考察」『教育行政学研究』第三三号（二〇一二年）

中岡　司（元文化庁次長、関西大学客員教授）『教育行政提要（平成版）』（共著）協同出版（二〇一六年）、『教職教養講座　第14巻　教育経営』（共著）協同出版（二〇一七年）

中嶋一恵（広島文教大学准教授）「20世紀初頭イギリスにおけるマクミランの保育学校の特質と意義に関する研究」『保育学研究』第五四巻一号（二〇一六年）

西井泰彦（日本私立大学協会附置 私学高等教育研究所 主幹・就実学園 理事長）『私立大学の現況調査と改革会議の提言の検証』私高研叢書（二〇二二年）、『韓国と日本の私立大学の財政の比較と課題』同（二〇二三年）

西川　潤（京都光華女子大学講師）「学校施設への太陽光発電設備導入の現状と課題―『脱炭素社会』の実現に向けて―」『教育行財政研究』第四九号（二〇二二年）

野口武悟（専修大学教授）『多様なニーズによりそう学校図書館―特別支援学校の合理的配慮を例に―』（共著）少年写真新聞社（二〇一九年）

橋田　裕（スポーツ庁地域スポーツ課長）「地域スポーツクラブ活動の運営団体・実施主体」友添秀則編著『運動部活動から地域スポーツクラブ活動へ』大修館書店（二〇二三年）

蜂須賀洋一（上越教育大学准教授）「学校事故に関する判例教材を活用した生徒指導の実践的研究」『生徒指導学研究』第15号　学事出版（二〇一六年）

濱口輝士（名古屋文理大学准教授）「米国フロリダ州における教育改善に向けた学校への支援・介入システム："Differentiated Accountability"に着目して」『教育制度学研究』第22号、東信堂（二〇一五年）

林　泰成（上越教育大学学長）『モラルスキルトレーニングスタートブック』明治図書出版（二〇一三年）、『道徳教育の方法』左右社（二〇一八年）

平井貴美代（山梨大学大学院教授）『学校づくりと学校経営』

（共著）学文社（二〇一六年）、『学校教育の基礎知識　全訂版』（共著）協同出版（二〇一五年）

平田敦義（共栄大学教授）『いまからがんばる教育法規』協同出版（二〇一三年）

廣瀬裕一（上越教育大学名誉教授）『要説　教員養成・採用と免許法〜教職志望者の必勝指南〜』（共著）協同出版（二〇一二年）

藤井佐知子（宇都宮大学理事、副学長）『学校評価システムの展開に関する実証的研究』（共著）玉川大学出版部（二〇一三年）

藤岡謙一（文部科学省初等中等教育局幼児教育課長）

藤岡達也（滋賀大学大学院教授）『今、先生ほど魅力的な仕事はない！』（編著）協同出版（二〇二〇年）、『SDGsと防災教育—持続可能な社会をつくるための自然理解』大修館書店（二〇二一年）

藤田祐介（武蔵野大学教授）『教育における「政治的中立」の誕生—「教育二法」成立過程の研究—』（共著）ミネルヴァ書房（二〇一一年）

藤村祐子（滋賀大学准教授）『米国公立学校教員評価制度に関する研究』風間書房（二〇一九年）、『新・教職課程演習　第4巻　教育法規・教育制度・教育経営』（共著）協同出版（二〇二一年）

藤本　駿（高松大学講師）「教員の養成・研修の現状と課題」古賀一博編著『教育行財政・学校経営　教師教育講座　第五巻（改訂版）』協同出版（二〇一八年）

堀井啓幸（常葉大学特任教授）『現代学校教育入門』教育出版（二〇〇三年）、『新訂版　保育者・小学校教員のための教育制度論』（共著）教育開発研究所（二〇二二年）

本図愛実（宮城教育大学教職大学院教授）ダイヤンラビッチ著・本図愛実監訳『偉大なるアメリカ公立学校の死と生』協同出版（二〇一三年）、『グローバル時代のホールスクールマネジメント』（編著）（ジダイ社）（二〇二一年）

前原健二（東京学芸大学教授）『支援スタッフで学校は変わるのか—教員との協働に関する実態調査から』（共著）アドバンテージサーバー（二〇一八年）

宮村裕子（畿央大学准教授）『教育法規スタートアップ・ネクストver.2.0』（共編著）昭和堂（二〇二三年）

森田正信（文化庁次長）『教育行政提要（平成版）』（共著）協同出版（二〇一六年）、『教職教養講座　第13巻　教育制度』（共著）協同出版（二〇一八年）

山田知代（多摩大学准教授）『三訂版　学校と法—「権利」と「公共性」の衝突—』（分担執筆）放送大学教育振興会（二〇二〇年）

吉田香奈（広島大学准教授）「大学行政の現状と課題」古賀一博編著『教育行財政・学校経営（教師教育講座第五巻）（改訂版）』協同出版（二〇一八年）

吉田武大（関西国際大学准教授）「教育行財政」藤井穂高編著『教育の法と制度』ミネルヴァ書房（二〇一八年）

渡邊あや（津田塾大学教授）「フィンランド」『諸外国の初等中等教育』（文部科学省）明石書店（二〇一六年）

渡邊洋子（新潟大学教授）『新版　生涯学習時代の成人教育学』明石書店（二〇二三年）、『教育実習・教職実践演習・フィールドワーク』（共編著）協同出版（二〇一八年）

目次

凡例

●印…現行法規
○印…旧法規等
□印…その他の関連資料
☆印…新規収録法規
太字の法規は解説の付されているもの
★印…法規全文のＵＲＬのＱＲコードを巻末に配置

2025年度版『必携教職六法』

〈目 次〉

Ⅶ　教育法制史

教育法規学習の手引

(1) 教育法規集としての『必携教職六法』の意味

法律にはあまりなじみのない者でも、「六法」とか「六法全書」という言葉は心得ているだろう。「六法」といえば「法律」の代名詞のようによく知られている。しかし、実際に「六法全書」を開いてみたという者は、さして多くないに違いない。「六法全書」といえば「しち難しいもの」の代名詞のように扱われている。「必携」と銘打ち、『教職六法』と断わってみても、とっつきにくいという印象もあるかもしれない。

もともと「六法」というのは、憲法、民法、商法、民事訴訟法、刑法、刑事訴訟法の六つの重要な法律を指すのだが、「六法全書」という場合には、これらにその附属法令その他をつけ加えたものを指している。ただし、「学校六法」とか「税務六法」とかのように、特定の分野に限ったものには、もちろんそういった意味はない。要するに、特定の分野について、主だった法令を集めた法令集というほどの意味である。『教職六法』も、同様に、学校教育を主体に、教育に関わりのある法令のうち、特に教員養成課程の学生諸君の「教育原理」「教育制度」「教育行政学」「学校経営」などの学習に必要なものを精選してある。

なお本書では、学生諸君の学習の便に供するため、旧法規、資料、統計、年表、教員採用試験問題、さらに事項別解説を加えてある。類書のないユニークな編集といえよう。

この『必携教職六法』の活用の仕方については、本書の序文の前の頁に示してある「本書の内容と構成」「本書の読み方」「略語・略記号一覧」を見ていただきたい。法規集は、頁を追って読むものではなく、どちらかというと辞書のように引くものである。「目次」のほか、表紙見返しに収録してある「五十音順法規名索引」や裏表紙見返しに収録してある「法令名略称一覧」、そして巻末の「法令索引」や「総合事項索引」に慣れて、教育法規の学習に習熟していただきたい。

(2) 教育法規の立法と解釈

教育法規に習熟するためには、法規一般に関わって、法治主義、そして法治主義の下での立法行為と、制定された法規の解釈について十分に理解しておく必要がある。

(一) 法治主義

法を制定し、それによって国家を形成し、国民の自由と権利を保障しようとする国家の在り方を法治主義という。

このような理念に基づく法治主義は、その理念ゆえに逆に、可能ではあってもなくしてはならない原則が出てくる。後に述べる妥当性があってもなくしてはならないことが出てきて、それが法治主義の原則となる。

例えば刑法によって刑罰を科す場合、過去に犯罪として規定されていなかったことについて、時間を遡って刑罰を科すような立法は、法治主義の原則として許されない。立法上の妥当性の問題と関わっては、立法可能なものではあるが、立法としてなくてはならないというような原則である。この刑法に関する原則を刑法における遡及禁止の原則という。もしこのような原則がなければ、権力を掌握した者によって、政敵に当たる人などを恣意的に罪に落とし入れることができるようになる。したがって法治主義の下では、時間を遡って刑罰を科すような立法は法治主義の原則として行えないのである。三権分立も法治主義の一種の原則として考えることができる。

(二) 立法

法を制定することを立法という。法律を制定する国会では会期中、すでに制定されている法律の改正法を含め、たくさんの法律が制定される。最近の日本の国会では、議員が直接上程し成立させる議員立法の法律も増えているので、教育法規の範囲に入る法律の数も年々増大している。

このようにたくさんの法律が制定されるようになると、制定される法律にも、自ずと優劣を評価しなければならなくなる。もともと立法の際に考慮されなければならない次のような観点を評価の基準として知っておく必要がある。

① **規範性**　法規は何らかのことが実現されることを期待して存在しているものであり、実現に向けての拘束性を規範性という。前文の場合も含め、条文の規範性は何かということを明らかにすることが、条文の解釈の目的である。なお、「規範性」という用語には、条文には単に理念

や目的の追求ではなく、具体的に何を実現することを要求しているかという具体的な規範性のみを指して用いる場合も多いので注意を要する。この具体的な規範性の場合は、裁判において具体的に適用されるという意味で、裁判規範とも呼ばれることがある。ただし「裁判規範」という用語は次のような意味で使われるのが通常である。例えば、民法の遺産相続のごとく関係者が合意すれば民法の規定どおりに実行する必要はないが、争いが起こり、裁判に付されたら裁判の判断規準として用いるという規範がある。このような規範を裁判規範というのが通常である。

②**妥当性**　法規は何か実現されることを期待して存在するものであるが、その実現が実際には不可能な場合がある。このような法規の実行可能性を妥当性という。なお、「妥当性」という用語は、次に示す正当性と必然性を合して用いる場合も多いので注意を要する。

③**正当性**　規範性をもって示している内容が正当な理念や価値に基づいてもたらされているものかを見るのが、法規にかかわる正当性である。

④**必然性**　規範性をもって示している内容が、法治主義下の国家、社会においてほんとうに必要なものであり、必然のものかを見るのが、必然性である。必要性ともいう。

⑤**実効性**　制定された法規がどの程度守られるか、守られようとしているかの度合を実効性という。本来、制定される法律は原則的に同一に実効性を求めているといえるが、しかし実際の適用の段階では、実効性は異なる。例えば未成年者喫煙禁止法と麻薬取締法とでは、適用の段階で、明らかに麻薬取締法の方が実効性が強く配慮されている。実効性は、法規に定めてある行為や作用が規定どおりに実行されたとき、それによって、その法規の掲げた目的や目標が実現されうるのかどうかということで、いわれる場合もある。

以上のほか、立法のための条文を整備するためには**整合性**、**簡潔性**、**明瞭性**などの評価基準がある。

㈢**解釈**

前文も含め各条文がどのようなことを意味しているかを明らかにするのを解釈というが、これは結局、各条文の規範性を明らかにすることである。前文や理念、目的などを規定した条文も、抽象的には規範性をもっているのであるから、解釈の対象となる。

そこで法規は、言葉を使って表記したものであり、社会的なものであるから、解釈の仕方は、その言葉にかかわりながら、いくつかの手法に分かれる。

①**有権解釈**と**学理解釈**　行政機関が用いている解釈を有権解釈といい、学術的に検討されている解釈を学理解釈という。法規の社会的適用は、実際に行政において適用される解釈が中心になるから、有権解釈の方が学理解釈より実効性が強いと、一般的にはいえる。また有権解釈と学理解釈が長期にわたって対立するということはないが（そのような対立は通常裁判によって解決される）、しかし日本国憲法第九条戦争放棄の条項の解釈は有権解釈と学理解釈の対立が長く続いている。

②**文理解釈**と**論理解釈**　文理解釈とは条文の文理に現われる意味をもって条文の解釈とする解釈方法である。論理解釈とは論理の法則に基づいて解釈する解釈方法である。後で述べる反対解釈や勿論解釈は論理解釈の典型である。

③**拡大解釈**と**縮小解釈**　ある用語や文意を拡大して解釈するのを拡大解釈といい、縮小して解釈する場合を縮小解釈という。例えば、学校教育法第十一条の体罰に関する禁止規定の「体罰」の意味を拡大して解釈すれば、いかなる有形力の行使も体罰になるが、縮小して解釈すれば有形力の行使について一定の許される範囲が出てくることになる。この場合、次に示す条理解釈としてどちらが正しいかという問題が出てくることになる。現在、最高裁の判例によれば一定程度、有形力の行使の許される範囲があるという解釈が、有効となっている。

④**条理解釈**　規定対象の本来の正しい性質に基づいて行う解釈を条理解釈という。

⑤**反対解釈**（**反面解釈**）　規定されていないことを規定してあるものとして解釈するのを反対解釈、または反面解釈という。憲法第二十条第三項に「国及びその機関は、宗教教育その他いかなる宗教的活動もしてはならない」という規定から、私立学校で宗教教育は可能であるという解釈を取り出

することができるとするのは、この反面解釈の例である。またこの第二十条第三項の規定で、通常私立学校で行う宗教教育とは宗派的宗教の教義と儀式による宗派宗教教育のことであるから、国やその機関で禁止されるのは宗派的宗教教育のことだと解釈するのも反面解釈である。また、教育における宗教教育の意義から、宗派宗教によらない一般的な宗教教育は、この第二十条第三項の規定の下で認められると解釈するのは宗教教育の条理に基づく解釈として前記の条理解釈の中に位置づく。

⑥**勿論解釈**　あることがらが規定されていてそれに類似することが規定されていないような場合、その類似するものがその規定の範囲に当然含まれていると解釈するのが勿論解釈である。例えば、憲法第二十一条第二項に「通信の秘密は、これを侵してはならない」という規定がある。これに関係して刑法第百三十三条に「正当な理由がないのに、封をしてある信書を開けた者は、一年以下の懲役又は二十万円以下の罰金に処する」という信書開封罪の規定がある。電子メールが開発されて電子メール通信が可能になったとき、他人のパソコンを勝手に開いてメール通信を盗み見したとき、これを右の信書開封罪に含まれると解釈するのは勿論解釈の例として考えることができる。

⑦**類推解釈**　ある事柄について、直接に規定する法規がない場合に、他の規定から類推して行う解釈のことである。学校教育法第十一条は、「児童、生徒及び学生に懲戒を加えることができる」と規定しているが、これによれば幼稚園の幼児に対しては懲戒の規定がないことになる。通常、「懲戒」には叱責も含まれると解釈されているが、この場合、「懲戒」の概念を拡大解釈して、軽度の叱責も含め、すべての叱責が含まれると解すれば、幼児に対しては懲戒の規定が欠けていることになる。このときそれゆえに幼児には懲戒できないのだと解すれば幼児教育の条理や実態にそぐわないことになる。したがってこの場合、幼児に対しても懲戒はありうると解釈すれば、それは第十一条からの類推解釈である。もし、「懲戒」の概念を縮小解釈して軽度の叱責は含まないものと解すれば、幼児は懲戒の対象ではないと解釈できることになる。現在の通常の解釈では、後者の幼児は懲戒の対象ではないという解釈を採っている。そのことによってまた逆に、通常の叱責は懲戒に含まれないのだということにもなる。

⑧**目的論的解釈**　条文規定の本来の目的から解釈するのを、目的論的解釈という。憲法第九条の戦争放棄の条文はすなおに文理解釈すると日本はいかなる武力も保有することができないように解釈できる。しかし第二項の「前項の目的を達するため」を国際紛争を解決する手段としての戦争のことだと限定すれば、国際紛争を解決するという目的のためには武力は保有しないというように解釈できる。そうすれば、反面としての自衛戦争に備えては、武力を保有することができるという目的論にそった文理解釈ができる。また、国家の目的からして他国から侵略されたとき、無抵抗で国家の滅亡することを憲法として規定することは国家の目的に反するとして、自衛戦争のための武力は保有できると解釈するのは、目的論的解釈の一つである。国家の条理にかかわる条理解釈ともいえる。

(3) 教育法規の体系

教育法規という場合は、通常は、文章をもって示されている制定法たる**成文法**のことをさすが、法治主義の下、文章形態で意図的に制定されたものではない**不文法**の存在も認めておかなければならない。不文法には、規範性をもって判例として示された**判例法**があり、また社会として行われている慣習に規範性を見出す**慣習法**があり、さらに場合によっては条理に基づいて規範性を示さなければならない場合があり、この場合の不文法を**条理法**という。

ところで成文法の教育法規といっても明確な概念規定があるわけではなく、ごくおおまかには、教育にかかわりのある法令ということになる。しかし法律だけで一七〇〇件有余、政令や省令などまで含めると七〇〇〇件をこすという法令のどの範囲までを教育法規に含めるかには、さまざまな考え方があろう。本書では、「小六法」の特色を生かして、この範囲を必要最小限にとどめたのは、先に述べたとおりである。

これらの法令は、教育法規として一応の体系をもつとともに、他の分野の法規とも有機的に結びついて、統合的な体系をつくりあげている。そこでまず教育法規のあらましを鳥瞰する意味で、その体系を要約しておこう。

法は、右に述べたとおり、一般に成文法と不文法からなり、成文法は、さらに国の法規と地方公共団体の法規に区分できる。本書に収めたのは、成文法のうち、特に国の法規を中心とするが、資料には、「わが国における重要教育判例」を加えてある。これらの判例には、不文法のうちの判例法に相当するものも含まれている。

㈠国の法規

①**憲法** 国の最高法。

②**条約** 国と国、あるいは国と国際機関との文書による合意で成立し、批准公布されると、国内では法律と同様の効力をもつ。協定、規約、憲章、協約、合意書、覚書などということもある。例えばＩＬＯ八七号条約、児童の権利条約。

③**法律** 憲法の定める方式にしたがって、国会の議決によって成立する法。法律主義の原則に基づいて、教育に関する基本事項は全て法律で制定される。

④**政令** 内閣が制定する命令。政令には、憲法や法律の規定を実施するために制定されるものと、法律の委任に基づいて制定されるものとがある。

⑤**規則** いわゆる行政委員会規則としては、人事院規則、会計検査院規則がある。また総理府および各省の外局すなわち各委員会および各庁の長官は、規則その他の特別の命令を出すことができる。

⑥**省令**（**府令**） 省令は各省大臣が定める命令で、法律や政令を施行するために定められるものと、法律や政令の委任に基づいて定められるものとがある。

府令は、内閣総理大臣が内閣府の長として定める命令。

⑦**告示** 各省大臣が、所掌事務について、公示を必要とする場合の公示の形式で、官報の告示欄に掲載される。告示は原則として法規の性格をもたないが、実質的に上位の法規を補完するようなときは、法規命令の性格をもつといえる。例えば、小学校、中学校等の学習指導要領、幼稚園教育要領など。

⑧**訓令・通知** 各省大臣等が、所掌事務について、所管の機関や職員に対し、命令あるいは示達するときの形式。訓令は、通常、所管の機関や職員の職務運営の基本に関する命令事項を内容とする。訓令や通知（通達）は、いずれも法的性格をもたないので、直接に国民を拘束することはない。

教育法規には、法律、政令、省令の組みあわせになったものが多い。例えば、学校教育法（法律）――同法施行令（政令）――同法施行規則（省令）など。

㈡地方公共団体の法規

①**条例** 普通地方公共団体（都道府県・市町村）が、自主立法権に基づき法令に違反しない限度で、その議会の議決をへて制定する。

②**規則** 広い意味での条例に含まれ、地方公共団体の長（都道府県知事・市町村長）の制定するものと、特別の法律に基づいて、地方公共団体の委員会が制定するものとがある。例えば都道府県公安委員会規則、教育委員会規則、人事委員会規則などは後者に属する。

③**教育委員会規則** 教育委員会が、法令または条例に反しない限りにおいて、その権限に属する事務について制定する。

これらの成文法のほかに、不文法として判例法、慣習法、条理法がある。成文法主義をとるわが国でも、行政法の分野では、不文法の役割がかなり大きい。

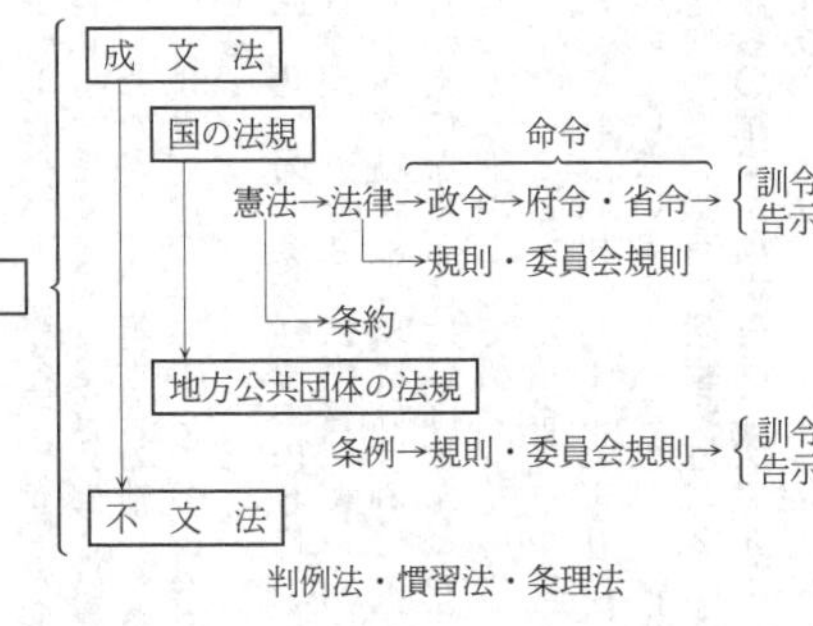

(4) 教育法規の名称など

収録した法令には、それぞれ題名、公布年月日、法令番号、最終改正日等が示されている。法令の原典では、これに公布文や目次が加わるが、本書では見やすくするために省略したものもある。題名の左の（　）内の右行が公布年月日、左行が法令番号で、その次の行に示したのが、最終改正の行われた年月日と法令番号である。

題名は、法律では「……法」「……に関する法律」というように、「法」または「法律」という用語を、政令では「……令」「……に関する政令」、省令では「……規則」「……に関する省令」という用語を含むのが普通である。

法令番号は、法令の種類や制定者の別によって暦年ごとにつけられる。教育基本法と学校教育法とは、いずれも昭和二二年三月三一日に公布されたが、その順序によって、教育基本法が法律第二五号、学校教育法が法律第二六号とされていた。しかし、教育基本法は、平成一八年一二月に全部改正された（法律第一二〇号）。

いったん制定された法令も、必要に応じて改正されることがある。かつての教育基本法のように、制定以来、一度も改正されていない法令はむしろまれで、学校教育法はすでに数十回の改正を重ねているし、同法施行規則の改正はそれ以上に多い。これを全て表示するのは煩雑にすぎ、実務上、さして必要とも考えられないので、本書では、改正の経緯は省略し、最終改正のみを示した。

改正にともなって、法令のある条文の規定が削られた場合、そのままにしておくと条数がつながらないし、改めて条数をつけ直すと、他の関係法令にも影響を及ぼすことがある。そこで簡単に条数を動かすことのできる場合を除いて、「**第一条　削除**」というような表示をして、条数だけを残すという方法が採られる。逆に、ある条の次に新しく条を追加するときにも条数を動かすのを避けて、いわゆる枝番号をつけて、「**第一条の二**」というように表示する。これは章や節についても同様である。

法令の施行期日は、附則で規定されるのが普通であるが、施行期日が全く規定されていないものもある。法令が一部改正された場合には、そのつど改正法令の施行期日が定められることになる。

(5) 教育法規の条文に関する用語

法令は、本則、附則、さらに場合によっては別表などから成りたっている。

本則　法令の主体で、普通は条から成りたっている。

ただし、ごく簡単なものには条を置かず、反対に条数の多いものは章に分けて整理する。章を置く場合には、第一章総則から始まり、終わりの方に罰則、雑則等の章が設けられる。章をさらに細分するときは、節、款、目を置き、民法、刑法、地方自治法等のように大部の法令では、章の上の分類として、編を置くことがある。最近の法令では、条文が章に分かれているものは、必ず最初に目次を置いて検索の便宜をはかっている。

条文見出し　法令の条文には、その内容を要約する条文見出しがつけられることが多い。

条文見出しは、教育基本法などでは条名の下につけてあるが、普通には条文の右肩につけられているので「肩見出し」ということもある。ただし、昭和二四年ごろより前の法令には、条文見出しがついていないものがあるので、編集者が適宜補った。**法令に固有の条文見出しは（　）、編集者の補った条文見出しは〔　〕でくくってあるので注意してほしい。**したがって、編集者の補った条文見出しの表現は、法令集によって多少異なる場合もある。

条・項・号　条は法令の内容にしたがって分けるが、条をさらに内容によって区分する必要がある場合には項に分ける。条文が途中で行がえになるときは、ほとんどの法令が行がえごとに別項として扱い、その項の冒頭に、2、3……といった項番号をつけている。ただしこれも昭和二四年ごろより前の法令にはついていないものがあるので、編集者が適宜補なった。**固有の項番号は、②、③……、編集者の補った項番号は、2、3……で区別してある。**

条や項の中で、多くの事項を列記する場合には、一、二、三のように漢数字で示し、これを号という。号をさらに細かく分けるときは、イ、ロ、ハ、さらに(1)、(2)、(3)などを用いる。

前段・中段・後段　項を分けるほどのこともない場合は、項の文章をいくつかに区切ることもある。項を区切らないときは、句点はその項に末尾にしかないが、区切るときは句点は区切りごとに句点があるので、いくつに区切られているかが分かる。**二つに区切られているときは、前半を前段、後半を後段という。三つ**

に区切ったときは、**真ん中を中段という。**前段・後段といういい方は、条や号についても同様である。

本文・ただし書　後段が「ただし（但し、但）」で始まっている文章は後段とはいわないで、「ただし書」という。この場合、前段に相当する部分を「本文」という。「ただし書」は、「本文」に対する例外規定になっている。

用字・用語・文体　法令は、その性格からして、できるだけ正確、明瞭であることが望ましいが、実際にはかなり難解のものが少なくない。おおよそは、制定当時の公用文の書き表わし方によっているので、昭和二一年四月ごろを境に、それ以前は片カナ、文語体、それ以後は平がな、口語体と見てよい。

口語体の法令は、平がなで句読点も濁点もついている。しかし、常用漢字や現代かなづかいは、国語改革に伴って段階的に実施されたので、法令にも、平がなで旧かなづかいのものもあれば、新かなづかいで旧字体の漢字のものもある。例えば、日本国憲法は、平がなで書かれているが、旧かなづかいで旧漢字であるし、常用漢字以外のいわゆる制限外漢字も使われている。ただし、本書では漢字は全て新漢字に統一してある。

《事例》

●日本国憲法　（昭和二一年一一月三日公布　昭和二二年五月三日施行）

〔教育を受ける権利、義務教育〕

第二十六条　すべて国民は、法律の定めるところにより、その能力に応じて、ひとしく教育を受ける権利を有する。

② すべて国民は、法律の定めるところにより、その保護する子女に普通教育を受けさせる義務を負ふ。義務教育は、これを無償とする。

日本国憲法は、わが国の最高法規である。昭和二一年一一月三日に公布され、補則で、「公布の日から起算して六箇月を経過した日」から施行するとされ（一〇〇条①）、二二年五月三日から施行された。この施行日が憲法記念日とされている（国民の祝日に関する法律二条）。憲法は章に分けて整理されており、「教育を受ける権利」は、「学問の自由」「生存権」「納税の義務」などとともに、第三章「国民の権利及び義務」に含まれている。

〔教育を受ける権利、義務教育〕は、＜条文見出し＞である。憲法には、もともと条文見出しがつけられていなかったので、編集者が補なった。条文の内容が二つに分けられるので、これを二分し、＜項番号＞をつけてある。ただしこれも、もともとはつけられていないので、編集者が補なったものである。第二項は、項の文章が二つに区切られているので、前半が＜前段＞、後半が＜後段＞ということになる。したがって、「義務教育は、これを無償とする」の部分は、日本国憲法第二六条第二項後段といえばよい。

なお、文章はすでに述べたように、平がな、旧かなづかい、旧漢字であるが、かなづかいはそのままにして、漢字は新漢字に改めてある。

(6) 教育法規の読みとり方

教育法規の体系、法令の題名、形式、用語等について、一応の理解ができれば、本書はむろん、かなり大部の法令集も十分に使いこなせるはずである。ただし、法令の条文は、同じ法令の他の条文、あるいは他の法令と関連づけて、初めて意味が明確になる場合も少なくないので、教育法規の読みとり方には慎重を期す必要がある。

例えば、学校教育法第一一条は、「校長及び教員は、教育上必要があると認めるときは、文部科学大臣の定めるところにより、学生、生徒及び児童に懲戒を加えることができる。ただし、体罰を加えることはできない」と、学生、生徒等の懲戒について規定している。しかし、これだけでは、「懲戒」の意味が、十分に明確にされたわけではない。

まず条文の構成からすると、前半が＜本文＞で、校長、教員の懲戒権を認め、後半の＜ただし書き＞で例外規定として体罰の禁止を規定している。しかし、この後半の＜ただし書き＞は例外規定というよりむしろ説明の追加と見たほうが良いかもしれない。次いで「文部科学大臣の定めるところ」が具体的には「文部科学大臣の命令」、つまり文部科学省令（学校教育法施行規則）ということになる。そこで学校教育法施行規則を調べると、第二六条に第一項から第四項まで、懲戒に関する規定があることが分かる。もっと細かな規定を知りたければ、都道府県・市町村教育委員会の定める「学校管理規則」等によるということになる。同じ事項が、いくつもの法令に登場し、次第に具体化していくわけである。

懲戒の主体は、「校長及び教員」であり、客体は「学生、生徒及び児童」である。校長はともかく、教員の範囲はあまり明確でない。学校教育法には、教員の範囲を明示した条文はないが、教育公務員特例法第二条第二項に、「教員」とは、教授、准教授、助教、副校長、教頭、主幹教諭、指導教諭、教諭、助教諭、養護教諭、養護助教諭、栄養教諭および講師（常勤）を指すとされているので、これを準用してよいだろう。直接に授業を担当していない養護教員にも懲戒権が認められているが、事務職員等は除外されている。学生、生徒、児童については、学校教育法では明確に定義していないが、その用例からして、高等専門学校、大学については「学生」（学教法九二条⑥、一二〇条④等）、中学校、高等学校、中等教育学校については「生徒」（同一八条、五四条の三③等）、小学校については「児童」（同三七条⑦、⑨～⑬等）と称することが分かる。幼稚園は、学校教育法第一条に定める「学校」であるが、「幼児」は懲戒の客体（対象）には含まれない（同二二条）。教育法規に限らず、法令を正しく読みとるには、関係法令を含めて総合的にとらえ、語句の意味を正しく把握するように努めなければならない。

(7) 旧教育法規の見方

本書には、現行法規のほか、戦前の日本の教育の姿を理解するために、学習に必要な旧法規を収めてある。

戦前の教育法規は、基本的事項はすべて法律によらず、大日本帝国憲法第九条の独立命令によって定める命令主義（＝勅令主義）をとっていた。帝国議会の審議を経るのは、国家予算に係わるものなど、ごく少数にとどめられていた。教育令、教育令改正などはいずれも太政官布告の形式をとり、小学校令、中学校令、師範学校令等は、いずれも法律ではなく天皇の命令としての勅令の形をとっている。法律の形をとったものには、財政に関連する市町村義務教育費国庫負担法、義務教育費国庫負担法（旧法）等がある。

旧法規には、太政官制度時代（明治一八年まで）と内閣制度時代（明治一九年から）で、法令の形式に違いがあり、太政官制度では、太政官布告・布達・達・告示、諸省達・告示などとされ、内閣制度では、法律・勅令・閣令・省令の四種とされた。

旧法規には、＜条文見出し＞＜項番号＞ともについていない。しかも、項の書き出しの行頭を下げないので、項が変わったかどうか判断しにくいものもある。

条文はもちろん、片カナで文語体であるが、句点もなく、大正一五年以前のものには濁点さえない。漢字の使用に制限はなく、旧かなづかいに古い送りがなである。**ただし、本書では、漢字は全て新漢字に改めてある。**旧法規の難解さは、一面、当時の政治体制の反映とみなすことができよう。

②　戦後の新法規になってからも、法規は規定の趣旨の誤読・誤解を極力避けるため、表現の厳正さを保つために規定の文章は、簡潔であるが、意味を取りにくいことがある。例えば学校教育法旧第二七条「学齢に達しない子女は、これを小学校に入学させることができない。」は、主語を明確にするため、わざわざ「これを」と言い換えていたが、近年、法規の表現をなるべく易しくするためにこのような言い換えは次第に少なくなった（平成十九年改正法第三十六条）。

I 法規

凡例

●印…現行法規
○印…旧法規等
□印…その他の関連資料
太字になっている条文は、教採頻出の条文。

一 憲法・教育基本法編

●日本国憲法

（昭和二一年一一月三日公布
昭和二二年五月三日施行）

【解説】

一 憲法は、国の最高法規であり、自由で公正な社会を構築し支えて行く上で必要となる国家と個人、個人相互の基本的な在り方を定めたものである。他方教育は、学習者個人が学習価値、教育価値、文化価値を習得して成長発達する過程に、教育者が直接的・間接的に働きかけ、学習者の成長発達を助ける作用である。それは近代国家においては、統治権能の一部として掌握され管理される対象となった。そのため国家と教育と個人は密接不分離の関係にあり、また憲法はわれわれに、「社会全体の利益」の実現と「個人の尊重」の要請のバランスをいかに図るかについて考えることを求めている。ゆえに児童・生徒が、自由で公正な社会の担い手として成長発達を遂げるためにも、憲法教育は重要な教育課題であると指摘できよう。

二 憲法教育を進める上で、まずは(1)日本国憲法の制定過程、(2)日本国憲法の存在意義について学習することが求められる。前者としては、昭和二〇年一〇月連合国最高司令官マッカーサー元帥により日本側に憲法改正の指示があり、憲法問題調査委員会が二案を提示したがいずれも改正不十分とされ、司令部内で策定された憲法改正草案が現行憲法の下地となった経緯を押さえるべきであろう。議会を中心とした憲法改正論議において、現行憲法の制定過程に重大な瑕疵（かし）があり無効であるとの主張がしばしば紹介され論じられた。しかし最高裁をはじめ、日本国憲法を法源として多くの判例が提示されており、無効ないし失効していると主張する法学者は少ない。

三 日本国憲法の本文は、十一章百三条から構成され、その内容は(1)人権規定、(2)統治規定、(3)憲法保障の三つに類型化される。(1)は第三章「国民の権利及び義務」（十条から四十条）にまとめられている。(2)は国家の統治組織などを定めたもので、天皇（一章）、国会四章）、内閣（五章）、司法（六章）、財政（七章）、地方自治（八章）について規定されている。また(3)は国家権力による憲法を侵害する行為や憲法に違反する行為から憲法を守り、憲法による秩序を存続させ国家社会を安定させること、またはその手段を指すとされる。

憲法前文には、憲法全体を貫徹する基本原理が示されている。それは、(1)象徴天皇制の下に主権在民（国民主権）、(2)平和主義、(3)基本的人権の尊重の三点に集約され、これらは「三つの基本原理」として広く認知されているところである。憲法学者の樋口陽一は、これらの根底には「個人の尊厳」（十三条）の理念があると指摘している。

四 国民主権は、国家統治の権力が国民に在ることを指す。ゆえに前文および第一条において、天皇は日本国と国民統合の「象徴」と規定され、その地位は主権者である日本国民の総意に基づくものとされる。憲法や法令には「君主」や「元首」の規定や用語は存在しないが、わが国は国際的にはスウェーデンと並び「象徴君主制」を採る国の一つに分類される。ちなみに天皇は、外国訪問時には二一発の礼砲を受礼する等、「日本の元首」としての接遇を受けている。また各種世論調査によれば、象徴天皇制の支持率は七〇%を優に超えており、現行憲法下で象徴天皇制が広く国民の中に受け入れられていることがうかがえる。ゆえに憲法教育としては、「天皇についての理解と敬愛の念を深める」（小学校学習指導要領社会科第六学年）ことや「天皇の地位と天皇の国事に関する行為について理解させる」（中学校学習指導要領社会科）ことが必要となる。

五　次に平和主義であるが、これは第二次世界大戦でわが国は三一〇万人を超える戦没者を出したことへの強い反省から生まれたものである。前文および九条で戦争放棄、戦力の不保持としてその理念が表現されている。特に第二次世界大戦を経て、核兵器をはじめとする近代兵器の開発による人類滅亡の危機が意識されるにつれ、核兵器廃絶と恒久平和を希求する平和主義が台頭した。このことは人類普遍の理想であり、教育上尊重されなければならない。

確かに九条は、条文からは国際関係におけるあらゆる武力行使の禁止と、戦力の不保持をうたっている。しかし歴代政府は、現実の厳しい国際情勢と憲法理念の調整を条文解釈で図ってきた。すなわち、国民の平和的生存権を宣言した前文、個人の尊重、生命・自由・幸福追求の権利の尊重を規定した十三条を根拠に、武力攻撃を受けた場合の自衛権は保持し得るとしてきた。また自衛隊については、専守防衛のための最小限度の実力行使組織であり、九条二項の「戦力」には当たらず合憲であるとの立場を採ってきた。

近年中国の軍事的台頭、武力を背景とした現状変更の試みが活発化し、台湾進攻危機の高まりを指摘する向きもある。また北朝鮮による弾道ミサイルの発射や核実験の試み、ロシアによるウクライナ侵攻等、近隣諸国の動静に鑑みれば、地政学的にもわが国の平和と安全保障・防衛は不可分一体のものであろう。したがって憲法教育としては、平和主義について理解を深めるとともに、わが国の安全と防衛、国際貢献についても考えることが求められる。

六　最後に基本的人権の尊重であるが、これは憲法十一条に規定され、基本原理の中で最も重要であり個人の尊厳の確保に直結するものである。その内実は、平等権、自由権、社会権、基本的人権を守るための権利（参政権、請求権、請願権）からなる。教育を受ける権利は、生存権とならび社会権の構成要素として位置付けられる。

最大限尊重されるべき基本的人権であっても、無制限にその行使が認められるものではない。憲法条文（十二条、十三条、二十二条、二十九条）に見られるように「公共の福祉に反しない限り」、すなわち「他の人権を不当に侵害しない限り」において認められるという一定の制約が付されている。

また近年では、憲法制定当時は認識されていなかった新しい人権――例えば環境権、知る権利、プライバシー権が、包括的基本権として認められるようになった。

七　日本国憲法には、教育に直接言及する条文は四つ確認できる。それは、二十条（信教の自由）、二十六条（教育を受ける権利、義務教育）、四十四条（議員および選挙人の資格）、八十九条（公の財産の用途制限）である。さらに内容的に教育に関連する条文として、十三条（個人の尊重、生命・自由・幸福追求の権利の尊重）、十四条（法の下の平等）、十五条（公務員の選定罷免、全体の奉仕）、十九条（思想および良心の自由）、二十一条（表現の自由）、二十三条（学問の自由）、二十五条（生存権、生活の向上に努める国の義務）、二十七条（児童酷使の禁止）などが挙げられる。以上の条文は憲法の教育条項と呼ばれ、二十六条を核として相互に矛盾なく整合的に体系化されている。教育基本法は、これらの教育条項を受けて制定されたことにも留意すべきである。

〈参考文献〉

杉原誠四郎「日本国憲法【解説】」『二〇二三年度版 教職六法』協同出版、二〇二二年。
樋口陽一『憲法』創文社、二〇二一年。高見茂・服部憲児編著『教育行政提要（平成版）』協同出版、二〇一六年。

（高見　茂）

【教採頻出条文】
前文、第十一―十五条、第十九条、第二十条、第二十三条、第二十五―二十八条、第九十八条。

（編集部責）

日本国民は、正当に選挙された国会における代表者を通じて行動し、われらとわれらの子孫のために、諸国民との協和による成果と、わが国全土にわたつて自由のもたらす恵沢を確保し、政府の行為によつて再び戦争の惨禍が起ることのないやうにすることを決意し、ここに主権が国民に存することを宣言し、この憲法を確定する。そもそも国政は、国民の厳粛な信託によるものであつて、その権威は国民に由来し、その権力は国民の代表者がこれを行使し、その福利は国民がこれを享受する。これは人類普遍の原理であり、この憲法は、かかる原理に基くものである。われらは、これに反する一切の憲法、法令及び詔勅を排除する。

日本国民は、恒久の平和を念願し、人間相互の関係を支配する崇高な理想を深く自覚するのであつて、平和を愛する諸国民の公正と信義に信頼して、われらの安全と生存を保持しようと決意した。われらは、平和を維持し、専制と隷従、圧迫と偏狭を地上から永遠に除去しようと努めてゐる国際社会において、名誉ある地位を占めたいと思ふ。われらは、全世界の国民が、ひとしく恐怖と欠乏から免かれ、平和のうちに生存する権利を有することを確認する。

われらは、いづれの国家も、自国のことのみに専念して他国を無視してはならないのであつて、政治道徳の法則は、普遍的なものであり、この法則に従ふことは、自国の主権を維持し、他国と対等関係に立たうとする各国の責務であると信ずる。

日本国民は、国家の名誉にかけ、全力をあげてこの崇高な理想と目的を達成することを誓ふ。

第一章　天皇

〔天皇の地位・主権在民〕

第一条 天皇は、日本国の象徴であり日本国民統合の象徴であつて、この地位は、主権の存する日本国民の総意に基く。

〔皇位の世襲継承〕
第二条 皇位は、世襲のものであつて、国会の議決した皇室典範の定めるところにより、これを継承する。

〔天皇の国事行為と内閣の助言・承認および責任〕
第三条 天皇の国事に関するすべての行為には、内閣の助言と承認を必要とし、内閣が、その責任を負ふ。

〔天皇の権能、国事行為と国政、権能の委任〕
第四条 天皇は、この憲法の定める国事に関する行為のみを行ひ、国政に関する権能を有しない。

② 天皇は、法律の定めるところにより、その国事に関する行為を委任することができる。

〔摂政〕
第五条 皇室典範の定めるところにより摂政を置くときは、摂政は、天皇の名でその国事に関する行為を行ふ。この場合には、前条第一項の規定を準用する。

〔天皇の任命権〕
第六条 天皇は、国会の指名に基いて、内閣総理大臣を任命する。

② 天皇は、内閣の指名に基いて、最高裁判所の長たる裁判官を任命する。

〔天皇の行う国事行為の範囲〕
第七条 天皇は、内閣の助言と承認により、国民のために、左の国事に関する行為を行ふ。

一 憲法改正、法律、政令及び条約を公布すること。
二 国会を召集すること。
三 衆議院を解散すること。
四 国会議員の総選挙の施行を公示すること。
五 国務大臣及び法律の定めるその他の官吏の任免並びに全権委任状及び大使及び公使の信任状を認証すること。
六 大赦、特赦、減刑、刑の執行の免除及び復権を認証すること。
七 栄典を授与すること。
八 批准書及び法律の定めるその他の外交文書を認証すること。
九 外国の大使及び公使を接受すること。
十 儀式を行ふこと。

〔皇室財産と国会の議決〕
第八条 皇室に財産を譲り渡し、又は皇室が、財産を譲り受け、若しくは賜与することは、国会の議決に基かなければならない。

第二章 戦争の放棄

〔戦争の放棄、戦力の不保持、交戦権の否認〕
第九条 日本国民は、正義と秩序を基調とする国際平和を誠実に希求し、国権の発動たる戦争と、武力による威嚇又は武力の行使は、国際紛争を解決する手段としては、永久にこれを放棄する。

② 前項の目的を達するため、陸海空軍その他の戦力は、これを保持しない。国の交戦権は、これを認めない。

第三章 国民の権利及び義務

〔日本国民たる要件〕
第十条 日本国民たる要件は、法律でこれを定める。

〔基本的人権の性質と国民の基本的人権享有〕
第十一条 国民は、すべての基本的人権の享有を妨げられない。この憲法が国民に保障する基本的人権は、侵すことのできない永久の権利として、現在及び将来の国民に与へられる。

〔自由および権利の保持責任、濫用禁止、利用責任〕
第十二条 この憲法が国民に保障する自由及び権利は、国民の不断の努力によつて、これを保持しなければならない。又、国民は、これを濫用してはならないのであつて、常に公共の福祉のためにこれを利用する責任を負ふ。

〔個人の尊重、生命・自由・幸福追求の権利の尊重〕
第十三条 すべて国民は、個人として尊重される。生命、自由及び幸福追求に対する国民の権利については、公共の福祉に反しない限り、立法その他の国政の上で、最大の尊重を必要とする。

〔法の下の平等、貴族制度などの否認・栄典の授与〕
第十四条 すべて国民は、法の下に平等であつて、人種、信条、性別、社会的身分又は門地により、政治的、経済的又は社会的関係において、差別されない。

② 華族その他の貴族の制度は、これを認めない。

③ 栄誉、勲章その他の栄典の授与は、いかなる特権も伴はない。栄典の授与は、現にこれを有し、又は将来これを受ける者の一代に限り、その効力を有する。

〔公務員の選定罷免・全体の奉仕、普通選挙の保障・投票の秘密〕
第十五条 公務員を選定し、及びこれを罷免することは、国民固有の権利である。

② すべて公務員は、全体の奉仕者であつて、一部の奉仕者ではない。

③ 公務員の選挙については、成年者による普通選挙を保障する。

④ すべて選挙における投票の秘密は、これを侵してはならない。選挙人は、その選択

に関し公的にも私的にも責任を問はれない。

〔請願権〕
第十六条　何人も、損害の救済、公務員の罷免、法律、命令又は規則の制定、廃止又は改正その他の事項に関し、平穏に請願する権利を有し、何人も、かかる請願をしたためにいかなる差別待遇も受けない。

〔国および公共団体の損害賠償責任〕
第十七条　何人も、公務員の不法行為により、損害を受けたときは、法律の定めるところにより、国又は公共団体に、その賠償を求めることができる。

〔奴隷的拘束および苦役からの自由〕
第十八条　何人も、いかなる奴隷的拘束も受けない。又、犯罪に因る処罰の場合を除いては、その意に反する苦役に服させられない。

〔思想および良心の自由〕
第十九条　思想及び良心の自由は、これを侵してはならない。

〔信教の自由〕
第二十条　信教の自由は、何人に対してもこれを保障する。いかなる宗教団体も、国から特権を受け、又は政治上の権力を行使してはならない。
② 何人も、宗教上の行為、祝典、儀式又は行事に参加することを強制されない。
③ 国及びその機関は、宗教教育その他いかなる宗教的活動もしてはならない。

〔集会、結社および表現の自由と検閲の禁止、通信秘密の保護〕
第二十一条　集会、結社及び言論、出版その他一切の表現の自由は、これを保障する。
② 検閲は、これをしてはならない。通信の秘密は、これを侵してはならない。

〔居住、移転、職業選択、外国移住および国籍離脱の自由〕
第二十二条　何人も、公共の福祉に反しない限り、居住、移転及び職業選択の自由を有する。
② 何人も、外国に移住し、又は国籍を離脱する自由を侵されない。

〔学問の自由〕
第二十三条　学問の自由は、これを保障する。

〔家族関係における個人の尊厳と両性の平等〕
第二十四条　婚姻は、両性の合意のみに基いて成立し、夫婦が同等の権利を有することを基本として、相互の協力により、維持されなければならない。
② 配偶者の選択、財産権、相続、住居の選定、離婚並びに婚姻及び家族に関するその他の事項に関しては、法律は、個人の尊厳と両性の本質的平等に立脚して、制定されなければならない。

〔生存権、生活の向上に努める国の義務〕
第二十五条　すべて国民は、健康で文化的な最低限度の生活を営む権利を有する。
② 国は、すべての生活部面について、社会福祉、社会保障及び公衆衛生の向上及び増進に努めなければならない。

〔教育を受ける権利、義務教育〕
第二十六条　すべて国民は、法律の定めるところにより、その能力に応じて、ひとしく教育を受ける権利を有する。
② すべて国民は、法律の定めるところにより、その保護する子女に普通教育を受けさせる義務を負ふ。義務教育は、これを無償とする。

〔勤労の権利と義務・勤労条件の基準、児童酷使の禁止〕
第二十七条　すべて国民は、勤労の権利を有し、義務を負ふ。
② 賃金、就業時間、休息その他の勤労条件に関する基準は、法律でこれを定める。
③ 児童は、これを酷使してはならない。

〔団結権および団体行動権〕
第二十八条　勤労者の団結する権利及び団体交渉その他の団体行動をする権利は、これを保障する。

〔財産権の保障〕
第二十九条　財産権は、これを侵してはならない。
② 財産権の内容は、公共の福祉に適合するやうに、法律でこれを定める。
③ 私有財産は、正当な補償の下に、これを公共のために用ひることができる。

〔納税の義務〕
第三十条　国民は、法律の定めるところにより、納税の義務を負ふ。

〔法律の定める正当な手続の保障〕
第三十一条　何人も、法律の定める手続によらなければ、その生命若しくは自由を奪はれ、又はその他の刑罰を科せられない。

〔裁判を受ける権利〕
第三十二条　何人も、裁判所において裁判を受ける権利を奪はれない。

〔逮捕の制約〕
第三十三条　何人も、現行犯として逮捕される場合を除いては、権限を有する司法官憲が発し、且つ理由となつてゐる犯罪を明示する令状によらなければ、逮捕されない。

〔抑留および拘禁の制約〕
第三十四条　何人も、理由を直ちに告げられ、且つ、直ちに弁護人に依頼する権利を与へられなければ、抑留又は拘禁されない。又、何人も、正当な理由がなければ、拘禁されず、要求があれば、その理由は、直ちに本人及びその弁護人の出席する公開の法廷で示されなければならない。

〔侵入・捜索および押収の制約〕
第三十五条　何人も、その住居、書類及び所持品について、侵入、捜索及び押収を受けることのない権利は、第三十三条〔現行犯逮捕及び令状による逮捕〕の場合を除いては、正当な理由に基いて発せられ、且つ捜索する場所及び押収する物を明示する令状がなければ、侵されない。

② 捜索又は押収は、権限を有する司法官憲が発する各別の令状により、これを行ふ。

〔拷問および残虐な刑罰の禁止〕

第三十六条 公務員による拷問及び残虐な刑罰は、絶対にこれを禁ずる。

〔刑事被告人の権利〕

第三十七条 すべて刑事事件においては、被告人は、公平な裁判所の迅速な公開裁判を受ける権利を有する。

② 刑事被告人は、すべての証人に対して審問する機会を充分に与へられ、又、公費で自己のために強制的手続により証人を求める権利を有する。

③ 刑事被告人は、いかなる場合にも、資格を有する弁護人を依頼することができる。被告人が自らこれを依頼することができないときは、国でこれを附する。

〔自白強要の禁止と自白の証拠能力の限界〕

第三十八条 何人も、自己に不利益な供述を強要されない。

② 強制、拷問若しくは脅迫による自白又は不当に長く抑留若しくは拘禁された後の自白は、これを証拠とすることができない。

③ 何人も、自己に不利益な唯一の証拠が本人の自白である場合には、有罪とされ、又は刑罰を科せられない。

〔遡及処罰、二重処罰等の禁止〕

第三十九条 何人も、実行の時に適法であつた行為又は既に無罪とされた行為については、刑事上の責任を問はれない。又、同一の犯罪について、重ねて刑事上の責任を問はれない。

〔刑事補償〕

第四十条 何人も、抑留又は拘禁された後、無罪の裁判を受けたときは、法律の定めるところにより、国にその補償を求めることができる。

第四章　国会

〔国会の地位〕

第四十一条 国会は、国権の最高機関であつて、国の唯一の立法機関である。

〔二院制〕

第四十二条 国会は、衆議院及び参議院の両議院でこれを構成する。

〔両議院の組織〕

第四十三条 両議院は、全国民を代表する選挙された議員でこれを組織する。

② 両議院の議員の定数は、法律でこれを定める。

〔議員および選挙人の資格〕

第四十四条 両議院の議員及びその選挙人の資格は、法律でこれを定める。但し、人種、信条、性別、社会的身分、門地、教育、財産又は収入によつて差別してはならない。

〔衆議院議員の任期〕

第四十五条 衆議院議員の任期は、四年とする。但し、衆議院解散の場合には、その期間満了前に終了する。

〔参議院議員の任期〕

第四十六条 参議院議員の任期は、六年とし、三年ごとに議員の半数を改選する。

〔議員の選挙〕

第四十七条 選挙区、投票の方法その他両議院の議員の選挙に関する事項は、法律でこれを定める。

〔両議院議員相互兼職の禁止〕

第四十八条 何人も、同時に両議院の議員たることはできない。

〔議員の歳費〕

第四十九条 両議院の議員は、法律の定めるところにより、国庫から相当額の歳費を受ける。

〔議員の不逮捕特権〕

第五十条 両議院の議員は、法律の定める場合を除いては、国会の会期中逮捕されず、会期前に逮捕された議員は、その議院の要求があれば、会期中これを釈放しなければならない。

〔議員の発言表決の無答責〕

第五十一条 両議院の議員は、議院で行つた演説、討論又は表決について、院外で責任を問はれない。

〔常会〕

第五十二条 国会の常会は、毎年一回これを召集する。

〔臨時会〕

第五十三条 内閣は、国会の臨時会の召集を決定することができる。いづれかの議院の総議員の四分の一以上の要求があれば、内閣は、その召集を決定しなければならない。

〔衆議院の解散・特別会〕

第五十四条 衆議院が解散されたときは、解散の日から四十日以内に、衆議院議員の総選挙を行ひ、その選挙の日から三十日以内に、国会を召集しなければならない。

② 衆議院が解散されたときは、参議院は、同時に閉会となる。但し、内閣は、国に緊急の必要があるときは、参議院の緊急集会を求めることができる。

③ 前項但書の緊急集会において採られた措置は、臨時のものであつて、次の国会開会の後十日以内に、衆議院の同意がない場合には、その効力を失ふ。

〔議員の資格争訟〕

第五十五条 両議院は、各〻その議員の資格に関する争訟を裁判する。但し、議員の議席を失はせるには、出席議員の三分の二以上の多数による議決を必要とする。

〔定足数、表決〕

第五十六条 両議院は、各〻その総議員の三分の一以上の出席がなければ、議事を開き議決することができない。

② 両議院の議事は、この憲法に特別の定のある場合を除いては、出席議員の過半数でこれを決し、可否同数のときは、議長の決するところによる。

〔会議の公開と会議録〕

第五十七条 両議院の会議は、公開とする。但し、出席議員の三分の二以上の多数で議決したときは、秘密会を開くことができる。

② 両議院は、各〻その会議の記録を保存し、秘密会の記録の中で特に秘密を要すると認められるもの以外は、これを公表し、且つ一般に頒布しなければならない。

③ 出席議員の五分の一以上の要求があれば、各議員の表決は、これを会議録に記載しなければならない。

〔役員の選任・議院の自律権〕

第五十八条 両議院は、各〻その議長その他の役員を選任する。

② 両議院は、各〻その会議その他の手続及び内部の規律に関する規則を定め、又、院内の秩序をみだした議員を懲罰することができる。但し、議員を除名するには、出席議員の三分の二以上の多数による議決を必要とする。

〔法律の成立〕

第五十九条 法律案は、この憲法に特別の定のある場合を除いては、両議院で可決したとき法律となる。

② 衆議院で可決し、参議院でこれと異なつた議決をした法律案は、衆議院で出席議員の三分の二以上の多数で再び可決したときは、法律となる。

③ 前項の規定は、法律の定めるところにより、衆議院が、両議院の協議会を開くことを求めることを妨げない。

④ 参議院が、衆議院の可決した法律案を受け取つた後、国会休会中の期間を除いて六十日以内に、議決しないときは、衆議院は、参議院がその法律案を否決したものとみなすことができる。

〔衆議院の予算先議権・予算の議決〕

第六十条 予算は、さきに衆議院に提出しなければならない。

② 予算について、参議院で衆議院と異なつた議決をした場合に、法律の定めるところにより、両議院の協議会を開いても意見が一致しないとき、又は参議院が、衆議院の可決した予算を受け取つた後、国会休会中の期間を除いて三十日以内に、議決しないときは、衆議院の議決を国会の議決とする。

〔条約締結の承認〕

第六十一条 条約の締結に必要な国会の承認については、前条第二項の規定を準用する。

〔議院の国政調査権〕

第六十二条 両議院は、各〻国政に関する調査を行ひ、これに関して、証人の出頭及び証言並びに記録の提出を要求することができる。

〔国務大臣の出席〕

第六十三条 内閣総理大臣その他の国務大臣は、両議院の一に議席を有すると有しないとにかかはらず、何時でも議案について発言するため議院に出席することができる。又、答弁又は説明のため出席を求められたときは、出席しなければならない。

〔弾劾裁判所〕

第六十四条 国会は、罷免の訴追を受けた裁判官を裁判するため、両議院の議員で組織する弾劾裁判所を設ける。

② 弾劾に関する事項は、法律でこれを定める。

第五章　内閣

〔行政権の帰属〕

第六十五条 行政権は、内閣に属する。

〔内閣の組織と責任〕

第六十六条 内閣は、法律の定めるところにより、その首長たる内閣総理大臣及びその他の国務大臣でこれを組織する。

② 内閣総理大臣その他の国務大臣は、文民でなければならない。

③ 内閣は、行政権の行使について、国会に対し連帯して責任を負ふ。

〔内閣総理大臣の指名〕

第六十七条 内閣総理大臣は、国会議員の中から国会の議決で、これを指名する。この指名は、他のすべての案件に先だつて、これを行ふ。

② 衆議院と参議院とが異なつた指名の議決をした場合に、法律の定めるところにより、両議院の協議会を開いても意見が一致しないとき、又は衆議院が指名の議決をした後、国会休会中の期間を除いて十日以内に、参議院が、指名の議決をしないときは、衆議院の議決を国会の議決とする。

〔国務大臣の任免〕

第六十八条 内閣総理大臣は、国務大臣を任命する。但し、その過半数は、国会議員の中から選ばれなければならない。

② 内閣総理大臣は、任意に国務大臣を罷免することができる。

〔不信任決議と解散または総辞職〕

第六十九条 内閣は、衆議院で不信任の決議案を可決し、又は信任の決議案を否決したときは、十日以内に衆議院が解散されない限り、総辞職をしなければならない。

〔内閣総理大臣の欠缺または総選挙施行による総辞職〕

第七十条 内閣総理大臣が欠けたとき、又は衆議院議員総選挙の後に初めて国会の召集があつたときは、内閣は、総辞職をしなければならない。

〔総辞職後の職務続行〕

第七十一条 前二条の場合には、内閣は、あらたに内閣総理大臣が任命されるまで引き続きその職務を行ふ。

〔内閣総理大臣の職務権限〕
第七十二条 内閣総理大臣は、内閣を代表して議案を国会に提出し、一般国務及び外交関係について国会に報告し、並びに行政各部を指揮監督する。

〔内閣の職務権限〕
第七十三条 内閣は、他の一般行政事務の外、左の事務を行ふ。

一　法律を誠実に執行し、国務を総理すること。
二　外交関係を処理すること。
三　条約を締結すること。但し、事前に、時宜によつては事後に、国会の承認を経ることを必要とする。
四　法律の定める基準に従ひ、官吏に関する事務を掌理すること。
五　予算を作成して国会に提出すること。
六　この憲法及び法律の規定を実施するために、政令を制定すること。但し、政令には、特にその法律の委任がある場合を除いては、罰則を設けることができない。
七　大赦、特赦、減刑、刑の執行の免除及び復権を決定すること。

〔法律および政令への署名と連署〕
第七十四条 法律及び政令には、すべて主任の国務大臣が署名し、内閣総理大臣が連署することを必要とする。

〔国務大臣訴追の制約〕
第七十五条 国務大臣は、その在任中、内閣総理大臣の同意がなければ、訴追されない。但し、これがため、訴追の権利は、害されない。

第六章　司法

〔司法権の機関と裁判官の職務上の独立〕
第七十六条 すべて司法権は、最高裁判所及び法律の定めるところにより設置する下級裁判所に属する。

② 特別裁判所は、これを設置することができない。行政機関は、終審として裁判を行ふことができない。

③ すべて裁判官は、その良心に従ひ独立してその職権を行ひ、この憲法及び法律にのみ拘束される。

〔最高裁判所の規則制定権〕
第七十七条 最高裁判所は、訴訟に関する手続、弁護士、裁判所の内部規律及び司法事務処理に関する事項について、規則を定める権限を有する。

② 検察官は、最高裁判所の定める規則に従はなければならない。

③ 最高裁判所は、下級裁判所に関する規則を定める権限を、下級裁判所に委任することができる。

〔裁判官の身分の保障〕
第七十八条 裁判官は、裁判により、心身の故障のために職務を執ることができないと決定された場合を除いては、公の弾劾によらなければ罷免されない。裁判官の懲戒処分は、行政機関がこれを行ふことはできない。

〔最高裁判所の構成および裁判官任命の国民審査〕
第七十九条 最高裁判所は、その長たる裁判官及び法律の定める員数のその他の裁判官でこれを構成し、その長たる裁判官以外の裁判官は、内閣でこれを任命する。

② 最高裁判所の裁判官の任命は、その任命後初めて行はれる衆議院議員総選挙の際国民の審査に付し、その後十年を経過した後初めて行はれる衆議院議員総選挙の際更に審査に付し、その後も同様とする。

③ 前項の場合において、投票者の多数が裁判官の罷免を可とするときは、その裁判官は、罷免される。

④ 審査に関する事項は、法律でこれを定める。

⑤ 最高裁判所の裁判官は、法律の定める年齢に達した時に退官する。

⑥ 最高裁判所の裁判官は、すべて定期に相当額の報酬を受ける。この報酬は、在任中、これを減額することができない。

〔下級裁判所の裁判官〕
第八十条 下級裁判所の裁判官は、最高裁判所の指名した者の名簿によつて、内閣でこれを任命する。その裁判官は、任期を十年とし、再任されることができる。但し、法律の定める年齢に達した時には退官する。

② 下級裁判所の裁判官は、すべて定期に相当額の報酬を受ける。この報酬は、在任中、これを減額することができない。

〔最高裁判所と違憲法令審査権〕
第八十一条 最高裁判所は、一切の法律、命令、規則又は処分が憲法に適合するかしないかを決定する権限を有する終審裁判所である。

〔対審および判決の公開〕
第八十二条 裁判の対審及び判決は、公開法廷でこれを行ふ。

② 裁判所が、裁判官の全員一致で、公の秩序又は善良の風俗を害する虞があると決した場合には、対審は、公開しないでこれを行ふことができる。但し、政治犯罪、出版に関する犯罪又はこの憲法第三章〔国民の権利及び義務〕で保障する国民の権利が問題となつてゐる事件の対審は、常にこれを公開しなければならない。

第七章　財政

〔財政処理の要件〕
第八十三条 国の財政を処理する権限は、国会の議決に基いて、これを行使しなければならない。

〔課税の要件〕
第八十四条 あらたに租税を課し、又は現行の租税を変更するには、法律又は法律の定める条件によることを必要とする。
〔国費支出および債務負担の要件〕
第八十五条 国費を支出し、又は国が債務を負担するには、国会の議決に基くことを必要とする。
〔予算の作成〕
第八十六条 内閣は、毎会計年度の予算を作成し、国会に提出して、その審議を受け議決を経なければならない。
〔予備費〕
第八十七条 予見し難い予算の不足に充てるため、国会の議決に基いて予備費を設け、内閣の責任でこれを支出することができる。
② すべて予備費の支出については、内閣は、事後に国会の承諾を得なければならない。
〔皇室財産および皇室費用〕
第八十八条 すべて皇室財産は、国に属する。すべて皇室の費用は、予算に計上して国会の議決を経なければならない。
〔公の財産の用途制限〕
第八十九条 公金その他の公の財産は、宗教上の組織若しくは団体の使用、便益若しくは維持のため、又は公の支配に属しない慈善、教育若しくは博愛の事業に対し、これを支出し、又はその利用に供してはならない。
〔会計検査〕
第九十条 国の収入支出の決算は、すべて毎年会計検査院がこれを検査し、内閣は、次の年度に、その検査報告とともに、これを国会に提出しなければならない。
② 会計検査院の組織及び権限は、法律でこれを定める。
〔財政状況の報告〕
第九十一条 内閣は、国会及び国民に対し、定期に、少くとも毎年一回、国の財政状況について報告しなければならない。

第八章　地方自治

〔地方自治の本旨の確保〕
第九十二条 地方公共団体の組織及び運営に関する事項は、地方自治の本旨に基いて、法律でこれを定める。
〔地方公共団体の機関〕
第九十三条 地方公共団体には、法律の定めるところにより、その議事機関として議会を設置する。
② 地方公共団体の長、その議会の議員及び法律の定めるその他の吏員は、その地方公共団体の住民が、直接これを選挙する。
〔地方公共団体の権能〕
第九十四条 地方公共団体は、その財産を管理し、事務を処理し、及び行政を執行する権能を有し、法律の範囲内で条例を制定することができる。
〔一の地方公共団体のみに適用される特別法〕
第九十五条 一の地方公共団体のみに適用される特別法は、法律の定めるところにより、その地方公共団体の住民の投票においてその過半数の同意を得なければ、国会は、これを制定することができない。

第九章　改正

〔憲法改正の発議・国民投票・公布〕
第九十六条 この憲法の改正は、各議院の総議員の三分の二以上の賛成で、国会が、これを発議し、国民に提案してその承認を経なければならない。この承認には、特別の国民投票又は国会の定める選挙の際行はれる投票において、その過半数の賛成を必要とする。
② 憲法改正について前項の承認を経たときは、天皇は、国民の名で、この憲法と一体を成すものとして、直ちにこれを公布する。

第十章　最高法規

〔基本的人権の由来特質〕
第九十七条 この憲法が日本国民に保障する基本的人権は、人類の多年にわたる自由獲得の努力の成果であつて、これらの権利は、過去幾多の試錬に堪へ、現在及び将来の国民に対し、侵すことのできない永久の権利として信託されたものである。
〔憲法の最高性と条約および国際法規の遵守〕
第九十八条 この憲法は、国の最高法規であつて、その条規に反する法律、命令、詔勅及び国務に関するその他の行為の全部又は一部は、その効力を有しない。
② **日本国が締結した条約及び確立された国際法規は、これを誠実に遵守することを必要とする。**
〔憲法尊重擁護の義務〕
第九十九条 天皇又は摂政及び国務大臣、国会議員、裁判官その他の公務員は、この憲法を尊重し擁護する義務を負ふ。

第十一章　補則

〔施行期日と施行前の準備行為〕
第百条 この憲法は、公布の日から起算して六箇月を経過した日〔昭和二二年五月三日〕から、これを施行する。
② この憲法を施行するために必要な法律の制定、参議院議員の選挙及び国会召集の手続並びにこの憲法を施行するために必要な準備手続は、前項の期日よりも前に、これを行ふことができる。
〔参議院成立前の国会〕

第百一条　この憲法施行の際、参議院がまだ成立してゐないときは、その成立するまでの間、衆議院は、国会としての権限を行ふ。

〔参議院議員の任期の経過的特例〕

第百二条　この憲法による第一期の参議院議員のうち、その半数の者の任期は、これを三年とする。その議員は、法律の定めるところにより、これを定める。

〔公務員の地位に関する経過規定〕

第百三条　この憲法施行の際現に在職する国務大臣、衆議院議員及び裁判官並びにその他の公務員で、その地位に相応する地位がこの憲法で認められてゐる者は、法律で特別の定をした場合を除いては、この憲法施行のため、当然にはその地位を失ふことはない。但し、この憲法によつて、後任者が選挙又は任命されたときは、当然その地位を失ふ。

●教育基本法

（平成一八年一二月二二日法律第一二〇号）

【解説】

一　旧法は、一九四六（昭和二一）年八月に設置された教育刷新委員会の建議を受けて、昭和二二年三月三一日公布・施行された。手続き的には一八九〇（明治二三）年一〇月三〇日に発布された教育勅語に代わる戦後教育の新たな指針として制定された。それは「人格の完成」を「教育の目的」の中核に位置付け、普遍的教育の確立を目指したのである。本来なら当然憲法に規定されるべく期待されていた教育と教育制度の基本原理を集約したものと捉えられる。憲法については、その策定過程の日米の主導権をめぐって議論があるが、教育基本法については日本側主導で策定されたと言われている。

二　制定後約六〇年の歳月の流れの中で、新しい教育課題の出現等、指導対象の児童・生徒を取り巻く環境は大きく変化した。そのため、二〇〇〇（平成一二）年一二月に、当時の森喜朗首相の私的諮問機関である教育改革国民会議が教育基本法見直しの提言を行った。これを踏まえて中央教育審議会は、同一五年三月に「新しい時代にふさわしい教育基本法と教育振興基本計画の在り方について」を答申、平成一八年これを受ける形で改正された。旧法が、前文と全十一条および附則から構成されていたことに比べると、現行法は大幅な追加・見直しが行われ、前文と四章十八条および附則からなる。なお、旧法、現行法とも憲法同様前文が付されていることは極めて重要な法規である証左であり、教育憲法と呼ばれるゆえんもある。

三　まず条文、文言の加除、変更であるが、現行法には旧法にはなかった内容、すなわち生涯学習の理念（三条）、大学（七条）、私立学校（八条）、教員（九条）、家庭教育（十条）、幼児期の教育（十一条）、学校、家庭及び地域住民等の相互の連携協力（十三条）、教育振興基本計画（十七条）が追加された。

また四条（教育の機会均等、旧三条）には、障害者に対する教育上の支援に関わる項が挿入されるなど、時代の要請に応答した内容となった。さらに旧法五条男女共学については、男女共学が既に浸透しているとの理由から削除された。しかし男女平等教育推進の重要性に鑑み、現行法二条（教育の目標）三号に「男女の平等」の文言が挿入されている。義務教育については、旧法四条第一項で「九年の普通教育を受けさせる義務」としていたが、現行法五条では「別に法律で定めるところにより」と規定され、義務教育年限の弾力的取り扱いの道が開かれた。加えて現行法九条は、旧法六条二項を近年の教員の資質能力向上問題（指導力不足教員問題）への対応を図る内容に変更したものである。そして現行法十条、十一条、十三条の追加は、近年、子どもの成長発達にとって、家庭教育の重要性、人の生涯を左右する幼児期の重要性、地域、学校、地域住民の相互協力（人間関係資本の充実）の重要性を示す研究知見が得られ、広く受け入れられていることによる。また現行法十六条（教育行政）にあっては、教育が法律の定めるところにより行われることや国と地方の役割分担を明示し、旧法下にあって長く論点となっていた対立軸の解消を図ったと言える。さらに十七条（教育振興基本計画）は、教育基本法で教育の基本原理・原則を定めただけでは教育課題の解決が期待できず、基本理念を確実に社会実装するための施策の必要性から新規追加された。

四　現行法では、前文において、旧法同様、この法律の主旨や位置付け、およびこの法律が憲法の精神にのっとったものであることが明示されている。そして、「個人の尊厳」の重視や教育の目的は「人格の完成」にあることについて旧法の精神を引き継いでいる。

しかし現行法では、前文に「公共の精神を尊び」、二条で「道徳心」、「公共の精神」、「伝統と文化を尊重し、それらをはぐくんできた我が国と郷土を愛するとともに、国際社会の平和と発展に寄与する態度を養うこと」、六条で「学校生活を営む上で必要な規律を重んずる」、十条で「生活のために必要な習慣を身に付けさせる」、十五条で「宗教に関する一般的教養」等、旧法では取り上げられなかった内容が盛り込まれた。これら一連の内容は、広い意味で道徳教育と関わるもので、「公と私の調和」を尊重した伝統的価値観の承継や、長い伝統文化を引き継ぐ国家固有の規範意識の醸成をねらいとするものと指摘できる。

旧法の改正機運は、平成一二年に開始された「教育改革国民会議」の議論が契機となった。当時、成人式に見る若年者の問題行動、いじめ自殺、学級崩壊、生徒の暴力行為および器物損壊の増加等、山積する教育問題への対処策が求められていた。

また急速にグローバル化する社会で、諸外国の人々と共存共栄を図るためには、思想、信条、価値観の違いの克服が重要課題となる。本質的に世界は、ローカルの集合体であることから、それぞれの国や地域（ローカル）の価値観の集積でグローバルが形成される。ゆえに、ローカルが持つ伝統、文化、価値観を知らずして世界との関係を築くことは極めて困難である。現行法はこうした現代的教育課題に対する対処基準を明確化したものと指摘できる。「法はできたその瞬間から陳腐化する」との格言は、正鵠（せいこく）を射たものと言えよう。

〈参考文献〉

杉原誠四郎「教育基本法【解説】」『二〇二三年度版 必携教職六法』協同出版、二〇二二年。相良惟一『新版教育法規』誠文堂新光社、一九七一年。高見茂・服部憲児編著『教育行政提要（平成版）』協同出版、二〇一六年。

（高見　茂）

【教採頻出条文】

前文—第一七条。

（編集部責）

教育基本法（昭和二二年法律第二五号）の全部を改正する。

我々日本国民は、たゆまぬ努力によって築いてきた民主的で文化的な国家を更に発展させるとともに、世界の平和と人類の福祉の向上に貢献することを願うものである。

我々は、この理想を実現するため、個人の尊厳を重んじ、真理と正義を希求し、公共の精神を尊び、豊かな人間性と創造性を備えた人間の育成を期するとともに、伝統を継承し、新しい文化の創造を目指す教育を推進する。

ここに、我々は、日本国憲法の精神にのっとり、我が国の未来を切り拓く教育の基本を確立し、その振興を図るため、この法律を制定する。

第一章　教育の目的及び理念

（教育の目的）

第一条　**教育は、人格の完成を目指し、平和で民主的な国家及び社会の形成者として必要な資質を備えた心身ともに健康な国民の育成を期して行われなければならない。**

（教育の目標）

第二条　**教育は、その目的を実現するため、学問の自由を尊重しつつ、次に掲げる目標を達成するよう行われるものとする。**

一　幅広い知識と教養を身に付け、真理を求める態度を養い、豊かな情操と道徳心を培うとともに、健やかな身体を養うこと。

二　個人の価値を尊重して、その能力を伸ばし、創造性を培い、自主及び自律の精神を養うとともに、職業及び生活との関連を重視し、勤労を重んずる態度を養うこと。

三　正義と責任、男女の平等、自他の敬愛と協力を重んずるとともに、公共の精神に基づき、主体的に社会の形成に参画し、その発展に寄与する態度を養うこと。

四　生命を尊び、自然を大切にし、環境の保全に寄与する態度を養うこと。

五　伝統と文化を尊重し、それらをはぐくんできた我が国と郷土を愛するとともに、他国を尊重し、国際社会の平和と発展に寄与する態度を養うこと。

（生涯学習の理念）

第三条　**国民一人一人が、自己の人格を磨き、豊かな人生を送ることができるよう、その生涯にわたって、あらゆる機会に、あらゆる場所において学習することができ、その成果を適切に生かすことのできる社会の実現が図られなければならない。**

（教育の機会均等）

第四条　**すべて国民は、ひとしく、その能力に応じた教育を受ける機会を与えられなければならず、人種、信条、性別、社会的身分、経済的地位又は門地によって、教育上差別されない。**

2　国及び地方公共団体は、障害のある者が、その障害の状態に応じ、十分な教育を受けられるよう、教育上必要な支援を講じなければならない。

3　国及び地方公共団体は、能力があるにもかかわらず、経済的理由によって修学が困難な者に対して、奨学の措置を講じなければならない。

第二章　教育の実施に関する基本

（義務教育）

第五条　国民は、その保護する子に、別に法律で定めるところにより、普通教育を受けさせる義務を負う。

2　義務教育として行われる普通教育は、各個人の有する能力を伸ばしつつ社会において自立的に生きる基礎を培い、また、国家及び社会の形成者として必要とされる基本的な資質を養うことを目的として行われるものとする。

3　国及び地方公共団体は、義務教育の機会を保障し、その水準を確保するため、適切な役割分担及び相互の協力の下、その実施に責任を負う。

4　国又は地方公共団体の設置する学校における義務教育については、授業料を徴収しない。

（学校教育）

第六条　法律に定める学校は、公の性質を有するものであって、国、地方公共団体及び法律に定める法人のみが、これを設置することができる。

2　前項の学校においては、教育の目標が達成されるよう、教育を受ける者の心身の発達に応じて、体系的な教育が組織的に行われなければならない。この場合において、教育を受ける者が、学校生活を営む上で必要な規律を重んずるとともに、自ら進んで学習に取り組む意欲を高めることを重視して行われなければならない。

（大学）

第七条　大学は、学術の中心として、高い教養と専門的能力を培うとともに、深く真理を探究して新たな知見を創造し、これらの成果を広く社会に提供することにより、社会の発展に寄与するものとする。

2　大学については、自主性、自律性その他の大学における教育及び研究の特性が尊重されなければならない。

（私立学校）

第八条　私立学校の有する公の性質及び学校教育において果たす重要な役割にかんがみ、国及び地方公共団体は、その自主性を尊重しつつ、助成その他の適当な方法によって私立学校教育の振興に努めなければならない。

（教員）

第九条　法律に定める学校の教員は、自己の崇高な使命を深く自覚し、絶えず研究と修養に励み、その職責の遂行に努めなければならない。

2　前項の教員については、その使命と職責の重要性にかんがみ、その身分は尊重され、待遇の適正が期せられるとともに、養成と研修の充実が図られなければならない。

（家庭教育）

第十条　父母その他の保護者は、子の教育について第一義的責任を有するものであって、生活のために必要な習慣を身に付けさせるとともに、自立心を育成し、心身の調和のとれた発達を図るよう努めるものとする。

2　国及び地方公共団体は、家庭教育の自主性を尊重しつつ、保護者に対する学習の機会及び情報の提供その他の家庭教育を支援するために必要な施策を講ずるよう努めなければならない。

（幼児期の教育）

第十一条　幼児期の教育は、生涯にわたる人格形成の基礎を培う重要なものであることにかんがみ、国及び地方公共団体は、幼児の健やかな成長に資する良好な環境の整備その他適当な方法によって、その振興に努めなければならない。

（社会教育）

第十二条　個人の要望や社会の要請にこたえ、社会において行われる教育は、国及び地方公共団体によって奨励されなければならない。

2　国及び地方公共団体は、図書館、博物館、公民館その他の社会教育施設の設置、学校の施設の利用、学習の機会及び情報の提供その他の適当な方法によって社会教育の振興に努めなければならない。

（学校、家庭及び地域住民等の相互の連携協力）

第十三条　学校、家庭及び地域住民その他の関係者は、教育におけるそれぞれの役割と責任を自覚するとともに、相互の連携及び協力に努めるものとする。

（政治教育）

第十四条　良識ある公民として必要な政治的教養は、教育上尊重されなければならない。

2　法律に定める学校は、特定の政党を支持し、又はこれに反対するための政治教育その他政治的活動をしてはならない。

（宗教教育）

第十五条　宗教に関する寛容の態度、宗教に関する一般的な教養及び宗教の社会生活における地位は、教育上尊重されなければならない。

2　国及び地方公共団体が設置する学校は、特定の宗教のための宗教教育その他宗教的活動をしてはならない。

第三章　教育行政

（教育行政）

第十六条　教育は、不当な支配に服することなく、この法律及び他の法律の定めるところにより行われるべきものであり、教育行政は、国と地方公共団体との適切な役割分担及び相互の協力の下、公正かつ適正に行われなければならない。

2　国は、全国的な教育の機会均等と教育水準の維持向上を図るため、教育に関する施策を総合的に策定し、実施しなければならない。

3　地方公共団体は、その地域における教育の振興を図るため、その実情に応じた教育に関する施策を策定し、実施しなければならない。

4　国及び地方公共団体は、教育が円滑かつ継続的に実施されるよう、必要な財政上の措置を講じなければならない。

（教育振興基本計画）

第十七条　政府は、教育の振興に関する施策の総合的かつ計画的な推進を図るため、教育の振興に関する施策についての基本的な方針及び講ずべき施策その他必要な事項について、基本的な計画を定め、これを国会に報告するとともに、公表しなければならない。

2　地方公共団体は、前項の計画を参酌し、その地域の実情に応じ、当該地方公共団体における教育の振興のための施策に関する基本的な計画を定めるよう努めなければならない。

第四章　法令の制定

第十八条　この法律に規定する諸条項を実施するため、必要な法令が制定されなければならない。

附　則〔抄〕

（施行期日）

1　この法律は、公布の日から施行する。

○教育基本法〔旧法〕

（昭和二二年三月三一日法律第二五号）

われらは、さきに、日本国憲法を確定し、民主的で文化的な国家を建設して、世界の平和と人類の福祉に貢献しようとする決意を示した。この理想の実現は、根本において教育の力にまつべきものである。

われらは、個人の尊厳を重んじ、真理と平和を希求する人間の育成を期するとともに、普遍的にしてしかも個性ゆたかな文化の創造をめざす教育を普及徹底しなければならない。

ここに、日本国憲法の精神に則り、教育の目的を明示して、新しい日本の教育の基本を確立するため、この法律を制定する。

第一条（教育の目的）　教育は、人格の完成をめざし、平和的な国家及び社会の形成者として、真理と正義を愛し、個人の価値をたつとび、勤労と責任を重んじ、自主的精神に充ちた心身ともに健康な国民の育成を期して行われなければならない。

第二条（教育の方針）　教育の目的は、あらゆる機会に、あらゆる場所において実現されなければならない。この目的を達成するためには、学問の自由を尊重し、実際生活に即し、自発的精神を養い、自他の敬愛と協力によつて、文化の創造と発展に貢献するように努めなければならない。

第三条（教育の機会均等）　すべて国民は、ひとしく、その能力に応ずる教育を受ける機会を与えられなければならないものであつて、人種、信条、性別、社会的身分、経済的地位又は門地によつて、教育上差別されない。

②　国及び地方公共団体は、能力があるにもかかわらず、経済的理由によつて修学困難な者に対して、奨学の方法を講じなければならない。

第四条（義務教育）　国民は、その保護する子女に、九年の普通教育を受けさせる義務を負う。

②　国又は地方公共団体の設置する学校における義務教育については、授業料は、これを徴収しない。

第五条（男女共学）　男女は、互に敬重し、協力し合わなければならないものであつて、教育上男女の共学は、認められなければならない。

第六条（学校教育）　法律に定める学校は、公の性質をもつものであつて、国又は地方公共団体の外、法律に定める法人のみが、これを設置することができる。

②　法律に定める学校の教員は、全体の奉仕者であつて、自己の使命を自覚し、その職責の遂行に努めなければならない。このためには、教員の身分は、尊重され、その待遇の適正が、期せられなければならない。

第七条（社会教育）　家庭教育及び勤労の場所その他社会において行われる教育は、国及び地方公共団体によつて奨励されなければならない。

②　国及び地方公共団体は、図書館、博物館、公民館等の施設の設置、学校の施設の利用その他適当な方法によつて教育の目的の実現に努めなければならない。

第八条（政治教育）　良識ある公民たるに必要な政治的教養は、教育上これを尊重しなければならない。

②　法律に定める学校は、特定の政党を支持し、又はこれに反対するための政治教育その他政治的活動をしてはならない。

第九条（宗教教育）　宗教に関する寛容の態度及び宗教の社会生活における地位は、教育上これを尊重しなければならない。

②　国及び地方公共団体が設置する学校は、特定の宗教のための宗教教育その他宗教的活動をしてはならない。

第十条（教育行政）　教育は、不当な支配に服することなく、国民全体に対し直接に責任を負つて行われるべきものである。

②　教育行政は、この自覚のもとに、教育の

目的を遂行するに必要な諸条件の整備確立を目標として行われなければならない。

第十一条（補則）この法律に掲げる諸条項を実施するために必要がある場合には、適当な法令が制定されなければならない。

附　則

この法律は、公布の日から、これを施行する。

二　学校教育編

●学校教育法

（昭和二二年三月三一日
法律第二六号）

最終改正…令四・六・二二法七六

【解説】

一　一九四七（昭和二二）年三月三一日に教育基本法とともに制定された学校教育法によって、戦後の学校制度の改革が進められることとなった。一八七二（明治五）年の学制、一八七九（明治一二）年の教育令、一八八六（明治一九）年の学校令と、主として勅令主義による近代学校教育制度の整備が進められてきた戦前とは対照的に、戦後改革の理念に基づき教育の民主化が志向されることとなり、法律主義に基づく新制度の推進が図られた。学校令では学校種ごとであった規定が、学校教育法では就学前教育から高等教育まで総合して同一の法律で規定されることとなった。教育の機会均等の実現や六・三・三・四の単線型学校制度、義務教育九年制の実施等が展開された。学校教育法は一九四七（昭和二二）年四月から施行され、同年四月からは小学校と中学校、一九四八（昭和二三）年四月から高等学校、一九四九（昭和二四）年四月から大学が新制度のもとに設置された。

二　学校教育法の構成は、まず全学校種共通で適用される「総則（一～十五条）」として、学校の種類や設置者、設置基準、設置廃止等の認可、設置者による管理や経費負担、授業料、校長や教員の資格、児童生徒への懲戒、健康診断、学校の閉鎖命令等の規定が設けられている。続いて「義務教育（十六～二十一条）」に関する規定が設けられ、その後に幼稚園（二十二条～二十八条）、小学校（二十九条～四十四条）、中学校（四十五条～四十九条）、義務教育学校（四十九条の二～四十九条の八）、高等学校（五十条～六十二条）、中等教育学校（六十三条～七十一条）、特別支援学校（七十二条～八十二条）、大学（八十三条～百十四条）、高等専門学校（百十五条～百二十三条）と学校段階別に構成されている。この配列は、学校教育法一条に示される学校（一条校）の登場順と連動している。さらに、専修学校（百二十四条～百三十三条）、各種学校（百三十四条）と一条校以外の学校に関する規定が設けられている。各学校段階の規定のはじめには、原則として「目的」や「目標」が定められ（幼稚園：二十二条～二十三条、小学校：二十九条～三十条、中学校：四十五条～四十六条等）、「修業年限」や「教科内容」、「教科書」等の規定が続く。互いの学校段階で共通する事項については「準用規定」が最後に設けられている（幼稚園：二十八条、中学校：四十九条等）。条文順としては先に登場する幼稚園の規定に小学校の条項を準用する形になっているのは、後述する二〇〇七（平成一九）年六月の大幅改正以前の構成の影響によるものである。

三　学校教育法の委任を受けて内閣が定める政令として「学校教育法施行令」があり、就学手続や認定特別支援学校就学者、視覚障害者・聴覚障害者・知的障害者・肢体不自由者又は病弱者の障害の程度、認可・届出、指定技能教育施設、認証評価、審議会等の規定が設けられている。また、本法の具体的施行に伴って文部科学大臣が定める省令が「学校教育法施行規則」であり、校長等の資格や備え付け表簿、校務分掌や主任主事、職員会議や学校評議員、教育課程の基準、学年や授業日、職員、学校評価といった学校制度の運用に伴う事項が学校段階に沿って規定されている。

四　近年の教育改革の推進に伴い、学校教育法は条項の追加改正が実施されてきた。特に二〇〇六（平成一八）年一二月二一日の改正教育基本法の成立に伴って二〇〇七（平成一九）年六月に改正された「教育三法」（学校教育法・教育職員免許法および教育公務員特例法・地方教育行政の組織及び運営に関する法律」（二〇〇八〔平成二〇〕年四月施行）において、小学校、中学校、高等学校、中等教育学校、大学、高等専門学校、特別支援学校、幼稚園の順で条文が並んでいた旧学校教育法の構成を幼稚園から始まる形に改めるとともに、学校の目的目標の見直し、副校長や主幹教諭・指導教諭等の新しい職階の導入、学校評価の制度化等を盛り込んだ抜本的な改正が行われた。

教育三法以降の主な改正には、二〇一四（平成二六）年の大学のガバナンス改革に伴う学長・副学長や教授会の規定の見直しや二〇一五（平成二七）年の義務教育学校の導入、二〇一七（平成三〇）年の専門職大学の設置、同年の教科用図書代替教材（いわゆるデジタル教科書）の規定等が挙げられる。

〈参考文献〉

文部省『学制百二十年史』ぎょうせい、一九九二年。高見茂・開沼太郎・宮村裕子編『教育法規スタートアップ・ネクスト Ver.2.0』昭和堂、二〇二三年。

（開沼　太郎）

【教採頻出条文】

第一―三条、第五―六条、第九条、第十一―十二条、第十六―二十三条、第二十六―二十七条、第二十九条、第三十四―三十五条、第三十七―三十八条、第四十二―四十三条、第四十五条、第四十九条の二、第五十条、第七十二条、附則第九条。

（編集部責）

第一章　総則

〔学校の範囲〕

第一条　この法律で、学校とは、幼稚園、小学校、中学校、義務教育学校、高等学校、中等教育学校、特別支援学校、大学及び高等専門学校とする。

〔学校の設置者〕

第二条　学校は、国（国立大学法人法（平成十五年法律第百十二号）第二条第一項に規定する国立大学法人及び独立行政法人国立高等専門学校機構を含む。以下同じ。）、地方公共団体（地方独立行政法人法（平成十五年法律第百十八号）第六十八条第一項に規定する公立大学法人（以下「公立大学法人」という。）を含む。次項及び第百二十七条において同じ。）及び私立学校法（昭和二十四年法律第二百七十号）第三条に規定する学校法人（以下「学校法人」という。）のみが、これを設置することができる。

②　この法律で、国立学校とは、国の設置する学校を、公立学校とは、地方公共団体の設置する学校を、私立学校とは、学校法人の設置する学校をいう。

〔学校設置基準〕

第三条　学校を設置しようとする者は、学校の種類に応じ、文部科学大臣の定める設備、編制その他に関する設置基準に従い、これを設置しなければならない。

〔学校の設置廃止等の認可〕

第四条　次の各号に掲げる学校の設置廃止、設置者の変更その他政令で定める事項（次条において「設置廃止等」という。）は、それぞれ当該各号に定める者の認可を受けなければならない。これらの学校のうち、高等学校（中等教育学校の後期課程を含む。）の通常の課程（以下「全日制の課程」という。）、夜間その他特別の時間又は時期において授業を行う課程（以下「定時制の課程」という。）及び通信による教育を行う課程（以下「通信制の課程」という。）、大学の学部、大学院及び大学院の研究科並びに第百八条第二項の大学の学科についても、同様とする。

一　公立又は私立の大学及び高等専門学校　文部科学大臣

二　市町村（市町村が単独で又は他の市町村と共同して設立する公立大学法人を含む。次条、第十三条第二項、第十四条、第百三十条第一項及び第百三十一条において同じ。）の設置する高等学校、中等教育学校及び特別支援学校　都道府県の教育委員会

三　私立の幼稚園、小学校、中学校、義務教育学校、高等学校、中等教育学校及び特別支援学校　都道府県知事

②　前項の規定にかかわらず、同項第一号に掲げる学校を設置する者は、次に掲げる事項を行うときは、同項の認可を受けることを要しない。この場合において、当該学校を設置する者は、文部科学大臣の定めるところにより、あらかじめ、文部科学大臣に届け出なければならない。

一　大学の学部若しくは大学院の研究科又は第百八条第二項の大学の学科の設置であつて、当該大学が授与する学位の種類及び分野の変更を伴わないもの

二　大学の学部若しくは大学院の研究科又は第百八条第二項の大学の学科の廃止

三　前二号に掲げるもののほか、政令で定める事項

③　文部科学大臣は、前項の届出があつた場合において、その届出に係る事項が、設備、授業その他の事項に関する法令の規定に適合しないと認めるときは、その届出をした者に対し、必要な措置をとるべきことを命ずることができる。

④　地方自治法（昭和二十二年法律第六十七号）第二百五十二条の十九第一項の指定都市（以下「指定都市」という。）（指定都市が単独で又は他の市町村と共同して設立する公立大学法人を含む。）の設置する高等学校、中等教育学校及び特別支援学校については、第一項の規定は、適用しない。この場合において、当該高等学校、中等教育学校及び特別支援学校を設置する者は、同項の規定により認可を受けな

ければならないとされている事項を行おうとするときは、あらかじめ、都道府県の教育委員会に届け出なければならない。

⑤ 第二項第一号の学位の種類及び分野の変更に関する基準は、文部科学大臣が、これを定める。

〔市町村の幼稚園設置廃止等の届出〕

第四条の二 市町村は、その設置する幼稚園の設置廃止等を行おうとするときは、あらかじめ、都道府県の教育委員会に届け出なければならない。

〔学校の管理・経費の負担〕

第五条 学校の設置者は、その設置する学校を管理し、法令に特別の定のある場合を除いては、その学校の経費を負担する。

〔授業料〕

第六条 学校においては、授業料を徴収することができる。ただし、国立又は公立の小学校及び中学校、義務教育学校、中等教育学校の前期課程又は特別支援学校の小学部及び中学部における義務教育については、これを徴収することができない。

〔校長・教員〕

第七条 学校には、校長及び相当数の教員を置かなければならない。

〔校長・教員の資格に関する事項について監督庁への委任〕

第八条 校長及び教員（教育職員免許法（昭和二十四年法律第百四十七号）の適用を受ける者を除く。）の資格に関する事項は、別に法律で定めるもののほか、文部科学大臣がこれを定める。

〔校長・教員の欠格事由〕

第九条 次の各号のいずれかに該当する者は、校長又は教員となることができない。

一 拘禁刑以上の刑に処せられた者

二 教育職員免許法第十条第一項第二号又は第三号に該当することにより免許状がその効力を失い、当該失効の日から三年を経過しない者

三 教育職員免許法第十一条第一項から第三項までの規定により免許状取上げの処分を受け、三年を経過しない者

四 日本国憲法施行の日以後において、日本国憲法又はその下に成立した政府を暴力で破壊することを主張する政党その他の団体を結成し、又はこれに加入した者

〔私立学校の校長届出義務〕

第十条 私立学校は、校長を定め、大学及び高等専門学校にあつては文部科学大臣に、大学及び高等専門学校以外の学校にあつては都道府県知事に届け出なければならない。

〔児童・学生・生徒等の懲戒〕

第十一条 校長及び教員は、教育上必要があると認めるときは、文部科学大臣の定めるところにより、児童、生徒及び学生に懲戒を加えることができる。ただし、体罰を加えることはできない。

〔健康診断等〕

第十二条 学校においては、別に法律で定めるところにより、幼児、児童、生徒及び学生並びに職員の健康の保持増進を図るため、健康診断を行い、その他その保健に必要な措置を講じなければならない。

〔学校閉鎖命令〕

第十三条 第四条第一項各号に掲げる学校が次の各号のいずれかに該当する場合においては、それぞれ同項各号に定める者は、当該学校の閉鎖を命ずることができる。

一 法令の規定に故意に違反したとき

二 法令の規定によりその者がした命令に違反したとき

三 六箇月以上授業を行わなかつたとき

② 前項の規定は、市町村の設置する幼稚園に準用する。この場合において、同項中「それぞれ同項各号に定める者」とあり、及び同項第二号中「その者」とあるのは、「都道府県の教育委員会」と読み替えるものとする。

〔学校の設備・授業等の変更命令〕

第十四条 大学及び高等専門学校以外の市町村の設置する学校については都道府県の教育委員会、大学及び高等専門学校以外の私立学校については都道府県知事は、当該学校が、設備、授業その他の事項について、法令の規定又は都道府県の教育委員会若しくは都道府県知事の定める規程に違反したときは、その変更を命ずることができる。

〔文科大臣の勧告、変更、廃止命令等〕

第十五条 文部科学大臣は、公立又は私立の大学及び高等専門学校が、設備、授業その他の事項について、法令の規定に違反していると認めるときは、当該学校に対し、必要な措置をとるべきことを勧告することができる。

② 文部科学大臣は、前項の規定による勧告によつてもなお当該勧告に係る事項（次項において「勧告事項」という。）が改善されない場合には、当該学校に対し、その変更を命ずることができる。

③ 文部科学大臣は、前項の規定による命令によつてもなお勧告事項が改善されない場合には、当該学校に対し、当該勧告事項に係る組織の廃止を命ずることができる。

④ 文部科学大臣は、第一項の規定による勧告又は第二項若しくは前項の規定による命令を行うために必要があると認めるときは、当該学校に対し、報告又は資料の提出を求めることができる。

第二章　義務教育

第十六条 保護者（子に対して親権を行う者（親権を行う者のないときは、未成年後見人）をいう。以下同じ。）は、次条に定めるところにより、子に九年の普通教育を受けさせる義務を負う。

第十七条 保護者は、子の満六歳に達した日の翌日以後における最初の学年の初めから、満十二歳に達した日の属する学年の終わりまで、これを小学校、義務教育学校の前期課程又は特別支援学校の小学部に就学させる義務を負う。ただし、子が、満十二歳に達した日の属する学年の終わりまでに小学校の課程、義務教育学校の前期課程又は特別支援学校の小学部の課程を修了しないときは、満十五歳に達した日の属する学年の終わり（それまでの間においてこれらの課程を修了したときは、その修了した日の属する学年の終わり）までとする。

② 保護者は、子が小学校の課程、義務教育学校の前期課程又は特別支援学校の小学部の課程を修了した日の翌日以後における最初の学年の初めから、満十五歳に達した日の属する学年の終わりまで、これを中学校、義務教育学校の後期課程、中等教育学校の前期課程又は特別支援学校の中学部に就学させる義務を負う。

③ 前二項の義務の履行の督促その他これらの義務の履行に関し必要な事項は、政令で定める。

第十八条 前条第一項又は第二項の規定によつて、保護者が就学させなければならない子（以下それぞれ「学齢児童」又は「学齢生徒」という。）で、病弱、発育不完全その他やむを得ない事由のため、就学困難と認められる者の保護者に対しては、市町村の教育委員会は、文部科学大臣の定めるところにより、同条第一項又は第二項の義務を猶予又は免除することができる。

第十九条 経済的理由によつて、就学困難と認められる学齢児童又は学齢生徒の保護者に対しては、市町村は、必要な援助を与えなければならない。

第二十条 学齢児童又は学齢生徒を使用する者は、その使用によつて、当該学齢児童又は学齢生徒が、義務教育を受けることを妨げてはならない。

第二十一条 義務教育として行われる普通教育は、教育基本法（平成十八年法律第百二十号）第五条第二項に規定する目的を実現するため、次に掲げる目標を達成するよう行われるものとする。

一 学校内外における社会的活動を促進し、自主、自律及び協同の精神、規範意識、公正な判断力並びに公共の精神に基づき主体的に社会の形成に参画し、その発展に寄与する態度を養うこと。

二 学校内外における自然体験活動を促進し、生命及び自然を尊重する精神並びに環境の保全に寄与する態度を養うこと。

三 我が国と郷土の現状と歴史について、正しい理解に導き、伝統と文化を尊重し、それらをはぐくんできた我が国と郷土を愛する態度を養うとともに、進んで外国の文化の理解を通じて、他国を尊重し、国際社会の平和と発展に寄与する態度を養うこと。

四 家族と家庭の役割、生活に必要な衣、食、住、情報、産業その他の事項について基礎的な理解と技能を養うこと。

五 読書に親しませ、生活に必要な国語を正しく理解し、使用する基礎的な能力を養うこと。

六 生活に必要な数量的な関係を正しく理解し、処理する基礎的な能力を養うこと。

七 生活にかかわる自然現象について、観察及び実験を通じて、科学的に理解し、処理する基礎的な能力を養うこと。

八 健康、安全で幸福な生活のために必要な習慣を養うとともに、運動を通じて体力を養い、心身の調和的発達を図ること。

九 生活を明るく豊かにする音楽、美術、文芸その他の芸術について基礎的な理解と技能を養うこと。

十 職業についての基礎的な知識と技能、勤労を重んずる態度及び個性に応じて将来の進路を選択する能力を養うこと。

第三章　幼稚園

〔幼稚園の教育目的〕

第二十二条 幼稚園は、義務教育及びその後の教育の基礎を培うものとして、幼児を保育し、幼児の健やかな成長のために適当な環境を与えて、その心身の発達を助長することを目的とする。

〔幼稚園の教育目標〕

第二十三条 幼稚園における教育は、前条に規定する目的を実現するため、次に掲げる目標を達成するよう行われるものとする。

一 健康、安全で幸福な生活のために必要な基本的な習慣を養い、身体諸機能の調和的発達を図ること。

二 集団生活を通じて、喜んでこれに参加する態度を養うとともに家族や身近な人への信頼感を深め、自主、自律及び協同の精神並びに規範意識の芽生えを養うこと。

三 身近な社会生活、生命及び自然に対する興味を養い、それらに対する正しい理解と態度及び思考力の芽生えを養うこと。

四 日常の会話や、絵本、童話等に親しむことを通じて、言葉の使い方を正しく導くとともに、相手の話を理解しようとする態度を養うこと。

五 音楽、身体による表現、造形等に親しむことを通じて、豊かな感性と表現力の芽生えを養うこと。

〔幼児期の教育の支援〕

第二十四条 幼稚園においては、第二十二条に規定する目的を実現するための教育を行うほか、幼児期の教育に関する各般の問題につき、保護者及び地域住民その他の関係者からの相談に応じ、必要な情報の提供及び助言を行うなど、家庭及び地域における幼児期の教育の支援に努めるものとする。

〔教育課程〕

第二十五条　幼稚園の教育課程その他の保育内容に関する事項は、第二十二条及び第二十三条の規定に従い、文部科学大臣が定める。

②　文部科学大臣は、前項の規定により幼稚園の教育課程その他の保育内容に関する事項を定めるに当たつては、児童福祉法（昭和二十二年法律第百六十四号）第四十五条第二項の規定により児童福祉施設に関して内閣府令で定める基準（同項第三号の保育所における保育の内容に係る部分に限る。）並びに就学前の子どもに関する教育、保育等の総合的な提供の推進に関する法律（平成十八年法律第七十七号）第十条第一項の規定により主務大臣が定める幼保連携型認定こども園の教育課程その他の教育及び保育の内容に関する事項との整合性の確保に配慮しなければならない。

③　文部科学大臣は、第一項の幼稚園の教育課程その他の保育内容に関する事項を定めるときは、あらかじめ、内閣総理大臣に協議しなければならない。

〔入園資格〕

第二十六条　幼稚園に入園することのできる者は、満三歳から、小学校就学の始期に達するまでの幼児とする。

〔園長・教頭・教諭その他の職員〕

第二十七条　幼稚園には、園長、教頭及び教諭を置かなければならない。

②　幼稚園には、前項に規定するもののほか、副園長、主幹教諭、指導教諭、養護教諭、栄養教諭、事務職員、養護助教諭その他必要な職員を置くことができる。

③　第一項の規定にかかわらず、副園長を置くときその他特別の事情のあるときは、教頭を置かないことができる。

④　園長は、園務をつかさどり、所属職員を監督する。

⑤　副園長は、園長を助け、命を受けて園務をつかさどる。

⑥　教頭は、園長（副園長を置く幼稚園にあつては、園長及び副園長）を助け、園務を整理し、及び必要に応じ幼児の保育をつかさどる。

⑦　主幹教諭は、園長（副園長を置く幼稚園にあつては、園長及び副園長）及び教頭を助け、命を受けて園務の一部を整理し、並びに幼児の保育をつかさどる。

⑧　指導教諭は、幼児の保育をつかさどり、並びに教諭その他の職員に対して、保育の改善及び充実のために必要な指導及び助言を行う。

⑨　教諭は、幼児の保育をつかさどる。

⑩　特別の事情のあるときは、第一項の規定にかかわらず、教諭に代えて助教諭又は講師を置くことができる。

⑪　学校の実情に照らし必要があると認めるときは、第七項の規定にかかわらず、園長（副園長を置く幼稚園にあつては、園長及び副園長）及び教頭を助け、命を受けて園務の一部を整理し、並びに幼児の養護又は栄養の指導及び管理をつかさどる主幹教諭を置くことができる。

〔準用規定〕

第二十八条　第三十七条第六項、第八項及び第十二項から第十七項まで並びに第四十二条から第四十四条までの規定は、幼稚園に準用する。

第四章　小学校

〔小学校の教育目的〕

第二十九条　小学校は、心身の発達に応じて、義務教育として行われる普通教育のうち基礎的なものを施すことを目的とする。

〔小学校の教育目標〕

第三十条　小学校における教育は、前条に規定する目的を実現するために必要な程度において第二十一条各号に掲げる目標を達成するよう行われるものとする。

②　前項の場合においては、生涯にわたり学習する基盤が培われるよう、基礎的な知識及び技能を習得させるとともに、これらを活用して課題を解決するために必要な思考力、判断力、表現力その他の能力をはぐくみ、主体的に学習に取り組む態度を養うことに、特に意を用いなければならない。

〔体験活動〕

第三十一条　小学校においては、前条第一項の規定による目標の達成に資するよう、教育指導を行うに当たり、児童の体験的な学習活動、特にボランティア活動など社会奉仕体験活動、自然体験活動その他の体験活動の充実に努めるものとする。この場合において、社会教育関係団体その他の関係団体及び関係機関との連携に十分配慮しなければならない。

〔小学校の修業年限〕

第三十二条　小学校の修業年限は、六年とする。

〔教育課程〕

第三十三条　小学校の教育課程に関する事項は、第二十九条及び第三十条の規定に従い、文部科学大臣が定める。

〔教科用図書・教材〕

第三十四条　小学校においては、文部科学大臣の検定を経た教科用図書又は文部科学省が著作の名義を有する教科用図書を使用しなければならない。

②　前項に規定する教科用図書（以下この条において「教科用図書」という。）の内容を文部科学大臣の定めるところにより記録

した電磁的記録（電子的方式、磁気的方式その他人の知覚によつては認識することができない方式で作られる記録であつて、電子計算機による情報処理の用に供されるものをいう。）である教材がある場合には、同項の規定にかかわらず、文部科学大臣の定めるところにより、児童の教育の充実を図るため必要があると認められる教育課程の一部において、教科用図書に代えて当該教材を使用することができる。

③　前項に規定する場合において、視覚障害、発達障害その他の文部科学大臣の定める事由により教科用図書を使用して学習することが困難な児童に対し、教科用図書に用いられた文字、図形等の拡大又は音声への変換その他の同項に規定する教材を電子計算機において用いることにより可能となる方法で指導することにより当該児童の学習上の困難の程度を低減させる必要があると認められるときは、文部科学大臣の定めるところにより、教育課程の全部又は一部において、教科用図書に代えて当該教材を使用することができる。

④　教科用図書及び第二項に規定する教材以外の教材で、有益適切なものは、これを使用することができる。

⑤　第一項の検定の申請に係る教科用図書に関し調査審議させるための審議会等（国家行政組織法（昭和二十三年法律第百二十号）第八条に規定する機関をいう。以下同じ。）については、政令で定める。

〔児童の出席停止〕

第三十五条　市町村の教育委員会は、次に掲げる行為の一又は二以上を繰り返し行う等性行不良であつて他の児童の教育に妨げがあると認める児童があるときは、その保護者に対して、児童の出席停止を命ずることができる。

一　他の児童に傷害、心身の苦痛又は財産上の損失を与える行為

二　職員に傷害又は心身の苦痛を与える行為

三　施設又は設備を損壊する行為

四　授業その他の教育活動の実施を妨げる行為

②　市町村の教育委員会は、前項の規定により出席停止を命ずる場合には、あらかじめ保護者の意見を聴取するとともに、理由及び期間を記載した文書を交付しなければならない。

③　前項に規定するもののほか、出席停止の命令の手続に関し必要な事項は、教育委員会規則で定めるものとする。

④　市町村の教育委員会は、出席停止の命令に係る児童の出席停止の期間における学習に対する支援その他の教育上必要な措置を講ずるものとする。

〔学齢未満子女の入学禁止〕

第三十六条　学齢に達しない子は、小学校に入学させることができない。

〔校長・教頭・教諭その他の職員〕

第三十七条　小学校には、校長、教頭、教諭、養護教諭及び事務職員を置かなければならない。

②　小学校には、前項に規定するもののほか、副校長、主幹教諭、指導教諭、栄養教諭その他必要な職員を置くことができる。

③　第一項の規定にかかわらず、副校長を置くときその他特別の事情のあるときは教頭を、養護をつかさどる主幹教諭を置くときは養護教諭を、特別の事情のあるときは事務職員を、それぞれ置かないことができる。

④　校長は、校務をつかさどり、所属職員を監督する。

⑤　副校長は、校長を助け、命を受けて校務をつかさどる。

⑥　副校長は、校長に事故があるときはその職務を代理し、校長が欠けたときはその職務を行う。この場合において、副校長が二人以上あるときは、あらかじめ校長が定めた順序で、その職務を代理し、又は行う。

⑦　教頭は、校長（副校長を置く小学校にあつては、校長及び副校長）を助け、校務を整理し、及び必要に応じ児童の教育をつかさどる。

⑧　教頭は、校長（副校長を置く小学校にあつては、校長及び副校長）に事故があるときは校長の職務を代理し、校長（副校長を置く小学校にあつては、校長及び副校長）が欠けたときは校長の職務を行う。この場合において、教頭が二人以上あるときは、あらかじめ校長が定めた順序で、校長の職務を代理し、又は行う。

⑨　主幹教諭は、校長（副校長を置く小学校にあつては、校長及び副校長）及び教頭を助け、命を受けて校務の一部を整理し、並びに児童の教育をつかさどる。

⑩　指導教諭は、児童の教育をつかさどり、並びに教諭その他の職員に対して、教育指導の改善及び充実のために必要な指導及び助言を行う。

⑪　教諭は、児童の教育をつかさどる。

⑫　養護教諭は、児童の養護をつかさどる。

⑬　栄養教諭は、児童の栄養の指導及び管理をつかさどる。

⑭　事務職員は、事務をつかさどる。

⑮　助教諭は、教諭の職務を助ける。

⑯　講師は、教諭又は助教諭に準ずる職務に従事する。

⑰　養護助教諭は、養護教諭の職務を助ける。

⑱　特別の事情のあるときは、第一項の規定にかかわらず、教諭に代えて助教諭又は講師を、養護教諭に代えて養護助教諭を置くことができる。

⑲　学校の実情に照らし必要があると認める

ときは、第九項の規定にかかわらず、校長（副校長を置く小学校にあつては、校長及び副校長）及び教頭を助け、命を受けて校務の一部を整理し、並びに児童の養護又は栄養の指導及び管理をつかさどる主幹教諭を置くことができる。

〔小学校設置義務〕
第三十八条　市町村は、その区域内にある学齢児童を就学させるに必要な小学校を設置しなければならない。ただし、教育上有益かつ適切であると認めるときは、義務教育学校の設置をもつてこれに代えることができる。

〔市町村学校組合〕
第三十九条　市町村は、適当と認めるときは、前条の規定による事務の全部又は一部を処理するため、市町村の組合を設けることができる。

〔教育事務の委託〕
第四十条　市町村は、前二条の規定によることを不可能又は不適当と認めるときは、小学校又は義務教育学校の設置に代え、学齢児童の全部又は一部の教育事務を、他の市町村又は前条の市町村の組合に委託することができる。

②　前項の場合においては、地方自治法第二百五十二条の十四第三項において準用する同法第二百五十二条の二の二第二項中「都道府県知事」とあるのは、「都道府県知事及び都道府県の教育委員会」と読み替えるものとする。

〔補助〕
第四十一条　町村が、前二条の規定による負担に堪えないと都道府県の教育委員会が認めるときは、都道府県は、その町村に対して、必要な補助を与えなければならない。

〔評価〕
第四十二条　小学校は、文部科学大臣の定めるところにより当該小学校の教育活動その他の学校運営の状況について評価を行い、その結果に基づき学校運営の改善を図るため必要な措置を講ずることにより、その教育水準の向上に努めなければならない。

〔学校運営〕
第四十三条　小学校は、当該小学校に関する保護者及び地域住民その他の関係者の理解を深めるとともに、これらの者との連携及び協力の推進に資するため、当該小学校の教育活動その他の学校運営の状況に関する情報を積極的に提供するものとする。

〔私立小学校の所管庁〕
第四十四条　私立の小学校は、都道府県知事の所管に属する。

第五章　中学校

〔中学校の教育目的〕
第四十五条　中学校は、小学校における教育の基礎の上に、心身の発達に応じて、義務教育として行われる普通教育を施すことを目的とする。

〔中学校の教育目標〕
第四十六条　中学校における教育は、前条に規定する目的を実現するため、第二十一条各号に掲げる目標を達成するよう行われるものとする。

〔中学校の修業年限〕
第四十七条　中学校の修業年限は、三年とする。

〔教育課程〕
第四十八条　中学校の教育課程に関する事項は、第四十五条及び第四十六条の規定並びに次条において読み替えて準用する第三十条第二項の規定に従い、文部科学大臣が定める。

〔準用規定〕
第四十九条　第三十条第二項、第三十一条、第三十四条、第三十五条及び第三十七条から第四十四条までの規定は、中学校に準用する。この場合において、第三十条第二項中「前項」とあるのは「第四十六条」と、第三十一条中「前条第一項」とあるのは「第四十六条」と読み替えるものとする。

第五章の二　義務教育学校

第四十九条の二　義務教育学校は、心身の発達に応じて、義務教育として行われる普通教育を基礎的なものから一貫して施すことを目的とする。

第四十九条の三　義務教育学校における教育は、前条に規定する目的を実現するため、第二十一条各号に掲げる目標を達成するよう行われるものとする。

第四十九条の四　義務教育学校の修業年限は、九年とする。

第四十九条の五　義務教育学校の課程は、これを前期六年の前期課程及び後期三年の後期課程に区分する。

第四十九条の六　義務教育学校の前期課程における教育は、第四十九条の二に規定する目的のうち、心身の発達に応じて、義務教育として行われる普通教育のうち基礎的なものを施すことを実現するために必要な程度において第二十一条各号に掲げる目標を達成するよう行われるものとする。

②　義務教育学校の後期課程における教育は、第四十九条の二に規定する目的のうち、前期課程における教育の基礎の上に、心身の発達に応じて、義務教育として行われる普通教育を施すことを実現するため、第二十一条各号に掲げる目標を達成するよう行われるものとする。

第四十九条の七　義務教育学校の前期課程及び後期課程の教育課程に関する事項は、第四十九条の二、第四十九条の三及び前条の規定並びに次条において読み替えて準用する第三十条第二項の規定に従い、文部科学大臣が定める。

第四十九条の八　第三十条第二項、第三十一条、第三十四条から第三十七条まで及び第四十二条から第四十四条までの規定は、義務教育学校に準用する。この場合において、第三十条第二項中「前項」とあるのは「第四十九条の三」と、第三十一条中「前条第一項」とあるのは「第四十九条の三」と読み替えるものとする。

第六章　高等学校

〔高等学校の教育目的〕
第五十条　高等学校は、中学校における教育の基礎の上に、心身の発達及び進路に応じて、高度な普通教育及び専門教育を施すことを目的とする。

〔高等学校の教育目標〕
第五十一条　高等学校における教育は、前条に規定する目的を実現するため、次に掲げる目標を達成するよう行われるものとする。
一　義務教育として行われる普通教育の成果を更に発展拡充させて、豊かな人間性、創造性及び健やかな身体を養い、国家及び社会の形成者として必要な資質を養うこと。
二　社会において果たさなければならない使命の自覚に基づき、個性に応じて将来の進路を決定させ、一般的な教養を高め、専門的な知識、技術及び技能を習得させること。
三　個性の確立に努めるとともに、社会について、広く深い理解と健全な批判力を養い、社会の発展に寄与する態度を養うこと。

〔学科および教育課程〕
第五十二条　高等学校の学科及び教育課程に関する事項は、前二条の規定及び第六十二条において読み替えて準用する第三十条第二項の規定に従い、文部科学大臣が定める。

〔定時制の課程〕
第五十三条　高等学校には、全日制の課程のほか、定時制の課程を置くことができる。
②　高等学校には、定時制の課程のみを置くことができる。

〔通信制の課程〕
第五十四条　高等学校には、全日制の課程又は定時制の課程のほか、通信制の課程を置くことができる。
②　高等学校には、通信制の課程のみを置くことができる。
③　市（指定都市を除く。以下この項において同じ。）町村（市町村が単独で又は他の市町村と共同して設立する公立大学法人を含む。）の設置する高等学校については都道府県の教育委員会、私立の高等学校については都道府県知事は、高等学校の通信制の課程のうち、当該高等学校の所在する都道府県の区域内に住所を有する者のほか、全国的に他の都道府県の区域内に住所を有する者を併せて生徒とするものその他政令で定めるもの（以下この項において「広域の通信制の課程」という。）に係る第四条第一項に規定する認可（政令で定める事項に係るものに限る。）を行うときは、あらかじめ、文部科学大臣に届け出なければならない。都道府県（都道府県が単独で又は他の地方公共団体と共同して設立する公立大学法人を含む。）又は指定都市（指定都市が単独で又は他の市町村と共同して設立する公立大学法人を含む。）の設置する高等学校の広域の通信制の課程について、当該都道府県又は指定都市の教育委員会（公立大学法人の設置する高等学校にあつては、当該公立大学法人）がこの項前段の政令で定める事項を行うときも、同様とする。
④　通信制の課程に関し必要な事項は、文部科学大臣が、これを定める。

〔技能教育のための施設における学習〕
第五十五条　高等学校の定時制の課程又は通信制の課程に在学する生徒が、技能教育のための施設で当該施設の所在地の都道府県の教育委員会の指定するものにおいて教育を受けているときは、校長は、文部科学大臣の定めるところにより、当該施設における学習を当該高等学校における教科の一部の履修とみなすことができる。
②　前項の施設の指定に関し必要な事項は、政令で、これを定める。

〔高等学校の修業年限〕
第五十六条　高等学校の修業年限は、全日制の課程については、三年とし、定時制の課程及び通信制の課程については、三年以上とする。

〔高等学校の入学資格〕
第五十七条　高等学校に入学することのできる者は、中学校若しくはこれに準ずる学校若しくは義務教育学校を卒業した者若しくは中等教育学校の前期課程を修了した者又は文部科学大臣の定めるところにより、これと同等以上の学力があると認められた者とする。

〔専攻科・別科〕
第五十八条　高等学校には、専攻科及び別科を置くことができる。
②　高等学校の専攻科は、高等学校若しくはこれに準ずる学校若しくは中等教育学校を卒業した者又は文部科学大臣の定めるところにより、これと同等以上の学力があると認められた者に対して、精深な程度において、特別の事項を教授し、その研究を指導することを目的とし、その修業年限は、一年以上とする。
③　高等学校の別科は、前条に規定する入学資格を有する者に対して、簡易な程度において、特別の技能教育を施すことを目的とし、その修業年限は、一年以上とする。

第五十八条の二　高等学校の専攻科の課程（修業年限が二年以上であることその他の文部科学大臣の定める基準を満たすものに限る。）を修了した者（第九十条第一項に規定する者に限る。）は、文部科学大臣の定めるところにより、大学に編入学することができる。

〔高等学校の入学・退学・転学等〕

第五十九条　高等学校に関する入学、退学、転学その他必要な事項は、文部科学大臣が、これを定める。

〔校長・教頭・教諭その他の職員〕

第六十条　高等学校には、校長、教頭、教諭及び事務職員を置かなければならない。

②　高等学校には、前項に規定するもののほか、副校長、主幹教諭、指導教諭、養護教諭、栄養教諭、養護助教諭、実習助手、技術職員その他必要な職員を置くことができる。

③　第一項の規定にかかわらず、副校長を置くときは、教頭を置かないことができる。

④　実習助手は、実験又は実習について、教諭の職務を助ける。

⑤　特別の事情のあるときは、第一項の規定にかかわらず、教諭に代えて助教諭又は講師を置くことができる。

⑥　技術職員は、技術に従事する。

〔教頭〕

第六十一条　高等学校に、全日制の課程、定時制の課程又は通信制の課程のうち二以上の課程を置くときは、それぞれの課程に関する校務を分担して整理する教頭を置かなければならない。ただし、命を受けて当該課程に関する校務をつかさどる副校長が置かれる一の課程については、この限りでない。

〔準用規定〕

第六十二条　第三十条第二項、第三十一条、第三十四条、第三十七条第四項から第十七項まで及び第十九項並びに第四十二条から第四十四条までの規定は、高等学校に準用する。この場合において、第三十条第二項中「前項」とあるのは「第五十一条」と、第三十一条中「前条第一項」とあるのは「第五十一条」と読み替えるものとする。

第七章　中等教育学校

〔中等教育学校の教育目的〕

第六十三条　中等教育学校は、小学校における教育の基礎の上に、心身の発達及び進路に応じて、義務教育として行われる普通教育並びに高度な普通教育及び専門教育を一貫して施すことを目的とする。

〔中等教育学校の教育目標〕

第六十四条　中等教育学校における教育は、前条に規定する目的を実現するため、次に掲げる目標を達成するよう行われるものとする。

一　豊かな人間性、創造性及び健やかな身体を養い、国家及び社会の形成者として必要な資質を養うこと。

二　社会において果たさなければならない使命の自覚に基づき、個性に応じて将来の進路を決定させ、一般的な教養を高め、専門的な知識、技術及び技能を習得させること。

三　個性の確立に努めるとともに、社会について、広く深い理解と健全な批判力を養い、社会の発展に寄与する態度を養うこと。

〔中等教育学校の修業年限〕

第六十五条　中等教育学校の修業年限は、六年とする。

〔中等教育学校の前期課程及び後期課程〕

第六十六条　中等教育学校の課程は、これを前期三年の前期課程及び後期三年の後期課程に区分する。

〔課程の目的及び目標〕

第六十七条　中等教育学校の前期課程における教育は、第六十三条に規定する目的のうち、小学校における教育の基礎の上に、心身の発達に応じて、義務教育として行われる普通教育を施すことを実現するため、第二十一条各号に掲げる目標を達成するよう行われるものとする。

②　中等教育学校の後期課程における教育は、第六十三条に規定する目的のうち、心身の発達及び進路に応じて、高度な普通教育及び専門教育を施すことを実現するため、第六十四条各号に掲げる目標を達成するよう行われるものとする。

〔学科及び教育課程〕

第六十八条　中等教育学校の前期課程の教育課程に関する事項並びに後期課程の学科及び教育課程に関する事項は、第六十三条、第六十四条及び前条の規定並びに第七十条第一項において読み替えて準用する第三十条第二項の規定に従い、文部科学大臣が定める。

〔校長・教頭・教諭その他の職員〕

第六十九条　中等教育学校には、校長、教頭、教諭、養護教諭及び事務職員を置かなければならない。

②　中等教育学校には、前項に規定するもののほか、副校長、主幹教諭、指導教諭、栄養教諭、実習助手、技術職員その他必要な職員を置くことができる。

③　第一項の規定にかかわらず、副校長を置くときは教頭を、養護をつかさどる主幹教諭を置くときは養護教諭を、それぞれ置かないことができる。

④　特別の事情のあるときは、第一項の規定にかかわらず、教諭に代えて助教諭又は講師を、養護教諭に代えて養護助教諭を置くことができる。

〔準用規定〕

第七十条　第三十条第二項、第三十一条、第

三十四条、第三十七条第四項から第十七項まで及び第十九項、第四十二条から第四十四条まで、第五十九条並びに第六十条第四項及び第六項の規定は中等教育学校に、第五十三条から第五十五条まで、第五十八条、第五十八条の二及び第六十一条の規定は中等教育学校の後期課程に、それぞれ準用する。この場合において、第三十条第二項中「前項」とあるのは「第六十四条」と、第三十一条中「前条第一項」とあるのは「第六十四条」と読み替えるものとする。

② 前項において準用する第五十三条又は第五十四条の規定により後期課程に定時制の課程又は通信制の課程を置く中等教育学校については、第六十五条の規定にかかわらず、当該定時制の課程又は通信制の課程に係る修業年限は、六年以上とする。この場合において、第六十六条中「後期三年の後期課程」とあるのは、「後期三年以上の後期課程」とする。

〔同一の設置者が設置する中学校及び高等学校における一貫教育〕
第七十一条 同一の設置者が設置する中学校及び高等学校においては、文部科学大臣の定めるところにより、中等教育学校に準じて、中学校における教育と高等学校における教育を一貫して施すことができる。

第八章　特別支援教育

〔特別支援学校の教育目的〕
第七十二条 **特別支援学校は、視覚障害者、聴覚障害者、知的障害者、肢体不自由者又は病弱者（身体虚弱者を含む。以下同じ。）に対して、幼稚園、小学校、中学校又は高等学校に準ずる教育を施すとともに、障害による学習上又は生活上の困難を克服し自立を図るために必要な知識技能を授けることを目的とする。**

〔教育対象の明示〕
第七十三条 特別支援学校においては、文部科学大臣の定めるところにより、前条に規定する者に対する教育のうち当該学校が行うものを明らかにするものとする。

〔特別支援学校の普通学校への助言と援助〕
第七十四条 特別支援学校においては、第七十二条に規定する目的を実現するための教育を行うほか、幼稚園、小学校、中学校、義務教育学校、高等学校又は中等教育学校の要請に応じて、第八十一条第一項に規定する幼児、児童又は生徒の教育に関し必要な助言又は援助を行うよう努めるものとする。

〔障害の程度〕
第七十五条 第七十二条に規定する視覚障害者、聴覚障害者、知的障害者、肢体不自由者又は病弱者の障害の程度は、政令で定める。

〔幼稚部・小学部・中学部・高等部の設置〕
第七十六条 特別支援学校には、小学部及び中学部を置かなければならない。ただし、特別の必要のある場合においては、そのいずれかのみを置くことができる。

② 特別支援学校には、小学部及び中学部のほか、幼稚部又は高等部を置くことができ、また、特別の必要のある場合においては、前項の規定にかかわらず、小学部及び中学部を置かないで幼稚部又は高等部のみを置くことができる。

〔教育課程、保育内容及び学科〕
第七十七条 特別支援学校の幼稚部の教育課程その他の保育内容、小学部及び中学部の教育課程又は高等部の学科及び教育課程に関する事項は、幼稚園、小学校、中学校又は高等学校に準じて、文部科学大臣が定める。

〔寄宿舎の設置〕
第七十八条 特別支援学校には、寄宿舎を設けなければならない。ただし、特別の事情のあるときは、これを設けないことができる。

〔寄宿舎指導員〕
第七十九条 寄宿舎を設ける特別支援学校には、寄宿舎指導員を置かなければならない。

② 寄宿舎指導員は、寄宿舎における幼児、児童又は生徒の日常生活上の世話及び生活指導に従事する。

〔特別支援学校の設置義務〕
第八十条 都道府県は、その区域内にある学齢児童及び学齢生徒のうち、視覚障害者、聴覚障害者、知的障害者、肢体不自由者又は病弱者で、その障害が第七十五条の政令で定める程度のものを就学させるに必要な特別支援学校を設置しなければならない。

〔特別支援学級〕
第八十一条 幼稚園、小学校、中学校、義務教育学校、高等学校及び中等教育学校においては、次項各号のいずれかに該当する幼児、児童及び生徒その他教育上特別の支援を必要とする幼児、児童及び生徒に対し、文部科学大臣の定めるところにより、障害による学習上又は生活上の困難を克服するための教育を行うものとする。

② 小学校、中学校、義務教育学校、高等学校及び中等教育学校には、次の各号のいずれかに該当する児童及び生徒のために、特別支援学級を置くことができる。

一　知的障害者
二　肢体不自由者
三　身体虚弱者
四　弱視者
五　難聴者
六　その他障害のある者で、特別支援学級において教育を行うことが適当なもの

③ 前項に規定する学校においては、疾病により療養中の児童及び生徒に対して、特別

支援学級を設け、又は教員を派遣して、教育を行うことができる。

〔準用規定〕

第八十二条　第二十六条、第二十七条、第三十一条（第四十九条及び第六十二条において読み替えて準用する場合を含む。）、第三十二条、第三十四条（第四十九条及び第六十二条において準用する場合を含む。）、第三十六条、第三十七条（第二十八条、第四十九条及び第六十二条において準用する場合を含む。）、第四十二条から第四十四条まで、第四十七条及び第五十六条から第六十条までの規定は特別支援学校に、第八十四条の規定は特別支援学校の高等部に、それぞれ準用する。

第九章　大学

〔大学の教育目的〕

第八十三条　大学は、学術の中心として、広く知識を授けるとともに、深く専門の学芸を教授研究し、知的、道徳的及び応用的能力を展開させることを目的とする。

② 大学は、その目的を実現するための教育研究を行い、その成果を広く社会に提供することにより、社会の発展に寄与するものとする。

〔専門職大学〕

第八十三条の二　前条の大学のうち、深く専門の学芸を教授研究し、専門性が求められる職業を担うための実践的かつ応用的な能力を展開させることを目的とするものは、専門職大学とする。

② 専門職大学は、文部科学大臣の定めるところにより、その専門性が求められる職業に就いている者、当該職業に関連する事業を行う者その他の関係者の協力を得て、教育課程を編成し、及び実施し、並びに教員の資質の向上を図るものとする。

③ 専門職大学には、第八十七条第二項に規定する課程を置くことができない。

〔通信教育〕

第八十四条　大学は、通信による教育を行うことができる。

〔学部〕

第八十五条　大学には、学部を置くことを常例とする。ただし、当該大学の教育研究上の目的を達成するため有益かつ適切である場合においては、学部以外の教育研究上の基本となる組織を置くことができる。

〔夜間学部・通信教育学部〕

第八十六条　大学には、夜間において授業を行う学部又は通信による教育を行う学部を置くことができる。

〔大学の修業年限〕

第八十七条　大学の修業年限は、四年とする。ただし、特別の専門事項を教授研究する学部及び前条の夜間において授業を行う学部については、その修業年限は、四年を超えるものとすることができる。

② 医学を履修する課程、歯学を履修する課程、薬学を履修する課程のうち臨床に係る実践的な能力を培うことを主たる目的とするもの又は獣医学を履修する課程については、前項本文の規定にかかわらず、その修業年限は、六年とする。

〔専門職大学の課程〕

第八十七条の二　専門職大学の課程は、これを前期二年の前期課程及び後期二年の後期課程又は前期三年の前期課程及び後期一年の後期課程（前条第一項ただし書の規定により修業年限を四年を超えるものとする学部にあつては、前期二年の前期課程及び後期二年以上の後期課程又は前期三年の前期課程及び後期一年以上の後期課程）に区分することができる。

② 専門職大学の前期課程における教育は、第八十三条の二第一項に規定する目的のうち、専門性が求められる職業を担うための実践的かつ応用的な能力を育成することを実現するために行われるものとする。

③ 専門職大学の後期課程における教育は、前期課程における教育の基礎の上に、第八十三条の二第一項に規定する目的を実現するために行われるものとする。

④ 第一項の規定により前期課程及び後期課程に区分された専門職大学の課程においては、当該前期課程を修了しなければ、当該前期課程から当該後期課程に進学することができないものとする。

〔担当期間の修業年限への通算〕

第八十八条　大学の学生以外の者として一の大学において一定の単位を修得した者が当該大学に入学する場合において、当該単位の修得により当該大学の教育課程の一部を履修したと認められるときは、文部科学大臣の定めるところにより、修得した単位数その他の事項を勘案して大学が定める期間を修業年限に通算することができる。ただし、その期間は、当該大学の修業年限の二分の一を超えてはならない。

〔専門職大学等の修業年限への通算〕

第八十八条の二　専門性が求められる職業に係る実務の経験を通じて当該職業を担うための実践的な能力を修得した者が専門職大学等（専門職大学又は第百八条第四項に規定する目的をその目的とする大学（第百四条第五項及び第六項において「専門職短期大学」という。）をいう。以下同じ。）に入学する場合において、当該実践的な能力の修得により当該専門職大学等の教育課程の一部を履修したと認められるときは、文部科学大臣の定めるところにより、修得した実践的な能力の水準その他の事項を勘案して専門職大学等が定める期間を修業年限に通算することができる。ただし、その期間は、当該専門職大学等の修業年限の二分の一を超えない範囲内で文部科学大臣の定める期間を超えてはならない。

〔大学の定める単位を優秀な成績で修得したと認められる学生の卒業認可〕

第八十九条 大学は、文部科学大臣の定めるところにより、当該大学の学生（第八十七条第二項に規定する課程に在学するものを除く。）で当該大学に三年（同条第一項ただし書の規定により修業年限を四年を超えるものとする学部の学生にあつては、三年以上で文部科学大臣の定める期間）以上在学したもの（これに準ずるものとして文部科学大臣の定める者を含む。）が、卒業の要件として当該大学の定める単位を優秀な成績で修得したと認める場合には、同項の規定にかかわらず、その卒業を認めることができる。

〔大学の入学資格〕

第九十条 大学に入学することのできる者は、高等学校若しくは中等教育学校を卒業した者若しくは通常の課程による十二年の学校教育を修了した者（通常の課程以外の課程によりこれに相当する学校教育を修了した者を含む。）又は文部科学大臣の定めるところにより、これと同等以上の学力があると認められた者とする。

② 前項の規定にかかわらず、次の各号に該当する大学は、文部科学大臣の定めるところにより、高等学校に文部科学大臣の定める年数以上在学した者（これに準ずる者として文部科学大臣が定める者を含む。）であつて、当該大学の定める分野において特に優れた資質を有すると認めるものを、当該大学に入学させることができる。

一 当該分野に関する教育研究が行われている大学院が置かれていること。

二 当該分野における特に優れた資質を有する者の育成を図るのにふさわしい教育研究上の実績及び指導体制を有すること。

〔専攻科及び別科〕

第九十一条 大学には、専攻科及び別科を置くことができる。

② 大学の専攻科は、大学を卒業した者又は文部科学大臣の定めるところにより、これと同等以上の学力があると認められた者に対して、精深な程度において、特別の事項を教授し、その研究を指導することを目的とし、その修業年限は、一年以上とする。

③ 大学の別科は、前条第一項に規定する入学資格を有する者に対して、簡易な程度において、特別の技能教育を施すことを目的とし、その修業年限は、一年以上とする。

〔学長・教授その他の職員〕

第九十二条 大学には学長、教授、准教授、助教、助手及び事務職員を置かなければならない。ただし、教育研究上の組織編制として適切と認められる場合には、准教授、助教又は助手を置かないことができる。

② 大学には、前項のほか、副学長、学部長、講師、技術職員その他必要な職員を置くことができる。

③ 学長は、校務をつかさどり、所属職員を統督する。

④ 副学長は、学長を助け、命を受けて校務をつかさどる。

⑤ 学部長は、学部に関する校務をつかさどる。

⑥ 教授は、専攻分野について、教育上、研究上又は実務上の特に優れた知識、能力及び実績を有する者であつて、学生を教授し、その研究を指導し、又は研究に従事する。

⑦ 准教授は、専攻分野について、教育上、研究上又は実務上の優れた知識、能力及び実績を有する者であつて、学生を教授し、その研究を指導し、又は研究に従事する。

⑧ 助教は、専攻分野について、教育上、研究上又は実務上の知識及び能力を有する者であつて、学生を教授し、その研究を指導し、又は研究に従事する。

⑨ 助手は、その所属する組織における教育研究の円滑な実施に必要な業務に従事する。

⑩ 講師は、教授又は准教授に準ずる職務に従事する。

〔教授会〕

第九十三条 大学に、教授会を置く。

② 教授会は、学長が次に掲げる事項について決定を行うに当たり意見を述べるものとする。

一 学生の入学、卒業及び課程の修了

二 学位の授与

三 前二号に掲げるもののほか、教育研究に関する重要な事項で、教授会の意見を聴くことが必要なものとして学長が定めるもの

③ 教授会は、前項に規定するもののほか、学長及び学部長その他の教授会が置かれる組織の長（以下この項において「学長等」という。）がつかさどる教育研究に関する事項について審議し、及び学長等の求めに応じ、意見を述べることができる。

④ 教授会の組織には、准教授その他の職員を加えることができる。

〔大学設置基準の諮問〕

第九十四条 大学について第三条に規定する設置基準を定める場合及び第四条第五項に規定する基準を定める場合には、文部科学大臣は、審議会等で政令で定めるものに諮問しなければならない。

〔大学設置の認可についての諮問〕

第九十五条 大学の設置の認可を行う場合及び大学に対し第四条第三項若しくは第十五条第二項若しくは第三項の規定による勧告を行う場合には、文部科学大臣は、審議会等で政令で定めるものに諮問しなければならない。

〔研究施設の附置〕
第九十六条　大学には、研究所その他の研究施設を附置することができる。
〔大学院の設置〕
第九十七条　大学には、大学院を置くことができる。
〔公私立大学の所轄庁〕
第九十八条　公立又は私立の大学は、文部科学大臣の所轄とする。
〔大学院の目的〕
第九十九条　大学院は、学術の理論及び応用を教授研究し、その深奥をきわめ、又は高度の専門性が求められる職業を担うための深い学識及び卓越した能力を培い、文化の進展に寄与することを目的とする。
②　大学院のうち、学術の理論及び応用を教授研究し、高度の専門性が求められる職業を担うための深い学識及び卓越した能力を培うことを目的とするものは、専門職大学院とする。
③　専門職大学院は、文部科学大臣の定めるところにより、その高度の専門性が求められる職業に就いている者、当該職業に関連する事業を行う者その他の関係者の協力を得て、教育課程を編成し、及び実施し、並びに教員の資質の向上を図るものとする。
〔大学院の研究科〕
第百条　大学院を置く大学には、研究科を置くことを常例とする。ただし、当該大学の教育研究上の目的を達成するため有益かつ適切である場合においては、文部科学大臣の定めるところにより、研究科以外の教育研究上の基本となる組織を置くことができる。
〔夜間研究科・通信教育研究科〕
第百一条　大学院を置く大学には、夜間において授業を行う研究科又は通信による教育を行う研究科を置くことができる。
〔大学院の入学資格〕
第百二条　大学院に入学することのできる者は、第八十三条の大学を卒業した者又は文部科学大臣の定めるところにより、これと同等以上の学力があると認められた者とする。ただし、研究科の教育研究上必要がある場合においては、当該研究科に係る入学資格を、修士の学位若しくは第百四条第一項に規定する文部科学大臣の定める学位を有する者又は文部科学大臣の定めるところにより、これと同等以上の学力があると認められた者とすることができる。
②　前項本文の規定にかかわらず、大学院を置く大学は、文部科学大臣の定めるところにより、第八十三条の大学に文部科学大臣の定める年数以上在学した者（これに準ずる者として文部科学大臣が定める者を含む。）であつて、当該大学院を置く大学の定める単位を優秀な成績で修得したと認めるもの（当該単位の修得の状況及びこれに準ずるものとして文部科学大臣が定めるものに基づき、これと同等以上の能力及び資質を有すると認めるものを含む。）を、当該大学院に入学させることができる。
〔大学院大学〕
第百三条　教育研究上特別の必要がある場合においては、第八十五条の規定にかかわらず、学部を置くことなく大学院を置くものを大学とすることができる。
〔学位の授与〕
第百四条　大学（専門職大学及び第百八条第二項の大学（以下この条において「短期大学」という。）を除く。以下この項及び第七項において同じ。）は、文部科学大臣の定めるところにより、大学を卒業した者に対し、学士の学位を授与するものとする。
②　専門職大学は、文部科学大臣の定めるところにより、専門職大学を卒業した者（第八十七条の二第一項の規定によりその課程を前期課程及び後期課程に区分している専門職大学にあつては、前期課程を修了した者を含む。）に対し、文部科学大臣の定める学位を授与するものとする。
③　大学院を置く大学は、文部科学大臣の定めるところにより、大学院（専門職大学院を除く。）の課程を修了した者に対し修士又は博士の学位を、専門職大学院の課程を修了した者に対し文部科学大臣の定める学位を授与するものとする。
④　大学院を置く大学は、文部科学大臣の定めるところにより、前項の規定により博士の学位を授与された者と同等以上の学力があると認める者に対し、博士の学位を授与することができる。
⑤　短期大学（専門職短期大学を除く。以下この項において同じ。）は、文部科学大臣の定めるところにより、短期大学を卒業した者に対し、短期大学士の学位を授与するものとする。
⑥　専門職短期大学は、文部科学大臣の定めるところにより、専門職短期大学を卒業した者に対し、文部科学大臣の定める学位を授与するものとする。
⑦　独立行政法人大学改革支援・学位授与機構は、文部科学大臣の定めるところにより、次の各号に掲げる者に対し、当該各号に定める学位を授与するものとする。
一　短期大学（専門職大学の前期課程を含む。）若しくは高等専門学校を卒業した者（専門職大学の前期課程にあつては、修了した者）又はこれに準ずる者で、大学における一定の単位の修得又はこれに相当するものとして文部科学大臣の定める学習を行い、大学を卒業した者と同等以上の学力を有すると認める者　学士
二　学校以外の教育施設で学校教育に類する教育を行うもののうち当該教育を行うにつき他の法律に特別の規定があるものに置かれる課程で、大学又は大学院に相

当する教育を行うと認めるものを修了した者　学士、修士又は博士

⑧ 学位に関する事項を定めるについては、文部科学大臣は、第九十四条の政令で定める審議会等に諮問しなければならない。

〔特別課程〕

第百五条 大学は、文部科学大臣の定めるところにより、当該大学の学生以外の者を対象とした特別の課程を編成し、これを修了した者に対し、修了の事実を証する証明書を交付することができる。

〔名誉教授〕

第百六条 大学は、当該大学に学長、副学長、学部長、教授、准教授又は講師として勤務した者であつて、教育上又は学術上特に功績のあつた者に対し、当該大学の定めるところにより、名誉教授の称号を授与することができる。

〔公開講座〕

第百七条 大学においては、公開講座の施設を設けることができる。

② 公開講座に関し必要な事項は、文部科学大臣が、これを定める。

〔短期大学〕

第百八条 大学は、第八十三条第一項に規定する目的に代えて、深く専門の学芸を教授研究し、職業又は実際生活に必要な能力を育成することを主な目的とすることができる。

② 前項に規定する目的をその目的とする大学は、第八十七条第一項の規定にかかわらず、その修業年限を二年又は三年とする。

③ 前項の大学は、短期大学と称する。

④ 第二項の大学のうち、深く専門の学芸を教授研究し、専門性が求められる職業を担うための実践的かつ応用的な能力を育成することを目的とするものは、専門職短期大学とする。

⑤ 第八十三条の二第二項の規定は、前項の大学に準用する。

⑥ 第二項の大学には、第八十五条及び第八十六条の規定にかかわらず、学部を置かないものとする。

⑦ 第二項の大学には、学科を置く。

⑧ 第二項の大学には、夜間において授業を行う学科又は通信による教育を行う学科を置くことができる。

⑨ 第二項の大学を卒業した者は、文部科学大臣の定めるところにより、第八十三条の大学に編入学することができる。

⑩ 第九十七条の規定は、第二項の大学については適用しない。

〔自己点検及び評価、認証評価〕

第百九条 大学は、その教育研究水準の向上に資するため、文部科学大臣の定めるところにより、当該大学の教育及び研究、組織及び運営並びに施設及び設備（次項及び第五項において「教育研究等」という。）の状況について自ら点検及び評価を行い、その結果を公表するものとする。

第二項及び第三項の認証評価においては、それぞれの認証評価の対象たる教育研究等状況（第二項に規定する大学の教育研究等の総合的な状況及び第三項に規定する専門職大学等又は専門職大学院の教育課程、教員組織その他教育研究活動の状況をいう。次項及び第七項において同じ。）が大学評価基準に適合しているか否かの認定を行うものとする。

大学は、教育研究等状況について大学評価基準に適合している旨の認証評価機関の認定（次項において「適合認定」という。）を受けるよう、その教育研究水準の向上に努めなければならない。

文部科学大臣は、大学が教育研究等状況について適合認定を受けられなかつたときは、当該大学に対し、当該大学の教育研究等状況について、報告又は資料の提出を求めるものとする。

② 大学は、前項の措置に加え、当該大学の教育研究等の総合的な状況について、政令で定める期間ごとに、文部科学大臣の認証を受けた者（以下「認証評価機関」という。）による評価（以下「認証評価」という。）を受けるものとする。ただし、認証評価機関が存在しない場合その他特別の事由がある場合であつて、文部科学大臣の定める措置を講じているときは、この限りでない。

③ 専門職大学等又は専門職大学院を置く大学にあつては、前項に規定するもののほか、当該専門職大学等又は専門職大学院の設置の目的に照らし、当該専門職大学等又は専門職大学院の教育課程、教員組織その他教育研究活動の状況について、政令で定める期間ごとに、認証評価を受けるものとする。ただし、当該専門職大学等又は専門職大学院の課程に係る分野について認証評価を行う認証評価機関が存在しない場合その他特別の事由がある場合であつて、文部科学大臣の定める措置を講じているときは、この限りでない。

④ 前二項の認証評価は、大学からの求めにより、大学評価基準（前二項の認証評価機関が定める基準をいう。以下この条及び次条において同じ。）に従つて行うものとする。

⑤ 第二項及び第三項の認証評価においては、それぞれの認証評価の対象たる教育研究等状況（第二項に規定する大学の教育研究等の総合的な状況及び第三項に規定する専門職大学等又は専門職大学院の教育課程、教員組織その他教育研究活動の状況をいう。次項及び第七項において同じ。）が大学評価基準に適合しているか否かの認定を行うものとする。

⑥ 大学は、教育研究等状況について大学評

価基準に適合している旨の認証評価機関の認定（次項において「適合認定」という。）を受けるよう、その教育研究水準の向上に努めなければならない。

⑦　文部科学大臣は、大学が教育研究等状況について適合認定を受けられなかつたときは、当該大学に対し、当該大学の教育研究等状況について、報告又は資料の提出を求めるものとする。

〔認証評価機関〕

第百十条　認証評価機関になろうとする者は、文部科学大臣の定めるところにより、申請により、文部科学大臣の認証を受けることができる。

②　文部科学大臣は、前項の規定による認証の申請が次の各号のいずれにも適合すると認めるときは、その認証をするものとする。

一　大学評価基準及び評価方法が認証評価を適確に行うに足りるものであること。

二　認証評価の公正かつ適確な実施を確保するために必要な体制が整備されていること。

三　第四項に規定する措置（同項に規定する通知を除く。）の前に認証評価の結果に係る大学からの意見の申立ての機会を付与していること。

四　認証評価を適確かつ円滑に行うに必要な経理的基礎を有する法人（人格のない社団又は財団で代表者又は管理人の定めのあるものを含む。次号において同じ。）であること。

五　次条第二項の規定により認証を取り消され、その取消しの日から二年を経過しない法人でないこと。

六　その他認証評価の公正かつ適確な実施に支障を及ぼすおそれがないこと。

③　前項に規定する基準を適用するに際して必要な細目は、文部科学大臣が、これを定める。

④　認証評価機関は、認証評価を行つたときは、遅滞なく、その結果を大学に通知するとともに、文部科学大臣の定めるところにより、これを公表し、かつ、文部科学大臣に報告しなければならない。

⑤　認証評価機関は、大学評価基準、評価方法その他文部科学大臣の定める事項を変更しようとするとき、又は認証評価の業務の全部若しくは一部を休止若しくは廃止しようとするときは、あらかじめ、文部科学大臣に届け出なければならない。

⑥　文部科学大臣は、認証評価機関の認証をしたとき、又は前項の規定による届出があつたときは、その旨を官報で公示しなければならない。

〔認証評価に関する監督〕

第百十一条　文部科学大臣は、認証評価の公正かつ適確な実施が確保されないおそれがあると認めるときは、認証評価機関に対し、必要な報告又は資料の提出を求めることができる。

②　文部科学大臣は、認証評価機関が前項の求めに応じず、若しくは虚偽の報告若しくは資料の提出をしたとき、又は前条第二項及び第三項の規定に適合しなくなつたと認めるときその他認証評価の公正かつ適確な実施に著しく支障を及ぼす事由があると認めるときは、当該認証評価機関に対してこれを改善すべきことを求め、及びその求めによつてもなお改善されないときは、その認証を取り消すことができる。

③　文部科学大臣は、前項の規定により認証評価機関の認証を取り消したときは、その旨を官報で公示しなければならない。

〔認証評価に関する諮問〕

第百十二条　文部科学大臣は、次に掲げる場合には、第九十四条の政令で定める審議会等に諮問しなければならない。

一　認証評価機関の認証をするとき。

二　第百十条第三項の細目を定めるとき。

三　認証評価機関の認証を取り消すとき。

〔教育研究活動の状況〕

第百十三条　大学は、教育研究の成果の普及及び活用の促進に資するため、その教育研究活動の状況を公表するものとする。

〔準用規定〕

第百十四条　第三十七条第十四項及び第六十条第六項の規定は、大学に準用する。

第十章　高等専門学校

〔高等専門学校の目的〕

第百十五条　高等専門学校は、深く専門の学芸を教授し、職業に必要な能力を育成することを目的とする。

②　高等専門学校は、その目的を実現するための教育を行い、その成果を広く社会に提供することにより、社会の発展に寄与するものとする。

〔学科〕

第百十六条　高等専門学校には、学科を置く。

②　前項の学科に関し必要な事項は、文部科学大臣が、これを定める。

〔修業年限〕

第百十七条　高等専門学校の修業年限は、五年とする。ただし、商船に関する学科については、五年六月とする。

〔高等専門学校の入学資格〕

第百十八条　高等専門学校に入学することのできる者は、第五十七条に規定する者とする。

〔専攻科〕

第百十九条　高等専門学校には、専攻科を置くことができる。

②　高等専門学校の専攻科は、高等専門学校を卒業した者又は文部科学大臣の定めるところにより、これと同等以上の学力があると認められた者に対して、精深な程度にお

いて、特別の事項を教授し、その研究を指導することを目的とし、その修業年限は、一年以上とする。

〔校長・教授その他の職員〕

第百二十条 高等専門学校には、校長、教授、准教授、助教、助手及び事務職員を置かなければならない。ただし、教育上の組織編制として適切と認められる場合には、准教授、助教又は助手を置かないことができる。

② 高等専門学校には、前項のほか、講師、技術職員その他必要な職員を置くことができる。

③ 校長は、校務を掌り、所属職員を監督する。

④ 教授は、専攻分野について、教育上又は実務上の特に優れた知識、能力及び実績を有する者であつて、学生を教授する。

⑤ 准教授は、専攻分野について、教育上又は実務上の優れた知識、能力及び実績を有する者であつて、学生を教授する。

⑥ 助教は、専攻分野について、教育上又は実務上の知識及び能力を有する者であつて、学生を教授する。

⑦ 助手は、その所属する組織における教育の円滑な実施に必要な業務に従事する。

⑧ 講師は、教授又は准教授に準ずる職務に従事する。

〔準学士〕

第百二十一条 高等専門学校を卒業した者は、準学士と称することができる。

〔卒業者の大学への編入学〕

第百二十二条 高等専門学校を卒業した者は、文部科学大臣の定めるところにより、大学に編入学することができる。

〔準用規定〕

第百二十三条 第三十七条第十四項、第五十九条、第六十条第六項、第九十四条（設置基準に係る部分に限る。）、第九十五条、第九十八条、第百五条から第百七条まで、第百九条（第三項を除く。）及び第百十条から第百十三条までの規定は、高等専門学校に準用する。

第十一章 専修学校

〔目的・修業年限・授業時数及び定員〕

第百二十四条 第一条に掲げるもの以外の教育施設で、職業若しくは実際生活に必要な能力を育成し、又は教養の向上を図ることを目的として次の各号に該当する組織的な教育を行うもの（当該教育を行うにつき他の法律に特別の規定があるもの及び我が国に居住する外国人を専ら対象とするものを除く。）は、専修学校とする。

一 修業年限が一年以上であること。

二 授業時数が文部科学大臣の定める授業時数以上であること。

三 教育を受ける者が常時四十人以上であること。

〔課程〕

第百二十五条 専修学校には、高等課程、専門課程又は一般課程を置く。

② 専修学校の高等課程においては、中学校若しくはこれに準ずる学校若しくは義務教育学校を卒業した者若しくは中等教育学校の前期課程を修了した者又は文部科学大臣の定めるところによりこれと同等以上の学力があると認められた者に対して、中学校における教育の基礎の上に、心身の発達に応じて前条の教育を行うものとする。

③ 専修学校の専門課程においては、高等学校若しくはこれに準ずる学校若しくは中等教育学校を卒業した者又は文部科学大臣の定めるところによりこれに準ずる学力があると認められた者に対して、高等学校における教育の基礎の上に、前条の教育を行うものとする。

④ 専修学校の一般課程においては、高等課程又は専門課程の教育以外の前条の教育を行うものとする。

〔名称〕

第百二十六条 高等課程を置く専修学校は、高等専修学校と称することができる。

② 専門課程を置く専修学校は、専門学校と称することができる。

〔設置者〕

第百二十七条 専修学校は、国及び地方公共団体のほか、次に該当する者でなければ、設置することができない。

一 専修学校を経営するために必要な経済的基礎を有すること。

二 設置者（設置者が法人である場合にあつては、その経営を担当する当該法人の役員とする。次号において同じ。）が専修学校を経営するために必要な知識又は経験を有すること。

三 設置者が社会的信望を有すること。

〔専修学校の設置基準〕

第百二十八条 専修学校は、次に掲げる事項について文部科学大臣の定める基準に適合していなければならない。

一 目的、生徒の数又は課程の種類に応じて置かなければならない教員の数

二 目的、生徒の数又は課程の種類に応じて有しなければならない校地及び校舎の面積並びにその位置及び環境

三 目的、生徒の数又は課程の種類に応じて有しなければならない設備

四 目的又は課程の種類に応じた教育課程及び編制の大綱

〔校長及び教員〕

第百二十九条 専修学校には、校長及び相当数の教員を置かなければならない。

② 専修学校の校長は、教育に関する識見を有し、かつ、教育、学術又は文化に関する業務に従事した者でなければならない。

③ 専修学校の教員は、その担当する教育に関する専門的な知識又は技能に関し、文部

科学大臣の定める資格を有する者でなければならない。

〔設置廃止等における都道府県の教育委員会又は都道府県知事の認可〕

第百三十条　国又は都道府県（都道府県が単独で又は他の地方公共団体と共同して設立する公立大学法人を含む。）が設置する専修学校を除くほか、専修学校の設置廃止（高等課程、専門課程又は一般課程の設置廃止を含む。）、設置者の変更及び目的の変更は、市町村の設置する専修学校にあつては都道府県の教育委員会、私立の専修学校にあつては都道府県知事の認可を受けなければならない。

② 都道府県の教育委員会又は都道府県知事は、専修学校の設置（高等課程、専門課程又は一般課程の設置を含む。）の認可の申請があつたときは、申請の内容が第百二十四条、第百二十五条及び前三条の基準に適合するかどうかを審査した上で、認可に関する処分をしなければならない。

③ 前項の規定は、専修学校の設置者の変更及び目的の変更の認可の申請があつた場合について準用する。

④ 都道府県の教育委員会又は都道府県知事は、第一項の認可をしない処分をするときは、理由を付した書面をもつて申請者にその旨を通知しなければならない。

〔名称等変更の届出義務〕

第百三十一条　国又は都道府県（都道府県が単独で又は他の地方公共団体と共同して設立する公立大学法人を含む。）が設置する専修学校を除くほか、専修学校の設置者は、その設置する専修学校の名称、位置又は学則を変更しようとするときその他政令で定める場合に該当するときは、市町村の設置する専修学校にあつては都道府県の教育委員会に、私立の専修学校にあつては都道府県知事に届け出なければならない。

第百三十二条　専修学校の専門課程（修業年限が二年以上であることその他の文部科学大臣の定める基準を満たすものに限る。）を修了した者（第九十条第一項に規定する者に限る。）は、文部科学大臣の定めるところにより、大学に編入学することができる。

〔準用規定〕

第百三十三条　第五条、第六条、第九条から第十二条まで、第十三条第一項、第十四条及び第四十二条から第四十四条までの規定は専修学校に、第百五条の規定は専門課程を置く専修学校に準用する。この場合において、第十条中「大学及び高等専門学校にあつては文部科学大臣に、大学及び高等専門学校以外の学校にあつては都道府県知事に」とあるのは「都道府県知事に」と、同項中「第四条第一項各号に掲げる学校」とあるのは「市町村（市町村が単独で又は他の市町村と共同して設立する公立大学法人を含む。）の設置する専修学校又は私立の専修学校」と、「同項各号に定める者」とあるのは「都道府県の教育委員会又は都道府県知事」と、同項第二号中「その者」とあるのは「当該都道府県の教育委員会又は都道府県知事」と、第十四条中「大学及び高等専門学校以外の市町村の設置する学校については都道府県の教育委員会、大学及び高等専門学校以外の私立学校については都道府県知事」とあるのは「市町村（市町村が単独で又は他の市町村と共同して設立する公立大学法人を含む。）の設置する専修学校については都道府県の教育委員会、私立の専修学校については都道府県知事」と読み替えるものとする。

② 都道府県の教育委員会又は都道府県知事は、前項において準用する第十三条第一項の規定による処分をするときは、理由を付した書面をもつて当該専修学校の設置者にその旨を通知しなければならない。

第十二章　雑則

〔各種学校〕

第百三十四条　第一条に掲げるもの以外のもので、学校教育に類する教育を行うもの（当該教育を行うにつき他の法律に特別の規定があるもの及び第百二十四条に規定する専修学校の教育を行うものを除く。）は、各種学校とする。

② 第四条第一項前段、第五条から第七条まで、第九条から第十一条まで、第十三条第一項、第十四条及び第四十二条から第四十四条までの規定は、各種学校に準用する。この場合において、第四条第一項前段中「次の各号に掲げる学校」とあるのは「市町村の設置する各種学校又は私立の各種学校」と、「当該各号に定める者」とあるのは「都道府県の教育委員会又は都道府県知事」と、第十条中「大学及び高等専門学校にあつては文部科学大臣に、大学及び高等専門学校以外の学校にあつては都道府県知事に」とあるのは「都道府県知事に」と、第十三条第一項中「第四条第一項各号に掲げる学校」とあるのは「市町村の設置する各種学校又は私立の各種学校」と、「同項各号に定める者」とあるのは「都道府県の教育委員会又は都道府県知事」と、同項第二号中「その者」とあるのは「当該都道府県の教育委員会又は都道府県知事」と、第十四条中「大学及び高等専門学校以外の市町村の設置する学校については都道府県の教育委員会、大学及び高等専門学校以外の私立学校については都道府県知事」とあるのは「市町村の設置する各種学校については都道府県の教育委員会、私立の各種学校については都道府県知事」と読み替えるものとする。

③ 前項のほか、各種学校に関し必要な事項は、文部科学大臣が、これを定める。

〔学校等の名称の使用禁止〕
第百三十五条 専修学校、各種学校その他第一条に掲げるもの以外の教育施設は、同条に掲げる学校の名称又は大学院の名称を用いてはならない。
② 高等課程を置く専修学校以外の教育施設は高等専修学校の名称を、専門課程を置く専修学校以外の教育施設は専門学校の名称を、専修学校以外の教育施設は専修学校の名称を用いてはならない。

〔専修学校・各種学校設置の勧告及び教育の停止命令〕
第百三十六条 都道府県の教育委員会（私人の経営に係るものにあつては、都道府県知事）は、学校以外のもの又は専修学校若しくは各種学校以外のものが専修学校又は各種学校の教育を行うものと認める場合においては、関係者に対して、一定の期間内に専修学校設置又は各種学校設置の認可を申請すべき旨を勧告することができる。ただし、その期間は、一箇月を下ることができない。
② 都道府県の教育委員会（私人の経営に係るものにあつては、都道府県知事）は、前項に規定する関係者が、同項の規定による勧告に従わず引き続き専修学校若しくは各種学校の教育を行つているとき、又は専修学校設置若しくは各種学校設置の認可を申請したがその認可が得られなかつた場合において引き続き専修学校若しくは各種学校の教育を行つているときは、当該関係者に対して、当該教育をやめるべき旨を命ずることができる。
③ 都道府県知事は、前項の規定による命令をなす場合においては、あらかじめ私立学校審議会の意見を聞かなければならない。

〔学校施設の社会教育等への利用〕
第百三十七条 学校教育上支障のない限り、学校には、社会教育に関する施設を附置し、又は学校の施設を社会教育その他公共のために、利用させることができる。

〔行政手続法の適用除外〕
第百三十八条 第十七条第三項の政令で定める事項のうち同条第一項又は第二項の義務の履行に関する処分に該当するもので政令で定めるものについては、行政手続法（平成五年法律第八十八号）第三章の規定は、適用しない。

〔大学・高等専門学校の設置認可に関する処分に対する不服申立〕
第百三十九条 文部科学大臣がする大学又は高等専門学校の設置の認可に関する処分又はその不作為については、審査請求をすることができない。

〔東京都の区の取扱〕
第百四十条 この法律における市には、東京都の区を含むものとする。

〔大学の学部に含まれる教育研究上の基本となる組織〕
第百四十一条 この法律（第八十五条及び第百条を除く。）及び他の法令（教育公務員特例法（昭和二十四年法律第一号）及び当該法令に特別の定めのあるものを除く。）において、大学の学部には第八十五条ただし書に規定する組織を含み、大学の大学院の研究科には第百条ただし書に規定する組織を含むものとする。

〔命令への委任〕
第百四十二条 この法律に規定するもののほか、この法律施行のため必要な事項で、地方公共団体の機関が処理しなければならないものについては政令で、その他のものについては文部科学大臣が、これを定める。

第十三章　罰則

〔学校閉鎖命令違反の罪〕
第百四十三条 第十三条第一項（同条第二項、第百三十三条第一項及び第百三十四条第二項において準用する場合を含む。）の規定による閉鎖命令又は第百三十六条第二項の規定による命令に違反した者は、六月以下の拘禁刑又は二十万円以下の罰金に処する。

第百四十四条 第十七条第一項又は第二項の義務の履行の督促を受け、なお履行しない者は、十万円以下の罰金に処する。
② 法人の代表者、代理人、使用人その他の従業者が、その法人の業務に関し、前項の違反行為をしたときは、行為者を罰するほか、その法人に対しても、同項の刑を科する。

〔子女使用者の義務違反の罪〕
第百四十五条 第二十条の規定に違反した者は、十万円以下の罰金に処する。

〔学校等の名称専用違反の罪〕
第百四十六条 第百三十五条の規定に違反した者は、十万円以下の罰金に処する。

附　則〔抄〕

〔施行期日〕
第一条 この法律は、昭和二十二年四月一日から、これを施行する。ただし、第二十二条第一項及び第三十九条第一項に規定する盲学校、聾学校及び養護学校における就学義務並びに第七十四条に規定するこれらの学校の設置義務に関する部分の施行期日は、政令で、これを定める。

第二条―第五条　〔略〕

〔私立幼稚園の設置者の特例〕
第六条 私立の幼稚園は、第二条第一項の規定にかかわらず、当分の間、学校法人によつて設置されることを要しない。

〔養護教諭についての特例〕
第七条 小学校、中学校、義務教育学校及び中等教育学校には、第三十七条（第四十九条及び第四十九条の八において準用する場合を含む。）及び第六十九条の規定にかかわらず、当分の間、養護教諭を置かないことができる。

（中学校の通信教育）

第八条　中学校は、当分の間、尋常小学校卒業者及び国民学校初等科修了者に対して、通信による教育を行うことができる。

②　前項の教育に関し必要な事項は、文部科学大臣の定めるところによる。

（教科用図書使用の特例）

第九条　高等学校、中等教育学校の後期課程及び特別支援学校並びに特別支援学級においては、当分の間、第三十四条第一項（第四十九条、第四十九条の八、第六十二条、第七十条第一項及び第八十二条において準用する場合を含む。）の規定にかかわらず、文部科学大臣の定めるところにより、第三十四条第一項に規定する教科用図書以外の教科用図書を使用することができる。

②　第三十四条第二項及び第三項の規定は、前項の規定により使用する教科用図書について準用する。

第十条　〔略〕

附　則〔令四・六・一七法六七〕

（施行期日）

1　この法律は、刑法等一部改正法施行日から施行する。〔ただし書略〕

●学校教育法施行令

（昭和二八年一〇月三一日政令第三四〇号）

最終改正…令和四・一二・二八政四〇三

第一章　就学義務

第一節　学齢簿

（学齢簿の編製）

第一条　市（特別区を含む。以下同じ。）町村の教育委員会は、当該市町村の区域内に住所を有する学齢児童及び学齢生徒（それぞれ学校教育法（以下「法」という。）第十八条に規定する学齢児童及び学齢生徒をいう。以下同じ。）について、学齢簿を編製しなければならない。

2　前項の規定による学齢簿の編製は、当該市町村の住民基本台帳に基づいて行なうものとする。

3　市町村の教育委員会は、文部科学省令で定めるところにより、第一項の学齢簿を磁気ディスク（これに準ずる方法により一定の事項を確実に記録しておくことができる物を含む。以下同じ。）をもつて調製することができる。

4　第一項の学齢簿に記載（前項の規定により磁気ディスクをもつて調製する学齢簿にあつては、記録。以下同じ。）をすべき事項は、文部科学省令で定める。

（学齢簿の作成期日）

第二条　市町村の教育委員会は、毎学年の初めから五月前までに、文部科学省令で定める日現在において、当該市町村に住所を有する者で前学年の初めから終わりまでの間に満六歳に達する者について、あらかじめ、前条第一項の学齢簿を作成しなければならない。この場合においては、同条第二項から第四項までの規定を準用する。

（学齢簿の加除訂正）

第三条　市町村の教育委員会は、新たに学齢簿に記載をすべき事項を生じたとき、学齢簿に記載をした事項に変更を生じたとき、又は学齢簿の記載に錯誤若しくは遺漏があるときは、必要な加除訂正を行わなければならない。

（児童生徒等の住所変更に関する届出の通知）

第四条　第二条に規定する者、学齢児童又は学齢生徒（以下「児童生徒等」と総称する。）について、住民基本台帳法（昭和四十二年法律第八十一号）第二十二条又は第二十三条の規定による届出（第二条に規定する者にあつては、同条の規定により文部科学省令で定める日の翌日以後の住所地の変更に係るこれらの規定による届出に限る。）があつたときは、市町村長（特別区にあつては区長とし、地方自治法（昭和二十二年法律第六十七号）第二百五十二条の十九第一項の指定都市にあつては区長又は総合区長とする。）は、速やかにその旨を当該市町村の教育委員会に通知しなければならない。

第二節　小学校、中学校、義務教育学校及び中等教育学校

（入学期日等の通知、学校の指定）

第五条　市町村の教育委員会は、就学予定者（法第十七条第一項又は第二項の規定により、翌学年の初めから小学校、中学校、義務教育学校、中等教育学校又は特別支援学校に就学させるべき者をいう。以下同じ。）のうち、認定特別支援学校就学者（視覚障

害者、聴覚障害者、知的障害者、肢体不自由者又は病弱者（身体虚弱者を含む。）で、その障害が、第二十二条の三の表に規定する程度のもの（以下「視覚障害者等」という。）のうち、当該市町村の教育委員会が、その者の障害の状態、その者の教育上必要な支援の内容、地域における教育の体制の整備の状況その他の事情を勘案して、その住所の存する都道府県の設置する特別支援学校に就学させることが適当であると認める者をいう。以下同じ。）以外の者について、その保護者に対し、翌学年の初めから二月前までに、小学校、中学校又は義務教育学校の入学期日を通知しなければならない。

2　市町村の教育委員会は、当該市町村の設置する小学校及び義務教育学校の数の合計数が二以上である場合又は当該市町村の設置する中学校（法第七十一条の規定により高等学校における教育と一貫した教育を施すもの（以下「併設型中学校」という。）を除く。以下この項、次条第七号、第六条の三第一項、第七条及び第八条において同じ。）及び義務教育学校の数の合計数が二以上である場合においては、前項の通知において当該就学予定者の就学すべき小学校、中学校又は義務教育学校を指定しなければならない。

3　前二項の規定は、第九条第一項又は第十七条の届出のあつた就学予定者については、適用しない。

〔学校指定の変更〕

第六条　前条の規定は、次に掲げる者について準用する。この場合において、同条第一項中「翌学年の初めから二月前までに」とあるのは、「速やかに」と読み替えるものとする。

一　就学予定者で前条第一項に規定する通知の期限の翌日以後に当該市町村の教育委員会が作成した学齢簿に新たに記載されたもの又は学齢児童若しくは学齢生徒でその住所地の変更により当該学齢簿に新たに記載されたもの（認定特別支援学校就学者及び当該市町村の設置する小学校、中学校又は義務教育学校に在学する者を除く。）

二　次条第二項の通知を受けた学齢児童又は学齢生徒

三　第六条の三第二項の通知を受けた学齢児童又は学齢生徒（同条第三項の通知に係る学齢児童及び学齢生徒を除く。）

四　第十条又は第十八条の通知を受けた学齢児童又は学齢生徒（認定特別支援学校就学者を除く。）

五　第十二条第一項の通知を受けた学齢児童又は学齢生徒のうち、認定特別支援学校就学者の認定をした者以外の者（同条第三項の通知に係る学齢児童及び学齢生徒を除く。）

六　第十二条の二第一項の通知を受けた学齢児童又は学齢生徒のうち、認定特別支援学校就学者の認定をした者以外の者（同条第三項の通知に係る学齢児童及び学齢生徒を除く。）

七　小学校、中学校又は義務教育学校の新設、廃止等によりその就学させるべき小学校、中学校又は義務教育学校を変更する必要を生じた児童生徒等

〔視覚障害者等でなくなつた者の教育委員会への通知〕

第六条の二　特別支援学校に在学する学齢児童又は学齢生徒で視覚障害者等でなくなつたものがあるときは、当該学齢児童又は学齢生徒の在学する特別支援学校の校長は、速やかに、当該学齢児童又は学齢生徒の住所の存する都道府県の教育委員会に対し、その旨を通知しなければならない。

2　都道府県の教育委員会は、前項の通知を受けた学齢児童又は学齢生徒について、当該学齢児童又は学齢生徒の住所の存する市町村の教育委員会に対し、速やかに、その氏名及び視覚障害者等でなくなつた旨を通知しなければならない。

〔認定就学者の教育委員会への通知〕

第六条の三　特別支援学校に在学する学齢児童又は学齢生徒でその障害の状態、その者の教育上必要な支援の内容、地域における教育の体制の整備の状況その他の事情の変化により当該学齢児童又は学齢生徒の住所の存する市町村の設置する小学校、中学校又は義務教育学校に就学することが適当であると思料するもの（視覚障害者等でなくなつた者を除く。）があるときは、当該特別支援学校の校長は、速やかに、当該学齢児童又は学齢生徒の住所の存する都道府県の教育委員会に対し、その旨を通知しなければならない。

2　都道府県の教育委員会は、前項の通知を受けた学齢児童又は学齢生徒について、当該学齢児童又は学齢生徒の住所の存する市町村の教育委員会に対し、速やかに、その氏名及び同項の通知があつた旨を通知しなければならない。

3　市町村の教育委員会は、前項の通知を受けた学齢児童又は学齢生徒について、当該特別支援学校に引き続き就学させることが適当であると認めたときは、都道府県の教育委員会に対し、速やかに、その旨を通知しなければならない。

4　都道府県の教育委員会は、前項の通知を受けたときは、第一項の校長に対し、速やかに、その旨を通知しなければならない。

〔認定就学者で視覚障害者等でなくなつた者の教育委員会への通知〕

第六条の四　学齢児童及び学齢生徒のうち視覚障害者等で小学校、中学校、義務教育学

校又は中等教育学校に在学するもののうち視覚障害者等でなくなつたものがあるときは、その在学する小学校、中学校、義務教育学校又は中等教育学校の校長は、速やかに、当該学齢児童又は学齢生徒の住所の存する市町村の教育委員会に対し、その旨を通知しなければならない。

（就学児童生徒の学校長への通知）

第七条　市町村の教育委員会は、第五条第一項（第六条において準用する場合を含む。）の通知と同時に、当該児童生徒等を就学させるべき小学校、中学校又は義務教育学校の校長に対し、当該児童生徒等の氏名及び入学期日を通知しなければならない。

（就学学校の変更の学校長等への通知）

第八条　市町村の教育委員会は、第五条第二項（第六条において準用する場合を含む。）の場合において、相当と認めるときは、保護者の申立てにより、その指定した小学校、中学校又は義務教育学校を変更することができる。この場合においては、速やかに、その保護者及び前条の通知をした小学校、中学校又は義務教育学校の校長に対し、その旨を通知するとともに、新たに指定した小学校、中学校又は義務教育学校の校長に対し、同条の通知をしなければならない。

（区域外就学等）

第九条　児童生徒等をその住所の存する市町村の設置する小学校、中学校（併設型中学校を除く。）又は義務教育学校以外の小学校、中学校、義務教育学校又は中等教育学校に就学させようとする場合には、その保護者は、就学させようとする小学校、中学校、義務教育学校又は中等教育学校が市町村又は都道府県の設置するものであるときは当該市町村又は都道府県の教育委員会の、その他のものであるときは当該小学校、中学校、義務教育学校又は中等教育学校における就学を承諾する権限を有する者の承諾を証する書面を添え、その旨をその児童生徒等の住所の存する市町村の教育委員会に届け出なければならない。

2　市町村の教育委員会は、前項の承諾（当該市町村の設置する小学校、中学校（併設型中学校を除く。）又は義務教育学校への就学に係るものに限る。）を与えようとする場合には、あらかじめ、児童生徒等の住所の存する市町村の教育委員会に協議するものとする。

（中退児童生徒の教育委員会への通知）

第十条　学齢児童及び学齢生徒でその住所の存する市町村の設置する小学校、中学校（併設型中学校を除く。）又は義務教育学校以外の小学校、中学校若しくは義務教育学校又は中等教育学校に在学するものが、小学校、中学校若しくは義務教育学校又は中等教育学校の前期課程の全課程を修了する前に退学したときは、当該小学校、中学校若しくは義務教育学校又は中等教育学校の校長は、速やかに、その旨を当該学齢児童又は学齢生徒の住所の存する市町村の教育委員会に通知しなければならない。

第三節　特別支援学校

（特別支援学校への就学についての通知）

第十一条　市町村の教育委員会は、第二条に規定する者のうち認定特別支援学校就学者について、都道府県の教育委員会に対し、翌学年の初めから三月前までに、その氏名及び特別支援学校に就学させるべき旨を通知しなければならない。

2　市町村の教育委員会は、前項の通知をするときは、都道府県の教育委員会に対し、同項の通知に係る者の学齢簿の謄本（第一条第三項の規定により磁気ディスクをもつて学齢簿を調製している市町村の教育委員会にあつては、その者の学齢簿に記録されている事項を記載した書類）を送付しなければならない。

3　前二項の規定は、第九条第一項又は第十七条の届出のあつた者については、適用しない。

第十一条の二　前条の規定は、小学校又は義務教育学校の前期課程に在学する学齢児童のうち視覚障害者等で翌学年の初めから特別支援学校の中学部に就学させるべき者として認定特別支援学校就学者の認定をしたものについて準用する。

第十一条の三　第十一条の規定は、第二条の規定により文部科学省令で定める日の翌日以後の住所地の変更により当該市町村の教育委員会が作成した学齢簿に新たに記載された児童生徒等のうち認定特別支援学校就学者について準用する。この場合において、第十一条第一項中「翌学年の初めから三月前までに」とあるのは、「翌学年の初めから三月前までに（翌学年の初日から三月前の応当する日以後に当該学齢簿に新たに記載された場合にあつては、速やかに）」と読み替えるものとする。

2　第十一条の規定は、第十条又は第十八条の通知を受けた学齢児童又は学齢生徒のうち認定特別支援学校就学者について準用する。この場合において、第十一条第一項中「翌学年の初めから三月前までに」とあるのは、「速やかに」と読み替えるものとする。

（視覚障害者等となつた者の教育委員会への通知）

第十二条　小学校、中学校、義務教育学校又は中等教育学校に在学する学齢児童又は学齢生徒で視覚障害者等になつたものがあるときは、当該学齢児童又は学齢生徒の在学する小学校、中学校、義務教育学校又は中等教育学校の校長は、速やかに、当該学齢児童又は学齢生徒の住所の存する市町村の教育委員会に対し、その旨を通知しなければならない。

2　第十一条の規定は、前項の通知を受けた学齢児童又は学齢生徒のうち認定特別支援学校就学者の認定をした者について準用する。この場合において、同条第一項中「翌学年の初めから三月前までに」とあるのは、「速やかに」と読み替えるものとする。

3　第一項の規定による通知を受けた市町村の教育委員会は、同項の通知を受けた学齢児童又は学齢生徒について現に在学する小学校、中学校、義務教育学校又は中等教育学校に引き続き就学させることが適当であると認めたときは、同項の校長に対し、その旨を通知しなければならない。

第十二条の二　学齢児童及び学齢生徒のうち視覚障害者等で小学校、中学校、義務教育学校又は中等教育学校に在学するもののうち、その障害の状態、その者の教育上必要な支援の内容、地域における教育の体制の整備の状況その他の事情の変化によりこれらの小学校、中学校、義務教育学校又は中等教育学校に就学させることが適当でなくなつたと思料するものがあるときは、当該学齢児童又は学齢生徒の在学する小学校、中学校、義務教育学校又は中等教育学校の校長は、当該学齢児童又は学齢生徒の住所の存する市町村の教育委員会に対し、速やかに、その旨を通知しなければならない。

2　第十一条の規定は、前項の通知を受けた学齢児童又は学齢生徒のうち認定特別支援学校就学者の認定をした者について準用する。この場合において、同条第一項中「翌学年の初めから三月前までに」とあるのは、「速やかに」と読み替えるものとする。

3　第一項の規定による通知を受けた市町村の教育委員会は、同項の通知を受けた学齢児童又は学齢生徒について現に在学する小学校、中学校、義務教育学校又は中等教育学校に引き続き就学させることが適当であると認めたときは、同項の校長に対し、その旨を通知しなければならない。

（学齢簿の加除訂正の通知）

第十三条　市町村の教育委員会は、第十一条第一項（第十一条の二、第十一条の三、第十二条第二項及び前条第二項において準用する場合を含む。）の通知に係る児童生徒等について第三条の規定による加除訂正をしたときは、速やかに、都道府県の教育委員会に対し、その旨を通知しなければならない。

（区域外就学等の届出の通知）

第十三条の二　市町村の教育委員会は、第十一条第一項（第十一条の二、第十一条の三、第十二条第二項及び第十二条の二第二項において準用する場合を含む。）の通知に係る児童生徒等について、その通知の後に第九条第一項又は第十七条の届出があつたときは、速やかに、都道府県の教育委員会に対し、その旨を通知しなければならない。

（特別支援学校の入学期日等の通知、学校の指定）

第十四条　都道府県の教育委員会は、第十一条第一項（第十一条の二、第十一条の三、第十二条第二項及び第十二条の二第二項において準用する場合を含む。）の通知を受けた児童生徒等及び特別支援学校の新設、廃止等によりその就学させるべき特別支援学校を変更する必要を生じた児童生徒等について、その保護者に対し、第十一条第一項（第十一条の二において準用する場合を含む。）の通知を受けた児童生徒等にあつては翌学年の初めから二月前までに、その他の児童生徒等にあつては速やかに特別支援学校の入学期日を通知しなければならない。

2　都道府県の教育委員会は、当該都道府県の設置する特別支援学校が二校以上ある場合においては、前項の通知において当該児童生徒等を就学させるべき特別支援学校を指定しなければならない。

3　前二項の規定は、前条の通知を受けた児童生徒等については、適用しない。

第十五条　都道府県の教育委員会は、前条第一項の通知と同時に、当該児童生徒等を就学させるべき特別支援学校の校長及び当該児童生徒等の住所の存する市町村の教育委員会に対し、当該児童生徒等の氏名及び入学期日を通知しなければならない。

2　都道府県の教育委員会は、前条第二項の規定により当該児童生徒等を就学させるべき特別支援学校を指定したときは、前項の市町村の教育委員会に対し、同項に規定する事項のほか、その指定した特別支援学校を通知しなければならない。

（視覚障害者等の就学の変更の通知）

第十六条　都道府県の教育委員会は、第十四条第二項の場合において、相当と認めるときは、保護者の申立により、その指定した特別支援学校を変更することができる。この場合においては、速やかに、その保護者並びに前条の通知をした特別支援学校の校長及び市町村の教育委員会に対し、その旨を通知するとともに、新たに指定した特別支援学校の校長に対し、同条第一項の通知をしなければならない。

（区域外就学等）

第十七条　児童生徒等のうち視覚障害者等をその住所の存する都道府県の設置する特別支援学校以外の特別支援学校に就学させようとする場合には、その保護者は、就学させようとする特別支援学校が他の都道府県の設置するものであるときは当該都道府県の教育委員会の、その他のものであるときは当該特別支援学校における就学を承諾する権限を有する者の就学を承諾する書面を添え、その旨をその児童生徒等の住所の存する市町村の教育委員会に届け出なければならない。

〔視覚障害者等の中途退学者の処置〕

第十八条　学齢児童及び学齢生徒のうち視覚障害者等でその住所の存する都道府県の設置する特別支援学校以外の特別支援学校に在学するものが、特別支援学校の小学部又は中学部の全課程を修了する前に退学したときは、当該特別支援学校の校長は、速やかに、その旨を当該学齢児童又は学齢生徒の住所の存する市町村の教育委員会に通知しなければならない。

第三節の二　保護者及び視覚障害者等の就学に関する専門的知識を有する者の意見聴取

第十八条の二　市町村の教育委員会は、児童生徒等のうち視覚障害者等について、第五条（第六条（第二号を除く。）において準用する場合を含む。）又は第十一条第一項（第十一条の二、第十一条の三、第十二条第二項及び第十二条の二第二項において準用する場合を含む。）の通知をしようとするときは、その保護者及び教育学、医学、心理学その他の障害のある児童生徒等の就学に関する専門的知識を有する者の意見を聴くものとする。

第四節　督促等

〔校長の義務〕

第十九条　小学校、中学校、義務教育学校、中等教育学校及び特別支援学校の校長は、常に、その学校に在学する学齢児童又は学齢生徒の出席状況を明らかにしておかなければならない。

〔長期欠席者等の教育委員会への通知〕

第二十条　小学校、中学校、義務教育学校、中等教育学校及び特別支援学校の校長は、当該学校に在学する学齢児童又は学齢生徒が、休業日を除き引き続き七日間出席せず、その他その出席状況が良好でない場合において、その出席させないことについて保護者に正当な事由がないと認められるときは、速やかに、その旨を当該学齢児童又は学齢生徒の住所の存する市町村の教育委員会に通知しなければならない。

〔教育委員会の行う出席の督促等〕

第二十一条　市町村の教育委員会は、前条の通知を受けたときその他当該市町村に住所を有する学齢児童又は学齢生徒の保護者が法第十七条第一項又は第二項に規定する義務を怠つていると認められるときは、その保護者に対して、当該学齢児童又は学齢生徒の出席を督促しなければならない。

第五節　就学義務の終了

〔全課程修了者の通知〕

第二十二条　小学校、中学校、義務教育学校、中等教育学校及び特別支援学校の校長は、毎学年の終了後、速やかに、小学校、中学校、義務教育学校の前期課程若しくは後期課程、中等教育学校の前期課程又は特別支援学校の小学部若しくは中学部の全課程を修了した者の氏名をその者の住所の存する市町村の教育委員会に通知しなければならない。

第六節　行政手続法の適用除外

〔行政手続法第三章の規定を適用しない処分〕

第二十二条の二　法第百三十八条の政令で定める処分は、第五条第一項及び第二項（これらの規定を第六条において準用する場合を含む。）並びに第十四条第一項及び第二項の規定による処分とする。

第二章　視覚障害者等の障害の程度

第二十二条の三　法第七十五条の政令で定める視覚障害者、聴覚障害者、知的障害者、肢体不自由者又は病弱者の障害の程度は、次の表に掲げるとおりとする。

区分	障害の程度
視覚障害者	両眼の視力がおおむね〇・三未満のもの又は視力以外の視機能障害が高度のもののうち、拡大鏡等の使用によつても通常の文字、図形等の視覚による認識が不可能又は著しく困難な程度のもの
聴覚障害者	両耳の聴力レベルがおおむね六〇デシベル以上のもののうち、補聴器等の使用によつても通常の話声を解することが不可能又は著しく困難な程度のもの
知的障害者	一　知的発達の遅滞があり、他人との意思疎通が困難で日常生活を営むのに頻繁に援助を必要とする程度のもの 二　知的発達の遅滞の程度が前号に掲げる程度に達しないもののうち、社会生活への適応が著しく困難なもの
肢体不自由者	一　肢体不自由の状態が補装具の使用によつても歩行、筆記等日常生活における基本的な動作が不可能又は困難な程度のもの 二　肢体不自由の状態が前号に掲げる程度に達しないもののうち、常時の医学的観察指導を必要とする程度のもの
病弱者	一　慢性の呼吸器疾患、腎臓疾患及び神経疾患、悪性新生物その他の疾患の状態が継続して医療又は生活規制を必要とする程度のもの 二　身体虚弱の状態が継続して生活規制を必要とする程度のもの

備考
一　視力の測定は、万国式試視力表によるものとし、屈折異常があるものについては、矯正視力によつて測定する。
二　聴力の測定は、日本工業規格によるオージオメータによる。

第三章　認可、届出等

第一節　認可及び届出等

（法第四条第一項の政令で定める事項）

第二十三条　法第四条第一項（法第百三十四条第二項において準用する場合を含む。）の政令で定める事項（法第四条の二に規定する幼稚園に係るものを除く。）は、次のとおりとする。

一　市町村（市町村が単独で又は他の市町村と共同して設立する公立大学法人（地方独立行政法人法（平成十五年法律第百十八号）第六十八条第一項に規定する公立大学法人をいう。以下同じ。）を含む。以下この項及び第二十四条の三において同じ。）の設置する特別支援学校の位置の変更
二　高等学校等（高等学校及び中等教育学校の後期課程をいう。以下同じ。）の学科又は市町村の設置する特別支援学校の高等部の学科、専攻科若しくは別科の設置及び廃止
三　特別支援学校の幼稚部、小学部、中学部又は高等部の設置及び廃止
四　市町村の設置する特別支援学校の高等部の学級の編制及びその変更
五　特別支援学校の高等部における通信教育の開設及び廃止並びに大学の学部若しくは大学院の研究科又は法第百八条第二項の大学の学科における通信教育の開設
六　私立の大学の学部の学科の設置
七　専門職大学の課程（法第八十七条の二第一項の規定により前期課程及び後期課程に区分されたものに限る。次条第一項第一号ロにおいて同じ。）の設置及び変更
八　大学の大学院の研究科の専攻の設置及び当該専攻に係る課程（法第百四条第三項に規定する課程をいう。次条第一項第一号ハにおいて同じ。）の変更
九　市町村の設置する高等学校、中等教育学校又は特別支援学校の分校の設置及び廃止
十　高等専門学校の学科の設置
十一　高等学校等の広域の通信制の課程（法第五十四条第三項（法第七十条第一項において準用する場合を含む。第二十四条及び第二十四条の二において同じ。）に規定する広域の通信制の課程をいう。以下同じ。）に係る学則の変更（軽微な変更として文部科学省令で定めるものを除く。）
十二　私立の学校（大学を除く。）又は私立の各種学校の収容定員に係る学則の変更
十三　私立の大学の学部若しくは大学院の研究科又は法第百八条第二項の大学の学科の収容定員に係る学則の変更

2　法第四条第一項の政令で定める事項（法第四条の二に規定する幼稚園に係るものを除く。）は、分校の設置及び廃止とする。

（法第四条第二項第三号の政令で定める事項）

第二十三条の二　法第四条第二項第三号の政令で定める事項は、次のとおりとする。

一　大学に係る次に掲げる設置又は変更であつて、当該大学が授与する学位の種類及び分野の変更を伴わないもの
イ　私立の大学の学部の学科の設置
ロ　専門職大学の課程の変更（前期課程及び後期課程の修業年限の区分の変更（当該区分の廃止を除く。）を伴うものを除く。）
ハ　大学の大学院の研究科の専攻の設置又は当該専攻に係る課程の変更
二　高等専門学校の学科の設置であつて、当該高等専門学校が設置する学科の分野の変更を伴わないもの
三　大学の学部若しくは大学院の研究科又は法第百八条第二項の大学の学科における通信教育の開設であつて、当該大学が授与する学位の種類及び分野の変更を伴わないもの
四　私立の大学の学部又は法第百八条第二項の大学の学科の収容定員（通信教育及び文部科学大臣の定める分野に係るものを除く。）に係る学則の変更であつて、当該収容定員の総数の増加を伴わないもの
五　私立の大学の学部又は法第百八条第二項の大学の学科の通信教育に係る収容定員に係る学則の変更であつて、当該収容定員の総数の増加を伴わないもの
六　私立の大学の大学院の研究科の収容定員（通信教育及び文部科学大臣の定める分野に係るものを除く。）に係る学則の変更
七　私立の大学の大学院の研究科の通信教育に係る収容定員に係る学則の変更
八　私立の高等専門学校の収容定員に係る学則の変更であつて、当該収容定員の総数の増加を伴わないもの

2　前項第一号の学位の種類及び分野の変更、同項第二号の学科の分野の変更並びに同項第三号の通信教育に係る学位の種類及び分野の変更に関する基準は、文部科学大臣が定める。

3　文部科学大臣は、前項に規定する基準を定める場合には、中央教育審議会に諮問しなければならない。

（法第五十四条第三項の政令で定める通信制

の課程）

第二十四条　法第五十四条第三項の政令で定める高等学校等の通信制の課程（法第四条第一項に規定する通信制の課程をいう。以下同じ。）は、当該高等学校の所在する都道府県の区域内に住所を有する者のほか、他の二以上の都道府県の区域内に住所を有する者を併せて生徒とするものとする。

（法第五十四条第三項の政令で定める事項）

第二十四条の二　法第五十四条第三項の政令で定める事項は、次のとおりとする。

一　学校の設置及び廃止

二　通信制の課程の設置及び廃止

三　設置者の変更

四　学則の記載事項のうち文部科学省令で定めるものに係る変更

（法第百三十一条の政令で定める場合）

第二十四条の三　法第百三十一条の政令で定める場合は、市町村の設置する専修学校にあつては第一号に掲げる場合とし、私立の専修学校にあつては第一号及び第二号に掲げる場合とする。

一　分校を設置し、又は廃止しようとするとき。

二　校地、校舎その他直接教育の用に供する土地及び建物に関する権利を取得し、若しくは処分しようとするとき、又は用途の変更、改築等によりこれらの土地及び建物の現状に重要な変更を加えようとするとき。

（市町村立小中学校等の設置廃止等についての届出）

第二十五条　市町村の教育委員会又は市町村が単独で若しくは他の市町村と共同して設立する公立大学法人の理事長は、当該市町村又は公立大学法人の設置する小学校、中学校又は義務教育学校（第五号の場合にあつては、特別支援学校の小学部及び中学部を含む。）について次に掲げる事由があるときは、その旨を都道府県の教育委員会に届け出なければならない。

一　設置し、又は廃止しようとするとき。

二　新たに設置者となり、又は設置者たることをやめようとするとき。

三　名称又は位置を変更しようとするとき。

四　分校を設置し、又は廃止しようとするとき。

五　二部授業を行おうとするとき。

（市町村立幼稚園等の名称の変更等についての届出等）

第二十六条　次に掲げる場合においては、市町村の教育委員会又は市町村が単独で若しくは他の市町村と共同して設立する公立大学法人の理事長は、当該市町村又は公立大学法人の設置する幼稚園、高等学校、中等教育学校及び特別支援学校（第二号の場合にあつては、特別支援学校を除く。）について都道府県の教育委員会に対し、市町村又は都道府県の教育委員会は、当該市町村又は都道府県の設置する高等専門学校について文部科学大臣に対し、市町村長又は都道府県知事は、当該市町村又は都道府県の設置する大学について文部科学大臣に対し、公立大学法人の理事長は、当該公立大学法人の設置する大学及び高等専門学校について文部科学大臣に対し、それぞれその旨を届け出なければならない。

一　名称を変更しようとするとき。

二　位置を変更しようとするとき。

三　学則の変更（第二十三条第一項第十一号に規定する学則の変更を除く。）をしたとき。

2　市町村の教育委員会又は市町村が単独で若しくは他の市町村と共同して設立する公立大学法人の理事長は、当該市町村又は公立大学法人の設置する高等学校等の専攻科若しくは別科を設置し、又は廃止しようとするときは、その旨を都道府県の教育委員会に届け出なければならない。

3　都道府県の教育委員会は、市町村又は市町村が単独で若しくは他の市町村と共同して設立する公立大学法人の設置する高等学校で広域の通信制の課程を置くものについて第一項第一号の届出又は同項第二号の届出（当該課程に係るものに限る。）を受けたときは、その旨を文部科学大臣に報告しなければならない。都道府県の教育委員会又は都道府県が単独で若しくは他の地方公共団体と共同して設立する公立大学法人の理事長が当該都道府県又は公立大学法人の設置する高等学校等で広域の通信制の課程を置くものについて名称又は当該課程に係る位置を変更したときも、同様とする。

（市町村立各種学校の目的等の変更についての届出）

第二十六条の二　次に掲げる場合においては、市町村の教育委員会は、当該市町村の設置する各種学校について都道府県の教育委員会に対し、その旨を届け出なければならない。

一　目的、名称又は位置を変更しようとするとき。

二　分校を設置し、又は廃止しようとするとき。

三　学則を変更したとき。

（通信教育に関する規程の変更についての届出）

第二十七条　市町村若しくは市町村が単独で若しくは他の市町村と共同して設立する公立大学法人の設置する特別支援学校の高等部又は市町村、都道府県若しくは公立大学法人の設置する大学の学部若しくは大学院の研究科若しくは法第百八条第二項の大学の学科における通信教育に関する規程を変更しようとするときは、市町村の教育委員会又は市町村が単独で若しくは他の市町村と共同して設立する公立大学法人の理事長は、当該市町村又は公立大学法人の設置する特別支援学校の高等部について都道府県の教育委員会に対し、市町村長、都道府県知事又は公立大学法人の理事長は、当該市町村、都道府県又は公立大学法人の設置する大学の学部若しくは大学院の研究科又は同項の大学の学科について文部科学大臣に対し、それぞれその旨を届け出なければならない。

（私立学校の目的の変更等についての届出等）

第二十七条の二　私立の学校の設置者は、その設置する学校（大学及び高等専門学校を除く。）について次に掲げる事由があるときは、その旨を都道府県知事に届け出なければならない。

一　目的、名称若しくは位置の変更又は学則の変更（第二十三条第一項第十一号及び第十二号に規定する学則の変更を除く。）をしようとするとき。

二　高等学校等の専攻科若しくは別科又は特別支援学校の高等部の学科、専攻科若しくは別科を設置し、又は廃止しようとするとき。

三　分校を設置し、又は廃止しようとするとき。

四　特別支援学校の高等部における通信教育に関する規程を変更しようとするとき。

五　経費の見積り及び維持方法を変更しようとするとき。

六　校地、校舎その他直接保育若しくは教育の用に供する土地及び建物に関する権利を取得し、若しくは処分しようとするとき、又は用途の変更、改築等によりこれらの土地及び建物の現状に重要な変更を加えようとするとき。

2　都道府県知事は、広域の通信制の課程を置く私立の高等学校等について前項第一号の届出で名称の変更又は位置の変更（当該課程に係るものに限る。）に係るものを受けたときは、その旨を文部科学大臣に報告しなければならない。

（私立各種学校の目的の変更等についての届出）

第二十七条の三　私立の各種学校の設置者は、その設置する各種学校について次に掲げる事由があるときは、その旨を都道府県知事に届け出なければならない。

一　目的、名称、位置又は学則（収容定員に係るものを除く。）を変更しようとするとき。

二　分校を設置し、又は廃止しようとするとき。

三　校地、校舎その他直接教育の用に供する土地及び建物に関する権利を取得し、若しくは処分しようとするとき、又は用途の変更、改築等によりこれらの土地及び建物の現状に重要な変更を加えようとするとき。

（文部科学省令への委任）

第二十八条　法及びこの節の規定に基づいてなすべき認可の申請、届出及び報告の手続その他の細則については、文部科学省令で定める。

第二節　学期、休業日及び学校廃止後の書類の保存

（学期及び休業日）

第二十九条　公立の学校（大学を除く。以下この条において同じ。）の学期並びに夏季、冬季、学年末、農繁期等における休業日又は家庭及び地域における体験的な学習活動その他の学習活動のための休業日（次項において「体験的学習活動等休業日」という。）は、市町村又は都道府県の設置する学校にあつては当該市町村又は都道府県の教育委員会が、公立大学法人の設置する学校にあつては当該公立大学法人の理事長が定める。

2　市町村又は都道府県の教育委員会は、体験的学習活動等休業日を定めるに当たつては、家庭及び地域における幼児、児童、生徒又は学生の体験的な学習活動その他の学習活動の体験的学習活動等休業日における円滑な実施及び充実を図るため、休業日の時期を適切に分散させて定めることその他の必要な措置を講ずるよう努めるものとする。

第三十条　削除

（学校廃止後の書類の保存）

第三十一条　公立又は私立の学校（私立の大学及び高等専門学校を除く。）が廃止されたときは、市町村又は都道府県の設置する学校（大学を除く。）については当該学校を設置していた市町村又は都道府県の教育委員会が、市町村又は都道府県の設置する大学については当該大学を設置していた市町村又は都道府県の長が、公立大学法人の設置する学校については当該学校を設置していた公立大学法人の設立団体（地方独立行政法人法第六条第三項に規定する設立団体をいう。）の長が、私立の学校については当該学校の所在していた都道府県の知事が、文部科学省令で定めるところにより、それぞれ当該学校に在学し、又はこれを卒業した者の学習及び健康の状況を記録した書類を保存しなければならない。

第四章　技能教育施設の指定

（指定の申請）

第三十二条　技能教育のための施設の設置者で法第五十五条の規定による指定（第三十三条の二並びに第三十四条第二項及び第三項を除き、以下「指定」という。）を受けようとするものは、当該施設の所在地の都

道府県の教育委員会に対し、その指定を申請しなければならない。

（指定の基準）

第三十三条　指定の基準は、次のとおりとする。

一　設置者が、高等学校における教育に理解を有し、かつ、この政令及びこの政令に基づく文部科学省令を遵守する等設置者として適当であると認められる者であること。

二　修業年限が一年以上であり、年間の指導時間数が六百八十時間以上であること。

三　技能教育を担当する者（実習を担任する者を除く。）のうち、半数以上の者が担当する技能教育に係る高等学校教諭の免許状を有する者又はこれと同等以上の学力を有すると認められる者であり、かつ、実習を担任する者のうち、半数以上の者が担任する実習に係る高等学校教諭の免許状を有する者若しくはこれと同等以上の学力を有すると認められる者又は六年以上担任する実習に関連のある実地の経験を有し、技術優秀と認められる者であること。

四　技能教育の内容に文部科学大臣が定める高等学校の教科に相当するものが含まれていること。

五　技能教育を担当する者及び技能教育を受ける者の数、施設及び設備並びに運営の方法が、それぞれ文部科学省令で定める基準に適合するものであること。

（連携科目等の指定）

第三十三条の二　都道府県の教育委員会は、法第五十五条の規定による指定をするときは、連携科目等（当該指定に係る技能教育のための施設における科目のうち同条に規定する措置の対象となるもの及び当該科目の学習をその履修とみなすことができる高等学校の教科の一部（文部科学省令で定める区分によるものとする。）をいう。以下同じ。）を併せて指定しなければならない。

（指定の公示）

第三十三条の三　都道府県の教育委員会は、指定をしたときは、当該指定を受けた技能教育のための施設（以下「指定技能教育施設」という。）の名称、所在地及び連携科目等を公示しなければならない。

（内容変更の届出等）

第三十四条　指定技能教育施設の設置者は、当該指定技能教育施設の名称、所在地、技能教育の種類その他の文部科学省令で定める事項を変更しようとするときは、あらかじめ、当該指定技能教育施設について指定をした都道府県の教育委員会（以下「施設指定教育委員会」という。）に届け出なければならない。

2　指定技能教育施設の設置者は、連携科目等の追加、変更又は廃止をしようとするときは、施設指定教育委員会に対し、それぞれその指定、指定の変更又は指定の解除を申請しなければならない。

3　施設指定教育委員会は、第一項の規定による届出（名称又は所在地の変更に係るものに限る。）があつたとき又は前項の規定による指定、指定の変更若しくは指定の解除をしたときは、その旨を公示しなければならない。

（廃止の届出）

第三十五条　指定技能教育施設の設置者は、当該指定技能教育施設を廃止しようとするときは、廃止しようとする日の三月前までに、施設指定教育委員会に対し、その旨及び廃止の時期を届け出なければならない。

2　施設指定教育委員会は、前項の規定による届出があつたときは、その旨を公示しなければならない。

（指定の解除）

第三十六条　施設指定教育委員会は、その指定に係る指定技能教育施設が第三十三条各号に掲げる基準に適合しなくなつたときは、その指定を解除することができる。

2　施設指定教育委員会は、前項の規定による指定の解除をしたときは、その旨を公示しなければならない。

（調査等）

第三十七条　施設指定教育委員会は、その指定に係る指定技能教育施設について、第三十三条各号に掲げる基準に適合しているかどうかを調査し、及び当該指定技能教育施設の設置者に対し、当該指定技能教育施設における技能教育に関する報告又は資料の提出を求めることができる。

（文部科学省令への委任）

第三十八条　第三十二条から前条までに規定するもののほか、指定の申請の手続その他指定に関し必要な事項は、文部科学省令で定める。

（中等教育学校の後期課程の定時制の課程又は通信制の課程に係る技能教育施設）

第三十九条　第三十二条から前条までの規定は、中等教育学校の後期課程の定時制の課程（法第四条第一項に規定する定時制の課程をいう。）又は通信制の課程に係る技能教育のための施設について準用する。この場合において、第三十三条第一号及び第四号並びに第三十三条の二中「高等学校」とあるのは、「中等教育学校の後期課程」と読み替えるものとする。

第五章　認証評価

（認証評価の期間）

第四十条　法第百九条第二項（法第百二十三条において準用する場合を含む。）の政令で定める期間は七年以内、法第百九条第三項の政令で定める期間は五年以内とする。

第六章　審議会等

（法第三十四条第三項の審議会等）
第四十一条　法第三十四条第五項（法第四十九条、第四十九条の八、第六十二条、第七十条第一項及び第八十二条において準用する場合を含む。）に規定する審議会等は、教科用図書検定調査審議会とする。
（法第九十四条の審議会等で政令で定めるもの）
第四十二条　法第九十四条（法第百二十三条において準用する場合を含む。）の審議会等で政令で定めるものは、中央教育審議会とする。
（法第九十五条の審議会等で政令で定めるもの）
第四十三条　法第九十五条（法第百二十三条において準用する場合を含む。）の審議会等で政令で定めるものは、大学設置・学校法人審議会とする。

附　則〔令和四・一二・二八政四〇三〕

（施行期日）
1　この政令は、令和五年四月一日から施行する。

●学校教育法施行規則〔抄〕★

（昭和二二年五月二三日文部省令第一一号）

最終改正…令四・九・三〇文令二四

【教採頻出条文】
第一条、第二十四―二十六条、第二十八条、第三十四条、第三十七―三十八条、第四十三―四十五条、第四十八―四十九条、第五十九―六十一条、第六十三条、第六十五条の三―四、第六十六―六十七条、第七十―七十一条3、第七十八条。（編集部責）

第一章　総則

第一節　設置廃止等

〔学校の設備・位置〕
第一条　学校には、その学校の目的を実現するために必要な校地、校舎、校具、運動場、図書館又は図書室、保健室その他の設備を設けなければならない。
②　学校の位置は、教育上適切な環境に、これを定めなければならない。

〔私立学校の届出〕
第二条　私立の学校の設置者は、その設置する大学又は高等専門学校について次に掲げる事由があるときは、その旨を文部科学大臣に届け出なければならない。
一　目的、名称、位置又は学則（収容定員に係るものを除く。）を変更しようとするとき。
二　分校を設置し、又は廃止しようとするとき。
三　大学の学部、大学院の研究科、短期大学の学科その他の組織の位置を、我が国から外国に、外国から我が国に、又は一の外国から他の外国に変更するとき。
四　大学における通信教育に関する規程を変更しようとするとき。
五　経費の見積り及び維持方法を変更しようとするとき。
六　校地、校舎その他直接教育の用に供する土地及び建物に関する権利を取得し、若しくは処分しようとするとき、又は用途の変更、改築等によりこれらの土地及び建物の現状に重要な変更を加えようとするとき。

〔学校設置の認可・届出の手続〕
第三条　学校の設置についての認可の申請又は届出は、それぞれ認可申請書又は届出書に、次の事項（市（特別区を含む。以下同じ。）町村立の小学校、中学校及び義務教育学校（市町村が単独で又は他の市町村と共同して設立する公立大学法人（地方独立行政法人法（平成十五年法律第百十八号）第六十八条第一項に規定する公立大学法人をいう。以下同じ。）の設置する小学校、中学校及び義務教育学校を含む。第七条において同じ。）については、第四号及び第五号の事項を除く。）を記載した書類及び校地、校舎その他直接保育又は教育の用に供する土地及び建物（以下「校地校舎等」という。）の図面を添えてしなければならない。
一　目的
二　名称
三　位置
四　学則
五　経費の見積り及び維持方法
六　開設の時期

〔学則の記載事項〕
第四条　前条の学則中には、少くとも、次の事項を記載しなければならない。

一　修業年限、学年、学期及び授業を行わない日（以下「休業日」という。）に関する事項
二　部科及び課程の組織に関する事項
三　教育課程及び授業日時数に関する事項
四　学習の評価及び課程修了の認定に関する事項
五　収容定員及び職員組織に関する事項
六　入学、退学、転学、休学及び卒業に関する事項
七　授業料、入学料その他の費用徴収に関する事項
八　賞罰に関する事項
九　寄宿舎に関する事項

②　前項各号に掲げる事項のほか、通信制の課程を置く高等学校（中等教育学校の後期課程を含む。第五条第三項において同じ。）については、前条の学則中に、次の事項を記載しなければならない。
一　通信教育を行う区域に関する事項
二　通信教育連携協力施設（高等学校通信教育規程（昭和三十七年文部省令第三十二号）第三条第一項に規定する通信教育連携協力施設をいう。第五条第三項において同じ。）に関する事項

③　第一項各号に掲げる事項のほか、特別支援学校については、前条の学則中に、学校教育法（昭和二十二年法律第二十六号）第七十二条に規定する者に対する教育のうち当該特別支援学校が行うものに関する事項を記載しなければならない。

〔目的等の変更についての認可の申請・届出〕
第五条　学則の変更は、前条第一項各号、第二項各号、第三項並びに第百八十七条第二項第一号及び第二号に掲げる事項に係る学則の変更とする。

②　学校の目的、名称、位置、学則又は経費の見積り及び維持方法の変更についての認可の申請又は届出は、それぞれ認可申請書又は届出書に、変更の事由及び時期を記載した書類を添えてしなければならない。

③　高等学校の広域の通信制の課程（学校教育法第五十四条第三項（同法第七十条第一項において準用する場合を含む。）に規定する広域の通信制の課程をいう。）の通信教育連携協力施設ごとの定員（高等学校通信教育規程第四条第二項に規定する通信教育連携協力施設ごとの定員をいう。）又は私立学校の収容定員に係る学則の変更についての認可の申請又は届出は、それぞれ認可申請書又は届出書に、前項の書類のほか、経費の見積り及び維持方法を記載した書類並びに当該変更後の定員又は収容定員に必要な校地校舎等の図面を添えてしなければならない。

〔校地校舎等の取得、処分の届出〕
第六条　学校の校地校舎等に関する権利を取得し、若しくは処分し、又は用途の変更、改築等によりこれらの現状に重要な変更を加えることについての届出は、届出書に、その事由及び時期を記載した書類並びに当該校地校舎等の図面を添えてしなければならない。

〔分校設置の認可申請・届出手続〕
第七条　分校（私立学校の分校を含む。第十五条において同じ。）の設置についての認可の申請又は届出は、それぞれ認可申請書又は届出書に、次の事項（市町村立の小学校、中学校及び義務教育学校については、第四号及び第五号の事項を除く。）を記載した書類及び校地校舎等の図面を添えてしなければならない。
一　事由
二　名称
三　位置
四　学則の変更事項
五　経費の見積り及び維持方法
六　開設の時期

第八条　第二条第三号に掲げる事由に係る届出は、届出書に、次の事項を記載した書類及び校地校舎等の図面を添えてしなければならない。
一　事由
二　名称
三　位置
四　学則の変更事項
五　経費の見積り及び維持方法
六　変更の時期

〔二部授業の届出手続〕
第九条　二部授業を行うことについての届出は、届出書に、その事由、期間及び実施方法を記載した書類を添えてしなければならない。

〔学級編制の認可申請又は届出の手続〕
第十条　学級の編制についての認可の申請又は届出は、それぞれ認可申請書又は届出書に、各学年ごとの各学級別の生徒の数（数学年の生徒を一学級に編制する場合にあつては、各学級ごとの各学年別の生徒の数とする。本条中以下同じ。）を記載した書類を添えてしなければならない。

②　学級の編制の変更についての認可の申請又は届出は、それぞれ認可申請書又は届出書に、変更の事由及び時期並びに変更前及び変更後の各学年ごとの各学級別の生徒の数を記載した書類を添えてしなければならない。

〔高等学校の全日制課程等の設置、認可申請又は届出の手続〕
第十一条　高等学校（中等教育学校の後期課程を含む。）の全日制の課程、定時制の課程、通信制の課程、学科、専攻科若しくは別科、特別支援学校の高等部の学科、専攻科若しくは別科、大学の学部、学部の学科、大学院、大学院の研究科若しくは研究科の専攻、短期大学の学科若しくは高等専

門学校の学科の設置又は大学院の研究科の専攻に係る課程の変更についての認可の申請又は届出は、それぞれ認可申請書又は届出書に、第七条各号の事項を記載した書類及びその使用に係る部分の校地校舎等の図面を添えてしなければならない。

〔大学又は特別支援学校の高等部の通信教育の認可申請・届出の手続〕

第十二条　特別支援学校の高等部又は大学における通信教育の開設についての認可の申請又は届出は、それぞれ認可申請書又は届出書に、第七条各号の事項を記載した書類、通信教育に関する規程及びその使用に係る部分の校地校舎等の図面を添えてしなければならない。

② 特別支援学校の高等部又は大学における通信教育に関する規程の変更についての届出は、届出書に、変更の事由及び時期を記載した書類を添えてしなければならない。

③ 特別支援学校の高等部又は大学における通信教育の廃止についての認可の申請又は届出は、それぞれ認可申請書又は届出書に、廃止の事由及び時期並びに生徒又は学生の処置方法を記載した書類を添えてしなければならない。

〔特別支援学校の認可の申請〕

第十三条　特別支援学校の幼稚部、小学部、中学部又は高等部の設置についての認可の申請又は届出は、それぞれ認可申請書又は届出書に、第七条各号の事項を記載した書類及びその使用に係る部分の校地校舎等の図面を添えてしなければならない。

〔学校の設置者変更の認可申請又は届出の手続〕

第十四条　学校の設置者の変更についての認可の申請又は届出は、それぞれ認可申請書又は届出書に、当該設置者の変更に関係する地方公共団体（公立大学法人（地方独立行政法人法（平成十五年法律第百十八号）第六十八条第一項に規定する公立大学法人をいう。以下同じ。）を含む。以下この条において同じ。）又は学校法人（私立の幼稚園を設置する学校法人以外の法人及び私人を含む。）が連署して、変更前及び変更後の第三条第一号から第五号まで（小学校、中学校又は義務教育学校の設置者の変更の場合において、新たに設置者となろうとする者が市町村であるときは、第四号及び第五号を除く。）の事項並びに変更の事由及び時期を記載した書類を添えてしなければならない。ただし、新たに設置者となろうとする者が成立前の地方公共団体である場合においては、当該成立前の地方公共団体の連署を要しない。

〔学校等の廃止の認可申請又は届出の手続〕

第十五条　学校若しくは分校の廃止、高等学校（中等教育学校の後期課程を含む。）の全日制の課程、定時制の課程、通信制の課程、学科、専攻科若しくは別科の廃止、特別支援学校の幼稚部、小学部、中学部、高等部若しくは高等部の学科、専攻科若しくは別科の廃止、大学の学部、学部の学科、大学院、大学院の研究科若しくは研究科の専攻の廃止、短期大学の学科の廃止又は高等専門学校の学科の廃止についての認可の申請又は届出は、それぞれ認可申請書又は届出書に、廃止の事由及び時期並びに幼児、児童、生徒又は学生（以下「児童等」という。）の処置方法を記載した書類を添えてしなければならない。

〔通信制課程の変更について認可を要する学則事項等〕

第十六条　学校教育法施行令（昭和二十八年政令第三百四十号）第二十四条の二第四号の文部科学省令で定める学則の記載事項は、第四条第一項第一号（修業年限に関する事項に限る。）及び第五号並びに同条第二項各号に掲げる事項とする。

② 学校教育法施行令第二十四条の二に規定する事項についての認可の届出は、認可申請書に係る書類の写しを添えてしなければならない。

〔細則〕

第十七条　学校教育法施行令第二十六条第三項の規定による都道府県の教育委員会又は都道府県が単独で若しくは他の地方公共団体と共同して設立する公立大学法人の理事長の報告は、報告書に、市町村の教育委員会又は市町村が単独で若しくは他の市町村と共同して設立する公立大学法人の理事長からの届出に係るものについては当該届出に係る書類の写しを、当該都道府県又は当該都道府県が単独で若しくは他の地方公共団体と共同して設立する公立大学法人の設置する高等学校に係るものについては変更の事由及び時期を記載した書類を添えてしなければならない。

〔都道府県知事への報告〕

第十八条　学校教育法施行令第二十七条の二第二項の規定による都道府県知事の報告は、報告書に当該届出に係る書類の写しを添えてしなければならない。

〔認可申請・届出の手続その他の細則〕

第十九条　学校教育法、学校教育法施行令及びこの省令の規定に基づいてなすべき認可の申請、届出及び報告の手続その他の細則については、文部科学省令で定めるもののほか、公立又は私立の大学及び高等専門学校に係るものにあつては文部科学大臣、大学及び高等専門学校以外の市町村（市町村が単独で又は他の市町村と共同して設立する公立大学法人を含む。）の設置する学校に係るものにあつては都道府県の教育委員会、大学及び高等専門学校以外の私立学校に係るものにあつては都道府県知事が、これを定める。

第二節　校長、副校長及び教頭の資格

〔校長の資格〕

第二十条　校長（学長及び高等専門学校の校長を除く。）の資格は、次の各号のいずれかに該当するものとする。

一　教育職員免許法（昭和二十四年法律第百四十七号）による教諭の専修免許状又は一種免許状（高等学校及び中等教育学校の校長にあつては、専修免許状）を有し、かつ、次に掲げる職（以下「教育に関する職」という。）に五年以上あつたこと

イ　学校教育法第一条に規定する学校及び同法第百二十四条に規定する専修学校の校長（就学前の子どもに関する教育、保育等の総合的な提供の推進に関する法律（平成十八年法律第七十七号）第二条第七項に規定する幼保連携型認定こども園（以下「幼保連携型認定こども園」という。）の園長を含む。）の職

ロ　学校教育法第一条に規定する学校及び幼保連携型認定こども園の教授、准教授、助教、副校長（幼保連携型認定こども園の副園長を含む。）、教頭、主幹教諭（幼保連携型認定こども園の主幹養護教諭及び主幹栄養教諭を含む。）、指導教諭、教諭、助教諭、養護教諭、養護助教諭、栄養教諭、主幹保育教諭、指導保育教諭、保育教諭、助保育教諭、講師（常時勤務の者に限る。）及び同法第百二十四条に規定する専修学校の教員（以下本条中「教員」という。）の職

ハ　学校教育法第一条に規定する学校及び幼保連携型認定こども園の事務職員（単純な労務に雇用される者を除く。本条中以下同じ。）、実習助手、寄宿舎指導員及び学校栄養職員（学校給食法（昭和二十九年法律第百六十号）第七条に規定する職員のうち栄養教諭以外の者をいい、同法第六条に規定する施設の当該職員を含む。）の職

ニ　学校教育法等の一部を改正する法律（平成十九年法律第九十六号）第一条の規定による改正前の学校教育法第九十四条の規定により廃止された従前の法令の規定による学校及び旧教員養成諸学校官制（昭和二十一年勅令第二百八号）第一条の規定による教員養成諸学校の長の職

ホ　ニに掲げる学校及び教員養成諸学校における教員及び事務職員に相当する者の職

ヘ　海外に在留する邦人の子女のための在外教育施設（以下「在外教育施設」という。）で、文部科学大臣が小学校、中学校又は高等学校の課程と同等の課程を有するものとして認定したものにおけるイからハまでに掲げる者に準ずるものの職

ト　へに規定する職のほか、外国の学校におけるイからハまでに掲げる者に準ずるものの職

チ　少年院法（平成二十六年法律第五十八号）による少年院又は児童福祉法（昭和二十二年法律第百六十四号）による児童自立支援施設（児童福祉法等の一部を改正する法律（平成九年法律第七十四号）附則第七条第一項の規定により証明書を発行することができるもので、同条第二項の規定によりその例によることとされた同法による改正前の児童福祉法第四十八条第四項ただし書の規定による指定を受けたものを除く。）において教育を担当する者の職

リ　イからチまでに掲げるもののほか、国又は地方公共団体において教育事務又は教育を担当する国家公務員又は地方公務員（単純な労務に雇用される者を除く。）の職

ヌ　外国の官公庁におけるリに準ずる者の職

二　教育に関する職に十年以上あつたこと

〔私立学校の校長の資格の特例〕

第二十一条　私立学校の設置者は、前条の規定により難い特別の事情のあるときは、五年以上教育に関する職又は教育、学術に関する業務に従事し、かつ、教育に関し高い識見を有する者を校長として採用することができる。

第二十二条　国立若しくは公立の学校の校長の任命権者又は私立学校の設置者は、学校の運営上特に必要がある場合には、前二条に規定するもののほか、第二十条各号に掲げる資格を有する者と同等の資質を有すると認める者を校長として任命し又は採用することができる。

〔教頭の資格〕

第二十三条　前三条の規定は、副校長及び教頭の資格について準用する。

第三節　管理

〔指導要録〕

第二十四条　校長は、その学校に在学する児童等の指導要録（学校教育法施行令第三十一条に規定する児童等の学習及び健康の状況を記録した書類の原本をいう。以下同じ。）を作成しなければならない。

②　校長は、児童等が進学した場合においては、その作成に係る当該児童等の指導要録の抄本又は写しを作成し、これを進学先の校長に送付しなければならない。

③　校長は、児童等が転学した場合においては、その作成に係る当該児童等の指導要録の写しを作成し、その写し（転学してきた

児童等については転学により送付を受けた指導要録（就学前の子どもに関する教育、保育等の総合的な提供の推進に関する法律施行令（平成二十六年政令第二百三号）第八条に規定する園児の学習及び健康の状況を記録した書類の原本を含む。）の写しを含む。）及び前項の抄本又は写しを転学先の校長、保育所の長又は認定こども園の長に送付しなければならない。

〔出席簿〕
第二十五条 校長（学長を除く。）は、当該学校に在学する児童等について出席簿を作成しなければならない。

〔懲戒〕
第二十六条 校長及び教員が児童等に懲戒を加えるに当つては、児童等の心身の発達に応ずる等教育上必要な配慮をしなければならない。

② 懲戒のうち、退学、停学及び訓告の処分は、校長（大学にあつては、学長の委任を受けた学部長を含む。）が行う。

③ 前項の退学は、市町村立の小学校、中学校（学校教育法第七十一条の規定により高等学校における教育と一貫した教育を施すもの（以下「併設型中学校」という。）を除く。）若しくは、義務教育学校又は公立の特別支援学校に在学する学齢児童又は学齢生徒を除き、次の各号のいずれかに該当する児童等に対して行うことができる。

一 性行不良で改善の見込がないと認められる者
二 学力劣等で成業の見込がないと認められる者
三 正当の理由がなくて出席常でない者
四 学校の秩序を乱し、その他学生又は生徒としての本分に反した者

④ 第二項の停学は、学齢児童又は学齢生徒に対しては、行うことができない。

⑤ 学長は、学生に対する第二項の退学、停学及び訓告の処分の手続を定めなければならない。

〔私立学校長の届出の手続〕
第二十七条 私立学校が、校長を定め、大学及び高等専門学校にあつては文部科学大臣、大学及び高等専門学校以外の学校にあつては都道府県知事に届け出るに当たつては、その履歴書を添えなければならない。

〔学校備付表簿〕
第二十八条 学校において備えなければならない表簿は、概ね次のとおりとする。

一 学校に関係のある法令
二 学則、日課表、教科用図書配当表、学校医執務記録簿、学校歯科医執務記録簿、学校薬剤師執務記録簿及び学校日誌
三 職員の名簿、履歴書、出勤簿並びに担任学級、担任の教科又は科目及び時間表
四 指導要録、その写し及び抄本並びに出席簿及び健康診断に関する表簿
五 入学者の選抜及び成績考査に関する表簿
六 資産原簿、出納簿及び経費の予算決算についての帳簿並びに図書機械器具、標本、模型等の教具の目録
七 往復文書処理簿

② 前項の表簿（第二十四条第二項の抄本又は写しを除く。）は、別に定めるもののほか、五年間保存しなければならない。ただし、指導要録及びその写しのうち入学、卒業等の学籍に関する記録については、その保存期間は、二十年間とする。

③ 学校教育法施行令第三十一条の規定により指導要録及びその写しを保存しなければならない期間は、前項のこれらの書類の保存期間から当該学校においてこれらの書類を保存していた期間を控除した期間とする。

第二章　義務教育

〔磁気ディスクによる学齢簿の調製〕
第二十九条 市町村の教育委員会は、学校教育法施行令第一条第三項（同令第二条において準用する場合を含む。）の規定により学齢簿を磁気ディスク（これに準ずる方法により一定の事項を確実に記録しておくことができる物を含む。以下同じ。）をもつて調製する場合には、電子計算機（電子計算機による方法に準ずる方法により一定の事項を確実に記録しておくことができる機器を含む。以下同じ。）の操作によるものとする。

2 市町村の教育委員会は、前項に規定する場合においては、当該学齢簿に記録されている事項が当該市町村の学齢児童又は学齢生徒に関する事務に従事している者以外の者に同項の電子計算機に接続された電気通信回線を通じて知られること及び当該学齢簿が滅失し又はき損することを防止するために必要な措置を講じなければならない。

〔学齢簿の記載事項〕
第三十条 学校教育法施行令第一条第一項の学齢簿に記載（同条第三項の規定により磁気ディスクをもつて調製する学齢簿にあつては、記録。以下同じ。）をすべき事項は、次の各号に掲げる区分に応じ、当該各号に掲げる事項とする。

一 学齢児童又は学齢生徒に関する事項　氏名、現住所、生年月日及び性別
二 保護者に関する事項　氏名、現住所及び保護者と学齢児童又は学齢生徒との関係
三 就学する学校に関する事項
イ 当該市町村の設置する小学校、中学校（併設型中学校を除く。）又は義務教育学校に就学する者について、当該学校の名称並びに当該学校

に係る入学、転学及び卒業の年月日

ロ　学校教育法施行令第九条に定める手続により当該市町村の設置する小学校、中学校（併設型中学校を除く。）又は義務教育学校以外の小学校、中学校、義務教育学校又は中等教育学校に就学する者について、当該学校及びその設置者の名称並びに当該学校に係る入学、転学、退学及び卒業の年月日

ハ　特別支援学校の小学部又は中学部に就学する者について、当該学校及び部並びに当該学校の設置者の名称並びに当該部に係る入学、転学、退学及び卒業の年月日

四　就学の督促等に関する事項　学校教育法施行令第二十条又は第二十一条の規定に基づき就学状況が良好でない者等について、校長から通知を受けたとき、又は就学義務の履行を督促したときは、その旨及び通知を受け、又は督促した年月日

五　就学義務の猶予又は免除に関する事項　学校教育法第十八条の規定により保護者が就学させる義務を猶予又は免除された者について、猶予の年月日、事由及び期間又は免除の年月日及び事由並びに猶予又は免除された者のうち復学した者については、その年月日

六　その他必要な事項　市町村の教育委員会が学齢児童又は学齢生徒の就学に関し必要と認める事項

2　学校教育法施行令第二条に規定する者について作成する学齢簿に記載をすべき事項については、前項第一号、第二号及び第六号の規定を準用する。

〔学齢簿の作成基準〕

第三十一条　学校教育法施行令第二条の規定による学齢簿の作成は、十月一日現在において行うものとする。

〔就学指定時の意見聴取と手続〕

第三十二条　市町村の教育委員会は、学校教育法施行令第五条第二項（同令第六条において準用する場合を含む。次項において同じ。）の規定により就学予定者の就学すべき小学校、中学校又は義務教育学校（次項において「就学校」という。）を指定する場合には、あらかじめ、その保護者の意見を聴取することができる。この場合においては、意見の聴取の手続に関し必要な事項を定め、公表するものとする。

2　市町村の教育委員会は、学校教育法施行令第五条第二項の規定による就学校の指定に係る通知において、その指定の変更についての同令第八条に規定する保護者の申立ができる旨を示すものとする。

〔就学指定の変更要件と手続〕

第三十三条　市町村の教育委員会は、学校教育法施行令第八条の規定により、その指定した小学校、中学校又は義務教育学校を変更することができる場合の要件及び手続に関し必要な事項を定め、公表するものとする。

〔就学義務の猶予・免除〕

第三十四条　学齢児童又は学齢生徒で、学校教育法第十八条に掲げる事由があるときは、その保護者は、就学義務の猶予又は免除を市町村の教育委員会に願い出なければならない。この場合においては、当該市町村の教育委員会の指定する医師その他の者の証明書等その事由を証するに足る書類を添えなければならない。

〔学年編入〕

第三十五条　学校教育法第十八条の規定により保護者が就学させる義務を猶予又は免除された子について、当該猶予の期間が経過し、又は当該猶予若しくは免除が取り消されたときは、校長は、当該子を、その年齢及び心身の発達状況を考慮して、相当の学年に編入することができる。

第三章　幼稚園

〔設置基準〕

第三十六条　幼稚園の設備、編制その他設置に関する事項は、この章に定めるもののほか、幼稚園設置基準（昭和三十一年文部省令第三十二号）の定めるところによる。

〔教育週数〕

第三十七条　幼稚園の毎学年の教育週数は、特別の事情のある場合を除き、三十九週を下ってはならない。

〔教育課程〕

第三十八条　幼稚園の教育課程その他の保育内容については、この章に定めるもののほか、教育課程その他の保育内容の基準として文部科学大臣が別に公示する幼稚園教育要領によるものとする。

〔準用規定〕

第三十九条　第四十八条、第四十九条、第五十四条、第五十九条から第六十八条までの規定は、幼稚園に準用する。

第四章　小学校

第一節　設備編制

〔設置基準〕

第四十条　小学校の設備、編制その他設置に関する事項は、この節に定めるもののほか、小学校設置基準（平成十四年文部科学省令第十四号）の定めるところによる。

〔学級数〕

第四十一条　小学校の学級数は、十二学級以上十八学級以下を標準とする。ただし、地域の実態その他により特別の事情のあるときは、この限りでない。

〔分校の学級数〕

第四十二条　小学校の分校の学級数は、特別の事情のある場合を除き、五学級以下と

し、前条の学級数に算入しないものとする。

〔校務分掌の整備〕

第四十三条 小学校においては、調和のとれた学校運営が行われるためにふさわしい校務分掌の仕組みを整えるものとする。

〔教務主任及び学年主任〕

第四十四条 小学校には、教務主任及び学年主任を置くものとする。

2 前項の規定にかかわらず、第四項に規定する教務主任の担当する校務を整理する主幹教諭を置くときその他特別の事情のあるときは教務主任を、第五項に規定する学年主任の担当する校務を整理する主幹教諭を置くときその他特別の事情のあるときは学年主任を、それぞれ置かないことができる。

3 教務主任及び学年主任は、指導教諭又は教諭をもつて、これに充てる。

4 教務主任は、校長の監督を受け、教育計画の立案その他の教務に関する事項について連絡調整及び指導、助言に当たる。

5 学年主任は、校長の監督を受け、当該学年の教育活動に関する事項について連絡調整及び指導、助言に当たる。

〔保健主事〕

第四十五条 小学校においては、保健主事を置くものとする。

2 前項の規定にかかわらず、第四項に規定する保健主事の担当する校務を整理する主幹教諭を置くときその他特別の事情のあるときは、保健主事を置かないことができる。

3 保健主事は、指導教諭、教諭又は養護教諭をもつて、これに充てる。

4 保健主事は、校長の監督を受け、小学校における保健に関する事項の管理に当たる。

第四十五条の二 小学校には、研修主事を置くことができる。

2 研修主事は、指導教諭又は教諭をもつて、これに充てる。

3 研修主事は、校長の監督を受け、研修計画の立案その他の研修に関する事項について連絡調整及び指導、助言に当たる。

〔事務主任〕

第四十六条 小学校には、事務長又は事務主任を置くことができる。

2 事務長及び事務主任は、事務職員をもつて、これに充てる。

3 事務長は、校長の監督を受け、事務職員その他の職員が行う事務を総括する。

4 事務主任は、校長の監督を受け、事務に関する事項について連絡調整及び指導、助言に当たる。

〔その他の主任等〕

第四十七条 小学校においては、前四条に規定する教務主任、学年主任、保健主事、研修主事及び事務主任のほか、必要に応じ、校務を分担する主任等を置くことができる。

〔職員会議〕

第四十八条 小学校には、設置者の定めるところにより、校長の職務の円滑な執行に資するため、職員会議を置くことができる。

2 職員会議は、校長が主宰する。

〔学校評議員〕

第四十九条 小学校には、設置者の定めるところにより、学校評議員を置くことができる。

2 学校評議員は、校長の求めに応じ、学校運営に関し意見を述べることができる。

3 学校評議員は、当該小学校の職員以外の者で教育に関する理解及び識見を有するもののうちから、校長の推薦により、当該小学校の設置者が委嘱する。

第二節　教育課程

〔教育課程の編成〕

第五十条 小学校の教育課程は、国語、社会、算数、理科、生活、音楽、図画工作、家庭、体育及び外国語の各教科（以下この節において「各教科」という。）、特別の教科である道徳、外国語活動、総合的な学習の時間並びに特別活動によつて編成するものとする。

2 私立の小学校の教育課程を編成する場合は、前項の規定にかかわらず、宗教を加えることができる。この場合においては、宗教をもつて前項の特別の教科である道徳に代えることができる。

〔授業時数〕

第五十一条 小学校（第五十二条の二第二項に規定する中学校連携型小学校及び第七十九条の九第二項に規定する中学校併設型小学校を除く。）の各学年における各教科、特別の教科である道徳、外国語活動、総合的な学習の時間及び特別活動のそれぞれの授業時数並びに各学年におけるこれらの総授業時数は、別表第一に定める授業時数を標準とする。

〔教育課程の基準〕

第五十二条 小学校の教育課程については、この節に定めるもののほか、教育課程の基準として文部科学大臣が別に公示する小学校学習指導要領によるものとする。

第五十二条の二 小学校（第七十九条の九第二項に規定する中学校併設型小学校を除く。）においては、中学校における教育との一貫性に配慮した教育を施すため、当該小学校の設置者が当該中学校の設置者との協議に基づき定めるところにより、教育課程を編成することができる。

2 前項の規定により教育課程を編成する小学校（以下「中学校連携型小学校」という。）は、第七十四条の二第一項の規定により教育課程を編成する中学校と連携し、その教育課程を実施するものとする。

第五十二条の三　中学校連携型小学校の各学年における各教科、特別の教科である道徳、外国語活動、総合的な学習の時間及び特別活動のそれぞれの授業時数並びに各学年におけるこれらの総授業時数は、別表第二の二に定める授業時数を標準とする。

第五十二条の四　中学校連携型小学校の教育課程については、この章に定めるもののほか、教育課程の基準の特例として文部科学大臣が別に定めるところによるものとする。

〔教育課程編成の特例〕

第五十三条　小学校においては、必要がある場合には、一部の各教科について、これらを合わせて授業を行うことができる。

〔履修困難な教科の学習〕

第五十四条　児童が心身の状況によつて履修することが困難な各教科は、その児童の心身の状況に適合するように課さなければならない。

〔教育課程等の特例〕

第五十五条　小学校の教育課程に関し、その改善に資する研究を行うため特に必要があり、かつ、児童の教育上適切な配慮がなされていると文部科学大臣が認める場合においては、文部科学大臣が別に定めるところにより、第五十条第一項、第五十一条（中学校連携型小学校にあつては第五十二条の三、第七十九条の九第二項に規定する中学校併設型小学校にあつては第七十九条の十二において準用する第七十九条の五第一項）又は第五十二条の規定によらないことができる。

第五十五条の二　文部科学大臣が、小学校において、当該小学校又は当該小学校が設置されている地域の実態に照らし、より効果的な教育を実施するため、当該小学校又は当該地域の特色を生かした特別の教育課程を編成して教育を実施する必要があり、かつ、当該特別の教育課程について、教育基本法（平成十八年法律第百二十号）及び学校教育法第三十条第一項の規定等に照らして適切であり、児童の教育上適切な配慮がなされているものとして文部科学大臣が定める基準を満たしていると認める場合においては、文部科学大臣が別に定めるところにより、第五十条第一項、第五十一条（中学校連携型小学校にあつては第五十二条の三、第七十九条の九第二項に規定する中学校併設型小学校にあつては第七十九条の十二において準用する第七十九条の五第一項）又は第五十二条の規定の全部又は一部によらないことができる。

第五十六条　小学校において、学校生活への適応が困難であるため相当の期間小学校を欠席し引き続き欠席すると認められる児童を対象として、その実態に配慮した特別の教育課程を編成して教育を実施する必要があると文部科学大臣が認める場合においては、文部科学大臣が別に定めるところにより、第五十条第一項、第五十一条（中学校連携型小学校にあつては第五十二条の三、第七十九条の九第二項に規定する中学校併設型小学校にあつては第七十九条の十二において準用する第七十九条の五第一項）又は第五十二条の規定によらないことができる。

第五十六条の二　小学校において、日本語に通じない児童のうち、当該児童の日本語を理解し、使用する能力に応じた特別の指導を行う必要があるものを教育する場合には、文部科学大臣が別に定めるところにより、第五十条第一項、第五十一条（中学校連携型小学校にあつては第五十二条の三、第七十九条の九第二項に規定する中学校併設型小学校にあつては第七十九条の十二において準用する第七十九条の五第一項）及び第五十二条の規定にかかわらず、特別の教育課程によることができる。

第五十六条の三　前条の規定により特別の教育課程による場合においては、校長は、児童が設置者の定めるところにより他の小学校、義務教育学校の前期課程又は特別支援学校の小学部において受けた授業を、当該児童の在学する小学校において受けた当該特別の教育課程に係る授業とみなすことができる。

第五十六条の四　小学校において、学齢を経過した者のうち、その者の年齢、経験又は勤労の状況その他の実情に応じた特別の指導を行う必要があるものを夜間その他特別の時間において教育する場合には、文部科学大臣が別に定めるところにより、第五十条第一項、第五十一条（中学校連携型小学校にあつては第五十二条の三、第七十九条の九第二項に規定する中学校併設型小学校にあつては第七十九条の十二において準用する第七十九条の五第一項）及び第五十二条の規定にかかわらず、特別の教育課程によることができる。

第五十六条の五　学校教育法第三十四条第二項に規定する教材（以下この条において「教科用図書代替教材」という。）は、同条第一項に規定する教科用図書（以下この条において「教科用図書」という。）の発行者が、その発行する教科用図書の内容の全部（電磁的記録に記録することに伴つて変更が必要となる内容を除く。）をそのまま記録した電磁的記録である教材とする。

2　学校教育法第三十四条第二項の規定による教科用図書代替教材の使用は、文部科学大臣が別に定める基準を満たすように行うものとする。

3　学校教育法第三十四条第三項に規定する文部科学大臣の定める事由は、次のとおりとする。

一　視覚障害、発達障害その他の障害

二　日本語に通じないこと

三　前二号に掲げる事由に準ずるもの

4　学校教育法第三十四条第三項の規定による教科用図書代替教材の使用は、文部科学大臣が別に定める基準を満たすように行うものとする。

〔修了・卒業の認定〕

第五十七条　小学校において、各学年の課程の修了又は卒業を認めるに当たつては、児童の平素の成績を評価して、これを定めなければならない。

〔卒業証書〕

第五十八条　校長は、小学校の全課程を修了したと認めた者には、卒業証書を授与しなければならない。

第三節　学年及び授業日

〔学年〕

第五十九条　小学校の学年は、四月一日に始まり、翌年三月三十一日に終わる。

〔授業終始の時刻〕

第六十条　授業終始の時刻は、校長が定める。

〔公立小学校の休業日〕

第六十一条　公立小学校における休業日は、次のとおりとする。ただし、第三号に掲げる日を除き、当該学校を設置する地方公共団体の教育委員会（公立大学法人の設置する小学校にあつては、当該公立大学法人の理事長。第三号において同じ。）が必要と認める場合は、この限りでない。

一　国民の祝日に関する法律（昭和二十三年法律第百七十八号）に規定する日

二　日曜日及び土曜日

三　学校教育法施行令第二十九条第一項の規定により教育委員会が定める日

〔私立小学校の休業日〕

第六十二条　私立小学校における学期及び休業日は、当該学校の学則で定める。

〔臨時休業〕

第六十三条　非常変災その他急迫の事情があるときは、校長は、臨時に授業を行わないことができる。この場合において、公立小学校についてはこの旨を当該学校を設置する地方公共団体の教育委員会（公立大学法人の設置する小学校にあつては、当該公立大学法人の理事長）に報告しなければならない。

第四節　職員

〔講師〕

第六十四条　講師は、常時勤務に服しないことができる。

〔学校用務員〕

第六十五条　学校用務員は、学校の環境の整備その他の用務に従事する。

第六十五条の二　医療的ケア看護職員は、小学校における日常生活及び社会生活を営むために恒常的に医療的ケア（人工呼吸器による呼吸管理、喀痰吸引その他の医療行為をいう。）を受けることが不可欠である児童の療養上の世話又は診療の補助に従事する。

第六十五条の三　スクールカウンセラーは、小学校における児童の心理に関する支援に従事する。

第六十五条の四　スクールソーシャルワーカーは、小学校における児童の福祉に関する支援に従事する。

第六十五条の五　情報通信技術支援員は、教育活動その他の学校運営における情報通信技術の活用に関する支援に従事する。

第六十五条の六　特別支援教育支援員は、教育上特別の支援を必要とする児童の学習上又は生活上必要な支援に従事する。

第六十五条の七　教員業務支援員は、教員の業務の円滑な実施に必要な支援に従事する。

第五節　学校評価

〔自己評価と公表義務〕

第六十六条　小学校は、当該小学校の教育活動その他の学校運営の状況について、自ら評価を行い、その結果を公表するものとする。

2　前項の評価を行うに当たつては、小学校は、その実情に応じ、適切な項目を設定して行うものとする。

〔保護者等評価と結果の公表〕

第六十七条　小学校は、前条第一項の規定による評価の結果を踏まえた当該小学校の児童の保護者その他の当該小学校の関係者（当該小学校の職員を除く。）による評価を行い、その結果を公表するよう努めるものとする。

〔設置者への報告義務〕

第六十八条　小学校は、第六十六条第一項の規定による評価の結果及び前条の規定により評価を行つた場合はその結果を、当該小学校の設置者に報告するものとする。

第五章　中学校

〔設置基準〕

第六十九条　中学校の設備、編制その他設置に関する事項は、この章に定めるもののほか、中学校設置基準（平成十四年文部科学省令第十五号）の定めるところによる。

〔生徒指導主事〕

第七十条　中学校には、生徒指導主事を置くものとする。

2　前項の規定にかかわらず、第四項に規定する生徒指導主事の担当する校務を整理する主幹教諭を置くときその他特別の事情のあるときは、生徒指導主事を置かないことができる。

3　生徒指導主事は、指導教諭又は教諭をもつて、これに充てる。

4　生徒指導主事は、校長の監督を受け、生徒指導に関する事項をつかさどり、当該事項について連絡調整及び指導、助言に当たる。

〔進路指導主事〕

第七十一条　中学校には、進路指導主事を置くものとする。

2　前項の規定にかかわらず、第三項に規定する進路指導主事の担当する校務を整理する主幹教諭を置くときは、進路指導主事を置かないことができる。

3　進路指導主事は、指導教諭又は教諭をもつて、これに充てる。校長の監督を受け、生徒の職業選択の指導その他の進路の指導に関する事項をつかさどり、当該事項について連絡調整及び指導、助言に当たる。

〔教育課程の編成〕

第七十二条　中学校の教育課程は、国語、社会、数学、理科、音楽、美術、保健体育、技術・家庭及び外国語の各教科（以下本章及び第七章中「各教科」という。）、特別の教科である道徳、総合的な学習の時間並びに特別活動によつて編成するものとする。

〔授業時数〕

第七十三条　中学校（併設型中学校、第七十四条の二第二項に規定する小学校連携型中学校、第七十五条第二項に規定する連携型中学校及び第七十九条の九第二項に規定する小学校併設型中学校を除く。）の各学年における各教科、特別の教科である道徳、総合的な学習の時間及び特別活動のそれぞれの授業時数並びに各学年におけるこれらの総授業時数は、別表第二に定める授業時数を標準とする。

〔教育課程の基準〕

第七十四条　中学校の教育課程については、この章に定めるもののほか、教育課程の基準として文部科学大臣が別に公示する中学校学習指導要領によるものとする。

第七十四条の二　中学校（併設型中学校、第七十五条第二項に規定する連携型中学校及び第七十九条の九第二項に規定する小学校併設型中学校を除く。）においては、小学校における教育との一貫性に配慮した教育を施すため、当該中学校の設置者が当該小学校の設置者との協議に基づき定めるところにより、教育課程を編成することができる。

2　前項の規定により教育課程を編成する中学校（以下「小学校連携型中学校」という。）は、中学校連携型小学校と連携し、その教育課程を実施するものとする。

第七十四条の三　小学校連携型中学校の各学年における各教科、特別の教科である道徳、総合的な学習の時間及び特別活動のそれぞれの授業時数並びに各学年におけるこれらの総授業時数は、別表第二の三に定める授業時数を標準とする。

第七十四条の四　小学校連携型中学校の教育課程については、この章に定めるもののほか、教育課程の基準の特例として文部科学大臣が別に定めるところによるものとする。

〔連携型中学校の教育課程〕

第七十五条　中学校（併設型中学校、小学校連携型中学校及び第七十九条の九第二項に規定する小学校併設型中学校を除く。）においては、高等学校における教育との一貫性に配慮した教育を施すため、当該中学校の設置者が当該高等学校の設置者との協議に基づき定めるところにより、教育課程を編成することができる。

2　前項の規定により教育課程を編成する中学校（以下「連携型中学校」という。）は、第八十七条第一項の規定により教育課程を編成する高等学校と連携し、その教育課程を実施するものとする。

〔連携型中学校の授業時数〕

第七十六条　連携型中学校の各学年における各教科、特別の教科である道徳、総合的な学習の時間及び特別活動のそれぞれの授業時数並びに各学年におけるこれらの総授業時数は、別表第四に定める授業時数を標準とする。

〔連携型中学校の教育課程の特例〕

第七十七条　連携型中学校の教育課程については、この章に定めるもののほか、教育課程の基準の特例として文部科学大臣が別に定めるところによるものとする。

第七十七条の二　中学校は、当該中学校又は当該中学校が設置されている地域の実態に照らし、より効果的な教育を実施するため必要がある場合であつて、生徒の教育上適切な配慮がなされているものとして文部科学大臣が定める基準を満たしていると認められるときは、文部科学大臣が別に定めるところにより、授業を、多様なメディアを高度に利用して、当該授業を行う教室等以外の場所で履修させることができる。

〔進学生徒に関する調査書等の送付〕

第七十八条　校長は、中学校卒業後、高等学校、高等専門学校その他の学校に進学しようとする生徒のある場合には、調査書その他必要な書類をその生徒の進学しようとする学校の校長に送付しなければならない。ただし、第九十条第三項（第百三十五条第五項において準用する場合を含む。）及び同条第四項の規定に基づき、調査書を入学者の選抜のための資料としない場合は、調査書の送付を要しない。

第七十八条の二　部活動指導員は、中学校におけるスポーツ、文化、科学等に関する教育活動（中学校の教育課程として行われるものを除く。）に係る技術的な指導に従事する。

〔準用規定〕

第七十九条　第四十一条から第四十九条まで、第五十条第二項、第五十四条から第六十八条までの規定は、中学校に準用する。この場合において、第四十二条中「五学級」とあるのは「二学級」と、第五十五条から第五十六条の二まで及び第五十六条の四の規定中「第五十条第一項」とあるのは「第七十二条」と、「第五十一条（中学校連携型小学校にあつては第五十二条の三、第七十九条の九第二項に規定する中学校併設型小学校にあつては第七十九条の十二において準用する第七十九条の五第一項）」とあるのは「第七十三条（併設型中学校にあつては第百十七条において準用する第百七条、小学校連携型中学校にあつては第七十四条の三、連携型中学校にあつては第七十六条、第七十九条の九第二項に規定する小学校併設型中学校にあつては第七十九条の十二において準用する第七十九条の五第二項）」と、「第五十二条」とあるのは「第七十四条」と、第五十五条の二中「第三十条第一項」とあるのは「第四十六条」と、第五十六条の三中「他の小学校、義務教育学校の前期課程又は特別支援学校の小学部」とあるのは「他の中学校、義務教育学校の後期課程、中等教育学校の前期課程又は特別支援学校の中学部」と読み替えるものとする。

第五章の二　義務教育学校並びに中学校併設型小学校及び小学校併設型中学校

第一節　義務教育学校

第七十九条の二　義務教育学校の前期課程の設備、編制その他設置に関する事項については、小学校設置基準の規定を準用する。

2　義務教育学校の後期課程の設備、編制その他設置に関する事項については、中学校設置基準の規定を準用する。

第七十九条の三　義務教育学校の学級数は、十八学級以上二十七学級以下を標準とする。ただし、地域の実態その他により特別の事情のあるときは、この限りでない。

第七十九条の四　義務教育学校の分校の学級数は、特別の事情のある場合を除き、八学級以下とし、前条の学級数に算入しないものとする。

第七十九条の五　次条第一項において準用する第五十条第一項に規定する義務教育学校の前期課程の各学年における各教科、特別の教科である道徳、外国語活動、総合的な学習の時間及び特別活動のそれぞれの授業時数並びに各学年におけるこれらの総授業時数は、別表第二の二に定める授業時数を標準とする。

2　次条第二項において準用する第七十二条に規定する義務教育学校の後期課程の各学年における各教科、特別の教科である道徳、総合的な学習の時間及び特別活動のそれぞれの授業時数並びに各学年におけるこれらの総授業時数は、別表第二の三に定める授業時数を標準とする。

第七十九条の六　義務教育学校の前期課程の教育課程については、第五十条、第五十二条の規定に基づき文部科学大臣が公示する小学校学習指導要領及び第五十五条から第五十六条の四までの規定を準用する。この場合において、第五十五条から第五十六条までの規定中「第五十条第一項、第五十一条（中学校連携型小学校にあつては第五十二条の三、第七十九条の九第二項に規定する中学校併設型小学校にあつては第七十九条の十二において準用する第七十九条の五第一項）又は第五十二条」とあるのは「第七十九条の五第一項又は第七十九条の六第一項において準用する第五十条第一項若しくは第五十二条の規定に基づき文部科学大臣が公示する小学校学習指導要領」と、第五十五条の二中「第三十条第一項」とあるのは「第四十九条の六第一項」と、第五十六条の二及び第五十六条の四中「第五十条第一項、第五十一条（中学校連携型小学校にあつては第五十二条の三、第七十九条の九第二項に規定する中学校併設型小学校にあつては第七十九条の十二において準用する第七十九条の五第一項）及び第五十二条」とあるのは「第七十九条の五第一項並びに第七十九条の六第一項において準用する第五十条第一項及び第五十二条の規定に基づき文部科学大臣が公示する小学校学習指導要領」と読み替えるものとする。

2　義務教育学校の後期課程の教育課程については、第五十条第二項、第五十五条から第五十六条の四まで及び第七十二条の規定並びに第七十四条の規定に基づき文部科学大臣が公示する中学校学習指導要領の規定を準用する。この場合において、第五十五条から第五十六条までの規定中「第五十条第一項、第五十一条（中学校連携型小学校にあつては第五十二条の三、第七十九条の九第二項に規定する中学校併設型小学校にあつては第七十九条の十二において準用する第七十九条の五第一項）又は第五十二条」とあるのは「第七十九条の五第二項又は第七十九条の六第二項において準用する第七十二条若しくは第七十四条の規定に基づき文部科学大臣が公示する中学校学習指導要領」と、第五十五条の二中「第三十条第一項」とあるのは「第四十九条の六第二項」と、第五十六条の二及び第五十六条の四中「第五十条第一項、第五十一条（中学校連携型小学校にあつては第五十二条の三、第七十九条の九第二項に規定する中学校併設型小学校にあつては第七十九条の十二において準用する第七十九条の五第一項）及び第五十二条」とあるのは「第七十九条の五第二項並びに第七十九条の六第二項において準用する第七十二条及び第七十四条の規定に基づき文部科学大臣が公示する中学校学習指導要領」と、第五十六条の三中「他の小学校、義務教育学校の前期課程又は特別支援学校の小学部」とあるのは「他の中学校、義務教育学校の後期課程、中等教育学校の前期課程又は特別支援学校の中学部」と読み替えるものとする。

第七十九条の七　義務教育学校の教育課程については、この章に定めるもののほか、教育課程の基準の特例として文部科学大臣が別に定めるところによるものとする。

第七十九条の八　第四十三条から第四十九条まで、第五十三条、第五十四条、第五十六条の五から第七十一条まで（第六十九条を除く。）及び第七十八条の規定は、義務教育学校に準用する。

２　第七十七条の二及び第七十八条の二の規定は、義務教育学校の後期課程に準用する。

第二節　中学校併設型小学校及び小学校併設型中学校

第七十九条の九　同一の設置者が設置する小学校（中学校連携型小学校を除く。）及び中学校（併設型中学校、小学校連携型中学校及び連携型中学校を除く。）においては、義務教育学校に準じて、小学校における教育と中学校における教育を一貫して施すことができる。

２　前項の規定により中学校における教育と一貫した教育を施す小学校（以下「中学校併設型小学校」という。）及び同項の規定により小学校における教育と一貫した教育を施す中学校（以下「小学校併設型中学校」という。）においては、小学校における教育と中学校における教育を一貫して施すためにふさわしい運営の仕組みを整えるものとする。

第七十九条の十　中学校併設型小学校の教育課程については、第四章に定めるもののほか、教育課程の基準の特例として文部科学大臣が別に定めるところによるものとする。

２　小学校併設型中学校の教育課程については、第五章に定めるもののほか、教育課程の基準の特例として文部科学大臣が別に定めるところによるものとする。

第七十九条の十一　中学校併設型小学校及び小学校併設型中学校においては、小学校における教育と中学校における教育を一貫して施すため、設置者の定めるところにより、教育課程を編成するものとする。

第七十九条の十二　第七十九条の五第一項の規定は中学校併設型小学校に、同条第二項の規定は小学校併設型中学校に準用する。

第六章　高等学校

第一節　設備、編制、学科及び教育課程

〔設置基準〕

第八十条　高等学校の設備、編制、学科の種類その他設置に関する事項は、この節に定めるもののほか、高等学校設置基準（平成十六年文部科学省令第二十号）の定めるところによる。

〔学科主任及び農場長〕

第八十一条　二以上の学科を置く高等学校には、専門教育を主とする学科（以下「専門学科」という。）ごとに学科主任を置き、農業に関する専門学科を置く高等学校には、農場長を置くものとする。

２　前項の規定にかかわらず、第四項に規定する学科主任の担当する校務を整理する主幹教諭を置くときその他特別の事情のあるときは学科主任を、第五項に規定する農場長の担当する校務を整理する主幹教諭を置くときその他特別の事情のあるときは農場長を、それぞれ置かないことができる。

３　学科主任及び農場長は、指導教諭又は教諭をもつて、これに充てる。

４　学科主任は、校長の監督を受け、当該学科の教育活動に関する事項について連絡調整及び指導、助言に当たる。

５　農場長は、校長の監督を受け、農業に関する実習地及び実習施設の運営に関する事項をつかさどる。

〔事務長〕

第八十二条　高等学校には、事務長を置くものとする。

２　事務長は、事務職員をもつて、これに充てる。

３　事務長は、校長の監督を受け、事務職員その他の職員が行う事務を総括する。

〔教育課程〕

第八十三条　高等学校の教育課程は、別表第三に定める各教科に属する科目、総合的な探究の時間及び特別活動によつて編成するものとする。

〔教育課程の基準〕

第八十四条　高等学校の教育課程については、この章に定めるもののほか、教育課程の基準として文部科学大臣が別に公示する高等学校学習指導要領によるものとする。

〔教育課程の研究上の特例〕

第八十五条　高等学校の教育課程に関し、その改善に資する研究を行うため特に必要があり、かつ、生徒の教育上適切な配慮がなされていると文部科学大臣が認める場合においては、文部科学大臣が別に定めるところにより、前二条の規定によらないことができる。

第八十五条の二　文部科学大臣が、高等学校において、当該高等学校又は当該高等学校が設置されている地域の実態に照らし、より効果的な教育を実施するため、当該高等

学校又は当該地域の特色を生かした特別の教育課程を編成して教育を実施する必要があり、かつ、当該特別の教育課程について、教育基本法及び学校教育法第五十一条の規定等に照らして適切であり、生徒の教育上適切な配慮がなされているものとして文部科学大臣が定める基準を満たしていると認める場合においては、文部科学大臣が別に定めるところにより、第八十三条又は第八十四条の規定の全部又は一部によらないことができる。

第八十六条　高等学校において、学校生活への適応が困難であるため、相当の期間高等学校を欠席し引き続き欠席すると認められる生徒、高等学校を退学し、その後高等学校に入学していないと認められる者若しくは学校教育法第五十七条に規定する高等学校の入学資格を有するが、高等学校に入学していないと認められる者又は疾病による療養のため若しくは障害のため、相当の期間高等学校を欠席すると認められる生徒、高等学校を退学し、その後高等学校に入学していないと認められる者若しくは学校教育法第五十七条に規定する高等学校の入学資格を有するが、高等学校に入学していないと認められる者を対象として、その実態に配慮した特別の教育課程を編成して教育を実施する必要があると文部科学大臣が認める場合においては、文部科学大臣が別に定めるところにより、第八十三条又は第八十四条の規定によらないことができる。

第八十七条　高等学校（学校教育法第七十一条の規定により中学校における教育と一貫した教育を施すもの（以下「併設型高等学校」という。）を除く。）においては、中学校における教育との一貫性に配慮した教育を施すため、当該高等学校の設置者が当該中学校の設置者との協議に基づき定めるところにより、教育課程を編成することができる。

２　前項の規定により教育課程を編成する高等学校（以下「連携型高等学校」という。）は、連携型中学校と連携し、その教育課程を実施するものとする。

第八十八条　連携型高等学校の教育課程については、この章に定めるもののほか、教育課程の基準の特例として文部科学大臣が別に定めるところによるものとする。

第八十八条の二　スイス民法典に基づく財団法人である国際バカロレア事務局から国際バカロレア・ディプロマ・プログラムを提供する学校として認められた高等学校の教育課程については、この章に定めるもののほか、教育課程の基準の特例として文部科学大臣が別に定めるところによるものとする。

第八十八条の三　高等学校は、文部科学大臣が別に定めるところにより、授業を、多様なメディアを高度に利用して、当該授業を行う教室等以外の場所で履修させることができる。

〔教科用図書の使用についての特例〕

第八十九条　高等学校においては、文部科学大臣の検定を経た教科用図書又は文部科学省が著作の名義を有する教科用図書のない場合には、当該高等学校の設置者の定めるところにより、他の適切な教科用図書を使用することができる。

２　第五十六条の五の規定は、学校教育法附則第九条第二項において準用する同法第三十四条第二項又は第三項の規定により前項の他の適切な教科用図書に代えて使用する教材について準用する。

第二節　入学、退学、転学、留学、休学及び卒業等

〔入学の許可及び選抜〕

第九十条　高等学校の入学は、第七十八条の規定により送付された調査書その他必要な書類、選抜のための学力検査（以下この条において「学力検査」という。）の成績等を資料として行う入学者の選抜に基づいて、校長が許可する。

２　学力検査は、特別の事情のあるときは、行わないことができる。

３　調査書は、特別の事情のあるときは、入学者の選抜のための資料としないことができる。

４　連携型高等学校における入学者の選抜は、第七十五条第一項の規定により編成する教育課程に係る連携型中学校の生徒については、調査書及び学力検査の成績以外の資料により行うことができる。

５　公立の高等学校（公立大学法人の設置する高等学校を除く。）に係る学力検査は、当該高等学校を設置する都道府県又は市町村の教育委員会が行う。

〔編入学の資格〕

第九十一条　第一学年の途中又は第二学年以上に入学を許可される者は、相当年齢に達し、当該学年に在学する者と同等以上の学力があると認められた者とする。

〔転学・転籍〕

第九十二条　他の高等学校に転学を志望する生徒のあるときは、校長は、その事由を具し、生徒の在学証明書その他必要な書類を転学先の校長に送付しなければならない。転学先の校長は、教育上支障がない場合には、転学を許可することができる。

２　全日制の課程、定時制の課程及び通信制の課程相互の間の転学又は転籍については、修得した単位に応じて、相当学年に転入することができる。

〔留学〕

第九十三条　校長は、教育上有益と認めるときは、生徒が外国の高等学校に留学することを許可することができる。

2　校長は、前項の規定により留学することを許可された生徒について、外国の高等学校における履修を高等学校における履修とみなし、三十六単位を超えない範囲で単位の修得を認定することができる。

3　校長は、前項の規定により単位の修得を認定された生徒について、第百四条第一項において準用する第五十九条又は第百四条第二項に規定する学年の途中においても、各学年の課程の修了又は卒業を認めることができる。

〔休学・退学〕

第九十四条　生徒が、休学又は退学をしようとするときは、校長の許可を受けなければならない。

〔中学校卒業者と同等者〕

第九十五条　学校教育法第五十七条の規定により、高等学校入学に関し、中学校を卒業した者と同等以上の学力があると認められる者は、次の各号のいずれかに該当する者とする。

一　外国において、学校教育における九年の課程を修了した者

二　文部科学大臣が中学校の課程と同等の課程を有するものとして認定した在外教育施設の当該課程を修了した者

三　文部科学大臣の指定した者

四　就学義務猶予免除者等の中学校卒業程度認定規則（昭和四十一年文部省令第三十六号）により、中学校を卒業した者と同等以上の学力があると認定された者

五　その他高等学校において、中学校を卒業した者と同等以上の学力があると認めた者

〔全課程修了の認定〕

第九十六条　校長は、生徒の高等学校の全課程の修了を認めるに当たつては、高等学校学習指導要領の定めるところにより、七十四単位以上を修得した者について行わなければならない。ただし、第八十五条、第八十五条の二又は第八十六条の規定により、高等学校の教育課程に関し第八十三条又は第八十四条の規定によらない場合においては、文部科学大臣が別に定めるところにより行うものとする。

2　前項前段の規定により全課程の修了の要件として修得すべき七十四単位のうち、第八十八条の三に規定する授業の方法により修得する単位数は三十六単位を超えないものとする。ただし、疾病による療養のため又は障害のため、病院その他の適当な場所で医療の提供その他の支援を受ける必要がある生徒であつて、相当の期間高等学校を欠席すると認められるものについては、この限りでない。

〔他校での単位修得〕

第九十七条　校長は、教育上有益と認めるときは、生徒が当該校長の定めるところにより他の高等学校又は中等教育学校の後期課程において一部の科目又は総合的な学習の時間の単位を修得したときは、当該修得した単位数を当該生徒の在学する高等学校が定めた全課程の修了を認めるに必要な単位数のうちに加えることができる。

2　前項の規定により、生徒が他の高等学校又は中等教育学校の後期課程において一部の科目又は総合的な学習の時間の単位を修得する場合においては、当該他の高等学校又は中等教育学校の校長は、当該生徒について一部の科目又は総合的な学習の時間の履修を許可することができる。

3　同一の高等学校に置かれている全日制の課程、定時制の課程及び通信制の課程相互の間の併修については、前二項の規定を準用する。

第九十八条　校長は、教育上有益と認めるときは、当該校長の定めるところにより、生徒が行う次に掲げる学修を当該生徒の在学する高等学校における科目の履修とみなし、当該科目の単位を与えることができる。

一　大学、高等専門学校又は専修学校の高等課程若しくは専門課程における学修その他の教育施設等における学修で文部科学大臣が別に定めるもの

二　知識及び技能に関する審査で文部科学大臣が別に定めるものに係る学修

三　ボランティア活動その他の継続的に行われる活動（当該生徒の在学する高等学校の教育活動として行われるものを除く。）に係る学修で文部科学大臣が別に定めるもの

〔認定単位数の制限〕

第九十九条　第九十七条の規定に基づき加えることのできる単位数及び前条の規定に基づき与えることのできる単位数の合計数は三十六を超えないものとする。

第百条　校長は、教育上有益と認めるときは、当該校長の定めるところにより、生徒が行う次に掲げる学修（当該生徒が入学する前に行つたものを含む。）を当該生徒の在学する高等学校における科目の履修とみなし、当該科目の単位を与えることができる。

一　高等学校卒業程度認定試験規則（平成十七年文部科学省令第一号）の定めるところにより合格点を得た試験科目（同令附則第二条の規定による廃止前の大学入学資格検定規程（昭和二十六年文部省令第十三号。以下「旧規程」という。）の定めるところにより合格点を得た受検科目を含む。）に係る学修

二　高等学校の別科における学修で高等学校学習指導要領の定めるところに準じて修得した科目に係る学修

三　少年院法（平成二十六年法律第五十八号）の規定による矯正教育で高等学校学

習指導要領の定めるところに準じて修得したと認められるものに係る学修

第百条の二　学校教育法第五十八条の二に規定する文部科学大臣の定める基準は、次のとおりとする。

一　修業年限が二年以上であること。

二　課程の修了に必要な総単位数その他の事項が、別に定める基準を満たすものであること。

2　前項の基準を満たす高等学校の専攻科の課程を修了した者は、編入学しようとする大学の定めるところにより、当該大学の修業年限から、修了した高等学校の専攻科における修業年限に相当する年数以下の期間を控除した期間を在学すべき期間として、当該大学に編入学することができる。ただし、在学すべき期間は、一年を下つてはならない。

第百条の三　前条第一項の基準を満たす専攻科を置く高等学校は、当該専攻科について、第百四条第一項において準用する第六十六条第一項の規定による評価の結果を踏まえた高等教育の段階における教育活動等に関し識見を有する者その他適当と認める者（当該高等学校の職員を除く。）による評価を行い、その結果を公表するものとする。

第三節　定時制の課程及び通信制の課程並びに学年による教育課程の区分を設けない場合その他

〔通信制の課程〕

第百一条　通信制の課程の設備、編制その他に関し必要な事項は、この章に定めるもののほか、高等学校通信教育規程の定めるところによる。

2　第八十条（施設、設備及び編制に係るものに限る。）並びに第百四条において準用する第五十九条及び第六十一条から第六十三条までの規定は、通信制の課程に適用しない。

〔単位制高等学校〕

第百二条　高等学校の定時制の課程又は通信制の課程の修業年限を定めるに当たつては、勤労青年の教育上適切な配慮をするよう努めるものとする。

第百三条　高等学校においては、第百四条第一項において準用する第五十七条（各学年の課程の修了に係る部分に限る。）の規定にかかわらず、学年による教育課程の区分を設けないことができる。

2　前項の規定により学年による教育課程の区分を設けない場合における入学等に関する特例その他必要な事項は、単位制高等学校教育規程（昭和六十三年文部省令第六号）の定めるところによる。

第百三条の二　高等学校は、当該高等学校、全日制の課程、定時制の課程若しくは通信制の課程又は学科ごとに、次に掲げる方針を定め、公表するものとする。

一　高等学校学習指導要領に定めるところにより育成を目指す資質・能力に関する方針

二　教育課程の編成及び実施に関する方針

三　入学者の受入れに関する方針

〔準用規定〕

第百四条　第四十三条から第四十九条まで（第四十六条を除く。）、第五十四条、第五十六条の五から第七十一条まで（第六十九条を除く。）及び第七十八条の二の規定は、高等学校に準用する。

2　前項の規定において準用する第五十九条の規定にかかわらず、修業年限が三年を超える定時制の課程を置く場合は、その最終の学年は、四月一日に始まり、九月三十日に終わるものとすることができる。

3　校長は、特別の必要があり、かつ、教育上支障がないときは、第一項において準用する第五十九条に規定する学年の途中においても、学期の区分に従い、入学（第九十一条に規定する入学を除く。）を許可し並びに各学年の課程の修了及び卒業を認めることができる。

第七章　中等教育学校並びに併設型中学校及び併設型高等学校

第一節　中等教育学校

〔設置基準〕

第百五条　中等教育学校の設置基準は、この章に定めるもののほか、別に定める。

〔前期・後期課程の基準〕

第百六条　中等教育学校の前期課程の設備、編制その他設置に関する事項については、中学校設置基準の規定を準用する。

2　中等教育学校の後期課程の設備、編制、学科の種類その他設置に関する事項については、高等学校設置基準の規定を準用する。

〔前期課程の授業時数〕

第百七条　次条第一項において準用する第七十二条に規定する中等教育学校の前期課程の各学年における各教科、特別の教科である道徳、総合的な学習の時間及び特別活動のそれぞれの授業時数並びに各学年におけるこれらの総授業時数は、別表第四に定める授業時数を標準とする。

〔教育課程の基準〕

第百八条　中等教育学校の前期課程の教育課程については、第五十条第二項、第五十五条から第五十六条の四まで及び第七十二条の規定並びに第七十四条の規定に基づき文部科学大臣が公示する中学校学習指導要領の規定を準用する。この場合において、第五十五条から第五十六条までの規定中「第五十条第一項、第五十一条（中学校連携型小学校にあつては第五十二条の三、第七十九条の九第二項に規定する中学校併設型小学校にあつては第七十九条の十二において準用する第七十九条の五第一項）又は第五十二条」とあるのは「第百七条又は第百八条第一項において準用する第七十二条若しくは第七十四条の規定に基づき文部科学大臣が公示する中学校学習指導要領」と、第五十五条の二中「第三十条第一項」とあるのは「第六十七条第一項」と、第五十六条の二及び第五十六条の四中「第五十条第一項、第五十一条（中学校連携型小学校にあつては第五十二条の三、第七十九条の九第二項に規定する中学校併設型小学校にあつては第七十九条の十二において準用する第七十九条の五第一項）及び第五十二条」とあるのは「第百七条並びに第百八条第一項において準用する第七十二条及び第七十四条の規定に基づき文部科学大臣が公示する中学校学習指導要領」と、第五十六条の三中「他の小学校、義務教育学校の前期課程又は特別支援学校の小学部」とあるのは「他の中学校、義務教育学校の後期課程、中等教育学校の前期課程又は特別支援学校の中学部」と読み替えるものとする。

2　中等教育学校の後期課程の教育課程については、第八十三条、第八十五条から第八十六条まで及び第八十八条の二の規定並びに第八十四条の規定に基づき文部科学大臣が公示する高等学校学習指導要領の規定を準用する。この場合において、第八十五条中「前二条」とあり、並びに第八十五条の二及び第八十六条中「第八十三条又は第八十四条」とあるのは、「第百八条第二項において準用する第八十三条又は第八十四条の規定に基づき文部科学大臣が公示する高等学校学習指導要領」と、第八十五条の二中「第五十一条」とあるのは「第六十七条第二項」と読み替えるものとする。

第百九条　中等教育学校の教育課程については、この章に定めるもののほか、教育課程の基準の特例として文部科学大臣が別に定めるところによるものとする。

第百十条　中等教育学校の入学は、設置者の定めるところにより、校長が許可する。

2　前項の場合において、公立の中等教育学校については、学力検査を行わないものとする。

〔後期課程の通信制〕

第百十一条　中等教育学校の後期課程の通信制の課程の設備、編制その他に関し必要な事項は、この章に定めるもののほか、高等学校通信教育規程の規定を準用する。

第百十二条　次条第三項において準用する第百三条第一項の規定により学年による教育課程の区分を設けない場合における入学等に関する特例その他必要な事項は、単位制高等学校教育規程の規定を準用する。

〔準用規定〕

第百十三条　第四十三条から第四十九条まで（第四十六条を除く。）、第五十四条、第五十六条の五から第七十一条まで（第六十九条を除く。）、第七十八条の二、第八十二条、第九十一条、第九十四条及び第百条の三の規定は、中等教育学校に準用する。この場合において、同条中「第百四条第一項」とあるのは、「第百十三条第一項」と読み替えるものとする。

2　第七十七条の二及び第七十八条の規定は、中等教育学校の前期課程に準用する。

3　第八十一条、第八十八条の三、第八十九条、第九十二条、第九十三条、第九十六条から第百条の二まで、第百一条第二項、第百二条、第百三条第一項、第百三条の二（第三号を除く。）及び第百四条第二項の規定は、中等教育学校の後期課程に準用する。この場合において、第九十六条第一項中「第八十五条、第八十五条の二又は第八十六条」とあるのは「第百八条第二項において読み替えて準用する第八十五条、第八十五条の二又は第八十六条」と、「第八十三条又は第八十四条」とあるのは「第百八条第二項において準用する第八十三条又は第八十四条の規定に基づき文部科学大臣が公示する高等学校学習指導要領」と読み替えるものとする。

第二節　併設型中学校及び併設型高等学校

第百十四条　併設型中学校の教育課程については、第五章に定めるもののほか、教育課程の基準の特例として文部科学大臣が別に定めるところによるものとする。

2　併設型高等学校の教育課程については、第六章に定めるもののほか、教育課程の基準の特例として文部科学大臣が別に定めるところによるものとする。

第百十五条　併設型中学校及び併設型高等学校においては、中学校における教育と高等学校における教育を一貫して施すため、設置者の定めるところにより、教育課程を編成するものとする。

第百十六条　第九十条第一項の規定にかかわらず、併設型高等学校においては、当該高等学校に係る併設型中学校の生徒については入学者の選抜は行わないものとする。

〔準用規定〕

第百十七条　第百七条及び第百十条の規定は、併設型中学校に準用する。

第八章　特別支援教育

〔設置基準〕

第百十八条　特別支援学校の設備、編制その他設置に関する事項及び特別支援学級の設備編制は、この章及び特別支援学校設置基準（令和三年文部科学省令第四十五号）に定めるもののほか、別に定める。

第百十九条　特別支援学校においては、学校教育法第七十二条に規定する者に対する教育のうち当該特別支援学校が行うものを学則その他の設置者の定める規則（次項において「学則等」という。）で定めるとともに、これについて保護者等に対して積極的に情報を提供するものとする。

2　前項の学則等を定めるに当たつては、当該特別支援学校の施設及び設備等の状況並びに当該特別支援学校の所在する地域における障害のある児童等の状況について考慮しなければならない。

第百二十条　削除

第百二十一条　削除

第百二十二条　削除

第百二十三条　削除

〔寮務主任・舎監〕

第百二十四条　寄宿舎を設ける特別支援学校には、寮務主任及び舎監を置かなければならない。

2　前項の規定にかかわらず、第四項に規定する寮務主任の担当する寮務を整理する主幹教諭を置くときその他特別の事情のあるときは寮務主任を、第五項に規定する舎監の担当する寮務を整理する主幹教諭を置くときは舎監を、それぞれ置かないことができる。

3　寮務主任及び舎監は、指導教諭又は教諭をもつて、これに充てる。

4　寮務主任は、校長の監督を受け、寮務に関する事項について連絡調整及び指導、助言に当たる。

5　舎監は、校長の監督を受け、寄宿舎の管理及び寄宿舎における児童等の教育に当たる。

〔主事〕

第百二十五条　特別支援学校には、各部に主事を置くことができる。

2　主事は、その部に属する教諭等をもつて、これに充てる。校長の監督を受け、部に関する校務をつかさどる。

〔小学部の教育課程〕

第百二十六条　特別支援学校の小学部の教育課程は、国語、社会、算数、理科、生活、音楽、図画工作、家庭、体育及び外国語の各教科、特別の教科である道徳、外国語活動、総合的な学習の時間、特別活動並びに自立活動によつて編成するものとする。

2　前項の規定にかかわらず、知的障害者である児童を教育する場合は、生活、国語、算数、音楽、図画工作及び体育の各教科、特別の教科である道徳、特別活動並びに自立活動によつて教育課程を編成するものとする。ただし、必要がある場合には、外国語活動を加えて教育課程を編成することができる。

〔中学部の教育課程〕

第百二十七条　特別支援学校の中学部の教育課程は、国語、社会、数学、理科、音楽、美術、保健体育、技術・家庭及び外国語の各教科、特別の教科である道徳、総合的な学習の時間、特別活動並びに自立活動によつて編成するものとする。

2　前項の規定にかかわらず、知的障害者である生徒を教育する場合は、国語、社会、数学、理科、音楽、美術、保健体育及び職業・家庭の各教科、特別の教科である道徳、総合的な学習の時間、特別活動並びに自立活動によつて教育課程を編成するものとする。ただし、必要がある場合には、外国語科を加えて教育課程を編成することができる。

〔高等部の教育課程〕

第百二十八条　特別支援学校の高等部の教育課程は、別表第三及び別表第五に定める各教科に属する科目、総合的な学習の時間、特別活動並びに自立活動によつて編成するものとする。

2　前項の規定にかかわらず、知的障害者である生徒を教育する場合は、国語、社会、数学、理科、音楽、美術、保健体育、職業、家庭、外国語、情報、家政、農業、工業、流通・サービス及び福祉の各教科、第百二十九条に規定する特別支援学校高等部学習指導要領で定めるこれら以外の教科、及び道徳、総合的な学習の時間、特別活動並びに自立活動によつて教育課程を編成するものとする。

〔教育課程の基準〕

第百二十九条　特別支援学校の幼稚部の教育課程その他の保育内容並びに小学部、中学部及び高等部の教育課程については、この章に定めるもののほか、教育課程その他の保育内容又は教育課程の基準として文部科学大臣が別に公示する特別支援学校幼稚部教育要領、特別支援学校小学部・中学部学習指導要領及び特別支援学校高等部学習指導要領によるものとする。

第百三十条　特別支援学校の小学部、中学部又は高等部においては、特に必要がある場合は、第百二十六条から第百二十八条までに規定する各教科（次項において「各教科」という。）又は別表第三及び別表第五に定める各教科に属する科目の全部又は一部について、合わせて授業を行うことができる。

2　特別支援学校の小学部、中学部又は高等部においては、知的障害者である児童若しくは生徒又は複数の種類の障害を併せ有する児童若しくは生徒を教育する場合において特に必要があるときは、各教科、特別の教科である道徳、外国語活動、特別活動及び自立活動の全部又は一部について、合わせて授業を行うことができる。

第百三十一条　特別支援学校の小学部、中学部又は高等部において、複数の種類の障害を併せ有する児童若しくは生徒を教育する場合又は教員を派遣して教育を行う場合において、特に必要があるときは、第百二十六条から第百二十九条までの規定にかかわらず、特別の教育課程によることができる。

2　前項の規定により特別の教育課程による場合において、文部科学大臣の検定を経た教科用図書又は文部科学省が著作の名義を有する教科用図書を使用することが適当でないときは、当該学校の設置者の定めるところにより、他の適切な教科用図書を使用することができる。

3　第五十六条の五の規定は、学校教育法附則第九条第二項において準用する同法第三十四条第二項又は第三項の規定により前項の他の適切な教科用図書に代えて使用する教材について準用する。

第百三十二条　特別支援学校の小学部、中学部又は高等部の教育課程に関し、その改善に資する研究を行うため特に必要があり、かつ、児童又は生徒の教育上適切な配慮がなされていると文部科学大臣が認める場合においては、文部科学大臣が別に定めるところにより、第百二十六条から第百二十九条までの規定によらないことができる。

第百三十二条の二　文部科学大臣が、特別支援学校の小学部、中学部又は高等部において、当該特別支援学校又は当該特別支援学校が設置されている地域の実態に照らし、より効果的な教育を実施するため、当該特別支援学校又は当該地域の特色を生かした特別の教育課程を編成して教育を実施する必要があり、かつ、当該特別の教育課程について、教育基本法及び学校教育法第七十二条の規定等に照らして適切であり、児童又は生徒の教育上適切な配慮がなされているものとして文部科学大臣が定める基準を満たしていると認める場合においては、文部科学大臣が別に定めるところにより、第百二十六条から第百二十九条までの規定の一部又は全部によらないことができる。

第百三十二条の三　特別支援学校の小学部又は中学部において、日本語に通じない児童又は生徒のうち、当該児童又は生徒の日本語を理解し、使用する能力に応じた特別の指導を行う必要があるものを教育する場合には、文部科学大臣が別に定めるところにより、第百二十六条、第百二十七条及び第百二十九条の規定にかかわらず、特別の教育課程によることができる。

第百三十二条の四　前条の規定により特別の教育課程による場合においては、校長は、児童又は生徒が設置者の定めるところにより他の小学校、中学校、義務教育学校、中等教育学校の前期課程又は特別支援学校の小学部若しくは中学部において受けた授業を、当該児童又は生徒の在学する特別支援学校の小学部又は中学部において受けた当該特別の教育課程に係る授業とみなすことができる。

第百三十二条の五　特別支援学校の小学部又は中学部において、学齢を経過した者のうち、その者の年齢、経験又は勤労の状況その他の実情に応じた特別の指導を行う必要があるものを夜間その他特別の時間において教育する場合には、文部科学大臣が別に定めるところにより、第百二十六条、第百二十七条及び第百二十九条の規定にかかわらず、特別の教育課程によることができる。

第百三十三条　校長は、生徒の特別支援学校の高等部の全課程の修了を認めるに当たつては、特別支援学校高等部学習指導要領に定めるところにより行うものとする。ただし、第百三十二条又は第百三十二条の二の規定により、特別支援学校の高等部の教育課程に関し第百二十八条及び第百二十九条の規定によらない場合においては、文部科学大臣が別に定めるところにより行うものとする。

2　前項前段の規定により全課程の修了の要件として特別支援学校高等部学習指導要領の定めるところにより校長が定める単位数又は授業時数のうち、第百三十五条第五項において準用する第八十八条の三に規定する授業の方法によるものは、それぞれ全課程の修了要件として定められた単位数又は授業時数の二分の一に満たないものとする。ただし、疾病による療養のため又は障害のため、病院その他の適当な場所で医療の提供その他の支援を受ける必要がある生徒であつて、相当の期間特別支援学校を欠席すると認められるもの又は教員を派遣して教育を行う必要があると認められるものについては、この限りでない。

〔高等部の通信教育〕

第百三十四条　特別支援学校の高等部における通信教育に関する事項は、別に定める。

第百三十四条の二　校長は、特別支援学校に在学する児童等について個別の教育支援計画（学校と医療、保健、福祉、労働等に関する業務を行う関係機関及び民間団体（次項において「関係機関等」という。）との連携の下に行う当該児童等に対する長期的な支援に関する計画をいう。）を作成しなければならない。

2　校長は、前項の規定により個別の教育支援計画を作成するに当たつては、当該児童等又はその保護者の意向を踏まえつつ、あらかじめ、関係機関等と当該児童等の支援に関する必要な情報の共有を図らなければならない。

〔準用規定〕

第百三十五条　第四十三条から第四十九条まで（第四十六条を除く。）、第五十四条、第五十九条から第六十三条まで、第六十五条から第六十八条まで、第八十二条及び第百条の三の規定は、特別支援学校に準用する。この場合において、同条中「第百四条第一項」とあるのは、「第百三十五条第一項」と読み替えるものとする。

2　第五十六条の五から、第五十八条まで、第六十四条及び第八十九条の規定は、特別支援学校の小学部、中学部及び高等部に準用する。

3　第三十五条、第五十条第二項及び第五十三条の規定は、特別支援学校の小学部に準用する。

4　第三十五条、第五十条第二項、第七十条、第七十一条及び第七十七条の二から第七十八条の二までの規定は、特別支援学校の中学部に準用する。

5　第七十条、第七十一条、第七十八条の二、第八十一条、第八十八条の三、第九十条第一項から第三項まで、第九十一条から第九十五条まで、第九十七条第一項及び第二項、第九十八条から第百条の二まで並びに第百四条第三項の規定は、特別支援学校の高等部に準用する。この場合において、第九十七条第一項及び第二項中「他の高等学校又は中等教育学校の後期課程」とあるのは「他の特別支援学校の高等部、高等学校又は中等教育学校の後期課程」と、同条第二項中「当該他の高等学校又は中等教育学校」とあるのは「当該他の特別支援学校、高等学校又は中等教育学校」と読み替えるものとする。

〔一学級の児童生徒の数〕

第百三十六条　小学校、中学校若しくは義務教育学校又は中等教育学校の前期課程における特別支援学級の一学級の児童又は生徒の数は、法令に特別の定めのある場合を除き、十五人以下を標準とする。

〔特別支援学校の設置区分〕

第百三十七条　特別支援学級は、特別の事情のある場合を除いては、学校教育法第八十一条第二項各号に掲げる区分に従つて置くものとする。

第百三十八条　小学校、中学校若しくは義務教育学校又は中等教育学校の前期課程における特別支援学級に係る教育課程については、特に必要がある場合は、第五十条第一項（第七十九条の六第一項において準用する場合を含む。）、第五十一条、第五十二条（第七十九条の六第一項において準用する場合を含む。）、第五十二条の三、第七十二条（第七十九条の六第二項及び第百八条第一項において準用する場合を含む。）、第七十三条、第七十四条（第七十九条の六第二項及び第百八条第一項において準用する場合を含む。）、第七十四条の三、第七十六条、第七十九条の五（第七十九条の十二において準用する場合を含む。）及び第百七条（第百十七条において準用する場合を含む。）の規定にかかわらず、特別の教育課程によることができる。

第百三十九条　前条の規定により特別の教育課程による特別支援学級においては、文部科学大臣の検定を経た教科用図書を使用することが適当でない場合には、当該特別支援学級を置く学校の設置者の定めるところにより、他の適切な教科用図書を使用することができる。

2　第五十六条の五の規定は、学校教育法附則第九条第二項において準用する同法第三十四条第二項又は第三項の規定により前項の他の適切な教科用図書に代えて使用する教材について準用する。

第百三十九条の二　第百三十四条の二の規定は、小学校、中学校若しくは義務教育学校又は中等教育学校の前期課程における特別支援学級の児童又は生徒について準用する。

〔障害に応じた特別の指導〕

第百四十条　小学校、中学校、義務教育学校、高等学校又は中等教育学校において、次の各号のいずれかに該当する児童又は生徒（特別支援学級の児童及び生徒を除く。）のうち当該障害に応じた特別の指導を行う必要があるものを教育する場合には、文部科学大臣が別に定めるところにより、第五十条第一項（第七十九条の六第一項において準用する場合を含む。）、第五十一条、第五十二条（第七十九条の六第一項において準用する場合を含む。）、第五十二条の三、第七十二条（第七十九条の六第二項及び第百八条第一項において準用する場合を含む。）、第七十三条、第七十四条（第七十九条の六第二項及び第百八条第一項において準用する場合を含む。）、第七十四条の三、第七十六条、第七十九条の五（第七十九条の十二において準用する場合を含む。）、第八十三条及び第八十四条（第百八条第二項において準用する場合を含む。）並びに第百七条（第百十七条において準用する場合を含む。）の規定にかかわらず、特別の教育課程によることができる。

一　言語障害者
二　自閉症者
三　情緒障害者
四　弱視者
五　難聴者
六　学習障害者
七　注意欠陥多動性障害者
八　その他障害のある者で、この条の規定により特別の教育課程による教育を行うことが適当なもの

第百四十一条　前条の規定により特別の教育課程による場合においては、校長は、児童又は生徒が、当該小学校、中学校、義務教育学校、高等学校又は中等教育学校の設置者の定めるところにより他の小学校、中学校、義務教育学校、高等学校、中等教育学

校又は特別支援学校の小学部、中学部若しくは高等部において受けた授業を、当該小学校、中学校、義務教育学校、高等学校又は中等教育学校において受けた当該特別の教育課程に係る授業とみなすことができる。

第百四十一条の二　第百三十四条の二の規定は、第百四十条の規定により特別の指導が行われている児童又は生徒について準用する。

第九章　大学

第一節　設備、編制、学部及び学科

〔大学の設置基準〕

第百四十二条　大学（専門職大学及び短期大学並びに大学院を除く。以下この項において同じ。）の設備、編制、学部及び学科に関する事項、教員の資格に関する事項、通信教育に関する事項その他大学の設置に関する事項は、大学設置基準（昭和三十一年文部省令第二十八号）、及び大学通信教育設置基準（昭和五十六年文部省令第三十三号）の定めるところによる。

② 専門職大学（大学院を除く。以下この項において同じ。）の設備、編制、学部及び学科に関する事項、教員の資格に関する事項その他専門職大学の設置に関する事項は、専門職大学設置基準（平成二十九年文部科学省令第三十三号）の定めるところによる。

③ 大学院の設備、編制、研究科、教員の資格に関する事項及び通信教育に関する事項その他大学院の設置に関する事項は、大学院設置基準（昭和四十九年文部省令第二十八号）及び専門職大学院設置基準（平成十五年文部科学省令第十六号）の定めるところによる。

④ 短期大学（専門職短期大学を除く。以下この項において同じ。）の設備、編制、学科、教員の資格、通信教育に関する事項その他短期大学の設置に関する事項は、短期大学設置基準（昭和五十年文部省令第二十一号）及び短期大学通信教育設置基準（昭和五十七年文部省令第三号）の定めるところによる。

⑤ 専門職短期大学の設備、編制、学科、教員の資格その他専門職短期大学の設置に関する事項は、専門職短期大学設置基準（平成二十九年文部科学省令第三十四号）の定めるところによる。

第百四十三条　教授会は、その定めるところにより、教授会に属する職員のうちの一部の者をもつて構成される代議員会、専門委員会等（次項において「代議員会等」という。）を置くことができる。

2　教授会は、その定めるところにより、代議員会等の議決をもつて、教授会の議決とすることができる。

第百四十三条の二　大学における教育に係る施設は、教育上支障がないと認められるときは、他の大学の利用に供することができる。

2　前項の施設を他の大学の利用に供する場合において、当該施設が大学教育の充実に特に資するときは、教育関係共同利用拠点として文部科学大臣の認定を受けることができる。

第百四十三条の三　大学には、学校教育法第九十六条の規定により大学に附置される研究施設として、大学の教員その他の者で当該研究施設の目的たる研究と同一の分野の研究に従事する者に利用させるものを置くことができる。

2　前項の研究施設のうち学術研究の発展に特に資するものは、共同利用・共同研究拠点として文部科学大臣の認定を受けることができる。

3　第一項の研究施設のうち学術研究の発展に特に資するものであつて国際的な研究活動の中核としての機能を備えたものは、国際共同利用・共同研究拠点として文部科学大臣の認定を受けることができる。

4　第二項の認定と前項の認定は、重ねて受けることができない。

第二節　入学及び卒業等

第百四十四条　削除

〔学位〕

第百四十五条　学位に関する事項は、学位規則（昭和二十八年文部省令第九号）の定めるところによる。

〔大学入学に関し、高等学校卒業者と同等者〕

第百四十六条　学校教育法第八十八条に規定する修業年限の通算は、大学の定めるところにより、大学設置基準第三十一条第一項、専門職大学設置基準第二十八条第一項、短期大学設置基準第十七条第一項若しくは専門職短期大学設置基準第二十五条第一項に規定する科目等履修生（第百六十三条の二において「科目等履修生」という。）又は大学設置基準第三十一条第二項、専門職大学設置基準第二十八条第二項、短期大学設置基準第十七条第二項若しくは専門職短期大学設置基準第二十五条第二項に規定する特別の課程履修生（いずれも大学の学生以外の者に限る。）として一の大学において一定の単位を修得した者に対し、大学設置基準第三十条第一項（同条第二項において準用する場合を含む。）、専門職大学設置基準第二十六条第一項、短期大学設置基準第十六条第一項（同条第二項において準用する場合を含む。）又は専門職短期大学設置基準第二十三条第一項（同条第二項において準用する場合を含む。）の規定により当該大学に入学した後に修得したものとみなすことのできる当該単位数、その

修得に要した期間その他大学が必要と認める事項を勘案して行うものとする。

〔専門職大学等の修業年限の通算〕

第百四十六条の二　学校教育法第八十八条の二に規定する修業年限の通算は、専門職大学等（専門職大学及び専門職短期大学をいう。以下同じ。）の定めるところにより、専門職大学設置基準第二十六条第四項又は専門職短期大学設置基準第二十三条第四項の規定により当該職業を担うための実践的な能力（当該専門職大学等で修得させることとしているものに限る。）の修得を当該専門職大学における授業科目の履修とみなして単位を与えられた者に対し、与えられた当該単位数、当該実践的な能力の修得に要した期間その他専門職大学等が必要と認める事項を勘案して行うものとする。

２　学校教育法第八十八条の二ただし書に規定する文部科学大臣が定める期間は、当該専門職大学等の修業年限の四分の一とする。

〔卒業認定の要件〕

第百四十七条　学校教育法第八十九条に規定する卒業の認定は、次の各号に掲げる要件のすべてに該当する場合（学生が授業科目の構成等の特別の事情を考慮して文部科学大臣が別に定める課程に在学する場合を除く。）に限り行うことができる。

一　大学が、学修の成果に係る評価の基準その他の学校教育法第八十九条に規定する卒業の認定の基準を定め、それを公表していること。

二　大学が、大学設置基準第二十七条の二又は専門職大学設置基準第二十二条に規定する履修科目として登録することができる単位数の上限を定め、適切に運用していること。

三　学校教育法第八十七条第一項に定める学部の課程を履修する学生が、卒業の要件として修得すべき単位を修得し、かつ、当該単位を優秀な成績をもつて修得したと認められること。

四　学生が、学校教育法第八十九条に規定する卒業を希望していること。

第百四十八条　学校教育法第八十七条第一項ただし書の規定により修業年限を四年を超えるものとする学部に在学する学生にあつては、同法第八十九条の規定により在学すべき期間は、四年とする。

第百四十九条　学校教育法第八十九条の規定により、一の大学（短期大学を除く。以下この条において同じ。）に三年以上在学したものに準ずる者を、次の各号のいずれかに該当する者であつて、在学期間が通算して三年以上となつたものと定める。

一　第百四十七条第一号及び第二号の要件を満たす一の大学から他の当該各号の要件を満たす大学へ転学した者

二　第百四十七条第一号及び第二号の要件を満たす大学を退学した者であつて、当該大学における在学期間以下の期間を別の当該各号の要件を満たす大学の修業年限に通算されたもの

三　第百四十七条第一号及び第二号の要件を満たす大学を卒業した者であつて、当該大学における修業年限以下の期間を別の当該各号の要件を満たす大学の修業年限に通算されたもの

〔高校卒業者と同等以上の学力があると認められる者〕

第百五十条　学校教育法第九十条第一項の規定により、大学入学に関し、高等学校を卒業した者と同等以上の学力があると認められる者は、次の各号のいずれかに該当する者とする。

一　外国において学校教育における十二年の課程を修了した者又はこれに準ずる者で文部科学大臣の指定したもの

二　文部科学大臣が高等学校の課程と同等の課程を有するものとして認定した在外教育施設の当該課程を修了した者

三　専修学校の高等課程（修業年限が三年以上であることその他の文部科学大臣が定める基準を満たすものに限る。）で文部科学大臣が別に指定するものを文部科学大臣が定める日以後に修了した者

四　文部科学大臣の指定した者

五　高等学校卒業程度認定試験規則による高等学校卒業程度認定試験に合格した者（旧規程による大学入学資格検定（以下「旧検定」という。）に合格した者を含む。）

六　学校教育法第九十条第二項の規定により大学に入学した者であつて、当該者をその後に入学させる大学において、大学における教育を受けるにふさわしい学力があると認めたもの

七　大学において、個別の入学資格審査により、高等学校を卒業した者と同等以上の学力があると認めた者で、十八歳に達したもの

〔飛び入学〕

第百五十一条　学校教育法第九十条第二項の規定により学生を入学させる大学は、特に優れた資質を有すると認めるに当たつては、入学しようとする者の在学する学校の校長の推薦を求める等により、同項の入学に関する制度が適切に運用されるよう工夫を行うものとする。

〔飛び入学させる大学の自己評価〕

第百五十二条　学校教育法第九十条第二項の規定により学生を入学させる大学は、同項の入学に関する制度の運用の状況について、同法第百九条第一項に規定する点検及び評価を行い、その結果を公表しなければならない。

〔大学への飛び入学年数〕

第百五十三条　学校教育法第九十条第二項に規定する文部科学大臣の定める年数は、二年とする。

〔年数以上在学者に準ずる者〕

第百五十四条　学校教育法第九十条第二項の規定により、高等学校に文部科学大臣が定める年数以上在学した者に準ずる者を、次の各号のいずれかに該当する者と定める。

一　中等教育学校の後期課程、特別支援学校の高等部又は高等専門学校に二年以上在学した者

二　外国において、学校教育における九年の課程に引き続く学校教育の課程に二年以上在学した者

三　文部科学大臣が高等学校の課程と同等の課程を有するものとして認定した在外教育施設（高等学校の課程に相当する課程を有するものとして指定したものを含む。）の当該課程に二年以上在学した者

四　第百五十条第三号の規定により文部科学大臣が別に指定する専修学校の高等課程に同号に規定する文部科学大臣が定める日以後において二年以上在学した者

五　文部科学大臣が指定した者

六　高等学校卒業程度認定試験規則第四条に定める試験科目の全部（試験の免除を受けた試験科目を除く。）について合格点を得た者（旧規程第四条に規定する受検科目の全部（旧検定の一部免除を受けた者については、その免除を受けた科目を除く。）について合格点を得た者を含む。）で、十七歳に達したもの

〔大学の専攻科・大学院の入学に関し大学卒業者と同等者〕

第百五十五条　学校教育法第九十一条第二項又は第百二条第一項本文の規定により、大学（短期大学を除く。以下この項において同じ。）の専攻科又は大学院への入学に関し大学を卒業した者と同等以上の学力があると認められる者は、次の各号のいずれかに該当する者とする。ただし、第七号及び第八号については、大学院への入学に係るものに限る。

一　学校教育法第百四条第七項の規定により学士の学位を授与された者

二　外国において、学校教育における十六年（医学を履修する博士課程、歯学を履修する博士課程、薬学を履修する博士課程（当該課程に係る研究科の基礎となる学部の修業年限が六年であるものに限る。以下同じ。）又は獣医学を履修する博士課程への入学については、十八年）の課程を修了した者

三　外国の学校が行う通信教育における授業科目を我が国において履修することにより当該外国の学校教育における十六年（医学を履修する博士課程、歯学を履修する博士課程、薬学を履修する博士課程又は獣医学を履修する博士課程への入学については、十八年）の課程を修了した者

四　我が国において、外国の大学の課程（その修了者が当該外国の学校教育における十六年（医学を履修する博士課程、歯学を履修する博士課程、薬学を履修する博士課程又は獣医学を履修する博士課程への入学については、十八年）の課程を修了したとされるものに限る。）を有するものとして当該外国の学校教育制度において位置付けられた教育施設であつて、文部科学大臣が別に指定するものの当該課程を修了した者

四の二　外国の大学その他の外国の学校（その教育研究活動等の総合的な状況について、当該外国の政府又は関係機関の認証を受けた者による評価を受けたもの又はこれに準ずるものとして文部科学大臣が別に指定するものに限る。）において、修業年限が三年（医学を履修する博士課程、歯学を履修する博士課程、薬学を履修する博士課程又は獣医学を履修する博士課程への入学については、五年）以上である課程を修了すること（当該外国の学校が行う通信教育における授業科目を我が国において履修することにより当該課程を修了すること及び当該外国の学校教育制度において位置付けられた教育施設であつて前号の指定を受けたものにおいて課程を修了することを含む。）により、学士の学位に相当する学位を授与された者

五　専修学校の専門課程（修業年限が四年以上であることその他の文部科学大臣が定める基準を満たすものに限る。）で文部科学大臣が別に指定するものを文部科学大臣が定める日以後に修了した者

六　文部科学大臣の指定した者

七　学校教育法第百二条第二項の規定により大学院に入学した者であつて、当該者をその後に入学させる大学院において、大学院における教育を受けるにふさわしい学力があると認めたもの

八　大学院において、個別の入学資格審査により、大学を卒業した者と同等以上の学力があると認めた者で、二十二歳（医学を履修する博士課程、歯学を履修する博士課程、薬学を履修する博士課程又は獣医学を履修する博士課程への入学については、二十四歳）に達したもの

2　学校教育法第九十一条第二項の規定により、短期大学の専攻科への入学に関し短期大学を卒業した者と同等以上の学力があると認められる者は、次の各号のいずれかに該当する者とする。

一　高等学校（中等教育学校の後期課程及び特別支援学校の高等部を含む。以下この号において同じ。）の専攻科の課程を

修了した者のうち学校教育法第五十八条の二（同法第七十条第一項及び第八十二条において準用する場合を含む。）の規定により大学に編入学することができるもの（修業年限を三年とする短期大学の専攻科への入学については、修業年限を三年以上とする高等学校の専攻科の課程を修了した者に限る。）

二　専門職大学の前期課程を修了した者（修業年限を三年とする短期大学の専攻科への入学については、修業年限を三年とする専門職大学の前期課程を修了した者に限る。）

三　高等専門学校を卒業した者（修業年限を二年とする短期大学の専攻科への入学に限る。）

四　専修学校の専門課程を修了した者のうち学校教育法第百三十二条の規定により大学に編入学することができるもの（修業年限を三年とする短期大学の専攻科への入学については、修業年限を三年以上とする専修学校の専門課程を修了した者に限る。）

五　外国において、学校教育における十四年（修業年限を三年とする短期大学の専攻科への入学については、十五年）の課程を修了した者

六　外国の学校が行う通信教育における授業科目を我が国において履修することにより当該外国の学校教育における十四年（修業年限を三年とする短期大学の専攻科への入学については、十五年）の課程を修了した者

七　我が国において、外国の短期大学の課程（その修了者が当該外国の学校教育における十四年（修業年限を三年とする短期大学の専攻科への入学については、十五年）の課程を修了したとされるものに限る。）を有するものとして当該外国の学校教育制度において位置付けられた教育施設であつて、文部科学大臣が別に指定するものの当該課程を修了した者

八　その他短期大学を卒業した者と同等以上の学力があると認めた者

〔大学院の入学に関し修士の学位を有する者と同等者〕

第百五十六条　学校教育法第百二条第一項ただし書の規定により、大学院への入学に関し修士の学位又は同法第百四条第一項に規定する文部科学大臣の定める学位を有する者と同等以上の学力があると認められる者は、次の各号のいずれかに該当する者とする。

一　外国において修士の学位又は専門職学位（学校教育法第百四条第一項の規定に基づき学位規則第五条の二に規定する専門職学位をいう。以下この条において同じ。）に相当する学位を授与された者

二　外国の学校が行う通信教育における授業科目を我が国において履修し、修士の学位又は専門職学位に相当する学位を授与された者

三　我が国において、外国の大学院の課程を有するものとして当該外国の学校教育制度において位置付けられた教育施設であつて、文部科学大臣が別に指定するものの当該課程を修了し、修士の学位又は専門職学位に相当する学位を授与された者

四　国際連合大学本部に関する国際連合と日本国との間の協定の実施に伴う特別措置法（昭和五十一年法律第七十二号）第一条第二項に規定する千九百七十二年十二月十一日の国際連合総会決議に基づき設立された国際連合大学（次号及び第百六十二条において「国際連合大学」という。）の課程を修了し、修士の学位に相当する学位を授与された者

五　外国の学校、第三号の指定を受けた教育施設又は国際連合大学の教育課程を履修し、大学院設置基準第十六条の二に規定する試験及び審査に相当するものに合格し、修士の学位を有する者と同等以上の学力があると認められた者

六　文部科学大臣の指定した者

七　大学院において、個別の入学資格審査により、修士の学位又は専門職学位を有する者と同等以上の学力があると認めた者で、二十四歳に達したもの

〔大学院への飛び入学〕

第百五十七条　学校教育法第百二条第二項の規定により学生を入学させる大学は、同項に規定する大学の定める単位その他必要な事項をあらかじめ公表するなど、同項の入学に関する制度が適切に運用されるよう配慮するものとする。

〔大学院へ飛び入学させる大学の自己評価〕

第百五十八条　学校教育法第百二条第二項の規定により学生を入学させる大学は、同項の入学に関する制度の運用の状況について、同法第百九条第一項に規定する点検及び評価を行い、その結果を公表しなければならない。

〔大学院への飛び入学年数〕

第百五十九条　学校教育法第百二条第二項に規定する文部科学大臣の定める年数は、三年（医学を履修する博士課程、歯学を履修する博士課程、薬学を履修する博士課程又は獣医学を履修する博士課程への入学については、医学を履修する課程、歯学を履修する課程、薬学を履修する課程のうち臨床に係る実践的な能力を培うことを主たる目的とするもの又は獣医学を履修する課程に四年）とする。

第百六十条　学校教育法第百二条第二項の規定により、大学に文部科学大臣の定める年

数以上在学した者を、次の各号のいずれかに該当するものと定める。

一　外国において学校教育における十五年（医学を履修する博士課程、歯学を履修する博士課程、薬学を履修する博士課程又は獣医学を履修する博士課程への入学については、十六年）の課程を修了した者

二　外国の学校が行う通信教育における授業科目を我が国において履修することにより当該外国の学校教育における十五年（医学を履修する博士課程、歯学を履修する博士課程、薬学を履修する博士課程又は獣医学を履修する博士課程への入学については、十六年）の課程を修了した者

三　我が国において、外国の大学の課程（その修了者が当該外国の学校教育における十五年（医学を履修する博士課程、歯学を履修する博士課程、薬学を履修する博士課程又は獣医学を履修する博士課程への入学については、十六年）の課程を修了したとされるものに限る。）を有するものとして当該外国の学校教育制度において位置付けられた教育施設であつて、文部科学大臣が別に指定するものの当該課程を修了した者

第百六十条の二　学校教育法第百二条第二項に規定する単位の修得の状況に準ずるものとして文部科学大臣が定めるものは、法科大学院（専門職大学院であって、法曹に必要な学識及び能力を培うことを目的とするものをいう。以下この条において同じ。）が当該法科大学院において必要とされる法学の基礎的な学識を有するかどうかを判定するために当該法科大学院が実施する試験の結果とする。

〔短期大学卒業者の編入学〕

第百六十一条　短期大学を卒業した者は、編入学しようとする大学（短期大学を除く。）の定めるところにより、当該大学における修業年限に相当する年数以下の期間を控除した期間を在学すべき期間として、当該大学に編入学することができる。

2　前項の規定は、外国の短期大学を卒業した者及び外国の短期大学の課程を有するものとして当該外国の学校教育制度において位置付けられた教育施設であつて、文部科学大臣が別に指定するものの当該課程を我が国において修了した者（学校教育法第九十条第一項に規定する者に限る。）について準用する。

〔外国の課程を有する教育施設の学生の転学〕

第百六十二条　我が国において、外国の大学、大学院又は短期大学の課程を有するものとして当該外国の学校教育制度において位置付けられた教育施設であつて、文部科学大臣が別に指定するものの当該課程に在学した者（大学及び短期大学にあつては学校教育法第九十条第一項に規定する者に、大学院にあつては同法第百二条第一項に規定する者に限る。）及び国際連合大学の課程に在学した者は、転学しようとする大学、大学院又は短期大学の定めるところにより、それぞれ当該大学、大学院又は短期大学に転学することができる。

〔学年の始期及び終期〕

第百六十三条　大学の学年の始期及び終期は、学長が定める。

②　大学は、前項に規定する学年の途中においても、学期の区分に従い、学生を入学させ及び卒業させることができる。

第百六十三条の二　大学は、大学の定めるところにより、当該大学の学生又は科目等履修生として体系的に開設された授業科目の単位を修得した者に対し、学修証明書（その事実を証する書面をいう。）を交付することができる。

第三節　履修証明書が交付される特別の課程

〔特別課程の編制〕

第百六十四条　大学（大学院及び短期大学を含む。以下この条において同じ。）は、学校教育法第百五条に規定する特別の課程（以下この条において「特別の課程」という。）の編成に当たつては、当該大学の開設する講習若しくは授業科目又はこれらの一部により体系的に編成するものとする。

2　特別の課程の総時間数は、六十時間以上とする。

3　特別の課程の履修資格は、大学において定めるものとする。ただし、当該資格を有する者は、学校教育法第九十条第一項の規定により大学に入学することができる者でなければならない。

4　特別の課程における講習又は授業の方法は、大学設置基準、大学通信教育設置基準、専門職大学設置基準、大学院設置基準、専門職大学院設置基準、短期大学設置基準、短期大学通信教育設置基準及び専門職短期大学設置基準の定めるところによる。

5　大学は、特別の課程の編成に当たつては、当該特別の課程の名称、目的、総時間数、履修資格、定員、内容、講習又は授業の方法、修了要件、大学設置基準第三十一条第二項、専門職大学設置基準第二十八条第二項、短期大学設置基準第十七条第二項及び専門職短期大学設置基準第二十五条第二項の規定による単位の授与の有無、実施体制その他当該大学が必要と認める事項をあらかじめ公表するものとする。

6　大学は、学校教育法第百五条に規定する証明書（次項において「履修証明書」とい

う。）に、特別の課程の名称、内容の概要、総時間数その他当該大学が必要と認める事項を記載するものとする。

7　大学は、特別の課程の編成及び当該特別の課程の実施状況の評価並びに履修証明書の交付を行うために必要な体制を整備しなければならない。

第四節　認証評価その他

（公開講座）

第百六十五条　公開講座に関する事項は、別にこれを定める。

第百六十五条の二　大学は、当該大学、学部又は学科若しくは課程（大学院にあつては、当該大学院、研究科又は専攻）ごとに、その教育上の目的を踏まえて、次に掲げる方針（大学院にあつては、第三号に掲げるものに限る。）を定めるものとする。

一　卒業の認定に関する方針

二　教育課程の編成及び実施に関する方針

三　入学者の受入れに関する方針

2　前項第二号に掲げる方針を定めるに当つては、同項第一号に掲げる方針との一貫性の確保に特に意を用いなければならない。

（認証評価）

第百六十六条　大学は、学校教育法第百九条第一項に規定する点検及び評価を行うに当たつては、同項の趣旨に即し適切な項目を設定するとともに、適当な体制を整えて行うものとする。

（文部科学大臣の定める措置）

第百六十七条　学校教育法第百九条第三項ただし書に規定する文部科学大臣の定める措置は、次の各号に掲げるいずれかの措置とする。

一　専門職大学等又は専門職大学院を置く大学が、外国に主たる事務所を有する法人その他の団体であつて、当該専門職大学等又は専門職大学院の課程に係る分野について評価を行うもののうち、適正な評価を行うと国際的に認められたものとして文部科学大臣が指定した団体から、当該専門職大学等又は専門職大学院の教育課程、教育研究実施組織その他教育研究活動の状況について定期的に評価を受け、その結果を公表するとともに、文部科学大臣に報告すること。

二　専門職大学等が、学校教育法第百九条第一項に規定する点検及び評価の結果のうち、当該専門職大学等の教育課程、教育研究実施組織その他の教育研究活動の状況について、当該専門職大学等の課程に係る分野に識見を有する者（当該専門職大学等の職員を除く。）による検証を定期的に行い、その結果を公表するとともに、文部科学大臣に報告すること。

（認証評価の申請）

第百六十八条　学校教育法第百十条第一項の認証評価に係る同法第百十条第一項の申請は、大学又は短期大学の学校の種類に応じ、それぞれ行うものとする。

2　学校教育法第百九条第三項の認証評価に係る同法第百十条第一項の申請は、専門職大学等又は専門職大学院の課程に係る分野ごとに行うものとする。

（認証評価の申請書）

第百六十九条　学校教育法第百十条第一項の申請は、次に掲げる事項を記載した申請書を文部科学大臣に提出して行うものとする。

一　名称及び事務所の所在地

二　役員（申請者が人格のない社団又は財団で代表者又は管理人の定めのあるものである場合においては、当該代表者又は管理人）の氏名

三　評価の対象

四　大学評価基準及び評価方法

五　評価の実施体制

六　評価の結果の公表の方法

七　評価の周期

八　評価に係る手数料の額

九　その他評価の実施に関し参考となる事項

2　前項の申請書には、次に掲げる書類を添付するものとする。

一　定款若しくは寄附行為及び登記事項証明書又はこれらに準ずるもの

二　申請の日の属する事業年度の前事業年度における財産目録及び貸借対照表（申請の日の属する事業年度に設立された法人（申請者が人格のない社団又は財団で代表者又は管理人の定めのあるものを含む。）にあつては、その設立時における財産目録）

三　申請の日の属する事業年度の前事業年度における大学の教育研究活動等の状況についての評価の業務の実施状況（当該評価の業務を実施していない場合にあつては、申請の日の属する事業年度及びその翌事業年度における認証評価の業務に係る実施計画）を記載した書面

四　認証評価の業務以外の業務を行つている場合には、その業務の種類及び概要を記載した書面

（細目）

第百七十条　学校教育法第百十条第三項に規定する細目は、学校教育法第百十条第二項に規定する基準を適用するに際して必要な細目を定める省令（平成十六年文部科学省令第七号）の定めるところによる。

（公表）

第百七十一条　学校教育法第百十条第四項に規定する公表は、刊行物への掲載、インターネットの利用その他広く周知を図ることができる方法によつて行うものとする。

第百七十二条　学校教育法第百十条第五項に

規定する文部科学大臣の定める事項は、第百六十九条第一項第一号から第三号まで及び第五号から第八号までに掲げる事項とする。

第百七十二条の二　大学は、次に掲げる教育研究活動等の状況についての情報を公表するものとする。

一　大学の教育研究上の目的及び第百六十五条の二第一項の規定により定める方針に関すること

二　教育研究上の基本組織に関すること

三　教員組織、教員の数並びに各教員が有する学位及び業績に関すること

四　入学者の数、収容定員及び在学する学生の数、卒業又は修了した者の数並びに進学者数及び就職者数その他進学及び就職等の状況に関すること

五　授業科目、授業の方法及び内容並びに年間の授業の計画（大学設置基準第十九条の二第一項（大学院設置基準第十五条において読み替えて準用する場合を含む。）、専門職大学設置基準第十一条第一項、専門職大学院設置基準第六条の三第一項、短期大学設置基準第五条の二第一項及び専門職短期大学設置基準第八条第一項の規定により当該大学が自ら開設したものとみなす授業科目（次号において「連携開設科目」という。）に係るものを含む。）に関すること

六　学修の成果に係る評価及び卒業又は修了の認定に当たつての基準に関すること

七　校地、校舎等の施設及び設備その他の学生の教育研究環境に関すること

八　授業料、入学料その他の大学が徴収する費用に関すること

九　大学が行う学生の修学、進路選択及び心身の健康等に係る支援に関すること

2　専門職大学等及び専門職大学院を置く大学は、前項各号に掲げる事項のほか、学校教育法第八十三条の二第二項、第九十九条第三項及び第百八条第五項の規定による専門性が求められる職業に就いている者、当該職業に関連する事業を行う者その他の関係者との協力の状況についての情報を公表するものとする。

3　大学は、第一項各号に掲げる事項のほか、教育上の目的に応じ学生が修得すべき知識及び能力に関する情報を積極的に公表するよう努めるものとする。

4　第一項の規定による情報の公表は、適切な体制を整えた上で、刊行物への掲載、インターネットの利用その他広く周知を図ることができる方法によつて行うものとする。

〔準用規定〕

第百七十三条　第五十八条の規定は、大学に準用する。

第十章　高等専門学校

〔設置基準〕

第百七十四条　高等専門学校の設備、編制、学科、教育課程、教員の資格に関する事項その他高等専門学校の設置に関する事項については、高等専門学校設置基準（昭和三十六年文部省令第二十三号）の定めるところによる。

〔教務主事・学生主事・寮務主事〕

第百七十五条　高等専門学校には、教務主事及び学生主事を置くものとする。

2　高等専門学校には、寮務主事を置くことができる。

3　教務主事は、校長の命を受け、教育計画の立案その他教務に関することを掌理する。

4　学生主事は、校長の命を受け、学生の厚生補導に関すること（寮務主事を置く高等専門学校にあつては、寮務主事の所掌に属するものを除く。）を掌理する。

5　寮務主事は、校長の命を受け、寄宿舎における学生の厚生補導に関することを掌理する。

〔留学〕

第百七十六条　校長は、教育上有益と認めるときは、学生が外国の高等学校又は大学に留学することを許可することができる。

2　校長は、前項の規定により留学することを許可された学生について、高等専門学校設置基準第二十条第三項により準用する同条第一項の規定により単位の修得を認定した場合においては、当該学生について、第百七十九条において準用する第五十九条に規定する学年の途中においても、各学年の課程の修了又は卒業を認めることができる。

第百七十七条　学校教育法第百十九条第二項の規定により、高等専門学校の専攻科への入学に関し高等専門学校を卒業した者と同等以上の学力があると認められる者は、次の各号のいずれかに該当する者とする。

一　高等学校（中等教育学校の後期課程及び特別支援学校の高等部を含む。）の専攻科の課程を修了した者のうち学校教育法第五十八条の二（同法第七十条第一項及び第八十二条において準用する場合を含む。）の規定により大学に編入学することができるもの

二　専門職大学の前期課程を修了した者

三　短期大学を卒業した者

四　専修学校の専門課程を修了した者のうち学校教育法第百三十二条の規定により大学に編入学することができるもの

五　外国において、学校教育における十四年の課程を修了した者

六　外国の学校が行う通信教育における授業科目を我が国において履修することにより当該外国の学校教育における十四年の課程を修了した者

七　我が国において、外国の短期大学の課程（その修了者が当該外国の学校教育における十四年の課程を修了したとされるものに限る。）を有するものとして当該外国の学校教育制度において位置付けられた教育施設であつて、文部科学大臣が別に指定するものの当該課程を修了した者

八　その他高等専門学校の専攻科において、高等専門学校を卒業した者と同等以上の学力があると認めた者

（高等専門学校卒業者の編入学）

第百七十八条　高等専門学校を卒業した者は、編入学しようとする大学の定めるところにより、当該大学の修業年限から、二年以下の期間を控除した期間を在学すべき期間として、当該大学に編入学することができる。

（準用規定）

第百七十九条　第五十七条から第六十二条まで、第九十条第一項及び第二項、第九十一条、第九十二条第一項、第九十四条、第九十五条、第百四条第三項、第百六十四条から第百六十六条まで並びに第百六十九条から第百七十二条の二までの規定は、高等専門学校に準用する。この場合において、第百六十四条第一項中「第百五条」とあるのは「第百二十三条において準用する第百五条」と、同条第三項中「第九十条第一項の規定により大学」とあるのは「第百十八条の規定により高等専門学校」と、同条第四項中「大学設置基準、大学通信教育設置基準、専門職大学院設置基準、大学院設置基準、短期大学設置基準、専門職大学設置基準、短期大学通信教育設置基準及び専門職短期大学設置基準」とあるのは「高等専門学校設置基準」と、同条第五項中「大学設置基準第三十一条第二項、専門職大学設置基準第二十八条第二項、短期大学設置基準第十七条第二項及び専門職短期大学設置基準第二十五条第二項の規定による単位の授与の有無」とあるのは「高等専門学校設置基準第二十一条第二項の規定による単位の修得の認定の有無」と、同条第六項中「第百五条」とあるのは「第百二十三条において準用する第百五条」と読み替えるものとする。

第十一章　専修学校

（設置基準）

第百八十条　専修学校の設備、編制、授業、教員の資格その他専修学校の設置に関する事項は、専修学校設置基準（昭和五十一年文部省令第二号）の定めるところによる。

（入学等の決定）

第百八十一条　専修学校の生徒の入学、退学、休学等については、校長が定める。

（高等課程の入学に関し中学校卒業者と同等者）

第百八十二条　学校教育法第百二十五条第二項に規定する専修学校の高等課程の入学に関し中学校を卒業した者と同等以上の学力があると認められる者は、第九十五条各号のいずれかに該当する者とする。この場合において、同条第五号中「高等学校」とあるのは「専修学校」とする。

（専門課程の入学に関し高等学校卒業者に準ずる者）

第百八十三条　学校教育法第百二十五条第三項に規定する専修学校の専門課程の入学に関し高等学校を卒業した者に準ずる学力があると認められる者は、同法第九十条第一項に規定する通常の課程による十二年の学校教育を修了した者（通常の課程以外の課程によりこれに相当する学校教育を修了した者を含む。）若しくは第百五十条第一号、第二号、第四号若しくは第五号に該当する者又は次の各号のいずれかに該当する者とする。

一　修業年限が三年以上の専修学校の高等課程を修了した者

二　学校教育法第九十条第二項の規定により大学に入学した者であつて、当該者をその後に入学させる専修学校において、高等学校を卒業した者に準ずる学力があると認めたもの

三　専修学校において、個別の入学資格審査により、高等学校を卒業した者に準ずる学力があると認めた者で、十八歳に達したもの

第百八十三条の二　専修学校設置基準第三条第一項の規定により置かれる専修学校の学科のうち、同令第四条第一項に規定する昼間学科及び夜間等学科においては、学年ごとに、当該学年における生徒の平素の成績を評価して、当該学年の課程の修了の認定を行うものとする。

2　前項の規定にかかわらず、同項に規定する学科においては、教育上有益と認めるときは、学年による教育課程の区分を設けないことができる。

第百八十三条の三　〔略〕

（学年の始期及び終期）

第百八十四条　専修学校の学年の始期及び終期は、校長が定める。

（職員）

第百八十五条　専修学校には、校長及び教員のほか、助手、事務職員その他の必要な職員を置くことができる。

（大学への編入学）

第百八十六条　学校教育法第百三十二条に規定する文部科学大臣の定める基準は、次のとおりとする。

一　修業年限が二年以上であること。

二　課程の修了に必要な総授業時数が別に定める授業時数以上であること。ただ

し、第百八十三条の二第二項の規定により学年による教育課程の区分を設けない学科及び専修学校設置基準第五条第一項に規定する通信制の学科にあつては、課程の修了に必要な総単位数が別に定める単位数以上であること。

2　前項の基準を満たす専修学校の専門課程を修了した者は、編入学しようとする大学の定めるところにより、当該大学の修業年限から、修了した専修学校の専門課程における修業年限に相当する年数以下の期間を控除した期間を在学すべき期間として、当該大学に編入学することができる。ただし、在学すべき期間は、一年を下つてはならない。

〔準用規定〕

第百八十七条　第三条及び第四条第一項の規定は、専修学校の設置（高等課程、専門課程又は一般課程の設置を含む。）の認可の申請について準用する。

2　専修学校設置基準第五条第一項に規定する通信制の学科を置く専修学校については、前項で準用する第三条の学則中に、前項で準用する第四条第一項各号に掲げる事項のほか、次の事項を記載しなければならない。

一　通信教育を行う区域に関する事項

二　面接による指導の実施に係る体制に関する事項

第百八十八条　第十五条の規定は、専修学校の廃止（高等課程、専門課程又は一般課程の廃止を含む。）の認可の申請、専修学校の分校の廃止の届出及び専修学校の学科の廃止に係る学則の変更の届出について準用する。

第百八十九条　第五条の規定は専修学校の名称、位置又は学則の変更の届出について、第十一条の規定は専修学校の目的の変更の認可の申請及び専修学校の学科の設置に係る学則の変更の届出について、第六条、第七条、第十四条、第十九条、第二十五条から第二十八条まで、第五十八条、第六十条及び第六十六条から第六十八条までの規定は専修学校について、第百六十三条の二及び第百六十四条の規定は専門課程を置く専修学校について、それぞれ準用する。この場合において、第十九条中「公立又は私立の大学及び高等専門学校に係るものにあつては文部科学大臣、大学及び高等専門学校以外の市町村（市町村が単独で又は他の市町村と共同して設立する公立大学法人を含む。）の設置する学校に係るものにあつては都道府県の教育委員会、大学及び高等専門学校以外の私立学校に係るものにあつては都道府県知事」とあるのは「市町村（市町村が単独で又は他の市町村と共同して設立する公立大学法人を含む。）の設置する専修学校に係るものにあつては都道府県の教育委員会、私立の専修学校に係るものにあつては都道府県知事」と、第二十七条中「大学及び高等専門学校にあつては文部科学大臣、大学及び高等専門学校以外の学校にあつては都道府県知事」とあるのは「都道府県知事」と、第百六十三条の二中「授業科目」とあるのは「授業科目を履修し、又は当該授業科目」と、第百六十四条第一項中「第百五条」とあるのは「第百三十三条第一項において準用する同法第百五条」と、同条第三項中「第九十条第一項の規定により大学」とあるのは「第百二十五条第三項に規定する専修学校の専門課程」と、同条第四項中「大学設置基準、大学通信教育設置基準、専門職大学設置基準、大学院設置基準、専門職大学院設置基準、短期大学設置基準、専門職短期大学設置基準及び短期大学通信教育設置基準」とあるのは「専修学校設置基準」と、同条第五項中「大学設置基準第二十一条第二項、専門職大学設置基準第二十八条第二項、短期大学設置基準第十七条第二項及び専門職短期大学設置基準第二十五条第二項の規定による単位の授与の有無」とあるのは「専修学校設置基準第十九条の規定による授業時数の単位数への換算又は同令第二十二条の規定による単位の授与の有無」と、同条第六項中「第百五条」とあるのは「第百三十三条第一項において準用する同法第百五条」と読み替えるものとする。

第十二章　雑則

〔各種学校についての準用規定〕

第百九十条　第三条から第七条まで、第十四条、第十五条、第十九条、第二十六条から第二十八条まで及び第六十六条から第六十八条までの規定は、各種学校に準用する。この場合において、第十九条中「公立又は私立の大学及び高等専門学校に係るものにあつては文部科学大臣、大学及び高等専門学校以外の市町村（市町村が単独で又は他の市町村と共同して設立する公立大学法人を含む。）の設置する学校に係るものにあつては都道府県の教育委員会、大学及び高等専門学校以外の私立学校に係るものにあつては都道府県知事」とあるのは「市町村（市町村が単独で又は他の市町村と共同して設立する公立大学法人を含む。）の設置する各種学校に係るものにあつては都道府県の教育委員会、私立の各種学校に係るものにあつては都道府県知事」と、第二十七条中「大学及び高等専門学校にあつては文部科学大臣、大学及び高等専門学校以外の学校にあつては都道府県知事」とあるのは「都道府県知事」と読み替えるものとする。

〔各種学校の規程〕

第百九十一条　前条に規定するもののほか、各種学校に関し必要な事項は、各種学校規程（昭和三十一年文部省令第三十一号）の定めるところによる。

附　則〔令四・九・三〇文令三四〕

（施行期日）

第一条　この省令は、令和四年十月一日から施行する。

別表第一（第五十一条関係）

区分		第一学年	第二学年	第三学年	第四学年	第五学年	第六学年
各教科の授業時数	国語	三〇六	三一五	二四五	二四五	一七五	一七五
	社会			七〇	九〇	一〇〇	一〇五
	算数	一三六	一七五	一七五	一七五	一七五	一七五
	理科			九〇	一〇五	一〇五	一〇五
	生活	一〇二	一〇五				
	音楽	六八	七〇	六〇	六〇	五〇	五〇
	図画工作	六八	七〇	六〇	六〇	五〇	五〇
	家庭					六〇	五五
	体育	一〇二	一〇五	一〇五	一〇五	九〇	九〇
	外国語					七〇	七〇
特別の教科である道徳の授業時数		三四	三五	三五	三五	三五	三五
外国語活動の授業時数				三五	三五		
総合的な学習の時間の授業時数				七〇	七〇	七〇	七〇
特別活動の授業時数		三四	三五	三五	三五	三五	三五
総授業時数		八五〇	九一〇	九八〇	一〇一五	一〇一五	一〇一五

備考

一　この表の授業時数の一単位時間は、四十五分とする。

二　特別活動の授業時数は、小学校学習指導要領で定める学級活動（学校給食に係るものを除く。）に充てるものとする。

三　第五十条第二項の場合において、特別の教科である道徳のほかに宗教を加えるときは、宗教の授業時数をもつてこの表の道徳の授業時数の一部に代えることができる。（別表第二から別表第二の三まで及び別表第四の場合においても同様とする。）

別表第二（第七十三条関係）〈平成二十七年三月二十七日改正　平成三十年四月一日施行〉

区分		第一学年	第二学年	第三学年
各教科の授業時数	国語	一四〇	一四〇	一〇五
	社会	一〇五	一〇五	一四〇
	数学	一四〇	一〇五	一四〇
	理科	一〇五	一四〇	一四〇
	音楽	四五	三五	三五
	美術	四五	三五	三五
	保健体育	一〇五	一〇五	一〇五
	技術・家庭	七〇	七〇	三五
	外国語	一四〇	一四〇	一四〇
特別の教科である道徳の授業時数		三五	三五	三五
総合的な学習の時間の授業時数		五〇	七〇	七〇
特別活動の授業時数		三五	三五	三五
総授業時数		一〇一五	一〇一五	一〇一五

備考

一　この表の授業時数の一単位時間は、五十分とする。

二　特別活動の授業時数は、中学校学習指導要領で定める学級活動（学校給食に係るものを除く。）に充てるものとする。

別表第二の二（第五十二条の三、第七十九条の五第一項、第七十九条の十二関係）

区分		第一学年	第二学年	第三学年	第四学年	第五学年	第六学年
各教科の授業時数	国語	三〇六	三一五	二四五	二四五	一七五	一七五
	社会			七〇	九〇	一〇〇	一〇五
	算数	一三六	一七五	一七五	一七五	一七五	一七五
	理科			九〇	一〇五	一〇五	一〇五
	生活	一〇二	一〇五				
	音楽	六八	七〇	六〇	六〇	五〇	五〇
	図画工作	六八	七〇	六〇	六〇	五〇	五〇
	家庭					六〇	五五
	体育	一〇二	一〇五	一〇五	一〇五	九〇	九〇
	外国語					七〇	七〇
特別の教科である道徳の授業時数		三四	三五	三五	三五	三五	三五
外国語活動の授業時数				三五	三五		
総合的な学習の時間の授業時数				七〇	七〇	七〇	七〇
特別活動の授業時数		三四	三五	三五	三五	三五	三五
総授業時数		八五〇	九一〇	九八〇	一〇一五	一〇一五	一〇一五

備考

一　この表の授業時数の一単位時間は、四十五分とする。

二　特別活動の授業時数は、小学校学習指導要領（第七十九条の六第一項において準用する場合を含む。）で定める学級活動（学校給食に係るものを除く。）に充てるものとする。

三　各学年においては、各教科、特別の教科である道徳、外国語活動、総合的な学習の時間及び特別活動の授業時数から、文部科学大臣が別に定めるところにより義務教育学校、中学校連携型小学校及び小学校連携型中学校並びに中学校併設型小学校及び小学校併設型中学校の教育課程を編成するために特に必要な教科等（別表第二の三において「小中一貫教科等」という。）の授業時数に充てることができる。

別表第二の三（第七十四条の三、第七十九条の五第二項、第七十九条の十二関係）

区分		第七学年	第八学年	第九学年
各教科の授業時数	国語	一四〇	一四〇	一〇五
	社会	一〇五	一〇五	一四〇
	数学	一四〇	一〇五	一四〇
	理科	一〇五	一四〇	一四〇
	音楽	四五	三五	三五
	美術	四五	三五	三五
	保健体育	一〇五	一〇五	一〇五
	技術・家庭	七〇	七〇	三五
	外国語	一四〇	一四〇	一四〇
特別の教科である道徳の授業時数		三五	三五	三五
総合的な学習の時間の授業時数		五〇	七〇	七〇
特別活動の授業時数		三五	三五	三五
総授業時数		一〇一五	一〇一五	一〇一五

備考

一　この表の授業時数の一単位時間は、五十分とする。

二　特別活動の授業時数は、中学校学習指導要領（第七十九条の六第二項において準用する場合を含む。）で定める学級活動（学校給食に係るものを除く。）に充てるものとする。

三　各学年においては、各教科、特別の教科である道徳、総合的な学習の時間及び特別活動の授業時数から、文部科学大臣が別に定めるところにより小中一貫教科等の授業時数に充てることができる。

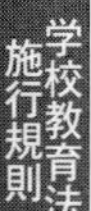

別表第三（第八十三条、第百八条、第百二十八条関係）

（一）各教科に共通する各教科

各教科	各教科に属する科目
国語	現代の国語、言語文化、論理国語、文学国語、国語表現、古典探究
地理歴史	地理総合、地理探究、歴史総合、日本史探究、世界史探究
公民	公共、倫理、政治・経済
数学	数学Ⅰ、数学Ⅱ、数学Ⅲ、数学A、数学B、数学C
理科	科学と人間生活、物理基礎、物理、化学基礎、化学、生物基礎、生物、地学基礎、地学
保健体育	体育、保健
芸術	音楽Ⅰ、音楽Ⅱ、音楽Ⅲ、美術Ⅰ、美術Ⅱ、美術Ⅲ、工芸Ⅰ、工芸Ⅱ、工芸Ⅲ、書道Ⅰ、書道Ⅱ、書道Ⅲ
外国語	英語コミュニケーションⅠ、英語コミュニケーションⅡ、英語コミュニケーションⅢ、論理・表現Ⅰ、論理・表現Ⅱ、論理・表現Ⅲ
家庭	家庭基礎、家庭総合
情報	情報Ⅰ、情報Ⅱ
理数	理数探究基礎、理数探究

（二）主として専門学科において開設される各教科

各教科	各教科に属する科目
農業	農業と環境、課題研究、総合実習、農業と情報、作物、野菜、果樹、草花、畜産、栽培と環境、飼育と環境、農業経営、農業機械、植物バイオテクノロジー、食品製造、食品化学、食品微生物、食品流通、森林科学、森林経営、林産物利用、農業土木設計、農業土木施工、水循環、造園計画、造園施工管理、造園植栽、測量、生物活用、地域資源活用
工業	工業技術基礎、課題研究、実習、製図、工業情報数理、工業材料技術、工業技術英語、工業管理技術、工業環境技術、機械工作、機械設計、原動機、電子機械、生産技術、自動車工学、自動車整備、船舶工学、電気回路、電気機器、電力技術、電子技術、電子回路、電子計測制御、通信技術、プログラミング技術、ハードウェア技術、ソフトウェア技術、コンピュータシステム技術、建築構造、建築計画、建築構造設計、建築施工、建築法規、設備計画、空気調和設備、衛生・防災設備、測量、土木基盤力学、土木構造設計、土木施工、社会基盤工学、工業化学、化学工学、地球環境化学、材料製造技術、材料工学、材料加工、セラミック化学、セラミック技術、セラミック工業、繊維製品、繊維・染色技術、染織デザイン、インテリア計画、インテリア装備、インテリアエレメント生産、デザイン実践、デザイン技術、デザイン材料、デザイン史
商業	ビジネス基礎、課題研究、総合実践、ビジネス・コミュニケーション、マーケティング、商品開発と流通、観光ビジネス、ビジネス・マネジメント、グローバル経済、ビジネス法規、簿記、財務会計Ⅰ、財務会計Ⅱ、原価計算、管理会計、情報処理、ソフトウェア活用、プログラミング、ネットワーク活用、ネットワーク管理
水産	水産海洋基礎、課題研究、総合実習、海洋情報技術、水産海洋科学、漁業、航海・計器、船舶運用、船用機関、機械設計工作、電気理論、移動体通信工学、海洋通信技術、資源増殖、海洋生物、海洋環境、小型船舶、食品製造、食品管理、水産流通、ダイビング、マリンスポーツ
家庭	生活産業基礎、課題研究、生活産業情報、消費生活、保育基礎、保育実践、生活と福祉、住生活デザイン、服飾文化、ファッション造形基礎、ファッション造形、ファッションデザイン、服飾手芸、フードデザイン、食文化、調理、栄養、食品、食品衛生、公衆衛生、総合調理実習
看護	基礎看護、人体の構造と機能、疾病の成り立ちと回復の促進、健康支援と社会保障制度、成人看護、老年看護、小児看護、母性看護、精神看護、在宅看護、看護の統合と実践、看護臨地実習、看護情報
情報	情報産業と社会、課題研究、情報の表現と管理、情報と問題解決、情報テクノロジー、アルゴリズムとプログラム、ネットワークシステム、データベース、情報システム実習、情報メディア、情報デザイン、表現メディアの編集と表現、情報コンテンツ実習
福祉	社会福祉基礎、介護福祉基礎、コミュニケーション技術、生活支援技術、介護過程、介護総合演習、介護実習、こころとからだの理解、福祉情報活用
理数	理数数学Ⅰ、理数数学Ⅱ、理数数学特論、理数物理、理数化学、理数生物、理数地学、課題研究
体育	スポーツ概論、スポーツⅠ、スポーツⅡ、スポーツⅢ、スポーツⅣ、スポーツⅤ、スポーツⅥ、スポーツ総合演習

音楽	音楽概論、音楽史、鑑賞研究、演奏研究、ソルフェージュ、声楽、器楽、作曲、鑑賞研究
美術	美術概論、美術史、素描、構成、絵画、版画、彫刻、ビジュアルデザイン、クラフトデザイン、情報メディアデザイン、映像表現、環境造形
英語	総合英語Ⅰ、総合英語Ⅱ、総合英語Ⅲ、ディベート・ディスカッションⅠ、ディベート・ディスカッションⅡ、エッセイライティングⅠ、エッセイライティングⅡ

備考
一 ㈠及び㈡の表の上欄に掲げる各教科について、それぞれの表の下欄に掲げる各教科に属する科目以外の科目を設けることができる。
二 ㈠及び㈡の表の上欄に掲げる各教科以外の教科及び当該教科に関する科目を設けることができる。

別表第四（第七十六条、第百七条、第百十七条関係）

区分		第一学年	第二学年	第三学年
各教科の授業時数	国語	一四〇	一四〇	一〇五
	社会	一〇五	一〇五	一四〇
	数学	一四〇	一〇五	一四〇
	理科	一〇五	一四〇	一四〇
	音楽	四五	三五	三五
	美術	四五	三五	三五
	保健体育	一〇五	一〇五	一〇五
	技術・家庭	七〇	七〇	三五
	外国語	一四〇	一四〇	一四〇
特別の教科である道徳の授業時数		三五	三五	三五
総合的な学習の時間の授業時数		五〇	七〇	七〇
特別活動の授業時数		三五	三五	三五
総授業時数		一〇一五	一〇一五	一〇一五

備考
一 この表の授業時数の一単位時間は、五十分とする。
二 特別活動の授業時数は、中学校学習指導要領（第百八条第一項において準用する場合を含む。次号において同じ。）で定める学級活動（学校給食に係るものを除く。）に充てるものとする。
三 各学年においては、各教科の授業時数から七十を超えない範囲内の授業時数を減じ、文部科学大臣が別に定めるところにより中学校学習指導要領で定める選択教科の授業時数に充てることができる。ただし、各学年において、各教科の授業時数から減ずる授業時数は、一教科当たり三十五を限度とする。

別表第五（第百二十八条関係）

㈠ 視覚障害者である生徒に対する教育を行う特別支援学校の主として専門学科において開設される各教科

各教科	各教科に属する科目
保健理療	医療と社会、人体の構造と機能、疾病の成り立ちと予防、生活と疾病、基礎保健理療、臨床保健理療、地域保健理療と保健理療経営、保健理療基礎実習、保健理療臨床実習、保健理療情報、課題研究
理療	医療と社会、人体の構造と機能、疾病の成り立ちと予防、生活と疾病、基礎理療学、臨床理療学、地域理療と理療経営、理療基礎実習、理療臨床実習、理療情報、課題研究
理学療法	人体の構造と機能、疾病と障害、保健・医療・福祉とリハビリテーション、基礎理学療法学、理学療法管理学、理学療法評価学、理学療法治療学、地域理学療法学、理学療法臨床実習、理学療法情報、課題研究

㈡ 聴覚障害者である生徒に対する教育を行う特別支援学校の主として専門学科において開設される各教科

各教科	各教科に属する科目
印刷	印刷概論、印刷デザイン、印刷製版技術、DTP技術、印刷情報技術、デジタル画像技術、印刷総合実習、課題研究
理容・美容	関係法規・制度、衛生管理、保健、香粧品化学、文化論、理容・美容技術理論、運営管理、理容実習、美容実習、理容・美容情報、課題研究

クリーニング	クリーニング関係法規、公衆衛生、クリーニング理論、繊維、クリーニング機器・装置、クリーニング実習、課題研究
歯科技工	歯科技工関係法規、歯科技工学概論、歯科理工学、歯の解剖学、顎口腔機能学、有床義歯技工学、歯冠修復技工学、矯正歯科技工学、小児歯科技工学、歯科技工実習、歯科技工情報、課題研究

備考

一　㈠及び㈡の表の上覧に掲げる各教科について、それぞれの表の下欄に掲げる各教科に属する科目以外の科目を設けることができる。

二　㈠及び㈡の表の上覧に掲げる各教科以外の教科及び当該教科に関する科目を設けることができる。

▽参　考

□　児童懲戒権の限界について

（昭和二三年一二月二二日　法務庁法務調査意見長官回答）

第一問　学校教育法第一一条にいう「体罰」の意義如何。たとえば放課後学童を教室内に残留させることは「体罰」に該当するか。また、それは刑法の監禁罪を構成するか。

回答

一　学校教育法第一一条にいう「体罰」とは、懲戒の内容が身体的性質のものである場合を意味する。すなわち

(1)　身体に対する侵害を内容とする懲戒―なぐる・けるの類―がこれに該当することはいうまでもないが、さらに

(2)　被罰者に肉体的苦痛を与えるような懲戒もまたこれに該当する。たとえば端坐・直立等・特定の姿勢を長時間にわたって保持させるというような懲戒は体罰の一種と解せられなければならない。

二　しかし、特定の場合が右の(2)の意味の「体罰」に該当するかどうかは、機械的に判定することはできない。たとえば、同じ時間直立させるにしても、教室内の場合と炎天下または寒風中の場合とでは被罰者の身体に対する影響が全く違うからである。それ故に、当該児童の年齢・健康・場所的および時間的環境等、種々の条件を考え合わせて肉体的苦痛の有無を判定しなければならない。

三　放課後教室に残留させることは、前記一の定義からいって、通常「体罰」には該当しない。ただし、用便のためにも室外に出ることを許さないとか、食事時間を過ぎて長く留めおくとかいうことがあれば、肉体的苦痛を生じさせるから、体罰に該当するであろう。

四　右の、教室に残留させる行為は、肉体的苦痛を生じさせない場合であっても、刑法の監禁罪の構成要件を充足するが、合理的な限度をこえない範囲内の行為ならば、正当な懲戒権の行使として、刑法第三五条により違法性が阻却され、犯罪は成立しない。合理的な限度をこえてこのような懲戒を行えば、監禁罪の成立をまぬかれない。

つぎに、然らば右の合理的な限度とは具体的にどの程度を意味するのか、という問題になると、あらかじめ一般的な標準を立てることは困難である。個々の具体的な場合に、当該の非行の性質、非行者の性行および年齢、留め置いた時間の長さ等、一切の条件を綜合的に考察して、通常の理性をそなえた者が当該の行為をもつて懲戒権の合理的な行使と判断するであろうか否かを標準として決定する外はない。

第二問　授業に遅刻した学童に対する懲戒として、ある時間内、この者を教室に入らせないことは許されるか。

回答　義務教育においては、児童に授業を受けさせないという処置は、懲戒の方法としてはこれを採ることは許されないと解すべきである。学校教育法第二六条、第四〇条には小・中学校の管理機関が児童の保護者に対して児童の出席停止を命じ得る場合が規定されているが、それは当該の児童に対する懲戒の意味においてではなく、他の児童に対する健康上または教育上の悪い影響を防ぐ意味において認められているにすぎない。故に遅刻児童についても、これに対する懲戒の手段として、たとえ短時間でも、この者に授業を受けさせないという処置を採ることは許されない。

第三問　授業中学習を怠り、または喧嘩その他、ほかの児童の妨げになるような行為をした学童を、ある時間内、教室外に退去させ、または椅子から起立させておくことは許されるか。

回答

一　児童を教室外に退去せしめる行為については、第二問の回答に記したところと同様、懲戒の手段としてかかる方法をとることは許されないと解すべきである。ただし、児童が喧嘩その他の行為によりほかの児童の学習を妨げるような場合、他の方法によってこれを制止しえないときには、―懲戒の意味においてではなく―教室の秩序を維持し、ほかの一般児童の学習上の妨害を排除する意味において、そうした行為のやむまでの間、教師が当該児童を教室外に退去せしめることは許される。

二　児童を起立せしめることは、それが第一問回答一(2)および二の意味で「体罰」に該当しないかぎり、懲戒権の範囲内の行為として、適法である。

第四問〔略〕

第五問　ある学童が学校の施設もしくは備品、または学友の所有にかかる物品を盗み、またはこわした場合に、これに対する懲戒として、この者を放課後学校に留め置くことは許されるか。

回答　盗取、毀損等の行為は刑法上の犯罪にも該当し、従つて刑罰の対象となり得べき行為でもあるが、同時にまた、懲戒の対象となり得べき行為でもある。刑罰は、もちろ

ん、私人がこれを課することはできないが、懲戒を行うことは懲戒権者の権限に属する。故に懲戒のために所問のごとき処置をとることは、懲戒権の範囲を逸脱しないかぎり、さしつかえなく、これについては第一問回答の三、四と同様に解してよい。

第六問

第四・五問のような事故があった場合に、誰がしたのかをしらべ出すために、容疑者および関係者たる学童を教職員が訊問することは許されるか。また、そのために、放課後これらの者を学校に留め置くことは許されるか。

回答

一　所問のような、学校内の秩序を破壊する行為があった場合に、これをそのまま見のがすことなく、行為者を探し出してこれに適度の制裁を課することにより、本人ならびに他の学童を戒めてその道徳心の向上を期することは、それ自体、教育活動の一部であり、従って、合理的な範囲内においては、当然、教師がこれを行う権限を有している。従って教師は所問のような訊問を行ってもさしつかえない。ただし、訊問にあたって威力を用いたり、自白や供述を強制したりしてはならないことはいうまでもない。そのような行為は、強制捜査権を有する司法機関にさえも禁止されているのであり（憲法第三八条第一項、第三六条参照）、いわんや教職員によってそのような行為が許されると解すべき根拠はないからである。

二　上記のような訊問のために放課後児童を学校に留めることは、それが非行者ないし非行の内容を明らかにするために必要であるかぎり、合理的の範囲内において許される。もっとも、これは懲戒権の行使としてではなく、前記のごとき教育上の目的および秩序維持の目的を達成する手段として許されるのである。どのくらいの時間の留め置きが許されるかは、第一問回答の四に準じて考えられるべきである。

第七問

学童に対する懲戒の方法として、その者に対して学校当番を特に多く割当てることは許されるか。

回答

懲戒として学校当番を多く割当てることは、さしつかえない。ただし、この場合にも、懲戒権の行使としての合理的な限度をこえてはならないのであって、その限度をこえて、不当な差別待遇、また児童の酷使にわたるようなことは、もちろん、許されない。

第八問

遅刻児童を防止するため、遅刻者を出した部落等の区域内の学童に、誘い合わせの上隊伍を組んで登校することを命じることは許されるか。

回答

遅刻防止のため一定の区域内の児童に対し、誘い合わせて一諸に登校するように指示することは、さしつかえない。もっとも、軍事教練的色彩をおびないように注意すべきである。（昭和二〇年一二月三〇日発体一〇〇号文部省体育局長発通牒「学校体練科関係事項ノ処理徹底ニ関スル件」参照。）

●大学設置基準〔抄〕

（昭和三一年一〇月二二日　文部省令第二八号）

最終改正…令五・九・一文二九

第一章　総則

（趣旨）

第一条　大学（専門職大学及び短期大学を除く。以下同じ。）は、学校教育法（昭和二十二年法律第二十六号）その他の法令の規定によるほか、この省令の定めるところにより設置するものとする。

2　この省令で定める設置基準は、大学を設置するのに必要な最低の基準とする。

3　大学は、この省令で定める設置基準より低下した状態にならないようにすることはもとより、学校教育法第百九条第一項の点検及び評価の結果並びに認証評価の結果を踏まえ、教育研究活動等について不断の見直しを行うことにより、その水準の向上を図ることに努めなければならない。

（教育研究上の目的）

第二条　大学は、学部、学科又は課程ごとに、人材の養成に関する目的その他の教育研究上の目的を学則等に定めるものとする。

（入学者選抜）

第二条の二　入学者の選抜は、学校教育法施行規則（昭和二十二年文部省令第十一号）第百六十五条の二第一項第三号の規定により定める方針に基づき、公正かつ妥当な方法により、適切な体制を整えて行うものとする。

第二章　教育研究上の基本組織

（学部）
第三条　学部は、専攻により教育研究の必要に応じ組織されるものであつて、教育研究上適当な規模内容を有し、教育研究実施組織、教員数その他が学部として適当であると認められるものとする。

（学科）
第四条　学部には、専攻により学科を設ける。
2　前項の学科は、それぞれの専攻分野を教育研究するに必要な組織を備えたものとする。

（課程）
第五条　学部の教育上の目的を達成するため有益かつ適切であると認められる場合には、学科に代えて学生の履修上の区分に応じて組織される課程を設けることができる。

第六条　〔略〕

第三章　教員組織　〔略〕

第四章　教員の資格

（学長の資格）
第十二条　学長となることのできる者は、人格が高潔で、学識が優れ、かつ、大学運営に関し識見を有すると認められる者とする。

（教授の資格）
第十三条　教授となることのできる者は、次の各号のいずれかに該当し、かつ、大学における教育を担当するにふさわしい教育上の能力を有すると認められる者とする。
一　博士の学位（外国において授与されたこれに相当する学位を含む。）を有し、研究上の業績を有する者
二　研究上の業績が前号の者に準ずると認められる者
三　学位規則（昭和二十八年文部省令第九号）第五条の二に規定する専門職学位（外国において授与されたこれに相当する学位を含む。）を有し、当該専門職学位の専攻分野に関する実務上の業績を有する者
四　大学又は専門職大学において教授、准教授又は基幹教員としての講師の経歴（外国におけるこれらに相当する教員としての経歴を含む。）のある者
五　芸術、体育等については、特殊な技能に秀でていると認められる者
六　専攻分野について、特に優れた知識及び経験を有すると認められる者

（准教授の資格）
第十四条　准教授となることのできる者は、次の各号のいずれかに該当し、かつ、大学における教育を担当するにふさわしい教育上の能力を有すると認められる者とする。
一　前条各号のいずれかに該当する者
二　大学又は専門職大学において助教又はこれに準ずる職員としての経歴（外国におけるこれらに相当する職員としての経歴を含む。）のある者
三　修士の学位又は学位規則第五条の二に規定する専門職学位（外国において授与されたこれらに相当する学位を含む。）を有する者
四　研究所、試験所、調査所等に在職し、研究上の業績を有する者
五　専攻分野について、優れた知識及び経験を有すると認められる者

（講師の資格）
第十五条　講師となることのできる者は、次の各号のいずれかに該当する者とする。
一　第十三条又は前条に規定する教授又は准教授となることのできる者
二　その他特殊な専攻分野について、大学における教育を担当するにふさわしい教育上の能力を有すると認められる者

（助教の資格）
第十六条　助教となることのできる者は、次の各号のいずれかに該当し、かつ、大学における教育を担当するにふさわしい教育上の能力を有すると認められる者とする。
一　第十三条各号又は第十四条各号のいずれかに該当する者
二　修士の学位（医学を履修する課程、歯学を履修する課程、薬学を履修する課程のうち臨床に係る実践的な能力を培うことを主たる目的とするもの又は獣医学を履修する課程を修了した者については、学士の学位）又は学位規則第五条の二に規定する専門職学位（外国において授与されたこれらに相当する学位を含む。）を有する者
三　専攻分野について、知識及び経験を有すると認められる者

（助手の資格）
第十七条　助手となることのできる者は、次の各号のいずれかに該当する者とする。
一　学士の学位又は学位規則第二条の二の表に規定する専門職大学を卒業した者に授与する学位（外国において授与されたこれらに相当する学位を含む。）を有する者
二　前号の者に準ずる能力を有すると認められる者

第五章　収容定員　〔略〕

第六章　教育課程

（教育課程の編成方針）
第十九条　大学は、学校教育法施行規則第百

六十五条の二第一項第一号及び第二号の規定により定める方針に基づき、必要な授業科目を自ら開設し、体系的に教育課程を編成するものとする。

2　教育課程の編成に当たつては、大学は、学部等の専攻に係る専門の学芸を教授するとともに、幅広く深い教養及び総合的な判断力を培い、豊かな人間性を涵養するよう適切に配慮しなければならない。

3　大学は、専攻分野におけるおおむね五年以上の実務の経験を有し、かつ、高度の実務の能力を有する教員を置く場合であつて、当該教員が一年につき六単位以上の授業科目を担当する場合には、大学は、当該教員が教育課程の編成について責任を担うこととするよう努めるものとする。

（連携開設科目）

第十九条の二　大学は、当該大学、学部及び学科又は課程等の教育上の目的を達成するために必要があると認められる場合には、前条第一項の規定にかかわらず、次の各号のいずれかに該当する他の大学、専門職大学又は短期大学（以下この条において「他大学」という。）が当該大学と連携して開設する授業科目（次項に規定する要件に適合するものに限る。以下この条及び第二十七条の三において「連携開設科目」という。）を、当該大学が自ら開設したものとみなすことができる。

一　当該大学の設置者（その設置する他大学と当該大学との緊密な連携が確保されているものとして文部科学大臣が別に定める基準に適合するものに限る。）が設置する他大学

二　大学等連携推進法人（その社員のうちに大学、専門職大学又は短期大学の設置者が二以上ある一般社団法人のうち、その社員が設置する大学、専門職大学又は短期大学の間の連携の推進を目的とするものであつて、当該大学、専門職大学又は短期大学の間の緊密な連携が確保されていることについて文部科学大臣の認定を受けたものをいう。次項第二号及び第四十五条第三項において同じ。）（当該大学の設置者が社員であるものであり、かつ、連携開設科目に係る業務を行うものに限る。）の社員が設置する他大学

2　前項の規定により当該大学が自ら開設したものとみなすことができる連携開設科目は、次の各号に掲げる区分に応じ、当該各号に定める方針に沿つて開設されなければならない。

一　前項第一号に該当する他大学が開設するもの　同号に規定する基準の定めるところにより当該大学の設置者が策定する連携開設科目の開設及び実施に係る方針

二　前項第二号に該当する他大学が開設するもの　同号の大学等連携推進法人が策定する連携推進方針（その社員が設置する大学、専門職大学又は短期大学の間の教育研究活動等に関する連携を推進するための方針をいう。）

3　第一項の規定により連携開設科目を自ら開設したものとみなす大学及び当該連携開設科目を開設する他大学は、当該連携開設科目を開設し、及び実施するため、文部科学大臣が別に定める事項についての協議の場を設けるものとする。

（教育課程の編成方法）

第二十条　教育課程は、各授業科目を必修科目、選択科目及び自由科目に分け、これを各年次に配当して編成するものとする。

（単位）

第二十一条　各授業科目の単位数は、大学において定めるものとする。

2　前項の単位数を定めるに当たつては、一単位の授業科目を四十五時間の学修を必要とする内容をもつて構成することを標準とし、第二十五条第一項に規定する授業の方法に応じ、当該授業による教育効果、授業時間外に必要な学修等を考慮して、おおむね十五時間から四十五時間までの範囲で大学が定める時間の授業をもつて一単位として単位数を計算するものとする。ただし、芸術等の分野における個人指導による実技の授業については、大学が定める時間の授業をもつて一単位とすることができる。

3　前項の規定にかかわらず、卒業論文、卒業研究、卒業制作等の授業科目については、これらの学修の成果を評価して単位を授与することが適切と認められる場合には、これらに必要な学修等を考慮して、単位数を定めることができる。

（一年間の授業期間）

第二十二条　一年間の授業を行う期間は、三十五週にわたることを原則とする。

（各授業科目の授業期間）

第二十三条　各授業科目の授業は、十分な教育効果を上げることができるよう、八週、十週、十五週その他の大学が定める適切な期間を単位として行うものとする。

（授業を行う学生数）

第二十四条　大学が一の授業科目について同時に授業を行う学生数は、授業の方法及び施設、設備その他の教育上の諸条件を考慮して、教育効果を十分に上げられるような適当な人数とするものとする。

（授業の方法）

第二十五条　授業は、講義、演習、実験、実習若しくは実技のいずれかにより又はこれらの併用により行うものとする。

2　大学は、文部科学大臣が別に定めるところにより、前項の授業を、多様なメディアを高度に利用して、当該授業を行う教室等以外の場所で履修させることができる。

3　大学は、第一項の授業を、外国において履修させることができる。前項の規定によ

り、多様なメディアを高度に利用して、当該授業を行う教室等以外の場所で履修させる場合についても、同様とする。

4　大学は、文部科学大臣が別に定めるところにより、第一項の授業の一部を、校舎及び附属施設以外の場所で行うことができる。

（成績評価基準等の明示等）

第二十五条の二　大学は、学生に対して、授業の方法及び内容並びに一年間の授業の計画をあらかじめ明示するものとする。

2　大学は、学修の成果に係る評価及び卒業の認定に当たつては、客観性及び厳格性を確保するため、学生に対してその基準をあらかじめ明示するとともに、当該基準にしたがつて適切に行うものとする。

（昼夜開講制）

第二十六条　大学は、教育上必要と認められる場合には、昼夜開講制（同一学部において昼間及び夜間の双方の時間帯において授業を行うことをいう。）により授業を行うことができる。

第七章　卒業の要件等

（単位の授与）

第二十七条　大学は、一の授業科目を履修した学生に対しては、試験その他の大学が定める適切な方法により学修の成果を評価して単位を与えるものとする。

（履修科目の登録の上限）

第二十七条の二　大学は、学生が各年次にわたつて適切に授業科目を履修するため、卒業の要件として学生が修得すべき単位数について、学生が一年間又は一学期に履修科目として登録することができる単位数の上限を定めるよう努めなければならない。

2　大学は、その定めるところにより、所定の単位を優れた成績をもつて修得した学生については、前項に定める上限を超えて履修科目の登録を認めることができる。

（連携開設科目に係る単位の認定）

第二十七条の三　大学は、学生が他の大学、専門職大学又は短期大学において履修した連携開設科目について修得した単位を、当該大学における授業科目の履修により修得したものとみなすものとする。

（他の大学、専門職大学又は短期大学における授業科目の履修等）

第二十八条　大学は、教育上有益と認めるときは、学生が大学の定めるところにより他の大学、専門職大学又は短期大学において履修した授業科目について修得した単位を、六十単位を超えない範囲で当該大学における授業科目の履修により修得したものとみなすことができる。

2　前項の規定は、学生が、外国の大学（専門職大学に相当する外国の大学を含む。以下同じ。）又は外国の短期大学に留学する場合、外国の大学又は外国の短期大学が行う通信教育における授業科目を我が国において履修する場合及び外国の大学又は外国の短期大学の教育課程を有するものとして当該外国の学校教育制度において位置付けられた教育施設であつて、文部科学大臣が別に指定するものの当該教育課程における授業科目を我が国において履修する場合について準用する。

（大学以外の教育施設等における学修）

第二十九条　大学は、教育上有益と認めるときは、学生が行う短期大学又は高等専門学校の専攻科における学修その他文部科学大臣が別に定める学修を、当該大学における授業科目の履修とみなし、大学の定めるところにより単位を与えることができる。

2　前項により与えることができる単位数は、前条第一項及び第二項により当該大学において修得したものとみなす単位数と合わせて六十単位を超えないものとする。

（入学前の既修得単位等の認定）

第三十条　大学は、教育上有益と認めるときは、学生が当該大学に入学する前に大学、専門職大学又は短期大学において履修した授業科目について修得した単位（第三十一条第一項及び第二項の規定により修得した単位を含む。）を、当該大学に入学した後の当該大学における授業科目の履修により修得したものとみなすことができる。

2　前項の規定は、第二十八条第二項の場合に準用する。

3　大学は、教育上有益と認めるときは、学生が当該大学に入学する前に行つた前条第一項に規定する学修を、当該大学における授業科目の履修とみなし、大学の定めるところにより単位を与えることができる。

4　前二項により修得したものとみなし、又は与えることのできる単位数は、編入学、転学等の場合を除き、当該大学において修得した単位（第二十七条の三の規定により修得したものとみなすものとする単位を含む。）以外のものについては、第二十八条第一項（同条第二項において準用する場合を含む。）及び前条第一項により当該大学において修得したものとみなす単位数と合わせて六十単位を超えないものとする。

（長期にわたる教育課程の履修）

第三十条の二　大学は、大学の定めるところにより、学生が、職業を有している等の事情により、修業年限を超えて一定の期間にわたり計画的に教育課程を履修し卒業することを希望する旨を申し出たときは、その計画的な履修を認めることができる。

（科目等履修生等）

第三十一条　大学は、大学の定めるところにより、当該大学の学生以外の者で一又は複数の授業科目を履修する者（以下この条において「科目等履修生」という。）に対し、単位を与えることができる。

2　大学は、大学の定めるところにより、当該大学の学生以外の者で学校教育法第百五条に規定する特別の課程を履修する者（以下この条において「特別の課程履修生」という。）に対し、単位を与えることができる。

3　科目等履修生、特別の課程履修生に対する単位の授与については、第二十七条の規定を準用する。

4　大学は、科目等履修生その他の学生以外の者（次項において「科目等履修生等」という。）を相当数受け入れる場合においては、第十条、第三十七条及び第三十七条の二に規定する基準を考慮して、教育に支障のないよう、それぞれ相当の基幹教員並びに校地及び校舎の面積を増加するものとする。

5　大学は、科目等履修生等を受け入れる場合においては、一の授業科目について同時に授業を行うこれらの者の人数は、第二十四条の規定を踏まえ、適当な人数とするものとする。

（卒業の要件）

第三十二条　卒業の要件は、百二十四単位以上を修得することのほか、大学が定めることとする。

2　前項の規定にかかわらず、医学又は歯学に関する学科に係る卒業の要件は、百八十八単位以上を修得することのほか、大学が定めることとする。ただし、教育上必要と認められる場合には、大学は、修得すべき単位の一部の修得について、これに相当する授業時間の履修をもつて代えることができる。

3　第一項の規定にかかわらず、薬学に関する学科のうち臨床に係る実践的な能力を培うことを主たる目的とするものに係る卒業の要件は、百八十六単位以上（将来の薬剤師としての実務に必要な薬学に関する臨床に係る実践的な能力を培うことを目的として大学の附属病院その他の病院及び薬局で行う実習（以下「薬学実務実習」という。）に係る二十単位以上を含む。）を修得することのほか、大学が定めることとする。

4　第一項の規定にかかわらず、獣医学に関する学科に係る卒業の要件は、百八十二単位以上を修得することのほか、大学が定めることとする。

5　前四項又は第四十二条の九の規定により卒業の要件として修得すべき単位数のうち、第二十五条第二項の授業の方法により修得する単位数は六十単位を超えないものとする。

6　第一項から第四項まで又は第四十二条の九の規定により卒業の要件として修得すべき単位数のうち、第二十七条の三の規定により修得したものとみなすものとする単位数は三十単位を超えないものとする。

（授業時間制をとる場合の特例）

第三十三条　前条第二項ただし書により授業時間の履修をもつて単位の修得に代える授業科目に係る第二十一条第一項又は第二十七条の規定の適用については、第二十一条第一項中「単位数」とあるのは「授業時間数」と、第二十七条中「一の授業科目」とあるのは「授業科目」と、「単位を与えるものとする」とあるのは「修了を認定するものとする」とする。

2　授業時間数を定めた授業科目については、当該授業科目の授業時間数をこれに相当する単位数とみなして第二十八条第一項（同条第二項において準用する場合を含む。）、第二十九条第一項又は第三十条第一項（同条第二項において準用する場合を含む。）若しくは第三項の規定を適用することができる。

第八章―第十四章　〔略〕

別表　〔略〕

附　則　〔令五・九・一文二九〕

（施行期日）

この省令は、公布の日から施行する。

●専門職大学院設置基準〔抄〕

(平成一五年三月三一日 文部科学省令第一六号)

最終改正…令五・七・三一 文令二六

第一章 総則

(趣旨)

第一条 専門職大学院の設置基準は、この省令の定めるところによる。

2 この省令で定める設置基準は、専門職大学院を設置するのに必要な最低の基準とする。

3 専門職大学院は、この省令で定める設置基準より低下した状態にならないようにすることはもとより、学校教育法第百九条第一項の点検及び評価の結果並びに認証評価の結果を踏まえ、教育研究活動等について不断の見直しを行うことにより、その水準の向上を図ることに努めなければならない。

(専門職学位課程)

第二条 専門職学位課程は、高度の専門性が求められる職業を担うための深い学識及び卓越した能力を培うことを目的とする。

2 専門職学位課程の標準修業年限は、二年又は一年以上二年未満の期間(一年以上二年未満の期間は、専攻分野の特性により特に必要があると認められる場合に限る。)とする。

(標準修業年限の特例)

第三条 前条の規定にかかわらず、専門職学位課程の標準修業年限は、教育上の必要があると認められるときは、研究科、専攻又は学生の履修上の区分に応じ、その標準修業年限が二年の課程にあっては一年以上二年未満の期間又は二年を超える期間とし、その標準修業年限が一年以上二年未満の期間の課程にあっては当該期間を超える期間とすることができる。

2 前項の場合において、一年以上二年未満の期間とすることができるのは、主として実務の経験を有する者に対して教育を行う場合であって、かつ、昼間と併せて夜間その他特定の時間又は時期において授業を行う等の適切な方法により教育上支障を生じない場合に限る。

第二章―第六章 〔略〕

第七章 教職大学院

(教職大学院の課程)

第二十六条 第二条第一項の専門職学位課程のうち、専ら幼稚園、小学校、中学校、義務教育学校、高等学校、中等教育学校、特別支援学校及び就学前の子どもに関する教育、保育等の総合的な提供の推進に関する法律(平成十八年法律第七十七号)第二条第七項に規定する幼保連携型認定こども園(以下「小学校等」という。)の高度の専門的な能力及び優れた資質を有する教員の養成のための教育を行うことを目的とするものであって、この章の規定に基づくものを置く専門職大学院は、当該課程に関し、教職大学院とする。

2 教職大学院の課程の標準修業年限は、第二条第二項の規定にかかわらず、二年とする。

3 前項の規定にかかわらず、教育上の必要があると認められる場合は、研究科、専攻又は学生の履修上の区分に応じ、その標準修業年限は、一年以上二年未満の期間又は二年を超える期間とすることができる。

4 前項の場合において、一年以上二年未満の期間とすることができるのは、主として実務の経験を有する者に対して教育を行う場合であって、かつ、昼間と併せて夜間その他特定の時間又は時期において授業を行う等の適切な方法により教育上支障を生じない場合に限る。

(他の大学院における授業科目の履修等)

第二十七条 教職大学院は、教育上有益と認めるときは、学生が教職大学院の定めるところにより他の大学院において履修した授業科目について修得した単位を、当該教職大学院が修了要件として定める四十五単位以上の単位数の二分の一を超えない範囲で当該教職大学院における授業科目の履修により修得したものとみなすことができる。

2 前項の規定は、学生が、外国の大学院に留学する場合、外国の大学院の教育課程を有するものとして当該外国の学校教育制度において位置付けられた教育施設であって、文部科学大臣が別に指定するものの当該教育課程における授業科目を我が国において履修する場合及び国際連合大学の教育課程における授業科目を履修する場合について準用する。

(特別の課程の履修等)

第二十七条の二 教職大学院は、教育上有益と認めるときは、学生が行う学校教育法第百五条の規定により大学院が編成する特別の課程(履修資格を有する者が、同法第百二条第一項の規定により大学院に入学することができる者であるものに限る。)における学修を、当該教職大学院における授業科目の履修とみなし、教職大学院の定めるところにより単位を与えることができる。

2 前項の規定により与えることができる単位数は、前条第一項(同条第二項において準用する場合を含む。）の規定により当該教職大学院において修得したものとみなす単位数と合わせて当該教職大学院が修了要件として定める四十五単位以上の単位数の二分の一を超えないものとする。

（入学前の既修得単位の認定）
第二十八条　教職大学院は、教育上有益と認めるときは、学生が当該教職大学院に入学する前に大学院において履修した授業科目について修得した単位（科目等履修生として修得した単位を含む。）を、当該教職大学院に入学した後の当該教職大学院における授業科目の履修により修得したものとみなすことができる。

2　前項の規定は、第二十七条第二項の場合に準用する。

3　前二項の規定により修得したものとみなすことのできる単位数は、転学等の場合を除き、当該教職大学院において修得した単位（第十二条の規定により修得したものとみなすものとする単位を含む。）以外のものについては、第十四条第三項の規定にかかわらず、第二十七条第一項（同条第二項において準用する場合を含む。）及び前条第一項の規定により当該教職大学院において修得したものとみなす単位数及び次条第三項の規定により免除する単位数と合わせて当該教職大学院が修了要件として定める四十五単位以上の単位数の二分の一を超えないものとする。

（教職大学院の課程の修了要件）
第二十九条　教職大学院の課程の修了の要件は、第十五条第一項の規定にかかわらず、教職大学院に二年（二年以外の標準修業年限を定める研究科、専攻又は学生の履修上の区分にあっては、当該標準修業年限）以上在学し、四十五単位以上（高度の専門的な能力及び優れた資質を有する教員に係る実践的な能力を培うことを目的として小学校等その他の関係機関で行う実習に係る十単位以上を含む。）を修得することとする。

2　前項の規定により修了の要件として修得すべき単位数のうち、第十二条の規定により修得したものとみなすものとする単位数は、当該教職大学院が修了要件として定める四十五単位以上の単位数の四分の一を超えないものとする。

3　教職大学院は、教育上有益と認めるときは、当該教職大学院に入学する前の小学校等の教員としての実務の経験を有する者について、十単位を超えない範囲で、前項に規定する実習により修得する単位の全部又は一部を免除することができる。

（教職大学院における在学期間の短縮）
第三十条　教職大学院における第十六条の適用については、「専門職大学院」とあるのは「教職大学院」と、「第十四条第一項」とあるのは「第二十八条第一項」と、「単位（学校教育法第百二条第一項の規定により入学資格を有した後、修得したものに限る。）」とあるのは「単位」と、「専門職学位課程」とあるのは「教職大学院の課程」とする。

（連携協力校）
第三十一条　教職大学院は、第二十九条第一項に規定する実習その他当該教職大学院の教育上の目的を達成するために必要な連携協力を行う小学校等を適切に確保するものとする。

第八章―第十章〔略〕

附　則〔令五・七・三一文令二六〕

（施行期日）
第一条　この省令は、公布の日から施行する。

●小学校設置基準

（平成一四年三月二九日文部科学省令第一四号）

最終改正…平一九・一二・二五文令四〇

第一章　総則

（趣旨）
第一条　小学校は、学校教育法（昭和二十二年法律第二十六号）その他の法令の規定によるほか、この省令の定めるところにより設置するものとする。

2　この省令で定める設置基準は、小学校を設置するのに必要な最低の基準とする。

3　小学校の設置者は、小学校の編制、施設、設備等がこの省令で定める設置基準より低下した状態にならないようにすることはもとより、これらの水準の向上を図ることに努めなければならない。

第二条及び第三条　削除

第二章　編制

（一学級の児童数）
第四条　一学級の児童数は、法令に特別の定めがある場合を除き、四十人以下とする。ただし、特別の事情があり、かつ、教育上支障がない場合は、この限りでない。

（学級の編制）
第五条　小学校の学級は、同学年の児童で編制するものとする。ただし、特別の事情があるときは、数学年の児童を一学級に編制することができる。

（教諭の数等）
第六条　小学校に置く主幹教諭、指導教諭及び教諭（以下この条において「教諭等」という。）の数は、一学級当たり一人以上とする。
2　教諭等は、特別の事情があり、かつ、教育上支障がない場合は、校長、副校長若しくは教頭が兼ね、又は助教諭若しくは講師をもって代えることができる。
3　小学校に置く教員等は、教育上必要と認められる場合は、他の学校の教員等と兼ねることができる。

第三章　施設及び設備

（一般的基準）
第七条　小学校の施設及び設備は、指導上、保健衛生上、安全上及び管理上適切なものでなければならない。
（校舎及び運動場の面積等）
第八条　校舎及び運動場の面積は、法令に特別の定めがある場合を除き、別表に定める面積以上とする。ただし、地域の実態その他により特別の事情があり、かつ、教育上支障がない場合は、この限りでない。
2　校舎及び運動場は、同一の敷地内又は隣接する位置に設けるものとする。ただし、地域の実態その他により特別の事情があり、かつ、教育上及び安全上支障がない場合は、その他の適当な位置にこれを設けることができる。
（校舎に備えるべき施設）
第九条　校舎には、少なくとも次に掲げる施設を備えるものとする。
一　教室（普通教室、特別教室等とする。）
二　図書室、保健室
三　職員室
2　校舎には、前項に掲げる施設のほか、必要に応じて、特別支援学級のための教室を備えるものとする。
（その他の施設）
第十条　小学校には、校舎及び運動場のほか、体育館を備えるものとする。ただし、地域の実態その他により特別の事情があり、かつ、教育上支障がない場合は、この限りでない。
（校具及び教具）
第十一条　小学校には、学級数及び児童数に応じ、指導上、保健衛生上及び安全上必要な種類及び数の校具及び教具を備えなければならない。
2　前項の校具及び教具は、常に改善し、補充しなければならない。
（他の学校等の施設及び設備の使用）
第十二条　小学校は、特別の事情があり、かつ、教育上及び安全上支障がない場合は、他の学校等の施設及び設備を使用することができる。

附　則〔抄〕

（施行期日等）
1　この省令は、平成十四年四月一日から施行する。ただし、第二章及び第三章の規定、附則第三項の規定（学校教育法施行規則（昭和二十二年文部省令第十一号）第十六条の改正規定を除く。）並びに別表の規定は、平成十五年四月一日から施行する。
2　第二章及び第三章の規定の施行の際現に存する小学校の編制並びに施設及び設備については、当分の間、なお従前の例によることができる。

附　則〔平一九・一二・二五文令四〇抄〕

この省令は、学校教育法等の一部を改正する法律の施行の日（平成十九年十二月二十六日）から施行する。〔ただし書き略〕

別表（第八条関係）
イ　校舎の面積

児童数	面積（平方メートル）
一人以上四〇人以下	500
四一人以上四八〇人以下	500＋5×（児童数－40）
四八一人以上	2700＋3×（児童数－48）

ロ　運動場の面積

児童数	面積（平方メートル）
一人以上二四〇人以下	2400
二四一人以上七二〇人以下	2400＋10×（児童数－240）
七二一人以上	7200

●中学校設置基準

（平成一四年三月二九日 文部科学省令第一五号）

最終改正…平一九・一二・二五文令四〇

第一章　総則

（趣旨）

第一条　中学校は、学校教育法（昭和二十二年法律第二十六号）その他の法令の規定によるほか、この省令の定めるところにより設置するものとする。

2　この省令で定める設置基準は、中学校を設置するのに必要な最低の基準とする。

3　中学校の設置者は、中学校の編制、施設、設備等がこの省令で定める設置基準より低下した状態にならないようにすることはもとより、これらの水準の向上を図ることに努めなければならない。

第二条及び第三条　削除

第二章　編制

（一学級の生徒数）

第四条　一学級の生徒数は、法令に特別の定めがある場合を除き、四十人以下とする。ただし、特別の事情があり、かつ、教育上支障がない場合は、この限りでない。

（学級の編制）

第五条　中学校の学級は、同学年の生徒で編制するものとする。ただし、特別の事情があるときは、数学年の生徒を一学級に編制することができる。

（教諭の数等）

第六条　中学校に置く主幹教諭、指導教諭及び教諭（以下この条において「教諭等」という。）の数は、一学級当たり一人以上とする。

2　教諭等は、特別の事情があり、かつ、教育上支障がない場合は、校長、副校長若しくは教頭が兼ね、又は助教諭若しくは講師をもって代えることができる。

3　中学校に置く教員等は、教育上必要と認められる場合は、他の学校の教員等と兼ねることができる。

第三章　施設及び設備

（一般的基準）

第七条　中学校の施設及び設備は、指導上、保健衛生上、安全上及び管理上適切なものでなければならない。

（校舎及び運動場の面積等）

第八条　校舎及び運動場の面積は、法令に特別の定めがある場合を除き、別表に定める面積以上とする。ただし、地域の実態その他により特別の事情があり、かつ、教育上支障がない場合は、この限りでない。

2　校舎及び運動場は、同一の敷地内又は隣接する位置に設けるものとする。ただし、地域の実態その他により特別の事情があり、かつ、教育上及び安全上支障がない場合は、その他の適当な位置にこれを設けることができる。

（校舎に備えるべき施設）

第九条　校舎には、少なくとも次に掲げる施設を備えるものとする。

一　教室（普通教室、特別教室等とする。）

二　図書室、保健室

三　職員室

2　校舎には、前項に掲げる施設のほか、必要に応じて、特別支援学級のための教室を備えるものとする。

（その他の施設）

第十条　中学校には、校舎及び運動場のほか、体育館を備えるものとする。ただし、地域の実態その他により特別の事情があり、かつ、教育上支障がない場合は、この限りでない。

（校具及び教具）

第十一条　中学校には、学級数及び生徒数に応じ、指導上、保健衛生上及び安全上必要な種類及び数の校具及び教具を備えなければならない。

2　前項の校具及び教具は、常に改善し、補充しなければならない。

（他の学校等の施設及び設備の使用）

第十二条　中学校は、特別の事情があり、かつ、教育上及び安全上支障がない場合は、他の学校等の施設及び設備を使用することができる。

附　則〔抄〕

（施行期日等）

1　この省令は、平成十四年四月一日から施行する。ただし、第二章及び第三章の規定、附則第三項の規定（学校教育法施行規則（昭和二十二年文部省令第十一号）第五十一条及び第六十五条の三の改正規定を除く。）並びに別表の規定は、平成十五年四月一日から施行する。

2　第二章及び第三章の規定並びに別表の規定の施行の際現に存する中学校の編制並びに施設及び設備については、当分の間、なお従前の例によることができる。

附　則〔平一九・一二・二五文令四〇抄〕

この省令は、学校教育法等の一部を改正する法律の施行の日（平成十九年十二月二十六日）から施行する。〔ただし書き略〕

別表（第八条関係）

イ　校舎の面積

生徒数	面積（平方メートル）
一人以上四〇人以下	600
四一人以上四八〇人以下	600＋6×（生徒数－40）
四八一人以上	3240＋4×（生徒数－480）

ロ　運動場の面積

生徒数	面積（平方メートル）
一人以上二四〇人以下	3600
四一人以上四八〇人以下	3600＋10×（生徒数－240）
四八一人以上	8400

●高等学校設置基準

（平成一六年三月三一日文部科学省令第二〇号）

最終改正…令三・三・三一文令一四

第一章　総則

（趣旨）

第一条　高等学校は、学校教育法その他の法令の規定によるほか、この省令の定めるところにより設置するものとする。

2　この省令で定める設置基準は、高等学校を設置するのに必要な最低の基準とする。

3　高等学校の設置者は、高等学校の編制、施設、設備等がこの省令で定める設置基準より低下した状態にならないようにすることはもとより、これらの水準の向上を図ることに努めなければならない。

（設置基準の特例）

第二条　公立の高等学校については都道府県の教育委員会、私立の高等学校については都道府県知事（以下「都道府県教育委員会等」という。）は、高等学校に全日制の課程及び定時制の課程を併置する場合又は二以上の学科を設置する場合その他これらに類する場合において、教育上支障がないと認めるときは、高等学校の編制、施設及び設備に関し、必要と認められる範囲内において、この省令に示す基準に準じて、別段の定めをすることができる。

2　専攻科及び別科の編制、施設、設備等については、この省令に示す基準によらなければならない。ただし、教育上支障がないと認めるときは、都道府県教育委員会等は、専攻科及び別科の編制、施設及び設備に関し、必要と認められる範囲内において、この省令に示す基準に準じて、別段の定めをすることができる。

第三条及び第四条　削除

第二章　学科

（学科の種類）

第五条　高等学校の学科は次のとおりとする。

一　普通教育を主とする学科

二　専門教育を主とする学科

三　普通教育及び専門教育を選択履修を旨として総合的に施す学科

第六条　前条第一号に定める学科は、普通科その他普通教育を施す学科として適当な規模及び内容があると認められる学科とする。

2　前条第二号に定める学科は、次に掲げるとおりとする。

一　農業に関する学科

二　工業に関する学科

三　商業に関する学科

四　水産に関する学科

五　家庭に関する学科

六　看護に関する学科

七　情報に関する学科

八　福祉に関する学科

九　理数に関する学科

十　体育に関する学科

十一　音楽に関する学科

十二　美術に関する学科

十三　外国語に関する学科

十四　国際関係に関する学科

十五　その他専門教育を施す学科として適当な規模及び内容があると認められる学科

3　前条第三号に定める学科は、総合学科とする。

（学科の名称）
第六条の二　高等学校の学科の名称は、学科として適当であるとともに、当該学科に係る学校教育法施行規則（昭和二十二年文部省令第十一号）第百三条の二各号に掲げる方針（第十九条において「方針」という。）にふさわしいものとする。

第三章　編制

（授業を受ける生徒数）
第七条　同時に授業を受ける一学級の生徒数は、四十人以下とする。ただし、特別の事情があり、かつ、教育上支障がない場合は、この限りでない。
（教諭の数等）
第八条　高等学校に置く副校長及び教頭の数は当該高等学校に置く全日制の課程又は定時制の課程ごとに一人以上とし、主幹教諭、指導教諭及び教諭（以下この条において「教諭等」という。）の数は当該高等学校の収容定員を四十で除して得た数以上で、かつ、教育上支障がないものとする。
2　教諭等は、特別の事情があり、かつ、教育上支障がない場合は、助教諭又は講師をもって代えることができる。
3　高等学校に置く教員等は、教育上必要と認められる場合は、他の学校の教員等と兼ねることができる。
（養護教諭等）
第九条　高等学校には、相当数の養護をつかさどる主幹教諭、養護教諭その他の生徒の養護をつかさどる職員を置くよう努めなければならない。
（実習助手）
第十条　高等学校には、必要に応じて相当数の実習助手を置くものとする。
（事務職員の数）
第十一条　高等学校には、全日制の課程及び定時制の課程の設置の状況、生徒数等に応じ、相当数の事務職員を置かなければならない。

第四章　施設及び設備

（一般的基準）
第十二条　高等学校の施設及び設備は、指導上、保健衛生上、安全上及び管理上適切なものでなければならない。
（校舎の面積）
第十三条　校舎の面積は、法令に特別の定めがある場合を除き、全日制の課程若しくは定時制の課程の別又は学科の種類にかかわらず、次の表に定める面積以上とする。ただし、地域の実態その他により特別の事情があり、かつ、教育上支障がない場合は、この限りでない。

収容定員	面積（平方メートル）
一二〇人以下	1200
一二一人以上四八〇人以下	1200＋6×（収容定員－120）
四八一人以上	3360＋4×（収容定員－480）

（運動場の面積）
第十四条　運動場の面積は、全日制の課程若しくは定時制の課程の別又は収容定員にかかわらず、八、四〇〇平方メートル以上とする。ただし、体育館等の屋内運動施設を備えている場合その他の教育上支障がない場合は、この限りでない。
（校舎に備えるべき施設）
第十五条　校舎には、少なくとも次に掲げる施設を備えるものとする。
一　教室（普通教室、特別教室等とする。）
二　図書室、保健室
三　職員室
2　校舎には、前項に掲げる施設のほか、必要に応じて、専門教育を施すための施設を備えるものとする。
（その他の施設）
第十六条　高等学校には、校舎及び運動場のほか、体育館を備えるものとする。ただし、地域の実態その他により特別の事情があり、かつ、教育上支障がない場合は、この限りでない。
（校具及び教具）
第十七条　高等学校には、学科の種類、生徒数等に応じ、指導上、保健衛生上及び安全上必要な種類及び数の校具及び教具を備えなければならない。
2　前項の校具及び教具は、常に改善し、補充しなければならない。
（他の学校等の施設及び設備の使用）
第十八条　高等学校は、特別の事情があり、かつ、教育上及び安全上支障がない場合は、他の学校等の施設及び設備を使用することができる。

第五章　関係機関等との連携協力

（関係機関等との連携協力体制の整備）
第十九条　高等学校は、当該高等学校に置く学科に係る方針を踏まえ、当該学科における教育活動その他の学校運営を行うに当たり、当該高等学校が所在する地域の行政機関、事業者、大学等（大学、高等専門学校及び専門課程を置く専修学校をいう。以下同じ。）、国の機関、国際機関その他の関係機関及び関係団体との連携協力体制の整備に努めなければならない。
第二十条　普通教育を主とする学科のうち、学際的な分野に関する学校設定教科（学校教育法施行規則別表第三㈠及び㈡の表の上欄に掲げる各教科以外の教科をいう。以下同じ。）に関する科目を開設する学科（次項において「学際領域に関する学科」という。）を置く高等学校は、当該科目の開設及び実施その他の学校運営の円滑かつ効果的な実施を図るため、大学等、国の機関又は国際機関その他の国際的な活動を行う国内外の機関若しくは団体との連携協力体制を整備するものとする。

2　略

（地域社会に関する学科における関係機関等との連携協力体制の整備）

第二十一条　普通教育を主とする学科のうち、地域社会に関する学校設定教科に関する科目を開設する学科（次項において「地域社会に関する学科」という。）を置く高等学校は、当該科目の開設及び実施その他の学校運営の円滑かつ効果的な実施を図るため、当該高等学校が所在する地域の行政機関又は事業者その他の地域の活性化に資する活動を行う機関若しくは団体との連携協力体制を整備するものとする。

2　略

附　則〔抄〕

（施行期日等）

1　この省令は、平成十六年四月一日から施行する。

附　則（令三・三・三一文令一四）

（施行期日）

第一条　この省令は、令和四年四月一日から施行する。〔ただし書略〕

●特別支援学校設置基準

（令和三年九月二四日文部科学省令四五号）

第一章　総則

（趣旨）

第一条　特別支援学校は、学校教育法（昭和二十二年法律第二十六号）その他の法令の規定によるほか、この省令の定めるところにより設置するものとする。

2　この省令で定める設置基準は、特別支援学校を設置するのに必要な最低の基準とする。

3　特別支援学校の設置者は、特別支援学校の編制、施設及び設備等がこの省令で定める設置基準より低下した状態にならないようにすることはもとより、これらの水準の向上を図ることに努めなければならない。

（設置基準の特例）

第二条　高等部を置く特別支援学校で公立のものについては都道府県の教育委員会、私立のものについては都道府県知事（次項において「都道府県教育委員会等」という。）は、二以上の学科を設置する場合その他これに類する場合において、教育上支障がないと認めるときは、特別支援学校の編制、施設及び設備に関し、必要と認められる範囲内において、この省令に示す基準に準じて、別段の定めをすることができる。

2　専攻科及び別科の編制、施設及び設備等については、この省令に示す基準によらなければならない。ただし、教育上支障がないと認めるときは、都道府県教育委員会等は、専攻科及び別科の編制、施設及び設備等に関し、必要と認められる範囲内において、この省令に示す基準に準じて、別段の定めをすることができる。

第二章　学科

（学科の種類）

第三条　特別支援学校の高等部の学科は、次のとおりとする。

一　普通教育を主とする学科

二　専門教育を主とする学科

第四条　前条第一号に定める学科は、普通科とする。

2　前条第二号に定める学科は、次の各号に掲げる区分に応じ、当該各号に掲げる学科その他専門教育を施す学科として適正な規模及び内容があると認められるものとする。

一　視覚障害者である生徒に対する教育を行う学科

イ　家庭に関する学科

ロ　音楽に関する学科

ハ　理療に関する学科

ニ　理学療法に関する学科

二　聴覚障害者である生徒に対する教育を行う学科

イ　農業に関する学科

ロ　工業に関する学科

ハ　商業に関する学科

ニ　家庭に関する学科

ホ　美術に関する学科

ヘ　理容・美容に関する学科

ト　歯科技工に関する学科

三　知的障害者、肢体不自由者又は病弱者（身体虚弱者を含む。第六条第二項及び別表において同じ。）である生徒に対する教育を行う学科

イ　農業に関する学科

ロ　工業に関する学科

ハ　商業に関する学科

ニ　家庭に関する学科

ホ　産業一般に関する学科

第三章　編制

（一学級の幼児、児童又は生徒の数）

第五条　幼稚部の一学級の幼児数は、五人（視覚障害、聴覚障害、知的障害、肢体不自由又は病弱（身体虚弱を含む。以下この条及び別表において同じ。）のうち二以上併せ有する幼児で学級を編制する場合にあっては、三人）以下とする。ただし、特別の事情があり、かつ、教育上支障がない場合は、この限りでない。

2　小学部又は中学部の一学級の児童又は生徒の数は、六人（視覚障害、聴覚障害、知的障害、肢体不自由又は病弱のうち二以上併せ有する児童又は生徒で学級を編制する場合にあっては、三人）以下とする。ただし、特別の事情があり、かつ、教育上支障がない場合は、この限りでない。

3　高等部の一学級の生徒数は、八人（視覚障害、聴覚障害、知的障害、肢体不自由又は病弱のうち二以上併せ有する生徒で学級を編制する場合にあっては、三人）以下とする。ただし、特別の事情があり、かつ、教育上支障がない場合は、この限りでない。

（学級の編制）

第六条　特別支援学校の学級は、特別の事情がある場合を除いては、幼稚部にあっては、学年の初めの日の前日において同じ年齢にある幼児で編制するものとし、小学部、中学部及び高等部にあっては、同学年の児童又は生徒で編制するものとする。

2　特別支援学校の学級は、特別の事情がある場合を除いては、視覚障害者、聴覚障害者、知的障害者、肢体不自由者又は病弱者の別ごとに編制するものとする。

（教諭等の数等）

第七条　複数の部又は学科を設置する特別支援学校には、相当数の副校長又は教頭を置くものとする。

2　特別支援学校に置く主幹教諭、指導教諭又は教諭（次項において「教諭等」という。）の数は、一学級当たり一人以上とする。

3　教諭等は、特別の事情があり、かつ、教育上支障がない場合は、副校長若しくは教頭が兼ね、又は助教諭若しくは講師をもって代えることができる。

（養護教諭等）

第八条　特別支援学校には、幼児、児童及び生徒（以下「児童等」という。）の数等に応じ、相当数の養護をつかさどる主幹教諭、養護教諭その他の児童等の養護をつかさどる職員を置くよう努めなければならない。

（実習助手）

第九条　高等部を置く特別支援学校には、必要に応じて相当数の実習助手を置くものとする。

（事務職員の数）

第十条　特別支援学校には、部の設置の状況、児童等の数等に応じ、相当数の事務職員を置かなければならない。

（寄宿舎指導員の数）

第十一条　寄宿舎を設ける特別支援学校には、寄宿する児童等の数等に応じ、相当数の寄宿舎指導員を置かなければならない。

（他の学校の教員等との兼務）

第十二条　特別支援学校に置く教員等は、教育上必要と認められる場合は、他の学校の教員等と兼ねることができることとする。

第四章　施設及び設備

（一般的基準）

第十三条　特別支援学校の施設及び設備は、指導上、保健衛生上、安全上及び管理上適切なものでなければならない。

（校舎及び運動場の面積等）

第十四条　校舎及び運動場の面積は、法令に特別の定めがある場合を除き、別表に定める面積以上とする。ただし、地域の実態その他により特別の事情があり、かつ、教育上支障がない場合は、この限りでない。

2　校舎及び運動場は、同一の敷地内又は隣接する位置に設けるものとする。ただし、地域の実態その他により特別の事情があり、かつ、教育上及び安全上支障がない場合は、その他の適当な位置にこれを設けることができる。

（校舎に備えるべき施設）

第十五条　校舎には、少なくとも次に掲げる施設を備えるものとする。ただし、特別の事情があるときは、教室と自立活動室及び保育室と遊戯室とは、それぞれ兼用することができる。

一　教室（普通教室、特別教室等とする。ただし、幼稚部にあっては、保育室及び遊戯室とする。）

二　自立活動室

三　図書室（小学部、中学部又は高等部を置く特別支援学校に限る。）、保健室

四　職員室

2　校舎には、前項に掲げる施設のほか、必要に応じて、専門教育を施すための施設を備えるものとする。

（その他の施設）

第十六条　特別支援学校には、校舎及び運動場のほか、小学部、中学部又は高等部を置く場合にあっては体育館を備えるものとする。ただし、地域の実態その他により特別の事情があり、かつ、教育上支障がない場合は、この限りでない。

（校具及び教具）

第十七条　特別支援学校には、障害の種類及び程度、部及び学科の種類、学級数及び幼児、児童又は生徒の数等に応じ、指導上、保健衛生上及び安全上必要な種類及び数の

校具及び教具を備えなければならない。
2　前項の校具及び教具は、常に改善し、補充しなければならない。

（他の学校等の施設及び設備の使用）
第十八条　特別支援学校は、特別の事情があり、かつ、教育上及び安全上支障がない場合は、他の学校等の施設及び設備を使用することができる。

附　則

（施行期日等）
1　この省令は、令和四年四月一日から施行する。〔ただし書略〕。
2　第三章及び第四章の規定並びに別表の規定の施行の際現に存する特別支援学校の編制並びに施設及び設備については、当分の間、なお従前の例によることができる。

●幼稚園設置基準

（昭和三一年一二月一三日　文部省令三二号）

最終改正…平二六・七・三一　文令二三

【教採頻出条文】
第三〜六条、第八〜十条。

第一章　総則

（趣旨）
第一条　幼稚園設置基準は、学校教育法施行規則（昭和二十二年文部省令第十一号）に定めるもののほか、この省令の定めるところによる。

（基準の向上）
第二条　この省令で定める設置基準は、幼稚園を設置するのに必要な最低の基準を示すものであるから、幼稚園の設置者は、幼稚園の水準の向上を図ることに努めなければならない。

第二章　編制

（一学級の幼児数）
第三条　一学級の幼児数は、三十五人以下を原則とする。

（学級の編制）
第四条　学級は、学年の初めの日の前日において同じ年齢にある幼児で編制することを原則とする。

（教職員）
第五条　幼稚園には、園長のほか、各学級ごとに少なくとも専任の主幹教諭、指導教諭又は教諭（次項において「教諭等」という。）を一人置かなければならない。
2　特別の事情があるときは、教諭等は、専任の副園長又は教頭が兼ね、又は当該幼稚園の学級数の三分の一の範囲内で、専任の助教諭若しくは講師をもつて代えることができる。
3　専任でない園長を置く幼稚園にあつては、前二項の規定により置く主幹教諭、指導教諭、教諭、助教諭又は講師のほか、副園長、教頭、主幹教諭、指導教諭、教諭、助教諭又は講師を一人置くことを原則とする。
4　**幼稚園に置く教員等は、教育上必要と認められる場合は、他の学校の教員等と兼ねることができる。**

第六条　幼稚園には、養護をつかさどる主幹教諭、養護教諭又は養護助教諭及び事務職員を置くように努めなければならない。

第三章　施設及び設備

（一般的基準）
第七条　幼稚園の位置は、幼児の教育上適切で、通園の際安全な環境にこれを定めなければならない。
2　幼稚園の施設及び設備は、指導上、保健衛生上、安全上及び管理上適切なものでなければならない。

（園地、園舎及び運動場）
第八条　園舎は、二階建以下を原則とする。園舎を二階建とする場合及び特別の事情があるため園舎を三階建以上とする場合にあつては、保育室、遊戯室及び便所の施設は、第一階に置かなければならない。ただし、園舎が耐火建築物で、幼児の待避上必要な施設を備えるものにあつては、これらの施設を第二階に置くことができる。
2　**園舎及び運動場は、同一の敷地内又は隣接する位置に設けることを原則とする。**
3　園地、園舎及び運動場の面積は、別に定める。

（施設及び設備等）

第九条　幼稚園には、次の施設及び設備を備えなければならない。ただし、特別の事情があるときは、保育室と遊戯室及び職員室と保健室とは、それぞれ兼用することができる。

一　職員室
二　保育室
三　遊戯室
四　保健室
五　便所
六　飲料水用設備、手洗用設備、足洗用設備

2　保育室の数は、学級数を下つてはならない。

3　飲料水用設備は、手洗用設備又は足洗用設備と区別して備えなければならない。

4　飲料水の水質は、衛生上無害であることが証明されたものでなければならない。

第十条　幼稚園には、学級数及び幼児数に応じ、教育上、保健衛生上及び安全上必要な種類及び数の園具及び教具を備えなければならない。

2　前項の園具及び教具は、常に改善し、補充しなければならない。

第十一条　幼稚園には、次の施設及び設備を備えるように努めなければならない。

一　放送聴取設備
二　映写設備
三　水遊び場
四　幼児清浄用設備
五　給食施設
六　図書室
七　会議室

（他の施設及び設備の使用）

第十二条　幼稚園は、特別の事情があり、かつ、教育上及び安全上支障がない場合は、他の学校等の施設及び設備を使用することができる。

第四章　雑則

（保育所等との合同活動等に関する特例）

第十三条　幼稚園は、次に掲げる場合においては、各学級の幼児と当該幼稚園に在籍しない者を共に保育することができる。

一　当該幼稚園及び保育所等（就学前の子どもに関する教育、保育等の総合的な提供の推進に関する法律（平成十八年法律第七十七号）第二条第五項に規定する保育所等をいう。以下同じ。）のそれぞれの用に供される建物及びその附属設備が一体的に設置されている場合における当該保育所等において、満三歳以上の子どもに対し学校教育法第二十三条各号に掲げる目標が達成されるよう保育を行うに当たり、当該幼稚園との緊密な連携協力体制を確保する必要があると認められる場合

二　前号に掲げる場合のほか、経済的社会的条件の変化に伴い幼児の数が減少し、又は幼児が他の幼児と共に活動する機会が減少したことその他の事情により、学校教育法第二十三条第二号に掲げる目標を達成することが困難であると認められることから、幼児の心身の発達を助長するために特に必要があると認められる場合

2　前項の規定により各学級の幼児と当該幼稚園に在籍しない者を共に保育する場合においては、第三条中「一学級の幼児数」とあるのは「一学級の幼児数（当該幼稚園に在籍しない者であつて当該学級の幼児と共に保育されるものの数を含む。）」と、第五条第四項中「他の学校の教員等」とあるのは「他の学校の教員等又は保育所等の保育士等」と、第十条第一項中「幼児数」とあるのは「幼児数（当該幼稚園に在籍しない者であつて各学級の幼児と共に保育されるものの数を含む。）」と読み替えて、これらの規定を適用する。

附　則〔抄〕

1　この省令は、昭和三十二年二月一日から施行する。

2　園地、園舎及び運動場の面積は、第八条第三項の規定に基き別に定められるまでの間、園地についてはなお従前の例により、園舎及び運動場については別表第一及び別表第二に定めるところによる。ただし、この省令施行の際現に存する幼稚園については、特別の事情があるときは、当分の間、園舎及び運動場についてもなお従前の例によることができる。

3　第十三条第一項の規定により幼稚園の幼児と保育所等に入所している児童を共に保育し、かつ、当該保育所等と保育室を共用する場合においては、別表第一及び別表第二中「面積」とあるのは、「面積（保育所等の施設及び設備のうち幼稚園と共用する部分の面積を含む。）」と読み替えて、これらの表の規定を適用する。

附　則〔平二六・七・三一　文令二三〕

この省令は、就学前の子どもに関する教育、保育等の総合的な提供の推進に関する法律の一部を改正する法律（平成二十四年法律第六十六号）の施行の日から施行する。

別表第１（園舎の面積）

学級数	１学級	２学級以上
面積	180平方メートル	320＋100×（学級数－2）平方メートル

別表第２（運動場の面積）

学級数	２学級以下	３学級以上
面積	330＋30×（学級数－1）平方メートル	400＋80×（学級数－3）平方メートル

●幼保連携型認定こども園の学級の編制、職員、設備及び運営に関する基準〔抄〕

（平成二六年四月三〇日 法律第一号）

最終改正…令四・三・三一内・文・厚令一

（趣旨）

第一条 就学前の子どもに関する教育、保育等の総合的な提供の推進に関する法律（以下「法」という。）第十三条第二項の主務省令で定める基準は、次の各号に掲げる基準に応じ、それぞれ当該各号に定める規定による基準とする。

一 法第十三条第一項の規定により、同条第二項第一号に掲げる事項について都道府県（指定都市等所在施設（法第三条第一項に規定する指定都市等所在施設をいう。次項において同じ。）である幼保連携型認定こども園（都道府県が設置するものを除く。）については、当該指定都市等（法第三条第一項に規定する指定都市等をいう。次項において同じ。）。以下同じ。）が条例を定めるに当たって従うべき基準 第四条、第五条及び第十三条第二項（児童福祉施設の設備及び運営に関する基準（昭和二十三年厚生省令第六十三号）第八条ただし書の規定を読み替えて準用する部分に限る。）並びに附則第二条第一項、第三条及び第五条から第八条までの規定による基準

二 法第十三条第一項の規定により、同条第二項第二号に掲げる事項について都道府県が条例を定めるに当たって従うべき基準 第六条、第七条第一項から第六項まで、第十三条第一項（児童福祉施設の設備及び運営に関する基準第三十二条第八号の規定を読み替えて準用する部分に限る。）及び第二項（同令第八条ただし書の規定を読み替えて準用する部分に限る。）並びに第十四条並びに附則第二条第二項及び第四条の規定による基準

三 法第十三条第一項の規定により、同条第二項第三号に掲げる事項について都道府県が条例を定めるに当たって従うべき基準 第九条第一項（第一号及び第二号に係る部分に限る。）、第十二条及び第十三条第一項（児童福祉施設の設備及び運営に関する基準第九条から第九条の三まで、第十一条（第四項ただし書を除く。）、第十四条の二及び第三十二条の二（後段を除く。）の規定を読み替えて準用する部分に限る。）の規定による基準

四 法第十三条第一項の規定により、同条第二項各号に掲げる事項以外の事項について都道府県が条例を定めるに当たって参酌すべき基準 この命令に定める基準のうち、前三号に定める規定による基準以外のもの

2 法第十三条第二項の主務省令で定める基準は、都道府県知事（指定都市等所在施設である幼保連携型認定こども園（都道府県が設置するものを除く。）については、当該指定都市等の長。以下同じ。）の監督に属する幼保連携型認定こども園の園児（法第十四条第六項に規定する園児をいう。以下同じ。）が、明るくて、衛生的な環境において、素養があり、かつ、適切な養成又は訓練を受けた職員の指導により、心身ともに健やかに育成されることを保障するものとする。

3 内閣総理大臣、文部科学大臣及び厚生労働大臣は、法第十三条第二項の主務省令で

定める基準を常に向上させるように努めるものとする。

（設備運営基準の目的）

第二条　法第十三条第一項の規定により都道府県が条例で定める基準（次条において「設備運営基準」という。）は、都道府県知事の監督に属する幼保連携型認定こども園の園児が、明るくて、衛生的な環境において、素養があり、かつ、適切な養成又は訓練を受けた職員の指導により、心身ともに健やかに育成されることを保障するものとする。

（設備運営基準の向上）

第三条　都道府県知事は、その管理に属する法第二十五条に規定する審議会その他の合議制の機関の意見を聴き、その監督に属する幼保連携型認定こども園に対し、設備運営基準を超えて、その設備及び運営を向上させるように勧告することができる。

2　都道府県は、設備運営基準を常に向上させるように努めるものとする。

（学級の編制の基準）

第四条　満三歳以上の園児については、教育課程に基づく教育を行うため、学級を編制するものとする。

2　一学級の園児数は、三十五人以下を原則とする。

3　学級は、学年の初めの日の前日において同じ年齢にある園児で編制することを原則とする。

（職員の数等）

第五条　幼保連携型認定こども園には、各学級ごとに担当する専任の主幹保育教諭、指導保育教諭又は保育教諭（次項において「保育教諭等」という。）を一人以上置かなければならない。

2　特別の事情があるときは、保育教諭等は、専任の副園長若しくは教頭が兼ね、又は当該幼保連携型認定こども園の学級数の三分の一の範囲内で、専任の助保育教諭若しくは講師をもって代えることができる。

3　幼保連携型認定こども園に置く園児の教育及び保育（満三歳未満の園児については、その保育。以下同じ。）に直接従事する職員の数は、次の表の上欄に掲げる園児の区分に応じ、それぞれ同表の下欄に定める員数以上とする。ただし、当該職員の数は、常時二人を下ってはならない。

	園児の区分	員数
一	満四歳以上の園児	おおむね三十人につき一人
二	満三歳以上満四歳未満の園児	おおむね二十人につき一人
三	満一歳以上満三歳未満の園児	おおむね六人につき一人
四	満一歳未満の園児	おおむね三人につき一人

備考

一～三　略

四　園長が専任でない場合は、原則としてこの表に定める員数を一人増加するものとする。

4　幼保連携型認定こども園には、調理員を置かなければならない。ただし、第十三条第一項において読み替えて準用する児童福祉施設の設備及び運営に関する基準第三十二条の二（後段を除く。第七条第三項において同じ。）の規定により、調理業務の全部を委託する幼保連携型認定こども園にあっては、調理員を置かないことができる。

5　幼保連携型認定こども園には、次に掲げる職員を置くよう努めなければならない。

一　副園長又は教頭

二　主幹養護教諭、養護教諭又は養護助教諭

三　事務職員

（園舎及び園庭）

第六条　幼保連携型認定こども園には、園舎及び園庭を備えなければならない。

2　園舎は、二階建以下を原則とする。ただし、特別の事情がある場合は、三階建以上とすることができる。

3　乳児室、ほふく室、保育室、遊戯室又は便所（以下この項及び次項において「保育室等」という。）は一階に設けるものとする。ただし、園舎が第十三条第一項において読み替えて準用する児童福祉施設の設備及び運営に関する基準第三十二条第八号イ、ロ及びヘに掲げる要件を満たすときは保育室等を二階に、前項ただし書の規定により園舎を三階建以上とする場合であって、第十三条第一項において読み替えて準用する同令第三十二条第八号に掲げる要件を満たすときは、保育室等を三階以上の階に設けることができる。

4　前項ただし書の場合において、三階以上の階に設けられる保育室等は、原則として、満三歳未満の園児の保育の用に供するものでなければならない。

5　園舎及び園庭は、同一の敷地内又は隣接する位置に設けることを原則とする。

6　園舎の面積は、次に掲げる面積を合算した面積以上とする。

一　次の表の上欄に掲げる学級数に応じ、それぞれ同表の下欄に定める面積

学級数	面積（平方メートル）
一学級	180
二学級以上	320＋100×（学級数－2）

二　満三歳未満の園児数に応じ、次条第六項の規定により算定した面積

7　園庭の面積は、次に掲げる面積を合算した面積以上とする。

一　次に掲げる面積のうちいずれか大きい面積

イ　次の表の上欄に掲げる学級数に応

じ、それぞれ同表の下欄に定める面積

学級数	面積（平方メートル）
二学級以下	330＋30×（学級数－1）
三学級以上	400＋80×（学級数－3）

ロ　三・三平方メートルに満三歳以上の園児数を乗じて得た面積

二　三・三平方メートルに満二歳以上満三歳未満の園児数を乗じて得た面積

（園舎に備えるべき設備）

第七条　園舎には、次に掲げる設備（第二号に掲げる設備については、満二歳未満の保育を必要とする子どもを入園させる場合に限る。）を備えなければならない。ただし、特別の事情があるときは、保育室と遊戯室及び職員室と保健室とは、それぞれ兼用することができる。

一　職員室
二　乳児室又はほふく室
三　保育室
四　遊戯室
五　保健室
六　調理室
七　便所
八　飲料水用設備、手洗用設備及び足洗用設備

2　保育室（満三歳以上の園児に係るものに限る。）の数は、学級数を下ってはならない。

3　満三歳以上の園児に対する食事の提供について、第十三条第一項において読み替えて準用する児童福祉施設の設備及び運営に関する基準第三十二条の二に規定する方法により行う幼保連携型認定こども園にあっては、第一項の規定にかかわらず、調理室を備えないことができる。この場合において、当該幼保連携型認定こども園においては、当該食事の提供について当該方法によることとしてもなお当該幼保連携型認定こども園において行うことが必要な調理のための加熱、保存等の調理機能を有する設備を備えなければならない。

4　園児に対する食事の提供について、幼保連携型認定こども園内で調理する方法により行う園児数が二十人に満たない場合においては、当該食事の提供を行う幼保連携型認定こども園は、第一項の規定にかかわらず、調理室を備えないことができる。この場合において、当該幼保連携型認定こども園においては、当該食事の提供について当該方法により行うために必要な調理設備を備えなければならない。

5　飲料水用設備は、手洗用設備又は足洗用設備と区別して備えなければならない。

6　次の各号に掲げる設備の面積は、当該各号に定める面積以上とする。

一　乳児室　一・六五平方メートルに満二歳未満の園児のうちほふくしないものの数を乗じて得た面積

二　ほふく室　三・三平方メートルに満二歳未満の園児のうちほふくするものの数を乗じて得た面積

三　保育室又は遊戯室　一・九八平方メートルに満二歳以上の園児数を乗じて得た面積

7　次に掲げる設備のほか、園舎には、第一項に掲げる設備を備えるよう努めなければならない。

一　放送聴取設備
二　映写設備
三　水遊び場
四　園児清浄用設備
五　図書室
六　会議室

（園具及び教具）

第八条　幼保連携型認定こども園には、学級数及び園児数に応じ、教育上及び保育上、保健衛生上並びに安全上必要な種類及び数の園具及び教具を備えなければならない。

2　前項の園具及び教具は、常に改善し、補充しなければならない。

（教育及び保育を行う期間及び時間）

第九条　幼保連携型認定こども園における教育及び保育を行う期間及び時間は、次に掲げる要件を満たすものでなければならない。

一　毎学年の教育週数は、特別の事情のある場合を除き、三十九週を下ってはならないこと。

二　教育に係る標準的な一日当たりの時間（次号において「教育時間」という。）は、四時間とし、園児の心身の発達の程度、季節等に適切に配慮すること。

三　保育を必要とする子どもに該当する園児に対する教育及び保育の時間（満三歳以上の保育を必要とする子どもに該当する園児については、教育時間を含む。）は、一日につき八時間を原則とすること。

2　前項第三号の時間については、その地方における園児の保護者の労働時間その他家庭の状況等を考慮して、園長がこれを定めるものとする。

（子育て支援事業の内容）

第十条　幼保連携型認定こども園における保護者に対する子育ての支援は、保護者が子育てについての第一義的責任を有するという基本認識の下に、子育てを自ら実践する力の向上を積極的に支援することを旨として、教育及び保育に関する専門性を十分に活用し、子育て支援事業のうち、その所在する地域における教育及び保育に対する需要に照らし当該地域において実施することが必要と認められるものを、保護者の要請に応じ適切に提供し得る体制の下で行うものとする。その際、地域の人材や社会資源の活用を図るよう努めるものとする。

（掲示）

第十一条　幼保連携型認定こども園は、その建物又は敷地の公衆の見やすい場所に、当該施設が幼保連携型認定こども園である旨を掲示しなければならない。

（学校教育法施行規則の準用）

第十二条　〔略〕

（児童福祉施設の設備及び運営に関する基準の準用）

第十三条　〔略〕

（幼稚園設置基準の準用）

第十四条　〔略〕

附　則

（施行期日）

第一条　この命令は、就学前の子どもに関する教育、保育等の総合的な提供の推進に関する法律の一部を改正する法律（平成二十四年法律第六十六号。以下「一部改正法」という。）の施行の日（以下「施行日」という。）から施行する。

附　則〔令四・三・三一内・文・厚令一〕

この命令は、令和四年四月一日から施行する。

●公立義務教育諸学校の学級編制及び教職員定数の標準に関する法律

（昭和三三年五月一日法律第一一六号）

最終改正…令四・三・二五政一〇〇

（この法律の目的）

第一条　この法律は、公立の義務教育諸学校に関し、学級規模と教職員の配置の適正化を図るため、学級編制及び教職員定数の標準について必要な事項を定め、もつて義務教育水準の維持向上に資することを目的とする。

（定義）

第二条　この法律において「義務教育諸学校」とは、学校教育法（昭和二十二年法律第二十六号）に規定する小学校、中学校、義務教育学校、中等教育学校の前期課程又は特別支援学校の小学部若しくは中学部をいう。

2　この法律において「特別支援学校」とは、学校教育法に規定する特別支援学校で小学部又は中学部を置くものをいう。

3　この法律において「教職員」とは、校長、副校長及び教頭（中等教育学校の前期課程にあつては、当該課程の属する中等教育学校の校長、副校長及び教頭とし、特別支援学校の小学部又は中学部にあつては、当該部の属する特別支援学校の校長、副校長及び教頭とする。）、主幹教諭、指導教諭、教諭、養護教諭、栄養教諭、助教諭、養護助教諭、講師、寄宿舎指導員、学校栄養職員（学校給食法（昭和二十九年法律第百六十号）第七条に規定する職員のうち栄養の指導及び管理をつかさどる主幹教諭並びに栄養教諭以外の者をいう。以下同じ。）並びに事務職員（それぞれ常勤の者に限る。第十七条を除き、以下同じ。）をいう。

（学級編制の標準）

第三条　公立の義務教育諸学校の学級は、同学年の児童又は生徒で編制するものとする。ただし、当該義務教育諸学校の児童又は生徒の数が著しく少いかその他特別の事情がある場合においては、政令で定めるところにより、数学年の児童又は生徒を一学級に編制することができる。

2　各都道府県ごとの、都道府県又は市（地方自治法（昭和二十二年法律第六十七号）第二百五十二条の十九第一項の指定都市（以下単に「指定都市」という。）を除き、特別区を含む。第八条第三号並びに第八条の二第一号及び第二号を除き、以下同じ。）町村の設置する小学校（義務教育学校の前期課程を含む。次条第二項において同じ。）又は中学校（義務教育学校の後期課程及び中等教育学校の前期課程を含む。同項において同じ。）の一学級の児童又は生徒の数の基準は、次の表の上欄に掲げる学校の種類及び同表の中欄に掲げる学級編制の区分に応じ、同表の下欄に掲げる数を標準として、都道府県の教育委員会が定める。ただし、都道府県の教育委員会は、当該都道府県における児童又は生徒の実態を考慮して特に必要があると認める場合については、この項本文の規定により定める数を下回る数を、当該場合に係る一学級の児童又は生徒の数の基準として定めることができる。

学校の種類	学級編制の区分	一学級の児童又は生徒の数
小学校（義務教育学校の前期課程を含む。）	同学年の児童で編制する学級	三十五人
	二の学年の児童で編制する学級	十六人（第一学年の児童を含む学級にあつては、八人）
	学校教育法第八十一条第二項及び第三項に規定する特別支援学級（以下この表及び第七条第一項第五号において単に「特別支援学級」という。）	八人
中学校（義務教育学校の後期課程及び中等教育学校の前期課程を含む。）	同学年の生徒で編制する学級	四十人
	二の学年の生徒で編制する学級	八人
	特別支援学級	八人

3　各都道府県ごとの、都道府県又は市町村の設置する特別支援学校の小学部又は中学部の一学級の児童又は生徒の数の基準は、六人（文部科学大臣が定める障害を二以上併せ有する児童又は生徒で学級を編制する場合にあつては、三人）を標準として、都道府県の教育委員会が定める。ただし、都道府県の教育委員会は、当該都道府県における児童又は生徒の実態を考慮して特に必要があると認める場合については、この項本文の規定により定める数を下回る数を、当該場合に係る一学級の児童又は生徒の数の基準として定めることができる。

（学級編制）

第四条　都道府県又は市町村の設置する義務教育諸学校の学級編制は、前条第二項又は第三項の規定により都道府県の教育委員会が定めた基準を標準として、当該学校を設置する地方公共団体の教育委員会が、当該学校の児童又は生徒の実態を考慮して行う。

2　指定都市の設置する義務教育諸学校の学級編制は、小学校又は中学校にあつては前条第二項の表の上欄に掲げる学校の種類及び同表の中欄に掲げる学級編制の区分に応じ同表の下欄に掲げる数を一学級の児童又は生徒の数の標準とし、特別支援学校の小学部又は中学部にあつては六人（文部科学大臣が定める障害を二以上併せ有する児童又は生徒で学級を編制する場合にあつては、三人）を一学級の児童又は生徒の数の標準として、当該指定都市の教育委員会が、当該学校の児童又は生徒の実態を考慮して行う。

（学級編制についての都道府県の教育委員会への届出）

第五条　市町村の教育委員会は、毎学年、当該市町村の設置する義務教育諸学校に係る前条第一項の学級編制を行つたときは、遅滞なく、都道府県の教育委員会に届け出なければならない。届け出た学級編制を変更したときも、同様とする。

（都道府県小中学校等教職員定数等の標準）

第六条　各都道府県ごとの、都道府県及び市町村の設置する小学校、中学校及び義務教育学校並びに中等教育学校の前期課程（学校給食法第六条に規定する施設を含む。以下この項において同じ。）に置くべき教職員の総数（以下「都道府県小中学校等教職員定数」という。）並びに各指定都市ごとの、指定都市の設置する小学校、中学校及び義務教育学校並びに中等教育学校の前期課程に置くべき教職員の総数（以下「指定都市小中学校等教職員定数」という。）は、それぞれ、次条、第七条第一項及び第二項並びに第八条から第九条までに規定する数を合計した数を標準として定めるものとする。この場合においては、各都道府県が定める都道府県小中学校等教職員定数及び各指定都市が定める指定都市小中学校等教職員定数ごとに、それぞれ、当該各条に規定する数を標準として、当該各条に定める教職員の職の種類の区分ごとの総数を定めなければならない。

2　都道府県小中学校等教職員定数については、第七条第一項第一号から第三号まで及び第三項、第八条第一号並びに第九条第一号から第三号までに規定する学級の数は、第三条第二項の規定により都道府県の教育委員会が定めた基準により算定するものとする。

第六条の二　校長の数は、小学校、中学校及び義務教育学校並びに中等教育学校の前期課程の数の合計数に一を乗じて得た数とする。

第七条　副校長、教頭、主幹教諭（養護又は栄養の指導及び管理をつかさどる主幹教諭を除く。）、指導教諭、教諭、助教諭及び講師（以下「教頭及び教諭等」という。）の数は、次に定めるところにより算定した数を合計した数とする。

一　次の表の上欄に掲げる学校の種類ごとに同表の中欄に掲げる学校規模ごとの学校の学級総数に当該学校規模に応ずる同表の下欄に掲げる数を乗じて得た数（一未満の端数を生じたときは、一に切り上げる。以下同じ。）の合計数

学校の種類	学校規模	乗ずる数
	一学級及び二学級の学校	一・〇〇〇
	三学級及び四学級の学校	一・二五〇
	五学級の学校	一・二〇〇
	六学級の学校	一・二九二
	七学級の学校	一・二六四
	八学級及び九学級の学校	一・二四九
	十学級及び十一学級の学校	一・二三四
	十二学級から十五学級までの学	一・二一〇

小学校（義務教育学校の前期課程を含む。）	十六学級から十八学級までの学校	一・二〇〇
	十九学級から二十一学級までの学校	一・一七〇
	二十二学級から二十四学級までの学校	一・一六五
	二十五学級から二十七学級までの学校	一・一五五
	二十八学級から三十学級までの学校	一・一五〇
	三十一学級から三十三学級までの学校	一・一四〇
	三十四学級から三十六学級までの学校	一・一三七
	三十七学級から三十九学級までの学校	一・一三三
	四十学級以上の学校	一・一三〇
中学校（義務教育学校の後期課程及び中等教育学校の前期課程を含む。）	一学級の学校	四・〇〇〇
	二学級の学校	三・〇〇〇
	三学級の学校	二・六六七
	四学級の学校	二・〇〇〇
	五学級の学校	一・六六〇
	六学級の学校	一・七五〇
	七学級及び八学級の学校	一・七二五
	九学級から十一学級の学校	一・七二〇
	十二学級から十四学級までの学校	一・五七〇
	十五学級から十七学級までの学校	一・五六〇
	十八学級から二十学級までの学校	一・五五七
	二十一学級から二十三学級までの学校	一・五五〇
	二十四学級から二十六学級までの学校	一・五二〇
	二十七学級から三十二学級までの学校	一・五一七
	三十三学級から三十五学級までの学校	一・五一五
	三十六学級以上の学校	一・四八三

二　二十七学級以上の小学校（義務教育学校の前期課程を含む。）の数、二十四学級以上の中学校（義務教育学校の後期課程及び中等教育学校の前期課程を含む。）の数及び義務教育学校の数の合計数に一を乗じて得た数

三　三十学級以上の小学校（義務教育学校の前期課程を含む。）の数に二分の一を乗じて得た数、十八学級から二十九学級までの中学校（義務教育学校の後期課程及び中等教育学校の前期課程を含む。以下この号において同じ。）の数に一を乗じて得た数及び三十学級以上の中学校の数に二分の三を乗じて得た数の合計数

四　次の表の上欄に掲げる児童又は生徒の数の区分ごとの小学校（義務教育学校の前期課程を含む。）又は中学校（義務教育学校の後期課程及び中等教育学校の前期課程を含む。）の数にそれぞれ当該区分に応ずる同表の下欄に掲げる数を乗じて得た数の合計数

児童又は生徒の数	乗ずる数
二百人から二百九十九人まで	〇・二五
三百人から五百九十九人まで	〇・五〇
六百人から七百九十九人まで	〇・七五
八百人から千百九十九人まで	一・〇〇
千二百人以上	一・二五

五　小学校（義務教育学校の前期課程を含む。）又は中学校（義務教育学校の後期課程及び中等教育学校の前期課程を含む。）において障害に応じた特別の指導であつて政令で定めるものが行われている児童又は生徒（特別支援学級の児童又は生徒を除く。）の数にそれぞれ十三分の一を乗じて得た数の合計数

六　小学校（義務教育学校の前期課程を含む。）又は中学校（義務教育学校の後期課程及び中等教育学校の前期課程を含む。）において日本語を理解し、使用する能力に応じた特別の指導であつて政令で定めるものが行われている児童又は生徒の数にそれぞれ十八分の一を乗じて得た数の合計数

七　小学校（義務教育学校の前期課程を含む。）又は中学校（義務教育学校の後期課程及び中等教育学校の前期課程を含む。）の教諭、助教諭及び講師のうち教育公務員特例法（昭和二十四年法律第一号）第二十三条第一項に規定する初任者研修（第十一条第一項第六号において単に「初任者研修」という。）を受ける者の数にそれぞれ六分の一を乗じて得た数の合計数

八　小学校の分校の数、中学校（中等教育学校の前期課程を含む。）の分校の数及び義務教育学校の分校の数の合計数に一を乗じて得た数

九　次の表の上欄に掲げる寄宿する児童又は生徒の数の区分ごとの寄宿舎を置く小学校、中学校及び義務教育学校並びに中等教育学校の前期課程の数の合計数に当該区分に応ずる同表の下欄に掲げる数を乗じて得た数の合計数

寄宿する児童又は生徒の数	乗ずる数
四十人以下	一
四十一人から八十人まで	二
八十一人から百二十人まで	三
百二十一人以上	四

2　小学校、中学校若しくは義務教育学校又は中等教育学校の前期課程において、児童又は生徒の心身の発達に配慮し個性に応じた教育を行うため、複数の教諭等の協力による指導が行われる場合、少数の児童若しくは生徒により構成される集団を単位として指導が行われる場合、教育課程

（小学校の教育課程及び義務教育学校の前期課程の教育課程を除く。）の編成において多様な選択教科が開設される場合又は専門的な知識若しくは技能に係る教科等（小学校の教科等及び義務教育学校の前期課程の教科等に限る。）に関し専門的な指導が行われる場合には、前項の規定により算定した数に政令で定める数を加えた数を教頭及び教諭等の数とする。この場合においては、当該政令で定める数については、当該学校の校長及び当該学校を設置する地方公共団体の教育委員会の意向を踏まえ、当該学校において児童又は生徒の心身の発達に配慮し個性に応じた教育を行うのに必要かつ十分なものとなるよう努めなければならない。

3 前二項に定めるところにより算定した数（以下この項において「小中学校等教頭教諭等標準定数」という。）のうち、副校長及び教頭の数は二十七学級以上の小学校（義務教育学校の前期課程を含む。以下この項において同じ。）の数と二十四学級以上の中学校（義務教育学校の後期課程及び中等教育学校の前期課程を含む。以下この項において同じ。）の数との合計数に二を乗じて得た数、九学級から二十六学級までの小学校の数、六学級から二十三学級までの中学校の数及び義務教育学校の数の合計数に一を乗じて得た数、六学級から八学級までの小学校の数に四分の三を乗じて得た数並びに三学級から五学級までの中学校の数に二分の一を乗じて得た数の合計数（以下この項において「小中学校等教頭等標準定数」という。）とし、主幹教諭（養護又は栄養の指導及び管理をつかさどる主幹教諭を除く。）、指導教諭、教諭、助教諭及び講師の数は小中学校等教頭教諭等標準定数から小中学校等教頭等標準定数を減じて得た数とする。

第八条 養護をつかさどる主幹教諭、養護教諭及び養護助教諭（以下「養護教諭等」という。）の数は、次に定めるところにより算定した数を合計した数とする。

一 三学級以上の小学校（義務教育学校の前期課程を含む。）及び中学校（義務教育学校の後期課程及び中等教育学校の前期課程を含む。）の数の合計数に一を乗じて得た数

二 児童の数が八百五十一人以上の小学校（義務教育学校の前期課程を含む。）の数と生徒の数が八百一人以上の中学校（義務教育学校の後期課程及び中等教育学校の前期課程を含む。）の数との合計数に一を乗じて得た数

三 医療機関（医療法（昭和二十三年法律第二百五号）第一条の五に規定する病院又は診療所をいう。）が存しない市（特別区を含む。次条第一号及び第二号において同じ。）町村の数等を考慮して政令で定めるところにより算定した数

第八条の二 栄養の指導及び管理をつかさどる主幹教諭、栄養教諭並びに学校栄養職員（以下「栄養教諭等」という。）の数は、次に定めるところにより算定した数を合計した数とする。

一 学校給食（給食内容がミルクのみである給食を除く。第十三条の二において同じ。）を実施する小学校（義務教育学校の前期課程を含む。）若しくは中学校（義務教育学校の後期課程を含む。）又は中等教育学校の前期課程で専ら当該学校又は当該課程の学校給食を実施するために必要な施設を置くもの（以下この号において「単独実施校」という。）のうち児童又は生徒の数が五百五十人以上のもの（次号において「五百五十人以上単独実施校」という。）の数の合計数に一を乗じて得た数と単独実施校のうち児童又は生徒の数が五百四十九人以下のもの（以下この号及び次号において「五百四十九人以下単独実施校」という。）の数の合計数から同号に該当する市町村の設置する五百四十九人以下単独実施校の数の合計数を減じて得た数に四分の一を乗じて得た数との合計数

二 五百五十人以上単独実施校又は共同調理場（学校給食法第六条に規定する施設をいう。以下同じ。）を設置する市町村以外の市町村で当該市町村の設置する五百四十九人以下単独実施校の数の合計数が一以上三以下の市町村の数に一を乗じて得た数

三 次の表の上欄に掲げる共同調理場に係る小学校、中学校及び義務教育学校並びに中等教育学校の前期課程の児童及び生徒（給食内容がミルクのみである給食を受ける者を除く。以下この号において同じ。）の数の区分ごとの共同調理場の数に当該区分に応ずる同表の下欄に掲げる数を乗じて得た数の合計数

共同調理場に係る小学校、中学校及び義務教育学校並びに中等教育学校の前期課程の児童及び生徒の数	乗ずる数
千五百人以下	一
千五百一人から六千人まで	二
六千一人以上	三

第九条 事務職員の数は、次に定めるところにより算定した数を合計した数とする。

一 四学級以上の小学校（義務教育学校の前期課程を含む。）及び中学校（義務教育学校の後期課程を含む。）並びに中等教育学校の前期課程の数の合計数に一を乗じて得た数

二 三学級の小学校（義務教育学校の前期課程を含む。）及び中学校（義務教育学校の後期課程を含む。）並びに中等教育

学校の前期課程の数の合計数に四分の三を乗じて得た数

三　二十七学級以上の小学校（義務教育学校の前期課程を含む。）の数に一を乗じて得た数と二十一学級以上の中学校（義務教育学校の後期課程及び中等教育学校の前期課程を含む。）の数に一を乗じて得た数との合計数

四　就学困難な児童及び生徒に係る就学奨励についての国の援助に関する法律（昭和三十一年法律第四十号）第二条に規定する保護者（同条に規定する費用等の支給を受けるものに限る。）及びこれに準ずる程度に困窮している者で政令で定めるものの児童又は生徒の数が著しく多い小学校（義務教育学校の前期課程を含む。）若しくは中学校（義務教育学校の後期課程を含む。）又は中等教育学校の前期課程で政令で定めるものの数の合計数に一を乗じて得た数

（都道府県特別支援学校教職員定数等の標準）

第十条　各都道府県ごとの、都道府県及び市町村の設置する特別支援学校の小学部及び中学部に置くべき教職員の総数（以下「都道府県特別支援学校教職員定数」という。）並びに各指定都市ごとの、指定都市の設置する特別支援学校の小学部及び中学部に置くべき教職員の総数（以下「指定都市特別支援学校教職員定数」という。）は、それぞれ、次条、第十一条第一項及び第十二条から第十四条までに規定する数を合計した数を標準として定めるものとする。

2　都道府県特別支援学校教職員定数については、第十一条第一項第一号、第二号及び第四号並びに第二項に規定する学級の数は、第三条第三項の規定により都道府県の教育委員会が定めた基準により算定するものとする。

第十条の二　校長の数は、特別支援学校の数に一を乗じて得た数とする。

第十一条　教頭及び教諭等の数は、次に定めるところにより算定した数を合計した数とする。

一　次の表の上欄に掲げる部の別ごとに同表の中欄に掲げる部の規模ごとの部の学級総数に当該部の規模に応ずる同表の下欄に掲げる数を乗じて得た数の合計数

部の別	部の規模	乗ずる数
小学部	一学級の部	二・〇〇〇
	二学級の部	一・五〇〇
	三学級の部	一・五八三
	四学級の部	一・五〇〇
	五学級の部	一・四〇〇
	六学級の部	一・二九二
	七学級の部	一・二六四
	八学級及び九学級の部	一・二四九
	十学級及び十一学級の部	一・二三四
	十二学級から十五学級までの部	一・二一〇
	十六学級から十八学級までの部	一・二〇〇
	十九学級から二十一学級までの部	一・一七〇
	二十二学級から二十四学級までの部	一・一六五
	二十五学級から二十七学級までの部	一・一五五
	二十八学級から三十学級までの部	一・一五〇
	三十一学級から三十三学級までの部	一・一四〇
	三十四学級から三十六学級までの部	一・一三七
	三十七学級から三十九学級までの部	一・一三三
	四十学級以上の部	一・一三〇
中学部	一学級の部	四・〇〇〇
	二学級の部	三・〇〇〇
	三学級の部	二・六六七
	四学級の部	二・〇〇〇
	五学級の部	一・六六〇
	六学級の部	一・七五〇
	七学級及び八学級の部	一・七二五
	九学級から十一学級の部	一・七二〇
	十二学級から十四学級までの部	一・五七〇
	十五学級から十七学級までの部	一・五六〇
	十八学級から二十学級までの部	一・五五七
	二十一学級から二十三学級までの部	一・五五〇
	二十四学級から二十六学級までの部	一・五二〇
	二十七学級から三十二学級までの部	一・五一七
	三十三学級から三十五学級までの部	一・五一五
	三十六学級以上の部	一・四八三

二　小学部及び中学部の学級数が二十七学級以上の特別支援学校の数に二を乗じて得た数と中学部の学級数が十八学級以上の特別支援学校の数に一を乗じて得た数との合計数

三　小学部及び中学部の児童及び生徒の数が百一人から百五十人までの特別支援学校の数に一を乗じて得た数、小学部及び中学部の児童及び生徒の数が百五十一人から二百人までの特別支援学校の数に二を乗じて得た数並びに小学部及び中学部の児童及び生徒の数が二百一人以上の特別支援学校の数に三を乗じて得た数の合計数

四　次の表の上欄に掲げる特別支援学校の区分ごとの学校（小学部及び中学部が置かれていないものを除く。）の数に当該特別支援学校の区分に応ずる同表の下欄に掲げる数を乗じて得た数の合計数と小学部及び中学部の学級数が七学級以上の特別支援学校ごとに当該学校の小学部及び中学部の学級数から六を減じて得た数に四分の一（肢体不自由者である児童又

は生徒に対する教育を主として行う特別支援学校にあつては、三分の一）を乗じて得た数の合計数とを合計した数

特別支援学校の区分	乗ずる数
視覚障害者である児童又は生徒に対する教育を主として行う特別支援学校	四
聴覚障害者である児童又は生徒に対する教育を主として行う特別支援学校	四
知的障害者である児童又は生徒に対する教育を主として行う特別支援学校	五
肢体不自由者である児童又は生徒に対する教育を主として行う特別支援学校	七
病弱者（身体虚弱者を含む。）である児童又は生徒に対する教育を主として行う特別支援学校	五

五　小学部及び中学部において日本語を理解し、使用する能力に応じた特別の指導であつて政令で定めるものが行われている児童及び生徒の数に十八分の一を乗じて得た数

六　小学部及び中学部の教諭、助教諭及び講師のうち初任者研修を受ける者の数に六分の一を乗じて得た数

七　特別支援学校の分校の数に一を乗じて得た数

八　次の表の上欄に掲げる寄宿する小学部及び中学部の児童及び生徒の数の区分ごとの寄宿舎を置く特別支援学校の数に当該区分に応ずる同表の下欄に掲げる数を乗じて得た数の合計数

寄宿する小学部及び中学部の児童及び生徒の数	乗ずる数
八十人以下	二
八十一人から二百人まで	三
二百一人以上	四

2　前項に定めるところにより算定した数（以下この項において「特別支援学校教頭教諭等標準定数」という。）のうち、副校長及び教頭の数は小学部及び中学部の学級数が六学級から二十六学級までの特別支援学校の数に一を乗じて得た数と小学部及び中学部の学級数が二十七学級以上の特別支援学校の数に二を乗じて得た数との合計数（以下この項において「特別支援学校教頭等標準定数」という。）とし、主幹教諭（養護又は栄養の指導及び管理をつかさどる主幹教諭を除く。）、指導教諭、教諭、助教諭及び講師の数は特別支援学校教頭教諭等標準定数から特別支援学校教頭等標準定数を減じて得た数とする。

第十二条　養護教諭等の数は、特別支援学校の数に一（小学部及び中学部の児童及び生徒の数が六十一人以上の特別支援学校にあつては、二）を乗じて得た数とする。

第十三条　寄宿舎指導員の数は、寄宿舎を置く特別支援学校ごとに次に定めるところにより算定した数の合計数（その数が十二に達しない場合にあつては、十二）を合計した数とする。

一　寄宿舎に寄宿する小学部及び中学部の児童及び生徒（肢体不自由者である児童及び生徒を除く。）の数の合計数に五分の一を乗じて得た数

二　寄宿舎に寄宿する肢体不自由者である小学部及び中学部の児童及び生徒の数の合計数に三分の一を乗じて得た数

第十三条の二　栄養教諭等の数は、学校給食を実施する特別支援学校の数に一を乗じて得た数とする。

第十四条　事務職員の数は、特別支援学校の小学部及び中学部の部の数の合計数に一を乗じて得た数とする。

（教職員定数の算定に関する特例）

第十五条　第七条から第九条まで及び第十一条から前条までの規定により教頭及び教諭等、養護教諭等、栄養教諭等、寄宿舎指導員並びに事務職員の数を算定する場合において、次に掲げる事情があるときは、これらの規定により算定した数に、それぞれ政令で定める数を加えるものとする。この場合において、当該政令で定める数については、公立の義務教育諸学校の校長及び当該学校を設置する地方公共団体の教育委員会の意向を踏まえ、当該事情に対応するため必要かつ十分なものとなるよう努めなければならない。

一　小学校、中学校若しくは義務教育学校又は中等教育学校の前期課程の存する地域の社会的条件についての政令で定める教育上特別の配慮を必要とする事情

二　小学校、中学校若しくは義務教育学校又は中等教育学校の前期課程（第八条の二第三号の規定により栄養教諭等の数を算定する場合にあつては、共同調理場に係る小学校、中学校若しくは義務教育学校又は中等教育学校の前期課程とする。）において教育上特別の配慮を必要とする児童又は生徒（障害のある児童又は生徒を除く。）に対する特別の指導であつて政令で定めるものが行われていること。

三　当該学校において、障害のある児童又は生徒に対する指導体制の整備を行うことについて特別の配慮を必要とする事情として政令で定めるもの

四　主幹教諭を置く小学校、中学校若しくは義務教育学校又は中等教育学校の前期課程の運営体制の整備について特別の配慮を必要とする事情として政令で定めるもの

五　小学校、中学校若しくは義務教育学校又は中等教育学校の前期課程において当該学校を含む二以上の学校に係る事務を共同処理する共同学校事務室（地方教育行政の組織及び運営に関する法律（昭和

三十一年法律第百六十二号）第四十七条の四第一項に規定する共同学校事務室をいう。）が当該学校に置かれていることその他これらの学校において多様な教育を行うための諸条件の整備に関する事情であつて事務処理上特別の配慮を必要とするものとして政令で定めるもの

六　当該学校の教職員が教育公務員特例法第二十二条第三項に規定する長期にわたる研修を受けていること、当該学校において教育指導の改善に関する特別な研究が行われていることその他の政令で定める特別の事情

（分校等についての適用）

第十六条　第七条から第九条まで及び第十一条から前条までの規定（第七条第一項第八号、第八条第一号及び第二号、第八条の二第一号及び第二号、第九条第一号及び第二号並びに第十一条第一項第七号の規定を除く。）の適用については、本校及び分校は、それぞれ一の学校とみなす。

2　義務教育諸学校の統合に伴い必要となつた校舎の建築が完成しないため、統合前の学校の校舎で授業を行なつている場合には、統合に伴い必要となつた校舎の建築が完成するまでは、第七条から第九条まで及び第十一条から前条までの規定の適用については、統合前の学校は、それぞれ一の学校とみなす。

3　第八条第一号又は第九条第一号の規定の適用については、同一の設置者が設置する小学校と中学校（中等教育学校の前期課程を含む。以下この項において同じ。）でこれらの規定の適用の区分に従いそれぞれ政令で定める規模のものの敷地が同一である場合又は政令で定める距離の範囲内に存する場合には、当該小学校及び中学校は、一の学校とみなす。

（教職員定数の短時間勤務の職を占める者等の数への換算）

第十七条　第六条の二から第九条まで又は第十条の二から第十四条までに定めるところにより算定した教職員の数は、政令で定めるところにより、公立の義務教育諸学校（共同調理場を含む。）に置く校長、副校長、教頭、主幹教諭、指導教諭、教諭、養護教諭、栄養教諭、助教諭、養護助教諭、講師、寄宿舎指導員、学校栄養職員又は事務職員で地方公務員法（昭和二十五年法律第二百六十一号）第二十二条の四第一項に規定する短時間勤務の職を占める者の数に換算することができる。

2　第七条又は第十一条に定めるところにより算定した教頭及び教諭等の数は、政令で定めるところにより、公立の義務教育諸学校に置く講師（地方公務員法第二十二条の二第一項第一号に掲げる者に限り、その配置の目的等を考慮して政令で定める者を除く。）の数に換算することができる。

（教職員定数に含まない数）

第十八条　第六条第一項及び第十条第一項の規定による都道府県小中学校等教職員定数、指定都市小中学校等教職員定数、都道府県特別支援学校教職員定数及び指定都市特別支援学校教職員定数には、次に掲げる者に係るものを含まないものとする。

一　休職者

二　教育公務員特例法第二十六条第一項の規定により同項に規定する大学院修学休業をしている者

三　地方公務員法第二十六条の五第一項の規定により同項に規定する自己啓発等休業をしている者

四　地方公務員法第二十六条の六第七項の規定により任期を定めて採用される者及び臨時的に任用される者

五　女子教職員の出産に際しての補助教職員の確保に関する法律（昭和三十年法律第百二十五号）第三条第一項（同条第三項において準用する場合を含む。）の規定により臨時的に任用される者

六　地方公務員の育児休業等に関する法律（平成三年法律第百十号）第六条第一項の規定により任期を定めて採用される者及び臨時的に任用される者

（報告及び指導又は助言）

第十九条　文部科学大臣は、公立の義務教育諸学校における学級規模と教職員の配置の適正化を図るため必要があると認めるときは、都道府県又は指定都市に対し、学級編制の基準又は公立の義務教育諸学校に置かれている教職員の総数について、報告を求め、及びあらかじめ総務大臣に通知して、指導又は助言をすることができる。

（政令への委任）

第二十条　この法律に特別の定があるもののほか、この法律の実施のための手続その他その執行について必要な事項は、政令で定める。

附　則　〔令三・六・一一法六三〕

（施行期日）

第一条　この法律は、令和四年四月一日から施行する。〔ただし書略〕

●公立高等学校の適正配置及び教職員定数の標準等に関する法律

（昭和三六年一一月六日法律第一八八号）

最終改正…令四・一一・二八法九二

第一章　総則

（目的）

第一条　この法律は、公立の高等学校に関し、配置、規模及び学級編制の適正化並びに教職員定数の確保を図るため、学校の適正な配置及び規模並びに学級編制及び教職員定数の標準について必要な事項を定めるとともに、公立の中等教育学校の後期課程及び特別支援学校の高等部に関し、学級編制の適正化及び教職員定数の確保を図るため、学級編制及び教職員定数の標準について必要な事項を定め、もつて高等学校、中等教育学校の後期課程及び特別支援学校の高等部の教育水準の維持向上に資することを目的とする。

（定義）

第二条　この法律において、「教職員」とは、校長（中等教育学校の校長を除き、特別支援学校の高等部にあつては、当該部のみを置く特別支援学校の校長とする。以下同じ。）、副校長、教頭、主幹教諭、指導教諭、教諭、養護教諭、助教諭、養護助教諭、講師、実習助手、寄宿舎指導員及び事務職員（それぞれ常勤の者に限る。第二十三条を除き、以下同じ。）をいう。

2　この法律において、「全日制の課程」とは学校教育法第四条第一項に規定する全日制の課程をいい、「定時制の課程」とは同項に規定する定時制の課程をいい、「通信制の課程」とは同項に規定する通信制の課程をいう。

3　この法律において、「農業に関する学科」とは農業に関する専門教育を主とする学科をいい、「水産に関する学科」とは水産に関する専門教育を主とする学科をいい、「工業に関する学科」とは工業に関する専門教育を主とする学科をいい、「商業に関する学科」とは商業に関する専門教育を主とする学科をいい、「家庭に関する学科」とは家庭に関する専門教育を主とする学科をいう。

第二章　削除

第三条　削除

第三章　公立の高等学校の適正な配置及び規模

（公立の高等学校の適正な配置及び規模）

第四条　都道府県は、高等学校の教育の普及及び機会均等を図るため、その区域内の公立の高等学校の配置及び規模の適正化に努めなければならない。この場合において、都道府県は、その区域内の私立の高等学校並びに公立及び私立の中等教育学校の配置状況を充分に考慮しなければならない。

第五条　削除

第四章　公立の高等学校等の学級編制の標準

（学級編制の標準）

第六条　公立の高等学校（中等教育学校の後期課程を含む。以下この条において同じ。）の全日制の課程又は定時制の課程における一学級の生徒の数は、四十人を標準とする。ただし、やむを得ない事情がある場合及び高等学校を設置する都道府県又は市町村の教育委員会が当該都道府県又は市町村における生徒の実態を考慮して特に必要があると認める場合については、この限りでない。

第五章　公立の高等学校等の教職員定数の標準

（教職員定数の標準）

第七条　公立の高等学校（中等教育学校の後期課程を含む。以下この条において同じ。）に置くべき教職員の当該高等学校を設置する都道府県又は市町村ごとの総数（以下「高等学校等教職員定数」という。）は、次条から第十二条までに規定する数を合計した数を標準として定めるものとする。

（校長の数）

第八条　校長の数は、学校（中等教育学校を除く。）の数に一を乗じて得た数とする。

（教諭等の数）

第九条　副校長、教頭、主幹教諭（養護をつかさどる主幹教諭を除く。）、指導教諭、教諭、助教諭及び講師（以下「教諭等」という。）の数は、次に定めるところにより算定した数を合計した数とする。

一　次に掲げる数の合計数に一を乗じて得た数

イ　生徒の収容定員が二百一人以上の全日制の課程及び定時制の課程の数

ロ　二以上の学科を置く全日制の課程又は定時制の課程（その学科のいずれもが同一の専門教育の分野に係る専門教育を主とする学科であるものを除く。

ハにおいて「複数学科設置課程」という。）でその生徒の収容定員が六百八十一人以上のものの数

ハ　複数学科設置課程以外の全日制の課程又は定時制の課程でその生徒の収容定員が九百二十一人以上のものの数

ニ　通信制の課程の数

二　全日制の課程（本校の全日制の課程及び分校の全日制の課程は、それぞれ一の全日制の課程とみなす。第八号において同じ。）又は定時制の課程（本校の定時制の課程及び分校の定時制の課程は、それぞれ一の定時制の課程とみなす。同号において同じ。）について、次の表の上欄に掲げる課程の別に従い、同表の中欄に掲げる生徒の収容定員による課程の規模の区分ごとの課程の生徒の収容定員の総数を、当該区分に応ずる同表の下欄に掲げる数で除して得た数（一未満の端数を生じたときは、一に切り上げる。第十二条第一号及び第四号において同じ。）の合計数

課程の別	生徒の収容定員による課程の規模の区分	除すべき数
全日制の課程	四十人以下の課程	八
	四十一人から八十人までの課程	十一・四
	八十一人から百二十人までの課程	十五
	百二十一人から二百四十人までの課程	十六
	二百四十一人から二百八十人までの課程	十六・四
	二百八十一人から四百人までの課程	十七・一
	四百一人から五百二十人までの課程	十七・七
	五百二十一人から六百四十人までの課程	十八・二
	六百四十一人から七百六十人までの課程	十八・九
	七百六十一人から八百八十人までの課程	十九・五
	八百八十一人から千人までの課程	二十
	千一人から千百二十人までの課程	二十・五
	千百二十一人以上の課程	二十一
定時制の課程	四十人以下の課程	八
	四十一人から八十人までの課程	十一・四
	八十一人から百二十人までの課程	十五
	百二十一人から二百四十人までの課程	十八・五
	二百四十一人から二百八十人までの課程	十九・三
	二百八十一人から四百四十人までの課程	二十・七
	四百四十一人から六百人までの課程	二十二・二
	六百一人から七百六十人までの課程	二十三・五
	七百六十一人から九百二十人までの課程	二十四・七
	九百二十一人から千八十人までの課程	二十五・八
	千八十一人以上の課程	二十六・七

三　通信制の課程を置く学校（本校及び分校は、それぞれ一の学校とみなす。）について、当該課程の生徒の数を、次の表の上欄に掲げる人員に区分し、各区分ごとの生徒の数を、順次同表の下欄に掲げる数で除して得た数の合計数（一未満の端数を生じた場合にあつては、小数点以下第一位の数字が一以上であるときは一に切り上げ、零であるときは切り捨てるものとする。）を合算した数

人員の区分	除すべき数
一人から六百人まで	四十六・二
六百一人から千二百人まで	六十六・七
千二百一人以上	百

四　生徒の収容定員が三百二十一人以上の全日制の課程又は生徒の収容定員が四百四十一人以上の定時制の課程について、次の表の上欄に掲げる課程の別に従い、同表の中欄に掲げる課程の規模の区分ごとの課程の数に当該区分に応ずる同表の下欄に掲げる数を乗じて得た数の合計数

課程の別	生徒の収容定員による課程の規模の区分	乗ずる数
全日制の課程	三百二十一人から五百六十人までの課程	一
	五百六十一人から六百八十人までの課程	二
	六百八十一人から千四十人までの課程	三
	千四十一人から千百六十人までの課程	四
	千百六十一人以上の課程	五
定時制の課程	四百四十一人から九百二十人までの課程	一
	九百二十一人以上の課程	二

五　通信制の課程について、次の表の上欄に掲げる生徒の数による課程の規模の区分ごとの課程の数に当該区分に応ずる同表の下欄に掲げる数を乗じて得た数の合計数

生徒の数による課程の規模の区分	乗ずる数
二千四百一人から三千人までの課程	一
三千一人から三千六百人までの課程	二
三千六百一人以上の課程	三

六　生徒の収容定員が六百八十一人から千四十人までの全日制の課程の数に一を乗じて得た数、生徒の収容定員が千四十一人以上の全日制の課程の数に二を乗じて得た数、生徒の収容定員が四百四十一人以上の定時制の課程の数に一を乗じて得た数及び通信制の課程の数に一を乗じて得た数の合計数

七　農業、水産又は工業に関する学科を置く全日制の課程又は定時制の課程について、次の表の上欄に掲げる学科の区分に応じ、同表の下欄に掲げる方法により算定した数の合計数を合算した数

学科の区分	算定の方法
農業に関する学科	当該学科の数に一を乗じ、当該学科の生徒の収容定員の合計数が二百一人以上の全日制の課程については当該乗じて得た数に二を加え、当該学科の生徒の収容定員の合計数が二百八十一人以上の定時制の課程については当該乗じて得た数に一を加える。
水産に関する学科	当該学科の数に一を乗じ、当該学科の生徒の収容定員の合計数が二百一人以上の全日制の課程については当該乗じて得た数に二を加え、当該学科の生徒の収容定員の合計数が二百八十一人以上の定時制の課程については当該乗じて得た数に一を加える。
	当該学科の数に二を乗じ、当該学科を置く全日制の課程については当該乗じ

工業に関する学科	て得た数に一（当該学科の生徒の収容定員の合計数が二百一人から九百二十人までの全日制の課程にあつては二とし、当該学科の生徒の収容定員の合計数が九百二十一人以上の全日制の課程にあつては三とする。）を加え、当該学科の生徒の収容定員の合計数が二百八十一人以上の定時制の課程については当該乗じて得た数に一を加える。

八　商業又は家庭に関する学科を置く全日制の課程又は定時制の課程について、次の表の上欄に掲げる課程の別に従い、同表の中欄に掲げる商業又は家庭に関する学科の生徒の収容定員の合計数の区分ごとの課程の数に当該区分に応ずる同表の下欄に掲げる数を乗じて得た数の合計数

課程の別	商業又は家庭に関する学科の生徒の収容定員の合計数の区分	乗ずる数
全日制の課程	四十一人から二百人まで	一
	二百一人から三百二十人まで	三
	三百二十一人から六百八十人まで	四
	六百八十一人から千百六十人まで	五
	千百六十一人以上	六
定時制の課程	百二十一人から二百人まで	一
	二百一人から二百八十人まで	二
	二百八十一人から四百四十人まで	三
	四百四十一人から千八十人まで	四
	千八十一人以上	五

九　寄宿する生徒の数が五十一人以上の寄宿舎を置く学校の数に一を乗じて得た数

2　全日制の課程又は定時制の課程に置かれる普通教育を主とする学科において、教科又は科目の特質に応じた教育を行うため少数の生徒により構成される集団を単位として指導が行われる場合には、前項の規定により算定した数に政令で定める数を加えた数を教諭等の数とする。

（養護教諭等の数）

第十条　養護をつかさどる主幹教諭、養護教諭及び養護助教諭（以下「養護教諭等」という。）の数は、次に定めるところにより算定した数を合計した数とする。

一　高等学校の本校に置かれる生徒の収容定員が八十一人から八百人までの全日制の課程の数と高等学校の本校に置かれる生徒の収容定員が百二十一人から八百人までの定時制の課程の数との合計数に一を乗じて得た数

二　高等学校の本校に置かれる生徒の収容定員が八百一人以上の全日制の課程及び定時制の課程の数の合計数に二を乗じて得た数

三　中等教育学校の本校に置かれる全日制の課程であつてその生徒の収容定員と当該中等教育学校の前期課程の生徒の数との合計数が八百一人以上のもの（当該中等教育学校の前期課程の生徒の数が八百一人以上のものを除く。）の数と中等教育学校の本校に置かれる生徒の収容定員が百二十一人から八百人までの定時制の課程の数との合計数に一を乗じて得た数

四　中等教育学校の本校に置かれる生徒の収容定員が八百一人以上の定時制の課程の数に二を乗じて得た数

（実習助手の数）

第十一条　実習助手の数は、次の各号に定めるところにより算定した数を合計した数とする。

一　生徒の収容定員が二百一人から九百六十人までの全日制の課程及び定時制の課程の数の合計数に一を乗じて得た数と生徒の収容定員が九百六十一人以上の全日制の課程及び定時制の課程の数の合計数に二を乗じて得た数との合計数

二　農業、水産、工業、商業又は家庭に関する学科を置く全日制の課程又は定時制の課程について、次の表の上欄に掲げる学科の区分に応じ、同表の下欄に掲げる方法により算定した数の合計数を合算した数

三　全日制の課程又は定時制の課程を置く学校の分校で農業、水産又は工業に関する学科に係る授業を行なうものの数に一を乗じて得た数

学科の区分	算定の方法
農業に関する学科	当該学科の数に二を乗じ、当該学科の生徒の収容定員の合計数が六百八十一人以上の課程については当該乗じて得た数に一を加える。
水産に関する学科	当該学科の数に二を乗じ、当該学科の生徒の収容定員の合計数が六百八十一人以上の課程については当該乗じて得た数に一を加える。
工業に関する学科	当該学科の数に二を乗じて得た数に一（当該学科の生徒の収容定員の合計数が六百八十一人以上の課程にあつては、二）を加える。
商業又は家庭に関する学科	当該学科の生徒の収容定員の合計数が五百六十一人以上の課程について一とする。

（事務職員の数）

第十二条　事務職員の数は、次に定めるところにより算定した数を合計した数とする。

一　全日制の課程及び定時制の課程の数の合計数に一を乗じて得た数と生徒の収容定員が二百一人以上の全日制の課程又は定時制の課程ごとに当該課程の生徒の収容定員の数から二百を減じて得た数を三百六十で除して得た数の合計数とを合計した数

二　生徒の収容定員が四百四十一人以上の全日制の課程及び定時制の課程の数の合計数に一を乗じて得た数

三　全日制の課程又は定時制の課程で当該課程に置かれる農業、水産又は工業に関する学科の生徒の収容定員の合計数が二百一人以上のものの数に一を乗じて得た

数

四　通信制の課程を置く学校について、当該課程の生徒の数を四百で除して得た数を合算した数

第十三条　削除

第六章　公立の特別支援学校の高等部の学級編制の標準

（学級編制の標準）

第十四条　公立の特別支援学校の高等部の一学級の生徒の数は、重複障害生徒（文部科学大臣が定める障害を二以上併せ有する生徒をいう。以下この条において同じ。）で学級を編制する場合にあつては三人、重複障害生徒以外の生徒で学級を編制する場合にあつては八人を標準とする。ただし、やむを得ない事情がある場合及び高等部を置く特別支援学校を設置する都道府県又は市町村の教育委員会が当該都道府県又は市町村における生徒の実態を考慮して特に必要があると認める場合については、この限りでない。

第七章　公立の特別支援学校の高等部の教職員定数の標準

（教職員定数の標準）

第十五条　公立の特別支援学校の高等部に置くべき教職員の当該特別支援学校を設置する都道府県又は市町村ごとの総数（以下「特別支援学校高等部教職員定数」という。）は、次条から第二十一条までに規定する数を合計した数を標準として定めるものとする。

（校長の数）

第十六条　校長の数は、高等部のみを置く特別支援学校の数に一を乗じて得た数とする。

（教諭等の数）

第十七条　教諭等の数は、次に定めるところにより算定した数を合計した数とする。

一　六学級以上の高等部のみを置く特別支援学校の数と高等部を置く特別支援学校でその学級数（幼稚部の学級数を除く。）が二十七学級以上のもの（小学部及び中学部の学級数が二十七学級以上のものを除く。）の数との合計数に一を乗じて得た数

二　特別支援学校の高等部の学級数の合計数に二を乗じて得た数

三　特別支援学校の高等部でその学級数が六学級から十七学級までのものの数に一を乗じて得た数と特別支援学校の高等部でその学級数が十八学級以上のものの数に二を乗じて得た数との合計数

四　特別支援学校の高等部に置かれる専門教育を主とする学科の数と知的障害者、肢体不自由者又は病弱者（身体虚弱者を含む。次号において同じ。）である生徒に対する教育を主として行う特別支援学校（以下「養護特別支援学校」という。）の高等部（専門教育を主とする学科のみを置くものを除く。）の数との合計数に二を乗じて得た数と養護特別支援学校の高等部で専門教育を主とする学科のみを置くものの数に一を乗じて得た数との合計数

五　次の表の上欄に掲げる特別支援学校の区分ごとの学校（高等部が置かれていないものを除く。）の数に当該特別支援学校の区分に応ずる同表の下欄に掲げる数を乗じて得た数の合計数、四学級以上の高等部ごとに当該部の学級数から三を減じて得た数に六分の一を乗じて得た数（一未満の端数を生じたときは、一に切り上げる。第二十条において同じ。）の合計数及び高等部のみを置く特別支援学校の数に一を乗じて得た数を合計した数

特別支援学校の区分	乗ずる数
視覚障害者である生徒に対する教育を主として行う特別支援学校	一
聴覚障害者である生徒に対する教育を主として行う特別支援学校	一
知的障害者である生徒に対する教育を主として行う特別支援学校	一
肢体不自由者である生徒に対する教育を主として行う特別支援学校	三
病弱者である生徒に対する教育を主として行う特別支援学校	一

六　次の表の上欄に掲げる寄宿する特別支援学校の児童及び生徒の数の区分ごとの寄宿舎を置く特別支援学校の数に当該区分に応ずる同表の下欄に掲げる数を乗じて得た数の合計数から公立義務教育諸学校の学級編制及び教職員定数の標準に関する法律（昭和三十三年法律第百十六号）第十一条第一項第八号に定めるところにより算定した数を減じて得た数

寄宿する特別支援学校の児童及び生徒の数	乗ずる数
八十人以下	二
八十一人から二百人まで	三
二百一人以上	四

（養護教諭等の数）

第十八条　養護教諭等の数は、高等部のみを置く特別支援学校の数と高等部を置く特別支援学校でその児童及び生徒の数が六十一人以上のもの（小学部及び中学部の児童及び生徒の数が六十一人以上のものを除く。）の数との合計数に一を乗じて得た数とする。

（実習助手の数）

第十九条　実習助手の数は、次の各号に定めるところにより算定した数を合計した数と

する。

一　特別支援学校の高等部について、当該部に置かれる専門教育を主とする学科の数に二を乗じて得た数の合計数

二　養護特別支援学校の高等部（専門教育を主とする学科のみを置くものを除く。）の数に二を乗じて得た数

（寄宿舎指導員の数）

第二十条　寄宿舎指導員の数は、寄宿舎を置く特別支援学校ごとに次に定めるところにより算定した数の合計数（高等部の生徒のみを寄宿させる寄宿舎のみを置く特別支援学校について当該合計数が十二に達しない場合にあつては、十二）を合算した数とする。

一　寄宿舎に寄宿する高等部の生徒（肢体不自由者である生徒を除く。）の数に五分の一を乗じて得た数

二　寄宿舎に寄宿する肢体不自由者である高等部の生徒の数に三分の一を乗じて得た数

（事務職員の数）

第二十一条　事務職員の数は、特別支援学校の高等部の数に二を乗じて得た数とする。

第八章　雑則

（教職員定数の算定に関する特例）

第二十二条　第九条から第十二条まで及び第十七条から前条までの規定により教諭等、養護教諭等、実習助手、寄宿舎指導員及び事務職員の数を算定する場合において、次に掲げる事情があるときは、これらの規定により算定した数にそれぞれ政令で定める数を加え、又はこれらの規定により算定した数からそれぞれ政令で定める数を減ずるものとする。

一　農業、水産又は工業に関する学科を置く公立の高等学校（中等教育学校の後期課程を含む。以下この条において同じ。）についての政令で定める特別の事情

二　公立の高等学校又は特別支援学校の高等部にそれぞれ政令で定める学科を置くこと。

三　公立の高等学校において教育上特別の配慮を必要とする生徒に対する特別の指導であつて政令で定めるものが行われていること。

四　公立の高等学校において多様な教育を行うための教育課程の編成についての政令で定める特別の事情

五　当該学校の教職員が教育公務員特例法（昭和二十四年法律第一号）第二十二条第三項に規定する長期にわたる研修を受けていること、当該学校において教育指導の改善に関する特別な研究が行われていることその他の政令で定める特別の事情

（教職員定数の短時間勤務の職を占める者等の数への換算）

第二十三条　第八条から第十二条まで又は第十六条から第二十一条までに定めるところにより算定した教職員の数は、政令で定めるところにより、公立の高等学校（中等教育学校の後期課程を含む。）又は特別支援学校の高等部に置く校長、副校長、教頭、主幹教諭、指導教諭、教諭、養護教諭、助教諭、養護助教諭、講師、実習助手、寄宿舎指導員又は事務職員で地方公務員法（昭和二十五年法律第二百六十一号）第二十二条の四第一項に規定する短時間勤務の職を占める者の数に換算することができる。

2　第九条又は第十七条に定めるところにより算定した教諭等の数は、政令で定めるところにより、公立の高等学校（中等教育学校の後期課程を含む。）又は特別支援学校の高等部に置く講師（地方公務員法第二十二条の二第一項第一号に掲げる者に限り、その配置の目的等を考慮して政令で定める者を除く。）の数に換算することができる。

（教職員定数に含まない数）

第二十四条　第七条及び第十五条に規定する高等学校等教職員定数及び特別支援学校高等部教職員定数には、次に掲げる者に係るものを含まないものとする。

一　休職者

二　教育公務員特例法第二十六条第一項の規定により同項に規定する大学院修学休業をしている者

三　地方公務員法第二十六条の五第一項の規定により同項に規定する自己啓発等休業をしている者

四　地方公務員法第二十六条の六第七項の規定により任期を定めて採用される者及び臨時的に任用される者

五　女子教職員の出産に際しての補助教職員の確保に関する法律（昭和三十年法律第百二十五号）第三条第一項の規定により臨時的に任用される者

六　地方公務員の育児休業等に関する法律（平成三年法律第百十号）第六条第一項の規定により任期を定めて採用される者及び臨時的に任用される者

附　則〔令四・一一・二八法九二〕

（施行期日）

第一条　この法律は、令和五年四月一日から施行する。〔ただし書略〕

●義務教育諸学校における教育の政治的中立の確保に関する臨時措置法

（昭和二九年六月三日）
法律第一五七号

最終改正…令四・六・一七法六八

【解説】

一　教育は、特定の政治的イデオロギーや立場に偏って行われてはいけないという、教育の政治的中立性の考え方は、すべての国民の子弟を対象にした近代公教育制度が成立して以降、政治（公権力）と教育の関係の問題として注目されてきた。

二　我が国では、戦前、一八八九（明治二二）年の大日本帝国憲法のもと、立憲君主制がとられたが、議会は絶対的権限をもつ天皇の立法に関する補助機関に過ぎず、しかも教育立法は勅令主義に基づいて行われ、教育に対して国家権力の直接的介入を許してきた。これに対して、戦後は、新憲法のもとで、民主主義国家を標榜し、教育立法の法律主義の原則のもと、教育への国家権力の直接的介入を許さず、戦前の政治と教育の関係の問題は一応克服されたと考えられる。また、一九四八（昭和二三）年の教育委員会制度の導入により、教育行政の一般行政からの相対的独立性や民意を反映した地方教育行政制度を成立させたことは、政治（公権力）と教育の関係を捉える上でも特筆される。戦後の教育の政治的中立の確保の問題は、このような大きな制度改革を前提としながらも、国家（公権力）と教育の関係の問題を常にはらみながら、教育の場である、学校の政治的中立性をどう確保していくかがさらに問われていくことになる。

三　戦後、教育の政治的中立性の確保の基本方針は、昭和二二年の旧教育基本法の中で、①政治的教養の尊重と②政治的中立の確保の原則として示された（旧教基法八条）。その後、平成一八年の新教育基本法においても、この方針を踏襲し、その十四条一項では、「良識ある公民として必要な政治的教養は、教育上尊重されなければならない。」と述べる一方、同条二項では「法律に定める学校は、特定の政党を支持し、又はこれに反対するための政治教育その他政治的活動をしてはならない。」と定めた。政治的教養の習得である政治教育は尊重されるも、学校（教員）に対して、党派的政治教育や政治活動を禁止して、教育における政治教育の限界性を示し、教育の政治的中立の確保を求めたのである。

四　ところで、教育の政治的中立性の確保に向けた法整備は、昭和三〇年前後から、教育二法の成立と教育委員会制度改革（昭和三一年の地方教育行政の組織及び運営に関する法律の成立）によって、具体的に進められることになる。その背景には、当時の保革対立の政治社会状況下で、教育の場が選挙運動に利用されたり、教育の中に党派に偏した内容を持ち込もうとする動きが出たり（昭和二八年「山口日記事件」）、教育委員の選挙が政治的色彩を帯びるようになったという事情がある。当時、教育における、このような政治的偏向が政界で問題視され、政府は、昭和二九年にいわゆる教育二法を成立させた。

五　そのうちの一つが、「義務教育諸学校における教育の政治的中立の確保に関する臨時措置法」である。本法は、教育基本法の精神に基づき、「義務教育諸学校における教育を党派的勢力の不当な影響又は支配から守り、もつて義務教育の政治的中立を確保するとともに、これに従事する教育職員の自主性を擁護する」（一条）ことを目的として制定された。その三条では、「何人も、教育を利用し、特定の政党その他の政治的団体（以下、「特定の政党等」という。）の政治的勢力の伸長又は減退に資する目的をもつて、学校教育法に規定する学校の職員を主たる構成員とする団体（その団体を主たる構成員とする団体を含む。）の組織又は活動を利用し、義務教育諸学校の児童又は生徒に対して、特定の政党等を支持させ、又はこれに反対させる教育を行うことを教唆し、又はせん動してはならない。」と定めた。そしてこの三条に違反した者は、一年以下の懲役または三万円以下の罰金に処すると規定された（四条）。こうして、教員組合等の特定の団体を通じて外部から、義務教育諸学校に勤務する教育職員に党派的な政治教育などを行うよう教唆・せん動することを禁止し、違反者には刑罰などを科することとなった。

六　教育二法のもう一つが「教育公務員特例法の一部を改正する法律」である。教特法の改正により、公立学校の教育公務員の政治的活動の制限を一般の公務員と異なり、国家公務員と同様とし、地方公務員よりも政治的行為の制限を厳しくした（同法十八条）。また、昭和三一年には「地方教育行政の組織及び運営に関する法律」が制定され、教育行政の政治的中立性の確保のために、教育委員会の教育委員の過半数が同一政党に属することを禁止することが定められた（教育行法七条三項）。

このように、学校（教員）の政治的中立性の確保を求めたことに対しては、市民的自由を大幅に制限された教員に、果たして主権者としての国民を育成することができるのか、という懸念もないわけではない。

〈参考文献〉

井上敏博「教育の政治的中立に関する一考察」『城西大学女子短期大学部紀要』四巻一号、一九八七年一月、一一三―一二七頁。

（河野　和清）

（この法律の目的）

第一条　この法律は、教育基本法（平成十八年法律第百二十号）の精神に基き、義務教育諸学校における教育を党派的勢力の不当な影響又は支配から守り、もつて義務教育の政治的中立を確保するとともに、これに従事する教育職員の自主性を擁護することを目的とする。

（定義）

第二条　この法律において「義務教育諸学校」とは、学校教育法（昭和二十二年法律第二十六号）に規定する小学校、中学校、義務教育学校、中等教育学校の前期課程又は特別支援学校の小学部若しくは中学部をいう。

2　この法律において「教育職員」とは、校長、副校長若しくは教頭（中等教育学校の前期課程又は特別支援学校の小学部若しくは中学部にあつては、当該課程の属する中等教育学校又は当該部の属する特別支援学校の校長、副校長又は教頭とする。）又は主幹教諭、指導教諭、教諭、助教諭若しくは講師をいう。

（特定の政党を支持させる等の教育の教唆及びせん動の禁止）

第三条　何人も、教育を利用し、特定の政党その他の政治的団体（以下「特定の政党等」という。）の政治的勢力の伸長又は減退に資する目的をもつて、学校教育法に規定する学校の職員を主たる構成員とする団体（その団体を主たる構成員とする団体を含む。）の組織又は活動を利用し、義務教育諸学校に勤務する教育職員に対し、これらの者が、義務教育諸学校の児童又は生徒に対して、特定の政党等を支持させ、又はこれに反対させる教育を行うことを教唆し、又はせん動してはならない。

（罰則）

第四条　前条の規定に違反した者は、一年以下の拘禁刑又は三万円以下の罰金に処する。

（処罰の請求）

第五条　前条の罪は、当該教育職員が勤務する義務教育諸学校の設置者の区別に応じ、次に掲げるものの請求がなければ公訴を提起することができない。

一　国立大学法人法（平成十五年法律第百十二号）第二十三条の規定により国立大学に附属して設置される義務教育諸学校又は地方独立行政法人法（平成十五年法律第百十八号）第七十七条の二第一項の規定により公立大学に附属して設置される義務教育諸学校にあつては、当該大学の学長

二　公立の義務教育諸学校にあつては、当該学校を設置する地方公共団体の教育委員会

三　私立の義務教育諸学校にあつては、当該学校を所轄する都道府県知事

2　前項の請求の手続は、政令で定める。

附　則（令四・六・一七法六八）

（施行期日）

1　この法律は、刑法等一部改正法施行日から施行する。〔ただし書略〕

●教科書の発行に関する臨時措置法

（昭和二三年七月一〇日法律第一三二号）

最終改正…平二八・五・二〇法四七

第一条　この法律は、現在の経済事情にかんがみ、教科書の需要供給の調整をはかり、発行を迅速確実にし、適正な価格を維持して、学校教育の目的達成を容易ならしめることを目的とする。

第二条　この法律において「教科書」とは、小学校、中学校、義務教育学校、高等学校、中等教育学校及びこれらに準ずる学校において、教育課程の構成に応じて組織排列された教科の主たる教材として、教授の用に供せられる児童又は生徒用図書であつて、文部科学大臣の検定を経たもの又は文部科学省が著作の名義を有するものをいう。

2　この法律において「発行」とは、教科書を製造供給することをいい、「発行者」とは、発行を担当する者をいう。

第三条　教科書には、その表紙に「教科書」の文字を、その末尾に著作者の氏名、発行者の氏名住所及び発行の年月日、並びに印刷者の氏名住所及び印刷の年月日を記載しなければならない。

2　著作者及び発行者が法人その他の団体であるときは、団体名及びその代表者名を併記するものとする。

3　印刷者の住所と印刷所の所在地とが異なるときは、印刷所の名称及びその所在地をも記載しなければならない。

第四条　発行者は、毎年、文部科学大臣の指

示する時期に、発行しようとする教科書の書目を、文部科学大臣に届け出なければならない。

第五条 都道府県の教育委員会は、毎年、文部科学大臣の指示する時期に、教科書展示会を開かなければならない。

2 教科書展示会に関しては、文部科学省令をもつてその基準を定める。

第六条 文部科学大臣は、第四条の届出に基き目録（義務教育諸学校の教科書について は、義務教育諸学校の教科用図書の無償措置に関する法律（昭和三十八年法律第百八十二号）第十八条第一項に規定する教科用図書発行者の届出に基づくものに限る。）を作成し、都道府県の教育委員会にこれを送付するものとする。

2 都道府県の教育委員会は、前項の目録を当該都道府県の区域内にある第二条第一項に規定する学校に、配布するものとする。

3 発行者は、第四条によつて届け出た教科書の見本を、前条の教科書展示会に出品することができる。

第七条 市町村の教育委員会並びに学校教育法（昭和二十二年法律第二十六号）第二条第二項に規定する国立学校、公立学校（地方独立行政法人法（平成十五年法律第百十八号）第六十八条第一項に規定する公立大学法人が設置するものに限る。）及び私立学校の長は、採択した教科書の需要数を、都道府県の教育委員会に報告しなければならない。

2 都道府県の教育委員会は、都道府県内の教科書の需要数を、文部科学省令の定めるところにより、文部科学大臣に報告しなければならない。

第八条 文部科学大臣は、前条第二項の需要数を基礎にして、発行者にその発行すべき教科書の種類及び部数の指示（以下「発行の指示」という。）をしなければならない。

第九条 文部科学大臣は、左の各号の一に当る事由があるときは、需要者の意思を考慮して、他の発行者に発行の指示を行うことができる。

一 需要数が教科書の発行に不十分なとき。

二 発行者の事業能力、信用状態が教科書の発行に不適当と認められるとき。

三 発行者が文部科学大臣の指示した発行を引き受けないとき。

四 第十四条又は第十五条の規定により発行の指示の全部又は一部を取り消したとき。

五 義務教育諸学校の教科用図書の無償措置に関する法律第二十一条の規定により発行の指示を取り消したとき。

第十条 発行の指示を承諾した者は、文部科学省令の定めるところに従い、教科書を発行する義務を負う。

2 発行者は、教科書を各学校に供給するまで、発行の責任を負うものとする。

3 文部科学大臣は、必要に応じ、発行者から報告をとり、又はその業務の履行の状況を調査することができる。

第十一条 教科書の定価は、文部科学大臣の認可を経なければならない。

第十二条 発行者は、発行の指示を受けた日から十五日以内に、発行部数に応じて定価の一分にあたる保証金を、現金又は文部科学省令の定める種類の有価証券をもつて文部科学大臣に納めなければならない。

第十三条 保証金は、第十条の義務を履行した後でなければ、その還付を請求し、又はその債権を譲渡することができない。

第十四条 第十条第一項の義務に違反する行為があると認めるときは、文部科学大臣は、発行の指示を取り消し、又はその後三年間、発行の指示を行わないことができる。

第十五条 第十二条に定める保証金の全部又は一部を納めない者に対しては、文部科学大臣は、発行の指示の全部又は一部を取り消すことができる。

第十六条 発行者において、第十条第一項の義務に違反する行為があると認められるときは、保証金は、これを国庫に帰属せしめることができる。

第十七条 この法律に定めるものの外、この法律施行のため必要な事項は、文部科学省令でこれを定める。

第十八条 この法律の規定は、教科書以外の教授上用いられる図書であつて、文部科学大臣の指定したものに、これを準用する。

第十九条 第五条第一項、第六条第二項及び第七条第二項の規定により都道府県が処理することとされている事務並びに同条第一項の規定により市町村が処理することとされている事務は、地方自治法（昭和二十二年法律第六十七号）第二条第九項第一号に規定する第一号法定受託事務とする。

附　則

この法律は、公布の日から、これを施行する。

附　則〔平二八・五・二〇法四七抄〕

（施行期日）

第一条 この法律は、平成二十九年四月一日から施行する。〔ただし書き略〕

●義務教育諸学校の教科用図書の無償措置に関する法律

（昭和三八年一二月二一日法律第一八二号）

最終改正…令四・六・一七法六八

【教採頻出条文】第三条。

第一章　総則

（この法律の目的）

第一条　この法律は、教科用図書の無償給付その他義務教育諸学校の教科用図書を無償とする措置について必要な事項を定めるとともに、当該措置の円滑な実施に資するため、義務教育諸学校の教科用図書の採択及び発行の制度を整備し、もつて義務教育の充実を図ることを目的とする。

（定義）

第二条　この法律において「義務教育諸学校」とは、学校教育法（昭和二十二年法律第二十六号）に規定する小学校、中学校、義務教育学校、中等教育学校の前期課程並びに特別支援学校の小学部及び中学部をいう。

2　この法律において「教科用図書」とは、学校教育法第三十四条第一項（同法第四十九条、第四十九条の八、第七十条第一項及び第八十二条において準用する場合を含む。）及び附則第九条第一項に規定する教科用図書をいう。

3　この法律において「発行」とは、教科用図書を製造供給することをいう。

第二章　無償給付及び給与

（教科用図書の無償給付）

第三条　国は、毎年度、義務教育諸学校の児童及び生徒が各学年の課程において使用する教科用図書で第十三条、第十四条及び第十六条の規定により採択されたものを購入し、義務教育諸学校の設置者に無償で給付するものとする。

（契約の締結）

第四条　文部科学大臣は、教科用図書の発行者と、前条の規定により購入すべき教科用図書を購入する旨の契約を締結するものとする。

（教科用図書の給与）

第五条　義務教育諸学校の設置者は、第三条の規定により国から無償で給付された教科用図書を、それぞれ当該学校の校長を通じて児童又は生徒に給与するものとする。

2　学年の中途において転学した児童又は生徒については、その転学後において使用する教科用図書は、前項の規定にかかわらず、文部科学省令で定める場合を除き、給与しないものとする。

（都道府県の教育委員会の責務）

第六条　都道府県の教育委員会は、政令で定めるところにより、教科用図書の無償給付及び給与の実施に関し必要な事務を行なうものとする。

（給付の完了の確認の時期の特例）

第七条　第四条の規定による契約に係る政府契約の支払遅延防止等に関する法律（昭和二十四年法律第二百五十六号）第四条第一号に掲げる時期については、同法第五条第一項中「十日以内の日」とあるのは「二十日以内の日」と読み替えて同項の規定を適用する。

第八条　削除

（政令への委任）

第九条　この章に規定するもののほか、教科用図書の無償給付及び給与に関し必要な事項は、政令で定める。

第三章　採択

（都道府県の教育委員会の任務）

第十条　都道府県の教育委員会は、当該都道府県内の義務教育諸学校において使用する教科用図書の採択の適正な実施を図るため、義務教育諸学校において使用する教科用図書の研究に関し、計画し、及び実施するとともに、市（特別区を含む。以下同じ。）町村の教育委員会及び義務教育諸学校（公立の義務教育諸学校を除く。）の校長の行う採択に関する事務について、適切な指導、助言又は援助を行わなければならない。

（教科用図書選定審議会）

第十一条　都道府県の教育委員会は、前条の規定により指導、助言又は援助を行なおうとするときは、あらかじめ教科用図書選定審議会（以下「選定審議会」という。）の意見をきかなければならない。

2　選定審議会は、毎年度、政令で定める期間、都道府県に置く。

3　選定審議会は、条例で定める人数の委員で組織する。

（採択地区）

第十二条　都道府県の教育委員会は、当該都道府県の区域について、市町村の区域又はこれらの区域を併せた地域に、教科用図書採択地区（以下この章において「採択地区」という。）を設定しなければならない。

2　都道府県の教育委員会は、採択地区を設定し、又は変更しようとするときは、あらかじめ市町村の教育委員会の意見をきかなければならない。

3　都道府県の教育委員会は、採択地区を設定し、又は変更したときは、すみやかにこれを告示するとともに、文部科学大臣にその旨を報告しなければならない。

（教科用図書の採択）

第十三条　都道府県内の義務教育諸学校（都道府県立の義務教育諸学校を除く。）において使用する教科用図書の採択は、第十条の規定によつて当該都道府県の教育委員会が行なう指導、助言又は援助により、種目（教科用図書の教科ごとに分類された単位をいう。以下同じ。）ごとに一種の教科用図書について行なうものとする。

2　都道府県立の義務教育諸学校において使用する教科用図書の採択は、あらかじめ選定審議会の意見をきいて、種目ごとに一種の教科用図書について行なうものとする。

3　公立の中学校で学校教育法第七十一条の規定により高等学校における教育と一貫した教育を施すもの及び公立の中等教育学校の前期課程において使用する教科用図書については、市町村の教育委員会又は都道府県の教育委員会は、前二項の規定にかかわらず、学校ごとに、種目ごとに一種の教科用図書の採択を行うものとする。

4　第一項の場合において、採択地区が二以上の市町村の区域を併せた地域であるときは、当該採択地区内の市町村の教育委員会は、協議により規約を定め、当該採択地区内の市町村立の小学校、中学校及び義務教育学校において使用する教科用図書の採択について協議を行うための協議会（次項及び第十七条において「採択地区協議会」という。）を設けなければならない。

5　前項の場合において、当該採択地区内の市町村の教育委員会は、採択地区協議会における協議の結果に基づき、種目ごとに同一の教科用図書を採択しなければならない。

6　第一項から第三項まで及び前項の採択は、教科書の発行に関する臨時措置法（昭和二十三年法律第百三十二号。以下「臨時措置法」という。）第六条第一項の規定により文部科学大臣から送付される目録に登載された教科用図書のうちから行わなければならない。ただし、学校教育法附則第九条第一項に規定する教科用図書については、この限りでない。

（同一教科用図書を採択する期間）

第十四条　義務教育諸学校において使用する教科用図書については、政令で定めるところにより、政令で定める期間、毎年度、種目ごとに同一の教科用図書を採択するものとする。

（採択した教科用図書の種類等の公表）

第十五条　市町村の教育委員会、都道府県の教育委員会及び義務教育諸学校（公立の義務教育諸学校を除く。）の校長は、義務教育諸学校において使用する教科用図書を採択したときは、遅滞なく、当該教科用図書の種類、当該教科用図書を採択した理由その他文部科学省令で定める事項を公表するよう努めるものとする。

（指定都市に関する特例）

第十六条　指定都市（地方自治法（昭和二十二年法律第六十七号）第二百五十二条の十九第一項の指定都市をいう。以下この条において同じ。）については、当該指定都市を包括する都道府県の教育委員会は、第十二条第一項の規定にかかわらず、指定都市の区若しくは総合区の区域又はこれらの区域を併せた地域に、採択地区を設定しなければならない。

2　指定都市の教育委員会は、第十条の規定によつて都道府県の教育委員会が行う指導、助言又は援助により、前項の採択地区ごとに、当該採択地区内の指定都市の設置する小学校、中学校及び義務教育学校において使用する教科用図書として、種目ごとに一種の教科用図書を採択する。

3　第十三条第三項及び第六項の規定は、前項の採択について準用する。

（政令への委任）

第十七条　この章に規定するもののほか、選定審議会の所掌事務、組織及び運営並びに採択地区の設定、採択地区協議会の組織及び運営、採択の時期その他採択に関し必要な事項は、政令で定める。

第四章　発行

（発行者の指定）

第十八条　文部科学大臣は、義務教育諸学校において使用する教科用図書（学校教育法附則第九条第一項に規定する教科用図書を除く。以下この章において同じ。）の発行を担当する者で次に掲げる基準に該当するものを、その者の申請に基づき、教科用図書発行者として指定する。

一　次のいずれかに掲げる者でないものであること。

イ　破産手続開始の決定を受けて復権を得ない者

ロ　次条の規定により指定を取り消された日から三年を経過していない者

ハ　拘禁刑以上の刑に処せられ、又はこの法律の規定に違反し、若しくは義務教育諸学校において使用する教科用図書の採択に関し刑法（明治四十年法律第四十五号）第百九十八条若しくは第二百三十三条の罪、組織的な犯罪の処罰及び犯罪収益の規制等に関する法律（平成十一年法律第百三十六号）第三条第一項（同項第十一号に係る部分に限る。）若しくは同条第二項（同条第一項第十一号に係る部分に限る。）の罪若しくは公職にある者等のあっせん行為による利得等の処罰に関する法律（平成十二年法律第百三十号）第四条の罪を犯して罰金の刑に処せられ、その刑の執行を終わつた日又は執行を受けることがなくなつた日から三年を経過していない者

ニ　法人で、その役員のうちにイからハまでのいずれかに該当する者があるもの

ホ　営業に関し成年者と同一の行為能力を有しない未成年者で、その法定代理人がイからニまでのいずれかに該当するもの

二　その事業能力及び信用状態について政令で定める要件を備えたものであること。

2　前項の指定を受けようとする者は、文部科学省令で定めるところにより、申請書に必要な書類を添えて、文部科学大臣に提出しなければならない。

（指定の取消し）

第十九条　文部科学大臣は、教科用図書発行者が次の各号のいずれかに該当することとなつたときは、前条第一項の指定を取り消さなければならない。

一　前条第一項各号のいずれかに掲げる基準に適合しなくなつたとき。

二　虚偽又は不正の事実に基づいて前条第一項の指定を受けたことが判明したとき。

（報告及び資料の提出）

第二十条　文部科学大臣は、教科用図書発行者について、第十八条第一項各号に掲げる基準に適合しているかどうかを調査するため必要があると認めるときは、教科用図書発行者に対し、必要な報告又は資料の提出を求めることができる。

（発行の指示の取消し）

第二十一条　文部科学大臣は、教科用図書発行者が第十九条の規定により指定を取り消されたときは、その者に係る臨時措置法第八条の規定による発行の指示を取り消さなければならない。

（臨時措置法との関係）

第二十二条　教科用図書の発行及び教科用図書発行者については、この章に規定するもののほか、臨時措置法の定めるところによる。

第五章　罰則

第二十三条　第二十条の規定による報告若しくは資料の提出の要求に応ぜず、又は虚偽の報告をし、若しくは虚偽の資料を提出した者は、三万円以下の罰金に処する。

第二十四条　法人の代表者又は法人若しくは人の代理人、使用人その他の従業者が、その法人又は人の業務又は財産に関し、前条の違反行為をしたときは、その行為者を罰するほか、その法人又は人に対しても、同条の刑を科する。

附　則〔抄〕

（施行期日）

1　この法律は、公布の日から施行する。

（適用除外）

2　昭和三十八年度に義務教育諸学校において使用される教科用図書の無償給付及び給与については、第二章の規定は、適用しない。

（経過規定）

3　昭和三十九年度に義務教育諸学校において使用される教科用図書の購入については、第三条中「第十三条から第十六条までの規定により採択されたもの」とあるのは、「当該義務教育諸学校について採択されたもの」とする。

4　当分の間、第五条の規定により教科用図書の給与を受ける児童及び生徒の範囲は、同条の規定にかかわらず、政令で定める。

附　則（令四・六・一七法六八）

（施行期日）

1　この法律は、刑法等一部改正法施行日から施行する。（ただし書略）

●障害のある児童及び生徒のための教科用特定図書等の普及の促進等に関する法律〔抄〕

（平成二〇年六月一八日法律第八一号）

最終改正…平三〇・六・一法三九

第一章　総則

（目的）

第一条　この法律は、教育の機会均等の趣旨にのっとり、障害のある児童及び生徒のための教科用特定図書等の発行の促進を図るとともに、その使用の支援について必要な措置を講ずること等により、教科用特定図書等の普及の促進等を図り、もって障害その他の特性の有無にかかわらず児童及び生徒が十分な教育を受けることができる学校教育の推進に資することを目的とする。

（定義）

第二条　この法律において「教科用特定図書等」とは、視覚障害のある児童及び生徒の学習の用に供するため文字、図形等を拡大して検定教科用図書等を複製した図書（以下「教科用拡大図書」という。）、点字により検定教科用図書等を複製した図書その他障害のある児童及び生徒の学習の用に供するため作成した教材であって検定教科用図書等に代えて使用し得るものをいう。

2　この法律において「検定教科用図書等」とは、学校教育法（昭和二十二年法律第二十六号）第三十四条第一項（同法第四十九条、第四十九条の八、第六十二条及び第七

十条第一項において準用する場合を含む。）に規定する教科用図書をいう。

3　この法律において「発行」とは、図書その他の教材を製造供給することをいう。

4　この法律において「教科用図書発行者」とは、検定教科用図書等の発行を担当する者であって、教科書の発行に関する臨時措置法（昭和二十三年法律第百三十二号）第八条の発行の指示を承諾したものをいう。

5　この法律において「電磁的記録」とは、電子的方式、磁気的方式その他人の知覚によっては認識することができない方式で作られる記録であって、電子計算機による情報処理の用に供されるものをいう。

（国の責務）

第三条　国は、児童及び生徒が障害その他の特性の有無にかかわらず十分な教育を受けることができるよう、教科用特定図書等の供給の促進並びに児童及び生徒への給与その他教科用特定図書等の普及の促進等のために必要な措置を講じなければならない。

（教科用図書発行者の責務）

第四条　教科用図書発行者は、児童及び生徒が障害その他の特性の有無にかかわらず十分な教育を受けることができるよう、その発行をする検定教科用図書等について、適切な配慮をするよう努めるものとする。

第二章　教科用特定図書等の発行の促進等

第五条・第六条　〔略〕

（発達障害等のある児童及び生徒が使用する教科用特定図書等に関する調査研究等の推進）

第七条　国は、発達障害その他の障害のある児童及び生徒であって検定教科用図書等において一般的に使用される文字、図形等を認識することが困難なものが使用する教科用特定図書等の整備及び充実を図るため、必要な調査研究等を推進するものとする。

（障害その他の特性に適切な配慮がなされた検定教科用図書等の普及）

第八条　国は、障害その他の特性の有無にかかわらずできる限り多くの児童及び生徒が検定教科用図書等を使用して学習することができるよう適切な配慮がなされた検定教科用図書等の普及のために必要な措置を講ずるものとする。

第三章　小中学校及び高等学校における教科用特定図書等の使用の支援

（小中学校及び高等学校における教科用特定図書等の使用等）

第九条　小中学校（小学校、中学校（中等教育学校の前期課程を含む。以下同じ。）及び義務教育学校をいい、学校教育法第八十一条第二項及び第三項に規定する特別支援学級（以下単に「特別支援学級」という。）を除く。以下同じ。）及び高等学校（中等教育学校の後期課程を含み、特別支援学級を除く。以下同じ。）においては、当該学校に在学する視覚障害その他の障害のある児童及び生徒が、その障害の状態に応じ、採択された検定教科用図書等に代えて、当該検定教科用図書等に係る教科用特定図書等を使用することができるよう、必要な配慮をしなければならない。

2　国及び地方公共団体は、前項の規定による配慮がなされるよう、発行が予定される教科用特定図書等に関する情報の収集及び提供その他の必要な措置を講ずるものとする。

（小中学校の設置者に対する教科用特定図書等の無償給付）

第十条　国は、毎年度、小中学校に在学する視覚障害その他の障害のある児童及び生徒が検定教科用図書等に代えて使用する教科用特定図書等を購入し、小中学校の設置者に無償で給付するものとする。

第十一条・第十二条　〔略〕

（都道府県の教育委員会の責務）

第十三条　都道府県の教育委員会は、政令で定めるところにより、教科用特定図書等の無償給付及び給与の実施に関し必要な事務を行うものとする。

第十四条・第十五条　〔略〕

第四章　標準教科用特定図書等の円滑な発行の確保

（標準教科用特定図書等の需要数の報告）

第十六条　市町村の教育委員会並びに学校教育法第二条第二項に規定する国立学校、公立学校（地方独立行政法人法（平成十五年法律第百十八号）第六十八条第一項に規定する公立大学法人が設置するものに限る。）及び私立学校の長は、次に掲げる標準教科用特定図書等の需要数を、文部科学省令で定めるところにより、都道府県の教育委員会に報告しなければならない。

一　小中学校について採択された検定教科用図書等であって、当該標準教科用特定図書等を使用する年度において発行が予定されているもののうち、小中学校に在学する視覚障害その他の障害のある児童及び生徒が当該検定教科用図書等に代えて使用するもの

二　特別支援学校の小学部及び中学部並びに小学校、中学校及び義務教育学校に置かれる特別支援学級について学校教育法附則第九条第一項に規定する教科用図書として採択された標準教科用特定図書等

であって、当該標準教科用特定図書等を使用する年度において発行が予定されているもの

2　都道府県の教育委員会は、前項各号に掲げる標準教科用特定図書等の都道府県内の需要数を、文部科学省令で定めるところにより、文部科学大臣に報告しなければならない。

（標準教科用特定図書等の発行の通知等）

第十七条　文部科学大臣は、前条第二項の規定による報告に基づき、標準教科用特定図書等の発行を予定している者にその発行をすべき標準教科用特定図書等の種類及び部数を通知しなければならない。

2　文部科学大臣は、必要に応じ、前項の通知を受けた者に対し報告を求めることができる。

第十八条　〔略〕

附　則　〔抄〕

（施行期日）

第一条　この法律は、公布の日から起算して三月を超えない範囲内において政令で定める日から施行し、平成二十一年度において使用される検定教科用図書等及び教科用特定図書等から適用する。

（検討）

第二条　国は、高等学校において障害のある生徒が使用する教科用拡大図書等の普及の在り方並びに特別支援学校に就学する児童及び生徒について行う援助の在り方について検討を行い、その結果に基づいて所要の措置を講ずるものとする。

附　則　〔平三〇・六・一法三九抄〕

（施行期日）

第一条　この法律は、平成三十一年四月一日から施行する。

●高等学校等就学支援金の支給に関する法律〔抄〕

（平成二二年三月三一日法律第一八号）

題名改正…平二五・一二・四法九〇
最終改正…令四・六・一七法六八

【解説】「公立高等学校に係る授業料の不徴収及び高等学校等就学支援金の支給に関する法律」（題名改正後「高等学校等就学支援金の支給に関する法律」）が平成二二年三月三一日に成立し、同年四月一日より施行された。この法律により、公立高等学校については授業料を原則不徴収とし、授業料収入相当額を国から地方公共団体に交付することによって実質的には国庫負担となった。また私立高等学校等の生徒に対しては、高等学校就学支援金として授業料に充当するため、一定額（年額一一万八八〇〇円、低所得世帯の生徒については一・五倍から二倍した額）が支給されるが、簡便かつ確実に授業料負担を軽減するため、学校設置者が生徒本人や保護者に代わって受け取り、授業料の一部と相殺することとされた。そして、国の支援に加えて各都道府県独自の取り組みも組込まれ、社会全体による高等学校等の教育費負担制度の充実が図られたといえる。また本法については、衆議院において、施行後三年を経過した場合に、必要があると認める時は所要の見直しを行う旨等、七項目の附帯決議が付された。

制度導入の意義として文部科学省は以下三点の理由を挙げている。すなわち、第一に高等学校進学率が約九八％に達した今日、それは既に国民的教育機関として定着し、その教育効果が広く社会に還元されていることから、高等学校等の教育に係る費用について社会全体で負担することは合理的な措置だということである。第二に、今日の経済状況に照らせば、家計状況の如何に関わらず、全ての意志ある高校生等が安心して教育を受けることができるような負担軽減措置が要請されることである。第三に、「経済的、社会的及び文化的権利に関する国際規約」においても、中等教育における無償教育の漸進的な導入についての規定が見られるなど、高等学校の無償化は国際的な状況に照らしても一般化しつつあるということである。

政権復帰後の政府与党内には、低所得者世帯への支援の充実や公私間格差の是正等を図るため、所得制限を導入し、奨学のための給付金制度を創設するなど、無償制度の見直しを可能な限り早期に実現することが重要との観点も見られた。ゆえに後述のように平成二六年度四月以降の入学者を対象に新制度への移行が図られた。

令和六年度概算要求としては高等学校等就学支援金等として四、二九〇億円が計上されている。

対象となる学校種は、国公私立の高等学校、中等教育学校（後期課程）、特別支援学校（高等部）、高等専門学校（一年〜三年）、専修学校高等課程、専修学校一般課程及び各種学校のうち国家資格者養成課程（中学校卒業者を入所資格とするもの）を置くもの、各種学校のうち告示指定を受けた外国人学校、海上技術学校である。なお高等学校、中等教育学校には、全日制、定時制、通信制が含まれている。ただし、特別の事由、たとえば公立高校における授業料不徴収が教育に要する経費に係る生徒間の負担の公平の観点から相当でないと認められる場合、既卒者、修業年限を超えての在学者等については、授業料の徴収は地方公共団体に委ねることとしている。また、私立高等学校等における授業料等の経済的負担が重いことを踏まえ、所得に応じて、支給額を一・五〜二・五倍した額を上

限として支給することとしている。

本制度は、平成二六年四月以降の入学者から、学校の設置主体を問わず「就学支援金制度」に一本化された。そして、親権者の市町村民税所得割額の合計が三〇万四二〇〇円以上（年収九一〇万円以上）の世帯では、就学支援金は支給されず、授業料を負担することになった。実質的な所得制限の導入に伴い、就学支援金を受領するためには、課税証明書と申請書の提出が要件となった。就学支援金の受給限度額は、全日制は月額九九〇〇円（公立定時制は月額二七〇〇円、公立通信制は月額五二〇円、私立定時制・通信制は月額九九〇〇円）で、私立高校生については、家計年収が五九〇万円未満の場合、収入額に応じて加算される仕組みとなった。

平成三一年度概算要求では、年収二七〇万円未満程度の世帯は、公立授業料年額一一八八〇〇円の二・五倍（二九万七〇〇〇円）、年収二五〇万～三五〇万円未満程度の世帯は二・〇倍（二三万七六〇〇円）、年収三五〇万～五九〇万円未満程度の世帯は、一・五倍（一七万八二〇〇円）をそれぞれ上限に支援することとなっていた。

しかし、令和二年度の概算要求から、実質無償化を図るため、「経済財政運営と改革の基本方針二〇一九」を踏まえ、年収五九〇万円未満世帯の生徒を対象として、高等学校等就学支援金の支援金の支援上限額を私立高校の平均授業料を勘案した水準（三九万六〇〇〇円）まで引き上げることとされた。また、令和六年の概算要求では、非課税世帯全日制等（第一子）の給付額の増額が新たに措置された。また高校等で学び直す者に対する就学支援や家計急変した世帯への修学支援、高校等専攻科生徒への就学支援として、七億一、三〇〇万円が計上された。

上記のように各種学校については、一定の要件を充足する外国人学校が対象となるが、今回の制度設計においては、各種学校のうち、高等学校課程に類する課程を置くものとして認められる範囲が論点となった。特に朝鮮学校への制度適用については、拉致問題、反日教育等複雑な政治・外交問題との兼合いから厳しい反対論も見られた。また、政府内でも拉致被害者家族の声を代弁する形で中井拉致担当相（当時）からの反対意見もあり、朝鮮学校への平成二二年四月からの適用は見送られた。そのため文部科学省は、同年五月に「高等学校等修学支援金の支給に関する検討会議」（以下専門家会議）を設け、制度適用校の認定基準や審査方法・手続き等について検討を求めた。専門家会議は同年八月三〇日に前記事項に関する報告を公表した。専門家会議の報告では、「教科書の記述などの具体的な教育内容は問わず、授業時数や教員数といった外形的な項目で判断する」との基準が示された。同年一〇月二〇日、民主党の部門会議が適用基準を了承、翌二一日の政策調査会で正式決定の運びとなった。文部科学省は、同年一一月五日、①党の見解を踏まえて適用基準の正式決定、②適用基準に当てはめ朝鮮学校一〇校（休校を除く）の審査の実施、③適用の可否を決定―の順に手続きを進めることを発表した。その結果、平成二二年度内にも朝鮮学校に無償化が適用されるのはほぼ確実となっていた。

しかし、同年一一月の北朝鮮による韓国砲撃で、当時の菅直人首相は朝鮮学校の無償化審査を停止した。その後、退陣間際の八月、明確な理由もなく無償化審査の再開を指示し、審査が進められたが、結論を得るには至らなかった。

文部科学省は、無償化のメリットとして、①経済的理由による中退の抑制、②専修学校高等課程等の多様な学びへの支援による多様な教育機会の提供の促進、③無償化の意義の周知による自己の学習機会の社会支援の自覚の醸成、公共の精神・職業意識の涵養、の三点を挙げている。全国私立学校教職員組合連合会（全国私教連）の調査によると、平成二三年三月末時点での一校当たり経済理由による私立高校の退学者数は〇・四四人となり、大幅に減少したとされる。平成一〇年の調査開始以来最低となっており、全国私教連は高校無償化による自治体の学費減免制度の拡充の成果と指摘する。しかし内閣府による「高校中退者の意識に関する調査」（平成二三年三月）によると、中退理由としては「低学力」「進級困難」「人間関係」「学校不適応」等の項目が何れも四〇％を超える高い回答率となっている反面、「経済的理由」ははるかに少ない一六％程度に止まっていた。こうした事実に照らせば、授業料無償化政策の中退防止効果はトータルに見れば、限定的であると言わざるを得ない。中退防止を重要な教育政策と位置付けるならば、より効果的な政策へ資源配分をシフトすべきであろう。米シカゴ大のヘックマン教授らは、進学の促進は経済的条件の充実よりも学力の底上げの方が効果的であると主張しているが、以上に照らせばまさに正鵠を得た知見であると言えるかも知れない。

また、高校進学率は、九五％水準と高止まりしているため、この制度による飛躍的な上昇は最早期待できない。

朝鮮学校への高校授業料無償化適用については、実質的に教育内容を問わず無償化が可能な適用基準であることや、特に専門家会議のメンバーおよび議論の内容が非公開であったこともあり、一部都道府県知事からは強い懸念が示された。さらに適用に当たっては、少なくとも国は「反日的な教育内容が含まれていないか」「修学支援金が生徒の授業料に充当されているか」といった点は審査すべきであるとの論もあった。そのため文部科学大臣は、「教育内容に懸念がある場合には、わが国の政治・経済の教科書を教材にするなど、自主的改善を強く促す」との大臣談話を発表した。しかし、こうした是正勧告には法令上の強制力はないことから、自主的改善によってどこまで教育内容や教科書の記述内容の改善が進むか懸念する向きもある。

現在までのところ朝鮮学校は、高等学校等就学支援金制度の対象として文部科学大臣に指定された各種学校、団体のリストには掲載されていない。

こうした措置をめぐっては、全国五か所の朝鮮学校等から平成二五年以降、授業料無償措置の対象外とされているのは違法だとの提訴が相次いだ。しかし、令和三年七月二七日付けの最高裁判決で原告敗訴が確定し、全国五か所の同種訴訟はいずれも敗訴が確定した。

なお、全国に六校ある韓国学校は支給対象となっている。（高見　茂）

第一章　総則

（目的）

第一条　この法律は、高等学校等の生徒等がその授業料に充てるために高等学校等就学支援金の支給を受けることができることとすることにより、高等学校等における教育に係る経済的負担の軽減を図り、もって教育の機会均等に寄与することを目的とする。

（定義）

第二条　この法律において「高等学校等」とは、次に掲げるものをいう。

一　高等学校（専攻科及び別科を除く。以下同じ。）

二　中等教育学校の後期課程（専攻科及び別科を除く。次条第三項及び第五条第三項において同じ。）

三　特別支援学校の高等部

四　高等専門学校（第一学年から第三学年までに限る。）

五　専修学校及び各種学校（これらのうち高等学校の課程に類する課程を置くものとして文部科学省令で定めるものに限り、学校教育法（昭和二十二年法律第二十六号）第一条に規定する学校以外の教育施設で学校教育に類する教育を行うもののうち当該教育を行うにつき同法以外の法律に特別の規定があるものであって、高等学校の課程に類する課程を置くものとして文部科学省令で定めるもの（第四条及び第六条第一項において「特定教育施設」という。）を含む。）

第二章　高等学校等就学支援金の支給

（受給資格）

第三条　高等学校等就学支援金（以下「就学支援金」という。）は、高等学校等に在学する生徒又は学生で日本国内に住所を有する者に対し、当該高等学校等（その者が同時に二以上の高等学校等の課程に在学するときは、これらのうちいずれか一の高等学校等の課程）における就学について支給する。

2　就学支援金は、前項に規定する者が次の各号のいずれかに該当するときは、支給しない。

一　高等学校等（修業年限が三年未満のものを除く。）を卒業し又は修了した者

二　前号に掲げる者のほか、高等学校等に在学した期間が通算して三十六月を超える者

三　前二号に掲げる者のほか、前項に規定する者の保護者（学校教育法第十六条に規定する保護者をいう。）その他の同項に規定する者の就学に要する経費を負担すべき者として政令で定める者（以下「保護者等」という。）の収入の状況に照らして、就学支援金の支給により当該保護者等の経済的負担を軽減する必要があるとは認められない者として政令で定める者

3　前項第二号の期間は、その初日において高等学校等に在学していた月を一月（その初日において高等学校又は中等教育学校の後期課程の定時制の課程又は通信制の課程のみに在学していた月その他の政令で定める月にあっては、一月を超えない範囲内で政令で定める月数）として計算する。

（受給資格の認定）

第四条　前条第一項に規定する者（同条第二項各号のいずれかに該当する者を除く。）は、就学支援金の支給を受けようとするときは、文部科学省令で定めるところにより、その在学する高等学校等（その者が同時に二以上の高等学校等の課程に在学するときは、その選択した一の高等学校等の課程）の設置者を通じて、当該高等学校等の所在地の都道府県知事（当該高等学校等が地方公共団体の設置するものである場合（当該高等学校等が特定教育施設である場合を除く。）にあっては、都道府県教育委員会）に対し、当該高等学校等における就学について就学支援金の支給を受ける資格を有することについての認定を申請し、その認定を受けなければならない。

（就学支援金の額）

第五条　就学支援金は、前条の認定を受けた者（以下「受給権者」という。）がその初日において当該認定に係る高等学校等（以下「支給対象高等学校等」という。）に在学する月について、月を単位として支給されるものとし、その額は、一月につき、支給対象高等学校等の授業料の月額（授業料の額が年額その他月額以外の方法により定められている場合にあっては、授業料の月額に相当するものとして文部科学省令で定めるところにより算定した額をいい、受給権者が授業料の減免を受けた場合にあっては、文部科学省令で定めるところにより当該授業料の月額から当該減免に係る額を控除した額をいう。）に相当する額（その額が支給対象高等学校等の設置者、種類及び

課程の区分に応じて政令で定める額（以下この項において「支給限度額」という。）を超える場合にあっては、支給限度額）とする。

2　支給対象高等学校等が政令で定める高等学校等である受給権者であって、その保護者等の収入の状況に照らして特に当該保護者等の経済的負担を軽減する必要があるものとして政令で定めるものに対して支給される就学支援金に係る前項の規定の適用については、同項中「定める額」とあるのは、「定める額に政令で定める額を加えた額」とする。

3　第一項の支給限度額は、地方公共団体の設置する高等学校、中等教育学校の後期課程及び特別支援学校の高等部の授業料の月額その他の事情を勘案して定めるものとする。

（就学支援金の支給）

第六条　都道府県知事（支給対象高等学校等が地方公共団体の設置するものである場合（支給対象高等学校等が特定教育施設である場合を除く。）にあっては、都道府県教育委員会。以下同じ。）は、受給権者に対し、就学支援金を支給する。

2　就学支援金の支給は、受給権者が第四条の認定の申請をした日（当該申請が支給対象高等学校等の設置者に到達した日。次項において「申請日」という。）の属する月（受給権者がその月の初日において当該支給対象高等学校等に在学していないとき、受給権者がその月について当該支給対象高等学校等以外の高等学校等を支給対象高等学校等とする就学支援金の支給を受けることができるときその他政令で定めるときは、その翌月）から始め、当該就学支援金を支給すべき事由が消滅した日の属する月で終わる。

3　受給権者がやむを得ない理由により第四条の認定の申請をすることができなかった場合において、やむを得ない理由がやんだ後十五日以内にその申請をしたとき（当該申請が支給対象高等学校等の設置者に到達したときをいう。）は、やむを得ない理由により当該認定の申請をすることができなくなった日を申請日とみなして、前項の規定を適用する。

4　前三項に定めるもののほか、就学支援金の支払の時期その他就学支援金の支給に関し必要な事項は、文部科学省令で定める。

（代理受領等）

第七条　支給対象高等学校等の設置者は、受給権者に代わって就学支援金を受領し、その有する当該受給権者の授業料に係る債権の弁済に充てるものとする。

（就学支援金の支給の停止等）

第八条　就学支援金は、受給権者が支給対象高等学校等を休学した場合その他の政令で定める場合において、受給権者が、文部科学省令で定めるところにより、支給対象高等学校等の設置者を通じて、都道府県知事に申し出たときは、政令で定めるところにより、その支給を停止する。

2　前項の規定により当該月に係る就学支援金の支給が停止された月は、第三条第三項の規定による同条第二項第二号の期間の計算については、その初日において高等学校等に在学していた月には該当しないものとみなす。

第九条―第十四条　〔略〕

（交付金）

第十五条　国は、就学支援金の支給に要する費用の全額に相当する金額を都道府県に交付する。

2　国は、毎年度、予算の範囲内で、就学支援金に関する事務の執行に要する費用に相当する金額を都道府県に交付する。

第三章　雑則

第十六条　削除

第十七条―第二十一条　〔略〕

附　則（令四・六・一七法六八）

（施行期日）

1　この法律は、刑法等一部改正法施行日から施行する。〔ただし書略〕

●教科用図書検定規則〔抄〕

（平成元年四月四日 文部省令第二〇号）

最終改正…令三・二・八文令五

第一章　総則

（趣旨）

第一条　学校教育法（昭和二十二年法律第二十六号）第三十四条第一項（同法第四十九条、第四十九条の八、第六十二条、第七十条第一項及び第八十二条において準用する場合を含む。）に規定する教科用図書の検定に関し必要な事項は、この省令の定めるところによる。

（教科用図書）

第二条　この省令において「教科用図書」とは、小学校、中学校、義務教育学校、中等教育学校、高等学校並びに特別支援学校の小学部、中学部及び高等部の児童又は生徒が用いるため、教科用として編修された図書をいう。

（検定の基準）

第三条　教科用図書（以下「図書」という。）の検定の基準は、文部科学大臣が別に公示する教科用図書検定基準の定めるところによる。

第二章　検定手続

（検定の申請）

第四条　図書の著作者又は発行者は、その図書の検定を文部科学大臣に申請することができる。

2　前項の申請を行うことができる図書の種目並びに各年度において申請を行うことができる図書の種目及び期間は、文部科学大臣が官報で告示する。

3　教育課程の基準又は教科用図書検定基準（以下この項において「教育課程の基準等」という。）が変更されたときは、検定を経た図書の発行者（当該変更に係る種目の図書を現に発行する者であって、当該変更後においても引き続き当該種目の図書を発行しようとするものに限る。）は、当該変更の内容その他の事情を勘案して文部科学大臣が特に必要がないと認める場合を除き、文部科学大臣の定めるところにより、当該種目の図書について、当該変更後の教育課程の基準等に基づく検定の申請を行うものとする。

第五条　前条第一項又は第三項の申請を行おうとする者は、文部科学大臣が別に定める様式による検定審査申請書に申請図書を添えて文部科学大臣に提出するとともに、第十三条に規定する検定審査料を納付しなければならない。

2　前項の申請図書の作成の要領及び提出部数については、文部科学大臣が別に定める。

（申請図書等の適切な管理）

第六条　検定の申請者は、文部科学大臣が定めるところにより、申請図書その他の検定審査に関する資料及び審査内容（次条第三項において「申請図書等」という。）について適切に管理を行うものとする。

（申請図書の審査）

第七条　文部科学大臣は、申請図書について、検定の決定又は検定審査不合格の決定を行い、その旨を申請者に通知するものとする。ただし、必要な修正を行った後に再度審査を行うことが適当である場合には、決定を留保して検定意見を申請者に通知するものとする。

2　文部科学大臣は、申請図書が図書の検定、採択又は発行に関して文部科学大臣が別に定める不公正な行為をした申請者によるものであって当該行為がなされた図書の属する種目と同一の種目に属する場合には、前項の規定にかかわらず、当該種目の申請を行うことができる年度（以下この項及び次項第二号において「申請年度」という。）のうち当該行為が認められたときから直近の一の年度（第四条第二項の規定に基づき当該種目が連続する二以上の年度にわたって申請を行うことができる種目として告示されている場合には当該二以上の年度とし、当該行為が認められた後に当該申請者による申請図書の検定審査が行われる当該行為が認められた年度を含む。）に行われる検定審査（検定審査不合格の決定が行われた後に当該図書について不公正な行為が認められた場合であって、当該種目の申請年度以外の年度に第十二条第一項の規定による再申請を行うことが可能であるときは、当該再申請に基づいて行われる検定審査）に限り当該申請図書について検定審査不合格の決定を行い、その旨を申請者に通知するものとする。

3　前項に定めるもののほか、文部科学大臣は、申請図書が特定行為（申請図書等の不適切な情報管理その他の検定審査に重大な影響を及ぼすものとして文部科学大臣が別に定める行為をいう。以下この項において同じ。）を行った申請者によるものであるときは、第一項の規定にかかわらず、次の各号に掲げる場合に応じ、それぞれ当該各号に定める検定審査に限り、当該申請図書について検定審査不合格の決定を行い、その旨を申請者に通知するものとする。

一　当該申請図書に係る特定行為が、検定の申請から検定の決定又は検定審査不合格の決定が行われるまでの期間に認められた場合　当該期間に行われる検定審査

二　検定の決定又は検定審査不合格の決定

が行われた図書に係る当該申請者の特定行為が認められた場合（次号に掲げる場合を除く。）　当該特定行為がなされた図書の属する種目と同一の種目の図書について、当該種目の申請年度のうち当該行為が行われたときから直近の一の年度（第四条第二項の規定に基づき当該種目が連続する二以上の年度にわたって申請を行うことができる種目として告示されている場合には、当該二以上の年度（当該特定行為に基づいて、この項の検定審査不合格の決定が行われた後の年度を除く。））に行われる検定審査

三　検定審査不合格の決定が行われた後に当該図書に係る特定行為が認められた場合であって、当該図書について第十二条第一項の規定による再申請が可能であるとき　当該特定行為が認められたときから直近の再申請に基づいて行われる検定審査

（不合格理由の事前通知及び反論の聴取）

第八条　文部科学大臣は、前条の検定審査不合格の決定を行おうとするとき（第三項及び第四項の規定により決定を行おうとするときを除く。）は、検定審査不合格となるべき理由を申請者に対し事前に通知するものとする。

2　前項の通知を受けた者は、通知のあった日の翌日から起算して二十日以内に、文部科学大臣が別に定める様式による反論書を文部科学大臣に提出することができる。

3　前項の反論書の提出がないときは、文部科学大臣は、前条の検定審査不合格の決定を行うものとする。

4　第二項の反論書の提出があったときは、文部科学大臣は、これを踏まえ、当該申請図書について前条の検定の決定又は検定審査不合格の決定を行うものとする。ただし、必要な修正を行った後に再度審査を行うことが適当である場合には、前条の検定意見の通知を行うものとする。

（検定意見に対する意見の申立て）

第九条　第七条第一項の検定意見の通知を受けた者は、通知のあった日の翌日から起算して二十日以内に、文部科学大臣が別に定める様式による検定意見に対する意見申立書を文部科学大臣に提出することができる。

2　前項の意見申立書の提出があった場合において、文部科学大臣は、申し立てられた意見を相当と認めるときは、当該検定意見を取り消すものとする。

（修正が行われた申請図書の審査）

第十条　第七条第一項の検定意見の通知を受けた者は、文部科学大臣が指示する期間内に、申請図書について検定意見に従って修正した内容を、文部科学大臣が別に定める様式による修正表提出届により、文部科学大臣に提出するものとする。

2　文部科学大臣は、前項の修正が行われた申請図書について、検定の決定又は検定審査不合格の決定を行い、その旨を申請者に通知するものとする。

3　第一項の修正表提出届の提出がないときは、文部科学大臣は、検定審査不合格の決定を行い、その旨を申請者に通知するものとする。

（教科書調査官による調査）

第十一条　第七条第一項、第八条第四項、第九条第二項、前条第二項又は第三項の場合において、教科書調査官は、申請図書に係る専門的な調査審議のために教科用図書検定調査審議会に提出される調査意見（第十八条第一項の検定意見の原案をいう。第十八条において同じ。）を記載した資料その他の必要な資料を作成するため、申請図書について必要な調査を行うものとする。

（不合格図書の再申請）

第十二条　申請図書又は修正が行われた申請図書について、第七条第一項若しくは第三項又は第十条第二項若しくは第三項の検定審査不合格の決定の通知を受けた者は、その図書に必要な修正を加えた上、文部科学大臣が別に定める期間内に再申請することができる。

2　前項の規定による再申請は、一の図書につき二回を超えて行うことができない。

（検定審査料）

第十三条　〔略〕

第三章　検定済図書の訂正等

（検定済図書の訂正）

第十四条　検定を経た図書について、誤記、誤植、脱字若しくは誤った事実の記載又は客観的事情の変更に伴い明白に誤りとなった事実の記載若しくは学習する上に支障を生ずるおそれのある記載があることを発見したときは、発行者は、文部科学大臣の承認を受け、必要な訂正を行わなければならない。

2　検定を経た図書について、前項に規定する記載を除くほか、更新を行うことが適切な事実の記載若しくは統計資料の記載又は変更を行うことが適切な体裁その他の記載（検定を経た図書の基本的な構成を変更しないものに限る。次項において同じ。）があることを発見したときは、発行者は、文部科学大臣が別に定める日以降に申請を行い、文部科学大臣の承認を受け、必要な訂正を行うことができる。

3　第一項に規定する記載の訂正が、客観的に明白な誤記、誤植若しくは脱字に係るものであって、内容の同一性を失わない範囲のものであるとき、又は前項に規定する記載の訂正が、同一性をもった資料により統計資料の記載の更新を行うもの若しくは変更を行うことが適切な体裁その他の記載の

更新に係るものであって、内容の同一性を失わない範囲のものであるときは、発行者は、前二項の規定にかかわらず、文部科学大臣が別に定める日までにあらかじめ文部科学大臣へ届け出ることにより訂正を行うことができる。

4 文部科学大臣は、検定を経た図書について、第一項及び第二項に規定する記載があると認めるときは、発行者に対し、その訂正の申請を勧告することができる。

5 第三条の規定は、第一項又は第二項の承認について準用する。

（検定済図書の訂正の手続）

第十五条〔略〕

（参照するウェブサイトの内容の変更の手続）

第十五条の二〔略〕

第四章 雑則

（検定済の表示等）

第十六条 検定を経た図書には、その表紙に「文部科学省検定済教科書」の文字、その図書の目的とする学校及び教科の種類並びにその図書の名称を、その奥付に検定の年月日をそれぞれ表示しなければならない。

（見本の提出）

第十七条〔略〕

（申請図書等の公開）

第十八条 文部科学大臣は、検定審査終了後、別に定めるところにより、申請図書、見本、調査意見及び検定意見の内容その他検定の申請に係る資料を公開するものとする。

（検定済図書の告示等）

第十九条 文部科学大臣は、検定を経た図書の名称、目的とする学校及び教科の種類、検定の年月日、著作者の氏名並びに発行者の氏名及び住所（法人にあっては、その名称、代表者の氏名及び主たる事務所の所在地）を官報で告示する。

2〔略〕

附則（令三・二・八文令五）

この省令は、令和三年二月十五日から施行する。

●義務教育諸学校教科用図書検定基準〔抄〕

（平成二九年八月一〇日 文部科学省告示第一〇五号）

最終改正…令三・一二・二七文告一九九

第一章 総則

(1) 本基準は、教科用図書検定規則第三条の規定に基づき、学校教育法に規定する小学校、中学校、義務教育学校、中等教育学校の前期課程並びに特別支援学校の小学部及び中学部において使用される義務教育諸学校教科用図書について、その検定のために必要な審査基準を定めることを目的とする。

(2) 本基準による審査においては、その教科用図書が、教育課程の構成に応じて組織排列された教科の主たる教材として、教授の用に供せられる児童又は生徒用図書であることにかんがみ、知・徳・体の調和がとれ、生涯にわたって自己実現を目指す自立した人間、公共の精神を尊び、国家・社会の形成に主体的に参画する国民及び我が国の伝統と文化を基盤として国際社会を生きる日本人の育成を目指す教育基本法に示す教育の目標並びに学校教育法及び学習指導要領に示す目標を達成するため、これらの目標に基づき、第二章及び第三章に掲げる各項目に照らして適切であるかどうかを審査するものとする。

第二章 各教科共通の条件

1 基本的条件

（教育基本法及び学校教育法との関係）

(1) 教育基本法第一条の教育の目的及び同法第二条に掲げる教育の目標に一致していること。また、同法第五条第二項の義務教育の目的及び学校教育法第二十一条に掲げる義務教育の目標並びに同法に定める各学校の目的及び教育の目標に一致していること。

（学習指導要領との関係）

(2) 学習指導要領の総則や教科の目標に一致していること。

(3) 小学校学習指導要領（平成二十九年文部科学省告示第六十三号）又は中学校学習指導要領（平成二十九年文部科学省告示第六十四号）（以下「学習指導要領」という。）に示す教科及び学年、分野又は言語の「目標」（以下「学習指導要領に示す目標」という。）に従い、学習指導要領に示す学年、分野又は言語の「内容」（以下「学習指導要領に示す内容」という。）及び「内容の取扱い」（「指導計画の作成と内容の取扱い」を含む。以下「学習指導要領に示す内容の取扱い」という。）に示す事項を不足なく取り上げていること。

(4) 本文、問題、説明文、注、資料、作品、挿絵、写真、図など教科用図書の内容（以下「図書の内容」という。）には、学習指導要領に示す目標、学習指導要領に示す内容及び学習指導要領に示す内容の取扱いに照らして不必要なものは取り上げていないこと。

（心身の発達段階への適応）

(5) 図書の内容は、その使用される学年の児童又は生徒の心身の発達段階に適応しており、また、心身の健康や安全及び健全な情操の育成について必要な配慮を欠いているところはないこと。

2—3 〔略〕

第三章　教科固有の条件

【各教科】〔略〕

【特別の教科】〔道徳科〕

1 基本的条件

(1) 小学校学習指導要領第三章の第三「指導計画の作成と内容の取扱い」の三の(一)及び中学校学習指導要領第三章の第三「指導計画の作成と内容の取扱い」の三の(一)に示す題材の全てを教材として取り上げていること。

(2) 小学校学習指導要領第三章の第三「指導計画の作成と内容の取扱い」の三の(二)のア及びイ並びに中学校学習指導要領第三章の第三「指導計画の作成と内容の取扱い」の三の(二)のア及びイに照らして適切な教材を取り上げていること。

2 選択・扱い及び構成・排列〔略〕

附則〔令三・一二・二七文告一九九〕

この告示は、公布の日から施行し、令和六年度以降の使用に係る教科用図書の検定から適用する。

別表〔略〕

●国立大学法人法〔抄〕

（平成一五年七月一六日法律第一一二号）

最終改正…令・四・六・一七法六八

【解説】

一　一九九五（平成八）年に発足した橋本内閣と続く小渕内閣において行政改革が本格化し、国の機関の独立行政法人化、国家公務員削減計画の決定などが進む中、平成一一年、有馬朗人文部大臣（当時）が、国立大学の独法化を含めた検討を行うことを表明した。国立大学協会や自民党でも検討が行われ、独立行政法人通則法そのままの適用ではなく、「国立大学法人」など大学にふさわしい法人とすべきとの考え方が示された。

二〇〇〇（平成一二）年、文部省に「国立大学等の独立行政法人化に関する調査検討会議」（座長＝長尾真・京都大学総長）が置かれ、平成一四年に最終報告がとりまとめられた。また、平成一三年には、小泉内閣のもとで、国立大学の民営化の議論も出る状況に対し、遠山敦子文科相が、「大学（国立大学）の構造改革の方針」（遠山プラン）を発表した。これらにおいて、国立大学の自主的な運営、民間的発想のマネジメント手法の導入などの改革のねらいが示された。

こうした経緯を経て、本法が制定され、二〇〇四（平成一六）年四月、国立大学法人が発足した。

二　本法は、国立大学法人の役員（学長、理事、監事）、職員、経営協議会、教育研究評議会、業務、中期目標、中期計画、評価、財務・会計等、その組織・運営について規定している。

国立大学法人には、独法通則法を直接適用せず、別に本法を制定することとされた。

国は、この法律の運用に当たって、国立大

学の教育研究の特性に常に配慮しなければならないこととしており（三条）、学長を文部科学大臣が任命する際は、国立大学法人の申出に基づいて行うこと（十二条）、中期目標を文科大臣が定めるときは、あらかじめ国立大学法人の意見を聴き、それに配慮しなければならないこと（三十条）などを規定している。

三　国立大学及びその附属学校の設置者は、国立大学法人となり（四条、二十三条）、国の行政組織からは切り離された法人格を持つ組織となった（六条）。学校の設置者を定める教育基本法六条においては「法律に定める法人」に該当する。一方、学校教育法二条では、国立大学法人は「国」に含むこととされている。

職員は非公務員となり、任命権は各学長に移った。また、国立大学法人には「渡し切り」の運営費交付金が措置され、国の予算科目による支出制限等はなくなった。

四　近年、本法は、一法人複数大学制度、大学総括理事の導入（令和元年）、年度計画・年度評価の廃止、学長選考会議を学長選考・監察会議に改めること（二〇二一（令和三）年）など、国立大学の機能強化を図るための改正が逐次行われている。（森田　正信）

第一章　総則

第一節　通則

（目的）
第一条　この法律は、大学の教育研究に対する国民の要請にこたえるとともに、我が国の高等教育及び学術研究の水準の向上と均衡ある発展を図るため、国立大学を設置して教育研究を行う国立大学法人の組織及び運営並びに大学共同利用機関を設置して大学の共同利用に供する大学共同利用機関法人の組織及び運営について定めることを目的とする。

（定義）
第二条　この法律において「国立大学法人」とは、国立大学を設置することを目的として、この法律の定めるところにより設立される法人をいう。

2　この法律において「国立大学」とは、別表第一の第二欄に掲げる大学をいう。

3　この法律において「大学共同利用機関法人」とは、大学共同利用機関を設置することを目的として、この法律の定めるところにより設立される法人をいう。

4　この法律において「大学共同利用機関」とは、別表第二の第二欄に掲げる研究分野について、大学における学術研究の発展等に資するために設置される大学の共同利用の研究所をいう。

5　この法律において「中期目標」とは、国立大学法人及び大学共同利用機関法人（以下「国立大学法人等」という。）が達成すべき業務運営に関する目標であって、第三十条第一項の規定により文部科学大臣が定めるものをいう。

6　この法律において「中期計画」とは、中期目標を達成するための計画であって、第三十一条第一項の規定により国立大学法人等が作成するものをいう。

7　この法律において「年度計画」とは、準用通則法（第三十五条において準用する独立行政法人通則法（平成十一年法律第百三号）をいう。以下同じ。）第三十一条第一項の規定により中期計画に基づき国立大学法人等が定める計画をいう。

8　この法律において「学則」とは、国立大学法人の規則のうち、修業年限、教育課程、教育研究組織その他の学生の修学上必要な事項を定めたものをいう。

（教育研究の特性への配慮）
第三条　国は、この法律の運用に当たっては、国立大学及び大学共同利用機関における教育研究の特性に常に配慮しなければならない。

第四条―第五条　〔略〕

（法人格）
第六条　国立大学法人等は、法人とする。

（資本金）
第七条　各国立大学法人等の資本金は、附則第九条第二項の規定により政府から出資があったものとされた金額とする。

2　政府は、必要があると認めるときは、予算で定める金額の範囲内において、国立大学法人等に追加して出資することができる。

3　政府は、必要があると認めるときは、前項の規定にかかわらず、土地、建物その他の土地の定着物及びその建物に附属する工作物（第六項及び第三十四条の二において「土地等」という。）を出資の目的として、国立大学法人等に追加して出資することができる。

4　政府は、前項の規定により土地を出資の目的として出資する場合において、国立大学法人等が当該土地の全部又は一部を譲渡したときは、当該譲渡により生じた収入の範囲内で文部科学大臣が定める基準により算定した額に相当する金額を独立行政法人大学改革支援・学位授与機構に納付すべき旨の条件を付することができる。

5　国立大学法人等は、第二項又は第三項の規定による政府の出資があったときは、その出資額により資本金を増加するものとする。

6　政府が出資の目的とする土地等の価額は、出資の日現在における時価を基準として評価委員が評価した価額とする。

7　前項の評価委員その他評価に関し必要な事項は、政令で定める。

8　国立大学法人等は、準用通則法第四十八条本文に規定する重要な財産のうち、文部科学大臣が定める財産を譲渡したときは、当該譲渡した財産に係る部分として文部科学大臣が定める金額については、当該国立大学法人等に対する政府からの出資はなかったものとし、当該国立大学法人等は、その額により資本金を減少するものとする。

（名称の使用制限）

第八条 国立大学法人又は大学共同利用機関法人でない者は、その名称中に、それぞれ国立大学法人又は大学共同利用機関法人という文字を用いてはならない。

第二節 国立大学法人評価委員会

第九条 文部科学省に、国立大学法人等に関する事務を処理させるため、国立大学法人評価委員会（以下「評価委員会」という。）を置く。

2―5 〔略〕

第二章 組織及び業務

第一節 国立大学法人

第一款 役員及び職員

（役員）

第十条 各国立大学法人に、役員として、その長である学長（当該国立大学法人が設置する国立大学の全部について第三項に規定する大学総括理事を置く場合にあっては、理事長。次条第一項並びに第二十一条第二項第四号、第三項及び第五項を除き、以下同じ。）及び監事（二以上の国立大学を設置する国立大学法人にあっては、その設置する国立大学の数に一を加えた員数）二人を置く。

2 前項の規定により置く監事のうち少なくとも一人は、常勤としなければならない。

3 各国立大学法人に、役員として、それぞれ別表第一の第四欄に定める員数以内の理事を置く。

4 国立大学法人が二以上の国立大学を設置する場合その他その管理運営体制の強化を図る特別の事情がある場合には、第十二条第二項に規定する学長選考会議の定めるところにより、当該国立大学法人に、その設置する国立大学の全部又は一部に係る学校教育法（昭和二十二年法律第二十六号）第九十二条第三項に規定する職務（以下「大学の長としての職務」という。）を行う理事（以下「大学総括理事」という。）を置くことができる。

5 国立大学法人は、前項の規定により大学総括理事を置くこととするときは、文部科学大臣の承認を受けなければならない。

第十一条―第十一条の二 〔略〕

（役員の任命）

第十二条 学長の任命は、国立大学法人の申出に基づいて、文部科学大臣が行う。

2 前項の申出は、第一号に掲げる委員及び第二号に掲げる委員各同数をもって構成する会議（以下「学長選考会議」という。）の選考により行うものとする。

一 第二十条第二項第三号に掲げる者の中から同条第一項に規定する経営協議会において選出された者

二 第二十一条第二項第三号又は第四号に掲げる者の中から同条第一項に規定する教育研究評議会において選出された者

3―8 〔略〕

第十三条―第十九条 〔略〕

第二款 経営協議会等

（経営協議会）

第二十条 国立大学法人に、国立大学法人の経営に関する重要事項を審議する機関として、経営協議会を置く。

2―4 〔略〕

5 経営協議会は、次に掲げる事項を審議する。

一 中期目標についての意見に関する事項のうち、国立大学法人の経営に関するもの

二 中期計画及び年度計画に関する事項のうち、国立大学法人の経営に関するもの

三 学則（国立大学法人の経営に関する部分に限る。）、会計規程、役員に対する報酬及び退職手当の支給の基準、職員の給与及び退職手当の支給の基準その他の経営に係る重要な規則の制定又は改廃に関する事項

四 予算の作成及び執行並びに決算に関する事項

五 組織及び運営の状況について自ら行う点検及び評価に関する事項

六 その他国立大学法人の経営に関する重要事項

6―7 〔略〕

（教育研究評議会）

第二十一条 国立大学法人に、当該国立大学法人が設置する国立大学ごとに当該国立大学の教育研究に関する重要事項を審議する機関として、教育研究評議会を置く。

2―3 〔略〕

4 教育研究評議会は、次に掲げる事項について審議する。

一 中期目標についての意見に関する事項（前条第五項第一号に掲げる事項を除く。）

二 中期計画及び年度計画に関する事項（前条第五項第二号に掲げる事項を除く。）

三 学則（国立大学法人の経営に関する部分を除く。）その他の教育研究に係る重要な規則の制定又は改廃に関する事項

四 教員人事に関する事項

五 教育課程の編成に関する方針に係る事項

六 学生の円滑な修学等を支援するために必要な助言、指導その他の援助に関する事項

七 学生の入学、卒業又は課程の修了その他学生の在籍に関する方針及び学位の授

八　与に関する方針に係る事項
　　教育及び研究の状況について自ら行う点検及び評価に関する事項
九　その他国立大学の教育研究に関する重要事項
5—6　〔略〕

第三款　業務等

第二十二条　〔略〕
（大学附属の学校）
第二十三条　国立大学に、文部科学省令で定めるところにより、幼稚園、小学校、中学校、義務教育学校、高等学校、中等教育学校、特別支援学校、幼保連携型認定こども園又は専修学校を附属させて設置することができる。

第二節　大学共同利用機関法人　〔略〕

第三章—第七章　〔略〕

附　則（令四・六・一七法六八）
（施行期日）
1　この法律は、刑法等一部改正法施行日から施行する。〔ただし書略〕

●地方独立行政法人法〔抄〕

（平成十五年七月十六日法律第百十八号）
最終改正…令四・五・二法三五

第一章　総則

第一節　通則

（目的）
第一条　この法律は、地方独立行政法人の運営の基本その他の制度の基本となる事項を定め、地方独立行政法人制度の確立並びに地方独立行政法人が公共上の見地から行う事務及び事業の確実な実施を図り、もって住民の生活の安定並びに地域社会及び地域経済の健全な発展に資することを目的とする。
（定義）
第二条　この法律において「地方独立行政法人」とは、住民の生活、地域社会及び地域経済の安定等の公共上の見地からその地域において確実に実施されることが必要な事務及び事業であって、地方公共団体が自ら主体となって直接に実施する必要のないもののうち、民間の主体にゆだねた場合には必ずしも実施されないおそれがあるものと地方公共団体が認めるものを効率的かつ効果的に行わせることを目的として、この法律の定めるところにより地方公共団体が設立する法人をいう。
2　この法律において「特定地方独立行政法人」とは、地方独立行政法人（第二十一条第二号に掲げる業務を行うものを除く。）のうち、その業務の停滞が住民の生活、地域社会若しくは地域経済の安定に直接かつ著しい支障を及ぼすため、又はその業務運営における中立性及び公正性を特に確保する必要があるため、その役員及び職員に地方公務員の身分を与える必要があるものとして地方公共団体が当該地方独立行政法人の定款で定めるものをいう。
（業務の公共性、透明性及び自主性等）
第三条　地方独立行政法人は、その行う事務及び事業が住民の生活、地域社会及び地域経済の安定等の公共上の見地から確実に実施されることが必要なものであることに鑑み、適正かつ効率的にその業務を運営するよう努めなければならない。
2　地方独立行政法人は、この法律の定めるところによりその業務の内容を公表すること等を通じて、その組織及び運営の状況を住民に明らかにするよう努めなければならない。
3　この法律の運用に当たっては、地方独立行政法人の事務及び事業が地域社会及び地域経済の情勢を踏まえつつ適切に行われるよう、地方独立行政法人の事務及び事業の特性並びに地方独立行政法人の業務運営における自主性は、十分配慮されなければならない。
（名称）
第四条　地方独立行政法人は、その名称中に地方独立行政法人という文字を用いなければならない。
2　地方独立行政法人でない者は、その名称中に、地方独立行政法人という文字を用いてはならない。
（法人格）
第五条　地方独立行政法人は、法人とする。
（財産的基礎）
第六条　地方独立行政法人は、その業務を確実に実施するために必要な資本金その他の財産的基礎を有しなければならない。
2　地方公共団体でなければ、地方独立行政法人に出資することができない。

3　設立団体（地方独立行政法人を設立する一又は二以上の地方公共団体をいう。以下同じ。）は、地方独立行政法人の資本金の額の二分の一以上に相当する資金その他の財産を出資しなければならない。

4　地方独立行政法人は、業務の見直し、社会経済情勢の変化その他の事由により、その保有する重要な財産であって条例で定めるものが将来にわたり業務を確実に実施する上で必要がなくなったと認められる場合において、当該財産が地方公共団体からの出資又は設立団体からの支出（金銭の出資に該当するものを除く。）に係るものであるときは、第四十二条の二の規定により、当該財産（以下「出資等に係る不要財産」という。）を処分しなければならない。

5　地方独立行政法人に出資される財産のうち金銭以外のものの価額は、出資の日現在における時価を基準として出資する地方公共団体が評価した価額とする。

6　前項の評価に関し必要な事項は、政令で定める。

（設立）

第七条　地方公共団体は、地方独立行政法人を設立しようとするときは、その議会の議決を経て定款を定め、都道府県（都道府県の加入する一部事務組合又は広域連合を含む。以下この条において同じ。）又は都道府県及び都道府県以外の地方公共団体が設立しようとする場合にあっては総務大臣、その他の場合にあっては都道府県知事の認可を受けなければならない。

（定款）

第八条　地方独立行政法人の定款には、次に掲げる事項を規定しなければならない。

一　目的

二　名称

三　設立団体

四　事務所の所在地

五　特定地方独立行政法人又は特定地方独立行政法人以外の地方独立行政法人（以下「一般地方独立法人」という。）の別

六　役員の定数、任期その他役員に関する事項

七　業務の範囲及びその執行に関する事項

八　公共的な施設（住民の福祉を増進する目的をもってその利用に供するための施設をいう。以下この条、第二十一条第六号及び第二十四条において同じ。）の設置及び管理を行う場合には、当該公共的な施設の名称及び所在地

九　資本金、出資及び資産に関する事項

十　公告の方法

十一　解散に伴う残余財産の帰属に関する事項

2　定款の変更は、設立団体（設立団体の数を増加させる場合における定款の変更にあっては、設立団体及び加入設立団体（新たに設立団体となる地方公共団体をいう。以下同じ。）の議会の議決を経て前条の規定の例により総務大臣又は都道府県知事の認可を受けなければ、その効力を生じない。ただし、その変更が政令で定める軽微なものであるときは、この限りでない。

3　第一項第五号に掲げる事項についての定款の変更は、一般地方独立行政法人とする場合に限り、行うことができる。

4　設立団体の長は、第一項第五号に掲げる事項についての定款の変更を行おうとするときは、あらかじめ、第十一条第一項に規定する評価委員会の意見を聴かなければならない。

（登記）

第九条　地方独立行政法人は、政令で定めるところにより、登記しなければならない。

2　前項の規定により登記しなければならない事項は、登記の後でなければ、これをもって第三者に対抗することができない。

3　地方独立行政法人は、その主たる事務所の所在地において設立の登記をすることによって成立する。

（一般社団法人及び一般財団法人に関する法律の準用）

第十条　一般社団法人及び一般財団法人に関する法律（平成十八年法律第四十八号）第四条及び第七十八条の規定は、地方独立行政法人について準用する。

第二節　地方独立行政法人評価委員会

第十一条　設立団体に、地方独立行政法人に関する事務を処理させるため、当該設立団体の長の附属機関として、地方独立行政法人評価委員会（以下「評価委員会」という。）を置く。

2　評価委員会は、次に掲げる事務をつかさどる。

一　第八条第四項、第二十五条第三項、第二十八条第四項、第三十条第二項、第四十二条の二第五項、第四十四条第二項、第四十九条第二項（第五十六条第一項において準用する場合を含む。）、第六十七条第二項、第七十八条第四項、第七十九条の二第二項、第八十七条の八第四項又は第八十七条の十第四項の規定により設立団体の長に意見を述べること。

二　第七十八条の二第一項の規定により第六十八条第一項に規定する公立大学法人（次号において「公立大学法人」という。）の業務の実績を評価すること。

三　第七十八条の二第四項の規定により公立大学法人に勧告すること。

四　第百八条第二項の規定により同条第一項に規定する関係設立団体の長に意見を述べること。

五　第百十二条第二項の規定により同条第一項に規定する関係設立団体の長に意見を述べること。

六　その他この法律又は条例の規定によりその権限に属させられた事項を処理すること。
3　評価委員会は、前項第一号、第四号又は第五号の意見を述べたときは、その内容を公表しなければならない。
4　第二項に定めるもののほか、評価委員会の組織及び委員その他の職員その他評価委員会に関し必要な事項については、条例で定める。

第二章　役員及び職員〔略〕

第三章　業務運営

第一節　業務

（業務の範囲）
第二十一条　地方独立行政法人は、次に掲げる業務のうち定款で定めるものを行う。
一　試験研究を行うこと。
二　大学又は大学及び高等専門学校の設置及び管理を行うこと並びに当該大学又は大学及び高等専門学校における技術に関する研究の成果の活用を促進する事業であって政令で定めるものを実施する者に対し、出資を行うこと。
三―六〔略〕
第二十二条―第二十四条〔略〕

第二節　中期目標等

（中期目標）
第二十五条　設立団体の長は、三年以上五年以下の期間において地方独立行政法人が達成すべき業務運営に関する目標（以下「中期目標」という。）を定め、これを当該地方独立行政法人に指示するとともに、公表しなければならない。これを変更したときも、同様とする。
2　中期目標においては、次に掲げる事項について定めるものとする。
一　中期目標の期間（前項の期間の範囲内で設立団体の長が定める期間をいう。以下同じ。）
二　住民に対して提供するサービスその他の業務の質の向上に関する事項
三　業務運営の改善及び効率化に関する事項
四　財務内容の改善に関する事項
五　その他業務運営に関する重要事項
3　設立団体の長は、中期目標を定め、又はこれを変更しようとするときは、あらかじめ、評価委員会の意見を聴くとともに、議会の議決を経なければならない。
第二十六条―第三十一条〔略〕

第四章―第十二章〔略〕

（理事長の任命の特例等）
第七十一条　公立大学法人が設置する大学の学長となるものとする。ただし、定款で定めるところにより、当該公立大学法人の理事長は、当該公立大学法人が設置する大学の全部又は一部について、学長を理事長と別に任命するものとすることができる。
2―9〔略〕
第七十二条―第七十六条〔略〕
（審議機関）
第七十七条　公立大学法人は、定款で定めるところにより、当該公立大学法人の経営に関する重要事項を審議する機関（次項において「経営審議機関」という。）を置くものとする。
2　経営審議機関は、理事長、副理事長その他の者により構成するものとする。
3　公立大学法人は、定款で定めるところにより、当該公立大学法人が設置する大学ごとに当該大学の教育研究に関する重要事項を審議する機関（次項において「教育研究審議機関」という。）を置くものとする。
4　教育研究審議機関は、学長、学部長その他の者により構成するものとする。

附　則〔令四・五・二法三五〕

（施行期日）
1　この法律は、公布の日から起算して九月を超えない範囲内において政令で定める日から施行する。〔ただし書略〕

三　学校教育奨励編

●就学困難な児童及び生徒に係る就学奨励についての国の援助に関する法律

（昭和三一年三月三〇日 法律第四〇号）

題名改正…昭三六・三・二五法六
最終改正…平二七・六・二四法四六

（目的）

第一条　この法律は、経済的理由によつて就学困難な児童及び生徒について学用品を給与する等就学奨励を行う地方公共団体に対し、国が必要な援助を与えることとし、もつて小学校、中学校及び義務教育学校並びに中等教育学校の前期課程における義務教育の円滑な実施に資することを目的とする。

（国の補助）

第二条　国は、市（特別区を含む。）町村が、その区域内に住所を有する学校教育法（昭和二十二年法律第二十六号）第十八条に規定する学齢児童又は学齢生徒（以下「児童生徒」という。）の同法第十六条に規定する保護者で生活保護法（昭和二十五年法律第百四十四号）第六条第二項に規定する要保護者であるものに対して、児童生徒に係る次に掲げる費用等（当該児童生徒について、同法第十三条の規定による教育扶助が行われている場合にあつては、当該教育扶助に係る第一号又は第二号に掲げるものを除く。）を支給する場合には、予算の範囲内において、これに要する経費を補助する。

一　学用品又はその購入費
二　通学に要する交通費
三　修学旅行費

（補助の基準及び範囲）

第三条　前条の規定により国が補助を行う場合の補助の基準及び範囲については、政令で定める。

附　則　〔抄〕

1　この法律は、昭和三十一年四月一日から施行し、昭和三十一年度において使用される教科用図書から適用する。

2　新たに入学する児童に対する教科用図書の給与に関する法律（昭和二十七年法律第三十二号）は、廃止する。

附　則　〔平二七・六・二四法四六抄〕

（施行期日）

第一条　この法律は、平成二十八年四月一日から施行する。〔ただし書き略〕

㊫特別支援学校への就学奨励に関する法律

（昭和二九年六月一日
法律第一四四号）

題名改正…平一八・六・二一法八〇
最終改正…平二八・五・二〇法四七

（この法律の目的）

第一条 この法律は、教育の機会均等の趣旨に則り、かつ、特別支援学校への就学の特殊事情にかんがみ、国及び地方公共団体が特別支援学校に就学する児童又は生徒について行う必要な援助を規定し、もつて特別支援学校における教育の普及奨励を図ることを目的とする。

（国及び都道府県の行う就学奨励）

第二条 都道府県は、当該都道府県若しくは当該都道府県に包括される市町村の設置する特別支援学校又は当該都道府県の区域内の地方独立行政法人法（平成十五年法律第百十八号）第六十八条第一項に規定する公立大学法人の設置する特別支援学校若しくは私立の特別支援学校への児童又は生徒の就学による保護者等（児童又は未成年の生徒については学校教育法（昭和二十二年法律第二十六号）第十六条に規定する保護者、成年に達した生徒についてはその者の就学に要する経費を負担する者をいう。以下同じ。）の経済的負担を軽減するため、その負担能力の程度に応じ、特別支援学校への就学のため必要な経費のうち、小学部又は中学部の児童又は生徒に係るものにあつては第二号から第六号までに掲げるものについて、高等部（専攻科を除く。）の生徒に係るものにあつては第一号から第五号までに掲げるもの（付添人の付添いに要する交通費を除く。）について、その全部又は一部を支弁しなければならない。

一 教科用図書の購入費
二 学校給食費
三 通学又は帰省に要する交通費及び付添人の付添いに要する交通費
四 学校附設の寄宿舎居住に伴う経費
五 修学旅行費
六 学用品の購入費

2 前項各号に掲げる経費の範囲、その算定基準その他同項の規定による経費の支弁の基準に関し必要な事項は、政令で定める。

3 都道府県は、第一項の規定により支弁した経費のうち他の都道府県の区域内に住所を有する児童又は生徒に係るものについては、当該他の都道府県に対して、その二分の一を求償することができる。

4 国は、学校教育法第二条第二項に規定する国立学校である特別支援学校への就学のため必要な経費について、第一項及び第二項の規定に準じて支弁しなければならない。

（経費の支給）

第三条 前条第一項又は第四項の規定により国又は都道府県が支弁する経費は、当該児童又は生徒の就学する学校の校長に対して交付するものとする。

2 前項の規定により経費の交付を受けた校長は、これを、政令の定めるところにより、金銭をもつて当該児童若しくは生徒又はその保護者等に対して支給しなければならない。ただし、政令で定める特別の事情があるときは、現物をもつて支給することができる。

（国の負担）

第四条 国は、第二条第一項の規定により都道府県が支弁する経費の二分の一を負担する。

（経費に関する資料の提出）

第五条 特別支援学校の校長及び特別支援学校に就学する児童又は生徒（高等部の専攻科の生徒を除く。）の保護者等は、文部科学大臣又は都道府県の教育委員会の定めるところにより、国又は都道府県が第二条の規定により支弁すべき経費の算定に必要な資料を文部科学大臣又は都道府県の教育委員会に提出しなければならない。

附　則〔抄〕

1 この法律は、公布の日から施行する。

附　則〔平二八・五・二〇法四七抄〕

（施行期日）

第一条 この法律は、平成二十九年四月一日から施行する。〔ただし書き略〕

●理科教育振興法

（昭和二八年八月八日
法律第一八六号）

最終改正…平二八・五・二〇法四七

第一章　総則

（この法律の目的）

第一条　この法律は、理科教育が文化的な国家の建設の基盤として特に重要な使命を有することにかんがみ、教育基本法（平成十八年法律第百二十号）及び学校教育法（昭和二十二年法律第二十六号）の精神にのつとり、理科教育を通じて、科学的な知識、技能及び態度を習得させるとともに、工夫創造の能力を養い、且つ、わが国の発展に貢献しうる有為な国民を育成するため、理科教育の振興を図ることを目的とする。

（定義）

第二条　この法律で「理科教育」とは、小学校（義務教育学校の前期課程及び特別支援学校の小学部を含む。以下同じ。）、中学校（義務教育学校の後期課程、中等教育学校の前期課程及び特別支援学校の中学部を含む。以下同じ。）又は高等学校（中等教育学校の後期課程及び特別支援学校の高等部を含む。以下同じ。）において行われる理科、算数及び数学に関する教育をいう。

（国の任務）

第三条　国は、この法律及び他の法令の定めるところにより、理科教育の振興を図るように努めるとともに、地方公共団体が左の各号に掲げるような方法によつて理科教育の振興を図ることを奨励しなければならない。

一　理科教育の振興に関する総合計画を樹立すること。

二　理科教育に関する教育の内容及び方法の改善を図ること。

三　理科教育に関する施設又は設備を整備し、及びその充実を図ること。

四　理科教育に従事する教員又は指導者の現職教育又は養成の計画を樹立し、及びその実施を図ること。

第二章　削除〔昭四一法九八〕

第四条から第八条まで　削除〔昭四一法九八〕

第三章　国の補助

（国の補助）

第九条　国は、公立の学校（地方独立行政法人法（平成十五年法律第百十八号）第六十八条第一項に規定する公立大学法人が設置するものを含む。次項において同じ。）又は私立の学校の設置者が、次に掲げる設備であつて、審議会等（国家行政組織法（昭和二十三年法律第百二十号）第八条に規定する機関をいう。）で政令で定めるものの議を経て政令で定める基準に達していないものについて、これを当該基準にまで高めようとする場合においては、これに要する経費の二分の一を、当該学校の設置者に対し、予算の範囲内において補助する。

一　小学校、中学校又は高等学校における理科教育のための設備（算数又は数学に関する教育のための設備にあつては、標準的なものとして備えられるべき教材以外のもので、当該教育のため特に必要なものとする。）

二　理科教育に従事する教員又は指導者の現職教育又は養成を行う大学が当該現職教育又は養成のために使用する設備

2　前項に規定するもののほか、国は、公立の学校又は私立の学校に係る理科教育の振興のために特に必要と認められる経費の二分の一を、当該学校の設置者に対し、予算の範囲内において補助する。

3　前二項の規定により国が私立の学校の設置者に対し補助をする場合においては、私立学校振興助成法（昭和五十年法律第六十一号）第十一条から第十三条まで並びにこれらの規定に係る同法附則第二条第一項及び第二項の規定の適用があるものとする。

（補助金の返還等）

第十条　文部科学大臣は、前条の規定により補助金の交付を受けた者が次の各号のいずれかに該当するときは、当該年度におけるその後の補助金の交付をやめるとともに、既に交付した当該年度の補助金を返還させるものとする。

一　この法律又はこの法律に基づく政令の規定に違反したとき。

二　補助金の交付の条件に違反したとき。

三　虚偽の方法によつて補助金の交付を受けたことが明らかになつたとき。

（政令への委任）

第十一条　前二条に規定するものを除く外、補助金の交付に関し必要な事項は、政令で定める。

附　則〔抄〕

（施行期日）

1　この法律は、昭和二十九年四月一日から施行する。

附　則〔平二八・五・二〇法四七抄〕

（施行期日）

第一条　この法律は、平成二十九年四月一日から施行する。

●産業教育振興法

（昭和二六年六月一一日 法律第二二八号）

最終改正…平二八・五・二〇法四七

第一章　総則

（目的）

第一条　この法律は、産業教育がわが国の産業経済の発展及び国民生活の向上の基礎であることにかんがみ、教育基本法（平成十八年法律第百二十号）の精神にのつとり、勤労に対する正しい信念を確立し、産業技術を習得させるとともに工夫創造の能力を養い、もつて経済自立に貢献する有為な国民を育成するため、産業教育の振興を図ることを目的とする。

（定義）

第二条　この法律で「産業教育」とは、中学校（義務教育学校の後期課程、中等教育学校の前期課程及び特別支援学校の中学部を含む。以下同じ。）、高等学校（中等教育学校の後期課程及び特別支援学校の高等部を含む。以下同じ。）、大学又は高等専門学校が、生徒又は学生等に対して、農業、工業、商業、水産業その他の産業に従事するために必要な知識、技能及び態度を習得させる目的をもつて行う教育（家庭科教育を含む。）をいう。

（国の任務）

第三条　国は、この法律及び他の法令の定めるところにより、産業教育の振興を図るように努めるとともに、地方公共団体が左の各号に掲げるような方法によつて産業教育の振興を図ることを奨励しなければならない。

一　産業教育の振興に関する総合計画を樹立すること。

二　産業教育に関する教育の内容及び方法の改善を図ること。

三　産業教育に関する施設又は設備を整備し、及びその充実を図ること。

四　産業教育に従事する教員又は指導者の現職教育又は養成の計画を樹立し、及びその実施を図ること。

五　産業教育の実施について、産業界との協力を促進すること。

（実験実習により生ずる収益）

第四条　地方公共団体は、その設置する学校が行う産業教育に関する実験実習によつて収益が生じたときは、これを当該実験実習に必要な経費に増額して充てるように努めなければならない。

（教員の資格等）

第五条　産業教育に従事する教員の資格、定員及び待遇については、産業教育の特殊性に基き、特別の措置が講ぜられなければならない。

（教科用図書）

第六条　産業教育に関する教科用図書の編修、検定及び発行に関しては、産業教育の特殊性に基き、特別の措置が講ぜられなければならない。

第七条から第十条まで　削除〔昭四一法九八〕

第二章　地方産業教育審議会

（設置）

第十一条　都道府県及び市町村（市町村の組合及び特別区を含む。以下同じ。）の教育委員会に、条例の定めるところにより、地方産業教育審議会を置くことができる。

（所掌事務）

第十二条　地方産業教育審議会（以下「地方審議会」という。）は、それぞれ、当該都道府県又は市町村の区域内で行われる産業教育に関し、第三条各号に掲げるような事項その他産業教育に関する重要事項について、都道府県の教育委員会若しくは知事又は市町村の教育委員会の諮問に応じて調査審議し、及びこれらの事項に関して都道府県の教育委員会若しくは知事又は市町村の教育委員会に建議する。

（委員）

第十三条　地方審議会の委員は、産業教育に関し学識経験のある者及び関係行政機関の職員のうちから、それぞれ、都道府県又は市町村の教育委員会が任命する。

2　前項の委員の任命に当たつては、あらかじめ都道府県の教育委員会にあつては知事の意見を、市町村の教育委員会にあつては市町村長の意見を聴かなければならない。

3　委員は、非常勤とする。

4　委員は、その職務を行うために要する費用の弁償を受けることができる。

5　前項の費用は、それぞれ、都道府県又は市町村の負担とする。

6　委員の定数並びに費用弁償の額及びその支給方法は、条例で定める。

（教育委員会規則への委任）

第十四条　地方審議会に関し必要な事項は、この法律に規定するものを除くほか、それぞれ、当該都道府県又は市町村の教育委員会規則で定める。

2　前項の規則の制定に当つては、あらかじめ都道府県の教育委員会は知事と、市町村の教育委員会は市町村長と協議しなければならない。

第三章　国の補助

第一節　公立学校

（国の補助）

第十五条　国は、公立学校（地方独立行政法人法（平成十五年法律第百十八号）第六十八条第一項に規定する公立大学法人（次条において「公立大学法人」という。）が設置する学校を含む。次項において同じ。）の設置者が次に掲げる施設又は設備であつて、審議会等（国家行政組織法（昭和二十三年法律第百二十号）第八条に規定する機関をいう。次条において同じ。）で政令で定めるものの議を経て政令で定める基準に達していないものについて、これを当該基準にまで高めようとする場合においては、これに要する経費の全部又は一部を、当該設置者に対し、予算の範囲内において補助することができる。

一　中学校における産業教育のための実験実習の施設又は設備

二　中学校又は高等学校が産業教育のため共同して使用する実験実習の施設

三　中学校における職業指導のための施設又は設備

四　産業教育に従事する教員又は指導者の現職教育又は養成を行う大学における当該現職教育又は養成のための実験実習の施設又は設備

2　前項に規定するもののほか、国は、公立学校に関する次に掲げる経費の全部又は一部を、当該学校の設置者に対し、予算の範囲内において補助することができる。

一　国又は地方の産業の発展のために必要と認められる産業教育を行う高等学校、短期大学又は高等専門学校で、文部科学大臣が高等学校にあつては都道府県の教育委員会の推薦に基づいて、短期大学又は高等専門学校にあつてはその設置者の申請により指定するものが当該教育を行うために必要な実験実習の施設又は設備の充実に要する経費

二　地方の産業教育及びこれに関する研究の中心施設として文部科学大臣が都道府県の教育委員会の推薦に基づいて指定する中学校又は高等学校が当該教育又は研究を行うために必要な実験実習の施設又は設備に要する経費及び当該研究を行うために必要なその他の経費

三　産業教育に従事する教員及び指導者の現職教育に必要な経費

四　その他産業教育の奨励のために特に必要と認められる経費

（短期の産業教育）

第十六条　国は、公立の中学校又は高等学校（公立大学法人が設置する中学校又は高等学校を含む。以下この条において同じ。）が中学校卒業後産業に従事し、又は従事しようとする青少年のために地方の実情に応じた技能教育を主とする短期の教育（別科における教育及び学校において社会教育として行うものを含む。）を行う場合においては、当該教育に必要な施設又は設備及びその運営に要する経費について、前条第一項の政令で定める審議会等の議を経て政令で定める基準に従い、その全部又は一部を、当該中学校又は高等学校の設置者に対し、予算の範囲内において補助することができる。

（補助金の返還等）

第十七条　文部科学大臣は、補助金の交付を受けた者が次の各号のいずれかに該当するに至つたときは、当該年度におけるその後の補助金の交付をやめるとともに、既に交付した当該年度の補助金を返還させるものとする。

一　この法律又はこの法律に基づく政令の規定に違反したとき。

二　補助金の交付の条件に違反したとき。

三　虚偽の報告によつて補助金の交付を受けたことが明らかになつたとき。

（政令への委任）

第十八条　この節に定めるものを除くほか、補助金の交付に関し必要な事項は、政令で定める。

第二節　私立学校

（私立学校に関する補助）

第十九条　私立学校に関する国の補助については、第十五条から前条までの規定を準用する。この場合において、第十五条第一項第一号中「中学校」とあるのは「中学校又は高等学校」と、同項第二号中「施設」とあるのは「施設又は設備」と、同条第二項第一号及び第二号中「都道府県の教育委員会」とあるのは「都道府県知事」と読み替えるものとする。

2　前項の規定により国が私立学校の設置者に対し補助をする場合においては、私立学校振興助成法（昭和五十年法律第六十一号）第十一条から第十三条まで並びにこれらの規定に係る同法附則第二条第一項及び第二項の規定の適用があるものとする。

附　則〔抄〕

1　この法律は、公布の日から施行する。但し、第十五条から第十九条までの規定は、昭和二十七年四月一日から施行する。

6　実業教育費国庫補助法（大正三年法律第九号）は、廃止する。

附　則〔平二八・五・二〇法四七抄〕

（施行期日）

第一条　この法律は、平成二十九年四月一日から施行する。

●へき地教育振興法

（昭和二九年六月一日 法律第一四三号）

最終改正…令三・六・一一 法六三

（目的）

第一条 この法律は、教育の機会均等の趣旨に基き、かつ、へき地における教育の特殊事情にかんがみ、国及び地方公共団体がへき地における教育を振興するために実施しなければならない諸施策を明らかにし、もつてへき地における教育の水準の向上を図ることを目的とする。

（定義）

第二条 この法律において「へき地学校」とは、交通条件及び自然的、経済的、文化的諸条件に恵まれない山間地、離島その他の地域に所在する公立の小学校、中学校及び義務教育学校並びに中等教育学校の前期課程並びに学校給食法（昭和二十九年法律第百六十号）第六条に規定する施設（以下「共同調理場」という。）をいう。

（市町村の任務）

第三条 市町村は、へき地における教育の振興を図るため、当該地方の必要に応じ、左に掲げる事務を行う。

一 へき地学校の教材、教具等の整備、へき地学校に勤務する教員の研修その他へき地における教育の内容を充実するため必要な措置を講ずること。

二 へき地学校に勤務する教員及び職員のための住宅の建築、あつ旋その他その福利厚生のため必要な措置を講ずること。

三 体育、音楽等の学校教育及び社会教育の用に供するための施設をへき地学校に設けること。

四 へき地学校における教員及び職員並びに児童及び生徒の健康管理の適正な実施を図るため必要な措置を講ずること。

五 へき地学校の児童及び生徒の通学を容易にするため必要な措置を講ずること。

（都道府県の任務）

第四条 都道府県は、へき地における教育の振興を図るため、当該地方の必要に応じ、次に掲げる事務を行う。

一 へき地における教育の特殊事情に適した学習指導、教材、教具等について必要な調査、研究を行い、及び資料を整備すること。

二 へき地学校に勤務する教員の養成施設を設けること。

三 前条に規定する市町村の事務の遂行について、市町村に対し、適切な指導、助言又は援助を行うこと。

四 その設置するへき地学校に関し、前条各号に掲げる事務を行うこと。

2 都道府県は、へき地学校に勤務する教員及び職員の定員の決定について特別の考慮を払わなければならない。

3 都道府県は、へき地学校に勤務する教員の研修について教員に十分な機会を与えるように措置するとともに研修旅費その他研修に関し必要な経費の確保に努めなければならない。

（文部科学大臣の任務）

第五条 文部科学大臣は、へき地における教育について必要な調査、研究を行い、及び資料を整備し、並びに前二条に規定する地方公共団体の任務の遂行について、地方公共団体に対し、適切な指導、助言を行い、又は必要なあつせんをしなければならない。

（へき地手当等）

第五条の二 都道府県（地方自治法（昭和二十二年法律第六十七号）第二百五十二条の十九第一項の指定都市の設置する小学校、中学校及び義務教育学校並びに中等教育学校の前期課程並びに共同調理場については、当該指定都市。次条において同じ。）は、条例で定めるところにより、文部科学省令で定める基準を参酌して条例で指定するへき地学校並びにこれに準ずる学校及び共同調理場（以下「へき地学校等」という。）に勤務する教員及び職員（地方公務員法（昭和二十五年法律第二百六十一号）第二十二条の四第一項若しくは第二十二条の五第一項若しくは第二項、地方公務員の育児休業等に関する法律（平成三年法律第百十号）第十八条第一項又は地方公共団体の一般職の任期付職員の採用に関する法律（平成十四年法律第四十八号）第五条の規定により採用された教員及び職員（次条第一項において「再任用教職員等」という。）を除く。）に対して、へき地手当を支給しなければならない。

2 へき地手当の月額は、文部科学省令で定める基準を参酌して条例で定める。

3 へき地学校等が当該学校に勤務する教員及び職員に対し地域手当が支給される地域に所在する場合におけるへき地手当と地域手当その他の手当との調整等に関し必要な事項は、文部科学省令で定める基準を参酌して条例で定める。

第五条の三 都道府県は、教員又は職員（再任用教職員等を除く。以下「教職員」という。）が在勤地を異にして異動し、当該異動に伴つて住居を移転した場合又は教職員の勤務する学校若しくは共同調理場（以下この条において「学校等」という。）が移転し、当該移転に伴つて、当該異動の直後に勤務する学校等又はその移転した学校等がへき地学校等又は特別の地域に所在する学校等で文部科学省令で定める基準を参酌して条例で指定する学校等に該当するときは、当該教職員には、文部科学省令で定める基準を参酌して条例で定めるところにより、へき地手当に準ずる手当を支給しなければならない。

2　都道府県は、新たにへき地学校等又は前項の規定により条例で指定する学校等に該当することとなつた学校等に勤務する教職員のうち、同項の規定による手当を支給される教職員との権衡上必要があると認められる教職員には、文部科学省令で定める基準を参酌して条例で定めるところにより、同項の規定に準じて、へき地手当に準ずる手当を支給しなければならない。

（国の補助等）

第六条　国は、へき地学校の設置者が行う第三条第一号、第二号、第四号若しくは第五号又は第四条第一項第四号に掲げる事務に要する経費（当該経費のうち、へき地学校の教材、教具等の整備に係る部分、へき地学校に勤務する教員及び職員のための住宅の建築に係る部分並びに他の法律に基づき国が負担し、又は補助する部分を除く。）について、その二分の一を補助する。

2　国は、都道府県が行う第四条第一項第二号に掲げる事務に要する経費（当該経費のうち、他の法律に基き国が負担し、又は補助する部分を除く。）について、その二分の一を補助する。

3　前二項の規定により国が補助する場合の経費の範囲及び算定基準は、政令で定める。

4　国は、義務教育諸学校等の施設費の国庫負担等に関する法律（昭和三十三年法律第八十一号）第十二条第一項の規定により地方公共団体に対して交付金を交付する場合において、当該地方公共団体が同条第二項の規定により作成した施設整備計画に記載された改築等事業（同法第十一条第一項に規定する「改築等事業」をいう。）として、へき地学校の設置者が行う第三条第二号に規定する住宅の建築及び同条第三号に規定する施設の設置に係る事業がある場合においては、当該事業に要する経費の二分の一を下回らない額の交付金が充当されるように算定するものとする。

（補助金の返還）

第七条　国は、国庫から補助金の交付を受けた地方公共団体が次の各号のいずれかに該当するに至つたときは、当該年度におけるその後の補助金の全部又は一部の交付をやめるとともに、既に交付した当該年度の補助金の全部又は一部を返還させることができる。

一　補助金を補助の目的以外の目的に使用したとき。

二　正当な理由がなくて補助金の交付を受けた年度内に補助に係る施設を設けないこととなつたとき。

三　補助に係る施設を、正当な理由がなくて補助の目的以外の目的に使用し、又は文部科学大臣の許可を受けないで処分したとき。

四　補助金の交付の条件に違反したとき。

五　虚偽の方法により補助金の交付を受けたことが明らかになつたとき。

（政令への委任）

第八条　この法律に定めるもののほか、補助金の交付及び返還の手続その他国の補助金に関し必要な事項は、政令で定める。

（負担金、補助金等の配分）

第九条　国及び都道府県は、学校施設の建設又は復旧、教材、教具等の整備その他の教育事務に要する経費について市町村に交付する負担金、補助金等の配分を行うに当つては、へき地における教育の特殊性に留意して適切な配分を行わなければならない。

附　則〔令三・六・一一法六三〕

（施行期日）

第一条　この法律は、令和五年四月一日から施行する。〔ただし書略〕

●独立行政法人日本学生支援機構法〔抄〕

（平成一五年六月一八日 法律第九四号）

最終改正…令四・六・一七法六八

第一章　総則

（目的）
第一条　この法律は、独立行政法人日本学生支援機構の名称、目的、業務の範囲等に関する事項を定めることを目的とする。

（名称）
第二条　この法律及び独立行政法人通則法（平成十一年法律第百三号。以下「通則法」という。）の定めるところにより設立される通則法第二条第一項に規定する独立行政法人の名称は、独立行政法人日本学生支援機構とする。

（機構の目的）
第三条　独立行政法人日本学生支援機構（以下「機構」という。）は、教育の機会均等に寄与するために学資の貸与及び支給その他学生等（大学及び高等専門学校の学生並びに専修学校の専門課程の生徒をいう。以下同じ。）の修学の援助を行い、大学等（大学、高等専門学校及び専門課程を置く専修学校をいう。以下同じ。）が学生等に対して行う修学、進路選択その他の事項に関する相談及び指導について支援を行うとともに、留学生交流（外国人留学生の受入れ及び外国への留学生の派遣をいう。以下同じ。）の推進を図るための事業を行うことにより、我が国の大学等において学ぶ学生等に対する適切な修学の環境を整備し、もって次代の社会を担う豊かな人間性を備えた創造的な人材の育成に資するとともに、国際相互理解の増進に寄与することを目的とする。

第三条の二　〔略〕

（事務所）
第四条　機構は、主たる事務所を神奈川県に置く。

（資本金）
第五条　機構の資本金は、附則第八条第二項及び第十条第五項の規定により政府から出資があったものとされた金額の合計額とする。

2　政府は、必要があると認めるときは、予算で定める金額の範囲内において、機構に追加して出資することができる。

3　機構は、前項の規定による政府の出資があったときは、その出資額により資本金を増加するものとする。

（名称の使用制限）
第六条　機構でない者は、日本学生支援機構という名称を用いてはならない。

第二章　役員及び職員〔略〕

第三章　業務

（業務の範囲）
第十三条　機構は、第三条の目的を達成するため、次の業務を行う。

一　経済的理由により修学に困難がある優れた学生等に対し、学資の貸与及び支給その他必要な援助を行うこと。

二　外国人留学生、我が国に留学を志願する外国人及び外国に派遣される留学生に対し、学資の支給その他必要な援助を行うこと。

三　外国人留学生の寄宿舎その他の留学生交流の推進を図るための事業の拠点となる施設の設置及び運営を行うこと。

四　我が国に留学を志願する外国人に対し、大学等において教育を受けるために必要な学習の達成の程度を判定することを目的とする試験を行うこと。

五　外国人留学生に対し、日本語教育を行うこと。

六　外国人留学生の寄宿舎を設置する者又はその設置する施設を外国人留学生の居住の用に供する者に対する助成金の支給を行うこと。

七　留学生交流の推進を目的とする催しの実施、情報及び資料の収集、整理及び提供その他留学生交流の推進を図るための事業を行うこと。

八　大学等が学生等に対して行う修学、進路選択、心身の健康その他の事項に関する相談及び指導に係る業務に関し、大学等の教育関係職員に対する専門的、技術的な研修を行うとともに、当該業務に関する情報及び資料を収集し、整理し、及び提供すること。

九　学生等の修学の環境を整備するための方策に関する調査及び研究を行うこと。

十　前各号の業務に附帯する業務を行うこと。

2　機構は、前項に規定する業務のほか、当該業務の遂行に支障のない範囲内で、同項第三号の施設を一般の利用に供する業務を行うことができる。

（学資の貸与）
第十四条　前条第一項第一号に規定する学資として貸与する資金（以下「学資貸与金」という。）は、無利息の学資貸与金（以下「第一種学資貸与金」という。）及び利息付きの学資貸与金（以下「第二種学資貸与金」という。）とする。

2　第一種学資貸与金は、優れた学生等であって経済的理由により修学に困難があるもののうち、文部科学省令で定める基準及び方法に従い、特に優れた者であって経済的理由により著しく修学に困難があるものと認定された者に対して貸与するものとする。

3　第二種学資貸与金は、前項の規定による認定を受けた者以外の学生等のうち、文部科学省令で定める基準及び方法に従い、大学その他政令で定める学校に在学する優れた者であって経済的理由により修学に困難があるものと認定された者に対して貸与するものとする。

4　第一種学資貸与金の額並びに第二種学資貸与金の額及び利率は、学校等の種別その他の事情を考慮して、その学資貸与金の種類ごとに政令で定めるところによる。

5　第三項の大学その他政令で定める学校に在学する者であって第二項の規定による認定を受けたもののうち、文部科学省令で定める基準及び方法に従い、第一種学資貸与金の貸与を受けることによってもなおその修学を維持することが困難であると認定された者に対しては、第三項の規定にかかわらず、政令で定めるところにより、第一種学資貸与金に併せて前二項の規定による第二種学資貸与金を貸与することができる。

6　前各項に定めるもののほか、学資貸与金の貸与に関し必要な事項は、政令で定める。

（学資貸与金の返還の条件等）

第十五条　学資貸与金の返還の期限及び返還の方法は、政令で定める。

2　機構は、災害又は傷病により学資貸与金の貸与を受けた者が学資貸与金を返還することが困難となったとき、その他政令で定める事由があるときは、その返還の期限を猶予することができる。

3　機構は、学資貸与金の貸与を受けた者が死亡又は精神若しくは身体の障害により学資貸与金を返還することができなくなったときは、政令で定めるところにより、その学資貸与金の全部又は一部の返還を免除することができる。

第十六条　機構は、大学院において第一種学資貸与金の貸与を受けた学生等のうち、在学中に特に優れた業績を挙げたと認められる者には、政令の定めるところにより、その学資貸与金の全部又は一部の返還を免除することができる。

（回収の業務の方法）

第十七条　学資貸与金の回収の業務の方法については、文部科学省令で定める。

（学資の支給）

第十七条の二　第十三条第一項第一号に規定する学資として支給する資金（以下「学資支給金」という。）は、大学等における修学の支援に関する法律（令和元年法律第八号）第二条第三項に規定する確認大学等（以下この項において「確認大学等」という。）に在学する優れた学生等であって経済的理由により修学に困難があるもののうち、文部科学省令で定める基準及び方法に従い、特に優れた者であって経済的理由により極めて修学に困難があるものと認定された者（同法第十五条第一項の規定による同法第七条第一項の確認の取消し又は確認大学等の設置者による当該確認大学等に係る同項の確認の辞退の際、当該確認大学等に在学している当該認定された者を含む。）に対して支給するものとする。

2　学資支給金の額は、学校等の種別その他の事情を考慮して、政令で定めるところによる。

3　前二項に定めるもののほか、学資支給金の支給に関し必要な事項は、政令で定める。

（学資支給金の返還）

第十七条の三　機構は、学資支給金の支給を受けた者が次の各号のいずれかに該当するに至ったときは、文部科学省令で定めるところにより、その者から、その支給を受けた学資支給金の額に相当する金額の全部又は一部を返還させることができる。

一　学業成績が著しく不良となったと認められるとき。

二　学生等たるにふさわしくない行為があったと認められるとき。

（不正利得の徴収）

第十七条の四　機構は、偽りその他不正の手段により学資支給金の支給を受けた者があるときは、国税徴収の例により、その者から、その支給を受けた学資支給金の額に相当する金額の全部又は一部を徴収するほか、その徴収する額に百分の四十を乗じて得た額以下の金額を徴収することができる。

2　前項の規定による徴収金の先取特権の順位は、国税及び地方税に次ぐものとする。

（受給権の保護）

第十七条の五　学資支給金の支給を受ける権利は、譲り渡し、担保に供し、又は差し押さえることができない。

第四章―第六章〔略〕

附　則（令四・六・一七法六八）

（施行期日）

1　この法律は、刑法等一部改正法施行日から施行する。〔ただし書略〕

●義務教育の段階における普通教育に相当する教育の機会の確保等に関する法律

（平成二八年一二月一四日
法律第一〇五号）

最終改正…令四・六・二二法七六

第一章　総則

（目的）

第一条　この法律は、教育基本法（平成十八年法律第百二十号）及び児童の権利に関する条約等の教育に関する条約の趣旨にのっとり、教育機会の確保等に関する施策に関し、基本理念を定め、並びに国及び地方公共団体の責務を明らかにするとともに、基本指針の策定その他の必要な事項を定めることにより、教育機会の確保等に関する施策を総合的に推進することを目的とする。

（定義）

第二条　この法律において、次の各号に掲げる用語の意義は、それぞれ当該各号に定めるところによる。

一　学校　学校教育法（昭和二十二年法律第二十六号）第一条に規定する小学校、中学校、義務教育学校、中等教育学校の前期課程又は特別支援学校の小学部若しくは中学部をいう。

二　児童生徒　学校教育法第十八条に規定する学齢児童又は学齢生徒をいう。

三　不登校児童生徒　相当の期間学校を欠席する児童生徒であって、学校における集団の生活に関する心理的な負担その他の事由のために就学が困難である状況として文部科学大臣が定める状況にあると認められるものをいう。

四　教育機会の確保等　不登校児童生徒に対する教育の機会の確保、夜間その他特別な時間において授業を行う学校における就学の機会の提供その他の義務教育の段階における普通教育に相当する教育を十分に受けていない者に対する支援をいう。

（基本理念）

第三条　教育機会の確保等に関する施策は、次に掲げる事項を基本理念として行われなければならない。

一　全ての児童生徒が豊かな学校生活を送り、安心して教育を受けられるよう、学校における環境の確保が図られるようにすること。

二　不登校児童生徒が行う多様な学習活動の実情を踏まえ、個々の不登校児童生徒の状況に応じた必要な支援が行われるようにすること。

三　不登校児童生徒が安心して教育を十分に受けられるよう、学校における環境の整備が図られるようにすること。

四　義務教育の段階における普通教育に相当する教育を十分に受けていない者の意思を十分に尊重しつつ、その年齢又は国籍その他の置かれている事情にかかわりなく、その能力に応じた教育を受ける機会が確保されるようにするとともに、その者が、その教育を通じて、社会において自立的に生きる基礎を培い、豊かな人生を送ることができるよう、その教育水準の維持向上が図られるようにすること。

五　国、地方公共団体、教育機会の確保等に関する活動を行う民間の団体その他の関係者の相互の密接な連携の下に行われるようにすること。

（国の責務）

第四条　国は、前条の基本理念にのっとり、教育機会の確保等に関する施策を総合的に策定し、及び実施する責務を有する。

（地方公共団体の責務）

第五条　地方公共団体は、第三条の基本理念にのっとり、教育機会の確保等に関する施策について、国と協力しつつ、当該地域の状況に応じた施策を策定し、及び実施する責務を有する。

（財政上の措置等）

第六条　国及び地方公共団体は、教育機会の確保等に関する施策を実施するため必要な財政上の措置その他の措置を講ずるよう努めるものとする。

第二章　基本指針

第七条　文部科学大臣は、教育機会の確保等に関する施策を総合的に推進するための基本的な指針（以下この条において「基本指針」という。）を定めるものとする。

2　基本指針においては、次に掲げる事項を定めるものとする。

一　教育機会の確保等に関する基本的事項

二　不登校児童生徒等に対する教育機会の確保等に関する事項

三　夜間その他特別な時間において授業を行う学校における就学の機会の提供等に関する事項

四　その他教育機会の確保等に関する施策を総合的に推進するために必要な事項

3　文部科学大臣は、基本指針を作成し、又はこれを変更しようとするときは、内閣総理大臣に協議するとともに地方公共団体及び教育機会の確保等に関する活動を行う民間の団体その他の関係者の意見を反映させるために必要な措置を講ずるものとする。

4　文部科学大臣は、基本指針を定め、又はこれを変更したときは、遅滞なく、これを公表しなければならない。

第三章　不登校児童生徒等に対する教育機会の確保等

（学校における取組への支援）
第八条　国及び地方公共団体は、全ての児童生徒が豊かな学校生活を送り、安心して教育を受けられるよう、児童生徒と学校の教職員との信頼関係及び児童生徒相互の良好な関係の構築を図るための取組、児童生徒の置かれている環境その他の事情及びその意思を把握するための取組、学校生活上の困難を有する個々の児童生徒の状況に応じた支援その他の学校における取組を支援するために必要な措置を講ずるよう努めるものとする。

（支援の状況等に係る情報の共有の促進等）
第九条　国及び地方公共団体は、不登校児童生徒に対する適切な支援が組織的かつ継続的に行われることとなるよう、不登校児童生徒の状況及び不登校児童生徒に対する支援の状況に係る情報を学校の教職員、心理、福祉等に関する専門的知識を有する者その他の関係者間で共有することを促進するために必要な措置その他の措置を講ずるものとする。

（特別の教育課程に基づく教育を行う学校の整備等）
第十条　国及び地方公共団体は、不登校児童生徒に対しその実態に配慮して特別に編成された教育課程に基づく教育を行う学校の整備及び当該教育を行う学校における教育の充実のために必要な措置を講ずるよう努めるものとする。

（学習支援を行う教育施設の整備等）
第十一条　国及び地方公共団体は、不登校児童生徒の学習活動に対する支援を行う公立の教育施設の整備及び当該支援を行う公立の教育施設における教育の充実のために必要な措置を講ずるよう努めるものとする。

（学校以外の場における学習活動の状況等の継続的な把握）
第十二条　国及び地方公共団体は、不登校児童生徒が学校以外の場において行う学習活動の状況、不登校児童生徒の心身の状況その他の不登校児童生徒の状況を継続的に把握するために必要な措置を講ずるものとする。

（学校以外の場における学習活動等を行う不登校児童生徒に対する支援）
第十三条　国及び地方公共団体は、不登校児童生徒が学校以外の場において行う多様で適切な学習活動の重要性に鑑み、個々の不登校児童生徒の休養の必要性を踏まえ、当該不登校児童生徒の状況に応じた学習活動が行われることとなるよう、当該不登校児童生徒及びその保護者（学校教育法第十六条に規定する保護者をいう。）に対する必要な情報の提供、助言その他の支援を行うために必要な措置を講ずるものとする。

第四章　夜間その他特別な時間において授業を行う学校における就学の機会の提供等

（就学の機会の提供等）
第十四条　地方公共団体は、学齢期を経過した者（その者の満六歳に達した日の翌日以後における最初の学年の初めから満十五歳に達した日の属する学年の終わりまでの期間を経過した者をいう。次条第二項第三号において同じ。）であって学校における就学の機会が提供されなかったもののうちにその機会の提供を希望する者が多く存在することを踏まえ、夜間その他特別な時間において授業を行う学校における就学の機会の提供その他の必要な措置を講ずるものとする。

（協議会）
第十五条　都道府県及び当該都道府県の区域内の市町村は、前条に規定する就学の機会の提供その他の必要な措置に係る事務についての当該都道府県及び当該市町村の役割分担に関する事項の協議並びに当該事務の実施に係る連絡調整を行うための協議会（以下この条において「協議会」という。）を組織することができる。

2　協議会は、次に掲げる者をもって構成する。

一　都道府県の知事及び教育委員会

二　当該都道府県の区域内の市町村の長及び教育委員会

三　学齢期を経過した者であって学校における就学の機会が提供されなかったもののうちその機会の提供を希望する者に対する支援活動を行う民間の団体その他の当該都道府県及び当該市町村が必要と認める者

3　協議会において協議が調った事項については、協議会の構成員は、その協議の結果を尊重しなければならない。

4　前三項に定めるもののほか、協議会の運営に関し必要な事項は、協議会が定める。

第五章　教育機会の確保等に関するその他の施策

（調査研究等）
第十六条　国は、義務教育の段階における普通教育に相当する教育を十分に受けていない者の実態の把握に努めるとともに、その者の学習活動に対する支援の方法に関する調査研究並びにこれに関する情報の収集、整理、分析及び提供を行うものとする。

（国民の理解の増進）
第十七条　国及び地方公共団体は、広報活動等を通じて、教育機会の確保等に関する国民の理解を深めるよう必要な措置を講ずるよう努めるものとする。

（人材の確保等）

第十八条　国及び地方公共団体は、教育機会の確保等が専門的知識に基づき適切に行われるよう、学校の教職員その他の教育機会の確保等に携わる者の養成及び研修の充実を通じたこれらの者の資質の向上、教育機会の確保等に係る体制等の充実のための学校の教職員の配置、心理、福祉等に関する専門的知識を有する者であって教育相談に応じるものの確保その他の必要な措置を講ずるよう努めるものとする。

（教材の提供その他の学習の支援）

第十九条　国及び地方公共団体は、義務教育の段階における普通教育に相当する教育を十分に受けていない者のうち中学校を卒業した者と同等以上の学力を修得することを希望する者に対して、教材の提供（通信の方法によるものを含む。）その他の学習の支援のために必要な措置を講ずるよう努めるものとする。

（相談体制の整備）

第二十条　国及び地方公共団体は、義務教育の段階における普通教育に相当する教育を十分に受けていない者及びこれらの者以外の者であって学校生活上の困難を有する児童生徒であるもの並びにこれらの者の家族からの教育及び福祉に関する相談をはじめとする各種の相談に総合的に応ずることができるようにするため、関係省庁相互間その他関係機関、学校及び民間の団体の間の連携の強化その他必要な体制の整備に努めるものとする。

附　則〔令四・六・二二法七六〕

（施行期日）

第一条　この法律は、こども家庭庁設置法（令和四年法律第七十五号）の施行の日から施行する。〔ただし書略〕

●学校教育の情報化の推進に関する法律〔抄〕

（令和元年六月二八日法律第四七号）

最終改正…令三・五・一九法三五

【教採頻出条文】第一条、第二条の2、4—5、第三条、第十条。

第一章　総則

（目的）

第一条　この法律は、デジタル社会の発展に伴い、学校における情報通信技術の活用により学校教育が直面する課題の解決及び学校教育の一層の充実を図ることが重要となっていることに鑑み、全ての児童生徒がその状況に応じて効果的に教育を受けることができる環境の整備を図るため、学校教育の情報化の推進に関し、基本理念を定め、国、地方公共団体等の責務を明らかにし、及び学校教育の情報化の推進に関する計画の策定その他の必要な事項を定めることにより、学校教育の情報化の推進に関する施策を総合的かつ計画的に推進し、もって次代の社会を担う児童生徒の育成に資することを目的とする。

（定義）

第二条　この法律において「学校」とは、学校教育法（昭和二十二年法律第二十六号）第一条に規定する小学校、中学校、義務教育学校、高等学校、中等教育学校及び特別支援学校（幼稚部を除く。）をいう。

2　この法律において「**学校教育の情報化**」とは、学校の各教科等の指導等における情報通信技術の活用及び学校における情報教育（情報及び情報手段（電子計算機、情報通信ネットワークその他の情報処理又は情報の流通のための手段をいう。次条第一項において同じ。）を主体的に選択し、及びこれを活用する能力の育成を図るための教育をいう。第十四条において同じ。）の充実並びに学校事務（学校における事務をいう。以下同じ。）における情報通信技術の活用をいう。

3　この法律において「児童生徒」とは、学校に在籍する児童又は生徒をいう。

4　この法律において「デジタル教材」とは、電磁的記録（電子的方式、磁気的方式その他人の知覚によっては認識することができない方式で作られる記録であって、電子計算機による情報処理の用に供されるものをいう。）として作成される教材をいう。

5　この法律において「デジタル教科書」とは、教科書に代えて、又は教科書として使用されるデジタル教材をいう。

（基本理念）

第三条　学校教育の情報化の推進は、情報通信技術の特性を生かして、個々の児童生徒の能力、特性等に応じた教育、双方向性のある教育（児童生徒の主体的な学習を促す教育をいう。）等が学校の教員による適切な指導を通じて行われることにより、各教科等の指導等において、情報及び情報手段を主体的に選択し、及びこれを活用する能力の体系的な育成その他の知識及び技能の習得等（心身の発達に応じて、基礎的な知識及び技能を習得させるとともに、これらを活用して課題を解決するために必要な思考力、判断力、表現力その他の能力を育み、主体的に学習に取り組む態度を養うことをいう。）が効果的に図られるよう行われなければならない。

2　学校教育の情報化の推進は、デジタル教科書その他のデジタル教材を活用した学習とその他の情報通信技術を活用した学習とデジタル教材以外の教材を活用した学習、体験学習等とを適切に組み合わせること等により、多様な方法による学習が推進されるよう行われなければならない。

3　学校教育の情報化の推進は、全ての児童生徒が、その家庭の経済的な状況、居住する地域、障害の有無等にかかわらず、等しく、学校教育の情報化の恵沢を享受し、もって教育の機会均等が図られるよう行われなければならない。

4　学校教育の情報化の推進は、情報通信技術を活用した学校事務の効率化により、学校の教職員の負担が軽減され、児童生徒に対する教育の充実が図られるよう行われなければならない。

5　学校教育の情報化の推進は、児童生徒等の個人情報の適正な取扱い及びサイバーセキュリティ（サイバーセキュリティ基本法（平成二十六年法律第百四号）第二条に規定するサイバーセキュリティをいう。第十七条において同じ。）の確保を図りつつ行われなければならない。

6　学校教育の情報化の推進は、児童生徒による情報通信技術の利用が児童生徒の健康、生活等に及ぼす影響に十分配慮して行われなければならない。

（国の責務）

第四条　国は、前条の基本理念（以下単に「基本理念」という。）にのっとり、学校教育の情報化の推進に関する施策を総合的かつ計画的に策定し、及び実施する責務を有する。

（地方公共団体の責務）

第五条　地方公共団体は、基本理念にのっとり、学校教育の情報化の推進に関し、国との適切な役割分担を踏まえて、その地方公共団体の地域の状況に応じた施策を総合的かつ計画的に策定し、及び実施する責務を有する。

（学校の設置者の責務）

第六条　学校の設置者は、基本理念にのっとり、その設置する学校における学校教育の情報化の推進のために必要な措置を講ずる責務を有する。

（法制上の措置等）

第七条　政府は、学校教育の情報化の推進に関する施策を実施するため必要な法制上又は財政上の措置その他の措置を講じなければならない。

第二章　学校教育情報化推進計画等

（学校教育情報化推進計画）

第八条　文部科学大臣は、学校教育の情報化の推進に関する施策の総合的かつ計画的な推進を図るため、学校教育の情報化の推進に関する計画（以下「学校教育情報化推進計画」という。）を定めなければならない。

2　学校教育情報化推進計画は、次に掲げる事項について定めるものとする。

一　学校教育の情報化の推進に関する基本的な方針

二　学校教育情報化推進計画の期間

三　学校教育情報化推進計画の目標

四　学校教育の情報化の推進に関する施策に関し総合的かつ計画的に講ずべき施策

五　前各号に掲げるもののほか、学校教育の情報化の推進に関する施策を総合的かつ計画的に推進するために必要な事項

3　学校教育情報化推進計画は、教育基本法（平成十八法律第百二十号）第十七条第一項に規定する基本的な計画との調和が保たれたものでなければならない。

4　文部科学大臣は、情勢の推移により必要が生じたときは、学校教育情報化推進計画を変更するものとする。

5　文部科学大臣は、学校教育情報化推進計画を定め、又は変更しようとするときは、

総務大臣、経済産業大臣その他の関係行政機関の長と協議しなければならない。

6　文部科学大臣は、学校教育情報化推進計画を定め、又は変更したときは、遅滞なく、これを公表しなければならない。

（都道府県学校教育情報化推進計画等）

第九条　都道府県は、学校教育情報化推進計画を基本として、その都道府県の区域における学校教育の情報化の推進に関する施策についての計画（以下この条において「都道府県学校教育情報化推進計画」という。）を定めるよう努めなければならない。

2　市町村（特別区を含む。以下この条において同じ。）は、学校教育情報化推進計画（都道府県学校教育情報化推進計画が定められているときは、学校教育情報化推進計画及び都道府県学校教育情報化推進計画）を基本として、その市町村の区域における学校教育の情報化の推進に関する施策についての計画（次項において「市町村学校教育情報化推進計画」という。）を定めるよう努めなければならない。

3　〔略〕

第三章　学校教育の情報化の推進に関する施策

（デジタル教材等の開発及び普及の促進）

第十条　国は、情報通信技術を活用した多様な方法による学習を促進するため、デジタル教材（デジタル教材及びデジタル教材を利用するための情報通信機器をいう。次項において同じ。）、情報通信技術を活用した教育方法等の開発及び普及の促進に必要な施策を講ずるものとする。

2　国は、前項の施策を講ずるに当たっては、障害の有無にかかわらず全ての児童生徒が円滑に利用することができるデジタル教材等の開発の促進に必要な措置を講ずるものとする。

（教科書に係る制度の見直し）

第十一条　国は、前条第一項の学習を促進するため、教科書として使用することが適切な内容のデジタル教材について各教科等の授業においてデジタル教科書として使用することができるよう、その教育効果を検証しつつ、教科書に係る制度（教科書の位置付け及び教科書に係る検定、義務教育諸学校の児童生徒への教科書の無償の供与、教科書への掲載に係る著作物の利用等に関する制度をいう。次項において同じ。）について検討を加え、その結果に基づき、必要な措置を講ずるものとする。

2　国は、前項の措置の実施の状況等を踏まえ、学校における情報通信技術の活用のための環境の整備の状況等を考慮しつつ、教科書に係る制度の在り方について不断の見直しを行うものとする。

（障害のある児童生徒の教育環境の整備）

第十二条　国は、情報通信技術の活用により可能な限り障害のある児童生徒が障害のない児童生徒と共に教育を受けることができる環境の整備が図られるよう、必要な施策を講ずるものとする。

（相当の期間学校を欠席する児童生徒に対する教育の機会の確保）

第十三条　国は、情報通信技術の活用により疾病による療養その他の事由のため相当の期間学校を欠席する児童生徒に対する教育の機会の確保が図られるよう、必要な施策を講ずるものとする。

（学校の教職員の資質の向上）

第十四条　国は、情報通信技術を活用した効果的な教育方法の普及、情報通信技術の活用による教育方法の改善及び情報教育の充実並びに情報通信技術の活用による学校事務の効率化を図るため、学校の教員の養成及び学校の教職員の研修を通じたその資質の向上のために必要な施策を講ずるものとする。

（学校における情報通信技術の活用のための環境の整備）

第十五条　国は、デジタル教材の円滑な使用を確保するための情報通信機器その他の機器の導入及び情報通信ネットワークを利用できる環境の整備、学校事務に係る情報システムの構築その他の学校における情報通信技術の活用のための環境の整備に必要な施策を講ずるものとする。

（学習の継続的な支援等のための体制の整備）

第十六条　国は、児童生徒に対する学習の継続的な支援等が円滑に行われるよう、情報通信技術の活用により児童生徒の学習活動の状況等に関する情報を学校間及び学校の教職員間で適切に共有する体制を整備するために必要な施策を講ずるものとする。

（個人情報の保護等）

第十七条　国は、児童生徒及び学校の教職員が情報通信技術を適切にかつ安心して利用することができるよう、学校における児童生徒等の個人情報の適正な取扱い及びサイバーセキュリティの確保を図るため、学校におけるサイバーセキュリティに関する統一的な基準の策定、研修の実施その他の必要な施策を講ずるものとする。

（人材の確保等）

第十八条　国は、学校の教職員による情報通信技術の活用を支援する人材の確保、養成及び資質の向上が図られるよう、必要な施策を講ずるものとする。

第十九条・第二十条　〔略〕

（地方公共団体の施策）

第二十一条　各地方公共団体は、第十条から前条までの国の施策を勘案し、その地方公共団体の地域の状況に応じた学校教育の情報化のための施策の推進を図るよう努めるものとする。

第四章　学校教育情報化推進会議

第二十二条　政府は、関係行政機関（文部科学省、総務省、経済産業省その他の関係行政機関をいう。次項において同じ。）相互の調整を行うことにより、学校教育の情報化の総合的、一体的かつ効果的な推進を図るため、学校教育情報化推進会議を設けるものとする。

2　関係行政機関は、学校教育の情報化に関し専門的知識を有する者によって構成する学校教育情報化推進専門家会議を設け、前項の調整を行うに際しては、その意見を聴くものとする。

附　則〔令三・五・一九法三五〕

（施行期日）

第一条　この法律は、令和三年九月一日から施行する。

●消費者教育の推進に関する法律〔抄〕

（平成二四年八月二二日法律第六一号）

最終改正…平二六・六・一三法七一

第一章　総則

（目的）

第一条　この法律は、消費者教育が、消費者と事業者との間の情報の質及び量並びに交渉力の格差等に起因する消費者被害を防止するとともに、消費者が自らの利益の擁護及び増進のため自主的かつ合理的に行動することができるようその自立を支援する上で重要であることに鑑み、消費者教育の機会が提供されることが消費者の権利であることを踏まえ、消費者教育に関し、基本理念を定め、並びに国及び地方公共団体の責務等を明らかにするとともに、基本方針の策定その他の消費者教育の推進に関し必要な事項を定めることにより、消費者教育を総合的かつ一体的に推進し、もって国民の消費生活の安定及び向上に寄与することを目的とする。

（定義）

第二条　この法律において「消費者教育」とは、消費者の自立を支援するために行われる消費生活に関する教育（消費者が主体的に消費者市民社会の形成に参画することの重要性について理解及び関心を深めるための教育を含む。）及びこれに準ずる啓発活動をいう。

2　この法律において「消費者市民社会」とは、消費者が、個々の消費者の特性及び消費生活の多様性を相互に尊重しつつ、自らの消費生活に関する行動が現在及び将来の世代にわたって内外の社会経済情勢及び地球環境に影響を及ぼし得るものであることを自覚して、公正かつ持続可能な社会の形成に積極的に参画する社会をいう。

（基本理念）

第三条　消費者教育は、消費生活に関する知識を修得し、これを適切な行動に結び付けることができる実践的な能力が育まれることを旨として行われなければならない。

2　消費者教育は、消費者が消費者市民社会を構成する一員として主体的に消費者市民社会の形成に参画し、その発展に寄与することができるよう、その育成を積極的に支援することを旨として行われなければならない。

3　消費者教育は、幼児期から高齢期までの各段階に応じて体系的に行われるとともに、年齢、障害の有無その他の消費者の特性に配慮した適切な方法で行われなければならない。

4　消費者教育は、学校、地域、家庭、職域その他の様々な場の特性に応じた適切な方法により、かつ、それぞれの場における消費者教育を推進する多様な主体の連携及び他の消費者政策（消費者の利益の擁護及び増進に関する総合的な施策をいう。第九条第二項第三号において同じ。）との有機的な連携を確保しつつ、効果的に行われなければならない。

5　消費者教育は、消費者の消費生活に関する行動が現在及び将来の世代にわたって内外の社会経済情勢及び地球環境に与える影響に関する情報その他の多角的な視点に立った情報を提供することを旨として行われなければならない。

6　消費者教育は、災害その他非常の事態においても消費者が合理的に行動することができるよう、非常の事態における消費生活に関する知識と理解を深めることを旨として行われなければならない。

7 消費者教育に関する施策を講ずるに当たっては、環境教育、食育、国際理解教育その他の消費生活に関連する教育に関する施策との有機的な連携が図られるよう、必要な配慮がなされなければならない。

（国の責務）

第四条 国は、自らの利益の擁護及び増進のため自主的かつ合理的に行動することができる自立した消費者の育成が極めて重要であることに鑑み、前条の基本理念（以下この章において「基本理念」という。）にのっとり、消費者教育の推進に関する総合的な施策を策定し、及び実施する責務を有する。

2 内閣総理大臣及び文部科学大臣は、前項の施策が適切かつ効率的に策定され、及び実施されるよう、相互に又は関係行政機関の長との間の緊密な連携協力を図りつつ、それぞれの所掌に係る消費者教育の推進に関する施策を推進しなければならない。

（地方公共団体の責務）

第五条 地方公共団体は、基本理念にのっとり、消費生活センター（消費者安全法（平成二十一年法律第五十号）第十条の二第一項第一号に規定する消費生活センターをいう。第十三条第二項及び第二十条第一項において同じ。）、教育委員会その他の関係機関相互間の緊密な連携の下に、消費者教育の推進に関し、国との適切な役割分担を踏まえて、その地方公共団体の区域の社会的、経済的状況に応じた施策を策定し、及び実施する責務を有する。

第六条―第八条 〔略〕

第二章 基本方針等 〔略〕

第三章 基本的施策

（学校における消費者教育の推進）

第十一条 国及び地方公共団体は、幼児、児童及び生徒の発達段階に応じて、学校（学校教育法（昭和二十二年法律第二十六号）第一条に規定する学校をいい、大学及び高等専門学校を除く。第三項において同じ。）の授業その他の教育活動において適切かつ体系的な消費者教育の機会を確保するため、必要な施策を推進しなければならない。

2 国及び地方公共団体は、教育職員に対する消費者教育に関する研修を充実するため、教育職員の職務の内容及び経験に応じ、必要な措置を講じなければならない。

3 国及び地方公共団体は、学校において実践的な消費者教育が行われるよう、その内外を問わず、消費者教育に関する知識、経験等を有する人材の活用を推進するものとする。

（大学等における消費者教育の推進）

第十二条 国及び地方公共団体は、大学等（学校教育法第一条に規定する大学及び高等専門学校並びに専修学校、各種学校その他の同条に規定する学校以外の教育施設で学校教育に類する教育を行うものをいう。以下この条及び第十六条第二項において同じ。）において消費者教育が適切に行われるようにするため、大学等に対し、学生等の消費生活における被害を防止するための啓発その他の自主的な取組を行うよう促すものとする。

2 国及び地方公共団体は、大学等が行う前項の取組を促進するため、関係団体の協力を得つつ、学生等に対する援助に関する業務に従事する教職員に対し、研修の機会の確保、情報の提供その他の必要な措置を講じなければならない。

第十三―第十六 〔略〕

（調査研究等）

第十七条 国及び地方公共団体は、消費者教育に関する調査研究を行う大学、研究機関その他の関係機関及び関係団体と協力を図りつつ、諸外国の学校における総合的、体系的かつ効果的な消費者教育の内容及び方法その他の国の内外における消費者教育の内容及び方法に関し、調査研究並びにその成果の普及及び活用に努めなければならない。

第十八条 〔略〕

第四章 消費者教育推進会議等 〔略〕

附　則 〔平二六・六・一三法七一〕

（施行期日）

第一条 この法律は、公布の日から起算して六月を超えない範囲内において政令で定める日から施行する。〔ただし書略〕

四　保健・健康・スポーツ・給食・図書編

●学校保健安全法

（昭和三三年四月一〇日
法律第五六号）

題名改正…平二〇・六・一八法七三
最終改正…平二七・六・二四法四六

【教採頻出条文】
第一条、第四―五条、第七条、第十一―十三条、第十五条、第十九―二十条、第二十六条―第二十九条。（編集部責）

第一章　総則

（目的）
第一条　この法律は、学校における児童生徒等及び職員の健康の保持増進を図るため、学校における保健管理に関し必要な事項を定めるとともに、学校において実施され、児童生徒等の安全な環境において実施され、児童生徒等の安全の確保が図られるよう、学校における安全管理に関し必要な事項を定め、もつて学校教育の円滑な実施とその成果の確保に資することを目的とする。

（定義）
第二条　この法律において「学校」とは、学校教育法（昭和二十二年法律第二十六号）第一条に規定する学校をいう。

2　この法律において「児童生徒等」とは、学校に在学する幼児、児童、生徒又は学生をいう。

（国及び地方公共団体の責務）
第三条　国及び地方公共団体は、相互に連携を図り、各学校において保健及び安全に係る取組が確実かつ効果的に実施されるようにするため、学校における保健及び安全に関する最新の知見及び事例を踏まえつつ、財政上の措置その他の必要な施策を講ずるものとする。

2　国は、各学校における安全に係る取組を総合的かつ効果的に推進するため、学校安全の推進に関する計画の策定その他所要の措置を講ずるものとする。

3　地方公共団体は、国が講ずる前項の措置に準じた措置を講ずるように努めなければならない。

第二章　学校保健

第一節　学校の管理運営等

（学校保健に関する学校の設置者の責務）
第四条　学校の設置者は、その設置する学校の児童生徒等及び職員の心身の健康の保持増進を図るため、当該学校の施設及び設備並びに管理運営体制の整備充実その他の必要な措置を講ずるよう努めるものとする。

（学校保健計画の策定等）
第五条　学校においては、児童生徒等及び職員の心身の健康の保持増進を図るため、児童生徒等及び職員の健康診断、環境衛生検査、児童生徒等に対する指導その他保健に関する事項について計画を策定し、これを実施しなければならない。

（学校環境衛生基準）
第六条　文部科学大臣は、学校における換気、採光、照明、保温、清潔保持その他環境衛生に係る事項（学校給食法（昭和二十九年法律第百六十号）第九条第一項（夜間課程を置く高等学校における学校給食に関する法律（昭和三十一年法律第百五十七号）第七条及び特別支援学校の幼稚部及び高等部における学校給食に関する法律（昭和三十二年法律第百十八号）第六条において準用する場合を含む。）に規定する事項を除く。）について、児童生徒等及び職員の健康を保護する上で維持されることが望ましい基準（以下この条において「学校環境衛生基準」という。）を定めるものとする。

2　学校の設置者は、学校環境衛生基準に照らしてその設置する学校の適切な環境の維持に努めなければならない。

3　校長は、学校環境衛生基準に照らし、学校の環境衛生に関し適正を欠く事項があると認めた場合には、遅滞なく、その改善のために必要な措置を講じ、又は当該措置を講ずることができないときは、当該学校の設置者に対し、その旨を申し出るものとする。

（保健室）

第七条　**学校には、健康診断、健康相談、保健指導、救急処置その他の保健に関する措置を行うため、保健室を設けるものとする。**

第二節　健康相談等

（健康相談）

第八条　学校においては、児童生徒等の心身の健康に関し、健康相談を行うものとする。

（保健指導）

第九条　養護教諭その他の職員は、相互に連携して、健康相談又は児童生徒等の健康状態の日常的な観察により、児童生徒等の心身の状況を把握し、健康上の問題があると認めるときは、遅滞なく、当該児童生徒等に対して必要な指導を行うとともに、必要に応じ、その保護者（学校教育法第十六条に規定する保護者をいう。第二十四条及び第三十条において同じ。）に対して必要な助言を行うものとする。

（地域の医療機関等との連携）

第十条　**学校においては、救急処置、健康相談又は保健指導を行うに当たつては、必要に応じ、当該学校の所在する地域の医療機関その他の関係機関との連携を図るよう努めるものとする。**

第三節　健康診断

（就学時の健康診断）

第十一条　市（特別区を含む。以下同じ。）町村の教育委員会は、学校教育法第十七条第一項の規定により翌学年の初めから同項に規定する学校に就学させるべき者で、当該市町村の区域内に住所を有するものの就学に当たつて、その健康診断を行わなければならない。

第十二条　市町村の教育委員会は、前条の健康診断の結果に基づき、治療を勧告し、保健上必要な助言を行い、及び学校教育法第十七条第一項に規定する義務の猶予若しくは免除又は特別支援学校への就学に関し指導を行う等適切な措置をとらなければならない。

（児童生徒等の健康診断）

第十三条　学校においては、毎学年定期に、児童生徒等（通信による教育を受ける学生を除く。）の健康診断を行わなければならない。

2　学校においては、必要があるときは、臨時に、児童生徒等の健康診断を行うものとする。

第十四条　学校においては、前条の健康診断の結果に基づき、疾病の予防処置を行い、又は治療を指示し、並びに運動及び作業を軽減する等適切な措置をとらなければならない。

（職員の健康診断）

第十五条　学校の設置者は、毎学年定期に、学校の職員の健康診断を行わなければならない。

2　学校の設置者は、必要があるときは、臨時に、学校の職員の健康診断を行うものとする。

第十六条　学校の設置者は、前条の健康診断の結果に基づき、治療を指示し、及び勤務を軽減する等適切な措置をとらなければならない。

（健康診断の方法及び技術的基準等）

第十七条　健康診断の方法及び技術的基準については、文部科学省令で定める。

2　第十一条から前条までに定めるもののほか、健康診断の時期及び検査の項目その他健康診断に関し必要な事項は、前項に規定するものを除き、第十一条の健康診断に関するものについては政令で、第十三条及び第十五条の健康診断に関するものについては文部科学省令で定める。

3　前二項の文部科学省令は、健康増進法（平成十四年法律第百三号）第九条第一項に規定する健康診査等指針と調和が保たれたものでなければならない。

（保健所との連絡）

第十八条　学校の設置者は、この法律の規定による健康診断を行おうとする場合その他政令で定める場合においては、保健所と連絡するものとする。

第四節　感染症の予防

（出席停止）

第十九条　校長は、感染症にかかつており、かかつている疑いがあり、又はかかるおそれのある児童生徒等があるときは、政令で定めるところにより、出席を停止させることができる。

（臨時休業）

第二十条　学校の設置者は、感染症の予防上必要があるときは、臨時に、学校の全部又は一部の休業を行うことができる。

（文部科学省令への委任）

第二十一条　前二条（第十九条の規定に基づく政令を含む。）及び感染症の予防及び感染症の患者に対する医療に関する法律（平成十年法律第百十四号）その他感染症の予防に関して規定する法律（これらの法律に基づく命令を含む。）に定めるもののほか、学校における感染症の予防に関し必要な事項は、文部科学省令で定める。

第五節　学校保健技師並びに学校医、学校歯科医及び学校薬剤師

（学校保健技師）

第二十二条　都道府県の教育委員会の事務局に、学校保健技師を置くことができる。

2　学校保健技師は、学校における保健管理に関する専門的事項について学識経験がある者でなければならない。

3　学校保健技師は、上司の命を受け、学校における保健管理に関し、専門的技術的指導及び技術に従事する。

（学校医、学校歯科医及び学校薬剤師）

第二十三条　学校には、学校医を置くものとする。

2　大学以外の学校には、学校歯科医及び学校薬剤師を置くものとする。

3　学校医、学校歯科医及び学校薬剤師は、それぞれ医師、歯科医師又は薬剤師のうちから、任命し、又は委嘱する。

4　学校医、学校歯科医及び学校薬剤師は、学校における保健管理に関する専門的事項に関し、技術及び指導に従事する。

5　学校医、学校歯科医及び学校薬剤師の職務執行の準則は、文部科学省令で定める。

第六節　地方公共団体の援助及び国の補助

（地方公共団体の援助）

第二十四条　地方公共団体は、その設置する小学校、中学校、義務教育学校、中等教育学校の前期課程又は特別支援学校の小学部若しくは中学部の児童又は生徒が、感染性又は学習に支障を生ずるおそれのある疾病で政令で定めるものにかかり、学校において治療の指示を受けたときは、当該児童又は生徒の保護者で次の各号のいずれかに該当するものに対して、その疾病の治療のための医療に要する費用について必要な援助を行うものとする。

一　生活保護法（昭和二十五年法律第百四十四号）第六条第二項に規定する要保護者

二　生活保護法第六条第二項に規定する要保護者に準ずる程度に困窮している者で政令で定めるもの

（国の補助）

第二十五条　国は、地方公共団体が前条の規定により同条第一号に掲げる者に対して援助を行う場合には、予算の範囲内において、その援助に要する経費の一部を補助することができる。

2　前項の規定により国が補助を行う場合の補助の基準については、政令で定める。

第三章　学校安全

（学校安全に関する学校の設置者の責務）

第二十六条　学校の設置者は、児童生徒等の安全の確保を図るため、その設置する学校において、事故、加害行為、災害等（以下この条及び第二十九条第三項において「事故等」という。）により児童生徒等に生ずる危険を防止し、及び事故等により児童生徒等に危険又は危害が現に生じた場合（同条第一項及び第二項において「危険等発生時」という。）において適切に対処することができるよう、当該学校の施設及び設備並びに管理運営体制の整備充実その他の必要な措置を講ずるよう努めるものとする。

（学校安全計画の策定等）

第二十七条　学校においては、児童生徒等の安全の確保を図るため、当該学校の施設及び設備の安全点検、児童生徒等に対する通学を含めた学校生活その他の日常生活における安全に関する指導、職員の研修その他学校における安全に関する事項について計画を策定し、これを実施しなければならない。

（学校環境の安全の確保）

第二十八条　校長は、当該学校の施設又は設備について、児童生徒等の安全の確保を図る上で支障となる事項があると認めた場合には、遅滞なく、その改善を図るために必要な措置を講じ、又は当該措置を講ずることができないときは、当該学校の設置者に対し、その旨を申し出るものとする。

（危険等発生時対処要領の作成等）

第二十九条　学校においては、児童生徒等の安全の確保を図るため、当該学校の実情に応じて、危険等発生時において当該学校の職員がとるべき措置の具体的内容及び手順を定めた対処要領（次項において「危険等発生時対処要領」という。）を作成するものとする。

2　校長は、危険等発生時対処要領の職員に対する周知、訓練の実施その他の危険等発生時において職員が適切に対処するために必要な措置を講ずるものとする。

3　学校においては、事故等により児童生徒等に危害が生じた場合において、当該児童生徒等及び当該事故等により心理的外傷その他の心身の健康に対する影響を受けた児童生徒等その他の関係者の心身の健康を回復させるため、これらの者に対して必要な支援を行うものとする。この場合においては、第十条の規定を準用する。

（地域の関係機関等との連携）

第三十条　学校においては、児童生徒等の安全の確保を図るため、児童生徒等の保護者との連携を図るとともに、当該学校が所在する地域の実情に応じて、当該地域を管轄

する警察署その他の関係機関、地域の安全を確保するための活動を行う団体その他の関係団体、当該地域の住民その他の関係者との連携を図るよう努めるものとする。

第四章　雑則

（学校の設置者の事務の委任）
第三十一条　学校の設置者は、他の法律に特別の定めがある場合のほか、この法律に基づき処理すべき事務を校長に委任することができる。

（専修学校の保健管理等）
第三十二条　専修学校には、保健管理に関する専門的事項に関し、技術及び指導を行う医師を置くように努めなければならない。

2　専修学校には、健康診断、健康相談、保健指導、救急処置等を行うため、保健室を設けるように努めなければならない。

3　第三条から第六条まで、第八条から第十条まで、第十三条から第二十一条まで及び第二十六条から前条までの規定は、専修学校に準用する。

附　則〔平二七・六・二四法四六抄〕

（施行期日）
第一条　この法律は、平成二十八年四月一日から施行する。〔ただし書き略〕

●学校保健安全法施行令

（昭和三三年六月一〇日政令第一七四号）

最終改正…平二七・一二・一六政四二一

（就学時の健康診断の時期）
第一条　学校保健安全法（昭和三十三年法律第五十六号。以下「法」という。）第十一条の健康診断（以下「就学時の健康診断」という。）は、学校教育法施行令（昭和二十八年政令第三百四十号）第二条の規定により学齢簿が作成された後翌学年の初めから四月前（同令第五条、第七条、第十一条、第十四条、第十五条及び第十八条の二に規定する就学に関する手続の実施に支障がない場合にあつては、三月前）までの間に行うものとする。

2　前項の規定にかかわらず、市町村の教育委員会は、同項の規定により定めた就学時の健康診断の実施日の翌日以後に当該市町村の教育委員会が作成した学齢簿に新たに就学予定者（学校教育法施行令第五条第一項に規定する就学予定者をいう。以下この項において同じ。）が記載された場合において、当該就学予定者が他の市町村の教育委員会が行う就学時の健康診断を受けていないときは、当該就学予定者について、速やかに就学時の健康診断を行うものとする。

（検査の項目）
第二条　就学時の健康診断における検査の項目は、次のとおりとする。

一　栄養状態
二　脊柱及び胸郭の疾病及び異常の有無
三　視力及び聴力
四　眼の疾病及び異常の有無
五　耳鼻咽頭疾患及び皮膚疾患の有無
六　歯及び口腔の疾病及び異常の有無
七　その他の疾病及び異常の有無

（保護者への通知）
第三条　市（特別区を含む。以下同じ。）町村の教育委員会は、就学時の健康診断を行うに当たつて、あらかじめ、その日時、場所及び実施の要領等を法第十一条に規定する者の学校教育法（昭和二十二年法律第二十六号）第十六条に規定する保護者（以下「保護者」という。）に通知しなければならない。

（就学時健康診断票）
第四条　市町村の教育委員会は、就学時の健康診断を行つたときは、文部科学省令で定める様式により、就学時健康診断票を作成しなければならない。

2　市町村の教育委員会は、翌学年の初めから十五日前までに、就学時健康診断票を就学する学校の校長に送付しなければならない。

（保健所と連絡すべき場合）
第五条　法第十八条の政令で定める場合は、次に掲げる場合とする。

一　法第十九条の規定による出席停止が行われた場合
二　法第二十条の規定による学校の休業を行つた場合

（出席停止の指示）
第六条　校長は、法第十九条の規定により出席を停止させようとするときは、その理由及び期間を明らかにして、幼児、児童又は生徒（高等学校（中等教育学校の後期課程及び特別支援学校の高等部を含む。以下同じ。）の生徒を除く。）にあつてはその保護者に、高等学校の生徒又は学生にあつては当該生徒又は学生にこれを指示しなければならない。

２　出席停止の期間は、感染症の種類等に応じて、文部科学省令で定める基準による。

（出席停止の報告）

第七条　校長は、前条第一項の規定による指示をしたときは、文部科学省令で定めるところにより、その旨を学校の設置者に報告しなければならない。

（感染性又は学習に支障を生ずるおそれのある疾病）

第八条　法第二十四条の政令で定める疾病は、次に掲げるものとする。

一　トラコーマ及び結膜炎

二　白癬、疥癬及び膿痂疹

三　中耳炎

四　慢性副鼻腔炎及びアデノイド

五　齲歯

六　寄生虫病（虫卵保有を含む。）

（要保護者に準ずる程度に困窮している者）

第九条　法第二十四条第二号の政令で定める者は、当該義務教育諸学校（小学校、中学校、義務教育学校、中等教育学校の前期課程又は特別支援学校の小学部若しくは中学部をいう。）を設置する地方公共団体の教育委員会が、生活保護法（昭和二十五年法律第百四十四号）第六条第二項に規定する要保護者（以下「要保護者」という。）に準ずる程度に困窮していると認める者とする。

２　教育委員会は、前項に規定する認定を行うため必要があるときは、社会福祉法（昭和二十六年法律第四十五号）に定める福祉に関する事務所の長及び民生委員法（昭和二十三年法律第百九十八号）に定める民生委員に対して、助言を求めることができる。

（補助の基準）

第十条　法第二十五条第一項の規定による国の補助は、法第二十四条の規定による同条第一号に掲げる者に対する援助に要する経費の額の二分の一について行うものとする。ただし、小学校、中学校及び義務教育学校並びに中等教育学校の前期課程又は特別支援学校の小学部及び中学部の別により、文部科学大臣が毎年度定める児童及び生徒一人一疾病当たりの医療費の平均額に、都道府県に係る場合にあつては次項の規定により文部科学大臣が当該都道府県に配分した児童及び生徒の被患者の延数をそれぞれ乗じて得た額、市町村に係る場合にあつては第三項の規定により都道府県の教育委員会が当該市町村に配分した児童及び生徒の被患者の延数をそれぞれ乗じて得た額の二分の一を限度とする。

２　文部科学大臣は、毎年度、別表イに掲げる算式により算定した小学校、中学校及び義務教育学校並びに中等教育学校の前期課程又は特別支援学校の小学部及び中学部の児童及び生徒の被患者の延数を各都道府県に配分し、その配分した数を各都道府県の教育委員会に通知しなければならない。

３　都道府県の教育委員会は、文部科学省令で定めるところにより、毎年度、文部科学大臣が、別表ロに掲げる算式により算定した小学校、中学校及び義務教育学校並びに中等教育学校の前期課程又は特別支援学校の小学部及び中学部の児童及び生徒の被患者の延数を基準として各都道府県ごとに定めた児童及び生徒の被患者の延数を、各市町村立の小学校、中学校及び義務教育学校並びに中等教育学校の前期課程又は特別支援学校の小学部及び中学部の児童及び生徒のうち教育扶助を受けている者の数を勘案して、各市町村に配分し、その配分した数を文部科学大臣及び各市町村の教育委員会に通知しなければならない。

４　前項の規定により都道府県が処理することとされている事務は、地方自治法（昭和二十二年法律第六十七号）第二条第九項第一号に規定する第一号法定受託事務とする。

（専修学校への準用）

第十一条　第五条から第七条までの規定は、法第三十二条第三項において法第十八条及び第十九条の規定を専修学校に準用する場合について準用する。この場合において、第五条第二号中「法第二十条」とあるのは「法第三十二条第三項において準用する法第二十条」と、第六条第一項中「幼児、児童又は生徒（高等学校（中等教育学校の後期課程及び特別支援学校の高等部を含む。以下同じ。）の生徒を除く。）にあつてはその保護者に、高等学校の生徒又は学生にあつては当該生徒又は学生」とあるのは「生徒」と読み替えるものとする。

附　則〔抄〕

（施行期日）

１　この政令中第七条、第八条及び第九条第一項から第三項までの規定は昭和三十三年十月一日から、その他の規定は公布の日から施行する。

附　則〔平二七・一二・一六政四二一抄〕

（施行期日）

１　この政令は、平成二十八年四月一日から施行する。

別表（第十条関係）

イ	都道府県が要保護者に対して援助を行う場合	$X_1 \times (p_1 \div P_1)$
ロ	市町村が要保護者に対して援助を行う場合	$X_2 \times (p_2 \div P_2)$

備考　この表における算式中次に掲げる各記号の意義は、それぞれ次に掲げるとおりとする。

X_1　文部科学大臣が毎年度予算の範囲内で

定める全国の都道府県立の小学校、中学校及び義務教育学校並びに中等教育学校の前期課程又は特別支援学校の小学部及び中学部の児童及び生徒のうちその保護者が要保護者である被患者の見込延数

X_2　文部科学大臣が毎年度予算の範囲内で定める全国の市町村立の小学校、中学校及び義務教育学校並びに中等教育学校の前期課程又は特別支援学校の小学部及び中学部の児童及び生徒のうちその保護者が要保護者である被患者の見込延数

P_1　前年度の七月一日現在において全国の都道府県立の小学校、中学校及び義務教育学校並びに中等教育学校の前期課程又は特別支援学校の小学部及び中学部の児童及び生徒のうち教育扶助（生活保護法に規定する教育扶助をいう。以下同じ。）を受けている者の総数

P_2　前年度の七月一日現在において全国の市町村立の小学校、中学校及び義務教育学校並びに中等教育学校の前期課程又は特別支援学校の小学部及び中学部の児童及び生徒のうち教育扶助を受けている者の総数

p_1　前年度の七月一日現在において当該都道府県立の小学校、中学校及び義務教育学校並びに中等教育学校の前期課程又は特別支援学校の小学部及び中学部の児童及び生徒のうち教育扶助を受けている者の総数

p_2　前年度の七月一日現在において当該都道府県の区域内の市町村立の小学校、中学校及び義務教育学校並びに中等教育学校の前期課程又は特別支援学校の小学部及び中学部の児童及び生徒のうち教育扶助を受けている者の総数

●学校保健安全法施行規則

（昭和三三年六月一三日
文部省令第一八号）

最終改正…令五・四・二八文令二二

第一章　環境衛生検査等

（環境衛生検査）

第一条　学校保健安全法（昭和三十三年法律第五十六号。以下「法」という。）第五条の環境衛生検査は、他の法令に基づくもののほか、毎学年定期に、法第六条に規定する学校環境衛生基準に基づき行わなければならない。

2　学校においては、必要があるときは、臨時に、環境衛生検査を行うものとする。

（日常における環境衛生）

第二条　学校においては、前条の環境衛生検査のほか、日常的な点検を行い、環境衛生の維持又は改善を図らなければならない。

第二章　健康診断

第一節　就学時の健康診断

（方法及び技術的基準）

第三条　法第十一条の健康診断の方法及び技術的基準は、次の各号に掲げる検査の項目につき、当該各号に定めるとおりとする。

一　栄養状態は、皮膚の色沢、皮下脂肪の充実、筋骨の発達、貧血の有無等について検査し、栄養不良又は肥満傾向で特に注意を要する者の発見につとめる。

二　脊柱の疾病及び異常の有無は、形態等について検査し、側わん症等に注意する。

三　胸郭の異常の有無は、形態及び発育について検査する。

四　視力は、国際標準に準拠した視力表を用いて左右各別に裸眼視力を検査し、眼鏡を使用している者については、当該眼鏡を使用している場合の矯正視力についても検査する。

五　聴力は、オージオメータを用いて検査し、左右各別に聴力障害の有無を明らかにする。

六　眼の疾病及び異常の有無は、感染性眼疾患その他の外眼部疾患及び眼位の異常等に注意する。

七　耳鼻咽頭疾患の有無は、耳疾患、鼻副鼻腔疾患、口腔咽喉頭疾患及び音声言語異常等に注意する。

八　皮膚疾患の有無は、感染性皮膚疾患、アレルギー疾患等による皮膚の状態に注意する。

九　歯及び口腔の疾病及び異常の有無は、齲歯、歯周疾患、不正咬合その他の疾病及び異常について検査する。

十　その他の疾病及び異常の有無は、知能及び呼吸器、循環器、消化器、神経系等について検査するものとし、知能については適切な検査によつて知的障害の発見につとめ、呼吸器、循環器、消化器、神経系等については臨床医学的検査その他の検査によつて結核疾患、心臓疾患、腎臓疾患、ヘルニア、言語障害、精神神経症その他の精神障害、骨、関節の異常及び四肢運動障害等の発見につとめる。

（就学時健康診断票）

第四条　学校保健安全法施行令（昭和三十三年政令第百七十四号。以下「令」という。）第四条第一項に規定する就学時健康診断票の様式は、第一号様式とする。

第二節　児童生徒等の健康診断

（時期）

第五条 法第十三条第一項の健康診断は、毎学年、六月三十日までに行うものとする。ただし、疾病その他やむを得ない事由によつて当該期日に健康診断を受けることのできなかつた者に対しては、その事由のなくなつた後すみやかに健康診断を行うものとする。

2 第一項の健康診断における結核の有無の検査において結核発病のおそれがあると診断された者（第六条第三項第四号に該当する者に限る。）については、おおむね六か月の後に再度結核の有無の検査を行うものとする。

（検査の項目）

第六条 法第十三条第一項の健康診断における検査の項目は、次のとおりとする。

一 身長及び体重

二 栄養状態

三 脊柱及び胸郭の疾病及び異常の有無並びに四肢の状態

四 視力及び聴力

五 眼の疾病及び異常の有無

六 耳鼻咽頭疾患及び皮膚疾患の有無

七 歯及び口腔くうの疾病及び異常の有無

八 結核の有無

九 心臓の疾病及び異常の有無

十 尿

十一 その他の疾病及び異常の有無

2 前項各号に掲げるもののほか、胸囲及び肺活量、背筋力、握力等の機能を、検査の項目に加えることができる。

3 第一項第八号に掲げるものの検査は、次の各号に掲げる学年において行うものとする。

一 小学校（義務教育学校の前期課程及び特別支援学校の小学部を含む。以下この条、第七条第六項及び第十一条において同じ。）の全学年

二 中学校（義務教育学校の後期課程、中等教育学校の前期課程及び特別支援学校の中学部を含む。以下この条、第七条第六項及び第十一条において同じ。）の全学年

三 高等学校（中等教育学校の後期課程及び特別支援学校の高等部を含む。以下この条、第七条第六項及び第十一条において同じ。）及び高等専門学校の第一学年

四 大学の第一学年

4 第一項各号に掲げる検査の項目のうち、小学校の第四学年及び第六学年、中学校及び高等学校の第二学年並びに高等専門学校の第二学年及び第四学年においては第四号に掲げるもののうち聴力を、大学においては第三号、第四号、第七号及び第十号に掲げるものを、それぞれ検査の項目から除くことができる。

（方法及び技術的基準）

第七条 法第十三条第一項の健康診断の方法及び技術的基準については、次項から第九項までに定めるもののほか、第三条の規定（同条第十号中知能に関する部分を除く。）を準用する。この場合において、同条第四号中「検査する。」とあるのは「検査する。ただし、眼鏡を使用している者の裸眼視力の検査はこれを除くことができる。」と読み替えるものとする。

2 前条第一項第一号の身長は、靴下等を脱ぎ、両かかとを密接し、背、臀部及びかかとを身長計の尺柱に接して直立し、両上肢を体側に垂れ、頭部を正位に保たせて測定する。

3 前条第一項第一号の体重は、衣服を脱ぎ、体重計のはかり台の中央に静止させて測定する。ただし、衣服を着たまま測定したときは、その衣服の重量を控除する。

4 前条第一項第三号の四肢の状態は、四肢の形態及び発育並びに運動器の機能の状態に注意する。

5 前条第一項第八号の結核の有無は、問診、胸部エックス線検査、喀痰検査、聴診、打診その他必要な検査によって検査するものとし、その技術的基準は、次の各号に定めるとおりとする。

一 前条第三項第一号又は第二号に該当する者に対しては、問診を行うものとする。

二 前条第三項第三号又は第四号に該当する者（結核患者及び結核発病のおそれがあると診断されている者を除く。）に対しては、胸部エックス線検査を行うものとする。

三 第一号の問診を踏まえて学校医その他の担当の医師において必要と認める者であつて、当該者の在学する学校の設置者において必要と認めるものに対しては、胸部エックス線検査、喀痰検査その他の必要な検査を行うものとする。

四 第二号の胸部エックス線検査によって病変の発見された者及びその疑いのある者、結核患者並びに結核発病のおそれがあると診断されている者に対しては、胸部エックス線検査及び喀痰検査を行い、更に必要に応じ聴診、打診その他必要な検査を行う。

6 前条第一項第九号の心臓の疾病及び異常の有無は、心電図検査その他の臨床医学的検査によって検査するものとする。ただし、幼稚園（特別支援学校の幼稚部を含む。以下この条及び第十一条において同じ。）の全幼児、小学校の第二学年以上の児童、中学校及び高等学校の第二学年以上の生徒、高等専門学校の第二学年以上の学生並びに大学の全学生については、心電図検査を除くことができる。

7 前条第一項第十号の尿は、尿中の蛋白、糖等について試験紙法により検査する。た

だし、幼稚園においては、糖の検査を除くことができる。

8　身体計測、視力及び聴力の検査、問診、胸部エックス線検査、尿の検査その他の予診的事項に属する検査は、学校医又は学校歯科医による診断の前に実施するものとし、学校医又は学校歯科医は、それらの検査の結果及び第十一条の保健調査を活用して診断に当たるものとする。

（健康診断票）

第八条　学校においては、法第十三条第一項の健康診断を行つたときは、児童生徒等の健康診断票を作成しなければならない。

2　校長は、児童又は生徒が進学した場合においては、その作成に係る当該児童又は生徒の健康診断票を進学先の校長に送付しなければならない。

3　校長は、児童生徒等が転学した場合においては、その作成に係る当該児童生徒等の健康診断票を転学先の校長、保育所の長又は認定こども園の長に送付しなければならない。

4　児童生徒等の健康診断票は、五年間保存しなければならない。ただし、第二項の規定により送付を受けた児童又は生徒の健康診断票は、当該健康診断票に係る児童又は生徒が進学前の学校を卒業した日から五年間とする。

（事後措置）

第九条　学校においては、法第十三条第一項の健康診断を行つたときは、二十一日以内にその結果を幼児、児童又は生徒にあつては当該幼児、児童又は生徒及びその保護者（学校教育法（昭和二十二年法律第二十六号）第十六条に規定する保護者をいう。）に、学生にあつては当該学生に通知するとともに、次の各号に定める基準により、法第十四条の措置をとらなければならない。

一　疾病の予防処置を行うこと。

二　必要な医療を受けるよう指示すること。

三　必要な検査、予防接種等を受けるよう指示すること。

四　療養のため必要な期間学校において学習しないよう指導すること。

五　特別支援学級への編入について指導及び助言を行うこと。

六　学習又は運動・作業の軽減、停止、変更等を行うこと。

七　修学旅行、対外運動競技等への参加を制限すること。

八　机又は腰掛の調整、座席の変更及び学級の編制の適正を図ること。

九　その他発育、健康状態等に応じて適当な保健指導を行うこと。

2　前項の場合において、結核の有無の検査の結果に基づく措置については、当該健康診断に当たつた学校医その他の医師が別表第一に定める生活規正の面及び医療の面の区分を組み合わせて決定する指導区分に基づいて、とるものとする。

（臨時の健康診断）

第十条　法第十三条第二項の健康診断は、次に掲げるような場合で必要があるときに、必要な検査の項目について行うものとする。

一　感染症又は食中毒の発生したとき。

二　風水害等により感染症の発生のおそれのあるとき。

三　夏季における休業日の直前又は直後

四　結核、寄生虫病その他の疾病の有無について検査を行う必要があるとき。

五　卒業のとき。

（保健調査）

第十一条　法第十三条の健康診断を的確かつ円滑に実施するため、当該健康診断を行うに当たつては、小学校、中学校、高等学校及び高等専門学校においては全学年において、幼稚園及び大学においては必要と認めるときに、あらかじめ児童生徒等の発育、健康状態等に関する調査を行うものとする。

第三節　職員の健康診断

（時期）

第十二条　法第十五条第一項の健康診断の時期については、第五条の規定を準用する。この場合において、同条第一項中「六月三十日までに」とあるのは、「学校の設置者が定める適切な時期に」と読み替えるものとする。

（検査の項目）

第十三条　法第十五条第一項の健康診断における検査の項目は、次のとおりとする。

一　身長、体重及び腹囲

二　視力及び聴力

三　結核の有無

四　血圧

五　尿

六　胃の疾病及び異常の有無

七　貧血検査

八　肝機能検査

九　血中脂質検査

十　血糖検査

十一　心電図検査

十二　その他の疾病及び異常の有無

2　妊娠中の女性職員においては、前項第六号に掲げる検査の項目を除くものとする。

3　第一項各号に掲げる検査の項目のうち、二十歳以上の職員においては第一号の身長を、三十五歳未満の職員及び三十六歳以上四十歳未満の職員、妊娠中の女性職員その他の職員であつて腹囲が内臓脂肪の蓄積を反映していないと診断されたもの、BMI（次の算式により算出した値をいう。以下同じ。）が二十未満である職員並びに自ら腹囲を測定し、その値を申告した職員（B

MIが二十二未満である職員に限る。）においては第一号の腹囲を、二十歳未満の職員、二十一歳以上二十五歳未満の職員、二十六歳以上三十歳未満の職員、三十一歳以上三十五歳未満の職員又は三十六歳以上四十歳未満の職員であつて感染症の予防及び感染症の患者に対する医療に関する法律施行令（平成十年政令第四百二十号）第十二条第一項第一号又はじん肺法（昭和三十五年法律第三十号）第八条第一項第一号若しくは第三号に掲げる者に該当しないものにおいては第三号に掲げるものを、四十歳未満の職員においては第六号に掲げるものを、三十五歳未満の職員及び三十六歳以上四十歳未満の職員においては第七号から第十一号に掲げるものを、それぞれ検査の項目から除くことができる。

$$BMI = \frac{体重(kg)}{身長(m)^2}$$

（方法及び技術的基準）

第十四条　法第十五条第一項の健康診断の方法及び技術的基準については、次項から第九項までに定めるもののほか、第三条（同条第十号中知能に関する部分を除く。）の規定を準用する。

2　前条第一項第二号の聴力は、千ヘルツ及び四千ヘルツの音に係る検査を行う。ただし、四十五歳未満の職員（三十五歳及び四十歳の職員を除く。）においては、医師が適当と認める方法によつて行うことができる。

3　前条第一項第三号の結核の有無は、胸部エックス線検査により検査するものとし、胸部エックス線検査によつて病変の発見された者及びその疑いのある者、結核患者並びに結核発病のおそれがあると診断されている者に対しては、胸部エックス線検査及び喀痰検査を行い、更に必要に応じ聴診、打診その他必要な検査を行う。

4　前条第一項第四号の血圧は、血圧計を用いて測定するものとする。

5　前条第一項第五号の尿は、尿中の蛋白及び糖について試験紙法により検査する。

6　前条第一項第六号の胃の疾病及び異常の有無は、胃部エックス線検査その他の医師が適当と認める方法により検査するものとし、癌その他の疾病及び異常の発見に努める。

7　前条第一項第七号の貧血検査は、血色素量及び赤血球数の検査を行う。

8　前条第一項第八号の肝機能検査は、血清グルタミックオキサロアセチックトランスアミナーゼ（GOT）、血清グルタミックピルビックトランスアミナーゼ（GPT）及びガンマ—グルタミルトランスペプチダーゼ（γ—GTP）の検査を行う。

9　前条第一項第九号の血中脂質検査は、低比重リポ蛋白コレステロール（LDLコレステロール）、高比重リポ蛋白コレステロール（HDLコレステロール）及び血清トリグリセライドの量の検査を行う。

（健康診断票）

第十五条　学校の設置者は、法第十五条第一項の健康診断を行つたときは、第二号様式によつて、職員健康診断票を作成しなければならない。

2　学校の設置者は、当該学校の職員がその管理する学校から他の学校又は幼保連携型認定こども園へ移つた場合においては、その作成に係る当該職員の健康診断票を異動後の学校又は幼保連携型認定こども園の設置者へ送付しなければならない。

3　職員健康診断票は、五年間保存しなければならない。

（事後措置）

第十六条　法第十五条第一項の健康診断に当たつた医師は、健康に異常があると認めた職員については、検査の結果を総合し、かつ、その職員の職務内容及び勤務の強度を考慮して、別表第二に定める生活規正の面及び医療の面の区分を組み合わせて指導区分を決定するものとする。

2　学校の設置者は、前項の規定により医師が行つた指導区分に基づき、次の基準により、法第十六条の措置をとらなければならない。

「A」　休暇又は休職等の方法で療養のため必要な期間勤務させないこと。

「B」　勤務場所又は職務の変更、休暇による勤務時間の短縮等の方法で勤務を軽減し、かつ、深夜勤務、超過勤務、休日勤務及び宿日直勤務をさせないこと。

「C」　超過勤務、休日勤務及び宿日直勤務をさせないか又はこれらの勤務を制限すること。

「D」　勤務に制限を加えないこと。

「1」　必要な医療を受けるよう指示すること。

「2」　必要な検査、予防接種等を受けるよう指示すること。

「3」　医療又は検査等の措置を必要としないこと。

（臨時の健康診断）

第十七条　法第十五条第二項の健康診断については、第十条の規定を準用する。

第三章　感染症の予防

（感染症の種類）

第十八条　学校において予防すべき感染症の種類は、次のとおりとする。

一　第一種　エボラ出血熱、クリミア・コンゴ出血熱、痘そう、南米出血熱、ペスト、マールブルグ病、ラッサ熱、急性灰白髄炎、ジフテリア、重症急性呼吸器症候群（病原体がベータコロナウイルス属SARSコロナウイルスであるものに限る。）、中東呼吸器症候群（病原体がベータコロナウイルス属MERSコロナウイルスであるものに限る。）及び特定鳥インフルエンザ（感染症の予防及び感染症の患者に対する医療に関する法律（平成十年法律第百十四号）第六条第三項第六号に規定する特定鳥インフルエンザをいう。次号及び第十九条第二号イにおいて同じ。）

二　第二種　インフルエンザ（特定鳥インフルエンザを除く。）、百日咳、麻しん、流行性耳下腺炎、風しん、水痘、咽頭結膜熱、新型コロナウイルス感染症（病原体がベータコロナウイルス属のコロナウイルス（令和二年一月に、中華人民共和国から世界保健機関に対して、人に伝染する能力を有することが新たに報告されたものに限る。）であるものに限る。次条第二号チにおいて同じ。）、結核及び髄膜炎菌性髄膜炎

三　第三種　コレラ、細菌性赤痢、腸管出血性大腸菌感染症、腸チフス、パラチフス、流行性角結膜炎、急性出血性結膜炎その他の感染症

2　感染症の予防及び感染症の患者に対する医療に関する法律第六条第七項から第九項までに規定する新型インフルエンザ等感染症、指定感染症及び新感染症は、前項の規定にかかわらず、第一種の感染症とみなす。

（出席停止の期間の基準）

第十九条　令第六条第二項の出席停止の期間の基準は、前条の感染症の種類に従い、次のとおりとする。

一　第一種の感染症にかかつた者については、治癒するまで。

二　第二種の感染症（結核及び髄膜炎菌性髄膜炎を除く。）にかかつた者については、次の期間。ただし、病状により学校医その他の医師において感染のおそれがないと認めたときは、この限りでない。

イ　インフルエンザ（特定鳥インフルエンザ及び新型インフルエンザ等感染症を除く。）にあつては、発症した後五日を経過し、かつ、解熱した後二日（幼児にあつては、三日）を経過するまで。

ロ　百日咳にあつては、特有の咳が消失するまで又は五日間の適正な抗菌性物質製剤による治療が終了するまで。

ハ　麻しんにあつては、解熱した後三日を経過するまで。

ニ　流行性耳下腺炎にあつては、耳下腺、顎下腺又は舌下腺の腫脹が発現した後五日を経過し、かつ、全身状態が良好になるまで。

ホ　風しんにあつては、発しんが消失するまで。

ヘ　水痘にあつては、すべての発しんが痂皮化するまで。

ト　咽頭結膜熱にあつては、主要症状が消退した後二日を経過するまで。

チ　新型コロナウイルス感染症にあつては、発症した後五日を経過し、かつ、症状が軽快した後一日を経過するまで。

三　結核、髄膜炎菌性髄膜炎及び第三種の感染症にかかつた者については、病状により学校医その他の医師において感染のおそれがないと認めるまで。

四　第一種若しくは第二種の感染症患者のある家に居住する者又はこれらの感染症にかかつている疑いがある者については、予防処置の施行の状況その他の事情により学校医その他の医師において感染のおそれがないと認めるまで。

五　第一種又は第二種の感染症が発生した地域から通学する者については、その発生状況により必要と認めたとき、学校医の意見を聞いて適当と認める期間。

六　第一種又は第二種の感染症の流行地を旅行した者については、その状況により必要と認めたとき、学校医の意見を聞いて適当と認める期間。

（出席停止の報告事項）

第二十条　令第七条の規定による報告は、次の事項を記載した書面をもつてするものとする。

一　学校の名称

二　出席を停止させた理由及び期間

三　出席停止を指示した年月日

四　出席を停止させた児童生徒等の学年別人員数

五　その他参考となる事項

（感染症の予防に関する細目）

第二十一条　校長は、学校内において、感染症にかかつており、又はかかつている疑いがある児童生徒等を発見した場合において、必要と認めるときは、学校医に診断させ、法第十九条の規定による出席停止の指示をするほか、消毒その他適当な処置をするものとする。

2　校長は、学校内に、感染症の病毒に汚染し、又は汚染した疑いがある物件があるときは、消毒その他適当な処置をするものとする。

3　学校においては、その附近において、第一種又は第二種の感染症が発生したときは、その状況により適当な清潔方法を行うものとする。

第四章　学校医、学校歯科医及び学校薬剤師の職務執行の準則

（学校医の職務執行の準則）
第二十二条　学校医の職務執行の準則は、次の各号に掲げるとおりとする。
一　学校保健計画及び学校安全計画の立案に参与すること。
二　学校の環境衛生の維持及び改善に関し、学校薬剤師と協力して、必要な指導及び助言を行うこと。
三　法第八条の健康相談に従事すること。
四　法第九条の保健指導に従事すること。
五　法第十三条の健康診断に従事すること。
六　法第十四条の疾病の予防処置に従事すること。
七　法第二章第四節の感染症の予防に関し必要な指導及び助言を行い、並びに学校における感染症及び食中毒の予防処置に従事すること。
八　校長の求めにより、救急処置に従事すること。
九　市町村の教育委員会又は学校の設置者の求めにより、法第十一条の健康診断又は法第十五条第一項の健康診断に従事すること。
十　前各号に掲げるもののほか、必要に応じ、学校における保健管理に関する専門的事項に関する指導に従事すること。
2　学校医は、前項の職務に従事したときは、その状況の概要を学校医執務記録簿に記入して校長に提出するものとする。

（学校歯科医の職務執行の準則）
第二十三条　学校歯科医の職務執行の準則は、次の各号に掲げるとおりとする。
一　学校保健計画及び学校安全計画の立案に参与すること。
二　法第八条の健康相談に従事すること。
三　法第九条の保健指導に従事すること。
四　法第十三条の健康診断のうち歯の検査に従事すること。
五　法第十四条の疾病の予防処置のうち齲歯その他の歯疾の予防処置に従事すること。
六　市町村の教育委員会の求めにより、法第十一条の健康診断のうち歯の検査に従事すること。
七　前各号に掲げるもののほか、必要に応じ、学校における保健管理に関する専門的事項に関する指導に従事すること。
2　学校歯科医は、前項の職務に従事したときは、その状況の概要を学校歯科医執務記録簿に記入して校長に提出するものとする。

（学校薬剤師の職務執行の準則）
第二十四条　学校薬剤師の職務執行の準則は、次の各号に掲げるとおりとする。
一　学校保健計画及び学校安全計画の立案に参与すること。
二　第一条の環境衛生検査に従事すること。
三　学校の環境衛生の維持及び改善に関し、必要な指導及び助言を行うこと。
四　法第八条の健康相談に従事すること。
五　法第九条の保健指導に従事すること。
六　学校において使用する医薬品、毒物、劇物並びに保健管理に必要な用具及び材料の管理に関し必要な指導及び助言を行い、及びこれらのものについて必要に応じ試験、検査又は鑑定を行うこと。
七　前各号に掲げるもののほか、必要に応じ、学校における保健管理に関する専門的事項に関する技術及び指導に従事すること。
2　学校薬剤師は、前項の職務に従事したときは、その状況の概要を学校薬剤師執務記録簿に記入して校長に提出するものとする。

第五章　国の補助

（児童生徒数の配分の基礎となる資料の提出）
第二十五条　都道府県の教育委員会は、毎年度、七月一日現在において当該都道府県立の小学校、中学校及び義務教育学校並びに中等教育学校の前期課程又は特別支援学校の小学部及び中学部の児童及び生徒のうち教育扶助（生活保護法（昭和二十五年法律第百四十四号）に規定する教育扶助をいう。以下同じ。）を受けている者の総数を、第三号様式により一月十日までに文部科学大臣に報告しなければならない。
2　市町村の教育委員会は、毎年度、七月一日現在において当該市町村立の小学校、中学校及び義務教育学校並びに中等教育学校の前期課程又は特別支援学校の小学部及び中学部の児童及び生徒のうち教育扶助を受けている者の総数を、第四号様式により十二月二十日までに都道府県の教育委員会に報告しなければならない。
3　都道府県の教育委員会は、前項の規定により市町村の教育委員会から報告を受けたときは、これを第五号様式により一月十日までに文部科学大臣に報告しなければならない。

（児童生徒数の配分方法）
第二十六条　令第十条第三項の規定により都道府県の教育委員会が行う配分は、付録の算式により算定した数を基準として行うものとする。

（配分した児童生徒数の通知）
第二十七条　都道府県の教育委員会は、令第十条第三項及び前条の規定により各市町村ごとの小学校、中学校及び義務教育学校並

びに中等教育学校の前期課程又は特別支援学校の小学部及び中学部の児童及び生徒の被患者の延数の配分を行つたときは、文部科学大臣に対しては第六号様式により、各市町村の教育委員会に対しては第七号様式によりすみやかにこれを通知しなければならない。

第六章　安全点検等

（安全点検）

第二十八条　法第二十七条の安全点検は、他の法令に基づくもののほか、毎学期一回以上、児童生徒等が通常使用する施設及び設備の異常の有無について系統的に行わなければならない。

2　学校においては、必要があるときは、臨時に、安全点検を行うものとする。

（日常における環境の安全）

第二十九条　学校においては、前条の安全点検のほか、設備等について日常的な点検を行い、環境の安全の確保を図らなければならない。

第七章　雑則

（専修学校）

第三十条　第一条、第二条、第五条、第六条（同条第三項及び第四項については、大学に関する部分に限る。）、第七条（同条第六項については、大学に関する部分に限る。）、第八条、第九条（同条第一項については、学生に関する部分に限る。）、第十条、第十一条（大学に関する部分に限る。）、第十二条から第二十一条まで、第二十八条及び前条の規定は、専修学校に準用する。この場合において、第五条第一項中「六月三十日までに」とあるのは「当該学年の始期から起算して三月以内に」と、第七条第八項中「学校医又は学校歯科医」とあるのは「医師」と、第九条第二項中「学校医その他の医師」とあるのは「医師」と、第十二条中「第五条」とあるのは「第三十条において準用する第五条」と、第十九条第二号、第三号及び第四号中「学校医その他の医師」とあるのは「医師」と、第十九条第五号及び第六号並びに第二十一条第一項中「学校医」とあるのは「医師」とそれぞれ読み替えるものとする。

2　第二十二条の規定は、専修学校の医師の職務執行の準則について準用する。

附　則〔令五・四・二八文令二二〕

この省令は、令和五年五月八日から施行する。

別表第一

区分		内容
生活規正の面	A（要休業）	授業を休む必要のあるもの
	B（要軽業）	授業に制限を加える必要のあるもの
	C（要注意）	授業をほぼ平常に行つてよいもの
	D（健康）	全く平常の生活でよいもの
医療の面	1（要医療）	医師による直接の医療行為を必要とするもの
	2（要観察）	医師による直接の医療行為を必要としないが、定期的に医師の観察指導を必要とするもの
	3（健康）	医師による直接、間接の医療行為を全く必要としないもの

別表第二

区分		内容
生活規正の面	A（要休業）	勤務を休む必要のあるもの
	B（要軽業）	勤務に制限を加える必要のあるもの
	C（要注意）	勤務をほぼ平常に行つてよいもの
	D（健康）	全く平常の生活でよいもの
医療の面	1（要医療）	医師による直接の医療行為を必要とするもの
	2（要観察）	医師による直接の医療行為を必要としないが、定期的に医師の観察指導を必要とするもの
	3（健康）	医師による直接、間接の医療行為を全く必要としないもの

付録

X×p÷P

Xは、令第十条第三項の別表ロに掲げる算式により算定した小学校、中学校及び義務教育学校並びに中等教育学校の前期課程又は特別支援学校の小学部及び中学部の児童及び生徒の被患者の延数

Pは、前年度の七月一日現在において当該都道府県の区域内の市町村立の小学校、中学校及び義務教育学校並びに中等教育学校の前期課程又は特別支援学校の小学部及び中学部の児童及び生徒のうち教育扶助を受けている者の総数

pは、前年度の七月一日現在において当該市町村立の小学校、中学校及び義務教育学校並びに中等教育学校の前期課程又は特別支援学校の小学部及び中学部の児童及び生徒のうち教育扶助を受けている者の総数

第1号様式（用紙　日本工業規格A4縦型）

（第4条関係）～第10号様式（略）

●独立行政法人日本スポーツ振興センター法〔抄〕

（平成一四年一二月一三日法律第一六二号）

最終改正…令四・六・二二法七六

第一章　総則

（目的）

第一条　この法律は、独立行政法人日本スポーツ振興センターの名称、目的、業務の範囲等に関する事項を定めることを目的とする。

（名称）

第二条　この法律及び独立行政法人通則法（平成十一年法律第百三号。以下「通則法」という。）の定めるところにより設立される通則法第二条第一項に規定する独立行政法人の名称は、独立行政法人日本スポーツ振興センターとする。

（センターの目的）

第三条　独立行政法人日本スポーツ振興センター（以下「センター」という。）は、スポーツの振興及び児童、生徒、学生又は幼児（以下「児童生徒等」という。）の健康の保持増進を図るため、その設置するスポーツ施設の適切かつ効率的な運営、スポーツの振興のために必要な援助、小学校、中学校、義務教育学校、高等学校、中等教育学校、高等専門学校、特別支援学校、幼稚園、幼保連携型認定こども園又は専修学校（高等課程に係るものに限る。）（第十五条第一項第八号を除き、以下「学校」と総称する。）の管理下における児童生徒等の災害に関する必要な給付その他スポーツ及び児童生徒等の健康の保持増進に関する調査研究並びに資料の収集及び提供等を行い、もって国民の心身の健全な発達に寄与することを目的とする。

第三条の二―第六条　（略）

第二章　役員〔略〕

第三章　業務

（業務の範囲）

第十五条　センターは、第三条の目的を達成するため、次の業務を行う。

一　その設置するスポーツ施設及び附属施設を運営し、並びにこれらの施設を利用してスポーツの振興のため必要な業務を行うこと。

二　スポーツ団体（スポーツの振興のための事業を行うことを主たる目的とする団体をいう。）が行う次に掲げる活動に対し資金の支給その他の援助を行うこと。

イ　スポーツに関する競技水準の向上を図るため計画的かつ継続的に行う合宿その他の活動

ロ　国際的又は全国的な規模のスポーツの競技会、研究集会又は講習会の開催

三　優秀なスポーツの選手若しくは指導者が行う競技技術の向上を図るための活動又は優秀なスポーツの選手が受ける職業若しくは実際生活に必要な能力を育成するための教育に対し資金の支給その他の援助を行うこと。

四　国際的に卓越したスポーツの活動を行う計画を有する者が行うその活動に対し資金の支給その他の援助を行うこと。

五　投票法に規定する業務を行うこと。

六　スポーツを行う者の権利利益の保護、心身の健康の保持増進及び安全の確保に

関する業務、スポーツにおけるドーピングの防止活動の推進に関する業務その他のスポーツに関する活動が公正かつ適切に実施されるようにするため必要な業務を行うこと。

七　学校の管理下における児童生徒等の災害（負傷、疾病、障害又は死亡をいう。以下同じ。）につき、当該児童生徒等の保護者（学校教育法（昭和二十二年法律第二十六号）第十六条に規定する保護者をいい、同条に規定する保護者のない場合における里親（児童福祉法（昭和二十二年法律第百六十四号）第二十七条第一項第三号の規定により委託を受けた里親をいう。）その他の政令で定める者を含む。以下同じ。）又は当該児童生徒等のうち生徒若しくは学生が成年に達している場合にあっては当該生徒若しくは学生その他政令で定める者に対し、災害共済給付（医療費、障害見舞金又は死亡見舞金の支給をいう。以下同じ。）を行うこと。

八　スポーツ及び学校安全（学校（学校教育法第一条に規定する学校、就学前の子どもに関する教育、保育等の総合的な提供の推進に関する法律（平成十八年法律第七十七号）第二条第七項に規定する幼保連携型認定こども園（第三十条において「幼保連携型認定こども園」という。）及び学校教育法第百二十四条に規定する専修学校（同法第百二十五条第一項に規定する高等課程に係るものに限る。）をいう。以下この号において同じ。）における安全教育及び安全管理をいう。）その他の学校における児童生徒等の健康の保持増進に関する国内外における調査研究並びに資料の収集及び提供を行うこと。

九　前号に掲げる業務に関連する講演会の開催、出版物の刊行その他普及の事業を行うこと。

十　前各号に掲げる業務に附帯する業務を行うこと。

2　センターは、前項に規定する業務のほか、当該業務の遂行に支障のない範囲内で、同項第一号に掲げる施設を一般の利用に供する業務を行うことができる。

（災害共済給付及び免責の特約）

第十六条　災害共済給付は、学校の管理下における児童生徒等の災害につき、学校の設置者が、児童生徒等の保護者（児童生徒等のうち生徒又は学生が成年に達している場合にあっては当該生徒又は学生。次条第四項において同じ。）の同意を得て、当該児童生徒等についてセンターとの間に締結する災害共済給付契約により行うものとする。

2　前項の災害共済給付契約に係る災害共済給付の給付基準、給付金の支払の請求及びその支払並びに学校の管理下における児童生徒等の災害の範囲については、政令で定める。

3　第一項の災害共済給付契約には、学校の管理下における児童生徒等の災害について学校の設置者の損害賠償責任が発生した場合において、センターが災害共済給付を行うことによりその価額の限度においてその責任を免れさせる旨の特約（以下「免責の特約」という。）を付することができる。

4　センターは、政令で定める正当な理由がある場合を除いては、第一項の規定により同項の災害共済給付契約を締結すること及び前項の規定により免責の特約を付することを拒んではならない。

（共済掛金）

第十七条　災害共済給付に係る共済掛金の額は、政令で定める額とする。

2　前条第三項の規定により同条第一項の災害共済給付契約に免責の特約を付した場合には、前項の規定にかかわらず、同項の額に政令で定める額を加えた額をもって同項の共済掛金の額とする。

3　センターとの間に前条第一項の災害共済給付契約を締結した学校の設置者は、政令で定めるところにより、第一項の共済掛金の額に当該災害共済給付契約に係る児童生徒等の数を乗じて得た額をセンターに対して支払わなければならない。

4　前項の学校の設置者は、当該災害共済給付契約に係る児童生徒等の保護者から、第一項の共済掛金の額（第二項の場合にあっては、同項の政令で定める額を控除した額）のうち政令で定める範囲内で当該学校の設置者の定める額を徴収する。ただし、当該保護者が経済的理由によって納付することが困難であると認められるときは、これを徴収しないことができる。

5　センターは、学校の設置者が第三項の規定による共済掛金を支払わない場合においては、政令で定めるところにより、当該災害共済給付契約に係る災害共済給付を行わないものとする。

（国の補助がある場合の共済掛金の支払）

第十八条　センターが第二十九条第二項の規定により補助金の交付を受けた場合においては、学校のうち公立の義務教育諸学校（小学校、中学校、義務教育学校、中等教育学校の前期課程又は特別支援学校の小学部若しくは中学部をいう。以下同じ。）の設置者が前条第三項の規定による支払をしていないときは、同項の規定によりその公立の義務教育諸学校の設置者が支払う額は、同項の額から政令で定める額を控除した額とし、同項の規定による支払をしているときは、センターは、当該政令で定める額をその公立の義務教育諸学校の設置者に返還しなければならない。

（スポーツ振興投票券の発売等の運営費の制限）

第十九条　次に掲げる業務に係る運営費の金額は、スポーツ振興投票券の発売金額に応じて当該発売金額の百分の十五を超えない範囲内において文部科学省令で定める金額（スポーツ振興投票券の発売金額が文部科学省令で定める金額に達しない場合にあっては、文部科学省令で定める期間内に限り、別に文部科学省令で定める金額）を超えてはならない。

一　スポーツ振興投票券の発売
二　投票法第十三条の払戻金の交付
三　投票法第十七条第三項の返還金の交付
四　投票法第二十七条の二第一項の規定による支援
五　前各号に掲げる業務に附帯する業務

（文部科学大臣の命令）

第二十条　文部科学大臣は、この法律及び投票法を施行するため必要があると認めるときは、センターに対して、スポーツ振興投票等業務に関し必要な命令をすることができる。

第四章　財務及び会計〔略〕

第五章　雑則

（国の補助）

第二十九条　国は、予算の範囲内において、政令で定めるところにより、災害共済給付に要する経費の一部をセンターに対して補助することができる。

2　国は、公立の義務教育諸学校の設置者が第十七条第四項ただし書の規定により、児童又は生徒の保護者で次の各号のいずれかに該当するものから同項本文の学校の設置者の定める額を徴収しない場合においては、予算の範囲内において、政令で定めるところにより、センターに対して補助することができる。

一　生活保護法（昭和二十五年法律第百四十四号）第六条第二項に規定する要保護者
二　生活保護法第六条第二項に規定する要保護者に準ずる程度に困窮している者で政令で定めるもの

（学校の設置者が地方公共団体である場合の事務処理）

第三十条　この法律に基づき学校の設置者が処理すべき事務は、学校の設置者が地方公共団体である場合においては、当該地方公共団体の教育委員会（幼保連携型認定こども園にあっては、当該地方公共団体の長）が処理するものとする。

（損害賠償との調整）

第三十一条　学校の設置者が国家賠償法（昭和二十二年法律第百二十五号）、民法（明治二十九年法律第八十九号）その他の法律（次項において「国家賠償法等」という。）による損害賠償の責めに任ずる場合において、免責の特約を付した第十六条第一項の災害共済給付契約に基づきセンターが災害共済給付を行ったときは、同一の事由については、当該学校の設置者は、その価額の限度においてその損害賠償の責めを免れる。

2　センターは、災害共済給付を行った場合において、当該給付事由の発生につき、国家賠償法等により損害賠償の責めに任ずる者があるときは、その給付の価額の限度において、当該災害に係る児童生徒等がその者に対して有する損害賠償の請求権を取得する。

（時効）

第三十二条　災害共済給付を受ける権利は、その給付事由が生じた日から二年間行わないときは、時効によって消滅する。

（給付を受ける権利の保護）

第三十三条　災害共済給付を受ける権利は、譲り渡し、担保に供し、又は差し押さえることができない。

（公課の禁止）

第三十四条　租税その他の公課は、災害共済給付として支給を受ける給付金を標準として、課することができない。

（財務大臣との協議）

第三十五条　文部科学大臣は、次の場合には、あらかじめ、財務大臣に協議しなければならない。

一　第二十四条第一項の承認をしようとするとき。
二　第二十五条又は第二十六条の認可をしようとするとき。

（主務大臣等）

第三十六条　センターに係る通則法における主務大臣は、次のとおりとする。

一　役員及び職員並びに財務及び会計その他管理業務に関する事項については、文部科学大臣（第十五条第一項第七号に掲げる業務（これに附帯する業務を含む。次号において同じ。）に係る財務及び会計に関する事項については、文部科学大臣及び内閣総理大臣）
二　第十五条第一項第七号に掲げる業務に関する事項については、内閣総理大臣
三　第十五条に規定する業務のうち前号に規定する業務以外のものに関する事項については、文部科学大臣

2　センターに係る通則法における主務省令は、主務大臣の発する命令とする。

（国庫納付金の教育事業等に必要な経費への充当）

第三十七条　政府は、第二十二条第一項の規定による国庫納付金の額に相当する金額を、教育及び文化の振興に関する事業、自然環境の保全のための事業、青少年の健全

な育成のための事業、スポーツの国際交流に関する事業等の公益の増進を目的とする事業に必要な経費に充てなければならない。

2 前項の規定の適用については、金額の算出は、各年度において、その年度の予算金額によるものとする。

第三十八条 削除

（国家公務員宿舎法の適用除外）

第三十九条 国家公務員宿舎法（昭和二十四年法律第百十七号）の規定は、センターの役員及び職員には適用しない。

第六章 罰則〔略〕

附則〔令四・六・二二法七六〕

（施行期日）

第一条 この法律は、こども家庭庁設置法（令和四年法律第七十五号）の施行の日から施行する。〔ただし書略〕

●独立行政法人日本スポーツ振興センター法施行令〔抄〕

（平成一五年八月八日政令第三六十九号）

最終改正…令三・二・一〇政二八

【教採頻出条文】第五条2。

第一章 出資の目的に係る財産の評価

第一条 独立行政法人日本スポーツ振興センター法（以下「法」という。）第五条第五項の評価委員は、必要の都度、次に掲げる者につき文部科学大臣が任命する。

一 財務省の職員 一人

二 文部科学省の職員 一人

三 独立行政法人日本スポーツ振興センター（以下「センター」という。）の役員 一人

四 学識経験のある者 二人

2 法第五条第五項の規定による評価は、同項の評価委員の過半数の一致によるものとする。

3 法第五条第五項の規定による評価に関する庶務は、スポーツ庁政策課において処理する。

第二章 災害共済給付

（児童生徒等の保護者に含まれる者等）

第二条 法第十五条第一項第七号に規定する里親その他の政令で定める者は、里親（同号に規定する里親をいう。以下この条において同じ。）及び里親がない場合において学校（法第三条に規定する学校をいう。以下同じ。）の設置者が当該子女の監護及び教育をしていると認める者とする。

2 法第十五条第一項第七号に規定する生徒又は学生その他政令で定める者は、死亡見舞金の支給の場合における当該生徒又は学生の次に掲げる遺族とする。

一 父母

二 祖父母

三 兄弟姉妹

3 前項に定める者の死亡見舞金を受ける順位は、同項各号の順序とし、父母については、養父母を先にし、実父母を後にする。

4 生徒又は学生に配偶者又は子があるときは、第二項の規定にかかわらず、法第十五条第一項第七号に規定する生徒又は学生その他政令で定める者は、死亡見舞金の支給の場合における当該配偶者又は子とする。この場合において、これらの者の死亡見舞金を受ける順位は、配偶者を先にする。

5 前三項の規定により死亡見舞金の支給を受けるべき同順位の者が二人以上あるときは、死亡見舞金の支給は、その人数によって等分して行う。

（災害共済給付の給付基準）

第三条 法第十五条第一項第七号に規定する災害共済給付（以下この章において単に「災害共済給付」という。）の給付金の額は、次の各号に掲げる給付の種類ごとに、当該各号に定める額とする。

一 医療費 次に掲げる額の合算額

イ 単位療養（同一の月に一の病院、診療所、薬局その他の者から受けた療養（健康保険法（大正十一年法律第七十号）第六十三条第一項各号に掲げる療養及び同法第八十八条第一項に規定する指定訪問看護をいう。以下この号において同じ。）をいう。(1)を除き、以下この号において

て同じ。）ごとに、次の(1)又は(2)に掲げる費用について、それぞれ(1)又は(2)に定める方法により算定した額の合計額（ロにおいて「単位療養額」という。）に十分の三を乗じて得た額（その額が、二十五万二千六百円と、その単位療養につき健康保険法施行令（大正十五年勅令第二百四十三号）第四十二条第一項第二号の厚生労働省令で定めるところにより算定した療養に要した費用の額（その額が八十四万二千円に満たないときは、八十四万二千円）から八十四万二千円を控除した額に百分の一を乗じて得た額（この額に一円未満の端数がある場合において、その端数金額が五十銭未満であるときは、これを切り捨て、その端数金額が五十銭以上であるときは、これを一円に切り上げた額）との合算額を超えない範囲内で文部科学省令で定める額を超えるときは、当該文部科学省令で定める額）を合算した額

(1) 健康保険法第六十三条第一項各号に掲げる療養に要する費用　同法第七十六条第二項の規定に基づく厚生労働大臣の定めるところ又は同法第八十六条第二項第一号の規定に基づく厚生労働大臣の定めるところにより算定した額（その額が現に当該療養に要した費用の額を超えるときは、現に当該療養に要した費用の額）。ただし、当該定めがないときは、現に当該療養に要した費用の範囲内でセンターが必要と認めた額とする。

(2) 健康保険法第八十八条第一項に規定する指定訪問看護に要する費用　同条第四項の規定に基づく厚生労働大臣の定めるところにより算定した額（その額が現に当該指定訪問看護に要した費用の額を超えるときは、現に当該指定訪問看護に要した費用の額）。ただし、当該定めがないときは、現に当該指定訪問看護に要した費用の範囲内でセンターが必要と認めた額とする。

ロ　単位療養額を合算した額の十分の一を超えない範囲内で療養に伴って要する費用として文部科学省令で定める額

ハ　療養を受けた月における食事療養（健康保険法第六十三条第二項第一号に規定する食事療養をいう。）を受けた日数に同法第八十五条第二項に規定する食事療養標準負担額を乗じて得た額

ニ　療養を受けた月における生活療養（健康保険法第六十三条第二項第二号に規定する生活療養をいう。）を受けた日数に同法第八十五条の二第二項に規定する生活療養標準負担額を乗じて得た額

二　障害見舞金　障害の程度に応じ四千万円から八十八万円までの範囲（第五条第二項第四号に掲げる場合（これに準ずる場合として同項第五号の文部科学省令で定める場合を含む。次号において同じ。）に係る障害見舞金にあっては、二千万円から四十四万円までの範囲）内で文部科学省令で定める額

三　死亡見舞金　三千万円（第五条第一項第四号に掲げる死亡（同条第二項第四号に掲げる場合に係るものに限る。）及び同条第一項第五号の文部科学省令で定める死亡に係る死亡見舞金にあっては、千五百万円）

2　災害共済給付（障害見舞金の支給を除く。）は、同一の負傷又は疾病に関しては、医療費の支給開始後十年を経過した時以後は、行わない。

3　センターは、災害共済給付の給付事由と同一の事由について、当該災害共済給付に係る児童、生徒、学生又は幼児（以下「児童生徒等」という。）が国家賠償法等（法第三十一条第一項に規定する国家賠償法等をいう。）により損害賠償を受けたときは、その価額の限度において、災害共済給付を行わないことができる。

4　センターは、学校の管理下における児童生徒等の災害（法第十五条第一項第七号に規定する災害をいう。以下同じ。）について、当該児童生徒等が他の法令の規定により国又は地方公共団体の負担において療養若しくは療養費の支給を受け、又は補償若しくは給付を受けたときは、その受けた限度において、災害共済給付を行わない。

5　センターは、非常災害（風水害、震災、事変その他の非常災害であって、当該非常災害が発生した地域の多数の住民が被害を受けたものをいう。）による児童生徒等の災害については、災害共済給付を行わない。

6　センターは、生活保護法（昭和二十五年法律第百四十四号）による保護を受けている世帯に属する義務教育諸学校（法第十八条に規定する義務教育諸学校をいう。以下同じ。）の児童及び生徒（以下「要保護児童生徒」という。）に係る災害については、医療費の支給を行わない。

7　センターは、高等学校（中等教育学校の後期課程及び特別支援学校の高等部を含む。以下同じ。）、高等専門学校及び専修学校（学校教育法（昭和二十二年法律第二十六号）第百二十四条に規定する専修学校をいい、同法第百二十五条第一項に規定する高等課程に係るものに限る。以下同じ。）の災害共済給付に係る災害共済給付契約に係る生徒又は学生が自己の故意の犯

罪行為により、又は故意に、負傷し、疾病にかかり、又は死亡したときは、当該負傷、疾病若しくは死亡又は当該負傷をし、若しくは疾病にかかったことによる障害若しくは死亡に係る災害共済給付を行わない。ただし、当該生徒又は学生が、いじめ（いじめ防止対策推進法（平成二十五年法律第七十一号）第二条第一項に規定するいじめをいう。）、体罰（学校教育法第十一条ただし書（同法第百三十三条第一項において準用する場合を含む。）に規定する体罰をいう。）その他の当該生徒又は学生の責めに帰することができない事由により生じた強い心理的な負担により、故意に負傷し、疾病にかかり、又は死亡したときは、この限りでない。

8　センターは、高等学校、高等専門学校及び専修学校の災害共済給付については、災害共済給付契約に係る生徒又は学生が自己の重大な過失により、負傷し、疾病にかかり、又は死亡したときは、当該死亡又は当該負傷をし、若しくは疾病にかかったことによる障害若しくは死亡に係る災害共済給付の一部を行わないことができる。

（給付金の支払の請求及びその支払）

第四条　災害共済給付の給付金の支払の請求は、災害共済給付契約に係る学校の設置者が行うものとする。

2　前項の規定にかかわらず、災害共済給付契約に係る児童生徒等の保護者（法第十五条第一項第七号に規定する保護者をいう。以下同じ。）又は当該児童生徒等のうち生徒若しくは学生が成年に達している場合にあっては当該生徒若しくは学生は、自ら前項の請求をすることができる。この場合において、当該請求は、当該災害共済給付契約に係る学校の設置者を経由して行うものとする。

3　同一の負傷又は疾病に係る医療費の支給についての支払の請求は、一月ごとに行うものとする。

4　センターは、第一項又は第二項の規定による給付金の支払の請求があったときは、当該請求の内容が適正であるかどうかを審査して、前条に規定するところにより、その支払額を決定するものとする。

5　センターは、前項の規定により支払額を決定したときは、速やかに、次の各号に掲げる区分に従い、当該各号に定める者を通じて、当該各号に定める児童生徒等の保護者又は当該児童生徒等のうち生徒若しくは学生が成年に達している場合にあっては当該生徒若しくは学生に対し、給付金の支払を行うものとする。

一　学校教育法第二条第二項に規定する国立学校並びに国（国立大学法人法（平成十五年法律第百十二号）第二条第一項に規定する国立大学法人を含む。第十九条第二項において同じ。）が設置する幼保連携型認定こども園（就学前の子どもに関する教育、保育等の総合的な提供の推進に関する法律（平成十八年法律第七十七号）第二条第七項に規定する幼保連携型認定こども園をいう。以下同じ。）及び専修学校並びに地方独立行政法人法（平成十五年法律第百十八号）第六十八条第一項に規定する公立大学法人（第十九条第二項において単に「公立大学法人」という。）が設置する学校の児童生徒等の災害に係る給付金の支払　当該学校の校長

二　公立の学校の児童生徒等の災害に係る給付金の支払　当該学校を設置する地方公共団体の教育委員会（幼保連携型認定こども園にあっては、当該地方公共団体の長）

三　私立の学校の児童生徒等の災害に係る給付金の支払　当該学校を設置する学校法人の理事長（学校法人以外の者が設置する学校にあっては、当該学校の設置者が団体であるものについては当該団体の代表者、当該学校の設置者が団体でないものについては当該設置者）

（学校の管理下における災害の範囲）

第五条　災害共済給付に係る災害は、次に掲げるものとする。

一　児童生徒等の負傷でその原因である事由が学校の管理下において生じたもの。ただし、療養に要する費用が五千円以上のものに限る。

二　学校給食に起因する中毒その他児童生徒等の疾病でその原因である事由が学校の管理下において生じたもののうち、文部科学省令で定めるもの。ただし、療養に要する費用が五千円以上のものに限る。

三　第一号の負傷又は前号の疾病が治った場合において存する障害のうち、文部科学省令で定める程度のもの

四　児童生徒等の死亡でその原因である事由が学校の管理下において生じたもののうち、文部科学省令で定めるもの

五　前号に掲げるもののほか、これに準ずるものとして文部科学省令で定めるもの

2　前項第一号、第二号及び第四号において「学校の管理下」とは、次に掲げる場合をいう。

一　児童生徒等が、法令の規定により学校が編成した教育課程に基づく授業を受けている場合

二　児童生徒等が学校の教育計画に基づいて行われる課外指導を受けている場合

三　前二号に掲げる場合のほか、児童生徒等が休憩時間中に学校にある場合その他校長の指示又は承認に基づいて学校にある場合

四　児童生徒等が通常の経路及び方法によ

り通学する場合

五　前各号に掲げる場合のほか、これらの場合に準ずる場合として文部科学省令で定める場合

（災害共済給付契約等の拒絶理由）

第六条　法第十六条第四項の政令で定める正当な理由は、次に掲げるものとする。

一　災害共済給付契約を締結する場合において、当該災害共済給付契約の申込みに係る児童生徒等の数が、当該児童生徒等が在学する学校の児童生徒等の総数に比べて著しく少ないこと。

二　災害共済給付契約を締結する場合において、当該災害共済給付契約の申込みが文部科学省令で定める契約締結期限の経過後に行われること。

三　免責の特約を付する場合において、災害共済給付契約に係る児童生徒等の一部につき免責の特約を付する申込みが行われること。

（共済掛金の額）

第七条　法第十七条第一項の政令で定める額は、各年度につき、児童生徒等一人当たり、次の各号に掲げる学校の区分に応じ、当該各号に定める額とする。

一　義務教育諸学校　九百二十円（要保護児童生徒にあっては、四十円）

二　高等学校及び専修学校　二千百五十円（夜間その他特別の時間又は時期において授業を行う課程において教育を受ける生徒にあっては九百八十円、通信による教育を行う課程において教育を受ける生徒にあっては二百八十円）

三　高等専門学校　千九百三十円

四　幼稚園（特別支援学校の幼稚部を含む。以下同じ。）及び幼保連携型認定こども園　二百七十円

（免責の特約を付した場合に共済掛金の額に加える額）

第八条　法第十七条第二項の政令で定める額は、各年度につき、児童生徒等一人当たり十五円（高等学校及び専修学校の通信による教育を行う課程において教育を受ける生徒にあっては、二円）とする。

（共済掛金の支払の期限）

第九条　法第十七条第三項の規定による共済掛金の支払は、各年度について、五月一日において在籍する児童生徒等（法第十六条第一項の規定による保護者の同意があるものに限る。）の数に基づき、同月三十一日までに行わなければならない。

（学校の設置者が保護者から徴収する額の範囲）

第十条　法第十七条第四項の政令で定める範囲は、次の各号に掲げる学校の区分に応じ、当該各号に定める範囲とする。

一　義務教育諸学校　十分の四から十分の六まで

二　高等学校、高等専門学校、幼稚園、幼保連携型認定こども園及び専修学校　十分の六から十分の九まで

（共済掛金を支払わない場合における災害共済給付）

第十一条　センターは、学校の設置者が第九条に規定する支払期限までに法第十七条第三項の規定による共済掛金を支払わない場合においては、当該支払期限の経過後当該共済掛金を支払った場合における当該支払った日以後当該年度内に発生した児童生徒等の災害に係る災害共済給付を除いては、当該災害共済給付契約に係る災害共済給付を行わない。

（共済掛金の控除額及び返還額）

第十二条　法第十八条の政令で定める額は、公立の義務教育諸学校の設置者が法第十七条第四項ただし書の規定により児童又は生徒の保護者で法第二十九条第二項各号のいずれかに該当するものから法第十七条第四項本文に規定する学校の設置者の定める額を徴収しない場合における当該徴収しない額の総額の二分の一とする。ただし、小学校、中学校及び義務教育学校並びに中等教育学校の前期課程又は特別支援学校の小学部及び中学部の別並びに要保護児童生徒又は準要保護児童生徒（法第二十九条第二項各号に掲げる者に係る児童及び生徒のうち、要保護児童生徒を除いた者をいう。以下同じ。）の別により、それぞれ、共済掛金の額の二分の一に第十八条第二項の規定により当該義務教育諸学校の設置者がセンターから通知を受けた児童及び生徒の数を乗じて得た額の二分の一を限度とする。

（児童生徒等の転学等の場合における特例）

第十三条　災害共済給付契約に係る児童生徒等が転学し、進学し、卒業し、又は退学した場合における第四条第一項、第二項及び第五項並びに第九条の規定の適用について必要な事項は、文部科学省令で定める。

第三章　スポーツ振興投票等業務〔略〕

第四章　国の補助

（災害共済給付に係る国の補助）

第十六条　法第二十九条第一項の規定による災害共済給付に要する経費に係る国の補助は、第五条第二項第一号及び第二号に掲げる場合に係る災害共済給付に要する経費として次の各号に掲げる学校の区分ごとに文部科学大臣が定める額（以下この条において「補助対象災害共済給付経費」という。）について行うものとし、当該補助の額は、当該学校の区分に応じ、当該各号に定める額とする。

一　義務教育諸学校　補助対象災害共済給

付経費の三分の一に相当する額

二　高等学校、高等専門学校、幼稚園、幼保連携型認定こども園及び専修学校　補助対象災害共済給付経費のうち文部科学大臣の定める額

（要保護者に準ずる程度に困窮している者）

第十七条　法第二十九条第二項第二号の政令で定める者は、同項の公立の義務教育諸学校の設置者が、生活保護法第六条第二項に規定する要保護者に準ずる程度に困窮していると認める者とする。

2　公立の義務教育諸学校の設置者は、前項に規定する認定を行うため必要があるときは、社会福祉法（昭和二十六年法律第四十五号）に定める福祉に関する事務所の長及び民生委員法（昭和二十三年法律第百九十八号）に定める民生委員に対して助言を求めることができる。

（センターに対する国の補助）

第十八条　法第二十九条第二項の規定による国の補助は、小学校、中学校及び義務教育学校並びに中等教育学校の前期課程又は特別支援学校の小学部及び中学部の別並びに要保護児童生徒又は準要保護児童生徒の別により、それぞれ、共済掛金の額の二分の一にセンターが次項の規定により公立の義務教育諸学校の設置者に配分した児童及び生徒の数を乗じて得た額の合計額の二分の一を限度として、公立の義務教育諸学校の設置者が法第十七条第四項ただし書の規定により児童又は生徒の保護者で法第二十九条第二項各号のいずれかに該当するものから法第十七条第四項本文に規定する学校の設置者の定める額を徴収しない場合における当該徴収しない額の合計額の二分の一について行うものとする。

2　センターは、公立の義務教育諸学校の設置者で法第十七条第四項ただし書の規定により前項に規定する児童又は生徒の保護者から同条第四項本文に規定する学校の設置者の定める額を徴収しないものについて、別表に掲げる算式により算定した小学校、中学校及び義務教育学校並びに中等教育学校の前期課程又は特別支援学校の小学部及び中学部の児童及び生徒の数を配分し、その配分した数を文部科学大臣及び当該各設置者に通知しなければならない。

第五章　雑則

（学校の設置者が地方公共団体等である場合の事務処理）

第十九条　学校の設置者が地方公共団体である場合におけるこの政令に基づいて学校の設置者が処理すべき事務は、当該地方公共団体の教育委員会（幼保連携型認定こども園にあっては、当該地方公共団体の長）が処理するものとする。

2　学校の設置者が国、独立行政法人国立高等専門学校機構又は公立大学法人である場合における第二条第一項並びに第四条第一項及び第二項の規定に基づいて学校の設置者が処理すべき事務は、当該学校の校長が処理するものとする。

附　則〔抄〕

（施行期日）

第一条　この政令は、公布の日から施行する。〔ただし書き略〕

（保育所等の災害共済給付）

第五条　法附則第八条第二項において準用する法第十七条第一項の政令で定める額は、各年度につき、保育所等（法附則第八条第一項各号に掲げる施設をいう。以下この条において同じ。）の児童（法附則第八条第一項に規定する児童をいう。以下この条において同じ。）一人当たり三百五十円とする。ただし、要保護児童（生活保護法による保護を受けている世帯に属する保育所等の児童をいう。）については、一人当たり四十円とする。

2　法附則第八条第二項において準用する法第十七条第四項の政令で定める範囲は、同項に規定する共済掛金の額の十分の六から十分の九までの範囲とする。

3　保育所等の災害共済給付については、前二項に規定するもののほか、第二章（第二条、第五条第二項、第七条、第十条及び第十二条を除く。）、第十九条並びに附則第一条の二及び第一条の三の規定を準用する。この場合において、第三条第一項第二号中「第五条第二項第四号に掲げる場合（これに準ずる場合として同項第五号の文部科学省令で定める場合を含む。次号において同じ。）」とあるのは「附則第五条第四項第二号に掲げる場合（これに準ずる場合として同項第三号の文部科学大臣が定める場合を含む。次号において同じ。）」と、同項第三号中「同条第二項第四号」とあるのは「附則第五条第四項第二号」と、「同条第一項第五号」とあるのは「第五条第一項第五号」と、同条第六項中「生活保護法（昭和二十五年法律第百四十四号）による保護を受けている世帯に属する義務教育諸学校（法第十八条に規定する義務教育諸学校をいう。以下同じ。）の児童及び生徒（以下「要保護児童生徒」という。）」とあるのは「附則第五条第一項に規定する要保護児童」と、第四条第五項第二号中「教育委員会（幼保連携型認定こども園にあっては、当該地方公共団体の長）」とあるのは「長」と、第五条第一項第一号中「学校の管理下」とあるのは「保育所等（法附則第八条第一項各号に掲げる施設をいう。以下この項及び第九条において同じ。）の管理下」と、同項第二号及び第四号中「学校の管理下」とあるのは「保育所等の管理下」と、第九条中「第十七条第三項」とあるのは「附則第八条第二項において準用する法第

十七条第三項」と、「五月一日」とあるのは「五月一日（同月二日から当該年度の末日までの間に経営を開始する保育所等（当該保育所等の設置者が当該保育所等の管理下における児童について新たに災害共済給付契約を締結するものに限る。以下この条において「特定保育所等」という。）にあっては、その経営を開始する日）」と、「同月三十一日」とあるのは「同月三十一日（特定保育所等にあっては、その経営を開始した日の属する月の翌月の末日）」と、第十九条第一項中「教育委員会（幼保連携型認定こども園にあっては、当該地方公共団体の長）」とあるのは「長」と読み替えるものとする。

4　前項の規定により読み替えて準用する第五条第一項第一号、第二号及び第四号並びに第九条において「保育所等の管理下」とは、次に掲げる場合をいう。

一　児童が保育を受けている場合

二　児童が通常の経路及び方法により保育所等に通い、又は保育所等から帰宅する場合

三　前二号に掲げる場合のほか、文部科学大臣が厚生労働大臣と協議してこれらの場合に準ずる場合として定める場合

附　則〔令三・二・一〇政二八〕

この政令は、新型インフルエンザ等対策特別措置法等の一部を改正する法律の施行の日から施行する。

●学校給食法

（昭和二九年六月三日法律第一六〇号）

最終改正…平二七・六・二四法四六

第一章　総則

（この法律の目的）

第一条　この法律は、学校給食が児童及び生徒の心身の健全な発達に資するものであり、かつ、児童及び生徒の食に関する正しい理解と適切な判断力を養う上で重要な役割を果たすものであることにかんがみ、学校給食及び学校給食を活用した食に関する指導の実施に関し必要な事項を定め、もつて学校給食の普及充実及び学校における食育の推進を図ることを目的とする。

（学校給食の目標）

第二条　学校給食を実施するに当たつては、義務教育諸学校における教育の目的を実現するために、次に掲げる目標が達成されるよう努めなければならない。

一　適切な栄養の摂取による健康の保持増進を図ること。

二　日常生活における食事について正しい理解を深め、健全な食生活を営むことができる判断力を培い、及び望ましい食習慣を養うこと。

三　学校生活を豊かにし、明るい社交性及び協同の精神を養うこと。

四　食生活が自然の恩恵の上に成り立つものであることについての理解を深め、生命及び自然を尊重する精神並びに環境の保全に寄与する態度を養うこと。

五　食生活が食にかかわる人々の様々な活動に支えられていることについての理解を深め、勤労を重んずる態度を養うこと。

六　我が国や各地域の優れた伝統的な食文化についての理解を深めること。

七　食料の生産、流通及び消費について、正しい理解に導くこと。

（定義）

第三条　この法律で「学校給食」とは、前条各号に掲げる目標を達成するために、義務教育諸学校において、その児童又は生徒に対し実施される給食をいう。

2　この法律で「義務教育諸学校」とは、学校教育法（昭和二十二年法律第二十六号）に規定する小学校、中学校、義務教育学校、中等教育学校の前期課程又は特別支援学校の小学部若しくは中学部をいう。

（義務教育諸学校の設置者の任務）

第四条　義務教育諸学校の設置者は、当該義務教育諸学校において学校給食が実施されるように努めなければならない。

（国及び地方公共団体の任務）

第五条　国及び地方公共団体は、学校給食の普及と健全な発達を図るように努めなければならない。

第二章　学校給食の実施に関する基本的な事項

（二以上の義務教育諸学校の学校給食の実施に必要な施設）

第六条　義務教育諸学校の設置者は、その設置する義務教育諸学校の学校給食を実施するための施設として、二以上の義務教育諸学校の学校給食の実施に必要な施設（以下「共同調理場」という。）を設けることができる。

（学校給食栄養管理者）

第七条　義務教育諸学校又は共同調理場において学校給食の栄養に関する専門的事項をつかさどる職員（第十条第三項において「学校給食栄養管理者」という。）は、教育職員免許法（昭和二十四年法律第百四十七号）第四条第二項に規定する栄養教諭の免許状を有する者又は栄養士法（昭和二十二年法律第二百四十五号）第二条第一項の規定による栄養士の免許を有する者で学校給食の実施に必要な知識若しくは経験を有するものでなければならない。

（学校給食実施基準）

第八条　文部科学大臣は、児童又は生徒に必要な栄養量その他の学校給食の内容及び学校給食を適切に実施するために必要な事項（次条第一項に規定する事項を除く。）について維持されることが望ましい基準（次項において「学校給食実施基準」という。）を定めるものとする。

2　学校給食を実施する義務教育諸学校の設置者は、学校給食実施基準に照らして適切な学校給食の実施に努めるものとする。

（学校給食衛生管理基準）

第九条　文部科学大臣は、学校給食の実施に必要な施設及び設備の整備及び管理、調理の過程における衛生管理その他の学校給食の適切な衛生管理を図る上で必要な事項について維持されることが望ましい基準（以下この条において「学校給食衛生管理基準」という。）を定めるものとする。

2　学校給食を実施する義務教育諸学校の設置者は、学校給食衛生管理基準に照らして適切な衛生管理に努めるものとする。

3　義務教育諸学校の校長又は共同調理場の長は、学校給食衛生管理基準に照らし、衛生管理上適正を欠く事項があると認めた場合には、遅滞なく、その改善のために必要な措置を講じ、又は当該措置を講ずることができないときは、当該義務教育諸学校若しくは共同調理場の設置者に対し、その旨を申し出るものとする。

第三章　学校給食を活用した食に関する指導

第十条　栄養教諭は、児童又は生徒が健全な食生活を自ら営むことができる知識及び態度を養うため、学校給食において摂取する食品と健康の保持増進との関連性についての指導、食に関して特別の配慮を必要とする児童又は生徒に対する個別的な指導その他の学校給食を活用した食に関する実践的な指導を行うものとする。この場合において、校長は、当該指導が効果的に行われるよう、学校給食と関連付けつつ当該義務教育諸学校における食に関する指導の全体的な計画を作成することその他の必要な措置を講ずるものとする。

2　栄養教諭が前項前段の指導を行うに当たつては、当該義務教育諸学校が所在する地域の産物を学校給食に活用することその他の創意工夫を地域の実情に応じて行い、当該地域の食文化、食に係る産業又は自然環境の恵沢に対する児童又は生徒の理解の増進を図るよう努めるものとする。

3　栄養教諭以外の学校給食栄養管理者は、栄養教諭に準じて、第一項前段の指導を行うよう努めるものとする。この場合においては、同項後段及び前項の規定を準用する。

第四章　雑則

（経費の負担）

第十一条　学校給食の実施に必要な施設及び設備に要する経費並びに学校給食の運営に要する経費のうち政令で定めるものは、義務教育諸学校の設置者の負担とする。

2　前項に規定する経費以外の学校給食に要する経費（以下「学校給食費」という。）は、学校給食を受ける児童又は生徒の学校教育法第十六条に規定する保護者の負担とする。

（国の補助）

第十二条　国は、私立の義務教育諸学校の設置者に対し、政令で定めるところにより、予算の範囲内において、学校給食の開設に必要な施設又は設備に要する経費の一部を補助することができる。

2　国は、公立の小学校、中学校、義務教育学校又は中等教育学校の設置者が、学校給食を受ける児童又は生徒の学校教育法第十六条に規定する保護者（以下この項において「保護者」という。）で生活保護法（昭和二十五年法律第百四十四号）第六条第二項に規定する要保護者（その児童又は生徒について、同法第十三条の規定による教育扶助で学校給食費に関するものが行われている場合の保護者である者を除く。）であるものに対して、学校給食費の全部又は一部を補助する場合には、当該設置者に対し、当分の間、政令で定めるところにより、予算の範囲内において、これに要する経費の一部を補助することができる。

（補助金の返還等）

第十三条　文部科学大臣は、前条の規定による補助金の交付の決定を受けた者が次の各号のいずれかに該当するときは、補助金の交付をやめ、又は既に交付した補助金を返還させるものとする。

一　補助金を補助の目的以外の目的に使用したとき。

二　正当な理由がなくて補助金の交付の決定を受けた年度内に補助に係る施設又は設備を設けないこととなつたとき。

三　補助に係る施設又は設備を、正当な理由がなくて補助の目的以外の目的に使用し、又は文部科学大臣の許可を受けないで処分したとき。

四　補助金の交付の条件に違反したとき。

五　虚偽の方法によって補助金の交付を受け、又は受けようとしたとき。

（政令への委任）

第十四条　この法律に規定するもののほか、この法律の実施のため必要な手続その他の事項は、政令で定める。

附　則〔抄〕

1　この法律は、公布の日から施行する。

附　則〔平二七・六・二四法四六抄〕

（施行期日）

第一条　この法律は、平成二十八年四月一日から施行する。〔ただし書き略〕

●学校給食実施基準

（平成二一年三月三一日文部科学省告示第六一号）

最終改正…令三・二・一二文告一〇

（学校給食の実施の対象）

第一条　学校給食（学校給食法第三条第一項に規定する「学校給食」をいう。以下同じ。）は、これを実施する学校においては、当該学校に在学するすべての児童又は生徒に対し実施されるものとする。

（学校給食の実施回数等）

第二条　学校給食は、年間を通じ、原則として毎週五回、授業日の昼食時に実施されるものとする。

（児童生徒の個別の健康状態への配慮）

第三条　学校給食の実施に当たっては、児童又は生徒の個々の健康及び生活活動等の実態並びに地域の実情等に配慮するものとする。

（学校給食に供する食物の栄養内容）

第四条　学校給食に供する食物の栄養内容の基準は、別表に掲げる児童又は生徒一人一回当たりの学校給食摂取基準とする。

附　則〔令三・二・一二文告一〇〕

この告示は、令和三年四月一日から施行する。

別表（第四条関係）

児童又は生徒一人一回当たりの学校給食摂取基準

区　　分	基　準　値			
	児童（6歳～7歳）の場合	児童（8歳～9歳）の場合	児童（10歳～11歳）の場合	生徒（12歳～14歳）の場合
エネルギー　(kcal)	530	650	780	830
たんぱく質(g)	学校給食による摂取エネルギー全体の13%～20%			
脂　　質　(%)	学校給食による摂取エネルギー全体の20%～30%			
ナトリウム（食塩相当量）(g)	1.5未満	2未満	2未満	2.5未満
カルシウム　(mg)	290	350	360	450
マグネシウム　(mg)	40	50	70	120
鉄　(mg)	2	3	3.5	4.5
ビタミンA (μgRAE)	160	200	240	300
ビタミンB_1　(mg)	0.3	0.4	0.5	0.5
ビタミンB_2　(mg)	0.4	0.4	0.5	0.6
ビタミンC　(mg)	20	25	30	35
食物繊維　(g)	4以上	4.5以上	5以上	7以上

（注）1　表に掲げるもののほか、次に掲げるものについてもそれぞれ示した摂取量について配慮すること。
亜　　鉛……児童（6歳～7歳）2mg、児童（8歳～9歳）2mg、
児童（10歳～11歳）2mg、生徒（12歳～14歳）3mg

2　この摂取基準は、全国的な平均値を示したものであるから、適用に当たっては、個々の健康及び生活活動等の実態並びに地域の実情等に十分配慮し、弾力的に運用すること。

3　献立の作成に当たっては、多様な食品を適切に組み合わせるよう配慮すること。

●学校図書館法

（昭和二八年八月八日法律第一八五号）

最終改正…平二七・六・二四法四六

【教採頻出条文】第一条、第三条、第七条。

（この法律の目的）

第一条　**この法律は、学校図書館が、学校教育において欠くことのできない基礎的な設備であることにかんがみ、その健全な発達を図り、もつて学校教育を充実することを目的とする。**

（定義）

第二条　この法律において「学校図書館」とは、小学校（義務教育学校の前期課程及び特別支援学校の小学部を含む。）、中学校（義務教育学校の後期課程、中等教育学校の前期課程及び特別支援学校の中学部を含む。）及び高等学校（中等教育学校の後期課程及び特別支援学校の高等部を含む。）（以下「学校」という。）において、図書、視覚聴覚教育の資料その他学校教育に必要な資料（以下「図書館資料」という。）を収集し、整理し、及び保存し、これを児童又は生徒及び教員の利用に供することによつて、学校の教育課程の展開に寄与するとともに、児童又は生徒の健全な教養を育成することを目的として設けられる学校の設備をいう。

（設置義務）

第三条　**学校には、学校図書館を設けなければならない。**

(学校図書館の運営)

第四条 学校は、おおむね左の各号に掲げるような方法によつて、学校図書館を児童又は生徒及び教員の利用に供するものとする。

一 図書館資料を収集し、児童又は生徒及び教員の利用に供すること。

二 図書館資料の分類排列を適切にし、及びその目録を整備すること。

三 読書会、研究会、鑑賞会、映写会、資料展示会等を行うこと。

四 図書館資料の利用その他学校図書館の利用に関し、児童又は生徒に対し指導を行うこと。

五 他の学校の学校図書館、図書館、博物館、公民館等と緊密に連絡し、及び協力すること。

2 学校図書館は、その目的を達成するのに支障のない限度において、一般公衆に利用させることができる。

(司書教諭)

第五条 学校には、学校図書館の専門的職務を掌らせるため、司書教諭を置かなければならない。

2 前項の司書教諭は、主幹教諭(養護又は栄養の指導及び管理をつかさどる主幹教諭を除く。)、指導教諭又は教諭(以下この項において「主幹教諭等」という。)をもつて充てる。この場合において、当該主幹教諭等は、司書教諭の講習を修了した者でなければならない。

3 前項に規定する司書教諭の講習は、大学その他の教育機関が文部科学大臣の委嘱を受けて行う。

4 前項に規定するものを除くほか、司書教諭の講習に関し、履修すべき科目及び単位その他必要な事項は、文部科学省令で定める。

(学校司書)

第六条 学校には、前条第一項の司書教諭のほか、学校図書館の運営の改善及び向上を図り、児童又は生徒及び教員による学校図書館の利用の一層の促進に資するため、専ら学校図書館の職務に従事する職員(次項において「学校司書」という。)を置くよう努めなければならない。

2 国及び地方公共団体は、学校司書の資質の向上を図るため、研修の実施その他の必要な措置を講ずるよう努めなければならない。

(設置者の任務)

第七条 学校の設置者は、この法律の目的が十分に達成されるようその設置する学校の学校図書館を整備し、及び充実を図ることに努めなければならない。

(国の任務)

第八条 国は、第六条第二項に規定するもののほか、学校図書館を整備し、及びその充実を図るため、次の各号に掲げる事項の実施に努めなければならない。

一 学校図書館の整備及び充実並びに司書教諭の養成に関する総合的計画を樹立すること。

二 学校図書館の設置及び運営に関し、専門的、技術的な指導及び勧告を与えること。

三 前二号に掲げるもののほか、学校図書館の整備及び充実のため必要と認められる措置を講ずること。

附　則〔抄〕

(施行期日)

1 この法律は、昭和二十九年四月一日から施行する。

2 〔略〕

附　則〔平二七・六・二四法四六抄〕

(施行期日)

1 この法律は、平成二十八年四月一日から施行する。〔ただし書き略〕

●学校図書館司書教諭講習規程〔抄〕

(昭和二九年八月六日 文部省令第二一号)

最終改正…令二・九・二五文令三四

(この省令の趣旨)

第一条 学校図書館法第五条に規定する司書教諭の講習(以下「講習」という。)については、この省令の定めるところによる。

(受講資格)

第二条 講習を受けることができる者は、教育職員免許法(昭和二十四年法律第百四十七号)に定める小学校、中学校、高等学校若しくは特別支援学校の教諭の免許状を有する者又は大学に二年以上在学する学生で六十二単位以上を修得した者とする。

(履修すべき科目及び単位)

第三条 司書教諭の資格を得ようとする者は、講習において、次の表の上欄に掲げる科目について、それぞれ、同表の下欄に掲げる数の単位を修得しなければならない。

科目	単位数
学校経営と学校図書館	二
学校図書館メディアの構成	二
学習指導と学校図書館	二
読書と豊かな人間性	二
情報メディアの活用	二

2 講習を受ける者が大学において修得した科目の単位又は図書館法(昭和二十五年法律第百十八号)第六条に規定する司書の講

習において修得した科目の単位であつて、前項に規定する科目の単位に相当するものとして文部科学大臣が認めたものは、これをもつて前項の規定により修得した科目の単位とみなす。

（単位計算の基準）

第四条 前条に規定する単位の計算方法は、大学設置基準（昭和三十一年文部省令第二十八号）第二十一条第二項に定める基準によるものとする。

（単位修得の認定）

第五条 単位修得の認定は、講習を行う大学その他の教育機関が、試験、論文、報告書その他による成績審査に合格した受講者に対して行う。

（修了証書の授与）

第六条 文部科学大臣は、第三条の定めるところにより十単位を修得した者に対して、講習の修了証書を与えるものとする。

（雑則）

第七条 〔略〕

附　則〔令二・九・二五文令三四抄〕

（施行期日）

第一条 この省令は、公布の日から施行する。

五　私立学校編

●私立学校法〔抄〕★

（昭和二四年一二月一五日 法律第二七〇号）

最終改正…令五・五・八法二一

【解説】

一　明治憲法下においては、国家が学校教育権を独占していたから、私学設置・私学教育の自由は存在せず、私学は国の特許事業として位置づけられ、勅令たる私立学校令によって強い規制を受けていた。

戦後、第一次米国教育使節団は、官公立万能の弊を改め私学振興の徹底策を講じ、相当広範囲にその自由な設立経営を認めるよう提案した。教育刷新委員会（のちの教育刷新審議会）は、内閣総理大臣に対して建議を重ね、この提案が私立学校法案に関する建議へと発展していった。そして、私学団体の運動に支えられて、本法制定の動きが展開されていった。本法案の重要なポイントは私学行政の民主化、学校法人に関する規定の整備、私学に対する公費助成の三つであった。とくに私学助成の問題は、憲法八十九条との関連で、GHQ、法務府、文部省および私学団体との間で最後まで折衝が難航した。

二　本法の意義としては、大きく、次の三点が挙げられる。

第一は私学行政の民主化である。その主要なものとしては、所轄庁の権限列挙（私学法五条一項（二〇〇二（平成一四）年の法改正により削除））、学教法十四条に定める設備授業等の変更命令権の私学への不適用の明示（私学法五条二項（同改正により現在は私学法五条））、所轄庁が右の権限を行使する際の私立学校審議会等への諮問の義務づけ（同法八）などがある。

第二は学校法人制度の創設である。戦前の私立学校の設置者は、民法上の財団法人その他であったのに対して、現行法では、原則として学校法人でなければならない（教基法六条一項、私学法三条、学教法二条一項）。私立学校法は、学校法人の資産管理、解散・合併、監督等について、第三章（二十四～六十三の二。二〇二三（令和五）年改正により第三章（十六～百四十二）及び第四章（百四十三～百五十一））に詳細な規定を設けている。

第三は、私学助成に関する規定の創設である。日本国憲法二十条の政教分離の原則を受けて八十九条は「公金その他の公の財産」の支出・利用を、宗教団体にだけでなく、「公の支配に属しない慈善、教育若しくは博愛の事業に対し」ても禁止している。そこで、私学助成を大きな目的の一つとする私立学校法制定の過程で「私学に対する公の支配」が問題となった。その妥協の産物として生まれたのが、この法律制定当初の五十九条の助成に関する規定である。その後この条項は、一部改正して、経常的経費補助を可能にし（一九七〇（昭四五））、ついで私立学校振興助成法の成立（一九七五（昭五〇））とともに、単に「必要な助成をすることができる」旨の簡素な規定となった（私学法五十九。二〇二三（令和五）年改正により私学法百三十二）。

三　二〇〇四（平成一六）年五月には、学校法人の体制強化をはかるとともに、「私学の公共性」をより高めるために、学校法人における管理運営制度、財務情報の公開、私立学校審議会の構成などに関して、私立学校法が改正された（二〇〇五（平成一七）年四月一日施行）。また、二〇一九（令和元）年には、学校法人の運営基盤の強化、私立学校の教育の質の向上、運営の透明性の確保を図るため、役員の職務及び責任の明確化等に関する規定の整備、情報公開の充実、中期的な計画の作成等に関して、同法が改正された（二〇二〇（令和二）年四月一日施行）。さらに、二〇二三（令和五）年には、幅広い関係者の意見の反映、逸脱した業務執行の防止を図るため、理事、監事、評議員及び会計監査人の資格、選任及び解任の手続等並びに理事会及び評議員会の職務及び運営等の学校法人の管理運営制度に関する規定や、理事等の特別背任罪等の罰則などに関して、同法が改正された（二〇二五（令和七）年四月一日施行）。

（服部　憲児・滝波　泰）

第一章　総則

（この法律の目的）

第一条　この法律は、私立学校の特性にかんがみ、その自主性を重んじ、公共性を高めることによつて、私立学校の健全な発達を図ることを目的とする。

（定義）

第二条　この法律において「学校」とは、学校教育法（昭和二十二年法律第二十六号）第一条に規定する学校及び就学前の子どもに関する教育、保育等の総合的な提供の推進に関する法律（平成十八年法律第七十七号）第二条第七項に規定する幼保連携型認定こども園（以下「幼保連携型認定こども園」という。）をいう。

2　この法律において、「専修学校」とは学校教育法第百二十四条に規定する専修学校をいい、「各種学校」とは同法第百三十四条第一項に規定する各種学校をいう。

3　この法律において「私立学校」とは、学校法人の設置する学校をいう。

第三条　この法律において「学校法人」とは、私立学校の設置を目的として、この法律の定めるところにより設立される法人をいう。

（所轄庁）

第四条　この法律中「所轄庁」とあるのは、第一号、第三号及び第五号に掲げるものにあつては文部科学大臣とし、第二号及び第四号に掲げるものにあつては都道府県知事（第二号に掲げるもののうち地方自治法（昭和二十二年法律第六十七号）第二百五十二条の十九第一項の指定都市又は同法第二百五十二条の二十二第一項の中核市（以下この条において「指定都市等」という。）の区域内の幼保連携型認定こども園にあつては、当該指定都市等の長）とする。

一　私立大学及び私立高等専門学校

二　前号に掲げる私立学校以外の私立学校並びに私立専修学校及び私立各種学校

三　第一号に掲げる私立学校を設置する学校法人

四　第二号に掲げる私立学校を設置する学校法人

五　第一号に掲げる私立学校と第二号に掲げる私立学校、私立専修学校又は私立各種学校とを併せて設置する学校法人

第二章　私立学校に関する教育行政

（学校教育法の特例）

第五条　私立学校には、学校教育法第十四条の規定は、適用しない。

（報告書の提出）

第六条　所轄庁は、私立学校に対して、教育の調査、統計その他に関し必要な報告書の提出を求めることができる。

（私立学校審議会等への諮問）

第七条　都道府県知事は、私立大学及び私立高等専門学校以外の私立学校について、学校教育法第四条第一項の認可をし、又は同法第十三条第一項の規定により学校の閉鎖を命ずるときは、あらかじめ、私立学校審議会の意見を聴かなければならない。

2　文部科学大臣は、私立大学又は私立高等専門学校について、学校教育法第四条第一項の認可（私立大学又は私立高等専門学校の設置の認可を除く。）をし、又は同法第十三条第一項の規定により学校の閉鎖を命ずるときは、あらかじめ、同法第九十五条に規定する審議会等の意見を聴かなければならない。

（私立学校審議会）

第八条　この法律の規定によりその権限に属せしめられた事項を審議させるため、都道府県に、私立学校審議会を置く。

2　私立学校審議会は、私立大学及び私立高等専門学校以外の私立学校並びに私立専修学校及び私立各種学校に関する重要事項について、都道府県知事に建議することができる。

（委員）

第九条　私立学校審議会は、都道府県知事の定める員数の委員をもつて、組織する。

2　委員は、教育に関し学識経験を有する者のうちから、都道府県知事が任命する。

（委員の任期）

第十条　私立学校審議会の委員の任期は、四年とする。ただし、欠員が生じた場合の補欠委員の任期は、前任者の残任期間とする。

2　委員は、再任されることができる。

（会長）

第十一条　私立学校審議会に、会長を置く。

2　会長は、委員が互選した者について、都道府県知事が任命する。

3　会長は、私立学校審議会の会務を総理する。

（委員の解任）

第十二条　都道府県知事は、私立学校審議会の委員が心身の故障のため職務の適正な執行ができないと認めるときその他委員として必要な適格性を欠くに至つたと認めるときは、私立学校審議会の議を経て、これを解任することができる。

（議事参与の制限）

第十三条　私立学校審議会の委員は、自己、

配偶者若しくは三親等以内の親族の一身上に関する事件又は自己の関係する学校、専修学校、各種学校、学校法人若しくは第百五十二条第五項の法人に関する事件については、その議事の議決に加わることができない。ただし、会議に出席し、発言することを妨げない。

（委員の費用弁償）

第十四条　〔略〕

（運営の細目）

第十五条　この法律に規定するものを除くほか、私立学校審議会の議事の手続その他その運営に関し必要な事項は、都道府県知事の承認を経て、私立学校審議会が定める。

第三章　学校法人

第一節　通則

（学校法人の責務）

第十六条　学校法人は、自主的にその運営基盤の強化を図るとともに、その設置する私立学校の教育の質の向上及びその運営の透明性の確保を図るよう努めなければならない。

（資産）

第十七条　学校法人は、その設置する私立学校に必要な施設及び設備又はこれらに要する資金並びにその設置する私立学校の経営に必要な財産を有しなければならない。

2　〔略〕

（機関の設置）

第十八条　学校法人は、理事、理事会、監事、評議員及び評議員会並びに理事選任機関を置かなければならない。

2　学校法人は、前項に規定するもののほか、寄附行為をもつて定めるところにより、会計監査人を置くことができる。

3　理事の定数は五人以上、監事の定数は二人以上、評議員の定数は六人以上とし、それぞれ寄附行為をもつて定める。この場合において、評議員の定数は、寄附行為をもつて定める理事の定数を超える数でなければならない。

4　会計監査人を置く場合にあつては、その定数は、寄附行為をもつて定める。

（収益事業）

第十九条　学校法人は、その設置する私立学校の教育に支障のない限り、その収益を私立学校の経営に充てるため、収益を目的とする事業を行うことができる。

2　前項の事業の種類は、私立学校審議会又は学校教育法第九十五条に規定する審議会等（以下「私立学校審議会等」という。）の意見を聴いて、所轄庁が定める。所轄庁は、その事業の種類を公告しなければならない。

3　第一項の事業に関する会計は、当該学校法人の設置する私立学校の経営に関する会計から区分し、特別の会計として経理しなければならない。

（特別の利益供与の禁止）

第二十条　学校法人は、その事業を行うに当たり、その理事、監事、評議員、職員その他の政令で定める学校法人の関係者に対し特別の利益を与えてはならない。

（住所）

第二十一条　学校法人の住所は、その主たる事務所の所在地にあるものとする。

（登記）

第二十二条　学校法人は、政令の定めるところにより、登記しなければならない。

2　〔略〕

第二節　設立

（寄附行為の認可）

第二十三条　学校法人を設立しようとする者は、その設立を目的とする寄附行為をもつて少なくとも次に掲げる事項を定め、文部科学省令で定める手続に従い、当該寄附行為について所轄庁の認可を受けなければならない。

一　目的
二　名称
三　その設置する私立学校の名称及び当該私立学校に課程、学部、大学院、大学院の研究科、学科又は部を置く場合には、その名称又は種類（私立高等学校（私立中等教育学校の後期課程を含む。）に広域の通信制の課程（学校教育法第五十四条第三項（同法第七十条第一項において準用する場合を含む。）に規定する広域の通信制の課程をいう。）を置く場合には、その旨を含む。）
四　事務所の所在地
五　理事の定数、任期並びに選任及び解任の方法、理事長の選定の方法その他理事に関する事項
六　理事会の招集その他理事会に関する事項
七　監事の定数、任期、選任及び解任の方法その他監事に関する事項
八　評議員の定数、任期、選任及び解任の方法その他評議員に関する事項
九　評議員会の招集その他評議員会に関する事項
十　理事選任機関の構成及び運営、理事選任機関への監事からの報告の方法その他理事選任機関に関する事項
十一　会計監査人を置く場合には、その旨及び定数その他会計監査人に関する事項
十二　資産及び会計に関する事項
十三　収益を目的とする事業を行う場合には、その事業の種類その他その事業に関する事項
十四　解散に関する事項
十五　寄附行為の変更に関する事項
十六　公告の方法

2 学校法人の設立当初の役員（理事及び監事をいう。以下同じ。）及び評議員（設立しようとする学校法人に会計監査人を置く場合にあつては、会計監査人を含む。）は、寄附行為をもつて定めなければならない。

3―4 〔略〕

（寄附行為の認可の審査）

第二十四条 所轄庁は、前条第一項の認可の申請があつた場合には、当該申請に係る学校法人の資産が第十七条の要件に該当しているかどうか、その寄附行為の内容が法令の規定に違反していないかどうか等を審査した上で、当該寄附行為の認可を決定しなければならない。

2 所轄庁は、前条第一項の認可をするときは、あらかじめ、私立学校審議会等の意見を聴かなければならない。

（寄附行為の補充）

第二十五条 〔略〕

（設立の時期）

第二十六条 学校法人は、その主たる事務所の所在地において政令の定めるところにより設立の登記をすることによつて成立する。

（寄附行為の備置き及び閲覧等）

第二十七条 学校法人は、寄附行為を、その主たる事務所に備え置かなければならない。

2―4 〔略〕

（一般社団・財団法人法の規定の準用）

第二十八条 〔略〕

第三節 機関

第一款 理事会及び理事

第一目 理事の選任及び解任等

（理事選任機関）

第二十九条 理事選任機関の構成、運営その他理事選任機関に関し必要な事項は、寄附行為をもつて定める。

（理事の選任等）

第三十条 理事は、私立学校を経営するために必要な知識又は経験及び学校法人の適正な運営に必要な識見並びに社会的信望を有する者のうちから、寄附行為をもつて定めるところにより、理事選任機関が選任する。

2 理事選任機関は、理事を選任するときは、あらかじめ、評議員会の意見を聴かなければならない。

3―4 〔略〕

（理事の資格及び構成）

第三十一条 次に掲げる者は、理事となることができない。

一 法人

二 心身の故障のため職務の適正な執行ができない者として文部科学省令で定めるもの

三 学校教育法第九条各号のいずれかに該当する者

四―五

2 〔略〕

3 理事は、監事又は評議員を兼ねることができない。

4 理事には、次に掲げる者が含まれなければならない。

一 当該学校法人の設置する私立学校（二以上の私立学校を設置する学校法人にあつては、そのいずれか一以上の私立学校）の校長（学長及び園長を含む。第三十六条第三項第三号において同じ。）

二 その選任の際現に当該学校法人の役員及び職員並びに子法人役員（子法人（学校法人がその経営を支配している法人として文部科学省令で定めるものをいう。以下同じ。）の理事、取締役、執行役、業務を執行する社員、監事若しくは監査役又はこれらに準ずる者をいう。以下同じ。）及び子法人に使用される者のいずれでもない者

5 〔略〕

6 理事は、他の二人以上の理事、一人以上の監事又は二人以上の評議員と特別利害関係（一方の者が他方の者の配偶者又は三親等以内の親族である関係その他特別な利害関係として文部科学省令で定めるものをいう。以下同じ。）を有するものであつてはならない。

7 他の理事のいずれかと特別利害関係を有する理事の数は、理事の総数の三分の一を超えてはならない。

（理事の任期）

第三十二条 理事の任期は、選任後寄附行為をもつて定める期間以内に終了する会計年度のうち最終のものに関する第六十九条第一項の定時評議員会の終結の時までとする。この場合において、寄附行為をもつて定める期間は、四年以内とする。

2―3 〔略〕

（理事の解任）

第三十三条 理事選任機関は、理事が次の各号のいずれかに該当するときは、寄附行為をもつて定めるところにより、当該理事を解任することができる。

一 職務上の義務に違反し、又は職務を怠つたとき。

二 心身の故障のため、職務の執行に支障があり、又はこれに堪えないとき。

三 その他寄附行為をもつて定める事由があるとき。

2 理事が前項各号のいずれかに該当するときは、評議員会は、当該理事の解任を理事選任機関に求めることができる。

3 前項の場合において、理事の職務の執行に関し不正の行為又は法令若しくは寄附行為に違反する重大な事実があつたにもかかわらず、当該理事の解任を求める旨の議案が評議員会において否決されたとき、又は

当該理事の解任を求める旨の評議員会の決議があつた日から二週間以内に理事選任機関による解任がされなかつたときは、評議員は、当該議案が否決された日又は当該決議があつた日から二週間を経過した日から三十日以内に、当該理事の解任を請求する訴えを提起することができる。

（理事に欠員を生じた場合の措置）
第三十四条　〔略〕

（一般社団・財団法人法の規定の準用）
第三十五条　〔略〕

第二目　理事会及び理事の職務等

（理事会の職務等）
第三十六条　理事会は、全ての理事で組織する。

2　理事会は、次に掲げる職務を行う。
一　学校法人の業務を決定すること。
二　第三十九条第一項に規定する業務執行理事等その他の学校法人の業務を執行する理事の業務の執行を監督すること。
三　この法律の他の規定により理事会の決議を要する事項について決議すること。
四　前三号に掲げるもののほか、この法律の他の規定により理事会が行うこととされた職務
五　前各号に掲げるもののほか、寄附行為をもつて定めるところにより理事会が行うこととされた職務

3　理事会は、学校法人の業務に係る次に掲げる事項の決定を理事に委任することができない。
一　重要な資産の処分及び譲受け
二　多額の借財
三　学校法人の設置する私立学校の校長その他の重要な役割を担う職員の選任及び解任
四　従たる事務所その他の重要な組織の設置、変更及び廃止
五　理事の職務の執行が法令及び寄附行為に適合することを確保するための体制その他学校法人の業務の適正を確保するために必要なものとして文部科学省令で定める体制の整備
六　予算及び事業計画の作成又は変更
七　第百条第一項に規定する報酬等の支給の基準の策定又は変更
八　収益を目的とする事業に関する重要事項
九　前各号に掲げるもののほか、学校法人の業務に関する重要事項

4　理事会は、前項第一号、第二号又は第六号から第八号までに掲げる事項についての決定をするときは、あらかじめ、評議員会の意見を聴かなければならない。

（理事長、代表業務執行理事及び業務執行理事）
第三十七条　学校法人には理事長一人を置くものとし、寄附行為をもつて定めるところにより、理事のうちから、理事会が選定する。

2　学校法人は、寄附行為をもつて定めるところにより、代表業務執行理事又は業務執行理事を置くことができる。

3　代表業務執行理事は、寄附行為をもつて定めるところにより、理事（理事長を除く。）のうちから、理事会が選定する。

4　業務執行理事は、寄附行為をもつて定めるところにより、理事（理事長及び代表業務執行理事を除く。）のうちから、理事会が選定する。

5　理事長、代表業務執行理事及び業務執行理事は、次項から第八項までの規定に従い、学校法人の業務を執行する。

6　理事長は、学校法人を代表し、その業務を総理する。

7　代表業務執行理事は、寄附行為をもつて定めるところにより学校法人を代表し、理事会の定めるところにより理事長を補佐して学校法人の業務を掌理する。

8　業務執行理事は、理事会の定めるところにより、理事長を補佐して学校法人の業務を掌理する。

9　〔略〕

（理事の忠実義務）
第三十八条　〔略〕

（理事の報告義務等）
第三十九条　第三十七条第五項の規定により学校法人の業務を執行する理事長、代表業務執行理事及び業務執行理事（第九十四条第一項及び第二項において「業務執行理事等」という。）は、毎会計年度に四月を超える間隔で二回以上、自己の職務の執行の状況を理事会に報告しなければならない。

2　〔略〕

（一般社団・財団法人法の規定の準用）
第四十条　〔略〕

第三目　理事会の運営

（理事会の招集）
第四十一条　理事会は、寄附行為をもつて定めるところにより、各理事が招集する。ただし、理事会を招集する理事を寄附行為をもつて又は理事会で定めたときは、その理事が招集する。

2―3　〔略〕

（理事会の決議）
第四十二条　理事会の決議は、議決に加わることができる理事の過半数（これを上回る割合を寄附行為をもつて定めた場合にあつては、その割合以上）が出席し、その過半数（これを上回る割合を寄附行為をもつて定めた場合にあつては、その割合以上）をもつて行う。

2　前項の規定にかかわらず、次の各号に掲げる理事会の決議は、当該各号に定める方法により行わなければならない。
一　第百八条第一項の理事会の決議　議決

に加わることができる理事の数の三分の二（これを上回る割合を寄附行為をもつて定めた場合にあつては、その割合）以上に当たる多数をもつて決する方法

二　第百九条第一項第一号及び第百二十六条第一項の理事会の決議　理事の総数の三分の二（これを上回る割合を寄附行為をもつて定めた場合にあつては、その割合）以上に当たる多数をもつて決する方法

3　前二項の決議について特別の利害関係を有する理事は、議決に加わることができない。

4　〔略〕

（理事会の議事録）

第四十三条　理事会の議事については、文部科学省令で定めるところにより、議事録を作成しなければならない。

2　前項の議事録が書面をもつて作成されているときは、理事会に出席した理事（議事録に署名し、又は記名押印しなければならない者を当該理事会で定めた二人以上の理事とする旨の寄附行為の定めがある場合にあつては、当該理事）及び監事は、これに署名し、又は記名押印しなければならない。

3―7　〔略〕

（一般社団・財団法人法の規定の準用）

第四十四条　〔略〕

第一目　選任及び解任等

（監事の選任等）

第四十五条　監事は、学校法人の業務又は財務管理について識見を有する者のうちから、寄附行為をもつて定めるところにより、評議員会の決議によつて、選任する。

2―3　〔略〕

（監事の資格）

第四十六条　次に掲げる者は、監事となることができない。

一　第三十一条第一項各号に掲げる者

二　被解任役員

2　監事は、評議員若しくは職員又は子法人役員（監事若しくは監査役又はこれらに準ずる者を除く。）若しくは子法人に使用される者を兼ねることができない。

3　監事は、他の監事又は二人以上の評議員と特別利害関係を有するものであつてはならない。

（監事の任期）

第四十七条　監事の任期は、選任後寄附行為をもつて定める期間以内に終了する会計年度のうち最終のものに関する第六十九条第一項の定時評議員会の終結の時までとする。この場合において、寄附行為をもつて定める期間は、六年以内とする。

2　〔略〕

（監事の解任）

第四十八条　監事が第三十三条第一項各号に掲げる事由のいずれかに該当するときは、評議員会の決議によつて、当該監事を解任することができる。

2　監事の職務の執行に関し不正の行為又は法令若しくは寄附行為に違反する重大な事実があつたにもかかわらず、当該監事を解任する旨の議案が評議員会において否決されたときは、評議員は、当該評議員会の日から三十日以内に、当該監事の解任を請求する訴えを提起することができる。

（監事の選任若しくは解任又は辞任に関する手続）

第四十九条　理事は、監事の選任に関する議案を評議員会に提出するには、監事の過半数の同意を得なければならない。

2　監事は、理事に対し、監事の選任を評議員会の会議の目的とすること又は監事の選任に関する議案を評議員会に提出することを請求することができる。

3　監事は、評議員会において、監事の選任若しくは解任又は辞任について意見を述べることができる。

4―5　〔略〕

（監事に欠員を生じた場合の措置）

第五十条　〔略〕

（一般社団・財団法人法の規定の準用）

第五十一条　〔略〕

第二目　職務等

（監事の職務）

第五十二条　監事は、次に掲げる職務を行う。

一　学校法人の業務及び財産の状況並びに理事の職務の執行の状況を監査すること。

二　理事会及び評議員会に出席し、意見を述べること。

三　学校法人の業務若しくは財産の状況又は理事の職務の執行の状況について、理事会及び評議員会並びに理事選任機関に対し報告すること。

四　この法律の他の規定により監事の同意を要する事項について、その可否を決すること。

五　前各号に掲げるもののほか、この法律その他の規定により監事が行うこととされた職務

六　前各号に掲げるもののほか、寄附行為をもつて定めるところにより監事が行うこととされた職務

（監事の調査権限）

第五十三条　監事は、いつでも、理事及び職員に対して事業の報告を求め、又は学校法人の業務及び財産の状況の調査をすることができる。

2　監事は、その職務を行うため必要があるときは、学校法人の子法人に対して事業の報告を求め、又はその子法人の業務及び財

産の状況の調査をすることができる。

3 〔略〕

（評議員会に提出する議案等の調査義務）

第五十四条 監事は、理事が評議員会に提出しようとする議案、書類その他文部科学省令で定めるものを調査しなければならない。この場合において、法令若しくは寄附行為に違反し、又は著しく不当な事項があると認めるときは、その調査の結果を評議員会に報告しなければならない。

（理事会及び評議員会への出席義務等）

第五十五条 監事は、理事会及び評議員会に出席し、必要があると認めるときは、意見を述べなければならない。

2 第三十九条第二項の規定は、監事について準用する。

（理事会等への報告）

第五十六条 監事は、第五十二条第一号の監査を行つたときは、文部科学省令で定めるところにより、監査報告を作成し、理事会及び評議員会に提出しなければならない。

2 監事は、学校法人の業務若しくは財産又は理事の業務の執行に関し、不正の行為若しくは法令若しくは寄附行為に違反する重大な事実があることを発見したとき、又は不正の行為がなされ、若しくは法令若しくは寄附行為の重大な違反が生ずるおそれがあると認めるときは、遅滞なく、その旨を理事会及び評議員会並びに所轄庁に報告しなければならない。

3 〔略〕

（理事会及び評議員会の招集）

第五十七条 監事は、前条第二項の報告をするために必要があると認めるときは、理事（理事会について第四十一条第一項ただし書の規定により理事会招集担当理事を定めた場合にあつては、理事会招集担当理事）に対し、理事会又は評議員会の招集を請求することができる。

2 〔略〕

（監事による理事の行為の差止め）

第五十八条 監事は、理事が学校法人の目的の範囲外の行為その他法令若しくは寄附行為に違反する行為をし、又はこれらの行為をするおそれがある場合において、当該理事の行為によつて当該学校法人に著しい損害が生ずるおそれがあるときは、当該理事に対し、当該行為をやめることを請求することができる。

2 〔略〕

（学校法人と理事との間の訴えにおける法人の代表）

第五十九条 〔略〕

（一般社団・財団法人法の規定の準用）

第六十条 一般社団・財団法人法第百六条の規定は、監事について準用する。

第三款 評議員会及び評議員等

第一目 評議員の選任及び解任等

（評議員の選任等）

第六十一条 評議員は、当該学校法人の設置する私立学校の教育又は研究の特性を理解し、学校法人の適正な運営に必要な識見を有する者のうちから、寄附行為をもつて定めるところにより、選任する。

2 評議員の選任は、評議員の年齢、性別、職業等に著しい偏りが生じないように配慮して行わなければならない。

3 学校法人と評議員との関係は、委任に関する規定に従う。

（評議員の資格及び構成）

第六十二条 第三十一条第一項各号に掲げる者は、評議員となることができない。

2 被解任役員は、解任に係る学校法人の評議員となることができない。

3 評議員には、次に掲げる者（第二号に掲げる者にあつては、当該者がある場合に限る。）が含まれなければならない。

一 当該学校法人の職員

二 当該学校法人の設置する私立学校を卒業した者で年齢二十五年以上のもの（前号に掲げる者を除く。）

4 評議員は、他の二人以上の評議員と特別利害関係を有するものであつてはならない。

5 評議員の構成は、次の各号のいずれにも該当するものでなければならない。

一 第三項第一号に掲げる者である評議員の数が評議員の総数の三分の一を超えないこと。

二 理事又は理事会が評議員を選任する場合において、当該評議員の数が評議員の総数の二分の一を超えないこと。

三 役員又は他の評議員のいずれかと特別利害関係を有する者並びに子法人役員及び子法人に使用される者である評議員の数の合計が評議員の総数の六分の一を超えないこと。

（評議員の任期）

第六十三条 評議員の任期は、選任後寄附行為をもつて定める期間以内に終了する会計年度のうち最終のものに関する第六十九条第一項の定時評議員会の終結の時までとする。この場合において、寄附行為をもつて定める期間は、六年以内とする。

2 〔略〕

（評議員の解任）

第六十四条 評議員の解任は、寄附行為をもつて定めるところによる。

（評議員に欠員を生じた場合の措置）

第六十五条 〔略〕

第二目 評議員会及び評議員の職務等

（評議員会の職務等）

第六十六条 評議員会は、全ての評議員で組織する。

2 評議員会は、次に掲げる職務を行う。

一　学校法人の業務若しくは財産の状況又は役員の職務の執行の状況について、役員に対して意見を述べ、又はその諮問に答えること。
二　この法律の他の規定により評議員会の意見の聴取を要する事項について意見を述べること。
三　この法律の他の規定により評議員会の決議を要する事項について決議すること。
四　前三号に掲げるもののほか、この法律の他の規定により評議員会が行うこととされた職務
五　前各号に掲げるもののほか、寄附行為をもつて定めるところにより評議員会が行うこととされた職務
3―4　〔略〕

（評議員会による理事の行為の差止めの求め）
第六十七条　評議員会は、理事が学校法人の目的の範囲外の行為その他法令若しくは寄附行為に違反する行為をし、又はこれらの行為をするおそれがある場合において、当該理事の行為によつて当該学校法人に回復することができない損害が生ずるおそれがあるときは、第五十八条第一項の訴えの提起を監事に求めることができる。
2―3　〔略〕

（評議員による寄附行為の閲覧等の請求）
第六十八条　評議員は、学校法人の業務時間内は、いつでも、寄附行為等（寄附行為、理事会の議事録、評議員会の議事録、会計帳簿及びこれに関する資料、第百三条第二項に規定する計算書類等、監査報告（第八十二条第三項に規定する会計監査人設置学校法人にあつては、会計監査報告を含む。）並びに第百七条第二項に規定する財産目録等（以下この条において「財産目録等」という。）をいう。以下この条において同じ。）について、次に掲げる請求をすることができる。
一―四　〔略〕

第三目　評議員会の運営

（評議員会の招集の時期）
第六十九条　定時評議員会は、毎会計年度の終了後一定の時期に招集しなければならない。
2　評議員会は、必要がある場合には、いつでも、招集することができる。

（評議員会の招集の手続等）
第七十条　評議員会は、寄附行為をもつて定めるところにより、理事が招集する。
2　評議員会を招集する場合には、理事会において、次に掲げる事項を定めなければならない。
一　会議の日時及び場所
二　会議の目的である事項があるときは、当該事項
三　会議の目的である事項に係る議案（当該目的である事項が議案となるものを除く。以下この号において同じ。）についての概要、議案が確定していないときはその旨
四　前三号に掲げるもののほか、文部科学省令で定める事項
3　評議員会の議案は、会議の目的である事項について、理事が提出する。
4　評議員会を招集するには、理事は、評議員会の日の一週間前までに、評議員に対して、書面でその通知を発しなければならない。
5―6　〔略〕
第七十一条　評議員の総数の三分の一（これを下回る割合を寄附行為をもつて定めた場合にあつては、その割合）以上の評議員は、共同して、理事に対し、会議の目的である事項及び招集の理由を示して、評議員会の招集を請求することができる。
2　評議員の総数の三分の一（これを下回る割合を寄附行為をもつて定めた場合にあつては、その割合）以上の評議員は、共同して、理事に対し、一定の事項を評議員会の会議の目的とすることを請求することができる。この場合において、その請求は、評議員会の日の二十日（これを下回る期間を寄附行為をもつて定めた場合にあつては、その期間）前までにしなければならない。

（評議員による評議員会の招集等）
第七十二条　前条第一項の規定による請求があつた日から二十日以内の日を評議員会の日とする評議員会の招集の通知が発せられない場合には、同項の規定による請求をした評議員は、共同して、所轄庁の許可を得て、評議員会を招集することができる。
2―5　〔略〕

（監事による評議員会の招集等）
第七十三条　〔略〕

（招集手続の省略）
第七十四条　〔略〕

（評議員による議案の提出）
第七十五条　評議員の総数の三分の一（これを下回る割合を寄附行為をもつて定めた場合にあつては、その割合）以上の評議員は、共同して、評議員会において、会議の目的である事項につき議案を提出することができる。〔略〕
2　評議員の総数の三分の一以上の評議員は、共同して、理事に対し、評議員会の日の二十日（これを下回る期間を寄附行為をもつて定めた場合にあつては、その期間）前までに、前項の規定により提出しようとする議案の要領を第七十条第四項又は第五項の通知に記載し、又は記録して評議員に通知することを請求することができる。
3　〔略〕

（評議員会の決議）
第七十六条　評議員会の決議は、議決に加わ

ることができる評議員の過半数が出席し、その過半数をもつて行う。
2　前項の規定にかかわらず、第四十八条第一項又は第九十二条第一項の評議員会の決議は、議決に加わることができる評議員の数の三分の二以上に当たる多数をもつて行わなければならない。
3　前二項の規定にかかわらず、第九十一条の評議員会の決議は、議決に加わることができる評議員の全員一致をもつて行わなければならない。
4　前三項の決議について特別の利害関係を有する評議員は、議決に加わることができない。
5—6　〔略〕
（延期又は続行の決議）
第七十七条　〔略〕
（評議員会の議事録）
第七十八条　評議員会の議事については、文部科学省令で定めるところにより、議事録を作成しなければならない。
2—3　〔略〕
（一般社団・財団法人法の規定の準用）
第七十九条　〔略〕

第四款　会計監査人

第一目　選任及び解任等

（会計監査人の選任等）
第八十条　会計監査人は、評議員会の決議によつて、選任する。
2　学校法人と会計監査人との関係は、委任に関する規定に従う。
（会計監査人の資格）
第八十一条　会計監査人は、公認会計士（公認会計士法（昭和二十三年法律第百三号）第十六条の二第五項に規定する外国公認会計士を含む。第三項第二号及び第八十六条第六項第三号において同じ。）又は監査法人でなければならない。
2　会計監査人に選任された監査法人は、その社員（次項第二号に掲げる者を除く。）の中から会計監査人の職務を行うべき者を選定し、これを学校法人に通知しなければならない。
3　〔略〕
（会計監査人の任期）
第八十二条　会計監査人の任期は、選任後一年以内に終了する会計年度に関する定時評議員会の終結の時までとする。
2—3　〔略〕
（会計監査人の解任）
第八十三条　会計監査人が次の各号のいずれかに該当するときは、評議員会の決議によつて、当該会計監査人を解任することができる。
一　職務上の義務に違反し、又は職務を怠つたとき。
二　会計監査人としてふさわしくない非行があつたとき。
三　心身の故障のため、職務の執行に支障があり、又はこれに堪えないとき。
2—3　〔略〕
（会計監査人の選任及び解任等に関する手続）
第八十四条　評議員会に理事が提出する会計監査人の選任及び解任並びに会計監査人を再任しないことに関する議案の内容は、監事が決定する。
2　前項の規定による議案の内容の決定は、監事の過半数の合意によつて行わなければならない。
3—5　〔略〕
（会計監査人に欠員を生じた場合の措置）
第八十五条　〔略〕

第二目　職務等

（会計監査人の職務等）
第八十六条　会計監査人は、第五節の定めるところにより、第百三条第二項に規定する計算書類及びその附属明細書並びに財産目録その他の文部科学省令で定めるものを監査する。
2　会計監査人は、監査を行つたときは、文部科学省令で定めるところにより、会計監査報告を作成し、監事及び理事会に提出しなければならない。
3　会計監査人は、いつでも、次に掲げる請求をし、又は理事及び職員に対し、会計に関する報告を求めることができる。
一　会計帳簿又はこれに関する資料が書面をもつて作成されているときは、当該書面又は当該書面の写しの閲覧の請求
二　前号の書面の謄本又は抄本の交付の請求
三　会計帳簿又はこれに関する資料が電磁的記録をもつて作成されているときは、当該電磁的記録に記録された事項を文部科学省令で定める方法により表示したものの閲覧の請求
四　前号の電磁的記録に記録された事項を電磁的方法であつて当該学校法人の定めたものにより提供することの請求又はその事項を記載した書面の交付の請求
4—6　〔略〕
（一般社団・財団法人法の規定の準用）
第八十七条　〔略〕

第五款　役員、評議員又は会計監査人の損害賠償責任等

（役員、評議員又は会計監査人の学校法人に対する損害賠償責任）
第八十八条　役員、評議員又は会計監査人は、その任務を怠つたときは、学校法人に対し、これによつて生じた損害を賠償する責任を負う。
2—3　〔略〕
（役員、評議員又は会計監査人の第三者に対する損害賠償責任）
第八十九条　役員、評議員又は会計監査人がその職務を行うについて悪意又は重大な過

失があつたときは、当該役員、評議員又は会計監査人は、これによつて第三者に生じた損害を賠償する責任を負う。

2　次の各号に掲げる者が、当該各号に定める行為をしたときも、前項と同様とする。ただし、その者が当該行為をすることについて注意を怠らなかつたことを証明したときは、この限りでない。

一　理事　次に掲げる行為

イ　第百三条第二項に規定する計算書類等及び財産目録に記載し、又は記録すべき重要な事項についての虚偽の記載又は記録

ロ　虚偽の登記

ハ　虚偽の公告

二　監事　監査報告に記載し、又は記録すべき重要な事項についての虚偽の記載又は記録

三　会計監査人　会計監査報告に記載し、又は記録すべき重要な事項についての虚偽の記載又は記録

（役員、評議員又は会計監査人の連帯責任）

第九十条　役員、評議員又は会計監査人が学校法人又は第三者に生じた損害を賠償する責任を負う場合において、他の役員、評議員又は会計監査人も当該損害を賠償する責任を負うときは、これらの者は、連帯債務者とする。

（学校法人に対する損害賠償責任の免除）

第九十一条　第八十八条第一項の責任は、評議員会の決議がなければ、免除することができない。

（責任の一部免除）

第九十二条　〔略〕

（理事会による免除に関する寄附行為の定め）

第九十三条　第九十一条の規定にかかわらず、学校法人は、役員又は会計監査人の第八十八条第一項の責任について、当該役員又は会計監査人が職務を行うにつき善意でかつ重大な過失がない場合において、責任の原因となつた事実の内容、当該役員又は会計監査人の職務の執行の状況その他の事情を勘案して特に必要と認めるときは、前条第一項の規定により免除することができる額を限度として理事会の決議によつて免除することができる旨を寄附行為をもつて定めることができる。

2―5　〔略〕

（責任限定契約）

第九十四条　第九十一条の規定にかかわらず、学校法人は、理事（業務執行理事等及び当該学校法人の職員である理事を除く。以下この条において「非業務執行理事」という。）、監事又は会計監査人の第八十八条第一項の責任について、当該非業務執行理事、監事又は会計監査人が職務を行うにつき善意でかつ重大な過失がないときは、寄附行為をもつて定めた額の範囲内であらかじめ学校法人が定めた額と最低責任限度額とのいずれか高い額を限度とする旨の契約を非業務執行理事、監事又は会計監査人と締結することができる旨を寄附行為をもつて定めることができる。

2　前項の契約を締結した非業務執行理事、監事又は会計監査人が当該学校法人の業務執行理事等又は職員に就任したときは、当該契約は、将来に向かつてその効力を失う。

3　理事は、寄附行為を変更して第一項の規定による寄附行為の定め（非業務執行理事と契約を締結することができる旨の定めに限る。）を設ける議案を理事会に提出するには、各監事の同意を得なければならない。

4―5　〔略〕

（理事が自己のためにした取引に関する特則）

第九十五条　第四十条において準用する一般社団・財団法人法第八十四条第一項第二号の取引（自己のためにした取引に限る。）をした理事の第八十八条第一項の責任は、任務を怠つたことが当該理事の責めに帰することができない事由によるものであることをもつて免れることができない。

2　〔略〕

（補償契約）

第九十六条　学校法人が、役員又は会計監査人に対して次に掲げる費用等の全部又は一部を当該学校法人が補償することを約する契約（以下この条において「補償契約」という。）の内容の決定をするには、理事会の決議によらなければならない。

一　当該役員又は会計監査人が、その職務の執行に関し、法令の規定に違反したことが疑われ、又は責任の追及に係る請求を受けたことに対処するために支出する費用

二　当該役員又は会計監査人が、その職務の執行に関し、第三者に生じた損害を賠償する責任を負う場合における次に掲げる損失

イ　当該損害を当該役員又は会計監査人が賠償することにより生ずる損失

ロ　当該損害の賠償に関する紛争について当事者間に和解が成立したときは、当該役員又は会計監査人が当該和解に基づく金銭を支払うことにより生ずる損失

2―6　〔略〕

（役員又は会計監査人のために締結される保険契約）

第九十七条　学校法人が、保険者との間で締結する保険契約のうち役員又は会計監査人がその職務の執行に関し責任を負うこと又は当該責任の追及に係る請求を受けることによつて生ずることのある損害を保険者が

塡補することを約するものであつて、役員又は会計監査人を被保険者とするもの（以下この条において「賠償責任保険契約」という。）の内容の決定をするには、理事会の決議によらなければならない。

2―3 〔略〕

第四款　予算及び事業計画等

（会計年度）

第九十八条　学校法人の会計年度は、四月一日に始まり、翌年三月三十一日に終わるものとする。

（予算及び事業計画）

第九十九条　学校法人は、毎会計年度、予算及び事業計画を作成しなければならない。

（役員及び評議員に対する報酬等）

第百条　学校法人は、役員及び評議員に対する報酬等（報酬、賞与その他の職務遂行の対価として受ける財産上の利益及び退職手当をいう。以下この条において同じ。）について、文部科学省令で定めるところにより、民間事業者の役員の報酬等及び従業員の給与、当該学校法人の経理の状況その他の事情を考慮して、不当に高額なものとならないような支給の基準を定めなければならない。

2 〔略〕

第五款　会計並びに計算書類等及び財産目録等

（会計の原則）

第百一条　学校法人は、文部科学省令で定める基準に従い、会計処理を行わなければならない。

（会計帳簿）

第百二条　学校法人は、文部科学省令で定めるところにより、適時に、正確な会計帳簿を作成しなければならない。

2 〔略〕

（計算書類等の作成及び保存）

第百三条　学校法人は、文部科学省令で定めるところにより、その成立の日における貸借対照表を作成しなければならない。

2―4 〔略〕

（計算書類等の監査等）

第百四条　計算書類等は、文部科学省令で定めるところにより、監事の監査を受けなければならない。

2―4 〔略〕

（計算書類及び事業報告書並びに監査報告の評議員への提供等）

第百五条　理事は、定時評議員会の招集の通知に際して、文部科学省令で定めるところにより、評議員に対し、前条第三項の承認を受けた計算書類及び事業報告書並びに監査報告を提供しなければならない。

2　理事は、前条第三項の承認を受けた計算書類及び事業報告書を定時評議員会に提出しなければならない。

3 〔略〕

（計算書類等及び監査報告の備置き及び閲覧等）

第百六条　学校法人は、計算書類等及び監査報告を、前条第二項の定時評議員会の日の一週間前の日から五年間、その主たる事務所に備え置かなければならない。

2―4 〔略〕

（財産目録等の作成、備置き及び閲覧等）

第百七条　学校法人は、毎会計年度終了後三月以内に（学校法人が成立した日の属する会計年度にあつては、当該成立した日以後遅滞なく）、文部科学省令で定めるところにより、次に掲げる書類を作成しなければならない。

一　財産目録

二　役員及び評議員の氏名及び住所を記載した名簿

三　第百条第一項に規定する報酬等の支給の基準を記載した書類

2―6 〔略〕

第六款　寄附行為の変更

第百八条　寄附行為の変更の決定は、理事会の決議によらなければならない。

2　理事会は、前項の決議をするときは、あらかじめ、評議員会の意見を聴かなければならない。

3　寄附行為の変更（軽微な変更として文部科学省令で定めるものを除く。）は、所轄庁の認可を受けなければ、その効力を生じない。

4―5 〔略〕

第七款　解散及び清算並びに合併

（解散事由）

第百九条　学校法人は、次に掲げる事由によつて解散する。

一　理事会の決議による決定

二　寄附行為に定めた解散事由の発生

三　目的たる事業の成功の不能

四　学校法人又は第百五十二条第五項の法人との合併

五　破産手続開始の決定

六　第百三十五条第一項の規定による所轄庁の解散命令

2　理事会は、前項第一号の決議をするときは、あらかじめ、評議員会の意見を聴かなければならない。

3―4 〔略〕

5　清算人は、第一項第二号又は第五号に掲げる事由によつて解散した場合には、所轄庁にその旨を届け出なければならない。

（学校法人についての破産手続の開始）

第百十条　学校法人がその債務につきその財産をもつて完済することができなくなつた場合には、裁判所は、理事若しくは債権者の申立てにより又は職権で、破産手続開始の決定をする。

2　前項に規定する場合には、理事は、直ちに破産手続開始の申立てをしなければならない。

（清算の開始）
第百十一条 学校法人は、次に掲げる場合には、次条から第百二十五条までに定めるところにより、清算をしなければならない。
一 解散した場合（第百九条第一項第四号に掲げる事由によつて解散した場合及び破産手続開始の決定により解散した場合であつて当該破産手続が終了していない場合を除く。）
二 設立の無効の訴えに係る請求を認容する判決が確定した場合
2 〔略〕
（清算人）
第百十二条 学校法人が解散したときは、破産手続開始の決定及び第百三十五条第一項の規定による解散命令による解散の場合を除き、理事がその清算人となる。ただし、寄附行為に別段の定めがあるときは、この限りでない。
2 〔略〕
（裁判所による清算人の選任）
第百十三条 〔略〕
（清算人の解任）
第百十四条 重要な事由があるときは、裁判所は、利害関係人若しくは検察官の請求により又は職権で、清算人を解任することができる。
（清算人の届出）
第百十五条 〔略〕
（清算人の職務及び権限）
第百十六条 清算人の職務は、次のとおりとする。
一 現務の結了
二 債権の取立て及び債務の弁済
三 残余財産の引渡し
2 〔略〕
（債権の申出の催告等）
第百十七条 清算人は、その就職の日から二月以内に、少なくとも三回の公告をもつて、債権者に対し、一定の期間内にその債権の申出をすべき旨の催告をしなければならない。この場合において、その期間は、二月を下ることができない。
2―4 〔略〕
（期間経過後の債権の申出）
第百十八条 〔略〕
（清算中の学校法人についての破産手続の開始）
第百十九条 〔略〕
（裁判所の選任する清算人の報酬）
第百二十条 〔略〕
（裁判所による監督）
第百二十一条 〔略〕
（清算結了の届出）
第百二十二条 〔略〕
（解散及び清算の監督等に関する事件の管轄）
第百二十三条 〔略〕
（不服申立ての制限）
第百二十四条 〔略〕
（残余財産の帰属）
第百二十五条 第百十一条第一項の規定により清算をする学校法人の残余財産は、合併及び破産手続開始の決定による解散の場合を除くほか、所轄庁に対する清算結了の届出の時において、寄附行為の定めるところにより、その帰属すべき者に帰属する。
2 前項の規定により処分されない財産は、国庫に帰属する。
3―6 〔略〕
（合併手続）
第百二十六条 学校法人の合併の決定は、理事会の決議によらなければならない。
2 理事会は、前項の決議をするときは、あらかじめ、評議員会の意見を聴かなければならない。
3 合併は、所轄庁の認可を受けなければ、その効力を生じない。

第百二十七条―第百三十一条 〔略〕

第八款 助成及び監督

（助成）
第百三十二条 国又は地方公共団体は、教育の振興上必要があると認める場合には、別に法律で定めるところにより、学校法人に対し、私立学校教育に関し必要な助成をすることができる。
（措置命令等）
第百三十三条 所轄庁は、学校法人が、法令の規定、法令の規定に基づく所轄庁の処分若しくは寄附行為に違反し、又はその運営が著しく適正を欠くと認めるときは、当該学校法人に対し、期限を定めて、違反の停止、運営の改善その他必要な措置をとるべきことを命ずることができる。
2 所轄庁は、前項の規定による措置命令をするときは、あらかじめ、私立学校審議会等の意見を聴かなければならない。
3―12 〔略〕
（収益事業の停止）
第百三十四条 所轄庁は、第十九条第一項の規定により収益を目的とする事業を行う学校法人につき、次の各号のいずれかに該当する事由があると認めるときは、当該学校法人に対して、その事業の停止を命ずることができる。
一 当該学校法人が寄附行為で定められた事業以外の事業を行うこと。
二 当該学校法人が当該事業から生じた収益をその設置する私立学校の経営の目的以外の目的に使用すること。
三 当該事業の継続が当該学校法人の設置する私立学校の教育に支障があること。
2―3 〔略〕
（解散命令）
第百三十五条 所轄庁は、学校法人が法令の規定に違反し、又は法令の規定に基づく所轄庁の処分に違反した場合においては、他の方法により監督の目的を達することができない場合に限り、当該学校法人に対して、解散を命ずることができる。

2　所轄庁は、前項の規定による解散命令をするときは、あらかじめ、私立学校審議会等の意見を聴かなければならない。

3—8　〔略〕

（報告及び検査）

第百三十六条　所轄庁は、この法律の施行に必要な限度において、学校法人に対し、その業務若しくは財産の状況に関し報告をさせ、又はその職員に、学校法人の事務所その他の施設に立ち入り、その業務若しくは財産の状況若しくは帳簿、書類その他の物件を検査させることができる。

2—3　〔略〕

（情報の公表）

第百三十七条　学校法人は、次に掲げる事項をインターネットの利用その他の方法により公表するよう努めなければならない。

一　寄附行為の内容

二　計算書類等、監査報告（会計監査人設置学校法人にあつては、会計監査報告を含む。）及び財産目録等のうち文部科学省令で定めるものの内容

第九款　訴訟等

第一款　学校法人の組織に関する訴え

（学校法人の組織に関する訴え）

第百三十八条—第百三十九条　〔略〕

第二款　責任追及の訴え

（責任追及の訴え）

第百四十条　評議員会は、学校法人に対し、書面その他の文部科学省令で定める方法により、役員、会計監査人又は清算人の責任を追及する訴え（以下この款において「責任追及の訴え」という。）の提起を求めることができる。

2—3　〔略〕

（一般社団・財団法人法の規定の準用）

第百四十一条　〔略〕

第三款　会計帳簿等の提出命令

第百四十二条　裁判所は、申立てにより又は職権で、訴訟の当事者に対し、会計帳簿又は計算書類及びその附属明細書の全部又は一部の提出を命ずることができる。

第四章　大臣所轄学校法人等の特例

（大臣所轄学校法人等の定義）

第百四十三条　この章において「大臣所轄学校法人等」とは、文部科学大臣が所轄庁である学校法人及びそれ以外の学校法人でその事業の規模又は事業を行う区域が政令で定める基準に該当するものをいう。

（会計監査人の設置の特例）

第百四十四条　大臣所轄学校法人等は、第十八条第二項の規定にかかわらず、会計監査人を置かなければならない。

2—3　〔略〕

（常勤の監事の選定の特例）

第百四十五条　大臣所轄学校法人等のうちその事業の規模又は事業を行う区域が特に大きいものとして政令で定める基準に該当するものは、寄附行為をもつて定めるところにより、常勤の監事を定めなければならない。

2　〔略〕

（理事の構成及び報告義務の特例）

第百四十六条　大臣所轄学校法人等については、第三十一条第四項第二号に掲げる者が理事に二人以上含まれなければならない。

2　〔略〕

（寄附行為の変更、解散及び合併の特例）

第百四十七条—第百四十九条　〔略〕

第百五十条　大臣所轄学校法人等においては、第百八条第一項の規定による寄附行為の変更（軽微な変更として文部科学省令で定めるものを除く。）、第百九条第一項（第一号に係る部分に限る。）の規定による解散又は第百二十六条第一項の規定による合併の決定は、評議員会の決議がなければ効力を生じない。この場合において、これらの規定による理事会の決議については、それぞれ第百八条第二項、第百九条第二項又は第百二十六条第二項の規定は、適用しない。

（情報の公表の特例）

第百五十一条　大臣所轄学校法人等は、第百三十七条の規定にかかわらず、次の各号に掲げる場合の区分に応じ、遅滞なく、文部科学省令で定めるところにより、当該各号に定める事項を公表しなければならない。

一　第二十三条第一項若しくは第百八条第三項の認可を受けた場合又は同条第五項の規定による届出をした場合　寄附行為の内容

二　計算書類等、監査報告、会計監査報告及び財産目録等を作成した場合　これらのもののうち文部科学省令で定めるものの内容

第五章　雑則

（私立専修学校等）

第百五十二条　第五条、第六条及び第七条第一項の規定は、私立専修学校について準用する。この場合において、同項中「第四条第一項」とあるのは「第百三十条第一項」と、「又は」とあるのは「又は同法第百三十三条第一項において準用する」と読み替えるものとする。

2　第五条、第六条及び第七条第一項の規定は、私立各種学校について準用する。この場合において、同項中「第四条第一項」とあるのは「第百三十四条第二項において準用する同法第四条第一項前段」と、「又は」とあるのは「又は同法第百三十四条第二項

において準用する」と読み替えるものとする。

3　学校法人は、学校のほかに、専修学校又は各種学校を設置することができる。

4　前項の規定により専修学校又は各種学校を設置する学校法人に対して第三章の規定を適用する場合には、同章の規定中私立学校のうちには、私立専修学校又は私立各種学校を含むものとする。

5　専修学校又は各種学校を設置しようとする者は、専修学校又は各種学校の設置のみを目的とする法人を設立することができる。

6　第三章及び前章（第百四十八条第四項を除く。）の規定は、前項の法人について準用する。この場合において、第三章の規定中「私立学校」とあるのは、「私立専修学校又は私立各種学校」と読み替えるものとする。

7　学校法人及び第五項の法人は、寄附行為をもつて定めるところにより、同項の法人及び学校法人となるために必要な事項を寄附行為に定め、所轄庁の認可を受けることにより、それぞれ同項の法人及び学校法人となることができる。

8　第四十二条第二項（第一号に係る部分に限る。）、第百八条第一項及び第二項並びに第百五十条の規定（これらの規定を第六項において準用する場合を含む。）は、前項に規定する事項を寄附行為に定める場合について準用する。この場合において、同条中「寄附行為の変更（軽微な変更として文部科学省令で定めるものを除く。）」とあるのは「第百五十二条第七項に規定する事項を寄附行為に定めることの決定又は」と、「解散又は」とあるのは「解散若しくは」と読み替えるものとする。

9　第二十四条及び第二十六条の規定は、学校法人に対する第七項の認可について準用する。この場合において、第二十四条第一項中「第十七条」とあるのは「第百五十二条第六項において準用する第十七条」と、第二十六条中「設立」とあるのは「組織変更」と、「成立する」とあるのは「第百五十二条第五項の法人となる」と読み替えるものとする。

10　第二十四条及び第二十六条の規定は、第五項の法人に対する第七項の認可について準用する。この場合において、第二十四条第一項及び第二十六条中「学校法人」とあるのは「第百五十二条第五項の法人」と、同条中「設立」とあるのは「組織変更」と、「成立する」とあるのは「学校法人となる」と読み替えるものとする。

11　学校法人が第七項の規定により第五項の法人となつた場合において、当該法人が第六項において準用する第百四十三条に規定する大臣所轄学校法人等であるときは、当該法人は、組織変更の登記を行つた後、遅滞なく、文部科学省令で定めるところにより、寄附行為の内容を公表しなければならない。第五項の法人が第七項の規定により学校法人となつた場合において、当該学校法人が第百四十三条に規定する大臣所轄学校法人等であるときも、同様とする。

（類似名称の使用禁止）

第百五十三条　〔略〕

（実施規定）

第百五十四条　この法律に規定するものを除くほか、この法律の施行に関し必要な事項で、都道府県知事が処理しなければならないものは政令で、その他のものは文部科学省令で定める。

（事務の区分）

第百五十五条　〔略〕

（経過措置）

第百五十六条　この法律の規定に基づき命令を制定し、又は改廃する場合においては、その命令で、その制定又は改廃に伴い合理的に必要と判断される範囲内において、所要の経過措置（罰則に関する経過措置を含む。）を定めることができる。

第六章　罰則　〔略〕

附　則　〔令五・五・八法二一〕

（施行期日）

第一条　この法律は、令和七年四月一日から施行する。〔ただし書略〕

●私立学校法施行令〔抄〕

（昭和二五年三月一四日
政令第三一号）

最終改正…令元・九・一一政九七抄

（特別の利益を与えてはならない学校法人等の関係者）

第一条　私立学校法（以下「法」という。）第二十六条の二（法第六十四条第五項において準用する場合を含む。）の政令で定める学校法人（同項において準用する場合にあつては、法第六十四条第四項の法人。第一号及び第五号において同じ。）の関係者は、次に掲げる者とする。

一　当該学校法人の設立者、理事、監事、評議員又は職員（当該学校法人の設置する私立学校又は私立専修学校若しくは私立各種学校の校長、教員その他の職員を含む。）

二　前号に掲げる者の配偶者又は三親等内の親族

三　前二号に掲げる者と婚姻の届出をしていないが事実上婚姻関係と同様の事情にある者

四　前二号に掲げる者のほか、第一号に掲げる者から受ける金銭その他の財産によつて生計を維持する者

五　当該学校法人の設立者が法人である場合にあつては、その法人が事業活動を支配する法人又はその法人の事業活動を支配する者として文部科学省令で定めるもの

（登記の届出等）

第二条　都道府県知事を所轄庁とする学校法人又は法第六十四条第四項の法人は、組合等登記令（昭和三十九年政令第二十九号）の規定により登記をしたときは、遅滞なく、登記事項証明書を添えて、その旨を都道府県知事に届け出なければならない。

2　都道府県知事を所轄庁とする学校法人又は法第六十四条第四項の法人は、理事又は監事が就任し、又は退任したときは、遅滞なく、文部科学省令で定める事項を都道府県知事に届け出なければならない。法第三十七条第二項の規定により理事（理事長を除く。以下この項において同じ。）が理事長の職務を代理し、又は理事長の職務を行うこととなつたとき及び理事長の職務の代理をする理事が当該職務の代理をやめたときも、同様とする。

（都道府県知事等を経由する申請）

第三条　法の規定に基づき文部科学大臣に対してする申請のうち、次に掲げるものは、当該都道府県知事（第一号に掲げる申請のうち地方自治法（昭和二十二年法律第六十七号）第二百五十二条の十九第一項の指定都市又は同法第二百五十二条の二十二第一項の中核市（以下この条及び第七条において「指定都市等」という。）の区域内の就学前の子どもに関する教育、保育等の総合的な提供の推進に関する法律（平成十八年法律第七十七号）第二条第七項に規定する幼保連携型認定こども園（次項において「幼保連携型認定こども園」という。）に係るものにあつては、当該指定都市等の長）を経由してしなければならない。

一　文部科学大臣を所轄庁とする学校法人で都道府県知事又は指定都市等の長を所轄庁とする私立学校、私立専修学校又は私立各種学校を設置するものがする法第三十条、第四十五条第一項（当該私立学校に係る場合に限る。）、第五十条第二項、第五十二条第二項又は第六十四条第六項の規定による認可又は認定の申請

二　都道府県知事を所轄庁とする学校法人又は法第六十四条第四項の法人が、寄附行為の変更により、文部科学大臣を所轄庁とする学校法人となる場合における法第四十五条第一項又は第六十四条第六項の規定による認可の申請

三　合併の当事者の一方又は双方が都道府県知事を所轄庁とする学校法人又は法第六十四条第四項の法人であつて、その合併後存続する法人又は合併により設立する法人が文部科学大臣を所轄庁とする学校法人である場合における法第五十二条第二項（法第六十四条第五項において準用する場合を含む。）の規定による認可の申請

2　都道府県知事（前項第一号に掲げる申請のうち指定都市等の区域内の幼保連携型認定こども園に係るものにあつては、当該指定都市等の長）は、同項に掲げる申請を受理したときは、速やかに、これにその意見を付して、文部科学大臣に進達しなければならない。

（文部科学大臣に対する協議）

第四条　都道府県知事は、次に掲げる場合においては、あらかじめ、文部科学大臣に協議しなければならない。

一　文部科学大臣を所轄庁とする学校法人が、寄附行為の変更により、都道府県知事を所轄庁とする学校法人又は法第六十四条第四項の法人となる場合における法第四十五条第一項又は法第六十四条第六項の規定による認可をするとき。

二　合併の当事者の一方又は双方が文部科学大臣を所轄庁とする学校法人であつて、その合併後存続する法人又は合併により設立する法人が都道府県知事を所轄

庁とする学校法人又は法第六十四条第四項の法人である場合における法第五十二条第二項（法第六十四条第五項において準用する場合を含む。）の規定による認可をするとき。

（学校法人及び法第六十四条第四項の法人の台帳の調製等）

第五条　都道府県知事は、文部科学省令で定める様式により、その所轄に属する学校法人及び法第六十四条第四項の法人の台帳を調製しなければならない。

2　都道府県知事は、前項の台帳の記載事項に異動を生じたときは、速やかに、加除訂正をしなければならない。

3　都道府県知事の所轄に属する学校法人又は法第六十四条第四項の法人の所轄庁に異動を生じた場合には、旧所轄庁は、当該学校法人又は法第六十四条第四項の法人の関係書類及び台帳を新所轄庁に送付しなければならない。

（台帳等の保存）

第六条〔略〕

（事務の区分）

第七条　第二条、第三条第二項及び第四条から前条までの規定により都道府県が処理することとされている事務並びに同項の規定により指定都市等が処理することとされている事務は、地方自治法第二条第九項第一号に規定する第一号法定受託事務とする。

附　則〔略〕

附　則〔令元・九・一一政九七抄〕

（施行期日）

1　この政令は、令和二年四月一日から施行する。

●私立学校振興助成法〔抄〕

（昭和五〇年七月一一日法律第六一号）

最終改正…令五・五・八法二一

（目的）

第一条　この法律は、学校教育における私立学校の果たす重要な役割にかんがみ、国及び地方公共団体が行う私立学校に対する助成の措置について規定することにより、私立学校の教育条件の維持及び向上並びに私立学校に在学する幼児、児童、生徒又は学生に係る修学上の経済的負担の軽減を図るとともに私立学校の経営の健全性を高め、もつて私立学校の健全な発達に資することを目的とする。

（定義）

第二条　この法律において「学校」とは、学校教育法（昭和二十二年法律第二十六号）第一条に規定する学校及び就学前の子どもに関する教育、保育等の総合的な提供の推進に関する法律（平成十八年法律第七十七号）第二条第七項に規定する幼保連携型認定こども園（以下「幼保連携型認定こども園」という。）をいう。

2　この法律において「学校法人」とは、私立学校法（昭和二十四年法律第二百七十号）第三条に規定する学校法人をいう。

3　この法律において「私立学校」とは、私立学校法第二条第三項に規定する学校をいう。

4　この法律において「所轄庁」とは、私立学校法第四条に規定する所轄庁をいう。

（学校法人の責務）

第三条　学校法人は、この法律の目的にかんがみ、自主的にその財政基盤の強化を図り、その設置する学校に在学する幼児、児童、生徒又は学生に係る修学上の経済的負担の適正化を図るとともに、当該学校の教育水準の向上に努めなければならない。

（私立大学及び私立高等専門学校の経常的経費についての補助）

第四条　国は、大学又は高等専門学校を設置する学校法人に対し、当該学校における教育又は研究に係る経常的経費について、その二分の一以内を補助することができる。

2　前項の規定により補助することができる経常的経費の範囲、算定方法その他必要な事項は、政令で定める。

（補助金の減額等）

第五条　国は、学校法人又は学校法人の設置する大学若しくは高等専門学校が次の各号の一に該当する場合には、その状況に応じ、前条第一項の規定により当該学校法人に交付する補助金を減額して交付することができる。

一　法令の規定、法令の規定に基づく所轄庁の処分又は寄附行為に違反している場合

二　学則に定めた収容定員を超える数の学生を在学させている場合

三　在学している学生の数が学則に定めた収容定員に満たない場合

四　借入金の償還が適正に行われていない等財政状況が健全でない場合

五　その他教育条件又は管理運営が適正を欠く場合

第六条　国は、学校法人又は学校法人の設置する大学若しくは高等専門学校が前条各号の一に該当する場合において、その状況が著しく、補助の目的を有効に達成することができないと認めるときは、第四条第一項

の規定による補助金を交付しないことができる。学校法人の設置する大学又は高等専門学校に、設置後学校教育法に定める修業年限に相当する年数を経過していない学部又は学科（短期大学及び高等専門学校の学科に限る。）がある場合においては、当該学部又は学科に係る当該補助金についても、同様とする。

（補助金の増額）
第七条　国は、私立大学における学術の振興及び私立大学又は私立高等専門学校における特定の分野、課程等に係る教育の振興のため特に必要があると認めるときは、学校法人に対し、第四条第一項の規定により当該学校法人に交付する補助金を増額して交付することができる。

（学校法人が行う学資の貸与の事業についての助成）
第八条　国又は地方公共団体は、学校法人に対し、当該学校法人がその設置する学校の学生又は生徒を対象として行う学資の貸与の事業について、資金の貸付けその他必要な援助をすることができる。

（学校法人に対する都道府県の補助に対する国の補助）
第九条　都道府県が、その区域内にある幼稚園、小学校、中学校、義務教育学校、高等学校、中等教育学校、特別支援学校又は幼保連携型認定こども園を設置する学校法人に対し、当該学校における教育に係る経常的経費について補助する場合には、国は、都道府県に対し、政令で定めるところにより、その一部を補助することができる。

（その他の助成）
第十条　国又は地方公共団体は、学校法人に対し、第四条、第八条及び前条に規定するもののほか、補助金を支出し、又は通常の条件よりも有利な条件で、貸付金をし、その他の財産を譲渡し、若しくは貸し付けることができる。ただし、国有財産法（昭和二十三年法律第七十三号）並びに地方自治法（昭和二十二年法律第六十七号）第九十六条及び第二百三十七条から第二百三十八条の五までの規定の適用を妨げない。

（間接補助）
第十一条　国は、日本私立学校振興・共済事業団法（平成九年法律第四十八号）の定めるところにより、この法律の規定による助成で補助金の支出又は貸付金に係るものを日本私立学校振興・共済事業団を通じて行うことができる。

（所轄庁の権限）
第十二条　所轄庁は、この法律の規定により助成を受ける学校法人に対して、次の各号に掲げる権限を有する。

一　助成に関し必要があると認める場合において、当該学校法人からその業務若しくは会計の状況に関し報告を徴し、又は当該職員に当該学校法人の関係者に対し質問させ、若しくはその帳簿、書類その他の物件を検査させること。

二　当該学校法人が、学則に定めた収容定員を著しく超えて入学又は入園させた場合において、その是正を命ずること。

三　当該学校法人の予算が助成の目的に照らして不適当であると認める場合において、その予算について必要な変更をすべき旨を勧告すること。

四　当該学校法人の役員が法令の規定、法令の規定に基づく所轄庁の処分又は寄附行為に違反した場合において、当該役員の解職をすべき旨を勧告すること。

（意見の聴取等）
第十二条の二　所轄庁は、前条第二号の規定による是正命令をしようとする場合には、あらかじめ、私立学校審議会又は学校教育法第九十五条に規定する審議会等（以下「私立学校審議会等」という。）の意見を聴かなければならない。

2　所轄庁は、前条第二号の規定による是正命令をしようとする場合には、行政手続法（平成五年法律第八十八号）第三十条の規定による通知において、所轄庁による弁明の機会の付与に代えて私立学校審議会等による弁明の機会の付与を求めることができる旨並びに当該弁明のために出席すべき私立学校審議会等の日時及び場所並びに第四項の規定による弁明書を提出する場合における当該弁明書の提出先及び提出期限を通知しなければならない。

3　私立学校審議会等は、当該学校法人が私立学校審議会等による弁明の機会の付与を求めたときは、所轄庁に代わつて弁明の機会を付与しなければならない。

4　前項の規定による弁明は、当該学校法人が弁明書を提出してすることを求めたときを除き、私立学校審議会等に出席してするものとする。

5　行政手続法第二十九条第二項及び第三十一条（同法第十六条の準用に係る部分に限る。）の規定は、第三項の規定により私立学校審議会等が行う弁明の機会の付与について準用する。この場合において、同法第三十一条において準用する同法第十六条第四項中「行政庁」とあるのは、「私立学校振興助成法第十二条の二第一項の私立学校審議会等」と読み替えるものとする。

6　第三項の規定により私立学校審議会等が弁明の機会を付与する場合には、行政手続法第三章（第十二条及び第十四条を除く。）の規定は、適用しない。

7　前条第二号の規定による是正命令については、審査請求をすることができない。

第十三条　所轄庁は、第十二条第三号又は第四号の規定による措置をしようとする場合においては、あらかじめ、当該学校法人の理事又は解職しようとする役員に対して弁明の機会を付与するとともに、私立学校審議会等の意見を聴かなければならない。
2　行政手続法第三章第三節の規定及び前条第二項から第五項までの規定は、前項の規定による弁明について準用する。

（書類の作成等）
第十四条　第四条第一項又は第九条に規定する補助金の交付を受ける学校法人は、文部科学大臣の定める基準に従い、会計処理を行い、貸借対照表、収支計算書その他の財務計算に関する書類を作成しなければならない。
2　前項に規定する学校法人は、同項の書類のほか、収支予算書を所轄庁に届け出なければならない。
3　前項の場合においては、第一項の書類については、所轄庁の指定する事項に関する公認会計士又は監査法人の監査報告書を添付しなければならない。ただし、補助金の額が寡少であつて、所轄庁の許可を受けたときは、この限りでない。

（税制上の優遇措置）
第十五条　国又は地方公共団体は、私立学校教育の振興に資するため、学校法人が一般からの寄附金を募集することを容易にするための措置等必要な税制上の措置を講ずるよう努めるものとする。

（準学校法人への準用）
第十六条　第三条、第十条及び第十二条から第十三条までの規定は、私立学校法第六十四条第四項の法人に準用する。

（事務の区分）
第十七条　〔略〕

附　則　〔令五・五・八法二一〕

（施行期日）
第一条　この法律は、令和五年九月一日から施行する。〔ただし書き略〕

●日本私立学校振興・共済事業団法〔抄〕

（平成九年五月九日　法律第四八号）

最終改正…令五・五・八法二一

第一章　総則

（設立の目的）
第一条　日本私立学校振興・共済事業団は、私立学校の教育の充実及び向上並びにその経営の安定並びに私立学校教職員の福利厚生を図るため、補助金の交付、資金の貸付けその他私立学校教育に対する援助に必要な業務を総合的かつ効率的に行うとともに、私立学校教職員共済法（昭和二十八年法律第二百四十五号。以下「共済法」という。）の規定による共済制度を運営し、もつて私立学校教育の振興に資することを目的とする。

（定義）
第二条　この法律において、次の各号に掲げる用語の意義は、当該各号に定めるところによる。
一　私立学校　学校教育法（昭和二十二年法律第二十六号）第二条第二項に規定する私立学校及び学校法人が設置する幼保連携型認定こども園（就学前の子どもに関する教育、保育等の総合的な提供の推進に関する法律（平成十八年法律第七十七号）第二条第七項に規定する幼保連携型認定こども園をいう。附則第十三条において同じ。）をいう。
二　学校法人　私立学校法（昭和二十四年法律第二百七十号）第三条に規定する学校法人をいう。
三　準学校法人　私立学校法第六十四条第四項の法人をいう。
四　専修学校　学校教育法第百二十四条に規定する専修学校をいう。
五　各種学校　学校教育法第百三十四条第一項に規定する各種学校をいう。

（法人格）
第三条　日本私立学校振興・共済事業団（以下「事業団」という。）は、法人とする。

（資本金）
第四条　〔略〕
第五条　事業団の資本金は、附則第六条第四項の規定により政府から出資があったものとされた金額とする。
2　政府は、必要があると認めるときは、予算で定める金額の範囲内において、事業団に追加して出資することができる。
3　事業団は、前項の規定による政府の出資があったときは、その出資額により資本金を増加するものとする。

（登記）
第六条　事業団は、政令で定めるところにより、登記しなければならない。
2　前項の規定により登記しなければならない事項は、登記の後でなければ、これをもって第三者に対抗することができない。

（名称の使用制限）
第七条　〔略〕

（一般社団法人及び一般財団法人に関する法律の準用）
第八条　一般社団法人及び一般財団法人に関する法律（平成十八年法律第四十八号）第四条及び第七十八条の規定は、事業団について準用する。
第九条　削除

第二章　役員等〔略〕

第三章　業務

（業務）
第二十三条　事業団は、第一条の目的を達成するため、次の業務を行う。
一　私立学校の教育に必要な経費に対する国の補助金で政令で定めるものの交付を受け、これを財源として、学校法人に対し、補助金を交付すること。
二　学校法人又は準学校法人に対し、その設置する私立学校又は職業に必要な技術の教授を目的とする私立の専修学校若しくは各種学校で政令で定めるものの施設の整備その他経営のため必要な資金を貸し付け、及び私立学校教育（私立の専修学校及び各種学校の教育を含む。以下この項において同じ。）に関連してその振興上必要と認められる事業を行う者に対し、その事業について必要な資金を貸し付けること。
三　私立学校教育の振興上必要と認められる事業を行う学校法人、準学校法人その他の者に対し、その事業について助成金を交付すること。
四　私立学校教育の振興のための寄付金を募集し、管理し、及び学校法人、準学校法人その他私立学校教育の振興上必要と認められる事業を行う者に対し、その配付を行うこと。
五　私立学校の教育条件及び経営に関し、情報の収集、調査及び研究を行い、並びに関係者の依頼に応じてその成果の提供その他の指導を行うこと。
六　共済法第二十条第一項に規定する短期給付を行うこと。
七　厚生年金保険法（昭和二十九年法律第百十五号）第三十二条に規定する保険給付を行うこと。
八　共済法第二十条第二項に規定する退職等年金給付を行うこと。
九　共済法第二十六条第一項に規定する福祉事業を行うこと。
十　第一号から第五号までの業務に附帯する業務を行うこと。
2　事業団は、前項の規定により行う業務のほか、高齢者の医療の確保に関する法律（昭和五十七年法律第八十号）の規定による前期高齢者納付金等及び後期高齢者支援金等、介護保険法（平成九年法律第百二十三号）の規定による納付金、厚生年金保険法の規定による拠出金並びに国民年金法（昭和三十四年法律第百四十一号）の規定による基礎年金拠出金の納付並びに厚生年金保険法の規定による交付金の受入れに関する業務を行う。
3　事業団は、前二項の規定により行う業務のほか、次の業務を行うことができる。
一　共済法第二十条第三項に規定する短期給付を行うこと。
二　共済法第二十六条第二項に規定する福祉事業を行うこと。
三　政令で定める災害により被害を受けた私立の専修学校又は各種学校（第一項第二号の業務の対象となるものを除く。）で政令で定めるものを設置する学校法人又は準学校法人に対し、同号に規定する資金を貸し付けること。
4　〔略〕

（共済規程）
第二十四条　〔略〕

（助成業務方法書及び共済運営規則）
第二十五条　事業団は、助成業務（第二十三条第一項第一号から第五号まで及び第十号並びに同条第三項第三号の業務をいう。以下同じ。）の執行に関して必要な事項を助成業務方法書で定めなければならない。
2　事業団は、共済業務の執行に関して必要な事項を共済運営規則で定めなければならない。
3　事業団は、助成業務方法書又は共済運営規則を変更しようとするときは、文部科学大臣の認可を受けなければならない。
4　助成業務方法書には、次に掲げる事項を記載しなければならない。
一　助成業務の方法
二　理事長及び理事の職務の執行が法令に適合することを確保するための体制その他事業団の助成業務の適正を確保するための体制
三　その他文部科学省令で定める事項
5　前項の規定は、共済運営規則について準用する。この場合において、同項第一号及び第二号中「助成業務」とあるのは、「共済業務」と読み替えるものとする。
6　事業団は、第三項の認可を受けたときは、遅滞なく、その助成業務方法書を公表しなければならない。

第二十六条―第二十七条　〔略〕

（貸付業務の委託）
第二十八条　事業団は、文部科学大臣の認可を受けて、銀行その他の金融機関に第二十三条第一項第二号の業務の一部を委託することができる。
2　事業団は、前項の規定により銀行その他の金融機関に業務の一部を委託しようとするときは、その金融機関に対し、当該委託業務に関する準則を示さなければならない。

第四章―第七章　〔略〕

附　則　〔令五・五・八法二一〕

（施行期日）
第一条　この法律は、令和七年四月一日から施行する。

六 教育職員・勤務条件・教員免許編

●国家公務員法〔抄〕★

（昭和二二年一〇月二一日法律第一二〇号）

最終改正…令四・六・一七法六八

【教採頻出条文】第百二条

第一章 総則

（この法律の目的及び効力）

第一条 この法律は、国家公務員たる職員について適用すべき各般の根本基準（職員の福祉及び利益を保護するための適切な措置を含む。）を確立し、職員がその職務の遂行に当り、最大の能率を発揮し得るように、民主的な方法で、選択され、且つ、指導さるべきことを定め、以て国民に対し、公務の民主的且つ能率的な運営を保障することを目的とする。

② この法律は、もつぱら日本国憲法第七十三条にいう官吏に関する事務を掌理する基準を定めるものである。

③ 何人も、故意に、この法律又はこの法律に基づく命令に違反し、又は違反を企て若しくは共謀してはならない。又、何人も、故意に、この法律又はこの法律に基づく命令の施行に関し、虚偽行為をなし、若しくはなそうと企て、又はその施行を妨げてはならない。

④ この法律のある規定が、効力を失い、又はその適用が無効とされても、この法律の他の規定又は他の関係における適用は、その影響を受けることがない。

⑤ この法律の規定が、従前の法律又はこれに基く法令と矛盾し又はてい触する場合には、この法律の規定が、優先する。

（一般職及び特別職）

第二条 国家公務員の職は、これを一般職と特別職とに分つ。

② 一般職は、特別職に属する職以外の国家公務員の一切の職を包含する。

③ 特別職は、次に掲げる職員の職とする。

一 内閣総理大臣
二 国務大臣
三 人事官及び検査官
四 内閣法制局長官
五 内閣官房副長官
五の二 内閣危機管理監及び内閣情報通信政策監
五の三 国家安全保障局長
五の四 内閣官房副長官補、内閣広報官及び内閣情報官
六 内閣総理大臣補佐官
七 副大臣
七の二 大臣政務官
七の三 大臣補佐官
八 内閣総理大臣秘書官及び国務大臣秘書官並びに特別職たる機関の長の秘書官のうち人事院規則で指定するもの
九 就任について選挙によることを必要とし、あるいは国会の両院又は一院の議決又は同意によることを必要とする職員
十 宮内庁長官、侍従長、東宮大夫、式部官長及び侍従次長並びに法律又は人事院規則で指定する宮内庁のその他の職員
十一 特命全権大使、特命全権公使、特派大使、政府代表、全権委員、政府代表又は全権委員の代理並びに特派大使、政府代表又は全権委員の顧問及び随員
十一の二 日本ユネスコ国内委員会の委員
十二 日本学士院会員
十二の二 日本学術会議会員
十三 裁判官及びその他の裁判所職員

十四　国会職員
十五　国会議員の秘書
十六　防衛省の職員（防衛省に置かれる合議制の機関で防衛省設置法（昭和二十九年法律第百六十四号）第四十一条の政令で定めるものの委員及び同法第四条第一項第二十四号又は第二十五号に掲げる事務に従事する職員で同法第四十一条の政令で定めるもののうち、人事院規則で指定するものを除く。）
十七　独立行政法人通則法（平成十一年法律第百三号）第二条第四項に規定する行政執行法人（以下「行政執行法人」という。）の役員

④　この法律の規定は、一般職に属するすべての職（以下その職を官職といい、その職を占める者を職員という。）に、これを適用する。人事院は、ある職が、国家公務員の職に属するかどうか及び本条に規定する一般職に属するか特別職に属するかを決定する権限を有する。

⑤　この法律の規定は、この法律の改正法律により、別段の定がなされない限り、特別職に属する職には、これを適用しない。

⑥　政府は、一般職又は特別職以外の勤務者を置いてその勤務に対し俸給、給料その他の給与を支払つてはならない。

⑦　前項の規定は、政府又はその機関と外国人の間に、個人的基礎においてなされる勤務の契約には適用されない。

第二章　中央人事行政機関〔略〕

第三章　職員に適用される基準

第一節　通則

（平等取扱いの原則）

第二十七条　全て国民は、この法律の適用について、平等に取り扱われ、人種、信条、性別、社会的身分、門地又は第三十八条第四号に該当する場合を除くのほか政治的意見若しくは政治的所属関係によつて、差別されてはならない。

（人事管理の原則）

第二十七条の二　職員の採用後の任用、給与その他の人事管理は、職員の採用年次、合格した採用試験の種類及び第六十一条の九第二項第二号に規定する課程対象者であるか否か又は同号に規定する課程対象者であつたか否かにとらわれてはならず、この法律に特段の定めがある場合を除くほか、人事評価に基づいて適切に行われなければならない。

（情勢適応の原則）

第二十八条　この法律及び他の法律に基づいて定められる職員の給与、勤務時間その他勤務条件に関する基礎事項は、国会により社会一般の情勢に適応するように、随時これを変更することができる。その変更に関しては、人事院においてこれを勧告することを怠つてはならない。

②　人事院は、毎年、少くとも一回、俸給表が適当であるかどうかについて国会及び内閣に同時に報告しなければならない。給与を決定する諸条件の変化により、俸給表に定める給与を百分の五以上増減する必要が生じたと認められるときは、人事院は、その報告にあわせて、国会及び内閣に適当な勧告をしなければならない。

第二十九条から第三十二条まで　削除

第二節　採用試験及び任免

（任免の根本基準）

第三十三条　職員の任用は、この法律の定めるところにより、その者の受験成績、人事評価又はその他の能力の実証に基づいて行わなければならない。

②　前項に規定する根本基準の実施に当たつては、次に掲げる事項が確保されなければならない。
一　職員の公正な任用
二　行政需要の変化に対応するために行う優れた人材の養成及び活用

③　職員の免職は、法律に定める事由に基づいてこれを行わなければならない。

④　第一項に規定する根本基準の実施につき必要な事項であつて第二項第一号に掲げる事項の確保に関するもの及び前項に規定する根本基準の実施につき必要な事項は、この法律に定めのあるものを除いては、人事院規則でこれを定める。

第三十三条の二　〔略〕

第一款　通則

第三十四条　〔略〕

（欠員補充の方法）

第三十五条　官職に欠員を生じた場合においては、その任命権者は、法律又は人事院規則に別段の定のある場合を除いては、採用、昇任、降任又は転任のいずれか一の方法により、職員を任命することができる。但し、人事院が特別の必要があると認めて任命の方法を指定した場合は、この限りではない。

（採用の方法）

第三十六条　職員の採用は、競争試験によるものとする。ただし、係員の官職（第三十四条第二項に規定する標準的な官職が係員である職制上の段階に属する官職その他これに準ずる官職として人事院規則で定めるものをいう。第四十五条の二第一項において同じ。）以外の官職に採用しようとする場合又は人事院規則で定める場合には、競争試験以外の能力の実証に基づく試験（以下「選考」という。）の方法によることを妨げない。

第三十七条　削除

（欠格条項）
第三十八条　次の各号のいずれかに該当する者は、人事院規則で定める場合を除くほか、官職に就く能力を有しない。
一　拘禁刑以上の刑に処せられ、その執行を終わるまで又はその執行を受けることがなくなるまでの者
二　懲戒免職の処分を受け、当該処分の日から二年を経過しない者
三　人事院の人事官又は事務総長の職にあつて、第百九条から第百十二条までに規定する罪を犯し、刑に処せられた者
四　日本国憲法施行の日以後において、日本国憲法又はその下に成立した政府を暴力で破壊することを主張する政党その他の団体を結成し、又はこれに加入した者

第三十九条―第四十一条　〔略〕

第二款　採用試験

（採用試験の実施）
第四十二条　採用試験は、この法律に基づく命令で定めるところにより、これを行う。

（受験の欠格条項）
第四十三条　第四十四条に規定する資格に関する制限の外、官職に就く能力を有しない者は、受験することができない。

（受験の資格要件）
第四十四条　人事院は、人事院規則により、受験者に必要な資格として官職に応じ、その職務の遂行に欠くことのできない最小限度の客観的且つ画一的な要件を定めることができる。

第四十五条―第四十九条　〔略〕

第三款　採用候補者名簿

（名簿の作成）
第五十条　採用試験による職員の採用については、人事院規則の定めるところにより、採用候補者名簿を作成するものとする。

第五十一条―第五十三条　〔略〕

第四款　任用

（採用昇任等基本方針）
第五十四条　内閣総理大臣は、公務の能率的な運営を確保する観点から、あらかじめ、次条第一項に規定する任命権者及び法律で別に定められた任命権者と協議して職員の採用、昇任、降任及び転任に関する制度の適切かつ効果的な運用を確保するための基本的な方針（以下「採用昇任等基本方針」という。）の案を作成し、閣議の決定を求めなければならない。
②　採用昇任等基本方針には、第三十三条の二に規定する基本的事項のほか、次に掲げる事項を定めるものとする。
一　職員の採用、昇任、降任及び転任に関する制度の適切かつ効果的な運用に関する基本的な指針
二　第五十六条の採用候補者名簿による採用及び第五十七条の選考による採用に関する指針
三　第五十八条の昇任及び転任に関する指針
四　管理職への任用に関する基準その他の指針
五　任命権者を異にする官職への任用に関する指針
六　職員の公募（官職の職務の具体的な内容並びに当該官職に求められる能力及び経験を公示して、当該官職の候補者を募集することをいう。次項において同じ。）に関する指針
七　官民の人材交流に関する指針
八　子の養育又は家族の介護を行う職員の状況を考慮した職員の配置その他の措置による仕事と生活の調和を図るための指針
九　前各号に掲げるもののほか、職員の採用、昇任、降任及び転任に関する制度の適切かつ効果的な運用を確保するために必要な事項
③　前項第六号の指針を定めるに当たつては、犯罪の捜査その他特殊性を有する職務の官職についての公募の制限に関する事項その他職員の公募の適正を確保するために必要な事項に配慮するものとする。
④　内閣総理大臣は、第一項の規定による閣議の決定があつたときは、遅滞なく、採用昇任等基本方針を公表しなければならない。
⑤　第一項及び前項の規定は、採用昇任等基本方針の変更について準用する。
⑥　任命権者は、採用昇任等基本方針に沿つて、職員の採用、昇任、降任及び転任を行わなければならない。

（任命権者）
第五十五条　任命権は、法律に別段の定めのある場合を除いては、内閣、各大臣（内閣総理大臣及び各省大臣をいう。以下同じ。）、会計検査院長及び人事院総裁並びに宮内庁長官及び各外局の長に属するものとする。これらの機関の長の有する任命権は、その部内の機関に属する官職に限られ、内閣の有する任命権は、その直属する機関（内閣府を除く。）に属する官職に限られる。ただし、外局の長（国家行政組織法第七条第五項に規定する実施庁以外の庁にあつては、外局の幹部職）に対する任命権は、各大臣に属する。
②　前項に規定する機関の長たる任命権者は、幹部職以外の官職（内閣が任命権を有する場合にあつては、幹部職を含む。）の任命権を、その部内の上級の国家公務員（内閣が任命権を有する幹部職にあつては、内閣総理大臣又は国務大臣）に限り委任することができる。この委任は、その効力が発生する日の前に、書面をもつて、これを人事院に提示しなければならない。
③　この法律、人事院規則及び人事院指令に

規定する要件を備えない者は、これを任命し、雇用し、昇任させ若しくは転任させてはならず、又はいかなる官職にも配置してはならない。

第五十六条―第五十八条　〔略〕

（条件付任用）

第五十九条　職員の採用及び昇任は、職員であつた者又はこれに準ずる者のうち、人事院規則で定める者を採用する場合その他人事院規則で定める場合を除き、条件付のものとし、職員が、その官職において六月の期間（六月の期間とすることが適当でないと認められる職員として人事院規則で定める職員にあつては、人事院規則で定める期間）を勤務し、その間その職務を良好な成績で遂行したときに、正式のものとなるものとする。

② 前項に定めるもののほか、条件付任用に関し必要な事項は、人事院規則で定める。

（臨時的任用）

第六十条　任命権者は、人事院規則の定めるところにより、緊急の場合、臨時の官職に関する場合又は採用候補者名簿がない場合には、人事院の承認を得て、六月を超えない任期で、臨時的任用を行うことができる。この場合において、その任用は、人事院規則の定めるところにより人事院の承認を得て、六月の期間で、これを更新することができるが、再度更新することはできない。

② 人事院は、臨時的任用につき、その員数を制限し、又は、任用される者の資格要件を定めることができる。

③ 人事院は、前二項の規定又は人事院規則に違反する臨時的任用を取り消すことができる。

④ 臨時的任用は、任用に際して、いかなる優先権をも与えるものではない。

⑤ 前各項に定めるもののほか、臨時的に任用された者に対しては、この法律及び人事院規則を適用する。

第六十条の二　〔略〕

第五款　休職、復職、退職及び免職

（休職、復職、退職及び免職）

第六十一条　職員の休職、復職、退職及び免職は、任命権者が、この法律及び人事院規則に従い、これを行う。

第六款　幹部職員の任用等に係る特例　〔略〕

第七款　幹部候補育成課程　〔略〕

第三節　給与　〔略〕

第四節　人事評価　〔略〕

第四節の二　研修　〔略〕

第七十条の五―第七十一条　〔略〕

第五節　能率　〔略〕

第七十二条　削除

第七十三条・第七十三条の二　〔略〕

第六節　分限、懲戒及び保障

（分限、懲戒及び保障の根本基準）

第七十四条　すべて職員の分限、懲戒及び保障については、公正でなければならない。

② 前項に規定する根本基準の実施につき必要な事項は、この法律に定めるものを除いては、人事院規則でこれを定める。

第一款　分限

第一目　降任、休職、免職等

（身分保障）

第七十五条　職員は、法律又は人事院規則で定める事由による場合でなければ、その意に反して、降任され、休職され、又は免職されることはない。

② 職員は、この法律又は人事院規則で定める事由に該当するときは、降給されるものとする。

（欠格による失職）

第七十六条　職員が第三十八条各号（第二号を除く。）のいずれかに該当するに至つたときは、人事院規則で定める場合を除くほか、当然失職する。

（離職）

第七十七条　職員の離職に関する規定は、この法律及び人事院規則でこれを定める。

（本人の意に反する降任及び免職の場合）

第七十八条　職員が、次の各号に掲げる場合のいずれかに該当するときは、人事院規則の定めるところにより、その意に反して、これを降任し、又は免職することができる。

一　人事評価又は勤務の状況を示す事実に照らして、勤務実績がよくない場合

二　心身の故障のため、職務の遂行に支障があり、又はこれに堪えない場合

三　その他その官職に必要な適格性を欠く場合

四　官制若しくは定員の改廃又は予算の減少により廃職又は過員を生じた場合

第七十八条の二　〔略〕

（本人の意に反する休職の場合）

第七十九条　職員が、左の各号の一に該当する場合又は人事院規則で定めるその他の場合においては、その意に反して、これを休職することができる。

一　心身の故障のため、長期の休養を要する場合

二　刑事事件に関し起訴された場合

（休職の効果）

第八十条　前条第一号の規定による休職の期間は、人事院規則でこれを定める。休職期間中その事故の消滅したときは、休職は当然終了したものとし、すみやかに復職を命じなければならない。

② 前条第二号の規定による休職の期間は、その事件が裁判所に係属する間とする。
③ いかなる休職も、その事由が消滅したときは、当然に終了したものとみなされる。
④ 休職者は、職員としての身分を保有するが、職務に従事しない。休職者は、その休職の期間中、給与に関する法律で別段の定めをしない限り、何らの給与を受けてはならない。

（適用除外）
第八十一条 次に掲げる職員の分限（定年に係るものを除く。次項において同じ。）については、第七十五条、第七十八条から前条まで及び第八十九条並びに行政不服審査法（平成二十六年法律第六十八号）の規定は、適用しない。
一 臨時的職員
二 条件付採用期間中の職員
② 前項各号に掲げる職員の分限については、人事院規則で必要な事項を定めることができる。

第二目 管理監督職勤務上限年齢による降任等

（管理監督職勤務上限年齢による降任等）
第八十一条の二 〔略〕
（管理監督職への任用の制限）
第八十一条の三 〔略〕
（適用除外）
第八十一条の四 〔略〕
（管理監督職勤務上限年齢による降任等及び管理監督職への任用の制限の特例）
第八十一条の五 〔略〕

第三目 定年による退職等

（定年による退職）
第八十一条の六 職員は、法律に別段の定めのある場合を除き、定年に達したときは、定年に達した日以後における最初の三月三十一日又は第五十五条第一項に規定する任命権者若しくは法律で別に定められた任命権者があらかじめ指定する日のいずれか早い日（次条第一項及び第二項ただし書において「定年退職日」という。）に退職する。
② 前項の定年は、年齢六十五年とする。ただし、その職務と責任に特殊性があること又は欠員の補充が困難であることにより定年を年齢六十五年とすることが著しく不適当と認められる官職を占める医師及び歯科医師その他の職員として人事院規則で定める職員の定年は、六十五年を超え七十年を超えない範囲内で人事院規則で定める年齢とする。
一 病院、療養所、診療所等で人事院規則で定めるものに勤務する医師及び歯科医師 年齢六十五年
二 庁舎の監視その他の庁務及びこれに準ずる業務に従事する職員で人事院規則で定めるもの 年齢六十三年
三 前二号に掲げる職員のほか、その職務と責任に特殊性があること又は欠員の補充が困難であることにより定年を年齢六十年とすることが著しく不適当と認められる官職を占める職員で人事院規則で定めるもの 六十年を超え、六十五年を超えない範囲内で人事院規則で定める年齢
③ 前二項の規定は、臨時的職員その他の法律により任期を定めて任用される職員及び常時勤務を要しない官職を占める職員には適用しない。

・**第二款** 懲戒

（懲戒の場合）
第八十二条 職員が次の各号のいずれかに該当する場合には、当該職員に対し懲戒処分として、免職、停職、減給又は戒告の処分をすることができる。
一 この法律若しくは国家公務員倫理法又はこれらの法律に基づく命令（国家公務員倫理法第五条第三項の規定に基づく訓令及び同条第四項の規定に基づく規則を含む。）に違反した場合
二 職務上の義務に違反し、又は職務を怠つた場合
三 国民全体の奉仕者たるにふさわしくない非行のあつた場合
② 〔略〕

（懲戒の効果）
第八十三条 停職の期間は、一年をこえない範囲内において、人事院規則でこれを定める。
② 停職者は、職員としての身分を保有するが、その職務に従事しない。停職者は、第九十二条の規定による場合の外、停職の期間中給与を受けることができない。

（懲戒権者）
第八十四条 懲戒処分は、任命権者が、これを行う。
② 人事院は、この法律に規定された調査を経て職員を懲戒手続に付することができる。

（国家公務員倫理審査会への権限の委任）
第八十四条の二 〔略〕

（刑事裁判との関係）
第八十五条 懲戒に付せらるべき事件が、刑事裁判所に係属する間においても、人事院又は人事院の承認を経て任命権者は、同一事件について、適宜に、懲戒手続を進めることができる。この法律による懲戒処分は、当該職員が、同一又は関連の事件に関し、重ねて刑事上の訴追を受けることを妨げない。

第三款 保障

第一目 勤務条件に関する行政措置の要求

（勤務条件に関する行政措置の要求）
第八十六条 職員は、俸給、給料その他あらゆる勤務条件に関し、人事院に対して、人事院若しくは内閣総理大臣又はその職員の所轄庁の長により、適当な行政上の措置が

行われることを要求することができる。

（事案の審査及び判定）

第八十七条　前条に規定する要求のあつたときは、人事院は、必要と認める調査、口頭審理その他の事実審査を行い、一般国民及び関係者に公平なように、且つ、職員の能率を発揮し、及び増進する見地において、事案を判定しなければならない。

（判定の結果採るべき措置）

第八十八条　人事院は、前条に規定する判定に基き、勤務条件に関し一定の措置を必要と認めるときは、その権限に属する事項については、自らこれを実行し、その他の事項については、内閣総理大臣又はその職員の所轄庁の長に対し、その実行を勧告しなければならない。

第二目　職員の意に反する不利益な処分に関する審査

（職員の意に反する降給等の処分に関する説明書の交付）

第八十九条　職員に対し、その意に反して、降給（他の官職への降任等に伴う降給を除く。）、降任（他の官職への降任等に該当する降任を除く。）、休職若しくは免職をし、その他職員に対し著しく不利益な処分を行い、又は懲戒処分を行おうとするときは、当該処分を行う者は、当該職員に対しその処分の際、当該処分の事由を記載した説明書を交付しなければならない。

②　職員が前項に規定する著しく不利益な処分を受けたと思料する場合には、同項の説明書の交付を請求することができる。

③　第一項の説明書には、当該処分につき、人事院に対して審査請求をすることができる旨及び審査請求をすることができる期間を記載しなければならない。

（審査請求）

第九十条　前条第一項に規定する処分を受けた職員は、人事院に対してのみ審査請求をすることができる。

②　前条第一項に規定する処分及び法律に特別の定めがある処分を除くほか、職員に対する処分については、審査請求をすることができない。職員がした申請に対する不作為についても、同様とする。

③　第一項に規定する審査請求については、行政不服審査法第二章の規定を適用しない。

（審査請求期間）

第九十条の二　前条第一項に規定する審査請求は、処分説明書を受領した日の翌日から起算して三月以内にしなければならず、処分があつた日の翌日から起算して一年を経過したときは、することができない。

（調査）

第九十一条　第九十条第一項に規定する審査請求を受理したときは、人事院又はその定める機関は、直ちにその事案を調査しなければならない。

②　前項に規定する場合において、処分を受けた職員から請求があつたときは、口頭審理を行わなければならない。口頭審理は、その職員から請求があつたときは、公開して行わなければならない。

③　処分を行つた者又はその代理者及び処分を受けた職員は、すべての口頭審理に出席し、自己の代理人として弁護人を選任し、陳述を行い、証人を出席せしめ、並びに書類、記録その他のあらゆる適切な事実及び資料を提出することができる。

④　前項に掲げる者以外の者は、当該事案に関し、人事院に対し、あらゆる事実及び資料を提出することができる。

（調査の結果採るべき措置）

第九十二条　前条に規定する調査の結果、処分を行うべき事由のあることが判明したときは、人事院は、その処分を承認し、又はその裁量により修正しなければならない。

②　前条に規定する調査の結果、その職員に処分を受けるべき事由のないことが判明したときは、人事院は、その処分を取り消し、職員としての権利を回復するために必要で、且つ、適切な処置をなし、及びその職員がその処分によつて受けた不当な処置を是正しなければならない。人事院は、職員がその処分によつて失つた俸給の弁済を受けるように指示しなければならない。

③　前二項の判定は、最終のものであつて、人事院規則の定めるところにより、人事院によつてのみ審査される。

（審査請求と訴訟との関係）

第九十二条の二　第八十九条第一項に規定する処分であつて人事院に対して審査請求をすることができるものの取消しの訴えは、審査請求に対する人事院の裁決を経た後でなければ、提起することができない。

第三目　公務傷病に対する補償

（公務傷病に対する補償）

第九十三条　職員が公務に基き死亡し、又は負傷し、若しくは疾病にかかり、若しくはこれに起因して死亡した場合における、本人及びその直接扶養する者がこれによつて受ける損害に対し、これを補償する制度が樹立し実施せられなければならない。

②　前項の規定による補償制度は、法律によつてこれを定める。

（法律に規定すべき事項）

第九十四条　前条の補償制度には、左の事項が定められなければならない。

一　公務上の負傷又は疾病に起因した活動不能の期間における経済的困窮に対する職員の保護に関する事項

二　公務上の負傷又は疾病に起因して、永久に、又は長期に所得能力を害せられた場合におけるその職員の受ける損害に対する補償に関する事項

三　公務上の負傷又は疾病に起因する職員

の死亡の場合におけるその遺族又は職員の死亡当時その収入によつて生計を維持した者の受ける損害に対する補償に関する事項

（補償制度の立案及び実施の責務）

第九十五条 人事院は、なるべくすみやかに、補償制度の研究を行い、その成果を国会及び内閣に提出するとともに、その計画を実施しなければならない。

第七節　服務

（服務の根本基準）

第九十六条 すべて職員は、国民全体の奉仕者として、公共の利益のために勤務し、且つ、職務の遂行に当つては、全力を挙げてこれに専念しなければならない。

② 前項に規定する根本基準の実施に関し必要な事項は、この法律又は国家公務員倫理法に定めるものを除いては、人事院規則でこれを定める。

（服務の宣誓）

第九十七条 職員は、政令の定めるところにより、服務の宣誓をしなければならない。

（法令及び上司の命令に従う義務並びに争議行為等の禁止）

第九十八条 職員は、その職務を遂行するについて、法令に従い、且つ、上司の職務上の命令に忠実に従わなければならない。

② 職員は、政府が代表する使用者としての公衆に対して同盟罷業、怠業その他の争議行為をなし、又は政府の活動能率を低下させる怠業的行為をしてはならない。又、何人も、このような違法な行為を企て、又はその遂行を共謀し、そそのかし、若しくはあおつてはならない。

③ 職員で同盟罷業その他前項の規定に違反する行為をした者は、その行為の開始とともに、国に対し、法令に基いて保有する任命又は雇用上の権利をもつて、対抗することができない。

（信用失墜行為の禁止）

第九十九条 職員は、その官職の信用を傷つけ、又は官職全体の不名誉となるような行為をしてはならない。

（秘密を守る義務）

第百条 職員は、職務上知ることのできた秘密を漏らしてはならない。その職を退いた後といえども同様とする。

② 法令による証人、鑑定人等となり、職務上の秘密に属する事項を発表するには、所轄庁の長（退職者については、その退職した官職又はこれに相当する官職の所轄庁の長）の許可を要する。

③ 前項の許可は、法律又は政令の定める条件及び手続に係る場合を除いては、これを拒むことができない。

④ 前三項の規定は、人事院で扱われる調査又は審理の際人事院から求められる情報に関しては、これを適用しない。何人も、人事院の権限によつて行われる調査又は審理に際して、秘密の又は公表を制限された情報を陳述し又は証言することを人事院から求められた場合には、何人からも許可を受ける必要がない。人事院が正式に要求した情報について、人事院に対して、陳述及び証言を行わなかつた者は、この法律の罰則の適用を受けなければならない。

⑤ 前項の規定は、第十八条の四の規定により権限の委任を受けた再就職等監視委員会が行う調査について準用する。この場合において、同項中「人事院」とあるのは「再就職等監視委員会」と、「調査又は審理」とあるのは「調査」と読み替えるものとする。

（職務に専念する義務）

第百一条 職員は、法律又は命令の定める場合を除いては、その勤務時間及び職務上の注意力のすべてをその職責遂行のために用い、政府がなすべき責を有する職務にのみ従事しなければならない。職員は、法律又は命令の定める場合を除いては、官職を兼ねてはならない。職員は、官職を兼ねる場合においても、それに対して給与を受けてはならない。

② 前項の規定は、地震、火災、水害その他重大な災害に際し、当該官庁が職員を本職以外の業務に従事させることを妨げない。

（政治的行為の制限）

第百二条 **職員は、政党又は政治的目的のために、寄附金その他の利益を求め、若しくは受領し、又は何らの方法を以てするを問わず、これらの行為に関与し、あるいは選挙権の行使を除く外、人事院規則で定める政治的行為をしてはならない。**

② **職員は、公選による公職の候補者となることができない。**

③ **職員は、政党その他の政治的団体の役員、政治的顧問、その他これらと同様な役割をもつ構成員となることができない。**

（私企業からの隔離）

第百三条 職員は、商業、工業又は金融業その他営利を目的とする私企業（以下営利企業という。）を営むことを目的とする会社その他の団体の役員、顧問若しくは評議員の職を兼ね、又は自ら営利企業を営んではならない。

② 前項の規定は、人事院規則の定めるところにより、所轄庁の長の申出により人事院の承認を得た場合には、これを適用しない。

③ 営利企業について、株式所有の関係その他の関係により、当該企業の経営に参加し得る地位にある職員に対し、人事院は、人事院規則の定めるところにより、株式所有の関係その他の関係について報告を徴することができる。

④ 人事院は、人事院規則の定めるところに

より、前項の報告に基き、企業に対する関係の全部又は一部の存続が、その職員の職務遂行上適当でないと認めるときは、その旨を当該職員に通知することができる。

⑤　前項の通知を受けた職員は、その通知の内容について不服があるときは、その通知を受領した日の翌日から起算して三月以内に、人事院に審査請求をすることができる。

⑥　第九十条第三項並びに第九十一条第二項及び第三項の規定は前項の審査請求のあつた場合について、第九十二条の二の規定は第四項の通知の取消しの訴えについて、それぞれ準用する。

⑦　第五項の審査請求をしなかつた職員及び人事院が同項の審査請求について調査した結果、通知の内容が正当であると裁決された職員は、人事院規則の定めるところにより、人事院規則の定める期間内に、その企業に対する関係の全部若しくは一部を絶つか、又はその官職を退かなければならない。

（他の事業又は事務の関与制限）

第百四条　職員が報酬を得て、営利企業以外の事業の団体の役員、顧問若しくは評議員の職を兼ね、その他いかなる事業に従事し、若しくは事務を行うにも、内閣総理大臣及びその職員の所轄庁の長の許可を要する。

（職員の職務の範囲）

第百五条　職員は、職員としては、法律、命令、規則又は指令による職務を担当する以外の義務を負わない。

（勤務条件）

第百六条　職員の勤務条件その他職員の服務に関し必要な事項は、人事院規則でこれを定めることができる。

②　前項の人事院規則は、この法律の規定の趣旨に沿うものでなければならない。

第八節　退職管理　〔略〕

第九節　退職年金制度

（退職年金制度）

第百七条　職員が、相当年限忠実に勤務して退職した場合、公務に基く負傷若しくは疾病に基き退職した場合又は公務に基き死亡した場合におけるその者又はその遺族に支給する年金に関する制度が、樹立し実施せられなければならない。

②　前項の年金制度は、退職又は死亡の時の条件を考慮して、本人及びその退職又は死亡の当時直接扶養する者のその後における適当な生活の維持を図ることを目的とするものでなければならない。

③　第一項の年金制度は、健全な保険数理を基礎として定められなければならない。

④　前三項の規定による年金制度は、法律によつてこれを定める。

（意見の申出）

第百八条　人事院は、前条の年金制度に関し調査研究を行い、必要な意見を国会及び内閣に申し出ることができる。

第十節　職員団体　〔略〕

第四章　罰則

第百九条　次の各号のいずれかに該当する者は、一年以下の拘禁刑又は五十万円以下の罰金に処する。

一―七　〔略〕

八　第二十七条の規定に違反して差別をした者

九　〔略〕

十　第八十三条第一項の規定に違反して停職を命じた者

十一　第九十二条の規定によつてなされる人事院の判定、処置又は指示に故意に従わなかつた者

十二　第百条第一項若しくは第二項又は第百六条の十二第一項の規定に違反して秘密を漏らした者

十三　第百三条の規定に違反して営利企業の地位に就いた者

十四　離職後二年を経過するまでの間に、離職前五年間に在職していた局等組織に属する役職員又はこれに類する者として政令で定めるものに対し、契約等事務であつて離職前五年間の職務に属するものに関し、職務上不正な行為をするように、又は相当の行為をしないように要求し、又は依頼した再就職者

十五　国家行政組織法第二十一条第一項に規定する部長若しくは課長の職又はこれらに準ずる職であつて政令で定めるものに離職した日の五年前の日より前に就いていた者であつて、離職後二年を経過するまでの間に、当該職に就いていた時に在職していた局等組織に属する役職員又はこれに類する者として政令で定めるものに対し、契約等事務であつて離職した日の五年前の日より前の職務（当該職に就いていたときの職務に限る。）に属するものに関し、職務上不正な行為をするように、又は相当の行為をしないように要求し、又は依頼した再就職者

十六　国家行政組織法第六条に規定する長官、同法第十八条第一項に規定する事務次官、同法第二十一条第一項に規定する事務局長若しくは局長の職又はこれらに準ずる職であつて政令で定めるものに就いていた者であつて、離職後二年を経過するまでの間に、局長等としての在職機関に属する役職員又はこれに類する者として政令で定めるものに対し、契約等事務であつて局長等としての在職機関の所掌に属するものに関し、職務上不正な行

為をするように、又は相当の行為をしないように要求し、又は依頼した再就職者

十七　在職していた府省その他の政令で定める国の機関、行政執行法人若しくは都道府県警察（以下この号において「行政機関等」という。）に属する役職員又はこれに類する者として政令で定めるものに対し、国、行政執行法人若しくは都道府県と営利企業等（再就職者が現にその地位に就いているものに限る。）若しくはその子法人との間の契約であつて当該行政機関等においてその締結について自らが決定したもの又は当該行政機関等による当該営利企業等若しくはその子法人に対する行政手続法第二条第二号に規定する処分であつて自らが決定したものに関し、職務上不正な行為をするように、又は相当の行為をしないように要求し、又は依頼した再就職者

十八　第十四号から前号までに掲げる再就職者から要求又は依頼（独立行政法人通則法第五十四条第一項において準用する第十四号から前号までに掲げる要求又は依頼を含む。）を受けた職員であつて、当該要求又は依頼を受けたことを理由として、職務上不正な行為をし、又は相当の行為をしなかつた者

第百十条　次の各号のいずれかに該当する者は、三年以下の拘禁刑又は百万円以下の罰金に処する。

一―十五〔略〕

十六　何人たるを問わず第九十八条第二項前段に規定する違法な行為の遂行を共謀し、唆し、若しくはあおり、又はこれらの行為を企てた者

十七　第百条第四項（同条第五項において準用する場合を含む。）の規定に違反して陳述及び証言を行わなかつた者

十八　第百二条第一項に規定する政治的行為の制限に違反した者

②〔略〕

第百十一条　第百九条第二号から第四号まで若しくは第十二号又は前条第一項第一号から第七号まで、第九号から第十五号まで、第十七号若しくは第十九号に掲げる行為を企て、命じ、故意にこれを容認し、唆し又はその幇助をした者は、それぞれ各本条の刑に処する。

第百十一条の二　次の各号のいずれかに該当する者は、三年以下の禁錮又は百万円以下の罰金に処する。

一　何人たるを問わず第九十八条第二項前段に規定する違法な行為の遂行を共謀し、唆し、若しくはあおり、又はこれらの行為を企てた者

二　第百二条第一項に規定する政治的行為の制限に違反した者

第百十二条―第百十三条〔略〕

附　則（令四・六・一七法六八）

（施行期日）

2　この法律は、刑法等一部改正法施行日から施行する。〔ただし書略〕

●地方公務員法〔抄〕★

（昭和二五年一二月一三日法律第二六一号）

最終改正…令四・六・一七法六八

【解説】　地方公務員を規制する統一的で、近代的な制度は、第二次世界大戦後に成立したものである。戦前の公務員制度は、天皇（ないし国や地方公共団体）に対し、無定量の勤務に服する奉仕関係を基とする官治行政を基本的な形態としており、地方行政を担当したのは、官吏、公吏（吏員）、そして雇傭人等である。官吏は、地方官官制にもとづいて国によって任命された職員であり、知事をはじめ府県の幹部職員のほとんどが官吏であった。公立学校教員は、官吏または待遇官吏としての身分であった。府県及び市町村の正規の職員である公吏については、府県制や市制や町村制に若干の規定が見られるものの、雇傭人（単純労働従事者）等の私法上の雇用契約を結ぶ職員については規定が全くなかった。このように戦前の地方公務員制度は統一的な法令を有していなかった。

戦後、日本国憲法（昭和二一年一一月三日）が制定され、「地方自治」（第八章）の規定が設けられ、官治行政の廃止にともなって官公吏や傭人という身分階層にもとづく公務員の位置づけや区別は廃止された。そして国家公務員については国家公務員法（昭和二二年一〇月二一日）が制定されたが、公務員制度に関するいわゆるマッカーサー書簡の発出（昭和二三年七月二二日）への対応と調整等に追われ、ようやく昭和二五年一二月一三日になって制定された。同法により、地方公共

団体のすべての公務員は「地方公務員」として扱うことが明確にされ、かくして「地方公務員」に関する統一的な法律が初めて制定されることになった。これにより公立学校教員も地方公務員として位置づけられた。

　このような経緯を経て制定された地方公務員法には、以下のような原則が認められる。その一は、民主的公務員法制の原理である。憲法十五条一項には「公務員を選定し、及びこれを罷免することは、国民固有の権利である」と示されている。同項とその基礎にある国民主権の原理は、公務員の地位及び公務員制度の内容が国民の意思に基づいて決定され、その在り方が国民による民主統制のもとに置かれることを要請する。戦前の公務員は、「天皇の官公吏」であり、天皇に対する無定量の忠勤（奉仕）を求められ、戦後は、国民主権の下で公務員は主権者たる国民に奉仕することとされ、それゆえ国民の選定によると定められた。その二は、「全体の奉仕者」としての公務員という原則がある。憲法十五条二項は「すべての公務員は、全体の奉仕者であつて、一部の奉仕者ではない」と規定し、これを受けて地方公務員法第三十条は「すべて職員は、全体の奉仕者として公共の利益のために勤務し、且つ、職務の遂行に当たつては、全力を挙げてこれに専念しなければならない」と定めている。主権者たる国民によってその地位が与えられた公務員は、国民全体のために奉仕することで、国民のための行政を実現することが期待されている。なお、こうした全体の奉仕者という性格から、地方公務員は、国家公務員と同じく、憲法第二十八条の勤労者としての労働基本権のうち争議権など一部の権利を制限されることになる。その三は、公務員に対する基本的人権の保障の原則を挙げなければならない。日本国憲法は、第三章において国民に対して各種の基本的人権を保障しているが、この基本的人権は地方公務員にも適用される。ただし、公務員は全体の奉仕者であることから、先述の労働基本権と同様、公務員の政治的活動にも制限が加えられる（地方公務員法三十六条）。しかし、学説上、国民全体の奉仕者の観点から、このような公務員の基本的人権に制約を加えることに対しては異論もある。その四は、成績主義（メリット・システム）の原則である。職員の任用にあたっては、受験成績や人事評価その他の能力の実証に基づいて行うべきとされる（地方公務員法十三条、十五条）。これは、公務員の任用が、縁故や情実などにもとづく猟官主義（スポイルズ・システム）によって行われることがないように、戒めたものである。成績主義の採用は、近代的公務員制度にとって不可欠なものである。

　地方公務員法では、地方公務員は特別職と一般職とに分けられるが（同法三条一項）、地方公務員法が適用されるのは一般職であり、特別職については特別の法律の適用を受ける。一般職には、一般行政職員、教育公務員、警察職員、消防職員などが含まれる。また、地方公務員法は、地方公務員に関する規律の大枠を定めており、その意味で基本法としての性格を有する。基本法としての地方公務員法には、これ以外にも特例的意味をもつ法律（例えば、教育公務員に関しては、教育公務員特例法）が存在する。（河野和清）

〈参考文献〉

　結城忠「地方公務員法」『二〇二〇年度版必携教職六法』協同出版社、平成三一年二月、一九〇―一九一頁。

【教採頻出条文】

第二十九条―第三十八条、第三十九条。（編集部責）

第一章　総則

（この法律の目的）

第一条　この法律は、地方公共団体の人事機関並びに地方公務員の任用、人事評価、給与、勤務時間その他の勤務条件、休業、分限及び懲戒、服務、退職管理、研修、福祉及び利益の保護並びに団体等人事行政に関する根本基準を確立することにより、地方公共団体の行政の民主的かつ能率的な運営並びに特定地方独立行政法人の事務及び事業の確実な実施を保障し、もつて地方自治の本旨の実現に資することを目的とする。

（この法律の効力）

第二条　地方公務員（地方公共団体のすべての公務員をいう。）に関する従前の法令又は条例、地方公共団体の規則若しくは地方公共団体の機関の定める規程の規定がこの法律の規定に抵触する場合には、この法律の規定が、優先する。

（一般職に属する地方公務員及び特別職に属する地方公務員）

第三条　地方公務員（地方公共団体及び特定地方独立行政法人（地方独立行政法人法（平成十五年法律第百十八号）第二条第二項に規定する特定地方独立行政法人をいう。以下同じ。）の全ての公務員をいう。以下同じ。）の職は、一般職と特別職とに分ける。

2　一般職は、特別職に属する職以外の一切の職とする。

3　特別職は、次に掲げる職とする。

一　就任について公選又は地方公共団体の議会の選挙、議決若しくは同意によることを必要とする職

一の二　地方公営企業の管理者及び企業団の企業長の職

二　法令又は条例、地方公共団体の規則若しくは地方公共団体の機関の定める規程により設けられた委員及び委員会（審議会その他これに準ずるものを含む。）の構成員の職で臨時又は非常勤のもの

二の二　都道府県労働委員会の委員の職で常勤のもの

三　臨時又は非常勤の顧問、参与、調査員、嘱託員及びこれらの者に準ずる者の

職（専門的な知識経験又は識見を有する者が就く職であつて、当該知識経験又は識見に基づき、助言、調査、診断その他総務省令で定める事務を行うものに限る。）

三の二　投票管理者、開票管理者、選挙長、選挙分会長、審査分会長、国民投票分会長、投票立会人、開票立会人、選挙立会人、審査分会立会人、国民投票分会立会人その他総務省令で定める者の職

四　地方公共団体の長、議会の議長その他地方公共団体の機関の長の秘書の職で条例で指定するもの

五　非常勤の消防団員及び水防団員の職

六　特定地方独立行政法人の役員

（この法律の適用を受ける地方公務員）

第四条　この法律の規定は、一般職に属するすべての地方公務員（以下「職員」という。）に適用する。

2　この法律の規定は、法律に特別の定がある場合を除く外、特別職に属する地方公務員には適用しない。

（人事委員会及び公平委員会並びに職員に関する条例の制定）

第五条　地方公共団体は、法律に特別の定がある場合を除く外、この法律に定める根本基準に従い、条例で、人事委員会又は公平委員会の設置、職員に適用される基準の実施その他職員に関する事項について必要な規定を定めるものとする。但し、その条例は、この法律の精神に反するものであつてはならない。

2　第七条第一項又は第二項の規定により人事委員会を置く地方公共団体においては、前項の条例を制定し、又は改廃しようとするときは、当該地方公共団体の議会において、人事委員会の意見を聞かなければならない。

第二章　人事機関

（任命権者）

第六条　地方公共団体の長、議会の議長、選挙管理委員会、代表監査委員、教育委員会、人事委員会及び公平委員会並びに警視総監、道府県警察本部長、市町村の消防長（特別区が連合して維持する消防の消防長を含む。）その他法令又は条例に基づく任命権者は、法律に特別の定めがある場合を除くほか、この法律並びにこれに基づく条例、地方公共団体の規則及び地方公共団体の機関の定める規程に従い、それぞれ職員の任命、人事評価（任用、給与、分限その他の人事管理の基礎とするために、職員がその職務を遂行するに当たり発揮した能力及び挙げた業績を把握した上で行われる勤務成績の評価をいう。以下同じ。）、休職、免職及び懲戒等を行う権限を有するものとする。

2　前項の任命権者は、同項に規定する権限の一部をその補助機関たる上級の地方公務員に委任することができる。

（人事委員会又は公平委員会の設置）

第七条　都道府県及び地方自治法（昭和二十二年法律第六十七号）第二百五十二条の十九第一項の指定都市は、条例で人事委員会を置くものとする。

2　前項の指定都市以外の市で人口（官報で公示された最近の国勢調査又はこれに準ずる人口調査の結果による人口をいう。以下同じ。）十五万以上のもの及び特別区は、条例で人事委員会又は公平委員会を置くものとする。

3　人口十五万未満の市、町、村及び地方公共団体の組合は、条例で公平委員会を置くものとする。

4　公平委員会を置く地方公共団体は、議会の議決を経て定める規約により、公平委員会を置く他の地方公共団体と共同して公平委員会を置き、又は他の地方公共団体の人事委員会に委託して次条第二項に規定する公平委員会の事務を処理させることができる。

（人事委員会又は公平委員会の権限）

第八条　人事委員会は、次に掲げる事務を処理する。

一　人事行政に関する事項について調査し、人事記録に関することを管理し、及びその他人事に関する統計報告を作成すること。

二　人事評価、給与、勤務時間その他の勤務条件、研修、厚生福利制度その他職員に関する制度について絶えず研究を行い、その成果を地方公共団体の議会若しくは長又は任命権者に提出すること。

三　人事機関及び職員に関する条例の制定又は改廃に関し、地方公共団体の議会及び長に意見を申し出ること。

四　人事行政の運営に関し、任命権者に勧告すること。

五　給与、勤務時間その他の勤務条件に関し講ずべき措置について地方公共団体の議会及び長に勧告すること。

六　職員の競争試験及び選考並びにこれらに関する事務を行うこと。

七　削除

八　職員の給与がこの法律及びこれに基く条例に適合して行われることを確保するため必要な範囲において、職員に対する給与の支払を監理すること。

九　職員の給与、勤務時間その他の勤務条件に関する措置の要求を審査し、判定し、及び必要な措置を執ること。

十　職員に対する不利益な処分についての審査請求に対する裁決をすること。

十一　前二号に掲げるものを除くほか、職員の苦情を処理すること。

十二　前各号に掲げるものを除く外、法律又は条例に基きその権限に属せしめられた事務

2　公平委員会は、次に掲げる事務を処理する。

一　職員の給与、勤務時間その他の勤務条件に関する措置の要求を審査し、判定し、及び必要な措置を執ること。

二　職員に対する不利益な処分についての審査請求に対する裁決をすること。

三　前二号に掲げるものを除くほか、職員の苦情を処理すること。

四　前三号に掲げるものを除くほか、法律に基づきその権限に属せしめられた事務

3　人事委員会は、第一項第一号、第二号、第六号、第八号及び第十二号に掲げる事務で人事委員会規則で定めるものを当該地方公共団体の他の機関又は人事委員会の事務局長に委任することができる。

4　人事委員会又は公平委員会は、第一項第十一号又は第二項第三号に掲げる事務を委員又は事務局長に委任することができる。

5　人事委員会又は公平委員会は、法律又は条例に基づきその権限に属せしめられた事務に関し、人事委員会規則又は公平委員会規則を制定することができる。

6　人事委員会又は公平委員会は、法律又は条例に基くその権限の行使に関し必要があるときは、証人を喚問し、又は書類若しくはその写の提出を求めることができる。

7　人事委員会又は公平委員会は、人事行政に関する技術的及び専門的な知識、資料その他の便宜の授受のため、国若しくは他の地方公共団体の機関又は特定地方独立行政法人との間に協定を結ぶことができる。

8　第一項第九号及び第十号又は第二項第一号及び第二号の規定により人事委員会又は公平委員会に属せしめられた権限に基く人事委員会又は公平委員会の決定（判定を含む。）及び処分は、人事委員会規則又は公平委員会規則で定める手続により、人事委員会又は公平委員会によつてのみ審査される。

9　前項の規定は、法律問題につき裁判所に出訴する権利に影響を及ぼすものではない。

（抗告訴訟の取扱い）

第八条の二　人事委員会又は公平委員会は、人事委員会又は公平委員会の行政事件訴訟法（昭和三十七年法律第百三十九号）第三条第二項に規定する処分又は同条第三項に規定する裁決に係る同法第十一条第一項（同法第三十八条第一項において準用する場合を含む。）の規定による地方公共団体を被告とする訴訟について、当該地方公共団体を代表する。

第九条　〔略〕

（人事委員会又は公平委員会の委員）

第九条の二　人事委員会又は公平委員会は、三人の委員をもつて組織する。

2　委員は、人格が高潔で、地方自治の本旨及び民主的で能率的な事務の処理に理解があり、かつ、人事行政に関し識見を有する者のうちから、議会の同意を得て、地方公共団体の長が選任する。

3　第十六条第一号、第二号若しくは第四号のいずれかに該当する者又は第六十条から第六十三条までに規定する罪を犯し、刑に処せられた者は、委員となることができない。

4　委員の選任については、そのうちの二人が、同一の政党に属する者となることとなつてはならない。

5　委員のうち二人以上が同一の政党に属することとなつた場合には、これらの者のうち一人を除く他の者は、地方公共団体の長が議会の同意を得て罷免するものとする。ただし、政党所属関係について異動のなかつた者を罷免することはできない。

6　地方公共団体の長は、委員が心身の故障のため職務の遂行に堪えないと認めるとき、又は委員に職務上の義務違反その他委員たるに適しない非行があると認めるときは、議会の同意を得て、これを罷免することができる。この場合においては、議会の常任委員会又は特別委員会において公聴会を開かなければならない。

7　委員は、前二項の規定による場合を除くほか、その意に反して罷免されることがない。

8　委員は、第十六条第一号、第三号又は第四号のいずれかに該当するに至つたときは、その職を失う。

9　委員は、地方公共団体の議会の議員及び当該地方公共団体の地方公務員（第七条第四項の規定により公平委員会の事務の処理の委託を受けた地方公共団体の人事委員会の委員については、他の地方公共団体に公平委員会の事務の処理を委託した地方公共団体の地方公務員を含む。）の職（執行機関の附属機関の委員その他の構成員の職を除く。）を兼ねることができない。

10　委員の任期は、四年とする。ただし、補欠委員の任期は、前任者の残任期間とする。

11　人事委員会の委員は、常勤又は非常勤とし、公平委員会の委員は、非常勤とする。

12　第三十条から第三十八条までの規定は常勤の人事委員会の委員の服務について、第三十条から第三十四条まで、第三十六条及び第三十七条の規定は、非常勤の人事委員会の委員及び公平委員会の委員の服務について、それぞれ準用する。

（人事委員会又は公平委員会の委員長）

第十条　人事委員会又は公平委員会は、委員のうちから委員長を選挙しなければならない。

2　委員長は、委員会に関する事務を処理し、委員会を代表する。
3　委員長に事故があるとき、又は委員長が欠けたときは、委員長の指定する委員が、その職務を代理する。

（人事委員会又は公平委員会の議事）
第十一条　人事委員会又は公平委員会は、三人の委員が出席しなければ会議を開くことができない。
2　人事委員会又は公平委員会は、会議を開かなければ公務の運営又は職員の福祉若しくは利益の保護に著しい支障が生ずると認められる十分な理由があるときは、前項の規定にかかわらず、二人の委員が出席すれば会議を開くことができる。
3　人事委員会又は公平委員会の議事は、出席委員の過半数で決する。
4　人事委員会又は公平委員会の議事は、議事録として記録して置かなければならない。
5　前各項に定めるものを除くほか、人事委員会又は公平委員会の議事に関し必要な事項は、人事委員会又は公平委員会が定める。

（人事委員会及び公平委員会の事務局又は事務職員）
第十二条　人事委員会に事務局を置き、事務局に事務局長その他の事務職員を置く。
2　人事委員会は、第九条の二第九項の規定にかかわらず、委員に事務局長の職を兼ねさせることができる。
3　事務局長は、人事委員会の指揮監督を受け、事務局の局務を掌理する。
4　第七条第二項の規定により人事委員会を置く地方公共団体は、第一項の規定にかかわらず、事務局を置かないで事務職員を置くことができる。
5　公平委員会に、事務職員を置く。
6　競争試験等を行う公平委員会を置く地方公共団体は、前項の規定にかかわらず、事務局を置き、事務局に事務局長その他の事務職員を置くことができる。
7　第一項及び第四項又は前二項の事務職員は、人事委員会又は公平委員会がそれぞれ任免する。
8　第一項の事務局の組織は、人事委員会が定める。
9　第一項及び第四項から第六項までの事務職員の定数は、条例で定める。
10　第二項及び第三項の規定は第六項の事務局長について準用する。この場合において、第二項及び第三項中「人事委員会」とあるのは「競争試験等を行う公平委員会」と、第八項中「第一項の事務局」とあるのは「第六項の事務局」と、「人事委員会」とあるのは「競争試験等を行う公平委員会」と読み替えるものとする。

第三章　職員に適用される基準

第一節　通則

（平等取扱いの原則）
第十三条　全て国民は、この法律の適用について、平等に取り扱われなければならず、人種、信条、性別、社会的身分若しくは門地によつて、又は第十六条第四号に該当する場合を除くほか、政治的意見若しくは政治的所属関係によつて、差別されてはならない。

（情勢適応の原則）
第十四条　地方公共団体は、この法律に基いて定められた給与、勤務時間その他の勤務条件が社会一般の情勢に適応するように、随時、適当な措置を講じなければならない。
2　人事委員会は、随時、前項の規定により講ずべき措置について地方公共団体の議会及び長に勧告することができる。

第二節　任用

（任用の根本基準）
第十五条　職員の任用は、この法律の定めるところにより、受験成績、人事評価その他の能力の実証に基づいて行わなければならない。

（定義）
第十五条の二　この法律において、次の各号に掲げる用語の意義は、当該各号に定めるところによる。
一　採用　職員以外の者を職員の職に任命すること（臨時的任用を除く。）をいう。
二　昇任　職員をその職員が現に任命されている職より上位の職制上の段階に属する職員の職に任命することをいう。
三　降任　職員をその職員が現に任命されている職より下位の職制上の段階に属する職員の職に任命することをいう。
四　転任　職員をその職員が現に任命されている職以外の職員の職に任命することであつて前二号に定めるものに該当しないものをいう。
五　標準職務遂行能力　職制上の段階の標準的な職（職員の職に限る。以下同じ。）の職務を遂行する上で発揮することが求められる能力として任命権者が定めるものをいう。
2　前項第五号の標準的な職は、職制上の段階及び職務の種類に応じ、任命権者が定める。
3　地方公共団体の長及び議会の議長以外の任命権者は、標準職務遂行能力及び第一項第五号の標準的な職を定めようとするときは、あらかじめ、地方公共団体の長に協議しなければならない。

（欠格条項）
第十六条　次の各号のいずれかに該当する者は、条例で定める場合を除くほか、職員となり、又は競争試験若しくは選考を受けることができない。

一　拘禁刑以上の刑に処せられ、その執行を終わるまで又はその執行を受けることがなくなるまでの者

二　当該地方公共団体において懲戒免職の処分を受け、当該処分の日から二年を経過しない者

三　人事委員会又は公平委員会の委員の職にあつて、第六十条から第六十三条までに規定する罪を犯し、刑に処せられた者

四　日本国憲法施行の日以後において、日本国憲法又はその下に成立した政府を暴力で破壊することを主張する政党その他の団体を結成し、又はこれに加入した者

（任命の方法）

第十七条　職員の職に欠員を生じた場合においては、任命権者は、採用、昇任、降任又は転任のいずれかの方法により、職員を任命することができる。

2　人事委員会（競争試験等を行う公平委員会を含む。以下この節において同じ。）を置く地方公共団体においては、人事委員会は、前項の任命の方法のうちのいずれによるべきかについての一般的基準を定めることができる。

（採用の方法）

第十七条の二　人事委員会を置く地方公共団体においては、職員の採用は、競争試験によるものとする。ただし、人事委員会規則（競争試験等を行う公平委員会を置く地方公共団体においては、公平委員会規則。以下この節において同じ。）で定める場合には、選考（競争試験以外の能力の実証に基づく試験をいう。以下同じ。）によることを妨げない。

2　人事委員会を置かない地方公共団体においては、職員の採用は、競争試験又は選考によるものとする。

3　人事委員会（人事委員会を置かない地方公共団体においては、任命権者とする。以下この節において「人事委員会等」という。）は、正式任用になつてある職に就いていた職員が、職制若しくは定数の改廃又は予算の減少に基づく廃職又は過員によりその職を離れた後において、再びその職に復する場合における資格要件、採用手続及び採用の際における身分に関し必要な事項を定めることができる。

（試験機関）

第十八条　採用のための競争試験（以下「採用試験」という。）又は選考は、人事委員会等が行うものとする。ただし、人事委員会等は、他の地方公共団体の機関との協定によりこれと共同して、又は国若しくは他の地方公共団体の機関との協定によりこれらの機関に委託して、採用試験又は選考を行うことができる。

（採用試験の公開平等）

第十八条の二　採用試験は、人事委員会等の定める受験の資格を有する全ての国民に対して平等の条件で公開されなければならない。

（受験の阻害及び情報提供の禁止）

第十八条の三　試験機関に属する者その他職員は、受験を阻害し、又は受験に不当な影響を与える目的をもつて特別若しくは秘密の情報を提供してはならない。

（受験の資格要件）

第十九条　人事委員会等は、受験者に必要な資格として職務の遂行上必要であつて最少かつ適当な限度の客観的かつ画一的な要件を定めるものとする。

（採用試験の目的及び方法）

第二十条　採用試験は、受験者が、当該採用試験に係る職の属する職制上の段階の標準的な職に係る標準職務遂行能力及び当該採用試験に係る職についての適性を有するかどうかを正確に判定することをもつてその目的とする。

2　採用試験は、筆記試験その他の人事委員会等が定める方法により行うものとする。

（採用候補者名簿の作成及びこれによる採用）

第二十一条　人事委員会を置く地方公共団体における採用試験による職員の採用については、人事委員会は、試験ごとに採用候補者名簿を作成するものとする。

2　採用候補者名簿には、採用試験において合格点以上を得た者の氏名及び得点を記載するものとする。

3　採用候補者名簿による職員の採用は、任命権者が、人事委員会の提示する当該名簿に記載された者の中から行うものとする。

4　採用候補者名簿に記載された者の数が採用すべき者の数よりも少ない場合その他の人事委員会規則で定める場合には、人事委員会は、他の最も適当な採用候補者名簿に記載された者を加えて提示することを妨げない。

5　前各項に定めるものを除くほか、採用候補者名簿の作成及びこれによる採用の方法に関し必要な事項は、人事委員会規則で定めなければならない。

（選考による採用）

第二十一条の二　選考は、当該選考に係る職の属する職制上の段階の標準的な職に係る標準職務遂行能力及び当該選考に係る職についての適性を有するかどうかを正確に判定することをもつてその目的とする。

2　選考による職員の採用は、任命権者が、人事委員会等の行う選考に合格した者の中から行うものとする。

3　人事委員会等は、その定める職員の職について前条第一項に規定する採用候補者名簿がなく、かつ、人事行政の運営上必要であると認める場合においては、その職の採用試験又は選考に相当する国又は他の地方

公共団体の採用試験又は選考に合格した者を、その職の選考に合格した者とみなすことができる。

（昇任の方法）

第二十一条の三　職員の昇任は、任命権者が、職員の受験成績、人事評価その他の能力の実証に基づき、任命しようとする職の属する職制上の段階の標準的な職に係る標準職務遂行能力及び当該任命しようとする職についての適性を有すると認められる者の中から行うものとする。

（昇任試験又は選考の実施）

第二十一条の四　任命権者が職員を人事委員会規則で定める職（人事委員会を置かない地方公共団体においては、任命権者が定める職）に昇任させる場合には、当該職について昇任のための競争試験（以下「昇任試験」という。）又は選考が行われなければならない。

2　人事委員会は、前項の人事委員会規則を定めようとするときは、あらかじめ、任命権者の意見を聴くものとする。

3　昇任試験は、人事委員会等の指定する職に正式に任用された職員に限り、受験することができる。

4　第十八条から第二十一条までの規定は、第一項の規定による職員の昇任試験を実施する場合について準用する。この場合において、第十八条の二中「定める受験の資格を有する全ての国民」とあるのは「指定する職に正式に任用された全ての職員」と、第二十一条中「職員の採用」とあるのは「職員の昇任」と、「採用候補者名簿」とあるのは「昇任候補者名簿」と、同条第四項中「採用すべき」とあるのは「昇任させるべき」と、同条第五項中「採用の方法」とあるのは「昇任の方法」と読み替えるものとする。

5　第十八条並びに第二十一条の二第一項及び第二項の規定は、第一項の規定による職員の昇任のための選考を実施する場合について準用する。この場合において、同条第二項中「職員の採用」とあるのは、「職員の昇任」と読み替えるものとする。

（降任及び転任の方法）

第二十一条の五　任命権者は、職員を降任させる場合には、当該職員の人事評価その他の能力の実証に基づき、任命しようとする職の属する職制上の段階の標準的な職に係る標準職務遂行能力及び当該任命しようとする職についての適性を有すると認められる職に任命するものとする。

2　職員の転任は、任命権者が、職員の人事評価その他の能力の実証に基づき、任命しようとする職の属する職制上の段階の標準的な職に係る標準職務遂行能力及び当該任命しようとする職についての適性を有すると認められる者の中から行うものとする。

（条件付採用）

第二十二条　職員の採用は、全て条件付のものとし、当該職員がその職において六月の期間を勤務し、その間その職務を良好な成績で遂行したときに、正式のものとなるものとする。この場合において、人事委員会等は、人事委員会規則（人事委員会を置かない地方公共団体においては、地方公共団体の規則。第二十二条の四第一項及び第二十二条の五第一項において同じ。）で定めるところにより、条件付採用の期間を一年を超えない範囲内延長することができる。

第二十二条の二―第二十二条の五　〔略〕

第三節　人事評価

（人事評価の根本基準）

第二十三条　職員の人事評価は、公正に行われなければならない。

2　任命権者は、人事評価を任用、給与、分限その他の人事管理の基礎として活用するものとする。

（人事評価の実施）

第二十三条の二　職員の執務については、その任命権者は、定期的に人事評価を行わなければならない。

2　人事評価の基準及び方法に関する事項その他人事評価に関し必要な事項は、任命権者が定める。

3　前項の場合において、任命権者が地方公共団体の長及び議会の議長以外の者であるときは、同項に規定する事項について、あらかじめ、地方公共団体の長に協議しなければならない。

（人事評価に基づく措置）

第二十三条の三　任命権者は、前条第一項の人事評価の結果に応じた措置を講じなければならない。

（人事評価に関する勧告）

第二十三条の四　人事委員会は、人事評価の実施に関し、任命権者に勧告することができる。

第四節　給与、勤務時間その他の勤務条件

（給与、勤務時間その他の勤務条件の根本基準）

第二十四条　職員の給与は、その職務と責任に応ずるものでなければならない。

2　職員の給与は、生計費並びに国及び他の地方公共団体の職員並びに民間事業の従事者の給与その他の事情を考慮して定められなければならない。

3　職員は、他の職員の職を兼ねる場合においても、これに対して給与を受けてはならない。

4　職員の勤務時間その他職員の給与以外の勤務条件を定めるに当つては、国及び他の地方公共団体の職員との間に権衡を失しないように適当な考慮が払われなければなら

ない。

5　職員の給与、勤務時間その他の勤務条件は、条例で定める。

（給与に関する条例及び給与の支給）

第二十五条　職員の給与は、前条第五項の規定による給与に関する条例に基づいて支給されなければならず、また、これに基づかずには、いかなる金銭又は有価物も職員に支給してはならない。

2　職員の給与は、法律又は条例により特に認められた場合を除き、通貨で、直接職員に、その全額を支払わなければならない。

3　給与に関する条例には、次に掲げる事項を規定するものとする。

一　給料表

二　等級別基準職務表

三　昇給の基準に関する事項

四　時間外勤務手当、夜間勤務手当及び休日勤務手当に関する事項

五　前号に規定するものを除くほか、地方自治法第二百四条第二項に規定する手当を支給する場合には、当該手当に関する事項

六　非常勤の職その他勤務条件の特別な職があるときは、これらについて行う給与の調整に関する事項

七　前各号に規定するものを除くほか、給与の支給方法及び支給条件に関する事項

4　前項第一号の給料表には、職員の職務の複雑、困難及び責任の度に基づく等級ごとに明確な給料額の幅を定めていなければならない。

5　第三項第二号の等級別基準職務表には、職員の職務を前項の等級ごとに分類する際に基準となるべき職務の内容を定めていなければならない。

（給料表に関する報告及び勧告）

第二十六条　人事委員会は、毎年少くとも一回、給料表が適当であるかどうかについて、地方公共団体の議会及び長に同時に報告するものとする。給与を決定する諸条件の変化により、給料表に定める給料額を増減することが適当であると認めるときは、あわせて適当な勧告をすることができる。

（修学部分休業）

第二十六条の二　任命権者は、職員（臨時的に任用される職員その他の法律により任期を定めて任用される職員及び非常勤職員を除く。以下この条及び次条において同じ。）が申請した場合において、公務の運営に支障がなく、かつ、当該職員の公務に関する能力の向上に資すると認めるときは、条例で定めるところにより、当該職員が、大学その他の条例で定める教育施設における修学のため、当該修学に必要と認められる期間として条例で定める期間中、一週間の勤務時間の一部について勤務しないこと（以下この条において「修学部分休業」という。）を承認することができる。

2　前項の規定による承認は、修学部分休業をしている職員が休職又は停職の処分を受けた場合には、その効力を失う。

3　職員が第一項の規定による承認を受けて勤務しない場合には、条例で定めるところにより、減額して給与を支給するものとする。

4　前三項に定めるもののほか、修学部分休業に関し必要な事項は、条例で定める。

（高齢者部分休業）

第二十六条の三　任命権者は、高年齢として条例で定める年齢に達した職員が申請した場合において、公務の運営に支障がないと認めるときは、条例で定めるところにより、当該職員が当該条例で定める年齢に達した日以後の日で当該申請において示した日から当該職員に係る定年退職日（第二十八条の六第一項に規定する定年退職日をいう。）までの期間中、一週間の勤務時間の一部について勤務しないこと（次項において「高齢者部分休業」という。）を承認することができる。

2　前条第二項から第四項までの規定は、高齢者部分休業について準用する。

第四節の二　休業

（休業の種類）

第二十六条の四　職員の休業は、自己啓発等休業、配偶者同行休業、育児休業及び大学院修学休業とする。

2　育児休業及び大学院修学休業については、別に法律で定めるところによる。

（自己啓発等休業）

第二十六条の五　任命権者は、職員（臨時的に任用される職員その他の法律により任期を定めて任用される職員及び非常勤職員を除く。以下この条及び次条（第八項及び第九項を除く。）において同じ。）が申請した場合において、公務の運営に支障がなく、かつ、当該職員の公務に関する能力の向上に資すると認めるときは、条例で定めるところにより、当該職員が、三年を超えない範囲内において条例で定める期間、大学等課程の履修（大学その他の条例で定める教育施設の課程の履修をいう。第五項において同じ。）又は国際貢献活動（国際協力の促進に資する外国における奉仕活動（当該奉仕活動を行うために必要な国内における訓練その他の準備行為を含む。）のうち職員として参加することが適当であると認められるものとして条例で定めるものに参加することをいう。第五項において同じ。）のための休業（以下この条において「自己啓発等休業」という。）をすることを承認することができる。

2　自己啓発等休業をしている職員は、自己啓発等休業を開始した時就いていた職又は自己啓発等休業の期間中に異動した職を保

有するが、職務に従事しない。

3　自己啓発等休業をしている期間については、給与を支給しない。

4　自己啓発等休業の承認は、当該自己啓発等休業をしている職員が休職又は停職の処分を受けた場合には、その効力を失う。

5　任命権者は、自己啓発等休業をしている職員が当該自己啓発等休業の承認に係る大学等課程の履修又は国際貢献活動を取りやめたことその他条例で定める事由に該当すると認めるときは、当該自己啓発等休業の承認を取り消すものとする。

6　前各項に定めるもののほか、自己啓発等休業に関し必要な事項は、条例で定める。

第二十六条の六　〔略〕

第五節　分限及び懲戒

（分限及び懲戒の基準）

第二十七条　全て職員の分限及び懲戒については、公正でなければならない。

2　職員は、この法律で定める事由による場合でなければ、その意に反して、降任され、又は免職されず、この法律又は条例で定める事由による場合でなければ、その意に反して、休職され、又は降給されることがない。

3　職員は、この法律で定める事由による場合でなければ、懲戒処分を受けることがない。

（降任、免職、休職等）

第二十八条　職員が、次の各号に掲げる場合のいずれかに該当するときは、その意に反して、これを降任し、又は免職することができる。

一　人事評価又は勤務の状況を示す事実に照らして、勤務実績がよくない場合

二　心身の故障のため、職務の遂行に支障があり、又はこれに堪えない場合

三　前二号に規定する場合のほか、その職に必要な適格性を欠く場合

四　職制若しくは定数の改廃又は予算の減少により廃職又は過員を生じた場合

2　職員が、次の各号に掲げる場合のいずれかに該当するときは、その意に反して、これを休職することができる。

一　心身の故障のため、長期の休養を要する場合

二　刑事事件に関し起訴された場合

3　職員の意に反する降任、免職、休職及び降給の手続及び効果は、法律に特別の定めがある場合を除くほか、条例で定めなければならない。

4　職員は、第十六条各号（第二号を除く。）のいずれかに該当するに至つたときは、条例に特別の定めがある場合を除くほか、その職を失う。

第二十八条の二―二十八条の五　〔略〕

（定年による退職）

第二十八条の六　職員は、定年に達したときは、定年に達した日以後における最初の三月三十一日までの間において、条例で定める日（次条第一項及び第二項ただし書において「定年退職日」という。）に退職する。

2　前項の定年は、国の職員につき定められている定年を基準として条例で定めるものとする。

3　前項の場合において、地方公共団体における当該職員に関しその職務と責任に特殊性があること又は欠員の補充が困難であることにより国の職員につき定められている定年を基準として定めることが実情に即さないと認められるときは、当該職員の定年については、条例で別の定めをすることができる。この場合においては、国及び他の地方公共団体の職員との間に権衡を失しないように適当な考慮が払われなければならない。

4　前三項の規定は、臨時的に任用される職員その他の法律により任期を定めて任用される職員及び非常勤職員には適用しない。

（定年による退職の特例）

第二十八条の七　任命権者は、定年に達した職員が前条第一項の規定により退職すべきこととなる場合において、次に掲げる事由があると認めるときは、同項の規定にかかわらず、条例で定めるところにより、当該職員に係る定年退職日の翌日から起算して一年を超えない範囲内で期限を定め、当該職員を当該定年退職日において従事している職務に従事させるため、引き続き勤務させることができる。〔以下略〕

2　任命権者は、前項の期限又はこの項の規定により延長された期限が到来する場合において、前項各号に掲げる事由が引き続きあると認めるときは、条例で定めるところにより、これらの期限の翌日から起算して一年を超えない範囲内で期限を延長することができる。ただし、当該期限は、その職員に係る定年退職日（同項ただし書に規定する職員にあつては、当該職員が占めている管理監督職に係る異動期間の末日）の翌日から起算して三年を超えることができない。

3　〔略〕

（懲戒）

第二十九条　職員が次の各号のいずれかに該当する場合には、当該職員に対し、懲戒処分として戒告、減給、停職又は免職の処分をすることができる。

一　この法律若しくは第五十七条に規定する特例を定めた法律又はこれらに基く条例、地方公共団体の規則若しくは地方公共団体の機関の定める規程に違反した場合

二　職務上の義務に違反し、又は職務を怠つた場合

三　全体の奉仕者たるにふさわしくない非

行のあつた場合

2 職員が、任命権者の要請に応じ当該地方公共団体の特別職に属する地方公務員、他の地方公共団体若しくは特定地方独立行政法人の地方公務員、国家公務員又は地方公社（地方住宅供給公社、地方道路公社及び土地開発公社をいう。）その他その業務が地方公共団体若しくは国の事務若しくは事業と密接な関連を有する法人のうち条例で定めるものに使用される者（以下この項において「特別職地方公務員等」という。）となるため退職し、引き続き特別職地方公務員等として在職した後、引き続いて当該退職を前提として職員として採用された場合（一の特別職地方公務員等として在職した後、引き続き一以上の特別職地方公務員等として在職し、引き続いて当該退職を前提として職員として採用された場合を含む。）において、当該退職までの引き続く職員としての在職期間（当該退職前に同様の退職（以下この項において「先の退職」という。）、特別職地方公務員等としての在職及び職員としての採用がある場合には、当該先の退職までの引き続く職員としての在職期間を含む。次項において「要請に応じた退職前の在職期間」という。）中に前項各号のいずれかに該当したときは、当該職員に対し同項に規定する懲戒処分を行うことができる。

3 定年前再任用短時間勤務職員（第二十二条の四第一項の規定により採用された職員に限る。以下この項において同じ。）が、条例年齢以上退職者となつた日までの引き続く職員としての在職期間（要請に応じた退職前の在職期間を含む。）又は第二十二条の四第一項の規定によりかつて採用されて定年前再任用短時間勤務職員として在職していた期間中に第一項各号のいずれかに該当したときは、当該職員に対し同項に規定する懲戒処分を行うことができる。

4 職員の懲戒の手続及び効果は、法律に特別の定めがある場合を除くほか、条例で定めなければならない。

（適用除外）

第二十九条の二 次に掲げる職員及びこれに対する処分については、第二十七条第二項、第二十八条第一項から第三項まで、第四十九条第一項及び第二項並びに行政不服審査法（平成二十六年法律第六十八号）の規定を適用しない。

一 条件附採用期間中の職員

二 臨時的に任用された職員

2 前項各号に掲げる職員の分限については、条例で必要な事項を定めることができる。

第六節 服務

（服務の根本基準）

第三十条 すべて職員は、全体の奉仕者として公共の利益のために勤務し、且つ、職務の遂行に当つては、全力を挙げてこれに専念しなければならない。

（服務の宣誓）

第三十一条 職員は、条例の定めるところにより、服務の宣誓をしなければならない。

（法令等及び上司の職務上の命令に従う義務）

第三十二条 職員は、その職務を遂行するに当つて、法令、条例、地方公共団体の規則及び地方公共団体の機関の定める規程に従い、且つ、上司の職務上の命令に忠実に従わなければならない。

（信用失墜行為の禁止）

第三十三条 職員は、その職の信用を傷つけ、又は職員の職全体の不名誉となるような行為をしてはならない。

（秘密を守る義務）

第三十四条 職員は、職務上知り得た秘密を漏らしてはならない。その職を退いた後も、また、同様とする。

2 法令による証人、鑑定人等となり、職務上の秘密に属する事項を発表する場合においては、任命権者（退職者については、その退職した職又はこれに相当する職に係る任命権者）の許可を受けなければならない。

3 前項の許可は、法律に特別の定がある場合を除く外、拒むことができない。

（職務に専念する義務）

第三十五条 職員は、法律又は条例に特別の定がある場合を除く外、その勤務時間及び職務上の注意力のすべてをその職責遂行のために用い、当該地方公共団体がなすべき責を有する職務にのみ従事しなければならない。

（政治的行為の制限）

第三十六条 職員は、政党その他の政治的団体の結成に関与し、若しくはこれらの団体の役員となつてはならず、又はこれらの団体の構成員となるように、若しくはならないように勧誘運動をしてはならない。

2 職員は、特定の政党その他の政治的団体又は特定の内閣若しくは地方公共団体の執行機関を支持し、又はこれに反対する目的をもつて、あるいは公の選挙又は投票において特定の人又は事件を支持し、又はこれに反対する目的をもつて、次に掲げる政治的行為をしてはならない。ただし、当該職員の属する地方公共団体の区域（当該職員が都道府県の支庁若しくは地方事務所又は地方自治法第二百五十二条の十九第一項の指定都市の区若しくは総合区に勤務する者であるときは、当該支庁若しくは地方事務所又は区若しくは総合区の所管区域）外において、第一号から第三号まで及び第五号に掲げる政治的行為をすることができる。

一 公の選挙又は投票において投票をする

ように、又はしないように勧誘運動をすること。

二　署名運動を企画し、又は主宰する等これに積極的に関与すること。

三　寄附金その他の金品の募集に関与すること。

四　文書又は図画を地方公共団体又は特定地方独立行政法人の庁舎（特定地方独立行政法人にあつては、事務所。以下この号において同じ。）、施設等に掲示し、又は掲示させ、その他地方公共団体又は特定地方独立行政法人の庁舎、施設、資材又は資金を利用し、又は利用させること。

五　前各号に定めるものを除く外、条例で定める政治的行為

3　何人も前二項に規定する政治的行為を行うよう職員に求め、職員をそそのかし、若しくはあおつてはならず、又は職員が前二項に規定する政治的行為をなし、若しくはなさないことに対する代償若しくは報復として、任用、職務、給与その他職員の地位に関してなんらかの利益若しくは不利益を与え、与えようと企て、若しくは約束してはならない。

4　職員は、前項に規定する違法な行為に応じなかつたことの故をもつて不利益な取扱を受けることはない。

5　本条の規定は、職員の政治的中立性を保障することにより、地方公共団体の行政及び特定地方独立行政法人の業務の公正な運営を確保するとともに職員の利益を保護することを目的とするものであるという趣旨において解釈され、及び運用されなければならない。

（争議行為等の禁止）

第三十七条　職員は、地方公共団体の機関が代表する使用者としての住民に対して同盟罷業、怠業その他の争議行為をし、又は地方公共団体の機関の活動能率を低下させる怠業的行為をしてはならない。又、何人も、このような違法な行為を企て、又はその遂行を共謀し、そそのかし、若しくはあおつてはならない。

2　職員で前項の規定に違反する行為をしたものは、その行為の開始とともに、地方公共団体に対し、法令又は条例、地方公共団体の規則若しくは地方公共団体の機関の定める規程に基いて保有する任命上又は雇用上の権利をもつて対抗することができなくなるものとする。

（営利企業への従事等の制限）

第三十八条　職員は、任命権者の許可を受けなければ、商業、工業又は金融業その他営利を目的とする私企業（以下この項及び次条第一項において「営利企業」という。）を営むことを目的とする会社その他の団体の役員その他人事委員会規則（人事委員会を置かない地方公共団体においては、地方公共団体の規則）で定める地位を兼ね、若しくは自ら営利企業を営み、又は報酬を得ていかなる事業若しくは事務にも従事してはならない。ただし、非常勤職員（短時間勤務の職を占める職員及び第二十二条の二第一項第二号に掲げる職員を除く。）については、この限りでない。

2　人事委員会は、人事委員会規則により前項の場合における任命権者の許可の基準を定めることができる。

第六節の二　退職管理

（再就職者による依頼等の規制）

第三十八条の二　職員（臨時的に任用された職員、条件付採用期間中の職員及び非常勤職員（短時間勤務の職を占める職員を除く。）を除く。以下この節、第六十条及び第六十三条において同じ。）であつた者であつて離職後に営利企業等（営利企業及び営利企業以外の法人（国、国際機関、地方公共団体、独立行政法人通則法（平成十一年法律第百三号）第二条第四項に規定する行政執行法人及び特定地方独立行政法人を除く。）をいう。以下同じ。）の地位に就いている者（退職手当通算予定職員であつた者であつて引き続いて退職手当通算法人の地位に就いている者及び公益的法人等への一般職の地方公務員の派遣等に関する法律（平成十二年法律第五十号）第十条第二項に規定する退職派遣者を除く。以下「再就職者」という。）は、離職前五年間に在職していた地方公共団体の執行機関の組織（当該執行機関（当該執行機関の附属機関を含む。）の補助機関及び当該執行機関の管理に属する機関の総体をいう。第三十八条の七において同じ。）若しくは議会の事務局（事務局を置かない場合には、これに準ずる組織。同条において同じ。）若しくは特定地方独立行政法人（以下「地方公共団体の執行機関の組織等」という。）の職員若しくは特定地方独立行政法人の役員（以下「役職員」という。）又はこれらに類する者として人事委員会規則（人事委員会を置かない地方公共団体においては、地方公共団体の規則。以下この条（第七項を除く。）、第三十八条の七、第六十条及び第六十四条において同じ。）で定めるものに対し、当該地方公共団体若しくは当該特定地方独立行政法人と当該営利企業等若しくはその子法人（国家公務員法第百六条の二第一項に規定する子法人の例を基準として人事委員会規則で定めるものをいう。以下同じ。）との間で締結される売買、貸借、請負その他の契約又は当該営利企業等若しくはその子法人に対して行われる行政手続法（平成五年法律第八十八号）第二条第二号に規定する処分に関する事務（以下「契約等事務」という。）であつて離職前五年間

の職務に属するものに関し、離職後二年間、職務上の行為をするように、又はしないように要求し、又は依頼してはならない。

2　前項の「退職手当通算法人」とは、地方独立行政法人法第二条第一項に規定する地方独立行政法人その他その業務が地方公共団体又は国の事務又は事業と密接な関連を有する法人のうち人事委員会規則で定めるもの（退職手当（これに相当する給付を含む。）に関する規程において、職員が任命権者又はその委任を受けた者の要請に応じ、引き続いて当該法人の役員又は当該法人に使用される者となつた場合に、職員としての勤続期間を当該法人の役員又は当該法人に使用される者としての勤続期間に通算することと定められており、かつ、当該地方公共団体の条例において、当該法人の役員又は当該法人に使用される者として在職した後引き続いて再び職員となつた者の当該法人の役員又は当該法人に使用される者としての勤続期間を当該職員となつた者の職員としての勤続期間に通算することと定められている法人に限る。）をいう。

3　第一項の「退職手当通算予定職員」とは、任命権者又はその委任を受けた者の要請に応じ、引き続いて退職手当通算法人（前項に規定する退職手当通算法人をいう。以下同じ。）の役員又は退職手当通算法人に使用される者となるため退職することとなる職員であつて、当該退職手当通算法人に在職した後、特別の事情がない限り引き続いて選考による採用が予定されている者のうち人事委員会規則で定めるものをいう。

4　第一項の規定によるもののほか、再就職者のうち、地方自治法第百五十八条第一項に規定する普通地方公共団体の長の直近下位の内部組織の長又はこれに準ずる職であつて人事委員会規則で定めるものに離職した日の五年前の日より前に就いていた者は、当該職に就いていた時に在職していた地方公共団体の執行機関の組織等の役職員又はこれに類する者として人事委員会規則で定めるものに対し、契約等事務であつて離職した日の五年前の日より前の職務（当該職に就いていたときの職務に限る。）に属するものに関し、離職後二年間、職務上の行為をするように、又はしないように要求し、又は依頼してはならない。

5　第一項及び前項の規定によるもののほか、再就職者は、在職していた地方公共団体の執行機関の組織等の役職員又はこれに類する者として人事委員会規則で定めるものに対し、当該地方公共団体若しくは当該特定地方独立行政法人と営利企業等（当該再就職者が現にその地位に就いているものに限る。）若しくはその子法人との間の契約であつて当該地方公共団体若しくは当該特定地方独立行政法人においてその締結について自らが決定したもの又は当該地方公共団体若しくは当該特定地方独立行政法人による当該営利企業等若しくはその子法人に対する行政手続法第二条第二号に規定する処分であつて自らが決定したものに関し、職務上の行為をするように、又はしないように要求し、又は依頼してはならない。

6　第一項及び前二項の規定（第八項の規定に基づく条例が定められているときは、当該条例の規定を含む。）は、次に掲げる場合には適用しない。

一　試験、検査、検定その他の行政上の事務であつて、法律の規定に基づく行政庁による指定若しくは登録その他の処分（以下「指定等」という。）を受けた者が行う当該指定等に係るもの若しくは行政庁から委託を受けた者が行う当該委託に係るものを遂行するために必要な場合、又は地方公共団体若しくは国の事務若しくは事業と密接な関連を有する業務として人事委員会規則で定めるものを行うために必要な場合

二　行政庁に対する権利若しくは義務を定めている法令の規定若しくは地方公共団体若しくは特定地方独立行政法人との間で締結された契約に基づき、権利を行使し、若しくは義務を履行する場合、行政庁の処分により課された義務を履行する場合又はこれらに類する場合として人事委員会規則で定める場合

三　行政手続法第二条第三号に規定する申請又は同条第七号に規定する届出を行う場合

四　地方自治法第二百三十四条第一項に規定する一般競争入札若しくはせり売りの手続又は特定地方独立行政法人が公告して申込みをさせることによる競争の手続に従い、売買、貸借、請負その他の契約を締結するために必要な場合

五　法令の規定により又は慣行として公にされ、又は公にすることが予定されている情報の提供を求める場合（一定の日以降に公にすることが予定されている情報を同日前に開示するよう求める場合を除く。）

六　再就職者が役職員（これに類する者を含む。以下この号において同じ。）に対し、契約等事務に関し、職務上の行為をするように、又はしないように要求し、又は依頼することにより公務の公正性の確保に支障が生じないと認められる場合として人事委員会規則で定める手続により任命権者の承認を得て、再就職者が当該承認に係る役職員に対し、当該承認に係る契約等事務に関し、職務上の行為を

するように、又はしないように要求し、又は依頼する場合

7 職員は、前項各号に掲げる場合を除き、再就職者から第一項、第四項又は第五項の規定（次項の規定に基づく条例が定められているときは、当該条例の規定を含む。）により禁止される要求又は依頼を受けたとき（地方独立行政法人法第五十条の二において準用する第一項、第四項又は第五項の規定（同条において準用する次項の規定に基づく条例が定められているときは、当該条例の規定を含む。）により禁止される要求又は依頼を受けたときを含む。）は、人事委員会規則又は公平委員会規則で定めるところにより、人事委員会又は公平委員会にその旨を届け出なければならない。

8 地方公共団体は、その組織の規模その他の事情に照らして必要があると認めるときは、再就職者のうち、国家行政組織法（昭和二十三年法律第百二十号）第二十一条第一項に規定する部長又は課長の職に相当する職として人事委員会規則で定めるものに離職した日の五年前の日より前に就いていた者について、当該職に就いていた時に在職していた地方公共団体の執行機関の組織等の役職員又はこれに類する者として人事委員会規則で定めるものに対し、契約等事務であつて離職した日の五年前の日より前の職務（当該職に就いていたときの職務に限る。）に属するものに関し、離職後二年間、職務上の行為をするように、又はしないように要求し、又は依頼してはならないことを条例により定めることができる。

（違反行為の疑いに係る任命権者の報告）

第三十八条の三 任命権者は、職員又は職員であつた者に前条の規定（同条第八項の規定に基づく条例が定められているときは、当該条例の規定を含む。）に違反する行為（以下「規制違反行為」という。）を行つた疑いがあると思料するときは、その旨を人事委員会又は公平委員会に報告しなければならない。

（任命権者による調査）

第三十八条の四 任命権者は、職員又は職員であつた者に規制違反行為を行つた疑いがあると思料して当該規制違反行為に関して調査を行おうとするときは、人事委員会又は公平委員会にその旨を通知しなければならない。

2 人事委員会又は公平委員会は、任命権者が行う前項の調査の経過について、報告を求め、又は意見を述べることができる。

3 任命権者は、第一項の調査を終了したときは、遅滞なく、人事委員会又は公平委員会に対し、当該調査の結果を報告しなければならない。

（任命権者に対する調査の要求等）

第三十八条の五 人事委員会又は公平委員会は、第三十八条の二第七項の届出、第三十八条の三の報告又はその他の事由により職員又は職員であつた者に規制違反行為を行つた疑いがあると思料するときは、任命権者に対し、当該規制違反行為に関する調査を行うよう求めることができる。

2 前条第二項及び第三項の規定は、前項の規定により行われる調査について準用する。

（地方公共団体の講ずる措置）

第三十八条の六 地方公共団体は、国家公務員法中退職管理に関する規定の趣旨及び当該地方公共団体の職員の離職後の就職の状況を勘案し、退職管理の適正を確保するために必要と認められる措置を講ずるものとする。

2 地方公共団体は、第三十八条の二の規定の円滑な実施を図り、又は前項の規定による措置を講ずるため必要と認めるときは、職員であつた者で条例で定めるものが、条例で定める法人の役員その他の地位であつて条例で定めるものに就こうとする場合又は就いた場合には、離職後条例で定める期間、条例で定める事項を条例で定める者に届け出させることができる。

（廃置分合に係る特例）

第三十八条の七 職員であつた者が在職していた地方公共団体（この条の規定により当該職員であつた者が在職していた地方公共団体とみなされる地方公共団体を含む。）の廃置分合により当該職員であつた者が在職していた地方公共団体（以下この条において「元在職団体」という。）の事務が他の地方公共団体に承継された場合には、当該他の地方公共団体を当該元在職団体と、当該他の地方公共団体の執行機関の組織若しくは議会の事務局で当該元在職団体の執行機関の組織若しくは議会の事務局に相当するものの職員又はこれに類する者として当該他の地方公共団体の人事委員会規則で定めるものを当該元在職団体の執行機関の組織若しくは議会の事務局の職員又はこれに類する者として当該元在職団体の人事委員会規則で定めるものと、それぞれみなして、第三十八条の二から前条までの規定（第三十八条の二第八項の規定に基づく条例が定められているときは当該条例の規定を含み、これらの規定に係る罰則を含む。）並びに第六十条第四号から第八号まで及び第六十三条の規定を適用する。

第七節　研修

（研修）

第三十九条 職員には、その勤務能率の発揮及び増進のために、研修を受ける機会が与えられなければならない。

2 前項の研修は、任命権者が行うものとする。

3　地方公共団体は、研修の目標、研修に関する計画の指針となるべき事項その他研修に関する基本的な方針を定めるものとする。

4　人事委員会は、研修に関する計画の立案その他研修の方法について任命権者に勧告することができる。

第四十条　削除

第八節　福祉及び利益の保護

（福祉及び利益の保護の根本基準）

第四十一条　職員の福祉及び利益の保護は、適切であり、且つ、公正でなければならない。

第一款　厚生福利制度

（厚生制度）

第四十二条　地方公共団体は、職員の保健、元気回復その他厚生に関する事項について計画を樹立し、これを実施しなければならない。

（共済制度）

第四十三条　職員の病気、負傷、出産、休業、災害、退職、障害若しくは死亡又はその被扶養者の病気、負傷、出産、死亡若しくは災害に関して適切な給付を行なうための相互救済を目的とする共済制度が、実施されなければならない。

2　前項の共済制度には、職員が相当年限忠実に勤務して退職した場合又は公務に基づく病気若しくは負傷により退職し、若しくは死亡した場合におけるその者又はその遺族に対する退職年金に関する制度が含まれていなければならない。

3　前項の退職年金に関する制度は、退職又は死亡の時の条件を考慮して、本人及びその退職又は死亡の当時その者が直接扶養する者のその後における適当な生活の維持を図ることを目的とするものでなければならない。

4　第一項の共済制度については、国の制度との間に権衡を失しないように適当な考慮が払われなければならない。

5　第一項の共済制度は、健全な保険数理を基礎として定めなければならない。

6　第一項の共済制度は、法律によつてこれを定める。

第四十四条　削除

第二款　公務災害補償

（公務災害補償）

第四十五条　職員が公務に因り死亡し、負傷し、若しくは疾病にかかり、若しくは公務に因る負傷若しくは疾病により死亡し、若しくは障害の状態となり、又は船員である職員が公務に因り行方不明となつた場合においてその者又はその者の遺族若しくは被扶養者がこれらの原因によつて受ける損害は、補償されなければならない。

2　前項の規定による補償の迅速かつ公正な実施を確保するため必要な補償に関する制度が実施されなければならない。

3　前項の補償に関する制度には、次に掲げる事項が定められなければならない。

一　職員の公務上の負傷又は疾病に対する必要な療養又は療養の費用の負担に関する事項

二　職員の公務上の負傷又は疾病に起因する療養の期間又は船員である職員の公務による行方不明の期間におけるその職員の所得の喪失に対する補償に関する事項

三　職員の公務上の負傷又は疾病に起因して、永久に、又は長期に所得能力を害された場合におけるその職員の受ける損害に対する補償に関する事項

四　職員の公務上の負傷又は疾病に起因する死亡の場合におけるその遺族又は職員の死亡の当時その収入によつて生計を維持した者の受ける損害に対する補償に関する事項

4　第二項の補償に関する制度は、法律によつて定めるものとし、当該制度については、国の制度との間に権衡を失しないように適当な考慮が払われなければならない。

第三款　勤務条件に関する措置の要求

（勤務条件に関する措置の要求）

第四十六条　職員は、給与、勤務時間その他の勤務条件に関し、人事委員会又は公平委員会に対して、地方公共団体の当局により適当な措置が執られるべきことを要求することができる。

（審査及び審査の結果執るべき措置）

第四十七条　前条に規定する要求があつたときは、人事委員会又は公平委員会は、事案について口頭審理その他の方法による審査を行い、事案を判定し、その結果に基いて、その権限に属する事項については、自らこれを実行し、その他の事項については、当該事項に関し権限を有する地方公共団体の機関に対し、必要な勧告をしなければならない。

（要求及び審査、判定の手続等）

第四十八条　前二条の規定による要求及び審査、判定の手続並びに審査、判定の結果執るべき措置に関し必要な事項は、人事委員会規則又は公平委員会規則で定めなければならない。

第四款　不利益処分に関する審査請求

（不利益処分に関する説明書の交付）

第四十九条　任命権者は、職員に対し、懲戒その他その意に反すると認める不利益な処分を行う場合においては、その際、当該職員に対し、処分の事由を記載した説明書を交付しなければならない。ただし、他の職への降任等に該当する降任をする場合又は他の職への降任等に伴い降給をする場合は、この限りでない。

2　職員は、その意に反して不利益な処分を受けたと思うときは、任命権者に対し処分の事由を記載した説明書の交付を請求することができる。

3　前項の規定による請求を受けた任命権者は、その日から十五日以内に、同項の説明書を交付しなければならない。

4　第一項又は第二項の説明書には、当該処分につき、人事委員会又は公平委員会に対して審査請求をすることができる旨及び審査請求をすることができる期間を記載しなければならない。

（審査請求）

第四十九条の二　前条第一項に規定する処分を受けた職員は、人事委員会又は公平委員会に対してのみ審査請求をすることができる。

2　前条第一項に規定する処分を除くほか、職員に対する処分については、審査請求をすることができない。職員がした申請に対する不作為についても、同様とする。

3　第一項に規定する審査請求については、行政不服審査法第二章の規定を適用しない。

（審査請求期間）

第四十九条の三　前条第一項に規定する審査請求は、処分があつたことを知つた日の翌日から起算して三月以内にしなければならず、処分があつた日の翌日から起算して一年を経過したときは、することができない。

（審査及び審査の結果執るべき措置）

第五十条　第四十九条の二第一項に規定する審査請求を受理したときは、人事委員会又は公平委員会は、直ちにその事案を審査しなければならない。この場合において、処分を受けた職員から請求があつたときは、口頭審理を行わなければならない。口頭審理は、その職員から請求があつたときは、公開して行わなければならない。

2　人事委員会又は公平委員会は、必要があると認めるときは、当該審査請求に対する裁決を除き、審査に関する事務の一部を委員又は事務局長に委任することができる。

3　人事委員会又は公平委員会は、第一項に規定する審査の結果に基いて、その処分を承認し、修正し、又は取り消し、及び必要がある場合においては、任命権者にその職員の受けるべきであつた給与その他の給付を回復するため必要で且つ適切な措置をさせる等その職員がその処分によつて受けた不当な取扱を是正するための指示をしなければならない。

（審査請求の手続等）

第五十一条　審査請求の手続及び審査の結果執るべき措置に関し必要な事項は、人事委員会規則又は公平委員会規則で定めなければならない。

（審査請求と訴訟との関係）

第五十一条の二　第四十九条第一項に規定する処分であつて人事委員会又は公平委員会に対して審査請求をすることができるものの取消しの訴えは、審査請求に対する人事委員会又は公平委員会の裁決を経た後でなければ、提起することができない。

第九節　職員団体

（職員団体）

第五十二条　この法律において「職員団体」とは、職員がその勤務条件の維持改善を図ることを目的として組織する団体又はその連合体をいう。

2　前項の「職員」とは、第五項に規定する職員以外の職員をいう。

3　職員は、職員団体を結成し、若しくは結成せず、又はこれに加入し、若しくは加入しないことができる。ただし、重要な行政上の決定を行う職員、重要な行政上の決定に参画する管理的地位にある職員、職員の任免に関して直接の権限を持つ監督的地位にある職員、職員の任免、分限、懲戒若しくは服務、職員の給与その他の勤務条件又は職員団体との関係についての当局の計画及び方針に関する機密の事項に接し、そのためにその職務上の義務と責任とが職員団体の構成員としての誠意と責任とに直接に抵触すると認められる監督的地位にある職員その他職員団体との関係において当局の立場に立つて遂行すべき職務を担当する職員（以下「管理職員等」という。）と管理職員等以外の職員とは、同一の職員団体を組織することができず、管理職員等と管理職員等以外の職員とが組織する団体は、この法律にいう「職員団体」ではない。

4　前項ただし書に規定する管理職員等の範囲は、人事委員会規則又は公平委員会規則で定める。

5　警察職員及び消防職員は、職員の勤務条件の維持改善を図ることを目的とし、かつ、地方公共団体の当局と交渉する団体を結成し、又はこれに加入してはならない。

（職員団体の登録）

第五十三条　職員団体は、条例で定めるところにより、理事その他の役員の氏名及び条例で定める事項を記載した申請書に規約を添えて人事委員会又は公平委員会に登録を申請することができる。

2　前項に規定する職員団体の規約には、少くとも左に掲げる事項を記載するものとする。

一　名称

二　目的及び業務

三　主たる事務所の所在地

四　構成員の範囲及びその資格の得喪に関する規定

五　理事その他の役員に関する規定

六　第三項に規定する事項を含む業務執行、会議及び投票に関する規定

地方公務員法

七　経費及び会計に関する規定
八　他の職員団体との連合に関する規定
九　規約の変更に関する規定
十　解散に関する規定

3　職員団体が登録される資格を有し、及び引き続き登録されているためには、規約の作成又は変更、役員の選挙その他これらに準ずる重要な行為が、すべての構成員が平等に参加する機会を有する直接且つ秘密の投票による全員の過半数（役員の選挙については、投票者の過半数）によつて決定される旨の手続を定め、且つ、現実に、その手続によりこれらの重要な行為が決定されることを必要とする。但し、連合体である職員団体にあつては、すべての構成員が平等に参加する機会を有する構成団体ごとの直接且つ秘密の投票による投票者の過半数で代議員を選挙し、すべての代議員が平等に参加する機会を有する直接且つ秘密の投票によるその全員の過半数（役員の選挙については、投票者の過半数）によつて決定される旨の手続を定め、且つ、現実に、その手続により決定されることをもつて足りるものとする。

4　前項に定めるもののほか、職員団体が登録される資格を有し、及び引き続き登録されているためには、当該職員団体が同一の地方公共団体に属する前条第五項に規定する職員以外の職員のみをもつて組織されていることを必要とする。ただし、同項に規定する職員以外の職員であつた者でその意に反して免職され、若しくは懲戒処分としての免職の処分を受け、当該処分を受けた日の翌日から起算して一年以内のもの又はその期間内に当該処分について法律の定めるところにより審査請求をし、若しくは訴えを提起し、これに対する裁決若しくは裁判が確定するに至らないものを構成員にとどめていること、及び当該職員団体の役員である者を構成員としていることを妨げない。

5　人事委員会又は公平委員会は、登録を申請した職員団体が前三項の規定に適合するものであるときは、条例で定めるところにより、規約及び第一項に規定する申請書の記載事項を登録し、当該職員団体にその旨を通知しなければならない。この場合において、職員でない者の役員就任を認めている職員団体を、そのゆえをもつて登録の要件に適合しないものと解してはならない。

6　登録を受けた職員団体が職員団体でなくなつたとき、登録を受けた職員団体について第二項から第四項までの規定に適合しない事実があつたとき、又は登録を受けた職員団体が第九項の規定による届出をしなかつたときは、人事委員会又は公平委員会は、条例で定めるところにより、六十日を超えない範囲内で当該職員団体の登録の効力を停止し、又は当該職員団体の登録を取り消すことができる。

7　前項の規定による登録の取消しに係る聴聞の期日における審理は、当該職員団体から請求があつたときは、公開により行わなければならない。

8　第六項の規定による登録の取消しは、当該処分の取消しの訴えを提起することができる期間内及び当該処分の取消しの訴えの提起があつたときは当該訴訟が裁判所に係属する間は、その効力を生じない。

9　登録を受けた職員団体は、その規約又は第一項に規定する申請書の記載事項に変更があつたときは、条例で定めるところにより、人事委員会又は公平委員会にその旨を届け出なければならない。この場合においては、第五項の規定を準用する。

10　登録を受けた職員団体は、解散したときは、条例で定めるところにより、人事委員会又は公平委員会にその旨を届け出なければならない。

第五十四条　削除

（交渉）

第五十五条　地方公共団体の当局は、登録を受けた職員団体から、職員の給与、勤務時間その他の勤務条件に関し、及びこれに附帯して、社交的又は厚生的活動を含む適法な活動に係る事項に関し、適法な交渉の申入れがあつた場合においては、その申入れに応ずべき地位に立つものとする。

2　職員団体と地方公共団体の当局との交渉は、団体協約を締結する権利を含まないものとする。

3　地方公共団体の事務の管理及び運営に関する事項は、交渉の対象とすることができない。

4　職員団体が交渉することのできる地方公共団体の当局は、交渉事項について適法に管理し、又は決定することのできる地方公共団体の当局とする。

5　交渉は、職員団体と地方公共団体の当局があらかじめ取り決めた員数の範囲内で、職員団体がその役員の中から指名する者と地方公共団体の当局の指名する者との間において行なわなければならない。交渉に当たつては、職員団体と地方公共団体の当局との間において、議題、時間、場所その他必要な事項をあらかじめ取り決めて行なうものとする。

6　前項の場合において、特別の事情があるときは、職員団体は、役員以外の者を指名することができるものとする。ただし、その指名する者は、当該交渉の対象である特定の事項について交渉する適法な委任を当該職員団体の執行機関から受けたことを文書によつて証明できる者でなければならない。

7　交渉は、前二項の規定に適合しないこととなつたとき、又は他の職員の職務の遂行を妨げ、若しくは地方公共団体の事務の正常な運営を阻害することとなつたときは、これを打ち切ることができる。

8 本条に規定する適法な交渉は、勤務時間中においても行なうことができる。

9 職員団体は、法令、条例、地方公共団体の規則及び地方公共団体の機関の定める規程にてい触しない限りにおいて、当該地方公共団体の当局と書面による協定を結ぶことができる。

10 前項の協定は、当該地方公共団体の当局及び職員団体の双方において、誠意と責任をもつて履行しなければならない。

11 職員は、職員団体に属していないという理由で、第一項に規定する事項に関し、不満を表明し、又は意見を申し出る自由を否定されてはならない。

（職員団体のための職員の行為の制限）

第五十五条の二 職員は、職員団体の業務にもつぱら従事することができない。ただし、任命権者の許可を受けて、登録を受けた職員団体の役員としてもつぱら従事する場合は、この限りでない。

2 前項ただし書の許可は、任命権者が相当と認める場合に与えることができるものとし、これを与える場合においては、任命権者は、その許可の有効期間を定めるものとする。

3 第一項ただし書の規定により登録を受けた職員団体の役員として専ら従事する期間は、職員としての在職期間を通じて五年（地方公営企業等の労働関係に関する法律（昭和二十七年法律第二百八十九号）第六条第一項ただし書（同法附則第五項において準用する場合を含む。）の規定により労働組合の業務に専ら従事したことがある職員については、五年からその専ら従事した期間を控除した期間）を超えることができない。

4 第一項ただし書の許可は、当該許可を受けた職員が登録を受けた職員団体の役員として当該職員団体の業務にもつぱら従事する者でなくなつたときは、取り消されるものとする。

5 第一項ただし書の許可を受けた職員は、その許可が効力を有する間は、休職者とし、いかなる給与も支給されず、また、その期間は、退職手当の算定の基礎となる勤続期間に算入されないものとする。

6 職員は、条例で定める場合を除き、給与を受けながら、職員団体のためその業務を行ない、又は活動してはならない。

（不利益取扱の禁止）

第五十六条 職員は、職員団体の構成員であること、職員団体を結成しようとしたこと、若しくはこれに加入しようとしたこと又は職員団体のために正当な行為をしたことの故をもつて不利益な取扱を受けることはない。

第四章　補則

（特例）

第五十七条 職員のうち、公立学校（学校教育法（昭和二十二年法律第二十六号）第一条に規定する学校及び就学前の子どもに関する教育、保育等の総合的な提供の推進に関する法律（平成十八年法律第七十七号）第二条第七項に規定する幼保連携型認定こども園であつて地方公共団体の設置するものをいう。）の教職員（学校教育法第七条（就学前の子どもに関する教育、保育等の総合的な提供の推進に関する法律第二十六条において準用する場合を含む。）に規定する校長及び教員並びに学校教育法第二十七条第二項（同法第八十二条において準用する場合を含む。）、第三十七条第一項（同法第四十九条及び第八十二条において準用する場合を含む。）、第六十条第一項（同法第八十二条において準用する場合を含む。）、第六十九条第一項、第九十二条第一項及び第百二十条第一項並びに就学前の子どもに関する教育、保育等の総合的な提供の推進に関する法律第十四条第二項に規定する事務職員をいう。）、単純な労務に雇用される者その他その職務と責任の特殊性に基づいてこの法律に対する特例を必要とするものについては、別に法律で定める。ただし、その特例は、第一条の精神に反するものであつてはならない。

（他の法律の適用除外等）

第五十八条 労働組合法（昭和二十四年法律第百七十四号）、労働関係調整法（昭和二十一年法律第二十五号）及び最低賃金法（昭和三十四年法律第百三十七号）並びにこれらに基く命令の規定は、職員に関して適用しない。

2 労働安全衛生法（昭和四十七年法律第五十七号）第二章の規定並びに船員災害防止活動の促進に関する法律（昭和四十二年法律第六十一号）第二章及び第五章の規定並びに同章に基づく命令の規定は、地方公共団体の行う労働基準法（昭和二十二年法律第四十九号）別表第一第一号から第十号まで及び第十三号から第十五号までに掲げる事業に従事する職員以外の職員に関して適用しない。

3 労働基準法第二条、第十四条第二項及び第三項、第二十四条第一項、第三十二条の三から第三十二条の五まで、第三十八条の二第二項及び第三項、第三十八条の三、第三十八条の四、第三十九条第六項から第八項まで、第四十一条の二、第七十五条から第九十三条まで並びに第百二条の規定、労働安全衛生法第六十六条の八の四及び第九十二条の規定、船員法（昭和二十二年法律第百号）第六条中労働基準法第二条に関する部分、第三十条、第三十七条中勤務条件に

地方公務員法

関する部分、第五十三条第一項、第八十九条から第百条まで、第百二条及び第百八条中勤務条件に関する部分の規定並びに船員災害防止活動の促進に関する法律第六十二条の規定並びにこれらの規定に基づく命令の規定は、職員に関して適用しない。ただし、労働基準法第百二条の規定、労働安全衛生法第九十二条の規定、船員法第三十七条及び第百八条中勤務条件に関する部分の規定並びに船員災害防止活動の促進に関する法律第六十二条の規定並びにこれらの規定に基づく命令の規定は、地方公共団体の行う労働基準法別表第一第一号から第十号まで及び第十三号から第十五号までに掲げる事業に従事する職員に、同法第七十五条から第八十八条まで及び船員法第八十九条から第九十六条までの規定は、地方公務員災害補償法（昭和四十二年法律第百二十一号）第二条第一項に規定する者以外の職員に関しては適用する。

4　職員に関しては、労働基準法第三十二条の二第一項中「使用者は、当該事業場に、労働者の過半数で組織する労働組合がある場合においてはその労働組合、労働者の過半数で組織する労働組合がない場合においては労働者の過半数を代表する者との書面による協定により、又は」とあるのは「使用者は、」と、同法第三十四条第二項ただし書中「当該事業場に、労働者の過半数で組織する労働組合がある場合においてはその労働組合、労働者の過半数で組織する労働組合がない場合においては労働者の過半数を代表する者との書面による協定があるときは」とあるのは「条例に特別の定めがある場合は」と、同法第三十七条第三項中「使用者が、当該事業場に、労働者の過半数で組織する労働組合があるときはその労働組合、労働者の過半数で組織する労働組合がないときは労働者の過半数を代表する者との書面による協定により」とあるのは「使用者が」と、同法第三十九条第四項中「当該事業場に、労働者の過半数で組織する労働組合があるときはその労働組合、労働者の過半数で組織する労働組合がないときは労働者の過半数を代表する者との書面による協定により、次に掲げる事項を定めた場合において、第一号に掲げる労働者の範囲に属する労働者が有給休暇を時間を単位として請求したときは、前三項の規定による有給休暇の日数のうち第二号に掲げる日数については、これらの規定にかかわらず、当該協定で定めるところにより」とあるのは「前三項の規定にかかわらず、特に必要があると認められるときは、」とする。

5　労働基準法、労働安全衛生法、船員法及び船員災害防止活動の促進に関する法律の規定並びにこれらの規定に基づく命令の規定中第三項の規定により職員に関して適用されるものを適用する場合における職員の勤務条件に関する労働基準監督機関の職権は、地方公共団体の行う労働基準法別表第一第一号から第十号まで及び第十三号から第十五号までに掲げる事業に従事する職員の場合を除き、人事委員会又はその委任を受けた人事委員会の委員（人事委員会を置かない地方公共団体においては、地方公共団体の長）が行うものとする。

第五十八条の二・第五十九条　〔略〕

第五章　罰則

（罰則）

第六十条　次の各号のいずれかに該当する者は、一年以下の拘禁刑又は五十万円以下の罰金に処する。

一　第十三条の規定に違反して差別をした者

二　第三十四条第一項又は第二項の規定（第九条の二第十二項において準用する場合を含む。）に違反して秘密を漏らした者

三　第五十条第三項の規定による人事委員会又は公平委員会の指示に故意に従わなかつた者

四　離職後二年を経過するまでの間に、離職前五年間に在職していた地方公共団体の執行機関の組織等に属する役職員又はこれに類する者として人事委員会規則で定めるものに対し、契約等事務であつて離職前五年間の職務に属するものに関し、職務上不正な行為をするように、又は相当の行為をしないように要求し、又は依頼した再就職者

五―八　〔略〕

第六十一条　次の各号のいずれかに該当する者は、三年以下の拘禁刑又は百万円以下の罰金に処する。

一　第五十条第一項に規定する権限の行使に関し、第八条第六項の規定により人事委員会若しくは公平委員会から証人として喚問を受け、正当な理由がなくてこれに応ぜず、若しくは虚偽の陳述をした者又は同項の規定により人事委員会若しくは公平委員会から書類若しくはその写の提出を求められ、正当な理由がなくてこれに応ぜず、若しくは虚偽の事項を記載した書類若しくはその写を提出した者

二　第十五条の規定に違反して任用した者

三　第十八条の三（第二十一条の四第四項において準用する場合を含む。）の規定に違反して受験を阻害し、又は情報を提供した者

四　何人たるを問わず、第三十七条第一項前段に規定する違法な行為の遂行を共謀し、唆し、若しくはあおり、又はこれらの行為を企てた者

五　第四十六条の規定による勤務条件に関する措置の要求の申出を故意に妨げた者

第六十二条―第六十四条　〔略〕

附　則（令四・六・一七法六八）

（施行期日）

2　この法律は、刑法等一部改正法施行日から施行する。〔ただし書略〕

●教育公務員特例法〔抄〕★

（昭和二四年一月一二日法律第一号）

最終改正…令四・六・一七法六八

【解説】

一　戦後の教育改革に大きな役割を果たした教育刷新委員会は、一九四七（昭和二二）年の教育基本法成立段階において、特に同法六条の「教員の身分尊重」を制度的に確立すべく、私立学校も含めて一般公務員とは別に教員の身分に関する法律を企図していた（教員身分法構想）。この構想では、国公私立の区分なく、すべての教員は「特殊な公務員」としての身分を付与されるとともに、労働組合法上の労働者とも区別され、一定期間後の資格審査制度が計画されていた。

二　しかし、先に成立していた国家公務員法や地方自治法の規定により、教員は官吏の身分を有することが規定され、公立学校の教員は国公法の適用対象とされたために、教員身分法構想は残念ながら実現に至らず、国公法及び後に制定される地公法の特例法として検討されることになった。具体的には、まず昭和二三年に「教育公務員の任免等に関する法律案」が上程された。しかし、同法案は審議未了のまま、同年に国公法の一部改正がなされたため、それに伴う法案の再検討の必要性が生じ、結果撤回され、最終的に同年一二月に「教育公務員特例法」案が上程され、翌昭和二四年一月に制定されたのが本法である。

三　この経緯からも明らかなように、本法は、主として教育公務員の任免等に関する規定であり、具体的には、任免、分限、懲戒、服務、研修について定められている。本法の特徴としては、①教員の採用・昇任を一般公務員のような「競争試験」ではなく、「選考」としていること、研修については、教員や教育委員会の責務を一般公務員よりも積極的に規定していること、③政治的行為の制限について、公立学校の教員は地方公務員であるが、国家公務員並みに強い規制を受けること、等である。さらに、本法成立の意義の一つとしては、それまで慣習的に認められていた国公立大学の教員人事に関する自治が明文化されたことが挙げられよう。

四　なお、近年の本法改正のポイントとしては、二〇〇三（平成一五）年の国立大学法人法の制定に伴い、国立大学の教員が本法の適用対象から外れたこと、また、平成一九年に「指導改善研修」規定が追加され、「指導が不適切」な教員の研修が制度的に一層整備されたこと、平成二八年に校長・教員の資質能力向上に関する指針・指標・研修計画の策定が義務化され、教員研修機能の充実が図られたこと、さらには二〇二二（令和四）年七月に十年余り続いた「教員免許の更新制」が廃止され、替わりに「研修記録の作成と校長・教員に対する資質向上に関する指導助言等」が義務化されたことなどが挙げられる。

〈参考文献〉若井彌一著『教育法規の理論と実践』（改訂版）、樹村房、一九九八年。

（古賀　一博）

【教採頻出条文】

第一条、第二条、第十七―十八条、第二十一―第二十二条の五、第二十五条。

（編集部責）

第一章　総則

（この法律の趣旨）

第一条　この法律は、教育を通じて国民全体に奉仕する教育公務員の職務とその責任の特殊性に基づき、教育公務員の任免、人事評価、給与、分限、懲戒、服務及び研修等について規定する。

（定義）

第二条　この法律において「教育公務員」とは、地方公務員のうち、学校（学校教育法（昭和二十二年法律第二十六号）第一条に規定する学校及び就学前の子どもに関する教育、保育等の総合的な提供の推進に関する法律（平成十八年法律第七十七号）第二条第七項に規定する幼保連携型認定こども園（以下「幼保連携型認定こども園」という。）をいう。以下同じ。）であつて地方公共団体が設置するもの（以下「公立学校」という。）の学長、校長（園長を含む。以下同じ。）、教員及び部局長並びに教育委員会の専門的教育職員をいう。

2　この法律において「教員」とは、公立学校の教授、准教授、助教、副校長（副園長を含む。以下同じ。）、教頭、主幹教諭（幼保連携型認定こども園の主幹養護教諭及び主幹栄養教諭を含む。以下同じ。）、指導教諭、教諭、助教諭、養護教諭、養護助教諭、栄養教諭、主幹保育教諭、指導保育教諭、保育教諭、助保育教諭及び講師をいう。

3　この法律で「部局長」とは、大学（公立学校であるものに限る。第二十二条の六第三項、第二十二条の七第二項第二号及び第二十六条第一項を除き、以下同じ。）の副学長、学部長その他政令で指定する部局の長をいう。

4　この法律で「評議会」とは、大学に置かれる会議であつて当該大学を設置する地方公共団体の定めるところにより学長、学部長その他の者で構成するものをいう。

5　この法律で「専門的教育職員」とは、指導主事及び社会教育主事をいう。

第二章　任免、人事評価、給与、分限及び懲戒

第一節　大学の学長、教員及び部局長

（採用及び昇任の方法）

第三条　学長及び部局長の採用（現に当該学長の職以外の職に任命されている者を当該学長の職に任命する場合及び現に当該部局長の職以外の職に任命されている者を当該部局長の職に任命する場合を含む。次項から第四項までにおいて同じ。）並びに教員の採用（現に当該教員の職以外の職が置かれる部局に置かれる教員の職以外の職に任命されている者を当該部局に置かれる教員の職に任命する場合を含む。以下この項及び第五項において同じ。）及び昇任（採用に該当するものを除く。同項において同じ。）は、選考によるものとする。

2　学長の採用のための選考は、人格が高潔で、学識が優れ、かつ、教育行政に関し識見を有する者について、評議会（評議会を置かない大学にあつては、教授会。以下同じ。）の議に基づき学長の定める基準により、評議会が行う。

3　学部長の採用のための選考は、当該学部の教授会の議に基づき、学長が行う。

4　学部長以外の部局長の採用のための選考は、評議会の議に基づき学長の定める基準により、学長が行う。

5　教員の採用及び昇任のための選考は、評議会の議に基づき学長の定める基準により、教授会の議に基づき学長が行う。

6　前項の選考について教授会が審議する場合において、その教授会が置かれる組織の長は、当該大学の教員人事の方針を踏まえ、その選考に関し、教授会に対して意見を述べることができる。

（転任）

第四条　学長、教員及び部局長は、学長及び教員にあつては評議会、部局長にあつては学長の審査の結果によるのでなければ、その意に反して転任（現に学長の職に任命されている者を当該学長の職以外の職に任命する場合、現に教員の職に任命されている者を当該教員の職が置かれる部局に置かれる教員の職以外の職に任命する場合及び現に部局長の職に任命されている者を当該部局長の職以外の職に任命する場合をいう。）をされることはない。

2　評議会及び学長は、前項の審査を行うに当たつては、その者に対し、審査の事由を記載した説明書を交付しなければならない。

3　評議会及び学長は、審査を受ける者が前項の説明書を受領した後十四日以内に請求した場合には、その者に対し、口頭又は書面で陳述する機会を与えなければならない。

4　評議会及び学長は、第一項の審査を行う場合において必要があると認めるときは、参考人の出頭を求め、又はその意見を徴することができる。

5　前三項に規定するもののほか、第一項の審査に関し必要な事項は、学長及び教員にあつては評議会、部局長にあつては学長が定める。

（降任及び免職）

第五条　学長、教員及び部局長は、学長及び教員にあつては評議会、部局長にあつては学長の審査の結果によるのでなければ、その意に反して免職されることはない。教員の降任（前条第一項の転任に該当するものを除く。）についても、また同様とする。

2　前条第二項から第五項までの規定は、前項の審査の場合に準用する。

（人事評価）

第五条の二　学長、教員及び部局長の人事評価及びその結果に応じた措置は、学長にあつては評議会が、教員及び学部長にあつては教授会の議に基づき学長が、学部長以外の部局長にあつては学長が行う。

2　前項の人事評価の基準及び方法に関する事項その他人事評価に関し必要な事項は、評議会の議に基づき学長が定める。

（休職の期間）

第六条　学長、教員及び部局長の休職の期間は、心身の故障のため長期の休養を要する場合の休職においては、個々の場合について、評議会の議に基づき学長が定める。

（任期）

第七条　学長及び部局長の任期については、評議会の議に基づき学長が定める。

（定年）

第八条　大学の教員に対する地方公務員法（昭和二十五年法律第二百六十一号）第二十八条の六第一項、第二項及び第四項の規定の適用については、同条第一項中「定年に達した日以後における最初の三月三十一日までの間において、条例で定める日」とあるのは「定年に達した日から起算して一年を超えない範囲内で評議会の議に基づき学長があらかじめ指定する日」と、同条第二項中「国の職員につき定められている定年を基準として条例で」とあるのは「評議会の議に基づき学長が」と、同条第四項中「臨時的に任用される職員その他の法律により任期を定めて任用される職員」とあるのは「臨時的に任用される職員」とする。

2　大学の教員については、地方公務員法第二十八条の六第三項及び第二十八条の七の規定は、適用しない。

（懲戒）

第九条　学長、教員及び部局長は、学長及び教員にあつては評議会、部局長にあつては学長の審査の結果によるのでなければ、懲戒処分を受けることはない。

2　第四条第二項から第五項までの規定は、前項の審査の場合に準用する。

（任命権者）

第十条　大学の学長、教員及び部局長の任用、免職、休職、復職、退職及び懲戒処分は、学長の申出に基づいて、任命権者が行う。

2　大学の学長、教員及び部局長に係る標準職務遂行能力は、評議会の議に基づく学長の申出に基づいて、任命権者が定める。

第二節　大学以外の公立学校の校長及び教員

（採用及び昇任の方法）

第十一条　公立学校の校長の採用（現に校長の職以外の職に任命されている者を校長の職に任命する場合を含む。）並びに教員の採用（現に教員の職以外の職に任命されている者を教員の職に任命する場合を含む。以下この条において同じ。）及び昇任（採用に該当するものを除く。）は、選考によるものとし、その選考は、大学附置の学校にあつては当該大学の学長が、大学附置の学校以外の公立学校（幼保連携型認定こども園を除く。）にあつてはその校長及び教員の任命権者である教育委員会の教育長が、大学附置の学校以外の公立学校（幼保連携型認定こども園に限る。）にあつてはその校長及び教員の任命権者である地方公共団体の長が行う。

（条件付任用）

第十二条　公立の小学校、中学校、義務教育学校、高等学校、中等教育学校、特別支援学校、幼稚園及び幼保連携型認定こども園（以下「小学校等」という。）の教諭、助教諭、保育教諭、助保育教諭及び講師（以下「教諭等」という。）に係る地方公務員法第二十二条に規定する採用については、同条中「六月」とあるのは「一年」として同条の規定を適用する。

2　地方教育行政の組織及び運営に関する法律（昭和三十一年法律第百六十二号）第四十条に定める場合のほか、公立の小学校等の校長又は教員で地方公務員法第二十二条（同法第二十二条の二第七項及び前項の規定において読み替えて適用する場合を含む。）の規定により正式任用になつている者が、引き続き同一都道府県内の公立の小学校等の校長又は教員に任用された場合には、その任用については、同法第二十二条の規定は適用しない。

（校長及び教員の給与）

第十三条　公立の小学校等の校長及び教員の給与は、これらの者の職務と責任の特殊性に基づき条例で定めるものとする。

2　前項に規定する給与のうち地方自治法（昭和二十二年法律第六十七号）第二百四条第二項の規定により支給することができる義務教育等教員特別手当は、これらの者のうち次に掲げるものを対象とするものとし、その内容は、条例で定める。

一　公立の小学校、中学校、義務教育学校、中等教育学校の前期課程又は特別支援学校の小学部若しくは中学部に勤務する校長及び教員

二　前号に規定する校長及び教員との権衡上必要があると認められる公立の高等学校、中等教育学校の後期課程、特別支援学校の高等部若しくは幼稚部、幼稚園又は幼保連携型認定こども園に勤務する校長及び教員

（休職の期間及び効果）

第十四条　公立学校の校長及び教員の休職の期間は、結核性疾患のため長期の休養を要する場合の休職においては、満二年とする。ただし、任命権者は、特に必要がある

と認めるときは、予算の範囲内において、その休職の期間を満三年まで延長することができる。

2　前項の規定による休職者には、その休職の期間中、給与の全額を支給する。

第三節　専門的教育職員

（採用及び昇任の方法）

第十五条　専門的教育職員の採用（現に指導主事の職以外の職に任命されている者を指導主事の職に任命する場合及び現に社会教育主事の職以外の職に任命されている者を社会教育主事の職に任命する場合を含む。以下この条において同じ。）及び昇任（採用に該当するものを除く。）は、選考によるものとし、その選考は、当該教育委員会の教育長が行う。

第十六条　削除

第三章　服務

（兼職及び他の事業等の従事）

第十七条　教育公務員は、教育に関する他の職を兼ね、又は教育に関する他の事業若しくは事務に従事することが本務の遂行に支障がないと任命権者（地方教育行政の組織及び運営に関する法律第三十七条第一項に規定する県費負担教職員（以下「県費負担教職員」という。）については、市町村（特別区を含む。以下同じ。）の教育委員会）において認める場合には、給与を受け、又は受けないで、その職を兼ね、又はその事業若しくは事務に従事することができる。

2　前項の規定は、非常勤の講師（地方公務員法第二十二条の四第一項に規定する短時間勤務の職を占める者及び同法第二十二条の二第一項第二号に掲げる者を除く。）については、適用しない。

3　第一項の場合においては、地方公務員法第三十八条第二項の規定により人事委員会が定める許可の基準によることを要しない。

（公立学校の教育公務員の政治的行為の制限）

第十八条　公立学校の教育公務員の政治的行為の制限については、当分の間、地方公務員法第三十六条の規定にかかわらず、国家公務員の例による。

2　前項の規定は、政治的行為の制限に違反した者の処罰につき国家公務員法（昭和二十二年法律第百二十号）第百十条第一項の例による趣旨を含むものと解してはならない。

（大学の学長、教員及び部局長の服務）

第十九条　大学の学長、教員及び部局長の服務について、地方公務員法第三十条の根本基準の実施に関し必要な事項は、前条第一項並びに同法第三十一条から第三十五条まで、第三十七条及び第三十八条に定めるものを除いては、評議会の議に基づき学長が定める。

第四章　研修

（研修実施者及び指導助言者）

第二十条　この章において「研修実施者」とは、次の各号に掲げる者の区分に応じ当該各号に定める者をいう。

一　市町村が設置する中等教育学校（後期課程に学校教育法第四条第一項に規定する定時制の課程のみを置くものを除く。次号において同じ。）の校長及び教員のうち県費負担教職員である者　当該市町村の教育委員会

二　地方自治法第二百五十二条の二十二第一項の中核市（以下この号及び次項第二号において「中核市」という。）が設置する小学校等（中等教育学校を除く。）の校長及び教員のうち県費負担教職員である者　当該中核市の教育委員会

三　前二号に掲げる者以外の教育公務員　当該教育公務員の任命権者

2　この章において「指導助言者」とは、次の各号に掲げる者の区分に応じ当該各号に定める者をいう。

一　前項第一号に掲げる者　同号に定める市町村の教育委員会

二　前項第二号に掲げる者　同号に定める中核市の教育委員会

三　公立の小学校等の校長及び教員のうち県費負担教職員である者（前二号に掲げる者を除く。）　当該校長及び教員の属する市町村の教育委員会

四　公立の小学校等の校長及び教員のうち県費負担教職員以外の者　当該校長及び教員の任命権者

（研修）

第二十一条　**教育公務員は、その職責を遂行するために、絶えず研究と修養に努めなければならない。**

2　教育公務員の研修実施者は、教育公務員（公立の小学校等の校長及び教員（臨時的に任用された者その他の政令で定める者を除く。以下この章において同じ。）を除く。）の研修について、それに要する施設、研修を奨励するための方途その他研修に関する計画を樹立し、その実施に努めなければならない。

（研修の機会）

第二十二条　教育公務員には、研修を受ける機会が与えられなければならない。

2　教員は、授業に支障のない限り、本属長の承認を受けて、勤務場所を離れて研修を行うことができる。

3　教育公務員は、任命権者（第二十条第一項第一号に掲げる者については、同号に定める市町村の教育委員会。以下この章にお

いて同じ。）の定めるところにより、現職のままで、長期にわたる研修を受けることができる。

（校長及び教員としての資質の向上に関する指標の策定に関する指針）

第二十二条の二　文部科学大臣は、公立の小学校等の校長及び教員の計画的かつ効果的な資質の向上を図るため、次条第一項に規定する指標の策定に関する指針（以下この条及び次条第一項において「指針」という。）を定めなければならない。

2　指針においては、次に掲げる事項を定めるものとする。

一　公立の小学校等の校長及び教員の資質の向上に関する基本的な事項

二　次条第一項に規定する指標の内容に関する事項

三　その他公立の小学校等の校長及び教員の資質の向上を図るに際し配慮すべき事項

3　文部科学大臣は、指針を定め、又はこれを変更したときは、遅滞なく、これを公表しなければならない。

（校長及び教員としての資質の向上に関する指標）

第二十二条の三　公立の小学校等の校長及び教員の任命権者は、指針を参酌し、その地域の実情に応じ、当該校長及び教員の職責、経験及び適性に応じて向上を図るべき校長及び教員としての資質に関する指標（以下この章において「指標」という。）を定めるものとする。

2　公立の小学校等の校長及び教員の任命権者は、指標を定め、又はこれを変更しようとするときは、第二十二条の七第一項に規定する協議会において協議するものとする。

3　公立の小学校等の校長及び教員の任命権者は、指標を定め、又はこれを変更したときは、遅滞なく、これを公表するよう努めるものとする。

4　独立行政法人教職員支援機構は、指標を策定する者に対して、当該指標の策定に関する専門的な助言を行うものとする。

（教員研修計画）

第二十二条の四　公立の小学校等の校長及び教員の研修実施者は、指標を踏まえ、当該校長及び教員の研修について、毎年度、体系的かつ効果的に実施するための計画（以下この条及び第二十二条の六第二項において「教員研修計画」という。）を定めるものとする。

2　教員研修計画においては、おおむね次に掲げる事項を定めるものとする。

一　研修実施者が実施する第二十三条第一項に規定する初任者研修、第二十四条第一項に規定する中堅教諭等資質向上研修その他の研修（以下この項及び次条第二項第一号において「研修実施者実施研修」という。）に関する基本的な方針

二　実施研修の体系に関する事項

三　実施研修の時期、方法及び施設に関する事項

四　研修実施者が指導助言者として行う第二十二条の六第二項に規定する資質の向上に関する指導助言等の方法に関して必要な事項（研修実施者が都道府県の教育委員会である場合においては、県費負担教職員について第二十条第二項第三号に定める市町村の教育委員会が指導助言者として行う第二十二条の六第二項に規定する資質の向上に関する指導助言等に関する基本的な事項を含む。）

五　前号に掲げるもののほか、研修を奨励するための方途に関する事項

六　前各号に掲げるもののほか、研修の実施に関し必要な事項として文部科学省令で定める事項

3　研修実施者は、教員研修計画を定め、又はこれを変更したときは、遅滞なく、これを公表するよう努めるものとする。

（研修等に関する記録）

第二十二条の五　公立の小学校等の校長及び教員の任命権者は、文部科学省令で定めるところにより、当該校長及び教員ごとに、研修の受講その他の当該校長及び教員の資質の向上のための取組の状況に関する記録（以下この条及び次条第二項において「研修等に関する記録」という。）を作成しなければならない。

2　研修等に関する記録には、次に掲げる事項を記載するものとする。

一　当該校長及び教員が受講した研修実施者実施研修に関する事項

二　第二十六条第一項に規定する大学院修学休業により当該教員が履修した同項に規定する大学院の課程等に関する事項

三　認定講習等（教育職員免許法（昭和二十四年法律第百四十七号）別表第三備考第六号の文部科学大臣の認定する講習又は通信教育をいう。次条第一項及び第三項において同じ。）のうち当該任命権者が開設したものであつて、当該校長及び教員が単位を修得したものに関する事項

四　前三号に掲げるもののほか、当該校長及び教員が行つた資質の向上のための取組のうち当該任命権者が必要と認めるものに関する事項

3　公立の小学校等の校長及び教員の任命権者が都道府県の教育委員会である場合においては、当該都道府県の教育委員会は、指導助言者（第二十条第二項第二号及び第三号に定める者に限る。）に対し、当該校長及び教員の研修等に関する記録に係る情報を提供するものとする。

（資質の向上に関する指導助言等）

第二十二条の六　公立の小学校等の校長及び教員の指導助言者は、当該校長及び教員がその職責、経験及び適性に応じた資質の向上のための取組を行うことを促進するため、当該校長及び教員からの相談に応じ、研修、認定講習等その他の資質の向上のための機会に関する情報を提供し、又は資質の向上に関する指導及び助言を行うものとする。

2　公立の小学校等の校長及び教員の指導助言者は、前項の規定による相談への対応、情報の提供並びに指導及び助言（次項において「資質の向上に関する指導助言等」という。）を行うに当たつては、当該校長及び教員に係る指標及び教員研修計画を踏まえるとともに、当該校長及び教員の研修等に関する記録に係る情報を活用するものとする。

3　指導助言者は、資質の向上に関する指導助言等を行うため必要があると認めるときは、独立行政法人教職員支援機構、認定講習等を開設する大学その他の関係者に対し、これらの者が行う研修、認定講習等その他の資質の向上のための機会に関する情報の提供その他の必要な協力を求めることができる。

（協議会）

第二十二条の七　公立の小学校等の校長及び教員の任命権者は、指標の策定に関する協議並びに当該指標に基づく当該校長及び教員の資質の向上に関して必要な事項についての協議を行うための協議会（以下この条において「協議会」という。）を組織するものとする。

2　協議会は、次に掲げる者をもつて構成する。

一　指標を策定する任命権者

二　公立の小学校等の校長及び教員の研修に協力する大学その他の当該校長及び教員の資質の向上に関係する大学として文部科学省令で定める者

三　その他当該任命権者が必要と認める者

3　協議会において協議が調つた事項については、協議会の構成員は、その協議の結果を尊重しなければならない。

4　前三項に定めるもののほか、協議会の運営に関し必要な事項は、協議会が定める。

（初任者研修）

第二十三条　公立の小学校等の教諭等の研修実施者は、当該教諭等（臨時的に任用された者その他の政令で定める者を除く。）に対して、その採用（現に教諭等の職以外の職に任命されている者を教諭等の職に任命する場合を含む。）の日から一年間の教諭又は保育教諭の職務の遂行に必要な事項に関する実践的な研修（次項において「初任者研修」という。）を実施しなければならない。

2　指導助言者は、初任者研修を受ける者（次項において「初任者」という。）の所属する学校の副校長、教頭、主幹教諭（養護又は栄養の指導及び管理をつかさどる主幹教諭を除く。）、指導教諭、教諭、主幹保育教諭、指導保育教諭、保育教諭又は講師のうちから、指導教員を命じるものとする。

3　指導教員は、初任者に対して教諭又は保育教諭の職務の遂行に必要な事項について指導及び助言を行うものとする。

（中堅教諭等資質向上研修）

第二十四条　公立の小学校等の教諭等（臨時的に任用された者その他の政令で定める者を除く。以下この項において同じ。）の研修実施者は、当該教諭等に対して、個々の能力、適性等に応じて、公立の小学校等における教育に関し相当の経験を有し、その教育活動その他の学校運営の円滑かつ効果的な実施において中核的な役割を果たすことが期待される中堅教諭等としての職務を遂行する上で必要とされる資質の向上を図るために必要な事項に関する研修（次項において「中堅教諭等資質向上研修」という。）を実施しなければならない。

2　指導助言者は、中堅教諭等資質向上研修を実施するに当たり、中堅教諭等資質向上研修を受ける者の能力、適性等について評価を行い、その結果に基づき、当該者ごとに中堅教諭等資質向上研修に関する計画書を作成しなければならない。

（指導改善研修）

第二十五条　公立の小学校等の教諭等の任命権者は、児童、生徒又は幼児（以下「児童等」という。）に対する指導が不適切であると認定した教諭等に対して、その能力、適性等に応じて、当該指導の改善を図るために必要な事項に関する研修（以下この条において「指導改善研修」という。）を実施しなければならない。

2　指導改善研修の期間は、一年を超えてはならない。ただし、特に必要があると認めるときは、任命権者は、指導改善研修を開始した日から引き続き二年を超えない範囲内で、これを延長することができる。

3　任命権者は、指導改善研修を実施するに当たり、指導改善研修を受ける者の能力、適性等に応じて、その者ごとに指導改善研修に関する計画書を作成しなければならない。

4　任命権者は、指導改善研修の終了時において、指導改善研修を受けた者の児童等に対する指導の改善の程度に関する認定を行わなければならない。

5　任命権者は、第一項及び前項の認定に当たつては、教育委員会規則（幼保連携型認定こども園にあつては、地方公共団体の規則。次項において同じ。）で定めるところにより、教育学、医学、心理学その他の児童等に対する指導に関する専門的知識を有する者及び当該任命権者の属する都道府県又は市町村の区域内に居住する保護者（親権を行う者及び未成年後見人をいう。）である者の意見を聴かなければならない。

6　前項に定めるもののほか、事実の確認の方法その他第一項及び第四項の認定の手続に関し必要な事項は、教育委員会規則で定めるものとする。

7　前各項に規定するもののほか、指導改善研修の実施に関し必要な事項は、政令で定める。

（指導改善研修後の措置）

第二十五条の二　任命権者は、前条第四項の認定において指導の改善が不十分でなお児童等に対する指導を適切に行うことができないと認める教諭等に対して、免職その他の必要な措置を講ずるものとする。

第五章　大学院修学休業

（大学院修学休業の許可及びその要件等）

第二十六条　公立の小学校等の主幹教諭、指導教諭、教諭、養護教諭、栄養教諭、主幹保育教諭、指導保育教諭、保育教諭又は講師（以下「主幹教諭等」という。）で次の各号のいずれにも該当するものは、任命権者（第二十条第一項第一号に掲げる者については、同号に定める市町村の教育委員会。次項及び第二十八条第二項において同じ。）の許可を受けて、三年を超えない範囲内で年を単位として定める期間、大学（短期大学を除く。）の大学院の課程若しくは専攻科の課程又はこれらの課程に相当する外国の大学の課程（次項及び第二十八条第二項において「大学院の課程等」という。）に在学してその課程を履修するための休業（以下「大学院修学休業」という。）をすることができる。

一　主幹教諭（養護又は栄養の指導及び管理をつかさどる主幹教諭を除く。）、指導教諭、教諭、主幹保育教諭、指導保育教諭、保育教諭又は講師にあつては教育職員免許法に規定する教諭の専修免許状、養護をつかさどる主幹教諭又は養護教諭にあつては同法に規定する養護教諭の専修免許状、栄養の指導及び管理をつかさどる主幹教諭又は栄養教諭にあつては同法に規定する栄養教諭の専修免許状の取得を目的としていること。

二　取得しようとする専修免許状に係る基礎となる免許状（教育職員免許法に規定する教諭の一種免許状若しくは特別免許状、養護教諭の一種免許状又は栄養教諭の一種免許状であつて、同法別表第三、別表第五、別表第六、別表第六の二又は別表第七の規定により専修免許状の授与を受けようとする場合には有することを必要とされるものをいう。次号において同じ。）を有していること。

三　取得しようとする専修免許状に係る基礎となる免許状について、教育職員免許法別表第三、別表第五、別表第六、別表第六の二又は別表第七に定める最低在職年数を満たしていること。

四　条件付採用期間中の者、臨時的に任用された者、第二十三条第一項に規定する初任者研修を受けている者その他政令で定める者でないこと。

2　大学院修学休業の許可を受けようとする主幹教諭等は、取得しようとする専修免許状の種類、在学しようとする大学院の課程等及び大学院修学休業をしようとする期間を明らかにして、任命権者に対し、その許可を申請するものとする。

（大学院修学休業の効果）

第二十七条　大学院修学休業をしている主幹教諭等は、地方公務員としての身分を保有するが、職務に従事しない。

2　大学院修学休業をしている期間については、給与を支給しない。

（大学院修学休業の許可の失効等）

第二十八条　大学院修学休業の許可は、当該大学院修学休業をしている主幹教諭等が休職又は停職の処分を受けた場合には、その効力を失う。

2　任命権者は、大学院修学休業をしている主幹教諭等が当該大学院修学休業の許可に係る大学院の課程等を退学したことその他政令で定める事由に該当すると認めるときは、当該大学院修学休業の許可を取り消すものとする。

第六章　職員団体

（公立学校の職員の職員団体）

第二十九条　地方公務員法第五十三条及び第五十四条並びに地方公務員法の一部を改正する法律（昭和四十年法律第七十一号）附則第二条の規定の適用については、一の都道府県内の公立学校の職員のみをもつて組織する地方公務員法第五十二条第一項に規定する職員団体（当該都道府県内の一の地方公共団体の公立学校の職員のみをもつて組織するものを除く。）は、当該都道府県の職員をもつて組織する同項に規定する職員団体とみなす。

2　前項の場合において、同項の職員団体は、当該都道府県内の公立学校の職員であつた者でその意に反して免職され、若しくは懲戒処分としての免職の処分を受け、当該処分を受けた日の翌日から起算して一年以内のもの又はその期間内に当該処分について法律の定めるところにより審査請求をし、若しくは訴えを提起し、これに対する裁決又は裁判が確定するに至らないものを構成員にとどめていること、及び当該職員団体の役員である者を構成員としていることを妨げない。

第七章　教育公務員に準ずる者に関する特例

（教員の職務に準ずる職務を行う者等に対するこの法律の準用）

第三十条　公立の学校において教員の職務に準ずる職務を行う者並びに国立又は公立の専修学校又は各種学校の校長及び教員については、政令の定めるところにより、この法律の規定を準用する。

（研究施設研究教育職員等に関する特例）

第三十一条　文部科学省に置かれる研究施設で政令で定めるもの（次条及び第三十五条において「研究施設」という。）の職員のうち専ら研究又は教育に従事する者（以下この章及び附則第八条において「研究施設研究教育職員」という。）に対する国家公務員法の適用については、次の表の上欄に掲げる同法の規定中同表の中欄に掲げる字句は、それぞれ同表の下欄に掲げる字句とする。

〔表略〕

第三十二条　研究施設の長及び研究施設研究教育職員の服務について、国家公務員法第九十六条第一項の根本基準の実施に関し必要な事項は、同法第九十七条から第百五条まで又は国家公務員倫理法（平成十一年法律第百二十九号）に定めるものを除いては、任命権者が定める。

第三十三条　前条に定める者は、教育に関する他の職を兼ね、又は教育に関する他の事業若しくは事務に従事することが本務の遂行に支障がないと任命権者において認める場合には、給与を受け、又は受けないで、その職を兼ね、又はその事業若しくは事務に従事することができる。

2　前項の場合においては、国家公務員法第百一条第一項の規定に基づく命令又は同法第百四条の規定による承認又は許可を要しない。

第三十四条　研究施設研究教育職員（政令で定める者に限る。以下この条において同じ。）が、国及び行政執行法人（独立行政法人通則法（平成十一年法律第百三号）第二条第四項に規定する行政執行法人をいう。以下同じ。）以外の者が国若しくは指定行政執行法人（行政執行法人のうち、その業務の内容その他の事情を勘案して国の行う研究と同等の公益性を有する研究を行うものとして文部科学大臣が指定するものをいう。以下この項において同じ。）と共同して行う研究又は国若しくは指定行政執行法人の委託を受けて行う研究（以下この項において「共同研究等」という。）に従事するため国家公務員法第七十九条の規定により休職にされた場合において、当該共同研究等への従事が当該共同研究等の効率的実施に特に資するものとして政令で定める要件に該当するときは、研究施設研究教育職員に関する国家公務員退職手当法（昭和二十八年法律第百八十二号）第六条の四第一項及び第七条第四項の規定の適用については、当該休職に係る期間は、同法第六条の四第一項に規定する現実に職務をとることを要しない期間には該当しないものとみなす。

2　前項の規定は、研究施設研究教育職員が国及び行政執行法人以外の者から国家公務員退職手当法の規定による退職手当に相当する給付として政令で定めるものの支払を受けた場合には、適用しない。

3　前項に定めるもののほか、第一項の規定の適用に関し必要な事項は、政令で定める。

第三十五条　研究施設の長及び研究施設研究教育職員については、第三条第一項、第二項及び第五項、第五条の二、第六条、第七条、第二十一条並びに第二十二条の規定を準用する。この場合において、第三条第二項中「評議会（評議会を置かない大学にあつては、教授会。以下同じ。）の議に基づき学長」とあり、同条第五項、第五条の二第二項及び第六条中「評議会の議に基づき学長」とあり、第五条の二第一項中「評議会」とあり、並びに第二十一条第二項中「研修実施者」とあるのは「任命権者」と、第三条第二項中「評議会が」とあり、同条第五項中「教授会の議に基づき学長が」とあり、及び第七条中「評議会の議に基づき学長が」とあるのは「文部科学省令で定めるところにより任命権者が」と読み替えるものとする。

附　則〔抄〕

（施行期日）

第一条　この法律は、公布の日から施行する。

2　この法律中の規定が、国家公務員法又は地方公務員法の規定に矛盾し、又は抵触すると認められるに至つた場合は、国家公務員法又は地方公務員法の規定が優先する。

第二条―第四条　〔略〕

（幼稚園等の教諭等に対する初任者研修等の特例）

第五条　幼稚園、特別支援学校の幼稚部及び幼保連携型認定こども園（以下この条及び次条において「幼稚園等」という。）の教諭等の研修実施者（第二十条第一項に規定する研修実施者をいう。以下この項において同じ。）については、当分の間、第二十三条第一項の規定は、適用しない。この場合において、幼稚園等の教諭等の研修実施者（指定都市以外の市町村の設置する幼稚園及び特別支援学校の幼稚部の教諭等については当該市町村を包括する都道府県の教育委員会、当該市町村の設置する幼保連携型認定こども園の教諭等については当該市町村を包括する都道府県の知事）は、採用

（現に教諭等の職以外の職に任命されている者を教諭等の職に任命する場合を含む。）の日から起算して一年に満たない幼稚園等の教諭等（臨時的に任用された者その他の政令で定める者を除く。）に対して、幼稚園等の教諭又は保育教諭の職務の遂行に必要な事項に関する研修を実施しなければならない。

2 市（指定都市を除く。）町村の教育委員会及び長は、その所管に属する幼稚園等の教諭等に対して都道府県の教育委員会及び知事が行う前項後段の研修に協力しなければならない。

3 第十二条第一項の規定は、当分の間、幼稚園等の教諭等については、適用しない。

（幼稚園等の教諭等に対する中堅教諭等資質向上研修の特例）

第六条 指定都市以外の市町村の設置する幼稚園等の教諭等に対する中堅教諭等資質向上研修（第二十四条第一項に規定する中堅教諭等資質向上研修をいう。次項において同じ。）は、当分の間、同条第一項の規定にかかわらず、幼稚園及び特別支援学校の幼稚部の教諭等については当該市町村を包括する都道府県の教育委員会が、幼保連携型認定こども園の教諭等については当該市町村を包括する都道府県の知事が実施しなければならない。

2 指定都市以外の市町村の教育委員会及び長は、その所管に属する幼稚園等の教諭等に対して都道府県の教育委員会及び知事が行う中堅教諭等資質向上研修に協力しなければならない。

（指定都市以外の市町村の教育委員会及び長に係る指導改善研修の特例）

第七条 指定都市以外の市町村の教育委員会及び長については、当分の間、第二十五条及び第二十五条の二の規定は、適用しない。この場合において、当該教育委員会及び長は、その所管に属する小学校等の教諭等（その任命権が当該教育委員会及び長に属する者に限る。）のうち、児童等に対する指導が不適切であると認める教諭等（政令で定める者を除く。）に対して、第二十五条第一項に規定する指導改善研修に準ずる研修その他必要な措置を講じなければならない。

附　則　（令四・六・一七法六八）

（施行期日）

1 この法律は、刑法等一部改正法施行日から施行する。〔ただし書略〕

●教育公務員特例法施行令

（昭和二四年一月一二日　政令第六号）

最終改正…令四・八・三一政二八三

（部局の長）

第一条 教育公務員特例法（以下「法」という。）第二条第三項の部局の長とは、次に掲げる者をいう。

一 大学（法第二条第三項に規定する大学をいう。以下この条及び第八条において同じ。）の教養部の長

二 大学に附置される研究所の長

三 大学又は大学の医学部若しくは歯学部に附属する病院の長

四 大学に附属する図書館の長

五 大学院に置かれる研究科（学校教育法（昭和二十二年法律第二十六号）第百条ただし書に規定する組織を含む。）の長

（法第二十一条第二項の政令で定める者）

第二条 法第二十一条第二項の政令で定める者は、次に掲げる者とする。

一 臨時的に任用された者

二 地方公務員法（昭和二十五年法律第二百六十一号）第二十二条の二第一項に規定する会計年度任用職員（以下「会計年度任用職員」という。）

三 地方公務員法第二十六条の六第七項、地方公務員の育児休業等に関する法律（平成三年法律第百十号）第六条第一項若しくは第十八条第一項又は地方公共団体の一般職の任期付職員の採用に関する法律（平成十四年法律第四十八号）第三

条第一項若しくは第二項、第四条若しくは第五条の規定により任期を定めて採用された者

（初任者研修の対象から除く者）

第三条　法第二十三条第一項の政令で定める者は、次に掲げる者とする。

一　臨時的に任用された者

二　教諭等として小学校等において引き続き一年を超える期間を勤務したことがある者で、研修実施者が教諭又は保育教諭の職務の遂行に必要な事項についての知識又は経験の程度を勘案し、初任者研修を実施する必要がないと認めるもの

三　教育職員免許法（昭和二十四年法律第百四十七号）第四条第三項に規定する特別免許状を有する者

四　会計年度任用職員

五　地方公務員法第二十六条の六第七項、地方公務員の育児休業等に関する法律第六条第一項若しくは第十八条第一項又は地方公共団体の一般職の任期付職員の採用に関する法律第三条第一項若しくは第二項、第四条若しくは第五条の規定により任期を定めて採用された者

（中堅教諭等資質向上研修の対象から除く者）

第四条　法第二十四条第一項の政令で定める者は、次に掲げる者とする。

一　臨時的に任用された者

二　中堅教諭等資質向上研修を受けたことがある者で、研修実施者が当該者の能力、適性等を勘案して中堅教諭等資質向上研修を実施する必要がないと認めるもの

三　地方公務員法第二十六条の六第七項、地方公務員の育児休業等に関する法律第六条第一項若しくは第十八条第一項又は地方公共団体の一般職の任期付職員の採用に関する法律第三条第一項若しくは第二項、第四条若しくは第五条の規定により任期を定めて採用された者

四　指導主事、社会教育主事その他教育委員会において学校教育又は社会教育に関する事務に従事した経験を有する者で、任命権者が当該者の経験の程度を勘案して中堅教諭等資質向上研修を実施する必要がないと認めるもの

五　指導主事、社会教育主事その他教育委員会の事務局（地方教育行政の組織及び運営に関する法律（昭和三十一年法律第百六十二号）第二十三条第一項の条例の定めるところによりその長が同項第一号に掲げる事務を管理し、及び執行することとされた地方公共団体にあつては、当該事務を分掌する内部部局を含む。）において学校教育又は社会教育に関する事務に従事した経験を有する者で、研修実施者が当該者の経験の程度を勘案して中堅教諭等資質向上研修を実施する必要がないと認めるもの

（指導改善研修の対象から除く者）

第五条　次に掲げる者は、指導改善研修の対象から除くものとする。

一　条件付採用期間中の者

二　臨時的に任用された者

（大学院修学休業をすることができない者）

第六条　法第二十六条第一項第四号の政令で定める者は、次に掲げる者とする。

一　指導改善研修を命ぜられている者

二　許可を受けようとする大学院修学休業の期間の満了の日（以下この号において「休業期間満了日」という。）の前日までの間又は休業期間満了日から起算して一年以内に定年退職日（地方公務員法第二十八条の二第一項に規定する定年退職日をいう。第四号において同じ。）が到来する者

三　会計年度任用職員

四　地方公務員法第二十八条の三の規定により定年退職日の翌日以降引き続き勤務している者

五　地方公務員法第二十八条の四第一項若しくは第二十八条の五第一項の事務局（地方教育行政の組織及び運営に関する法律第二十三条第一項の条例の定めるところによりその長が同項第一号に掲げる事務を管理し、及び執行することとされた地方公共団体にあつては、当該事務を分掌する内部部局を含む。）（地方教育行政の組織及び運営に関する法律第四十七条第一項の規定により読み替えて適用する場合を含む。）又は第二十八条の六第一項若しくは第二項の規定により採用された者

（大学院修学休業の許可の取消事由）

第七条　法第二十八条第二項の政令で定める事由は、次の各号のいずれにも該当することとする。

一　大学院修学休業をしている主幹教諭等が正当な理由なく当該大学院修学休業の許可に係る大学院の課程等を休学し、又はその授業を頻繁に欠席していること。

二　大学院修学休業をしている主幹教諭等が教育職員免許法第四条第二項に規定する専修免許状を取得するのに必要とする単位を当該大学院修学休業の期間内に修得することが困難となつたこと。

（大学の助手に対する法の規定の準用）

第八条　大学の助手については、法第三条第一項、第五項及び第六項、第四条から第六条まで、第八条から第十条まで、第十七条から第十九条まで、第二十一条並びに第二十二条の規定中教員に関する部分の規定を準用する。

この場合において、法第二十一条第二項中「研修実施者」とあるのは「任命権者」と、「（公立の小学校等の校長及び教員（臨

時的に任用された者その他の政令で定める者を除く。）の研修」とあるのは「の研修」と読み替えるものとする。

2　前項の場合において、任命権者は、法第十条に規定する権限を学部長その他の大学の機関に委任することができる。

3　第一項の場合においては、次の表の上欄に掲げる者は、同表の中欄に掲げる法の規定に規定する権限（法第八条第一項及び第三項の規定にあつては、これらの規定により読み替えられた地方公務員法の各規定に規定する権限）の全部又は一部を、それぞれ同表の下欄に掲げる者に委任することができる。

学長	第三条第五項、第五条の二、第六条、第八条第一項及び第三項並びに第十九条	学部長その他の大学内の他の機関
評議会（評議会を置かない大学にあつては、教授会）	第三条第五項、第四条（第五条第二項及び第九条第二項において準用する場合を含む。）、第五条第一項、第五条の二第二項、第六条、第八条第一項、第九条第一項及び第十九条	教授会その他の大学内の他の機関
教授会	第三条第五項、第五条の二第一項及び第八条第三項	当該教授会に属する教員のうちの一部の者で構成する会議その他の大学内の他の機関

（高等専門学校の助手並びに高等学校、中等教育学校及び特別支援学校の実習助手及び寄宿舎指導員に対する法の規定の準用）

第九条　高等専門学校（公立学校（法第二条第一項に規定する公立学校をいう。次項において同じ。）であるものに限る。）の助手については、法第十一条、第十四条、第十七条、第十八条、第二十一条及び第二十二条の規定中教員に関する部分の規定を準用する。

この場合において、法第二十一条第二項中「研修実施者」とあるのは「任命権者」と、「（公立の小学校等の校長及び教員（臨時的に任用された者その他の政令で定める者を除く。）の研修」とあるのは「の研修」と読み替えるものとする。

2　高等学校、中等教育学校及び特別支援学校（いずれも公立学校であるものに限る。）の実習助手並びに特別支援学校（公立学校であるものに限る。）の寄宿舎指導員については、法第十一条、第十二条第二項、第十三条、第十四条、第十七条、第十八条、第二十一条及び第二十二条の規定中教員に関する部分の規定を準用する。

この場合において、法第二十一条第二項中「研修実施者」とあるのは「任命権者」と、「（公立の小学校等の校長及び教員（臨時的に任用された者その他の政令で定める者を除く。）の研修」とあるのは「の研修」と読み替えるものとする。

（専修学校及び各種学校の校長及び教員に対する法の規定の準用）

第十条　専修学校及び各種学校（いずれも国が設置するものに限る。）の校長及び教員については、法第十一条、第十四条、第二十一条及び第二十二条の規定中それぞれ校長及び教員に関する部分の規定を準用する。

この場合において、法第二十一条第二項中「研修実施者」とあるのは「任命権者」と、「（公立の小学校等の校長及び教員（臨時的に任用された者その他の政令で定める者を除く。）の研修」とあるのは「の研修」と読み替えるものとする。

2　専修学校及び各種学校（いずれも地方公共団体が設置するものに限る。）の校長及び教員については、法第十一条、第十四条、第十七条、第十八条、第二十一条、第二十二条及び第二十九条の規定中それぞれ校長及び教員に関する部分の規定を準用する。この場合において、法第二十一条第二項中「研修実施者」とあるのは「任命権者」と、「（公立の小学校等の校長及び教員（臨時的に任用された者その他の政令で定める者を除く。）の研修」とあるのは「の研修」と読み替えるものとする。

（法第三十一条の政令で定める研究施設）

第十一条　法第三十一条の政令で定める研究施設は、国立教育政策研究所とする。

（法第三十四条第一項の政令で定める研究施設研究教育職員等）

第十二条　法第三十四条第一項の政令で定める者は、一般職の職員の給与に関する法律（昭和二十五年法律第九十五号）第六条第一項の規定に基づき同法別表第七研究職俸給表の適用を受ける者でその属する職務の級が一級であるもの以外の者とする。

2　法第三十四条第一項の政令で定める要件は、次に掲げる要件の全てに該当することとする。

一　当該研究施設研究教育職員の共同研究等への従事が、当該共同研究等の規模、内容等に照らして、当該共同研究等の効率的実施に特に資するものであること。

二　当該研究施設研究教育職員が共同研究等において従事する業務が、その職務に密接な関連があり、かつ、当該共同研究等において重要なものであること。

三　当該研究施設研究教育職員を共同研究等に従事させることについて当該共同研究等を行う国及び行政執行法人以外の者からの要請があること。

3　各省各庁の長等（財政法（昭和二十二年法律第三十四号）第二十条第二項に規定する各省各庁の長及び行政執行法人の長をいう。）は、職員の退職に際し、その者の在職期間のうちに研究施設研究教育職員として共同研究等に従事するため国家公務員法（昭和二十二年法律第百二十号）第七十九条の規定により休職にされた期間があつた場合において、当該休職に係る期間（その期間が更新された場合にあつては、当該更新に係る期間。以下この項において同じ。）における当該研究施設研究教育職員としての当該共同研究等への従事が前項各号に掲げる要件の全てに該当することにつき、文部科学大臣において当該休職前（更新に係る場合には、当該更新前）に内閣総理大臣の承認を受けているときに限り、当該休職に係る期間について法第三十四条第一項の規定を適用するものとする。

4　法第三十四条第二項の政令で定める給付は、所得税法（昭和四十年法律第三十三号）第三十条第一項に規定する退職手当等（同法第三十一条の規定により退職手当等とみなされるものを含む。）とする。

5　第三項の承認に係る共同研究等に従事した研究施設研究教育職員は、当該共同研究等を行う国及び行政執行法人以外の者から前項に規定する退職手当等の支払を受けたときは、所得税法第二百二十六条第二項の規定により交付された源泉徴収票（源泉徴収票の交付のない場合には、これに準ずるもの）を文部科学大臣に提出し、文部科学大臣はその写しを内閣総理大臣に送付しなければならない。

附　則〔抄〕

（施行期日）

1　この政令は、公布の日から施行する。

（法附則第五条第一項の政令で定める者）

2　法附則第五条第一項の政令で定める者は、次に掲げる者とする。

一　臨時的に任用された者

二　教諭等として小学校等において引き続き一年を超える期間を勤務したことがある者で、法附則第五条第一項後段に規定する幼稚園等の教諭等の研修実施者が教諭又は保育教諭の職務の遂行に必要な事項についての知識又は経験の程度を勘案し、同項後段に規定する研修を実施する必要がないと認めるもの

三　会計年度任用職員

四　地方公務員法第二十六条の六第七項、地方公務員の育児休業等に関する法律第六条第一項若しくは第十八条第一項又は地方公共団体の一般職の任期付職員の採用に関する法律第三条第一項若しくは第二項、第四条若しくは第五条の規定により任期を定めて採用された者

（十年経験者研修を受けた者に対する中堅教諭等資質向上研修の特例）

3　法第二十四条第一項の政令で定める者は、第四条各号に掲げる者のほか、教育公務員特例法等の一部を改正する法律（平成二十八年法律第八十七号）第一条の規定による改正前の法第二十四条第一項の十年経験者研修を受けたことがある者で、研修実施者が当該者の能力、適性等を勘案して中堅教諭等資質向上研修を実施する必要がないと認めるものとする。

（幼稚園等の教諭等に対する中堅教諭等資質向上研修の特例）

4　法附則第六条第一項に規定する幼稚園等の教諭等についての第四条第二号及び第五号並びに前項の規定の適用については、当分の間、これらの規定中「研修実施者」とあるのは、「研修実施者（指定都市以外の市町村の設置する幼稚園及び特別支援学校の幼稚部の教諭等については当該市町村を包括する都道府県の教育委員会、当該市町村の設置する幼保連携型認定こども園の教諭等については当該市町村を包括する都道府県の知事）」とする。

（法附則第七条の政令で定める者）

5　法附則第七条の政令で定める者は、次に掲げる者とする。

一　条件付採用期間中の者

二　臨時的に任用された者

附　則（令四・八・三一政二八三）

この政令は、令和五年四月一日から施行する。

●国家公務員倫理法〔抄〕

（平成一一年八月一三日
法律第一二九号）

最終改正…令四・六・一七法六八

第一章　総則

（目的）

第一条　この法律は、国家公務員が国民全体の奉仕者であってその職務は国民から負託された公務であることにかんがみ、国家公務員の職務に係る倫理の保持に資するため必要な措置を講ずることにより、職務の執行の公正さに対する国民の疑惑や不信を招くような行為の防止を図り、もって公務に対する国民の信頼を確保することを目的とする。

（定義等）

第二条　この法律（第二十一条第二項及び第四十二条第一項を除く。）において、「職員」とは、国家公務員法（昭和二十二年法律第百二十号）第二条第二項に規定する一般職に属する国家公務員（委員、顧問若しくは参与の職にある者又は人事院の指定するこれらに準ずる職にある者で常勤を要しないもの（同法第八十一条の五第一項に規定する短時間勤務の官職を占める者を除く。）を除く。）をいう。

2―7　〔略〕

（職員が遵守すべき職務に係る倫理原則）

第三条　職員は、国民全体の奉仕者であり、国民の一部に対してのみの奉仕者ではないことを自覚し、職務上知り得た情報について国民の一部に対してのみ有利な取扱いをする等国民に対し不当な差別的取扱いをしてはならず、常に公正な職務の執行に当たらなければならない。

2　職員は、常に公私の別を明らかにし、いやしくもその職務や地位を自らや自らの属する組織のための私的利益のために用いてはならない。

3　職員は、法律により与えられた権限の行使に当たっては、当該権限の行使の対象となる者からの贈与等を受けること等の国民の疑惑や不信を招くような行為をしてはならない。

（国会報告）

第四条　内閣は、毎年、国会に、職員の職務に係る倫理の保持に関する状況及び職員の職務に係る倫理の保持に関して講じた施策に関する報告書を提出しなければならない。

第二章　国家公務員倫理規程

第五条　内閣は、第三条に掲げる倫理原則を踏まえ、職員の職務に係る倫理の保持を図るために必要な事項に関する政令（以下「国家公務員倫理規程」という。）を定めるものとする。この場合において、国家公務員倫理規程には、職員の職務に利害関係を有する者からの贈与等の禁止及び制限等職員の職務に利害関係を有する者との接触その他国民の疑惑や不信を招くような行為の防止に関し職員の遵守すべき事項が含まれていなければならない。

2　内閣は、国家公務員倫理規程の制定又は改廃に際しては、国家公務員倫理審査会の意見を聴かなければならない。

3　各省各庁の長（内閣総理大臣、各省大臣、会計検査院長、人事院総裁、内閣法制局長官及び警察庁長官並びに宮内庁長官及び各外局の長をいう。以下同じ。）は、国家公務員倫理審査会の同意を得て、当該各省各庁に属する職員の職務に係る倫理に関する訓令を定めることができる。

4　行政執行法人の長は、国家公務員倫理審査会の同意を得て、当該行政執行法人の職員の職務に係る倫理に関する規則を定めることができる。

5　行政執行法人の長は、前項の規則を定めたときは、これを主務大臣（独立行政法人通則法第六十八条に規定する主務大臣をいう。）に届け出なければならない。これを変更したときも、同様とする。

6　内閣は、国家公務員倫理規程、第三項の訓令及び第四項の規則の制定又は改廃があったときは、これを国会に報告しなければならない。

第三章・第四章　〔略〕

第五章　倫理監督官

第三十九条　職員の職務に係る倫理の保持を図るため、法律の規定に基づき内閣に置かれる各機関、内閣の統轄の下に行政事務をつかさどる機関として置かれる各機関及び内閣の所轄の下に置かれる機関並びに会計検査院並びに各行政執行法人（以下「行政機関等」という。）に、それぞれ倫理監督官一人を置く。

2　倫理監督官は、その属する行政機関等の職員に対しその職務に係る倫理の保持に関し必要な指導及び助言を行うとともに、審査会の指示に従い、当該行政機関等の職員の職務に係る倫理の保持のための体制の整備を行う。

第六章　雑則

第四十条・第四十一条　〔略〕

（特殊法人等の講ずる施策等）

第四十二条　法律により直接に設立された法人又は特別の法律により特別の設立行為をもつて設立された法人（総務省設置法（平成十一年法律第九十一号）第四条第一項第八号の規定の適用を受けない法人を除く。）、独立行政法人通則法第二条第一項に規定する独立行政法人であつて行政執行法人以外のものその他これらに準ずるものとして政令で定める法人のうち、その設立の根拠となる法律又は法人格を付与する法律において、役員、職員その他の当該法人の業務に従事する者を法令により公務に従事する者とみなすこととされ、かつ、政府の出資を受けているもの（以下「特殊法人等」という。）は、この法律の規定に基づく国及び行政執行法人の施策に準じて、特殊法人等の職員の職務に係る倫理の保持のために必要な施策を講ずるようにしなければならない。

2　各省各庁の長は、その所管する特殊法人等に対し、前項の規定により特殊法人等が講ずる施策について、必要な監督を行うことができる。

3　審査会は、各省各庁の長に対し、第一項の規定により特殊法人等が講ずる施策について、報告を求め、又は監督上必要な措置を講ずるよう求めることができる。

（地方公共団体等の講ずる施策）

第四十三条　地方公共団体及び地方独立行政法人法（平成十五年法律第百十八号）第二条第二項に規定する特定地方独立行政法人は、この法律の規定に基づく国及び行政執行法人の施策に準じて、地方公務員の職務に係る倫理の保持のために必要な施策を講ずるよう努めなければならない。

第四十四条　〔略〕

（政令への委任）

第四十五条　この法律に定めるもののほか、この法律（第四章を除く。）の実施に関し必要な事項は、審査会の意見を聴いて、政令で定める。

（罰則）

第四十六条　第十八条第一項又は第二十一条第四項の規定に違反して秘密を漏らした者は、二年以下の拘禁刑又は百万円以下の罰金に処する。

附　則　（令四・六・一七法六八）

（施行期日）

1　この法律は、刑法等一部改正法施行日から施行する。〔ただし書略〕

●政治的行為

（昭和二四年九月一九日人事院規則一四—七）

最終改正…平二七・三・一八人規一—六三

（適用の範囲）

1　法及び規則中政治的行為の禁止又は制限に関する規定は、臨時的任用として勤務する者、条件付任用期間の者、休暇、休職又は停職中の者及びその他理由のいかんを問わず一時的に勤務しない者をも含むすべての一般職に属する職員に適用する。ただし、顧問、参与、委員その他人事院の指定するこれらと同様な諮問的な非常勤の職員（法第八十一条の五第一項に規定する短時間勤務の官職を占める職員を除く。）が他の法令に規定する禁止又は制限に触れることなしにする行為には適用しない。

2　法又は規則によつて禁止又は制限される職員の政治的行為は、すべて、職員が、公然又は内密に、職員以外の者と共同して行う場合においても、禁止又は制限される。

3　法又は規則によつて職員が自ら行うことを禁止又は制限される政治的行為は、すべて、職員が自ら選んだ又は自己の管理に属する代理人、使用人その他の者を通じて間接に行う場合においても、禁止又は制限される。

4　法又は規則によつて禁止又は制限される職員の政治的行為は、第六項第十六号に定めるものを除いては、職員が勤務時間外において行う場合においても、適用される。

（政治的目的の定義）

5　法及び規則中政治的目的とは、次に掲げるものをいう。政治的目的をもつてなされる行為であつても、第六項に定める政治的行為に含まれない限り、法第百二条第一項の規定に違反するものではない。

一　規則一四―五に定める公選による公職の選挙において、特定の候補者を支持し又はこれに反対すること。

二　最高裁判所の裁判官の任命に関する国民審査に際し、特定の裁判官を支持し又はこれに反対すること。

三　特定の政党その他の政治的団体を支持し又はこれに反対すること。

四　特定の内閣を支持し又はこれに反対すること。

五　政治の方向に影響を与える意図で特定の政策を主張し又はこれに反対すること。

六　国の機関又は公の機関において決定した政策（法令、規則又は条例に包含されたものを含む。）の実施を妨害すること。

七　地方自治法（昭和二十二年法律第六十七号）に基く地方公共団体の条例の制定若しくは改廃又は事務監査の請求に関する署名を成立させ又は成立させないこと。

八　地方自治法に基く地方公共団体の議会の解散又は法律に基く公務員の解職の請求に関する署名を成立させ若しくは成立させず又はこれらの請求に基く解散若しくは解職に賛成し若しくは反対すること。

（政治的行為の定義）

6　法第百二条第一項の規定する政治的行為とは、次に掲げるものをいう。

一　政治的目的のために職名、職権又はその他の公私の影響力を利用すること。

二　政治的目的のために寄附金その他の利益を提供し又は提供せずその他政治的目的をもつなんらかの行為をなし又はなさないことに対する代償又は報復として、任用、職務、給与その他職員の地位に関してなんらかの利益を得若しくは得ようと企て又は得させようとすることあるいは不利益を与え、与えようと企て又は与えようとおびやかすこと。

三　政治的目的をもつて、賦課金、寄附金、会費又はその他の金品を求め若しくは受領し又はなんらかの方法をもつてするを問わずこれらの行為に関与すること。

四　政治的目的をもつて、前号に定める金品を国家公務員に与え又は支払うこと。

五　政党その他の政治的団体の結成を企画し、結成に参与し若しくはこれらの行為を援助し又はそれらの団体の役員、政治的顧問その他これらと同様な役割をもつ構成員となること。

六　特定の政党その他の政治的団体の構成員となるように又はならないように勧誘運動をすること。

七　政党その他の政治的団体の機関紙たる新聞その他の刊行物を発行し、編集し、配布し又はこれらの行為を援助すること。

八　政治的目的をもつて、第五項第一号に定める選挙、同項第二号に定める国民審査の投票又は同項第八号に定める解散若しくは解職の投票において、投票するように又はしないように勧誘運動をすること。

九　政治的目的のために署名運動を企画し、主宰し又は指導しその他これに積極的に参与すること。

十　政治的目的をもつて、多数の人の行進その他の示威運動を企画し、組織し若しくは指導し又はこれらの行為を援助すること。

十一　集会その他多数の人に接し得る場所で又は拡声器、ラジオその他の手段を利用して、公に政治的目的を有する意見を述べること。

十二　政治的目的を有する文書又は図画を国又は行政執行法人の庁舎（行政執行法人にあつては、事務所。以下同じ。）、施設等に掲示し又は掲示させその他政治的目的のために国又は行政執行法人の庁舎、施設、資材又は資金を利用し又は利用させること。

十三　政治的目的を有する署名又は無署名の文書、図画、音盤又は形象を発行し、回覧に供し、掲示し若しくは配布し又は多数の人に対して朗読し若しくは聴取させ、あるいはこれらの用に供するために著作し又は編集すること。

十四　政治的目的を有する演劇を演出し若しくは主宰し又はこれらの行為を援助すること。

十五　政治的目的をもつて、政治上の主義主張又は政党その他の政治的団体の表示に用いられる旗、腕章、記章、えり章、服飾その他これらに類するものを製作し又は配布すること。

十六　政治的目的をもつて、勤務時間中において、前号に掲げるものを着用し又は表示すること。

十七　なんらの名義又は形式をもつてするを問わず、前各号の禁止又は制限を免れる行為をすること。

7　この規則のいかなる規定も、職員が本来の職務を遂行するため当然行うべき行為を禁止又は制限するものではない。

8　各省各庁の長及び行政執行法人の長は、法又は規則に定める政治的行為の禁止又は制限に違反する行為又は事実があつたことを知つたときは、直ちに人事院に通知するとともに、違反行為の防止又は矯正のために適切な措置をとらなければならない。

附　則〔平二七・三・一八人規一―六三抄〕

（施行期日）

第一条　この規則は、平成二十七年四月一日から施行する。

●公職選挙法〔抄〕

（昭和二五年四月一五日　法律一〇〇号）

最終改正…令三・六・二法五一

（選挙権）

第九条　日本国民で年齢満十八年以上の者は、衆議院議員及び参議院議員の選挙権を有する。

2　日本国民たる年齢満十八年以上の者で引き続き三箇月以上市町村の区域内に住所を有する者は、その属する地方公共団体の議会の議員及び長の選挙権を有する。

3―5　〔略〕

（教育者の地位利用の選挙運動の禁止）

第百三十七条　教育者（学校教育法（昭和二十二年法律第二十六号）に規定する学校及び就学前の子どもに関する教育、保育等の総合的な提供の推進に関する法律（平成十八年法律第七十七号）に規定する幼保連携型認定こども園の長及び教員をいう。）は、学校の児童、生徒及び学生に対する教育上の地位を利用して選挙運動をすることができない。

（年齢満十八年未満の者の選挙運動の禁止）

第百三十七条の二　年齢満十八年未満の者は、選挙運動をすることができない。

2　何人も、年齢満十八年未満の者を使用して選挙運動をすることができない。ただし、選挙運動のための労務に使用する場合は、この限りでない。

（事前運動、教育者の地位利用、戸別訪問等の制限違反）

第二百三十九条　次の各号の一に該当する者は、一年以下の禁錮又は三十万円以下の罰金に処する。

一　第百二十九条〔選挙運動の期間〕、第百三十七条〔教育者の地位利用の選挙運動の禁止〕、第百三十七条の二〔未成年者の選挙運動の禁止〕又は第百三十七条の三〔選挙権及び被選挙権を有しない者の選挙運動の禁止〕の規定に違反して選挙運動をした者

二　第百三十四条〔選挙事務所の閉鎖命令〕の規定による命令に従わない者

三　第百三十八条〔戸別訪問〕の規定に違反して戸別訪問をした者

四　第百三十八条の二〔署名運動の禁止〕の規定に違反して署名運動をした者

2　〔略〕

附　則〔令三・六・二法五一〕

（施行期日）

第一条　この法律は、公布の日から起算して三月を経過した日から施行する。

●労働基準法〔抄〕

（昭和二二年四月七日　法律第四九号）

最終改正…令四・六・一七法六八

第一章　総則

（労働条件の原則）

第一条　労働条件は、労働者が人たるに値する生活を営むための必要を充たすべきものでなければならない。

②　この法律で定める労働条件の基準は最低のものであるから、労働関係の当事者は、この基準を理由として労働条件を低下させてはならないことはもとより、その向上を図るように努めなければならない。

（労働条件の決定）

第二条　労働条件は、労働者と使用者が、対等の立場において決定すべきものである。

②　労働者及び使用者は、労働協約、就業規則及び労働契約を遵守し、誠実に各々その義務を履行しなければならない。

（均等待遇）

第三条　使用者は、労働者の国籍、信条又は社会的身分を理由として、賃金、労働時間その他の労働条件について、差別的取扱をしてはならない。

（男女同一賃金の原則）

第四条　使用者は、労働者が女性であることを理由として、賃金について、男性と差別的取扱いをしてはならない。

（強制労働の禁止）

第五条　使用者は、暴行、脅迫、監禁その他精神又は身体の自由を不当に拘束する手段によつて、労働者の意思に反して労働を強

制してはならない。

（中間搾取の排除）

第六条　何人も、法律に基いて許される場合の外、業として他人の就業に介入して利益を得てはならない。

（公民権行使の保障）

第七条　使用者は、労働者が労働時間中に、選挙権その他公民としての権利を行使し、又は公の職務を執行するために必要な時間を請求した場合においては、拒んではならない。但し、権利の行使又は公の職務の執行に妨げがない限り、請求された時刻を変更することができる。

第八条　削除

（定義）

第九条　この法律で「労働者」とは、職業の種類を問わず、事業又は事務所（以下「事業」という。）に使用される者で、賃金を支払われる者をいう。

第十条　この法律で使用者とは、事業主又は事業の経営担当者その他その事業の労働者に関する事項について、事業主のために行為をするすべての者をいう。

第十一条　この法律で賃金とは、賃金、給料、手当、賞与その他名称の如何を問わず、労働の対償として使用者が労働者に支払うすべてのものをいう。

第十二条　この法律で平均賃金とは、これを算定すべき事由の発生した日以前三箇月間にその労働者に対し支払われた賃金の総額を、その期間の総日数で除した金額をいう。ただし、その金額は、次の各号の一によつて計算した金額を下つてはならない。

一　賃金が、労働した日若しくは時間によつて算定され、又は出来高払制その他の請負制によつて定められた場合においては、賃金の総額をその期間中に労働した日数で除した金額の百分の六十

二　賃金の一部が、月、週その他一定の期間によつて定められた場合においては、その部分の総額をその期間の総日数で除した金額と前号の金額の合算額

②　前項の期間は、賃金締切日がある場合においては、直前の賃金締切日から起算する。

③　前二項に規定する期間中に、次の各号のいずれかに該当する期間がある場合においては、その日数及びその期間中の賃金は、前二項の期間及び賃金の総額から控除する。

一　業務上負傷し、又は疾病にかかり療養のために休業した期間

二　産前産後の女性が第六十五条の規定によつて休業した期間

三　使用者の責めに帰すべき事由によつて休業した期間

四　育児休業、介護休業等育児又は家族介護を行う労働者の福祉に関する法律（平成三年法律第七十六号）第二条第一号に規定する育児休業又は同条第二号に規定する介護休業（同法第六十一条第三項（同条第六項において準用する場合を含む。）に規定する介護をするための休業を含む。第三十九条第十項において同じ。）をした期間

五　試みの使用期間

④　第一項の賃金の総額には、臨時に支払われた賃金及び三箇月を超える期間ごとに支払われる賃金並びに通貨以外のもので支払われた賃金で一定の範囲に属しないものは算入しない。

⑤　賃金が通貨以外のもので支払われる場合、第一項の賃金の総額に算入すべきものの範囲及び評価に関し必要な事項は、厚生労働省令で定める。

⑥　雇入後三箇月に満たない者については、第一項の期間は、雇入後の期間とする。

⑦　日日雇い入れられる者については、その従事する事業又は職業について、厚生労働大臣の定める金額を平均賃金とする。

⑧　第一項乃至第六項によつて算定し得ない場合の平均賃金は、厚生労働大臣の定めるところによる。

第二章　労働契約

（この法律違反の契約）

第十三条　この法律で定める基準に達しない労働条件を定める労働契約は、その部分については無効とする。この場合において、無効となつた部分は、この法律で定める基準による。

（契約期間等）

第十四条　労働契約は、期間の定めのないものを除き、一定の事業の完了に必要な期間を定めるもののほかは、三年（次の各号のいずれかに該当する労働契約にあつては、五年）を超える期間について締結してはならない。

一　専門的な知識、技術又は経験（以下この号及び第四十一条の二第一項第一号において「専門的知識等」という。）であつて高度のものとして厚生労働大臣が定める基準に該当する専門的知識等を有する労働者（当該高度の専門的知識等を必要とする業務に就く者に限る。）との間に締結される労働契約

二　満六十歳以上の労働者との間に締結される労働契約（前号に掲げる労働契約を除く。）

②　厚生労働大臣は、期間の定めのある労働契約の締結時及び当該労働契約の期間の満了時において労働者と使用者との間に紛争が生ずることを未然に防止するため、使用者が講ずべき労働契約の期間の満了に係る通知に関する事項その他必要な事項についての基準を定めることができる。

③　行政官庁は、前項の基準に関し、期間の

定めのある労働契約を締結する使用者に対し、必要な助言及び指導を行うことができる。

（労働条件の明示）

第十五条　使用者は、労働契約の締結に際し、労働者に対して賃金、労働時間その他の労働条件を明示しなければならない。この場合において、賃金及び労働時間に関する事項その他の厚生労働省令で定める事項については、厚生労働省令で定める方法により明示しなければならない。

② 前項の規定によつて明示された労働条件が事実と相違する場合においては、労働者は、即時に労働契約を解除することができる。

③ 前項の場合、就業のために住居を変更した労働者が、契約解除の日から十四日以内に帰郷する場合においては、使用者は、必要な旅費を負担しなければならない。

（賠償予定の禁止）

第十六条　使用者は、労働契約の不履行について違約金を定め、又は損害賠償額を予定する契約をしてはならない。

（前借金相殺の禁止）

第十七条　使用者は、前借金その他労働することを条件とする前貸の債権と賃金を相殺してはならない。

（強制貯金）

第十八条　使用者は、労働契約に附随して貯蓄の契約をさせ、又は貯蓄金を管理する契約をしてはならない。

② 使用者は、労働者の貯蓄金をその委託を受けて管理しようとする場合においては、当該事業場に、労働者の過半数で組織する労働組合があるときはその労働組合、労働者の過半数で組織する労働組合がないときは労働者の過半数を代表する者との書面による協定をし、これを行政官庁に届け出なければならない。

③ 使用者は、労働者の貯蓄金をその委託を受けて管理する場合においては、貯蓄金の管理に関する規程を定め、これを労働者に周知させるため作業場に備え付ける等の措置をとらなければならない。

④ 使用者は、労働者の貯蓄金をその委託を受けて管理する場合において、貯蓄金の管理が労働者の預金の受入であるときは、利子をつけなければならない。この場合において、その利子が、金融機関の受け入れる預金の利率を考慮して厚生労働省令で定める利率による利子を下るときは、その厚生労働省令で定める利率による利子をつけたものとみなす。

⑤ 使用者は、労働者の貯蓄金をその委託を受けて管理する場合において、労働者がその返還を請求したときは、遅滞なく、これを返還しなければならない。

⑥ 使用者が前項の規定に違反した場合において、当該貯蓄金の管理を継続することが労働者の利益を著しく害すると認められるときは、行政官庁は、使用者に対して、その必要な限度の範囲内で、当該貯蓄金の管理を中止すべきことを命ずることができる。

⑦ 前項の規定により貯蓄金の管理を中止すべきことを命ぜられた使用者は、遅滞なく、その管理に係る貯蓄金を労働者に返還しなければならない。

（解雇制限）

第十九条　使用者は、労働者が業務上負傷し、又は疾病にかかり療養のために休業する期間及びその後三十日間並びに産前産後の女性が第六十五条の規定によつて休業する期間及びその後三十日間は、解雇してはならない。ただし、使用者が、第八十一条の規定によつて打切補償を支払う場合又は天災事変その他やむを得ない事由のために事業の継続が不可能となつた場合においては、この限りでない。

② 前項但書後段の場合においては、その事由について行政官庁の認定を受けなければならない。

（解雇の予告）

第二十条　使用者は、労働者を解雇しようとする場合においては、少くとも三十日前にその予告をしなければならない。三十日前に予告をしない使用者は、三十日分以上の平均賃金を支払わなければならない。但し、天災事変その他やむを得ない事由のために事業の継続が不可能となつた場合又は労働者の責に帰すべき事由に基いて解雇する場合においては、この限りでない。

② 前項の予告の日数は、一日について平均賃金を支払つた場合においては、その日数を短縮することができる。

③ 前条第二項の規定は、第一項但書の場合にこれを準用する。

第二十一条　前条の規定は、左の各号の一に該当する労働者については適用しない。但し、第一号に該当する者が一箇月を超えて引き続き使用されるに至つた場合、第二号若しくは第三号に該当する者が所定の期間を超えて引き続き使用されるに至つた場合又は第四号に該当する者が十四日を超えて引き続き使用されるに至つた場合においては、この限りでない。

一　日日雇い入れられる者

二　二箇月以内の期間を定めて使用される者

三　季節的業務に四箇月以内の期間を定めて使用される者

四　試の使用期間中の者

（退職時等の証明）

第二十二条　労働者が、退職の場合において、使用期間、業務の種類、その事業における地位、賃金又は退職の事由（退職の事由が解雇の場合にあつては、その理由を含む。）について証明書を請求した場合においては、使用者は、遅滞なくこれを交付しなければならない。

② 労働者が、第二十条第一項の解雇の予告がされた日から退職の日までの間において、当該解雇の理由について証明書を請求した場合においては、使用者は、遅滞なくこれを交付しなければならない。ただし、解雇の予告がされた日以後に労働者が当該解雇以外の事由により退職した場合においては、使用者は、当該退職の日以後、これを交付することを要しない。

③ 前二項の証明書には、労働者の請求しない事項を記入してはならない。

④ 使用者は、あらかじめ第三者と謀り、労働者の就業を妨げることを目的として、労働者の国籍、信条、社会的身分若しくは労働組合運動に関する通信をし、又は第一項及び第二項の証明書に秘密の記号を記入してはならない。

（金品の返還）

第二十三条 使用者は、労働者の死亡又は退職の場合において、権利者の請求があつた場合においては、七日以内に賃金を支払い、積立金、保証金、貯蓄金その他名称の如何を問わず、労働者の権利に属する金品を返還しなければならない。

② 前項の賃金又は金品に関して争がある場合においては、使用者は、異議のない部分を、同項の期間中に支払い、又は返還しなければならない。

第三章 賃金

（賃金の支払）

第二十四条 賃金は、通貨で、直接労働者に、その全額を支払わなければならない。ただし、法令若しくは労働協約に別段の定めがある場合又は厚生労働省令で定める賃金について確実な支払の方法で厚生労働省令で定めるものによる場合においては、通貨以外のもので支払い、また、法令に別段の定めがある場合又は当該事業場の労働者の過半数で組織する労働組合があるときはその労働組合、労働者の過半数で組織する労働組合がないときは労働者の過半数を代表する者との書面による協定がある場合においては、賃金の一部を控除して支払うことができる。

② 賃金は、毎月一回以上、一定の期日を定めて支払わなければならない。ただし、臨時に支払われる賃金、賞与その他これに準ずるもので厚生労働省令で定める賃金（第八十九条において「臨時の賃金等」という。）については、この限りでない。

（非常時払）

第二十五条 使用者は、労働者が出産、疾病、災害その他厚生労働省令で定める非常の場合の費用に充てるために請求する場合においては、支払期日前であつても、既往の労働に対する賃金を支払わなければならない。

（休業手当）

第二十六条 使用者の責に帰すべき事由による休業の場合においては、使用者は、休業期間中当該労働者に、その平均賃金の百分の六十以上の手当を支払わなければならない。

（出来高払制の保障給）

第二十七条 出来高払制その他の請負制で使用する労働者については、使用者は、労働時間に応じ一定額の賃金の保障をしなければならない。

（最低賃金）

第二十八条 賃金の最低基準に関しては、最低賃金法（昭和三十四年法律第百三十七号）の定めるところによる。

第二十九条から第三十一条 削除

第四章 労働時間、休憩、休日及び年次有給休暇

（労働時間）

第三十二条 使用者は、労働者に、休憩時間を除き一週間について四十時間を超えて、労働させてはならない。

② 使用者は、一週間の各日については、労働者に、休憩時間を除き一日について八時間を超えて、労働させてはならない。

第三十二条の二 使用者は、当該事業場に、労働者の過半数で組織する労働組合がある場合においてはその労働組合、労働者の過半数で組織する労働組合がない場合においては労働者の過半数を代表する者との書面による協定により、又は就業規則その他これに準ずるものにより、一箇月以内の一定の期間を平均し一週間当たりの労働時間が前条第一項の労働時間を超えない定めをしたときは、同条の規定にかかわらず、その定めにより、特定された週において同項の労働時間又は特定された日において同条第二項の労働時間を超えて、労働させることができる。

② 使用者は、厚生労働省令で定めるところにより、前項の協定を行政官庁に届け出なければならない。

第三十二条の三 使用者は、就業規則その他これに準ずるものにより、その労働者に係る始業及び終業の時刻をその労働者の決定に委ねることとした労働者については、当該事業場の労働者の過半数で組織する労働組合がある場合においてはその労働組合、労働者の過半数で組織する労働組合がない場合においては労働者の過半数を代表する者との書面による協定により、次に掲げる事項を定めたときは、その協定で第二号の

清算期間として定められた期間を平均し一週間当たりの労働時間が第三十二条第一項の労働時間を超えない範囲内において、同条の規定にかかわらず、一週間において同項の労働時間又は一日において同条第二項の労働時間を超えて、労働させることができる。

一　この項の規定による労働時間により労働させることができることとされる労働者の範囲

二　清算期間（その期間を平均し一週間当たりの労働時間が第三十二条第一項の労働時間を超えない範囲内において労働させる期間をいい、三箇月以内の期間に限るものとする。以下この条及び次条において同じ。）

三　清算期間における総労働時間

四　その他厚生労働省令で定める事項

②　清算期間が一箇月を超えるものである場合における前項の規定の適用については、同項各号列記以外の部分中「労働時間を超えず、」とあるのは「労働時間を超えず、かつ、当該清算期間をその開始の日以後一箇月ごとに区分した各期間（最後に一箇月未満の期間を生じたときは、当該期間。以下この項において同じ。）ごとに当該各期間を平均し一週間当たりの労働時間が五十時間を超えない」と、「同項」とあるのは「同条第一項」とする。

③　一週間の所定労働日数が五日の労働者について第一項の規定により労働させる場合における同項の規定の適用については、同項各号列記以外の部分（前項の規定により読み替えて適用する場合を含む。）中「第三十二条第一項の労働時間」とあるのは「第三十二条第一項の労働時間（当該事業場の労働者の過半数で組織する労働組合がある場合においてはその労働組合、労働者の過半数で組織する労働組合がない場合においては労働者の過半数を代表する者との書面による協定により、労働時間の限度について、当該清算期間における所定労働日数を同条第二項の労働時間に乗じて得た時間とする旨を定めたときは、当該清算期間における日数を七で除して得た数をもつてその時間を除して得た時間）」と、「同項」とあるのは「同条第一項」とする。

④　前条第二項の規定は、第一項各号に掲げる事項を定めた協定について準用する。ただし、清算期間が一箇月以内のものであるときは、この限りでない。

第三十二条の三の二　使用者が、清算期間が一箇月を超えるものであるときの当該清算期間中の前条第一項の規定により労働させた期間が当該清算期間より短い労働者について、当該労働させた期間を平均し一週間当たり四十時間を超えて労働させた場合においては、その超えた時間（第三十三条又は第三十六条第一項の規定により延長し、又は休日に労働させた時間を除く。）の労働については、第三十七条の規定の例により割増賃金を支払わなければならない。

第三十二条の四　使用者は、当該事業場に、労働者の過半数で組織する労働組合がある場合においてはその労働組合、労働者の過半数で組織する労働組合がない場合においては労働者の過半数を代表する者との書面による協定により、次に掲げる事項を定めたときは、第三十二条の規定にかかわらず、その協定で第二号の対象期間として定められた期間を平均し一週間当たりの労働時間が四十時間を超えない範囲内において、当該協定（次項の規定による定めをした場合においては、その定めを含む。）で定めるところにより、特定された週において同条第一項の労働時間又は特定された日において同条第二項の労働時間を超えて、労働させることができる。

一　この条の規定による労働時間により労働させることができることとされる労働者の範囲

二　対象期間（その期間を平均し一週間当たりの労働時間が四十時間を超えない範囲内において労働させる期間をいい、一箇月を超え一年以内の期間に限るものとする。以下この条及び次条において同じ。）

三　特定期間（対象期間中の特に業務が繁忙な期間をいう。第三項において同じ。）

四　対象期間における労働日及び当該労働日ごとの労働時間（対象期間を一箇月以上の期間ごとに区分することとした場合においては、当該区分による各期間のうち当該対象期間の初日の属する期間（以下この条において「最初の期間」という。）における労働日及び当該労働日ごとの労働時間並びに当該最初の期間を除く各期間における労働日数及び総労働時間）

五　その他厚生労働省令で定める事項

②　使用者は、前項の協定で同項第四号の区分をし当該区分による各期間のうち最初の期間を除く各期間における労働日数及び総労働時間を定めたときは、当該各期間の初日の少なくとも三十日前に、当該事業場に、労働者の過半数で組織する労働組合がある場合においてはその労働組合、労働者の過半数で組織する労働組合がない場合においては労働者の過半数を代表する者の同意を得て、厚生労働省令で定めるところにより、当該各期間における労働日数を超えない範囲内において当該各期間における労働日及び当該労働日ごとの労働時間を定めなければならない。

③　厚生労働大臣は、労働政策審議会の意見を聴いて、厚生労働省令で、対象期間にお

ける労働日数の限度並びに対象期間（第一項の協定で特定期間として定められた期間を除く。）及び同項の協定で特定期間として定められた期間における連続して労働させる日数の限度を定めることができる。

④　第三十二条の二第二項の規定は、第一項の協定について準用する。

第三十二条の四の二　使用者が、対象期間中の前条の規定により労働させた期間が当該対象期間より短い労働者について、当該労働させた期間を平均し一週間当たり四十時間を超えて労働させた場合においては、その超えた時間（第三十三条又は第三十六条第一項の規定により延長し、又は休日に労働させた時間を除く。）の労働については、第三十七条の規定の例により割増賃金を支払わなければならない。

第三十二条の五　使用者は、日ごとの業務に著しい繁閑の差が生ずることが多く、かつ、これを予測した上で就業規則その他これに準ずるものにより各日の労働時間を特定することが困難であると認められる厚生労働省令で定める事業であつて、常時使用する労働者の数が厚生労働省令で定める数未満のものに従事する労働者については、当該事業場に、労働者の過半数で組織する労働組合がある場合においてはその労働組合、労働者の過半数で組織する労働組合がない場合においては労働者の過半数を代表する者との書面による協定があるときは、第三十二条第二項の規定にかかわらず、一日について十時間まで労働させることができる。

②　使用者は、前項の規定により労働者に労働させる場合においては、厚生労働省令で定めるところにより、当該労働させる一週間の各日の労働時間を、あらかじめ、当該労働者に通知しなければならない。

③　第三十二条の二第二項の規定は、第一項の協定について準用する。

（災害等による臨時の必要がある場合の時間外労働等）

第三十三条　災害その他避けることのできない事由によつて、臨時の必要がある場合においては、使用者は、行政官庁の許可を受けて、その必要の限度において第三十二条から前条まで若しくは第四十条の労働時間を延長し、又は第三十五条の休日に労働させることができる。ただし、事態急迫のために行政官庁の許可を受ける暇がない場合においては、事後に遅滞なく届け出なければならない。

②　前項ただし書の規定による届出があつた場合において、行政官庁がその労働時間の延長又は休日の労働を不適当と認めるときは、その後にその時間に相当する休憩又は休日を与えるべきことを、命ずることができる。

③　公務のために臨時の必要がある場合においては、第一項の規定にかかわらず、官公署の事業（別表第一に掲げる事業を除く。）に従事する国家公務員及び地方公務員については、第三十二条から前条まで若しくは第四十条の労働時間を延長し、又は第三十五条の休日に労働させることができる。

（休憩）

第三十四条　使用者は、労働時間が六時間を超える場合においては少くとも四十五分、八時間を超える場合においては少くとも一時間の休憩時間を労働時間の途中に与えなければならない。

②　前項の休憩時間は、一斉に与えなければならない。ただし、当該事業場に、労働者の過半数で組織する労働組合がある場合においてはその労働組合、労働者の過半数で組織する労働組合がない場合においては労働者の過半数を代表する者との書面による協定があるときは、この限りでない。

③　使用者は、第一項の休憩時間を自由に利用させなければならない。

（休日）

第三十五条　使用者は、労働者に対して、毎週少くとも一回の休日を与えなければならない。

②　前項の規定は、四週間を通じ四日以上の休日を与える使用者については適用しない。

（時間外及び休日の労働）

第三十六条　使用者は、当該事業場に、労働者の過半数で組織する労働組合がある場合においてはその労働組合、労働者の過半数で組織する労働組合がない場合においては労働者の過半数を代表する者との書面による協定をし、厚生労働省令で定めるところによりこれを行政官庁に届け出た場合においては、第三十二条から第三十二条の五まで若しくは第四十条の労働時間（以下この条において「労働時間」という。）又は前条の休日（以下この条において「休日」という。）に関する規定にかかわらず、その協定で定めるところによつて労働時間を延長し、又は休日に労働させることができる。

②　前項の協定においては、次に掲げる事項を定めるものとする。

一　この条の規定により労働時間を延長し、又は休日に労働させることができることとされる労働者の範囲

二　対象期間（この条の規定により労働時間を延長し、又は休日に労働させることができる期間をいい、一年間に限るものとする。第四号及び第六項第三号において同じ。）

三　労働時間を延長し、又は休日に労働させることができる場合

四　対象期間における一日、一箇月及び一

年のそれぞれの期間について労働時間を延長して労働させることができる時間又は労働させることができる休日の日数

五　労働時間の延長及び休日の労働を適正なものとするために必要な事項として厚生労働省令で定める事項

③　前項第四号の労働時間を延長して労働させることができる時間は、当該事業場の業務量、時間外労働の動向その他の事情を考慮して通常予見される時間外労働の範囲内において、限度時間を超えない時間に限る。

④　前項の限度時間は、一箇月について四十五時間及び一年について三百六十時間（第三十二条の四第一項第二号の対象期間として三箇月を超える期間を定めて同条の規定により労働させる場合にあつては、一箇月について四十二時間及び一年について三百二十時間）とする。

⑤　第一項の協定においては、第二項各号に掲げるもののほか、当該事業場における通常予見することのできない業務量の大幅な増加等に伴い臨時的に第三項の限度時間を超えて労働させる必要がある場合において、一箇月について労働時間を延長して労働させ、及び休日において労働させることができる時間（第二項第四号に関して協定した時間を含め百時間未満の範囲内に限る。）並びに一年について労働時間を延長して労働させることができる時間（同号に関して協定した時間を含め七百二十時間を超えない範囲内に限る。）を定めることができる。この場合において、第一項の協定に、併せて第二項第二号の対象期間において労働時間を延長して労働させる時間が一箇月について四十五時間（第三十二条の四第一項第二号の対象期間として三箇月を超える期間を定めて同条の規定により労働させる場合にあつては、一箇月について四十二時間）を超えることができる月数（一年について六箇月以内に限る。）を定めなければならない。

⑥　使用者は、第一項の協定で定めるところによつて労働時間を延長して労働させ、又は休日において労働させる場合であつても、次の各号に掲げる時間について、当該各号に定める要件を満たすものとしなければならない。

一　坑内労働その他厚生労働省令で定める健康上特に有害な業務について、一日について労働時間を延長して労働させた時間　二時間を超えないこと。

二　一箇月について労働時間を延長して労働させ、及び休日において労働させた時間　百時間未満であること。

三　対象期間の初日から一箇月ごとに区分した各期間に当該各期間の直前の一箇月、二箇月、三箇月、四箇月及び五箇月の期間を加えたそれぞれの期間における労働時間を延長して労働させ、及び休日において労働させた時間の一箇月当たりの平均時間　八十時間を超えないこと。

⑦　厚生労働大臣は、労働時間の延長及び休日の労働を適正なものとするため、第一項の協定で定める労働時間の延長及び休日の労働について留意すべき事項、当該労働時間の延長に係る割増賃金の率その他の必要な事項について、労働者の健康、福祉、時間外労働の動向その他の事情を考慮して指針を定めることができる。

⑧　第一項の協定をする使用者及び労働組合又は労働者の過半数を代表する者は、当該協定で労働時間の延長を定めるに当たり、当該協定の内容が前項の基準に適合したものとなるようにしなければならない。

⑨　行政官庁は、第七項の指針に関し、第一項の協定をする使用者及び労働組合又は労働者の過半数を代表する者に対し、必要な助言及び指導を行うことができる。

⑩　前項の助言及び指導を行うに当たつては、労働者の健康が確保されるよう特に配慮しなければならない。

⑪　第三項から第五項まで及び第六項（第二号及び第三号に係る部分に限る。）の規定は、新たな技術、商品又は役務の研究開発に係る業務については適用しない。

（時間外、休日及び深夜の割増賃金）

第三十七条　使用者が、第三十三条又は前条第一項の規定により労働時間を延長し、又は休日に労働させた場合においては、その時間又はその日の労働については、通常の労働時間又は労働日の賃金の計算額の二割五分以上五割以下の範囲内でそれぞれ政令で定める率以上の率で計算した割増賃金を支払わなければならない。ただし、当該延長して労働させた時間が一箇月について六十時間を超えた場合においては、その超えた時間の労働については、通常の労働時間の賃金の計算額の五割以上の率で計算した割増賃金を支払わなければならない。

②　前項の政令は、労働者の福祉、時間外又は休日の労働の動向その他の事情を考慮して定めるものとする。

③　使用者が、当該事業場に、労働者の過半数で組織する労働組合があるときはその労働組合、労働者の過半数で組織する労働組合がないときは労働者の過半数を代表する者との書面による協定により、第一項ただし書の規定により割増賃金を支払うべき労働者に対して、当該割増賃金の支払に代えて、通常の労働時間の賃金が支払われる休暇（第三十九条の規定による有給休暇を除く。）を厚生労働省令で定めるところにより与えることを定めた場合において、当該労働者が当該休暇を取得したときは、当該労働者の同項ただし書に規定する時間を超えた時間の労働のうち当該取得した休暇に

対応するものとして厚生労働省令で定める時間の労働については、同項ただし書の規定による割増賃金を支払うことを要しない。

④　使用者が、午後十時から午前五時まで（厚生労働大臣が必要であると認める場合においては、その定める地域又は期間については午後十一時から午前六時まで）の間において労働させた場合においては、その時間の労働については、通常の労働時間の賃金の計算額の二割五分以上の率で計算した割増賃金を支払わなければならない。

⑤　第一項及び前項の割増賃金の基礎となる賃金には、家族手当、通勤手当その他厚生労働省令で定める賃金は算入しない。

（時間計算）

第三十八条　労働時間は、事業場を異にする場合においても、労働時間に関する規定の適用については通算する。

②　坑内労働については、労働者が坑口に入つた時刻から坑口を出た時刻までの時間を、休憩時間を含め労働時間とみなす。但し、この場合においては、第三十四条第二項及び第三項の休憩に関する規定は適用しない。

第三十八条の二　労働者が労働時間の全部又は一部について事業場外で業務に従事した場合において、労働時間を算定し難いときは、所定労働時間労働したものとみなす。ただし、当該業務を遂行するためには通常所定労働時間を超えて労働することが必要となる場合においては、当該業務に関しては、厚生労働省令で定めるところにより、当該業務の遂行に通常必要とされる時間労働したものとみなす。

②　前項ただし書の場合において、当該業務に関し、当該事業場に、労働者の過半数で組織する労働組合があるときはその労働組合、労働者の過半数で組織する労働組合がないときは労働者の過半数を代表する者との書面による協定があるときは、その協定で定める時間を同項ただし書の当該業務の遂行に通常必要とされる時間とする。

③　使用者は、前項の協定を行政官庁に届け出なければならない。

第三十八条の三　使用者が、当該事業場に、労働者の過半数で組織する労働組合があるときはその労働組合、労働者の過半数で組織する労働組合がないときは労働者の過半数を代表する者との書面による協定により、次に掲げる事項を定めた場合において、労働者を第一号に掲げる業務に就かせたときは、当該労働者は、厚生労働省令で定めるところにより、第二号に掲げる時間労働したものとみなす。

一　業務の性質上その遂行の方法を大幅に当該業務に従事する労働者の裁量にゆだねる必要があるため、当該業務の遂行の手段及び時間配分の決定等に関し使用者が具体的な指示をすることが困難なものとして厚生労働省令で定める業務のうち、労働者に就かせることとする業務（以下この条において「対象業務」という。）

二　対象業務に従事する労働者の労働時間として算定される時間

三　対象業務の遂行の手段及び時間配分の決定等に関し、当該対象業務に従事する労働者に対し使用者が具体的な指示をしないこと。

四　対象業務に従事する労働者の労働時間の状況に応じた当該労働者の健康及び福祉を確保するための措置を当該協定で定めるところにより使用者が講ずること。

五　対象業務に従事する労働者からの苦情の処理に関する措置を当該協定で定めるところにより使用者が講ずること。

六　前各号に掲げるもののほか、厚生労働省令で定める事項

②　前条第三項の規定は、前項の協定について準用する。

第三十八条の四　賃金、労働時間その他の当該事業場における労働条件に関する事項を調査審議し、事業主に対し当該事項について意見を述べることを目的とする委員会（使用者及び当該事業場の労働者を代表する者を構成員とするものに限る。）が設置された事業場において、当該委員会がその委員の五分の四以上の多数による議決により次に掲げる事項に関する決議をし、かつ、使用者が、厚生労働省令で定めるところにより当該決議を行政官庁に届け出た場合において、第二号に掲げる労働者の範囲に属する労働者を当該事業場における第一号に掲げる業務に就かせたときは、当該労働者は、厚生労働省令で定めるところにより、第三号に掲げる時間労働したものとみなす。

一　事業の運営に関する事項についての企画、立案、調査及び分析の業務であつて、当該業務の性質上これを適切に遂行するにはその遂行の方法を大幅に労働者の裁量に委ねる必要があるため、当該業務の遂行の手段及び時間配分の決定等に関し使用者が具体的な指示をしないこととする業務（以下この条において「対象業務」という。）

二　対象業務を適切に遂行するための知識、経験等を有する労働者であつて、当該対象業務に就かせたときは当該決議で定める時間労働したものとみなされることとなるものの範囲

三　対象業務に従事する前号に掲げる労働者の範囲に属する労働者の労働時間として算定される時間

四　対象業務に従事する第二号に掲げる労

働者の範囲に属する労働者の労働時間の状況に応じた当該労働者の健康及び福祉を確保するための措置を当該決議で定めるところにより使用者が講ずること。

五　対象業務に従事する第二号に掲げる労働者の範囲に属する労働者からの苦情の処理に関する措置を当該決議で定めるところにより使用者が講ずること。

六　使用者は、この項の規定により第二号に掲げる労働者の範囲に属する労働者を対象業務に就かせたときは第三号に掲げる時間労働したものとみなすことについて当該労働者の同意を得なければならないこと及び当該同意をしなかつた当該労働者に対して解雇その他不利益な取扱いをしてはならないこと。

七　前各号に掲げるもののほか、厚生労働省令で定める事項

② 前項の委員会は、次の各号に適合するものでなければならない。

一　当該委員会の委員の半数については、当該事業場に、労働者の過半数で組織する労働組合がある場合においてはその労働組合、労働者の過半数で組織する労働組合がない場合においては労働者の過半数を代表する者に厚生労働省令で定めるところにより任期を定めて指名されていること。

二　当該委員会の議事について、厚生労働省令で定めるところにより、議事録が作成され、かつ、保存されるとともに、当該事業場の労働者に対する周知が図られていること。

三　前二号に掲げるもののほか、厚生労働省令で定める要件

③ 厚生労働大臣は、対象業務に従事する労働者の適正な労働条件の確保を図るために、労働政策審議会の意見を聴いて、第一項各号に掲げる事項その他同項の委員会が決議する事項について指針を定め、これを公表するものとする。

④ 第一項の規定による届出をした使用者は、厚生労働省令で定めるところにより、定期的に、同項第四号に規定する措置の実施状況を行政官庁に報告しなければならない。

⑤ 第一項の委員会においてその委員の五分の四以上の多数による議決により第三十二条の二第一項、第三十二条の三第一項、第三十二条の四第一項及び第二項、第三十二条の五第一項、第三十四条第二項ただし書、第三十六条第一項、第二項及び第五項、第三十七条第三項、第三十八条の二第二項、前条第一項並びに次条第四項、第六項及び第九項ただし書に規定する事項について決議が行われた場合における第三十二条の二第一項、第三十二条の三第一項、第三十二条の四第一項から第三項まで、第三十二条の五第一項、第三十四条第二項ただし書、第三十六条、第三十七条第三項、第三十八条の二第二項、前条第一項並びに次条第四項、第六項及び第九項ただし書の規定の適用については、第三十二条の二第一項中「協定」とあるのは「協定若しくは第三十八条の四第一項に規定する委員会の決議（第百六条第一項を除き、以下「決議」という。）」と、第三十二条の三、第三十二条の四第一項から第三項まで、第三十二条の五第一項、第三十四条第二項ただし書、第三十六条第二項及び第五項から第七項まで、第三十七条第三項、第三十八条の二第二項、前条第一項並びに次条第四項、第六項及び第九項ただし書中「協定」とあるのは「協定又は決議」と、第三十二条の四第二項中「同意を得て」とあるのは「同意を得て、又は決議に基づき」と、第三十六条第一項中「届け出た場合」とあるのは「届け出た場合又は決議を行政官庁に届け出た場合」と、「その協定」とあるのは「その協定又は決議」と、同条第八項中「又は労働者の過半数を代表する者」とあるのは「若しくは労働者の過半数を代表する者又は同項の決議をする委員」と、「当該協定」とあるのは「当該協定又は当該決議」と、同条第九項中「又は労働者の過半数を代表する者」とあるのは「若しくは労働者の過半数を代表する者又は同項の決議をする委員」とする。

（年次有給休暇）

第三十九条　使用者は、その雇入れの日から起算して六箇月間継続勤務し全労働日の八割以上出勤した労働者に対して、継続し、又は分割した十労働日の有給休暇を与えなければならない。

② 使用者は、一年六箇月以上継続勤務した労働者に対しては、雇入れの日から起算して六箇月を超えて継続勤務する日（以下「六箇月経過日」という。）から起算した継続勤務年数一年ごとに、前項の日数に、次の表の上欄に掲げる六箇月経過日から起算した継続勤務年数の区分に応じ同表の下欄に掲げる労働日を加算した有給休暇を与えなければならない。ただし、継続勤務した期間を六箇月経過日から一年ごとに区分した各期間（最後に一年未満の期間を生じたときは、当該期間）の初日の前日の属する期間において出勤した日数が全労働日の八割未満である者に対しては、当該初日以後の一年間においては有給休暇を与えることを要しない。

六箇月経過日から起算した継続勤務年数	労働日
一年	一労働日
二年	二労働日
三年	四労働日

四年	六労働日
五年	八労働日
六年以上	十労働日

③ 次に掲げる労働者（一週間の所定労働時間が厚生労働省令で定める時間以上の者を除く。）の有給休暇の日数については、前二項の規定にかかわらず、これらの規定による有給休暇の日数を基準とし、通常の労働者の一週間の所定労働日数として厚生労働省令で定める日数（第一号において「通常の労働者の週所定労働日数」という。）と当該労働者の一週間の所定労働日数又は一週間当たりの平均所定労働日数との比率を考慮して厚生労働省令で定める日数とする。

一 一週間の所定労働日数が通常の労働者の週所定労働日数に比し相当程度少ないものとして厚生労働省令で定める日数以下の労働者

二 週以外の期間によつて所定労働日数が定められている労働者については、一年間の所定労働日数が、前号の厚生労働省令で定める日数に一日を加えた日数を一週間の所定労働日数とする労働者の一年間の所定労働日数その他の事情を考慮して厚生労働省令で定める日数以下の労働者

④ 使用者は、当該事業場に、労働者の過半数で組織する労働組合があるときはその労働組合、労働者の過半数で組織する労働組合がないときは労働者の過半数を代表する者との書面による協定により、次に掲げる事項を定めた場合において、第一号に掲げる労働者の範囲に属する労働者が有給休暇を時間を単位として請求したときは、前三項の規定による有給休暇の日数のうち第二号に掲げる日数については、これらの規定にかかわらず、当該協定で定めるところにより時間を単位として有給休暇を与えることができる。

一 時間を単位として有給休暇を与えることができることとされる労働者の範囲

二 時間を単位として与えることができることとされる有給休暇の日数（五日以内に限る。）

三 その他厚生労働省令で定める事項

⑤ 使用者は、前各項の規定による有給休暇を労働者の請求する時季に与えなければならない。ただし、請求された時季に有給休暇を与えることが事業の正常な運営を妨げる場合においては、他の時季にこれを与えることができる。

⑥ 使用者は、当該事業場に、労働者の過半数で組織する労働組合がある場合においてはその労働組合、労働組合がない場合においては労働者の過半数を代表する者との書面による協定により、第一項から第三項までの規定による有給休暇を与える時季に関する定めをしたときは、これらの規定による有給休暇の日数のうち五日を超える部分については、前項の規定にかかわらず、その定めにより有給休暇を与えることができる。

⑦ 使用者は、第一項から第三項までの規定による有給休暇（これらの規定により使用者が与えなければならない有給休暇の日数が十労働日以上である労働者に係るものに限る。以下この項及び次項において同じ。）の日数のうち五日については、基準日（継続勤務した期間を六箇月経過日から一年ごとに区分した各期間（最後に一年未満の期間を生じたときは、当該期間）の初日をいう。以下この項において同じ。）から一年以内の期間に、労働者ごとにその時季を定めることにより与えなければならない。ただし、第一項から第三項までの規定による有給休暇を当該有給休暇に係る基準日より前の日から与えることとしたときは、厚生労働省令で定めるところにより、労働者ごとにその時季を定めることにより与えなければならない。

⑧ 前項の規定にかかわらず、第五項又は第六項の規定により第一項から第三項までの規定による有給休暇を与えた場合においては、当該与えた有給休暇の日数（当該日数が五日を超える場合には、五日とする。）分については、時季を定めることにより与えることを要しない。

⑨ 使用者は、第一項から第三項までの規定による有給休暇の期間又は第四項の規定による有給休暇の時間については、就業規則その他これに準ずるもので定めるところにより、それぞれ、平均賃金若しくは所定労働時間労働した場合に支払われる通常の賃金又はこれらの額を基準として厚生労働省令で定めるところにより算定した額の賃金を支払わなければならない。ただし、当該事業場に、労働者の過半数で組織する労働組合がある場合においてはその労働組合、労働組合がない場合においては労働者の過半数を代表する者との書面による協定により、その期間又はその時間について、それぞれ、健康保険法（大正十一年法律第七十号）第四十条第一項に規定する標準報酬月額の三十分の一に相当する金額（その金額に、五円未満の端数があるときは、これを切り捨て、五円以上十円未満の端数があるときは、これを十円に切り上げるものとする。）又は当該金額を基準として厚生労働省令で定めるところにより算定した金額を支払う旨を定めたときは、これによらなければならない。

⑩ 労働者が業務上負傷し、又は疾病にかかり療養のために休業した期間及び育児休

業、介護休業等育児又は家族介護を行う労働者の福祉に関する法律第二条第一号に規定する育児休業又は同条第二号に規定する介護休業をした期間並びに産前産後の女性が第六十五条の規定によつて休業した期間は、第一項及び第二項の規定の適用については、これを出勤したものとみなす。

（労働時間及び休憩の特例）

第四十条　別表第一第一号から第三号まで、第六号及び第七号に掲げる事業以外の事業で、公衆の不便を避けるために必要なものその他特殊の必要あるものについては、その必要避くべからざる限度で、第三十二条から第三十二条の五までの労働時間及び第三十四条の休憩に関する規定について、厚生労働省令で別段の定めをすることができる。

② 前項の規定による別段の定めは、この法律で定める基準に近いものであつて、労働者の健康及び福祉を害しないものでなければならない。

（労働時間等に関する規定の適用除外）

第四十一条　この章、第六章及び第六章の二で定める労働時間、休憩及び休日に関する規定は、次の各号の一に該当する労働者については適用しない。

一　別表第一第六号（林業を除く。）又は第七号に掲げる事業に従事する者

二　事業の種類にかかわらず監督若しくは管理の地位にある者又は機密の事務を取り扱う者

三　監視又は断続的労働に従事する者で、使用者が行政官庁の許可を受けたもの

第四十一条の二　賃金、労働時間その他の当該事業場における労働条件に関する事項を調査審議し、事業主に対し当該事項について意見を述べることを目的とする委員会（使用者及び当該事業場の労働者を代表する者を構成員とするものに限る。）が設置された事業場において、当該委員会がその委員の五分の四以上の多数による議決により次に掲げる事項に関する決議をし、かつ、使用者が、厚生労働省令で定めるところにより当該決議を行政官庁に届け出た場合において、第二号に掲げる労働者の範囲に属する労働者（以下この項において「対象労働者」という。）であつて書面その他の厚生労働省令で定める方法によりその同意を得たものを当該事業場における第一号に掲げる業務に就かせたときは、この章で定める労働時間、休憩、休日及び深夜の割増賃金に関する規定は、対象労働者については適用しない。ただし、第三号から第五号までに規定する措置のいずれかを使用者が講じていない場合は、この限りでない。

一　高度の専門的知識等を必要とし、その性質上従事した時間と従事して得た成果との関連性が通常高くないと認められるものとして厚生労働省令で定める業務のうち、労働者に就かせることとする業務（以下この項において「対象業務」という。）

二　この項の規定により労働する期間において次のいずれにも該当する労働者であつて、対象業務に就かせようとするものの範囲

イ　使用者との間の書面その他の厚生労働省令で定める方法による合意に基づき職務が明確に定められていること。

ロ　労働契約により使用者から支払われると見込まれる賃金の額を一年間当たりの賃金の額に換算した額が基準年間平均給与額（厚生労働省において作成する毎月勤労統計における毎月きまつて支給する給与の額を基礎として厚生労働省令で定めるところにより算定した労働者一人当たりの給与の平均額をいう。）の三倍の額を相当程度上回る水準として厚生労働省令で定める額以上であること。

三　対象業務に従事する対象労働者の健康管理を行うために当該対象労働者が事業場内にいた時間（この項の委員会が厚生労働省令で定める労働時間以外の時間を除くことを決議したときは、当該決議に係る時間を除いた時間）と事業場外において労働した時間との合計の時間（第五号ロ及びニ並びに第六号において「健康管理時間」という。）を把握する措置（厚生労働省令で定める方法に限る。）を当該決議で定めるところにより使用者が講ずること。

四　対象業務に従事する対象労働者に対し、一年間を通じ百四日以上、かつ、四週間を通じ四日以上の休日を当該決議及び就業規則その他これに準ずるもので定めるところにより使用者が与えること。

五　対象業務に従事する対象労働者に対し、次のいずれかに該当する措置を当該決議及び就業規則その他これに準ずるもので定めるところにより使用者が講ずること。

イ　労働者ごとに始業から二十四時間を経過するまでに厚生労働省令で定める時間以上の継続した休息時間を確保し、かつ、第三十七条第四項に規定する時刻の間において労働させる回数を一箇月について厚生労働省令で定める回数以内とすること。

ロ　健康管理時間を一箇月又は三箇月についてそれぞれ厚生労働省令で定める時間を超えない範囲内とすること。

ハ　一年に一回以上の継続した二週間（労働者が請求した場合においては、一年に二回以上の継続した一週間）（使用者が当該期間において、第三十九条の規定による有給休暇を与えたと

きは、当該有給休暇を与えた日を除く。）について、休日を与えること。

ニ　健康管理時間の状況その他の事項が労働者の健康の保持を考慮して厚生労働省令で定める要件に該当する労働者に健康診断（厚生労働省令で定める項目を含むものに限る。）を実施すること。

六　対象業務に従事する対象労働者の健康管理時間の状況に応じた当該対象労働者の健康及び福祉を確保するための措置であつて、当該対象労働者に対する有給休暇（第三十九条の規定による有給休暇を除く。）の付与、健康診断の実施その他の厚生労働省令で定める措置のうち当該決議で定めるものを使用者が講ずること。

七　対象労働者のこの項の規定による同意の撤回に関する手続

八　対象業務に従事する対象労働者からの苦情の処理に関する措置を当該決議で定めるところにより使用者が講ずること。

九　使用者は、この項の規定による同意をしなかつた対象労働者に対して解雇その他不利益な取扱いをしてはならないこと。

十　前各号に掲げるもののほか、厚生労働省令で定める事項

② 前項の規定による届出をした使用者は、厚生労働省令で定めるところにより、同項第四号から第六号までに規定する措置の実施状況を行政官庁に報告しなければならない。

③ 第三十八条の四第二項、第三項及び第五項の規定は、第一項の委員会について準用する。

④ 第一項の決議をする委員は、当該決議の内容が前項において準用する第三十八条の四第三項の指針に適合したものとなるようにしなければならない。

⑤ 行政官庁は、第三項において準用する第三十八条の四第三項の指針に関し、第一項の決議をする委員に対し、必要な助言及び指導を行うことができる。

第五章　安全及び衛生

第四十二条　労働者の安全及び衛生に関しては、労働安全衛生法（昭和四十七年法律第五十七号）の定めるところによる。

第四十三条から第五十五条まで　削除

第六章　年少者

（最低年齢）

第五十六条　使用者は、児童が満十五歳に達した日以後の最初の三月三十一日が終了するまで、これを使用してはならない。

② 前項の規定にかかわらず、別表第一第一号から第五号までに掲げる事業以外の事業に係る職業で、児童の健康及び福祉に有害でなく、かつ、その労働が軽易なものについては、行政官庁の許可を受けて、満十三歳以上の児童をその者の修学時間外に使用することができる。映画の製作又は演劇の事業については、満十三歳に満たない児童についても、同様とする。

（年少者の証明書）

第五十七条　使用者は、満十八才に満たない者について、その年齢を証明する戸籍証明書を事業場に備え付けなければならない。

② 使用者は、前条第二項の規定によつて使用する児童については、修学に差し支えないことを証明する学校長の証明書及び親権者又は後見人の同意書を事業場に備え付けなければならない。

（未成年者の労働契約）

第五十八条　親権者又は後見人は、未成年者に代つて労働契約を締結してはならない。

② 親権者若しくは後見人又は行政官庁は、労働契約が未成年者に不利であると認める場合においては、将来に向つてこれを解除することができる。

第五十九条　未成年者は、独立して賃金を請求することができる。親権者又は後見人は、未成年者の賃金を代つて受け取つてはならない。

（労働時間及び休日）

第六十条　第三十二条の二から第三十二条の五まで、第三十六条、第四十条及び第四十一条の二の規定は、満十八才に満たない者については、これを適用しない。

② 第五十六条第二項の規定によつて使用する児童についての第三十二条の規定の適用については、同条第一項中「一週間について四十時間」とあるのは「、修学時間を通算して一週間について四十時間」と、同条第二項中「一日について八時間」とあるのは「、修学時間を通算して一日について七時間」とする。

③ 使用者は、第三十二条の規定にかかわらず、満十五歳以上で満十八歳に満たない者については、満十八歳に達するまでの間（満十五歳に達した日以後の最初の三月三十一日までの間を除く。）、次に定めるところにより、労働させることができる。

一　一週間の労働時間が第三十二条第一項の労働時間を超えない範囲内において、一週間のうち一日の労働時間を四時間以内に短縮する場合において、他の日の労働時間を十時間まで延長すること。

二　一週間について四十八時間以下の範囲内で厚生労働省令で定める時間、一日について八時間を超えない範囲内において、第三十二条の二又は第三十二条の四及び第三十二条の四の二の規定の例により労働させること。

第六十一条―第六十四条　〔略〕

第六章の二　妊産婦等

（坑内業務の就業制限）

第六十四条の二　使用者は、次の各号に掲げる女性を当該各号に定める業務に就かせてはならない。

一　妊娠中の女性及び坑内で行われる業務に従事しない旨を使用者に申し出た産後一年を経過しない女性　坑内で行われるすべての業務

二　前号に掲げる女性以外の満十八歳以上の女性　坑内で行われる業務のうち人力により行われる掘削の業務その他の女性に有害な業務として厚生労働省令で定めるもの

（危険有害業務の就業制限）

第六十四条の三　使用者は、妊娠中の女性及び産後一年を経過しない女性（以下「妊産婦」という。）を、重量物を取り扱う業務、有害ガスを発散する場所における業務その他妊産婦の妊娠、出産、哺育等に有害な業務に就かせてはならない。

②　前項の規定は、同項に規定する業務のうち女性の妊娠又は出産に係る機能に有害である業務につき、厚生労働省令で、妊産婦以外の女性に関して、準用することができる。

③　前二項に規定する業務の範囲及びこれらの規定によりこれらの業務に就かせてはならない者の範囲は、厚生労働省令で定める。

（産前産後）

第六十五条　使用者は、六週間（多胎妊娠の場合にあつては、十四週間）以内に出産する予定の女性が休業を請求した場合においては、その者を就業させてはならない。

②　使用者は、産後八週間を経過しない女性を就業させてはならない。ただし、産後六週間を経過した女性が請求した場合において、その者について医師が支障がないと認めた業務に就かせることは、差し支えない。

③　使用者は、妊娠中の女性が請求した場合においては、他の軽易な業務に転換させなければならない。

第六十六条　使用者は、妊産婦が請求した場合においては、第三十二条の二第一項、第三十二条の四第一項及び第三十二条の五第一項の規定にかかわらず、一週間について第三十二条第一項の労働時間、一日について同条第二項の労働時間を超えて労働させてはならない。

②　使用者は、妊産婦が請求した場合においては、第三十三条第一項及び第三項並びに第三十六条第一項の規定にかかわらず、時間外労働をさせてはならず、又は休日に労働させてはならない。

③　使用者は、妊産婦が請求した場合においては、深夜業をさせてはならない。

（育児時間）

第六十七条　生後満一年に達しない生児を育てる女性は、第三十四条の休憩時間のほか、一日二回各々少なくとも三十分、その生児を育てるための時間を請求することができる。

②　使用者は、前項の育児時間中は、その女性を使用してはならない。

（生理日の就業が著しく困難な女性に対する措置）

第六十八条　使用者は、生理日の就業が著しく困難な女性が休暇を請求したときは、その者を生理日に就業させてはならない。

第七章　技能者の養成〔略〕

第八章　災害補償

（療養補償）

第七十五条　労働者が業務上負傷し、又は疾病にかかつた場合においては、使用者は、その費用で必要な療養を行い、又は必要な療養の費用を負担しなければならない。

②　前項に規定する業務上の疾病及び療養の範囲は、厚生労働省令で定める。

（休業補償）

第七十六条　労働者が前条の規定による療養のため、労働することができないために賃金を受けない場合においては、使用者は、労働者の療養中平均賃金の百分の六十の休業補償を行わなければならない。

②　使用者は、前項の規定により休業補償を行つている労働者と同一の事業場における同種の労働者に対して所定労働時間労働した場合に支払われる通常の賃金の、一月から三月まで、四月から六月まで、七月から九月まで及び十月から十二月までの各区分による期間（以下四半期という。）ごとの一箇月一人当り平均額（常時百人未満の労働者を使用する事業場については、厚生労働省において作成する毎月勤労統計における当該事業場の属する産業に係る毎月きまつて支給する給与の四半期の労働者一人当りの一箇月平均額。以下平均給与額という。）が、当該労働者が業務上負傷し、又は疾病にかかつた日の属する四半期における平均給与額の百分の百二十をこえ、又は百分の八十を下るに至つた場合においては、使用者は、その上昇し又は低下した比率に応じて、その上昇し又は低下するに至つた四半期の次の次の四半期において、前項の規定により当該労働者に対して行つている休業補償の額を改訂し、その改訂をした四半期に属する最初の月から改訂された額により休業補償を行わなければならない。改訂後の休業補償の額の改訂についてもこれに準ずる。

③　前項の規定により難い場合における改訂

の方法その他同項の規定による改訂について必要な事項は、厚生労働省令で定める。

（障害補償）
第七十七条　労働者が業務上負傷し、又は疾病にかかり、治つた場合において、その身体に障害が存するときは、使用者は、その障害の程度に応じて、平均賃金に別表第二に定める日数を乗じて得た金額の障害補償を行わなければならない。

（休業補償及び障害補償の例外）
第七十八条　労働者が重大な過失によつて業務上負傷し、又は疾病にかかり、且つ使用者がその過失について行政官庁の認定を受けた場合においては、休業補償又は障害補償を行わなくてもよい。

（遺族補償）
第七十九条　労働者が業務上死亡した場合においては、使用者は、遺族に対して、平均賃金の千日分の遺族補償を行わなければならない。

（葬祭料）
第八十条　労働者が業務上死亡した場合においては、使用者は、葬祭を行う者に対して、平均賃金の六十日分の葬祭料を支払わなければならない。

（打切補償）
第八十一条　第七十五条の規定によつて補償を受ける労働者が、療養開始後三年を経過しても負傷又は疾病がなおらない場合においては、使用者は、平均賃金の千二百日分の打切補償を行い、その後はこの法律の規定による補償を行わなくてもよい。

（分割補償）
第八十二条　使用者は、支払能力のあることを証明し、補償を受けるべき者の同意を得た場合においては、第七十七条又は第七十九条の規定による補償に替え、平均賃金に別表第三に定める日数を乗じて得た金額を、六年にわたり毎年補償することができる。

（補償を受ける権利）
第八十三条　補償を受ける権利は、労働者の退職によつて変更されることはない。

② 補償を受ける権利は、これを譲渡し、又は差し押えてはならない。

（他の法律との関係）
第八十四条　この法律に規定する災害補償の事由について、労働者災害補償保険法（昭和二十二年法律第五十号）又は厚生労働省令で指定する法令に基づいてこの法律の災害補償に相当する給付が行なわれるべきものである場合においては、使用者は、補償の責を免れる。

② 使用者は、この法律による補償を行つた場合においては、同一の事由については、その価額の限度において民法による損害賠償の責を免れる。

（審査及び仲裁）
第八十五条　業務上の負傷、疾病又は死亡の認定、療養の方法、補償金額の決定その他補償の実施に関して異議のある者は、行政官庁に対して、審査又は事件の仲裁を申し立てることができる。

② 行政官庁は、必要があると認める場合においては、職権で審査又は事件の仲裁をすることができる。

③ 第一項の規定により審査若しくは仲裁の申立てがあつた事件又は前項の規定により行政官庁が審査若しくは仲裁を開始した事件について民事訴訟が提起されたときは、行政官庁は、当該事件については、審査又は仲裁をしない。

④ 行政官庁は、審査又は仲裁のために必要であると認める場合においては、医師に診断又は検案をさせることができる。

⑤ 第一項の規定による審査又は仲裁の申立て及び第二項の規定による審査又は仲裁の開始は、時効の完成猶予及び更新に関しては、これを裁判上の請求とみなす。

第八十六条　前条の規定による審査及び仲裁の結果に不服のある者は、労働者災害補償保険審査官の審査又は仲裁を申し立てることができる。

② 前条第三項の規定は、前項の規定により審査又は仲裁の申立てがあつた場合に、これを準用する。

（請負事業に関する例外）
第八十七条　厚生労働省令で定める事業が数次の請負によつて行われる場合においては、災害補償については、その元請負人を使用者とみなす。

② 前項の場合、元請負人が書面による契約で下請負人に補償を引き受けさせた場合においては、その下請負人もまた使用者とする。但し、二以上の下請負人に、同一の事業について重複して補償を引き受けさせてはならない。

③ 前項の場合、元請負人が補償の請求を受けた場合においては、補償を引き受けた下請負人に対して、まず催告すべきことを請求することができる。ただし、その下請負人が破産手続開始の決定を受け、又は行方が知れない場合においては、この限りでない。

（補償に関する細目）
第八十八条　この章に定めるものの外、補償に関する細目は、厚生労働省令で定める。

第九章　就業規則

（作成及び届出の義務）
第八十九条　常時十人以上の労働者を使用する使用者は、次に掲げる事項について就業規則を作成し、行政官庁に届け出なければならない。次に掲げる事項を変更した場合においても、同様とする。

一　始業及び終業の時刻、休憩時間、休日、休暇並びに労働者を二組以上に分け

て交替に就業させる場合においては就業時転換に関する事項
二　賃金（臨時の賃金等を除く。以下この号において同じ。）の決定、計算及び支払の方法、賃金の締切り及び支払の時期並びに昇給に関する事項
三　退職に関する事項（解雇の事由を含む。）
三の二　退職手当の定めをする場合においては、適用される労働者の範囲、退職手当の決定、計算及び支払の方法並びに退職手当の支払の時期に関する事項
四　臨時の賃金等（退職手当を除く。）及び最低賃金額の定めをする場合においては、これに関する事項
五　労働者に食費、作業用品その他の負担をさせる定めをする場合においては、これに関する事項
六　安全及び衛生に関する定めをする場合においては、これに関する事項
七　職業訓練に関する定めをする場合においては、これに関する事項
八　災害補償及び業務外の傷病扶助に関する定めをする場合においては、これに関する事項
九　表彰及び制裁の定めをする場合においては、その種類及び程度に関する事項
十　前各号に掲げるもののほか、当該事業場の労働者のすべてに適用される定めをする場合においては、これに関する事項

（作成の手続）
第九十条　使用者は、就業規則の作成又は変更について、当該事業場に、労働者の過半数で組織する労働組合がある場合においてはその労働組合、労働者の過半数で組織する労働組合がない場合においては労働者の過半数を代表する者の意見を聴かなければならない。
②　使用者は、前条の規定により届出をなすについて、前項の意見を記した書面を添付しなければならない。

（制裁規定の制限）
第九十一条　就業規則で、労働者に対して減給の制裁を定める場合においては、その減給は、一回の額が平均賃金の一日分の半額を超え、総額が一賃金支払期における賃金の総額の十分の一を超えてはならない。

（法令及び労働協約との関係）
第九十二条　就業規則は、法令又は当該事業場について適用される労働協約に反してはならない。
②　行政官庁は、法令又は労働協約に抵触する就業規則の変更を命ずることができる。

（労働契約との関係）
第九十三条　労働契約と就業規則との関係については、労働契約法（平成十九年法律第百二十八号）第十二条の定めるところによる。

第十章　寄宿舎〔略〕

第十一章　監督機関

（監督機関の職員等）
第九十七条　労働基準主管局（厚生労働省の内部部局として置かれる局で労働条件及び労働者の保護に関する事務を所掌するものをいう。以下同じ。）、都道府県労働局及び労働基準監督署に労働基準監督官を置くほか、厚生労働省令で定める必要な職員を置くことができる。
②　労働基準主管局の局長（以下「労働基準主管局長」という。）、都道府県労働局長及び労働基準監督署長は、労働基準監督官をもつてこれに充てる。
③　労働基準監督官の資格及び任免に関する事項は、政令で定める。
④　厚生労働省に、政令で定めるところにより、労働基準監督官分限審議会を置くことができる。
⑤　労働基準監督官を罷免するには、労働基準監督官分限審議会の同意を必要とする。
⑥　前二項に定めるもののほか、労働基準監督官分限審議会の組織及び運営に関し必要な事項は、政令で定める。

第九十八条　削除

（労働基準主管局長等の権限）
第九十九条　労働基準主管局長は、厚生労働大臣の指揮監督を受けて、都道府県労働局長を指揮監督し、労働基準に関する法令の制定改廃、労働基準監督官の任免教養、監督方法についての規程の制定及び調整、監督年報の作成並びに労働政策審議会及び労働基準監督官分限審議会に関する事項（労働政策審議会に関する事項については、労働条件及び労働者の保護に関するものに限る。）その他この法律の施行に関する事項をつかさどり、所属の職員を指揮監督する。
②　都道府県労働局長は、労働基準主管局長の指揮監督を受けて、管内の労働基準監督署長を指揮監督し、監督方法の調整に関する事項その他この法律の施行に関する事項をつかさどり、所属の職員を指揮監督する。
③　労働基準監督署長は、都道府県労働局長の指揮監督を受けて、この法律に基く臨検、尋問、許可、認定、審査、仲裁その他この法律の実施に関する事項をつかさどり、所属の職員を指揮監督する。
④　労働基準主管局長及び都道府県労働局長は、下級官庁の権限を自ら行い、又は所属の労働基準監督官をして行わせることができる。

（女性主管局長の権限）
第百条　厚生労働省の女性主管局長（厚生労働省の内部部局として置かれる局で女性労

働者の特性に係る労働問題に関する事務を所掌するものの局長をいう。以下同じ。）は、厚生労働大臣の指揮監督を受けて、この法律中女性に特殊の規定の制定、改廃及び解釈に関する事項をつかさどり、その施行に関する事項については、労働基準主管局長及びその下級の官庁の長に勧告を行うとともに、労働基準主管局長が、その下級の官庁に対して行う指揮監督について援助を与える。

② 女性主管局長は、自ら又はその指定する所属官吏をして、女性に関し労働基準主管局若しくはその下級の官庁又はその所属官吏の行つた監督その他に関する文書を閲覧し、又は閲覧せしめることができる。

③ 第百一条及び第百五条の規定は、女性主管局長又はその指定する所属官吏が、この法律中女性に特殊の規定の施行に関して行う調査の場合に、これを準用する。

（労働基準監督官の権限）

第百一条 労働基準監督官は、事業場、寄宿舎その他の附属建設物に臨検し、帳簿及び書類の提出を求め、又は使用者若しくは労働者に対して尋問を行うことができる。

② 前項の場合において、労働基準監督官は、その身分を証明する証票を携帯しなければならない。

第百二条 労働基準監督官は、この法律違反の罪について、刑事訴訟法に規定する司法警察官の職務を行う。

第百三条 労働者を就業させる事業の附属寄宿舎が、安全及び衛生に関して定められた基準に反し、且つ労働者に急迫した危険がある場合においては、労働基準監督官は、第九十六条の三の規定による行政官庁の権限を即時に行うことができる。

（監督機関に対する申告）

第百四条 事業場に、この法律又はこの法律に基いて発する命令に違反する事実がある場合においては、労働者は、その事実を行政官庁又は労働基準監督官に申告することができる。

② 使用者は、前項の申告をしたことを理由として、労働者に対して解雇その他不利益な取扱をしてはならない。

（報告等）

第百四条の二 行政官庁は、この法律を施行するため必要があると認めるときは、厚生労働省令で定めるところにより、使用者又は労働者に対し、必要な事項を報告させ、又は出頭を命ずることができる。

② 労働基準監督官は、この法律を施行するため必要があると認めるときは、使用者又は労働者に対し、必要な事項を報告させ、又は出頭を命ずることができる。

（労働基準監督官の義務）

第百五条 労働基準監督官は、職務上知り得た秘密を漏してはならない。労働基準監督官を退官した後においても同様である。

第十二章　雑則

（国の援助義務）

第百五条の二 厚生労働大臣又は都道府県労働局長は、この法律の目的を達成するために、労働者及び使用者に対して資料の提供その他必要な援助をしなければならない。

（法令等の周知義務）

第百六条 使用者は、この法律及びこれに基づく命令の要旨、就業規則、第十八条第二項、第二十四条第一項ただし書、第三十二条の二第一項、第三十二条の三第一項、第三十二条の四第一項、第三十二条の五第一項、第三十四条第二項ただし書、第三十六条第一項、第三十七条第三項、第三十八条の二第二項、第三十八条の三第一項並びに第三十九条第四項、第六項及び第九項ただし書に規定する協定並びに第三十八条の四第一項及び同条第五項（第四十一条の二第三項において準用する場合を含む。）並びに第四十一条の二第一項に規定する決議を、常時各作業場の見やすい場所へ掲示し、又は備え付けること、書面を交付することその他の厚生労働省令で定める方法によつて、労働者に周知させなければならない。

② 使用者は、この法律及びこの法律に基いて発する命令のうち、寄宿舎に関する規定及び寄宿舎規則を、寄宿舎の見易い場所に掲示し、又は備え付ける等の方法によつて、寄宿舎に寄宿する労働者に周知させなければならない。

（労働者名簿）

第百七条 使用者は、各事業場ごとに労働者名簿を、各労働者（日日雇い入れられる者を除く。）について調製し、労働者の氏名、生年月日、履歴その他厚生労働省令で定める事項を記入しなければならない。

② 前項の規定により記入すべき事項に変更があつた場合においては、遅滞なく訂正しなければならない。

（賃金台帳）

第百八条 使用者は、各事業場ごとに賃金台帳を調製し、賃金計算の基礎となる事項及び賃金の額その他厚生労働省令で定める事項を賃金支払の都度遅滞なく記入しなければならない。

（記録の保存）

第百九条 使用者は、労働者名簿、賃金台帳及び雇入れ、解雇、災害補償、賃金その他労働関係に関する重要な書類を五年間保存しなければならない。

第百十条 削除

（無料証明）

第百十一条 労働者及び労働者になろうとする者は、その戸籍に関して戸籍事務を掌る者又はその代理者に対して、無料で証明を請求することができる。使用者が、労働者及び労働者になろうとする者の戸籍に関して証明を請求する場合においても同様である。

（国及び公共団体についての適用）

第百十二条 この法律及びこの法律に基いて発する命令は、国、都道府県、市町村その他これに準ずべきものについても適用あるものとする。

（命令の制定）

第百十三条 この法律に基いて発する命令は、その草案について、公聴会で労働者を代表する者、使用者を代表する者及び公益を代表する者の意見を聴いて、これを制定する。

（付加金の支払）

第百十四条 裁判所は、第二十条、第二十六条若しくは第三十七条の規定に違反した使用者又は第三十九条第九項の規定による賃金を支払わなかつた使用者に対して、労働者の請求により、これらの規定により使用者が支払わなければならない金額についての未払金のほか、これと同一額の付加金の支払を命ずることができる。ただし、この請求は、違反のあつた時から五年以内にしなければならない。

（時効）

第百十五条 この法律の規定による賃金の請求権はこれを行使することができる時から五年間、この法律の規定による災害補償その他の請求権（賃金の請求権を除く。）はこれを行使することができる時から二年間行わない場合においては、時効によつて消滅する。

（経過措置）

第百十五条の二 この法律の規定に基づき命令を制定し、又は改廃するときは、その命令で、その制定又は改廃に伴い合理的に必要と判断される範囲内において、所要の経過措置（罰則に関する経過措置を含む。）を定めることができる。

（適用除外）

第百十六条 第一条から第十一条まで、次項、第百十七条から第百十九条まで及び第百二十一条の規定を除き、この法律は、船員法（昭和二十二年法律第百号）第一条第一項に規定する船員については、適用しない。

② この法律は、同居の親族のみを使用する事業及び家事使用人については、適用しない。

第十三章 罰則〔略〕

附 則〔昭二二・八・三一法九七抄〕

第十三条 この法律の施行期日は、その成立の日から三十日を超えない期間内において、政令で、これを定める。

附 則〔平三〇・一二・一四法四五抄〕

（施行期日）

第一条 この法律は、公布の日から起算して二年を超えない範囲内において政令で定める日から施行する。〔ただし書き略〕

別表第一（第三十三条、第四十条、第四十一条、第五十六条、第六十一条関係）

一 物の製造、改造、加工、修理、洗浄、選別、包装、装飾、仕上げ、販売のためにする仕立て、破壊若しくは解体又は材料の変造の事業（電気、ガス又は各種動力の発生、変更若しくは伝導の事業及び水道の事業を含む。）

二 鉱業、石切り業その他土石又は鉱物採取の事業

三 土木、建築その他工作物の建設、改造、保存、修理、変更、破壊、解体又はその準備の事業

四 道路、鉄道、軌道、索道、船舶又は航空機による旅客又は貨物の運送の事業

五 ドック、船舶、岸壁、波止場、停車場又は倉庫における貨物の取扱いの事業

六 土地の耕作若しくは開墾又は植物の栽植、栽培、採取若しくは伐採の事業その他農林の事業

七 動物の飼育又は水産動植物の採捕若しくは養殖の事業その他の畜産、養蚕又は水産の事業

八 物品の販売、配給、保管若しくは賃貸又は理容の事業

九 金融、保険、媒介、周旋、集金、案内又は広告の事業

十 映画の製作又は映写、演劇その他興行の事業

十一 郵便、信書便又は電気通信の事業

十二 教育、研究又は調査の事業

十三 病者又は虚弱者の治療、看護その他保健衛生の事業

十四 旅館、料理店、飲食店、接客業又は娯楽場の事業

十五 焼却、清掃又はと畜場の事業

別表第二 身体障害等級及び災害補償表（第七十七条関係）

等級	災害補償
第一級	一三四〇日分
第二級	一一九〇日分
第三級	一〇五〇日分
第四級	九二〇日分
第五級	七九〇日分
第六級	六七〇日分
第七級	五六〇日分
第八級	四五〇日分
第九級	三五〇日分
第一〇級	二七〇日分

第一一級	二〇〇日分
第一二級	一四〇日分
第一三級	九〇日分
第一四級	五〇日分

別表第三 分割補償表（第八十二条関係）

種別	等級	災害補償
障害補償	第一級	二四〇日分
	第二級	二一三日分
	第三級	一八八日分
	第四級	一六四日分
	第五級	一四二日分
	第六級	一二〇日分
	第七級	一〇〇日分
	第八級	八〇日分
	第九級	六三日分
	第一〇級	四八日分
	第一一級	三六日分
	第一二級	二五日分
	第一三級	一六日分
	第一四級	九日分
遺族補償		一八〇日分

附　則（令四・六・一七法六八）

（施行期日）

1　この法律は、刑法等一部改正法施行日から施行する。〔ただし書略〕

●労働契約法〔抄〕

（平成十九年十二月五日法律第百二十八号）

最終改正…平三〇・七・六法七一

第一章　総則

（目的）

第一条　この法律は、労働者及び使用者の自主的な交渉の下で、労働契約が合意により成立し、又は変更されるという合意の原則その他労働契約に関する基本的事項を定めることにより、合理的な労働条件の決定又は変更が円滑に行われるようにすることを通じて、労働者の保護を図りつつ、個別の労働関係の安定に資することを目的とする。

（定義）

第二条　この法律において「労働者」とは、使用者に使用されて労働し、賃金を支払われる者をいう。

2　この法律において「使用者」とは、その使用する労働者に対して賃金を支払う者をいう。

（労働契約の原則）

第三条　労働契約は、労働者及び使用者が対等の立場における合意に基づいて締結し、又は変更すべきものとする。

2　労働契約は、労働者及び使用者が、就業の実態に応じて、均衡を考慮しつつ締結し、又は変更すべきものとする。

3　労働契約は、労働者及び使用者が仕事と生活の調和にも配慮しつつ締結し、又は変更すべきものとする。

4　労働者及び使用者は、労働契約を遵守するとともに、信義に従い誠実に、権利を行使し、及び義務を履行しなければならない。

5　労働者及び使用者は、労働契約に基づく権利の行使に当たっては、それを濫用することがあってはならない。

（労働契約の内容の理解の促進）

第四条　使用者は、労働者に提示する労働条件及び労働契約の内容について、労働者の理解を深めるようにするものとする。

2　労働者及び使用者は、労働契約の内容（期間の定めのある労働契約に関する事項を含む。）について、できる限り書面により確認するものとする。

（労働者の安全への配慮）

第五条　使用者は、労働契約に伴い、労働者がその生命、身体等の安全を確保しつつ労働することができるよう、必要な配慮をするものとする。

第二章　労働契約の成立及び変更

（労働契約の成立）

第六条　労働契約は、労働者が使用者に使用されて労働し、使用者がこれに対して賃金を支払うことについて、労働者及び使用者が合意することによって成立する。

第七条　労働者及び使用者が労働契約を締結する場合において、使用者が合理的な労働条件が定められている就業規則を労働者に周知させていた場合には、労働契約の内容は、その就業規則で定める労働条件によるものとする。ただし、労働契約において、労働者及び使用者が就業規則の内容と異なる労働条件を合意していた部分については、第十二条に該当する場合を除き、この限りでない。

（労働契約の内容の変更）
第八条　労働者及び使用者は、その合意により、労働契約の内容である労働条件を変更することができる。

（就業規則による労働契約の内容の変更）
第九条　使用者は、労働者と合意することなく、就業規則を変更することにより、労働者の不利益に労働契約の内容である労働条件を変更することはできない。ただし、次条の場合は、この限りでない。

第十条　使用者が就業規則の変更により労働条件を変更する場合において、変更後の就業規則を労働者に周知させ、かつ、就業規則の変更が、労働者の受ける不利益の程度、労働条件の変更の必要性、変更後の就業規則の内容の相当性、労働組合等との交渉の状況その他の就業規則の変更に係る事情に照らして合理的なものであるときは、労働契約の内容である労働条件は、当該変更後の就業規則に定めるところによるものとする。ただし、労働契約において、労働者及び使用者が就業規則の変更によっては変更されない労働条件として合意していた部分については、第十二条に該当する場合を除き、この限りでない。

（就業規則の変更に係る手続）
第十一条　就業規則の変更の手続に関しては、労働基準法（昭和二十二年法律第四十九号）第八十九条及び第九十条の定めるところによる。

（就業規則違反の労働契約）
第十二条　就業規則で定める基準に達しない労働条件を定める労働契約は、その部分については、無効とする。この場合において、無効となった部分は、就業規則で定める基準による。

（法令及び労働協約と就業規則との関係）
第十三条　就業規則が法令又は労働協約に反する場合には、当該反する部分については、第七条、第十条及び前条の規定は、当該法令又は労働協約の適用を受ける労働者との間の労働契約については、適用しない。

第三章―第五章　〔略〕

附　則　〔抄〕

（施行期日）
第一条　この法律は、公布の日から起算して三月を超えない範囲内において政令で定める日から施行する。

附　則　（平三〇・七・六法七一抄）

（施行期日）
1　この法律は、平成三十一年四月一日から施行する。〔ただし書き略〕

●一般職の職員の勤務時間、休暇等に関する法律〔抄〕

（平成六年六月一五日法律三三号）

最終改正…令三・六・一一法六一

（趣旨）
第一条　この法律は、別に法律で定めるものを除き、国家公務員法（昭和二十二年法律第百二十号）第二条に規定する一般職に属する職員（以下「職員」という。）の勤務時間、休日及び休暇に関する事項を定めるものとする。

第二条―第四条　〔略〕

（一週間の勤務時間）
第五条　職員の勤務時間は、休憩時間を除き、一週間当たり三十八時間四十五分とする。

2　国家公務員法第八十一条の四第一項又は第八十一条の五第一項の規定により採用された職員で同項に規定する短時間勤務の官職を占めるもの（以下「再任用短時間勤務職員」という。）の勤務時間は、前項の規定にかかわらず、休憩時間を除き、一週間当たり十五時間三十分から三十一時間までの範囲内で、各省各庁の長が定める。

（週休日及び勤務時間の割振り）
第六条　日曜日及び土曜日は、週休日（勤務時間を割り振らない日をいう。以下同じ。）とする。ただし、各省各庁の長は、定年前短時間勤務職員については、これらの日に加えて、月曜日から金曜日までの五日間において、週休日を設けることができる。

2　各省各庁の長は、月曜日から金曜日までの五日間において、一日につき七時間四十五分の勤務時間を割り振るものとする。ただし、定年前短時間勤務職員については、一週間ごとの期間について、一日につき七時間四十五分を超えない範囲内で勤務時間を割り振るものとする。

3　各省各庁の長は、職員（人事院規則で定める職員及び次条の規定の適用を受ける職員を除く。以下この条において同じ。）について、始業及び終業の時刻について職員の申告を考慮して当該職員の勤務時間を割り振ることが公務の運営に支障がないと認める場合には、前項の規定にかかわらず、人事院規則で定めるところにより、職員の申告を経て、四週間を超えない範囲内で週を単位として人事院規則で定める期間（次項において「単位期間」という。）ごとの期間につき前条に規定する勤務時間となるように当該職員の勤務時間を割り振ることができる。

4　各省各庁の長は、次に掲げる職員について、週休日並びに始業及び終業の時刻について、職員の申告を考慮して、第一項の規定による週休日に加えて当該職員の週休日を設け、及び当該職員の勤務時間を割り振ることが公務の運営に支障がないと認める場合には、同項及び第二項の規定にかかわらず、人事院規則で定めるところにより、職員の申告を経て、単位期間ごとの期間につき第一項の規定による週休日に加えて当該職員の週休日を設け、及び当該期間につき前条に規定する勤務時間となるように当該職員の勤務時間を割り振ることができる。

一　子（民法（明治二十九年法律第八十九号）第八百十七条の二第一項の規定により職員が当該職員との間における同項に規定する特別養子縁組の成立について家庭裁判所に請求した者（当該請求に係る家事審判事件が裁判所に係属している場合に限る。）であって、当該職員が現に監護するもの、児童福祉法（昭和二十二年法律第百六十四号）第二十七条第一項第三号の規定により同法第六条の四第二号に規定する養子縁組里親である職員に委託されている児童その他これらに準ずる者として人事院規則で定める者を含む。）の養育又は配偶者等（配偶者（届出をしないが事実上婚姻関係と同様の事情にある者を含む。以下この号において同じ。）、父母、子、配偶者の父母その他人事院規則で定める者をいう。第二十条第一項において同じ。）の介護をする職員であって、人事院規則で定めるもの

二　前号に掲げる職員の状況に類する状況にある職員として人事院規則で定めるもの

第七条〔略〕

（週休日の振替等）

第八条　各省各庁の長は、職員に第六条第一項若しくは第四項又は前条の規定により週休日とされた日において特に勤務することを命ずる必要がある場合には、第六条第二項から第四項まで又は前条の規定により勤務時間が割り振られた日（以下この条において「勤務日」という。）のうち人事院規則で定める期間内にある勤務日を週休日に変更して当該勤務日に割り振られた勤務時間を当該勤務することを命ずる必要がある日に割り振り、又は当該期間内にある勤務日の勤務時間のうち四時間を当該勤務日に割り振ることをやめて当該四時間の勤務時間を当該勤務することを命ずる必要がある日に割り振ることができる。

（休憩時間）

第九条　各省各庁の長は、第六条第二項から第四項まで、第七条又は前条の規定により勤務時間を割り振る場合には、人事院規則の定めるところにより、休憩時間を置かなければならない。

第十条―第十二条〔略〕

（正規の勤務時間以外の時間における勤務）

第十三条　各省各庁の長は、第五条から第八条まで、第十一条及び前条の規定による勤務時間（以下「正規の勤務時間」という。）以外の時間において職員に設備等の保全、外部との連絡及び文書の収受を目的とする勤務その他の人事院規則で定める断続的な勤務をすることを命ずることができる。

2　各省各庁の長は、公務のため臨時又は緊急の必要がある場合には、正規の勤務時間以外の時間において職員に前項に掲げる勤務以外の勤務をすることを命ずることができる。

（超勤代休時間）

第十三条の二　各省各庁の長は、一般職の職員の給与に関する法律（昭和二十五年法律第九十五号）第十六条第三項の規定により超過勤務手当を支給すべき職員に対して、人事院規則の定めるところにより、当該超過勤務手当の一部の支給に代わる措置の対象となるべき時間（以下「超勤代休時間」という。）として、人事院規則で定める期間内にある勤務日等（第十五条第一項に規定する休日及び代休日を除く。）に割り振られた勤務時間の全部又は一部を指定することができる。

2　前項の規定により超勤代休時間を指定された職員は、当該超勤代休時間には、特に勤務することを命ぜられる場合を除き、正規の勤務時間においても勤務することを要しない。

（休日）

第十四条　職員は、国民の祝日に関する法律（昭和二十三年法律第百七十八号）に規定する休日（以下「祝日法による休日」とい

う。）には、特に勤務することを命ぜられる者を除き、正規の勤務時間においても勤務することを要しない。十二月二十九日から翌年の一月三日までの日（祝日法による休日を除く。以下「年末年始の休日」という。）についても、同様とする。

（休日の代休日）
第十五条　各省各庁の長は、職員に祝日法による休日又は年末年始の休日（以下この項において「休日」と総称する。）である勤務日等に割り振られた勤務時間の全部（次項において「休日の全勤務時間」という。）について特に勤務することを命じた場合には、人事院規則の定めるところにより、当該休日前に、当該休日に代わる日（次項において「代休日」という。）として、当該休日後の勤務日等（第十三条の二第一項の規定により超勤代休時間が指定された勤務日等及び休日を除く。）を指定することができる。

2　前項の規定により代休日を指定された職員は、勤務を命ぜられた休日の全勤務時間を勤務した場合において、当該代休日には、特に勤務することを命ぜられるときを除き、正規の勤務時間においても勤務することを要しない。

（休暇の種類）
第十六条―第二十三条　〔略〕

附　則　〔抄〕

（施行期日）
第一条　この法律は、公布の日から起算して六月を超えない範囲内において政令で定める日〔平成六・九・一〕から施行する。

附　則　〔令三・六・一一法六一〕

（施行期日）
第一条　この法律は、令和五年四月一日から施行する。〔ただし書き略〕

●雇用の分野における男女の均等な機会及び待遇の確保等に関する法律〔抄〕

（昭和四七年七月一日　法律第一一三号）

最終改正…令四・六・一七法六八

第一章　総則

（目的）
第一条　この法律は、法の下の平等を保障する日本国憲法の理念にのつとり雇用の分野における男女の均等な機会及び待遇の確保を図るとともに、女性労働者の就業に関して妊娠中及び出産後の健康の確保を図る等の措置を推進することを目的とする。

（基本的理念）
第二条　この法律においては、労働者が性別により差別されることなく、また、女性労働者にあつては母性を尊重されつつ、充実した職業生活を営むことができるようにすることをその基本的理念とする。

2　事業主並びに国及び地方公共団体は、前項に規定する基本的理念に従つて、労働者の職業生活の充実が図られるように努めなければならない。

（啓発活動）
第三条　国及び地方公共団体は、雇用の分野における男女の均等な機会及び待遇の確保等について国民の関心と理解を深めるとともに、特に、雇用の分野における男女の均等な機会及び待遇の確保を妨げている諸要因の解消を図るため、必要な啓発活動を行うものとする。

（男女雇用機会均等対策基本方針）
第四条　厚生労働大臣は、雇用の分野における男女の均等な機会及び待遇の確保等に関する施策の基本となるべき方針（以下「男女雇用機会均等対策基本方針」という。）を定めるものとする。

2　男女雇用機会均等対策基本方針に定める事項は、次のとおりとする。

一　男性労働者及び女性労働者のそれぞれの職業生活の動向に関する事項

二　雇用の分野における男女の均等な機会及び待遇の確保等について講じようとする施策の基本となるべき事項

3　男女雇用機会均等対策基本方針は、男性労働者及び女性労働者のそれぞれの労働条件、意識及び就業の実態等を考慮して定められなければならない。

4　厚生労働大臣は、男女雇用機会均等対策基本方針を定めるに当たつては、あらかじめ、労働政策審議会の意見を聴くほか、都道府県知事の意見を求めるものとする。

5　厚生労働大臣は、男女雇用機会均等対策基本方針を定めたときは、遅滞なく、その概要を公表するものとする。

6　前二項の規定は、男女雇用機会均等対策基本方針の変更について準用する。

第二章　雇用の分野における男女の均等な機会及び待遇の確保等

第一節　性別を理由とする差別の禁止等

（性別を理由とする差別の禁止）
第五条　事業主は、労働者の募集及び採用について、その性別にかかわりなく均等な機会を与えなければならない。

第六条　事業主は、次に掲げる事項について、労働者の性別を理由として、差別的取扱いをしてはならない。

一　労働者の配置（業務の配分及び権限の付与を含む。）、昇進、降格及び教育訓練

二　住宅資金の貸付けその他これに準ずる福利厚生の措置であつて厚生労働省令で定めるもの

三　労働者の職種及び雇用形態の変更

四　退職の勧奨、定年及び解雇並びに労働契約の更新

（性別以外の事由を要件とする措置）

第七条　事業主は、募集及び採用並びに前条各号に掲げる事項に関する措置であつて労働者の性別以外の事由を要件とするもののうち、措置の要件を満たす男性及び女性の比率その他の事情を勘案して実質的に性別を理由とする差別となるおそれがある措置として厚生労働省令で定めるものについては、当該措置の対象となる業務の性質に照らして当該措置の実施が当該業務の遂行上特に必要である場合、事業の運営の状況に照らして当該措置の実施が雇用管理上特に必要である場合その他の合理的な理由がある場合でなければ、これを講じてはならない。

（女性労働者に係る措置に関する特例）

第八条　前三条の規定は、事業主が、雇用の分野における男女の均等な機会及び待遇の確保の支障となつている事情を改善することを目的として女性労働者に関して行う措置を講ずることを妨げるものではない。

（婚姻、妊娠、出産等を理由とする不利益取扱いの禁止等）

第九条　事業主は、女性労働者が婚姻し、妊娠し、又は出産したことを退職理由として予定する定めをしてはならない。

2　事業主は、女性労働者が婚姻したことを理由として、解雇してはならない。

3　事業主は、その雇用する女性労働者が妊娠したこと、出産したこと、労働基準法（昭和二十二年法律第四十九号）第六十五条第一項の規定による休業を請求し、又は同項若しくは同条第二項の規定による休業をしたことその他の妊娠又は出産に関する事由であつて厚生労働省令で定めるものを理由として、当該女性労働者に対して解雇その他不利益な取扱いをしてはならない。

4　妊娠中の女性労働者及び出産後一年を経過しない女性労働者に対してなされた解雇は、無効とする。ただし、事業主が当該解雇が前項に規定する事由を理由とする解雇でないことを証明したときは、この限りでない。

（指針）

第十条　厚生労働大臣は、第五条から第七条まで及び前条第一項から第三項までの規定に定める事項に関し、事業主が適切に対処するために必要な指針（次項において「指針」という。）を定めるものとする。

2　第四条第四項及び第五項の規定は指針の策定及び変更について準用する。この場合において、同条第四項中「聴くほか、都道府県知事の意見を求める」とあるのは、「聴く」と読み替えるものとする。

第二節　事業主の講ずべき措置

（職場における性的な言動に起因する問題に関する雇用管理上の措置等）

第十一条　事業主は、職場において行われる性的な言動に対するその雇用する労働者の対応により当該労働者がその労働条件につき不利益を受け、又は当該性的な言動により当該労働者の就業環境が害されることのないよう、当該労働者からの相談に応じ、適切に対応するために必要な体制の整備その他の雇用管理上必要な措置を講じなければならない。

2　事業主は、労働者が前項の相談を行つたこと又は事業主による当該相談への対応に協力した際に事実を述べたことを理由として、当該労働者に対して解雇その他不利益な取扱いをしてはならない。

3　事業主は、他の事業主から当該事業主の講ずる第一項の措置の実施に関し必要な協力を求められた場合には、これに応ずるように努めなければならない。

4　厚生労働大臣は、前三項の規定に基づき事業主が講ずべき措置等に関して、その適切かつ有効な実施を図るために必要な指針（次項において「指針」という。）を定めるものとする。

5　第四条第四項及び第五項の規定は、指針の策定及び変更について準用する。この場合において、同条第四項中「聴くほか、都道府県知事の意見を求める」とあるのは、「聴く」と読み替えるものとする。

（職場における性的な言動に起因する問題に関する国、事業主及び労働者の責務）

第十一条の二　国は、前条第一項に規定する不利益を与える行為又は労働者の就業環境を害する同項に規定する言動を行つてはならないことその他当該言動に起因する問題（以下この条において「性的言動問題」という。）に対する事業主その他国民一般の関心と理解を深めるため、広報活動、啓発活動その他の措置を講ずるように努めなければならない。

2　事業主は、性的言動問題に対するその雇用する労働者の関心と理解を深めるとともに、当該労働者が他の労働者に対する言動に必要な注意を払うよう、研修の実施その他の必要な配慮をするほか、国の講ずる前項の措置に協力するように努めなければならない。

3　事業主（その者が法人である場合にあつては、その役員）は、自らも、性的言動問題に対する関心と理解を深め、労働者に対する言動に必要な注意を払うように努めな

ければならない。

4　労働者は、性的言動問題に対する関心と理解を深め、他の労働者に対する言動に必要な注意を払うとともに、事業主の講ずる前条第一項の措置に協力するように努めなければならない。

（職場における妊娠、出産等に関する言動に起因する問題に関する雇用管理上の措置等）

第十一条の三　事業主は、職場において行われるその雇用する女性労働者に対する当該女性労働者が妊娠したこと、出産したこと、労働基準法第六十五条第一項の規定による休業を請求し、又は同項若しくは同条第二項の規定による休業をしたことその他の妊娠又は出産に関する事由であつて厚生労働省令で定めるものに関する言動により当該女性労働者の就業環境が害されることのないよう、当該女性労働者からの相談に応じ、適切に対応するために必要な体制の整備その他の雇用管理上必要な措置を講じなければならない。

2　第十一条第二項の規定は、労働者が前項の相談を行い、又は事業主による当該相談への対応に協力した際に事実を述べた場合について準用する。

3　厚生労働大臣は、前二項の規定に基づき事業主が講ずべき措置等に関して、その適切かつ有効な実施を図るために必要な指針（次項において「指針」という。）を定めるものとする。

4　第四条第四項及び第五項の規定は、指針の策定及び変更について準用する。この場合において、同条第四項中「聴くほか、都道府県知事の意見を求める」とあるのは、「聴く」と読み替えるものとする。

（職場における妊娠、出産等に関する言動に起因する問題に関する国、事業主及び労働者の責務）

第十一条の四　国は、労働者の就業環境を害する前条第一項に規定する言動を行つてはならないことその他当該言動に起因する問題（以下この条において「妊娠・出産等関係言動問題」という。）に対する事業主その他国民一般の関心と理解を深めるため、広報活動、啓発活動その他の措置を講ずるように努めなければならない。

2　事業主は、妊娠・出産等関係言動問題に対するその雇用する労働者の関心と理解を深めるとともに、当該労働者が他の労働者に対する言動に必要な注意を払うよう、研修の実施その他の必要な配慮をするほか、国の講ずる前項の措置に協力するように努めなければならない。

3　事業主（その者が法人である場合にあつては、その役員）は、自らも、妊娠・出産等関係言動問題に対する関心と理解を深め、労働者に対する言動に必要な注意を払うように努めなければならない。

4　労働者は、妊娠・出産等関係言動問題に対する関心と理解を深め、他の労働者に対する言動に必要な注意を払うとともに、事業主の講ずる前条第一項の措置に協力するように努めなければならない。

（妊娠中及び出産後の健康管理に関する措置）

第十二条　事業主は、厚生労働省令で定めるところにより、その雇用する女性労働者が母子保健法（昭和四十年法律第百四十一号）の規定による保健指導又は健康診査を受けるために必要な時間を確保することができるようにしなければならない。

第十三条　事業主は、その雇用する女性労働者が前条の保健指導又は健康診査に基づく指導事項を守ることができるようにするため、勤務時間の変更、勤務の軽減等必要な措置を講じなければならない。

2　厚生労働大臣は、前項の規定に基づき事業主が講ずべき措置に関して、その適切かつ有効な実施を図るために必要な指針（次項において「指針」という。）を定めるものとする。

3　第四条第四項及び第五項の規定は、指針の策定及び変更について準用する。この場合において、同条第四項中「聴くほか、都道府県知事の意見を求める」とあるのは、「聴く」と読み替えるものとする。

（男女雇用機会均等推進者）

第十三条の二　事業主は、厚生労働省令で定めるところにより、第八条、第十一条第一項、第十一条の二第二項、第十一条の三第一項、第十一条の四第二項、第十二条及び前条第一項に定める措置等並びに職場における男女の均等な機会及び待遇の確保が図られるようにするために講ずべきその他の措置の適切かつ有効な実施を図るための業務を担当する者を選任するように努めなければならない。

第三節　事業主に対する国の援助

第十四条　国は、雇用の分野における男女の均等な機会及び待遇が確保されることを促進するため、事業主が雇用の分野における男女の均等な機会及び待遇の確保の支障となつている事情を改善することを目的とする次に掲げる措置を講じ、又は講じようとする場合には、当該事業主に対し、相談その他の援助を行うことができる。

一　その雇用する労働者の配置その他雇用に関する状況の分析

二　前号の分析に基づき雇用の分野における男女の均等な機会及び待遇の確保の支障となつている事情を改善するに当たつて必要となる措置に関する計画の作成

三　前号の計画で定める措置の実施

四　前三号の措置を実施するために必要な体制の整備

五　前各号の措置の実施状況の開示

第三章　紛争の解決

第一節　紛争の解決の援助等

（苦情の自主的解決）

第十五条　事業主は、第六条、第七条、第九条、第十二条及び第十三条第一項に定める事項（労働者の募集及び採用に係るものを除く。）に関し、労働者から苦情の申出を受けたときは、苦情処理機関（事業主を代表する者及び当該事業場の労働者を代表する者を構成員とする当該事業場の労働者の苦情を処理するための機関をいう。）に対し当該苦情の処理をゆだねる等その自主的な解決を図るように努めなければならない。

（紛争の解決の促進に関する特例）

第十六条　第五条から第七条まで、第九条、第十一条第一項及び第二項（第十一条の三第二項において準用する場合を含む。）、第十一条の三第一項、第十二条並びに第十三条第一項に定める事項についての労働者と事業主との間の紛争については、個別労働関係紛争の解決の促進に関する法律（平成十三年法律第百十二号）第四条、第五条及び第十二条から第十九条までの規定は適用せず、次条から第二十七条までに定めるところによる。

（紛争の解決の援助）

第十七条　都道府県労働局長は、前条に規定する紛争に関し、当該紛争の当事者の双方又は一方からその解決につき援助を求められた場合には、当該紛争の当事者に対し、必要な助言、指導又は勧告をすることができる。

2　第十一条第二項の規定は、労働者が前項の援助を求めた場合について準用する。

第二節　調停

（調停の委任）

第十八条　都道府県労働局長は、第十六条に規定する紛争（労働者の募集及び採用についての紛争を除く。）について、当該紛争の当事者（以下「関係当事者」という。）の双方又は一方から調停の申請があつた場合において当該紛争の解決のために必要があると認めるときは、個別労働関係紛争の解決の促進に関する法律第六条第一項の紛争調整委員会（以下「委員会」という。）に調停を行わせるものとする。

2　第十一条第二項の規定は、労働者が前項の申請をした場合について準用する。

（調停）

第十九条　前条第一項の規定に基づく調停（以下この節において「調停」という。）は、三人の調停委員が行う。

2　調停委員は、委員会の委員のうちから、会長があらかじめ指名する。

第二十条　委員会は、調停のため必要があると認めるときは、関係当事者又は関係当事者と同一の事業場に雇用される労働者その他の参考人の出頭を求め、その意見を聴くことができる。

第二十一条　委員会は、関係当事者からの申立てに基づき必要があると認めるときは、当該委員会が置かれる都道府県労働局の管轄区域内の主要な労働者団体又は事業主団体が指名する関係労働者を代表する者又は関係事業主を代表する者から当該事件につき意見を聴くものとする。

第二十二条　委員会は、調停案を作成し、関係当事者に対しその受諾を勧告することができる。

第二十三条　委員会は、調停に係る紛争について調停による解決の見込みがないと認めるときは、調停を打ち切ることができる。

2　委員会は、前項の規定により調停を打ち切つたときは、その旨を関係当事者に通知しなければならない。

（時効の完成猶予）

第二十四条　前条第一項の規定により調停が打ち切られた場合において、当該調停の申請をした者が同条第二項の通知を受けた日から三十日以内に調停の目的となつた請求について訴えを提起したときは、時効の完成猶予に関しては、調停の申請の時に、訴えの提起があつたものとみなす。

（訴訟手続の中止）

第二十五条　第十八条第一項に規定する紛争のうち民事上の紛争であるものについて関係当事者間に訴訟が係属する場合において、次の各号のいずれかに掲げる事由があり、かつ、関係当事者の共同の申立てがあるときは、受訴裁判所は、四月以内の期間を定めて訴訟手続を中止する旨の決定をすることができる。

一　当該紛争について、関係当事者間において調停が実施されていること。

二　前号に規定する場合のほか、関係当事者間に調停によつて当該紛争の解決を図る旨の合意があること。

2　受訴裁判所は、いつでも前項の決定を取り消すことができる。

3　第一項の申立てを却下する決定及び前項の規定により第一項の決定を取り消す決定に対しては、不服を申し立てることができない。

（資料提供の要求等）

第二十六条　委員会は、当該委員会に係属している事件の解決のために必要があると認めるときは、関係行政庁に対し、資料の提供その他必要な協力を求めることができる。

（厚生労働省令への委任）

第二十七条　この節に定めるもののほか、調停の手続に関し必要な事項は、厚生労働省令で定める。

第四章　雑則

（調査等）
第二十八条　厚生労働大臣は、男性労働者及び女性労働者のそれぞれの職業生活に関し必要な調査研究を実施するものとする。
2　厚生労働大臣は、この法律の施行に関し、関係行政機関の長に対し、資料の提供その他必要な協力を求めることができる。
3　厚生労働大臣は、この法律の施行に関し、都道府県知事から必要な調査報告を求めることができる。

（報告の徴収並びに助言、指導及び勧告）
第二十九条　厚生労働大臣は、この法律の施行に関し必要があると認めるときは、事業主に対して、報告を求め、又は助言、指導若しくは勧告をすることができる。
2　前項に定める厚生労働大臣の権限は、厚生労働省令で定めるところにより、その一部を都道府県労働局長に委任することができる。

（公表）
第三十条　厚生労働大臣は、第五条から第七条まで、第九条第一項から第三項まで、第十一条第一項及び第二項（第十一条の三第二項、第十七条第二項及び第十八条第二項において準用する場合を含む。）、第十一条の三第一項、第十二条並びに第十三条第一項の規定に違反している事業主に対し、前条第一項の規定による勧告をした場合において、その勧告を受けた者がこれに従わなかつたときは、その旨を公表することができる。

（船員に関する特例）
第三十一条―第三十二条　〔略〕

第五章　罰則　〔略〕

附　則〔抄〕

（施行期日）
1　この法律は、公布の日から施行する。

附　則〔令四・六・一七法六八〕

（施行期日）
1　この法律は、刑法等一部改正法施行日から施行する。〔ただし書き略〕

●女子教職員の出産に際しての補助教職員の確保に関する法律

（昭和三〇年八月五日法律第一二五号）
題名改正…昭五三・六・九法六五
最終改正…令三・六・一一法六三

（目的）
第一条　この法律は、公立の学校に勤務する女子教職員が出産する場合における当該学校の教職員の職務を補助させるための教職員の臨時的任用等に関し必要な事項を定め、もつて女子教職員の母体の保護を図りつつ、学校教育の正常な実施を確保すること等を目的とする。

（定義）
第二条　この法律において「学校」とは、幼稚園、小学校、中学校、義務教育学校、高等学校、中等教育学校、特別支援学校及び幼保連携型認定こども園をいう。
2　この法律において「教職員」とは、校長（園長を含む。以下同じ。）、副校長（副園長を含む。）、教頭、主幹教諭（幼保連携型認定こども園の主幹養護教諭及び主幹栄養教諭を含む。）、指導教諭、教諭、養護教諭、栄養教諭、主幹保育教諭、指導保育教諭、保育教諭、助教諭、養護助教諭、助保育教諭、講師（常時勤務の者及び地方公務員法（昭和二十五年法律第二百六十一号）第二十二条の四第一項に規定する短時間勤務の職を占める者に限る。）、実習助手、寄宿舎指導員、学校栄養職員（学校給食法（昭和二十九年法律第百六十号）第七条に規定する職員のうち栄養の指導及び管理をつかさどる主幹教諭並びに栄養教諭以外の者をいう。以下同じ。）及び事務職員をいう。

（公立の学校等における教職員の臨時的任用）

第三条 公立の学校に勤務する女子教職員が出産することとなる場合においては、任命権者は、出産予定日の六週間（多胎妊娠の場合にあつては、十四週間とし、条例でこれらの期間より長い産前の休業の期間を定めたときは、当該期間とする。）前の日から産後八週間（条例でこれより長い産後の休業の期間を定めたときは、当該期間）を経過する日までの期間又は当該女子教職員が産前の休業を始める日から、当該日から起算して十四週間（多胎妊娠の場合にあつては、二十二週間とし、条例でこれらの期間より長い産前産後の休業の期間を定めたときは、当該期間とする。）を経過する日までの期間のいずれかの期間を任用の期間として、当該学校の教職員の職務を補助させるため、校長以外の教職員を臨時的に任用するものとする。

2 女子教職員の出産に際しその勤務する学校の教職員の職務を補助させることができるような特別の教職員がある場合において、任命権者が、当該教職員に、前項に規定する期間、同項の学校の教職員の職務を補助させることとするときは、同項の臨時的任用は、行なうことを要しない。

3 前二項の規定は、公立の学校給食法第六条に規定する施設に勤務する学校栄養職員について準用する。この場合において、これらの項中「学校」とあるのは、「学校給食法第六条に規定する施設」と読み替えるものとする。

（適用除外）

第四条 前条の規定による臨時的任用については、地方公務員法第二十二条の三第一項から第四項までの規定は適用しない。

（公立学校以外の学校において講ずべき措置）

第五条 公立学校以外の学校に勤務する女子教職員が出産することとなる場合においては、当該学校の設置者は、出産予定日の六週間（多胎妊娠の場合にあつては、十四週間）前の日から産後八週間を経過する日までの期間又は当該女子教職員が産前の休業を始める日から、当該日から起算して十四週間（多胎妊娠の場合にあつては、二十二週間）を経過する日までの期間のいずれかの期間を任用の期間として、当該学校の教職員の職務を補助させるため、校長以外の教職員を任用するように努めなければならない。

附 則〔令三・六・一一法六三〕

（施行期日）

第一条 この法律は、令和五年四月一日から施行する。〔ただし書略〕

●育児休業、介護休業等育児又は家族介護を行う労働者の福祉に関する法律〔抄〕★

（平成三年五月一五日法律第七六号）

最終改正…令四・六・一七法六八

第一章 総則

（目的）

第一条 この法律は、育児休業及び介護休業に関する制度並びに子の看護休暇及び介護休暇に関する制度を設けるとともに、子の養育及び家族の介護を容易にするため所定労働時間等に関し事業主が講ずべき措置を定めるほか、子の養育又は家族の介護を行う労働者等に対する支援措置を講ずること等により、子の養育又は家族の介護を行う労働者等の雇用の継続及び再就職の促進を図り、もってこれらの者の職業生活と家庭生活との両立に寄与することを通じて、これらの者の福祉の増進を図り、あわせて経済及び社会の発展に資することを目的とする。

（定義）

第二条 この法律（第一号に掲げる用語にあっては、第九条の三並びに第六十一条第三十三項及び第三十六項を除く。）において、次の各号に掲げる用語の意義は、当該各号に定めるところによる。

一 育児休業 労働者（日々雇用される者を除く。以下この条、次章から第八章まで、第二十一条から第二十四条まで、第二十五条第一項、第二十五条の二第一項及び第三項、第二十六条、第二十八条、第二十九条並びに第十一章において同じ。）が、次章に定めるところにより、その子（民法（明治二十九年法律第八十九号）第八百十七条の二第一項の規定により労働者が当該労働者との間における同項に規定する特別養子縁組の成立について家庭裁判所に請求した者（当該請求に係る家事審判事件が裁判所に係属している場合に限る。）であって、当該労働者が現に監護するもの、児童福祉法（昭和二十二年法律第百六十四号）第二十七条第一項第三号の規定により同法第六条の四第二号に規定する養子縁組里親である労働者に委託されている児童及びその他これらに準ずる者として厚生労働省令で定める者に、厚生労働省令で定めるところにより委託されている者を含む。第四号及び第六十一条第三項（同条第六項において準用する場合を含む。）を除き、以下同じ。）を養育するためにする休業をいう。

二　介護休業　労働者が、第三章に定めるところにより、その要介護状態にある対象家族を介護するためにする休業をいう。

三　要介護状態　負傷、疾病又は身体上若しくは精神上の障害により、厚生労働省令で定める期間にわたり常時介護を必要とする状態をいう。

四　対象家族　配偶者（婚姻の届出をしていないが、事実上婚姻関係と同様の事情にある者を含む。以下同じ。）、父母及び子（これらの者に準ずる者として厚生労働省令で定めるものを含む。）並びに配偶者の父母をいう。

五　家族　対象家族その他厚生労働省令で定める親族をいう。

（基本的理念）

第三条　この法律の規定による子の養育又は家族の介護を行う労働者等の福祉の増進は、これらの者がそれぞれ職業生活の全期間を通じてその能力を有効に発揮して充実した職業生活を営むとともに、育児又は介護について家族の一員としての役割を円滑に果たすことができるようにすることをその本旨とする。

2　子の養育又は家族の介護を行うための休業をする労働者は、その休業後における就業を円滑に行うことができるよう必要な努力をするようにしなければならない。

（関係者の責務）

第四条　事業主並びに国及び地方公共団体は、前条に規定する基本的理念に従って、子の養育又は家族の介護を行う労働者等の福祉を増進するように努めなければならない。

第二章　育児休業

（育児休業の申出）

第五条　労働者は、その養育する一歳に満たない子について、その事業主に申し出ることにより、育児休業をすることができる。ただし、期間を定めて雇用される者にあっては、次の各号のいずれにも該当するものに限り、当該申出をすることができる。

一　当該事業主に引き続き雇用された期間が一年以上である者

二　その養育する子が一歳六か月に達する日までに、その労働契約（労働契約が更新される場合にあっては、更新後のもの）が満了することが明らかでない者

2　前項の規定にかかわらず、育児休業（当該育児休業に係る子の出生の日から起算して八週間を経過する日の翌日まで（出産予定日前に当該子が出生した場合にあっては当該出生の日から当該出産予定日から起算して八週間を経過する日の翌日までとし、出産予定日後に当該子が出生した場合にあっては当該出産予定日から当該出生の日から起算して八週間を経過する日の翌日までとする。）の期間内に、労働者（当該期間内に労働基準法（昭和二十二年法律第四十九号）第六十五条第二項の規定により休業した者を除く。）が当該子を養育するためにした前項の規定による最初の申出によりする育児休業を除く。）をしたことがある労働者は、当該育児休業を開始した日に養育していた子については、厚生労働省令で定める特別の事情がある場合を除き、同項の申出をすることができない。

3　労働者は、その養育する一歳から一歳六か月に達するまでの子について、次の各号のいずれにも該当する場合に限り、その事業主に申し出ることにより、育児休業をすることができる。ただし、期間を定めて雇用される者であってその配偶者が当該子が一歳に達する日（以下「一歳到達日」という。）において育児休業をしているものにあっては、第一項各号のいずれにも該当するものに限り、当該申出をすることができる。

一　当該申出に係る子について、当該労働者又はその配偶者が、当該子の一歳到達日において育児休業をしている場合

二　当該子の一歳到達日後の期間について休業することが雇用の継続のために特に必要と認められる場合として厚生労働省令で定める場合に該当する場合

4　労働者は、その養育する一歳六か月から二歳に達するまでの子について、次の各号のいずれにも該当する場合に限り、その事業主に申し出ることにより、育児休業をすることができる。

一　当該申出に係る子について、当該労働者又はその配偶者が、当該子の一歳六か

月に達する日（次号及び第六項において「一歳六か月到達日」という。）において育児休業をしている場合

二　当該子の一歳六か月到達日後の期間について休業することが雇用の継続のために特に必要と認められる場合として厚生労働省令で定める場合に該当する場合

5　第一項ただし書の規定は、前項の申出について準用する。この場合において、第一項第二号中「一歳六か月」とあるのは、「二歳」と読み替えるものとする。

6　第一項、第三項及び第四項の規定による申出（以下「育児休業申出」という。）は、厚生労働省令で定めるところにより、その期間中は育児休業をすることとする一の期間について、その初日（以下「育児休業開始予定日」という。）及び末日（以下「育児休業終了予定日」という。）とする日を明らかにして、しなければならない。この場合において、第三項の規定による申出にあっては当該申出に係る子の一歳到達日の翌日を、第四項の規定による申出にあっては当該申出に係る子の一歳六か月到達日の翌日を、それぞれ育児休業開始予定日としなければならない。

7　第一項ただし書、第二項、第三項ただし書、第五項及び前項後段の規定は、期間を定めて雇用される者であって、その締結する労働契約の期間の末日を育児休業終了予定日（第七条第三項の規定により当該育児休業終了予定日が変更された場合にあっては、その変更後の育児休業終了予定日とされた日）とする育児休業をしているものが、当該育児休業に係る子について、当該労働契約の更新に伴い、当該更新後の労働契約の期間の初日を育児休業開始予定日とする育児休業申出をする場合には、これを適用しない。

（育児休業申出があった場合における事業主の義務等）

第六条　事業主は、労働者からの育児休業申出があったときは、当該育児休業申出を拒むことができない。ただし、当該事業主と当該労働者が雇用される事業所の労働者の過半数で組織する労働組合があるときはその労働組合、その事業所の労働者の過半数で組織する労働組合がないときはその労働者の過半数を代表する者との書面による協定で、次に掲げる労働者のうち育児休業をすることができないものとして定められた労働者に該当する労働者からの育児休業申出があった場合は、この限りでない。

一　当該事業主に引き続き雇用された期間が一年に満たない労働者

二　前号に掲げるもののほか、育児休業をすることができないこととすることについて合理的な理由があると認められる労働者として厚生労働省令で定めるもの

2　前項ただし書の場合において、事業主にその育児休業申出を拒まれた労働者は、前条第一項、第三項及び第四項の規定にかかわらず、育児休業をすることができない。

3　事業主は、労働者からの育児休業申出があった場合において、当該育児休業申出に係る育児休業開始予定日とされた日が当該育児休業申出があった日の翌日から起算して一月（前条第三項又は第四項の規定による申出にあっては二週間）を経過する日（以下この項において「一月等経過日」という。）前の日であるときは、厚生労働省令で定めるところにより、当該育児休業開始予定日とされた日から当該一月等経過日（当該育児休業申出があった日までに、出産予定日前に子が出生したことその他の厚生労働省令で定める事由が生じた場合にあっては、当該一月等経過日前の日で厚生労働省令で定める日）までの間のいずれかの日を当該育児休業開始予定日として指定することができる。

4　第一項ただし書及び前項の規定は、労働者が前条第七項に規定する育児休業申出をする場合には、これを適用しない。

第七条・第八条　〔略〕

（育児休業期間）

第九条　育児休業申出をした労働者がその期間中は育児休業をすることができる期間（以下「育児休業期間」という。）は、育児休業開始予定日とされた日から育児休業終了予定日とされた日（第七条第三項の規定により当該育児休業終了予定日が変更された場合にあっては、その変更後の育児休業終了予定日とされた日。次項において同じ。）までの間とする。

2　次の各号に掲げるいずれかの事情が生じた場合には、育児休業期間は、前項の規定にかかわらず、当該事情が生じた日（第三号に掲げる事情が生じた場合にあっては、その前日）に終了する。

一　育児休業終了予定日とされた日の前日までに、子の死亡その他の労働者が育児休業申出に係る子を養育しないこととなった事由として厚生労働省令で定める事由が生じたこと。

二　育児休業終了予定日とされた日の前日までに、育児休業申出に係る子が一歳（第五条第三項の規定による申出により育児休業をしている場合にあっては一歳六か月、同条第四項の規定による申出により育児休業をしている場合にあっては二歳）に達したこと。

三　育児休業終了予定日とされた日までに、育児休業申出をした労働者について、労働基準法第六十五条第一項若しくは第二項の規定により休業する期間、第十五条第一項に規定する介護休業期間又は新たな育児休業期間が始まったこと。

3　前条第三項後段の規定は、前項第一号の

厚生労働省令で定める事由が生じた場合について準用する。

第九条の二 〔略〕

（公務員である配偶者がする育児休業に関する規定の適用）

第九条の三 第五条第三項及び第四項並びに前条の規定の適用については、労働者の配偶者が国会職員の育児休業等に関する法律（平成三年法律第百八号）第三条第二項、国家公務員の育児休業等に関する法律（平成三年法律第百九号）第三条第二項（同法第二十七条第一項及び裁判所職員臨時措置法（昭和二十六年法律第二百九十九号）（第七号に係る部分に限る。）において準用する場合を含む。）、地方公務員の育児休業等に関する法律（平成三年法律第百十号）第二条第二項又は裁判官の育児休業に関する法律（平成三年法律第百十一号）第二条第二項の規定によりする請求及び当該請求に係る育児休業は、それぞれ第五条第一項又は第三項の規定によりする申出及び当該申出によりする育児休業とみなす。

（不利益取扱いの禁止）

第十条 事業主は、労働者が育児休業申出をし、又は育児休業をしたことを理由として、当該労働者に対して解雇その他不利益な取扱いをしてはならない。

第三章　介護休業

（介護休業の申出）

第十一条 労働者は、その事業主に申し出ることにより、介護休業をすることができる。ただし、期間を定めて雇用される者にあっては、次の各号のいずれにも該当するものに限り、当該申出をすることができる。

一　当該事業主に引き続き雇用された期間が一年以上である者

二　第三項に規定する介護休業開始予定日から起算して九十三日を経過する日から六月を経過する日までに、その労働契約（労働契約が更新される場合にあっては、更新後のもの）が満了することが明らかでない者

2 前項の規定にかかわらず、介護休業をしたことがある労働者は、当該介護休業に係る対象家族が次の各号のいずれかに該当する場合には、当該対象家族については、同項の規定による申出をすることができない。

一　当該対象家族について三回の介護休業をした場合

二　当該対象家族について介護休業をした日数（介護休業を開始した日から介護休業を終了した日までの日数とし、二回以上の介護休業をした場合にあっては、介護休業ごとに、当該介護休業を開始した日から当該介護休業を終了した日までの日数を合算して得た日数とする。第十五条第一項において「介護休業日数」という。）が九十三日に達している場合

3 第一項の規定による申出（以下「介護休業申出」という。）は、厚生労働省令で定めるところにより、介護休業申出に係る対象家族が要介護状態にあることを明らかにし、かつ、その期間中は当該対象家族に係る介護休業をすることとする一の期間について、その初日（以下「介護休業開始予定日」という。）及び末日（以下「介護休業終了予定日」という。）とする日を明らかにして、しなければならない。

4 第一項ただし書及び第二項（第二号を除く。）の規定は、期間を定めて雇用される者であって、その締結する労働契約の期間の末日を介護休業終了予定日（第十三条において準用する第七条第三項の規定により当該介護休業終了予定日が変更された場合にあっては、その変更後の介護休業終了予定日とされた日）とする介護休業をしているものが、当該介護休業に係る対象家族について、当該労働契約の更新に伴い、当該更新後の労働契約の期間の初日を介護休業開始予定日とする介護休業申出をする場合には、これを適用しない。

（介護休業申出があった場合における事業主の義務等）

第十二条 事業主は、労働者からの介護休業申出があったときは、当該介護休業申出を拒むことができない。

2 第六条第一項ただし書及び第二項の規定は、労働者からの介護休業申出があった場合について準用する。この場合において、同項中「前項ただし書」とあるのは「第十二条第二項において準用する前項ただし書」と、「前条第一項及び第三項」とあるのは「第十一条第一項」と読み替えるものとする。

3 事業主は、労働者からの介護休業申出があった場合において、当該介護休業申出に係る介護休業開始予定日とされた日が当該介護休業申出があった日の翌日から起算して二週間を経過する日（以下この項において「二週間経過日」という。）前の日であるときは、厚生労働省令で定めるところにより、当該介護休業開始予定日とされた日から当該二週間経過日までの間のいずれかの日を当該介護休業開始予定日として指定することができる。

4 前二項の規定は、労働者が前条第四項に規定する介護休業申出をする場合には、これを適用しない。

（介護休業期間）

第十三条・第十四条 〔略〕

第十五条 介護休業申出をした労働者がその期間中は介護休業をすることができる期間（以下「介護休業期間」という。）は、当該介護休業申出に係る介護休業開始予定日と

された日から介護休業終了予定日とされた日（その日が当該介護休業開始予定日とされた日から起算して九十三日から当該労働者の当該介護休業申出に係る対象家族についての介護休業日数を差し引いた日数を経過する日より後の日であるときは、当該経過する日。第三項において同じ。）までの間とする。

2―4〔略〕

（準用）

第十六条　第十条の規定は、介護休業申出及び介護休業について準用する。

第四章　子の看護休暇

（子の看護休暇の申出）

第十六条の二　小学校就学の始期に達するまでの子を養育する労働者は、その事業主に申し出ることにより、一の年度において五労働日（その養育する小学校就学の始期に達するまでの子が二人以上の場合にあっては、十労働日）を限度として、負傷し、若しくは疾病にかかった当該子の世話又は疾病の予防を図るために必要なものとして厚生労働省令で定める当該子の世話を行うための休暇（以下「子の看護休暇」という。）を取得することができる。

2　子の看護休暇は、一日の所定労働時間が短い労働者として厚生労働省令で定めるもの以外の者は、厚生労働省令で定めるところにより、厚生労働省令で定める一日未満の単位で取得することができる。

3　第一項の規定による申出は、厚生労働省令で定めるところにより、子の看護休暇を取得する日（前項の厚生労働省令で定める一日未満の単位で取得するときは子の看護休暇の開始及び終了の日時）を明らかにして、しなければならない。

4　第一項の年度は、事業主が別段の定めをする場合を除き、四月一日に始まり、翌年三月三十一日に終わるものとする。

（子の看護休暇の申出があった場合における事業主の義務等）

第十六条の三　事業主は、労働者からの前条第一項の規定による申出があったときは、当該申出を拒むことができない。

2　第六条第一項ただし書及び第二項の規定は、労働者からの前条第一項の規定による申出があった場合について準用する。この場合において、第六条第一項第一号中「一年」とあるのは「六月」と、同項第二号中「定めるもの」とあるのは「定めるもの又は業務の性質若しくは業務の実施体制に照らして、第十六条の二第二項の厚生労働省令で定める一日未満の単位で子の看護休暇を取得することが困難と認められる業務に従事する労働者（同項の規定による厚生労働省令で定める一日未満の単位で取得しようとする者に限る。）」と、同条第二項中「前項ただし書」とあるのは「第十六条の三第二項において準用する前項ただし書」と、「前条第一項及び第三項」とあるのは「第十六条の二第一項」と読み替えるものとする。

（準用）

第十六条の四　第十条の規定は、第十六条の二第一項の規定による申出及び子の看護休暇について準用する。

第五章　介護休暇

（介護休暇の申出）

第十六条の五　要介護状態にある対象家族の介護その他の厚生労働省令で定める世話を行う労働者は、その事業主に申し出ることにより、一の年度において五労働日（要介護状態にある対象家族が二人以上の場合にあっては、十労働日）を限度として、当該世話を行うための休暇（以下「介護休暇」という。）を取得することができる。

2　介護休暇は、一日の所定労働時間が短い労働者として厚生労働省令で定めるもの以外の者は、厚生労働省令で定めるところにより、厚生労働省令で定める一日未満の単位で取得することができる。

3　第一項の規定による申出は、厚生労働省令で定めるところにより、当該申出に係る対象家族が要介護状態にあること及び介護休暇を取得する日（前項の厚生労働省令で定める一日未満の単位で取得するときは介護休暇の開始及び終了の日時）を明らかにして、しなければならない。

4　第一項の年度は、事業主が別段の定めをする場合を除き、四月一日に始まり、翌年三月三十一日に終わるものとする。

（介護休暇の申出があった場合における事業主の義務等）

第十六条の六　事業主は、労働者からの前条第一項の規定による申出があったときは、当該申出を拒むことができない。

2　第六条第一項ただし書及び第二項の規定は、労働者からの前条第一項の規定による申出があった場合について準用する。この場合において、第六条第一項第一号中「一年」とあるのは「六月」と、同項第二号中「定めるもの」とあるのは「定めるもの又は業務の性質若しくは業務の実施体制に照らして、第十六条の五第二項の厚生労働省令で定める一日未満の単位で介護休暇を取得することが困難と認められる業務に従事する労働者（同項の規定による厚生労働省令で定める一日未満の単位で取得しようとする者に限る。）」と、同条第二項中「前項ただし書」とあるのは「第十六条の六第二項において準用する前項ただし書」と、「前条第一項及び第三項」とあるのは「第十六条の五第一項」と読み替えるものとする。

（準用）

第十六条の七　第十条の規定は、第十六条の五第一項の規定による申出及び介護休暇について準用する。

第六章　所定外労働の制限

第十六条の八　事業主は、三歳に満たない子を養育する労働者であって、当該事業主と当該労働者が雇用される事業所の労働者の過半数で組織する労働組合があるときはその労働組合、その事業所の労働者の過半数で組織する労働組合がないときはその労働者の過半数を代表する者との書面による協定で、次に掲げる労働者のうちこの項本文の規定による請求をできないものとして定められた労働者に該当しない労働者が当該子を養育するために請求した場合においては、所定労働時間を超えて労働させてはならない。ただし、事業の正常な運営を妨げる場合は、この限りでない。

一　当該事業主に引き続き雇用された期間が一年に満たない労働者

二　前号に掲げるもののほか、当該請求をできないこととすることについて合理的な理由があると認められる労働者として厚生労働省令で定めるもの

2　前項の規定による請求は、厚生労働省令で定めるところにより、その期間中は所定労働時間を超えて労働させてはならないこととなる一の期間（一月以上一年以内の期間に限る。第四項において「制限期間」という。）について、その初日（以下この条において「制限開始予定日」という。）及び末日（第四項において「制限終了予定日」という。）とする日を明らかにして、制限開始予定日の一月前までにしなければならない。この場合において、この項前段に規定する制限期間については、第十七条第二項前段（第十八条第一項において準用する場合を含む。）に規定する制限期間と重複しないようにしなければならない。

3　第一項の規定による請求がされた後制限開始予定日とされた日の前日までに、子の死亡その他の労働者が当該請求に係る子の養育をしないこととなった事由として厚生労働省令で定める事由が生じたときは、当該請求は、されなかったものとみなす。この場合において、労働者は、その事業主に対して、当該事由が生じた旨を遅滞なく通知しなければならない。

4　次の各号に掲げるいずれかの事情が生じた場合には、制限期間は、当該事情が生じた日（第三号に掲げる事情が生じた場合にあっては、その前日）に終了する。

一　制限終了予定日とされた日の前日までに、子の死亡その他の労働者が第一項の規定による請求に係る子を養育しないこととなった事由として厚生労働省令で定める事由が生じたこと。

二　制限終了予定日とされた日の前日までに、第一項の規定による請求に係る子が三歳に達したこと。

三　第一項の規定による請求をした労働者について、労働基準法第六十五条第一項若しくは第二項の規定により休業する期間、育児休業期間又は介護休業期間が始まったこと。

5　第三項後段の規定は、前項第一号の厚生労働省令で定める事由が生じた場合について準用する。

第十六条の九　前条第一項から第三項まで及び第四項（第二号を除く。）の規定は、要介護状態にある対象家族を介護する労働者について準用する。この場合において、同条第一項中「当該子を養育する」とあるのは「当該対象家族を介護する」と、同条第三項及び第四項第一号中「子」とあるのは「対象家族」と、「養育」とあるのは「介護」と読み替えるものとする。

2　前条第三項後段の規定は、前項において準用する同条第四項第一号の厚生労働省令で定める事由が生じた場合について準用する。

第十六条の十　事業主は、労働者が第十六条の八第一項（前条第一項において準用する場合を含む。以下この条において同じ。）の規定による請求をし、又は第十六条の八第一項の規定により当該事業主が当該請求をした労働者について所定労働時間を超えて労働させてはならない場合に当該労働者が所定労働時間を超えて労働しなかったことを理由として、当該労働者に対して解雇その他不利益な取扱いをしてはならない。

第七章　時間外労働の制限

第十七条　事業主は、労働基準法第三十六条第一項の規定により同項に規定する労働時間（以下この条において単に「労働時間」という。）を延長することができる場合において、小学校就学の始期に達するまでの子を養育する労働者であって次の各号のいずれにも該当しないものが当該子を養育するために請求したときは、制限時間（一月について二十四時間、一年について百五十時間をいう。次項及び第十八条の二において同じ。）を超えて労働時間を延長してはならない。ただし、事業の正常な運営を妨げる場合は、この限りでない。

一　当該事業主に引き続き雇用された期間が一年に満たない労働者

二　前号に掲げるもののほか、当該請求をできないこととすることについて合理的な理由があると認められる労働者として厚生労働省令で定めるもの

2　前項の規定による請求は、厚生労働省令で定めるところにより、その期間中は制限時間を超えて労働時間を延長してはならな

いこととなる一の期間（一月以上一年以内の期間に限る。第四項において「制限期間」という。）について、その初日（以下この条において「制限開始予定日」という。）及び末日（第四項において「制限終了予定日」という。）とする日を明らかにして、制限開始予定日の一月前までにしなければならない。この場合において、この項前段に規定する制限期間については、第十六条の八第二項前段（第十六条の九第一項において準用する場合を含む。）に規定する制限期間と重複しないようにしなければならない。

3 第一項の規定による請求がされた後制限開始予定日とされた日の前日までに、子の死亡その他の労働者が当該請求に係る子の養育をしないこととなった事由として厚生労働省令で定める事由が生じたときは、当該請求は、されなかったものとみなす。この場合において、労働者は、その事業主に対して、当該事由が生じた旨を遅滞なく通知しなければならない。

4 次の各号に掲げるいずれかの事情が生じた場合には、制限期間は、当該事情が生じた日（第三号に掲げる事情が生じた場合にあっては、その前日）に終了する。

一 制限終了予定日とされた日の前日までに、子の死亡その他の労働者が第一項の規定による請求に係る子を養育しないこととなった事由として厚生労働省令で定める事由が生じたこと。

二 制限終了予定日とされた日の前日までに、第一項の規定による請求に係る子が小学校就学の始期に達したこと。

三 制限終了予定日とされた日までに、第一項の規定による請求をした労働者について、労働基準法第六十五条第一項若しくは第二項の規定により休業する期間、育児休業期間又は介護休業期間が始まったこと。

5 第三項後段の規定は、前項第一号の厚生労働省令で定める事由が生じた場合について準用する。

第十八条 前条第一項、第二項、第三項及び第四項（第二号を除く。）の規定は、要介護状態にある対象家族を介護する労働者について準用する。この場合において、同条第一項中「当該子を養育する」とあるのは「当該対象家族を介護する」と、同条第三項及び第四項第一号中「子」とあるのは「対象家族」と、「養育」とあるのは「介護」と読み替えるものとする。

2 前条第三項後段の規定は、前項において準用する同条第四項第一号の厚生労働省令で定める事由が生じた場合について準用する。

第十八条の二 事業主は、労働者が第十七条第一項（前条第一項において準用する場合を含む。以下この条において同じ。）の規定による請求をし、又は第十七条第一項の規定により当該事業主が当該請求をした労働者について制限時間を超えて労働時間を延長してはならない場合に当該労働者が制限時間を超えて労働しなかったことを理由として、当該労働者に対して解雇その他不利益な取扱いをしてはならない。

第八章 深夜業の制限

第十九条 事業主は、小学校就学の始期に達するまでの子を養育する労働者であって次の各号のいずれにも該当しないものが当該子を養育するために請求した場合においては、午後十時から午前五時までの間（以下この条及び第二十条の二において「深夜」という。）において労働させてはならない。ただし、事業の正常な運営を妨げる場合は、この限りでない。

一 当該事業主に引き続き雇用された期間が一年に満たない労働者

二 当該請求に係る深夜において、常態として当該子を保育することができる当該子の同居の家族その他の厚生労働省令で定める者がいる場合における当該労働者

三 前二号に掲げるもののほか、当該請求をできないこととすることについて合理的な理由があると認められる労働者として厚生労働省令で定めるもの

2 前項の規定による請求は、厚生労働省令で定めるところにより、その期間中は深夜において労働させてはならないこととなる一の期間（一月以上六月以内の期間に限る。第四項において「制限期間」という。）について、その初日（以下この条において「制限開始予定日」という。）及び末日（同項において「制限終了予定日」という。）とする日を明らかにして、制限開始予定日の一月前までにしなければならない。

3 第一項の規定による請求がされた後制限開始予定日とされた日の前日までに、子の死亡その他の労働者が当該請求に係る子の養育をしないこととなった事由として厚生労働省令で定める事由が生じたときは、当該請求は、されなかったものとみなす。この場合において、労働者は、その事業主に対して、当該事由が生じた旨を遅滞なく通知しなければならない。

4 次の各号に掲げるいずれかの事情が生じた場合には、制限期間は、当該事情が生じた日（第三号に掲げる事情が生じた場合にあっては、その前日）に終了する。

一 制限終了予定日とされた日の前日までに、子の死亡その他の労働者が第一項の規定による請求に係る子を養育しないこととなった事由として厚生労働省令で定める事由が生じたこと。

二 制限終了予定日とされた日の前日までに、第一項の規定による請求に係る子が

小学校就学の始期に達したこと。

三　制限終了予定日とされた日までに、第一項の規定による請求をした労働者について、労働基準法第六十五条第一項若しくは第二項の規定により休業する期間、育児休業期間又は介護休業期間が始まったこと。

5　第三項後段の規定は、前項第一号の厚生労働省令で定める事由が生じた場合について準用する。

第二十条　前条第一項から第三項まで及び第四項（第二号を除く。）の規定は、要介護状態にある対象家族を介護する労働者について準用する。この場合において、同条第一項中「当該子を養育する」とあるのは「当該対象家族を介護する」と、同項第二号中「子」とあるのは「対象家族」と、「保育」とあるのは「介護」と、同条第三項及び第四項第一号中「子」とあるのは「対象家族」と、「養育」とあるのは「介護」と読み替えるものとする。

2　前条第三項後段の規定は、前項において準用する同条第四項第一号の厚生労働省令で定める事由が生じた場合について準用する。

第二十条の二　事業主は、労働者が第十九条第一項（前条第一項において準用する場合を含む。以下この条において同じ。）の規定による請求をし、又は第十九条第一項の規定により当該事業主が当該請求をした労働者について深夜において労働させてはならない場合に当該労働者が深夜において労働しなかったことを理由として、当該労働者に対して解雇その他不利益な取扱いをしてはならない。

第九章　事業主が講ずべき措置等

（育児休業等に関する定めの周知等の措置）

第二十一条　事業主は、育児休業及び介護休業に関して、あらかじめ、次に掲げる事項を定めるとともに、これを労働者に周知させるための措置（労働者若しくはその配偶者が妊娠し、若しくは出産したこと又は労働者が対象家族を介護していることを知ったときに、当該労働者に対し知らせる措置を含む。）を講ずるよう努めなければならない。

一　労働者の育児休業及び介護休業中における待遇に関する事項

二　育児休業及び介護休業後における賃金、配置その他の労働条件に関する事項

三　前二号に掲げるもののほか、厚生労働省令で定める事項

2　事業主は、労働者が育児休業申出又は介護休業申出をしたときは、厚生労働省令で定めるところにより、当該労働者に対し、前項各号に掲げる事項に関する当該労働者に係る取扱いを明示するよう努めなければならない。

（雇用管理等に関する措置）

第二十二条　事業主は、育児休業申出及び介護休業申出並びに育児休業及び介護休業後における就業が円滑に行われるようにするため、育児休業又は介護休業をする労働者が雇用される事業所における労働者の配置その他の雇用管理、育児休業又は介護休業をしている労働者の職業能力の開発及び向上等に関して、必要な措置を講ずるよう努めなければならない。

（所定労働時間の短縮措置等）

第二十三条　事業主は、その雇用する労働者のうち、その三歳に満たない子を養育する労働者であって育児休業をしていないもの（一日の所定労働時間が短い労働者として厚生労働省令で定めるものを除く。）に関して、厚生労働省令で定めるところにより、労働者の申出に基づき所定労働時間を短縮することにより当該労働者が就業しつつ当該子を養育することを容易にするための措置（以下この条及び第二十四条第一項第三号において「育児のための所定労働時間の短縮措置」という。）を講じなければならない。ただし、当該事業主と当該労働者が雇用される事業所の労働者の過半数で組織する労働組合があるときはその労働組合、その事業所の労働者の過半数で組織する労働組合がないときはその労働者の過半数を代表する者との書面による協定で、次に掲げる労働者のうち育児のための所定労働時間の短縮措置を講じないものとして定められた労働者に該当する労働者については、この限りでない。

一　当該事業主に引き続き雇用された期間が一年に満たない労働者

二　前号に掲げるもののほか、育児のための所定労働時間の短縮措置を講じないこととすることについて合理的な理由があると認められる労働者として厚生労働省令で定めるもの

三　前二号に掲げるもののほか、業務の性質又は業務の実施体制に照らして、育児のための所定労働時間の短縮措置を講ずることが困難と認められる業務に従事する労働者

2　事業主は、その雇用する労働者のうち、前項ただし書の規定により同項第三号に掲げる労働者であってその三歳に満たない子を養育するものについて育児のための所定労働時間の短縮措置を講じないこととするときは、当該労働者に関して、厚生労働省令で定めるところにより、労働者の申出に基づく育児休業に関する制度に準ずる措置又は労働基準法第三十二条の三第一項の規定により労働させることその他の当該労働者が就業しつつ当該子を養育することを容

易にするための措置（第二十四条第一項において「始業時刻変更等の措置」という。）を講じなければならない。

3　事業主は、その雇用する労働者のうち、その要介護状態にある対象家族を介護する労働者であって介護休業をしていないものに関して、厚生労働省令で定めるところにより、労働者の申出に基づく連続する三年の期間以上の期間における所定労働時間の短縮その他の当該労働者が就業しつつその要介護状態にある対象家族を介護することを容易にするための措置（以下この条及び第二十四条第二項において「介護のための所定労働時間の短縮等の措置」という。）を講じなければならない。ただし、当該事業主と当該労働者が雇用される事業所の労働者の過半数で組織する労働組合があるときはその労働組合、その事業所の労働者の過半数で組織する労働組合がないときはその労働者の過半数を代表する者との書面による協定で、次に掲げる労働者のうち介護のための所定労働時間の短縮等の措置を講じないものとして定められた労働者に該当する労働者については、この限りでない。

一　当該事業主に引き続き雇用された期間が一年に満たない労働者

二　前号に掲げるもののほか、介護のための所定労働時間の短縮等の措置を講じないこととすることについて合理的な理由があると認められる労働者として厚生労働省令で定めるもの

4　前項本文の期間は、当該労働者が介護のための所定労働時間の短縮等の措置の利用を開始する日として当該労働者が申し出た日から起算する。

第二十三条の二　事業主は、労働者が前条の規定による申出をし、又は同条の規定により当該労働者に措置が講じられたことを理由として、当該労働者に対して解雇その他不利益な取扱いをしてはならない。

（小学校就学の始期に達するまでの子を養育する労働者等に関する措置）

第二十四条　事業主は、その雇用する労働者のうち、その小学校就学の始期に達するまでの子を養育する労働者に関して、労働者の申出に基づく育児に関する目的のために利用することができる休暇（子の看護休暇、介護休暇及び労働基準法第三十九条の規定による年次有給休暇として与えられるものを除き、出産後の養育について出産前において準備することができる休暇を含む。）を与えるための措置及び次の各号に掲げる当該労働者の区分に応じ当該各号に定める制度又は措置に準じて、それぞれ必要な措置を講ずるよう努めなければならない。

一　その一歳（当該労働者が第五条第三項の規定による申出をすることができる場合にあっては一歳六か月、当該労働者が同条第四項の規定による申出をすることができる場合にあっては二歳。次号において同じ。）に満たない子を養育する労働者（第二十三条第二項に規定する労働者を除く。同号において同じ。）で育児休業をしていないもの　始業時刻変更等の措置

二　その一歳から三歳に達するまでの子を養育する労働者　育児休業に関する制度又は始業時刻変更等の措置

三　その三歳から小学校就学の始期に達するまでの子を養育する労働者　育児休業に関する制度、第十六条の八の規定による所定外労働の制限に関する制度、育児のための所定労働時間の短縮措置又は始業時刻変更等の措置

2　事業主は、その雇用する労働者のうち、その家族を介護する労働者に関して、介護休業若しくは介護休暇に関する制度又は介護のための所定労働時間の短縮等の措置に準じて、その介護を必要とする期間、回数等に配慮した必要な措置を講ずるように努めなければならない。

（職場における育児休業等に関する言動に起因する問題に関する雇用管理上の措置等）

第二十五条　事業主は、職場において行われるその雇用する労働者に対する育児休業、介護休業その他の子の養育又は家族の介護に関する厚生労働省令で定める制度又は措置の利用に関する言動により当該労働者の就業環境が害されることのないよう、当該労働者からの相談に応じ、適切に対応するために必要な体制の整備その他の雇用管理上必要な措置を講じなければならない。

2　事業主は、労働者が前項の相談を行ったこと又は事業主による当該相談への対応に協力した際に事実を述べたことを理由として、当該労働者に対して解雇その他不利益な取扱いをしてはならない。

（職場における育児休業等に関する言動に起因する問題に関する国、事業主及び労働者の責務）

第二十五条の二　国は、労働者の就業環境を害する前条第一項に規定する言動を行ってはならないことその他当該言動に起因する問題（以下この条において「育児休業等関係言動問題」という。）に対する事業主その他国民一般の関心と理解を深めるため、広報活動、啓発活動その他の措置を講ずるように努めなければならない。

2　事業主は、育児休業等関係言動問題に対するその雇用する労働者の関心と理解を深めるとともに、当該労働者が他の労働者に対する言動に必要な注意を払うよう、研修の実施その他の必要な配慮をするほか、国の講ずる前項の措置に協力するように努めなければならない。

3　事業主（その者が法人である場合にあっ

ては、その役員）は、自らも、育児休業等関係言動問題に対する関心と理解を深め、労働者に対する言動に必要な注意を払うように努めなければならない。

4　労働者は、育児休業等関係言動問題に対する関心と理解を深め、他の労働者に対する言動に必要な注意を払うとともに、事業主の講ずる前条第一項の措置に協力するように努めなければならない。

（労働者の配置に関する配慮）

第二十六条　事業主は、その雇用する労働者の配置の変更で就業の場所の変更を伴うものをしようとする場合において、その就業の場所の変更により就業しつつその子の養育又は家族の介護を行うことが困難となることとなる労働者がいるときは、当該労働者の子の養育又は家族の介護の状況に配慮しなければならない。

（再雇用特別措置等）

第二十七条　事業主は、妊娠、出産若しくは育児又は介護を理由として退職した者（以下「育児等退職者」という。）について、必要に応じ、再雇用特別措置（育児等退職者であって、その退職の際に、その就業が可能となったときに当該退職に係る事業の事業主に再び雇用されることの希望を有する旨の申出をしていたものについて、当該事業主が、労働者の募集又は採用に当たって特別の配慮をする措置をいう。第三十条において同じ。）その他これに準ずる措置を実施するよう努めなければならない。

（指針）

第二十八条　厚生労働大臣は、第二十一条から第二十五条まで、第二十六条及び前条までの規定に基づき事業主が講ずべき措置等並びに子の養育又は家族の介護を行い、又は行うこととなる労働者の職業生活と家庭生活との両立が図られるようにするために事業主が講ずべきその他の措置に関して、その適切かつ有効な実施を図るための指針となるべき事項を定め、これを公表するものとする。

（職業家庭両立推進者）

第二十九条　事業主は、厚生労働省令で定めるところにより、第二十一条、第二十二条、第二十三条第一項から第三項まで、第二十四条、第二十五条第一項、第二十五条の二第二項、第二十六条及び第二十七条に定める等並びに子の養育又は家族の介護を行い、又は行うこととなる労働者の職業生活と家庭生活との両立が図られるようにするために講ずべきその他の措置の適切かつ有効な実施を図るための業務を担当する者を選任するように努めなければならない。

第十章　対象労働者等に対する援助

第一節　国等による援助

（事業主等に対する援助）

第三十条　国は、子の養育又は家族の介護を行い、又は行うこととなる労働者（以下「対象労働者」という。）及び育児等退職者（以下「対象労働者等」と総称する。）の雇用の継続、再就職の促進その他これらの者の福祉の増進を図るため、事業主、事業主の団体その他の関係者に対して、対象労働者の雇用される事業所における雇用管理、再雇用特別措置その他の措置についての相談及び助言、給付金の支給その他の必要な援助を行うことができる。

（相談、講習等）

第三十一条　国は、対象労働者に対して、その職業生活と家庭生活との両立の促進等に資するため、必要な指導、相談、講習その他の措置を講ずるものとする。

2　地方公共団体は、国が講ずる前項の措置に準じた措置を講ずるように努めなければならない。

第三十二条　〔略〕

（職業生活と家庭生活との両立に関する理解を深めるための措置）

第三十三条　国は、対象労働者等の職業生活と家庭生活との両立を妨げている職場における慣行その他の諸要因の解消を図るため、対象労働者等の職業生活と家庭生活との両立に関し、事業主、労働者その他国民一般の理解を深めるために必要な広報活動その他の措置を講ずるものとする。

（勤労者家庭支援施設）

第三十四条　地方公共団体は、必要に応じ、勤労者家庭支援施設を設置するように努めなければならない。

2　勤労者家庭支援施設は、対象労働者等に対して、職業生活と家庭生活との両立に関し、各種の相談に応じ、及び必要な指導、講習、実習等を行い、並びに休養及びレクリエーションのための便宜を供与する等対象労働者等の福祉の増進を図るための事業を総合的に行うことを目的とする施設とする。

3　厚生労働大臣は、勤労者家庭支援施設の設置及び運営についての望ましい基準を定めるものとする。

4　国は、地方公共団体に対して、勤労者家庭支援施設の設置及び運営に関し必要な助言、指導その他の援助を行うことができる。

（勤労者家庭支援施設指導員）

第三十五条　勤労者家庭支援施設には、対象労働者等に対する相談及び指導の業務を担当する職員（次項において「勤労者家庭支援施設指導員」という。）を置くように努めなければならない。

第二節　指定法人　〔略〕

第十一章　紛争の解決

第一節　紛争の解決の援助等

（苦情の自主的解決）

第五十二条の二　事業主は、第二章から第八章まで、第二十三条、第二十三条の二及び第二十六条に定める事項に関し、労働者から苦情の申出を受けたときは、苦情処理機関（事業主を代表する者及び当該事業所の労働者を代表する者を構成員とする当該事業所の労働者の苦情を処理するための機関をいう。）に対し当該苦情の処理をゆだねる等その自主的な解決を図るように努めなければならない。

（紛争の解決の促進に関する特例）

第五十二条の三　第二十五条に定める事項及び前条の事項についての労働者と事業主との間の紛争については、個別労働関係紛争の解決の促進に関する法律（平成十三年法律第百十二号）第四条、第五条及び第十二条から第十九条までの規定は適用せず、次条から第五十二条の六までに定めるところによる。

（紛争の解決の援助）

第五十二条の四　都道府県労働局長は、前条に規定する紛争に関し、当該紛争の当事者の双方又は一方からその解決につき援助を求められた場合には、当該紛争の当事者に対し、必要な助言、指導又は勧告をすることができる。

2　第二十五条第二項の規定は、労働者が前項の援助を求めた場合について準用する。

第二節　調停

（調停の委任）

第五十二条の五　都道府県労働局長は、第五十二条の三に規定する紛争について、当該紛争の当事者の双方又は一方から調停の申請があった場合において当該紛争の解決のために必要があると認めるときは、個別労働関係紛争の解決の促進に関する法律第六条第一項の紛争調整委員会に調停を行わせるものとする。

2　第二十五条第二項の規定は、労働者が前項の申請をした場合について準用する。

（調停）

第五十二条の六　雇用の分野における男女の均等な機会及び待遇の確保等に関する法律（昭和四十七年法律第百十三号）第十九条から第二十六条までの規定は、前条第一項の調停の手続について準用する。この場合において、同法第十九条第一項中「前条第一項」とあるのは「育児休業、介護休業等育児又は家族介護を行う労働者の福祉に関する法律第五十二条の五第一項」と、同法第二十条中「事業場」とあるのは「事業所」と、同法第二十五条第一項中「第十八条第一項」とあるのは「育児休業、介護休業等育児又は家族介護を行う労働者の福祉に関する法律第五十二条の三」と読み替えるものとする。

第十二章　雑則

第五十三条―第六十条　〔略〕

（公務員に関する特例）

第六十一条　第二章から第九章まで、第三十条、前章、第五十三条、第五十四条、第五十六条、第五十六条の二、前条、次条から第六十四条まで及び第六十六条の規定は、国家公務員及び地方公務員に関しては、適用しない。

2　国家公務員及び地方公務員に関しては、第三十二条中「育児等退職者」とあるのは「育児等退職者（第二十七条に規定する育児等退職者をいう。以下同じ。）」と、第三十四条第二項中「対象労働者等」とあるのは「対象労働者等（第三十条に規定する対象労働者等をいう。以下同じ。）」とする。

3―11　〔略〕

12　行政執行法人の職員（国家公務員法第八十一条の五第一項に規定する短時間勤務の官職を占める者以外の常時勤務することを要しない職員にあっては、第十六条の六第二項において準用する第六条第一項ただし書の規定を適用するとしたならば第十六条の六第二項において読み替えて準用する第六条第一項ただし書各号のいずれにも該当しないものに限る。）は、当該職員の勤務する行政執行法人の長の承認を受けて、当該職員の要介護家族の介護その他の第十六条の五第一項の厚生労働省令で定める世話を行うため、休暇を取得することができる。

13　前項の規定により休暇を取得することができる日数は、一の年において五日（要介護家族が二人以上の場合にあっては、十日）を限度とするものとする。

14　第十二項の規定による休暇は、一日の所定労働時間が短い行政執行法人の職員として厚生労働省令で定めるもの以外の者は、厚生労働省令で定める一日未満の単位で取得することができる。

15　行政執行法人の長は、第十二項の規定による休暇の承認を受けようとする職員からその承認の請求があったときは、業務の運営に支障があると認められる場合を除き、これを承認しなければならない。

16　第十二項から前項までの規定は、地方公務員法第四条第一項に規定する職員（同法第二十二条の四第一項に規定する短時間勤務の職を占める職員以外の非常勤職員にあっては、第十六条の六第二項において準用する第六条第一項ただし書の規定を適用するとしたならば第十六条の六第二項において読み替えて準用する第六条第一項ただし書各号のいずれにも該当しないものに限る。）について準用する。この場合において、第十二項中「当該職員の勤務する行政執行法人の長」とあるのは「地方公務員法第六条第一項に規定する任命権者又はその委任を受けた者（地方教育行政の組織及び運営に関する法律（昭和三十一年法律第百六十二号）第三十七条第一項に規定する県費負担教職員については、市町村の教育委員会。第十五項において同じ。）」と、第十四項中「行政執行法人の」とあるのは「地方公務員法第四条第一項に規定する」と、前項中「行政執行法人の長」とあるのは「地方公務員法第六条第一項に規定する任命権者又はその委任を受けた者」と、「職員」とあるのは「同法第四条第一項に規定する職員」と、「業務」とあるのは「公務」と読み替えるものとする。

17―18　〔略〕

19　地方公務員法第六条第一項に規定する任命権者又はその委任を受けた者（地方教育行政の組織及び運営に関する法律（昭和三十一年法律第百六十二号）第三十七条第一項に規定する県費負担教職員については、市町村の教育委員会。以下この条において同じ。）は、三歳に満たない子を養育する地方公務員法第四条第一項に規定する職員（同法第二十二条の四第一項に規定する短時間勤務の職を占める職員以外の非常勤職員にあっては、第十六条の八第一項の規定を適用するとしたならば同項各号のいずれにも該当しないものに限る。）が当該子を養育するために請求した場合において、公務の運営に支障がないと認めるときは、その者について、所定労働時間を超えて勤務しないことを承認しなければならない。

20　前項の規定は、要介護家族を介護する地方公務員法第四条第一項に規定する職員について準用する。この場合において、前項中「第十六条の八第一項」とあるのは「第十六条の九第一項において準用する第十六条の八第一項」と、「同項各号」とあるのは「第十六条の九第一項において準用する第十六条の八第一項各号」と、「当該子を養育する」とあるのは「当該要介護家族を介護する」と読み替えるものとする。

21―22　〔略〕

23　地方公務員法第六条第一項に規定する任命権者又はその委任を受けた者は、同法第四条第一項に規定する職員について労働基準法第三十六条第一項の規定により同項に規定する労働時間を延長することができる場合において、当該職員であって小学校就学の始期に達するまでの子を養育するもの（第十七条第一項の規定を適用するとしたならば同項各号のいずれにも該当しないものに限る。）が当該子を養育するために請求した場合で公務の運営に支障がないと認めるときは、その者について、制限時間を超えて当該労働時間を延長して勤務しないことを承認しなければならない。

24　前項の規定は、地方公務員法第四条第一項に規定する職員であって要介護家族を介護するものについて準用する。この場合において、前項中「第十七条第一項」とあるのは「第十八条第一項において準用する第十七条第一項」と、「同項各号」とあるのは「第十八条第一項において準用する第十七条第一項各号」と、「当該子を養育する」とあるのは「当該要介護家族を介護する」と読み替えるものとする。

25―26　〔略〕

27　地方公務員法第六条第一項に規定する任命権者又はその委任を受けた者は、小学校就学の始期に達するまでの子を養育する同法第四条第一項に規定する職員であって第十九条第一項の規定を適用するとしたならば同項各号のいずれにも該当しないものが当該子を養育するために請求した場合において、公務の運営に支障がないと認めるときは、深夜において勤務しないことを承認しなければならない。

28　前項の規定は、要介護家族を介護する地方公務員法第四条第一項に規定する職員について準用する。この場合において、前項中「第十九条第一項」とあるのは「第二十条第一項において準用する第十九条第一項」と、「同項各号」とあるのは「第二十条第一項において準用する第十九条第一項各号」と、「当該子を養育する」とあるのは「当該要介護家族を介護する」と読み替えるものとする。

29　行政執行法人の職員（国家公務員法第八十一条の五第一項に規定する短時間勤務の官職を占める者以外の常時勤務することを要しない職員にあっては、第二十三条第三項ただし書の規定を適用するとしたならば同項ただし書各号のいずれにも該当しないものに限る。）は、当該職員の勤務する行政執行法人の長の承認を受けて、要介護家族の介護をするため、一日の勤務時間の一部につき勤務しないことができる。

30　前項の規定により勤務しないことができる時間は、要介護家族の各々が同項に規定する介護を必要とする一の継続する状態ごとに、連続する三年の期間（当該要介護家族に係る指定期間と重複する期間を除く。）内において一日につき二時間を超えない範囲内で必要と認められる時間とする。

31　行政執行法人の長は、第二十九項の規定による承認を受けようとする職員からその承認の請求があったときは、当該請求に係る時間のうち業務の運営に支障があると認められる時間を除き、これを承認しなければならない。

32　前三項の規定は、地方公務員法第四条第一項に規定する職員（同法第二十二条の四第一項に規定する短時間勤務の職を占める職員以外の非常勤職員にあっては、第二十三条第三項ただし書の規定を適用するとしたならば同項ただし書各号のいずれにも該当しないものに限る。）について準用する。この場合において、第二十九項中「当該職員の勤務する行政執行法人の長」とあるのは「地方公務員法第六条第一項に規定する任命権者又はその委任を受けた者」と、前項中「行政執行法人の長」とあるのは「地方公務員法第六条第一項に規定する任命権者又はその委任を受けた者」と、「職員」とあるのは「同法第四条第一項に規定する職員」と、「業務」とあるのは「公務」と読み替えるものとする。

33　行政執行法人の長は、職場において行われる当該行政執行法人の職員に対する国家公務員の育児休業等に関する法律第三条第一項の規定による育児休業、第三項の規定による休業その他の子の養育又は家族の介護に関する厚生労働省令で定める制度の利用に関する言動により当該職員の勤務環境が害されることのないよう、当該職員からの相談に応じ、適切に対応するために必要な体制の整備その他の雇用管理上必要な措置を講じなければならない。

34—35〔略〕

36　地方公務員法第六条第一項に規定する任命権者又はその委任を受けた者は、職場において行われる同法第四条第一項に規定する職員に対する地方公務員の育児休業等に関する法律第二条第一項の規定による育児休業、第六項において準用する第三項の規定による休業その他の子の養育又は家族の介護に関する厚生労働省令で定める制度の利用に関する言動により当該職員の勤務環境が害されることのないよう、当該職員からの相談に応じ、適切に対応するために必要な体制の整備その他の雇用管理上必要な措置を講じなければならない。

37—38〔略〕

第十三章　罰則〔略〕

附　則〔令四・六・一七法六八〕

（施行期日）

1　この法律は、刑法等一部改正法施行日から施行する。〔ただし書略〕

●地方公務員の育児休業等に関する法律

（平成三年一二月二四日法律第一一〇）

最終改正…令四・五・二法三五

（目的）

第一条　この法律は、育児休業等に関する制度を設けて子を養育する職員（地方公務員法（昭和二十五年法律第二百六十一号）第四条第一項に規定する職員をいう。以下同じ。）の継続的な勤務を促進し、もって職員の福祉を増進するとともに、地方公共団体の行政の円滑な運営に資することを目的とする。

（育児休業の承認）

第二条　職員（第十八条第一項の規定により採用された同項に規定する短時間勤務職員、臨時的に任用される職員その他その任用の状況がこれらに類する職員として条例で定める職員を除く。）は、任命権者（地方公務員法第六条第一項に規定する任命権者及びその委任を受けた者をいう。以下同じ。）の承認を受けて、当該職員の子（民法（明治二十九年法律第八十九号）第八百十七条の二第一項の規定により職員が当該職員との間における同項に規定する特別養子縁組の成立について家庭裁判所に請求した者（当該請求に係る家事審判事件が裁判所に係属している場合に限る。）であって、当該職員が現に監護するもの、児童福祉法（昭和二十二年法律第百六十四号）第二十七条第一項第三号の規定により同法第六条の四第二号に規定する養子縁組里親である職員に委託されている児童その他これらに準ずる者として条例で定める者を含む。以下同じ。）を養育するため、当該子が三歳に達する日（非常勤職員にあっては、当該子の養育の事情に応じ、一歳に達する日から一歳六か月に達する日までの間で条例で定める日（当該子の養育の事情を考慮して特に必要と認められる場合として条例で定める場合に該当するときは、二歳に達する日））まで、育児休業をすることができる。ただし、当該子について、既に二回の育児休業（次に掲げる育児休業を除く。）をしたことがあるときは、条例で定める特別の事情がある場合を除き、この限りでない。

一　子の出生の日から国家公務員の育児休業等に関する法律（平成三年法律第百九号。以下「国家公務員育児休業法」という。）第三条第一項第一号の規定により人事院規則で定める期間を基準として条例で定める期間内に、職員（当該期間内に労働基準法（昭和二十二年法律第四十九号）第六十五条第二項の規定により勤務しない職員を除く。）が当該子についてする育児休業（次号に掲げる育児休業を除く。）のうち最初のもの及び二回目のもの

二　任期を定めて採用された職員が当該任期の末日を育児休業の期間の末日とする育児休業（当該職員が、当該任期を更新され、又は当該任期の満了後引き続いて任命権者を同じくする職に採用されることに伴い、当該育児休業に係る子について、当該更新前の任期の末日の翌日又は当該採用の日を育児休業の期間の初日とする育児休業をする場合に限る。）

2　育児休業の承認を受けようとする職員は、育児休業をしようとする期間の初日及び末日を明らかにして、任命権者に対し、その承認を請求するものとする。

3　任命権者は、前項の規定による請求があったときは、当該請求に係る期間について当該請求をした職員の業務を処理するための措置を講ずることが著しく困難である場合を除き、これを承認しなければならない。

（育児休業の期間の延長）

第三条　育児休業をしている職員は、任命権者に対し、当該育児休業の期間の延長を請求することができる。

2　育児休業の期間の延長は、条例で定める特別の事情がある場合を除き、一回に限るものとする。

3　前条第二項及び第三項の規定は、育児休業の期間の延長について準用する。

（育児休業の効果）

第四条　育児休業をしている職員は、育児休業を開始した時就いていた職又は育児休業の期間中に異動した職を保有するが、職務に従事しない。

2　育児休業をしている期間については、給与を支給しない。

（育児休業の承認の失効等）

第五条　育児休業の承認は、当該育児休業をしている職員が産前の休業を始め、若しくは出産した場合、当該職員が休職若しくは停職の処分を受けた場合又は当該育児休業に係る子が死亡し、若しくは当該職員の子でなくなった場合には、その効力を失う。

2　任命権者は、育児休業をしている職員が当該育児休業に係る子を養育しなくなったことその他条例で定める事由に該当すると認めるときは、当該育児休業の承認を取り消すものとする。

（育児休業に伴う任期付採用及び臨時的任用）

第六条　任命権者は、第二条第二項又は第三条第一項の規定による請求があった場合において、当該請求に係る期間について職員の配置換えその他の方法により当該請求をした職員の業務を処理することが困難であると認めるときは、当該業務を処理するため、次の各号に掲げる任用のいずれかを行うものとする。この場合において、第二号に掲げる任用は、当該請求に係る期間について一年を超えて行うことができない。

一　当該請求に係る期間を限度として行う任期を定めた採用

二　当該請求に係る期間を任期の限度として行う臨時的任用

2　任命権者は、前項の規定により任期を定めて職員を採用する場合には、当該職員に当該任期を明示しなければならない。

3　任命権者は、第一項の規定により任期を定めて採用された職員の任期が第二条第二項又は第三条第一項の規定による請求に係る期間に満たない場合には、当該期間の範囲内において、当該任期を更新することができる。

4　第二項の規定は、前項の規定により任期を更新する場合について準用する。

5　任命権者は、第一項の規定により任期を定めて採用された職員を、任期を定めて採用した趣旨に反しない場合に限り、当該任期中、他の職に任用することができる。

6　第一項の規定により臨時的任用を行う場合には、地方公務員法第二十二条の三第一項から第四項までの規定は、適用しない。

（育児休業をしている職員の期末手当等の支給）

第七条　育児休業をしている職員については、第四条第二項の規定にかかわらず、国家公務員育児休業法第八条に規定する育児休業をしている国家公務員の期末手当又は勤勉手当の支給に関する事項を基準として定める条例の定めるところにより、期末手当又は勤勉手当を支給することができる。

（育児休業をした職員の職務復帰後における給与等の取扱い）

第八条　育児休業をした職員については、国

家公務員育児休業法第三条第一項の規定により育児休業をした国家公務員の給与及び退職手当の取扱いに関する事項を基準として、職務に復帰した場合の給与及び退職した場合の退職手当の取扱いに関する措置を講じなければならない。

（育児休業を理由とする不利益取扱いの禁止）

第九条　職員は、育児休業を理由として、不利益な取扱いを受けることはない。

（育児短時間勤務の承認）

第十条　職員（非常勤職員、臨時的に任用される職員その他これらに類する職員として条例で定める職員を除く。）は、任命権者の承認を受けて、当該職員の小学校就学の始期に達するまでの子を養育するため、当該子がその始期に達するまで、常時勤務を要する職を占めたまま、次の各号に掲げるいずれかの勤務の形態（一般職の職員の勤務時間、休暇等に関する法律（平成六年法律第三十三号）第六条の規定の適用を受ける国家公務員と同様の勤務の形態によって勤務する職員以外の職員にあっては、第五号に掲げる勤務の形態）により、当該職員が希望する日及び時間帯において勤務すること（以下「育児短時間勤務」という。）ができる。ただし、当該子について、既に育児短時間勤務をしたことがある場合において、当該子に係る育児短時間勤務の終了の日の翌日から起算して一年を経過しないときは、条例で定める特別の事情がある場合を除き、この限りでない。

一　日曜日及び土曜日を週休日（勤務時間を割り振らない日をいう。以下この項において同じ。）とし、週休日以外の日において一日につき十分の一勤務時間（当該職員の一週間当たりの通常の勤務時間（以下この項において「週間勤務時間」という。）に十分の一を乗じて得た時間に端数処理（五分を最小の単位とし、これに満たない端数を切り上げることをいう。以下この項において同じ。）を行って得た時間をいう。以下この項及び第十三条において同じ。）勤務すること。

二　日曜日及び土曜日を週休日とし、週休日以外の日において一日につき八分の一勤務時間（週間勤務時間に八分の一を乗じて得た時間に端数処理を行って得た時間をいう。以下この項において同じ。）勤務すること。

三　日曜日及び土曜日並びに月曜日から金曜日までの五日間のうちの二日を週休日とし、週休日以外の日において一日につき五分の一勤務時間（週間勤務時間に五分の一を乗じて得た時間に端数処理を行って得た時間をいう。以下この項及び第十三条において同じ。）勤務すること。

四　日曜日及び土曜日並びに月曜日から金曜日までの五日間のうちの二日を週休日とし、週休日以外の日のうち、二日については一日につき五分の一勤務時間、一日については一日につき十分の一勤務時間勤務すること。

五　前各号に掲げるもののほか、一週間当たりの勤務時間が五分の一勤務時間に二を乗じて得た時間に十分の一勤務時間を加えた時間から八分の一勤務時間に五を乗じて得た時間までの範囲内の時間となるように条例で定める勤務の形態

2　職員は、育児短時間勤務の承認を受けようとするときは、条例で定めるところにより、育児短時間勤務をしようとする期間（一月以上一年以下の期間に限る。）の初日及び末日並びにその勤務の形態における勤務の日及び時間帯を明らかにして、任命権者に対し、その承認を請求するものとする。

3　任命権者は、前項の規定による請求があったときは、当該請求に係る期間について当該請求をした職員の業務を処理するための措置を講ずることが困難である場合を除き、これを承認しなければならない。

（育児短時間勤務の期間の延長）

第十一条　育児短時間勤務をしている職員（以下「育児短時間勤務職員」という。）は、任命権者に対し、当該育児短時間勤務の期間の延長を請求することができる。

2　前条第二項及び第三項の規定は、育児短時間勤務の期間の延長について準用する。

（育児短時間勤務の承認の失効等）

第十二条　第五条の規定は、育児短時間勤務の承認の失効及び取消しについて準用する。

（育児短時間勤務職員の並立任用）

第十三条　一人の育児短時間勤務職員（一週間当たりの勤務時間が五分の一勤務時間に二を乗じて得た時間に十分の一勤務時間を加えた時間から十分の一勤務時間に五を乗じて得た時間までの範囲内の時間である者に限る。以下この条において同じ。）が占める職には、他の一人の育児短時間勤務職員を任用することを妨げない。

（育児短時間勤務職員の給与等の取扱い）

第十四条　育児短時間勤務職員については、国家公務員育児休業法第十二条第一項に規定する育児短時間勤務をしている国家公務員の給与、勤務時間及び休暇の取扱いに関する事項を基準として、給与、勤務時間及び休暇の取扱いに関する措置を講じなければならない。

（育児短時間勤務を理由とする退職手当の取扱い）

第十五条　育児短時間勤務をした職員については、国家公務員育児休業法第十二条第一項に規定する育児短時間勤務をした国家公務員の退職手当の取扱いに関する事項を基準として、退職した場合の退職手当の取扱いに関する措置を講じなければならない。

（育児短時間勤務を理由とする不利益取扱いの禁止）

第十六条　職員は、育児短時間勤務を理由として、不利益な取扱いを受けることはない。

（育児短時間勤務の承認が失効した場合等における育児短時間勤務の例による短時間勤務）

第十七条　任命権者は、第十二条において準用する第五条の規定により育児短時間勤務の承認が失効し、又は取り消された場合において、過員を生ずることその他の条例で定めるやむを得ない事情があると認めるときは、その事情が継続している期間、条例で定めるところにより、当該育児短時間勤務をしていた職員に、引き続き当該育児短時間勤務と同一の勤務の日及び時間帯において常時勤務を要する職を占めたまま勤務をさせることができる。この場合において、第十三条から前条までの規定を準用する。

（育児短時間勤務に伴う短時間勤務職員の任用）

第十八条　任命権者は、第十条第二項又は第十一条第一項の規定による請求があった場合において、当該請求に係る期間について当該請求をした職員の業務を処理するため必要があると認めるときは、当該請求に係る期間を任期の限度として、短時間勤務職員（地方公務員法第二十二条の四第一項に規定する短時間勤務の職を占める職員をいう。以下この条において同じ。）を採用することができる。

2　任命権者は、前項の規定により任期を定めて短時間勤務職員を採用する場合には、当該短時間勤務職員にその任期を明示しなければならない。

3　任命権者は、第一項の規定により任期を定めて採用された短時間勤務職員について、条例で定めるところにより、当該育児短時間勤務職員の第十条第二項の規定による請求に係る期間又は当該期間の初日から第十一条第一項の規定による請求に係る期間の末日までの期間の範囲内において、その任期を更新することができる。

4　第二項の規定は、前項の規定により任期を更新する場合について準用する。

5　任命権者は、第一項の規定により任期を定めて採用された短時間勤務職員を、任期を定めて採用した趣旨に反しない場合に限り、その任期中、他の職に任用することができる。

6　任命権者が第一項又は前項の規定により短時間勤務職員を任用する場合には、地方公務員法第二十二条の四第四項の規定は、適用しない。

（部分休業）

第十九条　任命権者（地方教育行政の組織及び運営に関する法律（昭和三十一年法律第百六十二号）第三十七条第一項に規定する県費負担教職員については、市町村の教育委員会）は、職員（育児短時間勤務職員その他その任用の状況がこれに類する職員として条例で定める職員を除く。）が請求した場合において、公務の運営に支障がないと認めるときは、条例の定めるところにより、当該職員がその小学校就学の始期（非常勤職員（地方公務員法第二十八条の五第一項に規定する短時間勤務の職を占める職員を除く。）にあっては、三歳）に達するまでの子を養育するため一日の勤務時間の一部（二時間を超えない範囲内の時間に限る。）について勤務しないこと（以下この条において「部分休業」という。）を承認することができる。

2　職員が部分休業の承認を受けて勤務しない場合には、国家公務員育児休業法第二十六条第二項に規定する育児時間の承認を受けて勤務しない場合の国家公務員の給与の支給に関する事項を基準として定める条例の定めるところにより、減額して給与を支給するものとする。

3　第五条及び第十六条の規定は、部分休業について準用する。

（職員に関する労働基準法等の適用）

第二十条　職員に関する労働基準法第十二条第三項第四号及び第三十九条第十項の規定の適用については、同法第十二条第三項第四号中「育児休業、介護休業等育児又は家族介護を行う労働者の福祉に関する法律（平成三年法律第七十六号）第二条第一号」とあるのは「地方公務員の育児休業等に関する法律（平成三年法律第百十号）第二条第一項」と、「同条第二号とあるのは「育児休業、介護休業等育児又は家族介護を行う労働者の福祉に関する法律（平成三年法律第七十六号）第二条第二号」と、同法第三十九条第十項中「育児休業、介護休業等育児又は家族介護を行う労働者の福祉に関する法律第二条第一号」とあるのは「地方公務員の育児休業等に関する法律第二条第一項」と、「同条第二号」とあるのは「育児休業、介護休業等育児又は家族介護を行う労働者の福祉に関する法律第二条第二号」とする。

2　職員に関する船員法（昭和二十二年法律第百号）第七十四条第四項の規定の適用については、同項中「育児休業、介護休業等育児又は家族介護を行う労働者の福祉に関する法律（平成三年法律第七十六号）第二条第一号」とあるのは、「地方公務員の育児休業等に関する法律（平成三年法律第百十号）第二条第一項」とする。

附　則〔令四・五・二法三五〕

（施行期日）

1　この法律は、公布の日から起算して九月を超えない範囲内において政令で定める日

から施行する。〔ただし書略〕

●学校教育の水準の維持向上のための義務教育諸学校の教育職員の人材確保に関する特別措置法

（昭和四九年二月二五日法律第二号）

最終改正…平二七・六・二四法四六

（目的）

第一条　この法律は、学校教育が次代をになう青少年の人間形成の基本をなすものであることにかんがみ、義務教育諸学校の教育職員の給与について特別の措置を定めることにより、すぐれた人材を確保し、もつて学校教育の水準の維持向上に資することを目的とする。

（定義）

第二条　この法律において「義務教育諸学校」とは、学校教育法（昭和二十二年法律第二十六号）に規定する小学校、中学校、義務教育学校、中等教育学校の前期課程又は特別支援学校の小学部若しくは中学部をいう。

2　この法律において「教育職員」とは、校長、副校長、教頭及び教育職員免許法（昭和二十四年法律第百四十七号）第二条第一項に規定する教員をいう。

（優遇措置）

第三条　義務教育諸学校の教育職員の給与については、一般の公務員の給与水準に比較して必要な優遇措置が講じられなければならない。

附　則

1　この法律は、公布の日から施行する。

2　国は、第三条に定める教育職員の給与の優遇措置について、財政上、計画的にその実現に努めるものとする。

附　則〔平二七・六・二四法四六抄〕

（施行期日）

第一条　この法律は、平成二十八年四月一日から施行する。〔ただし書き略〕

●公立の義務教育諸学校等の教育職員の給与等に関する特別措置法

（昭和四六年五月二八日 法律第七七号）

最終改正…令元・一二・一一法七二

（趣旨）

第一条 この法律は、公立の義務教育諸学校等の教育職員の職務と勤務態様の特殊性に基づき、その給与その他の勤務条件について特例を定めるものとする。

（定義）

第二条 この法律において、「義務教育諸学校等」とは、学校教育法（昭和二十二年法律第二十六号）に規定する公立の小学校、中学校、義務教育学校、高等学校、中等教育学校、特別支援学校又は幼稚園をいう。

2 この法律において、「教育職員」とは、義務教育諸学校等の校長（園長を含む。次条第一項において同じ。）、副校長（副園長を含む。同項において同じ。）、教頭、主幹教諭、指導教諭、教諭、養護教諭、栄養教諭、助教諭、養護助教諭、講師（常時勤務の者及び地方公務員法（昭和二十五年法律第二百六十一号）第二十八条の五第一項に規定する短時間勤務の職を占める者に限る。）、実習助手及び寄宿舎指導員をいう。

（教育職員の教職調整額の支給等）

第三条 教育職員（校長、副校長及び教頭を除く。以下この条において同じ。）には、その者の給料月額の百分の四に相当する額を基準として、条例で定めるところにより、教職調整額を支給しなければならない。

2 教育職員については、時間外勤務手当及び休日勤務手当は、支給しない。

3 第一項の教職調整額の支給を受ける者の給与に関し、次の各号に掲げる場合においては、当該各号に定める内容を条例で定めるものとする。

一 地方自治法（昭和二十二年法律第六十七号）第二百四条第二項に規定する地域手当、特地勤務手当（これに準ずる手当を含む。）、期末手当、勤勉手当、定時制通信教育手当、産業教育手当又は退職手当について給料をその算定の基礎とする場合 当該給料の額に教職調整額の額を加えた額を算定の基礎とすること。

二 休職の期間中に給料が支給される場合 当該給料の額に教職調整額の額を加えた額を支給すること。

三 外国の地方公共団体の機関等に派遣される一般職の地方公務員の処遇等に関する法律（昭和六十二年法律第七十八号）第二条第一項の規定により派遣された者に給料が支給される場合 当該給料の額に教職調整額の額を加えた額を支給すること。

四 公益的法人等への一般職の地方公務員の派遣等に関する法律（平成十二年法律第五十号）第二条第一項の規定により派遣された者に給料が支給される場合 当該給料の額に教職調整額の額を加えた額を支給すること。

（教職調整額を給料とみなして適用する法令）

第四条 前条の教職調整額の支給を受ける者に係る次に掲げる法律の規定及びこれらに基づく命令の規定の適用については、同条の教職調整額は、給料とみなす。

一 地方自治法

二 市町村立学校職員給与負担法（昭和二十三年法律第百三十五号）

三 へき地教育振興法（昭和二十九年法律第百四十三号）

四 地方公務員等共済組合法（昭和三十七年法律第百五十二号）

五 地方公務員等共済組合法の長期給付等に関する施行法（昭和三十七年法律第百五十三号）

六 地方公務員災害補償法（昭和四十二年法律第百二十一号）

（教育職員に関する読替え）

第五条 教育職員については、地方公務員法第五十八条第三項本文中「第二条、」とあるのは第三十二条の四第一項中「当該事業場に、労働者の過半数で組織する労働組合がある場合においてはその労働組合、労働者の過半数で組織する労働組合がない場合においては労働者の過半数を代表する者との書面による協定により、次に掲げる事項を定めたときは」とあるのは「次に掲げる事項について条例に特別の定めがある場合は」と、「その協定」とあるのは「その条例」と、「当該協定」とあるのは「当該条例」と、同項第五号中「厚生労働省令」とあるのは「文部科学省令」と、同条第二項中「前項の協定で同項第四号の区分をし」とあるのは「前項第四号の区分並びに」と、「を定めたときは」とあるのは「について条例に特別の定めがある場合は」と、「当該事業場に、労働者の過半数で組織する労働組合がある場合においてはその労働組合、労働者の過半数で組織する労働組合がない場合においては労働者の過半数を代表する者の同意を得て、厚生労働省令」とあるのは「文部科学省令」と、同条第三項中「厚生労働大臣は、労働政策審議会」とあるのは「文部科学大臣は、審議会等（国家行政組織法（昭和二十三年法律第百二十号）第八条に規定する機関をいう。）で政令で定めるもの」と、「厚生労働省令」とあるのは「文部科学省令」と、「協定」とあるのは「条例」と、「同法第三十三条第三項中「官公署の事業（別表第一に掲げる事業を除く。）」とあるのは「別表第一第十二号に掲げる事業」と、「労働させることができる」とあるのは「労働させることができる。この場合において、公務員の健康及び福祉を害しないように考慮しなければならない」と読み替えて同法第三十二条の四第一項から第三項まで及び第三十三条第三項の規定を適用するものとし、同法第二条、と、「から第三十二条の五まで」とあるのは「、第三十二条の三の二、第三十二条の四の二、第三十二条の五、第三十七条」と、「第五十三条第一項」とあるのは「第五十三条第一項、第六十六条（船員法第八十八条の二の二第四項及び第五項並びに第八十八条の三第四項において準用する場合を含む。）」と、「規定は」とあるのは「規定（船員法第七十三条の規定に基づく命令の規定中同法第六十六条に係るものを含む。）は」と、同条第四項中「同法第三十七条第三項中「使用者が、当該事業場に、労働者の過半数で組織する労働組合があるときはその労働組合、労働者の過半数で組織する労働組合がないときは労働者の過半数を代表する者との書面による協定により」とあるのは「使用者が」と、「同法」とあるのは「同法」と読み替えて同条第三項及び第四項の規定を適用するものとする。

（教育職員の正規の勤務時間を超える勤務等）

第六条 教育職員（管理職手当を受ける者を除く。以下この条において同じ。）を正規の勤務時間（一般職の職員の勤務時間、休暇等に関する法律（平成六年法律第三十三号）第五条から第八条まで、第十一条及び第十二条の規定に相当する条例の規定による勤務時間をいう。第三項及び次条第一項において同じ。）を超えて勤務させる場合は、政令で定める基準に従い条例で定める場合に限るものとする。

2 前項の政令を定める場合においては、教育職員の健康と福祉を害することとならないよう勤務の実情について十分な配慮がされなければならない。

3 第一項の規定は、次に掲げる日において教育職員を正規の勤務時間中に勤務させる場合について準用する。

一 一般職の職員の勤務時間、休暇等に関する法律第十四条に規定する祝日法による休日及び年末年始の休日に相当する日

二 一般職の職員の給与に関する法律（昭和二十五年法律第九十五号）第十七条の規定に相当する条例の規定により休日勤務手当が一般の職員に対して支給される日（前号に掲げる日を除く。）

（教育職員の業務量の適切な管理等に関する指針の策定等）

第七条 文部科学大臣は、教育職員の健康及び福祉の確保を図ることにより学校教育の水準の維持向上に資するため、教育職員が正規の勤務時間及びそれ以外の時間において行う業務の量の適切な管理その他教育職員の服務を監督する教育委員会が教育職員の健康及び福祉の確保を図るために講ずべき措置に関する指針（次項において単に「指針」という。）を定めるものとする。

2 文部科学大臣は、指針を定め、又はこれを変更したときは、遅滞なく、これを公表しなければならない。

附 則〔抄〕

1 この法律は、昭和四十七年一月一日から施行する。

附 則〔令元・一二・一一法七二〕

（施行期日）

第一条 この法律は、令和三年四月一日から施行する。〔ただし書略〕

●公立の義務教育諸学校等の教育職員を正規の勤務時間を超えて勤務させる場合等の基準を定める政令

（平成一五年一二月三日
政令第四八四号）

公立の義務教育諸学校等の教育職員の給与等に関する特別措置法（以下「法」という。）第六条第一項（同条第三項において準用する場合を含む。）の政令で定める基準は、次のとおりとする。

一　教育職員（法第六条第一項に規定する教育職員をいう。次号において同じ。）については、正規の勤務時間（同項に規定する正規の勤務時間をいう。以下同じ。）の割振りを適正に行い、原則として時間外勤務（正規の勤務時間を超えて勤務することをいい、同条第三項各号に掲げる日において正規の勤務時間中に勤務することを含む。次号において同じ。）を命じないものとすること。

二　教育職員に対し時間外勤務を命ずる場合は、次に掲げる業務に従事する場合であって臨時又は緊急のやむを得ない必要があるときに限るものとすること。

イ　校外実習その他生徒の実習に関する業務

ロ　修学旅行その他学校の行事に関する業務

ハ　職員会議（設置者の定めるところにより学校に置かれるものをいう。）に関する業務

ニ　非常災害の場合、児童又は生徒の指導に関し緊急の措置を必要とする場合その他やむを得ない場合に必要な業務

附　則

この政令は、平成十六年四月一日から施行する。

●教育職員免許法〔抄〕

（昭和二四年五月三一日
法律第一四七号）

最終改正…令四・六・一七法六八

【解説】

一　戦前の教員の資格と養成は、初等教育段階では、原則として師範学校の卒業者に資格付与されていたが、中等教育段階では、一部の高等師範学校等の直接養成機関を除けば、大学、高等学校、専門学校の卒業生が教員検定を経て資格を与えられていた。初等教員と中等教員には、資格、養成さらには待遇や社会的地位に至るまで大きな違いがあり、いわば教職の二元性がこの時代の特徴の一つであった。

二　戦後の教育改革により、幼稚園・小学校・中学校教員は、資格、養成ともに同一基準で扱われ、高等学校教員は、これより二年長い学歴を求められるようになった。戦後の教育改革に大きな役割を果たした米国教育使節団とその使節団に協力した日本側委員会は、それぞれ戦後の教員の養成、資格をめぐって意見を提示するが、教育刷新委員会は、それらの提案を受け、「教員の養成は、総合大学及び単科大学において、教育学科を置いてこれを行なう」方針を決定した（大学における教員養成）。さらに、同委員会は、専門的教職準備教育の主張と開放制による間接的準備教育の主張との調整を図り、第六回建議において教員養成・資格制度の改革方針を提示した（昭和二二年）。

他方、学校教育法八条は、「校長及び教員の免許状その他資格に関する事項は、監督庁が、これを定める」と規定したため、当分の

間文部大臣が免許事項を定めることとされ、その準備が進められたものの、その後、日本国憲法の精神の下、教育に関する法律主義の徹底、さらには昭和二四年度から国立の新制大学、とりわけ学芸大学の発足を契機として、教育職員免許法が制定されるに至った。

三　一九四九（昭和二四）年に制定された本法は、「民主的立法」「教職の専門職制の確立」「学校教育の尊重」「免許の開放制と合理性」「現職教育の尊重」の五つをその精神としていた。特に「専門職制の確立」は免許法をなす根幹であり、そのため一般の教員はもちろん、校長、指導主事、さらには教育長まで免許状を必要とする厳格な免許状主義を貫いていた。しかし、その一方で、免許の徹底した開放制もその特徴としていたため、取得される免許の質的維持への懸念から、一九五三（昭和二八）年に文部大臣が教員養成の課程として認定した大学における教科及び教職に関する専門科目の単位でなければならなくなった。いわゆる課程認定制度の導入であり、この制度は今日まで維持されている。

四　その後、本法は、数次に及ぶ改正を経て今日に至るが、その主要なものを列挙すると、①一九五四（昭和二九）年に校長、教育長、指導主事の免許が廃止され、任用資格制となった。また、②臨時的措置であった教諭、養護教諭の「仮免許状」制度が廃止となった。この外、③幼稚園、小学校教諭免許状では教科専門科目の履修単位数引き下げと教職専門科目の履修単位数引き上げが、そして中・高等学校教諭免許状では真逆の引き上げ・引き下げ措置がなされた。さらに、④高等学校教諭一級普通免許状の取得に際しては大学院及び専攻科における養成制度が導入され、⑤盲・聾・養護学校教諭については「当分の間」、基礎免許状のみで可能とする特例が導入された。

続く一九六一（昭和三六）年の改正では、当時不足していた高等学校「工業」教諭の確保のために、「当分の間」、教職専門科目の単位数を全て教科専門科目で代替できる特例が導入され、この特例は現在でも認められている。さらに、一九六四（昭和三九）年の改正では、高等学校の技能教科（柔道・剣道・計算実務）について教員資格認定試験制度が導入され、この制度は一九七三（昭和四八）年の一部改正では、高等学校の他の技能教科（看護、インテリア、建築、デザイン）や小学校教員、特別支援学校教員にまで拡大された。なお、高等学校教員に関しては二〇〇四（平成一六）年に休止に至ったものの、平成一七年には幼稚園教員が新たにその対象に含まれるようになり、今日に至っている。

このように、本法は教員の需給関係に大きく影響を受けながら、部分的な改正を繰り返してきたが、一九八八（昭和六三）年には、免許制度の根幹に関わる以下のような抜本的な改正が実施された。すなわち、①従来の普通免許状の一級、二級の区分を廃止し、専修（大学院修士課程修了を基礎資格）、一種（大学学部卒業を基礎資格）、二種（短大卒業を基礎資格）とする三区分としたこと、②勤続年数（十五年）による免許状の上進制度を廃止したこと、③有能な社会人登用のための特別免許状制度を創設したこと、④特に必要がある場合、免許状授与権者（都道府県教育委員会）の許可を受けて、免許状を有しない者を非常勤講師に充当することができることなど、である。これらから明らかなように、改正内容は、教員の資質能力向上の観点から評価すべき諸点がある一方で、これまで同様に現実的な教員需要への対応といういわば矛盾した内容が混在していた。

五　教職が専門職であるべきという点は論を待たない。ユネスコの「教員の地位に関する勧告」第六項（一九六六年）でもそのことは世界的な合意事項となっている。しかし、現実の小・中・高校等の教員が真に専門職としての地位を確立し得ているのか。これまでの本法改正の動向を振り返っても、その実態は想像に難くない。専門職としての地位を真に確立するためには、教員免許制度の形式的整備だけでは十分とはいえず、教員養成の質的向上、教員採用試験の内容と方法の改善、採用後における教員研修の充実などを、教師教育全体の一体的・構造的課題と捉えて、養成を担当する大学、そして学校及び教育行政機関関係者全員が連帯して課題解決に向けた不断の努力が不可欠である。また、昨今指摘される教員の劣悪な勤務環境を改善し、専門的業務に専念できる時間を確保することも重要であろう。

六　なお、近年における教免法関連改正のポイントとしては、二〇〇九（平成二一）年の同法施行規則の一部改正により社会人活用の観点から、教員免許状を有さない「民間人校長」の登用が可能となったこと、平成二一年教員免許状の更新制が導入されたこと、さらに、二〇一六（平成二八）年免許法、翌年同法施行規則が改正され、従来の「教科に関する科目」と「教職に関する科目」に関する科目区分を廃止し、「教科及び教職に関する科目」へ大括り化したことなどが挙げられる。大括り化の狙いは教科専門と教科教育の連携強化を通して、より実践的な教員の養成にあった。さらに、Society 5.0社会へ対応すべく、令和三年に小・中・高校教員の普通免許状取得のためには、「情報通信技術を活用した教育の理論及び方法」を一単位以上習得することが義務化された。そして、二〇二二（令和四）年七月には、成立当初より課題の多かった「教員免許の更新制」が廃止され、それに替わって「研修記録の作成と校長・教員に対する資質向上に関する指導助言等」が義務化された。

〈参考文献〉

玖村敏雄編『教育職員免許法同法施行法解説』学芸図書、一九四九年。若井彌一著『教育法規の理論と実践』（改訂版）、樹村房、一九九八年。

（若井　彌一・古賀　一博）

【教採頻出条文】

第二条―2、第四条―4、第五条、第九条、第

十条

第一章　総則

（この法律の目的）

第一条　この法律は、教育職員の免許に関する基準を定め、教育職員の資質の保持と向上を図ることを目的とする。

（定義）

第二条　この法律において「教育職員」とは、学校（学校教育法（昭和二十二年法律第二十六号）第一条に規定する幼稚園、小学校、中学校、義務教育学校、高等学校、中等教育学校及び特別支援学校（第三項において「第一条学校」という。）並びに就学前の子どもに関する教育、保育等の総合的な提供の推進に関する法律（平成十八年法律第七十七号）第二条第七項に規定する幼保連携型認定こども園（以下「幼保連携型認定こども園」という。）をいう。以下同じ。）の主幹教諭（幼保連携型認定こども園の主幹養護教諭及び主幹栄養教諭を含む。以下同じ。）、指導教諭、教諭、助教諭、養護教諭、養護助教諭、栄養教諭、主幹保育教諭、指導保育教諭、保育教諭、助保育教諭及び講師（以下「教員」という。）をいう。

2　この法律で「免許管理者」とは、免許状を有する者が教育職員及び文部科学省令で定める教育の職にある者である場合にあつてはその者の勤務地の都道府県の教育委員会、これらの者以外の者である場合にあつてはその者の住所地の都道府県の教育委員会をいう。

3　この法律において「所轄庁」とは、大学附置の国立学校（国（国立大学法人法（平成十五年法律第百十二号）第二条第一項に規定する国立大学法人を含む。以下この項において同じ。）が設置する学校をいう。以下同じ。）又は公立学校（地方公共団体（地方独立行政法人法（平成十五年法律第百十八号）第六十八条第一項に規定する公立大学法人（以下単に「公立大学法人」という。）を含む。）が設置する学校をいう。以下同じ。）の教員にあつてはその大学の学長、大学附置の学校以外の公立学校（第一条学校に限る。）の教員にあつてはその学校を所管する教育委員会、大学附置の学校以外の公立学校（幼保連携型認定こども園に限る。）の教員にあつてはその学校を所管する地方公共団体の長、私立学校（国及び地方公共団体（公立大学法人を含む。）以外の者が設置する学校をいう。以下同じ。）の教員にあつては都道府県知事（地方自治法（昭和二十二年法律第六十七号）第二百五十二条の十九第一項の指定都市又は同法第二百五十二条の二十二第一項の中核市（以下この項において「指定都市等」という。）の区域内の幼保連携型認定こども園の教員にあつては、当該指定都市等の長）をいう。

4　この法律で「自立教科等」とは、理療（あん摩、マッサージ、指圧等に関する基礎的な知識技能の修得を目標とした教科をいう。）、理学療法、理容その他の職業についての知識技能の修得に関する教科及び学習上又は生活上の困難を克服し自立を図るために必要な知識技能の修得を目的とする教育に係る活動（以下「自立活動」という。）をいう。

5　この法律で「特別支援教育領域」とは、学校教育法第七十二条に規定する視覚障害者、聴覚障害者、知的障害者、肢体不自由者又は病弱者（身体虚弱者を含む。）に関するいずれかの教育の領域をいう。

（免許）

第三条　教育職員は、この法律により授与する各相当の免許状を有する者でなければならない。

2　前項の規定にかかわらず、主幹教諭（養護又は栄養の指導及び管理をつかさどる主幹教諭を除く。）及び指導教諭については各相当学校の教諭の免許状を有する者を、養護をつかさどる主幹教諭については養護教諭の免許状を有する者を、栄養の指導及び管理をつかさどる主幹教諭については栄養教諭の免許状を有する者を、講師については各相当学校の教員の相当免許状を有する者を、それぞれ充てるものとする。

3　特別支援学校の教員（養護又は栄養の指導及び管理をつかさどる主幹教諭、養護教諭、養護助教諭、栄養教諭並びに特別支援学校において自立教科等の教授を担任する教員を除く。）については、第一項の規定にかかわらず、特別支援学校の教員の免許状のほか、特別支援学校の各部に相当する学校の教員の免許状を有する者でなければならない。

4　義務教育学校の教員（養護又は栄養の指導及び管理をつかさどる主幹教諭、養護教諭、養護助教諭並びに栄養教諭を除く。）については、第一項の規定にかかわらず、小学校の教員の免許状及び中学校の教員の免許状を有する者でなければならない。

5　中等教育学校の教員（養護又は栄養の指導及び管理をつかさどる主幹教諭、養護教諭、養護助教諭並びに栄養教諭を除く。）については、第一項の規定にかかわらず、中学校の教員の免許状及び高等学校の教員の免許状を有する者でなければならない。

6　幼保連携型認定こども園の教員の免許については、第一項の規定にかかわらず、就学前の子どもに関する教育、保育等の総合的な提供の推進に関する法律の定めるところによる。

（免許状を要しない非常勤の講師）

第三条の二　次に掲げる事項の教授又は実習を担任する非常勤の講師については、前条の規定にかかわらず、各相当学校の教員の相当免許状を有しない者を充てることができる。

一　小学校における次条第六項第一号に掲げる教科の領域の一部に係る事項

二　中学校における次条第五項第一号に掲げる教科及び第十六条の三第一項の文部科学省令で定める教科の領域の一部に係る事項

三　義務教育学校における前二号に掲げる事項

四　高等学校における次条第五項第二号に掲げる教科及び第十六条の三第一項の文部科学省令で定める教科の領域の一部に係る事項

五　中等教育学校における第二号及び前号に掲げる事項

六　特別支援学校（幼稚部を除く。）における第一号、第二号及び第四号に掲げる事項並びに自立教科等の領域の一部に係る事項

七　教科に関する事項で文部科学省令で定めるもの

2　前項の場合において、非常勤の講師に任命し、又は雇用しようとする者は、文部科学省令で定めるところにより、その旨を第五条第六項に規定する授与権者に届け出なければならない。

第二章　免許状

（種類）

第四条　免許状は、普通免許状、特別免許状及び臨時免許状とする。

2　普通免許状は、学校（義務教育学校、中等教育学校及び幼保連携型認定こども園を除く。）の種類ごとの教諭の免許状、養護教諭の免許状及び栄養教諭の免許状とし、それぞれ専修免許状、一種免許状及び二種免許状（高等学校教諭の免許状にあつては、専修免許状及び一種免許状）に区分する。

3　特別免許状は、学校（幼稚園、義務教育学校、中等教育学校及び幼保連携型認定こども園を除く。）の種類ごとの教諭の免許状とする。

4　臨時免許状は、学校（義務教育学校、中等教育学校及び幼保連携型認定こども園を除く。）の種類ごとの助教諭の免許状及び養護助教諭の免許状とする。

5　中学校及び高等学校の教員の普通免許状及び臨時免許状は、次に掲げる各教科について授与するものとする。

一　中学校の教員にあつては、国語、社会、数学、理科、音楽、美術、保健体育、保健、技術、家庭、職業（職業指導及び職業実習（農業、工業、商業、水産及び商船のうちいずれか一以上の実習とする。以下同じ。）を含む。）、職業指導、職業実習、各外国語（英語、ドイツ語、フランス語その他の各外国語に分ける。）及び宗教

二　高等学校の教員にあつては、国語、地理歴史、公民、数学、理科、音楽、美術、工芸、書道、保健体育、保健、看護、看護実習、家庭、家庭実習、情報、情報実習、農業、農業実習、工業、工業実習、商業、商業実習、水産、水産実習、福祉、福祉実習、商船、商船実習、職業指導、各外国語（英語、ドイツ語、フランス語その他の各外国語に分ける。）及び宗教

6　小学校教諭、中学校教諭及び高等学校教諭の特別免許状は、次に掲げる教科又は事項について授与するものとする。

一　小学校教諭にあつては、国語、社会、算数、理科、生活、音楽、図画工作、家庭、体育及び外国語（英語、ドイツ語、フランス語その他の各外国語に分ける。）

二　中学校教諭にあつては、前項第一号に掲げる各教科及び第十六条の三第一項の文部科学省令で定める教科

三　高等学校教諭にあつては、前項第二号に掲げる各教科及びこれらの教科の領域の一部に係る事項で第十六条の四第一項の文部科学省令で定めるもの並びに第十六条の三第一項の文部科学省令で定める教科

第四条の二　特別支援学校の教員の普通免許状及び臨時免許状は、一又は二以上の特別支援教育領域について授与するものとする。

2　特別支援学校において専ら自立教科等の教授を担任する教員の普通免許状及び臨時免許状は、前条第二項の規定にかかわらず、文部科学省令で定めるところにより、障害の種類に応じて文部科学省令で定める自立教科等について授与するものとする。

3　特別支援学校教諭の特別免許状は、前項の文部科学省令で定める自立教科等について授与するものとする。

（授与）

第五条　普通免許状は、別表第一、別表第二若しくは別表第二の二に定める基礎資格を有し、かつ、大学若しくは文部科学大臣の指定する養護教諭養成機関において別表第一、別表第二若しくは別表第二の二に定める単位を修得した者又はその免許状を授与するため行う教育職員検定に合格した者に授与する。ただし、次の各号のいずれかに該当する者には、授与しない。

一　十八歳未満の者

二　高等学校を卒業しない者（通常の課程以外の課程におけるこれに相当するものを修了しない者を含む。）。ただし、文部科学大臣において高等学校を卒業した者と同等以上の資格を有すると認めた者を除く。

三　拘禁刑以上の刑に処せられた者
四　第十条第一項第二号又は第三号に該当することにより免許状がその効力を失い、当該失効の日から三年を経過しない者
五　第十一条第一項から第三項までの規定により免許状取上げの処分を受け、当該処分の日から三年を経過しない者
六　日本国憲法施行の日〔昭和二十二年五月三日〕以後において、日本国憲法又はその下に成立した政府を暴力で破壊することを主張する政党その他の団体を結成し、又はこれに加入した者

2　特別免許状は、教育職員検定に合格した者に授与する。ただし、前項各号のいずれかに該当する者には、授与しない。

3　前項の教育職員検定は、次の各号のいずれにも該当する者について、教育職員に任命し、又は雇用しようとする者が、学校教育の効果的な実施に特に必要があると認める場合において行う推薦に基づいて行うものとする。
一　担当する教科に関する専門的な知識経験又は技能を有する者
二　社会的信望があり、かつ、教員の職務を行うのに必要な熱意と識見を持つている者

4　第六項で定める授与権者は、第二項の教育職員検定において合格の決定をしようとするときは、学校教育に関し学識経験を有する者その他の文部科学省令で定める者の意見を聴かなければならない。

5　臨時免許状は、普通免許状を有する者を採用することができない場合に限り、第一項各号のいずれにも該当しない者で教育職員検定に合格したものに授与する。ただし、高等学校助教諭の臨時免許状は、次の各号のいずれかに該当する者以外の者には授与しない。
一　短期大学士の学位（学校教育法第百四条第二項に規定する文部科学大臣の定める学位（専門職大学を卒業した者に対して授与されるものを除く。）又は同条第六項に規定する文部科学大臣の定める学位を含む。）又は準学士の称号を有する者
二　文部科学大臣が前号に掲げる者と同等以上の資格を有すると認めた者

6　免許状は、都道府県の教育委員会（以下「授与権者」という。）が授与する。

（免許状の授与の手続等）
第五条の二　免許状の授与を受けようとする者は、申請書に授与権者が定める書類を添えて、授与権者に申し出るものとする。

2　特別支援学校の教員の免許状の授与に当たつては、当該免許状の授与を受けようとする者の別表第一の第三欄に定める特別支援教育に関する科目（次項において「特別支援教育科目」という。）の修得の状況又は教育職員検定の結果に応じて、文部科学省令で定めるところにより、一又は二以上の特別支援教育領域を定めるものとする。

3　特別支援学校の教員の免許状の授与を受けた者が、その授与を受けた後、当該免許状に定められている特別支援教育領域以外の特別支援教育領域（以下「新教育領域」という。）に関して特別支援教育科目を修得し、申請書に当該免許状を授与した授与権者が定める書類を添えて当該授与権者にその旨を申し出た場合、又は当該授与権者が行う教育職員検定に合格した場合には、当該授与権者は、前項に規定する文部科学省令で定めるところにより、当該免許状に当該新教育領域を追加して定めるものとする。

（教育職員検定）
第六条　教育職員検定は、受検者の人物、学力、実務及び身体について、授与権者が行う。

2　学力及び実務の検定は、第五条第二項及び第五項、前条第三項並びに第十八条の場合を除くほか、別表第三又は別表第五から別表第八までに定めるところによつて行わなければならない。

3　一以上の教科についての教諭の免許状を有する者に他の教科についての教諭の免許状を授与するため行う教育職員検定は、第一項の規定にかかわらず、受検者の人物、学力及び身体について行う。この場合における学力の検定は、前項の規定にかかわらず、別表第四の定めるところによつて行わなければならない。

（証明書の発行）
第七条　大学（文部科学大臣の指定する教員養成機関、並びに文部科学大臣の認定する講習及び通信教育の開設者を含む。）は、免許状の授与、新教育領域の追加の定め（第五条の二第三項の規定による新教育領域の追加の定めをいう。）又は教育職員検定を受けようとする者から請求があつたときは、その者の学力に関する証明書を発行しなければならない。

2　国立学校又は公立学校の教員にあつては所轄庁、私立学校の教員にあつてはその私立学校を設置する学校法人等（学校法人（私立学校法（昭和二十四年法律第二百七十号）第三条に規定する学校法人をいう。以下同じ。）又は社会福祉法人（社会福祉法（昭和二十六年法律第四十五号）第二十二条に規定する社会福祉法人をいう。以下同じ。）をいう。以下同じ。）の理事長は、教育職員検定を受けようとする者から請求があつたときは、その者の人物、実務及び身体に関する証明書を発行しなければならない。

3　所轄庁が前項の規定による証明書を発行する場合において、所轄庁が大学の学長

で、その証明書の発行を請求した者が大学附置の国立学校又は公立学校の教員であるときは、当該所轄庁は、その学校の校長（幼稚園及び幼保連携型認定こども園の園長を含む。）の意見を聞かなければならない。

4　第一項及び第二項の証明書の様式その他必要な事項は、文部科学省令で定める。

（授与の場合の原簿記入等）

第八条　授与権者は、免許状を授与したときは、免許状の種類、その者の氏名及び本籍地、授与の日その他文部科学省令で定める事項を原簿に記入しなければならない。

2　前項の原簿は、その免許状を授与した授与権者において作製し、保存しなければならない。

3　第五条の二第三項の規定により免許状に新教育領域を追加して定めた授与権者は、その旨を第一項の原簿に記入しなければならない。

（効力）

第九条　普通免許状は、全ての都道府県（中学校及び高等学校の教員の宗教の教科についての免許状にあつては、国立学校又は公立学校の場合を除く。以下この条において同じ。）において効力を有する。

2　**特別免許状は、その免許状を授与した授与権者の置かれる都道府県においてのみ効力を有する。**

3　**臨時免許状は、その免許状を授与したときから三年間、その免許状を授与した授与権者の置かれる都道府県においてのみ効力を有する。**

（二種免許状を有する者の一種免許状の取得に係る努力義務）

第九条の二　教育職員で、その有する相当の免許状（主幹教諭（養護又は栄養の指導及び管理をつかさどる主幹教諭を除く。）及び指導教諭についてはその有する相当学校の教諭の免許状、養護をつかさどる主幹教諭についてはその有する養護教諭の免許状、栄養の指導及び管理をつかさどる主幹教諭についてはその有する栄養教諭の免許状、講師についてはその有する相当学校の教員の相当免許状）が二種免許状であるものは、相当の一種免許状の授与を受けるように努めなければならない。

第三章　免許状の失効及び取上げ

（失効）

第十条　免許状を有する者が、次の各号のいずれかに該当する場合には、その免許状はその効力を失う。

一　**第五条第一項第三号又は第六号に該当するに至つたとき。**

二　**公立学校の教員であつて懲戒免職の処分を受けたとき。**

三　**公立学校の教員（地方公務員法（昭和二十五年法律第二百六十一号）第二十九条の二第一項各号に掲げる者に該当する者を除く。）であつて同法第二十八条第一項第一号又は第三号に該当するとして分限免職の処分を受けたとき。**

2　前項の規定により免許状が失効した者は、速やかに、その免許状を免許管理者に返納しなければならない。

（取上げ）

第十一条　国立学校、公立学校（公立大学法人が設置するものに限る。次項第一号において同じ。）又は私立学校の教員が、前条第一項第二号に規定する者の場合における懲戒免職の事由に相当する事由により解雇されたと認められるときは、免許管理者は、その免許状を取り上げなければならない。

2　免許状を有する者が、次の各号のいずれかに該当する場合には、免許管理者は、その免許状を取り上げなければならない。

一　国立学校、公立学校又は私立学校の教員（地方公務員法第二十九条の二第一項各号に掲げる者に相当する者を含む。）であつて、前条第一項第三号に規定する者の場合における同法第二十八条第一項第一号又は第三号に掲げる分限免職の事由に相当する事由により解雇されたと認められるとき。

二　地方公務員法第二十九条の二第一項各号に掲げる者に該当する公立学校の教員であつて、前条第一項第三号に規定する者の場合における同法第二十八条第一項第一号又は第三号に掲げる分限免職の事由に相当する事由により免職の処分を受けたと認められるとき。

3　免許状を有する者（教育職員以外の者に限る。）が、法令の規定に故意に違反し、又は教育職員たるにふさわしくない非行があつて、その情状が重いと認められるときは、免許管理者は、その免許状を取り上げることができる。

4　前三項の規定により免許状取上げの処分を行つたときは、免許管理者は、その旨を直ちにその者に通知しなければならない。この場合において、当該免許状は、その通知を受けた日に効力を失うものとする。

5　前条第二項の規定は、前項の規定により免許状が失効した者について準用する。

（聴聞の方法の特例）

第十二条　免許管理者は、前条の規定による免許状取上げの処分に係る聴聞を行おうとするときは、聴聞の期日の三十日前までに、行政手続法（平成五年法律第八十八号）第十五条第一項の規定による通知をしなければならない。

2　前項の聴聞の期日における審理は、当該聴聞の当事者から請求があつたときは、公開により行わなければならない。

3　第一項の聴聞に際しては、利害関係人（同項の聴聞の参加人を除く。）は、当該聴聞の主宰者に対し、当該聴聞の期日までに証拠書類又は証拠物を提出することができる。

4　第一項の聴聞の主宰者は、当該聴聞の期日における証人の出席について、当該聴聞の当事者から請求があつたときは、これを認めなければならない。

（失効等の場合の公告等）

第十三条　免許管理者は、この章の規定により免許状が失効したとき、又は免許状取上げの処分を行つたときは、その免許状の種類及び失効又は取上げの事由並びにその者の氏名及び本籍地を官報に公告するとともに、その旨をその者の所轄庁及びその免許状を授与した授与権者に通知しなければならない。

2　この章の規定により免許状が失効し、若しくは免許状取上げの処分を行い、又はその旨の通知を受けたときは、その免許状を授与した授与権者は、この旨を第八条第一項の原簿に記入しなければならない。

（通知）

第十四条　所轄庁（免許管理者を除く。）は、教育職員が、次の各号のいずれかに該当すると認めたときは、速やかにその旨を免許管理者に通知しなければならない。

一　第五条第一項第三号又は第六号に該当するとき。

二　第十条第一項第二号又は第三号に該当するとき（懲戒免職又は分限免職の処分を行つた者が免許管理者である場合を除く。）。

三　第十一条第一項又は第二項に該当する事実があると思料するとき（同項第二号に規定する免職の処分を行つた者が免許管理者である場合を除く。）。

（報告）

第十四条の二　学校法人等は、その設置する私立学校の教員について、第五条第一項第三号、若しくは第六号に該当すると認めたとき、又は当該教員を解雇した場合において、当該解雇の事由が第十一条第一項若しくは第二項第一号に定める事由に該当すると思料するときは、速やかにその旨を所轄庁に報告しなければならない。

第四章　雑則

（書換又は再交付）

第十五条　免許状を有する者がその氏名又は本籍地を変更し、又は免許状を破損し、若しくは紛失したときは、その事由をしるして、免許状の書換又は再交付をその免許状を授与した授与権者に願い出ることができる。

（免許状授与の特例）

第十六条　普通免許状は、第五条第一項の規定によるほか、普通免許状の種類に応じて文部科学大臣又は文部科学大臣が委嘱する大学の行う試験（以下「教員資格認定試験」という。）に合格した者で同項各号に該当しないものに授与する。

2　文部科学大臣は、教員資格認定試験（文部科学大臣が行うものに限る。）の実施に関する事務を独立行政法人教職員支援機構（別表第三備考第十一号において「機構」という。）に行わせるものとする。

3　教員資格認定試験の受験資格、実施の方法その他試験に関し必要な事項は、文部科学省令で定める。

（特定免許状失効者等に係る免許状の再授与）

第十六条の二　教育職員等による児童生徒性暴力等の防止等に関する法律（令和三年法律第五十七号）第二条第六項に規定する特定免許状失効者等（第五条第一項各号のいずれかに該当する者を除く。）の免許状の再授与については、この法律に定めるもののほか、教育職員等による児童生徒性暴力等の防止等に関する法律の定めるところによる。

（中学校又は高等学校の教諭の免許状に関する特例）

第十六条の三　中学校教諭又は高等学校教諭の普通免許状は、それぞれ第四条第五項第一号又は第二号に掲げる教科のほか、これらの学校における教育内容の変化並びに生徒の進路及び特性その他の事情を考慮して文部科学省令で定める教科について授与することができる。

2　前項の免許状は、第五条第一項本文の規定によるほか、その免許状に係る教員資格認定試験に合格した者又は文部科学省令で定める資格を有する者に授与する。

3　前二項の文部科学省令を定めるに当たつては、文部科学大臣は、審議会等（国家行政組織法（昭和二十三年法律第百二十号）第八条に規定する機関をいう。別表第一備考第一号の二及び第五号イにおいて同じ。）で政令で定めるものの意見を聴かなければならない。

第十六条の四　高等学校教諭の普通免許状は、第四条第五項第二号に掲げる教科のほか、これらの教科の領域の一部に係る事項で文部科学省令で定めるものについて授与することができる。

2　前項の免許状は、一種免許状とする。

3　第一項の免許状は、第五条第一項本文の規定にかかわらず、その免許状に係る教員資格認定試験に合格した者に授与する。

第十六条の五　中学校又は高等学校の教諭の免許状を有する者は、第三条第一項から第四項までの規定にかかわらず、それぞれその免許状に係る教科に相当する教科その他教科に関する事項で文部科学省令で定めるものの教授又は実習を担任する小学校若しくは義務教育学校の前期課程の主幹教諭、指導教諭、教諭若しくは講師又は特別支援学校の小学部の主幹教諭、指導教諭、教諭若しくは講師となることができる。ただし、特別支援学校の小学部の主幹教諭、指導教諭、教諭又は講師となる場合は、特別支援学校の教員の免許状を有する者でなければならない。

2　工芸、書道、看護、情報、農業、工業、商業、水産、福祉若しくは商船又は看護実習、情報実習、農業実習、工業実習、商業実習、水産実習、福祉実習若しくは商船実習の教科又は前条第一項に規定する文部科学省令で定める教科の領域の一部に係る事項について高等学校の教諭の免許状を有する者は、第三条第一項から第五項までの規定にかかわらず、それぞれその免許状に係る教科に相当する教科その他教科に関する事項で文部科学省令で定めるものの教授又は実習を担任する中学校、義務教育学校の後期課程若しくは中等教育学校の前期課程の主幹教諭、指導教諭、教諭若しくは講師又は特別支援学校の中学部の主幹教諭、指導教諭、教諭若しくは講師となることができる。ただし、特別支援学校の中学部の主幹教諭、指導教諭、教諭又は講師となる場合は、特別支援学校の教員の免許状を有する者でなければならない。

（特別支援学校の教論等の免許状に関する特例）

第十七条　第四条の二第二項に規定する免許状は、第五条第一項本文、同項第二号及び第五項並びに第五条の二第二項の規定にかかわらず、その免許状に係る教員資格認定試験に合格した者又は文部科学省令で定める資格を有する者に授与する。

第十七条の二　特別支援学校において自立活動の教授を担任するために必要な第四条の二第二項に規定する普通免許状又は同条第三項に規定する特別免許状を有する者は、第三条第一項及び第二項並びに第四条第二項及び第三項の規定にかかわらず、学校教育法第八十一条第二項及び第三項に規定する特別支援学級において、これらの免許状に係る障害の種類に応じた自立活動の教授を担任する主幹教諭、指導教諭、教諭又は講師となることができる。

第十七条の三　特別支援学校の教諭の普通免許状のほか、幼稚園、小学校、中学校又は高等学校のいずれかの学校の教諭の普通免許状を有する者は、第三条第一項から第三項までの規定にかかわらず、特別支援学校において自立教科等以外の教科（幼稚部にあつては、自立教科等以外の事項）の教授又は実習（専ら知的障害者に対するものに限る。）を担任する主幹教諭、指導教諭、教諭又は講師となることができる。

（外国において授与された免許状を有する者等の特例）

第十八条　外国（本州、北海道、四国、九州及び文部科学省令で定めるこれらに附属する島以外の地域をいう。以下同じ。）において授与された教育職員に関する免許状を有する者又は外国の学校を卒業し、若しくは修了した者については、この法律及びこの法律施行のために発する法令の規定に準じ、教育職員検定により、各相当の免許状を授与することができる。

2　前項の規定は、第五条の二第三項の規定により特別支援学校の教員の免許状に新教育領域を追加して定める場合について準用する。この場合において、前項中「外国」とあるのは「特別支援学校の教員の免許状を有する者であつて、当該免許状の授与を受けた後、外国」と、「各相当の免許状を授与する」とあるのは「その有する特別支援学校の教員の免許状に各相当の新教育領域を追加して定める」と読み替えるものとする。

（その他の事項）

第十九条　削除

第二十条　免許状に関し必要な事項は、この法律及びこの法律施行のために発する法令で定めるものを除くほか、都道府県の教育委員会規則で定める。

第五章　罰則

第二十一条　次の各号のいずれかに該当する場合には、その違反行為をした者は、一年以下の拘禁刑又は五十万円以下の罰金に処する。

一　第五条第一項、第二項若しくは第五項、第五条の二第二項若しくは第三項又は第六条までの規定に違反して、免許状を授与し、若しくは特別支援教育領域を定め、又は教育職員検定を行つたとき。

二　第七条第一項又は第二項の請求があつた場合に、虚偽の証明書を発行したとき。

2　偽りその他不正の手段により、免許状の授与若しくは特別支援教育領域の定め又は教育職員検定を受けた者も、前項と同様とする。

第二十二条　第三条の規定に違反して、相当の免許状を有しない者を教育職員（幼保連携型認定こども園の教員を除く。次項において同じ。）に任命し、又は雇用した場合には、その違反行為をした者は、三十万円以下の罰金に処する。

2　第三条の規定に違反して、相当の免許状を有しないにもかかわらず教育職員となつた者も、前項と同様とする。

第二十三条　次の各号のいずれかに該当する者は、十万円以下の過料に処する。

一　第三条の二第二項の規定に違反して、届出をせず、又は虚偽の届出をした者

二　第十条第二項（第十一条第五項において準用する場合を含む。）の規定に違反して免許状を返納しなかつた者

附　則〔抄〕

1　この法律は、昭和二十四年九月一日から施行する。

2　授与権者は、当分の間、中学校、義務教育学校の後期課程、高等学校、中等教育学校の前期課程若しくは後期課程又は特別支援学校の中学部若しくは高等部において、ある教科の教授を担任すべき教員を採用することができないと認めるときは、当該学校の校長及び主幹教諭、指導教諭又は教諭（以下この項において「主幹教諭等」という。）の申請により、一年以内の期間を限り、当該教科についての免許状を有しない主幹教諭等が当該教科の教授を担任することを許可することができる。この場合においては、許可を得た主幹教諭等は、第三条第一項及び第二項の規定にかかわらず、当該学校、当該前期課程若しくは後期課程又は当該中学部若しくは高等部において、その許可に係る教科の教授を担任することができる。

3―5〔略〕

6　臨時免許状については、当分の間、相当期間にわたり普通免許状を有する者を採用することができない場合に限り、第九条第三項の規定にかかわらず、都道府県の教育委員会規則で、その有効期間を六年とすることができる。

7　養護助教諭の臨時免許状は、当分の間、保健師助産師看護師法（昭和二十三年法律第二百三号）による准看護師の免許を受けた者、同法第五十一条第一項若しくは第五十三条第一項の規定に該当する者又は同法第五十一条第三項若しくは第五十三条第三項の規定により免許を受けた者に対しては、第五条第六項本文の規定にかかわらず、その者が同条第一項第二号に該当する場合にも授与することができる。

8　高等学校教諭の工業の教科についての一種免許状は、当分の間、第五条第一項本文の規定にかかわらず、旧国立工業教員養成所の設置等に関する臨時措置法（昭和三十六年法律第八十七号）による国立工業教員養成所に三年以上在学し、所定の課程を終えて卒業した者に対して授与することができる。ただし、免許状更新講習の課程を修了した後文部科学省令で定める二年以上の期間内にない者については、この限りでない。

9　次の表の第二欄に掲げる基礎資格を有する者に対して教育職員検定により次の表の第一欄に掲げる高等学校教諭の一種免許状を授与する場合における学力及び実務の検定は、当分の間、第六条第二項の規定にかかわらず、次の表の第三欄及び第四欄の定めるところによる。この場合において、第六条第四項及び第九条第四項の規定の適用については、第六条第四項中「別表第八まで」とあるのは「別表第八まで又は附則第九項の表」と、第九条第四項中「別表第八まで」とあるのは「別表第八まで若しくは附則第九項の表」とする。〔表〕

第一欄 所要資格／受けようとする免許状の種類	第二欄 基礎資格	第三欄 第二欄に規定する基礎資格を取得したのち、高等学校（中等教育学校の後期課程及び特別支援学校の高等部を含む。）において第一欄に掲げる実習を担任する教諭の職務を助ける職員として良好な成績で勤務した旨の実務証明責任者の証明を有することを必要とする最低在職年数	第四欄 第二欄に規定する基礎資格を取得したのち、大学において修得することを必要とする最低単位数
	イ　大学において第一欄に掲げる実習に係る実業に関する学科を専攻し、短期大学士の学位を有すること又は文部科学大臣がこれと同等以上と認	三	一〇

	める資格を有すること。		
高等学校において看護実習、家庭実習、情報実習、農業実習、工業実習、商業実習、水産実習、福祉実習又は商船実習を担任する教諭の一種免許状	ロ 高等専門学校において第一欄に掲げる実習に係る実業に関する学科を専攻し、学校教育法第百二十一条に定める準学士の称号を有すること。	三	一〇
	ハ 高等学校（中等教育学校の後期課程を含む。）において第一欄に掲げる実習に係る実業に関する学科を修めて卒業すること又は文部科学大臣がこれと同等以上と認める資格を有すること。	六	一〇
	ニ 九年以上第一欄に掲げる実習に関する実地の経験を有すること。	三	一〇

備考

一　別表第一備考第一号及び第一号の二並びに別表第三備考第六号及び第十一号の規定は、この表の場合について準用する。

二　第二欄に掲げる「短期大学士の学位」には、学校教育法第百四条第二項に規定する文部科学大臣の定める学位（専門職大学を卒業した者に対して授与されるものを除く。）又は同条第六項に規定する文部科学大臣の定める学位を含むものとする。

三　第三欄に掲げる「高等学校（中等教育学校の後期課程及び特別支援学校の高等部を含む。）において第一欄に掲げる実習を担任する教諭の職務を助ける職員」とは、高等学校（中等教育学校の後期課程及び特別支援学校の高等部を含む。以下この号において同じ。）において第一欄に掲げる実習を担任する助教諭及び高等学校において第一欄に掲げる実習を担任する教諭の職務を助ける実習助手（文部科学省令で定めるものに限る。）をいい、実習助手についての第三欄の実務証明責任者は、文部科学省令で定める。

四　九年以上第一欄に掲げる実習に関する実地の経験を有する者のうち、その者の小学校から最終学校を卒業し、又は修了するに至るまでの学校における修業の年数が通算して九年に不足するものについては、ニの項中「九年以上」とあるのは、「九年に不足する年数に二を乗じて得た年数を九年に加えた年数以上」と読み替えるものとする。

10　前項の表ニの項に掲げる基礎資格を有する者に、前項の規定による教育職員検定により、同表第一欄に掲げる高等学校教諭の一種免許状を授与する場合については、第五条第一項第二号の規定は、適用しない。同項の規定による教育職員検定により当該一種免許状の授与を受けた者に、当該免許状に係る教科の高等学校教諭の専修免許状を授与する場合についても、同様とする。

11　養護教諭の二種免許状又は中学校教諭の保健の教科についての二種免許状は、第五条第一項本文の規定にかかわらず、旧国立養護教諭養成所設置法（昭和四十年法律第十六号）による国立養護教諭養成所（次項において「旧国立養護教諭養成所」という。）を卒業した者に対して授与することができる。ただし、免許状更新講習の課程を修了した後文部科学省令で定める二年以上の期間内にない者については、この限りでない。

12　別表第六の所要資格の項第四欄に掲げる大学には、同表の規定にかかわらず、旧国立養護教諭養成所を含むものとする。

13　第七条第二項及び別表第三備考第二号の私立学校を設置する学校法人等の理事長には、当分の間、学校法人等以外の者の設置する私立の幼稚園の設置者（法人にあつては、その法人を代表する権限を有する者）並びに就学前の子どもに関する教育、保育等の総合的な提供の推進に関する法律の一部を改正する法律（平成二十四年法律第六十六号。以下この項及び附則第十八項において「認定こども園法一部改正法」という。）附則第三条第二項に規定するみなし幼保連携型認定こども園の設置者（学校法人及び社会福祉法人を除く。以下この項において「みなし幼保連携型認定こども園の設置者」という。）及び認定こども園法一部改正法附則第四条第一項の規定により幼保連携型認定こども園を設置する者を含むものとし、第十四条の二の学校法人等には、当分の間、学校法人等以外の者の設置する私立の幼稚園の設置者並びにみなし幼保連携型認定こども園の設置者及び同項の規定により幼保連携型認定こども園を設置する者を含むものとする。

14　養護教諭の免許状を有する者（三年以上養護をつかさどる主幹教諭又は養護教諭として勤務したことがある者に限る。）で養護をつかさどる主幹教諭又は養護教諭として勤務しているものは、当分の間、第三条の規定にかかわらず、その勤務する学校（幼稚園及び幼保連携型認定こども園を除く。）において、保健の教科の領域に係る事項（小学校、義務教育学校の前期課程又は特別支援学校の小学部にあつては、体育の教科の領域の一部に係る事項で文部科学省令で定めるもの）の教授を担任する教諭又は講師となることができる。

15　幼稚園、小学校、中学校又は高等学校の教諭の免許状を有する者は、当分の間、第三条第一項から第三項までの規定にかかわらず、特別支援学校の相当する各部の主幹教諭（養護又は栄養の指導及び管理をつかさどる主幹教諭を除く。）、指導教諭、教諭又は講師となることができる。

16　中学校の教諭の免許状又は高等学校の教諭の免許状を有する者は、当分の間、第三条第一項、第二項及び第五項の規定にかかわらず、それぞれ中等教育学校の前期課程又は後期課程の主幹教諭（養護又は栄養の指導及び管理をつかさどる主幹教諭を除く。）、指導教諭、教諭又は講師となることができる。

17　次の表の第二欄に掲げる基礎資格を有する者（学校給食法（昭和二十九年法律第百六十号）第七条に規定する職員その他の学校給食の栄養に関する専門的事項をつかさどる職員のうち栄養の指導及び管理をつかさどる主幹教諭並びに栄養教諭以外の者並びに教育委員会の事務局において学校給食の適切な実施に係る指導を担当する者に限る。）に対して教育職員検定により次の表の第一欄に掲げる栄養教諭の一種免許状又は二種免許状を授与する場合における学力及び実務の検定は、当分の間、第六条第二項の規定にかかわらず、次の表の第三欄及び第四欄の定めるところによる。この場合において、第六条第四項及び第九条第四項の規定の適用については、第六条第四項中「別表第八まで」とあるのは「別表第八まで又は附則第十七項の表」と、第九条第四項中「別表第八まで」とあるのは「別表第八まで若しくは附則第十八項の表」とする。

第一欄		第二欄	第三欄	第四欄
所要資格 / 受けようとする免許状の種類		基礎資格	第二欄に規定する基礎資格を取得した後、学校給食法第七条に規定する職員その他の学校給食の栄養に関する専門的事項をつかさどる職員として良好な成績で勤務した旨の実務証明責任者の証明を有することを必要とする最低在職年数	第二欄に規定する基礎資格を取得した後、大学において修得することを必要とする最低単位数
栄養教諭	一種免許状	栄養士法（昭和二十二年法律第二百四十五号）第二条第三項の規定により管理栄養士の免許を受けていること又は同法第五条の三第四号の規定により指定された管理栄養士養成施設の課程を修了し、同法第二条	三	一〇

論			
	第一項の規定により栄養士の免許を受けていること。		
二種免許状	栄養士法第二条第一項の規定により栄養士の免許を受けていること。	三	八

備考
一　別表第一備考第一号及び第一号の二並びに別表第三備考第六号及び第十一号の規定は、この表の場合について準用する。
二　この表の規定により栄養教諭の免許状を受けようとする者が、この法律の規定により教諭又は養護教諭の普通免許状を有するときは、第三欄に定める最低在職年数に満たない在職期間（一年未満の期間を含む。）があるときも、当該在職年数を満たすものとみなし、第四欄中「一〇」とあり、及び「八」とあるのは、「二」と読み替えるものとする。

18　児童福祉法（昭和二十二年法律第百六十四号）第十八条の十八第一項に規定する保育士の登録をしている者であつて学士の学位又は短期大学士の学位その他の文部科学省令で定める基礎資格を有するものに対して教育職員検定により幼稚園の教諭の一種免許状又は二種免許状を授与する場合における学力及び実務の検定は、認定こども園法一部改正法の施行の日から起算して五年を経過するまでの間は、第六条第二項の規定にかかわらず、当該基礎資格を取得した後文部科学省令で定める職員として良好な成績で勤務した旨の実務証明責任者の証明を有することを必要とする最低在職年数及び当該基礎資格を取得した後大学その他の文部科学省令で定める機関において修得することを必要とする最低単位数として文部科学省令で定めるものによるものとする。この場合において、同条第四項及び第九条第四項の規定の適用については、第六条第四項中「得た日」とあるのは「得た日又は附則第十九項の文部科学省令で定める最低在職年数を満たし、かつ、同項の文部科学省令で定める最低単位数を修得した日」と、第九条第四項中「得た日」とあるのは「得た日若しくは附則第十八項の文部科学省令で定める最低在職年数を満たし、かつ、同項の文部科学省令で定める最低単位数を修得した日」とする。

19　小学校の教諭の免許状又は中学校の教諭の免許状を有する者は、当分の間、第三条第一項、第二項及び第四項の規定にかかわらず、それぞれ義務教育学校の前期課程又は後期課程の主幹教諭（養護又は栄養の指導及び管理をつかさどる主幹教諭を除く。）、指導教諭、教諭又は講師となることができる。

附　則（令四・六・一七法六八）

（施行期日）
1　この法律は、刑法等一部改正法施行日から施行する。〔ただし書略〕

別表第一（第五条、第五条の二関係）

第一欄		第二欄	第三欄	
免許状の種類	所要資格	基礎資格	大学において修得することを必要とする最低単位数	
			教科及び教職に関する科目	特別支援教育に関する科目
幼稚園教諭	専修免許状	修士の学位を有すること。	七五	
	一種免許状	学士の学位を有すること。	五一	
	二種免許状	短期大学士の学位を有すること。	三一	
小学校教諭	専修免許状	修士の学位を有すること。	八三	
	一種免許状	学士の学位を有すること。	五九	
	二種免許状	短期大学士の学位を有すること。	三七	
中学校教諭	専修免許状	修士の学位を有すること。	八三	
	一種免許状	学士の学位を有すること。	五九	
	二種免許状	短期大学士の学位を有すること。	三五	
高等学校教諭	専修免許状	修士の学位を有すること。	八三	
	一種免許状	学士の学位を有すること。	五九	
特別支援学校教諭	専修免許状	修士の学位を有すること及び小学校、中学校、高等学校又は幼稚園の教諭の普通免許状を有すること。		五〇
	一種免許状	学士の学位を有すること及び小学校、中学校、高等学校又は幼稚園の教諭の普通免許状を有すること。		二六
	二種免許状	小学校、中学校、高等学校又は幼稚園の教諭の普通免許状を有すること。		一六

備考

一　この表における単位の修得方法については、文部科学省令で定める（別表第二から別表第八までの場合においても同様とする。）。

一の二　文部科学大臣は、前号の文部科学省令を定めるに当たつては、単位の修得方法が教育職員として必要な知識及び技能を体系的かつ効果的に修得させるものとなるよう配慮するとともに、あらかじめ、第十六条の三第三項の政令で定める審議会等の意見を聴かなければならない（別表第二から別表第八までの場合においても同様とする。）。

二　第二欄の「修士の学位を有すること」には、学校教育法第百四条第三項に規定する文部科学大臣の定める学位を有する場合又は大学（短期大学を除く。第六号及び第七号において同じ。）の専攻科若しくは文部科学大臣の指定するこれに相当する課程に一年以上在学し、三十単位以上修得した場合を含むものとする（別表第二及び別表第二の二の場合においても同様とする。）。

二の二　第二欄の「学士の学位を有すること」には、学校教育法第百四条第二項に規定する文部科学大臣の定める学位（専門職大学を卒業した者に対して授与されるものに限る。）を有する場合又は文部科学大臣が学士の学位を有することと同等以上の資格を有すると認めた場合を含むものとする（別表第二の二の場合においても同様とする。）。

二の三　第二欄の「短期大学士の学位を有すること」には、学校教育法第百四条第二項に規定する文部科学大臣の定める学位（専門職大学を卒業した者に対して授与されるものを除く。）若しくは同条第六項に規定する文部科学大臣の定める学位を有する場合、文部科学大臣の指定する教員養成機関を卒業した場合又は文部科学大臣が短期大学士の学位を有することと同等以上の資格を有すると認めた場合を含むものとする（別表第二の二の場合においても同様とする。）。

三　高等学校教諭以外の教諭の二種免許状の授与の所要資格に関しては、第三欄の「大学」には、文部科学大臣の指定する教員養成機関を含むものとする。

四　この表の規定により幼稚園、小学校、中学校若しくは高等学校の教諭の専修免許状若しくは一種免許状又は幼稚園、小学校若しくは中学校の教諭の二種免許状の授与を受けようとする者については、特に必要なものとして文部科学省令で定める科目の単位を大学又は文部科学大臣の指定する教員養成機関において修得していることを要するものとする（別表第二及び別表第二の二の場合においても同様とする。）。

五　第三欄に定める科目の単位は、次のいずれかに該当するものでなければならない（別表第二及び別表第二の二の場合においても同様とする。）。

イ　文部科学大臣が第十六条の三第三項の政令で定める審議会等に諮問して免許状の授与の所要資格を得させるために適当と認める課程（以下「認定課程」という。）において修得したもの

ロ　免許状の授与を受けようとする者が認定課程以外の大学の課程又は文部科学大臣が大学の課程に相当するものとして指定する課程において修得したもので、文部科学省令で定めるところにより当該者の在学する認定課程を有する大学が免許状の授与の所要資格を得させるための教科及び教職に関する科目として適当であると認めるもの

六　前号の認定課程には、第三欄に定める科目の単位のうち、教科及び教職に関する科目（教員の職務の遂行に必要な基礎的な知識技能を修得させるためのものとして文部科学省令で定めるものに限る。）又は特別支援教育に関する科目の単位を修得させるために大学が設置する修業年限を一年以上とする課程を含むものとする。

七　専修免許状に係る第三欄に定める科目の単位数のうち、その単位数からそれぞれの一種免許状に係る同欄に定める科目の単位数を差し引いた単位数については、大学院の課程又は大学の専攻科の課程において修得するものとする（別表第二の二の場合においても同様とする。）。

八　一種免許状（高等学校教諭の一種免許状を除く。）に係る第三欄に定める科目の単位数は、短期大学の課程及び短期大学の専攻科で文部科学大臣が指定するものの課程において修得することができる。この場合において、その単位数からそれぞれの二種免許状に係る同欄に定める科目の単位数を差し引いた単位数については、短期大学の専攻科の課程において修得するものとする。

別表第二（第五条関係）

第一欄 所要資格 免許状の種類		第二欄 基礎資格	第三欄 大学又は文部科学大臣の指定する養護教諭養成機関において修得することを必要とする養護及び教職に関する科目の最低単位数
養護教論	専修免許状	修士の学位を有すること	八〇
	一種免許状	イ　学士の学位を有すること	五六
		ロ　保健師助産師看護師法第七条第一項の規定により保健師の免許を受け、文部科学大臣の指定する養護教諭養成機関に半年以上在学すること。	一二
		ハ　保健師助産師看護師法第七条第一項の規定により保健師の免許を受け、文部科学大臣の指定する養護教諭養成機関に一年以上在学すること。	二二
	二種免許状	イ　短期大学士の学位を有すること又は文部科学大臣の指定する養護教諭養成機関を卒業すること。	四二
		ロ　保健師助産師看護師法第七条第一項の規定により保健師の免許を受けていること。	
		ハ　保健師助産師看護師法第五十一条第一項の規定に該当すること又は同条第三項の規定により免許を受けていること。	

備考

一　第二欄の「短期大学士の学位を有すること又は文部科学大臣の指定する養護教諭養成機関を卒業すること」には、学校教育法第百四条第二項に規定する文部科学大臣の定める学位（専門職大学を卒業した者に対して授与されるものを除く。）若しくは同条第六項に規定する文部科学大臣の定める学位を有する場合又は文部科学大臣が短期大学士の学位を有することと若しくは文部科学大臣の指定する養護教諭養成機関を卒業することと同等以上の資格を有すると認めた場合を含むものとする。

二　専修免許状に係る第三欄に定める単位数のうち、その単位数から一種免許状のイの項に定める単位数を差し引いた単位数については、大学院の課程又は大学（短期大学を除く。）の専攻科の課程において修得するものとする。

三　この表の一種免許状のロの項又はハの項の規定により一種免許状の授与を受けた者が、この表の規定により専修免許状の授与を受けようとするときは、専修免許状に係る第三欄に定める単位数のうち一種免許状のイの項に定める単位数については既に修得したものとみなす。

四　一種免許状に係る第三欄に定める単位数（イの項に定めるものに限る。）は、短期大学の課程及び短期大学の専攻科で文部科学大臣が指定するものの課程において修得することができる。この場合において、その単位数から二種免許状のイの項に定める単位数を差し引いた単位数については、短期大学の専攻科の課程において修得するものとする。

別表第二の二（第五条関係）

第一欄 所要資格 免許状の種類		第二欄 基礎資格	第三欄 大学において修得することを必要とする栄養に係る教育及び教職に関する科目の最低単位数
栄養教諭	専修免許状	修士の学位を有すること及び栄養士法第二条第三項の規定により管理栄養士の免許を受けていること。	四六
	一種免許状	学士の学位を有すること、かつ、栄養士法第二条第三項の規定により管理栄養士の免許を受けていること又は同法第五条の三第四号の規定により指定された管理栄養士養成施設の課程を修了し、同法第二条第一項の規定により栄養士の免許を受けていること。	二二
	二種免許状	短期大学士の学位を有すること及び栄養士法第二条第一項の規定により栄養士の免許を受けていること。	一四

備考

一　第二欄の「学士の学位を有すること」には、学校教育法第百四条第二項に規定する文部科学大臣の定める学位（専門職大学を卒業した者に対して授与されるものに限る。）を有する場合又は文部科学大臣が学士の学位を有することと同等以上の資格を有すると認めた場合を含むものとする。

二　第三欄の「大学」には、文部科学大臣の指定する教員養成機関を含むものとする。

別表第三（第六条関係）

第一欄		第二欄	第三欄	第四欄
受けようとする免許状の種類	所要資格	有することを必要とする第一欄に掲げる教員（当該学校の助教諭を含む。第三欄において同じ。）の免許状の種類	第二欄に定める各免許状を取得した後、第一欄に掲げる教員又は当該学校の主幹教諭（養護又は栄養の指導及び管理をつかさどる主幹教諭を除く。）、指導教諭若しくは講師（これらに相当する義務教育学校の前期課程又は後期課程、中等教育学校の前期課程又は後期課程及び特別支援学校の各部の教員を含み、幼稚園教諭の専修免許状、一種免許状又は二種免許状の授与を受けようとする場合にあつては、幼保連携型認定こども園の主幹保育教諭、指導保育教諭、保育教諭又は講師を含む。）として良好な成績で勤務した旨の実務証明責任者の証明を有することを必要とする最低在職年数	第二欄に定める各免許状を取得した後、大学において修得することを必要とする最低単位数
幼稚園教諭	専修免許状	一種免許状	三	一五
	一種免許状	二種免許状	五	四五
	二種免許状	臨時免許状	六	四五
小学校教諭	専修免許状	一種免許状	三	一五
		特別免許状	三	四一
	一種免許状	二種免許状	五	四五
		特別免許状	三	二六
	二種免許状	臨時免許状	六	四五
中学校教諭	専修免許状	一種免許状	三	一五
		特別免許状	三	二五
	一種免許状	二種免許状	五	四五
	二種免許状	臨時免許状	六	四五
高等学校教諭	専修免許状	一種免許状	三	一五
		特別免許状	三	二五
	一種免許状	臨時免許状	五	四五

備考

一　実務の検定は第三欄により、学力の検定は第四欄によるものとする（別表第六、別表第六の二、別表第七及び別表第八の場合においても同様とする。）。

二　第三欄の学校の教員についての同欄の実務証明責任者は、国立学校又は公立学校の教員にあつては所轄庁と、私立学校の教員にあつてはその私立学校を設置する学校法人等の理事長とする（別表第五の第二欄並びに別表第六、別表第六の二、別表第七及び別表第八の第三欄の場合においても同様とする。）。

三　第三欄の「第一欄に掲げる教員」には、これに相当するものとして文部科学省令で定める学校以外の教育施設において教育に従事する者を含むものとし、その者についての第三欄の実務証明責任者については、文部科学省令で定める。

四　専修免許状に係る第四欄に定める単位数のうち十五単位については、大学院の課程又は大学（短期大学を除く。）の専攻科の課程において修得するものとする（別表第五の第三欄並びに別表第六、別表第六の二及び別表第七の第四欄の場合においても同様とする。）。

五　一種免許状（高等学校教諭の一種免許状を除く。）に係る第四欄に定める単位数は、短期大学の専攻科で文部科学大臣が指定するものの課程において修得することができる（別表第五の第三欄並びに別表第六、別表第六の二及び別表第七の第四欄の場合においても同様とする。）。

六　第四欄の単位数（第四号に規定するものを含む。）は、文部科学大臣の指定する養護教諭養成機関において修得した単位、文部科学大臣の認定する講習、大学の公開講座若しくは通信教育において修得した単位又は文部科学大臣が大学に委嘱して行う試験の合格により修得した単位をもつて替えることができる（別表第四及び別表第五の第三欄並びに別表第六、別表第六の二、別表第七及び別表第八の第四欄の場合においても同様とする。）。

七　この表の規定により一種免許状又は二種免許状の授与を受けようとする者（小学校教諭の特別免許状を有する者でこの表の規定により小学校教諭の一種免許状の授与を受けようとするものを除く。）については、第三欄に定める最低在職年数を超える在職年数があるときは、五単位にその超える在職年数を乗じて得た単位数（第四欄に定める最低単位数から十単位を控除した単位数を限度とする。）を当該最低単位数から差し引くものとする。この場合における最低在職年数を超える在職年数には、文部科学省令で定める教育の職における在職年数を通算することができる（別表第六及び別表第六の二の場合においても同様とする。）。

八　二種免許状を有する者で教育職員に任命され、又は雇用された日から起算して十二年を経過したもの（幼稚園及び幼保連携型認定こども園の教員を除く。）の免許管理者は、当該十二年を経過した日（第十号において「経過日」という。）から起算して三年の間において、当該者の意見を聴いて、一種免許状を取得するのに必要とする単位を修得することができる大学の課程、大学の公開講座若しくは通信教育又は文部科学大臣が大学に委嘱して行う試験（次号及び第十号において「大学の課程等」という。）の指定を行う。

九　前号に規定する者を任命し、又は雇用する者は、前号の規定により指定される大学の課程等において当該者が単位を修得することができる機会を与えるように努めなければならない。

十　第八号の規定により大学の課程等の指定を受けた者で経過日から起算して三年を経過する日までに一種免許状を取得していないものについては、第七号の規定にかかわらず、当該日の翌日以後は、第四欄に定める最低単位数は同欄に定める単位数とする。

十一　文部科学大臣は、第六号の規定による認定に関する事務を機構に行わせるものとする（別表第四から別表第八までの場合においても同様とする。）。

別表第四（第六条関係）

第一欄 所要資格 受けようとする他の教科についての免許状の種類		第二欄 有することを必要とする第一欄に掲げる教員の一以上の教科についての免許状の種類	第三欄 大学において修得することを必要とする教科及び教職に関する科目の最低単位数
中学校教諭	専修免許状	専修免許状	五二
	一種免許状	専修免許状又は一種免許状	二八
	二種免許状	専修免許状、一種免許状又は二種免許状	一三
高等学校教諭	専修免許状	専修免許状	四八
	一種免許状	専修免許状又は一種免許状	二四

備考

一　学力の検定は、第三欄によるものとする。

二　専修免許状に係る第三欄に定める単位数のうち、その単位数からそれぞれの一種免許状に係る同欄に定める単位数を差し引いた単位数については、大学院の課程又は大学（短期大学を除く。）の専攻科の課程において修得するものとする。

三　中学校教諭の一種免許状に係る第三欄に定める単位数は、短期大学の課程及び短期大学の専攻科で文部科学大臣が指定するものの課程において修得することができる。この場合において、その単位数から中学校教諭の二種免許状に係る同欄に定める単位数を差し引いた単位数については、短期大学の専攻科の課程において修得するものとする。

四　この表の規定により他の教科についての専修免許状又は一種免許状の授与を受けようとする者が、当該他の教科についての一種免許状又は二種免許状を有するときは、専修免許状又は一種免許状の項第三欄に定める単位数からそれぞれ一種免許状又は二種免許状の項第三欄に定める単位数を差し引くものとする。

五　第十六条の四第一項の一種免許状を有する者が高等学校教諭の同項の文部科学省令で定める事項に係る教科についての一種免許状の授与を受けようとする場合については、同項の免許状を一以上の教科についての一種免許状とみなして、この表の高等学校教諭の一種免許状の項の規定を適用する。この場合においては、同項第三欄に定める単位数から文部科学省令で定める単位数を差し引くものとする。

別表第五（第六条関係）

第一欄 受けようとする免許状の種類	所要資格	第二欄 基礎資格	第三欄 第二欄に定める各免許状を取得した後、大学において修得することを必要とする最低単位数
中学校において職業実習を担任する教諭	専修免許状	第一欄に掲げる教諭の一種免許状を取得した後、三年以上中学校（義務教育学校の後期課程、中等教育学校の前期課程及び特別支援学校の中学部を含む。以下この欄において同じ。）において職業実習を担任する教員として良好な成績で勤務した旨の実務証明責任者の証明を有すること。	一五
	一種免許状	第一欄に掲げる教諭の二種免許状を取得した後、三年以上中学校において職業実習を担任する教員として良好な成績で勤務した旨の実務証明責任者の証明を有すること。	一五
	二種免許状	イ　大学において職業実習に関する学科を専攻して、学士の学位を有し、一年以上その学科に関する実地の経験を有し、技術優秀と認められること。	
		ロ　大学に二年以上在学し、職業実習に関する学科を専攻して、三年以上その学科に関する実地の経験を有し、技術優秀と認められること。	
		ハ　職業実習についての中学校助教諭の臨時免許状を取得した後、六年以上中学校において職業実習を担任する教員として良好な成績で勤務した旨の実務証明責任者の証明を有すること。	二〇
高等学校において看護実習、家庭実習、情報実習、農業実習、工業実習、商業実習、水産実習、福祉実習又は商船実習を担任する教諭	専修免許状	第一欄に掲げる教諭の一種免許状を取得した後、三年以上高等学校（中等教育学校の後期課程及び特別支援学校の高等部を含む。以下この欄において同じ。）において当該実習を担任する教員として良好な成績で勤務した旨の実務証明責任者の証明を有すること。	一五
	一種免許状	イ　大学において第一欄に掲げる実習に係る実業に関する学科を専攻して、学士の学位を有し、一年以上その学科に関する実地の経験を有し、技術優秀と認められること。	
		ロ　第一欄に掲げる実習についての高等学校助教諭の臨時免許状を取得した後、三年以上高等学校において当該実習を担任する教員として良好な成績で勤務した旨の実務証明責任者の証明を有すること。	一〇

備考

一　実務の検定は第二欄により、学力の検定は第三欄によるものとする。

一の二　第二欄の「学士の学位」には、学校教育法第百四条第二項に規定する文部科学大臣の定める学位（専門職大学を卒業した者に対して授与されるものに限る。）又は文部科学大臣が学士の学位と同等以上の資格として認めたものを含むものとする。

二　第二欄の「当該実習を担任する教員」には、これに相当するものとして文部科学省令で定める学校以外の教育施設において教育に従事する者を含むものとし、その者についての同欄の実務証明責任者については、文部科学省令で定める。

三　この表の規定により一種免許状又は二種免許状の授与を受けようとする者について、第二欄に定める最低在職年数を超える在職年数があるときは、五単位にその超える在職年数を乗じて得た単位数（第三欄に定める最低単位数から十単位を控除した単位数を限度とする。）を当該最低単位数から差し引くものとする。この場合における最低在職年数を超える在職年数には、文部科学省令で定める教育の職における在職年数を通算することができる。

四　この表の規定により中学校教諭の二種免許状を受けようとする者が、職業実習に関する学科の課程を修めて高等学校（旧中等学校令（昭和十八年勅令第三十六号）による実業学校を含む。）又は中等教育学校を卒業した者であるときは、中学校において職業実習を担任する教諭の二種免許状ハの項第三欄中「二〇」とあるのを「一〇」と読み替えるものとする。

別表第六（第六条関係）

第一欄 所要資格 / 受けようとする免許状の種類		第二欄 有することを必要とする養護教諭又は養護助教諭の免許状の種類	第三欄 第二欄に定める各免許状を取得した後、養護をつかさどる主幹教諭、養護教諭又は養護助教諭として良好な成績で勤務した旨の実務証明責任者の証明を有することを必要とする最低在職年数	第四欄 第二欄に定める各免許状を取得した後、大学又は文部科学大臣の指定する養護教諭養成機関において修得することを必要とする最低単位数
養護教諭	専修免許状	一種免許状	三	一五
	一種免許状	二種免許状	三	二〇
	二種免許状	臨時免許状	六	三〇

備考

一　この表の規定により一種免許状を受けようとする者が、別表第二の二種免許状のロの項の規定により授与された二種免許状を有するときは、一種免許状の項第三欄中「三」とあるのは「一」と、同項第四欄中「二〇」とあるのは「一〇」と読み替えるものとする。

二　この表の規定により二種免許状を受けようとする者が、保健師助産師看護師法第七条第三項の規定により看護師の免許を受けている場合においては、二種免許状の項第三欄に定める最低在職年数に満たない在職期間（一年未満の期間を含む。）があるときも、当該在職年数を満たすものとみなし、同項第四欄中「三〇」とあるのは、「一〇」と読み替えるものとする。

三　第二欄の臨時免許状を有する者には、当分の間、これに相当する者として文部科学省令で定める者を含むものとし、その者についての二種免許状の項第三欄及び第四欄の規定の適用については、当該文部科学省令で定める者となつたことをもつて臨時免許状の取得とみなす。

四　第三欄の「養護をつかさどる主幹教諭、養護教諭又は養護助教諭」には、当分の間、学校において幼児、児童又は生徒の養護に従事する職員で文部科学省令で定めるものを含むものとし、その者についての同欄の実務証明責任者については、文部科学省令で定める。

別表第六の二（第六条関係）

第一欄 受けようとする免許状の種類／所要資格		第二欄 有することを必要とする栄養教諭の免許状の種類	第三欄 第二欄に定める各免許状を取得した後、栄養の指導及び管理をつかさどる主幹教諭又は栄養教諭として良好な勤務成績で勤務した旨の実務証明責任者の証明を有することを必要とする最低在職年数	第四欄 第二欄に定める各免許状を取得した後、大学において修得することを必要とする最低単位数
栄養教諭	専修免許状	一種免許状	三	一五
	一種免許状	二種免許状	三	四〇

備考　この表の規定により一種免許状を受けようとする者が、栄養士法第二条第三項の規定により管理栄養士の免許を受けている場合においては、一種免許状の項第三欄に定める最低在職年数に満たない在職期間（一年未満の期間を含む。）があるときも、当該在職年数を満たすものとみなし、同項第四欄中「四〇」とあるのは、「八」と読み替えるものとする。

別表第七（第六条関係）

第一欄		第二欄	第三欄	第四欄
所要資格 受けようとする免許状の種類		有することを必要とする特別支援学校の教員（二種免許状の授与を受けようとする場合にあっては、幼稚園、小学校、中学校又は高等学校の教員）の免許状の種類	第二欄に定める各免許状を取得した後、特別支援学校の教員（二種免許状を受けようとする場合にあっては、幼稚園、小学校、中学校、義務教育学校、高等学校、中等教育学校又は幼保連携型認定こども園の教員を含む。）として良好な成績で勤務した旨の実務証明責任者の証明を有することを必要とする最低在職年数	第二欄に定める各免許状を取得した後、大学において修得することを必要とする最低単位数
特別支援学校教諭	専修免許状	一種免許状	三	一五
	一種免許状	二種免許状	三	六
	二種免許状	幼稚園、小学校、中学校又は高等学校の教諭の普通免許状	三	六
備考　この表の規定により専修免許状又は一種免許状の授与を受けようとする者に係る第三欄に定める最低在職年数については、その授与を受けようとする免許状に定められることとなる特別支援教育領域を担任する教員として在職した年数とする。				

別表第八（第六条関係）

第一欄 所要資格 受けようとする免許状の種類	第二欄 有することを必要とする学校の免許状	第三欄 第二欄に定める各免許状を取得した後、当該免許状又は第一欄に定める免許状に係る学校（これらに相当する義務教育学校の前期課程又は後期課程、中等教育学校の前期課程又は後期課程及び特別支援学校の各部を含み、幼稚園には幼保連携型認定こども園を含む。）における主幹教諭等（主幹教諭（養護又は栄養の指導及び管理をつかさどる主幹教諭を除く。）、指導教諭、教諭、主幹保育教諭、指導保育教諭、保育教諭又は講師をいう。）として良好な勤務成績で勤務した旨の実務証明責任者の証明を有することを必要とする最低在職年数	第四欄 第二欄に定める免許状を取得した後、大学において修得することを要する単位数
幼稚園教諭二種免許状	小学校教諭普通免許状	三	六
小学校教諭二種免許状	幼稚園教諭普通免許状	三	一三
	中学校教諭普通免許状	三	一二
中学校教諭二種免許状	小学校教諭普通免許状	三	一四
	高等学校教諭普通免許状	三	九
高等学校教諭一種免許状	中学校教諭普通免許状（二種免許状を除く。）	三	一二

備考

一　第三欄の「当該免許状又は第一欄に定める免許状に係る学校」には学校以外の教育施設のうちこれらの学校に相当するものとして文部科学省令で定めるものを、同欄の「主幹教諭等」には当該教育施設において教育に従事する者として文部科学省令で定めるものを含むものとし、その者についての同欄の実務証明責任者は、当該教育施設の設置者その他の当該教育施設において勤務する者の勤務の状況を確認できる者として文部科学省令で定めるものとする。

二　中学校教諭免許状を有する者が高等学校教諭一種免許状の授与を受けようとする場合又は高等学校教諭免許状を有する者が中学校教諭二種免許状の授与を受けようとする場合の免許状に係る教科については、文部科学省令で定める。

●教育職員免許法施行令

（昭和二四年九月一九日　政令第三三八号）

最終改正…令四・六・一七政令二一九

内閣は、教育職員免許法（昭和二十四年法律第百四十七号）第十六条第一項の規定に基き、この政令を制定する。

教育職員免許法第十六条の三第三項の審議会等で政令で定めるものは、中央教育審議会とする。

附　則〔令四・六・一七政令二一九〕

この政令は、令和四年七月一日から施行する。

●教育職員免許法施行規則〔抄〕★

（昭和二九年一〇月二七日　文部省令第二六号）

最終改正…令五・九・二七文令三一

第一章　単位の修得方法等

第一条　教育職員免許法（昭和二十四年法律第百四十七号。以下「免許法」という。）別表第一から別表第八までにおける単位の修得方法等に関しては、この章の定めるところによる。

第一条の二　免許法別表第一から別表第八までにおける単位の計算方法は、大学設置基準（昭和三十一年文部省令第二十八号）第二十一条第二項及び第三項（大学院設置基準（昭和四十九年文部省令第二十八号）第十五条において準用する場合を含む。）、専門職大学設置基準（平成二十九年文部科学省令第三十三号）第十四条第二項及び第三項、大学通信教育設置基準（昭和五十年文部省令第三十三号）第五条、短期大学設置基準（昭和五十年文部省令第二十一号）第七条第二項及び第三項、専門職短期大学設置基準（平成二十九年文部科学省令第三十四号）第十一条第二項及び第三項並びに短期大学通信教育設置基準（昭和五十七年文部省令第三号）第五条に定める基準によるものとする。

第一条の三　免許法別表第一備考第二号の規定により専修免許状に係る基礎資格を取得する場合の単位の修得方法は、大学院における単位の修得方法の例によるものとする。

第二条　免許法別表第一に規定する幼稚園教諭の普通免許状の授与を受ける場合の教科及び教職に関する科目の単位の修得方法は、次の表の定めるところによる。

第一欄	最低修得単位数													
	第二欄		第三欄						第四欄			第五欄		第六欄
教科及び教職に関する科目	領域及び保育内容の指導法に関する科目		教育の基礎的理解に関する科目						道徳、総合的な学習の時間等の指導法及び生徒指導、教育相談等に関する科目			教育実践に関する科目		大学が独自に設定する科目
前項の各科目に含めることが必要な事項	領域に関する専門的事項	保育内容の指導法（情報機器及び教材の活用を含む。）	教育の理念並びに教育に関する歴史及び思想	教職の意義及び教員の役割・職務内容（チーム学校運営への対応を含む。）	教育に関する社会的、制度的又は経営的事項（学校と地域との連携及び学校安全への対応を含む。）	幼児、児童及び生徒の心身の発達及び学習の過程	特別の支援を必要とする幼児、児童及び生徒に対する理解	教育課程の意義及び編成の方法（カリキュラム・マネジメントを含む。）	教育の方法及び技術（情報機器及び教材の活用を含む。）	幼児理解の理論及び方法	教育相談（カウンセリングに関する基礎的な知識を含む。）の理論及び方法	教育実習	教職実践演習	
専修免許状	一六		一〇						四			五	二	三八
一種免許状	一六		一〇						四			五	二	一四
二種免許状	一二		六						四			五	二	二

備考

一　領域及び保育内容の指導法に関する科目（領域に関する専門的事項に係る部分に限る。以下「領域に関する専門的事項に関する科目」という。）の単位の修得方法は、学校教育法施行規則（昭和二十二年文部省令第十一号）第三十八条に規定する幼稚園教育要領で定める健康、人間関係、環境、言葉及び表現の領域に関する専門的事項を含む科目のうち一以上の科目について修得するものとする。

二　保育内容の指導法（情報機器及び教材の活用を含む。）、教育課程の意義及び編成の方法（カリキュラム・マネジメントを含む。）並びに教育の方法及び技術（情報機器及び教材の活用を含む。）は、学校教育法施行規則第三十八条に規定する幼稚園教育要領に掲げる事項に即し、育成を目指す資質・能力を育むための主体的・対話的で深い学びの実現に向けた授業改善に資する内容並びに包括的な内容を含むものとする。

三　教育の基礎的理解に関する科目（特別の支援を必要とする幼児、児童及び生徒に対する理解に係る部分に限る。第九条の表備考第七号及び第八号において、「特別の支援を必要とする幼児、児童及び生徒に対する理解に関する科目」という。）は一単位以上を修得するものとする（次条第一項、第四条第一項、第五条第一項、第九条及び第十条の表の場合においても同様とする。）。

四　道徳、総合的な学習の時間等の指導法及び生徒指導、教育相談等に関する科目に教育課程の意義及び編成の方法（カリキュラム・マネジメントを含む。）の内容を含む場合にあつては、教育の基礎的理解に関する科目に教育課程の意義及び編成の方法（カリキュラム・マネジメントを含む。）の内容を含むことを要しない（次条第一項、第四条第一項及び第五条第一項の表の場合においても同様とする。）。

五　カリキュラム・マネジメントは、次に掲げる事項を通じて、教育課程に基づき組織的かつ計画的に学校教育の質の向上を図っていくことを取り扱うものとする（次条第一項、第四条第一項、第五条第一項、第七条第一項、第九条及び第十条の表の場合においても同様とする。）。

イ　幼児、児童又は生徒、学校及び地域の実態を適切に把握し、教育の目的や目標の実現に必要な教育の内容等を教科等横断的な視点で組み立てていくこと。

ロ　教育課程の実施状況を評価し、その改善を図っていくこと。

ハ　教育課程の実施に必要な体制を確保するとともにその改善を図っていくこと。

六　教育実習は、幼稚園（特別支援学校の幼稚部を含む。次条第一項の表備考第五号において同じ。）、小学校（義務教育学校の前期課程、特別支援学校の小学部及び海外に在留する邦人の子女のための在外教育施設で、文部科学大臣が小学校の課程と同等の課程を有するものとして認定したものを含む。次条第一項の表備考第五号及び第四条第一項の表備考第七号において同じ。）及び就学前の子どもに関する教育、保育等の総合的な提供の推進に関する法律（平成十八年法律第七十七号）第二条第七項に規定する幼保連携型認定こども園（以下「幼保連携型認定こども園」という。）の教育を中心とするものとする。

七　教育実習の単位数には、教育実習に係る事前及び事後の指導（授与を受けようとする普通免許状に係る学校以外の学校、専修学校、社会教育に関する施設、社会福祉施設、児童自立支援施設及びボランティア団体における教育実習に準ずる経験を含むことができる。）の一単位を含むものとする（次条第一項、第四条第一項、第五条第一項、第七条第一項、第九条及び第十条の表の場合においても同様とする。）。

八　教育実習の単位数には、二単位まで、学校体験活動（学校における授業、部活動等の教育活動その他の校務に関する補助又は幼児、児童若しくは生徒に対して学校の授業の終了後若しくは休業日において学校その他適切な施設を利用して行う学習その他の活動に関する補助を体験する活動であつて教育実習以外のものをいう。）の単位を含むことができる（次条第一項、第四条第一項、第五条第一項、第七条第一項及び第九条の表の場合においても同様とする。）。この場合において、高等学校教諭又は特別支援学校教諭の普通免許状の授与を受ける場合にあつては、「二単位」とあるのは「一単位」と読み替えるものとする。この場合において、教育実習に他の学校の教諭の普通免許状の授与を受ける場合のそれぞれの科目の単位をもつてあてることができない（次条第一項、第四条第一項及び第五条第一項の表の場合においても同様とする。）。

九　教育実習の単位は、幼稚園（特別支援学校の幼稚部及び附則第二十二項第四号に規定する幼稚園に相当する旧令による学校を含む。次号において同じ）、小学校（義務教育学校の前期課程、特別支援学校の小学部、海外に在留する邦人の子女のための在外教育施設で、文部科学大臣が小学校の課程と同等の課程を有するものとして認定したもの及び同項第一号に規定する小学校に相当する旧令による学校を含む。）又は幼保連携型認定こども園において、教員（海外に在留する邦人の子女のための在外教育施設で、文部科学大臣が小学校の課程と同等の課程を有するものとして認定したものにおいて教育に従事する者を含む。）として一年以上良好な成績で勤務した旨の実務証明責任者の証明を有する者については、経験年数一年について一単位の割合で、領域及び保育内容の指導法に関する科目（保育内容の指導法（情報機器及び教材の活用を含む。）に係る部分に限る。以下「保育内容の指導法に関する科目」という。）又は教育の基礎的理解に関する科目、道徳、総合的な学習の時間等の指導法及び生徒指導、教育相談等に関する科目若しくは教育実践に関する科目（以下「教諭の教育の基礎的理解に関する科目等」という。）（教育実習を除く。）の単位をもつて、これに替えることができる（次条第一項の表の場合においても同様とする。）。

九の二　前号に規定する実務証明責任者は、幼稚園、小学校（義務教育学校の前期課程、特別支援学校の小学部及び附則第二十二項第一号に規定する小学校に相当する旧令による学校を含む。）又は幼保連携型認定こども園の教員にあってはその者の勤務する学校の教員についての免許法別表第三の第三欄に規定する実務証明責任者と同様とし、海外に在留する邦人の子女のための在外教育施設で、文部科学大臣が小学校の課程と同等の課程を有するものとして認定したものにおいて教育に従事する者にあってはその者についての第六十七条の表第三欄に規定する実務証明責任者と同様とする。

十　教職実践演習は、当該演習を履修する者の教科及び教職に関する科目（教職実践演習を除く。）の履修状況を踏まえ、教員として必要な知識技能を修得したことを確認するものとする（次条第一項、第四条第一項、第五条第一項、第九条及び第十条の表の場合においても同様とする。）。

十一　教諭の教育の基礎的理解に関する科目等の単位は、教育の基礎的理解に関する科目にあつては八単位（二種免許状の授与を受ける場合にあつては六単位）まで、道徳、総合的な学習の時間等の指導法及び生徒指導、教育相談等に関する科目にあつては二単位まで、教育実習にあつては三単位まで、教職実践演習にあつては二単位まで、小学校、中学校又は高等学校の教諭の普通免許状の授与を受ける場合のそれぞれの科目の単位をもつてあてることができる（次条第一項及び第四条第一項の表の場合においても同様とする。）。

十二　教育の基礎的理解に関する科目（教育課程の意義及び編成の方法（カリキュラム・マネジメントを含む。）に係る部分に限る。次条第一項、第四条第一項、第五条第一項、第九条及び第十条の表（表の部分に限る。）を除き、以下「教育課程の意義及び編成の方法に関する科目」という。）並びに道徳、総合的な学習の時間等の指導法及び生徒指導、教育相談等に関する科目（教育の方法及び技術（情報機器及び教材の活用を含む。）に係る部分に限る。附則第十項の表備考第二号イにおいて「教育の方法及び技術に関する科目」という。）の単位のうち、二単位（二種免許状の授与を受ける場合にあつては一単位）までは、小学校の教諭の普通免許状の授与を受ける場合の単位をもつてあてることができる（次条第一項の表の場合においても同様とする。）。

十三　保育内容の指導法に関する科目の単位のうち、半数までは、小学校教諭の普通免許状の授与を受ける場合の教科及び教科の指導法に関する科目（各教科の指導法（情報通信技術の活用を含む。）に係る部分に限る。次条第一項、第四条第一項及び第五条第一項の表（表の部分に限る。）を除き、以下「各教科の指導法に関する科目」という。）又は道徳、総合的な学習の時間等の指導法及び生徒指導、教育相談等に関する科目（特別活動の指導法に係る部分に限る。次条第一項、第四条第一項、第五条第一項の表（表の部分に限る。）を除き、以下「特別活動の指導法に関する科目」という。）の単位をもつてあてることができる。

十四　大学が独自に設定する科目の単位の修得方法は、領域に関する専門的事項に関する科目、保育内容の指導法に関する科目若しくは教諭の教育の基礎的理解に関する科目等、大学が加えるこれらに準ずる科目又は第二十一条の二第一項の規定により文部科学大臣が指定した大学（以下「指定大学」という。）が加える科目について修得するものとする（次条第一項、第四条第一項及び第五条第一項の表の場合においても同様とする。高等学校教諭の普通免許状の授与を受ける場合にあつては、「一種免許状又は二種免許状」とあるのは「一種免許状」と読み替えるものとする。）。

十五　専修免許状又は一種免許状授与の所要資格を得るために必要な科目の単位のうち、専修免許状又は一種免許状に係る第二欄から第四欄に掲げる科目の単位数から二種免許状に係る同欄に掲げる科目の単位数を差し引いた単位数までは、指定大学が加える科目の単位をもつてあてることができる（次条第一項及び第四条第一項の表の場合においても同様とする。）。

2　学生が前項の科目の単位を修得するに当たつては、大学は、各科目についての学生の知識及び技能の修得状況に応じ適切な履修指導を行うよう努めるものとする。

3　大学は、第一項に規定する各科目の開設に当たつては、各科目の内容の整合性及び連続性を確保するとともに、効果的な教育方法を確保するよう努めるものとする。

第三条　免許法別表第一に規定する小学校教諭の普通免許状の授与を受ける場合の教科及び教職に関する科目の単位の修得方法は、次の表の定めるところによる。

2　学生が前項の科目の単位を修得するに当たつては、大学は、各科目についての学生の知識及び技能の修得状況に応じ適切な履修指導を行うよう努めるものとする。

3　大学は、第一項に規定する各科目の開設に当たつては、各科目の内容の整合性及び

<table>
<tr><td rowspan="2">第一欄</td><td colspan="19">最低修得単位数</td></tr>
<tr><td colspan="2">第二欄</td><td colspan="6">第三欄</td><td colspan="8">第四欄</td><td colspan="2">第五欄</td><td>第六欄</td></tr>
<tr><td>教科及び教職に関する科目</td><td colspan="2">教科及び教科の指導法に関する科目</td><td colspan="6">教育の基礎的理解に関する科目</td><td colspan="8">道徳、総合的な学習の時間等の指導法及び生徒指導、教育相談等に関する科目</td><td colspan="2">教育実践に関する科目</td><td rowspan="2">大学が独自に設定する科目</td></tr>
<tr><td>前項の各科目に含めることが必要な事項</td><td>教科に関する専門的事項</td><td>各教科の指導法（情報機器及び教材の活用を含む。）</td><td>教育の理念並びに教育に関する歴史及び思想</td><td>教職の意義及び教員の役割・職務内容（チーム学校運営への対応を含む。）</td><td>教育に関する社会的、制度的又は経営的事項（学校と地域との連携及び学校安全への対応を含む。）</td><td>幼児、児童及び生徒の心身の発達及び学習の過程</td><td>特別の支援を必要とする幼児、児童及び生徒に対する理解</td><td>教育課程の意義及び編成の方法（カリキュラム・マネジメントを含む。）</td><td>道徳の理論及び指導法</td><td>総合的な学習の時間の指導法</td><td>特別活動の指導法</td><td>教育の方法及び技術</td><td>情報通信技術を活用した教育の理論及び方法</td><td>生徒指導の理論及び方法</td><td>教育相談（カウンセリングに関する基礎的な知識を含む。）の理論及び方法</td><td>進路指導及びキャリア教育の理論及び方法</td><td>教育実習</td><td>教職実践演習</td></tr>
<tr><td>専修免許状</td><td colspan="2">三〇</td><td colspan="6">一〇</td><td colspan="8">一〇</td><td>五</td><td>二</td><td>二六</td></tr>
<tr><td>一種免許状</td><td colspan="2">三〇</td><td colspan="6">一〇</td><td colspan="8">一〇</td><td>五</td><td>二</td><td>二</td></tr>
<tr><td>二種免許状</td><td colspan="2">一六</td><td colspan="6">六</td><td colspan="8">六</td><td>五</td><td>二</td><td>二</td></tr>
</table>

備考

一 教科及び教科の指導法に関する科目（教科に関する専門的事項に係る部分に限る。次条第一項及び第五条第一項の表（表の部分に限る。）を除き、以下「教科に関する専門的事項に関する科目」という。）の単位の修得方法は、国語（書写を含む。）、社会、算数、理科、生活、音楽、図画工作、家庭、体育及び外国語（英語、ドイツ語、フランス語その他の各外国語に分ける。）（第三号及び第十一条の二の表備考第二号において「国語等」という。）の教科に関する専門的事項を含む科目のうち一以上の科目について修得するものとする。

二 各教科の指導法（情報通信技術の活用を含む。）、教育課程の意義及び編成の方法（カリキュラム・マネジメントを含む。）、道徳の理論及び指導法、総合的な学習の時間の指導法、特別活動の指導法、教育の方法及び技術並びに情報通信技術を活用した教育の理論及び方法は、学校教育法施行規則第五十二条に規定する小学校学習指導要領に掲げる事項に即し、育成を目指す資質・能力を育むための主体的・対話的で深い学びの実現に向けた授業改善に資する内容並びに包括的な内容を含むものとする。

三 各教科の指導法に関する科目の単位の修得方法は、専修免許状又は一種免許状の授与を受ける場合にあつては、国語等の教科の指導法に関する科目についてそれぞれ一単位以上を、二種免許状の授与を受ける場合にあつては、六以上の教科の指導法に関する科目（音楽、図画工作又は体育の教科の指導法に関する科目のうち二以上を含む。）についてそれぞれ一単位以上を修得するものとする。

四 道徳、総合的な学習の時間等の指導法及び生徒指導、教育相談等に関する科目（道徳の理論及び指導法に係る部分に限る。）の単位の修得方法は、専修免許状又は一種免許状の場合は二単位以上、二種免許状の場合は一単位以上修得するものとする（次条第一項の表の場合においても同様とする。）。

四の二 道徳、総合的な学習の時間等の指導法及び生徒指導、教育相談等に関する科目（情報通信技術を活用した教育の理論及び方法に係る部分に限る。）の単位の修得方法は、一単位以上修得するものとする（次条第一項及び第五条第一項の表の場合においても同様とする。）。

五 教育実習は、小学校、幼稚園、中学校（義務教育学校の後期課程、中等教育学校の前期課程、特別支援学校の中学部及び海外に在留する邦人の子女のための在外教育施設で、文部科学大臣が中学校の課程と同等の課程を有するものとして認定したもの含む。次条第一項の表備考第七号及び第五条第一項の表備考第三号において同じ。）及び幼保連携型認定こども園の教育を中心とするものとする。

六 各教科の指導法に関する科目の単位のうち、生活の教科の指導法に関する科目の単位にあつては二単位まで、特別活動の指導法に関する科目の単位にあつては一単位まで、幼稚園の教諭の普通免許状の授与を受ける場合の保育内容の指導法に関する科目の単位をもつてあてることができる。

連続性を確保するとともに、効果的な教育方法を確保するよう努めるものとする。

第四条　免許法別表第一に規定する中学校教諭の普通免許状の授与を受ける場合の教科及び教職に関する科目の単位の修得方法は、次の表の定めるところによる。

2　学生が前項の科目の単位を修得するに当たつては、大学は、各科目についての学生の知識及び技能の修得状況に応じ適切な履修指導を行うよう努めるものとする。

3　各教科の指導法に関する科目及び教諭の教育の基礎的理解に関する科目等の単位を修得させるために大学が設置する修業年限を一年とする課程における単位の修得方法は、第一項に定める修得方法の例によるものとする。

4　大学は、第一項に規定する各科目の開設に当たつては、各科目の内容の整合性及び

第一欄	第二欄		第三欄						第四欄								第五欄		第六欄
教科及び教職に関する科目	教科及び教科の指導法に関する科目		教育の基礎的理解に関する科目						道徳、総合的な学習の時間等の指導法及び生徒指導、教育相談等に関する科目								教育実践に関する科目		大学が独自に設定する科目
前項の各科目に含めることが必要な事項	教科に関する専門的事項	各教科の指導法（情報機器及び教材の活用を含む。）	教育の理念並びに教育に関する歴史及び思想	教職の意義及び教員の役割・職務内容（チーム学校運営への対応を含む。）	教育に関する社会的、制度的又は経営的事項（学校と地域との連携及び学校安全への対応を含む。）	幼児、児童及び生徒の心身の発達及び学習の過程	特別の支援を必要とする幼児、児童及び生徒に対する理解	教育課程の意義及び編成の方法（カリキュラム・マネジメントを含む。）	道徳の理論及び指導法	総合的な学習の時間の指導法	特別活動の指導法	教育の方法及び技術	情報通信技術を活用した教育の理論及び方法	生徒指導の理論及び方法	教育相談（カウンセリングに関する基礎的な知識を含む。）の理論及び方法	進路指導及びキャリア教育の理論及び方法	教育実習	教職実践演習	
専修免許状	二八		一〇（六）						一〇（六）								五（三）	二	二八
一種免許状	二八		一〇（六）						一〇（六）								五（三）	二	四
二種免許状	一二		六（三）						六（四）								五（三）	二	四

最低修得単位数

備考

一　教科に関する専門的事項に関する科目の単位の修得方法は、次に掲げる免許教科の種類に応じ、それぞれ定める教科に関する専門的事項に関する科目についてそれぞれ一単位以上修得するものとする。

イ　国語　国語学（音声言語及び文章表現に関するものを含む。）、国文学（国文学史を含む。）、漢文学、書道（書写を中心とする。）

ロ　社会　日本史・外国史、地理学（地誌を含む。）、「法律学、政治学」、「社会学、経済学」、「哲学、倫理学、宗教学」

ハ　数学　代数学、幾何学、解析学、「確率論、統計学」、コンピュータ

ニ　理科　物理学、化学、生物学、地学、物理学実験・化学実験・生物学実験・地学実験
ホ　音楽　ソルフェージュ、声楽（合唱及び日本の伝統的な歌唱を含む。）、器楽（合奏及び伴奏並びに和楽器を含む。）、指揮法、音楽理論・作曲法（編曲法を含む。）・音楽史（日本の伝統音楽及び諸民族の音楽を含む。）
ヘ　美術　絵画（映像メディア表現を含む。）、彫刻、デザイン（映像メディア表現を含む。）、工芸、美術理論・美術史（鑑賞並びに日本の伝統美術及びアジアの美術を含む。）
ト　保健体育　体育実技、「体育原理、体育心理学、体育経営管理学、体育社会学、体育史」・運動学（運動方法学を含む。）、生理学（運動生理学を含む。）、衛生学・公衆衛生学、学校保健（小児保健、精神保健、学校安全及び救急処置を含む。）
チ　保健　生理学・栄養学、衛生学・公衆衛生学、学校保健（小児保健、精神保健、学校安全及び救急処置を含む。）
リ　技術　木材加工（実習を含む。）・機械、電気（実習を含む。）、生物育成、情報とコンピュータ
ヌ　家庭　家庭経営学（家族関係学及び家庭経済学を含む。）、被服学（被服実習を含む。）、食物学（栄養学、食品学及び調理実習を含む。）、住居学、保育学
ル　職業　産業概説、職業指導、「農業、工業、商業、水産」、「農業実習、工業実習、商業実習、水産実習、商船実習」
ヲ　職業指導　職業指導、職業指導の技術、職業指導の運営管理
ワ　英語　英語学、英語文学、英語コミュニケーション、異文化理解
カ　宗教　宗教学、宗教史、「教理学、哲学」

二　前号に掲げる教科に関する専門的事項は、一般的包括的な内容を含むものでなければならない（次条第一項の表の場合においても同様とする。）。

三　英語以外の外国語の免許状の授与を受ける場合の教科に関する専門的事項に関する科目の単位の修得方法は、それぞれ英語の場合の例によるものとする（次条第一項の表の場合においても同様とする。）。

四　第一号中「」内に示された事項は当該事項の一以上にわたつて行うものとする（次条第一項、第九条、第十五条第二項、第十八条の二及び第六十四条第二項の表の場合においても同様とする。）。ただし、「農業、工業、商業、水産」の修得方法は、これらの教科に関する専門的事項に関する科目のうち二以上の教科に関する専門的事項に関する科目（商船をもつて水産と替えることができる。）についてそれぞれ二単位以上を修得するものとする。

五　各教科の指導法（情報通信技術の活用を含む。）、教育課程の意義及び編成の方法（カリキュラム・マネジメントを含む。）、道徳の理論及び指導法、総合的な学習の時間の指導法、特別活動の指導法、教育の方法及び技術並びに情報通信技術を活用した教育の理論及び方法は、学校教育法施行規則第七十四条に規定する中学校学習指導要領に掲げる事項に即し、育成を目指す資質・能力を育むための主体的・対話的で深い学びの実現に向けた授業改善に資する内容並びに包括的な内容を含むものとする。

六　各教科の指導法に関する科目の単位の修得方法は、受けようとする免許教科について、専修免許状又は一種免許状の授与を受ける場合にあつては八単位以上を、二種免許状の授与を受ける場合にあつては二単位以上を修得するものとする（次条第一項の表の場合においても同様とする。この場合において、「八単位以上を、二種免許状の授与を受ける場合にあつては二単位以上」とあるのは「四単位以上」と読み替えるものとする。）。

七　教育実習は、中学校、小学校及び高等学校（中等教育学校の後期課程、特別支援学校の高等部及び海外に在留する邦人の子女のための在外教育施設で、文部科学大臣が高等学校の課程と同等の課程を有するものとして認定したものを含む。次条第一項の表備考第三号において同じ。）の教育を中心とするものとする。

八　教育実習の単位は、中学校（義務教育学校の後期課程、中等教育学校の前期課程、特別支援学校の中学部、海外に在留する邦人の子女のための在外教育施設で、文部科学大臣が中学校の課程と同等の課程を有するものとして認定したもの及び附則第二十二項第二号に規定する中学校に相当する旧令による学校を含む。）又は高等学校（中等教育学校の後期課程、特別支援学校の高等部、海外に在留する邦人の子女のための在外教育施設で、文部科学大臣が高等学校の課程と同等の課程を有するものとして認定したもの及び同項第三号に規定する高等学校に相当する旧令による学校を含む。）において、教員（海外に在留する邦人の子女のための在外教育施設で、文部科学大臣が中学校又は高等学校の課程と同等の課程を有するものとして認定したものにおいて教育に従事する者を含む。）として一年以上良好な成績で勤務した旨の実務証明責任者の証明を有する者については、経験年数一年について一単位の割合で、表に掲げる普通免許状の授与を受ける場合の各教科の指導法に関する科目又は教諭の教育の基礎的理解に関する科目等（教育実習を除く。）の単位をもつて、これに替えることができる（次条第一項の表の場合においても同様とする。）。

八の二　前号に規定する実務証明責任者は、中学校（義務教育学校の後期課程、中等教育学校の前期課程及び特別支援学校の中学部並びに附則第二十二項第二号に規定する中学校に相当する旧令による学校を含む。）又は高等学校（中等教育学校の後期課程及び特別支援学校の高等部並びに同項第三号に規定する高等学校に相当する旧令による学校を含む。）の教員にあつてはその者の勤務する学校の教員についての免許法別表第三の第三欄に規定する実務証明責任者と同様とし、海外に在留する邦人の子女のための在外教育施設で、文部科学大臣が中学校又は高等学校の課程と同等の課程を有するものとして認定したものにおいて教育に従事する者にあつてはその者についての第六十七条の表第三欄に規定する実務証明責任者と同様とする（次条第一項の表の場合においても同様とする。）。

九　音楽及び美術の各教科についての普通免許状については、当分の間、各教科の指導法に関する科目及び教諭の教育の基礎的理解に関する科目等の単位数（専修免許状に係る単位数については、教育職員免許法別表第一備考第七号の規定を適用した後の単位数）のうちその半数までの単位は、当該免許状に係る教科に関する専門的事項に関する科目について修得することができる。この場合において、各教科の指導法に関する科目にあつては一単位以上、その他の科目にあつては括弧内の数字以上の単位を修得するものとする。

連続性を確保するとともに、効果的な教育方法を確保するよう努めるものとする。

第五条　免許法別表第一に規定する高等学校教諭の普通免許状の授与を受ける場合の教科及び教職に関する科目の単位の修得方法は、次の表の定めるところによる。

2　学生が前項の科目の単位を修得するに当たつては、大学は、各科目についての学生の知識及び技能の修得状況に応じ適切な履

第一欄	最低修得単位数																	
	第二欄		第三欄						第四欄							第五欄		第六欄
教科及び教職に関する科目	教科及び教科の指導法に関する科目		教育の基礎的理解に関する科目						道徳、総合的な学習の時間等の指導法及び生徒指導、教育相談等に関する科目							教育実践に関する科目		大学が独自に設定する科目
前項の各科目に含めることが必要な事項	教科に関する専門的事項	各教科の指導法（情報機器及び教材の活用を含む。）	教育の理念並びに教育に関する歴史及び思想	教職の意義及び教員の役割・職務内容（チーム学校運営への対応を含む。）	教育に関する社会的、制度的又は経営的事項（学校と地域との連携及び学校安全への対応を含む。）	幼児、児童及び生徒の心身の発達及び学習の過程	特別の支援を必要とする幼児、児童及び生徒に対する理解	教育課程の意義及び編成の方法（カリキュラム・マネジメントを含む。）	総合的な探求の時間の指導法	特別活動の指導法	教育の方法及び技術	情報通信技術を活用した教育の理論及び方法	生徒指導の理論及び方法	教育相談（カウンセリングに関する基礎的な知識を含む。）の理論及び方法	進路指導及びキャリア教育の理論及び方法	教育実習	教職実践演習	
専修免許状	二四		一〇（四）						八（五）							三（二）	二	三六
一種免許状	二四		一〇（四）						八（五）							三（二）	二	一二

備考

一　教科に関する専門的事項に関する科目の単位の修得方法は、免許教科の種類に応じ、それぞれ定める教科に関する専門的事項に関する科目についてそれぞれ一単位以上修得するものとする。

イ　国語　国語学（音声言語及び文章表現に関するものを含む。）、国文学（国文学史を含む。）、漢文学

ロ　地理歴史　日本史、外国史、人文地理学・自然地理学、地誌

ハ　公民　「法律学（国際法を含む。）、政治学（国際政治を含む。）」、「社会学、経済学（国際経済を含む。）」、「哲学、倫理学、宗教学、心理学」

ニ　数学　代数学、幾何学、解析学、「確率論、統計学」、コンピュータ

ホ　理科　物理学、化学、生物学、地学、「物理学実験、化学実験、生物学実験、地学実験」

ヘ　音楽　ソルフェージュ、声楽（合唱及び日本の伝統的な歌唱を含む。）、器楽（合奏及び伴奏並びに和楽器を含む。）、指揮法、音楽理論・作曲法（編曲法を含む。）・音楽史（日本の伝統音楽及び諸民族の音楽を含む。）

ト　美術　絵画（映像メディア表現を含む。）、彫刻、デザイン（映像メディア表現を含む。）、美術理論・美術史（鑑賞並びに日本の伝統美術及びアジアの美術を含む。）

チ　工芸　図法・製図、デザイン、工芸制作（プロダクト制作を含む。）、工芸理論・デザイン理論・美術史（鑑賞並びに日本の伝統工芸及びアジアの工芸を含む。）

リ　書道　書道（書写を含む。）、書道史、「書論、鑑賞」、「国文学、漢文学」

ヌ　保健体育　体育実技、「体育原理、体育心理学、体育経営管理学、体育社会学、体育史」・運動学（運動方法学を含む。）、生理学（運動生理学を含む。）、衛生学・公衆衛生学、学校保健（小児保健、精神保健、学校安全及び救急処置を含む。）

ル　保健　「生理学、栄養学、微生物学、解剖学」、衛生学・公衆衛生学、学校保健（小児保健、精神保健、学校安全及び救急処置を含む。）

ヲ　看護　「生理学、生化学、病理学、微生物学、薬理学」、看護学（成人看護学、老年看護学及び母子看護学を含む。）、看護実習

ワ　家庭　家庭経営学（家族関係学及び家庭経済学を含む。）、被服学（被服実習を含む。）、食物学（栄養学、食品学及び調理実習を含む。）、住居学、保育学
カ　情報　情報社会（職業に関する内容を含む。）・情報倫理、コンピュータ・情報処理、情報システム、情報通信ネットワーク、マルチメディア表現・マルチメディア技術
ヨ　農業　農業の関係科目、職業指導
タ　工業　工業の関係科目、職業指導
レ　商業　商業の関係科目、職業指導
ソ　水産　水産の関係科目、職業指導
ツ　福祉　社会福祉学（職業指導を含む。）、高齢者福祉・児童福祉・障害者福祉、社会福祉援助技術、介護理論・介護技術、社会福祉総合実習（社会福祉援助実習及び社会福祉施設等における介護実習を含む。）、人体構造に関する理解・日常生活行動に関する理解、加齢に関する理解・障害に関する理解
ネ　商船　商船の関係科目、職業指導
ナ　職業指導　職業指導、職業指導の技術、職業指導の運営管理
ラ　英語　英語学、英語文学、英語コミュニケーション、異文化理解
ム　宗教　宗教学、宗教史、「教理学、哲学」

二　各教科の指導法（情報道徳の理論及び指導法、総合的な学習の時間の指導法、特別活動の指導法、教育の方法及び技術並びに情報通信技術を活用した教育の理論及び方法の活用を含む。）、教育課程の意義及び編成の方法（カリキュラム・マネジメントを含む。）、総合的な探求の時間の指導法、特別活動の指導法、教育の方法及び技術並びに情報通信技術を活用した教育の理論及び方法は、学校教育法施行規則第八十四条に規定する高等学校学習指導要領に掲げる事項に即し、育成を目指す資質・能力を育むための主体的・対話的で深い学びの実現に向けた授業改善に資する内容並びに包括的な内容を含むものとする。

三　教育実習は、高等学校及び中学校の教育を中心とするものとする。

四　教論の教育の基礎的理解に関する科目等の単位は、教育の基礎的理解に関する科目にあつては八単位まで、道徳、総合的な学習の時間等の指導法及び生徒指導、教育相談等に関する科目、教育実習並びに教職実践演習にあつてはそれぞれ二単位まで、幼稚園、小学校又は中学校の教論の普通免許状の授与を受ける場合のそれぞれの科目の単位をもつてあてることができる。

五　数学、理科、音楽、美術、工芸、書道、農業、商業、水産及び商船の各教科についての普通免許状については、当分の間、各教科の指導法に関する科目及び教論の教育の基礎的理解に関する科目等の単位数（専修免許状に係る単位数については、教育職員免許法別表第一備考第七号の規定を適用した後の単位数）のうちその半数までの単位は、当該免許状に係る教科に関する専門的事項に関する科目について修得することができる。この場合において、各教科の指導法に関する科目にあつては一単位以上、その他の科目にあつては括弧内の数字以上の単位を修得するものとする。

六　工業の普通免許状の授与を受ける場合は、当分の間、各教科の指導法に関する科目及び教論の教育の基礎的理解に関する科目等（専修免許状に係る単位数については、免許法別表第一備考第七号の規定を適用した後の単位数）の全部又は一部の単位は、当該免許状に係る教科に関する専門的事項に関する科目について修得することができる。

七　専修免許状又は一種免許状授与の所要資格を得るために必要な科目の単位のうち、教科及び教科の指導法に関する科目にあつては八単位まで、教育の基礎的理解に関する科目にあつては六単位まで、道徳、総合的な学習の時間等の指導法及び生徒指導、教育相談等に関する科目にあつては四単位まで、指定大学が加える科目の単位をもつてあてることができる。

修指導を行うよう努めるものとする。

3　各教科の指導法に関する科目及び教論の教育の基礎的理解に関する科目等の単位を修得させるために大学が設置する修業年限を一年以上とする課程における単位の修得方法は、第一項に定める修得方法の例によるものとする。

4　大学は、第一項に規定する各科目の開設に当たつては、各科目の内容の整合性及び連続性を確保するとともに、効果的な教育方法を確保するよう努めるものとする。

第六条　削除

第七条　免許法別表第一に規定する特別支援学校教諭の普通免許状の授与を受ける場合の特別支援教育に関する科目の単位の修得方法は、次の表の定めるところによる。

特別支援教育に関する科目／免許状の種類		最低修得単位数					
		第一欄	第二欄		第三欄		第四欄
		特別支援教育の基礎理論に関する科目	特別支援教育領域に関する科目		免許状に定められることとなる特別支援教育領域以外の領域に関する科目		心身に障害のある幼児、児童又は生徒についての教育実習
			心身に障害のある幼児、児童又は生徒の心理、生理及び病理に関する科目	心身に障害のある幼児、児童又は生徒の教育課程及び指導法に関する科目	心身に障害のある幼児、児童又は生徒の心理、生理及び病理に関する科目	心身に障害のある幼児、児童又は生徒の教育課程及び指導法に関する科目	
特別支援学校教諭	専修免許状	二	十六		五		三
	一種免許状	二	十六		五		三
	二種免許状	二	八		三		三

備考
一　第一欄に掲げる科目は、特別支援学校の教育に係る、心身に障害のある幼児、児童又は生徒についての教育の理念並びに教育に関する歴史及び思想並びに心身に障害のある幼児、児童又は生徒についての教育に係る社会的、制度的又は経営的事項を含むものとする。
二　第二欄に掲げる科目の単位の修得方法は、特別支援教育領域のうち、一又は二以上の免許状教育領域（授与を受けようとする免許状に定められることとなる特別支援教育領域をいう。第五号及び次項において同じ。）について、それぞれ次のイ又はロに定める単位を修得するものとする。
イ　視覚障害者又は聴覚障害者に関する教育の領域を定める免許状の授与を受けようとする場合にあつては、当該領域に関する心身に障害のある幼児、児童又は生徒の心理、生理及び病理に関する科目（以下「心理等に関する科目」という。）並びに当該領域に関する心身に障害のある幼児、児童又は生徒の教育課程及び指導法に関する科目（以下「教育課程等に関する科目」という。）について合わせて八単位（二種免許状の授与を受ける場合にあつては四単位）以上（当該心理等に関する科目に係る一単位以上及び当該教育課程等に関する科目に係る二単位（二種免許状の授与を受ける場合にあつては一単位）以上を含む。）
ロ　知的障害者、肢体不自由者又は病弱者（身体虚弱者を含む。以下同じ。）に関する教育の領域を定める免許状の授与を受けようとする場合にあつては、当該領域に関する心理等に関する科目及び当該領域に関する教育課程等に関する科目について合わせて四単位（二種免許状の授与を受ける場合にあつては二単位）以上（当該心理等に関する科目に係る一単位以上及び当該教育課程等に関する科目に係る二単

2　免許法別表第一に規定する特別支援学校教諭の専修免許状の授与を受ける場合の特別支援教育に関する科目の単位は、前項に規定するもののほか、免許状教育領域の種類に応じ、大学の加える特別支援教育に関する科目についても修得することができる。

3　専修免許状又は一種免許状授与の所要資格を得るために必要な科目の単位のうち、専修免許状又は一種免許状に係る第一欄から第三欄に掲げる同欄に掲げる科目の単位数から二種免許状に係る同欄に掲げる科目の単位数を差し引いた単位数までは、指定大学が加える科目の単位をもつてあてることができる。

4　特別支援教育に関する科目の修得により免許法第五条の二第三項の規定による新教育領域の追加の定めを受けようとする場合における特別支援教育に関する科目の単位の修得方法は、追加の定めを受けようとする新教育領域の種類に応じ、第一項の表備考第二号イ又はロに定める単位を修得するものとする。

5　前項の規定により修得するものとされる単位は、新教育領域の追加の定めを受けようとする者が免許状の授与を受けた際又は過去に新教育領域の追加の定めを受けた際に修得した単位（新たに追加の定めを受けようとする新教育領域に関する科目に係るものに限る。）をもつて、これに替えることができる。この場合において、第一項の表の第三欄に掲げる科目について修得した単位数が同欄に定める最低修得単位数に不足することとなるときは、同欄に掲げる科目について、その不足する単位数と同数以上の単位を修得しなければならない。

6　免許法第五条の二第三項に規定する教育職員検定のうち、特別支援学校教諭の普通免許状に新教育領域を追加して定める場合の学力及び実務の検定は、次に定めるとこ

位（二種免許状の授与を受ける場合にあつては一単位）以上を含む。）
三　第三欄に掲げる科目は、視覚障害者、聴覚障害者、知的障害者、肢体不自由者、病弱者及び複数の種類の障害を併せ有する者に関する教育並びにその他障害により教育上特別の支援を必要とする者（発達障害者を含む。）に対する教育に関する事項のうち、免許状教育領域に関する事項以外の全ての事項を含むものとする。
四　第四欄に定める単位は、特別支援学校において、教員として一年以上良好な成績で勤務した旨の実務証明責任者の証明を有するものについては、経験年数一年について一単位の割合で、それぞれ第一欄から第三欄までに掲げる科目に関する単位をもつて、これに替えることができる。
五　前号に規定する実務証明責任者は、特別支援学校の教員についての免許法別表第三の第三欄に規定する実務証明責任者と同様とする（第五項第三号においても同様とする。）

ろによつて行わなければならない。
一　学力の検定は、追加の定めを受けようとする新教育領域の種類に応じ、第一項の表第二欄に掲げる科目についてそれぞれ次のイ又はロに定める単位を修得するものとする。
イ　視覚障害者又は聴覚障害者に関する教育の領域の追加の定めを受けようとする場合にあつては、当該領域に関する心理等に関する科目及び当該領域に関する教育課程等に関する科目について合わせて四単位（二種免許状に新教育領域の追加の定めを受けようとする場合にあつては二単位）以上（当該心理等に関する科目に係る一単位以上及び当該教育課程等に関する科目に係る一単位以上を含む。）
ロ　知的障害者、肢体不自由者又は病弱者に関する教育の領域の追加の定めを受けようとする場合にあつては、当該領域に関する心理等に関する科目及び当該領域に関する教育課程等に関する科目についてそれぞれ一単位又は当該教育課程等に関する科目並びに当該心理等に関する科目及び当該教育課程等に関する科目の内容を含む科目（以下この号において「心理及び教育課程等に関する科目」という。）についてそれぞれ一単位（二種免許状に当該領域の追加の定めを受ける場合にあつては当該心理及び教育課程等に関する科目一単位）以上
二　前号の単位は、文部科学大臣の認定する講習、大学の公開講座若しくは通信教育において修得した単位又は文部科学大臣が大学に委嘱して行う試験の合格により修得した単位をもつて替えることができる。
三　実務の検定は、特別支援学校の教員（専修免許状又は一種免許状に新教育領域の追加の定めを受けようとする場合にあつては、当該免許状に定められている特別支援教育領域又は追加の定めを受けようとする新教育領域を担任する教員に限り、二種免許状に新教育領域の追加の定めを受けようとする場合にあつては、幼稚園、小学校、中学校、義務教育学校、高等学校、中等教育学校又は幼保連携型認定こども園の教員を含む。）として一年間良好な成績で勤務した旨の実務証明責任者の証明を有することを必要とする。

7　第五項の規定は、前項の場合について準用する。この場合において、「前項」とあるのは「第六項」と読み替えるものとする。

8　免許法別表第一備考第六号に規定する特別支援教育に関する科目の単位を修得させるために大学が設置する修業年限を一年以上とする課程（以下「特別支援教育特別課程」という。）における特別支援教育に関する科目の単位の修得方法は、第一項から第五項までに定める修得方法の例によるものとする。

第八条　削除

第九条 免許法別表第二に規定する養護教諭の普通免許状の授与を受ける場合の養護及び教職に関する科目の単位の修得方法は、次の表の定めるところによる。

第一欄		最低修得単位数														
		第二欄	第三欄						第四欄				第五欄		第六欄
養護及び教職に関する科目		養護に関する科目	教育の基礎的理解に関する科目						道徳、総合的な学習の時間等の指導法及び生徒指導、教育相談等に関する科目				教育実践に関する科目		大学が独自に設定する科目
前項の各科目に含めることが必要な事項			教育の理念並びに教育に関する歴史及び思想	教職の意義及び教員の役割・職務内容（チーム学校運営への対応を含む。）	教育に関する社会的、制度的又は経営的事項（学校と地域との連携及び学校安全への対応を含む。）	幼児、児童及び生徒の心身の発達及び学習の過程	特別の支援を必要とする幼児、児童及び生徒に対する理解	教育課程の意義及び編成の方法（カリキュラム・マネジメントを含む。）	道徳、総合的な学習の時間及び総合的な探究の時間並びに特別活動に関する内容	教育の方法及び技術（情報機器及び教材の活用を含む。）	生徒指導の理論及び方法	教育相談（カウンセリングに関する基礎的な知識を含む。）の理論及び方法	養護実習	教職実践演習	
養護教諭	専修免許状	二八	八						六				五	二	三一
	一種免許状	二八	八						六				五	二	七
	二種免許状	二四	五						三				四	二	四

備考

一 養護に関する科目の単位の修得方法は、次に掲げる免許状の授与を受ける場合に応じ、それぞれ定める単位数を修得するものとする。

イ 専修免許状又は一種免許状 衛生学・公衆衛生学（予防医学を含む。）四単位以上、学校保健二単位以上、養護概説二単位以上、健康相談活動の理論・健康相談活動の方法二単位以上、栄養学（食品学を含む。）二単位以上、解剖学・生理学二単位以上、「微生物学、免疫学、薬理概論」二単位以上、精神保健二単位以上、看護学（臨床実習及び救急処置を含む。）十単位以上

ロ 二種免許状 衛生学・公衆衛生学（予防医学を含む。）二単位以上、学校保健一単位以上、養護概説一単位以上、健康相談活動の理論・健康相談活動の方法二単位以上、栄養学（食品学を含む。）二単位以上、解剖学・生理学二単位以上、「微生物学、免疫学、薬理概論」二単位以上、精神保健二単位以上、看護学（臨床実習及び救急処置を含む。）十単位以上

二　道徳、総合的な学習の時間等の内容及び生徒指導、教育相談等に関する科目に教育課程の意義及び編成の方法（カリキュラム・マネジメントを含む。）の内容を含む場合にあつては、教育の基礎的理解に関する科目に教育課程の意義及び編成の方法（カリキュラム・マネジメントを含む。）の内容を含むことを要しない（次条の表の場合においても同様とする。）。

三　養護実習の単位は、養護教諭、養護助教諭又は第六十九条の二に規定する職員として一年以上良好な成績で勤務した旨の実務証明責任者の証明を有する者については、経験年数一年について一単位の割合で、教育の基礎的理解に関する科目、道徳、総合的な学習の時間等の内容及び生徒指導、教育相談等に関する科目又は教育実践に関する科目（以下「養護教諭・栄養教諭の教育の基礎的理解に関する科目等」という。）（養護実習を除く。）の単位をもつて、これに替えることができる。

三の二　前号に規定する実務証明責任者は、養護教諭、養護助教諭又は第六十九条の二に規定する職員にあつてはその者の勤務する学校の教員についての免許法別表第三の第三欄に規定する実務証明責任者と同様とする。

四　教育の基礎的理解に関する科目又は道徳、総合的な学習の時間等の内容及び生徒指導、教育相談等に関する科目の単位は、教育の基礎的理解に関する科目にあつては六単位（二種免許状の授与を受ける場合にあつては四単位）まで、道徳、総合的な学習の時間等の内容及び生徒指導、教育相談等に関する科目にあつては二単位まで、幼稚園、小学校、中学校又は高等学校の教諭の普通免許状の授与を受ける場合のそれぞれの教育の基礎的理解に関する科目又は道徳、総合的な学習の時間等の内容及び生徒指導、教育相談等に関する科目の単位をもつてあてることができる（次条の表の場合においても同様とする。）。

五　教育の基礎的理解に関する科目又は道徳、総合的な学習の時間等の内容及び生徒指導、教育相談等に関する科目の単位は、教育の基礎的理解に関する科目にあつては六単位（二種免許状の授与を受ける場合にあつては四単位）まで、道徳、総合的な学習の時間等の内容及び生徒指導、教育相談等に関する科目にあつては八単位（二種免許状の授与を受ける場合にあつては四単位）まで、栄養教諭の普通免許状の授与を受ける場合のそれぞれの科目の単位をもつてあてることができる（次条の表の場合においても同様とする。）。

六　大学が独自に設定する科目の単位の修得方法は、次に掲げる免許状の授与を受ける場合に応じ、それぞれ定める科目について修得するものとする。

イ　専修免許状　養護に関する科目又は養護教諭・栄養教諭の教育の基礎的理解に関する科目等

ロ　一種免許状又は二種免許状　養護に関する科目若しくは養護教諭・栄養教諭の教育の基礎的理解に関する科目等又は大学が加えるこれらに準ずる科目

七　免許法別表第二の養護教諭の一種免許状のロの項に規定する養護及び教職に関する科目の単位の修得方法は、養護に関する科目のうち衛生学・公衆衛生学（予防医学を含む。）、学校保健、養護概説及び栄養学（食品学を含む。）に含まれる内容について、合わせて三単位以上を、教育の基礎的理解に関する科目（教育の理念並びに教育に関する歴史及び思想に係る部分に限る。次号において「教育の理念並びに教育に関する歴史及び思想に関する科目」という。）、教育の基礎的理解に関する科目（幼児、児童及び生徒の心身の発達及び学習の過程に係る部分に限る。次号において「幼児、児童及び生徒の心身の発達及び学習の過程に関する科目」という。）並びに特別の支援を必要とする幼児、児童及び生徒に対する理解に関する科目のうち一以上の科目並びに養護実習について、それぞれ二単位以上を修得するものとする。

八　免許法別表第二の養護教諭の一種免許状のハの項に規定する養護及び教職に関する科目の単位の修得方法は、養護に関する科目のうち衛生学・公衆衛生学（予防医学を含む。）並びに栄養学（食品学を含む。）についてそれぞれ二単位以上を、学校保健及び養護概説について合わせて二単位以上を、教育の理念並びに教育に関する歴史及び思想に関する科目、幼児、児童及び生徒の心身の発達及び学習の過程に関する科目並びに特別の支援を必要とする幼児、児童及び生徒に対する理解に関する科目のうち一以上の科目並びに養護実習について、それぞれ二単位以上を修得するものとする。

第十条 免許法別表第二の二に規定する栄養教諭の普通免許状の授与を受ける場合の栄養に係る教育及び教職に関する科目の単位の修得方法は、次の表の定めるところによる。

第十条の二 幼稚園、小学校、中学校若しくは特別支援学校の教諭、養護教諭若しくは栄養教諭の一種免許状若しくは二種免許状を有する者若しくは高等学校教諭の一種免許状を有する者又はこれらの免許状に係る所要資格を得ている者が、免許法別表第一、別表第二又は別表第二の二の規定によ

第一欄		最低修得単位数													
		第二欄	第三欄						第四欄				第五欄		第六欄
栄養に係る教育及び教職に関する科目		栄養に係る教育に関する科目	教育の基礎的理解に関する科目						道徳、総合的な学習の時間等の内容及び生徒指導、教育相談等に関する科目				教育実践に関する科目		大学が独自に設定する科目
右項の各科目に含めることが必要な事項			教育の理念並びに教育に関する歴史及び思想	教職の意義及び教員の役割・職務内容（チーム学校運営への対応を含む。）	教育に関する社会的、制度的又は経営的事項（学校と地域との連携及び学校安全への対応を含む。）	幼児、児童及び生徒の心身の発達及び学習の過程	特別の支援を必要とする幼児、児童及び生徒に対する理解	教育課程の意義及び編成の方法（カリキュラム・マネジメントを含む。）	道徳、総合的な学習の時間及び特別活動に関する内容	教育の方法及び技術（情報機器及び教材の活用を含む。）	生徒指導の理論及び方法	教育相談（カウンセリングに関する基礎的な知識を含む。）の理論及び方法	栄養教育実習	教職実践演習	
栄養教諭	専修免許状	四	八						六				二	二	二四
	一種免許状	四	八						六				二	二	
	二種免許状	二	五						三				二	二	

備考

一 栄養に係る教育に関する科目の単位の修得方法は、栄養教諭の役割及び職務内容に関する事項、幼児、児童及び生徒の栄養に係る課題に関する事項、食生活に関する歴史的及び文化的事項並びに食に関する指導の方法に関する事項を含む科目について、専修免許状又は一種免許状の授与を受ける場合にあつては四単位以上を、二種免許状の授与を受ける場合にあつては二単位以上を修得するものとする。

二 大学が独自に設定する科目の単位の修得方法は、栄養に係る教育に関する科目若しくは大学が加えるこれに準ずる科目（管理栄養士学校指定規則（昭和四十一年文部省・厚生省令第二号）別表第一に掲げる教育内容に係るものに限る。）又は養護教諭・栄養教諭の教育の基礎的理解に関する科目等のうち一以上の科目について単位を修得するものとする。

り、それぞれの専修免許状又は一種免許状の授与を受けようとするときは、これらの別表の専修免許状又は一種免許状に係る第三欄に定める単位数のうちその者が有し又は所要資格を得ている一種免許状又は二種免許状に係る第三欄に定める単位数は、既に修得したものとみなす。

2　前項の規定の適用を受ける場合（一種免許状を有している者又は一種免許状に係る所要資格を得ている者が専修免許状の授与を受けようとする場合を除く。）の各教科の指導法に関する科目（幼稚園教諭の普通免許状の授与を受ける場合にあつては保育内容の指導法に関する科目。第二十条第一項、第二十二条第四項及び第六十六条の八において同じ。）、教諭の教育の基礎的理解に関する科目等若しくは養護教諭・栄養教諭の教育の基礎的理解に関する科目等（第二十二条第四項において「教育の基礎的理解に関する科目等」という。）、特別支援教育に関する科目、養護に関する科目又は栄養に係る教育に関する科目の単位の修得方法は、第二条から第五条まで、第七条、第九条及び第十条に規定する授与を受けようとする専修免許状又は一種免許状に係る各科目の単位数から二種免許状に係る各科目の単位数を差し引いた単位数について修得するものとする。

3　免許法別表第一、別表第二又は別表第二の二の規定により幼稚園、小学校、中学校若しくは特別支援学校の教諭、養護教諭若しくは栄養教諭の専修免許状若しくは一種免許状の授与を受けようとする者又は高等学校教諭の専修免許状の授与を受けようとする者は、それぞれの一種免許状又は二種免許状（高等学校教諭の普通免許状の授与を受けようとする場合にあつては一種免許状）の授与を受けるために修得した科目の単位をこれらの別表の専修免許状又は一種免許状（高等学校教諭の普通免許状の授与を受けようとする場合にあつては専修免許状）に係る第三欄に掲げる単位数に含めることができる。ただし、第二条から前条までに規定する一種免許状又は二種免許状（高等学校教諭の普通免許状の授与を受けようとする場合にあつては一種免許状）に係る各科目の単位数を上限とする。

4　第七条第四項又は第六項の規定により一種免許状に新教育領域の追加の定めを受けようとする者が、当該領域を定めた二種免許状を所持している場合、当該領域を定めた二種免許状に係る所要資格を得ている場合又は特別支援学校教諭の二種免許状に当該新教育領域の追加の定めを受けることができる者である場合には、同条第四項又は第六項に定める単位数のうち二種免許状に当該領域の追加の定めを受けるためにそれぞれ必要な単位数は、既に修得したものとみなす。

5　第七条第四項又は第六項の規定により一種免許状に新教育領域の追加の定めを受けようとする者は、当該新教育領域を定めた二種免許状の授与を受けるため、又は二種免許状に当該新教育領域の追加の定めを受けるために修得した科目の単位を同条第四項又は第六項に定める一種免許状に係る単位数に含めることができる。ただし、同条第三項又は第五項に定める単位数のうち、二種免許状に当該新教育領域の追加の定めを受けるためにそれぞれ必要な単位数を上限とする。

第十条の三　免許法別表第一、別表第二又は別表第二の二の規定により普通免許状の授与を受けようとする者は、認定課程（第十九条に規定普通免許状の授与を受けようとする者は、認定課程を有する他の大学する認定課程をいう。以下この条において同じ。）を有する他の大学において修得した科目の単位のうち、大学設置基準第二十七条の三（大学院設置基準第十五条において準用する場合を含む。）、専門職大学設置基準第二十三条、短期大学設置基準第十三条の三、専門職短期大学設置基準第二十条又は専門職大学院設置基準（平成十五年文部科学省令第十六号）第十二条の規定により認定課程を有する大学における授業科目の履修により修得したものとみなされるものについては、当該大学が有する認定課程に係る免許状の授与を受けるための科目の単位に含めることができる。

2　免許法別表第一、別表第二又は別表第二の二の規定により普通免許状の授与を受けようとする者は、認定課程を有する大学の認めるところにより、認定課程を有する他の大学（授与を受けようとする普通免許状に係る学校の教員を養成する学校に相当する外国の大学を含む。）において修得した科目の単位のうち、大学設置基準第二十八条（大学院設置基準第十五条において準用する場合を含む。）、専門職大学設置基準第二十四条、短期大学設置基準第十四条、専門職短期大学設置基準第二十一条又は専門職大学院設置基準第十三条、第二十一条若しくは第二十七条の規定により当該大学における授業科目の履修により修得したものとみなされるものについては、当該大学が有する認定課程に係る免許状の授与を受けるための科目の単位に含めることができる。

3　認定課程を有する大学に入学した者は、当該大学の認めるところにより、当該大学に入学する前に大学（認定課程を有する大学（授与を受けようとする普通免許状に係る学校に相当する学校の教員を養成する外国の大学を含む。）に限る。）において修得した科目の単位のうち、大学設置基準第三十条第一項（大学院設置基準第十五条において準用する場合を含む。）、専門職大学設置基準第二十六条第一項、短期大学設置基準第十六条第一項、専門職短期大学設置基準第二十三条第一項又は専門職大学院設置基準第十四条第一項、第二十二条第一項若しくは第二十八条第一項の規定により当該大学における授業科目の履修により修得したものとみなされるものについては、当該大学が有する認定課程に係る免許状の授与を受けるための科目の単位に含めることができる。この場合において、当該大学に入学する前の大学が短期大学である場合にあつては、第二条から第五条まで、第七条、第九条及び第十条に規定する二種免許状（高等学校教諭の普通免許状の授与を受ける場合にあつては、中学校教諭の二種免許状）に係る各科目の単位数を上限とする。

第十一条 免許法別表第三の規定により普通免許状の授与を受ける場合（特別免許状を有する者で免許法別表第三の規定により普通免許状の授与を受ける場合を除く。）の

第一欄		第二欄					第三欄
受けようとする免許状の種類		領域に関する専門的事項に関する科目	教科に関する専門的事項に関する科目	保育内容の指導法に関する科目又は教諭の教育の基礎的理解に関する科目等	各教科の指導法に関する科目又は教諭の教育の基礎的理解に関する科目等	大学が独自に設定する科目	最低修得単位数
幼稚園教諭	専修免許状					一五	一五
	一種免許状	四		二〇		六	四五
	二種免許状	五		三〇			四五
小学校教諭	専修免許状					一五	一五
	一種免許状		四		二一	五	四五
	二種免許状		四		二九	二	四五
中学校教諭	専修免許状					一五	一五
	一種免許状		一〇		一六	四	四五
	二種免許状		一〇		二一	四	四五
高等学校教諭	専修免許状					一五	一五
	一種免許状		一〇		二一	八	四五

備考

一　第二欄に掲げる各科目の単位の修得方法は、それぞれ第二条から第五条までに定める修得方法の例にならうものとする。

二　高等学校教諭の一種免許状の授与を受けようとする者が、大学に二年以上在学し、六十二単位以上を修得した者又は高等専門学校を卒業した者で、免許法第五条第五項の規定により高等学校助教諭の臨時免許状の授与を受けたものであり、かつ、大学又は高等専門学校において各教科の指導法に関する科目又は教諭の教育の基礎的理解に関する科目等について四単位以上を修得していないものであるときは、四単位に不足する単位数に十二単位を加えた単位数を、各教科の指導法に関する科目又は教諭の教育の基礎的理解に関する科目等の単位として修得しなければならない。

三　幼稚園、小学校、中学校又は高等学校の教諭の一種免許状の授与を受けようとする者が大学に三年以上在学し、かつ、九十三単位以上を修得したもの又は大学に二年以上及び大学の専攻科に一年以上在学し、かつ、九十三単位以上を修得したものであるときは、その者は、次に掲げる免許状の授与を受ける場合に応じ、この表の当該一種免許状の項の第三欄に掲げる最低修得単位数のうち、第二欄に掲げる科目の単位数を修得したものとみなして、この表を適用する。

イ　幼稚園教諭の一種免許状　領域に関する専門的事項に関する科目二単位及び保育内容の指導法に関する科目又は教諭の教育の基礎的理解に関する科目等八単位を含めて二十単位

ロ　小学校教諭の一種免許状　教科に関する専門的事項に関する科目二単位及び各教科の指導法に関する科目又は教諭の教育の基礎的理解に関する科目等八単位を含めて二十単位

ハ　中学校教諭の一種免許状　教科に関する専門的事項に関する科目四単位及び各教科の指導法に関する科目又は教諭の教育の基礎的理解に関する科目等六単位を含めて二十単位

ニ　高等学校教諭の一種免許状　教科に関する専門的事項に関する科目五単位及び各教科の指導法に関する科目又は教諭の教育の基礎的理解に関する科目等五単位を含めて二十単位

四　保健の教科についての中学校教諭の一種免許状の授与を受けようとする者が旧国立養護教諭養成所を卒業したものであるときは、その者は、この表の中学校教諭の一種免許状の項の第三欄に掲げる最低修得単位数のうち、第二欄に掲げる教科に関する専門的事項に関する科目四単位及び各教科の指導法に関する科目又は教諭の教育の基礎的理解に関する科目等六単位を含めて二十単位を修得したものとみなして、この表を適用する。

単位の修得方法は、次の表の第一欄に掲げる免許状の種類に応じ、それぞれ第二欄に掲げる科目の単位を含めて第三欄に掲げる単位を修得するものとする。

2 免許法別表第三の規定により一種免許状又は二種免許状の授与を受けようとする者は、前項の表の第二欄に掲げる各科目以外の科目の単位を修得するに当たつては、幅広く深い教養を身に付けるよう努めなければならない。

第十一条の二 特別免許状を有する者で免許法別表第三の規定により普通免許状の授与を受ける場合の単位の修得方法は、次の表の定めるところによる。

第一欄		第二欄	
受けようとする免許状の種類		教職に関する科目	教科又は教職に関する科目
小学校教諭	専修免許状	二六	一五
	一種免許状	二六	
中学校教諭	専修免許状	一〇	一五
高等学校教諭	専修免許状	一〇	一五

備考

一 第二欄に掲げる大学が独自に設定する科目の単位の修得方法は、第二条第一項の表備考第十四号に定める修得方法の例にならうものとする。

二 小学校教諭の専修免許状又は一種免許状の授与を受ける場合の各教科の指導法に関する科目又は教諭の教育の基礎的理解に関する科目等の単位の修得方法は、第三条第一項の表に規定する教育の基礎的理解に関する科目六単位以上並びに道徳、総合的な学習の時間等の指導法及び生徒指導、教育相談等に関する科目四単位以上並びに国語等の教科の指導法に関する科目のうち専修免許状又は一種免許状の授与を受けようとするものが有している特別免許状の教科以外の教科の指導法に関する科目についてそれぞれ二単位以上を修得するものとする。

三 中学校教諭又は高等学校教諭の専修免許状の授与を受ける場合の各教科の指導法に関する科目及び教諭の教育の基礎的理解に関する科目等の単位の修得方法は、第四条第一項又は第五条第一項の表に規定する教育の基礎的理解に関する科目六単位並びに道徳、総合的な学習の時間等の指導法及び生徒指導、教育相談等に関する科目四単位以上を修得するものとする。

第十二条 第十一条第一項の表備考第三号又は第四号に規定する者の免許法別表第三の第三欄に定める最低在職年数の通算については、その者の大学又は旧国立養護教諭養成所における在学年数が三年以上である場合は在職年数二年とみなして取り扱うことができる。第十七条第一項の表備考に規定する者の免許法別表第六の第三欄に定める最低在職年数の通算についても、同様とする。

第十三条 免許法別表第三の規定により一種免許状又は二種免許状の授与を受けようとする者が、同表備考第七号の規定により十単位の修得をもつて足りる場合における単位の修得方法は、次の表の定めるところによる。

受けようとする免許状の種類		最低修得単位数				
		領域に関する専門的事項に関する科目	教科に関する専門的事項に関する科目	保育内容の指導法に関する科目又は教諭の教育の基礎的理解に関する科目等	各教科の指導法に関する科目又は教諭の教育の基礎的理解に関する科目等	大学が独自に設定する科目
幼稚園教諭	一種免許状	一		七		二
	二種免許状	一		九		
小学校教諭	一種免許状		一		七	二
	二種免許状		一		八	一
中学校教諭	一種免許状		三		五	二
	二種免許状		三		六	一
高等学校教諭	一種免許状		三		四	三

備考 この表各項の各科目の単位の修得方法は、それぞれ第二条から第五条までに定める修得方法の例にならうものとする。

第十四条 免許法別表第三の規定により一種免許状又は二種免許状の授与を受けようとする者で、同表備考第七号の規定の適用を受けるもの（十単位の修得をもつて足りる者を除く。）の単位の修得方法は、第十一条及び前条に定める修得方法を参酌して、都道府県の教育委員会規則で定める。

第十五条　免許法別表第四に規定する中学校又は高等学校の教諭の普通免許状の授与を受ける場合の教科及び教職に関する科目の単位の修得方法は、次の表の定めるところによる。

受けようとする免許状の種類		最低修得単位数		
		教科に関する専門的事項に関する科目	各教科の指導法に関する科目	大学が独自に設定する科目
中学校教諭	専修免許状	二〇	八	二四
	一種免許状	二〇	八	
	二種免許状	一〇	三	
高等学校教諭	専修免許状	二〇	四	二四
	一種免許状	二〇	四	

備考
一　教科に関する専門的事項に関する科目の単位の修得方法は、それぞれ第四条第一項の表備考第一号から第四号まで又は第五条第一項の表備考第一号に定める修得方法の例にならうものとする。
二　各教科の指導法に関する科目の単位は受けようとする免許教科ごとに修得するものとする。
三　中学校又は高等学校の教諭の専修免許状の授与を受ける場合の大学が独自に設定する科目の単位の修得方法は、第二条の表備考第十四号に定める修得方法の例にならうものとする。

2　次の表の第一欄に掲げる事項についての免許法第十六条の四第一項の免許状を有する者が免許法別表第四の規定により次の表の第二欄に掲げる教科についての高等学校教諭の一種免許状の授与を受ける場合には、それぞれ前項の表の高等学校教諭の一種免許状の最低修得単位数から、教科に関する専門的事項に関する科目については四単位を、各教科の指導法に関する科目については一単位を差し引くものとする。この場合における教科に関する専門的事項に関する科目の単位の修得方法については、次の表の第三欄に掲げる単位を修得したものとみなして、前項の表備考第一号の規定を適用する。

第一欄	第二欄	第三欄	
受けている免許状の事項の種類	受けようとする免許状の教科の種類	修得したものとみなす教科に関する専門的事項に関する科目の単位数	
		第五条第一項の表に規定するもの	
柔道又は剣道	保健体育	体育実技「体育原理、体育心理学、体育経営管理学、体育社会学、体育史」及び運動学（運動方法学を含む。）	二
情報技術、建築、インテリア又はデザイン	工業	工業の関係科目	四
情報処理又は計算実務	商業	商業の関係科目	四

第十六条　免許法別表第五に規定する単位の修得方法は、次の表の定めるところによる。

2　免許法別表第五備考第三号の規定の適用を受ける者の単位の修得方法は、前項の規定にかかわらず、同表第三欄に定める最低修得単位数が十単位である場合には、教科に関する専門的事項に関する科目五単位以上及び各教科の指導法に関する科目又は教諭の教育の基礎的理解に関する科目等五単位以上を、同表第三欄に定める最低修得単位数が十五単位である場合には、教科に関する専門的事項に関する科目八単位以上及び教職に関する科目七単位以上を修得するものとする。

3　免許法別表第五備考第四号の規定の適用を受ける者の単位の修得方法は、第一項の規定にかかわらず、教科に関する専門的事項に関する科目五単位以上及び各教科の指導法に関する科目又は教諭の教育の基礎的理解に関する科目等五単位以上を修得するものとする。

4　前三項の教科に関する専門的事項に関す

受けようとする免許状の種類		最低修得単位数		
		教科に関する専門的事項に関する科目	各教科の指導法に関する科目又は教論の教育の基礎的理解に関する科目等	大学が独自に設定する科目
中学校において職業実習を担任する教諭	専修免許状			一五
	一種免許状	一〇	五	
	二種免許状	一〇	一〇	
高等学校において看護実習、家庭実習、情報実習、農業実習、工業実習、商業実習、水産実習、福祉実習又は商船実習を担任する教諭	専修免許状			一五
	一種免許状	五	五	

る科目の単位の修得方法は、第四条第一項の表備考第一号に定める職業についての修得方法又は第五条の表備考第一号に定める看護、家庭、情報、農業、工業、商業、水産、福祉若しくは商船についての修得方法の例にならうものとし、各教科の指導法に関する科目又は教諭の教育の基礎的理解に関する科目等の単位の修得方法は、第五条に定める修得方法の例にならうものとする。

5　第一項の表の大学が独自に設定する科目の単位の修得方法は、第二条第一項の表備考第十四号に定める修得方法の例にならうものとする。

第十七条　免許法別表第六に規定する単位の修得方法は、次の表の第一欄に掲げる免許状の種類に応じ、それぞれ第二欄に掲げる科目の単位を含めて第三欄に掲げる単位を修得するものとする。

第一欄		第二欄			第三欄
受けようとする免許状の種類		養護に関する科目	養護教諭・栄養教諭の教育の基礎的理解に関する科目等	大学が独自に設定する科目	最低修得単位数
養護教諭	専修免許状			一五	一五
	一種免許状	八	六	二	二〇
	二種免許状	一四	八	二	三〇

備考　養護教諭の一種免許状の授与を受けようとする者が、大学に三年以上在学し、かつ、九十三単位以上を修得したもの若しくは大学に二年以上及び大学の専攻科に一年以上在学し、かつ、九十三単位以上を修得したもの又は旧国立養護教諭養成所を卒業したものであるときは、その者は、この表の当該一種免許状の項の第三欄に掲げる最低修得単位数のうち、第二欄に掲げる養護に関する科目四単位及び養護教諭・栄養教諭の教育の基礎的理解に関する科目等三単位を含めて十単位を修得したものとみなして、この表を適用する。

2　免許法別表第六の規定により一種免許状又は二種免許状の授与を受けようとする者は、前項の表の第二欄に掲げる養護に関する科目及び養護教諭・栄養教諭の教育の基礎的理解に関する科目等以外の科目の単位を修得するに当たつては、幅広く深い教養を身に付けるよう努めなければならない。

3　免許法別表第六備考第一号又は第二号の規定の適用を受ける者の単位の修得方法は、第一項の規定にかかわらず、養護に関する科目四単位及び養護教諭・栄養教諭の教育の基礎的理解に関する科目等三単位を含めて十単位を修得するものとする。

4　第一項及び前項の養護に関する科目、養護教諭・栄養教諭の教育の基礎的理解に関する科目等及び大学が独自に設定する科目の単位の修得方法は、第九条に定める修得方法の例にならうものとする。ただし、専修免許状の授与を受ける場合の大学が独自に設定する科目の単位のうち三単位までは、養護教諭・栄養教諭の教育の基礎的理解に関する科目等に準ずる科目の単位をもつて、これに替えることができる。

第十七条の二　免許法別表第六の二に規定する単位の修得方法は、次の表の第一欄に掲げる免許状の種類に応じ、それぞれ第二欄に掲げる科目の単位を含めて第三欄に掲げる単位を修得するものとする。

2　免許法別表第六の二備考の規定の適用を受ける者の単位の修得方法は、前項の規定

第一欄		第二欄				第三欄
受けようとする免許状の種類		管理栄養士学校指定規則別表第一に掲げる教育内容に係る科目	栄養に係る教育に関する科目	養護教諭・栄養教諭の教育の基礎的理解に関する科目等	大学が独自に設定する科目	最低修得単位数
栄養教諭	専修免許状				一五	一五
	一種免許状	三二	二	六		四〇

にかかわらず、栄養に係る教育に関する科目二単位以上及び養護教諭・栄養教諭の教育の基礎的理解に関する科目等六単位以上を修得するものとする。

3　前二項の単位の修得方法は、第十条に定める修得方法の例にならうものとする。

第十八条　免許法別表第七に規定する単位の修得方法は、第七条に定める修得方法の例にならうものとする。

第十八条の二　免許法別表第八に規定する単位の修得方法は、次の表の定めるところによる。

受けようとする免許状の種類	有することを必要とする学校の免許状	最低修得単位数							
		教科に関する専門的事項に関する科目	保育内容の指導法に関する科目	各教科の指導法に関する科目	道徳、総合的な学習の時間等の指導法及び生徒指導、教育相談等に関する科目				大学が独自に設定する科目
					道徳の理論及び指導法	生徒指導の理論及び方法	教育相談（カウンセリングに関する基礎的な知識を含む。）の理論及び方法	進路指導及びキャリア教育の理論及び方法	
幼稚園教諭二種免許状	小学校教諭普通免許状		六						
小学校教諭二種免許状	幼稚園教諭普通免許状			一〇	一	二			
	中学校教諭普通免許状			一〇		二			
中学校教諭二種免許状	小学校教諭普通免許状	一〇		二		二			
	高等学校教諭普通免許状			二	一	二			四
高等学校教諭一種免許状	中学校教諭普通免許状（二種免許状を除く。）			二		二			八

備考

一　教科に関する専門的事項に関する科目の単位の修得方法は、第四条第一項の表備考第一号に定める修得方法の例にならうものとする。

二　各教科の指導法に関する科目の単位の修得方法は、小学校教諭の二種免許状の授与を受ける場合にあつては、国語等のうち五以上の教科の指導法に関する科目（幼稚園教諭の普通免許状を有する場合にあつては生活、中学校教諭の普通免許状を有する場合にあつてはその免許教科に相当する教科を除く。）についてそれぞれ二単位以上を、中学校教諭の二種免許状又は高等学校教諭の一種免許状の授与を受ける場合にあつては、それぞれ受けようとする免許教科ごとに修得するものとする。

三　大学が独自に設定する科目の修得方法は、第二条第一項の表備考第十四号に定める修得方法の例にならうものとし、高等学校教諭の普通免許状を有する者が中学校教諭の二種免許状の授与を受ける場合の大学が独自に設定する科目の修得方法は、国語の教科についての免許状の授与を受ける場合にあつては書道（書写を中心とする。）について一単位以上を、地理歴史の教科についての免許状の授与を受ける場合にあつては「法律学、政治学」、「社会学、経済学」及び「哲学、倫理学、宗教学」についてそれぞれ一単位以上を、公民の教科についての免許状を有する者が社会の教科についての免許状の授与を受ける場合にあつては日本史・外国史及び五条第一項の表備考第一号に掲げる地理歴史の教科に関する専門的事項に関する科目のうち一以上の科目について一単位以上を、公民の教科についての免許状の授与を受ける場合地理学（地誌を含む。）についてそれぞれ一単位以上を、理科の教科についての免許状の授与を受ける場合にあつては物理学実験・化学実験・生物学実験・地学実験について一単位以上を、美術の教科についての免許状の授与を受ける場合にあつては工芸について一単位以上を、技術の教科についての免許状の授与を受ける場合にあつては材料加工（実習を含む。）及び生物育成についてそれぞれ一単位以上を修得するものとし、中学校教諭の普通免許状（二種免許状を除く。）を有する者が高等学校教諭の一種免許状の授与を受ける場合の大学が独自に設定する科目の修得方法は、地理歴史の教科についての免許状の授与を受ける場合にあつては第にあつては同号に掲げる公民の教科に関する専門的事項に関する科目のうち一以上の科目について一単位以上を、情報の教科についての免許状の授与を受ける場合にあつては同号に掲げる情報の教科に関する専門的事項に関する科目（情報社会（職業に関する内容を含む。）情報倫理及びコンピュータ・情報処理を除く。）についてそれぞれ一単位以上を、工業の教科についての免許状の授与を受ける場合にあつては同号に掲げる工業の教科に関する専門的事項に関する科目についてそれぞれ二単位以上を修得するものとする。

四　幼稚園、小学校若しくは中学校の教諭の二種免許状又は高等学校教諭の一種免許状の授与を受けようとする者について、免許法別表第八の第三欄に定める最低在職年数に加え、次の表の上欄に掲げる受けようとする免許状の種類に応じ、それぞれ同表の下欄に掲げる学校の教員として良好な成績で勤務した旨の実務証明責任者の証明を有する在職年数があるときは、三単位にその在職年数を乗じて得た単位数（免許法別表第八の第四欄に定める単位数のうちその半数までの単位数を限度とする。）を修得したものとみなして、この表を適用する。

受けようとする免許状の種類	学校
幼稚園教諭二種免許状	イ　幼稚園 ロ　特別支援学校の幼稚部 ハ　幼保連携型認定こども園
小学校教諭二種免許状	イ　小学校 ロ　学校教育法施行規則第七十九条の九第一項の規定により小学校における教育と一貫した教育を施す中学校 ハ　義務教育学校 ニ　特別支援学校の小学部
中学校教諭二種免許状	イ　学校教育法施行規則第七十九条の九第一項の規定により中学校における教育と一貫した教育を施す小学校 ロ　中学校 ハ　義務教育学校 ニ　学校教育法（昭和二十二年法律第二十六号）第七十一条の規定により中学校における教育と一貫した教育を施す高等学校 ホ　中等教育学校 ヘ　特別支援学校の中学部
高等学校教諭一種免許状	イ　学校教育法第七十一条の規定により高等学校における教育と一貫した教育を施す中学校 ロ　高等学校 ハ　中等教育学校 ニ　特別支援学校の高等部

第十八条の三　免許法別表第八備考第二号に規定する中学校教諭普通免許状（二種免許状を除く。）を有する者が高等学校教諭一種免許状の授与を受けようとする場合の免許状に係る教科については、次の表の定めるところによる。

有している中学校教諭の普通免許状（二種免許状を除く。）の教科の種類	受けようとする高等学校教諭一種免許状の教科の種類
国語	国語
社会	地理歴史又は公民
数学	数学
理科	理科
音楽	音楽
美術	美術
保健体育	保健体育
保健	保健
技術	工業又は情報
家庭	家庭
外国語（英語その他外国語ごとに応ずるものとする。）	外国語（英語その他外国語ごとに応ずるものとする。）
宗教	宗教

2　免許法別表第八備考第二号に規定する高等学校教諭普通免許状を有する者が中学校教諭二種免許状の授与を受けようとする場合の免許状に係る教科については、次の表の定めるところによる。

有している高等学校教諭の普通免許状の教科の種類	受けようとする中学校教諭二種免許状の教科の種類
国語	国語
地理歴史又は公民	社会
数学	数学
理科	理科
音楽	音楽
美術	美術
保健体育	保健体育
保健	保健
工業又は情報	技術
家庭	家庭
外国語（英語その他外国語ごとに応ずるものとする。）	外国語（英語その他外国語ごとに応ずるものとする。）
宗教	宗教

第十八条の四　免許法別表第八の規定により一種免許状又は二種免許状の授与を受けようとする者が、第十八条の二の表備考第四号の規定により免許法別表第八の第四欄に定める単位数の半数（小数点以下は切り上げる。）の修得をもって足りる場合における単位の修得方法は、次の表の定めるところによる。

受けようとする免許状の種類	有することを必要とする学校の免許状	最低修得単位数							
		教科に関する専門的事項に関する科目	保育内容の指導法に関する科目	各教科の指導法に関する科目	道徳、総合的な学習の時間等の指導法及び生徒指導、教育相談等に関する科目				大学が独自に設定する科目
					道徳の理論及び指導法	生徒指導の理論及び方法	教育相談（カウンセリングに関する基礎的な知識を含む。）の理論及び方法	進路指導及びキャリア教育の理論及び方法	
幼稚園教諭二種免許状	小学校教諭普通免許状		三						
小学校教諭二種免許状	幼稚園教諭普通免許状			五	一	一			
	中学校教諭普通免許状			五		一			
中学校教諭二種免許状	小学校教諭普通免許状	五		一		一			
	高等学校教諭普通免許状			一	一	一			二
高等学校教諭一種免許状	中学校教諭普通免許状（二種免許状を除く。）			一		一			四

備考　この表各項の単位の修得方法は、第十八条の二に定める修得方法の例にならうものとする。

第十八条の五　免許法別表第八の規定により一種免許状又は二種免許状の授与を受けようとする者で、第十八条の二の表備考第四号の規定の適用を受けるもの（前条に規定する場合を除く。）の単位の修得方法は、第十八条の二及び前条に定める修得方法を参酌して、都道府県の教育委員会規則で定める。

第二章　認定課程

第十九条　免許法別表第一備考第五号イ又は第六号の規定に基づき文部科学大臣が免許状授与の所要資格を得させるための適当と認める大学の課程（以下「認定課程」という。）に関しては、この章の定めるところによる。

第二十条　文部科学大臣は、免許法別表第一、別表第二又は別表第二の二に規定する科目の単位の修得に関し、大学の課程が教育課程、教育研究実施組織、教育実習並びに施設及び設備について、免許状授与の所要資格を得させるための課程として適当であることを当該科目に係る免許状の種類（中学校及び高等学校の教員の免許状にあつては免許教科の種類を、特別支援学校の教員の免許状にあつては特別支援教育領域の種類を含む。以下この章において同じ。）ごとに、認定するものとする。ただし、第四条第三項及び第五条第三項に規定する課程（次項において「教職特別課程」という。）にあつては専修免許状又は一種免許状授与の所要資格を得させるための課程（当該課程において専修免許状授与の所要資格を得ることができる者は、免許法別表第一の専修免許状の項に係る所要資格のうち各教科の指導法に関する科目及び教諭の教育の基礎的理解に関する科目等以外の科目の最低単位数は既に修得している者に限る。）について、特別支援教育特別課程にあつては一種免許状授与の所要資格を得させるための課程について認定するものとする。

2　前項ただし書の規定による認定は、教職特別課程にあつては中学校又は高等学校の教諭の一種免許状に係る認定課程を有する大学、特別支援教育特別課程にあつては特別支援学校教諭の一種免許状に係る認定課程を有する大学に限り行うものとする。

第二十一条　前条の規定により課程の認定を受けようとする大学の設置者は、認定を受けようとする課程について、次の事項を記載した申請書を文部科学大臣に提出しなければならない。ただし、大学設置基準第四十三条第一項、大学院設置基準第三十一条第二項、専門職大学設置基準第五十五条第一項、短期大学設置基準第三十六条第一項、専門職短期大学設置基準第五十二条第一項又は専門職大学院設置基準第三十二条第二項に規定する共同教育課程（以下この項及び次条第五項において単に「共同教育課程」という。）について課程の認定を受けようとする場合は、当該共同教育課程を編成するすべての大学の設置者が申請書を提出しなければならない。

一　大学及び大学の学部の名称

二　大学の学科、課程若しくはこれらに相当する組織、大学の専攻科又は大学院の研究科の名称

三　免許状の種類

四　学生定員

五　教育課程

六　教員の氏名、職名、履歴、担任科目及び教員種別

七　教育実習施設に関する事項

八　学則

九　その他大学において必要と認める事項

2　大学の設置者は、前項第五号に掲げる事項を変更しようとするときは、あらかじめ文部科学大臣に届け出なければならない。

第二十一条の二　文部科学大臣は、認定課程を有する大学のうち、教員の養成に係る教育研究上の実績及び管理運営体制その他の状況を総合的に勘案して、認定課程を有する他の大学の認定課程の改善に資する教育研究活動の展開が相当程度見込まれるものを、その申請により指定することができる。

2　文部科学大臣は、前項の規定による指定（以下この条において「指定」という。）をしたときは、次に掲げる事項をインターネットの利用その他の適切な方法により公表しなければならない。

一　指定大学の名称

二　当該指定大学を指定した日

三　当該指定大学を指定した理由

3　文部科学大臣は、指定大学について指定の事由がなくなつたと認めるときは、当該指定大学について指定を取り消すものとする。

4　第二項の規定は、前項の規定による指定の取消しについて準用する。

第二十二条　認定課程を有する大学は、免許状授与の所要資格を得させるために必要な授業科目を自ら開設し、体系的に教育課程を編成しなければならない。

2　免許法別表第一備考第八号及び別表第二備考第四号に規定する文部科学大臣が指定する短期大学の専攻科は、前項の規定にかかわらず、一種免許状に係る科目の単位数から二種免許状に係る科目の単位数を差し引いた単位数について修得させるために必要な授業科目を開設しなければならない。

3　認定課程を有する大学は、大学設置基準第十九条の二第一項（大学院設置基準第十五条において準用する場合を含む。）、専門職大学設置基準第十一条第一項、短期大学設置基準第五条の二第一項、専門職短期大学設置基準第八条の二第一項又は専門職大学院設置基準第六条の三第一項の規定により他の大学が当該大学と連携して開設する授業科目を第一項及び第二項の規定により開設する授業科目とみなすことができる。この場合において、当該みなすことができる授業科目の単位数は、第四項の規定によりみなす授業科目の単位数と合わせて免許法別表第一、別表第二又は別表第二の二に規定する科目の最低単位数の八割を超えないものとする。

4　認定課程を有する大学は、教育上有益と認めるときは、大学設置基準第二十八条第一項（大学院設置基準第十五条において準用する場合を含む。）、専門職大学設置基準第二十四条第一項、短期大学設置基準第十四条第一項、専門職短期大学設置基準第二十一条第一項又は専門職大学院設置基準第十三条第一項、第二十一条第一項若しくは第二十七条第一項の規定により大学が定める他の大学の授業科目として開設される各教科の指導法に関する科目、教育の基礎的理解に関する科目等及び特別支援教育に関する科目を第一項及び第二項の規定により

開設する授業科目とみなすことができる。この場合において、当該みなすことができる授業科目の単位数は、第二条第一項、第三条第一項、第四条第一項、第五条第一項、第七条第一項、第九条及び第十条の表に規定する当該科目の単位数のそれぞれ三割を超えないものとする。

5　認定課程であり、かつ、共同教育課程である教育課程を編成する大学（以下この項において「構成大学」という。）は、当該構成大学のうちの一の大学が開設する当該共同教育課程に係る授業科目を、当該構成大学のうちの他の大学が第一項の規定により開設する授業科目とそれぞれみなすものとする。

6　認定課程を有する大学であつて、大学設置基準第五十七条第一項、専門職大学設置基準第七十六条第一項、大学通信教育設置基準第十二条第一項、短期大学設置基準第五十条第一項、専門職短期大学設置基準第七十三条第一項又は短期大学通信教育設置基準第十二条第一項の規定による認定を受けたものが、これらの規定に定める先導的な取組により当該大学の認定課程を適正に実施できるものと認められる旨の文部科学大臣の認定を受けたときは、第一項中「授業科目を自ら開設し、体系的に教育課程を」とあるのは「教育課程を体系的に」と、第三項中「授業科目を第一項」とあるのは「授業科目を第一項の規定により編成する教育課程を構成する授業科目」と、「第四項の規定によりみなす授業科目の単位数と合わせて免許法別表第一、別表第二又は別表第二の二に規定する科目の最低単位数の八割」とあるのは「第六項に規定する先導的な取組を行うために必要なものとして文部科学大臣が認めた割合」と、第四項中「科目を第一項」とあるのは「科目を第一項の規定により編成する教育課程を構成する授業科目」と、「第二条第一項、第三条第一項、第四条第一項、第五条第一項、第七条第一項、第九条及び第十条の表に規定する当該科目の単位数のそれぞれ三割」とあるのは「第六項に規定する先導的な取組を行うために必要なものとして文部科学大臣が認めた割合」とする。

7　第一項及び第二項の教育課程の編成に当たつては、教員として必要な幅広く深い教養及び総合的な判断力を培い、豊かな人間性を涵養するよう適切に配慮しなければならない。

第二十二条の二　文部科学大臣は、認定課程につき必要があると認めるときは、認定課程を有する大学に対して当該認定課程の実施について報告を求めることができる。

2　文部科学大臣は、認定課程を有する大学が、第二十一条第二項、前条及び次条並びに第二十三条の規定による文部科学大臣の定めに違反しているときその他認定課程の教育課程、教育研究実施組織、教育実習並びに施設及び設備が認定課程として適当でないと認めるときは、免許法第十六条の三第三項の政令で定める審議会の意見を聴いて、当該大学に対し、その是正を勧告することができる。

3　文部科学大臣は、前項の勧告によつてもなお是正が行われない場合には、第二十条第一項に規定する認定を取り消すことができる。

第二十二条の三　免許法別表第一備考第八号、別表第二備考第五号及び別表第四備考第三号に規定する文部科学大臣が指定する短期大学の専攻科は、学位規則（昭和二十八年文部省令第九号）第六条第一項に規定する独立行政法人大学改革支援・学位授与機構が定める要件を満たす短期大学の専攻科とする。

第二十二条の四　認定課程を有する大学は、学生が普通免許状に係る所要資格を得るために必要な科目の単位を修得するに当たつては、当該認定課程の全体を通じて当該学生に対する適切な指導及び助言を行うよう努めなければならない。

第二十二条の五　認定課程を有する大学は、教育実習、心身に障害のある幼児、児童又は生徒についての教育実習、養護実習及び栄養教育実習（以下この条において「教育実習等」という。）を行うに当たつては、教育実習等の受入先の協力を得て、その円滑な実施に努めなければならない。

第二十二条の六　認定課程を有する大学は、次に掲げる教員の養成の状況についての情報を公表するものとする。

一　教員の養成の目標及び当該目標を達成するための計画に関すること。

二　教員の養成に係る組織及び教員の数、各教員が有する学位及び業績並びに各教員が担当する授業科目に関すること。

三　教員の養成に係る授業科目、授業科目ごとの授業の方法及び内容並びに年間の授業計画に関すること。

四　卒業者（専門職大学の前期課程の修了者を含む。次号において同じ。）の教員免許状の取得の状況に関すること。

五　卒業者の教員への就職の状況に関すること。

六　教員の養成に係る教育の質の向上に係る取組に関すること。

2　前項の規定による情報の公表は、適切な体制を整えた上で、刊行物への掲載、インターネットの利用その他広く周知を図ることができる方法によつて行うものとする。

第二十二条の七　二以上の認定課程を有する大学は、当該大学が有するそれぞれの認定課程の円滑かつ効果的な実施を通じて当該大学が定める教員の養成の目標を達成することができるよう、大学内の組織間の有機的な連携を図り、適切な体制を整えるものとする。

第二十二条の八　認定課程を有する大学は、当該大学における認定課程の教育課程、教育研究実施組織、教育実習並びに施設及び設備の状況について自ら点検及び評価を行い、その結果を公表するものとする。

第二十三条　認定課程に関し、必要な事項は、この章に規定するもののほか、別に文部科学大臣が定める。

第三章　相当課程

第二十四条　免許法別表第一備考第二号の規定に基づき文部科学大臣が大学の専攻科に相当する課程として指定する課程及び同表備考第五号ロの規定に基づき文部科学大臣が大学の課程に相当する課程として指定する課程に関しては、この章の定めるところによる。

第二十五条　免許法別表第一備考第二号に規定する大学の専攻科に相当する課程は、大学院の課程とする。

第二十六条　免許法別表第一備考第五号ロに規定する大学の課程に相当する課程は、高等学校、中等教育学校の後期課程及び特別支援学校の高等部の専攻科の課程（学校教育法第五十八条の二（同法第七十条第一項及び第八十二条において準用する場合を含む。）に規定するものに限る。）、高等専門学校の課程（第四学年及び第五学年に係る課程に限る。）、並びに専修学校の専門課程（同法第百三十二条に規定するものに限る。）とする。

第四章　教員養成機関の指定

第二十七条　免許法第五条第一項に規定する養護教諭養成機関、免許法別表第一備考第二号の三及び第三号に規定する幼稚園、小学校、中学校又は特別支援学校の教員養成機関並びに免許法別表第二の二備考第二号に規定する栄養教諭の教員養成機関に対する文部科学大臣の指定に関しては、この章の定めるところによる。

第二十八条　前条の指定は、大学の課程における前条に掲げる学校の教員、養護教諭又は栄養教諭の養成数が、不充分な場合に限り、行うものとする。

2　前条の教員養成機関は、大学（当該教員の養成課程を有するものに限るものとし、養護教諭養成機関、特別支援学校の教員養成機関又は栄養教諭の教員養成機関の場合には、当分の間、教員養成に関する学部を置く大学とすることができる。以下この章において同じ。）に附置されるか又は大学の指導と承認のもとに運営されなければならない。

第二十九条　第二十七条の指定は、国（国立大学法人法（平成十五年法律第百十二号）第二条第一項に規定する国立大学法人を含む。）、地方公共団体（地方独立行政法人法（平成十五年法律第百十八号）第六十八条第一項に規定する公立大学法人を含む。）、私立学校法（昭和二十四年法律第二百七十号）第三条の規定による学校法人又は同法第六十四条第四項の規定による法人が設置する教員養成機関について行うものとする。

第三十条　第二十七条の教員養成機関の指定を受けようとするときは、その設置者は、次の事項を記載した申請書を、これに指導と承認を受けようとする大学の意見書を添え、文部科学大臣に提出しなければならない。

一　設置者の名称及び住所
二　目的
三　名称及び位置
四　開設年月日
五　教育課程
六　生徒定員
七　長の氏名及び履歴
八　教員の氏名、職名、履歴、担任科目及び教員種別
九　施設、設備、実習施設等に関する事項
十　収支予算
十一　学則
十二　法人の寄附行為
十三　その他設置者において必要と認める事項

第三十一条　指定を受けた教員養成機関（以下「指定教員養成機関」という。）の設置者は、前条第五号又は第六号に掲げる事項を変更しようとするときは、文部科学大臣に申請してその承認を受けなければならない。

2　指定教員養成機関の設置者は、前条第一号から第三号まで、第七号若しくは第九号に掲げる事項を変更しようとするとき又は指定教員養成機関を廃止しようとするときは、文部科学大臣に届け出なければならない。

第三十一条の二　免許法別表第一備考第二号の三に規定する教員養成機関及び免許法別表第二の養護教諭の二種免許状のイの項の養護教諭養成機関に係る卒業の要件は、当該教員養成機関又は養護教諭養成機関に二年以上在学し、六十二単位以上を修得することとする。

第三十二条　免許法別表第一の幼稚園、小学校及び中学校の教諭の二種免許状の授与の所要資格に関する指定教員養成機関、免許法別表第二の養護教諭の二種免許状のイの項の指定教員養成機関並びに免許法別表第二の二の栄養教諭の一種免許状及び二種免許状の授与の所要資格に関する指定教員養成機関においては、それぞれ、その免許状授与の所要資格を得させるために必要な授

業科目を開設し、生徒に履修させなければならない。

2　免許法別表第一の特別支援学校教諭の二種免許状の授与の所要資格に関する指定教員養成機関においては、それぞれ、特別支援教育に関する科目について、その免許状授与の所要資格を得させるために必要な授業科目を開設し、生徒に履修させなければならない。

3　免許法別表第二の養護教諭の一種免許状のロの項及びハの項の指定教員養成機関においては、それぞれ、その免許状授与の所要資格を得させるために必要な養護に関する科目の単位及び養護教諭・栄養教諭の教育の基礎的理解に関する科目等の単位を含めて、十七単位及び三十二単位以上の授業科目を開設し、生徒に履修させなければならない。

4　第一項及び前項の指定教員養成機関においては、その授業科目の開設に当たつては、幅広く深い教養を身に付けさせるよう適切に配慮しなければならない。

第三十三条　指定教員養成機関が第二十八条第二項又は第三十一条の規定に違反したときは、文部科学大臣はその指定を取り消すことができる。

第五章　免許法認定講習

第三十四条　免許法別表第三備考第六号に規定する文部科学大臣の認定する講習に関しては、この章の定めるところによる。

第三十五条　この章の規定により認定を受けた講習は、免許法認定講習と称する。

第三十六条　免許法認定講習を開設することのできる者は、次の各号のいずれかに掲げるものとする。

一　開設しようとする講習の課程に相当する課程を有する大学（前章に規定する特別支援学校の教員養成機関を含む。第三十九条第三項、第四十六条第一項第一号及び第四十八条第二項において同じ。）

二　免許法に定める授与権者

三　独立行政法人国立特別支援教育総合研究所

四　指定都市（地方自治法（昭和二十二年法律第六十七号）第二百五十二条の十九第一項の指定都市をいう。第四十六条第一項第四号において同じ。）の教育委員会

五　中核市（地方自治法第二百五十二条の二十二第一項の中核市をいう。第四十六条第一項第五号において同じ。）の教育委員会

2　前項第二号、第四号及び第五号に掲げるものの開設する免許法認定講習は、大学（開設しようとする講習の課程に相当する課程を有するものに限るものとし、養護教諭、特別支援学校教諭及び栄養教諭の普通免許状の授与を受けようとするために必要とする単位を修得させることを目的として開設しようとする講習の課程の場合には、当分の間、教員養成に関する学部を置く大学とすることができる。）の指導の下に、運営されなければならない。

3　免許法認定講習を開設する者は、その適切な水準の確保に努めなければならない。

第三十七条　免許法認定講習の講師は、次の各号のいずれかに該当する者でなければならない。

一　大学の教員（前章に規定する文部科学大臣の指定する養護教諭養成機関、特別支援学校の教員養成機関又は栄養教諭の教員養成機関の教員を含む。以下この章及び第六章において同じ。）

二　その他前号に準ずる者（免許法第五条第一項ただし書各号の一に該当する者を除く。）

2　前条第一項第二号、第四号及び第五号に掲げるものが開設する免許法認定講習の講師の半数以上は、大学の教員でなければならない。

3　前条第一項第二号、第四号及び第五号に掲げるものが、第一項第二号に掲げる者を講師として委嘱しようとするときは、指導を受ける大学の意見を聞かなければならない。

第三十八条　免許法認定講習における単位は、第一条の二の定めるところにより、開設者が当該単位の課程として定めた授業時数について、それぞれ五分の四以上出席し、開設者の行う試験、論文、報告書その他による成績審査に合格した者に授与するものとする。

第三十九条　第三十六条第一項各号に掲げるものが、開設しようとする講習について、免許法別表第三備考第六号の規定による認定（以下この章において「認定」という。）を受けようとするときは、当該講習に関し次の事項（第三十六条第一項第一号又は第三号に掲げるものにあつては、第二号を除く。）を記載した申請書を、講習開始一月前までに、文部科学大臣に提出しなければならない。

一　講習の目的及び名称
二　指導を受けようとする大学の名称
三　会場
四　期間
五　講習人員及び学級区分
六　講習課程
七　各科目についての時間及び単位の配当
八　全日制定時制の別及びその計画
九　講師の氏名、主要職歴及び担任科目
十　成績審査の方法
十一　実験又は実習を伴う科目を開設する場合はその施設、設備
十二　受講料
十三　収支予算
十四　その他開設しようとする者において

必要と認める事項

2　前項第四号から第九号までに掲げる事項は、会場ごとに記載しなければならない。

3　開設しようとする講習について認定を受けようとするものが第三十六条第一項第一号に掲げる大学であるときは、第一項の申請書に当該大学の学則を添付しなければならない。

第四十条　免許法認定講習の開設者が、前条第一項第六号、第七号及び第九号に掲げる事項を変更しようとするときは、文部科学大臣に届け出なければならない。

第四十一条　免許法認定講習の開設者が、第三十六条第二項及び第三項、第三十七条、第三十八条並びに前条の規定に違反したときは、文部科学大臣はその認定を取り消すことができる。

第四十二条　免許法認定講習の開設者は、免許法認定講習終了後二月以内に、免許法認定講習の実施状況及び収支決算について、文部科学大臣に報告しなければならない。

第四十三条　免許法認定講習の実施に関する基準は、この章に規定するもののほか、別に文部科学大臣が定める。

第五章の二　免許法認定公開講座

第四十三条の二　免許法別表第三備考第六号に規定する文部科学大臣の認定する大学の公開講座に関しては、この章の定めるところによる。

第四十三条の三　この章の規定により認定を受けた大学の公開講座は、免許法認定公開講座と称する。

第四十三条の四　免許法認定公開講座は、開設しようとする公開講座の課程に相当する課程を有する大学に限り開設することができる。

第四十三条の五　第三十九条の規定は公開講座について認定を受けようとする大学に、第三十六条第三項、第三十八条及び第四十条から第四十二条までの規定は公開講座について認定を受けた大学に準用する。

第四十三条の六　免許法認定公開講座の実施に関する基準は、この章に規定するもののほか、別に文部科学大臣が定める。

第六章　免許法認定通信教育

第四十四条　免許法別表第三備考第六号に規定する文部科学大臣の認定する通信教育に関しては、この章の定めるところによる。

第四十五条　この章の規定により認定を受けた通信教育は、免許法認定通信教育と称する。

第四十六条　免許法認定通信教育を開設することのできる者は、次の各号のいずれかに掲げるものとする。

一　開設しようとする通信教育の課程に相当する課程を有する大学

二　免許法に定める授与権者

三　独立行政法人国立特別支援教育総合研究所

四　指定都市の教育委員会

五　中核市の教育委員会

2　前項第二号、第四号及び第五号に掲げるものの開設する免許法認定通信教育は、大学（開設しようとする通信教育の課程に相当する課程を有するものに限るものとし、養護教諭、特別支援学校教諭及び栄養教諭の普通免許状の授与を受けようとするために必要とする単位を修得させることを目的として開設しようとする認定通信教育の課程の場合には、当分の間、教員養成に関する学部を置く大学とすることができる。）の指導の下に、運営されなければならない。

3　免許法認定通信教育を開設する者は、その適切な水準の確保に努めなければならない。

第四十六条の二　免許法認定通信教育の講師は、次の各号のいずれかに該当する者でなければならない。

一　大学の教員

二　その他前号に準ずる者（免許法第五条第一項ただし書各号のいずれかに該当する者を除く。）

2　前項第二号、第四号及び第五号に掲げるものが開設する免許法認定通信教育の講師の半数以上は、大学の教員でなければならない。

3　前条第一項第二号、第四号及び第五号に掲げるものが、第一項第二号に掲げる者を講師として委嘱しようとするときは、指導を受ける大学の意見を聞かなければならない。

第四十七条　免許法認定通信教育における単位は、第一条の二の定めるところに準じて行う通信教育の課程を修了し、開設者の行う試験、論文、報告書その他による成績審査に合格した者に授与するものとする。

第四十八条　第四十六条第一項各号に掲げるものが、開設しようとする通信教育について、免許法別表第三備考第六号の規定による認定（以下この章において「認定」という。）を受けようとするときは、当該通信教育に関し次の事項（同項第一号又は第三号に掲げるものにあつては、第二号を除く。）を記載した申請書に、通信教育用教材及び学習指導書を添えて当該通信教育の開設二月前までに、文部科学大臣に提出しなければならない。

一　通信教育の目的及び名称

二　指導を受けようとする大学の名称

三　受講者定員

四　教育課程及び指導計画

五　各科目についての単位の配当

六　講師の氏名、主要職歴及び担任科目

七　成績審査の方法

八　受講料
九　収支予算
十　その他開設しようとする者において必要と認める事項

2　開設しようとする通信教育について認定を受けようとするものが第四十六条第一項第一号に掲げる大学であるときは、前項の申請書に当該大学の学則を添付しなければならない。

3　免許法認定通信教育の開設者が第一項第四号から第六号までに掲げる事項を変更しようとするときは、文部科学大臣に届け出なければならない。

第四十九条　免許法認定通信教育の開設者が、第四十六条第二項及び第三項、第四十六条の二、第四十七条及び前条第三項の規定に違反したときは、文部科学大臣はその認定を取り消すことができる。

第五十条　免許法認定通信教育の開設者は、免許法認定通信教育終了後二月以内に、免許法認定通信教育の実施状況及び収支決算について、文部科学大臣に報告しなければならない。

第七章　単位修得試験

第五十一条　免許法別表第三備考第六号に規定する文部科学大臣が大学に委嘱して行う試験に関しては、この章の定めるところによる。

第五十二条　この章の規定により行う試験は、単位修得試験（以下「試験」という。）と称する。

第五十三条　試験の問題は、試験の委嘱を受けた大学（以下この章において「大学」という。）が作成するものとする。

第五十四条　大学、試験の科目、場所及び期日並びに出願期日その他の試験の実施細目については、そのつど文部科学大臣が、官報で告示する。ただし、特別の事情のある場合には、適宜な方法によつて公示するものとする。

第五十五条　試験は、原則として、筆記試験によるものとする。ただし、大学において必要があると認める場合には、口述又は実地の試験を加えることができる。

第五十六条　大学は、科目ごとに、試験の合格者の決定を行い、その者に対して単位を授与しなければならない。

2　前項の単位は、原則として、一科目について二単位とする。

第五十七条　大学は、試験に関し、次の事項を記載した計画書を、試験の開始期日の二月前までに、文部科学大臣に提出しなければならない。

一　科目
二　場所
三　期日
四　問題作成者及び採点者の氏名
五　成績審査の方法
六　収支予算
七　その他大学において必要と認める事項

第五十八条　大学が、前条各号に掲げる事項を変更しようとするときは、文部科学大臣に届け出なければならない。

第五十九条　大学は、試験終了後一月以内に、試験問題、試験実施状況、科目ごとの合格者数及び授与単位数並びに収支決算について、文部科学大臣に報告しなければならない。

第六十条　試験を受けようとする者は、一科目について百円を基準として試験を行う大学が定める額の受験手数料を納付しなければならない。

2　前項の規定により納付した受験手数料は、いかなる場合においても返還しない。

第六十一条　試験の実施に関する基準は、この章に規定するもののほか、別に文部科学大臣が定める。

第八章　教員資格認定試験

第六十一条の二　免許法第十六条第一項の教員資格認定試験（以下「教員資格認定試験」という。）の受験資格、実施の方法その他試験に関し必要な事項は、教員資格認定試験規程（昭和四十八年文部省令第十七号）の定めるところによる。

第九章　中学校又は高等学校の教諭の免許状に関する特例

第六十一条の三　免許法第十六条の三及び第十六条の四に規定する中学校教諭又は高等学校教諭の普通免許状の授与については、この章の定めるところによる。

第六十一条の四　免許法第十六条の四第一項の規定による高等学校教諭の普通免許状は、柔道、剣道、情報技術、建築、インテリア、デザイン、情報処理及び計算実務の事項について授与するものとする。

第十章　自立教科等の免許状

第六十二条　免許法第四条の二第二項に規定する特別支援学校において専ら自立教科等の教授を担任する教員の普通免許状及び臨時免許状の授与については、この章の定めるところによる。

第六十三条　特別支援学校の高等部において専ら自立教科（自立教科等のうち自立活動を除いたものをいう。以下同じ。）の教授を担任する教員の普通免許状及び臨時免許状については、次項から第四項までに定めるところによる。

2　普通免許状は、特別支援学校自立教科教諭の免許状とし、それぞれ一種免許状及び二種免許状に区分する。

3 臨時免許状は、特別支援学校自立教科助教諭の免許状とする。

4 特別支援学校の自立教科の教員の普通免許状及び臨時免許状は、視覚障害者である生徒に対する教育を行う特別支援学校の高等部における理療（あん摩マツサージ指圧、はり及びきゆうを含む。）、理学療法及び音楽並びに聴覚障害者である生徒に対する教育を行う特別支援学校の高等部における理容及び特殊技芸（美術、工芸及び被服に分ける。）の各教科について授与するものとする。

第六十三条の二 特別支援学校において専ら自立活動の教授を担任する教員の普通免許状については、次項及び第三項に定めるところによる。

2 普通免許状は、特別支援学校自立活動教諭の一種免許状とする。

3 特別支援学校の自立活動の教員の普通免許状は、視覚障害教育、聴覚障害教育、肢体不自由教育、言語障害教育の各自立活動について授与するものとする。

第六十四条 特別支援学校自立教科教諭の普通免許状は、次の表の下欄に掲げる基礎資格を有する者又は免許法第六条第一項の規定による教育職員検定（以下この章において「教育職員検定」という。）に合格した者に授与する。ただし、特別支援学校自立教科教諭の普通免許状のうち次の各号に掲げるものは、それぞれ当該各号に定める者には、授与しない。

一 理療の教科についての普通免許状　あん摩マツサージ指圧師、はり師、きゆう師等に関する法律（昭和二十二年法律第二百十七号）の規定によるあん摩マツサージ指圧師免許、はり師免許又はきゆう師免許（以下それぞれ「あん摩マツサージ指圧師免許」、「はり師免許」及び「きゆう師免許」という。）のいずれかを有

上欄			下欄
免許状の種類		教科の種類	基礎資格
特別支援学校自立教科教諭	一種免許状	理療	イ 文部科学大臣の指定する特別支援学校の教員養成機関の理療科を卒業したこと。 ロ 医師免許を受けていること。
		理学療法	次に掲げる科目の単位を含めて計二十六単位以上修得していること。 イ 特別支援教育の基礎理論に関する科目　二単位以上 ロ 視覚障害者に関する教育の領域に関する科目　八単位以上 ハ 視覚障害者に関する教育の領域に関する科目又は視覚障害者に関する教育の領域以外の領域に関する科目　十三単位以上（視覚障害者に関する教育の領域以外の領域に関する科目に係る五単位以上を含む。） ニ 心身に障害のある幼児、児童又は生徒についての教育実習　三単位以上
		音楽	文部科学大臣の指定する特別支援学校の教員養成機関の音楽科を卒業したこと。
		特殊技芸	文部科学大臣の指定する特別支援学校の教員養成機関の特殊技芸科を卒業したこと。
	二種免許状	理療	文部科学大臣の指定する特別支援学校の教員養成機関の理療科に一年以上在学したこと。
		理学療法	次に掲げる科目の単位を含めて計十六単位以上修得していること。 イ 特別支援教育の基礎理論に関する科目　二単位以上 ロ 視覚障害者に関する教育の領域に関する科目　四単位以上 ハ 視覚障害者に関する教育の領域に関する科目又は視覚障害者に関する教育の領域以外の領域に関する科目　七単位以上（視覚障害者に関する教育の領域以外の領域に関する科目に係る三単位以上を含む。） ニ 心身に障害のある幼児、児童又は生徒についての教育実習　三単位以上
		音楽	文部科学大臣の指定する特別支援学校の教員養成機関の音楽科に一年以上在学したこと。
		特殊技芸	文部科学大臣の指定する特別支援学校の教員養成機関の特殊技芸科に一年以上在学したこと。

備考

一 この表の下欄に掲げる科目の単位の修得方法は、免許法別表第一に規定する特別支援学校教諭の普通免許状（視覚障害者に関する教育の領域を定めるものに限る。）の授与を受ける場合における第七条に定める特別支援教育に関する科目の各科目の修得方法の例にならうものとする。

二 この表の下欄に規定する文部科学大臣の指定する特別支援学校の教員養成機関については、第四章（第二十九条を除く。）の規定を準用する（次項の表の第四欄の場合においても同様とする。）。

第一欄 所要資格 受けようとする免許状の種類		第二欄 有することを必要とする第一欄に掲げる学校の教員の免許状の種類及び免許状に係る教科の種類		第三欄 第二欄に定める各免許状を取得した後、特別支援学校の教員として良好な成績で勤務した旨の実務証明責任者の証明を有することを必要とする最低在職年数	第四欄 第二欄に定める各免許状を取得した後、大学、文部科学大臣の指定する特別支援学校の教員養成機関又は文部科学大臣の認定する講習、大学の公開講座若しくは通信教育において修得することを必要とする最低単位数
特別支援学校自立教科教諭	一種免許状	二種免許状	理療	五	一〇
			理学療法	五	三
			音楽	一〇	
			理容	一〇	
			特殊技芸	一〇	
	二種免許状	臨時免許状	理療	五	一五
			理学療法	五	六
			音楽	五	一〇
			理容	五	
			特殊技芸	五	一〇

備考

一　実務の検定は第三欄により、学力の検定は第四欄によるものとする。

二　第三欄に定める最低在職年数については、その授与を受けようとする免許状に係る教科の種類に応じ、それぞれ視覚障害者である幼児、児童若しくは生徒に対する教育を行う特別支援学校（次号において「視覚特別支援学校」という。）又は聴覚障害者である幼児、児童若しくは生徒に対する教育を行う特別支援学校（次号において「聴覚特別支援学校」という。）の教員として在職した年数とし、同欄の実務証明責任者は、特別支援学校の教員についての免許法別表三の第三欄に規定する実務証明責任者と同様とする。

三　この表の第四欄に定める単位の修得方法は、次のイからヘまでに定めるところによる。ただし、イからヘまでに掲げる科目は、授与を受けようとする免許状に係る教科の種類に応じ、それぞれ視覚特別支援学校又は聴覚特別支援学校の教育を中心として修得するものとする。

イ　理療の教科の教授を担任する特別支援学校自立教科教諭の一種免許状の授与を受ける場合にあつては、「第七条第一項の表に定める特別支援教育の基礎理論に関する科目、特別支援教育領域に関する科目」三単位以上及び理療に関する科目七単位以上

ロ　理学療法の教科の教授を担任する特別支援学校自立教科教諭の一種免許状の授与を受ける場合にあつては、「第七条第一項の表に定める特別支援教育の基礎理論に関する科目、特別支援教育領域に関する科目」三単位以上

ハ　理療の教科の教授を担任する特別支援学校自立教科教諭の二種免許状の授与を受ける場合にあつては、第七条第一項の表に定める特別支援教育の基礎理論に関する科目四単位以上、特別支援教育領域に関する科目のうち心理等に関する科目二単位以上及び理療に関する科目九単位以上

ニ　理学療法の教科の教授を担任する特別支援学校自立教科教諭の二種免許状の授与を受ける場合にあつては、第七条第一項の表に定める特別支援教育の基礎理論に関する科目四単位以上及び特別支援教育領域に関する科目のうち心理等に関する科目二単位以上

ホ　音楽の教科の教授を担任する特別支援学校自立教科教諭の二種免許状の授与を受ける場合にあつては、第七条第一項の表に定める特別支援教育の基礎理論に関する科目四単位以上、特別支援教育領域に関する科目のうち心理等に関する科目二単位以上及び音楽に関する科目四単位以上

ヘ　特殊技芸の教授を担任する特別支援学校自立教科教諭の二種免許状の授与を受ける場合にあつては、第七条第一項の表に定める特別支援教育の基礎理論に関する科目四単位以上、特別支援教育領域に関する科目のうち心理等に関する科目二単位以上及びその免許教科に係る教科に関する専門的事項に関する科目四単位以上

四　この表の第四欄に規定する文部科学大臣の認定する講習、大学の公開講座又は通信教育については、第五章、第五章の二又は第六章の規定を、同欄に規定する単位の計算方法については、第一条の二の規定をそれぞれ準用する。

しない者（医師法（昭和二十三年法律第二百一号）の規定による医師免許（以下この項において「医師免許」という。）を受けているものを除く。）

二　理学療法の教科についての普通免許状　理学療法士及び作業療法士法（昭和四十年法律第百三十七号）の規定による理学療法士の免許（第六十五条において「理学療法士免許」という。）を有しない者

三　理容の教科についての普通免許状　理容師法（昭和二十二年法律第二百三十四号）、美容師法（昭和三十二年法律第百六十三号）又は理容師法及び美容師法の特例に関する法律（昭和二十三年法律第六十七号）の規定による理容師免許及び美容師免許（第六十五条においてそれぞれ「理容師免許」及び「美容師免許」という。）のいずれも有しない者

2　前項の教育職員検定のうち、学力及び実務の検定は、次の表の定めるところによる。

第六十五条　特別支援学校自立教科助教諭の臨時免許状は、次の各号に掲げる免許教科に応じ、それぞれ当該各号に定める者に、教育職員検定により授与する。

一　理療　あん摩マッサージ指圧師免許、はり師免許及びきゆう師免許を受けている者

二　理学療法　理学療法士免許を受けている者

三　音楽　視覚障害者である生徒に対する教育を行う特別支援学校の高等部の音楽専攻科を卒業した者

四　理容　理容師免許又は美容師免許を受けている者で、かつ、聴覚障害者である生徒に対する教育を行う特別支援学校高等部の理容科の専攻科を卒業したもの又は四年以上理容に関する実地の経験を有するもの

五　特殊技芸　免許教科の種類に応じ、それぞれ聴覚障害者である生徒に対する教育を行う特別支援学校の高等部の相当課程の専攻科において二年以上の課程を修了した者又は十年以上実地の経験を有する者

第六十五条の二　特別支援学校自立活動教諭の一種免許状は、その免許状に係る教員資格認定試験に合格した者に授与する。

第十章の二　特別免許状

第六十五条の三　免許法第四条の二第三項及び第五条第二項から第四項までに規定する特別免許状の授与については、この章の定めるところによる。

第六十五条の四　免許法第五条第四項に規定する文部科学省令で定める者は、学校教育に関し学識経験を有する者であつて、認定課程を有する大学の学長、認定課程を有する学部の学部長又はこれらに準ずる者及び小学校、中学校、義務教育学校、高等学校、中等教育学校若しくは特別支援学校の校長又はこれらに準ずる者とする。

第六十五条の五　免許法第四条の二第三項の規定による特別支援学校教諭の特別免許状は、第六十三条第四項に掲げる各教科及び第六十三条の二第三項に掲げる各自立活動について授与するものとする。

第六十五条の六　免許法第五条第三項に規定する教育職員検定の申請は、特別免許状の授与を受けようとする者が、当該者を教育職員に任命し、又は雇用しようとする者の推薦書を添えて行うものとする。

第十一章　雑則

第六十五条の七　免許法第二条第二項に規定する文部科学省令で定める教育の職にある者は、次に掲げる者であつて教育職員以外の者とする。

一　幼稚園、小学校、中学校、義務教育学校、高等学校、中等教育学校、特別支援学校又は幼保連携型認定こども園の職員

二　教育委員会の事務局又は教育委員会（特定地方公共団体にあつては、その長又は教育委員会）の所管に属する教育機関（前号に規定するものを除く。）の職員

三　教育職員として任命され、又は雇用された者であつて、任命権者又は雇用者の要請に応じ、引き続き地方公共団体の職員又は国立大学法人法第二条第一項に規定する国立大学法人、地方独立行政法人法第六十八条第一項に規定する公立大学法人、私立学校法第三条に規定する学校法人若しくは社会福祉法第二十二条に規定する社会福祉法人の役員若しくは職員となつている者

第六十五条の八　免許法第三条の二第一項第七号に規定する教科に関する事項は、学校教育法施行規則第五十条第一項及び百二十六条第一項に規定する外国語活動の一部、同令第五十条第一項、第七十二条、第百二十六条、第百二十七条及び第百二十八条第二項に規定する道徳の一部、同令第五十条第一項、第七十二条、第百二十六条第一項及び第百二十七条に規定する総合的な学習の時間の一部、同令第八十三条及び第百二十八条に規定する総合的な探究の時間の一部並びに同令第五十二条に規定する小学校学習指導要領及び同令第百二十九条に規定する特別支援学校小学部・中学部学習指導要領で定めるクラブ活動とする。

第六十五条の九　免許法第三条の二第二項の届出は、次に掲げる事項を記載した届出書により行うものとする。

一　設置者及び学校名

二　任命又は雇用しようとする者の氏名

三　教授又は実習を担任しようとする事項の内容及び期間
四　前号の教授又は実習を担任させる理由
五　その他都道府県の教育委員会規則で定める事項

第六十六条　次の各号の一に該当する者は、免許法第五条第一項第二号ただし書の規定に基づき、高等学校を卒業した者と同等以上の資格を有するものと認める。
一　中等教育学校を卒業した者
二　通常の課程による十二年の学校教育を修了した者（通常の課程以外の課程により、これに相当する学校教育を修了した者を含む。）
三　学校教育法第九十条第二項の規定により、大学への入学を認められた者
四　学校教育法施行規則第百五十条の規定により、大学入学に関し、高等学校を卒業した者と同等以上の学力があると認められた者（前号に該当する者を除く。）
五　免許法第五条第一項に規定する養護教諭養成機関、免許法別表第一備考第二号の三及び第三号に規定する教員養成機関並びに免許法別表第二の二備考第二号に規定する栄養教諭の教員養成機関において、個別の入学資格審査により、高等学校を卒業した者と同等以上の学力があると認めた者で、十八歳に達したもの

第六十六条の二　免許法第五条第五項第二号の規定により同項第一号に掲げる者と同等以上の資格を有すると認められる者は、次に掲げる者とする。
一　大学に二年以上在学し、六十二単位以上を修得した者（短期大学士の学位を有する者を除く。）
二　旧国立養護教諭養成所を卒業した者
三　旧国立工業教員養成所を卒業した者

第六十六条の二の二　免許法第五条の二第三項の規定による特別支援学校助教諭の臨時免許状についての新教育領域の追加の定めは、当該新教育領域が定められた普通免許状を有する者を採用することができない場合に限り、免許法第六条第一項の規定による教育職員検定に合格した者が所有する臨時免許状について行うものとする。

第六十六条の三　免許法第十六条の五第一項に規定する教科に関する事項は、学校教育法施行規則第五十条第一項に規定する外国語活動、同令第五十条第一項及び第百二十六条に規定する道徳、同令第五十条第一項及び第百二十六条第一項に規定する総合的な学習の時間、同令第五十条第一項及び百二十六条に規定する特別活動並びに同令第五十条第二項に規定する宗教とする。
2　免許法第十六条の五第二項に規定する教科に関する事項は、学校教育法施行規則第七十二条及び同令第百二十七条に規定する総合的な学習の時間とする。
3　任命権者又は雇用者は、免許法第十六条の五第一項の規定に基づき、第一項に規定する道徳又は特別活動の教授を担任する主幹教諭、指導教諭、教諭又は講師となる者に対し、必要な研修を実施するよう努めなければならない。

第六十六条の四　免許法別表第一備考第二号の二に規定する学士の学位を有することと同等以上の資格を有すると認められる場合は、学校教育法第百二条第二項の規定により大学院への入学を認められる場合とする。

第六十六条の五　免許法別表第一備考第二号の三の規定により短期大学士の学位を有することと同等以上の資格を有すると認められる場合は、次に掲げる場合とする。
一　大学に二年以上在学し、六十二単位以上を修得した場合（短期大学士の学位を有する場合を除く。）
二　指定教員養成機関に二年以上在学し、六十二単位以上を修得した場合（指定教員養成機関を卒業した場合を除く。）

第六十六条の六　免許法別表第一備考第四号に規定する文部科学省令で定める科目の単位は、日本国憲法二単位、体育二単位、外国語コミュニケーション二単位並びに数理、データ活用及び人工知能に関する科目二単位又は情報機器の操作二単位とする。

第六十六条の七　免許法別表第一備考第五号ロの規定により認定課程を有する大学が免許状の授与の所要資格を得させるための教科及び教職に関する科目として適当であると認める科目の単位は、幼稚園教諭の普通免許状にあつては領域に関する専門的事項に関する科目の単位、小学校、中学校又は高等学校の教諭の普通免許状にあつては教科に関する専門的事項に関する科目の単位とし、次の表の第一欄に掲げる課程について、それぞれ、第二欄に掲げる免許状の種類に応じ、第三欄に掲げる単位数を限度とする。

第一欄	第二欄	第三欄
課程	免許状の種類	単位数
高等学校、中等教育学校の後期課程又は特別支援学校の高等部の専攻科（学校教育法第五十八条の二（同法第七十条第一項及び第八十二条において準用する場合を含む。）に規定する課程に限る。）	中学校又は高等学校の教諭の普通免許状	一〇
	幼稚園又は小学校の	二

	教諭の普通免許状	
短期大学の専攻科	中学校又は高等学校の教諭の普通免許状	五
高等専門学校（第四学年及び第五学年に係る課程に限る。）	中学校又は高等学校の教諭の普通免許状	一〇
高等専門学校の専攻科	中学校又は高等学校の教諭の普通免許状	五
専修学校の専門課程（学校教育法第百三十二条に規定するものに限る。）	中学校又は高等学校の教諭の普通免許状	一〇

第六十六条の八　免許法別表第一備考第六号に規定する教員の職務の遂行に必要な基礎的な知識技能を修得させるためのものとして文部科学省令で定める教科及び教職に関する科目は、各教科の指導法に関する科目及び教諭の教育の基礎的理解に関する科目等とする。

第六十六条の九　免許法別表第二備考第一号の規定により短期大学士の学位を有することと同等以上の資格を有すると認められる場合は、大学に二年以上在学し、六十二単位以上を修得した場合（短期大学士の学位を有する場合を除く。）とする。

2　免許法別表第二備考第一号の規定により文部科学大臣の指定する養護教諭養成機関を卒業することと同等以上の資格を有すると認められる場合は、免許法第五条第一項に規定する養護教諭養成機関に二年以上在学し、六十二単位以上を修得した場合（養護教諭養成機関を卒業した場合を除く。）とする。

第六十六条の十　免許法別表第二の二備考第一号の規定により学士の学位を有することと同等以上の資格を有すると認められる場合は、学校教育法第百二条第二項の規定により大学院への入学を認められる場合又は栄養教諭の指定教員養成機関に四年以上在学し、百二十四単位以上を修得し卒業した場合とする。

第六十七条　免許法別表第三び別表第八の規定の適用については、次の表の第一欄に掲げる学校以外の教育施設において教育に従事した者（免許法別表第三備考第二号の規定により実務に関する証明を受けることのできる者を除く。）は、それぞれ第二欄に掲げる学校の教員に相当するものとし、その勤務成績についての実務証明責任者は第三欄に掲げるとおりとする。

第一欄	第二欄	第三欄
少年院法（平成二十六年法律第五十八号）による少年院	授業を担当した課程に応じ、小学校、中学校又は高等学校	法務大臣
海外に在留する邦人の子女のための在外教育施設で、文部科学大臣が小学校、中学校又は高等学校の課程と同等の課程を有するものとして認定したもの	授業を担当した課程に応じ、小学校、中学校又は高等学校	文部科学大臣
外国の教育施設又はこれに準ずるもの（前項に掲げるものを除き、独立行政法人国際協力機構法（平成十四年法律第百三十六号）に基づき派遣された場合に	授業を担当した課程に応じ、幼稚園、小学校、中学校又は高等学校	独立行政法人国際協力機構の理事長
限る。第七十条の二において同じ。）		

第六十八条　免許法別表第三備考第七号に規定する文部科学省令で定める教育の職は、免許法別表第三の規定の適用を受ける者にあつては、校長、副校長、教頭、主幹教諭（幼保連携型認定こども園の主幹養護教諭及び主幹栄養教諭を含む。）、指導教諭、主幹保育教諭、指導保育教諭、教育長、指導主事若しくは社会教育主事の職又は中学校教諭の一種免許状の授与を受ける場合にあつては免許法第十六条の五第一項の規定による小学校、義務教育学校の前期課程若しくは特別支援学校の小学部の主幹教諭、指導教諭、教諭若しくは講師の職とする。

第六十八条の二　免許法別表第五備考第一号の二に規定する資格は、学校教育法第百二条第二項の規定により大学院への入学を認められることとする。

第六十九条　免許法別表第五備考第三号に規定する文部科学省令で定める教育の職は、校長、副校長、教頭、教育長、指導主事、社会教育主事の職又は中学校教諭の一種免許状の授与を受ける場合にあつては免許法第十六条の五第一項の規定による小学校、義務教育学校の前期課程若しくは特別支援学校の小学部の主幹教諭、指導教諭、教諭若しくは講師の職とする。

第六十九条の二　免許法別表第六備考第三号の文部科学省令で定める者は、次条に規定する職員で、次に掲げる者とする。

一　免許法第五条第一項各号の一に該当しない者

二　免許法附則第三項の規定により免許状の授与を受けることができる者

三　免許法附則第七項の規定により養護助教諭の臨時免許状を受けることができる者

第六十九条の三　免許法別表第六備考第四号

に規定する文部科学省令で定める職員は、幼稚園、小学校、中学校、義務教育学校、高等学校、中等教育学校、特別支援学校又は幼保連携型認定こども園において専ら幼児、児童又は生徒の養護に従事する職員で常時勤務に服することを要するものとし、その者についての実務証明責任者は、その者の勤務する学校の教員について免許法別表第三の第三欄に規定する実務証明責任者と同様とする。

第七十条　免許法別表第三、別表第六、別表第六の二、別表第七、別表第八若しくは第六十四条第二項の表の第三欄又は別表第五の第二欄に規定する在職年数には、休職の期間は通算しない。

第七十条の二　免許法別表第三備考第八号及び第十号に規定する期間には、心身の故障による休職、引き続き九十日以上の病気休暇（九十日未満の病気休暇で授与権者がやむを得ないと認めるものを含む。）、産前及び産後の休業並びに育児休業の期間、指導主事又は社会教育主事の職に従事した期間並びに海外に在留する邦人の子女のための在外教育施設並びに外国の教育施設又はこれに準ずるものにおいて教育に従事した期間は通算しない。

第七十一条　免許状の授与、新教育領域の追加の定め、書換若しくは再交付又は教育職員検定を受けようとする者は、免許法第五条の二第一項及び第三項に定めるもののほか、都道府県の教育委員会規則の定めるところにより、授与権者に申し出るものとする。

第七十二条　普通免許状の様式は、別記第一号様式のとおりとする。

2　専修免許状には、大学院での専攻を記入するものとする。この場合において、次の各号に掲げる免許状の区分に応じ当該各号に掲げるいずれかの分野に関する単位を十二単位以上修得した場合は、大学院での専攻に加えて当該分野を記入することができる。

一　幼稚園教諭の専修免許状においては、教育哲学、教育史、教育制度・学校経営、教育社会学、教育内容・方法、教育心理学・発達心理学、教育臨床、幼児教育又は授与権者が適当と認めた分野

二　小学校又は中学校の教諭の専修免許状においては、教育哲学、教育史、教育制度・学校経営、教育社会学、教育内容・方法、教育心理学・発達心理学、教育臨床、生徒指導・進路指導、国語教育、社会科教育、数学教育、理科教育、音楽教育、美術教育、保健体育、技術教育、家政教育、英語教育、道徳教育、国際理解教育、環境教育、情報教育、日本語教育、生涯学習（社会教育を含む。）又は授与権者が適当と認めた分野

三　高等学校教諭の専修免許状においては、前号に掲げる分野、世界史、日本史、地理、倫理、政治・経済、物理、化学、生物、地学、体育若しくは保健又は授与権者が適当と認めた分野

四　特別支援学校の教諭の専修免許状においては、視覚障害教育、聴覚障害教育、知的障害教育、肢体不自由教育、病弱教育又は授与権者が適当と認めた分野

五　養護教諭の専修免許状においては、教育哲学、教育史、教育制度、教育社会学、教育心理学・発達心理学、教育臨床、生徒指導、衛生学・公衆衛生学、健康相談、栄養学、解剖学・生理学、微生物学・免疫学・薬理概論、精神保健、看護学又は授与権者が適当と認めた分野

六　栄養教諭の専修免許状においては、教育哲学、教育史、教育制度、教育社会学、教育心理学・発達心理学、教育臨床、生徒指導、衛生学・公衆衛生学、生理学・生化学、食品学・食品衛生学、基礎栄養学、応用栄養学、臨床栄養学、栄養教育論、調理学、給食経営管理論又は授与権者が適当と認めた分野

3　特別免許状及び臨時免許状の様式は、第一項の普通免許状の様式を参酌して、都道府県の教育委員会規則で定める。

第七十三条　免許法第七条第一項に規定する証明書の様式は、別記第二の一号様式から第二の四号様式までのとおりとする。

第七十三条の二　免許法第七条第二項に規定する証明書の様式は、別記第三の一号様式から第三の三号様式までのとおりとする。

第七十四条　免許法第八条の原簿は、免許法第四条及び第四条の二第一項の規定による免許状、免許法第十六条の三第一項の規定による中学校教諭又は高等学校教諭の普通免許状、免許法第十六条の四第一項の規定による高等学校教諭の免許状並びに第六十三条、第六十三条の二及び第六十五条の五の規定による特別支援学校の自立教科又は自立活動の教員の免許状の種類に応じて作製しなければならない。

2　前項の原簿には、氏名、生年月日、本籍地、免許状授与年月日、免許状の番号、授与の根拠規定、教科、特別支援教育領域（新教育領域の追加の定めがあつたときにあつては、当該新教育領域及び当該新教育領域の追加の定めの年月日を含む。）、授与条件、失効又は取上げの年月日及び失効又は取上げの事由（次条第八号に掲げる事項をいう。）並びに特定免許状失効者等（教育職員等による児童生徒性暴力等の防止等に関する法律（令和三年法律第五十七号）第二条第六項に規定する特定免許状失効者等をいう。）に該当するときはその旨その他必要と認める事項を記載しなければならない。

第七十四条の二　免許法第十三条第一項の規定

による公告は、次に掲げる事項を官報に掲載して行うものとする。

一―六　略

七　失効又は取上げの年月日

八　失効又は取上げの事由（免許法第十条第一項第二号若しくは第十一条第一項の規定による失効若しくは取上げ又は懲戒免職の処分を受け、若しくは解雇された校長、副校長、教頭、実習助手若しくは寄宿舎指導員に係る同条第三項の規定による取上げにあつては、次のいずれの理由による懲戒免職又は解雇に係るものであるかの別を含む。）

イ　十八歳未満の者又は自らが勤務する学校に在籍する幼児、児童若しくは生徒に対するわいせつな行為又はセクシュアル・ハラスメント

ロ　わいせつな行為又はセクシュアル・ハラスメント（イに該当するものを除く。）

ハ　交通法規違反又は交通事故

ニ　教員の職務に関し行つた非違（イからハまでに該当するものを除く。）

ホ　イからニまでに掲げる理由以外の理由

第七十四条の三　〔略〕

第七十五条　免許法第十八条第一項（同条第二項において準用する場合を含む。）の文部科学省令で定める島は、本州、北海道、四国及び九州に附属する島のうち内閣府設置法第四条第一項第十三号に規定する北方地域の範囲を定める政令（昭和三十四年政令第三十三号）に規定する北方地域の島以外の島とする。

第七十六条　免許法認定講習及び免許法認定通信教育を開設した者は、単位修得原簿及びこれに関する主なる公文書を相当期間保存しなければならない。

2　大学は、大学、免許法認定公開講座及び単位修得試験における単位修得原簿その他これらに関する主なる公文書を相当期間保存しなければならない。

3　指定教員養成機関は、単位修得原簿その他これに関する主なる公文書を相当期間保存しなければならない。

附　則〔令五・九・二七文令三二〕

第一条　この省令は、令和六年四月一日から施行する。

（経過措置）

第二条―第三条　〔略〕

●小学校及び中学校の教諭の普通免許状授与に係る教育職員免許法の特例等に関する法律

（平成九年六月一八日法律第九〇号）

最終改正…令四・六・二二法七六

（趣旨）

第一条　この法律は、義務教育に従事する教員が個人の尊厳及び社会連帯の理念に関する認識を深めることの重要性にかんがみ、教員としての資質の向上を図り、義務教育の一層の充実を期する観点から、小学校又は中学校の教諭の普通免許状の授与を受けようとする者に、障害者、高齢者等に対する介護、介助、これらの者との交流等の体験を行わせる措置を講ずるため、小学校及び中学校の教諭の普通免許状の授与について教育職員免許法（昭和二十四年法律第百四十七号）の特例等を定めるものとする。

（教育職員免許法の特例）

第二条　小学校及び中学校の教諭の普通免許状の授与についての教育職員免許法第五条第一項の規定の適用については、当分の間、同項中「修得した者」とあるのは、「修得した者（十八歳に達した後、七日を下らない範囲内において文部科学省令で定める期間、特別支援学校又は社会福祉施設その他の施設で文部科学大臣が関係行政機関の長と協議して定めるものにおいて、障害者、高齢者等に対する介護、介助、これらの者との交流等の体験を行った者に限る。）」とする。

2　前項の規定により読み替えられた教育職員免許法第五条第一項の規定による体験（以下「介護等の体験」という。）に関し必要な事項は、文部科学省令で定める。

3　介護等に関する専門的知識及び技術を有する者又は身体上の障害により介護等の体験を行うことが困難な者として文部科学省令で定めるものについての小学校及び中学校の教諭の普通免許状の授与については、第一項の規定は、適用しない。

（関係者の責務）

第三条　国、地方公共団体及びその他の関係機関は、介護等の体験が適切に行われるようにするために必要な措置を講ずるよう努めるものとする。

2　特別支援学校及び社会福祉施設その他の施設で文部科学大臣が関係行政機関の長と協議して定めるものの設置者は、介護等の体験に関し必要な協力を行うよう努めるものとする。

3　大学及び文部科学大臣の指定する教員養成機関は、その学生又は生徒が介護等の体験を円滑に行うことができるよう適切な配慮をするものとする。

（教員の採用時における介護等の体験の勘案）

第四条　小学校、中学校又は義務教育学校の教員を採用しようとする者は、その選考に当たっては、この法律の趣旨にのっとり、教員になろうとする者が行った介護等の体験を勘案するよう努めるものとする。

附　則〔令四・六・二二法七六〕

（施行期日）

第一条　この法律は、こども家庭庁設置法（令和四年法律第七十五号）の施行の日から施行する。〔ただし書略〕

●小学校及び中学校の教諭の普通免許状授与に係る教育職員免許法の特例等に関する法律施行規則〔抄〕

（平成九年一一月二六日文部省令第四〇号）

最終改正…令五・一二・二八文令六

（介護等の体験の期間）

第一条　小学校及び中学校の教諭の普通免許状授与に係る教育職員免許法の特例等に関する法律（以下「特例法」という。）第二条第一項の文部科学省令で定める期間は、七日間とする。

（介護等の体験を行う施設）

第二条　特例法第二条第一項の文部科学大臣が定める施設は、次のとおりとする。

一　学校教育法（昭和二十二年法律第二十六号）第一条に規定する小学校、中学校、義務教育学校、高等学校又は中等教育学校（これらのうち、同法第八十一条第二項若しくは第三項に規定する特別支援学級を置くもの又は学校教育法施行規則（昭和二十二年文部省令第十一号）第五十六条若しくは第五十六条の二（これらの規定を同令第七十九条、第七十九条の六又は第百八条第一項において準用する場合を含む。）、第八十六条若しくは第八十六条の二（これらの規定を同令第百八条第二項において準用する場合を含む。）若しくは第百四十条の規定による特別の教育課程を編成するものに限る。）

二　児童福祉法（昭和二十二年法律第百六十四号）に規定する乳児院、母子生活支援施設、児童養護施設、障害児入所施設、児童発達支援センター、児童心理治療施設、児童自立支援施設又は障害児通所支援（児童発達支援、医療型児童発達支援又は放課後等デイサービスに限る。）を行う施設

三　身体障害者福祉法（昭和二十四年法律第二百八十三号）に規定する身体障害者福祉センター又は身体障害者生活訓練等事業を行う施設

四　生活保護法（昭和二十五年法律第百四十四号）に規定する救護施設、更生施設又は授産施設

五　社会福祉法（昭和二十六年法律第四十五号）に規定する授産施設

六　老人福祉法（昭和三十八年法律第百三十三号）に規定する老人デイサービスセンター、老人短期入所施設、養護老人ホーム、特別養護老人ホーム、軽費老人ホーム、老人福祉センター、有料老人ホーム又は老人居宅生活支援事業（老人デイサービス事業、老人短期入所事業、小規模多機能型居宅介護事業又は認知症対応型老人共同生活援助事業に限る。）を行う施設

七　原子爆弾被爆者に対する援護に関する法律（平成六年法律第百十七号）に規定する居宅生活支援事業又は養護事業を行う施設

八　介護保険法（平成九年法律第百二十三号）に規定する介護老人保健施設介護医療院又は居宅サービス（通所リハビリテーション又は短期入所療養介護に限る。）若しくは地域密着型サービス（複合型サービスに限る。）を行う施設

九　独立行政法人国立重度知的障害者総合施設のぞみの園法（平成十四年法律第百六十七号）第十一条第一号の規定により独立行政法人国立重度知的障害者総合施設のぞみの園が設置する施設

十　障害者の日常生活及び社会生活を総合的に支援するための法律（平成十七年法律第百二十三号）に規定する障害者支援施設、地域活動支援センター、福祉ホーム又は障害福祉サービス（療養介護、生活介護、短期入所、重度障害者等包括支援、自立訓練、就労移行支援又は就労継続支援に限る。）を行う施設

十一　ハンセン病問題の解決の促進に関する法律（平成二十年法律第八十二号）に規定する国立ハンセン病療養所等

十二　義務教育の段階における普通教育に相当する教育の機会の確保等に関する法律（平成二十八年法律第百五号）に規定する不登校児童生徒の学習活動に対する支援を行う公立の教育施設

十三　前各号に掲げる施設に準ずる施設として文部科学大臣が認める施設

（介護等の体験を免除する者）

第三条　特例法第二条第三項に規定する介護等に関する専門的知識及び技術を有する者として文部科学省令で定めるものは、次の各号の一に該当する者とする。

一　保健師助産師看護師法（昭和二十三年法律第二百三号）第七条の規定により保健師の免許を受けている者

二　保健師助産師看護師法第七条の規定により助産師の免許を受けている者

三　保健師助産師看護師法第七条の規定により看護師の免許を受けている者

四　保健師助産師看護師法第八条の規定により准看護師の免許を受けている者

五　教育職員免許法（昭和二十四年法律第百四十七号）第五条第一項の規定により特別支援学校の教員の免許を受けている者

六　理学療法士及び作業療法士法（昭和四十年法律第百三十七号）第三条の規定により理学療法士の免許を受けている者

七　理学療法士及び作業療法士法第三条の規定により作業療法士の免許を受けている者

八　社会福祉士及び介護福祉士法（昭和六十二年法律第三十号）第四条の規定により社会福祉士の資格を有する者

九　社会福祉士及び介護福祉士法第三十九条の規定により介護福祉士の資格を有する者

十　義肢装具士法（昭和六十二年法律第六十一号）第三条の規定により義肢装具士の免許を受けている者

2　障害により介護等の体験を行うことが困難な者として文部科学省令で定めるものは、身体障害者福祉法第四条に規定する身体障害者のうち、同法第十五条第四項の規定により交付を受けた身体障害者手帳に、障害の程度が一級から六級である者として記載されている者とする。

（介護等の体験に関する証明書）

第四条　小学校又は中学校の教諭の普通免許状の授与を受けようとする者は、教育職員免許法第五条の二第一項に規定による免許状の授与の申出を行うに当たって、同項に規定する書類のほか、介護等の体験を行った学校又は施設の長が発行する介護等の体験に関する証明書を提出するものとする。

2　学校又は施設の長は、小学校又は中学校の普通免許状の授与を受けようとする者から請求があったときは、その者の介護等の体験に関する証明書を発行しなければならない。

3　証明書の様式は、別記様式のとおりとする。

別記様式（略）

附　則〔令五・二・二八文令六〕

この省令は、令和五年四月一日から施行する。

●職員の服務の宣誓に関する政令

（昭和四一年二月一〇日政令一四号）

最終改正…平一二・二・一四政三〇

（服務の宣誓）

第一条　新たに職員（非常勤職員（国家公務員法第八十一条の五第一項に規定する短時間勤務の官職を占める職員を除く。）及び臨時的職員を除く。以下同じ。）となつた者は、任命権者又はその指定する職員の面前において別記様式による宣誓書に署名して、任命権者に提出しなければならない。

2　前項の規定による宣誓書の署名及び提出は、職員がその職務に従事する前にするものとする。ただし、天災その他任命権者が定める理由がある場合において、職員が同項の規定による宣誓書の署名及び提出をしないでその職務に従事したときは、その理由がやんだ後すみやかにすれば足りる。

3　警察職員の服務の宣誓については、前二項の規定にかかわらず、国家公安委員会は、内閣総理大臣の承認を得て、別段の定めをすることができる。

（権限の委任）

第二条　この政令に定めるもののほか、職員の服務の宣誓に関し必要な事項は、任命権者が定める。

附　則

この政令は、昭和四一年二月十九日から施行する。

附　則〔平一二・二・一四政三〇〕

この政令は、平成十三年四月一日から施行する。

別記様式〔略〕

●教育職員等による児童生徒性暴力等の防止等に関する法律〔抄〕

（令和三年六月四日 法律五七号）

最終改正…令四・六・二二法七六

【教採頻出条文】
第一条

第一章　総則

（目的）

第一条　この法律は、教育職員等による児童生徒性暴力等が児童生徒等の権利を著しく侵害し、児童生徒等に対し生涯にわたって回復し難い心理的外傷その他の心身に対する重大な影響を与えるものであることに鑑み、児童生徒等の尊厳を保持するため、児童生徒性暴力等の禁止について定めるとともに、教育職員等による児童生徒性暴力等の防止等に関し、基本理念を定め、国等の責務を明らかにし、基本指針の策定、教育職員等による児童生徒性暴力等の防止に関する措置並びに教育職員等による児童生徒性暴力等の早期発見及び児童生徒性暴力等への対処に関する措置等について定め、あわせて、特定免許状失効者等に対する教育職員免許法（昭和二十四年法律第百四十七号）の特例等について定めることにより、教育職員等による児童生徒性暴力等の防止等に関する施策を推進し、もって児童生徒等の権利利益の擁護に資することを目的とする。

（定義）

第二条　この法律において「学校」とは、学校教育法（昭和二十二年法律第二十六号）第一条に規定する幼稚園、小学校、中学校、義務教育学校、高等学校、中等教育学校及び特別支援学校並びに就学前の子どもに関する教育、保育等の総合的な提供の推進に関する法律（平成十八年法律第七十七号）第二条第七項に規定する幼保連携型認定こども園をいう。

2　この法律において「児童生徒等」とは、次に掲げる者をいう。

一　学校に在籍する幼児、児童又は生徒

二　十八歳未満の者（前号に該当する者を除く。）

3　この法律において「児童生徒性暴力等」とは、次に掲げる行為をいう。

一　児童生徒等に性交等（刑法（明治四十年法律第四十五号）第百七十七条に規定する性交等をいう。以下この号において同じ。）をすること又は児童生徒等をして性交等をさせること（児童生徒等から暴行又は脅迫を受けて当該児童生徒等に性交等をした場合及び児童生徒等の心身に有害な影響を与えるおそれがないと認められる特別の事情がある場合を除く。）。

二　児童生徒等にわいせつな行為をすること又は児童生徒等をしてわいせつな行為をさせること（前号に掲げるものを除く。）。

三　児童買春、児童ポルノに係る行為等の規制及び処罰並びに児童の保護等に関する法律（平成十一年法律第五十二号。次号において「児童ポルノ法」という。）第五条から第八条までの罪に当たる行為をすること（前二号に掲げるものを除く。）。

四　児童生徒等に次に掲げる行為（児童生徒等の心身に有害な影響を与えるものに限る。）であって児童生徒等を著しく羞恥させ、若しくは児童生徒等に不安を覚えさせるようなものをすること又は児童生徒等をしてそのような行為をさせること（前三号に掲げるものを除く。）。

イ　衣服その他の身に着ける物の上から又は直接に人の性的な部位（児童ポルノ法第二条第三項第三号に規定する性的な部位をいう。）その他の身体の一部に触れること。

ロ　通常衣服で隠されている人の下着又は身体を撮影し、又は撮影する目的で写真機その他の機器を差し向け、若しくは設置すること。

五　児童生徒等に対し、性的羞恥心を害する言動であって、児童生徒等の心身に有害な影響を与えるものをすること（前各号に掲げるものを除く。）。

4　この法律において「児童生徒性暴力等の防止等」とは、児童生徒性暴力等の防止及び早期発見並びに児童生徒性暴力等への対処をいう。

5　この法律において「教育職員等」とは、教育職員（教育職員免許法第二条第一項に規定する教育職員をいう。以下同じ。）並びに学校の校長（園長を含む。）、副校長（副園長を含む。）、教頭、実習助手及び寄宿舎指導員をいう。

6　この法律において「特定免許状失効者等」とは、児童生徒性暴力等を行ったことにより教育職員免許法第十条第一項（第一号又は第二号に係る部分に限る。）の規定により免許状が失効した者及び児童生徒性暴力等を行ったことにより同法第十一条第一項又は第三項の規定により免許状取上げの処分を受けた者をいう。

（児童生徒性暴力等の禁止）

第三条　教育職員等は、児童生徒性暴力等をしてはならない。

（基本理念）

第四条　教育職員等による児童生徒性暴力等

の防止等に関する施策は、教育職員等による児童生徒性暴力等が全ての児童生徒等の心身の健全な発達に関係する重大な問題であるという基本的認識の下に行われなければならない。

2 教育職員等による児童生徒性暴力等の防止等に関する施策は、児童生徒等が安心して学習その他の活動に取り組むことができるよう、学校の内外を問わず教育職員等による児童生徒性暴力等を根絶することを旨として行われなければならない。

3 教育職員等による児童生徒性暴力等の防止等に関する施策は、被害を受けた児童生徒等を適切かつ迅速に保護することを旨として行われなければならない。

4 教育職員等による児童生徒性暴力等の防止等に関する施策は、教育職員等による児童生徒性暴力等が懲戒免職の事由（解雇の事由として懲戒免職の事由に相当するものを含む。）となり得る行為であるのみならず、児童生徒等及びその保護者からの教育職員等に対する信頼を著しく低下させ、学校教育の信用を傷つけるものであることに鑑み、児童生徒性暴力等をした教育職員等に対する懲戒処分等について、適正かつ厳格な実施の徹底を図るための措置がとられることを旨として行われなければならない。

5 教育職員等による児童生徒性暴力等の防止等に関する施策は、国、地方公共団体、学校、医療関係者その他の関係者の連携の下に行われなければならない。

（国の責務）

第五条 国は、前条の基本理念（以下単に「基本理念」という。）にのっとり、教育職員等による児童生徒性暴力等の防止等に関する施策を総合的に策定し、及び実施する責務を有する。

（地方公共団体の責務）

第六条 地方公共団体は、基本理念にのっとり、教育職員等による児童生徒性暴力等の防止等に関する施策について、国と協力しつつ、その地域の状況に応じた施策を策定し、及び実施する責務を有する。

（任命権者等の責務）

第七条 教育職員等を任命し、又は雇用する者は、基本理念にのっとり、教育職員等を任命し、又は雇用しようとするときは、第十五条第一項のデータベースを活用するものとする。

2 公立学校（地方公共団体が設置する学校をいう。次項において同じ。）の教育職員等の任命権者は、基本理念にのっとり、児童生徒性暴力等をした教育職員等に対する適正かつ厳格な懲戒処分の実施の徹底を図るものとする。

3 公立学校以外の学校の教育職員等を雇用する者は、基本理念にのっとり、児童生徒性暴力等をした教育職員等に対し、懲戒の実施その他の児童生徒性暴力等の再発の防止のために必要な措置を講ずるものとする。

（学校の設置者の責務）

第八条 学校の設置者は、基本理念にのっとり、その設置する学校における教育職員等による児童生徒性暴力等の防止等のために必要な措置を講ずる責務を有する。

（学校の責務）

第九条 学校は、基本理念にのっとり、関係者との連携を図りつつ、学校全体で教育職員等による児童生徒性暴力等の防止及び早期発見に取り組むとともに、当該学校に在籍する児童生徒等が教育職員等による児童生徒性暴力等を受けたと思われるときは、適切かつ迅速にこれに対処する責務を有する。

（教育職員等の責務）

第十条 教育職員等は、基本理念にのっとり、児童生徒性暴力等を行うことがないよう教育職員等としての倫理の保持を図るとともに、その勤務する学校に在籍する児童生徒等が教育職員等による児童生徒性暴力等を受けたと思われるときは、適切かつ迅速にこれに対処する責務を有する。

（法制上の措置等）

第十一条 国は、教育職員等による児童生徒性暴力等の防止等に関する施策を実施するために必要な法制上又は財政上の措置その他の必要な措置を講ずるものとする。

2 地方公共団体は、教育職員等による児童生徒性暴力等の防止等に関する施策を実施するために必要な財政上の措置その他の必要な措置を講ずるよう努めるものとする。

第二章　基本指針

第十二条 文部科学大臣は、教育職員等による児童生徒性暴力等の防止等に関する施策を総合的かつ効果的に推進するための基本的な指針（以下この条において「基本指針」という。）を定めるものとする。

2 基本指針においては、次に掲げる事項を定めるものとする。

一　教育職員等による児童生徒性暴力等の防止等に関する基本的な方針

二　教育職員等による児童生徒性暴力等の防止等に関する施策の内容に関する事項

三　その他学校において児童生徒等と接する業務に従事する者による児童生徒性暴力等の防止等に関する重要事項

3 文部科学大臣は、基本指針を定め、又は変更するときは、あらかじめ、内閣総理大臣に協議するものとする。

第三章　教育職員等による児童生徒性暴力等の防止に関する措置

（教育職員等に対する啓発等）

第十三条　国及び地方公共団体は、教育職員等に対し、児童生徒等の人権、特性等に関する理解及び児童生徒性暴力等の防止等に関する理解を深めるための研修及び啓発を行うものとする。

2　国及び地方公共団体は、教育職員の養成課程における児童生徒性暴力等の防止等に関する教育の充実その他必要な措置を講ずるものとする。

3　教育職員の養成課程を有する大学は、当該教育職員の養成課程を履修する学生が児童生徒性暴力等の防止等に関する理解を深めるための措置その他必要な措置を講ずるものとする。

（児童生徒等に対する啓発）

第十四条　国、地方公共団体、学校の設置者及びその設置する学校は、児童生徒等の尊厳を保持するため、児童生徒等に対して、何人からも児童生徒性暴力等により自己の身体を侵害されることはあってはならないことについて周知徹底を図るとともに、特に教育職員等による児童生徒性暴力等が児童生徒等の権利を著しく侵害し、児童生徒等に対し生涯にわたって回復し難い心理的外傷その他の心身に対する重大な影響を与えるものであることに鑑み、児童生徒等に対して、教育職員等による児童生徒性暴力等により自己の身体を侵害されることはあってはならないこと及び被害を受けた児童生徒等に対して第二十条第一項（第二十一条において準用する場合を含む。）の保護及び支援が行われること等について周知徹底を図らなければならない。

（データベースの整備等）

第十五条　国は、特定免許状失効者等の氏名及び特定免許状失効者等に係る免許状の失効又は取上げの事由、その免許状の失効又は取上げの原因となった事実等に関する情報に係るデータベースの整備その他の特定免許状失効者等に関する正確な情報を把握するために必要な措置を講ずるものとする。

2　都道府県の教育委員会は、当該都道府県において教育職員の免許状を有する者が特定免許状失効者等となったときは、前項の情報を同項のデータベースに迅速に記録することその他必要な措置を講ずるものとする。

（児童生徒性暴力等対策連絡協議会）

第十六条　地方公共団体は、教育職員等による児童生徒性暴力等の防止等に関係する機関及び団体の連携を図るため、学校、教育委員会、都道府県警察その他の関係者により構成される児童生徒性暴力等対策連絡協議会を置くことができる。

第四章　教育職員等による児童生徒性暴力等の早期発見及び児童生徒性暴力等への対処に関する措置等

（教育職員等による児童生徒性暴力等の早期発見のための措置）

第十七条　学校の設置者及びその設置する学校は、当該学校における教育職員等による児童生徒性暴力等を早期に発見するため、当該学校に在籍する児童生徒等及び教育職員等に対する定期的な調査その他の必要な措置を講ずるものとする。

2　国及び地方公共団体は、教育職員等による児童生徒性暴力等に関する通報及び相談を受け付けるための体制の整備等に必要な措置を講ずるものとする。

（教育職員等による児童生徒性暴力等に対する措置）

第十八条　教育職員等、地方公共団体の職員その他の児童生徒等からの相談に応じる者及び児童生徒等の保護者は、児童生徒等から教育職員等による児童生徒性暴力等に係る相談を受けた場合等において、教育職員等による児童生徒性暴力等の事実があると思われるときは、教育職員等による児童生徒性暴力等を受けたと思われる児童生徒等が在籍する学校又は当該学校の設置者への通報その他の適切な措置をとるものとする。

2　教育職員等、地方公共団体の職員その他の児童生徒等からの相談に応じる者は、前項に規定する場合において犯罪の疑いがあると思われるときは、速やかに、所轄警察署に通報するものとする。

3　教育職員等、地方公共団体の職員その他の児童生徒等からの相談に応じる者（公務員に限る。）は、第一項に規定する場合において犯罪があると思われるときは、刑事訴訟法（昭和二十三年法律第百三十一号）の定めるところにより告発をしなければならない。

4　学校は、第一項の規定による通報を受けたときその他当該学校に在籍する児童生徒等が教育職員等による児童生徒性暴力等を受けたと思われるときは、直ちに、当該学校の設置者にその旨を通報するとともに、当該教育職員等による児童生徒性暴力等の事実の有無の確認を行うための措置を講じ、その結果を当該学校の設置者に報告するものとする。

5　学校は、前項の措置を講ずるに当たり、児童生徒等の人権及び特性に配慮するとともに、その名誉及び尊厳を害しないよう注意しなければならない。

6　学校は、第四項の規定による報告をするまでの間、教育職員等による児童生徒性暴力等を受けたと思われる児童生徒等と当該教育職員等との接触を避ける等当該児童生徒等の保護に必要な措置を講ずるものとする。

7　学校は、第四項の場合において犯罪があると認めるときは、直ちに、所轄警察署に通報し、当該警察署と連携してこれに対処しなければならない。

（専門家の協力を得て行う調査）

第十九条　学校の設置者は、前条第四項の規定による報告を受けたときは、医療、心理、福祉及び法律に関する専門的な知識を有する者の協力を得つつ、当該報告に係る事案について自ら必要な調査を行うものとする。

2　学校の設置者は、前項の調査を行うに当たり、児童生徒等の人権及び特性に配慮するとともに、その名誉及び尊厳を害しないよう注意しなければならない。

3　都道府県は、第一項の調査が適切に行われるよう、学校の設置者に対し、同項の専門的な知識を有する者に関する情報の提供その他の必要な助言をすることができる。

（学校に在籍する児童生徒等の保護及び支援等）

第二十条　学校は、医療、心理、福祉及び法律に関する専門的な知識を有する者の協力を得つつ、教育職員等による児童生徒性暴力等を受けた当該学校に在籍する児童生徒等の保護及び支援並びにその保護者に対する支援を継続的に行うものとする。

2　前項に規定する児童生徒等と同じ学校に在籍する児童生徒等に対する心理に関する支援その他当該児童生徒等及びその保護者に対する必要な支援を行うものとする。

（教育職員等以外の学校において児童生徒等と接する業務に従事する者による児童生徒性暴力等への準用）

第二十一条　第十七条から前条までの規定は、教育職員等以外の学校において児童生徒等と接する業務（当該学校の管理下におけるものに限る。）に従事する者による児童生徒性暴力等（当該学校の児童生徒等に対するものに限る。）について準用する。

第五章　特定免許状失効者等に対する教育職員免許法の特例等

（特定免許状失効者等に対する教育職員免許法の特例）

第二十二条　特定免許状失効者等（教育職員免許法第五条第一項各号のいずれかに該当する者を除く。）については、その免許状の失効又は取上げの原因となった児童生徒性暴力等の内容等を踏まえ、当該特定免許状失効者等の改善更生の状況その他その後の事情により再び免許状を授与するのが適当であると認められる場合に限り、再び免許状を授与することができる。

2　都道府県の教育委員会は、前項の規定により再び免許状を授与するに当たっては、あらかじめ、都道府県教育職員免許状再授与審査会の意見を聴かなければならない。

3　都道府県の教育委員会は、教育職員免許法第十条第二項（同法第十一条第五項において準用する場合を含む。）の規定により特定免許状失効者等から失効した免許状の返納を受けることとなった都道府県の教育委員会その他の関係機関に対し、当該特定免許状失効者等に係る免許状の失効又は取上げの原因となった児童生徒性暴力等の内容等を調査するために必要な情報の提供を求めることができる。

（都道府県教育職員免許状再授与審査会）

第二十三条　前条第二項に規定する意見を述べる事務をつかさどらせるため、都道府県の教育委員会に、都道府県教育職員免許状再授与審査会を置く。

2　都道府県教育職員免許状再授与審査会の組織及び運営に関し必要な事項は、文部科学省令で定める。

第六章　雑則

（政令への委任）

第二十四条　この法律に定めるもののほか、この法律の実施のための手続その他この法律の施行に関し必要な事項は、政令で定める。

附　則〔令四・六・二二法七六〕

（施行期日）

第一条　この法律は、こども家庭庁設置法（令和四年法律第七十五号）の施行の日から施行する。〔ただし書略〕

●教員資格認定試験規程〔抄〕

（昭和四八年八月九日
文部省令一七）

最終改正…令四・六・二一文令二二

（趣旨）

第一条　教育職員免許法（昭和二十四年法律第百四十七号）第十六条第一項の規定による教員資格認定試験（以下「認定試験」という。）については、この省令の定めるところによる。

（試験の種類等）

第二条　認定試験の種類は、次の表の上欄に掲げるとおりとし、同欄に掲げる認定試験に合格した者にそれぞれ同表の下欄に掲げる普通免許状を授与する。

上欄		下欄	
認定試験の種類	種目	普通免許状の種類	免許教科等
幼稚園教員資格認定試験		幼稚園教諭二種免許状	
小学校教員資格認定試験		小学校教諭二種免許状	
高等学校教員資格認定試験	〔略〕		
特別支援学校教員資格認定試験	自立活動（視覚障害教育）	特別支援学校自立活動教諭一種免許状	視覚障害教育
	自立活動（聴覚障害教育）		聴覚障害教育
	自立活動（肢体不自由教育）		肢体不自由教育
	自立活動（言語障害教育）		言語障害教育

（受験資格）

第三条　幼稚園教員資格認定試験を受けることができる者は、次に掲げる者で文部科学大臣が定める資格を有するものとする。

一　大学に二年以上在学し、かつ、六十二単位以上を修得した者

二　前号に掲げる者のほか、高等学校を卒業した者又は教育職員免許法施行規則第六十六条各号の一に該当する者で、受験しようとする幼稚園教員資格認定試験の施行の日の属する年度の四月一日における年齢が満二十歳以上のもの

2　小学校教員資格認定試験を受けることができる者は、次に掲げる者とする。

一　大学に二年以上在学し、かつ、六十二単位以上を修得した者

二　前号に掲げる者のほか、高等学校を卒業した者又は教育職員免許法施行規則（昭和二十九年文部省令第二十七号）第六十六条各号の一に該当する者で、受験しようとする小学校教員資格認定試験の施行の日の属する年度の四月一日における年齢が満二十歳以上のもの

3　高等学校教員資格認定試験及び特別支援学校教員資格認定試験を受けることができる者は、次に掲げる者で文部科学大臣が認定試験の種類ごとに定める資格を有するものとする。

一　大学（短期大学を除く。）を卒業した者

二　前号に掲げる者のほか、高等学校を卒業した者又は教育職員免許法施行規則第六十六条各号の一に該当する者で、受験しようとする高等学校教員資格認定試験又は特別支援学校教員資格認定試験の施行の日の属する年度の四月一日における年齢が満二十二歳以上のもの

（試験の方法等）

第四条　認定試験は、受験者の人物、学力及び実技について、筆記試験、口述試験又は実技試験の方法により行なう。

2　認定試験の実施の方法その他試験に関し必要な事項については、この省令の定めるもののほか、別に文部科学大臣が認定試験の種類ごとに定める試験の実施要領（次項において「実施要領」という。）によるものとする。

3　文部科学大臣は、その委嘱する大学が行なう認定試験に係る実施要領を定めようとするときは、あらかじめ関係大学の教職員その他の学識経験のある者のうちから文部科学大臣が委嘱した委員の意見を聞くものとする。

4　文部科学大臣が行なう認定試験については、大学の教授その他の学識経験のある者のうちから文部科学大臣が委嘱した委員及び専門委員がその実施に当たるものとする。

（試験の施行等）

第五条　認定試験は、毎年、第二条に定める認定試験の種類のなかから文部科学大臣が必要と認めるものについて行なう。

2　文部科学大臣は、認定試験の種類、実施機関、施行期日、場所その他試験の実施に関し必要な事項について、あらかじめ、インターネットの利用その他の適切な方法により公示する。

（受験手続）

第六条　認定試験を受けようとする者は、当該認定試験を行なう文部科学大臣又は大学

が定める所定の受験願書に履歴書、戸籍抄本又は住民票の写し、写真その他必要な書類を添えて、その認定試験を行なう文部科学大臣又は大学の学長に提出しなければならない。

（合格証書の授与等）

第七条　文部科学大臣及び大学の学長は、その行なつた認定試験に合格した者に別記第一号様式による合格証書を授与する。

2　合格証書の授与を受けた者がその氏名若しくは本籍地を変更し、若しくは紛失したときは、又は合格証書を破損し、若しくは紛失したときは、当該認定試験を行なつた文部科学大臣又は大学の学長に、その認定試験を行なつた文部科学大臣又は大学が定める所定の申請書により合格証書の書換え又は再交付を申請することができる。

（合格証明書の交付）

第八条　認定試験に合格した者は、当該認定試験を行なつた文部科学大臣又は大学の学長に、その認定試験を行なつた文部科学大臣又は大学が定める所定の申請書により、合格の証明を申請することができる。

2　前項の申請があつた場合には、当該認定試験を行なつた文部科学大臣又は大学の学長は別記第二号様式による合格証明書を交付する。

（手数料）

第九条　〔略〕

（合格の取消し等）

第十条　文部科学大臣又は大学の学長は、不正の手段によつてその行なう認定試験を受け、又は受けようとした者に対しては、合格の決定を取り消し、又はその認定試験を受けることを禁止することができる。

（文部科学大臣への報告等）

第十一条　認定試験を行なつた大学の学長は、認定試験の終了後すみやかにその試験問題、試験実施状況、合格者の氏名その他必要な事項について、文部科学大臣に報告するものとする。

2　文部科学大臣は、認定試験に合格した者の受験番号をインターネットの利用その他の適切な方法により公示する。

3　認定試験を行なつた大学の学長は、第一項の文部科学大臣への報告を行なつた後前条の規定により合格の決定を取り消したときは、その旨を文部科学大臣に報告するものとする。

（合格者原簿の作製等）

第十二条　〔略〕

附　則　（令五・一二・五文令三四）

（施行期日）

第一条　この省令は、公布の日から施行する。

七　教育行政編

●地方教育行政の組織及び運営に関する法律

（昭和三一年六月三〇日
法律第一六二号）

最終改正…令五・五・八法一九

【解説】

一　本法制定の背景と経緯

本法は昭和三一年に制定された法律で、旧「教育委員会法」（昭和二三年）を大幅改正したものである。教育委員会法は憲法、教育基本法等の精神を受け、「教育が不当な支配に服することなく、国民全体に対し直接に責任を負って行われるべきものであるという自覚のもとに公正な民意により、地方の実情に即した教育行政を行うために、教育委員会を設け、教育本来の目的を達成することを目的」（同法一条）として制定されたものであった。

それは、戦前の中央集権的・国家主義的な教育行政を打破して、教育行政の民主的・地方分権的性格と、一般行政からの相対的独立性を制度的に確保しようとするものである。

具体的には、次のような特色をもっていた。①教育委員は民意を反映させるため公選によった。②教育委員会が教育予算の原案提出権をもっていた。③義務教育学校の教育人事権は市町村教育委員会にあった。

その後政府は昭和三一年、地方教育行政の組織および運営全般についての基本的事項を定めた本法の制定に踏み切った。本法制定をめぐっては自民党（文部省）と社会党（日教組）が熾烈な闘争を展開し、政治的混乱の中で本法が生まれたという経緯がある。

二　本法の特質と概要

本法の立法に際して、政府は、本法の特質として、旧教育委員会法との対比で、下記の三点を挙げている。

①教育の政治的中立と教育行政の安定の確保

②教育行政と一般行政との連係・調和

③国、都道府県、市町村を一体とした教育行政制度の樹立

本法は単に教育委員会の設置・組織・権限について定めているだけではなく、地方公共団体の長の教育行政上の機能、教育委員会と学校との関係、教職員の任命や服務監督、文部科学大臣と教育委員会との関係などの基本的事項について規定している。

三　地方分権改革とその後の改正

地方分権推進計画（平成十年五月）によって、教育行政を含め、国の地方に対する関与や統制を縮小し、地方公共団体の自主性、自立性を確立することを目的とした「地方分権一括法」（平成一一年七月）が成立し、地方自治法を始めとし、本法も改正された。主要な改正点は、下記のとおりである。

①教育長の任命承認制を廃止し、教育長は教育委員の中から教育委員会が任命することとした。

②都道府県教委の市町村教委に対する事務委任とそれに係る指揮監督を廃止した。

③県費負担教職員の服務監督に係る都道府県教委の一般的指示を廃止した。

④市町村立学校の組織編成に関する都道府県教委の基準設定権を廃止した。

⑤文部大臣及び都道府県教委の措置要求に関する規定を削除し、地方自治法の規定を適用することとした。

⑥中核市の県費負担教職員の研修は、その中核市が行うこととした。

四　平成一六年六月改正による学校運営協議会の法制化と「義務教育の構造改革」（平成一七年一〇月中教審答申）

平成一二年一二月の教育改革国民会議報告書「教育を変える一七の提案」および平成一

六年三月の中央教育審議会答申「今後の学校の管理運営の在り方について」を受けて、学校運営協議会が法制度化され（第四十七条の五）、「親・地域住民の学校教育への参加」という観点から画期的だと評された。

1　学校運営協議会の設置

2　学校運営協議会の委員

学校運営協議会の委員は、教育委員会が当該校が所在する地域の住民、保護者、その他教育委員会が必要と認める者を任命する。

3　学校運営協議会の権限

①学校運営に関する基本的な方針の承認

②学校運営に関する意見表明

③教職員の任用に関する意見表明

五　新教育基本法の制定に伴う改正

平成一八年一二月二二日に新教育基本法が制定されたのを受けて、平成一九年六月二七日、本法も改正された。

①教育の基本的な方針・規則の制定・人事などの重要な事項については、教育長に委任することはできず、合議制の教育委員会が自ら責任をもって管理・執行することとされた。

②教育委員会は自らの活動状況を点検・評価し、その報告書を議会に提出し、公表することとされた。

③人口規模が小さい市町村では教育委員会の共同設置や一部事務組合の活用などにより、体制の整備・充実に努めることとされた。

④教育委員の数について、五人を原則としながらも、都道府県と市の教育委員会では六人以上、町村の教育委員会では三人以上で組織することができるとされた。

⑤教育委員の任命に当たっては、保護者を含めることが義務化された。

⑥文部科学大臣の教育委員会に対する「是正の要求」および「指示」に関する規定が設けられた。

六　平成二六年六月改正による教育委員会制度の大幅な変革

平成二五年四月の教育再生実行会議の提言「教育委員会制度等の在り方について（第二次提言）」を受けて、平成二六年六月に改正された。現行教育委員会制度の重要な欠陥として、「責任の所在の不明確さ」「教育委員会の審議等の形骸化」「危機管理能力の不足」を挙げ、地方教育行政の責任者を首長が任命する教育長とする改革案を提示した。これは、いじめや体罰などの深刻な課題に対して、一部の教育委員会で不適切な対応がみられるとして、保護者や社会から厳しい批判を受けるようになった経緯も影響している。新教育委員会制度の特徴は、以下のとおりである。

1　首長の教育行政権限の拡大・強化

首長は政府が定める教育振興基本計画を参酌し、当該地方自治体の教育・学術・文化の振興に関する総合的な施策の大綱を策定する権限をもつ。

首長が大綱を策定する場合、総合教育会議において教育委員会と協議・調整しなくてはならないが、大綱の原案作成・提出権者は首長である。教育長および教育委員は大綱に則った教育行政を行う義務を負う。ただ首長の大綱策定権は教育委員会の権限に属する事務の管理・執行権を含むものではないとされる。また、首長に対して新たに教育長の任命・罷免権が与えられた。

2　総合教育会議の新設

首長は地方教育行政の新たな必置機関として総合教育会議を設置する義務を負うこととなった。この会議は首長と教育委員会によって構成される。

総合教育会議の設置目的は、①首長が大綱を策定ないし変更する場合に、教育委員会と協議を行うため、②教育の諸条件の整備その他重点的に講ずべき措置ないしは児童・生徒の生命や身体に被害が生じる等の緊急の場合に講ずべき措置について、首長と教育委員会が協議ないし調整を行うことにある。

なお、教科書の採択や個別の教職員人事など、政治的中立性が強く求められる事項は、教育委員会制度の本旨に照らし、総合教育会議での協議には馴染まない、ということに留意を要する。

3　新「教育長」の創設と教育長の権限強化

改正法は従来の教育委員長と教育長を一本化して、新「教育長」を創設し、教育行政の第一義的な責任者として位置づけている。

新「教育長」は首長が議会の同意を得て任命する。任期は、首長や教育委員より一年短い三年で、「教育行政に関し識見を有するもの」のうちから任命することとされている。

（小松　郁夫）

第一章　総則

（この法律の趣旨）

第一条　この法律は、教育委員会の設置、学校その他の教育機関の職員の身分取扱その他地方公共団体における教育行政の組織及び運営の基本を定めることを目的とする。

（基本理念）

第一条の二　地方公共団体における教育行政は、教育基本法（平成十八年法律第百二十号）の趣旨にのっとり、教育の機会均等、教育水準の維持向上及び地域の実情に応じた教育の振興が図られるよう、国との適切な役割分担及び相互の協力の下、公正かつ適正に行われなければならない。

（大綱の策定等）

第一条の三　地方公共団体の長は、教育基本法第十七条第一項に規定する基本的な方針を参酌し、その地域の実情に応じ、当該地方公共団体の教育、学術及び文化の振興に関する総合的な施策の大綱（以下単に「大綱」という。）を定めるものとする。

2　地方公共団体の長は、大綱を定め、又はこれを変更しようとするときは、あらかじめ、次条第一項の総合教育会議において協議するものとする。

3　地方公共団体の長は、大綱を定め、又はこれを変更したときは、遅滞なく、これを公表しなければならない。

4　第一項の規定は、地方公共団体の長に対し、第二十一条に規定する事務を管理し、又は執行する権限を与えるものと解釈してはならない。

（総合教育会議）

第一条の四　地方公共団体の長は、大綱の策定に関する協議及び次に掲げる事項についての協議並びにこれらに関する次項各号に掲げる構成員の事務の調整を行うため、総合教育会議を設けるものとする。

一　教育を行うための諸条件の整備その他の地域の実情に応じた教育、学術及び文化の振興を図るため重点的に講ずべき施策

二　児童、生徒等の生命又は身体に現に被害が生じ、又はまさに被害が生ずるおそれがあると見込まれる場合等の緊急の場合に講ずべき措置

2　総合教育会議は、次に掲げる者をもつて構成する。

一　地方公共団体の長

二　教育委員会

3　総合教育会議は、地方公共団体の長が招集する。

4　教育委員会は、その権限に属する事務に関して協議する必要があると思料するときは、地方公共団体の長に対し、協議すべき具体的事項を示して、総合教育会議の招集を求めることができる。

5　総合教育会議は、第一項の協議を行うに当たつて必要があると認めるときは、関係者又は学識経験を有する者から、当該協議すべき事項に関して意見を聴くことができる。

6　総合教育会議は、公開する。ただし、個人の秘密を保つため必要があると認めるとき、又は会議の公正が害されるおそれがあると認めるときその他公益上必要があると認めるときは、この限りでない。

7　地方公共団体の長は、総合教育会議の終了後、遅滞なく、総合教育会議の定めるところにより、その議事録を作成し、これを公表するよう努めなければならない。

8　総合教育会議においてその構成員の事務の調整が行われた事項については、当該構成員は、その調整の結果を尊重しなければならない。

9　前各項に定めるもののほか、総合教育会議の運営に関し必要な事項は、総合教育会議が定める。

第二章　教育委員会の設置及び組織

第一節　教育委員会の設置、教育長及び委員並びに会議

（設置）

第二条　都道府県、市（特別区を含む。以下同じ。）町村及び第二十一条に規定する事務の全部又は一部を処理する地方公共団体の組合に教育委員会を置く。

（組織）

第三条　教育委員会は、教育長及び四人の委員をもつて組織する。ただし、条例で定めるところにより、都道府県若しくは市又は地方公共団体の組合のうち都道府県若しくは市が加入するものの教育委員会にあつては教育長及び五人以上の委員、町村又は地方公共団体の組合のうち町村のみが加入するものの教育委員会にあつては教育長及び二人以上の委員をもつて組織することができる。

（任命）

第四条　教育長は、当該地方公共団体の長の被選挙権を有する者で、人格が高潔で、教育行政に関し識見を有するもののうちから、地方公共団体の長が、議会の同意を得て、任命する。

2　委員は、当該地方公共団体の長の被選挙権を有する者で、人格が高潔で、教育、学術及び文化（以下単に「教育」という。）に関し識見を有するもののうちから、地方公共団体の長が、議会の同意を得て、任命する。

3　次の各号のいずれかに該当する者は、教育長又は委員となることができない。

一　破産手続開始の決定を受けて復権を得ない者

二　拘禁刑以上の刑に処せられた者

4　教育長及び委員の任命については、そのうち委員の定数に一を加えた数の二分の一以上の者が同一の政党に所属することとなつてはならない。

5　地方公共団体の長は、第二項の規定による委員の任命に当たつては、委員の年齢、性別、職業等に著しい偏りが生じないように配慮するとともに、委員のうちに保護者（親権を行う者及び未成年後見人をいう。第四十七条の五第二項第二号及び第五項において同じ。）である者が含まれるようにしなければならない。

（任期）

第五条　教育長の任期は三年とし、委員の任期は四年とする。ただし、補欠の教育長又は委員の任期は、前任者の残任期間とする。

2　教育長及び委員は、再任されることができる。

（兼職禁止）

第六条　教育長及び委員は、地方公共団体の議会の議員若しくは長、地方公共団体に執行機関として置かれる委員会の委員（教育委員会にあつては、教育長及び委員）若し

くは委員又は地方公共団体の常勤の職員若しくは地方公務員法（昭和二十五年法律第二百六十一号）第二十二条の四第一項に規定する短時間勤務の職を占める職員と兼ねることができない。

（罷免）

第七条　地方公共団体の長は、教育長若しくは委員が心身の故障のため職務の遂行に堪えないと認める場合又は職務上の義務違反その他教育長若しくは委員たるに適しない非行があると認める場合においては、当該地方公共団体の議会の同意を得て、その教育長又は委員を罷免することができる。

2　地方公共団体の長は、教育長及び委員のうち委員の定数に一を加えた数の二分の一から一を減じた数（その数に一人未満の端数があるときは、これを切り上げて得た数）の者が既に所属している政党に新たに所属するに至つた教育長又は委員があるときは、その教育長又は委員を直ちに罷免するものとする。

3　地方公共団体の長は、教育長及び委員のうち委員の定数に一を加えた数の二分の一以上の者が同一の政党に所属することとなつた場合（前項の規定に該当する場合を除く。）には、同一の政党に所属する教育長及び委員の数が委員の定数に一を加えた数の二分の一から一を減じた数（その数に一人未満の端数があるときは、これを切り上げて得た数）になるように、当該地方公共団体の議会の同意を得て、教育長又は委員を罷免するものとする。ただし、政党所属関係について異動のなかつた教育長又は委員を罷免することはできない。

4　教育長及び委員は、前三項の場合を除き、その意に反して罷免されることがない。

（解職請求）

第八条　地方公共団体の長の選挙権を有する者は、政令で定めるところにより、その総数の三分の一（その総数が四十万を超え八十万以下の場合にあつてはその四十万を超える数に六分の一を乗じて得た数と四十万に三分の一を乗じて得た数とを合算して得た数、その総数が八十万を超える場合にあつてはその八十万を超える数に八分の一を乗じて得た数と四十万に六分の一を乗じて得た数と四十万に三分の一を乗じて得た数とを合算して得た数）以上の者の連署をもつて、その代表者から、当該地方公共団体の長に対し、教育長又は委員の解職を請求することができる。

2　地方自治法（昭和二十二年法律第六十七号）第八十六条第二項、第三項及び第四項前段、第八十七条並びに第八十八条第二項の規定は、前項の規定による教育長又は委員の解職の請求について準用する。この場合において、同法第八十七条第一項中「前条第一項に掲げる職に在る者」とあるのは「教育委員会の教育長又は委員」と、同法第八十八条第二項中「第八十六条第一項の規定による選挙管理委員若しくは監査委員又は公安委員会の委員の解職の請求」とあるのは「地方教育行政の組織及び運営に関する法律（昭和三十一年法律第百六十二号）第八条第一項の規定による教育委員会の教育長又は委員の解職の請求」と読み替えるものとする。

（失職）

第九条　教育長及び委員は、前条第二項において準用する地方自治法第八十七条の規定によりその職を失う場合のほか、次の各号のいずれかに該当する場合においては、その職を失う。

一　第四条第三項各号のいずれかに該当するに至つた場合

二　前号に掲げる場合のほか、当該地方公共団体の長の被選挙権を有する者でなくなつた場合

2　地方自治法第百四十三条第一項後段及び第二項の規定は、前項第二号に掲げる場合における地方公共団体の長の被選挙権の有無の決定及びその決定に関する争訟について準用する。

（辞職）

第十条　教育長及び委員は、当該地方公共団体の長及び教育委員会の同意を得て、辞職することができる。

（服務等）

第十一条　教育長は、職務上知ることができた秘密を漏らしてはならない。その職を退いた後も、また、同様とする。

2　教育長又は教育長であつた者が法令による証人、鑑定人等となり、職務上の秘密に属する事項を発表する場合においては、教育委員会の許可を受けなければならない。

3　前項の許可は、法律に特別の定めがある場合を除き、これを拒むことができない。

4　教育長は、常勤とする。

5　教育長は、法律又は条例に特別の定めがある場合を除くほか、その勤務時間及び職務上の注意力の全てをその職責遂行のために用い、当該地方公共団体がなすべき責を有する職務にのみ従事しなければならない。

6　教育長は、政党その他の政治的団体の役員となり、又は積極的に政治運動をしてはならない。

7　教育長は、教育委員会の許可を受けなければ、営利を目的とする私企業を営むことを目的とする会社その他の団体の役員その他人事委員会規則（人事委員会を置かない地方公共団体においては、地方公共団体の規則）で定める地位を兼ね、若しくは自ら営利を目的とする私企業を営み、又は報酬を得ていかなる事業若しくは事務にも従事してはならない。

8　教育長は、その職務の遂行に当たつては、自らが当該地方公共団体の教育行政の運営について負う重要な責任を自覚するとともに、第一条の二に規定する基本理念及び大綱に則して、かつ、児童、生徒等の教育を受ける権利の保障に万全を期して当該地方公共団体の教育行政の運営が行われるよう意を用いなければならない。

第十二条　前条第一項から第三項まで、第六項及び第八項の規定は、委員の服務について準用する。

2　委員は、非常勤とする。

（教育長）

第十三条　教育長は、教育委員会の会務を総理し、教育委員会を代表する。

2　教育長に事故があるとき、又は教育長が欠けたときは、あらかじめその指名する委員がその職務を行う。

（会議）

第十四条　教育委員会の会議は、教育長が招集する。

2　教育長は、委員の定数の三分の一以上の委員から会議に付議すべき事件を示して会議の招集を請求された場合には、遅滞なく、これを招集しなければならない。

3　教育委員会は、教育長及び在任委員の過半数が出席しなければ、会議を開き、議決をすることができない。ただし、第六項の規定による除斥のため過半数に達しないとき、又は同一の事件につき再度招集しても、なお過半数に達しないときは、この限りでない。

4　教育委員会の会議の議事は、第七項ただし書の発議に係るものを除き、出席者の過半数で決し、可否同数のときは、教育長の決するところによる。

5　教育長に事故があり、又は教育長が欠けた場合の前項の規定の適用については、前条第二項の規定により教育長の職務を行う者は、教育長とみなす。

6　教育委員会の教育長及び委員は、自己、配偶者若しくは三親等以内の親族の一身上に関する事件又は自己若しくはこれらの者の従事する業務に直接の利害関係のある事件については、その議事に参与することができない。ただし、教育委員会の同意があるときは、会議に出席し、発言することができる。

7　教育委員会の会議は、公開する。ただし、人事に関する事件その他の事件について、教育長又は委員の発議により、出席者の三分の二以上の多数で議決したときは、これを公開しないことができる。

8　前項ただし書の教育長又は委員の発議は、討論を行わないでその可否を決しなければならない。

9　教育長は、教育委員会の会議の終了後、遅滞なく、教育委員会規則で定めるところにより、その議事録を作成し、これを公表するよう努めなければならない。

（教育委員会規則の制定等）

第十五条　教育委員会は、法令又は条例に違反しない限りにおいて、その権限に属する事務に関し、教育委員会規則を制定することができる。

2　教育委員会規則その他教育委員会の定める規程で公表を要するものの公布に関し必要な事項は、教育委員会規則で定める。

（教育委員会の議事運営）

第十六条　この法律に定めるもののほか、教育委員会の会議その他教育委員会の議事の運営に関し必要な事項は、教育委員会規則で定める。

第二節　事務局

（事務局）

第十七条　教育委員会の権限に属する事務を処理させるため、教育委員会に事務局を置く。

2　教育委員会の事務局の内部組織は、教育委員会規則で定める。

（指導主事その他の職員）

第十八条　都道府県に置かれる教育委員会（以下「都道府県委員会」という。）の事務局に、指導主事、事務職員及び技術職員を置くほか、所要の職員を置く。

2　市町村に置かれる教育委員会（以下「市町村委員会」という。）の事務局に、前項の規定に準じて指導主事その他の職員を置く。

3　指導主事は、上司の命を受け、学校（学校教育法（昭和二十二年法律第二十六号）第一条に規定する学校及び就学前の子どもに関する教育、保育等の総合的な提供の推進に関する法律（平成十八年法律第七十七号）第二条第七項に規定する幼保連携型認定こども園（以下「幼保連携型認定こども園」という。以下同じ。）における教育課程、学習指導その他学校教育に関する専門的事項の指導に関する事務に従事する。

4　指導主事は、教育に関し識見を有し、かつ、学校における教育課程、学習指導その他学校教育に関する専門的事項について教養と経験がある者でなければならない。指導主事は、大学以外の公立学校（地方公共団体が設置する学校をいう。以下同じ。）の教員（教育公務員特例法（昭和二十四年法律第一号）第二条第二項に規定する教員をいう。以下同じ。）をもつて充てることができる。

5　事務職員は、上司の命を受け、事務に従事する。

6　技術職員は、上司の命を受け、技術に従事する。

7　第一項及び第二項の職員は、教育委員会が任命する。

8　教育委員会は、事務局の職員のうち所掌事務に係る教育行政に関する相談に関する事務を行う職員を指定するものとする。

9　前各項に定めるもののほか、教育委員会の事務局に置かれる職員に関し必要な事項は、政令で定める。

（事務局職員の定数）

第十九条　前条第一項及び第二項に規定する事務局の職員の定数は、当該地方公共団体の条例で定める。ただし、臨時又は非常勤の職員については、この限りでない。

（事務局職員の身分取扱い）

第二十条　第十八条第一項及び第二項に規定する事務局の職員の任免、人事評価、給与、懲戒、服務、退職管理その他の身分取扱いに関する事項は、この法律及び教育公務員特例法に特別の定めがあるものを除き、地方公務員法の定めるところによる。

第三章　教育委員会及び地方公共団体の長の職務権限

（教育委員会の職務権限）

第二十一条　教育委員会は、当該地方公共団体が処理する教育に関する事務で、次に掲げるものを管理し、及び執行する。

一　教育委員会の所管に属する第三十条に規定する学校その他の教育機関（以下「学校その他の教育機関」という。）の設置、管理及び廃止に関すること。

二　教育委員会の所管に属する学校その他の教育機関の用に供する財産（以下「教育財産」という。）の管理に関すること。

三　教育委員会及び教育委員会の所管に属する学校その他の教育機関の職員の任免その他の人事に関すること。

四　学齢生徒及び学齢児童の就学並びに生徒、児童及び幼児の入学、転学及び退学に関すること。

五　教育委員会の所管に属する学校の組織編制、教育課程、学習指導、生徒指導及び職業指導に関すること。

六　教科書その他の教材の取扱いに関すること。

七　校舎その他の施設及び教具その他の設備の整備に関すること。

八　校長、教員その他の教育関係職員の研修に関すること。

九　校長、教員その他の教育関係職員並びに生徒、児童及び幼児の保健、安全、厚生及び福利に関すること。

十　教育委員会の所管に属する学校その他の教育機関の環境衛生に関すること。

十一　学校給食に関すること。

十二　青少年教育、女性教育及び公民館の事業その他社会教育に関すること。

十三　スポーツに関すること。

十四　文化財の保護に関すること。

十五　ユネスコ活動に関すること。

十六　教育に関する法人に関すること。

十七　教育に係る調査及び基幹統計その他の統計に関すること。

十八　所掌事務に係る広報及び所掌事務に係る教育行政に関する相談に関すること。

十九　前各号に掲げるもののほか、当該地方公共団体の区域内における教育に関する事務に関すること。

（長の職務権限）

第二十二条　地方公共団体の長は、大綱の策定に関する事務のほか、次に掲げる教育に関する事務を管理し、及び執行する。

一　大学に関すること。

二　幼保連携型認定こども園に関すること。

三　私立学校に関すること。

四　教育財産を取得し、及び処分すること。

五　教育委員会の所掌に係る事項に関する契約を結ぶこと。

六　前号に掲げるもののほか、教育委員会の所掌に係る事項に関する予算を執行すること。

（職務権限の特例）

第二十三条　前二条の規定にかかわらず、地方公共団体は、前条各号に掲げるもののほか、条例の定めるところにより、当該地方公共団体の長が、次の各号に掲げる教育に関する事務のいずれか又は全てを管理し、及び執行することとすることができる。

一　図書館、博物館、公民館その他の社会教育に関する教育機関のうち当該条例で定めるもの（以下「特定社会教育機関」という。）の設置、管理及び廃止に関すること（第二十一条第七号から第九号まで及び第十二号に掲げる事務のうち、特定社会教育機関のみに係るものを含む。）。

二　スポーツに関すること（学校における体育に関することを除く。）。

三　文化に関すること（次号に掲げるものを除く。）。

四　文化財の保護に関すること。

2　地方公共団体の議会は、前項の条例の制定又は改廃の議決をする前に、当該地方公共団体の教育委員会の意見を聴かなければならない。

（事務処理の法令準拠）

第二十四条　教育委員会及び地方公共団体の長は、それぞれ前三条の事務を管理し、及び執行するに当たつては、法令、条例、地方公共団体の規則並びに地方公共団体の機関の定める規則及び規程に基づかなければならない。

（事務の委任等）

第二十五条　教育委員会は、教育委員会規則で定めるところにより、その権限に属する事務の一部を教育長に委任し、又は教育長をして臨時に代理させることができる。

2　前項の規定にかかわらず、教育委員会は、次に掲げる事務は、教育長に委任することができない。

一　教育に関する事務の管理及び執行の基本的な方針に関すること。
二　教育委員会規則その他教育委員会の定める規程の制定又は改廃に関すること。
三　教育委員会の所管に属する学校その他の教育機関の設置及び廃止に関すること。
四　教育委員会及び教育委員会の所管に属する学校その他の教育機関の職員の任免その他の人事に関すること。
五　次条の規定による点検及び評価に関すること。
六　第二十七条及び第二十九条に規定する意見の申出に関すること。

3　教育長は、教育委員会規則で定めるところにより、第一項の規定により委任された事務又は臨時に代理した事務の管理及び執行の状況を教育委員会に報告しなければならない。

4　教育長は、第一項の規定により委任された事務その他その権限に属する事務の一部を事務局の職員若しくは教育委員会の所管に属する学校その他の教育機関の職員（以下この項及び次条第一項において「事務局職員等」という。）に委任し、又は事務局職員等をして臨時に代理させることができる。

（教育に関する事務の管理及び執行の状況の点検及び評価等）

第二十六条　教育委員会は、毎年、その権限に属する事務（前条第一項の規定により教育長に委任された事務その他教育長の権限に属する事務（同条第四項の規定により事務局職員等に委任された事務を含む。）を含む。）の管理及び執行の状況について点検及び評価を行い、その結果に関する報告書を作成し、これを議会に提出するとともに、公表しなければならない。

2　教育委員会は、前項の点検及び評価を行うに当たつては、教育に関し学識経験を有する者の知見の活用を図るものとする。

（幼保連携型認定こども園に関する意見聴取）

第二十七条　地方公共団体の長は、当該地方公共団体が設置する幼保連携型認定こども園に関する事務のうち、幼保連携型認定こども園における教育課程に関する基本的事項の策定その他の当該地方公共団体の教育委員会の権限に属する事務と密接な関連を有するものとして当該地方公共団体の規則で定めるものの実施に当たつては、当該教育委員会の意見を聴かなければならない。

2　地方公共団体の長は、前項の規則を制定し、又は改廃しようとするときは、あらかじめ、当該地方公共団体の教育委員会の意見を聴かなければならない。

（幼保連携型認定こども園に関する意見の陳述）

第二十七条の二　教育委員会は、当該地方公共団体が設置する幼保連携型認定こども園に関する事務の管理及び執行について、その職務に関して必要と認めるときは、当該地方公共団体の長に対し、意見を述べることができる。

（幼保連携型認定こども園に関する資料の提供等）

第二十七条の三　教育委員会は、前二条の規定による権限を行うため必要があるときは、当該地方公共団体の長に対し、必要な資料の提供その他の協力を求めることができる。

（幼保連携型認定こども園に関する事務に係る教育委員会の助言又は援助）

第二十七条の四　地方公共団体の長は、第二十二条第二号に掲げる幼保連携型認定こども園に関する事務を管理し、及び執行するに当たり、必要と認めるときは、当該地方公共団体の教育委員会に対し、学校教育に関する専門的事項について助言又は援助を求めることができる。

（私立学校に関する事務に係る都道府県委員会の助言又は援助）

第二十七条の五　都道府県知事は、第二十二条第三号に掲げる私立学校に関する事務を管理し、及び執行するに当たり、必要と認めるときは、当該都道府県委員会に対し、学校教育に関する専門的事項について助言又は援助を求めることができる。

（教育財産の管理等）

第二十八条　教育財産は、地方公共団体の長の総括の下に、教育委員会が管理するものとする。

2　地方公共団体の長は、教育委員会の申出をまつて、教育財産の取得を行うものとする。

3　地方公共団体の長は、教育財産を取得したときは、すみやかに教育委員会に引き継がなければならない。

（教育委員会の意見聴取）

第二十九条　地方公共団体の長は、歳入歳出予算のうち教育に関する事務に係る部分その他特に教育に関する事務について定める議会の議決を経るべき事件の議案を作成する場合においては、教育委員会の意見をきかなければならない。

第四章　教育機関

第一節　通則

（教育機関の設置）

第三十条　地方公共団体は、法律で定めるところにより、学校、図書館、博物館、公民館その他の教育機関を設置するほか、条例で、教育に関する専門的、技術的事項の研究又は教育関係職員の研修、保健若しくは福利厚生に関する施設その他の必要な教育機関を設置することができる。

（教育機関の職員）

第三十一条　前条に規定する学校に、法律で定めるところにより、学長、校長、園長、教員、事務職員、技術職員その他の所要の職員を置く。

2　前条に規定する学校以外の教育機関に、法律又は条例で定めるところにより、事務職員、技術職員その他の所要の職員を置く。

3　前二項に規定する職員の定数は、この法律に特別の定がある場合を除き、当該地方公共団体の条例で定めなければならない。ただし、臨時又は非常勤の職員については、この限りでない。

（教育機関の所管）

第三十二条　学校その他の教育機関のうち、大学及び幼保連携型認定こども園は地方公共団体の長が、その他のものは教育委員会が所管する。ただし、特定社会教育機関並びに第二十三条第一項第二号から第四号までに掲げる事務のうち同項の条例の定めるところにより地方公共団体の長が管理し、及び執行することとされたもののみに係る教育機関は、地方公共団体の長が所管する。

（学校等の管理）

第三十三条　教育委員会は、法令又は条例に違反しない限りにおいて、その所管に属する学校その他の教育機関の施設、設備、組織編制、教育課程、教材の取扱その他の管理運営の基本的事項について、必要な教育委員会規則を定めるものとする。この場合において、当該教育委員会規則で定めようとする事項のうち、その実施のためには新たに予算を伴うこととなるものについては、教育委員会は、あらかじめ当該地方公共団体の長に協議しなければならない。

2　前項の場合において、教育委員会は、学校における教科書以外の教材の使用について、あらかじめ、教育委員会に届け出させ、又は教育委員会の承認を受けさせることとする定めを設けるものとする。

3　第二十三条第一項の条例の定めるところにより同項第一号に掲げる事務を管理し、及び執行することとされた地方公共団体の長は、法令又は条例に違反しない限りにおいて、特定社会教育機関の施設、設備、組織編制その他の管理運営の基本的事項について、必要な地方公共団体の規則を定めるものとする。この場合において、当該規則で定めようとする事項については、当該地方公共団体の長は、あらかじめ当該地方公共団体の教育委員会に協議しなければならない。

（教育機関の職員の任命）

第三十四条　教育委員会の所管に属する学校その他の教育機関の校長、園長、教員、事務職員、技術職員その他の職員は、この法律に特別の定めがある場合を除き、教育委員会が任命する。

（職員の身分取扱い）

第三十五条　第三十一条第一項又は第二項に規定する職員の任免、人事評価、給与、懲戒、服務、退職管理その他の身分取扱いに関する事項は、この法律及び他の法律に特別の定めがある場合を除き、地方公務員法の定めるところによる。

（所属職員の進退に関する意見の申出）

第三十六条　学校その他の教育機関の長は、この法律及び教育公務員特例法に特別の定がある場合を除き、その所属の職員の任免その他の進退に関する意見を任命権者に対して申し出ることができる。この場合において、大学附置の学校の校長にあつては、学長を経由するものとする。

第二節　市町村立学校の教職員

（任命権者）

第三十七条　市町村立学校職員給与負担法（昭和二十三年法律第百三十五号）第一条及び第二条に規定する職員（以下「県費負担教職員」という。）の任命権は、都道府県委員会に属する。

2　前項の都道府県委員会の権限に属する事務に係る第二十五条第二項の規定の適用については、同項第四号中「職員」とあるのは、「職員並びに第三十七条第一項に規定する県費負担教職員」とする。

（市町村委員会の内申）

第三十八条　都道府県委員会は、市町村委員会の内申をまつて、県費負担教職員の任免その他の進退を行うものとする。

2　前項の規定にかかわらず、都道府県委員会は、同項の内申が県費負担教職員の転任（地方自治法第二百五十二条の七第一項の規定により教育委員会を共同設置する一の市町村の県費負担教職員を免職し、引き続いて当該教育委員会を共同設置する他の市町村の県費負担教職員に採用する場合を含む。以下この項において同じ。）に係るものであるときは、当該内申に基づき、その転任を行うものとする。ただし、次の各号のいずれかに該当するときは、この限りでない。

一　都道府県内の教職員の適正な配置と円滑な交流の観点から、一の市町村（地方自治法第二百五十二条の七第一項の規定により教育委員会を共同設置する場合における当該教育委員会を共同設置する他の市町村を含む。以下この号において同じ。）における県費負担教職員の標準的な在職期間その他の都道府県委員会が定める県費負担教職員の任用に関する基準に従い、一の市町村の県費負担教職員を免職し、引き続いて当該都道府県内の他の市町村の県費負担教職員に採用する必要がある場合

二　前号に掲げる場合のほか、やむを得ない事情により当該内申に係る転任を行うことが困難である場合

3　市町村委員会は、次条の規定による校長の意見の申出があつた県費負担教職員について第一項又は前項の内申を行うときは、

当該校長の意見を付するものとする。

（校長の所属教職員の進退に関する意見の申出）

第三十九条　市町村立学校職員給与負担法第一条及び第二条に規定する学校の校長は、所属の県費負担教職員の任免その他の進退に関する意見を市町村委員会に申し出ることができる。

（県費負担教職員の任用等）

第四十条　第三十七条の場合において、都道府県委員会（この条に掲げる一の市町村に係る県費負担教職員の免職に関する事務を行う者及びこの条に掲げる他の市町村に係る県費負担教職員の採用に関する事務を行う者の一方又は双方が第五十五条第一項又は第六十一条第一項の規定により当該事務を行うこととされた市町村委員会である場合にあつては、当該一の市町村に係る県費負担教職員の免職に関する事務を行う教育委員会及び当該他の市町村に係る県費負担教職員の採用に関する事務を行う教育委員会）は、地方公務員法第二十七条第二項及び第二十八条第一項の規定にかかわらず、一の市町村の県費負担教職員を免職し、引き続いて当該都道府県内の他の市町村の県費負担教職員に採用することができるものとする。この場合において、当該県費負担教職員が当該免職された市町村において同法第二十二条（同法第二十二条の二第七項及び教育公務員特例法第十二条第一項の規定において読み替えて適用する場合を含む。）の規定により正式任用になつていた者であるときは、当該県費負担教職員の当該他の市町村における採用については、地方公務員法第二十二条の規定は、適用しない。

（県費負担教職員の定数）

第四十一条　県費負担教職員の定数は、都道府県の条例で定める。ただし、臨時又は非常勤の職員については、この限りでない。

2　県費負担教職員の市町村別の学校の種類ごとの定数は、前項の規定により定められた定数の範囲内で、都道府県委員会が、当該市町村における児童又は生徒の実態、当該市町村が設置する学校の学級編制に係る事情等を総合的に勘案して定める。

3　前項の場合において、都道府県委員会は、あらかじめ、市町村委員会の意見を聴き、その意見を十分に尊重しなければならない。

（県費負担教職員の給与、勤務時間その他の勤務条件）

第四十二条　県費負担教職員の給与、勤務時間その他の勤務条件については、地方公務員法第二十四条第五項の規定により条例で定めるものとされている事項は、都道府県の条例で定める。

（服務の監督）

第四十三条　市町村委員会は、県費負担教職員の服務を監督する。

2　県費負担教職員は、その職務を遂行するに当つて、法令、当該市町村の条例及び規則並びに当該市町村委員会の定める教育委員会規則及び規程（前条又は次項の規定によつて都道府県が制定する条例を含む。）に従い、かつ、市町村委員会その他職務上の上司の職務上の命令に忠実に従わなければならない。

3　県費負担教職員の任免、分限又は懲戒に関して、地方公務員法の規定により条例で定めるものとされている事項は、都道府県の条例で定める。

4　都道府県委員会は、県費負担教職員の任免その他の進退を適切に行うため、市町村委員会の行う県費負担教職員の服務の監督又は前条、若しくは前項の規定により都道府県が制定する条例の実施について、技術的な基準を設けることができる。

（人事評価）

第四十四条　県費負担教職員の人事評価は、地方公務員法第二十三条の二第一項の規定にかかわらず、都道府県委員会の計画の下に、市町村委員会が行うものとする。

（研修）

第四十五条　県費負担教職員の研修は、地方公務員法第三十九条第二項の規定にかかわらず、市町村委員会も行うことができる。

2　市町村委員会は、都道府県委員会が行う県費負担教職員の研修に協力しなければならない。

第四十六条　削除

（地方公務員法の適用の特例）

第四十七条　この法律に特別の定めがあるもののほか、県費負担教職員に対して地方公務員法を適用する場合においては、同法中次の表の上欄に掲げる規定の中欄に掲げる字句は、それぞれ同表の下欄に掲げる字句とする。

規定	読み替えられる字句	読み替える字句
第十六条各号列記以外の部分	職員	職員（第二号の場合にあつては、都道府県教育委員会又は地方教育行政の組織及び運営に関する法律第五十五条第一項若しくは第六十一条第一項の規定により同法第三十七条第一項に規定する県費負担教職員の任用に関する事務を行うこととされた市町村教育委員会の任命に係る職員及び懲戒免職の処分を受けた当時属していた地方公共団体の職員）
第十六条第二	当該地方公共	都道府県教育委員会

号	団体において	（地方教育行政の組織及び運営に関する法律第五十五条第一項又は第六十一条第一項の規定により同法第三十七条第一項に規定する県費負担教職員の懲戒に関する事務を行うこととされた市町村教育委員会を含む。）により
第二十二条の四第一項	当該任命権者の属する地方公共団体	市町村
	短時間勤務の職（	当該市町村を包括する都道府県の区域内の市町村の短時間勤務の職（
第二十六条の二第一項及び第二十六条の三第一項	任命権者	市町村教育委員会
第二十九条第一項第一号	この法律若しくは第五十七条に規定する特例を定めた法律	この法律、第五十七条に規定する特例を定めた法律若しくは地方教育行政の組織及び運営に関する法律
第三十四条第二項	任命権者	市町村教育委員会
第三十七条	地方公共団体	都道府県及び市町村
第三十八条、第三十八条の二第六項第六号、第三十八条の三（見出しを含む。）、第三十八条の四（見出しを含む。）並びに第三十八条の五の見出し及び同条第一項	任命権者	市町村教育委員会

2　前項に定めるもののほか、県費負担教職員に対して地方公務員法の規定を適用する場合における技術的読替は、政令で定める。

（県費負担教職員の免職及び都道府県の職への採用）

第四十七条の二　都道府県委員会は、地方公務員法第二十七条第二項及び第二十八条第一項の規定にかかわらず、その任命に係る市町村の県費負担教職員（教諭、養護教諭、栄養教諭、助教諭及び養護助教諭並びに講師（同法第二十二条の二第一項に掲げる者を除く。）に限る。）で次の各号のいずれにも該当するもの（同法第二十八条第一項各号又は第二項各号のいずれかに該当する者を除く。）を免職し、引き続いて当該都道府県の常時勤務を要する職（指導主事並びに校長、園長及び教員の職を除く。）に採用することができる。

一　児童又は生徒に対する指導が不適切であること。

二　研修等必要な措置が講じられたとしてもなお児童又は生徒に対する指導を適切に行うことができないと認められること。

2　事実の確認の方法その他前項の県費負担教職員が同項各号に該当するかどうかを判断するための手続に関し必要な事項は、都道府県の教育委員会規則で定めるものとする。

3　都道府県委員会は、第一項の規定による採用に当たつては、公務の能率的な運営を確保する見地から、同項の県費負担教職員の適性、知識等について十分に考慮するものとする。

4　第四十条後段の規定は、第一項の場合について準用する。この場合において、同条後段中「当該他の市町村」とあるのは、「当該都道府県」と読み替えるものとする。

（初任者研修に係る非常勤講師の派遣）

第四十七条の三　市（地方自治法第二百五十二条の十九第一項の指定都市（以下「指定都市」という。）を除く。以下この条において同じ。）町村の教育委員会は、都道府県委員会が教育公務員特例法第二十三条第一項の初任者研修を実施する場合において、市町村の設置する小学校、中学校、義務教育学校、高等学校、中等教育学校（後期課程に定時制の課程（学校教育法第四条第一項に規定する定時制の課程をいう。以下同じ。）のみを置くものに限る。）又は特別支援学校に非常勤の講師（地方公務員法第二十二条の四第一項に規定する短時間勤務の職を占める者を除く。以下この条及び第六十一条第一項において同じ。）（高等学校にあつては、定時制の課程の授業を担任する非常勤の講師に限る。）を勤務させる必要があると認めるときは、都道府県委員会に対し、当該都道府県委員会の事務局の非常勤の職員の派遣を求めることができる。

2　前項の規定による求めに応じて派遣される職員（第四項において「派遣職員」という。）は、派遣を受けた市町村の職員の身分を併せ有することとなるものとし、その報酬、職務を行うために要する費用の弁償、期末手当及び勤勉手当（地方公務員法第二十二条の二第一項第二号に掲げる者にあつては、給料、手当及び旅費）は、当該職員の派遣をした都道府県の負担とする。

3　市町村の教育委員会は、第一項の規定に基づき派遣された非常勤の講師の服務を監督する。

4　前項に規定するもののほか、派遣職員の身分取扱いに関しては、当該職員の派遣をした都道府県の非常勤の講師に関する定めの適用があるものとする。

第三節　共同学校事務室

第四十七条の四　教育委員会は、教育委員会規則で定めるところにより、その所管に属する学校のうちその指定する二以上の学校に係る事務（学校教育法第三十七条第十四項（同法第二十八条、第四十九条、第四十九条の八、第六十二条、第七十条第一項及び第八十二条において準用する場合を含む。）の規定により事務職員がつかさどる事務その他の事務であつて共同処理することが当該事務の効果的な処理に資するものとして政令で定めるものに限る。）を当該学校の事務職員が共同処理するための組織として、当該指定する二以上の学校のうちいずれか一の学校に、共同学校事務室を置くことができる。

2　共同学校事務室に、室長及び所要の職員を置く。

3　室長は、共同学校事務室の室務をつかさどる。

4　共同学校事務室の室長及び職員は、第一項の規定による指定を受けた学校であつて、当該共同学校事務室がその事務を共同処理する学校の事務職員をもつて充てる。ただし、当該事務職員をもつて室長に充てることが困難であるときその他特別の事情があるときは、当該事務職員以外の者をもつて室長に充てることができる。

5　前三項に定めるもののほか、共同学校事務室の室長及び職員に関し必要な事項は、政令で定める。

第四節　学校運営協議会

第四十七条の五　教育委員会は、教育委員会規則で定めるところにより、その所管に属する学校ごとに、当該学校の運営及び当該運営への必要な支援に関して協議する機関として、学校運営協議会を置くように努めなければならない。ただし、二以上の学校の運営に関し相互に密接な連携を図る必要がある場合として文部科学省令で定める場合には、二以上の学校について一の学校運営協議会を置くことができる。

2　学校運営協議会の委員は、次に掲げる者について、教育委員会が任命する。

一　対象学校（当該学校運営協議会が、その運営及び当該運営への必要な支援に関して協議する学校をいう。以下この条において同じ。）の所在する地域の住民

二　対象学校に在籍する生徒、児童又は幼児の保護者

三　社会教育法（昭和二十四年法律第二百七号）第九条の七第一項に規定する地域学校協働活動推進員その他の対象学校の運営に資する活動を行う者

四　その他当該教育委員会が必要と認める者

3　対象学校の校長は、前項の委員の任命に関する意見を教育委員会に申し出ることができる。

4　対象学校の校長は、当該対象学校の運営に関して、教育課程の編成その他教育委員会規則で定める事項について基本的な方針を作成し、当該対象学校の学校運営協議会の承認を得なければならない。

5　学校運営協議会は、前項に規定する基本的な方針に基づく対象学校の運営及び当該運営への必要な支援に関し、対象学校の所在する地域の住民、対象学校に在籍する生徒、児童又は幼児の保護者その他の関係者の理解を深めるとともに、対象学校とこれらの者との連携及び協力の推進に資するため、対象学校の運営及び当該運営への必要な支援に関する協議の結果に関する情報を積極的に提供するよう努めるものとする。

6　学校運営協議会は、対象学校の運営に関する事項（次項に規定する事項を除く。）について、教育委員会又は校長に対して、意見を述べることができる。

7　学校運営協議会は、対象学校の職員の採用その他の任用に関して教育委員会規則で定める事項について、当該職員の任命権者に対して意見を述べることができる。この場合において、当該職員が県費負担教職員（第五十五条第一項又は第六十一条第一項の規定により市町村委員会がその任用に関する事務を行う職員を除く。）であるときは、市町村委員会を経由するものとする。

8　対象学校の職員の任命権者は、当該職員の任用に当たつては、前項の規定により述べられた意見を尊重するものとする。

9　教育委員会は、学校運営協議会の運営が適正を欠くことにより、対象学校の運営に現に支障が生じ、又は生ずるおそれがあると認められる場合においては、当該学校運営協議会の適正な運営を確保するために必要な措置を講じなければならない。

10　学校運営協議会の委員の任免の手続及び任期、学校運営協議会の議事の手続その他学校運営協議会の運営に関し必要な事項については、教育委員会規則で定める。

第五章　文部科学大臣及び教育委員会相互間の関係等

（文部科学大臣又は都道府県委員会の指導、助言及び援助）

第四十八条　地方自治法第二百四十五条の四第一項の規定によるほか、文部科学大臣は都道府県又は市町村に対し、都道府県委員会は市町村に対し、都道府県又は市町村の教育に関する事務の適正な処理を図るため、必要な指導、助言又は援助を行うことができる。

2　前項の指導、助言又は援助を例示すると、おおむね次のとおりである。

一　学校その他の教育機関の設置及び管理

並びに整備に関し、指導及び助言を与えること。

二　学校の組織編制、教育課程、学習指導、生徒指導、職業指導、教科書その他の教材の取扱いその他学校運営に関し、指導及び助言を与えること。

三　学校における保健及び安全並びに学校給食に関し、指導及び助言を与えること。

四　教育委員会の委員及び校長、教員その他の教育関係職員の研究集会、講習会その他研修に関し、指導及び助言を与え、又はこれらを主催すること。

五　生徒及び児童の就学に関する事務に関し、指導及び助言を与えること。

六　青少年教育、女性教育及び公民館の事業その他社会教育の振興並びに芸術の普及及び向上に関し、指導及び助言を与えること。

七　スポーツの振興に関し、指導及び助言を与えること。

八　指導主事、社会教育主事その他の職員を派遣すること。

九　教育及び教育行政に関する資料、手引書等を作成し、利用に供すること。

十　教育に係る調査及び統計並びに広報及び教育行政に関する相談に関し、指導及び助言を与えること。

十一　教育委員会の組織及び運営に関し、指導及び助言を与えること。

3　文部科学大臣は、都道府県委員会に対し、第一項の規定による市町村に対する指導、助言又は援助に関し、必要な指示をすることができる。

4　地方自治法第二百四十五条の四第三項の規定によるほか、都道府県知事又は都道府県委員会は文部科学大臣に対し、市町村長又は市町村委員会は文部科学大臣又は都道府県委員会に対し、教育に関する事務の処理について必要な指導、助言又は援助を求めることができる。

（是正の要求の方式）

第四十九条　文部科学大臣は、都道府県委員会又は市町村委員会の教育に関する事務の管理及び執行が法令の規定に違反するものがある場合又は当該事務の管理及び執行を怠るものがある場合において、児童、生徒等の教育を受ける機会が妨げられていることその他の教育を受ける権利が侵害されていることが明らかであるとして地方自治法第二百四十五条の五第一項若しくは第四項の規定による求め又は同条第二項の指示を行うときは、当該教育委員会が講ずべき措置の内容を示して行うものとする。

（文部科学大臣の指示）

第五十条　文部科学大臣は、都道府県委員会又は市町村委員会の教育に関する事務の管理及び執行が法令の規定に違反するものがある場合又は当該事務の管理及び執行を怠るものがある場合において、児童、生徒等の生命又は身体に現に被害が生じ、又はまさに被害が生ずるおそれがあると見込まれ、その被害の拡大又は発生を防止するため、緊急の必要があるときは、当該教育委員会に対し、当該違反を是正し、又は当該怠る事務の管理及び執行を改めるべきことを指示することができる。ただし、他の措置によつては、その是正を図ることが困難である場合に限る。

（文部科学大臣の通知）

第五十条の二　文部科学大臣は、第四十九条に規定する求め若しくは指示又は前条の規定による指示を行つたときは、遅滞なく、当該地方公共団体（第四十九条に規定する指示を行つたときにあつては、当該指示に係る市町村）の長及び議会に対して、その旨を通知するものとする。

（文部科学大臣及び教育委員会相互間の関係）

第五十一条　文部科学大臣は都道府県委員会又は市町村委員会相互の間の、都道府県委員会は市町村委員会相互の間の連絡調整を図り、並びに教育委員会は、相互の間の連絡を密にし、及び文部科学大臣又は他の教育委員会と協力し、教職員の適正な配置と円滑な交流及び教職員の勤務能率の増進を図り、もつてそれぞれその所掌する教育に関する事務の適正な執行と管理に努めなければならない。

第五十二条　削除

（調査）

第五十三条　文部科学大臣又は都道府県委員会は、第四十八条第一項及び第五十一条の規定による権限を行うため必要があるときは、地方公共団体の長又は教育委員会が管理し、及び執行する教育に関する事務について、必要な調査を行うことができる。

2　文部科学大臣は、前項の調査に関し、都道府県委員会に対し、市町村長又は市町村委員会が管理し、及び執行する教育に関する事務について、その特に指定する事項の調査を行うよう指示をすることができる。

（資料及び報告）

第五十四条　教育行政機関は、的確な調査、統計その他の資料に基いて、その所掌する事務の適切かつ合理的な処理に努めなければならない。

2　文部科学大臣は地方公共団体の長又は教育委員会に対し、都道府県委員会は市町村長又は市町村委員会に対し、それぞれ都道府県又は市町村の区域内の教育に関する事務に関し、必要な調査、統計その他の資料又は報告の提出を求めることができる。

（幼保連携型認定こども園に係る事務の処理に関する指導、助言及び援助等）

第五十四条の二　地方公共団体の長が管理し、及び執行する当該地方公共団体が設置する幼保連携型認定こども園に関する事務に係る第四十八条から第五十条の二まで、第五十三条及び前条第二項の規定の適用については、これらの規定（第四十八条第四項を除く。）中「都道府県委員会」とあるのは「都道府県知事」と、第四十八条第四項中「都道府県委員会に」とあるのは「都道府県知事に」と、第四十九条及び第五十条中「市町村委員会」とあるのは「市町村長」と、「当該教育委員会」とあるのは「当該地方公共団体の長」と、第五十条の二中「長及び議会」とあるのは「議会」と、第五十三条第一項中「第四十八条第一項及び第五十一条」とあるのは「第四十八条第一項」と、「地方公共団体の長又は教育委員会」とあるのは「地方公共団体の長」と、同条第二項中「市町村長又は市町村委員会」とあるのは「市町村長」と、前条第二項中「地方公共団体の長又は教育委員会」とあるのは「地方公共団体の長」と、「市町村長又は市町村委員会」とあるのは「市町村長」とする。

（職務権限の特例に係る事務の処理に関する指導、助言及び援助等）

第五十四条の三　第二十三条第一項の条例の定めるところにより都道府県知事が管理し、及び執行する事務に係る第四十八条、第五十三条及び第五十四条第二項の規定の適用については、これらの規定（第四十八条第四項を除く。）中「都道府県委員会」とあるのは「都道府県知事」と、第四十八条第四項中「都道府県委員会に」とあるのは「都道府県知事に」と、第五十三条第一項中「第四十八条第一項及び第五十一条」とあるのは「第四十八条第一項」とする。

（条例による事務処理の特例）

第五十五条　都道府県は、都道府県委員会の権限に属する事務の一部を、条例の定めるところにより、市町村が処理することとすることができる。この場合においては、当該市町村が処理することとされた事務は、当該市町村の教育委員会が管理し及び執行するものとする。

2　前項の条例を制定し又は改廃する場合においては、都道府県知事は、あらかじめ、当該都道府県委員会の権限に属する事務の一部を処理し又は処理することとなる市町村の長に協議しなければならない。

3　市町村長は、前項の規定による協議を受けたときは、当該市町村委員会に通知するとともに、その意見を踏まえて当該協議に応じなければならない。ただし、第二十三条第一項の条例の定めるところにより、当該市町村委員会が、当該市町村が処理し又は処理することとする事務の全てを管理し、及び執行しない場合は、この限りでない。

4　都道府県の議会は、第一項の条例の制定又は改廃の議決をする前に、当該都道府県委員会の意見を聴かなければならない。

5　第一項の規定により都道府県委員会の権限に属する事務（都道府県の教育委員会規則に基づくものに限る。）の一部を市町村が処理し又は処理することとする場合であつて、同項の条例の定めるところにより教育委員会規則に委任して当該事務の範囲を定める場合には、都道府県委員会は、当該教育委員会規則を制定し又は改廃しようとするときは、あらかじめ、当該事務を処理し又は処理することとなる市町村委員会に協議しなければならない。この場合において、当該事務が第二十三条第一項の条例の定めるところにより当該市町村の長が処理し又は処理することとなるものであるときは、当該協議を受けた市町村委員会は、当該市町村長に通知するとともに、その意見を踏まえて当該協議に応じなければならない。

6　市町村の長は、その議会の議決を経て、当該都道府県知事に対し、第一項の規定により当該都道府県委員会の権限に属する事務の一部を当該市町村が処理することとするよう要請することができる。

7　前項の規定による要請があつたときは、都道府県知事は、速やかに、当該都道府県委員会に通知するとともに、その意見を踏まえて当該市町村の長と協議しなければならない。

8　市町村の議会は、第六項の議決をする前に、当該市町村委員会の意見を聴かなければならない。ただし、第二十三条第一項の条例の定めるところにより、当該市町村委員会が、第六項の要請に係る事務の全てを管理し、及び執行しない場合は、この限りでない。

9　地方自治法第二百五十二条の十七の三並びに第二百五十二条の十七の四第一項及び第三項から第七項までの規定は、第一項の条例の定めるところにより、都道府県委員会の権限に属する事務の一部を市町村が処理する場合について準用する。この場合において、これらの規定中「規則」とあるのは「教育委員会規則」と、「都道府県知事」とあるのは「都道府県教育委員会」と、「市町村長」とあるのは「市町村教育委員会（地方教育行政の組織及び運営に関する法律（昭和三十一年法律第百六十二号）第二十三条第一項の条例の定めるところにより当該市町村の長が管理し、及び執行する事務については、市町村長）」と読み替えるものとする。

10　第二十三条第一項の条例の定めるところにより都道府県知事が管理し、及び執行する事務については、当該事務を都道府県委員会が管理し、及び執行する事務とみなして、第一項から第三項まで及び第六項から前項までの規定を適用する。この場合において、第七項中「速やかに、当該都道府県委員会に通知するとともに、その意見を踏まえて」とあるのは「速やかに、」と、前項中「これらの規定中「規則」とあるのは「教育委員会規則」と、「都道府県知事」とあるのは「都道府県教育委員会」と、」とあるのは「同条第四項中」とする。

（市町村の教育行政の体制の整備及び充実）

第五十五条の二　市町村は、近隣の市町村と協力して地域における教育の振興を図るため、地方自治法第二百五十二条の七第一項の規定による教育委員会の共同設置その他の連携を進め、地域における教育行政の体制の整備及び充実に努めるものとする。

2　文部科学大臣及び都道府県委員会は、市町村の教育行政の体制の整備及び充実に資するため、必要な助言、情報の提供その他の援助を行うよう努めなければならない。

第六章　雑則

（抗告訴訟等の取扱い）

第五十六条　教育委員会は、教育委員会若しくはその権限に属する事務の委任を受けた行政庁の処分（行政事件訴訟法（昭和三十七年法律第百三十九号）第三条第二項に規定する処分をいう。以下この条において同じ。）若しくは裁決（同条第三項に規定する裁決をいう。以下この条において同じ。）又は教育委員会の所管に属する学校その他の教育機関の職員の処分若しくは裁決に係る同法第十一条第一項（同法第三十八条第一項（同法第四十三条第二項において準用する場合を含む。）又は同法第四十三条第一項において準用する場合を含む。）の規定による地方公共団体を被告とする訴訟について、当該地方公共団体を代表する。

（保健所との関係）

第五十七条　教育委員会は、健康診断その他学校における保健に関し、政令で定めるところにより、保健所を設置する地方公共団体の長に対し、保健所の協力を求めるものとする。

2　保健所は、学校の環境衛生の維持、保健衛生に関する資料の提供その他学校における保健に関し、政令で定めるところにより、教育委員会に助言と援助を与えるものとする。

（指定都市に関する特例）

第五十八条　削除

（中核市に関する特例）

第五十九条　地方自治法第二百五十二条の二十二第一項の中核市（以下「中核市」という。）の県費負担教職員の研修は、第四十五条及び地方公務員法第三十九条第二項、第二十二条の四、第二十三条第一項の規定にかかわらず、教育公務員特例法第四章の定めるところにより、当該中核市の教育委員会が行う。

2　前項の規定にかかわらず、中核市の県費負担教職員の研修は、都道府県委員会も行うことができる。

（組合に関する特例）

第六十条　地方公共団体が第二十一条に規定する事務の全部を処理する組合を設ける場合においては、当該組合を組織する地方公共団体には教育委員会を置かず、当該組合に教育委員会を置くものとする。

2　地方公共団体が第二十一条に規定する事務の一部を処理する組合を設ける場合において、当該組合を組織する地方公共団体のうち、第二十三条第一項の条例の定めるところにより、その自ら処理する第二十一条に規定する事務の全てをその長が管理し、及び執行することとしたものには、教育委員会を置かない。

3　第二十一条に規定する事務の一部を処理する組合のうち、第二十三条第一項の条例の定めるところにより、その処理する第二十一条に規定する事務の全てをその管理者（地方自治法第二百八十七条の三第二項の規定により管理者に代えて理事会を置く同法第二百八十五条の一部事務組合にあつては、理事会）又は長（同法第二百九十一条の十三において準用する同法第二百八十七条の三第二項の規定により長に代えて理事会を置く広域連合にあつては、理事会。第八項及び第十項において同じ。）が管理し、及び執行するものとしたものには、教育委員会を置かない。

4　地方公共団体が第二十一条に規定する事務の全部又は一部を処理する組合を設けようとする場合において、当該地方公共団体に教育委員会が置かれているときは、当該地方公共団体の議会は、地方自治法第二百九十条又は第二百九十一条の十一の議決をする前に、当該教育委員会の意見を聴かなければならない。ただし、第二十三条第一項の条例の定めるところにより、当該組合が処理することとなる第二十一条に規定する事務を管理し、及び執行していないときは、この限りでない。

5　総務大臣又は都道府県知事は、第二十一条に規定する事務の全部又は一部を処理する地方公共団体の組合の設置について、地方自治法第二百八十四条第二項の許可の処分又は同条第二項若しくは第三項の許可の処分をする前に、総務大臣にあつては文部科学大臣、都道府県知事にあつては当該都道府県委員会の意見を聴かなければならない。ただし、第二十三条第一項の条例の定めるところにより、当該組合（当該都道府県が加入しないものに限る。）が処理することとなる第二十一条に規定する事務を管理し、及び執行していないときは、都道府県委員会の意見を聴くことを要しない。

6　第二十一条に規定する事務の一部を処理する地方公共団体の組合に置かれる教育委員会の教育長又は委員は、第六条の規定にかかわらず、その組合を組織する地方公共団体の教育委員会の教育長又は委員と兼ねることができる。

7　地方自治法第二百九十一条の二第二項の条例の定めるところにより、都道府県が、都道府県委員会の権限に属する事務のうち都道府県の加入しない広域連合の事務に関連するものを当該広域連合において処理することとする場合については、同条第三項の規定にかかわらず、第五十五条第二項から第五項まで及び第九項の規定を準用する。

8　地方自治法第二百九十一条の二第五項の規定により、都道府県の加入しない広域連合の長が、都道府県に対し、当該広域連合の事務に密接に関連する都道府県委員会の権限に属する事務の一部を当該広域連合が処理することとするよう要請する場合については、第五十五条第八項の規定を準用する。この場合において、当該要請があつたときは、都道府県知事は、速やかに、当該都道府県委員会に通知しなければならない。

9　地方自治法第二百九十一条の二第二項の条例の定めるところにより、都道府県が、第二十三条第一項の条例の定めるところにより都道府県知事が管理し、及び執行する事務のうち都道府県の加入しない広域連合の事務に関連するものを当該広域連合において処理することとする場合については、同法第二百九十一条の二第三項の規定にかかわらず、第五十五条第二項、第三項及び第九項の規定を準用する。この場合において、同項中「これらの規定中「規則」とあるのは「教育委員会規則」と、「都道府県知事」とあるのは「都道府県教育委員会」と、」とあるのは、「同条第四項中」と読み替えるものとする。

10　地方自治法第二百九十一条の二第五項の規定により、都道府県の加入しない広域連合の長が、都道府県に対し、当該広域連合の事務に密接に関連する第二十三条第一項の条例の定めるところにより都道府県知事が管理し、及び執行する事務の一部を当該広域連合が処理することとするよう要請する場合については、第五十五条第八項の規定を準用する。

11　前各項に定めるもののほか、第二十一条に規定する事務の全部又は一部を処理する地方公共団体の組合の設置、解散その他の事項については、地方自治法第三編第三章の規定によるほか、政令で特別の定めをすることができる。

（中等教育学校を設置する市町村に関する特例）

第六十一条　市（指定都市を除く。以下この項及び附則第二十八条において同じ。）町村の設置する中等教育学校（後期課程に定時制の課程のみを置くものを除く。以下この条及び附則第二十八条において同じ。）の県費負担教職員の任免、給与（非常勤の講師にあつては、報酬、職務を行うために要する費用の弁償、期末手当及び勤勉手当の額）の決定、休職及び懲戒に関する事務は、第三十七条第一項の規定にかかわらず、当該市町村の教育委員会が行う。

2　市（指定都市及び中核市を除く。以下この条において同じ。）町村が設置する中等教育学校の県費負担教職員の研修は、第四十五条及び地方公務員法第三十九条第二項の規定にかかわらず、教育公務員特例法第四章の定めるところにより、当該市町村の教育委員会が行う。

3　前項の規定にかかわらず、市町村が設置する中等教育学校の県費負担教職員の研修は、都道府県委員会も行うことができる。

（政令への委任）

第六十二条　この法律に定めるもののほか、市町村の廃置分合があつた場合及び指定都市の指定があつた場合におけるこの法律の規定の適用の特例その他この法律の施行に関し必要な事項は、政令で定める。

（事務の区分）

第六十三条　都道府県が第四十八条第一項（第五十四条の二及び第五十四条の三の規定により読み替えて適用する場合を含む。）の規定により処理することとされている事務（市町村が処理する事務が地方自治法第二条第九項第一号に規定する第一号法定受託事務である場合においては、第四十八条第三項（第五十四条の二及び第五十四条の三の規定により読み替えて適用する場合を含む。）に規定する文部科学大臣の指示を受けて行うものに限る。）、第五十三条第二項（第五十四条の二及び第五十四条の三の規定により読み替えて適用する場合を含む。）の規定により処理することとされている事務、第六十条第五項の規定により処理することとされている事務（都道府県委員会の意見を聴くことに係るものに限る。）並びに第五十五条第九項（同条第十項により読み替えて適用する場合並びに第六十条第七項において準用する場合及び同条第九項において読み替えて準用する場合を含む。）において準用する同法第二百五十二条の十七の三第二項及び第三項並びに第二百五十二条の十七の四第一項及び第三項の規定により処理することとされている事務は、同法第二条第九項第一号に規定する第一号法定受託事務とする。

附　則　〔令五・五・八法一九〕

（施行期日）

第一条 この法律は、令和六年四月一日から施行する。〔ただし書略〕

○教育委員会法〔旧法・抄〕

（昭和二三年七月一五日　法律第一七〇号）

第一章　総則

（この法律の目的）

第一条 この法律は、教育が不当な支配に服することなく、国民全体に対し直接に責任を負つて行われるべきであるという自覚のもとに公正な民意により、地方の実情に即した教育行政を行うために、教育委員会を設け、教育本来の目的を達成することを目的とする。

（設置）

第三条 教育委員会は、都道府県及び市（特別区を含む。以下同じ。）町村にこれを設置する。但し、町村は、必要がある場合には、一部事務組合を設けて、その組合に教育委員会を設置することができる。

2　前項の一部事務組合の教育委員会に関し必要な事項は、政令でこれを定めることができる。

3　この法律で「都道府県委員会」とは、都道府県に設置する教育委員会を、「地方委員会」とは、市町村に設置する教育委員会をいう。

（権限）

第四条 教育委員会は、従来都道府県若しくは都道府県知事又は市町村若しくは市町村長（特別区の区長を含む。以下同じ。）の権限に属する教育、学術及び文化（教育という。以下同じ。）に関する事務、並びに将来法律又は政令により当該地方公共団体及び教育委員会の権限に属すべき教育事務を管理し、及び執行する。

2　大学及び私立学校は、法律に別段の定がある場合を除いては、教育委員会の所管に属しない。

（経費の負担）

第五条 教育委員会に要する経費は、当該地方公共団体の負担とする。

（経費の補助）

第六条 教育委員会に要する経費及びその所掌に係る経費は、国庫からこれを補助することができる。

第二章　教育委員会の組織

第一節　教育委員会の委員

（委員）

第七条 都道府県委員会は七人の委員で、地方委員会は五人の委員で、これを組織する。

2　第三項に規定する委員を除く委員は、日本国民たる都道府県又は市町村の住民が、これを選挙する。

3　委員のうち一人は、当該地方公共団体の議会の議員のうちから、議会において、これを選挙する。

（任期）

第八条 選挙による委員の任期は四年とし、二年ごとに半数を改選する。但し、補欠委員は、前任者の残任期間在任する。

2　前項の任期は、通常選挙の日から、これを起算する。

3　議会において選挙する委員の任期は、議員の任期中とする。

（選挙）

第九条 都道府県又は市町村の議会の議員の選挙権又は被選挙権を有する者は、都道府県委員会又は地方委員会委員の選挙権又は被選挙権を有する。

第十条―第二十八条〔略〕

（委員の解職の請求）

第二十九条 委員の選挙権を有する者は、委員の解職の請求をすることができる。

2　前項の解職の請求に関しては、地方自治法に定める普通地方公共団体の議会の議員の解職の請求の例による。

（委員の辞職及び資格の決定）

第三十条〔略〕

（委員の報酬及び費用弁償）

第三十一条　地方公共団体は、当該教育委員会の委員に対し報酬を支給しなければならない。但し、給料は支給しない。

2　委員は、職務を行うために要する費用の弁償を受けることができる。

3　報酬及び費用弁償の額並びにその支給方法は、当該地方公共団体の条例でこれを定めなければならない。

（委員の服務等）

第三十二条　委員の宣誓、法令等に従う義務及び服務に関しては、別に地方公共団体の職員に関して規定する法律で、これを定める。

第二節　教育委員会の会議

（委員長及び副委員長）

第三十三条　教育委員会は、委員のうちから委員長及び副委員長各一人を選挙しなければならない。

2　委員長及び副委員長の任期は、一年とする。但し、再選されることができる。

3　委員長は、教育委員会の会議を主宰する。

4　副委員長は、委員長を助け、委員長に事故があるとき又は委員長が欠けたときは、その職務を行う。

第三十四条―第四十条〔略〕

第三節　教育長及び事務局

（教育長）

第四十一条　教育委員会に、教育長を置く。

2　教育長は、別に教育職員の免許に関して規定する法律の定める教育職員の免許状を有する者のうちから、教育委員会が、これを任命する。

3　教育長の任期は、四年とする。但し、再任することができる。

第四十二条　教育長は、教育委員会の指揮監督を受け、教育委員会の処理するすべての教育事務をつかさどる。

（事務局）

第四十三条　教育委員会の職務権限に属する事項に関する事務を処理させるため、教育委員会に事務局を置く。

第四十四条―第四十七条〔略〕

第三章　教育委員会の職務権限

（教育委員会の所管）

第四十八条　都道府県委員会は、都道府県の設置する学校その他の教育機関を、地方委員会は、当該地方公共団体の設置する学校その他の教育機関をそれぞれ所管する。

2　当該教育委員会は、その協議により都道府県の設置する高等学校を市町村に、又は市町村の設置する高等学校を都道府県に移管することができる。

（教育委員会の事務）

第四十九条　教育委員会は左の事務を行う。但し、この場合において教育長に対し、助言と推薦を求めることができる。

一　学校その他の教育機関の設置及び廃止に関すること。

二　学校その他の教育機関の運営及び管理に関すること。

三　教科内容及びその取扱に関すること。

四　教科用図書の採択に関すること。

五　別に教育公務員の任免等に関して規定する法律の規定に基き、校長及び教員の任免その他の人事に関すること。

六　教育委員会及び学校その他の教育機関の職員の任免その他の人事に関すること。

七　教員その他教育関係職員の組織する労働組合に関すること。

八　学校その他の教育機関の敷地の設定及び変更並びに校舎その他建物の営繕、保全の計画及びその実施の指導に関すること。

九　教具その他の設備の整備計画に関すること。

十　教育委員会規則の制定又は改廃に関すること。

十一　教育委員会の所掌に係る歳入歳出予算に関すること。

十二　教育目的のための基本財産及び積立金の管理に関すること。

十三　教育事務のための契約に関すること。

十四　社会教育に関すること。

十五　校長、教員その他教育職員の研修に関すること。

十六　証書及び公文書類を保管すること。

十七　教育の調査及び統計に関すること。

十八　その他法律に別段の定のない、その所轄地域の教育事務に関すること。

第五十条　都道府県委員会は、前条各号に掲げる事務を行う外、左の事務を行う。但し、この場合において、教育長に対し、助言と推薦を求めることができる。

一　別に教育職員の免許に関して規定する法律の定めるところに従い、教育職員の免許状を発行すること。

二　文部大臣の定める基準に従い、都道府県内のすべての学校の教科用図書の検定を行うこと。

三　地方委員会に対し、技術的、専門的な助言と指導を与えること。

四　高等学校の通学区域の設定又は変更に関すること。

五　その他法令により、その職務権限に属

する事項

第五十一条　校長及び教員の任免、給与等の人事その他共通する必要な事項を決定するために、都道府県内の地方委員会と都道府県委員会が連合して協議会を設けることができる。

2　前項の協議会の決議は、全員一致によらなければならない。

3　協議会に関して必要な事項は、当該教育委員会の協議によつて、これを定めなければならない。

第五十二条〔略〕

（教育委員会規則）

第五十三条　教育委員会は、法令に違反しない限りにおいて、その権限に属する事務に関し教育委員会規則を制定することができる。

2　教育委員会規則は、一定の公告式により、これを告示しなければならない。

（通学区域の設定）

第五十四条〔略〕

（報告書の提出）

第五十五条　都道府県委員会は、地方委員会に対し、文部大臣は、都道府県委員会及び地方委員会に対し、各所轄区域の教育に関する年報その他必要な報告書を提出させることができる。

2　法律に別段の定がある場合の外、文部大臣は、都道府県委員会及び地方委員会に対し、都道府県委員会は、地方委員会に対して行政上及び運営上指揮監督をしてはならない。

（予算の編成）

第五十六条　教育委員会は、毎会計年度、その所掌に係る歳入歳出の見積に関する書類を作成し、これを地方公共団体における予算の統合調整に供するため、地方公共団体の長に送付しなければならない。

第五十七条　地方公共団体の長は、毎会計年度、歳入歳出予算を作成するに当つて、教育委員会の送付に係る歳出見積を減額しようとするときは、あらかじめ教育委員会の意見を求めなければならない。

第五十八条〔略〕

（予算の執行）

第五十九条　地方公共団体の議会において予算を議決したときは、地方公共団体の長は、教育委員会の所掌に係る予算を、当該教育委員会に配当しなければならない。

第六十条　教育委員会は、その所掌に係る予算について、その配当の範囲内で支出を出納長又は収入役に命令する。

第六十一条—第六十五条〔略〕

第四章　雑則

（学校その他教育機関の職員）

第六十六条　都道府県及び市町村に校長、教員及び学校の事務職員を置く。

2　校長、教員及び学校の事務職員の定数は、法律又は政令に別段の定がある場合の外、当該地方公共団体の条例で、これを定めなければならない。

3　校長及び教員の身分に関しては、この法律に別段の定があるものを除く外、別に教育公務員の任免等に関して規定する法律の定めるところによる。

4　教育委員会の所管に属する学校以外の教育機関に、必要な職員を置く。

附　則〔略〕

〔**注**・本法は、地方教育行政の組織及び運営に関する法律（昭和三十一年法律第百六十二号）附則第一条、第二条により昭和三十一年九月三十日に失効。〕

●行政事件訴訟法〔抄〕

（昭和三七年五月一六日法律第一三九号）

最終改正…令四・五・二七法五四

第一章　総則

（この法律の趣旨）

第一条　行政事件訴訟については、他の法律に特別の定めがある場合を除くほか、この法律の定めるところによる。

（行政事件訴訟）

第二条　この法律において「行政事件訴訟」とは、抗告訴訟、当事者訴訟、民衆訴訟及び機関訴訟をいう。

（抗告訴訟）

第三条　この法律において「抗告訴訟」とは、行政庁の公権力の行使に関する不服の訴訟をいう。

2　この法律において「処分の取消しの訴え」とは、行政庁の処分その他公権力の行使に当たる行為（次項に規定する裁決、決定その他の行為を除く。以下単に「処分」という。）の取消しを求める訴訟をいう。

3　この法律において「裁決の取消しの訴え」とは、審査請求その他の不服申立て（以下単に「審査請求」という。）に対する行政庁の裁決、決定その他の行為（以下単に「裁決」という。）の取消しを求める訴訟をいう。

4　この法律において「無効等確認の訴え」とは、処分若しくは裁決の存否又はその効力の有無の確認を求める訴訟をいう。

5　この法律において「不作為の違法確認の

訴え」とは、行政庁が法令に基づく申請に対し、相当の期間内に何らかの処分又は裁決をすべきであるにかかわらず、これをしないことについての違法の確認を求める訴訟をいう。

6 この法律において「義務付けの訴え」とは、次に掲げる場合において、行政庁がその処分又は裁決をすべき旨を命ずることを求める訴訟をいう。

一 行政庁が一定の処分をすべきであるにかかわらずこれがされないとき（次号に掲げる場合を除く。）。

二 行政庁に対し一定の処分又は裁決を求める旨の法令に基づく申請又は審査請求がされた場合において、当該行政庁がその処分又は裁決をすべきであるにかかわらずこれがされないとき。

7 この法律において「差止めの訴え」とは、行政庁が一定の処分又は裁決をすべきでないにかかわらずこれがされようとしている場合において、行政庁がその処分又は裁決をしてはならない旨を命ずることを求める訴訟をいう。

（当事者訴訟）

第四条 この法律において「当事者訴訟」とは、当事者間の法律関係を確認し又は形成する処分又は裁決に関する訴訟で法令の規定によりその法律関係の当事者の一方を被告とするもの及び公法上の法律関係に関する確認の訴えその他の公法上の法律関係に関する訴訟をいう。

（民衆訴訟）

第五条 この法律において「民衆訴訟」とは、国又は公共団体の機関の法規に適合しない行為の是正を求める訴訟で、選挙人たる資格その他自己の法律上の利益にかかわらない資格で提起するものをいう。

（機関訴訟）

第六条 この法律において「機関訴訟」とは、国又は公共団体の機関相互間における権限の存否又はその行使に関する紛争についての訴訟をいう。

（この法律に定めがない事項）

第七条 行政事件訴訟に関し、この法律に定めがない事項については、民事訴訟の例による。

第二章 抗告訴訟

第一節 取消訴訟

（処分の取消しの訴えと審査請求との関係）

第八条 処分の取消しの訴えは、当該処分につき法令の規定により審査請求をすることができる場合においても、直ちに提起することを妨げない。ただし、法律に当該処分についての審査請求に対する裁決を経た後でなければ処分の取消しの訴えを提起することができない旨の定めがあるときは、この限りでない。

2 前項ただし書の場合においても、次の各号の一に該当するときは、裁決を経ないで、処分の取消しの訴えを提起することができる。

一 審査請求があつた日から三箇月を経過しても裁決がないとき。

二 処分、処分の執行又は手続の続行により生ずる著しい損害を避けるため緊急の必要があるとき。

三 その他裁決を経ないことにつき正当な理由があるとき。

3 第一項本文の場合において、当該処分につき審査請求がされているときは、裁判所は、その審査請求に対する裁決があるまで（審査請求があつた日から三箇月を経過しても裁決がないときは、その期間を経過するまで）、訴訟手続を中止することができる。

（原告適格）

第九条 処分の取消しの訴え及び裁決の取消しの訴え（以下「取消訴訟」という。）は、当該処分又は裁決の取消しを求めるにつき法律上の利益を有する者（処分又は裁決の効果が期間の経過その他の理由によりなくなつた後においてもなお処分又は裁決の取消しによつて回復すべき法律上の利益を有する者を含む。）に限り、提起することができる。

2 裁判所は、処分又は裁決の相手方以外の者について前項に規定する法律上の利益の有無を判断するに当たつては、当該処分又は裁決の根拠となる法令の規定の文言のみによることなく、当該法令の趣旨及び目的並びに当該処分において考慮されるべき利益の内容及び性質を考慮するものとする。この場合において、当該法令の趣旨及び目的を考慮するに当たつては、当該法令と目的を共通にする関係法令があるときはその趣旨及び目的をも参酌するものとし、当該利益の内容及び性質を考慮するに当たつては、当該処分又は裁決がその根拠となる法令に違反してされた場合に害されることとなる利益の内容及び性質並びにこれが害される態様及び程度をも勘案するものとする。

（取消しの理由の制限）

第十条 取消訴訟においては、自己の法律上の利益に関係のない違法を理由として取消しを求めることができない。

2 処分の取消しの訴えとその処分についての審査請求を棄却した裁決の取消しの訴えとを提起することができる場合には、裁決の取消しの訴えにおいては、処分の違法を理由として取消しを求めることができない。

（被告適格等）

第十一条 処分又は裁決をした行政庁（処分又は裁決があつた後に当該行政庁の権限が

他の行政庁に承継されたときは、当該他の行政庁。以下同じ。）が国又は公共団体に所属する場合には、取消訴訟は、次の各号に掲げる訴えの区分に応じてそれぞれ当該各号に定める者を被告として提起しなければならない。

一　処分の取消しの訴え　当該処分をした行政庁の所属する国又は公共団体

二　裁決の取消しの訴え　当該裁決をした行政庁の所属する国又は公共団体

2　処分又は裁決をした行政庁が国又は公共団体に所属しない場合には、取消訴訟は、当該行政庁を被告として提起しなければならない。

3　前二項の規定により被告とすべき国若しくは公共団体又は行政庁がない場合には、取消訴訟は、当該処分又は裁決に係る事務の帰属する国又は公共団体を被告として提起しなければならない。

4　第一項又は前項の規定により国又は公共団体を被告として取消訴訟を提起する場合には、訴状には、民事訴訟の例により記載すべき事項のほか、次の各号に掲げる訴えの区分に応じてそれぞれ当該各号に定める行政庁を記載するものとする。

一　処分の取消しの訴え　当該処分をした行政庁

二　裁決の取消しの訴え　当該裁決をした行政庁

5　第一項又は第三項の規定により国又は公共団体を被告として取消訴訟が提起された場合には、被告は、遅滞なく、裁判所に対し、前項各号に掲げる訴えの区分に応じてそれぞれ当該各号に定める行政庁を明らかにしなければならない。

6　処分又は裁決をした行政庁は、当該処分又は裁決に係る第一項の規定による国又は公共団体を被告とする訴訟について、裁判上の一切の行為をする権限を有する。

（管轄）

第十二条　取消訴訟は、被告の普通裁判籍の所在地を管轄する裁判所又は処分若しくは裁決をした行政庁の所在地を管轄する裁判所の管轄に属する。

2　土地の収用、鉱業権の設定その他不動産又は特定の場所に係る処分又は裁決についての取消訴訟は、その不動産又は場所の所在地の裁判所にも、提起することができる。

3　取消訴訟は、当該処分又は裁決に関し事案の処理に当たつた下級行政機関の所在地の裁判所にも、提起することができる。

4　国又は独立行政法人通則法（平成十一年法律第百三号）第二条第一項に規定する独立行政法人若しくは別表に掲げる法人を被告とする取消訴訟は、原告の普通裁判籍の所在地を管轄する高等裁判所の所在地を管轄する地方裁判所（次項において「特定管轄裁判所」という。）にも、提起することができる。

5　前項の規定により特定管轄裁判所に同項の取消訴訟が提起された場合であつて、他の裁判所に事実上及び法律上同一の原因に基づいてされた処分又は裁決に係る抗告訴訟が係属している場合においては、当該特定管轄裁判所は、当事者の住所又は所在地、尋問を受けるべき証人の住所、争点又は証拠の共通性その他の事情を考慮して、相当と認めるときは、申立てにより又は職権で、訴訟の全部又は一部について、当該他の裁判所又は第一項から第三項までに定める裁判所に移送することができる。

第十三条〔略〕

（出訴期間）

第十四条　取消訴訟は、処分又は裁決があつたことを知つた日から六箇月を経過したときは、提起することができない。ただし、正当な理由があるときは、この限りでない。

2　取消訴訟は、処分又は裁決の日から一年を経過したときは、提起することができない。ただし、正当な理由があるときは、この限りでない。

3　処分又は裁決につき審査請求をすることができる場合又は行政庁が誤つて審査請求をすることができる旨を教示した場合において、審査請求があつたときは、処分又は裁決に係る取消訴訟は、その審査請求をした者については、前二項の規定にかかわらず、これに対する裁決があつたことを知つた日から六箇月を経過したとき又は当該裁決の日から一年を経過したときは、提起することができない。ただし、正当な理由があるときは、この限りでない。

第十五条―第二十一条〔略〕

（第三者の訴訟参加）

第二十二条　裁判所は、訴訟の結果により権利を害される第三者があるときは、当事者若しくはその第三者の申立てにより又は職権で、決定をもつて、その第三者を訴訟に参加させることができる。

2　裁判所は、前項の決定をするには、あらかじめ、当事者及び第三者の意見をきかなければならない。

3　第一項の申立てをした第三者は、その申立てを却下する決定に対して即時抗告をすることができる。

4　第一項の規定により訴訟に参加した第三者については、民事訴訟法第四十条第一項から第三項までの規定を準用する。

5　第一項の規定により第三者が参加の申立てをした場合には、民事訴訟法第四十五条第三項及び第四項の規定を準用する。

（行政庁の訴訟参加）

第二十三条　裁判所は、処分又は裁決をした行政庁以外の行政庁を訴訟に参加させることが必要であると認めるときは、当事者若しくはその行政庁の申立てにより又は職権で、決定をもつて、その行政庁を訴訟に参加させることができる。
2 裁判所は、前項の決定をするには、あらかじめ、当事者及び当該行政庁の意見をきかなければならない。
3 第一項の規定により訴訟に参加した行政庁については、民事訴訟法第四十五条第一項及び第二項の規定を準用する。

第二十三条の二〔略〕

（職権証拠調べ）
第二十四条 裁判所は、必要があると認めるときは、職権で、証拠調べをすることができる。ただし、その証拠調べの結果について、当事者の意見をきかなければならない。

（執行停止）
第二十五条 処分の取消しの訴えの提起は、処分の効力、処分の執行又は手続の続行を妨げない。
2 処分の取消しの訴えの提起があつた場合において、処分、処分の執行又は手続の続行により生ずる重大な損害を避けるため緊急の必要があるときは、裁判所は、申立てにより、決定をもつて、処分の効力、処分の執行又は手続の続行の全部又は一部の停止（以下「執行停止」という。）をすることができる。ただし、処分の効力の停止は、処分の執行又は手続の続行の停止によつて目的を達することができる場合には、することができない。
3 裁判所は、前項に規定する重大な損害を生ずるか否かを判断するに当たつては、損害の回復の困難の程度を考慮するものとし、損害の性質及び程度並びに処分の内容及び性質をも勘案するものとする。
4 執行停止は、公共の福祉に重大な影響を及ぼすおそれがあるとき、又は本案について理由がないとみえるときは、することができない。
5 第二項の決定は、疎明に基づいてする。
6 第二項の決定は、口頭弁論を経ないですることができる。ただし、あらかじめ、当事者の意見をきかなければならない。
7 第二項の申立てに対する決定に対しては、即時抗告をすることができる。
8 第二項の決定に対する即時抗告は、その決定の執行を停止する効力を有しない。

第二十六条〔略〕

（内閣総理大臣の異議）
第二十七条 第二十五条第二項の申立てがあつた場合には、内閣総理大臣は、裁判所に対し、異議を述べることができる。執行停止の決定があつた後においても、同様とする。
2 前項の異議には、理由を附さなければならない。
3 前項の異議の理由においては、内閣総理大臣は、処分の効力を存続し、処分を執行し、又は手続を続行しなければ、公共の福祉に重大な影響を及ぼすおそれのある事情を示すものとする。
4 第一項の異議があつたときは、裁判所は、執行停止をすることができず、また、すでに執行停止の決定をしているときは、これを取り消さなければならない。
5 第一項後段の異議は、執行停止の決定をした裁判所に対して述べなければならない。ただし、その決定に対する抗告が抗告裁判所に係属しているときは、抗告裁判所に対して述べなければならない。
6 内閣総理大臣は、やむをえない場合でなければ、第一項の異議を述べてはならず、また、異議を述べたときは、次の常会において国会にこれを報告しなければならない。

第二十八・二十九条〔略〕

（裁量処分の取消し）
第三十条 行政庁の裁量処分については、裁量権の範囲をこえ又はその濫用があつた場合に限り、裁判所は、その処分を取り消すことができる。

第三十一条〔略〕

（取消判決等の効力）
第三十二条 処分又は裁決を取り消す判決は、第三者に対しても効力を有する。
2 前項の規定は、執行停止の決定又はこれを取り消す決定に準用する。

第三十三条 処分又は裁決を取り消す判決は、その事件について、処分又は裁決をした行政庁その他の関係行政庁を拘束する。
2 申請を却下し若しくは棄却した処分又は審査請求を却下し若しくは棄却した裁決が判決により取り消されたときは、その処分又は裁決をした行政庁は、判決の趣旨に従い、改めて申請に対する処分又は審査請求に対する裁決をしなければならない。
3 前項の規定は、申請に基づいてした処分又は審査請求を認容した裁決が判決により手続に違法があることを理由として取り消された場合に準用する。
4 第一項の規定は、執行停止の決定に準用する。

第三十四条―第三十五条〔略〕

第二節 その他の抗告訴訟〔略〕

第三章 当事者訴訟

（出訴の通知）
第三十九条 当事者間の法律関係を確認し又は形成する処分又は裁決に関する訴訟で、法令の規定によりその法律関係の当事者の一方を被告とするものが提起されたときは、裁判所は、当該処分又は裁決をした行政庁にその旨を通知するものとする。

（出訴期間の定めがある当事者訴訟）

第四十条　法令に出訴期間の定めがある当事者訴訟は、その法令に別段の定めがある場合を除き、正当な理由があるときは、その期間を経過した後であつても、これを提起することができる。

2　第十五条の規定は、法令に出訴期間の定めがある当事者訴訟について準用する。

第四十一条〔略〕

第四章　民衆訴訟及び機関訴訟

（訴えの提起）

第四十二条　民衆訴訟及び機関訴訟は、法律に定める場合において、法律に定める者に限り、提起することができる。

第五章　補則〔略〕

附　則（令四・五・二七法五四）

（施行期日）

第一条　この法律は、公布の日から起算して三月を超えない範囲内において政令で定める日から施行する

●行政機関の保有する情報の公開に関する法律〔抄〕

（平成一一年五月一四日 法律第四二号）

最終改正…令三・五・一九法三七

第一章　総則

（目的）

第一条　この法律は、国民主権の理念にのっとり、行政文書の開示を請求する権利につき定めること等により、行政機関の保有する情報の一層の公開を図り、もって政府の有するその諸活動を国民に説明する責務が全うされるようにするとともに、国民の的確な理解と批判の下にある公正で民主的な行政の推進に資することを目的とする。

（定義）

第二条　この法律において「行政機関」とは、次に掲げる機関をいう。

一　法律の規定に基づき内閣に置かれる機関（内閣府を除く。）及び内閣の所轄の下に置かれる機関

二　内閣府、宮内庁並びに内閣府設置法（平成十一年法律第八十九号）第四十九条第一項及び第二項に規定する機関（これらの機関のうち第四号の政令で定める機関が置かれる機関にあっては、当該政令で定める機関を除く。）

三　国家行政組織法（昭和二十三年法律第百二十号）第三条第二項に規定する機関（第五号の政令で定める機関が置かれる機関にあっては、当該政令で定める機関を除く。）

四　内閣府設置法第三十九条及び第五十五条並びに宮内庁法（昭和二十二年法律第七十号）第十六条第二項の機関並びに内閣府設置法第四十条及び第五十六条（宮内庁法第十八条第一項において準用する場合を含む。）の特別の機関で、政令で定めるもの

五　国家行政組織法第八条の二の施設等機関及び同法第八条の三の特別の機関で、政令で定めるもの

六　会計検査院

2　この法律において「行政文書」とは、行政機関の職員が職務上作成し、又は取得した文書、図画及び電磁的記録（電子的方式、磁気的方式その他人の知覚によっては認識することができない方式で作られた記録をいう。以下同じ。）であって、当該行政機関の職員が組織的に用いるものとして、当該行政機関が保有しているものをいう。ただし、次に掲げるものを除く。

一　官報、白書、新聞、雑誌、書籍その他不特定多数の者に販売することを目的として発行されるもの

二　公文書等の管理に関する法律（平成二十一年法律第六十六号）第二条第七項に規定する特定歴史公文書等

三　政令で定める研究所その他の施設において、政令で定めるところにより、歴史的若しくは文化的な資料又は学術研究用の資料として特別の管理がされているもの（前号に掲げるものを除く。）

第二章　行政文書の開示

（開示請求権）

第三条　何人も、この法律の定めるところにより、行政機関の長（前条第一項第四号及び第五号の政令で定める機関にあっては、その機関ごとに政令で定める者をいう。以下同じ。）に対し、当該行政機関の保有する行政文書の開示を請求することができる。

（開示請求の手続）

第四条　前条の規定による開示の請求（以下「開示請求」という。）は、次に掲げる事項を記載した書面（以下「開示請求書」という。）を行政機関の長に提出してしなければならない。

一　開示請求をする者の氏名又は名称及び住所又は居所並びに法人その他の団体にあっては代表者の氏名

二　行政文書の名称その他の開示請求に係る行政文書を特定するに足りる事項

2　行政機関の長は、開示請求書に形式上の不備があると認めるときは、開示請求をした者（以下「開示請求者」という。）に対し、相当の期間を定めて、その補正を求めることができる。この場合において、行政機関の長は、開示請求者に対し、補正の参考となる情報を提供するよう努めなければならない。

（行政文書の開示義務）

第五条　行政機関の長は、開示請求があったときは、開示請求に係る行政文書に次の各号に掲げる情報（以下「不開示情報」という。）のいずれかが記録されている場合を除き、開示請求者に対し、当該行政文書を開示しなければならない。

一　個人に関する情報（事業を営む個人の当該事業に関する情報を除く。）であって、当該情報に含まれる氏名、生年月日その他の記述等（文書、図画若しくは電磁的記録に記載され、若しくは記録され、又は音声、動作その他の方法を用いて表された一切の事項をいう。次条第二項において同じ。）により特定の個人を識別することができるもの（他の情報と照合することにより、特定の個人を識別することができることとなるものを含む。）又は特定の個人を識別することはできないが、公にすることにより、なお個人の権利利益を害するおそれがあるもの。ただし、次に掲げる情報を除く。

イ　法令の規定により又は慣行として公にされ、又は公にすることが予定されている情報

ロ　人の生命、健康、生活又は財産を保護するため、公にすることが必要であると認められる情報

ハ　当該個人が公務員等（国家公務員法（昭和二十二年法律第百二十号）第二条第一項に規定する国家公務員（独立行政法人通則法（平成十一年法律第百三号）第二条第四項に規定する行政執行法人の役員及び職員を除く。）、独立行政法人等（独立行政法人等の保有する情報の公開に関する法律（平成十三年法律第百四十号。以下「独立行政法人等情報公開法」という。）第二条第一項に規定する独立行政法人等をいう。以下同じ。）の役員及び職員、地方公務員法（昭和二十五年法律第二百六十一号）第二条に規定する地方公務員並びに地方独立行政法人（地方独立行政法人法（平成十五年法律第百十八号）第二条第一項に規定する地方独立行政法人をいう。以下同じ。）の役員及び職員をいう。）である場合において、当該情報がその職務の遂行に係る情報であるときは、当該情報のうち、当該公務員等の職及び当該職務遂行の内容に係る部分

一の二　個人情報の保護に関する法律（平成十五年法律第五十七号）第六十条第三項に規定する行政機関等匿名加工情報（同条第四項に規定する行政機関等匿名加工情報ファイルを構成するものに限る。以下この号において「行政機関等匿名加工情報」という。）又は行政機関等匿名加工情報の作成に用いた同条第一項に規定する保有個人情報から削除した同法第二条第一項第一号に規定する記述等若しくは同条第二項に規定する個人識別符号

二　法人その他の団体（国、独立行政法人等、地方公共団体及び地方独立行政法人を除く。以下「法人等」という。）に関する情報又は事業を営む個人の当該事業に関する情報であって、次に掲げるもの。ただし、人の生命、健康、生活又は財産を保護するため、公にすることが必要であると認められる情報を除く。

イ　公にすることにより、当該法人等又は当該個人の権利、競争上の地位その他正当な利益を害するおそれがあるもの

ロ　行政機関の要請を受けて、公にしないとの条件で任意に提供されたものであって、法人等又は個人における通例として公にしないこととされているものその他の当該条件を付することが当該情報の性質、当時の状況等に照らして合理的であると認められるもの

三　公にすることにより、国の安全が害されるおそれ、他国若しくは国際機関との信頼関係が損なわれるおそれ又は他国若しくは国際機関との交渉上不利益を被るおそれがあると行政機関の長が認めることにつき相当の理由がある情報

四　公にすることにより、犯罪の予防、鎮圧又は捜査、公訴の維持、刑の執行その他の公共の安全と秩序の維持に支障を及ぼすおそれがあると行政機関の長が認めることにつき相当の理由がある情報

五　国の機関、独立行政法人等、地方公共団体及び地方独立行政法人の内部又は相互間における審議、検討又は協議に関する情報であって、公にすることにより、率直な意見の交換若しくは意思決定の中

立性が不当に損なわれるおそれ、不当に国民の間に混乱を生じさせるおそれ又は特定の者に不当に利益を与え若しくは不利益を及ぼすおそれがあるもの

六　国の機関、独立行政法人等、地方公共団体又は地方独立行政法人が行う事務又は事業に関する情報であって、公にすることにより、次に掲げるおそれその他当該事務又は事業の性質上、当該事務又は事業の適正な遂行に支障を及ぼすおそれがあるもの

イ　監査、検査、取締り、試験又は租税の賦課若しくは徴収に係る事務に関し、正確な事実の把握を困難にするおそれ又は違法若しくは不当な行為を容易にし、若しくはその発見を困難にするおそれ

ロ　契約、交渉又は争訟に係る事務に関し、国、独立行政法人等、地方公共団体又は地方独立行政法人の財産上の利益又は当事者としての地位を不当に害するおそれ

ハ　調査研究に係る事務に関し、その公正かつ能率的な遂行を不当に阻害するおそれ

ニ　人事管理に係る事務に関し、公正かつ円滑な人事の確保に支障を及ぼすおそれ

ホ　独立行政法人等、地方公共団体が経営する企業又は地方独立行政法人に係る事業に関し、その企業経営上の正当な利益を害するおそれ

（部分開示）

第六条　行政機関の長は、開示請求に係る行政文書の一部に不開示情報が記録されている場合において、不開示情報が記録されている部分を容易に区分して除くことができるときは、開示請求者に対し、当該部分を除いた部分につき開示しなければならない。ただし、当該部分を除いた部分に有意の情報が記録されていないと認められるときは、この限りでない。

2　開示請求に係る行政文書に前条第一号の情報（特定の個人を識別することができるものに限る。）が記録されている場合において、当該情報のうち、氏名、生年月日その他の特定の個人を識別することができることとなる記述等の部分を除くことにより、公にしても、個人の権利利益が害されるおそれがないと認められるときは、当該部分を除いた部分は、同号の情報に含まれないものとみなして、前項の規定を適用する。

（公益上の理由による裁量的開示）

第七条　行政機関の長は、開示請求に係る行政文書に不開示情報（第五条第一号の二に掲げる情報を除く。）が記録されている場合であっても、公益上特に必要があると認めるときは、開示請求者に対し、当該行政文書を開示することができる。

（行政文書の存否に関する情報）

第八条　開示請求に対し、当該開示請求に係る行政文書が存在しているか否かを答えるだけで、不開示情報を開示することとなるときは、行政機関の長は、当該行政文書の存否を明らかにしないで、当該開示請求を拒否することができる。

（開示請求に対する措置）

第九条　行政機関の長は、開示請求に係る行政文書の全部又は一部を開示するときは、その旨の決定をし、開示請求者に対し、その旨及び開示の実施に関し政令で定める事項を書面により通知しなければならない。

2　行政機関の長は、開示請求に係る行政文書の全部を開示しないとき（前条の規定により開示請求を拒否するとき及び開示請求に係る行政文書を保有していないときを含む。）は、開示をしない旨の決定をし、開示請求者に対し、その旨を書面により通知しなければならない。

（開示決定等の期限）

第十条　前条各項の決定（以下「開示決定等」という。）は、開示請求があった日から三十日以内にしなければならない。ただし、第四条第二項の規定により補正を求めた場合にあっては、当該補正に要した日数は、当該期間に算入しない。

2　前項の規定にかかわらず、行政機関の長は、事務処理上の困難その他正当な理由があるときは、同項に規定する期間を三十日以内に限り延長することができる。この場合において、行政機関の長は、開示請求者に対し、遅滞なく、延長後の期間及び延長の理由を書面により通知しなければならない。

（開示決定等の期限の特例）

第十一条　開示請求に係る行政文書が著しく大量であるため、開示請求があった日から六十日以内にそのすべてについて開示決定等をすることにより事務の遂行に著しい支障が生ずるおそれがある場合には、前条の規定にかかわらず、行政機関の長は、開示請求に係る行政文書のうちの相当の部分につき当該期間内に開示決定等をし、残りの行政文書については相当の期間内に開示決定等をすれば足りる。この場合において、行政機関の長は、同条第一項に規定する期間内に、開示請求者に対し、次に掲げる事項を書面により通知しなければならない。

一　本条を適用する旨及びその理由

二　残りの行政文書について開示決定等をする期限

第十二条　〔略〕

（独立行政法人等への事案の移送）

第十二条の二　行政機関の長は、開示請求に係る行政文書が独立行政法人等により作成されたものであるときその他独立行政法人

等において独立行政法人等情報公開法第十条第一項に規定する開示決定等をすることにつき正当な理由があるときは、当該独立行政法人等と協議の上、当該独立行政法人等に対し、事案を移送することができる。この場合においては、移送をした行政機関の長は、開示請求者に対し、事案を移送した旨を書面により通知しなければならない。

2　前項の規定により事案が移送されたときは、当該事案については、行政文書を移送を受けた独立行政法人等が保有する独立行政法人等情報公開法第二条第二項に規定する法人文書と、開示請求を移送を受けた独立行政法人等に対する独立行政法人等情報公開法第四条第一項に規定する開示請求とみなして、独立行政法人等情報公開法の規定を適用する。この場合において、独立行政法人等情報公開法第十条第一項中「第四条第二項」とあるのは「行政機関の保有する情報の公開に関する法律（平成十一年法律第四十二号）第四条第二項」と、独立行政法人等情報公開法第十七条第一項中「開示請求をする者又は法人文書」とあるのは「法人文書」と、「により、それぞれ」とあるのは「により」と、「開示請求に係る手数料又は開示」とあるのは「開示」とする。

3　第一項の規定により事案が移送された場合において、移送を受けた独立行政法人等が開示の実施をするときは、移送をした行政機関の長は、当該開示の実施に必要な協力をしなければならない。

（開示の実施）

第十三条　〔略〕

第十四条　行政文書の開示は、文書又は図画については閲覧又は写しの交付により、電磁的記録についてはその種別、情報化の進展状況等を勘案して政令で定める方法により行う。ただし、閲覧の方法による行政文書の開示にあっては、行政機関の長は、当該行政文書の保存に支障を生ずるおそれがあると認めるときその他正当な理由があるときは、その写しにより、これを行うことができる。

2　開示決定に基づき行政文書の開示を受ける者は、政令で定めるところにより、当該開示決定をした行政機関の長に対し、その求める開示の実施の方法その他の政令で定める事項を申し出なければならない。

3　前項の規定による申出は、第九条第一項に規定する通知があった日から三十日以内にしなければならない。ただし、当該期間内に当該申出をすることができないことにつき正当な理由があるときは、この限りでない。

4　開示決定に基づき行政文書の開示を受けた者は、最初に開示を受けた日から三十日以内に限り、行政機関の長に対し、更に開示を受ける旨を申し出ることができる。この場合においては、前項ただし書の規定を準用する。

第十五条―第十七条　〔略〕

第三章　審査請求等

（審理員による審理手続に関する規定の適用除外等）

第十八条　開示決定等又は開示請求に係る不作為に係る審査請求については、行政不服審査法（平成二十六年法律第六十八号）第九条、第十七条、第二十四条、第二章第三節及び第四節並びに第五十条第二項の規定は、適用しない。

2　〔略〕

（審査会への諮問）

第十九条　開示決定等又は開示請求に係る不作為について審査請求があったときは、当該審査請求に対する裁決をすべき行政機関の長は、次の各号のいずれかに該当する場合を除き、情報公開・個人情報保護審査会（審査請求に対する裁決をすべき行政機関の長が会計検査院の長である場合にあっては、別に法律で定める審査会）に諮問しなければならない。

一　審査請求が不適法であり、却下する場合

二　裁決で、審査請求の全部を認容し、当該審査請求に係る行政文書の全部を開示することとする場合（当該行政文書の開示について反対意見書が提出されている場合を除く。）

2　前項の規定により諮問をした行政機関の長は、次に掲げる者に対し、諮問をした旨を通知しなければならない。

一　審査請求人及び参加人（行政不服審査法第十三条第四項に規定する参加人をいう。以下この項及び次条第一項第二号において同じ。）

二　開示請求者（開示請求者が審査請求人又は参加人である場合を除く。）

三　当該審査請求に係る行政文書の開示について反対意見書を提出した第三者（当該第三者が審査請求人又は参加人である場合を除く。）

（第三者からの審査請求を棄却する場合等における手続等）

第二十条　第十三条第三項の規定は、次の各号のいずれかに該当する裁決をする場合について準用する。

一　開示決定に対する第三者からの審査請求を却下し、又は棄却する裁決

二　審査請求に係る開示決定等（開示請求に係る行政文書の全部を開示する旨の決定を除く。）を変更し、当該審査請求に係る行政文書を開示する旨の裁決（第三者である参加人が当該行政文書の開示に反対の意思を表示している場合に限る。）

2　開示決定等又は開示請求に係る不作為についての審査請求については、政令で定めるところにより、行政不服審査法第四条の規定の特例を設けることができる。

（訴訟の移送の特例）

第二十一条　行政事件訴訟法（昭和三十七年法律第百三十九号）第十二条第四項の規定により同項に規定する特定管轄裁判所に開示決定等の取消しを求める訴訟又は開示決定等若しくは開示請求に係る不作為に係る審査請求に対する裁決の取消しを求める訴訟（次項及び附則第二項において「情報公開訴訟」という。）が提起された場合においては、同法第十二条第五項の規定にかかわらず、他の裁判所に同一又は同種若しくは類似の行政文書に係る開示決定等又は開示決定等若しくは開示請求に係る不作為に係る審査請求に対する裁決に係る抗告訴訟（同法第三条第一項に規定する抗告訴訟をいう。次項において同じ。）が係属しているときは、当該特定管轄裁判所は、当事者の住所又は所在地、尋問を受けるべき証人の住所、争点又は証拠の共通性その他の事情を考慮して、相当と認めるときは、申立てにより又は職権で、訴訟の全部又は一部について、当該他の裁判所又は同法第十二条第一項から第三項までに定める裁判所に移送することができる。

2　前項の規定は、行政事件訴訟法第十二条第四項の規定により同項に規定する特定管轄裁判所に開示決定等又は開示決定等若しくは開示請求に係る不作為に係る審査請求に対する裁決に係る抗告訴訟で情報公開訴訟以外のものが提起された場合について準用する。

第四章　補則

（開示請求をしようとする者に対する情報の提供等）

第二十二条　行政機関の長は、開示請求をしようとする者が容易かつ的確に開示請求をすることができるよう、公文書等の管理に関する法律第七条第二項に規定するもののほか、当該行政機関が保有する行政文書の特定に資する情報の提供その他開示請求をしようとする者の利便を考慮した適切な措置を講ずるものとする。

2　総務大臣は、この法律の円滑な運用を確保するため、開示請求に関する総合的な案内所を整備するものとする。

（施行の状況の公表）

第二十三条　総務大臣は、行政機関の長に対し、この法律の施行の状況について報告を求めることができる。

2　総務大臣は、毎年度、前項の報告を取りまとめ、その概要を公表するものとする。

（行政機関の保有する情報の提供に関する施策の充実）

第二十四条　政府は、その保有する情報の公開の総合的な推進を図るため、行政機関の保有する情報が適時に、かつ、適切な方法で国民に明らかにされるよう、行政機関の保有する情報の提供に関する施策の充実に努めるものとする。

（地方公共団体の情報公開）

第二十五条　地方公共団体は、この法律の趣旨にのっとり、その保有する情報の公開に関し必要な施策を策定し、及びこれを実施するよう努めなければならない。

（政令への委任）

第二十六条　〔略〕

附　則　〔抄〕

1　この法律は、公布の日から起算して二年を超えない範囲内において政令で定める日から施行する。〔ただし書き略〕

附　則　〔令三・五・一九法三七〕

（施行期日）

第一条　この法律は、令和三年九月一日から施行する。〔ただし書き略〕

●個人情報の保護に関する法律〔抄〕★

（平成一五年五月三〇日 法律第五七号）
最終改正…令四・六・一七法六八

第一章 総則

（目的）
第一条 この法律は、デジタル社会の進展に伴い個人情報の利用が著しく拡大していることに鑑み、個人情報の適正な取扱いに関し、基本理念及び政府による基本方針の作成その他の個人情報の保護に関する施策の基本となる事項を定め、国及び地方公共団体の責務等を明らかにし、個人情報を取り扱う事業者及び行政機関等についてこれらの特性に応じて遵守すべき義務等を定めるとともに、個人情報保護委員会を設置することにより、行政機関等の事務及び事業の適正かつ円滑な運営を図り、並びに個人情報の適正かつ効果的な活用が新たな産業の創出並びに活力ある経済社会及び豊かな国民生活の実現に資するものであることその他の個人情報の有用性に配慮しつつ、個人の権利利益を保護することを目的とする。

（定義）
第二条 この法律において「個人情報」とは、生存する個人に関する情報であって、次の各号のいずれかに該当するものをいう。
一 当該情報に含まれる氏名、生年月日その他の記述等（文書、図画若しくは電磁的記録（電磁的方式（電子的方式、磁気的方式その他人の知覚によっては認識することができない方式をいう。次項第二号において同じ。）で作られる記録をいう。以下同じ。）に記載され、若しくは記録され、又は音声、動作その他の方法を用いて表された一切の事項（個人識別符号を除く。）をいう。以下同じ。）により特定の個人を識別することができるもの（他の情報と容易に照合することができ、それにより特定の個人を識別することができることとなるものを含む。）
二 個人識別符号が含まれるもの

2 この法律において「個人識別符号」とは、次の各号のいずれかに該当する文字、番号、記号その他の符号のうち、政令で定めるものをいう。
一 特定の個人の身体の一部の特徴を電子計算機の用に供するために変換した文字、番号、記号その他の符号であって、当該特定の個人を識別することができるもの
二 個人に提供される役務の利用若しくは個人に販売される商品の購入に関し割り当てられ、又は個人に発行されるカードその他の書類に記載され、若しくは電磁的方式により記録された文字、番号、記号その他の符号であって、その利用者若しくは購入者又は発行を受ける者ごとに異なるものとなるように割り当てられ、又は記載され、若しくは記録されることにより、特定の利用者若しくは購入者又は発行を受ける者を識別することができるもの

3 この法律において「要配慮個人情報」とは、本人の人種、信条、社会的身分、病歴、犯罪の経歴、犯罪により害を被った事実その他本人に対する不当な差別、偏見その他の不利益が生じないようにその取扱いに特に配慮を要するものとして政令で定める記述等が含まれる個人情報をいう。

4 この法律において「本人」とは、個人情報によって識別される特定の個人をいう。

5 この法律において「仮名加工情報」とは、次の各号に掲げる個人情報の区分に応じて当該各号に定める措置を講じて他の情報と照合しない限り特定の個人を識別することができないように個人情報を加工して得られる個人に関する情報をいう。
一 第一項第一号に該当する個人情報 当該個人情報に含まれる記述等の一部を削除すること（当該一部の記述等を復元することのできる規則性を有しない方法により他の記述等に置き換えることを含む。）。
二 第一項第二号に該当する個人情報 当該個人情報に含まれる個人識別符号の全部を削除すること（当該個人識別符号を復元することのできる規則性を有しない方法により他の記述等に置き換えることを含む。）。

6 この法律において「匿名加工情報」とは、次の各号に掲げる個人情報の区分に応じて当該各号に定める措置を講じて特定の個人を識別することができないように個人情報を加工して得られる個人に関する情報であって、当該個人情報を復元することができないようにしたものをいう。
一 第一項第一号に該当する個人情報 当該個人情報に含まれる記述等の一部を削除すること（当該一部の記述等を復元することのできる規則性を有しない方法により他の記述等に置き換えることを含む。）。
二 第一項第二号に該当する個人情報 当該個人情報に含まれる個人識別符号の全部を削除すること（当該個人識別符号を復元することのできる規則性を有しない方法により他の記述等に置き換えること

を含む。）。

7　この法律において「個人関連情報」とは、生存する個人に関する情報であって、個人情報、仮名加工情報及び匿名加工情報のいずれにも該当しないものをいう。

8　この法律において「行政機関」とは、次に掲げる機関をいう。

一　法律の規定に基づき内閣に置かれる機関（内閣府を除く。）及び内閣の所轄の下に置かれる機関

二　内閣府、宮内庁並びに内閣府設置法（平成十一年法律第八十九号）第四十九条第一項及び第二項に規定する機関（これらの機関のうち第四号の政令で定める機関が置かれる機関にあっては、当該政令で定める機関を除く。）

三　国家行政組織法（昭和二十三年法律第百二十号）第三条第二項に規定する機関（第五号の政令で定める機関が置かれる機関にあっては、当該政令で定める機関を除く。）

四　内閣府設置法第三十九条及び第五十五条並びに宮内庁法（昭和二十二年法律第七十号）第十六条第二項の機関並びに内閣府設置法第四十条及び第五十六条（宮内庁法第十八条第一項において準用する場合を含む。）の特別の機関で、政令で定めるもの

五　国家行政組織法第八条の二の施設等機関及び同法第八条の三の特別の機関で、政令で定めるもの

六　会計検査院

9　この法律において「独立行政法人等」とは、独立行政法人通則法（平成十一年法律第百三号）第二条第一項に規定する独立行政法人及び別表第一に掲げる法人をいう。

10　この法律において「地方独立行政法人」とは、地方独立行政法人法（平成十五年法律第百十八号）第二条第一項に規定する地方独立行政法人をいう。

11　この法律において「行政機関等」とは、次に掲げる機関をいう。

一　行政機関

二　地方公共団体の機関（議会を除く。次章、第三章及び第六十九条第二項第三号を除き、以下同じ。）

三　独立行政法人等（別表第二に掲げる法人を除く。第十六条第二項第三号、第六十三条、第七十八条第一項第七号イ及びロ、第八十九条第四項から第六項まで、第百十九条第五項から第七項まで並びに第百二十五条第二項において同じ。）

四　地方独立行政法人（地方独立行政法人法第二十一条第一号に掲げる業務を主たる目的とするもの又は同条第二号若しくは第三号（チに係る部分に限る。）に掲げる業務を目的とするものを除く。第十六条第二項第四号、第六十三条、第七十八条第一項第七号イ及びロ、第八十九条第七項から第九項まで、第百十九条第八項から第十項まで並びに第百二十五条第二項において同じ。）

（基本理念）

第三条　個人情報は、個人の人格尊重の理念の下に慎重に取り扱われるべきものであることに鑑み、その適正な取扱いが図られなければならない。

第二章　国及び地方公共団体の責務等

（国の責務）

第四条　国は、この法律の趣旨にのっとり、国の機関、地方公共団体の機関、独立行政法人等、地方独立行政法人及び事業者等による個人情報の適正な取扱いを確保するために必要な施策を総合的に策定し、及びこれを実施する責務を有する。

（地方公共団体の責務）

第五条　地方公共団体は、この法律の趣旨にのっとり、国の施策との整合性に配慮しつつ、その地方公共団体の区域の特性に応じて、地方公共団体の機関、地方独立行政法人及び当該区域内の事業者等による個人情報の適正な取扱いを確保するために必要な施策を策定し、及びこれを実施する責務を有する。

（法制上の措置等）

第六条　政府は、個人情報の性質及び利用方法に鑑み、個人の権利利益の一層の保護を図るため特にその適正な取扱いの厳格な実施を確保する必要がある個人情報について、保護のための格別の措置が講じられるよう必要な法制上の措置その他の措置を講ずるとともに、国際機関その他の国際的な枠組みへの協力を通じて、各国政府と共同して国際的に整合のとれた個人情報に係る制度を構築するために必要な措置を講ずるものとする。

第三章　個人情報の保護に関する施策等

第一節　個人情報の保護に関する基本方針

第七条　政府は、個人情報の保護に関する施策の総合的かつ一体的な推進を図るため、個人情報の保護に関する基本方針（以下「基本方針」という。）を定めなければならない。

2　基本方針は、次に掲げる事項について定めるものとする。

一　個人情報の保護に関する施策の推進に関する基本的な方向

二　国が講ずべき個人情報の保護のための措置に関する事項

三　地方公共団体が講ずべき個人情報の保

護のための措置に関する基本的な事項

四　独立行政法人等が講ずべき個人情報の保護のための措置に関する基本的な事項

五　地方独立行政法人が講ずべき個人情報の保護のための措置に関する基本的な事項

六　第十六条第二項に規定する個人情報取扱事業者、同条第五項に規定する仮名加工情報取扱事業者及び同条第六項に規定する匿名加工情報取扱事業者並びに第五十一条第一項に規定する認定個人情報保護団体が講ずべき個人情報の保護のための措置に関する基本的な事項

七　個人情報の取扱いに関する苦情の円滑な処理に関する事項

八　その他個人情報の保護に関する施策の推進に関する重要事項

3　内閣総理大臣は、個人情報保護委員会が作成した基本方針の案について閣議の決定を求めなければならない。

4　内閣総理大臣は、前項の規定による閣議の決定があったときは、遅滞なく、基本方針を公表しなければならない。

5　前二項の規定は、基本方針の変更について準用する。

第二節　国の施策

（国の機関等が保有する個人情報の保護）

第八条　国は、その機関が保有する個人情報の適正な取扱いが確保されるよう必要な措置を講ずるものとする。

2　国は、独立行政法人等について、その保有する個人情報の適正な取扱いが確保されるよう必要な措置を講ずるものとする。

（地方公共団体等への支援）

第九条　国は、地方公共団体が策定し、又は実施する個人情報の保護に関する施策及び国民又は事業者等が個人情報の適正な取扱いの確保に関して行う活動を支援するため、情報の提供、地方公共団体又は事業者等が講ずべき措置の適切かつ有効な実施を図るための指針の策定その他の必要な措置を講ずるものとする。

（苦情処理のための措置）

第十条　国は、個人情報の取扱いに関し事業者と本人との間に生じた苦情の適切かつ迅速な処理を図るために必要な措置を講ずるものとする。

（個人情報の適正な取扱いを確保するための措置）

第十一条　国は、地方公共団体との適切な役割分担を通じ、次章に規定する個人情報取扱事業者による個人情報の適正な取扱いを確保するために必要な措置を講ずるものとする。

2　国は、第五章に規定する地方公共団体及び地方独立行政法人による個人情報の適正な取扱いを確保するために必要な措置を講ずるものとする。

第三節　地方公共団体の施策

（地方公共団体の機関等が保有する個人情報の保護）

第十二条　地方公共団体は、その機関が保有する個人情報の適正な取扱いが確保されるよう必要な措置を講ずるものとする。

2　〔略〕

（区域内の事業者等への支援）

第十三条　地方公共団体は、個人情報の適正な取扱いを確保するため、その区域内の事業者及び住民に対する支援に必要な措置を講ずるよう努めなければならない。

（苦情の処理のあっせん等）

第十四条　地方公共団体は、個人情報の取扱いに関し事業者と本人との間に生じた苦情が適切かつ迅速に処理されるようにするため、苦情の処理のあっせんその他必要な措置を講ずるよう努めなければならない。

第四節　国及び地方公共団体の協力

第十五条　国及び地方公共団体は、個人情報の保護に関する施策を講ずるにつき、相協力するものとする。

第四章　個人情報取扱事業者等の義務等

（定義）

第十六条　この章及び第八章において「個人情報データベース等」とは、個人情報を含む情報の集合物であって、次に掲げるもの（利用方法からみて個人の権利利益を害するおそれが少ないものとして政令で定めるものを除く。）をいう。

一　特定の個人情報を電子計算機を用いて検索することができるように体系的に構成したもの

二　前号に掲げるもののほか、特定の個人情報を容易に検索することができるように体系的に構成したものとして政令で定めるもの

2　この章及び第六章から第八章までにおいて「個人情報取扱事業者」とは、個人情報データベース等を事業の用に供している者をいう。ただし、次に掲げる者を除く。

一　国の機関

二　地方公共団体

三　独立行政法人等

四　地方独立行政法人

3　この章において「個人データ」とは、個人情報データベース等を構成する個人情報をいう。

4　この章において「保有個人データ」とは、個人情報取扱事業者が、開示、内容の訂正、追加又は削除、利用の停止、消去及び第三者への提供の停止を行うことのできる権限を有する個人データであって、その存否が明らかになることにより公益その他の利益が害されるものとして政令で定めるもの以外のものをいう。

5　この章、第六章及び第七章において「仮

名加工情報取扱事業者」とは、仮名加工情報を含む情報の集合物であって、特定の仮名加工情報を電子計算機を用いて検索することができるように体系的に構成したものその他特定の仮名加工情報を容易に検索することができるように体系的に構成したものとして政令で定めるもの（第四十一条第一項において「仮名加工情報データベース等」という。）を事業の用に供している者をいう。ただし、第二項各号に掲げる者を除く。

6　この章、第六章及び第七章において「匿名加工情報取扱事業者」とは、匿名加工情報を含む情報の集合物であって、特定の匿名加工情報を電子計算機を用いて検索することができるように体系的に構成したものその他特定の匿名加工情報を容易に検索することができるように体系的に構成したものとして政令で定めるもの（第四十三条第一項において「匿名加工情報データベース等」という。）を事業の用に供している者をいう。ただし、第二項各号に掲げる者を除く。

7　この章、第六章及び第七章において「個人関連情報取扱事業者」とは、個人関連情報を含む情報の集合物であって、特定の個人関連情報を電子計算機を用いて検索することができるように体系的に構成したものその他特定の個人関連情報を容易に検索することができるように体系的に構成したものとして政令で定めるもの（第三十一条第一項において「個人関連情報データベース等」という。）を事業の用に供している者をいう。ただし、第二項各号に掲げる者を除く。

8　この章において「学術研究機関等」とは、大学その他の学術研究を目的とする機関若しくは団体又はそれらに属する者をいう。

第二節　個人情報取扱事業者及び個人関連情報取扱事業者の義務

（利用目的の特定）

第十七条　個人情報取扱事業者は、個人情報を取り扱うに当たっては、その利用の目的（以下「利用目的」という。）をできる限り特定しなければならない。

2　個人情報取扱事業者は、利用目的を変更する場合には、変更前の利用目的と関連性を有すると合理的に認められる範囲を超えて行ってはならない。

（利用目的による制限）

第十八条　個人情報取扱事業者は、あらかじめ本人の同意を得ないで、前条の規定により特定された利用目的の達成に必要な範囲を超えて、個人情報を取り扱ってはならない。

2　個人情報取扱事業者は、合併その他の事由により他の個人情報取扱事業者から事業を承継することに伴って個人情報を取得した場合は、あらかじめ本人の同意を得ないで、承継前における当該個人情報の利用目的の達成に必要な範囲を超えて、当該個人情報を取り扱ってはならない。

3　前二項の規定は、次に掲げる場合については、適用しない。

一　法令（条例を含む。以下この章において同じ。）に基づく場合

二　人の生命、身体又は財産の保護のために必要がある場合であって、本人の同意を得ることが困難であるとき。

三　公衆衛生の向上又は児童の健全な育成の推進のために特に必要がある場合であって、本人の同意を得ることが困難であるとき。

四　国の機関若しくは地方公共団体又はその委託を受けた者が法令の定める事務を遂行することに対して協力する必要がある場合であって、本人の同意を得ることにより当該事務の遂行に支障を及ぼすおそれがあるとき。

五　当該個人情報取扱事業者が学術研究機関等である場合であって、当該個人情報を学術研究の用に供する目的（以下この章において「学術研究目的」という。）で取り扱う必要があるとき（当該個人情報を取り扱う目的の一部が学術研究目的である場合を含み、個人の権利利益を不当に侵害するおそれがある場合を除く。）。

六　学術研究機関等に個人データを提供する場合であって、当該学術研究機関等が当該個人データを学術研究目的で取り扱う必要があるとき（当該個人データを取り扱う目的の一部が学術研究目的である場合を含み、個人の権利利益を不当に侵害するおそれがある場合を除く。）。

（不適正な利用の禁止）

第十九条　個人情報取扱事業者は、違法又は不当な行為を助長し、又は誘発するおそれがある方法により個人情報を利用してはならない。

（適正な取得）

第二十条　個人情報取扱事業者は、偽りその他不正の手段により個人情報を取得してはならない。

2　個人情報取扱事業者は、次に掲げる場合を除くほか、あらかじめ本人の同意を得ないで、要配慮個人情報を取得してはならない。

一　法令に基づく場合

二　人の生命、身体又は財産の保護のために必要がある場合であって、本人の同意を得ることが困難であるとき。

三　公衆衛生の向上又は児童の健全な育成の推進のために特に必要がある場合であって、本人の同意を得ることが困難であるとき。

四　国の機関若しくは地方公共団体又はその委託を受けた者が法令の定める事務を遂行することに対して協力する必要がある場合であって、本人の同意を得ることにより当該事務の遂行に支障を及ぼすおそれがあるとき。

五　当該個人情報取扱事業者が学術研究機関等である場合であって、当該要配慮個人情報を学術研究目的で取り扱う必要があるとき（当該要配慮個人情報を取り扱う目的の一部が学術研究目的である場合を含み、個人の権利利益を不当に侵害するおそれがある場合を除く。）。

六　学術研究機関等から当該要配慮個人情報を取得する場合であって、当該要配慮個人情報を学術研究目的で取得する必要があるとき（当該要配慮個人情報を取得する目的の一部が学術研究目的である場合を含み、個人の権利利益を不当に侵害するおそれがある場合を除く。）（当該個人情報取扱事業者と当該学術研究機関等が共同して学術研究を行う場合に限る。）。

七　当該要配慮個人情報が、本人、国の機関、地方公共団体、学術研究機関等、第五十七条第一項各号に掲げる者その他個人情報保護委員会規則で定める者により公開されている場合

八　その他前各号に掲げる場合に準ずるものとして政令で定める場合

（取得に際しての利用目的の通知等）

第二十一条　個人情報取扱事業者は、個人情報を取得した場合は、あらかじめその利用目的を公表している場合を除き、速やかに、その利用目的を、本人に通知し、又は公表しなければならない。

2　個人情報取扱事業者は、前項の規定にかかわらず、本人との間で契約を締結することに伴って契約書その他の書面（電磁的記録を含む。以下この項において同じ。）に記載された当該本人の個人情報を取得する場合その他本人から直接書面に記載された当該本人の個人情報を取得する場合は、あらかじめ、本人に対し、その利用目的を明示しなければならない。ただし、人の生命、身体又は財産の保護のために緊急に必要がある場合は、この限りでない。

3　個人情報取扱事業者は、利用目的を変更した場合は、変更された利用目的について、本人に通知し、又は公表しなければならない。

4　前三項の規定は、次に掲げる場合については、適用しない。

一　利用目的を本人に通知し、又は公表することにより本人又は第三者の生命、身体、財産その他の権利利益を害するおそれがある場合

二　利用目的を本人に通知し、又は公表することにより当該個人情報取扱事業者の権利又は正当な利益を害するおそれがある場合

三　国の機関又は地方公共団体が法令の定める事務を遂行することに対して協力する必要がある場合であって、利用目的を本人に通知し、又は公表することにより当該事務の遂行に支障を及ぼすおそれがあるとき。

四　取得の状況からみて利用目的が明らかであると認められる場合

（データ内容の正確性の確保等）

第二十二条　個人情報取扱事業者は、利用目的の達成に必要な範囲内において、個人データを正確かつ最新の内容に保つとともに、利用する必要がなくなったときは、当該個人データを遅滞なく消去するよう努めなければならない。

（安全管理措置）

第二十三条　個人情報取扱事業者は、その取り扱う個人データの漏えい、滅失又は毀損の防止その他の個人データの安全管理のために必要かつ適切な措置を講じなければならない。

（従業者の監督）

第二十四条　個人情報取扱事業者は、その従業者に個人データを取り扱わせるに当たっては、当該個人データの安全管理が図られるよう、当該従業者に対する必要かつ適切な監督を行わなければならない。

（委託先の監督）

第二十五条　個人情報取扱事業者は、個人データの取扱いの全部又は一部を委託する場合は、その取扱いを委託された個人データの安全管理が図られるよう、委託を受けた者に対する必要かつ適切な監督を行わなければならない。

（漏えい等の報告等）

第二十六条　個人情報取扱事業者は、その取り扱う個人データの漏えい、滅失、毀損その他の個人データの安全の確保に係る事態であって個人の権利利益を害するおそれが大きいものとして個人情報保護委員会規則で定めるものが生じたときは、個人情報保護委員会規則で定めるところにより、当該事態が生じた旨を個人情報保護委員会に報告しなければならない。ただし、当該個人情報取扱事業者が、他の個人情報取扱事業者又は行政機関等から当該個人データの取扱いの全部又は一部の委託を受けた場合であって、個人情報保護委員会規則で定めるところにより、当該事態が生じた旨を当該他の個人情報取扱事業者に通知したときは、この限りでない。

2　前項に規定する場合には、個人情報取扱事業者（同項ただし書の規定による通知をした者を除く。）は、本人に対し、個人情報保護委員会規則で定めるところにより、当該事態が生じた旨を通知しなければならなら

ない。ただし、本人への通知が困難な場合であって、本人の権利利益を保護するため必要なこれに代わるべき措置をとるときは、この限りでない。

（第三者提供の制限）

第二十七条　個人情報取扱事業者は、次に掲げる場合を除くほか、あらかじめ本人の同意を得ないで、個人データを第三者に提供してはならない。

一　法令に基づく場合

二　人の生命、身体又は財産の保護のために必要がある場合であって、本人の同意を得ることが困難であるとき。

三　公衆衛生の向上又は児童の健全な育成の推進のために特に必要がある場合であって、本人の同意を得ることが困難であるとき。

四　国の機関若しくは地方公共団体又はその委託を受けた者が法令の定める事務を遂行することに対して協力する必要がある場合であって、本人の同意を得ることにより当該事務の遂行に支障を及ぼすおそれがあるとき。

五　当該個人情報取扱事業者が学術研究機関等である場合であって、当該個人データの提供が学術研究の成果の公表又は教授のためやむを得ないとき（個人の権利利益を不当に侵害するおそれがある場合を除く。）。

六　当該個人情報取扱事業者が学術研究機関等である場合であって、当該個人データを学術研究目的で提供する必要があるとき（当該個人データを提供する目的の一部が学術研究目的である場合を含み、個人の権利利益を不当に侵害するおそれがある場合を除く。）（当該個人情報取扱事業者と当該第三者が共同して学術研究を行う場合に限る。）。

七　当該第三者が学術研究機関等である場合であって、当該第三者が当該個人データを学術研究目的で取り扱う必要があるとき（当該個人データを取り扱う目的の一部が学術研究目的である場合を含み、個人の権利利益を不当に侵害するおそれがある場合を除く。）。

2　個人情報取扱事業者は、第三者に提供される個人データについて、本人の求めに応じて当該本人が識別される個人データの第三者への提供を停止することとしている場合であって、次に掲げる事項について、個人情報保護委員会規則で定めるところにより、あらかじめ、本人に通知し、又は本人が容易に知り得る状態に置くとともに、個人情報保護委員会に届け出たときは、前項の規定にかかわらず、当該個人データを第三者に提供することができる。ただし、第三者に提供される個人データが要配慮個人情報又は第二十条第一項の規定に違反して取得されたもの若しくは他の個人情報取扱事業者からこの項本文の規定により提供されたもの（その全部又は一部を複製し、又は加工したものを含む。）である場合は、この限りでない。

一　第三者への提供を行う個人情報取扱事業者の氏名又は名称及び住所並びに法人にあっては、その代表者（法人でない団体で代表者又は管理人の定めのあるものにあっては、その代表者又は管理人。以下この条、第三十条第一項第一号及び第三十二条第一項第一号において同じ。）の氏名

二　第三者への提供を利用目的とすること。

三　第三者に提供される個人データの項目

四　第三者に提供される個人データの取得の方法

五　第三者への提供の方法

六　本人の求めに応じて当該本人が識別される個人データの第三者への提供を停止すること。

七　本人の求めを受け付ける方法

八　その他個人の権利利益を保護するために必要なものとして個人情報保護委員会規則で定める事項

3　個人情報取扱事業者は、前項第一号に掲げる事項に変更があったとき又は同項の規定による個人データの提供をやめたときは遅滞なく、同項第三号から第五号まで、第七号又は第八号に掲げる事項を変更しようとするときはあらかじめ、その旨について、個人情報保護委員会規則で定めるところにより、本人に通知し、又は本人が容易に知り得る状態に置くとともに、個人情報保護委員会に届け出なければならない。

4　個人情報保護委員会は、第二項の規定による届出があったときは、個人情報保護委員会規則で定めるところにより、当該届出に係る事項を公表しなければならない。前項の規定による届出があったときも、同様とする。

5　次に掲げる場合において、当該個人データの提供を受ける者は、前各項の規定の適用については、第三者に該当しないものとする。

一　個人情報取扱事業者が利用目的の達成に必要な範囲内において個人データの取扱いの全部又は一部を委託することに伴って当該個人データが提供される場合

二　合併その他の事由による事業の承継に伴って個人データが提供される場合

三　特定の者との間で共同して利用される個人データが当該特定の者に提供される場合であって、その旨並びに共同して利用される個人データの項目、共同して利用する者の範囲、利用する者の利用目的並びに当該個人データの管理について責任を有する者の氏名又は名称及び住所並

びに法人にあっては、その代表者の氏名について、あらかじめ、本人に通知し、又は本人が容易に知り得る状態に置いているとき。

6 個人情報取扱事業者は、前項第三号に規定する個人データの管理について責任を有する者の氏名、名称若しくは住所又は法人にあっては、その代表者の氏名に変更があったときは遅滞なく、同号に規定する利用する者の利用目的又は当該責任を有する者を変更しようとするときはあらかじめ、その旨について、本人に通知し、又は本人が容易に知り得る状態に置かなければならない。

（外国にある第三者への提供の制限）

第二十八条 個人情報取扱事業者は、外国（本邦の域外にある国又は地域をいう。以下この条及び第三十一条第一項第二号において同じ。）（個人の権利利益を保護する上で我が国と同等の水準にあると認められる個人情報の保護に関する制度を有している外国として個人情報保護委員会規則で定めるものを除く。以下この条及び同号において同じ。）にある第三者（個人データの取扱いについてこの節の規定により個人情報取扱事業者が講ずべきこととされている措置に相当する措置（第三項において「相当措置」という。）を継続的に講ずるために必要なものとして個人情報保護委員会規則で定める基準に適合する体制を整備している者を除く。以下この項及び次項並びに同号において同じ。）に個人データを提供する場合には、前条第一項各号に掲げる場合を除くほか、あらかじめ外国にある第三者への提供を認める旨の本人の同意を得なければならない。この場合においては、二十八条の規定は、適用しない。

2 個人情報取扱事業者は、前項の規定により本人の同意を得ようとする場合には、個人情報保護委員会規則で定めるところにより、あらかじめ、当該外国における個人情報の保護に関する制度、当該第三者が講ずる個人情報の保護のための措置その他当該本人に参考となるべき情報を当該本人に提供しなければならない。

3 個人情報取扱事業者は、個人データを外国にある第三者（第一項に規定する体制を整備している者に限る。）に提供した場合には、個人情報保護委員会規則で定めるところにより、当該第三者による相当措置の継続的な実施を確保するために必要な措置を講ずるとともに、本人の求めに応じて当該必要な措置に関する情報を当該本人に提供しなければならない。

（第三者提供に係る記録の作成等）

第二十九条 個人情報取扱事業者は、個人データを第三者（第十六条第二項各号に掲げる者を除く。以下この条及び次条（第三十一条の二第三項において読み替えて準用する場合を含む。）において同じ。）に提供したときは、個人情報保護委員会規則で定めるところにより、当該個人データを提供した年月日、当該第三者の氏名又は名称その他の個人情報保護委員会規則で定める事項に関する記録を作成しなければならない。ただし、当該個人データの提供が第二十七条第一項各号又は第五項各号のいずれか（前条第一項の規定による個人データの提供にあっては、第二十三条第一項各号のいずれか）に該当する場合は、この限りでない。

2 個人情報取扱事業者は、前項の記録を、当該記録を作成した日から個人情報保護委員会規則で定める期間保存しなければならない。

（第三者提供を受ける際の確認等）

第三十条 個人情報取扱事業者は、第三者から個人データの提供を受けるに際しては、個人情報保護委員会規則で定めるところにより、次に掲げる事項の確認を行わなければならない。ただし、当該個人データの提供が第二十七条第一項各号又は第五項各号のいずれかに該当する場合は、この限りでない。

一 当該第三者の氏名又は名称及び住所並びに法人にあっては、その代表者の氏名

二 当該第三者による当該個人データの取得の経緯

2 前項の第三者は、個人情報取扱事業者が同項の規定による確認を行う場合において、当該個人情報取扱事業者に対して、当該確認に係る事項を偽ってはならない。

3 個人情報取扱事業者は、第一項の規定による確認を行ったときは、個人情報保護委員会規則で定めるところにより、当該個人データの提供を受けた年月日、当該確認に係る事項その他の個人情報保護委員会規則で定める事項に関する記録を作成しなければならない。

4 個人情報取扱事業者は、前項の記録を、当該記録を作成した日から個人情報保護委員会規則で定める期間保存しなければならない。

（個人関連情報の第三者提供の制限等）

第三十一条 個人関連情報取扱事業者は、第三者が個人関連情報（個人関連情報データベース等を構成するものに限る。以下この章及び第六章において同じ。）を個人データとして取得することが想定されるときは、第二十七条第一項各号に掲げる場合を除くほか、次に掲げる事項について、あらかじめ個人情報保護委員会規則で定めるところにより確認することをしないで、当該個人関連情報を当該第三者に提供してはならない。

一 当該第三者が個人関連情報取扱事業者から個人関連情報の提供を受けて本人が

識別される個人データとして取得することを認める旨の当該本人の同意が得られていること。

二　外国にある第三者への提供にあっては、前号の本人の同意を得ようとする場合において、個人情報保護委員会規則で定めるところにより、あらかじめ、当該外国における個人情報の保護に関する制度、当該第三者が講ずる個人情報の保護のための措置その他当該本人に参考となるべき情報が当該本人に提供されていること。

2　第二十八条第三項の規定は、前項の規定により個人関連情報取扱事業者が個人関連情報を提供する場合について準用する。この場合において、同条第三項中「講ずるとともに、本人の求めに応じて当該必要な措置に関する情報を当該本人に提供し」とあるのは、「講じ」と読み替えるものとする。

3　前条第二項から第四項までの規定は、第一項の規定により個人関連情報取扱事業者が確認する場合について準用する。この場合において、同条第三項中「の提供を受けた」とあるのは、「を提供した」と読み替えるものとする。

（保有個人データに関する事項の公表等）

第三十二条　個人情報取扱事業者は、保有個人データに関し、次に掲げる事項について、本人の知り得る状態（本人の求めに応じて遅滞なく回答する場合を含む。）に置かなければならない。

一　当該個人情報取扱事業者の氏名又は名称及び住所並びに法人にあっては、その代表者の氏名

二　全ての保有個人データの利用目的（第二十一条第四項第一号から第三号までに該当する場合を除く。）

三　次項の規定による求め又は次条第一項（同条第五項において準用する場合を含む。）、第三十四条第一項若しくは第三十五条第一項、第三項若しくは第五項の規定による請求に応じる手続（第三十八条第二項の規定により手数料の額を定めたときは、その手数料の額を含む。）

四　前三号に掲げるもののほか、保有個人データの適正な取扱いの確保に関し必要な事項として政令で定めるもの

2　個人情報取扱事業者は、本人から、当該本人が識別される保有個人データの利用目的の通知を求められたときは、本人に対し、遅滞なく、これを通知しなければならない。ただし、次の各号のいずれかに該当する場合は、この限りでない。

一　前項の規定により当該本人が識別される保有個人データの利用目的が明らかな場合

二　第二十一条第四項第一号から第三号までに該当する場合

3　個人情報取扱事業者は、前項の規定に基づき求められた保有個人データの利用目的を通知しない旨の決定をしたときは、本人に対し、遅滞なく、その旨を通知しなければならない。

（開示）

第三十三条　本人は、個人情報取扱事業者に対し、当該本人が識別される保有個人データの電磁的記録の提供による方法その他の個人情報保護委員会規則で定める方法による開示を請求することができる。

2　個人情報取扱事業者は、前項の規定による請求を受けたときは、本人に対し、同項の規定により当該本人が請求した方法（当該方法による開示に多額の費用を要する場合その他の当該方法による開示が困難である場合にあっては、書面の交付による方法）により、遅滞なく、当該保有個人データを開示しなければならない。ただし、開示することにより次の各号のいずれかに該当する場合は、その全部又は一部を開示しないことができる。

一　本人又は第三者の生命、身体、財産その他の権利利益を害するおそれがある場合

二　当該個人情報取扱事業者の業務の適正な実施に著しい支障を及ぼすおそれがある場合

三　他の法令に違反することとなる場合

3　個人情報取扱事業者は、第一項の規定による請求に係る保有個人データの全部若しくは一部について開示しない旨の決定をしたとき、当該保有個人データが存在しないとき、又は同項の規定により本人が請求した方法による開示が困難であるときは、本人に対し、遅滞なく、その旨を通知しなければならない。

4　他の法令の規定により、本人に対し第二項本文に規定する方法に相当する方法により当該本人が識別される保有個人データの全部又は一部を開示することとされている場合には、当該全部又は一部の保有個人データについては、第一項及び第二項の規定は、適用しない。

5　第一項から第三項までの規定は、当該本人が識別される個人データに係る「第二十九条第一項及び第三十条第三項の記録（その存否が明らかになることにより公益その他の利益が害されるものとして政令で定めるものを除く。第三十七条第二項において「第三者提供記録」という。）について準用する。

（訂正等）

第三十四条　本人は、個人情報取扱事業者に対し、当該本人が識別される保有個人データの内容が事実でないときは、当該保有個人データの内容の訂正、追加又は削除（以下この条において「訂正等」という。）を請求することができる。

2　個人情報取扱事業者は、前項の規定による請求を受けた場合には、その内容の訂正等に関して他の法令の規定により特別の手続が定められている場合を除き、利用目的の達成に必要な範囲内において、遅滞なく必要な調査を行い、その結果に基づき、当該保有個人データの内容の訂正等を行わなければならない。

3　個人情報取扱事業者は、第一項の規定による請求に係る保有個人データの内容の全部若しくは一部について訂正等を行ったとき、又は訂正等を行わない旨の決定をしたときは、本人に対し、遅滞なく、その旨（訂正等を行ったときは、その内容を含む。）を通知しなければならない。

（利用停止等）

第三十五条　本人は、個人情報取扱事業者に対し、当該本人が識別される保有個人データが第十八条若しくは第十九条の規定に違反して取り扱われているとき、又は第二十条の規定に違反して取得されたものであるときは、当該保有個人データの利用の停止又は消去（以下この条において「利用停止等」という。）を請求することができる。

2　個人情報取扱事業者は、前項の規定による請求を受けた場合であって、その請求に理由があることが判明したときは、違反を是正するために必要な限度で、遅滞なく、当該保有個人データの利用停止等を行わなければならない。ただし、当該保有個人データの利用停止等に多額の費用を要する場合その他の利用停止等を行うことが困難な場合であって、本人の権利利益を保護するため必要なこれに代わるべき措置をとるときは、この限りでない。

3　本人は、個人情報取扱事業者に対し、当該本人が識別される保有個人データが第二十七条第一項又は第二十八条の規定に違反して第三者に提供されているときは、当該保有個人データの第三者への提供の停止を請求することができる。

4　個人情報取扱事業者は、前項の規定による請求を受けた場合であって、その請求に理由があることが判明したときは、遅滞なく、当該保有個人データの第三者への提供を停止しなければならない。ただし、当該保有個人データの第三者への提供の停止に多額の費用を要する場合その他の第三者への提供を停止することが困難な場合であって、本人の権利利益を保護するため必要なこれに代わるべき措置をとるときは、この限りでない。

5　本人は、個人情報取扱事業者に対し、当該本人が識別される保有個人データを当該個人情報取扱事業者が利用する必要がなくなった場合、当該本人が識別される保有個人データに係る第二十六条第一項本文に規定する事態が生じた場合その他当該本人が識別される保有個人データの取扱いにより当該本人の権利又は正当な利益が害されるおそれがある場合には、当該保有個人データの利用停止等又は第三者への提供の停止を請求することができる。

6　個人情報取扱事業者は、前項の規定による請求を受けた場合であって、その請求に理由があることが判明したときは、本人の権利利益の侵害を防止するために必要な限度で、遅滞なく、当該保有個人データの利用停止等又は第三者への提供の停止を行わなければならない。ただし、当該保有個人データの利用停止等又は第三者への提供の停止に多額の費用を要する場合その他の利用停止等又は第三者への提供の停止を行うことが困難な場合であって、本人の権利利益を保護するため必要なこれに代わるべき措置をとるときは、この限りでない。

7　個人情報取扱事業者は、第一項若しくは第五項の規定による請求に係る保有個人データの全部若しくは一部について利用停止等を行ったとき若しくは利用停止等を行わない旨の決定をしたとき、又は第三項若しくは第五項の規定による請求に係る保有個人データの全部若しくは一部について第三者への提供を停止したとき若しくは第三者への提供を停止しない旨の決定をしたときは、本人に対し、遅滞なく、その旨を通知しなければならない。

（理由の説明）

第三十六条　個人情報取扱事業者は、第三十二条第三項、第三十三条第三項（同条第五項において準用する場合を含む。）、第二十九条第三項又は前条第七項の規定により、本人から求められ、又は請求された措置の全部又は一部について、その措置をとらない旨を通知する場合又はその措置と異なる措置をとる旨を通知する場合には、本人に対し、その理由を説明するよう努めなければならない。

（開示等の請求等に応じる手続）

第三十七条　個人情報取扱事業者は、第三十二条第二項の規定による求め又は第三十三条第一項（同条第五項において準用する場合を含む。次条第一項及び第三十九条において同じ。）、第三十四条第一項若しくは第三十五条第一項、第三項若しくは第五項の規定による請求（以下この条及び第五十四条第一項において「開示等の請求等」という。）に関し、政令で定めるところにより、その求め又は請求を受け付ける方法を定めることができる。この場合において、本人は、当該方法に従って、開示等の請求等を行わなければならない。

2　個人情報取扱事業者は、本人に対し、開示等の請求等に関し、その対象となる保有個人データ又は第三者提供記録を特定するに足りる事項の提示を求めることができる。この場合において、個人情報取扱事業者は、本人が容易かつ的確に開示等の請求等をすることができるよう、当該保有個人データ又は当該第三者提供記録の特定に資する情報の提供その他本人の利便を考慮した適切な措置をとらなければならない。

3　開示等の請求等は、政令で定めるところにより、代理人によってすることができる。

4　個人情報取扱事業者は、前三項の規定に基づき開示等の請求等に応じる手続を定めるに当たっては、本人に過重な負担を課するものとならないよう配慮しなければならない。

（手数料）

第三十八条　個人情報取扱事業者は、第二十七条第二項の規定による利用目的の通知を求められたとき又は第二十八条第一項の規定による開示の請求を受けたときは、当該措置の実施に関し、手数料を徴収することができる。

2　個人情報取扱事業者は、前項の規定により手数料を徴収する場合は、実費を勘案して合理的であると認められる範囲内において、その手数料の額を定めなければならない。

（事前の請求）

第三十九条　〔略〕

（個人情報取扱事業者による苦情の処理）

第四十条　個人情報取扱事業者は、個人情報の取扱いに関する苦情の適切かつ迅速な処理に努めなければならない。

2　個人情報取扱事業者は、前項の目的を達成するために必要な体制の整備に努めなければならない。

第三節　仮名加工情報取扱事業者等の義務

第四十一条―四十二条　〔略〕

第四節　匿名加工情報取扱事業者等の義務

（匿名加工情報の作成等）

第四十三条　個人情報取扱事業者は、匿名加工情報（匿名加工情報データベース等を構成するものに限る。以下この章及び第六章において同じ。）を作成するときは、特定の個人を識別すること及びその作成に用いる個人情報を復元することができないようにするために必要なものとして個人情報保護委員会規則で定める基準に従い、当該個人情報を加工しなければならない。

2　個人情報取扱事業者は、匿名加工情報を作成したときは、その作成に用いた個人情報から削除した記述等及び個人識別符号並びに前項の規定により行った加工の方法に関する情報の漏えいを防止するために必要なものとして個人情報保護委員会規則で定める基準に従い、これらの情報の安全管理のための措置を講じなければならない。

3　個人情報取扱事業者は、匿名加工情報を作成したときは、個人情報保護委員会規則で定めるところにより、当該匿名加工情報に含まれる個人に関する情報の項目を公表しなければならない。

4　個人情報取扱事業者は、匿名加工情報を作成して当該匿名加工情報を第三者に提供するときは、個人情報保護委員会規則で定めるところにより、あらかじめ、第三者に提供される匿名加工情報に含まれる個人に関する情報の項目及びその提供の方法について公表するとともに、当該第三者に対して、当該提供に係る情報が匿名加工情報である旨を明示しなければならない。

5　個人情報取扱事業者は、匿名加工情報を作成して自ら当該匿名加工情報を取り扱うに当たっては、当該匿名加工情報の作成に用いられた個人情報に係る本人を識別するために、当該匿名加工情報を他の情報と照合してはならない。

6　個人情報取扱事業者は、匿名加工情報を作成したときは、当該匿名加工情報の安全管理のために必要かつ適切な措置、当該匿名加工情報の作成その他の取扱いに関する苦情の処理その他の当該匿名加工情報の適正な取扱いを確保するために必要な措置を自ら講じ、かつ、当該措置の内容を公表するよう努めなければならない。

第四十四―五十六条　〔略〕

（適用除外）

第五十七条　個人情報取扱事業者等のうち次の各号に掲げる者については、その個人情報等を取り扱う目的の全部又は一部がそれぞれ当該各号に規定する目的であるときは、この章の規定は、適用しない。

一　放送機関、新聞社、通信社その他の報道機関（報道を業として行う個人を含む。）　報道の用に供する目的

二　著述を業として行う者　著述の用に供する目的

三　大学その他の学術研究を目的とする機関若しくは団体又はそれらに属する者　学術研究の用に供する目的

四　宗教団体　宗教活動（これに付随する活動を含む。）の用に供する目的

五　政治団体　政治活動（これに付随する活動を含む。）の用に供する目的

2　前項第一号に規定する「報道」とは、不特定かつ多数の者に対して客観的事実を事実として知らせること（これに基づいて意見又は見解を述べることを含む。）をいう。

3　第一項各号に掲げる個人情報取扱事業者等は、個人データ、仮名加工情報又は匿名加工情報の安全管理のために必要かつ適切な措置、個人情報等（個人関連情報を除く。以下この項において同じ。）の取扱いに関する苦情の処理その他の個人情報等の適正な取扱いを確保するために必要な措置を自ら講じ、かつ、当該措置の内容を公表するよう努めなければならない。

第五十八―五十九条　〔略〕

第五章―第七章　〔略〕

附　則（令四・六・一七法六八）

（施行期日）
1　この法律は、刑法等一部改正法施行日から施行する。〔ただし書略〕

●東京都立学校の管理運営に関する規則〔抄〕

（昭和三五年四月一日　東京都教育委員会規則第八号）

最終改正…令四・三・三〇都教委規則七号

第一章　総則

（目的）
第一条　この規則は、地方教育行政の組織及び運営に関する法律（昭和三十一年法律第百六十二号）第三十三条の規定に基づき、都立の小学校、中学校、高等学校、中等教育学校及び特別支援学校の管理運営に関し、必要な事項を定めることを目的とする。

（任務）
第二条　校長及び職員は、この規則及び他の法令等の定めるところに従い、適正にして円滑な学校の管理運営に努めなければならない。

第二章　高等学校

第一節　学期及び休業日

第三条　削除

（学期）
第四条　学年を分けて、次の三学期とする。
第一学期　四月一日から八月三十一日まで
第二学期　九月一日から十二月三十一日まで
第三学期　一月一日から三月三十一日まで
2　前項の規定にかかわらず、校長の申出により前期及び後期の二学期とすることがある。

（休業日）
第五条　学校教育法施行令（昭和二十八年政令第三百四十号。以下「施行令」という。）第二十九条及び単位制高等学校教育規程（昭和六十三年文部省令第六号）第八条の規定に基づく高等学校の休業日は、次のとおりとする。
一　夏季休業日　七月二十一日から八月三十一日まで
二　冬季休業日　十二月二十六日から一月七日まで
三　春季休業日　三月二十六日から四月五日まで
四　開校記念日
五　都民の日　条例（昭和二十七年九月東京都条例第七十五号）の規定する日
六　その他東京都教育委員会（以下「委員会」という。）が定める日
2　前条第二項により二学期とした場合は、前項にかかげるもののほか、校長の申出により特別の定をすることがある。
3　第一項の規定にかかわらず、春季休業日、水産及び農業に関する全日制の課程並びに定時制の課程の夏季及び冬季休業日については、校長の申出により特別の定をすることがある。
4　休業日に授業を行い、または授業日に休業しようとするときは、校長は委員会の許可を受けなければならない。ただし、運動会、学芸会、遠足その他の年間行事計画に基づく恒常的行事の実施のため、休業日に授業を行いまたは授業日に休業しようとする場合は、あらかじめ届け出ることをもつて足りるものとする。

（臨時休業の報告）
第六条　学校教育法施行規則（昭和二十二年文部省令第十一号。以下「施行規則」とい

う。）第百四条第一項で準用する施行規則第六十三条の規定による臨時休業の報告書には、次の事項を記載しなければならない。

一　臨時休業の期日
二　事由
三　措置
四　その他参考となる事項

第二節　職員及び経営企画室

（校長の職務）
第七条　学校教育法（昭和二十二年法律第二十六号。以下「法」という。）第六十二条で準用する法第三十七条第四項に規定する校長の職務は、おおむね次のとおりとする。

一　学校教育の管理、所属職員の管理、学校施設の管理及び学校事務の管理に関すること。
二　所属職員の職務上及び身分上の監督に関すること。
三　前各号に規定するもののほか、職務上委任または命令された事項に関すること。

2　校長は、所属職員に校務を分掌させることができる。

（統括校長）
第七条の二　学校に、委員会が別に定める基準に基づき、特に重要かつ困難な職責を担う校長の職として、統括校長を置くことができる。

（副校長）
第八条　学校に副校長を置く。
2　副校長は、校長を助け、命を受けて校務をつかさどり、及び校務を整理する。
3　副校長は、校長の命を受け、所属職員（第十一条の三に規定する経営企画室の所属職員を除く。以下次項及び第十条第三項において同じ。）を監督し、及び必要に応じ生徒の教育をつかさどる。
4　副校長がつかさどる校務は、所属職員の服務に関する事務の一部とし、その範囲は、委員会が別に定める。
5　法第六十二条で準用する法第三十七条第六項に規定する副校長が校長の職務を代理し、又は行う場合とは、次の場合とする。

一　職務を代理する場合　校長が海外出張、海外旅行、休職又は長期にわたる病気等で職務を執行することができない場合
二　職務を行う場合　校長が死亡、退職、免職又は失職により欠けた場合

6　前項の規定に基づき副校長が校長の職務を代理し、又は行う場合及びそれが終了した場合は、校長又は副校長は、委員会に報告しなければならない。

第九条　二人以上の副校長のいる学校の校長は、法第三十七条第六項に定める順序をあらかじめ委員会に報告しなければならない。

（主幹教諭）
第十条　学校に主幹教諭を置く。ただし、特別の事情のあるときは、主幹教諭を置かないことができる。
2　主幹教諭は、校長及び副校長を助け、命を受けて校務の一部を整理し、並びに生徒の教育をつかさどる。
3　主幹教諭は、担当する校務について、所属職員を監督する。
4　主幹教諭が担当する校務の範囲は、委員会が別に定める基準に基づき、校長が決定する。
5　校長は、前項の規定に基づき主幹教諭が担当する校務の範囲を決定したときは、委員会に報告しなければならない。
6　学校の実情に照らし必要があると認めるときは、校長及び副校長を助け、命を受けて校務の一部を整理し、並びに生徒の養護をつかさどる主幹教諭を置くことができる。
7　学校の実情に照らし必要があると認めるときは、校長及び副校長を助け、命を受けて校務の一部を整理し、並びに生徒の栄養の指導及び管理をつかさどる主幹教諭を置くことができる。

（指導教諭）
第十条の二　学校に指導教諭を置くことができる。
2　指導教諭は、生徒の教育をつかさどり、並びに教諭その他の職員に対して、教育指導の改善及び充実のために必要な指導及び助言を行う。

（主任教諭等）
第十条の三　学校に、特に高度の知識又は経験を必要とする教諭の職として、主任教諭を置くことができる。
2　学校に、特に高度の知識又は経験を必要とする養護教諭の職として、主任養護教諭を置くことができる。
3　学校に、特に高度の知識又は経験を必要とする栄養教諭の職として、主任栄養教諭を置くことができる。

（主任）
第十条の四　学校に教務主任、生活指導主任、進路指導主任、保健主任及び学年主任を置く。ただし、これらの主任の担当する校務を整理する主幹教諭を置くときその他特別の事情のあるときは、これらの主任を置かないことができる。
2　専門教育を主とする学科を置く学校には専門学科ごとに学科主任を置き、農業に関する専門教育を主とする学科を置く学校には農場主任を置く。ただし、これらの主任の担当する校務を整理する主幹教諭を置くときその他特別の事情のあるときは、学科主任又は農場主任を置かないことができる。
3　学校に教科主任を置く。ただし、特別の

事情があるときは、教科主任を置かないことができる。

第十条の五　前条に規定する主任は、次の各号に掲げる主任ごとに、当該各号に定める事項について企画立案及び連絡調整に当たり、必要に応じて指導、助言を行うものとする。

一　教務主任　教務に関する事項
二　生活指導主任　生活指導に関する事項
三　進路指導主任　進路指導に関する事項
四　保健主任　保健に関する事項
五　学年主任　学年の教育活動に関する事項
六　学科主任　学科の教育活動に関する事項
七　農場主任　農場の教育活動に関する事項
八　教科主任　教科の教育活動に関する事項

第十条の六　第十条の四第一項及び第二項に規定する主任は、当該学校の教諭（保健主任については、養護教諭を含む。）の中から、校長の具申により、委員会が命ずる。ただし、特別の事情があるときは、指導教諭の中から、校長の具申により、委員会が命ずることができる。

2　第十条の四第三項に規定する教科主任は、当該学校の主幹教諭、指導教諭又は教諭の中から、校長の具申により、委員会が命ずる。

3　前項において、主幹教諭を教科主任に命ずる場合は、当該教科主任としての業務については、第十条第三項から第五項までの規定は適用しない。

4　第一項及び第二項に規定する主任の任期は、四月一日から翌年の三月三十一日までとし、再任を妨げない。

第十条の七　校長は、第十条の四に規定する主任のほか、必要に応じ、校務を分掌する主任等を置くことができる。

2　校長は、前項に規定する主任等を命じたとき、委員会に報告しなければならない。

3　前条第四項の規定は、前二項に規定する主任等に準用する。

（事務職員等の職名）

第十一条　法第六十条に規定する事務職員、技術職員その他必要な職員（以下「事務職員等」という。）の職名は、東京都立学校事務職員等の職名に関する規則（昭和四十八年東京都教育委員会規則第五十二号）その他の定めるところによる。

（経営企画室の設置等）

第十二条　学校に経営企画室（以下「室」という。）を置く。

2　室の事務は、経営、庶務、経理及び施設その他の事務とする。

3　前項のほか、室に関する必要な事項は、別に定めるところによる。

（経営企画課長等）

第十二条の二　室に経営企画課長又は経営企画室長を置く。

2　室に経営企画室長とは別に、課長代理を置くことができる。

（経営企画室の所属職員）

第十二条の三　室の所属職員は、第十一条に規定する事務職員等のうち、別に定める職員とする。

（事務職員等の職責）

第十二条の四　経営企画課長は、校長の命を受け、室の事務をつかさどり、所属職員を指揮監督する。

2　経営企画室長は、校長の命を受け、室の事務をつかさどり、当該事務に係る職員を指揮監督するとともに、校長を補佐し、室の事務の執行状況につき随時文書又は口頭をもつて校長に報告するものとする。

3　課長代理は、上司の命を受け、担任の事務をつかさどり、当該事務に係る職員を指揮監督するとともに、上司を補佐し、担任の事務の執行状況につき随時文書又は口頭をもつて上司に報告するものとする。

4　前三項に定めるもの以外の事務職員等は、上司の命を受け、事務に従事する。

（事案の決定）

第十二条の五　校長の権限に属する事務及び補助執行をする事務に係る事案の決定手続等については、委員会が別に定める。

（企画調整会議）

第十二条の六　学校に企画調整会議を置く。

2　企画調整会議は、校長の補助機関として、校務に関する企画立案及び連絡調整その他校長が必要と認める事項を取り扱う。

3　企画調整会議の構成員は、校長、副校長、経営企画室長（経営企画課長を置く学校にあつては、経営企画課長）、主幹教諭その他校長が必要と認めた者とする。

4　前三項に規定するもののほか、企画調整会議の組織及び運営について必要な事項は、校長が定める。

（職員会議）

第十二条の七　校長は、校務運営上必要と認めるときは、校長がつかさどる校務を補助させるため、職員会議を置くことができる。

2　職員会議は、次の各号に掲げる事項のうち、校長が必要と認めるものを取り扱う。

一　校長が学校の管理運営に関する方針等を周知すること。
二　校長が校務に関する決定等を行うに当たつて、所属職員等の意見を聞くこと。
三　校長が所属職員等相互の連絡を図ること。

3　職員会議は、校長が招集し、その運営を管理する。

4　前三項に掲げるもののほか、職員会議の組織及び運営について必要な事項は、校長が定める。

（学校運営連絡協議会）
第十二条の八　学校の管理運営に保護者、地域住民等の意向を的確に反映し、開かれた学校づくりを推進するため、学校に学校運営連絡協議会を置く。
2　前項に規定するもののほか、学校運営連絡協議会の設置に関して必要な事項は、委員会が別に定める。
（管理運営規程）
第十二条の九　校長は、適正かつ円滑な学校の管理運営を行うため、委員会が別に定める基準により管理運営規程を定めなければならない。
（学校徴収金に関する事務処理）
第十二条の十　校長は、保護者若しくは生徒（以下「保護者等」という。）又は学校職員及び保護者若しくは卒業生で構成する団体（以下「学校関係団体」という。）からの委任に基づき、次に掲げる経費等（以下「学校徴収金」という。）の収納、管理及び支出に関する事務を処理するものとする。
一　積立金、生徒会費等学習指導要領に定められた学校教育活動を行うために保護者等が負担する経費
二　学校給食法（昭和二十九年法律第百六十号）第十一条第二項、夜間課程を置く高等学校における学校給食に関する法律（昭和三十一年法律第百五十七号）第五条第二項又は特別支援学校の幼稚部及び高等部における学校給食に関する法律（昭和三十二年法律第百十八号）第五条第二項の規定に基づき保護者等が負担する経費
三　学校関係団体の会費
四　前三号に掲げるもののほか、校長が特に指定する経費
2　校長及び第七条第二項の規定に基づき学校徴収金に関する事務を分掌する職員は、委員会が別に定めるところにより、当該事務を適正に処理しなければならない。

第三節　学校経営計画

（学校経営計画）
第十二条の十一　校長は、学校の教育活動その他の学校運営を組織的かつ計画的に行うため、委員会が別に定めるところにより、学校経営計画を策定し、公表しなければならない。
2　校長は、委員会が別に定めるところにより、毎年度、学校経営計画の実施状況について評価し、その結果を公表しなければならない。
3　校長は、委員会が別に定めるところにより、毎年度、学校経営計画及びその実施状況を委員会に報告しなければならない。
4　前三項に規定するもののほか、学校経営計画の策定等に関して必要な事項は、委員会が別に定める。
（部活動）
第十二条の十二　学校は、教育活動の一環として部活動を設置及び運営するものとする。
2　校長は、所属職員（事務職員等を除く。）に部活動の指導業務を校務として分掌させることができる。
3　校長は、所属職員（事務職員等を除く。）以外の者に部活動の指導業務を委嘱することができる。
4　学校は、部活動の年間目標、指導方針、指導内容、指導方法等（以下「指導方針等」という。）を定め、前二項の規定に基づき部活動の指導業務を行う者は、当該部活動の指導方針等を当該部活動に参加する生徒及びその保護者に示さなければならない。
5　学校は、部活動が当該学校の施設で活動できない場合に、当該学校以外の施設を活動の拠点とすることができる。

第四節　教育課程及び教材の取扱い

（教育課程の編成）
第十三条　学校は、法にかかげる教育目標を達成するために、適正な教育課程を編成するものとする。
（教育課程編成の基準）
第十四条　学校が、教育課程を編成するに当たつては、学習指導要領及び委員会が別に定める基準による。
（授業時間の割り振り）
第十四条の二　学校は、委員会が別に定める基準に該当する場合を除き、所属する主幹教諭、指導教諭及び教諭の授業時間を、休業日を除くすべての曜日に割り振らなければならない。
（連携型高等学校）
第十四条の三　別表第一の上欄に掲げる高等学校（以下「連携型高等学校」という。）においては、施行規則第八十七条の規定により、それぞれ対応する同表の下欄に掲げる中学校（以下「連携型中学校」という。）における教育との一貫性に配慮した教育を施すものとする。
2　前項の規定により教育を施す場合は、連携型高等学校の校長は、あらかじめ連携型中学校の校長と協議するものとする。
（教育課程の届出）
第十五条　校長は、翌年度において実施する教育課程について、次の事項を毎年三月末日までに、委員会に届け出なければならない。
一　教育の目標
二　指導の重点
三　学年別各教科・科目及び各教科以外の教育活動の時間配当
四　年間行事計画
（年間授業計画等の作成）
第十五条の二　学校は、年間授業計画（年度ごとの各教科・科目及び各教科以外の教育活動に係る学年別の指導計画をいう。次項

において同じ。）を、委員会が別に定めるところにより作成するものとする。
2　学校は、年間授業計画を作成するものとする。との指導計画を作成するものとする。
（宿泊を伴う学校行事）
第十六条　校長は、修学旅行、夏季施設その他の学校が計画する行事で宿泊を伴うものについては、委員会が別に定める基準により企画し、その実施期日十四日前までに、委員会に計画書を届け出なければならない。
（教材の使用）
第十七条　学校は、文部科学大臣の検定を経た教科用図書若しくは文部科学省が著作の名義を有する教科用図書又は法附則第九条に規定する図書（以下「教科書」という。）以外の図書その他の教材（以下「教材」という。）で、有益適切なものを使用し、教育内容の充実に努めるものとする。
（教材の選定）
第十八条　学校は教材を使用する場合、第十四条により編成する教育課程に準拠しかつ、次の各号の要件を具えるものを選定するものとする。
一　内容が正確中正であること。
二　学習の進度に即応していること。
三　表現が正確適切であること。
2　前項に規定する教材の選定に当つては、保護者の経済的負担について、特に考慮しなければならない。
（承認又は届出を要する教材）
第十九条　校長は、教材を使用する場合、次項各号に規定するものを除き、使用開始期日三十日前までに、委員会の承認を求めなければならない。
2　校長は、学年又は学級全員若しくは特定の集団全員の教材として、次のものを継続使用する場合、使用開始期日十四日前までに委員会に届け出なければならない。
一　教科書と併せて使用する副読本、解説書その他の参考書
二　学習の過程又は休業日中に使用する各種の学習帳、練習帳、日記帳の類

第五節　生徒の取扱い

（聴講生）
第二十条　単位制高校に特定の科目を履修するため聴講生を置くことができる。
2　聴講生の取扱いについては別に定める。
（指導要録及び抄本）
第二十一条　施行規則第二十四条に規定する指導要録及びその抄本についての様式は、別に定める。
2　施行規則第二十四条に規定する指導要録の写及び抄本の送付は、生徒の進学又は転学後三十日以内にしなければならない。
（出席簿）
第二十二条　施行規則第二十五条に規定する生徒の出席簿の様式は、別に定める。
（生徒の懲戒）
第二十三条　法第十一条に規定する懲戒は、退学、停学、訓告、訓戒その他とする。
2　退学、停学または訓告は、校長が行い、訓戒その他の懲戒は、教育上必要な範囲内で校長が定める。
（退学または停学の報告）
第二十四条　前条に規定する退学または停学を行つたときは、校長は、次の事項を具してすみやかに委員会に報告しなければならない。
一　氏名及び学年
二　種類及び理由
三　年月日
（原学年留め置き）
第二十五条　学校において、生徒の平素の成績を評価した結果、各学年の課程の修了または卒業を認めることができないと判定したときは、校長は、その生徒を原学年に留め置くことができる。
2　前項の規定は、単位制高校には適用しない。
（卒業証書等）
第二十六条　施行規則第百四条第一項で準用する施行規則第五十八条に規定する卒業証書の様式は、別に定める。
2　単位制高校において、校長が特に必要と認めるときは、高等学校の一部の科目の単位を修得したと認める生徒に単位修得認定書を授与することができる。
3　単位修得認定書の様式は、校長が定める。

第六節　その他

（表簿）
第二十七条　学校において備えなければならない表簿は、施行規則第二十八条に規定するもののほか、次のとおりとする。
一　学校沿革誌
二　卒業証書授与台帳
三　旧職員履歴書綴
四　辞令交付簿
五　職員の人事に関する書類綴
六　公文書綴
七　統計資料綴
八　文書件名簿
九　諸願書届書綴
十　警備日誌
十一　学校要覧
2　前項の表簿の保存年限については、別に定める。

第二章　中学校

（併設型中学校及び併設型高等学校の教育課程）
第二十七条の二　別表第二の上欄に掲げる中学校（以下「併設型中学校」という。）及び同表の下欄に掲げる高等学校（以下「併設型高等学校」という。）においては、法第七十一条の規定により、中学校における教育

と高等学校における教育を一貫して施すものとする。

2　前項の規定により教育を施す場合、教育課程の編成に当たつては、あらかじめ併設型中学校と併設型高等学校との間で協議するものとする。

（入学等）

第二十七条の三　中学校への入学は、施行規則第百十七条において準用する施行規則第百十条の規定により、別に定めるところにより行う入学者決定のための検査等に基づき、校長がこれを許可する。

2　編入学及び転学について必要な事項は、別に定める。

（準用規定）

第二十七条の四　〔略〕

第四章　中等教育学校

（入学等）

第二十七条の五　中等教育学校への入学は、施行規則第百十条の規定により、別に定めるところにより行う入学者決定のための検査等に基づき、校長がこれを許可する。

2　編入学及び転学について必要な事項は、別に定める。

（準用規定）

第二十七条の六　〔略〕

第五章　小学校

（併設型小学校及び併設型中等教育学校の教育課程）

第二十八条　併設型小学校及び併設型中等教育学校においては、小学校における教育と中等教育学校における教育との一貫性に配慮した教育を施すものとする。

2　前項の規定により教育を施す場合、教育課程の編成に当たつては、あらかじめ併設型小学校と併設型中等教育学校との間で協議するものとする。

（入学等）

第二十九条　小学校への入学は、別に定めるところにより行う入学者決定のための検査等に基づき、校長がこれを許可する。

2　編入学及び転学について必要な事項は、別に定める。

第三十条　〔略〕

第三十一条及び第三十二条　削除

第六章　特別支援学校

（修業年限）

第三十三条　特別支援学校の幼稚部及び専攻科の修業年限は、次のとおりとする。

一　幼稚部　二年

二　専攻科　二年

2　前項の規定にかかわらず、幼稚部及び専攻科の修業年限を三年又は一年とすることができる。

（学部主任）

第三十四条　特別支援学校の小学部、中学部及び高等部に学部主任を置く。ただし、当該主任の担当する校務を整理する主幹教諭を置くときその他特別の事情のあるときは、これを置かないことができる。

2　学部主任は、部の教育活動に関する事項について企画立案及び連絡調整に当たり、必要に応じて指導、助言を行うものとする。

3　第十条の六第一項及び第四項の規定は、学部主任に準用する。

第三十五条　削除

第三十六条　削除

（懲戒）

第三十七条　特別支援学校の小学部及び中学部の児童及び生徒に対する法第十一条の懲戒は、訓告、訓戒その他とする。

2　前項の訓告は校長が行い、訓戒その他の懲戒は教育上必要な範囲内で校長が定める。

（高等部入学者の選抜）

第三十七条の二　施行規則第百三十五条第五項において準用する施行規則第九十条第一項から第三項までに規定する入学者の選抜に関する基準については、別に定める。

（準用規定）

第三十八条　〔略〕

第七章　補則

（委任）

第三十九条　この規則の施行に関して必要な事項は、東京都教育委員会教育長が定める。

附　則（令四・三・三〇都教委規則七号）

この規則は、令和四年四月一日から施行する。

●地方自治法〔抄〕★

（昭和二二年四月一七日法律第六七号）

最終改正…令五・五・八法一九

第一編　総則

第一条　この法律は、地方自治の本旨に基いて、地方公共団体の区分並びに地方公共団体の組織及び運営に関する事項の大綱を定め、併せて国と地方公共団体との間の基本的関係を確立することにより、地方公共団体における民主的にして能率的な行政の確保を図るとともに、地方公共団体の健全な発達を保障することを目的とする。

第一条の二　地方公共団体は、住民の福祉の増進を図ることを基本として、地域における行政を自主的かつ総合的に実施する役割を広く担うものとする。

②　国は、前項の規定の趣旨を達成するため、国においては国際社会における国家としての存立にかかわる事務、全国的に統一して定めることが望ましい国民の諸活動若しくは地方自治に関する基本的な準則に関する事務又は全国的な規模で若しくは全国的な視点に立つて行わなければならない施策及び事業の実施その他の国が本来果たすべき役割を重点的に担い、住民に身近な行政はできる限り地方公共団体にゆだねることを基本として、地方公共団体との間で適切に役割を分担するとともに、地方公共団体に関する制度の策定及び施策の実施に当たつて、地方公共団体の自主性及び自立性が十分に発揮されるようにしなければならない。

第一条の三　地方公共団体は、普通地方公共団体及び特別地方公共団体とする。

②　普通地方公共団体は、都道府県及び市町村とする。

③　特別地方公共団体は、特別区、地方公共団体の組合及び財産区とする。

第二条　地方公共団体は、法人とする。

②　普通地方公共団体は、地域における事務及びその他の事務で法律又はこれに基づく政令により処理することとされるものを処理する。

③　市町村は、基礎的な地方公共団体として、第五項において都道府県が処理するものとされているものを除き、一般的に、前項の事務を処理するものとする。

④　市町村は、前項の規定にかかわらず、次項に規定する事務のうち、その規模又は性質において一般の市町村が処理することが適当でないと認められるものについては、当該市町村の規模及び能力に応じて、これを処理することができる。

⑤　都道府県は、市町村を包括する広域の地方公共団体として、第二項の事務で、広域にわたるもの、市町村に関する連絡調整に関するもの及びその規模又は性質において一般の市町村が処理することが適当でないと認められるものを処理するものとする。

⑥　都道府県及び市町村は、その事務を処理するに当つては、相互に競合しないようにしなければならない。

⑦　特別地方公共団体は、この法律の定めるところにより、その事務を処理する。

⑧　この法律において「自治事務」とは、地方公共団体が処理する事務のうち、法定受託事務以外のものをいう。

⑨　この法律において「法定受託事務」とは、次に掲げる事務をいう。

一　法律又はこれに基づく政令により都道府県、市町村又は特別区が処理することとされる事務のうち、国が本来果たすべき役割に係るものであつて、国においてその適正な処理を特に確保する必要があるものとして法律又はこれに基づく政令に特に定めるもの（以下「第一号法定受託事務」という。）

二　法律又はこれに基づく政令により市町村又は特別区が処理することとされる事務のうち、都道府県が本来果たすべき役割に係るものであつて、都道府県においてその適正な処理を特に確保する必要があるものとして法律又はこれに基づく政令に特に定めるもの（以下「第二号法定受託事務」という。）

⑩　この法律又はこれに基づく政令に規定するもののほか、法律に定める法定受託事務は第一号法定受託事務にあつては別表第一の上欄に掲げる法律についてそれぞれ同表の下欄に、第二号法定受託事務にあつては別表第二の上欄に掲げる法律についてそれぞれ同表の下欄に掲げるとおりであり、政令に定める法定受託事務はこの法律に基づく政令に示すとおりである。

⑪　地方公共団体に関する法令の規定は、地方自治の本旨に基づき、かつ、国と地方公共団体との適切な役割分担を踏まえたものでなければならない。

⑫　地方公共団体に関する法令の規定は、地方自治の本旨に基づいて、かつ、国と地方公共団体との適切な役割分担を踏まえて、これを解釈し、及び運用するようにしなければならない。この場合において、特別地方公共団体に関する法令の規定は、この法律に定める特別地方公共団体の特性にも照応するように、これを解釈し、及び運用しなければならない。

⑬　法律又はこれに基づく政令により地方公共団体が処理することとされる事務が自治事務である場合においては、国は、地方公

共団体が地域の特性に応じて当該事務を処理することができるよう特に配慮しなければならない。

⑭ 地方公共団体は、その事務を処理するに当つては、住民の福祉の増進に努めるとともに、最少の経費で最大の効果を挙げるようにしなければならない。

⑮ 地方公共団体は、常にその組織及び運営の合理化に努めるとともに、他の地方公共団体に協力を求めてその規模の適正化を図らなければならない。

⑯ 地方公共団体は、法令に違反してその事務を処理してはならない。なお、市町村及び特別区は、当該都道府県の条例に違反してその事務を処理してはならない。

⑰ 前項の規定に違反して行つた地方公共団体の行為は、これを無効とする。

第二編 普通地方公共団体

第二章 住民

第十条 市町村の区域内に住所を有する者は、当該市町村及びこれを包括する都道府県の住民とする。

② 住民は、法律の定めるところにより、その属する普通地方公共団体の役務の提供をひとしく受ける権利を有し、その負担を分任する義務を負う。

第十一条 日本国民たる普通地方公共団体の住民は、この法律の定めるところにより、その属する普通地方公共団体の選挙に参与する権利を有する。

第十二条 日本国民たる普通地方公共団体の住民は、この法律の定めるところにより、その属する普通地方公共団体の条例（地方税の賦課徴収並びに分担金、使用料及び手数料の徴収に関するものを除く。）の制定又は改廃を請求する権利を有する。

② 日本国民たる普通地方公共団体の住民は、この法律の定めるところにより、その属する普通地方公共団体の事務の監査を請求する権利を有する。

第十三条 日本国民たる普通地方公共団体の住民は、この法律の定めるところにより、その属する普通地方公共団体の議会の解散を請求する権利を有する。

② 日本国民たる普通地方公共団体の住民は、この法律の定めるところにより、その属する普通地方公共団体の議会の議員、長、副知事若しくは副市町村長、第二百五十二条の十九第一項に規定する指定都市の総合区長、選挙管理委員若しくは監査委員又は公安委員会の委員の解職を請求する権利を有する。

③ 日本国民たる普通地方公共団体の住民は、法律の定めるところにより、その属する普通地方公共団体の教育委員会の教育長又は委員の解職を請求する権利を有する。

第十三条の二 市町村は、別に法律の定めるところにより、その住民につき、住民たる地位に関する正確な記録を常に整備しておかなければならない。

第三章 条例及び規則

第十四条 普通地方公共団体は、法令に違反しない限りにおいて第二条第二項の事務に関し、条例を制定することができる。

② 普通地方公共団体は、義務を課し、又は権利を制限するには、法令に特別の定めがある場合を除くほか、条例によらなければならない。

③ 普通地方公共団体は、法令に特別の定めがあるものを除くほか、その条例中に、条例に違反した者に対し、二年以下の拘禁刑、百万円以下の罰金、拘留、科料若しくは没収の刑又は五万円以下の過料を科する旨の規定を設けることができる。

第十五条 普通地方公共団体の長は、法令に違反しない限りにおいて、その権限に属する事務に関し、規則を制定することができる。

② 普通地方公共団体の長は、法令に特別の定めがあるものを除くほか、普通地方公共団体の規則中に、規則に違反した者に対し、五万円以下の過料を科する旨の規定を設けることができる。

第十六条 普通地方公共団体の議会の議長は、条例の制定又は改廃の議決があつたときは、その日から三日以内にこれを当該普通地方公共団体の長に送付しなければならない。

② 普通地方公共団体の長は、前項の規定により条例の送付を受けた場合は、その日から二十日以内にこれを公布しなければならない。ただし、再議その他の措置を講じた場合は、この限りでない。

第四章 選挙〔略〕

第五章 直接請求〔略〕

第六章 議会

第一節 組織

第八十九条 普通地方公共団体に、その議事機関として、当該普通地方公共団体の住民が選挙した議員をもつて組織される議会を置く。

② 普通地方公共団体の議会は、この法律の定めるところにより当該普通地方公共団体の重要な意思決定に関する事件を議決し、並びにこの法律に定める検査及び調査その他の権限を行使する。

③ 前項に規定する議会の権限の適切な行使に資するため、普通地方公共団体の議会の議員は、住民の負託を受け、誠実にその職

務を行わなければならない。

第九十条―第九十五条〔略〕

第二節 権限

第九十六条 普通地方公共団体の議会は、次に掲げる事件を議決しなければならない。

一 条例を設け又は改廃すること。

二 予算を定めること。

三 決算を認定すること。

四 法律又はこれに基づく政令に規定するものを除くほか、地方税の賦課徴収又は分担金、使用料、加入金若しくは手数料の徴収に関すること。

五 その種類及び金額について政令で定める基準に従い条例で定める契約を締結すること。

六 条例で定める場合を除くほか、財産を交換し、出資の目的とし、若しくは支払手段として使用し、又は適正な対価なくしてこれを譲渡し、若しくは貸し付けること。

七 不動産を信託すること。

八 前二号に定めるものを除くほか、その種類及び金額について政令で定める基準に従い条例で定める財産の取得又は処分をすること。

九 負担付きの寄附又は贈与を受けること。

十 法律若しくはこれに基づく政令又は条例に特別の定めがある場合を除くほか、権利を放棄すること。

十一 条例で定める重要な公の施設につき条例で定める長期かつ独占的な利用をさせること。

十二 普通地方公共団体がその当事者である審査請求その他の不服申立て、訴えの提起(普通地方公共団体の行政庁の処分又は裁決(行政事件訴訟法第三条第二項に規定する処分又は同条第三項に規定する裁決をいう。以下この号、第百五条の二、第百九十二条及び第百九十九条の三第三項において同じ。)に係る同法第十一条第一項(同法第三十八条第一項(同法第四十三条第二項において準用する場合を含む。)又は同法第四十三条第一項において準用する場合を含む。)の規定による普通地方公共団体を被告とする訴訟(以下この号、第百五条の二、第百九十二条及び第百九十九条の三第三項において「普通地方公共団体を被告とする訴訟」という。)に係るものを除く。)、和解(普通地方公共団体の行政庁の処分又は裁決に係る普通地方公共団体を被告とする訴訟に係るものを除く。)、あつせん、調停及び仲裁に関すること。

十三 法律上その義務に属する損害賠償の額を定めること。

十四 普通地方公共団体の区域内の公共的団体等の活動の総合調整に関すること。

十五 その他法律又はこれに基づく政令(これらに基づく条例を含む。)により議会の権限に属する事項

② 前項に定めるものを除くほか、普通地方公共団体は、条例で普通地方公共団体に関する事件(法定受託事務に係るものにあつては、国の安全に関することその他の事由により議会の議決すべきものとすることが適当でないものとして政令で定めるものを除く。)につき議会の議決すべきものを定めることができる。

第九十七条―第百三十八条〔略〕

第七章 執行機関

第一節 通則〔略〕

第二節 普通地方公共団体の長

第一款 地位

第百三十九条 都道府県に知事を置く。

② 市町村に市町村長を置く。

第百四十条―第百四十六条〔略〕

第二款 権限

第百四十七条 普通地方公共団体の長は、当該普通地方公共団体を統轄し、これを代表する。

第百四十八条 普通地方公共団体の長は、当該普通地方公共団体の事務を管理し及びこれを執行する。

第百四十九条 普通地方公共団体の長は、概ね左に掲げる事務を担任する。

一 普通地方公共団体の議会の議決を経べき事件につきその議案を提出すること。

二 予算を調製し、及びこれを執行すること。

三 地方税を賦課徴収し、分担金、使用料、加入金又は手数料を徴収し、及び過料を科すること。

四 決算を普通地方公共団体の議会の認定に付すること。

五 会計を監督すること。

六 財産を取得し、管理し、及び処分すること。

七 公の施設を設置し、管理し、及び廃止すること。

八 証書及び公文書類を保管すること。

九 前各号に定めるものを除く外、当該普通地方公共団体の事務を執行すること。

第百五十条―第百六十条〔略〕

第三款 補助機関〔略〕

第四款 議会との関係〔略〕

第五款 他の執行機関との関係〔略〕

第三節 委員会及び委員

第一款 通則〔略〕

第二款 教育委員会

第百八十条の八 教育委員会は、別に法律の定めるところにより、学校その他の教育機関を管理し、学校の組織編制、教育課程、

教科書その他の教材の取扱及び教育職員の身分取扱に関する事務を行い、並びに社会教育その他教育、学術及び文化に関する事務を管理し及びこれを執行する。

第三款 公安委員会〔略〕
第四款 選挙管理委員会〔略〕
第五款 監査委員〔略〕
第六款 人事委員会、公平委員会、労働委員会、農業委員会その他委員会〔略〕
第七款 附属機関〔略〕

第四節 地域自治区〔略〕

第八章 給与その他の給付〔略〕

第九章 財務

第二百八条―第二百三十七条〔略〕
第一款 公有財産

第十章 公の施設

（公の施設）
第二百四十四条 普通地方公共団体は、住民の福祉を増進する目的をもつてその利用に供するための施設（これを公の施設という。）を設けるものとする。
2 普通地方公共団体（次条第三項に規定する指定管理者を含む。次項において同じ。）は、正当な理由がない限り、住民が公の施設を利用することを拒んではならない。
3 普通地方公共団体は、住民が公の施設を利用することについて、不当な差別的取扱いをしてはならない。

（公の施設の設置、管理及び廃止）
第二百四十四条の二 普通地方公共団体は、法律又はこれに基づく政令に特別の定めがあるものを除くほか、公の施設の設置及びその管理に関する事項は、条例でこれを定めなければならない。
2 普通地方公共団体は、条例で定める重要な公の施設のうち条例で定める特に重要なものについて、これを廃止し、又は条例で定める長期かつ独占的な利用をさせようとするときは、議会において出席議員の三分の二以上の者の同意を得なければならない。
3 普通地方公共団体は、公の施設の設置の目的を効果的に達成するため必要があると認めるときは、条例の定めるところにより、法人その他の団体であつて当該普通地方公共団体が指定するもの（以下本条及び第二百四十四条の四において「指定管理者」という。）に、当該公の施設の管理を行わせることができる。
4 前項の条例には、指定管理者の指定の手続、指定管理者が行う管理の基準及び業務の範囲その他必要な事項を定めるものとする。
5 指定管理者の指定は、期間を定めて行うものとする。
6 普通地方公共団体は、指定管理者の指定をしようとするときは、あらかじめ、当該普通地方公共団体の議会の議決を経なければならない。
7 指定管理者は、毎年度終了後、その管理する公の施設の管理の業務に関し事業報告書を作成し、当該公の施設を設置する普通地方公共団体に提出しなければならない。
8 普通地方公共団体は、適当と認めるときは、指定管理者にその管理する公の施設の利用に係る料金（次項において「利用料金」という。）を当該指定管理者の収入として収受させることができる。
9 前項の場合における利用料金は、公益上必要があると認める場合を除くほか、条例の定めるところにより、指定管理者が定めるものとする。この場合において、指定管理者は、あらかじめ当該利用料金について当該普通地方公共団体の承認を受けなければならない。
10 普通地方公共団体の長又は委員会は、指定管理者の管理する公の施設の管理の適正を期するため、指定管理者に対して、当該管理の業務又は経理の状況に関し報告を求め、実地について調査し、又は必要な指示をすることができる。
11 普通地方公共団体は、指定管理者が前項の指示に従わないときその他当該指定管理者による管理を継続することが適当でないと認めるときは、その指定を取り消し、又は期間を定めて管理の業務の全部又は一部の停止を命ずることができる。

第二百四十四条の三―第二百四十四条の四〔略〕

第十一章 国と普通地方公共団体との関係及び普通地方公共団体相互間の関係

第一節 普通地方公共団体に対する国又は都道府県の関与等
第一款 普通地方公共団体に対する国又は都道府県の関与等

（関与の意義）
第二百四十五条 本章において「普通地方公共団体に対する国又は都道府県の関与」とは、普通地方公共団体の事務の処理に関し、国の行政機関（内閣府設置法（平成十一年法律第八十九号）第四条第三項に規定する事務をつかさどる機関たる内閣府、宮内庁、同法第四十九条第一項若しくは第二項に規定する機関、国家行政組織法（昭和二十三年法律第百二十号）第三条第二項に規定する機関、法律の規定に基づき内閣の所轄の下に置かれる機関又はこれらに置かれる機関をいう。以下本章において同じ。）又は都道府県の機関が行う次に掲げる行為（普通地方公共団体がその固有の資格において当該行為の名あて人となるものに限り、国又は都道府県の普通地方公共団体に対する支出金の交付及び返還に係るものを除く。）をいう。

一　普通地方公共団体に対する次に掲げる行為

　イ　助言又は勧告

　ロ　資料の提出の要求

　ハ　是正の要求（普通地方公共団体の事務の処理が法令の規定に違反しているとき又は著しく適正を欠き、かつ、明らかに公益を害しているときに当該普通地方公共団体に対して行われる当該違反の是正又は改善のため必要な措置を講ずべきことの求めであつて、当該求めを受けた普通地方公共団体がその違反の是正又は改善のため必要な措置を講じなければならないものをいう。）

　ニ　同意

　ホ　許可、認可又は承認

　ヘ　指示

　ト　代執行（普通地方公共団体の事務の処理が法令の規定に違反しているとき又は当該普通地方公共団体がその事務の処理を怠つているときに、その是正のための措置を当該普通地方公共団体に代わつて行うことをいう。）

二　普通地方公共団体との協議

三　前二号に掲げる行為のほか、一定の行政目的を実現するため普通地方公共団体に対して具体的かつ個別的に関わる行為（相反する利害を有する者の間の利害の調整を目的としてされる裁定その他の行為（その双方を名あて人とするものに限る。）及び審査請求その他の不服申立てに対する裁決、決定その他の行為を除く。）

第二百四十五条の二―第二百四十五条の九〔略〕

第二款　普通地方公共団体に対する国又は都道府県の関与等の手続

（普通地方公共団体に対する国又は都道府県の関与の手続の適用）

第二百四十六条　次条から第二百五十条の五までの規定は、普通地方公共団体に対する国又は都道府県の関与について適用する。ただし、他の法律に特別の定めがある場合は、この限りでない。

第二百四十七条―第二百五十条の六〔略〕

第二節　国と普通地方公共団体との間並びに普通地方公共団体相互間及び普通地方公共団体の機関相互間の紛争処理〔略〕

第三節　普通地方公共団体相互間の協力

第一款　連携協約

（連携協約）

第二百五十二条の二　普通地方公共団体は、当該普通地方公共団体及び他の普通地方公共団体の区域における当該普通地方公共団体及び当該他の普通地方公共団体の事務の処理に当たつての当該他の普通地方公共団体との連携を図るため、協議により、当該普通地方公共団体及び当該他の普通地方公共団体が連携して事務を処理するに当たつての基本的な方針及び役割分担を定める協約（以下「連携協約」という。）を当該他の普通地方公共団体と締結することができる。

2―7〔略〕

第二款　協議会

（協議会の設置）

第二百五十二条の二の二　普通地方公共団体は、普通地方公共団体の事務の一部を共同して管理し及び執行し、若しくは普通地方公共団体の事務の管理及び執行について連絡調整を図り、又は広域にわたる総合的な計画を共同して作成するため、協議により規約を定め、普通地方公共団体の協議会を設けることができる。

2　普通地方公共団体は、協議会を設けたときは、その旨及び規約を告示するとともに、都道府県の加入するものにあつては総務大臣、その他のものにあつては都道府県知事に届け出なければならない。

3　第一項の協議については、関係普通地方公共団体の議会の議決を経なければならない。ただし、普通地方公共団体の事務の管理及び執行について連絡調整を図るため普通地方公共団体の協議会を設ける場合は、この限りでない。

4　公益上必要がある場合においては、都道府県の加入するものについては総務大臣、その他のものについては都道府県知事は、関係のある普通地方公共団体に対し、普通地方公共団体の協議会を設けるべきことを勧告することができる。

5　普通地方公共団体の協議会が広域にわたる総合的な計画を作成したときは、関係普通地方公共団体は、当該計画に基づいて、その事務を処理するようにしなければならない。

6　普通地方公共団体の協議会は、必要があると認めるときは、関係のある公の機関の長に対し、資料の提出、意見の開陳、説明その他必要な協力を求めることができる。

第二百五十二条の三―第二百五十二条の六の二〔略〕

第三款　機関等の共同設置

（機関等の共同設置）

第二百五十二条の七　普通地方公共団体は、協議により規約を定め、共同して、第百三十八条第一項若しくは第二項に規定する事務局若しくはその内部組織（次項及び第二百五十二条の十三において「議会事務局」という。）、第百三十八条の四第一項に規定する委員会若しくは委員、同条第三項に規定する附属機関、第百五十六条第一項に規定する行政機関、第百五十八条第一項に規定する内部組織、委員会若しくは委員の事務局若しくはその内部組織（次項及び第二百五十二条の十三において「委員会事務局」という。）、普通地方公共団体の議会、長、委員会若しくは委員の事務を補助する職員、第百七十四条第一項に規定する専門委員又は第二百条の二第一項に規定する監査専門委員を置くことができる。ただし、政令で定める委員会については、この限りでない。

2　前項の規定による議会事務局、執行機関、附属機関、行政機関、内部組織、委員会事務局若しくは職員を共同設置する普通地方公共団体の数を増減し、若しくはこれらの議会事務局、執行機関、附属機関、行政機関、内部組織、委員会事務局若しくは職員の共同設置に関する規約を変更し、又はこれらの議会事務局、執行機関、附属機関、行政機関、内部組織、委員会事務局若しくは職員の共同設置を廃止しようとするときは、関係普通地方公共団体は、同項の例により、協議してこれを行わなければならない。

第二百五十二条の七の二―第二百五十二条の十三〔略〕

第四款　事務の委託

（事務の委託）

第二百五十二条の十四　普通地方公共団体は、協議により規約を定め、普通地方公共団体の事務の一部を、他の普通地方公共団体に委託して、当該他の普通地方公共団体の長又は同種の委員会若しくは委員をして管理し及び執行させることができる。

第二百五十二条の十五―第二百五十二条の十六〔略〕

第五款　事務の代替執行〔略〕

第六款　職員の派遣〔略〕

第四節　条例による事務処理の特例〔略〕

第五節　雑則〔略〕

第十二章　大都市等に関する特例

第一節　大都市に関する特例

（指定都市の権能）

第二百五十二条の十九　政令で指定する人口五十万以上の市（以下「指定都市」という。）は、次に掲げる事務のうち都道府県が法律又はこれに基づく政令の定めるところにより処理することとされているものの全部又は一部で政令で定めるものを、政令で定めるところにより、処理することができる。

一　児童福祉に関する事務
二　民生委員に関する事務
三　身体障害者の福祉に関する事務
四　生活保護に関する事務
五　行旅病人及び行旅死亡人の取扱に関する事務
五の二　社会福祉事業に関する事務
五の三　知的障害者の福祉に関する事務
六　母子家庭及び父子家庭並びに寡婦の福祉に関する事務
六の二　老人福祉に関する事務
七　母子保健に関する事務
七の二　介護保険に関する事務
八　障害者の自立支援に関する事務
八の二　生活困窮者の自立支援に関する事務
九　食品衛生に関する事務
九の二　医療に関する事務
十　精神保健に関する事務
十一　結核の予防に関する事務
十一の二　難病の患者に対する医療等に関する事務
十二　土地区画整理事業に関する事務
十三　屋外広告物の規制に関する事務

2　指定都市がその事務を処理するに当たつて、法律又はこれに基づく政令の定めるところにより都道府県知事若しくは都道府県の委員会の許可、認可、承認その他これらに類する処分を要し、又はその事務の処理について都道府県知事若しくは都道府県の委員会の改善、停止、制限、禁止その他これらに類する指示その他の命令を受けるものとされている事項で政令で定めるものについては、政令の定めるところにより、これらの許可、認可等の処分を要せず、若しくはこれらの指示その他の命令に関する法令の規定を適用せず、又は都道府県知事若しくは都道府県の委員会の許可、認可等の処分若しくは指示その他の命令に代えて、各大臣の許可、認可等の処分を要するものとし、若しくは各大臣の指示その他の命令を受けるものとする。

第二百五十二条の二十―第二百五十二条の二十一の五〔略〕

第二節　中核市に関する特例〔略〕

第三節　特例市に関する特例〔略〕

第十三章　外部監査契約に基づく監査〔略〕

第十四章　補則〔略〕

第三編　特別地方公共団体

第一章　削除

第二百六十四条乃至第二百八十条　削除

第二章　特別区

第二百八十一条の二―第二百八十三条〔略〕

第三章　地方公共団体の組合

第一節　総則

（組合の種類及び設置）

第二百八十四条　地方公共団体の組合は、一部事務組合及び広域連合とする。

2　普通地方公共団体及び特別区は、その事務の一部を共同処理するため、その協議により規約を定め、都道府県の加入するものにあつては総務大臣、その他のものにあつては都道府県知事の許可を得て、一部事務組合を設けることができる。この場合において、一部事務組合内の地方公共団体につきその執行機関の権限に属する事項がなくなつたときは、その執行機関は、一部事務組合の成立と同時に消滅する。

3　普通地方公共団体及び特別区は、その事務で広域にわたり処理することが適当であると認めるものに関し、広域にわたる総合的な計画（以下「広域計画」という。）を作成し、その事務の管理及び執行について広域計画の実施のために必要な連絡調整を図り、並びにこれらの事務の一部を広域にわたり総合的かつ計画的に処理するため、その協議により規約を定め、前項の例により、総務大臣又は都道府県知事の許可を得て、広域連合を設けることができる。この場合においては、同項後段の規定を準用する。

4　〔略〕

第二百八十五条―第二百八十五条の二〔略〕

第二節　一部事務組合〔略〕

第三節　広域連合〔略〕

第四節　全部事務組合〔略〕

第五節　役場事務組合〔略〕

第六節　雑則〔略〕

第四章　財産区〔略〕

第五章　地方開発事業団〔略〕

第四編　補則〔略〕

別表第一　第一号法定受託事務（第二条第十項関係）〔略〕

別表第二（第二条第十項関係）〔略〕

附　則〔令五・五・八法一九〕

（施行期日）

第一条　この法律は、令和六年四月一日から施行する。〔ただし書略〕

●文部科学省設置法

（平成一一年七月一六日法律第九六号）

最終改正…令四・六・二二法七六

第一章　総則

（目的）

第一条　この法律は、文部科学省の設置並びに任務及びこれを達成するため必要となる明確な範囲の所掌事務を定めるとともに、その所掌する行政事務を能率的に遂行するため必要な組織を定めることを目的とする。

第二章　文部科学省の設置並びに任務及び所掌事務

第一節　文部科学省の設置

（設置）

第二条　国家行政組織法（昭和二十三年法律第百二十号）第三条第二項の規定に基づいて、文部科学省を設置する。

2　文部科学省の長は、文部科学大臣とする。

第二節　文部科学省の任務及び所掌事務

（任務）

第三条　文部科学省は、教育の振興及び生涯学習の推進を中核とした豊かな人間性を備えた創造的な人材の育成、学術の振興、科学技術の総合的な振興並びにスポーツ及び文化に関する施策の総合的な推進を図るとともに、宗教に関する行政事務を適切に行うことを任務とする。

2　前項に定めるもののほか、文部科学省は、同項の任務に関連する特定の内閣の重要政策に関する内閣の事務を助けることを任務とする。

3　文部科学省は、前項の任務を遂行するに当たり、内閣官房を助けるものとする。

（所掌事務）

第四条　文部科学省は、前条第一項の任務を達成するため、次に掲げる事務をつかさどる。

一　豊かな人間性を備えた創造的な人材の育成のための教育改革に関すること。

二　生涯学習に係る機会の整備の推進に関すること。

三　地方教育行政に関する制度の企画及び立案並びに地方教育行政の組織及び一般的運営に関する指導、助言及び勧告に関すること。

四　地方教育費に関する企画に関すること。

五　地方公務員である教育関係職員の任免、給与その他の身分取扱いに関する制度の企画及び立案並びにこれらの制度の運営に関する指導、助言及び勧告に関すること。

六　地方公務員である教育関係職員の福利厚生に関すること。

七　初等中等教育（幼稚園、小学校、中学校、義務教育学校、高等学校、中等教育学校、特別支援学校及び幼保連携型認定こども園における教育をいう。以下同じ。）の振興に関する企画及び立案並びに援助及び助言に関すること。

八　初等中等教育のための補助に関すること。

九　初等中等教育の基準の設定に関すること。

十　教科用図書の検定に関すること。

十一　教科用図書その他の教授上用いられる図書の発行及び義務教育諸学校（小学校、中学校、義務教育学校、中等教育学校の前期課程並びに特別支援学校の小学部及び中学部をいう。）において使用する教科用図書の無償措置に関すること。

十二　学校保健（学校における保健教育及び保健管理をいう。）、学校安全（学校における安全教育及び安全管理をいう。）及び学校給食に関すること。

十二の二　公認心理師に関する事務のうち所掌に係るものに関すること。

十三　教育職員の養成並びに資質の保持及び向上に関すること。

十四　海外に在留する邦人の子女のための在外教育施設及び関係団体が行う教育、海外から帰国した児童及び生徒の教育並びに本邦に在留する外国人の児童及び生徒の学校生活への適応のための指導に関すること。

十五　大学及び高等専門学校における教育の振興に関する企画及び立案並びに援助及び助言に関すること。

十六　大学及び高等専門学校における教育のための補助に関すること。

十七　大学及び高等専門学校における教育の基準の設定に関すること。

十八　大学及び高等専門学校の設置、廃止、設置者の変更その他の事項の認可に関すること。

十九　大学の入学者の選抜及び学位の授与に関すること。

二十　学生及び生徒の奨学、厚生及び補導に関すること。

二十一　外国人留学生の受入れの連絡及び教育並びに海外への留学生の派遣に関すること。

二十二　政府開発援助のうち外国人留学生に係る技術協力に関すること（外交政策に係るものを除く。）。

二十三　専修学校及び各種学校における教育の振興に関する企画及び立案並びに援助及び助言に関すること。

二十四　専修学校及び各種学校における教育の基準の設定に関すること。

二十五　国立大学（国立大学法人法（平成十五年法律第百十二号）第二条第二項に規定する国立大学をいう。）及び大学共同利用機関（同条第四項に規定する大学共同利用機関をいう。）における教育及び研究に関すること。

二十六　国立高等専門学校（独立行政法人国立高等専門学校機構法（平成十五年法律第百十三号）第三条に規定する国立高等専門学校をいう。）における教育に関すること。

二十七　国立研究開発法人宇宙航空研究開発機構における学術研究及び教育に関すること。

二十八　私立学校に関する行政の制度の企画及び立案並びにこれらの行政の組織及び一般的運営に関する指導、助言及び勧告に関すること。

二十九　文部科学大臣が所轄庁である学校法人についての認可及び認定並びにその経営に関する指導及び助言に関すること。

三十　私立学校教育の振興のための学校法人その他の私立学校の設置者、地方公共団体及び関係団体に対する助成に関すること。

三十一　私立学校教職員の共済制度に関すること。

三十二　社会教育の振興に関する企画及び立案並びに援助及び助言に関すること。

三十三　社会教育のための補助に関すること。

三十四　青少年教育に関する施設において

行う青少年の団体宿泊訓練に関すること。
三十五　通信教育及び視聴覚教育に関すること。
三十六　外国人に対する日本語教育に関すること（外交政策に係るものを除く。）。
三十七　家庭教育の支援に関すること。
三十八　公立及び私立の文教施設並びに地方独立行政法人が設置する文教施設の整備に関する指導及び助言に関すること。
三十九　公立の文教施設の整備のための補助に関すること。
四十　学校施設及び教育用品の基準の設定に関すること。
四十一　学校環境の整備に関する指導及び助言に関すること。
四十二　青少年の健全な育成の推進に関すること（こども家庭庁の所掌に属するものを除く。）。
四十三　科学技術に関する基本的な政策の企画及び立案並びに推進に関すること（内閣府の所掌に属するものを除く。）。
四十四　科学技術に関する研究及び開発（以下「研究開発」という。）に関する計画の作成及び推進に関すること。
四十五　科学技術に関する関係行政機関の事務の調整に関すること（内閣府の所掌に属するものを除く。）。
四十六　学術の振興に関すること。
四十七　研究者の養成及び資質の向上に関すること。
四十八　技術者の養成及び資質の向上に関すること（文部科学省に置かれる試験研究機関及び文部科学大臣が所管する法人において行うものに限る。）。
四十九　技術士に関すること。
五十　研究開発に必要な施設及び設備（関係行政機関に重複して設置することが多額の経費を要するため適当でないと認められるものに限る。）の整備（共用に供することを含む。）、研究開発に関する情報処理の高度化及び情報の流通の促進その他の科学技術に関する研究開発の基盤の整備に関すること。
五十一　科学技術に関する研究開発に係る交流の助成に関すること。
五十二　前二号に掲げるもののほか、科学技術に関する研究開発の推進のための環境の整備に関すること。
五十三　科学技術に関する研究開発の成果の普及及び成果の活用の促進に関すること。
五十四　発明及び実用新案の奨励並びにこれらの実施化の推進に関すること。
五十五　科学技術に関する知識の普及並びに国民の関心及び理解の増進に関すること。
五十六　科学技術に関する研究開発が経済社会及び国民生活に及ぼす影響に関し、評価を行うことその他の措置に関すること。
五十七　科学技術に関する基礎研究及び科学技術に関する共通的な研究開発（二以上の府省のそれぞれの所掌に係る研究開発に共通する研究開発をいう。）に関すること。
五十八　科学技術に関する研究開発で、関係行政機関に重複して設置することが多額の経費を要するため適当でないと認められる施設及び設備を必要とするものに関すること。
五十九　科学技術に関する研究開発で多数部門の協力を要する総合的なものに関すること（他の府省の所掌に属するものを除く。）。
六十　国立研究開発法人理化学研究所の行う科学技術に関する試験及び研究に関すること。
六十一　放射線の利用に関する研究開発に関すること。
六十二　宇宙の開発及び原子力に関する技術開発で科学技術の水準の向上を図るためのものに関すること。
六十三　宇宙の利用の推進に関する事務のうち科学技術の水準の向上を図るためのものに関すること。
六十四　放射性同位元素の利用の推進に関すること。
六十五　資源の総合的利用に関すること（他の府省の所掌に属するものを除く。）。
六十六　原子力政策のうち科学技術に関するものに関すること。
六十七　原子力に関する関係行政機関の試験及び研究に係る経費その他これに類する経費の配分計画に関すること。
六十八　原子力損害の賠償に関すること。
六十九　スポーツに関する基本的な政策の企画及び立案並びに推進に関すること。
七十　スポーツに関する関係行政機関の事務の調整に関すること。
七十一　スポーツの振興に関する企画及び立案並びに援助及び助言に関すること。
七十二　スポーツのための助成に関すること。
七十三　心身の健康の保持増進に資するスポーツの機会の確保に関すること。
七十四　国際的又は全国的な規模において行われるスポーツ事業に関すること。
七十五　スポーツに関する競技水準の向上に関すること。
七十六　スポーツ振興投票に関すること。
七十七　文化に関する基本的な政策の企画及び立案並びに推進に関すること。
七十八　文化に関する関係行政機関の事務の調整に関すること。
七十九　文化（文化財（文化財保護法（昭和二十五年法律第二百十四号）第二条第

一項に規定する文化財をいう。第八十五号において同じ。）に係る事項を除く。）の次号及び第八十二号において同じ。）の振興に関する企画及び立案並びに援助及び助言に関すること。
八十　文化の振興のための助成に関すること。
八十一　劇場、音楽堂、美術館その他の文化施設に関すること。
八十二　文化に関する展示会、講習会その他の催しを主催すること。
八十三　国語の改善及びその普及に関すること。
八十四　著作者の権利、出版権及び著作隣接権の保護及び利用に関すること。
八十五　文化財の保存及び活用に関すること。
八十六　アイヌ文化の振興に関すること。
八十六の二　興行入場券（特定興行入場券の不正転売の禁止等による興行入場券の適正な流通の確保に関する法律（平成三十年法律第百三号）第二条第二項に規定する興行入場券をいう。）の適正な流通の確保に関する関係行政機関の事務の調整に関すること。
八十七　宗教法人の規則、規則の変更、合併及び任意解散の認証並びに宗教に関する情報資料の収集及び宗教団体との連絡に関すること。
八十八　国際文化交流の振興に関すること（外交政策に係るものを除く。）。
八十九　ユネスコ活動（ユネスコ活動に関する法律（昭和二十七年法律第二百七号）第二条に規定するユネスコ活動をいう。）の振興に関すること（外交政策に係るものを除く。）。
九十　文化功労者に関すること。
九十一　地方公共団体の機関、大学、高等専門学校、研究機関その他の関係機関に対し、教育、学術、スポーツ、文化及び宗教に係る専門的、技術的な指導及び助言を行うこと。
九十二　教育関係職員、研究者、社会教育に関する団体、社会教育指導者、スポーツの指導者その他の関係者に対し、教育、学術、スポーツ及び文化に係る専門的、技術的な指導及び助言を行うこと。
九十三　所掌事務に係る国際協力に関すること。
九十四　政令で定める文教研修施設において所掌事務に関する研修を行うこと。
九十五　前各号に掲げるもののほか、法律（法律に基づく命令を含む。）に基づき文部科学省に属させられた事務

2　前項に定めるもののほか、文部科学省は、前条第二項の任務を達成するため、同条第一項の任務に関連する特定の内閣の重要政策について、当該重要政策に関して閣議において決定された基本的な方針に基づいて、行政各部の施策の統一を図るために必要となる企画及び立案並びに総合調整に関する事務をつかさどる。

第三章　本省に置かれる職及び機関

第一節　特別な職

（文部科学審議官）
第五条　文部科学省に、文部科学審議官二人を置く。
2　文部科学審議官は、命を受けて、文部科学省の所掌事務に係る重要な政策に関する事務を総括整理する。

第二節　審議会等

第一款　設置

第六条　本省に、科学技術・学術審議会を置く。
2　前項に定めるもののほか、別に法律で定めるところにより文部科学省に置かれる審議会等で本省に置かれるものは、国立大学法人評価委員会とする。

第二款　科学技術・学術審議会

第七条　科学技術・学術審議会は、次に掲げる事務をつかさどる。
一　文部科学大臣の諮問に応じて次に掲げる重要事項を調査審議すること。
イ　科学技術の総合的な振興に関する重要事項
ロ　学術の振興に関する重要事項
二　前号イ及びロに掲げる重要事項に関し、文部科学大臣又は関係各大臣に意見を述べること。
三　文部科学大臣又は関係各大臣の諮問に応じて海洋の開発に関する総合的かつ基本的な事項を調査審議すること。
四　測地学及び政府機関における測地事業計画に関する事項を調査審議すること。
五　前二号に規定する事項に関し、文部科学大臣又は関係各大臣に意見を述べること。
六　技術士法（昭和五十八年法律第二十五号）の規定によりその権限に属させられた事項を処理すること。
2　前項に定めるもののほか、科学技術・学術審議会の組織及び委員その他の職員その他科学技術・学術審議会に関し必要な事項については、政令で定める。

第三款　国立大学法人評価委員会

第八条　国立大学法人評価委員会は、国立大学法人法（これに基づく命令を含む。）の定めるところによる。

第三節　特別の機関

（設置）
第九条　本省に、日本学士院を置く。
2　前項に定めるもののほか、別に法律で定めるところにより文部科学省に置かれる特

別の機関で本省に置かれるものは、次のとおりとする。

地震調査研究推進本部

日本ユネスコ国内委員会

（日本学士院）

第十条　日本学士院については、日本学士院法（昭和三十一年法律第二十七号）の定めるところによる。

（地震調査研究推進本部）

第十一条　地震調査研究推進本部については、地震防災対策特別措置法（平成七年法律第百十一号。これに基づく命令を含む。）の定めるところによる。

（日本ユネスコ国内委員会）

第十二条　日本ユネスコ国内委員会については、ユネスコ活動に関する法律（これに基づく命令を含む。）の定めるところによる。

第四章　外局

第一節　設置

第十三条　国家行政組織法第三条第二項の規定に基づいて、文部科学省に、次の外局を置く。

スポーツ庁

文化庁

第二節　スポーツ庁

（長官）

第十四条　スポーツ庁の長は、スポーツ庁長官とする。

（任務）

第十五条　スポーツ庁は、スポーツの振興その他のスポーツに関する施策の総合的な推進を図ることを任務とする。

（所掌事務）

第十六条　スポーツ庁は、前条の任務を達成するため、第四条第一項第三号、第五号、第六十九号、第三十号、第三十八号、第三十九号、第六十九号から第七十六号まで、第八十八号（スポーツの振興に係るものに限る。）、第八十九号及び第九十一号から第九十五号までに掲げる事務並びに学校における体育及び保健教育の基準の設定に関する事務をつかさどる。

第三節　文化庁

第一款　任務及び所掌事務

（長官）

第十七条　文化庁の長は、文化庁長官とする。

（任務）

第十八条　文化庁は、文化の振興その他の文化に関する施策の総合的な推進並びに国際文化交流の振興及び博物館による社会教育の振興を図るとともに、宗教に関する行政事務を適切に行うことを任務とする。

（所掌事務）

第十九条　文化庁は、前条の任務を達成するため、第四条第一項第三号、第五号、第三十号、第三十二号（博物館に係るものに限る。）、第三十三号（博物館に係るものに限る。）、第三十六号、第三十八号、第三十九号、第七十七号から第八十七号まで、第八十八号（学術及びスポーツの振興に係るものを除く。）、第八十九号及び第九十一号から第九十五号までに掲げる事務並びに学校における芸術に関する教育の基準の設定に関する事務をつかさどる。

第二款　審議会等

（設置）

第二十条　文化庁に、文化審議会を置く。

2　前項に定めるもののほか、別に法律で定めるところにより文部科学省に置かれる審議会等で文化庁に置かれるものは、宗教法人審議会とする。

（文化審議会）

第二十一条　文化審議会は、次に掲げる事務をつかさどる。

一　文部科学大臣又は文化庁長官の諮問に応じて文化の振興その他の文化に関する施策の総合的な推進並びに国際文化交流の振興（学術及びスポーツの振興に係るものを除く。）及び博物館による社会教育の振興に関する重要事項（第三号に規定するものを除く。）を調査審議すること。

二　前号に規定する重要事項に関し、文部科学大臣又は文化庁長官に意見を述べること。

三　文部科学大臣又は文化庁長官の諮問に応じて国語の改善及びその普及に関する事項を調査審議すること。

四　前号に規定する事項に関し、文部科学大臣、関係各大臣又は文化庁長官に意見を述べること。

五　文化芸術基本法（平成十三年法律第百四十八号）第七条第三項、展覧会における美術品損害の補償に関する法律（平成二十三年法律第十七号）第十二条第二項、著作権法（昭和四十五年法律第四十八号）、万国著作権条約の実施に伴う著作権法の特例に関する法律（昭和三十一年法律第八十六号）第五条第四項、著作権等管理事業法（平成十二年法律第百三十一号）第二十四条第四項、文化財保護法（昭和二十五年法律第二百十四号）第百五十三条及び文化功労者年金法（昭和二十六年法律第百二十五号）第二条第二項の規定によりその権限に属させられた事項を処理すること。

2　文化審議会の委員その他の職員で政令で定めるものは、文部科学大臣が任命する。

3　前二項に定めるもののほか、文化審議会の組織及び委員その他の職員その他文化審議会に関し必要な事項については、政令で定める。

（宗教法人審議会）

第二十二条　宗教法人審議会については、宗教法人法（昭和二十六年法律第百二十六号）の定めるところによる。

第三款　特別の機関

（日本芸術院）

第二十三条　文化庁に、日本芸術院を置く。

2　日本芸術院は、次に掲げる事務をつかさどる。

一　芸術上の功績顕著な芸術家の優遇に関すること。

二　芸術の発達に寄与する活動を行い、並びに芸術に関する重要事項を審議し、及びこれに関し、文部科学大臣又は文化庁長官に意見を述べること。

3　日本芸術院の長及び会員は、政令で定めるところにより、文部科学大臣が任命する。

4　日本芸術院の会員には、予算の範囲内で、文部科学大臣の定めるところにより、年金を支給することができる。

5　日本芸術院の組織、会員その他の職員及び運営については、政令で定める。

第五章　雑則

（職員）

第二十四条　文化庁に政令の規定により置かれる施設等機関で政令で定めるものの長は、文部科学大臣が任命する。

附　則〔令四・六・二二法七六〕

（施行期日）

第一条　この法律は、こども家庭庁設置法（令和四年法律第七十五号）の施行の日から施行する。〔ただし書略〕

●中央教育審議会令

（平成一二年六月七日政令第二八〇号）

最終改正…令元・一二・二〇政一九八

（組織）

第一条　中央教育審議会（以下「審議会」という。）は、委員三十人以内で組織する。

2　審議会に、特別の事項を調査審議させるため必要があるときは、臨時委員を置くことができる。

3　審議会に、専門の事項を調査させるため必要があるときは、専門委員を置くことができる。

（委員等の任命）

第二条　委員は、学識経験のある者のうちから、文部科学大臣が任命する。

2　臨時委員は、当該特別の事項に関し学識経験のある者のうちから、文部科学大臣が任命する。

3　専門委員は、当該専門の事項に関し学識経験のある者のうちから、文部科学大臣が任命する。

（委員の任期等）

第三条　委員の任期は、二年とする。ただし、補欠の委員の任期は、前任者の残任期間とする。

2　委員は、再任されることができる。

3　臨時委員は、その者の任命に係る当該特別の事項に関する調査審議が終了したときは、解任されるものとする。

4　専門委員は、その者の任命に係る当該専門の事項に関する調査が終了したときは、解任されるものとする。

5　委員、臨時委員及び専門委員は、非常勤とする。

（会長）

第四条　審議会に、会長を置き、委員の互選により選任する。

2　会長は、会務を総理し、審議会を代表する。

3　会長に事故があるときは、あらかじめその指名する委員が、その職務を代理する。

（分科会）

第五条　審議会に、次の表の上欄に掲げる分科会を置き、これらの分科会の所掌事務は、審議会の所掌事務のうち、それぞれ同表の下欄に掲げるとおりとする。

名称	所掌事務
教育制度分科会	一　豊かな人間性を備えた創造的な人材の育成のための教育改革に関する重要事項を調査審議すること。 二　地方教育行政に関する制度に関する重要事項を調査審議すること。
生涯学習分科会	一　生涯学習に係る機会の整備に関する重要事項を調査審議すること。 二　社会教育の振興に関する重要事項を調査審議すること。 三　視聴覚教育に関する重要事項を調査審議すること。 四　青少年の健全な育成に関する重要事項を調査審議すること。 五　生涯学習の振興のための施策の推進体制等の整備に関する法律（平成二年法律第七十一号）及び社会教育法（昭和二十四年法律第二百七号）の規定に基づき審議会の権限に属させられた事項を処理すること。
初等中等教育分科会	一　初等中等教育（幼稚園、小学校、中学校、義務教育学校、高等学校、中等教育学校、特別支援学校及び幼

	保連携型認定こども園における教育をいう。次号において同じ。）の振興に関する重要事項を調査審議すること（生涯学習分科会の所掌に属するものを除く。）。 二　初等中等教育の基準に関する重要事項を調査審議すること。 三　学校保健（学校における保健教育及び保健管理をいう。）、学校安全（学校における安全教育及び安全管理をいう。）及び学校給食に関する重要事項を調査審議すること。 四　教育職員の養成並びに資質の保持及び向上に関する重要事項を調査審議すること。 五　公立の義務教育諸学校等の教育職員の給与等に関する特別措置法（昭和四十六年法律第七十七号）第五条の規定により読み替えて適用する地方公務員法（昭和二十五年法律第二百六十一号）第五十八条第三項の規定により読み替えて適用する労働基準法（昭和二十二年法律第四十九号）第三十二条の四第三項、理科教育振興法（昭和二十八年法律第百八十六号）第九条第一項、産業教育振興法（昭和二十六年法律第二百二十八号）及び教育職員免許法（昭和二十四年法律第百四十七号）の規定に基づき審議会の権限に属させられた事項を処理すること。 六　理科教育振興法施行令（昭和二十九年政令第三百十一号）第二条第二項及び産業教育振興法施行令（昭和二十七年政令第四百五号）第二条第三項の規定により審議会の権限に属させられた事項を処理すること。
大学分科会	一　大学及び高等専門学校における教育の振興に関する重要事項を調査審議すること。 二　学校教育法（昭和二十二年法律第二十六号）の規定に基づき審議会の権限に属させられた事項を処理すること。 三　学校教育法施行令（昭和二十八年政令第三百四十号）第二十三条の二第三項の規定により審議会の権限に属させられた事項を処理すること。

2　前項の表の上欄に掲げる分科会に属すべき委員、臨時委員及び専門委員は、文部科学大臣が指名する。

3　分科会に、分科会長を置き、当該分科会に属する委員の互選により選任する。

4　分科会長は、当該分科会の事務を掌理する。

5　分科会長に事故があるときは、当該分科会に属する委員のうちから分科会長があらかじめ指名する者が、その職務を代理する。

6　審議会は、その定めるところにより、分科会の議決をもって審議会の議決とすることができる。

（部会）

第六条　審議会及び分科会は、その定めるところにより、部会を置くことができる。

2　部会に属すべき委員、臨時委員及び専門委員は、会長（分科会に置かれる部会にあっては、分科会長）が指名する。

3　部会に、部会長を置き、当該部会に属する委員の互選により選任する。

4　部会長は、当該部会の事務を掌理する。

5　部会長に事故があるときは、当該部会に属する委員のうちから部会長があらかじめ指名する者が、その職務を代理する。

6　審議会（分科会に置かれる部会にあっては、分科会。以下この項において同じ。）は、その定めるところにより、部会の議決をもって審議会の議決とすることができる。

（幹事）

第七条　審議会に、幹事を置く。

2　幹事は、関係行政機関の職員のうちから、文部科学大臣が任命する。

3　幹事は、審議会の所掌事務のうち、第五条第一項の表生涯学習分科会の項下欄の第一号に掲げる重要事項及び第五号に掲げる事項（生涯学習の振興のための施策の推進体制等の整備に関する法律の規定に基づき審議会の権限に属させられた事項に限る。）について、委員を補佐する。

4　幹事は、非常勤とする。

（議事）

第八条　審議会は、委員及び議事に関係のある臨時委員の過半数が出席しなければ、会議を開き、議決することができない。

2　審議会の議事は、委員及び議事に関係のある臨時委員で会議に出席したものの過半数で決し、可否同数のときは、会長の決するところによる。

3　前二項の規定は、分科会及び部会の議事について準用する。

（資料の提出等の要求）

第九条　審議会は、その所掌事務を遂行するため必要があると認めるときは、関係行政機関の長に対し、資料の提出、意見の開陳、説明その他必要な協力を求めることができる。

（庶務）

第十条　審議会の庶務は、文部科学省総合教育政策局政策課において総括し、及び処理する。ただし、生涯学習分科会に係るものについては文部科学省総合教育政策局生涯学習推進課において、初等中等教育分科会に係るものについては文部科学省初等中等教育局初等中等教育企画課において、大学分科会に係るものについては文部科学省高等教育局高等教育企画課において処理する。

（雑則）

第十一条　この政令に定めるもののほか、議事の手続その他審議会の運営に関し必要な事項は、会長が審議会に諮って定める。

附　則（令元・一二・二〇政一九八）

（施行期日）

1　この政令は、令和三年四月一日から施行する。

●構造改革特別区域法〔抄〕

（平成一四年一二月一八日法律第一八九号）

最終改正…令五・五・八法二〇

第一章　総則

（目的）

第一条　この法律は、地方公共団体の自発性を最大限に尊重した構造改革特別区域を設定し、当該地域の特性に応じた規制の特例措置の適用を受けて地方公共団体が特定の事業を実施し又はその実施を促進することにより、教育、物流、研究開発、農業、社会福祉その他の分野における経済社会の構造改革を推進するとともに地域の活性化を図り、もって国民生活の向上及び国民経済の発展に寄与することを目的とする。

（定義）

第二条　この法律において「構造改革特別区域」とは、地方公共団体が当該地域の活性化を図るために自発的に設定する区域であって、当該地域の特性に応じた特定事業を実施し又はその実施を促進するものをいう。

2　この法律において「特定事業」とは、地方公共団体が実施し又はその実施を促進する事業のうち、別表に掲げる事業で、規制の特例措置の適用を受けるものをいう。

3　この法律において「規制の特例措置」とは、この法律により規定された規制についての第十二条、第十三条、第十五条、第十八条から第二十条まで及び第二十三条から第三十三条までに規定する法律の特例に関する措置並びに政令又は主務省令（以下この項において「政令等」という。）により規定された規制についての第三十四条の規定による政令等又は第三十五条の規定による条例で規定する政令等の特例に関する措置をいい、これらの措置の適用を受ける場合において当該規制の趣旨に照らし地方公共団体がこれらの措置と併せて実施し又はその実施を促進することが必要となる措置を含むものとする。

4　この法律（第四十三条第一項を除く。）において「地方公共団体」とは、都道府県、市町村（特別区を含む。第四条第四項及び第七項並びに第十九条第一項において同じ。）又は地方自治法（昭和二十二年法律第六十七号）第二百八十四条第一項の一部事務組合若しくは広域連合をいう。

（関連する施策との連携）

第二条の二　国及び地方公共団体は、構造改革特別区域において、経済社会の構造改革の推進及び地域の活性化（以下「構造改革の推進等」という。）に関する施策を推進するに当たっては、地域の活力の再生に関する施策、産業の国際競争力の強化に関する施策その他の関連する施策との連携を図るよう努めなければならない。

第二章　構造改革特別区域基本方針〔略〕

第三章　構造改革特別区域計画の認定等

（構造改革特別区域計画の認定）

第四条　地方公共団体は、単独で又は共同して、構造改革特別区域基本方針に即して、当該地方公共団体の区域について、内閣府令で定めるところにより、構造改革特別区域として、教育、物流、研究開発、農業、社会福祉その他の分野における当該区域の活性化を図るための計画（以下「構造改革特別区域計画」という。）を作成し、内閣総理大臣の認定を申請することができる。

2　構造改革特別区域計画には、次に掲げる事項を定めるものとする。

一　構造改革特別区域の範囲

二　構造改革特別区域において実施し又はその実施を促進しようとする特定事業の内容、実施主体及び開始の日

三　構造改革特別区域において実施し又はその実施を促進しようとする特定事業ごとの規制の特例措置の内容

3　前項各号に掲げるもののほか、構造改革特別区域計画を定める場合には、次に掲げる事項を定めるよう努めるものとする。

一　構造改革特別区域の名称及び特性

二　構造改革特別区域計画の意義及び目標

三　構造改革特別区域計画の実施が構造改革特別区域に及ぼす経済的社会的効果

4　地方公共団体は、構造改革特別区域計画の案を作成しようとするときは、第二項第二号に掲げる実施主体（以下「実施主体」という。）の意見を聴くとともに、都道府県にあっては関係市町村の意見を聴かなければならない。

5　特定事業を実施しようとする者は、当該特定事業を実施しようとする地域をその区域に含む地方公共団体に対し、当該特定事業をその内容とする構造改革特別区域計画の案の作成についての提案をすることができる。

第五条―第十条　〔略〕

第四章　構造改革特別区域における規制の特例措置

第十一条　削除

（学校教育法の特例）

第十二条　地方公共団体が、その設定する構造改革特別区域において、地域の特性を生かした教育の実施の必要性、地域産業を担う人材の育成の必要性その他の特別の事情に対応するための教育又は研究を株式会社の設置する学校（学校教育法（昭和二十二年法律第二十六号）第一条に規定する学校をいう。以下この条及び別表第二号において同じ。）が行うことが適切かつ効果的であると認めて内閣総理大臣の認定を申請し、その認定を受けたときは、当該認定の日以後は、同法第二条第一項中「及び私立学校法（昭和二十四年法律第二百七十号）第三条に規定する学校法人（以下「学校法人」という。）」とあるのは「、私立学校法（昭和二十四年法律第二百七十号）第三条に規定する学校法人（以下「学校法人」という。）及び構造改革特別区域法（平成十四年法律第百八十九号）第十二条第二項に規定する特別の事情に対応するための教育又は研究を行い、かつ、同項各号に掲げる要件の全てに適合している株式会社（次項、第四条第一項第三号、第九十五条及び附則第六条において「学校設置会社」という。）」と、同条第二項中「学校法人」とあるのは「学校法人又は学校設置会社」と、同法第四条第一項第三号中「都道府県知事」とあるのは「都道府県知事（学校設置会社の設置するものにあっては、構造改革特別区域法第十二条第一項の認定を受けた地方公共団体の長。第十条、第十四条、第四十四条（第二十八条、第四十九条、第六十二条、第七十条第一項及び第八十二条において準用する場合を含む。）及び第五十四条第三項（第七十条第一項において準用する場合を含む。）において同じ。）」と、同法第九十五条（同法第百二十三条において準用する場合を含む。）中「諮問しなければならない」とあるのは「諮問しなければならない。学校設置会社の設置する大学について第四条第一項の規定による認可を行う場合（設置の認可を行う場合を除く。）及び学校設置会社の設置する大学に対し第十三条第一項の規定による命令を行う場合も、同様とする」と、同法附則第六条中「学校法人」とあるのは「学校法人又は学校設置会社」とする。

2　前項の規定により学校教育法第四条第一項の認可を受けて学校を設置することができる株式会社（以下この条及び第十九条第一項第一号並びに別表第二号において「学校設置会社」という。）は、その構造改革特別区域に設置する学校において、地域の特性を生かした教育の実施の必要性、地域産業を担う人材の育成の必要性その他の特別の事情に対応するための教育又は研究を行うものとし、次に掲げる要件のすべてに適合していなければならない。

一　文部科学省令で定める基準に適合する施設及び設備又はこれらに要する資金並びに当該学校の経営に必要な財産を有すること。

二　当該学校の経営を担当する役員が学校を経営するために必要な知識又は経験を有すること。

三　当該学校設置会社の経営を担当する役員が社会的信望を有すること。

3　学校設置会社は、文部科学省令で定めるところにより、当該学校設置会社の業務及び財産の状況を記載した書類（その作成に代えて電磁的記録（電子的方式、磁気的方式その他の人の知覚によっては認識することができない方式で作られる記録であって、電子計算機による情報処理の用に供されるものをいう。以下この項及び次項において同じ。）の作成がされている場合における当該電磁的記録を含む。次項、第十三

項及び次条第五項において「業務状況書類等」という。）を作成し、その設置する学校に備えて置かなければならない。

4 学校設置会社の設置する学校に入学又は入園を希望する者その他の関係人は、学校設置会社の業務時間内は、いつでも、次に掲げる請求をすることができる。

一 業務状況書類等が書面をもって作成されているときは、当該書面の閲覧又は謄写の請求

二 業務状況書類等が電磁的記録をもって作成されているときは、当該電磁的記録に記録された事項を文部科学省令で定める方法により表示したものの閲覧又は謄写の請求

5 第一項の認定を受けた地方公共団体（以下この条において「認定地方公共団体」という。）は、学校設置会社の設置する学校（大学及び高等専門学校を除く。）の教育、組織及び運営並びに施設及び設備の状況について、毎年度、評価を行わなければならない。

6 前項の規定による評価を行った認定地方公共団体は、遅滞なく、その結果を当該学校に通知するとともに、これを公表しなければならない。

7 認定地方公共団体は、学校設置会社の経営の状況の悪化等によりその設置する学校の経営に現に著しい支障が生じ、又は生ずるおそれがあると認められる場合においては、当該学校に在学する者が適切な修学を維持することができるよう、転学のあっせんその他の必要な措置を講じなければならない。

8 認定地方公共団体の長は、第一項の規定により学校教育法第四条第一項若しくは第十三条第一項の認可又は第十四条の命令をするときは、あらかじめ、当該認定地方公共団体が設置するこれらの認可又は命令に係る事項を調査審議する審議会その他の合議制の機関の意見を聴かなければならない。

9 認定地方公共団体の長は、第一項の規定により学校教育法第四条第一項の認可をしたときは、遅滞なく、その旨を都道府県知事に通知しなければならない。

10 学校設置会社の設置する学校が大学又は高等専門学校である場合にあっては文部科学大臣、学校設置会社の設置する学校が大学及び高等専門学校以外の学校である場合にあっては認定地方公共団体の長は、当該学校に対して、教育の調査、統計その他に関し必要な報告書の提出を求めることができる。

11 学校設置会社に関する次の表の第一欄に掲げる法律の適用については、同表の第二欄に掲げる規定中同表の第三欄に掲げる字句は、それぞれ同表の第四欄に掲げる字句とする。

教育職員免許法（昭和二十四年法律第百四十七号）	第二条第三項	、当該指定都市等の長）	当該指定都市等の長、当該学校設置会社（構造改革特別区域法（平成十四年法律第百八十九号）第十二条第二項に規定する学校設置会社をいう。以下同じ。）の設置する私立学校の教員にあつては同条第一項の規定による認定を受けた地方公共団体の長）
教育職員免許法施行法（昭和二十四年法律第百四十八号）	第二条第一項の表備考	理事長	理事長又は学校設置会社（構造改革特別区域法（平成十四年法律第百八十九号）第十二条第二項に規定する学校設置会社をいう。）の代表取締役若しくは代表執行役
地方交付税法（昭和二十五年法律第二百十一号）	第十二条第一項の表	私立の学校	私立の学校（構造改革特別区域法（平成十四年法律第百八十九号）第十二条第二項に規定する学校設置会社の設置するものを除く。以下同じ。）
	第十二条第三項の表	及び特別支援学校	及び特別支援学校（構造改革特別区域法第十二条第二項に規定する学校設置会社の設置するこれらのものを除く。）
旧軍港市転換法（昭和二十五年法律第二百二十号）	第四条第一項第一号	規定する学校	規定する学校（構造改革特別区域法（平成十四年法律第百八十九号）第十二条第二項に規定する学校設置会社の設置するものを除く。）
産業教育振興法（昭和二十六年法律第二百二十八号）	第十九条第一項	私立学校	私立学校（構造改革特別区域法（平成十四年法律第百八十九号）第十二条第二項に規定する学校設置会社の設置するものを除く。次項において同じ。）
理科教育振興法（昭和二十八年法律第百八十六号）	第九条第一項	私立の学校	私立の学校（構造改革特別区域法（平成十四年法律第百八十九号）第十二条第二項に規定する学校設置会社の設置するものを除く。以下この条において同じ。）
私立学校教職員共済法（昭	附則第十項	設置する者	設置する者（構造改革特別区域法（平成十四年法律第百八十九号）

和二十八年法律第二百四十五号）			第十二条第二項に規定する学校設置会社を除く。）
義務教育諸学校における教育の政治的中立の確保に関する臨時措置法（昭和二十九年法律第百五十七号）	第五条第一項第三号	都道府県知事	都道府県知事（構造改革特別区域法（平成十四年法律第百八十九号）第十二条第二項に規定する学校設置会社の設置するものにあつては、当該学校を所轄する同条第一項の規定による認定を受けた地方公共団体の長）
学校給食法（昭和二十九年法律第百六十号）	第十二条第一項	私立の義務教育諸学校の設置者	私立の義務教育諸学校の設置者（構造改革特別区域法（平成十四年法律第百八十九号）第十二条第二項に規定する学校設置会社を除く。）
夜間課程を置く高等学校における学校給食に関する法律（昭和三十一年法律第百五十七号）	第六条	私立の高等学校の設置者	私立の高等学校の設置者（構造改革特別区域法（平成十四年法律第百八十九号）第十二条第二項に規定する学校設置会社を除く。）
地方教育行政の組織及び運営に関する法律（昭和三十一年法律第百六十二号）	第二十七条の五	都道府県知事	都道府県知事（学校設置会社（構造改革特別区域法（平成十四年法律第百八十九号）第十二条第二項に規定する学校設置会社をいう。以下この条において同じ。）の設置する私立学校に関する事務にあつては、同法第十二条第一項の規定による認定を受けた地方公共団体の長）
		都道府県委員会	都道府県委員会（学校設置会社の設置する私立学校に関する事務にあつては、同項の規定による認定を受けた地方公共団体の教育委員会）
著作権法（昭和四十五年法律第四十八号）	第三十五条第一項	設置されているものを除く。	設置されているものを除き、学校設置会社（構造改革特別区域法（平成十四年法律第百八十九号）第十二条第二項に規定する学校設置会社をいう。第三十八条第一項において同じ。）の設置する学校を含む。
	第三十八条第一項	又は観衆	若しくは観衆
		受けない場合	受けない場合又は学校設置会社の設置する学校において聴衆若しくは観衆から料金を受けずにその教育若しくは研究を行う活動に利用する場合

12　第三項又は第四項の規定に基づき文部科学省令を制定し、又は改廃する場合においては、当該文部科学省令で、その制定又は改廃に伴い合理的に必要と判断される範囲内において、所要の経過措置（罰則に関する経過措置を含む。）を定めることができる。

13　第三項の規定に違反して業務状況書類等を備えて置かず、業務状況書類等に記載すべき事項を記載せず、若しくは虚偽の記載をし、又は正当な理由がないのに第四項各号の規定による請求を拒んだ学校設置会社の取締役、執行役又は清算人は、二十万円以下の過料に処する。

第十三条　地方公共団体が、その設定する構造改革特別区域において、学校生活への適応が困難であるため相当の期間学校（学校教育法第一条に規定する学校をいい、大学及び高等専門学校を除く。以下この条及び別表第三号において同じ。）を欠席していると認められる児童、生徒若しくは幼児又は発達の障害により学習上若しくは行動上著しい困難を伴うため教育上特別の指導が必要であると認められる児童、生徒若しくは幼児（次項において「不登校児童等」という。）を対象として、当該構造改革特別区域に所在する学校の設置者による教育によっては満たされない特別の需要に応ずるための教育を特定非営利活動法人（特定非営利活動促進法（平成十年法律第七号）第二条第二項の特定非営利活動法人をいう。次項において同じ。）の設置する学校が行うことにより、当該構造改革特別区域における学校教育の目的の達成に資するものと認めて内閣総理大臣の認定を申請し、その認定を受けたときは、学校教育法第二条第一項中「設置することができる」とあるのは「設置することができる。ただし、構造改革特別区域法（平成十四年法律第百八十九号）第十三条第二項に規定する特別の需要に応ずるための教育を行い、かつ、同項各号に掲げる要件のすべてに適合している特定非営利活動促進法（平成十年法律第七号）第二条第二項の特定非営利活動法人（次項、第四条第二一項第三号及び附則第六条において学校設置非営利法人という。）は、大学及び高等専門学校以外の学校を設置することができる」と、同条第二項中「学校法人」とあるのは「学校法人又は学校設置非営利法人」と、同法第四条第一項第三号中「都道府県知事」とあるのは「都道府県知事（学校設置非営利法人の設置するものにあつては、構造改革特別区域法第十三条第一項の認定を受けた地方公共団体の長。第十条、第十四条、第四十四条（第二十八条、第四十九条、第六十二条、第七十条第一項及び第八十二条において準用する場合を含む。）及び第五十四条第三項（第七十条第一項において準用する場合を含む。）において同じ。）」と、同法附則第六条中「学校法人」とあるのは「学校法人又は学校設置非営利法人」とする。

2　前項の規定により学校教育法第四条第一項の認可を受けて学校を設置することができる特定非営利活動法人（以下この条及び第十九条第一項第二号並びに別表第三号において「学校設置非営利法人」という。）は、その構造改革特別区域に設置する学校において、不登校児童等を対象として、当該構造改革特別区域に所在する学校の設置者による教育によっては満たされない特別の需要に応ずるための教育を行うものとし、次に掲げる要件のすべてに適合していなければならない。

一　文部科学省令で定める基準に適合する施設及び設備又はこれらに要する資金並びに当該学校の経営に必要な財産を有すること。

二　当該学校の経営を担当する役員が学校を経営するために必要な知識又は経験を有すること。

三　当該学校設置非営利法人の経営を担当する役員が社会的信望を有すること。

四　不登校児童等を対象として行う特定非営利活動促進法第二条第一項に規定する特定非営利活動の実績が相当程度あること。

3　前条第三項から第十項まで及び第十二項の規定は、学校設置非営利法人が学校を設置する場合について準用する。この場合において、同項中「第三項又は第四項」とあるのは、「次条第三項において準用する第三項又は第四項」と読み替えるものとする。

4　学校設置非営利法人に関する次の表の第一欄に掲げる法律の適用については、同表の第二欄に掲げる規定中同表の第三欄に掲げる字句は、それぞれ同表の第四欄に掲げる字句とする。

教育職員免許法	第二条第三項	、当該指定都市等の長）	当該指定都市等の長、学校設置非営利法人（構造改革特別区域法（平成十四年法律第百八十九号）第十三条第二項に規定する学校設置非営利法人をいう。以下同じ。）の設置する私立学校の教員にあつては同条第一項の規定による認定を受けた地方公共団体の長）
教育職員免許法施行法	第二条第一項の表備考	理事長	理事長又は学校設置非営利法人（構造改革特別区域法（平成十四年法律第百八十九号）第十三条第二項に規定する学校設置非営利法人をいう。）の代表権を有する理事
地方交付税法	第十二条第一項の表	私立の学校	私立の学校（構造改革特別区域法（平成十四年法律第百八十九号）第十三条第二項に規定する学校設置非営利法人の設置するものを除く。以下同じ。）
	第十二条第三項の表	及び特別支援学校	及び特別支援学校（構造改革特別区域法第十三条第二項に規定する学校設置非営利法人の設置するこれらのものを除く。）
旧軍港市転換法	第四条第一項第一号	規定する学校	規定する学校（構造改革特別区域法（平成十四年法律第百八十九号）第十三条第二項に規定する学校設置非営利法人の設置するものを除く。）
産業教育振興法	第十九条第一項	私立学校	私立学校（構造改革特別区域法（平成十四年法律第百八十九号）第十三条第二項に規定する学校設置非営利法人の設置するものを除く。次項において同じ。）
理科教育振興法	第九条第一項	私立の学校	私立の学校（構造改革特別区域法（平成十四年法律第百八十九号）第十三条第二項に規定する学校設置非営利法人の設置するものを除く。以下この条において同じ。）
私立学校教職員共済法	附則第十項	設置する者	設置する者（構造改革特別区域法（平成十四年法律第百八十九号）第十三条第二項に規定する学校設置非営利法人を除く。）

義務教育諸学校における教育の政治的中立の確保に関する臨時措置法	第五条第一項第三号	都道府県知事	都道府県知事（構造改革特別区域法（平成十四年法律第百八十九号）第十三条第二項に規定する学校設置非営利法人の設置するものにあつては、当該学校を所轄する同条第一項の規定による認定を受けた地方公共団体の長）
学校給食法	第十二条第一項	私立の義務教育諸学校の設置者	私立の義務教育諸学校の設置者（構造改革特別区域法（平成十四年法律第百八十九号）第十三条第二項に規定する学校設置非営利法人を除く。）
夜間課程を置く高等学校における学校給食に関する法律	第六条	私立の高等学校の設置者	私立の高等学校の設置者（構造改革特別区域法（平成十四年法律第百八十九号）第十三条第二項に規定する学校設置非営利法人を除く。）
地方教育行政の組織及び運営に関する法律	第二十七条の五	都道府県知事	都道府県知事（学校設置非営利法人（構造改革特別区域法（平成十四年法律第百八十九号）第十三条第二項に規定する学校設置非営利法人をいう。以下この条において同じ。）の設置する私立学校に関する事務にあつては、同法第十三条第一項の規定による認定を受けた地方公共団体の長）
		都道府県委員会	都道府県委員会（学校設置非営利法人の設置する私立学校に関する事務にあつては、同項の規定による認定を受けた地方公共団体の教育委員会）

5 第三項において準用する前条第三項の規定に違反して業務状況書類等を備えて置かず、業務状況書類等に記載すべき事項を記載せず、若しくは虚偽の記載をし、又は正当な理由がないのに第三項において準用する同条第四項各号の規定による請求を拒んだ学校設置非営利法人の理事又は清算人は、二十万円以下の過料に処する。

第十四条―第十八条〔略〕

（教育職員免許法等の特例）

第十九条 市町村の教育委員会が、第十二条第一項に規定する特別の事情、第十三条第一項に規定する特別の需要その他当該市町村が設定する構造改革特別区域における教育上の特別の事情に対応するため、次に掲げる者に特別免許状（教育職員免許法第四条第一項に規定する特別免許状をいう。以下この条及び別表第九号において同じ。）を授与する必要があると認める場合において、当該市町村が内閣総理大臣の認定を申請し、その認定を受けたときは、当該認定の日以後は、同法第一条第二項中「免許状」とあるのは「免許状（構造改革特別区域法（平成十四年法律第百八十九号）第十九条第一項の規定による認定を受けた市町村の教育委員会が同項各号に掲げる者に授与する特別免許状（以下「特例特別免許状」という。）を除く。）」と、「教育委員会をいう」とあるのは「教育委員会をいい、当該免許状が特例特別免許状である場合にあつてはその免許状を授与した市町村の教育委員会をいう」と、同法第五条第六項中「教育委員会」とあるのは「教育委員会（特例特別免許状にあつては、構造改革特別区域法第十九条第一項の規定による認定を受けた市町村の教育委員会。）」と、同法第九条第二項中「有する」とあるのは「有する。ただし、特例特別免許状は、その免許状を授与した授与権者の置かれる市町村においてのみ効力を有する」と、同法第二十条中「教育委員会規則」とあるのは「教育委員会規則（特例特別免許状にあつては、その免許状を授与した市町村の教育委員会規則）」と、同法別表第三中「特別免許状」とあるのは「特別免許状（特例特別免許状を除く。）」と、教育職員等による児童生徒性暴力等の防止等に関する法律（令和三年法律第五十七号）第十五条第二項中「教育委員会」とあるのは「教育委員会（構造改革特別区域法（平成十四年法律第百八十九号）第十九条第一項の規定による認定を受けた市町村（以下この項において「認定市町村」という。）の教育委員会を含む。次項及び次条第一項において同じ。）」と、「都道府県教育職員免許状再授与審査会」とあるのは「都道府県教育職員免許状再授与審査会（認定市町村においては市町村教育職員免許状再授与審査会。次条において同じ。）」とする。

一―三〔略〕

2―3〔略〕

（私立学校法の特例）

第二十条 地方公共団体が、その設定する構造改革特別区域において、地域の特性に応じた高等学校又は幼稚園における教育の機会を提供するに当たり、その実現を図ろうとする教育の内容、当該教育に必要な教職員の編制並びに施設及び設備、地域における当該教育の需要の状況等に照らし、当該地方公共団体の協力により新たに設立される学校法人（私立学校法（昭和二十四年法律第二百七十号）第三条に規定する学校法人をいう。以下この条において同じ。）が高等学校又は幼稚園を設置して当該地方公共団体との連携及び協力に基づき当該教育を実施することが、他の方法により当該教育の機会を提供するよりも、教育効果、効率性等の観点から適切であると認めて内閣総理大臣の認定を申請し、その認定を受けたときは、当該認定の日以後は、当該教育を実施する高等学校又は幼稚園（以下この条及び別表第十号において「公私協力学校」という。）の設置及び運営を目的とする学校法人（以下この条において「協力学校法人」という。）を設立しようとする者であって第六項の指定を受けたもの（第三項において「指定設立予定者」という。）が、所轄庁（同法第四条に規定する所轄庁をいう。以下この条において同じ。）に対し、同法第三十条第一項の規定による寄附行為の認可を申請した場合においては、所轄庁は、同法第三十一条第一項の規定にかかわらず、当該寄附行為の認可を決定するに当たり、同法第二十五条第一項の要件に該当しているかどうかの審査を行わないものとする。

2　前項の寄附行為には、私立学校法第三十条第一項各号に掲げる事項のほか、当該寄附行為により設立する学校法人が協力学校法人である旨及びその設置する学校が公私協力学校である旨を定めなければならない。

3　第一項の認定を受けた地方公共団体（以下この条において「協力地方公共団体」という。）の長と協力学校法人の所轄庁とが異なる場合において、指定設立予定者又は協力学校法人が、所轄庁に対し、次に掲げる申請又は届出を行おうとするときは、協力地方公共団体の長を経由して行わなければならない。この場合において、協力地方公共団体の長は、当該申請又は届出に係る事項に関し意見を付することができるものとし、所轄庁は、その意見に配慮しなければならない。

一　私立学校法第三十条第一項の規定による寄附行為の認可の申請

二　私立学校法第四十五条第一項又は第二項の規定による寄附行為の変更の認可の申請又は届出

三　私立学校法第五十条第二項の規定による解散についての認可又は認定の申請

四　学校教育法第四条第一項の規定による学校の設置廃止、設置者の変更及び同項に規定する政令で定める事項の認可の申請

4　協力地方公共団体の長は、公私協力学校の設置及び運営に関し、次に掲げる事項を定めた基本計画（以下この条において「公私協力基本計画」という。）を定め、これを公告しなければならない。

一　収容定員に関する事項

二　授業料等の納付金に関する事項

三　施設又は設備の整備及び運営に要する経費についての助成措置に関する事項

四　協力学校法人の解散に伴う残余財産の帰属に関する事項

5　公私協力基本計画においては、前項各号に掲げるもののほか、次に掲げる事項を定めるよう努めるものとする。

一　教育目標に関する事項

二　その他公私協力学校の設置及び運営に関する重要事項として文部科学省令で定めるもの

6　第四項の規定により公告された公私協力基本計画に基づき協力学校法人を設立しようとする者は、当該公告を行った協力地方公共団体の長に申し出て、その設立しようとする協力学校法人について、公私協力学校の設置及び運営を行うべき者としての指定を受けなければならない。

7　協力地方公共団体の長は、前項の申出に係る協力学校法人が、公私協力基本計画に基づく公私協力学校の設置を適正に行い、その運営を継続的かつ安定的に行うことができる能力を有するものであると認めるときでなければ、同項の指定をしてはならない。

8　協力地方公共団体の長は、地域における教育の需要の状況の変化その他の事情を考慮して必要があると認めるときは、協力学校法人に協議して、公私協力基本計画を変更することができる。

9　協力地方公共団体は、協力学校法人が公私協力学校の設置について学校教育法第四条第一項の規定による認可を受けた際に、当該協力学校法人が公私協力基本計画に基づき当該公私協力学校における教育を行うために施設又は設備の整備を必要とする場合には、当該公私協力基本計画に定めるところにより、当該協力学校法人に対し、当該施設若しくは設備を無償若しくは時価よりも低い対価で貸し付け、若しくは譲渡し、又は当該施設若しくは設備の整備に要する資金を出えんするものとする。

10　前項の規定は、地方自治法第九十六条及び第二百三十七条から第二百三十八条の五までの規定の適用を妨げない。

11　協力学校法人は、毎会計年度、文部科学省令で定めるところにより、当該年度における公私協力基本計画に基づき、公私協力学校の運営に関する計画（以下この条において「公私協力年度計画」という。）及び収支予算を作成し、協力地方公共団体の長の認可を受けなければならない。これを変更しようとするときも、同様とする。

12　協力地方公共団体は、協力学校法人が公私協力年度計画を実施するに当たり、公私協力基本計画で定める授業料等の納付金による収入の額では、他の得ることが見込ま

れる収入の額を合算しても、なおその収支の均衡を図ることが困難となると認められる場合には、公私協力基本計画に定めるところにより、当該協力学校法人に対し、当該公私協力年度計画の円滑かつ確実な実施のために必要な額の補助金を交付するものとする。

13　私立学校振興助成法（昭和五十年法律第六十一号）第十二条（第三号に係る部分を除く。）及び第十四条第一項の規定は、第九項又は前項の規定により協力地方公共団体が協力学校法人に対し助成を行う場合について準用する。この場合において、同法第十二条中「所轄庁は、この法律の規定」とあるのは「協力地方公共団体（構造改革特別区域法（平成十四年法律第百八十九号）第二十条第三項に規定する協力地方公共団体をいう。以下同じ。）の長は、同条第九項又は第十二項の規定」と、「学校法人に」とあるのは「協力学校法人（同条第一項に規定する協力学校法人をいう。以下同じ。）に」と、同条第一号及び第二号中「学校法人」とあるのは「協力学校法人」と、同条第四号中「学校法人」とあるのは「協力学校法人」と、「所轄庁」とあるのは「協力地方公共団体の長」と、同法第十四条第一項中「第四条第一項又は第九条に規定する補助金の交付を受ける学校法人」とあるのは「構造改革特別区域法第二十条第九項又は第十二項の規定により助成を受ける協力学校法人」と、「作成しなければならない」とあるのは「作成し、協力地方公共団体の長に届け出なければならない」と読み替えるものとする。

14　協力地方公共団体の長と協力学校法人の所轄庁とが異なる場合において、協力地方公共団体の長及び協力学校法人の所轄庁は、相互に密接な連携を図りながら、協力学校法人に対し、前項において準用する私立学校振興助成法第十二条の規定による権限の行使その他の当該協力学校法人の業務の適切な運営を確保するための措置を講ずるものとする。

15　協力地方公共団体の長は、協力学校法人がその設置する公私協力学校の運営を公私協力基本計画に基づき適正かつ確実に実施することができなくなったと認める場合においては、当該協力学校法人に対し、当該公私協力学校に係る第六項の指定を取り消すことができる。

16　協力学校法人は、前項の規定による指定の取消しの処分を受けたときは、当該処分に係る公私協力学校について、学校教育法第四条第一項の規定による廃止の認可を所轄庁に申請しなければならない。

17　協力地方公共団体の長は、第四項の規定による公私協力基本計画の策定及び第八項の規定による公私協力基本計画の変更並びに第十一項の規定による公私協力年度計画及び収支予算の認可を行おうとするときは、あらかじめ、当該協力地方公共団体の教育委員会に協議しなければならない。

18　教育基本法（平成十八年法律第百二十号）第十五条第二項の規定は、公私協力学校について準用する。

第二十一条―第三十六条　（略）

第五章・第六章　〔略〕

附　則　〔令五・五・八法二〇〕

（施行期日）

1　この法律は、令和五年九月一日から施行する。〔ただし書き略〕

●こども家庭庁設置法〔抄〕

（令和四年六月二二日　法律第七五号）

最終改正…令四・六・二二法七七

第一章　総則

（目的）

第一条　この法律は、こども家庭庁の設置並びに任務及びこれを達成するため必要となる明確な範囲の所掌事務を定めるとともに、その所掌する行政事務を能率的に遂行するため必要な組織を定めることを目的とする。

第二章　こども家庭庁の設置並びに任務及び所掌事務等

第一節　こども家庭庁の設置

（設置）

第二条　内閣府設置法（平成十一年法律第八十九号）第四十九条第三項の規定に基づいて、内閣府の外局として、こども家庭庁を設置する。

2　こども家庭庁の長は、こども家庭庁長官（以下「長官」という。）とする。

第二節　こども家庭庁の任務及び所掌事務等

（任務）

第三条　こども家庭庁は、心身の発達の過程にある者（以下「こども」という。）が自立した個人としてひとしく健やかに成長することのできる社会の実現に向け、子育てにおける家庭の役割の重要性を踏まえつつ、こどもの年齢及び発達の程度に応じ、その意見を尊重し、その最善の利益を優先して考慮することを基本とし、こども及びこどものある家庭の福祉の増進及び保健の向上その他のこどもの健やかな成長及びこどものある家庭における子育てに対する支援並びにこどもの権利利益の擁護に関する事務を行うことを任務とする。

2　前項に定めるもののほか、こども家庭庁は、同項の任務に関連する特定の内閣の重要政策に関する内閣の事務を助けることを任務とする。

3　こども家庭庁は、前項の任務を遂行するに当たり、内閣官房を助けるものとする。

（所掌事務）

第四条　こども家庭庁は、前条第一項の任務を達成するため、次に掲げる事務をつかさどる。

一　小学校就学前のこどもの健やかな成長のための環境の確保及び小学校就学前のこどものある家庭における子育て支援に関する基本的な政策の企画及び立案並びに推進に関すること。

二　子ども・子育て支援法（平成二十四年法律第六十五号）の規定による子ども・子育て支援給付その他の子ども及び子どもを養育している者に必要な支援に関すること（同法第六十九条第一項の規定による拠出金の徴収に関することを除く。）。

三　就学前の子どもに関する教育、保育等の総合的な提供の推進に関する法律（平成十八年法律第七十七号）に規定する認定こども園に関する制度に関すること。

四　こどもの保育及び養護に関すること。

五　こどものある家庭における子育ての支援体制の整備並びに地域におけるこどもの適切な遊び及び生活の場の確保に関すること。

六　こどもの福祉のための文化の向上に関すること。

七　母子家庭及び父子家庭並びに寡婦の福祉の増進に関すること。

八　第四号から前号までに掲げるもののほか、こども、こどものある家庭及び妊産婦その他母性の福祉の増進に関すること。

九　こどもの安全で安心な生活環境の整備に関する基本的な政策の企画及び立案並びに推進に関すること。

十　独立行政法人日本スポーツ振興センターが行う独立行政法人日本スポーツ振興センター法（平成十四年法律第百六十二号）第十五条第一項第七号に規定する災害共済給付に関すること。

十一　青少年が安全に安心してインターネットを利用できる環境の整備等に関する法律（平成二十年法律第七十九号）第八条第一項に規定する基本計画の作成及び推進に関すること。

十二　こどもの保健の向上に関すること（児童福祉法（昭和二十二年法律第百六十四号）の規定による小児慢性特定疾病医療費の支給等に関することを除く。）。

十三　妊産婦その他母性の保健の向上に関すること。

十四　成育過程にある者及びその保護者並びに妊産婦に対し必要な成育医療等を切れ目なく提供するための施策の総合的な推進に関する法律（平成三十年法律第百四号）第十一条第一項に規定する成育医療等基本方針の策定及び推進に関すること。

十五　旧優生保護法に基づく優生手術等を受けた者に対する一時金の支給等に関する法律（平成三十一年法律第十四号）の規定による一時金の支給等に関すること。

十六　こどもの虐待の防止に関すること。

十七　いじめ防止対策推進法（平成二十五年法律第七十一号）の規定によるいじめの防止等に関する相談の体制その他の地域における体制の整備に関すること。

十八　前二号に掲げるもののほか、こどもの権利利益の擁護に関すること（他省の所掌に属するものを除く。）。

十八の二　こども基本法（令和四年法律第七十七号）第九条第一項に規定するこども大綱の策定及び推進に関すること。

十九　少子化社会対策基本法（平成十五年法律第百三十三号）第七条第一項に規定する大綱の策定及び推進に関すること。

二十　子ども・若者育成支援推進法（平成二十一年法律第七十一号）第八条第一項に規定する子ども・若者育成支援推進大綱の策定及び推進に関すること。

二十一　前号に掲げるもののほか、子ども・若者育成支援（子ども・若者育成支援推進法第一条に規定する子ども・若者育成支援をいう。次項第三号において同じ。）に関する関係行政機関の事務の連絡調整及びこれに伴い必要となる当該事務の実施の推進に関すること。

二十二　子どもの貧困対策の推進に関する法律（平成二十五年法律第六十四号）第八条第一項に規定する大綱の策定及び推進に関すること。

二十三　大学等における修学の支援に関する法律（令和元年法律第八号）の規定による大学等における修学の支援に関する関係行政機関の経費の配分計画に関すること。

二十四　こども、こどものある家庭及び妊産婦その他母性に関する総合的な調査に関すること。

二十五　所掌事務に係る国際協力に関すること。

二十六　政令で定める文教研修施設におい

て所掌事務に関する研修を行うこと。

二十七　前各号に掲げるもののほか、法律（法律に基づく命令を含む。）に基づきこども家庭庁に属させられた事務

2　前項に定めるもののほか、こども家庭庁は、前条第二項の任務を達成するため、行政各部の施策の統一を図るために必要となる次に掲げる事項の企画及び立案並びに総合調整に関する事務（内閣官房が行う内閣法（昭和二十二年法律第五号）第十二条第二項第二号に掲げる事務を除く。）をつかさどる。

一　こどもが自立した個人としてひとしく健やかに成長することのできる社会の実現に向けた基本的な政策に関する事項

二　結婚、出産又は育児に希望を持つことができる社会環境の整備等少子化の克服に向けた基本的な政策に関する事項

三　子ども・若者育成支援に関する事項

3　前二項に定めるもののほか、こども家庭庁は、前条第二項の任務を達成するため、内閣府設置法第四条第二項に規定する事務のうち、前条第一項の任務に関連する特定の内閣の重要政策について、当該重要政策に関して閣議において決定された基本的な方針に基づいて、行政各部の施策の統一を図るために必要となる企画及び立案並びに総合調整に関する事務をつかさどる。

（資料の提出要求等）

第五条　長官は、こども家庭庁の所掌事務を遂行するため必要があると認めるときは、関係行政機関の長に対し、資料の提出、説明その他必要な協力を求めることができる。

第三章　こども家庭庁に置かれる機関

第一節　審議会等

（設置）

第六条　こども家庭庁に、こども家庭審議会を置く。

2　前項に定めるもののほか、別に法律で定めるところによりこども家庭庁に置かれる審議会等は、旧優生保護法一時金認定審査会とし、旧優生保護法に基づく優生手術等を受けた者に対する一時金の支給等に関する法律（これに基づく命令を含む。）の定めるところによる。

（こども家庭審議会）

第七条　こども家庭審議会は、次に掲げる事務をつかさどる。

一　内閣総理大臣、関係各大臣又は長官の諮問に応じて、こどもが自立した個人としてひとしく健やかに成長することのできる社会の実現に向けた基本的な政策に関する重要事項を調査審議すること。

二　前号に規定する重要事項に関し、内閣総理大臣、関係各大臣又は長官に意見を述べること。

三　内閣総理大臣又は長官の諮問に応じて、次に掲げる重要事項を調査審議すること。

イ　子ども・子育て支援法の施行に関する重要事項

ロ　こども、こどものある家庭及び妊産婦その他母性の福祉の増進に関する重要事項

ハ　こども及び妊産婦その他母性の保健の向上に関する重要事項

ニ　こどもの権利利益の擁護に関する重要事項

四　前号イに掲げる重要事項に関し内閣総理大臣、関係各大臣又は長官に、同号ロからニまでに掲げる重要事項に関し内閣総理大臣又は長官に、それぞれ意見を述べること。

五　次に掲げる法律の規定によりその権限に属させられた事項を処理すること。

イ　児童福祉法

ロ　児童買春、児童ポルノに係る行為等の規制及び処罰並びに児童の保護等に関する法律（平成十一年法律第五十二号）

ハ　次世代育成支援対策推進法（平成十五年法律第百二十号）

ニ　就学前の子どもに関する教育、保育等の総合的な提供の推進に関する法律

ホ　子ども・子育て支援法

ヘ　成育過程にある者及びその保護者並びに妊産婦に対し必要な成育医療等を切れ目なく提供するための施策の総合的な推進に関する法律

2　こども家庭審議会の委員その他の職員で政令で定めるものは、内閣総理大臣が任命する。

3　前二項に定めるもののほか、こども家庭審議会の組織及び委員その他の職員その他こども家庭審議会に関し必要な事項については、政令で定める。

第二節　特別の機関

（こども政策推進会議）

第八条　別に法律の定めるところによりこども家庭庁に置かれる特別の機関は、こども政策推進会議とする。

2　こども政策推進会議については、こども基本法（これに基づく命令を含む。）の定めるところによる。

第四章　雑則

（官房及び局の数等）

第九条　こども家庭庁は、内閣府設置法第五十三条第二項に規定する庁とする。

2　内閣府設置法第五十三条第二項の規定に基づきこども家庭庁に置かれる官房及び局の数は、三以内とする。

附　則〔令四・六・二二法七七〕

（施行期日）

第一条　この法律は、令和五年四月一日から施行する。〔ただし書略〕

（検討）

第二条　国は、この法律の施行後五年を目途として、この法律の施行の状況及びこども施策の実施の状況を勘案し、こども施策が基本理念にのっとって実施されているかどうか等の観点からその実態を把握し及び公正かつ適切に評価する仕組みの整備その他の基本理念にのっとったこども施策の一層の推進のために必要な方策について検討を加え、その結果に基づき、法制上の措置その他の必要な措置を講ずるものとする。

▽参　考

□　**○○町（市村）立小中学校管理規則（案）**〔抄〕

昭和三一年九月一日　全国都道府県教育委員会教育長協議会決定準則試案

第三章　教育活動

（原級留置、出席停止）

第九条　校長は児童生徒の平素の成績を評価した結果各学年の課程の終了又は卒業を認めることができないと判定したときは、当該児童生徒を原学年に留め置くことができる。

2　児童生徒が伝染病にかかり若しくはその虞ある場合又は児童生徒が性行不良であつて他の児童生徒の教育に妨げがあると認めた場合に教育委員会が命ずることができる。出席停止は校長がこれを行う。

3　校長が前二項の処置を行つたときはその状況を速やかに教育委員会に報告しなければならない。

（集団事故等の発生）

第十条　児童生徒の傷害又は死亡事故又は集団的疾病の発生を見た時は校長は速やかにその事情を教育委員会に連絡し、なお後日文書を以つて詳細を報告しなければならない。

附　則

この規則は、昭和三十一年十月一日から施行する。

八 教育財政編

●地方財政法〔抄〕★

（昭和二三年七月七日
法律第一〇九号）

最終改正…令四・五・二五法五二

（この法律の目的）

第一条 この法律は、地方公共団体の財政（以下地方財政という。）の運営、国の財政と地方財政との関係等に関する基本原則を定め、もつて地方財政の健全性を確保し、地方自治の発達に資することを目的とする。

（地方財政運営の基本）

第二条 地方公共団体は、その財政の健全な運営に努め、いやしくも国の政策に反し、又は国の財政若しくは他の地方公共団体の財政に累を及ぼすような施策を行つてはならない。

2 国は、地方財政の自主的な且つ健全な運営を助長することに努め、いやしくもその自律性をそこない、又は地方公共団体に負担を転嫁するような施策を行つてはならない。

第三条―第四条の五 〔略〕

（地方債の制限）

第五条 地方公共団体の歳出は、地方債以外の歳入をもつて、その財源としなければならない。ただし、次に掲げる場合においては、地方債をもつてその財源とすることができる。

一 交通事業、ガス事業、水道事業その他地方公共団体の行う企業（以下「公営企業」という。）に要する経費の財源とする場合

二 出資金及び貸付金の財源とする場合（出資又は貸付けを目的として土地又は物件を買収するために要する経費の財源とする場合を含む。）

三 地方債の借換えのために要する経費の財源とする場合

四 災害応急事業費、災害復旧事業費及び災害救助事業費の財源とする場合

五 学校その他の文教施設、保育所その他の厚生施設、消防施設、道路、河川、港湾その他の土木施設等の公共施設又は公用施設の建設事業費（公共的団体又は国若しくは地方公共団体が出資している法人で政令で定めるものが設置する公共施設の建設事業に係る負担又は助成に要する経費を含む。）及び公共用若しくは公用に供する土地又はその代替地としてあらかじめ取得する土地の購入費（当該土地に関する所有権以外の権利を取得するために要する経費を含む。）の財源とする場合

第五条の二―第八条 〔略〕

（地方公共団体がその全額を負担する経費）

第九条 地方公共団体の事務（地方自治法（昭和二十二年法律第六十七号）第二百五十二条の十七の二第一項及び第二百九十一条の二第二項の規定に基づき、都道府県が条例の定めるところにより、市町村の処理することとした事務及び都道府県の加入しない同法第二百八十四条第一項の広域連合（第二十八条第二項及び第三項において「広域連合」という。）の処理することとした事務を除く。）を行うために要する経費については、当該地方公共団体が全額これを負担する。ただし、次条から第十条の四までに規定する事務を行うために要する経費については、この限りでない。

（国がその全部又は一部を負担する法令に基

づいて実施しなければならない事務に要する経費）

第十条　地方公共団体が法令に基づいて実施しなければならない事務であつて、国と地方公共団体相互の利害に関係がある事務のうち、その円滑な運営を期するためには、なお、国が進んで経費を負担する必要がある次に掲げるものについては、国が、その経費の全部又は一部を負担する。

一　義務教育職員の給与（退職手当、退職年金及び退職一時金並びに旅費を除く。）に要する経費
二　削除
三　義務教育諸学校の建物の建築に要する経費
四　生活保護に要する経費
五　感染症の予防に要する経費
六　臨時の予防接種並びに予防接種を受けたことによる疾病、障害及び死亡について行う給付に要する経費
七　精神保健及び精神障害者の福祉に要する経費
八　麻薬、大麻及びあへんの慢性中毒者の医療に要する経費
九　身体障害者の更生援護に要する経費
十　女性相談支援センターに要する経費
十一　知的障害者の援護に要する経費
十二―十三　〔略〕
十四　児童一時保護所、未熟児、小児慢性特定疾病児童等、身体障害児及び結核にかかつている児童の保護、児童福祉施設（地方公共団体の設置する保育所及び幼保連携型認定こども園を除く。）並びに里親に要する経費
十五　児童手当に要する経費
十六―十七　〔略〕
十八　重度障害児に対する障害児福祉手当及び特別障害者に対する特別障害者手当の支給に要する経費
十九　児童扶養手当に要する経費
二十　職業能力開発校及び障害者職業能力開発校の施設及び設備に要する経費
二十一　家畜伝染病予防に要する経費
二十二―二十四　〔略〕
二十五　特別支援学校への就学奨励に要する経費
二十六―二十八　〔略〕
二十九　高等学校等就学支援金の支給に要する経費
三十　新型インフルエンザ等緊急事態における臨時の医療施設における医療の提供並びに埋葬及び火葬に要する経費並びに新型インフルエンザ等対策に係る損失の補償若しくは実費の弁償又は損害の補償に要する経費
三十一　地域における医療及び介護の総合的な確保の促進に関する基金への繰入れに要する経費
三十二　指定難病に係る特定医療費の支給に要する経費
三十三　子どものための教育・保育給付に要する経費及び子育てのための施設等利用給付に要する経費（地方公共団体又は公立大学法人の設置する認定こども園、幼稚園又は特別支援学校に係るものを除く。）
三十四　生活困窮者自立相談支援事業に要する経費及び生活困窮者住居確保給付金の支給に要する経費
三十五　都道府県知事の確認を受けた専門学校（地方公共団体又は地方独立行政法人が設置するものを除く。）に係る授業料等減免に要する経費

（国がその全部又は一部を負担する建設事業に要する経費）

第十条の二　地方公共団体が国民経済に適合するように総合的に樹立された計画に従つて実施しなければならない法律又は政令で定める土木その他の建設事業に要する次に掲げる経費については、国が、その経費の全部又は一部を負担する。

一―四　〔略〕
五　児童福祉施設その他社会福祉施設の建設に要する経費
六　〔略〕

（国がその一部を負担する災害に係る事務に要する経費）

第十条の三　地方公共団体が実施しなければならない法律又は政令で定める災害に係る事務で、地方税法又は地方交付税法によつてはその財政需要に適合した財源を得ることが困難なものを行うために要する次に掲げる経費については、国が、その経費の一部を負担する。

一―六　〔略〕
七　学校の災害復旧に要する経費
八　社会福祉施設及び保健衛生施設の災害復旧に要する経費
九　〔略〕

第十条の四―第十一条の二　〔略〕

（地方公共団体が処理する権限を有しない事務に要する経費）

第十二条　地方公共団体が処理する権限を有しない事務を行うために要する経費については、法律又は政令で定めるものを除くほか、国は、地方公共団体に対し、その経費を負担させるような措置をしてはならない。

2　前項の経費は、次に掲げるようなものとする。

一　国の機関の設置、維持及び運営に要する経費
二―五　〔略〕
六　国の教育施設及び研究施設に要する経費

第十三条―第二十二条　〔略〕

（国の営造物に関する使用料）

第二十三条　地方公共団体又はその長が管理する国の営造物で当該地方公共団体がその管理に要する経費を負担するものについては、当該地方公共団体は、条例の定めるところにより、当該営造物の使用について使用料を徴収することができる。

2　前項の使用料は、当該地方公共団体の収入とする。

（国が使用する地方公共団体の財産等に関する使用料）

第二十四条　国が地方公共団体の財産又は公の施設を使用するときは、当該地方公共団体の定めるところにより、国においてその使用料を負担しなければならない。但し、当該地方公共団体の議会の同意があつたときは、この限りでない。

第二十五条—第二十六条　〔略〕

（都道府県の行う建設事業に対する市町村の負担）

第二十七条　都道府県の行う土木その他の建設事業（高等学校の施設の建設事業を除く。）でその区域内の市町村を利するものについては、都道府県は、当該建設事業による受益の限度において、当該市町村に対し、当該建設事業に要する経費の一部を負担させることができる。

2　前項の経費について市町村が負担すべき金額は、当該市町村の意見を聞き、当該都道府県の議会の議決を経て、これを定めなければならない。

3　前項の規定による市町村が負担すべき金額について不服がある市町村は、当該金額の決定があつた日から二十一日以内に、総務大臣に対し、異議を申し出ることができる。

4　総務大臣は、前項の異議の申出を受けた場合において特別の必要があると認めるときは、当該市町村の負担すべき金額を更正することができる。

5　地方自治法第二百五十七条の規定は、前項の場合に、これを準用する。

6　総務大臣は、第四項の規定により市町村の負担すべき金額を更正しようとするときは、地方財政審議会の意見を聴かなければならない。

第二十七条の二　〔略〕

（都道府県が住民にその負担を転嫁してはならない経費）

第二十七条の三　都道府県は、当該都道府県立の高等学校の施設の建設事業費について、住民に対し、直接であると間接であるとを問わず、その負担を転嫁してはならない。

（市町村が住民にその負担を転嫁してはならない経費）

第二十七条の四　市町村は、法令の規定に基づき当該市町村の負担に属するものとされている経費で政令で定めるものについて、住民に対し、直接であると間接であるとを問わず、その負担を転嫁してはならない。

第二十七条の五—第三十条の三　〔略〕

附　則〔令四・五・二五法五二〕

（施行期日）

第一条　この法律は、令和六年四月一日から施行する。〔ただし書略〕

●地方交付税法〔抄〕

（昭和二五年五月三〇日法律第二一一号）

最終改正…令五・三・三一法二

（この法律の目的）

第一条　この法律は、地方団体が自主的にその財産を管理し、事務を処理し、及び行政を執行する権能をそこなわずに、その財源の均衡化を図り、及び地方交付税の交付の基準の設定を通じて地方行政の計画的な運営を保障することによつて、地方自治の本旨の実現に資するとともに、地方団体の独立性を強化することを目的とする。

（用語の意義）

第二条　この法律において、次の各号に掲げる用語の意義は、当該各号に定めるところによる。

一　地方交付税　第六条の規定により算定した所得税、法人税、酒税及び消費税のそれぞれの一定割合の額並びに地方法人税の額で地方団体がひとしくその行うべき事務を遂行することができるように国が交付する税をいう。

二　地方団体　都道府県及び市町村をいう。

三　基準財政需要額　各地方団体の財政需要を合理的に測定するために、当該地方団体について第十一条の規定により算定した額をいう。

四　基準財政収入額　各地方団体の財政力を合理的に測定するために、当該地方団体について第十四条の規定により算定した額をいう。

五―六〔略〕

（運営の基本）

第三条　総務大臣は、常に各地方団体の財政状況の的確なは握に努め、地方交付税（以下「交付税」という。）の総額を、この法律の定めるところにより、財政需要額が財政収入額をこえる地方団体に対し、衡平にその超過額を補てんすることを目途として交付しなければならない。

2　国は、交付税の交付に当つては、地方自治の本旨を尊重し、条件をつけ、又はその使途を制限してはならない。

3　地方団体は、その行政について、合理的、且つ、妥当な水準を維持するように努め、少くとも法律又はこれに基く政令により義務づけられた規模と内容とを備えるようにしなければならない。

第四条―第二十四条〔略〕

附　則〔令五・三・三一法二〕

（施行期日）

第一条　この法律は、令和五年四月一日から施行する。

●義務教育費国庫負担法

（昭和二七年八月八日 法律第三〇三号）

最終改正…平二九・三・三一法五

【解説】

一　戦前の歴史的経緯

義務教育費の確保は教育財政の基本的課題であるが、同時にそれは地方財政にとって最大の負担費目でもあった。したがってこれを国と地方でどう分担するかは義務教育制度の発足当初から重要な懸案とされ、わが国においては、地方財政問題はまさに教育費問題であった。義務教育費は明治二一年の市町村制施行以来、最も負担の重い国政委任事務費として市町村財政を圧迫したばかりか、義務教育の進展を阻む要因でもあった。義務教育の普及を奨励するための部分的な国庫補助は早くからなされてきたが、明治中頃に入って、国庫負担を求める運動が激しくなっていった。義務教育はその性格上、全国的に一定水準を保ち、すべての国民に等しく教育機会を保障する必要があるが、経済発展の不均等のために地域間の負担能力格差が拡大し、教育の水準や機会を維持できなくなった。さらに義務教育終了者が農村部から都市部に大量に流入するようになると、受益者負担の原則からいっても市町村費負担は合理性の薄いものとなっていった。こうした背景のもとに大正七年にはついに市町村義務教育費国庫負担法が成立し、教育費の負担構造が大きく転換することとなった。爾来、国庫負担の割合は急激に増大し、大正一五年にはほぼ半額負担に到達していたが、昭和一五年には義務教育費国庫負担法(旧法)が制定され、ここに市町村立小学校教員の俸給はその半額を国庫負担とする原則が確立した。同時に「市町村立小学校教員ノ俸給及旅費ノ負担ニ関スル件」（勅令一四号）により、残りの半額は市町村から財政力の強い道府県の負担に移された。ここに半世紀にわたった義務教育費国庫負担問題は一応の解決をみるに至った。

二　戦後の歴史的経緯

ところが第二次大戦後の昭和二四年、シャウプ勧告に基づく地方税財政改革が行なわれた結果、翌年旧法が廃止され、地方財政平衡交付金制度に包含されてしまった。けれども義務教育費に関しては国が直接保障すべきだとする要望は依然根強く、義務教育費の確保に関する論議が再燃するに至った。標準義務教育費の確保に関する法案は陽の目をみずに終わり、教育平衡交付金法案も当初の給与費・建築費・運営費のすべてにわたる大規模な構想から大幅に後退したが、結局、義務教育費国庫負担法案として国会に提案され、旧法に近い形に修正された後に成立した。新法は昭和二八年四月から施行の予定であったが、国と地方の財源調整がすんでいないという理由で二八年度予算案にこの国庫負担金が計上されなかった。そこで改めて教員の身分を国家公務員に切り換えることによってその給与費を全額国庫負担にしようとする義務教育学校職員法案が提案された。しかし、国会の解散によってこれが廃案となったため、すでに前年成立していた本法が施行されることとなったのである。本法は昭和二三年に制定された市町村立学校職員給与負担法で定められた義務教育諸学校教職員給与費の半額国庫負担を主眼とする点では旧法の復活であったが、新たに教材費の一部負担がつけ加えられた。これは後に三三年の改正で政令で定める児童生徒一人当たり定額の二分の一負担に改められた。また給与費負担の対象も恩給費、共済長期給付経費などが追加されていった。しかしその反面では、給与費の実支出額の二分の一を負担する実支出額負担主義も実質的に修正を余儀なくされた。まず給与費限度政令によって地方交付税の不交付団体が定員定額制となり、ついで三九年の義務教育標準法の改正の結果、その他の府県についても定員実額負担方式がとられるようになった。

さらに昭和六〇年代に入ると、国家財政の逼迫を理由に補助金等の整理合理化政策が開始されたのに伴い、本法についても国庫負担率の一部切り下げが臨時措置として行われたほか、昭和六〇年度から旅費及び教材費が、平成元年からは恩給費が国庫負担の対象から外され、地方交付税によって措置されることになった。

義務教育費国庫負担制度は平成一五年度以降、国と地方の税財源を見直す政府の三位一体改革構想（①補助金の削減 ②税源移譲 ③地方交付税交付金の削減）のなかで一般財源化の対象となり、政府、官公庁、知事など地方政府の当局者、教育関係者を巻き込む大きな争点となった。中央教育審議会委員の間においても、多くの委員は、一般財源化によって全国的な教育水準の確保・教育の機会均等の達成が危うくなるとして義務教育国庫負担制度の維持を強く主張したのに対し、地方六団体の委員は、地方の自主性を獲得する観点から義務教育費国庫負担制度の一般財源化を強く主張したのであった。こうした対立状況が続くなか平成一八年度から三位一体改革の実施を予定していた政府は、平成一七年一二月末の時点においては国庫負担率を二分の一から三分の一に引き下げる案をもって与党等と調整に入り、その結果法が改正され、平成一九年四月一日から三分の一の負担率が決定した。かくして、大きな政治問題となった義務教育費国庫負担制度をめぐる論議は一応の決着を見た。しかし、平成二一年九月に成立した民主党政権が、高校授業料の無償化措置の導入を打ち出したことに伴い、財務省からは国の負担率を三分の一から四分の一にさらに切り下げる主張もされた。また、予算の無駄を洗い出す行政刷新会議の「事業仕分け」では、国と地方の責任分担の在り方を抜本的に見直すように求められた。いずれにしても、国の負担率のさらなる切り下げが実施されれば、義務教育のみならず地方財政に及ぼす影響は少なくないものと予想される。

三 本法の構成と内容

本法は法二条からなる簡明なものだが、その内容は、⑴国は毎年度、市町村立学校職員給与負担法の定めるところにより、各都道府県が負担した義務教育諸学校教職員給与費の実質額の三分の一を負担する、⑵ただし、特別の事情あるときは都道府県ごとの国庫負担額の最高限度を政令で定めることができる、というものである。

本法に基づいて国庫が負担する金額は、令和六年度概算要求で一兆五、三〇二億円にも上る。これは、文部科学省所管額の二五・八%を占める。これをみても本法は教育財政に関して最も重要な法律ということができよう。令和六年度の場合、小学校高学年における教科担任制の推進、少人数によるきめ細かな指導体制の計画的な整備、様々な教育課題への対応、特例定員の活用、教師の職責等を踏まえた処遇改善等を推進することとしている。本法によって、国が負担する義務教育費は教職員の給与費に限られている。

なお平成一六年度から義務教育費国庫負担制度については総額裁量制が採り入れられた。総額裁量制とは、従来は教員の給与の種類（給料および諸手当）と額および教職員数が国の基準で定められていたものを、国が交付する総額の枠のなかで都道府県が教員給与の種類・額および教職員数について自由に決定できるように改めたものである。こうした措置によって地方において給与水準等の調整により教職員数を増員し、習熟度別指導の充実や三〇人学級の実施、チームティーチング等が可能となるなど地方の裁量が増えることになった。

（高見　茂）

（この法律の目的）

第一条 この法律は、義務教育について、義務教育無償の原則に則り、国民のすべてに対しその妥当な規模と内容とを保障するため、国が必要な経費を負担することにより、教育の機会均等とその水準の維持向上とを図ることを目的とする。

（教職員の給与及び報酬等に要する経費の国庫負担）

第二条 国は、毎年度、各都道府県ごとに、公立の小学校、中学校、義務教育学校、中等教育学校の前期課程並びに特別支援学校の小学部及び中学部（学校給食法（昭和二十九年法律第百六十号）第六条に規定する施設を含むものとし、以下「義務教育諸学校」という。）に要する経費のうち、次に掲げるものについて、その実支出額の三分の一を負担する。ただし、特別の事情があるときは、各都道府県ごとの国庫負担額の最高限度を政令で定めることができる。

一 市（地方自治法（昭和二十二年法律第六十七号）第二百五十二条の十九第一項の指定都市（以下「指定都市」という。）を除き、特別区を含む。）町村立の義務教育諸学校に係る市町村立学校職員給与負担法（昭和二十三年法律第百三十五号）第一条に掲げる職員の給料その他の給与（退職手当、退職年金及び退職一時金並びに旅費を除く。）及び報酬等に要する経費（以下「教職員の給与及び報酬等に要する経費」という。）

二 都道府県立の中学校（学校教育法（昭和二十二年法律第二十六号）第七十一条の規定により高等学校における教育と一貫した教育を施すものに限る。）、中等教育学校及び特別支援学校に係る教職員の給与及び報酬等に要する経費

三 都道府県立の義務教育諸学校（前号に規定するものを除く。）に係る教職員の

給与及び報酬等に要する経費（学校生活への適応が困難であるため相当の期間学校を欠席していると認められる児童又は生徒に対して特別の指導を行うための教育課程及び夜間その他特別の時間において主として学齢を経過した者に対して指導を行うための教育課程の実施を目的として配置される教職員に係るものに限る。）

第三条　国は、毎年度、各指定都市ごとに、公立の義務教育諸学校に要する経費のうち、指定都市の設置する義務教育諸学校に係る教職員の給与及び報酬等に要する経費について、その実支出額の三分の一を負担する。ただし、特別の事情があるときは、各指定都市ごとの国庫負担額の最高限度を政令で定めることができる。

附　則〔抄〕

1　この法律は、昭和二十八年四月一日から施行する。

附　則〔平二九・三・三一法五抄〕

（施行期日）

第一条　この法律は、平成二十九年四月一日から施行する。

（義務教育費国庫負担法の一部改正に伴う経過措置）

第三条　第二条の規定による改正後の義務教育費国庫負担法の規定は、平成二十九年度以降の年度の予算に係る国の負担について適用し、平成二十八年度以前の年度に係る経費につき平成二十九年度以降の年度に支出される国の負担については、なお従前の例による。

●市町村立学校職員給与負担法

（昭和二三年七月一〇日
法律第一三五号）

最終改正…令三・六・一一法六三

第一条　市（地方自治法（昭和二十二年法律第六十七号）第二百五十二条の十九第一項の指定都市（次条において「指定都市」という。）を除き、特別区を含む。）町村立の小学校、中学校、義務教育学校、中等教育学校の前期課程及び特別支援学校の校長（中等教育学校の前期課程にあつては、当該課程の属する中等教育学校の校長とする。）、副校長、教頭、主幹教諭、指導教諭、教諭、養護教諭、栄養教諭、助教諭、養護助教諭、寄宿舎指導員、講師（常勤の者及び地方公務員法（昭和二十五年法律第二百六十一号）第二十二条の四第一項に規定する短時間勤務の職を占める者に限る。）、学校栄養職員（学校給食法（昭和二十九年法律第百六十号）第七条に規定する職員のうち栄養の指導及び管理をつかさどる主幹教諭並びに栄養教諭以外の者をいい、同法第六条に規定する施設の当該職員を含む。以下同じ。）及び事務職員のうち次に掲げる職員であるものの給料、扶養手当、地域手当、住居手当、初任給調整手当、通勤手当、単身赴任手当、特殊勤務手当、特地勤務手当（これに準ずる手当を含む。）、へき地手当（これに準ずる手当を含む。）、時間外勤務手当（学校栄養職員及び事務職員に係るものとする。）、宿日直手当、管理職員特別勤務手当、管理職手当、期末手当、勤勉手当、義務教育等教員特別手当、寒冷地手当、特定任期付職員業績手当、退職手当、退職年金及び退職一時金並びに旅費（都道府県が定める支給に関する基準に適合するものに限る。）（以下「給料その他の給与」という。）並びに定時制通信教育手当（中等教育学校の校長に係るものとする。）並びに講師（公立義務教育諸学校の学級編制及び教職員定数の標準に関する法律（昭和三十三年法律第百十六号。以下「義務教育諸学校標準法」という。）第十七条第二項に規定する非常勤の講師に限る。）の報酬及び職務を行うために要する費用の弁償及び期末手当（次条において「報酬等」という。）は、都道府県の負担とする。

一　義務教育諸学校標準法第六条第一項の規定に基づき都道府県が定める小中学校等教職員定数及び義務教育諸学校標準法第十条第一項の規定に基づき都道府県が定める都道府県特別支援学校教職員定数に基づき配置される職員（義務教育諸学校標準法第十八条各号に掲げる者を含む。）

二　公立高等学校の適正配置及び教職員定数の標準等に関する法律（昭和三十六年法律第百八十八号。以下「高等学校標準法」という。）第十五条の規定に基づき都道府県が定める特別支援学校高等部教職員定数に基づき配置される職員（特別支援学校の高等部に係る高等学校標準法第二十四条各号に掲げる者を含む。）

三　特別支援学校の幼稚部に置くべき職員の数として都道府県が定める数に基づき配置される職員

第二条　市（指定都市を除く。）町村立の高等学校（中等教育学校の後期課程を含む。）で学校教育法（昭和二十二年法律第二十六号）第四条第一項に規定する定時制の課程

（以下この条において「定時制の課程」という。）を置くものの校長（定時制の課程のほかに同項に規定する全日制の課程を置く高等学校の校長及び中等教育学校の校長を除く。）、定時制の課程に関する校務をつかさどる副校長、定時制の課程に関する校務を整理する教頭、主幹教諭（定時制の課程に関する校務の一部を整理する者又は定時制の課程の授業を担任する者に限る。）並びに定時制の課程の授業を担任する指導教諭、教諭、助教諭及び講師（常勤の者及び地方公務員法第二十二条の四第一項に規定する短時間勤務の職を占める者に限る。）のうち高等学校標準法第七条の規定に基づき都道府県が定める高等学校等教職員定数に基づき配置される職員（高等学校標準法第二十四条各号に掲げる者を含む。）であるものの給料その他の給与、定時制通信教育手当及び産業教育手当並びに講師（高等学校標準法第二十三条第二項に規定する非常勤の講師に限る。）の報酬等は、都道府県の負担とする。

第三条 前二条に規定する職員の給料その他の給与については、地方教育行政の組織及び運営に関する法律（昭和三十一年法律第百六十二号）第四十二条の規定の適用を受けるものを除く外、都道府県の条例でこれを定める。

附　則〔抄〕

1 この法律は、公布の日から、これを施行し、昭和二十三年四月一日から、これを適用する。

3 当分の間、第一条中「学校栄養職員（学校給食法（昭和二十九年法律第百六十号）第七条に規定する職員のうち栄養の指導及び管理をつかさどる主幹教諭並びに栄養教諭以外の者をいい、同法第六条に規定する施設の当該職員を含む。以下同じ。）」とあるのは「学校栄養職員（学校給食法（昭和二十九年法律第百六十号）第七条に規定する職員のうち栄養の指導及び管理をつかさどる主幹教諭並びに栄養教諭以外の者をいい、同法第六条に規定する施設の当該職員を含む。以下同じ。）のうち政令で定める者」と、「学校栄養職員及び事務職員」とあるのは「学校栄養職員のうち政令で定める者及び事務職員」とする。

附　則〔令三・六・一一法六三〕

（施行期日）

第一条 この法律は、令和五年四月一日から施行する。〔ただし書略〕

●義務教育諸学校等の施設費の国庫負担等に関する法律〔抄〕

（昭和三三年四月二五日 法律第八一号）

題名改正…平一八・三・三一法一八
最終改正…平二七・七・八法五二

（目的）

第一条 この法律は、公立の義務教育諸学校等の施設の整備を促進するため、公立の義務教育諸学校の建物の建築に要する経費について国がその一部を負担することを定めるとともに、文部科学大臣による施設整備基本方針の策定及び地方公共団体による施設整備計画に基づく事業に充てるための交付金の交付等について定め、もつて義務教育諸学校等における教育の円滑な実施を確保することを目的とする。

（定義）

第二条 この法律において「義務教育諸学校」とは、学校教育法（昭和二十二年法律第二十六号）に規定する小学校、中学校、義務教育学校、中等教育学校の前期課程並びに特別支援学校の小学部及び中学部をいう。

2 この法律において「建物」とは、校舎、屋内運動場及び寄宿舎をいう。

3 この法律において「学級数」とは、公立の義務教育諸学校の学級編制及び教職員定数の標準に関する法律（昭和三十三年法律第百十六号）に規定する学級編制の標準により算定した学級の数をいう。ただし、第五条第一項の規定により、同項の政令で定める事情があるため、校舎又は屋内運動場の不足を生ずるおそれがある場合における校舎又は屋内運動場の新築又は増築に係る工事費の算定を行うとき、及び同条第二項の規定により、同項第一号に掲げる場合における校舎又は屋内運動場の新築又は増築に係る工事費の算定を行うとき、並びに第五条の三第一項の規定により、特別支援学校の校舎又は屋内運動場の新築又は増築に係る工事費の算定を行うときは、文部科学大臣が同法に規定する学級編制の標準に準じて定める方法により算定した学級の数をいう。

（国の負担）

第三条 国は、政令で定める限度において、次の各号に掲げる経費について、その一部を負担する。この場合において、その負担割合は、それぞれ当該各号に定める割合によるものとする。

一 公立の小学校、中学校（第二号の二に該当する中学校を除く。同号を除き、以下同じ。）及び義務教育学校における教室の不足を解消するための校舎の新築又は増築（買収その他これに準ずる方法による取得を含む。以下同じ。）に要する経費 二分の一

二 公立の小学校、中学校及び義務教育学校の屋内運動場の新築又は増築に要する経費 二分の一

二の二 公立の中学校で学校教育法第七十一条の規定により高等学校における教育と一貫した教育を施すもの及び公立の中等教育学校の前期課程（以下「中等教育学校等」という。）の建物の新築又は増築に要する経費 二分の一

三 公立の特別支援学校の小学部及び中学部の建物の新築又は増築に要する経費 二分の一

四 公立の小学校、中学校及び義務教育学校を適正な規模にするため統合しようとすることに伴つて必要となり、又は統合したことに伴つて必要となつた校舎又は屋内運動場の新築又は増築に要する経費 二分の一

2 前項第一号の教室の不足の範囲及び同項第四号の適正な規模の条件は、政令で定める。

（経費の種目）

第四条 前条第一項各号に掲げる経費の種目は、本工事費及び附帯工事費（買収その他これに準ずる方法による取得の場合にあつては、買収費）とし、以下「工事費」と総称する。）並びに事務費とする。

第五条―第十条 〔略〕

（施設整備基本方針等）

第十一条 文部科学大臣は、公立の義務教育諸学校等施設（義務教育諸学校、高等学校、中等教育学校の後期課程及び特別支援学校の高等部をいう。）及び幼稚園等（同法に規定する幼稚園及び特別支援学校の幼稚部をいう。）の施設、共同調理場（学校給食法（昭和二十九年法律第百六十号）第六条に規定する施設をいう。）、教員及び職員のための住宅、スポーツ施設その他学校の教育活動に資する施設で文部科学省令で定めるものをいう。以下同じ。）の整備の目標に関する事項その他公立の義務教育諸学校等施設の整備に関する重要事項を定めた施設整備基本方針を作成するとともに、当該施設整備基本方針に基づき公立の義務教育諸学校等施設に係る安全性の向上等を図るために必要な改築、改造その他文部科学省令で定める事業（次条において「改築等事業」という。）について定めた施設整備基本計画を作成しなければならない。

2 文部科学大臣は、施設整備基本方針及び施設整備基本計画を定め、又はこれを変更したときは、遅滞なく、これを公表しなければならない。

（交付金の交付等）

第十二条 国は、地方公共団体に対し、公立の義務教育諸学校等施設に係る改築等事業の実施に要する経費に充てるため、その整備の状況その他の事項を勘案して文部科学省令で定めるところにより、予算の範囲内で、交付金を交付することができる。

2 地方公共団体は、前項の交付金の交付を受けようとするときは、施設整備基本計画に即して、当該地方公共団体が設置する義務教育諸学校等施設の整備に関する施設整備計画を作成しなければならない。

3 施設整備計画においては、次に掲げる事項を記載しなければならない。

一 施設整備計画の目標

二 前号の目標を達成するために必要な改築等事業に関する事項

三 計画期間

四 その他文部科学省令で定める事項

4 地方公共団体は、施設整備計画を作成し、又はこれを変更したときは、遅滞なく、これを公表するとともに、文部科学大臣（市町村（特別区を含む。以下この項において同じ。）にあつては、当該市町村の属する都道府県の教育委員会を経由して文部科学大臣）に提出しなければならない。

5 前各項に定めるもののほか、交付金の交付に関し必要な事項は、文部科学省令で定める。

（本校及び分校）

第十三条 この法律の適用については、本校及び分校は、それぞれ一の学校とみなす。

附　則　〔平二七・七・八法五二抄〕

（施行期日）

第一条 この法律は、公布の日から起算して六月を超えない範囲内において政令で定める日から施行する。

●公立学校施設災害復旧費国庫負担法

（昭和二八年八月二七日法律第二四七号）

最終改正…平二八・五・二〇法四七

（目的）

第一条 この法律は、公立学校の施設の災害復旧に要する経費について、国の負担する割合等を定め、もつて学校教育の円滑な実施を確保することを目的とする。

（用語の意義）

第二条 この法律において「公立学校」とは、公立の学校（地方独立行政法人法（平成十五年法律第百十八号）第六十八条第一項に規定する公立大学法人が設置するものを含む。）で、学校教育法（昭和二十二年法律第二十六号）第一条に規定するものをいう。

2 この法律において「施設」とは、建物、建物以外の工作物、土地及び設備をいう。

3 この法律において「災害」とは、暴風、こう水、高潮、地震、大火その他の異常な現象により生ずる災害をいう。

（国の負担）

第三条 国は、公立学校の施設の災害復旧に要する経費について、その三分の二を負担する。

（経費の種目）

第四条 前条に規定する経費の種目は、本工事費、附帯工事費（買収その他これに準ずる方法により建物を取得する場合にあつては、買収費）及び設備費（以下「工事費」と総称する。）並びに事務費とする。

（経費の算定基準）

第五条 前条に規定する工事費は、政令で定める基準により、当該公立学校の施設を原形に復旧する（原形に復旧することが不可能な場合において当該施設の従前の効用を復旧するための施設をすること及び原形に復旧することが著しく困難であるか又は不適当である場合において当該施設に代わるべき必要な施設をすることを含む。）ものとして算定するものとする。

2 前項に規定するもののほか、災害によつて必要を生じた復旧であつて、公立学校の建物で鉄筋コンクリート造又は鉄骨造でなかつたものを鉄筋コンクリート造又は鉄骨造のものに、鉄骨造のものを鉄筋コンクリート造のものに改良して当該建物の従前の効用を復旧することを目的とするものは、同項の規定の適用については、公立学校の施設を原形に復旧するものとみなす。

3 前条に規定する事務費は、第一項の規定により算定した工事費に政令で定める割合を乗じて算定するものとする。

（適用除外）

第六条 この法律の規定は、左に掲げる公立学校の施設の災害復旧については適用しない。

一 建物、建物以外の工作物、土地又は設備の災害による被害の額が一学校ごとにそれぞれ政令で定める額に達しないもの

二 明らかに設計の不備又は工事施行の粗漏に基因して生じたものと認められる災害に係るもの

三 著しく維持管理の義務を怠つたことに基因して生じたものと認められる災害に係るもの

（都道府県への事務費の交付）

第七条 国は、政令で定めるところにより、都道府県の教育委員会が第三条の負担の実施に関する事務を行うために必要な経費を都道府県に交付するものとする。

附　則

1 この法律は、公布の日から施行し、昭和二十八年四月一日から適用する。

2 昭和二十八年三月三十一日以前に災害をこうむつた公立学校の施設の災害復旧については、なお従前の例による。

附　則〔平二八・五・二〇法四七抄〕

（施行期日）

第一条 この法律は、平成二十九年四月一日から施行する。〔ただし書き略〕

九　社会教育・生涯学習編

●社会教育法〔抄〕

（昭和二四年六月一〇日 法律第二〇七号）

最終改正…令四・六・一七法六八

第一章　総則

（この法律の目的）

第一条　この法律は、教育基本法（平成十八年法律第百二十号）の精神に則り、社会教育に関する国及び地方公共団体の任務を明らかにすることを目的とする。

（社会教育の定義）

第二条　この法律において「社会教育」とは、学校教育法（昭和二十二年法律第二十六号）又は就学前の子どもに関する教育、保育等の総合的な提供の推進に関する法律（平成十八年法律第七十七号）に基づき、学校の教育課程として行われる教育活動を除き、主として青少年及び成人に対して行われる組織的な教育活動（体育及びレクリエーションの活動を含む。）をいう。

（国及び地方公共団体の任務）

第三条　国及び地方公共団体は、この法律及び他の法令の定めるところにより、社会教育の奨励に必要な施設の設置及び運営、集会の開催、資料の作製、頒布その他の方法により、すべての国民があらゆる機会、あらゆる場所を利用して、自ら実際生活に即する文化的教養を高め得るような環境を醸成するように努めなければならない。

2　国及び地方公共団体は、前項の任務を行うに当たつては、国民の学習に対する多様な需要を踏まえ、これに適切に対応するために必要な学習の機会の提供及びその奨励を行うことにより、生涯学習の振興に寄与することとなるよう努めるものとする。

3　国及び地方公共団体は、第一項の任務を行うに当たつては、社会教育が学校教育及び家庭教育との密接な関連性を有することにかんがみ、学校教育との連携の確保に努め、及び家庭教育の向上に資することとなるよう必要な配慮をするとともに、学校、家庭及び地域住民その他の関係者相互間の連携及び協力の促進に資することとなるよう努めるものとする。

（国の地方公共団体に対する援助）

第四条　前条第一項の任務を達成するために、国は、この法律及び他の法令の定めるところにより、地方公共団体に対し、予算の範囲内において、財政的援助並びに物資の提供及びそのあつせんを行う。

（市町村の教育委員会の事務）

第五条　市（特別区を含む。以下同じ。）町村の教育委員会は、社会教育に関し、当該地方の必要に応じ、予算の範囲内において、次の事務を行う。

一　社会教育に必要な援助を行うこと。

二　社会教育委員の委嘱に関すること。

三　公民館の設置及び管理に関すること。

四　所管に属する図書館、博物館、青年の家その他の社会教育施設の設置及び管理に関すること。

五　所管に属する学校の行う社会教育のための講座の開設及びその奨励に関すること。

六　講座の開設及び討論会、講習会、講演会、展示会その他の集会の開催並びにこれらの奨励に関すること。

七　家庭教育に関する学習の機会を提供するための講座の開設及び集会の開催並びに家庭教育に関する情報の提供並びにこ

れらの奨励に関すること。

八　職業教育及び産業に関する科学技術指導のための集会の開催並びにその奨励に関すること。

九　生活の科学化の指導のための集会の開催及びその奨励に関すること。

十　情報化の進展に対応して情報の収集及び利用を円滑かつ適正に行うために必要な知識又は技能に関する学習の機会を提供するための講座の開設及び集会の開催並びにこれらの奨励に関すること。

十一　運動会、競技会その他体育指導のための集会の開催及びその奨励に関すること。

十二　音楽、演劇、美術その他芸術の発表会等の開催及びその奨励に関すること。

十三　主として学校教育法第十八条に規定する学齢児童及び学齢生徒（それぞれ学校教育法第十八条に規定する学齢児童及び学齢生徒をいう。）に対し、学校の授業の終了後又は休業日において学校、社会教育施設その他適切な施設を利用して行う学習その他の活動の機会を提供する事業の実施並びにその奨励に関すること。

十四　青少年に対しボランティア活動など社会奉仕体験活動、自然体験活動その他の体験活動の機会を提供する事業の実施及びその奨励に関すること。

十五　社会教育における学習の機会を利用して行つた学習の成果を活用して学校、社会教育施設その他地域において行う教育活動その他の活動の機会を提供する事業の実施及びその奨励に関すること。

十六　社会教育に関する情報の収集、整理及び提供に関すること。

十七　視聴覚教育、体育及びレクリエーションに必要な設備、器材及び資料の提供に関すること。

十八　情報の交換及び調査研究に関すること。

十九　その他第三条第一項の任務を達成するために必要な事務

2　市町村の教育委員会は、前項第十三号から第十五号までに規定する活動であつて地域住民その他の関係者（以下この項及び第九条の七第二項において「地域住民等」という。）が学校と協働して行うもの（以下「地域学校協働活動」という。）の機会を提供する事業を実施するに当たつては、地域住民等の積極的な参加を得て当該地域学校協働活動が学校との適切な連携の下に円滑かつ効果的に実施されるよう、地域住民等と学校との連携協力体制の整備、地域学校協働活動に関する普及啓発その他の必要な措置を講ずるものとする。

3　地方教育行政の組織及び運営に関する法律（昭和三十一年法律第百六十二号）第二十三条第一項の条例の定めるところによりその長が同項第一号に掲げる事務（以下「特定事務」という。）を管理し、及び執行することとされた地方公共団体（以下「特定地方公共団体」という。）である市町村にあつては、第一項の規定にかかわらず、同項第三号及び第四号の事務のうち特定事務に関するものは、その長が行うものとする。

（都道府県の教育委員会の事務）

第六条　都道府県の教育委員会は、社会教育に関し、当該地方の必要に応じ、予算の範囲内において、前条第一項各号の事務（同項第三号の事務を除く。）を行うほか、次の事務を行う。

一　公民館及び図書館の設置及び管理に関し、必要な指導及び調査を行うこと。

二　社会教育を行う者の研修に必要な施設の設置及び運営、講習会の開催、資料の配布等に関すること。

三　社会教育施設の設置及び運営に必要な物資の提供及びそのあつせんに関すること。

四　市町村の教育委員会との連絡に関すること。

五　その他法令によりその職務権限に属する事項

2　前条第二項の規定は、都道府県の教育委員会が地域学校協働活動の機会を提供する事業を実施する場合に準用する。

3　特定地方公共団体である都道府県にあつては、第一項の規定にかかわらず、前条第一項第四号の事務のうち特定事務に関するものは、その長が行うものとする。

（教育委員会と地方公共団体の長との関係）

第七条　地方公共団体の長は、その所掌に関する必要な広報宣伝で視聴覚教育の手段を利用することその他教育の施設及び手段によることを適当とするものにつき、教育委員会に対し、その実施を依頼し、又は実施の協力を求めることができる。

2　前項の規定は、他の行政庁がその所掌に関する必要な広報宣伝につき、教育委員会（特定地方公共団体にあつては、その長又は教育委員会）に対し、その実施を依頼し、又は実施の協力を求める場合に準用する。

第八条　教育委員会は、社会教育に関する事務を行うために必要があるときは、当該地方公共団体の長及び関係行政庁に対し、必要な資料の提供その他の協力を求めることができる。

第八条の二　特定地方公共団体の長は、特定事務のうち当該特定地方公共団体の教育委員会の所管に属する学校、社会教育施設その他の施設における教育活動と密接な関連を有するものとして当該特定地方公共団体の規則で定めるものを管理し、及び執行するに当たつては、当該教育委員会の意見を聴かなければならない。

2 特定地方公共団体の長は、前項の規則を制定し、又は改廃しようとするときは、あらかじめ、当該特定地方公共団体の教育委員会の意見を聴かなければならない。

第八条の三 特定地方公共団体の教育委員会は、特定事務の管理及び執行について、その職務に関して必要と認めるときは、当該特定地方公共団体の長に対し、意見を述べることができる。

（図書館及び博物館）

第九条 図書館及び博物館は、社会教育のための機関とする。

2 図書館及び博物館に関し必要な事項は、別に法律をもつて定める。

第二章　社会教育主事等

（社会教育主事及び社会教育主事補の設置）

第九条の二 都道府県及び市町村の教育委員会の事務局に、社会教育主事を置く。

2 都道府県及び市町村の教育委員会の事務局に、社会教育主事補を置くことができる。

（社会教育主事及び社会教育主事補の職務）

第九条の三 社会教育主事は、社会教育を行う者に専門的技術的な助言と指導を与える。ただし、命令及び監督をしてはならない。

2 社会教育主事は、学校が社会教育関係団体、地域住民その他の関係者の協力を得て教育活動を行う場合には、その求めに応じて、必要な助言を行うことができる。

3 社会教育主事補は、社会教育主事の職務を助ける。

（社会教育主事の資格）

第九条の四 次の各号のいずれかに該当する者は、社会教育主事となる資格を有する。

一 大学に二年以上在学して六十二単位以上を修得し、又は高等専門学校を卒業し、かつ、次に掲げる期間を通算した期間が三年以上になる者で、次条の規定による社会教育主事の講習を修了したもの

イ 社会教育主事補の職にあつた期間

ロ 官公署、学校、社会教育施設又は社会教育関係団体における職で司書、学芸員その他の社会教育主事補の職と同等以上の職として文部科学大臣の指定するものにあつた期間

ハ 官公署、学校、社会教育施設又は社会教育関係団体が実施する社会教育に関係のある事業における業務であつて、社会教育主事として必要な知識又は技能の習得に資するものとして文部科学大臣が指定するものに従事した期間（イ又はロに掲げる期間に該当する期間を除く。）

二 教育職員の普通免許状を有し、かつ、五年以上文部科学大臣の指定する教育に関する職にあつた者で、次条の規定による社会教育主事の講習を修了したもの

三 大学に二年以上在学して、六十二単位以上を修得し、かつ、大学において文部科学省令で定める社会教育に関する科目の単位を修得した者で、第一号イからハまでに掲げる期間を通算した期間が一年以上になるもの

四 次条の規定による社会教育主事の講習を修了した者（第一号及び第二号に掲げる者を除く。）で、社会教育に関する専門的事項について前三号に掲げる者に相当する教養と経験があると都道府県の教育委員会が認定したもの

（社会教育主事の講習）

第九条の五 社会教育主事の講習は、文部科学大臣の委嘱を受けた大学その他の教育機関が行う。

2 受講資格その他社会教育主事の講習に関し必要な事項は、文部科学省令で定める。

（社会教育主事及び社会教育主事補の研修）

第九条の六 社会教育主事及び社会教育主事補の研修は、任命権者が行うもののほか、文部科学大臣及び都道府県が行う。

（地域学校協働活動推進員）

第九条の七 教育委員会は、地域学校協働活動の円滑かつ効果的な実施を図るため、社会的信望があり、かつ、地域学校協働活動の推進に熱意と識見を有する者のうちから、地域学校協働活動推進員を委嘱することができる。

2 地域学校協働活動推進員は、地域学校協働活動に関する事項につき、教育委員会の施策に協力して、地域住民等と学校との間の情報の共有を図るとともに、地域学校協働活動を行う地域住民等に対する助言その他の援助を行う。

第三章　社会教育関係団体

（社会教育関係団体の定義）

第十条 この法律で「社会教育関係団体」とは、法人であると否とを問わず、公の支配に属しない団体で社会教育に関する事業を行うことを主たる目的とするものをいう。

（文部科学大臣及び教育委員会との関係）

第十一条 文部科学大臣及び教育委員会は、社会教育関係団体の求めに応じ、これに対し、専門的技術的指導又は助言を与えることができる。

2 文部科学大臣及び教育委員会は、社会教育関係団体の求めに応じ、これに対し、社会教育に関する事業に必要な物資の確保につき援助を行う。

（国及び地方公共団体との関係）

第十二条 国及び地方公共団体は、社会教育関係団体に対し、いかなる方法によつても、不当に統制的支配を及ぼし、又はその事業に干渉を加えてはならない。

（審議会等への諮問）

第十三条　国又は地方公共団体が社会教育関係団体に対し補助金を交付しようとする場合には、あらかじめ、国にあつては文部科学大臣が審議会等（国家行政組織法（昭和二十三年法律第百二十号）第八条に規定する機関をいう。第五十一条第三項において同じ。）で政令で定めるものの、地方公共団体にあつては教育委員会が社会教育委員の会議（社会教育委員が置かれていない場合には、条例で定めるところにより社会教育に係る補助金の交付に関する事項を調査審議する審議会その他の合議制の機関）の意見を聴いて行わなければならない。

（報告）

第十四条　文部科学大臣及び教育委員会は、社会教育関係団体に対し、指導資料の作製及び調査研究のために必要な報告を求めることができる。

第四章　社会教育委員

（社会教育委員の設置）

第十五条　都道府県及び市町村に社会教育委員を置くことができる。

2　社会教育委員は、教育委員会が委嘱する。

第十六条　削除

（社会教育委員の職務）

第十七条　社会教育委員は、社会教育に関し教育委員会に助言するため、次の職務を行う。

一　社会教育に関する諸計画を立案すること。

二　定時又は臨時に会議を開き、教育委員会の諮問に応じ、これに対して、意見を述べること。

三　前二号の職務を行うために必要な研究調査を行うこと。

2　社会教育委員は、教育委員会の会議に出席して社会教育に関し意見を述べることができる。

3　市町村の社会教育委員は、当該市町村の教育委員会から委嘱を受けた青少年教育に関する特定の事項について、社会教育関係団体、社会教育指導者その他関係者に対し、助言と指導を与えることができる。

（社会教育委員の委嘱の基準等）

第十八条　社会教育委員の委嘱の基準、定数及び任期その他社会教育委員に関し必要な事項は、当該地方公共団体の条例で定める。この場合において、社会教育委員の委嘱の基準については、文部科学省令で定める基準を参酌するものとする。

第十九条　削除

第五章　公民館

（目的）

第二十条　公民館は、市町村その他一定区域内の住民のために、実際生活に即する教育、学術及び文化に関する各種の事業を行い、もつて住民の教養の向上、健康の増進、情操の純化を図り、生活文化の振興、社会福祉の増進に寄与することを目的とする。

（公民館の設置者）

第二十一条　公民館は、市町村が設置する。

2　前項の場合を除くほか、公民館は、公民館の設置を目的とする一般社団法人又は一般財団法人（以下この章において「法人」という。）でなければ設置することができない。

3　公民館の事業の運営上必要があるときは、公民館に分館を設けることができる。

（公民館の事業）

第二十二条　公民館は、第二十条の目的達成のために、おおむね、左の事業を行う。但し、この法律及び他の法令によつて禁じられたものは、この限りでない。

一　定期講座を開設すること。

二　討論会、講習会、講演会、実習会、展示会等を開催すること。

三　図書、記録、模型、資料等を備え、その利用を図ること。

四　体育、レクリエーション等に関する集会を開催すること。

五　各種の団体、機関等の連絡を図ること。

六　その施設を住民の集会その他の公共的利用に供すること。

（公民館の運営方針）

第二十三条　公民館は、次の行為を行つてはならない。

一　もつぱら営利を目的として事業を行い、特定の営利事業に公民館の名称を利用させその他営利事業を援助すること。

二　特定の政党の利害に関する事業を行い、又は公私の選挙に関し、特定の候補者を支持すること。

2　市町村の設置する公民館は、特定の宗教を支持し、又は特定の教派、宗派若しくは教団を支援してはならない。

（公民館の基準）

第二十三条の二　文部科学大臣は、公民館の健全な発達を図るために、公民館の設置及び運営上必要な基準を定めるものとする。

2　文部科学大臣及び都道府県の教育委員会は、市町村の設置する公民館が前項の基準に従つて設置され及び運営されるように、当該市町村に対し、指導、助言その他の援助に努めるものとする。

（公民館の設置）

第二十四条　市町村が公民館を設置しようとするときは、条例で、公民館の設置及び管理に関する事項を定めなければならない。

第二十五条及び第二十六条　削除

（公民館の職員）

第二十七条　公民館に館長を置き、主事その他必要な職員を置くことができる。

2 館長は、公民館の行う各種の事業の企画実施その他必要な事務を行い、所属職員を監督する。

3 主事は、館長の命を受け、公民館の事業の実施にあたる。

第二十八条 市町村の設置する公民館の館長、主事その他必要な職員は、当該市町村の教育委員会（特定地方公共団体である市町村の長がその設置、管理及び廃止に関する事務を管理し、及び執行することとされた公民館（第三十条第一項及び第四十条第一項において「特定公民館」という。）の館長、主事その他必要な職員にあつては、当該市町村の長）が任命する。

（公民館の職員の研修）

第二十八条の二 第九条の六の規定は、公民館の職員の研修について準用する。

（公民館運営審議会）

第二十九条 公民館に公民館運営審議会を置くことができる。

2 公民館運営審議会は、館長の諮問に応じ、公民館における各種の事業の企画実施につき調査審議するものとする。

第三十条 市町村の設置する公民館にあつては、公民館運営審議会の委員は、当該市町村の教育委員会（特定公民館に置く公民館運営審議会の委員にあつては、当該市町村の長）が委嘱する。

2 前項の公民館運営審議会の委員の委嘱の基準、定数及び任期その他当該公民館運営審議会に関し必要な事項は、当該市町村の条例で定める。この場合において、委員の委嘱の基準については、文部科学省令で定める基準を参酌するものとする。

第三十一条 法人の設置する公民館に公民館運営審議会を置く場合にあつては、その委員は、当該法人の役員をもつて充てるものとする。

（運営の状況に関する評価等）

第三十二条 公民館は、当該公民館の運営の状況について評価を行うとともに、その結果に基づき公民館の運営の改善を図るため必要な措置を講ずるよう努めなければならない。

（運営の状況に関する情報の提供）

第三十二条の二 公民館は、当該公民館の事業に関する地域住民その他の関係者の理解を深めるとともに、これらの者との連携及び協力の推進に資するため、当該公民館の運営の状況に関する情報を積極的に提供するよう努めなければならない。

（基金）

第三十三条 公民館を設置する市町村にあつては、公民館の維持運営のために、地方自治法（昭和二十二年法律第六十七号）第二百四十一条の基金を設けることができる。

（特別会計）

第三十四条 公民館を設置する市町村にあつては、公民館の維持運営のために、特別会計を設けることができる。

（公民館の補助）

第三十五条 国は、公民館を設置する市町村に対し、予算の範囲内において、公民館の施設、設備に要する経費その他必要な経費の一部を補助することができる。

2 前項の補助金の交付に関し必要な事項は、政令で定める。

第三十六条 削除

第三十七条 都道府県が地方自治法第二百三十二条の二の規定により、公民館の運営に要する経費を補助する場合において、文部科学大臣は、政令の定めるところにより、その補助金の額、補助の比率、補助の方法その他必要な事項につき報告を求めることができる。

第三十八条 国庫の補助を受けた市町村は、左に掲げる場合においては、その受けた補助金を国庫に返還しなければならない。

一 公民館がこの法律若しくはこの法律に基く命令又はこれらに基いてした処分に違反したとき。

二 公民館がその事業の全部若しくは一部を廃止し、又は第二十条に掲げる目的以外の用途に利用されるようになつたとき。

三 補助金交付の条件に違反したとき。

四 虚偽の方法で補助金の交付を受けたとき。

（法人の設置する公民館の指導）

第三十九条 文部科学大臣及び都道府県の教育委員会は、法人の設置する公民館の運営その他に関し、その求めに応じて、必要な指導及び助言を与えることができる。

（公民館の事業又は行為の停止）

第四十条 公民館が第二十三条の規定に違反する行為を行つたときは、市町村の設置する公民館にあつては当該市町村の教育委員会（特定公民館にあつては、当該市町村の長）、法人の設置する公民館にあつては都道府県の教育委員会は、その事業又は行為の停止を命ずることができる。

2 前項の規定による法人の設置する公民館の事業又は行為の停止命令に関し必要な事項は、都道府県の条例で定めることができる。

第四十一条 〔略〕

（公民館類似施設）

第四十二条 公民館に類似する施設は、何人もこれを設置することができる。

2 前項の施設の運営その他に関しては、第三十九条の規定を準用する。

第六章　学校施設の利用

（適用範囲）

第四十三条 社会教育のために利用する国立学校（学校教育法第一条に規定する学校（以下

この条において「第一条学校」という。）及び就学前の子どもに関する教育、保育等の総合的な提供の推進に関する法律第二条第七項に規定する幼保連携型認定こども園（以下「幼保連携型認定こども園」という。）であつて国（国立大学法人法（平成十五年法律第百十二号）第二条第一項に規定する国立大学法人（次条第二項において「国立大学法人」という。）及び独立行政法人国立高等専門学校機構を含む。）が設置するものをいう。以下同じ。）又は公立学校（第一条学校及び幼保連携型認定こども園であつて地方公共団体（地方独立行政法人法（平成十五年法律第百十八号）第六十八条第一項に規定する公立大学法人（次条第二項及び第四十八条第一項において「公立大学法人」という。）を含む。）が設置するものをいう。以下同じ。）の施設の利用に関しては、この章の定めるところによる。

（学校施設の利用）

第四十四条　学校（国立学校又は公立学校をいう。以下この章において同じ。）の管理機関は、学校教育上支障がないと認める限り、その管理する学校の施設を社会教育のために利用に供するように努めなければならない。

2　前項において「学校の管理機関」とは、国立学校にあつては設置者である国立大学法人の学長若しくは理事長又は独立行政法人国立高等専門学校機構の理事長、公立学校のうち、大学及び幼保連携型認定こども園にあつては設置者である地方公共団体の長又は公立大学法人の理事長、大学及び幼保連携型認定こども園以外の公立学校にあつては設置者である地方公共団体に設置されている教育委員会又は公立大学法人の理事長をいう。

（学校施設利用の許可）

第四十五条　社会教育のために学校の施設を利用しようとする者は、当該学校の管理機関の許可を受けなければならない。

2　前項の規定により、学校の管理機関が学校施設の利用を許可しようとするときは、あらかじめ、学校の長の意見を聞かなければならない。

第四十六条　国又は地方公共団体が社会教育のために、学校の施設を利用しようとするときは、前条の規定にかかわらず、当該学校の管理機関と協議するものとする。

第四十七条　第四十五条の規定による学校施設の利用が一時的である場合には、学校の管理機関は、同条第一項の許可に関する権限を学校の長に委任することができる。

2　前項の権限の委任その他学校施設の利用に関し必要な事項は、学校の管理機関が定める。

（社会教育の講座）

第四十八条　文部科学大臣は国立学校に対し、地方公共団体の長は当該地方公共団体が設置する大学若しくは幼保連携型認定こども園又は当該地方公共団体が設立する公立大学法人が設置する公立学校に対し、地方公共団体に設置されている教育委員会は当該地方公共団体が設置する大学及び幼保連携型認定こども園以外の公立学校に対し、その教育組織及び学校の施設の状況に応じ、文化講座、専門講座、夏期講座、社会学級講座等学校施設の利用による社会教育のための講座の開設を求めることができる。

2　文化講座は、成人の一般的教養に関し、専門講座は、成人の専門的学術知識に関し、夏期講座は、夏期休暇中、成人の一般的教養又は専門的学術知識に関し、それぞれ大学、高等専門学校又は高等学校において開設する。

3　社会学級講座は、成人の一般的教養に関し、小学校、中学校又は義務教育学校において開設する。

4　第一項の規定する講座を担当する講師の報酬その他必要な経費は、予算の範囲内において、国又は地方公共団体が負担する。

第七章　通信教育

（適用範囲）

第四十九条　学校教育法第五十四条、第七十条第一項、第八十二条及び第八十四条の規定により行うものを除き、通信による教育に関しては、この章の定めるところによる。

（通信教育の定義）

第五十条　この法律において「通信教育」とは、通信の方法により一定の教育計画の下に、教材、補助教材等を受講者に送付し、これに基き、設問解答、添削指導、質疑応答等を行う教育をいう。

2　通信教育を行う者は、その計画実現のために、必要な指導者を置かなければならない。

（通信教育の認定）

第五十一条　文部科学大臣は、学校又は一般社団法人若しくは一般財団法人の行う通信教育で社会教育上奨励すべきものについて、通信教育の認定（以下「認定」という。）を与えることができる。

2　認定を受けようとする者は、文部科学大臣の定めるところにより、文部科学大臣に申請しなければならない。

3　文部科学大臣が、第一項の規定により、認定を与えようとするときは、あらかじめ、第十三条の政令で定める審議会等に諮問しなければならない。

（認定手数料）

第五十二条　文部科学大臣は、認定を申請する者から実費の範囲内において文部科学省令で定める額の手数料を徴収することができる。ただし、国立学校又は公立学校が行う通信教育に関しては、この限りでない。

第五十三条　削除

（郵便料金の特別取扱）

第五十四条　認定を受けた通信教育に要する郵便料金については、郵便法（昭和二十二年法律第百六十五号）の定めるところにより、特別の取扱を受けるものとする。

（通信教育の廃止）

第五十五条　認定を受けた通信教育を廃止しようとするとき、又はその条件を変更しようとするときは、文部科学大臣の定めるところにより、その許可を受けなければならない。

2　前項の許可に関しては、第五十一条第三項の規定を準用する。

（報告及び措置）

第五十六条　文部科学大臣は、認定を受けた者に対し、必要な報告を求め、又は必要な措置を命ずることができる。

（認定の取消）

第五十七条　認定を受けた者がこの法律若しくはこの法律に基く命令又はこれらに基いてした処分に違反したときは、文部科学大臣は、認定を取り消すことができる。

2　前項の認定の取消に関しては、第五十一条第三項の規定を準用する。

附　則（令四・六・一七法六八）

（施行期日）

1　この法律は、刑法等一部改正法施行日から施行する。〔ただし書略〕

●図書館法

（昭和二五年四月三〇日　法律第一一八号）

最終改正…令元・六・七法二六

第一章　総則

（この法律の目的）

第一条　この法律は、社会教育法（昭和二十四年法律第二百七号）の精神に基き、図書館の設置及び運営に関して必要な事項を定め、その健全な発達を図り、もつて国民の教育と文化の発展に寄与することを目的とする。

（定義）

第二条　この法律において「図書館」とは、図書、記録その他必要な資料を収集し、整理し、保存して、一般公衆の利用に供し、その教養、調査研究、レクリエーション等に資することを目的とする施設で、地方公共団体、日本赤十字社又は一般社団法人若しくは一般財団法人が設置するもの（学校に附属する図書館又は図書室を除く。）をいう。

2　前項の図書館のうち、地方公共団体の設置する図書館を公立図書館といい、日本赤十字社又は一般社団法人若しくは一般財団法人の設置する図書館を私立図書館という。

（図書館奉仕）

第三条　図書館は、図書館奉仕のため、土地の事情及び一般公衆の希望に沿い、更に学校教育を援助し、及び家庭教育の向上に資することとなるように留意し、おおむね次に掲げる事項の実施に努めなければならない。

一　郷土資料、地方行政資料、美術品、レコード及びフィルムの収集にも十分留意して、図書、記録、視聴覚教育の資料その他必要な資料（電磁的記録（電子的方式、磁気的方式その他人の知覚によつては認識することができない方式で作られた記録をいう。）を含む。以下「図書館資料」という。）を収集し、一般公衆の利用に供すること。

二　図書館資料の分類排列を適切にし、及びその目録を整備すること。

三　図書館の職員が図書館資料について十分な知識を持ち、その利用のための相談に応ずるようにすること。

四　他の図書館、国立国会図書館、地方公共団体の議会に附置する図書室及び学校に附属する図書館又は図書室と緊密に連絡し、協力し、図書館資料の相互貸借を行うこと。

五　分館、閲覧所、配本所等を設置し、及び自動車文庫、貸出文庫の巡回を行うこと。

六　読書会、研究会、鑑賞会、映写会、資料展示会等を主催し、及びこれらの開催を奨励すること。

七　時事に関する情報及び参考資料を紹介し、及び提供すること。

八　社会教育における学習の機会を利用して行つた学習の成果を活用して行う教育活動その他の活動の機会を提供し、及びその提供を奨励すること。

九　学校、博物館、公民館、研究所等と緊密に連絡し、協力すること。

（司書及び司書補）

第四条　図書館に置かれる専門的職員を司書及び司書補と称する。

2　司書は、図書館の専門的事務に従事する。

3　司書補は、司書の職務を助ける。

（司書及び司書補の資格）

第五条　次の各号のいずれかに該当する者は、司書となる資格を有する。

一　大学を卒業した者（専門職大学の前期課程を修了した者を含む。次号において同じ。）で大学において文部科学省令で定める図書館に関する科目を履修したもの

二　大学又は高等専門学校を卒業した者で次条の規定による司書の講習を修了したもの

三　次に掲げる職にあつた期間が通算して三年以上になる者で次条の規定による司書の講習を修了したもの

イ　司書補の職

ロ　国立国会図書館又は大学若しくは高等専門学校の附属図書館における職で司書補の職に相当するもの

ハ　ロに掲げるもののほか、官公署、学校又は社会教育施設における職で社会教育主事、学芸員その他の司書補の職と同等以上の職として文部科学大臣が指定するもの

2　次の各号のいずれかに該当する者は、司書補となる資格を有する。

一　司書の資格を有する者

二　学校教育法（昭和二十二年法律第二十六号）第九十条第一項の規定により大学に入学することのできる者で次条の規定による司書補の講習を修了したもの

（司書及び司書補の講習）

第六条　司書及び司書補の講習は、大学が、文部科学大臣の委嘱を受けて行う。

2　司書及び司書補の講習に関し、履修すべき科目、単位その他必要な事項は、文部科学省令で定める。ただし、その履修すべき単位数は、十五単位を下ることができない。

（司書及び司書補の研修）

第七条　文部科学大臣及び都道府県の教育委員会は、司書及び司書補に対し、その資質の向上のために必要な研修を行うよう努めるものとする。

（設置及び運営上望ましい基準）

第七条の二　文部科学大臣は、図書館の健全な発達を図るために、図書館の設置及び運営上望ましい基準を定め、これを公表するものとする。

（運営の状況に関する評価等）

第七条の三　図書館は、当該図書館の運営の状況について評価を行うとともに、その結果に基づき図書館の運営の改善を図るため必要な措置を講ずるよう努めなければならない。

（運営の状況に関する情報の提供）

第七条の四　図書館は、当該図書館の図書館奉仕に関する地域住民その他の関係者の理解を深めるとともに、これらの者との連携及び協力の推進に資するため、当該図書館の運営の状況に関する情報を積極的に提供するよう努めなければならない。

（協力の依頼）

第八条　都道府県の教育委員会は、当該都道府県内の図書館奉仕を促進するために、市（特別区を含む。以下同じ。）町村の教育委員会（地方教育行政の組織及び運営に関する法律（昭和三十一年法律第百六十二号）第二十三条第一項の条例の定めるところによりその長が図書館の設置、管理及び廃止に関する事務を管理し、及び執行することとされた地方公共団体（第十三条第一項において「特定地方公共団体」という。）である市町村にあつては、その長又は教育委員会）に対し、総合目録の作製、貸出文庫の巡回、図書館資料の相互貸借等に関して協力を求めることができる。

（公の出版物の収集）

第九条　政府は、都道府県の設置する図書館に対し、官報その他一般公衆に対する広報の用に供せられる独立行政法人国立印刷局の刊行物を二部提供するものとする。

2　国及び地方公共団体の機関は、公立図書館の求めに応じ、これに対して、それぞれの発行する刊行物その他の資料を無償で提供することができる。

第二章　公立図書館

（設置）

第十条　公立図書館の設置に関する事項は、当該図書館を設置する地方公共団体の条例で定めなければならない。

第十一条　削除

第十二条　削除

（職員）

第十三条　公立図書館に館長並びに当該図書館を設置する地方公共団体の教育委員会（特定地方公共団体の長がその設置、管理及び廃止に関する事務を管理し、及び執行することとされた図書館（第十五条において「特定図書館」という。）にあつては、当該特定地方公共団体の長）が必要と認める専門的職員、事務職員及び技術職員を置く。

2　館長は、館務を掌理し、所属職員を監督して、図書館奉仕の機能の達成に努めなければならない。

（図書館協議会）

第十四条　公立図書館に図書館協議会を置くことができる。

2　図書館協議会は、図書館の運営に関し館長の諮問に応ずるとともに、館長に対して図書館の行う図書館奉仕につき、館長に対して意見を述べる機関とする。

第十五条　図書館協議会の委員は、当該図書

館を設置する地方公共団体の教育委員会（特定図書館に置く図書館協議会の委員にあつては、当該地方公共団体の長）が任命する。

第十六条　図書館協議会の設置、その委員の任命の基準、定数及び任期その他図書館協議会に関し必要な事項については、当該図書館を設置する地方公共団体の条例で定めなければならない。この場合において、委員の任命の基準については、文部科学省令で定める基準を参酌するものとする。

（入館料等）

第十七条　公立図書館は、入館料その他図書館資料の利用に対するいかなる対価をも徴収してはならない。

第十八条　削除

第十九条　削除

（図書館の補助）

第二十条　国は、図書館を設置する地方公共団体に対し、予算の範囲内において、図書館の施設、設備に要する経費その他必要な経費の一部を補助することができる。

2　前項の補助金の交付に関し必要な事項は、政令で定める。

第二十一条及び第二十二条　削除

第二十三条　国は、第二十条の規定による補助金の交付をした場合において、左の各号の一に該当するときは、当該年度におけるその後の補助金の交付をやめるとともに、既に交付した当該年度の補助金を返還させなければならない。

一　図書館がこの法律の規定に違反したとき。

二　地方公共団体が補助金の交付の条件に違反したとき。

三　地方公共団体が虚偽の方法で補助金の交付を受けたとき。

第三章　私立図書館

第二十四条　削除

（都道府県の教育委員会との関係）

第二十五条　都道府県の教育委員会は、私立図書館に対し、指導資料の作製及び調査研究のために必要な報告を求めることができる。

2　都道府県の教育委員会は、私立図書館に対し、その求めに応じて、私立図書館の設置及び運営に関して、専門的、技術的の指導又は助言を与えることができる。

（国及び地方公共団体との関係）

第二十六条　国及び地方公共団体は、私立図書館の事業に干渉を加え、又は図書館を設置する法人に対し、補助金を交付してはならない。

第二十七条　国及び地方公共団体は、私立図書館に対し、その求めに応じて、必要な物資の確保につき、援助を与えることができる。

（入館料等）

第二十八条　私立図書館は、入館料その他図書館資料の利用に対する対価を徴収することができる。

（図書館同種施設）

第二十九条　図書館と同種の施設は、何人もこれを設置することができる。

2　第二十五条第二項の規定は、前項の施設について準用する。

附　則〔抄〕

この法律は、公布の日から起算して三月を経過した日から施行する。〔略〕

附　則〔令元・六・七法二六〕

（施行期日）

第一条　この法律は、公布の日から施行する。〔ただし書き略〕

●博物館法〔抄〕

（昭和二六年一二月一日法律第二八五号）

最終改正…令四・四・一五法二四

第一章　総則

（目的）

第一条　この法律は、社会教育法（昭和二十四年法律第二百七号）及び文化芸術基本法（平成十三年法律第百四十八号）の精神に基き、博物館の設置及び運営に関して必要な事項を定め、その健全な発達を図り、もつて国民の教育、学術及び文化の発展に寄与することを目的とする。

（定義）

第二条　この法律において「博物館」とは、歴史、芸術、民俗、産業、自然科学等に関する資料を収集し、保管（育成を含む。以下同じ。）し、展示して教育的配慮の下に一般公衆の利用に供し、その教養、調査研究、レクリエーション等に資するために必要な事業を行い、併せてこれらの資料に関する調査研究をすることを目的とする機関（社会教育法による公民館及び図書館法（昭和二十五年法律第百十八号）による図書館を除く。）のうち、次章の規定による登録を受けたものをいう。

2　この法律において、「公立博物館」とは、地方公共団体又は地方独立行政法人（地方独立行政法人法（平成十五年法律第百十八号）第二条第一項に規定する地方独立行政法人をいう。以下同じ。）の設置する博物館をいう。

3　この法律において「私立博物館」とは、博物館のうち、公立博物館以外のものをいう。

4　この法律において「博物館資料」とは、博物館が収集し、保管し、又は展示する資料（電磁的記録（電子的方式、磁気的方式その他人の知覚によつては認識することができない方式で作られた記録をいう。次条第一項第三号において同じ。）を含む。）をいう。

（博物館の事業）

第三条　博物館は、前条第一項に規定する目的を達成するため、おおむね次に掲げる事業を行う。

一　実物、標本、模写、模型、文献、図表、写真、フィルム、レコード等の博物館資料を豊富に収集し、保管し、及び展示すること。

二　分館を設置し、又は博物館資料を当該博物館外で展示すること。

三　博物館資料に係る電磁的記録を作成し、公開すること。

四　一般公衆に対して、博物館資料の利用に関し必要な説明、助言、指導等を行い、又は研究室、実験室、工作室、図書室等を設置してこれを利用させること。

五　博物館資料に関する専門的、技術的な調査研究を行うこと。

六　博物館資料の保管及び展示等に関する技術的研究を行うこと。

七　博物館資料に関する案内書、解説書、目録、図録、年報、調査研究の報告書等を作成し、及び頒布すること。

八　博物館資料に関する講演会、講習会、映写会、研究会等を主催し、及びその開催を援助すること。

九　当該博物館の所在地又はその周辺にある文化財保護法（昭和二十五年法律第二百十四号）の適用を受ける文化財について、解説書又は目録を作成する等一般公衆の当該文化財の利用の便を図ること。

十　社会教育における学習の機会を利用して行つた学習の成果を活用して行う教育活動その他の活動の機会を提供し、及びその提供を奨励すること。

十一　学芸員その他の博物館の事業に従事する人材の養成及び研修を行うこと。

十二　学校、図書館、研究所、公民館等の教育、学術又は文化に関する諸施設と協力し、その活動を援助すること。

2　博物館は、前項各号に掲げる事業の充実を図るため、他の博物館、第三十一条第二項に規定する指定施設その他これらに類する施設との間において、資料の相互貸借、職員の交流、刊行物及び情報の交換その他の活動を通じ、相互に連携を図りながら協力するよう努めるものとする。

3　博物館は、第一項各号に掲げる事業の成果を活用するとともに、地方公共団体、学校、社会教育施設その他の関係機関及び民間団体と相互に連携を図りながら協力し、当該博物館が所在する地域における教育、学術及び文化の振興、文化観光（有形又は無形の文化的所産その他の文化に関する資源（以下この項において「文化資源」という。）の観覧、文化資源に関する体験活動その他の活動を通じて文化についての理解を深めることを目的とする観光をいう。）その他の活動の推進を図り、もつて地域の活力の向上に寄与するよう努めるものとする。

（館長、学芸員その他の職員）

第四条　博物館に、館長を置く。

2　館長は、館務を掌理し、所属職員を監督して、博物館の任務の達成に努める。

3　博物館に、専門的職員として学芸員を置く。

4　学芸員は、博物館資料の収集、保管、展示及び調査研究その他これと関連する事業についての専門的事項をつかさどる。

5　博物館に、館長及び学芸員のほか、学芸員補その他の職員を置くことができる。

6　学芸員補は、学芸員の職務を助ける。

（学芸員の資格）

第五条　次の各号のいずれかに該当する者は、学芸員となる資格を有する。

一　学士の学位（学校教育法（昭和二十二年法律第二十六号）第百四条第二項に規定する文部科学大臣の定める学位（専門職大学を卒業した者に対して授与されるものに限る。）を含む。）を有する者で、大学において文部科学省令で定める博物館に関する科目の単位を修得したもの

二　次条各号のいずれかに該当する者で、三年以上学芸員補の職にあつたもの

三　文部科学大臣が、文部科学省令で定めるところにより、前二号に掲げる者と同等以上の学力及び経験を有する者と認めた者

2　前項第二号の学芸員補の職には、官公署、学校又は社会教育施設（博物館の事業に類する事業を行う施設を含む。）における職で、社会教育主事、司書その他の学芸員補の職と同等以上の職として文部科学大臣が指定するものを含むものとする。

（学芸員補の資格）

第六条　次の各号のいずれかに該当する者は、学芸員補となる資格を有する。

一　短期大学士の学位（学校教育法第百四条第二項に規定する文部科学大臣の定める学位（専門職大学を卒業した者に対して授与されるものを除く。）及び同条第六項に規定する文部科学大臣の定める学位を含む。）を有する者で、前条第一項第一号の文部科学省令で定める博物館に関する科目の単位を修得したもの

二　前号に掲げる者と同等以上の学力及び経験を有する者として文部科学省令で定める者

（館長、学芸員及び学芸員補等の研修）
第七条　文部科学大臣及び都道府県の教育委員会は、館長、学芸員及び学芸員補その他の職員に対し、その資質の向上のために必要な研修を行うよう努めるものとする。

（設置及び運営上望ましい基準）
第八条　文部科学大臣は、博物館の健全な発達を図るために、博物館の設置及び運営上望ましい基準を定め、これを公表するものとする。

第九条―第十条　〔略〕

第二章　登録

（登録）
第十一条　博物館を設置しようとする者は、当該博物館について、当該博物館の所在する都道府県の教育委員会（当該博物館（都道府県が設置するものを除く。）が指定都市（地方自治法（昭和二十二年法律第六十七号）第二百五十二条の十九第一項の指定都市をいう。以下同じ。）の区域内に所在する場合にあつては、当該指定都市の教育委員会。第三十一条第一項第二号を除き、以下同じ。）の登録を受けるものとする。

（登録の申請）
第十二条　前条の登録（以下「登録」という。）を受けようとする者は、都道府県の教育委員会の定めるところにより、次に掲げる事項を記載した登録申請書を都道府県の教育委員会に提出しなければならない。

一　登録を受けようとする博物館の設置者の名称及び住所
二　登録を受けようとする博物館の名称及び所在地
三　その他都道府県の教育委員会の定める事項

2　前項の登録申請書には、次に掲げる書類を添付しなければならない。

一　館則（博物館の規則のうち、目的、開館日、運営組織その他の博物館の運営上必要な事項を定めたものをいう。）の写し
二　次条第一項各号に掲げる基準に適合していることを証する書類
三　その他都道府県の教育委員会の定める書類

第十三条―第十四条　〔略〕

（変更の届出）
第十五条　博物館の設置者は、第十二条第一項第一号又は第二号に掲げる事項を変更するときは、あらかじめ、又は同条第二項に規定する添付書類の記載事項について重要な変更があつたときは、その旨を都道府県の教育委員会に届け出なければならない。

2　都道府県の教育委員会は、前項の規定による届出があつたときは、当該届出に係る登録事項の変更登録をするとともに、その旨をインターネットの利用その他の方法により公表しなければならない。

第十六条―第十八条　〔略〕

（登録の取消し）
第十九条　都道府県の教育委員会は、その登録に係る博物館の設置者が次の各号のいずれかに該当するときは、当該博物館の登録を取り消すことができる。

一　偽りその他不正の手段により登録を受けたとき。
二　第十五条第一項の規定による届出をせず、又は虚偽の届出をしたとき。
三　第十六条の規定に違反したとき。
四　第十七条の報告若しくは資料の提出をせず、又は虚偽の報告若しくは資料の提出をしたとき。
五　前条第二項の規定による命令に違反したとき。

2　第十三条第三項の規定は、前項の規定による登録の取消しについて準用する。

3　都道府県の教育委員会は、第一項の規定により登録の取消しをしたときは、速やかにその旨を当該登録に係る博物館の設置者に対し通知するとともに、インターネットの利用その他の方法により公表しなければならない。

（博物館の廃止）
第二十条　博物館の設置者は、博物館を廃止したときは、速やかにその旨を都道府県の教育委員会に届け出なければならない。

2　都道府県の教育委員会は、前項の規定による届出があつたときは、当該届出に係る博物館の登録を抹消するとともに、その旨をインターネットの利用その他の方法により公表しなければならない。

（規則への委任）
第二十一条　〔略〕

第二十二条　この章に定めるものを除くほか、博物館の登録に関し必要な事項は、都道府県の教育委員会の規則で定める。

第三章　公立博物館

（博物館協議会）
第二十三条　公立博物館に、博物館協議会を置くことができる。

2　博物館協議会は、博物館の運営に関し館長の諮問に応ずるとともに、館長に対して意見を述べる機関とする。

第二十四条　博物館協議会の委員は、地方公共団体の設置する博物館にあつては当該博物館を設置する地方公共団体の教育委員会（地方教育行政の組織及び運営に関する法律（昭和三十一年法律第百六十二号）第二十三条第一項の条例の定めるところにより地方公共団体の長が当該博物館の設置、管理及び廃止に関する事務を管理し、及び執行することとされている場合にあつては、

当該地方公共団体の長）が、地方独立行政法人の設置する博物館にあつては当該地方独立行政法人の理事長がそれぞれ任命する。

第二十五条 博物館協議会の設置、その委員の任命の基準、定数及び任期その他博物館協議会に関し必要な事項は、地方公共団体の設置する博物館にあつては当該博物館を設置する地方公共団体の条例で、地方独立行政法人の設置する博物館にあつては当該地方独立行政法人の規程でそれぞれ定めなければならない。この場合において、委員の任命の基準については、文部科学省令で定める基準を参酌するものとする。

（入館料等）

第二十六条 公立博物館は、入館料その他博物館資料の利用に対する対価を徴収してはならない。ただし、博物館の維持運営のためにやむを得ない事情のある場合は、必要な対価を徴収することができる。

（博物館の補助）

第二十七条 国は、博物館を設置する地方公共団体又は地方独立行政法人に対し、予算の範囲内において、博物館の施設、設備に要する経費その他必要な経費の一部を補助することができる。

2 前項の補助金の交付に関し必要な事項は、政令で定める。

第二十八条 〔略〕

第四章 私立博物館

（都道府県の教育委員会との関係）

第二十九条 都道府県の教育委員会は、博物館に関する指導資料の作成及び調査研究のために、私立博物館に対し必要な報告を求めることができる。

2 都道府県の教育委員会は、私立博物館に対し、その求めに応じて、私立博物館の設置及び運営に関して、専門的、技術的の指導又は助言を与えることができる。

（国及び地方公共団体との関係）

第三十条 国及び地方公共団体は、私立博物館に対し、その求めに応じて、必要な物資の確保につき援助を与えることができる。

第五章 〔略〕

附　則 〔令四・四・一五法二四〕

（施行期日）

第一条 この法律は、令和五年四月一日から施行する。〔ただし書略〕

●生涯学習の振興のための施策の推進体制等の整備に関する法律

（平成二年六月二九日法律第七一号）

最終改正…平一四・三・三一法一五

（目的）

第一条 この法律は、国民が生涯にわたって学習する機会があまねく求められている状況にかんがみ、生涯学習の振興に資するための都道府県の事業に関しその推進体制の整備その他の必要な事項を定め、及び特定の地区において生涯学習に係る機会の総合的な提供を促進するための措置について定めるとともに、都道府県生涯学習審議会の事務について定める等の措置を講ずることにより、生涯学習の振興のための施策の推進体制及び地域における生涯学習に係る機会の整備を図り、もって生涯学習の振興に寄与することを目的とする。

（施策における配慮等）

第二条 国及び地方公共団体は、この法律に規定する生涯学習の振興のための施策を実施するに当たっては、学習に関する国民の自発的意思を尊重するよう配慮するとともに、職業能力の開発及び向上、社会福祉等に関し生涯学習に資するための別に講じられる施策と相まって、効果的にこれを行うよう努めるものとする。

（生涯学習の振興に資するための都道府県の事業）

第三条 都道府県の教育委員会は、生涯学習の振興に資するため、おおむね次の各号に掲げる事業について、これらを相互に連携させつつ推進するために必要な体制の整備を図りつつ、これらを一体的かつ効果的に実施するよう努めるものとする。
一 学校教育及び社会教育に係る学習（体育に係るものを含む。以下この項において「学習」という。）並びに文化活動の機会に関する情報を収集し、整理し、及び提供すること。
二 住民の学習に対する需要及び学習の成果の評価に関し、調査研究を行うこと。
三 地域の実情に即した学習の方法の開発を行うこと。
四 住民の学習に関する指導者及び助言者に対する研修を行うこと。
五 地域における学校教育、社会教育及び文化に関する機関及び団体に対し、これらの機関及び団体相互の連携に関し、照会及び相談に応じ、並びに助言その他の援助を行うこと。
六 前各号に掲げるもののほか、社会教育のための講座の開設その他の住民の学習の機会の提供に関し必要な事業を行うこと。
2 都道府県の教育委員会は、前項に規定する事業を行うに当たっては、社会教育関係団体その他の地域において生涯学習に資する事業を行う機関及び団体との連携に努めるものとする。

（都道府県の事業の推進体制の整備に関する基準）
第四条 文部科学大臣は、生涯学習の振興に資するため、都道府県の教育委員会が行う前条第一項に規定する体制の整備に関し望ましい基準を定めるものとする。
2 文部科学大臣は、前項の基準を定めようとするときは、あらかじめ、審議会等（国家行政組織法（昭和二十三年法律第百二十号）第八条に規定する機関をいう。以下同じ。）で政令で定めるものの意見を聴かなければならない。これを変更しようとするときも、同様とする。

（地域生涯学習振興基本構想）
第五条 都道府県は、当該都道府県内の特定の地区において、当該地区及びその周辺の相当程度広範囲の地域における住民の生涯学習の振興に資するため、社会教育に係る学習（体育に係るものを含む。）及び文化活動その他の生涯学習に資する諸活動の多様な機会の総合的な提供を民間事業者の能力を活用しつつ行うことに関する基本的な構想（以下「基本構想」という。）を作成することができる。
2 基本構想においては、次に掲げる事項について定めるものとする。
一 前項に規定する多様な機会（以下「生涯学習に係る機会」という。）の総合的な提供の方針に関する事項
二 前項に規定する地区の区域に関する事項
三 総合的な提供を行うべき生涯学習に係る機会（民間事業者により提供されるものを含む。）の種類及び内容に関する基本的な事項
四 前号に規定する民間事業者に対する資金の融通の円滑化その他の前項に規定する地区において行われる生涯学習に係る機会の総合的な提供に必要な業務であって政令で定めるものを行う者及び当該業務の運営に関する事項
五 その他生涯学習に係る機会の総合的な提供に関する重要事項
3 都道府県は、基本構想を作成しようとするときは、あらかじめ、関係市町村に協議しなければならない。
4 都道府県は、基本構想を作成しようとするときは、前項の規定による協議を経た後、文部科学大臣及び経済産業大臣に協議することができる。
5 文部科学大臣及び経済産業大臣は、前項の規定による協議を受けたときは、都道府県が作成しようとする基本構想が次の各号に該当するものであるかどうかについて判断するものとする。
一 当該基本構想に係る地区が、生涯学習に係る機会の提供の程度が著しく高い地域であって政令で定めるもの以外の地域のうち、交通条件及び社会的自然的条件からみて生涯学習に係る機会の総合的な提供を行うことが相当と認められる地区であること。
二 当該基本構想に係る生涯学習に係る機会の総合的な提供が当該基本構想に係る地区及びその周辺の相当程度広範囲の地域における住民の生涯学習に係る機会に対する要請に適切にこたえるものであること。
三 その他文部科学大臣及び経済産業大臣が判断に当たっての基準として次条の規定により定める事項（以下「判断基準」という。）に適合するものであること。
6 文部科学大臣及び経済産業大臣は、基本構想につき前項の判断をするに当たっては、あらかじめ、関係行政機関の長に協議するとともに、文部科学大臣にあっては前条第二項の政令で定める審議会等の意見を、経済産業大臣にあっては産業構造審議会の意見をそれぞれ聴くものとし、前項各号に該当するものであると判断するに至ったときは、速やかにその旨を当該都道府県に通知するものとする。
7 都道府県は、基本構想を作成したときは、遅滞なく、これを公表しなければならない。
8 第三項から前項までの規定は、基本構想

の変更（文部科学省令、経済産業省令で定める軽微な変更を除く。）について準用する。

（判断基準）

第六条 判断基準においては、次に掲げる事項を定めるものとする。

一 生涯学習に係る機会の総合的な提供に関する基本的な事項

二 前条第一項に規定する地区の設定に関する基本的な事項

三 総合的な提供を行うべき生涯学習に係る機会（民間事業者により提供されるものを含む。）の種類及び内容に関する基本的な事項

四 生涯学習に係る機会の総合的な提供に必要な事業に関する基本的な事項

五 生涯学習に係る機会の総合的な提供に際し配慮すべき重要事項

2 文部科学大臣及び経済産業大臣は、判断基準を定めるに当たっては、あらかじめ、総務大臣その他関係行政機関の長に協議するとともに、文部科学大臣にあっては第四条第二項の政令で定める審議会等の意見を、経済産業大臣にあっては産業構造審議会の意見をそれぞれ聴かなければならない。

3 文部科学大臣及び経済産業大臣は、判断基準を定めたときは、遅滞なく、これを公表しなければならない。

4 前二項の規定は、判断基準の変更について準用する。

第七条 削除

（基本構想の実施等）

第八条 都道府県は、関係民間事業者の能力を活用しつつ、生涯学習に係る機会の総合的な提供を基本構想に基づいて計画的に行うよう努めなければならない。

2 文部科学大臣は、基本構想の円滑な実施の促進のため必要があると認めるときは、社会教育関係団体及び文化に関する団体に対し必要な協力を求めるものとし、かつ、関係地方公共団体及び関係事業者等の要請に応じ、その所管に属する博物館資料の貸出しを行うよう努めるものとする。

3 経済産業大臣は、基本構想の円滑な実施の促進のため必要があると認めるときは、商工会議所及び商工会に対し、これらの団体及びその会員による生涯学習に係る機会の提供その他の必要な協力を求めるものとする。

4 前二項に定めるもののほか、文部科学大臣及び経済産業大臣は、基本構想の作成及び円滑な実施の促進のため、関係地方公共団体に対し必要な助言、指導その他の援助を行うよう努めなければならない。

5 前三項に定めるもののほか、文部科学大臣、経済産業大臣、関係行政機関の長、関係地方公共団体及び関係事業者は、基本構想の円滑な実施が促進されるよう、相互に連携を図りながら協力しなければならない。

第九条 削除

（都道府県生涯学習審議会）

第十条 都道府県に、都道府県生涯学習審議会（以下「都道府県審議会」という。）を置くことができる。

2 都道府県審議会は、都道府県の教育委員会又は知事の諮問に応じ、当該都道府県の処理する事務に関し、生涯学習に資するための施策の総合的な推進に関する重要事項を調査審議する。

3 都道府県審議会は、前項に規定する事項に関し必要と認める事項を当該都道府県の教育委員会又は知事に建議することができる。

4 前三項に定めるもののほか、都道府県審議会の組織及び運営に関し必要な事項は、条例で定める。

（市町村の連携協力体制）

第十一条 市町村（特別区を含む。）は、生涯学習の振興に資するため、関係機関及び関係団体等との連携協力体制の整備に努めるものとする。

附　則

（施行期日）

1 この法律は、平成二年七月一日から施行する。

附　則（平一四・三・三一法一五抄）

（施行期日）

第一条 この法律は、平成十四年四月一日から施行する。

●日本語教育の推進に関する法律〔抄〕

（令和一年六月二八日法律四八号）

第一章　総則

（目的）

第一条　この法律は、日本語教育の推進が、我が国に居住する外国人が日常生活及び社会生活を国民と共に円滑に営むことができる環境の整備に資するとともに、我が国に対する諸外国の理解と関心を深める上で重要であることに鑑み、日本語教育の推進に関し、基本理念を定め、並びに国、地方公共団体及び事業主の責務を明らかにするとともに、基本方針の策定その他日本語教育の推進に関する施策の基本となる事項を定めることにより、日本語教育の推進に関する施策を総合的かつ効果的に推進し、もって多様な文化を尊重した活力ある共生社会の実現に資するとともに、諸外国との交流の促進並びに友好関係の維持及び発展に寄与することを目的とする。

（定義）

第二条　この法律において「外国人等」とは、日本語に通じない外国人及び日本の国籍を有する者をいう。

2　この法律において「日本語教育」とは、外国人等が日本語を習得するために行われる教育その他の活動（外国人等に対して行われる日本語の普及を図るための活動を含む。）をいう。

（基本理念）

第三条　日本語教育の推進は、日本語教育を受けることを希望する外国人等に対し、その希望、置かれている状況及び能力に応じた日本語教育を受ける機会が最大限に確保されるよう行われなければならない。

2　日本語教育の推進は、日本語教育の水準の維持向上が図られるよう行われなければならない。

3　日本語教育の推進は、外国人等に係る教育及び労働、出入国管理その他の関連施策並びに外交政策との有機的な連携が図られ、総合的に行われなければならない。

4　日本語教育の推進は、国内における日本語教育が地域の活力の向上に寄与するものであるとの認識の下に行われなければならない。

5　日本語教育の推進は、海外における日本語教育を通じて我が国に対する諸外国の理解と関心を深め、諸外国との交流を促進するとともに、諸外国との友好関係の維持及び発展に寄与することとなるよう行われなければならない。

6　日本語教育の推進は、日本語を学習する意義についての外国人等の理解と関心が深められるように配慮して行われなければならない。

7　日本語教育の推進は、我が国に居住する幼児期及び学齢期（満六歳に達した日の翌日以後における最初の学年の初めから満十五歳に達した日の属する学年の終わりまでの期間をいう。）にある外国人等の家庭における教育等において使用される言語の重要性に配慮して行われなければならない。

（国の責務）

第四条　国は、前条の基本理念（以下単に「基本理念」という。）にのっとり、日本語教育の推進に関する施策を総合的に策定し、及び実施する責務を有する。

（地方公共団体の責務）

第五条　地方公共団体は、基本理念にのっとり、日本語教育の推進に関し、国との適切な役割分担を踏まえて、その地方公共団体の地域の状況に応じた施策を策定し、及び実施する責務を有する。

（事業主の責務）

第六条　外国人等を雇用する事業主は、基本理念にのっとり、国又は地方公共団体が実施する日本語教育の推進に関する施策に協力するとともに、その雇用する外国人等及びその家族に対する日本語学習（日本語を習得するための学習をいう。以下同じ。）の機会の提供その他の日本語学習に関する支援に努めるものとする。

（連携の強化）

第七条　国及び地方公共団体は、国内における日本語教育が適切に行われるよう、関係省庁相互間その他関係機関、日本語教育を行う機関（日本語教育を行う学校（学校教育法（昭和二十二年法律第二十六号）第一条に規定する学校、同法第百二十四条に規定する専修学校及び同法第百三十四条第一項に規定する各種学校をいう。以下同じ。）を含む。以下同じ。）、外国人等を雇用する事業主、外国人等の生活支援を行う団体等の関係者相互間の連携の強化その他必要な体制の整備に努めるものとする。

2　国は、海外における日本語教育が持続的かつ適切に行われるよう、独立行政法人国際交流基金、日本語教育を行う機関、諸外国の行政機関及び教育機関等との連携の強化その他必要な体制の整備に努めるものとする。

（法制上の措置等）

第八条　政府は、日本語教育の推進に関する施策を実施するため必要な法制上又は財政上の措置その他の措置を講じなければならない。

（資料の作成及び公表）

第九条　政府は、日本語教育の状況及び政府が日本語教育の推進に関して講じた施策に関する資料を作成し、適切な方法により随時公表しなければならない。

第二章　基本方針等

（基本方針）

第十条　政府は、日本語教育の推進に関する施策を総合的かつ効果的に推進するための基本的な方針（以下「基本方針」という。）を定めなければならない。

2　基本方針においては、次に掲げる事項を定めるものとする。

一　日本語教育の推進の基本的な方向に関する事項

二　日本語教育の推進の内容に関する事項

三　その他日本語教育の推進に関する重要事項

3　文部科学大臣及び外務大臣は、基本方針の案を作成し、閣議の決定を求めなければならない。

4　文部科学大臣及び外務大臣は、基本方針の案を作成しようとするときは、あらかじめ、関係行政機関の長に協議しなければならない。

5　文部科学大臣及び外務大臣は、第三項の規定による閣議の決定があったときは、遅滞なく、基本方針を公表しなければならない。

6　政府は、日本語教育を取り巻く環境の変化を勘案し、並びに日本語教育に関する施策の実施の状況についての調査、分析及び評価を踏まえ、おおむね五年ごとに基本方針に検討を加え、必要があると認めるときは、これを変更するものとする。

7　第三項から第五項までの規定は、基本方針の変更について準用する。

（地方公共団体の基本的な方針）

第十一条　地方公共団体は、基本方針を参酌し、その地域の実情に応じ、当該地方公共団体における日本語教育の推進に関する施策を総合的かつ効果的に推進するための基本的な方針を定めるよう努めるものとする。

第三章　基本的施策

第一節　国内における日本語教育の機会の拡充

（外国人等である幼児、児童、生徒等に対する日本語教育）

第十二条　国は、外国人等である幼児、児童、生徒等に対する生活に必要な日本語及び教科の指導等の充実その他の日本語教育の充実を図るため、これらの指導等の充実を可能とする教員等（教員及び学校において必要な支援を行う者をいう。以下この項において同じ。）の配置に係る制度の整備、教員等の養成及び研修の充実、就学の支援その他の必要な施策を講ずるものとする。

2　国は、外国人等である幼児、児童、生徒等が生活に必要な日本語を習得することの重要性についてのその保護者の理解と関心を深めるため、必要な啓発活動を行うよう努めるものとする。

（外国人留学生等に対する日本語教育）

第十三条　国は、大学及び大学院に在学する外国人留学生等（出入国管理及び難民認定法（昭和二十六年政令第三百十九号）別表第一の四の表の留学の在留資格をもって在留する者及び日本の国籍を有する者であって我が国に留学しているものをいう。次項において同じ。）であって日本語を理解し、使用する能力（以下「日本語能力」という。）を必要とする職業に就くこと、我が国において教育研究を行うこと等を希望するものに対して就業、教育研究等に必要な日本語を習得させるための日本語教育の充実を図るために必要な施策を講ずるものとする。

2　国は、外国人留学生等（大学及び大学院に在学する者を除く。）であって日本語能力を必要とする職業に就くこと又は我が国において進学することを希望するものに対して就業又は進学に必要な日本語を習得させるための日本語教育の充実を図るために必要な施策を講ずるものとする。

（外国人等である被用者等に対する日本語教育）

第十四条　国は、事業主がその雇用する外国人等（次項に規定する技能実習生を除く。）に対して、日本語学習の機会を提供するとともに、研修等により専門分野に関する日本語教育の充実を図ることができるよう、必要な支援を行うものとする。

2　国は、事業主等が技能実習生（出入国管理及び難民認定法別表第一の二の表の技能実習の在留資格をもって在留する者をいう。）に対して日本語能力の更なる向上の機会を提供することができるよう、教材の開発その他の日本語学習に関する必要な支援を行うものとする。

3　国は、定住者等（出入国管理及び難民認定法別表第二の上欄に掲げる在留資格をもって在留する者をいう。）が就労に必要な水準の日本語を習得することができるよう、必要な施策を講ずるものとする。

（難民に対する日本語教育）

第十五条　国は、出入国管理及び難民認定法第六十一条の二第一項に規定する難民の認定を受けている外国人及びその家族並びに外国において一時的に庇ひ護されていた外国人であって政府の方針により国際的動向を踏まえ我が国に受け入れたものが国内における定住のために必要とされる基礎的な日本語を習得することができるよう、学習の機会の提供その他の必要な施策を講ずるものとする。

（地域における日本語教育）

第十六条　国は、地域における日本語教育の機会の拡充を図るため、日本語教室（専ら住民である外国人等に対して日本語教育を実施する事業をいう。以下この条において同じ。）の開始及び運営の支援、日本語教室における日本語教育に従事する者の養成及び使用される教材の開発等の支援、日本語教室を利用することが困難な者の日本語学習に係る環境の整備その他の必要な施策を講ずるものとする。

（国民の理解と関心の増進）
第十七条　国は、国内における日本語教育が外国人等の日本語能力を向上させるとともに、共生社会の実現に資することを踏まえ、外国人等に対する日本語教育についての国民の理解と関心を深めるよう、日本語教育に関する広報活動の充実その他の必要な施策を講ずるものとする。

第二節　海外における日本語教育の機会の拡充

（海外における外国人等に対する日本語教育）
第十八条　国は、海外における日本語教育が外国人等の我が国に対する理解と関心の増進、我が国の企業への就職の円滑化等に寄与するものであることに鑑み、各国における日本語教育の状況に応じて、持続的かつ適切に日本語教育が行われるよう、現地における日本語教育に関する体制及び基盤の整備の支援、海外における日本語教育に従事する者の養成並びに使用される教材（インターネットを通じて提供することができるものを含む。）の開発及び提供並びにその支援、海外において日本語教育を行う教育機関の活動及び日本語を学習する者の支援その他の必要な施策を講ずるよう努めるものとする。

2　国は、外国人等であって我が国への留学を希望するものが我が国の大学等で教育を受けるために必要な水準の日本語を習得することができるよう、必要な施策を講ずるものとする。

（海外に在留する邦人の子等に対する日本語教育）
第十九条　国は、海外に在留する邦人の子、海外に移住した邦人の子孫等に対する日本語教育の充実を図るため、これらの者に対する日本語教育を支援する体制の整備その他の必要な施策を講ずるものとする。

第三節　日本語教育の水準の維持向上等

（日本語教育を行う機関における日本語教育の水準の維持向上）
第二十条　国は、日本語教育を行う機関における日本語教育の水準の維持向上を図るため、日本語教育を行う機関によるその日本語教育に従事する者に対する研修の機会の確保の促進その他の必要な施策を講ずるものとする。

（日本語教育に従事する者の能力及び資質の向上等）
第二十一条　国は、日本語教育に従事する者の能力及び資質の向上並びに処遇の改善が図られるよう、日本語教育に従事する者の養成及び研修体制の整備、国内における日本語教師（日本語教育に関する業務に従事する者をいう。以下この条において同じ。）の資格に関する仕組みの整備、日本語教師の養成に必要な高度かつ専門的な知識及び技能を有する者の養成その他の必要な施策を講ずるものとする。

2　国は、海外における日本語教育の水準の維持向上を図るため、外国人である日本語教師の海外における養成を支援するために必要な施策を講ずるよう努めるものとする。

（教育課程の編成に係る指針の策定等）
第二十二条　国は、日本語教育を受ける者の日本語能力に応じた効果的かつ適切な教育が行われるよう、教育課程の編成に係る指針の策定、指導方法及び教材の開発及び普及並びにその支援その他の必要な施策を講ずるものとする。

（日本語能力の評価）
第二十三条　国は、日本語教育を受ける者の日本語能力を適切に評価することができるよう、日本語能力の評価方法の開発その他の必要な施策を講ずるものとする。

第四節　〔略〕

第五節　地方公共団体の施策

第二十六条　地方公共団体は、この章（第二節を除く。）に定める国の施策を勘案し、その地方公共団体の地域の状況に応じた日本語教育の推進のために必要な施策を実施するよう努めるものとする。

第四章　日本語教育推進会議等

（日本語教育推進会議）
第二十七条　政府は、文部科学省、外務省その他の関係行政機関（次項において「関係行政機関」という。）相互の調整を行うことにより、日本語教育の総合的、一体的かつ効果的な推進を図るため、日本語教育推進会議を設けるものとする。

2　関係行政機関は、日本語教育に関し専門的知識を有する者、日本語教育に従事する者及び日本語教育を受ける立場にある者によって構成する日本語教育推進関係者会議を設け、前項の調整を行うに際しては、その意見を聴くものとする。

（地方公共団体に置く日本語教育の推進に関する審議会等）
第二十八条　地方公共団体に、第十一条に規定する基本的な方針その他の日本語教育の推進に関する重要事項を調査審議させるため、条例で定めるところにより、審議会その他の合議制の機関を置くことができる。

附　則〔令一・六・二八法四八〕

（施行期日）

第一条　この法律は、公布の日から施行する。

●スポーツ基本法

（平成二三年六月二四日法律第七八号）

最終改正…平三〇・六・二〇法五七

スポーツは、世界共通の人類の文化である。

スポーツは、心身の健全な発達、健康及び体力の保持増進、精神的な充足感の獲得、自律心その他の精神の涵養等のために個人又は集団で行われる運動競技その他の身体活動であり、今日、国民が生涯にわたり心身ともに健康で文化的な生活を営む上で不可欠のものとなっている。スポーツを通じて幸福で豊かな生活を営むことは、全ての人々の権利であり、全ての国民がその自発性の下に、各々の関心、適性等に応じて、安全かつ公正な環境の下で日常的にスポーツに親しみ、スポーツを楽しみ、又はスポーツを支える活動に参画することのできる機会が確保されなければならない。

スポーツは、次代を担う青少年の体力を向上させるとともに、他者を尊重しこれと協同する精神、公正さと規律を尊ぶ態度や克己心を培い、実践的な思考力や判断力を育む等人格の形成に大きな影響を及ぼすものである。

また、スポーツは、人と人との交流及び地域と地域との交流を促進し、地域の一体感や活力を醸成するものであり、人間関係の希薄化等の問題を抱える地域社会の再生に寄与するものである。さらに、スポーツは、心身の健康の保持増進にも重要な役割を果たすものであり、健康で活力に満ちた長寿社会の実現に不可欠である。

スポーツ選手の不断の努力は、人間の可能性の極限を追求する有意義な営みであり、こうした努力に基づく国際競技大会における日本人選手の活躍は、国民に誇りと喜び、夢と感動を与え、国民のスポーツへの関心を高めるものである。これらを通じて、スポーツは、我が国社会に活力を生み出し、国民経済の発展に広く寄与するものである。また、スポーツの国際的な交流や貢献が、国際相互理解を促進し、国際平和に大きく貢献するなど、スポーツは、我が国の国際的地位の向上にも極めて重要な役割を果たすものである。

そして、地域におけるスポーツを推進する中から優れたスポーツ選手が育まれ、そのスポーツ選手が地域におけるスポーツの推進に寄与することは、スポーツに係る多様な主体の連携と協働による我が国のスポーツの発展を支える好循環をもたらすものである。

このような国民生活における多面にわたるスポーツの果たす役割の重要性に鑑み、スポーツ立国を実現することは、二十一世紀の我が国の発展のために不可欠な重要課題である。

ここに、スポーツ立国の実現を目指し、国家戦略として、スポーツに関する施策を総合的かつ計画的に推進するため、この法律を制定する。

第一章　総則

（目的）

第一条　この法律は、スポーツに関し、基本理念を定め、並びに国及び地方公共団体の責務並びにスポーツ団体の努力等を明らかにするとともに、スポーツに関する施策の基本となる事項を定めることにより、スポーツに関する施策を総合的かつ計画的に推進し、もって国民の心身の健全な発達、明るく豊かな国民生活の形成、活力ある社会の実現及び国際社会の調和ある発展に寄与することを目的とする。

（基本理念）

第二条　スポーツは、これを通じて幸福で豊かな生活を営むことが人々の権利であることに鑑み、国民が生涯にわたりあらゆる機会とあらゆる場所において、自主的かつ自律的にその適性及び健康状態に応じて行うことができるようにすることを旨として、推進されなければならない。

2　スポーツは、とりわけ心身の成長の過程にある青少年のスポーツが、体力を向上させ、公正さと規律を尊ぶ態度や克己心を培う等人格の形成に大きな影響を及ぼすものであり、国民の生涯にわたる健全な心と身体を培い、豊かな人間性を育む基礎となるものであるとの認識の下に、学校、スポーツ団体（スポーツの振興のための事業を行うことを主たる目的とする団体をいう。以下同じ。）、家庭及び地域における活動の相互の連携を図りながら推進されなければならない。

3　スポーツは、人々がその居住する地域において、主体的に協働することにより身近に親しむことができるようにするとともに、これを通じて、当該地域における全ての世代の人々の交流が促進され、かつ、地域間の交流の基盤が形成されるものとなるよう推進されなければならない。

4　スポーツは、スポーツを行う者の心身の健康の保持増進及び安全の確保が図られるよう推進されなければならない。

5　スポーツは、障害者が自主的かつ積極的にスポーツを行うことができるよう、障害の種類及び程度に応じ必要な配慮をしつつ推進されなければならない。

6　スポーツは、我が国のスポーツ選手（プロスポーツの選手を含む。以下同じ。）が国際競技大会（オリンピック競技大会、パラリンピック競技大会その他の国際的な規模のスポーツの競技会をいう。以下同じ。）又は全国的な規模のスポーツの競技会において優秀な成績を収めることができるよう、スポーツに関する競技水準（以下「競技水準」という。）の向上に資する諸施策相互の有機的な連携を図りつつ、効果的に推進されなければならない。

7　スポーツは、スポーツに係る国際的な交流及び貢献を推進することにより、国際相互理解の増進及び国際平和に寄与するものとなるよう推進されなければならない。

8　スポーツは、スポーツを行う者に対し、不当に差別的取扱いをせず、また、スポーツに関するあらゆる活動を公正かつ適切に実施することを旨として、ドーピングの防止の重要性に対する国民の認識を深めるなど、スポーツに対する国民の幅広い理解及び支援が得られるよう推進されなければならない。

（国の責務）

第三条　国は、前条の基本理念（以下「基本理念」という。）にのっとり、スポーツに関する施策を総合的に策定し、及び実施する責務を有する。

（地方公共団体の責務）

第四条　地方公共団体は、基本理念にのっとり、スポーツに関する施策に関し、国との連携を図りつつ、自主的かつ主体的に、その地域の特性に応じた施策を策定し、及び実施する責務を有する。

（スポーツ団体の努力）

第五条　スポーツ団体は、スポーツの普及及び競技水準の向上に果たすべき重要な役割に鑑み、基本理念にのっとり、スポーツを行う者の権利利益の保護、心身の健康の保持増進及び安全の確保に配慮しつつ、スポーツの推進に主体的に取り組むよう努めるものとする。

2　スポーツ団体は、スポーツの振興のための事業を適正に行うため、その運営の透明性の確保を図るとともに、その事業活動に関し自らが遵守すべき基準を作成するよう努めるものとする。

3　スポーツ団体は、スポーツに関する紛争について、迅速かつ適正な解決に努めるものとする。

（国民の参加及び支援の促進）

第六条　国、地方公共団体及びスポーツ団体は、国民が健やかで明るく豊かな生活を享受することができるよう、スポーツに対する国民の関心と理解を深め、スポーツへの国民の参加及び支援を促進するよう努めなければならない。

（関係者相互の連携及び協働）

第七条　国、独立行政法人、地方公共団体、学校、スポーツ団体及び民間事業者その他の関係者は、基本理念の実現を図るため、相互に連携を図りながら協働するよう努めなければならない。

（法制上の措置等）

第八条　政府は、スポーツに関する施策を実施するため必要な法制上、財政上又は税制上の措置その他の措置を講じなければならない。

第二章　スポーツ基本計画等

（スポーツ基本計画）

第九条　文部科学大臣は、スポーツに関する施策の総合的かつ計画的な推進を図るため、スポーツの推進に関する基本的な計画（以下「スポーツ基本計画」という。）を定めなければならない。

2　文部科学大臣は、スポーツ基本計画を定め、又はこれを変更しようとするときは、あらかじめ、審議会等（国家行政組織法（昭和二十三年法律第百二十号）第八条に規定する機関をいう。以下同じ。）で政令で定めるものの意見を聴かなければならない。

3 文部科学大臣は、スポーツ基本計画を定め、又はこれを変更しようとするときは、あらかじめ、関係行政機関の施策に係る事項について、第三十条に規定するスポーツ推進会議において連絡調整を図るものとする。

（地方スポーツ推進計画）

第十条 都道府県及び市（特別区を含む。以下同じ。）町村の教育委員会（地方教育行政の組織及び運営に関する法律（昭和三十一年法律第百六十二号）第二十三条第一項の条例の定めるところによりその長がスポーツに関する事務（学校における体育に関する事務を除く。）を管理し、及び執行することとされた地方公共団体（以下「特定地方公共団体」という。）にあっては、その長）は、スポーツ基本計画を参酌して、その地方の実情に即したスポーツの推進に関する計画（以下「地方スポーツ推進計画」という。）を定めるよう努めるものとする。

2 特定地方公共団体の長が地方スポーツ推進計画を定め、又はこれを変更しようとするときは、あらかじめ、当該特定地方公共団体の教育委員会の意見を聴かなければならない。

第三章 基本的施策

第一節 スポーツの推進のための基礎的条件の整備等

（指導者等の養成等）

第十一条 国及び地方公共団体は、スポーツの指導者その他スポーツの推進に寄与する人材（以下「指導者等」という。）の養成及び資質の向上並びにその活用のため、系統的な養成システムの開発又は利用への支援、研究集会又は講習会（以下「研究集会等」という。）の開催その他の必要な施策を講ずるよう努めなければならない。

（スポーツ施設の整備等）

第十二条 国及び地方公共団体は、国民が身近にスポーツに親しむことができるようにするとともに、競技水準の向上を図ることができるよう、スポーツ施設（スポーツの設備を含む。以下同じ。）の整備、利用者の需要に応じたスポーツ施設の運用の改善、スポーツ施設への指導者等の配置その他の必要な施策を講ずるよう努めなければならない。

2 前項の規定によりスポーツ施設を整備するに当たっては、当該スポーツ施設の利用の実態等に応じて、安全の確保を図るとともに、障害者等の利便性の向上を図るよう努めるものとする。

（学校施設の利用）

第十三条 学校教育法（昭和二十二年法律第二十六号）第二条第二項に規定する国立学校及び公立学校並びに国（国立大学法人法（平成十五年法律第百十二号）第二条第一項に規定する国立大学法人を含む。）及び地方公共団体（地方独立行政法人法（平成十五年法律第百十八号）第六十八条第一項に規定する公立大学法人を含む。）が設置する幼保連携型認定こども園（就学前の子どもに関する教育、保育等の総合的な提供の推進に関する法律（平成十八年法律第七十七号）第二条第七項に規定する幼保連携型認定こども園をいう。）の設置者は、その設置する学校の教育に支障のない限り、当該学校のスポーツ施設を一般のスポーツのための利用に供するよう努めなければならない。

2 国及び地方公共団体は、前項の利用を容易にさせるため、又はその利用上の利便性の向上を図るため、当該学校のスポーツ施設の改修、照明施設の設置その他の必要な施策を講ずるよう努めなければならない。

（スポーツ事故の防止等）

第十四条 国及び地方公共団体は、スポーツ事故その他スポーツによって生じる外傷、障害等の防止及びこれらの軽減に資するため、指導者等の研修、スポーツ施設の整備、スポーツにおける心身の健康の保持増進及び安全の確保に関する知識（スポーツ用具の適切な使用に係る知識を含む。）の普及その他の必要な措置を講ずるよう努めなければならない。

（スポーツに関する紛争の迅速かつ適正な解決）

第十五条 国は、スポーツに関する紛争の仲裁又は調停の中立性及び公正性が確保され、スポーツを行う者の権利利益の保護が図られるよう、スポーツに関する紛争の仲裁又は調停を行う機関への支援、仲裁人等の資質の向上、紛争解決手続についてのスポーツ団体の理解の増進その他のスポーツに関する紛争の迅速かつ適正な解決に資するために必要な施策を講ずるものとする。

（スポーツに関する科学的研究の推進等）

第十六条 国は、医学、歯学、生理学、心理学、力学等のスポーツに関する諸科学を総合して実際的及び基礎的な研究を推進し、これらの研究の成果を活用してスポーツに関する施策の効果的な推進を図るものとする。この場合において、研究体制の整備、国、独立行政法人、大学、スポーツ団体、民間事業者等の間の連携の強化その他の必要な施策を講ずるものとする。

2 国は、我が国のスポーツの推進を図るため、スポーツの実施状況並びに競技水準の向上を図るための調査研究の成果及び取組の状況に関する情報その他のスポーツに関する国の内外の情報の収集、整理及び活用について必要な施策を講ずるものとする。

（学校における体育の充実）

第十七条 国及び地方公共団体は、学校における体育が青少年の心身の健全な発達に資するものであり、かつ、スポーツに関する技能及び生涯にわたってスポーツに親しむ態度を養う上で重要な役割を果たすものであることに鑑み、体育に関する指導の充実、体育館、運動場、水泳プール、武道場その他のスポーツ施設の整備、体育に関する教員の資質の向上、地域におけるスポーツの指導者等の活用その他の必要な施策を講ずるよう努めなければならない。

（スポーツ産業の事業者との連携等）
第十八条　国は、スポーツの普及又は競技水準の向上を図る上でスポーツ産業の事業者が果たす役割の重要性に鑑み、スポーツ団体とスポーツ産業の事業者との連携及び協力の促進その他の必要な施策を講ずるものとする。

（スポーツに係る国際的な交流及び貢献の推進）
第十九条　国及び地方公共団体は、スポーツ選手及び指導者等の派遣及び招へい、スポーツに関する国際団体への人材の派遣、国際競技大会及び国際的な規模のスポーツの研究集会等の開催その他のスポーツに係る国際的な交流及び貢献を推進するために必要な施策を講ずることにより、我が国の競技水準の向上を図るよう努めるとともに、環境の保全に留意しつつ、国際相互理解の増進及び国際平和に寄与するよう努めなければならない。

（顕彰）
第二十条　国及び地方公共団体は、スポーツの競技会において優秀な成績を収めた者及びスポーツの発展に寄与した者の顕彰に努めなければならない。

第二節　多様なスポーツの機会の確保のための環境の整備

（地域におけるスポーツの振興のための事業への支援等）
第二十一条　国及び地方公共団体は、国民がその興味又は関心に応じて身近にスポーツに親しむことができるよう、住民が主体的に運営するスポーツ団体（以下「地域スポーツクラブ」という。）が行う地域におけるスポーツの振興のための事業への支援、住民が安全かつ効果的にスポーツを行うための指導者等の配置、住民が快適にスポーツを行い相互に交流を深めることができるスポーツ施設の整備その他の必要な施策を講ずるよう努めなければならない。

（スポーツ行事の実施及び奨励）
第二十二条　地方公共団体は、広く住民が自主的かつ積極的に参加できるような運動会、競技会、体力テスト、スポーツ教室等のスポーツ行事を実施するよう努めるとともに、地域スポーツクラブその他の者がこれらの行事を実施するよう奨励に努めなければならない。
2　国は、地方公共団体に対し、前項の行事の実施に関し必要な援助を行うものとする。

（スポーツの日の行事）
第二十三条　国及び地方公共団体は、国民の祝日に関する法律（昭和二十三年法律第百七十八号）第二条に規定する体育の日において、国民の間に広くスポーツについての関心と理解を深め、かつ、積極的にスポーツを行う意欲を高揚するような行事を実施するよう努めるとともに、広く国民があらゆる地域でそれぞれその生活の実情に即してスポーツを行うことができるような行事が実施されるよう、必要な施策を講じ、及び援助を行うよう努めなければならない。

（野外活動及びスポーツ・レクリエーション活動の普及奨励）
第二十四条　国及び地方公共団体は、心身の健全な発達、生きがいのある豊かな生活の実現等のために行われるハイキング、サイクリング、キャンプ活動その他の野外活動及びスポーツとして行われるレクリエーション活動（以下この条において「スポーツ・レクリエーション活動」という。）を普及奨励するため、野外活動又はスポーツ・レクリエーション活動に係るスポーツ施設の整備、住民の交流の場となる行事の実施その他の必要な施策を講ずるよう努めなければならない。

第三節　競技水準の向上等

（優秀なスポーツ選手の育成等）
第二十五条　国は、優秀なスポーツ選手を確保し、及び育成するため、スポーツ団体が行う合宿、国際競技大会又は全国的な規模のスポーツの競技会へのスポーツ選手及び指導者等の派遣、優れた資質を有する青少年に対する指導その他の活動への支援、スポーツ選手の競技技術の向上及びその効果の十分な発揮を図る上で必要な環境の整備その他の必要な施策を講ずるものとする。
2　国は、優秀なスポーツ選手及び指導者等が、生涯にわたりその有する能力を幅広く社会に生かすことができるよう、社会の各分野で活躍できる知識及び技能の習得に対する支援並びに活躍できる環境の整備の促進その他の必要な施策を講ずるものとする。

（国民体育大会及び全国障害者スポーツ大会）
第二十六条　国民体育大会は、公益財団法人日本スポーツ協会（昭和二年八月八日に財団法人大日本体育協会という名称で設立された法人をいう。以下同じ。）、国及び開催地の都道府県が共同して開催するものとし、これらの開催者が定める方法により選出された選手が参加して総合的に運動競技をするものとする。
2　全国障害者スポーツ大会は、公益財団法人日本障がい者スポーツ協会（昭和四十年五月二十四日に財団法人日本身体障害者スポーツ協会という名称で設立された法人をいう。以下同じ。）、国及び開催地の都道府県が共同して開催するものとし、これらの開催者が定める方法により選出された選手が参加して総合的に運動競技をするものとする。

3　国は、国民体育大会及び全国障害者スポーツ大会の円滑な実施及び運営に資するため、これらの開催者である公益財団法人日本スポーツ協会又は公益財団法人日本障がい者スポーツ協会及び開催地の都道府県に対し、必要な援助を行うものとする。

（国際競技大会の招致又は開催の支援等）

第二十七条　国は、国際競技大会の我が国への招致又はその開催が円滑になされるよう、環境の保全に留意しつつ、そのための社会的気運の醸成、当該招致又は開催に必要な資金の確保、国際競技大会に参加する外国人の受入れ等に必要な特別の措置を講ずるものとする。

2　国は、公益財団法人日本オリンピック委員会（平成元年八月七日に財団法人日本オリンピック委員会という名称で設立された法人をいう。）、公益財団法人日本障がい者スポーツ協会その他のスポーツ団体が行う国際的な規模のスポーツの振興のための事業に関し必要な措置を講ずるに当たっては、当該スポーツ団体との緊密な連絡を図るものとする。

（企業、大学等によるスポーツへの支援）

第二十八条　国は、スポーツの普及又は競技水準の向上を図る上で企業のスポーツチーム等が果たす役割の重要性に鑑み、企業、大学等によるスポーツへの支援に必要な施策を講ずるものとする。

（ドーピング防止活動の推進）

第二十九条　国は、スポーツにおけるドーピングの防止に関する国際規約に従ってドーピングの防止活動を実施するため、公益財団法人日本アンチ・ドーピング機構（平成十三年九月十六日に財団法人日本アンチ・ドーピング機構という名称で設立された法人をいう。）と連携を図りつつ、ドーピングの検査、ドーピングの防止に関する教育及び啓発その他のドーピングの防止活動の実施に係る体制の整備、国際的なドーピングの防止に関する機関等への支援その他の必要な施策を講ずるものとする。

第四章　スポーツの推進に係る体制の整備

（スポーツ推進会議）

第三十条　政府は、スポーツに関する施策の総合的、一体的かつ効果的な推進を図るため、スポーツ推進会議を設け、文部科学省及び厚生労働省、経済産業省、国土交通省その他の関係行政機関相互の連絡調整を行うものとする。

（都道府県及び市町村のスポーツ推進審議会等）

第三十一条　都道府県及び市町村に、地方スポーツ推進計画その他のスポーツの推進に関する重要事項を調査審議させるため、条例で定めるところにより、審議会その他の合議制の機関（以下「スポーツ推進審議会等」という。）を置くことができる。

（スポーツ推進委員）

第三十二条　市町村の教育委員会（特定地方公共団体にあっては、その長）は、当該市町村におけるスポーツの推進に係る体制の整備を図るため、社会的信望があり、スポーツに関する深い関心と理解を有し、及び次項に規定する職務を行うのに必要な熱意と能力を有する者の中から、スポーツ推進委員を委嘱するものとする。

2　スポーツ推進委員は、当該市町村におけるスポーツの推進のため、教育委員会規則（特定地方公共団体にあっては、地方公共団体の規則）の定めるところにより、スポーツの推進のための事業の実施に係る連絡調整並びに住民に対するスポーツの実技の指導その他スポーツに関する指導及び助言を行うものとする。

3　スポーツ推進委員は、非常勤とする。

第五章　国の補助等

（国の補助）

第三十三条　国は、地方公共団体に対し、予算の範囲内において、政令で定めるところにより、次に掲げる経費について、その一部を補助する。

一　国民体育大会及び全国障害者スポーツ大会の実施及び運営に要する経費であって、これらの開催地の都道府県において要するもの

二　その他スポーツの推進のために地方公共団体が行う事業に要する経費であって特に必要と認められるもの

2　国は、学校法人に対し、その設置する学校のスポーツ施設の整備に要する経費について、予算の範囲内において、その一部を補助することができる。この場合においては、私立学校振興助成法（昭和五十年法律第六十一号）第十一条から第十三条までの規定の適用があるものとする。

3　国は、スポーツ団体であってその行う事業が我が国のスポーツの振興に重要な意義を有すると認められるものに対し、当該事業に関し必要な経費について、予算の範囲内において、その一部を補助することができる。

（地方公共団体の補助）

第三十四条　地方公共団体は、スポーツ団体に対し、その行うスポーツの振興のための事業に関し必要な経費について、その一部

を補助することができる。

（審議会等への諮問等）

第三十五条　国又は地方公共団体が第三十三条第三項又は前条の規定により社会教育関係団体（社会教育法（昭和二十四年法律第二百七号）第十条に規定する社会教育関係団体をいう。）であるスポーツ団体に対し補助金を交付しようとする場合には、あらかじめ、国にあっては文部科学大臣が第九条第二項の政令で定める審議会等の、地方公共団体にあっては教育委員会（特定地方公共団体におけるスポーツに関する事務（学校における体育に関する事務を除く。）に係る補助金の交付については、その長）がスポーツ推進審議会等その他の合議制の機関の意見を聴かなければならない。この意見を聴いた場合においては、同法第十三条の規定による意見を聴くことを要しない。

附　則　〔抄〕

（施行期日）

第一条　この法律は、公布の日から起算して六月を超えない範囲内において政令で定める日から施行する。

附　則　〔平三〇・六・二〇法五六抄〕

第一条　この法律は、平成三十五年一月一日から施行する。〔ただし書き略〕

附　則　〔平三〇・六・二〇法五七抄〕

第一条　この法律は、平成三十二年一月一日から施行する。

●国民の祝日に関する法律

（昭和二三年七月二〇日法律第一七八号）

最終改正…平三〇・六・二〇法五七

第一条　自由と平和を求めてやまない日本国民は、美しい風習を育てつつ、よりよき社会、より豊かな生活を築きあげるために、ここに国民こぞつて祝い、感謝し、又は記念する日を定め、これを「国民の祝日」と名づける。

第二条　「国民の祝日」を次のように定める。

元日　一月一日
　年のはじめを祝う。

成人の日　一月の第二月曜日
　おとなになつたことを自覚し、みずから生き抜こうとする青年を祝いはげます。

建国記念の日　政令で定める日〔二月十一日—昭四一政三七六〕
　建国をしのび、国を愛する心を養う。

天皇誕生日　二月二十三日
　天皇の誕生日を祝う。

春分の日　春分日
　自然をたたえ、生物をいつくしむ。

昭和の日　四月二十九日
　激動の日々を経て、復興を遂げた昭和の時代を顧み、国の将来に思いをいたす。

憲法記念日　五月三日
　日本国憲法の施行を記念し、国の成長を期する。

みどりの日　五月四日
　自然に親しむとともにその恩恵に感謝し、豊かな心をはぐくむ。

こどもの日　五月五日
　こどもの人格を重んじ、こどもの幸福をはかるとともに、母に感謝する。

海の日　七月の第三月曜日
　海の恩恵に感謝するとともに、海洋国日本の繁栄を願う。

山の日　八月十一日
　山に親しむ機会を得て、山の恩恵に感謝する。

敬老の日　九月の第三月曜日
　多年にわたり社会につくしてきた老人を敬愛し、長寿を祝う。

秋分の日　秋分日
　祖先をうやまい、なくなつた人々をしのぶ。

スポーツの日　十月の第二月曜日
　スポーツを楽しみ、他者を尊重する精神を培うとともに、健康で活力ある社会の実現を願う。

文化の日　十一月三日
　自由と平和を愛し、文化をすすめる。

勤労感謝の日　十一月二十三日
　勤労をたつとび、生産を祝い、国民たがいに感謝しあう。

第三条　「国民の祝日」は、休日とする。

2　「国民の祝日」が日曜日に当たるときは、その日後においてその日に最も近い「国民の祝日」でない日を休日とする。

3　その前日及び翌日が「国民の祝日」である日（「国民の祝日」でない日に限る。）は、休日とする。

附　則

1　この法律は、公布の日からこれを施行する。

2　昭和二年勅令第二十五号は、これを廃止する。

附　則　〔平三〇・六・二〇法五七〕

（施行期日）

1　この法律は、平成三十二年一月一日から施行する。

一〇　子ども法制・児童福祉・少年司法編

□児童憲章

（昭和二六年五月五日制定）

【教採頻出条文】

前文

われらは、日本国憲法の精神にしたがい、児童に対する正しい観念を確立し、すべての児童の幸福をはかるために、この憲章を定める。

児童は、人として尊ばれる。

児童は、社会の一員として重んぜられる。

児童は、よい環境の中で育てられる。

一、すべての児童は、心身ともに健やかにうまれ、育てられ、その生活を保障される。

二、すべての児童は、家庭で、正しい愛情と知識と技術をもつて育てられ、家庭に恵まれない児童には、これにかわる環境が与えられる。

三、すべての児童は、適当な栄養と住居と被服が与えられ、また、疾病と災害からまもられる。

四、すべての児童は、個性と能力に応じて教育され、社会の一員としての責任を自主的に果たすように、みちびかれる。

五、すべての児童は、自然を愛し、科学と芸術を尊ぶように、みちびかれ、また、道徳的心情がつちかわれる。

六、すべての児童は、就学のみちを確保され、また、十分に整つた教育の施設を用意される。

七、すべての児童は、職業指導を受ける機会が与えられる。

八、すべての児童は、その労働において、心身の発育が阻害されず、教育を受ける機会が失われず、また、児童としての生活がさまたげられないように、十分に保護される。

九、すべての児童は、よい遊び場と文化財を用意され、悪い環境からまもられる。

十、すべての児童は、虐待・酷使・放任その他不当な取扱からまもられる。あやまちをおかした児童は、適切に保護指導される。

十一、すべての児童は、身体が不自由な場合、または、精神の機能が不充分な場合に、適切な治療と教育と保護が与えられる。

十二、すべての児童は、愛とまことによつて結ばれ、よい国民として人類の平和と文化に貢献するように、みちびかれる。

●東京都青少年の健全な育成に関する条例〔抄〕

（昭和三九年八月一日）
（東京都条例第一八一号）

最終改正…平二九・一二・二二条例七四

われら都民は、次代の社会をになうべき青少年が、社会の一員として敬愛され、かつ、良い環境のなかで心身ともに健やかに成長することをねがうものである。

われら都民は、家庭及び勤労の場所その他の社会における正しい指導が、青少年の人格の形成に寄与するところきわめて大なることを銘記しなければならない。

われら都民は、心身ともに健全な青少年を育成する責務を有することを深く自覚し、青少年もまた社会の成員としての自覚と責任をもつて生活を律するように努めなければならない。

第一章　総則

（目的）

第一条　この条例は、青少年の環境の整備を助長するとともに、青少年の福祉を阻害するおそれのある行為を防止し、もつて青少年の健全な育成を図ることを目的とする。

（定義）

第二条　この条例において、次の各号に掲げる用語の意義は、それぞれ当該各号に定めるところによる。

一　青少年　十八歳未満の者をいう。

二　図書類　販売若しくは頒布又は閲覧若しくは観覧に供する目的をもつて作成された書籍、雑誌、文書、図画、写真、ビデオテープ及びビデオディスク並びにコンピュータ用のプログラム又はデータを記録したシー・ディー・ロムその他の電磁的方法による記録媒体並びに映写用の映画フィルム及びスライドフィルムをいう。

三　自動販売機等　物品の販売又は貸付けに従事する者と客とが直接に対面（電気通信設備を用いて送信された画像によりモニター画面を通して行うものを除く。）をすることなく、販売又は貸付けをすることができる自動販売機又は自動貸出機をいう。

四　広告物　屋内又は屋外で公衆に表示されるものであつて、看板、立看板、はり紙及びはり札並びに広告塔、広告板、建物その他の工作物に掲出され、又は表示されたもの並びにこれらに類するものをいう。

（適用上の注意）

第三条　この条例の適用に当たつては、その本来の目的を逸脱して、これを濫用し、都民の権利を不当に侵害しないように留意しなければならない。

（青少年の人権等への配慮）

第三条の二　この条例の適用に当たつては、青少年の人権を尊重するとともに、青少年の身体的又は精神的な特性に配慮しなければならない。

（都の責務）

第四条　都は、青少年を健全に育成するために必要な施策を講ずるものとする。

2　都は、都民、区市町村、事業者及び都民又は事業者で構成する団体並びに青少年の健全な育成にかかわる団体と協働して、前項の施策を推進するための体制を整備するものとする。

3　都は、区市町村その他の公共団体又は公共的団体が青少年の健全な育成を図ることを目的として行う事業について、これを指導し、助成するように努めるものとする。

4　知事は、毎年、青少年の健全な育成に関する都の施策の内容を都民に公表しなければならない。

（保護者の責務）

第四条の二　保護者（親権を行う者、後見人その他の者で青少年を現に保護監督するものをいう。以下同じ。）は、青少年を健全に育成することが自らの責務であることを自覚して、青少年を保護し、教育するように努めるとともに、青少年が健やかに成長することができるように努めなければならない。

2　保護者は、青少年の保護又は育成にかかわる行政機関から、児童虐待等青少年の健全な育成が著しく阻害されている状況について、助言又は指導を受けた場合は、これを尊重し、その状況を改善するために適切に対応するように努めなければならない。

（都民の申出）

第四条の三　都民は、青少年を健全に育成する上で有益であると認めるもの又は青少年の健全な育成を阻害するおそれがあると認めるものがあるときは、その旨を知事に申し出ることができる。

第二章—第六章〔略〕

附　則

この条例は、公布の日から起算して二月を経過した日から施行する。

附　則〔平二九・一二・二二条例七四抄〕

この条例は、平成三〇年二月一日から施行する。〔ただし書き略〕

●児童福祉法〔抄〕★

（昭和二二年一二月一二日
法律第一六四号）
最終改正…令五・五・八法一九

【解説】一（歴史）：児童福祉法（以下「児福法」という。）成立以前の児童福祉関係の中心的な法律は、救護法、少年救護法、児童虐待防止法、母子保護法等であった。これらの法律が制定された背景には、昭和初期の世界大恐慌や東北地方の大凶作から端を発した、国民の生活、特に児童に関する深刻な問題（欠食児童、親子心中、児童虐待の増加等）が存在したのである。

昭和二年の社会事業調査会の答申に基づき、昭和四年には、恤救規則（明治七年布達）に代わり、救護法が制定された。しかし、財政的な事情から、その実施は昭和七年まで先送りされた。同法でも家族・親族による扶養が原則とされたが、「無告の窮民」（恤救規則）という条件は撤廃された。救済の対象は、六五歳以上の高齢者、一三歳以下の児童、妊産婦、傷病人及び障害者に限定され、労働能力のある者は除外された。また、救護方法はそれまでの在宅保護に加え、施設保護も行われるようになった。救護施設としては、養老院、孤児院、病院等が明示され、その費用は居住地の市町村が負担した。

昭和八年には、感化法（明治三三年制定）が廃止され、少年教護法が制定された。同法の目的は少年の不良化の防止であり、少年教護院での教育的保護や少年鑑別機関等が規定された。その対象は不良行為をした児童、その虞れのある一四歳未満の児童であった。少年教護院へ入院させる他に、少年教護委員の観察に付することによる保護を図った。

同じく、昭和八年に児童虐待防止法が制定された。同法は、その対象を一四歳未満の児童とし、その児童を保護すべき責任のある者が児童を虐待した場合、訓戒、在宅指導、親族委託、保護施設入所等の方法を講じ、その児童の保護を図ろうとした。また、道府県の負担する費用の二分の一を国が負担するという規定もあった。同法の制定には、工場法（明治四四年制定）等で対応できない児童労働における虐待を防止する意味もあった。なお、その後、同法は児福法第三四条の禁止行為に吸収され、廃止されることになる。

母子保護への取り組みのため、昭和一二年に母子保護法が成立した。同法は、一三歳以下の子を持ち、生活が困難で、子どもの養育も不可能である貧困母子世帯に対して扶助を行うことを目的とした。昭和恐慌以降、社会問題となっていた母子心中の増加に対応する方策として成立したが、夫が失業中の母、妊婦は救済の対象外であり、母の性行によっては受給できない場合もあった。なお、同法には、現在の母子生活支援施設に相当する施設の設置も規定されていた。

周知の如く、第二次世界大戦後、児童を取り巻く環境がより悪化したため、これらの法律だけでは全ての児童の問題に対応できなくなり、児童福祉に関する総合的な法律の制定が急務とされた。昭和二二年に児福法が制定される所以である。

二（制定）：終戦直後は戦争による惨禍が大きく、国民全体が疲弊し、貧しい生活を余儀なくされていた。児童も例外ではなく、戦災で肉親を失った者や外地から引き揚げる途中で保護者を失った者、貧困によって親による養育が期待できない者が大勢いた。これらの孤児や浮浪児の中から、物乞いをする者、街頭で靴磨きをする者、闇市の手伝いをする者が現れたが、窃盗等の犯罪行為をしながら生活する者もいた。かかる状況は、社会秩序を維持する面からも問題であり、早急な対応が必要とされた。ところが、このような児童を収容し保護する、児童福祉施設は、戦災で打撃を受けたのみならず、財政的にも苦しく、絶対的な数が少なかったために、十分な役割を果たすことができなかった。

わが国の復興政策は、連合国軍総司令部（以下「ＧＨＱ」という。）の指導と援助の下で開始された。従って、日本国憲法や生活保護法の制定時にもＧＨＱによる介入があった事実は否めない。児童に関する施策も同様であった。浮浪児への早急な対応策がＧＨＱから求められ、それを推進するために、昭和二二年三月に厚生省児童局が設置された。この児童局を中心として、児福法案提出の準備が進められ、昭和二二年一二月に児福法が制定された。児福法は、従来の児童福祉に関する法律のように、要保護児童のみを対象としたものではない。それは、全ての児童を対象とし、その健全な育成と福祉の増進を目的とする画期的なものであり、児童に関する総合的な法律である。児福法の制定によって、国が、孤児や保護者が養育できない多くの児童等の救済を、また母子家庭等の貧窮する児童の保護者の救済を行えるようになり、児童個人と児童の生活する家庭の両面から援助が可能になったのである。

三（構成）：児福法は、わが国における児童福祉の中心となる法律であり、第一章「総則」、第二章「福祉の保障」、第三章「事業、養育里親及び養子縁組里親並びに施設」、第四章「費用」、第五章「国民健康保険団体連合会の児童福祉法関係業務」、第六章「審査請求」、第七章「雑則」、第八章「罰則」そして「附則」から構成されている。

なお、法の適正かつ円滑な実施を図るため、児福法に基づき、児福法施行令、児福法施行規則、児童福祉施設最低基準（児童福祉施設の設備及び運営に関する基準）が定められ、更に各種の通達により、児童福祉の法体系が立体的・重層的に機能している。

（小田桐　忍）

【教採頻出条文】
第二条

第一章　総則

第一条　全て児童は、児童の権利に関する条約の精神にのつとり、適切に養育されること、その生活を保障されること、愛され、保護されること、その心身の健やかな成長及び発達並びにその自立が図られることその他の福祉を等しく保障される権利を有する。

第二条　全て国民は、児童が良好な環境において生まれ、かつ、社会のあらゆる分野において、児童の年齢及び発達の程度に応じて、その意見が尊重され、その最善の利益が優先して考慮され、心身ともに健やかに育成されるよう努めなければならない。

②　児童の保護者は、児童を心身ともに健やかに育成することについて第一義的責任を負う。

③　国及び地方公共団体は、児童の保護者とともに、児童を心身ともに健やかに育成する責任を負う。

第三条　前二条に規定するところは、児童の福祉を保障するための原理であり、この原理は、すべて児童に関する法令の施行にあたつて、常に尊重されなければならない。

第一節　国及び地方公共団体の責務

第三条の二　国及び地方公共団体は、児童が家庭において心身ともに健やかに養育されるよう、児童の保護者を支援しなければならない。ただし、児童及びその保護者の心身の状況、これらの者の置かれている環境その他の状況を勘案し、児童を家庭において養育することが困難であり又は適当でない場合にあつては児童が家庭における養育環境と同様の養育環境において継続的に養育されるよう、児童を家庭及び当該養育環境において養育することが適当でない場合にあつては児童ができる限り良好な家庭的環境において養育されるよう、必要な措置を講じなければならない。

第三条の三　市町村（特別区を含む。以下同じ。）は、児童が心身ともに健やかに育成されるよう、基礎的な地方公共団体として、第十条第一項各号に掲げる業務の実施、障害児通所給付費の支給、第二十四条第一項の規定による保育の実施その他この法律に基づく児童の身近な場所における児童の福祉に関する支援に係る業務を適切に行わなければならない。

②　都道府県は、市町村の行うこの法律に基づく児童の福祉に関する業務が適正かつ円滑に行われるよう、市町村に対する必要な助言及び適切な援助を行うとともに、児童が心身ともに健やかに育成されるよう、専門的な知識及び技術並びに各市町村の区域を超えた広域的な対応が必要な業務として、第十一条第一項各号に掲げる業務の実施、小児慢性特定疾病医療費の支給、障害児入所給付費の支給、第二十七条第一項第三号の規定による委託又は入所の措置その他この法律に基づく児童の福祉に関する業務を適切に行わなければならない。

③　国は、市町村及び都道府県の行うこの法律に基づく児童の福祉に関する業務が適正かつ円滑に行われるよう、児童が適切に養育される体制の確保に関する施策、市町村及び都道府県に対する助言及び情報の提供その他の必要な各般の措置を講じなければならない。

第二節　定義

第四条　この法律で、児童とは、満十八歳に満たない者をいい、児童を左のように分ける。

一　乳児　満一歳に満たない者
二　幼児　満一歳から、小学校就学の始期に達するまでの者
三　少年　小学校就学の始期から、満十八歳に達するまでの者

②　この法律で、障害児とは、身体に障害のある児童、知的障害のある児童、精神に障害のある児童（発達障害者支援法（平成十六年法律第百六十七号）第二条第二項に規定する発達障害児を含む。）又は治療方法が確立していない疾病その他の特殊の疾病であつて障害者の日常生活及び社会生活を総合的に支援するための法律（平成十七年法律第百二十三号）第四条第一項の政令で定めるものによる障害の程度が同項の主務大臣が定める程度である児童をいう。

第五条　この法律で、妊産婦とは、妊娠中又は出産後一年以内の女子をいう。

第六条　この法律で、保護者とは、親権を行う者、未成年後見人その他の者で、児童を現に監護する者をいう。

第六条の二　この法律で、小児慢性特定疾病とは、児童又は児童以外の満二十歳に満たない者（以下「児童等」という。）が当該疾病にかかつていることにより、長期にわたり療養を必要とし、及びその生命に危険が及ぶおそれがあるものであつて、療養のために多額の費用を要するものとして厚生労働大臣が社会保障審議会の意見を聴いて定める疾病をいう。

この法律で、小児慢性特定疾病児童等とは、次に掲げる者をいう。

一　都道府県知事が指定する医療機関（以下「指定小児慢性特定疾病医療機関」という。）に通い、又は入院する小児慢性特定疾病にかかつている児童（以下「小児慢性特定疾病児童」という。）
二　指定小児慢性特定疾病医療機関に通

い、又は入院する小児慢性特定疾病にかかつている児童以外の満二十歳に満たない者（政令で定めるものに限る。以下「成年患者」という。）

② この法律で、小児慢性特定疾病医療支援とは、小児慢性特定疾病児童等であつて、当該疾病の状態が当該小児慢性特定疾病ごとに厚生労働大臣が社会保障審議会の意見を聴いて定める程度であるものに対し行われる医療（当該小児慢性特定疾病に係るものに限る。）をいう。

第六条の二の二 この法律で、障害児通所支援とは、児童発達支援、放課後等デイサービス、居宅訪問型児童発達支援及び保育所等訪問支援をいい、障害児通所支援事業とは、障害児通所支援を行う事業をいう。

② この法律で、児童発達支援とは、障害児につき、児童発達支援センターその他の内閣府令で定める施設に通わせ、日常生活における基本的な動作及び知識技能の習得並びに集団生活への適応のための支援その他の厚生労働省令で定める便宜を供与し、又はこれに併せて児童発達支援センターにおいて治療（上肢、下肢又は体幹の機能の障害（以下「肢体不自由」という。）のある児童に対して行われるものに限る。第二十一条の五の二第一号及び第二十一条の五の二十九第一項において同じ。）を行うことをいう。

③ この法律で、医療型児童発達支援とは、上肢、下肢又は体幹の機能の障害（以下「肢体不自由」という。）のある児童につき、医療型児童発達支援センター又は独立行政法人国立病院機構若しくは国立研究開発法人国立精神・神経医療研究センターの設置する医療機関であつて厚生労働大臣が指定するもの（以下「指定発達支援医療機関」という。）に通わせ、児童発達支援及び治療を行うことをいう。

④ この法律で、放課後等デイサービスとは、学校教育法（昭和二十二年法律第二十六号）第一条に規定する学校（幼稚園及び大学を除く。）又は専修学校等（同法第百二十四条に規定する専修学校及び同法第百三十四条第一項に規定する各種学校をいう。以下この項において同じ。）に就学している障害児（専修学校等に就学している障害児にあつては、その福祉の増進を図るため、授業の終了後又は休業日における支援の必要があると市町村長（特別区の区長を含む。以下同じ。）が認める者に限る。）につき、授業の終了後又は休業日に児童発達支援センターその他の内閣府令で定める施設に通わせ、生活能力の向上のために必要な支援、社会との交流の促進その他の便宜を供与することをいう。

⑤ この法律で、居宅訪問型児童発達支援とは、重度の障害の状態その他これに準ずるものとして内閣府令で定める状態にある障害児であつて、児童発達支援又は放課後等デイサービスを受けるために外出することが著しく困難なものにつき、当該障害児の居宅を訪問し、日常生活における基本的な動作及び知識技能の習得並びに生活能力の向上のために必要な支援その他の内閣府令で定める便宜を供与することをいう。

⑥ この法律で、保育所等訪問支援とは、保育所その他の児童が集団生活を営む施設として厚生労働省令で定めるものに通う障害児又は乳児院その他の児童が集団生活を営む施設として厚生労働省令で定めるものに入所する障害児につき、当該施設を訪問し、当該施設における障害児以外の児童との集団生活への適応のための専門的な支援その他の便宜を供与することをいう。

⑦ この法律で、障害児相談支援とは、障害児支援利用援助及び継続障害児支援利用援助を行うことをいい、障害児相談支援事業とは、障害児相談支援を行う事業をいう。

⑧ この法律で、障害児支援利用援助とは、第二十一条の五の六第一項又は第二十一条の五の八第一項の申請に係る障害児の心身の状況、その置かれている環境、当該障害児又はその保護者の障害児通所支援の利用に関する意向その他の事情を勘案し、利用する障害児通所支援の種類及び内容その他の厚生労働省令で定める事項を定めた計画（以下「障害児支援利用計画案」という。）を作成し、第二十一条の五の五第一項に規定する通所給付決定（次項において「通所給付決定」という。）又は第二十一条の五の八第二項に規定する通所給付決定の変更の決定（次項において「通所給付決定の変更の決定」という。）（以下この条及び第二十四条の二十六第一項第一号において「給付決定等」と総称する。）が行われた後に、第二十一条の五の三第一項に規定する指定障害児通所支援事業者その他の者（次項において「関係者」という。）との連絡調整その他の便宜を供与するとともに、当該給付決定等に係る障害児通所支援の種類及び内容、これを担当する者その他の内閣府令で定める事項を記載した計画（次項において「障害児支援利用計画」という。）を作成することをいう。

⑨ この法律で、継続障害児支援利用援助とは、通所給付決定に係る障害児の保護者（以下「通所給付決定保護者」という。）が、第二十一条の五の七第八項に規定する通所給付決定の有効期間内において、継続して障害児通所支援を適切に利用することができるよう、当該通所給付決定に係る障害児支援利用計画（この項の規定により変更されたものを含む。以下この項において同じ。）が適切であるかどうかにつき、内閣府令で定める期間ごとに、当該通所給付決定保護者の障害児通所支援の利用状況を

検証し、その結果及び当該通所給付決定に係る障害児の心身の状況、その置かれている環境、当該障害児又はその保護者の障害児通所支援の利用に関する意向その他の事情を勘案し、障害児支援利用計画の見直しを行い、その結果に基づき、次のいずれかの便宜の供与を行うことをいう。

一　障害児支援利用計画を変更するとともに、関係者との連絡調整その他の便宜の供与を行うこと。

二　新たな通所給付決定又は通所給付決定の変更の決定が必要であると認められる場合において、当該給付決定等に係る障害児の保護者に対し、給付決定等に係る申請の勧奨を行うこと。

第六条の三　この法律で、児童自立生活援助事業とは、次に掲げる者に対しこれらの者が共同生活を営むべき住居その他内閣府令で定める場所における相談その他の日常生活上の援助及び生活指導並びに就業の支援（以下「児童自立生活援助」という。）を行い、あわせて児童自立生活援助の実施を解除された者に対し相談その他の援助を行う事業をいう。

　この法律で、親子再統合支援事業とは、内閣府令で定めるところにより、親子の再統合を図ることが必要と認められる児童及びその保護者に対して、児童虐待の防止等に関する法律（平成十二年法律第八十二号）第二条に規定する児童虐待（以下単に「児童虐待」という。）の防止に資する情報の提供、相談及び助言その他の必要な支援を行う事業をいう。

　この法律で、社会的養護自立支援拠点事業とは、内閣府令で定めるところにより、措置解除者等又はこれに類する者が相互の交流を行う場所を開設し、これらの者に対する情報の提供、相談及び助言並びにこれらの者の支援に関連する関係機関との連絡調整その他の必要な支援を行う事業をいう。

　この法律で、意見表明等支援事業とは、第三十三条の三の三に規定する意見聴取等措置の対象となる児童の同条各号に規定する措置を行うことに係る意見又は意向及び第二十七条第一項第三号の措置その他の措置が採られている児童その他の者の当該措置における処遇に係る意見又は意向について、児童の福祉に関し知識又は経験を有する者が、意見聴取その他これらの者の状況に応じた適切な方法により把握するとともに、これらの意見又は意向を勘案して児童相談所、都道府県その他の関係機関との連絡調整その他の必要な支援を行う事業をいう。

　この法律で、妊産婦等生活援助事業とは、家庭生活に支障が生じている特定妊婦その他これに類する者及びその者の監護すべき児童を、生活すべき住居に入居させ、又は当該事業に係る事業所その他の場所に通わせ、食事の提供その他日常生活を営むのに必要な便宜の供与、児童の養育に係る相談及び助言、母子生活支援施設その他の関係機関との連絡調整、民法（明治二十九年法律第八十九号）第八百十七条の二第一項に規定する特別養子縁組（以下単に「特別養子縁組」という。）に係る情報の提供その他の必要な支援を行う事業をいう。

　この法律で、子育て世帯訪問支援事業とは、内閣府令で定めるところにより、要支援児童の保護者その他の内閣府令で定める者に対し、その居宅において、子育てに関する情報の提供並びに家事及び養育に係る援助その他の必要な支援を行う事業をいう。

　この法律で、児童育成支援拠点事業とは、養育環境等に関する課題を抱える児童について、当該児童に生活の場を与えるための場所を開設し、情報の提供、相談及び関係機関との連絡調整を行うとともに、必要に応じて当該児童の保護者に対し、情報の提供、相談及び助言その他の必要な支援を行う事業をいう。

　この法律で、親子関係形成支援事業とは、内閣府令で定めるところにより、親子間における適切な関係性の構築を目的として、児童及びその保護者に対し、当該児童の心身の発達の状況等に応じた情報の提供、相談及び助言その他の必要な支援を行う事業をいう。

一　義務教育を終了した児童又は児童以外の満二十歳に満たない者であつて、措置解除者等（第二十七条第一項第三号に規定する措置（政令で定めるものに限る。）を解除された者その他政令で定める者をいう。以下同じ。）であるもの（以下「満二十歳未満義務教育終了児童等」という。）

二　満二十歳以上の措置解除者等であつて政令で定めるもののうち、学校教育法第五十条に規定する高等学校の生徒であること、同法第八十三条に規定する大学の学生であることその他の政令で定めるやむを得ない事情により児童自立生活援助の実施が必要であると都道府県知事が認めたもの

② この法律で、放課後児童健全育成事業とは、小学校に就学している児童であつて、その保護者が労働等により昼間家庭にいないものに、授業の終了後に児童厚生施設等の施設を利用して適切な遊び及び生活の場を与えて、その健全な育成を図る事業をいう。

③ この法律で、子育て短期支援事業とは、保護者の疾病その他の理由により家庭において養育を受けることが一時的に困難となつた児童について、内閣府令で定めるとこ

ろにより、児童養護施設その他の厚生労働省令で定める施設に入所させ、又は里親（次条第三号に掲げる者を除く。）その他の厚生労働省令で定める者に委託し、当該児童につき必要な保護その他の支援（保護者の心身の状況、児童の養育環境その他の状況を勘案し、児童と共にその保護者に対して支援を行うことが必要である場合にあつては、当該保護者への支援を含む。）を行う事業をいう。

④ この法律で、乳児家庭全戸訪問事業とは、一の市町村の区域内における原則として全ての乳児のいる家庭を訪問することにより、内閣府令で定めるところにより、子育てに関する情報の提供並びに乳児及びその保護者の心身の状況及び養育環境の把握を行うほか、養育についての相談に応じ、助言その他の援助を行う事業をいう。

⑤ この法律で、養育支援訪問事業とは、内閣府令で定めるところにより、乳児家庭全戸訪問事業の実施その他により把握した保護者の養育を支援することが特に必要と認められる児童（第八項に規定する要保護児童に該当するものを除く。以下「要支援児童」という。）若しくは保護者に監護させることが不適当であると認められる児童及びその保護者又は出産後の養育について出産前において支援を行うことが特に必要と認められる妊婦（以下「特定妊婦」という。）（以下「要支援児童等」という。）に対し、その養育が適切に行われるよう、当該要支援児童等の居宅において、養育に関する相談、指導、助言その他必要な支援を行う事業をいう。

⑥ この法律で、地域子育て支援拠点事業とは、内閣府令で定めるところにより、乳児又は幼児及びその保護者が相互の交流を行う場所を開設し、子育てについての相談、情報の提供、助言その他の援助を行う事業をいう。

⑦ この法律で、一時預かり事業とは、次に掲げる者について、内閣府令で定めるところにより、主として昼間において、保育所、認定こども園（就学前の子どもに関する教育、保育等の総合的な提供の推進に関する法律（平成十八年法律第七十七号。以下「認定こども園法」という。）第二条第六項に規定する認定こども園をいい、保育所であるものを除く。第二十四条第二項を除き、以下同じ。）その他の場所（第二号において「保育所等」という。）において、一時的に預かり、必要な保護を行う事業をいう。

一 家庭において保育（養護及び教育（第三十九条の二第一項に規定する満三歳以上の幼児に対する教育を除く。）を行うことをいう。以下同じ。）を受けることが一時的に困難となつた乳児又は幼児

二 子育てに係る保護者の負担を軽減するため、保育所等において一時的に預かることが望ましいと認められる乳児又は幼児

⑧ この法律で、小規模住居型児童養育事業とは、第二十七条第一項第三号の措置に係る児童について、内閣府令で定めるところにより、保護者のない児童又は保護者に監護させることが不適当であると認められる児童（以下「要保護児童」という。）の養育に関し相当の経験を有する者その他の厚生労働省令で定める者（次条に規定する里親を除く。）の住居において養育を行う事業をいう。

⑨ この法律で、家庭的保育事業とは、次に掲げる事業をいう。

一 子ども・子育て支援法（平成二十四年法律第六十五号）第十九条第二号の内閣府令で定める事由により家庭において必要な保育を受けることが困難である乳児又は幼児（以下「保育を必要とする乳児・幼児」という。）であつて満三歳未満のものについて、家庭的保育者（市町村長が行う研修を修了した保育士その他の内閣府令で定める者であつて、当該保育を必要とする乳児・幼児の保育を行う者として市町村長が適当と認めるものをいう。以下同じ。）の居宅その他の場所（当該保育を必要とする乳児・幼児の居宅を除く。）において、家庭的保育者による保育を行う事業（利用定員が五人以下であるものに限る。次号において同じ。）

二 満三歳以上の幼児に係る保育の体制の整備の状況その他の地域の事情を勘案して、保育が必要と認められる児童であつて満三歳以上のものについて、家庭的保育者の居宅その他の場所（当該保育が必要と認められる児童の居宅を除く。）において、家庭的保育者による保育を行う事業

⑩ この法律で、小規模保育事業とは、次に掲げる事業をいう。

一 保育を必要とする乳児・幼児であつて満三歳未満のものについて、当該保育を必要とする乳児・幼児を保育することを目的とする施設（利用定員が六人以上十九人以下であるものに限る。）において、保育を行う事業

二 満三歳以上の幼児に係る保育の体制の整備の状況その他の地域の事情を勘案して、保育が必要と認められる児童であつて満三歳以上のものについて、前号に規定する施設において、保育を行う事業

⑪ この法律で、居宅訪問型保育事業とは、次に掲げる事業をいう。

一 保育を必要とする乳児・幼児であつて満三歳未満のものについて、当該保育を必要とする乳児・幼児の居宅において家

二　家庭的保育者による保育を行う事業

（冒頭の「家」は前ページから続く）

満三歳以上の幼児に係る保育の体制の整備の状況その他の地域の事情を勘案して、保育が必要と認められる児童であつて満三歳以上のものについて、当該保育が必要と認められる児童の居宅において家庭的保育者による保育を行う事業

⑫この法律で、事業所内保育事業とは、次に掲げる事業をいう。

一　保育を必要とする乳児・幼児であつて満三歳未満のものについて、次に掲げる施設において、保育を行う事業

イ　事業主がその雇用する労働者の監護する乳児若しくは幼児を保育するために自ら設置する施設又は事業主から委託を受けて当該事業主が雇用する労働者の監護する乳児若しくは幼児及びその他の乳児若しくは幼児の保育を実施する施設

ロ　事業主団体がその構成員である事業主の雇用する労働者の監護する乳児若しくは幼児及びその他の乳児若しくは幼児を保育するために自ら設置する施設又は事業主団体から委託を受けてその構成員である事業主の雇用する労働者の監護する乳児若しくは幼児及びその他の乳児若しくは幼児の保育を実施する施設

ハ　地方公務員等共済組合法（昭和三十七年法律第百五十二号）の規定に基づく共済組合その他の内閣府令で定める組合（以下ハにおいて「共済組合等」という。）が当該共済組合等の構成員として厚生労働省令で定める者（以下ハにおいて「共済組合等の構成員」という。）の監護する乳児若しくは幼児及びその他の乳児若しくは幼児を保育するために自ら設置する施設又は共済組合等から委託を受けて当該共済組合等の構成員の監護する乳児若しくは幼児及びその他の乳児若しくは幼児の保育を実施する施設

二　満三歳以上の幼児に係る保育の体制の整備の状況その他の地域の事情を勘案して、保育が必要と認められる児童であつて満三歳以上のものについて、前号に規定する施設において、保育を行う事業

⑬この法律で、病児保育事業とは、保育を必要とする乳児・幼児又は保護者の労働若しくは疾病その他の事由により家庭において保育を受けることが困難となつた小学校に就学している児童であつて、疾病にかかつているものについて、保育所、認定こども園、病院、診療所その他内閣府令で定める施設において、保育を行う事業をいう。

⑭この法律で、子育て援助活動支援事業とは、内閣府令で定めるところにより、次に掲げる援助のいずれか又は全てを受けることを希望する者と当該援助を行うことを希望する者（個人に限る。以下この項において「援助希望者」という。）との連絡及び調整並びに援助希望者への講習の実施その他の必要な支援を行う事業をいう。

一　児童を一時的に預かり、必要な保護（宿泊を伴つて行うものを含む。）を行うこと。

二　児童が円滑に外出することができるよう、その移動を支援すること。

第六条の四　この法律で、里親とは、次に掲げる者をいう。

一　厚生労働省令で定める人数以下の要保護児童を養育することを希望する者（都道府県知事が内閣府令で定めるところにより行う研修を修了したことその他の厚生労働省令で定める要件を満たす者に限る。）のうち、第三十四条の十九に規定する養育里親名簿に登録されたもの（以下「養育里親」という。）

二　前号に規定する内閣府令で定める人数以下の要保護児童を養育すること及び養子縁組によつて養親となることを希望する者（都道府県知事が厚生労働省令で定めるところにより行う研修を修了した者に限る。）のうち、第三十四条の十九に規定する養子縁組里親名簿に登録されたもの（以下「養子縁組里親」という。）

三　第一号に規定する内閣府令で定める人数以下の要保護児童を養育することを希望する者（当該要保護児童の父母以外の親族であつて、厚生労働省令で定めるものに限る。）のうち、都道府県知事が第二十七条第一項第三号の規定により児童を委託する者として適当と認めるもの

第七条　この法律で、児童福祉施設とは、助産施設、乳児院、母子生活支援施設、保育所、幼保連携型認定こども園、児童厚生施設、児童養護施設、障害児入所施設、児童発達支援センター、児童心理治療施設、児童自立支援施設、児童家庭支援センター及び里親支援センターとする。

②この法律で、障害児入所支援とは、障害児入所施設に入所し、又は独立行政法人国立病院機構若しくは国立研究開発法人国立精神・神経医療研究センターの設置する医療機関であつて内閣総理大臣が指定するもの（以下「指定発達支援医療機関」という。）に入院する障害児に対して行われる保護、日常生活における基本的な動作及び独立自活に必要な知識技能の習得のための支援並びに障害児入所施設に入所し、又は指定発達支援医療機関に入院する障害児のうち知的障害のある児童、肢体不自由のある児童又は重度の知的障害及び重度の肢体不自由が重複している児童（以下「重症心身障害児」という。）に対し行われる治療をいう。

第三節　児童福祉審議会等

第八条　第九項、第十八条の二十の二第二項、第二十七条第六項、第三十三条の十五第三項、第三十五条第六項、第四十六条第四項及び第五十九条第五項の規定によりその権限に属させられた事項を調査審議するため、都道府県に児童福祉に関する審議会その他の合議制の機関を置くものとする。ただし、社会福祉法（昭和二十六年法律第四十五号）第十二条第一項の規定により同法第七条第一項に規定する地方社会福祉審議会（第九項において「地方社会福祉審議会」という。）に児童福祉に関する事項を調査審議させる都道府県にあつては、この限りでない。

② 前項に規定する審議会その他の合議制の機関（以下「都道府県児童福祉審議会」という。）は、同項に定めるもののほか、児童、妊産婦及び知的障害者の福祉に関する事項を調査審議することができる。

③ 市町村は、第三十四条の十五第四項の規定によりその権限に属させられた事項及び前項の事項を調査審議するため、児童福祉に関する審議会その他の合議制の機関を置くことができる。

④ 都道府県児童福祉審議会は、都道府県知事の、前項に規定する審議会その他の合議制の機関（以下「市町村児童福祉審議会」という。）は、市町村長の管理に属し、それぞれその諮問に答え、又は関係行政機関に意見を具申することができる。

⑤ 都道府県児童福祉審議会及び市町村児童福祉審議会（以下「児童福祉審議会」という。）は、特に必要があると認めるときは、関係行政機関に対し、所属職員の出席説明及び資料の提出を求めることができる。

⑥ 児童福祉審議会は、特に必要があると認めるときは、児童、妊産婦及び知的障害者、これらの者の家族その他の関係者に対し、第一項本文及び第二項の事項を調査審議するため必要な報告若しくは資料の提出を求め、又はその者の出席を求め、その意見を聴くことができる。

⑦ 児童福祉審議会は、前項の規定により意見を聴く場合においては、意見を述べる者の心身の状況、その者の置かれている環境その他の状況に配慮しなければならない。

⑧ こども家庭審議会、社会保障審議会及び児童福祉審議会は、必要に応じ、相互に資料を提供する等常に緊密な連絡をとらなければならない。

⑨ こども家庭審議会、社会保障審議会及び都道府県児童福祉審議会（第一項ただし書に規定する都道府県にあつては、地方社会福祉審議会とする。第十八条の二十の二第二項、第二十七条第六項、第三十三条の十二第一項及び第三項、第三十三条の十三、第三十三条の十五、第三十五条第六項、第四十六条第四項並びに第五十九条第五項及び第六項において同じ。）は、児童及び知的障害者の福祉を図るため、芸能、出版物、玩具、遊戯等を推薦し、又はそれらを製作し、興行し、若しくは販売する者等に対し、必要な勧告をすることができる。

第九条　児童福祉審議会の委員は、児童福祉審議会の権限に属する事項に関し公正な判断をすることができる者であつて、かつ、児童又は知的障害者の福祉に関する事業に従事する者及び学識経験のある者のうちから、都道府県知事又は市町村長が任命する。

② 児童福祉審議会において、特別の事項を調査審議するため必要があるときは、臨時委員を置くことができる。

③ 児童福祉審議会の臨時委員は、前項の事項に関し公正な判断をすることができる者であつて、かつ、児童又は知的障害者の福祉に関する事業に従事する者及び学識経験のある者のうちから、都道府県知事又は市町村長が任命する。

④ 児童福祉審議会に、委員の互選による委員長及び副委員長各一人を置く。

第四節　実施機関

第十条　市町村は、この法律の施行に関し、次に掲げる業務を行わなければならない。

一　児童及び妊産婦の福祉に関し、必要な実情の把握に努めること。

二　児童及び妊産婦の福祉に関し、必要な情報の提供を行うこと。

三　児童及び妊産婦の福祉に関し、家庭その他からの相談に応ずること並びに必要な調査及び指導を行うこと並びにこれらに付随する業務を行うこと。

四　児童及び妊産婦の福祉に関し、心身の状況等に照らし包括的な支援を必要とすると認められる要支援児童等その他の者に対して、これらの者に対する支援の種類及び内容その他の内閣府令で定める事項を記載した計画の作成その他の包括的かつ計画的な支援を行うこと。

五　前各号に掲げるもののほか、児童及び妊産婦の福祉に関し、家庭その他につき、必要な支援を行うこと。

② 市町村長は、前項第三号に掲げる業務のうち専門的な知識及び技術を必要とするものについては、児童相談所の技術的援助及び助言を求めなければならない。

③ 市町村長は、第一項第三号に掲げる業務を行うに当たつて、医学的、心理学的、教育学的、社会学的及び精神保健上の判定を必要とする場合には、児童相談所の判定を求めなければならない。

④ 市町村は、この法律による事務を適切に行うために必要な体制の整備に努めるとともに、当該事務に従事する職員の人材の確保及び資質の向上のために必要な措置を講

じなければならない。

⑤　国は、市町村における前項の体制の整備及び措置の実施に関し、必要な支援を行うように努めなければならない。

第十条の二　市町村は、こども家庭センターの設置に努めなければならない。

こども家庭センターは、次に掲げる業務を行うことにより、児童及び妊産婦の福祉に関する包括的な支援を行うことを目的とする施設とする。

一　前条第一項第一号から第四号までに掲げる業務を行うこと。

二　児童及び妊産婦の福祉に関する機関との連絡調整を行うこと。

三　児童及び妊産婦の福祉並びに児童の健全育成に資する支援を行う者の確保、当該支援を行う者が相互の有機的な連携の下で支援を円滑に行うための体制の整備その他の児童及び妊産婦の福祉並びに児童の健全育成に係る支援を促進すること。

四　前三号に掲げるもののほか、児童及び妊産婦の福祉に関し、家庭その他につき、必要な支援を行うこと。

こども家庭センターは、前項各号に掲げる業務を行うに当たつて、次条第一項に規定する地域子育て相談機関と密接に連携を図るものとする。

第十条の三　市町村は、地理的条件、人口、交通事情その他の社会的条件、子育てに関する施設の整備の状況等を総合的に勘案して定める区域ごとに、その住民からの子育てに関する相談に応じ、必要な助言を行うことができる地域子育て相談機関（当該区域に所在する保育所、認定こども園、地域子育て支援拠点事業を行う場所その他の内閣府令で定める場所であつて、的確な相談及び助言を行うに足りる体制を有すると市町村が認めるものをいう。以下この条において同じ。）の整備に努めなければならない。

地域子育て相談機関は、前項の相談及び助言を行うほか、必要に応じ、こども家庭センターと連絡調整を行うとともに、地域の住民に対し、子育て支援に関する情報の提供を行うよう努めなければならない。

市町村は、その住民に対し、地域子育て相談機関の名称、所在地その他必要な情報を提供するよう努めなければならない。

第十一条　都道府県は、この法律の施行に関し、次に掲げる業務を行わなければならない。

一　第十条第一項各号に掲げる市町村の業務の実施に関し、市町村相互間の連絡調整、市町村に対する情報の提供、市町村職員の研修その他必要な援助を行うこと及びこれらに付随する業務を行うこと。

二　児童及び妊産婦の福祉に関し、主として次に掲げる業務を行うこと。

イ　各市町村の区域を超えた広域的な見地から、実情の把握に努めること。

ロ　児童に関する家庭その他からの相談のうち、専門的な知識及び技術を必要とするものに応ずること。

ハ　児童及びその家庭につき、必要な調査並びに医学的、心理学的、教育学的、社会学的及び精神保健上の判定を行うこと。

ニ　児童及びその保護者につき、ハの調査又は判定に基づいて心理又は児童の健康及び心身の発達に関する専門的な知識及び技術を必要とする指導その他必要な指導を行うこと。

ホ　児童の一時保護を行うこと。

ヘ　児童の権利の保護の観点から、一時保護の解除後の家庭その他の環境の調整、当該児童の状況の把握その他の措置により当該児童の安全を確保すること。

ト　里親に関する次に掲げる業務を行うこと。

(1)　里親に関する普及啓発を行うこと。

(2)　里親につき、その相談に応じ、必要な情報の提供、助言、研修その他の援助を行うこと。

(3)　里親と第二十七条第一項第三号の規定により入所の措置が採られて乳児院、児童養護施設、児童心理治療施設又は児童自立支援施設に入所している児童及び里親相互の交流の場を提供すること。

(4)　第二十七条第一項第三号の規定による里親への委託に資するよう、里親の選定及び里親と児童との間の調整を行うこと。

(5)　第二十七条第一項第三号の規定により里親に委託しようとする児童及びその保護者並びに里親の意見を聴いて、当該児童の養育の内容その他の内閣府令で定める事項について当該児童の養育に関する計画を作成すること。

チ　養子縁組により養子となる児童、その父母及び当該養子となる児童の養親となる者、養子縁組により養子となつた児童、その養親となつた者及び当該養子となつた児童の父母（特別養子縁組により親族関係が終了した当該養子となつた児童の実方の父母を含む。）その他の児童を養子とする養子縁組に関する者につき、その相談に応じ、必要な情報の提供、助言その他の援助を行うこと。

リ　児童養護施設その他の施設への入所の措置、一時保護の措置その他の措置の実施及びこれらの措置の実施中における処遇に対する児童の意見又は意向に関し、都道府県児童福祉審議会その他の機関の調査審議及び意見の具申が行われるようにすることその他の児童の権利の擁護に係る環境の整備を行うこと。

ヌ　措置解除者等の実情を把握し、その自立のために必要な援助を行うこと。

三　前二号に掲げるもののほか、児童及び妊産婦の福祉に関し、広域的な対応が必要な業務並びに家庭その他につき専門的な知識及び技術を必要とする支援を行うこと。

② 都道府県知事は、市町村の第十条第一項各号に掲げる業務の適切な実施を確保するため必要があると認めるときは、市町村に対し、体制の整備その他の措置について必要な助言を行うことができる。

③ 都道府県知事は、第一項又は前項の規定による都道府県の事務の全部又は一部を、その管理に属する行政庁に委任することができる。

④ 都道府県知事は、第一項第二号トに掲げる業務（以下「里親支援事業」という。）に係る事務の全部又は一部を内閣府令で定める者に委託することができる。

⑤ 前項の規定により行われる里親支援事業に係る事務に従事する者又は従事していた者は、その事務に関して知り得た秘密を漏らしてはならない。

⑥ 都道府県は、この法律による事務を適切に行うために必要な体制の整備に努めるとともに、当該事務に従事する職員の人材の確保及び資質の向上のために必要な措置を講じなければならない。

⑦ 国は、都道府県における前項の体制の整備及び措置の実施に関し、必要な支援を行うように努めなければならない。

第十二条　都道府県は、児童相談所を設置しなければならない。

② 児童相談所の管轄区域は、地理的条件、人口、交通事情その他の社会的条件について政令で定める基準を参酌して都道府県が定めるものとする。

③ 児童相談所は、児童の福祉に関し、主として前条第一項第一号に掲げる業務（市町村職員の研修を除く。）並びに同項第二号（イを除く。）及び第三号に掲げる業務並びに障害者の日常生活及び社会生活を総合的に支援するための法律第二十二条第二項及び第三項並びに第二十六条第一項に規定する業務を行うものとする。

④ 都道府県は、児童相談所が前項に規定する業務のうち第二十八条第一項各号に掲げる措置を採ることその他の法律に関する専門的な知識経験を必要とするものについて、常時弁護士による助言又は指導の下で適切かつ円滑に行うため、児童相談所における弁護士の配置又はこれに準ずる措置を行うものとする。

⑤ 児童相談所は、必要に応じ、巡回して、第三項に規定する業務（前条第一項第二号ホに掲げる業務を除く。）を行うことができる。

⑥ 児童相談所長は、その管轄区域内の社会福祉法に規定する福祉に関する事務所（以下「福祉事務所」という。）の長（以下「福祉事務所長」という。）に必要な調査を委嘱することができる。

⑦ 都道府県知事は、第三項に規定する業務の質の評価を行うことその他必要な措置を講ずることにより、当該業務の質の向上に努めなければならない。

⑧ 国は、前項の措置を援助するために、児童相談所の業務の質の適切な評価の実施に資するための措置を講ずるよう努めなければならない。

第十二条の二　児童相談所には、所長及び所員を置く。

② 所長は、都道府県知事の監督を受け、所務を掌理する。

③ 所員は、所長の監督を受け、前条に規定する業務をつかさどる。

④ 児童相談所には、第一項に規定するもののほか、必要な職員を置くことができる。

第十二条の三　児童相談所の所長及び所員は、都道府県知事の補助機関である職員とする。

② 所長は、次の各号のいずれかに該当する者でなければならない。

一　医師であつて、精神保健に関して学識経験を有する者

二　学校教育法に基づく大学又は旧大学令（大正七年勅令第三百八十八号）に基づく大学において、心理学を専修する学科又はこれに相当する課程を修めて卒業した者（当該学科又は当該課程を修めて同法に基づく専門職大学の前期課程を修了した者を含む。）

三　社会福祉士

四　精神保健福祉士

五　公認心理師

六　児童の福祉に関する事務をつかさどる職員（以下「児童福祉司」という。）として二年以上勤務した者又は児童福祉司たる資格を得た後二年以上所員として勤務した者

七　前各号に掲げる者と同等以上の能力を有すると認められる者であつて、内閣府令で定めるもの

③ 所長は、内閣府令が定める基準に適合する研修を受けなければならない。

④ 相談及び調査をつかさどる所員は、児童福祉司たる資格を有する者でなければならない。

⑤ 判定をつかさどる所員の中には、第二項第一号に該当する者又はこれに準ずる資格

を有する者及び同項第二号に該当する者若しくはこれに準ずる資格を有する者又は同項第五号に該当する者が、それぞれ一人以上含まれなければならない。

⑥　心理に関する専門的な知識及び技術を必要とする指導をつかさどる所員の中には、第二項第一号に該当する者若しくはこれに準ずる資格を有する者、同項第二号に該当する者若しくはこれに準ずる資格を有する者又は同項第五号に該当する者が含まれなければならない。

⑦　前項に規定する指導をつかさどる所員の数は、政令で定める基準を標準として都道府県が定めるものとする。

⑧　児童の健康及び心身の発達に関する専門的な知識及び技術を必要とする指導をつかさどる所員の中には、医師及び保健師が、それぞれ一人以上含まれなければならない。

第十二条の四　児童相談所には、必要に応じ、児童を一時保護する施設（以下「一時保護施設」という。）を設けなければならない。

都道府県は、一時保護施設の設備及び運営について、条例で基準を定めなければならない。この場合において、その基準は、児童の身体的、精神的及び社会的な発達のために必要な生活水準を確保するものでなければならない。

都道府県が前項の条例を定めるに当たつては、次に掲げる事項については内閣府令で定める基準に従い定めるものとし、その他の事項については内閣府令で定める基準を参酌するものとする。

一　一時保護施設に配置する従業者及びその員数

二　一時保護施設に係る居室の床面積その他一時保護施設の設備に関する事項であつて、児童の適切な処遇の確保に密接に関連するものとして内閣府令で定めるもの

三　一時保護施設の運営に関する事項であつて、児童の適切な処遇及び安全の確保並びに秘密の保持に密接に関連するものとして内閣府令で定めるもの

第十二条の五　この法律で定めるもののほか、当該都道府県内の児童相談所を援助する中央児童相談所の指定その他児童相談所に関し必要な事項は、命令でこれを定める。

第十二条の六　保健所は、この法律の施行に関し、主として次の業務を行うものとする。

一　児童の保健について、正しい衛生知識の普及を図ること。

二　児童の健康相談に応じ、又は健康診査を行い、必要に応じ、保健指導を行うこと。

三　身体に障害のある児童及び疾病により長期にわたり療養を必要とする児童の療育について、指導を行うこと。

四　児童福祉施設に対し、栄養の改善その他衛生に関し、必要な助言を与えること。

②　児童相談所長は、相談に応じた児童、その保護者又は妊産婦について、保健所に対し、保健指導その他の必要な協力を求めることができる。

第五節　児童福祉司

第十三条　都道府県は、その設置する児童相談所に、児童福祉司を置かなければならない。

②　児童福祉司の数は、各児童相談所の管轄区域内の人口に係る相談に応じた件数、第二十七条第一項第三号の規定による里親への委託の状況及び市町村におけるこの法律による事務の実施状況その他の条件を総合的に勘案して政令で定める基準を標準として都道府県が定めるものとする。

③　児童福祉司は、都道府県知事の補助機関である職員とし、次の各号のいずれかに該当する者のうちから、任用しなければならない。

一　都道府県知事の指定する児童福祉司若しくは児童福祉施設の職員を養成する学校その他の施設を卒業し、又は都道府県知事の指定する講習会の課程を修了した者

二　学校教育法に基づく大学又は旧大学令に基づく大学において、心理学、教育学若しくは社会学を専修する学科又はこれらに相当する課程を修めて卒業した者（当該学科又は当該課程を修めて同法に基づく専門職大学の前期課程を修了した者を含む。）であつて、内閣府令で定める施設において一年以上相談援助業務（児童その他の者の福祉に関する相談に応じ、助言、指導その他の援助を行う業務をいう。第八号及び第六項において同じ。）に従事したもの

三　医師

四　社会福祉士

五　精神保健福祉士

六　公認心理師

七　社会福祉主事として二年以上相談援助業務に従事した者であつて、内閣総理大臣が定める講習会の課程を修了したもの

八　第二号から前号までに掲げる者と同等以上の能力を有すると認められる者であつて、内閣府令で定めるもの

④　児童福祉司は、児童相談所長の命を受けて、児童の保護その他児童の福祉に関する事項について、相談に応じ、専門的技術に基づいて必要な指導を行う等児童の福祉増進に努める。

⑤　児童福祉司の中には、他の児童福祉司が

前項の職務を行うため必要な専門的技術に関する指導及び教育を行う児童福祉司（次項及び第七項において「指導教育担当児童福祉司」という。）が含まれなければならない。

⑥ 指導教育担当児童福祉司は、児童福祉司としておおむね五年以上勤務した者であつて、内閣総理大臣が定める基準に適合する研修の課程を修了したものでなければならない。

⑦ 指導教育担当児童福祉司の数は、政令で定める基準を参酌して都道府県が定めるものとする。

⑧ 児童福祉司は、政令の定めるところにより児童相談所長が定める担当区域により、第四項の職務を行い、担当区域内の市町村長に協力を求めることができる。

⑨ 児童福祉司は、内閣総理大臣が定める基準に適合する研修を受けなければならない。

⑩ 第三項第二号の施設及び講習会の指定に関し必要な事項は、政令で定める。

第十四条 市町村長は、前条第四項に規定する事項に関し、児童福祉司に必要な状況の通報及び資料の提供並びに必要な援助を求めることができる。

② 児童福祉司は、その担当区域内における児童に関し、必要な事項につき、その担当区域を管轄する児童相談所長又は市町村長にその状況を通知し、併せて意見を述べなければならない。

第十五条 この法律で定めるもののほか、児童福祉司の任用叙級その他児童福祉司に関し必要な事項は、命令でこれを定める。

第六節 児童委員

第十六条 市町村の区域に児童委員を置く。

② 民生委員法（昭和二十三年法律第百九十八号）による民生委員は、児童委員に充てられたものとする。

③ 厚生労働大臣は、児童委員のうちから、主任児童委員を指名する。

④ 前項の規定による厚生労働大臣の指名は、民生委員法第五条の規定による推薦によつて行う。

第十七条 児童委員は、次に掲げる職務を行う。

一 児童及び妊産婦につき、その生活及び取り巻く環境の状況を適切に把握しておくこと。

二 児童及び妊産婦につき、その保護、保健その他福祉に関し、サービスを適切に利用するために必要な情報の提供その他の援助及び指導を行うこと。

三 児童及び妊産婦に係る社会福祉を目的とする事業を経営する者又は児童の健やかな育成に関する活動を行う者と密接に連携し、その事業又は活動を支援すること。

四 児童福祉司又は福祉事務所の社会福祉主事の行う職務に協力すること。

五 児童の健やかな育成に関する気運の醸成に努めること。

六 前各号に掲げるもののほか、必要に応じて、児童及び妊産婦の福祉の増進を図るための活動を行うこと。

② 主任児童委員は、前項各号に掲げる児童委員の職務について、児童の福祉に関する機関と児童委員（主任児童委員である者を除く。以下この項において同じ。）との連絡調整を行うとともに、児童委員の活動に対する援助及び協力を行う。

③ 前項の規定は、主任児童委員が第一項各号に掲げる児童委員の職務を行うことを妨げるものではない。

④ 児童委員は、その職務に関し、都道府県知事の指揮監督を受ける。

第十八条 市町村長は、前条第一項又は第二項に規定する事項に関し、児童委員に必要な状況の通報及び資料の提供を求め、並びに必要な指示をすることができる。

② 児童委員は、その担当区域内における児童又は妊産婦に関し、必要な事項につき、その担当区域を管轄する児童相談所長又は市町村長にその状況を通知し、併せて意見を述べなければならない。

③ 児童委員が、児童相談所長に前項の通知をするときは、緊急の必要があると認める場合を除き、市町村長を経由するものとする。

④ 児童相談所長は、その管轄区域内の児童委員に必要な調査を委嘱することができる。

第十八条の二 都道府県知事は、児童委員の研修を実施しなければならない。

第十八条の二の二 内閣総理大臣及び厚生労働大臣は、児童委員の制度の運用に当たつては、必要な情報交換を行う等相互に連携を図りながら協力しなければならない。

第十八条の三 この法律で定めるもののほか、児童委員に関し必要な事項は、命令でこれを定める。

第七節 保育士

第十八条の四 この法律で、保育士とは、第十八条の十八第一項の登録を受け、保育士の名称を用いて、専門的知識及び技術をもつて、児童の保育及び児童の保護者に対する保育に関する指導を行うことを業とする者をいう。

第十八条の五 次の各号のいずれかに該当する者は、保育士となることができない。

一 心身の故障により保育士の業務を適正に行うことができない者として内閣府令で定めるもの

二 拘禁刑以上の刑に処せられその他の支援（保護者の心身の状況、児童の養育環境その他の状況を勘案し、児童と共にその保護者に対して支援を行うことが必要である場合にあつては、当該保護者への支援を含む。）者

三　この法律の規定その他児童の福祉に関する法律の規定であつて政令で定めるものにより、罰金の刑に処せられ、その執行を終わり、又は執行を受けることがなくなつた日から起算して三年を経過しない者

四　第十八条の十九第一項第二号若しくは第三号又は第二項の規定により登録を取り消され、その取消しの日から起算して二年を経過しない者

五　国家戦略特別区域法（平成二十五年法律第百七号）第十二条の五第八項において準用する第十八条の十九第一項第二号若しくは第三号又は第二項の規定により登録を取り消され、その取消しの日から起算して三年を経過しない者

第十八条の六　次の各号のいずれかに該当する者は、保育士となる資格を有する。

一　都道府県知事の指定する保育士を養成する学校その他の施設（以下「指定保育士養成施設」という。）を卒業した者（学校教育法に基づく専門職大学の前期課程を修了した者を含む。）

二　保育士試験に合格した者

第十八条の七　都道府県知事は、保育士の養成の適切な実施を確保するため必要があると認めるときは、その必要な限度で、指定保育士養成施設の長に対し、教育方法、設備その他の事項に関し報告を求め、若しくは指導をし、又は当該職員に、その帳簿書類その他の物件を検査させることができる。

②　前項の規定による検査を行う場合においては、当該職員は、その身分を示す証明書を携帯し、関係者の請求があるときは、これを提示しなければならない。

③　第一項の規定による権限は、犯罪捜査のために認められたものと解釈してはならない。

第十八条の八　保育士試験は、内閣総理大臣の定める基準により、保育士として必要な知識及び技能について行う。

②　保育士試験は、毎年一回以上、都道府県知事が行う。

③　保育士として必要な知識及び技能を有するかどうかの判定に関する事務を行わせるため、都道府県に保育士試験委員（次項において「試験委員」という。）を置く。ただし、次条第一項の規定により指定された者に当該事務を行わせることとした場合は、この限りでない。

④　試験委員又は試験委員であつた者は、前項に規定する事務に関して知り得た秘密を漏らしてはならない。

第十八条の九　都道府県知事は、内閣府令で定めるところにより、一般社団法人又は一般財団法人であつて、保育士試験の実施に関する事務（以下「試験事務」という。）を適正かつ確実に実施することができると認められるものとして当該都道府県知事が指定する者（以下「指定試験機関」という。）に、試験事務の全部又は一部を行わせることができる。

②　都道府県知事は、前項の規定により指定試験機関に試験事務の全部又は一部を行わせることとしたときは、当該試験事務の全部又は一部を行わないものとする。

③　都道府県は、地方自治法（昭和二十二年法律第六十七号）第二百二十七条の規定に基づき保育士試験に係る手数料を徴収する場合においては、第一項の規定により指定試験機関が行う保育士試験を受けようとする者に、条例で定めるところにより、当該手数料の全部又は一部を当該指定試験機関へ納めさせ、その収入とすることができる。

第十八条の十　指定試験機関の役員の選任及び解任は、都道府県知事の認可を受けなければ、その効力を生じない。

②　都道府県知事は、指定試験機関の役員が、この法律（この法律に基づく命令又は処分を含む。）若しくは第十八条の十三第一項に規定する試験事務規程に違反する行為をしたとき、又は試験事務に関し著しく不適当な行為をしたときは、当該指定試験機関に対し、当該役員の解任を命ずることができる。

第十八条の十一　指定試験機関は、試験事務を行う場合において、保育士として必要な知識及び技能を有するかどうかの判定に関する事務については、保育士試験委員（次項及び次条第一項において「試験委員」という。）に行わせなければならない。

②　前条第一項の規定は試験委員の選任及び解任について、同条第二項の規定は試験委員の解任について、それぞれ準用する。

第十八条の十二　指定試験機関の役員若しくは職員（試験委員を含む。次項において同じ。）又はこれらの職にあつた者は、試験事務に関して知り得た秘密を漏らしてはならない。

②　試験事務に従事する指定試験機関の役員又は職員は、刑法（明治四十年法律第四十五号）その他の罰則の適用については、法令により公務に従事する職員とみなす。

第十八条の十三　指定試験機関は、試験事務の開始前に、試験事務の実施に関する規程（以下「試験事務規程」という。）を定め、都道府県知事の認可を受けなければならない。これを変更しようとするときも、同様とする。

②　都道府県知事は、前項の認可をした試験事務規程が試験事務の適正かつ確実な実施

上不適当となつたと認めるときは、指定試験機関に対し、これを変更すべきことを命ずることができる。

第十八条の十四　指定試験機関は、毎事業年度、事業計画及び収支予算を作成し、当該事業年度の開始前に（指定を受けた日の属する事業年度にあつては、その指定を受けた後遅滞なく）、都道府県知事の認可を受けなければならない。これを変更しようとするときも、同様とする。

第十八条の十五　都道府県知事は、試験事務の適正かつ確実な実施を確保するため必要があると認めるときは、指定試験機関に対し、試験事務に関し監督上必要な命令をすることができる。

第十八条の十六　都道府県知事は、試験事務の適正かつ確実な実施を確保するため必要があると認めるときは、その必要な限度で、指定試験機関に対し、報告を求め、又は当該職員に、関係者に対し質問させ、若しくは指定試験機関の事務所に立ち入り、その帳簿書類その他の物件を検査させることができる。

②　前項の規定による質問又は立入検査を行う場合においては、当該職員は、その身分を示す証明書を携帯し、関係者の請求があるときは、これを提示しなければならない。

③　第一項の規定による権限は、犯罪捜査のために認められたものと解釈してはならない。

第十八条の十七　指定試験機関が行う試験事務に係る処分又はその不作為について不服がある者は、都道府県知事に対し、審査請求をすることができる。この場合において、都道府県知事は、行政不服審査法（平成二十六年法律第六十八号）第二十五条第二項及び第三項、第四十六条第一項及び第二項、第四十七条並びに第四十九条第三項の規定の適用については、指定試験機関の上級行政庁とみなす。

第十八条の十八　保育士となる資格を有する者が保育士となるには、保育士登録簿に、氏名、生年月日その他内閣府令で定める事項の登録を受けなければならない。

②　保育士登録簿は、都道府県に備える。

③　都道府県知事は、保育士の登録をしたときは、申請者に第一項に規定する事項を記載した保育士登録証を交付する。

第十八条の十九　都道府県知事は、保育士が次の各号のいずれかに該当する場合には、その登録を取り消さなければならない。

一　第十八条の五各号（第四号を除く。）のいずれかに該当するに至つた場合

二　虚偽又は不正の事実に基づいて登録を受けた場合

三　第一号に掲げる場合のほか、児童生徒性暴力等（教育職員等による児童生徒性暴力等の防止等に関する法律（令和三年法律第五十七号）第二条第三項に規定する児童生徒性暴力等をいう。以下同じ。）を行つたと認められる場合

②　都道府県知事は、保育士が第十八条の二十一又は第十八条の二十二の規定に違反したときは、その登録を取り消し、又は期間を定めて保育士の名称の使用の停止を命ずることができる。

第十八条の二十　都道府県知事は、保育士の登録がその効力を失つたときは、その登録を消除しなければならない。

第十八条の二十の二　都道府県知事は、次に掲げる者（第十八条の五各号のいずれかに該当する者を除く。以下この条において「特定登録取消者」という。）については、その行つた児童生徒性暴力等の内容等を踏まえ、当該特定登録取消者の改善更生の状況その他その後の事情により保育士の登録を行うのが適当であると認められる場合に限り、保育士の登録を行うことができる。

一　児童生徒性暴力等を行つたことにより保育士又は国家戦略特別区域限定保育士（国家戦略特別区域法第十二条の五第二項に規定する国家戦略特別区域限定保育士をいう。次号及び第三項において同じ。）の登録を取り消された者

二　前号に掲げる者以外の者であつて、保育士又は国家戦略特別区域限定保育士の登録を取り消されたもののうち、保育士又は国家戦略特別区域限定保育士の登録を受けた日以後の行為が児童生徒性暴力等に該当していたと判明した者

②　都道府県知事は、前項の規定により保育士の登録を行うに当たつては、あらかじめ、都道府県児童福祉審議会の意見を聴かなければならない。

③　都道府県知事は、第一項の規定による保育士の登録を行おうとする際に必要があると認めるときは、第十八条の十九の規定により保育士の登録を取り消した都道府県知事（国家戦略特別区域法第十二条の五第八項において準用する第十八条の十九の規定により国家戦略特別区域限定保育士の登録を取り消した都道府県知事を含む。）その他の関係機関に対し、当該特定登録取消者について、その行つた児童生徒性暴力等の内容等を調査し、保育士の登録を行うかどうかを判断するために必要な情報の提供を求めることができる。

第十八条の二十の三　保育士を任命し、又は雇用する者は、その任命し、又は雇用する保育士について、第十八条の五第二号若しくは第三号に該当すると認めたとき、又は当該保育士が児童生徒性暴力等を行つたと思料するときは、速やかにその旨を都道府県知事に報告しなければならない。

②　刑法の秘密漏示罪の規定その他の守秘義務に関する法律の規定は、前項の規定によ

る報告（虚偽であるもの及び過失によるものを除く。）をすることを妨げるものと解釈してはならない。

第十八条の二十の四　国は、次に掲げる者について、その氏名、保育士の登録の取消しの事由、行つた児童生徒性暴力等に関する情報その他の内閣総理大臣が定める事項に係るデータベースを整備するものとする。

一　児童生徒性暴力等を行つたことにより保育士の登録を取り消された者

二　前号に掲げる者以外の者であつて、保育士の登録を取り消されたもののうち、保育士の登録を受けた日以後の行為が児童生徒性暴力等に該当していたと判明した者

　都道府県知事は、保育士が児童生徒性暴力等を行つたことによりその登録を取り消したとき、又は保育士の登録を取り消された者（児童生徒性暴力等を行つたことにより保育士の登録を取り消された者を除く。）の保育士の登録を受けた日以後の行為が児童生徒性暴力等に該当していたことが判明したときは、前項の情報を同項のデータベースに迅速に記録することその他必要な措置を講ずるものとする。

　保育士を任命し、又は雇用する者は、保育士を任命し、又は雇用しようとするときは、第一項のデータベース（国家戦略特別区域法第十二条の五第八項において準用する第一項のデータベースを含む。）を活用するものとする。

第十八条の二十一　保育士は、保育士の信用を傷つけるような行為をしてはならない。

第十八条の二十二　保育士は、正当な理由がなく、その業務に関して知り得た人の秘密を漏らしてはならない。保育士でなくなつた後においても、同様とする。

第十八条の二十三　保育士でない者は、保育士又はこれに紛らわしい名称を使用してはならない。

第十八条の二十四　この法律に定めるもののほか、指定保育士養成施設、保育士試験、指定試験機関、保育士の登録その他保育士に関し必要な事項は、政令でこれを定める。

第二章　福祉の保障

第一節　療育の指導、小児慢性特定疾病医療費の支給等

第一款　療育の指導

第十九条　保健所長は、身体に障害のある児童につき、診査を行ない、又は相談に応じ、必要な療育の指導を行なわなければならない。

②　保健所長は、疾病により長期にわたり療養を必要とする児童につき、診査を行い、又は相談に応じ、必要な療育の指導を行うことができる。

③　保健所長は、身体障害者福祉法（昭和二十四年法律第二百八十三号）第十五条第四項の規定により身体障害者手帳の交付を受けた児童（身体に障害のある十五歳未満の児童については、身体障害者手帳の交付を受けたその保護者とする。以下同じ。）につき、同法第十六条第二項第一号又は第二号に掲げる事由があると認めるときは、その旨を都道府県知事に報告しなければならない。

第二款　小児慢性特定疾病医療費の支給　〔略〕

第二節　居宅生活の支援

第一款―第五款　〔略〕

第六款　子育て支援事業

第二十一条の八　市町村は、次条に規定する子育て支援事業に係る福祉サービスその他地域の実情に応じたきめ細かな福祉サービスが積極的に提供され、保護者が、その児童及び保護者の心身の状況、これらの者の置かれている環境その他の状況に応じて、当該児童を養育するために最も適切な支援が総合的に受けられるように、福祉サービスを提供する者又はこれに参画する者の活動の連携及び調整を図るようにすることその他の地域の実情に応じた体制の整備に努めなければならない。

第二十一条の九　市町村は、児童の健全な育成に資するため、その区域内において、放課後児童健全育成事業、子育て短期支援事業、乳児家庭全戸訪問事業、養育支援訪問事業、地域子育て支援拠点事業、一時預かり事業、病児保育事業、子育て援助活動支援事業、子育て世帯訪問支援事業、児童育成支援拠点事業及び親子関係形成支援事業並びに次に掲げる事業であつて主務省令で定めるもの（以下「子育て支援事業」という。）が着実に実施されるよう、必要な措置の実施に努めなければならない。

一　児童及びその保護者又はその他の者の居宅において保護者の児童の養育を支援する事業

二　保育所その他の施設において保護者の児童の養育を支援する事業

三　地域の児童の養育に関する各般の問題につき、保護者からの相談に応じ、必要な情報の提供及び助言を行う事業

第二十一条の十　市町村は、児童の健全な育成に資するため、地域の実情に応じた放課後児童健全育成事業を行うとともに、当該市町村以外の放課後児童健全育成事業を行う者との連携を図る等により、第六条の三第二項に規定する児童の放課後児童健全育成事業の利用の促進に努めなければならない。

第二十一条の十の二　市町村は、児童の健全

な育成に資するため、乳児家庭全戸訪問事業及び養育支援訪問事業を行うよう努めるとともに、乳児家庭全戸訪問事業により要支援児童等（特定妊婦を除く。）を把握したとき又は当該市町村の長が第二十六条第一項第三号の規定による送致若しくは同項第八号の規定による通知若しくは児童虐待の防止等に関する法律第八条第二項第二号の規定による送致若しくは同項第四号の規定による通知を受けたときは、養育支援訪問事業の実施その他の必要な支援を行うものとする。

② 市町村は、母子保健法（昭和四十年法律第百四十一号）第十条、第十一条第一項若しくは第二項（同法第十九条第二項において準用する場合を含む。）、第十七条第一項又は第十九条第一項の指導に併せて、乳児家庭全戸訪問事業を行うことができる。

③ 市町村は、乳児家庭全戸訪問事業又は養育支援訪問事業の事務の全部又は一部を当該市町村以外の厚生労働省令で定める者に委託することができる。

④ 前項の規定により行われる乳児家庭全戸訪問事業又は養育支援訪問事業の事務に従事する者又は従事していた者は、その事務に関して知り得た秘密を漏らしてはならない。

第二十一条の十の三 市町村は、乳児家庭全戸訪問事業又は養育支援訪問事業の実施に当たつては、母子保健法に基づく母子保健に関する事業との連携及び調和の確保に努めなければならない。

第二十一条の十の四 都道府県知事は、母子保健法に基づく母子保健に関する事業又は事務の実施に際して要支援児童等と思われる者を把握したときは、これを当該者の現在地の市町村長に通知するものとする。

第二十一条の十の五 病院、診療所、児童福祉施設、学校その他児童又は妊産婦の医療、福祉又は教育に関する機関及び医師、歯科医師、保健師、助産師、看護師、児童福祉施設の職員、学校の教職員その他児童又は妊産婦の医療、福祉又は教育に関連する職務に従事する者は、要支援児童等と思われる者を把握したときは、当該者の情報をその現在地の市町村に提供するよう努めなければならない。

② 刑法の秘密漏示罪の規定その他の守秘義務に関する法律の規定は、前項の規定による情報の提供をすることを妨げるものと解釈してはならない。

第二十一条の十一 市町村は、子育て支援事業に関し必要な情報の収集及び提供を行うとともに、保護者から求めがあつたときは、当該保護者の希望、その児童の養育の状況、当該児童に必要な支援の内容その他の事情を勘案し、当該保護者が最も適切な子育て支援事業の利用ができるよう、相談に応じ、必要な助言を行うものとする。

② 市町村は、前項の助言を受けた保護者から求めがあつた場合には、必要に応じて、子育て支援事業の利用についてあつせん又は調整を行うとともに、子育て支援事業を行う者に対し、当該保護者の利用の要請を行うものとする。

③ 市町村は、第一項の情報の収集及び提供、相談並びに助言並びに前項のあつせん、調整及び要請の事務を当該市町村以外の者に委託することができる。

④ 子育て支援事業を行う者は、前三項の規定により行われる情報の収集、あつせん、調整及び要請に対し、できる限り協力しなければならない。

第二十一条の十二 前条第三項の規定により行われる情報の提供、相談及び助言並びにあつせん、調整及び要請の事務（次条及び第二十一条の十四第一項において「調整等の事務」という。）に従事する者又は従事していた者は、その事務に関して知り得た秘密を漏らしてはならない。

第二十一条の十五 国、都道府県及び市町村以外の子育て支援事業を行う者は、厚生労働省令で定めるところにより、その事業に関する事項を市町村長に届け出ることができる。

第三節 助産施設、母子生活支援施設及び保育所への入所等

第二十二条・第二十三条 〔略〕

第二十四条 市町村は、この法律及び子ども・子育て支援法の定めるところにより、保護者の労働又は疾病その他の事由により、その監護すべき乳児、幼児その他の児童について保育を必要とする場合において、次項に定めるところによるほか、当該児童を保育所（認定こども園法第三条第一項の認定を受けたもの及び同条第十一項の規定による公示がされたものを除く。）において保育しなければならない。

② 市町村は、前項に規定する児童に対し、認定こども園法第二条第六項に規定する認定こども園（子ども・子育て支援法第二十七条第一項の確認を受けたものに限る。）又は家庭的保育事業等（家庭的保育事業、小規模保育事業、居宅訪問型保育事業又は事業所内保育事業をいう。以下同じ。）により必要な保育を確保するための措置を講じなければならない。

③ 市町村は、保育の需要に応ずるに足りる保育所、認定こども園（子ども・子育て支援法第二十七条第一項の確認を受けたものに限る。以下この項及び第四十六条の二第二項において同じ。）又は家庭的保育事業等が不足し、又は不足するおそれがある場合その他必要と認められる場合には、保育所、認定こども園（保育所であるものを含む。）又は家庭的保育事業等の利用につい

児童福祉法

て調整を行うとともに、認定こども園の設置者又は家庭的保育事業等を行う者に対し、前項に規定する児童の利用の要請を行うものとする。

④ 市町村は、第二十五条の八第三号又は第二十六条第一項第五号の規定による報告又は通知を受けた児童その他の優先的に保育を行う必要があると認められる児童について、その保護者に対し、保育所若しくは幼保連携型認定こども園において保育を受けること又は家庭的保育事業等による保育を受けること（以下「保育の利用」という。）の申込みを勧奨し、及び保育を受けることができるよう支援しなければならない。

⑤ 市町村は、前項に規定する児童が、同項の規定による勧奨及び支援を行つても、なおやむを得ない事由により子ども・子育て支援法に規定する施設型給付費若しくは特例施設型給付費（同法第二十八条第一項第二号に係るものを除く。次項において同じ。）又は同法に規定する地域型保育給付費若しくは特例地域型保育給付費（同法第三十条第一項第二号に係るものを除く。次項において同じ。）の支給に係る保育を受けることが著しく困難であると認めるときは、当該児童を当該市町村の設置する保育所若しくは幼保連携型認定こども園に入所させ、又は当該市町村以外の者の設置する保育所若しくは幼保連携型認定こども園に入所を委託して、保育を行わなければならない。

⑥ 市町村は、前項に定めるほか、保育を必要とする乳児・幼児が、子ども・子育て支援法第四十二条第一項又は第五十四条第一項の規定によるあつせん又は要請その他市町村による支援等を受けたにもかかわらず、なお保育が利用できないなど、やむを得ない事由により同法に規定する施設型給付費若しくは特例施設型給付費又は同法に規定する地域型保育給付費若しくは特例地域型保育給付費の支給に係る保育を受けることが著しく困難であると認めるときは、次の措置を採ることができる。

一 当該保育を必要とする乳児・幼児を当該市町村の設置する保育所若しくは幼保連携型認定こども園に入所させ、又は当該市町村以外の者の設置する保育所若しくは幼保連携型認定こども園に入所を委託して、保育を行うこと。

二 当該保育を必要とする乳児・幼児に対して当該市町村が行う家庭的保育事業等による保育を行い、又は家庭的保育事業等を行う当該市町村以外の者に当該家庭的保育事業等により保育を行うことを委託すること。

⑦ 市町村は、第三項の規定による調整及び要請並びに第四項の規定による勧奨及び支援を適切に実施するとともに、地域の実情に応じたきめ細かな保育が積極的に提供され、児童が、その置かれている環境等に応じて、必要な保育を受けることができるよう、保育を行う事業その他児童の福祉を増進することを目的とする事業を行う者の活動の連携及び調整を図る等地域の実情に応じた体制の整備を行うものとする。

第四節 障害児入所給付費、高額障害児入所給付費及び特定入所障害児食費等給付費並びに障害児入所医療費の支給〔略〕

第五節 障害児相談支援給付費及び特例障害児相談支援給付費の支給〔略〕

第六節 要保護児童の保護措置等

第二十五条 要保護児童を発見した者は、これを市町村、都道府県の設置する福祉事務所若しくは児童相談所又は児童委員を介して市町村、都道府県の設置する福祉事務所若しくは児童相談所に通告しなければならない。ただし、罪を犯した満十四歳以上の児童については、この限りでない。この場合においては、これを家庭裁判所に通告しなければならない。

② 刑法の秘密漏示罪の規定その他の守秘義務に関する法律の規定は、前項の規定による通告をすることを妨げるものと解釈してはならない。

第二十五条の二 地方公共団体は、単独で又は共同して、要保護児童（第三十一条第四項に規定する延長者及び第三十三条第十九項に規定する保護延長者（次項において「延長者等」という。）を含む。次項において同じ。）の適切な保護又は要支援児童若しくは特定妊婦への適切な支援を図るため、関係機関、関係団体及び児童の福祉に関連する職務に従事する者その他の関係者（以下「関係機関等」という。）により構成される要保護児童対策地域協議会（以下「協議会」という。）を置くように努めなければならない。

② 協議会は、要保護児童若しくは要支援児童及びその保護者（延長者等の親権を行う者、未成年後見人その他の者で、延長者等を現に監護する者を含む。）又は特定妊婦（以下この項及び第五項において「支援対象児童等」という。）に関する情報その他要保護児童の適切な保護又は要支援児童若しくは特定妊婦への適切な支援を図るために必要な情報の交換を行うとともに、支援対象児童等に対する支援の内容に関する協議を行うものとする。

③ 地方公共団体の長は、協議会を設置したときは、内閣府令で定めるところにより、その旨を公示しなければならない。

④ 協議会を設置した地方公共団体の長は、協議会を構成する関係機関等のうちから、

一に限り要保護児童対策調整機関を指定する。

⑤　要保護児童対策調整機関は、協議会に関する事務を総括するとともに、支援対象児童等に対する支援が適切に実施されるよう、内閣府令で定めるところにより、支援対象児童等に対する支援の実施状況を的確に把握し、必要に応じて、児童相談所、養育支援訪問事業を行う者、こども家庭センターその他の関係機関等との連絡調整を行うものとする。

⑥　市町村の設置した協議会（市町村が地方公共団体（市町村を除く。）と共同して設置したものを含む。）に係る要保護児童対策調整機関は、内閣府令で定めるところにより、専門的な知識及び技術に基づき前項の業務に係る事務を適切に行うことができる者として厚生労働省令で定めるもの（次項及び第八項において「調整担当者」という。）を置くものとする。

⑦　地方公共団体（市町村を除く。）の設置した協議会（当該地方公共団体が市町村と共同して設置したものを除く。）に係る要保護児童対策調整機関は、内閣府令で定めるところにより、調整担当者を置くように努めなければならない。

⑧　要保護児童対策調整機関に置かれた調整担当者は、内閣総理大臣が定める基準に適合する研修を受けなければならない。

第二十五条の三―第三十三条　〔略〕

第三十三条の二　児童相談所長は、一時保護が行われた児童で親権を行う者又は未成年後見人のないものに対し、親権を行う者又は未成年後見人があるに至るまでの間、親権を行う。ただし、民法第七百九十七条の規定による縁組の承諾をするには、内閣府令の定めるところにより、都道府県知事の許可を得なければならない。

②　児童相談所長は、一時保護が行われた児童で親権を行う者又は未成年後見人のあるものについても、監護及び教育に関し、その児童の福祉のため必要な措置をとることができる。この場合において、児童相談所長は、児童の人格を尊重するとともに、その年齢及び発達の程度に配慮しなければならず、かつ、体罰その他の児童の心身の健全な発達に有害な影響を及ぼす言動をしてはならない。

③　前項の児童の親権を行う者又は未成年後見人は、同項の規定による措置を不当に妨げてはならない。

④　第二項の規定による措置は、児童の生命又は身体の安全を確保するため緊急の必要があると認めるときは、その親権を行う者又は未成年後見人の意に反しても、これをとることができる。

第三十三条の三―第三十三条の六　〔略〕

第三十三条の七　児童等の親権者に係る民法第八百三十四条本文、第八百三十四条の二第一項、第八百三十五条又は第八百三十六条の規定による親権喪失、親権停止若しくは管理権喪失の審判の請求又はこれらの審判の取消しの請求は、これらの規定に定める者のほか、児童相談所長も、これを行うことができる。

第三十三条の八・第三十三条の九の二　〔略〕

第七節　被措置児童等虐待の防止等

第三十三条の十　この法律で、被措置児童等虐待とは、小規模住居型児童養育事業に従事する者、里親若しくはその同居人、乳児院、児童養護施設、障害児入所施設、児童心理治療施設若しくは児童自立支援施設の長、その職員その他の従業者、指定発達支援医療機関の管理者その他の従業者、一時保護施設を設けている児童相談所の所長、当該施設の職員その他の従業者又は第三十三条第一項若しくは第二項の委託を受けて児童の一時保護を行う業務に従事する者（以下「施設職員等」と総称する。）が、委託された児童、入所する児童又は一時保護が行われた児童（以下「被措置児童等」という。）について行う次に掲げる行為をいう。

一　被措置児童等の身体に外傷が生じ、又は生じるおそれのある暴行を加えること。

二　被措置児童等にわいせつな行為をすること又は被措置児童等をしてわいせつな行為をさせること。

三　被措置児童等の心身の正常な発達を妨げるような著しい減食又は長時間の放置、同居人若しくは生活を共にする他の児童による前二号又は次号に掲げる行為の放置その他の施設職員等としての養育又は業務を著しく怠ること。

四　被措置児童等に対する著しい暴言又は著しく拒絶的な対応その他の被措置児童等に著しい心理的外傷を与える言動を行うこと。

第三十三条の十一　施設職員等は、被措置児童等虐待その他被措置児童等の心身に有害な影響を及ぼす行為をしてはならない。

第三十三条の十二　被措置児童等虐待を受けたと思われる児童を発見した者は、速やかに、これを都道府県の設置する福祉事務所、児童相談所、第三十三条の十四第一項若しくは第二項に規定する措置を講ずる権限を有する都道府県の行政機関（以下この節において「都道府県の行政機関」という。）、都道府県児童福祉審議会若しくは市町村又は児童委員を介して、都道府県の設置する福祉事務所、児童相談所、都道府県の行政機関、都道府県児童福祉審議会若しくは市町村に通告しなければならない。

②　被措置児童等虐待を受けたと思われる児童を発見した者は、当該被措置児童等虐待

を受けたと思われる児童が、児童虐待を受けたと思われる児童にも該当する場合において、前項の規定による通告をしたときは、児童虐待の防止等に関する法律第六条第一項の規定による通告をすることを要しない。

③ 被措置児童等は、被措置児童等虐待を受けたときは、その旨を児童相談所、都道府県の行政機関又は都道府県児童福祉審議会に届け出ることができる。

④ 刑法の秘密漏示罪の規定その他の守秘義務に関する法律の規定は、第一項の規定による通告（虚偽であるもの及び過失によるものを除く。次項において同じ。）をすることを妨げるものと解釈してはならない。

⑤ 施設職員等は、第一項の規定による通告をしたことを理由として、解雇その他不利益な取扱いを受けない。

第三十三条の十三 都道府県の設置する福祉事務所、児童相談所、都道府県の行政機関、都道府県児童福祉審議会又は市町村が前条第一項の規定による通告又は同条第三項の規定による届出を受けた場合においては、当該通告若しくは届出を受けた都道府県の設置する福祉事務所若しくは児童相談所の所長、所員その他の職員、都道府県の行政機関若しくは市町村の職員、都道府県児童福祉審議会の委員若しくは臨時委員又は当該通告を仲介した児童委員は、その職務上知り得た事項であつて当該通告又は届出をした者を特定させるものを漏らしてはならない。

第三十三条の十四 都道府県は、第三十三条の十二第一項の規定による通告、同条第三項の規定による届出若しくは第三項若しくは次条第一項の規定による通知を受けたとき又は相談に応じた児童について必要があると認めるときは、速やかに、当該被措置児童等の状況の把握その他当該通告、届出、通知又は相談に係る事実について確認するための措置を講ずるものとする。

② 都道府県は、前項に規定する措置を講じた場合において、必要があると認めるときは、小規模住居型児童養育事業、里親、乳児院、児童養護施設、障害児入所施設、児童心理治療施設、児童自立支援施設、指定発達支援医療機関、一時保護施設又は第三十三条第一項若しくは第二項の委託を受けて一時保護を行う者における事業若しくは業務の適正な運営又は適切な養育を確保することにより、当該通告、届出、通知又は相談に係る被措置児童等に対する被措置児童等虐待の防止並びに当該被措置児童等及び当該被措置児童等と生活を共にする他の被措置児童等の保護を図るため、適切な措置を講ずるものとする。

③ 都道府県の設置する福祉事務所、児童相談所又は市町村が第三十三条の十二第一項の規定による通告若しくは同条第三項の規定による届出を受けたとき、又は児童虐待の防止等に関する法律に基づく措置を講じた場合において、第一項の措置が必要であると認めるときは、都道府県の設置する福祉事務所の長、児童相談所の所長又は市町村の長は、速やかに、都道府県知事に通知しなければならない。

第三十三条の十五 都道府県児童福祉審議会は、第三十三条の十二第一項の規定による通告又は同条第三項の規定による届出を受けたときは、速やかに、その旨を都道府県知事に通知しなければならない。

② 都道府県知事は、前条第一項又は第二項に規定する措置を講じたときは、速やかに、当該措置の内容、当該被措置児童等の状況その他の内閣府令で定める事項を都道府県児童福祉審議会に報告しなければならない。

③ 都道府県児童福祉審議会は、前項の規定による報告を受けたときは、その報告に係る事項について、都道府県知事に対し、意見を述べることができる。

④ 都道府県児童福祉審議会は、前項に規定する事務を遂行するため特に必要があると認めるときは、施設職員等その他の関係者に対し、出席説明及び資料の提出を求めることができる。

第三十三条の十六 都道府県知事は、毎年度、被措置児童等虐待の状況、被措置児童等虐待があつた場合に講じた措置その他内閣府令で定める事項を公表するものとする。

第三十三条の十七 国は、被措置児童等虐待の事例の分析を行うとともに、被措置児童等虐待の予防及び早期発見のための方策並びに被措置児童等虐待があつた場合の適切な対応方法に資する事項についての調査及び研究を行うものとする。

第八節 雑則〔略〕

第三章 事業、養育里親及び養子縁組里親並びに施設

第三十四条の三 都道府県は、障害児相談支援事業又は障害児通所支援事業（以下「障害児通所支援事業等」という。）を行うことができる。

② 国及び都道府県以外の者は、内閣府令で定めるところにより、あらかじめ、厚生労働省令で定める事項を都道府県知事に届け出て、障害児通所支援事業等を行うことができる。

③ 国及び都道府県以外の者は、前項の規定により届け出た事項に変更が生じたときは、変更の日から一月以内に、その旨を都道府県知事に届け出なければならない。

④ 国及び都道府県以外の者は、障害児通所支援事業等を廃止し、又は休止しようとするときは、あらかじめ、内閣府令で定める事項を都道府県知事に届け出なければならない。

第三十四条の四　国及び都道府県以外の者は、内閣府令の定めるところにより、あらかじめ、厚生労働省令で定める事項を都道府県知事に届け出て、児童自立生活援助事業又は小規模住居型児童養育事業を行うことができる。

② 国及び都道府県以外の者は、前項の規定により届け出た事項に変更を生じたときは、変更の日から一月以内に、その旨を都道府県知事に届け出なければならない。

③ 国及び都道府県以外の者は、児童自立生活援助事業又は小規模住居型児童養育事業を廃止し、又は休止しようとするときは、あらかじめ、内閣府令で定める事項を都道府県知事に届け出なければならない。

第三十四条の五　都道府県知事は、児童の福祉のために必要があると認めるときは、障害児通所支援事業等、児童自立生活援助事業若しくは小規模住居型児童養育事業を行う者に対して、必要と認める事項の報告を求め、又は当該職員に、関係者に対して質問させ、若しくはその事務所若しくは施設に立ち入り、設備、帳簿書類その他の物件を検査させることができる。

② 第十八条の十六第二項及び第三項の規定は、前項の場合について準用する。

第三十四条の六　都道府県知事は、障害児通所支援事業等、児童自立生活援助事業又は小規模住居型児童養育事業を行う者が、この法律若しくはこれに基づく命令若しくはこれらに基づいてする処分に違反したとき、その事業に関し不当に営利を図り、若しくはその事業に係る児童の処遇につき不当な行為をしたとき、又は障害児通所支援事業者が第二十一条の七の規定に違反したときは、その者に対し、その事業の制限又は停止を命ずることができる。

第三十四条の七　障害者等相談支援事業、小規模住居型児童養育事業又は児童自立生活援助事業を行う者は、第二十六条第一項第二号、第二十七条第一項第三号又は第三十三条の六第一項の規定による委託を受けたときは、正当な理由がない限り、これを拒んではならない。

第三十四条の七の二―第三十四条の七の七　〔略〕

第三十四条の八　市町村は、放課後児童健全育成事業を行うことができる。

② 国、都道府県及び市町村以外の者は、内閣府令で定めるところにより、あらかじめ、内閣府令で定める事項を市町村長に届け出て、放課後児童健全育成事業を行うことができる。

③ 国、都道府県及び市町村以外の者は、前項の規定により届け出た事項に変更を生じたときは、変更の日から一月以内に、その旨を市町村長に届け出なければならない。

④ 国、都道府県及び市町村以外の者は、放課後児童健全育成事業を廃止し、又は休止しようとするときは、あらかじめ、内閣府令で定める事項を市町村長に届け出なければならない。

第三十四条の八の二　市町村は、放課後児童健全育成事業の設備及び運営について、条例で基準を定めなければならない。この場合において、その基準は、児童の身体的、精神的及び社会的な発達のために必要な水準を確保するものでなければならない。

② 市町村が前項の条例を定めるに当たつては、内閣府令で定める基準を参酌するものとする。

③ 放課後児童健全育成事業を行う者は、第一項の基準を遵守しなければならない。

第三十四条の八の三　市町村長は、前条第一項の基準を維持するため、放課後児童健全育成事業を行う者に対して、必要と認める事項の報告を求め、又は当該職員に、関係者に対して質問させ、若しくはその事業を行う場所に立ち入り、設備、帳簿書類その他の物件を検査させることができる。

② 第十八条の十六第二項及び第三項の規定は、前項の場合について準用する。

③ 市町村長は、放課後児童健全育成事業が前条第一項の基準に適合しないと認められるに至つたときは、その事業を行う者に対し、当該基準に適合するために必要な措置を採るべき旨を命ずることができる。

④ 市町村長は、放課後児童健全育成事業を行う者が、この法律若しくはこれに基づく命令若しくはこれらに基づいてする処分に違反したとき、又はその事業に関し不当に営利を図り、若しくはその事業に係る児童の処遇につき不当な行為をしたときは、その者に対し、その事業の制限又は停止を命ずることができる。

第三十四条の九　市町村は、内閣府令で定めるところにより、子育て短期支援事業を行うことができる。

第三十四条の十　市町村は、第二十一条の十の二第一項の規定により乳児家庭全戸訪問事業又は養育支援訪問事業を行う場合には、社会福祉法の定めるところにより行うものとする。

第三十四条の十一　市町村、社会福祉法人その他の者は、社会福祉法の定めるところにより、地域子育て支援拠点事業、子育て世帯訪問支援事業又は親子関係形成支援事業を行うことができる。

② 地域子育て支援拠点事業に従事する者は、その職務を遂行するに当たつては、個人の身上に関する秘密を守らなければならない。

第三十四条の十二　市町村、社会福祉法人その他の者は、内閣府令の定めるところにより、あらかじめ、内閣府令で定める事項を都道府県知事に届け出て、一時預かり事業を行うことができる。

② 市町村、社会福祉法人その他の者は、前項の規定により届け出た事項に変更を生じたときは、変更の日から一月以内に、その旨を都道府県知事に届け出なければならない。

③ 市町村、社会福祉法人その他の者は、一時預かり事業を廃止し、又は休止しようとするときは、あらかじめ、内閣府令で定める事項を都道府県知事に届け出なければならない。

第三十四条の十三　一時預かり事業を行う者は、その事業を実施するために必要なものとして内閣府令で定める基準を遵守しなければならない。

第三十四条の十四　都道府県知事は、前条の基準を維持するため、一時預かり事業を行う者に対して、必要と認める事項の報告を求め、又は当該職員に、関係者に対して質問させ、若しくはその事業を行う場所に立ち入り、設備、帳簿書類その他の物件を検査させることができる。

② 第十八条の十六第二項及び第三項の規定は、前項の場合について準用する。

③ 都道府県知事は、一時預かり事業が前条の基準に適合しないと認められるに至つたときは、その事業を行う者に対し、当該基準に適合するために必要な措置を採るべき旨を命ずることができる。

④ 都道府県知事は、一時預かり事業を行う者が、この法律若しくはこれに基づく命令若しくはこれらに基づいてする処分に違反したとき、又はその事業に関し不当に営利を図り、若しくはその事業に係る乳児若しくは幼児の処遇につき不当な行為をしたときは、その者に対し、その事業の制限又は停止を命ずることができる。

第三十四条の十五　市町村は、家庭的保育事業等を行うことができる。

② 国、都道府県及び市町村以外の者は、内閣府令の定めるところにより、市町村長の認可を得て、家庭的保育事業等を行うことができる。

③ 市町村長は、前項の認可の申請があつたときは、次条第一項の条例で定める基準に適合するかどうかを審査するほか、次に掲げる基準（当該認可の申請をした者が社会福祉法人又は学校法人である場合にあつては、第四号に掲げる基準に限る。）によつて、その申請を審査しなければならない。

一　当該家庭的保育事業等を行うために必要な経済的基礎があること。

二　当該家庭的保育事業等を行う者（その者が法人である場合にあつては、経営担当役員（業務を執行する社員、取締役、執行役又はこれらに準ずる者をいう。第三十五条第五項第二号において同じ。）とする。）が社会的信望を有すること。

三　実務を担当する幹部職員が社会福祉事業に関する知識又は経験を有すること。

四　次のいずれにも該当しないこと。

イ　申請者が、拘禁刑以上の刑に処せられ、その執行を終わり、又は執行を受けることがなくなるまでの者であるとき。

ロ　申請者が、この法律その他国民の福祉に関する法律で政令で定めるものの規定により罰金の刑に処せられ、その執行を終わり、又は執行を受けることがなくなるまでの者であるとき。

ハ　申請者が、労働に関する法律の規定であつて政令で定めるものにより罰金の刑に処せられ、その執行を終わり、又は執行を受けることがなくなるまでの者であるとき。

ニ　申請者が、第五十八条第二項の規定により認可を取り消され、その取消しの日から起算して五年を経過しない者（当該認可を取り消された者が法人である場合においては、当該取消しの処分に係る行政手続法第十五条の規定による通知があつた日前六十日以内に当該法人の役員（業務を執行する社員、取締役、執行役又はこれらに準ずる者をいい、相談役、顧問その他いかなる名称を有する者であるかを問わず、法人に対し業務を執行する社員、取締役、執行役又はこれらに準ずる者と同等以上の支配力を有するものと認められる者を含む。ホにおいて同じ。）又はその事業を管理する者その他の政令で定める使用人（以下この号及び第三十五条第五項第四号において「役員等」という。）であつた者で当該取消しの日から起算して五年を経過しないものを含み、当該認可を取り消された者が法人でない場合においては、当該通知があつた日前六十日以内に当該事業を行う者の管理者であつた者で当該取消しの日から起算して五年を経過しないものを含む。）であるとき。ただし、当該認可の取消しが、家庭的保育事業等の認可の取消しのうち当該認可の取消しの処分の理由となつた事実及び当該事実の発生を防止するための当該家庭的保育事業等を行う者による業務管理体制の整備についての取組の状況その他の当該事実に関して当該家庭的保育事業等を行う者が有していた責任の程度を考慮して、ニ本文に規定する認可の取消しに該当しないこととすることが相当であると認められるものとして内閣府令で定めるものに該当する場合を除く。

ホ　申請者と密接な関係を有する者（申請者（法人に限る。以下ホにおいて同じ。）の役員に占めるその役員の割合が二分の一を超え、若しくは当該申請者の株式の所有その他の事由を通じて当該申請者の事業を実質的に支配し、若しくはその事業に重要な影響を与える関係にある者として内閣府令で定めるもの（以下ホにおいて「申請者の親会社等」という。）、申請者の親会社等の役員と同一の者がその役員に占める割合が二分の一を超え、若しくは申請者の親会社等が株式の所有その他の事由を通じてその事業を実質的に支配し、若しくはその事業に重要な影響を与える関係にある者として内閣府令で定めるもの又は当該申請者の役員と同一の者がその役員に占める割合が二分の一を超え、若しくは当該申請者が株式の所有その他の事由を通じてその事業を実質的に支配し、若しくはその事業に重要な影響を与える関係にある者として内閣府令で定めるもののうち、当該申請者と内閣府令で定める密接な関係を有する法人をいう。第三十五条第五項第四号ホにおいて同じ。）が、第五十八条第二項の規定により認可を取り消され、その取消しの日から起算して五年を経過していないとき。ただし、当該認可の取消しが、家庭的保育事業等の認可の取消しのうち当該認可の取消しの処分の理由となつた事実及び当該事実の発生を防止するための当該家庭的保育事業等を行う者による業務管理体制の整備についての取組の状況その他の当該事実に関して当該家庭的保育事業等を行う者が有していた責任の程度を考慮して、ホ本文に規定する認可の取消しに該当しないこととすることが相当であると認められるものとして内閣府令で定めるものに該当する場合を除く。

ヘ　申請者が、第五十八条第二項の規定による認可の取消しの処分に係る行政手続法第十五条の規定による通知があつた日から当該処分をする日又は処分をしないことを決定する日までの間に第七項の規定による事業の廃止をした者（当該廃止について相当の理由がある者を除く。）で、当該事業の廃止の承認の日から起算して五年を経過しないものであるとき。

ト　申請者が、第三十四条の十七第一項の規定による検査が行われた日から聴聞決定予定日（当該検査の結果に基づき第五十八条第二項の規定による認可の取消しの処分に係る聴聞を行うか否かの決定をすることが見込まれる日として内閣府令で定めるところにより市町村長が当該申請者に当該検査が行われた日から十日以内に特定の日を通知した場合における当該特定の日をいう。）までの間に第七項の規定による事業の廃止をした者（当該廃止について相当の理由がある者を除く。）で、当該事業の廃止の承認の日から起算して五年を経過しないものであるとき。

チ　ヘに規定する期間内に第七項の規定による事業の廃止の承認の申請があつた場合において、申請者が、ヘの通知の日前六十日以内に当該申請に係る法人（当該事業の廃止について相当の理由がある法人を除く。）の役員等又は当該申請に係る法人でない事業を行う者（当該事業の廃止について相当の理由があるものを除く。）の管理者であつた者で、当該事業の廃止の承認の日から起算して五年を経過しないものであるとき。

リ　申請者が、認可の申請前五年以内に保育に関し不正又は著しく不当な行為をした者であるとき。

ヌ　申請者が、法人で、その役員等のうちにイからニまで又はヘからリまでのいずれかに該当する者のあるものであるとき。

ル　申請者が、法人でない者で、その管理者がイからニまで又はヘからリまでのいずれかに該当する者であるとき。

④　市町村長は、第二項の認可をしようとするときは、あらかじめ、市町村児童福祉審議会を設置している場合にあつてはその意見を、その他の場合にあつては児童の保護者その他児童福祉に係る当事者の意見を聴かなければならない。

⑤　市町村長は、第三項に基づく審査の結果、その申請が次条第一項の条例で定める基準に適合しており、かつ、その事業を行う者が第三項各号に掲げる基準（その者が社会福祉法人又は学校法人である場合にあつては、同項第四号に掲げる基準に限る。）に該当すると認めるときは、第二項の認可をするものとする。ただし、市町村長は、当該申請に係る家庭的保育事業等の所在地を含む教育・保育提供区域（子ども・子育て支援法第六十一条第二項第一号の規定により当該市町村が定める教育・保育提供区域とする。以下この項において同じ。）における特定地域型保育事業所（同法第二十九条第三項第一号に規定する特定地域型保育事業所をいい、事業所内保育事業における同法第四十三条第一項に規定する労働者等の監護する小学校就学前子どもに係る部分を除く。以下この項において同じ。）の利用定員の総数（同法第十九条第三号に掲

げる小学校就学前子どもの区分に係るものに限る。）が、同法第六十一条第一項の規定により当該市町村が定める市町村子ども・子育て支援事業計画において定める当該教育・保育提供区域の特定地域型保育事業所に係る必要利用定員総数（同法第十九条第三号に掲げる小学校就学前子どもの区分に係るものに限る。）に既に達しているか、又は当該申請に係る家庭的保育事業等の開始によつてこれを超えることになると認めるとき、その他の当該市町村子ども・子育て支援事業計画の達成に支障を生ずるおそれがある場合として内閣府令で定める場合に該当すると認めるときは、第二項の認可をしないことができる。

⑥　市町村長は、家庭的保育事業等に関する第二項の申請に係る認可をしないときは、速やかにその旨及び理由を通知しなければならない。

⑦　国、都道府県及び市町村以外の者は、家庭的保育事業等を廃止し、又は休止しようとするときは、内閣府令の定めるところにより、市町村長の承認を受けなければならない。

第三十四条の十六　市町村は、家庭的保育事業等の設備及び運営について、条例で基準を定めなければならない。この場合において、その基準は、児童の身体的、精神的及び社会的な発達のために必要な保育の水準を確保するものでなければならない。

②　市町村が前項の条例を定めるに当たつては、次に掲げる事項については厚生労働省令で定める基準に従い定めるものとし、その他の事項については内閣府令で定める基準を参酌するものとする。

一　家庭的保育事業等に従事する者及びその員数

二　家庭的保育事業等の運営に関する事項であつて、児童の適切な処遇及び安全の確保並びに秘密の保持並びに児童の健全な発達に密接に関連するものとして厚生労働省令で定めるもの

③　家庭的保育事業等を行う者は、第一項の基準を遵守しなければならない。

第三十四条の十七　市町村長は、前条第一項の基準を維持するため、家庭的保育事業等を行う者に対して、必要と認める事項の報告を求め、又は当該職員に、関係者に対して質問させ、若しくは家庭的保育事業等を行う場所に立ち入り、設備、帳簿書類その他の物件を検査させることができる。

②　第十八条の十六第二項及び第三項の規定は、前項の場合について準用する。

③　市町村長は、家庭的保育事業等が前条第一項の基準に適合しないと認められるに至つたときは、その事業を行う者に対し、当該基準に適合するために必要な措置を採るべき旨を勧告し、又はその事業を行う者がその勧告に従わず、かつ、児童福祉に有害であると認められるときは、必要な改善を命ずることができる。

④　市町村長は、家庭的保育事業等が、前条第一項の基準に適合せず、かつ、児童福祉に著しく有害であると認められるときは、その事業を行う者に対し、その事業の制限又は停止を命ずることができる。

第三十四条の十七の二―第三十四条の十七の三　〔略〕

第三十四条の十八　国及び都道府県以外の者は、内閣府令で定めるところにより、あらかじめ、厚生労働省令で定める事項を都道府県知事に届け出て、病児保育事業を行うことができる。

②　国及び都道府県以外の者は、前項の規定により届け出た事項に変更を生じたときは、変更の日から一月以内に、その旨を都道府県知事に届け出なければならない。

③　国及び都道府県以外の者は、病児保育事業を廃止し、又は休止しようとするときは、あらかじめ、内閣府令で定める事項を都道府県知事に届け出なければならない。

第三十四条の十八の二　都道府県知事は、児童の福祉のために必要があると認めるときは、病児保育事業を行う者に対して、必要と認める事項の報告を求め、又は当該職員に、関係者に対して質問させ、若しくはその事業を行う場所に立ち入り、設備、帳簿書類その他の物件を検査させることができる。

②　第十八条の十六第二項及び第三項の規定は、前項の場合について準用する。

③　都道府県知事は、病児保育事業を行う者が、この法律若しくはこれに基づく命令若しくはこれらに基づいてする処分に違反したとき、又はその事業に関し不当に営利を図り、若しくはその事業に係る児童の処遇につき不当な行為をしたときは、その者に対し、その事業の制限又は停止を命ずることができる。

第三十四条の十八の三　国及び都道府県以外の者は、社会福祉法の定めるところにより、子育て援助活動支援事業を行うことができる。

②　子育て援助活動支援事業に従事する者は、その職務を遂行するに当たつては、個人の身上に関する秘密を守らなければならない。

第三十四条の十九　都道府県知事は、第二十七条第一項第三号の規定により児童を委託するため、内閣府令で定めるところにより、養育里親名簿及び養子縁組里親名簿を作成しておかなければならない。

第三十四条の二十　本人又はその同居人が次の各号のいずれかに該当する者は、養育里親及び養子縁組里親となることができない。

一　拘禁刑以上の刑に処せられ、その執行

を終わり、又は執行を受けることがなくなるまでの者

二　この法律、児童買春、児童ポルノに係る行為等の規制及び処罰並びに児童の保護等に関する法律（平成十一年法律第五十二号）その他国民の福祉に関する法律で政令で定めるものの規定により罰金の刑に処せられ、その執行を終わり、又は執行を受けることがなくなるまでの者

三　児童虐待又は被措置児童等虐待を行つた者その他児童の福祉に関し著しく不適当な行為をした者

② 都道府県知事は、養育里親若しくは養子縁組里親又はその同居人が前項各号のいずれかに該当するに至つたときは、当該養育里親又は養子縁組里親を直ちに養育里親名簿又は養子縁組里親名簿から抹消しなければならない。

第三十五条　国は、政令の定めるところにより、児童福祉施設（助産施設、母子生活支援施設、保育所及び幼保連携型認定こども園を除く。）を設置するものとする。

② 都道府県は、政令の定めるところにより、児童福祉施設（幼保連携型認定こども園を除く。以下この条、第四十五条、第四十六条、第四十九条、第五十条第九号、第五十一条第七号、第五十六条の二、第五十七条及び第五十八条において同じ。）を設置しなければならない。

③ 市町村は、内閣府令の定めるところにより、あらかじめ、厚生労働省令で定める事項を都道府県知事に届け出て、児童福祉施設を設置することができる。

④ 国、都道府県及び市町村以外の者は、内閣府令の定めるところにより、都道府県知事の認可を得て、児童福祉施設を設置することができる。

⑤ 都道府県知事は、保育所に関する前項の認可の申請があつたときは、第四十五条第一項の条例で定める基準（保育所に係るものに限る。第八項において同じ。）に適合するかどうかを審査するほか、次に掲げる基準（当該認可の申請をした者が社会福祉法人又は学校法人である場合にあつては、第四号に掲げる基準に限る。）によつて、その申請を審査しなければならない。

一　当該保育所を経営するために必要な経済的基礎があること。

二　当該保育所の経営者（その者が法人である場合にあつては、経営担当役員とする。）が社会的信望を有すること。

三　実務を担当する幹部職員が社会福祉事業に関する知識又は経験を有すること。

四　次のいずれにも該当しないこと。

イ　申請者が、拘禁刑以上の刑に処せられ、その執行を終わり、又は執行を受けることがなくなるまでの者であるとき。

ロ　申請者が、この法律その他国民の福祉若しくは学校教育に関する法律で政令で定めるものの規定により罰金の刑に処せられ、その執行を終わり、又は執行を受けることがなくなるまでの者であるとき。

ハ　申請者が、労働に関する法律の規定であつて政令で定めるものにより罰金の刑に処せられ、その執行を終わり、又は執行を受けることがなくなるまでの者であるとき。

ニ　申請者が、第五十八条第一項の規定により認可を取り消され、その取消しの日から起算して五年を経過しない者（当該認可を取り消された者が法人である場合においては、当該取消しの処分に係る行政手続法第十五条の規定による通知があつた日前六十日以内に当該法人の役員等であつた者で当該取消しの日から起算して五年を経過しないものを含み、当該認可を取り消された者が法人でない場合においては、当該通知があつた日前六十日以内に当該保育所の管理者であつた者で当該取消しの日から起算して五年を経過しないものを含む。）であるとき。ただし、当該認可の取消しが、保育所の設置の認可の取消しのうち当該認可の取消しの処分の理由となつた事実及び当該事実の発生を防止するための当該保育所の設置者による業務管理体制の整備についての取組の状況その他の当該事実に関して当該保育所の設置者が有していた責任の程度を考慮して、ニ本文に規定する認可の取消しに該当しないこととすることが相当であると認められるものとして内閣府令で定めるものに該当する場合を除く。

ホ　申請者と密接な関係を有する者が、第五十八条第一項の規定により認可を取り消され、その取消しの日から起算して五年を経過していないとき。ただし、当該認可の取消しが、保育所の設置の認可の取消しのうち当該認可の取消しの処分の理由となつた事実及び当該事実の発生を防止するための当該保育所の設置者による業務管理体制の整備についての取組の状況その他の当該事実に関して当該保育所の設置者が有していた責任の程度を考慮して、ホ本文に規定する認可の取消しに該当しないこととすることが相当であると認められるものとして内閣府令で定めるものに該当する場合を除く。

へ　申請者が、第五十八条第一項の規定による認可の取消しの処分に係る行政手続法第十五条の規定による通知があつた日から当該処分をする日又は処分をしないことを決定する日までの間に

第十二項の規定による保育所の廃止をした者（当該廃止について相当の理由がある者を除く。）で、当該保育所の廃止の承認の日から起算して五年を経過しないものであるとき。

ト　申請者が、第四十六条第一項の規定による検査が行われた日から聴聞決定予定日（当該検査の結果に基づき第五十八条第一項の規定による認可の取消しの処分に係る聴聞を行うか否かの決定をすることが見込まれる日として内閣府令で定めるところにより都道府県知事が当該申請者に当該検査が行われた日から十日以内に特定の日を通知した場合における当該特定の日をいう。）までの間に第十二項の規定による保育所の廃止をした者（当該廃止について相当の理由がある者を除く。）で、当該保育所の廃止の承認の日から起算して五年を経過しないものであるとき。

チ　へに規定する期間内に第十二項の規定による保育所の廃止の承認の申請があつた場合において、申請者が、への通知の日前六十日以内に当該申請に係る法人（当該保育所の廃止について相当の理由がある法人を除く。）の役員等又は当該申請に係る法人でない保育所（当該保育所の廃止について相当の理由があるものを除く。）の管理者であつた者で、当該保育所の廃止の承認の日から起算して五年を経過しないものであるとき。

リ　申請者が、認可の申請前五年以内に保育に関し不正又は著しく不当な行為をした者であるとき。

ヌ　申請者が、法人で、その役員等のうちにイからニまで又はへからリまでのいずれかに該当する者のあるものであるとき。

ル　申請者が、法人でない者で、その管理者がイからニまで又はへからリまでのいずれかに該当する者であるとき。

⑥　都道府県知事は、第四項の規定により保育所の設置の認可をしようとするときは、あらかじめ、都道府県児童福祉審議会の意見を聴かなければならない。

⑦　都道府県知事は、第四項の規定により保育所の設置の認可をしようとするときは、内閣府令で定めるところにより、あらかじめ、当該認可の申請に係る保育所が所在する市町村の長に協議しなければならない。

⑧　都道府県知事は、第五項に基づく審査の結果、その申請が第四十五条第一項の条例で定める基準に適合しており、かつ、その設置者が第五項各号に掲げる基準（その者が社会福祉法人又は学校法人である場合にあつては、同項第四号に掲げる基準に限る。）に該当すると認めるときは、第四項の認可をするものとする。ただし、都道府県知事は、当該申請に係る保育所の所在地を含む区域（子ども・子育て支援法第六十二条第二項第一号の規定により当該都道府県が定める区域とする。以下この項において同じ。）における特定教育・保育施設（同法第二十七条第一項に規定する特定教育・保育施設をいう。以下この項において同じ。）の利用定員の総数（同法第十九条第二号及び第三号に掲げる小学校就学前子どもに係るものに限る。）が、同法第六十二条第一項の規定により当該都道府県が定める都道府県子ども・子育て支援事業支援計画において定める当該区域の特定教育・保育施設に係る必要利用定員総数（同法第十九条第一項第二号及び第三号に掲げる小学校就学前子どもの区分に係るものに限る。）に既に達しているか、又は当該申請に係る保育所の設置によつてこれを超えることになると認めるとき、その他の当該都道府県子ども・子育て支援事業支援計画の達成に支障を生ずるおそれがある場合として内閣府令で定める場合に該当すると認めるときは、第四項の認可をしないことができる。

⑨　都道府県知事は、保育所に関する第四項の申請に係る認可をしないときは、速やかにその旨及び理由を通知しなければならない。

⑩　児童福祉施設には、児童福祉施設の職員の養成施設を附置することができる。

⑪　市町村は、児童福祉施設を廃止し、又は休止しようとするときは、その廃止又は休止の日の一月前（当該児童福祉施設が保育所である場合には三月前）までに、内閣府令で定める事項を都道府県知事に届け出なければならない。

⑫　国、都道府県及び市町村以外の者は、児童福祉施設を廃止し、又は休止しようとするときは、内閣府令の定めるところにより、都道府県知事の承認を受けなければならない。

第三十六条　助産施設は、保健上必要があるにもかかわらず、経済的理由により、入院助産を受けることができない妊産婦を入所させて、助産を受けさせることを目的とする施設とする。

第三十七条　乳児院は、乳児（保健上、安定した生活環境の確保その他の理由により特に必要のある場合には、幼児を含む。）を入院させて、これを養育し、あわせて退院した者について相談その他の援助を行うことを目的とする施設とする。

第三十八条　母子生活支援施設は、配偶者のない女子又はこれに準ずる事情にある女子及びその者の監護すべき児童を入所させて、これらの者を保護するとともに、これらの者の自立の促進のためにその生活を支援し、あわせて退所した者について相談その他の援助を行うことを目的とする施設とする。

第三十九条　保育所は、保育を必要とする乳児・幼児を日々保護者の下から通わせて保育を行うことを目的とする施設（利用定員が二十人以上であるものに限り、幼保連携型認定こども園を除く。）とする。

② 保育所は、前項の規定にかかわらず、特に必要があるときは、保育を必要とするその他の児童を日々保護者の下から通わせて保育することができる。

第三十九条の二　幼保連携型認定こども園は、義務教育及びその後の教育の基礎を培うものとしての満三歳以上の幼児に対する教育（教育基本法（平成十八年法律第百二十号）第六条第一項に規定する法律に定める学校において行われる教育をいう。）及び保育を必要とする乳児・幼児に対する保育を一体的に行い、これらの乳児又は幼児の健やかな成長が図られるよう適当な環境を与えて、その心身の発達を助長することを目的とする施設とする。

② 幼保連携型認定こども園に関しては、この法律に定めるもののほか、認定こども園法の定めるところによる。

第四十条　児童厚生施設は、児童遊園、児童館等児童に健全な遊びを与えて、その健康を増進し、又は情操をゆたかにすることを目的とする施設とする。

第四十一条　児童養護施設は、保護者のない児童（乳児を除く。ただし、安定した生活環境の確保その他の理由により特に必要のある場合には、乳児を含む。以下この条において同じ。）、虐待されている児童その他環境上養護を要する児童を入所させて、これを養護し、あわせて退所した者に対する相談その他の自立のための援助を行うことを目的とする施設とする。

第四十二条　障害児入所施設は、次の各号に掲げる区分に応じ、障害児を入所させて、当該各号に定める支援を行うことを目的とする施設とする。

一　福祉型障害児入所施設　保護並びに日常生活における基本的な動作及び独立自活に必要な知識技能の習得のための支援

二　医療型障害児入所施設　保護、日常生活における基本的な動作及び独立自活に必要な知識技能の習得のための支援並びに治療

第四十三条　児童発達支援センターは、地域の障害児の健全な発達において中核的な役割を担う機関として、障害児を日々保護者の下から通わせて、高度の専門的な知識及び技術を必要とする児童発達支援を提供し、あわせて障害児の家族、指定障害児通所支援事業者その他の関係者に対し、相談、専門的な助言その他の必要な援助を行うことを目的とする施設とする。

第四十三条の二　児童心理治療施設は、家庭環境、学校における交友関係その他の環境上の理由により社会生活への適応が困難となつた児童を、短期間、入所させ、又は保護者の下から通わせて、社会生活に適応するために必要な心理に関する治療及び生活指導を主として行い、あわせて退所した者について相談その他の援助を行うことを目的とする施設とする。

第四十四条　児童自立支援施設は、不良行為をなし、又はなすおそれのある児童及び家庭環境その他の環境上の理由により生活指導等を要する児童を入所させ、又は保護者の下から通わせて、個々の児童の状況に応じて必要な指導を行い、その自立を支援し、あわせて退所した者について相談その他の援助を行うことを目的とする施設とする。

第四十四条の二　児童家庭支援センターは、地域の児童の福祉に関する各般の問題につき、児童に関する家庭その他からの相談のうち、専門的な知識及び技術を必要とするものに応じ、必要な助言を行うとともに、市町村の求めに応じ、技術的助言その他必要な援助を行うほか、第二十六条第一項第二号及び第二十七条第一項第二号の規定による指導を行い、あわせて児童相談所、児童福祉施設等との連絡調整その他内閣府令の定める援助を総合的に行うことを目的とする施設とする。

② 児童家庭支援センターの職員は、その職務を遂行するに当たつては、個人の身上に関する秘密を守らなければならない。

第四十四条の三―第四十四条の四〔略〕

第四十五条　都道府県は、児童福祉施設の設備及び運営について、条例で基準を定めなければならない。この場合において、その基準は、児童の身体的、精神的及び社会的な発達のために必要な生活水準を確保するものでなければならない。

② 都道府県が前項の条例を定めるに当たつては、次に掲げる事項については内閣府令で定める基準に従い定めるものとし、その他の事項については厚生労働省令で定める基準を参酌するものとする。

内閣総理大臣は、前項の内閣府令で定める基準（同項第三号の保育所における保育の内容に関する事項に限る。）を定めるに当たつては、学校教育法第二十五条第一項の規定により文部科学大臣が定める幼稚園の教育課程その他の保育内容に関する事項並びに認定こども園法第十条第一項の規定により主務大臣が定める幼保連携型認定こども園の教育課程その他の教育及び保育の内容に関する事項との整合性の確保並びに小学校及び義務教育学校における教育との円滑な接続に配慮しなければならない。

内閣総理大臣は、前項の内閣府令で定める基準を定めるときは、あらかじめ、文部

科学大臣に協議しなければならない。

一　児童福祉施設に配置する従業者及びその員数

二　児童福祉施設に係る居室及び病室の床面積その他児童福祉施設の設備に関する事項であつて児童の健全な発達に密接に関連するものとして厚生労働省令で定めるもの

三　児童福祉施設の運営に関する事項であつて、保育所における保育の内容その他児童（助産施設にあつては、妊産婦）の適切な処遇及び安全の確保並びに秘密の保持並びに児童の健全な発達に密接に関連するものとして厚生労働省令で定めるもの

③　児童福祉施設の設置者は、第一項の基準を遵守しなければならない。

④　児童福祉施設の設置者は、児童福祉施設の設備及び運営についての水準の向上を図ることに努めるものとする。

第四十五条の二　内閣府令は、里親の行う養育について、基準を定めなければならない。この場合において、その基準は、児童の身体的、精神的及び社会的な発達のために必要な生活水準を確保するものでなければならない。

②　里親は、前項の基準を遵守しなければならない。

第四十六条　都道府県知事は、第四十五条第一項及び前条第一項の基準を維持するため、児童福祉施設の設置者、児童福祉施設の長及び里親に対して、必要な報告を求め、児童の福祉に関する事務に従事する職員に、関係者に対して質問させ、若しくはその施設に立ち入り、設備、帳簿書類その他の物件を検査させることができる。

②　第十八条の十六第二項及び第三項の規定は、前項の場合について準用する。

③　都道府県知事は、児童福祉施設の設備又は運営が第四十五条第一項の基準に達しないときは、その施設の設置者に対し、必要な改善を勧告し、又はその施設の設置者がその勧告に従わず、かつ、児童福祉に有害であると認められるときは、必要な改善を命ずることができる。

④　都道府県知事は、児童福祉施設の設備又は運営が第四十五条第一項の基準に達せず、かつ、児童福祉に著しく有害であると認められるときは、都道府県児童福祉審議会の意見を聴き、その施設の設置者に対し、その事業の停止を命ずることができる。

第四十六条の二　児童福祉施設の長は、都道府県知事又は市町村長（第三十二条第三項の規定により第二十四条第五項又は第六項の規定による措置に関する権限が当該市町村に置かれる教育委員会に委任されている場合にあつては、当該教育委員会）からこの法律の規定に基づく措置又は助産の実施若しくは母子保護の実施のための委託を受けたときは、正当な理由がない限り、これを拒んではならない。

②　保育所若しくは認定こども園の設置者又は家庭的保育事業等を行う者は、第二十四条第三項の規定により行われる調整及び要請に対し、できる限り協力しなければならない。

第四十七条　児童福祉施設の長は、入所中の児童等で親権を行う者又は未成年後見人のないものに対し、親権を行う者又は未成年後見人があるに至るまでの間、親権を行う。ただし、民法第七百九十七条の規定による縁組の承諾をするには、内閣府令の定めるところにより、都道府県知事の許可を得なければならない。

②　児童相談所長は、小規模住居型児童養育事業を行う者又は里親に委託中の児童等で親権を行う者又は未成年後見人のないものに対し、親権を行う者又は未成年後見人があるに至るまでの間、親権を行う。ただし、民法第七百九十七条の規定による縁組の承諾をするには、内閣府令の定めるところにより、都道府県知事の許可を得なければならない。

③　児童福祉施設の長、その住居において養育を行う第六条の三第八項に規定する内閣府令で定める者又は里親（以下この項において「施設長等」という。）は、入所中又は受託中の児童等で親権を行う者又は未成年後見人のあるものについても、監護及び教育に関し、その児童の福祉のため必要な措置をとることができる。この場合において、施設長等は、児童の人格を尊重するとともに、その年齢及び発達の程度に配慮しなければならず、かつ、体罰その他の児童の心身の健全な発達に有害な影響を及ぼす言動をしてはならない。

④　前項の児童等の親権を行う者又は未成年後見人は、同項の規定による措置を不当に妨げてはならない。

⑤　第三項の規定による措置は、児童等の生命又は身体の安全を確保するため緊急の必要があると認めるときは、その親権を行う者又は未成年後見人の意に反しても、これをとることができる。この場合において、児童福祉施設の長、小規模住居型児童養育事業を行う者又は里親は、速やかに、そのとつた措置について、当該児童等に係る通所給付決定若しくは入所給付決定、第二十一条の六、第二十四条第五項若しくは第六項若しくは第二十七条第一項第三号の措置、助産の実施若しくは母子保護の実施又は当該児童に係る子ども・子育て支援法第二十条第四項に規定する支給認定を行つた都道府県又は市町村の長に報告しなければならない。

第四十八条　児童養護施設、障害児入所施

設、児童心理治療施設及び児童自立支援施設の長、その住居において養育を行う第六条の三第八項に規定する内閣府令で定める者並びに里親は、学校教育法に規定する保護者に準じて、その施設に入所中又は受託中の児童を就学させなければならない。

第四十八条の二　乳児院、母子生活支援施設、児童養護施設、児童心理治療施設及び児童自立支援施設の長は、その行う児童の保護に支障がない限りにおいて、当該施設の所在する地域の住民につき、児童の養育に関する相談に応じ、及び助言を行うよう努めなければならない。

第四十八条の三　乳児院、児童養護施設、障害児入所施設、児童心理治療施設及び児童自立支援施設の長並びに小規模住居型児童養育事業を行う者及び里親は、当該施設に入所し、又は小規模住居型児童養育事業を行う者若しくは里親に委託された児童及びその保護者に対して、市町村、児童相談所、児童家庭支援センター、里親支援センター、教育機関、医療機関その他の関係機関との緊密な連携を図りつつ、親子の再統合のための支援その他の当該児童が家庭（家庭における養育環境と同様の養育環境及び良好な家庭的環境を含む。）で養育されるために必要な措置を採らなければならない。

第四十八条の四　保育所は、当該保育所が主として利用される地域の住民に対してその行う保育に支障がない限りにおいて、乳児、幼児等の保育に関する相談に応じ、及び助言を行うよう努めなければならない。

②　保育所に勤務する保育士は、乳児、幼児等の保育に関する相談に応じ、及び助言を行うために必要な知識及び技能の修得、維持及び向上に努めなければならない。

第四十九条　この法律で定めるもののほか、第六条の三各項に規定する事業及び児童福祉施設の職員その他児童福祉施設に関し必要な事項は、命令で定める。

第四章―第八章　〔略〕

附　則〔令五・五・八法一九〕

（施行期日）

第一条　この法律は、令和六年四月一日から施行する。〔ただし書略〕

●子ども・子育て支援法〔抄〕

★

（平成二四年法律第六五号）

最終改正…令四・六・二二法七六

第一章　総則

（目的）

第一条　この法律は、我が国における急速な少子化の進行並びに家庭及び地域を取り巻く環境の変化に鑑み、児童福祉法（昭和二十二年法律第百六十四号）その他の子どもに関する法律による施策と相まって、子ども・子育て支援給付その他の子ども及び子どもを養育している者に必要な支援を行い、もって一人一人の子どもが健やかに成長することができる社会の実現に寄与することを目的とする。

（基本理念）

第二条　子ども・子育て支援は、父母その他の保護者が子育てについての第一義的責任を有するという基本的認識の下に、家庭、学校、地域、職域その他の社会のあらゆる分野における全ての構成員が、各々の役割を果たすとともに、相互に協力して行われなければならない。

2　子ども・子育て支援給付その他の子ども・子育て支援の内容及び水準は、全ての子どもが健やかに成長するように支援するものであって、良質かつ適切なものであり、かつ、子どもの保護者の経済的負担の軽減について適切に配慮されたものでなければならない。

3　子ども・子育て支援給付その他の子ども・子育て支援は、地域の実情に応じて、総合的かつ効率的に提供されるよう配慮して行われなければならない。

（市町村等の責務）

第三条　市町村（特別区を含む。以下同じ。）は、この法律の実施に関し、次に掲げる責務を有する。

一　子どもの健やかな成長のために適切な環境が等しく確保されるよう、子ども及びその保護者に必要な子ども・子育て支援給付及び地域子ども・子育て支援事業を総合的かつ計画的に行うこと。

二　子ども及びその保護者が、確実に子ども・子育て支援給付を受け、及び地域子ども・子育て支援事業その他の子ども・子育て支援を円滑に利用するために必要な援助を行うとともに、関係機関との連絡調整その他の便宜の提供を行うこと。

三　子ども及びその保護者が置かれている環境に応じて、子どもの保護者の選択に基づき、多様な施設又は事業者から、良質かつ適切な教育及び保育その他の子ども・子育て支援が総合的かつ効率的に提供されるよう、その提供体制を確保すること。

2　都道府県は、市町村が行う子ども・子育て支援給付及び地域子ども・子育て支援事業が適正かつ円滑に行われるよう、市町村に対する必要な助言及び適切な援助を行うとともに、子ども・子育て支援のうち、特に専門性の高い施策及び各市町村の区域を超えた広域的な対応が必要な施策を講じなければならない。

3　国は、市町村が行う子ども・子育て支援給付及び地域子ども・子育て支援事業その他この法律に基づく業務が適正かつ円滑に行われるよう、市町村及び都道府県と相互に連携を図りながら、子ども・子育て支援の提供体制の確保に関する施策その他の必要な各般の措置を講じなければならない。

（事業主の責務）

第四条　事業主は、その雇用する労働者に係る多様な労働条件の整備その他の労働者の職業生活と家庭生活との両立が図られるようにするために必要な雇用環境の整備を行うことにより当該労働者の子育ての支援に努めるとともに、国又は地方公共団体が講ずる子ども・子育て支援に協力しなければならない。

（国民の責務）

第五条　国民は、子ども・子育て支援の重要性に対する関心と理解を深めるとともに、国又は地方公共団体が講ずる子ども・子育て支援に協力しなければならない。

（定義）

第六条　この法律において「子ども」とは、十八歳に達する日以後の最初の三月三十一日までの間にある者をいい、「小学校就学前子ども」とは、子どものうち小学校就学の始期に達するまでの者をいう。

2　この法律において「保護者」とは、親権を行う者、未成年後見人その他の者で、子どもを現に監護する者をいう。

第七条　この法律において「子ども・子育て支援」とは、全ての子どもの健やかな成長のために適切な環境が等しく確保されるよう、国若しくは地方公共団体又は地域における子育ての支援を行う者が実施する子ども及び子どもの保護者に対する支援をいう。

2　この法律において「教育」とは、満三歳以上の小学校就学前子どもに対して義務教育及びその後の教育の基礎を培うものとして教育基本法（平成十八年法律第百二十号）第六条第一項に規定する法律に定める学校において行われる教育をいう。

3　この法律において「保育」とは、児童福祉法第六条の三第七項第一号に規定する保育をいう。

4　この法律において「教育・保育施設」とは、就学前の子どもに関する教育、保育等の総合的な提供の推進に関する法律（平成十八年法律第七十七号。以下「認定こども園法」という。）第二条第六項に規定する認定こども園（以下「認定こども園」という。）、学校教育法（昭和二十二年法律第二十六号）第一条に規定する幼稚園（認定こども園法第三条第一項又は第三項の認定を受けたもの及び同条第十一項の規定による公示がされたものを除く。以下「幼稚園」という。）及び児童福祉法第三十九条第一項に規定する保育所（認定こども園法第三条第一項の認定を受けたもの及び同条第十一項の規定による公示がされたものを除く。以下「保育所」という。）をいう。

5　この法律において「地域型保育」とは、家庭的保育、小規模保育、居宅訪問型保育及び事業所内保育をいい、「地域型保育事業」とは、地域型保育を行う事業をいう。

6　この法律において「家庭的保育」とは、児童福祉法第六条の三第九項に規定する家庭的保育事業として行われる保育をいう。

7　この法律において「小規模保育」とは、児童福祉法第六条の三第十項に規定する小規模保育事業として行われる保育をいう。

8　この法律において「居宅訪問型保育」とは、児童福祉法第六条の三第十一項に規定する居宅訪問型保育事業として行われる保育をいう。

9　この法律において「事業所内保育」とは、児童福祉法第六条の三第十二項に規定する事業所内保育事業として行われる保育をいう。

10　この法律において「子ども・子育て支援施設等」とは、次に掲げる施設又は事業をいう。

一　認定こども園（保育所等（認定こども園法第二条第五項に規定する保育所等をいう。第五号において同じ。）であるもの及び第二十七条第一項に規定する特定教育・保育施設であるものを除く。第三十条の十一第一項第一号、第五十八条の四第一項第一号、第五十八条の十第一項第二号、第五十九条第三号ロ及び第六章において同じ。）

二　幼稚園（第二十七条第一項に規定する特定教育・保育施設であるものを除く。第三十条の十一第一項第二号、第三章第二節（第五十八条の九第六項第三号ロを除く。）、第五十九条第三号ロ及び第六章において同じ。）

三　特別支援学校（学校教育法第一条に規定する特別支援学校をいい、同法第七十六条第二項に規定する幼稚部に限る。以下同じ。）

四　児童福祉法第五十九条の二第一項に規定する施設（同項の規定による届出がされたものに限り、次に掲げるものを除く。）のうち、当該施設に配置する従業者及びその員数その他の事項について内閣府令で定める基準を満たすもの

イ　認定こども園法第三条第一項又は第三項の認定を受けたもの

ロ　認定こども園法第三条第十一項の規定による公示がされたもの

ハ　第五十九条の二第一項の規定による助成を受けているもののうち政令で定めるもの

五　認定こども園、幼稚園又は特別支援学校において行われる教育・保育（教育又は保育をいう。以下同じ。）であって、次のイ又はロに掲げる当該施設の区分に応じそれぞれイ又はロに定める一日当たりの時間及び期間の範囲外において、家庭において保育を受けることが一時的に困難となった当該イ又はロに掲げる施設に在籍している小学校就学前子どもに対して行われるものを提供する事業のうち、その事業を実施するために必要なものとして内閣府令で定める基準を満たすもの

イ　認定こども園（保育所等であるものを除く。）、幼稚園又は特別支援学校　当該施設における教育に係る標準的な一日当たりの時間及び期間

ロ　認定こども園（保育所等であるものに限る。）　イに定める一日当たりの時間及び期間を勘案して内閣府令で定める一日当たりの時間及び期間

六　児童福祉法第六条の三第七項に規定する一時預かり事業（前号に掲げる事業に該当するものを除く。）

七　児童福祉法第六条の三第十三項に規定する病児保育事業のうち、当該事業に従事する従業者及びその員数その他の事項について内閣府令で定める基準を満たすもの

八　児童福祉法第六条の三第十四項に規定する子育て援助活動支援事業（同項第一号に掲げる援助を行うものに限る。）のうち、市町村が実施するものであることその他の内閣府令で定める基準を満たすもの

第二章　子ども・子育て支援給付

第一節　通則

（子ども・子育て支援給付の種類）

第八条　子ども・子育て支援給付は、子どものための現金給付、子どものための教育・保育給付及び子育てのための施設等利用給付とする。

第二節　子どものための現金給付

第九条　子どものための現金給付は、児童手当（児童手当法（昭和四十六年法律第七十三号）に規定する児童手当をいう。以下同じ。）の支給とする。

第十条　子どものための現金給付については、この法律に別段の定めがあるものを除き、児童手当法の定めるところによる。

第三節　子どものための教育・保育給付

第一款　通則

（子どものための教育・保育給付）

第十一条　子どものための教育・保育給付は、施設型給付費、特例施設型給付費、地域型保育給付費及び特例地域型保育給付費の支給とする。

第二款　教育・保育給付認定等

（支給要件）

第十九条　子どものための教育・保育給付は、次に掲げる小学校就学前子どもの保護者に対し、その小学校就学前子どもの第二十七条第一項に規定する特定教育・保育、第二十八条第一項第二号に規定する特別利用保育、同項第三号に規定する特別利用教育、第二十九条第一項に規定する特定地域型保育又は第三十条第一項第四号に規定する特例保育の利用について行う。

一　満三歳以上の小学校就学前子ども（次号に掲げる小学校就学前子どもに該当するものを除く。）

二　満三歳以上の小学校就学前子どもであって、保護者の労働又は疾病その他の内閣府令で定める事由により家庭において必要な保育を受けることが困難であるもの

三　満三歳未満の小学校就学前子どもであって、前号の内閣府令で定める事由により家庭において必要な保育を受けることが困難であるもの

（市町村の認定等）

第二十条　前条各号に掲げる小学校就学前子

どもの保護者は、子どものための教育・保育給付を受けようとするときは、内閣府令で定めるところにより、市町村に対し、その小学校就学前子どもごとに、子どものための教育・保育給付を受ける資格を有すること及びその該当する同条各号に掲げる小学校就学前子どもの区分についての認定を申請し、その認定を受けなければならない。

2 前項の認定は、小学校就学前子どもの保護者の居住地の市町村が行うものとする。ただし、小学校就学前子どもの保護者が居住地を有しないとき、又は明らかでないときは、その小学校就学前子どもの保護者の現在地の市町村が行うものとする。

3 市町村は、第一項の規定による申請があった場合において、当該申請に係る小学校就学前子どもが前条第二号又は第三号に掲げる小学校就学前子どもに該当すると認めるときは、政令で定めるところにより、当該小学校就学前子どもに係る保育必要量（月を単位として内閣府令で定める期間において施設型給付費、特例施設型給付費、地域型保育給付費又は特例地域型保育給付費を支給する保育の量をいう。以下同じ。）の認定を行うものとする。

4 市町村は、第一項及び前項の認定（以下「教育・保育給付認定」という。）を行ったときは、その結果を当該教育・保育給付認定に係る保護者（以下「教育・保育給付認定保護者」という。）に通知しなければならない。この場合において、市町村は、内閣府令で定めるところにより、当該教育・保育給付認定に係る小学校就学前子ども（以下「教育・保育給付認定子ども」という。）の該当する前条各号に掲げる小学校就学前子どもの区分、保育必要量その他の内閣府令で定める事項を記載した認定証（以下「支給認定証」という。）を交付するものとする。

5 市町村は、第一項の規定による申請について、当該保護者が子どものための教育・保育給付を受ける資格を有すると認められないときは、理由を付して、その旨を当該申請に係る保護者に通知するものとする。

6・7 〔略〕

（届出）

第二十二条 教育・保育給付認定保護者は、教育・保育給付認定の有効期間内において、内閣府令で定めるところにより、市町村に対し、その労働又は疾病の状況その他の内閣府令で定める事項を届け出、かつ、内閣府令で定める書類その他の物件を提出しなければならない。

第三款 施設型給付費及び地域型保育給付費等の支給

（施設型給付費の支給）

第二十七条 市町村は、教育・保育給付認定子どもが、教育・保育給付認定の有効期間内において、市町村長（特別区の区長を含む。以下同じ。）が施設型給付費の支給に係る施設として確認する教育・保育施設（以下「特定教育・保育施設」という。）から当該確認に係る教育・保育（地域型保育を除き、第十九条第一号に掲げる小学校就学前子どもに該当する教育・保育給付認定子どもにあっては認定こども園において受ける教育・保育（保育にあっては、同号に掲げる小学校就学前子どもに該当する教育・保育給付認定子どもに対して提供される教育に係る標準的な一日当たりの時間及び期間を勘案して内閣府令で定める一日当たりの時間及び期間の範囲内において行われるものに限る。）又は幼稚園において受ける教育に限り、同条第二号に掲げる小学校就学前子どもに該当する教育・保育給付認定子どもにあっては認定こども園において受ける教育・保育又は保育所において受ける保育に限り、満三歳未満保育認定子どもにあっては認定こども園又は保育所において受ける保育に限る。以下「特定教育・保育」という。）を受けたときは、内閣府令で定めるところにより、当該教育・保育給付認定保護者に対し、当該特定教育・保育（保育にあっては、保育必要量の範囲内のものに限る。以下「支給認定教育・保育」という。）に要した費用について、施設型給付費を支給する。

2 特定教育・保育施設から支給認定教育・保育を受けようとする教育・保育給付認定子どもに係る教育・保育給付認定保護者は、内閣府令で定めるところにより、特定教育・保育施設に支給認定証を提示して当該支給認定教育・保育を当該教育・保育給付認定子どもに受けさせるものとする。ただし、緊急の場合その他やむを得ない事由のある場合については、この限りでない。

3 施設型給付費の額は、一月につき、第一号に掲げる額から第二号に掲げる額を控除して得た額（当該額が零を下回る場合には、零とする。）とする。

一 第十九条各号に掲げる小学校就学前子どもの区分、保育必要量、当該特定教育・保育施設の所在する地域等を勘案して算定される特定教育・保育に通常要する費用の額を勘案して内閣総理大臣が定める基準により算定した費用の額（その額が現に当該支給認定教育・保育に要した費用の額を超えるときは、当該現に支給認定教育・保育に要した費用の額）

二 政令で定める額を限度として当該教育・保育給付認定保護者の属する世帯の所得の状況その他の事情を勘案して市町村が定める額

4 内閣総理大臣は、第一項の一日当たりの時間及び期間を定める内閣府令並びに前項第一号の基準を定め、又は変更しようとするときは、文部科学大臣に協議するとともに、こども家庭審議会の意見を聴かなければならない。

5　教育・保育給付認定子どもが特定教育・保育施設から支給認定教育・保育を受けたときは、市町村は、当該教育・保育給付認定保護者が当該特定教育・保育施設に支払うべき当該支給認定教育・保育に要した費用について、施設型給付費として当該教育・保育給付認定保護者に支給すべき額の限度において、当該教育・保育給付認定保護者に代わり、当該特定教育・保育施設に支払うことができる。

6　前項の規定による支払があったときは、教育・保育給付認定保護者に対し施設型給付費の支給があったものとみなす。

7　市町村は、特定教育・保育施設から施設型給付費の請求があったときは、第三項第一号の内閣総理大臣が定める基準及び第三十四条第二項の市町村の条例で定める特定教育・保育施設の運営に関する基準（特定教育・保育の取扱いに関する部分に限る。）に照らして審査の上、支払うものとする。

8　前各項に定めるもののほか、施設型給付費の支給及び特定教育・保育施設の施設型給付費の請求に関し必要な事項は、内閣府令で定める。

（地域型保育給付費の支給）

第二十九条　市町村は、満三歳未満保育認定子どもが、教育・保育給付認定の有効期間内において、市町村長が地域型保育給付費の支給に係る事業を行う者として確認する地域型保育を行う事業者（以下「特定地域型保育事業者」という。）から当該確認に係る地域型保育（以下「特定地域型保育」という。）を受けたときは、内閣府令で定めるところにより、当該満三歳未満保育認定子どもに係る教育・保育給付認定保護者に対し、当該特定地域型保育（保育必要量の範囲内のものに限る。以下「満三歳未満保育認定地域型保育」という。）に要した費用について、地域型保育給付費を支給する。

2　特定地域型保育事業者から満三歳未満保育認定地域型保育を受けようとする満三歳未満保育認定子どもに係る教育・保育給付認定保護者は、内閣府令で定めるところにより、特定地域型保育事業者に支給認定証を提示して当該満三歳未満保育認定地域型保育を当該満三歳未満保育認定子どもに受けさせるものとする。ただし、緊急の場合その他やむを得ない事由のある場合については、この限りでない。

3　地域型保育給付費の額は、一月につき、第一号に掲げる額から第二号に掲げる額を控除して得た額（当該額が零を下回る場合には、零とする。）とする。

一　地域型保育の種類ごとに、保育必要量、当該地域型保育の種類に係る特定地域型保育の事業を行う事業所（以下「特定地域型保育事業所」という。）の所在する地域等を勘案して算定される当該特定地域型保育に通常要する費用の額を勘案して内閣総理大臣が定める基準により算定した費用の額（その額が現に当該満三歳未満保育認定地域型保育に要した費用の額を超えるときは、当該現に満三歳未満保育認定地域型保育に要した費用の額）

二　政令で定める額を限度として当該教育・保育給付認定保護者の属する世帯の所得の状況その他の事情を勘案して市町村が定める額

4　内閣総理大臣は、前項第一号の基準を定め、又は変更しようとするときは、こども家庭審議会の意見を聴かなければならない。

5　満三歳未満保育認定子どもが特定地域型保育事業者から満三歳未満保育認定地域型保育を受けたときは、市町村は、当該満三歳未満保育認定子どもに係る教育・保育給付認定保護者が当該特定地域型保育事業者に支払うべき当該満三歳未満保育認定地域型保育に要した費用について、地域型保育給付費として当該教育・保育給付認定保護者に支給すべき額の限度において、当該教育・保育給付認定保護者に代わり、当該特定地域型保育事業者に支払うことができる。

6　前項の規定による支払があったときは、教育・保育給付認定保護者に対し地域型保育給付費の支給があったものとみなす。

7　市町村は、特定地域型保育事業者から地域型保育給付費の請求があったときは、第三項第一号の内閣総理大臣が定める基準及び第四十六条第二項の市町村の条例で定める特定地域型保育事業の運営に関する基準（特定地域型保育の取扱いに関する部分に限る。）に照らして審査の上、支払うものとする。

8　前各項に定めるもののほか、地域型保育給付費の支給及び特定地域型保育事業者の地域型保育給付費の請求に関し必要な事項は、内閣府令で定める。

第四節　子育てのための施設等利用給付

第一款　通則

（子育てのための施設等利用給付）

第三十条の二　子育てのための施設等利用給付は、施設等利用費の支給とする。

（準用）

第三十条の三　第十二条から第十八条までの規定は、子育てのための施設等利用給付について準用する。この場合において、必要な技術的読替えは、政令で定める。

第二款　施設等利用給付認定等

（支給要件）

第三十条の四　子育てのための施設等利用給付は、次に掲げる小学校就学前子ども（保育認定子どもに係る教育・保育給付認定保護者が、現に施設型給付費、特例施設型給付費（第二十八条第一項第三号に係るものを除く。次条第七項において同じ。）、地域型保育給付費若しくは特例地域型保育給付費の支給を受けている場合における当該保育認定子ども又は第七条第十項第四号ハの政令で定める施設を利用している小学校就学前子どもを除く。以下この節及び第五十八条の三において同じ。）の保護者に対し、その小学校就学前子どもの第三十条の十一第一項に規定する特定子ども・子育て支援の利用について行う。

一　満三歳以上の小学校就学前子ども（次号及び第三号に掲げる小学校就学前子どもに該当するものを除く。）

二　満三歳に達する日以後の最初の三月三十一日を経過した小学校就学前子どもであって、第十九条第二号の内閣府令で定める事由により家庭において必要な保育を受けることが困難であるもの

三　満三歳に達する日以後の最初の三月三十一日までの間にある小学校就学前子どもであって、第十九条第二号の内閣府令で定める事由により家庭において必要な保育を受けることが困難であるもののうち、その保護者及び当該保護者と同一の世帯に属する者が第三十条の十一第一項に規定する特定子ども・子育て支援のあった月の属する年度（政令で定める場合にあっては、前年度）分の地方税法（昭和二十五年法律第二百二十六号）の規定による市町村民税（同法の規定による特別区民税を含み、同法第三百二十八条の規定によって課する所得割を除く。以下この号において同じ。）を課されない者（これに準ずる者として政令で定める者を含むものとし、当該市町村民税の賦課期日において同法の施行地に住所を有しない者を除く。次条第七項第二号において「市町村民税世帯非課税者」という。）であるもの

第三款　施設等利用費の支給

第三十条の十一　市町村は、施設等利用給付認定子どもが、施設等利用給付認定の有効期間内において、市町村長が施設等利用費の支給に係る施設又は事業として確認する子ども・子育て支援施設等（以下「特定子ども・子育て支援施設等」という。）から当該確認に係る教育・保育その他の子ども・子育て支援（次の各号に掲げる子ども・子育て支援施設等の区分に応じ、当該各号に定める小学校就学前子どもに該当する施設等利用給付認定子どもが受けるものに限る。以下「特定子ども・子育て支援」という。）を受けたときは、内閣府令で定めるところにより、当該施設等利用給付認定子どもに係る施設等利用給付認定保護者に対し、当該特定子ども・子育て支援に要した費用（食事の提供に要する費用その他の日常生活に要する費用のうち内閣府令で定める費用を除く。）について、施設等利用費を支給する。

一　認定こども園　第三十条の四各号に掲げる小学校就学前子ども

二　幼稚園又は特別支援学校　第三十条の四第一号若しくは第二号に掲げる小学校就学前子ども又は同条第三号に掲げる小学校就学前子ども（満三歳以上のものに限る。）

三　第七条第十項第四号から第八号までに掲げる子ども・子育て支援施設等　第三十条の四第二号又は第三号に掲げる小学校就学前子ども

2　施設等利用費の額は、一月につき、第三十条の四各号に掲げる小学校就学前子どもの区分ごとに、子どものための教育・保育給付との均衡、子ども・子育て支援施設等の利用に要する標準的な費用の状況その他の事情を勘案して政令で定めるところにより算定した額とする。

3　施設等利用給付認定子どもが特定子ども・子育て支援施設等から特定子ども・子育て支援を受けたときは、市町村は、当該施設等利用給付認定子どもに係る施設等利用給付認定保護者が当該特定子ども・子育て支援施設等である施設の設置者又は事業を行う者（以下「特定子ども・子育て支援提供者」という。）に支払うべき当該特定子ども・子育て支援に要した費用について、施設等利用費として当該施設等利用給付認定保護者に支給すべき額の限度において、当該施設等利用給付認定保護者に代わり、当該特定子ども・子育て支援提供者に支払うことができる。

4　前項の規定による支払があったときは、施設等利用給付認定保護者に対し施設等利用費の支給があったものとみなす。

5　前各項に定めるもののほか、施設等利用費の支給に関し必要な事項は、内閣府令で定める。

第三章　特定教育・保育施設及び特定地域型保育事業者並びに特定子ども・子育て支援施設等

第一節　特定教育・保育施設及び特定地域型保育事業者

第一款　特定教育・保育施設

（特定教育・保育施設の確認）

第三十一条　第二十七条第一項の確認は、内

閣府令で定めるところにより、教育・保育施設の設置者（国（国立大学法人法（平成十五年法律第百十二号）第二条第一項に規定する国立大学法人を含む。第五十八条の九第二項、第三項及び第六項、第六十五条第四号及び第五号並びに附則第七条において同じ。）及び公立大学法人（地方独立行政法人法（平成十五年法律第百十八号）第六十八条第一項に規定する公立大学法人をいう。第五十八条の四第一項第一号、第五十八条の九第二項並びに第六十五条第三号及び第四号において同じ。）を除き、法人に限る。以下同じ。）の申請により、次の各号に掲げる教育・保育施設の区分に応じ、当該各号に定める小学校就学前子どもの区分ごとの利用定員を定めて、市町村長が行う。

一　認定こども園　第十九条各号に掲げる小学校就学前子どもの区分

二　幼稚園　第十九条第一項第一号に掲げる小学校就学前子どもの区分

三　保育所　第十九条第二号に掲げる小学校就学前子どもの区分及び同条第三号に掲げる小学校就学前子どもの区分

2　市町村長は、前項の規定により特定教育・保育施設の利用定員を定めようとするときは、第七十二条第一項の審議会その他の合議制の機関を設置している場合にあってはその意見を、その他の場合にあっては子どもの保護者その他子ども・子育て支援に係る当事者の意見を聴かなければならない。

3　市町村長は、第一項の規定により特定教育・保育施設の利用定員を定めたときは、内閣府令で定めるところにより、都道府県知事に届け出なければならない。

（特定教育・保育施設の設置者の責務）

第三十三条　特定教育・保育施設の設置者は、教育・保育給付認定保護者から利用の申込みを受けたときは、正当な理由がなければ、これを拒んではならない。

2　特定教育・保育施設の設置者は、第十九条各号に掲げる小学校就学前子どもの区分ごとの当該特定教育・保育施設における前項の申込みに係る教育・保育給付認定子ども及び当該特定教育・保育施設を現に利用している教育・保育給付認定子どもの総数が、当該区分に応ずる当該特定教育・保育施設の利用定員の総数を超える場合においては、内閣府令で定めるところにより、同項の申込みに係る教育・保育給付認定子どもを公正な方法で選考しなければならない。

3　内閣総理大臣は、前項の内閣府令を定め、又は変更しようとするときは、あらかじめ、文部科学大臣に協議しなければならない。

4　特定教育・保育施設の設置者は、教育・保育給付認定子どもに対し適切な特定教育・保育を提供するとともに、市町村、児童相談所、児童福祉法第七条第一項に規定する児童福祉施設（第四十五条第三項及び第五十八条の三第一項において「児童福祉施設」という。）、教育機関その他の関係機関との緊密な連携を図りつつ、良質な特定教育・保育を小学校就学前子どもの置かれている状況その他の事情に応じ、効果的に行うように努めなければならない。

5　特定教育・保育施設の設置者は、その提供する特定教育・保育の質の評価を行うことその他の措置を講ずることにより、特定教育・保育の質の向上に努めなければならない。

6　特定教育・保育施設の設置者は、小学校就学前子どもの人格を尊重するとともに、この法律及びこの法律に基づく命令を遵守し、誠実にその職務を遂行しなければならない。

（特定教育・保育施設の基準）

第三十四条　特定教育・保育施設の設置者は、次の各号に掲げる教育・保育施設の区分に応じ、当該各号に定める基準（以下「教育・保育施設の認可基準」という。）を遵守しなければならない。

一　認定こども園　認定こども園法第三条第一項の規定により都道府県（地方自治法第二百五十二条の十九第一項の指定都市又は同法第二百五十二条の二十二第一項の中核市（以下「指定都市等」という。）の区域内に所在する認定こども園（都道府県が設置するものを除く。以下「指定都市等所在認定こども園」という。）については、当該指定都市等。以下この号において同じ。）の条例で定める要件（当該認定こども園が認定こども園法第三条第一項の認定を受けたものである場合又は同項の規定により都道府県の条例で定める要件に適合しているものとして同条第十一項の規定による公示がされたものである場合に限る。）、認定こども園法第三条第三項の規定により都道府県の条例で定める要件（当該認定こども園が同項の認定を受けたものである場合又は同項の規定により都道府県の条例で定める要件に適合しているものとして同条第十一項の規定による公示がされたものである場合に限る。）又は認定こども園法第十三条第一項の規定により都道府県の条例で定める設備及び運営についての基準（当該認定こども園が幼保連携型認定こども園（認定こども園法第二条第七項に規定する幼保連携型認定こども園をいう。）である場合に限る。）

二　幼稚園　学校教育法第三条に規定する学校の設備、編制その他に関する設置基準（第五十八条の四第一項第二号及び第三号並びに第五十八条の九第二項において「設置基準」という。）（幼稚園に係るものに限る。）

三　保育所　児童福祉法第四十五条第一項の規定により都道府県（指定都市等又は同法第五十九条の四第一項に規定する児童相談所設置市（以下「児童相談所設置市」という。）の区域内に所在する保育所（都道府県が設置するものを除く。第三十九条第二項及び第四十条第一項第二号において「指定都市等所在保育所」という。）については、当該指定都市等又は児童相談所設置市）の条例で定める児童福祉施設の設備及び運営についての基準（保育所に係るものに限る。）

2　特定教育・保育施設の設置者は、市町村の条例で定める特定教育・保育施設の運営に関する基準に従い、特定教育・保育（特定教育・保育施設が特別利用保育又は特別利用教育を行う場合にあっては、特別利用保育又は特別利用教育を含む。以下この款において同じ。）を提供しなければならない。

3　市町村が前項の条例を定めるに当たっては、次に掲げる事項については内閣府令で定める基準に従い定めるものとし、その他の事項については内閣府令で定める基準を参酌するものとする。

一　特定教育・保育施設に係る利用定員（第二十七条第一項の確認において定める利用定員をいう。第七十二条第一項第一号において同じ。）

二　特定教育・保育施設の運営に関する事項であって、小学校就学前子どもの適切な処遇の確保及び秘密の保持並びに小学校就学前子どもの健全な発達に密接に関連するものとして内閣府令で定めるもの

4　内閣総理大臣は、前項に規定する内閣府令で定める基準及び同項第二号の内閣府令を定め、又は変更しようとするときは、文部科学大臣に協議するとともに、特定教育・保育の取扱いに関する部分についてこども家庭審議会の意見を聴かなければならない。

5　特定教育・保育施設の設置者は、次条第二項の規定による利用定員の減少の届出をしたとき又は第三十六条の規定による確認の辞退をするときは、当該届出の日又は同条に規定する予告期間の開始日の前一月以内に当該特定教育・保育を受けていた者であって、当該利用定員の減少又は確認の辞退の日以後においても引き続き当該特定教育・保育に相当する教育・保育の提供を希望する者に対し、必要な教育・保育が継続的に提供されるよう、他の特定教育・保育施設の設置者その他関係者との連絡調整その他の便宜の提供を行わなければならない。

第二款　特定地域型保育事業者

（特定地域型保育事業者の確認）

第四十三条　第二十九条第一項の確認は、内閣府令で定めるところにより、地域型保育事業を行う者の申請により、地域型保育の種類及び当該地域型保育の種類に係る地域型保育事業を行う事業所（以下「地域型保育事業所」という。）ごとに、第十九条第三号に掲げる小学校就学前子どもに係る利用定員（事業所内保育の事業を行う事業所（以下「事業所内保育事業所」という。）にあっては、その雇用する労働者の監護する小学校就学前子どもを保育するため当該事業所内保育の事業を自ら施設を設置し、又は委託して行う事業主に係る当該小学校就学前子ども（当該事業所内保育の事業が、事業主団体に係るものにあっては事業主団体の構成員である事業主の雇用する労働者の監護する小学校就学前子どもとし、共済組合等（児童福祉法第六条の三第十二項第一号ハに規定する共済組合等をいう。）に係るものにあっては共済組合等の構成員（同号ハに規定する共済組合等の構成員をいう。）の監護する小学校就学前子どもとする。以下「労働者等の監護する小学校就学前子ども」という。）及びその他の小学校就学前子どもごとに定める第十九条第一項第三号に掲げる小学校就学前子どもに係る利用定員とする。）を定めて、市町村長が行う。

2　市町村長は、前項の規定により特定地域型保育事業（特定地域型保育を行う事業をいう。以下同じ。）の利用定員を定めようとするときは、第七十二条第一項の審議会その他の合議制の機関を設置している場合にあってはその意見を、その他の場合にあっては子どもの保護者その他子ども・子育て支援に係る当事者の意見を聴かなければならない。

（特定地域型保育事業者の責務）

第四十五条　特定地域型保育事業者は、教育・保育給付認定保護者から利用の申込みを受けたときは、正当な理由がなければ、これを拒んではならない。

2　特定地域型保育事業者は、前項の申込みに係る満三歳未満保育認定子ども及び当該特定地域型保育事業者に係る特定地域型保育事業を現に利用している満三歳未満保育認定子どもの総数が、その利用定員の総数を超える場合においては、内閣府令で定めるところにより、同項の申込みに係る満三歳未満保育認定子どもを公正な方法で選考しなければならない。

3　特定地域型保育事業者は、満三歳未満保育認定子どもに対し適切な地域型保育を提供するとともに、市町村、教育・保育施設、児童相談所、児童福祉施設、教育機関その他の関係機関との緊密な連携を図りつつ、良質な地域型保育を小学校就学前子どもの置かれている状況その他の事情に応

じ、効果的に行うように努めなければならない。

4 特定地域型保育事業者は、その提供する地域型保育の質の評価を行うことその他の措置を講ずることにより、地域型保育の質の向上に努めなければならない。

5 特定地域型保育事業者は、小学校就学前子どもの人格を尊重するとともに、この法律及びこの法律に基づく命令を遵守し、誠実にその職務を遂行しなければならない。

（特定地域型保育事業の基準）

第四十六条 特定地域型保育事業者は、地域型保育の種類に応じ、児童福祉法第三十四条の十六第一項の規定により市町村の条例で定める設備及び運営についての基準（以下「地域型保育事業の認可基準」という。）を遵守しなければならない。

2 特定地域型保育事業者は、市町村の条例で定める特定地域型保育事業の運営に関する基準に従い、特定地域型保育を提供しなければならない。

3 市町村が前項の条例を定めるに当たっては、次に掲げる事項については内閣府令で定める基準に従い定めるものとし、その他の事項については内閣府令で定める基準を参酌するものとする。

一 特定地域型保育事業に係る利用定員（第二十九条第一項の確認において定める利用定員をいう。第七十二条第一号において同じ。）

二 特定地域型保育事業の運営に関する事項であって、小学校就学前子どもの適切な処遇の確保及び秘密の保持等並びに小学校就学前子どもの健全な発達に密接に関連するものとして内閣府令で定めるもの

4 内閣総理大臣は、前項に規定する内閣府令で定める基準を定め、又は変更しようとするとき、及び同項第二号の内閣府令は、特定地域型保育の取扱いに関する部分についてこども家庭審議会の意見を聴かなければならない。

5 特定地域型保育事業者は、次条第二項の規定による利用定員の減少の届出をしたとき又は第四十八条の規定による確認の辞退をするときは、当該届出の日又は同条に規定する予告期間の開始日の前一月以内に当該特定地域型保育を受けていた者であって、当該利用定員の減少又は確認の辞退の日以後においても引き続き当該特定地域型保育に相当する地域型保育の提供を希望する者に対し、必要な地域型保育が継続的に提供されるよう、他の特定地域型保育事業者その他関係者との連絡調整その他の便宜の提供を行わなければならない。

第二節 特定子ども・子育て支援施設等

（特定子ども・子育て支援施設等の確認）

第五十八条の二 第三十条の十一第一項の確認は、内閣府令で定めるところにより、子ども・子育て支援施設等である施設の設置者又は事業を行う者の申請により、市町村長が行う。

（特定子ども・子育て支援提供者の責務）

第五十八条の三 特定子ども・子育て支援提供者は、施設等利用給付認定子どもに対し適切な特定子ども・子育て支援を提供するとともに、市町村、児童相談所、児童福祉施設、教育機関その他の関係機関との緊密な連携を図りつつ、良質な特定子ども・子育て支援を小学校就学前子どもの置かれている状況その他の事情に応じ、効果的に行うように努めなければならない。

2 特定子ども・子育て支援提供者は、小学校就学前子どもの人格を尊重するとともに、この法律及びこの法律に基づく命令を遵守し、誠実にその職務を遂行しなければならない。

（特定子ども・子育て支援施設等の基準）

第五十八条の四 特定子ども・子育て支援提供者は、次の各号に掲げる子ども・子育て支援施設等の区分に応じ、当該各号に定める基準を遵守しなければならない。

一 認定こども園 認定こども園法第三条第一項の規定により都道府県（指定都市等所在認定こども園（都道府県が単独で又は他の地方公共団体と共同して設立する公立大学法人が設置するものを除く。）については、当該指定都市等。以下この号において同じ。）の条例で定める要件（当該認定こども園が同項の認定を受けたものである場合に限る。）、同条第三項の規定により都道府県の条例で定める要件（当該認定こども園が同項の認定を受けたものである場合に限る。）又は認定こども園法第十三条第一項の規定により都道府県の条例で定める設備及び運営についての基準（当該認定こども園が幼保連携型認定こども園である場合に限る。）

二 幼稚園 設置基準（幼稚園に係るものに限る。）

三 特別支援学校 設置基準（特別支援学校に係るものに限る。）

四 第七条第十項第四号に掲げる施設 同号の内閣府令で定める基準

五 第七条第十項第五号に掲げる事業 同号の内閣府令で定める基準

六 第七条第十項第六号に掲げる事業 児童福祉法第三十四条の十三の内閣府令で定める基準（第五十八条の九第三項において「一時預かり事業基準」という。）

七 第七条第十項第七号に掲げる事業 同号の内閣府令で定める基準

八 第七条第十項第八号に掲げる事業 同号の内閣府令で定める基準

2 特定子ども・子育て支援提供者は、内閣

府令で定める特定子ども・子育て支援施設等の運営に関する基準に従い、特定子ども・子育て支援を提供しなければならない。

3　内閣総理大臣は、前項の内閣府令で定める特定子ども・子育て支援施設等の運営に関する基準を定め、又は変更しようとするときは、文部科学大臣に協議しなければならない。

第四章　地域子ども・子育て支援事業

第五十九条　市町村は、内閣府令で定めるところにより、第六十一条第一項に規定する市町村子ども・子育て支援事業計画に従って、地域子ども・子育て支援事業として、次に掲げる事業を行うものとする。

一　子ども及びその保護者が、確実に子ども・子育て支援給付を受け、及び地域子ども・子育て支援事業その他の子ども・子育て支援を円滑に利用できるよう、子ども及びその保護者の身近な場所において、地域の子ども・子育て支援に関する各般の問題につき、子ども又は子どもの保護者からの相談に応じ、必要な情報の提供及び助言を行うとともに、関係機関との連絡調整その他の内閣府令で定める便宜の提供を総合的に行う事業

二　教育・保育給付認定保護者であって、その保育認定子どもが、やむを得ない理由により利用日及び利用時間帯（当該教育・保育給付認定保護者が特定教育・保育施設等又は特例保育を行う事業者と締結した特定保育（特定教育・保育（保育に限る。）、特定地域型保育又は特例保育をいう。以下この号において同じ。）の提供に関する契約において、当該保育認定子どもが当該特定教育・保育施設等又は特例保育を行う事業者による特定保育を受ける日及び時間帯として定められた日及び時間帯をいう。）以外の日及び時間において当該特定教育・保育施設等又は特例保育を行う事業者による保育（保育必要量の範囲内のものを除く。以下この号において「時間外保育」という。）を受けたものに対し、内閣府令で定めるところにより、当該教育・保育給付認定保護者が支払うべき時間外保育の費用の全部又は一部の助成を行うことにより、必要な保育を確保する事業

三　教育・保育給付認定保護者又は施設等利用給付認定保護者のうち、その属する世帯の所得の状況その他の事情を勘案して市町村が定める基準に該当するものに対し、当該教育・保育給付認定保護者又は施設等利用給付認定保護者が支払うべき次に掲げる費用の全部又は一部を助成する事業

イ　当該教育・保育給付認定子どもが特定教育・保育、特別利用保育、特別利用教育、特定地域型保育又は特例保育（以下このイにおいて「特定教育・保育等」という。）を受けた場合における日用品、文房具その他の特定教育・保育等に必要な物品の購入に要する費用又は特定教育・保育等に係る行事への参加に要する費用その他これらに類する費用として市町村が定めるもの

ロ　当該施設等利用給付認定保護者に係る施設等利用給付認定子どもが特定子ども・子育て支援（特定子ども・子育て支援施設等である認定こども園又は幼稚園が提供するものに限る。）を受けた場合における食事の提供に要する費用として内閣府令で定めるもの

四　特定教育・保育施設等への民間事業者の参入の促進に関する調査研究その他多様な事業者の能力を活用した特定教育・保育施設等の設置又は運営を促進するための事業

五　児童福祉法第六条の三第二項に規定する放課後児童健全育成事業

六　児童福祉法第六条の三第三項に規定する子育て短期支援事業

七　児童福祉法第六条の三第四項に規定する乳児家庭全戸訪問事業

八　児童福祉法第六条の三第五項に規定する養育支援訪問事業その他同法第二十五条の二第一項に規定する要保護児童対策地域協議会その他の者による同法第二十五条の七第一項に規定する要保護児童等に対する支援に資する事業

九　児童福祉法第六条の三第六項に規定する地域子育て支援拠点事業

十　児童福祉法第六条の三第七項に規定する一時預かり事業

十一　児童福祉法第六条の三第十三項に規定する病児保育事業

十二　児童福祉法第六条の三第十四項に規定する子育て援助活動支援事業

十三　母子保健法（昭和四十年法律第百四十一号）第十三条第一項の規定に基づき妊婦に対して健康診査を実施する事業

第四章の二　仕事・子育て両立支援事業

第五十九条の二　政府は、仕事と子育てとの両立に資する子ども・子育て支援の提供体制の充実を図るため、仕事・子育て両立支援事業として、児童福祉法第五十九条の二第一項に規定する施設（同項の規定による届出がされたものに限る。）のうち同法第六条の三第十二項に規定する業務を目的とするものその他事業主と連携して当該事業主が雇用する労働者の監護する乳児又は幼児の保育を行う業務に係るものの設置者に

対し、助成及び援助を行う事業を行うことができる。

2　全国的な事業主の団体は、仕事・子育て両立支援事業の内容に関し、内閣総理大臣に対して意見を申し出ることができる。

第五章　子ども・子育て支援事業計画

（基本指針）

第六十条　内閣総理大臣は、教育・保育及び地域子ども・子育て支援事業の提供体制を整備し、子ども・子育て支援給付並びに地域子ども・子育て支援事業及び仕事・子育て両立支援事業の円滑な実施の確保その他子ども・子育て支援のための施策を総合的に推進するための基本的な指針（以下「基本指針」という。）を定めるものとする。

2　基本指針においては、次に掲げる事項について定めるものとする。

一　子ども・子育て支援の意義並びに子どものための教育・保育給付に係る教育・保育を一体的に提供する体制その他の教育・保育を提供する体制の確保、子育てのための施設等利用給付の円滑な実施の確保並びに地域子ども・子育て支援事業及び仕事・子育て両立支援事業の実施に関する基本的事項

二　次条第一項に規定する市町村子ども・子育て支援事業計画において教育・保育及び地域子ども・子育て支援事業の量の見込みを定めるに当たって参酌すべき標準その他当該市町村子ども・子育て支援事業計画及び第六十二条第一項に規定する都道府県子ども・子育て支援事業支援計画の作成に関する事項

三　児童福祉法その他の関係法律による専門的な知識及び技術を必要とする児童の福祉増進のための施策との連携に関する事項

四　労働者の職業生活と家庭生活との両立が図られるようにするために必要な雇用環境の整備に関する施策との連携に関する事項

五　前各号に掲げるもののほか、子ども・子育て支援給付並びに地域子ども・子育て支援事業及び仕事・子育て両立支援事業の円滑な実施の確保その他子ども・子育て支援のための施策の総合的な推進のために必要な事項

3・4　〔略〕

（市町村子ども・子育て支援事業計画）

第六十一条　市町村は、基本指針に即して、五年を一期とする教育・保育及び地域子ども・子育て支援事業の提供体制の確保その他この法律に基づく業務の円滑な実施に関する計画（以下「市町村子ども・子育て支援事業計画」という。）を定めるものとする。

2　市町村子ども・子育て支援事業計画においては、次に掲げる事項を定めるものとする。

一　市町村が、地理的条件、人口、交通事情その他の社会的条件、教育・保育を提供するための施設の整備の状況その他の条件を総合的に勘案して定める区域（以下「教育・保育提供区域」という。）ごとの当該教育・保育提供区域における各年度の特定教育・保育施設に係る必要利用定員総数（第十九条各号に掲げる小学校就学前子どもの区分ごとの必要利用定員総数とする。）、特定地域型保育事業所（事業所内保育事業所における労働者等の監護する小学校就学前子どもに係る部分を除く。）に係る必要利用定員総数（同条第三号に掲げる小学校就学前子どもに係るものに限る。）その他の教育・保育の量の見込み並びに実施しようとする教育・保育の提供体制の確保の内容及びその実施時期

二　教育・保育提供区域ごとの当該教育・保育提供区域における各年度の地域子ども・子育て支援事業の量の見込み並びに実施しようとする地域子ども・子育て支援事業の提供体制の確保の内容及びその実施時期

三　子どものための教育・保育給付に係る教育・保育の一体的提供及び当該教育・保育の推進に関する体制の確保の内容

四　子育てのための施設等利用給付の円滑な実施の確保の内容

3　市町村子ども・子育て支援事業計画においては、前項各号に規定するもののほか、次に掲げる事項について定めるよう努めるものとする。

一　産後の休業及び育児休業後における特定教育・保育施設等の円滑な利用の確保に関する事項

二　保護を要する子どもの養育環境の整備、児童福祉法第四条第二項に規定する障害児に対して行われる保護並びに日常生活上の指導及び知識技能の付与その他の子どもに関する専門的な知識及び技術を要する支援に関する都道府県が行う施策との連携に関する事項

三　労働者の職業生活と家庭生活との両立が図られるようにするために必要な雇用環境の整備に関する施策との連携に関する事項

四　地域子ども・子育て支援事業を行う市町村その他の当該市町村において子ども・子育て支援の提供を行う関係機関相互の連携の推進に関する事項

4　市町村子ども・子育て支援事業計画は、教育・保育提供区域における子どもの数、子どもの保護者の特定教育・保育施設等及び地域子ども・子育て支援事業の利用に関する意向その他の事情を勘案して作成され

なければならない。

5　市町村は、教育・保育提供区域における子ども及びその保護者の置かれている環境その他の事情を正確に把握した上で、これらの事情を勘案して、市町村子ども・子育て支援事業計画を作成するよう努めるものとする。

6　市町村子ども・子育て支援事業計画は、社会福祉法第百七条第一項に規定する市町村地域福祉計画、教育基本法第十七条第二項の規定により市町村が定める教育の振興のための施策に関する基本的な計画（次条第四項において「教育振興基本計画」という。）その他の法律の規定による計画であって子どもの福祉又は教育に関する事項を定めるものと調和が保たれたものでなければならない。

7　市町村は、市町村子ども・子育て支援事業計画を定め、又は変更しようとするときは、第七十二条第一項の審議会その他の合議制の機関を設置している場合にあってはその意見を、その他の場合にあっては子どもの保護者その他子ども・子育て支援に係る当事者の意見を聴かなければならない。

8　市町村は、市町村子ども・子育て支援事業計画を定め、又は変更しようとするときは、インターネットの利用その他の内閣府令で定める方法により広く住民の意見を求めることその他の住民の意見を反映させるために必要な措置を講ずるよう努めるものとする。

9　市町村は、市町村子ども・子育て支援事業計画を定め、又は変更しようとするときは、都道府県に協議しなければならない。

10　市町村は、市町村子ども・子育て支援事業計画を定め、又は変更したときは、遅滞なく、これを都道府県知事に提出しなければならない。

第七章

第七十二条　市町村は、条例で定めるところにより、次に掲げる事務を処理するため、審議会その他の合議制の機関を置くよう努めるものとする。

一　特定教育・保育施設の利用定員の設定に関し、第三十一条第二項に規定する事項を処理すること。

二　特定地域型保育事業の利用定員の設定に関し、第四十三条第二項に規定する事項を処理すること。

三　市町村子ども・子育て支援事業計画に関し、第六十一条第七項に規定する事項を処理すること。

四　当該市町村における子ども・子育て支援に関する施策の総合的かつ計画的な推進に関し必要な事項及び当該施策の実施状況を調査審議すること。

2　前項の合議制の機関は、同項各号に掲げる事務を処理するに当たっては、地域の子ども及び子育て家庭の実情を十分に踏まえなければならない。

3　前二項に定めるもののほか、第一項の合議制の機関の組織及び運営に関し必要な事項は、市町村の条例で定める。

4　都道府県は、条例で定めるところにより、次に掲げる事務を処理するため、審議会その他の合議制の機関を置くよう努めるものとする。

一　都道府県子ども・子育て支援事業支援計画に関し、第六十二条第五項に規定する事項を処理すること。

二　当該都道府県における子ども・子育て支援に関する施策の総合的かつ計画的な推進に関し必要な事項及び当該施策の実施状況を調査審議すること。

5　第二項及び第三項の規定は、前項の規定により都道府県に合議制の機関が置かれた場合に準用する。

附　則

（施行期日）

第一条　この法律は、社会保障の安定財源の確保等を図る税制の抜本的な改革を行うための消費税法の一部を改正する等の法律（平成二十四年法律第六十八号）附則第一条第二号に掲げる規定の施行の日〔平二七・一〇・一〕の属する年の翌年の四月一日までの間において政令で定める日〔平二七・四・一〕から施行する。〔ただし書略〕

附　則〔令四・六・二二法七六〕

（施行期日）

第一条　この法律は、こども家庭庁設置法（令和四年法律第七十五号）の施行の日から施行する。〔ただし書略〕

●児童買春、児童ポルノに係る行為等の規制及び処罰並びに児童の保護等に関する法律〔抄〕

（平成一一年五月二六日 法律第五二号）

題名改正…平二六・六・二五法七九
最終改正…令四・六・二二法七六

第一章 総則

（目的）
第一条 この法律は、児童に対する性的搾取及び性的虐待が児童の権利を著しく侵害することの重大性に鑑み、あわせて児童の権利の擁護に関する国際的動向を踏まえ、児童買春、児童ポルノに係る行為等を規制し、及びこれらの行為等を処罰するとともに、これらの行為等により心身に有害な影響を受けた児童の保護のための措置等を定めることにより、児童の権利を擁護することを目的とする。

（定義）
第二条 この法律において「児童」とは、十八歳に満たない者をいう。

2 この法律において「児童買春」とは、次の各号に掲げる者に対し、対償を供与し、又はその供与の約束をして、当該児童に対し、性交等（性交若しくは性交類似行為をし、又は自己の性的好奇心を満たす目的で、児童の性器等（性器、肛門又は乳首をいう。以下同じ。）を触り、若しくは児童に自己の性器等を触らせることをいう。以下同じ。）をすることをいう。

一 児童
二 児童に対する性交等の周旋をした者
三 児童の保護者（親権を行う者、未成年後見人その他の者で、児童を現に監護するものをいう。以下同じ。）又は児童をその支配下に置いている者

3 この法律において「児童ポルノ」とは、写真、電磁的記録（電子的方式、磁気的方式その他人の知覚によっては認識することができない方式で作られる記録であって、電子計算機による情報処理の用に供されるものをいう。以下同じ。）に係る記録媒体その他の物であって、次の各号のいずれかに掲げる児童の姿態を視覚により認識することができる方法により描写したものをいう。

一 児童を相手方とする又は児童による性交又は性交類似行為に係る児童の姿態
二 他人が児童の性器等を触る行為又は児童が他人の性器等を触る行為に係る児童の姿態であって性欲を興奮させ又は刺激するもの
三 衣服の全部又は一部を着けない児童の姿態であって、殊更に児童の性的な部位（性器等若しくはその周辺部、臀部又は胸部をいう。）が露出され又は強調されているものであり、かつ、性欲を興奮させ又は刺激するもの

（適用上の注意）
第三条 この法律の適用に当たっては、学術研究、文化芸術活動、報道等に関する国民の権利及び自由を不当に侵害しないように留意し、児童に対する性的搾取及び性的虐待から児童を保護しその権利を擁護するとの本来の目的を逸脱して他の目的のためにこれを濫用するようなことがあってはならない。

（児童買春、児童ポルノの所持その他児童に対する性的搾取及び性的虐待に係る行為の禁止）
第三条の二 何人も、児童買春をし、又はみだりに児童ポルノを所持し、若しくは第二条第三項各号のいずれかに掲げる児童の姿態を視覚により認識することができる方法により描写した情報を記録した電磁的記録を保管することその他児童に対する性的搾取又は性的虐待に係る行為をしてはならない。

第二章 児童買春、児童ポルノに係る行為等の処罰等〔略〕

第三章 心身に有害な影響を受けた児童の保護のための措置

（心身に有害な影響を受けた児童の保護）
第十五条 こども家庭庁、法務省、都道府県警察、児童相談所、福祉事務所その他の国、都道府県又は市町村の関係行政機関は、児童買春の相手方となったこと、児童ポルノに描写されたこと等により心身に有害な影響を受けた児童に対し、相互に連携を図りつつ、その心身の状況、その置かれている環境等に応じ、当該児童がその受けた影響から身体的及び心理的に回復し、個人の尊厳を保って成長することができるよう、相談、指導、一時保護、施設への入所その他の必要な保護のための措置を適切に講ずるものとする。

2 前項の関係行政機関は、同項の措置を講ずる場合において、同項の児童の保護のため必要があると認めるときは、その保護者に対し、相談、指導その他の措置を講ずるものとする。

（心身に有害な影響を受けた児童の保護のための体制の整備）
第十六条 国及び地方公共団体は、児童買春

の相手方となったこと、児童ポルノに描写されたこと等により心身に有害な影響を受けた児童について専門的知識に基づく保護を適切に行うことができるよう、これらの児童の保護に関する調査研究の推進、これらの児童の保護を行う者の資質の向上、これらの児童が緊急に保護を必要とする場合における関係機関の連携協力体制の強化、これらの児童の保護を行う民間の団体との連携協力体制の整備等必要な体制の整備に努めるものとする。

第十六条の二　〔略〕

第四章　雑則〔略〕

附　則〔令四・六・二二法七六〕

（施行期日）

第一条　この法律は、こども家庭庁設置法（令和四年法律第七十五号）の施行の日から施行する。〔ただし書き略〕

●インターネット異性紹介事業を利用して児童を誘引する行為の規制等に関する法律〔抄〕

（平成一五年六月一三日法律第八三号）

最終改正…令四・六・一七法六八

第一章　総則

（目的）

第一条　この法律は、インターネット異性紹介事業を利用して児童を性交等の相手方となるように誘引する行為等を禁止するとともに、インターネット異性紹介事業について必要な規制を行うこと等により、インターネット異性紹介事業の利用に起因する児童買春その他の犯罪から児童を保護し、もって児童の健全な育成に資することを目的とする。

（定義）

第二条　この法律において、次の各号に掲げる用語の意義は、それぞれ当該各号に定めるところによる。

一　児童　十八歳に満たない者をいう。

二　インターネット異性紹介事業　異性交際（面識のない異性との交際をいう。以下同じ。）を希望する者（以下「異性交際希望者」という。）の求めに応じ、その異性交際に関する情報をインターネットを利用して公衆が閲覧することができる状態に置いてこれに伝達し、かつ、当該情報の伝達を受けた異性交際希望者が電子メールその他の電気通信（電気通信事業法（昭和五十九年法律第八十六号）第二条第一号に規定する電気通信をいう。以下同じ。）を利用して当該情報に係る異性交際希望者と相互に連絡することができるようにする役務を提供する事業をいう。

三　インターネット異性紹介事業者　インターネット異性紹介事業を行う者をいう。

四　登録誘引情報提供機関　第十八条第一項の登録を受けた者をいう。

（インターネット異性紹介事業者等の責務）

第三条　インターネット異性紹介事業者は、その行うインターネット異性紹介事業に関しこの法律その他の法令の規定を遵守するとともに、児童によるインターネット異性紹介事業の利用の防止に努めなければならない。

2　〔略〕

3　前二項に定めるもののほか、インターネット異性紹介事業者及び役務提供事業者は、児童の健全な育成に配慮するよう努めなければならない。

（保護者の責務）

第四条　児童の保護者（親権を行う者又は後見人をいう。）は、児童の使用に係る通信端末機器による電気通信についてインターネット異性紹介事業を利用するための電気通信の自動利用制限を行う役務又は当該電気通信の自動利用制限を行う機能を有するソフトウェアを利用することその他の児童によるインターネット異性紹介事業の利用を防止するために必要な措置を講ずるよう努めなければならない。

（国及び地方公共団体の責務）

第五条　国及び地方公共団体は、児童によるインターネット異性紹介事業の利用の防止に関する国民の理解を深めるための教育及び啓発に努めるとともに、児童によるインターネット異性紹介事業の利用の防止に資する技術の開発及び普及を推進するよう努めるものとする。

2　国及び地方公共団体は、事業者、国民又はこれらの者が組織する民間の団体が自発的に行うインターネット異性紹介事業に係る活動であって、児童の健全な育成に障害を及ぼす行為を防止するためのものが促進されるよう必要な施策を講ずるものとする。

第二章　児童に係る誘引の禁止

第六条　何人も、インターネット異性紹介事業を利用して、次に掲げる行為（以下「禁止誘引行為」という。）をしてはならない。

一　児童を性交等（性交若しくは性交類似行為をし、又は自己の性的好奇心を満たす目的で、他人の性器等（性器、肛門又は乳首をいう。以下同じ。）を触り、若しくは他人に自己の性器等を触らせることをいう。以下同じ。）の相手方となるように誘引すること。

二　人（児童を除く。第五号において同じ。）を児童との性交等の相手方となるように誘引すること。

三　対償を供与することを示して、児童を異性交際（性交等を除く。次号において同じ。）の相手方となるように誘引すること。

四　対償を受けることを示して、人を児童との異性交際の相手方となるように誘引すること。

五　前各号に掲げるもののほか、児童を異性交際の相手方となるように誘引し、又は人を児童との異性交際の相手方となるように誘引すること。

第三章　インターネット異性紹介事業の規制

（インターネット異性紹介事業の届出）

第七条　インターネット異性紹介事業を行おうとする者は、国家公安委員会規則で定めるところにより、次に掲げる事項を事業の本拠となる事務所（事務所のない者にあっては、住居。第三号を除き、以下「事務所」という。）の所在地を管轄する都道府県公安委員会（以下「公安委員会」という。）に届け出なければならない。この場合において、届出には、国家公安委員会規則で定める書類を添付しなければならない。

一　氏名又は名称及び住所並びに法人にあっては、その代表者の氏名

二　当該事業につき広告又は宣伝をする場合に当該事業を示すものとして使用する呼称（当該呼称が二以上ある場合にあっては、それら全部の呼称）

三　事業の本拠となる事務所の所在地

四　事務所の電話番号その他の連絡先であって国家公安委員会規則で定めるもの

五　法人にあっては、その役員の氏名及び住所

六　第十一条の規定による異性交際希望者が児童でないことの確認の実施の方法その他の業務の実施の方法に関する事項で国家公安委員会規則で定めるもの

2　前項の規定による届出をした者は、当該インターネット異性紹介事業を廃止したとき、又は同項各号に掲げる事項に変更があったときは、国家公安委員会規則で定めるところにより、その旨を公安委員会（公安委員会の管轄区域を異にして事務所を変更したときは、変更した後の事務所の所在地を管轄する公安委員会）に届け出なければならない。この場合において、届出には、国家公安委員会規則で定める書類を添付しなければならない。

（欠格事由）

第八条　次の各号のいずれかに該当する者は、インターネット異性紹介事業を行ってはならない。

一　破産手続開始の決定を受けて復権を得ない者

二　拘禁刑以上の刑に処せられ、又はこの法律、児童福祉法（昭和二十二年法律第百六十四号）第六十条第一項若しくは児童買春、児童ポルノに係る行為等の規制及び処罰並びに児童の保護等に関する法律（平成十一年法律第五十二号）に規定する罪を犯して罰金の刑に処せられ、その執行を終わり、又は執行を受けることがなくなった日から起算して五年を経過しない者

三　最近五年間に第十四条又は第十五条第二項第二号の規定による命令に違反した者

四　暴力団員による不当な行為の防止等に関する法律（平成三年法律第七十七号）第二条第六号に規定する暴力団員（以下この号において単に「暴力団員」という。）である者又は暴力団員でなくなった日から五年を経過しない者

五　心身の故障によりインターネット異性紹介事業を適正に行うことができない者として国家公安委員会規則で定めるもの

六　未成年者

七　法人で、その役員のうちに次のいずれかに該当する者のあるもの

イ　第一号から第五号までに掲げる者

ロ　児童

（名義貸しの禁止）

第九条　第七条第一項の規定による届出をした者は、自己の名義をもって、他人にイン

ターネット異性紹介事業を行わせてはならない。

（利用の禁止の明示等）

第十条　インターネット異性紹介事業者は、その行うインターネット異性紹介事業について広告又は宣伝をするときは、国家公安委員会規則で定めるところにより、児童が当該インターネット異性紹介事業を利用してはならない旨を明らかにしなければならない。

2　前項に規定するもののほか、インターネット異性紹介事業者は、国家公安委員会規則で定めるところにより、その行うインターネット異性紹介事業を利用しようとする者に対し、児童がこれを利用してはならない旨を伝達しなければならない。

（児童でないことの確認）

第十一条　インターネット異性紹介事業者は、次に掲げる場合は、国家公安委員会規則で定めるところにより、あらかじめ、これらの異性交際希望者が児童でないことを確認しなければならない。ただし、第二号に掲げる場合にあっては、第一号に規定する異性交際希望者が当該インターネット異性紹介事業者の行う氏名、年齢その他の本人を特定する事項の確認（国家公安委員会規則で定める方法により行うものに限る。）を受けているときは、この限りでない。

一　異性交際希望者の求めに応じ、その異性交際に関する情報をインターネットを利用して公衆が閲覧することができる状態に置いて、これに伝達するとき。

二　他の異性交際希望者の求めに応じ、前号に規定する異性交際希望者からの異性交際に関する情報をインターネットを利用して公衆が閲覧することができる状態に置いて、当該他の異性交際希望者に伝達するとき。

三　前二号の規定によりその異性交際に関する情報の伝達を受けた他の異性交際希望者が、電子メールその他の電気通信を利用して、当該情報に係る第一号に規定する異性交際希望者と連絡することができるようにするとき。

四　第一号に規定する異性交際希望者が、電子メールその他の電気通信を利用して、第一号又は第二号の規定によりその異性交際に関する情報の伝達を受けた他の異性交際希望者と連絡することができるようにするとき。

（児童の健全な育成に障害を及ぼす行為の防止措置）

第十二条　インターネット異性紹介事業者は、その行うインターネット異性紹介事業を利用して禁止誘引行為が行われていることを知ったときは、速やかに、当該禁止誘引行為に係る異性交際に関する情報をインターネットを利用して公衆が閲覧することができないようにするための措置をとらなければならない。

2　前項に定めるもののほか、インターネット異性紹介事業者は、その行うインターネット異性紹介事業を利用して行われる禁止誘引行為その他の児童の健全な育成に障害を及ぼす行為を防止するための措置を講ずるよう努めなければならない。

（指示）

第十三条　インターネット異性紹介事業者がその行うインターネット異性紹介事業に関しこの法律若しくはこの法律に基づく命令又は他の法令の規定に違反したと認める場合において、当該違反行為が児童の健全な育成に障害を及ぼすおそれがあると認めるときは、当該違反行為が行われた時における当該インターネット異性紹介事業者の事務所の所在地を管轄する公安委員会は、当該インターネット異性紹介事業者に対し、児童の健全な育成に障害を及ぼす行為を防止するため必要な指示をすることができる。

（事業の停止等）

第十四条　インターネット異性紹介事業者がその行うインターネット異性紹介事業に関し第八条第二号に規定する罪（この法律に規定する罪にあっては、第三十一条の罪及び同条の罪に係る第三十五条の罪を除く。）その他児童の健全な育成に障害を及ぼす罪で政令で定めるものに当たる行為をしたと認めるときは、当該行為が行われた時における当該インターネット異性紹介事業者の事務所の所在地を管轄する公安委員会は、当該インターネット異性紹介事業者に対し、六月を超えない範囲内で期間を定めて、当該インターネット異性紹介事業の全部又は一部の停止を命ずることができる。

2　インターネット異性紹介事業者が第八条各号のいずれかに該当することが判明したときは、当該インターネット異性紹介事業者の事務所の所在地を管轄する公安委員会は、当該インターネット異性紹介事業者に対し、当該インターネット異性紹介事業の廃止を命ずることができる。

（処分移送通知）

第十五条　公安委員会は、インターネット異性紹介事業者に対し第十三条の規定による指示又は前条第一項の規定による命令をしようとする場合において、当該インターネット異性紹介事業者がその事務所を他の公安委員会の管轄区域内に変更していたときは、当該処分に係る事案に関する弁明の機会の付与又は聴聞を終了している場合を除き、速やかに、現に当該インターネット異性紹介事業者の事務所の所在地を管轄する公安委員会に国家公安委員会規則で定める処分移送通知書を送付しなければならない。

2　前項（次項において準用する場合を含

む。）の規定により処分移送通知書が送付されたときは、当該処分移送通知書の送付を受けた公安委員会は、次の各号に掲げる場合の区分に従い、それぞれ当該各号に定める処分をすることができるものとし、当該処分移送通知書を送付した公安委員会は、第十三条及び前条第一項の規定にかかわらず、当該事案について、これらの規定による処分をすることができないものとする。

一　当該インターネット異性紹介事業者がその行うインターネット異性紹介事業に関しこの法律若しくはこの法律に基づく命令又は他の法令の規定に違反したと認める場合において、当該違反行為が児童の健全な育成に障害を及ぼすおそれがあると認めるとき　児童の健全な育成に障害を及ぼす行為を防止するため必要な指示をすること。

二　当該インターネット異性紹介事業者がその行うインターネット異性紹介事業に関し前条第一項に規定する行為をしたと認めるとき　六月を超えない範囲内で期間を定めて、当該インターネット異性紹介事業の全部又は一部の停止を命ずること。

3　第一項の規定は、公安委員会が前項の規定により処分をしようとする場合について準用する。

（報告又は資料の提出）

第十六条　公安委員会は、第七条から前条まで（第十二条第二項を除く。）の規定の施行に必要な限度において、その行うインターネット異性紹介事業者に対し、インターネット異性紹介事業に関し報告又は資料の提出を求めることができる。

（国家公安委員会への報告等）

第十七条　公安委員会は、次の各号のいずれかに該当するときは、国家公安委員会規則で定める事項を国家公安委員会に報告しなければならない。この場合において、国家公安委員会は、当該報告に係る事項を各公安委員会に通報するものとする。

一　第七条の規定による届出を受けた場合

二　第十三条、第十四条第一項又は第十五条第二項の規定による処分をした場合

2　公安委員会は、前項第二号に規定する処分の事由となる違反行為をしたと認めるインターネット異性紹介事業者が同号に規定する処分に違反したと認めるとき、又は当該違反行為が行われた時における当該インターネット異性紹介事業者の事務所の所在地を管轄する公安委員会に対し、国家公安委員会規則で定める事項を通報しなければならない。

第四章—第六章　〔略〕

附　則（令四・六・一七法六八）

（施行期日）

1　この法律は、刑法等一部改正法施行日から施行する。〔ただし書略〕

●児童虐待の防止等に関する法律〔抄〕★

（平成一二年五月二四日法律第八二号）

最終改正…令四・一二・一六・法一〇二

【教採頻出条文】第一条、第二条、第五条、第六条。

（目的）

第一条　この法律は、児童虐待が児童の人権を著しく侵害し、その心身の成長及び人格の形成に重大な影響を与えるとともに、我が国における将来の世代の育成にも懸念を及ぼすことにかんがみ、児童に対する虐待の禁止、児童虐待の予防及び早期発見その他の児童虐待の防止に関する国及び地方公共団体の責務、児童虐待を受けた児童の保護及び自立の支援のための措置等を定めることにより、児童虐待の防止等に関する施策を促進し、もって児童の権利利益の擁護に資することを目的とする。

（児童虐待の定義）

第二条　この法律において、「児童虐待」とは、保護者（親権を行う者、未成年後見人その他の者で、児童を現に監護するものをいう。以下同じ。）がその監護する児童（十八歳に満たない者をいう。以下同じ。）について行う次に掲げる行為をいう。

一　児童の身体に外傷が生じ、又は生じるおそれのある暴行を加えること。

二　児童にわいせつな行為をすること又は児童をしてわいせつな行為をさせること。

三　児童の心身の正常な発達を妨げるよう

な著しい減食又は長時間の放置、保護者以外の同居人による前二号又は次号に掲げる行為と同様の行為の放置その他の保護者としての監護を著しく怠ること。

四　児童に対する著しい暴言又は著しく拒絶的な対応、児童が同居する家庭における配偶者に対する暴力（配偶者（婚姻の届出をしていないが、事実上婚姻関係と同様の事情にある者を含む。）の身体に対する不法な攻撃であって生命又は身体に危害を及ぼすもの及びこれに準ずる心身に有害な影響を及ぼす言動をいう。）その他の児童に著しい心理的外傷を与える言動を行うこと。

（児童に対する虐待の禁止）

第三条　何人も、児童に対し、虐待をしてはならない。

（国及び地方公共団体の責務等）

第四条　国及び地方公共団体は、児童虐待の予防及び早期発見、迅速かつ適切な児童虐待を受けた児童の保護及び自立の支援（児童虐待を受けた後十八歳となった者に対する自立の支援を含む。第三項及び次条第二項において同じ。）並びに児童虐待を行った保護者に対する親子の再統合の促進への配慮その他の児童虐待を受けた児童が家庭（家庭における養育環境と同様の養育環境及び良好な家庭的環境を含む。）で生活するために必要な配慮をした適切な指導及び支援を行うため、関係省庁相互間又は関係地方公共団体相互間、市町村、児童相談所、福祉事務所、配偶者からの暴力の防止及び被害者の保護等に関する法律（平成十三年法律第三十一号）第三条第一項に規定する配偶者暴力相談支援センター（次条第一項において単に「配偶者暴力相談支援センター」という。）、学校及び医療機関の間その他関係機関及び民間団体の間の連携の強化、民間団体の支援、医療の提供体制の整備その他児童虐待の防止等のために必要な体制の整備に努めなければならない。

2　国及び地方公共団体は、児童相談所等関係機関の職員及び学校の教職員、児童福祉施設の職員、医師、歯科医師、保健師、助産師、看護師、弁護士その他児童の福祉に職務上関係のある者が児童虐待を早期に発見し、その他児童虐待の防止に寄与することができるよう、研修等必要な措置を講ずるものとする。

3　国及び地方公共団体は、児童虐待を受けた児童の保護及び自立の支援を専門的知識に基づき適切に行うことができるよう、児童相談所等関係機関の職員、学校の教職員、児童福祉施設の職員その他児童虐待を受けた児童の保護及び自立の支援の職務に携わる者の人材の確保及び資質の向上を図るため、研修等必要な措置を講ずるものとする。

4　国及び地方公共団体は、児童虐待の防止に資するため、児童の人権、児童虐待が児童に及ぼす影響、児童虐待に係る通告義務等について必要な広報その他の啓発活動に努めなければならない。

5　国及び地方公共団体は、児童虐待を受けた児童がその心身に著しく重大な被害を受けた事例の分析を行うとともに、児童虐待の予防及び早期発見のための方策、児童虐待を受けた児童のケア並びに児童虐待を行った保護者の指導及び支援のあり方、学校の教職員及び児童福祉施設の職員が児童虐待の防止に果たすべき役割その他児童虐待の防止等のために必要な事項についての調査研究及び検証を行うものとする。

6　児童相談所の所長は、児童虐待を受けた児童が住所又は居所を当該児童相談所の管轄区域外に移転する場合においては、当該児童の家庭環境その他の環境の変化による影響に鑑み、当該児童及び当該児童虐待を行った保護者について、その移転の前後において指導、助言その他の必要な支援が切れ目なく行われるよう、移転先の住所又は居所を管轄する児童相談所の所長に対し、速やかに必要な情報の提供を行うものとする。この場合において、当該情報の提供を受けた児童相談所長は、児童福祉法（昭和二十二年法律第百六十四号）第二十五条の二第一項に規定する要保護児童対策地域協議会が速やかに当該情報の交換を行うことができるための措置その他の緊密な連携を図るために必要な措置を講ずるものとする。

7　児童の親権を行う者は、児童を心身ともに健やかに育成することについて第一義的責任を有するものであって、親権を行うに当たっては、できる限り児童の利益を尊重するよう努めなければならない。

8　何人も、児童の健全な成長のために、家庭（家庭における養育環境と同様の養育環境及び良好な家庭的環境を含む。）及び近隣社会の連帯が求められていることに留意しなければならない。

（児童虐待の早期発見等）

第五条　学校、児童福祉施設、病院、都道府県警察、婦人相談所、教育委員会、配偶者暴力相談支援センターその他児童の福祉に業務上関係のある団体及び学校の教職員、児童福祉施設の職員、医師、歯科医師、保健師、助産師、看護師、弁護士、警察官、婦人相談員その他児童の福祉に職務上関係のある者は、児童虐待を発見しやすい立場にあることを自覚し、児童虐待の早期発見に努めなければならない。

2　前項に規定する者は、児童虐待の予防その他の児童虐待の防止並びに児童虐待を受けた児童の保護及び自立の支援に関する国及び地方公共団体の施策に協力するよう努めなければならない。

3　第一項に規定する者は、正当な理由がなく、その職務に関して知り得た児童虐待を受けたと思われる児童に関する秘密を漏らしてはならない。

4　前項の規定その他の守秘義務に関する法律の規定は、第二項の規定による国及び地方公共団体の施策に協力するように努める義務の遵守を妨げるものと解釈してはならない。

5　学校及び児童福祉施設は、児童及び保護者に対して、児童虐待の防止のための教育又は啓発に努めなければならない。

（児童虐待に係る通告）

第六条　児童虐待を受けたと思われる児童を発見した者は、速やかに、これを市町村、都道府県の設置する福祉事務所若しくは児童相談所又は児童委員を介して市町村、都道府県の設置する福祉事務所若しくは児童相談所に通告しなければならない。

2　前項の規定による通告は、児童福祉法第二十五条第一項の規定による通告とみなして、同法の規定を適用する。

3　刑法（明治四十年法律第四十五号）の秘密漏示罪の規定その他の守秘義務に関する法律の規定は、第一項の規定による通告をする義務の遵守を妨げるものと解釈してはならない。

第七条　市町村、都道府県の設置する福祉事務所又は児童相談所が前条第一項の規定による通告を受けた場合においては、当該通告を受けた市町村、都道府県の設置する福祉事務所又は児童相談所の所長、所員その他の職員及び当該通告を仲介した児童委員は、その職務上知り得た事項であって当該通告をした者を特定させるものを漏らしてはならない。

（通告又は送致を受けた場合の措置）

第八条　市町村又は都道府県の設置する福祉事務所が第六条第一項の規定による通告を受けたときは、市町村又は福祉事務所の長は、必要に応じ近隣住民、学校の教職員、児童福祉施設の職員その他の者の協力を得つつ、当該児童との面会その他の当該児童の安全の確認を行うための措置を講ずるとともに、必要に応じ次に掲げる措置を採るものとする。

一　児童福祉法第二十五条の七第一項第一号若しくは第二項第一号又は第二十五条の八第一号の規定により当該児童を児童相談所に送致すること。

二　当該児童のうち次条第一項の規定による出頭の求め及び調査若しくは質問、第九条第一項の規定による立入り及び調査若しくは質問又は児童福祉法第三十三条第一項若しくは第二項の規定による一時保護の実施が適当であると認めるものを都道府県知事又は児童相談所長へ通知すること。

2　児童相談所が第六条第一項の規定による通告又は児童福祉法第二十五条の七第一項第一号若しくは第二項第一号若しくは第二十五条の八第一号の規定による送致を受けたときは、児童相談所長は、必要に応じ近隣住民、学校の教職員、児童福祉施設の職員その他の者の協力を得つつ、当該児童との面会その他の当該児童の安全の確認を行うための措置を講ずるとともに、必要に応じ次に掲げる措置を採るものとする。

一　児童福祉法第三十三条第一項の規定により当該児童の一時保護を行い、又は適当な者に委託して、当該一時保護を行わせること。

二　児童福祉法第二十六条第一項第三号の規定により当該児童のうち第六条第一項の規定による通告を受けたものを市町村に送致すること。

三　当該児童のうち児童福祉法第六条の三第十八項に規定する妊産婦等生活援助事業の実施又は同法第二十五条の八第三号に規定する保育の利用等（以下この号において「保育の利用等」という。）が適当であると認めるものをその妊産婦等生活援助事業の実施又は保育の利用等に係る都道府県又は市町村の長へ報告し、又は通知すること。

四　当該児童のうち児童福祉法第六条の三第二項に規定する放課後児童健全育成事業、同条第三項に規定する子育て短期支援事業、同条第五項に規定する養育支援訪問事業、同条第六項に規定する地域子育て支援拠点事業、同条第七項に規定する一時預かり事業、同条第十四項に規定する子育て援助活動支援事業、同条第十九項に規定する子育て世帯訪問支援事業、同条第二十項に規定する児童育成支援拠点事業、同条第二十一項に規定する親子関係形成支援事業、子ども・子育て支援法（平成二十四年法律第六十五号）第五十九条第一号に掲げる事業その他市町村が実施する児童の健全な育成に資する事業の実施が適当であると認めるものをその事業の実施に係る市町村の長へ通知すること。

3　前二項の児童の安全の確認を行うための措置、市町村若しくは児童相談所への送致又は一時保護を行う者は、速やかにこれを行うものとする。

（出頭要求等）

第八条の二　都道府県知事は、児童虐待が行われているおそれがあると認めるときは、当該児童の保護者に対し、当該児童を同伴して出頭することを求め、児童委員又は児童の福祉に関する事務に従事する職員をして、必要な調査又は質問をさせることができる。この場合においては、その身分を証明する証票を携帯させ、関係者の請求があったときは、これを提示させなければならない。

2　都道府県知事は、前項の規定により当該児童の保護者の出頭を求めようとするときは、内閣府で定めるところにより、当該保護者に対し、出頭を求める理由となった事実の内容、出頭を求める日時及び場所、同伴すべき児童の氏名その他必要な事項を記載した書面により告知しなければならない。

3　都道府県知事は、第一項の保護者が同項の規定による出頭の求めに応じない場合は、次条第一項の規定による児童委員又は児童の福祉に関する事務に従事する職員の立入り及び調査又は質問その他の必要な措置を講ずるものとする。

（立入調査等）

第九条　都道府県知事は、児童虐待が行われているおそれがあると認めるときは、児童委員又は児童の福祉に関する事務に従事する職員をして、児童の住所又は居所に立ち入り、必要な調査又は質問をさせることができる。この場合においては、その身分を証明する証票を携帯させ、関係者の請求があったときは、これを提示させなければならない。

2　前項の規定による児童委員又は児童の福祉に関する事務に従事する職員の立入り及び調査又は質問は、児童福祉法第二十九条の規定による児童委員又は児童の福祉に関する事務に従事する職員の立入り及び調査又は質問とみなして、同法第六十一条の五の規定を適用する。

第九条の二　〔略〕

（臨検、捜索等）

第九条の三　都道府県知事は、第八条の二第一項の保護者又は第九条第一項の児童の保護者が正当な理由なく同項の規定による児童委員又は児童の福祉に関する事務に従事する職員の立入り又は調査を拒み、妨げ、又は忌避した場合において、児童虐待が行われている疑いがあるときは、当該児童の安全の確認を行い、又はその安全を確保するため、児童の福祉に関する事務に従事する職員をして、当該児童の住所又は居所の所在地を管轄する地方裁判所、家庭裁判所又は簡易裁判所の裁判官があらかじめ発する許可状により、当該児童の住所若しくは居所に臨検させ、又は当該児童を捜索させることができる。

2　都道府県知事は、前項の規定による臨検又は捜索をさせるときは、児童の福祉に関する事務に従事する職員をして、必要な調査又は質問をさせることができる。

3　都道府県知事は、第一項の許可状（以下「許可状」という。）を請求する場合においては、児童虐待が行われている疑いがあると認められる資料、臨検させようとする住所又は居所に当該児童が現在すると認められる資料及び当該児童の保護者が第九条第一項の規定による立入り又は調査を拒み、妨げ、又は忌避したことを証する資料を提出しなければならない。

4　前項の請求があった場合においては、地方裁判所、家庭裁判所又は簡易裁判所の裁判官は、臨検すべき場所又は捜索すべき児童の氏名並びに有効期間、その期間経過後は執行に着手することができずこれを返還しなければならない旨、交付の年月日及び裁判所名を記載し、自己の記名押印した許可状を都道府県知事に交付しなければならない。

5　都道府県知事は、許可状を児童の福祉に関する事務に従事する職員に交付して、第一項の規定による臨検又は捜索をさせるものとする。

6　第一項の規定による臨検又は捜索に係る制度は、児童虐待が保護者がその監護する児童に対して行うものであるために他人から認知されること及び児童がその被害から自ら逃れることが困難である等の特別の事情から児童の生命又は身体に重大な危険を生じさせるおそれがあることにかんがみ特に設けられたものであることを十分に踏まえた上で、適切に運用されなければならない。

第九条の四―第九条の九　〔略〕

（警察署長に対する援助要請等）

第十条　児童相談所長は、第八条第二項の児童の安全の確認を行おうとする場合、又は同項第一号の一時保護を行おうとし、若しくは行わせようとする場合において、これらの職務の執行に際し必要があると認めるときは、当該児童の住所又は居所の所在地を管轄する警察署長に対し援助を求めることができる。都道府県知事が、第九条第一項の規定による立入り及び調査若しくは質問をさせ、又は臨検等をさせようとする場合についても、同様とする。

2　児童相談所長又は都道府県知事は、児童の安全の確認及び安全の確保に万全を期する観点から、必要に応じ迅速かつ適切に、前項の規定により警察署長に対し援助を求めなければならない。

3　警察署長は、第一項の規定による援助の求めを受けた場合において、児童の生命又は身体の安全を確認し、又は確保するため必要と認めるときは、速やかに、所属の警察官に、同項の職務の執行を援助するために必要な警察官職務執行法（昭和二十三年法律第百三十六号）その他の法令の定めるところによる措置を講じさせるよう努めなければならない。

第十条の二―第十一条　〔略〕

（面会等の制限等）

第十二条　児童虐待を受けた児童について児童福祉法第二十七条第一項第三号の措置（以下「施設入所等の措置」という。）が採られ、又は同法第三十三条第一項若しくは第二項の規定による一時保護が行われた場合において、児童虐待の防止及び児童虐待を受けた児童の保護のため必要があると認めるときは、児童相談所長及び当該児童について施設入所等の措置が採られている場合における当該施設入所等の措置に係る同号に規定する施設の長は、内閣府で定めるところにより、当該児童虐待を行った保護者について、次に掲げる行為の全部又は一部を制限することができる。

一 当該児童との面会

二 当該児童との通信

2 前項の施設の長は、同項の規定による制限を行った場合又は行わなくなった場合は、その旨を児童相談所長に通知するものとする。

3 児童虐待を受けた児童について施設入所等の措置（児童福祉法第二十八条の規定によるものに限る。）が採られ、又は同法第三十三条第一項若しくは第二項の規定による一時保護が行われた場合において、当該児童虐待を行った保護者に対し当該児童の住所又は居所を明らかにしたとすれば、当該保護者が当該児童を連れ戻すおそれがある等再び児童虐待が行われるおそれがあり、又は当該児童の保護に支障をきたすと認めるときは、児童相談所長は、当該保護者に対し、当該児童の住所又は居所を明らかにしないものとする。

第十二条の二 児童虐待を受けた児童について施設入所等の措置（児童福祉法第二十八条の規定によるものを除く。以下この項において同じ。）が採られた場合において、当該児童虐待を行った保護者に当該児童を引き渡した場合には再び児童虐待が行われるおそれがあると認められるにもかかわらず、当該保護者が当該児童の引渡しを求めること、当該保護者が前条第一項の規定による制限に従わないことその他の事情から当該児童について当該施設入所等の措置を採ることが当該保護者の意に反し、これを継続することが困難であると認めるときは、児童相談所長は、次項の報告を行うに至るまで、同法第三十三条第一項の規定により当該児童の一時保護を行い、又は適当な者に委託して、当該一時保護を行わせることができる。

2 〔略〕

第十二条の三 児童相談所長は、児童福祉法第三十三条第一項の規定により、児童虐待を受けた児童について一時保護を行っている、又は適当な者に委託して、一時保護を行わせている場合（前条第一項の一時保護を行っている、又は行わせている場合を除く。）において、当該児童について施設入所等の措置を要すると認めるときであって、当該児童虐待を行った保護者に当該児童を引き渡した場合には再び児童虐待が行われるおそれがあると認められるにもかかわらず、当該保護者が当該児童の引渡しを求めること、当該保護者が第十二条第一項の規定による制限に従わないことその他の事情から当該児童について施設入所等の措置を採ることが当該保護者の意に反すると認めるときは、速やかに、同法第二十六条第一項第一号の規定に基づき、同法第二十八条の規定による施設入所等の措置を要する旨を都道府県知事に報告しなければならない。

第十二条の四 都道府県知事又は児童相談所長は、児童虐待を受けた児童について施設入所等の措置が採られ、又は児童福祉法第三十三条第一項若しくは第二項の規定による一時保護が行われ、かつ、第十二条第一項の規定により、当該児童虐待を行った保護者について、同項各号に掲げる行為の全部が制限されている場合において、児童虐待の防止及び児童虐待を受けた児童の保護のため特に必要があると認めるときは、内閣府で定めるところにより、六月を超えない期間を定めて、当該保護者に対し、当該児童の住所若しくは居所、就学する学校その他の場所において当該児童の身辺につきまとい、又は当該児童の住所若しくは居所、就学する学校その他その通常所在する場所（通学路その他の当該児童が日常生活又は社会生活を営むために通常移動する経路を含む。）の付近をはいかいしてはならないことを命ずることができる。

2―8 〔略〕

第十三条 〔略〕

（施設入所等の措置の解除時の安全確認等）

第十三条の二 都道府県は、児童虐待を受けた児童について施設入所等の措置が採られ、又は児童福祉法第三十三条第二項の規定による一時保護が行われた場合において、当該児童について採られた施設入所等の措置若しくは行われた一時保護を解除するとき又は当該児童が一時的に帰宅するときは、必要と認める期間、市町村、児童福祉施設その他の関係機関との緊密な連携を図りつつ、当該児童の家庭を継続的に訪問することにより当該児童の安全の確認を行うとともに、当該児童の保護者からの相談に応じ、当該児童の養育に関する指導、助言その他の必要な支援を行うものとする。

（児童虐待を受けた児童等に対する支援）

第十三条の三 市町村は、子ども・子育て支援法第二十七条第一項に規定する特定教育・保育施設（次項において「特定教育・保育施設」という。）又は同法第四十三条第三項に規定する特定地域型保育事業（次項において「特定地域型保育事業」という。）の利用について、同法第四十二条第一項若しくは第五十四条第一項の規定により相談、助言若しくはあっせん若しくは要請を行う場合又は児童福祉法第二十四条第三項の規定により調整若しくは要請を行う場合には、児童虐待の防止に寄与するため、特別の支援を要する家庭の福祉に配慮をしなければならない。

2　特定教育・保育施設の設置者又は子ども・子育て支援法第二十九条第一項に規定する特定地域型保育事業者は、同法第三十三条第二項又は第四十五条第二項の規定により当該特定教育・保育施設を利用する児童（同法第十九条第二号又は第三号に該当する児童に限る。以下この項において同じ。）又は当該特定地域型保育事業を利用する児童を選考するときは、児童虐待の防止に寄与するため、特別の支援を要する家庭の福祉に配慮をしなければならない。

3　国及び地方公共団体は、児童虐待を受けた児童がその年齢及び能力に応じ充分な教育が受けられるようにするため、教育の内容及び方法の改善及び充実を図る等必要な施策を講じなければならない。

4　国及び地方公共団体は、居住の場所の確保、進学又は就業の支援その他の児童虐待を受けた者の自立の支援のための施策を講じなければならない。

第十三条の四―五　〔略〕

（児童の人格の尊重等）

第十四条　児童の親権を行う者は、児童のしつけに際して、児童の人格を尊重するとともに、その年齢及び発達の程度に配慮しなければならず、かつ、体罰その他の児童の心身の健全な発達に有害な影響を及ぼす言動をしてはならない。

2　児童の親権を行う者は、児童虐待に係る暴行罪、傷害罪その他の犯罪について、当該児童の親権を行う者であることを理由として、その責めを免れることはない。

第十五条―第十八条　〔略〕

附　則　〔令四・一二・一六法一〇二〕

（施行期日）

第一条　この法律は、公布の日から起算して一年六月を超えない範囲内において政令で定める日から施行する。〔ただし書略〕

●いじめ防止対策推進法

（平成二五年六月二八日
法律第七一号）

最終改正…令三・四・二八法二七

【解説】

いじめ防止対策推進法は、平成二五年六月二八日、第一八三回国会（常会）において成立し、平成二五年法律第七一号として公布された。これは、平成二三年一〇月に、滋賀県大津市内の中学生がいじめを苦に自殺に至った事件が発端となったものであり、いじめへの対応と防止について、学校や行政等の責務を定めた法律である。

成立にあたって、いじめ問題解消の緊急性から、与野党六党によって提出されたが、国が個人の問題に介入すべきかどうかという点で協議が難航した経緯がある。しかし、教育現場での隠蔽体質が問題視されたことや、いじめ自殺が社会問題化していることもあって、早期の成立に至った。

法律では、「いじめ」を「児童生徒に対して、当該児童生徒が在籍する学校に在籍している等当該児童生徒と一定の人的関係にある他の児童生徒が行う心理的又は物理的な影響を与える行為（インターネットを通じて行われるものを含む。）であって、当該行為の対象となった児童生徒が心身の苦痛を感じているもの」と定義した。ここには、四つの要件が示されており、①行為をした者（甲）も、行為の対象となった者（乙）も、児童生徒であること、②甲と乙の間に一定の人的関係があること、③甲が乙に対して、心理的又は物理的な影響を与えていること、④当該行為の対象となった乙が心身の苦痛を感じていることであり、いじめを大きく捉えている。

その上で、国、地方公共団体及び学校の各主体による「いじめの防止等のための対策に関する基本的な方針」の策定について定めている。ここでは、国及び学校に策定の義務があり、地方公共団体に策定の努力義務があるとした。つまり、国だけでなく、教育現場である学校にも策定を義務づけ、責任を明確化した。また、学校の設置者である地方公共団体には、関係機関等の連携を図るため、学校、教育委員会、児童相談所、法務局、警察その他の関係者により構成されるいじめ問題対策連絡協議会を置くことができることとしたが、これがその後の地方自治体での条例制定や審議会等の設置の動きとなった。

学校の設置者及び学校が講ずべき基本的施策として、①道徳教育等の充実、②早期発見のための措置、③相談体制の整備、④インターネットを通じて行われるいじめに対する対策の推進を定めるとともに、国及び地方公共団体が講ずべき基本的施策として、⑤いじめの防止等の対策に従事する人材の確保等、⑥調査研究の推進、⑦啓発活動について定めることを明記した。

また、学校は、いじめの防止等に関する措置を実効的に行うため、複数の教職員、心理、福祉等の専門家その他の関係者により構成される組織を置き、個別のいじめに対して学校が講ずべき措置として、①いじめの事実確認、②いじめを受けた児童生徒又はその保護者に対する支援、③いじめを行った児童生徒に対する指導又はその保護者に対する助言について定めるとともに、いじめが犯罪行為として取り扱われるべきものであると認めるときの所轄警察署との連携について定めることとして、関係機関との連携強化を明確にした。一方で、加害児童生徒に対して、懲戒、出席停止制度の適切な運用等その他いじめの防止等に関する措置を定めることも求めている。このように具体的な措置を明記している点が特徴だといえよう。

今回の法律で、特に企図された点は、〝重大事態への対処〟である。ここでは、学校の設置者又はその設置する学校は、重大事態に対処し、及び同種の事態の発生の防止に資するため、速やかに、適切な方法により事実関係を明確にするための調査を行い、当該調査に係るいじめを受けた児童生徒及びその保護者に対し、必要な情報を適切に提供するものとすることとしている。また、地方公共団体の長等に対する重大事態が発生した旨の報告、地方公共団体の長等による再調査、再調査の結果を踏まえて措置を講ずることとした。ここでいう、公立学校は地方公共団体の長、国立学校は文部科学大臣、私立学校は所轄庁である都道府県知事の介入を定めている。これは、大津市のいじめ自殺事件の対応での不手際に対する教訓が色濃く表れており、教育委員会だけでの対応ではなく、首長への報告や再調査の必要性があることが見て取れる。

このように、閉鎖的といわれる学校に、いじめ問題に対する実効性のある対応を求め、公表・報告する姿勢と、関係機関との連携強化が謳われたものであり、いじめ対応や防止に、国が介入していくという姿勢を明確にした法律であるといえよう。

しかしその後も、いじめを苦に自殺する事案が発生し、本法律の主旨が、学校現場まで行き届いていないという危機感をもった文部科学省は、いじめの把握や情報共有に問題があるとして、いじめの認知件数の再調査を求める異例の通知を行った。

同法は、施行から三年をめどに、必要に応じて見直しを求める規定がある。そこで文部科学省は、第十一条による「いじめ防止基本方針」を、平成二九年三月一四日に改定した。ここでは、組織として一貫したいじめへの対応やいじめの解消に係る要件の明確化、インターネット上のいじめへの取組、特に配慮が必要な児童等に対するいじめの未然防止・早期発見への取組などが盛り込まれたが、今なお様々な通知を発出しながら、同法の主旨の徹底を図っている。（阪根　健二）

【教採頻出条文】

第一条―第五条、第八―九条、第十五―十六条、第二十三条、第二十五条、第二十六条。（編集部責）

第一章　総則

（目的）

第一条　この法律は、いじめが、いじめを受けた児童等の教育を受ける権利を著しく侵害し、その心身の健全な成長及び人格の形成に重大な影響を与えるのみならず、その生命又は身体に重大な危険を生じさせるおそれがあるものであることに鑑み、児童等の尊厳を保持するため、いじめの防止等（いじめの防止、いじめの早期発見及びいじめへの対処をいう。以下同じ。）のための対策に関し、基本理念を定め、国及び地方公共団体等の責務を明らかにし、並びにいじめの防止等のための対策に関する基本的な方針の策定について定めるとともに、いじめの防止等のための対策の基本となる事項を定めることにより、いじめの防止等のための対策を総合的かつ効果的に推進することを目的とする。

（定義）

第二条　この法律において「いじめ」とは、児童等に対して、当該児童等が在籍する学校に在籍している等当該児童等と一定の人的関係にある他の児童等が行う心理的又は物理的な影響を与える行為（インターネットを通じて行われるものを含む。）であって、当該行為の対象となった児童等が心身の苦痛を感じているものをいう。

2　この法律において「学校」とは、学校教育法（昭和二十二年法律第二十六号）第一条に規定する小学校、中学校、義務教育学校、高等学校、中等教育学校及び特別支援学校（幼稚部を除く。）をいう。

3　この法律において「児童等」とは、学校に在籍する児童又は生徒をいう。

4　この法律において「保護者」とは、親権を行う者（親権を行う者のないときは、未成年後見人）をいう。

（基本理念）
第三条 いじめの防止等のための対策は、いじめが全ての児童等に関係する問題であることに鑑み、児童等が安心して学習その他の活動に取り組むことができるよう、学校の内外を問わずいじめが行われなくなるようにすることを旨として行われなければならない。

2 いじめの防止等のための対策は、全ての児童等がいじめを行わず、及び他の児童等に対して行われるいじめを認識しながらこれを放置することがないようにするため、いじめが児童等の心身に及ぼす影響その他のいじめの問題に関する児童等の理解を深めることを旨として行われなければならない。

3 いじめの防止等のための対策は、いじめを受けた児童等の生命及び心身を保護することが特に重要であることを認識しつつ、国、地方公共団体、学校、地域住民、家庭その他の関係者の連携の下、いじめの問題を克服することを目指して行われなければならない。

（いじめの禁止）
第四条 児童等は、いじめを行ってはならない。

（国の責務）
第五条 国は、第三条の基本理念（以下「基本理念」という。）にのっとり、いじめの防止等のための対策を総合的に策定し、及び実施する責務を有する。

（地方公共団体の責務）
第六条 地方公共団体は、基本理念にのっとり、いじめの防止等のための対策について、国と協力しつつ、当該地域の状況に応じた施策を策定し、及び実施する責務を有する。

（学校の設置者の責務）
第七条 学校の設置者は、基本理念にのっとり、その設置する学校におけるいじめの防止等のために必要な措置を講ずる責務を有する。

（学校及び学校の教職員の責務）
第八条 学校及び学校の教職員は、基本理念にのっとり、当該学校に在籍する児童等の保護者、地域住民、児童相談所その他の関係者との連携を図りつつ、学校全体でいじめの防止及び早期発見に取り組むとともに、当該学校に在籍する児童等がいじめを受けていると思われるときは、適切かつ迅速にこれに対処する責務を有する。

（保護者の責務等）
第九条 保護者は、子の教育について第一義的責任を有するものであって、その保護する児童等がいじめを行うことのないよう、当該児童等に対し、規範意識を養うための指導その他の必要な指導を行うよう努めるものとする。

2 保護者は、その保護する児童等がいじめを受けた場合には、適切に当該児童等をいじめから保護するものとする。

3 保護者は、国、地方公共団体、学校の設置者及びその設置する学校が講ずるいじめの防止等のための措置に協力するよう努めるものとする。

4 第一項の規定は、家庭教育の自主性が尊重されるべきことに変更を加えるものと解してはならず、また、前三項の規定は、いじめの防止等に関する学校の設置者及びその設置する学校の責任を軽減するものと解してはならない。

（財政上の措置等）
第十条 国及び地方公共団体は、いじめの防止等のための対策を推進するために必要な財政上の措置その他の必要な措置を講ずるよう努めるものとする。

第二章 いじめ防止基本方針等

（いじめ防止基本方針）
第十一条 文部科学大臣は、関係行政機関の長と連携協力して、いじめの防止等のための対策を総合的かつ効果的に推進するための基本的な方針（以下「いじめ防止基本方針」という。）を定めるものとする。

2 いじめ防止基本方針においては、次に掲げる事項を定めるものとする。
いじめの防止等のための対策の基本的な方向に関する事項
いじめの防止等のための対策の内容に関する事項
その他いじめの防止等のための対策に関する重要事項

（地方いじめ防止基本方針）
第十二条 地方公共団体は、いじめ防止基本方針を参酌し、その地域の実情に応じ、当該地方公共団体におけるいじめの防止等のための対策を総合的かつ効果的に推進するための基本的な方針（以下「地方いじめ防止基本方針」という。）を定めるよう努めるものとする。

（学校いじめ防止基本方針）
第十三条 学校は、いじめ防止基本方針又は地方いじめ防止基本方針を参酌し、その学校の実情に応じ、当該学校におけるいじめの防止等のための対策に関する基本的な方針を定めるものとする。

（いじめ問題対策連絡協議会）
第十四条 地方公共団体は、いじめの防止等に関係する機関及び団体の連携を図るため、条例の定めるところにより、学校、教育委員会、児童相談所、法務局又は地方法務局、都道府県警察その他の関係者により構成されるいじめ問題対策連絡協議会を置くことができる。

2　都道府県は、前項のいじめ問題対策連絡協議会を置いた場合には、当該いじめ問題対策連絡協議会におけるいじめの防止等に関係する機関及び団体の連携が当該都道府県の区域内の市町村が設置する学校におけるいじめの防止等に活用されるよう、当該いじめ問題対策連絡協議会と当該市町村の教育委員会との連携を図るために必要な措置を講ずるものとする。

3　前二項の規定を踏まえ、教育委員会といじめ問題対策連絡協議会との円滑な連携の下に、地方いじめ防止基本方針に基づく地域におけるいじめの防止等のための対策を実効的に行うようにするため必要があるときは、教育委員会に附属機関として必要な組織を置くことができるものとする。

第三章　基本的施策

（学校におけるいじめの防止）

第十五条　学校の設置者及びその設置する学校は、児童等の豊かな情操と道徳心を培い、心の通う対人交流の能力の素地を養うことがいじめの防止に資することを踏まえ、全ての教育活動を通じた道徳教育及び体験活動等の充実を図らなければならない。

2　学校の設置者及びその設置する学校は、当該学校におけるいじめを防止するため、当該学校に在籍する児童等の保護者、地域住民その他の関係者との連携を図りつつ、いじめの防止に資する活動であって当該学校に在籍する児童等が自主的に行うものに対する支援、当該学校に在籍する児童等及びその保護者並びに当該学校の教職員に対するいじめを防止することの重要性に関する理解を深めるための啓発その他必要な措置を講ずるものとする。

（いじめの早期発見のための措置）

第十六条　学校の設置者及びその設置する学校は、当該学校におけるいじめを早期に発見するため、当該学校に在籍する児童等に対する定期的な調査その他の必要な措置を講ずるものとする。

2　国及び地方公共団体は、いじめに関する通報及び相談を受け付けるための体制の整備に必要な施策を講ずるものとする。

3　学校の設置者及びその設置する学校は、当該学校に在籍する児童等及びその保護者並びに当該学校の教職員がいじめに係る相談を行うことができる体制（次項において「相談体制」という。）を整備するものとする。

4　学校の設置者及びその設置する学校は、相談体制を整備するに当たっては、家庭、地域社会等との連携の下、いじめを受けた児童等の教育を受ける権利その他の権利利益が擁護されるよう配慮するものとする。

（関係機関等との連携等）

第十七条　国及び地方公共団体は、いじめを受けた児童等又はその保護者に対する支援、いじめを行った児童等に対する指導又はその保護者に対する助言その他のいじめの防止等のための対策が関係者の連携の下に適切に行われるよう、関係省庁相互間その他関係機関、学校、家庭、地域社会及び民間団体の間の連携の強化、民間団体の支援その他必要な体制の整備に努めるものとする。

（いじめの防止等のための対策に従事する人材の確保及び資質の向上）

第十八条　国及び地方公共団体は、いじめを受けた児童等又はその保護者に対する支援、いじめを行った児童等に対する指導又はその保護者に対する助言その他のいじめの防止等のための対策が専門的知識に基づき適切に行われるよう、教員の養成及び研修の充実を通じた教員の資質の向上、生徒指導に係る体制等の充実のための教諭、養護教諭その他の教員の配置、心理、福祉等に関する専門的知識を有する者であっていじめの防止を含む教育相談に応じるものの確保、いじめへの対処に関し助言を行うために学校の求めに応じて派遣される者の確保等必要な措置を講ずるものとする。

2　学校の設置者及びその設置する学校は、当該学校の教職員に対し、いじめの防止等のための対策に関する研修の実施その他のいじめの防止等のための対策に関する資質の向上に必要な措置を計画的に行わなければならない。

（インターネットを通じて行われるいじめに対する対策の推進）

第十九条　学校の設置者及びその設置する学校は、当該学校に在籍する児童等及びその保護者が、発信された情報の高度の流通性、発信者の匿名性その他のインターネットを通じて送信される情報の特性を踏まえて、インターネットを通じて行われるいじめを防止し、及び効果的に対処することができるよう、これらの者に対し、必要な啓発活動を行うものとする。

2　国及び地方公共団体は、児童等がインターネットを通じて行われるいじめに巻き込まれていないかどうかを監視する関係機関又は関係団体の取組を支援するとともに、インターネットを通じて行われるいじめに関する事案に対処する体制の整備に努めるものとする。

3　インターネットを通じていじめが行われた場合において、当該いじめを受けた児童等又はその保護者は、当該いじめに係る情報の削除を求め、又は発信者情報（特定電気通信役務提供者の損害賠償責任の制限及び発信者情報の開示に関する法律（平成十三年法律第百三十七号）第二条第六号に規定する発信者情報をいう。）の開示を請求しようとするときは、必要に応じ、法務局又は地方法務局の協力を求めることができる。

(いじめの防止等のための対策の調査研究の推進等)

第二十条 国及び地方公共団体は、いじめの防止及び早期発見のための方策等、いじめを受けた児童等又はその保護者に対する支援及びいじめを行った児童等に対する指導又はその保護者に対する助言の在り方、インターネットを通じて行われるいじめへの対応の在り方その他のいじめの防止等のために必要な事項やいじめの防止等のための対策の実施の状況についての調査研究及び検証を行うとともに、その成果を普及するものとする。

(啓発活動)

第二十一条 国及び地方公共団体は、いじめが児童等の心身に及ぼす影響、いじめを防止することの重要性、いじめに係る相談制度又は救済制度等について必要な広報その他の啓発活動を行うものとする。

第四章　いじめの防止等に関する措置

(学校におけるいじめの防止等の対策のための組織)

第二十二条 学校は、当該学校におけるいじめの防止等に関する措置を実効的に行うため、当該学校の複数の教職員、心理、福祉等に関する専門的な知識を有する者その他の関係者により構成されるいじめの防止等の対策のための組織を置くものとする。

(いじめに対する措置)

第二十三条 学校の教職員、地方公共団体の職員その他の児童等からの相談に応じる者及び児童等の保護者は、児童等からいじめに係る相談を受けた場合において、いじめの事実があると思われるときは、いじめを受けたと思われる児童等が在籍する学校への通報その他の適切な措置をとるものとする。

2　学校は、前項の規定による通報を受けたときその他当該学校に在籍する児童等がいじめを受けていると思われるときは、速やかに、当該児童等に係るいじめの事実の有無の確認を行うための措置を講ずるとともに、その結果を当該学校の設置者に報告するものとする。

3　学校は、前項の規定による事実の確認によりいじめがあったことが確認された場合には、いじめをやめさせ、及びその再発を防止するため、当該学校の複数の教職員によって、心理、福祉等に関する専門的な知識を有する者の協力を得つつ、いじめを受けた児童等又はその保護者に対する支援及びいじめを行った児童等に対する指導又はその保護者に対する助言を継続的に行うものとする。

4　学校は、前項の場合において必要があると認めるときは、いじめを行った児童等についていじめを受けた児童等が使用する教室以外の場所において学習を行わせる等いじめを受けた児童等その他の児童等が安心して教育を受けられるようにするために必要な措置を講ずるものとする。

5　学校は、当該学校の教職員が第三項の規定による支援又は指導若しくは助言を行うに当たっては、いじめを受けた児童等の保護者といじめを行った児童等の保護者との間で争いが起きることのないよう、いじめの事案に係る情報をこれらの保護者と共有するための措置その他の必要な措置を講ずるものとする。

6　学校は、いじめが犯罪行為として取り扱われるべきものであると認めるときは所轄警察署と連携してこれに対処するものとし、当該学校に在籍する児童等の生命、身体又は財産に重大な被害が生じるおそれがあるときは直ちに所轄警察署に通報し、適切に、援助を求めなければならない。

(学校の設置者による措置)

第二十四条 学校の設置者は、前条第二項の規定による報告を受けたときは、必要に応じ、その設置する学校に対し必要な支援を行い、若しくは必要な措置を講ずることを指示し、又は当該報告に係る事案について自ら必要な調査を行うものとする。

(校長及び教員による懲戒)

第二十五条 校長及び教員は、当該学校に在籍する児童等がいじめを行っている場合であって教育上必要があると認めるときは、学校教育法第十一条の規定に基づき、適切に、当該児童等に対して懲戒を加えるものとする。

(出席停止制度の適切な運用等)

第二十六条 市町村の教育委員会は、いじめを行った児童等の保護者に対して学校教育法第三十五条第一項(同法第四十九条において準用する場合を含む。)の規定に基づき当該児童等の出席停止を命ずる等、いじめを受けた児童等その他の児童等が安心して教育を受けられるようにするために必要な措置を速やかに講ずるものとする。

(学校相互間の連携協力体制の整備)

第二十七条 地方公共団体は、いじめを受けた児童等といじめを行った児童等が同じ学校に在籍していない場合であっても、学校がいじめを受けた児童等又はその保護者に対する支援及びいじめを行った児童等に対する指導又はその保護者に対する助言を適切に行うことができるようにするため、学校相互間の連携協力体制を整備するものとする。

第五章　重大事態への対処

(学校の設置者又はその設置する学校による

（学校の設置者又はその設置する学校による対処）

第二十八条　学校の設置者又はその設置する学校は、次に掲げる場合には、その事態（以下「重大事態」という。）に対処し、及び当該重大事態と同種の事態の発生の防止に資するため、速やかに、当該学校の設置者又はその設置する学校の下に組織を設け、質問票の使用その他の適切な方法により当該重大事態に係る事実関係を明確にするための調査を行うものとする。

一　いじめにより当該学校に在籍する児童等の生命、心身又は財産に重大な被害が生じた疑いがあると認めるとき。

二　いじめにより当該学校に在籍する児童等が相当の期間学校を欠席することを余儀なくされている疑いがあると認めるとき。

2　学校の設置者又はその設置する学校は、前項の規定による調査を行ったときは、当該調査に係るいじめを受けた児童等及びその保護者に対し、当該調査に係る重大事態の事実関係等その他の必要な情報を適切に提供するものとする。

3　第一項の規定により学校が調査を行う場合においては、当該学校の設置者は、同項の規定による調査及び前項の規定による情報の提供について必要な指導及び支援を行うものとする。

（国立大学に附属して設置される学校に係る対処）

第二十九条　国立大学法人（国立大学法人法（平成十五年法律第百十二号）第二条第一項に規定する国立大学法人をいう。以下この条において同じ。）が設置する国立大学に附属して設置される学校は、前条第一項各号に掲げる場合には、当該国立大学法人の学長又は理事長を通じて、重大事態が発生した旨を、文部科学大臣に報告しなければならない。

2　前項の規定による報告を受けた文部科学大臣は、当該報告に係る重大事態への対処又は当該重大事態と同種の事態の発生の防止のため必要があると認めるときは、前条第一項の規定による調査の結果について調査を行うことができる。

3　文部科学大臣は、前項の規定による調査の結果を踏まえ、当該調査に係る国立大学法人又はその設置する国立大学に附属して設置される学校が当該調査に係る重大事態への対処又は当該重大事態と同種の事態の発生の防止のために必要な措置を講ずることができるよう、国立大学法人法第三十五条において準用する独立行政法人通則法（平成十一年法律第百三号）第六十四条第一項に規定する権限の適切な行使その他の必要な措置を講ずるものとする。

（公立の学校に係る対処）

第三十条　地方公共団体が設置する学校は、第二十八条第一項各号に掲げる場合には、当該地方公共団体の教育委員会を通じて、重大事態が発生した旨を、当該地方公共団体の長に報告しなければならない。

2　前項の規定による報告を受けた地方公共団体の長は、当該報告に係る重大事態への対処又は当該重大事態と同種の事態の発生の防止のため必要があると認めるときは、附属機関を設けて調査を行う等の方法により、第二十八条第一項の規定による調査の結果について調査を行うことができる。

3　地方公共団体の長は、前項の規定による調査を行ったときは、その結果を議会に報告しなければならない。

4　第二項の規定は、地方公共団体の長に対し、地方教育行政の組織及び運営に関する法律（昭和三十一年法律第百六十二号）第二十一条に規定する事務を管理し、又は執行する権限を与えるものと解釈してはならない。

5　地方公共団体の長及び教育委員会は、第二項の規定による調査の結果を踏まえ、自らの権限及び責任において、当該調査に係る重大事態への対処又は当該重大事態と同種の事態の発生の防止のために必要な措置を講ずるものとする。

第三十条の二　第二十九条の規定は、公立大学法人（地方独立行政法人法（平成十五年法律第百十八号）第六十八条第一項に規定する公立大学法人をいう。）が設置する公立大学に附属して設置される学校について準用する。この場合において、第二十九条第一項中「文部科学大臣」とあるのは「当該公立大学法人を設立する地方公共団体の長（以下この条において単に「地方公共団体の長」という。）」と、同条第二項及び第三項中「文部科学大臣」とあるのは「地方公共団体の長」と、同項中「国立大学法人法第三十五条において準用する独立行政法人通則法（平成十一年法律第百三号）第六十四条第一項」とあるのは「地方独立行政法人法第百二十一条第一項」と読み替えるものとする。

（私立の学校に係る対処）

第三十一条　学校法人（私立学校法（昭和二十四年法律第二百七十号）第三条に規定する学校法人をいう。以下この条において同じ。）が設置する学校は、第二十八条第一項各号に掲げる場合には、重大事態が発生した旨を、当該学校を所轄する都道府県知事（以下この条において単に「都道府県知事」という。）に報告しなければならない。

2　前項の規定による報告を受けた都道府県知事は、当該報告に係る重大事態への対処又は当該重大事態と同種の事態の発生の防止のため必要があると認めるときは、附属機関を設けて調査を行う等の方法により、第二十八条第一項の規定による調査の結果について調査を行うことができる。

3　都道府県知事は、前項の規定による調査の結果を踏まえ、当該調査に係る学校法人又はその設置する学校が当該調査に係る重大事態への対処又は当該重大事態と同種の事態の発生の防止のために必要な措置を講ずることができるよう、私立学校法第六条に規定する権限の適切な行使その他の必要な措置を講ずるものとする。

4　前二項の規定は、都道府県知事に対し、学校法人が設置する学校に対して行使することができる権限を新たに与えるものと解釈してはならない。

第三十二条　学校設置会社（構造改革特別区域法（平成十四年法律第百八十九号）第十二条第二項に規定する学校設置会社をいう。以下この条において同じ。）が設置する学校は、第二十八条第一項各号に掲げる場合には、当該学校設置会社の代表取締役又は代表執行役を通じて、重大事態が発生した旨を、同法第十二条第一項の規定による認定を受けた地方公共団体の長（以下「認定地方公共団体の長」という。）に報告しなければならない。

2　前項の規定による報告を受けた認定地方公共団体の長は、当該報告に係る重大事態への対処又は当該重大事態と同種の事態の発生の防止のため必要があると認めるときは、附属機関を設けて調査を行う等の方法により、第二十八条第一項の規定による調査の結果について調査を行うことができる。

3　認定地方公共団体の長は、前項の規定による調査の結果を踏まえ、当該調査に係る学校設置会社又はその設置する学校が当該調査に係る重大事態への対処又は当該重大事態と同種の事態の発生の防止のために必要な措置を講ずることができるよう、構造改革特別区域法第十二条第十項に規定する権限の適切な行使その他の必要な措置を講ずるものとする。

4　前二項の規定は、認定地方公共団体の長に対し、学校設置会社が設置する学校に対して行使することができる権限を新たに与えるものと解釈してはならない。

5　第一項から前項までの規定は、学校設置非営利法人（構造改革特別区域法第十三条第二項に規定する学校設置非営利法人をいう。）が設置する学校について準用する。この場合において、第一項中「学校設置会社の代表取締役又は代表執行役」とあるのは「学校設置非営利法人の代表権を有する理事」と、「第十二条第一項」とあるのは「第十三条第一項」と、第二項中「前項」とあるのは「第五項において準用する前項」と、第三項中「前項」とあるのは「第五項において準用する前項」と、「学校設置会社」とあるのは「学校設置非営利法人」と、「第十二条第十項」とあるのは「第十三条第三項において準用する同法第十二条第十項」と、前項中「前二項」とあるのは「次項において準用する前二項」と読み替えるものとする。

（文部科学大臣又は都道府県の教育委員会の指導、助言及び援助）

第三十三条　地方自治法（昭和二十二年法律第六十七号）第二百四十五条の四第一項の規定によるほか、文部科学大臣は都道府県又は市町村に対し、都道府県の教育委員会は市町村に対し、重大事態への対処に関する都道府県又は市町村の事務の適正な処理を図るため、必要な指導、助言又は援助を行うことができる。

第六章　雑則

（学校評価における留意事項）

第三十四条　学校の評価を行う場合においていじめの防止等のための対策を取り扱うに当たっては、いじめの事実が隠蔽されず、並びにいじめの実態の把握及びいじめに対する措置が適切に行われるよう、いじめの早期発見、いじめの再発を防止するための取組等について適正に評価が行われるようにしなければならない。

（高等専門学校における措置）

第三十五条　高等専門学校（学校教育法第一条に規定する高等専門学校をいう。以下この条において同じ。）の設置者及びその設置する高等専門学校は、当該高等専門学校の実情に応じ、当該高等専門学校に在籍する学生に係るいじめに相当する行為の早期発見及び当該行為への対処のための対策に関し必要な措置を講ずるよう努めるものとする。

附　則

（施行期日）

第一条　この法律は、公布の日から起算して三月を経過した日から施行する。

（検討）

第二条　いじめの防止等のための対策については、この法律の施行後三年を目途として、この法律の施行状況等を勘案し、検討が加えられ、必要があると認められるときは、その結果に基づいて必要な措置が講ぜられるものとする。

2　政府は、いじめにより学校における集団の生活に不安又は緊張を覚えることとなったために相当の期間学校を欠席することを余儀なくされている児童等が適切な支援を受けつつ学習することができるよう、当該児童等の学習に対する支援の在り方についての検討を行うものとする。

附　則〔令二・四・二八法二七〕

（施行期日）

第一条　この法律は、公布の日から起算して一年六月を超えない範囲内において政令で定める日から施行する。

●子どもの貧困対策の推進に関する法律

（平成二五年六月二六日法律第六四号）

最終改正…令四・六・二二法七七

【教採頻出条文】
第一条、第二条。

第一章　総則

（目的）

第一条　この法律は、子どもの現在及び将来がその生まれ育った環境によって左右されることのないよう、全ての子どもが心身ともに健やかに育成され、及びその教育の機会均等が保障され、子ども一人一人が夢や希望を持つことができるようにするため、子どもの貧困の解消に向けて、児童の権利に関する条約の精神にのっとり、子どもの貧困対策に関し、基本理念を定め、国等の責務を明らかにし、及び子どもの貧困対策の基本となる事項を定めることにより、子どもの貧困対策を総合的に推進することを目的とする。

（基本理念）

第二条　子どもの貧困対策は、社会のあらゆる分野において、子どもの年齢及び発達の程度に応じて、その意見が尊重され、その最善の利益が優先して考慮され、子どもが心身ともに健やかに育成されることを旨として、推進されなければならない。

2　子どもの貧困対策は、子ども等に対する教育の支援、生活の安定に資するための支援、職業生活の安定と向上に資するための就労の支援、経済的支援等の施策を、子どもの現在及び将来がその生まれ育った環境によって左右されることのない社会を実現することを旨として、子ども等の生活及び取り巻く環境の状況に応じて包括的かつ早期に講ずることにより、推進されなければならない。

3　子どもの貧困対策は、子どもの貧困の背景に様々な社会的な要因があることを踏まえ、推進されなければならない。

4　子どもの貧困対策は、国及び地方公共団体の関係機関相互の密接な連携の下に、関連分野における総合的な取組として行われなければならない。

（国の責務）

第三条　国は、前条の基本理念（次条において「基本理念」という。）にのっとり、子どもの貧困対策を総合的に策定し、及び実施する責務を有する。

（地方公共団体の責務）

第四条　地方公共団体は、基本理念にのっとり、子どもの貧困対策に関し、国と協力しつつ、当該地域の状況に応じた施策を策定し、及び実施する責務を有する。

（国民の責務）

第五条　国民は、国又は地方公共団体が実施する子どもの貧困対策に協力するよう努めなければならない。

（法制上の措置等）

第六条　政府は、この法律の目的を達成するため、必要な法制上又は財政上の措置その他の措置を講じなければならない。

（年次報告）

第七条　政府は、毎年、国会に子どもの貧困の状況及び子どもの貧困対策の実施の状況に関する報告を提出するとともに、これを公表しなければならない。

2　こども基本法（令和四年法律第七十七号）第八条第一項の規定による国会への報告及び公表がされたときは、前項の規定による国会への報告及び公表がされたものとみなす。

第二章　基本的施策

（子どもの貧困対策に関する大綱）

第八条　政府は、子どもの貧困対策を総合的に推進するため、子どもの貧困対策に関する大綱（以下「大綱」という。）を定めなければならない。

2　大綱は、次に掲げる事項について定めるものとする。

一　子どもの貧困対策に関する基本的な方針

二　子どもの貧困率、一人親世帯の貧困率、生活保護世帯に属する子どもの高等学校等進学率、生活保護世帯に属する子どもの大学等進学率等子どもの貧困に関する指標及び当該指標の改善に向けた施策

三　教育の支援、生活の安定に資するための支援、保護者に対する職業生活の安定と向上に資するための就労の支援、経済的支援その他の子どもの貧困対策に関する事項

四　子どもの貧困に関する調査及び研究に関する事項

五　子どもの貧困対策に関する施策の実施状況についての検証及び評価その他の子どもの貧困対策に関する施策の推進体制に関する事項

3　こども基本法第九条第一項の規定により定められた同項のこども大綱のうち前項各号に掲げる事項に係る部分は、第一項の規定により定められた大綱とみなす。

4　第二項第二号の「子どもの貧困率」、「一人親世帯の貧困率」、「生活保護世帯に属する子どもの高等学校等進学率」の定義は、政令で定める。

（都道府県及び「生活保護世帯に属する子どもの大学等進学率」計画等）

第九条 都道府県は、大綱を勘案して、当該都道府県における子どもの貧困対策についての計画（次項及び第三項において「都道府県計画」という。）を定めるよう努めるものとする。

2 市町村は、大綱（都道府県計画が定められているときは、大綱及び都道府県計画）を勘案して、当該市町村における子どもの貧困対策についての計画（次項において「市町村計画」という。）を定めるよう努めるものとする。

3 都道府県又は市町村は、都道府県計画又は市町村計画を定め、又は変更したときは、遅滞なく、これを公表しなければならない。

（教育の支援）

第十条 国及び地方公共団体は、教育の機会均等が図られるよう、就学の援助、学資の援助、学習の支援その他の貧困の状況にある子どもの教育に関する支援のために必要な施策を講ずるものとする。

（生活の安定に資するための支援）

第十一条 国及び地方公共団体は、貧困の状況にある子ども及びその保護者に対する生活に関する相談、貧困の状況にある子どもに対する社会との交流の機会の提供その他の貧困の状況にある子どもの生活の安定に資するための支援に関し必要な施策を講ずるものとする。

（保護者に対する職業生活の安定と向上に資するための就労の支援）

第十二条 国及び地方公共団体は、貧困の状況にある子どもの保護者に対する職業訓練の実施及び就職のあっせんその他の貧困の状況にある子どもの保護者の所得の増大その他の職業生活の安定と向上に資するための就労の支援に関し必要な施策を講ずるものとする。

（経済的支援）

第十三条 国及び地方公共団体は、各種の手当等の支給、貸付金の貸付けその他の貧困の状況にある子どもに対する経済的支援のために必要な施策を講ずるものとする。

（調査研究）

第十四条 国及び地方公共団体は、子どもの貧困対策を適正に策定し、及び実施するため、子どもの貧困に関する指標に関する研究その他の子どもの貧困に関する調査及び研究その他の必要な施策を講ずるものとする。

附　則〔令四・六・二二法七七〕

（施行期日）

第一条 この法律は、令和五年四月一日から施行する。〔ただし書略〕

●少年法〔抄〕

（昭和二三年七月一五日　法律第一六八号）

最終改正…令四・六・一七法六八

第一章　総則

（この法律の目的）

第一条 この法律は、少年の健全な育成を期し、非行のある少年に対して性格の矯正及び環境の調整に関する保護処分を行うとともに、少年の刑事事件について特別の措置を講ずることを目的とする。

（定義）

第二条 この法律において「少年」とは、二十歳に満たない者をいう。

2 この法律において「保護者」とは、少年に対して法律上監護教育の義務ある者及び少年を現に監護する者をいう。

第二章　少年の保護事件

第一節　通則

（審判に付すべき少年）

第三条 次に掲げる少年は、これを家庭裁判所の審判に付する。

一　罪を犯した少年

二　十四歳に満たないで刑罰法令に触れる行為をした少年

三　次に掲げる事由があつて、その性格又は環境に照して、将来、罪を犯し、又は刑罰法令に触れる行為をする虞のある少年

イ　保護者の正当な監督に服しない性癖

のあること。

ロ　正当の理由がなく家庭に寄り附かないこと。

ハ　犯罪性のある人若しくは不道徳な人と交際し、又はいかがわしい場所に出入すること。

ニ　自己又は他人の徳性を害する行為をする性癖のあること。

2　家庭裁判所は、前項第二号に掲げる少年で十四歳に満たない者については、都道府県知事又は児童相談所長から送致を受けたときに限り、これを審判に付することができる。

（判事補の職権）

第四条　第二十条第一項の決定以外の裁判は、判事補が一人でこれをすることができる。

（管轄）

第五条　保護事件の管轄は、少年の行為地、住所、居所又は現在地による。

2　家庭裁判所は、保護の適正を期するため特に必要があると認めるときは、決定をもつて、事件を他の管轄家庭裁判所に移送することができる。

3　家庭裁判所は、事件がその管轄に属しないと認めるときは、決定をもつて、これを管轄家庭裁判所に移送しなければならない。

（被害者等による記録の閲覧及び謄写）

第五条の二　裁判所は、第三条第一項第一号又は第二号に掲げる少年に係る保護事件について、第二十一条の決定があつた後、最高裁判所規則の定めるところにより当該保護事件の被害者等（被害者又はその法定代理人若しくは被害者が死亡した場合若しくはその心身に重大な故障がある場合におけるその配偶者、直系の親族若しくは兄弟姉妹をいう。以下同じ。）又は被害者等から委託を受けた弁護士から、その保管する当該保護事件の記録（家庭裁判所が専ら当該少年の保護の必要性を判断するために収集したもの及び家庭裁判所調査官が家庭裁判所による当該少年の保護の必要性の判断に資するよう作成し又は収集したものを除く。）の閲覧又は謄写の申出があるときは、閲覧又は謄写を求める理由が正当でないと認める場合及び少年の健全な育成に対する影響、事件の性質、調査又は審判の状況その他の事情を考慮して閲覧又は謄写をさせることが相当でないと認める場合を除き、申出をした者にその閲覧又は謄写をさせるものとする。

2　前項の申出は、その申出に係る保護事件を終局させる決定が確定した後三年を経過したときは、することができない。

3　第一項の規定により記録の閲覧又は謄写をした者は、正当な理由がないのに閲覧又は謄写により知り得た少年の氏名その他少年の身上に関する事項を漏らしてはならず、かつ、閲覧又は謄写により知り得た事項をみだりに用いて、少年の健全な育成を妨げ、関係人の名誉若しくは生活の平穏を害し、又は調査若しくは審判に支障を生じさせる行為をしてはならない。

第五条の三　〔略〕

第二節　通告、警察官の調査等

（通告）

第六条　家庭裁判所の審判に付すべき少年を発見した者は、これを家庭裁判所に通告しなければならない。

2　警察官又は保護者は、第三条第一項第三号に掲げる少年について、直接これを家庭裁判所に送致し、又は通告するよりも、先づ児童福祉法（昭和二十二年法律第百六十四号）による措置にゆだねるのが適当であると認めるときは、その少年を直接児童相談所に通告することができる。

（警察官等の調査）

第六条の二　警察官は、客観的な事情から合理的に判断して、第三条第一項第二号に掲げる少年であると疑うに足りる相当の理由のある者を発見した場合において、必要があるときは、事件について調査をすることができる。

2　前項の調査は、少年の情操の保護に配慮しつつ、事案の真相を明らかにし、もつて少年の健全な育成のための措置に資することを目的として行うものとする。

3　警察官は、国家公安委員会規則の定めるところにより、少年の心理その他の特性に関する専門的知識を有する警察職員（警察官を除く。）に調査（第六条の五第一項の処分を除く。）をさせることができる。

（調査における付添人）

第六条の三　少年及び保護者は、前条第一項の調査に関し、いつでも、弁護士である付添人を選任することができる。

（呼出し、質問、報告の要求）

第六条の四　警察官は、調査をするについて必要があるときは、少年、保護者又は参考人を呼び出し、質問することができる。

2　前項の質問に当たつては、強制にわたることがあつてはならない。

3　警察官は、調査について、公務所又は公私の団体に照会して必要な事項の報告を求めることができる。

（押収、捜索、検証、鑑定嘱託）

第六条の五　警察官は、第三条第一項第二号に掲げる少年に係る事件の調査をするについて必要があるときは、押収、捜索、検証又は鑑定の嘱託をすることができる。

2　刑事訴訟法（昭和二十三年法律第百三十一号）中、司法警察職員の行う押収、捜索、検証及び鑑定の嘱託に関する規定（同法第二百二十四条を除く。）は、前項の場合に、これを準用する。この場合において、これらの規定中「司法警察員」とあるのは「司法警察員たる警察官」と、「司法巡査」とあるのは「司法巡査たる警察官」と読み替えるほか、同法第四百九十九条第一項中「検察官」とあるのは「警視総監若しくは道府県警察本部長又は警察署長」と、「政令」とあるのは「国家公安委員会規則」と、同条第三項中「国庫」とあるのは「当該都道府県警察又は警察署の属する都道府県」と読み替えるものとする。

（警察官の送致等）

第六条の六　警察官は、調査の結果、次の各号のいずれかに該当するときは、当該調査に係る書類とともに事件を児童相談所長に送致しなければならない。

一　第三条第一項第二号に掲げる少年に係る事件について、その少年の行為が次に掲げる罪に係る刑罰法令に触れるものであると思料するとき。

イ　故意の犯罪行為により被害者を死亡させた罪

ロ　イに掲げるもののほか、死刑又は無期若しくは短期二年以上の拘禁刑に当たる罪

二　前号に掲げるもののほか、第三条第一項第二号に掲げる少年に係る事件について、家庭裁判所の審判に付することが適当であると思料するとき。

2　警察官は、前項の規定により児童相談所長に送致した事件について、児童福祉法第二十七条第一項第四号の措置がとられた場合において、証拠物があるときは、これを家庭裁判所に送付しなければならない。

3　警察官は、第一項の規定により事件を送致した場合を除き、児童福祉法第二十五条第一項の規定により調査に係る少年を児童相談所に通告するときは、国家公安委員会規則の定めるところにより、児童相談所に対し、同法による措置をとるについて参考となる当該調査の概要及び結果を通知するものとする。

（都道府県知事又は児童相談所長の送致）

第六条の七　都道府県知事又は児童相談所長は、前条第一項（第一号に係る部分に限る。）の規定により送致を受けた事件については、児童福祉法第二十七条第一項第四号の措置をとらなければならない。ただし、調査の結果、その必要がないと認められるときは、この限りでない。

2　都道府県知事又は児童相談所長は、児童福祉法の適用がある少年について、たまたま、その行動の自由を制限し、又はその自由を奪うような強制的措置を必要とするときは、同法第三十三条、第三十三条の二及び第四十七条の規定により認められる場合を除き、これを家庭裁判所に送致しなければならない。

第七条　〔略〕

第三節　調査及び審判

第八条―第九条　〔略〕

（被害者等の申出による意見の聴取）

第九条の二　家庭裁判所は、最高裁判所規則の定めるところにより第三条第一項第一号又は第二号に掲げる少年に係る事件の被害者等から、被害に関する心情その他の事件に関する意見の陳述の申出があるときは、自らこれを聴取し、又は家庭裁判所調査官に命じてこれを聴取させるものとする。ただし、事件の性質、調査又は審判の状況その他の事情を考慮して、相当でないと認めるときは、この限りでない。

第十条―第十五条　〔略〕

（援助、協力）

第十六条　家庭裁判所は、調査及び観察のため、警察官、保護観察官、保護司、児童福祉司（児童福祉法第十二条の三第二項第六号に規定する児童福祉司をいう。第二十六条第一項において同じ。）又は児童委員に対して、必要な援助をさせることができる。

2　家庭裁判所は、その職務を行うについて、公務所、公私の団体、学校、病院その他に対して、必要な協力を求めることができる。

（観護の措置）

第十七条　家庭裁判所は、審判を行うため必要があるときは、決定をもつて、次に掲げる観護の措置をとることができる。

一　家庭裁判所調査官の観護に付すること。

二　少年鑑別所に送致すること。

2　〔略〕

3　第一項第二号の措置においては、少年鑑別所に収容する期間は、二週間を超えることができない。ただし、特に継続の必要があるときは、決定をもつて、これを更新することができる。

4　前項ただし書の規定による更新は、一回を超えて行うことができない。ただし、第三条第一項第一号に掲げる少年に係る拘禁刑以上の刑に当たる罪の事件でその非行事実（犯行の動機、態様及び結果その他の当該犯罪に密接に関連する重要な事実を含む。以下同じ。）の認定に関し証人尋問、鑑定若しくは検証を行うことを決定したもの又はこれを行つたものについて、少年を収容しなければ審判に著しい支障が生じるおそれがあると認めるに足りる相当の理由がある場合には、その更新は、更に二回を限度として、行うことができる。

5　第三項ただし書の規定にかかわらず、検察官から再び送致を受けた事件が先に第一項第二号の措置がとられ、又は勾留状が発せられた事件であるときは、収容の期間は、これを更新することができない。

6―8　〔略〕

9 第一項第二号の措置については、収容の期間は、通じて八週間を超えることができない。ただし、その収容の期間が通じて四週間を超えることとなる決定を行うときは、第四項ただし書に規定する事由がなければならない。

10 裁判長は、急速を要する場合には、第一項及び第八項の処分をし、又は合議体の構成員にこれをさせることができる。

（異議の申立て）

第十七条の二 少年、その法定代理人又は付添人は、前条第一項第二号又は第三項ただし書の決定に対して、保護事件の係属する家庭裁判所に異議の申立てをすることができる。ただし、付添人は、選任者である保護者の明示した意思に反して、異議の申立てをすることができない。

2 前項の異議の申立ては、審判に付すべき事由がないことを理由としてすることはできない。

3 第一項の異議の申立てについては、家庭裁判所は、合議体で決定をしなければならない。この場合において、その決定には、原決定に関与した裁判官は、関与することができない。

4 第三十二条の三、第三十三条及び第三十四条の規定は、第一項の異議の申立てがあつた場合について準用する。この場合において、第三十三条第二項中「取り消して、事件を原裁判所に差し戻し、又は他の家庭裁判所に移送しなければならない」とあるのは、「取り消し、必要があるときは、更に裁判をしなければならない」と読み替えるものとする。

（特別抗告）

第十七条の三 第三十五条第一項の規定は、前条第三項の決定について準用する。この場合において、第三十五条第一項中「二週間」とあるのは、「五日」と読み替えるものとする。

2 前条第四項及び第三十二条の二の規定は、前項の規定による抗告があつた場合について準用する。

第十七条の四 〔略〕

（児童福祉法の措置）

第十八条 家庭裁判所は、調査の結果、児童福祉法の規定による措置を相当と認めるときは、決定をもつて、事件を権限を有する都道府県知事又は児童相談所長に送致しなければならない。

2 第六条の七第二項の規定により、都道府県知事又は児童相談所長から送致を受けた少年については、決定をもつて、期限を付して、これに対してとるべき保護の方法その他の措置を指示して、事件を権限を有する都道府県知事又は児童相談所長に送致することができる。

（審判を開始しない旨の決定）

第十九条 家庭裁判所は、調査の結果、審判に付することができず、又は審判に付するのが相当でないと認めるときは、審判を開始しない旨の決定をしなければならない。

2 家庭裁判所は、調査の結果、本人が二十歳以上であることが判明したときは、前項の規定にかかわらず、決定をもつて、事件を管轄地方裁判所に対応する検察庁の検察官に送致しなければならない。

（検察官への送致）

第二十条 家庭裁判所は、拘禁刑に当たる罪の事件について、調査の結果、その罪質及び情状に照らして刑事処分を相当と認めるときは、決定をもつて、これを管轄地方裁判所に対応する検察庁の検察官に送致しなければならない。

2 前項の規定にかかわらず、家庭裁判所は、故意の犯罪行為により被害者を死亡させた罪の事件であつて、その罪を犯すとき十六歳以上の少年に係るものについては、同項の決定をしなければならない。ただし、調査の結果、犯行の動機及び態様、犯行後の情況、少年の性格、年齢、行状及び環境その他の事情を考慮し、刑事処分以外の措置を相当と認めるときは、この限りでない。

（審判開始の決定）

第二十一条 家庭裁判所は、調査の結果、審判を開始するのが相当であると認めるときは、その旨の決定をしなければならない。

（審判の方式）

第二十二条 審判は、懇切を旨として、和やかに行うとともに、非行のある少年に対し自己の非行について内省を促すものとしなければならない。

2 審判は、これを公開しない。

3 審判の指揮は、裁判長が行う。

（検察官の関与）

第二十二条の二 家庭裁判所は、第三条第一項第一号に掲げる少年に係る事件であつて、死刑又は無期若しくは長期三年を超える拘禁刑に当たる罪のものにおいて、その非行事実を認定するための審判の手続に検察官が関与する必要があると認めるときは、決定をもつて、審判に検察官を出席させることができる。

2 家庭裁判所は、前項の決定をするには、検察官の申出がある場合を除き、あらかじめ、検察官の意見を聴かなければならない。

3 検察官は、第一項の決定があつた事件において、その非行事実の認定に資するため必要な限度で、最高裁判所規則の定めるところにより、事件の記録及び証拠物を閲覧し及び謄写し、審判の手続（事件を終局させる決定の告知を含む。）に立ち会い、少年及び証人その他の関係人に発問し、並びに意見を述べることができる。

（国選付添人）

第二十二条の三　家庭裁判所は、前条第一項の決定をした場合において、少年に弁護士である付添人がないときは、弁護士である付添人を付さなければならない。

2　家庭裁判所は、第三条第一項第一号に掲げる少年に係る事件であつて前条第一項に規定する罪のもの又は第三条第一項第二号に掲げる少年に係る事件であつて前条第一項に規定する罪に係る刑罰法令に触れるものについて、第十七条第一項第二号の措置がとられており、かつ、少年に弁護士である付添人がない場合において、事案の内容、保護者の有無その他の事情を考慮し、審判の手続に弁護士である付添人が関与する必要があると認めるときは、弁護士である付添人を付することができる。

3　前二項の規定により家庭裁判所が付すべき付添人は、最高裁判所規則の定めるところにより、選任するものとする。

4　前項（第二十二条の五第四項において準用する場合を含む。）の規定により選任された付添人は、旅費、日当、宿泊料及び報酬を請求することができる。

（被害者等による少年審判の傍聴）

第二十二条の四　家庭裁判所は、最高裁判所規則の定めるところにより第三条第一項第一号に掲げる少年に係る事件であつて次に掲げる罪のもの又は同項第二号に掲げる少年（十二歳に満たないで刑罰法令に触れる行為をした少年を除く。次項において同じ。）に係る事件であつて次に掲げる罪に係る刑罰法令に触れるもの（いずれも被害者を傷害した場合にあつては、これにより生命に重大な危険を生じさせたときに限る。）の被害者等から、審判期日における審判の傍聴の申出がある場合において、少年の年齢及び心身の状態、事件の性質、審判の状況その他の事情を考慮して、少年の健全な育成を妨げるおそれがなく相当と認めるときは、その申出をした者に対し、これを傍聴することを許すことができる。

一　故意の犯罪行為により被害者を死傷させた罪

二　刑法（明治四十年法律第四十五号）第二百十一条（業務上過失致死傷等）の罪

三　自動車の運転により人を死傷させる行為等の処罰に関する法律（平成二十五年法律第八十六号）第四条、第五条又は第六条第三項若しくは第四項の罪

2　家庭裁判所は、前項の規定により第三条第一項第二号に掲げる少年に係る事件の被害者等に審判の傍聴を許すか否かを判断するに当たつては、同号に掲げる少年が、一般に、精神的に特に未成熟であることを十分考慮しなければならない。

3　家庭裁判所は、第一項の規定により審判の傍聴を許す場合において、傍聴する者の年齢、心身の状態その他の事情を考慮し、その者が著しく不安又は緊張を覚えるおそれがあると認めるときは、その不安又は緊張を緩和するのに適当であり、かつ、審判を妨げ、又はこれに不当な影響を与えるおそれがないと認める者を、傍聴する者に付き添わせることができる。

4　裁判長は、第一項の規定により審判を傍聴する者及び前項の規定によりこの者に付き添う者の座席の位置、審判を行う場所における裁判所職員の配置等を定めるに当たつては、少年の心身に及ぼす影響に配慮しなければならない。

5　第五条の二第三項の規定は、第一項の規定により審判を傍聴した者又は第三項の規定によりこの者に付き添つた者について、準用する。

（弁護士である付添人からの意見の聴取等）

第二十二条の五　家庭裁判所は、前条第一項の規定により審判の傍聴を許すには、あらかじめ、弁護士である付添人の意見を聴かなければならない。

2　家庭裁判所は、前項の場合において、少年に弁護士である付添人がないときは、弁護士である付添人を付さなければならない。

3　少年に弁護士である付添人がない場合であつて、最高裁判所規則の定めるところにより少年及び保護者がこれを必要としない旨の意思を明示したときは、前二項の規定は適用しない。

4　第二十二条の三第三項の規定は、第二項の規定により家庭裁判所が付すべき付添人について、準用する。

（被害者等に対する説明）

第二十二条の六　家庭裁判所は、最高裁判所規則の定めるところにより第三条第一項第一号又は第二号に掲げる少年に係る事件の被害者等から申出がある場合において、少年の健全な育成を妨げるおそれがなく相当と認めるときは、最高裁判所規則の定めるところにより、その申出をした者に対し、審判期日における審判の状況を説明するものとする。

2　前項の申出は、その申出に係る事件を終局させる決定が確定した後三年を経過したときは、することができない。

3　第五条の二第三項の規定は、第一項の規定により説明を受けた者について、準用する。

第二十三条　〔略〕

（保護処分の決定）

第二十四条　家庭裁判所は、前条の場合を除いて、審判を開始した事件につき、決定をもつて、次に掲げる保護処分をしなければならない。ただし、決定の時に十四歳に満たない少年に係る事件については、特に必要と認める場合に限り、第三号の保護処分をすることができる。

一　保護観察所の保護観察に付すること。

二　児童自立支援施設又は児童養護施設に送致すること。
三　少年院に送致すること。
2　前項第一号及び第三号の保護処分においては、保護観察所の長をして、家庭その他の環境調整に関する措置を行わせることができる。

（没取）
第二十四条の二　家庭裁判所は、第三条第一項第一号及び第二号に掲げる少年について、第十八条、第十九条、第二十三条第二項又は前条第一項の決定をする場合には、決定をもつて、次に掲げる物を没取することができる。
一　刑罰法令に触れる行為を組成した物
二　刑罰法令に触れる行為に供し、又は供しようとした物
三　刑罰法令に触れる行為から生じ、若しくはこれによつて得た物又は刑罰法令に触れる行為の報酬として得た物
四　前号に記載した物の対価として得た物
2　没取は、その物が本人以外の者に属しないときに限る。但し、刑罰法令に触れる行為の後、本人以外の者が情を知つてその物を取得したときは、本人以外の者に属する場合であつても、これを没取することができる。

（家庭裁判所調査官の観察）
第二十五条　家庭裁判所は、第二十四条第一項の保護処分を決定するため必要があると認めるときは、決定をもつて、相当の期間、家庭裁判所調査官の観察に付することができる。
2　家庭裁判所は、前項の観察とあわせて、次に掲げる措置をとることができる。
一　遵守事項を定めてその履行を命ずること。
二　条件を附けて保護者に引き渡すこと。
三　適当な施設、団体又は個人に補導を委託すること。

（保護者に対する措置）
第二十五条の二　家庭裁判所は、必要があると認めるときは、保護者に対し、少年の監護に関する責任を自覚させ、その非行を防止するため、調査又は審判において、自ら訓戒、指導その他の適当な措置をとり、又は家庭裁判所調査官に命じてこれらの措置をとらせることができる。

第二十六条―第三十一条　〔略〕

（被害者等に対する通知）
第三十一条の二　家庭裁判所は、第三条第一項第一号又は第二号に掲げる少年に係る事件を終局させる決定をした場合において、最高裁判所規則の定めるところにより当該事件の被害者等から申出があるときは、その申出をした者に対し、次に掲げる事項を通知するものとする。ただし、その通知をすることが少年の健全な育成を妨げるおそれがあり相当でないと認められるものについては、この限りでない。
一　少年及びその法定代理人の氏名及び住居（法定代理人が法人である場合においては、その名称又は商号及び主たる事務所又は本店の所在地）
二　決定の年月日、主文及び理由の要旨
2　前項の申出は、同項に規定する決定が確定した後三年を経過したときは、することができない。
3　第五条の二第三項の規定は、第一項の規定により通知を受けた者について、準用する。

第四節　抗告

第三十二条―第三十二条の三　〔略〕

（抗告受理の申立て）
第三十二条の四　検察官は、第二十二条の二第一項の決定がされた場合においては、保護処分に付さない決定又は保護処分の決定に対し、同項の決定があつた事件の非行事実の認定に関し、決定に影響を及ぼす法令の違反又は重大な事実の誤認があることを理由とするときに限り、高等裁判所に対し、二週間以内に、抗告審として事件を受理すべきことを申し立てることができる。
2　前項の規定による申立て（以下「抗告受理の申立て」という。）は、申立書を原裁判所に差し出してしなければならない。この場合において、原裁判所は、速やかにこれを高等裁判所に送付しなければならない。
3　高等裁判所は、抗告受理の申立てがされた場合において、抗告審として事件を受理するのを相当と認めるときは、これを受理することができる。この場合においては、その旨の決定をしなければならない。
4　高等裁判所は、前項の決定をする場合において、抗告受理の申立ての理由中に重要でないと認めるものがあるときは、これを排除することができる。
5　第三項の決定は、高等裁判所が原裁判所から第二項の申立書の送付を受けた日から二週間以内にしなければならない。
6　第三項の決定があつた場合には、抗告があつたものとみなす。この場合において、第三十二条の二の規定の適用については、抗告受理の申立ての理由中第四項の規定により排除されたもの以外のものを抗告の趣意とみなす。

（抗告審における国選付添人）
第三十二条の五　前条第三項の決定があつた場合において、少年に弁護士である付添人がないときは、抗告裁判所は、弁護士である付添人を付さなければならない。
2　抗告裁判所は、第二十二条の三第二項に規定する事件（家庭裁判所において第十七条第一項第二号の措置がとられたものに限る。）について、少年に弁護士である付添

人がなく、かつ、事案の内容、保護者の有無その他の事情を考慮し、抗告審の審理に弁護士である付添人が関与する必要があると認めるときは、弁護士である付添人を付することができる。

第三十二条の六―第三十四条 〔略〕

（再抗告）

第三十五条 抗告裁判所のした第三十三条の決定に対しては、憲法に違反し、若しくは憲法の解釈に誤りがあること、又は最高裁判所若しくは控訴裁判所である高等裁判所の判例と相反する判断をしたことを理由とする場合に限り、少年、その法定代理人又は付添人から、最高裁判所に対し、二週間以内に、特に抗告をすることができる。ただし、付添人は、選任者である保護者の明示した意思に反して、抗告をすることができない。

2 第三十二条の二、第三十二条の三、第三十二条の五第二項及び第三十二条の六から前条までの規定は、前項の場合に、これを準用する。この場合において、第三十三条第二項中「取り消して、事件を原裁判所に差し戻し、又は他の家庭裁判所に移送しなければならない」とあるのは、「取り消さなければならない。この場合には、家庭裁判所の決定を取り消して、事件を家庭裁判所に差し戻し、又は他の家庭裁判所に移送することができる」と読み替えるものとする。

（その他の事項）

第三十六条 この法律で定めるものの外、保護事件に関して必要な事項は、最高裁判所がこれを定める。

第三十七条―第三十九条 削除

第三章 少年の刑事事件

第一節 通則〔略〕

第二節 手続〔略〕

第三節 処分〔略〕

（人の資格に関する法令の適用）

第六十条 少年のとき犯した罪により刑に処せられてその執行を受け終り、又は執行の免除を受けた者は、人の資格に関する法令の適用については、将来に向つて刑の言渡を受けなかつたものとみなす。

2 少年のとき犯した罪について刑に処せられた者で刑の執行猶予の言渡を受けた者は、その猶予期間中、刑の執行を受け終つたものとみなして、前項の規定を適用する。

3 前項の場合において、刑の執行猶予の言渡を取り消されたときは、人の資格に関する法令の適用については、その取り消されたとき、刑の言渡があつたものとみなす。

第四章 雑則

（記事等の掲載の禁止）

第六十一条 家庭裁判所の審判に付された少年又は少年のとき犯した罪により公訴を提起された者については、氏名、年齢、職業、住居、容ぼう等によりその者が当該事件の本人であることを推知することができるような記事又は写真を新聞紙その他の出版物に掲載してはならない。

附　則（令四・六・一七法六八）

（施行期日）

1 この法律は、刑法等一部改正法施行日から施行する。〔ただし書略〕

●少年院法〔抄〕

（平成二六年六月一一日
法律第五八号）

最終改正…令・四・六・一七法六七

第一章 総則

（目的）

第一条 この法律は、少年院の適正な管理運営を図るとともに、在院者の人権を尊重しつつ、その特性に応じた適切な矯正教育その他の在院者の健全な育成に資する処遇を行うことにより、在院者の改善更生及び円滑な社会復帰を図ることを目的とする。

（定義）

第二条 この法律において、次の各号に掲げる用語の意義は、それぞれ当該各号に定めるところによる。

一 在院者 保護処分在院者又は受刑在院者をいう。

二 保護処分在院者 少年法（昭和二十三年法律第百六十八号）第二十四条第一項第三号並びに第六十四条第一項第二号（同法第六十六条第一項の規定による決定を受けた場合に限る。）及び第三号の保護処分（第百三十八条第二項及び第四項（第百三十九条第三項において準用する場合を含む。）並びに第百三十九条第二項の規定による措置並びに更生保護法（平成十九年法律第八十八号）第七十二条第一項及び第七十三条の二第一項の規定による措置を含む。次条第一号及び第四条第一項第一号から第三号までにおいて単に「保護処分」という。）の執行を受けるため少年院に収容されている者をいう。

三　受刑在院者　少年法第五十六条第三項の規定により拘禁刑の執行を受けるため少年院に収容されている者又は国際受刑者移送法（平成十四年法律第六十六号）第二十一条の規定により適用される少年法第五十六条第三項の規定により国際受刑者移送法第十六条第一項の規定による共助刑の執行を受けるため少年院に収容されている者をいう。

四　保護者　少年法第二条第二項に規定する保護者をいう。

五　保護者等　次のイからハまでのいずれかに該当する者（在院者に対し虐待、悪意の遺棄その他これらに準ずる心身に有害な影響を及ぼす行為をした者であって、その在院者の健全な育成を著しく妨げると認められるものを除く。）をいう。

イ　在院者の保護者

ロ　在院者の配偶者（婚姻の届出をしていないが、事実上婚姻関係と同様の事情にある者を含む。第百十条第一項において同じ。）

ハ　在院者の親族（イ及びロに掲げる者を除く。）

第二章　少年院の運営

（少年院）

第三条　少年院は、次に掲げる者を収容し、これらの者に対し矯正教育その他の必要な処遇を行う施設とする。

一　保護処分の執行を受ける者

二　少年院において拘禁刑（国際受刑者移送法第十六条第一項の規定により執行する共助刑を含む。以下単に「刑」という」を「次条第一項第四号及び第百四十一条第一項ただし書において同じ。）の執行を受ける者

（少年院の種類）

第四条　少年院の種類は、次の各号に掲げるとおりとし、それぞれ当該各号に定める者を収容するものとする。

一　第一種　保護処分の執行を受ける者（第五号に定める者を除く。次号及び第三号において同じ。）であって、心身に著しい障害がないおおむね十二歳以上二十三歳未満のもの（次号に定める者を除く。）

二　第二種　保護処分の執行を受ける者であって、心身に著しい障害がない犯罪的傾向が進んだおおむね十六歳以上二十三歳未満のもの

三　第三種　保護処分の執行を受ける者であって、心身に著しい障害があるおおむね十二歳以上二十六歳未満のもの

四　第四種　少年院において拘禁刑の執行を受ける者

五　第五種　少年法第六十四条第一項第二号の保護処分の執行を受け、かつ、同法第六十六条第一項の規定による決定を受けた者

2　法務大臣は、各少年院について、一又は二以上の前項各号に掲げる少年院の種類を指定する。

第五条―第十四条　〔略〕

第三章・第四章　〔略〕

第五章　矯正教育

第一節　矯正教育の目的及び体系的実施

（矯正教育の目的等）

第二十三条　矯正教育は、在院者の犯罪的傾向を矯正し、並びに在院者に対し、健全な心身を培わせ、社会生活に適応するのに必要な知識及び能力を習得させることを目的とする。

2　矯正教育を行うに当たっては、在院者の特性に応じ、次節に規定する指導を適切に組み合わせ、体系的かつ組織的にこれを行うものとする。

第二十三条の二　〔略〕

第二節　矯正教育の内容

（生活指導）

第二十四条　少年院の長は、在院者に対し、善良な社会の一員として自立した生活を営むための基礎となる知識及び生活態度を習得させるため必要な生活指導を行うものとする。

2　将来の進路を定めていない在院者に対し前項の生活指導を行うに当たっては、その特性に応じた将来の進路を選択する能力の習得に資するよう特に配慮しなければならない。

3　次に掲げる事情を有する在院者に対し第一項の生活指導を行うに当たっては、その事情の改善に資するよう特に配慮しなければならない。

一　犯罪又は刑罰法令に触れる行為により害を被った者及びその家族又は遺族の心情を理解しようとする意識が低いこと。

二　麻薬、覚醒剤その他の薬物に対する依存があること。

三　その他法務省令で定める事情

四―五　〔略〕

（職業指導）

第二十五条　少年院の長は、在院者に対し、勤労意欲を高め、職業上有用な知識及び技能を習得させるため必要な職業指導を行うものとする。

2　前項の職業指導の実施による収入があるときは、その収入は、国庫に帰属する。

3　少年院の長は、第一項の職業指導を受けた在院者に対しては、出院の際に、法務大臣が定める基準に従い算出した金額の範囲

内で、職業上有用な知識及び技能の習得の状況その他の事情を考慮して相当と認められる金額の報奨金（次項において「職業能力習得報奨金」という。）を支給することができる。

4　少年院の長は、在院者がその出院前に職業能力習得報奨金の支給を受けたい旨の申出をした場合において、その使用の目的が、第六十七条第一項第一号に規定する自弁物品等の購入その他相当なものであると認めるときは、前項の規定にかかわらず、法務省令で定めるところにより、その時に出院したとするならばその在院者に支給することができる職業能力習得報奨金に相当する金額の範囲内で、申出の額の全部又は一部の金額を支給することができる。この場合には、その支給額に相当する金額を同項の規定により支給することができる職業能力習得報奨金の金額から減額する。

（教科指導）

第二十六条　少年院の長は、学校教育法（昭和二十二年法律第二十六号）に定める義務教育を終了しない在院者その他の社会生活の基礎となる学力を欠くことにより改善更生及び円滑な社会復帰に支障があると認められる在院者に対しては、教科指導（同法による学校教育の内容に準ずる内容の指導をいう。以下同じ。）を行うものとする。

2　少年院の長は、前項に規定するもののほか、学力の向上を図ることが円滑な社会復帰に特に資すると認められる在院者に対し、その学力の状況に応じた教科指導を行うことができる。

（学校の教育課程に準ずる教育の教科指導）

第二十七条　教科指導により学校教育法第一条に規定する学校（以下単に「学校」という。）のうち、いずれかの学校の教育課程に準ずる教育の全部又は一部を修了した在院者は、その修了に係る教育の範囲に応じて当該教育課程の全部又は一部を修了したものとみなす。

2　少年院の長は、学校の教育課程に準ずる教育について教科指導を行う場合には、当該教科指導については、文部科学大臣の勧告に従わなければならない。

（体育指導）

第二十八条　少年院の長は、在院者に対し、善良な社会の一員として自立した生活を営むための基礎となる健全な心身を培わせるため必要な体育指導を行うものとする。

（特別活動指導）

第二十九条　少年院の長は、在院者に対し、その情操を豊かにし、自主、自律及び協同の精神を養うことに資する社会貢献活動、野外活動、運動競技、音楽、演劇その他の活動の実施に関し必要な指導を行うものとする。

第三節　矯正教育の計画等

（矯正教育課程）

第三十条　法務大臣は、在院者の年齢、心身の障害の状況及び犯罪的傾向の程度、在院者が社会生活に適応するために必要な能力その他の事情に照らして一定の共通する特性を有する在院者の類型ごとに、その類型に該当する在院者に対して行う矯正教育の重点的な内容及び標準的な期間（以下「矯正教育課程」という。）を定めるものとする。

（各少年院における矯正教育課程の指定）

第三十一条　法務大臣は、各少年院について、その少年院において実施すべき矯正教育課程を指定するものとする。

（少年院矯正教育課程）

第三十二条　少年院の長は、その少年院が前条の規定により実施すべき矯正教育課程の指定を受けたときは、法務省令で定めるところにより、当該矯正教育課程ごとに、少年院矯正教育課程を定めるものとする。

2　前項の少年院矯正教育課程には、第十六条に規定する処遇の段階ごとに、当該少年院における矯正教育の目標、内容、実施方法及び期間その他矯正教育の実施に関し必要な事項を定めるものとする。

（在院者の矯正教育課程の指定）

第三十三条　少年院の長は、在院者がその少年院に入院したときは、できる限り速やかに、家庭裁判所及び少年鑑別所の長の意見を踏まえ、その在院者が履修すべき矯正教育課程を指定するものとする。

2　少年院の長は、必要があると認めるときは、少年鑑別所の長の意見を聴いて、在院者に係る前項の矯正教育課程を変更するものとする。

（個人別矯正教育計画）

第三十四条　少年院の長は、前条第一項の規定により在院者が履修すべき矯正教育課程を指定したときは、その者に対する矯正教育の計画（以下「個人別矯正教育計画」という。）を策定するものとする。

2　個人別矯正教育計画には、第三十二条第一項の少年院矯正教育課程に即して、在院者の特性に応じて行うべき矯正教育の目標、内容、実施方法及び期間その他矯正教育の実施に関し必要な事項を定めるものとする。

3　少年院の長は、個人別矯正教育計画を策定しようとするときは、家庭裁判所又は少年鑑別所の長の意見があるときはこれらの意見を踏まえるとともに、できる限り在院者及びその保護者その他相当と認める者の意向を参酌しつつ、在院者との面接その他の適当な方法による調査の結果に基づき、これを策定するものとする。

4　少年院の長は、個人別矯正教育計画を策定するに当たっては、法務省令で定めるところにより、被害者等の被害に関する心情、被害者等の置かれている状況及び第二十三条の二第二項の規定により聴取した心情等を考慮するものとする。
5 少年院の長は、第四条第一項第五号に規定する第五種の少年院に収容されている者（以下「第五種少年院在院者」という。）について、個人別矯正教育計画を策定しようとする場合には、前二項に規定するもののほか、保護観察所の長の意見を踏まえ、策定するものとする。
6 少年院の長は、第一項の規定により個人別矯正教育計画を策定したときは、速やかに、その内容を、在院者に告知し、及びその保護者その他相当と認める者（在院者が第五種少年院在院者である場合にあっては、相当と認める者及び保護観察所の長）に通知するものとする。
7 少年院の長は、必要があると認めるときは、在院者に係る第一項の個人別矯正教育計画を変更するものとする。
8 第二項から第六項までの規定は、前項の規定による個人別矯正教育計画の変更について準用する。

（成績の評価及び告知等）
第三十五条 少年院の長は、在院者について、矯正教育の効果を把握するため、法務省令で定めるところにより、成績の評価を行うものとする。
2 前項の成績の評価は、法務省令で定めるところにより、個人別矯正教育計画において定められた矯正教育の目標の達成の程度その他の法務省令で定める事項に関し、総合的に行うものとする。
3 少年院の長は、第一項の成績の評価を行ったときは、速やかに、その結果を、在院者に告知し、及びその保護者その他相当と認める者（在院者が第五種少年院在院者である場合にあっては、相当と認める者及び保護観察所の長）に通知するものとする。
4 少年院の長は、前項の規定による通知をする場合その他適当と認める場合には、在院者の保護者その他相当と認める者（在院者が第五種少年院在院者である場合にあっては、相当と認める者及び保護観察所の長）に対し、その在院者の生活及び心身の状況を通知するものとする。

（鑑別のための少年鑑別所への収容）
第三十六条 少年院の長は、在院者について、第三十三条第一項の規定により指定された矯正教育課程（同条第二項の規定による変更があったときは、その変更後のもの。第百三十四条第二項において「指定矯正教育課程」という。）又は第三十四条第一項の規定により策定された個人別矯正教育計画（同条第七項の規定による変更があったときは、その変更後のもの）がその者にとって適切なものであるかどうかを確認するためその他必要があると認めるときは、その者に少年鑑別所の長による鑑別を受けさせることができる。
2 前項の規定により少年院の長が在院者に少年鑑別所の長による鑑別を受けさせる場合において、当該少年鑑別所の長による鑑別を受けさせる場合において、当該少年鑑別所に収容して鑑別を行うことが必要である旨の少年鑑別所の長の意見があるときは、七日間を超えない範囲内で、その在院者を少年鑑別所に収容することができる。ただし、やむを得ない事由があるときは、通じて十四日間を超えない範囲内で、その収容を継続することができる。

第四節 矯正教育の実施

（在院者の日課）
第三十七条 少年院の長は、法務省令で定めるところにより、在院者の日課（食事、就寝その他の起居動作をすべき時間帯、矯正教育の時間帯及び余暇に充てられるべき時間帯を定めたものをいう。次項及び第八十四条第二項第九号において同じ。）を定め、これを在院者に励行させるものとする。
2 少年院の長は、必要と認めるときは、日課に定められた矯正教育の時間帯以外の時間帯においても、矯正教育を行うことができる。
3 少年院の長は、法務省令で定めるところにより、在院者に対し、学習、娯楽、運動競技その他の余暇に充てられるべき時間帯における活動について、援助を与えるものとする。

（集団の編成）
第三十八条 矯正教育は、その効果的な実施を図るため、在院者が履修すべき矯正教育課程、第十六条に規定する処遇の段階その他の事情を考慮し、在院者を適切な集団に編成して行うものとする。
2 少年院の長は、矯正教育を行うに当たり、在院者の心身の状況に照らしてその者が集団生活に適応することが困難であるとき、その他在院者に対して個別に矯正教育を行う必要があると認めるときは、前項の規定にかかわらず、在院者を集団に編成しないことができる。

（矯正教育の院外実施）
第三十九条 矯正教育は、その効果的な実施を図るため必要な限度において、少年院の外の適当な場所で行うことができる。

（矯正教育の援助）
第四十条 少年院の長は、矯正教育の効果的な実施を図るため、その少年院の所在地を管轄する矯正管区の長の承認を得て、事業所の事業主、学校の長、学識経験のある者その他適当と認める者に委嘱して、矯正教育の援助を行わせることができる。
2 少年院の長は、在院者（刑法（明治四十年法律第四十五号）第二十八条、少年法第五十八条又は国際受刑者移送法第二十二条の規定により仮釈放を許すことができる期間を経過していない受刑在院者を除く。以下この条において同じ。）の円滑な社会復帰を図るため必要があると認める場合であって、その者の改善更生の状況その他の事情を考慮し、相当と認めるときは、少年院の職員の同行なしに、その在院者を少年院の外の場所に通わせて、前項の規定による援助として在院者に対する指導を行う者（次項及び第五項第四号において「嘱託指導者」という。）による指導を受けさせることができる。

3　在院者に前項の指導（以下「院外委嘱指導」という。）を受けさせる場合には、少年院の長は、法務省令で定めるところにより、当該嘱託指導者との間において、在院者が受ける院外委嘱指導の内容及び時間、在院者の安全及び衛生を確保するため必要な措置その他院外委嘱指導の実施に関し必要な事項について、取決めを行わなければならない。

4　少年院の長は、在院者に院外委嘱指導を受けさせる場合には、あらかじめ、その在院者が院外委嘱指導に関し遵守すべき事項（以下この条において「特別遵守事項」という。）を定め、これをその在院者に告知するものとする。

5　特別遵守事項は、次に掲げる事項を具体的に定めるものとする。

一　指定された経路及び方法により移動しなければならないこと。

二　指定された時刻までに少年院に帰着しなければならないこと。

三　正当な理由なく、院外委嘱指導を受ける場所以外の場所に立ち入ってはならないこと。

四　嘱託指導者による指導上の指示に従わなければならないこと。

五　正当な理由なく、犯罪性のある者その他接触することにより矯正教育の適切な実施に支障を生ずるおそれがある者と接触してはならないこと。

6　少年院の長は、院外委嘱指導を受ける在院者が第八十四条第一項に規定する遵守事項又は特別遵守事項を遵守しなかった場合その他院外委嘱指導を不適当とする事由があると認める場合には、これを中止することができる。

（在院者の安全及び衛生の確保）

第四十一条　少年院の長は、矯正教育を受ける在院者の安全及び衛生を確保するため必要な措置を講じなければならない。

2　在院者は、前項の規定により少年院の長が講ずる措置に応じて、必要な事項を守らなければならない。

3　第二十五条第一項の規定により少年院の長が講ずべき措置及び前項の規定により在院者が守らなければならない事項は、労働安全衛生法（昭和四十七年法律第五十七号）その他の法令に定める労働者の安全及び衛生を確保するため事業者が講ずべき措置及び労働者が守らなければならない事項に準じて、法務大臣が定める。

（手当金）

第四十二条　少年院の長は、在院者が矯正教育を受けたことに起因して死亡した場合には、法務省令で定めるところにより、その遺族等（法務省令で定める遺族その他の者をいう。以下同じ。）に対し、死亡手当金を支給することができる。

2　少年院の長は、矯正教育を受けたことに起因して負傷し、又は疾病にかかった在院者が治った場合において、身体に障害が残ったときは、法務省令で定めるところにより、その者に障害手当金を支給することができる。

3　少年院の長は、矯正教育を受けたことに起因して負傷し、又は疾病にかかった在院者が出院の時になお治っていない場合において、その傷病の性質、程度その他の状況を考慮して相当と認められるときは、法務省令で定めるところにより、その者に特別手当金を支給することができる。

（損害賠償との調整等）

第四十三条　国が国家賠償法（昭和二十二年法律第百二十五号）、民法（明治二十九年法律第八十九号）その他の法律による損害賠償の責任を負う場合において、前条の手当金を支給したときは、国は、その価額の限度においてその損害賠償の責任を免れる。

2　前条の手当金として支給を受けた金銭を標準として、租税その他の公課を課してはならない。

第六章―第十一章　〔略〕

第十二章　規律及び秩序の維持

（少年院の規律及び秩序）

第八十三条　少年院の規律及び秩序は、在院者の処遇の適切な実施を確保し、並びにその者の改善更生及び円滑な社会復帰を図るのにふさわしい安全かつ平穏な共同生活を保持することができるよう、適正に維持されなければならない。

2　前項の目的を達成するため執る措置は、そのために必要な限度を超えてはならない。

（遵守事項等）

第八十四条　少年院の長は、在院者が遵守すべき事項（次項及び第百十三条第一項において「遵守事項」という。）を定める。

2　遵守事項は、次に掲げる事項を具体的に定めるものとする。

一　犯罪行為をしてはならないこと。

二　他人に対し、粗野若しくは乱暴な言動をし、又は迷惑を及ぼす行為をしてはならないこと。
三　自身を傷つける行為をしてはならないこと。
四　少年院の職員の職務の執行を妨げる行為をしてはならないこと。
五　自己又は他の在院者の収容の確保を妨げるおそれのある行為をしてはならないこと。
六　少年院の安全を害するおそれのある行為をしてはならないこと。
七　少年院内の衛生又は風紀を害する行為をしてはならないこと。
八　金品について、不正な使用、所持、授受その他の行為をしてはならないこと。
九　正当な理由なく、日課に定められた矯正教育の時間帯における矯正教育を拒んではならないこと。
十　前各号に掲げるもののほか、少年院の規律及び秩序を維持するため必要な事項
十一　前各号に掲げる事項について定めた遵守事項又は第四十条第四項（第四十五条第二項において準用する場合を含む。）に規定する特別遵守事項に違反する行為を企て、あおり、唆し、又は援助してはならないこと。

3　前二項のほか、少年院の長又はその指定する職員は、少年院の規律及び秩序を維持するため必要がある場合には、在院者に対し、その生活及び行動について指示することができる。

第八十五条―第九十条　〔略〕

第十三章―第二十二章　〔略〕

附　則　〔令・四・六・一七法六七〕

（施行期日）
1　この法律は、公布の日から起算して三年を超えない範囲内において政令で定める日から施行する。〔ただし書略〕

●就学前の子どもに関する教育、保育等の総合的な提供の推進に関する法律〔抄〕

（平成一八年六月一五日法律第七七号）
最終改正…令四・六・一七法六八

【教採頻出条文】第十五条。

第一章　総則

（目的）
第一条　この法律は、幼児期の教育及び保育が生涯にわたる人格形成の基礎を培う重要なものであること並びに我が国における急速な少子化の進行並びに家庭及び地域を取り巻く環境の変化に伴い小学校就学前の子どもの教育及び保育に対する需要が多様なものとなっていることに鑑み、地域における創意工夫を生かしつつ、小学校就学前の子どもに対する教育及び保育並びに保護者に対する子育て支援の総合的な提供を推進するための措置を講じ、もって地域において子どもが健やかに育成される環境の整備に資することを目的とする。

（定義）
第二条　この法律において「子ども」とは、小学校就学の始期に達するまでの者をいう。
2　この法律において「幼稚園」とは、学校教育法（昭和二十二年法律第二十六号）第一条に規定する幼稚園をいう。
3　この法律において「保育所」とは、児童福祉法（昭和二十二年法律第百六十四号）第三十九条第一項に規定する保育所をいう。
4　この法律において「保育機能施設」とは、児童福祉法第五十九条第一項に規定する施設のうち同法第三十九条第一項に規定する業務を目的とするもの（少数の子どもを対象とするものその他の主務省令で定めるものを除く。）をいう。
5　この法律において「保育所等」とは、保育所又は保育機能施設をいう。
6　この法律において「認定こども園」とは、次条第一項又は第三項の認定を受けた施設、同条第十一項の規定による公示がされた施設及び幼保連携型認定こども園をいう。
7　この法律において「幼保連携型認定こども園」とは、義務教育及びその後の教育の基礎を培うものとしての満三歳以上の子どもに対する教育並びに保育を必要とする子どもに対する保育を一体的に行い、これらの子どもの健やかな成長が図られるよう適当な環境を与えて、その心身の発達を助長するとともに、保護者に対する子育ての支援を行うことを目的として、この法律の定めるところにより設置される施設をいう。
8　この法律において「教育」とは、教育基本法（平成十八年法律第百二十号）第六条第一項に規定する法律に定める学校（第九条において単に「学校」という。）において行われる教育をいう。
9　この法律において「保育」とは、児童福祉法第六条の三第七項第一号に規定する保育をいう。
10　この法律において「保育を必要とする子ども」とは、児童福祉法第六条の三第九項第一号に規定する保育を必要とする乳児・幼児をいう。
11　この法律において「保護者」とは、児童福祉法第六条に規定する保護者をいう。
12　この法律において「子育て支援事業」とは、地域の子どもの養育に関する各般の問

題につき保護者からの相談に応じ必要な情報の提供及び助言を行う事業、保護者の疾病その他の理由により家庭において養育を受けることが一時的に困難となった地域の子どもに対する保育を行う事業、地域の子どもの養育に関する援助を受けることを希望する保護者と当該援助を行うことを希望する民間の団体若しくは個人との連絡及び調整を行う事業又は地域の子どもの養育に関する援助を行う民間の団体若しくは個人に対する必要な情報の提供及び助言を行う事業であって主務省令で定めるものをいう。

第二章　幼保連携型認定こども園以外の認定こども園に関する認定手続等

（幼保連携型認定こども園以外の認定こども園の認定等）

第三条　幼稚園又は保育所等の設置者（都道府県及び地方自治法（昭和二十二年法律第六十七号）第二百五十二条の十九第一項の指定都市又は同法第二百五十二条の二十二第一項の中核市（以下「指定都市等」という。）を除く。）は、その設置する幼稚園又は保育所等が都道府県（当該幼稚園又は保育所等が指定都市等所在施設（指定都市等の区域内に所在する施設であって、都道府県が単独で又は他の地方公共団体と共同して設立する公立大学法人（地方独立行政法人法（平成十五年法律第百十八号）第六十八条第一項に規定する公立大学法人をいう。以下同じ。）が設置する施設以外のものをいう。以下同じ。）である場合にあっては、当該指定都市等）の条例で定める要件に適合している旨の都道府県知事（当該幼稚園又は保育所等が指定都市等所在施設である場合にあっては、当該指定都市等の長）（保育所に係る児童福祉法の規定による認可その他の処分をする権限に係る事務を地方自治法第百八十条の二の規定に基づく都道府県知事又は指定都市等の長の委任を受けて当該都道府県又は指定都市等の教育委員会が行う場合その他の主務省令で定める場合にあっては、都道府県又は指定都市等の教育委員会。以下この章及び第四章において同じ。）の認定を受けることができる。

2　前項の条例で定める要件は、次に掲げる基準に従い、かつ、主務大臣が定める施設の設備及び運営に関する基準を参酌して定めるものとする。

一　当該施設が幼稚園である場合にあっては、幼稚園教育要領（学校教育法第二十五条第一項の規定に基づき幼稚園に関して文部科学大臣が定める事項をいう。第十条第二項において同じ。）に従って編成された教育課程に基づく教育を行うほか、当該教育のための時間の終了後、当該幼稚園に在籍している子どものうち保育を必要とする子どもに該当する者に対する教育を行うこと。

二　当該施設が保育所等である場合にあっては、保育を必要とする子どもに対する保育を行うほか、当該保育を必要とする子ども以外の満三歳以上の子ども（当該施設が保育所である場合にあっては、当該保育所が所在する市町村（特別区を含む。以下同じ。）における児童福祉法第二十四条第四項に規定する保育の利用に対する需要の状況に照らして適当と認められる数の子どもに限る。）を保育し、かつ、満三歳以上の子どもに対し学校教育法第二十三条各号に掲げる目標が達成されるよう保育を行うこと。

三　子育て支援事業のうち、当該施設の所在する地域における教育及び保育に対する需要に照らし当該地域において実施することが必要と認められるものを、保護者の要請に応じ適切に提供し得る体制の下で行うこと。

3　幼稚園及び保育機能施設のそれぞれの用に供される建物及びその附属設備が一体的に設置されている場合における当該幼稚園及び保育機能施設（以下「連携施設」という。）の設置者（都道府県及び指定都市等を除く。）は、その設置する連携施設が都道府県（当該連携施設が指定都市等所在施設である場合にあっては、当該指定都市等）の条例で定める要件に適合している旨の都道府県知事（当該連携施設が指定都市等所在施設である場合にあっては、当該指定都市等の長）の認定を受けることができる。

4　前項の条例で定める要件は、次に掲げる基準に従い、かつ、主務大臣が定める施設の設備及び運営に関する基準を参酌して定めるものとする。

一　次のいずれかに該当する施設であること。

イ　当該連携施設を構成する保育機能施設において、満三歳以上の子どもに対し学校教育法第二十三条各号に掲げる目標が達成されるよう保育を行い、かつ、当該保育を実施するに当たり当該連携施設を構成する幼稚園との緊密な連携協力体制が確保されていること。

ロ　当該連携施設を構成する保育機能施設に入所していた子どもを引き続き当該連携施設を構成する幼稚園に入園させて一貫した教育及び保育を行うこと。

二　子育て支援事業のうち、当該連携施設の所在する地域における教育及び保育に対する需要に照らし当該地域において実施することが必要と認められるものを、保護者の要請に応じ適切に提供し得る体制の下で行うこと。

5 都道府県知事（指定都市等所在施設である幼稚園若しくは保育所等又は連携施設については、指定都市等の長。第八項及び第九項、次条第一項、第七条第一項及び第二項並びに第八条第一項において同じ。）は、国（国立大学法人法（平成十五年法律第百十二号）第二条第一項に規定する国立大学法人を含む。以下同じ。）、市町村（指定都市等を除く。）及び公立大学法人以外の者から、第一項又は第三項の認定の申請があったときは、第一項又は第三項の条例で定める要件に適合するかどうかを審査するほか、次に掲げる基準（当該認定の申請をした者が学校法人（私立学校法（昭和二十四年法律第二百七十号）第三条に規定する学校法人をいう。以下同じ。）又は社会福祉法人（社会福祉法（昭和二十六年法律第四十五号）第二十二条に規定する社会福祉法人をいう。以下同じ。）である場合にあっては、第四号に掲げる基準に限る。）によって、その申請を審査しなければならない。

一 第一項若しくは第三項の条例で定める要件に適合する設備又はこれに要する資金及び当該申請に係る施設の経営に必要な財産を有すること。

二 当該申請に係る施設を設置する者（その者が法人である場合にあっては、経営担当役員（業務を執行する社員、取締役、執行役又はこれらに準ずる者をいう。）とする。次号において同じ。）が当該施設を経営するために必要な知識又は経験を有すること。

三 当該申請に係る施設を設置する者が社会的信望を有すること。

四 次のいずれにも該当するものでないこと。

イ 申請者が、拘禁刑以上の刑に処せられ、その執行を終わり、又は執行を受けることがなくなるまでの者であるとき。

ロ 申請者が、この法律その他国民の福祉若しくは学校教育に関する法律で政令で定めるものの規定により罰金の刑に処せられ、その執行を終わり、又は執行を受けることがなくなるまでの者であるとき。

ハ 申請者が、労働に関する法律の規定であって政令で定めるものにより罰金の刑に処せられ、その執行を終わり、又は執行を受けることがなくなるまでの者であるとき。

ニ 申請者が、第七条第一項の規定により認定を取り消され、その取消しの日から起算して五年を経過しない者（当該認定を取り消された者が法人である場合においては、当該取消しの処分に係る行政手続法（平成五年法律第八十八号）第十五条の規定による通知があった日前六十日以内に当該法人の役員（業務を執行する社員、取締役、執行役又はこれらに準ずる者をいい、相談役、顧問その他いかなる名称を有する者であるかを問わず、法人に対し業務を執行する社員、取締役、執行役又はこれらに準ずる者と同等以上の支配力を有するものと認められる者を含む。ホ及び第十七条第二項第七号において同じ。）又はその事業を管理する者その他の政令で定める使用人（以下この号において「役員等」という。）であった者で当該取消しの日から起算して五年を経過しないものを含み、当該認定を取り消された者が法人でない場合においては、当該通知があった日前六十日以内に当該事業の管理者であった者で当該取消しの日から起算して五年を経過しないものを含む。）であるとき。ただし、当該認定の取消しが、認定こども園の認定の取消しのうち当該認定の取消しの処分の理由となった事実及び当該事実の発生を防止するための当該認定こども園の設置者による業務管理体制の整備についての取組の状況その他の当該事実に関して当該認定こども園の設置者が有していた責任の程度を考慮して、ニ本文に規定する認定の取消しに該当しないこととすることが相当であると認められるものとして主務省令で定めるものに該当する場合を除く。

ホ 申請者と密接な関係を有する者（申請者（法人に限る。以下ホにおいて同じ。）の役員に占めるその役員の割合が二分の一を超え、若しくは当該申請者の株式の所有その他の事由を通じて当該申請者の事業を実質的に支配し、若しくはその事業に重要な影響を与える関係にある者として主務省令で定めるもの（以下ホにおいて「申請者の親会社等」という。）、申請者の親会社等の役員と同一の者がその役員に占める割合が二分の一を超え、若しくは申請者の親会社等が株式の所有その他の事由を通じてその事業を実質的に支配し、若しくはその事業に重要な影響を与える関係にある者として主務省令で定めるもの又は当該申請者の役員と同一の者がその役員に占める割合が二分の一を超え、若しくは当該申請者が株式の所有その他の事由を通じてその事業を実質的に支配し、若しくはその事業に重要な影響を与える関係にある者として主務省令で定めるもののうち、当該申請者と主務省令で定める密接な関係を有する法人をいう。）が、第七条第一項の規定により認定を取り消され、その取消しの日から起算して五年を経過していないとき。ただし、当該認定の取消しが、認定こども園の認定の取消しのうち当該認定の取消しの処分の理由となった事実及び当該事実の発生を防止するための当該認定こども園の設置者による業務管理体制の整備についての取組の状況その他の当該事実に関して当該認定こども園の設置者が有していた責任の程度を考慮して、ホ本文に規定する認定の取消しに該当しないこととすることが相当であると認められるものとして主務省令で定めるものに該当する場合を除く。

へ　申請者が、認定の申請前五年以内に教育又は保育に関し不正又は著しく不当な行為をした者であるとき。

ト　申請者が、法人で、その役員等のうちにイからニまで又はへのいずれかに該当する者のあるものであるとき。

チ　申請者が、法人でない者で、その管理者がイからニまで又はへのいずれかに該当する者であるとき。

6　都道府県知事は、第一項又は第三項の認定をしようとするときは、主務省令で定めるところにより、あらかじめ、当該認定の申請に係る施設が所在する市町村の長に協議しなければならない。

7　指定都市等の長は、第一項又は第三項の認定をしようとするときは、あらかじめ、都道府県知事に協議しなければならない。

8　都道府県知事は、第一項又は第三項及び第五項に基づく審査の結果、その申請が第一項又は第三項の条例で定める要件に適合しており、かつ、その申請をした者が第五項各号に掲げる基準（その者が学校法人又は社会福祉法人である場合にあっては、同項第四号に掲げる基準に限る。）に該当すると認めるとき（その申請をした者が国、市町村（指定都市等を除く。）又は公立大学法人である場合にあっては、その申請が第一項又は第三項の条例で定める要件に適合していると認めるとき）は、第一項又は第三項の認定をするものとする。ただし、次に掲げる要件のいずれかに該当するとき、その他の都道府県子ども・子育て支援事業支援計画（子ども・子育て支援法（平成二十四年法律第六十五号）第六十二条第一項の規定により当該都道府県が定める都道府県子ども・子育て支援事業支援計画をいう。以下この項及び第十七条第六項において同じ。）（指定都市等の長が第一項又は第三項の認定を行う場合にあっては、同法第六十一条第一項の規定により当該指定都市等が定める市町村子ども・子育て支援事業計画。以下この項において同じ。）の達成に支障を生ずるおそれがある場合として主務省令で定める場合に該当すると認めるときは、第一項又は第三項の認定をしないことができる。

一　当該申請に係る施設の所在地を含む区域（子ども・子育て支援法第六十二条第二項第一号の規定により当該都道府県が定める区域（指定都市等の長が第一項又は第三項の認定を行う場合にあっては、同法第六十一条第二項第一号の規定により当該指定都市等が定める教育・保育提供区域）をいう。以下この項において同じ。）における特定教育・保育施設（同法第二十七条第一項に規定する特定教育・保育施設をいう。以下この項及び第十七条第六項において同じ。）の利用定員の総数（同法第十九条第一号に掲げる小学校就学前子どもに係るものに限る。）が、都道府県子ども・子育て支援事業支援計画において定める当該区域の特定教育・保育施設の必要利用定員総数（同号に掲げる小学校就学前子どもに係るものに限る。）に既に達しているか、又は当該申請に係る施設の認定によってこれを超えることになると認めるとき。

二　当該申請に係る施設の所在地を含む区域における特定教育・保育施設の利用定員の総数（子ども・子育て支援法第十九条第二号に掲げる小学校就学前子どもに係るものに限る。）が、都道府県子ども・子育て支援事業支援計画において定める当該区域の特定教育・保育施設の必要利用定員総数（同号に掲げる小学校就学前子どもに係るものに限る。）に既に達しているか、又は当該申請に係る施設の認定によってこれを超えることになると認めるとき。

三　当該申請に係る施設の所在地を含む区域における特定教育・保育施設の利用定員の総数（子ども・子育て支援法第十九条第三号に掲げる小学校就学前子どもに係るものに限る。）が、都道府県子ども・子育て支援事業支援計画において定める当該区域の特定教育・保育施設の必要利用定員総数（同号に掲げる小学校就学前子どもに係るものに限る。）に既に達しているか、又は当該申請に係る施設の認定によってこれを超えることになると認めるとき。

9　都道府県知事は、第一項又は第三項の認定をしない場合には、申請者に対し、速やかに、その旨及び理由を通知しなければならない。

10　指定都市等の長は、第一項又は第三項の認定をしたときは、速やかに、都道府県知事に、次条第一項に規定する申請書の写しを送付しなければならない。

11　都道府県知事又は指定都市等の長は、当該都道府県又は指定都市等が設置する施設のうち、第一項又は第三項の当該都道府県又は指定都市等の条例で定める要件に適合していると認めるものについては、これを公示するものとする。

12　指定都市等の長は、前項の規定による公示をしたときは、速やかに、次条第一項各号に掲げる事項を記載した書類を都道府県知事に提出しなければならない。

（認定の申請）

第四条　前条第一項又は第三項の認定を受けようとする者は、次に掲げる事項を記載した申請書に、その申請に係る施設が同条第一項又は第三項の条例で定める要件に適合していることを証する書類を添付して、これを都道府県知事に提出しなければならない。

一　氏名又は名称及び住所並びに法人にあっては、その代表者の氏名

二　施設の名称及び所在地

三　保育を必要とする子どもに係る利用定員（満三歳未満の者に係る利用定員及び満三歳以上の者に係る利用定員に区分するものとする。）

四　保育を必要とする子ども又は幼児以外の子どもに係る利用定員（満三歳未満の者の数及び満三歳以上の者の数に区分するものとする。）

五　その他主務省令で定める事項

2　前条第三項の認定に係る前項の申請については、連携施設を構成する幼稚園の設置者と保育機能施設の設置者とが異なる場合には、これらの者が共同して行わなければならない。

第五条　削除

（教育及び保育の内容）

第六条　第三条第一項又は第三項の認定を受けた施設及び同条第十一項の規定による公示がされた施設の設置者は、当該施設において教育又は保育を行うに当たっては、第十条第一項の幼保連携型認定こども園の教育課程その他の教育及び保育の内容に関する事項を踏まえて行わなければならない。

（認定の取消し）

第七条　都道府県知事は、次の各号のいずれかに該当するときは、第三条第一項又は第三項の認定を取り消すことができる。

一　第三条第一項又は第三項の認定を受けた施設がそれぞれ同条第一項又は第三項の条例で定める要件を欠くに至ったと認めるとき。

二　第三条第一項又は第三項の認定を受けた施設の設置者が第二十九条第一項の規定による届出をせず、又は虚偽の届出をしたとき。

三　第三条第一項又は第三項の認定を受けた施設の設置者が第三十条第一項又は第三項の規定による報告をせず、又は虚偽の報告をしたとき。

四　第三条第一項又は第三項の認定を受けた施設の設置者が同条第五項第四号イからハまで、ト又はチのいずれかに該当するに至ったとき。

五　第三条第一項又は第三項の認定を受けた施設の設置者が不正の手段により同条第一項又は第三項の認定を受けたとき。

六　その他第三条第一項又は第三項の認定を受けた施設の設置者がこの法律、学校教育法、児童福祉法、私立学校法、社会福祉法若しくは私立学校振興助成法（昭和五十年法律第六十一号）又はこれらの法律に基づく命令の規定に違反したとき。

2　都道府県知事は、前項の規定により認定を取り消したときは、その旨を公表しなければならない。

3　都道府県知事又は指定都市等の長は、第三条第十一項の規定による公示がされた施設が同条第一項又は第三項の当該都道府県又は指定都市等の条例で定める要件を欠くに至ったと認めるときは、同条第十一項の規定によりされた公示を取り消し、その旨を公示しなければならない。

（関係機関の連携の確保）

第八条　都道府県知事は、第三条第一項又は第三項の規定により認定を行おうとするとき及び前条第一項の規定により認定の取消しを行おうとするときは、あらかじめ、学校教育法又は児童福祉法の規定により当該認定又は取消しに係る施設の設置又は運営に関して認可その他の処分をする権限を有する地方公共団体の機関（当該機関が当該都道府県知事である場合を除く。）に協議しなければならない。

2　地方公共団体の長及び教育委員会は、認定こども園に関する事務が適切かつ円滑に実施されるよう、相互に緊密な連携を図りながら協力しなければならない。

第三章　幼保連携型認定こども園

（教育及び保育の目標）

第九条　幼保連携型認定こども園においては、第二条第七項に規定する目的を実現するため、子どもに対する学校としての教育及び児童福祉施設（児童福祉法第七条第一項に規定する児童福祉施設をいう。次条第二項において同じ。）としての保育並びにその実施する保護者に対する子育て支援事業の相互の有機的な連携を図りつつ、次に掲げる目標を達成するよう当該教育及び当該保育を行うものとする。

一　健康、安全で幸福な生活のために必要な基本的な習慣を養い、身体諸機能の調和的発達を図ること。

二　集団生活を通じて、喜んでこれに参加する態度を養うとともに家族や身近な人

への信頼感を深め、自主、自律及び協同の精神並びに規範意識の芽生えを養うこと。

三　身近な社会生活、生命及び自然に対する興味を養い、それらに対する正しい理解と態度及び思考力の芽生えを養うこと。

四　日常の会話や、絵本、童話等に親しむことを通じて、言葉の使い方を正しく導くとともに、相手の話を理解しようとする態度を養うこと。

五　音楽、身体による表現、造形等に親しむことを通じて、豊かな感性と表現力の芽生えを養うこと。

六　快適な生活環境の実現及び子どもと保育教諭その他の職員との信頼関係の構築を通じて、心身の健康の確保及び増進を図ること。

（教育及び保育の内容）

第十条　幼保連携型認定こども園の教育課程その他の教育及び保育の内容に関する事項は、第二条第七項に規定する目的及び前条に規定する目標に従い、主務大臣が定める。

2　主務大臣が前項の規定により幼保連携型認定こども園の教育課程その他の教育及び保育の内容に関する事項を定めるに当たっては、幼稚園教育要領及び児童福祉法第四十五条第二項の規定に基づき児童福祉施設に関して内閣府令で定める基準（同項第三号に規定する保育所における保育の内容に係る部分に限る。）との整合性の確保並びに小学校（学校教育法第一条に規定する小学校をいう。）及び義務教育学校（学校教育法第一条に規定する義務教育学校をいう。）における教育との円滑な接続に配慮しなければならない。

3　幼保連携型認定こども園の設置者は、第一項の教育及び保育の内容に関する事項を遵守しなければならない。

（入園資格）

第十一条　幼保連携型認定こども園に入園することのできる者は、満三歳以上の子ども及び満三歳未満の保育を必要とする子どもとする。

（設置者）

第十二条　幼保連携型認定こども園は、国、地方公共団体（公立大学法人を含む。第十七条第一項において同じ。）、学校法人及び社会福祉法人のみが設置することができる。

（設備及び運営の基準）

第十三条　都道府県（指定都市等所在施設である幼保連携型認定こども園（都道府県が設置するものを除く。）については、当該指定都市等。次項及び第二十五条において同じ。）は、幼保連携型認定こども園の設備及び運営について、条例で基準を定めなければならない。この場合において、その基準は、子どもの身体的、精神的及び社会的な発達のために必要な教育及び保育の水準を確保するものでなければならない。

2　都道府県が前項の条例を定めるに当たっては、次に掲げる事項については主務省令で定める基準に従い定めるものとし、その他の事項については主務省令で定める基準を参酌するものとする。

一　幼保連携型認定こども園における学級の編制並びに幼保連携型認定こども園に配置する園長、保育教諭その他の職員及びその員数

二　幼保連携型認定こども園に係る保育室の床面積その他幼保連携型認定こども園の設備に関する事項であって、子どもの健全な発達に密接に関連するものとして主務省令で定めるもの

三　幼保連携型認定こども園の運営に関する事項であって、子どもの適切な処遇の確保及び秘密の保持並びに子どもの健全な発達に密接に関連するものとして主務省令で定めるもの

3　主務大臣は、前項に規定する主務省令で定める基準を定め、又は変更しようとするとき、並びに同項第二号及び第三号の主務省令を定め、又は変更しようとするときは、こども家庭審議会の意見を聴かなければならない。

4　幼保連携型認定こども園の設置者は、第一項の基準を遵守しなければならない。

5　幼保連携型認定こども園の設置者は、幼保連携型認定こども園の設備及び運営についての水準の向上を図ることに努めるものとする。

（職員）

第十四条　幼保連携型認定こども園には、園長及び保育教諭を置かなければならない。

2　幼保連携型認定こども園には、前項に規定するもののほか、副園長、教頭、主幹保育教諭、指導保育教諭、主幹養護教諭、養護教諭、主幹栄養教諭、栄養教諭、事務職員、養護助教諭その他必要な職員を置くことができる。

3　園長は、園務をつかさどり、所属職員を監督する。

4　副園長は、園長を助け、命を受けて園務をつかさどる。

5　副園長は、園長に事故があるときはその職務を代理し、園長が欠けたときはその職務を行う。この場合において、副園長が二人以上あるときは、あらかじめ園長が定めた順序で、その職務を代理し、又は行う。

6　教頭は、園長（副園長を置く幼保連携型認定こども園にあっては、園長及び副園長）を助け、園務を整理し、並びに必要に応じ園児（幼保連携型認定こども園に在籍する子どもをいう。以下同じ。）の教育及び保育（満三歳未満の園児については、そ

の保育。以下この条において同じ。）をつかさどる。

7　教頭は、園長（副園長を置く幼保連携型認定こども園にあっては、園長及び副園長）に事故があるときは園長の職務を代理し、園長（副園長を置く幼保連携型認定こども園にあっては、園長及び副園長）が欠けたときは園長の職務を行う。この場合において、教頭が二人以上あるときは、あらかじめ園長が定めた順序で、園長の職務を代理し、又は行う。

8　主幹保育教諭は、園長（副園長又は教頭を置く幼保連携型認定こども園にあっては、園長及び副園長又は教頭。第十一項及び第十三項において同じ。）を助け、命を受けて園務の一部を整理し、並びに園児の教育及び保育をつかさどる。

9　指導保育教諭は、園児の教育及び保育をつかさどり、並びに保育教諭その他の職員に対して、教育及び保育の改善及び充実のために必要な指導及び助言を行う。

10　保育教諭は、園児の教育及び保育をつかさどる。

11　主幹養護教諭は、園長を助け、命を受けて園務の一部を整理し、及び園児（満三歳以上の園児に限る。以下この条において同じ。）の養護をつかさどる。

12　養護教諭は、園児の養護をつかさどる。

13　主幹栄養教諭は、園長を助け、命を受けて園務の一部を整理し、並びに園児の栄養の指導及び管理をつかさどる。

14　栄養教諭は、園児の栄養の指導及び管理をつかさどる。

15　事務職員は、事務をつかさどる。

16　助保育教諭は、保育教諭の職務を助ける。

17　講師は、保育教諭又は助保育教諭に準ずる職務に従事する。

18　養護助教諭は、養護教諭の職務を助ける。

19　特別の事情のあるときは、第一項の規定にかかわらず、保育教諭に代えて助保育教諭又は講師を置くことができる。

（職員の資格）

第十五条　**主幹保育教諭、指導保育教諭、保育教諭及び講師（保育教諭に準ずる職務に従事するものに限る。）は、幼稚園の教諭の普通免許状（教育職員免許法（昭和二十四年法律第百四十七号）第四条第二項に規定する普通免許状をいう。以下この条において同じ。）を有し、かつ、児童福祉法第十八条の十八第一項の登録（第四項及び第四十条において単に「登録」という。）を受けた者でなければならない。**

2　主幹養護教諭及び養護教諭は、養護教諭の普通免許状を有する者でなければならない。

3　主幹栄養教諭及び栄養教諭は、栄養教諭の普通免許状を有する者でなければならない。

4　助保育教諭及び講師（助保育教諭に準ずる職務に従事するものに限る。）は、幼稚園の助教諭の臨時免許状（教育職員免許法第四条第四項に規定する臨時免許状をいう。次項において同じ。）を有し、かつ、登録を受けた者でなければならない。

5　養護助教諭は、養護助教諭の臨時免許状を有する者でなければならない。

6　前各項に定めるもののほか、職員の資格に関する事項は、主務省令で定める。

（設置等の届出）

第十六条　市町村（指定都市等を除く。以下この条及び次条第五項において同じ。）（市町村が単独で又は他の市町村と共同して設立する公立大学法人を含む。）は、幼保連携型認定こども園を設置しようとするとき、又はその設置した幼保連携型認定こども園の廃止、休止若しくは設置者の変更その他政令で定める事項（同条第一項及び第三十四条第六項において「廃止等」という。）を行おうとするときは、あらかじめ、都道府県知事に届け出なければならない。

（設置等の認可）

第十七条　国及び地方公共団体以外の者は、幼保連携型認定こども園を設置しようとするとき、又はその設置した幼保連携型認定こども園の廃止等を行おうとするときは、都道府県知事（指定都市等の区域内に所在する幼保連携型認定こども園については、当該指定都市等の長。次項、第三項、第六項及び第七項並びに次条第一項において同じ。）の認可を受けなければならない。

2　都道府県知事は、前項の設置の認可の申請があったときは、第十三条第一項の条例で定める基準に適合するかどうかを審査するほか、次に掲げる基準によって、その申請を審査しなければならない。

一　申請者が、この法律その他国民の福祉若しくは学校教育に関する法律で政令で定めるものの規定により罰金の刑に処せられ、その執行を終わり、又は執行を受けることがなくなるまでの者であるとき。

二　申請者が、労働に関する法律の規定であって政令で定めるものにより罰金の刑に処せられ、その執行を終わり、又は執行を受けることがなくなるまでの者であるとき。

三　申請者が、第二十二条第一項の規定により認可を取り消され、その取消しの日から起算して五年を経過しない者であるとき。ただし、当該認可の取消しが、幼保連携型認定こども園の認可の取消しのうち当該認可の取消しの処分の理由となった事実及び当該事実の発生を防止するための当該幼保連携型認定こども園の設置者による業務管理体制の整備についての取組の状況その他の当該事実に関して当該幼保連携型認定こども園の設置者が有していた責任の程度を考慮して、この号本文に規定する認可の取消しに該当しないこととすることが相当であると認められるものとして主務省令で定めるものに該当する場合を除く。

四　申請者が、第二十二条第一項の規定による認可の取消しの処分に係る行政手続法第十五条の規定による通知があった日から当該処分をする日又は処分をしないことを決定する日までの間に前項の規定による幼保連携型認定こども園の廃止をした者（当該廃止について相当の理由がある者を除く。）で、当該幼保連携型認定こども園の廃止の認可の日から起算して五年を経過しないものであるとき。

五　申請者が、第十九条第一項の規定による検査が行われた日から聴聞決定予定日（当該検査の結果に基づき第二十二条第一項の規定による認可の取消しの処分に係る聴聞を行うか否かの決定をすることが見込まれる日として主務省令で定めるところにより都道府県知事が当該申請者に当該検査が行われた日から十日以内に特定の日を通知した場合における当該特定の日をいう。）までの間に前項の規定による幼保連携型認定こども園の廃止をした者（当該廃止について相当の理由がある者を除く。）で、当該幼保連携型認定こども園の廃止の認可の日から起算して五年を経過しないものであるとき。

六　申請者が、認可の申請前五年以内に教育又は保育に関し不正又は著しく不当な行為をした者であるとき。

七　申請者の役員又はその長のうちに次のいずれかに該当する者があるとき。

イ　拘禁刑以上の刑に処せられ、その執行を終わり、又は執行を受けることがなくなるまでの者

ロ　第一号、第二号又は前号に該当する者

ハ　第二十二条第一項の規定により認可を取り消された幼保連携型認定こども園において、当該取消しの処分に係る行政手続法第十五条の規定による通知があった日前六十日以内にその幼保連携型認定こども園の設置者の役員又はその園長であった者で当該取消しの日から起算して五年を経過しないもの（当該認可の取消しが、幼保連携型認定こども園の認可の取消しのうち当該認可の取消しの処分の理由となった事実及び当該事実の発生を防止するための当該幼保連携型認定こども園の設置者による業務管理体制の整備についての取組の状況その他の当該事実に関して当該幼保連携型認定こども園の設置者が有していた責任の程度を考慮して、この号に規定する認可の取消しに該当しないこととすることが相当であると認められるものとして主務省令で定めるものに該当する場合を除く。）

ニ　第四号に規定する期間内に前項の規定により廃止した幼保連携型認定こども園（当該廃止について相当の理由がある幼保連携型認定こども園を除く。）において、同号の通知の日前六十日以内にその設置者の役員又はその長であった者で当該廃止の認可の日から起算して五年を経過しないもの

3　都道府県知事は、第一項の認可をしようとするときは、あらかじめ、第二十五条に規定する審議会その他の合議制の機関の意見を聴かなければならない。

4　指定都市等の長は、第一項の認可をしようとするときは、あらかじめ、都道府県知事に協議しなければならない。

5　都道府県知事は、第一項の設置の認可をしようとするときは、主務省令で定めるところにより、あらかじめ、当該認可の申請に係る幼保連携型認定こども園を設置しようとする場所を管轄する市町村の長に協議しなければならない。

6　都道府県知事は、第一項及び第二項に基づく審査の結果、その申請が第十三条第一項の条例で定める基準に適合しており、かつ、第二項各号に掲げる基準に該当しないと認めるときは、第一項の設置の認可をするものとする。ただし、次に掲げる要件のいずれかに該当するとき、その他の都道府県子ども・子育て支援事業支援計画（指定都市等の長が同項の設置の認可を行う場合にあっては、子ども・子育て支援法第六十一条第一項の規定により当該指定都市等が定める市町村子ども・子育て支援事業計画。以下この項において同じ。）の達成に支障を生ずるおそれがある場合として主務省令で定める場合に該当すると認めるときは、第一項の設置の認可をしないことができる。

一　当該申請に係る幼保連携型認定こども園を設置しようとする場所を含む区域（子ども・子育て支援法第六十二条第二項第一号の規定により当該都道府県が定める区域（指定都市等の長が第一項の設置の認可を行う場合にあっては、同法第六十一条第二項第一号の規定により当該指定都市等が定める教育・保育提供区域）をいう。以下この項において同じ。）における特定教育・保育施設の利用定員の総数（同法第十九条第一号に掲げる小学校就学前子どもに係るものに限る。）が、都道府県子ども・子育て支援事業支援計画において定める当該区域の特定教育・保育施設の必要利用定員総数（同号に掲げる小学校就学前子どもに係るもの

に限る。）に既に達しているか、又は当該申請に係る設置の認可によってこれを超えることになると認めるとき。

二　当該申請に係る幼保連携型認定こども園を設置しようとする場所を含む区域における特定教育・保育施設の利用定員の総数（子ども・子育て支援法第十九条第二号に掲げる小学校就学前子どもに係るものに限る。）が、都道府県子ども・子育て支援事業支援計画において定める当該区域の特定教育・保育施設の必要利用定員総数（同号に掲げる小学校就学前子どもに係るものに限る。）に既に達しているか、又は当該申請に係る設置の認可によってこれを超えることになると認めるとき。

三　当該申請に係る幼保連携型認定こども園を設置しようとする場所を含む区域における特定教育・保育施設の利用定員の総数（子ども・子育て支援法第十九条第三号に掲げる小学校就学前子どもに係るものに限る。）が、都道府県子ども・子育て支援事業支援計画において定める当該区域の特定教育・保育施設の必要利用定員総数（同号に掲げる小学校就学前子どもに係るものに限る。）に既に達しているか、又は当該申請に係る設置の認可によってこれを超えることになると認めるとき。

7　都道府県知事は、第一項の設置の認可をしない場合には、申請者に対し、速やかに、その旨及び理由を通知しなければならない。

（都道府県知事への情報の提供）

第十八条　第十六条の届出を行おうとする者又は前条第一項の認可を受けようとする者は、第四条第一項各号に掲げる事項を記載した書類を都道府県知事に提出しなければならない。

2　指定都市等の長は、前条第一項の認可をしたときは、速やかに、都道府県知事に、前項の書類の写しを送付しなければならない。

3　指定都市等の長は、当該指定都市等（当該指定都市等が単独で又は他の市町村と共同して設立する公立大学法人を含む。）が幼保連携型認定こども園を設置したときは、速やかに、第四条第一項各号に掲げる事項を記載した書類を都道府県知事に提出しなければならない。

（報告の徴収等）

第十九条　都道府県知事（指定都市等所在施設である幼保連携型認定こども園（都道府県が設置するものを除く。）については、当該指定都市等の長。第二十八条から第三十条まで並びに第三十四条第三項及び第九項を除き、以下同じ。）は、この法律を施行するため必要があると認めるときは、幼保連携型認定こども園の設置者若しくは園長に対して、必要と認める事項の報告を求め、又は当該職員に関係者に対して質問させ、若しくはその施設に立ち入り、設備、帳簿書類その他の物件を検査させることができる。

2　前項の規定による立入検査を行う場合においては、当該職員は、その身分を示す証明書を携帯し、関係者の請求があるときは、これを提示しなければならない。

3　第一項の規定による立入検査の権限は、犯罪捜査のために認められたものと解釈してはならない。

（改善勧告及び改善命令）

第二十条　都道府県知事は、幼保連携型認定こども園の設置者が、この法律又はこの法律に基づく命令若しくは条例の規定に違反したときは、当該設置者に対し、必要な改善を勧告し、又は当該設置者がその勧告に従わず、かつ、園児の教育上又は保育上有害であると認められるときは、必要な改善を命ずることができる。

（事業停止命令）

第二十一条　都道府県知事は、次の各号のいずれかに該当する場合においては、幼保連携型認定こども園の事業の停止又は施設の閉鎖を命ずることができる。

一　幼保連携型認定こども園の設置者が、この法律又はこの法律に基づく命令若しくは条例の規定に故意に違反し、かつ、園児の教育上又は保育上著しく有害であると認められるとき。

二　幼保連携型認定こども園の設置者が前条の規定による命令に違反したとき。

三　正当な理由がないのに、六月以上休止したとき。

2　都道府県知事は、前項の規定により事業の停止又は施設の閉鎖の命令をしようとするときは、あらかじめ、第二十五条に規定する審議会その他の合議制の機関の意見を聴かなければならない。

（認可の取消し）

第二十二条　都道府県知事は、幼保連携型認定こども園の設置者が、この法律若しくはこの法律に基づく命令若しくは条例の規定又はこれらに基づいてする処分に違反したときは、第十七条第一項の認可を取り消すことができる。

2　都道府県知事は、前項の規定による認可の取消しをしようとするときは、あらかじめ、第二十五条に規定する審議会その他の合議制の機関の意見を聴かなければならない。

（運営の状況に関する評価等）

第二十三条　幼保連携型認定こども園の設置者は、主務省令で定めるところにより当該幼保連携型認定こども園における教育及び保育並びに子育て支援事業（以下「教育及び保育等」という。）の状況その他の運営の状況について評価を行い、その結果に基づき幼保連携型認定こども園の運営の改善を図るため必要な措置を講ずるよう努めなければならない。

（運営の状況に関する情報の提供）

第二十四条　幼保連携型認定こども園の設置者は、当該幼保連携型認定こども園に関する保護者及び地域住民その他の関係者の理解を深めるとともに、これらの者との連携及び協力の推進に資するため、当該幼保連携型認定こども園における教育及び保育等の状況その他の当該幼保連携型認定こども園の運営の状況に関する情報を積極的に提供するものとする。

（都道府県における合議制の機関）

第二十五条　第十七条第三項、第二十一条第二項及び第二十二条第二項の規定によりその権限に属させられた事項を調査審議するため、都道府県に、条例で幼保連携型認定こども園に関する審議会その他の合議制の機関を置くものとする。

（学校教育法の準用）

第二十六条　学校教育法第五条、第六条本文、第七条、第九条、第十条、第八十一条第一項及び第百三十七条の規定は、幼保連携型認定こども園について準用する。〔後略〕

（学校保健安全法の準用）

第二十七条　学校保健安全法（昭和三十三年法律第五十六号）第三条から第十条まで、第十三条から第二十一条まで、第二十三条及び第二十六条から第三十一条までの規定は、幼保連携型認定こども園について準用する。〔後略〕

第四章　認定こども園に関する情報の提供等

（教育・保育等に関する情報の提供）

第二十八条　都道府県知事は、第三条第一項若しくは第三項の認定をしたとき、同条第十項の申請書の写しの送付を受けたとき、同条第十二項の書類の提出を受けたとき、第十六条の届出を受けたとき、第十七条第一項の認可をしたとき、第十八条第二項の書類の写しの送付を受けたとき、又は同条第三項の書類の提出を受けたときは、インターネットの利用、印刷物の配布その他適切な方法により、これらに係る施設において提供されるサービスを利用しようとする者に対し、第四条第一項各号に掲げる事項及び教育保育概要（当該施設において行われる教育及び保育等の概要をいう。次条第一項において同じ。）についてその周知を図るものとする。第三条第十一項の規定による公示を行う場合及び都道府県（都道府県が単独で又は他の地方公共団体と共同して設立する公立大学法人を含む。）が幼保連携型認定こども園を設置する場合も、同様とする。

（変更の届出）

第二十九条　認定こども園の設置者（都道府県及び指定都市等を除く。次条において同じ。）は、第四条第一項各号に掲げる事項及び教育保育概要として前条の規定により周知された事項の変更（主務省令で定める軽微な変更を除く。）をしようとするときは、あらかじめ、その旨を都道府県知事（当該認定こども園が指定都市等所在施設である場合にあっては、当該指定都市等の長。次条第一項及び第三項において同じ。）に届け出なければならない。

2　指定都市等の長は、前項の規定による届出を受けたときは、速やかに、都道府県知事に、当該届出に係る書類の写しを送付しなければならない。

3　指定都市等の長は、当該指定都市等が設置する認定こども園について第一項に規定する変更を行ったときは、当該変更に係る事項を記載した書類を都道府県知事に提出しなければならない。

4　都道府県知事は、第一項の規定による届出があったとき、第二項の規定による書類の写しの送付を受けたとき、又は前項の規定による書類の提出を受けたときは、前条に規定する方法により、同条に規定する者に対し、第一項に規定する変更に係る事項についてその周知を図るものとする。都道府県が設置する認定こども園について同項に規定する変更を行う場合も、同様とする。

（報告の徴収等）

第三十条　認定こども園の設置者は、毎年、主務省令で定めるところにより、その運営の状況を都道府県知事に報告しなければならない。

2　指定都市等の長は、前項の規定による報告を受けたときは、速やかに、都道府県知事に、当該報告に係る書類の写しを送付しなければならない。

3　第十九条第一項に定めるもののほか、都道府県知事は、認定こども園の適正な運営を確保するため必要があると認めるときは、その設置者に対し、認定こども園の運営に関し必要な報告を求めることができる。

（名称の使用制限）

第三十一条　何人も、認定こども園でないものについて、認定こども園という名称又はこれと紛らわしい名称を用いてはならない。

2　何人も、幼保連携型認定こども園でないものについて、幼保連携型認定こども園という名称又はこれと紛らわしい名称を用いてはならない。

第五章　雑則

（学校教育法の特例）

第三十二条　認定こども園である幼稚園又は認定こども園である連携施設を構成する幼稚園に係る学校教育法第二十四条、第二十五条並びに第二十七条第四項から第七項まで及び第十一項の規定の適用については、同法第二十四条中「努めるものとする」とあるのは「努めるとともに、就学前の子どもに関する教育、保育等の総合的な提供の推進に関する法律（平成十八年法律第七十七号）第二条第十二項に規定する子育て支援事業（以下単に「子育て支援事業」という。）を行うものとする」と、同法第二十五条中「保育内容」とあるのは「保育内容（子育て支援事業を含む。）」と、同法第二十七条第四項から第七項まで及び第十一項中「園務」とあるのは「園務（子育て支援事業を含む。）」とする。

（児童福祉法の特例）

第三十三条　第三条第一項の認定を受けた公私連携型保育所（児童福祉法第五十六条の八第一項に規定する公私連携型保育所をいう。）に係る同法第五十六条の八の規定の適用については、同条第一項中「保育及び」とあるのは、「保育（満三歳以上の子どもに対し学校教育法第二十三条各号に掲げる目標が達成されるよう保育を行うことを含む。）及び」とする。

（公私連携幼保連携型認定こども園に関する特例）

第三十四条　市町村長（特別区の区長を含む。以下この条において同じ。）は、当該市町村における保育の実施に対する需要の状況等に照らし適当であると認めるときは、公私連携幼保連携型認定こども園（次項に規定する協定に基づき、当該市町村から必要な設備の貸付け、譲渡その他の協力を得て、当該市町村との連携の下に教育及び保育等を行う幼保連携型認定こども園をいう。以下この条において同じ。）の運営を継続的かつ安定的に行うことができる能力を有するものであると認められるもの（学校法人又は社会福祉法人に限る。）を、その申請により、公私連携幼保連携型認定こども園の設置及び運営を目的とする法人（以下この条において「公私連携法人」という。）として指定することができる。

2　市町村長は、前項の規定による指定（第十一項及び第十四項において単に「指定」という。）をしようとするときは、あらかじめ、当該指定をしようとする法人と、次に掲げる事項を定めた協定（以下この条において単に「協定」という。）を締結しなければならない。

一　協定の目的となる公私連携幼保連携型認定こども園の名称及び所在地

二　公私連携幼保連携型認定こども園における教育及び保育等に関する基本的事項

三　市町村による必要な設備の貸付け、譲渡その他の協力に関する基本的事項

四　協定の有効期間

五　協定に違反した場合の措置

六　その他公私連携幼保連携型認定こども園の設置及び運営に関し必要な事項

3　公私連携法人は、第十七条第一項の規定にかかわらず、市町村長を経由し、都道府県知事に届け出ることにより、公私連携幼保連携型認定こども園を設置することができる。

4　市町村長は、公私連携法人が前項の規定による届出をした際に、当該公私連携法人が協定に基づき公私連携幼保連携型認定こども園における教育及び保育等を行うために設備の整備を必要とする場合には、当該協定に定めるところにより、当該公私連携法人に対し、当該設備を無償若しくは時価よりも低い対価で貸し付け、又は譲渡するものとする。

5　前項の規定は、地方自治法第九十六条及び第二百三十七条から第二百三十八条の五までの規定の適用を妨げない。

6　公私連携法人は、第十七条第一項の規定による廃止等の認可の申請を行おうとするときは、市町村長を経由して行わなければならない。この場合において、当該市町村長は、当該申請に係る事項に関し意見を付すことができる。

7　市町村長は、公私連携幼保連携型認定こども園の運営を適切にさせるため必要があると認めるときは、公私連携法人若しくは園長に対して必要と認める事項の報告を求め、又は当該職員に関係者に対して質問させ、若しくはその施設に立ち入り、設備、帳簿書類その他の物件を検査させることができる。

8　第十九条第二項及び第三項の規定は、前項の規定による立入検査について準用する。

9　第七項の規定により、公私連携法人若しくは園長に対し報告を求め、又は当該職員に関係者に対し質問させ、若しくは公私連携幼保連携型認定こども園に立入検査をさせた市町村長（指定都市等の長を除く。）は、当該公私連携幼保連携型認定こども園につき、第二十条又は第二十一条第一項の規定による処分が行われる必要があると認めるときは、理由を付して、その旨を都道府県知事に通知しなければならない。

10　市町村長は、公私連携幼保連携型認定こども園が正当な理由なく協定に従って教育及び保育等を行っていないと認めるときは、公私連携法人に対し、協定に従って教育及び保育等を行うことを勧告することができる。

11　市町村長は、前項の規定により勧告を受けた公私連携法人が当該勧告に従わないときは、指定を取り消すことができる。

12　公私連携法人は、前項の規定による指定の取消しの処分を受けたときは、当該処分に係る公私連携幼保連携型認定こども園について、第十七条第一項の規定による廃止の認可を都道府県知事に申請しなければならない。

13　公私連携法人は、前項の規定による廃止の認可の申請をしたときは、当該申請の日前一月以内に教育及び保育等を受けていた者であって、当該廃止の日以後においても引き続き当該教育及び保育等に相当する教育及び保育等の提供を希望する者に対し、必要な教育及び保育等が継続的に提供されるよう、他の幼保連携型認定こども園その他関係者との連絡調整その他の便宜の提供を行わなければならない。

14　指定都市等の長が指定を行う公私連携法人に対する第三項の規定の適用については、同項中「市町村長を経由し、都道府県知事」とあるのは、「指定都市等の長」とし、第六項の規定は、適用しない。

（主務大臣等）

第三十六条　この法律における主務大臣は、内閣総理大臣、文部科学大臣とする。

2　この法律における主務省令は、主務大臣の発する命令とする。

（権限の委任）

第三十七条　〔略〕

（政令等への委任）

第三十八条　この法律に規定するもののほか、この法律の施行のため必要な事項で、地方公共団体の機関が処理しなければならないものについては政令で、その他のものについては主務省令で定める。

第六章　罰則

第三十九条　第二十一条第一項の規定による事業の停止又は施設の閉鎖の命令に違反した者は、六月以下の拘禁刑又は五十万円以下の罰金に処する。

第四十条　次の各号のいずれかに該当する場合には、その違反行為をした者は、三十万円以下の罰金に処する。

一　第十五条第一項又は第四項の規定に違反して、相当の免許状を有しない者又は登録を受けていない者を主幹保育教諭、指導保育教諭、保育教諭、助保育教諭又は講師に任命し、又は雇用したとき。

二　第十五条第一項又は第四項の規定に違反して、相当の免許状を有せず、又は登録を受けていないにもかかわらず主幹保育教諭、指導保育教諭、保育教諭、助保育教諭又は講師となったとき。

三　第十五条第二項、第三項又は第五項の規定に違反して、相当の免許状を有しない者を主幹養護教諭、養護教諭、主幹栄養教諭、栄養教諭又は養護助教諭に任命し、又は雇用したとき。

四　第十五条第二項、第三項又は第五項の規定に違反して、相当の免許状を有しないにもかかわらず主幹養護教諭、養護教諭、主幹栄養教諭、栄養教諭又は養護助教諭となったとき。

五　第三十一条第一項の規定に違反して、認定こども園という名称又はこれと紛らわしい名称を用いたとき。

六　第三十一条第二項の規定に違反して、幼保連携型認定こども園という名称又はこれと紛らわしい名称を用いたとき。

附　則

（施行期日）

1　この法律は、平成十八年十月一日から施行する。

（幼保連携型認定こども園に係る保育室の床面積の特例）

2　都道府県又は指定都市等が第十三条第一項の規定により条例を定めるに当たっては、保育の実施に対する需要その他の条件を考慮して主務省令で定める基準に照らして主務大臣が指定する地域にあっては、政令で定める日までの間、同条第二項の規定にかかわらず、幼保連携型認定こども園に係る保育室の床面積については、同項に規定する主務省令で定める基準を標準として定めるものとする。

（検討）

3　政府は、この法律の施行後五年を経過した場合において、この法律の施行の状況を勘案し、必要があると認めるときは、この法律の規定について検討を加え、その結果に基づいて必要な措置を講ずるものとする。

附　則　〔令四・六・一七法六八〕

（施行期日）

1　この法律は、刑法等一部改正法施行日から施行する。〔ただし書略〕

●二十歳未満ノ者ノ喫煙ノ禁止ニ関スル法律〔抄〕

（明治三三年三月七日法律第三三号）
最終改正…平三〇・六・二〇法五九

第一条　二十歳未満ノ者ハ煙草ヲ喫スルコトヲ得ス

第二条　前条ニ違反シタル者アルトキハ行政ノ処分ヲ以テ喫煙ノ為ニ所持スル煙草及器具ヲ没収ス

第三条　未成年者ニ対シテ親権ヲ行フ者情ヲ知リテ其ノ喫煙ヲ制止セサルトキハ科料ニ処ス

②　親権ヲ行フ者ニ代リテ未成年者ヲ監督スル者亦前項ニ依リテ処断ス

第四条　煙草又ハ器具ヲ販売スル者ハ二十歳未満ノ者ノ喫煙ノ防止ニ資スル為年齢ノ確認其ノ他ノ必要ナル措置ヲ講ズルモノトス

第五条　二十歳未満ノ者ニ其ノ自用ニ供スルモノナルコトヲ知リテ煙草又ハ器具ヲ販売シタル者ハ五十万円以下ノ罰金ニ処ス

第六条　〔略〕

附　則〔平三〇・六・二〇法五九〕

（施行期日）

1　この法律は、平成三十四年四月一日から施行する。

●二十歳未満ノ者ノ飲酒ノ禁止ニ関スル法律

（大正一一年三月三〇日法律第二〇号）
最終改正…平三〇・六・二〇法五九

第一条　二十歳未満ノ者ハ酒類ヲ飲用スルコトヲ得ス

②　未成年者ニ対シテ親権ヲ行フ者若ハ親権者ニ代リテ之ヲ監督スル者未成年者ノ飲酒ヲ知リタルトキハ之ヲ制止スヘシ

③　営業者ニシテ其ノ業態上酒類ヲ販売又ハ供与スル者ハ二十歳未満ノ者ノ飲用ニ供スルコトヲ知リテ酒類ヲ販売又ハ供与スルコトヲ得ス

④　営業者ニシテ其ノ業態上酒類ヲ販売又ハ供与スル者ハ二十歳未満ノ者ノ飲酒ノ防止ニ資スル為年齢ノ確認其ノ他ノ必要ナル措置ヲ講ズルモノトス

第二条　二十歳未満ノ者カ其ノ飲用ニ供スル目的ヲ以テ所有又ハ所持スル酒類及其ノ器具ハ行政ノ処分ヲ以テ之ヲ没収シ又ハ廃棄其ノ他ノ必要ナル処置ヲ為サシムルコトヲ得

第三条　第一条第三項ノ規定ニ違反シタル者ハ五十万円以下ノ罰金ニ処ス

②　第一条第二項ノ規定ニ違反シタル者ハ科料ニ処ス

第四条　法人ノ代表者又ハ法人若ハ人ノ代理人、使用人其ノ他ノ従業者ガ其ノ法人又ハ人ノ業務ニ関シ前条第一項ノ違反行為ヲ為シタルトキハ行為者ヲ罰スルノ外其ノ法人又ハ人ニ対シ同項ノ刑ヲ科ス

附　則〔平三〇・六・二〇法五九〕

（施行期日）

1　この法律は、平成三十四年四月一日から施行する。

●こども基本法〔抄〕

（令和四年六月二二日法律七七号）

【解説】

一 「日本国憲法」と「児童の権利に関する条約」の精神（一条）をふまえ、社会全体として、「こどもに関する施策」（二条二項各号）及び、子育てや若者に係わる施策など、これと「一体的に講ずべき施策」の推進を目的とする。

二 本法律で用いられる「こども」は、こども家庭庁設置法と同様、その範囲を年齢で区切らず、「心身の発達の過程にある者」（二条）と定義される。

三 三条一号から四号は、児童の権利に関する条約の「四原則」に照応されており、一号は児童の権利に関する条約二条（差別の禁止）、二号は条約第六条（生命、生存及び発達に対する権利）、三号は条約十二条（意見の尊重）、四号は条約三条（最善の利益）の趣旨を、また五号は条約前文及び十八条、同二十条の趣旨（子どもの養育は保護者が第一義的責任を有する事ほか）を踏まえた条文となっている。

四 本法十五条に関連して、「子ども基本法説明資料」（内閣官房こども家庭庁設立準備室）には、「保護者や教職員などのこどもと関わる大人のほか、広く社会に対して、こども基本法や児童の権利に関する条約の趣旨・内容を周知していきます」との説明が加えられている。教職員に対する広報・周知が期待されている。

五 本法案の審議過程では、『生徒指導提要』の改訂（令和四年一二月）に言及し、「教職員が児童の権利に関する条約の理解を深めるために、その改訂試案に同条約の四つの原則が盛り込まれた」との答弁がなされている。（令和四年六月十日参・内閣委提案者答弁）

〈参考文献〉

内閣官房こども家庭庁設立準備室「こども基本法説明資料」：（子ども家庭庁）https://www.cfa.go.jp/policies/kodomo-kihon/

（梅野　正信）

第一章　総則

（目的）

第一条 この法律は、日本国憲法及び児童の権利に関する条約の精神にのっとり、次代の社会を担う全てのこどもが、生涯にわたる人格形成の基礎を築き、自立した個人としてひとしく健やかに成長することができ、心身の状況、置かれている環境等にかかわらず、その権利の擁護が図られ、将来にわたって幸福な生活を送ることができる社会の実現を目指して、社会全体としてこども施策に取り組むことができるよう、こども施策に関し、基本理念を定め、国の責務等を明らかにし、及びこども施策の基本となる事項を定めるとともに、こども政策推進会議を設置すること等により、こども施策を総合的に推進することを目的とする。

（定義）

第二条 この法律において「こども」とは、心身の発達の過程にある者をいう。

2 この法律において「こども施策」とは、次に掲げる施策その他のこどもに関する施策及びこれと一体的に講ずべき施策をいう。

一 新生児期、乳幼児期、学童期及び思春期の各段階を経て、おとなになるまでの心身の発達の過程を通じて切れ目なく行われるこどもの健やかな成長に対する支援

二 子育てに伴う喜びを実感できる社会の実現に資するため、就労、結婚、妊娠、出産、育児等の各段階に応じて行われる支援

三 家庭における養育環境その他のこどもの養育環境の整備

（基本理念）

第三条 こども施策は、次に掲げる事項を基本理念として行われなければならない。

一 全てのこどもについて、個人として尊重され、その基本的人権が保障されるとともに、差別的取扱いを受けることがないようにすること。

二 全てのこどもについて、適切に養育されること、その生活を保障されること、愛され保護されること、その健やかな成長及び発達並びにその自立が図られることその他の福祉に係る権利が等しく保障されるとともに、教育基本法（平成十八年法律第百二十号）の精神にのっとり教育を受ける機会が等しく与えられること。

三 全てのこどもについて、その年齢及び発達の程度に応じて、自己に直接関係する全ての事項に関して意見を表明する機会及び多様な社会的活動に参画する機会が確保されること。

四 全てのこどもについて、その年齢及び発達の程度に応じて、その意見が尊重され、その最善の利益が優先して考慮されること。

五 こどもの養育については、家庭を基本として行われ、父母その他の保護者が第一義的責任を有するとの認識の下、これらの者に対してこどもの養育に関し十分な支援を行うとともに、家庭での養育が困難なこどもにはできる限り家庭と同様の養育環境を確保することにより、こどもが心身ともに健やかに育成されるようにすること。

六 家庭や子育てに夢を持ち、子育てに伴う喜びを実感できる社会環境を整備すること。

（国の責務）

第四条 国は、前条の基本理念（以下単に

「基本理念」という。）にのっとり、こども施策を総合的に策定し、及び実施する責務を有する。

（地方公共団体の責務）

第五条　地方公共団体は、基本理念にのっとり、こども施策に関し、国及び他の地方公共団体との連携を図りつつ、その区域内におけるこどもの状況に応じた施策を策定し、及び実施する責務を有する。

（事業主の努力）

第六条　事業主は、基本理念にのっとり、その雇用する労働者の職業生活及び家庭生活の充実が図られるよう、必要な雇用環境の整備に努めるものとする。

（国民の努力）

第七条　国民は、基本理念にのっとり、こども施策について関心と理解を深めるとともに、国又は地方公共団体が実施するこども施策に協力するよう努めるものとする。

（年次報告）

第八条　政府は、毎年、国会に、我が国におけるこどもをめぐる状況及び政府が講じたこども施策の実施の状況に関する報告を提出するとともに、これを公表しなければならない。

2　前項の報告は、次に掲げる事項を含むものでなければならない。

一　少子化社会対策基本法（平成十五年法律第百三十三号）第九条第一項に規定する少子化の状況及び少子化に対処するために講じた施策の概況

二　子ども・若者育成支援推進法（平成二十一年法律第七十一号）第六条第一項に規定する我が国における子ども・若者の状況及び政府が講じた子ども・若者育成支援施策の実施の状況

三　子どもの貧困対策の推進に関する法律（平成二十五年法律第六十四号）第七条第一項に規定する子どもの貧困の状況及び子どもの貧困対策の実施の状況

第二章　基本的施策

（こども施策に関する大綱）

第九条　政府は、こども施策を総合的に推進するため、こども施策に関する大綱（以下「こども大綱」という。）を定めなければならない。

2　こども大綱は、次に掲げる事項について定めるものとする。

一　こども施策に関する基本的な方針

二　こども施策に関する重要事項

三　前二号に掲げるもののほか、こども施策を推進するために必要な事項

3　こども大綱は、次に掲げる事項を含むものでなければならない。

一　少子化社会対策基本法第七条第一項に規定する総合的かつ長期的な少子化に対処するための施策

二　子ども・若者育成支援推進法第八条第二項各号に掲げる事項

三　子どもの貧困対策の推進に関する法律第八条第二項各号に掲げる事項

4　こども大綱に定めるこども施策については、原則として、当該こども施策の具体的な目標及びその達成の期間を定めるものとする。

5　内閣総理大臣は、こども大綱の案につき閣議の決定を求めなければならない。

6　内閣総理大臣は、前項の規定による閣議の決定があったときは、遅滞なく、こども大綱を公表しなければならない。

7　前二項の規定は、こども大綱の変更について準用する。

（都道府県こども計画等）

第十条　都道府県は、こども大綱を勘案して、当該都道府県におけるこども施策についての計画（以下この条において「都道府県こども計画」という。）を定めるよう努めるものとする。

2　市町村は、こども大綱（都道府県こども計画が定められているときは、こども大綱及び都道府県こども計画）を勘案して、当該市町村におけるこども施策についての計画（以下この条において「市町村こども計画」という。）を定めるよう努めるものとする。

3　都道府県又は市町村は、都道府県こども計画又は市町村こども計画を定め、又は変更したときは、遅滞なく、これを公表しなければならない。

4　都道府県こども計画は、子ども・若者育成支援推進法第九条第一項に規定する都道府県子ども・若者計画、子どもの貧困対策の推進に関する法律第九条第一項に規定する都道府県計画その他法令の規定により都道府県が作成する計画であってこども施策に関する事項を定めるものと一体のものとして作成することができる。

5　市町村こども計画は、子ども・若者育成支援推進法第九条第二項に規定する市町村子ども・若者計画、子どもの貧困対策の推進に関する法律第九条第二項に規定する市町村計画その他法令の規定により市町村が作成する計画であってこども施策に関する事項を定めるものと一体のものとして作成することができる。

（こども施策に対するこども等の意見の反映）

第十一条　国及び地方公共団体は、こども施策を策定し、実施し、及び評価するに当たっては、当該こども施策の対象となるこども若しくはこどもを養育する者その他の関係者の意見を反映させるために必要な措置を講ずるものとする。

（こども施策に係る支援の総合的かつ一体的な提供のための体制の整備等）

第十二条　国は、こども施策に係る支援が、

支援を必要とする事由、支援を行う関係機関、支援の対象となる者の年齢又は居住する地域等にかかわらず、切れ目なく行われるようにするため、当該支援を総合的かつ一体的に行う体制の整備その他の必要な措置を講ずるものとする。

（関係者相互の有機的な連携の確保等）
第十三条　国は、こども施策が適正かつ円滑に行われるよう、医療、保健、福祉、教育、療育等に関する業務を行う関係機関相互の有機的な連携の確保に努めなければならない。

2　都道府県及び市町村は、こども施策が適正かつ円滑に行われるよう、前項に規定する業務を行う関係機関及び地域においてこどもに関する支援を行う民間団体相互の有機的な連携の確保に努めなければならない。

3　都道府県又は市町村は、前項の有機的な連携の確保に資するため、こども施策に係る事務の実施に係る協議及び連絡調整を行うための協議会を組織することができる。

4　前項の協議会は、第二項の関係機関及び民間団体その他の都道府県又は市町村が必要と認める者をもって構成する。

第十四条　国は、前条第一項の有機的な連携の確保に資するため、個人情報の適正な取扱いを確保しつつ、同項の関係機関が行うこどもに関する支援に資する情報の共有を促進するための情報通信技術の活用その他の必要な措置を講ずるものとする。

2　都道府県及び市町村は、前条第二項の有機的な連携の確保に資するため、個人情報の適正な取扱いを確保しつつ、同項の関係機関及び民間団体が行うこどもに関する支援に資する情報の共有を促進するための情報通信技術の活用その他の必要な措置を講ずるよう努めるものとする。

（この法律及び児童の権利に関する条約の趣旨及び内容についての周知）
第十五条　国は、この法律及び児童の権利に関する条約の趣旨及び内容について、広報活動等を通じて国民に周知を図り、その理解を得るよう努めるものとする。

（こども施策の充実及び財政上の措置等）
第十六条　政府は、こども大綱の定めるところにより、こども施策の幅広い展開その他のこども施策の一層の充実を図るとともに、その実施に必要な財政上の措置その他の措置を講ずるよう努めなければならない。

第三章　こども政策推進会議

（設置及び所掌事務等）
第十七条　こども家庭庁に、特別の機関として、こども政策推進会議（以下「会議」という。）を置く。

2　会議は、次に掲げる事務をつかさどる。

一　こども大綱の案を作成すること。

二　前号に掲げるもののほか、こども施策に関する重要事項について審議し、及びこども施策の実施を推進すること。

三　こども施策について必要な関係行政機関相互の調整をすること。

四　前三号に掲げるもののほか、他の法令の規定により会議に属させられた事務

3　会議は、前項の規定によりこども大綱の案を作成するに当たり、こども及びこどもを養育する者、学識経験者、地域においてこどもに関する支援を行う民間団体その他の関係者の意見を反映させるために必要な措置を講ずるものとする。

（組織等）
第十八条　会議は、会長及び委員をもって組織する。

2　会長は、内閣総理大臣をもって充てる。

3　委員は、次に掲げる者をもって充てる。

一　内閣府設置法（平成十一年法律第八十九号）第九条第一項に規定する特命担当大臣であって、同項の規定により命を受けて同法第十一条の三に規定する事務を掌理するもの

二　会長及び前号に掲げる者以外の国務大臣のうちから、内閣総理大臣が指定する者

（資料提出の要求等）
第十九条　会議は、その所掌事務を遂行するために必要があると認めるときは、関係行政機関の長に対し、資料の提出、意見の開陳、説明その他必要な協力を求めることができる。

2　会議は、その所掌事務を遂行するために特に必要があると認めるときは、前項に規定する者以外の者に対しても、必要な協力を依頼することができる。

（政令への委任）
第二十条　前三条に定めるもののほか、会議の組織及び運営に関し必要な事項は、政令で定める。

附　則　〔令四・六・二二法七七〕

（施行期日）
第一条　この法律は、令和五年四月一日から施行する。〔ただし書き略〕

（検討）
第二条　国は、この法律の施行後五年を目途として、この法律の施行の状況及びこども施策の実施の状況を勘案し、こども施策が基本理念にのっとって実施されているかどうか等の観点からその実態を把握し及び公正かつ適切に評価する仕組みの整備その他の基本理念にのっとったこども施策の一層の推進のために必要な方策について検討を加え、その結果に基づき、法制上の措置その他の必要な措置を講ずるものとする。

▽参　考

□幼稚園と保育所との関係について

昭和三八年一〇月二八日文初初第四〇〇号　文部省初等中等教育局長、厚生省児童局長通知

1　幼稚園は幼児に対し、学校教育を施すことを目的とし、保育所は、「保育に欠ける児童」の保育（この場合幼児の保育については、教育に関する事項を含み保育と分離することはできない。）を行なうことを、その目的とするもので、現状においては両者は明らかに機能を異にするものである。現状においては両者ともその普及の状況はふじゆうぶんであるから、それぞれがじゆうぶんその機能を果たしうるよう充実整備する必要があること。

2　幼児教育については、将来その義務化についても検討を要するので、幼稚園においては、今後五歳児および四歳児に重点をおいて、いつそうその普及充実を図るものとすること。この場合においても当該幼児の保育に欠ける状態があり得るので保育所は、その本来の機能をじゆうぶん果たし得るよう措置するものとすること。

3　保育所のもつ機能のうち、教育に関するものは、幼稚園教育要領に準ずることが望ましいこと。このことは、保育所に収容する幼児のうち幼稚園該当年令の幼児のみを対象とすること。

4　幼稚園と保育所それぞれの普及については、じゆうぶん連絡のうえ計画的に進めるものとすること。この場合、必要に応じて都道府県または市町村の段階で緊密な連絡を保ち、それぞれ重複や偏在を避けて適正な配置が行なわれるようにすること。

5　保育所に入所すべき児童の決定にあたつては、今後いつそう厳正にこれを行なうようにするとともに、保育所に入所している「保育に欠ける幼児」以外の幼児については、将来幼稚園の普及に応じて幼稚園に入園するよう措置すること。

6　保育所における現職の保母試験合格保母については、幼稚園教育要領を扱いうるよう現職教育を計画するとともに、将来保母の資格等については、検討を加え、その改善を図るようにすること。

一一　諸法編

●民　法〔抄〕

（明治二九年四月二七日法律第八九号）

最終改正…令四・一二・一六・法一〇二

第一編　総則

第一章　通則

（基本原則）

第一条　私権は、公共の福祉に適合しなければならない。

2　権利の行使及び義務の履行は、信義に従い誠実に行わなければならない。

3　権利の濫用は、これを許さない。

（解釈の基準）

第二条　この法律は、個人の尊厳と両性の本質的平等を旨として、解釈しなければならない。

第二章　人

第一節　権利能力

第三条　私権の享有は、出生に始まる。

2　外国人は、法令又は条約の規定により禁止される場合を除き、私権を享有する。

第二節　意思能力

第三条の二　法律行為の当事者が意思表示をした時に意思能力を有しなかったときは、その法律行為は、無効とする。

第三節　行為能力

（成年）

第四条　年齢十八歳をもって、成年とする。

（未成年者の法律行為）

第五条　未成年者が法律行為をするには、その法定代理人の同意を得なければならない。ただし、単に権利を得、又は義務を免れる法律行為については、この限りでない。

2　前項の規定に反する法律行為は、取り消すことができる。

3　第一項の規定にかかわらず、法定代理人が目的を定めて処分を許した財産は、その目的の範囲内において、未成年者が自由に処分することができる。目的を定めないで処分を許した財産を処分するときも、同様とする。

（未成年者の営業の許可）

第六条　一種又は数種の営業を許された未成年者は、その営業に関しては、成年者と同一の行為能力を有する。

2　前項の場合において、未成年者がその営業に堪えることができない事由があるときは、その法定代理人は、第四編（親族）の規定に従い、その許可を取り消し、又はこれを制限することができる。

第七条―三十二条の二　〔略〕

第三章・第四章　〔略〕

第五章　法律行為

第一節　総則

（公序良俗）

第九十条　公の秩序又は善良の風俗に反する法律行為は、無効とする。

第九十一条―第百三十七条　〔略〕

第六章　期間の計算

（期間の計算の通則）

第百三十八条　期間の計算方法は、法令若しくは裁判上の命令に特別の定めがある場合又は法律行為に別段の定めがある場合を除き、この章の規定に従う。

（期間の起算）
第百三十九条　時間によって期間を定めたときは、その期間は、即時から起算する。
第百四十条　日、週、月又は年によって期間を定めたときは、期間の初日は、算入しない。ただし、その期間が午前零時から始まるときは、この限りでない。
（期間の満了）
第百四十一条　前条の場合には、期間は、その末日の終了をもって満了する。
第百四十二条　期間の末日が日曜日、国民の祝日に関する法律（昭和二十三年法律第百七十八号）に規定する休日その他の休日に当たるときは、その日に取引をしない慣習がある場合に限り、期間は、その翌日に満了する。
（暦による期間の計算）
第百四十三条　週、月又は年によって期間を定めたときは、その期間は、暦に従って計算する。
2　週、月又は年の初めから期間を起算しないときは、その期間は、最後の週、月又は年においてその起算日に応当する日の前日に満了する。ただし、月又は年によって期間を定めた場合において、最後の月に応当する日がないときは、その月の末日に満了する。

第七章　時効〔略〕

第二編　物権〔略〕

第三編　債権

第一章　総則〔略〕

第一節　債権の目的〔略〕

第二節　債権の効力

第一款　債務不履行の責任等

第四百十二条―第四百十五条〔略〕
（損害賠償の範囲）
第四百十六条　債務の不履行に対する損害賠償の請求は、これによって通常生ずべき損害の賠償をさせることをその目的とする。
2　特別の事情によって生じた損害であっても、当事者がその事情を予見すべきであったときは、債権者は、その賠償を請求することができる。
第四百十七条・第四百二十条〔略〕

第二章―第四章〔略〕

第五章　不法行為

（不法行為による損害賠償）
第七百九条　故意又は過失によって他人の権利又は法律上保護される利益を侵害した者は、これによって生じた損害を賠償する責任を負う。
（財産以外の損害の賠償）
第七百十条　他人の身体、自由若しくは名誉を侵害した場合又は他人の財産権を侵害した場合のいずれであるかを問わず、前条の規定により損害賠償の責任を負う者は、財産以外の損害に対しても、その賠償をしなければならない。
（近親者に対する損害の賠償）
第七百十一条　他人の生命を侵害した者は、被害者の父母、配偶者及び子に対しては、その財産権が侵害されなかった場合においても、損害の賠償をしなければならない。
（責任能力）
第七百十二条　未成年者は、他人に損害を加えた場合において、自己の行為の責任を弁識するに足りる知能を備えていなかったときは、その行為について賠償の責任を負わない。
第七百十三条　精神上の障害により自己の行為の責任を弁識する能力を欠く状態にある間に他人に損害を加えた者は、その賠償の責任を負わない。ただし、故意又は過失によって一時的にその状態を招いたときは、この限りでない。
（責任無能力者の監督義務者等の責任）
第七百十四条　前二条の規定により責任無能力者がその責任を負わない場合において、その責任無能力者を監督する法定の義務を負う者は、その責任無能力者が第三者に加えた損害を賠償する責任を負う。ただし、監督義務者がその義務を怠らなかったとき、又はその義務を怠らなくても損害が生ずべきであったときは、この限りでない。
2　監督義務者に代わって責任無能力者を監督する者も、前項の責任を負う。
（使用者等の責任）
第七百十五条　ある事業のために他人を使用する者は、被用者がその事業の執行について第三者に加えた損害を賠償する責任を負う。ただし、使用者が被用者の選任及びその事業の監督について相当の注意をしたとき、又は相当の注意をしても損害が生ずべきであったときは、この限りでない。
2　使用者に代わって事業を監督する者も、前項の責任を負う。
3　前二項の規定は、使用者又は監督者から被用者に対する求償権の行使を妨げない。
第七百十六条―第七百二十四条〔略〕

第四編　親族

第一章　総則

（親族の範囲）
第七百二十五条　次に掲げる者は、親族とする。
一　六親等内の血族
二　配偶者

三　三親等内の姻族

（親等の計算）
第七百二十六条　親等は、親族間の世代数を数えて、これを定める。
2　傍系親族の親等を定めるには、その一人又はその配偶者から同一の祖先にさかのぼり、その祖先から他の一人に下るまでの世代数による。

（縁組による親族関係の発生）
第七百二十七条　養子と養親及びその血族との間においては、養子縁組の日から、血族間におけるのと同一の親族関係を生ずる。

（離婚等による姻族関係の終了）
第七百二十八条　姻族関係は、離婚によって終了する。
2　夫婦の一方が死亡した場合において、生存配偶者が姻族関係を終了させる意思を表示したときも、前項と同様とする。

（離縁による親族関係の終了）
第七百二十九条　養子及びその配偶者並びに養子の直系卑属及びその配偶者と養親及びその血族との親族関係は、離縁によって終了する。

（親族間の扶け合い）
第七百三十条　直系血族及び同居の親族は、互いに扶け合わなければならない。

第二章　婚姻

第一節　婚姻の成立

第一款　婚姻の要件

（婚姻適齢）
第七百三十一条　婚姻は、十八歳にならなければ、することができない。

（重婚の禁止）
第七百三十二条　配偶者のある者は、重ねて婚姻をすることができない。

第七百三十三条―第七百三十六条　〔略〕

第七百三十七条　削除

第七百三十八条―第七百五十二条　〔略〕

（夫婦間の契約の取消権）
第七百五十三条　削除

第七百五十四条　〔略〕

第三節　夫婦財産制　〔略〕

第四節　離婚

第一款　協議上の離婚

（協議上の離婚）
第七百六十三条　夫婦は、その協議で、離婚をすることができる。

第七百六十四条―第七百六十五条　〔略〕

（離婚後の子の監護に関する事項の定め等）
第七百六十六条　父母が協議上の離婚をするときは、子の監護をすべき者、父又は母と子との面会及びその他の交流、子の監護に要する費用の分担その他の子の監護について必要な事項は、その協議で定める。この場合においては、子の利益を最も優先して考慮しなければならない。
2　前項の協議が調わないとき、又は協議をすることができないときは、家庭裁判所が、同項の事項を定める。
3　家庭裁判所は、必要があると認めるときは、前二項の規定による定めを変更し、その他子の監護について相当な処分を命ずることができる。
4　前三項の規定によっては、監護の範囲外では、父母の権利義務に変更を生じない。

第七百六十七条―第七百七十一条　〔略〕

第三章　親子

第一節　実子

（嫡出の推定）
第七百七十二条　妻が婚姻中に懐胎した子は、夫の子と推定する。
2　婚姻の成立の日から二百日を経過した後又は婚姻の解消若しくは取消しの日から三百日以内に生まれた子は、婚姻中に懐胎したものと推定する。

第七百七十三条―第七百七十八条の四　〔略〕

（認知）
第七百七十九条　嫡出でない子は、その父又は母がこれを認知することができる。

第七百八十条―第七百八十八条　〔略〕

（準正）
第七百八十九条　父が認知した子は、その父母の婚姻によって嫡出子の身分を取得する。
2　婚姻中父母が認知した子は、その認知の時から、嫡出子の身分を取得する。
3　前二項の規定は、子が既に死亡していた場合について準用する。

第七百九十条―第七百九十一条　〔略〕

第二節　養子

第一款　縁組の要件

（養親となる者の年齢）
第七百九十二条　二十歳に達した者は、養子をすることができる。

第七百九十三条―第七百九十六条　〔略〕

（十五歳未満の者を養子とする縁組）
第七百九十七条　養子となる者が十五歳未満であるときは、その法定代理人が、これに代わって、縁組の承諾をすることができる。
2　法定代理人が前項の承諾をするには、養子となる者の父母でその監護をすべき者であるものが他にあるときは、その同意を得なければならない。養子となる者の父母で親権を停止されているものがあるときも、同様とする。

（未成年者を養子とする縁組）
第七百九十八条　未成年者を養子とするには、家庭裁判所の許可を得なければならない。ただし、自己又は配偶者の直系卑属を養子とする場合は、この限りでない。

第七百九十九条―第八百十条〔略〕

第四款・第五款〔略〕

第四章　親権

第一節　総則

（親権者）

第八百十八条　成年に達しない子は、父母の親権に服する。

2　子が養子であるときは、養親の親権に服する。

3　親権は、父母の婚姻中は、父母が共同して行う。ただし、父母の一方が親権を行うことができないときは、他の一方が行う。

（離婚又は認知の場合の親権者）

第八百十九条　父母が協議上の離婚をするときは、その協議で、その一方を親権者と定めなければならない。

2　裁判上の離婚の場合には、裁判所は、父母の一方を親権者と定める。

3　子の出生前に父母が離婚した場合には、親権は、母が行う。ただし、子の出生後に、父母の協議で、父を親権者と定めることができる。

4　父が認知した子に対する親権は、父母の協議で父を親権者と定めたときに限り、父が行う。

5　第一項、第三項又は前項の協議が調わないとき、又は協議をすることができないときは、家庭裁判所は、父又は母の請求によって、協議に代わる審判をすることができる。

6　子の利益のため必要があると認めるときは、家庭裁判所は、子の親族の請求によって、親権者を他の一方に変更することができる。

第二節　親権の効力

（監護及び教育の権利義務）

第八百二十条　親権を行う者は、子の利益のために子の監護及び教育をする権利を有し、義務を負う。

（居所の指定）

第八百二十一条　子は、親権を行う者が指定した場所に、その居所を定めなければならない。

（懲戒）

第八百二十二条　親権を行う者は、第八百二十条の規定による監護及び教育に必要な範囲内でその子を懲戒することができる。

（職業の許可）

第八百二十三条　子は、親権を行う者の許可を得なければ、職業を営むことができない。

2　親権を行う者は、第六条第二項の場合には、前項の許可を取り消し、又はこれを制限することができる。

（財産の管理及び代表）

第八百二十四条　親権を行う者は、子の財産を管理し、かつ、その財産に関する法律行為についてその子を代表する。ただし、その子の行為を目的とする債務を生ずべき場合には、本人の同意を得なければならない。

（父母の一方が共同の名義でした行為の効力）

第八百二十五条　父母が共同して親権を行う場合において、父母の一方が、共同の名義で、子に代わって法律行為をし又は子がこれをすることに同意したときは、その行為は、他の一方の意思に反したときであっても、そのためにその効力を妨げられない。ただし、相手方が悪意であったときは、この限りでない。

（利益相反行為）

第八百二十六条　親権を行う父又は母とその子との利益が相反する行為については、親権を行う者は、その子のために特別代理人を選任することを家庭裁判所に請求しなければならない。

2　親権を行う者が数人の子に対して親権を行う場合において、その一人と他の子との利益が相反する行為については、親権を行う者は、その一方のために特別代理人を選任することを家庭裁判所に請求しなければならない。

（財産の管理における注意義務）

第八百二十七条　親権を行う者は、自己のためにするのと同一の注意をもって、その管理権を行わなければならない。

（財産の管理の計算）

第八百二十八条　子が成年に達したときは、親権を行った者は、遅滞なくその管理の計算をしなければならない。ただし、その子の養育及び財産の管理の費用は、その子の財産の収益と相殺したものとみなす。

（子に代わる親権の行使）

第八百三十三条　親権を行う者は、その親権に服する子に代わって親権を行う。

第三節　親権の喪失

（親権喪失の審判）

第八百三十四条　父又は母による虐待又は悪意の遺棄があるときその他父又は母による親権の行使が著しく困難又は不適当であることにより子の利益を著しく害するときは、家庭裁判所は、子、その親族、未成年後見人、未成年後見監督人又は検察官の請求により、その父又は母について、親権喪失の審判をすることができる。ただし、二年以内にその原因が消滅する見込みがあるときは、この限りでない。

（親権停止の審判）

第八百三十四条の二　父又は母による親権の行使が困難又は不適当であることにより子の利益を害するときは、家庭裁判所は、子、その親族、未成年後見人、未成年後見監督人又は検察官の請求により、その父又は母について、親権停止の審判をすることができる。

2　家庭裁判所は、親権停止の審判をするときは、その原因が消滅するまでに要すると見込まれる期間、子の心身の状態及び生活の状況その他一切の事情を考慮して、二年を超えない範囲内で、親権を停止する期間を定める。

（管理権喪失の審判）

第八百三十五条　父又は母による管理権の行使が困難又は不適当であることにより子の利益を害するときは、家庭裁判所は、子、その親族、未成年後見人、未成年後見監督人又は検察官の請求により、その父又は母について、管理権喪失の審判をすることができる。

（親権喪失、親権停止又は管理権喪失の審判の取消し）

第八百三十六条　第八百三十四条本文、第八百三十四条の二第一項又は前条に規定する原因が消滅したときは、家庭裁判所は、本人又はその親族の請求によって、それぞれ親権喪失、親権停止又は管理権喪失の審判を取り消すことができる。

（親権又は管理権の辞任及び回復）

第八百三十七条　親権を行う父又は母は、やむを得ない事由があるときは、家庭裁判所の許可を得て、親権又は管理権を辞することができる。

2　前項の事由が消滅したときは、父又は母は、家庭裁判所の許可を得て、親権又は管理権を回復することができる。

第五章　後見

第一節　後見の開始

第八百三十八条　後見は、次に掲げる場合に開始する。

一　未成年者に対して親権を行う者がないとき、又は親権を行う者が管理権を有しないとき。

二　後見開始の審判があったとき。

第二節　後見の機関

第一款　後見人

（未成年後見人の指定）

第八百三十九条　未成年者に対して最後に親権を行う者は、遺言で、未成年後見人を指定することができる。ただし、管理権を有しない者は、この限りでない。

2　親権を行う父母の一方が管理権を有しないときは、他の一方は、前項の規定により未成年後見人の指定をすることができる。

（未成年後見人の選任）

第八百四十条　前条の規定により未成年後見人となるべき者がないときは、家庭裁判所は、未成年被後見人又はその親族その他の利害関係人の請求によって、未成年後見人を選任する。未成年後見人が欠けたときも、同様とする。

2　未成年後見人がある場合においても、家庭裁判所は、必要があると認めるときは、前項に規定する者若しくは未成年後見人の請求により又は職権で、更に未成年後見人を選任することができる。

3　未成年後見人を選任するには、未成年被後見人の年齢、心身の状態並びに生活及び財産の状況、未成年後見人となる者の職業及び経歴並びに未成年被後見人との利害関係の有無（未成年後見人となる者が法人であるときは、その事業の種類及び内容並びにその法人及びその代表者と未成年被後見人との利害関係の有無）、未成年被後見人の意見その他一切の事情を考慮しなければならない。

（父母による未成年後見人の選任の請求）

第八百四十一条　父若しくは母が親権若しくは管理権を辞し、又は父若しくは母について親権喪失、親権停止若しくは管理権喪失の審判があったことによって未成年後見人を選任する必要が生じたときは、その父又は母は、遅滞なく未成年後見人の選任を家庭裁判所に請求しなければならない。

第八百四十二条　削除

（成年後見人の選任）

第八百四十三条　家庭裁判所は、後見開始の審判をするときは、職権で、成年後見人を選任する。

2　成年後見人が欠けたときは、家庭裁判所は、成年被後見人若しくはその親族その他の利害関係人の請求により又は職権で、成年後見人を選任する。

3　成年後見人が選任されている場合においても、家庭裁判所は、必要があると認めるときは、前項に規定する者若しくは成年後見人の請求により又は職権で、更に成年後見人を選任することができる。

4　成年後見人を選任するには、成年被後見人の心身の状態並びに生活及び財産の状況、成年後見人となる者の職業及び経歴並びに成年被後見人との利害関係の有無（成年後見人となる者が法人であるときは、その事業の種類及び内容並びにその法人及びその代表者と成年被後見人との利害関係の有無）、成年被後見人の意見その他一切の事情を考慮しなければならない。

（辞任した後見人による新たな後見人の選任の請求）

第八百四十五条　後見人がその任務を辞したことによって新たに後見人を選任する必要が生じたときは、その後見人は、遅滞なく新たな後見人の選任を家庭裁判所に請求しなければならない。

（後見人の欠格事由）

第八百四十七条　次に掲げる者は、後見人となることができない。

一　未成年者

二　家庭裁判所で免ぜられた法定代理人、

保佐人又は補助人
三　破産者
四　被後見人に対して訴訟をし、又はした者並びにその配偶者及び直系血族
五　行方の知れない者

第二款　後見監督人〔略〕
第三節　後見の事務〔略〕
第四節　後見の終了〔略〕

第六章・第七章〔略〕

第五編　相続〔略〕

附則〔令四・一二・一六・法一〇二〕

（施行期日）
第一条　この法律は、公布の日から起算して一年六月を超えない範囲内において政令で定める日から施行する。〔ただし書略〕

●国旗及び国歌に関する法律

（平成一一年八月一三日法律第一二七号）

（国旗）
第一条　国旗は、日章旗とする。
2　日章旗の制式は、別記第一のとおりとする。

（国歌）
第二条　国歌は、君が代とする。
2　君が代の歌詞及び楽曲は、別記第二のとおりとする。

附則

（施行期日）
1　この法律は、公布の日から施行する。

（商船規則の廃止）
2　商船規則（明治三年太政官布告第五十七号）は、廃止する。

（日章旗の制式の特例）
3　日章旗の制式については、当分の間、別記第一の規定にかかわらず、寸法の割合について縦を横の十分の七とし、かつ、日章の中心の位置について旗の中心から旗竿側に横の長さの百分の一偏した位置とすることができる。

別記第一（第一条関係）
日章旗の制式

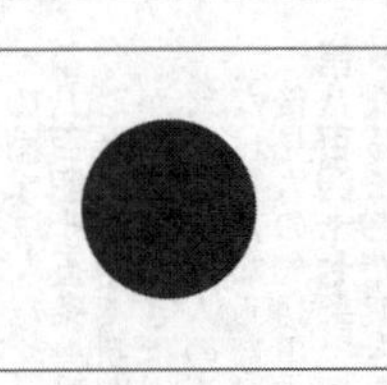

一　寸法の割合及び日章の位置
縦　横の三分の二
日章
直径　縦の五分の三
中心　旗の中心
二　彩色
地　白色
日章　紅色

別記第二（第二条関係）
君が代の歌詞及び楽曲

一　歌詞

君が代は
千代に八千代に
さざれ石の
いわおとなりて
こけのむすまで

二 楽曲

●国家賠償法

（昭和二二年一〇月二七日法律第一二五号）

〔公務員の加害行為に基づく損害賠償責任〕

第一条 国又は公共団体の公権力の行使に当る公務員が、その職務を行うについて、故意又は過失によつて違法に他人に損害を加えたときは、国又は公共団体が、これを賠償する責に任ずる。

② 前項の場合において、公務員に故意又は重大な過失があつたときは、国又は公共団体は、その公務員に対して求償権を有する。

〔営造物の瑕疵に基づく損害の賠償責任〕

第二条 道路、河川その他の公の営造物の設置又は管理に瑕疵があつたために他人に損害を生じたときは、国又は公共団体は、これを賠償する責に任ずる。

② 前項の場合において、他に損害の原因について責に任ずべき者があるときは、国又は公共団体は、これに対して求償権を有する。

〔費用負担者の損害賠償責任〕

第三条 前二条の規定によつて国又は公共団体が損害を賠償する責に任ずる場合において、公務員の選任若しくは監督又は公の営造物の設置若しくは管理に当る者と公務員の俸給、給与その他の費用又は公の営造物の設置若しくは管理の費用を負担する者とが異なるときは、費用を負担する者もまた、その損害を賠償する責に任ずる。

② 前項の場合において、損害を賠償した者は、内部関係でその損害を賠償する責任ある者に対して求償権を有する。

〔民法の適用〕

第四条 国又は公共団体の損害賠償の責任については、前三条の規定によるの外、民法の規定による。

〔他の法律の適用〕

第五条 国又は公共団体の損害賠償の責任について民法以外の他の法律に別段の定があるときは、その定めるところによる。

〔相互保証主義〕

第六条 この法律は、外国人が被害者である場合には、相互の保証があるときに限り、これを適用する。

附 則〔抄〕

① この法律は、公布の日から、これを施行する。

⑥ この法律施行前の行為に基づく損害については、なお従前の例による。

●著作権法〔抄〕★

（昭和四五年五月六日
法律第四八号）

最終改正…令五・五・二六法三三

第一章　総則

第一節　通則

（目的）

第一条　この法律は、著作物並びに実演、レコード、放送及び有線放送に関し著作者の権利及びこれに隣接する権利を定め、これらの文化的所産の公正な利用に留意しつつ、著作者等の権利の保護を図り、もつて文化の発展に寄与することを目的とする。

（定義）

第二条　この法律において、次の各号に掲げる用語の意義は、当該各号に定めるところによる。

一　著作物　思想又は感情を創作的に表現したものであつて、文芸、学術、美術又は音楽の範囲に属するものをいう。

二　著作者　著作物を創作する者をいう。

三　実演　著作物を、演劇的に演じ、舞い、演奏し、歌い、口演し、朗詠し、又はその他の方法により演ずること（これらに類する行為で、著作物を演じないが芸能的な性質を有するものを含む。）をいう。

四―十　〔略〕

十の二　プログラム　電子計算機を機能させて一の結果を得ることができるようにこれに対する指令を組み合わせたものとして表現したものをいう。

十の三　データベース　論文、数値、図形その他の情報の集合物であつて、それらの情報を電子計算機を用いて検索することができるように体系的に構成したものをいう。

十一　二次的著作物　著作物を翻訳し、編曲し、若しくは変形し、又は脚色し、映画化し、その他翻案することにより創作した著作物をいう。

十二　共同著作物　二人以上の者が共同して創作した著作物であつて、その各人の寄与を分離して個別的に利用することができないものをいう。

十三―二十四　〔略〕

2―9　〔略〕

（著作物の発行）

第三条　著作物は、その性質に応じ公衆の要求を満たすことができる相当程度の部数の複製物が、第二十一条に規定する権利を有する者若しくはその許諾（第六十三条第一項の規定による利用の許諾をいう。以下この項、次条第一項、第四条の二及び第六十三条を除き、以下この章及び次章において同じ。）を得た者又は第七十九条の出版権の設定を受けた者若しくはその複製許諾（第八十条第三項の規定による複製の許諾をいう。以下同じ。）を得た者によつて作成され、頒布された場合（第二十六条、第二十六条の二第一項又は第二十六条の三に規定する権利を有する者の権利を害しない場合に限る。）において、発行されたものとする。

2―3　〔略〕

（著作物の公表）

第四条　著作物は、発行され、又は第二十二条から第二十五条までに規定する権利を有する者若しくはその許諾（第六十三条第一項の規定による利用の許諾をいう。）を得た者若しくは第七十九条の出版権の設定を受けた者若しくはその公衆送信許諾（第八十条第三項の規定による公衆送信の許諾をいう。以下同じ。）を得た者によつて上演、演奏、上映、公衆送信、口述若しくは展示の方法で公衆に提示された場合（建築の著作物にあつては、第二十一条に規定する権利を有する者又はその許諾（第六十三条第一項の規定による利用の許諾をいう。）を得た者によつて建設された場合を含む。）において、公表されたものとする。

2　著作物は、第二十三条第一項に規定する権利を有する者又はその許諾を得た者若しくは第七十九条の出版権の設定を受けた者若しくはその公衆送信許諾を得た者によつて送信可能化された場合には、公表されたものとみなす。

3―5　〔略〕

第四条の二―第五条　〔略〕

第二節　適用範囲

（保護を受ける著作物）

第六条　著作物は、次の各号のいずれかに該当するものに限り、この法律による保護を受ける。

一　日本国民（わが国の法令に基づいて設立された法人及び国内に主たる事務所を有する法人を含む。以下同じ。）の著作物

二　最初に国内において発行された著作物（最初に国外において発行されたが、その発行の日から三十日以内に国内において発行されたものを含む。）

三　前二号に掲げるもののほか、条約によりわが国が保護の義務を負う著作物

第七条―第九条　〔略〕

第二章　著作者の権利

第一節　著作物

（著作物の例示）

第十条　この法律にいう著作物を例示すると、おおむね次のとおりである。

一　小説、脚本、論文、講演その他の言語の著作物
二　音楽の著作物
三　舞踊又は無言劇の著作物
四　絵画、版画、彫刻その他の美術の著作物
五　建築の著作物
六　地図又は学術的な性質を有する図面、図表、模型その他の図形の著作物
七　映画の著作物
八　写真の著作物
九　プログラムの著作物

2　事実の伝達にすぎない雑報及び時事の報道は、前項第一号に掲げる著作物に該当しない。

3〔略〕

第十一条―第十三条〔略〕

第二節　著作者〔略〕

第三節　権利の内容

第一款　総則

（著作者の権利）

第十七条　著作者は、次条第一項、第十九条第一項及び第二十条第一項に規定する権利（以下「著作者人格権」という。）並びに第二十一条から第二十八条までに規定する権利（以下「著作権」という。）を享有する。

2　著作者人格権及び著作権の享有には、いかなる方式の履行をも要しない。

第二款　著作者人格権〔略〕

第三款　著作権に含まれる権利の種類

（複製権）

第二十一条　著作者は、その著作物を複製する権利を専有する。

（上演権及び演奏権）

第二十二条　著作者は、その著作物を、公衆に直接見せ又は聞かせることを目的として（以下「公に」という。）上演し、又は演奏する権利を専有する。

（上映権）

第二十二条の二　著作者は、その著作物を公に上映する権利を専有する。

（公衆送信権等）

第二十三条　著作者は、その著作物について、公衆送信（自動公衆送信の場合にあつては、送信可能化を含む。）を行う権利を専有する。

2　著作者は、公衆送信されるその著作物を受信装置を用いて公に伝達する権利を専有する。

（口述権）

第二十四条　著作者は、その言語の著作物を公に口述する権利を専有する。

（展示権）

第二十五条　著作者は、その美術の著作物又はまだ発行されていない写真の著作物をこれらの原作品により公に展示する権利を専有する。

（頒布権）

第二十六条　著作者は、その映画の著作物をその複製物により頒布する権利を専有する。

2〔略〕

（譲渡権）

第二十六条の二　著作者は、その著作物（映画の著作物を除く。以下この条において同じ。）をその原作品又は複製物（映画の著作物において複製されている著作物にあつては、当該映画の著作物の複製物を除く。以下この条において同じ。）の譲渡により公衆に提供する権利を専有する。

2〔略〕

第二十六条の三―第二十八条〔略〕

第四款　映画の著作物の著作権の帰属

第二十九条〔略〕

第五款　著作権の制限

（私的使用のための複製）

第三十条　著作権の目的となつている著作物（以下この款において単に「著作物」という。）は、個人的に又は家庭内その他これに準ずる限られた範囲内において使用すること（以下「私的使用」という。）を目的とするときは、次に掲げる場合を除き、その使用する者が複製することができる。

一　公衆の使用に供することを目的として設置されている自動複製機器（複製の機能を有し、これに関する装置の全部又は主要な部分が自動化されている機器をいう。）を用いて複製する場合

二　技術的保護手段の回避（第二条第一項第二十号に規定する信号の除去若しくは改変その他の当該信号の効果を妨げる行為（記録又は送信の方式の変換に伴う技術的な制約によるものを除く。）を行うこと又は同号に規定する特定の変換を必要とするよう変換された著作物、実演、レコード若しくは放送若しくは有線放送に係る音若しくは影像の復元を行うことにより、当該技術的保護手段によつて防止される行為を可能とし、又は当該技術的保護手段によつて抑止される行為の結果に障害を生じないようにすること（著作権等を有する者の意思に基づいて行われるものを除く。）をいう。第百十三条第七項並びに第百二十条の二第一号及び第二号において同じ。）により可能となり、又はその結果に障害が生じないようになつた複製を、その事実を知りながら行う場合

三〔略〕

四　著作権（第二十八条に規定する権利（翻訳以外の方法により創作された二次的著作物に係るものに限る。）を除く。以下この号において同じ。）を侵害する自動公衆送信（国外で行われる自動公衆

送信であつて、国内で行われたとしたならば著作権の侵害となるべきものを含む。）を受信して行うデジタル方式の複製（録音及び録画を除く。以下この号において同じ。）（当該著作権に係る著作物のうち当該複製がされる部分の占める割合、当該部分が自動公衆送信される際の表示の精度その他の要素に照らし軽微なものを除く。以下この号及び次項において「特定侵害複製」という。）を、特定侵害複製であることを知りながら行う場合（当該著作物の種類及び用途並びに当該特定侵害複製の態様に照らし著作権者の利益を不当に害しないと認められる特別な事情がある場合を除く。）

2 前項第三号及び第四号の規定は、特定侵害録音録画又は特定侵害複製であることを重大な過失により知らないで行う場合を含むものと解釈してはならない。

3 私的使用を目的として、デジタル方式の録音又は録画の機能を有する機器（放送の業務のための特別の性能その他の私的使用に通常供されない特別の性能を有するもの及び録音機能付きの電話機その他の本来の機能に附属する機能として録音又は録画の機能を有するものを除く。）であつて政令で定めるものにより、当該機器によるデジタル方式の録音又は録画の用に供される記録媒体であつて政令で定めるものに録音又は録画を行う者は、相当な額の補償金を著作権者に支払わなければならない。

（付随対象著作物の利用）

第三十条の二 写真の撮影、録音、録画、放送その他これらと同様に事物の影像又は音を複製し、又は複製を伴うことなく伝達する行為（以下この項において「写真の撮影等」という。）を行うに当たつて、その対象とする事物又は音（以下この項において「複製伝達対象事物等」という。）に付随して対象となる事物又は音（複製伝達対象事物等の一部を構成するものとして対象となる事物又は音を含む。以下この項において「付随対象事物等」という。）に係る著作物（当該複製伝達行為により作成され、又は伝達されるもの（以下この条において「作成伝達物」という。）のうち当該作成伝達物における当該著作物の占める割合、当該作成伝達物における当該著作物の再製の精度その他の要素に照らし当該作成伝達物において当該著作物が軽微な構成部分となる場合における当該著作物に限る。以下この条において「付随対象著作物」という。）は、当該付随対象事物等の利用により利益を得る目的の有無、当該付随対象事物等の当該複製伝達対象事物等からの分離の困難性の程度、当該作成伝達物において当該付随対象著作物が果たす役割その他の要素に照らし正当な範囲内において、当該複製伝達行為に伴つて、いずれの方法によるかを問わず、利用することができる。ただし、当該付随対象著作物の種類及び用途並びに当該利用の態様に照らし著作権者の利益を不当に害することとなる場合は、この限りでない。

2 前項の規定により利用された付随対象著作物は、当該付随対象著作物に係る作成伝達物の利用に伴つて、いずれの方法によるかを問わず、利用することができる。ただし、当該付随対象著作物の種類及び用途並びに当該利用の態様に照らし著作権者の利益を不当に害することとなる場合は、この限りでない。

（検討の過程における利用）

第三十条の三 著作権者の許諾を得て、又は第六十七条第一項、第六十七条の三第一項、第六十八条第一項若しくは第六十九条第一項の規定による裁定を受けて著作物を利用しようとする者は、これらの利用についての検討の過程（当該許諾を得、又は当該裁定を受ける過程を含む。）における利用に供することを目的とする場合には、その必要と認められる限度において、いずれの方法によるかを問わず、当該著作物を利用することができる。ただし、当該著作物の種類及び用途並びに当該利用の態様に照らし著作権者の利益を不当に害することとなる場合は、この限りでない。

（著作物に表現された思想又は感情の享受を目的としない利用）

第三十条の四 著作物は、次に掲げる場合その他の当該著作物に表現された思想又は感情を自ら享受し又は他人に享受させることを目的としない場合には、その必要と認められる限度において、いずれの方法によるかを問わず、利用することができる。ただし、当該著作物の種類及び用途並びに当該利用の態様に照らし著作権者の利益を不当に害することとなる場合は、この限りでない。

一 著作物の録音、録画その他の利用に係る技術の開発又は実用化のための試験の用に供する場合

二 情報解析（多数の著作物その他の大量の情報から、当該情報を構成する言語、音、影像その他の要素に係る情報を抽出し、比較、分類その他の解析を行うことをいう。第四十七条の五第一項第二号において同じ。）の用に供する場合

三 前二号に掲げる場合のほか、著作物の表現についての人の知覚による認識を伴うことなく当該著作物を電子計算機による情報処理の過程における利用その他の利用（プログラムの著作物にあつては、当該著作物の電子計算機における実行を除く。）に供する場合

（図書館等における複製等）

第三十一条 国立国会図書館及び図書、記録

その他の資料を公衆の利用に供することを目的とする図書館その他の施設で政令で定めるもの（以下この条及び第百四条の十の四第三項において「図書館等」という。）においては、次に掲げる場合には、その営利を目的としない事業として、図書館等の図書、記録その他の資料（次項及び第六項において「図書館資料」という。）を用いて著作物を複製することができる。

一　図書館等の利用者の求めに応じ、その調査研究の用に供するために、公表された著作物の一部分（国若しくは地方公共団体の機関、独立行政法人又は地方独立行政法人が一般に周知させることを目的として作成し、その著作の名義の下に公表する広報資料、調査統計資料、報告書その他これらに類する著作物（次項及び次条第二項において「国等の周知目的資料」という。）その他の著作物の全部の複製物の提供が著作権者の利益を不当に害しないと認められる特別な事情があるものとして政令で定めるものにあつては、その全部。）の複製物を一人につき一部提供する場合

二　図書館資料の保存のため必要がある場合

三　他の図書館等の求めに応じ、絶版その他これに準ずる理由により一般に入手することが困難な図書館資料（以下この条において「絶版等資料」という。）の複製物を提供する場合

2　特定図書館等においては、その営利を目的としない事業として、当該特定図書館等の利用者（あらかじめ当該特定図書館等にその氏名及び連絡先その他文部科学省令で定める情報（次項第三号及び第八項第一号において「利用者情報」という。）を登録している者に限る。第四項及び第百四条の十の四第四項において同じ。）の求めに応じ、その調査研究の用に供するために、公表された著作物の一部分（国等の周知目的資料その他の著作物の全部の公衆送信が著作権者の利益を不当に害しないと認められる特別な事情があるものとして政令で定めるものにあつては、その全部）について、次に掲げる行為を行うことができる。ただし、当該著作物の種類（著作権者若しくはその許諾を得た者又は第七十九条の出版権の設定を受けた者若しくはその公衆送信許諾を得た者による当該著作物の公衆送信（放送又は有線放送を除き、自動公衆送信の場合にあつては送信可能化を含む。以下この条において同じ。）の実施状況を含む。第百四条の十の四第四項において同じ。）及び用途並びに当該特定図書館等が行う公衆送信の態様に照らし著作権者の利益を不当に害することとなる場合は、この限りでない。

一　図書館資料を用いて次号の公衆送信のために必要な複製を行うこと。

二　図書館資料の原本又は複製物を用いて公衆送信を行うこと（当該公衆送信を受信して作成された電磁的記録（電子的方式、磁気的方式その他人の知覚によつては認識することができない方式で作られる記録であつて、電子計算機による情報処理の用に供されるものをいう。以下同じ。）による著作物の提供又は提示を防止し、又は抑止するための措置として文部科学省令で定める措置を講じて行うものに限る。）。

3　前項に規定する特定図書館等とは、図書館等であつて次に掲げる要件を備えるものをいう。

一　前項の規定による公衆送信に関する業務を適正に実施するための責任者が置かれていること。

二　前項の規定による公衆送信に関する業務に従事する職員に対し、当該業務を適正に実施するための研修を行つていること。

三　利用者情報を適切に管理するために必要な措置を講じていること。

四　前項の規定による公衆送信のために作成された電磁的記録に係る情報が同項に定める目的以外の目的のために利用されることを防止し、又は抑止するために必要な措置として文部科学省令で定める措置を講じていること。

五　前各号に掲げるもののほか、前項の規定による公衆送信に関する業務を適正に実施するために必要な措置として文部科学省令で定める措置を講じていること。

4　第二項の規定により公衆送信された著作物を受信した特定図書館等の利用者は、その調査研究の用に供するために必要と認められる限度において、当該著作物を複製することができる。

5　第二項の規定により著作物の公衆送信を行う場合には、第三項に規定する特定図書館等を設置する者は、相当な額の補償金を当該著作物の著作権者に支払わなければならない。

6　第一項各号に掲げる場合のほか、国立国会図書館においては、図書館資料の原本を公衆の利用に供することによるその滅失、損傷若しくは汚損を避けるために当該原本に代えて公衆の利用に供するため、又は絶版等資料に係る著作物を次項若しくは第四項の規定により自動公衆送信（送信可能化を含む。以下この条において同じ。）に用いるため、電磁的記録を作成する場合には、必要と認められる限度において、当該図書館資料に係る著作物を記録媒体に記録することができる。

7　国立国会図書館は、絶版等資料に係る著作物について、図書館等又はこれに類する

外国の施設で政令で定めるものにおいて公衆に提示することを目的とする場合には、前項の規定により記録媒体に記録された当該著作物の複製物を用いて自動公衆送信を行うことができる。この場合において、当該図書館等においては、その営利を目的としない事業として、次に掲げる行為を行うことができる。

（引用）

第三十二条　公表された著作物は、引用して利用することができる。この場合において、その引用は、公正な慣行に合致するものであり、かつ、報道、批評、研究その他の引用の目的上正当な範囲内で行なわれるものでなければならない。

2　国等の周知目的資料は、説明の材料として新聞紙、雑誌その他の刊行物に転載することができる。ただし、これを禁止する旨の表示がある場合は、この限りでない。

（教科用図書等への掲載）

第三十三条　公表された著作物は、学校教育の目的上必要と認められる限度において、教科用図書（学校教育法（昭和二十二年法律第二十六号）第三十四条第一項（同法第四十九条、第四十九条の八、第六十二条、第七十条第一項及び第八十二条において準用する場合を含む。）に規定する教科用図書をいう。以下同じ。）に掲載することができる。

2　前項の規定により著作物を教科用図書に掲載する者は、その旨を著作者に通知するとともに、同項の規定の趣旨、著作物の種類及び用途、通常の使用料の額その他の事情を考慮して文化庁長官が定める算出方法により算出した額の補償金を著作権者に支払わなければならない。

3　文化庁長官は、前項の算出方法を定めたときは、これをインターネットの利用その他の適切な方法により公表するものとする。

4　前三項の規定は、高等学校（中等教育学校の後期課程を含む。）の通信教育用学習図書及び教科用図書に係る教師用指導書（当該教科用図書を発行する者の発行に係るものに限る。）への著作物の掲載について準用する。

（教科用図書代替教材への掲載等）

第三十三条の二　教科用図書に掲載された著作物は、学校教育の目的上必要と認められる限度において、教科用図書代替教材（学校教育法第三十四条第二項又は第三項（これらの規定を同法第四十九条、第四十九条の八、第六十二条、第七十条第一項及び第八十二条において準用する場合を含む。以下この項において同じ。）の規定により教科用図書に代えて使用することができる同法第三十四条第二項に規定する教材をいう。以下この項及び次項において同じ。）に掲載し、及び教科用図書代替教材の当該使用に伴つていずれの方法によるかを問わず利用することができる。

2　前項の規定により教科用図書代替教材に掲載しようとする者は、あらかじめ当該教科用図書を発行する者にその旨を通知するとともに、同項の規定の趣旨、同項の規定による著作物の利用の態様及び利用状況、前条第二項に規定する補償金の額その他の事情を考慮して文化庁長官が定める算出方法により算出した額の補償金を著作権者に支払わなければならない。

3　文化庁長官は、前項の算出方法を定めたときは、これを官報で告示する。

（教科用拡大図書等の作成のための複製等）

第三十三条の三　教科用図書に掲載された著作物は、視覚障害、発達障害その他の障害により教科用図書に掲載された著作物を使用することが困難な児童又は生徒の学習の用に供するため、当該教科用図書に用いられている文字、図形等の拡大その他の当該児童又は生徒が当該著作物を使用するために必要な方式により複製することができる。

2　前項の規定により複製する教科用の図書その他の複製物（点字により複製するものを除き、当該教科用図書に掲載された著作物の全部又は相当部分を複製するものに限る。以下この項において「教科用拡大図書等」という。）を作成しようとする者は、あらかじめ当該教科用図書を発行する者にその旨を通知するとともに、営利を目的として当該教科用拡大図書等を頒布する場合にあつては、第三十三条第二項に規定する補償金の額に準じて文化庁長官が定める算出方法により算出した額の補償金を当該著作物の著作権者に支払わなければならない。

3　文化庁長官は、前項の算出方法を定めたときは、これをインターネットの利用その他の適切な方法により公表するものとする。

4　障害のある児童及び生徒のための教科用特定図書等の普及の促進等に関する法律（平成二十年法律第八十一号）第五条第一項又は第二項の規定により教科用図書に掲載された著作物に係る電磁的記録の提供を行う者は、その提供のために必要と認められる限度において、当該著作物を利用することができる。

（学校教育番組の放送等）

第三十四条　公表された著作物は、学校教育の目的上必要と認められる限度において、学校教育に関する法令の定める教育課程の基準に準拠した学校向けの放送番組又は有線放送番組において放送し、有線放送し、地域限定特定入力型自動公衆送信（特定入力型自動公衆送信のうち、専ら当該放送に係る放送対象地域（放送法（昭和二十五年法律第百三十二号）第九十一条第二項第二号に規定する放送対象地域をいい、これが定められていない放送にあつては、電波法（昭和二十五年法律第百三十一号）第十四条第三項第二号に規定する放送区域をいう。）において受信されることを目的として行われるものをいう。以下同じ。）を行い、又は放送同時配信等（放送事業者、有線放送事業者又は放送同時配信等事業者が行うものに限る。第三十八条第三項、第三十九条並びに第四十条第二項及び第三項において同じ。）を行い、及び当該放送番組用又は有線放送番組用の教材に掲載することができる。

2　前項の規定により著作物を利用する者は、その旨を著作者に通知するとともに、相当な額の補償金を著作権者に支払わなければならない。

（学校その他の教育機関における複製等）

第三十五条　学校その他の教育機関（営利を目的として設置されているものを除く。）において教育を担任する者及び授業を受ける者は、その授業の過程における利用に供することを目的とする場合には、その必要と認められる限度において、公表された著作物を複製し、若しくは公衆送信（自動公衆送信の場合にあつては、送信可能化を含む。以下この条において同じ。）を行い、又は公表された著作物であつて公衆送信されるものを受信装置を用いて公に伝達することができる。ただし、当該著作物の種類及び用途並びに当該複製の部数及び当該複製、公衆送信又は伝達の態様に照らし著作権者の利益を不当に害することとなる場合は、この限りでない。

2　前項の規定により公衆送信を行う場合には、同項の教育機関を設置する者は、相当な額の補償金を著作権者に支払わなければならない。

3　前項の規定は、公表された著作物について、第一項の教育機関における授業の過程において、当該授業を直接受ける者に対して当該著作物をその原作品若しくは複製物を提供し、若しくは提示して利用する場合又は当該著作物を第三十八条第一項の規定により上演し、演奏し、上映し、若しくは口述して利用する場合において、当該授業が行われる場所以外の場所において当該授業を同時に受ける者に対して公衆送信を行うときには、適用しない。

（試験問題としての複製等）

第三十六条　公表された著作物については、入学試験その他人の学識技能に関する試験又は検定の目的上必要と認められる限度において、当該試験又は検定の問題として複製し、又は公衆送信（放送又は有線放送を除き、自動公衆送信の場合にあつては送信可能化を含む。次項において同じ。）を行うことができる。ただし、当該著作物の種類及び用途並びに当該公衆送信の態様に照らし著作権者の利益を不当に害することとなる場合は、この限りでない。

2　営利を目的として前項の複製又は公衆送信を行う者は、通常の使用料の額に相当する額の補償金を著作権者に支払わなければならない。

（視覚障害者等のための複製等）

第三十七条　公表された著作物は、点字により複製することができる。

2—3　〔略〕

（聴覚障害者等のための複製等）

第三十七条の二　聴覚障害者その他聴覚による表現の認識に障害のある者（以下この条及び次条第五項において「聴覚障害者等」という。）の福祉に関する事業を行う者で次の各号に掲げる利用の区分に応じて政令で定めるものは、公表された著作物であつて、聴覚によりその表現が認識される方式（聴覚及び他の知覚により認識される方式を含む。）により公衆に提供され、又は提示されているもの（当該著作物以外の著作物で、当該著作物において複製されているものその他当該著作物と一体として公衆に提供され、又は提示されているものを含む。以下この条において「聴覚著作物」という。）について、専ら聴覚障害者等で当該方式によつては当該聴覚著作物を利用することが困難な者の用に供するために必要と認められる限度において、それぞれ当該各号に掲げる利用を行うことができる。ただし、当該聴覚著作物について、著作権者又はその許諾を得た者若しくは第七十九条の出版権の設定を受けた者若しくはその複製許諾若しくは公衆送信許諾を得た者により、当該聴覚障害者等が利用するために必要な方式による公衆への提供又は提示が行われている場合は、この限りでない。

一—二　〔略〕

第三十八条　〔略〕

（時事問題に関する論説の転載等）

第三十九条　新聞紙又は雑誌に掲載して発行された政治上、経済上又は社会上の時事問題に関する論説（学術的な性質を有するものを除く。）は、他の新聞紙若しくは雑誌に転載し、又は放送し、有線放送し、地域限定特定入力型自動公衆送信を行い、若しくは放送同時配信等を行うことができる。ただし、これらの利用を禁止する旨の表示がある場合は、この限りでない。

2　前項の規定により放送され、有線放送され、地域限定特定入力型自動公衆送信が行われ、又は放送同時配信等が行われる論説は、受信装置を用いて公に伝達することができる。

（出所の明示）

第四十条—第四十七条　〔略〕

第四十八条　次の各号に掲げる場合には、当該各号に規定する著作物の出所を、その複製又は利用の態様に応じ合理的と認められる方法及び程度により、明示しなければならない。

一　第三十二条、第三十三条第一項（同条第四項において準用する場合を含む。）、第三十三条の二第一項、第三十三条の三第一項、第三十七条第一項、第四十二条又は第四十七条第一項の規定により著作物を複製する場合

二　第三十四条第一項、第三十七条第三項、第三十七条の二、第三十九条第一項、第四十条第一項若しくは第二項、第四十七条第二項若しくは第三項又は第四十七条の二の規定により著作物を利用する場合

三　第三十二条の規定により著作物を複製以外の方法により利用する場合又は第三十五条第一項、第三十六条第一項、第三十八条第一項、第四十一条、第四十六条若しくは第四十七条の五第一項の規定により著作物を利用する場合において、その出所を明示する慣行があるとき。

2　前項の出所の明示に当たつては、これに伴い著作者名が明らかになる場合及び当該著作物が無名のものである場合を除き、当該著作物につき表示されている著作者名を示さなければならない。

3　次の各号に掲げる場合には、前二項の規定の例により、当該各号に規定する二次的著作物の原著作物の出所を明示しなければならない。

一　第四十条第一項、第四十六条又は第四十七条の五第一項の規定により創作された二次的著作物をこれらの規定により利用する場合

二　第四十七条の六第一項の規定により創作された二次的著作物を同条第二項の規定の適用を受けて同条第一項各号に掲げる規定により利用する場合

第四十九条—第五十条　〔略〕

第四節　保護期間

（保護期間の原則）

第五十一条　著作権の存続期間は、著作物の創作の時に始まる。

2　著作権は、この節に別段の定めがある場合を除き、著作者の死後（共同著作物にあつては、最終に死亡した著作者の死後。次条第一項において同じ。）七十年を経過するまでの間、存続する。

第五十二条—第五十八条　〔略〕

第五節—第七節　〔略〕

第八節　裁定による著作物の利用

（著作権者不明等の場合における著作物の利用）

第六十七条　公表された著作物又は相当期間にわたり公衆に提供され、若しくは提示されている事実が明らかである著作物は、著作権者の不明その他の理由により相当な努力を払つてもその著作権者と連絡することができない場合として政令で定める場合は、文化庁長官の裁定を受け、かつ、通常の使用料の額に相当するものとして文化庁長官が定める額の補償金を著作権者のために供託して、その裁定に係る利用方法により利用することができる。

2　国、地方公共団体その他これらに準ずるものとして政令で定める法人（以下この項及び次条において「国等」という。）が前項の規定により著作物を利用しようとするときは、同項の規定にかかわらず、同項の規定による供託を要しない。この場合において、国等が著作権者と連絡をすることができるに至つたときは、同項の規定により文化庁長官が定める額の補償金を著作権者に支払わなければならない。

3　国、地方公共団体その他これらに準ずるものとして政令で定める法人（以下この項及び次条において「国等」という。）が第一項の規定により著作物を利用しようとするときは、同項の規定にかかわらず、同項の規定による供託を要しない。この場合において、国等が著作権者と連絡をすることができるに至つたときは、同項の規定により文化庁長官が定める額の補償金を著作権者に支払わなければならない。

4　第一項の裁定を受けようとする者は、著作物の利用方法その他政令で定める事項を記載した申請書に、著作権者と連絡することができないことを疎明する資料その他政令で定める資料を添えて、これを文化庁長官に提出しなければならない。

第六十七条の二—第七十条　〔略〕

第九節・第十節　〔略〕

第三章—第八章　〔略〕

附　則〔令五・五・二六法三三〕

（施行期日）

第一条　この法律は、公布の日から起算して三年を超えない範囲内において政令で定める日から施行する。〔ただし書略〕

●環境基本法〔抄〕

（平成五年一一月一九日
法律第九一号）

最終改正…平三〇・六・一三法五〇

第一章　総則

（目的）

第一条　この法律は、環境の保全について、基本理念を定め、並びに国、地方公共団体、事業者及び国民の責務を明らかにするとともに、環境の保全に関する施策の基本となる事項を定めることにより、環境の保全に関する施策を総合的かつ計画的に推進し、もって現在及び将来の国民の健康で文化的な生活の確保に寄与するとともに人類の福祉に貢献することを目的とする。

（定義）

第二条　この法律において「環境への負荷」とは、人の活動により環境に加えられる影響であって、環境の保全上の支障の原因となるおそれのあるものをいう。

2　この法律において「地球環境保全」とは、人の活動による地球全体の温暖化又はオゾン層の破壊の進行、海洋の汚染、野生生物の種の減少その他の地球の全体又はその広範な部分の環境に影響を及ぼす事態に係る環境の保全であって、人類の福祉に貢献するとともに国民の健康で文化的な生活の確保に寄与するものをいう。

3　この法律において「公害」とは、環境の保全上の支障のうち、事業活動その他の人の活動に伴って生ずる相当範囲にわたる大気の汚染、水質の汚濁（水質以外の水の状態又は水底の底質が悪化することを含む。第二十一条第一項第一号において同じ。）、土壌の汚染、騒音、振動、地盤の沈下（鉱物の掘採のための土地の掘削によるものを除く。以下同じ。）及び悪臭によって、人の健康又は生活環境（人の生活に密接な関係のある財産並びに人の生活に密接な関係のある動植物及びその生育環境を含む。以下同じ。）に係る被害が生ずることをいう。

（環境の恵沢の享受と継承等）

第三条　環境の保全は、環境を健全で恵み豊かなものとして維持することが人間の健康で文化的な生活に欠くことのできないものであること及び生態系が微妙な均衡を保つことによって成り立っており人類の存続の基盤である限りある環境が、人間の活動による環境への負荷によって損なわれるおそれが生じてきていることにかんがみ、現在及び将来の世代の人間が健全で恵み豊かな環境の恵沢を享受するとともに人類の存続の基盤である環境が将来にわたって維持されるように適切に行われなければならない。

（環境への負荷の少ない持続的発展が可能な社会の構築等）

第四条　環境の保全は、社会経済活動その他の活動による環境への負荷をできる限り低減することその他の環境の保全に関する行動がすべての者の公平な役割分担の下に自主的かつ積極的に行われるようになることによって、健全で恵み豊かな環境を維持しつつ、環境への負荷の少ない健全な経済の発展を図りながら持続的に発展することができる社会が構築されることを旨とし、及び科学的知見の充実の下に環境の保全上の支障が未然に防がれることを旨として、行われなければならない。

（国際的協調による地球環境保全の積極的推進）

第五条　地球環境保全が人類共通の課題であるとともに国民の健康で文化的な生活を将来にわたって確保する上での課題であること及び我が国の経済社会が国際的な密接な相互依存関係の中で営まれていることにかんがみ、地球環境保全は、我が国の能力を生かして、及び国際社会において我が国の占める地位に応じて、国際的協調の下に積極的に推進されなければならない。

（国の責務）

第六条　国は、前三条に定める環境の保全についての基本理念（以下「基本理念」という。）にのっとり、環境の保全に関する基本的かつ総合的な施策を策定し、及び実施する責務を有する。

（地方公共団体の責務）

第七条　地方公共団体は、基本理念にのっとり、環境の保全に関し、国の施策に準じた施策及びその他のその地方公共団体の区域の自然的社会的条件に応じた施策を策定し、及び実施する責務を有する。

（事業者の責務）

第八条　事業者は、基本理念にのっとり、その事業活動を行うに当たっては、これに伴って生ずるばい煙、汚水、廃棄物等の処理その他の公害を防止し、又は自然環境を適正に保全するために必要な措置を講ずる責務を有する。

2　事業者は、基本理念にのっとり、環境の保全上の支障を防止するため、物の製造、加工又は販売その他の事業活動を行うに当たって、その事業活動に係る製品その他の物が廃棄物となった場合にその適正な処理が図られることとなるように必要な措置を講ずる責務を有する。

3　前二項に定めるもののほか、事業者は、基本理念にのっとり、環境の保全上の支障を防止するため、物の製造、加工又は販売その他の事業活動を行うに当たって、その事業活動に係る製品その他の物が使用され又は廃棄されることによる環境への負荷の低減に資するように努めるとともに、その事業活動において、再生資源その他の環境への負荷の低減に資する原材料、役務等を利用するように努めなければならない。

4 前三項に定めるもののほか、事業者は、基本理念にのっとり、その事業活動に関し、これに伴う環境への負荷の低減その他環境の保全に自ら努めるとともに、国又は地方公共団体が実施する環境の保全に関する施策に協力する責務を有する。

（国民の責務）

第九条 国民は、基本理念にのっとり、環境の保全上の支障を防止するため、その日常生活に伴う環境への負荷の低減に努めなければならない。

2 前項に定めるもののほか、国民は、基本理念にのっとり、環境の保全に自ら努めるとともに、国又は地方公共団体が実施する環境の保全に関する施策に協力する責務を有する。

（環境の日）

第十条 事業者及び国民の間に広く環境の保全についての関心と理解を深めるとともに、積極的に環境の保全に関する活動を行う意欲を高めるため、環境の日を設ける。

2 環境の日は、六月五日とする。

3 国及び地方公共団体は、環境の日の趣旨にふさわしい事業を実施するように努めなければならない。

（法制上の措置等）

第十一条 政府は、環境の保全に関する施策を実施するため必要な法制上又は財政上の措置その他の措置を講じなければならない。

（年次報告等）

第十二条 政府は、毎年、国会に、環境の状況及び政府が環境の保全に関して講じた施策に関する報告を提出しなければならない。

2 政府は、毎年、前項の報告に係る環境の状況を考慮して講じようとする施策を明らかにした文書を作成し、これを国会に提出しなければならない。

第十三条 削除

第二章 環境の保全に関する基本的施策

第一節 施策の策定等に係る指針

第十四条 この章に定める環境の保全に関する施策の策定及び実施は、基本理念にのっとり、次に掲げる事項の確保を旨として、各種の施策相互の有機的な連携を図りつつ総合的かつ計画的に行わなければならない。

一 人の健康が保護され、及び生活環境が保全され、並びに自然環境が適正に保全されるよう、大気、水、土壌その他の環境の自然的構成要素が良好な状態に保持されること。

二 生態系の多様性の確保、野生生物の種の保存その他の生物の多様性の確保が図られるとともに、森林、農地、水辺地等における多様な自然環境が地域の自然的社会的条件に応じて体系的に保全されること。

三 人と自然との豊かな触れ合いが保たれること。

第二節 環境基本計画

第十五条 政府は、環境の保全に関する施策の総合的かつ計画的な推進を図るため、環境の保全に関する基本的な計画（以下「環境基本計画」という。）を定めなければならない。

2 環境基本計画は、次に掲げる事項について定めるものとする。

一 環境の保全に関する総合的かつ長期的な施策の大綱

二 前号に掲げるもののほか、環境の保全に関する施策を総合的かつ計画的に推進するために必要な事項

3 環境大臣は、中央環境審議会の意見を聴いて、環境基本計画の案を作成し、閣議の決定を求めなければならない。

4 環境大臣は、前項の規定による閣議の決定があったときは、遅滞なく、環境基本計画を公表しなければならない。

5 前二項の規定は、環境基本計画の変更について準用する。

第三節—第八節 〔略〕

第三章 〔略〕

附 則 〔抄〕

この法律は、公布の日から施行する。〔後略〕

附 則 〔平三〇・六・一三法五〇抄〕

（施行期日）

第一条 この法律は、公布の日から起算して六月を超えない範囲内において政令で定める日から施行する。〔ただし書き略〕

●環境教育等による環境保全の取組の促進に関する法律〔抄〕

（平成一五年七月二五日法律第一三〇号）

題名改正…平二三・六・一五法六七
最終改正…平二三・六・一五法六七

第一章　総則

（目的）

第一条　この法律は、健全で恵み豊かな環境を維持しつつ、環境への負荷の少ない健全な経済の発展を図りながら持続的に発展することができる社会（以下「持続可能な社会」という。）を構築する上で事業者、国民及びこれらの者の組織する民間の団体（以下「国民、民間団体等」という。）が行う環境保全活動並びにその促進のための環境保全の意欲の増進及び環境教育が重要であることに加え、これらの取組を効果的に進める上で協働取組が重要であることに鑑み、環境保全活動、環境保全の意欲の増進及び環境教育並びに協働取組について、基本理念を定め、並びに国民、民間団体等、国及び地方公共団体の責務を明らかにするとともに、基本方針の策定その他の環境保全活動、環境保全の意欲の増進及び環境教育並びに協働取組の推進に必要な事項を定め、もって現在及び将来の国民の健康で文化的な生活の確保に寄与することを目的とする。

（定義）

第二条　この法律において「環境保全活動」とは、地球環境保全、公害の防止、生物の多様性の保全等の自然環境の保護及び整備、循環型社会の形成その他の環境の保全（良好な環境の創出を含む。以下単に「環境の保全」という。）を主たる目的として自発的に行われる活動をいう。

2　この法律において「環境保全の意欲の増進」とは、環境の保全に関する情報の提供並びに環境の保全に関する体験の機会の提供及びその便宜の供与であって、環境の保全についての理解を深め、及び環境保全活動を行う意欲を増進するために行われるものをいう。

3　この法律において「環境教育」とは、持続可能な社会の構築を目指して、家庭、学校、職場、地域その他のあらゆる場において、環境と社会、経済及び文化とのつながりその他環境の保全についての理解を深めるために行われる環境の保全に関する教育及び学習をいう。

4　この法律において「協働取組」とは、国民、民間団体等、国又は地方公共団体がそれぞれ適切に役割を分担しつつ対等の立場において相互に協力して行う環境保全活動、環境保全の意欲の増進、環境教育その他の環境の保全に関する取組をいう。

（基本理念）

第三条　環境保全活動、環境保全の意欲の増進及び環境教育は、地球環境がもたらす恵みを持続的に享受すること、豊かな自然を保全し及び育成してこれと共生する地域社会を構築すること、循環型社会を形成し、環境への負荷を低減すること並びに地球規模の視点に立って環境の保全と経済及び社会の発展を統合的に推進することの重要性を踏まえ、国民、民間団体等の自発的意思を尊重しつつ、持続可能な社会の構築のために社会を構成する多様な主体がそれぞれ適切な役割を果たすとともに、対等の立場において相互に協力して行われるものとする。

2　環境保全活動、環境保全の意欲の増進及び環境教育は、森林、田園、公園、河川、湖沼、海岸、海洋等における自然体験活動その他の体験活動を通じて環境の保全についての理解と関心を深めることの重要性を踏まえ、生命を尊び、自然を大切にし、環境の保全に寄与する態度が養われることを旨として行われるとともに、地域住民その他の社会を構成する多様な主体の参加と協力を得るよう努め、透明性を確保しながら継続的に行われるものとする。

3　環境保全活動、環境保全の意欲の増進及び環境教育は、森林、田園、公園、河川、湖沼、海岸、海洋等における自然環境をはぐくみ、これを維持管理することの重要性について一般の理解が深まるよう、必要な配慮をするとともに、国土の保全その他の公益との調整に留意し、並びに農林水産業その他の地域における産業との調和、地域住民の生活の安定及び福祉の維持向上並びに地域における環境の保全に関する文化及び歴史の継承に配慮して行われるものとする。

第四条—第六条　〔略〕

第二章　基本方針等

（基本方針）

第七条　政府は、環境保全活動、環境保全の意欲の増進及び環境教育並びに協働取組の推進に関する基本的な方針（以下「基本方針」という。）を定めなければならない。

2　基本方針には、次に掲げる事項について、環境保全活動、環境保全の意欲の増進及び環境教育並びに協働取組の動向等を勘案して、定めるものとする。

一　環境保全活動、環境保全の意欲の増進及び環境教育並びに協働取組の推進に関する基本的な事項

二　環境保全活動、環境保全の意欲の増進及び環境教育並びに協働取組の推進に関し政府が実施すべき施策に関する基本的な方針
三　その他環境保全活動、環境保全の意欲の増進及び環境教育並びに協働取組の推進に関する重要な事項
3　基本方針を定めるに当たっては、環境保全活動、環境保全の意欲の増進及び環境教育並びに協働取組の推進に関する国際的な連携の確保並びに持続可能な社会の構築に資する経済的、社会的な取組の促進に配慮しなければならない。
4　環境大臣及び文部科学大臣は、基本方針の案を作成し、閣議の決定を求めなければならない。
5　環境大臣及び文部科学大臣は、基本方針の案の作成に関する事務のうち、農林水産省、経済産業省又は国土交通省の所掌に係るものについては、それぞれ、農林水産大臣、経済産業大臣又は国土交通大臣と共同して行うものとする。
6　環境大臣及び文部科学大臣は、基本方針の案を作成しようとするときは、広く一般の意見を聴かなければならない。
7　環境大臣及び文部科学大臣は、第四項の規定による閣議の決定があったときは、遅滞なく、基本方針を公表しなければならない。
8　第四項から前項までの規定は、基本方針の変更について準用する。

（都道府県及び市町村の行動計画）
第八条　都道府県及び市町村は、基本方針を勘案して、その都道府県又は市町村の区域の自然的社会的条件に応じた環境保全活動、環境保全の意欲の増進及び環境教育並びに協働取組の推進に関する行動計画（以下「行動計画」という。）を作成するよう努めるものとする。
2　行動計画には、おおむね次に掲げる事項について定めるものとする。
一　環境保全活動、環境保全の意欲の増進及び環境教育並びに協働取組の推進に関する基本的な事項
二　環境保全活動、環境保全の意欲の増進及び環境教育並びに協働取組の推進に関し実施すべき施策に関する事項
三　その他環境保全活動、環境保全の意欲の増進及び環境教育並びに協働取組の推進に関する重要な事項
3　都道府県及び市町村は、行動計画を作成しようとするときは、あらかじめ、住民その他の関係者の意見を反映させるために必要な措置を講ずるよう努めるものとする。
4　都道府県及び市町村は、行動計画を作成したときは、遅滞なく、これを公表するよう努めるものとする。
5　行動計画を作成した都道府県及び市町村は、毎年一回、行動計画に基づく施策の実施の状況を公表するよう努めるものとする。
6　前三項の規定は、行動計画の変更について準用する。

（環境教育等推進協議会）
第八条の二　行動計画を作成しようとする都道府県及び市町村は、行動計画の作成に関する協議及び行動計画の実施に係る連絡調整を行うための環境教育等推進協議会（以下この条において「協議会」という。）を組織することができる。
2　協議会は、次に掲げる者をもって構成する。
一　行動計画を作成しようとする都道府県又は市町村
二　当該都道府県又は市町村の教育委員会
三　学校教育及び社会教育の関係者
四　関係する国民、民間団体等、学識経験者その他の当該都道府県又は市町村が必要と認める者
3　都道府県及び市町村は、前項第四号に掲げる者を決定するに当たっては、公募の方法により行うよう努めるものとする。
4　協議会において協議が調った事項については、協議会の構成員は、その協議の結果を尊重するとともに、相協力して、行動計画の実施に関し、環境保全活動、環境保全の意欲の増進及び環境教育並びに協働取組の推進に努めるものとする。
5　主務大臣は、行動計画の作成及び実施が円滑に行われるように、協議会の構成員の求めに応じて、必要な助言をすることができる。
6　前各項に定めるもののほか、協議会の運営に関し必要な事項は、協議会が定める。

（行動計画の作成等の提案）
第八条の三　次に掲げる者は、都道府県又は市町村に対して、行動計画の作成又は変更をすることを提案することができる。この場合においては、基本方針に即して、当該提案に係る行動計画の素案を作成して、これを提示しなければならない。
一　学校教育及び社会教育の関係者
二　国民、民間団体等及び学識経験者で環境保全活動、環境保全の意欲の増進及び環境教育並びに協働取組の推進に関し関係を有するもの
2　前項の規定による提案を受けた都道府県又は市町村は、当該提案に基づき行動計画の作成又は変更をするか否かについて、遅滞なく、公表するよう努めるものとする。この場合において、行動計画の作成又は変更をしないこととするときは、その理由を明らかにするよう努めるものとする。

第三章　環境保全のための国民の取組の促進

第一節　環境保全の意欲の増進、環境教育等の推進

（学校教育等における環境教育に係る支援等）

第九条　国、都道府県及び市町村は、国民が、幼児期からその発達段階に応じ、あらゆる機会を通じて環境の保全についての理解と関心を深めることができるよう、学校教育及び社会教育における環境教育の推進に必要な施策を講ずるものとする。

2　国は、環境と人との関わりが総合的に理解できるよう、学校教育において各教科その他の教育活動を通じて発達段階に応じた体系的な環境教育を行うことを促進するため、環境の保全に関する体験学習等の学校教育における環境教育の充実のための措置、教育職員の研修の内容の充実その他の環境教育に係る教育職員の資質の向上のための措置、参考となる資料等の情報の提供、教材の開発その他の必要な措置を講ずるものとする。

3　国は、環境教育の教材として活用するとともに、環境への負荷を低減するため、校舎、運動場等の学校施設その他の施設の整備の際に適切な配慮を促進するとともに、当該施設を活用し、教育を通じた環境保全活動を促進するよう必要な措置を講ずるものとする。

4　都道府県及び市町村は、前二項に規定する国の施策に準じて、学校教育及び社会教育における環境教育の促進に必要な措置を講ずるよう努めるものとする。

5　国は、都道府県及び市町村に対し、第一項に規定する施策及び前項に規定する措置に関し必要な助言その他の措置を講ずるよう努めるものとする。

6　国は、前項の措置を講ずるに当たっては、都道府県及び市町村に対し、第十七条の規定による情報の提供（第十一条第七項に規定する登録人材認定等事業に関する情報の提供を含む。）その他の環境教育の推進に資する情報の提供等により、学校教育及び社会教育における環境教育の実施の際に、環境の保全に関する知識、経験等を有する人材等が広く活用されることとなるよう、適切な配慮をするものとする。

7　国、都道府県及び市町村は、環境教育の内容及び方法についての調査研究を行い、その結果に応じて、これらの改善に努めるものとする。

（職場における環境保全の意欲の増進及び環境教育）

第十条　事業者及び国民の組織する民間の団体（以下この条、第二十一条の三第一項、第二項及び第四項並びに第二十三条第一項において「民間団体」という。）、事業者、国並びに地方公共団体は、その雇用する者に対し、環境の保全に関する知識及び技能を向上させるために必要な環境保全の意欲の増進又は環境教育を行うよう努めるものとする。

2　国、都道府県及び市町村は、民間団体又は事業者であってその雇用する者に対して環境保全の意欲の増進又は環境教育を行うものに対し、環境の保全に関する指導を行うことができる人材、環境保全の意欲の増進又は環境教育に係る資料等に関する情報の提供その他の必要な支援を行うよう努めるものとする。

3　民間団体、事業者、国及び地方公共団体は、国民の環境の保全に関する知識及び技能を向上させるため、職場において学生の就業体験その他の必要な体験の機会の提供に努めるものとする。

（環境教育等支援団体）

第十条の二　主務大臣は、特定非営利活動促進法（平成十年法律第七号）第二条第二項の特定非営利活動法人その他の営利を目的としない民間の団体であって、次項に規定する事業（以下この条及び第二十五条第一項第一号において「支援事業」という。）に関し次に掲げる基準に適合すると認められるものを、その申請により、環境教育等支援団体（以下この条及び第二十五条第一項第一号において「支援団体」という。）として指定することができる。

一　支援事業を確実に行うに足りる経理的基礎及び技術的能力を有するものとして、主務省令で定める基準に適合するものであること。

二　前号に定めるもののほか、支援事業を公正かつ適確に実施することができるものとして、主務省令で定める基準に適合するものであること。

2　支援団体は、環境保全活動、環境保全の意欲の増進若しくは環境教育又は協働取組を行う国民、民間団体等を支援するため、次に掲げる事業の全部又は一部を行うものとする。

一　環境保全活動、環境保全の意欲の増進若しくは環境教育又は協働取組に関する情報及び資料の収集、整理及び提供を行うこと。

二　環境保全活動、環境保全の意欲の増進若しくは環境教育又は協働取組に関する調査研究（これらに関する政策に係るものを含む。）を行い、及びその成果を提供すること。

三　環境保全活動、環境保全の意欲の増進若しくは環境教育又は協働取組の手引その他の資料等を作成し、及び提供すること。

四　環境保全活動、環境保全の意欲の増進若しくは環境教育又は協働取組に関し、照会及び相談に応じ、並びに必要な助言を行うこと。

五　環境保全活動、環境保全の意欲の増進

若しくは環境教育又は協働取組を行うに当たって必要な指導者等のあっせん又は紹介を行うこと。

六　前各号の事業に附帯する事業

3　主務大臣は、支援団体に対し、支援事業に関連する環境保全活動、環境保全の意欲の増進若しくは環境教育又は協働取組に関する情報の提供その他の措置を講ずるものとする。

4　支援団体は、支援事業の実施状況を踏まえ、環境保全活動、環境保全の意欲の増進若しくは環境教育又は協働取組の推進につき、主務大臣に対し必要な意見を述べることができる。

5　主務大臣は、支援団体の財産の状況又は支援事業の運営に関し改善が必要であると認めるときは、当該支援団体に対し、その改善に必要な措置をとるべきことを命ずることができる。

6　主務大臣は、支援団体が前項の規定による命令に違反したときは、第一項の指定を取り消すことができる。

7　前各項に定めるもののほか、第一項の指定の手続その他支援団体に関し必要な事項は、主務省令で定める。

第十一条―第十八条　〔略〕

（環境保全の意欲の増進等の拠点としての機能を担う体制の整備）

第十九条　国は、国民、民間団体等が行う環境保全活動、環境保全の意欲の増進及び環境教育並びに協働取組並びにこれらを推進する都道府県及び市町村の取組と相まって、国民、民間団体等の環境の保全のための取組を効果的に推進するため、次に掲げる拠点としての機能を担う体制の整備に努めるものとする。

一　国民、民間団体等が行う環境保全活動、環境保全の意欲の増進及び環境教育並びに協働取組に関する情報その他環境の保全に関する情報及び資料を収集し、及び提供すること。

二　環境の保全に関する人材の育成のための手引その他の資料等に係る助言を行うことその他環境の保全に関し、照会及び相談に応じ、並びに必要な助言を行うこと。

三　環境保全活動、環境保全の意欲の増進若しくは環境教育又は協働取組を行う国民、民間団体等相互間の情報交換及び交流に関し、その機会を提供することその他の便宜を供与すること。

四　その他環境保全活動、環境保全の意欲の増進及び環境教育並びに協働取組を推進すること。

2　都道府県及び市町村は、その都道府県又は市町村の区域の自然的社会的条件に応じ、国民、民間団体等が行う環境保全活動、環境保全の意欲の増進及び環境教育並びに協働取組並びにこれらを推進する国の取組と相まって、国民、民間団体等の環境の保全のための取組を効果的に推進するための拠点としての機能を担う体制の整備（次項において「拠点機能整備」という。）に努めるものとする。

3　国は、都道府県及び市町村が行う拠点機能整備について、必要な支援に努めるものとする。

（体験の機会の場の認定）

第二十条―第二十八条　〔略〕

附　則　〔平二三・六・一五法六七抄〕

（施行期日）

第一条　この法律は、平成二十三年十月一日から施行する。〔ただし書き略〕

（検討）

第二条　政府は、この法律の施行後五年を目途として、この法律による改正後の環境教育等による環境保全の取組の促進に関する法律（以下「新法」という。）の施行の状況について検討を加え、その結果に基づいて必要な措置を講ずるものとする。

2　学校教育における環境教育については、新法の目的を踏まえ、この法律の施行後における学校教育における環境教育の実施状況等を勘案し、教育職員を志望する者の育成の在り方を含め、環境教育の充実のための措置について検討が加えられ、その結果に基づき、必要な措置が講ぜられるものとする。

●食育基本法〔抄〕

（平成一七年六月一七日
法律第六三号）

最終改正…平二七・九・一一法六六

二十一世紀における我が国の発展のためには、子どもたちが健全な心と身体を培い、未来や国際社会に向かって羽ばたくことができるようにするとともに、すべての国民が心身の健康を確保し、生涯にわたって生き生きと暮らすことができるようにすることが大切である。

子どもたちが豊かな人間性をはぐくみ、生きる力を身に付けていくためには、何よりも「食」が重要である。今、改めて、食育を、生きる上での基本であって、知育、徳育及び体育の基礎となるべきものと位置付けるとともに、様々な経験を通じて「食」に関する知識と「食」を選択する力を習得し、健全な食生活を実践することができる人間を育てる食育を推進することが求められている。もとより、食育はあらゆる世代の国民に必要なものであるが、子どもたちに対する食育は、心身の成長及び人格の形成に大きな影響を及ぼし、生涯にわたって健全な心と身体を培い豊かな人間性をはぐくんでいく基礎となるものである。

一方、社会経済情勢がめまぐるしく変化し、日々忙しい生活を送る中で、人々は、毎日の「食」の大切さを忘れがちである。国民の食生活においては、栄養の偏り、不規則な食事、肥満や生活習慣病の増加、過度の痩身志向などの問題に加え、新たな「食」の安全上の問題や、「食」の海外への依存の問題が生じており、「食」に関する情報が社会に氾濫する中で、人々は、食生活の改善の面からも、「食」の安全の確保の面からも、自ら「食」のあり方を学ぶことが求められている。また、豊かな緑と水に恵まれた自然の下で先人からはぐくまれてきた、地域の多様性と豊かな味覚や文化の香りあふれる日本の「食」が失われる危機にある。

こうした「食」をめぐる環境の変化の中で、国民の「食」に関する考え方を育て、健全な食生活を実現することが求められるとともに、都市と農山漁村の共生・対流を進め、「食」に関する消費者と生産者との信頼関係を構築して、地域社会の活性化、豊かな食文化の継承及び発展、環境と調和のとれた食料の生産及び消費の推進並びに食料自給率の向上に寄与することが期待されている。

国民一人一人が「食」について改めて意識を高め、自然の恩恵や「食」に関わる人々の様々な活動への感謝の念や理解を深めつつ、「食」に関して信頼できる情報に基づく適切な判断を行う能力を身に付けることによって、心身の健康を増進する健全な食生活を実践するために、今こそ、家庭、学校、保育所、地域等を中心に、国民運動として、食育の推進に取り組んでいくことが、我々に課せられている課題である。さらに、食育の推進に関する我が国の取組が、海外との交流等を通じて食育に関して国際的に貢献することにつながることも期待される。

ここに、食育について、基本理念を明らかにしてその方向性を示し、国、地方公共団体及び国民の食育の推進に関する取組を総合的かつ計画的に推進するため、この法律を制定する。

第一章　総則

（目的）

第一条　この法律は、近年における国民の食生活をめぐる環境の変化に伴い、国民が生涯にわたって健全な心身を培い、豊かな人間性をはぐくむための食育を推進することが緊要な課題となっていることにかんがみ、食育に関し、基本理念を定め、及び国、地方公共団体等の責務を明らかにするとともに、食育に関する施策の基本となる事項を定めることにより、食育に関する施策を総合的かつ計画的に推進し、もって現在及び将来にわたる健康で文化的な国民の生活と豊かで活力ある社会の実現に寄与することを目的とする。

（国民の心身の健康の増進と豊かな人間形成）

第二条　食育は、食に関する適切な判断力を養い、生涯にわたって健全な食生活を実現することにより、国民の心身の健康の増進と豊かな人間形成に資することを旨として、行われなければならない。

（食に関する感謝の念と理解）

第三条　食育の推進に当たっては、国民の食生活が、自然の恩恵の上に成り立っており、また、食に関わる人々の様々な活動に支えられていることについて、感謝の念や理解が深まるよう配慮されなければならない。

（食育推進運動の展開）

第四条　食育を推進するための活動は、国民、民間団体等の自発的意思を尊重し、地域の特性に配慮し、地域住民その他の社会を構成する多様な主体の参加と協力を得るものとするとともに、その連携を図りつつ、あまねく全国において展開されなければならない。

（子どもの食育における保護者、教育関係者等の役割）

第五条　食育は、父母その他の保護者にあっては、家庭が食育において重要な役割を有していることを認識するとともに、子どもの教育、保育等を行う者にあっては、教育、保育等における食育の重要性を十分自覚し、積極的に子どもの食育の推進に関する活動に取り組むこととなるよう、行われなければならない。

（食に関する体験活動と食育推進活動の実践）

第六条　食育は、広く国民が家庭、学校、保育所、地域その他のあらゆる機会とあらゆる場所を利用して、食料の生産から消費等に至るまでの食に関する様々な体験活動を行うとともに、自ら食育の推進のための活動を実践することにより、食に関する理解を深めることを旨として、行われなければならない。

（伝統的な食文化、環境と調和した生産等への配意及び農山漁村の活性化と食料自給率の向上への貢献）

第七条　食育は、我が国の伝統のある優れた食文化、地域の特性を生かした食生活、環境と調和のとれた食料の生産とその消費等に配意し、我が国の食料の需要及び供給の状況についての国民の理解を深めるとともに、食料の生産者と消費者との交流等を図ることにより、農山漁村の活性化と我が国の食料自給率の向上に資するよう、推進されなければならない。

（食品の安全性の確保等における食育の役割）

第八条　食育は、食品の安全性が確保され安心して消費できることが健全な食生活の基礎であることにかんがみ、食品の安全性をはじめとする食に関する幅広い情報の提供及びこれについての意見交換が、食に関する知識と理解を深め、国民の適切な食生活の実践に資することを旨として、国際的な連携を図りつつ積極的に行われなければならない。

（国の責務）

第九条　国は、第二条から前条までに定める食育に関する基本理念（以下「基本理念」という。）にのっとり、食育の推進に関する施策を総合的かつ計画的に策定し、及び実施する責務を有する。

（地方公共団体の責務）

第十条　地方公共団体は、基本理念にのっとり、食育の推進に関し、国との連携を図りつつ、その地方公共団体の区域の特性を生かした自主的な施策を策定し、及び実施する責務を有する。

（教育関係者等及び農林漁業者等の責務）

第十一条　教育並びに保育、介護その他の社会福祉、医療及び保健（以下「教育等」という。）に関する職務に従事する者並びに教育等に関する関係機関及び関係団体（以下「教育関係者等」という。）は、食に関する関心及び理解の増進に果たすべき重要な役割にかんがみ、基本理念にのっとり、あらゆる機会とあらゆる場所を利用して、積極的に食育を推進するよう努めるとともに、他の者の行う食育の推進に関する活動に協力するよう努めるものとする。

2　農林漁業者及び農林漁業に関する団体（以下「農林漁業者等」という。）は、農林漁業に関する体験活動等が食に関する国民の関心及び理解を増進する上で重要な意義を有することにかんがみ、基本理念にのっとり、農林漁業に関する多様な体験の機会を積極的に提供し、自然の恩恵と食に関わる人々の活動の重要性について、国民の理解が深まるよう努めるとともに、教育関係者等と相互に連携して食育の推進に関する活動を行うよう努めるものとする。

（食品関連事業者等の責務）

第十二条　食品の製造、加工、流通、販売又は食事の提供を行う事業者及びその組織する団体（以下「食品関連事業者等」という。）は、基本理念にのっとり、その事業活動に関し、自主的かつ積極的に食育の推進に自ら努めるとともに、国又は地方公共団体が実施する食育の推進に関する施策その他の食育の推進に関する活動に協力するよう努めるものとする。

（国民の責務）

第十三条　国民は、家庭、学校、保育所、地域その他の社会のあらゆる分野において、基本理念にのっとり、生涯にわたり健全な食生活の実現に自ら努めるとともに、食育の推進に寄与するよう努めるものとする。

（法制上の措置等）

第十四条　政府は、食育の推進に関する施策を実施するため必要な法制上又は財政上の措置その他の措置を講じなければならない。

（年次報告）

第十五条　政府は、毎年、国会に、政府が食育の推進に関して講じた施策に関する報告書を提出しなければならない。

第二章　食育推進基本計画等

（食育推進基本計画）

第十六条　食育推進会議は、食育の推進に関する施策の総合的かつ計画的な推進を図るため、食育推進基本計画を作成するものとする。

2　食育推進基本計画は、次に掲げる事項について定めるものとする。

一　食育の推進に関する施策についての基本的な方針

二　食育の推進の目標に関する事項

三　国民等の行う自発的な食育推進活動等の総合的な促進に関する事項

四　前三号に掲げるもののほか、食育の推進に関する施策を総合的かつ計画的に推進するために必要な事項

3　食育推進会議は、第一項の規定により食

育推進基本計画を作成したときは、速やかにこれを農林水産大臣に報告し、及び関係行政機関の長に通知するとともに、その要旨を公表しなければならない。

4　前項の規定は、食育推進基本計画の変更について準用する。

（都道府県食育推進計画）

第十七条　都道府県は、食育推進基本計画を基本として、当該都道府県の区域内における食育の推進に関する施策についての計画（以下「都道府県食育推進計画」という。）を作成するよう努めなければならない。

2　都道府県（都道府県食育推進会議が置かれている都道府県にあっては、都道府県食育推進会議）は、都道府県食育推進計画を作成し、又は変更したときは、速やかに、その要旨を公表しなければならない。

（市町村食育推進計画）

第十八条　市町村は、食育推進基本計画（都道府県食育推進計画が作成されているときは、食育推進基本計画及び都道府県食育推進計画）を基本として、当該市町村の区域内における食育の推進に関する施策についての計画（以下「市町村食育推進計画」という。）を作成するよう努めなければならない。

2　市町村（市町村食育推進会議が置かれている市町村にあっては、市町村食育推進会議）は、市町村食育推進計画を作成し、又は変更したときは、速やかに、その要旨を公表しなければならない。

第三章　基本的施策

（家庭における食育の推進）

第十九条　国及び地方公共団体は、父母その他の保護者及び子どもの食に対する関心及び理解を深め、健全な食習慣の確立に資するよう、親子で参加する料理教室その他の食事についての望ましい習慣を学びながら食を楽しむ機会の提供、健康美に関する知識の啓発その他の適切な栄養管理に関する知識の普及及び情報の提供、妊産婦に対する栄養指導又は乳幼児をはじめとする子どもを対象とする発達段階に応じた栄養指導その他の家庭における食育の推進を支援するために必要な施策を講ずるものとする。

（学校、保育所等における食育の推進）

第二十条　国及び地方公共団体は、学校、保育所等において魅力ある食育の推進に関する活動を効果的に促進することにより子どもの健全な食生活の実現及び健全な心身の成長が図られるよう、学校、保育所等における食育の推進のための指針の作成に関する支援、食育の指導にふさわしい教職員の設置及び指導的立場にある者の食育の推進において果たすべき役割についての意識の啓発その他の食育に関する指導体制の整備、学校、保育所等又は地域の特色を生かした学校給食等の実施、教育の一環として行われる農場等における実習、食品の調理、食品廃棄物の再生利用等様々な体験活動を通じた子どもの食に関する理解の促進、過度の痩身又は肥満の心身の健康に及ぼす影響等についての知識の啓発その他必要な施策を講ずるものとする。

（地域における食生活の改善のための取組の推進）

第二十一条　国及び地方公共団体は、地域において、栄養、食習慣、食料の消費等に関する食生活の改善を推進し、生活習慣病を予防して健康を増進するため、健全な食生活に関する指針の策定及び普及啓発、地域における食育の推進に関する専門的知識を有する者の養成及び資質の向上並びにその活用、保健所、市町村保健センター、医療機関等における食育に関する普及及び啓発活動の推進、医学教育等における食育に関する指導の充実、食品関連事業者等が行う食育の推進のための活動への支援等必要な施策を講ずるものとする。

（食育推進運動の展開）

第二十二条　国及び地方公共団体は、国民、教育関係者等、農林漁業者等、食品関連事業者等その他の事業者若しくはその組織する団体又は消費生活の安定及び向上等のための活動を行う民間の団体が自発的に行う食育の推進に関する活動が、地域の特性を生かしつつ、相互に緊密な連携協力を図りながらあまねく全国において展開されるようにするとともに、関係者相互間の情報及び意見の交換が促進されるよう、食育の推進に関する普及啓発を図るための行事の実施、重点的かつ効果的に食育の推進に関する活動を推進するための期間の指定その他必要な施策を講ずるものとする。

2　国及び地方公共団体は、食育の推進に当たっては、食生活の改善のための活動その他の食育の推進に関する活動に携わるボランティアが果たしている役割の重要性にかんがみ、これらのボランティアとの連携協力を図りながら、その活動の充実が図られるよう必要な施策を講ずるものとする。

第二十三条—第二十五条　〔略〕

第四章　食育推進会議等〔略〕

附　則　〔抄〕

（施行期日）

第一条　この法律は、公布の日から起算して一月を超えない範囲内において政令で定める日から施行する。

附　則　〔平二七・九・一一法六六抄〕

（施行期日）

第一条　この法律は、平成二十八年四月一日から施行する。〔ただし書き略〕

●軽犯罪法

（昭和二三年五月一日 法律第三九号）

最終改正…昭四八・一〇・一法一〇五

第一条 左の各号の一に該当する者は、これを拘留又は科料に処する。

一 人が住んでおらず、且つ、看守していない邸宅、建物又は船舶の内に正当な理由がなくてひそんでいた者

二 正当な理由がなくて刃物、鉄棒その他人の生命を害し、又は人の身体に重大な害を加えるのに使用されるような器具を隠して携帯していた者

三 正当な理由がなくて合かぎ、のみ、ガラス切りその他他人の邸宅又は建物に侵入するのに使用されるような器具を隠して携帯していた者

四 生計の途がないのに、働く能力がありながら職業に就く意思を有せず、且つ、一定の住居を持たない者で諸方をうろついたもの

五 公共の会堂、劇場、飲食店、ダンスホールその他公共の娯楽場において、入場者に対して、又は汽車、電車、乗合自動車、船舶、飛行機その他公共の乗物の中で乗客に対して著しく粗野又は乱暴な言動で迷惑をかけた者

六 正当な理由がなくて他人の標灯又は街路その他公衆の通行し、若しくは集合する場所に設けられた灯火を消した者

七 みだりに船又はいかだを水路に放置し、その他水路の交通を妨げるような行為をした者

八 風水害、地震、火事、交通事故、犯罪の発生その他の変事に際し、正当な理由がなく、現場に出入するについて公務員若しくはこれを援助する者の指示に従うことを拒み、又は公務員から援助を求められたのにかかわらずこれに応じなかつた者

九 相当の注意をしないで、建物、森林その他燃えるような物の附近で火をたき、又はガソリンその他引火し易い物の附近で火気を用いた者

十 相当の注意をしないで、銃砲又は火薬類、ボイラーその他の爆発する物を使用し、又はもてあそんだ者

十一 相当の注意をしないで、他人の身体又は物件に害を及ぼす虞のある場所に物を投げ、注ぎ、又は発射した者

十二 人畜に害を加える性癖のあることの明らかな犬その他の鳥獣類を正当な理由がなくて解放し、又はその監守を怠つてこれを逃がした者

十三 公共の場所において多数の人に対して著しく粗野若しくは乱暴な言動で迷惑をかけ、又は威勢を示して汽車、電車、乗合自動車、船舶その他の公共の乗物、演劇その他の催し若しくは割当物資の配給を待ち、若しくはこれらの乗物若しくは催しの切符を買い、若しくは割当物資の配給に関する証票を得るため待つている公衆の列に割り込み、若しくはその列を乱した者

十四 公務員の制止をきかずに、人声、楽器、ラジオなどの音を異常に大きく出して静穏を害し近隣に迷惑をかけた者

十五 官公職、位階勲等、学位その他法令により定められた称号若しくは外国におけるこれらに準ずるものを詐称し、又は資格がないのにかかわらず、法令により定められた制服若しくは勲章、記章その他の標章若しくはこれらに似せて作つた物を用いた者

十六 虚構の犯罪又は災害の事実を公務員に申し出た者

十七 質入又は古物の売買若しくは交換に関する帳簿に、法令により記載すべき氏名、住居、職業その他の事項につき虚偽の申立をして不実の記載をさせた者

十八 自己の占有する場所内に、老幼、不具若しくは傷病のため扶助を必要とする者又は人の死体若しくは死胎のあることを知りながら、速やかにこれを公務員に申し出なかつた者

十九 正当な理由がなくて変死体又は死胎の現場を変えた者

二十 公衆の目に触れるような場所で公衆にけん悪の情を催させるような仕方でしり、ももその他身体の一部をみだりに露出した者

二十一 削除

二十二 こじきをし、又はこじきをさせた者

二十三 正当な理由がなくて人の住居、浴場、更衣場、便所その他人が通常衣服をつけないでいるような場所をひそかにのぞき見た者

二十四 公私の儀式に対して悪戯などでこれを妨害した者

二十五 川、みぞその他の水路の流通を妨げるような行為をした者

二十六 街路又は公園その他公衆の集合する場所で、たんつばを吐き、又は大小便をし、若しくはこれをさせた者

二十七 公共の利益に反してみだりにごみ、鳥獣の死体その他の汚物又は廃物を棄てた者

二十八 他人の進路に立ちふさがつて、若しくはその身辺に群がつて立ち退こうと

せず、又は不安若しくは迷惑を覚えさせるような仕方で他人につきまとつた者

二十九　他人の身体に対して害を加えることを共謀した者の誰かがその共謀に係る行為の予備行為をした場合における共謀者

三十　人畜に対して犬その他の動物をけしかけ、又は馬若しくは牛を驚かせて逃げ走らせた者

三十一　他人の業務に対して悪戯などでこれを妨害した者

三十二　入ることを禁じた場所又は他人の田畑に正当な理由がなくて入つた者

三十三　みだりに他人の家屋その他の工作物にはり札をし、若しくは他人の看板、禁札その他の標示物を取り除き、又はこれらの工作物若しくは標示物を汚した者

三十四　公衆に対して物を販売し、若しくは頒布し、又は役務を提供するにあたり、人を欺き、又は誤解させるような事実を挙げて広告をした者

第二条　前条の罪を犯した者に対しては、情状に因り、その刑を免除し、又は拘留及び科料を併科することができる。

第三条　第一条の罪を教唆し、又は幇助した者は、正犯に準ずる。

第四条　この法律の適用にあたつては、国民の権利を不当に侵害しないように留意し、その本来の目的を逸脱して他の目的のためにこれを濫用するようなことがあつてはならない。

附　則　（昭四八・一〇・一法一〇五抄）

（施行期日）

1　この法律は、公布の日から起算して六月を経過した日から施行する。

●刑　法〔抄〕

（明治四〇年四月二四日　法律第四五号）

最終改正…令五・六・二三法六六

第一編　総則

第一章　通則

（国内犯）

第一条　この法律は、日本国内において罪を犯したすべての者に適用する。

2　日本国外にある日本船舶又は日本航空機内において罪を犯した者についても、前項と同様とする。

第二条　〔略〕

（国民の国外犯）

第三条　この法律は、日本国外において次に掲げる罪を犯した日本国民に適用する。

一　第百八条（現住建造物等放火）及び第百九条第一項（非現住建造物等放火）の罪、これらの規定の例により処断すべき罪並びにこれらの罪の未遂罪

二　第百十九条（現住建造物等浸害）の罪

三　第百五十九条から第百六十一条まで（私文書偽造等、虚偽診断書等作成、偽造私文書等行使）及び前条第五号に規定する電磁的記録以外の電磁的記録に係る第百六十一条の二の罪

四　第百六十七条（私印偽造及び不正使用等）の罪及び同条第二項の罪の未遂罪

五　第百七十六条、第百七十七条及び第百七十九条から第百八十一条まで（不同意わいせつ、不同意性交、強制性交等、準強制わいせつ及び準強制性交等、監護者わいせつ及び監護者性交等、未遂罪、不同意わいせつ等致死傷）並びに第百八十四条（重婚）の罪

六　第百九十八条（贈賄）の罪

七　第百九十九条（殺人）の罪及びその未遂罪

八　第二百四条（傷害）及び第二百五条（傷害致死）の罪

九　第二百十四条から第二百十六条まで（業務上堕胎及び同致死傷、不同意堕胎、不同意堕胎致死傷）の罪

十　第二百十八条（保護責任者遺棄等）の罪及び同条の罪に係る第二百十九条（遺棄等致死傷）の罪

十一　第二百二十条（逮捕及び監禁）及び第二百二十一条（逮捕等致死傷）の罪

十二　第二百二十四条から第二百二十八条まで（未成年者略取及び誘拐、営利目的等略取及び誘拐、身の代金目的略取等、所在国外移送目的略取及び誘拐、人身売買、被略取者等所在国外移送、被略取者引渡し等、未遂罪）の罪

十三　第二百三十条（名誉毀損）の罪

十四　第二百三十五条から第二百三十六条まで（窃盗、不動産侵奪、強盗）、第二百三十八条から第二百四十条まで（事後強盗、昏酔強盗、強盗致死傷）、第二百四十一条第一項及び第三項（強盗・不同意性交等及び同致死）並びに第二百四十三条（未遂罪）の罪

十五　第二百四十六条から第二百五十条まで（詐欺、電子計算機使用詐欺、背任、準詐欺、恐喝、未遂罪）の罪

十六　第二百五十三条（業務上横領）の罪

十七　第二百五十六条第二項（盗品譲受け等）の罪

第三条の二　〔略〕

（公務員の国外犯）

第四条　この法律は、日本国外において次に

掲げる罪を犯した日本国の公務員に適用する。

一　第百一条（看守者等による逃走援助）の罪及びその未遂罪

二　第百五十六条（虚偽公文書作成等）の罪

三　第百九十三条（公務員職権濫用）、第百九十五条第二項（特別公務員暴行陵虐）及び第百九十七条から第百九十七条の四まで（収賄、受託収賄及び事前収賄、第三者供賄、加重収賄及び事後収賄、あっせん収賄）の罪並びに第百九十五条第二項の罪に係る第百九十六条（特別公務員職権濫用等致死傷）の罪

（外国判決の効力）

第五条　外国において確定裁判を受けた者であっても、同一の行為について更に処罰することを妨げない。ただし、犯人が既に外国において言い渡された刑の全部又は一部の執行を受けたときは、刑の執行を減軽し、又は免除する。

（刑の変更）

第六条　犯罪後の法律によって刑の変更があったときは、その軽いものによる。

（定義）

第七条　この法律において「公務員」とは、国又は地方公共団体の職員その他法令により公務に従事する議員、委員その他の職員をいう。

2　この法律において「公務所」とは、官公庁その他公務員が職務を行う所をいう。

第七条の二　この法律において「電磁的記録」とは、電子的方式、磁気的方式その他人の知覚によっては認識することができない方式で作られる記録であって、電子計算機による情報処理の用に供されるものをいう。

（他の法令の罪に対する適用）

第八条　この編の規定は、他の法令の罪についても、適用する。ただし、その法令に特別の規定があるときは、この限りでない。

第二章　刑

（刑の種類）

第九条　死刑、拘禁刑、罰金、拘留及び科料を主刑とし、没収を付加刑とする。

（刑の軽重）

第十条　主刑の軽重は、前条に規定する順序による。

2　同種の刑は、長期の長いもの又は多額の多いものを重い刑とし、長期又は多額が同じであるときは、短期の長いもの又は寡額の多いものを重い刑とする。

3　二個以上の死刑又は長期若しくは多額及び短期若しくは寡額が同じである同種の刑は、犯情によってその軽重を定める。

（死刑）

第十一条　死刑は、刑事施設内において、絞首して執行する。

2　死刑の言渡しを受けた者は、その執行に至るまで刑事施設に拘置する。

（拘禁刑）

第十二条　拘禁刑は、無期及び有期とし、有期拘禁刑は、一月以上二十年以下とする。

2　拘禁刑は、刑事施設に拘置する。

3　拘禁刑に処せられた者には、改善更生を図るため、必要な作業を行わせ、又は必要な指導を行うことができる。

（禁錮）

第十三条　削除

2　禁錮は、刑事施設に拘置する。

第十四条　〔略〕

（罰金）

第十五条　罰金は、一万円以上とする。ただし、これを減軽する場合においては、一万円未満に下げることができる。

（拘留）

第十六条　拘留は、一日以上三十日未満とし、刑事施設に拘置する。

2　拘留に処せられた者には、改善更生を図るため、必要な作業を行わせ、又は必要な指導を行うことができる。

（科料）

第十七条　科料は、千円以上一万円未満とする。

（労役場留置）

第十八条　罰金を完納することができない者は、一日以上二年以下の期間、労役場に留置する。

2　科料を完納することができない者は、一日以上三十日以下の期間、労役場に留置する。

3―6　〔略〕

（没収）

第十九条―第二十一条　〔略〕

第三章　期間計算　〔略〕

第四章　刑の執行猶予

（刑の全部の執行猶予）

第二十五条　次に掲げる者が三年以下の拘禁刑又は五十万円以下の罰金の言渡しを受けたときは、情状により、裁判が確定した日から一年以上五年以下の期間、その刑の全部の執行を猶予することができる。

一　前に拘禁刑以上の刑に処せられたことがない者

二　前に拘禁刑以上の刑に処せられたことがあっても、その執行を終わった日又はその執行の免除を得た日から五年以内に禁錮以上の刑に処せられたことがない者

2　前に拘禁刑以上の刑の全部の執行を猶予された者が二年以下の拘禁刑の言渡しを受け、情状に特に酌量すべきものがあるときも、前項と同様とする。ただし、この項本文の規定により

刑の全部の執行を猶予されて、次条第一項の規定により保護観察に付せられ、その期間内に更に罪を犯した者については、この限りでない。

（刑の全部の執行猶予中の保護観察）

第二十五条の二　前条第一項の場合においては猶予の期間中保護観察に付することができ、同条第二項の場合においては猶予の期間中保護観察に付する。

2　前項の規定により付せられた保護観察は、行政官庁の処分によって仮に解除することができる。

3　〔略〕

第二十六条―第二十七条の七　〔略〕

第五章　〔略〕

第六章　刑の時効及び刑の消滅

（刑の時効）

第三十一条　刑（死刑を除く。）の言渡しを受けた者は、時効によりその執行の免除を得る。

（時効の期間）

第三十二条　時効は、刑の言渡しが確定した後、次の期間その執行を受けないことによって完成する。

一　無期の拘禁刑については三十年

二　十年以上の有期の拘禁刑については二十年

三　三年以上十年未満の拘禁刑については十年

四　三年未満の拘禁刑については五年

五　罰金については三年

六　拘留、科料及び没収については一年

第三十三条―第三十二条の二　〔略〕

第七章　犯罪の不成立及び刑の減免

（正当行為）

第三十五条　法令又は正当な業務による行為は、罰しない。

（正当防衛）

第三十六条　急迫不正の侵害に対して、自己又は他人の権利を防衛するため、やむを得ずにした行為は、罰しない。

2　防衛の程度を超えた行為は、情状により、その刑を減軽し、又は免除することができる。

（緊急避難）

第三十七条　自己又は他人の生命、身体、自由又は財産に対する現在の危難を避けるため、やむを得ずにした行為は、これによって生じた害が避けようとした害の程度を超えなかった場合に限り、罰しない。ただし、その程度を超えた行為は、情状により、その刑を減軽し、又は免除することができる。

2　前項の規定は、業務上特別の義務がある者には、適用しない。

（故意）

第三十八条　罪を犯す意思がない行為は、罰しない。ただし、法律に特別の規定がある場合は、この限りでない。

2　重い罪に当たるべき行為をしたのに、行為の時にその重い罪に当たることとなる事実を知らなかった者は、その重い罪によって処断することはできない。

3　法律を知らなかったとしても、そのことによって、罪を犯す意思がなかったとすることはできない。ただし、情状により、その刑を減軽することができる。

（心神喪失及び心神耗弱）

第三十九条　心神喪失者の行為は、罰しない。

2　心神耗弱者の行為は、その刑を減軽する。

第四十条　削除

（責任年齢）

第四十一条　十四歳に満たない者の行為は、罰しない。

（自首等）

第四十二条　罪を犯した者が捜査機関に発覚する前に自首したときは、その刑を減軽することができる。

2　告訴がなければ公訴を提起することができない罪について、告訴をすることができる者に対して自己の犯罪事実を告げ、その措置にゆだねたときも、前項と同様とする。

第八章　未遂罪

（未遂減免）

第四十三条　犯罪の実行に着手してこれを遂げなかった者は、その刑を減軽することができる。ただし、自己の意思により犯罪を中止したときは、その刑を減軽し、又は免除する。

第四十四条　〔略〕

第九章・第十章　〔略〕

第十一章　共犯

（共同正犯）

第六十条　二人以上共同して犯罪を実行した者は、すべて正犯とする。

（教唆）

第六十一条　人を教唆して犯罪を実行させた者には、正犯の刑を科する。

2　教唆者を教唆した者についても、前項と同様とする。

（幇助）

第六十二条　正犯を幇助した者は、従犯とする。

2　従犯を教唆した者には、従犯の刑を科する。

第六十三条―第六十五条　〔略〕

第十二章・第十三章　〔略〕

第二編　罪

第一章―第四章　〔略〕

第五章　公務の執行を妨害する罪

（公務執行妨害及び職務強要）

第九十五条　公務員が職務を執行するに当たり、これに対して暴行又は脅迫を加えた者は、三年以下の懲役若しくは禁錮又は五十万円以下の罰金に処する。

2　公務員に、ある処分をさせ、若しくはさせないため、又はその職を辞させるために、暴行又は脅迫を加えた者も、前項と同様とする。

第九十六条―第九十六条の六　〔略〕

第六章―第七章　〔略〕

第八章―第十三章　〔略〕

（信書開封）

第百三十三条　正当な理由がないのに、封をしてある信書を開けた者は、一年以下の拘禁刑又は二十万円以下の罰金に処する。

（秘密漏示）

第百三十四条　医師、薬剤師、医薬品販売業者、助産師、弁護士、弁護人、公証人又はこれらの職にあった者が、正当な理由がないのに、その業務上取り扱ったことについて知り得た人の秘密を漏らしたときは、六月以下の拘禁刑又は十万円以下の罰金に処する。

2　宗教、祈祷若しくは祭祀の職にある者又はこれらの職にあった者が、正当な理由がないのに、その業務上取り扱ったことについて知り得た人の秘密を漏らしたときも、前項と同様とする。

（親告罪）

第百三十五条　この章の罪は、告訴がなければ公訴を提起することができない。

第十四章―第二十一章　〔略〕

第二十二章　わいせつ、不同意性交等及び重婚の罪

（公然わいせつ）

第百七十四条　公然とわいせつな行為をした者は、六月以下の拘禁刑若しくは三十万円以下の罰金又は拘留若しくは科料に処する。

（わいせつ物頒布等）

第百七十五条　わいせつな文書、図画、電磁的記録に係る記録媒体その他の物を頒布し、販売し、又は公然と陳列した者は、二年以下の拘禁刑若しくは二百五十万円以下の罰金若しくは科料に処し、又は懲役及び罰金を併科する。電気通信の送信によりわいせつな電磁的記録その他の記録を頒布した者も、同様とする。

2　有償で頒布する目的で、前項の物を所持し、又は同項の電磁的記録を保管した者も、同項と同様とする。

（不同意わいせつ）

第百七十六条　次に掲げる行為又は事由その他これらに類する行為又は事由により、同意しない意思を形成し、表明し若しくは全うすることが困難な状態にさせ又はその状態にあることに乗じて、わいせつな行為をした者は、婚姻関係の有無にかかわらず、六月以上十年以下の拘禁刑に処する。〔以下略〕

（不同意性交等）

第百七十七条　前条第一項各号に掲げる行為又は事由その他これらに類する行為又は事由により、同意しない意思を形成し、表明し若しくは全うすることが困難な状態にさせ又はその状態にあることに乗じて、性交、肛門性交、口腔性交又は膣若しくは肛門に身体の一部（陰茎を除く。）若しくは物を挿入する行為であってわいせつなもの（以下この条及び第百七十九条第二項において「性交等」という。）をした者は、婚姻関係の有無にかかわらず、五年以上の有期拘禁刑に処する。

2　行為がわいせつなものではないとの誤信をさせ、若しくは行為をする者について人違いをさせ、又はそれらの誤信若しくは人違いをしていることに乗じて、性交等をした者も、前項と同様とする。

3　十六歳未満の者に対し、性交等をした者（当該十六歳未満の者が十三歳以上である場合については、その者が生まれた日より五年以上前の日に生まれた者に限る。）も、第一項と同様とする。

第百七十八条　削除

（監護者わいせつ及び監護者性交等）

第百七十九条　十八歳未満の者に対し、その者を現に監護する者であることによる影響力があることに乗じてわいせつな行為をした者は、第百七十六条第一項の例による。

2　十八歳未満の者に対し、その者を現に監護する者であることによる影響力があることに乗じて性交等をした者は、第百七十七条第一項の例による。

第百八十条　〔略〕

（不同意わいせつ等致死傷）
第百八十一条　第百七十六条若しくは第百七十九条第一項の罪又はこれらの罪の未遂罪を犯し、よって人を死傷させた者は、無期又は三年以上の拘禁刑に処する。
2　第百七十七条若しくは第百七十九条第二項の罪又はこれらの罪の未遂罪を犯し、よって人を死傷させた者は、無期又は六年以上の懲役に処する。

（十六歳未満の者に対する面会要求等）
第百八十二条　わいせつの目的で、十六歳未満の者に対し、次の各号に掲げるいずれかの行為をした者（当該十六歳未満の者が十三歳以上である場合については、その者が生まれた日より五年以上前の日に生まれた者に限る。）は、一年以下の拘禁刑又は五十万円以下の罰金に処する。
〔以下略〕

（淫行勧誘）
第百八十三条　営利の目的で、淫行の常習のない女子を勧誘して姦淫させた者は、三年以下の懲役又は三十万円以下の罰金に処する。

（重婚）
第百八十四条　配偶者のある者が重ねて婚姻をしたときは、二年以下の懲役に処する。その相手方となって婚姻をした者も、同様とする。

第二十三章・第二十四章　〔略〕

第二十五章　汚職の罪

（公務員職権濫用）
第百九十三条　公務員がその職権を濫用して、人に義務のないことを行わせ、又は権利の行使を妨害したときは、二年以下の拘禁刑に処する。

第百九十四条―第百九十六条　〔略〕

（収賄、受託収賄及び事前収賄）
第百九十七条　公務員が、その職務に関し、賄賂を収受し、又はその要求若しくは約束をしたときは、五年以下の懲役に処する。この場合において、請託を受けたときは、七年以下の懲役に処する。
2　公務員になろうとする者が、その担当すべき職務に関し、請託を受けて、賄賂を収受し、又はその要求若しくは約束をしたときは、公務員となった場合において、五年以下の懲役に処する。

第百九十七条の二―第百九十七条の四　〔略〕

（没収及び追徴）
第百九十七条の五　犯人又は情を知った第三者が収受した賄賂は、没収する。その全部又は一部を没収することができないときは、その価額を追徴する。

（贈賄）
第百九十八条　第百九十七条から第百九十七条の四までに規定する賄賂を供与し、又はその申込み若しくは約束をした者は、三年以下の懲役又は二百五十万円以下の罰金に処する。

第二十六章　殺人の罪

（殺人）
第百九十九条　人を殺した者は、死刑又は無期若しくは五年以上の拘禁刑に処する。

第二百条　〔尊属殺人〕削除〔平七法九一〕

（予備）
第二百一条　第百九十九条の罪を犯す目的で、その予備をした者は、二年以下の懲役に処する。ただし、情状により、その刑を免除することができる。

（自殺関与及び同意殺人）
第二百二条　人を教唆し若しくは幇助して自殺させ、又は人をその嘱託を受け若しくはその承諾を得て殺した者は、六月以上七年以下の拘禁刑に処する。

第二百三条　〔略〕

第二十七章　傷害の罪

（傷害）
第二百四条　人の身体を傷害した者は、十五年以下の拘禁刑又は五十万円以下の罰金に処する。

（傷害致死）
第二百五条　身体を傷害し、よって人を死亡させた者は、三年以上の有期拘禁刑に処する。

第二百六条―第二百七条　〔略〕

（暴行）
第二百八条　暴行を加えた者が人を傷害するに至らなかったときは、二年以下の懲役若しくは三十万円以下の罰金又は拘留若しくは科料に処する。

（凶器準備集合及び結集）
第二百八条の二　二人以上の者が他人の生命、身体又は財産に対し共同して害を加える目的で集合した場合において、凶器を準備して又はその準備があることを知って集合した者は、二年以下の拘禁刑又は三十万円以下の罰金に処する。
2　前項の場合において、凶器を準備して又はその準備があることを知って人を集合させた者は、三年以下の拘禁刑に処する。

第二十八章　過失傷害の罪

（過失傷害）
第二百九条　過失により人を傷害した者は、三十万円以下の罰金又は科料に処する。
2　前項の罪は、告訴がなければ公訴を提起することができない。

（過失致死）
第二百十条　過失により人を死亡させた者は、五十万円以下の罰金に処する。

（業務上過失致死傷等）

第二百十一条　業務上必要な注意を怠り、よって人を死傷させた者は、五年以下の拘禁刑又は百万円以下の罰金に処する。重大な過失により人を死傷させた者も、同様とする。

第二十九章・第三十章〔略〕

第三十一章　逮捕及び監禁の罪

（逮捕及び監禁）
第二百二十条　不法に人を逮捕し、又は監禁した者は、三月以上七年以下の拘禁刑に処する。

（逮捕等致死傷）
第二百二十一条　前条の罪を犯し、よって人を死傷させた者は、傷害の罪と比較して、重い刑により処断する。

第三十二章　脅迫の罪

（脅迫）
第二百二十二条　生命、身体、自由、名誉又は財産に対し害を加える旨を告知して人を脅迫した者は、二年以下の拘禁刑又は三十万円以下の罰金に処する。
2　親族の生命、身体、自由、名誉又は財産に対し害を加える旨を告知して人を脅迫した者も、前項と同様とする。

（強要）
第二百二十三条　生命、身体、自由、名誉若しくは財産に対し害を加える旨を告知して脅迫し、又は暴行を用いて、人に義務のないことを行わせ、又は権利の行使を妨害した者は、三年以下の拘禁刑に処する。
2　親族の生命、身体、自由、名誉又は財産に対し害を加える旨を告知して脅迫し、人に義務のないことを行わせ、又は権利の行使を妨害した者も、前項と同様とする。
3　前二項の罪の未遂は、罰する。

第三十三章　略取、誘拐及び人身売買の罪

（未成年者略取及び誘拐）
第二百二十四条　未成年者を略取し、又は誘拐した者は、三月以上七年以下の拘禁刑に処する。

（営利目的等略取及び誘拐）
第二百二十五条　営利、わいせつ、結婚又は生命若しくは身体に対する加害の目的で、人を略取し、又は誘拐した者は、一年以上十年以下の拘禁刑に処する。

（身の代金目的略取等）
第二百二十五条の二　近親者その他略取され又は誘拐された者の安否を憂慮する者の憂慮に乗じてその財物を交付させる目的で、人を略取し、又は誘拐した者は、無期又は三年以上の拘禁刑に処する。
2　人を略取し又は誘拐した者が近親者その他略取され又は誘拐された者の安否を憂慮する者の憂慮に乗じて、その財物を交付させ、又はこれを要求する行為をしたときも、前項と同様とする。

（所在国外移送目的略取及び誘拐）
第二百二十六条　所在国外に移送する目的で、人を略取し、又は誘拐した者は、二年以上の有期拘禁刑に処する。

（人身売買）
第二百二十六条の二　人を買い受けた者は、三月以上五年以下の拘禁刑に処する。
2　未成年者を買い受けた者は、三月以上七年以下の拘禁刑に処する。
3　営利、わいせつ、結婚又は生命若しくは身体に対する加害の目的で、人を買い受けた者は、一年以上十年以下の拘禁刑に処する。
4　人を売り渡した者も、前項と同様とする。
5　所在国外に移送する目的で、人を売買した者は、二年以上の有期拘禁刑に処する。

（被略取者等所在国外移送）
第二百二十六条の三　略取され、誘拐され、又は売買された者を所在国外に移送した者は、二年以上の有期拘禁刑に処する。

第二百二十七条―第二百二十九条〔略〕

第三十四章　名誉に対する罪

（名誉毀損）
第二百三十条　公然と事実を摘示し、人の名誉を毀損した者は、その事実の有無にかかわらず、三年以下の拘禁刑又は五十万円以下の罰金に処する。
2　死者の名誉を毀損した者は、虚偽の事実を摘示することによってした場合でなければ、罰しない。

（公共の利害に関する場合の特例）
第二百三十条の二　前条第一項の行為が公共の利害に関する事実に係り、かつ、その目的が専ら公益を図ることにあったと認める場合には、事実の真否を判断し、真実であることの証明があったときは、これを罰しない。
2　前項の規定の適用については、公訴が提起されるに至っていない人の犯罪行為に関する事実は、公共の利害に関する事実とみなす。
3　前条第一項の行為が公務員又は公選による公務員の候補者に関する事実に係る場合には、事実の真否を判断し、真実であることの証明があったときは、これを罰しない。

（侮辱）
第二百三十一条　事実を摘示しなくても、公然と人を侮辱した者は、一年以下の拘禁刑若しくは三十万円以下の罰金又は拘留若しくは科料に処する。

（親告罪）
第二百三十二条　この章の罪は、告訴がなければ公訴を提起することができない。
２　告訴をすることができる者が天皇、皇后、太皇太后、皇太后又は皇嗣であるときは内閣総理大臣が、外国の君主又は大統領であるときはその国の代表者がそれぞれ代わって告訴を行う。

第三十五章　信用及び業務に対する罪

（信用毀損及び業務妨害）
第二百三十三条　虚偽の風説を流布し、又は偽計を用いて、人の信用を毀損し、又はその業務を妨害した者は、三年以下の拘禁刑又は五十万円以下の罰金に処する。
（威力業務妨害）
第二百三十四条　威力を用いて人の業務を妨害した者も、前条の例による。
（電子計算機損壊等業務妨害）
第二百三十四条の二　人の業務に使用する電子計算機若しくはその用に供する電磁的記録を損壊し、若しくは人の業務に使用する電子計算機に虚偽の情報若しくは不正な指令を与え、又はその他の方法により、電子計算機に使用目的に沿うべき動作をさせず、又は使用目的に反する動作をさせて、人の業務を妨害した者は、五年以下の拘禁刑又は百万円以下の罰金に処する。
２　前項の罪の未遂は、罰する。

第三十六章　窃盗及び強盗の罪

（窃盗）
第二百三十五条　他人の財物を窃取した者は、窃盗の罪とし、十年以下の拘禁刑又は五十万円以下の罰金に処する。
（不動産侵奪）
第二百三十五条の二　他人の不動産を侵奪した者は、十年以下の懲役に処する。
（強盗）
第二百三十六条　暴行又は脅迫を用いて他人の財物を強取した者は、強盗の罪とし、五年以上の有期拘禁刑に処する。
２　前項の方法により、財産上不法の利益を得、又は他人にこれを得させた者も、同項と同様とする。
（強盗予備）
第二百三十七条　強盗の罪を犯す目的で、その予備をした者は、二年以下の拘禁刑に処する。
第二百三十八条―第二百三十九条　〔略〕
（強盗致死傷）
第二百四十条　強盗が、人を負傷させたときは無期又は六年以上の拘禁刑に処し、死亡させたときは死刑又は無期拘禁刑に処する。
（強盗・不同意性交等及び同致死）
第二百四十一条　強盗の罪若しくはその未遂罪を犯した者が第百七十七条の罪若しくはその未遂罪をも犯したとき、又は同条の罪若しくはその未遂罪を犯した者が強盗の罪若しくはその未遂罪をも犯したときは、無期又は七年以上の拘禁刑に処する。
２　前項の場合のうち、その犯した罪がいずれも未遂罪であるときは、人を死傷させたときを除き、その刑を減軽することができる。ただし、自己の意思によりいずれかの犯罪を中止したときは、その刑を減軽し、又は免除する。
３　第一項の罪に当たる行為により人を死亡させた者は、死刑又は無期拘禁刑に処する。
（他人の占有等に係る自己の財物）
第二百四十二条　自己の財物であっても、他人が占有し、又は公務所の命令により他人が看守するものであるときは、この章の罪については、他人の財物とみなす。
第二百四十三条　〔略〕
（親族間の犯罪に関する特例）
第二百四十四条　配偶者、直系血族又は同居の親族との間で第二百三十五条の罪、第二百三十五条の二の罪又はこれらの罪の未遂罪を犯した者は、その刑を免除する。
２　前項に規定する親族以外の親族との間で犯した同項に規定する罪は、告訴がなければ公訴を提起することができない。
３　前二項の規定は、親族でない共犯については、適用しない。
（電気）
第二百四十五条　この章の罪については、電気は、財物とみなす。

第三十七章　詐欺及び恐喝の罪

（詐欺）
第二百四十六条　人を欺いて財物を交付させた者は、十年以下の拘禁刑に処する。
２　前項の方法により、財産上不法の利益を得、又は他人にこれを得させた者も、同項と同様とする。
（電子計算機使用詐欺）
第二百四十六条の二　前条に規定するもののほか、人の事務処理に使用する電子計算機に虚偽の情報若しくは不正な指令を与えて財産権の得喪若しくは変更に係る不実の電磁的記録を作り、又は財産権の得喪若しくは変更に係る虚偽の電磁的記録を人の事務処理の用に供して、財産上不法の利益を得、又は他人にこれを得させた者は、十年以下の拘禁刑に処する。
（背任）
第二百四十七条　他人のためにその事務を処理する者が、自己若しくは第三者の利益を図り又は本人に損害を加える目的で、その任務に背く行為をし、本人に財産上の損害を加えたときは、五年以下の拘禁刑又は五十万円以下の罰金に処する。

（準詐欺）
第二百四十八条 未成年者の知慮浅薄又は人の心神耗弱に乗じて、その財物を交付させ、又は財産上不法の利益を得、若しくは他人にこれを得させた者は、十年以下の拘禁刑に処する。

（恐喝）
第二百四十九条 人を恐喝して財物を交付させた者は、十年以下の拘禁刑に処する。
2 前項の方法により、財産上不法の利益を得、又は他人にこれを得させた者も、同項と同様とする。

第二百五十条―第二百五十一条 〔略〕

第三十八章 横領の罪

（横領）
第二百五十二条 自己の占有する他人の物を横領した者は、五年以下の拘禁刑に処する。
2 自己の物であっても、公務所から保管を命ぜられた場合において、これを横領した者も、前項と同様とする。

（業務上横領）
第二百五十三条 業務上自己の占有する他人の物を横領した者は、十年以下の拘禁刑に処する。

（遺失物等横領）
第二百五十四条 遺失物、漂流物その他占有を離れた他人の物を横領した者は、一年以下の拘禁刑又は十万円以下の罰金若しくは科料に処する。

第二百五十五条 〔略〕

第三十九章・第四十章 〔略〕

附則 〔令五・六・二三法六六〕

（施行期日）
第一条 この法律は公布の日から起算して二十日を経過した日から施行する。
〔第二条以下略〕

●男女共同参画社会基本法〔抄〕

（平成一一年六月二三日 法律第七八号）

最終改正…平一一・一二・二二法一六〇

我が国においては、日本国憲法に個人の尊重と法の下の平等がうたわれ、男女平等の実現に向けた様々な取組が、国際社会における取組とも連動しつつ、着実に進められてきたが、なお一層の努力が必要とされている。

一方、少子高齢化の進展、国内経済活動の成熟化等我が国の社会経済情勢の急速な変化に対応していく上で、男女が、互いにその人権を尊重しつつ責任も分かち合い、性別にかかわりなく、その個性と能力を十分に発揮することができる男女共同参画社会の実現は、緊要な課題となっている。

このような状況にかんがみ、男女共同参画社会の実現を二十一世紀の我が国社会を決定する最重要課題と位置付け、社会のあらゆる分野において、男女共同参画社会の形成の促進に関する施策の推進を図っていくことが重要である。

ここに、男女共同参画社会の形成についての基本理念を明らかにしてその方向を示し、将来に向かって国、地方公共団体及び国民の男女共同参画社会の形成に関する取組を総合的かつ計画的に推進するため、この法律を制定する。

第一章 総則

（目的）
第一条 この法律は、男女の人権が尊重され、かつ、社会経済情勢の変化に対応できる豊かで活力ある社会を実現することの緊要性にかんがみ、男女共同参画社会の形成に関し、基本理念を定め、並びに国、地方公共団体及び国民の責務を明らかにするとともに、男女共同参画社会の形成の促進に関する施策の基本となる事項を定めることにより、男女共同参画社会の形成を総合的かつ計画的に推進することを目的とする。

（定義）
第二条 この法律において、次の各号に掲げる用語の意義は、当該各号に定めるところによる。

一 男女共同参画社会の形成 男女が、社会の対等な構成員として、自らの意思によって社会のあらゆる分野における活動に参画する機会が確保され、もって男女が均等に政治的、経済的、社会的及び文化的利益を享受することができ、かつ、共に責任を担うべき社会を形成することをいう。

二 積極的改善措置 前号に規定する機会に係る男女間の格差を改善するため必要な範囲内において、男女のいずれか一方に対し、当該機会を積極的に提供することをいう。

（男女の人権の尊重）
第三条 男女共同参画社会の形成は、男女の個人としての尊厳が重んぜられること、男女が性別による差別的取扱いを受けないこと、男女が個人として能力を発揮する機会が確保されることその他の男女の人権が尊重されることを旨として、行われなければならない。

（社会における制度又は慣行についての配慮）
第四条 男女共同参画社会の形成に当たっては、社会における制度又は慣行が、性別による固定的な役割分担等を反映して、男女の社会における活動の選択に対して中立でない影響を及ぼすことにより、男女共同参画社会の形成を阻害する要因となるおそれがあることにかんがみ、社会における制度又は慣行が男女の社会における活動の選択に対して及ぼす影響をできる限り中立なものとするように配慮されなければならない。

（政策等の立案及び決定への共同参画）
第五条 男女共同参画社会の形成は、男女が、社会の対等な構成員として、国若しくは地方公共団体における政策又は民間の団体における方針の立案及び決定に共同して参画する機会が確保されることを旨として、行われなければならない。

（家庭生活における活動と他の活動の両立）
第六条 男女共同参画社会の形成は、家族を構成する男女が、相互の協力と社会の支援の下に、子の養育、家族の介護その他の家庭生活における活動について家族の一員としての役割を円滑に果たし、かつ、当該活動以外の活動を行うことができるようにすることを旨として、行われなければならない。

（国際的協調）
第七条 男女共同参画社会の形成の促進が国際社会における取組と密接な関係を有していることにかんがみ、男女共同参画社会の形成は、国際的協調の下に行われなければならない。

（国の責務）
第八条 国は、第三条から前条までに定める男女共同参画社会の形成についての基本理念（以下「基本理念」という。）にのっとり、男女共同参画社会の形成の促進に関する施策（積極的改善措置を含む。以下同じ。）を総合的に策定し、及び実施する責務を有する。

（地方公共団体の責務）
第九条 地方公共団体は、基本理念にのっとり、男女共同参画社会の形成の促進に関し、国の施策に準じた施策及びその他のその地方公共団体の区域の特性に応じた施策を策定し、及び実施する責務を有する。

（国民の責務）
第十条 国民は、職域、学校、地域、家庭その他の社会のあらゆる分野において、基本理念にのっとり、男女共同参画社会の形成に寄与するように努めなければならない。

（法制上の措置等）
第十一条 政府は、男女共同参画社会の形成の促進に関する施策を実施するため必要な法制上又は財政上の措置その他の措置を講じなければならない。

（年次報告等）
第十二条 政府は、毎年、国会に、男女共同参画社会の形成の状況及び政府が講じた男女共同参画社会の形成の促進に関する施策についての報告を提出しなければならない。

2 政府は、毎年、前項の報告に係る男女共同参画社会の形成の状況を考慮して講じようとする男女共同参画社会の形成の促進に関する施策を明らかにした文書を作成し、これを国会に提出しなければならない。

第二章・第三章 〔略〕

附 則 〔抄〕

（施行期日）
第一条 この法律は、公布の日から施行する。

（男女共同参画審議会設置法の廃止）
第二条 男女共同参画審議会設置法（平成九年法律第七号）は、廃止する。

附 則 〔平一一・一二・二二法一六〇抄〕

（施行期日）
第一条 この法律は、平成十三年一月六日から施行する。

●人権教育及び人権啓発の推進に関する法律

（平成一二年一二月六日 法律第一四七号）

（目的）
第一条 この法律は、人権の尊重の緊要性に関する認識の高まり、社会的身分、門地、人種、信条又は性別による不当な差別の発生等の人権侵害の現状その他人権の擁護に関する内外の情勢にかんがみ、人権教育及び人権啓発に関する施策の推進について、国、地方公共団体及び国民の責務を明らかにするとともに、必要な措置を定め、もって人権の擁護に資することを目的とする。

（定義）
第二条 この法律において、人権教育とは、人権尊重の精神の涵養を目的とする教育活動をいい、人権啓発とは、国民の間に人権尊重の理念を普及させ、及びそれに対する国民の理解を深めることを目的とする広報その他の啓発活動（人権教育を除く。）をいう。

（基本理念）
第三条 国及び地方公共団体が行う人権教育及び人権啓発は、学校、地域、家庭、職域その他の様々な場を通じて、国民が、その発達段階に応じ、人権尊重の理念に対する理解を深め、これを体得することができるよう、多様な機会の提供、効果的な手法の採用、国民の自主性の尊重及び実施機関の中立性の確保を旨として行われなければならない。

（国の責務）
第四条 国は、前条に定める人権教育及び人権啓発の基本理念（以下「基本理念」という。）にのっとり、人権教育及び人権啓発に関する施策を策定し、及び実施する責務を有する。

（地方公共団体の責務）
第五条 地方公共団体は、基本理念にのっとり、国との連携を図りつつ、その地域の実情を踏まえ、人権教育及び人権啓発に関する施策を策定し、及び実施する責務を有する。

（国民の責務）
第六条 国民は、人権尊重の精神の涵養に努めるとともに、人権が尊重される社会の実現に寄与するよう努めなければならない。

（基本計画の策定）
第七条 国は、人権教育及び人権啓発に関する施策の総合的かつ計画的な推進を図るため、人権教育及び人権啓発に関する基本的な計画を策定しなければならない。

（年次報告）
第八条 政府は、毎年、国会に、政府が講じた人権教育及び人権啓発に関する施策についての報告を提出しなければならない。

（財政上の措置）
第九条 国は、人権教育及び人権啓発に関する施策を実施する地方公共団体に対し、当該施策に係る事業の委託その他の方法により、財政上の措置を講ずることができる。

附　則〔抄〕

（施行期日）
第一条 この法律は、公布の日から施行する。ただし、第八条の規定は、この法律の施行の日の属する年度の翌年度以後に講じる人権教育及び人権啓発に関する施策について適用する。

●配偶者からの暴力の防止及び被害者の保護に関する法律〔抄〕

（平成一三年四月一三日 法律第三一号）
最終改正…令四・六・一七法六八

第一章　総則

（定義）
第一条 この法律において「配偶者からの暴力」とは、配偶者からの身体に対する暴力（身体に対する不法な攻撃であって生命又は身体に危害を及ぼすものをいう。以下同じ。）又はこれに準ずる心身に有害な影響を及ぼす言動（以下この項及び第二十八条の二において「身体に対する暴力等」と総称する。）をいい、配偶者からの身体に対する暴力等を受けた後に、その者が離婚をし、又はその婚姻が取り消された場合にあっては、当該配偶者であった者から引き続き受ける身体に対する暴力等を含むものとする。

2　この法律において「被害者」とは、配偶者からの暴力を受けた者をいう。

3　この法律にいう「配偶者」には、婚姻の届出をしていないが事実上婚姻関係と同様の事情にある者を含み、「離婚」には、婚姻の届出をしていないが事実上婚姻関係と同様の事情にあった者が、事実上離婚したと同様の事情に入ることを含むものとする。

（国及び地方公共団体の責務）

第二条 国及び地方公共団体は、配偶者からの暴力を防止するとともに、被害者の自立を支援することを含め、その適切な保護を図る責務を有する。

第一章の二 基本方針及び都道府県基本計画等〔略〕

第二章 配偶者暴力相談支援センター等

（配偶者暴力相談支援センター）
第三条 都道府県は、当該都道府県が設置する女性相談支援センターその他の適切な施設において、当該各施設が配偶者暴力相談支援センターとしての機能を果たすようにするものとする。
2 市町村は、当該市町村が設置する適切な施設において、当該各施設が配偶者暴力相談支援センターとしての機能を果たすようにするよう努めるものとする。
3 配偶者暴力相談支援センターは、配偶者からの暴力の防止及び被害者の保護のため、次に掲げる業務を行うものとする。
一 被害者に関する各般の問題について、相談に応ずること又は女性相談支援センター若しくは相談を行う機関を紹介すること。
二 被害者の心身の健康を回復させるため、医学的又は心理学的な指導その他の必要な指導を行うこと。
三 被害者（被害者がその家族を同伴する場合にあっては、被害者及びその同伴する家族。次号、第六号、第五条、第八条の三及び第九条において同じ。）の緊急時における安全の確保及び一時保護を行うこと。
四 被害者が自立して生活することを促進するため、就業の促進、住宅の確保、援護等に関する制度の利用等について情報の提供、助言、関係機関との連絡調整その他の援助を行うこと。
五 第四章に定める保護命令の制度の利用について、情報の提供、助言、関係機関への連絡その他の援助を行うこと。
六 被害者を居住させ保護する施設の利用について、情報の提供、助言、関係機関との連絡調整その他の援助を行うこと。
4 前項第三号の一時保護は、女性相談支援センターが、自ら行い、又は厚生労働大臣が定める基準を満たす者に委託して行うものとする。
5 配偶者暴力相談支援センターは、その業務を行うに当たっては、必要に応じ、配偶者からの暴力の防止及び被害者の保護を図るための活動を行う民間の団体との連携に努めるものとする。

（女性相談支援員による相談等）
第四条 女性相談支援員は、被害者の相談に応じ、必要な指導を行うことができる。

（女性自立支援施設における保護）
第五条 都道府県は、女性自立支援施設において被害者の保護を行うことができる。

第三章 被害者の保護

（配偶者からの暴力の発見者による通報等）
第六条 配偶者からの暴力（配偶者又は配偶者であった者からの身体に対する暴力に限る。以下この章において同じ。）を受けている者を発見した者は、その旨を配偶者暴力相談支援センター又は警察官に通報するよう努めなければならない。
2 医師その他の医療関係者は、その業務を行うに当たり、配偶者からの暴力によって負傷し又は疾病にかかったと認められる者を発見したときは、その旨を配偶者暴力相談支援センター又は警察官に通報することができる。この場合において、その者の意思を尊重するよう努めるものとする。
3―4〔略〕

（配偶者暴力相談支援センターによる保護についての説明等）
第七条 配偶者暴力相談支援センターは、被害者に関する通報又は相談を受けた場合には、必要に応じ、被害者に対し、第三条第三項の規定により配偶者暴力相談支援センターが行う業務の内容について説明及び助言を行うとともに、必要な保護を受けることを勧奨するものとする。

（警察官による被害の防止）
第八条 警察官は、通報等により配偶者からの暴力が行われていると認めるときは、警察法（昭和二十九年法律第百六十二号）、警察官職務執行法（昭和二十三年法律第百三十六号）その他の法令の定めるところにより、暴力の制止、被害者の保護その他の配偶者からの暴力による被害の発生を防止するために必要な措置を講ずるよう努めなければならない。

第八条の二〔略〕

（福祉事務所による自立支援）
第八条の三 社会福祉法（昭和二十六年法律第四十五号）に定める福祉に関する事務所（次条において「福祉事務所」という。）は、生活保護法（昭和二十五年法律第百四十四号）、児童福祉法（昭和二十二年法律第百六十四号）、母子及び父子並びに寡婦福祉法（昭和三十九年法律第百二十九号）その他の法令の定めるところにより、被害者の自立を支援するために必要な措置を講ずるよう努めなければならない。

（被害者の保護のための関係機関の連携協力）
第九条 配偶者暴力相談支援センター、都道府県警察、福祉事務所、児童相談所その他の都道府県又は市町村の関係機関その他の関係機関は、被害者の保護を行うに当たっては、その適切な保護が行われるよう、相互に連携を図りながら協力するよう努めるものとする。

（苦情の適切かつ迅速な処理）

第九条の二　前条の関係機関は、被害者の保護に係る職員の職務の執行に関して被害者から苦情の申出を受けたときは、適切かつ迅速にこれを処理するよう努めるものとする。

第四章　保護命令

（保護命令）

第十条　被害者（配偶者からの身体に対する暴力又は生命等に対する脅迫（被害者の生命又は身体に対し害を加える旨を告知してする脅迫をいう。以下この章において同じ。）を受けた者に限る。以下この章において同じ。）が、配偶者からの身体に対する暴力を受けた者である場合にあっては配偶者からの更なる身体に対する暴力（配偶者からの身体に対する暴力を受けた後に、被害者が離婚をし、又はその婚姻が取り消された場合にあっては、当該配偶者であった者から引き続き受ける身体に対する暴力。第十二条第一項第二号において同じ。）により、配偶者からの生命等に対する脅迫を受けた者である場合にあっては配偶者から受ける身体に対する暴力（配偶者からの生命等に対する脅迫を受けた後に、被害者が離婚をし、又はその婚姻が取り消された場合にあっては、当該配偶者であった者から引き続き受ける身体に対する暴力。同号において同じ。）により、その生命又は身体に重大な危害を受けるおそれが大きいときは、裁判所は、被害者の申立てにより、その生命又は身体に危害が加えられることを防止するため、当該配偶者（配偶者からの身体に対する暴力又は生命等に対する脅迫を受けた後に、被害者が離婚をし、又はその婚姻が取り消された場合にあっては、当該配偶者であった者。以下この条、同項第三号及び第四号並びに第十八条第一項において同じ。）に対し、次の各号に掲げる事項を命ずるものとする。ただし、第二号に掲げる事項については、申立ての時において被害者及び当該配偶者が生活の本拠を共にする場合に限る。

一　命令の効力が生じた日から起算して六月間、被害者の住居（当該配偶者と共に生活の本拠としている住居を除く。以下この号において同じ。）その他の場所において被害者の身辺につきまとい、又は被害者の住居、勤務先その他その通常所在する場所の付近をはいかいしてはならないこと。

二　命令の効力が生じた日から起算して二月間、被害者と共に生活の本拠としている住居から退去すること及び当該住居の付近をはいかいしてはならないこと。

2―5　〔略〕

第十一条―第二十二条　〔略〕

第五章―第六章　〔略〕

附　則〔令四・六・一七法六八〕

（施行期日）

1　この法律は、刑法等一部改正法施行日から施行する。〔ただし書略〕

●自殺対策基本法〔抄〕

（平成一八年六月二一日法律第八五号）

最終改正…平二八・三・三〇法一一

第一章　総則

（目的）

第一条　この法律は、近年、我が国において自殺による死亡者数が高い水準で推移している状況にあり、誰も自殺に追い込まれることのない社会の実現を目指して、これに対処していくことが重要な課題となっていることに鑑み、自殺対策に関し、基本理念を定め、及び国、地方公共団体等の責務を明らかにするとともに、自殺対策の基本となる事項を定めること等により、自殺対策を総合的に推進して、自殺の防止を図り、あわせて自殺者の親族等の支援の充実を図り、もって国民が健康で生きがいを持って暮らすことのできる社会の実現に寄与することを目的とする。

（基本理念）

第二条　自殺対策は、生きることの包括的な支援として、全ての人がかけがえのない個人として尊重されるとともに、生きる力を基礎として生きがいや希望を持って暮らすことができるよう、その妨げとなる諸要因の解消に資するための支援とそれを支えかつ促進するための環境の整備充実が幅広くかつ適切に図られることを旨として、実施されなければならない。

2　自殺対策は、自殺が個人的な問題としてのみ捉えられるべきものではなく、その背景に様々な社会的な要因があることを踏まえ、社会的な取組として実施されなければならない。

3 自殺対策は、自殺が多様かつ複合的な原因及び背景を有するものであることを踏まえ、単に精神保健的観点からのみならず、自殺の実態に即して実施されるようにしなければならない。

4 自殺対策は、自殺の事前予防、自殺発生の危機への対応及び自殺が発生した後又は自殺が未遂に終わった後の事後対応の各段階に応じた効果的な施策として実施されなければならない。

5 自殺対策は、保健、医療、福祉、教育、労働その他の関連施策との有機的な連携が図られ、総合的に実施されなければならない。

（国及び地方公共団体の責務）

第三条 国は、前条の基本理念（次項において「基本理念」という。）にのっとり、自殺対策を総合的に策定し、及び実施する責務を有する。

2 地方公共団体は、基本理念にのっとり、自殺対策について、国と協力しつつ、当該地域の状況に応じた施策を策定し、及び実施する責務を有する。

3 国は、地方公共団体に対し、前項の責務が十分に果たされるように必要な助言その他の援助を行うものとする。

（事業主の責務）

第四条 事業主は、国及び地方公共団体が実施する自殺対策に協力するとともに、その雇用する労働者の心の健康の保持を図るため必要な措置を講ずるよう努めるものとする。

（国民の責務）

第五条 国民は、生きることの包括的な支援としての自殺対策の重要性に関する理解と関心を深めるよう努めるものとする。

（国民の理解の増進）

第六条 国及び地方公共団体は、教育活動、広報活動等を通じて、自殺対策に関する国民の理解を深めるよう必要な措置を講ずるものとする。

（自殺予防週間及び自殺対策強化月間）

第七条 国民の間に広く自殺対策の重要性に関する理解と関心を深めるとともに、自殺対策の総合的な推進に資するため、自殺予防週間及び自殺対策強化月間を設ける。

2 自殺予防週間は九月十日から九月十六日までとし、自殺対策強化月間は三月とする。

3 国及び地方公共団体は、自殺予防週間においては、啓発活動を広く展開するものとし、それにふさわしい事業を実施するよう努めるものとする。

4 国及び地方公共団体は、自殺対策強化月間においては、自殺対策を集中的に展開するものとし、関係機関及び関係団体と相互に連携協力を図りながら、相談事業その他それにふさわしい事業を実施するよう努めるものとする。

（関係者の連携協力）

第八条 国、地方公共団体、医療機関、事業主、学校（学校教育法（昭和二十二年法律第二十六号）第一条に規定する学校をいい、幼稚園及び特別支援学校の幼稚部を除く。第十七条第一項及び第三項において同じ。）、自殺対策に係る活動を行う民間の団体その他の関係者は、自殺対策の総合的かつ効果的な推進のため、相互に連携を図りながら協力するものとする。

（名誉及び生活の平穏への配慮）

第九条 自殺対策の実施に当たっては、自殺者及び自殺未遂者並びにそれらの者の親族等の名誉及び生活の平穏に十分配慮し、いやしくもこれらを不当に侵害することのないようにしなければならない。

（法制上の措置等）

第十条 政府は、この法律の目的を達成するため、必要な法制上又は財政上の措置その他の措置を講じなければならない。

（年次報告）

第十一条 政府は、毎年、国会に、我が国における自殺の概況及び講じた自殺対策に関する報告書を提出しなければならない。

第二章 自殺総合対策大綱及び都道府県自殺対策計画等

（自殺総合対策大綱）

第十二条 政府は、政府が推進すべき自殺対策の指針として、基本的かつ総合的な自殺対策の大綱（次条及び第二十三条第二項第一号において「自殺総合対策大綱」という。）を定めなければならない。

（都道府県自殺対策計画等）

第十三条 都道府県は、自殺総合対策大綱及び地域の実情を勘案して、当該都道府県の区域内における自殺対策についての計画（次項及び次条において「都道府県自殺対策計画」という。）を定めるものとする。

2 市町村は、自殺総合対策大綱及び都道府県自殺対策計画並びに地域の実情を勘案して、当該市町村の区域内における自殺対策についての計画（次条において「市町村自殺対策計画」という。）を定めるものとする。

（都道府県及び市町村に対する交付金の交付）

第十四条 国は、都道府県自殺対策計画又は市町村自殺対策計画に基づいて当該地域の状況に応じた自殺対策のために必要な事業、その総合的かつ効果的な取組等を実施する都道府県又は市町村に対し、当該事業等の実施に要する経費に充てるため、推進される自殺対策の内容その他の事項を勘案して、厚生労働省令で定めるところにより、予算の範囲内で、交付金を交付することができる。

第二章　基本的施策

（調査研究等の推進及び体制の整備）

第十五条　国及び地方公共団体は、自殺対策の総合的かつ効果的な実施に資するため、自殺の実態、自殺の防止、自殺者の親族等の支援の在り方、地域の状況に応じた自殺対策の在り方、自殺対策の実施の状況等又は心の健康の保持増進についての調査研究及び検証並びにその成果の活用を推進するとともに、自殺対策について、先進的な取組に関する情報その他の情報の収集、整理及び提供を行うものとする。

2　国及び地方公共団体は、前項の施策の効率的かつ円滑な実施に資するための体制の整備を行うものとする。

（人材の確保等）

第十六条　国及び地方公共団体は、大学、専修学校、関係団体等との連携協力を図りながら、自殺対策に係る人材の確保、養成及び資質の向上に必要な施策を講ずるものとする。

（心の健康の保持に係る教育及び啓発の推進等）

第十七条　国及び地方公共団体は、職域、学校、地域等における国民の心の健康の保持に係る教育及び啓発の推進並びに相談体制の整備、事業主、学校の教職員等に対する国民の心の健康の保持に関する研修の機会の確保等必要な施策を講ずるものとする。

2　国及び地方公共団体は、前項の施策で大学及び高等専門学校に係るものを講ずるに当たっては、大学及び高等専門学校における教育の特性に配慮しなければならない。

3　学校は、当該学校に在籍する児童、生徒等の保護者、地域住民その他の関係者との連携を図りつつ、当該学校に在籍する児童、生徒等に対し、各人がかけがえのない個人として共に尊重し合いながら生きていくことについての意識の涵養等に資する教育又は啓発、困難な事態、強い心理的負担を受けた場合等における対処の仕方を身に付ける等のための教育又は啓発その他当該学校に在籍する児童、生徒等の心の健康の保持に係る教育又は啓発を行うよう努めるものとする。

（医療提供体制の整備）

第十八条　国及び地方公共団体は、心の健康の保持に支障を生じていることにより自殺のおそれがある者に対し必要な医療が早期かつ適切に提供されるよう、精神疾患を有する者が精神保健に関して学識経験を有する医師（以下この条において「精神科医」という。）の診療を受けやすい環境の整備、良質かつ適切な精神医療が提供される体制の整備、身体の傷害又は疾病についての診療の初期の段階における当該診療を行う医師と精神科医との適切な連携の確保、救急医療を行う医師と精神科医との適切な連携の確保、精神科医とその地域において自殺対策に係る活動を行うその他の心理、保健福祉等に関する専門家、民間の団体等の関係者との円滑な連携の確保等必要な施策を講ずるものとする。

（自殺発生回避のための体制の整備等）

第十九条　国及び地方公共団体は、自殺をする危険性が高い者を早期に発見し、相談その他の自殺の発生を回避するための適切な対処を行う体制の整備及び充実に必要な施策を講ずるものとする。

（自殺未遂者等の支援）

第二十条　国及び地方公共団体は、自殺未遂者が再び自殺を図ることのないよう、自殺未遂者等への適切な支援を行うために必要な施策を講ずるものとする。

（自殺者の親族等の支援）

第二十一条　国及び地方公共団体は、自殺又は自殺未遂が自殺者又は自殺未遂者の親族等に及ぼす深刻な心理的影響が緩和されるよう、当該親族等への適切な支援を行うために必要な施策を講ずるものとする。

（民間団体の活動の支援）

第二十二条　国及び地方公共団体は、民間団体が行う自殺の防止、自殺者の親族等の支援等に関する活動を支援するため、助言、財政上の措置その他の必要な施策を講ずるものとする。

第四章　自殺総合対策会議等〔略〕

附　則〔平二八・三・三〇法一一抄〕

（施行期日）

第一条　この法律は、平成二十八年四月一日から施行する。〔ただし書き略〕

●生活保護法〔抄〕

（昭和二五年五月四日 法律第一四四号）

最終改正…令四・六・二二法七六

第一章 総則

（この法律の目的）

第一条 この法律は、日本国憲法第二十五条に規定する理念に基き、国が生活に困窮するすべての国民に対し、その困窮の程度に応じ、必要な保護を行い、その最低限度の生活を保障するとともに、その自立を助長することを目的とする。

（無差別平等）

第二条 すべて国民は、この法律の定める要件を満たす限り、この法律による保護（以下「保護」という。）を、無差別平等に受けることができる。

（最低生活）

第三条 この法律により保障される最低限度の生活は、健康で文化的な生活水準を維持することができるものでなければならない。

（保護の補足性）

第四条 保護は、生活に困窮する者が、その利用し得る資産、能力その他あらゆるものを、その最低限度の生活の維持のために活用することを要件として行われる。

2 民法（明治二十九年法律第八十九号）に定める扶養義務者の扶養及び他の法律に定める扶助は、すべてこの法律による保護に優先して行われるものとする。

3 前二項の規定は、急迫した事由がある場合に、必要な保護を行うことを妨げるものではない。

（この法律の解釈及び運用）

第五条 前四条に規定するところは、この法律の基本原理であつて、この法律の解釈及び運用は、すべてこの原理に基いてされなければならない。

（用語の定義）

第六条 この法律において「被保護者」とは、現に保護を受けている者をいう。

2 この法律において「要保護者」とは、現に保護を受けているといないとにかかわらず、保護を必要とする状態にある者をいう。

3 この法律において「保護金品」とは、保護として給与し、又は貸与される金銭及び物品をいう。

4 この法律において「金銭給付」とは、金銭の給与又は貸与によつて、保護を行うことをいう。

5 この法律において「現物給付」とは、物品の給与又は貸与、医療の給付、役務の提供その他金銭給付以外の方法で保護を行うことをいう。

第二章 保護の原則

（申請保護の原則）

第七条 保護は、要保護者、その扶養義務者又はその他の同居の親族の申請に基いて開始するものとする。但し、要保護者が急迫した状況にあるときは、保護の申請がなくても、必要な保護を行うことができる。

（基準及び程度の原則）

第八条 保護は、厚生労働大臣の定める基準により測定した要保護者の需要を基とし、そのうち、その者の金銭又は物品で満たすことのできない不足分を補う程度において行うものとする。

2 前項の基準は、要保護者の年齢別、性別、世帯構成別、所在地域別その他保護の種類に応じて必要な事情を考慮した最低限度の生活の需要を満たすに十分なものであつて、且つ、これをこえないものでなければならない。

（必要即応の原則）

第九条 保護は、要保護者の年齢別、性別、健康状態等その個人又は世帯の実際の必要の相違を考慮して、有効且つ適切に行うものとする。

（世帯単位の原則）

第十条 保護は、世帯を単位としてその要否及び程度を定めるものとする。但し、これによりがたいときは、個人を単位として定めることができる。

第三章 保護の種類及び範囲

（種類）

第十一条 保護の種類は、次のとおりとする。

一 生活扶助
二 教育扶助
三 住宅扶助
四 医療扶助
五 介護扶助
六 出産扶助
七 生業扶助
八 葬祭扶助

2 前項各号の扶助は、要保護者の必要に応じ、単給又は併給として行われる。

（生活扶助）

第十二条 生活扶助は、困窮のため最低限度の生活を維持することのできない者に対して、左に掲げる事項の範囲内において行われる。

一 衣食その他日常生活の需要を満たすために必要なもの
二 移送

（教育扶助）

第十三条 教育扶助は、困窮のため最低限度の生活を維持することのできない者に対して、左に掲げる事項の範囲内において行われる。

一　義務教育に伴つて必要な教科書その他の学用品

二　義務教育に伴つて必要な通学用品

三　学校給食その他義務教育に伴つて必要なもの

第十四条　〔略〕

（医療扶助）

第十五条　医療扶助は、困窮のため最低限度の生活を維持することのできない者に対して、左に掲げる事項の範囲内において行われる。

一　診察

二　薬剤又は治療材料

三　医学的処置、手術及びその他の治療並びに施術

四　居宅における療養上の管理及びその他の療養に伴う世話その他の看護

五　病院又は診療所への入院及びその療養に伴う世話その他の看護

六　移送

第十五条の二―第十八条　〔略〕

第四章　保護の機関及び実施　〔略〕

第五章　保護の方法

（生活扶助の方法）

第三十条　生活扶助は、被保護者の居宅において行うものとする。ただし、これによることができないとき、これによつては保護の目的を達しがたいとき、又は被保護者が希望したときは、被保護者を救護施設、更生施設、日常生活支援住居施設（社会福祉法第二条第三項第八号に規定する事業の用に供する施設その他の施設であつて、被保護者に対する日常生活上の支援の実施に必要なものとして厚生労働省令で定める要件に該当すると都道府県知事が認めたものをいう。第六十二条第一項及び第七十条第一号ハにおいて同じ。）若しくはその他の適当な施設に入所させ、若しくはこれらの施設に入所を委託し、又は私人の家庭に養護を委託して行うことができる。

2　前項ただし書の規定は、被保護者の意に反して、入所又は養護を強制することができるものと解釈してはならない。

3　保護の実施機関は、被保護者の親権者又は後見人がその権利を適切に行わない場合においては、その異議があつても、家庭裁判所の許可を得て、第一項但書の措置をとることができる。

第三十一条　生活扶助は、金銭給付によつて行うものとする。但し、これによることができないとき、これによることが適当でないとき、その他保護の目的を達するために必要があるときは、現物給付によつて行うことができる。

2　生活扶助のための保護金品は、一月分以内を限度として前渡するものとする。但し、これによりがたいときは、一月分をこえて前渡することができる。

3　居宅において生活扶助を行う場合の保護金品は、世帯単位に計算し、世帯主又はこれに準ずる者に対して交付するものとする。但し、これによりがたいときは、被保護者に対して個々に交付することができる。

4　地域密着型介護老人福祉施設（介護保険法第八条第二十二項に規定する地域密着型介護老人福祉施設をいう。以下同じ。）、介護老人福祉施設、介護老人保健施設（同条第二十八項に規定する介護老人保健施設をいう。以下同じ。）又は介護医療院（同条第二十九項に規定する介護医療院をいう。以下同じ。）であつて第五十四条の二第一項の規定により指定を受けたもの（同条第二項本文の規定により同条第一項の指定を受けたものとみなされたものを含む。）において施設介護を受ける被保護者に対して生活扶助を行う場合の保護金品を前項に規定する者に交付することが適当でないときその他保護の目的を達するために必要があるときは、同項の規定にかかわらず、当該地域密着型介護老人福祉施設若しくは介護老人福祉施設の長又は当該介護老人保健施設若しくは介護医療院の管理者に対して交付することができる。

5　前条第一項ただし書の規定により生活扶助を行う場合の保護金品は、被保護者又は施設の長若しくは養護の委託を受けた者に対して交付するものとする。

（教育扶助の方法）

第三十二条　教育扶助は、金銭給付によつて行うものとする。但し、これによることができないとき、これによることが適当でないとき、その他保護の目的を達するために必要があるときは、現物給付によつて行うことができる。

2　教育扶助のための保護金品は、被保護者、その親権者若しくは未成年後見人又は被保護者の通学する学校の長に対して交付するものとする。

第三十三条―第三十七条の二　〔略〕

第六章―第十三章　〔略〕

附　則（令四・六・二二法七六）

（施行期日）

第一条　この法律は、こども家庭庁設置法（令和四年法律第七十五号）の施行の日から施行する。〔ただし書略〕

●障害者基本法

（昭和四五年五月二一日
法律第八四号）

題名改正…平五・一二・三法九四
最終改正…平二五・六・二六法六五

【教採頻出条文】第一条、第二条、第十四条、第十六条—4。

第一章　総則

（目的）

第一条　この法律は、全ての国民が、障害の有無にかかわらず、等しく基本的人権を享有するかけがえのない個人として尊重されるものであるとの理念にのつとり、全ての国民が、障害の有無によつて分け隔てられることなく、相互に人格と個性を尊重し合いながら共生する社会を実現するため、障害者の自立及び社会参加の支援等のための施策に関し、基本原則を定め、及び国、地方公共団体等の責務を明らかにするとともに、障害者の自立及び社会参加の支援等のための施策の基本となる事項を定めること等により、障害者の自立及び社会参加の支援等のための施策を総合的かつ計画的に推進することを目的とする。

（定義）

第二条　この法律において、次の各号に掲げる用語の意義は、それぞれ当該各号に定めるところによる。

一　障害者　身体障害、知的障害、精神障害（発達障害を含む。）その他の心身の機能の障害（以下「障害」と総称する。）がある者であつて、障害及び社会的障壁により継続的に日常生活又は社会生活に相当な制限を受ける状態にあるものをいう。

二　社会的障壁　障害がある者にとつて日常生活又は社会生活を営む上で障壁となるような社会における事物、制度、慣行、観念その他一切のものをいう。

（地域社会における共生等）

第三条　第一条に規定する社会の実現は、全ての障害者が、障害者でない者と等しく、基本的人権を享有する個人としてその尊厳が重んぜられ、その尊厳にふさわしい生活を保障される権利を有することを前提としつつ、次に掲げる事項を旨として図られなければならない。

一　全て障害者は、社会を構成する一員として社会、経済、文化その他あらゆる分野の活動に参加する機会が確保されること。

二　全て障害者は、可能な限り、どこで誰と生活するかについての選択の機会が確保され、地域社会において他の人々と共生することを妨げられないこと。

三　全て障害者は、可能な限り、言語（手話を含む。）その他の意思疎通のための手段についての選択の機会が確保されるとともに、情報の取得又は利用のための手段についての選択の機会の拡大が図られること。

（差別の禁止）

第四条　何人も、障害者に対して、障害を理由として、差別することその他の権利利益を侵害する行為をしてはならない。

2　社会的障壁の除去は、それを必要としている障害者が現に存し、かつ、その実施に伴う負担が過重でないときは、それを怠ることによつて前項の規定に違反することとならないよう、その実施について必要かつ合理的な配慮がされなければならない。

3　国は、第一項の規定に違反する行為の防止に関する啓発及び知識の普及を図るため、当該行為の防止を図るために必要となる情報の収集、整理及び提供を行うものとする。

（国際的協調）

第五条　第一条に規定する社会の実現は、そのための施策が国際社会における取組と密接な関係を有していることに鑑み、国際的協調の下に図られなければならない。

（国及び地方公共団体の責務）

第六条　国及び地方公共団体は、第一条に規定する社会の実現を図るため、前三条に定める基本原則（以下「基本原則」という。）にのつとり、障害者の自立及び社会参加の支援等のための施策を総合的かつ計画的に実施する責務を有する。

（国民の理解）

第七条　国及び地方公共団体は、基本原則に関する国民の理解を深めるよう必要な施策を講じなければならない。

（国民の責務）

第八条　国民は、基本原則にのつとり、第一条に規定する社会の実現に寄与するよう努めなければならない。

（障害者週間）

第九条　国民の間に広く基本原則に関する関心と理解を深めるとともに、障害者が社会、経済、文化その他あらゆる分野の活動に参加することを促進するため、障害者週間を設ける。

2　障害者週間は、十二月三日から十二月九日までの一週間とする。

3　国及び地方公共団体は、障害者の自立及び社会参加の支援等に関する活動を行う民間の団体等と相互に緊密な連携協力を図りながら、障害者週間の趣旨にふさわしい事業を実施するよう努めなければならない。

（施策の基本方針）

第十条 障害者の自立及び社会参加の支援等のための施策は、障害者の性別、年齢、障害の状態及び生活の実態に応じて、かつ、有機的連携の下に総合的に、策定され、及び実施されなければならない。

2 国及び地方公共団体は、障害者の自立及び社会参加の支援等のための施策を講ずるに当たつては、障害者その他の関係者の意見を聴き、その意見を尊重するよう努めなければならない。

（障害者基本計画等）

第十一条 政府は、障害者の自立及び社会参加の支援等のための施策の総合的かつ計画的な推進を図るため、障害者のための施策に関する基本的な計画（以下「障害者基本計画」という。）を策定しなければならない。

2 都道府県は、障害者基本計画を基本とするとともに、当該都道府県における障害者の状況等を踏まえ、当該都道府県における障害者のための施策に関する基本的な計画（以下「都道府県障害者計画」という。）を策定しなければならない。

3 市町村は、障害者基本計画及び都道府県障害者計画を基本とするとともに、当該市町村における障害者の状況等を踏まえ、当該市町村における障害者のための施策に関する基本的な計画（以下「市町村障害者計画」という。）を策定しなければならない。

4 内閣総理大臣は、関係行政機関の長に協議するとともに、障害者政策委員会の意見を聴いて、障害者基本計画の案を作成し、閣議の決定を求めなければならない。

5 都道府県は、都道府県障害者計画を策定するに当たつては、第三十六条第一項の合議制の機関の意見を聴かなければならない。

6 市町村は、市町村障害者計画を策定するに当たつては、第三十六条第四項の合議制の機関を設置している場合にあつてはその意見を、その他の場合にあつては障害者その他の関係者の意見を聴かなければならない。

7 政府は、障害者基本計画を策定したときは、これを国会に報告するとともに、その要旨を公表しなければならない。

8 第二項又は第三項の規定により都道府県障害者計画又は市町村障害者計画が策定されたときは、都道府県知事又は市町村長は、これを当該都道府県の議会又は当該市町村の議会に報告するとともに、その要旨を公表しなければならない。

9 第四項及び第七項の規定は障害者基本計画の変更について、第五項及び前項の規定は都道府県障害者計画の変更について、第六項及び前項の規定は市町村障害者計画の変更について準用する。

（法制上の措置等）

第十二条 政府は、この法律の目的を達成するため、必要な法制上及び財政上の措置を講じなければならない。

（年次報告）

第十三条 政府は、毎年、国会に、障害者のために講じた施策の概況に関する報告書を提出しなければならない。

第二章 障害者の自立及び社会参加の支援等のための基本的施策

（医療、介護等）

第十四条 国及び地方公共団体は、障害者が生活機能を回復し、取得し、又は維持するために必要な医療の給付及びリハビリテーションの提供を行うよう必要な施策を講じなければならない。

2 国及び地方公共団体は、前項に規定する医療及びリハビリテーションの研究、開発及び普及を促進しなければならない。

3 国及び地方公共団体は、障害者が、その性別、年齢、障害の状態及び生活の実態に応じ、医療、介護、保健、生活支援その他自立のための適切な支援を受けられるよう必要な施策を講じなければならない。

4 国及び地方公共団体は、第一項及び前項に規定する施策を講ずるために必要な専門的技術職員その他の専門的知識又は技能を有する職員を育成するよう努めなければならない。

5 国及び地方公共団体は、医療若しくは介護の給付又はリハビリテーションの提供を行うに当たつては、障害者が、可能な限りその身近な場所においてこれらを受けられるよう必要な施策を講ずるものとするほか、その人権を十分に尊重しなければならない。

6 国及び地方公共団体は、福祉用具及び身体障害者補助犬の給付又は貸与その他障害者が日常生活及び社会生活を営むのに必要な施策を講じなければならない。

7 国及び地方公共団体は、前項に規定する施策を講ずるために必要な福祉用具の研究及び開発、身体障害者補助犬の育成等を促進しなければならない。

（年金等）

第十五条 国及び地方公共団体は、障害者の自立及び生活の安定に資するため、年金、手当等の制度に関し必要な施策を講じなければならない。

（教育）

第十六条 国及び地方公共団体は、障害者が、その年齢及び能力に応じ、かつ、その特性を踏まえた十分な教育が受けられるようにするため、可能な限り障害者である児童及び生徒が障害者でない児童及び生徒と共に教育を受けられるよう配慮しつつ、教育の内容及び方法の改善及び充実を図る等必要な施策を講じなければならない。

2　国及び地方公共団体は、前項の目的を達成するため、障害者である児童及び生徒並びにその保護者に対し十分な情報の提供を行うとともに、可能な限りその意向を尊重しなければならない。

3　国及び地方公共団体は、障害者である児童及び生徒と障害者でない児童及び生徒との交流及び共同学習を積極的に進めることによつて、その相互理解を促進しなければならない。

4　国及び地方公共団体は、障害者の教育に関し、調査及び研究並びに人材の確保及び資質の向上、適切な教材等の提供、学校施設の整備その他の環境の整備を促進しなければならない。

（療育）

第十七条　国及び地方公共団体は、障害者である子どもが可能な限りその身近な場所において療育その他これに関連する支援を受けられるよう必要な施策を講じなければならない。

2　国及び地方公共団体は、療育に関し、研究、開発及び普及の促進、専門的知識又は技能を有する職員の育成その他の環境の整備を促進しなければならない。

（職業相談等）

第十八条　国及び地方公共団体は、障害者の職業選択の自由を尊重しつつ、障害者がその能力に応じて適切な職業に従事することができるようにするため、障害者の多様な就業の機会を確保するよう努めるとともに、個々の障害者の特性に配慮した職業相談、職業指導、職業訓練及び職業紹介の実施その他必要な施策を講じなければならない。

2　国及び地方公共団体は、障害者の多様な就業の機会の確保を図るため、前項に規定する施策に関する調査及び研究を促進しなければならない。

3　国及び地方公共団体は、障害者の地域社会における作業活動の場及び障害者の職業訓練のための施設の拡充を図るため、これに必要な費用の助成その他必要な施策を講じなければならない。

（雇用の促進等）

第十九条　国及び地方公共団体は、国及び地方公共団体並びに事業者における障害者の雇用を促進するため、障害者の優先雇用その他の施策を講じなければならない。

2　事業主は、障害者の雇用に関し、その有する能力を正当に評価し、適切な雇用の機会を確保するとともに、個々の障害者の特性に応じた適正な雇用管理を行うことによりその雇用の安定を図るよう努めなければならない。

3　国及び地方公共団体は、障害者を雇用する事業主に対して、障害者の雇用のための経済的負担を軽減し、もつてその雇用の促進及び継続を図るため、障害者が雇用されるのに伴い必要となる施設又は設備の整備等に要する費用の助成その他必要な施策を講じなければならない。

（住宅の確保）

第二十条　国及び地方公共団体は、障害者が地域社会において安定した生活を営むことができるようにするため、障害者のための住宅を確保し、及び障害者の日常生活に適するような住宅の整備を促進するよう必要な施策を講じなければならない。

（公共的施設のバリアフリー化）

第二十一条　国及び地方公共団体は、障害者の利用の便宜を図ることによつて障害者の自立及び社会参加を支援するため、自ら設置する官公庁施設、交通施設（車両、船舶、航空機等の移動施設を含む。次項において同じ。）その他の公共的施設について、障害者が円滑に利用できるような施設の構造及び設備の整備等の計画的推進を図らなければならない。

2　交通施設その他の公共的施設を設置する事業者は、障害者の利用の便宜を図ることによつて障害者の自立及び社会参加を支援するため、当該公共的施設について、障害者が円滑に利用できるような施設の構造及び設備の整備等の計画的推進に努めなければならない。

3　国及び地方公共団体は、前二項の規定により行われる公共的施設の構造及び設備の整備等が総合的かつ計画的に推進されるようにするため、必要な施策を講じなければならない。

4　国、地方公共団体及び公共的施設を設置する事業者は、自ら設置する公共的施設を利用する障害者の補助を行う身体障害者補助犬の同伴について障害者の利用の便宜を図らなければならない。

（情報の利用におけるバリアフリー化等）

第二十二条　国及び地方公共団体は、障害者が円滑に情報を取得し及び利用し、その意思を表示し、並びに他人との意思疎通を図ることができるようにするため、障害者が利用しやすい電子計算機及びその関連装置その他情報通信機器の普及、電気通信及び放送の役務の利用に関する障害者の利便の増進、障害者に対して情報を提供する施設の整備、障害者の意思疎通を仲介する者の養成及び派遣等が図られるよう必要な施策を講じなければならない。

2　国及び地方公共団体は、災害その他非常の事態の場合に障害者に対しその安全を確保するため必要な情報が迅速かつ的確に伝えられるよう必要な施策を講ずるものとするほか、行政の情報化及び公共分野における情報通信技術の活用の推進に当たつては、障害者の利用の便宜が図られるよう特に配慮しなければならない。

3　電気通信及び放送その他の情報の提供に係る役務の提供並びに電子計算機及びその関連装置その他情報通信機器の製造等を行う事業者は、当該役務の提供又は当該機器の製造等に当たつては、障害者の利用の便宜を図るよう努めなければならない。

（相談等）

第二十三条　国及び地方公共団体は、障害者の意思決定の支援に配慮しつつ、障害者及びその家族その他の関係者に対する相談業務、成年後見制度その他の障害者の権利利益の保護等のための施策又は制度が、適切に行われ又は広く利用されるようにしなければならない。

2　国及び地方公共団体は、障害者及びその家族その他の関係者からの各種の相談に総合的に応ずることができるようにするため、関係機関相互の有機的連携の下に必要な相談体制の整備を図るとともに、障害者の家族に対し、障害者の家族が互いに支え合うための活動の支援その他の支援を適切に行うものとする。

（経済的負担の軽減）

第二十四条　国及び地方公共団体は、障害者及び障害者を扶養する者の経済的負担の軽減を図り、又は障害者の自立の促進を図るため、税制上の措置、公共的施設の利用料等の減免その他必要な施策を講じなければならない。

（文化的諸条件の整備等）

第二十五条　国及び地方公共団体は、障害者が円滑に文化芸術活動、スポーツ又はレクリエーションを行うことができるようにするため、施設、設備その他の諸条件の整備、文化芸術、スポーツ等に関する活動の助成その他必要な施策を講じなければならない。

（防災及び防犯）

第二十六条　国及び地方公共団体は、障害者が地域社会において安全にかつ安心して生活を営むことができるようにするため、障害者の性別、年齢、障害の状態及び生活の実態に応じて、防災及び防犯に関し必要な施策を講じなければならない。

（消費者としての障害者の保護）

第二十七条　国及び地方公共団体は、障害者の消費者としての利益の擁護及び増進が図られるようにするため、適切な方法による情報の提供その他必要な施策を講じなければならない。

2　事業者は、障害者の消費者としての利益の擁護及び増進が図られるようにするため、適切な方法による情報の提供等に努めなければならない。

（選挙等における配慮）

第二十八条　国及び地方公共団体は、法律又は条例の定めるところにより行われる選挙、国民審査又は投票において、障害者が円滑に投票できるようにするため、投票所の施設又は設備の整備その他必要な施策を講じなければならない。

（司法手続における配慮等）

第二十九条　国又は地方公共団体は、障害者が、刑事事件若しくは少年の保護事件に関する手続その他これに準ずる手続の対象となつた場合又は裁判所における民事事件、家事事件若しくは行政事件に関する手続の当事者その他の関係人となつた場合において、障害者がその権利を円滑に行使できるようにするため、個々の障害者の特性に応じた意思疎通の手段を確保するよう配慮するとともに、関係職員に対する研修その他必要な施策を講じなければならない。

（国際協力）

第三十条　国は、障害者の自立及び社会参加の支援等のための施策を国際的協調の下に推進するため、外国政府、国際機関又は関係団体等との情報の交換その他必要な施策を講ずるように努めるものとする。

第三章　障害の原因となる傷病の予防に関する基本的施策

第三十一条　国及び地方公共団体は、障害の原因及び予防に関する調査及び研究を促進しなければならない。

2　国及び地方公共団体は、障害の原因となる傷病の予防のため、必要な知識の普及、母子保健等の保健対策の強化、当該傷病の早期発見及び早期治療の推進その他必要な施策を講じなければならない。

3　国及び地方公共団体は、障害の原因となる難病等の予防及び治療が困難であることに鑑み、障害の原因となる難病等の調査及び研究を推進するとともに、難病等に係る障害者に対する施策をきめ細かく推進するよう努めなければならない。

第四章　障害者政策委員会等

（障害者政策委員会の設置）

第三十二条　内閣府に、障害者政策委員会（以下「政策委員会」という。）を置く。

2　政策委員会は、次に掲げる事務をつかさどる。

一　障害者基本計画に関し、第十一条第四項（同条第九項において準用する場合を含む。）に規定する事項を処理すること。

二　前号に規定する事項に関し、調査審議し、必要があると認めるときは、内閣総理大臣又は関係各大臣に対し、意見を述べること。

三　障害者基本計画の実施状況を監視し、必要があると認めるときは、内閣総理大臣又は内閣総理大臣を通じて関係各大臣に勧告すること。

四　障害を理由とする差別の解消の推進に

関する法律（平成二十五年法律第六十五号）の規定によりその権限に属させられた事項を処理すること。

3 内閣総理大臣又は関係各大臣は、前項第三号の規定による勧告に基づき講じた施策について政策委員会に報告しなければならない。

（政策委員会の組織及び運営）

第三十三条 政策委員会は、委員三十人以内で組織する。

2 政策委員会の委員は、障害者、障害者の自立及び社会参加に関する事業に従事する者並びに学識経験のある者のうちから、内閣総理大臣が任命する。この場合において、委員の構成については、政策委員会が様々な障害者の意見を聴き障害者の実情を踏まえた調査審議を行うことができることとなるよう、配慮されなければならない。

3 政策委員会の委員は、非常勤とする。

第三十四条 政策委員会は、その所掌事務を遂行するため必要があると認めるときは、関係行政機関の長に対し、資料の提出、意見の表明、説明その他必要な協力を求めることができる。

2 政策委員会は、その所掌事務を遂行するため特に必要があると認めるときは、前項に規定する者以外の者に対しても、必要な協力を依頼することができる。

第三十五条 前二条に定めるもののほか、政策委員会の組織及び運営に関し必要な事項は、政令で定める。

（都道府県等における合議制の機関）

第三十六条 都道府県（地方自治法（昭和二十二年法律第六十七号）第二百五十二条の十九第一項の指定都市（以下「指定都市」という。）を含む。以下同じ。）に、次に掲げる事務を処理するため、審議会その他の合議制の機関を置く。

一 都道府県障害者計画に関し、第十一条第五項（同条第九項において準用する場合を含む。）に規定する事項を処理すること。

二 当該都道府県における障害者に関する施策の総合的かつ計画的な推進について必要な事項を調査審議し、及びその施策の実施状況を監視すること。

三 当該都道府県における障害者に関する施策の推進について必要な関係行政機関相互の連絡調整を要する事項を調査審議すること。

2 前項の合議制の機関の委員の構成については、当該機関が様々な障害者の意見を聴き障害者の実情を踏まえた調査審議を行うことができることとなるよう、配慮されなければならない。

3 前項に定めるもののほか、第一項の合議制の機関の組織及び運営に関し必要な事項は、条例で定める。

4 市町村（指定都市を除く。）は、条例で定めるところにより、次に掲げる事務を処理するため、審議会その他の合議制の機関を置くことができる。

一 市町村障害者計画に関し、第十一条第六項（同条第九項において準用する場合を含む。）に規定する事項を処理すること。

二 当該市町村における障害者に関する施策の総合的かつ計画的な推進について必要な事項を調査審議し、及びその施策の実施状況を監視すること。

三 当該市町村における障害者に関する施策の推進について必要な関係行政機関相互の連絡調整を要する事項を調査審議すること。

5 第二項及び第三項の規定は、前項の規定により合議制の機関が置かれた場合に準用する。

附 則〔平二五・六・二六法六五抄〕

（施行期日）

第一条 この法律は、平成二十八年四月一日から施行する。〔ただし書き略〕

●障害者虐待の防止、障害者の養護者に対する支援等に関する法律〔抄〕★

（平成二三年六月二四日 法律第七九号）

最終改正…令四・六・一二法七六

第一章　総則

（目的）

第一条　この法律は、障害者に対する虐待が障害者の尊厳を害するものであり、障害者の自立及び社会参加にとって障害者に対する虐待を防止することが極めて重要であること等に鑑み、障害者に対する虐待の禁止、障害者虐待の予防及び早期発見その他の障害者虐待の防止等に関する国等の責務、障害者虐待を受けた障害者に対する保護及び自立の支援のための措置、養護者の負担の軽減を図ること等の養護者に対する養護者による障害者虐待の防止に資する支援（以下「養護者に対する支援」という。）のための措置等を定めることにより、障害者虐待の防止、養護者に対する支援等に関する施策を促進し、もって障害者の権利利益の擁護に資することを目的とする。

（定義）

第二条　この法律において「障害者」とは、障害者基本法（昭和四十五年法律第八十四号）第二条第一号に規定する障害者をいう。

2　この法律において「障害者虐待」とは、養護者による障害者虐待、障害者福祉施設従事者等による障害者虐待及び使用者による障害者虐待をいう。

3　この法律において「養護者」とは、障害者を現に養護する者であって障害者福祉施設従事者等及び使用者以外のものをいう。

4　この法律において「障害者福祉施設従事者等」とは、障害者の日常生活及び社会生活を総合的に支援するための法律（平成十七年法律第百二十三号）第五条第十一項に規定する障害者支援施設（以下「障害者支援施設」という。）若しくは独立行政法人国立重度知的障害者総合施設のぞみの園法（平成十四年法律第百六十七号）第十一条第一号の規定により独立行政法人国立重度知的障害者総合施設のぞみの園が設置する施設（以下「のぞみの園」という。）（以下「障害者福祉施設」という。）又は障害者の日常生活及び社会生活を総合的に支援するための法律第五条第一項に規定する障害福祉サービス事業、同条第十八項に規定する一般相談支援事業若しくは特定相談支援事業、同条第二十六項に規定する移動支援事業、同条第二十七項に規定する地域活動支援センターを経営する事業若しくは同条第二十八項に規定する福祉ホームを経営する事業その他厚生労働省令で定める事業（以下「障害福祉サービス事業等」という。）に係る業務に従事する者をいう。

5　この法律において「使用者」とは、障害者を雇用する事業主（当該障害者が派遣労働者（労働者派遣事業の適正な運営の確保及び派遣労働者の保護等に関する法律（昭和六十年法律第八十八号）第二条第二号に規定する派遣労働者をいう。以下同じ。）である場合において当該派遣労働者に係る労働者派遣（同条第一号に規定する労働者派遣をいう。）の役務の提供を受ける事業主その他これに類するものとして政令で定める事業主を含み、国及び地方公共団体を除く。以下同じ。）又は事業の経営担当者その他その事業の労働者に関する事項について事業主のために行為をする者をいう。

6　この法律において「養護者による障害者虐待」とは、次のいずれかに該当する行為をいう。

一　養護者がその養護する障害者について行う次に掲げる行為

イ　障害者の身体に外傷が生じ、若しくは生じるおそれのある暴行を加え、又は正当な理由なく障害者の身体を拘束すること。

ロ　障害者にわいせつな行為をすること又は障害者をしてわいせつな行為をさせること。

ハ　障害者に対する著しい暴言又は著しく拒絶的な対応その他の障害者に著しい心理的外傷を与える言動を行うこと。

ニ　障害者を衰弱させるような著しい減食又は長時間の放置、養護者以外の同居人によるイからハまでに掲げる行為と同様の行為の放置等養護を著しく怠ること。

二　養護者又は障害者の親族が当該障害者の財産を不当に処分することその他当該障害者から不当に財産上の利益を得ること。

7　この法律において「障害者福祉施設従事者等による障害者虐待」とは、障害者福祉施設従事者等が、当該障害者福祉施設に入所し、その他当該障害者福祉施設を利用する障害者又は当該障害福祉サービス事業等に係るサービスの提供を受ける障害者について行う次のいずれかに該当する行為をいう。

一　障害者の身体に外傷が生じ、若しくは生じるおそれのある暴行を加え、又は正当な理由なく障害者の身体を拘束すること。

二　障害者にわいせつな行為をすること又は障害者をしてわいせつな行為をさせること。

三　障害者に対する著しい暴言、著しく拒絶的な対応又は不当な差別的言動その他の障害者に著しい心理的外傷を与える言動を行うこと。

四　障害者を衰弱させるような著しい減食又は長時間の放置、当該障害者福祉施設に入所し、その他当該障害者福祉施設を利用する他の障害者又は当該障害福祉サービス事業等に係るサービスの提供を受ける他の障害者による前三号に掲げる行為と同様の行為の放置その他の障害者を養護すべき職務上の義務を著しく怠ること。

五　障害者の財産を不当に処分することその他障害者から不当に財産上の利益を得ること。

8　この法律において「使用者による障害者虐待」とは、使用者が当該事業所に使用される障害者について行う次のいずれかに該当する行為をいう。

一　障害者の身体に外傷が生じ、若しくは生じるおそれのある暴行を加え、又は正当な理由なく障害者の身体を拘束すること。

二　障害者にわいせつな行為をすること又は障害者をしてわいせつな行為をさせること。

三　障害者に対する著しい暴言、著しく拒絶的な対応又は不当な差別的言動その他の障害者に著しい心理的外傷を与える言動を行うこと。

四　障害者を衰弱させるような著しい減食又は長時間の放置、当該事業所に使用される他の労働者による前三号に掲げる行為と同様の行為の放置その他これらに準ずる行為を行うこと。

五　障害者の財産を不当に処分することその他障害者から不当に財産上の利益を得ること。

（障害者に対する虐待の禁止）

第三条　何人も、障害者に対し、虐待をしてはならない。

（国及び地方公共団体の責務等）

第四条　国及び地方公共団体は、障害者虐待の予防及び早期発見その他の障害者虐待の防止、障害者虐待を受けた障害者の迅速かつ適切な保護及び自立の支援並びに適切な養護者に対する支援を行うため、関係省庁相互間その他関係機関及び民間団体の間の連携の強化、民間団体の支援その他必要な体制の整備に努めなければならない。

2　国及び地方公共団体は、障害者虐待の防止、障害者虐待を受けた障害者の保護及び自立の支援並びに養護者に対する支援が専門的知識に基づき適切に行われるよう、これらの職務に携わる専門的知識及び技術を有する人材その他必要な人材の確保及び資質の向上を図るため、関係機関の職員の研修等必要な措置を講ずるよう努めなければならない。

3　国及び地方公共団体は、障害者虐待の防止、障害者虐待を受けた障害者の保護及び自立の支援並びに養護者に対する支援に資するため、障害者虐待に係る通報義務、人権侵犯事件に係る救済制度等について必要な広報その他の啓発活動を行うものとする。

（国民の責務）

第五条　国民は、障害者虐待の防止、養護者に対する支援等の重要性に関する理解を深めるとともに、国又は地方公共団体が講ずる障害者虐待の防止、養護者に対する支援等のための施策に協力するよう努めなければならない。

（障害者虐待の早期発見等）

第六条　国及び地方公共団体の障害者の福祉に関する事務を所掌する部局その他の関係機関は、障害者虐待を発見しやすい立場にあることに鑑み、相互に緊密な連携を図りつつ、障害者虐待の早期発見に努めなければならない。

2　障害者福祉施設、学校、医療機関、保健所その他障害者の福祉に業務上関係のある団体並びに障害者福祉施設従事者等、学校の教職員、医師、歯科医師、保健師、弁護士その他障害者の福祉に職務上関係のある者及び使用者は、障害者虐待を発見しやすい立場にあることを自覚し、障害者虐待の早期発見に努めなければならない。

3　前項に規定する者は、国及び地方公共団体が講ずる障害者虐待の防止のための啓発活動並びに障害者虐待を受けた障害者の保護及び自立の支援のための施策に協力するよう努めなければならない。

第二章―第四章　〔略〕

第七条―第二十八条　〔略〕

第五章　就学する障害者等に対する虐待の防止等

（就学する障害者に対する虐待の防止等）

第二十九条　学校（学校教育法（昭和二十二年法律第二十六号）第一条に規定する学校、同法第百二十四条に規定する専修学校又は同法第百三十四条第一項に規定する各種学校をいう。以下同じ。）の長は、教職員、児童、生徒、学生その他の関係者に対する障害及び障害者に関する理解を深めるための研修の実施及び普及啓発、就学する障害者に対する虐待に関する相談に係る体制の整備、就学する障害者に対する虐待に対処するための措置その他の当該学校に就学する障害者に対する虐待を防止するため必要な措置を講ずるものとする。

（保育所等に通う障害者に対する虐待の防止等）

第三十条　保育所等（児童福祉法（昭和二十二年法律第百六十四号）第三十九条第一項に規定する保育所若しくは同法第五十九条第一項に規定する施設のうち同法第三十九条第一項に規定する業務を目的とするもの（少数の乳児又は幼児を対象とするものその他の内閣府令・厚生労働省令で定めるものを除く。）又は就学前の子どもに関する教育、保育等の総合的な提供の推進に関する法律（平成十八年法律第七十七号）第二条第六項に規定する認定こども園をいう。以下同じ。）の長は、保育所等の職員その他の関係者に対する障害及び障害者に関する理解を深めるための研修の実施及び普及啓発、保育所等に通う障害者に対する虐待に関する相談に係る体制の整備、保育所等に通う障害者に対する虐待に対処するための措置その他の当該保育所等に通う障害者に対する虐待を防止するため必要な措置を講ずるものとする。

（医療機関を利用する障害者に対する虐待の防止等）

第三十一条　医療機関（医療法（昭和二十三年法律第二百五号）第一条の五第一項に規定する病院又は同条第二項に規定する診療所をいう。以下同じ。）の管理者は、医療機関の職員その他の関係者に対する障害及び障害者に関する理解を深めるための研修の実施及び普及啓発、医療機関を利用する障害者に対する虐待に関する相談に係る体制の整備、医療機関を利用する障害者に対する虐待に対処するための措置その他の当該医療機関を利用する障害者に対する虐待を防止するため必要な措置を講ずるものとする。

第六章—第八章〔略〕

附　則〔抄〕

（検討）

第二条　政府は、学校、保育所等、医療機関、官公署等における障害者に対する虐待の防止等の体制の在り方並びに障害者の安全の確認又は安全の確保を実効的に行うための方策、障害者を訪問して相談等を行う体制の充実強化その他の障害者虐待の防止、障害者虐待を受けた障害者の保護及び自立の支援、養護者に対する支援等のための制度について、この法律の施行後三年を目途として、児童虐待、高齢者虐待、配偶者からの暴力等の防止等に関する法制度全般の見直しの状況を踏まえ、この法律の施行状況等を勘案して検討を加え、その結果に基づいて必要な措置を講ずるものとする。

（調整規定）

第四条　この法律の施行の日が障害者基本法の一部を改正する法律（平成二十三年法律第九十号）の施行の日前である場合には、同法の施行の日の前日までの間における第二条第一項及び前条の規定による改正後の高齢者虐待の防止、高齢者の養護者に対する支援等に関する法律第二条第六項の規定の適用については、これらの規定中「第二条第一号」とあるのは、「第二条」とする。

附　則〔令四・六・二二法七六〕

（施行期日）

第一条　この法律は、こども家庭庁設置法（令和四年法律第七十五号）の施行の日から施行する。〔ただし書略〕

●発達障害者支援法

（平成一六年一二月一〇日　法律第一六七号）

最終改正…平二八・六・三法六四

【教採頻出条文】第二条—2、第二条の二、第八条。

第一章　総則

（目的）

第一条　この法律は、発達障害者の心理機能の適正な発達及び円滑な社会生活の促進のために発達障害の症状の発現後できるだけ早期に発達支援を行うとともに、切れ目なく発達障害者の支援を行うことが特に重要であることに鑑み、障害者基本法（昭和四十五年法律第八十四号）の基本的な理念にのっとり、発達障害者が基本的人権を享有する個人としての尊厳にふさわしい日常生活又は社会生活を営むことができるよう、発達障害を早期に発見し、発達支援を行うことに関する国及び地方公共団体の責務を明らかにするとともに、学校教育における発達障害者への支援、発達障害者の就労の支援、発達障害者支援センターの指定等について定めることにより、発達障害者の自立及び社会参加のためのその生活全般にわたる支援を図り、もって全ての国民が、障害の有無によって分け隔てられることなく、相互に人格と個性を尊重し合いながら共生する社会の実現に資することを目的とする。

（定義）

第二条　この法律において「発達障害」とは、自閉症、アスペルガー症候群その他の広汎性発達障害、学習障害、注意欠陥多動性障害その他これに類する脳機能の障害であってその症状が通常低年齢において発現するものとして政令で定めるものをいう。

2　この法律において「発達障害者」とは、発達障害がある者であって発達障害及び社会的障壁により日常生活又は社会生活に制限を受けるものをいい、「発達障害児」とは、発達障害者のうち十八歳未満のものをいう。

3　この法律において「社会的障壁」とは、発達障害がある者にとって日常生活又は社会生活を営む上で障壁となるような社会における事物、制度、慣行、観念その他一切のものをいう。

4　この法律において「発達支援」とは、発達障害者に対し、その心理機能の適正な発達を支援し、及び円滑な社会生活を促進するため行う個々の発達障害者の特性に対応した医療的、福祉的及び教育的援助をいう。

（基本理念）

第二条の二　発達障害者の支援は、全ての発達障害者が社会参加の機会が確保されること及びどこで誰と生活するかについての選択の機会が確保され、地域社会において他の人々と共生することを妨げられないことを旨として、行われなければならない。

2　発達障害者の支援は、社会的障壁の除去に資することを旨として、行われなければならない。

3　発達障害者の支援は、個々の発達障害者の性別、年齢、障害の状態及び生活の実態に応じて、かつ、医療、保健、福祉、教育、労働等に関する業務を行う関係機関及び民間団体相互の緊密な連携の下に、その意思決定の支援に配慮しつつ、切れ目なく行われなければならない。

（国及び地方公共団体の責務）

第三条　国及び地方公共団体は、発達障害者の心理機能の適正な発達及び円滑な社会生活の促進のために発達障害の症状の発現後できるだけ早期に発達支援を行うことが特に重要であることに鑑み、前条の基本理念（次項及び次条において「基本理念」という。）にのっとり、発達障害の早期発見のため必要な措置を講じるものとする。

2　国及び地方公共団体は、基本理念にのっとり、発達障害児に対し、発達障害の症状の発現後できるだけ早期に、その者の状況に応じて適切に、就学前の発達支援、学校における発達支援その他の発達支援が行われるとともに、発達障害者に対する就労、地域における生活等に関する支援及び発達障害者の家族その他の関係者に対する支援が行われるよう、必要な措置を講じるものとする。

3　国及び地方公共団体は、発達障害者及びその家族その他の関係者からの各種の相談に対し、個々の発達障害者の特性に配慮しつつ総合的に応ずることができるようにするため、医療、保健、福祉、教育、労働等に関する業務を行う関係機関及び民間団体相互の有機的連携の下に必要な相談体制の整備を行うものとする。

4　発達障害者の支援等の施策が講じられるに当たっては、発達障害者及び発達障害児の保護者（親権を行う者、未成年後見人その他の者で、児童を現に監護するものをいう。以下同じ。）の意思ができる限り尊重されなければならないものとする。

5　国及び地方公共団体は、発達障害者の支援等の施策を講じるに当たっては、医療、保健、福祉、教育、労働等に関する業務を担当する部局の相互の緊密な連携を確保するとともに、発達障害者が被害を受けること等を防止するため、これらの部局と消費生活、警察等に関する業務を担当する部局その他の関係機関との必要な協力体制の整備を行うものとする。

（国民の責務）

第四条　国民は、個々の発達障害の特性その他発達障害に関する理解を深めるとともに、基本理念にのっとり、発達障害者の自立及び社会参加に協力するように努めなければならない。

第二章　児童の発達障害の早期発見及び発達障害者の支援のための施策

（児童の発達障害の早期発見等）

第五条　市町村は、母子保健法（昭和四十年法律第百四十一号）第十二条及び第十三条に規定する健康診査を行うに当たり、発達障害の早期発見に十分留意しなければならない。

2　市町村の教育委員会は、学校保健安全法（昭和三十三年法律第五十六号）第十一条に規定する健康診断を行うに当たり、発達障害の早期発見に十分留意しなければならない。

3　市町村は、児童に発達障害の疑いがある場合には、適切に支援を行うため、当該児童の保護者に対し、継続的な相談、情報の提供及び助言を行うよう努めるとともに、必要に応じ、当該児童が早期に医学的又は心理学的判定を受けることができるよう、当該児童の保護者に対し、第十四条第一項の発達障害者支援センター、第十九条の規定により都道府県が確保した医療機関その他の機関（次条第一項において「センター等」という。）を紹介し、又は助言を行うものとする。

4　市町村は、前三項の措置を講じるに当たっては、当該措置の対象となる児童及び保護者の意思を尊重するとともに、必要な配慮をしなければならない。

5 都道府県は、市町村の求めに応じ、児童の発達障害の早期発見に関する技術的事項についての指導、助言その他の市町村に対する必要な技術的援助を行うものとする。

（早期の発達支援）

第六条 市町村は、発達障害児が早期の発達支援を受けることができるよう、発達障害児の保護者に対し、その相談に応じ、センター等を紹介し、又は助言を行い、その他適切な措置を講じるものとする。

2 前条第四項の規定は、前項の措置を講じる場合について準用する。

3 都道府県は、発達障害児の早期の発達支援のために必要な体制の整備を行うとともに、発達障害児に対して行われる発達支援の専門性を確保するため必要な措置を講じるものとする。

（保育）

第七条 市町村は、児童福祉法（昭和二十二年法律第百六十四号）第二十四条第一項の規定により保育所における保育を行う場合又は同条第二項の規定による必要な保育を確保するための措置を講じる場合は、発達障害児の健全な発達が他の児童と共に生活することを通じて図られるよう適切な配慮をするものとする。

（教育）

第八条 国及び地方公共団体は、発達障害児（十八歳以上の発達障害者であって高等学校、中等教育学校及び特別支援学校並びに専修学校の高等課程に在学する者を含む。以下この項において同じ。）が、その年齢及び能力に応じ、かつ、その特性を踏まえた十分な教育を受けられるようにするため、可能な限り発達障害児が発達障害児でない児童と共に教育を受けられるよう配慮しつつ、適切な教育的支援を行うこと、個別の教育支援計画の作成（教育に関する業務を行う関係機関と医療、保健、福祉、労**働等に関する業務を行う関係機関及び民間団体との連携の下に行う個別の長期的な支援に関する計画の作成をいう。）及び個別の指導に関する計画の作成の推進、いじめの防止等のための対策の推進その他の支援体制の整備を行うことその他必要な措置を講じるものとする。**

2 大学及び高等専門学校は、個々の発達障害者の特性に応じ、適切な教育上の配慮をするものとする。

（放課後児童健全育成事業の利用）

第九条 市町村は、放課後児童健全育成事業について、発達障害児の利用の機会の確保を図るため、適切な配慮をするものとする。

（情報の共有の促進）

第九条の二 国及び地方公共団体は、個人情報の保護に十分配慮しつつ、福祉及び教育に関する業務を行う関係機関及び民間団体が医療、保健、労働等に関する業務を行う関係機関及び民間団体と連携を図りつつ行う発達障害者の支援に資する情報の共有を促進するため必要な措置を講じるものとする。

（就労の支援）

第十条 国及び都道府県は、発達障害者が就労することができるようにするため、発達障害者の就労を支援するため必要な体制の整備に努めるとともに、公共職業安定所、地域障害者職業センター（障害者の雇用の促進等に関する法律（昭和三十五年法律第百二十三号）第十九条第一項第三号の地域障害者職業センターをいう。）、障害者就業・生活支援センター（同法第二十七条第一項の規定による指定を受けた者をいう。）、社会福祉協議会、教育委員会その他の関係機関及び民間団体相互の連携を確保しつつ、個々の発達障害者の特性に応じた適切な就労の機会の確保、就労の定着のための支援その他の必要な支援に努めなければならない。

2 都道府県及び市町村は、必要に応じ、発達障害者が就労のための準備を適切に行えるようにするための支援が学校において行われるよう必要な措置を講じるものとする。

3 事業主は、発達障害者の雇用に関し、その有する能力を正当に評価し、適切な雇用の機会を確保するとともに、個々の発達障害者の特性に応じた適正な雇用管理を行うことによりその雇用の安定を図るよう努めなければならない。

（地域での生活支援）

第十一条 市町村は、発達障害者が、その希望に応じて、地域において自立した生活を営むことができるようにするため、発達障害者に対し、その性別、年齢、障害の状態及び生活の実態に応じて、社会生活への適応のために必要な訓練を受ける機会の確保、共同生活を営むべき住居その他の地域において生活を営むべき住居の確保その他必要な支援に努めなければならない。

（権利利益の擁護）

第十二条 国及び地方公共団体は、発達障害者が、その発達障害のために差別され、並びにいじめ及び虐待を受けること、消費生活における被害を受けること等権利利益を害されることがないようにするため、その差別の解消、いじめの防止等及び虐待の防止等のための対策を推進すること、成年後見制度が適切に行われ又は広く利用されるようにすることその他の発達障害者の権利利益の擁護のために必要な支援を行うものとする。

（司法手続における配慮）

第十二条の二 国及び地方公共団体は、発達障害者が、刑事事件若しくは少年の保護事件に関する手続その他これに準ずる手続の対象となった場合又は裁判所における民事事件、家事事件若しくは行政事件に関する手続の当事者その他の関係人となった場合において、発達障害者がその権利を円滑に行使できるようにするため、個々の発達障害者の特性に応じた意思疎通の手段の確保のための配慮その他の適切な配慮をするものとする。

（発達障害者の家族等への支援）
第十三条 都道府県及び市町村は、発達障害者の家族その他の関係者が適切な対応をすることができるようにすること等のため、児童相談所等関係機関と連携を図りつつ、発達障害者の家族その他の関係者に対し、相談、情報の提供及び助言、発達障害者の家族が互いに支え合うための活動の支援その他の支援を適切に行うよう努めなければならない。

第三章　発達障害者支援センター等

（発達障害者支援センター等）
第十四条 都道府県知事は、次に掲げる業務を、社会福祉法人その他の政令で定める法人であって当該業務を適正かつ確実に行うことができると認めて指定した者（以下「発達障害者支援センター」という。）に行わせ、又は自ら行うことができる。
一　発達障害の早期発見、早期の発達支援等に資するよう、発達障害者及びその家族その他の関係者に対し、専門的に、その相談に応じ、又は情報の提供若しくは助言を行うこと。
二　発達障害者に対し、専門的な発達支援及び就労の支援を行うこと。
三　医療、保健、福祉、教育、労働等に関する業務を行う関係機関及び民間団体並びにこれに従事する者に対し発達障害についての情報の提供及び研修を行うこと。
四　発達障害に関して、医療、保健、福祉、教育、労働等に関する業務を行う関係機関及び民間団体との連絡調整を行うこと。
五　前各号に掲げる業務に附帯する業務
2　前項の規定による指定は、当該指定を受けようとする者の申請により行う。
3　都道府県は、第一項に規定する業務を発達障害者支援センターに行わせ、又は自ら行うに当たっては、地域の実情を踏まえつつ、発達障害者及びその家族その他の関係者が可能な限りその身近な場所において必要な支援を受けられるよう適切な配慮をするものとする。

（秘密保持義務）
第十五条 発達障害者支援センターの役員若しくは職員又はこれらの職にあった者は、職務上知ることのできた個人の秘密を漏らしてはならない。

（報告の徴収等）
第十六条 都道府県知事は、発達障害者支援センターの第十四条第一項に規定する業務の適正な運営を確保するため必要があると認めるときは、当該発達障害者支援センターに対し、その業務の状況に関し必要な報告を求め、又はその職員に、当該発達障害者支援センターの事業所若しくは事務所に立ち入り、その業務の状況に関し必要な調査若しくは質問をさせることができる。
2　前項の規定により立入調査又は質問をする職員は、その身分を示す証明書を携帯し、関係者の請求があるときは、これを提示しなければならない。
3　第一項の規定による立入調査及び質問の権限は、犯罪捜査のために認められたものと解釈してはならない。

（改善命令）
第十七条 都道府県知事は、発達障害者支援センターの第十四条第一項に規定する業務の適正な運営を確保するため必要があると認めるときは、当該発達障害者支援センターに対し、その改善のために必要な措置をとるべきことを命ずることができる。

（指定の取消し）
第十八条 都道府県知事は、発達障害者支援センターが第十六条第一項の規定による報告をせず、若しくは虚偽の報告をし、若しくは同項の規定による立入調査を拒み、妨げ、若しくは忌避し、若しくは質問に対して答弁をせず、若しくは虚偽の答弁をした場合において、その業務の状況の把握に著しい支障が生じたとき、又は発達障害者支援センターが前条の規定による命令に違反したときは、その指定を取り消すことができる。

（専門的な医療機関の確保等）
第十九条 都道府県は、専門的に発達障害の診断及び発達支援を行うことができると認める病院又は診療所を確保しなければならない。
2　国及び地方公共団体は、前項の医療機関の相互協力を推進するとともに、同項の医療機関に対し、発達障害者の発達支援等に関する情報の提供その他必要な援助を行うものとする。

（発達障害者支援地域協議会）
第十九条の二 都道府県は、発達障害者の支援の体制の整備を図るため、発達障害者及びその家族、学識経験者その他の関係者並びに医療、保健、福祉、教育、労働等に関する業務を行う関係機関及び民間団体並びにこれに従事する者（次項において「関係者等」という。）により構成される発達障害者支援地域協議会を置くことができる。
2　前項の発達障害者支援地域協議会は、関係者等が相互の連絡を図ることにより、地域における発達障害者の支援体制に関する課題について情報を共有し、関係者等の連携の緊密化を図るとともに、地域の実情に応じた体制の整備について協議を行うものとする。

第四章　補則

（民間団体への支援）
第二十条　国及び地方公共団体は、発達障害者を支援するために行う民間団体の活動の活性化を図るよう配慮するものとする。

（国民に対する普及及び啓発）
第二十一条　国及び地方公共団体は、個々の発達障害の特性その他発達障害に関する国民の理解を深めるため、学校、地域、家庭、職域その他の様々な場を通じて、必要な広報その他の啓発活動を行うものとする。

（医療又は保健の業務に従事する者に対する知識の普及及び啓発）
第二十二条　国及び地方公共団体は、医療又は保健の業務に従事する者に対し、発達障害の発見のため必要な知識の普及及び啓発に努めなければならない。

（専門的知識を有する人材の確保等）
第二十三条　国及び地方公共団体は、個々の発達障害者の特性に応じた支援を適切に行うことができるよう発達障害に関する専門的知識を有する人材の確保、養成及び資質の向上を図るため、医療、保健、福祉、教育、労働等並びに捜査及び裁判に関する業務に従事する者に対し、個々の発達障害の特性その他発達障害に関する理解を深め、及び専門性を高めるため研修を実施することその他の必要な措置を講じるものとする。

（調査研究）
第二十四条　国は、性別、年齢その他の事情を考慮しつつ、発達障害者の実態の把握に努めるとともに、個々の発達障害の原因の究明及び診断、発達支援の方法等に関する必要な調査研究を行うものとする。

（大都市等の特例）
第二十五条　この法律中都道府県が処理することとされている事務で政令で定めるものは、地方自治法（昭和二十二年法律第六十七号）第二百五十二条の十九第一項の指定都市（以下「指定都市」という。）においては、政令で定めるところにより、指定都市が処理するものとする。この場合においては、この法律中都道府県に関する規定は、指定都市に関する規定として指定都市に適用があるものとする。

附　則

（施行期日）
1　この法律は、平成十七年四月一日から施行する。

（見直し）
2　政府は、この法律の施行後三年を経過した場合において、この法律の施行の状況について検討を加え、その結果に基づいて必要な見直しを行うものとする。

附　則〔平二八・六・三法六四〕

（施行期日）
1　この法律は、公布の日から起算して三月を超えない範囲内において政令で定める日から施行する。

（検討）
2　政府は、疾病等の分類に関する国際的動向等を勘案し、知的発達の遅滞の疑いがあり、日常生活を営むのにその一部につき援助が必要で、かつ、社会生活への適応の困難の程度が軽い者等の実態について調査を行い、その結果を踏まえ、これらの者の支援の在り方について、児童、若者、高齢者等の福祉に関する施策、就労の支援に関する施策その他の関連する施策の活用を含めて検討を加え、必要があると認めるときは、その結果に基づいて所要の措置を講ずるものとする。

●部落差別の解消の推進に関する法律

（平成二八年一二月一六日法律第一〇九号）

（目的）
第一条　この法律は、現在もなお部落差別が存在するとともに、情報化の進展に伴って部落差別に関する状況の変化が生じていることを踏まえ、全ての国民に基本的人権の享有を保障する日本国憲法の理念にのっとり、部落差別は許されないものであるとの認識の下にこれを解消することが重要な課題であることに鑑み、部落差別の解消に関し、基本理念を定め、並びに国及び地方公共団体の責務を明らかにするとともに、相談体制の充実等について定めることにより、部落差別の解消を推進し、もって部落差別のない社会を実現することを目的とする。

（基本理念）
第二条　部落差別の解消に関する施策は、全ての国民が等しく基本的人権を享有するかけがえのない個人として尊重されるものであるとの理念にのっとり、部落差別を解消する必要性に対する国民一人一人の理解を深めるよう努めることにより、部落差別のない社会を実現することを旨として、行われなければならない。

（国及び地方公共団体の責務）
第三条　国は、前条の基本理念にのっとり、部落差別の解消に関する施策を講ずるとともに、地方公共団体が講ずる部落差別の解消に関する施策を推進するために必要な情報の提供、指導及び助言を行う責務を有する。

2　地方公共団体は、前条の基本理念にのっとり、部落差別の解消に関し、国との適切な役割分担を踏まえて、国及び他の地方公共団体との連携を図りつつ、その地域の実情に応じた施策を講ずるよう努めるものとする。

（相談体制の充実）
第四条　国は、部落差別に関する相談に的確に応ずるための体制の充実を図るものとする。

2　地方公共団体は、国との適切な役割分担を踏まえて、その地域の実情に応じ、部落差別に関する相談に的確に応ずるための体制の充実を図るよう努めるものとする。

（教育及び啓発）
第五条　国は、部落差別を解消するため、必要な教育及び啓発を行うものとする。

2　地方公共団体は、国との適切な役割分担を踏まえて、その地域の実情に応じ、部落差別を解消するため、必要な教育及び啓発を行うよう努めるものとする。

（部落差別の実態に係る調査）
第六条　国は、部落差別の解消に関する施策の実施に資するため、地方公共団体の協力を得て、部落差別の実態に係る調査を行うものとする。

附　則

この法律は、公布の日から施行する。

●性同一性障害者の性別の取扱いの特例に関する法律

（平成一五年七月一六日法律第一一一号）
最終改正…平三〇・六・二〇法五九

（趣旨）
第一条　この法律は、性同一性障害者に関する法令上の性別の取扱いの特例について定めるものとする。

（定義）
第二条　この法律において「性同一性障害者」とは、生物学的には性別が明らかであるにもかかわらず、心理的にはそれとは別の性別（以下「他の性別」という。）であるとの持続的な確信を持ち、かつ、自己を身体的及び社会的に他の性別に適合させようとする意思を有する者であって、そのことについてその診断を的確に行うために必要な知識及び経験を有する二人以上の医師の一般に認められている医学的知見に基づき行う診断が一致しているものをいう。

（性別の取扱いの変更の審判）
第三条　家庭裁判所は、性同一性障害者であって次の各号のいずれにも該当するものについて、その者の請求により、性別の取扱いの変更の審判をすることができる。

一　二十歳以上であること。
二　現に婚姻をしていないこと。
三　現に未成年の子がいないこと。
四　生殖腺がないこと又は生殖腺の機能を永続的に欠く状態にあること。
五　その身体について他の性別に係る身体の性器に係る部分に近似する外観を備えていること。

2　前項の請求をするには、同項の性同一性障害者に係る前条の診断の結果並びに治療の経過及び結果その他の厚生労働省令で定める事項が記載された医師の診断書を提出しなければならない。

（性別の取扱いの変更の審判を受けた者に関する法令上の取扱い）

第四条 性別の取扱いの変更の審判を受けた者は、民法（明治二十九年法律第八十九号）その他の法令の規定の適用については、法律に別段の定めがある場合を除き、その性別につき他の性別に変わったものとみなす。

2 前項の規定は、法律に別段の定めがある場合を除き、性別の取扱いの変更の審判前に生じた身分関係及び権利義務に影響を及ぼすものではない。

附　則　（平三〇・六・二〇・法五九）

（施行期日）

第一条 この法律は、平成三十四年四月一日から施行する。

●障害を理由とする差別の解消の推進に関する法律〔抄〕★

（平成二五年六月二六日　法律第六五号）

最終改正…令四・六・一七法六八

【教採頻出条文】第七条。

第一章　総則

（目的）

第一条 この法律は、障害者基本法（昭和四十五年法律第八十四号）の基本的な理念にのっとり、全ての障害者が、障害者でない者と等しく、基本的人権を享有する個人としてその尊厳が重んぜられ、その尊厳にふさわしい生活を保障される権利を有することを踏まえ、障害を理由とする差別の解消の推進に関する基本的な事項、行政機関等及び事業者における障害を理由とする差別を解消するための措置等を定めることにより、障害を理由とする差別の解消を推進し、もって全ての国民が、障害の有無によって分け隔てられることなく、相互に人格と個性を尊重し合いながら共生する社会の実現に資することを目的とする。

（定義）

第二条 この法律において、次の各号に掲げる用語の意義は、それぞれ当該各号に定めるところによる。

一　障害者　身体障害、知的障害、精神障害（発達障害を含む。）その他の心身の機能の障害（以下「障害」と総称する。）がある者であって、障害及び社会的障壁により継続的に日常生活又は社会生活に相当な制限を受ける状態にあるものをいう。

二　社会的障壁　障害がある者にとって日常生活又は社会生活を営む上で障壁となるような社会における事物、制度、慣行、観念その他一切のものをいう。

三　行政機関等　国の行政機関、独立行政法人等、地方公共団体（地方公営企業法（昭和二十七年法律第二百九十二号）第三章の規定の適用を受ける地方公共団体の経営する企業を除く。第七号、第十条及び附則第四条第一項において同じ。）及び地方独立行政法人をいう。

四―七　〔略〕

（国及び地方公共団体の責務）

第三条 国及び地方公共団体は、この法律の趣旨にのっとり、障害を理由とする差別の解消の推進に関して必要な施策を策定し、及びこれを実施しなければならない。

2 国及び地方公共団体は、障害を理由とする差別の解消の推進に関して必要な施策の効率的かつ効果的な実施が促進されるよう、適切な役割分担を行うとともに、相互に連携を図りながら協力しなければならない。

（国民の責務）

第四条 国民は、第一条に規定する社会を実現する上で障害を理由とする差別の解消が重要であることに鑑み、障害を理由とする差別の解消の推進に寄与するよう努めなければならない。

（社会的障壁の除去の実施についての必要かつ合理的な配慮に関する環境の整備）

第五条 行政機関等及び事業者は、社会的障壁の除去の実施についての必要かつ合理的な配慮を的確に行うため、自ら設置する施設の構造の改善及び設備の整備、関係職員に対する研修その他の必要な環境の整備に努めなければならない。

第二章　障害を理由とする差別の解消の推進に関する基本方針

第六条　政府は、障害を理由とする差別の解消の推進に関する施策を総合的かつ一体的に実施するため、障害を理由とする差別の解消の推進に関する基本方針（以下「基本方針」という。）を定めなければならない。

2　基本方針は、次に掲げる事項について定めるものとする。

一　障害を理由とする差別の解消の推進に関する施策に関する基本的な方向

二　行政機関等が講ずべき障害を理由とする差別を解消するための措置に関する基本的な事項

三　事業者が講ずべき障害を理由とする差別を解消するための措置に関する基本的な事項

四　国及び地方公共団体による障害を理由とする差別を解消するための支援措置の実施に関する基本的な事項

五　その他障害を理由とする差別の解消の推進に関する施策に関する重要事項

3　内閣総理大臣は、基本方針の案を作成し、閣議の決定を求めなければならない。

4　内閣総理大臣は、基本方針の案を作成しようとするときは、あらかじめ、障害者その他の関係者の意見を反映させるために必要な措置を講ずるとともに、障害者政策委員会の意見を聴かなければならない。

5　内閣総理大臣は、第三項の規定による閣議の決定があったときは、遅滞なく、基本方針を公表しなければならない。

6　前三項の規定は、基本方針の変更について準用する。

第三章　行政機関等及び事業者における障害を理由とする差別を解消するための措置

（行政機関等における障害を理由とする差別の禁止）

第七条　行政機関等は、その事務又は事業を行うに当たり、障害を理由として障害者でない者と不当な差別的取扱いをすることにより、障害者の権利利益を侵害してはならない。

2　**行政機関等は、その事務又は事業を行うに当たり、障害者から現に社会的障壁の除去を必要としている旨の意思の表明があった場合において、その実施に伴う負担が過重でないときは、障害者の権利利益を侵害することとならないよう、当該障害者の性別、年齢及び障害の状態に応じて、社会的障壁の除去の実施について必要かつ合理的な配慮をしなければならない。**

（事業者における障害を理由とする差別の禁止）

第八条　事業者は、その事業を行うに当たり、障害を理由として障害者でない者と不当な差別的取扱いをすることにより、障害者の権利利益を侵害してはならない。

2　事業者は、その事業を行うに当たり、障害者から現に社会的障壁の除去を必要としている旨の意思の表明があった場合において、その実施に伴う負担が過重でないときは、障害者の権利利益を侵害することとならないよう、当該障害者の性別、年齢及び障害の状態に応じて、社会的障壁の除去の実施について必要かつ合理的な配慮をしなければならない。

（国等職員対応要領）

第九条　国の行政機関の長及び独立行政法人等は、基本方針に即して、第七条に規定する事項に関し、当該国の行政機関及び独立行政法人等の職員が適切に対応するために必要な要領（以下この条及び附則第三条において「国等職員対応要領」という。）を定めるものとする。

2　国の行政機関の長及び独立行政法人等は、国等職員対応要領を定めようとするときは、あらかじめ、障害者その他の関係者の意見を反映させるために必要な措置を講じなければならない。

3　国の行政機関の長及び独立行政法人等は、国等職員対応要領を定めたときは、遅滞なく、これを公表しなければならない。

4　前二項の規定は、国等職員対応要領の変更について準用する。

（地方公共団体等職員対応要領）

第十条　地方公共団体の機関及び地方独立行政法人は、基本方針に即して、第七条に規定する事項に関し、当該地方公共団体の機関及び地方独立行政法人の職員が適切に対応するために必要な要領（以下この条及び附則第四条において「地方公共団体等職員対応要領」という。）を定めるよう努めるものとする。

2　地方公共団体の機関及び地方独立行政法人は、地方公共団体等職員対応要領を定めようとするときは、あらかじめ、障害者その他の関係者の意見を反映させるために必要な措置を講ずるよう努めなければならない。

3　地方公共団体の機関及び地方独立行政法人は、地方公共団体等職員対応要領を定めたときは、遅滞なく、これを公表するよう努めなければならない。

4　国は、地方公共団体の機関及び地方独立行政法人による地方公共団体等職員対応要領の作成に協力しなければならない。

5　前三項の規定は、地方公共団体等職員対応要領の変更について準用する。

（事業者のための対応指針）
第十一条 主務大臣は、基本方針に即して、第八条に規定する事項に関し、事業者が適切に対応するために必要な指針（以下「対応指針」という。）を定めるものとする。
2 第九条第二項から第四項までの規定は、対応指針について準用する。

（報告の徴収並びに助言、指導及び勧告）
第十二条 主務大臣は、第八条の規定の施行に関し、特に必要があると認めるときは、対応指針に定める事項について、当該事業者に対し、報告を求め、又は助言、指導若しくは勧告をすることができる。

（事業主による措置に関する特例）
第十三条 行政機関等及び事業者が事業主としての立場で労働者に対して行う障害を理由とする差別を解消するための措置については、障害者の雇用の促進等に関する法律（昭和三十五年法律第百二十三号）の定めるところによる。

第四章　障害を理由とする差別を解消するための支援措置

（相談及び紛争の防止等のための体制の整備）
第十四条 国及び地方公共団体は、障害者及びその家族その他の関係者からの障害を理由とする差別に関する相談に的確に応ずるとともに、障害を理由とする差別に関する紛争の防止又は解決を図ることができるよう人材の育成及び確保のための措置その他の必要な体制の整備を図るものとする。

（啓発活動）
第十五条 国及び地方公共団体は、障害を理由とする差別の解消について国民の関心と理解を深めるとともに、特に、障害を理由とする差別の解消を妨げている諸要因の解消を図るため、必要な啓発活動を行うものとする。

（情報の収集、整理及び提供）
第十六条 国は、障害を理由とする差別を解消するための取組に資するよう、国内外における障害を理由とする差別及びその解消のための取組に関する情報の収集、整理及び提供を行うものとする。
2 地方公共団体は、障害を理由とする差別を解消するための取組に資するよう、地域における障害を理由とする差別及びその解消のための取組に関する情報の収集、整理及び提供を行うよう努めるものとする。

（障害者差別解消支援地域協議会）
第十七条 国及び地方公共団体の機関であって、医療、介護、教育その他の障害者の自立と社会参加に関連する分野の事務に従事するもの（以下この項及び次条第二項において「関係機関」という。）は、当該地方公共団体の区域において関係機関が行う障害を理由とする差別に関する相談及び当該相談に係る事例を踏まえた障害を理由とする差別を解消するための取組を効果的かつ円滑に行うため、関係機関により構成される障害者差別解消支援地域協議会（以下「協議会」という。）を組織することができる。
2 前項の規定により協議会を組織する国及び地方公共団体の機関は、必要があると認めるときは、協議会に次に掲げる者を構成員として加えることができる。
一 特定非営利活動促進法（平成十年法律第七号）第二条第二項に規定する特定非営利活動法人その他の団体
二 学識経験者
三 その他当該国及び地方公共団体の機関が必要と認める者

（協議会の事務等）
第十八条 協議会は、前条第一項の目的を達するため、必要な情報を交換するとともに、障害者からの相談及び当該相談に係る事例を踏まえた障害を理由とする差別を解消するための取組に関する協議を行うものとする。
2 関係機関及び前条第二項の構成員（次項において「構成機関等」という。）は、前項の協議の結果に基づき、当該相談に係る事例を踏まえた障害を理由とする差別を解消するための取組を行うものとする。
3 協議会は、第一項に規定する情報の交換及び協議を行うため必要があると認めるとき、又は構成機関等が行う相談及び当該相談に係る事例を踏まえた障害を理由とする差別を解消するための取組に関し他の構成機関等から要請があった場合において必要があると認めるときは、構成機関等に対し、相談を行った障害者及び差別に係る事案に関する情報の提供、意見の表明その他の必要な協力を求めることができる。
4 協議会の庶務は、協議会を構成する地方公共団体において処理する。
5 協議会が組織されたときは、当該地方公共団体は、内閣府令で定めるところにより、その旨を公表しなければならない。

（秘密保持義務）
第十九条 協議会の事務に従事する者又は協議会の事務に従事していた者は、正当な理由なく、協議会の事務に関して知り得た秘密を漏らしてはならない。

（協議会の定める事項）
第二十条 前三条に定めるもののほか、協議会の組織及び運営に関し必要な事項は、協議会が定める。

第五・六章〔略〕

附　則〔令四・六・一七法六八〕

（施行期日）

1 この法律は、刑法等一部改正法施行日から施行する。〔ただし書略〕

●子ども・若者育成支援推進法〔抄〕

（平成二一年七月八日法律第七一号）

最終改正…令四・六・二二法七七

第一章 総則

（目的）

第一条 この法律は、子ども・若者が次代の社会を担い、その健やかな成長が我が国社会の発展の基礎をなすものであることにかんがみ、日本国憲法及び児童の権利に関する条約の理念にのっとり、子ども・若者をめぐる環境が悪化し、社会生活を円滑に営む上での困難を有する子ども・若者の問題が深刻な状況にあることを踏まえ、子ども・若者の健やかな育成、子ども・若者が社会生活を円滑に営むことができるようにするための支援その他の取組（以下「子ども・若者育成支援」という。）について、その基本理念、国及び地方公共団体の責務並びに施策の基本となる事項を定めること等により、他の関係法律による施策と相まって、総合的な子ども・若者育成支援のための施策（以下「子ども・若者育成支援施策」という。）を推進することを目的とする。

（基本理念）

第二条 子ども・若者育成支援は、次に掲げる事項を基本理念として行われなければならない。

一 一人一人の子ども・若者が、健やかに成長し、社会とのかかわりを自覚しつつ、自立した個人としての自己を確立し、他者とともに次代の社会を担うことができるようになることを目指すこと。

二 子ども・若者について、個人としての尊厳が重んぜられ、不当な差別的取扱いを受けることがないようにするとともに、その意見を十分に尊重しつつ、その最善の利益を考慮すること。

三 子ども・若者が成長する過程においては、様々な社会的要因が影響を及ぼすものであるとともに、とりわけ良好な家庭的環境で生活することが重要であることを旨とすること。

四 子ども・若者育成支援において、家庭、学校、職域、地域その他の社会のあらゆる分野におけるすべての構成員が、各々の役割を果たすとともに、相互に協力しながら一体的に取り組むこと。

五 子ども・若者の発達段階、生活環境、特性その他の状況に応じてその健やかな成長が図られるよう、良好な社会環境（教育、医療及び雇用に係る環境を含む。以下同じ。）の整備その他必要な配慮を行うこと。

六 教育、福祉、保健、医療、矯正、更生保護、雇用その他の各関連分野における知見を総合して行うこと。

七 修学及び就業のいずれもしていない子ども・若者その他の子ども・若者であって、社会生活を円滑に営む上での困難を有するものに対しては、その困難の内容及び程度に応じ、当該子ども・若者の意思を十分に尊重しつつ、必要な支援を行うこと。

第三条―第六条 〔略〕

第二章　子ども・若者育成支援施策

（子ども・若者育成支援施策の基本）
第七条　子ども・若者育成支援施策は、基本理念にのっとり、国及び地方公共団体の関係機関相互の密接な連携並びに民間の団体及び国民一般の理解と協力の下に、関連分野における総合的な取組として行われなければならない。

（子ども・若者育成支援推進大綱）
第八条　政府は、子ども・若者育成支援施策の推進を図るための大綱（以下「子ども・若者育成支援推進大綱」という。）を定めなければならない。

2　子ども・若者育成支援推進大綱は、次に掲げる事項について定めるものとする。
一　子ども・若者育成支援施策に関する基本的な方針
二　子ども・若者育成支援施策に関する次に掲げる事項
イ　教育、福祉、保健、医療、矯正、更生保護、雇用その他の各関連分野における施策に関する事項
ロ　子ども・若者の健やかな成長に資する良好な社会環境の整備に関する事項
ハ　第二条第七号に規定する支援に関する事項
ニ　イからハまでに掲げるもののほか、子ども・若者育成支援施策に関する重要事項
三　子ども・若者育成支援施策を総合的に実施するために必要な国の関係行政機関、地方公共団体及び民間の団体の連携及び協力に関する事項
四　子ども・若者育成支援に関する国民の理解の増進に関する事項
五　子ども・若者育成支援施策を推進するために必要な調査研究に関する事項
六　子ども・若者育成支援に関する人材の養成及び資質の向上に関する事項
七　子ども・若者育成支援に関する国際的な協力に関する事項
八　前各号に掲げるもののほか、子ども・若者育成支援施策を推進するために必要な事項

3　こども基本法第九条第一項の規定により定められた同項のこども大綱のうち前項各号に掲げる事項に係る部分は、第一項の規定により定められた子ども・若者育成支援推進大綱とみなす。

（都道府県子ども・若者計画等）
第九条　都道府県は、子ども・若者育成支援推進大綱を勘案して、当該都道府県の区域内における子ども・若者育成支援についての計画（以下この条において「都道府県子ども・若者計画」という。）を定めるよう努めるものとする。

2　市町村は、子ども・若者育成支援推進大綱（都道府県子ども・若者計画が作成されているときは、子ども・若者育成支援推進大綱及び都道府県子ども・若者計画）を勘案して、当該市町村の区域内における子ども・若者育成支援についての計画（次項において「市町村子ども・若者計画」という。）を定めるよう努めるものとする。

3　都道府県又は市町村は、都道府県子ども・若者計画又は市町村子ども・若者計画を定めたときは、遅滞なく、これを公表しなければならない。これを変更したときも、同様とする。

（国民の理解の増進等）
第十条　国及び地方公共団体は、子ども・若者育成支援に関し、広く国民一般の関心を高め、その理解と協力を得るとともに、社会を構成する多様な主体の参加による自主的な活動に資するよう、必要な啓発活動を積極的に行うものとする。

（社会環境の整備）
第十一条　国及び地方公共団体は、子ども・若者の健やかな成長を阻害する行為の防止その他の子ども・若者の健やかな成長に資する良好な社会環境の整備について、必要な措置を講ずるよう努めるものとする。

（意見の反映）
第十二条　国は、子ども・若者育成支援施策の策定及び実施に関して、子ども・若者を含めた国民の意見をその施策に反映させるために必要な措置を講ずるものとする。

（子ども・若者総合相談センター）
第十三条　地方公共団体は、子ども・若者育成支援に関する相談に応じ、関係機関の紹介その他の必要な情報の提供及び助言を行う拠点（第二十条第三項において「子ども・若者総合相談センター」という。）としての機能を担う体制を、単独で又は共同して、確保するよう努めるものとする。

（地方公共団体及び民間の団体に対する支援）
第十四条　国は、子ども・若者育成支援施策に関し、地方公共団体が実施する施策及び民間の団体が行う子ども・若者の社会参加の促進その他の活動を支援するため、情報の提供その他の必要な措置を講ずるよう努めるものとする。

第三章　子ども・若者が社会生活を円滑に営むことができるようにするための支援

（関係機関等による支援）
第十五条　国及び地方公共団体の機関、公益社団法人及び公益財団法人、特定非営利活動促進法（平成十年法律第七号）第二条第二項に規定する特定非営利活動法人その他

の団体並びに学識経験者その他の者であって、教育、福祉、保健、医療、矯正、更生保護、雇用その他の子ども・若者育成支援に関連する分野の事務に従事するもの（以下「関係機関等」という。）は、修学及び就業のいずれもしていない子ども・若者その他の子ども・若者であって、社会生活を円滑に営む上での困難を有するものに対する次に掲げる支援（以下この章において単に「支援」という。）を行うよう努めるものとする。

一　社会生活を円滑に営むことができるようにするために、関係機関等の施設、子ども・若者の住居その他の適切な場所において、必要な相談、助言又は指導を行うこと。

二　医療及び療養を受けることを助けること。

三　生活環境を改善すること。

四　修学又は就業を助けること。

五　前号に掲げるもののほか、社会生活を営むために必要な知識技能の習得を助けること。

六　前各号に掲げるもののほか、社会生活を円滑に営むことができるようにするための援助を行うこと。

2　関係機関等は、前項に規定する子ども・若者に対する支援に寄与するため、当該子ども・若者の家族その他子ども・若者が円滑な社会生活を営むことに関係する者に対し、相談及び助言その他の援助を行うよう努めるものとする。

（関係機関等の責務）

第十六条　関係機関等は、必要な支援が早期かつ円滑に行われるよう、次に掲げる措置をとるとともに、必要な支援を継続的に行うよう努めるものとする。

一　前条第一項に規定する子ども・若者の状況を把握すること。

二　相互に連携を図るとともに、前条第一項に規定する子ども・若者又は当該子ども・若者の家族その他子ども・若者が円滑な社会生活を営むことに関係する者を必要に応じて速やかに適切な関係機関等に誘導すること。

三　関係機関等が行う支援について、地域住民に周知すること。

（調査研究の推進）

第十七条　国及び地方公共団体は、第十五条第一項に規定する子ども・若者が社会生活を円滑に営む上での困難を有することとなった原因の究明、支援の方法等に関する必要な調査研究を行うよう努めるものとする。

（人材の養成等）

第十八条　国及び地方公共団体は、支援が適切に行われるよう、必要な知見を有する人材の養成及び資質の向上並びに第十五条第一項各号に掲げる支援を実施するための体制の整備に必要な施策を講ずるよう努めるものとする。

（子ども・若者支援地域協議会）

第十九条　地方公共団体は、関係機関等が行う支援を適切に組み合わせることによりその効果的かつ円滑な実施を図るため、単独で又は共同して、関係機関等により構成される子ども・若者支援地域協議会（以下「協議会」という。）を置くよう努めるものとする。

2　地方公共団体の長は、協議会を設置したときは、内閣府令で定めるところにより、その旨を公示しなければならない。

（協議会の事務等）

第二十条　協議会は、前条第一項の目的を達するため、必要な情報の交換を行うとともに、支援の内容に関する協議を行うものとする。

2　協議会を構成する関係機関等（以下「構成機関等」という。）は、前項の協議の結果に基づき、支援を行うものとする。

3　協議会は、第一項に規定する情報の交換及び協議を行うため必要があると認めるとき、又は構成機関等による支援の実施に関し他の構成機関等から要請があった場合において必要があると認めるときは、構成機関等（構成機関等に該当しない子ども・若者総合相談センターとしての機能を担う者を含む。）に対し、支援の対象となる子ども・若者に関する情報の提供、意見の開陳その他の必要な協力を求めることができる。

（子ども・若者支援調整機関）

第二十一条　協議会を設置した地方公共団体の長は、構成機関等のうちから一の機関又は団体を限り子ども・若者支援調整機関（以下「調整機関」という。）として指定することができる。

2　調整機関は、協議会に関する事務を総括するとともに、必要な支援が適切に行われるよう、協議会の定めるところにより、構成機関等が行う支援の状況を把握しつつ、必要に応じて他の構成機関等が行う支援を組み合わせるなど構成機関等相互の連絡調整を行うものとする。

（子ども・若者指定支援機関）

第二十二条　協議会を設置した地方公共団体の長は、当該協議会において行われる支援の全般について主導的な役割を果たす者を定めることにより必要な支援が適切に行われることを確保するため、構成機関等（調整機関を含む。）のうちから一の団体を限り子ども・若者指定支援機関（以下「指定支援機関」という。）として指定することができる。

2　指定支援機関は、協議会の定めるところにより、調整機関と連携し、構成機関等が行う支援の状況を把握しつつ、必要に応じ、第十五条第一項第一号に掲げる支援その他の支援を実施するものとする。

（指定支援機関への援助等）

第二十三条 国及び地方公共団体は、指定支援機関が前条第二項の業務を適切に行うことができるようにするため、情報の提供、助言その他必要な援助を行うよう努めるものとする。

2 国は、必要な支援があまねく全国において効果的かつ円滑に行われるよう、前項に掲げるもののほか、指定支援機関の指定を行っていない地方公共団体（協議会を設置していない地方公共団体を含む。）に対し、情報の提供、助言その他必要な援助を行うものとする。

3 協議会及び構成機関等は、指定支援機関に対し、支援の対象となる子ども・若者に関する情報の提供その他必要な協力を行うよう努めるものとする。

以下〔略〕

附　則〔令四・六・二二法七七〕

（施行期日）

第一条 この法律は、令和五年四月一日から施行する。〔ただし書略〕

●子どもの読書活動の推進に関する法律〔抄〕

（平成一三年一二月一二日 法律第一五四号）

（目的）

第一条 この法律は、子どもの読書活動の推進に関し、基本理念を定め、並びに国及び地方公共団体の責務等を明らかにするとともに、子どもの読書活動の推進に関する必要な事項を定めることにより、子どもの読書活動の推進に関する施策を総合的かつ計画的に推進し、もって子どもの健やかな成長に資することを目的とする。

（基本理念）

第二条 子ども（おおむね十八歳以下の者をいう。以下同じ。）の読書活動は、子どもが、言葉を学び、感性を磨き、表現力を高め、創造力を豊かなものにし、人生をより深く生きる力を身に付けていく上で欠くことのできないものであることにかんがみ、すべての子どもがあらゆる機会とあらゆる場所において自主的に読書活動を行うことができるよう、積極的にそのための環境の整備が推進されなければならない。

第三条―第五条〔略〕

（保護者の役割）

第六条 父母その他の保護者は、子どもの読書活動の機会の充実及び読書活動の習慣化に積極的な役割を果たすものとする。

第七条―第十一条〔略〕

附　則

この法律は、公布の日から施行する。

●文字・活字文化振興法〔抄〕

（平成一七年七月二九日 法律第九一号）

（目的）

第一条 この法律は、文字・活字文化が、人類が長い歴史の中で蓄積してきた知識及び知恵の継承及び向上、豊かな人間性の涵養並びに健全な民主主義の発達に欠くことのできないものであることにかんがみ、文字・活字文化の振興に関する基本理念を定め、並びに国及び地方公共団体の責務を明らかにするとともに、文字・活字文化の振興に関する必要な事項を定めることにより、我が国における文字・活字文化の振興に関する施策の総合的な推進を図り、もって知的で心豊かな国民生活及び活力ある社会の実現に寄与することを目的とする。

（定義）

第二条 この法律において「文字・活字文化」とは、活字その他の文字を用いて表現されたもの（以下この条において「文章」という。）を読み、及び書くことを中心として行われる精神的な活動、出版活動その他の文章を人に提供するための活動並びに出版物その他のこれらの活動の文化的所産をいう。

（基本理念）

第三条 文字・活字文化の振興に関する施策の推進は、すべての国民が、その自主性を尊重されつつ、生涯にわたり、地域、学校、家庭その他の様々な場において、居住する地域、身体的な条件その他の要因にかかわらず、等しく豊かな文字・活字文化の恵沢を享受できる環境を整備することを旨として、行われなければならない。

2　文字・活字文化の振興に当たっては、国語が日本文化の基盤であることに十分配慮されなければならない。

3　学校教育においては、すべての国民が文字・活字文化の恵沢を享受することができるようにするため、その教育の課程の全体を通じて、読む力及び書く力並びにこれらの力を基礎とする言語に関する能力（以下「言語力」という。）の涵養に十分配慮されなければならない。

（国の責務）

第四条―第七条　〔略〕

（学校教育における言語力の涵養）

第八条　国及び地方公共団体は、学校教育において言語力の涵養が十分に図られるよう、効果的な手法の普及その他の教育方法の改善のために必要な施策を講ずるとともに、教育職員の養成及び研修の内容の充実その他のその資質の向上のために必要な施策を講ずるものとする。

2　国及び地方公共団体は、学校教育における言語力の涵養に資する環境の整備充実を図るため、司書教諭及び学校図書館に関する業務を担当するその他の職員の充実等の人的体制の整備、学校図書館の図書館資料の充実及び情報化の推進等の物的条件の整備等に関し必要な施策を講ずるものとする。

第九条―第十二条　〔略〕

附　則

この法律は、公布の日から施行する。

二　条約編

□世界人権宣言

（一九四八・一二・一〇国際連合総会を通過し、且つ、これによつて宣言された。）

前文

人類社会のすべての構成員の固有の尊厳と平等で譲ることのできない権利とを承認することは、世界における自由、正義及び平和の基礎であるので、

人権の無視及び軽侮が、人類の良心を踏みにじった野蛮行為をもたらし、言論及び信仰の自由が受けられ、恐怖及び欠乏のない世界の到来が、一般の人々の最高の願望として宣言されたので、

人間が専制と圧迫とに対する最後の手段として反逆に訴えることがないようにするためには、法の支配によって人権保護することが肝要であるので、

諸国間の友好関係の発展を促進することが、肝要であるので、

国際連合の諸国民は、国際連合憲章において、基本的人権、人間の尊厳及び価値並びに男女の同権についての信念を再確認し、かつ、一層大きな自由のうちで社会的進歩と生活水準の向上とを促進することを決意したので、

加盟国は、国際連合と協力して、人権及び基本的自由の普遍的な尊重及び遵守の促進を達成することを誓約したので、

これらの権利及び自由に対する共通の理解は、この誓約を完全にするためにもっとも重要であるので、

よって、ここに、国際連合総会は、

社会の各個人及び各機関が、この世界人権宣言を常に念頭に置きながら、加盟国自身の人民の間にも、また、加盟国の管轄下にある地域の人民の間にも、これらの権利と自由との尊重を指導及び教育によって促進すること並びにそれらの普遍的かつ効果的な承認と遵守とを国内的及び国際的な漸進的措置によって確保することに努力するように、すべての人民とすべての国とが達成すべき共通の基準として、この世界人権宣言を公布する。

第一条

すべての人間は、生れながらにして自由であり、かつ、尊厳と権利とについて平等である。人間は、理性と良心とを授けられており、互いに同胞の精神をもって行動しなければならない。

第二条

1　すべて人は、人種、皮膚の色、性、言語、宗教、政治上その他の意見、国民的若しくは社会的出身、財産、門地その他の地位又はこれに類するいかなる事由による差別をも受けることなく、この宣言に掲げるすべての権利と自由とを享有することができる。

2　さらに、個人の属する国又は地域が独立国であると、信託統治地域であると、非自治地域であると、又は他のなんらかの主権制限の下にあるとを問わず、その国又は地域の政治上、管轄上又は国際上の地位に基づくいかなる差別もしてはならない。

第三条

すべて人は、生命、自由及び身体の安全に対する権利を有する。

第四条

何人も、奴隷にされ、又は苦役に服することはない。奴隷制度及び奴隷売買は、いかなる形においても禁止する。

第五条

何人も、拷問又は残虐な、非人道的な若しくは屈辱的な取扱若しくは刑罰を受けることはない。

第六条

すべて人は、いかなる場所においても、法の下において、人として認められる権利を有する。

第七条

すべての人は、法の下において平等であり、また、いかなる差別もなしに法の平等な保護を受ける権利を有する。すべての人は、この宣言に違反するいかなる差別に対しても、また、そのような差別をそそのかすいかなる行為に対しても、平等な保護を受ける権利を有する。

第八条

すべて人は、憲法又は法律によって与えられた基本的権利を侵害する行為に対し、権限を有する国内裁判所による効果的な救済を受ける権利を有する。

第九条

何人も、ほしいままに逮捕、拘禁、又は追放されることはない。

第十条

すべて人は、自己の権利及び義務並びに自己に対する刑事責任が決定されるに当っては、独立の公平な裁判所による公正な公開の審理を受けることについて完全に平等の権利を有する。

第十一条

1　犯罪の訴追を受けた者は、すべて、自己の弁護に必要なすべての保障を与えられた公開の裁判において法律に従って有罪の立証があるまでは、無罪と推定される権利を有する。

2　何人も、実行の時に国内法又は国際法により犯罪を構成しなかった作為又は不作為のために有罪とされることはない。また、犯罪が行われた時に適用される刑罰より重い刑罰を課せられない。

第十二条

何人も、自己の私事、家族、家庭若しくは通信に対して、ほしいままに干渉され、又は名誉及び信用に対して攻撃を受けることはない。人はすべて、このような干渉又は攻撃に対して法の保護を受ける権利を有する。

第十三条

1　すべて人は、各国の境界内において自由に移転及び居住する権利を有する。

2　すべて人は、自国その他いずれの国をも立ち去り、及び自国に帰る権利を有する。

第十四条

1　すべて人は、迫害を免れるため、他国に避難することを求め、かつ、避難する権利を有する。

2　この権利は、もっぱら非政治犯罪又は国際連合の目的及び原則に反する行為を原因とする訴追の場合には、援用することはできない。

第十五条

1　すべて人は、国籍をもつ権利を有する。

2　何人も、ほしいままにその国籍を奪われ、又はその国籍を変更する権利を否認されることはない。

第十六条

1　成年の男女は、人種、国籍又は宗教によるいかなる制限をも受けることなく、婚姻し、かつ家庭をつくる権利を有する。成年の男女は、婚姻中及びその解消に際し、婚姻に関し平等の権利を有する。

2　婚姻は、両当事者の自由かつ完全な合意によってのみ成立する。

3　家庭は、社会の自然かつ基礎的な集団単位であって、社会及び国の保護を受ける権利を有する。

第十七条

1　すべて人は、単独で又は他の者と共同して財産を所有する権利を有する。

2　何人も、ほしいままに自己の財産を奪われることはない。

第十八条

すべて人は、思想、良心及び宗教の自由に対する権利を有する。この権利は、宗教又は信念を変更する自由並びに単独で又は他の者と共同して、公的に又は私的に、布教、行事、礼拝及び儀式によって宗教又は信念を表明する自由を含む。

第十九条

すべて人は、意見及び表現の自由に対する権利を有する。この権利は、干渉を受けることなく自己の意見をもつ自由並びにあらゆる手段により、また、国境を越えると否とにかかわりなく、情報及び思想を求め、受け、及び伝える自由を含む。

第二十条

1　すべての人は、平和的集会及び結社の自由に対する権利を有する。

2　何人も、結社に属することを強制されない。

第二十一条

1　すべて人は、直接に又は自由に選出された代表者を通じて、自国の政治に参与する権利を有する。

2　すべて人は、自国においてひとしく公務につく権利を有する。

3　人民の意思は、統治の権力を基礎とならなければならない。この意思は、定期のかつ真正な選挙によって表明されなければならない。この選挙は、平等の普通選挙によるものでなければならず、また、秘密投票又はこれと同等の自由が保障される投票手続によって行われなければならない。

第二十二条

すべて人は、社会の一員として、社会保障を受ける権利を有し、かつ、国家的努力及び国際的協力により、また、各国の組織及び資源に応じて、自己の尊厳と自己の人格の自由な発展とに欠くことのできない経済的、社会的及び文化的権利を実現する権利を有する。

第二十三条

1　すべて人は、勤労し、職業を自由に選択し、公正かつ有利な勤労条件を確保し、及び失業に対する保護を受ける権利を有する。

2　すべて人は、いかなる差別をも受けることなく、同等の勤労に対し、同等の報酬を受ける権利を有する。

3　勤労する者は、すべて、自己及び家族に対して人間の尊厳にふさわしい生活を保障する公正かつ有利な報酬を受け、かつ、必要な場合には、他の社会的保護手段によって補充を受けることができる。

4　すべて人は、自己の利益を保護するために労働組合を組織し、及びこれに参加する権利を有する。

第二十四条

すべて人は、労働時間の合理的な制限及び定期的な有給休暇を含む休息及び余暇をもつ権利を有する。

第二十五条

1　すべて人は、衣食住、医療及び必要な社会的施設等により、自己及び家族の健康及び福祉に十分な生活水準を保持する権利並びに失業、疾病、心身障害、配偶者の死亡、老齢その他不可抗力による生活不能の場合は、保障を受ける権利を有する。

2　母と子とは、特別の保護及び援助を受ける権利を有する。すべての児童は、嫡出であると否とを問わず、同じ社会的保護を受ける。

第二十六条

1　すべて人は、教育を受ける権利を有する。教育は、少なくとも初等の及び基礎的の段階においては、無償でなければならない。初等教育は、義務的でなければならない。技術教育及び職業教育は、一般に利用できるものでなければならず、また、高等教育は、能力に応じ、すべての者にひとしく開放されていなければならない。

2　教育は、人格の完全な発展並びに人権及び基本的自由の尊重の強化を目的としなければならない。教育は、すべての国又は人種的若しくは宗教的集団の相互間の理解、寛容及び友好関係を増進し、かつ、平和の維持のため、国際連合の活動を促進するものでなければならない。

3　親は、子に与える教育の種類を選択する優先的権利を有する。

第二十七条

1　すべて人は、自由に社会の文化生活に参加し、芸術を鑑賞し、及び科学の進歩とその恩恵とにあずかる権利を有する。

2　すべて人は、その創作した科学的、文学的又は美術的作品から生ずる精神的及び物質的利益を保護される権利を有する。

第二十八条

すべて人は、この宣言に掲げる権利及び自由が完全に実現される社会的及び国際的秩序に対する権利を有する。

第二十九条

1　すべて人は、その人格の自由かつ完全な発展がその中にあってのみ可能である社会に対して義務を負う。

2　すべて人は、自己の権利及び自由を行使するに当っては、他人の権利及び自由の正当な承認及び尊重を保障すること並びに民主的社会における道徳、公の秩序及び一般の福祉の正当な要求を満たすことをもっぱら目的として法律によって定められた制限にのみ服する。

3　これらの権利及び自由は、いかなる場合にも、国際連合の目的及び原則に反して行使してはならない。

第三十条

この宣言のいかなる規定も、いずれかの国、集団又は個人に対して、この宣言に掲げる権利及び自由の破壊を目的とする活動に従事し、又はそのような目的を有する行為を行う権利を認めるものと解釈してはならない。

●国際連合教育科学文化機関憲章（ユネスコ憲章）〔抄〕

（昭和二六年一〇月六日　条約第四号）

この憲章の当事国政府は、その国民に代つて次のとおり宣言する。

戦争は人の心の中で生れるものであるから、人の心の中に平和のとりでを築かなければならない。

相互の風習と生活を知らないことは、人類の歴史を通じて世界の諸人民の間に疑惑と不信をおこした共通の原因であり、この疑惑と不信のために、諸人民の不一致があまりにもしばしば戦争となつた。

ここに終りを告げた恐るべき大戦争は、人間の尊厳・平等・相互の尊重という民主主義の原理を否認し、これらの原理の代りに、無知と偏見を通じて人間と人種の不平等という教義をひろめることによつて可能にされた戦争であつた。

文化の広い普及と正義・自由・平和のための人類の教育とは、人間の尊厳に欠くことのできないものであり、且つ、すべての国民が相互の援助及び相互の関心の精神をもつて果さなければならない神聖な義務である。

政府の政治的及び経済的取極のみに基く平和は、世界の諸人民の、一致した、しかも永続する誠実な支持を確保できる平和ではない。よつて、平和は、失われないためには、人類の知的及び精神的連帯の上に築かなければならない。

これらの理由によつて、この憲章の当事国は、すべての人に教育の充分で平等な機会が与えられ、客観的真理が拘束を受けずに探究され、且つ、思想と知識が自由に交換されるべきことを信じて、その国民の間における伝達の方法を発展させ及び増加させること並びに相互に理解し及び相互の生活を一層真実に一層完全に知るためにこの伝達の方法を用いることに一致し及び決意している。

その結果、当事国は、世界の諸人民の教育、科学及び文化上の関係を通じて、国際連合の設立の目的であり、且つ、その憲章が宣言している国際平和と人類の共通の福祉という目的を促進するために、ここに国際連合教育科学文化機関を創設する。

第一条　目的及び任務

1　この機関の目的は、国際連合憲章が世界の諸人民に対して人種、性、言語又は宗教の差別なく確認している正義、法の支配、人権及び基本的自由に対する普遍的な尊重を助長するために教育、科学及び文化を通じて諸国民の間の協力を促進することによつて、平和及び安全に貢献することである。

2　この目的を実現するために、この機関は、次のことを行う。

(a)　大衆通報（マス・コミュニケーション）のあらゆる方法を通じて諸人民が相互に知り且つ理解することを促進する仕事に協力すること並びにこの目的で言語及び表象による思想の自由な交流を促進するために必要な国際協定を勧告すること。

(b)　次のようにして一般の教育と文化の普及とに新しい刺激を与えること。

加盟国の要請によつて教育事業の発展のためにその国と協力すること。

人種、性又は経済的若しくは社会的な差別にかかわらない教育の機会均等の理想を進めるために、諸国民の間における協力の関係をつくること。

自由の責任に対して世界の児童を準備させるのに最も適した教育方法を示唆すること。

(c)　次のようにして知識を維持し、増進し、且つ、普及すること。

世界の遺産である図書、芸術作品並びに歴史及び科学の記念物の保存及び保護を確保し、且つ、関係諸国民に対して必要な国際条約を勧告すること。

教育、科学及び文化の分野で活動している人々の国際的交換並びに出版物、芸術的及び科学的に意義のある物その他の参考資料の交換を含む知的活動のすべての部門における諸国民の間の協力を奨励すること。

いずれの国で作成された印刷物及び刊行物でも

すべての国の人民が利用できるようにする国際協力の方法を発案すること。

3　この機関の加盟国の文化及び教育制度の独立、統一性及び実りの多い多様性を維持するために、この機関は、加盟国の国内管轄権に本質的に属する事項に干渉することを禁止される。

第二条―第十一条　〔略〕

第十二条　この機関の法的地位

国際連合の法的地位並びに特権及び免除に関する国際連合憲章第一〇四条及び第一〇五条の規定は、この機関にも同様に適用される。

第十三条　改　正

1　この憲章の改正提案は、総会の三分の二の多数によって承認を受けるときに効力を生ずる。但し、この機関の目的の根本的変更又は加盟国に対する新たな義務を伴う改正が効力を生ずるためには、その承認の後に加盟国の三分の二が受諾することを必要とする。改正の提案の案文は、総会による審議の少くとも六箇月前に、事務局長が加盟国に通報しなければならない。

2　総会は、この条の規定を実施するための手続規則を三分の二の多数によって採択する権限を有する。

第十四条　解　釈

1　この憲章のイギリス語及びフランス語の本文は、ひとしく正文とみなす。

2　この憲章の解釈に関する疑義又は紛争は、総会がその手続規則に基づいて決定するところにより、国際司法裁判所又は仲裁裁判のために付託する。

第十五条　効力の発生

1　この憲章は、受託を受けなければならない。受諾書は、連合王国政府に寄託しなければならない。

2　この憲章は、連合王国政府の記録に署名のために開放しておく。署名は、受諾書の寄託の前でも後でも行うことができる。受諾は、署名が前に行われているか又は後に行われなければ効力を生じない。

3　この憲章は、署名国のうち二十が受諾したときに効力を生ずる。その後の受諾は、直ちに効力を生ずる。

4　連合王国政府は、すべての受諾書の受領及びこの憲章が前項に従って効力を生ずる日を、国際連合のすべての加盟国に通知する。

□児童の権利宣言

（国連総会一九五九年一一月二〇日満場一致採択、同一二・一六参院本会議にて支持決議）

前文

国際連合の諸国民は、国際連合憲章において、基本的人権と人間の尊厳及び価値とに関する信念をあらためて確認し、かつ、一層大きな自由の中で社会的進歩と生活水準の向上とを促進することを決意したので、

国際連合は、世界人権宣言において、すべて人は、人種、皮膚の色、性、言語、宗教、政治上その他の意見、国民的若しくは社会的出身、財産、門地その他の地位又はこれに類するいかなる事由による差別をも受けることなく、同宣言に掲げるすべての権利と自由とを享有する権利を有すると宣言したので、

児童は、身体的及び精神的に未熟であるため、その出生の前後において、適当な法律上の保護を含めて、特別にこれを守り、かつ、世話することが必要であるので、

このような特別の保護が必要であることは、一九二四年のジュネーヴ児童権利宣言に述べられており、また、世界人権宣言並びに児童の福祉に関係のある専門機関及び国際機関の規約により認められているので、

人類は、児童に対し、最善のものを与える義務を負うものであるので、

よつて、ここに、国際連合総会は、

児童が、幸福な生活を送り、かつ、自己と社会の福利のためにこの宣言に掲げる権利と自由を享有することができるようにするため、この児童権利宣言を公布し、また、両親、個人としての男女、民間団体、地方行政機関及び政府に対し、これらの権利を認識し、次の原則に従つて漸進的に執られる立法その他の措置によつてこれらの権利を守るように努力することを要請する。

第一条　児童は、この宣言に掲げるすべての権利を有する。すべての児童は、いかなる例外もなく、自己又はその家族のいずれについても、その人種、皮膚の色、性、言語、宗教、政治上その他の意見、国民的若しくは社会的出身、財産、門地その他の地位のため差別を受けることなく、これらの権利を考えられなければならない。

第二条　児童は、特別の保護を受け、また、健全、かつ、正常な方法及び自由と尊厳の状態の下で身体的、知能的、道徳的、精神的及び社会的に成長することができるための機会及び便益を、法律その他の手段によつて与えられなければならない。この目的のために法律を制定するに当つては、児童の最善の利益について、最高の考慮が払われなければならない。

第三条　児童は、その出生の時から姓名及び国籍をもつ権利を有する。

第四条　児童は、社会保証の恩恵を受ける権利を有する。児童は、健康に発育し、かつ、成長する権利を有する。この目的のため、児童とその母は、出産前後の適当な世話を含む特別の世話及び保護を与えられなければならない。児童は、適当な栄養、住居、レクリエーション及び医療を与えられる権利を有する。

第五条　身体的、精神的又は社会的に障害のある児童は、その特殊な事情により必要とされる特別の治療、教育及び保護を与えられなければならない。

第六条　児童は、その人格の完全な、かつ、調和した発展のため、愛情と理解とを必要とする。児童は、できるかぎり、その両親の愛護と責任の下で、また、いかなる場合においても、愛情と道徳的及び物質的保障とのある環境の下で育てられなければならない。幼児は、例外的な場合を除き、その母から引き離されてはならない。社会及び公の機関は、家庭のない児童及び適当な生活維持の方法のない児童に対して特別の養護を与える義務を有する。子供の多い家庭に属する児童については、その援助のため、国その他の機関による費用の負担が望ましい。

第七条　児童は、教育を受ける権利を有する。その教育は、少なくとも初等の段階においては、無償かつ、義務的でなければならない。児童は、その一般的な教養を高め、機会均等の原則に基づいて、その能力、判断力並びに道徳的及び社会的責任感を発達

させ、社会の有用な一員となりうるような教育を与えられなければならない。

② 児童の教育及び指導について責任を有する者は、児童の最善の利益をその指導の原則としなければならない。その責任は、まず第一に児童の両親にある。

③ 児童は、遊戯及びレクリエーションのための充分な機会を与えられる権利を有する。その遊戯及びレクリエーションは、教育と同じような目的に向けられなければならない。社会及び公の機関は、この権利の享有を促進するために努力しなければならない。

第八条 児童は、あらゆる状況にあつて、最初に保護及び救済を受けるべき者の中に含められなければならない。

第九条 児童は、あらゆる放任、虐待及び搾取から保護されなければならない。児童は、いかなる形態においても売買の対象にされてはならない。

② 児童は、適当な最低年令に達する前に雇用されてはならない。児童は、いかなる場合にも、その健康及び教育に有害であり、又はその身体的、精神的若しくは道徳的発達を妨げる職業若しくは雇用に、従事させられ又は従事することを許されてはならない。

第十条 児童は、人種的、宗教的その他の形態による差別を助長するおそれのある慣行から保護されなければならない。児童は、理解、寛容、諸国民間の友愛、平和及び四海同胞の精神の下に、また、その力と才能が、人類のために捧げられるべきであるという充分な意識のなかで、育てられなければならない。

●児童の権利に関する条約

(一九八九・一一・二〇 国際連合総会採択
一九九〇・九・二発効)

(平成六年五月一六日 我が国における公布(条約第二号)
平成六年五月二二日 我が国について効力発生)

最終改正…平一五・六・一二条約三

【解説】

一 本条約は、児童の権利に関する宣言が国連で採択(一九五九年)された後、条約を期した草案がポーランドから提出(一九七八年)され、宣言の採択から三十周年にあたる一九八九年、児童に対する特別な保護(前文)の実現を目指す条約として、国連総会において、全会一致で採択された。我が国は平成二年(一九九〇年)に署名、平成六年(一九九四年)四月二二日に批准して一五八番目の締約国となった。

二 本条約は、前文及び全五四条からなり、「四つの原則」(「生命、生存及び発達に対する権利」「子どもの最善の利益」「子どもの意見の尊重」「差別の禁止」)と「四つの権利」(「生きる権利」「育つ権利」「守られる権利」「参加する権利」)に概括して説明される(国連児童基金unicef)ほか、第三条(最善の利益)、第十二条(自己の意見の表明)、第十三条(表現の自由)など、我が国の学校教育の課題と関連付けて言及されることも、少なくない。第二十八条にある「中等教育」の「無償教育の導入」や「財政的援助の提供」について、高等学校等就学支援金の支給に関する法律」(平成二二年法律第一八号)の制定など、各条文の実効的・実質的保障のための国内法の制定や改訂が進められてきた。

三 我が国における条約の発効にあわせて、平成六年(一九九七年)五月二〇日付で文部事務次官通知(「児童の権利に関する条約」について(通知))が発出され、「世界の多くの児童」が「貧困、飢餓などの困難な状況」に置かれており、「世界的な視野から児童の人権の尊重、保護の促進を目指したもの」であるとともに、我が国おいても、「日本国憲法や教育基本法の精神」をふまえ教育活動全体を通じて指導すること、「児童生徒等に権利及び義務をともに正しく理解をさせること」、「体罰」や「品位を傷つける形態の罰」からの保護(第十九条、第二十八条、三十七条)、「いじめや校内暴力」への対応、「意見を表明する権利、表現の自由」(十二条から第十六条まで)等をあげて、学校としての合理的かつ適切な対応を求めている。なお、第十三条は「表現の自由」の権利とともに「他の者の権利又は信用の尊重」など、権利に伴う責任についても言及している。

四 我が国では本条約の名称を「児童の権利に関する条約」と表記している(外務省)。本条約の第一条のCHILDは「十八歳未満のすべての者」(第一条)と定義され、児童福祉法(昭和二二年法律第一六四号)第四条における「児童」の定義(「児童とは、満十八歳に満たない者」)と整合性を持つ形となっている。なお、さきの文部事務次官通知には、「本条約についての教育指導」では、「児童」のみならず「子ども」という語を「適宜使用することも考えられる」としている。

五 本条約締結後、「児童の売買、児童売春及び児童ポルノに関する児童の権利に関する条約の選択議定書」(二〇〇二年一月一八日発効)、「武力紛争における児童の関与に関する児童の権利に関する条約の選択議定書(二〇〇二年二月一二日発効)が締結された。我が国は平成一四年(二〇〇二年)五月に両選択議定書に署名し、前者は平成一七年(二〇〇五年)一月二四日、後者は平成一六年(二〇〇四年)八月二日に批准した。このほか、本条約には、「通報手続における児童の権利に関する条約の選択議定書」(我が国は未批准のため仮訳)(Optional Protocol to the Convention on the Rights of the Child on a communications procedure)(平成二六年四月一四日発効)がある。

六 わが国では、自治体において本条約に関わる条例が制定されており、「子どもの権利」「最善の利益」を名称に冠するものだけでも、「川崎市子どもの権利に関する条例」(平成一三年)、「豊島区子どもの権利に関する条例」(同一八年)、「上越市子どもの権利に関する条例」（同二〇年）、「石巻市子どもの権利に関する条例」（同二一年）、「なごや子どもの権利条例」（令和二年改正）など、四〇近くを数える。

七　本条約に対応した国内法として、令和四年（二〇二二年）、「こども家庭庁設置法」（令和四年六月二二日公布法律第七五号）と同日付で公布された「こども基本法」（同法律第七六号）がある。（「こども基本法」解説を参照されたい）

〈参考文献〉

波多野里望『逐条解説 児童の権利条約［改訂版］』有斐閣、二〇〇五年。

外務省https://www.mofa.go.jp/mofaj/gaiko/jido/

子どもの権利条約総合研究所「子どもの権利に関する総合条例一覧」では六一自治体（令和四年四月現在）：http://npocrc.org/）

（梅野　正信）

【教採頻出条文】

第三条、第一二条、第一三条、第二八条。（編集部責）

前文

この条約の締約国は、

国際連合憲章において宣明された原則によれば、人類社会のすべての構成員の固有の尊厳及び平等のかつ奪い得ない権利を認めることが世界における自由、正義及び平和の基礎を成すものであることを考慮し、

国際連合加盟国の国民が、国際連合憲章において、基本的人権並びに人間の尊厳及び価値に関する信念を改めて確認し、かつ、一層大きな自由の中で社会的進歩及び生活水準の向上を促進することを決意したことに留意し、

国際連合が、世界人権宣言及び人権に関する国際規約において、すべての人は人種、皮膚の色、性、言語、宗教、政治的意見その他の意見、国民的若しくは社会的出身、財産、出生又は他の地位等によるいかなる差別もなしに同宣言及び同規約に掲げるすべての権利及び自由を享有することができることを宣明し及び合意したことを認め、

国際連合が、世界人権宣言において、児童は特別な保護及び援助についての権利を享有することができることを宣明したことを想起し、

家族が、社会の基礎的な集団として、並びに家族のすべての構成員、特に、児童の成長及び福祉のための自然な環境として、社会においてその責任を十分に引き受けることができるよう必要な保護及び援助を与えられるべきであることを確信し、

児童が、その人格の完全なかつ調和のとれた発達のため、家庭環境の下で幸福、愛情及び理解のある雰囲気の中で成長すべきであることを認め、

児童が、社会において個人として生活するため十分な準備が整えられるべきであり、かつ、国際連合憲章において宣明された理想の精神並びに特に平和、尊厳、寛容、自由、平等及び連帯の精神に従って育てられるべきであることを考慮し、

児童に対して特別な保護を与えることの必要性が、千九百二十四年の児童の権利に関するジュネーヴ宣言及び千九百五十九年十一月二十日に国際連合総会で採択された児童の権利に関する宣言において述べられており、また、世界人権宣言、市民的及び政治的権利に関する国際規約（特に第二十三条及び第二十四条）、経済的、社会的及び文化的権利に関する国際規約（特に第十条）並びに児童の福祉に関係する専門機関及び国際機関の規程及び関係文書において認められていることに留意し、

児童の権利に関する宣言において示されているとおり「児童は、身体的及び精神的に未熟であるため、その出生の前後において、適当な法的保護を含む特別な保護及び世話を必要とする。」ことに留意し、

国内の又は国際的な里親委託及び養子縁組を特に考慮した児童の保護及び福祉についての社会的及び法的な原則に関する宣言、少年司法の運用のための国際連合最低基準規則（北京規則）及び緊急事態及び武力紛争における女子及び児童の保護に関する宣言の規定を想起し、

極めて困難な条件の下で生活している児童が世界のすべての国に存在すること、また、このような児童が特別の配慮を必要としていることを認め、

児童の保護及び調和のとれた発達のために各人民の伝統及び文化的価値が有する重要性を十分に考慮し、

あらゆる国特に開発途上国における児童の生活条件を改善するために国際協力が重要であることを認めて、

次のとおり協定した。

第一部

第一条　この条約の適用上、児童とは、十八歳未満のすべての者をいう。ただし、当該児童で、その者に適用される法律によりより早く成年に達したものを除く。

第二条　1　締約国は、その管轄の下にある児童に対し、児童又はその父母若しくは法定保護者の人種、皮膚の色、性、言語、宗教、政治的意見その他の意見、国民的、種族的若しくは社会的出身、財産、心身障害、出生又は他の地位にかかわらず、いかなる差別もなしにこの条約に定める権利を尊重し、及び確保する。

2　締約国は、児童がその父母、法定保護者又は家族の構成員の地位、活動、表明した意見又は信念によるあらゆる形態の差別又は処罰から保護されることを確保するためのすべての適当な措置をとる。

第三条　1　**児童に関するすべての措置をとるに当たっては、公的若しくは私的な社会福祉施設、裁判所、行政当局又は立法機関のいずれによって行われるものであっても、児童の最善の利益が主として考慮されるものとする。**

2　**締約国は、児童の父母、法定保護者又は児童について法的に責任を有する他の者の権利及び義務を考慮に入れて、児童の福祉に必要な保護及び養護を確保することを約束し、このため、すべての適当な立法上及び行政上の措置をとる。**

3　**締約国は、児童の養護又は保護のための施設、役務の提供及び設備が、特に安全及び健康の分野に関し並びにこれらの職員の数及び適格性並びに適正な監督に関し権限のある当局の設定した基準に適合することを確保する。**

第四条　締約国は、この条約において認められる権利の実現のため、すべての適当な立法措置、行政措置その他の措置を講ずる。締約国は、経済的、社会的及び文化的権利に関しては、自国における利用可能な手段の最大限の範囲内で、また、必要な場合には国際協力の枠内で、これらの措置を講ずる。

第五条　締約国は、児童がこの条約において認められ

児童の権利に関する条約

る権利を行使するに当たり、父母若しくは場合により地方の慣習により定められている大家族若しくは共同体の構成員、法定保護者又は児童について法的に責任を有する他の者がその児童の発達しつつある能力に適合する方法で適当な指示及び指導を与える責任、権利及び義務を尊重する。

第六条 1 締約国は、すべての児童が生命に対する固有の権利を有することを認める。

2 締約国は、児童の生存及び発達を可能な最大限の範囲において確保する。

第七条 1 児童は、出生の後直ちに登録される。児童は、出生の時から氏名を有する権利及び国籍を取得する権利を有するものとし、また、できる限りその父母を知りかつその父母によって養育される権利を有する。

2 締約国は、特に児童が無国籍となる場合を含めて、国内法及びこの分野における関連する国際文書に基づく自国の義務に従い、1の権利の実現を確保する。

第八条 1 締約国は、児童が法律によって認められた国籍、氏名及び家族関係を含むその身元関係事項について不法に干渉されることなく保持する権利を尊重することを約束する。

2 締約国は、児童がその身元関係事項の一部又は全部を不法に奪われた場合には、その身元関係事項を速やかに回復するため、適当な援助及び保護を与える。

第九条 1 締約国は、児童がその父母の意思に反してその父母から分離されないことを確保する。ただし、権限のある当局が司法の審査に従うことを条件として適用のある法律及び手続に従いその分離が児童の最善の利益のために必要であると決定する場合は、この限りでない。このような決定は、父母が児童を虐待し若しくは放置する場合又は父母が別居しており児童の居住地を決定しなければならない場合のような特定の場合において必要となることがある。

2 すべての関係当事者は、1の規定に基づくいかなる手続においても、その手続に参加しかつ自己の意見を述べる機会を有する。

3 締約国は、児童の最善の利益に反する場合を除くほか、父母の一方又は双方から分離されている児童が定期的に父母のいずれとも人的な関係及び直接の接触を維持する権利を尊重する。

4 3の分離が、締約国がとった父母の一方若しくは双方又は児童の抑留、拘禁、追放、退去強制、死亡（その者が当該締約国により身体を拘束されている間に何らかの理由により生じた死亡を含む。）等のいずれかの措置に基づく場合には、当該締約国は、要請に応じ、父母、児童又は適当な場合には家族の他の構成員に対し、家族のうち不在となっている者の所在に関する重要な情報を提供する。ただし、その情報の提供が児童の福祉を害する場合は、この限りでない。締約国は、更に、その要請の提出自体が関係者に悪影響を及ぼさないことを確保する。

第十条 1 前条1の規定に基づく締約国の義務に従い、家族の再統合を目的とする児童又はその父母による締約国への入国又は締約国からの出国の申請については、締約国が積極的、人道的かつ迅速な方法で取り扱う。締約国は、更に、その申請の提出が申請者及びその家族の構成員に悪影響を及ぼさないことを確保する。

2 父母と異なる国に居住する児童は、例外的な事情がある場合を除くほか定期的に父母との人的な関係及び直接の接触を維持する権利を有する。このため、前条1の規定に基づく締約国の義務に従い、締約国は、児童及びその父母がいずれの国（自国を含む。）からも出国し、かつ、自国に入国する権利を尊重する。出国する権利は、法律で定められ、国の安全、公の秩序、公衆の健康若しくは道徳又は他の者の権利及び自由を保護するために必要であり、かつ、この条約において認められる他の権利と両立する制限にのみ従う。

第十一条 1 締約国は、児童が不法に国外へ移送されることを防止し及び国外から帰還することができない事態を除去するための措置を講ずる。

2 このため、締約国は、二国間若しくは多数国間の協定の締結又は現行の協定への加入を促進する。

第十二条 1 **締約国は、自己の意見を形成する能力のある児童がその児童に影響を及ぼすすべての事項について自由に自己の意見を表明する権利を確保する。この場合において、児童の意見は、その児童の年齢及び成熟度に従って相応に考慮されるものとする。**

2 **このため、児童は、特に、自己に影響を及ぼすあらゆる司法上及び行政上の手続において、国内法の手続規則に合致する方法により直接に又は代理人若しくは適当な団体を通じて聴取される機会を与えられる。**

第十三条 1 **児童は、表現の自由についての権利を有する。この権利には、口頭、手書き若しくは印刷、芸術の形態又は自ら選択する他の方法により、国境とのかかわりなく、あらゆる種類の情報及び考えを求め、受け及び伝える自由を含む。**

2 **1の権利の行使については、一定の制限を課することができる。ただし、その制限は、法律によって定められ、かつ、次の目的のために必要とされるものに限る。**

(a) **他の者の権利又は信用の尊重**

(b) **国の安全、公の秩序又は公衆の健康若しくは道徳の保護**

第十四条 1 締約国は、思想、良心及び宗教の自由についての児童の権利を尊重する。

2 締約国は、児童が1の権利を行使するに当たり、父母及び場合により法定保護者が児童に対しその発達しつつある能力に適合する方法で指示を与える権利及び義務を尊重する。

3 宗教又は信念を表明する自由については、法律で定める制限であって公共の安全、公の秩序、公衆の健康若しくは道徳又は他の者の基本的な権利及び自由を保護するために必要なもののみを課することができる。

第十五条 1 締約国は、結社の自由及び平和的な集会の自由についての児童の権利を認める。

2 1の権利の行使については、法律で定める制限であって国の安全若しくは公共の安全、公の秩序、公衆の健康若しくは道徳の保護又は他の者の権利及び自由の保護のため民主的社会において必要なもの以外のいかなる制限も課することができない。

第十六条 1 いかなる児童も、その私生活、家族、住居若しくは通信に対して恣意的に若しくは不法に干渉され又は名誉及び信用を不法に攻撃されない。

2 児童は、1の干渉又は攻撃に対する法律の保護を受ける権利を有する。

第十七条 締約国は、大衆媒体（マス・メディア）の果たす重要な機能を認め、児童が国の内外の多様な情報源からの情報及び資料、特に児童の社会面、精神面及び道徳面の福祉並びに心身の健康の促進を目的とした情報及び資料を利用することができることを確保する。このため、締約国は、

(a) 児童にとって社会面及び文化面において有益であり、かつ、第二十九条の精神に沿う情報及び資料を大衆媒体（マス・メディア）が普及させるよう奨励する。

(b) 国の内外の多様な情報源（文化的にも多様な情報源を含む。）からの情報及び資料の作成、交換及び普及における国際協力を奨励する。

(c) 児童用書籍の作成及び普及を奨励する。

(d) 少数集団に属し又は原住民である児童の言語上の必要性について大衆媒体（マス・メディア）が特に考慮するよう奨励する。

(e) 第十三条及び次条の規定に留意して、児童の福祉に有害な情報及び資料から児童を保護するための適当な指針を発展させることを奨励する。

第十八条 1 締約国は、児童の養育及び発達について父母が共同の責任を有するという原則についての認識を確保するために最善の努力を払う。父母又は場合により法定保護者は、児童の養育及び発達についての第一義的な責任を有する。児童の最善の利益は、これらの者の基本的な関心事項となるものとする。

2 締約国は、この条約に定める権利を保障し及び促進するため、父母及び法定保護者が児童の養育についての責任を遂行するに当たりこれらの者に対して適当な援助を与えるものとし、また、児童の養護のための施設、設備及び役務の提供の発展を確保する。

3 締約国は、父母が働いている児童が利用する資格を有する児童の養護のための役務の提供及び設備からその児童が便益を受ける権利を有することを確保するためのすべての適当な措置をとる。

第十九条 1 締約国は、児童が父母、法定保護者又は児童を監護する他の者による監護を受けている間において、あらゆる形態の身体的若しくは精神的な暴力、傷害若しくは虐待、放置若しくは怠慢な取扱い、不当な取扱い又は搾取（性的虐待を含む。）からその児童を保護するためすべての適当な立法上、行政上、社会上及び教育上の措置をとる。

2 1の保護措置には、適当な場合には、児童及び児童を監護する者のために必要な援助を与える社会的計画の作成その他の形態による防止のための効果的な手続並びに1に定める児童の不当な取扱いの事件の発見、報告、付託、調査、処置及び事後措置並びに適当な場合には司法の関与に関する効果的な手続を含むものとする。

第二十条 1 一時的若しくは恒久的にその家庭環境を奪われた児童又は児童自身の最善の利益にかんがみその家庭環境にとどまることが認められない児童は、国が与える特別の保護及び援助を受ける権利を有する。

2 締約国は、自国の国内法に従い、1の児童のための代替的な監護を確保する。

3 2の監護には、特に、里親委託、イスラム法のカファーラ、養子縁組又は必要な場合には児童の監護のための適当な施設への収容を含むことができる。解決策の検討に当たっては、児童の養育において継続性が望ましいこと並びに児童の種族的、宗教的、文化的及び言語的な背景について、十分な考慮を払うものとする。

第二十一条 養子縁組の制度を認め又は許容している締約国は、児童の最善の利益について最大の考慮が払われることを確保するものとし、また、

(a) 児童の養子縁組が権限のある当局によってのみ認められることを確保する。この場合において、当該権限のある当局は、適用のある法律及び手続に従い、かつ、信頼し得るすべての関連情報に基づき、養子縁組が父母、親族及び法定保護者に関する児童の状況にかんがみ許容されること並びに必要な場合には、関係者が所要のカウンセリングに基づき養子縁組について事情を知らされた上での同意を与えていることを認定する。

(b) 児童がその出身国内において里親若しくは養家に託され又は適切な方法で監護を受けることができない場合には、これに代わる児童の監護の手段として国際的な養子縁組を考慮することができることを認める。

(c) 国際的な養子縁組が行われる児童が国内における養子縁組の場合における保護及び基準と同等のものを享受することを確保する。

(d) 国際的な養子縁組において当該養子縁組が関係者に不当な金銭上の利得をもたらすことがないことを確保するためのすべての適当な措置をとる。

(e) 適当な場合には、二国間又は多数国間の取極又は協定を締結することによりこの条の目的を促進し、及びこの枠組みの範囲内で他国における児童の養子縁組が権限のある当局又は機関によって行われることを確保するよう努める。

第二十二条 1 締約国は、難民の地位を求めている児童又は適用のある国際法及び国際的な手続若しくは国内法及び国内的な手続に基づき難民と認められている児童が、父母又は他の者に付き添われているかいないかを問わず、この条約及び自国が締約国となっている人権又は人道に関する他の国際文書に定める権利であって適用のあるものの享受に当たり、適当な保護及び人道的援助を受けることを確保するための適当な措置をとる。

2 このため、締約国は、適当と認める場合には、1の児童を保護し及び援助するため、並びに難民の児童の家族との再統合に必要な情報を得ることを目的としてその難民の児童の父母又は家族の他の構成員を捜すため、国際連合及びこれと協力する他の権限のある政府間機関又は関係非政府機関による努力に協力する。その難民の児童は、父母又は家族の他の構成員が発見されない場合には、何らかの理由により恒久的又は一時的にその家庭環境を奪われた他の児童と同様にこの条約に定める保護が与えられる。

第二十三条 1 締約国は、精神的又は身体的な障害を有する児童が、その尊厳を確保し、自立を促進し及び社会への積極的な参加を容易にする条件の下で十分かつ相応な生活を享受すべきであることを認める。

2 締約国は、障害を有する児童が特別の養護についての権利を有することを認めるものとし、利用可能な手段の下で、申込みに応じた、かつ、当該児童の状況及び父母又は当該児童を養護している他の者の事情に適した援助を、これを受ける資格を有する児

者に与えることを奨励し、かつ、確保する。

3　障害を有する児童の特別な必要を認めて、2の規定に従って与えられる援助は、父母又は当該児童を養護している他の者の資力を考慮して可能な限り無償で与えられるものとし、かつ、障害を有する児童が可能な限り社会への統合及び個人の発達（文化的及び精神的な発達を含む。）を達成することに資する方法で当該児童が教育、訓練、保健サービス、リハビリテーション・サービス、雇用のための準備及びレクリエーションの機会を実質的に利用し及び享受することができるように行われるものとする。

4　締約国は、国際協力の精神により、予防的な保健並びに障害を有する児童の医学的、心理学的及び機能的治療の分野における適当な情報の交換（リハビリテーション、教育及び職業サービスの方法に関する情報の普及及び利用を含む。）であってこれらの分野における自国の能力及び技術を向上させ並びに自国の経験を広げることができるようにすることを目的とするものを促進する。これに関しては、特に、開発途上国の必要を考慮する。

第二十四条　1　締約国は、到達可能な最高水準の健康を享受すること並びに病気の治療及び健康の回復のための便宜を与えられることについての児童の権利を認める。締約国は、いかなる児童もこのような保健サービスを利用する権利が奪われないことを確保するために努力する。

2　締約国は、1の権利の完全な実現を追求するものとし、特に、次のことのための適当な措置をとる。

(a) 幼児及び児童の死亡率を低下させること。

(b) 基礎的な保健の発展に重点を置いて必要な医療及び保健をすべての児童に提供することを確保すること。

(c) 環境汚染の危険を考慮に入れて、基礎的な保健の枠組みの範囲内で行われることを含めて、特に容易に利用可能な技術の適用により並びに十分に栄養のある食物及び清潔な飲料水の供給を通じて、疾病及び栄養不良と闘うこと。

(d) 母親のための産前産後の適当な保健を確保すること。

(e) 社会のすべての構成員特に父母及び児童が、児童の健康及び栄養、母乳による育児の利点、衛生（環境衛生を含む。）並びに事故の防止についての基礎的な知識に関して、情報を提供され、教育を受ける機会を有し及びその知識の使用について支援されることを確保すること。

(f) 予防的な保健、父母のための指導並びに家族計画に関する教育及びサービスを発展させること。

3　締約国は、児童の健康を害するような伝統的な慣行を廃止するため、効果的かつ適当なすべての措置をとる。

4　締約国は、この条において認められる権利の完全な実現を漸進的に達成するため、国際協力を促進し及び奨励することを約束する。これに関しては、特に、開発途上国の必要を考慮する。

第二十五条　締約国は、児童の身体又は精神の養護、保護又は治療を目的として権限のある当局によって収容された児童に対する処遇及びその収容に関連する他のすべての状況に関する定期的な審査が行われることについての児童の権利を認める。

第二十六条　1　締約国は、すべての児童が社会保険その他の社会保障からの給付を受ける権利を認めるものとし、自国の国内法に従い、この権利の完全な実現を達成するための必要な措置をとる。

2　1の給付は、適当な場合には、児童及びその扶養について責任を有する者の資力及び事情並びに児童によって又は児童に代わって行われる給付の申請に関する他のすべての事項を考慮して、与えられるものとする。

第二十七条　1　締約国は、児童の身体的、精神的、道徳的及び社会的な発達のための相当な生活水準についてのすべての児童の権利を認める。

2　父母又は児童について責任を有する他の者は、自己の能力及び資力の範囲内で、児童の発達に必要な生活条件を確保することについての第一義的な責任を有する。

3　締約国は、国内事情に従い、かつ、その能力の範囲内で、1の権利の実現のため、父母及び児童について責任を有する他の者を援助するための適当な措置をとるものとし、また、必要な場合には、特に栄養、衣類及び住居に関して、物的援助及び支援計画を提供する。

4　締約国は、父母又は児童について金銭上の責任を有する他の者から、児童の扶養料を自国内で及び外国から、回収することを確保するためのすべての適当な措置をとる。特に、児童について金銭上の責任を有する者が児童と異なる国に居住している場合には、締約国は、国際協定への加入又は国際協定の締結及び他の適当な取決めの作成を促進する。

第二十八条　1　締約国は、教育についての児童の権利を認めるものとし、この権利を漸進的にかつ機会の平等を基礎として達成するため、特に、

(a) 初等教育を義務的なものとし、すべての者に対して無償のものとする。

(b) 種々の形態の中等教育（一般教育及び職業教育を含む。）の発展を奨励し、すべての児童に対し、これらの中等教育が利用可能であり、かつ、これらを利用する機会が与えられるものとし、例えば、無償教育の導入、必要な場合における財政的援助の提供のような適当な措置をとる。

(c) すべての適当な方法により、能力に応じ、すべての者に対して高等教育を利用する機会が与えられるものとする。

(d) すべての児童に対し、教育及び職業に関する情報及び指導が利用可能であり、かつ、これらを利用する機会が与えられるものとする。

(e) 定期的な登校及び中途退学率の減少を奨励するための措置をとる。

2　締約国は、学校の規律が児童の人間の尊厳に適合する方法で及びこの条約に従って運用されることを確保するためのすべての適当な措置をとる。

3　締約国は、特に全世界における無知及び非識字の廃絶に寄与し並びに科学上及び技術上の知識並びに最新の教育方法の利用を容易にするため、教育に関する事項についての国際協力を促進し、及び奨励する。これに関しては、特に、開発途上国の必要を考慮する。

第二十九条　1　締約国は、児童の教育が次のことを指向すべきことに同意する。

(a) 児童の人格、才能並びに精神的及び身体的な能力をその可能な最大限度まで発達させること。

(b) 人権及び基本的自由並びに国際連合憲章にうたう原則の尊重を育成すること。

(c) 児童の父母、児童の文化的同一性、言語及び価値観、児童の居住国及び出身国の国民的価値観並びに自己の文明と異なる文明に対する尊重を育成すること。

(d) すべての人民の間の、種族的、国民的及び宗教的集団の間の並びに原住民である者の理解、平和、寛容、両性の平等及び友好の精神に従い、自由な社会における責任ある生活のために児童に準備させること。

(e) 自然環境の尊重を育成すること。

2 この条又は前条のいかなる規定も、個人及び団体が教育機関を設置し及び管理する自由を妨げるものと解してはならない。ただし、常に、1に定める原則が遵守されること及び当該教育機関において行われる教育が国によって定められる最低限度の基準に適合することを条件とする。

第三十条 種族的、宗教的若しくは言語的少数民族又は原住民である者が存在する国において、当該少数民族に属し又は原住民である児童は、その集団の他の構成員とともに自己の文化を享有し、自己の宗教を信仰しかつ実践し又は自己の言語を使用する権利を否定されない。

第三十一条 1 締約国は、休息及び余暇についての児童の権利並びに児童がその年齢に適した遊び及びレクリエーションの活動を行い並びに文化的な生活及び芸術に自由に参加する権利を認める。

2 締約国は、児童が文化的及び芸術的な生活に十分に参加する権利を尊重しかつ促進するものとし、文化的及び芸術的な活動並びにレクリエーション及び余暇の活動のための適当かつ平等な機会の提供を奨励する。

第三十二条 1 締約国は、児童が経済的な搾取から保護され及び危険となり若しくは児童の教育の妨げとなり又は児童の健康若しくは身体的、精神的、道徳的若しくは社会的な発達に有害となるおそれのある労働への従事から保護される権利を認める。

2 締約国は、この条の規定の実施を確保するための立法上、行政上、社会上及び教育上の措置をとる。このため、締約国は、他の国際文書の関連規定を考慮して、特に、

(a) 雇用が認められるための一又は二以上の最低年齢を定める。

(b) 労働時間及び労働条件についての適当な規則を定める。

(c) この条の規定の効果的な実施を確保するための適当な罰則その他の制裁を定める。

第三十三条 締約国は、関連する国際条約に定義された麻薬及び向精神薬の不正な使用から児童を保護し並びにこれらの物質の不正な生産及び取引における児童の使用を防止するための立法上、行政上、社会上及び教育上の措置を含むすべての適当な措置をとる。

第三十四条 締約国は、あらゆる形態の性的搾取及び性的虐待から児童を保護することを約束する。このため、締約国は、特に、次のことを防止するためのすべての適当な国内、二国間及び多数国間の措置をとる。

(a) 不法な性的な行為を行うことを児童に対して勧誘し又は強制すること。

(b) 売春又は他の不法な性的な業務において児童を搾取的に使用すること。

(c) わいせつな演技及び物において児童を搾取的に使用すること。

第三十五条 締約国は、あらゆる目的のための又はあらゆる形態の児童の誘拐、売買又は取引を防止するためのすべての適当な国内、二国間及び多数国間の措置をとる。

第三十六条 締約国は、いずれかの面において児童の福祉を害する他のすべての形態の搾取から児童を保護する。

第三十七条 締約国は、次のことを確保する。

(a) いかなる児童も、拷問又は他の残虐な、非人道的な若しくは品位を傷つける取扱い若しくは刑罰を受けないこと。死刑又は釈放の可能性がない終身刑は、十八歳未満の者が行った犯罪について科さないこと。

(b) いかなる児童も、不法に又は恣意的にその自由を奪われないこと。児童の逮捕、抑留又は拘禁は、法律に従って行うものとし、最後の解決手段として最も短い適当な期間のみ用いること。

(c) 自由を奪われたすべての児童は、人道的に、人間の固有の尊厳を尊重して、かつ、その年齢の者の必要を考慮した方法で取り扱われること。特に、自由を奪われたすべての児童は、成人とは分離されないことがその最善の利益であると認められない限り成人とは分離されるものとし、例外的な事情がある場合を除くほか、通信及び訪問を通じてその家族との接触を維持する権利を有すること。

(d) 自由を奪われたすべての児童は、弁護人その他適当な援助を行う者と速やかに接触する権利を有し、裁判所その他の権限のある、独立の、かつ、公平な当局においてその自由の剥奪の合法性を争い並びにこれについての決定を速やかに受ける権利を有すること。

第三十八条 1 締約国は、武力紛争において自国に適用される国際人道法の規定で児童に関係を有するものを尊重し及びこれらの規定の尊重を確保することを約束する。

2 締約国は、十五歳未満の者が敵対行為に直接参加しないことを確保するためのすべての実行可能な措置をとる。

3 締約国は、十五歳未満の者を自国の軍隊に採用することを差し控えるものとし、また、十五歳以上十八歳未満の者の中から採用するに当たっては、最年長者を優先させるよう努める。

4 締約国は、武力紛争において文民を保護するための国際人道法に基づく自国の義務に従い、武力紛争の影響を受ける児童の保護及び養護を確保するためのすべての実行可能な措置をとる。

第三十九条 締約国は、あらゆる形態の放置、搾取若しくは虐待、拷問若しくは他のあらゆる形態の残虐な、非人道的な若しくは品位を傷つける取扱い若しくは刑罰又は武力紛争による被害者である児童の身体的及び心理的な回復及び社会復帰を促進するためのすべての適当な措置をとる。このような回復及び復帰は、児童の健康、自尊心及び尊厳を育成する環境において行われる。

第四十条 1 締約国は、刑法を犯したと申し立てられ、訴追され又は認定されたすべての児童が尊厳及び価値についての当該児童の意識を促進させるような方法であって、当該児童が他の者の人権及び基本的自由を尊重することを強化し、かつ、当該児童の

年齢を考慮し、更に、当該児童が社会に復帰し及び社会において建設的な役割を担うことがなるべく促進されることを配慮した方法により取り扱われる権利を認める。

2　このため、締約国は、国際文書の関連する規定を考慮して、特に次のことを確保する。

(a)　いかなる児童も、実行の時に国内法又は国際法により禁じられていなかった作為又は不作為を理由として刑法を犯したと申し立てられ、訴追され又は認定されないこと。

(b)　刑法を犯したと申し立てられ又は訴追されたすべての児童は、少なくとも次の保障を受けること。

(i)　法律に基づいて有罪とされるまでは無罪と推定されること。

(ii)　速やかにかつ直接に、また、適当な場合には当該児童の父母又は法定保護者を通じてその罪を告げられること並びに防御の準備及び申立てにおいて弁護人その他適当な援助を行う者を持つこと。

(iii)　事案が権限のある、独立の、かつ、公平な当局又は司法機関により法律に基づく公正な審理において、弁護人その他適当な援助を行う者の立会い及び、特に当該児童の年齢又は境遇を考慮して児童の最善の利益にならないと認められる場合を除くほか、当該児童の父母又は法定保護者の立会いの下に遅滞なく決定されること。

(iv)　供述又は有罪の自白を強要されないこと。不利な証人を尋問し又はこれに対し尋問させること並びに対等の条件で自己のための証人の出席及びこれに対する尋問を求めること。

(v)　刑法を犯したと認められた場合には、その認定及びその結果科せられた措置について、法律に基づき、上級の、権限のある、独立の、かつ、公平な当局又は司法機関によって再審理されること。

(vi)　使用される言語を理解すること又は話すことができない場合には、無料で通訳の援助を受けること。

(vii)　手続のすべての段階において当該児童の私生活が十分に尊重されること。

3　締約国は、刑法を犯したと申し立てられ、訴追され又は認定された児童に特別に適用される法律及び手続の制定並びに当局及び施設の設置を促進するよう努めるものとし、特に、次のことを行う。

(a)　その年齢未満の児童は刑法を犯す能力を有しないと推定される最低年齢を設定すること。

(b)　適当なかつ望ましい場合には、人権及び法的保護が十分に尊重されていることを条件として、司法上の手続に訴えることなく当該児童を取り扱う措置をとること。

4　児童がその福祉に適合し、かつ、その事情及び犯罪の双方に応じた方法で取り扱われることを確保するため、保護、指導及び監督命令、カウンセリング、保護観察、里親委託、教育及び職業訓練計画、施設における養護に代わる他の措置等の種々の処置が利用し得るものとする。

第四十一条　この条約のいかなる規定も、次のものに含まれる規定であって児童の権利の実現に一層貢献するものに影響を及ぼすものではない。

(a)　締約国の法律

(b)　締約国について効力を有する国際法

第二部

第四十二条　締約国は、適当かつ積極的な方法でこの条約の原則及び規定を成人及び児童のいずれにも広く知らせることを約束する。

第四十三条　1　この条約において負う義務の履行の達成に関する締約国による進捗の状況を審査するため、児童の権利に関する委員会（以下「委員会」という。）を設置する。委員会は、この部に定める任務を行う。

2　委員会は、徳望が高く、かつ、この条約が対象とする分野において能力を認められた十八人の専門家で構成する。委員会の委員は、締約国の国民の中から締約国により選出されるものとし、個人の資格で職務を遂行する。その選出に当たっては、衡平な地理的配分及び主要な法体系を考慮に入れる。

3　委員会の委員は、締約国により指名された者の名簿の中から秘密投票により選出される。各締約国は、自国民の中から一人を指名することができる。

4　委員会の委員の最初の選挙は、この条約の効力発生の日の後六箇月以内に行うものとし、その後の選挙は、二年ごとに行う。国際連合事務総長は、委員会の委員の選挙の日の遅くとも四箇月前までに、締約国に対し、自国が指名する者の氏名を二箇月以内に提出するよう書簡で要請する。その後、同事務総長は、指名された者のアルファベット順による名簿（これらの者を指名した締約国名を表示した名簿とする。）を作成し、この条約の締約国に送付する。

5　委員会の委員の選挙は、国際連合事務総長により国際連合本部に招集される締約国の会合において行う。これらの会合は、締約国の三分の二をもって定足数とする。これらの会合においては、出席しかつ投票する締約国の代表によって投じられた票の最多数で、かつ、過半数の票を得た者をもって委員会に選出された委員とする。

6　委員会の委員は、四年の任期で選出される。委員は、再指名された場合には、再選される資格を有する。最初の選挙において選出された委員のうち五人の委員の任期は、二年で終了するものとし、これらの五人の委員は、最初の選挙の後直ちに、最初の選挙が行われた締約国の会合の議長によりくじ引で選ばれる。

7　委員会の委員が死亡し、辞任し又は他の理由のため委員会の職務を遂行することができなくなったことを宣言した場合には、当該委員を指名した締約国は、委員会の承認を条件として自国民の中から残余の期間職務を遂行する他の専門家を任命する。

8　委員会は、手続規則を定める。

9　委員会は、役員を二年の任期で選出する。

10　委員会の会合は、原則として、国際連合本部又は委員会が決定する他の適当な場所において開催する。委員会は、原則として毎年一回会合する。委員会の会合の期間は、国際連合総会の承認を条件としてこの条約の締約国の会合において決定し、必要な場合には、再検討する。

11　国際連合事務総長は、委員会がこの条約に定める任務を効果的に遂行するために必要な職員及び便益を提供する。

12　この条約に基づいて設置する委員会の委員は、国際連合総会が決定する条件に従い、同総会の承認を得て、国際連合の財源から報酬を受ける。

第四十四条 1 締約国は、(a)当該締約国についてこの条約が効力を生ずる時から二年以内に、(b)その後は五年ごとに、この条約において認められる権利の実現のためにとった措置及びこれらの権利の享受についてもたらされた進歩に関する報告を国際連合事務総長を通じて委員会に提出することを約束する。

2 この条の規定により行われる報告には、この条約に基づく義務の履行の程度に影響を及ぼす要因及び障害が存在する場合には、これらの要因及び障害を記載する。当該報告には、また、委員会が当該国における条約の実施について包括的に理解するために十分な情報を含める。

3 委員会に対して包括的な最初の報告を提出した締約国は、1(b)の規定に従って提出するその後の報告においては、既に提供した基本的な情報を繰り返す必要はない。

4 委員会は、この条約の実施に関連する追加の情報を締約国に要請することができる。

5 委員会は、その活動に関する報告を経済社会理事会を通じて二年ごとに国際連合総会に提出する。

6 締約国は、1の報告を自国において公衆が広く利用できるようにする。

第四十五条 この条約の効果的な実施を促進し及びこの条約が対象とする分野における国際協力を奨励するため、

(a) 専門機関及び国際連合児童基金その他の国際連合の機関は、その任務の範囲内にある事項に関するこの条約の規定の実施についての検討に際し、代表を出す権利を有する。委員会は、適当と認める場合には、専門機関及び国際連合児童基金その他の権限のある機関に対し、これらの機関の任務の範囲内にある事項に関するこの条約の実施について専門家の助言を提供するよう要請することができる。委員会は、専門機関及び国際連合児童基金その他の国際連合の機関に対し、これらの機関の任務の範囲内にある事項に関するこの条約の実施について報告を提出するよう要請することができる。

(b) 委員会は、適当と認める場合には、技術的な助言若しくは援助の要請を含んでおり又はこれらの必要性を記載している締約国からのすべての報告を、これらの要請又は必要性の記載に関する委員会の見解及び提案がある場合は当該見解及び提案とともに、専門機関及び国際連合児童基金その他の権限のある機関に送付する。

(c) 委員会は、国際連合総会に対し、国際連合事務総長が委員会のために児童の権利に関連する特定の事項に関する研究を行うよう同事務総長に要請することを勧告することができる。

(d) 委員会は、前条及びこの条の規定により得た情報に基づく提案及び一般的な性格を有する勧告を行うことができる。これらの提案及び一般的な性格を有する勧告は、関係締約国に送付し、締約国から意見がある場合にはその意見とともに、国際連合総会に報告する。

第三部

第四十六条 この条約は、すべての国による署名のために開放しておく。

第四十七条 この条約は、批准されなければならない。批准書は、国際連合事務総長に寄託する。

第四十八条 この条約は、すべての国による加入のために開放しておく。加入書は、国際連合事務総長に寄託する。

第四十九条 1 この条約は、二十番目の批准書又は加入書が国際連合事務総長に寄託された日の後三十日目の日に効力を生ずる。

2 この条約は、二十番目の批准書又は加入書が寄託された後に批准し又は加入する国については、その批准書又は加入書が寄託された日の後三十日目に効力を生ずる。

第五十条 1 いずれの締約国も、改正を提案し及び改正案を国際連合事務総長に提出することができる。同事務総長は、直ちに、締約国に対し、その改正案を送付するものとし、締約国による改正案の審議及び投票のための締約国の会議の開催についての賛否を示すよう要請する。その送付の日から四箇月以内に締約国の三分の一以上が会議の開催に賛成する場合には、同事務総長は、国際連合の主催の下に会議を招集する。会議において出席しかつ投票する締約国の過半数によって採択された改正案は、承認のため、国際連合総会に提出する。

2 1の規定により採択された改正は、国際連合総会が承認し、かつ、締約国の三分の二以上の多数が受諾した時に、効力を生ずる。

3 改正は、効力を生じたときは、改正を受諾した締約国を拘束するものとし、他の締約国は、改正前のこの条約の規定（受諾した従前の改正を含む。）により引き続き拘束される。

第五十一条 1 国際連合事務総長は、批准又は加入の際に行われた留保の書面を受領し、かつ、すべての国に送付する。

2 この条約の趣旨及び目的と両立しない留保は、認められない。

3 留保は、国際連合事務総長にあてた通告によりいつでも撤回することができるものとし、同事務総長は、その撤回をすべての国に通報する。このようにして通報された通告は、同事務総長により受領された日に効力を生ずる。

第五十二条 締約国は、国際連合事務総長に対して書面による通告を行うことにより、この条約を廃棄することができる。廃棄は、同事務総長がその通告を受領した日の後一年で効力を生ずる。

第五十三条 国際連合事務総長は、この条約の寄託者として指名される。

第五十四条 アラビア語、中国語、英語、フランス語、ロシア語及びスペイン語をひとしく正文とするこの条約の原本は、国際連合事務総長に寄託する。

以上の証拠として、下名の全権委員は、各自の政府から正当に委任を受けてこの条約に署名した。

●児童の売買、児童買春及び児童ポルノに関する児童の権利に関する条約の選択議定書

（平成一七年一月二六日 条約第二号）
（同年二月二四日発効）

この議定書の締約国は、

児童の権利に関する条約の目的及び同条約の規定（特に、第一条、第十一条、第二十一条、第三十二条、第三十三条、第三十四条、第三十五条及び第三十六条の規定）の実施を更に達成することを目的として、児童の売買、児童買春及び児童ポルノからの児童の保護を保障するために締約国がとるべき措置を拡大することが適当であることを考慮し、

また、児童の権利に関する条約が、児童が経済的な搾取から保護され及び危険となり若しくは児童の教育の妨げとなり又は児童の健康若しくは身体的、精神的、道徳的若しくは社会的な発達に有害となるおそれのある労働への従事から保護される権利を認めていることを考慮し、

児童の売買、児童買春及び児童ポルノを目的とした児童の国際的な取引が相当数にのぼりかつ増加していることを深刻に憂慮し、

児童の売買、児童買春及び児童ポルノを直接助長するために児童が特に被害を受けやすい買春旅行が広く行われかつ継続していることを深く憂慮し、

女子である児童その他の多くの特に被害を受けやすい集団が性的搾取を受ける危険に一層さらされていること及び性的搾取を受ける者の中で女子である児童が不均衡に多いことを認識し、

インターネットその他の発展しつつある技術による児童ポルノの入手が更に容易になっていることを憂慮し、インターネット上の児童ポルノと戦う国際会議（千九百九十九年にウィーンで開催）、特に、児童ポルノを製造し、配布し、輸出し、送信し、輸入し、意図的に保有し及び宣伝することを全世界において犯罪とすることを求めるという同会議の結論を想起し、並びに政府とインターネット業界との間のより緊密な協力及び連携の重要性を強調し、

児童の売買、児童買春及び児童ポルノの撲滅は、不十分な開発、貧困、経済的な不均衡、不衡平な社会経済的構造、家族の機能不全、教育の欠如、都市と農村との間の移住、性差別、大人の無責任な性的行動、有害な伝統的慣行、武力紛争、児童の取引その他の様々な要因に対処する全体的な取組方法を採用することにより促進されることを確信し、

児童の売買、児童買春及び児童ポルノに対する消費需要を減少させるためには、公衆の意識を向上させるための努力が必要であることを確信し、また、すべての関係者の間の世界的な連携を強化し及び国内における法の執行を促進することの重要性を確信し、

国家間にまたがる養子縁組に関する子の保護及び協力に関するハーグ条約、国際的な子の奪取の民事上の側面に関するハーグ条約、親等の責任及び子の保護措置に関する管轄権、準拠法、承認、執行及び協力に関するハーグ条約、最悪の形態の児童労働の禁止及び撤廃のための即時の行動に関する国際労働機関の条約（第百八十二号）その他の児童の保護に関する国際的な法的文書に留意し、

児童の権利に関する条約に対して、児童の権利の促進及び保護のための広範な意志を表す圧倒的な支持があることに励まされ、

児童の売買、児童買春及び児童ポルノの防止のための行動計画、千九百九十六年八月二十七日から三十一日までストックホルムで開催された児童の商業的性的搾取に反対する世界会議において採択された宣言及び行動のための課題並びに関係国際団体によるその他の関連する決定及び勧告の実施の重要性を認識し、

児童の保護及び調和のとれた発達のために各人民の伝統及び文化的価値が有する重要性を十分に考慮して、

次のとおり協定した。

第一条

締約国は、この議定書に従って児童の売買、児童買春及び児童ポルノを禁止する。

第二条

この議定書の適用上、

(a) 「児童の売買」とは、報酬その他の対償のために、児童が個人若しくは集団により他の個人若しくは集団に引き渡されるあらゆる行為又はこのような引渡しについてのあらゆる取引をいう。

(b) 「児童買春」とは、報酬その他の対償のために、児童を性的な行為に使用することをいう。

(c) 「児童ポルノ」とは、現実の若しくは擬似のあからさまな性的な行為を行う児童のあらゆる表現（手段のいかんを問わない。）又は主として性的な目的のための児童の身体の性的な部位のあらゆる表現をいう。

第三条

1 各締約国は、その犯罪が国内で行われたか国際的に行われたかを問わず、また、個人により行われたか組織により行われたかを問わず、少なくとも次の行為が自国の刑法又は刑罰法規の適用を完全に受けることを確保する。

(a) 前条に定義する児童の売買に関し、

(i) 児童を次の目的のため提供し、移送し又は収受すること（手段のいかんを問わない。）。

a 児童を性的に搾取すること。

b 営利の目的で児童の臓器を引き渡すこと。

c 児童を強制労働に従事させること。

(ii) 養子縁組に関する適用可能な国際的な法的文書に違反する児童の養子縁組について同意するよう、仲介者として不当に勧誘すること。

(b) 前条に定義する児童買春のため、児童を提供し、取得し、あっせんし及び供給すること。

(c) 前条に定義する児童ポルノを製造し、配布し、頒布し、輸入し、輸出し、提供し若しくは販売し又はこれらの行為の目的で保有すること。

2 締約国の国内法の規定に従って、1に規定する行為の未遂及び1に規定する行為を共謀し又は1に規定する行為に加担する行為についても、1の規定を適用する。

3 各締約国は、1及び2に定める犯罪について、そ

の重大性を考慮した適当な刑罰を科することができるようにする。

4 各締約国は、自国の国内法の規定に従って、適当な場合には、1に定める犯罪についての法人の責任を確立するための措置をとる。法人のこの責任は、締約国の法的原則に従って、刑事上、民事上又は行政上のものとすることができる。

5 締約国は、児童の養子縁組に関与するすべての者が適用可能な国際的な法的文書に従って行動することを確保するためのすべての適当な法律上及び行政上の措置をとる。

第四条

1 各締約国は、前条1に定める犯罪が自国の領域内で又は自国において登録された船舶若しくは航空機内で行われる場合において当該犯罪についての自国の裁判権を設定するため、必要な措置をとる。

2 各締約国は、次の場合において前条1に定める犯罪についての自国の裁判権を設定するため、必要な措置をとることができる。

(a) 容疑者が、自国の国民である場合又は自国の領域内に常居所を有する者である場合

(b) 被害者が自国の国民である場合

3 各締約国は、容疑者が自国の領域内に所在し、かつ、犯罪が自国の国民によって行われたことを理由として他の締約国に対して当該容疑者の引渡しを行わない場合において前条1に定める犯罪についての自国の裁判権を設定するため、必要な措置をとる。

4 この議定書は、国内法に従って行使される刑事裁判権を排除するものではない。

第五条

1 第三条1に定める犯罪は、締約国間の現行の犯罪人引渡条約における引渡犯罪とみなされ、また、締約国間で今後締結されるすべての犯罪人引渡条約における引渡犯罪に含まれるものとする。ただし、これらの条約に定める条件に従うことを条件とする。

2 条約の存在を犯罪人引渡しの条件とする締約国は、自国との間に犯罪人引渡条約を締結していない他の締約国から犯罪人引渡しの請求を受けた場合には、この議定書を第三条1に定める犯罪に関する犯罪人引渡しのための法的根拠とみなすことができる。この犯罪人引渡しは、請求を受けた国の法令に定める条件に従う。

3 条約の存在を犯罪人引渡しの条件としない締約国は、犯罪人引渡しの請求を受けた国の法令に定める条件に従い、相互間で、第三条1に定める犯罪を引渡犯罪と認める。

4 第三条1に定める犯罪は、締約国間の犯罪人引渡しに関しては、当該犯罪が発生した場所のみでなく、前条の規定に従って裁判権を設定しなければならない国の領域内においても行われたものとみなされる。

5 第三条1に定める犯罪に関して引渡しの請求が行われた場合において、請求を受けた締約国が犯人の国籍を理由として引渡しを行わないときは、当該締約国は、訴追のため自国の権限のある当局に事件を付託するための適当な措置をとる。

第六条

1 締約国は、第三条1に定める犯罪について行われる捜査、刑事訴訟又は犯罪人引渡しに関する手続について、相互に最大限の援助（これらの手続に必要であり、かつ、自国が提供することができる証拠の収集に係る援助を含む。）を与える。

2 締約国は、相互間に法律上の相互援助に関する条約又は他の取極が存在する場合には、当該条約又は他の取極に合致するように、1に規定する義務を履行する。締約国は、そのような条約又は取極が存在しない場合には、自国の国内法に従って相互に援助を与える。

第七条

締約国は、自国の国内法の規定に従って、次のことを行う。

(a) 適当な場合には、次のものを押収し又は没収することを定めるための措置をとること。

(i) この議定書に定める犯罪を行い又は助長するために使用された物（例えば、材料、財産及び他の道具）

(ii) この議定書に定める犯罪から生じた収益

(b) (a)に規定する物又は収益の押収又は没収についての他の締約国からの要請を実施すること。

(c) この議定書に定める犯罪を行うために使用された場所を一時的又は恒久的に閉鎖するための措置をとること。

第八条

1 締約国は、刑事司法手続のすべての段階において、特に次のことを行うことによって、この議定書によって禁止されている行為の被害者である児童の権利及び利益を保護するための適当な措置をとる。

(a) 被害者である児童が被害を受けやすいことを認め、及び当該児童の特別な必要（証人としての特別な必要等）を認めるために刑事司法手続を適合させること。

(b) 被害者である児童に対し、当該児童が有する権利及び役割並びに刑事司法手続に係る範囲、時期及び進捗（ちょく）状況について通知し、また、当該児童に係る事件の処理について通知すること。

(c) 被害者である児童の個人的な利益に影響を及ぼす刑事司法手続において、国内法の手続規則に合致する方法により、当該児童の意見、必要及び懸念が表明され及び考慮されることを認めること。

(d) 訴訟手続の間を通じて被害者である児童に対し適当な支援サービスを与えること。

(e) 被害者である児童の私生活及び身元関係事項を適当な場合に保護し、並びに被害者である児童の身元の特定につながるような情報の不適当な公表を避けるために国内法に従って措置をとること。

(f) 適当な場合には、被害者である児童、その家族及び被害者である児童のための証人に対する脅迫及び報復からの保護のための措置をとること。

(g) 事件の処理及び被害者である児童に対して賠償を与える命令又は決定の執行において不必要な遅延を避けること。

2 締約国は、被害者の実際の年齢が不確実であることが捜査（被害者の年齢を立証するための捜査を含む。）を開始する妨げとならないことを確保する。

3 締約国は、この議定書に定める犯罪の被害者であ

る児童の刑事司法制度における取扱いにおいて、児童の最善の利益が主として考慮されることを確保する。

4　締約国は、この議定書によって禁止されている犯罪の被害者のために働く者に対して、適当な研修、特に法律及び心理学に関する研修を確保するための措置をとる。

5　締約国は、適当な場合には、この議定書によって禁止されている犯罪の防止又はこのような犯罪の被害者の保護及びリハビリテーションに関与する個人又は団体の安全及び信頼性を保護するための措置をとる。

6　この条のいかなる規定も、被告人が有する公正かつ公平な裁判を受ける権利を害し又はこれと両立しないものと解してはならない。

第九条

1　締約国は、この議定書に定める犯罪を防止するため、法律、行政措置、社会政策及び計画を採用し又は強化し、実施し及び周知させる。このような犯罪により特に被害を受けやすい児童の保護に特別の考慮を払う。

2　締約国は、この議定書に定める犯罪の防止措置及び有害な影響に関し、すべての適当な手段による広報並びに教育及び研修を通じ、児童を含む公衆一般の意識を向上させる。この条の規定に基づく義務を履行するに当たり、締約国は、社会、特に被害者である児童その他の児童が、このような広報、教育及び研修に関する計画（国際的な規模のものを含む。）に参加することを奨励する。

3　締約国は、この議定書に定める犯罪の被害者に対し、十分な社会復帰並びに十分な身体的及び心理的な回復その他のすべての適当な援助を確保するためのすべての実行可能な措置をとる。

4　締約国は、この議定書に定める犯罪の被害者であるすべての児童が、法的な責任を負う者に対し差別されることなく損害についての賠償を求めるための適当な手続を利用することができることを確保する。

5　締約国は、この議定書に定める犯罪を宣伝する物の製造及び頒布を効果的に禁止するための適当な措置をとる。

第十条

1　締約国は、児童の売買、児童買春、児童ポルノ及び児童買春旅行に係る行為に責任を負う者について、このような行為の防止、並びに発見、捜査、訴追及び処罰のための多数国間の、地域的な又は二国間の取決めにより国際協力を強化するためのすべての必要な措置をとる。また、締約国は、締約国の当局、国内の及び国際的な非政府機関並びに国際機関の間における国際的な協力及び協調を促進する。

2　締約国は、被害者である児童の身体的及び心理的な回復、社会復帰並びに帰還を援助するための国際協力を促進する。

3　締約国は、児童が児童の売買、児童買春、児童ポルノ及び児童買春旅行により被害を受ける一因となっている貧困、不十分な開発その他の根本的な原因に対処するための国際協力を強化することを促進する。

4　締約国は、可能な場合には、既存の多数国間の、地域的な又は二国間の計画その他の計画を通じて財政的、技術的その他の援助を提供する。

第十一条

この議定書のいかなる規定も、次のものに含まれる規定であって児童の権利の実現に一層貢献するものに影響を及ぼすものではない。

第十二条

1　各締約国は、この議定書が自国について効力を生じた後二年以内に、この議定書の規定の実施のためにとった措置に関する包括的な情報を提供する報告を児童の権利に関する委員会に提出する。

2　各締約国は、包括的な報告を提出した後、児童の権利に関する条約第四十四条の規定に従って児童の権利に関する委員会に提出する報告に、この議定書の実施に関するあらゆる追加の情報を含める。この議定書のその他の締約国は、五年ごとに報告を提出する。

3　児童の権利に関する委員会は、この議定書の実施に関連する追加の情報を締約国に要請することができる。

第十三条

1　この議定書は、児童の権利に関する条約の締約国であるか又は同条約に署名したすべての国による署名のために開放しておく。

2　この議定書は、批准されなければならず、また、児童の権利に関する条約の締約国であるか又は同条約に署名したすべての国による加入のために開放しておく。批准書又は加入書は、国際連合事務総長に寄託する。

第十四条

1　この議定書は、十番目の批准書又は加入書が寄託された後三箇月で効力を生ずる。

2　この議定書は、この議定書の効力発生の後に批准し又は加入する国については、その批准書又は加入書が寄託された日の後一箇月で効力を生ずる。

第十五条

1　いずれの締約国も、国際連合事務総長に対して書面による通告を行うことにより、いつでもこの議定書を廃棄することができる。同事務総長は、その後、児童の権利に関する条約のその他の締約国及び同条約に署名したすべての国に対しこれを通報する。廃棄は、同事務総長がその通告を受領した日の後一年で効力を生ずる。

2　廃棄は、廃棄が効力を生ずる日前に発生した犯罪について、この議定書に基づく当該締約国の義務を免除するものではない。また、廃棄は、廃棄が効力を生ずる日前に児童の権利に関する委員会が既に検討していた問題について検討を継続することを妨げるものではない。

第十六条

1　いずれの締約国も、改正を提案し及び改正案を国際連合事務総長に提出することができる。同事務総長は、直ちに、締約国に対し、その改正案を送付するものとし、締約国による改正案の審議及び投票のための締約国の会議の開催についての賛否を示すよう要請する。その送付の日から四箇月以内に締約国の三分の一以上が会議の開催に賛成する場合には、同事務総長は、国際連合の主催の下に会議を招集する。会議において出席しかつ投票する締約国の過半数によって採択された改正案は、承認のため、国際連合総会に提出する。

2　1の規定により採択された改正は、国際連合総会が承認し、かつ、締約国の三分の二以上の多数が受諾した時に、効力を生ずる。

3　改正は、効力を生じたときは、改正を受諾した締約国を拘束するものとし、他の締約国は、改正前のこの議定書の規定（受諾した従前の改正を含む。）により引き続き拘束される。

第十七条

1　アラビア語、中国語、英語、フランス語、ロシア語及びスペイン語をひとしく正文とするこの議定書は、国際連合に寄託する。

2　国際連合事務総長は、この議定書の認証謄本を児童の権利に関する条約のすべての締約国及び同条約に署名したすべての国に送付する。

●女子に対するあらゆる形態の差別の撤廃に関する条約〔抄〕

（一九七九・一二・一八国際連合総会採択
一九八一・九・三発効）

（昭和六〇年七月一日
条約第七号）

最終改正…平一五・六・一二条約二

この条約の締約国は、

国際連合憲章が基本的人権、人間の尊厳及び価値並びに男女の権利の平等に関する信念を改めて確認していることに留意し、

世界人権宣言が、差別は容認することができないものであるとの原則を確認していること、並びにすべての人間は生まれながらにして自由であり、かつ、尊厳及び権利について平等であること並びにすべての人は性による差別その他のいかなる差別もなしに同宣言に掲げるすべての権利及び自由を享有することができることを宣明していることに留意し、

人権に関する国際規約の締約国がすべての経済的、社会的、文化的、市民的及び政治的権利の享有について男女に平等の権利を確保する義務を負っていることに留意し、

国際連合及び専門機関の主催の下に各国が締結した男女の権利の平等を促進するための国際条約を考慮し、

更に、国際連合及び専門機関が採択した男女の権利の平等を促進するための決議、宣言及び勧告に留意し、

しかしながら、これらの種々の文書にもかかわらず女子に対する差別が依然として広範に存在していることを憂慮し、

女子に対する差別は、権利の平等の原則及び人間の尊厳の尊重の原則に反するものであり、女子が男子と平等の条件で自国の政治的、社会的、経済的及び文化的活動に参加する上で障害となるものであり、社会及び家族の繁栄の増進を阻害するものであり、また、女子の潜在能力を自国及び人類に役立てるために完全に開発することを一層困難にするものであることを想起し、

窮乏の状況においては、女子が食糧、健康、教育、雇用のための訓練及び機会並びに他の必要とするものを享受する機会が最も少ないことを憂慮し、

衡平及び正義に基づく新たな国際経済秩序の確立が男女の平等の促進に大きく貢献することを確信し、

アパルトヘイト、あらゆる形態の人種主義、人種差別、植民地主義、新植民地主義、侵略、外国による占領及び支配並びに内政干渉の根絶が男女の権利の完全な享有に不可欠であることを強調し、

国際の平和及び安全を強化し、国際緊張を緩和し、すべての国（社会体制及び経済体制のいかんを問わない。）の間で相互に協力し、全面的かつ完全な軍備縮小を達成し、特に厳重かつ効果的な国際管理の下での核軍備の縮小を達成し、諸国間の関係における正義、平等及び互恵の原則を確認し、外国の支配の下、植民地支配の下又は外国の占領の下にある人民の自決の権利及び人民の独立の権利を実現し並びに国の主権及び領土保全を尊重することが、社会の進歩及び発展を促進し、ひいては、男女の完全な平等の達成に貢献することを確認し、

国の完全な発展、世界の福祉及び理想とする平和は、あらゆる分野において女子が男子と平等の条件で最大限に参加することを必要としていることを確信し、

家族の福祉及び社会の発展に対する従来完全には認められていなかった女子の大きな貢献、母性の社会的重要性並びに家庭及び子の養育における両親の役割に留意し、また、出産における女子の役割が差別の根拠となるべきではなく、子の養育には男女及び社会全体が共に責任を負うことが必要であることを認識し、

社会及び家庭における男子の伝統的役割を女子の役割とともに変更することが男女の完全な平等の達成に必要であることを認識し、

女子に対する差別の撤廃に関する宣言に掲げられている諸原則を実施すること及びこのために女子に対するあらゆる形態の差別を撤廃するための必要な措置をとることを決意して、

次のとおり協定した。

第一部

（女子差別の定義）

第一条　この条約の適用上、「女子に対する差別」とは、性に基づく区別、排除又は制限であつて、政治的、経済的、社会的、文化的、市民的その他のいかなる分野においても、女子（婚姻をしているかいないかを問わない。）が男女の平等を基礎として人権及び基本的自由を認識し、享有し又は行使することを害し又は無効にする効果又は目的を有するものをいう。

（当事国の差別撤廃義務）

第二条　締約国は、女子に対するあらゆる形態の差別を非難し、女子に対する差別を撤廃する政策をすべての適当な手段により、かつ、遅滞なく追求することに合意し、及びこのため次のことを約束する。

(a)　男女の平等の原則が自国の憲法その他の適当な法令に組み入れられていない場合にはこれを定め、かつ、男女の平等の原則の実際的な実現を法律その他の適当な手段により確保すること。

(b)　女子に対するすべての差別を禁止する適当な立法その他の措置（適当な場合には制裁を含む。）をとること。

(c)　女子の権利の法的な保護を男子との平等を基礎として確立し、かつ、権限のある自国の裁判所その他の公の機関を通じて差別となるいかなる行為からも女子を効果的に保護することを確保すること。

(d)　女子に対する差別となるいかなる行為又は慣行も差し控え、かつ、公の当局及び機関がこの義務に従つて行動することを確保すること。

(e)　個人、団体又は企業による女子に対する差別を撤廃するためのすべての適当な措置をとること。

(f)　女子に対する差別となる既存の法律、規則、慣習及び慣行を修正し又は廃止するためのすべての適当な措置（立法を含む。）をとること。

(g)　女子に対する差別となる自国のすべての刑罰規定を廃止すること。

（女子の人権の保障）

第三条　締約国は、あらゆる分野、特に、政治的、社会的、経済的及び文化的分野において、女子に対して男子との平等を基礎として人権及び基本的自由を行使し及び享有することを保障することを目的として、女子の完全な能力開発及び向上を確保するためのすべての適当な措置（立法を含む。）をとる。

（暫定的特別措置）

第四条　1　締約国が男女の事実上の平等を促進することを目的とする暫定的な特別措置をとることは、この条約に定義する差別と解してはならない。ただし、その結果としていかなる意味においても不平等な又は別個の基準を維持し続けることとなつてはならず、これらの措置は、機会及び待遇の平等の目的が達成された時に廃止されなければならない。

2　締約国が母性を保護することを目的とする特別措置（この条約に規定する措置を含む。）をとることは、差別と解してはならない。

（役割論に基づく偏見と慣行の撤廃）

第五条　締約国は、次の目的のためのすべての適当な措置をとる。

(a)　両性のいずれかの劣等性若しくは優越性の観念又は男女の定型化された役割に基づく偏見及び慣習その他あらゆる慣行の撤廃を実現するため、男女の社会的及び文化的な行動様式を修正すること。

(b)　家庭についての教育に、社会的機能としての母性についての適正な理解並びに子の養育及び発育における男女の共同責任についての認識を含めることを確保すること。あらゆる場合において、子の利益は最初に考慮するものとする。

（女子の売買・売春からの搾取の禁止）

第六条　締約国は、あらゆる形態の女子の売買及び女子の売春からの搾取を禁止するためのすべての適当な措置（立法を含む。）をとる。

第二部

（政治的・公的活動における差別の撤廃）

第七条　締約国は、自国の政治的及び公的活動における女子に対する差別を撤廃するためのすべての適当な措置をとるものとし、特に、女子に対して男子と平等の条件で次の権利を確保する。

(a)　あらゆる選挙及び国民投票において投票する権利並びにすべての公選による機関に選挙される資格を有する権利

(b)　政府の政策の策定及び実施に参加する権利並びに政府のすべての段階において公職に就き及びすべての公務を遂行する権利

(c)　自国の公的又は政治的活動に関係のある非政府機関及び非政府団体に参加する権利

（政府代表及び国際機関への平等な参加）

第八条　締約国は、国際的に自国政府を代表し及び国際機関の活動に参加する機会を、女子に対して男子と平等の条件でかついかなる差別もなく確保するためのすべての適当な措置をとる。

（国籍に関する権利の平等）

第九条　1　締約国は、国籍の取得、変更及び保持に関し、女子に対して男子と平等の権利を与える。締約国は、特に、外国人との婚姻又は婚姻中の夫の国籍の変更が、自動的に妻の国籍を変更し、妻を無国籍にし又は夫の国籍を妻に強制することとならないことを確保する。

2　締約国は、子の国籍に関し、女子に対して男子と平等の権利を与える。

第三部

（教育の分野における差別の撤廃）

第十条　締約国は、教育の分野において、女子に対して男子と平等の権利を確保することを目的として、特に、男女の平等を基礎として次のことを確保することを目的として、女子に対する差別を撤廃するためのすべての適当な措置をとる。

(a)　農村及び都市のあらゆる種類の教育施設における職業指導、修学の機会及び資格証書の取得のための同一の条件。このような平等は、就学前教育、普通教育、技術教育、専門教育及び高等技術教育並びにあらゆる種類の職業訓練において確保されなければならない。

(b)　同一の教育課程、同一の試験、同一の水準の資格を有する教育職員並びに同一の質の学校施設及び設備を享受する機会

(c)　すべての段階及びあらゆる形態の教育における男女の役割についての定型化された概念の撤廃を、この目的の達成を助長する男女共学その他の種類の教育を奨励することにより、また、特に、

教材用図書及び指導計画を改訂すること並びに指導方法を調整することにより行うこと。

(d) 奨学金その他の修学援助を享受する同一の機会

(e) 継続教育計画（成人向けの及び実用的な識字計画を含む。）、特に、男女間に存在する教育上の格差をできる限り早期に減少させることを目的とした継続教育計画を利用する同一の機会

(f) 女子の中途退学率を減少させること及び早期に退学した女子のための計画を策定すること。

(g) スポーツ及び体育に積極的に参加する同一の機会

(h) 家族の健康及び福祉の確保に役立つ特定の教育的情報（家族計画に関する情報及び助言を含む。）を享受する機会

（雇用の分野における差別の撤廃）

第十一条 1 締約国は、男女の平等を基礎として同一の権利、特に次の権利を確保することを目的として、雇用の分野における女子に対する差別を撤廃するためのすべての適当な措置をとる。

(a) すべての人間の奪い得ない権利としての労働の権利

(b) 同一の雇用機会（雇用に関する同一の選考基準の適用を含む。）についての権利

(c) 職業を自由に選択する権利、昇進、雇用の保障並びに労働に係るすべての給付及び条件についての権利並びに職業訓練及び再訓練（見習、上級職業訓練及び継続的訓練を含む。）を受ける権利

(d) 同一価値の労働についての同一報酬（手当を含む。）及び同一待遇についての権利並びに労働の質の評価に関する取扱いの平等についての権利

(e) 社会保障（特に、退職、失業、傷病、障害、老齢その他の労働不能の場合における社会保障）についての権利及び有給休暇についての権利

(f) 作業条件に係る健康の保護及び安全（生殖機能の保護を含む。）についての権利

2 締約国は、婚姻又は母性を理由とする女子に対する差別を防止し、かつ、女子に対して実効的な労働の権利を確保するため、次のことを目的とする適当な措置をとる。

(a) 妊娠又は母性休暇を理由とする解雇及び婚姻をしているかいないかに基づく差別的解雇を制裁を課して禁止すること。

(b) 給料又はこれに準ずる社会的給付を伴い、かつ、従前の雇用関係、先任及び社会保障上の利益の喪失を伴わない母性休暇を導入すること。

(c) 親が家庭責任と職業上の責務及び社会的活動への参加とを両立させることを可能とするために必要な補助的な社会的サービスの提供を、特に保育施設網の設置及び充実を促進することにより奨励すること。

(d) 妊娠中の女子に有害であることが証明されている種類の作業においては、当該女子に対して特別の保護を与えること。

3 この条に規定する事項に関する保護法令は、科学上及び技術上の知識に基づき定期的に検討するものとし、必要に応じて、修正し、廃止し、又はその適用を拡大する。

（保健の分野における差別の撤廃）

第十二条 1 締約国は、男女の平等を基礎として保健サービス（家族計画に関連するものを含む。）を享受する機会を確保することを目的として、保健の分野における女子に対する差別を撤廃するためのすべての適当な措置をとる。

2 1の規定にかかわらず、締約国は、女子に対し、妊娠、分べん及び産後の期間中の適当なサービス（必要な場合には無料にする。）並びに妊娠及び授乳の期間中の適当な栄養を確保する。

（経済的・社会的活動の分野における差別の撤廃）

第十三条 締約国は、男女の平等を基礎として同一の権利、特に次の権利を確保することを目的として、他の経済的及び社会的活動の分野における女子に対する差別を撤廃するためのすべての適当な措置をとる。

(a) 家族給付についての権利

(b) 銀行貸付け、抵当その他の形態の金融上の信用についての権利

(c) レクリエーション、スポーツ及びあらゆる側面における文化的活動に参加する権利

（農村女子に対する平等の確保）

第十四条 1 締約国は、農村の女子が直面する特別の問題及び家族の経済的生存のために果たしている重要な役割（貨幣化されていない経済の部門における労働を含む。）を考慮に入れるものとし、農村の女子に対するこの条約の適用を確保するためのすべての適当な措置をとる。

2 締約国は、男女の平等を基礎として農村の女子が農村の開発に参加すること及びその開発から生ずる利益を受けることを確保することを目的として、農村の女子に対する差別を撤廃するためのすべての適当な措置をとるものとし、特に、これらの女子に対して次の権利を確保する。

(a) すべての段階における開発計画の作成及び実施に参加する権利

(b) 適当な保健サービス（家族計画に関する情報、カウンセリング及びサービスを含む。）を享受する権利

(c) 社会保障制度から直接に利益を享受する権利

(d) 技術的な能力を高めるために、あらゆる種類（正規であるかないかを問わない。）の訓練及び教育（実用的な識字に関するものを含む。）並びに、特に、すべての地域サービス及び普及サービスからの利益を享受する権利

(e) 経済分野における平等な機会を雇用又は自営を通じて得るために、自助的集団及び協同組合を組織する権利

(f) あらゆる地域活動に参加する権利

(g) 農業信用及び貸付け、流通機構並びに適当な技術を利用する権利並びに土地及び農地の改革並びに入植計画において平等な待遇を享受する権利

(h) 適当な生活条件（特に、住居、衛生、電力及び水の供給、運輸並びに通信に関する条件）を享受する権利

第四部

（法の前の男女平等）

第十五条 1 締約国は、女子に対し、法律の前の男子との平等を認める。

2 締約国は、女子に対し、民事に関して男子と同一の法的能力を与えるものとし、また、この能力を行使する同一の機会を与える。特に、締約国は、契約を締結し及び財産を管理することにつき女子に対して男子と平等の権利を与えるものとし、裁判所における手続のすべての段階において女子を男子と平等

に取り扱う。

3　締約国は、女子の法的能力を制限するような法的効果を有するすべての契約及び他のすべての私的文書（種類のいかんを問わない。）を無効とすることに同意する。

4　締約国は、個人の移動並びに居所及び住所の選択の自由に関する法律において男女に同一の権利を与える。

（婚姻及び家族関係における差別の撤廃）

第十六条　1　締約国は、婚姻及び家族関係に係るすべての事項について女子に対する差別を撤廃するためのすべての適当な措置をとるものとし、特に、男女の平等を基礎として次のことを確保する。

(a)　婚姻をする同一の権利

(b)　自由に配偶者を選択し及び自由かつ完全な合意のみにより婚姻をする同一の権利

(c)　婚姻中及び婚姻の解消の際の同一の権利及び責任

(d)　子に関する事項についての親（婚姻をしているかいないかを問わない。）としての同一の権利及び責任。あらゆる場合において、子の利益は至上である。

(e)　子の数及び出産の間隔を自由にかつ責任をもって決定する同一の権利並びにこれらの権利の行使を可能にする情報、教育及び手段を享受する同一の権利

(f)　子の後見及び養子縁組又は国内法令にこれらに類する制度が存在する場合にはその制度に係る同一の権利及び責任。あらゆる場合において、子の利益は至上である。

(g)　夫及び妻の同一の個人的権利（姓及び職業を選択する権利を含む。）

(h)　無償であるか有償であるかを問わず、財産を所有し、取得し、運用し、管理し、利用し及び処分することに関する配偶者双方の同一の権利

2　児童の婚約及び婚姻は、法的効果を有しないものとし、また、婚姻最低年齢を定め及び公の登録所への婚姻の登録を義務付けるためのすべての必要な措置（立法を含む。）がとられなければならない。

第五部〔略〕

第六部

（関連国内法令・国際条約との関係）

第二十三条　この条約のいかなる規定も、次のものに含まれる規定であって男女の平等の達成に一層貢献するものに影響を及ぼすものではない。

(a)　締約国の法令

(b)　締約国について効力を有する他の国際条約又は国際協定

（権利の完全実現達成の約束）

第二十四条　締約国は、自国においてこの条約の認める権利の完全な実現を達成するためのすべての必要な措置をとることを約束する。

（署名・批准・加入・寄託）

第二十五条　1　この条約は、すべての国による署名のために開放しておく。

2　国際連合事務総長は、この条約の寄託者として指定される。

3　この条約は、批准されなければならない。批准書は、国際連合事務総長に寄託する。

4　この条約は、すべての国による加入のために開放しておく。加入は、加入書を国際連合事務総長に寄託することによって行う。

（改正）

第二十六条　1　いずれの締約国も、国際連合事務総長にあてた書面による通告により、いつでもこの条約の改正を要請することができる。

2　国際連合総会は、1の要請に関してとるべき措置があるときは、その措置を決定する。

（効力発生）

第二十七条　1　この条約は、二十番目の批准書又は加入書が国際連合事務総長に寄託された日の後三十日目の日に効力を生ずる。

2　この条約は、二十番目の批准書又は加入書が寄託された後に批准し又は加入する国については、その批准書又は加入書が寄託された日の後三十日目の日に効力を生ずる。

（留保）

第二十八条　1　国際連合事務総長は、批准又は加入の際に行われた留保の書面を受領し、かつ、すべての国に送付する。

2　この条約の趣旨及び目的と両立しない留保は、認められない。

3　留保は、国際連合事務総長にあてた通告によりいつでも撤回することができるものとし、同事務総長は、その撤回をすべての国に通報する。このようにして通報された通告は、受領された日に効力を生ずる。

（紛争の解決）

第二十九条　1　この条約の解釈又は適用に関する締約国間の紛争で交渉によって解決されないものは、いずれかの紛争当事国の要請により、仲裁に付される。仲裁の要請の日から六箇月以内に仲裁の組織について紛争当事国が合意に達しない場合には、いずれの紛争当事国も、国際司法裁判所規程に従って国際司法裁判所に紛争を付託することができる。

2　各締約国は、この条約の署名若しくは批准又はこの条約への加入の際に、1の規定に拘束されない旨を宣言することができる。他の締約国は、そのような留保を付した締約国との関係において1の規定に拘束されない。

3　2の規定に基づいて留保を付した締約国は、国際連合事務総長にあてた通告により、いつでもその留保を撤回することができる。

（正文）

第三十条　この条約は、アラビア語、中国語、英語、フランス語、ロシア語及びスペイン語をひとしく正文とし、国際連合事務総長に寄託する。

●あらゆる形態の人種差別の撤廃に関する国際条約〔抄〕

（一九六五・一二・二一国際連合総会採択）
（一九六九・一・四発効）
（平成七年一二月二〇日 条約第二六号）

この条約の締約国は、

国際連合憲章がすべての人間に固有の尊厳及び平等の原則に基礎を置いていること並びにすべての加盟国が、人種、性、言語又は宗教による差別のないすべての者のための人権及び基本的自由の普遍的な尊重及び遵守を助長し及び奨励するという国際連合の目的の一を達成するために、国際連合と協力して共同及び個別の行動をとることを誓約したことを考慮し、

世界人権宣言が、すべての人間は生まれながらにして自由であり、かつ、尊厳及び権利について平等であること並びにすべての人がいかなる差別をも、特に人種、皮膚の色又は国民的出身による差別を受けることなく同宣言に掲げるすべての権利及び自由を享有することができることを宣明していることを考慮し、

すべての人間が法律の前に平等であり、いかなる差別に対しても、また、いかなる差別の扇動に対しても法律による平等の保護を受ける権利を有することを考慮し、

国際連合が植民地主義並びにこれに伴う隔離及び差別のあらゆる慣行（いかなる形態であるかいかなる場所に存在するかを問わない。）を非難してきたこと並びに千九百六十年十二月十四日の植民地及びその人民に対する独立の付与に関する宣言（国際連合総会決議第千五百十四号（第十五回会期））がこれらを速やかにかつ無条件に終了させる必要性を確認し及び厳粛に宣明したことを考慮し、

千九百六十三年十一月二十日のあらゆる形態の人種差別の撤廃に関する国際連合宣言（国際連合総会決議第千九百四号（第十八回会期））が、あらゆる形態及び表現による人種差別を全世界から速やかに撤廃し並びに人間の尊厳に対する理解及び尊重を確保する必要性を厳粛に確認していることを考慮し、

人種的相違に基づく優越性のいかなる理論も科学的に誤りであり、道徳的に非難されるべきであり及び社会的に不正かつ危険であること並びに理論上又は実際上、いかなる場所においても、人種差別を正当化することはできないことを確信し、

人種、皮膚の色又は種族的出身を理由とする人間の差別が諸国間の友好的かつ平和的な関係に対する障害となること並びに諸国民の間の平和及び安全並びに同一の国家内に共存している人々の調和をも害するおそれがあることを再確認し、

人種に基づく障壁の存在がいかなる人間社会の理想にも反することを確信し、

世界のいくつかの地域において人種差別が依然として存在していること及び人種的優越又は憎悪に基づく政府の政策（アパルトヘイト、隔離又は分離の政策等）がとられていることを危険な事態として受け止め、

あらゆる形態及び表現による人種差別を速やかに撤廃するために必要なすべての措置をとること並びに人種間の理解を促進し、いかなる形態の人種隔離及び人種差別もない国際社会を建設するため、人種主義に基づく理論及び慣行を防止し並びにこれらと戦うことを決意し、

千九百五十八年に国際労働機関が採択した雇用及び職業についての差別に関する条約及び千九百六十年に国際連合教育科学文化機関が採択した教育における差別の防止に関する条約に留意し、

あらゆる形態の人種差別の撤廃に関する国際連合宣言に具現された原則を実現すること及びこのための実際的な措置を最も早い時期にとることを確保することを希望して、

次のとおり協定した。

第一部

第一条

1 この条約において、「人種差別」とは、人種、皮膚の色、世系又は民族的若しくは種族的出身に基づくあらゆる区別、排除、制限又は優先であって、政治的、経済的、社会的、文化的その他のあらゆる公的生活の分野における平等の立場での人権及び基本的自由を認識し、享有し又は行使することを妨げ又は害する目的又は効果を有するものをいう。

2 この条約は、締約国が市民と市民でない者との間に設ける区別、排除、制限又は優先については、適用しない。

3 この条約のいかなる規定も、国籍、市民権又は帰化に関する締約国の法規に何ら影響を及ぼすものと解してはならない。ただし、これらに関する法規は、いかなる特定の民族に対しても差別を設けていないことを条件とする。

4 人権及び基本的自由の平等な享有又は行使を確保するため、保護を必要としている特定の人種若しくは種族の集団又は個人の適切な進歩を確保することのみを目的として、必要に応じてとられる特別措置は、人種差別とみなさない。ただし、この特別措置は、その結果として、異なる人種の集団に対して別個の権利を維持することとなってはならず、また、その目的が達成された後は継続してはならない。

第二条

1 締約国は、人種差別を非難し、また、あらゆる形態の人種差別を撤廃する政策及びあらゆる人種間の理解を促進する政策をすべての適当な方法により遅滞なくとることを約束する。このため、

(a) 各締約国は、個人、集団又は団体に対する人種差別の行為又は慣行に従事しないこと並びに国及び地方のすべての公の当局及び機関がこの義務に従って行動するよう確保することを約束する。

(b) 各締約国は、いかなる個人又は団体による人種差別も後援せず、擁護せず又は支持しないことを約束する。

(c) 各締約国は、政府（国及び地方）の政策を再検討し及び人種差別を生じさせ又は永続化させる効果を有するいかなる法令も改正し、廃止し

又は無効にするために効果的な措置をとる。

(d) 各締約国は、すべての適当な方法（状況により必要とされるときは、立法を含む。）により、いかなる個人、集団又は団体による人種差別も禁止し、終了させる。

(e) 各締約国は、適当なときは、人種間の融和を目的とし、かつ、複数の人種で構成される団体及び運動を支援し並びに人種間の障壁を撤廃する他の方法を奨励すること並びに人種間の分断を強化するようないかなる動きも抑制することを約束する。

2 締約国は、状況により正当とされる場合には、特定の人種の集団又はこれに属する個人に対し人権及び基本的自由の十分かつ平等な享有を保障するため、社会的、経済的、文化的その他の分野において、当該人種の集団又は個人の適切な発展及び保護を確保するための特別かつ具体的な措置をとる。この措置は、いかなる場合においても、その目的が達成された後、その結果として、異なる人種の集団に対して不平等な又は別個の権利を維持することとなってはならない。

第三条

締約国は、特に、人種隔離及びアパルトヘイトを非難し、また、自国の管轄の下にある領域におけるこの種のすべての慣行を防止し、禁止し及び根絶することを約束する。

第四条

締約国は、一の人種の優越性若しくは一の皮膚の色若しくは種族的出身の人の集団の優越性の思想若しくは理論に基づくあらゆる宣伝及び団体又は人種的憎悪及び人種差別（形態のいかんを問わない。）を正当化し若しくは助長することを企てるあらゆる宣伝及び団体を非難し、また、このような差別のあらゆる扇動又は行為を根絶することを目的とする迅速かつ積極的な措置をとることを約束する。このため、締約国は、世界人権宣言に具現された原則及び次条に明示的に定める権利に十分な考慮を払って、特に次のことを行う。

(a) 人種的優越又は憎悪に基づく思想のあらゆる流布、人種差別の扇動、いかなる人種若しくは皮膚の色若しくは種族的出身を異にする人の集団に対するものであるかを問わずすべての暴力行為又はその行為の扇動及び人種主義に基づく活動に対する資金援助を含むいかなる援助の提供も、法律で処罰すべき犯罪であることを宣言すること。

(b) 人種差別を助長し及び扇動する団体及び組織的宣伝活動その他のすべての宣伝活動を違法であるとして禁止するものとし、このような団体又は活動への参加が法律で処罰すべき犯罪であることを認めること。

(c) 国又は地方の公の当局又は機関が人種差別を助長し又は扇動することを認めないこと。

第五条

第二条に定める基本的義務に従い、締約国は、特に次の権利の享有に当たり、あらゆる形態の人種差別を禁止し及び撤廃すること並びに人種、皮膚の色又は民族的若しくは種族的出身による差別なしに、すべての者が法律の前に平等であるという権利を保障することを約束する。

(a) 裁判所その他のすべての裁判及び審判を行う機関の前での平等な取扱いについての権利

(b) 暴力又は傷害（公務員によって加えられるものであるかいかなる個人、集団又は団体によって加えられるものであるかを問わない。）に対する身体の安全及び国家による保護についての権利

(c) 政治的権利、特に普通かつ平等の選挙権に基づく選挙に投票及び立候補によって参加し、国政及びすべての段階における政治に参与し並びに公務に平等に携わる権利

(d) 他の市民的権利、特に、

(i) 国境内における移動及び居住の自由についての権利

(ii) いずれの国（自国を含む。）からも離れ及び自国に戻る権利

(iii) 国籍についての権利

(iv) 婚姻及び配偶者の選択についての権利

(v) 単独で及び他の者と共同して財産を所有する権利

(vi) 相続する権利

(vii) 思想、良心及び宗教の自由についての権利

(viii) 意見及び表現の自由についての権利

(ix) 平和的な集会及び結社の自由についての権利

(e) 経済的、社会的及び文化的権利、特に、

(i) 労働、職業の自由な選択、公正かつ良好な労働条件、失業に対する保護、同一の労働についての同一報酬及び公正かつ良好な報酬についての権利

(ii) 労働組合を結成し及びこれに加入する権利

(iii) 住居についての権利

(iv) 公衆の健康、医療、社会保障及び社会的サービスについての権利

(v) 教育及び訓練についての権利

(vi) 文化的な活動への平等な参加についての権利

(f) 輸送機関、ホテル、飲食店、喫茶店、劇場、公園等一般公衆の使用を目的とするあらゆる場所又はサービスを利用する権利

第六条

締約国は、自国の管轄の下にあるすべての者に対し、権限のある自国の裁判所及び他の国家機関を通じて、この条約に反して人権及び基本的自由を侵害するあらゆる人種差別の行為に対する効果的な保護及び救済措置を確保し、並びにその差別の結果として被ったあらゆる損害に対し、公正かつ適正な賠償又は救済を当該裁判所に求める権利を確保する。

第七条

締約国は、人種差別につながる偏見と戦い、諸国民の間及び人種又は種族の集団の間の理解、寛容及び友好を促進し並びに国際連合憲章、世界人権宣言、あらゆる形態の人種差別の撤廃に関する国際連合宣言及びこの条約の目的及び原則を普及させるため、特に教授、教育、文化及び情報の分野において、迅速かつ効果的な措置をとることを約束する。

●経済的、社会的及び文化的権利に関する国際規約（社会権規約）〔抄〕

（一九六六・一二・一六国際連合総会採択
一九七六・一・三発効）
（昭和五四年八月四日
条約第六号）
署名…一九七八・五・三〇
批准…一九七九・六・二一

この規約の締約国は、

国際連合憲章において宣明された原則によれば、人類社会のすべての構成員の固有の尊厳及び平等のかつ奪い得ない権利を認めることが世界における自由、正義及び平和の基礎をなすものであることを考慮し、

これらの権利が人間の固有の尊厳に由来することを認め、

世界人権宣言によれば、自由な人間は恐怖及び欠乏からの自由を享受することであるとの理想は、すべての者がその市民的及び政治的権利とともに経済的、社会的及び文化的権利を享有することのできる条件が作り出される場合に初めて達成されることになることを認め、

人権及び自由の普遍的な尊重及び遵守を助長すべき義務を国際連合憲章に基づき諸国が負っていることを考慮し、

個人が、他人に対し及びその属する社会に対して義務を負うこと並びにこの規約において認められる権利の増進及び擁護のために努力する責任を有することを認識して、

次のとおり協定する。

第一部

第一条

1　すべての人民は、自決の権利を有する。この権利に基づき、すべての人民は、その政治的地位を自由に決定し並びにその経済的、社会的及び文化的発展を自由に追求する。

2　すべて人民は、互恵の原則に基づく国際的経済協力から生ずる義務及び国際法上の義務に違反しない限り、自己のためにその天然の富及び資源を自由に処分することができる。人民は、いかなる場合にも、その生存のための手段を奪われることはない。

3　この規約の締約国（非自治地域及び信託統治地域の施政の責任を有する国を含む。）は、国際連合憲章の規定に従い、自決の権利が実現されることを促進し及び自決の権利を尊重する。

第二部

第二条

1　この規約の各締約国は、立法措置その他のすべての適当な方法によりこの規約において認められる権利の完全な実現を漸進的に達成するため、自国における利用可能な手段を最大限に用いることにより、個々に又は国際的な援助及び協力、特に、経済上及び技術上の援助及び協力を通じて、行動をとることを約束する。

2　この規約の締約国は、この規約に規定する権利が人種、皮膚の色、性、言語、宗教、政治的意見その他の意見、国民的若しくは社会的出身、財産、出生又は他の地位によるいかなる差別もなしに行使されることを保障することを約束する。

3　開発途上にある国は、人権及び自国の経済の双方に十分な考慮を払い、この規約において認められる経済的権利をどの程度まで外国人に保障するかを決定することができる。

第三条

この規約の締約国は、この規約に定めるすべての経済的、社会的及び文化的権利の享有について男女に同等の権利を確保することを約束する。

第四条

この規約の締約国は、この規約に合致するものとして国により確保される権利の享受に関し、その権利の性質と両立しており、かつ、民主的社会における一般的福祉を増進することを目的としている場合に限り、法律で定める制限のみをその権利に課すことができることを認める。

第五条

1　この規約のいかなる規定も、国、集団又は個人が、この規約において認められる権利若しくは自由を破壊し若しくはこの規約に定める制限の範囲を超えて制限することを目的とする活動に従事し又はそのようなことを目的とする行為を行う権利を有することを意味するものと解することはできない。

2　いずれかの国において法律、条約、規則又は慣習によって認められ又は存する基本的人権については、この規約がそれらの権利を認めていないこと又はその認める範囲がより狭いことを理由として、それらの権利を制限し又は侵すことは許されない。

第三部

第六条

1　この規約の締約国は、労働の権利を認めるものとし、この権利を保障するため適当な措置をとる。この権利には、すべての者が自由に選択し又は承諾する労働によって生計を立てる機会を得る権利を含む。

2　この規約の締約国が1の権利の完全な実現を達成するためとる措置には、個人に対して基本的な政治的及び経済的自由を保障する条件の下で着実な経済的、社会的及び文化的発展を実現し並びに完全かつ生産的な雇用を達成するための技術及び職業の指導及び訓練に関する計画、政策及び方法を含む。

第七条

この規約の締約国は、すべての者が公正かつ良好な労働条件を享受する権利を有することを認める。この労働条件は、特に次のものを確保する労働条件とする。

(a)　すべての労働者に最小限度次のものを与える報

酬

(i) 公正な賃金及びいかなる差別もない同一価値の労働についての同一報酬。特に、女子については、同一の労働についての同一報酬とともに男子が享受する労働条件に劣らない労働条件が保障されること。

(ii) 労働者及びその家族のこの規約に適合する相応な生活

(b) 安全かつ健康的な作業条件

(c) 先任及び能力以外のいかなる事由も考慮されることなく、すべての者がその雇用関係においてより高い適当な地位に昇進する均等な機会

(d) 休息、余暇、労働時間の合理的な制限及び定期的な有給休暇並びに公の休日についての報酬

第八条

1 この規約の締約国は、次の権利を確保することを約束する。

(a) すべての者がその経済的及び社会的利益を増進し及び保護するため、労働組合を結成し及び当該労働組合の規則にのみ従うことを条件として自ら選択する労働組合に加入する権利。この権利の行使については、法律で定める制限であって国の安全若しくは公の秩序のため又は他の者の権利及び自由の保護のため民主的社会において必要なもの以外のいかなる制限も課することができない。

(b) 労働組合が国内の連合又は総連合を設立する権利及びこれらの連合又は総連合が国際的な労働組合団体を結成し又はこれに加入する権利

(c) 労働組合が、法律で定める制限であって国の安全若しくは公の秩序のため又は他の者の権利及び自由の保護のため民主的社会において必要なもの以外のいかなる制限も受けることなく、自由に活動する権利

(d) 同盟罷業をする権利。ただし、この権利は、各国の法律に従って行使されることを条件とする。

2 この条の規定は、軍隊若しくは警察の構成員又は公務員による1の権利の行使について合法的な制限を課することを妨げるものではない。

3 この条のいかなる規定も、結社の自由及び団結権の保護に関する千九百四十八年の国際労働機関の条約の締約国が、同条約に規定する保障を阻害するような立法措置を講ずること又は同条約に規定する保障を阻害するような方法により法律を適用することを許すものではない。

第九条

この規約の締約国は、社会保険その他の社会保障についてのすべての者の権利を認める。

第十条

この規約の締約国は、次のことを認める。

1 できる限り広範な保護及び援助が、社会の自然かつ基礎的な単位である家族に対し、特に、家族の形成のために並びに扶養児童の養育及び教育について責任を有する間に、与えられるべきである。婚姻は、両当事者の自由な合意に基づいて成立するものでなければならない。

2 産前産後の合理的な期間においては、特別な保護が母親に与えられるべきである。働いている母親には、その期間において、有給休暇又は相当な社会保障給付を伴う休暇が与えられるべきである。

3 保護及び援助のための特別な措置が、出生の他の事情を理由とするいかなる差別もなく、すべての児童及び年少者のためにとられるべきである。児童及び年少者は、経済的及び社会的な搾取から保護されるべきである。児童及び年少者を、その精神若しくは健康に有害であり、その生命に危険があり又はその正常な発育を妨げるおそれのある労働に使用することは、法律で処罰すべきである。また、国は年齢による制限を定め、その年齢に達しない児童を賃金を支払って使用することを法律で禁止しかつ処罰すべきである。

第十一条

1 この規約の締約国は、自己及びその家族のための相当な食糧、衣類及び住居を内容とする相当な生活水準についての並びに生活条件の不断の改善についてのすべての者の権利を認める。締約国は、この権利の実現を確保するために適当な措置をとり、このためには、自由な合意に基づく国際協力が極めて重要であることを認める。

2 この規約の締約国は、すべての者が飢餓から免れる基本的な権利を有することを認め、個々に及び国際協力を通じて、次の目的のため、具体的な計画その他の必要な措置をとる。

(a) 技術的及び科学的知識を十分に利用することにより、栄養に関する原則についての知識を普及させることにより並びに天然資源の最も効果的な開発及び利用を達成するように農地制度を発展させ又は改革することにより、食糧の生産、保存及び分配の方法を改善すること。

(b) 食糧の輸入国及び輸出国の双方の問題に考慮を払い、需要との関連において世界の食糧の供給の衡平な分配を確保すること。

第十二条

1 この規約の締約国は、すべての者が到達可能な最高水準の身体及び精神の健康を享受する権利を有することを認める。

2 この規約の締約国が1の権利の完全な実現を達成するためにとる措置には、次のことに必要な措置を含む。

(a) 死産率及び幼児の死亡率を低下させるための並びに児童の健全な発育のための対策

(b) 環境衛生及び産業衛生のあらゆる状態の改善

(c) 伝染病、風土病、職業病その他の疾病の予防、治療及び抑圧

(d) 病気の場合にすべての者に医療及び看護を確保するような条件の創出

第十三条

1 この規約の締約国は、教育についてのすべての者の権利を認める。締約国は、教育が人格の完成及び人格の尊厳についての意識の十分な発達を指向し並びに人権及び基本的自由の尊重を強化すべきことに同意する。更に、締約国は、教育が、すべての者に対し、自由な社会に効果的に参加すること、諸国民の間及び人種的、種族的又は宗教的集団の間の理解、寛容及び友好を促進すること並びに平和の維持

のための国際連合の活動を助長することを可能にすべきことに同意する。

2　この規約の締約国は、1の権利の完全な実現を達成するため、次のことを認める。

(a)　初等教育は、義務的なものとし、すべての者に対して無償のものとすること。

(b)　種々の形態の中等教育（技術的及び職業的中等教育を含む。）は、すべての適当な方法により、特に、無償教育の漸進的な導入により、一般的に利用可能であり、かつ、すべての者に対して機会が与えられるものとすること。

(c)　高等教育は、すべての適当な方法により、特に、無償教育の漸進的な導入により、能力に応じ、すべての者に対して均等に機会が与えられるものとすること。

(d)　基礎教育は、初等教育を受けなかった者又はその全課程を修了しなかった者のため、できる限り奨励され又は強化されること。

(e)　すべての段階にわたる学校制度の発展を積極的に追求し、適当な奨学金制度を設立し及び教育職員の物質的条件を不断に改善すること。

3　この規約の締約国は、父母及び場合により法定保護者が、公の機関によって設置される学校以外の学校であって国によって定められ又は承認される最低限度の教育上の基準に適合するものを児童のために選択する自由並びに自己の信念に従って児童の宗教的及び道徳的教育を確保する自由を有することを尊重することを約束する。

4　この条のいかなる規定も、個人及び団体が教育機関を設置し及び管理する自由を妨げるものと解してはならない。ただし、常に、1に定める原則が遵守されること及び当該教育機関において行なわれる教育が国によって定められる最低限度の基準に適合することを条件とする。

第十四条

この規約の締約国となる時にその本土地域又はその管轄の下にある他の地域において無償の初等義務教育を確保するに至っていない各締約国は、すべての者に対する無償の義務教育の原則をその計画中に定める合理的な期間内に漸進的に実施するための詳細な行動計画を二年以内に作成しかつ採用することを約束する。

第十五条

1　この規約の締約国は、すべての者の次の権利を認める。

(a)　文化的な生活に参加する権利

(b)　科学の進歩及びその利用による利益を享受する権利

(c)　自己の科学的、文学的又は芸術的作品により生ずる精神的及び物質的利益が保護されることを享受する権利

2　この規約の締約国が1の権利の完全な実現を達成するためにとる措置には、科学及び文化の保存、発展及び普及に必要な措置を含む。

3　この規約の締約国は、科学研究及び創作活動に不可欠な自由を尊重することを約束する。

4　この規約の締約国は、科学及び文化の分野における国際的な連絡及び協力を奨励し及び発展させることによって得られる利益を認める。

第四部〔略〕

第五部

第二十六条

1　この規約は、国際連合又はいずれかの専門機関の加盟国、国際司法裁判所規程の当事国及びこの規約の締約国となるよう国際連合総会が招請する他の国による署名のために開放しておく。

2　この規約は、批准されなければならない。批准書は、国際連合事務総長に寄託する。

3　この規約は、1に規程する国による加入のために開放しておく。

4　加入は、加入書を国際連合事務総長に寄託することによって行う。

5　国際連合事務総長は、この規約に署名し又は加入したすべての国に対し、各批准書又は各加入書の寄託を通報する。

第二十七条

1　この規約は、三十五番目の批准書又は加入書が国際連合事務総長に寄託された日の後三箇月で効力を生ずる。

2　この規約は、三十五番目の批准書又は加入書が寄託された後に批准し又は加入する国については、その批准書又は加入書が寄託された日の後三箇月で効力を生ずる。

第二十八条

この規約は、いかなる制限又は例外もなしに連邦国家のすべての地域について適用する。

第二十九条

1　この規約のいずれの締約国も、改正を提案し及び改正案を国際連合事務総長に提出することができる。同事務総長は、直ちに、この規約の締約国に対し、改正案を送付するものとし、締約国による改正案の審議及び投票のための締約国会議の開催についての賛否を同事務総長に通告するよう要請する。締約国の三分の一以上が会議の開催に賛成する場合には、同事務総長は、国際連合の主催の下に会議を招集する。会議において出席しかつ投票する締約国の過半数によって採択された改正案は、承認のため、国際連合総会に提出する。

2　改正は、国際連合総会が承認し、かつ、この規約の締約国の三分の二以上の多数がそれぞれの国の憲法上の手続に従って受諾したときに、効力を生ずる。

3　改正は、効力を生じたときは、改正を受諾した締約国を拘束するものとし、他の締約国は、改正前のこの規約の規定（受諾した従前の改正を含む。）により引き続き拘束される。

第三十条

第二十六条五の規定により行われる通報にかかわらず、国際連合事務総長は、同条1に規定するすべての国に対し、次の事項を通報する。

(a)　第二十六条の規定による署名、批准及び加入

(b) 第二十七条の規定に基づきこの規約が効力を生ずる日及び前条の規定により改正が効力を生ずる日

第三十一条

1 この規約は、中国語、英語、フランス語、ロシア語及びスペイン語をひとしく正文とし、国際連合に寄託される。

2 国際連合事務総長は、この規約の認証謄本を第二十六条に規定するすべての国に送付する。

以上の証拠として、下名は、各自の政府から正当に委任を受けて、千九百六十六年十二月十九日にニューヨークで署名のために開放されたこの規約に署名した。

●市民的及び政治的権利に関する国際規約（自由権規約）〔抄〕

（一九六六・一二・一六国際連合総会採択　一九七六・三・二三発効）

署名…一九七八・五・三〇
批准…一九七九・六・二一
（昭和五四年八月四日条約第七号）

この規約の締約国は、

国際連合憲章において宣明された原則によれば、人類社会のすべての構成員の固有の尊厳及び平等のかつ奪い得ない権利を認めることが世界における自由、正義及び平和の基礎をなすものであることを考慮し、

これらの権利が人間の固有の尊厳に由来することを認め、

世界人権宣言によれば、自由な人間は市民的及び政治的自由並びに恐怖及び欠乏からの自由を享受するものであるとの理想は、すべての者がその経済的、社会的及び文化的権利とともに市民的及び政治的権利を享有することのできる条件が作り出される場合に初めて達成されることになることを認め、

人権及び自由の普遍的な尊重及び遵守を助長すべき義務を国際連合憲章に基づき諸国が負っていることを考慮し、

個人が、他人に対し及びその属する社会に対して義務を負うこと並びにこの規約において認められる権利の増進及び擁護のために努力する責任を有することを認識して、

次のとおり協定する。

第一部

第一条

1 すべての人民は、自決の権利を有する。この権利に基づき、すべての人民は、その政治的地位を自由に決定し並びにその経済的、社会的及び文化的発展を自由に追求する。

2 すべての人民は、互恵の原則に基づく国際的経済協力から生ずる義務及び国際法上の義務に違反しない限り、自己のためにその天然の富及び資源を自由に処分することができる。人民は、いかなる場合にも、その生存のための手段を奪われることはない。

3 この規約の締約国（非自治地域及び信託統治地域の施政の責任を有する国を含む。）は、国際連合憲章の規定に従い、自決の権利が実現されることを促進し及び自決の権利を尊重する。

第二部

第二条

1 この規約の各締約国は、その領域内にあり、かつ、その管轄の下にあるすべての個人に対し、人種、皮膚の色、性、言語、宗教、政治的意見その他の意見、国民的若しくは社会的出身、財産、出生又は他の地位等によるいかなる差別もなしにこの規約において認められる権利を尊重し及び確保することを約束する。

2 この規約の各締約国は、立法措置その他の措置がまだとられていない場合には、この規約において認められる権利を実現するために必要な立法措置その他の措置をとるため、自国の憲法上の手続及びこの規約の規定に従って必要な行動をとることを約束する。

3 この規約の各締約国は、次のことを約束する。

(a) この規約において認められる権利又は自由を侵害された者が、公的資格で行動する者によりその侵害が行われた場合にも、効果的な救済措置を受けることを確保すること。

(b) 救済措置を求める者の権利が権限のある司法上、行政上若しくは立法上の機関又は国の法制で定める他の権限のある機関によって決定されることを確保すること及び司法上の救済措置の可能性を発展させること。

(c) 救済措置が与えられる場合に権限のある機関に

よって執行されることを確保すること。

第三条

この規約の締約国は、この規約に定めるすべての市民的及び政治的権利の享有について男女に同等の権利を確保することを約束する。

第四条

1　国民の生存を脅かす公の緊急事態の場合においてその緊急事態の存在が公式に宣言されているときは、この規約の締約国は、事態の緊急性が真に必要とする限度において、この規約に基づく義務に違反する措置をとることができる。ただし、その措置は、当該締約国が国際法に基づき負う他の義務に抵触してはならず、また、人種、皮膚の色、性、言語、宗教又は社会的出身のみを理由とする差別を含んではならない。

2　1の規定は、第六条、第七条、第八条1及び2、第十一条、第十五条、第十六条並びに第十八条の規定に違反することを許すものではない。

3　義務に違反する措置をとる権利を行使するこの規約の締約国は、違反した規定及び違反するに至った理由を国際連合事務総長を通じてこの規約の他の締約国に直ちに通知する。更に、違反が終了する日に、同事務総長を通じてその旨通知する。

第五条

1　この規約のいかなる規定も、国、集団又は個人が、この規約において認められる権利及び自由を破壊し若しくはこの規約に定める制限の範囲を超えて制限することを目的とする活動に従事し又はそのようなことを目的とする行為を行う権利を有することを意味するものと解することはできない。

2　この規約のいずれかの締約国において法律、条約、規則又は慣習によって認められ又は存する基本的人権については、この規約がそれらの権利を認めていないこと又はその認める範囲がより狭いことを理由として、それらの権利を制限し又は侵してはならない。

第三部

第六条

1　すべての人間は、生命に対する固有の権利を有する。この権利は、法律によって保護される。何人も、恣意的にその生命を奪われない。

2　死刑を廃止していない国においては、死刑は、犯罪が行われた時に効力を有しており、かつ、この規約の規定及び集団殺害犯罪の防止及び処罰に関する条約の規定に抵触しない法律により、最も重大な犯罪についてのみ科することができる。この刑罰は、権限のある裁判所が言い渡した確定判決によってのみ執行することができる。

3　生命の剥奪が集団殺害犯罪を構成する場合には、この条のいかなる規定も、この規約の締約国が集団殺害犯罪の防止及び処罰に関する条約の規定に基づいて負う義務を方法のいかんを問わず免れることを許すものではないと了解する。

4　死刑を言い渡されたいかなる者も、特赦又は減刑を求める権利を有する。死刑に対する大赦、特赦又は減刑はすべての場合に与えることができる。

5　死刑は、十八歳未満の者が行った犯罪について科してはならず、また、妊娠中の女子に対して執行してはならない。

6　この条のいかなる規定も、この規約の締約国により死刑の廃止を遅らせ又は妨げるために援用されてはならない。

第七条

何人も、拷問又は残虐な、非人道的な若しくは品位を傷つける取扱い若しくは刑罰を受けない。特に、何人も、その自由な同意なしに医学的又は科学的実験を受けない。

第八条

1　何人も、奴隷の状態に置かれない。あらゆる形態の奴隷制度及び奴隷取引は、禁止する。

2　何人も、隷属状態に置かれない。

3　(a)　何人も、強制労働に服することを要求されない。

(b)　(a)の規定は、犯罪に対する刑罰として強制労働を伴う拘禁刑を科することができる国において、権限のある裁判所による刑罰の言渡しにより強制労働をさせることを禁止するものと解してはならない。

(c)　この3の適用上、「強制労働」には、次のものを含まない。

(i)　作業又は役務であって、(b)の規定において言及されておらず、かつ、裁判所の合法的な命令によって抑留されている者又はその抑留を条件付きで免除されている者に通常要求されるもの

(ii)　軍事的性質の役務及び、良心的兵役拒否が認められている国においては、良心的兵役拒否者が法律によって要求される国民的役務

(iii)　社会の存立又は福祉を脅かす緊急事態又は災害の場合に要求される役務

(iv)　市民としての通常の義務とされる作業又は役務

第九条

1　すべての者は、身体の自由及び安全についての権利を有する。何人も、恣意的に逮捕され又は抑留されない。何人も、法律で定める理由及び手続によらない限り、その自由を奪われない。

2　逮捕される者は、逮捕の時にその理由を告げられるものとし、自己に対する被疑事実を速やかに告げられる。

3　刑事上の罪に問われて逮捕され又は抑留された者は、裁判官又は司法権を行使することが法律によって認められている他の官憲の面前に速やかに連れて行かれるものとし、妥当な期間内に裁判を受ける権利又は釈放される権利を有する。裁判に付される者を抑留することが原則であってはならず、釈放に当たっては、裁判その他の司法上の手続のすべての段階における出頭及び必要な場合における判決の執行のための出頭が保証されることを条件とすることができる。

4　逮捕又は抑留によって自由を奪われた者は、裁判所がその抑留が合法的であるかどうかを遅滞なく決

定すること及びその抑留が合法的でない場合にはその釈放を命ずることができるように、裁判所において手続をとる権利を有する。

5　違法に逮捕され又は抑留された者は、賠償を受ける権利を有する。

第十条

1　自由を奪われたすべての者は、人道的にかつ人間の固有の尊厳を尊重して、取り扱われる。

2 (a)　被告人は、例外的な事情がある場合を除くほか有罪の判決を受けた者とは分離されるものとし、有罪の判決を受けていない者としての地位に相応する別個の取扱いを受ける。

(b)　少年の被告人は、成人とは分離されるものとし、できる限り速やかに裁判に付される。

3　行刑の制度は、被拘禁者の矯正及び社会復帰を基本的な目的とする処遇を含む。少年の犯罪者は、成人とは分離されるものとし、その年齢及び法的地位に相応する取扱いを受ける。

第十一条

何人も、契約上の義務を履行することができないことのみを理由として拘禁されない。

第十二条

1　合法的にいずれかの国の領域内にいるすべての者は、当該領域内において、移動の自由及び居住の自由についての権利を有する。

2　すべての者は、いずれの国（自国を含む。）からも自由に離れることができる。

3　1及び2の権利は、いかなる制限も受けない。ただし、その制限が、法律で定められ、国の安全、公の秩序、公衆の健康若しくは道徳又は他の者の権利及び自由を保護するために必要であり、かつ、この規約において認められる他の権利と両立するものである場合は、この限りでない。

4　何人も、自国に戻る権利を恣意的に奪われない。

第十三条

合法的にこの規約の締約国の領域内にいる外国人は、法律に基づいて行われた決定によってのみ当該領域から追放することができる。国の安全のためのやむを得ない理由がある場合を除くほか、当該外国人は、自己の追放に反対する理由を提示すること及び権限のある機関又はその機関が特に指名する者によって自己の事案が審査されることが認められるものとし、この為にその機関又はその者に対する代理人の出頭が認められる。

第十四条

1　すべての者は、裁判所の前に平等とする。すべての者は、その刑事上の罪の決定又は民事上の権利及び義務の争いについての決定のため、法律で設置された、権限のある、独立の、かつ、公平な裁判所による公正な公開審理を受ける権利を有する。報道機関及び公衆に対しては、民主的社会における道徳、公の秩序若しくは国の安全を理由として、当事者の私生活の利益のため必要な場合において又はその公開が司法の利益を害することとなる特別な状況において裁判所が真に必要があると認める限度で、裁判の全部又は一部を公開しないことができる。もっとも、刑事訴訟又は他の訴訟において言い渡される判決は、少年の利益のために必要がある場合又は当該手続が夫婦間の争い若しくは児童の後見に関するものである場合を除くほか、公開する。

2　刑事上の罪に問われているすべての者は、法律に基づいて有罪とされるまでは、無罪と推定される権利を有する。

3　すべての者は、その刑事上の罪の決定について、十分平等に、少なくとも次の保障を受ける権利を有する。

(a)　その理解する言語で速やかにかつ詳細にその罪の性質及び理由を告げられること。

(b)　防御の準備のために十分な時間及び便益を与えられ並びに自ら選任する弁護人と連絡すること。

(c)　不当に遅延することなく裁判を受けること。

(d)　自ら出席して裁判を受け及び、直接に又は自ら選任する弁護人を通じて、防御すること。弁護人がいない場合には、弁護人を持つ権利を告げられること。司法の利益のために必要な場合には、十分な支払手段を有しないときは自らその費用を負担することなく、弁護人を付されること。

(e)　自己に不利な証人を尋問し又はこれに対し尋問させること並びに自己に不利な証人と同じ条件で自己のための証人の出席及びこれに対する尋問を求めること。

(f)　裁判所において使用される言語を理解すること又は話すことができない場合には、無料で通訳の援助を受けること。

(g)　自己に不利益な供述又は有罪の自白を強要されないこと。

4　少年の場合には、手続は、その年齢及びその更生の促進が望ましいことを考慮したものとする。

5　有罪の判決を受けたすべての者は、法律に基づきその判決及び刑罰を上級の裁判所によって再審理される権利を有する。

6　確定判決によって有罪と決定された場合において、その後に、新たな事実又は新しく発見された事実により誤審のあったことが決定的に立証されたことを理由としてその有罪の判決が破棄され又は赦免が行われたときは、その有罪の判決の結果刑罰に服した者は、法律に基づいて補償を受ける。ただし、その知られなかった事実が適当な時に明らかにされなかったことの全部又は一部がその者の責めに帰するものであることが証明される場合は、この限りでない。

7　何人も、それぞれの国の法律及び刑事手続に従って既に確定的に有罪又は無罪の判決を受けた行為について再び裁判され又は処罰されることはない。

第十五条

1　何人も、実行の時に国内法又は国際法により犯罪を構成しなかった作為又は不作為を理由として有罪とされることはない。何人も、犯罪が行われた時に適用されていた刑罰よりも重い刑罰を科されない。犯罪が行われた後により軽い刑罰を科する規定が法律に設けられる場合には、罪を犯した者は、その利益を受ける。

2　この条のいかなる規定も、国際社会の認める法の一般原則により実行の時に犯罪とされていた作為又は不作為を理由として裁判しかつ処罰することを妨げるものでない。

第十六条

すべての者は、すべての場所において、法律の前に人として認められる権利を有する。

第十七条

1　何人も、その私生活、家族、住居若しくは通信に対して恣意的に若しくは不法に干渉され又は名誉及び信用を不法に攻撃されない。

2　すべての者は、1の干渉又は攻撃に対する法律の保護を受ける権利を有する。

第十八条

1　すべての者は、思想、良心及び宗教の自由についての権利を有する。この権利には、自ら選択する宗教又は信念を受け入れ又は有する自由並びに、単独で又は他の者と共同して及び公に又は私的に、礼拝、儀式、行事及び教導によってその宗教又は信念を表明する自由を含む。

2　何人も、自ら選択する宗教又は信念を受け入れ又は有する自由を侵害するおそれのある強制を受けない。

3　宗教又は信念を表明する自由については、法律で定める制限であって公共の安全、公の秩序、公衆の健康若しくは道徳又は他の者の基本的な権利及び自由を保護するために必要なもののみを課することができる。

4　この規約の締約国は父母及び場合により法定保護者が、自己の信念に従って児童の宗教的及び道徳的教育を確保する自由を有することを尊重することを約束する。

第十九条

1　すべての者は、干渉されることなく意見を持つ権利を有する。

2　すべての者は、表現の自由についての権利を有する。この権利には、口頭、手書き若しくは印刷、芸術の形態又は自ら選択する他の方法により、国境とのかかわりなく、あらゆる種類の情報及び考えを求め、受け及び伝える自由を含む。

3　2の権利の行使には、特別の義務及び責任を伴う。したがって、この権利の行使については、一定の制限を課すことができる。ただし、その制限は、法律によって定められ、かつ、次の目的のために必要とされるものに限る。

(a)　他の者の権利又は信用の尊重

(b)　国の安全、公の秩序又は公衆の健康若しくは道徳の保護

第二十条

1　戦争のためのいかなる宣伝も、法律で禁止する。

2　差別、敵意又は暴力の扇動となる国民的、人種的又は宗教的憎悪の唱道は、法律で禁止する。

第二十一条

平和的な集会の権利は、認められる。この権利の行使については、法律で定める制限であって国の安全若しくは公共の安全、公の秩序、公衆の健康若しくは道徳の保護又は他の者の権利及び自由の保護のため民主的社会において必要なもの以外のいかなる制限も課することができない。

第二十二条

1　すべての者は、結社の自由についての権利を有する。この権利には、自己の利益の保護のために労働組合を結成し及びこれに加入する権利を含む。

2　1の権利の行使については、法律で定める制限であって国の安全若しくは公共の安全、公の秩序、公衆の健康若しくは道徳の保護又は他の者の権利及び自由の保護のため民主的社会において必要なもの以外のいかなる制限も課することができない。この条の規定は、1の権利の行使につき、軍隊及び警察の構成員に対して合法的な制限を課することを妨げるものではない。

3　この条のいかなる規定も、結社の自由及び団結権の保護に関する千九百四十八年の国際労働機関の条約の締約国が、同条約に規定する保障を阻害するような立法措置を講ずること又は同条約に規定する保障を阻害するような方法により法律を適用することを許すものではない。

第二十三条

1　家族は、社会の自然かつ基礎的な単位であり、社会及び国による保護を受ける権利を有する。

2　婚姻をすることができる年齢の男女が婚姻をしかつ家族を形成する権利は、認められる。

3　婚姻は、両当事者の自由かつ完全な合意なしには成立しない。

4　この規約の締約国は、婚姻中及び婚姻の解消の際に、婚姻に係る配偶者の権利及び責任の平等を確保するため、適当な措置をとる。その解消の場合には、児童に対する必要な保護のため、措置がとられる。

第二十四条

1　すべての児童は、人種、皮膚の色、性、言語、宗教、国民的若しくは社会的出身、財産又は出生によるいかなる差別もなしに、未成年者としての地位に必要とされる保護の措置であって家族、社会及び国による措置について権利を有する。

2　すべての児童は、出生の後直ちに登録され、かつ、氏名を有する。

3　すべての児童は、国籍を取得する権利を有する。

第二十五条

すべての市民は、第二条に規定するいかなる差別もなく、かつ、不合理な制限なしに、次のことを行う権利及び機会を有する。

(a)　直接に、又は自由に選んだ代表者を通じて、政治に参与すること。

(b)　普通かつ平等の選挙権に基づき秘密投票により行われ、選挙人の意思の自由な表明を保障する真正な定期的選挙において、投票し及び選挙されること。

(c)　一般的な平等条件の下で自国の公務に携わること。

第二十六条

すべての者は、法律の前に平等であり、いかなる差別もなしに法律による平等の保護を受ける権利を有する。このため、法律は、あらゆる差別を禁止し及び人種、皮膚の色、性、言語、宗教、政治的意見その他の意見、国民的若しくは社会的出身、財産、出生又は他の地位等のいかなる理由による差別に対しても平等のかつ効果的な保護をすべての者に保障する。

第二十七条

種族的、宗教的又は言語的少数民族が存在する国において、当該少数民族に属する者は、その集団の他の構成員とともに自己の文化を享有し、自己の宗教を信仰しかつ実践し又は自己の言語を使用する権利を否定されない。

第四部―第六部〔略〕

以上の証拠として、下名は、各自の政府から正当に委任を受けて、千九百六十六年十二月十九日にニューヨークで署名のために開放されたこの規約に署名した。

●障害者の権利に関する条約〔抄〕

（二〇〇六・一二・一三国際連合総会採択　二〇〇八・五・三発効）
（平成二六年一月二二日　条約一号）
署名…二〇〇七・九・二八
批准…二〇一四・一・二〇

この条約の締約国は、

(a) 国際連合憲章において宣明された原則が、人類社会の全ての構成員の固有の尊厳及び価値並びに平等のかつ奪い得ない権利が世界における自由、正義及び平和の基礎を成すものであると認めていることを想起し、

(b) 国際連合が、世界人権宣言及び人権に関する国際規約において、全ての人はいかなる差別もなしに同宣言及びこれらの規約に掲げる全ての権利及び自由を享有することができることを宣明し、及び合意したことを認め、

(c) 全ての人権及び基本的自由が普遍的であり、不可分のものであり、相互に依存し、かつ、相互に関連を有すること並びに障害者が全ての人権及び基本的自由を差別なしに完全に享有することを保障することが必要であることを再確認し、

(d) 経済的、社会的及び文化的権利に関する国際規約、市民的及び政治的権利に関する国際規約、あらゆる形態の人種差別の撤廃に関する国際条約、女子に対するあらゆる形態の差別の撤廃に関する条約、拷問及び他の残虐な、非人道的な又は品位を傷つける取扱い又は刑罰に関する条約、児童の権利に関する条約及び全ての移住労働者及びその家族の構成員の権利の保護に関する国際条約を想起し、

(e) 障害が発展する概念であることを認め、また、障害が、機能障害を有する者とこれらの者に対する態度及び環境による障壁との間の相互作用であって、これらの者が他の者との平等を基礎として社会に完全かつ効果的に参加することを妨げるものによって生ずることを認め、

(f) 障害者に関する世界行動計画及び障害者の機会均等化に関する標準規則に定める原則及び政策上の指針が、障害者の機会均等を更に促進するための国内的、地域的及び国際的な政策、計画及び行動の促進、作成及び評価に影響を及ぼす上で重要であることを認め、

(g) 持続可能な開発に関連する戦略の不可分の一部として障害に関する問題を主流に組み入れることが重要であることを強調し、

(h) また、いかなる者に対する障害に基づく差別も、人間の固有の尊厳及び価値を侵害するものであることを認め、

(i) さらに、障害者の多様性を認め、

(j) 全ての障害者（より多くの支援を必要とする障害者を含む。）の人権を促進し、及び保護することが必要であることを認め、

(k) これらの種々の文書及び約束にもかかわらず、障害者が、世界の全ての地域において、社会の平等な構成員としての参加を妨げる障壁及び人権侵害に依然として直面していることを憂慮し、

(l) あらゆる国（特に開発途上国）における障害者の生活条件を改善するための国際協力が重要であることを認め、

(m) 障害者が地域社会における全般的な福祉及び多様性に対して既に貴重な貢献をしており、又は貴重な貢献をし得ることを認め、また、障害者による人権及び基本的自由の完全な享有並びに完全な参加を促進することにより、その帰属意識が高められること並びに社会の人的、社会的及び経済的開発並びに貧困の撲滅に大きな前進がもたらされることを認め、

(n) 障害者にとって、個人の自律及び自立（自ら選択する自由を含む。）が重要であることを認め、

(o) 障害者が、政策及び計画（障害者に直接関連する政策及び計画を含む。）に係る意思決定の過程に積極的に関与する機会を有すべきであることを考慮し、

(p) 人種、皮膚の色、性、言語、宗教、政治的意見

その他の意見、国民的な、種族的な、先住民族としての若しくは社会的な出身、財産、出生、年齢又は他の地位に基づく複合的又は加重的な形態の差別を受けている障害者が直面する困難な状況を憂慮し、

(q) 障害のある女子が、家庭の内外で暴力、傷害若しくは虐待、放置若しくは怠慢な取扱い、不当な取扱い又は搾取を受ける一層大きな危険にしばしばさらされていることを認め、

(r) 障害のある児童が、他の児童との平等を基礎として全ての人権及び基本的自由を完全に享有すべきであることを認め、また、このため、児童の権利に関する条約の締約国が負う義務を想起し、

(s) 障害者による人権及び基本的自由の完全な享有を促進するためのあらゆる努力に性別の視点を組み込む必要があることを強調し、

(t) 障害者の大多数が貧困の状況下で生活している事実を強調し、また、この点に関し、貧困が障害者に及ぼす悪影響に対処することが真に必要であることを認め、

(u) 国際連合憲章に定める目的及び原則の十分な尊重並びに人権に関する適用可能な文書の遵守に基づく平和で安全な状況が、特に武力紛争及び外国による占領の期間中における障害者の十分な保護に不可欠であることに留意し、

(v) 障害者が全ての人権及び基本的自由を完全に享有することを可能とするに当たっては、物理的、社会的、経済的及び文化的な環境並びに健康及び教育を享受しやすいようにし、並びに情報及び通信を利用しやすいようにすることが重要であることを認め、

(w) 個人が、他人に対し及びその属する地域社会に対して義務を負うこと並びに国際人権章典において認められる権利の増進及び擁護のために努力する責任を有することを認識し、

(x) 家族が、社会の自然かつ基礎的な単位であること並びに社会及び国家による保護を受ける権利を有することを確信し、また、障害者及びその家族の構成員が、障害者の権利の完全かつ平等な享有に向けて家族が貢献することを可能とするために必要な保護及び支援を受けるべきであることを確信し、

(y) 障害者の権利及び尊厳を促進し、及び保護するための包括的かつ総合的な国際条約が、開発途上国及び先進国において、障害者の社会的に著しく不利な立場を是正することに重要な貢献を行うこと並びに障害者が市民的、政治的、経済的、社会的及び文化的分野に均等な機会により参加することを促進することを確信して、

次のとおり協定した。

第一条　目的

この条約は、全ての障害者によるあらゆる人権及び基本的自由の完全かつ平等な享有を促進し、保護し、及び確保すること並びに障害者の固有の尊厳の尊重を促進することを目的とする。

障害者には、長期的な身体的、精神的、知的又は感覚的な機能障害であって、様々な障壁との相互作用により他の者との平等を基礎として社会に完全かつ効果的に参加することを妨げ得るものを有する者を含む。

第二条　定義

この条約の適用上、「意思疎通」とは、言語、文字の表示、点字、触覚を使った意思疎通、拡大文字、利用しやすいマルチメディア並びに筆記、音声、平易な言葉、朗読その他の補助的及び代替的な意思疎通の形態、手段及び様式（利用しやすい情報通信機器を含む。）をいう。

「言語」とは、音声言語及び手話その他の形態の非音声言語をいう。

「障害に基づく差別」とは、障害に基づくあらゆる区別、排除又は制限であって、政治的、経済的、社会的、文化的、市民的その他のあらゆる分野において、他の者との平等を基礎として全ての人権及び基本的自由を認識し、享有し、又は行使することを害し、又は妨げる目的又は効果を有するものをいう。障害に基づく差別には、あらゆる形態の差別（合理的配慮の否定を含む。）を含む。

「合理的配慮」とは、障害者が他の者との平等を基礎として全ての人権及び基本的自由を享有し、又は行使することを確保するための必要かつ適当な変更及び調整であって、特定の場合において必要とされるものであり、かつ、均衡を失した又は過度の負担を課さないものをいう。

「ユニバーサルデザイン」とは、調整又は特別な設計を必要とすることなく、最大限可能な範囲で全ての人が使用することのできる製品、環境、計画及びサービスの設計をいう。ユニバーサルデザインは、特定の障害者の集団のための補装具が必要な場合には、これを排除するものではない。

第三条　一般原則

この条約の原則は、次のとおりとする。

(a) 固有の尊厳、個人の自律（自ら選択する自由を含む。）及び個人の自立の尊重
(b) 無差別
(c) 社会への完全かつ効果的な参加及び包容
(d) 差異の尊重並びに人間の多様性の一部及び人類の一員としての障害者の受入れ
(e) 機会の均等
(f) 施設及びサービス等の利用の容易さ
(g) 男女の平等
(h) 障害のある児童の発達しつつある能力の尊重及び障害のある児童がその同一性を保持する権利の尊重

第四条　一般的義務

1 締約国は、障害に基づくいかなる差別もなしに、全ての障害者のあらゆる人権及び基本的自由を完全に実現することを確保し、及び促進することを約束する。このため、締約国は、次のことを約束する。

(a) この条約において認められる権利の実現のため、全ての適当な立法措置、行政措置その他の措置をとること。
(b) 障害者に対する差別となる既存の法律、規則、慣習及び慣行を修正し、又は廃止するための全ての適当な措置（立法を含む。）をとること。
(c) 全ての政策及び計画において障害者の人権の保護及び促進を考慮に入れること。
(d) この条約と両立しないいかなる行為又は慣行も差し控えること。また、公の当局及び機関がこの

条約に従って行動することを確保すること。

(e) いかなる個人、団体又は民間企業による障害に基づく差別も撤廃するための全ての適当な措置をとること。

(f) 第二条に規定するユニバーサルデザインの製品、サービス、設備及び施設であって、障害者に特有のニーズを満たすために必要な調整が可能な限り最小限であり、かつ、当該ニーズを満たすために必要な費用が最小限であるべきものについての研究及び開発を実施し、又は促進すること。また、当該ユニバーサルデザインの製品、サービス、設備及び施設の利用可能性及び使用を促進すること。さらに、基準及び指針を作成するに当たっては、ユニバーサルデザインが当該基準及び指針に含まれることを促進すること。

(g) 障害者に適した新たな機器（情報通信機器、移動補助具、補装具及び支援機器を含む。）についての研究及び開発を実施し、又は促進し、並びに当該新たな機器の利用可能性及び使用を促進すること。この場合において、締約国は、負担しやすい費用の機器を優先させる。

(h) 移動補助具、補装具及び支援機器（新たな機器を含む。）並びに他の形態の援助、支援サービス及び施設に関する情報であって、障害者にとって利用しやすいものを提供すること。

(i) この条約において認められる権利によって保障される支援及びサービスをより良く提供するため、障害者と共に行動する専門家及び職員に対する当該権利に関する研修を促進すること。

2 各締約国は、経済的、社会的及び文化的権利に関しては、これらの権利の完全な実現を漸進的に達成するため、自国における利用可能な手段を最大限に用いることにより、また、必要な場合には国際協力の枠内で、措置をとることを約束する。ただし、この条約に定める義務であって、国際法に従って直ちに適用されるものに影響を及ぼすものではない。

3 締約国は、この条約を実施するための法令及び政策の作成及び実施において、並びに障害者に関する問題についての他の意思決定過程において、障害者（障害のある児童を含む。以下この3において同じ。）を代表する団体を通じ、障害者と緊密に協議し、及び障害者を積極的に関与させる。

4 この条約のいかなる規定も、締約国の法律又は締約国について効力を有する国際法に含まれる規定であって障害者の権利の実現に一層貢献するものに影響を及ぼすものではない。この条約のいずれかの締約国において法律、条約、規則又は慣習によって認められ、又は存する人権及び基本的自由については、この条約がそれらの権利若しくは自由を認めていないこと又はその認める範囲がより狭いことを理由として、それらの権利及び自由を制限し、又は侵してはならない。

5 この条約は、いかなる制限又は例外もなしに、連邦国家の全ての地域について適用する。

第五条　平等及び無差別

1 締約国は、全ての者が、法律の前に又は法律に基づいて平等であり、並びにいかなる差別もなしに法律による平等の保護及び利益を受ける権利を有することを認める。

2 締約国は、障害に基づくあらゆる差別を禁止するものとし、いかなる理由による差別に対しても平等かつ効果的な法的保護を障害者に保障する。

3 締約国は、平等を促進し、及び差別を撤廃することを目的として、合理的配慮が提供されることを確保するための全ての適当な措置をとる。

4 障害者の事実上の平等を促進し、又は達成するために必要な特別の措置は、この条約に規定する差別と解してはならない。

第六条　障害のある女子

1 締約国は、障害のある女子が複合的な差別を受けていることを認識するものとし、この点に関し、障害のある女子が全ての人権及び基本的自由を完全かつ平等に享有することを確保するための措置をとる。

2 締約国は、女子に対してこの条約に定める人権及び基本的自由を行使し、及び享有することを保障することを目的として、女子の完全な能力開発、向上及び自律的な力の育成を確保するための全ての適当な措置をとる。

第七条　障害のある児童

1 締約国は、障害のある児童が他の児童との平等を基礎として全ての人権及び基本的自由を完全に享有することを確保するための全ての必要な措置をとる。

2 障害のある児童に関する全ての措置をとるに当たっては、児童の最善の利益が主として考慮されるものとする。

3 締約国は、障害のある児童が、自己に影響を及ぼす全ての事項について自由に自己の意見を表明する権利並びにこの権利を実現するための障害及び年齢に適した支援を提供される権利を有することを確保する。この場合において、障害のある児童の意見は、他の児童との平等を基礎として、その児童の年齢及び成熟度に従って相応に考慮されるものとする。

第八条―第十八条　〔略〕

第十九条　自立した生活及び地域社会への包容

この条約の締約国は、全ての障害者が他の者と平等の選択の機会をもって地域社会で生活する平等の権利を有することを認めるものとし、障害者が、この権利を完全に享受し、並びに地域社会に完全に包容され、及び参加することを容易にするための効果的かつ適当な措置をとる。この措置には、次のことを確保することによるものを含む。

(a) 障害者が、他の者との平等を基礎として、居住地を選択し、及びどこで誰と生活するかを選択する機会を有すること並びに特定の生活施設で生活する義務を負わないこと。

(b) 地域社会における生活及び地域社会への包容を支援し、並びに地域社会からの孤立及び隔離を防止するために必要な在宅サービス、居住サービスその他の地域社会支援サービス（個別の支援を含む。）を障害者が利用する機会を有すること。

(c) 一般住民向けの地域社会サービス及び施設が、障害者にとって他の者との平等を基礎として利用可能であり、かつ、障害者のニーズに対応していること。

第二十条〔略〕

第二十一条 表現及び意見の自由並びに情報の利用の機会

締約国は、障害者が、第二条に定めるあらゆる形態の意思疎通であって自ら選択するものにより、表現及び意見の自由（他の者との平等を基礎として情報及び考えを求め、受け、及び伝える自由を含む。）についての権利を行使することができることを確保するための全ての適当な措置をとる。この措置には、次のことによるものを含む。

(a) 障害者に対し、様々な種類の障害に相応した利用しやすい様式及び機器により、適時に、かつ、追加の費用を伴わず、一般公衆向けの情報を提供すること。

(b) 公的な活動において、手話、点字、補助的及び代替的な意思疎通並びに障害者が自ら選択する他の全ての利用しやすい意思疎通の手段、形態及び様式を用いることを受け入れ、及び容易にすること。

(c) 一般公衆に対してサービス（インターネットによるものを含む。）を提供する民間の団体が情報及びサービスを障害者にとって利用しやすい又は使用可能な様式で提供するよう要請すること。

(d) マスメディア（インターネットを通じて情報を提供する者を含む。）がそのサービスを障害者にとって利用しやすいものとするよう奨励すること。

(e) 手話の使用を認め、及び促進すること。

第二十二条 プライバシーの尊重

1 いかなる障害者も、居住地又は生活施設のいかんを問わず、そのプライバシー、家族、住居又は通信その他の形態の意思疎通に対して恣意的に又は不法に干渉されず、また、名誉及び信用を不法に攻撃されない。障害者は、このような干渉又は攻撃に対する法律の保護を受ける権利を有する。

2 締約国は、他の者との平等を基礎として、障害者の個人、健康及びリハビリテーションに関する情報に係るプライバシーを保護する。

第二十三条 家庭及び家族の尊重

1 締約国は、他の者との平等を基礎として、婚姻、家族、親子関係及び個人的な関係に係る全ての事項に関し、障害者に対する差別を撤廃するための効果的かつ適当な措置をとる。この措置は、次のことを確保することを目的とする。

(a) 婚姻をすることができる年齢の全ての障害者が、両当事者の自由かつ完全な合意に基づいて婚姻をし、かつ、家族を形成する権利を認められること。

(b) 障害者が子の数及び出産の間隔を自由にかつ責任をもって決定する権利を認められ、また、障害者が生殖及び家族計画について年齢に適した情報及び教育を享受する権利を認められること。さらに、障害者がこれらの権利を行使することを可能とするために必要な手段を提供されること。

(c) 障害者（児童を含む。）が、他の者との平等を基礎として生殖能力を保持すること。

2 締約国は、子の後見、養子縁組又はこれらに類する制度が国内法令に存在する場合には、それらの制度に係る障害者の権利及び責任を確保する。あらゆる場合において、子の最善の利益は至上である。締約国は、障害者が子の養育についての責任を遂行するに当たり、当該障害者に対して適当な援助を与える。

3 締約国は、障害のある児童が家庭生活について平等の権利を有することを確保する。締約国は、この権利を実現し、並びに障害のある児童の隠匿、遺棄、放置及び隔離を防止するため、障害のある児童及びその家族に対し、包括的な情報、サービス及び支援を早期に提供することを約束する。

4 締約国は、児童がその父母の意思に反してその父母から分離されないことを確保する。ただし、権限のある当局が司法の審査に従うことを条件として適用のある法律及び手続に従いその分離が児童の最善の利益のために必要であると決定する場合は、この限りでない。いかなる場合にも、児童は、自己の障害又は父母の一方若しくは双方の障害に基づいて父母から分離されない。

5 締約国は、近親の家族が障害のある児童を監護することができない場合には、一層広い範囲の家族の中で代替的な監護を提供し、及びこれが不可能なときは、地域社会の中で家庭的な環境により代替的な監護を提供するようあらゆる努力を払う。

第二十四条 教育

1 締約国は、教育についての障害者の権利を認める。締約国は、この権利を差別なしに、かつ、機会の均等を基礎として実現するため、障害者を包容するあらゆる段階の教育制度及び生涯学習を確保する。当該教育制度及び生涯学習は、次のことを目的とする。

(a) 人間の潜在能力並びに尊厳及び自己の価値についての意識を十分に発達させ、並びに人権、基本的自由及び人間の多様性の尊重を強化すること。

(b) 障害者が、その人格、才能及び創造力並びに精神的及び身体的な能力をその可能な最大限度まで発達させること。

(c) 障害者が自由な社会に効果的に参加することを可能とすること。

2 締約国は、1の権利の実現に当たり、次のことを確保する。

(a) 障害者が障害に基づいて一般的な教育制度から排除されないこと及び障害のある児童が障害に基づいて無償のかつ義務的な初等教育から又は中等教育から排除されないこと。

(b) 障害者が、他の者との平等を基礎として、自己の生活する地域社会において、障害者を包容し、質が高く、かつ、無償の初等教育を享受することができること及び中等教育を享受することができること。

(c) 個人に必要とされる合理的配慮が提供されること。

(d) 障害者が、その効果的な教育を容易にするために必要な支援を一般的な教育制度の下で受けること。

(e) 学問的及び社会的な発達を最大にする環境において、完全な包容という目標に合致する効果的で個別化された支援措置がとられること。

3 締約国は、障害者が教育に完全かつ平等に参加し、及び地域社会の構成員として完全かつ平等に参加することを容易にするため、障害者が生活する上での技能及び社会的な発達のための技能を習得することを可能とする。このため、締約国は、次のことを含む適当な措置をとる。

(a) 点字、代替的な文字、意思疎通の補助的及び代替的な形態、手段及び様式並びに定位及び移動のための技能の習得並びに障害者相互による支援及び助言を容易にすること。

(b) 手話の習得及び聾社会の言語的な同一性の促進を容易にすること。

(c) 盲人、聾者又は盲聾者（特に盲人、聾者又は盲聾者である児童）の教育が、その個人にとって最も適当な言語並びに意思疎通の形態及び手段で、かつ、学問的及び社会的な発達を最大にする環境において行われることを確保すること。

4 締約国は、1の権利の実現の確保を助長することを目的として、手話又は点字について能力を有する教員（障害のある教員を含む。）を雇用し、並びに教育に従事する専門家及び職員（教育のいずれの段階において従事するかを問わない。）に対する研修を行うための適当な措置をとる。この研修には、障害についての意識の向上を組み入れ、また、適当な意思疎通の補助的及び代替的な形態、手段及び様式の使用並びに障害者を支援するための教育技法及び教材の使用を組み入れるものとする。

5 締約国は、障害者が、差別なしに、かつ、他の者との平等を基礎として、一般的な高等教育、職業訓練、成人教育及び生涯学習を享受することができることを確保する。このため、締約国は、合理的配慮が障害者に提供されることを確保する。

第二十五条　健康

締約国は、障害者が障害に基づく差別なしに到達可能な最高水準の健康を享受する権利を有することを認める。締約国は、障害者が性別に配慮した保健サービス（保健に関連するリハビリテーションを含む。）を利用する機会を有することを確保するための全ての適当な措置をとる。締約国は、特に、次のことを行う。

(a) 障害者に対して他の者に提供されるものと同一の範囲、質及び水準の無償の又は負担しやすい費用の保健及び保健計画（性及び生殖に係る健康並びに住民のための公衆衛生計画の分野のものを含む。）を提供すること。

(b) 障害者が特にその障害のために必要とする保健サービス（早期発見及び適当な場合には早期関与並びに特に児童及び高齢者の新たな障害を最小限にし、及び防止するためのサービスを含む。）を提供すること。

(c) これらの保健サービスを、障害者自身が属する地域社会（農村を含む。）の可能な限り近くにおいて提供すること。

(d) 保健に従事する者に対し、特に、研修を通じて及び公私の保健に関する倫理基準を広く知らせることによって障害者の人権、尊厳、自律及びニーズに関する意識を高めることにより、他の者と同一の質の医療（例えば、事情を知らされた上での自由な同意を基礎とした医療）を障害者に提供するよう要請すること。

(e) 健康保険及び国内法により認められている場合には生命保険の提供に当たり、公正かつ妥当な方法で行い、及び障害者に対する差別を禁止すること。

(f) 保健若しくは保健サービス又は食糧及び飲料の提供に関し、障害に基づく差別的な拒否を防止すること。

第二十六条　ハビリテーション（適応のための技能の習得）及びリハビリテーション

1 締約国は、障害者が、最大限の自立並びに十分な身体的、精神的、社会的及び職業的な能力を達成し、及び維持し、並びに生活のあらゆる側面への完全な包容及び参加を達成し、及び維持することを可能とするための効果的かつ適当な措置（障害者相互による支援を通じたものを含む。）をとる。このため、締約国は、特に、保健、雇用、教育及び社会に係る分野において、ハビリテーション及びリハビリテーションについての包括的なサービス及びプログラムを企画し、強化し、及び拡張する。この場合において、これらのサービス及びプログラムは、次のようなものとする。

(a) 可能な限り初期の段階において開始し、並びに個人のニーズ及び長所に関する学際的な評価を基礎とするものであること。

(b) 地域社会及び社会のあらゆる側面への参加及び包容を支援し、自発的なものであり、並びに障害者自身が属する地域社会（農村を含む。）の可能な限り近くにおいて利用可能なものであること。

2 締約国は、ハビリテーション及びリハビリテーションのサービスに従事する専門家及び職員に対する初期研修及び継続的な研修の充実を促進する。

3 締約国は、障害者のために設計された補装具及び支援機器であって、ハビリテーション及びリハビリテーションに関連するものの利用可能性、知識及び使用を促進する。

第二十七条　労働及び雇用

1 締約国は、障害者が他の者との平等を基礎として労働についての権利を有することを認める。この権利には、障害者に対して開放され、障害者を包容し、及び障害者にとって利用しやすい労働市場及び労働環境において、障害者が自由に選択し、又は承諾する労働によって生計を立てる機会を有する権利を含む。締約国は、特に次のことのための適当な措置（立法によるものを含む。）をとることにより、労働についての障害者（雇用の過程で障害を有することとなった者を含む。）の権利が実現されることを保障し、及び促進する。

(a) あらゆる形態の雇用に係る全ての事項（募集、採用及び雇用の条件、雇用の継続、昇進並びに安全かつ健康的な作業条件を含む。）に関し、障害に基づく差別を禁止すること。

(b) 他の者との平等を基礎として、公正かつ良好な労働条件（均等な機会及び同一価値の労働についての同一報酬を含む。）、安全かつ健康的な作業条件（嫌がらせからの保護を含む。）及び苦情に対する救済についての障害者の権利を保護すること。

(c) 障害者が他の者との平等を基礎として労働及び労働組合についての権利を行使することができることを確保すること。

(d) 障害者が技術及び職業の指導に関する一般的な計画、職業紹介サービス並びに職業訓練及び継続的な訓練を利用する効果的な機会を有することを可能とすること。

(e) 労働市場において障害者の雇用機会の増大を図り、及びその昇進を促進すること並びに職業を求め、これに就き、これを継続し、及びこれに復帰する際の支援を促進すること。

(f) 自営活動の機会、起業家精神、協同組合の発展及び自己の事業の開始を促進すること。

(g) 公的部門において障害者を雇用すること。

(h) 適当な政策及び措置（積極的差別是正措置、奨励措置その他の措置を含めることができる。）を通じて、民間部門における障害者の雇用を促進すること。

(i) 職場において合理的配慮が障害者に提供されることを確保すること。

(j) 開かれた労働市場において障害者が職業経験を得ることを促進すること。

(k) 障害者の職業リハビリテーション、職業の保持及び職場復帰計画を促進すること。

2 締約国は、障害者が、奴隷の状態又は隷属状態に置かれないこと及び他の者との平等を基礎として強制労働から保護されることを確保する。

第二十八条 相当な生活水準及び社会的な保障

1 締約国は、障害者が、自己及びその家族の相当な生活水準（相当な食糧、衣類及び住居を含む。）についての権利並びに生活条件の不断の改善についての権利を有することを認めるものとし、障害に基づく差別なしにこの権利を実現することを保障し、及び促進するための適当な措置をとる。

2 締約国は、社会的な保障についての障害者の権利及び障害に基づく差別なしにこの権利を享受することについての障害者の権利を認めるものとし、この権利の実現を保障し、及び促進するための適当な措置をとる。この措置には、次のことを確保するための措置を含む。

(a) 障害者が清浄な水のサービスを利用する均等な機会を有し、及び障害者が障害に関連するニーズに係る適当なかつ費用の負担しやすいサービス、補装具その他の援助を利用する機会を有すること。

(b) 障害者（特に、障害のある女子及び高齢者）が社会的な保障及び貧困削減に関する計画を利用する機会を有すること。

(c) 貧困の状況において生活している障害者及びその家族が障害に関連する費用についての国の援助（適当な研修、カウンセリング、財政的援助及び介護者の休息のための一時的な介護を含む。）を利用する機会を有すること。

(d) 障害者が公営住宅計画を利用する機会を有すること。

(e) 障害者が退職に伴う給付及び計画を利用する均等な機会を有すること。

第二十九条 政治的及び公的活動への参加

締約国は、障害者に対して政治的権利を保障し、及び他の者との平等を基礎としてこの権利を享受する機会を保障するものとし、次のことを約束する。

(a) 特に次のことを行うことにより、障害者が、直接に、又は自由に選んだ代表者を通じて、他の者との平等を基礎として、政治的及び公的活動に効果的かつ完全に参加することができること（障害者が投票し、及び選挙される権利及び機会を含む。）を確保すること。

(i) 投票の手続、設備及び資料が適当な及び利用しやすいものであり、並びにその理解及び使用が容易であることを確保すること。

(ii) 障害者が、選挙及び国民投票において脅迫を受けることなく秘密投票によって投票し、選挙に立候補し、並びに政府のあらゆる段階において実質的に在職し、及びあらゆる公務を遂行する権利を保護すること。この場合において、適当なときは支援機器及び新たな機器の使用を容易にするものとする。

(iii) 選挙人としての障害者の意思の自由な表明を保障すること。このため、必要な場合には、障害者の要請に応じて、当該障害者により選択される者が投票の際に援助することを認めること。

(b) 障害者が、差別なしに、かつ、他の者との平等を基礎として、政治に効果的かつ完全に参加することができる環境を積極的に促進し、及び政治への障害者の参加を奨励すること。政治への参加には、次のことを含む。

(i) 国の公的及び政治的活動に関係のある非政府機関及び非政府団体に参加し、並びに政党の活動及び運営に参加すること。

(ii) 国際、国内、地域及び地方の各段階において障害者を代表するための障害者の組織を結成し、並びにこれに参加すること。

第三十条 文化的な生活、レクリエーション、余暇及びスポーツへの参加

1 締約国は、障害者が他の者との平等を基礎として文化的な生活に参加する権利を認めるものとし、次のことを確保するための全ての適当な措置をとる。

(a) 障害者が、利用しやすい様式を通じて、文化的な作品を享受する機会を有すること。

(b) 障害者が、利用しやすい様式を通じて、テレビジョン番組、映画、演劇その他の文化的な活動を享受する機会を有すること。

(c) 障害者が、文化的な公演又はサービスが行われる場所（例えば、劇場、博物館、映画館、図書館、観光サービス）を利用する機会を有し、並び

に自国の文化的に重要な記念物及び場所を享受する機会をできる限り有すること。

2　締約国は、障害者が、自己の利益のためのみでなく、社会を豊かにするためにも、自己の創造的、芸術的及び知的な潜在能力を開発し、及び活用する機会を有することを可能とするための適当な措置をとる。

3　締約国は、国際法に従い、知的財産権を保護する法律が、障害者が文化的な作品を享受する機会を妨げる不当な又は差別的な障壁とならないことを確保するための全ての適当な措置をとる。

4　障害者は、他の者との平等を基礎として、その独自の文化的及び言語的な同一性（手話及び聾文化を含む。）の承認及び支持を受ける権利を有する。

5　締約国は、障害者が他の者との平等を基礎としてレクリエーション、余暇及びスポーツの活動に参加することを可能とすることを目的として、次のことのための適当な措置をとる。

(a)　障害者があらゆる水準の一般のスポーツ活動に可能な限り参加することを奨励し、及び促進すること。

(b)　障害者が障害に応じたスポーツ及びレクリエーションの活動を組織し、及び発展させ、並びにこれらに参加する機会を有することを確保すること。このため、適当な指導、研修及び資源が他の者との平等を基礎として提供されるよう奨励すること。

(c)　障害者がスポーツ、レクリエーション及び観光の場所を利用する機会を有することを確保すること。

(d)　障害のある児童が遊び、レクリエーション、余暇及びスポーツの活動（学校制度におけるこれらの活動を含む。）への参加について他の児童と均等な機会を有することを確保すること。

(e)　障害者がレクリエーション、観光、余暇及びスポーツの活動の企画に関与する者によるサービスを利用する機会を有することを確保すること。

第三十一条―第五十条　〔略〕

以上の証拠として、下名の全権委員は、各自の政府から正当に委任を受けてこの条約に署名した。

Ⅱ

わが国における重要教育判例

教職員国旗国歌訴訟（懲戒処分取消等請求訴訟）最高裁判決

（最高裁平二四・一・一六判決（小一）平二三（行ツ）第二四二号／平二三（行ヒ）第二六五号　停職処分取消等請求事件）

〔主文〕

1(1) 原判決のうち上告人Xの停職処分の取消請求に係る部分を破棄し、同部分につき第一審判決を取り消す。

(2) 東京都教育委員会が平成一八年三月一三日付けで上告人Xに対してした停職処分を取り消す。

〔理由〕

第三

2(1)〔略〕

(2) …上告人Xについては、都教委において、過去の懲戒処分の対象とされた非違行為と同様の非違行為を再び行った場合には量定を加重するという処分量定の方針に従い、過去に同様の非違行為による懲戒処分を繰り返し受けているとして、量定を加重して一月の停職処分がされたものである。しかし、過去の懲戒処分の対象は、いずれも不起立行為であって積極的に式典の進行を妨害する内容の非違行為は含まれておらず、いまだ過去二年度の三回の卒業式等に係るものにとどまり、本件の不起立行為の前後における態度において特に処分の加重を根拠付けるべき事情もうかがわれないこと等に鑑みると、同上告人については、上記(1)において説示したところに照らし、学校の規律や秩序の保持等の必要性と処分による不利益の内容との権衡の観点から、なお停職処分を選択することの相当性を基礎付ける具体的な事情があったとは認め難いというべきである。そうすると、上記のように過去二年度の三回の卒業式等における不起立行為による懲戒処分を受けていることのみを理由に同上告人に対する懲戒処分として停職処分を選択した都教委の判断は、停職期間の長短にかかわらず、処分の選択が重きに失するものとして社会観念上著しく妥当を欠き、上記停職処分は懲戒権者としての裁量権の範囲を超えるものとして違法の評価を免れないと解するのが相当である。

（裁判長裁判官　宮川光治　裁判官　櫻井龍子　裁判官　金築誠志　裁判官　横田尤孝　裁判官　白木勇）

国旗掲揚・国歌斉唱職務命令拒否訴訟最高裁判決

（最高裁平二三・五・三〇判決（小二）平二二（行ツ）第五四号　再雇用拒否処分取消等請求事件）

〔上告人〕X

〔被上告人〕東京都

〔主文〕

本件上告を棄却する。

上告費用は上告人の負担とする。

〔理由〕

第一

1―3(2)〔略〕

(3) …本件職務命令は、公立高等学校の教諭である上告人に対して当該学校の卒業式という式典における慣例上の儀礼的な所作として国歌斉唱の際の起立斉唱行為を求めることを内容とするものであって、高等学校教育の目標や卒業式等の儀式的行事の意義、在り方等を定めた関係法令等の諸規定の趣旨に沿い、かつ、地方公務員の地位の性質及びその職務の公共性を踏まえた上で、生徒等への配慮を含め、教育上の行事にふさわしい秩序の確保とともに当該式典の円滑な進行を図るものであるということができる。

以上の諸事情を踏まえると、本件職務命令については、前記のように外部的行動の制限を介して上告人の思想及び良心の自由についての間接的な制約となる面はあるものの、職務命令の目的及び内容並びに上記の制限を介して生ずる制約の態様等を総合的に較量すれば、上記の制約を許容し得る程度の必要性及び合理性が認められるものというべきである。

(4) 以上の諸点に鑑みると、本件職務命令は、上告人の思想及び良心の自由を侵すものとして憲法一九条に違反するとはいえないと解するのが相当である。

（裁判長裁判官　須藤正彦　裁判官　古田佑紀　裁判官　竹内行夫　裁判官　千葉勝美）

東京都大田区指導要録非開示決定処分取消請求事件最高裁判決

（最高裁平一五・一一・一一判決（三小）平成一一年（行ヒ）第一二号 公文書非開示決定処分取消請求事件）

原審 東京高等裁判所（平成九年（行コ）第一〇号、一一号

【要旨】

東京都大田区公文書開示条例（昭和六十年東京都大田区条例第五一号。平成十年東京都大田区条例第六五号による改正前のもの）一〇条の個人情報開示請求規定に基づき開示請求された請求者本人に係る小学校児童指導要録の裏面に記録された情報の全部が自己情報に関する非開示事由を定めた同条二号に該当するとした原審の判断に違法があるとされた事例

【主文】

1 原判決中、主文第一、二項を破棄する。

2 被上告人の控訴を棄却する。

3 上告人のその余の上告を棄却する。

4 訴訟の総費用はこれを二分し、その一を上告人の負担とし、その余を被上告人の負担とする。

【理由】

上告代理人和久田修、同小畑明彦、同高木佐基子の上告受理申立て理由について

1 本件は、上告人が、中学二年在学中の平成六年三月十七日、被上告人に対し、東京都大田区公文書開示条例（昭和六十年東京都大田区条例第五一号。平成十年東京都大田区条例第六五号による改正前のもの。以下「本件条例」という。）に基づき、小学校在籍当時の上告人に係る小学校児童指導要録（以下、小学校児童指導要録を「指導要録」といい、上告人に係る指導要録を「本件指導要録」という。）の開示を請求したところ、被上告人が、平成六年四月一日、本件指導要録に記録された情報は本件条例一〇条二号に該当するとして、これを非開示とする旨の決定（以下「本件処分」という。）をしたため、上告人が、本件処分のうち本件指導要録の裏面を非開示とした部分の取消しを求めている事案である。

2 （略）

3 原審は、上記事実関係等（略）の下において、次のとおり判断し、本件処分のうち本件指導要録の裏面を非開示とした部分は適法であるとして、上告人の請求を全部棄却すべきものとした。

本件指導要録の裏面のうち「各教科の学習の記録」欄、「特別活動の記録」欄及び「行動及び性格の記録」欄には、児童等に開示することを予定せずにその評価等がありのまま記載されているから、これを開示すると、当該児童等の誤解や不信感、無用の反発等を招き、担任教師等においても、そのような事態が生ずることを懸念して、否定的な評価についてありのままに記載することを差し控えたり、画一的な記載に終始するなどし、その結果、指導要録の記載内容が形がい化、空洞化し、指導、教育のための基礎資料とならなくなり、継続的かつ適切な指導、教育を困難にするおそれがある。また、本件指導要録の裏面のうち「標準検査の記録」欄に記載された検査等も、児童等に内容を告知することが予定されていないものであり、これを開示すると、児童等が、検査結果を固定的、絶対的なものとして受け止め、とりわけ結果が良好でなかった場合には学習意欲や向上心を失ったり、無用な反発をし、その結果、児童等と担任教師等との間の信頼関係が損なわれ、その後の指導等に支障を来すおそれがあるし、担任教師等においても、そのような事態が生ずることを懸念して検査結果の記載を差し控えるなどし、その結果、継続的かつ適切な指導、教育を困難にするおそれがある。したがって、本件指導要録の裏面の各欄に記録された情報は、いずれも本件条例一〇条二号の非開示情報に該当する。

4 原審の上記判断中、本件指導要録の裏面のうち「各教科の学習の記録」欄中の「Ⅲ 所見」欄、「特別活動の記録」欄及び「行動及び性格の記録」欄の部分に記録されている情報（以下「本件情報1」という。）について、これが本件条例一〇条二号の非開示情報に該当するとした部分は、正当として是認することができるが、本件指導要録の裏面のうち「各教科の学習の記録」欄中の「Ⅰ 観点別学習状況」欄及び「Ⅱ 評定」欄の部分に記録されている情報並びに「標準検査の記録」欄の部分に記録されている情報（以下「本件情報2」という。）について、これが同号の非開示情報に該当するとした部分は、是認することができない。その理由は、次のとおりである。

前記事実関係等によれば、本件情報1は、児童の学習意欲、学習態度等に関する全体的評価あるいは人物評価ともいうべきものであって、評価者の観察力、洞察力、理解力等の主観的要素に左右され得るものであるところ、大田区においては、当該情報については、担任教師が、開示することを予定せずに、自らの言葉で、児童の良い面、悪い面を問わず、ありのままを記載していたというのである。このような情報を開示した場合、原審が指摘するような事態が生ずる可能性が相当程度考えられ、その結果、指導要録の記載内容が形がい化、空洞化し、適切な指導、教育を行うための基礎資料とならなくなり、継続的かつ適切な指導、教育を困難にするおそれを生ずることも否定することができない。そうすると、本件情報1が本件条例一〇条二号の非開示情報に該当するとした原審の判断は、正当として是認することができる。本件情報1に関する論旨は、採用することができない。

前記事実関係等によれば、本件情報2のうち「各教科の学習の記録」欄中の「Ⅰ 観点別学習状況」欄に記録されているものは、各教科の観点別に小学校学習指導要領に示された目標を基準としてその達成状況を三段階に分けて評価した結果であり、「各教科の学習の記録」欄中の「Ⅱ 評定」欄に記録されているものは、上記の評価を踏まえて各教科別に三段階又は五段階に分けて評価した結果であるというのである。そうすると、以上の各欄に記録された情報は、児童の日常的学習の結果に基づいて学習の到達段階を示したものであって、これには評価者の主観的要素が入る余地が比較的少ないものであり、三段階又は五段階という比較的大きな幅のある分類をして、記号ないし数字が記載されているにすぎず、それ以上に個別具体的な評価、判断内容が判明し得るものではない。そうすると、これを開示しても、原審がいうような事態やおそれを生ずるとはいい難い。したがって、上記各欄に記録された情報は、本件条例一〇条二号の非開示情報に該当しないというべきである。また、前記事実関係等によれば、本件情報2のうち「標準検査の記録」欄に記録されているものは、実施した検査の結果等客観的な事実のみが記載されているというのであるから、これを開示しても、原審がいうような事態やおそれを生ずることは考

え難い。したがって、同欄に記録された情報も、同号の非開示情報に該当しないというべきである。本件情報2に関する論旨は、理由がある。

5　以上によれば、原審の前記判断中、本件情報2が本件条例一〇条二号の非開示情報に該当するとした部分には、判決に影響を及ぼすことが明らかな法令の違反があり、原判決中本件情報2に係る部分は、破棄を免れない。そして、以上説示したところによれば、同部分につき上告人の請求を認容した第一審判決は正当であるから、被上告人の控訴を棄却し、上告人のその余の上告を棄却することとする。

よって、裁判官全員一致の意見で、主文のとおり判決する。

（裁判長裁判官　濱田邦夫　裁判官　金谷利廣　裁判官　上田豊三　裁判官　藤田宙靖）

教科書無償事件最高裁判決

（最高裁昭三九・二・二六判決（大）昭三八（オ）三六一号義務教育費国庫負担請求事件　最高民集一八巻二号三四三頁）

【上告人】X

【被上告人】国

【事実の概要】

上告人Xは、小学校一年生の親権者で、憲法二六条には国民は法律の定めるところによりその保護する子女に普通教育を受けさせる義務を負いまた義務教育は無償とあるから、国がXに対してなした義務教育図書代金五、八三六円の徴収行為は取消し、これを支払えと提訴した。一審において被告は、代金徴収処分をなした行政庁を相手方とすべきに拘らず、国を被告としたことは不適法な訴だと主張した。一審判決は憲法二六条は義務教育費を無償とする範囲を法律により明確にする趣旨のもので、義務教育経費を一切無償とし補償することまで義務づけたものではないから、同条に基づく訴は失当として棄却された。Xの控訴による二審判決でも一審と同旨で請求は失当だとして棄却された。

【判決主文要旨】

本件上告を棄却する。

上告費用は上告人の負担とする。

【判決理由要旨】

憲法二六条二項後段の「義務教育は、これを無償とする。」という意義は、国が義務教育を提供するにつき有償としないこと、換言すれば、子女の保護者に対しその子女に普通教育を受けさせるにつき、その対価を徴収しないことを定めたものであり、教育提供に対する対価とは授業料を意味するものと認められるから、同条項の無償とは授業料不徴収の意味と解するのが相当である。そして、かく解することは、従来一般に国または公共団体の設置にかかる学校における義務教育には月謝を無料として来た沿革にも合致するものである。また、教育基本法四条二項および学校教育法六条但書において、義務教育については授業料はこれを徴収しない旨規定している所以も、右の憲法の趣旨を確認したものであると解することができる。それ故、憲法の義務教育は無償とするとの規定は、授業料のほかに、教科書、学用品その他教育に必要な一切の費用まで無償としなければならないことを定めたものと解することはできない。

もとより、憲法はすべての国民に対しその保護する子女をして普通教育を受けさせることを義務として強制しているのであるから、国が保護者の教科書等の費用の負担についても、これをできるだけ軽減するよう配慮、努力することは望ましいところであるが、それは、国の財政等の事情を考慮して立法政策の問題として解決すべき事柄であって、憲法の前記法条の規定するところではないというべきである。

教科書検定第一次訴訟最高裁判決（可部判決）

（最高裁平五・三・一六判決　昭六一（オ）一四二八号　損害賠償請求事件　判例時報一四五六号六二頁）

【事実の概要】

第一次教科書検定訴訟に対する第二審判決（鈴木判決）を受けてX側が上告した。

【判決主文】

本件上告を棄却する。

上告費用は上告人の負担とする。

【判決理由要旨】

1　所論は、要するに、学校教育法二一条一項（昭和四五年法律第四八号による改正前のもの、以下同じ）、五一条（昭和四九年法律第七〇号による改正前のもの、以下同じ）、旧教科用図書検定規則（昭和二三年文部省令第四号、以下「旧検定規則」という）、旧教科用図書検定基準（昭和三三年文部省告示第八六号、以下「旧検定基準」という）に基づく高等学校用の教科用図書の検定（以下「本件検定」という）は、国が教育内容に介入するものであるから、憲法二六条、教育基本法一〇条に違反するというにある。

2　しかし、憲法二六条は、子女に対する教育内容を誰がどのように決定するかについて、直接規定していない。憲法上、親は家庭教育等において子女に対する教育の自由を有し、教師は、高等学校以下の普通教育の場においても、授業等の具体的内容及び方法においてある程度の裁量が認められるという意味において、一定の範囲における教育の自由が認められ、私学教育の自由も限られた範囲において認められるが、それ以外の領域においては、国は、子ども自身の利益の擁護のため、又は子どもの成長に対する社会公共の利益と関心にこたえるため、必要かつ相当と認められる範囲において、子どもに対する教育内容を決定する権能を有する。もっとも、教育内容への国家的介入はできるだけ抑制的であることが要請され、殊に、子どもが自由かつ独立の人格として成長することを妨げるような介入、例えば、誤った知識や一方的な観念を子どもに植え付けるような内容の教育を施すことを強制することは許されない。また、教育行政機関が法令に基づき教育の内容及び方法に関して許容される目的のために必要かつ合理的と認められる規制を施すことは、必ずしも教育基本法一〇条の禁止するところではない。以上は、当裁判所の判例（最高裁昭和四三年(あ)第一六一四号同五一年五月二一日大法廷判決・刑集三〇巻五号六一五頁）の示すところである。

七　同第五章（第一節第四及び平等原則違反、一貫性原則違反の点を除く）について

学力調査（学テ）事件
旭川事件最高裁判決

（最高裁昭五一・五・二一判決　昭四三(あ)一六一四号建造物侵入、暴力行為等処罰に関する法律違反被告事件　判例時報八一四号三三頁）

〔上告人〕　被告人　X_1（外三名）

〔事実の概要〕

昭和三六年一〇月二六日旭川市立永山中学校において実施の全国中学校一せい学力調査において、被告人X_1らは、同学力調査が違法であるとし、A校長の制止にもかかわらず同校に侵入し、同校長に暴行を加えたもので、建造物侵入罪、公務執行妨害、暴行罪に該当するとして起訴されたものである。第一審は建造物侵入罪と暴力行為等処罰に関する法律違反の罪との成立を認めたが、公務執行妨害罪については、学力調査自体が違法であるとしてこれを認めなかつた。第一審判決に対し、検察官、被告人らの双方から控訴があつたが、第二審でも、第一審の判断を是認して棄却した。

〔判決主文要旨〕

原判決及び第一審判決中被告人X_2、X_3及び同X_4に関する部分を破棄する。被告人X_2を懲役三月に、被告人X_3を懲役一月に、被告人X_4を懲役二月に、処する。被告人X_2、同X_3及び同X_4に対し、この裁判確定の日から一年間、その刑の執行を猶予する。

被告人X_1の本件上告を棄却する。

〔判決理由要旨〕

三　本件学力調査と地教行法五四条二項（手続上の適法性）

(一)　原判決は、本件学力調査は、教育的価値判断にかかわり、教育活動としての実質を有し、行政機関による調査（行政調査）のわくを超えるものであるから、地教行法五四条二項を根拠としてこれを実施することはできない、と判示している。

行政調査は、通常、行政機関がその権限を行使する前提として、必要な基礎資料ないしは情報を収集、獲得する作用であつて、文部省設置法五条一項一二号、一三号、二八号、二九号は、特定事項に関する調査を文部省の権限事項として掲げ、地教行法二三条一七号は、地方公共団体の教育にかかる調査を当該地方公共団体の教育委員会（以下「地教委」という。）の職務権限としているほか、同法五三条は、特に文部大臣による他の教育行政機関の所掌事項についての調査権限を規定し、同法五四条にも調査に関する規定がある。本件学力調査がこのような行政調査として行われたものであることは、前記実施要綱に徴して明らかであるところ、原判決は、右調査が試験問題によつて生徒を試験するという方法をとつている点をとらえて、それは調査活動のわくを超えた固有の教育活動であるとしている。しかしながら、本件学力調査においてとられた右の方法が、教師の行う教育活動の一部としての試験とその形態を同じくするものであることは確かであるとしても、学力調査としての試験は、あくまでも全国中学校の生徒の学力の程度が一般的にどのようなものであるかを調査するためにされるものであつて、教育活動としての試験の場合のように、個々の生徒に対する教育の一環として成績評価のためにされるものではなく、両者の間には、その趣旨と性格において明らかに区別があるのである。それ故、本件学力調査が生徒に対する試験という方法で行われたことの故をもつて、これを行政調査というよりはむしろ固有の教育活動として性格をもつものと解し、したがつて地教行法五四条二項にいう調査には含まれないとすることは、相当でない。もつとも、行政調査といえども、無制限に許されるものではなく、許された目的のために必要とされる範囲において、その方法につき法的な制約が存する場合にはその制約の下で、行われなければならず、これに違反するときは、違法となることを免れない。原判決の指摘する上記の点は、むしろ本件学力調査の右の意味における適法性の問題に帰し、このような問題として論ずれば足りるのであつて、これについては、後に四で詳論する。

(二)　次に、原判決は、地教行法五四条二項は、文部大臣において地教委が自主的に実施した調査につきその結果の提出を要求することができることを規定したにとどまり、その前提としての調査そのものの実施を要求する権限を認めたものではないから、文部省が同条項の規定を根拠として本件学力調査の実施を要求することはできず、この点においても右調査の実施は手続上違法である、と判示している。

地教行法五四条二項が、同法五三条との対比上、文部大臣において本件学力調査のような実施を要求する権限までをも認めたものと解し難いことは、原判決の説くとおりである。しかしながら、このことは、地教行法五四条二項によつて求めることができない文部大臣の調査要求に対しては、地教委においてこれに従う法的義務がないということを意味するだけであつて、右要求に応じて地教委が行つた調査行為がそのために当然に手続上違法となるわけのものではない。地教委は、前述のように、地教行法二三条一七号により当該地方公共団体の教育にかかる調査をする権限を有しており、各市町村教委による本件学力調査の実施も、当該市町村教委が文部大臣の要求に応じその所掌する中学校の教育にかかる調査として、右法条に基づいて行つたものであつて、文部大臣の要求によつてはじめて法律上根拠づけられる調査権限を行使したというのではないのである。その意味において、文部大臣の要求は、法手続上は、市町村教委による調査実施の動機をなすものであるにすぎず、その法的要件をなすものでない。それ故、本件において旭川市教委が旭川市立の各中学校につき実施した調査行為は、たとえそれが地教行法五四条二項の規定上文部大臣又は北海道教委の要求に従う義務がないにもかかわらずその義務があるものと信じてされたものであつても、少なくとも手続法上は権限なくしてされた行為として違法であるということはできない。そして、市町村教委は、市町村立の学校を所管する行政機関として、その管理権に基づき、学校の教育課程の編成について基準を設定し、一般的な指示を与え、指導、助言を行うとともに、特に必要な場合には具体的な命令を発することもできると解するのが相当であるから、旭川市教委が、各中学校長に対し、授業計画を変更し、学校長をテスト責任者としてテストの実施を命じたことも、手続的には適法な権限に基づくものというべく、要するに、本件学力調査の実施には手続上の違法性はないというべきである。

もつとも、右のように、旭川市教委による調査実施行為に手続上の違法性はないとしても、それが地教行法五四条二項による文部大臣の要求に応じてされたという事実がその実質上の適法性の問題との関連においてどのように評価、判断されるべきかは、おのずから別個の観点から論定されるべき問題であり、この点については、四で検討する。

四　本件学力調査と教育法制（実質上の適法性）

原判決は、本件学力調査は、その目的及び経緯に照らし、全体として文部大臣を実質上の主体とする調査であり、市町村教委の実施行為はその一環をなすものにすぎず、したがつてその実質上の適否は、右の全体としての調査との関係において判断されなければならないとし、文部大臣の右調査は、教基法一〇条を初めとする現行教育法秩序に違反する実質的違法性をもち、ひいては旭川市教委による調査実施行為も違法であることを免れない、と断じている。本件学力調査は文部大臣において企画、立案し、その要求に応じて実施されたものであり、したがつて、当裁判所も、右調査実施行為の実質上の適法性、特に教基法一〇条との関係におけるそれは、右の全体としての調査との関係において検討、判断されるべきものとする原判決の見解は、これを支持すべきものと考える。そこで、以下においては、このような立場から、本件学力調査が原判決のいうように教基法一〇条を含む現行の教育法制及びそれから導かれる法理に違反するかどうかを検討することとする。

1　子どもの教育と教育権能の帰属の問題

（一）　子どもの教育は、子どもが将来一人前の大人となり、共同社会の一員としてその中で生活し、自己の人格を完成、実現していく基礎となる能力を身につけるために必要不可欠な営みであり、それはまた、共同社会の存続と発展のためにも欠くことのできないものである。この子どもの教育は、その最も始源的かつ基本的な形態としては、親が子との自然的関係に基づいて子に対して行う養育、監護の作用の一環としてあらわれるのであるが、しかしこのような私事としての親の教育及びその延長としての私的施設による教育をもつてしては、近代社会における経済的、技術的、文化的発展と社会の複雑化に伴う教育要求の質的拡大及び量的増大に対応しきれなくなるに及んで、子どもの教育が社会における重要な共通の関心事となり、子どもの教育をいわば社会の公共的課題として公共の施設を通じて組織的かつ計画的に行ういわゆる公教育制度の発展をみるに至り、現代国家においては、子どもの教育は、主としてこのような公共施設としての国公立の学校を中心として営まれるという状態になつている。

ところで、右のような公教育制度の発展に伴つて、教育全般に対する国家の関心が高まり、教育に対する国家の支配ないし介入が増大するに至つた一方、教育の本質ないしそのあり方に対する反省も深化し、その結果、子どもの教育は誰が支配し、決定すべきかという問題との関連において、上記のような子どもの教育に対する国家の支配ないし介入の当否及びその限界が極めて重要な問題として浮かびあがるようになつた。このことは、世界的な現象であり、これに対する解決も、国によつてそれぞれ異なるが、わが国においても戦後の教育改革における基本的問題の一つとしてとりあげられたところである。本件における教基法一〇条の解釈に関する前記の問題の背景には右のような事情があり、したがつて、この問題を考察するにあたつては、広くわが国において憲法以下の教育関係法制が右の基本的問題に対していかなる態度をとつているかという全体的な観察の下で、これを行わなければならない。

（二）　ところで、わが国の法制上子どもの教育の内容を決定する権能が誰に帰属するとされているかについては、二つの極端に対立する見解があり、それぞれ検察官及び弁護人の主張の基底をなしているようにみうけられる。すなわち、一の見解は、子どもの教育は、親を含む国民全体の共通関心事であり、公教育制度は、このような国民の期待と要求に応じて形成、実施されるものであつて、そこにおいて支配し、実現されるべきものは国民全体の教育意思であるが、この国民全体の教育意思は、憲法の採用する議会制民主主義の下においては、国民全体の意思の決定の唯一のルートである国会の法律制定を通じて具体化されるべきものであるから、法律は、当然に、公教育の内容及び方法についても包括的にこれを定めることができ、また、教育行政機関も、法律の授権に基づく限り、広くこれらの事項について決定権限を有する、と主張する。これに対し、他の見解は、子どもの教育は、憲法二六条の保障する子どもの教育を受ける権利に対する責務として行われるべきもので、このような責務をになう者は、親を中心とする国民全体であり、公教育としての子どもの教育は、いわば親の教育義務の共同化ともいうべき性格をもつのであつて、それ故にまた、教基法一〇条一項も、教育は、国民全体の信託の下に、これに対して直接に責任を負うように行わなければならないとしている、したがつて、権力主体としての国の子どもの教育に対するかかわり合いは、右のような国民の教育義務の遂行を側面から助成するための諸条件の整備に限られ、子どもの教育の内容及び方法については、国は原則として介入権能をもたず、教育は、その実施にあたる教師が、その教育専門家としての立場から、国民全体に対して教育的、文化的責任を負うような形で、その内容及び方法を決定、遂行すべきものであり、このことはまた、憲法二三条における学問の自由の保障が、学問研究の自由ばかりでなく、教授の自由をも含み、教授の自由は、教育の本質上、高等教育のみならず、普通教育におけるそれにも及ぶと解すべきことによつても裏付けられる、と主張するのである。

当裁判所は、右の二つの見解はいずれも極端かつ一方的であり、そのいずれをも全面的に採用することはできないと考える。以下に、その理由と当裁判所の見解を述べる。

２　憲法と子どもに対する教育権能

㈠　憲法中教育そのものについて直接の定めをしている規定は憲法二六条であるが、同条は、一項において、「すべて国民は法律の定めるところにより、その能力に応じて、ひとしく教育を受ける権利を有する。」と定め、二項において、「すべて国民は、法律の定めるところにより、その保護する子女に普通教育を受けさせる義務を負ふ。義務教育は、これを無償とする。」と定めている。この規定は、福祉国家の理念に基づき、国が積極的に教育に関する諸施設を設けて国民の利用に供する責務を負うことを明らかにするとともに、子どもに対する基礎的教育である普通教育の絶対的必要性にかんがみ、親に対し、その子女に普通教育を受けさせる義務を課し、かつ、その費用を国において負担すべきことを宣言したものであるが、この規定の背後には、国民各自が、一個の人間として、また、一市民として、成長、発達し、自己の人格を完成、実現するために必要な学習をする固有の権利を有すること、特に、みずから学習することのできない子どもは、その学習要求を充足するための教育を自己に施すことを大人一般に対して要求する権利を有するとの観念が存在していると考えられる。換言すれば、子どもの教育は、教育を施す者の支配的権能ではなく、何よりもまず、子どもの学習をする権利に対応し、その充足をはかりうる立場にある者の責務に属するものとしてとらえられているのである。

しかしながら、このように、子どもの教育が、専ら子どもの利益のために、教育を与える者の責務として行われるべきものであるということからは、このような教育の内容及び方法を、誰がいかにして決定すべく、また、決定することができるかという問題に対する一定の結論は、当然には導き出されない。すなわち、同条が、子どもに与えるべき教育の内容は、国の一般的な政治的意思決定手続によつて決定されるべきか、それともこのような政治的意思の支配、介入から全く自由な社会的、文化的領域内の問題として決定、処理されるべきかを、直接一義的に決定していると解すべき根拠は、どこにもみあたらないのである。

㈡　次に、学問の自由を保障した憲法二三条により、学校において現実に子どもの教育の任にあたる教師は、教授の自由を有し、公権力による支配、介入を受けないで自由に子どもの教育内容を決定することができるとする見解も、採用することができない。確かに、憲法の保障する学問の自由は、単に学問研究の自由ばかりでなく、その結果を教授する自由をも含むと解されるし、更にまた、専ら自由な学問的探求と勉学を旨とする大学教育に比してむしろ知識の伝達と能力の開発を主とする普通教育の場においても、例えば教師が公権力によつて特定の意見のみを教授することを強制されないという意味において、また、子どもの教育が教師と子どもとの間の直接の人格的接触を通じ、その個性に応じて行われなければならないという本質的要請に照らし、教授の具体的内容及び方法につきある程度自由な裁量が認められなければならないという意味においては、一定の範囲における教授の自由が保障されるべきことを肯定できないではない。しかし、大学教育の場合には、学生が一応教授内容を批判する能力を備えていると考えられるのに対し、普通教育においては、児童生徒にこのような能力がなく、教師が児童生徒に対して強い影響力、支配力を有することを考え、また、普通教育においては、子どもの側に学校や教師を選択する余地が乏しく、教育の機会均等をはかる上からも全国的に一定の水準を確保すべき強い要請があること等に思いをいたすときは、普通教育における教師に完全な教授の自由を認めることは、とうてい許されないところといわなければならない。もとより、教師間における討議の自由にもおのずから抑制が加わることは確かであり、これに期待すべきところも少なくないけれども、それによつて右の自由の濫用等による弊害が効果的に防止されるという保障はなく、憲法が専ら右のような社会的自律作用による抑制のみに期待していると解すべき合理的根拠は、全く存しないのである。

㈢　思うに、子どもはその成長の過程において他からの影響によつて大きく左右されるいわば可塑性をもつ存在であるから、子どもにどのような教育を施すかは、その子どもが将来どのような大人に育つかに対して決定的な役割をはたすものである。それ故、子どもの教育の結果に利害と関心をもつ関係者が、それぞれの教育の内容及び方法につき深甚な関心を抱き、それぞれの立場からその決定、実施に対する支配権ないしは発言権を主張するのは、極めて自然な成行きということができる。子どもの教育は、前述のように、専ら子どもの利益のために行われるべきものであり、本来的には右の関係者らがその目的の下に一致協力して行うべきものであるけれども、何が子どもの利益であり、また、そのために何が必要であるかについては、意見の対立が当然に生じうるのであつて、そのために教育内容の決定につき矛盾、対立する主張の衝突が起こるのを免れることができない。憲法がこのような矛盾対立を一義的に解決すべき一定の基準を明示的に示していないことは、上に述べたとおりである。そうであるとすれば、憲法の次元におけるこの問題の解釈としては、右の関係者らのそれぞれの主張のよつて立つ憲法上の根拠に照らして各主張の妥当すべき範囲を画するのが、最も合理的な解釈態度というべきである。

そして、この観点に立つて考えるときは、まず親は、子どもに対する自然的関係により、子どもの将来に対して最も深い関心をもち、かつ、配慮をすべき立場にある者として、子どもの教育に対する一定の支配権、すなわち子女の教育の自由を有すると認められるが、このような親の教育の自由は、主として家庭教育等学校外における教育や学校選択の自由にあらわれるものと考えられるし、また、私学教育における自由や前述した教師の教授の自由も、それぞれ限られた一定の範囲においてこれを肯定するのが相当であるけれども、それ以外の領域においては、一般に社会公共的な問題について国民全体の意思を組織的に決定、実現すべき立場にある国は、国政の一部として広く適切な教育政策を樹立、実施すべく、また、しうる者として、憲法上は、あるいは子ども自身の利益の擁護のため、あるいは子どもの成長に対する社会公共の利益と関心にこたえるため、必要かつ相当と認められる範囲において、教育内容についてもこれを決定する権能を有するものと解さざるをえず、これを否定すべき理由ないし根拠は、どこにもみいだせないのである。もとより、政党政治の下で多数決原理によつてされる国政上の意思決定は、さまざまな政治的要因によつて左右されるものであるから、本来人間の内面的価値に関する文化的な営みとして、党派的な政治的観念や利害によつて支配されるべきでない教育にそのような政治的影響が深く入り込む危険があることを考えるときは、教育内容に対する右のごとき国家的介入についてはできるだけ抑制的であることが要請されるし、殊に個人の基本的自由を認め、その人格の独立を国政上尊重すべきものとしている憲法の下においては、子どもが自由かつ独立の人格として成長することを妨げるような国家的介入、例えば、誤つた知識と一方的な観念を子どもに植えつけるような内容の教育を施すことを強制するようなことは、憲法二六条、一三条の規定上からも許されないと解することができるけれども、これらのことは、前述のような子どもの教育内容に対する国の正当な理由に基づく合理的な決定権能を否定する理由となるものではないといわなければならない。

3 教基法一〇条の解釈

次に、憲法における教育に対する国の権能及び親、教師等の教育の自由について上記のような理解を背景として、教基法一〇条の規定をいかに解釈すべきかを検討する。

㈠ 教基法は、憲法において教育のあり方の基本を定めることに代えて、わが国の教育及び教育制度全体を通じる基本理念と基本原理を宣明することを目的として制定されたものであつて、戦後のわが国の政治、社会、文化の各方面における諸改革中最も重要な問題の一つとされていた教育の根本的改革を目途として制定された諸立法の中で中心的地位を占める法律であり、このことは、同法の前文の文言及び各規定の内容に徴しても、明らかである。それ故、同法における定めは、形式的には通常の法律規定として、これと矛盾する他の法律規定を無効にする効力をもつものではないけれども、一般に教育関係法令の解釈及び運用については、法律自体に別段の規定がない限り、できるだけ教基法の規定及び同法の趣旨、目的に沿うように考慮が払われなければならないというべきである。

ところで、教基法は、その前文の示すように、憲法の精神にのつとり、民主的で文化的な国家を建設して世界の平和と人類の福祉に貢献するためには、教育が根本的重要性を有するとの認識の下に、個人の尊厳を重んじ、真理と平和を希求する人間の育成を期するとともに、普遍的で、しかも個性豊かな文化の創造をめざす教育が今後におけるわが国の教育の基本理念であるとしている。これは、戦前のわが国の教育が、国家による強い支配の下で形式的、画一的に流れ、時に軍国主義的又は極端な国家主義的傾向を帯びる面があつたことに対する反省によるものであり、右の理念は、これを更に具体化した同法の各規定を解釈するにあたつても、強く念頭に置かれるべきであることは、いうまでもない。

㈡ 本件で問題とされている教基法一〇条は、教育と教育行政との関係についての基本原理を明らかにした極めて重要な規定であり、一項において、「教育は、不当な支配に服することなく、国民全体に対し直接に責任を負つて行なわれるべきものである。」と定め、二項において、「教育行政は、この自覚のもとに、教育の目的を遂行するのに必要な諸条件の整備確立を目標として行われなければならない。」と定めている。この規定の解釈については、検察官の主張と原判決が大筋において採用したと考えられる弁護人の主張との間に顕著な対立があるが、その要点は、⑴第一に、教育行政機関が法令に基づいて行政を行う場合は右教基法一〇条一項にいう「不当な支配」に含まれないと解すべきかどうかであり、⑵第二に、同条二項にいう教育の目的を遂行するに必要な諸条件の整備確立とは、主として教育施設の設置管理、教員配置等のいわゆる教育の外的事項に関するものを指し、教育課程、教育方法等のいわゆる内的事項については、教育行政機関の権限は原則としてごく大綱的な基準の設定に限られ、その余は指導、助言的作用にとどめられるべきものであるかどうかである、と考えられる。

㈢ まず、⑴の問題について考えるのに、前記教基法一〇条一項は、その文言からも明らかなように、教育が国民から信託されたものであり、したがつて教育は、右の信託にこたえて国民全体に対して直接責任を負うように行われるべく、その間において不当な支配によつてゆがめられることがあつてはならないとして、教育が専ら教育本来の目的に従つて行われるべきことを示したものと考えられる。これによつてみれば、同条項が排斥しているのは、教育が国民の信託にこたえて右の意味において自主的に行われることをゆがめるような「不当な支配」であつて、そのような支配と認められる限り、その主体のいかんは問うところでないと解しなければならない。それ故、論理的には、教育行政機関が行う行政でも、右にいう「不当な支配」にあたる場合がありうることを否定できず、問題は、教育行政機関が法令に基づいてする行為が「不当な支配」にあたる場合がありうるかということに帰着する。思うに、憲法に適合する有効な他の法律の命ずるところをそのまま執行する教育行政機関の行為がここにいう「不当な支配」となりえないことは明らかであるが、上に述べたように、他の教育関係法律は教基法の規定及び同法の趣旨、目的に反しないように解釈されなければならないのであるから、教育行政機関がこれらの法律を運用する場合においても、当該法律規定が特定的に命じていることを執行する場合を除き、教基法一〇条一項にいう「不当な支配」とならないように配慮しなければならない拘束を受けているものと解されるのであり、その意味において、教基法一〇条一項は、いわゆる法令に基づく教育行政機関の行為にも適用があるものといわなければならない。

㈣ そこで、次に、上記⑵の問題について考えるのに、原判決は、教基法一〇条の趣旨は、教育が「国民全体のものとして自主的に行われるべきものとするとともに」、「教育そのものは人間的な信頼関係の上に立つてはじめてその成果をあげうることにかんがみ、教育の場にあつて被教育者に接する教員の自由な創意と工夫とに委ねて教育行政機関の支配介入を排し、教育行政機関としては、右の教育の目的達成に必要な教育条件の整備確立を目標とするところにその任務の限界があることを宣明」したところにあるとし、このことから、「教育内容及び教育方法等への（教育行政機関の）関与の程度は、教育機関の種類等に応じた大綱的基準の定立のほかは、法的拘束力を伴わない指導、助言、援助を与えることにとどまると解すべきである。」と判示している。

思うに、子どもの教育が、教師と子どもとの間の直接の人格的接触を通じ、子どもの個性に応じて弾力的に行われなければならず、そこに教師の自由な創意と工夫の余地が要請されることは原判決の説くとおりであるし、また、教基法が前述のように戦前における教育に対する過度の国家的介入、統制に対する反省から生まれたものであることに照らせば、同法一〇条が教育に対する権力的介入、特に行政権力によるそれを警戒し、これに対して抑制的態度を表明したものと解することは、それなりの合理性を有するけれども、このことから、教育内容に対する行政の権力的介入が一切排除されているものであるとの結論を導き出すことは、早計である。さきにも述べたように、憲法上、国は、適切な教育政策を樹立、実施する権能を有し、国会は、国の立法機関として、教育の内容及び方法についても、法律により、直接に又は行政機関に授権して必要かつ合理的な規制を施す権限を有するのみならず、子どもの利益のため又は子どもの成長に対する社会公共の利益のためにそのような規制を施すことが要請される場合もありうるのであり、国会が教基法においてこのような権限の行使を自己限定したものと解すべき根拠はない。むしろ教基法一〇条は、国の教育統制権能を前提としつつ、教育行政の目標を教育の目的の遂行に必要な諸条件の整備確立に置き、その整備確立のための措置を講ずるにあたつては、教育の自主性尊重の見地から、これに対する「不当な支配」となることのないようにすべき旨の限定をしたところにその意味があり、したがつて、教育に対する行政権力の不当、不要の介入は排除されるべきであるとしても、許容される目的のために必要かつ合理的と認められるそれは、たとえ教育の内容及び方法に関するものであつても、必ずしも同条の禁止するところではないと解するのが、相当である。

もつとも、原判決も、教育の内容及び方法に対する教育行政機関の介入が一切排除されていると解しているわけではなく、前述のように、権力的介入としては教育機関の種類等に応じた大綱的基準を超えることができないとするにとどまつている。原判決が右にいう大綱的基準としてどのようなものを考えているかは必ずしも明らかではないが、これを国の教育行政機関についていえば、原判決において、前述のような教師の自由な教育活動の要請と現行教育法体制における教育の地方自治の原則に照らして設定されるべき基準は全国的観点からする大綱的なものに限定されるべきことを指摘し、かつ、後述する文部大臣の定めた中学校学習指導要領を右の大綱的基準の限度を超えたものと断じているところからみれば、原判決のいう大綱的基準とは、弁護人の主張するように、教育課程の構成要素、教科名、授業時数等のほか、教科内容、教育方法については、性質上全国的画一性を要する度合が強く、指導助言行政その他国家立法以外の手段ではまかないきれない、ごく大綱的な事項を指しているもののように考えられる。

思うに、国の教育行政機関が法律の授権に基づいて義務教育に属する普通教育の内容及び方法について遵守すべき基準を設定する場合には、教師の創意工夫の尊重等教基法一〇条に関してさきに述べたところのほか、後述する教育に関する地方自治の原則をも考慮し、右教育における機会均等の確保と全国的な一定の水準の維持という目的のために必要かつ合理的と認められる大綱的なそれにとどめられるべきものと解しなければならないけれども、右の大綱的基準の範囲に関する原判決の見解は、狭きに失し、これを採用することはできないと考える。これを前記学習指導要領についていえば、文部大臣は、学校教育法三八条、一〇六条による中学校の教科に関する事項を定める権限に基づき、普通教育に属する中学校における教育の内容及び方法につき、上述のような教育の機会均等の確保等の目的のために必要かつ合理的な基準を設定することができるものと解すべきところ、本件当時の中学校学習指導要領の内容を通覧するのに、おおむね、中学校において地域差、学校差を超えて全国的に共通なものとして教授されることが必要な最小限度の基準と考えても必ずしも不合理とはいえない事項が、その根幹をなしていると認められるのであり、その中には、ある程度細目にわたり、かつ、詳細に過ぎ、また、必ずしも法的拘束力をもつて地方公共団体を制約し、又は教師を強制するのに適切でなく、また、はたしてそのように制約し、ないしは強制する趣旨であるかどうか疑わしいものが幾分含まれているとしても、右指導要領の下における教師による創造的かつ弾力的な教育の余地や、地方ごとの特殊性を反映した個別化の余地が十分に残されており、全体としてはなお全国的な大綱的基準としての性格をもつものと認められるし、また、その内容においても、教師に対し一方的な一定の理論ないしは観念を生徒に教え込むことを強制するような点は全く含まれていないのである。それ故、上記指導要領は、全体としてみた場合、教育政策上の当否はともかくとして、少なくとも法的見地からは、上記目的のために必要かつ合理的な基準の設定として是認することができるものと解するのが、相当である。

4　本件学力調査と教基法一〇条

そこで、以上の解釈に基づき、本件学力調査が教基法一〇条一項にいう教育に対する「不当な支配」として右規定に違反するかどうかを検討する。

本件学力調査が教育行政機関である文部大臣において企画、立案し、その要求に応じて実施される行政調査たる性格をもつものであることはさきに述べたとおりであるところ、それが行政調査として教基法一〇条との関係において適法とされうるかどうかを判断するについてはさきに述べたとおり、その調査目的において文部大臣の所掌とされている事項と合理的関連性を有するか、右の目的のために本件のような調査を行う必要性を肯定することができるか、本件の調査方法に教育に対する不当な支配とみられる要素はないか等の問題を検討しなければならない。

(一)　まず、本件学力調査の目的についてみるのに、右調査要綱には、前記**二**の1の(1)で述べたように、調査目的として四つの項目が挙げられている。このうち、文部大臣及び教育委員会において、調査の結果を、(イ)の教育課程に関する諸施策の樹立及び学習指導の改善に役立たせる資料とすること、(ハ)の学習の改善に役立つ教育条件を整備する資料とすること、(ニ)の育英、特殊教育施設などの拡充強化に役立てる等今後の教育施策を行うための資料とすること等は、文部大臣についていえば、文部大臣が学校教育等の振興及び普及を図ることを任務とし、これらの事項に関する国の行政事務を一体的に遂行する責任を負う行政機関（文部省設置法四条）として、全国中学校における教育の機会均等の確保、教育水準の維持、向上に努め、教育施設の整備、充実をはかる責務と権限を有することに照らし、これらの権限と合理的関連性を有するものと認めることができるし、右目的に附随して、地教委をしてそれぞれの所掌する事項に調査結果を利用させようとすることも、文部大臣の地教委に対する指導、助言的性格のものとして不当ということはできない。また、右四項目中(ロ)の、中学校において、本件学力調査の結果により、自校の学習の到達度を全国的な水準との比較においてみることにより、その長所を知り、生徒の学習の指導とその向上に役立たせる資料とするという項目は、それが文部大臣固有の行政権限に直接関係せず、中学校における教育実施上の目的に資するためのものである点において、調査目的として正当性を有するかどうか問題であるけれども、右は、本件学力調査全体の趣旨、目的からいえば、単に副次的な意義をもつものでしかないと認めるのが相当であるのみならず、調査結果を教育活動上利用すべきことを強制するものではなく、指導、助言的性格のものにすぎず、これをいかに利用するかは教師の良識ある判断にまかされるべきものと考えられるから、右の(ロ)が調査目的の一つに掲げられているからといつて、調査全体の目的を違法不当のものとすることはできないというべきである。

(二) 次に、本件学力調査は、原判決の認定するところによれば、文部省が当時の中学校学習指導要領によつて試験問題を作成し、二の1で述べたように、全国の中学校の全部において一せいに右問題による試験を行い、各地教委にその結果を集計、報告させる等の方法によつて行われたものであつて、このような方法による調査が前記の調査目的のために必要と認めることができるかどうか、及び教育に対する不当な支配の要素をもつものでないかどうかは、慎重な検討を要する問題である。

まず、必要性の有無について考えるのに、全国の中学校における生徒の学力の程度がどの程度のものであり、そこにどのような不足ないし欠陥があるかを知ることは、上記の(イ)、(ハ)、(ニ)に掲げる諸施策のための資料として必要かつ有用であることは明らかであり、また、このような学力調査の方法としては、結局試験によつてその結果をみるよりほかにないのであるから、文部大臣が全国の中学校の生徒の学力をできるだけ正確にかつ客観的に把握するためには、全国の中学校の生徒に対し同一試験問題によつて同一調査日に同一時間で一せいに試験を行うことが必要であると考えたとしても、決して不合理とはいえない。それ故、本件学力調査は、その必要性の点において欠けるところはないというべきである。

(三) 問題となるのは、上記のような方法による調査が、その一面において文部大臣が直接教育そのものに介入するという要素を含み、また、右に述べたような調査の必要性によつては正当化することができないほどに教育に対して大きな影響力を及ぼし、これらの点において、文部大臣の教育に対する「不当な支配」となるものではないか、ということである。

これにつき原判決は、右のような方法による本件学力調査は教基法一〇条にいう教育に対する「不当な支配」にあたるとし、その理由として、(1)右調査の実施のためには、各中学校において授業計画の変更を必要とするが、これは実質上各学校内容の教育内容の一部を強制的に変更させる意味をもつものであること、また、(2)右調査は、生徒を対象としてその学習の到達度と学校の教育効果を知るという性質のものである点において、教師が生徒に対する学習指導の結果を試験によつて把握するのと異なるところがなく、教育的価値判断にかかわる教育活動としての実質をもつていること、更に、(3)前記の方法による調査を全国の中学校のすべての生徒を対象として実施することは、これらの学校における日常の教育活動を試験問題作成者である文部省の定めた学習指導要領に盛られている方針ないしは意向に沿つて行わせる傾向をもたらし、教師の自由な創意と工夫による教育活動を妨げる一般的危険性をもつものであり、現に一部においてそれが実現化しているという現象がみられること、を挙げている。

そこでまず、右(1)及び(2)の点について考えるのに、本件学力調査における生徒に対する試験という方法が、あくまでも生徒の一般的な学力の程度を把握するためのものであつて、個々の生徒の成績評価を目的とするものではなく、教育活動そのものとは性格を異にするものであることは、さきに述べたとおりである。もつとも、試験という形態をとる以上、前者の目的でされたものが後者の目的に利用される可能性はあり、現に本件学力調査においても、試験の結果を生徒指導要録に記録させることとしている点からみれば、両者の間における一定の結びつきの存在を否定することはできないけれども、この点は、せつかく実施した試験の結果を生徒に対する学習指導にも利用させようとする指導、助言的性格のものにすぎないとみるべきであるから、以上の点をもつて、文部省自身が教育活動を行つたものであるとすることができないのはもちろん、教師に対して一定の成績評価を強制し、教育に対する実質的な介入をしたものとすることも、相当ではない。また、試験実施のために試験当日限り各中学校における授業計画の変更を余儀なくされることになるとしても、右変更が年間の授業計画に与える影響についてみるとき、それは、実質上各学校の教育内容の一部を強制的に変更させる意味をもつほどのものではなく、前記のような本件学力調査の必要性によつて正当化することができないものではないのである。

次に、(3)の点について考えるのに、原判決は、本件学力調査の結果として、全国の中学校及びその教師の間に、学習指導要領の指示するところに従つた教育を行う風潮を生じさせ、教師の教育の自由が阻害される危険性があるというが、もともと右学習指導要領自体が全体としてみて中学校の教育課程に関する基準の設定として適法なものであり、これによつて必ずしも教師の教育の自由を不当に拘束するものとは認められないことはさきに述べたとおりであるのみならず、本件学力調査は、生徒の一般的な学力の実態調査のために行われたもので、学校及び教師による右指導要領の遵守状況を調査し、その結果を教師の勤務評定にも反映させる等して、間接にその遵守を強制ないしは促進するために行われたものではなく、右指導要領は、単に調査のための試験問題作成上の基準として用いられたにとどまつているのである。もつとも、右調査の実施によつて、原判決の指摘するように、中学校内の各クラス間、各中学校間、更には市町村又は都道府県間における試験成績の比較が行われ、それがはねかえつてこれらのものの間の成績競争の風潮を生み、教育上必ずしも好ましくない状況をもたらし、また、教師の真に自由で創造的な教育活動を畏縮させるおそれが絶無であるとはいえず、教育政策上はたして適当な措置であるかどうかについては問題がありうべく、更に、前記のように、試験の結果を生徒指導要録の標準検査の欄に記録させることにしている点については、特にその妥当性に批判の余地があるとしても、本件学力調査実施要綱によれば、同調査においては、試験問題の程度は全体として平易なものとし、特別の準備を要しないものとすることとされ、また、個々の学校、生徒、市町村、都道府県についての調査結果は公表しないこととされる等一応の配慮が加えられていたことや、原判決の指摘する危険性も、教師自身を含めた教育関係者、父母、その他社会一般の良識を前提とする限り、それが全国に現実化し、教育の自由が阻害されることとなる可能性がそれほど強いとは考えられないこと（原判決の挙げている一部の県における事例は、むしろ例外的現象とみるべきである。）等を考慮するときは、法的見地からは、本件学力調査を目して、前記目的のための必要性をもつてしては正当化することができないほどの教育に対する強い影響力、支配力をもち、教基法一〇条にいう教育に対する「不当な支配」にあたるものとすることは、相当ではなく、結局、本件学力調査は、その調査の方法において違法であるということはできない。

(四) 以上説示のとおりであつて、本件学力調査には、教育そのものに対する「不当な支配」として教基法一〇条に違反する違法があるとすることはできない。

5 本件学力調査と教育の地方自治

なお、原判決は、文部大臣が地教委をして本件のような調査を実施させたことは、現行教育法制における教育の地方自治の原則に反するものを含むとして、この点からも本件学力調査の適法性を問題としているので、最後にこの点について判断を加える。

(一) 思うに、現行法制上、学校等の教育に関する施設の設置、管理及びその他教育に関する事務は、普通地方公共団体の事務とされ（地方自治法二条三項五号）、公立学校における教育に関する権限は、当該地方公共団体の教育委員会に属するとされる（地教行法二三条、三二条、四三条等）等、教育に関する地方自治の原則が採用されているが、これは、戦前における全国的な画一的教育を排して、それぞれの地方の住民に直結した形で、各地方の実情に適応した教育を行わせるのが教育の目的及び本質に適合するとの観念に基づくものであつて、このような地方自治の原則が現行教育法制における重要な基本原理の一つをなすものであることは、疑いをいれない。そして、右の教育に関する地方自治の原則からすれば、地教委の有する教育に関する固有の権限に対する国の行政機関である文部大臣の介入、監督の権限に一定の制約が存することも、原判決の説くとおりである。このような制限は、さまざまの関係において問題となりうべく、前記中学校学習指導要領の法的効力に関する問題もその一つであるが、この点についてはすでに触れたので、以下においては、本件学力調査において、文部大臣が地教行法五四条二項によつては地教委にその調査の実施を要求することができないにもかかわらずこれを要求し、地教委をしてその実施に至らせたことが、教育に関する地方自治の原則に反するものとして実質的違法性を生じさせるものであるかどうかを、検討する。

(二) 文部大臣は、地教行法五四条二項によつては地教委に対し本件学力調査の実施をその義務として要求することができないことは、さきに三において述べたとおりであり、このような要求をすることが教育に関する地方自治の原則に反することは、これを否定することができない。しかしながら、文部大臣の右要求行為が法律の根拠に基づかないものであるとしても、そのために右要求に応じて地教委がした実施行為が地方自治の原則に違反する行為として違法となるかどうかは、おのずから別個の問題である。思うに、文部大臣が地教行法五四条二項によつて地教委に対して本件学力調査の実施を要求することができるとの見解を示して、地教委にその義務の履行を求めたとしても、地教委は必ずしも文部大臣の右見解に拘束されるものではなく、文部大臣の右要求に対し、これに従うべき法律上の義務があるかどうか、また、法律上の義務はないとしても、右要求を一種の協力要請と解し、これに応ずるのを妥当とするかどうかを、独自の立場で判断し、決定する自由を有するのである。それ故、地教委が文部大臣の要求に応じてその要求にかかる事項を実施した場合には、それは、地教委がその独自の判断に基づきこれに応ずべきものと決定して実行に踏み切つたことに帰着し、したがつて、たとえ右要求が法律上の根拠をもたず、当該地教委においてこれに従う義務がない場合であつたとしても、地教委が当該地方公共団体の内部において批判を受けることは格別、窮極的にはみずからの判断と意見に基づき、その有する権限の行使としてした実施行為がそのために実質上違法となるべき理はないというべきである。それ故、本件学力調査における調査の実施には、教育における地方自治の原則に反する違法があるとすることはできない。

五 結び

以上の次第であつて、本件学力調査には、手続上も実質上も違法はない。

そうすると、A校長の本件学力調査の実施は適法な公務の執行であつて、同校長がこのような職務を執行するにあたりこれに対して暴行を加えた本件行為は公務執行妨害罪を構成すると解するのが、相当である。これと異なる見地に立ち、被告人X_2、同X_3、同X_4のA校長に対する暴行につき公務執行妨害罪の成立を認めず、共同暴行罪の成立のみを認めた第一審判決及びこれを維持した原判決は、地教行法五四条二項、二三条一七号、教基法一〇条の解釈を誤り、ひいては刑法九五条一項の適用を誤つたものであつて、その誤りは判決に影響を及ぼし、かつ、原判決及び第一審判決を破棄しなければ著しく正義に反するものと認める。

内申抜き懲戒処分事件最高裁判決

（最高裁一小昭六一・三・一三判決 昭和五七（行ツ）七八号 懲戒処分取消事件）

【当事者】

上告人 X

被上告人 福岡県教育委員会

【主文】

本件上告を棄却する。

上告費用は上告人らの負担とする。

【理由】

一 地方教育行政の組織及び運営に関する法律（以下「地教行法」という。）によると、市町村立学校職員給与負担法一条及び二条に規定する職員（以下「県費負担教職員」という。）の任命権は都道府県教育委員会（以下「都道府県教委」という。）に属するものとされ（三七条一項）、同委員会は、市町村教育委員会（以下「市町村教委」という。）の内申をまつて、その任免その他の進退を行うものとされている（三八条一項）。これは、県費負担教職員について、都道府県教委にその任命権を行使させることにより都道府県単位における人事の適正配置と人事交流の円滑化等を図る一方、これらの教職員は、市町村が設置する学校に勤務し市町村教委の監督の下にその勤務に服する（四三条一項）者であることから、都道府県教委がその任命権を行使するにあたつては、服務監督者である市町村教委の意見をこれに反映させることとして、両者の協働関係により県費負担教職員に関する人事の適正、円滑を期する趣旨に出たものと解される。かかる趣旨からすれば、地教行法三八条一項所定の市町村教委の内申は、県費負担教職員について任命権を行使するための手続要件をなすものというべきであり、したがつて、都道府県教委が県費負担教職員に対し、その非違行為を理由に懲戒処分をするためには、当該教職員に関する市町村教委の処分内申が必要であり、その内申なしに処分を行うことは許されないのが原則であるといわなければならない。しかし、この内申制度は、県費負担教職員の服務を監督する権限を有する者が市町村教委であることから、教職員の身近にいてその服務状態を熟知している市町村教委の意見を都道府県教委の任命権の行使に反映させることにより、市町村教委にその服務監督の実質を保持させることとした趣旨であるから、市町村教委が、教職員の非違などに関し右内申をしないことが、服務監督者としてとるべき措置を怠るものであり、人事管理上著しく適正を欠くと認められる場合にまで、右原則どおり市町村教委の内申がない限り任命権を行使しえないとすることには合理性があるとはいえない。けだし、地教行法上、市町村教委は、県費負担教職員の服務上の監督者として、その人事行政につき責任の一部を分担するものであり、服務監督権の行使の一環として法律上認められた内申の権限を適正に行使すべき責務を負うものというべきであつて、右の場合のように、市町村教委がその責務に反して内申をしないために、都道府県教委による適正な任命権の行使が不可能となることを、地教行法が容認していると解することはできないからである。したがつて、かかる場合には、都道府県教委としては、県費負担教職員に関する人事行政上の目的を達成するためのやむをえない措置として、例外的に、市町村教委の内申がなくてもその任命権を行使することができると解するのが相当である。

二 〔略〕

三 以上のとおりであり、被上告人が本件三市教育委員会の内申をまたずにした本件懲戒処分は適法であるとした原審の判断は、結局において正当として是認することができる。原判決に所論の違法はなく、論旨は採用することができない。

よつて、行政事件訴訟法七条、民訴法四〇一条、九五条、八九条、九三条に従い、裁判官全員一致の意見で、主文のとおり判決する。

（裁判長裁判官 谷口正孝 裁判官 高島益郎 裁判官 大内恒夫）

教組教研学校施設使用拒否訴訟最高裁判決

（最高裁平一八・二・七判決
平一五（受）第二〇〇一号
損害賠償請求事件）

〔当事者〕

上告人 呉市

被上告人 広島県教職員組合

〔主文〕

本件上告を棄却する。上告費用は上告人の負担とする。

〔理由〕

1―2 〔略〕

3(1)―(3) 〔略〕

(4) …。

ア 教育研究集会は、被上告人の労働運動としての側面も強く有するものの、その教育研究活動の一環として、教育現場において日々生起する教育実践上の問題点について、各教師ないし学校単位の研究や取組みの成果が発表、討議の上、集約される一方で、その結果が、教育現場に還元される場ともなっているというのであって、教員らによる自主的研修としての側面をも有しているところ、その側面に関する限りは、自主的で自律的な研修を奨励する教育公務員特例法一九条、二〇条の趣旨にかなうものというべきである。被上告人が本件集会前の第四八次教育研究集会まで一回を除いてすべて学校施設を会場として使用してきており、広島県においては本件集会を除いて学校施設の使用が許可されなかったことがなかったのも、教育研究集会の上記のような側面に着目した結果とみることができる。このことを理由として、本件集会を使用目的とする申請を拒否するには正当な理由の存在を上告人において立証しなければならないとする原審の説示部分は法令の解釈を誤ったものであり是認することができないものの、使用目的が相当なものであることが認められるなど、被上告人の教育研究集会のための学校施設使用許可に関する上記経緯が前記(3)で述べたような趣旨で大きな考慮要素となることは否定できない。

イ 過去、教育研究集会の会場とされた学校に右翼団体の街宣車が来て街宣活動を行ったことがあったというのであるから、抽象的には街宣活動のおそれはあったといわざるを得ず、学校施設の使用を許可した場合、その学校施設周辺で騒じょう状態が生じたり、学校教育施設としてふさわしくない混乱が生じたりする具体的なおそれが認められるときには、それを考慮して不許可とすることも学校施設管理者の裁量判断としてあり得るところである。しかしながら、本件不許可処分の時点で、本件集会について具体的な妨害の動きがあったことは認められず（なお、記録によれば、本件集会については、実際には右翼団体等による妨害行動は行われなかったことがうかがわれる。）、本件集会の予定された日は、休校日である土曜日と日曜日であり、生徒の登校は予定されていなかったことからすると、仮に妨害行動がされても、生徒に対する影響は間接的なものにとどまる可能性が高かったということができる。

ウ　被上告人の教育研究集会の要綱などの刊行物に学習指導要領や文部省の是正指導に対して批判的な内容の記載が存在することは認められるが、いずれも抽象的な表現にとどまり、本件集会において具体的にどのような討議がされるかは不明であるし、また、それらが本件集会において自主的研修の側面を排除し、又はこれを大きくしのぐほどに中心的な討議対象となるものとまでは認められないのであって、本件集会をもって人事院規則一四—七所定の政治的行為に当たるものということはできず、また、これまでの教育研究集会の経緯からしても、上記の点から、本件集会を学校施設で開催することにより教育上の悪影響が生ずるとする評価を合理的なものということはできない。

エ　教育研究集会の中でも学校教科項目の研究討議を行う分科会の場として、実験台、作業台等の教育設備や実験器具、体育用具等、多くの教科に関する教育用具及び備品が備わっている学校施設を利用することの必要性が高いことは明らかであり、学校施設を利用する場合と他の公共施設を利用する場合とで、本件集会の分科会活動にとっての利便性に大きな差違があることは否定できない。

オ　本件不許可処分は、校長が、職員会議を開いた上、支障がないとして、いったんは口頭で使用を許可する意思を表示した後に、上記のとおり、右翼団体による妨害行動のおそれが具体的なものではなかったにもかかわらず、市教委が、過去の右翼団体の妨害行動を例に挙げて使用させない方向に指導し、自らも不許可処分をするに至ったというものであり、しかも、その処分は、県教委等の教育委員会と被上告人との緊張関係と対立の激化を背景として行われたものであった。

(5)　上記の諸点その他の前記事実関係等を考慮すると、本件中学校及びその周辺の学校や地域に混乱を招き、児童生徒に教育上悪影響を与え、学校教育に支障を来すことが予想されるとの理由で行われた本件不許可処分は、重視すべきでない考慮要素を重視するなど、考慮した事項に対する評価が明らかに合理性を欠いており、他方、当然考慮すべき事項を十分考慮しておらず、その結果、社会通念に照らし著しく妥当性を欠いたものということができる。そうすると、原審の採る立証責任論等は是認することができないものの、本件不許可処分が裁量権を逸脱したものであるとした原審の判断は、結論において是認することができる。論旨はいずれも採用することができない。

4　よって、裁判官全員一致の意見で、主文のとおり判決する。

（裁判長裁判官　濱田邦夫　裁判官　上田豊三　裁判官　藤田宙靖　裁判官　堀籠幸男）

伝習館高校事件最高裁判決

（最高裁平二・一・一八判決　昭五九(行ツ)四五・四六号　行政処分取消請求上告事件）

【上告人】（第四五号）X_1　（第四六号）福岡県教育委員会

【被上告人】（第四五号）福岡県教育委員会　（第四六号）Y_1、Y_2

【事実の概要】本件控訴審判決を参照のこと。

（第四五号）

【判決主文】本件上告を棄却する。上告費用は上告人の負担とする。

【判決理由】上告代理人有馬毅、岡崎間昌一郎、同高森浩、同美奈川成章の上告理由第一について

高等学校学習指導要領（昭和三五年文部省告示第九四号）は法規としての性質を有するとした原審の判断は、正当として是認することができ、右学習指導要領の性質をそのように解することが憲法二三条、二六条に違反するものでないことは、最高裁昭和四三年（あ）第一六一四号同五一年五月二一日大法廷判決（刑集三〇巻五号六一五頁）の趣旨とするところである。原判決に所論の違法はなく、論旨は採用することができない。

同第二について

学校教育法五一条により高等学校に準用される同法二一条が高等学校における教科書使用義務を定めたものであるとした原審の判断は、正当として是認することができ、右規定をそのように解することが憲法二六条、教育基本法一〇条に違反するものでないことは、前記最高裁判決の趣旨に徴して明らかである。また、原審の適法に確定した事実関係の下において、上告人は昭和四三年度及び同四四年度の倫理社会の授業において右の教科書使用義務に違反したとの原審の判断は、正当として是認することができる。原判決の所論の違法はなく、論旨は採用することができない。

同第三ないし第五について

所論の点に関する原審の認定判断は、原判決挙示の証拠関係に照らし、正当として是認することができ、その過程に所論の違法はない。論旨は採用することができない。

よつて、行政事件訴訟法七条、民訴法三九六条、三八四条、九五条、八九条に従い、裁判官全員一致の意見で、主文のとおり判決する。

（第四六号）

【判決主文】原判決を破棄し、第一審判決を取り消す。

被上告人らの請求をいずれも棄却する。

訴訟の総費用は被上告人らの負担とする。

【判決理由】思うに、高等学校の教育は、高等普通教育及び専門教育を施すことを目的とするものではあるが、中学校の教育の基礎の上に立つて、所定の修業年限の間にその目的を達成しなければならず（学校教育法四一条、四六条参照）、また、高等学校においても、教師が依然生徒に対し相当な影響力、支配力を有しており、生徒の側には、いまだ教師の教育内容を批判する十分な能力は備わつておらず、教師を選択する予知も大きくないのである。これらの点からして、国が教育の一定水準を維持しつつ、高等学校教育の目的達成に資するために、高等学校教育の内容及び方法について遵守すべき基準を定位する必要があり、特に法規によつてそのような基準が定立されている事柄については、教育の具体的内容及

び方法につき高等学校の教師に認められるべき裁量にもおのずから制約が存するのである。

　本件における前記事実関係によれば、懲戒事由に該当する被上告人らの前記各行為は、高等学校における教育活動の中で枢要な部分を占める日常の教科の授業、考査ないし生徒の成績評価に関して行われたものであるところ、教育の具体的内容及び方法につき高等学校の教師に認められるべき裁量を前提としてもなお、明らかにその範囲を逸脱して、日常の教育のあり方を律する学校教育法の規定や学習指導要領の定め等に明白に違反するものである。……そのほか、本件各懲戒免職処分の前約一年半の間に、被上告人Y_1は二回にわたつてストライキ参加により戒告及び減給一月の各懲戒処分を受け、また、被上告人Y_2はストライキ参加により減給一月の懲戒処分を受けていることも、被上告人らの法秩序軽視の態度を示す事情として考慮されなければならないのである。

　以上によれば、上告人が、所管に属する福岡県下の県立高等学校等の教諭等職員の任免その他の人事に関する事務を管理執行する立場において、懲戒事由に該当する被上告人らの前記各行為の性質、態様、結果、影響等のほか、右各行為の前後における被上告人らの態度、懲戒処分歴等の諸事情を考慮のうえ決定した本件各懲戒免職処分を、社会観念上著しく妥当を欠くものとまではいい難く、その裁量権の範囲を逸脱したものと判断することはできない。これと異なる原審の判断は、ひつきよう、懲戒権者の裁量権に関する法令の解釈適用を誤つたものといわざるをえず、右の違法は原判決の結論に影響を及ぼすことが明らかであるから、論旨は理由があり、原判決は、その余の論旨について判断するまでもなく破棄を免れない。そこで、被上告人らの本訴請求について判断するに、被上告人らの右各行為は、地公法二九条一項一、二号の懲戒事由に該当するところ、原審の適法に確定した事実関係の下において、本件各懲戒免職処分に被上告人ら主張の手続的違法は認められず、また、それが懲戒権者の裁量権の範囲を逸脱したものということができないことは右に述べたとおりであるから、その取消しを求める被上告人らの本訴請求は理由がない。したがつて、これと判断を異にする第一審判決を取り消し、被上告人らの請求をいずれも棄却することとする。

中学校生徒内申書訴訟最高裁判決

最高裁（二小）昭六三・七・一五判決昭五七（オ）九一五号、一審東京地裁昭五四・三・二八判決昭四七（ワ）二二六四号国家賠償請求事件、二審東京高裁昭五七・五・一九昭五四（ネ）七四四号、昭五五（ネ）九一四号損害賠償請求控訴並びに同附帯控訴事件

〔当事者〕 上告人　X
　被上告人　東京都

〔事実の概要〕

　昭和四三年に東京都千代田区麹町中学校に入学した生徒が、二年生頃から中学校側の指導に反して、ベトナム反戦のビラの配布やベ平連デモなどへの参加、さらに麹町中学全共闘会議を名乗り、文化祭粉砕闘争を展開した。

　学校側は、高校受験の調査書（内申書）の「行動及び性格の記録」の欄のうち、「基本的な生活習慣」、「自省心」、「公共心」の三項目についてC評定を行い、その理由として右行為に関する事実を記載した。

　この生徒は受験した公私立の高校五校をいずれも不合格となつたため、その原因は、中学校が作成提出した調査書の不利益の記載のためであるとして、東京都と千代田区に対して損害賠償を求め、訴訟を提起した。なお、卒業式粉砕を叫んでいたため、当日この生徒のみを分離した卒業式を行つたことにたいしても慰謝料を請求した。一審判決は原告の訴えを認め、都区に損害賠償の支払いを命じたが、二審判決は逆転判決になり、校長の評価権限の行使は裁量行為にあり、違法は認められないとした。

〔主文〕

　本件上告を棄却する。

　上告費用は上告人の負担とする。

〔理由〕

一　上告理由第一点について

　2　なお、調査書は、学校教育法施行規則五九条一項の規定により学力検査の成績等と共に入学者の選抜の資料とされ、その選抜に基づいて高等学校の入学が許可されるものであることにかんがみれば、その選抜の資料の一とされる目的に適合するよう生徒の学力はもちろんその性格、行動に関しても、それを把握し得る客観的事実を公正に調査書に記載すべきであつて、本件調査書の備考欄等の記載も右の客観的事実を記載したものであることは、原判決の適法に確定したところであるから、所論の理由のないことは明らかである。

　5　(二)　憲法二一条違反の主張について

　表現の自由といえども公共の福祉によつて制約を受けるものであるが（最高裁昭和五七年（行ツ）第一五六号同五九年一二月一二日大法廷判決・民集三八巻一二号一三〇八頁参照）、前記の上告人の行為は、原審の適法に確定したところによれば、いずれも中学校における学習とは全く関係のないものというのであり、かかるビラ等の文書の配付及び落書を自由とすることは、中学校における教育環境に悪影響を及ぼし、学習効果の減殺等学習効果をあげる上において放置できない弊害を発生させる相当の蓋然性があるものということができるのであるから、かかる弊害を未然に防止するため、右のような行為をしないよう指導説得することはもちろん、前記生徒会規則において生徒の校内における文書の配付を学校当局の許可にかからしめ、その許可のない文書の配付を禁止することは、必要かつ合理的な範囲の制約であつて、憲法二一

条に違反するものでないことは、当裁判所昭和五二年(オ)第九二七号同五八年六月二二日大法廷判決（民集三七巻五号七九三頁）の趣旨に徴して明らかである。したがつて、仮に、義務教育課程にある中学生について一般人と同様の表現の自由があるものとしても、前記一の2において説示したとおり、調査書には、入学者の選抜の資料の一とされる目的に適合するよう生徒の性格、行動に関しても、これを把握し得る客観的事実を公正に記載すべきものである以上、上告人の右生徒会規則に違反する前記行為及び大学生ML派の集会の参加行為をいずれも上告人の性格、行動を把握し得る客観的事実としてこれらを本件調査書に記載し、入学者選抜の資料に供したからといつて、上告人の表現の自由を侵し又は違法に制約するものとすることはできず、所論は採用できない。

熊本小二男児体罰事件最高裁判決

（最高裁平二一・四・二八判決　平二〇（受）第九八一号　損害賠償請求事件）

〔当事者〕

上告人　天草市

被上告人　X

〔主文〕

1 原判決中上告人敗訴部分を破棄し、同部分につき第一審判決を取り消す。

2 前項の部分に関する被上告人の請求を棄却する。

3 訴訟の総費用は被上告人の負担とする。

〔理由〕

上告代理人原田信輔の上告受理申立て理由第三について

1 本件は、旧本渡市の設置する公立小学校（以下「本件小学校」という。）の二年生であった被上告人が、本件小学校の教員から体罰を受けたと主張して、旧本渡市の地位を合併により承継した上告人に対し、国家賠償法一条一項に基づく損害賠償を求める事案である。

2 〔略〕

3 原審は、上記事実関係の下において、次のとおり判断して、被上告人の上告人に対する請求を慰謝料一〇万円等合計二一万四一四五円及び遅延損害金の支払を命ずる限度で認容した。

①胸元をつかむという行為は、けんか闘争の際にしばしば見られる不穏当な行為であり、被上告人を捕まえるためであれば、手をつかむなど、より穏当な方法によることも可能であったはずであること、②被上告人の年齢、被上告人とAの身長差及び両名にそれまで面識がなかったことなどに照らし、被上告人の被った恐怖心は相当なものであったと推認されること等を総合すれば、本件行為は、社会通念に照らし教育的指導の範囲を逸脱するものであり、学校教育法一一条ただし書により全面的に禁止されている体罰に該当し、違法である。

4 しかしながら、原審の上記判断は是認することができない。その理由は、次のとおりである。

前記事実関係によれば、被上告人は、休み時間に、だだをこねる他の児童をなだめていたAの背中に覆いかぶさるようにしてその肩をもむなどしていたが、通り掛かった女子数人を他の男子と共に蹴るという悪ふざけをした上、これを注意して職員室に向かおうとしたAのでん部付近を二回にわたって蹴って逃げ出した。そこで、Aは、被上告人を追い掛けて捕まえ、その胸元を右手でつかんで壁に押し当て、大声で「もう、すんなよ。」と叱った（本件行為）というのである。そうすると、Aの本件行為は、児童の身体に対する有形力の行使ではあるが、他人を蹴るという被上告人の一連の悪ふざけについて、これからはそのような悪ふざけをしないように被上告人を指導するために行われたものであり、悪ふざけの罰として被上告人に肉体的苦痛を与えるために行われたものではないことが明らかである。Aは、自分自身も被上告人による悪ふざけの対象となったことに立腹して本件行為を行っており、本件行為にやや穏当を欠くところがなかったとはいえないとしても、本件行為は、その目的、態様、継続時間等から判断して、教員が児童に対して行うことが許される教育的指導の範囲を逸脱するものではなく、学校教育法一一条ただし書にいう体罰に該当するものではないというべきである。したがって、Aのした本件行為に違法性は認められない。

5 以上と異なる原審の判断には、判決に影響を及ぼすことが明らかな法令の違反がある。論旨は理由があり、原判決のうち上告人敗訴部分は、破棄を免れない。そして、以上説示したところによれば、上記部分に関する被上告人の請求は理由がないから、同部分につき第一審判決を取り消し、同部分に関する請求を棄却すべきである。よって、裁判官全員一致の意見で、主文のとおり判決する。

（裁判長裁判官　近藤崇晴　裁判官　藤田宙靖　裁判官　堀籠幸男　裁判官　那須弘平　裁判官　田原睦夫）

県費教職員違法行為賠償負担訴訟最高裁判決

（最高裁平二一・一〇・二三判決平二〇（受）第一〇四三号　求償金請求事件）

〔当事者〕
上告人　郡山市
被上告人　福島県

〔主文〕
本件上告を棄却する。
上告費用は上告人の負担とする。

〔理由〕
上告代理人滝田三良、上告復代理人三瓶正の上告受理申立て理由について

1　本件は、上告人が設置する公立中学校の教諭の体罰によって生徒が受けた損害を国家賠償法一条一項、三条一項に従い賠償した被上告人が、同条二項に基づき、上告人に賠償額全額を求償する事件である。

2　市町村が設置する中学校の教諭がその職務を行うについて故意又は過失によって違法に生徒に損害を与えた場合において、当該教諭の給料その他の給与を負担する都道府県が国家賠償法一条一項、三条一項に従い上記生徒に対して損害を賠償したときは、当該都道府県は、同条二項に基づき、賠償した損害の全額を当該中学校を設置する市町村に対して求償することができるものと解するのが相当である。その理由は、次のとおりである。

国又は公共団体がその事務を行うについて国家賠償法に基づき損害を賠償する責めに任ずる場合における損害を賠償するための費用も国又は公共団体の事務を行うために要する経費に含まれるというべきであるから、上記経費の負担について定める法令は、上記費用の負担についても定めていると解される。同法三条二項に基づく求償についても、上記経費の負担について定める法令の規定に従うべきであり、法令上、上記損害を賠償するための費用をその事務を行うための経費として負担すべきものとされている者が、同項にいう内部関係でその損害を賠償する責任ある者に当たると解するのが相当である。

これを本件についてみるに、学校教育法五条は、学校の設置者は、法令に特別の定めのある場合を除いては、その学校の経費を負担する旨を、地方財政法九条は、地方公共団体の事務を行うために要する経費については、同条ただし書所定の経費を除いては、当該地方公共団体が全額これを負担する旨を、それぞれ規定する。上記各規定によれば、市町村が設置する中学校の経費については、原則として、当該市町村がこれを負担すべきものとされている。他方、市町村立学校職員給与負担法一条は、市町村立の中学校の教諭その他同条所定の職員の給料その他の給与（非常勤の講師にあっては、報酬等）は、都道府県の負担とする旨を規定するが、同法は、これ以外の費用の負担については定めるところがない。そして、市町村が設置する中学校の教諭がその職務を行うについて故意又は過失によって違法に生徒に与えた損害を賠償するための費用は、地方財政法九条ただし書所定の経費には該当せず、他に、学校教育法五条にいう法令の特別の定めはない。そうすると、上記損害を賠償するための費用については、法令上、当該中学校を設置する市町村がその全額を負担すべきものとされているのであって、当該市町村が国家賠償法三条二項にいう内部関係でその損害を賠償する責任ある者として、上記損害を賠償した者からの求償に応ずべき義務を負うこととなる。

3　〔略〕

（裁判長裁判官　中川了滋　裁判官　今井　功　裁判官　古田佑紀　裁判官　竹内行夫）

私立東京学館高校（千葉）バイク事件最高裁判決

（最高裁三小平三・九・三判決平元（オ）八〇五号　損害賠償請求事件）

〔当事者〕　省略

〔主文〕
一　本件上告を棄却する。
二　上告費用は上告人の負担とする。

〔理由〕
上告代理人北光二、同滝沢繁夫、同田中三男の上告理由第一ないし第三について

所論は、いわゆる三ない原則を定めた本件校則（以下「本件校則」という。）及び本件校則を根拠としてされた本件自主退学勧告は憲法一三条、二九条、三一条に違反する旨をいうが、憲法上のいわゆる自由権的基本権の保障規定は、国又は公共団体の統治行動に対して個人の基本的な自由と平等を保障することを目的とした規定であって、専ら国又は公共団体と個人の関係を規律するものであり、私人相互間の関係について当然に適用ないし類推適用されるものでないことは、当裁判所大法廷判例（昭和四三年(オ)第九三二号同四八年一二月一二日判決・民集二七巻一一号一五三六頁）の示すところである。したがって、その趣旨に徴すれば、私立学校である被上告人設置に係る高等学校の本件校則及び上告人が本件校則に違反したことを理由の一つとしてされた本件自主退学勧告について、それが直接憲法の右基本権保障規定に違反するかどうかを論ずる余地はないものというべきである。所論違憲の主張は、採用することができない。そして、所論の点に関する原審の事実認定は、原判決挙示の証拠関係に照らして首肯するに足り、原

審の確定した事実関係の下においては、本件校則が社会通念上不合理であるとはいえないとした原審の判断は、正当として是認することができる。右判断は、所論引用の判例と抵触するものではない。原判決に所論の違法はない。論旨は、独自の見解に立って原判決を論難するか、又は原審の専権に属する証拠の取捨判断、事実の認定を非難するものにすぎず、採用することができない。

同第四及び第五について

所論の点に関する原審の事実認定は、原判決挙示の証拠関係に照らして首肯することができる（なお、所論は、原判決は上告人が自発的に退学願を提出した旨認定したとしてこれを非難するが、原判決の認定判示するところは、被上告人は上告人に対して自主退学を勧告したもので退学処分をしたものではないというにとどまるのであって、右非難は当たらない。）そして、上告人の行為の態様、反省の状況及び上告人の指導についての家庭の協力の有無・程度など、原審の確定した事実関係の下においては、上告人に対してされた本件自主退学勧告が違法とはいえないとした原審の判断は、正当として是認することができる。論旨は、独自の見解に立って原判決を論難するか、又は原審の専権に属する証拠の取捨判断、事実の認定を非難するものにすぎず、採用することができない。

よって、民訴法四〇一条、九五条、八九条に従い、裁判官全員一致の意見で、主文のとおり判決する。

国立富山大学単位不認定等違法確認訴訟最高裁判決

〈最高裁（三小）昭五二・三・一五判決昭四六（行ツ）五三号　単位不認定等違法確認請求事件、一審富山地裁昭四二（行ウ）九号　昭四五・六・六判決二審名古屋高裁金沢支部昭四五（行コ）二号、昭四六・四・九判決〉

〔当事者〕

上告人　X（外五名）

被上告人　富山大学経済学部長 Y_1

富山大学学長 Y_2

〔事実の概要〕

国立富山大学経済学部の学生であった X_1～X_6及び同学部専攻科の学生であった X_7は、昭和四一年度に、同学部A教授担当の講義、演習等を受講し、合格の判定を得たが、大学側は、A教授は、右年度中に、同大学経済学部長から成績証明書の偽造等を理由に授業の担当を停止されていたものであるところから、単位の授与を認めなかった。そこでX_1～X_7は同大学長、経済学部長に対し、単位授与義務確認等を求めて本訴を提起した。

一審富山地裁は訴えを全部却下、原審名古屋高裁は一部却下、一部差し戻し。

〔主文〕

一　本件上告を棄却する。

二　上告費用は上告人らの負担とする。

〔理由〕

大学は、国公立であると私立であるとを問わず、学生の教育と学術の研究とを目的とする教育研究施設であって、その設置目的を達成するために必要な諸事項については、法令に格別の規定がない場合でも、学則等によりこれを規定し、実施することのできる自律的、包括的な権能を有し、一般市民社会とは異なる特殊な部分社会を形成しているのであるから、このような特殊な部分社会である大学における法律上の係争のすべてが当然に裁判所の司法審査の対象になるものではなく、一般市民法秩序と直接の関係を有しない内部的な問題は右司法審査の対象から除かれるべきものであることは、叙上説示の点に照らし、明らかというべきである。

そこで、次に、右の見地に立って本件をみるのに、大学の単位制度については大学設置基準（昭和三一年文部省令第二八号）がこれを定めているが、これによれば（ただし、次に引用の条文は、いずれも昭和四五年文部省令第二一号による改正前のものである。）、大学の教育課程は各授業科目を必修、選択及び自由の各科目に分け、これを各年次に配当して編成されるが（一八条）、右各授業科目にはその履修に要する時間数に応じて単位が配付されていて（一五条、一六条）、それぞれの授業科目を履修し試験に合格すると当該授業科目につき所定数の単位が授与（認定）されることになっており（三一条）、右教育課程に従い大学に四年以上在学し所定の授業科目につき合計一二四単位以上を修得することが卒業の要件とされているのであるから（三二条）、単位の授与（認定）という行為は、学生が当該授業科目を履修し試験に合格したことを確認する教育上の措置であり、卒業の要件をなすものではあるが、当然に一般市民法秩序と直接の関係を有するものでないことは明らかである。それゆえ、単位授与（認定）行為は、他にそれが一般市民法秩序と直接の関係を有するものであることを肯認するに足りる特段の事情のない限り、純然たる大学内部の問題として大学の自主的、自律的な判断に委ねられるべきものであって、裁判所の司法審査の対象にはならないものと解するのが、相当である。

福岡教育行政情報開示事件福岡高裁判決

（福岡高裁平三・四・一〇判決（確定）平二（行コ）三号教育行政情報非公開決定処分等取消等請求控訴事件）

〔当事者〕
控訴人　福岡県教育委員会
右代表者教育委員長　X
被控訴人　Y

〔主文〕
本件控訴を棄却。
控訴費用は控訴人の負担とする。

〔理由〕
3　控訴人は、本件条例の定める「公文書の開示を求める権利」が法的権利であるとしても、本件訴えが行訴法九条の「法律上の利益」を欠き、且つ同法一〇条の「自己の利益に関係のない違法」を理由とするものであり、また、本件非開示決定の取消を求める訴えが行訴法五条所定の「民衆訴訟」であり、法律の規定がない以上提起できない旨主張するところ、その理由がないことについて、原判決六二枚目表七行目冒頭から六四枚目裏五行目（同二段六行目～四段一五行目）末尾までの理由説示部分に、「前記認定のとおり、本件条例は、県内に居住する者等第五条に列挙する者が、情報公開制度上当然に県の行政に利害関係を有するものと認め、対象の公文書に対する特定の利害関係の有無を問わず、それらの者に開示請求権を与えているものと解され、本件条例の規定する公文書開示請求権は個別的、具体的に付与されているものと解することができるから、本件条例による公文書開示請求を拒否された者がその非開示決定の取消を求める場合、当該公文書との関係個人的な利害の如何に拘らず、右条例で認められている個別的、具体的な開示請求権自体の侵害に対する救済を求めることが行訴法九条の『法律上の利益（条例による権利、利益の侵害に対する救済）』に当たり、且つ同法一〇条の『自己の法律上の利益』であるというべきであり、また、このような情報公開制度において、住民にどのような開示請求権を付与するか、即ち本件条例のように個別的、具体的な請求権とするか、一般的、抽象的な請求権の付与にとどめ、不服申立方法としても行訴法五条の『民衆訴訟』その他とするかどうかは、結局条例の内容如何によるといわなければならず、本件条例が右開示請求権それ自体を個別的、具体的な権利とし、不服、紛争の関係でも個々に行政不服審査法所定の不服申立の途を開いていると認められること、前記のとおりであるから、本件非開示決定の取消を求める訴えが『民衆訴訟』である、という訴訟人の主張も採用することができない。」を加える。

中野富士見中学校いじめ事件東京高裁判決

（東京高裁平六・五・二〇判決平三（確定）（ネ）第一一五五号（甲事件）、第二九三四号事件（乙事件）、第三七九六号事件（丙事件）第八六六号（丁事件））

〔当事者〕
控訴人　X_1（外二名）
被控訴人　東京都　中野区

〔事実の概要〕
本件は、いじめが深刻な社会問題となっている時期に発生し、「このままじゃ『生きジゴク』になっちゃうよ」と書かれた遺書があったことや、被害生徒に教師らも色紙の寄書きに加わったいわゆる「葬式ごっこ」が行われていたことが大きく報道され、これをふざけとみるか、いじめとみるかで第一審、第二審の判断がわかれた。

〔判決主文〕
一　控訴人らの各控訴に基づき原判決を次のとおり変更する。
1　被控訴人らは、連帯して、控訴人ら各自に対し、金五七五万円及びこれに対する昭和六一年二月二日から支払済みまで年五分の割合による金員を支払え。
2　控訴人らのその余の請求をいずれも棄却する。
二　被控訴人東京都、被控訴人中野区、被控訴人Y_1及び被控訴人Y_2の各附帯控訴をいずれも棄却する。
三　各附帯控訴に係る費用は各附帯控訴人らの負担とし、その余の訴訟費用は第一、二審を通じてこれを二分し、その一を控訴人らの負担とし、その余を被控訴人らの負担とする。

〔理由〕
㈣　同年九月以降の出来事のうちでも、同年一一月一五日の教室内におけるいわゆる葬式ごっこはY_3ら数名の発案であったが、Y_3及びY_4らばかりでなく、本件グループとは無関係の二年A組の他の生徒らも加わった形で行われ、X_2の追悼のための寄せ書きの色紙には二年A組の生徒らのほぼ全員と第二学年の他の学級の生徒らの一部のほか、Y_5担任ら四名の教諭が加わっていた点で特異なものである。

（略）

葬式ごっこに加わったY_3、Y_4を初めとする多数の生徒ら及び教師らとしては悪ふざけという意識であったとしても、事前には全く何も知らされずに、いきなり教室という公けの場で、しかも学級の生徒らほとんど全員が参加したような形で行われる、そのような自分を死者になぞらえた行為に直面させられた当人の側からすれば、精神的に大きな衝撃を受けなかったはずはないというべきであるから、右葬式ごっこはいじめの一環と見るべきである。特に、X_2からすれば、本件グループの他の生徒らのいじめに耐えかねて右生徒らに対しても反感と疎外感を深めていた時期に、Y_3、Y_4ばかりでなく本件グループ以外の多数の生徒に担任教師らまでが加わって、X_2の存在を否定するような行為が行われたことは大きな衝撃であったというべきであり、帰宅後にX_2が控訴人録に述べた前記の言葉はそのことを示しているといってよい。色紙の寄せ書きに加わった教師らは、本件グループの問題行動が激化していてそれが校内の異常事態の主たる原因をなしており、X_2が本件グループ内で使い走り役等に使役されているのみならず、種々のいじめを受けていることを認識していたにもかかわらず、その軽率な行為によって集団的いじめに加担したに等しいものというべきであり、担任教師らまでが寄せ書きに加わっていたことはX_2にとって教師らが頼りになる存在ではないことを思い知らされた出来事であったというべきである。

5　したがって、前記第二で認定した本件グループの生徒らのX_2に対する行為のうち、昭和六〇年九月の第二学年第二学期以降のものはいずれもX_2に対するいじめと目すべきものといわなければならない（以下、この間のいじめを「本件いじめ」という。）

二　そこで、以上のところに基づいて本件いじめとX_2の自殺との間に因果関係があるか否かについて検討する。

前記のとおり、X_2は、昭和六〇年九月の第二学年第二学期以降、Y_3及びY_4らを中心とする本件グループの他の生徒からのいじめが次第に激しくなり、一〇月、一一月頃からは急激に悪質化するようになるにつれ、いじめに耐えかねて次第に本件グループから離反、離脱する意思を固めるようになり、同年一二月には本件グループから離反、離脱しようとする態度を示すようになったが、それを理由に更に暴行を受けるなどし、控訴人ら又は教師らに助けを求めても効果がないのみか、かえってそのことを理由に暴行を加えられるという悪循環の状況となり、本件グループの他の生徒らのいじめから逃れるため欠席を繰り返すようになった。そして、登校しても学校内には安心していられる場がないため校内で隠れているという状態となり、第三学期が始まった昭和六一年一月八日以降も同月三〇日まで更に状況が悪化し、集団的暴行やいじめを反復され、教師らからも、控訴人らからも実効のある助けの手が得られないという状況の下で絶望感を抱いて家出をし、結局、このような閉塞状況から逃避する方法として自殺の道を運ぶに至ったものというべきである。

もとよりX_1の自殺の動機を直接知ることはできないが、右のような経過及びX_2の残した前記のような本件遺書の内容からすれば、本件いじめがX_2の自殺の原因であることは明らかというべきであり、X_2が自殺に至ったについては学校側の対応の不十分、家庭環境の不安定、控訴人らの保護能力の薄弱等の問題点も指摘できるにせよ、少なくとも本件いじめがX_2の自殺の主たる原因であることは疑いを入れないというべきである。

桜宮体罰自殺事件
大阪地裁判決
（大阪地裁平二五・九・二六）

〔主文〕　被告教師を懲役一年、執行猶予三年とする。

〔理由〕

本件は、教師であった被告人が部活動の指導に際し、平手で顔面や頭部を強く殴打する暴行（いわゆるビンタ）を繰り返し加え、傷害を負わせるなどした事件である。被害者は、肉体的な苦痛に加え、相当な精神的な苦痛を被っており、これは被害者の自殺及び被害者作成の書面からも明らかである。被害者は、罰を受けるようなことは何らしておらず、要するに被告人が満足するプレーをしなかったという理由で暴行を加えられたのであって、このような暴行は、被害者が書き残したように理不尽というほかない。また、被告人は、本件以前に、同僚の教師が体罰等で懲戒処分を受けたり、自己の体罰ないし暴力的指導について父母から苦情を受けたりするなど、自己の指導方法を顧みる機会があったにもかかわらず、効果的で許される指導方法であると盲信して、体罰ないし暴力的指導を続けてきた。これらの事情からすると、被告人の刑事責任は軽視できない。なお、被害者の自殺を量刑上大きく斟酌することは、実質的に、審判対象でない傷害致死の罪責を負わせることとなり相当ではない。

他方、被告人は、本件などを理由に懲戒免職処分を受け、実名で報道されるなど、社会的制裁を受けており、十分とはいえないが本件各犯行を認めて反省の弁を述べている。また、前科前歴もない。

そうすると、主文のとおりの懲役刑を言い渡してその責任を明確にした上、刑の執行を猶予するのが相当と判断した。

エホバの証人学生退学事件最高裁判決

（最高裁二小平八・三・八判決 平成七(行ツ)七四号 進級拒否処分取消、退学命令処分等取消請求事件）

【当事者】
上告人 神戸市立工業高等専門学校長
被上告人 X

【主文】
本件上告を棄却する。
上告費用は上告人の負担とする。

【理由】
一 〔略〕
二 高等専門学校の校長が学生に対し原級留置処分又は退学処分を行うかどうかの判断は、校長の合理的な教育的裁量にゆだねられるべきものであり、裁判所がその処分の適否を審査するに当たっては、校長と同一の立場に立って当該処分をすべきであったかどうか等について判断し、その結果と当該処分とを比較してその適否、軽重等を論ずべきものではなく、校長の裁量権の行使としての処分が、全く事実の基礎を欠くか又は社会観念上著しく妥当を欠き、裁量権の範囲を超え又は裁量権を濫用してされたと認められる場合に限り、違法であると判断すべきものである（最高裁昭和二八年(オ)第五二五号同二九年七月三〇日第三小法廷判決・民集八巻七号一四六三頁、最高裁昭和二八年(オ)第七四五号同二九年七月三〇日第三小法廷判決・民集八巻七号一五〇一頁、最高裁昭和四二年(行ツ)第五九号同四九年七月一九日第三小法廷判決・民集二八巻五号七九〇頁、最高裁昭和四七年(行ツ)第五二号同五二年一二月二〇日第三小法廷判決・民集三一巻七号一一〇一頁参照）。しかし、退学処分は学生の身分をはく奪する重大な措置であり、学校教育法施行規則一三条三項も四個の退学事由を限定的に定めていることからすると、当該学生を学外に排除することが教育上やむを得ないと認められる場合に限って退学処分を選択すべきであり、その要件の認定につき他の処分の選択に比較して特に慎重な配慮を要するものである（前掲昭和四九年七月一九日第三小法廷判決参照）。また、原級留置処分も、学生にその意に反して一年間にわたり既に履修した科目、種目を再履修することを余儀なくさせ、上級学年における授業を受ける時期を延期させ、卒業を遅らせる上、神戸高専においては、原級留置処分が二回連続してされることにより退学処分にもつながるものであるから、その学生に与える不利益の大きさに照らして、原級留置処分の決定に当たっても、同様に慎重な配慮が要求されるものというべきである。そして、前記事実関係の下においては、以下に説示するとおり、本件各処分は、社会観念上著しく妥当を欠き、裁量権の範囲を超えた違法なものといわざるを得ない。

1～3〔略〕

4 以上によれば、信仰上の理由による剣道実技の履修拒否を、正当な理由のない履修拒否と区別することなく、代替措置が不可能というわけでもないのに、代替措置について何ら検討することもなく、体育科目を不認定とした担当教員らの評価を受けて、原級留置処分をし、さらに、不認定の主たる理由及び全体成績について勘案することなく、二年続けて原級留置となったため進級等規程及び退学内規に従って学則にいう「学力劣等で成業の見込みがないと認められる者」に当たるとし、退学処分をしたという上告人の措置は、考慮すべき事項を考慮しておらず、又は考慮された事実に対する評価が明白に合理性を欠き、その結果、社会観念上著しく妥当を欠く処分をしたものと評するほかはなく、本件各処分は、裁量権の範囲を超える違法なものといわざるを得ない。

右と同旨の原審の判断は、正当として是認することができ、原判決に所論の違法はない。その余の違憲の主張は、その実質において、原判決の右判断における法令の解釈適用の誤りをいうものにすぎない。また、右の判断は、所論引用の各判例に抵触するものではない。論旨は採用することができない。

よって、行政事件訴訟法七条、民訴法四〇一条、九五条、八九条に従い、裁判官全員一致の意見で、主文のとおり判決する。

（裁判長裁判官 河合伸一 裁判官 大西勝也 裁判官 根岸重治 裁判官 福田博）

高知落雷訴訟差戻高松高裁判決

（高松高裁平二〇・九・一七判決 平成一八(ネ)第九七号 損害賠償請求控訴事件）

【当事者】
控訴人 X_1（外二名）
被控訴人 学校法人土佐高等学校
財団法人高槻市体育協会

【主文】
1 本件控訴及び差戻後の当審における請求の拡張に基づき、原判決中、被控訴人らに係る部分を次のとおり変更する。
(1) 被控訴人らは、控訴人X_1に対し、連帯して三億〇〇一四万六一二三円及びこれに対する平成八年八月一三日から支払済みまで年五分の割合による金員を支払え。

【事実及び理由】
第四 当裁判所の判断
1 争点一（被控訴学校ないしY_1教諭の注意義務違反）について
(1) 予見義務
ウ 落雷事故発生の危険性の予見可能性及び予見義務
教育活動の一環として行われる学校の課外のクラブ活動においては、生徒は担当教諭の指導監督に従って行動するのであるから、担当教諭は、できる限り生徒の安全にかかわる事故の危険性を具体的に予見し、その予見に基づいて当該事故の発生を未然に防止する措置を執り、クラブ活動中の生徒を保護すべき注意義務を負うものというべきである。

上記ア、イで認定した事実関係によれば、落雷による死傷事故は、平成五年から平成七年までに全国で毎年五ないし一一件発生し、毎年三ないし六人が死亡しており、また、落雷事故を予防するための注意に関しては、平成八年までに、前記イの各文献上の記載が多く存在していたのであり、土佐高校の第二試合の開始直前ころには、本件運動広場の南西方向の上空には黒く固まった暗雲が立ち込め、雷鳴が聞こえ、雲の間で放電が起きるのが目撃されていたというのである。そうすると、上記雷鳴が大きな音ではなかったとしても、同校サッカー部の引率者兼監督であったY_1教諭としては、上記時点ころまでには落雷事故発生の危険が迫っていることを具体的に予見することが可能であったというべきであり、また、予見すべき注意義務を怠ったものというべきである。このことは、たとえ平均的なスポーツ指導者において、落雷事故発生の危険性の認識が薄く、雨がやみ、空が明るくなり、雷鳴が遠のくにつれ、落雷事故発生の危険性は減弱するとの認識が一般的なものであったとしても左右されるものではない。なぜなら、上記のような認識は、平成八年までに多く存在していた落雷事故発生の危険性に関する前記イの各記載等の内容と相いれないものであり、当時の科学的知見に反するものであって、その指導監督に従って行動する生徒を保護すべきクラブ活動の担当教諭の注意義務を免れさせる事情とはなり得ないからである（本件における上告審判決参照）。

(2)—(3)〔略〕

(4) 被控訴学校の責任

前記(1)ないし(3)によれば、Y_1教諭は、土佐高校の第二試合開始直前ころまでには本件落雷事故発生の危険が迫っていることを具体的に予見することが可能であり、これを予見すべき注意義務があったにもかかわらず、これを怠り、同校サッカー部の生徒を保護範囲（本件運動広場外周に存する五〇本の各コンクリート製柱を中心とした半径八メートルの円内で、かつ、柱から二メートル程度以上離れた場所）に誘導し、姿勢を低くした状態で待機するよう指示し、かつ、Tに対し、同試合の開始の延期を申し入れて協議の上、更に安全空間に生徒らを退避させる方法を検討、準備するなどの措置を執るなどの落雷事故発生の回避のための措置を執ることなく、漫然と同試合に控訴人X_1を出場させ、その結果、同控訴人を本件落雷事故に遭わしめた過失があるものというべきである。

したがって、被控訴学校は、本件落雷事故について、Y教諭の使用者として、民法七一五条に基づき不法行為責任（使用者責任）を負うものというべきである。

2 〔略〕

3 争点三（被控訴協会ないしTその他本件大会運営担当者の注意義務違反）について

(1) 予見義務

イ 落雷事故発生の危険性の予見可能性及び予見義務

前記ア認定の事実関係からすれば、本件大会の主催者である被控訴協会ないしTその他本件大会運営担当者は、本件大会が、高等学校における教育活動の一環として行われる課外のクラブ活動の参加により成り立っていることからすれば、本件大会に参加する生徒の安全に関わる事故の危険性をできる限り具体的に予見し、その予見に基づいて当該事故の発生を未然に防止する措置を執り、本件大会に参加する生徒を保護すべき注意義務を負うものというべきである。

そして、落雷による死傷事故は、平成五年から平成七年までに全国で毎年五ないし一一件発生し、毎年三ないし六人が死亡しており、また、落雷事故発生の危険性に関しては、平成八年までに前記1(1)イのとおり文献上の記載が多く存在していたのであり、さらに、本件運動広場のBコートにおける土佐高校の第二試合の開始直前ころには、同広場の南西方向の上空には黒く固まった暗雲が立ち込め、雷鳴が聞こえ、雲の間で放電が起きるのが目撃されていたというのであるから、上記雷鳴が大きな音ではなかったとしても、同コートの会場担当者であり高校教論としてサッカーの指導にも当たっていたTとしては、上記時点ころまでには落雷事故発生の危険が迫っていることを具体的に予見することが可能であったというべきであり、また、予見すべき注意義務を怠ったものというべきである。このことは、たとえ平均的なスポーツ指導者において、落雷事故発生の危険性の認識が薄く、雨がやみ、空が明るくなり、雷鳴が遠のくにつれ、落雷事故発生の危険性は減弱するとの認識が一般的なものであったとしても左右されるものではない。なぜなら、上記のような認識が、平成八年までに多く存在していた落雷事故発生の危険性に関する上記文献上の記載と相いれないものであり、当時の科学的知見に反するものであって、その指導監督に従って行動する生徒を保護すべきクラブ活動の担当教諭でありかつクラブ活動チームによるサッカー競技大会である本件大会の会場担当者である者の注意義務を免れさせる事情とはなり得ないからである。

(2)—(3)〔略〕

(4) 被控訴協会の責任

前記(1)ないし(3)によれば、Bコートの会場担当者であったTは、土佐高校の第二試合開始直前ころまでには本件落雷事故発生の危険が迫っていることを具体的に予見することが可能であり、これを予見すべき注意義務があったにもかかわらず、これを怠り、同コートで同試合に出場するチームに属する生徒らを保護範囲（本件運動広場外周に存するコンクリート製柱を中心とした半径八メートルの円内で、かつ、柱から二メートル程度以上離れた場所）に誘導し、姿勢を低くした状態で待機するよう指示をし、かつ、Y_1教諭に対し、同試合の開始の延期を申し入れてその間により安全な場所に生徒らを待避させる方法を検討、準備するなどの落雷事故発生の回避のための措置を執ることもなく、漫然と同試合を開始するに任せ、その結果、同試合に出場した控訴人X_1を本件落雷事故に遭わしめた過失があるものというべきである。そして、被控訴協会は、本件大会の主催者としてTにBコートの会場担当者としての業務をなさしめていたものであるから、同人の使用者として、本件落雷事故について、民法七一五条に基づき不法行為責任（使用者責任）を負うものというべきである。

4～5〔略〕

（裁判長裁判官　矢延正平　裁判官　和食俊朗　裁判官　斎藤聡）

東日本大震災園児津波死亡事故事件仙台地裁判決

（仙台地裁平二五・九・一七民一部判決　仙台地裁平二三（ワ）一二七四号　損害賠償請求事件）

〔当事者〕

原告　A_1（他七名）

被告　B_1学院、B_1園長、B_2事務長

〔事実及び理由〕

第三　当裁判所の判断

六　判断

(1)　園児の保護義務について

特に幼稚園児は三歳から六歳と幼く、自然災害発生時において危険を予見する能力及び危険を回避する能力が未発達の状態にあり、園長及び教諭らを信頼してその指導に従うほかには自らの生命身体を守る手だてがないのであるから、被告B_1学院の履行補助者である本件幼稚園Cの園長及び教諭ら職員としては、園児らの上記信頼に応えて、できる限り園児の安全に係る自然災害等の情報を収集し、自然災害発生の危険性を具体的に予見し、その予見に基づいて被害の発生を未然に防止し、危険を回避する最善の措置を執り、在園中又は送迎中の園児を保護すべき注意義務を負うものというべきである。

(2)　情報収集義務の懈怠について

眼下に海が間近に見える高台に位置する本件幼稚園Cに勤める被告B_2園長としては、午後三時二分過ぎ頃に本件小さいバスを高台から出発させるに当たり、たとえ本件地震発生時までにはいわゆる千年に一度の巨大地震の発生を予想し得なかったとしても、約三分間にわたって続いた最大震度六弱の巨大地震を実際に体感したのであるから、本件小さいバスを海沿いの低地帯に向けて発車させて走行させれば、その途中で津波により被災する危険性があることを考慮し、ラジオ放送（ラジカセと予備の乾電池は職員室にあった。）によりどこが震源地であって、津波警報が発令されているかどうかなどの情報を積極的に収集し、サイレン音の後に繰り返される防災行政無線の放送内容にもよく耳を傾けてその内容を正確に把握すべき注意義務があったというべきである。

そうであるのに、被告B_2園長は、巨大地震の発生を体感した後にも津波の発生を心配せず、ラジオや防災行政無線により津波警報等の情報を積極的に収集しようともせず、保護者らに対する日頃の送迎ルートの節名に反して、本来は海側ルートへ行くはずのない本件小さいバスの三便目の陸側ルートを送迎される本件被災園児ら五名を二便目の海側ルートを送迎する同バスに同乗させ、海岸堤防から約二〇〇ないし六〇〇mの範囲内付近に広がる標高〇ないし三m程度の低地帯である門脇町・南浜町地区に向けて同バスを高台から発車させるよう指示したというのであるから、被告B_2園長には情報収集義務の懈怠があったというべきである。

（裁判長裁判官　齊木教朗　裁判官　荒谷謙介　遠藤安希歩）

大川小学校児童津波死亡事故訴訟仙台高裁判決

（仙台高裁平三〇・四・二六判決　平成二八（ネ）第三八一号　国家賠償等請求控訴事件）

〔主文〕

1　第一審原告らの本件各控訴及び第一審被告らの本件各控訴に基づき、原判決を次のとおり変更する。

(1)　第一審被告らは、連帯して、各第一審原告に対し、各金員及びこれらに対する平成二三年三月一一日から支払済みまで年五分の割合による金員をそれぞれ支払え。

(2)　第一審原告らのその余の請求をいずれも棄却する。

〔事実の概要及び理由〕

第二　事案の概要

1　本件は、平成二三年三月一一日に発生した平成二三年東北地方太平洋沖地震後の津波により、石巻市立大川小学校に在学していた児童七四名及び教職員一〇名が死亡した事故に関して、死亡した児童のうち二三名の父母である第一審原告らが、第一審被告市の公務員であり、第一審被告県がその給与等の費用を負担していた同小学校の教員等に児童の死亡について過失があるなどと主張して、第一審被告らに対し、国家賠償法一条一項、三条一項又は民法七〇九条、七一五条一項に基づき、損害賠償として、総額二二億六二四五万七六四二円〔中略〕及びこれに対する遅延損害金〔中略〕の連帯支払を求めるとともに、第一審被告市に対し、公法上の在学契約関係に基づく安全配慮義務違反等があったと主張して、債務不履行に基づき、同内容の損害賠償金

及び遅延損害金の支払を求めた事案である。

第三　当裁判所の判断

2　争点(1)②（市教委及び大川小の運営に当たっていた公務員である大川小のC_1校長、D教頭及びE教務主任は、平時において事前に、大川小の児童の生命、身体の安全を保護すべき義務（本件安全確保義務）を懈怠したといえるか。）について

(2)ウ(ア)　C_1校長、D教頭及びE教務主任の本件安全確保義務について

f　平成二二年四月三〇日の時点において、C_1校長、D教頭及びE教務主任が認識し、また認識することが可能であった下記(a)の大川小の実情に照らせば、大川小の危機管理マニュアルには、少なくとも、下記(b)の点について、定められていることが必要であったというべきであり、それを大川小の危機管理マニュアルに定めておくことは、学校保健安全法二九条一項に基づく、C_1校長、D教頭及びE教務主任の規範的義務であったというべきである。

(a)　大川小の立地条件、特に、〔中略〕谷地中付近よりも下流の北上川の右岸堤防が、堤防の両側から襲う津波の破壊力に堪えられずに破堤し、その場所から遡上した津波が堤内地に流入して大川小を浸水させる危険があることを示唆する知見〔中略〕を総合すれば、大川小が本件想定地震により発生する津波の被害を受ける危険性はあったといえる。これは、大川小の危機管理マニュアルの作成・改訂に当たって考慮すべき最も重要な大川小の実情であった。

(b)　したがって、大川小の危機管理マニュアルには、大川小において、大川小付近の北上川まで遡上する津波の発生が予想される地震が発生した場合（少なくとも、津波警報の発令があった場合）には、第二次避難場所である校庭から速やかに移動して避難すべき第三次避難場所とその避難経路及び避難方法を予め定めておく必要があったというべきである。

〔後略〕

g　したがって、平成二二年四月三〇日の本件時点において、C_1校長、D教頭及びE教務主任は、本件安全確保義務の内容として、大川小の危機管理マニュアルを、大川小において、少なくとも、津波警報の発令があった場合には、第二次避難場所である校庭から速やかに移動して避難すべき第三次避難場所とその避難経路及び避難方法を定めたものに改訂すべき義務を負ったというべきであり、その改訂義務は、本件時点において、個々の在籍児童及びその保護者との関係で、C_1校長、D教頭及びE教務主任を拘束する規範性を帯びることになったものと認めるのが相当である。

(3)ウ　以上のとおりであるから、C_1校長等は、学校保健安全法二九条一項に基づき国賠法一条一項にいう違法を根拠づける職務上の注意義務として成立した本件安全確保義務を懈怠したというべきである。

3　争点(1)③（市教委及び大川小の運営に当たっていた公務員である大川小のC_1校長、D教頭及びE教務主任が、本件安全確保義務（本件危機管理マニュアル中の第三次避難に係る部分に、本件想定地震によって発生した津波による浸水から児童を安全に避難させるのに適した第三次避難場所を定め、かつ避難経路及び避難方法を記載するなどして改訂すべき義務）を履行していれば、本件結果を回避することができたか（本件安全確保義務の懈怠と本件結果との間に因果関係は認められるか。）について

(4)　児童の三次避難が遷延した原因が上記(3)のとおりであるとすると、C_1校長等が本件安全確保義務を履行していれば、被災児童が本件津波で被災して死亡するという本件結果を回避することができたと認められる。その理由は、以下のとおりである。

ア　本件時点において、大川小の児童を三次避難させるための最も有力な第三次避難場所の候補は、「バットの森」であったといえる。〔中略〕したがって、本件危機管理マニュアル中の第三次避難に係る部分に、第三次避難場所として「バットの森」を定め、かつ避難経路及び避難方法について、三角地帯経由で徒歩で向かうと記載してあれば、D教頭が本件広報①を認識した午後二時五二分の直後に「バットの森」への三次避難を開始することにより、午後三時三〇分までには十分標高二〇mを超える「バットの森」に到達することができ、本件津波による被災を回避できたはずである。〔後略〕

イ　石巻市釜谷地区は、〔中略〕第三次避難場所は同地区外に選定するほかなく、避難経路には三角地帯等の避難場所として不適当な場所も存在するから、その場所を津波が到達する前に通過するためには、早期に三次避難を開始するしか方法がない。

そのためには、本件地震発生前に、保護者との間で児童の引渡方策に係る事前協議を行い、その内容を保護者に周知する作業をしておくべきであり、それをすることは十分可能であった。

これを行っていれば、本件地震発生後に児童引取りのために大川小を訪れる保護者の数を大幅に少なくすることができたはずであって、上記(3)イのように、大川小に児童を引き取りに訪れる保護者等への対応に忙殺され、三次避難の開始が遅れるという事態を回避することができたといえる。

また、C_1校長等が本件危機管理マニュアル中の第三次避難に係る部分に、第三次避難場所として「バットの森」を定めるに当たっては、大川小が立地する釜谷地区の住民と大川小との避難行動が整合的なものとなるよう地域住民等との間で連携が図られるべきところ、そのための地域住民との協議は、本件地震発生前に済ませておくべきであり、それを済ませることは十分可能であった。これを済ませておけば、第三次避難場所を巡って区長や地域住民と改めて意見交換をする時間を省くことができるから、これにより三次避難の開始が遅れるという事態を回避することができたといえる。

さらに、大川小が本件津波ハザードマップ中に、大川小が本件想定地震によって発生した津波からの避難場所として指定されていたことは、誤りであったと評価されるべきである。本件時点において、C_1校長は、大川小の施設又は設備について、遅滞なく、在籍児童の安全の確保を図る上で支障となる事項の改善を図るために必要な措置を講じ、当該措置を講ずることができないときは、大川小の設置者である第一審被告市（市教委）に対してその旨を申し出るべき義務を有していたものであり、D教頭も、大川小の施設又は設備について、遅滞なく、在籍児童の安全確保に必要な措置を講じるよう、又は当該措置を講ずることができないときは、第一審被告市（市教委）に対してその旨を申し出るようC_1校長に対して進言すべき義務を有していたものであるか

ら、C_1校長及びD教頭には、第一審被告市（市教委）に対し、大川小を、本件想定地震によって発生した津波からの避難場所の指定から外すよう申し出るべき義務があった。これにより、大川小が避難場所から外されていれば、避難場所として使用できるかどうかの校舎の安全点検や校舎を訪れた避難者に対応する時間を省くことができるから、これにより三次避難の開始が遅れるという事態を回避することができたといえる。

(5) 以上のとおり、C_1校長等が本件安全確保義務を履行していれば、被災児童が本件津波による被災で死亡するという本件結果を回避することができたと認められるから、本件安全確保義務の懈怠と本件結果との間に因果関係を認めることができる。

したがって、C_1校長等は、本件安全確保義務を過失によって懈怠したものであって、国賠法一条一項にいう違法の評価を免れないから、第一審被告らは、第一審原告らの後記損害を賠償する責任があるというべきである。

（裁判長裁判官　小川　浩）

さいたま公立学校教諭名誉毀損事件さいたま地裁熊谷支部判決

（さいたま地裁熊谷支部平二五・二・二八判決　平成二二（ワ）第五五六号　慰謝料請求事件）

【主文】

1 原告の請求をいずれも棄却する。

2 訴訟費用は原告の負担とする。

【理由】

第三 当裁判所の判断

1 争点(1)（訴えの利益）について

被告らは、本件について、本案判決の対象になり得るとしても、被告らによる連絡帳への書き込み等の問題は、市教委等で話し合われ、解決されるべき事柄であって、本案判決により紛争を解決することは、期待できないから、権利保護の利益を欠くなどとして、本件訴えは、却下されるべきである旨主張する。

2 争点(2)（連絡帳への書き込みによる名誉棄損ないし侮辱の成否）について

(4) エ ただし、前記認定の事実によれば、校長は、学校運営委員会、職員会議及び職員集会を通じ、本件学校の職員に対しても、本件連絡帳への書き込みについて、報告している（課長から、市教委学校教育課の職員に、本件各書き込みの内容が伝わった可能性もないではない）。

しかし、校長は、職員に対し、本件連絡帳の写しそのものを回覧させたことはなく、また、説明した内容も、「とにかく原告が執拗な連絡帳による苦情を受けて非常に悩んでいると、だから結論的にはみんなで励まして頑張るように」という程度であって、本件各書き込みの具体的内容まで開示したとはみられない。

仮に、本件学校の職員や市教委学校教育課の職員に、本件各書き込みの内容が伝わっていたとしても（本件学校、市教委学校教育課の全職員で三十数名程度）、それらの者から、本件各書き込みの内容が、みだりに伝播するとは考えにくい（PTA役員については、後記オとおり）。

オ なお、前記認定の事実によれば、校長は、被告子女の学級のPTA役員及び本件学校のPTA本部役員（会長、副会長、事務局長、書記及び顧問）にも、本件連絡帳への書き込みについて説明している。

もっとも、校長は、PTA役員らに、本件連絡帳の写しそのものを回覧させたことはなく、また、PTA会長に対してすら、本件連絡帳にひどいことが書かれているということを報告した程度で、書き込みの内容で、PTA会長の印象に残っているのは、「悪魔のような記述みたいなところがあった」という程度であったというのであるから、PTA役員らに対し、本件各書き込みの具体的内容までが伝わったとみることはできない。そして、そうである以上、本件各書き込みの具体的内容が、それ以上に伝播するおそれもなかったことになる。

カ このように、本件連絡帳への書き込みによって、未だ「公然」と名誉を毀損したとはいえない。

(6) さらに、原告は、被告らが、事実を摘示しないで、原告の名誉感情を害した（侮辱）とし、不法行為の成立を主張するので、侮辱の成否が問題となる。その際、原告は、侮辱については、公然性は要求されない旨主張する。

この点、民法上、侮辱が不法行為として成立するかどうかは、行為者がなした表示の内容、手段ないし方法及び表示がなされた時期、場所並びに関係当事者、ことに被害者の職業、年齢、社会的地位等諸般の具体的事情を総合的に考察して、当該表示が被害者の人格的価値に対する社会的評価を低下させるかどうかを判断して、これを決定すべきものであり、侮辱が公然となされたことは、判断に当たり斟酌すべき一つの事情ではあるが、不法行為成立の必須の要件ではない、と解するのが相当である。

したがって、前記(4)のとおり、本件各書き込みが公然性を欠くとしても、それによって、侮辱が成立しないとはいえない。

（裁判官　堀　禎男）

さいたま公立学校児童保護者名誉毀損事件さいたま地裁熊谷支部判決

（さいたま地裁熊谷支部平二九・一〇・二三判決　平二五（ワ）第四一八号　損害賠償請求事件）

〔主文〕

１　原告らの請求をいずれも棄却する。

２　訴訟費用は原告らの負担とする。

〔理由〕

第２　事案の概要

本件は、原告らが被告らに対し、小学校の担任教諭の児童への対応（指導、叱責行為等）が違法であり、また、同教諭が同児童の父母に対して訴えを提起したことなども違法であると主張して、国家賠償請求ないし不法行為に基づく損害賠償請求をする事案である。

第３　争点

４　争点４について（連絡帳提出、被害届提出等に関連する違法行為の有無）

５　争点５（前訴提起の違法性等）について

第４　当裁判所の判断

２　争点に対する判断

(4)　争点４（本件連絡帳提出、被害届提出等に関連する違法行為の有無）について

ア　請求１関係（被告Ｙ１及び被告Ｙ２の違法行為）

(ア)　原告らは、本件告知行為１が地方公務員法３４条１項及び行田市個人情報保護条例違反に該当し、違法であると主張する。

しかし、地方公務員法三四条一項が定める守秘義務は地方公務員の地方公共団体に対する職務上の義務であり、私人に対する義務ではないから、守秘義務に違反したとしても、それだけで直ちに私人たる原告らとの関係で違法となるものではない。この点、行田市個人情報保護条例との関係でも同様であり、同条例三条二項において職員が職務上知り得た個人情報を他人に知らせてはならないと規定しているのは、自治体の職員が職務上取り扱っている秘密とすべき個人情報を漏らすことは地方公務員法３４条１項の守秘義務違反となるので、同条例三条二項において、確認的に守秘義務を規定したものと解される（甲１９の２）。

(イ)　また、本件告知行為１は、前記１、(5)、イのとおり、行田警察署に被害届が提出され、本件小学校に警察が入るかもしれないという状況下において、教諭と保護者の連携を図る役割を担うＰＴＡの会長と今後の対応を相談するためであったと認められ、本件小学校の校長として正当な業務行為というべきであり、かかる行為により原告らのプライバシー等が侵害されたとしても、違法とはいえない。なお、被告Ｙ１が本件告知行為１をなしたと認めるに足る証拠はない。

イ　請求２関係（被告Ｙ３の違法行為）

(ア)　被害届取下げの強要について

原告らが提出した本件録音データによっても、被告Ｙ３が、原告らに対し、行田警察署への被害届の取下げを強要するかのような言動をしたとは認められず、他に原告らが主張する事実を認めるに足りる証拠はない。〔中略〕

また、被告Ｙ３が、本件小学校のＰＴＡ本部役員に対し、連絡帳及び行田警察署の件を説明したことは認められるが、原告らの社会的評価を低下させるような事実を述べたと認めるに足りる証拠はない。また、前記録音データによれば、被告Ｙ３は、原告らに対し、ＰＴＡの本部において、現状を報告しなければならない旨を伝えており、それに対して、原告が、なんか嫌ですねと述べてはいるものの、最終的に、原告らは明示的に反対することはしていない。

以上によれば、被告Ｙ３の行為は違法とは認められない。

ウ　結論

以上によれば、争点４における原告らの主張にも理由がない。

(5)　争点５（前訴に関連する違法行為の有無等）について

ア　請求１関係

(ア)　前訴の提起について

被告Ｙ１が提起した前訴は、被告Ｙ１が、原告による連絡帳の書込みなどの行為が名誉毀損や侮辱に当たるとして、かかる行為によって受けた精神的被害の損害賠償を請求したものであるが、客観的にみて、かかる訴訟の提起が小学校教諭としての職務執行の外形を備えた行為とはいえず、職務行為と密接に関連する行為ともいえない。したがって、被告Ｙ１による前訴の提起は、公権力の行使に当たる公務員がその職務を行うについてした行為に当たらず、国家賠償法上の損害賠償請求は認められない。

イ　請求２関係

(ア)　被告Ｙ１による前訴提起の違法性について

〔前略〕

前訴は、原告夫婦の行為が名誉毀損や侮辱等に当たるとして不法行為に基づく損害賠償を請求したものであるところ、前記１、(2)のとおり、原告による連絡帳の記載には、厳しい言葉で被告Ｙ１を非難するものが含まれており、被告Ｙ１において、原告夫婦の行為により被った精神的苦痛について不法行為に基づく損害賠償を請求しようと考えたことは、それなりの事実的根拠を有するものであったといえる。結果として、不法行為は成立しないとして前訴は棄却されたが、その理由には、公然性の有無や侮辱の成否など、法律的判断を要する事項が含まれている。被告Ｙ１は小学校の教諭であって、裁判に関する法律的知識に詳しいものではなく、Ｇ弁護士から、これはひどいから裁判にしましょうなどと言われ、専門家であるＧ弁護士の考えに従って前訴の提起を依頼したのである。したがって、被告Ｙ１が、原告夫婦に対する損害賠償を請求するためには、公然性の存在や侮辱の成立という要件を満たしていなければならないことを十分に理解していながらＧ弁護士に依頼したとは認められず、事実的、法律的根拠を欠いていることを知りながら訴えを提起したとはいえない。また、前訴における公然性の有無や侮辱の成否など、法律的判断を要する事項について、通常人であれば容易に事実的、法律的根拠を欠いていることを知り得たともいえない。以上によれば、前訴の提起が裁判制度の趣旨目的に照らして著しく相当性を欠いていたとはいえず、違法とは認められない。

(イ)　本件連絡帳等の証拠提出行為について

〔前略〕

したがって、連絡帳等を証拠提出した行為は、正当な訴訟活動の範囲内であり、違法とは認められない。

(カ)　被告Ｙ３の行為について

まず、被告Ｙ３が、ＰＴＡ会長としての守秘義務や行田市個人情報保護条例に違反したとしても、それだけで直ちに私人たる原告らとの関係で国家賠償法上違法となるものではないことは、前記(4)、ア、(ア)のとおりである。

そして、別紙３の１記載の被告Ｙ３作成

の陳述書、別紙3の2記載の被告Y3の証言は、いずれも原告らの社会的評価を低下させる内容を含むものではなく、名誉毀損には該当しない。

したがって、被告Y3の各訴訟行為は違法とは認められない。

ウ　結論

以上によれば、争点5における原告らの主張にも理由がない。

3　結語

以上によれば、原告らが主張する被告らの行為についてはいずれも違法であるとは認められず、その余の点につき判断するまでもなく、原告らの請求にはいずれも理由がない。

（裁判長裁判官　外山勝浩　裁判官　宇野遥子　裁判官　楠山喬正）

大津市いじめ事件大阪高裁判決

（大阪高等裁判所令二・二・二七判決　平三一（ネ）第七八四号　損害賠償事件）

〔主文〕

1　原判決を次のとおり変更する。

2　控訴人らは、被控訴人らそれぞれに対し、連帯して、二〇一万九五六八円及びうち一八三万九五六八円に対する平成二七年四月四日から、一八万円に対する平成二三年一〇月一二日から各支払済みまで年五分の割合による金員を支払え。

3　被控訴人らのその余の請求をいずれも棄却する。

4　訴訟費用は、第一、二審を通じ、これを一〇分し、その一を控訴人らの負担とし、その余を被控訴人らの負担とする。

〔事実及び理由〕

第2　事案の概要

1　要旨

本件は、中学二年生の時に自殺した亡D（以下「亡D」という。）の両親である被控訴人らが、亡Dの自殺の原因は、同学年の生徒であった控訴人A、控訴人B及びC（以下「少年C」といい、控訴人らと併せて「控訴人ら等」という。）から受けたいじめにある旨主張して、控訴人らに対し、共同不法行為に基づき、被控訴人ら各自が亡Dから相続した死亡逸失利益及び慰謝料並びに被控訴人ら固有の慰謝料等の合計額三八五九万八五七八円から大津市が負担すべき部分であるとするその半額を控除した一九二九万九二八九円及びこれに対する不法行為の後である平成二三年一〇月一二日（略）から支払済みまで民法所定の年五分の割合による遅延損害金の連帯支払をそれぞれ求める事案である。

原審裁判所は、亡Dの自殺について控訴人らに共同不法行為が成立することを認め、被控訴人らの請求を、各自一八七八万八六八四円及びうち一五〇五万四九四二円に対する平成二七年四月四日から支払済みまで年5分の割合による金員の連帯支払を求める限度で一部認容したため、控訴人らが、その敗訴部分を不服として、本件各控訴を提起した。

なお、被控訴人らは、原審において、少年Cや控訴人ら等の親又はその配偶者（以下、少年Cを含むこれらの者を「原審共同被告ら」という。）に対しても、民法七〇九条七一四条一項等に基づき、前同様の請求をし、原審裁判所は、それらの請求をいずれも棄却したが、被控訴人らは、控訴しなかった。また、被控訴人らは、前記中学校の設置者である大津市についても、共同被告として国家賠償請求をしていたが、原審において、大津市との間で訴訟上の和解が成立した。

〔控訴人Aの主張〕

ア　仮に控訴人Aの行為が、亡Dに対する不法行為に該当するとしても、以下（ア）ないし（オ）の諸事情に照らすと、亡Dや被控訴人らに生じた損害について控訴人らが負担すべき額を決する上で、亡Dを含む被控訴人ら側の過失割合を八割から九割とする過失相殺の規定の適用及び類推適用がされるべきである。〔中略〕

〔控訴人Bの主張〕

自殺は、様々な要因が複雑に絡み合って生じるものであり、本件において、控訴人らとの関係性の悪化が亡Dの自殺の原因の一つであったとしても、以下のアないしウのとおり、亡Dの心因的要因、家庭環境、被控訴人らの言動等も亡Dの自殺の要因として寄与していたことは明らかであり、損害の公平な分担という観点から、過失相殺の規定の適用及び類推適用により、控訴人らが負担すべき損害額が減額される必要があり、以下の諸事情に照らせば、亡Dを含む被控訴人ら側の過失割合（減額すべき割合）は九割を下らない。なお、裁判例において、故意行為であっても過失相殺は認められているし、いじめ事案等においても、過失相殺は認められている。

ア　亡Dの心因的要因ないし特性等の寄与

イ　亡Dの家庭環境等の寄与

イ　控訴人らの主張に対する反論

以下のとおり、控訴人らが指摘する事情は、いずれも、過失相殺の規定の適用及び類推適用を基礎付けるものではない。

（ア）　亡D自身の過失について

（イ）　家庭環境等について

第3　当裁判所の判断

1　認定事実

(1)　認定事実は、次のとおり補正するほかは、原判決の「事実及び理由」中の第四の一記載のとおりであるから、これを引用する。

ア　いじめ問題やいじめによる自殺に関する社会の動向等

（ア）　いじめによる自殺についての報道の状況等

（イ）　子供の自殺やいじめ問題に対する政府の対応等

(2)　当審における控訴人らの補充主張について

ア〔中略〕

しかしながら、控訴人Aの主張する記

憶変容の可能性は一般的には存在するとしても、それは抽象的なものにとどまり、上記クラスメートらにおいて、事実に反する供述をする積極的動機もうかがわれず、しかも、多数の者が一致して事実に反する供述をすることは容易に想定することができない。そもそも、控訴人らは、前記認定事実⑷ウ（本判決による補正後のもの。以下、他の前記認定事実についても同じ。）及び同⒅ア記載のとおり、本件訴訟提起の前後に行われた本件中学校の教諭からの事情聴取や警察官による取調べの際に自認していた事実について、本件訴訟ではこれを否認し、その理由について何らの合理的説明もない上、後記2⑴イのとおり明らかにいじめと評価されるものについても、それがいじめであることを否定し続けている。このような不合理な控訴人らの応訴態度に照らせば、控訴人らの主張内容や供述内容は、全体としても信用し難いものといわざるを得ず、控訴人らの主張内容等と反対趣旨の多数のクラスメートらの供述等により控訴人らの否認する事実の存在を認定することは、反対尋問を経ていないことを考慮しても、事実認定の方法として何ら法令に違反するものではないし、事実認定を誤ったものということもできない。

イ　少年の健全な育成を期し、非行のある少年に対して性格の矯正及び環境の調整に関する保護処分を行うこと等を目的とする少年法の下で実施される少年審判手続と当事者間の権利義務の確定等を目的とする民事訴訟手続とでは、その目的、性質を異にするから、事実認定において必ずしも一致しなければならないということはできないし、事実認定の基礎となる資料が本件の証拠資料と同じであるかも明らかではない。加えて、前記アのとおり、前記認定事実の認定方法に法令違反はなく、控訴人Aの主張や供述内容が全体として信用性に欠けることをも併せ考慮すれば、控訴人Aの上記主張は、到底採用することができない。

ウ（ア）

前記認定事実⑺アのとおり、亡Dは九月二五日の朝、父方の祖母に対し、希死念慮を吐露し、その原因が家庭ではなく学校にあることを示唆しているが、この事実は、そこで摘示した引用証拠、特に、大津市において設置された「大津市立中学校におけるいじめに関する第三者調査委員会」（以下「第三者委員会」という。）の平成二五年一月三一日付けの調査報告書（乙イ26。以下「本件報告書」という。）中の上記認定と同旨の記載から、これを認めることができる。

これに対し、控訴人らは、次の①ないし③の各事情を指摘して、上記のような亡Dの祖母への希死念慮の吐露及びその原因が学校にあるとの示唆があったとの認定は、誤りである旨主張する。

2　争点⑴（控訴人らによるいじめの有無、態様等及び共同不法行為の成否）について

⑴　控訴人らによるいじめの有無、態様等について

イ　しかしながら、前記1に認定した控訴人らの行為やこれに対する亡Dの反応等に照らせば、以下のとおり、控訴人らが、亡Dに対し、いじめ行為を行ったことは明らかである。

〔中略〕

このように、亡Dには、亡Dに安心感を与える家庭環境等が整っておらず、しかも、離婚によって母親不在という現在の状態が将来にわたって継続する可能性もあることを自殺の直前に知らされるなどしている。その意味で、亡Dの家庭環境等がその自殺の重要な一要因として作用したことは否定できない。

（ウ）　しかしながら、本件において、被控訴人Eの上記体罰が原因で、亡Dが自殺を考えるほど追い込まれるような心情に至っていたことをうかがわせる事情は認められない。また、亡Dの発達障害を疑った被控訴人Eが、亡Dに病気の可能性を示唆した点についても、それにより亡Dが不安を感じたことは否定できないとしても、示唆されたのは自殺の約半月前のことであるし、単にその可能性を示唆されただけで、具体的に、検査も受けておらず、発達障害であるとの告知等も受けていない段階で、自殺の原因となるほどの精神的ショックを受け、その精神状態を維持していたものとまでは認め難い。

ウ　以上のとおり、本件各いじめ行為は、行われた期間が一か月程度と比較的短期間ではあるものの、亡Dを負傷させるような暴力行為や極めて陰湿・悪質な嫌がらせ行為を含むものである上、上記の間、頻回にわたり行われたものであり、その態様、頻度等は、亡Dをして自殺者に共通の心理とされる孤立感、無価値感を抱かせるとともに、控訴人らとの関係から離脱することが容易ではないとの無力感、閉塞感を抱かせる上で十分なほどに悪質・陰湿かつ執拗なものであったといえることに加え、その行為当時、いじめによりその被害者が自殺に至る可能性があることについて学術的にも一般的知見として確立し、いじめによる児童生徒の自殺に関連する報道等は決して珍しいものではなく、いじめによってその被害生徒が自殺することもあり得ることは社会一般に広く認知されており、行政の側でもその対策を模索し、平成二五年にはいじめ防止対策推進法の成立にまで至っているという経緯をも併せ考慮すれば、本件各いじめ行為を受けた中学二年生の生徒が自殺に及ぶことは、本件各いじめ行為の当時、何ら意外なことではなく、むしろ、社会通念に照らしても、一般的にあり得ることというべきであり、亡Dの自殺に係る損害は、本件各いじめ行為により通常生ずべき損害に当たるものということができ、控訴人らの本件各いじめ行為と亡Dの自殺に係る損害との間には相当因果関係あるものと認められる。

⑶　以上のとおり、亡Dには、自らの意思で自殺を選択したものである上、祖父母宅からの金銭窃取という違法行為により自らを逃げ場のない状態に追い込んだ点で、被控訴人らには、家庭環境を適切に整えることができず、亡Dを精神的に支えられなかった点で、特に被控訴人Eにおいては、体罰や病気の可能性の不用意な告知により亡Dの反発心や精神的動揺を招くなど、同居する監護親として期待される役割を適切に果たし得なかった点で、過失相殺の規定の適用及び類推適用を基礎付ける事情があるというべきである。

そして、上記の亡Dを含む被控訴人ら側の諸事情と控訴人らの本件各いじめ行為の内容、態様等のほか、本件に現れた一切の諸事情を総合考慮すると、過失相殺の規定の適用及び類推適用により、前記4の被控訴人らの損害賠償債権額について、四割の減額を認めることが相当である。

6　争点⑹（損害の填補の有無）等につ

いて

前記4の亡Dからの相続分を含む被控訴人ら各自の損害額三二九八万四二三一円（弁護士費用に係る損害分を除く。）について、前記5のとおり過失相殺の規定の適用及び類推適用により4割を減額すると、それぞれ、一九七九万〇五三八円となる。

7 結論

以上によると、被控訴人らの請求は、控訴人らに対し、被控訴人らそれぞれについて、二〇一万九五六八円及びうち一八三万九五六八円に対する平成二三年四月四日から、一八万円に対する平成二三年一〇月一二日からそれぞれ支払済みまで年五分の割合による金員の連帯支払を求める限度で認容し、その余は棄却すべきところ、原判決中これと異なる部分は不当であって、本件各控訴の一部は理由があるから、原判決を上記の趣旨に従って変更することとし、主文のとおり判決する。

（裁判長裁判官　佐村浩之　裁判官　天野智子）

Ⅲ　旧法制

〇大日本帝国憲法

（明治二二年二月一一日公布
明治二三年一一月二九日施行）

第一章　天皇

第一条　大日本帝国ハ万世一系ノ天皇之ヲ統治ス

第二条　皇位ハ皇室典範ノ定ムル所ニ依リ皇男子孫之ヲ継承ス

第三条　天皇ハ神聖ニシテ侵スヘカラス

第四条　天皇ハ国ノ元首ニシテ統治権ヲ総攬シ此ノ憲法ノ条規ニ依リ之ヲ行フ

第五条　天皇ハ帝国議会ノ協賛ヲ以テ立法権ヲ行フ

第六条　天皇ハ法律ヲ裁可シ其ノ公布及執行ヲ命ス

第七条　天皇ハ帝国議会ヲ召集シ其ノ開会閉会停会及衆議院ノ解散ヲ命ス

第八条　①天皇ハ公共ノ安全ヲ保持シ又ハ其ノ災厄ヲ避クル為緊急ノ必要ニ由リ帝国議会閉会ノ場合ニ於テ法律ニ代ルヘキ勅令ヲ発ス

②此ノ勅令ハ次ノ会期ニ於テ帝国議会ニ提出スヘシ若議会ニ於テ承諾セサルトキハ政府ハ将来ニ向テ其ノ効力ヲ失フコトヲ公布スヘシ

第九条　天皇ハ法律ヲ執行スル為ニ又ハ公共ノ安寧秩序ヲ保持シ及臣民ノ幸福ヲ増進スル為ニ必要ナル命令ヲ発シ又ハ発セシム但シ命令ヲ以テ法律ヲ変更スルコトヲ得ス

第十条　天皇ハ行政各部ノ官制及文武官ノ俸給ヲ定メ及文武官ヲ任免ス但シ此ノ憲法又ハ他ノ法律ニ特例ヲ掲ケタルモノハ各〻其ノ条項ニ依ル

第十一条　天皇ハ陸海軍ヲ統帥ス

第十二条　天皇ハ陸海軍ノ編制及常備兵額ヲ定ム

第十三条　天皇ハ戦ヲ宣シ和ヲ講シ及諸般ノ条約ヲ締結ス

第十四条　①天皇ハ戒厳ヲ宣告ス

②戒厳ノ要件及効力ハ法律ヲ以テ之ヲ定ム

第十五条　天皇ハ爵位勲章及其ノ他ノ栄典ヲ授与ス

第十六条　天皇ハ大赦特赦減刑及復権ヲ命ス

第十七条　①摂政ヲ置クハ皇室典範ノ定ムル所ニ依ル

②摂政ハ天皇ノ名ニ於テ大権ヲ行フ

第二章　臣民権利義務

第十八条　日本臣民タルノ要件ハ法律ノ定ムル所ニ依ル

第十九条　日本臣民ハ法律命令ノ定ムル所ノ資格ニ応シ均ク文武官ニ任セラレ及其ノ他ノ公務ニ就クコトヲ得

第二十条　日本臣民ハ法律ノ定ムル所ニ従ヒ兵役ノ義務ヲ有ス

第二十一条　日本臣民ハ法律ノ定ムル所ニ従ヒ納税ノ義務ヲ有ス

第二十二条　日本臣民ハ法律ノ範囲内ニ於テ居住及移転ノ自由ヲ有ス

第二十三条　日本臣民ハ法律ニ依ルニ非スシテ逮捕監禁審問処罰ヲ受クルコトナシ

第二十四条　日本臣民ハ法律ニ定メタル裁判官ノ裁判ヲ受クルノ権ヲ奪ハルヽコトナシ

第二十五条　日本臣民ハ法律ニ定メタル場合ヲ除ク外其ノ許諾ナクシテ住所ニ侵入セラレ及捜索セラルヽコトナシ

第二十六条　日本臣民ハ法律ニ定メタル場合ヲ除ク外信書ノ秘密ヲ侵サルヽコトナシ

第二十七条　①日本臣民ハ其ノ所有権ヲ侵サルヽコトナシ

②公益ノ為必要ナル処分ハ法律ノ定ムル所ニ依ル

第二十八条　日本臣民ハ安寧秩序ヲ妨ケス及臣民タルノ義務ニ背カサル限ニ於テ信教ノ自由ヲ有ス

第二十九条　日本臣民ハ法律ノ範囲内ニ於テ言論著作印行集会及結社ノ自由ヲ有ス

第三十条　日本臣民ハ相当ノ敬礼ヲ守リ別ニ定ムル所ノ規程ニ従ヒ請願ヲ為スコトヲ得

第三十一条　本章ニ掲ケタル条規ハ戦時又ハ国家事変ノ場合ニ於テ天皇大権ノ施行ヲ妨クルコトナシ

第三十二条　本章ニ掲ケタル条規ハ陸海軍ノ法令又ハ紀律ニ牴触セサルモノニ限リ軍人ニ準行ス

第三章　帝国議会

第三十三条　帝国議会ハ貴族院衆議院ノ両院ヲ以テ成立ス

第三十四条　貴族院ハ貴族院令ノ定ムル所ニ依リ皇族華族及勅任セラレタル議員ヲ以テ組織ス

第三十五条　衆議院ハ選挙法ノ定ムル所ニ依リ公選セラレタル議員ヲ以テ組織ス

第三十六条　何人モ同時ニ両議院ノ議員タルコトヲ得ス

第三十七条　凡テ法律ハ帝国議会ノ協賛ヲ経ルヲ要ス

第三十八条　両議院ハ政府ノ提出スル法律案ヲ議決シ及各〻法律案ヲ提出スルコトヲ得

第三十九条　両議院ノ一ニ於テ否決シタル法律案ハ同会期中ニ於テ再ヒ提出スルコトヲ得ス

第四十条　両議院ハ法律又ハ其ノ他ノ事件ニ付各〻其ノ意見ヲ政府ニ建議スルコトヲ得但シ其ノ採納ヲ得サルモノハ同会期中ニ於テ再ヒ建議スルコトヲ得ス

第四十一条　帝国議会ハ毎年之ヲ召集ス

第四十二条　帝国議会ハ三箇月ヲ以テ会期トス必要アル場合ニ於テハ勅命ヲ以テ之ヲ延長スルコトアルヘシ

第四十三条　①臨時緊急ノ必要アル場合ニ於テ常会ノ外臨時会ヲ召集スヘシ

②臨時会ノ会期ヲ定ムルハ勅命ニ依ル

第四十四条　①帝国議会ノ開会閉会会期ノ延長及停会ハ両院同時ニ之ヲ行フヘシ

②衆議院解散ヲ命セラレタルトキハ貴族院ハ同時ニ停会セラルヘシ

第四十五条　衆議院解散ヲ命セラレタルトキハ勅命ヲ以テ新ニ議員ヲ選挙セシメ解散ノ日ヨリ五箇月以内ニ之ヲ召集スヘシ

第四十六条　両議院ハ各〻其ノ総議員三分ノ一以上出席スルニ非サレハ議事ヲ開キ議決ヲ為スコトヲ得ス

第四十七条　両議院ノ議事ハ過半数ヲ以テ決ス可否同数ナルトキハ議長ノ決スル所ニ依ル

第四十八条　両議院ノ会議ハ公開ス但シ政府ノ要求又ハ其ノ院ノ決議ニ依リ秘密会ト為スコトヲ得

第四十九条　両議院ハ各〻天皇ニ上奏スルコトヲ得

第五十条　両議院ハ臣民ヨリ呈出スル請願書ヲ受クルコトヲ得

第五十一条　両議院ハ此ノ憲法及議院法ニ掲クルモノヽ外内部ノ整理ニ必要ナル諸規則ヲ定ムルコトヲ得

第五十二条　両議院ノ議員ハ議院ニ於テ発言シタル意見及表決ニ付院外ニ於テ責ヲ負フコトナシ但シ議員自ラ其ノ言論ヲ演説刊行筆記又ハ其ノ他ノ方法ヲ以テ公布シタルトキハ一般ノ法律ニ依リ処分セラルヘシ

第五十三条　両議院ノ議員ハ現行犯罪又ハ内乱外患ニ関ル罪ヲ除ク外会期中其ノ院ノ許諾ナクシテ逮捕セラルヽコト

ナシ

第五十四条　国務大臣及政府委員ハ何時タリトモ各議院ニ出席シ及発言スルコトヲ得

第四章　国務大臣及枢密顧問

第五十五条　①国務各大臣ハ天皇ヲ輔弼シ其ノ責ニ任ス

②凡テ法律勅令其ノ他国務ニ関ル詔勅ハ国務大臣ノ副署ヲ要ス

第五十六条　枢密顧問ハ枢密院官制ノ定ムル所ニ依リ天皇ノ諮詢ニ応ヘ重要ノ国務ヲ審議ス

第五章　司法

第五十七条　①司法権ハ天皇ノ名ニ於テ法律ニ依リ裁判所之ヲ行フ

②裁判所ノ構成ハ法律ヲ以テ之ヲ定ム

第五十八条　①裁判官ハ法律ニ定メタル資格ヲ具フル者ヲ以テ之ニ任ス

②裁判官ハ刑法ノ宣告又ハ懲戒ノ処分ニ由ルノ外其ノ職ヲ免セラルヽコトナシ

③懲戒ノ条規ハ法律ヲ以テ之ヲ定ム

第五十九条　裁判ノ対審判決ハ之ヲ公開ス但シ安寧秩序又ハ風俗ヲ害スルノ虞アルトキハ法律ニ依リ又ハ裁判所ノ決議ヲ以テ対審ノ公開ヲ停ムルコトヲ得

第六十条　特別裁判所ノ管轄ニ属スヘキモノハ別ニ法律ヲ以テ之ヲ定ム

第六十一条　行政官庁ノ違法処分ニ由リ権利ヲ傷害セラレタリトスルノ訴訟ニシテ別ニ法律ヲ以テ定メタル行政裁判所ノ裁判ニ属スヘキモノハ司法裁判所ニ於テ受理スルノ限ニ在ラス

第六章　会計

第六十二条　①新ニ租税ヲ課シ及税率ヲ変更スルハ法律ヲ以テ之ヲ定ムヘシ

②但シ報償ニ属スル行政上ノ手数料及其ノ他ノ収納金ハ前項ノ限ニ在ラス

③国債ヲ起シ及予算ニ定メタルモノヲ除ク外国庫ノ負担トナルヘキ契約ヲ為スハ帝国議会ノ協賛ヲ経ヘシ

第六十三条　現行ノ租税ハ更ニ法律ヲ以テ之ヲ改メサル限ハ旧ニ依リ之ヲ徴収ス

第六十四条　①国家ノ歳出歳入ハ毎年予算ヲ以テ帝国議会ノ協賛ヲ経ヘシ

②予算ノ款項ニ超過シ又ハ予算ノ外ニ生シタル支出アルトキハ後日帝国議会ノ承諾ヲ求ムルヲ要ス

第六十五条　予算ハ前ニ衆議院ニ提出スヘシ

第六十六条　皇室経費ハ現在ノ定額ニ依リ毎年国庫ヨリ之ヲ支出シ将来増額ヲ要スル場合ヲ除ク外帝国議会ノ協賛ヲ要セス

第六十七条　憲法上ノ大権ニ基ツケル既定ノ歳出及法律ノ結果ニ由リ又ハ法律上政府ノ義務ニ属スル歳出ハ政府ノ同意ナクシテ帝国議会之ヲ廃除シ又ハ削減スルコトヲ得ス

第六十八条　特別ノ須要ニ因リ政府ハ予メ年限ヲ定メ継続費トシテ帝国議会ノ協賛ヲ求ムルコトヲ得

第六十九条　避クヘカラサル予算ノ不足ヲ補フ為ニ又ハ予算ノ外ニ生シタル必要ノ費用ニ充ツル為ニ予備費ヲ設クヘシ

第七十条　①公共ノ安全ヲ保持スル為緊急ノ需用アル場合ニ於テ内外ノ情形ニ因リ政府ハ帝国議会ヲ召集スルコト能ハサルトキハ勅令ニ依リ財政上必要ノ処分ヲ為スコトヲ得

②前項ノ場合ニ於テハ次ノ会期ニ於テ帝国議会ニ提出シ其ノ承諾ヲ求ムルヲ要ス

第七十一条　帝国議会ニ於テ予算ヲ議定セス又ハ予算成立ニ至ラサルトキハ政府ハ前年度ノ予算ヲ施行スヘシ

第七十二条　①国家ノ歳出歳入ノ決算ハ会計検査院之ヲ検査確定シ政府ハ其ノ検査報告ト倶ニ之ヲ帝国議会ニ提出スヘシ

②会計検査院ノ組織及職権ハ法律ヲ以テ之ヲ定ム

第七章　補則

第七十三条　①将来此ノ憲法ノ条項ヲ改正スルノ必要アルトキハ勅命ヲ以テ議案ヲ帝国議会ノ議ニ附スヘシ

②此ノ場合ニ於テ両議院ハ各々其ノ総員三分ノ二以上出席スルニ非サレハ議事ヲ開クコトヲ得ス出席議員三分ノ二以上ノ多数ヲ得ルニ非サレハ改正ノ議決ヲ為スコトヲ得ス

第七十四条　①皇室典範ノ改正ハ帝国議会ノ議ヲ経ルヲ要セス

②皇室典範ヲ以テ此ノ憲法ノ条規ヲ変更スルコトヲ得ス

第七十五条　憲法及皇室典範ハ摂政ヲ置クノ間之ヲ変更スルコトヲ得ス

第七十六条　①法律規則命令又ハ何等ノ名称ヲ用ヰタルニ拘ラス此ノ憲法ニ矛盾セサル現行ノ法令ハ総テ遵由ノ効力ヲ有ス

②歳出上政府ノ義務ニ係ル現在ノ契約又ハ命令ハ総テ第六十七条ノ例ニ依ル

□教育ニ関スル勅語

（明治二三年一〇月三〇日）

朕惟フニ我カ皇祖皇宗國ヲ肇ムルコト宏遠ニ徳ヲ樹ツルコト深厚ナリ我カ臣民克ク忠ニ克ク孝ニ億兆心ヲ一ニシテ世々厥ノ美ヲ濟セルハ此レ我カ國體ノ精華ニシテ教育ノ淵源亦實ニ此ニ存ス爾臣民父母ニ孝ニ兄弟ニ友ニ夫婦相和シ朋友相信シ恭儉己レヲ持シ博愛衆ニ及ホシ學ヲ修メ業ヲ習ヒ以テ智能ヲ啓發シ徳器ヲ成就シ進テ公益ヲ廣メ世務ヲ開キ常ニ國憲ヲ重シ國法ニ遵ヒ一旦緩急アレハ義勇公ニ奉シ以テ天壤無窮ノ皇運ヲ扶翼スヘシ是ノ如キハ獨リ朕カ忠良ノ臣民タルノミナラス又以テ爾祖先ノ遺風ヲ顯彰スルニ足ラン

斯ノ道ハ實ニ我カ皇祖皇宗ノ遺訓ニシテ子孫臣民ノ倶ニ遵守スヘキ所之ヲ古今ニ通シテ謬ラス之ヲ中外ニ施シテ悖ラス朕爾臣民ト倶ニ拳々服膺シテ咸其徳ヲ一ニセンコトヲ庶幾フ

御名御璽

○学　制〔抄〕

（明治五年八月三日）
文部省布達第一三・一四号

○大中小学区ノ事

第一章　全国ノ学政ハ之ヲ文部一省ニ統フ

第二章　全国ヲ大分シテ八大区トス之ヲ大学区ト称シ毎区大学校一所ヲ置ク

第三章―第四章〔略〕

第五章　一大学区ヲ分テ三十二中区トシ之ヲ中学区ト称ス区毎ニ中学校一所ヲ置ク全国八大区ニテ其数二百五十六所トス

第六章　一中学区ヲ分テ二百十小区トシ之ヲ小学区ト称ス区毎ニ小学校一所ヲ置ク一大区ニテ其数六千七百二十所全国ニテ五万三千七百六十所トス

第七章―第十九章〔略〕

○学校ノ事

第二十章　学校ハ三等ニ区別ス大学中学小学ナリ―学校教則書ハ別冊アリ

○小　学

第二十一章　小学校ハ教育ノ初級ニシテ人民一般必ス学ハスンハアルヘカラサルモノトス之ヲ区分スレハ左ノ数種ニ別ツヘシ然トモ均ク之ヲ小学ト称ス即チ尋常小学女児小学村落小学貧人小学小学私塾幼稚小学ナリ

第二十二章　幼稚小学ハ男女ノ子弟六歳迄ノモノ小学ニ入ル前ノ端緒ヲ教ルナリ

第二十三章　小学私塾ハ小学教科ノ免状アルモノ私宅ニ於テ教ルヲ称スヘシ

第二十四章　貧人小学ハ貧人子弟ノ自活シ難キモノヲ入学セシメン為ニ設ク其費用ハ富者ノ寄進金ヲ以テス是専ラ仁恵ノ心ヨリ組立ルモノナリ仍テ仁恵学校トモ称スヘシ

第二十五章　村落小学ハ僻遠ノ村落農民ノミアリテ教化素ヨリ開ケサルノ地ニ於テ其教則ヲ少シク省略シテ教ルモノナリ或ハ年已ニ成長スルモノモ其生業ノ暇来リテ学ハシム是等ハ多ク夜学校アルヘシ

第二十六章　女児小学ハ尋常小学教科ノ外ニ女子ノ手芸ヲ教フ

第二十七章―第二十八章〔略〕

○中　学

第二十九章　中学ハ小学ヲ経タル生徒ニ普通ノ学科ヲ教ル所ナリ分チ上下二等トス二等ノ外工業学校商業学校通弁学校農業学校諸民学校アリ此外廃人学校アルヘシ

〔後略〕

第三十章　当今中学ノ書器未タ備ラス此際在来ノ書ニヨリテ之ヲ教ルモノ或ハ学業ノ順序ヲ踏マスシテ洋語ヲ教ヘ又ハ医術ヲ教ルモノ通シテ変則中学ト称スヘシ

　但私宅ニ於テ教ルモノハ之ヲ家塾トス

第三十一章　当今外国人ヲ以テ教師トスル学校ニ於テハ大学教科ニ非サル以下ハ通シテ之ヲ中学ト称ス

第三十二章　私宅ニアリテ中学ノ教科ヲ教ルモノ教師タルヘキ証書ヲ得ルモノハ中学私塾ト称スヘシ其免状ナキモノハ之ヲ家塾トス

第三十三章　諸民学校ハ男子十八歳女子十五歳以上ノモノニ生業ノ間学業ヲ授ケ又十二歳ヨリ十七歳マテノ者ノ生業ヲ導カンカ為メ専ラ其業ヲ授ク故ニ多ク夜分ノ稽古アラシムヘシ

第三十四章　農業学校ハ小学ヲ経テ農業ヲ治メントスルモノノ為ニ設ク

第三十五章　通弁学校ハ専ラ通弁ノ事ヲ主トス或ハ商人等交易ノ為メ専ラ通弁ノミヲ志スモノ此校ニ入ル

　但外国教師アリト雖トモ只語学ノミヲ教ル者ハ之ヲ通弁学校ト称ス

第三十六章　商業学校ハ商用ニ係ルコトヲ教フ海内繁盛ノ地ニ就テ数所ヲ設ク

第三十七章　工業学校ハ諸工術ノコトヲ教フ

○大　学

第三十八章―第三十九章〔略〕

○教員ノ事

第四十章　小学教員ハ男女ヲ論セス年齢二十歳以上ニシテ師範学校卒業免状或ハ中学免状ヲ得シモノニ非サレハ其任ニ当ルコトヲ許サス

第四十一章　中学校教員ハ年齢二十五歳以上ニシテ大学免状ヲ得シモノニ非サレハ其任ニ当ルコトヲ許サス

第四十二章―第四十四章〔略〕

第四十五章　師範学校ニ於テ教授ヲ受ケタル教員ハ他ノ職務ヲ兼ネ及他ニ転スヘカラサルヲ法トス

第四十六章　小学校教員ハ男女ノ差別ナシ其才ニヨリ之ヲ用フヘシ

第四十七章〔略〕

○生徒及試業ノ事

第四十八章　生徒ハ諸学科ニ於テ必ス其等級ヲ踏マシムルコトヲ要ス故ニ一級毎ニ必ス試験アリ一級卒業スル者ハ試験状ヲ渡シ試験状ヲ得ルモノニ非サレハ進級スルヲ得ス

第四十九章　生徒学等ヲ終ル時ハ大試験アリ―小学校ヨリ中学ニ移リ中学ヨリ大学ニ進ム等ノ類

　但大試験ノ時ハ学事関係ノ人員ハ勿論其請求ニヨリテハ他官員トイヘトモ臨席スルコトアルヘシ

第五十章　私学私塾生徒モ其義前二章ニ同シ

第五十一章　試験ノ時生徒優等ノモノニハ褒賞ヲ与フルコトアルヘシ

第五十二章―第百九章〔略〕

明治五年壬申七月　　文　部　省

（表式略）

Ⅳ 資料

(1) 教師の倫理綱領等

□教師の倫理綱領

（昭和二七年制定
昭和三六年一部改訂
日本教職員組合）

私たちの組合は、昭和二十七年に「教師の倫理綱領」を決定しました。決定されるまでの約一年間、全国の各職場では倫理綱領の草案をめぐつて検討をつづけました。「自分たちの倫理綱領を、自分たちの討論のなかからつくろう」これが、私たちの考え方でした。

私たちが、綱領草案をめぐつて話しあいを行なつていた昭和二十六年という年は全面講和か、単独講和か、これからの日本の歩む途をめぐつて国論が二つにわかれてたたかわされていた時期です。私たちは、敗戦という大きな代償を払つて、やつと手中にした「民主主義と平和」を危機におとしいれる心配の濃い「単独講和」に反対してきました。平和憲法に対する理由のない攻撃も、この時からはじめられました。

このような時代を背景に、私たちの討論はつづけられました。そして「平和と民主主義を守りぬくために、今日の教師はいかにあるべきか」「望ましい教師の姿勢はどうあるべきか」、私たちの倫理綱領草案の討論には、以上のような考え方が基礎になつていました。

ですから、これはたんなる「標語」ではなく、私たち自身の古さをのりこえ、新らしい時代を見きわめて、真理を追究する者のきびしさ、正義を愛する熱情に支えられた生きた倫理、民族のもつ課題に正しく応える倫理という考え方が、私たちの倫理綱領の基調になつています。つまり、荒木文相などが理由のないいいがかりなどつけても微動もしない倫理綱領であるということがいえます。

以下、私たちの倫理綱領各項についてかんたんにふれたいと思います。

1 教師は日本社会の課題にこたえて青少年とともに生きる

平和を守り、民族の完全な独立をかちとり、憲法にしめされた民主的な社会をつくりだすことは教師に与えられた課題といえます。私たちは自ら深い反省にたち努力することによつて、この課題に応えうる教師となるとともに、青少年がこの課題解決のための有能な働き手となるよう育成されなければならないことをしめしました。

2 教師は教育の機会均等のためにたたかう

青少年は各人のおかれた社会的、経済的条件によつて教育を受ける機会を制限され、憲法の条項は空文に終つています。とくに、勤労青年、特殊児童（盲・ろう・肢体不自由児など）の教育はすてかえりみられていません。教師は教育の機会均等の原則が守られるよう、社会的措置をとらせるよう努力しなければならないことをしめしました。

3 教師は平和を守る

平和は人類の理想であるとともに、日本の繁栄と民主主義も、平和なくしては達成できません。教師は人類愛の鼓吹者、生活改造の指導者、人権尊重の先達として生き、いつさいの戦争挑発者と勇敢にたたかわなければならないことを明らかにしました。

4 教師は科学的真理に立つて行動する

社会の進歩は、科学的真理にたつてこそ達成されます。科学の無視は人間性の抑圧に通じます。教師は人間性を尊重し、自然と社会を科学的に探究し、青少年の成長のために合理的環境をつくりだすために、学者、専門家と協力しあうことをしめしました。

5 教師は教育の自由の侵害を許さない

教育研究、教育活動の自由はしばしば不当な力でおさえられています。言論、思想、学問、集会の自由は憲法で保障されていますが、実際には制限され、圧迫されています。

教育の自由の侵害は、青少年の学習の自由をさまたげるばかりではなく、自主的な活動をはばみ、民族の将来をあやまらせるものであります。以上のことから、私たちが自由の侵害とあくまでもたたかうことをここで明らかにしました。

6 教師は正しい政治をもとめる

これまで教師は、政治的中立という美名で時の政治権力に一方的に奉仕させられてきました。戦後、私たちは団結して正しい政治のためにたたかつてきました。政治を全国民のねがいにこたえるものとするため、ひろく働く人とともに正しい政治をもとめて、今後もつよくたたかうことをしめしました。

7 教師は親たちとともに社会の頽廃とたたかい、新しい文化をつくる

あらゆる種類の頽廃が青年をとりまいています。私たち教師は、マス・コミ等を通じて流される頽廃から青少年を守ると同時に、新しい健康的な文化をつくるために、親たちと力をあわせてすすむことをしめしました。

8 教師は労働者である

教師は学校を職場として働く労働者であります。しかし、教育を一方的に支配しようとする人びとは、「上から押しつけた聖職者意識」を、再び教師のものにしようと、「労働者である」という私たちの宣言に、さまざまないいがかりをつけています。私たちは、人類社会の進歩は働く人たちを中心とした力によつてのみ可能であると考えています。私たちは自らが労働者であることの誇りをもつて人類進歩の理想に生きることを明らかにしました。

9 教師は生活権を守る

私たちはこれまで、清貧にあまんずる教育者の名のもとに、最低の生活を守ることすら口にすることをはばかつてきましたが、正しい教育を行なうためには、生活が保障されていなくてはなりません。

労働に対する正当な報酬を要求することは、教師の権利であり、また義務であることをしめしました。

10 教師は団結する

教師の歴史的任務は、団結を通じてのみ達成することができます。教師の力は、組織と団結によつて発揮され、組織と団結はたえず教師の活動に勇気と力をあたえています。私たちは自らが団結を強め行動するとともに、国民のための教育を一部の権力による支配から守るため、世界の教師、すべての働く人びとと協力しあつていくことが、私たちの倫理であることを明らかにしました。

□教員の地位に関する勧告〔抄〕

（一九六六年九月二一日～一〇月五日 教員の地位に関する特別政府間会議で採択）

教員の地位に関する勧告

教員の地位に関する特別政府間会議は、

教育を受ける権利が基本的人権であることを想起し、

世界人権宣言の第二十六条、児童の権利に関する宣言第五、第七及び第十の原則並びに諸国民間の平和、相互の尊重及び理解の理想を青少年の間に促進することに関する国際連合の宣言を遂行して、すべての者に適切な教育を与えることに対する国の責任を自覚し、

不断の道徳的及び文化的進歩並びに経済的及び社会的発展に貢献する上に欠くことのできないものとして、あらゆる才能及び知性を完全に利用するために一層広範な一般教育、技術教育及び職業教育が必要であることを認め、

教育の発展における教員の本質的役割並びに人類及び近代社会の発展に対する教員の貢献の重要性を認識し、

教員がこの役割にふさわしい地位を享受することを確保することに関心を有し、

諸国における教育の制度及び組織を決定づける法令及び慣習に大きな相違があることを考慮し、

諸国において、教育職員に適用される措置が、特に公共の役務に関する規則が教育職員に適用されるかどうかに従って相違があることをも考慮し、

これらの相違にもかかわらず教員の地位に関してすべての国で類似の問題が生じており、また、これらの問題が一連の共通の基準及び措置（これらを明らかにすることがこの勧告の目的である。）の適用を必要としていることを確信し、

教員に適用される現行の国際諸条約、特に、国際労働機関の総会が採択した千九百四十八年の結社の自由及び団結権保護条約、千九百四十九年の団結権及び団体交渉権条約、千九百五十一年の同一報酬条約、千九百五十八年の差別待遇（雇用及び職業）条約、国際連合教育科学文化機関の総会が採択した千九百六十年の教育における差別待遇の防止に関する条約等の基本的人権に関する文書の諸規定に注目し、

国際連合教育科学文化機関と国際教育局とが共同で招集した国際公教育会議が採択した初等学校及び中等学校の教員の養成及び地位に関する諸問題についての勧告並びに国際連合教育科学文化機関の総会が採択した千九百六十二年の技術教育及び職業教育に関する勧告にも注目し、

教員に特に関係のある問題に関する諸規定によって現行の基準を補足するとともに、教員の不足の問題を解決することを希望して、

この勧告を採択した。

Ⅰ　定義

1　この勧告の適用上、

a　「教員」とは、学校において生徒の教育に責任を有するすべての者をいう。

b　教員に関して用いられる「地位」とは、教員の任務の重要性及びその任務を遂行する教員の能力の評価の程度に応じて社会において教員に認められる地位又は敬意並びに他の専門職と比較して教員に与えられる勤務条件、報酬その他の物質的利益の双方をいう。

Ⅱ　適用範囲

2　この勧告は、保育所、幼稚園、初等学校、中間学校又は中等学校（技術教育、職業教育又は美術教育を行なう学校を含む。）のいずれを問わず、中等教育段階の修了までの公私の学校のすべての教員に適用する。

Ⅲ　指導原則

3　教育は、最低学年から、人格の円満な発達並びに共同社会の精神的、道徳的、社会的、文化的及び経済的進歩を目ざすとともに、人権及び基本的自由に対する深い尊敬の念を植えつけるものとする。これらの価値のわく内で、教育が平和並びにすべての国家間及び人種的又は宗教的集団間の理解、寛容及び友好に貢献することを最も重視するものとする。

4　教育の進歩が教育職員一般の資格及び能力並びに個個の教員の人間的、教育的及び技術的資質に負うところが大きいことを認識するものとする。

5　教員の地位は、教育の目的及び目標に照らして評価される教育の必要性に相応したものとする。教員の適切な地位及び教職に対する公衆の正当な尊敬が教育の目的及び目標の完全な実現にとって大きな重要性を有することを認識するものとする。

6　教職は、専門職と認められるものとする。教職は、きびしい不断の研究により得られ、かつ、維持される専門的な知識及び技能を教員に要求する公共の役務の一形態であり、また、教員が受け持つ生徒の教育及び福祉について各個人の及び共同の責任感を要求するものである。

7　教員の養成及び雇用のすべての面において、人種、皮膚の色、性、宗教、政治上の意見、国民的若しくは社会的出身又は経済的条件を理由とするいかなる形式の差別もなされないものとする。

8　教員の勤務条件は、効果的な学習を最大限に促進し、かつ、教員がその職務に専念しうるようなものとする。

9　教員団体は、教育の進歩に大いに貢献することができ、したがって、教育政策の策定に参加させられるべき一つの力として認められるものとする。

Ⅳ　教育の目標及び政策

10　人的その他のあらゆる資源を利用して、前記の指導原則に即した総合的教育政策の樹立に必要な範囲で適切な措置が各国において執られるものとする。この場合において、権限のある当局は、次の原則及び目標が教員に及ぼす影響を考慮に入れるものとする。

a　最大限の教育の機会が与えられることは、すべての児童の基本的権利である。特別の教育上の扱いを必要とする児童には、正当な配慮が払われるものとする。

b　すべての者が性、人種、皮膚の色、宗教、政治上の意見、国民的若しくは社会的出身又は経済的条件の理由で差別されることなく教育を受ける権利を享受することができるように、すべての便宜が平等に与えられるものとする。

c　教育は、公共の利益にとって基本的重要性を有する事業であるので、国の責任として認められるものとし、国は、十分な学校網、こ

れらの学校における無償の教育及び貧しい生徒に対する物質的援助を提供するものとする。もっとも、この規定は、父母及び場合により法定保護者が児童のために国立の学校以外の学校を選択する自由又は個人及び団体が国によって設定され若しくは承認された最小限の教育基準に従って教育施設を設置し及び管理する自由に干渉するものと解されないものとする。

d　教育は経済成長に不可欠な要因であるので、教育計画は、生活条件を改善するための経済的及び社会的計画全体の不可分の一部をなすものとする。

e　教育は継続的過程であるので、教育活動の諸部門は、すべての生徒のための教育の質を改善するとともに教員の地位を高めるように調整されるものとする。

f　児童がいずれの種類の教育のいずれの段階にも進学することができる機会を制限しないように、相互に適切に関連づけられた学校の弾力性のある制度を自由に利用することができるようにするものとする。

g　いずれの国も、教育の目標として、量のみに満足することなく、質の向上にも努めるものとする。

h　教育には、長期及び短期の双方の計画が必要である。すなわち、今日の生徒が社会に効果的に受け入れられるかどうかは、現在の必要よりむしろ将来の要請にかかっている。

i　すべての教育計画は、計画の各段階において、当該国の国民の生活に精通しており、かつ、母国語で教えることができるその国の十分に有能なかつ資格のある十分な数の教員の養成及び研修を必要に応じて行なうための措置を含むものとする。

j　教員養成及び現職教育の分野における調整された体系的及び継続的な研究及び実践（国際的な共同研究計画及び研究成果の交換を含む。）は、欠くことができないものである。

k　教育政策及びその明確な目標を定めるため、権限のある当局、教員団体、使用者団体、労働者団体、父母の団体、文化団体及び学術研究機関の間で密接な協力を行なうものとする。

l　教育の目的及び目標の達成は教育のために利用することができる資金に大いに依存するので、すべての国において、国家予算の範囲内で、教育の発展のために国民所得の適当な割合が優先的に確保されるものとする。

Ⅴ　教員養成〔略〕

Ⅵ　教員の継続教育〔略〕

Ⅶ　雇用及び分限〔略〕

Ⅷ　教師の権利及び責務〔略〕

職業上の自由

61　教員は、職責の遂行にあたって学問の自由を享受するものとする。教員は、生徒に最も適した教具及び教授法を判断する資格を特に有しているので、教材の選択及び使用、教科書の選択並びに教育方法の適用にあたって、承認された計画のわく内で、かつ、教育当局の援助を得て、主要な役割が与えられるものとする。

62　教員及び教員団体は、新しい課程、教科書及び教具の開発に参加するものとする。

63　いかなる指導監督制度も、教員の職務の遂行に際して教員を鼓舞し、かつ、援助するように計画されるものとし、また、教員の自由、創意及び責任を減殺しないようなものとする。

64 (1)　教員の勤務についてなんらかの直接評定が必要とされる場合には、このような勤務評定は、客観的なものとし、当該教員に知らされるものとする。

(2)　教員は、不当と考える勤務評定に対して不服を申し立てる権利を有するものとする。

65　教員は、生徒の進歩の評価に役だつと思われる成績評定技術を利用する自由を有するものとするが、個個の生徒に不公平が生じないことを確保するものとする。

66　当局は、諸種の課程及び上級教育に対する個個の生徒の適性に関する教員の勧告を十分に尊重するものとする。

67　生徒の利益に関して教員と父母との間の緊密な協力を増進するためにあらゆる努力がなされるものとするが、教員は、本質的に教員の職務上の責任である問題についての父母の不当な干渉から守られるものとする。

68 (1)　学校又は教員に対して苦情を有する父母は、最初に、校長及び当該教員との話合いの機会を与えられるものとする。その後上級の機関に苦情を訴える場合には、文書で行なうものとし、その写しを当該教員に交付するものとする。

(2)　苦情について審査を行なう場合には、教員は、自己を弁護するための公平な機会を与えられるものとし、その経過は、公開されないものとする。

69　教員は、生徒の事故を避けるために最大の注意を払うものとするが、教員の使用者は、校内において又は校外の学校活動において生ずる生徒の事故に際して、教員が損害賠償を負担させられるおそれがないように教員を保護するものとする。

教員の責務

70　すべての教員は、その専門職としての地位が相当程度教員自身に依存していることを認識して、そのすべての職務においてできる限り高度の水準に達するよう努めるものとする。

71　教員の職務遂行に関する職業上の基準は、教員団体の参加の下に、定められ、かつ、維持されるものとする。

72　教員及び教員団体は、生徒、教育活動及び社会一般の利益のために当局と十分に協力するよう努めるものとする。

73　倫理綱領又は行動の準則は、教職の権威を保ち、及び承認された諸原則に従った職責の遂行を確保するために大いに寄与するものであるので、教員団体が制定するものとする。

74　教員は、生徒及び成人のための課外活動に参加するよう心がけるものとする。

教員と教育活動全般との関係

75　教員がその職責を遂行することができるように、当局は、教育政策、学校組織、教育活動の新しい発展等の事項について教員団体と協議するための承認された手段を設け、かつ、定期的に利用するものとする。

76 当局及び教員は、教員が教育活動の質の改善のための措置、教育研究並びに改良された新しい方法の開発及び普及に、教員団体を通じて又はその他の方法により参加することの重要性を認識するものとする。

77 当局は、一学校内又は一層広い範囲で、同一教科の教員の協力を促進するための研究グループの設置を容易にし、かつ、その活動を助長するものとし、このような研究グループの意見及び提案に対して妥当な考慮を払うものとする。

78 教育活動の諸種の面について責任を有する行政官その他の職員は、教員とのよい関係を確立するよう努めるものとし、このような態度をとるものとする。

教員の権利

79 教員の社会生活及び公共生活への参加は、教員自身の向上、教育活動及び社会全体のために助長されるものとする。

80 教員は、市民が一般に享受している市民としてのすべての権利を行使する自由を有し、また、公職につく資格を有するものとする。

81 教員は、公職につくために教職を離れなければならない場合には、先任権及び年金に関する限り、教職にとどめられるものとし、また、公職の任期終了後は、従前の地位又はこれと同等の地位に復帰することができるものとする。

82 教員の給与及び勤務条件は、教員団体と教員の使用者との間の交渉の過程を経て決定されるものとする。

83 教員が教員団体を通じて公の又は民間の使用者と交渉する権利を保障する法定の又は任意の機構が設置されるものとする。

84 勤務条件から生じた教員と使用者との間の紛争を処理するため、適切な合同機構が設けられるものとする。この目的のために設けられた手段及び手続が尽くされた場合又は当事者間の交渉が決裂した場合には、教員団体は、正当な利益を守るために通常他の団体に開かれているような他の手段を執る権利を有するものとする。

Ⅸ 効果的な教授及び学習の条件

85 教員は価値のある専門家であるので、その仕事は、時間及び労力を浪費することがないように組織され、かつ、援助されるものとする。

学級の規模

86 学級の規模は、教員が個個の生徒に注意を向けることができる程度のものとする。矯正的教育等の目的で行なう少人数のグループ又は個人の教育のため、及び必要に応じて視聴覚教具の利用による多人数のグループの教育のため、随時措置を執ることができるものとする。

補助職員

87 教員がその職務に専念することができるようにするため、学校には、教育以外の仕事をする補助職員を置くものとする。

教具

88 (1) 当局は、教員及び生徒に近代的な教具を提供するものとする。このような教具は、教員に代わるもののとみなされず、教育の質を向上させ、かつ、一層多くの生徒に教育の恩恵を及ぼす手段とみなされるものとする。

(2) 当局は、このような教具の活用のための研究を促進し、また、教員がこのような研究に積極的に参加するよう奨励するものとする。

勤務時間

89 教員の一日及び一週あたりの勤務時間は、教員団体と協議の上定めるものとする。

90 授業時間を定めるにあたっては、次に掲げる教員の勤務量に関するすべての要素を考慮に入れるものとする。

a 教員が教えなければならない一日及び一週あたりの生徒数

b 授業の適切な計画及び準備並びに成績評価に必要な時間

c 毎日の担当授業科目数

d 教員が研究、課外活動並びに生徒の監督及びカウンセリングに参加するために必要な時間

e 教員が生徒の発達について父母に報告し、及び父母と相談するために必要な時間

91 教員は、現職教育への参加に必要な時間を与えられるものとする。

92 教員の課外活動への参加は、過度の負担とならないものとし、教員の主たる職務の遂行を妨げないものとする。

93 授業のほかに特別の教育上の責務を課された教員は、これに応じて正規の授業時間を軽減されるものとする。

年次有給休暇

94 すべての教員は、給与の全額を支給される十分な年次休暇を与えられる権利を享受するものとする。

研修休暇

95 (1) 教員は、給与の全額又は一部を支給される研修休暇を間隔を置いて与えられるものとする。

(2) 研修休暇の期間は、先任権及び年金のための在職期間に通算されるものとする。

(3) 人口集中地から離れた地域で行政当局がそのような地域と認定したものの教員は、一層多くの回数の研修休暇を与えられるものとする。

特別休暇

96 二国間及び多数国間の文化交流のわく内で与えられる休暇は、勤務時間とみなされるものとする。

97 技術援助計画の実施に参加している教員は、休暇を与えられるものとし、また、本国における先任権、昇格の資格及び年金権を保障されるものとする。さらに、当該教員の特別の出費を償うために特別の措置が執られるものとする。

98 外国の客員教員も、同様に、その本国により休暇を与えられるものとし、また、先任権及び年金権を保障されるものとする。

99 (1) 教員は、教員団体の活動に参加することができるように、給与の全額を支給される臨時の休暇を与えられるものとする。

(2) 教員は、教員団体の役職につく権利を有するものとし、この場合において、当該教員の諸権利は、公職にある教員の諸権利と同様のものとする。

Ⅹ 教師の給与〔略〕

Ⅺ 社会保障〔略〕

Ⅻ 教師の不足〔略〕

XIII 最終規定

146 教員がある事項についてこの勧告で定める地位より有利な地位を享受

している場合には、この勧告の規定は、すでに教員に与えられている地位を低下させるために援用されないものとする。

以上は、パリにおいて開催されて千九百六十六年十月五日に閉会を宣された教員の地位に関する特別政府間会議が正当に採択した勧告の真正な本文である。

以上の証拠として、われわれは、千九百六十六年十月五日に署名した。

教員の地位に関する特別政府間会議議長
ジャン・トマ

国際連合教育科学文化機関事務局長
ルネ・マウ

(2) ポツダム宣言等

□ポツダム宣言（一九四五年七月二六日 ポツダムで署名）

一　吾等合衆国大統領、中華民国政府主席及「グレート・ブリテン」国総理大臣ハ吾等ノ数億ノ国民ヲ代表シ協議ノ上日本国ニ対シ今次ノ戦争ヲ終結スルノ機会ヲ与フルコトニ意見一致セリ

二　合衆国、英帝国及中華民国ノ巨大ナル陸、海、空軍ハ西方ヨリ自国ノ陸軍及空軍ニ依ル数倍ノ増強ヲ受ケ日本国ニ対シ最後的打撃ヲ加フルノ態勢ヲ整ヘタリ右軍事力ハ日本国ガ抵抗ヲ終止スルニ至ル迄同国ニ対シ戦争ヲ遂行スルノ一切ノ連合国ノ決意ニ依リ支持セラレ且鼓舞セラレ居ルモノナリ

三　蹶起セル世界ノ自由ナル人民ノ力ニ対スル「ドイツ」国ノ無益且無意義ナル抵抗ノ結果ハ日本国民ニ対スル先例ヲ極メテ明白ニ示スモノナリ現在日本国ニ対シ集結シツツアル力ハ抵抗スル「ナチス」ニ対シ適用セラレタル場合ニ於テ全「ドイツ」国人民ノ土地、産業及生活様式ヲ必然的ニ荒廃ニ帰セシメタル力ニ比シ測リ知レザル程度ニ強大ナルモノナリ吾等ノ決意ニ支持セラルル吾等ノ軍事力ノ最高度ノ使用ハ日本国軍隊ノ不可避且完全ナル壊滅ヲ意味スベク又同様必然的ニ日本国本土ノ完全ナル破壊ヲ意味スベシ

四　無分別ナル打算ニ依リ日本帝国ヲ滅亡ノ淵ニ陥レタル我儘ナル軍国主義的助言者ニ依リ日本国ガ引続キ統御セラルベキカ又ハ理性ノ経路ヲ日本国ガ履ムベキカヲ日本国ガ決意スベキ時期ハ到来セリ

五　吾等ノ条件ハ左ノ如シ吾等ハ右条件ヨリ離脱スルコトナカルベシ右ニ代ル条件存在セズ吾等ハ遅延ヲ認ムルヲ得ズ

六　吾等ハ無責任ナル軍国主義ガ世界ヨリ駆逐セラルルニ至ル迄ハ平和、安全及正義ノ新秩序ガ生ジ得ザルコトヲ主張スルモノナルヲ以テ日本国国民ヲ欺瞞シ之ヲシテ世界征服ノ挙ニ出ヅルノ過誤ヲ犯サシメタル者ノ権力及勢力ハ永久ニ除去セラレザルベカラズ

七　右ノ如キ新秩序ガ建設セラレ且日本国ノ戦争遂行能力ガ破砕セラレタルコトノ確証アルニ至ル迄ハ連合国ノ指定スベキ日本国領域内ノ諸地点ハ吾等ノ茲ニ指示スル基本的目的ノ達成ヲ確保スル為占領セラルベシ

八　「カイロ」宣言ノ条項ハ履行セラルベク又日本国ノ主権ハ本州、北海道、九州、四国及吾等ノ決定スル諸小島ニ局限セラルベシ

九　日本国軍隊ハ完全ニ武装ヲ解除セラレタル後各自ノ家庭ニ復帰シ平和的且生産的ノ生活ヲ営ムノ機会ヲ得シメラルベシ

十　吾等ハ日本人ヲ民族トシテ奴隷化セントシ又ハ国民トシテ滅亡セシメントスルノ意図ヲ有スルモノニ非ザルモ吾等ノ俘虜ヲ虐待セル者ヲ含ム一切ノ戦争犯罪人ニ対シテハ厳重ナル処罰加ヘラルベシ日本国政府ハ日本国国民ノ間ニ於ケル民主主義的傾向ノ復活強化ニ対スル一切ノ障礙ヲ除去スベシ言論、宗教及思想ノ自由並ニ基本的人権ノ尊重ハ確立セラルベシ

十一　日本国ハ其ノ経済ヲ支持シ且公正ナル実物賠償ノ取立ヲ可能ナラシムルガ如キ産業ヲ維持スルコトヲ許サルベシ但シ日本国ヲシテ戦争ノ為再軍備ヲ為スコトヲ得シムルガ如キ産業ハ此ノ限ニ在ラズ右目的ノ為原料ノ入手（其ノ支配トハ之ヲ区別ス）ヲ許サルベシ日本国ハ将来世界貿易関係ヘノ参加ヲ許サルベシ

十二　前記諸目的ガ達成セラレ且日本国国民ノ自由ニ表明セル意思ニ従ヒ平和的傾向ヲ有シ且責任アル政府ガ樹立セラルルニ於テハ連合国ノ占領軍ハ直ニ日本国ヨリ撤収セラルベシ

十三　吾等ハ日本国政府ガ直ニ全日本軍隊ノ無条件降伏ヲ宣言シ且右行動ニ於ケル同政府ノ誠意ニ付適当且充分ナル保障ヲ提供センコトヲ同政府ニ対シ要求ス右以外ノ日本国ノ選択ハ迅速且完全ナル壊滅アルノミトス

□教育勅語等排除に関する決議

（昭和二十三年六月十九日 衆議院決議）

民主平和国家として世界史的建設途上にあるわが国の現実はその精神内容において未だ決定的な民主化を確認するを得ないのは遺憾である。これが徹底にもつとも緊要なことは教育基本法に則り教育の革新と振興とをはかることにある。しかるに、既に過去の文書となつている教育勅語並びに陸海軍軍人に賜わりたる勅諭その他の教育に関する諸詔勅が、今日もなお国民道徳の指導原理としての性格を持続しているかの如く誤解されるのは、従来の行政上の措置が不十分であつたがためである。思うにこれらの詔勅の根本理念が主権在君並びに神話的国体観に基いている事実は明らかに基本的人権を損い、且つ国際信義に対して疑点を残すもととなる。よつて憲法第九十八条の本旨にしたがい、ここに衆議院は院議を以つてこれらの詔勅を排除し、その指導原理的性格を認めないことを宣言する。政府は直ちにこれらの詔勅の謄本を回収し排除の措置を完うすべきである。

以上決議する。

□教育勅語等の失効確認に関する決議

（昭和二十三年六月十九日 参議院決議）

われらは、さきに日本国憲法の人類普遍の原理に則り、教育基本法を制定し、わが国家及びわが民族を中心とする教育の誤りを徹底的に払しよくし、真理と平和とを希求する人間を育成する民主主義的教育理念をおごそかに宣明した。その結果として、教育勅語は、軍人に賜わりたる勅諭、戊申詔書、青少年学徒に賜わりたる勅語その他の詔勅とともに、既に廃止せられその効力を失つている。

しかし教育勅語等が、あるいは従来の如き効力を今日なお保有するかの疑いを懐く者あるをおもんばかり、われらはとくに、それらが既に効力を失つている事実を明確にするとともに、政府をして教育勅語その他の諸詔勅の謄本をもれなく回収せしめる。われらはここに、教育の真の権威の確立と国民道徳の振興のために、全国民が一致して教育基本法の明示する新教育理念の普及徹底に努力を致すべきことを期する。

以上決議する。

□米国教育使節団報告書〔第一次〕要旨

（昭和二一年四月七日）

ジョージ・D・ストダード博士を団長とする米国教育界代表二十七名より成る米国教育使節団は、本報告の作成に当たり日本に本年三月の一か月間滞在し、その間連合国最高指令部民間情報教育部教育課の将校及び日本の文部大臣の指名にかかる日本側教育者委員、及び日本の学校及び各種職域の代表者とも協議をとげたのである。本報告は本使節団の各員の審議を基礎として作製し、ここに連合国最高司令官に提出する次第である。本使節団は占領当初の禁止的指令、例えば帝国主義及び国家主義的神道を学校から根絶すべしと言うがごときものの必要は、十分認めるものではあるが、今回は積極的提案をなすことに主要な重点を置いたのである。

本使節団はかくすることにより、日本人が自らその文化中に、健全な教育制度再建に必要な諸条件を、樹立する援助をしようと努めた次第である。

日本の教育の目的及び内容 高度に中央集権化された教育制度は、仮にそれが極端な国家主義と軍国主義の網の中に捕えられていないにしても、強固な官僚政治にともなう害悪を受けるおそれがある。教師各自が画一化されることなく適当な指導の下に、それぞれの職務を自由に発展させるためには、地方分権化が必要である。かくするとき教師は初めて、自由な日本国民を作りあげる上に、その役割を果たしうるであろう。この目的のためには、ただ一冊の認定教科書や参考書では得られない広い知識と、型通りの試験では試され得ない深い知識が、得られなくてはならない。カリキユラムは単に認容された一体の知識だけではなく、学習者の肉体的及び精神的活動をも加えて構成されているものである。それには個々の生徒の異なる学習体験及び能力の相違が考慮されるのである。それゆえにそれは教師をふくめた協力活動によつて作成され、生徒の経験を活用しその独創力を発揮させなくてはならないのである。

日本の教育では独立した地位を占め、かつ従来は服従心の助長に向けられて来た修身は、今までとは異なつた解釈が下され、自由な国民生活の各分野に行きわたるようにしなくてはならない。平等をうながす礼儀作法、民主政治の協調精神、及び日常生活における理想的技術精神、これらは、皆広義の修身である。これらは、民主的学校の各種の計画及び諸活動の中に発展させ、かつ実行されなくてはならない。地理及び歴史科の教科書は、神話は神話として認め、そうして従前より一層客観的な見解が教科書や参考書の中に現われるよう、書き直す必要があろう。初級中級学校に対しては地方的資料を従来より一層多く使用するようにし、上級学校においては優秀なる研究を、種々の方法により助成しなくてはならない。

保健衛生教育及び体育の計画は教育全計画の基礎となるものである。身体検査、栄養及び公衆衛生についての教育、体育と娯楽厚生計画を大学程度の学校にまで延長し、又できるだけ速やかに諸設備を取り替えるよう勧告する。職業教育はあらゆる水準の学校において強調されるべきものである。よく訓練された職員の指導の下に、各種の職業的経験が要望せられ、同時に工芸、及びその基礎たる技術及び理論に重点を置くべきである。

技術工及び労働者の寄与に対しては、これを社会研究のプログラム中に組み入れ、かつ独創性及び創造性を発揮する機会が与えられるべきである。

国語の改革　国字の問題は教育実施上のあらゆる変革にとつて基本的なものである。国語の形式のいかなる変更も、国民の中から湧き出て来なければならないのであるが、そのような変更に対する刺激の方は、いかなる方面から与えられても差しつかえない。単に教育計画のためのみならず、将来の日本の青年子弟の発展のためにも、国語改革の重大なる価値を認める人々に対して、激励を与えて差しつかえないのである。何かある形式のローマ字が一般に使用されるよう勧告される次第である。適当な期間内に、国語に関する総合的な計画を発表する段取に到るように日本人学者、教育指導者、政治家より成る国語委員会が、早急に設置されるよう提案する次第である。この委員会はいかなる形式のローマ字を採用するかを決定する外、次の役目を果たすことになろう。即ち、

㈠過渡期における国語改革計画の調整に対する責任をとること。㈡新聞、雑誌、書籍及びその他の文書を通じて、学校及び一般社会並びに国民生活にローマ字を採用するための計画を立てること。㈢口語体の形式をより民主的にするための方策の研究。

かかる委員会はゆくゆくは国語審議機関に発展する可能性があろう。文字による簡潔にして能率的な伝達方法の必要は十分認められているところで、この重大なる処置を講ずる機会は現在が最適で将来かかる機会はなかなかめぐつて来ないであろう。言語は交通路であつて、障壁であつてはならない。この交通路は国際間の相互の理解を増進するため、また知識及び思想を伝達するために、その国境を越えた海外へも開かれなくてはならない。

初等及び中等学校の教育行政　教育の民主化の目的のために、学校管理を現在のごとく中央集権的なものよりむしろ地方分権的なものにするべきであるという原則は、人の認めるところである。学校における勅語の朗読、御真影の奉拝等の式を挙げることは望ましくない。文部省は本使節団の提案によれば、各種の学校に対し技術的援助及び専門的な助言を与えると言う重要な任務を負うことになるが、地方の学校に対するその直接の支配力は大いに減少することであろう。市町村及び都道府県の住民を広く教育行政に参画させ、学校に対する内務省地方官吏の管理行政を排除するために、市町村及び都道府県に一般投票により選出せる教育行政機関の創設を、我々は提案する次第である。かかる機関には学校の認可、教員の免許状附与、教科書の選定に関し相当の権限を附与されるであろう。現在はかかる権限は全部中央の文部省ににぎられている。

課税で維持し、男女共学制を採り、かつ授業料無徴収の学校における義務教育の引き上げをなし、修業年限を九か年に延長、換言すれば生徒が十六歳に達するまで教育を施す、年限延長改革案を我々は提案する。さらに、生徒は、最初の六か年は現在と同様小学校において、次の三か年は、現在小学校の卒業児童を入学資格とする各種の学校の合併改変によつて創設されるべき「初級中等学校」において、修学することを我々は提案する。これらの学校においては、全生徒に対し職業及び教育指導をふくむ一般的教育が施されるべきであり、かつ個々の生徒の能力の相違を考慮しうるよう、十分弾力性を持たせなくてはならない。さらに三年制の「上級中等学校」も設置し、授業料は無徴収、ゆくゆくは男女共学制を採り、初級中等学校よりの進学希望者全部に、種々の学習の機会が提供されるようにすべきである。

初級と上級の中等学校が相伴つて、課税により維持されている現在のこの程度の他の諸学校、即ち小学校高等科、高等女学校、予科、実業学校及び青年学校等の果たしつつある種々の職能を、継続することになろう。上級中等学校の卒業は、さらに上級の学校への入学条件とされるであろう。本提案によれば、私立諸学校は、生徒が公私立を問わず相互に容易に転校できるようにするため、必要欠くべからざる最低標準に従うことは当然期待されるところであるが、それ以外は、完全な自由を保有することになろう。

教授法と教師養成教育　新しい教育の目的を達成するためには、つめこみ主義、画一主義、及び忠孝のような上長への服従に重点を置く教授法は改められ、各自に思考の独立、個性の発展、及び民主的公民としての権利と責任とを、助長するようにすべきである。例えば、修身の教授は、口頭の教訓によるよりも、むしろ学校及び社会の実際の場合における経験から得られる教訓によつて、行なわれるべきである。教師の再教育計画は、過渡期における民主主義的教育方法の採用をうながすために、樹立されるべきである。それがやがて教師の現職教育の一つに発展するよう計画を立てるよう提案する。師範学校は、必要とされる種類の教師を養成するように、改革されるべきである。師範学校は現在の中学校と同程度の上級中等学校の全課程を修了したものだけに入学を許し、師範学校予科の現制度は廃止すべきである。現在の高等師範学校とほとんど同等の水準において、再組織された師範学校は四年制となるべきである。この学校では一般教育が続けられ、未来の訓導や教諭に対して十分な師範教育が授けられるであろう。教員免許状授与をなすその他の教師養成機関においては、公私を問わず新師範学校と同程度の教師養成訓練が、十分に行なわれなくてはならない。教育行政官及び監督官も、教師と同等の師範教育を受け、さらにその与えられるべき任務に適合するような準備教育を受けなくてはならない。大学及びその他の高等教育機関は、教師や教育関係官吏がさらに進んだ研究をなしうるような施設を拡充すべきである。それらの学校では、研究の助成と教育指導の実を挙げるべきである。

成人教育　日本国民の直面する現下の危機において、成人教育は極めて重大な意義を有する。民主主義国家は、個々の国民に大なる責任を持たせるからである。学校は成人教育の単なる一機関にすぎないものであるが、両親と教師とが一体となつた活動により、また成人のための夜学や講座公開により、さらに種々の社会活動に校舎を開放すること等によつて、成人教育は助長されるのである。一つの重要な成人教育機関は公立図書館である。大都市には中央公立図書館が多くのその分館と共に、設置されるべきで、あらゆる都道府県においても適当な図書館施設の準備をなすべきである。この計画を進めるには、文部省内に公立図書館局長を任命するのがよい。科学、芸術及び産業博物館も、図書館と相まつて教育目的に役立つであろう。これに加えるに、社会団体、専門団体、労働組合、政治団体等をふくむあらゆる種類の団体組織が、座談会及び討論会の方式を有効に利用するよう、援助しなくてはならない。これらの目的の達成を助長するために、文部省の現在の「成人教育」事務に活を入れかつその民主化を計らなくては

ならない。

高等教育　日本の自由主義思潮は、第一次世界大戦に続く数年の間に、主として大学専門学校教育を受けた男女によつて形成された。高等教育は今や再び自由思想、果敢な探究、及び国民のための希望ある行動の、模範を示すべき機会に恵まれている。これらの諸目的を果たすために、高等教育は少数者の特権ではなく、多数者のための機会とならなくてはならない。

高等程度の学校における自由主義教育の機会を増大するためには、大学に進む予科学校（高等学校）や専門学校のカリキユラムを相当程度自由主義化し、もつて一般的専門教育を、もつと広範囲の人々が受けられるようにすることが望ましいであろう。このことはあるいは大学における研究を、あるいは又現在専門学校で与えられるような半職業的水準の専門的訓練を、彼等に受けさせることとなるが、しかしそれは、より広範囲の文化的及び社会的重要性を持つ訓練によつて一層充実することとなるであろう。

専門学校の数を増加する他に、適当な計画に基づいて大学の増設が行なわれるよう我々は提案する。高等教育機関の設置や先に規定した諸要件の維持に関する監督には政府機関に責任を持たせるべきである。開校を許可する前に、申請された高等教育機関の資格審査、及び上述の第一要件を満足させているか否かを確認する役目以外には、その政府機関は、高等教育機関に対する統制権を与えられるべきではない。その高等教育機関は、自らの最善と考える方法でその目的を追求するために、あらゆる点において安全な自由を保有しなくてはならない。

高等教育機関における教授の経済的及び学問的自由の確立は、又極めて重要であるこの目的達成のため、現在の文官制度の廃止が勧告される次第である。

学生にとつて保証されるべき自由は、その才能に応じてあらゆる水準の高等な研究に進みうる自由である。有能な男女で学資のないため研究を続けられない人々に、続いて研究ができるよう確実に保証してやるため、財政的援助が与えられなくてはならない。現在準備のできているすべての女子に対し、今直ちに高等教育への進学の自由が与えられなくてはならない。同時に女子の初等中等教育改善の処置もまた講ぜられなくてはならない。

図書館、研究施設及び研究所の拡充を我々は勧告する。かかる機関は国家再建期及びその後においても、国民の福利に計り知れない重要な寄与をなしうるのである。医療、学校行政、ジヤーナリズム、労務関係及び一般国家行政のごとき分野に対する専門教育の改善に対し特に注意を向ける必要がある。医療及び公衆衛生問題の全般を研究する特別委員会の設置を我々は要望する。（一九四六年三月三一日）

(3)　学習指導要領等

□小学校学習指導要領〔抄〕

（平成二九年三月三一日　文部科学省告示第六三号）

教育は、教育基本法第一条に定めるとおり、人格の完成を目指し、平和で民主的な国家及び社会の形成者として必要な資質を備えた心身ともに健康な国民の育成を期すという目的のもと、同法第二条に掲げる次の目標を達成するよう行われなければならない。

1　幅広い知識と教養を身に付け、真理を求める態度を養い、豊かな情操と道徳心を培うとともに、健やかな身体を養うこと。

2　個人の価値を尊重して、その能力を伸ばし、創造性を培い、自主及び自律の精神を養うとともに、職業及び生活との関連を重視し、勤労を重んずる態度を養うこと。

3　正義と責任、男女の平等、自他の敬愛と協力を重んずるとともに、公共の精神に基づき、主体的に社会の形成に参画し、その発展に寄与する態度を養うこと。

4　生命を尊び、自然を大切にし、環境の保全に寄与する態度を養うこと。

5　伝統と文化を尊重し、それらをはぐくんできた我が国と郷土を愛するとともに、他国を尊重し、国際社会の平和と発展に寄与する態度を養うこと。

これからの学校には、こうした教育の目的及び目標の達成を目指しつつ、一人一人の児童が、自分のよさや可能性を認識するとともに、あらゆる他者を価値のある存在として尊重し、多様な人々と協働しながら様々な社会的変化を乗り越え、豊かな人生を切り拓き、持続可能な社会の創り手となることができるようにすることが求められる。このために必要な教育の在り方を具体化するのが、各学校において教育の内容等を組織的かつ計画的に組み立てた教育課程である。

教育課程を通して、これからの時代に求められる教育を実現していくためには、よりよい学校教育を通してよりよい社会を創るという理念を学校と社会とが共有し、それぞれの学校において、必要な学習内容をどのように学び、どのような資質・能力を身に付けられるようにするのかを教育課程において明確にしながら、社会との連携及び協働によりその実現を図っていくという、社会に開かれた教育課程の実現が重要となる。

学習指導要領とは、こうした理念の実現に向けて必要となる教育課程の基準を大綱的に定めるものである。学習指導要領が果たす役割の一つは、公の性質を有する学校における教育水準を全国的に確保することである。また、各学校がその特色を生かして創意工夫を重ね、長年にわたり積み重ねられてきた教育実践や学術研究の蓄積を生かしながら、児童や地域の現状や課題を捉え、家庭や地域社会と協力して、学習指導要領を踏まえた教育活動の更なる充実を図っていくことも重要である。

児童が学ぶことの意義を実感できる環境を整え、一人一人の資質・能力を伸ばせるようにしていくことは、教職員をはじめとする学校関係者はもとより、家庭や地域の人々も含め、児童や学校に関わる全ての大人に期待される役割である。幼児期の教育の基礎の上に、中学校以降の教育や生涯にわたる学習とのつながりを見通しながら、児童の学習の在り方を展望していくために広く活用されるものとなることを期待して、ここに小学校学習指導要領を定める。

第一章　総則

第一　小学校教育の基本と教育課程の役割

1　各学校においては、教育基本法及び学校教育法その他の法令並びにこの章以下に示すところに従い、児童の人間として調和のとれた育成を目指し、児童の心身の発達の段階や特性及び学校や地域の実態を十分考慮して、適切な教育課程を編成するものとし、これらに掲げる目標を達成するよう教育を行うものとする。

2　学校の教育活動を進めるに当たっては、各学校において、第三の1に示す主体的・対話的で深い学びの実現に向けた授業改善を通して、創意工夫を生かした特色ある教育活動を展開する中で、次の(1)から(3)までに掲げる事項の実現を図り、児童に生きる力を育むことを目指すものとする。

(1)　基礎的・基本的な知識及び技能を確実に習得させ、これらを活用して課題を解決するために必要な思考力、判断力、表現力等を育むとともに、主体的に学習に取り組む態度を養い、個性を生かし多様な人々との協働を促す教育の充実に努めること。その際、児童の発達の段階を考慮して、児童の言語活動など、学習の基盤をつくる活動を充実するとともに、家庭との連携を図りながら、児童の学習習慣が確立するよう配慮すること。

(2)　道徳教育や体験活動、多様な表現や鑑賞の活動等を通して、豊かな心や創造性の涵養を目指した教育の充実に努めること。

学校における道徳教育は、特別の教科である道徳（以下「道徳科」という。）を要として学校の教育活動全体を通じて行うものであり、道徳科はもとより、各教科、外国語活動、総合的な学習の時間及び特別活動のそれぞれの特質に応じて、児童の発達の段階を考慮して、適切な指導を行うこと。

道徳教育は、教育基本法及び学校教育法に定められた教育の根本精神に基づき、自己の生き方を考え、主体的な判断の下に行動し、自立した人間として他者と共によりよく生きるための基盤となる道徳性を養うことを目標とすること。

道徳教育を進めるに当たっては、人間尊重の精神と生命に対する畏敬の念を家庭、学校、その他社会における具体的な生活の中に生かし、豊かな心をもち、伝統と文化を尊重し、それらを育んできた我が国と郷土を愛し、個性豊かな文化の創造を図るとともに、平和で民主的な国家及び社会の形成者として、公共の精神を尊び、社会及び国家の発展に努め、他国を尊重し、国際社会の平和と発展や環境の保全に貢献し未来を拓く主体性のある日本人の育成に資することとなるよう特に留意すること。

(3)　学校における体育・健康に関する指導を、児童の発達の段階を考慮して、学校の教育活動全体を通じて適切に行うことにより、健康で安全な生活と豊かなスポーツライフの実現を目指した教育の充実に努めること。特に、学校における食育の推進並びに体力の向上に関する指導、安全に関する指導及び心身の健康の保持増進に関する指導については、体育科、家庭科及び特別活動の時間はもとより、各教科、道徳科、外国語活動及び総合的な学習の時間などにおいてもそれぞれの特質に応じて適切に行うよう努めること。また、それらの指導を通して、家庭や地域社会との連携を図りながら、日常生活において適切な体育・健康に関する活動の実践を促し、生涯を通じて健康・安全で活力ある生活を送るための基礎が培われるよう配慮すること。

3　2の(1)から(3)までに掲げる事項の実現を図り、豊かな創造性を備え持続可能な社会の創り手となることが期待される児童に、生きる力を育むことを目指すに当たっては、学校教育全体並びに各教科、道徳科、外国語活動、総合的な学習の時間及び特別活動（以下「各教科等」という。ただし、第二の3の(2)のア及びウにおいて、特別活動については学級活動（学校給食に係るものを除く。）に限る。）の指導を通してどのような資質・能力の育成を目指すのかを明確にしながら、教育活動の充実を図るものとする。その際、児童の発達の段階や特性等を踏まえつつ、次に掲げることが偏りなく実現できるようにするものとする。

(1)　知識及び技能が習得されるようにすること。

(2)　思考力、判断力、表現力等を育成すること。

(3)　学びに向かう力、人間性等を涵養すること。

4　各学校においては、児童や学校、地域の実態を適切に把握し、教育の目的や目標の実現に必要な教育の内容等を教科等横断的な視点で組み立てていくこと、教育課程の実施状況を評価してその改善を図っていくこと、教育課程の実施に必要な人的又は物的な体制を確保するとともにその改善を図っていくことなどを通して、教育課程に基づき組織的かつ計画的に各学校の教育活動の質の向上を図っていくこと（以下「カリキュラム・マネジメント」という。）に努めるものとする。

第二　教育課程の編成

1　各学校の教育目標と教育課程の編成

教育課程の編成に当たっては、学校教育全体や各教科等における指導を通して育成を目指す資質・能力を踏まえつつ、各学校の教育目標を明確にするとともに、教育課程の編成についての基本的な方針が家庭や地域とも共有されるよう努めるものとする。その際、第五章総合的な学習の時間の第二の1に基づき定められる目標との関連を図るものとする。

2　教科等横断的な視点に立った資質・能力の育成

(1)　各学校においては、児童の発達の段階を考慮し、言語能力、情報活用能力（情報モラルを含む。）、問題発見・解決能力等の学習の基盤となる資質・能力を育成していくことができるよう、各教科等の特質を生かし、教科等横断的な視点から教育課程の編成を図るものとする。

(2)　各学校においては、児童や学校、地域の実態及び児童の発達の段階を考慮し、豊かな人生の実現や災害等を乗り越えて次代の社会を形成することに向けた現代的な諸課題に対応して求められる資質・能力を、教科等横断的な視点で育成していくことができるよう、各学校の特色を生かした教育課程の編成を図るものとする。

3　教育課程の編成における共通的事項

(1)　内容等の取扱い

ア　第二章以下に示す各教科、道徳科、外国語活動及び特別活動の内容に関する事項は、特に示す場合を除き、いずれの学校においても取り扱わなければならない。

イ　学校において特に必要がある場合には、第二章以下に示していない内容を加えて指導することができる。また、第二章以下に示す内容の取扱いのうち内容の範囲や程度等を示す事項は、全ての児童に対して指導するものとする内容の範囲や程度等を示したものであり、学校において特に必要がある場合には、この事項にかかわらず加えて指導することができる。ただし、これらの場合には、第二章以下に示す各教科、道徳科、外国語活動及び特別活動の目標や内容の趣旨を逸脱したり、児童の負担過重となったりすることのないようにしなければならない。

ウ　第二章以下に示す各教科、道徳科、外国語活動及び特別活動の内容に掲げる事項の順序は、特に示す場合を除き、指導の順序を示すものではないので、学校においては、その取扱いについて適切な工夫を加えるものとする。

エ　学年の内容を2学年まとめて示した教科及び外国語活動の内容は、2学年間かけて指導する事項を示したものである。各学校においては、これらの事項を児童や学校、地域の実態に応じ、2学年間を見通して計画的に指導することとし、特に示す場合を除き、いずれかの学年に分けて、又はいずれの学年においても指導するものとする。

オ　学校において2以上の学年の児童で編制する学級について特に必要がある場合には、各教科及び道徳科の目標の達成に支障のない範囲内で、各教科及び道徳科の目標及び内容について学年別の順序によらないことができる。

カ　道徳科を要として学校の教育活動全体を通じて行う道徳教育の内容は、第三章特別の教科道徳の第二に示す内容とし、その実施に当たっては、第六に示す道徳教育に関する配慮事項を踏まえるものとする。

(2)　授業時数等の取扱い

ア　各教科等の授業は、年間三五週（第一学年については三四週）以上にわたって行うよう計画し、週当たりの授業時数が児童の負担過重にならないようにするものとする。ただし、各教科等や学習活動の特質に応じ効果的な場合には、夏季、冬季、学年末等の休業日の期間に授業日を設定する場合を含め、これらの授業を特定の期間に行うことができる。

イ　特別活動の授業のうち、児童会活動、クラブ活動及び学校行事については、それらの内容に応じ、年間、学期ごと、月ごとなどに適切な授業時数を充てるものとする。

ウ　各学校の時間割については、次の事項を踏まえ適切に編成するものとする。

(ア)　各教科等のそれぞれの授業の一単位時間は、各学校において、各教科等の年間授業時数を確保しつつ、児童の発達の段階及び各教科等や学習活動の特質を考慮して適切に定めること。

(イ)　各教科等の特質に応じ、一〇分から一五分程度の短い時間を活用して特定の教科等の指導を行う場合において、教師が、単元や題材など内容や時間のまとまりを見通した中で、その指導内容の決定や指導の成果の把握と活用等を責任を持って行う体制が整備されているときは、その時間を当該教科等の年間授業時数に含めることができること。

(ウ)　給食、休憩などの時間については、各学校において工夫を加え、適切に定めること。

(エ)　各学校において、児童や学校、地域の実態、各教科等や学習活動の特質等に応じて、創意工夫を生かした時間割を弾力的に編成できること。

エ　総合的な学習の時間における学習活動により、特別活動の学校行事に掲げる各行事の実施と同様の成果が期待できる場合においては、総合的な学習の時間における学習活動をもって相当する特別活動の学校行事に掲げる各行事の実施に替えることができる。

(3)　指導計画の作成等に当たっての配慮事項

各学校においては、次の事項に配慮しながら、学校の創意工夫を生かし、全体として、調和のとれた具体的な指導計画を作成するものとする。

ア　各教科等の指導内容については、(1)のアを踏まえつつ、単元や題材など内容や時間のまとまりを見通しながら、そのまとめ方や重点の置き方に適切な工夫を加え、第三の1に示す主体的・対話的で深い学びの実現に向けた授業改善を通して資質・能力を育む効果的な指導ができるようにすること。

イ　各教科等及び各学年相互間の関連を図り、系統的、発展的な指導ができるようにすること。

ウ　学年の内容を2学年まとめて示した教科及び外国語活動については、当該学年間を見通して、児童や学校、地域の実態に応じ、児童の発達の段階を考慮しつつ、効果的、段階的に指導するようにすること。

エ　児童の実態等を考慮し、指導の効果を高めるため、児童の発達の段階や指導内容の関連性等を踏まえつつ、合科的・関連的な指導を進めること。

4　学校段階等間の接続

教育課程の編成に当たっては、次の事項に配慮しながら、学校段階等間の接続を図るものとする。

(1)　幼児期の終わりまでに育ってほしい姿を踏まえた指導を工夫することにより、幼稚園教育要領等に基づく幼児期の教育を通して育まれた資質・能力を踏まえて教育活動を実施し、児童が主体的に自己を発揮しながら学びに向かうことが可能となるようにすること。

また、低学年における教育全体において、例えば生活科において育成する自立し生活を豊かにしていくための資質・能力が、他教科等の学習においても生かされるようにするなど、教科等間の関連を積極的に図り、幼児期の教育及び中学年以降の教育との円滑な接続が図られるよう工夫すること。特に、小学校入学当初においては、幼児期において自発的な活動としての遊びを通して育まれてきたことが、各教科等における学習に円滑に接続されるよう、生活科を中心に、合科的・関連的な指導や弾力的な時間割の設定など、指導の工夫や指導計画の作成を行うこと。

(2)　中学校学習指導要領及び高等学校学習指導要領を踏まえ、中学校教育及びその後の教育との円滑な接続が図られるよう工夫すること。特に、義務教育学校、中学校連携型小学校及び中学校併設型小学校においては、義務教育九年間を見通した計画的かつ継続的な教育課程を編成すること。

第三　教育課程の実施と学習評価

1　主体的・対話的で深い学びの実現に向けた授業改善

各教科等の指導に当たっては、次の事項に配慮するものとする。

(1)　第一の3の(1)から(3)までに示すことが偏りなく実現されるよう、単元や題材など内容や時間のまとまりを見通しながら、児童の主体的・対話的で深い学びの実現に向けた授業改善を行うこと。

特に、各教科等において身に付けた知識及び技能を活用したり、思考力、判断力、表現力等や学びに向かう力、人間性等を発揮させたりして、学習の対象となる物事を捉え思考することにより、各教科等の特質に応じた物事を捉える視点や考え方（以下「見方・考え方」という。）が鍛えられていくことに留意し、児童が各教科等の特質に応じた見方・考え方を働かせながら、知識を相互に関連付けてより深く理解したり、情報を精査して考えを形成したり、問題を見いだして解決策を考えたり、思いや考えを基に創造したりすることに向かう過程を重視した学習の充実を図ること。

(2)　第二の2の(1)に示す言語能力の育成を図るため、各学校において必要な言語環境を整えるとともに、国語科を要としつつ各教科等の特質に応じて、児童の言語活動を充実すること。あわせて、(7)に示すとおり読書活動を充実すること。

(3)　第二の2の(1)に示す情報活用能力の育成を図るため、各学校において、コンピュータや情報通信ネットワークなどの情報手段を活用するために必要な環境を整え、これらを適切に活用した学習活動の充実を図ること。また、各種の統計資料や新聞、視聴覚教材や教育機器などの教材・教具の適切な活用を図ること。

あわせて、各教科等の特質に応じて、次の学習活動を計画的に実施すること。

ア　児童がコンピュータで文字を入力するなどの学習の基盤として必要となる情報手段の基本的な操作を習得するための学習活動

イ　児童がプログラミングを体験しながら、コンピュータに意図した処理を行わせるために必要な論理的思考力を身に付けるための学習活動

(4)　児童が学習の見通しを立てたり学習したことを振り返ったりする活動を、計画的に取り入れるように工夫すること。

(5)　児童が生命の有限性や自然の大切さ、主体的に挑戦してみることや多様な他者と協働することの重要性などを実感しながら理解することができるよう、各教科等の特質に応じた体験活動を重視し、家庭や地域社会と連携しつつ体系的・継続的に実施できるよう工夫すること。

(6)　児童が自ら学習課題や学習活動を選択する機会を設けるなど、児童の興味・関心を生かした自主的、自発的な学習が促されるよう工夫すること。

(7)　学校図書館を計画的に利用しその機能の活用を図り、児童の主体的・対話的で深い学びの実現に向けた授業改善に生かすとともに、児童の自主的、自発的な学習活動や読書活動を充実すること。また、地域の図書館や博物館、美術館、劇場、音楽堂等の施設の活用を積極的に図り、資料を活用した情報の収集や鑑賞等の学習活動を充実すること。

2　学習評価の充実

学習評価の実施に当たっては、次の事項に配慮するものとする。

(1)　児童のよい点や進歩の状況などを積極的に評価し、学習したことの意義や価値を実感できるようにすること。また、各教科等の目標の実現に向けた学習状況を把握する観点から、単元や題材など内容や時間のまとまりを見通しながら評価の場面や方法を工夫して、学習の過程や成果を評価し、指導の改善や学習意欲の向上を図り、資質・能力の育成に生かすようにすること。

(2)　創意工夫の中で学習評価の妥当性や信頼性が高められるよう、組織的かつ計画的な取組を推進するとともに、学年や学校段階を越えて児童の学習の成果が円滑に接続されるように工夫すること。

第四　児童の発達の支援

1　児童の発達を支える指導の充実

教育課程の編成及び実施に当たっては、次の事項に配慮するものとする。

(1)　学習や生活の基盤として、教師と児童との信頼関係及び児童相互のよりよい人間関係を育てるため、日頃から学級経営の充実を図ること。また、主に集団の場面で必要な指導や援助を行うガイダンスと、個々の児童の多様な実態を踏まえ、一人一人が抱える課題に個別に対応した指導を行うカウンセリングの双方により、児童の発達を支援すること。

あわせて、小学校の低学年、中学年、高学年の学年の時期の特長を生かした指導の工夫を行うこと。

(2)　児童が、自己の存在感を実感しながら、よりよい人間関係を形成し、有意義で充実した学校生活を送る中で、現在及び将来における自己実現を図っていくことができるよう、児童理解を深め、学習指導と関連付けながら、生徒指導の充実を図ること。

(3)　児童が、学ぶことと自己の将来とのつながりを見通しながら、社会的・職業的自立に向けて必要な基盤となる資質・能力を身に付けていくことができるよう、特別活動を要としつつ各教科等の特質に応じて、キャリア教育の充実を図ること。

(4)　児童が、基礎的・基本的な知識及び技能の習得も含め、学習内容を確実に身に付けることができるよう、児童や学校の実態に応じ、個別学習やグループ別学習、繰り返し学習、学習内容の習熟の程度に応じた学習、児童の興味・関心等に応じた課題学習、補充的な学習や発展的な学習などの学習活動を取り入れることや、教師間の協力による指導体制を確保することなど、指導方法や指導体制の工夫改善により、個に応じた指導の充実を図ること。その際、第三の1の(3)に示す情報手段や教材・教具の活用を図ること。

2　特別な配慮を必要とする児童への指導

(1) 障害のある児童などへの指導

ア 障害のある児童などについては、特別支援学校等の助言又は援助を活用しつつ、個々の児童の障害の状態等に応じた指導内容や指導方法の工夫を組織的かつ計画的に行うものとする。

イ 特別支援学級において実施する特別の教育課程については、次のとおり編成するものとする。

(ア) 障害による学習上又は生活上の困難を克服し自立を図るため、特別支援学校小学部・中学部学習指導要領第七章に示す自立活動を取り入れること。

(イ) 児童の障害の程度や学級の実態等を考慮の上、各教科の目標や内容を下学年の教科の目標や内容に替えたり、各教科を、知的障害者である児童に対する教育を行う特別支援学校の各教科に替えたりするなどして、実態に応じた教育課程を編成すること。

ウ 障害のある児童に対して、通級による指導を行い、特別の教育課程を編成する場合には、特別支援学校小学部・中学部学習指導要領第七章に示す自立活動の内容を参考とし、具体的な目標や内容を定め、指導を行うものとする。その際、効果的な指導が行われるよう、各教科等と通級による指導との関連を図るなど、教師間の連携に努めるものとする。

エ 障害のある児童などについては、家庭、地域及び医療や福祉、保健、労働等の業務を行う関係機関との連携を図り、長期的な視点で児童への教育的支援を行うために、個別の教育支援計画を作成し活用することに努めるとともに、各教科等の指導に当たって、個々の児童の実態を的確に把握し、個別の指導計画を作成し活用することに努めるものとする。

特に、特別支援学級に在籍する児童や通級による指導を受ける児童については、個々の児童の実態を的確に把握し、個別の教育支援計画や個別の指導計画を作成し、効果的に活用するものとする。

(2) 海外から帰国した児童などの学校生活への適応や、日本語の習得に困難のある児童に対する日本語指導

ア 海外から帰国した児童などについては、学校生活への適応を図るとともに、外国における生活経験を生かすなどの適切な指導を行うものとする。

イ 日本語の習得に困難のある児童については、個々の児童の実態に応じた指導内容や指導方法の工夫を組織的かつ計画的に行うものとする。特に、通級による日本語指導については、教師間の連携に努め、指導についての計画を個別に作成することなどにより、効果的な指導に努めるものとする。

(3) 不登校児童への配慮

ア 不登校児童については、保護者や関係機関と連携を図り、心理や福祉の専門家の助言又は援助を得ながら、社会的自立を目指す観点から、個々の児童の実態に応じた情報の提供その他の必要な支援を行うものとする。

イ 相当の期間小学校を欠席し引き続き欠席すると認められる児童を対象として、文部科学大臣が認める特別の教育課程を編成する場合には、児童の実態に配慮した教育課程を編成するとともに、個別学習やグループ別学習など指導方法や指導体制の工夫改善に努めるものとする。

第五 学校運営上の留意事項

1 教育課程の改善と学校評価等

ア 各学校においては、校長の方針の下に、校務分掌に基づき教職員が適切に役割を分担しつつ、相互に連携しながら、各学校の特色を生かしたカリキュラム・マネジメントを行うよう努めるものとする。また、各学校が行う学校評価については、教育課程の編成、実施、改善が教育活動や学校運営の中核となることを踏まえ、カリキュラム・マネジメントと関連付けながら実施するよう留意するものとする。

イ 教育課程の編成及び実施に当たっては、学校保健計画、学校安全計画、食に関する指導の全体計画、いじめの防止等のための対策に関する基本的な方針など、各分野における学校の全体計画等と関連付けながら、効果的な指導が行われるように留意するものとする。

2 家庭や地域社会との連携及び協働と学校間の連携

教育課程の編成及び実施に当たっては、次の事項に配慮するものとする。

ア 学校がその目的を達成するため、学校や地域の実態等に応じ、教育活動の実施に必要な人的又は物的な体制を家庭や地域の人々の協力を得ながら整えるなど、家庭や地域社会との連携及び協働を深めること。また、高齢者や異年齢の子供など、地域における世代を越えた交流の機会を設けること。

イ 他の小学校や、幼稚園、認定こども園、保育所、中学校、高等学校、特別支援学校などとの間の連携や交流を図るとともに、障害のある幼児児童生徒との交流及び共同学習の機会を設け、共に尊重し合いながら協働して生活していく態度を育むようにすること。

第六 道徳教育に関する配慮事項

道徳教育を進めるに当たっては、道徳教育の特質を踏まえ、前項までに示す事項に加え、次の事項に配慮するものとする。

1 各学校においては、第一の2の(2)に示す道徳教育の目標を踏まえ、道徳教育の全体計画を作成し、校長の方針の下に、道徳教育の推進を主に担当する教師（以下「道徳教育推進教師」という。）を中心に、全教師が協力して道徳教育を展開すること。なお、道徳教育の全体計画の作成に当たっては、児童や学校、地域の実態を考慮して、学校の道徳教育の重点目標を設定するとともに、道徳科の指導方針、第三章特別の教科道徳の第二に示す内容との関連を踏まえた各教科、外国語活動、総合的な学習の時間及び特別活動における指導の内容及び時期並びに家庭や地域社会との連携の方法を示すこと。

2 各学校においては、児童の発達の段階や特性等を踏まえ、指導内容の重点化を図ること。その際、各学年を通じて、自立心や自律性、生命を尊重する心や他者を思いやる心を育てることに留意すること。また、各学年段階においては、次の事項に留意すること。

(1) 第一学年及び第二学年においては、挨拶などの基本的な生活習慣を身に付けること、善悪を判断し、してはならないことをしないこと、社会生活上のきまりを守ること。

(2) 第三学年及び第四学年においては、善悪を判断し、正しいと判断したことを行うこと、身近な人々と協力し助け合うこと、集団や社会のきまりを守ること。

(3) 第五学年及び第六学年においては、相手の考え方や立場を理解して支え合うこと、法やきまりの意義を理解して進んで守ること、集団生活の充実に努めること、伝統と文化を尊重し、それらを育んできた我が国と郷土を愛するとともに、他国を尊重すること。

3 学校や学級内の人間関係や環境を整えるとともに、集団宿泊活動やボランティア活動、自然体験活動、地域の行事への参加などの豊かな体験を充実すること。また、道徳教育の指導内容が、児童の日常生活に生かされるようにすること。その際、いじめの防止や安全の確保等にも資することとなるよう留意すること。

4 学校の道徳教育の全体計画や道徳教育に関する諸活動などの情報を積極的に公表したり、道徳教育の充実のために家庭や地域の人々の積極的な参加や協力を得たりするなど、家庭や地域社会との共通理解を深め、相互の連携を図ること。

第二章 各教科

第一節 国語

第一 目標

言葉による見方・考え方を働かせ、言語活動を通して、国語で正確に理解し適切に表現する資質・能力を次のとおり育成することを目指す。

(1) 日常生活に必要な国語について、その特質を理解し適切に使うことができるようにする。

(2) 日常生活における人との関わりの中で伝え合う力を高め、思考力や想像力を養う。

(3) 言葉がもつよさを認識するとともに、言語感覚を養い、国語の大切さを自覚し、国語を尊重してその能力の向上を図る態度を養う。

第二節 社会

第一 目標

社会的な見方・考え方を働かせ、課題を追究したり解決したりする活動を通して、グローバル化する国際社会に主体的に生きる平和で民主的な国家及び社会の形成者に必要な公民としての資質・能力の基礎を次のとおり育成することを目指す。

(1) 地域や我が国の国土の地理的環境、現代社会の仕組みや働き、地域や我が国の歴史や伝統と文化を通して社会生活について理解するとともに、様々な資料や調査活動を通して情報を適切に調べまとめる技能を身に付けるようにする。

(2) 社会的事象の特色や相互の関連、意味を多角的に考えたり、社会に見られる課題を把握して、その解決に向けて社会への関わり方を選択・判断したりする力、考えたことや選択・判断したことを適切に表現する力を養う。

(3) 社会的事象について、よりよい社会を考え主体的に問題解決しようとする態度を養うとともに、多角的な思考や理解を通して、地域社会に対する誇りと愛情、地域社会の一員としての自覚、我が国の国土と歴史に対する愛情、我が国の将来を担う国民としての自覚、世界の国々の人々と共に生きていくことの大切さについての自覚などを養う。

第三節 算数

第一 目標

数学的な見方・考え方を働かせ、数学的活動を通して、数学的に考える資質・能力を次のとおり育成することを目指す。

(1) 数量や図形などについての基礎的・基本的な概念や性質などを理解するとともに、日常の事象を数理的に処理する技能を身に付けるようにする。

(2) 日常の事象を数理的に捉え見通しをもち筋道を立てて考察する力、基礎的・基本的な数量や図形の性質などを見いだし統合的・発展的に考察する力、数学的な表現を用いて事象を簡潔・明瞭・的確に表したり目的に応じて柔軟に表したりする力を養う。

(3) 数学的活動の楽しさや数学のよさに気付き、学習を振り返ってよりよく問題解決しようとする態度、算数で学んだことを生活や学習に活用しようとする態度を養う。

第四節 理科

第一 目標

自然に親しみ、理科の見方・考え方を働かせ、見通しをもって観察、実験を行うことなどを通して、自然の事物・現象についての問題を科学的に解決するために必要な資質・能力を次のとおり育成することを目指す。

(1) 自然の事物・現象についての理解を図り、観察、実験などに関する基本的な技能を身に付けるようにする。

(2) 観察、実験などを行い、問題解決の力を養う。

(3) 自然を愛する心情や主体的に問題解決しようとする態度を養う。

第五節 生活

第一 目標

具体的な活動や体験を通して、身近な生活に関わる見方・考え方を生かし、自立し生活を豊かにしていくための資質・能力を次のとおり育成することを目指す。

(1) 活動や体験の過程において、自分自身、身近な人々、社会及び自然の特徴やよさ、それらの関わり等に気付くとともに、生活上必要な習慣や技能を身に付けるようにする。

(2) 身近な人々、社会及び自然を自分との関わりで捉え、自分自身や自分の生活について考え、表現することができるようにする。

(3) 身近な人々、社会及び自然に自ら働きかけ、意欲や自信をもって学んだり生活を豊かにしたりしようとする態度を養う。

第六節 音楽

第一 目標

表現及び鑑賞の活動を通して、音楽的な見方・考え方を働かせ、生活や社会の中の音や音楽と豊かに関わる資質・能力を次のとおり育成することを目指す。

(1) 曲想と音楽の構造などとの関わりについて理解するとともに、表したい音楽表現をするために必要な技能を身に付けるようにする。

(2) 音楽表現を工夫することや、音楽を味わって聴くことができるようにする。

(3) 音楽活動の楽しさを体験することを通して、音楽を愛好する心情と音楽に対する感性を育むとともに、音楽に親しむ態度を養い、豊かな情操を培う。

第七節 図画工作

第一 目標

表現及び鑑賞の活動を通して、造形的な見方・考え方を働かせ、生活や社会の中の形や色などと豊かに関わる資質・能力を次のとおり育成することを目指す。

(1) 対象や事象を捉える造形的な視点について自分の感覚や行為を通して理解するとともに、材料や用具を使い、表し方などを工夫して、創造的につくったり表したりすることができるようにする。

(2) 造形的なよさや美しさ、表したいこと、表し方などについて考え、創造的に発想や構想をしたり、作品などに対する自分の見方や感じ方を深めたりすることができるようにする。

(3) つくりだす喜びを味わうとともに、感性を育み、楽しく豊かな生活を創造しようとする態度を養い、豊かな情操を培う。

第八節 家 庭

第一 目 標

生活の営みに係る見方・考え方を働かせ、衣食住などに関する実践的・体験的な活動を通して、生活をよりよくしようと工夫する資質・能力を次のとおり育成することを目指す。

(1) 家族や家庭、衣食住、消費や環境などについて、日常生活に必要な基礎的な理解を図るとともに、それらに係る技能を身に付けるようにする。

(2) 日常生活の中から問題を見いだして課題を設定し、様々な解決方法を考え、実践を評価・改善し、考えたことを表現するなど、課題を解決する力を養う。

(3) 家庭生活を大切にする心情を育み、家族や地域の人々との関わりを考え、家族の一員として、生活をよりよくしようと工夫する実践的な態度を養う。

第九節 体 育

第一 目 標

体育や保健の見方・考え方を働かせ、課題を見付け、その解決に向けた学習過程を通して、心と体を一体として捉え、生涯にわたって心身の健康を保持増進し豊かなスポーツライフを実現するための資質・能力を次のとおり育成することを目指す。

(1) その特性に応じた各種の運動の行い方及び身近な生活における健康・安全について理解するとともに、基本的な動きや技能を身に付けるようにする。

(2) 運動や健康についての自己の課題を見付け、その解決に向けて思考し判断するとともに、他者に伝える力を養う。

(3) 運動に親しむとともに健康の保持増進と体力の向上を目指し、楽しく明るい生活を営む態度を養う。

第一〇節 外国語

第一 目 標

外国語によるコミュニケーションにおける見方・考え方を働かせ、外国語による聞くこと、読むこと、話すこと、書くことの言語活動を通して、コミュニケーションを図る基礎となる資質・能力を次のとおり育成することを目指す。

(1) 外国語の音声や文字、語彙、表現、文構造、言語の働きなどについて、日本語と外国語との違いに気付き、これらの知識を理解するとともに、読むこと、書くことに慣れ親しみ、聞くこと、読むこと、話すこと、書くことによる実際のコミュニケーションにおいて活用できる基礎的な技能を身に付けるようにする。

(2) コミュニケーションを行う目的や場面、状況などに応じて、身近で簡単な事柄について、聞いたり話したりするとともに、音声で十分に慣れ親しんだ外国語の語彙や基本的な表現を推測しながら読んだり、語順を意識しながら書いたりして、自分の考えや気持ちなどを伝え合うことができる基礎的な力を養う。

(3) 外国語の背景にある文化に対する理解を深め、他者に配慮しながら、主体的に外国語を用いてコミュニケーションを図ろうとする態度を養う。

第三章 特別の教科 道徳

第一 目 標

第一章総則の第一の2の(2)に示す道徳教育の目標に基づき、よりよく生きるための基盤となる道徳性を養うため、道徳的諸価値についての理解を基に、自己を見つめ、物事を多面的・多角的に考え、自己の生き方についての考えを深める学習を通して、道徳的な判断力、心情、実践意欲と態度を育てる。

第四章 外国語活動

第一 目 標

外国語によるコミュニケーションにおける見方・考え方を働かせ、外国語による聞くこと、話すことの言語活動を通して、コミュニケーションを図る素地となる資質・能力を次のとおり育成することを目指す。

(1) 外国語を通して、言語や文化について体験的に理解を深め、日本語と外国語との音声の違い等に気付くとともに、外国語の音声や基本的な表現に慣れ親しむようにする。

(2) 身近で簡単な事柄について、外国語で聞いたり話したりして自分の考えや気持ちなどを伝え合う力の素地を養う。

(3) 外国語を通して、言語やその背景にある文化に対する理解を深め、相手に配慮しながら、主体的に外国語を用いてコミュニケーションを図ろうとする態度を養う。

第五章 総合的な学習の時間

第一 目 標

探究的な見方・考え方を働かせ、横断的・総合的な学習を行うことを通して、よりよく課題を解決し、自己の生き方を考えていくための資質・能力を次のとおり育成することを目指す。

(1) 探究的な学習の過程において、課題の解決に必要な知識及び技能を身に付け、課題に関わる概念を形成し、探究的な学習のよさを理解するようにする。

(2) 実社会や実生活の中から問いを見いだし、自分で課題を立て、情報を集め、整理・分析して、まとめ・表現することができるようにする。

(3) 探究的な学習に主体的・協働的に取り組むとともに、互いのよさを生かしながら、積極的に社会に参画しようとする態度を養う。

第六章 特別活動

第一 目 標

集団や社会の形成者としての見方・考え方を働かせ、様々な集団活動に自主的、実践的に取り組み、互いのよさや可能性を発揮しながら集団や自己の生活上の課題を解決することを通して、次のとおり資質・能力を育成することを目指す。

(1) 多様な他者と協働する様々な集団活動の意義や活動を行う上で必要となることについて理解し、行動の仕方を身に付けるようにする。

(2) 集団や自己の生活、人間関係の課題を見いだし、解決するために話し合い、合意形成を図ったり、意思決定したりすることができるようにする。

(3) 自主的、実践的な集団活動を通して身に付けたことを生かして、集団や社会における生活及び人間関係をよりよく形成するとともに、自己の生き方についての考えを深め、自己実現を図ろうとする態度を養う。

□中学校学習指導要領〔抄〕

（平成二九年三月三一日文部科学省告示第六四号）

第一章　総則

第二

3 教育課程の編成における共通的事項

(1) 内容等の取扱い

ア 第二章以下に示す各教科、道徳科及び特別活動の内容に関する事項は、特に示す場合を除き、いずれの学校においても取り扱わなければならない。

イ 学校において特に必要がある場合には、第二章以下に示していない内容を加えて指導することができる。また、第二章以下に示す内容の取扱いのうち内容の範囲や程度等を示す事項は、全ての生徒に対して指導するものとする内容の範囲や程度等を示したものであり、学校において特に必要がある場合には、この事項にかかわらず加えて指導することができる。ただし、これらの場合には、第二章以下に示す各教科、道徳科及び特別活動の目標や内容の趣旨を逸脱したり、生徒の負担過重となったりすることのないようにしなければならない。

ウ 第二章以下に示す各教科、道徳科及び特別活動の内容に掲げる事項の順序は、特に示す場合を除き、指導の順序を示すものではないので、学校においては、その取扱いについて適切な工夫を加えるものとする。

エ 学校において二以上の学年の生徒で編制する学級について特に必要がある場合には、各教科の目標の達成に支障のない範囲内で、各教科の目標及び内容について学年別の順序によらないことができる。

オ 各学校においては、生徒や学校、地域の実態を考慮して、生徒の特性等に応じた多様な学習活動が行えるよう、第二章に示す各教科や、特に必要な教科を、選択教科として開設し生徒に履修させることができる。その場合にあっては、全ての生徒に指導すべき内容との関連を図りつつ、選択教科の授業時数及び内容を適切に定め選択教科の指導計画を作成し、生徒の負担加重となることのないようにしなければならない。また、特に必要な教科の名称、目標、内容などについては、各学校が適切に定めるものとする。

カ 道徳科を要として学校の教育活動全体を通じて行う道徳教育の内容は、第三章特別の教科道徳の第二に示す内容とし、その実施に当たっては、第六に示す道徳教育に関する配慮事項を踏まえるものとする。

(2) 授業時数等の取扱い

ア 各教科等の授業は、年間三五週以上にわたって行うよう計画し、週当たりの授業時数が生徒の負担過重にならないようにするものとする。ただし、各教科等や学習活動の特質に応じ効果的な場合には、夏季、冬季、学年末等の休業日の期間に授業日を設定する場合を含め、これらの授業を特定の期間に行うことができる。

イ 特別活動の授業のうち、生徒会活動及び学校行事については、それらの内容に応じ、年間、学期ごと、月ごとなどに適切な授業時数を充てるものとする。

ウ 各学校の時間割については、次の事項を踏まえ適切に編成するものとする。

(ア) 各教科等のそれぞれの授業の一単位時間は、各学校において、各教科等の年間授業時数を確保しつつ、生徒の発達の段階及び各教科等や学習活動の特質を考慮して適切に定めること。

(イ) 各教科等の特質に応じ、一〇分から一五分程度の短い時間を活用して特定の教科等の指導を行う場合において、当該教科等を担当する教師が、単元や題材など内容や時間のまとまりを見通した中で、その指導内容の決定や指導の成果の把握と活用等を責任を持って行う体制が整備されているときは、その時間を当該教科等の年間授業時数に含めることができること。

(ウ) 給食、休憩などの時間については、各学校において工夫を加え、適切に定めること。

(エ) 各学校において、生徒や学校、地域の実態、各教科等や学習活動の特質等に応じて、創意工夫を生かした時間割を弾力的に編成できること。

エ 総合的な学習の時間における学習活動により、特別活動の学校行事に掲げる各行事の実施と同様の成果が期待できる場合においては、総合的な学習の時間における学習活動をもって相当する特別活動の学校行事に掲げる各行事の実施に替えることができる。

(3) 指導計画の作成等に当たっての配

慮事項

各学校においては、次の事項に配慮しながら、学校の創意工夫を生かし、全体として、調和のとれた具体的な指導計画を作成するものとする。

ア　各教科等の指導内容については、(1)のアを踏まえつつ、単元や題材など内容や時間のまとまりを見通しながら、そのまとめ方や重点の置き方に適切な工夫を加え、第三の1に示す主体的・対話的で深い学びの実現に向けた授業改善を通して資質・能力を育む効果的な指導ができるようにすること。

イ　各教科等及び各学年相互間の関連を図り、系統的、発展的な指導ができるようにすること。

4　学校段階間の接続

教育課程の編成に当たっては、次の事項に配慮しながら、学校段階間の接続を図るものとする。

(1)　小学校学習指導要領を踏まえ、小学校教育までの学習の成果が中学校教育に円滑に接続され、義務教育段階の終わりまでに育成することを目指す資質・能力を、生徒が確実に身に付けることができるよう工夫すること。特に、義務教育学校、小学校連携型中学校及び小学校併設型中学校においては、義務教育九年間を見通した計画的かつ継続的な教育課程を編成すること。

(2)　高等学校学習指導要領を踏まえ、高等学校教育及びその後の教育との円滑な接続が可能となるよう工夫すること。特に、中等教育学校、連携型中学校及び併設型中学校においては、中等教育六年間を見通した計画的かつ継続的な教育課程を編成すること。

第四　生徒の発達の支援

1　生徒の発達を支える指導の充実

教育課程の編成及び実施に当たっては、次の事項に配慮するものとする。

(1)　学習や生活の基盤として、教師と生徒との信頼関係及び生徒相互のよりよい人間関係を育てるため、日頃から学級経営の充実を図ること。また、主に集団の場面で必要な指導や援助を行うガイダンスと、個々の生徒の多様な実態を踏まえ、一人一人が抱える課題に個別に対応した指導を行うカウンセリングの双方により、生徒の発達を支援すること。

(2)　生徒が、自己の存在感を実感しながら、よりよい人間関係を形成し、有意義で充実した学校生活を送る中で、現在及び将来における自己実現を図っていくことができるよう、生徒理解を深め、学習指導と関連付けながら、生徒指導の充実を図ること。

(3)　生徒が、学ぶことと自己の将来とのつながりを見通しながら、社会的・職業的自立に向けて必要な基盤となる資質・能力を身に付けていくことができるよう、特別活動を要としつつ各教科等の特質に応じて、キャリア教育の充実を図ること。その中で、生徒が自らの生き方を考え主体的に進路を選択することができるよう、学校の教育活動全体を通じ、組織的かつ計画的な進路指導を行うこと。

(4)　生徒が、基礎的・基本的な知識及び技能の習得も含め、学習内容を確実に身に付けることができるよう、生徒や学校の実態に応じ、個別学習やグループ別学習、繰り返し学習、学習内容の習熟の程度に応じた学習、生徒の興味・関心等に応じた課題学習、補充的な学習や発展的な学習などの学習活動を取り入れることや、教師間の協力による指導体制を確保することなど、指導方法や指導体制の工夫改善により、個に応じた指導の充実を図ること。その際、第三の1の(3)に示す情報手段や教材・教具の活用を図ること。

2　特別な配慮を必要とする生徒への指導

(1)　障害のある生徒などへの指導

ア　障害のある生徒などについては、特別支援学校等の助言又は援助を活用しつつ、個々の生徒の障害の状態等に応じた指導内容や指導方法の工夫を組織的かつ計画的に行うものとする。

イ　特別支援学級において実施する特別の教育課程については、次のとおり編成するものとする。

(ア)　障害による学習上又は生活上の困難を克服し自立を図るため、特別支援学校小学部・中学部学習指導要領第七章に示す自立活動を取り入れること。

(イ)　生徒の障害の程度や学級の実態等を考慮の上、各教科の目標や内容を下学年の教科の目標や内容に替えたり、各教科を、知的障害者である生徒に対する教育を行う特別支援学校の各教科に替えたりするなどして、実態に応じた教育課程を編成すること。

ウ　障害のある生徒に対して、通級による指導を行い、特別の教育課程を編成する場合には、特別支援学校小学部・中学部学習指導要領第七章に示す自立活動の内容を参考とし、具体的な目標や内容を定め、指導を行うものとする。その際、効果的な指導が行われるよう、各教科等と通級による指導との関連を図るなど、教師間の連携に努めるものとする。

エ　障害のある生徒などについては、家庭、地域及び医療や福祉、保健、労働等の業務を行う関係機関との連携を図り、長期的な視点で生徒への教育的支援を行うために、個別の教育支援計画を作成し活用することに努めるとともに、各教科等の指導に当たって、個々の生徒の実態を的確に把握し、個別の指導計画を作成し活用することに努めるものとする。

特に、特別支援学級に在籍する生徒や通級による指導を受ける生徒については、個々の生徒の実態を的確に把握し、個別の教育支援計画や個別の指導計画を作成し、効果的に活用するものとする。

(2)　海外から帰国した生徒などの学校生活への適応や、日本語の習得に困難のある生徒に対する日本語指導

ア　海外から帰国した生徒などについては、学校生活への適応を図るとともに、外国における生活経験を生かすなどの適切な指導を行うものとする。

イ　日本語の習得に困難のある生徒については、個々の生徒の実態に応じた指導内容や指導方法の工夫を組織的かつ計画的に行うものとする。特に、通級による日本語指導については、教師間の連携に努め、指導についての計画を個別に作成することなどにより、効果的な指導に努めるものとする。

(3)　不登校生徒への配慮

ア　不登校生徒については、保護者や関係機関と連携を図り、心理や福祉の専門家の助言又は援助を得

ながら、社会的自立を目指す観点から、個々の生徒の実態に応じた情報の提供その他の必要な支援を行うものとする。

イ　相当の期間中学校を欠席し引き続き欠席すると認められる生徒を対象として、文部科学大臣が認める特別の教育課程を編成する場合には、生徒の実態に配慮した教育課程を編成するとともに、個別学習やグループ別学習など指導方法や指導体制の工夫改善に努めるものとする。

(4)　学齢を経過した者への配慮

ア　夜間その他の特別の時間に授業を行う課程において学齢を経過した者を対象として特別の教育課程を編成する場合には、学齢を経過した者の年齢、経験又は勤労状況その他の実情を踏まえ、中学校教育の目的及び目標並びに第二章以下に示す各教科等の目標に照らして、中学校教育を通じて育成を目指す資質・能力を身に付けることができるようにするものとする。

イ　学齢を経過した者を教育する場合には、個別学習やグループ別学習など指導方法や指導体制の工夫改善に努めるものとする。

第五　学校運営上の留意事項

1　教育課程の改善と学校評価、教育課程外の活動との連携等

ア　各学校においては、校長の方針の下に、校務分掌に基づき教職員が適切に役割を分担しつつ、相互に連携しながら、各学校の特色を生かしたカリキュラム・マネジメントを行うよう努めるものとする。また、各学校が行う学校評価については、教育課程の編成、実施、改善が教育活動や学校運営の中核となることを踏まえつつ、カリキュラム・マネジメントと関連付けながら実施するよう留意するものとする。

イ　教育課程の編成及び実施に当たっては、学校保健計画、学校安全計画、食に関する指導の全体計画、いじめの防止等のための対策に関する基本的な方針など、各分野における学校の全体計画等と関連付けながら、効果的な指導が行われるように留意するものとする。

ウ　教育課程外の学校教育活動と教育課程の関連が図られるように留意するものとする。特に、生徒の自主的、自発的な参加により行われる部活動については、スポーツや文化、科学等に親しませ、学習意欲の向上や責任感、連帯感の涵養等、学校教育が目指す資質・能力の育成に資するものであり、学校教育の一環として、教育課程との関連が図られるよう留意すること。その際、学校や地域の実態に応じ、地域の人々の協力、社会教育施設や社会教育関係団体等の各種団体との連携などの運営上の工夫を行い、持続可能な運営体制が整えられるようにするものとする。

2　家庭や地域社会との連携及び協働と学校間の連携

教育課程の編成及び実施に当たっては、次の事項に配慮するものとする。

ア　学校がその目的を達成するため、学校や地域の実態等に応じ、教育活動の実施に必要な人的又は物的な体制を家庭や地域の人々の協力を得ながら整えるなど、家庭や地域社会との連携及び協働を深めること。また、高齢者や異年齢の子供など、地域における世代を越えた交流の機会を設けること。

イ　他の中学校や、幼稚園、認定こども園、保育所、小学校、高等学校、特別支援学校などとの間の連携や交流を図るとともに、障害のある幼児児童生徒との交流及び共同学習の機会を設け、共に尊重し合いながら協働して生活していく態度を育むよう努めること。

第六　道徳教育に関する配慮事項

道徳教育を進めるに当たっては、道徳教育の特質を踏まえ、前項までに示す事項に加え、次の事項に配慮するものとする。

1　各学校においては、第一の2の(2)に示す道徳教育の目標を踏まえ、道徳教育の全体計画を作成し、校長の方針の下に、道徳教育の推進を主に担当する教師（以下「道徳教育推進教師」という。）を中心に、全教師が協力して道徳教育を展開すること。なお、道徳教育の全体計画の作成に当たっては、生徒や学校、地域の実態を考慮して、学校の道徳教育の重点目標を設定するとともに、道徳科の指導方針、第三章特別の教科道徳の第二に示す内容との関連を踏まえた各教科、総合的な学習の時間及び特別活動における指導の内容及び時期並びに家庭や地域社会との連携の方法を示すこと。

2　各学校においては、生徒の発達の段階や特性等を踏まえ、指導内容の重点化を図ること。その際、小学校における道徳教育の指導内容を更に発展させ、自立心や自律性を高め、規律ある生活をすること、生命を尊重する心や自らの弱さを克服して気高く生きようとする心を育てること、法やきまりの意義に関する理解を深めること、自らの将来の生き方を考え主体的に社会の形成に参画する意欲と態度を養うこと、伝統と文化を尊重し、それらを育んできた我が国と郷土を愛するとともに、他国を尊重すること、国際社会に生きる日本人としての自覚を身に付けることに留意すること。

3　学校や学級内の人間関係や環境を整えるとともに、職場体験活動やボランティア活動、自然体験活動、地域の行事への参加などの豊かな体験を充実すること。また、道徳教育の指導内容が、生徒の日常生活に生かされるようにすること。その際、いじめの防止や安全の確保等にも資することとなるよう留意すること。

4　学校の道徳教育の全体計画や道徳教育に関する諸活動などの情報を積極的に公表したり、道徳教育の充実のために家庭や地域の人々の積極的な参加や協力を得たりするなど、家庭や地域社会との共通理解を深め、相互の連携を図ること。

□高等学校学習指導要領〔抄〕

（平成三〇年三月三〇日 文部科学省告示第六八号）

第一章　総則

第一款　高等学校教育の基本と教育課程の役割

1　各学校においては、教育基本法及び学校教育法その他の法令並びにこの章以下に示すところに従い、生徒の人間として調和のとれた育成を目指し、生徒の心身の発達の段階や特性、課程や学科の特色及び学校や地域の実態を十分考慮して、適切な教育課程を編成するものとし、これらに掲げる目標を達成するよう教育を行うものとする。

2　学校の教育活動を進めるに当たっては、各学校において、第三款の1に示す主体的・対話的で深い学びの実現に向けた授業改善を通して、創意工夫を生かした特色ある教育活動を展開する中で、次の(1)から(3)までに掲げる事項の実現を図り、生徒に生きる力を育むことを目指すものとする。

(1)　基礎的・基本的な知識及び技能を確実に習得させ、これらを活用して課題を解決するために必要な思考力、判断力、表現力等を育むとともに、主体的に学習に取り組む態度を養い、個性を生かし多様な人々との協働を促す教育の充実に努めること。その際、生徒の発達の段階を考慮して、生徒の言語活動など、学習の基盤をつくる活動を充実するとともに、家庭との連携を図りながら、生徒の学習習慣が確立するよう配慮すること。

(2)　道徳教育や体験活動、多様な表現や鑑賞の活動等を通して、豊かな心や創造性の涵養を目指した教育の充実に努めること。

学校における道徳教育は、人間としての在り方生き方に関する教育を学校の教育活動全体を通じて行うことによりその充実を図るものとし、各教科に属する科目（以下「各教科・科目」という。）、総合的な探究の時間及び特別活動（以下「各教科・科目等」という。）のそれぞれの特質に応じて、適切な指導を行うこと。

道徳教育は、教育基本法及び学校教育法に定められた教育の根本精神に基づき、生徒が自己探求と自己実現に努め国家・社会の一員としての自覚に基づき行為しうる発達の段階にあることを考慮し、人間としての在り方生き方を考え、主体的な判断の下に行動し、自立した人間として他者と共によりよく生きるための基盤となる道徳性を養うことを目標とすること。

道徳教育を進めるに当たっては、人間尊重の精神と生命に対する畏敬の念を家庭、学校、その他社会における具体的な生活の中に生かし、豊かな心をもち、伝統と文化を尊重し、それらを育んできた我が国と郷土を愛し、個性豊かな文化の創造を図るとともに、平和で民主的な国家及び社会の形成者として、公共の精神を尊び、社会及び国家の発展に努め、他国を尊重し、国際社会の平和と発展や環境の保全に貢献し未来を拓く主体性のある日本人の育成に資することとなるよう特に留意すること。

(3)　学校における体育・健康に関する指導を、生徒の発達の段階を考慮して、学校の教育活動全体を通じて適切に行うことにより、健康で安全な生活と豊かなスポーツライフの実現を目指した教育の充実に努めること。特に、学校における食育の推進並びに体力の向上に関する指導、安全に関する指導及び心身の健康の保持増進に関する指導については、保健体育科、家庭科及び特別活動の時間はもとより、各教科・科目及び総合的な探究の時間などにおいてもそれぞれの特質に応じて適切に行うよう努めること。また、それらの指導を通して、家庭や地域社会との連携を図りながら、日常生活において適切な体育・健康に関する活動の実践を促し、生涯を通じて健康・安全で活力ある生活を送るための基礎が培われるよう配慮すること。

3　2の(1)から(3)までに掲げる事項の実現を図り、豊かな創造性を備え持続可能な社会の創り手となることが期待される生徒に、生きる力を育むことを目指すに当たっては、学校教育全体及び各教科・科目等の指導を通してどのような資質・能力の育成を目指すのかを明確にしながら、教育活動の充実を図るものとする。その際、生徒の発達の段階や特性等を踏まえつつ、次に掲げることが偏りなく実現できるようにするものとする。

(1)　知識及び技能が習得されるようにすること。

(2)　思考力、判断力、表現力等を育成すること。

(3)　学びに向かう力、人間性等を涵養すること。

4　学校においては、地域や学校の実態等に応じて、就業やボランティアに関わる体験的な学習の指導を適切に行うようにし、勤労の尊さや創造することの喜びを体得させ、望ましい勤労観、職業観の育成や社会奉仕の精神の涵養に資するものとする。

5　各学校においては、生徒や学校、地域の実態を適切に把握し、教育の目的や目標の実現に必要な教育の内容等を教科等横断的な視点で組み立てていくこと、教育課程の実施状況を評価してその改善を図っていくこと、教育課程の実施に必要な人的又は物的な体制を確保するとともにその改善を図っていくことなどを通して、教育課程に基づき組織的かつ計画的に各学校の教育活動の質の向上を図っていくこと（以下「カリキュラム・マネジメント」という。）に努めるものとする。

第二款　教育課程の編成

1　各学校の教育目標と教育課程の編成

教育課程の編成に当たっては、学校教育全体や各教科・科目等における指導を通して育成を目指す資質・能力を踏まえつつ、各学校の教育目標を明確にするとともに、教育課程の編成についての基本的な方針が家庭や地域とも共有されるよう努めるものとする。その際、第四章の第二の1に基づき定められる目標との関連を図るものとする。

2　教科等横断的な視点に立った資質・能力の育成

(1)　各学校においては、生徒の発達の段階を考慮し、言語能力、情報活用能力（情報モラルを含む。）、問題発見・解決能力等の学習の基盤となる資質・能力を育成していくことができるよう、各教科・科目等の特質を生かし、教科等横断的な視点から教育課程の編成を図るものとする。

(2)　各学校においては、生徒や学校、地域の実態及び生徒の発達の段階を考慮し、豊かな人生の実現や災害等を乗り越えて次代の社会を形成することに向けた現代的な諸課題に対応して求められる資質・能力を、教科等横断的な視点で育成していくことができるよう、各学校の特色を生かした教育課程の編成を図るものとする。

3 教育課程の編成における共通的事項

(1) 各教科・科目及び単位数等〔略〕

(2) 各教科・科目の履修等

ア 各学科に共通する必履修教科・科目及び総合的な探究の時間

(ア) 全ての生徒に履修させる各教科・科目（以下「必履修教科・科目」という。）は次のとおりとし、その単位数は、(1)のイに標準単位数として示された単位数を下らないものとする。ただし、生徒の実態及び専門学科の特色等を考慮し、特に必要がある場合には、「数学Ⅰ」及び「英語コミュニケーションⅠ」については二単位とすることができ、その他の必履修教科・科目（標準単位数が二単位であるものを除く。）についてはその単位数の一部を減じることができる。

㋐ 国語のうち「現代の国語」及び「言語文化」

㋑ 地理歴史のうち「地理総合」及び「歴史総合」

㋒ 公民のうち「公共」

㋓ 数学のうち「数学Ⅰ」

㋔ 理科のうち「科学と人間生活」、「物理基礎」、「化学基礎」、「生物基礎」及び「地学基礎」のうちから二科目（うち一科目は「科学と人間生活」とする。）又は「物理基礎」、「化学基礎」、「生物基礎」及び「地学基礎」のうちから三科目

㋕ 保健体育のうち「体育」及び「保健」

㋖ 芸術のうち「音楽Ⅰ」、「美術Ⅰ」、「工芸Ⅰ」及び「書道Ⅰ」のうちから一科目

㋗ 外国語のうち「英語コミュニケーションⅠ」（英語以外の外国語を履修する場合は、学校設定科目として設ける一科目とし、その標準単位数は三単位とする。）

㋘ 家庭のうち「家庭基礎」及び「家庭総合」のうちから一科目

㋙ 情報のうち「情報Ⅰ」

(イ) 総合的な探究の時間については、全ての生徒に履修させるものとし、その単位数は、(1)のイに標準単位数として示された単位数の下限を下らないものとする。ただし、特に必要がある場合には、その単位数を二単位とすることができる。

(ウ) 外国の高等学校に留学していた生徒について、外国の高等学校における履修により、必履修教科・科目又は総合的な探究の時間の履修と同様の成果が認められる場合においては、外国の高等学校における履修をもって相当する必履修教科・科目又は総合的な探究の時間の履修の一部又は全部に替えることができる。

イ 専門学科における各教科・科目の履修

専門学科における各教科・科目の履修については、アのほか次のとおりとする。

(ア) 専門学科においては、専門教科・科目（(1)のウの表に掲げる各教科・科目、同表に掲げる教科に属する学校設定科目及び専門教育に関する学校設定教科に関する科目をいう。以下同じ。）について、全ての生徒に履修させる単位数は、二五単位を下らないこと。ただし、商業に関する学科においては、上記の単位数の中に外国語に属する科目の単位を五単位まで含めることができること。また、商業に関する学科以外の専門学科においては、各学科の目標を達成する上で、専門教科・科目以外の各教科・科目の履修により、専門教科・科目の履修と同様の成果が期待できる場合においては、その専門教科・科目以外の各教科・科目の単位を五単位まで上記の単位数の中に含めることができること。

(イ) 専門教科・科目の履修によって、アの必履修教科・科目の履修と同様の成果が期待できる場合においては、その専門教科・科目の履修をもって、必履修教科・科目の履修の一部又は全部に替えることができること。

(ウ) 職業教育を主とする専門学科においては、総合的な探究の時間の履修により、農業、工業、商業、水産、家庭若しくは情報の各教科の「課題研究」、看護の「看護臨地実習」又は福祉の「介護総合演習」（以下「課題研究等」という。）の履修と同様の成果が期待できる場合においては、総合的な探究の時間の履修をもって課題研究等の履修の一部又は全部に替えることができること。また、課題研究等の履修により、総合的な探究の時間の履修と同様の成果が期待できる場合においては、課題研究等の履修をもって総合的な探究の時間の履修の一部又は全部に替えることができること。

ウ 総合学科における各教科・科目の履修等

総合学科における各教科・科目の履修等については、アのほか次のとおりとする。

(ア) 総合学科においては、(1)のオの(イ)に掲げる「産業社会と人間」を全ての生徒に原則として入学年次に履修させるものとし、標準単位数は二〜四単位とすること。

(イ) 総合学科においては、学年による教育課程の区分を設けない課程（以下「単位制による課程」という。）とすることを原則とするとともに、「産業社会と人間」及び専門教科・科目を合わせて二五単位以上設け、生徒が多様な各教科・科目から主体的に選択履修できるようにすること。

その際、生徒が選択履修するに当たっての指針となるよう、体系性や専門性等において相互に関連する各教科・科目によって構成される科目群を複数設けるとともに、必要に応じ、それら以外の各教科・科目を設け、生徒が自由に選択履修できるようにすること。

(3) 各教科・科目等の授業時数等

ア 全日制の課程における各教科・科目及びホームルーム活動の授業は、年間三五週行うことを標準と

し、必要がある場合には、各教科・科目の授業を特定の学期又は特定の期間（夏季、冬季、学年末等の休業日の期間に授業日を設定する場合を含む。）に行うことができる。

イ　全日制の課程における週当たりの授業時数は、三〇単位時間を標準とする。ただし、必要がある場合には、これを増加することができる。

ウ　定時制の課程における授業日数の季節的配分又は週若しくは一日当たりの授業時数については、生徒の勤労状況と地域の諸事情等を考慮して、適切に定めるものとする。

エ　ホームルーム活動の授業時数については、原則として、年間35単位時間以上とするものとする。

オ　生徒会活動及び学校行事については、学校の実態に応じて、それぞれ適切な授業時数を充てるものとする。

カ　定時制の課程において、特別の事情がある場合には、ホームルーム活動の授業時数の一部を減じ、又はホームルーム活動及び生徒会活動の内容の一部を行わないものとすることができる。

キ　各教科・科目等のそれぞれの授業の一単位時間は、各学校において、各教科・科目等の授業時数を確保しつつ、生徒の実態及び各教科・科目等の特質を考慮して適切に定めるものとする。

ク　各教科・科目等の特質に応じ、一〇分から一五分程度の短い時間を活用して特定の各教科・科目等の指導を行う場合において、当該各教科・科目等を担当する教師が単元や題材など内容や時間のまとまりを見通した中で、その指導内容の決定や指導の成果の把握と活用等を責任をもって行う体制が整備されているときは、その時間を当該各教科・科目等の授業時数に含めることができる。

ケ　総合的な探究の時間における学習活動により、特別活動の学校行事に掲げる各行事の実施と同様の成果が期待できる場合においては、総合的な探究の時間における学習活動をもって相当する特別活動の学校行事に掲げる各行事の実施に替えることができる。

コ　理数の「理数探究基礎」又は「理数探究」の履修により、総合的な探究の時間の履修と同様の成果が期待できる場合においては、「理数探究基礎」又は「理数探究」の履修をもって総合的な探究の時間の履修の一部又は全部に替えることができる。

(4)　選択履修の趣旨を生かした適切な教育課程の編成

教育課程の編成に当たっては、生徒の特性、進路等に応じた適切な各教科・科目の履修ができるようにし、このため、多様な各教科・科目を設け生徒が自由に選択履修することのできるよう配慮するものとする。また、教育課程の類型を設け、そのいずれかの類型を選択して履修させる場合においても、その類型において履修させることになっている各教科・科目以外の各教科・科目を履修させたり、生徒が自由に選択履修することのできる各教科・科目を設けたりするものとする。

(5)　各教科・科目等の内容等の取扱い

ア　学校においては、第二章以下に示していない事項を加えて指導することができる。また、第二章以下に示す内容の取扱いのうち内容の範囲や程度等を示す事項は、当該科目を履修する全ての生徒に対して指導するものとする内容の範囲や程度等を示したものであり、学校において必要がある場合には、この事項にかかわらず指導することができる。ただし、これらの場合には、第二章以下に示す教科、科目及び特別活動の目標や内容の趣旨を逸脱したり、生徒の負担が過重となったりすることのないようにするものとする。

イ　第二章以下に示す各教科・科目及び特別活動の内容に掲げる事項の順序は、特に示す場合を除き、指導の順序を示すものではないので、学校においては、その取扱いについて適切な工夫を加えるものとする。

ウ　学校においては、あらかじめ計画して、各教科・科目の内容及び総合的な探究の時間における学習活動を学期の区分に応じて単位ごとに分割して指導することができる。

エ　学校においては、特に必要がある場合には、第二章及び第三章に示す教科及び科目の目標の趣旨を損なわない範囲内で、各教科・科目の内容に関する事項について、基礎的・基本的な事項に重点を置くなどその内容を適切に選択して指導することができる。

(6)　指導計画の作成に当たって配慮すべき事項

各学校においては、次の事項に配慮しながら、学校の創意工夫を生かし、全体として、調和のとれた具体的な指導計画を作成するものとする。

ア　各教科・科目等の指導内容については、単元や題材など内容や時間のまとまりを見通しながら、そのまとめ方や重点の置き方に適切な工夫を加え、第三款の1に示す主体的・対話的で深い学びの実現に向けた授業改善を通して資質・能力を育む効果的な指導ができるようにすること。

イ　各教科・科目等について相互の関連を図り、系統的、発展的な指導ができるようにすること。

(7)　キャリア教育及び職業教育に関して配慮すべき事項

ア　学校においては、第五款の1に示すキャリア教育及び職業教育を推進するために、生徒の特性や進路、学校や地域の実態等を考慮し、地域や産業界等との連携を図り、産業現場等における長期間の実習を取り入れるなどの就業体験活動の機会を積極的に設けるとともに、地域や産業界等の人々の協力を積極的に得るよう配慮するものとする。

イ　普通科においては、生徒の特性や進路、学校や地域の実態等を考慮し、必要に応じて、適切な職業に関する各教科・科目の履修の機会の確保について配慮するものとする。

ウ　職業教育を主とする専門学科においては、次の事項に配慮するものとする。

(ア)　職業に関する各教科・科目については、実験・実習に配当する授業時数を十分確保するようにすること。

(イ)　生徒の実態を考慮し、職業に

関する各教科・科目の履修を容易にするため特別な配慮が必要な場合には、各分野における基礎的又は中核的な科目を重点的に選択し、その内容については基礎的・基本的な事項が確実に身に付くように取り扱い、また、主として実験・実習によって指導するなどの工夫をこらすようにすること。

エ　職業に関する各教科・科目については、次の事項に配慮するものとする。

(ア)　職業に関する各教科・科目については、就業体験活動をもって実習に替えることができること。この場合、就業体験活動は、その各教科・科目の内容に直接関係があり、かつ、その一部としてあらかじめ計画し、評価されるものであることを要すること。

(イ)　農業、水産及び家庭に関する各教科・科目の指導に当たっては、ホームプロジェクト並びに学校家庭クラブ及び学校農業クラブなどの活動を活用して、学習の効果を上げるよう留意すること。この場合、ホームプロジェクトについては、その各教科・科目の授業時数の一〇分の二以内をこれに充てることができること。

(ウ)　定時制及び通信制の課程において、職業に関する各教科・科目を履修する生徒が、現にその各教科・科目と密接な関係を有する職業（家事を含む。）に従事している場合で、その職業における実務等が、その各教科・科目の一部を履修した場合と同様の成果があると認められるときは、その実務等をもってその各教科・科目の履修の一部に替えることができること。

4　学校段階等間の接続

教育課程の編成に当たっては、次の事項に配慮しながら、学校段階等間の接続を図るものとする。

(1)　現行の中学校学習指導要領を踏まえ、中学校教育までの学習の成果が高等学校教育に円滑に接続され、高等学校教育段階の終わりまでに育成することを目指す資質・能力を、生徒が確実に身に付けることができるよう工夫すること。特に、中等教育学校、連携型高等学校及び併設型高等学校においては、中等教育六年間を見通した計画的かつ継続的な教育課程を編成すること。

(2)　生徒や学校の実態等に応じ、必要がある場合には、例えば次のような工夫を行い、義務教育段階での学習内容の確実な定着を図るようにすること。

ア　各教科・科目の指導に当たり、義務教育段階での学習内容の確実な定着を図るための学習機会を設けること。

イ　義務教育段階での学習内容の確実な定着を図りながら、必履修教科・科目の内容を十分に習得させることができるよう、その単位数を標準単位数の標準の限度を超えて増加して配当すること。

ウ　義務教育段階での学習内容の確実な定着を図ることを目標とした学校設定科目等を履修させた後に、必履修教科・科目を履修させるようにすること。

(3)　大学や専門学校等における教育や社会的・職業的自立、生涯にわたる学習のために、高等学校卒業以降の教育や職業との円滑な接続が図られるよう、関連する教育機関や企業等との連携により、卒業後の進路に求められる資質・能力を着実に育成することができるよう工夫すること。

5　通信制の課程における教育課程の特例〔略〕

第三款　教育課程の実施と学習評価

1　主体的・対話的で深い学びの実現に向けた授業改善

各教科・科目等の指導に当たっては、次の事項に配慮するものとする。

(1)　第一款の3の(1)から(3)までに示すことが偏りなく実現されるよう、単元や題材など内容や時間のまとまりを見通しながら、生徒の主体的・対話的で深い学びの実現に向けた授業改善を行うこと。

特に、各教科・科目等において身に付けた知識及び技能を活用したり、思考力、判断力、表現力等や学びに向かう力、人間性等を発揮させたりして、学習の対象となる物事を捉え思考することにより、各教科・科目等の特質に応じた物事を捉える視点や考え方（以下「見方・考え方」という。）が鍛えられていくことに留意し、生徒が各教科・科目等の特質に応じた見方・考え方を働かせながら、知識を相互に関連付けてより深く理解したり、情報を精査して考えを形成したり、問題を見いだして解決策を考えたり、思いや考えを基に創造したりすることに向かう過程を重視した学習の充実を図ること。

(2)　第二款の2の(1)に示す言語能力の育成を図るため、各学校において必要な言語環境を整えるとともに、国語科を要としつつ各教科・科目等の特質に応じて、生徒の言語活動を充実すること。あわせて、(6)に示すとおり読書活動を充実すること。

(3)　第二款の2の(1)に示す情報活用能力の育成を図るため、各学校において、コンピュータや情報通信ネットワークなどの情報手段を活用するために必要な環境を整え、これらを適切に活用した学習活動の充実を図ること。また、各種の統計資料や新聞、視聴覚教材や教育機器などの教材・教具の適切な活用を図ること。

(4)　生徒が学習の見通しを立てたり学習したことを振り返ったりする活動を、計画的に取り入れるように工夫すること。

(5)　生徒が生命の有限性や自然の大切さ、主体的に挑戦してみることや多様な他者と協働することの重要性などを実感しながら理解することができるよう、各教科・科目等の特質に応じた体験活動を重視し、家庭や地域社会と連携しつつ体系的・継続的に実施できるよう工夫すること。

(6)　学校図書館を計画的に利用しその機能の活用を図り、生徒の主体的・対話的で深い学びの実現に向けた授業改善に生かすとともに、生徒の自主的、自発的な学習活動や読書活動を充実すること。また、地域の図書館や博物館、美術館、劇場、音楽堂等の施設の活用を積極的に図り、資料を活用した情報の収集や鑑賞等の学習活動を充実すること。

2　学習評価の充実

学習評価の実施に当たっては、次の事項に配慮するものとする。

(1)　生徒のよい点や進歩の状況などを積極的に評価し、学習したことの意義や価値を実感できるようにすること。また、各教科・科目等の目標の実現に向けた学習状況を把握する観点から、単元や題材など内容や時間のまとまりを見通しながら評価の場面や方法を工夫して、学習の過程や成果を評価し、指導の改善や学習意欲の向上を図り、資質・能力の育成に生かすようにすること。

(2) 創意工夫の中で学習評価の妥当性や信頼性が高められるよう、組織的かつ計画的な取組を推進するとともに、学年や学校段階を越えて生徒の学習の成果が円滑に接続されるように工夫すること。

第四款 単位の修得及び卒業の認定

1 各教科・科目及び総合的な探究の時間の単位の修得の認定

(1) 学校においては、生徒が学校の定める指導計画に従って各教科・科目を履修し、その成果が教科及び科目の目標からみて満足できると認められる場合には、その各教科・科目について履修した単位を修得したことを認定しなければならない。

(2) 学校においては、生徒が学校の定める指導計画に従って総合的な探究の時間を履修し、その成果が第四章の第二の1に基づき定められる目標からみて満足できると認められる場合には、総合的な探究の時間について履修した単位を修得したことを認定しなければならない。

(3) 学校においては、生徒が一科目又は総合的な探究の時間を二以上の年次にわたって履修したときは、各年次ごとにその各教科・科目又は総合的な探究の時間について履修した単位を修得したことを認定することを原則とする。また、単位の修得の認定を学期の区分ごとに行うことができる。

2 卒業までに修得させる単位数

学校においては、卒業までに修得させる単位数を定め、校長は、当該単位数を修得した者で、特別活動の成果がその目標からみて満足できると認められるものについて、高等学校の全課程の修了を認定するものとする。この場合、卒業までに修得させる単位数は、七四単位以上とする。なお、普通科においては、卒業までに修得させる単位数に含めることができる学校設定科目及び学校設定教科に関する科目に係る修得単位数は、合わせて二〇単位を超えることができない。

3 各学年の課程の修了の認定

学校においては、各学年の課程の修了の認定については、単位制が併用されていることを踏まえ、弾力的に行うよう配慮するものとする。

第五款 生徒の発達の支援

1 生徒の発達を支える指導の充実

教育課程の編成及び実施に当たっては、次の事項に配慮するものとする。

(1) 学習や生活の基盤として、教師と生徒との信頼関係及び生徒相互のよりよい人間関係を育てるため、日頃からホームルーム経営の充実を図ること。また、主に集団の場面で必要な指導や援助を行うガイダンスと、個々の生徒の多様な実態を踏まえ、一人一人が抱える課題に個別に対応した指導を行うカウンセリングの双方により、生徒の発達を支援すること。

(2) 生徒が、自己の存在感を実感しながら、よりよい人間関係を形成し、有意義で充実した学校生活を送る中で、現在及び将来における自己実現を図っていくことができるよう、生徒理解を深め、学習指導と関連付けながら、生徒指導の充実を図ること。

(3) 生徒が、学ぶことと自己の将来とのつながりを見通しながら、社会的・職業的自立に向けて必要な基盤となる資質・能力を身に付けていくことができるよう、特別活動を要としつつ各教科・科目等の特質に応じて、キャリア教育の充実を図ること。その中で、生徒が自己の在り方生き方を考え主体的に進路を選択することができるよう、学校の教育活動全体を通じ、組織的かつ計画的な進路指導を行うこと。

(4) 学校の教育活動全体を通じて、個々の生徒の特性等の的確な把握に努め、その伸長を図ること。また、生徒が適切な各教科・科目や類型を選択し学校やホームルームでの生活によりよく適応するとともに、現在及び将来の生き方を考え行動する態度や能力を育成することができるようにすること。

(5) 生徒が、基礎的・基本的な知識及び技能の習得も含め、学習内容を確実に身に付けることができるよう、生徒や学校の実態に応じ、個別学習やグループ別学習、繰り返し学習、学習内容の習熟の程度に応じた学習、生徒の興味・関心等に応じた課題学習、補充的な学習や発展的な学習などの学習活動を取り入れることや、教師間の協力による指導体制を確保することなど、指導方法や指導体制の工夫改善により、個に応じた指導の充実を図ること。その際、第3款の1の(3)に示す情報手段や教材・教具の活用を図ること。

(6) 学習の遅れがちな生徒などについては、各教科・科目等の選択、その内容の取扱いなどについて必要な配慮を行い、生徒の実態に応じ、例えば義務教育段階の学習内容の確実な定着を図るための指導を適宜取り入れるなど、指導内容や指導方法を工夫すること。

2 特別な配慮を必要とする生徒への指導

(1) 障害のある生徒などへの指導

ア 障害のある生徒などについては、特別支援学校等の助言又は援助を活用しつつ、個々の生徒の障害の状態等に応じた指導内容や指導方法の工夫を組織的かつ計画的に行うものとする。

イ 障害のある生徒に対して、学校教育法施行規則第一四〇条の規定に基づき、特別の教育課程を編成し、障害に応じた特別の指導（以下「通級による指導」という。）を行う場合には、学校教育法施行規則第一二九条の規定により定める現行の特別支援学校高等部学習指導要領第六章に示す自立活動の内容を参考とし、具体的な目標や内容を定め、指導を行うものとする。その際、通級による指導が効果的に行われるよう、各教科・科目等と通級による指導との関連を図るなど、教師間の連携に努めるものとする。

なお、通級による指導における単位の修得の認定については、次のとおりとする。

(ア) 学校においては、生徒が学校の定める個別の指導計画に従って通級による指導を履修し、その成果が個別に設定された指導目標からみて満足できると認められる場合には、当該学校の単位を修得したことを認定しなければならない。

(イ) 学校においては、生徒が通級による指導を二以上の年次にわたって履修したときは、各年次ごとに当該学校の単位を修得したことを認定することを原則とする。ただし、年度途中から通級による指導を開始するなど、特定の年度における授業時数が、一単位として計算する標準の単位時間に満たない場合は、次年度以降に通級による指導の時間を設定し、二以上の年次にわたる授業時数を合算して単位の修得の認定を行うことができる。また、単位の修得の認定を学期の区分ごとに行うことができる。

ウ　障害のある生徒などについては、家庭、地域及び医療や福祉、保健、労働等の業務を行う関係機関との連携を図り、長期的な視点で生徒への教育的支援を行うために、個別の教育支援計画を作成し活用することに努めるとともに、各教科・科目等の指導に当たって、個々の生徒の実態を的確に把握し、個別の指導計画を作成し活用することに努めるものとする。特に、通級による指導を受ける生徒については、個々の生徒の障害の状態等の実態を的確に把握し、個別の教育支援計画や個別の指導計画を作成し、効果的に活用するものとする。

(2) 海外から帰国した生徒などの学校生活への適応や、日本語の習得に困難のある生徒に対する日本語指導

ア　海外から帰国した生徒などについては、学校生活への適応を図るとともに、外国における生活経験を生かすなどの適切な指導を行うものとする。

イ　日本語の習得に困難のある生徒については、個々の生徒の実態に応じた指導内容や指導方法の工夫を組織的かつ計画的に行うものとする。

(3) 不登校生徒への配慮

ア　不登校生徒については、保護者や関係機関と連携を図り、心理や福祉の専門家の助言又は援助を得ながら、社会的自立を目指す観点から、個々の生徒の実態に応じた情報の提供その他の必要な支援を行うものとする。

イ　相当の期間高等学校を欠席し引き続き欠席すると認められる生徒等を対象として、文部科学大臣が認める特別の教育課程を編成する場合には、生徒の実態に配慮した教育課程を編成するとともに、個別学習やグループ別学習など指導方法や指導体制の工夫改善に努めるものとする。

第六款　学校運営上の留意事項

1　教育課程の改善と学校評価、教育課程外の活動との連携等

ア　各学校においては、校長の方針の下に、校務分掌に基づき教職員が適切に役割を分担しつつ、相互に連携しながら、各学校の特色を生かしたカリキュラム・マネジメントを行うよう努めるものとする。また、各学校が行う学校評価については、教育課程の編成、実施、改善が教育活動や学校運営の中核となることを踏まえ、カリキュラム・マネジメントと関連付けながら実施するよう留意するものとする。

イ　教育課程の編成及び実施に当たっては、学校保健計画、学校安全計画、食に関する指導の全体計画、いじめの防止等のための対策に関する基本的な方針など、各分野における学校の全体計画等と関連付けながら、効果的な指導が行われるように留意するものとする。

ウ　教育課程外の学校教育活動と教育課程の関連が図られるように留意するものとする。特に、生徒の自主的、自発的な参加により行われる部活動については、スポーツや文化、科学等に親しませ、学習意欲の向上や責任感、連帯感の涵養等、学校教育が目指す資質・能力の育成に資するものであり、学校教育の一環として、教育課程との関連が図られるよう留意すること。その際、学校や地域の実態に応じ、地域の人々の協力、社会教育施設や社会教育関係団体等の各種団体との連携などの運営上の工夫を行い、持続可能な運営体制が整えられるようにするものとする。

2　家庭や地域社会との連携及び協働と学校間の連携

教育課程の編成及び実施に当たっては、次の事項に配慮するものとする。

ア　学校がその目的を達成するため、学校や地域の実態等に応じ、教育活動の実施に必要な人的又は物的な体制を家庭や地域の人々の協力を得ながら整えるなど、家庭や地域社会との連携及び協働を深めること。また、高齢者や異年齢の子供など、地域における世代を越えた交流の機会を設けること。

イ　他の高等学校や、幼稚園、認定こども園、保育所、小学校、中学校、特別支援学校及び大学などとの間の連携や交流を図るとともに、障害のある幼児児童生徒との交流及び共同学習の機会を設け、共に尊重し合いながら協働して生活していく態度を育むようにすること。

第七款　道徳教育に関する配慮事項

道徳教育を進めるに当たっては、道徳教育の特質を踏まえ、第六款までに示す事項に加え、次の事項に配慮するものとする。

1　各学校においては、第一款の2の(2)に示す道徳教育の目標を踏まえ、道徳教育の全体計画を作成し、校長の方針の下に、道徳教育の推進を主に担当する教師（「道徳教育推進教師」という。）を中心に、全教師が協力して道徳教育を展開すること。なお、道徳教育の全体計画の作成に当たっては、生徒や学校の実態に応じ、指導の方針や重点を明らかにして、各教科・科目等との関係を明らかにすること。その際、公民科の「公共」及び「倫理」並びに特別活動が、人間としての在り方生き方に関する中核的な指導の場面であることに配慮すること。

2　道徳教育を進めるに当たっては、中学校までの特別の教科である道徳の学習等を通じて深めた、主として自分自身、人との関わり、集団や社会との関わり、生命や自然、崇高なものとの関わりに関する道徳的諸価値についての理解を基にしながら、様々な体験や思索の機会等を通して、人間としての在り方生き方についての考えを深めるよう留意すること。また、自立心や自律性を高め、規律ある生活をすること、生命を尊重する心を育てること、社会連帯の自覚を高め、主体的に社会の形成に参画する意欲と態度を養うこと、義務を果たし責任を重んずる態度及び人権を尊重し差別のないよりよい社会を実現しようとする態度を養うこと、伝統と文化を尊重し、それらを育んで

きた我が国と郷土を愛するとともに、他国を尊重すること、国際社会に生きる日本人としての自覚を身に付けることに関する指導が適切に行われるよう配慮すること。

3　学校やホームルーム内の人間関係や環境を整えるとともに、就業体験活動やボランティア活動、自然体験活動、地域の行事への参加などの豊かな体験を充実すること。また、道徳教育の指導が、生徒の日常生活に生かされるようにすること。その際、いじめの防止や安全の確保等にも資することとなるよう留意すること。

4　学校の道徳教育の全体計画や道徳教育に関する諸活動などの情報を積極的に公表したり、道徳教育の充実のために家庭や地域の人々の積極的な参加や協力を得たりするなど、家庭や地域社会との共通理解を深めること。

□特別支援学校小学部・中学部学習指導要領〔抄〕

（平成二九年四月二八日文部科学省告示第七三号）

第一章　総　則

第一節　教育目標

小学部及び中学部における教育については、学校教育法第七十二条に定める目的を実現するために、児童及び生徒の障害の状態や特性及び心身の発達の段階等を十分考慮して、次に掲げる目標の達成に努めなければならない。

1　小学部においては、学校教育法第三十条第一項に規定する小学校教育の目標

2　中学部においては、学校教育法第四十六条に規定する中学校教育の目標

3　小学部及び中学部を通じ、児童及び生徒の障害による学習上又は生活上の困難を改善・克服し自立を図るために必要な知識、技能、態度及び習慣を養うこと。

第二節　小学部及び中学部における教育の基本と教育課程の役割

1　各学校においては、教育基本法及び学校教育法その他の法令並びにこの章以下に示すところに従い、児童又は生徒の人間として調和のとれた育成を目指し、児童又は生徒の障害の状態や特性及び心身の発達の段階等並びに学校や地域の実態を十分考慮して、適切な教育課程を編成するものとし、これらに掲げる目標を達成するよう教育を行うものとする。

2　学校の教育活動を進めるに当たっては、各学校において、第四節の1に示す主体的・対話的で深い学びの実現に向けた授業改善を通して、創意工夫を生かした特色ある教育活動を展開する中で、次の(1)から(4)までに掲げる事項の実現を図り、児童又は生徒に生きる力を育むことを目指すものとする。

(1)　基礎的・基本的な知識及び技能を確実に習得させ、これらを活用して課題を解決するために必要な思考力、判断力、表現力等を育むとともに、主体的に学習に取り組む態度を養い、個性を生かし多様な人々との協働を促す教育の充実に努めること。その際、児童又は生徒の発達の段階を考慮して、児童又は生徒の言語活動など、学習の基盤をつくる活動を充実するとともに、家庭との連携を図りながら、児童又は生徒の学習習慣が確立するよう配慮すること。

(2)　道徳教育や体験活動、多様な表現や鑑賞の活動等を通して、豊かな心や創造性の涵養を目指した教育の充実に努めること。

学校における道徳教育は、特別の教科である道徳（以下「道徳科」という。）を要として学校の教育活動全体を通じて行うものであり、道徳科はもとより、各教科、外国語活動、総合的な学習の時間、特別活動及び自立活動のそれぞれの特質に応じて、児童又は生徒の発達の段階を考慮して、適切な指導を行うこと。

道徳教育は、教育基本法及び学校教育法に定められた教育の根本精神に基づき、自己の生き方を考え、主体的な判断の下に行動し、自立した人間として他者と共によりよく生きるための基盤となる道徳性を養うことを目標とすること。

道徳教育を進めるに当たっては、人間尊重の精神と生命に対する畏敬の念を家庭、学校、その他社会における具体的な生活の中に生かし、豊かな心をもち、伝統と文化を尊重し、それらを育んできた我が国と郷土を愛し、個性豊かな文化の創造を図るとともに、平和で民主的な国家及び社会の形成者として、公共の精神を尊び、社会及び国家の発展に努め、他国を尊重し、国際社会の平和と発展や環境の保全に貢献し未来を拓く主体性のある日本人の育成に資することとなるよう特に留意すること。

(3)　学校における体育・健康に関する指導を、児童又は生徒の発達の段階を考慮して、学校の教育活動全体を通じて適切に行うことにより、健康で安全な生活と豊かなスポーツライフの実現を目指した教育の充実に努めること。特に、学校における食育の推進並びに体力の向上に関する指導、安全に関する指導及び心身の健康の保持増進に関する指導については、小学部の体育科や家庭科（知的障害者である児童に対する教育を行う特別支援学校においては生活科）、中学部の保健体育科や技術・家庭科（知的障害者である生徒に対する教育を行う特別支援学校においては職業・家庭科）及び特別活動の時間はもとより、各教科、道徳科、外国語活動、総合的な学習の時間及び自立活動などにおいてもそれぞれの特質に応じて適切に行うよう努めること。また、それらの指導を通して、家庭や地域社会との連携を図りながら、日常生活において適切な体育・健康に関する活動の実践を促し、生涯を通じて健康・安全で活力ある生活を送るための基礎が培われるよう配慮すること。

(4) 学校における自立活動の指導は、障害による学習上又は生活上の困難を改善・克服し、自立し社会参加する資質を養うため、自立活動の時間はもとより、学校の教育活動全体を通じて適切に行うものとする。特に、自立活動の時間における指導は、各教科、道徳科、外国語活動、総合的な学習の時間及び特別活動と密接な関連を保ち、個々の児童又は生徒の障害の状態や特性及び心身の発達の段階等を的確に把握して、適切な指導計画の下に行うよう配慮すること。

3 2の(1)から(4)までに掲げる事項の実現を図り、豊かな創造性を備え持続可能な社会の創り手となることが期待される児童又は生徒に、生きる力を育むことを目指すに当たっては、学校教育全体並びに各教科、道徳科、外国語活動、総合的な学習の時間、特別活動（ただし、第三節の3の(2)のイ及びカにおいて、特別活動については学級活動（学校給食に係るものを除く。）に限る。）及び自立活動の指導を通してどのような資質・能力の育成を目指すのかを明確にしながら、教育活動の充実を図るものとする。その際、児童又は生徒の障害の状態や特性及び心身の発達の段階等を踏まえつつ、次に掲げることが偏りなく実現できるようにするものとする。

(1) 知識及び技能が習得されるようにすること。

(2) 思考力、判断力、表現力等を育成すること。

(3) 学びに向かう力、人間性等を涵養すること。

4 各学校においては、児童又は生徒や学校、地域の実態を適切に把握し、教育の目的や目標の実現に必要な教育の内容等を教科等横断的な視点で組み立てていくこと、教育課程の実施状況を評価してその改善を図っていくこと、教育課程の実施に必要な人的又は物的な体制を確保するとともにその改善を図っていくことなどを通して、教育課程に基づき組織的かつ計画的に各学校の教育活動の質の向上を図っていくこと（以下「カリキュラム・マネジメント」という。）に努めるものとする。その際、児童又は生徒に何が身に付いたかという学習の成果を的確に捉え、第三節の3の(3)のイに示す個別の指導計画の実施状況の評価と改善を、教育課程の評価と改善につなげていくよう工夫すること。

第三節 教育課程の編成

1 各学校の教育目標と教育課程の編成

教育課程の編成に当たっては、学校教育全体や各教科等における指導を通して育成を目指す資質・能力を踏まえつつ、各学校の教育目標を明確にするとともに、教育課程の編成についての基本的な方針が家庭や地域とも共有されるよう努めるものとする。その際、小学部は小学校学習指導要領の第五章総合的な学習の時間の第二の1、中学部は中学校学習指導要領の第四章総合的な学習の時間の第二の1に基づき定められる目標との関連を図るものとする。

2 教科等横断的な視点に立った資質・能力の育成

(1) 各学校においては、児童又は生徒の障害の状態や特性及び心身の発達の段階等を考慮し、言語能力、情報活用能力（情報モラルを含む。）、問題発見・解決能力等の学習の基盤となる資質・能力を育成していくことができるよう、各教科等の特質を生かし、教科等横断的な視点から教育課程の編成を図るものとする。

(2) 各学校においては、児童又は生徒や学校、地域の実態並びに児童又は生徒の障害の状態や特性及び心身の発達の段階等を考慮し、豊かな人生の実現や災害等を乗り越えて次代の社会を形成することに向けた現代的な諸課題に対応して求められる資質・能力を、教科等横断的な視点で育成していくことができるよう、各学校の特色を生かした教育課程の編成を図るものとする。

3 教育課程の編成における共通的事項

(1) 内容等の取扱い

ア 第二章以下に示す各教科、道徳科、外国語活動、特別活動及び自立活動の内容に関する事項は、特に示す場合を除き、いずれの学校においても取り扱わなければならない。

イ 学校において特に必要がある場合には、第二章以下に示していない内容を加えて指導することができる。また、第二章以下に示す内容の取扱いのうち内容の範囲や程度等を示す事項は、全ての児童又は生徒に対して指導するものとする内容の範囲や程度等を示したものであり、学校において特に必要がある場合には、この事項にかかわらず加えて指導することができる。ただし、これらの場合には、第二章以下に示す各教科、道徳科、外国語活動、特別活動及び自立活動の目標や内容並びに各学年や各段階、各分野又は各言語の目標や内容（知的障害者である児童又は生徒に対する教育を行う特別支援学校においては、外国語科及び外国語活動の各言語の内容）の趣旨を逸脱したり、児童又は生徒の負担過重となったりすることのないようにしなければならない。

ウ 第二章以下に示す各教科、道徳科、外国語活動、特別活動及び自立活動の内容並びに各学年、各段階、各分野又は各言語の内容に掲げる事項の順序は、特に示す場合を除き、指導の順序を示すものではないので、学校においては、その取扱いについて適切な工夫を加えるものとする。

エ 視覚障害者、聴覚障害者、肢体不自由者又は病弱者である児童に対する教育を行う特別支援学校の小学部において、学年の内容を二学年まとめて示した教科及び外国語活動の内容は、二学年間かけて指導する事項を示したものである。各学校においては、これらの事項を児童や学校、地域の実態に応じ、二学年間を見通して計画的に指導することとし、特に示す場合を除き、いずれかの学年に分けて、又はいずれの学年においても指導するものとする。

オ 視覚障害者、聴覚障害者、肢体不自由者又は病弱者である生徒に対する教育を行う特別支援学校の中学部においては、生徒や学校、地域の実態を考慮して、生徒の特性等に応じた多様な学習活動が行えるよう、第二章に示す各教科や、特に必要な教科を、選択教科として開設し生徒に履修させることができる。その場合にあっては、全ての生徒に指導すべき内容との関連を図りつつ、選択教科の授業時数及び内容を適切に定め選択教科の指導計画を作成し、生徒の負担過重となることのないようにしなければならない。また、特に必要な教科の名称、目標、内容などについては、各学校が適切に定めるものとする。

カ　知的障害者である児童に対する教育を行う特別支援学校の小学部においては、生活、国語、算数、音楽、図画工作及び体育の各教科、道徳科、特別活動並びに自立活動については、特に示す場合を除き、全ての児童に履修させるものとする。また、外国語活動については、児童や学校の実態を考慮し、必要に応じて設けることができる。

キ　知的障害者である生徒に対する教育を行う特別支援学校の中学部においては、国語、社会、数学、理科、音楽、美術、保健体育及び職業・家庭の各教科、道徳科、総合的な学習の時間、特別活動並びに自立活動については、特に示す場合を除き、全ての生徒に履修させるものとする。また、外国語科については、生徒や学校の実態を考慮し、必要に応じて設けることができる。

ク　知的障害者である児童又は生徒に対する教育を行う特別支援学校において、各教科の指導に当たっては、各教科の段階に示す内容を基に、児童又は生徒の知的障害の状態や経験等に応じて、具体的に指導内容を設定するものとする。その際、小学部は六年間、中学部は三年間を見通して計画的に指導するものとする。

ケ　知的障害者である生徒に対する教育を行う特別支援学校の中学部においては、生徒や学校、地域の実態を考慮して、特に必要がある場合には、その他特に必要な教科を選択教科として設けることができる。その他特に必要な教科の名称、目標、内容などについては、各学校が適切に定めるものとする。その際、第二章第二節第二款の第二に示す事項に配慮するとともに、生徒の負担過重となることのないようにしなければならない。

コ　道徳科を要として学校の教育活動全体を通じて行う道徳教育の内容は、小学部においては第三章特別の教科道徳において準ずるものとしている小学校学習指導要領第三章特別の教科道徳の第二に示す内容、中学部においては第三章特別の教科道徳において準ずるものとしている中学校学習指導要領第三章特別の教科道徳の第二に示す内容とし、その実施に当たっては、第七節に示す道徳教育に関する配慮事項を踏まえるものとする。

(2)　授業時数等の取扱い

ア　小学部又は中学部の各学年における第二章以下に示す各教科（知的障害者である生徒に対する教育を行う特別支援学校の中学部において、外国語科を設ける場合を含む。以下同じ。）、道徳科、外国語活動（知的障害者である児童に対する教育を行う特別支援学校の小学部において、外国語活動を設ける場合を含む。以下同じ。）、総合的な学習の時間、特別活動（学級活動（学校給食に係る時間を除く。）に限る。以下、この項、イ及びカにおいて同じ。）及び自立活動（以下「各教科等」という。）の総授業時数は、小学校又は中学校の各学年における総授業時数に準ずるものとする。この場合、各教科等の目標及び内容を考慮し、それぞれの年間の授業時数を適切に定めるものとする。

イ　小学部又は中学部の各教科等の授業は、年間三十五週（小学部第一学年については三十四週）以上にわたって行うよう計画し、週当たりの授業時数が児童又は生徒の負担過重にならないようにするものとする。ただし、各教科等（中学部においては、特別活動を除く。）や学習活動の特質に応じ効果的な場合には、夏季、冬季、学年末等の休業日の期間に授業日を設定する場合を含め、これらの授業を特定の期間に行うことができる。

ウ　小学部又は中学部の各学年の総合的な学習の時間に充てる授業時数は、児童又は生徒の障害の状態や特性及び心身の発達の段階等を考慮して、視覚障害者、聴覚障害者、肢体不自由者又は病弱者である児童又は生徒に対する教育を行う特別支援学校については、小学部第三学年以上及び中学部の各学年において、知的障害者である生徒に対する教育を行う特別支援学校については、中学部の各学年において、それぞれ適切に定めるものとする。

エ　特別活動の授業のうち、小学部の児童会活動、クラブ活動及び学校行事並びに中学部の生徒会活動及び学校行事については、それらの内容に応じ、年間、学期ごと、月ごとなどに適切な授業時数を充てるものとする。

オ　小学部又は中学部の各学年の自立活動の時間に充てる授業時数は、児童又は生徒の障害の状態や特性及び心身の発達の段階等に応じて、適切に定めるものとする。

カ　各学校の時間割については、次の事項を踏まえ適切に編成するものとする。

(ア)　小学部又は中学部の各教科等のそれぞれの授業の一単位時間は、各学校において、各教科等の年間授業時数を確保しつつ、児童又は生徒の障害の状態や特性及び心身の発達の段階等並びに各教科等や学習活動の特質を考慮して適切に定めること。

(イ)　各教科等の特質に応じ、十分から十五分程度の短い時間を活用して特定の教科等の指導を行う場合において、当該教科等を担当する教師が、単元や題材など内容や時間のまとまりを見通した中で、その指導内容の決定や指導の成果の把握と活用等を責任をもって行う体制が整備されているときは、その時間を当該教科等の年間授業時数に含めることができること。

(ウ)　給食、休憩などの時間については、各学校において工夫を加え、適切に定めること。

(エ)　各学校において、児童又は生徒や学校、地域の実態及び各教科等や学習活動の特質等に応じて、創意工夫を生かした時間割を弾力的に編成できること。

キ　総合的な学習の時間における学習活動により、特別活動の学校行事に掲げる各行事の実施と同様の成果が期待できる場合においては、総合的な学習の時間における学習活動をもって相当する特別活動の学校行事に掲げる各行事の実施に替えることができる。

(3) 指導計画の作成等に当たっての配慮事項

ア 各学校においては、次の事項に配慮しながら、学校の創意工夫を生かし、全体として、調和のとれた具体的な指導計画を作成するものとする。

(ア) 各教科等の各学年、各段階、各分野又は各言語の指導内容については、(1)のアを踏まえつつ、単元や題材など内容や時間のまとまりを見通しながら、そのまとめ方や重点の置き方に適切な工夫を加え、第四節の1に示す主体的・対話的で深い学びの実現に向けた授業改善を通して資質・能力を育む効果的な指導ができるようにすること。

(イ) 各教科等及び各学年相互間の関連を図り、系統的、発展的な指導ができるようにすること。

(ウ) 視覚障害者、聴覚障害者、肢体不自由者又は病弱者である児童に対する教育を行う特別支援学校の小学部において、学年の内容を二学年まとめて示した教科及び外国語活動については、当該学年間を見通して、児童や学校、地域の実態に応じ、児童の障害の状態や特性及び心身の発達の段階等を考慮しつつ、効果的、段階的に指導するようにすること。

(エ) 小学部においては、児童の実態等を考慮し、指導の効果を高めるため、児童の障害の状態や特性及び心身の発達の段階等並びに指導内容の関連性等を踏まえつつ、合科的・関連的な指導を進めること。

(オ) 知的障害者である児童又は生徒に対する教育を行う特別支援学校において、各教科、道徳科、外国語活動、特別活動及び自立活動の一部又は全部を合わせて指導を行う場合、各教科、道徳科、外国語活動、特別活動及び自立活動に示す内容を基に、児童又は生徒の知的障害の状態や経験等に応じて、具体的に指導内容を設定するものとする。また、各教科等の内容の一部又は全部を合わせて指導を行う場合には、授業時数を適切に定めること。

イ 各教科等の指導に当たっては、個々の児童又は生徒の実態を的確に把握し、次の事項に配慮しながら、個別の指導計画を作成すること。

(ア) 児童又は生徒の障害の状態や特性及び心身の発達の段階等並びに学習の進度等を考慮して、基礎的・基本的な事項に重点を置くこと。

(イ) 児童又は生徒が、基礎的・基本的な知識及び技能の習得も含め、学習内容を確実に身に付けることができるよう、それぞれの児童又は生徒に作成した個別の指導計画や学校の実態に応じて、指導方法や指導体制の工夫改善に努めること。その際、児童又は生徒の障害の状態や特性及び心身の発達の段階等並びに学習の進度等を考慮して、個別指導を重視するとともに、グループ別指導、繰り返し指導、学習内容の習熟の程度に応じた学習、児童又は生徒の興味・関心等に応じた課題学習、補充的な学習や発展的な学習などの学習活動を取り入れることや、教師間の協力による指導体制を確保することなど、指導方法や指導体制の工夫改善により、個に応じた指導の充実を図ること。その際、第四節の1の(3)に示す情報手段や教材・教具の活用を図ること。

4 学部段階間及び学校段階等間の接続

教育課程の編成に当たっては、次の事項に配慮しながら、学部段階間及び学校段階等間の接続を図るものとする。

(1) 小学部においては、幼児期の終わりまでに育ってほしい姿を踏まえた指導を工夫することにより、特別支援学校幼稚部教育要領及び幼稚園教育要領等に基づく幼児期の教育を通して育まれた資質・能力を踏まえて教育活動を実施し、児童が主体的に自己を発揮しながら学びに向かうことが可能となるようにすること。

また、低学年における教育全体において、例えば生活科において育成する自立し生活を豊かにしていくための資質・能力が、他教科等の学習においても生かされるようにするなど、教科等間の関連を積極的に図り、幼児期の教育及び中学年以降の教育との円滑な接続が図られるよう工夫すること。特に、小学部入学当初においては、幼児期において自発的な活動としての遊びを通して育まれてきたことが、各教科等における学習に円滑に接続されるよう、生活科を中心に、合科的・関連的な指導や弾力的な時間割の設定など、指導の工夫や指導計画の作成を行うこと。

(2) 小学部においては、特別支援学校小学部・中学部学習指導要領又は中学校学習指導要領及び特別支援学校高等部学習指導要領又は高等学校学習指導要領を踏まえ、中学部における教育又は中学校教育及びその後の教育との円滑な接続が図られるよう工夫すること。

(3) 中学部においては、特別支援学校小学部・中学部学習指導要領又は小学校学習指導要領を踏まえ、小学部における教育又は小学校教育までの学習の成果が中学部における教育に円滑に接続され、義務教育段階の終わりまでに育成することを目指す資質・能力を、生徒が確実に身に付けることができるよう工夫すること。

(4) 中学部においては、特別支援学校高等部学習指導要領又は高等学校学習指導要領を踏まえ、高等部における教育又は高等学校教育及びその後の教育との円滑な接続が可能となるよう工夫すること。

第五節 児童又は生徒の調和的な発達の支援

1 児童又は生徒の調和的な発達を支える指導の充実

教育課程の編成及び実施に当たっては、次の事項に配慮するものとする。

(1) 学習や生活の基盤として、教師と児童又は生徒との信頼関係及び児童又は生徒相互のよりよい人間関係を育てるため、日頃から学級経営の充実を図ること。また、主に集団の場面で必要な指導や援助を行うガイダンスと、個々の児童又は生徒の多様な実態を踏まえ、一人一人が抱える課題に個別に対応した指導を行うカウンセリングの双方により、児童又は生徒の発達を支援すること。

あわせて、小学部の低学年、中学年、高学年の学年の時期の特長を生かした指導の工夫を行うこと。

(2) 児童又は生徒が、自己の存在感を

実感しながら、よりよい人間関係を形成し、有意義で充実した学校生活を送る中で、現在及び将来における自己実現を図っていくことができるよう、児童理解又は生徒理解を深め、学習指導と関連付けながら、生徒指導の充実を図ること。

(3) 児童又は生徒が、学ぶことと自己の将来とのつながりを見通しながら、社会的・職業的自立に向けて必要な基盤となる資質・能力を身に付けていくことができるよう、特別活動を要としつつ各教科等の特質に応じて、キャリア教育の充実を図ること。その中で、中学部においては、生徒が自らの生き方を考え主体的に進路を選択することができるよう、学校の教育活動全体を通じ、組織的かつ計画的な進路指導を行うこと。

(4) 児童又は生徒が、学校教育を通じて身に付けた知識及び技能を活用し、もてる能力を最大限伸ばすことができるよう、生涯学習への意欲を高めるとともに、社会教育その他様々な学習機会に関する情報の提供に努めること。また、生涯を通じてスポーツや芸術文化活動に親しみ、豊かな生活を営むことができるよう、地域のスポーツ団体、文化芸術団体及び障害者福祉団体等と連携し、多様なスポーツや文化芸術活動を体験することができるよう配慮すること。

(5) 家庭及び地域並びに医療、福祉、保健、労働等の業務を行う関係機関との連携を図り、長期的な視点で児童又は生徒への教育的支援を行うために、個別の教育支援計画を作成すること。

(6) 複数の種類の障害を併せ有する児童又は生徒（以下「重複障害者」という。）については、専門的な知識、技能を有する教師や特別支援学校間の協力の下に指導を行ったり、必要に応じて専門の医師やその他の専門家の指導・助言を求めたりするなどして、学習効果を一層高めるようにすること。

(7) 学校医等との連絡を密にし、児童又は生徒の障害の状態等に応じた保健及び安全に十分留意すること。

2 海外から帰国した児童又は生徒などの学校生活への適応や、日本語の習得に困難のある児童又は生徒に対する日本語指導

(1) 海外から帰国した児童又は生徒などについては、学校生活への適応を図るとともに、外国における生活経験を生かすなどの適切な指導を行うものとする。

(2) 日本語の習得に困難のある児童又は生徒については、個々の児童又は生徒の実態に応じた指導内容や指導方法の工夫を組織的かつ計画的に行うものとする。特に、通級による日本語指導については、教師間の連携に努め、指導についての計画を個別に作成することなどにより、効果的な指導に努めるものとする。

3 学齢を経過した者への配慮

(1) 中学部において、夜間その他の特別の時間に授業を行う課程において学齢を経過した者を対象として特別の教育課程を編成する場合には、学齢を経過した者の年齢、経験又は勤労状況その他の実情を踏まえ、中学部における教育の目的及び目標並びに第二章第二節以下に示す各教科等の目標に照らして、中学部における教育を通じて育成を目指す資質・能力を身に付けることができるようにするものとする。

(2) 学齢を経過した者を教育する場合には、個別学習やグループ別学習など指導方法や指導体制の工夫改善に努めるものとする。

第七節　道徳教育に関する配慮事項

道徳教育を進めるに当たっては、道徳教育の特質を踏まえ、前項までに示す事項に加え、次の事項に配慮するものとする。

1 各学校においては、第二節の2の(2)に示す道徳教育の目標を踏まえ、道徳教育の全体計画を作成し、校長の方針の下に、道徳教育の推進を主に担当する教師（以下「道徳教育推進教師」という。）を中心に、全教師が協力して道徳教育を展開すること。なお、道徳教育の全体計画の作成に当たっては、児童又は生徒や学校、地域の実態を考慮して、学校の道徳教育の重点目標を設定するとともに、道徳科の指導方針、第三章特別の教科道徳に示す内容との関連を踏まえた各教科、外国語活動、総合的な学習の時間、特別活動及び自立活動における指導の内容及び時期並びに家庭や地域社会との連携の方法を示すこと。

2 小学部においては、児童の障害の状態や特性及び心身の発達の段階等を踏まえ、指導内容の重点化を図ること。その際、各学年を通じて、自立心や自律性、生命を尊重する心や他者を思いやる心を育てることに留意すること。また、各学年段階においては、次の事項に留意すること。

(1) 第一学年及び第二学年においては、挨拶などの基本的な生活習慣を身に付けること、善悪を判断し、してはならないことをしないこと、社会生活上のきまりを守ること。

(2) 第三学年及び第四学年においては、善悪を判断し、正しいと判断したことを行うこと、身近な人々と協力し助け合うこと、集団や社会のきまりを守ること。

(3) 第五学年及び第六学年においては、相手の考え方や立場を理解して支え合うこと、法やきまりの意義を理解して進んで守ること、集団生活の充実に努めること、伝統と文化を尊重し、それらを育んできた我が国と郷土を愛するとともに、他国を尊重すること。

3 小学部においては、学校や学級内の人間関係や環境を整えるとともに、集団宿泊活動やボランティア活動、自然体験活動、地域の行事への参加などの豊かな体験を充実すること。また、道徳教育の指導内容が、児童の日常生活に生かされるようにすること。その際、いじめの防止や安全の確保等にも資することとなるよう留意すること。

4 中学部においては、生徒の障害の状態や特性及び心身の発達の段階等を踏まえ、指導内容の重点化を図ること。その際、小学部における道徳教育の指導内容を更に発展させ、自立心や自律性を高め、規律ある生活をすること、生命を尊重する心や自らの弱さを克服して気高く生きようとする心を育てること、法やきまりの意義に関する理解を深めること、自らの将来の生き方を考え主体的に社会の形成に参画する意欲と態度を養うこと、伝統と文化を尊重し、それらを育んできた我が国と郷土を愛するとともに、他国を尊重すること、国際社会に生きる日本人としての自覚を身に付けることに留意すること。

5 中学部においては、学校や学級内の人間関係や環境を整えるとともに、職場体験活動やボランティア活動、自然体験活動、地域の行事への参加などの

豊かな体験を充実すること。また、道徳教育の指導内容が、生徒の日常生活に生かされるようにすること。その際、いじめの防止や安全の確保等にも資することとなるよう留意すること。

6 学校の道徳教育の全体計画や道徳教育に関する諸活動などの情報を積極的に公表したり、道徳教育の充実のために家庭や地域の人々の積極的な参加や協力を得たりするなど、家庭や地域社会との共通理解を深め、相互の連携を図ること。

第八節 重複障害者等に関する教育課程の取扱い

1 児童又は生徒の障害の状態により特に必要がある場合には、次に示すところによるものとする。その際、各教科、道徳科、外国語活動及び特別活動の当該各学年より後の各学年（知的障害者である児童又は生徒に対する教育を行う特別支援学校においては、各教科の当該各段階より後の各段階）又は当該各学部より後の各学部の目標の系統性や内容の関連に留意しなければならない。

(1) 各教科及び外国語活動の目標及び内容に関する事項の一部を取り扱わないことができること。

(2) 各教科の各学年の目標及び内容の一部又は全部を、当該各学年より前の各学年の目標及び内容の一部又は全部によって、替えることができること。また、道徳科の各学年の内容の一部又は全部を、当該各学年より前の学年の内容の一部又は全部によって、替えることができること。

(3) 視覚障害者、聴覚障害者、肢体不自由者又は病弱者である児童に対する教育を行う特別支援学校の小学部の外国語科については、外国語活動の目標及び内容の一部を取り入れることができること。

(4) 中学部の各教科及び道徳科の目標及び内容に関する事項の一部又は全部を、当該各教科に相当する小学部の各教科及び道徳科の目標及び内容に関する事項の一部又は全部によって、替えることができること。

(5) 中学部の外国語科については、小学部の外国語活動の目標及び内容の一部を取り入れることができること。

(6) 幼稚部教育要領に示す各領域のねらい及び内容の一部を取り入れることができること。

2 知的障害者である児童に対する教育を行う特別支援学校の小学部に就学する児童のうち、小学部の三段階に示す各教科又は外国語活動の内容を習得し目標を達成している者については、小学校学習指導要領第二章に示す各教科及び第四章に示す外国語活動の目標及び内容の一部を取り入れることができるものとする。

また、知的障害者である生徒に対する教育を行う特別支援学校の中学部の二段階に示す各教科の内容を習得し目標を達成している者については、中学校学習指導要領第二章に示す各教科の目標及び内容並びに小学校学習指導要領第二章に示す各教科及び第四章に示す外国語活動の目標及び内容の一部を取り入れることができるものとする。

3 視覚障害者、聴覚障害者、肢体不自由者又は病弱者である児童又は生徒に対する教育を行う特別支援学校に就学する児童又は生徒のうち、知的障害を併せ有する者については、各教科の目標及び内容に関する事項の一部又は全部を、当該各教科に相当する第二章第一節第二款若しくは第二節第二款に示す知的障害者である児童又は生徒に対する教育を行う特別支援学校の各教科の目標及び内容の一部又は全部によって、替えることができるものとする。また、小学部の児童については、外国語活動の目標及び内容の一部又は全部を第四章第二款に示す知的障害者である児童に対する教育を行う特別支援学校の外国語活動の目標及び内容の一部又は全部によって、替えることができるものとする。したがって、この場合、小学部の児童については、外国語科及び総合的な学習の時間を、中学部の生徒については、外国語科を設けないことができるものとする。

4 重複障害者のうち、障害の状態により特に必要がある場合には、各教科、道徳科、外国語活動若しくは特別活動の目標及び内容に関する事項の一部又は各教科、外国語活動若しくは総合的な学習の時間に替えて、自立活動を主として指導を行うことができるものとする。

5 障害のため通学して教育を受けることが困難な児童又は生徒に対して、教員を派遣して教育を行う場合については、上記1から4に示すところによることができるものとする。

6 重複障害者、療養中の児童若しくは生徒又は障害のため通学して教育を受けることが困難な児童若しくは生徒に対して教員を派遣して教育を行う場合について、特に必要があるときは、実情に応じた授業時数を適切に定めるものとする。

□幼稚園教育要領〔抄〕

（平成二九年三月三一日 文部科学省告示第六二号）

第一章 総則

第一 幼稚園教育の基本

幼児期の教育は、生涯にわたる人格形成の基礎を培う重要なものであり、幼稚園教育は、学校教育法に規定する目的及び目標を達成するため、幼児期の特性を踏まえ、環境を通して行うものであることを基本とする。

このため教師は、幼児との信頼関係を十分に築き、幼児が身近な環境に主体的に関わり、環境との関わり方や意味に気付き、これらを取り込もうとして、試行錯誤したり、考えたりするようになる幼児期の教育における見方・考え方を生かし、幼児と共によりよい教育環境を創造するように努めるものとする。これらを踏まえ、次に示す事項を重視して教育を行わなければならない。

1 幼児は安定した情緒の下で自己を十分に発揮することにより発達に必要な体験を得ていくものであることを考慮して、幼児の主体的な活動を促し、幼児期にふさわしい生活が展開されるようにすること。

2 幼児の自発的な活動としての遊びは、心身の調和のとれた発達の基礎を培う重要な学習であることを考慮して、遊びを通しての指導を中心として第2章に示すねらいが総合的に達成されるようにすること。

3 幼児の発達は、心身の諸側面が相互に関連し合い、多様な経過をたどって成し遂げられていくものであること、また、幼児の生活経験がそれぞれ異なることなどを考慮して、幼児一人一人の特性に応じ、発達の課題に即した指導を行うようにすること。

その際、教師は、幼児の主体的な活動が確保されるよう幼児一人一人の行動の理解と予想に基づき、計画的に環境を構成しなければならない。この場合において、教師は、幼児と人やものとの関わりが重要であることを踏まえ、教材を工夫し、物的・空間的環境を構成しなければならない。また、幼児一人一人の活動の場面に応じて、様々な役割を果たし、その活動を豊かにしなければならない。

第二　幼稚園教育において育みたい資質・能力及び「幼児期の終わりまでに育ってほしい姿」

1　幼稚園においては、生きる力の基礎を育むため、この章の第一に示す幼稚園教育の基本を踏まえ、次に掲げる資質・能力を一体的に育むよう努めるものとする。

(1)　豊かな体験を通じて、感じたり、気付いたり、分かったり、できるようになったりする「知識及び技能の基礎」

(2)　気付いたことや、できるようになったことなどを使い、考えたり、試したり、工夫したり、表現したりする「思考力、判断力、表現力等の基礎」

(3)　心情、意欲、態度が育つ中で、よりよい生活を営もうとする「学びに向かう力、人間性等」

2　1に示す資質・能力は、第二章に示すねらい及び内容に基づく活動全体によって育むものである。

3　次に示す「幼児期の終わりまでに育ってほしい姿」は、第二章に示すねらい及び内容に基づく活動全体を通して資質・能力が育まれている幼児の幼稚園修了時の具体的な姿であり、教師が指導を行う際に考慮するものである。

(1)　健康な心と体〔略〕
(2)　自立心〔略〕
(3)　協同性〔略〕
(4)　道徳性・規範意識の芽生え〔略〕
(5)　社会生活との関わり〔略〕
(6)　思考力の芽生え〔略〕
(7)　自然との関わり・生命尊重〔略〕
(8)　数量や図形、標識や文字などへの関心・感覚〔略〕
(9)　言葉による伝え合い〔略〕
(10)　豊かな感性と表現〔略〕

第三　教育課程の役割と編成等

1　教育課程の役割

各幼稚園においては、教育基本法及び学校教育法その他の法令並びにこの幼稚園教育要領の示すところに従い、創意工夫を生かし、幼児の心身の発達と幼稚園及び地域の実態に即応した適切な教育課程を編成するものとする。

また、各幼稚園においては、6に示す全体的な計画にも留意しながら、「幼児期の終わりまでに育ってほしい姿」を踏まえ教育課程を編成すること、教育課程の実施状況を評価してその改善を図っていくこと、教育課程の実施に必要な人的又は物的な体制を確保するとともにその改善を図っていくことなどを通して、教育課程に基づき組織的かつ計画的に各幼稚園の教育活動の質の向上を図っていくこと（以下「カリキュラム・マネジメント」という。）に努めるものとする。

2　各幼稚園の教育目標と教育課程の編成

教育課程の編成に当たっては、幼稚園教育において育みたい資質・能力を踏まえつつ、各幼稚園の教育目標を明確にするとともに、教育課程の編成についての基本的な方針が家庭や地域とも共有されるよう努めるものとする。

3　教育課程の編成上の基本的事項

(1)　幼稚園生活の全体を通して第二章に示すねらいが総合的に達成されるよう、教育課程に係る教育期間や幼児の生活経験や発達の過程などを考慮して具体的なねらいと内容を組織するものとする。この場合においては、特に、自我が芽生え、他者の存在を意識し、自己を抑制しようとする気持ちが生まれる幼児期の発達の特性を踏まえ、入園から修了に至るまでの長期的な視野をもって充実した生活が展開できるように配慮するものとする。

(2)　幼稚園の毎学年の教育課程に係る教育週数は、特別の事情のある場合を除き、三九週を下ってはならない。

(3)　幼稚園の1日の教育課程に係る教育時間は、四時間を標準とする。ただし、幼児の心身の発達の程度や季節などに適切に配慮するものとする。

4―6〔略〕

第四　指導計画の作成と幼児理解に基づいた評価〔略〕

第五　特別な配慮を必要とする幼児への指導

1　障害のある幼児などへの指導

障害のある幼児などへの指導に当たっては、集団の中で生活することを通して全体的な発達を促していくことに配慮し、特別支援学校などの助言又は援助を活用しつつ、個々の幼児の障害の状態などに応じた指導内容や指導方法の工夫を組織的かつ計画的に行うものとする。また、家庭、地域及び医療や福祉、保健等の業務を行う関係機関との連携を図り、長期的な視点で幼児への教育的支援を行うために、個別の教育支援計画を作成し活用することに努めるとともに、個々の幼児の実態を的確に把握し、個別の指導計画を作成し活用することに努めるものとする。

2　海外から帰国した幼児や生活に必要な日本語の習得に困難のある幼児の幼稚園生活への適応

第六―第七〔略〕

□保育所保育指針〔抄〕

（平成二九年三月三一日
厚生労働省告示第一一七号）

第一章　総則

この指針は、児童福祉施設の設備及び運営に関する基準（昭和二三年厚生省令第六三号。以下「設備運営基準」という。）第三五条の規定に基づき、保育所における保育の内容に関する事項及びこれに関連する運営に関する事項を定めるものである。各保育所は、この指針において規定される保育の内容に係る基本原則に関する事項等を踏まえ、各保育所の実情に応じて創意工夫を図り、保育所の機能及び質の向上に努めなければならない。

1　保育所保育に関する基本原則

(1)　保育所の役割

ア　保育所は、児童福祉法（昭和二二年法律第一六四号）第三九条の規定に基づき、保育を必要とする子どもの保育を行い、その健全な心身の発達を図ることを目的とする児童福祉施設であり、入所する子どもの最善の利益を考慮し、その福祉を積極的に増進することに最もふさわしい生活の場でなければならない。

イ　保育所は、その目的を達成するために、保育に関する専門性を有する職員が、家庭との緊密な連携の下に、子どもの状況や発達過程を踏まえ、保育所における環境を通して、養護及び教育を一体的に行うことを特性としている。

ウ　保育所は、入所する子どもを保育するとともに、家庭や地域の様々な社会資源との連携を図りながら、入所する子どもの保護者に対する支援及び地域の子育て家庭に対する支援等を行う役割を担うものである。

エ　保育所における保育士は、児童福祉法第一八条の四の規定を踏まえ、保育所の役割及び機能が適切に発揮されるように、倫理観に裏付けられた専門的知識、技術及び判断をもって、子どもを保育するとともに、子どもの保護者に対する保育に関する指導を行うものであり、その職責を遂行するための専門性の向上に絶えず努めなければならない。

(2)　保育の目標

ア　保育所は、子どもが生涯にわたる人間形成にとって極めて重要な時期に、その生活時間の大半を過ごす場である。このため、保育所の保育は、子どもが現在を最も良く生き、望ましい未来をつくり出す力の基礎を培うために、次の目標を目指して行わなければならない。

(ア)　十分に養護の行き届いた環境の下に、くつろいだ雰囲気の中で子どもの様々な欲求を満たし、生命の保持及び情緒の安定を図ること。

(イ)　健康、安全など生活に必要な基本的な習慣や態度を養い、心身の健康の基礎を培うこと。

(ウ)　人との関わりの中で、人に対する愛情と信頼感、そして人権を大切にする心を育てるとともに、自主、自立及び協調の態度を養い、道徳性の芽生えを培うこと。

(エ)　生命、自然及び社会の事象についての興味や関心を育て、それらに対する豊かな心情や思考力の芽生えを培うこと。

(オ)　生活の中で、言葉への興味や関心を育て、話したり、聞いたり、相手の話を理解しようとするなど、言葉の豊かさを養うこと。

(カ)　様々な体験を通して、豊かな感性や表現力を育み、創造性の芽生えを培うこと。

イ　保育所は、入所する子どもの保護者に対し、その意向を受け止め、子どもと保護者の安定した関係に配慮し、保育所の特性や保育士等の専門性を生かして、その援助に当たらなければならない。

(3)　保育の方法

保育の目標を達成するために、保育士等は、次の事項に留意して保育しなければならない。

ア　一人一人の子どもの状況や家庭及び地域社会での生活の実態を把握するとともに、子どもが安心感と信頼感をもって活動できるよう、子どもの主体としての思いや願いを受け止めること。

イ　子どもの生活のリズムを大切にし、健康、安全で情緒の安定した生活ができる環境や、自己を十分に発揮できる環境を整えること。

ウ　子どもの発達について理解し、一人一人の発達過程に応じて保育すること。その際、子どもの個人差に十分配慮すること。

エ　子ども相互の関係づくりや互いに尊重する心を大切にし、集団における活動を効果あるものにするよう援助すること。

オ　子どもが自発的・意欲的に関われるような環境を構成し、子どもの主体的な活動や子ども相互の関わりを大切にすること。特に、乳幼児期にふさわしい体験が得られるように、生活や遊びを通して総合的に保育すること。

カ　一人一人の保護者の状況やその意向を理解、受容し、それぞれの親子関係や家庭生活等に配慮しながら、様々な機会をとらえ、適切に援助すること。

(4)　保育の環境

保育の環境には、保育士等や子どもなどの人的環境、施設や遊具などの物的環境、更には自然や社会の事象などがある。保育所は、こうした人、物、場などの環境が相互に関連し合い、子どもの生活が豊かなものとなるよう、次の事項に留意しつつ、計画的に環境を構成し、工夫して保育しなければならない。

ア　子ども自らが環境に関わり、自発的に活動し、様々な経験を積んでいくことができるよう配慮すること。

イ　子どもの活動が豊かに展開されるよう、保育所の設備や環境を整え、保育所の保健的環境や安全の確保などに努めること。

ウ　保育室は、温かな親しみとくつろぎの場となるとともに、生き生きと活動できる場となるように配慮すること。

エ　子どもが人と関わる力を育てていくため、子ども自らが周囲の子どもや大人と関わっていくことができる環境を整えること。

(5)　保育所の社会的責任

ア　保育所は、子どもの人権に十分配慮するとともに、子ども一人一人の人格を尊重して保育を行わなければならない。

イ　保育所は、地域社会との交流や

連携を図り、保護者や地域社会に、当該保育所が行う保育の内容を適切に説明するよう努めなければならない。

ウ　保育所は、入所する子ども等の個人情報を適切に取り扱うとともに、保護者の苦情などに対し、その解決を図るよう努めなければならない。

2　養護に関する基本的事項

(1)　養護の理念

保育における養護とは、子どもの生命の保持及び情緒の安定を図るために保育士等が行う援助や関わりであり、保育所における保育は、養護及び教育を一体的に行うことをその特性とするものである。保育所における保育全体を通じて、養護に関するねらい及び内容を踏まえた保育が展開されなければならない。

(2)　養護に関わるねらい及び内容

ア　生命の保持

(ア)　ねらい

①　一人一人の子どもが、快適に生活できるようにする。

②　一人一人の子どもが、健康で安全に過ごせるようにする。

③　一人一人の子どもの生理的欲求が、十分に満たされるようにする。

④　一人一人の子どもの健康増進が、積極的に図られるようにする。

(イ)　内容

①　一人一人の子どもの平常の健康状態や発育及び発達状態を的確に把握し、異常を感じる場合は、速やかに適切に対応する。

②　家庭との連携を密にし、嘱託医等との連携を図りながら、子どもの疾病や事故防止に関する認識を深め、保健的で安全な保育環境の維持及び向上に努める。

③　清潔で安全な環境を整え、適切な援助や応答的な関わりを通して子どもの生理的欲求を満たしていく。また、家庭と協力しながら、子どもの発達過程等に応じた適切な生活のリズムがつくられていくようにする。

④　子どもの発達過程等に応じて、適度な運動と休息を取ることができるようにする。また、食事、排泄、衣類の着脱、身の回りを清潔にすることなどについて、子どもが意欲的に生活できるよう適切に援助する。

イ　情緒の安定

(ア)　ねらい

①　一人一人の子どもが、安定感をもって過ごせるようにする。

②　一人一人の子どもが、自分の気持ちを安心して表すことができるようにする。

③　一人一人の子どもが、周囲から主体として受け止められ、主体として育ち、自分を肯定する気持ちが育まれていくようにする。

④　一人一人の子どもがくつろいで共に過ごし、心身の疲れが癒されるようにする。

(イ)　内容

①　一人一人の子どもの置かれている状態や発達過程などを的確に把握し、子どもの欲求を適切に満たしながら、応答的な触れ合いや言葉がけを行う。

②　一人一人の子どもの気持ちを受容し、共感しながら、子どもとの継続的な信頼関係を築いていく。

③　保育士等との信頼関係を基盤に、一人一人の子どもが主体的に活動し、自発性や探索意欲などを高めるとともに、自分への自信をもつことができるよう成長の過程を見守り、適切に働きかける。

④　一人一人の子どもの生活のリズム、発達過程、保育時間などに応じて、活動内容のバランスや調和を図りながら、適切な食事や休息が取れるようにする。

3　保育の計画及び評価

(1)　全体的な計画の作成

ア　保育所は、1の(2)に示した保育の目標を達成するために、各保育所の保育の方針や目標に基づき、子どもの発達過程を踏まえて、保育の内容が組織的・計画的に構成され、保育所の生活の全体を通して、総合的に展開されるよう、全体的な計画を作成しなければならない。

イ　全体的な計画は、子どもや家庭の状況、地域の実態、保育時間などを考慮し、子どもの育ちに関する長期的見通しをもって適切に作成されなければならない。

ウ　全体的な計画は、保育所保育の全体像を包括的に示すものとし、これに基づく指導計画、保健計画、食育計画等を通じて、各保育所が創意工夫して保育できるよう、作成されなければならない。

(2)　指導計画の作成

ア　保育所は、全体的な計画に基づき、具体的な保育が適切に展開されるよう、子どもの生活や発達を見通した長期的な指導計画と、それに関連しながら、より具体的な子どもの日々の生活に即した短期的な指導計画を作成しなければならない。

イ　指導計画の作成に当たっては、第二章及びその他の関連する章に示された事項のほか、子ども一人一人の発達過程や状況を十分に踏まえるとともに、次の事項に留意しなければならない。

(ア)　三歳未満児については、一人一人の子どもの生育歴、心身の発達、活動の実態等に即して、個別的な計画を作成すること。

(イ)　三歳以上児については、個の成長と、子ども相互の関係や協同的な活動が促されるよう配慮すること。

(ウ)　異年齢で構成される組やグループでの保育においては、一人一人の子どもの生活や経験、発達過程などを把握し、適切な援助や環境構成ができるよう配慮すること。

ウ　指導計画においては、保育所の生活における子どもの発達過程を見通し、生活の連続性、季節の変化などを考慮し、子どもの実態に即した具体的なねらい及び内容を設定すること。また、具体的なねらいが達成されるよう、子どもの生活する姿や発想を大切にして適切な環境を構成し、子どもが主体的に活動できるようにすること。

エ　一日の生活のリズムや在園時間が異なる子どもが共に過ごすことを踏まえ、活動と休息、緊張感と解放感等の調和を図るよう配慮すること。

オ　午睡は生活のリズムを構成する重要な要素であり、安心して眠ることのできる安全な睡眠環境を確保するとともに、在園時間が異なることや、睡眠時間は子どもの発達の状況や個人によって差があることから、一律とならないよう配慮すること。

カ　長時間にわたる保育については、子どもの発達過程、生活のリズム及び心身の状態に十分配慮して、保育の内容や方法、職員の協力体制、家庭との連携などを指導計画に位置付けること。

キ　障害のある子どもの保育につい

ては、一人一人の子どもの発達過程や障害の状態を把握し、適切な環境の下で、障害のある子どもが他の子どもとの生活を通して共に成長できるよう、指導計画の中に位置付けること。また、子どもの状況に応じた保育を実施する観点から、家庭や関係機関と連携した支援のための計画を個別に作成するなど適切な対応を図ること。

(3) 指導計画の展開

指導計画に基づく保育の実施に当たっては、次の事項に留意しなければならない。

ア 施設長、保育士など、全職員による適切な役割分担と協力体制を整えること。

イ 子どもが行う具体的な活動は、生活の中で様々に変化することに留意して、子どもが望ましい方向に向かって自ら活動を展開できるよう必要な援助を行うこと。

ウ 子どもの主体的な活動を促すためには、保育士等が多様な関わりをもつことが重要であることを踏まえ、子どもの情緒の安定や発達に必要な豊かな体験が得られるよう援助すること。

エ 保育士等は、子どもの実態や子どもを取り巻く状況の変化などに即して保育の過程を記録するとともに、これらを踏まえ、指導計画に基づく保育の内容の見直しを行い、改善を図ること。

(4) 保育内容等の評価

ア 保育士等の自己評価

(ア) 保育士等は、保育の計画や保育の記録を通して、自らの保育実践を振り返り、自己評価することを通して、その専門性の向上や保育実践の改善に努めなければならない。

(イ) 保育士等による自己評価に当たっては、子どもの活動内容やその結果だけでなく、子どもの心の育ちや意欲、取り組む過程などにも十分配慮するよう留意すること。

(ウ) 保育士等は、自己評価における自らの保育実践の振り返りや職員相互の話し合い等を通じて、専門性の向上及び保育の質の向上のための課題を明確にするとともに、保育所全体の保育の内容に関する認識を深めること。

イ 保育所の自己評価

(ア) 保育所は、保育の質の向上を図るため、保育の計画の展開や保育士等の自己評価を踏まえ、当該保育所の保育の内容等について、自ら評価を行い、その結果を公表するよう努めなければならない。

(イ) 保育所が自己評価を行うに当たっては、地域の実情や保育所の実態に即して、適切に評価の観点や項目等を設定し、全職員による共通理解をもって取り組むよう留意すること。

(ウ) 設備運営基準第三六条の趣旨を踏まえ、保育の内容等の評価に関し、保護者及び地域住民等の意見を聴くことが望ましいこと。

(5) 評価を踏まえた計画の改善

ア 保育所は、評価の結果を踏まえ、当該保育所の保育の内容等の改善を図ること。

イ 保育の計画に基づく保育、保育の内容の評価及びこれに基づく改善という一連の取組により、保育の質の向上が図られるよう、全職員が共通理解をもって取り組むことに留意すること。

4 幼児教育を行う施設として共有すべき事項

(1) 育みたい資質・能力

ア 保育所においては、生涯にわたる生きる力の基礎を培うため、1の(2)に示す保育の目標を踏まえ、次に掲げる資質・能力を一体的に育むよう努めるものとする。

(ア) 豊かな体験を通じて、感じたり、気付いたり、分かったり、できるようになったりする「知識及び技能の基礎」

(イ) 気付いたことや、できるようになったことなどを使い、考えたり、試したり、工夫したり、表現したりする「思考力、判断力、表現力等の基礎」

(ウ) 心情、意欲、態度が育つ中で、よりよい生活を営もうとする「学びに向かう力、人間性等」

イ アに示す資質・能力は、第二章に示すねらい及び内容に基づく保育活動全体によって育むものである。

(2) 幼児期の終わりまでに育ってほしい姿

次に示す「幼児期の終わりまでに育ってほしい姿」は、第二章に示すねらい及び内容に基づく保育活動全体を通して資質・能力が育まれている子どもの小学校就学時の具体的な姿であり、保育士等が指導を行う際に考慮するものである。

ア 健康な心と体

保育所の生活の中で、充実感をもって自分のやりたいことに向かって心と体を十分に働かせ、見通しをもって行動し、自ら健康で安全な生活をつくり出すようになる。

イ 自立心

身近な環境に主体的に関わり様々な活動を楽しむ中で、しなければならないことを自覚し、自分の力で行うために考えたり、工夫したりしながら、諦めずにやり遂げることで達成感を味わい、自信をもって行動するようになる。

ウ 協同性

友達と関わる中で、互いの思いや考えなどを共有し、共通の目的の実現に向けて、考えたり、工夫したり、協力したりし、充実感をもってやり遂げるようになる。

エ 道徳性・規範意識の芽生え

友達と様々な体験を重ねる中で、してよいことや悪いことが分かり、自分の行動を振り返ったり、友達の気持ちに共感したりし、相手の立場に立って行動するようになる。また、きまりを守る必要性が分かり、自分の気持ちを調整し、友達と折り合いを付けながら、きまりをつくったり、守ったりするようになる。

オ 社会生活との関わり

家族を大切にしようとする気持ちをもつとともに、地域の身近な人と触れ合う中で、人との様々な関わり方に気付き、相手の気持ちを考えて関わり、自分が役に立つ喜びを感じ、地域に親しみをもつようになる。また、保育所内外の様々な環境に関わる中で、遊びや生活に必要な情報を取り入れ、情報に基づき判断したり、情報を伝え合ったり、活用したりするなど、情報を役立てながら活動するようになるとともに、公共の施設を大切に利用するなどして、社会とのつながりなどを意識するようになる。

カ　思考力の芽生え

身近な事象に積極的に関わる中で、物の性質や仕組みなどを感じ取ったり、予想したり、気付いたりし、工夫したりするなど、多様な関わりを楽しむようになる。また、友達の様々な考えに触れる中で、自分と異なる考えがあることに気付き、自ら判断したり、考え直したりするなど、新しい考えを生み出す喜びを味わいながら、自分の考えをよりよいものにするようになる。

キ　自然との関わり・生命尊重

自然に触れて感動する体験を通して、自然の変化などを感じ取り、好奇心や探究心をもって考え言葉などで表現しながら、身近な事象への関心が高まるとともに、自然への愛情や畏敬の念をもつようになる。また、身近な動植物に心を動かされる中で、生命の不思議さや尊さに気付き、身近な動植物への接し方を考え、命あるものとしていたわり、大切にする気持ちをもって関わるようになる。

ク　数量や図形、標識や文字などへの関心・感覚

遊びや生活の中で、数量や図形、標識や文字などに親しむ体験を重ねたり、標識や文字の役割に気付いたりし、自らの必要感に基づきこれらを活用し、興味や関心、感覚をもつようになる。

ケ　言葉による伝え合い

保育士等や友達と心を通わせる中で、絵本や物語などに親しみながら、豊かな言葉や表現を身に付け、経験したことや考えたことなどを言葉で伝えたり、相手の話を注意して聞いたりし、言葉による伝え合いを楽しむようになる。

コ　豊かな感性と表現

心を動かす出来事などに触れ感性を働かせる中で、様々な素材の特徴や表現の仕方などに気付き、感じたことや考えたことを自分で表現したり、友達同士で表現する過程を楽しんだりし、表現する喜びを味わい、意欲をもつようになる。

□幼保連携型認定こども園教育・保育要領〔抄〕

（平成二九年三月三一日　内閣府・文部科学省・厚生労働省告示第一号）

第一章　総則

第一　幼保連携型認定こども園における教育及び保育の基本及び目標等

1　幼保連携型認定こども園における教育及び保育の基本

乳幼児期の教育及び保育は、子どもの健全な心身の発達を図りつつ生涯にわたる人格形成の基礎を培う重要なものであり、幼保連携型認定こども園における教育及び保育は、就学前の子どもに関する教育、保育等の総合的な提供の推進に関する法律（平成一八年法律第七七号。以下「認定こども園法」という。）第二条第七項に規定する目的及び第九条に掲げる目標を達成するため、乳幼児期全体を通して、その特性及び保護者や地域の実態を踏まえ、環境を通して行うものであることを基本とし、家庭や地域での生活を含めた園児の生活全体が豊かなものとなるように努めなければならない。

このため保育教諭等は、園児との信頼関係を十分に築き、園児が自ら安心して身近な環境に主体的に関わり、環境との関わり方や意味に気付き、これらを取り込もうとして、試行錯誤したり、考えたりするようになる幼児期の教育における見方・考え方を生かし、その活動が豊かに展開されるよう環境を整え、園児と共によりよい教育及び保育の環境を創造するように努めるものとする。これらを踏まえ、次に示す事項を重視して教育及び保育を行わなければならない。

(1)　乳幼児期は周囲への依存を基盤にしつつ自立に向かうものであることを考慮して、周囲との信頼関係に支えられた生活の中で、園児一人一人が安心感と信頼感をもっていろいろな活動に取り組む体験を十分に積み重ねられるようにすること。

(2)　乳幼児期においては生命の保持が図られ安定した情緒の下で自己を十分に発揮することにより発達に必要な体験を得ていくものであることを考慮して、園児の主体的な活動を促し、乳幼児期にふさわしい生活が展開されるようにすること。

(3)　乳幼児期における自発的な活動としての遊びは、心身の調和のとれた発達の基礎を培う重要な学習であることを考慮して、遊びを通しての指導を中心として第二章に示すねらいが総合的に達成されるようにすること。

(4)　乳幼児期における発達は、心身の諸側面が相互に関連し合い、多様な経過をたどって成し遂げられていくものであること、また、園児の生活経験がそれぞれ異なることなどを考慮して、園児一人一人の特性や発達の過程に応じ、発達の課題に即した指導を行うようにすること。

その際、保育教諭等は、園児の主体的な活動が確保されるよう、園児一人一人の行動の理解と予想に基づき、計画的に環境を構成しなければならない。この場合において、保育教諭等は、園児と人やものとの関わりが重要であることを踏まえ、教材を工夫し、物的・空間的環境を構成しなければならない。また、園児一人一人の活動の場面に応じて、様々な役割を果たし、その活動を豊かにしなければならない。

なお、幼保連携型認定こども園に

における教育及び保育は、園児が入園してから修了するまでの在園期間全体を通して行われるものであり、この章の第三に示す幼保連携型認定こども園として特に配慮すべき事項を十分に踏まえて行うものとする。

2　幼保連携型認定こども園における教育及び保育の目標

幼保連携型認定こども園は、家庭との連携を図りながら、この章の第一の1に示す幼保連携型認定こども園における教育及び保育の基本に基づいて一体的に展開される幼保連携型認定こども園における生活を通して、生きる力の基礎を育成するよう認定こども園法第九条に規定する幼保連携型認定こども園の教育及び保育の目標の達成に努めなければならない。幼保連携型認定こども園は、このことにより、義務教育及びその後の教育の基礎を培うとともに、子どもの最善の利益を考慮しつつ、その生活を保障し、保護者と共に園児を心身ともに健やかに育成するものとする。

なお、認定こども園法第九条に規定する幼保連携型認定こども園の教育及び保育の目標については、発達や学びの連続性及び生活の連続性の観点から、小学校就学の始期に達するまでの時期を通じ、その達成に向けて努力すべき目当てとなるものであることから、満三歳未満の園児の保育にも当てはまることに留意するものとする。

3　幼保連携型認定こども園の教育及び保育において育みたい資質・能力及び「幼児期の終わりまでに育ってほしい姿」

(1)　幼保連携型認定こども園においては、生きる力の基礎を育むため、この章の第一の1に示す幼保連携型認定こども園の教育及び保育の基本を踏まえ、次に掲げる資質・能力を一体的に育むよう努めるものとする。

ア　豊かな体験を通じて、感じたり、気付いたり、分かったり、できるようになったりする「知識及び技能の基礎」

イ　気付いたことや、できるようになったことなどを使い、考えたり、試したり、工夫したり、表現したりする「思考力、判断力、表現力等の基礎」

ウ　心情、意欲、態度が育つ中で、よりよい生活を営もうとする「学びに向かう力、人間性等」

(2)　(1)に示す資質・能力は、第二章に示すねらい及び内容に基づく活動全体によって育むものである。

(3)　次に示す「幼児期の終わりまでに育ってほしい姿」は、第二章に示すねらい及び内容に基づく活動全体を通して資質・能力が育まれている園児の幼保連携型認定こども園修了時の具体的な姿であり、保育教諭等が指導を行う際に考慮するものである。

ア　健康な心と体〔略〕

イ　自立心〔略〕

ウ　協同性〔略〕

エ　道徳性・規範意識の芽生え〔略〕

オ　社会生活との関わり〔略〕

カ　思考力の芽生え〔略〕

キ　自然との関わり・生命尊重〔略〕

ク　数量や図形、標識や文字などへの関心・感覚〔略〕

ケ　言葉による伝え合い〔略〕

コ　豊かな感性と表現〔略〕

第二　教育及び保育の内容並びに子育ての支援等に関する全体的な計画等

1　教育及び保育の内容並びに子育ての支援等に関する全体的な計画の作成等

(1)　教育及び保育の内容並びに子育ての支援等に関する全体的な計画の役割

各幼保連携型認定こども園においては、教育基本法（平成一八年法律第一二〇号）、児童福祉法（昭和二二年法律第一六四号）及び認定こども園法その他の法令並びにこの幼保連携型認定こども園教育・保育要領の示すところに従い、教育と保育を一体的に提供するため、創意工夫を生かし、園児の心身の発達と幼保連携型認定こども園、家庭及び地域の実態に即応した適切な教育及び保育の内容並びに子育ての支援等に関する全体的な計画を作成するものとする。

教育及び保育の内容並びに子育ての支援等に関する全体的な計画とは、教育と保育を一体的に捉え、園児の入園から修了までの在園期間の全体にわたり、幼保連携型認定こども園の目標に向かってどのような過程をたどって教育及び保育を進めていくかを明らかにするものであり、子育ての支援と有機的に連携し、園児の園生活全体を捉え、作成する計画である。

各幼保連携型認定こども園においては、「幼児期の終わりまでに育ってほしい姿」を踏まえ教育及び保育の内容並びに子育ての支援等に関する全体的な計画を作成すること、その実施状況を評価して改善を図っていくこと、また実施に必要な人的又は物的な体制を確保するとともにその改善を図っていくことなどを通して、教育及び保育の内容並びに子育ての支援等に関する全体的な計画に基づき組織的かつ計画的に各幼保連携型認定こども園の教育及び保育活動の質の向上を図っていくこと（以下「カリキュラム・マネジメント」という。）に努めるものとする。

(2)　各幼保連携型認定こども園の教育及び保育の目標と教育及び保育の内容並びに子育ての支援等に関する全体的な計画の作成

教育及び保育の内容並びに子育ての支援等に関する全体的な計画の作成に当たっては、幼保連携型認定こども園の教育及び保育において育みたい資質・能力を踏まえつつ、各幼保連携型認定こども園の教育及び保育の目標を明確にするとともに、教育及び保育の内容並びに子育ての支援等に関する全体的な計画の作成についての基本的な方針が家庭や地域とも共有されるよう努めるものとする。

(3)　教育及び保育の内容並びに子育ての支援等に関する全体的な計画の作成上の基本的事項

ア　幼保連携型認定こども園における生活の全体を通して第二章に示すねらいが総合的に達成されるよう、教育課程に係る教育期間や園児の生活経験や発達の過程などを考慮して具体的なねらいと内容を組織するものとする。この場合においては、特に、自我が芽生え、他者の存在を意識し、自己を抑制しようとする気持ちが生まれるなどの乳幼児期の発達の特性を踏まえ、入園から修了に至るまでの長期的な視野をもって充実した生活が展開できるように配慮するものとする。

イ　幼保連携型認定こども園の満三歳以上の園児の教育課程に係る教育週数は、特別の事情のある場合を除き、週を下ってはならない。

ウ　幼保連携型認定こども園の一日の教育課程に係る教育時間は、四時間を標準とする。ただし、園児の心身の発達の程度や季節などに適切に配慮するものとする。

エ　幼保連携型認定こども園の保育を必要とする子どもに該当する園児に対する教育及び保育の時間（満三歳以上の保育を必要とする子どもに該当する園児については、この章の第二の1の(3)ウに規定する教育時間を含む。）は、一日につき八時間を原則とし、園長がこれを定める。ただし、その地方における園児の保護者の労働時間その他家庭の状況等を考慮するものとする。

(4) 教育及び保育の内容並びに子育ての支援等に関する全体的な計画の実施上の留意事項

各幼保連携型認定こども園においては、園長の方針の下に、園務分掌に基づき保育教諭等職員が適切に役割を分担しつつ、相互に連携しながら、教育及び保育の内容並びに子育ての支援等に関する全体的な計画や指導の改善を図るものとする。また、各幼保連携型認定こども園が行う教育及び保育等に係る評価については、教育及び保育の内容並びに子育ての支援等に関する全体的な計画の作成、実施、改善が教育及び保育活動や園運営の中核となることを踏まえ、カリキュラム・マネジメントと関連付けながら実施するよう留意するものとする。

(5) 小学校教育との接続に当たっての留意事項

ア　幼保連携型認定こども園においては、その教育及び保育が、小学校以降の生活や学習の基盤の育成につながることに配慮し、乳幼児期にふさわしい生活を通して、創造的な思考や主体的な生活態度などの基礎を培うようにするものとする。

イ　幼保連携型認定こども園の教育及び保育において育まれた資質・能力を踏まえ、小学校教育が円滑に行われるよう、小学校の教師との意見交換や合同の研究の機会などを設け、「幼児期の終わりまでに育ってほしい姿」を共有するなど連携を図り、幼保連携型認定こども園における教育及び保育と小学校教育との円滑な接続を図るよう努めるものとする。

3　特別な配慮を必要とする園児への指導

(1) 障害のある園児などへの指導

障害のある園児などへの指導に当たっては、集団の中で生活することを通して全体的な発達を促していくことに配慮し、適切な環境の下で、障害のある園児が他の園児との生活を通して共に成長できるよう、特別支援学校などの助言又は援助を活用しつつ、個々の園児の障害の状態などに応じた指導内容や指導方法の工夫を組織的かつ計画的に行うものとする。また、家庭、地域及び医療や福祉、保健等の業務を行う関係機関との連携を図り、長期的な視点で園児への教育及び保育的支援を行うために、個別の教育及び保育支援計画を作成し活用することに努めるとともに、個々の園児の実態を的確に把握し、個別の指導計画を作成し活用することに努めるものとする。

(2) 海外から帰国した園児や生活に必要な日本語の習得に困難のある園児の幼保連携型認定こども園の生活への適応

海外から帰国した園児や生活に必要な日本語の習得に困難のある園児については、安心して自己を発揮できるよう配慮するなど個々の園児の実態に応じ、指導内容や指導方法の工夫を組織的かつ計画的に行うものとする。

(4) 審議会答申等

□中央教育審議会「『令和の日本型学校教育』の構築を目指して～全ての子供たちの可能性を引き出す、個別最適な学びと、協働的な学びの実現～」（答申）〔抄〕

（令和三年一月二六日　中央教育審議会）

第Ⅰ部　総論

1．－2．〔略〕

3．二〇二〇年代を通じて実現すべき「令和の日本型学校教育」の姿

○第2期、第3期の教育振興基本計画で掲げられた「自立」、「協働」、「創造」の3つの方向性を実現させるための生涯学習社会の構築を目指すという理念を踏まえ、学校教育においては、2．(3)で挙げた子供たちの多様化、教師の長時間勤務による疲弊、情報化の加速度的な進展、少子高齢化・人口減少、感染症等の直面する課題を乗り越え、1．で述べたように、Society5.0時代を見据えた取組を進める必要がある。これらの取組を通じ、一人一人の児童生徒が、自分のよさや可能性を認識するとともに、あらゆる他者を価値のある存在として尊重し、多様な人々と協働しながら様々な社会的変化を乗り越え、豊かな人生を切り拓き、持続可能な社会の創り手となることができるよう、その資質・能力を育成することが求められている。

○このためには、2．(1)で述べてきた明治から続く我が国の学校教育の蓄積である「日本型学校教育」の良さを受け

継ぎながら更に発展させ、学校における働き方改革とGIGAスクール構想を強力に推進しながら、新学習指導要領を着実に実施することが求められており、必要な改革を躊躇なく進めるべきである。

○その際、従来の社会構造の中で行われてきた「正解主義」や「同調圧力」への偏りから脱却し、本来の日本型学校教育の持つ、授業において子供たちの思考を深める「発問」を重視してきたことや、子供一人一人の多様性と向き合いながら一つのチーム（目標を共有し活動を共に行う集団）としての学びに高めていく、という強みを最大限に生かしていくことが重要である。

○誰一人取り残すことのない、持続可能で多様性と包摂性のある社会の実現に向け、学習指導要領前文において「持続可能な社会の創り手」を求める我が国を含めた世界全体で、ＳＤＧｓ（持続可能な開発目標）に取り組んでいる中で、ツールとしてのICTを基盤としつつ、日本型学校教育を発展させ、二〇二〇年代を通じて実現を目指す学校教育を「令和の日本型学校教育」と名付け、まずその姿を以下のとおり描くことで、目指すべき方向性を社会と共有することとしたい。

(1)　子供の学び

〔略〕

○全ての子供に基礎的・基本的な知識・技能を確実に習得させ、思考力・判断力・表現力等や、自ら学習を調整しながら粘り強く学習に取り組む態度等を育成するためには、教師が支援の必要な子供により重点的な指導を行うことなどで効果的な指導を実現することや、子供一人一人の特性や学習進度、学習到達度等に応じ、指導方法・教材や学習時間等の柔軟な提供・設定を行うことなどの「指導の個別化」が必要である。

○基礎的・基本的な知識・技能等や、言語能力、情報活用能力、問題発見・解決能力等の学習の基盤となる資質・能力等を土台として、幼児期からの様々な場を通じての体験活動から得た子供の興味・関心・キャリア形成の方向性等に応じ、探究において課題の設定、情報の収集、整理・分析、まとめ・表現を行う等、教師が子供一人一人に応じた学習活動や学習課題に取り組む機会を提供することで、子供自身が学習が最適となるよう調整する「学習の個性化」も必要である。

○以上の「指導の個別化」と「学習の個性化」を教師視点から整理した概念が「個に応じた指導」であり、この「個に応じた指導」を学習者視点から整理した概念が「個別最適な学び」である。

○これからの学校においては、子供が「個別最適な学び」を進められるよう、教師が専門職としての知見を活用し、子供の実態に応じて、学習内容の確実な定着を図る観点や、その理解を深め、広げる学習を充実させる観点から、カリキュラム・マネジメントの充実・強化を図るとともに、これまで以上に子供の成長やつまずき、悩みなどの理解に努め、個々の興味・関心・意欲等を踏まえてきめ細かく指導・支援することや、子供が自らの学習の状況を把握し、主体的に学習を調整することができるよう促していくことが求められる。

〔略〕

4．「令和の日本型学校教育」の構築に向けた今後の方向性（項目のみ）

(1)　学校教育の質と多様性、包摂性を高め、教育の機会均等を実現する

(2)　連携・分担による学校マネジメントを実現する

(3)　これまでの実践とＩＣＴとの最適な組合せを実現する

(4)　履修主義・修得主義等を適切に組み合わせる

(5)　感染症や災害の発生等を乗り越えて学びを保障する

(6)　社会構造の変化の中で、持続的で魅力ある学校教育を実現する

5．「令和の日本型学校教育」の構築に向けたＩＣＴの活用に関する基本的な考え方（項目のみ）

(1)　学校教育の質の向上に向けたＩＣＴの活用

(2)　ＩＣＴの活用に向けた教師の資質・能力の向上

(3)　ＩＣＴ環境整備の在り方

第Ⅱ部　各論

〔略〕

□中央教育審議会「次期教育振興基本計画について」（答申）（概要）〔抄〕

（令和五年三月八日　中央教育審議会）

I．我が国の教育をめぐる現状・課題・展望

(1)　教育の普遍的な使命

(2)　第3期計画期間中の成果と課題

(3)　社会の現状や変化への対応と今後の展望

(4)　教育政策に関する国内外の動向

II．今後の教育政策に関する基本的な方針

（総括的な基本方針・コンセプト）

(1)　二〇四〇年以降の社会を見据えた持続可能な社会の創り手の育成

(2)　日本社会に根差したウェルビーイングの向上

（5つの基本的な方針）

①グローバル化する社会の持続的な発展に向けて学び続ける人材の育成

（社会の持続的な発展に向けて）（主体的に社会の形成に参画する態度の育成と価値創造の志向）（主体的・対話的で深い学び、アクティブ・ラーニング、大学教育の質保証）（グローバル人材育成）（持続可能な社会の創り手の育成に貢献するＥＳＤ（持続可能な開発のための教育）の推進）（多様な才能・能力を生かす教育）（地域・産学官連携、職業教育）（マルチステージの人生生涯にわたって学び続ける学習者の育成）（リカレント教育を通じた高度専門人材育成）

②誰一人取り残さず、全ての人の可能性を引き出す共生社会の実現に向けた教

育の推進

（共生社会の実現に向けた教育の考え方）（共生社会の実現に向けた教育の方向性）

③地域や家庭で共に学び支え合う社会の実現に向けた教育の推進

（社会教育を通じた持続的な地域コミュニティの基盤形成）（公民館等の社会教育施設の機能強化、社会教育人材の養成と活躍機会の拡充）（生涯学習社会の実現、障害者の生涯学習の推進）

④教育デジタルトランスフォーメーション（DX）の推進

（DXに至る3段階）（各学校段階における教育DXの推進）（デジタルの活用とリアル（対面）活動の重要性）

⑤計画の実効性確保のための基盤整備・対話

（教育政策推進の実効性の確保）（経済的状況によらず学びの機会を確保するための支援）（指導体制・ICT環境等の整備）（NPO・企業等多様な担い手との連携・協働）（安全・安心で質の高い教育研究環境の整備、社会教育施設等の整備）（私立学校の振興）（児童生徒等の安全確保）（こども政策との連携）（各ステークホルダーとの対話を通じた計画策定・フォローアップ）

Ⅲ．今後の教育政策の遂行に当たっての評価・投資等の在り方

⑴　教育政策の持続的改善のための評価・指標の在り方

（教育政策のPDCAサイクルの推進）（教育政策の企画・立案段階）（教育政策の実施段階）（教育政策の評価・改善段階）（客観的な根拠を重視した政策推進の基盤形成）

⑵　教育投資の在り方

（「未来への投資」としての教育投資の意義）（第3期計画までの教育投資の状況）

（本計画期間における教育投資の方向性）

①　教育費負担軽減の着実な実施及び更なる推進

②　各教育段階における教育の質の向上に向けた環境整備

（国民の理解醸成及び寄附等の促進）

Ⅳ．今後5年間の教育政策の目標と基本施策

（目標、基本施策及び指標）

（考え方）

目標1　確かな学力の育成、幅広い知識と教養・専門的能力・職業実践力の育成

【基本施策】

○個別最適な学びと協働的な学びの一体的充実○新しい時代に求められる資質・能力を育む学習指導要領の実施○幼児教育の質の向上○高等学校教育改革○全国学力・学習状況調査の実施・分析・活用○大学入学者選抜改革○学修者本位の教育の推進○文理横断・文理融合教育の推進○キャリア教育・職業教育の充実○学校段階間・学校と社会の接続の推進

目標2　豊かな心の育成

【基本施策】

○子供の権利利益の擁護○主観的ウェルビーイングの向上○道徳教育の推進○いじめ等への対応、人権教育の推進○発達支持的生徒指導の推進○生命の安全教育の推進○体験活動・交流活動の充実○読書活動の充実○伝統や文化等に関する教育の推進○青少年の健全育成○文化芸術による子供の豊かな心の育成

目標3　健やかな体の育成、スポーツを通じた豊かな心身の育成

【基本施策】

○学校保健、学校給食・食育の充実○生活習慣の確立、学校体育の充実・高度化○運動部活動改革の推進と身近な地域における子供のスポーツ環境の整備充実○アスリートの発掘・育成支援○体育・スポーツ施設の整備充実○スポーツ実施者の安全・安心の確保○スポーツを通じた健康増進○スポーツを通じた共生社会の実現・障害者スポーツの振興

目標4　グローバル社会における人材育成

【基本施策】

○日本人学生・生徒の海外留学の推進○外国人留学生の受入れの推進○高等学校・高等専門学校・大学等の国際化○外国語教育の充実○国際教育協力と日本型教育の海外展開○在外教育施設の魅力向上○芸術家等の文化芸術の担い手の育成

目標5　イノベーションを担う人材育成

【基本施策】

○探究・STEAM教育の充実○大学院教育改革○若手研究者・科学技術イノベーションを担う人材育成○高等専門学校の高度化○大学・専門学校等における専門人材育成○理工系分野をはじめとした人材育成及び女性の活躍推進○優れた才能・個性を伸ばす教育の推進○起業家教育（アントレプレナーシップ教育）の推進○大学の共創拠点化

目標6　主体的に社会の形成に参画する態度の育成・規範意識の醸成

【基本施策】

○子供の意見表明○主権者教育の推進○持続可能な開発のための教育（ESD）の推進○男女共同参画の推進○消費者教育の推進○環境教育の推進○災害復興教育の推進

目標7　多様な教育ニーズへの対応と社会的包摂

【基本施策】

○特別支援教育の推進○不登校児童生徒への支援の推進○ヤングケアラーの支援○子供の貧困対策○高校中退者等に対する支援○海外で学ぶ日本人・日本で学ぶ外国人等への教育の推進○特異な才能のある児童生徒に対する指導・支援○大学等における学生支援○夜間中学の設置・充実○高等学校定時制課程・通信制課程の質の確保・向上○高等専修学校における教育の推進○日本語教育の充実○教育相談体制の整備○障害者の生涯学習の推進○障害者の文化芸術活動の推進

目標8　生涯学び、活躍できる環境整備

【基本施策】

○大学等と産業界の連携等によるリカレント教育の充実○働きながら学べる環境整備○リカレント教育のための経済支援・情報提供○現代的・社会的な課題に対応した学習等の推進○女性活躍に向けたリカレント教育の推進○高齢者の生涯学習の推進○リカレント教育の成果の適切な評価・活用○学習履歴の可視化の促進○生涯を通じた文化芸術活動の推進

目標9　学校・家庭・地域の連携・協働の推進による地域の教育力の向上

【基本施策】

○コミュニティ・スクールと地域学校協働活動の一体的推進○家庭教育支援の充実○部活動の地域連携や地域クラブ活動への移行に向けた環境の一体的な整備

目標10　地域コミュニティの基盤を支える社会教育の推進

【基本施策】

○社会教育施設の機能強化○社会教育人材の養成・活躍機会拡充○地域課題の解決に向けた関係施設・施策との連携

目標11　教育DXの推進・デジタル人材の育成

【基本施策】

○1人1台端末の活用○児童生徒の情報活用能力の育成○教師の指導力向上○校務DXの推進○教育データの標準化○基盤的ツールの開発・活用○教育データ分析・利活用及び先端技術の利活用○デジタル人材育成の推進（高等教育）○教育環境のデジタル化の促進（高等教育）○社会教育分野のデジタル活用推進

目標12　指導体制・ICT環境の整備、教育研究基盤の強化

【基本施策】

（初等中等教育段階）

○指導体制の整備○学校における働き方改革の更なる推進○教師の養成・採用・研修の一体的改革○ICT環境の充実○地方教育行政の充実

（高等教育段階）

○教育研究の質向上に向けた基盤の確立○高等教育機関の連携・統合

目標13　経済的状況、地理的条件によらない質の高い学びの確保

【基本施策】

○教育費負担の軽減に向けた経済的支援○へき地や過疎地域等における学びの支援○災害時における学びの支援

目標14　NPO・企業・地域団体等との連携・協働

〔略〕

目標15　安全・安心で質の高い教育研究環境の整備、児童生徒等の安全確保

【基本施策】

○学校施設の整備○学校における教材等の充実○私立学校の教育研究基盤の整備○文教施設の官民連携○学校安全の推進

目標16　〔略〕

□中央教育審議会「これからの学校教育を担う教員の資質能力の向上について～学び合い、高め合う教員育成コミュニティの構築に向けて～」答申〈要約版〉〔抄〕

（平成二七年一二月二一日　中央教育審議会）

1．検討の背景〔略〕

2．これからの時代の教員に求められる資質能力

○これまで教員として不易とされてきた資質能力に加え、自律的に学ぶ姿勢を持ち、時代の変化や自らのキャリアステージに応じて求められる資質能力を生涯にわたって高めていくことのできる力や、情報を適切に収集し、選択し、活用する能力や知識を有機的に結びつけ構造化する力。

○アクティブ・ラーニングの視点からの授業改善、道徳教育の充実、小学校における外国語教育の早期化・教科化、ICTの活用、発達障害を含む特別な支援を必要とする児童生徒等への対応などの新たな課題に対応できる力量。

○「チーム学校」の考えの下、多様な専門性を持つ人材と効果的に連携・分担し、組織的・協働的に諸課題の解決に取り組む力。

3．教員の養成・採用・研修に関する課題

(1)　教員研修に関する課題

〔前略〕教員のキャリアステージに応じ、教員のニーズも踏まえた研修を効果的・効率的に行う必要がある。

また、法定研修である初任者研修、十年経験者研修については、実施状況や教育委員会・学校現場のニーズを把握し、制度や運用の見直しを図ることが必要である。〔後略〕

(2)　教員採用に関する課題

豊かな知識や識見、幅広い視野を持ち個性豊かでたくましい人材や特定の教科や指導法についてより高い専門性を持った人材を教員として確保する必要がある。そのため、多様で多面的な選考方法を促進する必要があり、各教育委員会が実施する採用選考試験への支援方策が必要である。〔後略〕

(3)　教員養成に関する課題

〔前略〕実践的指導力の基礎の育成に資するとともに、教職課程の学生に自らの教員としての適性を考えさせる機会として、学校現場や教職を体験させる機会を充実させることが必要である。さらに、教職課程の質保証・向上のため、教職課程に対する外部評価制度の導入や全学的に教職課程を統括する組織の整備を促進する必要がある。教員養成カリキュラムについては、学校現場の要望に柔軟に対応できるよう、教職課程の大くくり化や大学の独自性が発揮されやすい制度とするための検討が必要である。

(4)　教員の養成・採用・研修を通じた課題

〔前略〕養成・研修を計画・実施する際の基軸となる教員の育成指標を教育委員会と大学等が協働して作成するなど、連携強化を図る具体的な制度を構築することが必要である。また、ICTの利活用、特別支援教育、外国語教育、道徳など新たな教育課題や、アクティブ・ラーニングの視点からの授業改善などに対応した教員養成・研修が必要である。

(5)　教員免許制度に関する課題

義務教育学校制度の創設や学校現場における多様な人材の確保に対応した免許制度改革が必要である。

4．改革の具体的な方向性

(1)　教員研修に関する改革の具体的な方向性

〔中略〕

①継続的な研修の推進

◆国及び教育委員会等は、経験年数の異なる教員同士のチーム研修やベテランの教員やミドルリーダークラスの教員がメンターとして若手教員等を育成するメンター方式の研修等の先進的事例を踏まえた校内研修の充実を図る方策について検討する。

〔中略〕

◆大学等と連携した研修や受講した研修の単位化などについて協議する仕組みを構築する。

②初任者研修の改革

◆国は、〔中略〕効果的な若手教員研修が行えるよう、初任者研修の運用方針を見直す。

◆国及び教育委員会等は〔中略〕組織的な初任者研修について改善方策を検討する。

〔中略〕

③十年経験者研修の改革

◆国は、〔中略〕十年経験者研修を十年が経過した時点で受講すべき研修から、学校内でミドルリーダーとなるべき人材を育成すべき研修に転換し、〔中略〕任命権者が定める年数に達した後に受講できるよう実施時期を弾力化する。

④研修実施体制の整備・充実〔省略〕

⑤独立行政法人教員研修センターの機能強化〔省略〕

(2)　教員採用に関する改革の具体的な方向性

◆〔前略〕採用前の円滑な入職や最低限の実践力獲得のための取組を普及・推進する

◆国は、教員採用試験の共通問題の作成について、各都道府県の採用選考の内容分析やニーズの把握等、必要な検討に着手する。

◆国は、〔中略〕特別免許状授与の手続の改善を図るなど活用を促進する。

◆国は、〔中略〕教員免許を有しない有為な外部人材を教員として確保するための方策について検討する。

(3) 教員養成に関する改革の具体的な方向性

◆教員免許状の取得に必要な単位数は増加させないことを前提として、新たな教育課題に対応できるよう教職課程の内容を精選・重点化する。

◆国立の教員養成を目的とする大学・学部は、〔中略〕新たな教育課題に対応した取組を率先して実施し、他大学・学部におけるモデルを提示して、その取組を普及・啓発する。

◆教職課程については、〔中略〕「教科に関する科目」と「教職に関する科目」等の科目区分を撤廃し、新たな教育課題等に対応できるよう見直す。

◆〔前略〕学校インターンシップについては、教職課程において義務化はせず各大学の判断により教育実習の一部に充ててもよいこととする。

◆教職課程の質の保証・向上については、全学的に教職課程を統括する組織の設置についての努力義務化、教職課程における自己点検・評価の実施の制度化、教職課程の第三者評価を支援・促進するための方策などについて検討する。また、国、教育委員会、大学等は、教職課程の科目を担当する大学教員について、学校現場体験等の実践的内容や新たな教育課題に対応したFDなどを実施する。

(4) 新たな教育課題に対応した教員研修・養成

〔新たな課題〕
アクティブ・ラーニングの視点からの授業改善

〔研修〕
・〔前略〕学校全体の取組としてアクティブ・ラーニングの視点に資する校内研修を推進
・免許状更新講習の選択必修科目として主体的・協働的な学びの実現に関する科目を追加

〔養成〕
〔前略〕
・教職課程における授業そのものをアクティブ・ラーニングの視点から改善

〔研修〕
・ICTを利活用した授業力の育成や、児童生徒のICTの実践的活用や情報活用能力の育成に資する指導のための研修充実

〔養成〕
・ICTの操作法はもとより、ICTを用いた効果的な授業や適切なデジタル教材の開発・活用の基礎力の養成

〔新たな課題〕
道徳教育の充実

〔研修〕
・〔前略〕道徳科の目標や内容を理解し、児童生徒が議論する問題解決的な学習への一層の転換を図るなど計画的な研修の充実
・道徳教育に関する校内研究や地域研究の充実、「道徳教育推進リーダー教師（仮称）」の育成

〔養成〕
・〔前略〕教職課程における理論面、実践面、実地経験面からの改善・充実

〔新たな課題〕
外国語教育の充実

〔研修〕
・〔前略〕「英語教育推進リーダー」の養成を推進し、小中高の接続を意識した指導計画の作成や学習到達目標を活用した授業改善などについて指導・助言を実施
・免許法認定講習の開設支援等による小中免許状の併有促進

〔養成〕
・大学、教育委員会等が参画して教員養成に必要なコアカリキュラムを開発し、課程認定や教職課程の改善・充実に活用
・専門性を高める教科及び指導法に関する科目を教職課程に位置付け

〔新たな課題〕
特別支援教育の充実

〔研修〕
・全ての教員を対象とした基礎的な知識・技能を身に付ける研修の実施
・〔中略〕管理職や特別支援学級の担任、特別支援学校教員等の職に応じた専門性向上ための研修の実施
〔後略〕

〔養成〕
・〔前略〕特別な支援を必要とする幼児、児童、生徒に関する理論及び指導法について、教職課程に独立した科目として位置付け

(5) 教員の養成・採用・研修を通じた改革の具体的な方向性

① 学び続ける教員を支えるキャリアシステムの構築〔略〕

教員育成協議会（仮称）の創設

◆国は、教育委員会と大学等が相互に議論し、養成や研修の内容を調整するための制度として「教員育成協議会」（仮称）を創設する。

〔後略〕

③ 教員育成指標の策定

◆〔前略〕教員がキャリアステージに応じて身につけるべき資質や能力の明確化のため、各都道府県等は教員育成指標を整備する。

〔中略〕

◆〔前略〕学校種ごとに教員育成指標を策定することとする。

〔中略〕

④ 教員研修計画の策定

◆各都道府県等の教育委員会において、地域ごとの教員育成指標を踏まえ、体系的な教員研修計画を策定し研修を実施する。

〔中略〕

(6) 教員免許制度に関する改革の具体的な方向性

◆国は、義務教育学校制度の導入に伴い、〔中略〕中学校の免許状所有者が義務教育学校の前期課程において教科等に加えて学級担任も可能にするよう制度改正を行う。

◆国は、現職教員の他校種免許状の併有を促進するため、取得しようとする免許状に関係する学校における勤務年数を新たな免許状取得の際の単位数に換算できるようにする。

◆〔中略〕

◆国は、平成三二年までにおおむね全ての特別支援学校教員が当該学校教諭等免許状を保有することを目指し、現職教員に対する免許法認定講習の開設支援、独立行政法人国立特別支援教育総合研究所による免許法認定通信教育の実施、養成段階での免許状取得促進等の取組を推進する。

(7) 教員の資質能力の高度化に関する改革の具体的な方向性

◆教職大学院については、〔中略〕高度専門職業人としての教員養成モデルから、その中心に位置付けることとし、現職教員の再教育の場としての役割に重点を置きつつ、学部新卒学生についても実践力を身につける場として質的・量的充実を図る。

◆教職大学院は独立行政法人教員研修センターとも連携し、大学と教育委員会・学校との連携・協働のハブとなり、学部段階も含めた大学全体の教員養成の抜本的な強化や現職教員の研修への参画など地域への貢献の充実を図る。

◆新任教員の任用にあたり、教職大学院修了者向けの採用試験の実施、名簿登載期間の延長や初任者研修免除などのインセンティブを付与することの検討を行う。また、現職教員については教職生活全体のキャリアの中に教職大学院での学びを位置付け、管理職コースの設置や教育委員会との連携による管理職研修の開発・実施を行う。

◆教職大学院について、履修証明制度や科目等履修制度の活用等により現職教員が学びやすい仕組みのための環境を整備するとともに、学校現場を基軸とした教育課程の編成・管理を行い、地域性を踏まえ、各教職大学院の強み・特色を示していく。

◆国は、教員の資質能力の高度化を図るため、「教員育成協議会」（仮称）における協議において教職大学院における授業履修や研修の成果を専修免許状の取得や能力証明に結びつける方策について検討する。

◆国公私立大学の教員養成系以外の大学院における教員養成の取組について一層の充実を図る。

□中央教育審議会「チームとしての学校の在り方と今後の改善方策について」答申【骨子】〔抄〕

（平成二七年一二月二一日　中央教育審議会）

1．「チームとしての学校」が求められる背景

（教育活動の更なる充実の必要性）〔省略〕

（学習指導要領改訂の理念を実現するための組織の在り方）

〔前略〕これからの教育課程には、教育が普遍的に目指す根幹を堅持しつつ、社会の変化に目を向け、柔軟に受け止めていく「社会に開かれた教育課程」としての役割が期待されている。

この理念を実現していくためには、各学校において、「アクティブ・ラーニング」の視点を踏まえた不断の授業方法の見直し等による授業改善と「カリキュラム・マネジメント」を通した組織運営の改善に一体的に取り組むことが重要である。

さらに、「コミュニティ・スクール」や多様な地域人材等と連携・協働して、家庭や地域社会を巻き込み、教育活動を充実していくことが大切である。

（複雑化・多様化した課題）〔省略〕

（我が国の学校や教員の勤務実態）

〔前略〕我が国の教員は、〔中略〕欧米の教員と比較すると、授業や生徒指導など様々な業務を行っていることが明らかとなっており、勤務時間も国際的に見て、長いという結果が出ている。

（「チームとしての学校」の必要性）

学校が、複雑化・多様化した課題を解決し、子供に必要な資質・能力を育んでいくためには、学校のマネジメントを強化し、組織として教育活動に取り組む体制を創り上げるとともに、必要な指導体制を整備することが必要である。

その上で、生徒指導や特別支援教育等を充実していくために、学校や教員が心理や福祉等の専門スタッフ等と連携・分担する体制を整備し、学校の機能を強化していくことが重要である。〔後略〕

2．「チームとしての学校」の在り方

(1)「チームとしての学校」を実現するための3つの視点

〔前略〕

1　専門性に基づくチーム体制の構築

教員が、〔中略〕学習指導や生徒指導等に取り組むため、指導体制の充実が必要である。加えて、心理や福祉等の専門スタッフについて、学校の職員として、職務内容等を明確化し、質の確保と配置の充実を進めるべきである。

2　学校のマネジメント機能の強化

専門性に基づく「チームとしての学校」が機能するためには、〔中略〕学校のマネジメント機能を今まで以上に強化していくことが求められる。そのためには、〔中略〕校長のマネジメント体制を支える仕組みを充実することが求められる。

3　教職員一人一人が力を発揮できる環境の整備

教職員がそれぞれの力を発揮し、伸ばしていくことができるようにするためには、人材育成の充実や業務改善の取組を進めることが重要である。

(2)「チームとしての学校」と家庭、地域、関係機関との関係

〔前略〕学校と家庭や地域との連携・協働により、共に子供の成長を支えていく体制を作り、学校や教員が、必要な資質・能力を子供に育むための教育活動に重点を置いて、取り組むことができるようにしていくことが重要である。

(3)国立学校や私立学校における「チームとしての学校」〔省略〕

3．「チームとしての学校」を実現するための具体的な改善方策

(1)教職員の指導体制の充実

1　教職員の指導体制の充実〔省略〕

2　教員以外の専門スタッフの参画

1)心理や福祉に関する専門スタッフ

〔省略〕

・国は、〔中略〕スクールカウンセラーやスクールソーシャルワーカーの配置の拡充、資質の確保を検討する。

2)授業等において教員を支援する専門スタッフ

・国、教育委員会は、ICT活用のスキルを持った専門人材等の確保・活用を図りつつ、ICT支援員を養成し、学校への配置の充実を図る。

・国、教育委員会は、〔中略〕学校司書の専門性を確保する方策を検討・実施するとともに、その配置の充実を図る。

・国、教育委員会は、効果的なティーム・ティーチングが可能となるよう外国語指導助手の指導力向上のために必要な研修を実施する。

・国は、JETプログラムによる外国語指導助手の配置について、所要の地方財政措置を講じる。地方公共団体は、JETプログラムの積極的活用を図るとともに、学校や教職員をサポートする英語の専門人材に対する支援の充実を検討する。〔後略〕

3)部活動に関する専門スタッフ

・国は、学校が、地域や学校の実態に応じ、部活動等の指導体制を整

えることができるよう、教員に加え、部活動等の指導・助言や各部活動の指導、顧問、単独での引率等を行うことを職務とする職員を部活動指導員（仮称）として、法令上に位置付けることを検討する。〔後略〕

(4)特別支援教育に関する専門スタッフ

・国は、医療的ケアを必要とする児童生徒の増加に対応するため、特別支援学校における看護師等配置に係る補助事業を拡充し、配置人数を増加させる。〔後略〕

3　地域との連携体制の整備〔省略〕

(2)学校のマネジメント機能の強化

1　管理職の適材確保

・国、教育委員会は、〔中略〕校長の補佐体制を強化するための取組を検討する。

・国、教育委員会は、〔中略〕教頭と事務職員の分担の見直しなど事務体制の整備や、主幹教諭の配置等の取組を進める。〔後略〕

2　主幹教諭制度の充実

・国は、〔中略〕主幹教諭の〔中略〕加配措置を拡充することを検討する。

3　事務体制の強化〔省略〕

(3)教職員一人一人が力を発揮できる環境の整備〔省略〕

□中央教育審議会「新しい時代の教育や地方創生の実現に向けた学校と地域の連携・協働の在り方と今後の推進方策について」答申【ポイント】〔抄〕

（平成二七年一二月二一日
中央教育審議会答申）

第1章　時代の変化に伴う学校と地域の在り方について

第1節　教育改革、地方創生等の動向から見る学校と地域の連携・協働の必要性

〔前略〕

◆これからの厳しい時代を生き抜く力の育成、地域から信頼される学校づくり、社会的な教育基盤の構築等の観点から、学校と地域はパートナーとして相互に連携・協働していく必要があり、そのことを通じ、社会総掛かりでの教育の実現を図る必要。

第2節　これからの学校と地域の連携・協働の在り方

◆これからの学校と地域の連携・協働の姿として、以下の姿を目指す。

・地域住民等と目標やビジョンを共有し、地域と一体となって子供たちを育む「地域とともにある学校」への転換

・地域の様々な機関や団体等がネットワーク化を図りながら、学校、家庭及び地域が相互に協力し、地域全体で学びを展開していく「子供も大人も学び合い育ち合う教育体制」の構築

・学校を核とした協働の取組を通じて、地域の将来を担う人材を育成し、自立した地域社会の基盤の構築を図る「学校を核とした地域づくり」の推進

〔後略〕

第2章　これからのコミュニティ・スクールの在り方と総合的な推進方策について

第1節　コミュニティ・スクールの意義・理念等〔省略〕

第2節　これからのコミュニティ・スクールの仕組みの在り方

◆コミュニティ・スクールの仕組みとしての学校運営協議会制度の基本的方向性

・学校運営協議会の目的として、学校を応援し、地域の実情を踏まえた特色ある学校づくりを進めていく役割の明確化する必要。

・現行の学校運営協議会の機能は引き続き備えることとした上で、教職員の任用に関する意見に関しては、柔軟な運用を確保する仕組みを検討。

〔中略〕

・校長のリーダーシップの発揮の観点から、学校運営協議会委員の任命において、校長の意見を反映する仕組みとする必要。

・小中一貫教育など学校間の教育の円滑な接続に資するため、複数校について一つの学校運営協議会を設置できる仕組みとする必要。

◆制度的位置付けに関する検討

〔前略〕

・全ての公立学校がコミュニティ・スクールを目指すべきであり、学校運営協議会の制度的位置付けの見直しも含めた方策が必要。その際、基本的には学校又は教育委員会の自発的な意志による設置が望ましいこと等を勘案しつつ、教育委員会が、積極的にコミュニティ・スクールの推進に努めていくよう制度的位置付けを検討。

第3節　コミュニティ・スクールの総合的な推進方策〔省略〕

第3章　地域の教育力の向上と地域における学校との協働体制の在り方について

第1節　地域における学校との連携・協働の意義〔省略〕

第2節　地域における学校との連携の現状等〔省略〕

第3節　地域における学校との協働体制の今後の方向性

〔前略〕

◆地域と学校が連携・協働して、地域全体で未来を担う子供たちの成長を支えていく活動を「地域学校協働活動」として、その取組を積極的に推進。

◆従来の学校支援地域本部、放課後子供教室等の活動を基盤に、「支援」から「連携・協働」、個別の活動から総合化・ネットワーク化を目指す新たな体制としての「地域学校協働本部」へ発展。

◆地域学校協働本部には、①コーディネート機能、②多様な活動、③持続的な活動の３要素が必須。

◆地域学校協働本部の実施を通じて、教職員と地域住民等との信頼関係が

醸成され、コミュニティ・スクールの導入につながっていく効果も期待される。

◆地域学校協働活動の全国的な推進に向けて、地域学校協働本部が、早期に全小・中学校区をカバーして構築されることを目指す。

第4節　地域における学校との協働のための取組の推進

◆地域住民や学校との連絡調整を行う「地域コーディネーター」及び複数のコーディネーターとの連絡調整等を行う「統括的なコーディネーター」の配置や機能強化が必要。

〔後略〕

第5節　国、都道府県、市町村による推進方策

〔省略〕

第4章　コミュニティ・スクールと地域学校協働本部の一体的・効果的な推進の在り方について

◆地域とともにある学校に転換するための仕組みとしてのコミュニティ・スクールと、社会教育の体制としての地域学校協働本部が、相互に補完し、高め合う存在として、両輪となって相乗効果を発揮していくことが必要であり、当該学校や地域の置かれた実情、両者の有機的な接続の観点等を踏まえた体制の構築が重要。

◆普段からの情報の共有や、地域コーディネーターと地域連携の推進を担当する教職員との連携の強化を図るとともに、国は、一体的・効果的な推進のイメージや両者が円滑に機能している実例の発信等により、取組を推進。

□子供の読書活動の推進に関する基本的な計画〔抄〕

（平成三〇年五月二八日文部科学省告示第七八三号）

第二章　基本的方針

I　子供の読書活動に関する課題

子供は、読書を通じて、読解力や想像力、思考力、表現力等を養うとともに、多くの知識を得たり、多様な文化を理解したりすることができるようになる。また、文学作品に加え、自然科学・社会科学関係の書籍や新聞、図鑑等の資料8を読み深めることを通じて、自ら学ぶ楽しさや知る喜びを体得し、更なる探究心や真理を求める態度が培われる。

近年、生産年齢人口の減少、グローバル化の進展や絶え間ない技術革新により、社会構造や雇用環境は大きく、また急速に変化し、予測が困難な時代になっている。子供たちには、様々な変化に積極的に向き合い、他者と協働して課題を解決していくことや、様々な情報を見極め新たな価値につなげていくこと、複雑な状況変化の中で目的を再構築できるようにすることが求められている。

一方、情報通信技術（ICT）を利用する時間は増加傾向にある。あらゆる分野の多様な情報に触れることがますます容易になる一方で、視覚的な情報と言葉の結び付きが希薄になり、知覚した情報の意味を吟味したり、文章の構造や内容を的確に捉えたりしながら読み解くことが少なくなっているのではないかとの指摘もある。

このような状況にあって、現在、学習指導要領等の改訂や高大接続改革が行われているところである。その中で、読書活動は、精査した情報を基に自分の考えを形成し表現するなどの「新しい時代に必要となる資質・能力」を育むことに資するという点からも、その重要性が高まっていると考えられる。

第三次基本計画においては、子供の不読率（一か月に一冊も本を読まない子供の割合であり、平成二四年度には小学生四・五%、中学生は一六・四%、高校生は五三・二%であった。）をおおむね五年後に小学生三%以下、中学生一二%以下、高校生四〇%以下とし、一〇年間で半減させる（平成三四年度に小学生二%以下、中学生八%以下、高校生二六%以下とする）ことを目標としていた。本目標下において、平成二九年度の不読率は小学生五・六%、中学生一五・〇%、高校生五〇・四%であった。

年により不読率の数値に変動はあるものの、これまで中学生の時期までの子供については各地域で様々な読書活動の推進に関する取組が行われてきたこともあり、小学生と中学生の不読率は中長期的には改善傾向にある。一方で、高校生の不読率は依然として高い状況にある。また、いずれの世代においても、第三次基本計画で定めた進度での改善は図られていないことから、各世代に関して、効果的な取組を進めることが重要である。

II　子供の読書活動に関する課題の分析と取組の方向性

子供の読書活動の重要性が高まっていることや、学校段階により子供の読書活動の状況に差があることに留意しながら、本計画期間においては、乳幼児期から、子供の実態に応じて、子供が読書に親しむ活動を推進していく必要がある。

特に高校生の不読率が高いことを受けて行った文部科学省の調査研究によると、読書を行っていない高校生は、中学生までに読書習慣が形成されていない者と、高校生になって読書の関心度合いが低くなり本から遠ざかっている者に大別されると考えられる。

このような現状を改善するために、前者には発達段階に応じて読書し読書を好きになる、つまり読書習慣の形成を一層効果的に図る必要があり、後者には読書の関心度合いが上がるような取組を推進する必要がある。

前者については、子供が発達段階に応じて読書習慣を身に付けることができるよう、乳幼児期からの読書活動が重要であることを踏まえつつ、発達段階ごとの特徴を考慮した効果的な取組を実施することが重要である。

後者については、勉強する時間やメディアを利用する時間が高校生の放課後の時間の多くを占めている実態があることに鑑みると、高校生の時期の子供が多忙の中でも読書に関心を持つようなきっかけを作り出す必要がある。その方法としては、高校生の時期の子供は、友人等同世代の者から受ける影響が大きい傾向があることから、友人等からの働き掛けを伴う、子供同士で本を紹介するような取組の充実が有効であると考えられる。

このように、子供の読書への関心を高めるために、国、都道府県、市町村は、子供の実態やそれを取り巻く状況の変化を踏まえ、取組の充実・促進を図ることが望まれる。

なお、スマートフォンの普及や、それを活用したSNS（ソーシャルネットワーキングサービス）等コミュニケーションツールの多様化等、子供を取り巻く情報環境が大きな変化を見せており、これらは、子供の読書環境にも大きな影響を与えている可能性がある。これらについて、国は、本計画の実施期間中にこうした読書環境の変化に関する実態把握とその分析等を行う必要がある。

都道府県や市町村においては、このような方向性を踏まえつつ、子供の読書活動の推進が家庭、地域、学校等を通じた社会全体で取り組まれるよう、必要な体制を整備するとともに、推進法第九条第一項に規定する「都道府県子ども読書活動推進計画」（以下「都道府県推進計画」という。）及び推進法第九条第二項に規定する「市町村子ども読書活動推進計画」（以下「市町村推進計画」という。）の策定又は見直しを行うことが望まれる。

また、子供の読書活動に関する理解や関心を高めるとともに、子供が読書に親しむ様々な機会を提供するなど、子供の自主的な読書活動を推進することに大きく寄与している民間団体の活動に対する支援が行われることが重要である。

そのほか、読書活動についての関心と理解を深め、取組の更なる充実を図るため、優良事例の紹介等の普及啓発活動が行われることが重要である。

□同和対策審議会答申〔抄〕

（昭和四〇年八月一一日
同和対策審議会）

第一部　同和問題の認識

一、同和問題の本質

いわゆる同和問題とは、日本社会の歴史的発展の過程において形成された身分階層構造に基づく差別により、日本国民の一部の集団が経済的・社会的・文化的に低位の状態におかれ、現代社会においても、なおいちじるしく基本的人権を侵害され、とくに、近代社会の原理として何人にも保障されている市民的権利と自由を完全に保障されていないという、もっとも深刻にして重大な社会問題である。

その特徴は、多数の国民が社会的現実としての差別があるために一定地域に共同的集落を形成していることにある。最近この集団的居住地域から離脱して一般地区に混在するものも多くなってきているが、それらの人々もまたその伝統的集落の出身なるがゆえに陰に陽に身分的差別のあつかいをうけている。集落をつくっている住民は、かつて「特殊部落」「後進部落」「細民部落」など蔑称でよばれ、現在でも「未解放部落」または「部落」などとよばれ、明らかな差別の対象となっているのである。

この「未解放部落」または「同和関係地区」（以下単に「同和地区」という。）の起源や沿革については、人種的起源説、宗教的起源説、職業的起源説、政治的起源説などの諸説がある。しかし、本審議会は、これら同和地区の起源を学問的に究明することを任務とするものではない。ただ、世人の偏見を打破するためにはっきり断言しておかなければならないのは同和地区の住民は異人種でも異民族でもなく、疑いもなく日本民族、日本国民である、ということである。

すなわち、同和問題は、日本民族、日本国民のなかの身分的差別をうける少数集団の問題である。同和地区は、中世末期ないしは近世初期において、封建社会の政治的、経済的、社会的諸条件に規制せられ、一定地域に定着して居住することにより形成された集落である。

封建社会の身分制度のもとにおいては、同和地区住民は最下級の賤しい身分として規定され、職業、住居、婚姻、交際、服装等にいたるまで社会生活のあらゆる面できびしい差別扱いをうけ、人間外のものとして、人格をふみにじられていたのである。しかし明治維新の変革は、同和地区住民にとって大きな歴史的転換の契機となった。すなわち、明治四年八月二十八日公布された太政官布告第六十一号により、同和地区住民は、いちおう制度上の身分差別から解放されたのである。この意味において、歴史的な段階としては、同和問題は明治維新以後の近代から解消への過程をたどっているということができる。しかしながら、太政官布告は形式的な解放令にすぎなかった。それは単に蔑称を廃止し、身分と職業が平民なみにあつかわれることを宣明したにとどまり、現実の社会関係における実質的な解放を保障するものではなかった。いいかえれば、封建社会の身分階層構造の最底辺に圧迫され、非人間的な権利と極端な貧困に陥れられた同和地区住民を、実質的にその差別と貧困から解放するための政策は行なわれなかった。したがって、明治維新後の社会においても、差別の実態はほとんど変化がなく、同和地区住民は、封建時代とあまり変らない悲惨な状態のもとに絶望的な生活をつづけてきたのである。

その後、大正時代になって、米騒動が勃発した際、各地で多数の同和地区住民がそれに参加した。その後、全国水平社の自主的解放運動がおこり、それを契機にようやく同和問題の重要性が認識されるにいたった。すなわち、政府は国の予算に新しく地方改善費の名目による事業費を計上し地区の環境改善を行なうようになった。しかし、それらの部分的な改善によって同和問題の根本的解決が実現するはずはなく、同和地区住民はいぜんとして、差別の中の貧困の状態におかれてきた。

わが国の産業経済は、「二重構造」といわれる構造的特質をもっている。すなわち、一方には先進国なみの発展した近代的大企業があり、他方には後進国なみの遅れた中小企業や零細経営の農業がある。この二つの領域のあいだには質的な断層があり、頂点の大企業と底辺の零細企業とには大きな格差がある。

なかでも、同和地区の産業経済はその最底辺を形成し、わが国経済の発展からとり残された非近代的部門を形成している。

このような経済構造の特質は、そっくりそのまま社会構造に反映している。すなわち、わが国の社会は、一面では近代的な市民社会の性格をもっているが、他面では、前近代的な身分社会の性格をもっている。今日なお古い伝統的な共同体関係が生き残っており、人々は個人として完全に独立しておらず、伝統や慣習に束縛されて、自由な意志で行動することを妨げられている。

また、封建的な身分階層秩序が残存しており、家父長制的な家族関係、家柄や格式が尊重される村落の風習、各種団体の派閥における親分子分の結合など、社会のいたるところに身分の上下と支配服従の関係がみられる。

さらに、また、精神、文化の分野でも昔ながらの迷信、非合理的な偏見、前時代的な意識などが根づよく生き残っており、特異の精神風土と民族的性格を形成している。

このようなわが国の社会、経済、文化体制こそ、同和問題を存続させ、部落差別を支えている歴史的社会的根拠である。

したがって、戦後のわが国の社会状況はめざましい変化を遂げ、政治制度の民主化が前進したのみでなく、経済の高度成長を基底とする社会、経済、文化の近代化が進展したにもかかわらず、同和問題はいぜんとして未解決のままでとり残されているのである。

しかるに、世間の一部の人々は、同和問題は過去の問題であって、今日の民主化、近代化が進んだわが国においてはもはや問題は存在しないと考えている。

けれども、この問題の存在は、主観をこえた客観的事実に基づくものである。

同和問題もまた、すべての社会事象がそうであるように、人間社会の歴史的発展の一定の段階において発生し、成長し、消滅する歴史的現象にほかならない。

したがって、いかなる時代がこようと、どのように社会が変化しようと、同和問題が解決することは永久にありえないと考えるのは妥当でない。また、「寝た子をおこすな」式の考えで、同和問題はこのまま放置しておけば社会進化にともないつとはなく解消すると主張することにも同意できない。

実に部落差別は、半封建的な身分的差別であり、わが国の社会に潜在的または顕在的に厳存し、多種多様の形態で発現する。それを分類すれば、心理的差別と実態的差別とにこれを分けることができる。

心理的差別とは、人々の観念や意識のうちに潜在する差別であるが、それは言語や文字や行為を媒介として顕在化する。たとえば、言語や文字で封建的身分の賤称をあらわして侮蔑する差別、非合理な偏見や嫌悪の感情によって交際を拒み、婚約を破棄するなどの行動にあらわれる差別である。実態的差別とは、同和地区住民の生活実態に具現されている差別のことである。たとえば、就職・教育の機会均等が実質的に保障されず、政治に参与する権利が選挙などの機会に阻害され、一般行政諸施策がその対象から疎外されるなどの差別であり、このような劣悪な生活環境、特殊で低位の職業構成、平均値の数倍にのぼる高率の生活保護率、きわだって低い教育文化水準など同和地区の特徴として指摘される諸現象は、すべて差別の具象化であるとする見方である。

このような心理的差別と実態的差別とは相互に因果関係を保ち相互に作用しあっている。すなわち、心理的差別が原因となって実態的差別をつくり、反面では実態的差別が原因となって心理的差別を助長するという具合である。そして、この相関関係が差別を再生産する悪循環をくりかえすわけである。

すなわち、近代社会における部落差別とは、ひとくちにいえば、市民的権利、自由の侵害にほかならない。市民的権利、自由とは、職業選択の自由、教育の機会均等を保障される権利、居住および移転の自由、結婚の自由などであり、これらの権利と自由が同和地区住民にたいして完全に保障されていないことが差別なのである。これらの市民的権利と自由のうち、職業選択の自由、すなわち就職の機会均等が完全に保障されていないことが特に重大である。なぜなら、歴史をかえりみても、同和地区住民がその時代における主要産業の生産過程から疎外され、賤業とされる雑業に従事していたことが社会的地位の上昇と解放への道を阻む要因となったのであり、このことは現代社会においても変らないからである。

したがって、同和地区住民に就職と教育の機会均等を完全に保障し、同和地区に滞留する停滞的過剰人口を近代的な主要産業の生産過程に導入することにより生活の安定と地位の向上をはかることが、同和問題解決の中心的課題である。

以上の解明によって、部落差別は単なる観念の亡霊ではなく現実の社会に実在することが理解されるであろう。いかなる同和対策も、以上のような問題の認識に立脚しないかぎり、同和問題の根本的解決を実現することはもちろん、個々の行政施策の部分的効果を十分にあげることをも期待しがたいであろう。

□人権教育・啓発に関する基本計画〔抄〕

（平成一四年四月一九日 法務省 文部科学省 告示第一号）

一部変更…平二三・四・一閣議決定

第三章 人権教育・啓発の基本的在り方

1 人権尊重の理念

人権とは、人間の尊厳に基づいて各人が持っている固有の権利であり、社会を構成するすべての人々が個人としての生存と自由を確保し、社会において幸福な生活を営むために欠かすことのできない権利である。

すべての人々が人権を享有し、平和で豊かな社会を実現するためには、人権が国民相互の間において共に尊重されることが必要であるが、そのためには、各人の人権が調和的に行使されること、すなわち、「人権の共存」が達成されることが重要である。そして、人権が共存する人権尊重社会を実現するためには、すべての個人が、相互に人権の意義及びその尊重と共存の重要性について、理性及び感性の両面から理解を深めるとともに、自分の権利の行使に伴う責任を自覚し、自分の人権と同様に他人の人権をも尊重することが求められる。

したがって、人権尊重の理念は、人権擁護推進審議会が人権教育・啓発に関する答申において指摘しているように、「自分の人権のみならず他人の人権についても正しく理解し、その権利の行使に伴う責任を自覚して、人権を相互に尊重し合うこと、すなわち、人権共存の考え方」として理解すべきである。

2 人権教育・啓発の基本的在り方

人権教育・啓発は、人権尊重社会の実現を目指して、日本国憲法や教育基本法などの国内法、人権関係の国際条約などに即して推進していくべきものである。その基本的な在り方としては、人権教育・啓発推進法が規定する基本理念（第三条）を踏まえると、次のような点を挙げることができる。

(1) 実施主体間の連携と国民に対する多様な機会の提供

人権教育・啓発にかかわる活動は、様々な実施主体によって行われているが、今日、人権問題がますます複雑・多様化する傾向にある中で、これをより一層効果的かつ総合的に推進し、多様な学習機会を提供していくためには、これら人権教育・啓発の各実施主体がその担うべき役割を踏まえた上で、相互に有機的な連携協力関係を強化することが重要である。

また、国民に対する人権教育・啓発は、国民の一人一人の生涯の中で、家庭、学校、地域社会、職域などあらゆる場と機会を通して実施されることにより効果を上げるものと考えられ、その観点からも、人権教育・啓発の各実施主体は相互に十分な連携をとり、その総合的な推進に努めることが望まれる。

(2) 発達段階等を踏まえた効果的な方法

人権教育・啓発は、幼児から高齢者に至る幅広い層を対象とするものであり、その活動を効果的に推進していくためには、人権教育・啓発の対象者の発達段階を踏まえ、地域の実情等に応じて、ねばり強くこれを実施する必要がある。

特に、人権の意義や重要性が知識として確実に身に付き、人権問題を直感的にとらえる感性や日常生活において人権への配慮がその態度や行動に現れるような人権感覚が十分に身に付くようにしていくことが極めて重要である。そのためには、人権教育・啓発の対象者の発達段階に応じながら、その対象者の家庭、学校、地域社会、職域などにおける日常生活の経験などを具体的に取り上げるなど、創意工夫を凝らしていく必要がある。その際、人格が形成される早い時期から、人権尊重の精神の芽生えが感性としてはぐくまれるように配慮すべきである。また、子どもを対象とする人権教育・啓発活動の実施に当たっては、子どもが発達途上であることに十分留意することが望まれる。

また、人権教育・啓発の手法については、「法の下の平等」、「個人の尊重」といった人権一般の普遍的な視点からのアプローチと、具体的な人権課題に即した個別的な視点からのアプローチとがあり、この両者があいまって人権尊重についての理解が深まっていくものと考えられる。すなわち、法の下の平等、個人の尊重といった普遍的な視点から人権尊重の理念を国民に訴えかけることも重要であるが、真に国民の理解や共感を得るためには、これと併せて、具体的な人権課題に即し、国民に親しみやすく分かりやすいテーマや表現を用いるなど、様々な創意工夫が求められる。他方、個別的な視点からのアプローチに当たっては、地域の実情等を踏まえるとともに、人権課題に関して正しく理解し、物事を合理的に判断する精神を身に付けるよう働きかける必要がある。その際、様々な人権課題に関してこれまで取り組まれてきた活動の成果と手法への評価を踏まえる必要がある。

なお、人権教育・啓発の推進に当たって、外来語を安易に使用することは、正しい理解の普及を妨げる場合もあるので、官公庁はこの点に留意して適切に対応することが望ましい。

(3) 国民の自主性の尊重と教育・啓発における中立性の確保

人権教育・啓発は、国民の一人一人の心の在り方に密接にかかわる問題でもあることから、その自主性を尊重し、押し付けにならないように十分留意する必要がある。そもそも、人権は、基本的に人間は自由であるということから出発するものであって、人権教育・啓発にかかわる活動を行う場合にも、それが国民に対する強制となっては本末転倒であり、真の意味における国民の理解を得ることはできない。国民の間に人権問題や人権教育・啓発の在り方について多種多様な意見があることを踏まえ、異なる意見に対する寛容の精神に立って、自由な意見交換ができる環境づくりに努めることが求められる。

また、人権教育・啓発がその効果を十分に発揮するためには、その内容はもとより、実施の方法等においても、国民から、幅広く理解と共感を得られるものであることが必要である。「人権」を理由に掲げて自らの不当な意見や行為を正当化したり、異論を封じたりする「人権万能主義」とでも言うべき一部の風潮、人権問題を口実とした不当な利益等の要求行為、人権上問題のあるような行為をしたとされる者に対する行き過ぎた追及行為などは、いずれも好ましいものとは言えない。

　このような点を踏まえると、人権教育・啓発を担当する行政は、特定の団体等から不当な影響を受けることなく、主体性や中立性を確保することが厳に求められる。

　人権教育・啓発にかかわる活動の実施に当たっては、政治運動や社会運動との関係を明確に区別し、それらの運動そのものも教育・啓発であるということがないよう、十分に留意しなければならない。

□人権教育の指導方法等の在り方について［第三次とりまとめ］〔抄〕

（平成二〇年三月一日　人権教育の指導方法等に関する調査研究会議）

指導等の在り方編

第Ⅰ章　学校教育における人権教育の改善・充実の基本的考え方

1　人権及び人権教育

(1)　人権とは

人権は、「人々が生存と自由を確保し、それぞれの幸福を追求する権利」と定義される（人権擁護推進審議会答申（平成一一年））。また、基本計画は、人権を「人間の尊厳に基づいて各人が持っている固有の権利であり、社会を構成する全ての人々が個人としての生存と自由を確保し社会において幸福な生活を営むために欠かすことのできない権利」と説明している。

　しかし、人権を一層身近で具体的な事柄に関連させてより明確に把握することが必要である。人権という言葉は「人」と「権利」という二つの言葉からなっている。人権とは、「人が生まれながらに持っている必要不可欠な様々な権利」を意味する。したがって、人権とは何かを明確に理解するには、人とはどのような存在なのか、権利とはどのような性質を持つのかなどについて、具体的に考えることが必要となる。

　人権の内容には、人が生存するために不可欠な生命や身体の自由の保障、法の下の平等、衣食住の充足などに関わる諸権利が含まれている。また、人が幸せに生きる上で必要不可欠な思想や言論の自由、集会・結社の自由、教育を受ける権利、働く権利なども含まれている。

　このような一つひとつの権利は、それぞれが固有の意義を持つと同時に、相互に不可分かつ相補的なものとして連なりあっている。このような諸権利がまとまった全一体を人権と呼ぶのである。したがって、個々の権利には固有の価値があり、どれもが大切であって優劣や軽重の差はありえない。ただし、今日、全国各地で児童生徒をめぐって生じている様々な事態にかんがみ、人間の生命はまさにかけがえのないものであり、これを尊重することは何よりも大切なことであることについて、改めて強調しておきたい。

　人権を侵害することは、相手が誰であれ、決して許されることではない。全ての人は自分の持つ人としての尊厳と価値が尊重されることを要求して当然である。このことは同時に、誰であれ、他の人の尊厳や価値を尊重し、それを侵害してはならないという義務と責任とを負うことを意味することになるのである。

(2)　人権教育とは

　人権教育及び人権啓発の推進に関する法律（平成一二年法律第一四七。以下「人権教育・啓発推進法」という。）では、人権教育とは、「人権尊重の精神の涵養を目的とする教育活動」（第二条）をいうものとしている。この定義についても、より具体的にとらえることが必要である。

　国連の「人権教育のための世界計画」行動計画では、人権教育について「知識の共有、技術の伝達、及び態度の形成を通じ、人権という普遍的文化を構築するために行う」ものとし、その要素として(a)知識及び技術―人権及び人権保護の仕組みを学び、日常生活で用いる技術を身に付けること、(b)価値、姿勢及び行動―価値を発展させ、人権擁護の姿勢及び行動を強化すること、(c)行動―人権を保護し促進する行動をとることが、含まれるものとしている。

　これらを踏まえれば、人権教育の目的を達成するためには、まず、人権や人権擁護に関する基本的な知識を確実に学び、その内容と意義についての知的理解を徹底し、深化することが必要となる。また、人権が持つ価値や重要性を直感的に感受し、それを共感的に受けとめるような感性や感覚、すなわち人権感覚を育成することが併せて必要となる。さらに、こうした知的理解と人権感覚を基盤として、自分と他者との人権擁護を実践しようとする意識、意欲や態度を向上させること、そしてその意欲や態度を実際の行為に結びつける実践力や行動力を育成することが求められる。

(3)　人権感覚とは

　人権感覚とは、人権の価値やその重要性にかんがみ、人権が擁護され、実現されている状態を感知して、これを望ましいものと感じ、反対に、これが侵害されている状態を感知して、それを許せないとするような、価値志向的な感覚である。「価値志向的な感覚」とは、人間にとってきわめて重要な価値である人権が守られることを肯定し、侵害されることを否定するという意味において、まさに価値を志向し、価値に向かおうとする感覚であることを言ったものである。このような人権感覚が健全に働くとき、自他の人権が尊重されていることの「妥当性」を肯定し、逆にそれが侵害されることの「問題性」を認識して、人権侵害を解決せずにはいられないとする、いわゆる人権意識が芽生えてくる。つまり、価値志向的な人権感覚が知的認識とも結びついて、問題状況を変えようとする人権意識又は意欲や態度になり、自分の人権とともに他者の人権を守るような実践行動に連なると考えられるのである。

(4)　人権教育を通じて育てたい資質・能力

このように見たとき、人権教育は、人権に関する知的理解と人権感覚の涵養を基盤として、意識、態度、実践的な行動力など様々な資質や能力を育成し、発展させることを目指す総合的な教育であることがわかる。

このような人権教育を通じて培われるべき資質・能力については、次の三つの側面（①知識的側面、②価値的・態度的側面及び③技能的側面）から捉えることができる。

①知識的側面

この側面の資質・能力は、人権に関する知的理解に深く関わるものである。

人権教育により身に付けるべき知識は、自他の人権を尊重したり人権問題を解決したりする上で具体的に役立つ知識でもなければならない。例えば、自由、責任、正義、個人の尊厳、権利、義務などの諸概念についての知識、人権の歴史や現状についての知識、国内法や国際法等々に関する知識、自他の人権を擁護し人権侵害を予防したり解決したりするために必要な実践的知識等が含まれるであろう。このように多面的、具体的かつ実践的であるところにその特徴がある。

②価値的・態度的側面

この側面の資質・能力は、技能的側面の資質・能力と同様に、人権感覚に深く関わるものである。

人権教育が育成を目指す価値や態度には、人間の尊厳の尊重、自他の人権の尊重、多様性に対する肯定的評価、責任感、正義や自由の実現のために活動しようとする意欲などが含まれる。

人権に関する知識や人権擁護に必要な諸技能を人権実現のための実践行動に結びつけるためには、このような価値や態度の育成が不可欠である。こうした価値や態度が育成されるとき、人権感覚が目覚めさせられ、高められることにつながる。

③技能的側面

この側面の資質・能力は、価値的・態度的側面の資質・能力と同様に、人権感覚に深く関わるものである。

人権の本質やその重要性を客観的な知識として知るだけでは、必ずしも人権擁護の実践に十分であるとはいえない。人権に関わる事柄を認知的に捉えるだけではなく、その内容を直感的に感受し、共感的に受けとめ、それを内面化することが求められる。そのような受容や内面化のためには、様々な技能の助けが必要である。人権教育が育成を目指す技能には、コミュニケーション技能、合理的・分析的に思考する技能や偏見や差別を見きわめる技能、その他相違を認めて受容できるための諸技能、協力的・建設的に問題解決に取り組む技能、責任を負う技能などが含まれる。こうした諸技能が人権感覚を鋭敏にする。

(5)　人権教育の成立基盤となる教育・学習環境

人権教育を進める際には、教育内容や方法の在り方とともに、教育・学習の場そのものの在り方がきわめて大きな意味を持つ。このことは、教育一般についてもいえるが、とりわけ人権教育では、これが行われる場における人間関係や全体としての雰囲気などが、重要な基盤をなすのである。

人権教育が効果を上げうるためには、まず、その教育・学習の場自体において、人権尊重が徹底し、人権尊重の精神がみなぎっている環境であることが求められる。

なお、人権教育は、教育を受けること自体が基本的人権であるという大原則の上に成り立つものであることも再認識しておきたい。

2　学校における人権教育

(1)　学校における人権教育の目標

学校における人権教育の取組に当たっては、上に見た人権教育の目的等を踏まえつつ、さらに、人権教育・啓発推進法やこれに基づく計画等の理念の実現を図る観点から、必要な取組を進めていくことが求められる。人権教育・啓発推進法では、「国民が、その発達段階に応じ、人権尊重の理念に対する理解を深め、これを体得することができるよう（第三条）」にすることを、人権教育の基本理念としている。

一方、各学校において人権教育に実際に取り組むに際しては、まず、人権に関わる概念や人権教育が目指すものについて明確にし、教職員がこれを十分に理解した上で、組織的・計画的に取組を進めることが肝要である。人権教育に限らず、様々な教育実践を進めるためには目標を明確にすることが求められる。それによって、組織的な取組が可能となり、改善・充実のための評価の視点も明らかになるからである。しかしながら、「人権尊重の理念」などの法律等における人権に関わる概念については、抽象的でわかりにくいといった声もしばしば聞かれるところである。

人権尊重の理念は、平成一一年の人権擁護推進審議会答申において、「自分の人権のみならず他人の人権についても正しく理解し、その権利の行使に伴う責任を自覚して、人権を相互に尊重し合うこと、すなわち、人権の共存の考えととらえる」べきものとされている。このことを踏まえて、人権尊重の理念について、特に学校教育において指導の充実が求められる人権感覚等の側面に焦点を当てて児童生徒にもわかりやすい言葉で表現するならば、「自分の大切さとともに他の人の大切さを認めること」であるということができる。

この「自分の大切さとともに他の人の大切さを認めること」については、そのことを単に理解するに止まることなく、それが態度や行動に現れるようになることが求められることは言うまでもない。すなわち、一人一人の児童生徒がその発達段階に応じ、人権の意義・内容や重要性について理解し、「自分の大切さとともに他の人の大切さを認めること」ができるようになり、それが様々な場面や状況下での具体的な態度や行動に現れるとともに、人権が尊重される社会づくりに向けた行動につながるようにすることが、人権教育の目標である。

このような人権教育の実践が、民主的な社会及び国家の形成発展に努める人間の育成、平和的な国際社会の実現に貢献できる人間の育成につながっていくものと考えられる。

各学校においては、上記のような考え方を基本としつつ、児童生徒や学校の実態等に応じて人権教育によって達成しようとする目標を具体的に設定し主体的な取組を進めることが必要である。

(2)　学校における人権教育の取組の視点

「自分の大切さとともに他の人の大切さを認めること」ができるために必要な人権感覚は、児童生徒に繰り返し言葉で説明するだけで身に付くものではない。このような人権感覚を身に付けるためには、学級をはじめ学校生活全体の中で自らの大切さや他の人の大切さが認められていることを児童生徒自身が実感できるような状況を生み出すことが肝要である。個々の児童生徒が、自らについて一人の人間として大切にされているという実感を持つことができるときに、自己や他者を尊重しようとする感覚や意志が芽生え、育つことが容易になるからである。

とりわけ、教職員同士、児童生徒同士、教職員と児童生徒等の間の人間関係や、学校・教室の全体としての雰囲気などは、学校教育における人権教育の基盤をなすものであり、この基盤づくりは、校長はじめ、教職員一人一人の意識と努力により、即座に取り組めるものでもある。

このようなことからも、自分と他の人の大切さが認められるような環境をつくることが、まず学校・学級の中で取り組まれなければならない。また、それだけではなく、家庭、地域、国等のあらゆる場においてもそのような環境をつくることが必要であることを、児童生徒が気付くことができるように指導することも重要である。

さらに、「自分の大切さとともに他の人の大切さを認めること」ができるということが、態度や行動にまで現れるようにすることが必要である。すなわち、他の人とともによりよく生きようとする態度や集団生活における規範等を尊重し義務や責任を果たす態度、具体的な人権問題に直面してそれを解決しようとする実践的な行動力などを、児童生徒が身に付けられるようにすることが大切である。具体的には、各学校において、教育活動全体を通じて、例えば次のような力や技能などを総合的にバランスよく培うことが求められる。

① 他の人の立場に立ってその人に必要なことやその人の考えや気持ちなどがわかるような想像力、共感的に理解する力

② 考えや気持ちを適切かつ豊かに表現し、また、的確に理解することができるような、伝え合い、わかり合うためのコミュニケーションの能力やそのための技能

③ 自分の要求を一方的に主張するのではなく建設的な手法により他の人との人間関係を調整する能力及び自他の要求を共に満たせる解決方法を見いだしてそれを実現させる能力やそのための技能

これらの力や技能を着実に培い、児童生徒の人権感覚を健全に育んでいくために、「学習活動づくり」や「人間関係づくり」と「環境づくり」とが一体となった、学校全体としての取組が望まれるところである。

第Ⅱ章 学校における人権教育の指導方法等の改善・充実

前章では、人権に関する知的理解の深化及び人権感覚の涵養を基盤として、人権擁護の意識、意欲、態度、さらに実践行動にまで高めていくことの必要性について指摘した。さらに、人権教育の成立基盤としての学校・学級の在り方そのものが持つ重要性にも言及した。これらを踏まえ、本章では、さらに学校における人権教育がその目標を達成するためにどのような点に留意すべきかについて示すこととしている。その際、「学校としての組織的な取組等に関すること」、「人権教育の内容及び指導方法等に関すること」、そして「教育委員会及び学校における研修等の取組に関すること」の三つの観点から検討することとした。

なお、本調査研究会議は、調査研究を進めるに当たり、都道府県教育委員会の協力を得て人権教育の実践状況及び指導事例等の収集・把握を行った。この章では、これらの事例と国際的な人権教育に関する理論的・実践的研究成果を踏まえて、上記のそれぞれの観点ごとに考え方を示すとともに、これへの理解を補うための基本的な事例等を併せて提示している。さらに、より具体的・実践的な事例資料等については、実践編にまとめて収録しているので、必要に応じ、これを参照しつつ活用されたい。

第一節 学校としての組織的な取組と関係機関等との連携等

1 学校の教育活動全体を通じた人権教育の推進

学校教育においては「生きる力」を育む教育活動が進められている。平成二〇年一月の中央教育審議会答申では、現行学習指導要領が重視する「生きる力」の育成という理念が、社会の変化の中でますます重要となってきていること、改正教育基本法を踏まえた学習指導要領の改訂に際しても、「生きる力」という理念の共有が図られるべきこと等を指摘している。

「生きる力」については、平成八年七月の中央教育審議会答申において、「自分で課題を見つけ、自ら学び、自ら考え、主体的に判断し、行動し、よりよく問題を解決する資質や能力」、「自らを律しつつ、他人とともに協調し、他人を思いやる心や感動する心など、豊かな人間性」、「たくましく生きるための健康や体力」などからなる全人的な力として捉えられている。

すなわち、「生きる力」は、変化の激しい社会において、他者と協調しつつ、自律的に社会生活を送るために必要な実践的な力であり、これらは、人権教育を通じて育まれる他者との共感やコミュニケーションに係る力、具体的な人権問題に直面してそれを解決しようとする行動力などとも、重なりを持つものといえる。人権教育については、このような「生きる力」を育む教育活動の基盤として、各教科、道徳、特別活動及び総合的な学習の時間（以下「各教科等」という）や、教科外活動等のそれぞれの特質を踏まえつつ、教育活動全体を通じてこれを推進することが大切である。

(1) 人権尊重の精神に立つ学校づくり

学校においては、教科等指導、生徒指導、学級経営など、その活動の全体を通じて、人権尊重の精神に立った学校づくりを進めていかなければならない。

教職員による厳しさと優しさを兼ね備えた指導と、全ての教職員の意識的な参画、児童生徒の主体的な学級参加等を促進し、人権が尊重される学校教育を実現・維持するための環境整備に取り組むことが大切である。また、こうした基盤の上に、児童生徒間の望ましい人間関係を形成し、人権尊重の意識と実践力を養う学習活動を展開していくことが求められる。

その際、校長は、人権教育の推進の視点に立って学校の教育目標を作成するとともに、自校の実態を踏まえ、人権教育に関わる目標について教職員相互の共通理解を図り、効果的な実践と適切な評価が行われるよう、リーダーシップを発揮しなければならない。

(2) 人権教育の充実を目指した教育課程の編成

現在、学校教育においては、各教科等の教育活動全体を通じ、児童生徒が学ぶことや働くこと、生きることの意義や尊さを実感できる教育を充実し、学ぶ意欲を高める活動に取り組んでいる。人権教育についても、各教科等のそれぞれの特質に応じ、教育活動全体を通じてこれを推進していくことが大切である。

学校において人権教育を展開する際には、人権教育の目標と各教科等の目標やねらいとの関連を明確にした上で、人権に関する意識・態度、実践力を養う人権

教育の活動と、それぞれの目標・ねらいに基づく各教科等の指導とが、有機的・相乗的に効果を上げられるようにしていくことが重要である。

また、教育課程の編成に当たっては、以下の【参考】に示した諸点に留意するとともに、個に応じた指導を充実し、一人一人が大切にされる授業等を通じて、人権意識等や実践力を身に付けさせていく必要がある。さらに、その指導の展開に際しては、誰もが自分のよさや可能性を発揮し、輝くことができるような学習活動づくりに努めていくことが大切である。

【参考】　教育課程編成に当たっての留意点

１「地域の教育力」活用する

各教科等の特質に応じて、地域のひと・もの・ことや施設等、地域の教育力を計画的・効果的に活用して、教育活動全体を通して人権教育を推進する。

２「体験的な活動」を取り入れる

フィールドワークなどの体験活動を積極的に活用して、人権についての「関心・意欲・態度」、「思考・判断」、「技能・表現」、「知識・理解」を育て、人権感覚を育成する。

３　学習形態、教育方法上の工夫を行う

児童生徒の実態を踏まえ、人権教育の目的に応じて、計画的に、一斉学習・グループ学習・個別学習などの学習形態の工夫を行う。また、目的・内容に応じて、授業担当教員とゲストティーチャー（地域人材等）のティーム・ティーチングを取り入れたり、コンピュータなどの情報機器を活用したりするなど、指導形態・方法の工夫を行う。

４「生き方学習」や進路指導と関わらせる

学級活動やホームルーム活動などでの人間としての在り方生き方についての自覚を深める学習や、進路指導の機会等を通して長期的・広域的視野から人権教育を推進する。

(3)　人権尊重の理念に立った生徒指導

学校における生徒指導は、個々の児童生徒の自己指導力を伸ばす積極的な面にその本来の意義があり、全ての児童生徒の人格のよりよき発達を目指すとともに、学校生活が、児童生徒一人一人にとって、また、学級や学年、学校全体といった集団にとっても、充実したものとなるようにすることを目的としている。この点において、生徒指導の活動は、「自分の大切さとともに他の人の大切さを認めること」ができる人権感覚を育成し、学校において、一人一人の児童生徒が大切にされることを目指す人権教育の活動とも、互いに相通ずるものということができる。

生徒指導の取組に当たっては、学業指導、個人的適応指導、社会性指導、余暇指導、健康安全指導などその指導の全体を通じ、児童生徒一人一人の自己実現を支援し、自己指導能力・問題解決能力を育成するとともに、併せて、人権感覚の涵養を図っていくことが期待される。

学校においては、学級・ホームルーム活動における集団指導や、様々な場面における個別指導等の中で、自己指導能力の育成を目指した積極的な生徒指導の活動の展開を図り、児童生徒間の望ましい人間関係を形成するとともに、これらの取組を通じて「自分の大切さとともに他の人の大切さを認めること」ができる人権感覚を涵養していくことが重要である。また、このことは、暴力行為やいじめ等の生徒指導上の諸問題の未然防止にも資することとなると考えられる。

同様に、児童生徒の肯定的なセルフイメージの形成を支援すること、受容的・共感的・支持的な人間関係を育成すること、自己決定の力や責任感を育成すること等を内容とする人権教育の取組についても、「積極的な生徒指導」の取組と歩調を合わせてこれを進めることで、より大きな効果を上げることができるであろう。

なお、児童生徒の問題行動等への対応などいわゆる消極的な生徒指導の側面について見れば、暴力行為、いじめ、不登校、中途退学などの問題は、人権侵害にもつながる問題であり、また、これらの事案の個々のケースにおいては、複数の児童生徒の人権相互間の調整を要することとなる場合も少なくない。学校においては、こうした可能性を常に念頭に置きつつ、問題解決に向けた取組を進める必要がある。とりわけ、いじめや校内暴力など他の児童生徒を傷つけるような問題が起きたときには、学校として、まずは被害者を守り抜く姿勢を示すことが重要である。さらに、問題発生の要因・背景を多面的に分析し、加害者たる児童生徒の抱える問題等への理解を深めつつも、その行った行為に対しては、これを許さず、毅然とした指導を行わなければならない。

(4)　人権尊重の視点に立った学級経営等

人権教育の推進を図る上では、もとより教育の場である学校が、人権が尊重され、安心して過ごせる場とならなければならない。

学校においては、的確な児童生徒理解の下、学校生活全体において人権が尊重されるような環境づくりを進めていく必要がある。

そのために、教職員においては、例えば、児童生徒の意見をきちんと受けとめて聞く、明るく丁寧な言葉で声かけを行うことなどは当然であるほか、個々の児童生徒の大切さを改めて強く自覚し、一人の人間として接していかなければならない。

また、特に、児童生徒が、多くの時間を過ごすそれぞれの学級の中で、自他のよさを認め合える人間関係を相互に形成していけるようにすることが重要であり、このような観点から学級経営に努めなければならない。

なお、人権が尊重される環境整備のための積極的な取組として、人権コーナーの設置や人権ポスターの掲示、人権学習会の定期的な開催などを通じ、児童生徒が日頃から人権学習に親しむ機会を提供していくこと等も重要である。

(5)　人権尊重の視点からの学校づくりと学力向上

学校教育においては、現在、全ての児童生徒に基礎的な知識・技能及びそれらを活用して問題を解決する力等を確実に身に付けさせ、自ら学び自ら考える力などの「確かな学力」を育むことが求められている。

「確かな学力」を育む上では、児童生徒一人一人の個性や教育的ニーズを把握し、学習意欲を高め、指導の充実を図っていくことが必要であり、そのためには、学校・学級の中で、一人一人の存在や思いが大切にされるという環境が成立していなければならない。

このように見た場合、校内に人権尊重の理念に基づく教育活動を行き渡らせることは、学習指導の効果的な実施を図る上でも、重要な観点の一つとなるものと考えられる。

学校においては、「確かな学力」を育むためにも、学校全体として「一人一人を大切にし、個に応じた目的意識のある学習指導に取り組む」等の教育目標の共通理解を図るとともに、学ぶことの楽しさを体験させ、望ましい人間関係等を培い、学習意欲の向上に努めることが求められている。

２　学校としての組織的な取組とその点検・評価

各学校においては、校長のリーダーシップの下、教職員が一体となって人権教育に取り組む体制を整え、人権教育の目標設定、指導計画の作成や教材の選定・開発などの取組を組織的・継続的に行うことが肝要である。また、こうした人権教育の取組については、当該学校における教育活動全体の評価の中で定期的に点検・評価を行い、主体的な見直しを行うとともに、その取組に関する情報は、保護者や地域の人々に対しても積極的に提供するよう努めることが求められる。

その際、学校評議員や保護者等の意見を聞く機会を設けることも重要となる。

(1)　学校としての人権教育の目標設定

学校としての人権教育の目標を設定するに当たっては、様々な人権問題の解決に資する教育の大切さを十分に認識した上で、「人権が尊重される社会の実現」という未来志向的、建設的な目標となるよう、留意することが重要である。

同時に、こうした目標設定の取組を通じ、人権教育とは、人権に関する知的理解だけでなく、「自分の大切さとともに他の大切さを認めること」ができるような人権感覚の育成を目指すものであること、人権感覚の育成のためには、自尊感情を培うとともに、共感能力や想像力、人間関係調整力を育むことが求められること等について、教職員の共通理解を図っていく必要がある。

これらを踏まえつつ、各学校がこれまでの活動の中で取り組んできたことや、児童生徒の実態、地域の実情等も考慮し、自校の具体的目標を設定することが大切である。

(2)　校内推進体制の確立と充実

学校としての組織的な取組を推進するに当たっては、校内における推進体制を確立するとともに、各教職員による効果的・効率的な役割分担の下に、その機能の充実を図ることが求められる。

ア　人権教育を推進する体制の確立

各学校において人権教育の目標を実現していくためには、人権教育の年間指導計画の立案や毎年の点検・評価、研修の企画・実施等を組織的に進める体制を確立することがきわめて重要となる。この推進体制において、校長のリーダーシップの下、各校務分掌の取組と人権教育の目標との関連を明確にすることが求められる。推進組織の構成としては、人権教育担当者、学年主任のほか、生徒指導部、進路指導部、関連する教科等の研究部など、各部校務分掌組織の代表者が必要に応じて随時参加するような機動的・機能的な構成とすること等が考えられる。

イ　人権教育担当者の役割

各学校において、人権教育の活動に関する企画立案や、各校務分掌組織間の連絡調整・統括、学校運営全体との調整、対外的なコーディネートなどを担う人権教育担当者は、人権教育に係る校内推進体制の要として、指導的役割を果たすことが期待される。また、人権教育担当者の業務として、人権侵害が生じた場合における当該事案への対応のほか、保護者や児童生徒への相談活動等も重要となる。

(3)　人権教育の全体計画・年間指導計画の策定

ア　人権教育の全体計画・年間指導計画策定の観点

各学校においては、人権教育の推進に当たり、校内推進組織を確立するとともに、人権教育の全体計画及び年間指導計画を策定し、組織的な取組を進めていくことが重要である。

全体計画は、人権教育の目的の実現に向け、当該学校において目指すべき目標や、取り組むべき活動の全体を、児童生徒の発達段階に即しつつ、各教科等の関連を考慮しながら、総合的・体系的に示した計画である。また、年間指導計画は、全体計画に基づき、当該年度に行う人権教育の指導内容・方法等を具体化した指導計画である。

各学校においては、当該学校における人権教育の推進の観点を明確化した上で、これらの計画を策定することが求められる。

イ　人権教育の全体計画・年間指導計画の策定

全体計画の策定・見直し及び年間指導計画の策定は、管理職及び人権教育担当部(担当者)による策定・見直し方針の提示を端緒として、具体的な目標や実践的課題の設定、各学年組織による学年ごとの年間指導計画案の作成、人権教育担当部によるとりまとめ、職員会議への提示による全教職員の共通理解など、学校全体の組織的な取組として、これを進めていくことが求められる。また、このような過程を通して、全教職員の人権教育の推進に対する参画意識を培うことが望ましい。

人権教育の全体計画の作成に当たっては、学校・地域の特色を活かした取組や、様々な人との交流活動、ボランティア活動をはじめとした体験活動等の在り方を示すこと等が考えられる。その際、当該学校における教育目標全体の中での位置付け等を明確にすることが必要である。

全体計画については、例えば、小学校では体験・交流活動を通して、児童が自分で「ふれる」、「気付く」こと、中学校では他者に「気付く」ことを確かな認識に「深める」こと、高等学校では自分自身の生き方と関連させ、解決に向け地域社会に「発信する」、「行動する」ことに重点を置くなど、発達段階に相応した目標を設定することが望ましい。

また、年間指導計画の作成に当たっては、身近な人権問題を扱った学習や、例えば社会奉仕体験活動、自然体験活動などの体験活動、様々な人達との交流活動等を取り入れ、その計画を示すことなどが考えられる。その際には、児童生徒が自ら課題に気付き、人権問題に直面したときに「おかしい」と直感したり、相手の心の痛みを自分の痛みとして感じたりすることができるように、多様な教育活動の中で人権教育の視点からの工夫を行うことが大切である。

(4)　学校としての取組の点検・評価

各学校においては、各学期や年度ごとに、人権教育に関する活動の点検・評価を行うことが求められる。点検・評価は、学校全体の組織的な取組として、人権教育の年間指導計画に沿って行い、次年度における年間指導計画の見直しや、指導の改善につなげていくことが必要である。

ア　教職員による点検・評価

点検・評価の実施に当たっては、教職員自身によるアンケート等を行い、その結果を分析していくこと等も考えられる。

また、日常的な授業改善の取組として、教職員相互の授業評価を積極的に行うことも大切である。

イ　児童生徒による評価

点検・評価の取組の一環として、児童生徒の発達段階等も考慮しつつ、学校の取組に対する児童生徒の評価をアンケート等により調査し、その調査結果を学校としての評価に反映させていくことも考えられる。

また、児童生徒が自らの学習について評価することは、人権教育に対する意欲・関心、達成感の状況を把握する上で有意義であるとともに、児童生徒の学習の在り方を検証し、今後の指導方法等の工夫改善を進めるためにも、不可欠な取組となる。さらに、学習の節目ごとに児童生徒自身による評価を行い、その全体的な結果を学級で共有することにより、児童生徒相互の共通認識を図ることも可能となる。

ウ　保護者等による評価

学校における毎年度の評価等の実施に当たり、保護者等による評価を取り入れることも重要となる。保護者等の評価についてアンケート調査等を行う場合には、その結果を公表することが求められる。また、調査結果をもとに学校評議員等の意見を求めたり、PTAの会合等において意見交換を行ったりすることも考えられる。

このほか、例えば授業参観後の保護者との懇談会のように、学校・学年・学級における取組を公開し、活動状況の説明を行うとともに、これらに対する保護者等の意見や感想を聞く機会を、学校として積極的に設けていくことも大切である。

3　家庭・地域、関係機関との連携及び校種間の連携

人権教育は、一人一人が大切にされ、尊重される社会の発展に寄与するものである。各学校においては、人権教育のこのような意義も踏まえ、人権文化の構築に向けた各般の取組とも歩調を合わせながら、社会全体で子どもたちを育てていくという視点に立って、人権教育の活動を進めていく姿勢が重要となる。

学校における人権教育の取組は、家庭、地域、関係諸機関の人々をはじめ、多くの人々に支えられてこそ、その効果を十全に発揮できる。例えば、人権を尊重する社会の実現のために働く人々と直接に出会い、これからの社会を担う子どもたちに向けた、それらの人々の思いに触れることで、児童生徒が、自分たちに向けられた期待を実感として受けとめ、自らが有用な存在であることを自覚し、人権感覚を身に付けていくことへの自発的な意欲を持つようになることも期待できるのである。

家庭・地域や関係機関等との連携を進めるに当たっては、まずは、学校から、これらの機関等に向けて、自らの取組を、積極的に公表し、協力関係を築き上げておくことが重要であり、人権教育を推進するための明確なメッセージを積極的に伝えることが求められる。また、これらの機関等との共同による取組を実践していく際には、多くの人々の参加を可能とする方法を工夫し、家庭・地域、関係諸機関が、それぞれの特色を十分に発揮できるよう留意することが必要である。

さらに、保・幼・小・中・高等学校などの学校段階ごとの取組だけでなく、校種間の連携をより一層進めることが求められる。児童生徒の発達段階に配慮したカリキュラムを共同で研究したり、校種を越えて授業研究を行うなどの取組を通じて、系統的・継続的な人権教育の実践に努めることが望まれる。

なお、今日の社会は、多様な立場や思想、生活様式を共存させ、人権と自由とを保障することが求められている。人権教育の推進に当たっても、家庭や地域社会、関係諸機関等との連携や協力を進める際には、各学校における人権教育推進計画の目標との整合性を損なわないようにすること、教育の中立性を確保することが必要である。

(1)　家庭・地域との連携

児童生徒は、学校だけでなく、多くの時間を家庭や地域社会において過ごしている。たとえ学校で人権の重要性について学習しても、児童生徒が生活の基盤を置く家庭や地域において、学校における学習の成果を肯定的に受けとめる環境が十分に整っていなければ、人権教育の成果が知的理解の深化や人権感覚の育成へと結びつくことは容易ではない。それだけに、人権感覚の育成等には、学校での人権学習を肯定的に受容するような家庭や地域の基盤づくりが大切であり、人権教育に対する保護者等の理解を促進することが求められる。

また、家庭や地域等の身近な人々との連携に当たっては、児童生徒と保護者、地域住民等が一緒になって活動に当たることを通じ、これらの人々の間に人権尊重の意識がより一層広まるような取組の工夫に努めることが望ましい。

このほか、PTA等における人権教育の一層の推進も期待される。

(2)　関係諸機関との連携・協力

人権教育・啓発に関する国の基本計画では、教育・啓発の実施主体間の連携を促進するため、「人権啓発活動ネットワーク協議会」等の既存組織の強化はもとより、①幼稚園、小・中・高等学校などの学校教育機関及び公民館などの社会教育機関と、法務局・地方法務局、人権擁護委員などの人権擁護機関との間における連携、②各人権課題に関係する様々な機関との一層緊密な連携、③公益法人や民間のボランティア団体、企業等との連携の可能性やその範囲についての検討など、新たな連携の構築のための取組を求めている。また、その際には、教育の中立性が確保されるべきことを指摘している。

大学や研究機関、市民団体など、人権教育に関係する諸機関の協力を得て多様な学習活動を行うことは、人権感覚の育成に大きな効果を上げるものと思われる。実際に、人権侵害の事件に直接携わる公的機関の専門家、様々な人権課題の解決に努力する団体等の関係者を、授業や教員研修・講演会等に招いて講話を聞く取組や、児童生徒が障害者施設や高齢者施設等の施設を直接訪問して様々な人と交流したり、ボランティア活動を体験したりするなどの学習活動は、広く取り組まれ、人権感覚の育成に効果を上げている。

人権に関する一連の学習活動の中で、人権を守り人権尊重の社会を支える活動をする専門家の存在を知り、その人と出会うことは、児童生徒にとって人権感覚を培うことの契機となるであろう。人権尊重の姿勢を持って誠実に職責を果たす人々の話を直接に聴くことで、将来設計やキャリア形成を考える上でも、適切な教育的効果を持つものと思われる。

また、施設の訪問等を通じ、高齢者や障害者をはじめ様々な人々と触れ合うことで、人権課題に対する理解をより一層深め、豊かな人権感覚を育むことができる。

さらに、指導講師を依頼して研修会を実施したり、児童生徒の人権意識に関する調査・分析についての協力を得たり、施設訪問などの参加体験型学習を進めるに際し専門家の助言を受けたりするなどの取組は、児童生徒に対する人権教育の指導の充実に止まらず、教員の資質向上に大きく資するものと思われる。

各学校においては、適切な連携協議の場にこのような機関の関係者の参加を得て、普段からの連携・協力体制を整えておくことが必要である。また、関係する諸機関においても、積極的にこのような

連携や協力の要請に応える姿勢を持つことが期待される。

(3) 校種間の協力と連携

子どもは、保育所・幼稚園から、小学校、中学校、高等学校等へと学習の場を移しながら成長する。人権教育においても、そのような学習者の成長過程全体を想定し、年齢段階、学年段階などの発達段階に適した学習活動を計画することが必要であり、各学校種間における学習計画の調整や相互協力、相互研修を目的とした連携が不可欠である。

義務教育である小学校と中学校との交流・連携が重要であることは言うまでもないが、さらに、児童虐待をはじめ子育てに関わる様々な問題等に対する教職員の理解を促進する観点からも、保育所・幼稚園や特別支援学校等との連携が必要である。また、高等学校段階においては、進路指導・キャリア教育の中で、人権に関わる教育を積極的に組み入れていくことが重要となる。

これらを踏まえつつ、校種間の定期的な連携協議会の開催や、相互の授業公開、合同研修等の実施、児童生徒の発達段階に配慮したカリキュラムの研究、校種を越えての授業研究の実施などを通じ、教職員間の交流を進める体制を整えながら、系統的・継続的な人権教育の実践に努めていくことが望ましい。

学校における人権教育の取組の一策として、異なる校種の学校との交流学習を推進し、異年齢の子どもが共に活動する機会を整備していくことは、互いを思いやる感受性や社会性を伸ばすことにもつながり、人権尊重の精神を育てる上で意義深いことである。なお、相互交流の実施に当たっては、よりきめ細かな学習の円滑な実施のため、他校への訪問を計画する学校の教職員が、事前に、訪問先となる他校種の学校の教職員を訪ね、当該校における交流学習や体験的活動の取組への考え方等について、助言や指導を得ておくこと等も考えられる。

(4) 連携推進のための支援体制

学校が、家庭、地域や関係諸機関等との協力を深め、校種間の連携に取り組むことにより、専門家からの有用な知識の習得や、地域における体験的な活動等の実施、校種を超えた一貫性のあるカリキュラムの整備等を円滑に進められるようになり、人権教育の適切かつ効果的な推進に資することとなる。各地方公共団体や教育委員会においては、このような連携の意義にかんがみ、人権教育・啓発に関する国の基本計画等の趣旨も踏まえ、連携促進のための環境整備を図り、学校・教職員における連携の取組を支援していくことが不可欠である。

□運動部活動での指導のガイドライン〔抄〕

（平成二五年五月二七日 運動部活動の在り方に関する調査研究協力者会議）

○1．本ガイドラインの趣旨について

運動部活動は、学校教育の一環として、スポーツに興味と関心をもつ同好の生徒の自主的、自発的な参加により、顧問の教員をはじめとした関係者の取組や指導の下に運動やスポーツを行うものであり、各学校で多様な活動が行われています。

○　本ガイドラインに記述する内容は、これまでに文部科学省が作成した資料（「みんなでつくる運動部活動」平成一一年三月）等で掲げているもの、地方公共団体、学校、指導者によっては既に取り組んできたものもありますが、今後の各中学校、高等学校（中等教育学校を含む。以下同じ。）での運動部活動での指導において必要である又は考慮が望まれる基本的な事項、留意点をあらためて整理し、示したものです。

○　本ガイドラインを踏まえて、各地方公共団体、学校、指導者（顧問の教員及び外部指導者をいう。以下同じ。）が、運動部活動での具体的な指導の在り方、内容や方法について必要な検討、見直し、創意工夫、改善、研究を進め、それぞれの特色を生かした適切で効果的な指導を行うことにより、運動部活動が一層充実していくことを期待します。

2．生徒にとってのスポーツの意義

○　スポーツは、スポーツ基本法に掲げられているとおり、世界共通の人類の文化であり、人々が生涯にわたり心身ともに健康で文化的な生活を営むうえで不可欠なものとなっています。特に、心身の成長の過程にある中学校、高等学校の生徒にとって、体力を向上させるとともに、他者を尊重し他者と協同する精神、公正さと規律を尊ぶ態度や克己心を培い、実践的な思考力や判断力を育むなど、人格の形成に大きな影響を及ぼすものであり、生涯にわたる健全な心と身体を培い、豊かな人間性を育む基礎となるものです。

○　運動部活動において生徒がスポーツに親しむことは、学校での授業等での取組、地域や家庭での取組とあいまって、スポーツ基本法の基本理念を実現するものとなります。

○スポーツ基本法（平成二三年六月二四日法律第七八号）（抜粋）

第二条

2　スポーツは、とりわけ心身の成長の過程にある青少年のスポーツが、体力を向上させ、公正さと規律を尊ぶ態度や克己心を培う等人格の形成に大きな影響を及ぼすものであり、国民の生涯にわたる健全な心と身体を培い、豊かな人間性を育む基礎となるものである…（以下略）。

3．運動部活動の学校教育における位置付け、意義、役割等について

①運動部活動は学校教育の一環として行われるものです

○　現行の学習指導要領では、部活動について、学校教育の中で果たす意義や役割を踏まえ、「学校教育の一環として、教育課程との関連が図られるよう留意する」ことについて明確に示しています。

具体的には、中学校学習指導要領で

は、第一章　総則で部活動について、第二章第七節　保健体育で運動部活動について、高等学校学習指導要領では、第一章　総則で部活動について、第二章第六節　保健体育で運動部活動について、下記のとおり規定しています。

なお、学習指導要領にこのように規定されたことをもって、生徒の自主的、自発的な参加により行われるとの部活動の性格等が変わるものではありません。

○中学校学習指導要領（平成二〇年三月）（抜粋）

第一章　総則

第四　指導計画の作成等に当たって配慮すべき事項

2　以上のほか、次の事項に配慮するものとする。

(13)　生徒の自主的、自発的な参加により行われる部活動については、スポーツや文化及び科学等に親しませ、学習意欲の向上や責任感、連帯感の涵養等に資するものであり、学校教育の一環として、教育課程との関連が図られるよう留意すること。その際、地域や学校の実態に応じ、地域の人々の協力、社会教育施設や社会教育関係団体等の各種団体との連携などの運営上の工夫を行うようにすること。

第二章　各教科

第七節　保健体育

第三　指導計画の作成と内容の取扱い

(2)　第一章　総則　第一の３に示す学校における体育・健康に関する指導の趣旨を生かし、特別活動、運動部の活動などとの関連を図り、日常生活における体育・健康に関する活動が適切かつ継続的に実践できるよう留意すること。

○高等学校学習指導要領（平成二一年三月）（抜粋）

第一章　総則

第五款　教育課程の編成・実施に当たって配慮すべき事項

5　教育課程の実施等に当たって配慮すべき事項

以上のほか、次の事項に配慮するものとする。

(13)　生徒の自主的、自発的な参加により行われる部活動については、スポーツや文化及び科学等に親しませ、学習意欲の向上や責任感、連帯感の涵養等に資するものであり、学校教育の一環として、教育課程との関連が図られるよう留意すること。その際、地域や学校の実態に応じ、地域の人々の協力、社会教育施設や社会教育関係団体等の各種団体との連携などの運営上の工夫を行うようにすること。

第二章　各学科に共通する各教科

第六節　保健体育

第三款　各科目にわたる指導計画の作成と内容の取扱い

1　指導計画の作成に当たっては、次の事項に配慮するものとする。

(1)　第一章　総則　第一款の３に示す学校における体育・健康に関する指導の趣旨を生かし、特別活動、運動部の活動などとの関連を図り、日常生活における体育・健康に関する活動が適切かつ継続的に実践できるよう留意するものとする。

② 運動部活動は、スポーツの技能等の向上のみならず、生徒の生きる力の育成、豊かな学校生活の実現に意義を有するものとなることが望まれます

○　学校教育の一環として行われる運動部活動は、スポーツに興味と関心をもつ同好の生徒が、より高い水準の技能や記録に挑戦する中で、生徒に下記のような様々な意義や効果をもたらすものと考えられます。

・スポーツの楽しさや喜びを味わい、生涯にわたって豊かなスポーツライフを継続する資質や能力を育てる。
・体力の向上や健康の増進につながる。
・保健体育科等の教育課程内の指導で身に付けたものを発展、充実させたり、活用させたりするとともに、運動部活動の成果を学校の教育活動全体で生かす機会となる。

学習指導要領で「学校教育の一環として、教育課程との関連が図られるよう留意すること」と規定されたことは、運動部の活動に関しては、主として保健体育科の目標である「心と体を一体としてとらえ、健康・安全や運動についての理解と運動の合理的、計画的な実践を通して、生涯にわたって豊かなスポーツライフを継続する資質や能力を育てるとともに、健康の保持増進のための実践力の育成と体力の向上を図り、明るく豊かで活力ある生活を営む態度を育てる」ことを踏まえた活動を行うことなどを示しています。

教育課程との関連を図る際の一つの取組として、各教科等で学習した内容を運動部活動で活用する取組、例えば、保健体育科の体育理論で学習した「運動やスポーツが心身の発達に与える効果と安全」、「運動やスポーツの効果的な学習の仕方」を活用して練習の計画を立案したり、また、保健体育科以外の教科等でも、中学校数学科で学習したヒストグラムを活用して試合での作戦や練習の方法を考えるなどの取組も想定されます。

・自主性、協調性、責任感、連帯感などを育成する。
・自己の力の確認、努力による達成感、充実感をもたらす。
・互いに競い、励まし、協力する中で友情を深めるとともに、学級や学年を離れて仲間や指導者と密接に触れ合うことにより学級内とは異なる人間関係の形成につながる。

○　このように、運動部活動は、各学校の教育課程での取組とあいまって、学校教育が目指す生きる力の育成、豊かな学校生活を実現させる役割を果たしていると考えられます。

○　継続的にスポーツを行う上で、勝利を目指すこと、今以上の技能の水準や記録に挑戦することは自然なことであり、それを学校が支援すること自体が問題とされるものではありませんが、大会等で勝つことのみを重視し過重な練習を強いることなどがないようにすること、健全な心と身体を培い、豊かな人間性を育むためのバランスのとれた運営と指導が求められます。

③ 生徒の自主的、自発的な活動の場の充実に向けて、運動部活動、総合型地域スポーツクラブ等が地域の特色を生かして取り組むこと、また、必要に応じて連携することが望まれます

○　生徒が取り組みたいスポーツの種目、身に付けたい技能や記録の向上の程度は様々です。より高い水準の技能や記録に挑むことを重視する生徒、自分なりのペースでスポーツに親しみたい生徒、一つの種目よりも様々な種目に挑戦したい生徒等がいます。

　各地方公共団体、学校では、生徒の多様なニーズを把握するとともに、それらに応え、運動部活動への参加の効果を一層高めるために、活動内容や実施形態の工夫、シーズン制等による複数種目実施、複数校による合同実施等の様々な取組が望まれます。さらに学校の取組だけではなく、総合型地域スポーツクラブ等との連携や地域のスポーツ指導者、施設の活用など、地域社会全体が連携、協働した取組も望まれます。その際には、学校、地域関係者が相互に情報提供し、理解しつつ、取り組むことが望まれます。

４．運動部活動での指導の充実のために必要と考えられる７つの事項

運動部活動での効果的、計画的な指導に向けて

①顧問の教員だけに運営、指導を任せるのではなく、学校組織全体で運動部活動の目標、指導の在り方を考えましょう

〈学校組織全体での運営や指導の目標、方針の作成と共有〉

○　運動部活動は、顧問の教員の積極的な取組に支えられるところが大きいと考えられますが、学校教育の一環としてその管理の下に行われるものであることから、各活動の運営、指導が顧問の教員に任せきりとならないようにすることが必要です。

　校長のリーダーシップのもと、教員の負担軽減の観点にも配慮しつつ、学校組織全体で運動部活動の運営や指導の目標、方針を検討、作成するとともに、日常の運営、指導において、必要な場合には校長が適切な指示をしたり、顧問の教員等の間で意見交換、指導の内容や方法の研究、情報共有を図ることが必要です。この取組の中で、体罰等が許されないことの意識の徹底を図ることも必要です。

○　目標、方針等の作成及び日常の指導において生徒の健康管理、安全確保、栄養管理等に取り組む場合には、学校内の保健体育科担当の教諭、養護教諭、栄養教諭等の専門的知見を有する関係者の協力を得ることも効果的であると考えられます。

○　生徒に対しても、各部内のみならず学校内の各部のキャプテンやリーダー的な生徒が横断的に活動の在り方等について意見や情報を交換することを促すことも望まれます。

〈保護者等への目標、計画等の説明と理解〉

○　保護者等に対して、学校全体の目標や方針、各部の活動の目標や方針、計画等について積極的に説明し、理解を得ることが望まれます。

③活動における指導の目標や内容を明確にした計画を策定しましょう

〈生徒のニーズや意見の把握とそれらを反映させた目標等の設定、計画の作成〉

○　運動部活動は、学校教育の一環として行われるものですが、生徒の自主的、自発的な参加によるものです。生徒の間には、好きなスポーツの技能を高めたい、記録を伸ばしたい、一定のペースでスポーツに親しみたい、放課後を有意義に過ごしたい、信頼できる友達を見付けたいなど、運動部活動を行うに際して様々な目的、目標があります。

　各運動部活動の顧問の教員は、運営・指導者としての一方的な方針により活動するのではなく、生徒との意見交換等を通じて生徒の多様な運動部活動へのニーズや意見を把握し、生徒の主体性を尊重しつつ、各活動の目標、指導の方針を検討、設定することが必要です。

　この場合、勝つことのみを目指すことのないよう、生徒が生涯にわたってスポーツに親しむ基礎を育むこと、発達の段階に応じた心身の成長を促すことに十分留意した目標や指導の方針の設定が必要です。

○　さらに、この目標の達成に向けて、長期的な期間や各学年等での指導（活動）内容とそのねらい、指導（練習）方法、活動の期間や時間等を明確にした計画を作成して、入部の際や保護者会などで生徒や保護者等に説明し、理解を得ることが重要です。

○　目標等の設定、計画の作成に際しては、運動部活動が、教育課程において学習したことなども踏まえ、自らの適性や興味・関心等をより深く追求していく機会であることから、各教科等の目標及び内容との関係にも配慮しつつ、生徒自身が教育課程において学習する内容について改めてその大切さを認識するよう促すなどにより、各学校の教育課程と関連させながら学校教育全体として生徒の「生きる力」の育成を図ることへの留意が望まれます。

また、活動をとおして生徒の意見等を把握する中で、適宜、目標、計画等を見直していくことが望まれます。

〈年間を通したバランスのとれた活動への配慮〉

○　生徒が、運動部活動に活発に取り組む一方で、多様なものに目を向けてバランスのとれた心身の成長、学校生活を送ることができるようにすること、生涯にわたってスポーツに親しむ基盤をつくることができるようにすること、運動部活動の取組で疲れて授業に集中できなくなることがないようにすること等が重要です。

　厳しい練習とは、休養日なく練習したり、いたずらに長時間練習することとは異なるものです。年間を通して、一年間を試合期、充実期、休息期に分けてプログラムを計画的に立てること、参加する大会や練習試合を精選すること、より効率的、効果的な練習方法等を検討、導入すること、一週間の中に適切な間隔により活動を休む日や活動を振り返ったり、考えたりする日を設けること、一日の練習時間を適切に設定すること等を考慮しつつ、計画を作成し、指導を行っていくことが必要です。

　これらは、成長期にある生徒のスポーツ障害や事故を防ぐためにも、また、心理面での疲労回復のためにも重要です。

〈年間の活動の振り返りと次年度への反映〉

○　組織的な教育活動として、目標を生徒に示して共通理解を図りながら、具体的な活動を行い、成果を検証していくPDCAサイクルによる活動が望まれます。

実際の活動での効果的な指導に向けて

④適切な指導方法、コミュニケーションの充実等により、生徒の意欲や自主的、自発的な活動を促しましょう

〈科学的裏付け等及び生徒への説明と理解に基づく指導の実施〉

○　運動部活動での指導の内容や方法は、生徒のバランスのとれた心身の成長に寄与するよう、科学的な根拠がある又は社会的に認知されているものであることが必要であるとともに、運動部活動は生徒の自主的、自発的な参加によるものであることを踏まえて、生徒に対する説明及び生徒の理解により

行われることが必要です。

　このため、指導者は、活動目標、指導の方針、計画、指導内容や方法等を生徒が理解できるように適切に伝えることが重要です。また、日常の指導でも、指導者と生徒の間のコミュニケーションの充実により、練習において、誰が、何を、いつ、どこで、なぜ（どのような目的で）、どのように行えばよいのか等を理解させていくことが重要です。

〈生徒が主体的に自立して取り組む力の育成〉

○個々の生徒が、技能や記録等に関する自分の目標や課題、運動部活動内での自分の役割や仲間との関係づくり等について自ら設定、理解して、その達成、解決に向けて必要な内容や方法を考えたり、調べたりして、実践につなげる、また、生徒同士で、部活動の方向性や各自の取組姿勢、試合での作戦や練習にかかる事柄等について、筋道立てて話し合う活動などにより目標達成や課題解決に向けて必要な取組を考え、実践につなげるというような生徒が主体的に自立して取り組む力を、指導者は、指導を通して発達の段階に応じて育成することが重要です。

　教育課程の各教科等での思考力・判断力・表現力等の育成とそのための言語活動の取組と合わせて、運動部活動でも生徒が主体的に自立して取り組む力の育成のための言語活動に取り組むことが考えられます。

〈生徒の心理面を考慮した肯定的な指導〉

○指導者は、生徒自らが意欲をもって取り組む姿勢となるよう、雰囲気づくりや心理面での指導の工夫が望まれます。生徒のよいところを見付けて伸ばしていく肯定的な指導、叱ること等を場面に応じて適切に行っていくことが望まれます。指導者の感情により指導内容や方法が左右されないように注意が必要です。

　また、それぞれの目標等に向けて様々な努力を行っている生徒に対して、評価や励ましの観点から積極的に声を掛けていくことが望まれます。

〈生徒の状況の細かい把握、適切なフォローを加えた指導〉

○活動の目標によっては大きな肉体的な負荷を課したり、精神的負荷を与えた条件の下での練習も想定されますが、指導者は、個々の生徒の健康、体力等の状況を事前に把握するとともに、練習中に声を掛けて生徒の反応を見たり、疲労状況や精神状況を把握しながら指導することが大切です。また、キャプテンの生徒は心身両面で他の生徒よりも負担がかかる場合もあるため、適切な助言その他の支援に留意することが大切です。

○指導者が試合や練習中に激励等として厳しい言葉や内容を生徒に発することもあり得ますが、競技、練習継続の意欲を失わせるようなものは不適当、不適切です。

　生徒の心理についての科学的な知見、言葉の効果と影響を十分に理解し、厳しい言葉等を発した後には生徒へのフォローアップについても留意することが望まれます。

〈指導者と生徒の信頼関係づくり〉

○運動部活動は自主的、自発的な活動であるため、指導者が生徒に対して、指導の目的、技能等の向上や生徒の心身の成長のために適切な指導の内容や方法であること等を明確に伝え、理解させた上で取り組ませるなど、両者の信頼関係づくりが活動の前提となります。ただし、信頼関係があれば指導に当たって体罰等を行っても許されるはずとの認識は誤りであり、決して許されません。

〈上級生と下級生、生徒の間の人間関係形成、リーダー育成等の集団づくり〉

○運動部活動は、複数の学年の生徒が参加すること、同一学年でも異なる学級の生徒が参加すること、生徒の参加する目的や技能等が様々であること等の特色をもち、学級担任としての学級経営とは異なる指導が求められます。

　指導者は、生徒のリーダー的な資質能力の育成とともに、協調性、責任感の涵養等の望ましい人間関係や人権感覚の育成、生徒への目配り等により、上級生による暴力行為やいじめ等の発生の防止を含めた適切な集団づくりに留意することが必要です。

〈事故防止、安全確保に注意した指導〉

　近年も運動部活動で生徒の突然死、頭頸部の事故、熱中症等が発生しており、けがや事故を未然に防止し、安全な活動を実現するための学校全体としての万全の体制づくりが必要です。

　指導者は、生徒はまだ自分の限界、心身への影響等について十分な知識や技能をもっていないことを前提として、計画的な活動により、各生徒の発達の段階、体力、習得状況等を把握し、無理のない練習となるよう留意するとともに、生徒の体調等の確認、関係の施設、設備、用具等の定期的な安全確認、事故が起こった場合の対処の仕方の確認、医療関係者等への連絡体制の整備に留意することが必要です。

　また、生徒自身が、安全に関する知識や技能について、保健体育等の授業で習得した内容を活用、発展させたり、新たに身に付け、積極的に自分や他人の安全を確保することができるようにすることが大切です。

○、運動部活動中、顧問の教員は生徒の活動に立ち会い、直接指導することが原則ですが、やむを得ず直接練習に立ち会えない場合には、他の顧問の教員と連携、協力したり、あらかじめ顧問の教員と生徒との間で約束された安全面に十分に留意した内容や方法で活動すること、部活動日誌等により活動内容を把握すること等が必要です。このためにも、日頃から生徒が練習内容や方法、安全確保のための取組を考えたり、理解しておくことが望まれます。

⑤肉体的、精神的な負荷や厳しい指導と体罰等の許されない指導とをしっかり区別しましょう

○運動部活動での指導では、学校、指導者、生徒、保護者の間での十分な説明と相互の理解の下で、生徒の年齢、健康状態、心身の発達状況、技能の習熟度、活動を行う場所的、時間的環境、安全確保、気象状況等を総合的に考えた科学的、合理的な内容、方法により行われることが必要です。

○学校教育の一環として行われる運動部活動では、指導と称して殴る・蹴ること等はもちろん、懲戒として体罰が禁止されていることは当然です。また、指導に当たっては、生徒の人間性や人格の尊厳を損ねたり否定するような発言や行為は許されません。体罰等は、直接受けた生徒のみならず、その場に居合わせて目撃した生徒の後々の人生まで、肉体的、精神的に悪い影響を及ぼすことになります。

　校長、指導者その他の学校関係者は、運動部活動での指導で体罰等を厳しい指導として正当化することは誤りであり決して許されないものであるとの認識をもち、それらを行わないようにするための取組を行うことが必要です。

　学校関係者のみならず、保護者等も

同様の認識をもつことが重要であり、学校や顧問の教員から積極的に説明し、理解を図ることが望まれます。

日本中学校体育連盟、全国高等学校体育連盟は、平成二五年三月一三日に「体罰根絶宣言」を発表しています。
日本体育協会、日本オリンピック委員会、日本障害者スポーツ協会、日本中学校体育連盟、全国高等学校体育連盟は、平成二五年四月二五日に「スポーツ界における暴力行為根絶宣言」を採択しています。
両宣言は各団体のホームページに掲載されています。

○学校教育において教員等が生徒に対して行った懲戒行為が体罰に当たるかどうかは、「当該児童生徒の年齢、健康状態、心身の発達状況、当該行為が行われた場所的及び時間的環境、懲戒の態様等の様々な条件を総合的に考え、個々の事案ごとに判断する必要がある。この際、単に、懲戒行為をした教員等や、懲戒行為を受けた児童生徒、保護者の主観のみにより判断するのではなく、諸条件を客観的に考慮して判断すべきである。これにより、その懲戒の内容が身体的性質のもの、すなわち、身体に対する侵害を内容とするもの（殴る、蹴る等）、児童生徒に肉体的苦痛を与えるようなもの（正座・直立等特定の姿勢を長時間にわたって保持させる等）に当たると判断された場合は、体罰に該当する。」とされています。（「体罰の禁止及び児童生徒理解に基づく指導の徹底について（通知）」（平成二五年三月一三日付け文部科学省初等中等教育局長、スポーツ・青少年局長通知））

○運動部活動での指導における個別の事案が通常の指導に該当するか、体罰等の許されない指導に該当するか等を判断するに当たっては、上記のように、様々な条件を総合的に考え、個々の事案ごとに判断する必要がありますが、参考として下記の整理が考えられます。
各地方公共団体、学校、指導者は、このような整理の基となる考え方を参考に、スポーツの指導での共通的及び各スポーツ種目の特性に応じた指導内容や方法等を考慮しつつ、検討、整理のうえ、一定の認識を共有し、実践していくことが必要です。

通常のスポーツ指導による肉体的、精神的負荷として考えられるものの例

計画にのっとり、生徒へ説明し、理解させた上で、生徒の技能や体力の程度等を考慮した科学的、合理的な内容、方法により、下記のような肉体的、精神的負荷を伴う指導を行うことは運動部活動での指導において想定されるものと考えられます。
（生徒の健康管理、安全確保に留意し、例えば、生徒が疲労している状況で練習を継続したり、準備ができていない状況で故意にボールをぶつけたりするようなこと、体の関係部位を痛めているのに無理に行わせること等は当然避けるべきです。）

（例）
・バレーボールで、レシーブの技能向上の一方法であることを理解させた上で、様々な角度から反復してボールを投げてレシーブをさせる。
・柔道で、安全上受け身をとれることが必須であることを理解させ、初心者の生徒に対して、毎日、技に対応できるような様々な受け身を反復して行わせる。
・練習に遅れて参加した生徒に、他の生徒とは別に受け身の練習を十分にさせてから技の稽古に参加させる。
・野球の試合で決定的な場面でスクイズを失敗したことにより得点が入らなかったため、1点の重要性を理解させるため、翌日、スクイズの練習を中心に行わせる。
・試合で負けたことを今後の練習の改善に生かすため、試合後、ミーティングで生徒に練習に取り組む姿勢や練習方法の工夫を考えさせ、今後の取組内容等を自分たちで導き出させる。

学校教育の一環である運動部活動で教育上必要があると認められるときに行われると考えられるものの例

運動部活動での規律の維持や活動を円滑に行っていくための必要性、本人への教育、指導上の必要性から、必要かつ合理的な範囲内で下記のような例を行うことは運動部活動での指導において想定されるものと考えられます。

（例）
・試合中に危険な反則行為を繰り返す生徒を試合途中で退場させて見学させるとともに、試合後に試合会場にしばらく残留させて、反則行為の危険性等を説諭する。
・練習で、特に理由なく遅刻を繰り返し、また、計画に基づく練習内容を行わない生徒に対し、試合に出さずに他の選手の試合に臨む姿勢や取組を見学させ、日頃の練習態度、チームプレーの重要性を考えさせ、今後の取組姿勢の改善を促す。

有形力の行使であるが正当な行為（通常、正当防衛、正当行為と判断されると考えられる行為）として考えられるものの例

上記の「体罰の禁止及び児童生徒理解に基づく指導の徹底について（通知）」では、「児童生徒から教員等に対する暴力行為に対して、教員等が防衛のためにやむを得ずした有形力の行使は、もとより教育上の措置である懲戒行為として行われたものではなく、これにより身体への侵害又は肉体的苦痛を与えた場合は体罰には該当しない。また、他の児童生徒に被害を及ぼすような暴力行為に対して、これを制止したり、目前の危険を回避したりするためにやむを得ずした有形力の行使についても、同様に体罰に当たらない。これらの行為については、正当防衛又は正当行為等として刑事上又は民事上の責めを免れうる。」とされています。下記のような例を行うことは運動部活動での指導において想定されるものと考えられます。

○生徒から顧問の教員等に対する暴力行為に対し、教員等が防衛のためにやむを得ず行った有形力の行使

（例）
・生徒が顧問の教員の指導に反抗して教員の足を蹴ったため、生徒の背後に回り、体をきつく押さえる。

○他の生徒に被害を及ぼすような暴力行為に対し、これを制止したり、目前の危険を回避するためにやむを得ず行った有形力の行使

（例）
・練習中に、危険な行為を行い、当該生徒又は関係の生徒に危害が及ぶ可能性があることから、別の場所で指導するため、別の場所に移るように指導したが従わないため、生徒の腕を引っ張って移動させる。
・試合中に相手チームの選手とトラブルとなり、殴りかかろうとする生徒を押さえ付けて制止させる。

体罰等の許されない指導と考えられるも

のの例

運動部活動での指導において、学校教育法、運動部活動を巡る判例、社会通念等から、指導者による下記の①から⑥のような発言や行為は体罰等として許されないものと考えられます。

また、これらの発言や行為について、指導者と生徒との間での信頼関係があれば許されるとの認識は誤りです。

指導者は、具体的な許されない発言や行為についての共通認識をもつことが必要です。

①殴る、蹴る等。

②社会通念、医・科学に基づいた健康管理、安全確保の点から認め難い又は限度を超えたような肉体的、精神的負荷を課す。

（例）

・長時間にわたっての無意味な正座・直立等特定の姿勢の保持や反復行為をさせる。

・熱中症の発症が予見され得る状況下で水を飲ませずに長時間ランニングをさせる。

・相手の生徒が受け身をできないように投げたり、まいったと意思表示しているにも関わらず攻撃を続ける。

・防具で守られていない身体の特定の部位を打突することを繰り返す。

③パワーハラスメントと判断される言葉や態度による脅し、威圧・威嚇的発言や行為、嫌がらせ等を行う。

④セクシャルハラスメントと判断される発言や行為を行う。

⑤身体や容姿に係ること、人格否定的（人格等を侮辱したり否定したりするような）な発言を行う。

⑥特定の生徒に対して独善的に執拗かつ過度に肉体的、精神的負荷を与える。

□性同一性障害に係る児童生徒に対するきめ細かな対応の実施等について〔抄〕

（平成二七年四月三〇日　文科初児生第三号）

性同一性障害に関しては社会生活上様々な問題を抱えている状況にあり、その治療の効果を高め、社会的な不利益を解消するため、平成一五年、性同一性障害者の性別の取扱いの特例に関する法律（以下「法」という。）が議員立法により制定されました。また、学校における性同一性障害に係る児童生徒への支援についての社会の関心も高まり、その対応が求められるようになってきました。

こうした中、文部科学省では、平成二二年、「児童生徒が抱える問題に対しての教育相談の徹底について」を発出し、性同一性障害に係る児童生徒については、その心情等に十分配慮した対応を要請してきました。また、平成二六年には、その後の全国の学校における対応の状況を調査し、様々な配慮の実例を確認してきました。

このような経緯の下、性同一性障害に係る児童生徒についてのきめ細かな対応の実施に当たっての具体的な配慮事項等を下記のとおりとりまとめました。また、この中では、悩みや不安を受け止める必要性は、性同一性障害に係る児童生徒だけでなく、いわゆる「性的マイノリティ」とされる児童生徒全般に共通するものであることを明らかにしたところです。これらについては、「自殺総合対策大綱」（平成二四年八月二八日閣議決定）を踏まえ、教職員の適切な理解を促進することが必要です。〔後略〕

1．性同一性障害に係る児童生徒についての特有の支援

・性同一性障害者とは、法においては、「生物学的には性別が明らかであるにもかかわらず、心理的にはそれとは別の性別（以下「他の性別」という。）であるとの持続的な確信をもち、かつ、自己を身体的及び社会的に他の性別に適合させようとする意思を有する者であって、そのことについてその診断を的確に行うために必要な知識及び経験を有する二人以上の医師の一般に認められている医学的知見に基づき行う診断が一致しているもの」と定義されており、このような性同一性障害に係る児童生徒については、学校生活を送る上で特有の支援が必要な場合があることから、個別の事案に応じ、児童生徒の心情等に配慮した対応を行うこと。

（学校における支援体制について）

・性同一性障害に係る児童生徒の支援は、最初に相談（入学等に当たって児童生徒の保護者からなされた相談を含む。）を受けた者だけで抱え込むことなく、組織的に取り組むことが重要であり、学校内外に「サポートチーム」を作り、「支援委員会」（校内）やケース会議（校外）等を適時開催しながら対応を進めること。

〔略〕

（教育委員会等による支援について）

・教職員の資質向上の取組としては、人権教育担当者や生徒指導担当者、養護教諭を対象とした研修等の活用が考えられること。また、学校の管理職についても研修等を通じ適切な理解を進めるとともに、学校医やスクールカウンセラーの研修等で性同一性障害等を取り上げることも重要であること。

・性同一性障害に係る児童生徒やその保護者から学校に対して相談が寄せられた際は、教育委員会として、例えば、学校における体制整備や支援の状況を聞き取り、必要に応じ医療機関等とも相談しつつ、「サポートチーム」の設置等の適切な助言等を行っていくこと。

〔略〕

2．性同一性障害に係る児童生徒や「性的マイノリティ」とされる児童生徒に対する相談体制等の充実

・学級・ホームルームにおいては、いかなる理由でもいじめや差別を許さない適切な生徒指導・人権教育等を推進することが、悩みや不安を抱える児童生徒に対する支援の土台となること。

・教職員としては、悩みや不安を抱える児童生徒の良き理解者となるよう努めることは当然であり、このような悩みや不安を受け止めることの必要性は、性同一性障害に係る児童生徒だけでなく、「性的マイノリティ」とされる児童生徒全般に共通するものであること。

・性同一性障害に係る児童生徒や「性的マイノリティ」とされる児童生徒は、自身のそうした状態を秘匿しておきたい場合があること等を踏まえつつ、学校においては、日頃より児童生徒が相談しやすい環境を整えていくことが望まれること。このため、まず教職員自身が性同一性障害や「性的マイノリティ」全般についての心ない言動を慎むことはもちろん、例えば、ある児童生徒が、その戸籍上の性別によく見られる服装や髪型等としていない場合、性同一性障害等を理由としている可能性を考慮し、そのことを一方的に否定したり揶揄（やゆ）したりしないこと等が考えられること。

・教職員が児童生徒から相談を受けた際は、当該児童生徒からの信頼を踏まえつつ、まずは悩みや不安を聞く姿勢を示すことが重要であること。

別紙
性同一性障害に係る児童生徒に対する学校における支援の事例

項目…学校における支援の事例

服装…自認する性別の制服・衣服や、体操着の着用を認める。

髪型…標準より長い髪型を一定の範囲で認める（戸籍上男性）。

更衣室…保健室・多目的トイレ等の利用を認める。

トイレ…職員トイレ・多目的トイレの利用を認める。

呼称の工夫…校内文書（通知表を含む。）を児童生徒が希望する呼称で記す。自認する性別として名簿上扱う。

授業…体育又は保健体育において別メニューを設定する。

水泳…上半身が隠れる水着の着用を認める（戸籍上男性）。補習として別日に実施、又はレポート提出で代替する。

運動部の活動…自認する性別に係る活動への参加を認める。

修学旅行等…一人部屋の使用を認める。入浴時間をずらす。

□性同一性障害や性的指向・性自認に係る、児童生徒に対するきめ細かな対応等の実施について（教職員向け）〔抄〕

（平成二八年四月一日　文部科学省）

学校における性同一性障害に係る児童生徒の状況や、学校等からの質問に対する回答をQ&A形式にしてとりまとめました。

1～4．〔略〕

5．「性同一性障害に係る児童生徒に対するきめ細かな対応の実施等について」（平成二七年四月三〇日児童生徒課長通知）等に係るQ&A

Q1　小・中・高等学校の学校段階で診断の有無に違いが生じる理由は何ですか。

A　性別に関する違和感には強弱があり、成長に従い減ずることも含め、変容があり得るとされます。また、性自認と性的指向とのいずれの違和感であるかを該当する児童生徒が明確に自覚していない場合があることも指摘されています。

このようなことを踏まえ、関係学会のガイドラインは、特に一五歳未満については診断に慎重な判断が必要としており、性同一性障害の可能性が高い場合でもあえて診断が行われない場合もあるとされます。このことが、学校段階によって診断の有無の状況に違いが生じている理由と考えられます。

なお、通知では、診断がなされない場合であっても、医療機関との相談の状況、児童生徒や保護者の意向等を踏まえつつ、支援を行うことは可能としています。

Q2　学校内外のサポートチームのメンバーはどのような者を想定していますか。

A　既に対応を進めている学校の現場では、学校内のサポートチームには、相談を受けた者、管理職、学級・ホームルーム担任、養護教諭、学校医、スクールカウンセラーなどが含まれていました。

学校外のチームには、教育委員会、医療機関の担当者などが含まれていました。また、進学先の学校の教職員、スクールソーシャルワーカーのほか、児童福祉を担当する児童相談所や市町村担当部局の担当者との連携を図ることも考えられます。

Q3　「サポートチーム」「支援委員会」「ケース会議」の違いは何ですか。

A　「サポートチーム」は性同一性障害に係る児童生徒を校内外の構成員によって支援する組織、「支援委員会」は校内の構成員によって機動的に開催する会議、「ケース会議」は校外の医療従事者等に識見を求める際に開催する会議を想定しています。

Q4　サポートチームは生徒指導等に関する既存の組織・会議の活用でも良いのでしょうか。新たな組織・会議を設置する必要がありますか。

A　通知のサポートチームの役割は、生徒指導等に関する既存の組織・会議と重なる部分もあり、それらを活用することは考えられます。

なお、性同一性障害に係る児童生徒の支援は、個別の事案に応じ、児童生徒の心情等に配慮した対応を行うことが必要であることには留意が必要です。

Q5　対応以前の問題として、学校として性同一性障害に係る児童生徒をどのように把握すれば良いのでしょうか。学校としてアンケート調査などを行い積極的に把握すべきなのですか。

A　性同一性障害に係る児童生徒やその保護者は、性自認等について、他の児童生徒だけでなく、教職員に対しても秘匿しておきたい場合があります。また、自ら明らかにする準備が整っていない児童生徒に対し、一方的な調査や確認が行われると、当該児童生徒は自分の尊厳が侵害されている印象をもつおそれもあります。

このようなことを踏まえ、教育上の配慮の観点からは、申出がない状況で具体的な調査を行う必要はないと考えられます。学校においては、教職員が正しい知識を持ち、日頃より児童生徒が相談しやすい環境を整えていくことが望まれます。

Q6　他の児童生徒に対し、秘匿しながら対応している事例はありますか。

A　平成二六年の文部科学省の調査では、約六割の児童生徒が他の児童生徒や保護者に知らせておらず、その中には、秘匿したまま学校として可能な対応を進めている事例もありました。なお、通知では、他の児童生徒や保護者との情報の共有は、当事者である児童生徒や保護者の意向等を踏まえ、個別の事情に応じて進める必要があるとしています。

Q7　関係学会等が提供する情報を得るにはどうしたら良いですか。

A　現在、性同一性障害に係る専門的な助言等を行える医療機関として、GID学会のホームページにおいて「性同一性障害診療に関するメンタルヘルス専門職の所属施設」（平成二七年二月二四日付）が公開されています。（参考URL）http://www.okayama-u.ac.jp/user/jsgid/

また、都道府県等の精神保健福祉センターでは、性同一性障害の相談を受けており、専門機関等、必要な情報に結びつくように努めています。こういった機関と連携を図ることも考えられます。

Q8　医療機関との連携について記載がありますが、性同一性障害と思われる児童生徒がいた場合、本人の意向に関わらず、医療機関の診断を受けるようすすめた方が良いのでしょうか。

A　医療機関との連携は、学校が必要な支援を検討する際、専門的知見を得られる重要な機会となります。他方、最終的に医療機関を受診するかどうかは、性同一性障害に係る児童生徒本人やその保護者が判断することです。

このため、児童生徒やその保護者が受診を希望しない場合は、その判断を尊重しつつ、学校としては具体的な個人情報に関連しない範囲での一般的な助言などを専門の医療機関に求めることが考えられます。

Q9　性同一性障害に係る児童生徒への配慮と、他の児童生徒への配慮との均衡についてはどのように考えれば良いのですか。

A　性同一性障害に係る児童生徒への対応は重要ですが、その対応に当たっては、他の児童生徒への配慮も必要です。例えば、トイレの使用について、職員用トイレの使用を認めるなど、他の児童生徒や保護者にも配慮した対応を行っている例があります。

このように、性同一性障害に係る児童生徒への配慮と、他の児童生徒や保護者への配慮の均衡を取りながら支援を進めることが重要です。

Q10　健康診断の実施に当たっては、どのような配慮が考えられますか。

A　通知は、「学校においては、性同一性障害に係る児童生徒への配慮と、他の児童生徒への配慮との均衡を取りながら支援を進めることが重要であること」としています。

健康診断に当たっても、本人等の意向を踏まえた上で、養護教諭は学校医と相談しつつ個別に実施することが考えられます。

Q11　卒業後に法に基づく戸籍上の性別の変更等を行った者から卒業証明書等の発行を求められた場合、指導要録の変更まで行う必要がありますか。

A　通知は、「指導要録の記載については学齢簿の記載に基づき行いつつ、卒業後に法に基づく戸籍上の性別の変更等を行った者から卒業証明書等の発行を求められた場合は、戸籍を確認した上で、当該者が不利益を被らないよう適切に対応すること」としており、指導要録の変更は想定していません。

Q12　性自認や性的指向について当事者の団体から学校における講話の実施の申し出があった場合等、こうした主題に係る学校教育での扱いをどのように考えるべきですか。

A　一般論として、性に関することを学校教育の中で扱う場合は、児童生徒の発達の段階を踏まえることや、教育の内容について学校全体で共通理解を図るとともに保護者の理解を得ること、事前に集団指導として行う内容と個別指導との内容を区別しておく等計画性をもって実施することが求められるところであり、適切な対応が必要です。

他者の痛みや感情を共感的に受容できる想像力等を育む人権教育等の一環として、性自認や性的指向について取り上げることも考えられますが、その場合、特に義務教育段階における児童生徒の発達の段階を踏まえた影響等についての慎重な配慮を含め、上記の性に関する教育の基本的な考え方や教育の中立性の確保に十分な注意を払い、指導の目的や内容、取扱いの方法等を適切なものとしていくことが必要です。

V　事項別解説

一　基本編　事項別解説

※この事項別解説の部分に関して用いられている従来の「監督庁」（例・学校教育法第11条）の用語は、法令改正に伴い、「文部科学大臣」に改められている。また、「文部大臣」は、「文部科学大臣」に改められている。
　以下の事項別解説二学校教育編～一〇児童福祉編に関しても同様である。

1 基本的人権と教育の原理

(1)　人権

日本社会において、人権（基本的人権、基本権と称されることもある。）という用語は多義的に用いられている。だが、憲法学の分野においては、人権とは、人種や性別、年齢等を問うことのない「人一般の権利」、すなわち人間ならば誰もが当然有していると考えられる権利として理解するのが通常である。

　したがって、人権は、国家によってはじめて与えられるという性質の権利ではない。国家の存在を前提とせず、人間の本質、個人の尊厳から導き出される基底的な権利ということができる。個人の尊厳に依拠するこのような考え方を天賦人権論または自然権思想という。自然権思想、社会契約論に依拠する近代立憲主義は、国家は個々人の人権を保障するために設立され、統治権は人権を保障するために行使されるべきという考え方に立っている。例えば、抵抗権を定めたヴァージニア権利章典（一七七六年）は、自然権思想、社会契約論を忠実にトレースし、人権保障による統治権の限界を明文化したものと考えられている。

　他方、日本を含む多くの国では、現在、人権は憲法において定式化されている（人権カタログ）。それ故、憲法が保障する権利を人権と同義のものとして捉えようとする考え方も存在する。この点、日本国憲法は、「国民の権利及び義務」（第三章）において、幸福追求権や平等権、自由権、社会権、参政権、国務請求権等、様々な権利を保障している。さらに、日本国憲法九十七条は、これら権利の性質について、「この憲法が日本国民に保障する基本的人権は、人類の多年にわたる自由獲得の努力の成果であつて、これらの権利は、過去幾多の試錬に堪へ、現在及び将来の国民に対し、侵すことのできない永久の権利として信託されたものである」と規定し、現代社会において人権の有する普遍的性質を強調している。

　しかし、憲法が保障する諸権利が全て人権に含まれるかについては異論も存在する。自然権思想に忠実であろうとするならば、日本国憲法が保障する権利のうち人間の本質と不可分の関係に立つ権利、すなわち人が自己の生き方を自律的に決定することに不可欠な権利のみを人権と理解することも可能である。この場合、参政権、社会権といった国家の存在を前提としてはじめて成立する権利は必ずしも人権とはいい難いことに留意する必要がある。この点、長谷部恭男教授は、憲法上の権利を、生来の人権の一環として、社会全体の利益に反するとしても保障されなければならない権利と、社会全体の利益を理由として保障されており、そのため、ときには同じ社会的利益の効果的実現のために、あるいはより重要な社会的利益のために制約されるべき権利とに区別するべきであるとしている。

(2)　教育の原理と子どもの最善の利益

「子どもの教育は、子どもが将来一人前の大人となり、共同社会の一員としてその中で生活し、自己の人格を完成、実現していく基礎となる能力を身につけるために必要不可欠な営み」である（「学力調査（学テ）旭川事件最高裁判決」最高裁判所大法廷判決昭和五一年五月二一日）。その意味において、子どもは、一個の人間として成長・発達する権利を有している。これを日本国憲法二十六条が保障する教育を受ける権利という側面から捉える場合、子どもの最善の利益に資する教育が必須といえるだろう。

　しかし、子どもが自らに適した教育を自ら選択し、享受することは容易ではない。通常、子どもの教育は、いわゆる教育の三主体、家庭（保護者）、地域共同体、国家により組織化された学校が、その役割を担うことになる。だが、「子どもの最善の利益」は価値的意味に満ちており、何をもって最善の利益と考えるかは判断する者の価値観、思想によって異なる可能性がある。家庭（保護者）や地域共同体が信奉する価値と国家的価値、すなわち親や地域共同体が子どもに伝えたいと願う価値と、社会一般が身につけるべきと考える共通する価値は必ずしも一致するとは限らず、教育の三主体の関係は、決して予定調和ではないことに留意する必要がある。

　したがって、教育の原理を人権という価値との関係で捉えようとする場合、家庭（保護者）や地域共同体による教育と、近代立憲主義に依拠する国家が制度化した教育の調整をどのように図っていくかという課題が浮上してくる。この点、旧教育基本法前文は、「個人の尊厳を重んじ、真理と平和を希求する人間の育成を期するとともに、普遍的にしてしかも個性ゆたかな文化の創造をめざす教育を普及徹底しなければならない」とした上で、「日本国憲法の精神に則り、教育の目的を明示して、新しい日本の教育の基本を確立する」と宣言し、人権思想等、日本国憲法の掲げる価値理念に立脚した教育の推進を明示していた。「個人の尊厳を重んじ、真理と正義を希求し、公共の精神を尊び、豊かな人間性と創造性を備えた人間の育成を期す」とする、現行の教育基本法も同様の姿勢を示している。国家により制度化された教育は、日本国憲法が前提とする価値と不可分一体の関係にあるといってよい。この観点から見た場合、子どもの教育に関する限り、私人の自由な活動は完全な信頼には値せず、国民の意思を背景とする公権力が一定の役割を果たすことが期待される（長谷部恭男『憲法』新世社、二〇二二年）。

　しかし、家庭（保護者）や地域共同体による教育は、国家成立以前から脈々と続く、自然権に由来する営みである（教育における国家に対する先行性）。仮に人権という思想、価値に依拠するとは限らないとしても、子どもの教育において、制度化された教育からの自由、言い換えるならば教育に関する「国家からの自由」をどこまで認めるべきかという問いは十分に成立し得る。教育機会確保法（義務教育の段階における普通教育に相当する教育の機会の確保等に関する法律）の制定に際して争点となった、「不登校の権利」もこの文脈で理解することが出来る。

　この点、アメリカ合衆国においては、基本権との関係で「不登校の権利」が連邦最高裁判所において既に争われている。旧秩序派アーミッシュ（Amish）の信者が、自己の信仰に基づいて子どもを育てるため、義務教育から離脱する自由が認められるかを争った、ウイスコンシン州対ヨーダー事件である（Wisconsin v. Yoder, 406 U.S.205（1972））。連邦最高裁判所判決は、州政府が州民の教育に対して高度の義務を負うとし、州政府が合理的な範囲で義務教育等の基礎的な教育に関して規制を行う権限を導き出している。しかし、この権限は絶対的なものではないとし、一定の範囲で制度化された教育（義務教育）からの離脱を容認した。自然権としての親の教育の自由、共同体の教育に配慮し、教育における国家に対する先行性を認めた格好である。

〈参考文献〉

芦部信喜・高橋和之補訂『憲法　第八版』岩波書店、二〇二三年。内野正幸『表現・教育・宗教と人権（憲法研究叢書）』弘文堂、二〇一〇年。長谷部恭男『憲法　第八版（新法学ライブラリ2）』新世社、二〇二二年。樋口陽一『人権（一語の辞典）』三省堂、一九九六年。

（坂田　仰）

2 教育の目的

(1)　教育の目的

教育の目的を歴史的に振り返ると、戦前は教育勅語で、戦後は旧教育基本法（一九四七年）で、現在は二〇〇六（平成一八）年制定の新教育基本法で示されてきた。

現在の教基法一条に規定されている教育の目的は、第一に「人格の完成」であり、第二に「国家及び社会の形成者」、あるいは「国民の育成」である。

第一の「人格の完成」は、各個人の備えるあらゆる能力を可能な限り、かつ調和的に発展させることを意味するものである。「人格の完成」についての解釈は、個人の発達に限定しようとする解釈と、次に述べる国家及び社会の形成者という市民としての役割や、国家の構成員としての公民の役割をも含むとする解釈がある。

第二に、国家や社会をよりよく形成するための公民、市民をめざす「国家及び社会の形成者」、あるいは国家及び社会の構成員として必要な能力の獲得を求める「国民の育成」である。一九四七（昭和二二）年制定の旧教育基本法の文部省関係者（当時）の解説では「国家及び社会の形成者」が挙げられていたが、二〇〇六年改正の教育基本法の文部科学省関係者の解説では「国家及び社会の形成者（中略）国民の育成」があげられている。

教育の目的は、個人と国家及び社会相互のよりよき関係を目指している。

(2)　教育の目的と目標

教育の目的をより具体的に整理したのが教育の目標である。教育の目標（同二条）は、旧教基法では「教育の方針」として、簡潔な内容が記されていたが、新教基法において「教育の目標」は、より具体的に五項目にわたってまとめられている。そこでは、「豊かな情操と道徳心を培う」、「健やかな身体を養うこと」、「個人の価値を尊重して、その能力を伸ばし、創造性を培う」こと、「自主及び自律の精神を養う」こと、「勤労を重んずる態度」、「主体的に社会の形成に参画し、その発展に寄与する態度」、「環境の保全に寄与する態度」、「我が国と郷土を愛するとともに……国際社会の平和と発展に寄与する態度」等が列挙されている。こうした教育の目標を法的に規定することには異論もある。

(3)　学校別の教育目的・目標

教育の目的・目標は学校種別でも定められている。義務教育の目的（教育基本法五条二項）・目標（学校教育法二十一条）、幼稚園教育の目的（同二十二条）・目標（同二十三条）、小学校教育の目的（同二十九条）・目標（同三十条）、中学校教育の目的（同四十五条）・目標（同四十六条）、高等学校教育の目的（同五十条）・目標（同五十一条）、特別支援学校教育の目的（同七十二条）等である。

また、二〇〇七年改正の学校教育法は、小学校教育の目標として、児童に、①「基礎的な知識及び技能を習得させ」、②「思考力・判断力・表現力その他の能力をはぐくみ」、③「主体的に学習に取り組む態度を養うこと」を追加した（学教法三十条二項）。この規定は小学校の章に置かれているが、中学校、義務教育学校、高等学校、中等教育学校にも準用されている。近年、こうした資質・能力（コンピテンシー）を各国で教育の目標として掲げる傾向がある。

〈参考文献〉市川昭午『教育基本法改正論争史』教育開発研究所、二〇〇九年。教育法令研究会『教育基本法の解説』国立書院、一九四七年。杉原誠四郎『新教育基本法の意義と本質』自由社、二〇一一年。田中壮一郎・教育基本法研究会『逐条解説　改正教育基本法』第一法規、二〇〇七年。日本教育法学会『コンメンタール教育基本法』学陽書房、二〇二一年。

（坂野　慎二）

3 教育の機会均等

日本国憲法は、「すべて国民は、法の下に平等であつて、人種、信条、性別、社会的身分又は門地により、政治的、経済的又は社会的関係において、差別されない」と規定している（一四条一項）。教育条項（二六条一項）にいう「その能力に応じて、ひとしく教育を受ける権利」は、日本国憲法一四条一項の教育面における反映であり、この規定の下、教育政策その他において、教育の機会均等が求められることになる。

日本国憲法の規定を受けて、教育基本法は、「すべて国民は、ひとしく、その能力に応じた教育を受ける機会を与えられなければならず、人種、信条、性別、社会的身分、経済的地位又は門地によって、教育上差別されない」（四条一項）、「国及び地方公共団体は、障害のある者が、その障害の状態に応じ、十分な教育を受けられるよう、教育上必要な支援を講じなければならない」（四条二項）、「国及び地方公共団体は、能力があるにもかかわらず、経済的理由によって修学が困難な者に対して、奨学の措置を講じなければならない」（四条三項）とし、教育の機会均等に関するより詳細な規定を置いている。

なお、教育の機会均等は、狭義には学習者の置かれた経済状態と関連して論じられる。学校教育の歴史を振り返るとき、経済状態が教育を受ける権利を阻害する最大の制約要素となることは疑いない事実である。それ故に、いわゆる福祉国家においては、国家が奨学制度等の整備を通じ、能力を有していながらも経済状況によって教育機会が得られない者に対して、教育を受ける権利を保障していく能動的義務を負うものと考えられている。

特に子どもの教育の機会均等については、平成二五年六月に成立した、子どもの貧困対策の推進に関する法律（子ども貧困対策法）の存在に留意する必要がある。「子どもの現在及び将来がその生まれ育った環境によって左右されることのないよう、全ての子どもが心身ともに健やかに育成され、及びその教育の機会均等が保障され、子ども一人一人が夢や希望を持つことができるようにするため、子どもの貧困の解消に向けて、児童の権利に関する条約の精神にのっとり、子どもの貧困対策に関し、基本理念を定め、国等の責務を明らかにし、及び子どもの貧困対策の基本となる事項を定めることにより、子どもの貧困対策を総合的に推進することを目的」とした法律である（一条）。

子ども貧困対策法の下、「国及び地方公共団体は、教育の機会均等が図られるよう、就学の援助、学資の援助、学習の支援その他の貧困の状況にある子どもの教育に関する支援のために必要な施策を講ずる」ことが求められている（一〇条）。同法に基づき政府が定めた大綱は、学校を子どもの貧困対策のプラットフォームと位置づけ、教育費の負担軽減を図ると宣言している。（坂田　仰）

4 教育権論争

教育権とは、一般に子の教育に関わって親や共同体が有する関与権限を意味する。しかし、日本における議論は、歴史的経緯から、主として教育内容の決定権の所在を巡る対立に集中してきた。この対立を指して、特に教育権論争ということがある。

教育権の所在については、「国家の教育権説」と「国民の教育権説」という二つの対照的な考え方が存在している。国家の教育権説は、学校教育の内容について、国家が民主的手続きに従い全国一律に決定する権能を有していると主張する。その根拠については、議会制民主主義と教育の中立性確保の要請を挙げるのが一般的である。

これに対して国民の教育権説は、学校教育は子どもに対する保護者の教育義務が共同化されたもの、すなわち「私事の組織化」として位置づけることから出発する。そして、教育の私事性を強調することを通じて、教育内容の決定を社会一般に解放し、教員や保護者（親）、地域住民の自律に委ねるべきであると主張している。

ただ、両者はあくまでも理念型にすぎない。実際には、高等教育機関に限らず普通教育機関の教員にも「教授の自由」が認められるのかという日本国憲法二三条が保障する学問の自由も絡み合い、複雑な様相を呈している。国家の教育権説に立ちながらも、教員の裁量を強調する形で教育の自由に配慮する考え方が存在する一方で、国民の教育権説に与しながらも教育内容について「指導助言」という形で一定程度国家の関与を認めようとする立場も存在している。

この論争に対して、最高裁判所が正面から応えたのが「学力調査（学テ）旭川事件最高裁判決」（最高裁判所大法廷判決昭和五一年五月二一日）である。判決は、国家の教育権、国民の教育権について、何れも極端かつ一方的であると退けた。その上で、保護者（親）、国、学校（教員）という三つの教育主体について、それぞれ一定の範囲において教育内容の決定に関与することを認める、権限分配論的アプローチを採用している。（坂田　仰）

5 教育を受ける権利

(1)　国際条約

教育という営みは、現代社会において、自己実現（self-fulfillment）はもとより、自己統治（self-government）、民主主義（democracy）の維持、発展においても重要な役割を果たしている。したがって、教育を受ける権利は、個人にとって、人格形成においても、社会生活を送る上においても、不可欠な存在ということができる。この点に関し、アメリカ合衆国最高裁判所は、教育の機会が奪われるとき、その後の人生において成功を収めることを期待することは困難であるとその意義を強調している（See e.g. Brown v. Board of Education of Topeka, Shawnee County. 347 U.S. 483 (1954)）。

それ故、教育を受ける権利の保障、教育のあり方は、現在、国家という枠組みを超えて、国際的な関心事となっている。例えば、世界人権宣言は、「すべて人は、教育を受ける権利を有する」（二六条）とし、経済的、社会的及び文化的権利に関する国際規約（国際人権A規約）は、「教育についてのすべての者の権利を認める」とした上で、「締約国は、教育が人格の完成及び人格の尊厳についての意識の十分な発達を指向し並びに人権及び基本的自由の尊重を強化すべきことに同意する」と規定している（一三条）。

一九八九年に国際連合が採択した児童の権利条約は、締約国に対し、「教育についての児童の権利を認める」とした上で、「この権利を漸進的にかつ機会の平等を基礎として達成するため」、「初等教育を義務的なものとし、すべての者に対して無償のものとする」こと等を義務づけている（二八条）。

(2)　日本国憲法

日本国憲法は、二十六条一項において、「すべて国民は、法律の定めるところにより、その能力に応じて、ひとしく教育を受ける権利を有する」と規定し、同条二項において、「すべて国民は、法律の定めるところにより、その保護する子女に普通教育を受けさせる義務を負ふ。義務教育は、これを無償とする」と定めている。大日本帝国憲法（いわゆる明治憲法）には教育に関わる条項が存在せず、天皇の大権事項の一つとされていた。そのため、教育を受ける権利は、日本国憲法で新たに人権カタログに記載された権利である点に留意する必要がある。教育を受ける権利の法的性格について、最高裁判所は、「福祉国家の理念に基づき、国が積極的に教育に関する諸施設を設けて国民の利用に供する責務を負うことを明らかにするとともに、子どもに対する基礎的教育である普通教育の絶対的必要性にかんがみ、親に対し、その子女に普通教育を受けさせる義務を課し、かつ、その費用を国において負担すべきことを宣言したもの」としている（学力調査（学テ）旭川事件最高裁判所大法廷判決昭和五一年五月二一日）。教育を受ける権利をいわゆる社会権の一つとして位置づけ、国家による能動的関与を想定していることが分かる。

この解釈は、教育を受ける権利を保障する二六条の規定が、生存権を規定する二五条の直後に置かれていることから容易に導き出すことができる。二五条が保障しようとする「健康で文化的な最低限度の生活を営む権利」について、その文化的側面を担保するために教育を受ける権利が保障されたという理解である。

他方、憲法学においては、教育を受ける権利には、社会権的側面に先行するものとして自由権的側面が存在すると考えられている。例えば、教育を受ける権利の保障が「学校教育を受ける権利」へと転化する場合、学習指導要領を基礎とする学校教育と、個々の保護者（親）が自らが有する価値観に基づき行おうとする教育との間に衝突が生じる場面が想定される。この場合、両者の調整が課題となるが、教育を受ける権利の自由権的側面には、両者の衝突可能性を意識し、自然権として根拠づけられる親の教育権を確保しようとする意味合いが含まれている。この観点からは、保護者の申し立てによる、義務教育からの離脱、不登校の権利といった課題が浮上してくることになる。

(3)　学習権

ただ、教育を受ける権利を受動的な権利としてのみ捉えることに関しては異論が存在している。教育を受ける権利を学ぶ者の能動的な権利として把握し、学習権という観点から再構築しようとする考え方である。

例えば、学力調査（学テ）旭川事件最高裁判決は、この点に関し、「国民各自が、一個の人間として、また、一市民として、成長、発達し、自己の人格を完成、実現するために必要な学習をする固有の権利を有すること、特に、みずから学習することのできない子どもは、その学習要求を充足するための教育を自己に施すことを大人一般に対して要求する権利を有するとの観念が存在していると考えられる」と指摘している。（坂田　仰）

6　公教育・私教育

公教育と私教育は対の概念とされているが、公教育には統一的な定義は存在せず、同様に私教育の定義も確定していない。様々な定義において、公教育は教育基本法六条で定められている「公の性質」を持つ、公事としての教育のことを指すことは共通している。狭義には国公立学校のみ、広義には直接公的規制の対象となる国公私立学校（学校教育法一条に定める「一条校」）の教育である。最広義には間接的な公的規制・公的資金交付を受けている専修各種学校や社会教育も含む定義もある。公教育に対しては公的規制の実施や公的資金の交付が行われ、公開性が求められる。

私教育は私的に行われる教育のことを指し、家庭など個人が行う。塾や習い事などはその例である。子どもを教育する権利は親が持っている始源的な権利であるとする諸外国と異なり、日本ではまず公教育が定義され、その残余として私教育が定義されることが多い。公教育の定義が曖昧である以上、私教育の定義もそれに連動して幅が出る。

そのため、何を公教育に含めるのか、という点には様々な議論がある。例えば不登校児童・生徒を受け入れているフリースクール等、一条校に包含されていない学校での教育は公教育として認められてこなかったため、私教育として扱われてきた。しかし、二〇一七（平成二九）年の教育機会確保法施行によってフリースクール等が国公私立学校の補完的な位置付けとしての地位を果たすようになれば、フリースクール等を公教育に含めるか否かという論点は今後重要となってくる。

〈参考文献〉

市川昭午『教育の私事化と公教育の解体—義務教育と私学教育—』教育開発研究所、二〇〇六年。村上祐介・橋野晶寛『教育政策・行政の考え方』有斐閣、二〇二〇年。

（小入羽　秀敬）

7　義務教育

日本国憲法二十六条二項は「すべて国民は、法律の定めるところにより、その保護する子女に普通教育を受けさせる義務を負う。義務教育は、これを無償とする」と規定している。ここでいう「義務」は、同条一項の「教育を受ける権利」に対応しており、この権利を充足させる手段として理解されている。戦前、教育は、兵役の義務、納税の義務とともに国民の三大義務の一つとされたが、このように戦後は、教育を受ける権利を保障するための制度と解されている。義務を負うのは、すべての国民であり、保護者（子に対して親権を行う者（親権を行う者のないときは、未成年後見人））である。

義務教育の内容は、「普通教育」であり、これは、すべての国民にとって共通に必要とされる一般的、基礎的な知識、技能に関する教育であり、専門教育や職業教育と対置される。義務教育の期間は、九年であり、義務履行の形態は、学校（小学校、中学校、義務教育学校、特別支援学校の小学部・中学部の課程、中等教育学校の前期課程）への就学である。そのため、地方公共団体には学校設置義務が、経済的理由によって就学困難と認められる児童生徒の保護者に対しては、就学援助義務が課されている。義務教育無償の原則が謳われているが、我が国における無償の範囲は、授業料不徴収（国公立学校）と教科書無償の範囲に限定されている。

就学義務は、就学困難と認められる場合は、猶予又は免除される。就学義務はこれまで厳格に運用されてきたが、二〇一六（平成二八）年の「義務教育の段階における普通教育に相当する教育の機会の確保等に関する法律」により、多様な学びの場や多様な学びの在り方を保障するよう、弾力的な運用も進められつつある。（南部　初世）

8　学校教育の公共性

(1)　公共性の概念

公共性は、使われる場面によって、またそれを使用する論者によって、極めて多義的な概念である。その中にあって齋藤純一は、公共性が語られる文脈毎に、国家に関係する公的なもの（official）、全ての人々に関係する共通のもの（common）、誰に対しても開かれているもの（open）、という三つの意味合いが存在すると指摘している（齋藤純一『公共性』岩波書店、二〇〇〇年）。

齋藤によれば、official＝国家的公共性は、公共事業等がその典型とされ、権力、強制等の言葉と親和性を有する。他方、common＝共通項としての公共性には、公益、公共の福祉等が存在するとして、集団的、集合的性格が強いとされている。最後に、open＝公開としての公共性には、公園や情報公開等の概念を引用し、誰もがアクセス可能であるという意味において、セーフティネット的機能を有しているとされる。

(2)　公の性質

学校の設置に着目した場合、学校教育はofficial＝国家的公共性と親和性を有している。この点、教育基本法は、「法律に定める学校は、公の性質を有するものであって、国、地方公共団体及び法律に定める法人のみが、これを設置することができる」と規定している（六条一項）。旧教育基本法六条一項を引き継ぎ、学校の設置に関して、いわゆる「特許主義」を採用することを明らかにした規定である。

ただ、学校の設置主体については、構造改革特別区域法の下、近年大きな変貌を遂げている。従来の国、地方公共団体、学校法人に加えて、いわゆる教育特区においては株式会社やＮＰＯ法人にまで学校の設置主体を拡大したからである。これが「公の性質」の内容を変質させるのではないかという疑義が繰り返し提起されている。

(3)　公立学校の公共性

公立学校は、都道府県や市町村等が設置主体となる。また、公立学校、特に公立の小中学校は、経済状況を考慮することなく、全ての学齢児童・学齢生徒を受け入れの対象としている。その意味において、教育面でのセーフティネットとしての役割を果たしており、公開としての公共について要件を充足している。教育の内容面については、学習指導要領の拘束下、全国的に同一の基準に基づいた教育が展開されており、共通項としての公共性が貫徹されていると見ることができる。

以上の点から、公立学校は、国家の関与（official）の下に、全ての国民（open）に対して、共通（common）の知識・技能を教授するシステムと定義することが可能である。教育面において、全ての「公共」を体現する存在といえる。

(4)　私立学校の公共性

私立学校は、設立の可否に関して公的関与のシステムが相当程度確保されている。また、公立、私立の区別を問うことなく適用される学校設置基準や補助金の支出等を通じて、設立後も一定程度の公的関与が可能となっている。その意味において、私立学校においても国家的公共が一定程度確保されているといえる。

また、学習内容に関しても、学習指導要領がナショナル・カリキュラムとしての性格を有していることから、私立学校についても理論上はその法的拘束力が維持されることになる。したがって、共通項としての公共性は、私立学校においても貫徹されていると考えてよい。ただ、私立学校には、その設立の経緯に根ざす、ミッションが存在する。「私学の独自性」という本質に照らし、国家関与の度合いは、公立学校と比較すると弱いものにならざるをえない。

私立学校が最も公立学校と異なるのは、公開としての公共性に関わる部分である。公立学校と比較して授業料等の負担が大きく、入学者は、経済的に余裕のある家庭の子どもに限定される傾向が強い。各種の助成制度は存在するものの、私立学校は、公立学校と同等な意味において、「誰にでも開かれた」ものとはいい難い。

特に問題となるのは、日本国憲法八九条との関係で補助金等の支出が制限される特区学校の存在である。特区構想が有する「競争が質的向上をもたらす」というオプティミズム的発想の当否とは別に、子どもが有する経済基盤によって受けられる教育が変化するという意味での〝競争〟を顕在化させる存在として、公共性の概念と衝突する可能性を否定できない。

（坂田　仰）

9　家庭教育の義務と権利

通常、子どもの教育は、家庭教育（親による教育）に始まる。基本的な倫理観や当該社会のマナー等を育む上で重要な役割を担っている。西洋近代の価値に立脚する社会においては、親は、自分の価値観に基づき子どもを教育する権利を有すると考えられてきた。これは法令によって創設された権利ではなく、自然権（自然法的な権利）の一つとして一般に理解されている。

法学者ブラックストン（William Blackstone）によれば、イギリスのコモン・ロー（common law）においては、親は、子どもに対して、法的な義務として扶養・保護の義務を負うが、これと並んで、道徳上の義務として教育の義務を負うとされる。そして、親は、この義務を有効に履行する手段として、子どもに対する全面的な監督及び矯正の権限が与えられていると考えられている。

また、一九八九年に国際連合で採択された児童の権利条約は、「締約国は、児童の養育及び発達について父母が共同の責任を有するという原則についての認識を確保するために最善の努力を払う。父母又は場合により法定保護者は、児童の養育及び発達についての第一義的な責任を有する」（一八条一項）等とし、子どもの養育に関する第一義的責任を家庭が有している旨を明文化している。締約国に課されるこの義務は、現在、国際的なスタンダードを形成していると解してよいだろう。

一方、日本の旧教育基本法には家庭教育に関する条項が置かれていなかった。しかし、二〇〇六（平成一八）年の改正に際し、「父母その他の保護者は、子の教育について第一義的責任を有するものであって、生活のために必要な習慣を身に付けさせるとともに、自立心を育成し、心身の調和のとれた発達を図るよう努めるものとする」という規定が設けられたことに留意する必要があろう（一〇条一項）。

ただ、教育基本法の改正の際には、国家が規定する教育の目標を実現すべき責任を家庭にまで負わせることに繋がり、家庭教育という私的な側面に対して国家が介入する余地を創出することになるという批判が存在した。これに対し、「国及び地方公共団体は、家庭教育の自主性を尊重しつつ、保護者に対する学習の機会及び情報の提供その他の家庭教育を支援するために必要な施策を講ずるよう努めなければならない」とする教育基本法一〇条二項には、この疑念を払拭する意味合いが含まれている。国会審議において、家庭の自主性を尊重すること、また個々の家庭における具体的な教育内容についての規定が含まれていないこと、つまり、すべきではない教育内容を掲げる意味でこの条文が新設されたわけではないこと等が、確認されている。

（坂田　仰）

10　主権者・形成者教育

(1)　一八歳選挙権と公職選挙法等の改正

公職選挙法の一部を改正する法律（平成二七年六月／平成二七年法律第四三号）により、平成二八年六月一九日以降、満一八年以上のものが公職の選挙の選挙権を有することになった。これにともない、漁業法（昭和二四年法律第二六七号）規定の海区漁業調整委員会の被選挙権、農業委員会の選挙権と被選挙権も満一八歳以上に改められた。また、一八歳以上二〇歳未満の者は、検察審査員及び裁判員の職に就くことができない事、民生委員、人権擁護委員も、成人に達した者でなければ委嘱できないとの特例も定められた。日本国憲法第九六条に定める国民投票は、日本国憲法の改正手続に関する法律の一部を改正する法律（平成二六年法律第七五号）によって、平成三〇年六月二一日以後、一八歳以上の者が、投票権を有することになった。

なお、選挙権年齢（満一八歳以上）と少年法（満二〇歳未満）の適用対象の年齢差、一八歳以上二〇歳未満の者による選挙犯罪等は、「選挙の公正の確保に重大な支障を及ぼす」と認める場合に、家庭裁判所が、①連座制に関わる事件は、原則として、少年法第二十条第一項の規定にかかわらず（刑事処分の対象とする）検察官への送致の決定をすること、②連座制の対象とならない場合も、検察官への送致を検討するものとされた。

(2)　政治的教養としての主権者教育

教育基本法は、「良識ある公民として必要な政治的教養は、教育上尊重されなければならない」（第十四条第一項）とする一方、「法律に定める学校は、特定の政党を支持し、またはこれに反対するための政治教育その他政治的活動をしてはならない」（同第二項）と定めており、学校教育法は、「国家及び社会の形成者として必要な資質を養うこと」（第四六条（中学校））、「国家及び社会の形成者として必要な資質を養うこと。」（第五一条第一号（高等学校）及び第六四条第一号（中等教育学校））と規定している。このため、これまでの学校教育では、国家及び社会の有為な形成者、主権者に必要な学習内容は、具体的な政党の評価、政治的活動に踏み込まない範囲で取り組まれてきた。しかし選挙権年齢が満一八歳とされたことで、高校生の一部が、在学中に選挙権を有することになり、より実際的な学習が求められることになった。

平成二七年一〇月二九日、文部科学省は、初等中等教育局長通知「高等学校等における政治的教養の教育と高等学校等の生徒に依る政治的活動等について（二七文科初第九三三号）」をもって、「議会制民主主義など民主主義の意義、政策形成の仕組みや選挙の仕組みなどの政治や選挙の理解」に加えて、「選挙管理委員会との連携などにより、具体的な投票方法など実際の選挙の際に必要となる知識を得たり、模擬選挙や模擬議会など現実の政治を素材とした実践的な教育活動」を推進すること、同時に、「指導が全体として特定の政治上の主義若しくは施策又は特定の政党や政治的団体等を支持し、または反対することとならないよう留意すること」など、基本的な指針を示した。（本通知をもって、昭和四四年一〇月三一日付通知「高等学校における政治的教養と政治的活動について」文部省初等中等教育局長　文初高第四八三号は廃止された。）

なお、指導する教員については、教育基本法第十四条第二項等における教育の政治的中立性の原則に基づき、これまで同様、特定の政党の支持または反対のための教育や政治的活動は禁止されている。

(3)　副教材『私たちが拓く日本の将来』（総務省、文部科学省）

平成二七年九月、総務省と文科省は、「現実の具体的な政治的事象も取り扱い、生徒が有権者として自らの判断で権利を行使する」ための「具体的かつ実践的な指導」に資する副教材として、『私たちが拓く日本の未来　有権者として求められる力を身に付けるために』を公表した。この副教材の解説編では、有権者になるということ（第一章）、選挙の実際（第二章）、政治の仕組み（第三章）、年代別投票率と政策（第四章）、憲法改正国民投票（第五章）と、実際的な投票行動を想定した学習内容等が中心となっており、実践編でも、「話合い」「ディベート」「政策論争」「模擬選挙」「模擬請願」の授業展開例が、具体的に示されている（https://www.soumu.go.jp/senkyo/senkyo_s/news/senkyo/senkyo_nenrei/01.html）。

文部科学省は、「主権者として求められる力を育むために」（主催者教育の推進に関する検討チーム最終まとめ　平成二八年六月）において、主権者教育の目的を（政治の仕組等の知識習得にとどまらず）「主権者として社会の中で自立し、他者と連携・協働しながら、社会を生き抜く力や地域の課題解決を社会の構成員の一人として主体的に担うことができる力を身に付けさせる」教育、「地域への愛着や誇りを持ち、ふるさとに根付く子供たちを育てる」教育であり、学校だけではなく「家庭や地域も主権者教育の担い手としての役割を果たす必要がある」と指示した（https://www.mext.go.jp/a_menu/ikusei/gakusyushien/mext_00085.html）。

(4)　学習指導要領における主権者教育

平成二九年度告示の小・中学校の学習指導要領では「改訂のポイント」において、「主権者教育、消費者教育、防災・安全教育などの充実」をあげており、主権者教育が、学習指導要領の改訂全体を通して重視する教育の一つに位置付けられている。また、同解説総則編（平成二九年）には、「主権者に関する教育」で育成する資質・能力に関する「各教科の内容」として、社会科、家庭科（中学校では技術・家庭科）、理科（中学校のみ）、特別の教科　道徳、特別活動等が掲げられている。

なかでも社会科と公民科は、中教審答申（平成二八年一二月）において、「主権者教育において重要な役割を担う教科」と位置付けられ、中学校段階では、公民的分野の内容の「C 私たちと政治」では、「主権者としての政治参加の在り方」等の学習が明記されている（文部科学省「中学校学習指導要領解説　社会編」平成二九年三月）、また高等学校段階では「主権者教育などについては、引き続き公民科の学習において重要な位置を占めており」と規定し、新たに設定された必履修の科目「公共」においては「B自立した主体としてよりよい社会の形成に参画する私たち」が大項目として設定された。ここでは「法や規範の意義及び役割」「司法参加の意義」「政治参加と公正な世論の形成」「多様な契約及び消費者の権利と責任」「我が国の安全保障と防衛」「財政及び租税の役割、少子高齢化社会における社会保障の充実・安定化」など「選挙権をはじめとする政治に参加する権利を行使する良識ある主権者」となるための学習内容が示されている（「高等学校学習指導要領解説・公民編」平成三〇年七月）。（梅野　正信）

11　教育の政治的中立性

(1)　政治的教養

教育における不当な政治的・党派的支配を排し、教育の自律性の保障をめざそうという、教育と政治の在り方を示す一つの概念である。すべての国民の子弟を対象とする近代公教育制度が成立して以降、教育と政治との関係は大きな注目を浴びてきた。

戦後、日本国憲法はその三原則の一つとして、「国民主権」を掲げている。国民主権の国家における政治は、国民の意思に基づいて行われるため、国民の優れた政治的資質の養成、すなわち政治的教養の涵養は強く求められる。それゆえに、新教育基本法十四条一項では、「良識ある公民として必要な政治的教養は、教育上尊重されなければならない。」と定められている。激変する国際環境や社会環境の変化の中にあって、国家や社会の諸問題の解決に国民一人ひとりが積極的に参加していくことが求められており、国家社会の形成者として必要な政治的な知識や批判力など、政治的教養は教育の場において尊重されなければならない。

(2) 政治的中立性の確保

しかし、学校で、政治的教養を授ける教育を行う場合、特定の政治的イデオロギーに偏った教育は慎まなければならない。学校において行われる教育が不当な支配に服さず、政治的に中立であり、特定の政党にかたよらない不偏不党なものであることが求められる。なぜなら、教育という営みは、教育の自由を前提にして、知識の真実性が確保されるからである。また、仮に学校の教育が中立性を侵害されるものであれば、学校は特定政治集団の教育機関化し、そこでは正しい政治的教養の教育を期待することができないことになる。このことは、今日の学校教育が公教育として行われていることからも首肯できる。

こうしたことから、新教育基本法十四条二項は「法律に定める学校は、特定の政党を支持し、又はこれに反対するための政治教育その他政治的活動をしてはならない。」と定めている。そこには、当然、教員がその立場において行う教育や学校を代表して行う活動も含まれ、学校(教師)に対して、政治的中立性の確保を求めている。このため、国・公立学校の教員は公務員の身分をもち、教育を通して国民に奉仕する立場にあるため、一定の政治的行為を制限される(国公法百二、地公法三十六条、教特法十八条)ほか、すべての学校の教員は、教育上の地位を利用して選挙運動をすることを禁じられている(公選法百三十七条)。さらに、「義務教育諸学校における教育の政治的中立の確保に関する臨時措置法」(三条)では、義務教育諸学校に勤務する教育職員に党派的な政治教育などを行うよう教唆・せん動することを禁止し、違反者には刑罰を科することになっている。

こうしてみると、学校(教員)に対して、政治的中立性の確保が強く求められており、場合によっては、二項の政治的中立性を強調すると、政治的教養を高める教育が形骸化する懸念も出てくる。少子高齢化社会、持続可能な社会、超スマート社会など、未来を予測することが困難な時代を迎える中で、重要な政治課題は山積し、未来に生きる若者の政治参加が求められている今日、改めて、政治的教養を尊重する教育と政治的中立性の確保をどう両立させるかを問うてみる必要がある。

なお、文部科学省は、平成二七年一〇月二九日、選挙年齢が一八歳以上に引き下げられたのに伴い、高校生の政治活動に関する通知を四六年ぶりに見直し、これまで学校の内外を問わず一律に禁じてきた高校生の政治活動を、学校外では原則として容認することにした。

(河野　和清)

〈参考文献〉

杉原誠四郎『新教育基本法の意義と本質』(自由社、二〇一一年)。

12 教育の宗教的中立性

(1) 教育と宗教との関わり

教育と宗教は人間の営みにおいて必然のものであり、故に両者は歴史的に密接な関係にある。我が国においては、寺院が長きにわたって教育の担い手としての機能を果たし、教育の内容は仏教や儒教の影響を強く受けてきた歴史がある。明治以降の近代化によって、公教育は公的かつ世俗的な教育機関としての学校が担うこととなり、学校教育と宗教とが分離された(明治政府は当時、私立学校における宗教教育をも禁じた)。一方で、「宗教にあらざる宗教」としての国家神道には特別な地位が与えられ、天皇が統率する国家神道の祭事である祭祀、政治、教育の一致(祭政教の一致)の下、学校において勅語謄本や御真影が配布され、神の末裔としての天皇を尊崇する教育が行われた。戦後、占領軍による神道指令によって学校教育における国家神道の影響は排除され、一九四七年に制定された旧教育基本法では、国公立学校における特定宗教のための宗教教育およびその他宗教的活動が禁じられることとなった。

二〇〇六年に改正された教育基本法は、その第十五条において、新たに「宗教に関する一般的な教養」が教育上尊重されなければならないことを定めた。同法改正の契機を成した教育改革国民会議では、新しい時代にふさわしい教育基本法に求められる三つの観点の一つとして、「宗教を人間の実存的な深みに関わるものとして捉え、宗教が長い年月を通じて蓄積してきた人間理解、人格陶冶の方策について、もっと教育の中で考え、宗教的な情操を育むという視点から議論する必要がある」とした(教育改革国民会議「教育改革国民会議報告―教育を変える一七の提案」平成一二年一二月二二日)。これに続く中央教育審議会答申「新しい時代にふさわしい教育基本法と教育振興基本計画の在り方について」(平成一五年三月二〇日)では、「宗教に関する寛容の態度の育成」、「宗教に関する知識と、宗教の持つ意義の理解」、「宗教的情操の涵養」の重要性を確認したうえで、国公立学校における「特定の宗教のための宗教教育」の禁止について引き続き規定すべき方向性を示した。

(2) 宗教教育の分類と定義

これまで、宗教教育は、①宗派教育、②宗教的情操教育、③宗教的知識教育に大別されてきた。宗派教育は、特定宗教の教理や儀礼を通じた人間形成をめざすものであり、未信者への布教や、信者の信仰心を強化することをめざす場合もある。宗派教育は、特定宗教に立脚した教育であるため、法的に国公立学校では認められず、私立学校では認められている。②の宗教的情操教育は、究極的・絶対的な価値に対する心のかまえを育成する教育である。宗教的情操は、単に感情的に物事の価値を捉えることを意味するものではなく、そこには知性(知識)が伴う。例えば、いのちの神秘性に心打たれ、いのちへの畏敬の念が生まれるといった情操がある。そこにおいて、いのちの神秘性を盲目的に自明のこととして受け入れるのではなく、いのちの根源を自らの知性によって熟慮し、その神秘性を見出していくことが求められる。こうした情操を養う教育が宗教的情操教育である。現行の特別の教科「道徳」の学習指導要領が「生命に対する畏敬の念」を持ち、それを深めることを教育内容として定めており(文部科学省『小学校学習指導要領(平成二九年告示)解説　特別の教科　道徳編』平成二九年、文部科学省『中学校学習指導要領(平成二九年告示)解説　特別の教科　道徳編』平成二九年)、これを宗教的情操教育の一環として捉えることができる。③の宗教的知識教育は、宗教に関する一般的な教養としての知識を客観的な立場から教えるものであり、概して社会科や芸術分野の教科・科目を中心に展開される。

近年、グローバル化による国境を越えた人々の流動性の高まりによって、日本社会においても宗教的多様化がますます進むことが予想される。そこにおいて、右記の三種の宗教教育の他に、多様な宗教の平和的な共生や相互理解、相互尊重を目指す異文化理解としての宗教教育、宗教文化教育などの重要性も増している。中央教育審議会答申「新しい時代にふさわしい教育基本法と教育振興基本計画の在り方について」(平成一五年三月二〇日)においても、「国際関係が緊密化・複雑化する中にあって、他の国や地域の文化を学ぶ上で、その背後にある宗教に関する知識を理解することが必要となっている」とし、グローバル化における異文化理解としての宗教教育が要請されている。

以上にみてきた宗教教育のうち、教育基本法が尊重すべきとする「宗教に関する一般的な教養」には、②の宗教的情操教育、③の宗教的知識教育、そして近年重要視されるようになった異文化理解としての宗教教育が含まれる。

(3)　宗教的中立性の確保

国公立学校においては、特定宗教に利益をもたらすような宗派教育に通ずる教育を行うことが宗教的中立性を侵害することを意味し、これは社会教育(公民館、図書館、博物館などにおける教育活動)についても同様である。宗教は国の伝統や文化に深く根ざし、それ故に、日本の伝統や文化を学校教育で教えるうえで宗教に関わる事項を排除することは不可能であり、特定宗教への言及は避けられない。特に、社会科や芸術分野、修学旅行などの行事において、宗教に関する事項を取扱う場合が多い。教授内容によっては特定の宗教のみに言及することが少なくないことから、すべての宗教について平等に同じ分量を扱うことは困難であり、それをもって宗教的中立性を侵していることにはならない。

戦後直後は占領軍による神道指令の下、特に学校教育における宗教の取扱いについては慎重な姿勢が取られた。神道指令を受けて一九四九年に出された文部次官通達「社会科その他、初等及び中等教育における宗教の取扱について」(昭和二四年一〇月二五日文部庶第一五二号)は、国公立学校主催の宗教施設訪問や、宗教に関する教材の選択および取扱い、児童、生徒の自発的宗教活動などについての方針を示した。同通達は国公立学校主催による靖国神社・護国神社および主に戦没者を祭った神社の訪問を禁じたが、二〇〇八(平成二〇)年五月二三日の閣議決定により、靖国神社・護国神社訪問を禁じた一節については、日本が完全な主権を回復するに伴って失効したものと判断されている。

〈参考文献〉

杉原誠四郎・大崎素史・貝塚茂樹『日本の宗教教育と宗教文化』文化書房博文社、二〇〇四年。日本宗教学会「宗教と教育に関する委員会」編『宗教教育の理論と実際』鈴木出版、一九八五年。海谷則之『宗教教育学研究』法藏館、二〇一一年。

(金井　里弥)

13 教育の自由

「教育の自由」は教育の基本原理の一つであり、各個人はその教育的価値を実現する自由を有しており、その営みに対して公権力は原則として介入しないとするものである。これは、ヨーロッパにおいて学問研究や学校教育に対する国家や教会からの統制や干渉を排除し、それらから自由であることを求める過程で形成されてきた原理である。教育の営みは政府組織のみならず、政治・経済・宗教などの組織・団体からも不当な圧力を受けることがあってはならない。改正前の教育基本法十条一項では「教育は、不当な支配に服することなく、国民全体に対し直接に責任を負って行われるべきものである」と規定されていたが、これは教育の自由の原理を背景とした条文である。

教育の自由は、歴史的には、学校設置の自由や学校(教育)選択の自由として捉えられてきたが、現代においてはこれらに教授(教育実践)の自由が含まれるとされる。

学校設置の自由は、西欧において教会による私立学校設置の自由として成立した。現代においても国民の学校開設の自由は、ほぼ私立学校設置の自由と同義である。我が国の現行法制下においては、一条校(学校教育法一条に規定される学校)を設置できるのは、原則として、国、地方公共団体、学校法人に限られる。国民の学校設置の自由は個人ではなく、学校法人による学校の設置として認められている。学校法人の認可にあたっては必要な施設・設備、資金・財産を有しているか、寄附行為等に法令違反がないかなどの審査が行われる。また学校の設置・運営にあたっては様々な法的規制を受けることになり、学校設置の自由は決して容易なものではない。近年では規制緩和政策の一環として、特例的に株式会社立学校やNPO法人立学校も認められるようになっている。外国に目を向けると、例えばアメリカ合衆国のチャータースクールのように教師や私人の先導によって設置・運営される形態の学校もある。

学校(教育)選択の自由については、我が国の義務教育段階では公立学校が原則として学区制・指定校制を採用しているため、国立学校や私立学校を選択する自由は認められているものの、実際には選択の余地は極めて限られている。都市部においては従前よりも私立学校の選択可能性が増えているとはいえ、公立学校しか選択肢のない地域も多い。一九九〇年代後半から通学区域の弾力的運用がなされるようになり、品川区などで公立学校についても学校選択制度が導入された。現在では様々な形で全国に広がっているが、弊害も指摘されており、導入しない(導入したが廃止した)自治体も多い。現行制度では公教育の枠外にある学校以外の教育の選択肢(フリースクールやホーム・スクーリングなど)を法制化することも議論されているが、一条校に適応できない者への教育機会となるとの評価がある一方で、教育の商品化につながるという批判もある。このほかに学校(教育)選択の自由をめぐっては、宗教的理由による特定の科目等を拒否する自由を認めるか否か、選択の機会が増える義務教育以外の部分における学力や経済的障壁による制約をどう考えるかという問題もある。

教授の自由は日本国憲法二十三条(学問の自由)から導き出されている。学問の自由は、研究の自由、発表の自由、教授の自由から構成される。研究の自由は、国家権力に統制・干渉を受けることなく、また不当な圧力を受けることなく研究する自由である。発表の自由は、かくして行われる研究の成果を発表する自由である。教授の自由は、研究成果に基づいて教育を行う自由である。これに関して論点となるのは、教授の自由はどの範囲まで認められるかである。判例においては、児童生徒の批判能力の弱さ、教師の影響力の大きさ、学校や教師を選択する余地の少なさ、教育の機会均等、教育水準の確保などを理由として、教授の自由は大学以上においては認められるものの、高校以下の教育段階においては制限を受け、完全には認められないとされる(旭川学力調査(学テ)事件最高裁判決（昭和五一年））。ただし同判決においては、教授の具体的な内容・方法についてある程度自由な裁量が認められなければならないこと、公権力によって特定の意見のみを教授することを強制されてはならないこと、個性に応じて教育が行われなければならないことが、同時に指摘されている。

我が国では、長きにわたって教育の自由をめぐって教育権論争が展開されてきた。教育を行う側の自由として、子どもを教育する権利は誰にあるのかについて「親の教育権」「国の教育権」「教師の教育権」が主張されてきた。親の教育権に関しては、世界人権宣言（二十六条三項）において、国内法では教育基本法（十条一項）や民法（八百二十条）において、それを認める規定がなされている。教育を受ける権利の保障の観点から、就学義務など一定の制約を受けるものの、親は子の教育に第一義的責任を有する。

国の教育権と教師の教育権は、「国家の教育権論」と「国民の教育権論」として対立的に主張されてきた。先に言及した旧教育基本法十条二項で教育行政が行うとされた「必要な諸条件の整備確立」の解釈の違いから、国側と教員組合側の主張が真っ向から対立していた。国家の教育権論は、国家は国民の教育の付託に基づき、教育を受ける権利の保障や教育の機会均等の実現のため、国政の一部として広く適切な教育政策を樹立・実現すべく、教育に関与する権能を有するとする。一方、国民の教育権論は、親の教育権が共同化・社会化されて教師に付託されるとし、国家は教育の条件整備を行うが、教育内容に関与してはならず、教師がそれを決定する権能を有するとする。

この論争は教科書検定や学力調査事件をめぐる裁判において展開された。最高裁判決では両論とも極論として退けられたが、必要かつ合理的な範囲内での国家の教育内容への関与が認められた。先に言及した学テ最高裁判決では「文部大臣は、教科に関する事項を定める権限に基づき、教育内容および方法につき教育の機会均等の確保等の目的のために必要かつ合理的な基準を設定することができる」として、学習指導要領は条件付きながら合法とされた。一連の教科書裁判では、ほとんどの判決において国は教育内容を決定する権能を有し、教科書検定は検閲には該当せず、子どもの教育を受ける権利、表現の自由、学問の自由に反するものでないとされた。教師の教育の自由は、職務権限の範囲内での自由裁量は認められるものの、法的制約を全く受けないで教師が自由に子どもを教育できるというものではない。

教育の自由も時代の変化とともに変化し得るものである。国民の教育権論は、国民が一枚岩であるかのごとく、親の教育権の教師への共同的付託を主張していた。しかし、教育荒廃が進んできた昭和五〇年代頃から、生徒や保護者が学校や教師を裁判で訴えるケースが目立つようになり、その前提が崩れてきた。これが国民の教育権論が支持を失った要因の一つとなった。今後も、子どもの個性に合わせた教育がますます求められる中で、また国民の価値観やライフスタイルの多様化が進んでいく中で、教育の自由をめぐって様々な課題が生じてくるであろう。例えば、学校に適合できない児童生徒あるいは現行の学校教育を望まない児童生徒・保護者について、その教育および教育の自由の保障をどうするか。また、学校（教育）選択の結果が選択肢の淘汰に結びつくような場合、淘汰される側の自由をどのように考えたら良いのか。教育にも市場原理が導入される中、当事者間の関係性の中で教育の自由を捉えていく必要性も出てこよう。

（参考文献）高見茂・服部憲児編著『教育行政提要（平成版）』協同出版、二〇一六年。河野和清編著『新しい教育行政学』ミネルヴァ書房、二〇一四年。
（服部　憲児）

14 教育行政

かつて相良惟一は、その著書『教育行政学』において、「教育行政は行政の一部門」であり、「教育について行われる行政である」と定義した。これには重要な含意があるが、同語反復であることは否めない。そこで、教育行政を理解するために、まずはその主体・客体、対象・目的、作用の順にみていきたい。教育行政を行う主体は公権力、すなわち国または地方公共団体である。国レベルでは文部科学大臣および文部科学省である。さらに、行政全般についての総合調整や重要政策決定において教育行政に関わる内閣や内閣総理大臣も教育行政機関と見なされる。地方レベルでは教育委員会、さらに教育行政に一定の権限を有する首長（都道府県知事・市町村長）である。平成二六年には法改正により両者が協議・調整を行う場として総合教育会議が設けられた（地教行法一条の四）。教育行政のサービスを受ける客体は、国が主体の場合には国民、地方公共団体が主体の場合は当該自治体の住民となる。

教育行政の対象は組織的・計画的な教育活動である。学校教育だけではなく、社会教育や生涯学習もその対象となる。また、文部科学省や教育委員会が担う領域という点では、我が国においては学術・研究、科学技術、文化、スポーツ振興、宗教なども教育行政の対象となっているといえる。教育行政の目的は、教育目的を遂行するための条件整備である。教育行政機関は、日本国憲法や教育基本法に示される教育の理念や目的（教育を受ける権利の保障、教育の機会均等、学力向上など）の実現のために必要な措置を講じなければならない。現行の教育基本法では、教育振興基本計画の策定・公表（十七条）、教育に必要な予算措置（十六条四項）について規定されている。

教育行政の作用には、権力的作用と非権力的作用があり、後者はさらに助成作用と実施作用とに分けられる。権力的作用は規制作用とも呼ばれ、国民一般の自由・財産に制限をかけるものである。これは恣意的に行われることは許されず、法律上の根拠が必要とされる。例としては、就学義務の賦課・猶予・免除（学校教育法十六～十八条）などが挙げられる。これに対して、非権力的作用は国民一般の自主的な活動を助長・支援する性質のものである。助成作用には指導・助言、財政的援助などが該当する。実施作用は行政自らが事業を運営するもので、公立学校の設置・運営に加えて、教育行政機関による講演会の開催や出版物の作成・配布なども含まれる。

ここで教育行政の作用として記したものは、実は行政全般に該当するものではあるが、教育行政は、権力的作用が少なく非権力的作用が多いこと、前者はできるだけ避けて後者を中心とすべきとされることを特徴とする。教育行政は「教育」という語と「行政」という語が組み合わさってできた言葉である。教育は、本来的には家族機能の一つであり、近代国家が成立する以前から存在した私事的色彩が濃い営みであり、国家の存在を必須とするものではない。一方の行政は、立法・司法と並ぶ三権の一つであり、近代国家の行政制度を前提として、公権力を用いながら必要な条件整備を行うことを基本課題とする。このように、教育行政は国家の存在を前提とする行政と、必ずしもそれを前提としない教育とが結びついたものであり、私的な性格を有する教育に対する国家的関与という性質を有する。そのため、教育行政においては、一方では行政一般に通じる原理原則の適用がなされ、他方では教育という事象の特殊性の考慮が求められる。

教育行政も行政の一部門であるから、権力的性質を有することは不可避であり、公権力を行使して法の実現を目指す局面は存在する。直接的な権力行為としての命令・監督は、法律により国民・住民を服従させるもので、強制力・規制を伴って法を実現する行為である。一方で、教育という営みにおいては自主性・創意工夫等の関係者の主体性がきわめて重要であり、これらの有無がその成果を大きく左右するとされる。そのため、権力的行為（命令・監督など）は最低限にとどめ、国民・住民の自発的・主体的活動を助長する性質の、すなわち指導・助言を基本とする教育行政が求められる。旧文部省設置法では、法令に定めがある場合を除き「行政上及び運営上の監督を行わないものとする」と定められていた。この規定自体は現行の文部科学省設置法では削除されたが、指導・助言を基本とする機関であるとする考え方は現在も変わっていない。実際に、文部科学省の所掌事務には指導・助言・勧告が多くを占め、許可・認可等は相対的に少ない。他の主要省庁が許認可権限を一〇〇〇～二〇〇〇件有しているのに対して、文部科学省のそれは三〇〇件程度である。

ただし、教育行政が助長的行政を中心に展開されているとはいっても、非権力的作用の中にも間接的に権力的性質が存在していることに留意しておく必要がある。例えば、補助金配分において給付対象を補助金で誘導し、特定分野の施策を助長することが可能である。また、事業経営は、外部化（民営化・法人化）されても評価基準・予算配分・適正執行に関わる基準の設定により、活動をコントロールすることができる。助成や給付においても多かれ少なかれ規制は伴う。近年の我が国の行政政策においては、地方分権や規制緩和が推進されてきた。財政難も背景としつつ、民間資金活用による社会資本整備（ＰＦＩ）の導入、行政機能の縮小と補完システムとしての市場の活用、行政サービスの生産供給から維持管理へのシフト、さらには多様な当事者・利害関係者の参加促進（ガバメントからガバナンスへ）などが取り組まれてきた。教育行政も例外ではなく、国公立大学の法人化、社会教育関係施設等の管理の民間委託などは、このような政策動向の流れの中にあるといえる。新しい公共管理（ＮＰＭ）の考えの下、教育行政もその機能の企画・立案への集約、実施機能の外部化、評価と予算によるコントロールを行うようになってきている。一方では権限委譲と説明責任による行政管理効率の向上を図り、他方では予算・領域・応募資格等による政策誘導が行われ、直接的な権力行使から間接的なそれへと行政手法が変化している。

かつて高木英明は教育行政を「包括的な権力団体としての国家または地方公共団体（具体的にはその機関）が、教育政策（国民または住民の教育に関する施政上の方策）を定立し、公的承認を受けながら、それを現実化する作用または行為」と定義した。この定義がなされてから三〇年以上が過ぎ、教育行政は公的部門の独占から多様な主体（保護者、教員、地域住民、企業等）の参加・関与がなされるようになってきた。しかしながら、それは権限の一部を限定的に「委譲」（「移譲」ではない）したに過ぎず、執行部門の契約型システム化と行政機能の企画・管理部門への集中により、最も中核をなす教育管理の権限と最終的責任を公権力が保持していることは変化していない。

〈参考文献〉

高見茂・服部憲児編著教育行政提要（平成版）』協同出版、二〇一六年。河野和清編著『新しい教育行政学』ミネルヴァ書房、二〇一四年。

（服部　憲児）

15 教育学

(1) 教育学の学的位置づけ

教育学は単純にいえば教育に関する学術的な営みの全てであるが、そこにはいくつかの大きな論点がある。

第一に、「教育学 pedagogy」が学術的な意味で一定の独立性を持ったのはおおむね一九世紀前半である。それまでの時代に教育に関する学術的な営みがなかったわけではないが、それらは主に哲学の一部とみなされていた。現代においても教育社会学、教育工学等が教育学の一部なのかと考えてみれば、教育学が独立性を主張するためには単に教育を対象とするというだけでは十分ではなく、他の諸学とは異なる学術的本質が必要となることがわかる。一九世紀の教育学の確立の過程では、その本質は学校的な学びの場で子どもに何をどのように教えるべきか、そのために教師をどのように養成するべきかという点を探究することにあるとされた。つまりこの時期の教育学の成立は学校教育制度及び教員養成制度の確立と関連している。これが「ペダゴジー」としての教育学」の誕生である。

第二に、ペダゴジーとしての教育学は二〇世紀にはその学的性質を強く批判されるようになった。そこでは教育学が教室における行為や実践を指導するという目的をもつ実践的理論を提供するにとどまっているのに対して、経験的、科学的基礎づけを備えた「教育科学」が必要であるという論点が提起された。この点に関する議論は「教育科学論争」と呼ばれ、日本を含む多くの国で同様の論争があった。ここに見られる論点は今の日本においてもたとえば教職大学院のカリキュラム構成の問題を考える際などにはっきりと現れてくる。端的に言えば教育学において実践的有用性と実証的客観性をどのように区別し位置付けるかという問題である。

(2) 教育学と教育法

○教育条理の重要性

行政法学者・教育法学者である兼子仁は教育法規の実践的解釈における「教育条理」の重要性を強調した。教育条理とは教育ないし教育制度の性質に即した具体的な原理や法則を意味する。実際、法的紛争処理の場である裁判の中で教育学の知見が法解釈を左右する例は少なくない。この意味で教育学は教育法の不可欠かつ重要な存立基盤である。よりよい教育を現実化していくための「創造的教育法」も教育学の知見抜きには成立しえない。

○日本の教育裁判と教育学

高校歴史教科書の検定処分に端を発する教科書裁判の過程においては、数学の授業法としての「水道方式」が証言として提示されるなどした。兼子仁はこれらを裁判官の「学習過程」だったと表現している。また学テ最高裁判決（一九七七年）もその判旨の構成において、憲法が明示的な基準を示していない事柄については教育学の議論を大いに参照するとした上で、教育内容の決定に関する国の権能を必要かつ相当と認められる範囲において認めながら、一定の範囲において教師の教授の自由の存在も認めている。

○校則をめぐる法的紛争

近年、校則をめぐる法的紛争が大きな注目を集めている。学校が自律的な法的規範を設けることは一般に肯認されるが、校則内容の実質的な評価に際しては学校の教育目的の達成という視点とともに生徒の人権保障という視点が重要になる。部分社会としての学校の内部規範としての校則をよりよいものにしていくためには教育学の知見が大いに参照される必要がある。

(3)　教育の論理と法の論理

教育学の知見は必ずしも法的議論の中に順接的に取り込まれるわけではない。それは教育学自体が限りなく多様な議論の集積であるという意味においてではなく、教育的な関係を法的な関係に置き換えることが本質的に困難であるという意味においてである。教育的関係を法的関係に全面的に還元して理解することは教育学の側から見ると望ましいことではなく、形式的論理操作の方法を教育に不用意に持ち込むことは教育的関係を貧弱なものにしかねない。教育法学の法学的性質については、一般的な意味での法解釈と、政策論・立法論・運動論との区別が曖昧なものが少なからず含まれているという批判がある。教育学の側から法を見る際には、法的論理が有効に活用できる場合があることを十分に理解した上で対象に対する教育学的な検討の必要性を見失わないことが重要である。

〈参考文献〉
兼子仁『教育法〈新版〉』有斐閣、一九七八年。W・ブレツィンカ『教育学から教育科学へ』玉川大学出版部、一九九〇年。内野正幸『教育の権利と自由』有斐閣、一九九四年。寺崎弘昭「教育と学校の歴史」藤田英典・田中孝彦・寺崎弘昭『教育学入門』岩波書店、一九九七年。田中智志「教育学―生きることによりそうために」田中智志・今井康雄編『キーワード現代の教育学』東京大学出版会、二〇〇九年。

（前原　健二）

二　学校教育編　事項別解説

1 学校の性格・種類

(1)　学校の性格

学校教育法一条では、「この法律で、学校とは、幼稚園、小学校、中学校、義務教育学校、高等学校、中等教育学校、特別支援学校、大学及び高等専門学校とする。」と規定しており、これら正系の学校をいわゆる「一条校」と称する。教育基本法六条に規定される「法律に定める学校」は、この学校教育法一条に規定された学校を指し、「公の性質」を有するとともに、設置主体が限定され、学校種ごとに定められた設置基準を満たす必要がある。

学校を設置できる主体は、学校教育法二条の規定により、原則として国（国立大学法人、独立行政法人国立高等専門学校機構を含む）が設置する「国立学校」、地方公共団体（公立大学法人を含む）が設置する「公立学校」、および学校法人が設置する「私立学校」に限られる。

例外として、幼稚園については学校教育法附則六条の規定（「私立の幼稚園は、第二条第一項の規定にかかわらず、当分の間、学校法人によって設置されることを要しない」）がある。また、構造改革特別区域法に基づいて株式会社等が設置主体として認められる場合もある。

(2)　学校の種類

現行の九種類の一条校のうち、特別支援学校は二〇〇六（平成一八）年の法改正に伴い、「特殊教育」の枠組みに基づく「盲学校・聾学校・養護学校」から転換されたものであり、義務教育学校は二〇一五（平成二七）年の法改正によって導入された小中一貫教育を行う学校である。

一条校以外の代表的教育機関としては、学校教育法百二十四条で「第一条に掲げるもの以外の教育施設で、職業若しくは実際生活に必要な能力を育成し、又は教養の向上を図ることを目的として」「組織的な教育を行うもの」と規定される専修学校と、同法百三十四条において「第一条に掲げるもの以外のもので、学校教育に類する教育を行うもの」で「他の法律に特別の規定があるもの及び第百二十四条に規定する専修学校の教育を行うものを除く」と規定される各種学校がある。

他に、文部科学省以外の省庁等が所管し高等教育に準じた教育を行う「大学校」や、児童福祉法に基づく児童福祉施設である「保育所」等がある。さらに幼保連携型認定こども園については、就学前の子どもに関する教育、保育等の総合的な提供の推進に関する法律第二条に規定されるように幼稚園と保育所の機能を併せ持つ施設として、一条校の性格を有する。なお学校教育法第百三十五条において「一条校」および「専修学校」「各種学校」以外の教育機関には、「『学校』の名称の使用制限」が規定されている。

〈参考文献〉

高見茂・開沼太郎・宮村裕子編『教育法規スタートアップ・ネクスト Ver.2.0』昭和堂、二〇二三年。

（開沼　太郎）

2 学校の設置者とその特例

(1)　学校の設置者

教育基本法六条一項は「法律に定める学校は、公の性質を有するものであって、国、地方公共団体及び法律に定める法人のみが、これを設置することができる」と規定している。学校教育法二条一項はこれを具体化し、学校の設置者を国、地方公共団体、私立学校法三条に規定する学校法人のみに限定している。

かつては国立学校設置法により国の行政組織の一部として設置されてきた国立学校は、二〇〇四年四月以降、運営の自由度を高めるため法人格を与えられ、国立大学法人及び独立行政法人国立高等専門学校機構によって設置・運営されている。しかし、これらの法人は「国民生活及び社会経済の安定等の公共上の見地から確実に実施されることが必要な」（独立行政法人通則法三条一項）事務及び事業を担うことから、必要な財政措置をはじめとして、国が引き続き一定の責任をもって関与をしている。そのため、学校教育法二条では、学校設置者としての国には国立大学法人及び独立行政法人国立高等専門学校機構が含まれ（一項）、その設置する学校は国立学校とされている（二項）。なお、現在、国が直接設置している学校は存在していない。

義務教育を担う小・中学校の設置義務（義務教育学校の設置による代替可）が市町村（学校教育法三十八条、四十九条）に、また特別支援学校の設置義務が都道府県（八十条）に課せられるなど、学校設置に地方公共団体が果たす役割は大きい。なお、国立大学法人化にならい、公立大学も法人化が可能となっており（地方独立行政法人法）、地方公共団体による直営から独立した公立大学法人による設置・運営への転換が進んでいる。ただし法人化後も地方公共団体は当該法人の設立団体として一定の責任をもって関与している。学校教育法二条では、学校設置者としての地方公共団体には公立大学法人が含まれ（一項）、その設置する学校は公立学校とされている（二項）。

学校は「公の性質を有する」（教育基本法六条一項）ことから、学校法人には、「自主的にその運営基盤の強化を図るとともに、その設置する私立学校の教育の質の向上及びその運営の透明性の確保を図る」（私立学校法二十四条）ことが求められる。そのため、私立学校法は学校法人の組織運営に関し、理事会や評議員会の組織運営、法人解散時の残余財産の帰属者などについて規制している。なお、学校法人の設置する学校を私立学校という（学校教育法二条二項）。

(2)　例外

一九四七年の学校教育法制定以来、「私立の幼稚園は、第二条第一項の規定にかかわらず、当分の間、学校法人によつて設置されることを要しない」（附則六条）とされ、宗教法人や個人などによる設置も認められている。

また二〇〇三年の構造改革特別区域法改正によって、地方公共団体からの申請により内閣総理大臣の認定を受けた構造改革特別区域においては、株式会社（十二条）や特定非営利活動法人（NPO法人）（十三条）による学校設置が認められている。株式会社による学校設置は地域の特性を生かした教育や地域産業を担う人材の育成の必要によるもの（十二条）、NPO法人による学校設置は不登校児童生徒や発達障害による困難を抱えた児童生徒などからの特別の需要に応ずるもの（十三条）とされている。

〈参考文献〉

鈴木勲『逐条解説学校教育法（第九次改訂版）』学陽書房、二〇二二年、日本教育法学会編『コンメンタール教育基本法』学陽書房、二〇二一年。

（井本　佳宏）

3 学校の設置義務

(1) 小・中学校の設置義務

学齢児童・生徒の保護者はその子に対し小学校、中学校、義務教育学校、中等教育学校前期課程、特別支援学校（小学部及び中学部）に就学させる義務を負う。この義務が履行できるよう、基礎自治体である市町村には、その区域内にある学齢児童を就学させるために必要な小・中学校を設置する義務が課されている（ただし、教育上有益かつ適切であると認めるときは、義務教育学校の設置をもってこれに代えることができる）。

これらの学校は市町村の区域内に設置することが原則であるが、やむを得ない場合には関係市町村との協議を経て区域外に設置することも可能である。

学校設置は条例で定めることを要し、都道府県の教育委員会に届け出なければならない。

設置にあたっては、適切な通学距離の確保など地域の状況に応じて適切な場所に設置される必要があり、他の学校種と同様に設置基準（小・中学校設置基準、学校教育法施行規則、義務教育標準法等関連規定）を満たす必要がある。

なお、就学機会の実質的な確保の観点から、義務教育の段階における普通教育に相当する教育の機会の確保等に関する法律により、地方公共団体は夜間その他特別な時間において授業を行う学校（いわゆる夜間中学）における就学の機会の提供その他の必要な措置を講ずるものとされた。

(2) 特別支援学校の設置義務

特別支援学校については、特別支援学校への就学義務が履行できるよう都道府県にその設置義務が課されている。すなわち都道府県は、その区域内にある学齢児童・生徒のうち学校教育法施行令に具体的に定められた障害の程度のものを就学させるに必要な特別支援学校を設置しなければならない。

なお、令和3年に特別支援学校設置基準が新たに定められた。

(3) 教育組合による学校設置

小・中学校は市町村が設置するのが原則であるが、地域の状況によっては市町村が共同して学校を設置することが適当な場合がある。その場合関係する市町村において協議により規約を定め、都道府県知事の許可を得て教育組合を設けることができる。このようにして設置された学校が、いわゆる学校組合立の学校である。なお、当該組合は地方自治法でいう「組合」であり、教育委員会を置かなければならない。

(4) 教育事務の委託

市町村が単独であるいは学校組合を設置して小・中学校の設置義務を履行することが不可能または不適当と認めるときは、小・中学校を設置する代わりに学齢児童の全部または一部の教育事務を他の市町村または学校組合に委託することができる。この場合、都道府県知事及び都道府県教育委員会へ届け出なければならない。

(5) 設置補助等

公立学校の設置は自治事務であるが、義務教育の円滑な実施を確保するため、その施設整備の促進に向け、国は義務教育諸学校の校舎、屋内運動場、寄宿舎の建築に要する経費の一部を負担する。

市町村立学校の設置運営に要する経費については、普通地方交付税の算定上、基準財政需要額に算入される。また地方公共団体はその建築事業費等の財源として地方債を発行することができる。

町村が学校組合による学校設置管理の経費あるいは教育事務の委託に要する経費の負担に耐えないと都道府県教育委員会が認めた場合には、都道府県は当該町村に対して必要な補助を与えなければならない。

〈参考文献〉

鈴木勲編著『逐条学校教育法　第九次改訂版』学陽書房、二〇二二年。木田宏著『逐条解説地方教育行政の組織及び運営に関する法律　第四次新訂』第一法規、二〇一五年。

（中岡　司）

4 学校の設置基準

(1) 学校の設置基準

学教法三条は、「学校を設置しようとする者は、学校の種類に応じ、文部科学大臣の定める設備、編制その他に関する設置基準に従い、これを設置しなければならない。」としている。学校の設置基準は、公教育を行い、公共的性格をもつ学校が、教育水準を維持し、教育の機会均等を実現して、その目的を達成するために、人的物的条件として具備すべき最低基準を定めるものである。それは、学校を設置する要件であり、所轄庁が学校の設置を認可（学教法四条）する際の基準になる。学校設置者は、設置後もこの基準より低下した状態にならないようにする義務を負うとともに、その水準の向上を図ることに努めなければならない。

設置基準のうち設備について、学教法施規一条は、「学校には、その学校の目的を実現するために必要な校地、校舎、校具、運動場、図書館又は図書室、保健室その他の設備を設けなければならない。」と、その大綱を示しているが、その他の設置基準の細部については、学校種ごとの設置基準が別に文部科学省令の形式で定められている（学教法施規三十六、四十、六十九、八十、百四十二条等）。

学校設置基準を構成する事項は、施設・設備、児童生徒等や教職員の組織編制その他に関する事項からなるが、学校種により必ずしも同一ではない。また、各学校種の設置基準が制定された時期や経緯も様々であり、私立学校の割合の高い幼稚園（昭三一）、高等学校（昭二三）、大学（昭三一）の設置基準が早くから制定されていたのに対し、小・中学校（平一四）、特別支援学校（令三）の設置基準の制定は比較的最近になってからである。

(2) 幼稚園、小・中・高等学校、特別支援学校の設置基準

所轄庁が地方自治体である初等中等教育段階の学校種の設置基準は、条文数はそれほど多くなく、地域の実態等に応じた対応が可能となるよう、弾力的、大綱的な規定となっている。

幼稚園設置基準は、施行以来、大きな改正はされていなかったが、平成七年に、一学級の幼児数を「四〇人以下を原則」から「三五人以下を原則」に引き下げる改正が行われた。認定こども園の設置基準は、「就学前の子どもに関する教

育、保育等の総合的な提供の推進に関する法律」（平一八法七七）十三条により、文部科学大臣・厚生労働大臣が定める基準を参酌して、都道府県または指定都市の条例で定めるものとされている。

小・中学校の設置基準は、私立学校を含め多様な学校の設置を促進する観点から、教育改革国民会議報告（平成一二年一二月）、総合規制改革会議の答申（平成一三年一二月）を受け、平成一四年に制定された。それまでは、学教法施規で、学級と人的組織など学校の組織編制について若干の規定が置かれてきた。また、小・中学校の多くを占める公立学校については、公立義務教育諸学校の学級編制及び教職員定数の標準に関する法律（昭三三法一一六）が人的組織の基本を定めている。

高等学校設置基準は、高等学校に置かれる学科について、一章を設けて規定している。平成五年に、普通科、専門学科に加え、総合学科が規定された。当初の高等学校設置基準は昭和二三年に制定されたが、高校教育に対する要請の多様化、地域の実態等に対応した特色ある高校づくりの進展等を踏まえ、同設置基準は、平成一六年に、全部改正が行われた。公立高校については、公立高等学校の適正配置及び教職員定数の標準等に関する法律（昭三六法一八八）が、設置基準として機能している。

特別支援学校設置基準は、長らく制定されていなかったが、近年の在籍者数の増加による教室不足を受け、教育環境の改善を図るため、令和三年に制定され、令和四年四月から施行された。

(3) 大学・短期大学・大学院、高等専門学校の設置基準

戦後、新制大学の発足時には、昭和二二年に、大学の自主的な団体として設立された大学基準協会が、同協会への会員入会の資格判定基準として定めた「大学基準」を、大学設置審議会がそのまま大学の設置認可に当たっての審査基準として用いていた。

しかし、米国式のアクレディテーション（適格認定）は、我が国には根付かず、文部省が昭和三一年に、省令の形式で大学設置基準を制定し、「大学基準」に代わり、設置認可の基準となった。大学院についても、大学基準協会が昭和二四年に定めた「大学院基準」に代わり、昭和四九年に、文部省令の形式で大学院設置基準が制定された。

短期大学については、昭和三九年の学校教育法の改正により恒久的な制度として確立し、大学設置審議会によって「短期大学設置基準」が決められていたが、これを実質的に引き継ぎ、昭和五〇年に、文部省令として制定された。

大学設置基準については、臨時教育審議会答申に基づいて設置された大学審議会の答申を受け、平成三年に、一般教育科目、専門教育科目等の授業科目区分の廃止などの大幅な大綱化が図られた。

また、大学、大学院の制度改正により、平成一五年に専門職大学院設置基準が、平成二九年に専門職大学設置基準、専門職短期大学設置基準が制定されている。

高等専門学校は、昭和三六年の学校教育法の改正により新たな学校種として創設され、同年、文部省令として、その設置基準が制定された。

大学設置基準等は、令和四年一〇月、基幹教員制度や教育課程等特例制度の導入などの改正が行われた。

(4) 専修学校、各種学校の設置基準

学校教育に類する教育を行う機関である各種学校については、各種学校規程（昭三一文令三一）が、学教法百三十四条三項に基づき定められている。昭和五一年、各種学校のうち一定の規模と内容を具備しているものが専修学校として制度化され、専修学校設置基準が、学教法百二十八条に基づき制定されている。

（森田　正信）

5 学校の施設・設備の基準

(1) 学校の施設・設備と設置基準

学校の施設・設備は、学校内部において子どもの学習や生活をとりまく環境を構成する物的な要素である。学校の施設とは校地（校舎等の敷地、運動場等）と校舎等（校舎、体育館等）を指し、学校の設備とは校具（机、椅子等）と教具（図書、機械、器具、標本、模型等）を指す。

学校教育法三条は、学校の設置者は文部科学大臣が学校の種類ごとに定める設備に関する設置基準に従わなければならないと規定している（本条の「設備」は、施設と設備を併せたものを指す）。

初等中等教育学校については、幼稚園設置基準、小学校設置基準、中学校設置基準、高等学校設置基準、高等学校通信教育規程、特別支援学校設置基準の六つの省令において施設・設備の基準が規定されている。設置基準は、設置に必要な最低の基準であって、設置基準より低下した状態にならないようにすることはもとより、水準の維持向上を図ることに努めなければならない（小学校設置基準一条、以下小学校の条文を掲げる）。

これらの基準は、地域の実情に応じた特色ある教育等の観点から、弾力的・大綱的なものとなっており、公立学校施設費国庫負担制度が実質的な基準の一部として、地方財政措置に関連する教材整備指針等が参考基準として機能している。

(2) 指導上、保健衛生上、安全上適切な施設

学校の施設・設備は、指導上、保健衛生上、安全上および管理上適切なものでなければならない（小学校設置基準七条）。

学校施設については、建築基準法や消防法などの関係法令等に基づくことはもとより、適切に計画・設計されるよう、文部科学省によって学校種別ごとに「学校施設整備指針」が一九九二（平成四）年に作成され、二〇二二（令和四）年まで数次にわたって改訂されている。学校施設整備指針においては、学校教育を進める上で必要な施設機能を確保するための留意事項について、①標準的に備えることが重要なもの、②より安全に、より快適に利用できるように備えることが望ましいもの、③必要に応じて付加・考慮することが有効なものが示されている。

指導上の適切さについて、小学校施設整備指針は、子どもたちの主体的な活動を支援する施設整備として、多様な学習形態、弾力的な集団による活動を可能とする施設、ICT環境の充実、理科教育の充実のための施設等を挙げている。

保健衛生上の適切さに関しては、学校保健安全法に基づいて、学校における換気、採光、照明、保温、清潔保持その他環境衛生について維持が望ましい基準として、「学校環境衛生基準」が定められている。学校給食施設・設備の整備・管理等に関しては学校給食法に基づいて

「学校給食衛生管理基準」が定められている。シックハウス症候群の予防対策に関しては、学校施設整備指針等に留意事項があるほか、学校環境衛生基準において基準と検査方法が定められている。教室等の望ましい温度は、長い間「一〇℃以上三〇℃以下」とされていたが、近年急速に冷暖房設備の計画の重要性が認識されて普通教室の空調率が上がり、学校環境衛生基準も二〇一八（平成三〇）年・二〇二二（令和四）年改正で「一八℃以上二八℃以下」と改正された。

安全上の適切さに関しては、防犯計画として敷地・建物の防犯対策や防犯監視システム・通報システムの導入等が学校施設整備指針に示されている。学校施設は、児童生徒の安全はもとより災害時の避難場所ともなるため耐震化は極めて重要であり、文部科学省の「学校施設耐震推進指針」や補助要件は、一般より高い基準となっている。

なお、バリアフリーに関しては、令和二年改正バリアフリー法によって、特別支援学校に加えて公立小中学校がバリアフリー基準の適合義務等の対象となったほか、他の学校施設は二〇〇三（平成一五）年に努力義務の対象となっている。

(3)　校舎及び運動場の面積及び校舎に備えるべき施設等

小・中・高・特別支援学校の校舎及び運動場については、児童生徒数に応じて、面積が規定されている（高等学校の運動場と通信制独立校の校舎の面積は生徒数によらず一定で、通信制に運動場の規定はない）。ただし、特別の事情があり、教育上支障がない場合はこの限りでない。なお幼稚園設置基準においては暫定的な基準が附則に規定されている。高校を除き、校舎及び運動場は原則として同一の敷地内又は隣接地に設けるものとされている（小学校設置基準八条）。

小・中・高等学校の校舎には、少なくとも教室（普通教室、特別教室等）、図書室、保健室、職員室を、特別支援学校の場合はこれらに加えて自立活動室を備えなければならない。また必要に応じ、小・中学校では特別支援学級のための教室を、高等学校・特別支援学校では専門教育を施すための施設を備えることとされている（小学校設置基準九条）。

幼稚園および特別支援学校幼稚部の場合は、教室ではなく保育室および遊戯室とされている。なお、幼稚園設置基準では、園舎は二階建て以下を原則とすることや、施設・設備について便所等の必置や放送聴取設備等の設置努力義務が規定されている。

小・中・高等学校には、校舎及び運動場のほか、体育館を備えるものとされている（小学校設置基準十条）。水泳プールや武道場については、学校施設整備指針には留意事項が示されているが必置ではなく、他校や地域の施設を利用することも可能である（小学校設置基準十二条）。

なお、学校教育法七十八条によって特別支援学校には寄宿舎を設けることが原則である。また学校図書館法によって学校には学校図書館を設けなければならない。保健室は学校保健安全法によっても必置である。

(4)　設備の改善・補充

学校には学級数及び児童・生徒数等に応じ、指導上・保健衛生上・安全上必要な種類及び数の校具及び教具を備えなければならず、これらは常に改善し、補充しなければならない（小学校設置基準十一条）。

校具のうち「教室用机・椅子」については、日本産業規格が定められている（JIS　S一〇二一）。

教具について、一九六七（昭和四二）年に制定された「教材基準」は、一九八五（昭和六〇）年度に一般財源化されるまで義務教育費国庫負担制度における教材費の国庫負担対象基準であった。現在は、二〇一一（平成二三）年に策定され二〇一九（令和元）年に改訂された「教材整備指針」において各教科等ごとに機能別に分類された品名が例示されており、これを踏まえ二〇二〇（令和二）年度から一〇か年の地方財政措置を見通した「義務教育諸学校における教材整備計画」が策定されている。

「教材整備指針」において、ICT教材については、別途定める方針を踏まえて整備を推進することとされており、GIGAスクール構想による一人一台端末等の整備が令和元・二年度の補正予算によって国庫補助で実施された。また、算数・数学、理科の教材については、「理科教育振興法」に基づく国庫補助のための「理科教育のための設備の基準」等も踏まえて整備することとされている。このほか、産業教育振興法に基づく国庫補助に関連した基準がある。

図書については、一九九三（平成五）年に公立義務教育諸学校について「学校図書館図書標準」が設定されており、「学校図書館図書整備等五か年計画」により地方財政措置が講じられている。

（惣脇　宏）

6　学校の設置・廃止等の認可・届出

(1)　学校の設置・廃止等の認可

学校教育の公共的性格と教育水準の維持向上のために、学校の設置・廃止等については、文部科学大臣等の認可・届出が必要とされている（学校設置の認可主義）。

「学校の設置」とは、所要の人的・物的要素をもって組織される施設が設置基準を満たして、法的に学校たる地位を取得することであり、「認可」は、「学校の設置」など公の機関が法律的行為の効力を完成させるために与える同意といえる。また、「学校の廃止」は、設置者の申請に対する認可・届出によって学校が廃止され、学校が法的に学校としての地位を喪失することである。

国立学校の他、都道府県の設置する学校（大学及び高等専門学校を除く）や市町村立小中学校など学教法で設置義務を負う者の設置する学校について、「認可」は不要であるが、上記以外の学校は、学教法四条一項に基づき、学校の設置・廃止、設置者の変更その他政令で定める事項について、それぞれの所管である文部科学大臣、都道府県教育委員会、都道府県知事の「認可」を受けなければならないとされている。

○認可権者

学校の種類や設置者により、認可権者は異なっている。以前は、監督庁とされていたが、現在は、①公立又は私立の大学及び高等専門学校については、文部科学大臣、②市町村の設置する高等学校、中等教育学校及び特別支援学校は、都道府県の教育委員会、③私立の幼稚園、小学校、中学校、義務教育学校、高等学校、中等教育学校及び特別支援学校は、都道府県知事と具体的に明記されている（学教法四条一項）。

○「認可」を必要とする事項

「認可」を必要とする事項は、学教法四条一項に規定する、学校の設置・廃止、設置者の変更、高等学校（中等教育学校の後期課程を含む。）の全日制・定時制・通信制の課程、大学の学部、大学院及び大学院の研究科、短期大学の学科の設置・廃止だけでなく、学教法施行令二十三条に定める事項が含まれている。

(2) 学校の設置・配置等の届出

学教法四条二項において、学位の種類や分野の変更を伴わない大学や大学院の学部等の設置については「認可」を受けることを要せず、文部科学大臣に届け出るとされている。

大学や大学院の設置廃止について、以前は一律に文部科学大臣の「認可」が必要とされていたが、規制緩和の流れの中で弾力化が図られた。同様に、規制緩和に地方分権化の流れが加わって、二〇一一年に新設された学教法四条の二においては、それまで「認可」制であった幼稚園の設置廃止は「届出」制になり、手続きが大幅に緩和された。

○「届出」を必要とする事項と手続き

学教法によって設置義務を負う者の設置する学校について、認可権者の「認可」を必要としないが、学教法施行令二十五条では、市町村立小・中学校については、設置、廃止、設置者の変更、名称又は位置の変更、分校の設置・廃止、二部授業の実施の事由があるときは、その旨を都道府県の教育委員会に届け出なければならないとしている。その他、「届出」を必要とする事項は、市町村が設置する幼稚園、高等学校、中等教育学校及び特別支援学校の名称や位置、学則の変更など、学教法施行令、学教法施規等に定める事項が含まれている。

学教法施行令二十五条で定める市町村立小・中学校の「届出」の手続きについては、学教法施規に定められている。

(3) 「届出」の位置づけと措置要求

一九五七（昭和三二）年七月二二日の地方連絡課長回答によれば、「学校教育法によって設置義務を負う者の設置する学校の名称及び位置の変更は、設置者において都道府県教育委員会に届出をなすべきことを規定しているが（現行学教法施規三条）、届出は許可や認可と異なり、相手方たる公の機関に一定の行為を要求し又は期待するものではなく、たんに事実上の届出をすれば足りるものであるから、受理者において拒否することはできない。」とされる。

なお、学教法九五条及び学教法施行令四三条に基づき、事前「届出」に係る事項が設備、授業その他の事項に関する法令に適合しないと認められるときは、文部科学大臣は大学設置・学校法人審議会への諮問を経て「届出」を行った者に対し、必要な措置をとることができるとされている。

〈参考文献〉

入澤充・岩崎正吾・佐藤晴雄・田中洋一編『学校教育法実務総覧』エイデル研究所、二〇一六年。窪田眞二・澤田千秋『教育法規便覧 令和4年版』学陽書房 二〇二二年。

（堀井 啓幸）

7 学校環境

(1) カーボン・ニュートラルと学校環境

学校環境は多義的な言葉であり、外的な環境と内的な環境の二面性を有する。このうち、外的な環境とは、学校が所在する地域の地理的条件や風紀と同義である。学校外の環境に法的な規制がかかるケースとして、都市計画法九条十四項が定める特別用途地区の一つである文教地区がある。教育施設が集積する同地区内では、キャバレー、ホテル、劇場、遊技場等、文教上好ましくないとされる用途の建築が制限される。

一方で、内的な環境とは、児童生徒および教職員等の生活空間としての質を意味する。特に健康維持の観点からは、学校保健安全法に基づき、学校環境衛生基準（文部科学省告示）が定められている。近年はそれに加え、学校という空間のあり方が社会的に望ましいものになっているかという視点も重要性を増している。その背景にあるのは、脱炭素という大波の到来である。

転機となったのは二〇二〇（令和二）年一〇月で、当時の菅義偉首相によって二〇五〇年までに国全体での温室効果ガス排出量を実質ゼロとするカーボン・ニュートラル（脱炭素社会）目標が宣言された。この目標は令和三年五月に改正された地球温暖化対策の推進に関する法律の二条の二において、法的に明記された。さらに、同年一〇月には地球温暖化対策計画および第六次エネルギー基本計画において、二〇三〇年の温室効果ガス排出量を二〇一三年度比四六％減とすることが定められた。国内のあらゆる分野でカーボン・ニュートラル達成に向けた取り組みが求められる中で、学校が取り組んでいかなければならない課題が「学校施設の脱炭素化」である。

(2) 環境を考慮した学校施設

学校と環境を巡る動きは、既に前世紀末には萌芽が見られた。京都議定書が採択された一九九七（平成九）年度からは、環境を考慮した学校施設（エコスクール）のパイロット・モデル事業が開始されている。関係省庁の連携の下で先導的な取り組みを進める学校への助成が行われ、二〇一六（平成二八）年度までに一六六三校が認定を受けた。平成二九年度からは「エコスクール・プラス」に名称を改め、一層の推進が図られている。エコスクール・プラスの事業タイプは①太陽光発電型、②太陽熱発電型、③その他新エネルギー活用型、④省エネルギー・省資源型、⑤自然共生型、⑥木材利用型、⑦資源リサイクル型、⑧その他に分けられ、令和五年度までに二六二校が認定を受けている。

(3) カーボン・ニュートラルの達成に向けた学校施設のあり方

地球温暖化対策計画（令和三年一〇月二二日閣議決定）は、二〇五〇年カーボン・ニュートラルに向けた中間目標である二〇三〇年に目指すべき建築物の姿を「現在、技術的かつ経済的に利用可能な技術を最大限活用し、新築される建築物についてはZEB基準の水準の省エネ性能が確保されていること」としている。学校の新築校舎も例外ではない。

ZEBとは、Net Zero Energy Buildingの略称であり、「年間の一次エネルギー消費量が正味ゼロまたはマイナスの建築物」、すなわち、「省エネ」に加えて太陽光発電等による「創エネ」によって、一次エネルギー消費量を差し引きゼロとするものである。なお、ZEBに準ずるものとして、「省エネ」によって五〇％以上の削減を達成したものをZEB Ready、その上で「創エネ」により七五％以上一〇〇％未満の削減を達成したものをNearly ZEBという。

「創エネ」にあたっては、「地域脱炭素ロードマップ（令和三年六月九日国・地方脱炭素実現会議決定）」で、既存施設も含めた公共施設への太陽光発電設備の設置率を二〇三〇年に約五〇％、二〇四

○年に百%とする目標が設定されている。

同「ロードマップ」は、少なくとも一○○か所の地域で脱炭素先行地域づくりを進めることを明記し、令和五年四月の第三回選定までに、計六二件の計画提案が採択された。地域コミュニティの核としての役割を担う学校は、脱炭素の流れにおいても、環境・エネルギー教育の充実等を通して、その成果をコミュニティに波及させていくことが求められる。

〈参考文献〉
環境省「地球温暖化対策計画（令和三年一○月二二日閣議決定）」。環境省「ZEB PORTAL［ゼブ・ポータル］」。文部科学省・農林水産省・国土交通省・環境省「エコスクール—環境を考慮した学校施設の整備推進—（パンフレット）」二○二二年。神戸市「文教地区パンフレット」二○二二年。

（西川　潤）

8 学校の教育組織

(1) 学科・課程・専攻科・別科

学科は、普通教育あるいは特定の専門教育を行うために、その教育目標に沿うように系統立てて教育課程を編成・実施する高等学校教育の一つの単位であり、そうした教育課程を履修する生徒の集団の単位でもある。高等学校設置基準では、普通科その他普通教育を施す学科として適当な規模及び内容があると認められる学科、専門学科、総合学科の三つの区分を定めている。教科が学習経験を系統的に分類・組織したものであるのに対し、学科は教科群並びに科目群によって構成された履修課程の単位を指す。

課程は、科目・教科・学科を含む全体的な教育の組織を意味する。高等学校には全日制課程、定時制課程、通信制課程を置くことができ、大学でも学科に代えて課程を設けることができる。大学院における課程は、修士課程、博士課程、専門職学位課程である。

専攻科は、高等学校及び大学におかれる教育組織であり、高等学校若しくはこれに準ずる学校若しくは中等教育学校を卒業した者又は大学を卒業した者、あるいはこれらと同等以上の学力があると認められた者に対して、特別の事項を教授し、その研究を指導することを目的としたもので、修業年限はともに一年以上である。別科も高等学校及び大学に設けられ、専攻科と同じ入学資格者に対し、一年以上の期間で簡易な程度において、特別の技能教育を行う。

(2) 学年・学級の組織編制

学校教育の目的を達成するために、継続的に組織する児童・生徒の生活または学習上の単位集団である学級が組織される。一般に学級は、同学年の児童・生徒で編制することを原則とし、学校の種類によりその規模も異なる。ここでは、小・中学校、高等学校、特別支援学校、幼稚園についてのみ具体的に提示しておく。

○小・中学校

公立小・中学校については、「公立義務教育諸学校の学級編制及び教職員定数の標準に関する法律」（以下、義務教育標準法）が学級編制及び教職員定数の「標準」を定めている。それに従い都道府県教育委員会が一学級の児童・生徒数の「基準」を定め、その基準を標準として、当該学校を設置する地方公共団体の教育委員会が、学級編制を行う。市町村教育委員会は、毎学年、学級編制を都道府県教育委員会に届け出る。義務教育標準法によって定められている標準は、単式学級編制の場合は小学校では三五人、中学校では四○人であり、複式学級編制の小学校は一六人（第一学年の児童を含む学級は八人）、中学校は八人、特別支援学級は小・中ともに八人である。

○高等学校

高等学校設置基準は、同時に授業を受ける一学級の生徒数は、特別の事由がある場合を除き四○人以下と規定しており、これは国公私立の高等学校を通じて適用される。公立の高等学校については、「公立高等学校の適正配置及び教職員定数の標準等に関する法律」（以下、高校標準法）により、やむを得ない事情や生徒の実態を考慮して特に必要があると認める場合を除き、全日制、定時制の課程ともに四○人を標準とすると定められている。

○特別支援学校

特別支援学校の学級は、特別の事情がある場合を除き、視覚障害者、聴覚障害者、知的障害者、肢体不自由者又は病弱者の別ごとに編制する。幼稚部では、学年の初めの日の前日において同じ年齢にある幼児、小学部、中学部、高等部では、同学年の児童又は生徒で編制するものとし、幼稚部は五人、小学部・中学部は六人、高等部は八人とし、複数の障害を併せ有する幼児・児童・生徒で学級を編制する場合は、いずれの部においても三人以下とすると規定されている。

○幼稚園

幼稚園は、満三歳から小学校就学の始期に達するまでの幼児を入園させる。一学級の幼児数は、三十五人以下を原則とし、学年の初めの日の前日に編制される。

(3) 教職員の定数・配置

学校には、校長、教頭の他、教諭、事務職員等が配置される。二○○七年の学校教育法改正により、その他の職として、副校（園）長、主幹教諭、指導教諭を置くことができるようになった。また、学校保健安全法により、学校には学校医を置くことになっており、大学以外の学校には、学校歯科医、学校薬剤師も置かなければならない。ここでは、小・中学校、高等学校、特別支援学校、幼稚園についてのみ具体的に提示しておく。

○小・中学校

小・中学校には、校長、教頭、教諭、養護教諭、事務職員を置かなければならないが、特別の事情のあるときは、教頭、養護教諭、事務職員を置かないことができる。こうした必置職員の他、副校長、主幹教諭、指導教諭、栄養教諭その他必要な職員を置くことができる。

教職員の配置については、教諭等の数は、一学級当たり一人以上とし、特別の事情があり、かつ教育上支障がない場合は、校長、副校長若しくは教頭が兼ね、又は助教諭若しくは講師をもって代えることができる。

各都道府県ごとの公立小・中学校教職員の総数は、教職員の職の種類の区分ごとに、義務教育標準法にしたがい算定した数を標準として定める。公立小・中学校教職員の定数は、都道府県条例で定められ、市町村別の学校の種類ごとの定数は、それを条例定数の範囲内で、都道府県教委が当該市町村の児童・生徒の実態、学校の学級編制に係る事情等を総合的に勘案して定めることとされている。また、ティームティーチングや少人数指導、多様な選択教科開設、専門的な知識若しくは技能に係る教科等に関し専門的な指導が行われる場合には、教職員が加配される。

○高等学校

高等学校には、校長、教頭、教諭及び事務職員を置かなければならず、こうした必置職員の他、副校長、主幹教諭、指導教諭、養護教諭、栄養教諭、養護助教諭、実習助手、技術職員その他必要な職員を置くことができる。高等学校は、各種の課程、学科を有し、それに応じた職員を必要としている。複数の課程を置く場合は、それぞれの課程に教頭を置かなければならず、複数の学科を置く場合は学科主任、農業の学科を置く場合は農場長を置くことができ、これらには指導教諭又は教諭が充てられる。

教職員の配置については、高等学校設置基準によって規定されており、教諭等の数は、当該学校の収容定員を四〇で除して得た数以上で、かつ教育上支障がないものとするとされている。公立の高等学校については、高校標準法により、教職員定数の標準等が定められている。

各都道府県又は市町村ごとの公立高等学校教職員の総数は、教職員の職の種類の区分ごとに、高校標準法にしたがい算定した数を標準として定める。これは個々の学校に置くべき教職員数の標準を定めたものではなく、都道府県又は市町村単位の総定数の標準であり、学校設置者は、地域の実情等に基づいて弾力的に学校ごとの定員配置を定めることができる。

○特別支援学校

特別支援学校については、学教法の幼稚園、小・中学校及び高等学校の職員に関する規定が準用され、教職員の定数については、公立の特別支援学校小学部・中学部については義務教育標準法の、高等部については高校標準法の規定するものを標準とする。特別支援学校は、障害のある者を対象とするところから、特別の職員を必要としており、寄宿舎を設ける特別支援学校においては、寄宿舎指導員設置が義務づけられている他、教諭をもって充てる寮務主任及び舎監についても規定されている。

○幼稚園

幼稚園には園長、教頭及び教諭を置かなければならないが、特別の事情のあるときは、教頭を置かないことができ、この他、副園長、主幹教諭、指導教諭、養護教諭、栄養教諭、事務職員、養護助教諭等を置くことができる。また、各学級に少なくとも専任の教諭等（主幹教諭、指導教諭または教諭）を一人置かなければならないが、他の職員をもってこれに代えることができる。

（南部　初世）

9 学校の運営

(1) 学校運営

「学校運営」は、学校教育の目標を実現するため組織的に行われる学校の活動である。法規的観念である「学校管理」に対し、「学校運営」は学校の内部運用を意味し、効果的・機動的な学校経営のために内部組織を通して行われる諸活動を調整し、統括していく作用である。学校運営では、その十分な効果を期するため、相互協力の態勢を作り、責任を明確にした運営組織を作ることが必要となる。

○職員会議

我が国においては長らく、職員会議の位置づけや運営のあり方についての法令上の根拠が明確ではなく、学校管理規則の規定も多様であったが、二〇〇〇年の学校教育法施行規則改正により、設置者の定めるところにより、校長の職務の円滑な執行に資するため、職員会議を置くことができることとなった。職員会議は校長が主宰し、学校の教育方針、教育目標、教育計画、教育課題への対応方策等に関する教職員間の意思疎通、共通理解の促進、教職員の意見交換などを行う。校長のリーダーシップの下、教職員が協働し、組織として力を発揮することが学校には求められており、そのための方針や具体的方策について全教職員で検討する場として、職員会議は重要な役割を果たしている。

○校務分掌

「校務」とは、学校の運営に必要な校舎等の物的施設、教員等の人的要素及び教育の実施の三つの事項につきその任務を完遂するために要求される諸般の事務を指す。法令上、こうした校務に関する責任と権限は校長にあるが、このすべてを校長が直接に関与・処理することは適切ではなく、現実には不可能であるため、校長は校務を職員に分掌させ、統括者として全般的な調整、統合をはかり、適正な学校運営につとめることとなる。

校務分掌は、学校教育目標、教育計画等との関連で合理的・効率的に組織することが必要であり、その際、担当者の責任を明確化し、理解と協力が得られるよう配慮することが求められる。

(2) 学校の校長・副校長・主幹教諭・指導教諭・主任

小学校における教職員の種類及び職務は、学校教育法三十七条に規定され、中学校、義務教育学校、高等学校、中等教育学校及び特別支援学校にも全文または一部が準用される。多くの常勤、非常勤の教職員が配置され、学校が運営されているが、校長、教頭、主任はこれら教職員組織の中核となる。

○校長

校長は学校を内外に代表し、その職務については「校務をつかさどり、所属職員を監督する」と規定されている。

校長の職務内容は、ⓐ学校組織の統括責任者として学校の諸活動が円滑かつ秩序をもって遂行されるように配慮する管理的職務と、ⓑ教員の志気を高め、質の向上をはかる教育指導的職務に分けられ、管理と教育指導を両立させる機能を果たすことが期待されている。

○副校長及び教頭

副校長は、「校長を助け、命を受けて校務をつかさどる」と規定され、校務のうち一定のまとまりや独立性があるものをその権限と責任において掌握・処理することができる。また、校長に事故があるときはその職務を代理し、校長が欠けたときはその職務を行う。

教頭は、「校長（副校長を置く小学校にあっては、校長及び副校長）を助け、校務を整理し、及び必要に応じ児童の教育をつかさどる」。校長（及び副校長）補佐権、校務整理権を有するが、副校長とは異なり、校務掌理権は有さない。また、校長（及び副校長）の職務代理・代行が定められている。

教頭の担う実際の職務は、ⓐ職員会議・校務分掌・各種打ち合わせ会・年間教育計画・研修計画などの企画、ⓑ教員の教育活動・研修に対する指導助言、ⓒ教務事務運営についての教職員に対する指導助言、ⓓ物的管理の企画・遂行についての教職員に対する指導助言、ⓔ庶務会計事務に対する指導助言などである。教頭は、日常の業務において個々の教職員と関わる中で同僚性を育み、協働文化を形成していくことが期待されている。

○主幹教諭及び指導教諭

主幹教諭は、教諭とは別の「職」であり、「校長（副校長を置く小学校にあっては、校長及び副校長）及び教頭を助け、命を受けて校務の一部を整理し、並びに児童の教育をつかさどる」。校長・

副校長・教頭の補佐の他、学校全体の方針に関する企画立案や分掌・学年にかかわる校務の進行管理を担い、授業も担当する。教諭等をもって充て、担当する校務に関する事項について連絡調整及び指導、助言に当たる「主任」とは異なるが、主幹教諭の職務は主任等の職務を包含している。

指導教諭は、「児童の教育をつかさどり、並びに教諭その他の職員に対して、教育指導の改善及び充実のために必要な指導及び助言を行う」。高い指導力を有する教員が、学校内外において、自らも優れた実践を展開しつつ、他の教員への指導助言を行い、学校全体の教育力向上に資することを目的として設置されたが、優れた指導力を有する教員個人に対する実績評価と優遇措置、教員組織の再編成と教員のキャリア形成も意図されている。

○主任

小学校では、教務主任、学年主任、保健主事、事務長または事務主任を置くことが規定され、中学校では加えて、生徒指導主事、進路指導主事を置くこととなっている。高等学校ではさらに、二以上の学科を置く場合は学科主任を、農業に関する専門教育を主とする学科を置く場合は農場長を置くものとし、事務主任に代り事務長を置く。特別支援学校では、各部に主事を置くことができ、寄宿舎を設ける特別支援学校には、寮務主任及び舎監を置くことが義務づけられている。この他必要に応じ、校務を分担する主任等を置くことができる。

主任の職務は、ⓐ管理職の補佐機能、ⓑ教職員に対する指導助言機能、ⓒ連絡調整機能に分けることができ、事務長、事務主任、農場長、寮務主任等はⓐの機能に、保健主事、生徒指導主事、進路指導主事、教科主任は専門的事項についてⓑの機能に、教務主任、学年主任等はⓒの機能に重点が置かれている。主任は、学校運営において、その経験や識見を生かし、中核的担い手としてリーダーシップを発揮することが期待されている。

(3)「学校づくり」

近年、学校運営に際し、地域と連携することがいっそう重要になってきており、一九九〇年代以降「開かれた学校づくり」が政策課題化され、具体的な「装置」が設定されてきた。その端緒は二〇〇〇年の学教法施行規則改正による学校評議員制度の導入であり、続いて二〇〇四年の地教行法改正により学校運営協議会が制度化された。二〇一七年三月には、学校運営協議会のさらなる活動の充実と設置の促進を図るため制度の見直しが行われている。

学校と地域社会の連携が図られる中で、学校の内部組織を強化する改革も進められ二〇一五年の中教審答申「チームとしての学校の在り方と今後の改善方策について」において提示された学校像を実現するための規定が順次整備されてきている。

事務職員がより主体的・積極的に校務運営に参画することが期待され、事務の効率化が進められると共に、部活動指導員、スクールカウンセラー、スクールソーシャルワーカー、医療的ケア看護職員、情報通信技術支援員、特別支援教育支援員、教員業務支援員に関する規定が設けられ、学校の指導・運営体制の強化・充実が次々と進められてきている。

（南部　初世）

10 学校事務

(1) 学校に係る事務

「学校事務」の二つの単語の関係をいかにとらえるか。「学校に関する事務」とすると、地教行法二十一条に教育委員会の職務権限が十九号にわたり規定されているが、その十一号までが学校に関することであり、これらの事務は教育委員会事務局を中心に進められる。

「学校における事務」とすると、「校務」ともとらえられる。「組織体としての学校の運営に必要な経営・管理活動およびそれに関連して発生する職務や事務の総体を校務」（清原正義『学校事務論の創造と展開』学事出版、二〇〇五年、五三頁）とすると、校内で完結するようにとらえられてしまい狭くなりすぎる。「二以上の学校に係る事務（中略）を当該学校の事務職員が共同処理する」（地教行法四十七条の四）とあるように、学校事務は一つの学校でとじられないし、「学校に係る事務」ととらえることが法定されている。

この「事務をつかさどる」のが事務職員である（学教法三十七条十四項）。

「事務職員の標準的な職務の明確化に係る学校管理規則参考例等の送付について（通知）」（令和二年七月一七日文部科学省初等中等教育局初等中等教育企画課長・財務課長）においては、事務職員の標準的な職務を例示している。総務分野では就学支援に関すること（就学援助・就学奨励に関する事務）、学籍に関すること（児童・生徒の転出入等学籍に関する事務、諸証明発行に関する事務）、教科書に関すること（教科書給与に関する事務）、調査及び統計に関すること（各種調査・統計に関する事務）、文書管理に関すること（文書の収受・保存・廃棄事務、校内諸規定の制定・改廃に関する事務）、教職員の任免、福利厚生に関すること（給与、諸手当の認定、旅費に関する事務、任免・服務に関する事務、福利厚生・公務災害に関する事）があげられている。以下、財務分野、管財分野、事務全般の分野についても同様に示されている。

(2) 学校事務職員の変遷

学校事務職員が法定されたのは、昭和二二年制定の学教法であり、次のように規定された（内藤誉三郎『学校教育法解説』（昭和二二年、ひかり出版社）。（『教育基本法制コンメンタール二一　学校教育法解説』日本図書センター、平成一〇年）九七頁）。

「第二八條　小學校には、校長、教諭、養護教諭及び事務職員を置かなければならない。但し、特別の事情のあるときは、事務職員を置かないことができる。

小學校には、前項の外、助教諭その他必要な職員を置くことができる。

校長は、校務を掌り、所属職員を監督する。

教諭は、児童の教育を掌る。

養護教諭は、児童の養護を掌る。

事務職員は、事務に従事する。

助教諭は、教諭の職務を助ける。」

教諭、養護教諭が「掌る」とされているのに対し、事務職員は単に「従事する」にとどまっているものの、その職が規定されたこと自体が画期的であった。内藤は以下のように説明している（同上書、八-九頁）。

「第二八條は小學校の職員について規定したものである。國民學校令第一五條と異り注目しなければならない點は事務職員を規定したことである。國民學校において、教員が學校に關する庶務に忙殺されて、その擔當する教育の成果を充分に擧げ得なかったような實情に對處するため、特に事務に従事する職員を置こうとしたものである。しかし豫算上の措置も考慮して、第二八條第一項但書の規定を置いたのである。養護教諭は第一〇三條によって、當分の間これを置かなくてよいことになっている。

（中略）第二八條第二項の『その他必要な職員』とは講師、學校醫、看護婦等を豫想している。」

養護教諭が配置猶予されているのに対し、（予算的制約を除けば）基本的に全学校に配置された事務職員が学校事務を担うことで、教諭が児童の教育をつかさどることに専念できるようにしたのである。

その後、学校教育法施行規則の改正（昭和五一年三月一日施行）により各種主任職が置かれるようになった中で、事務職員にも事務主任が導入され、「事務主任は、校長の監督を受け、事務をつかさどる」と規定された。「校長の監督」という但し書きはあるが、「従事する」から「つかさどる」へその職権が拡大している。

さらに、学教法施行規則の改正（平成二一年四月一日施行）により小学校にも設置可能となった事務長については「事務長は、校長の監督を受け、事務職員その他の職員が行う事務を総括し、その他事務をつかさどる」と規定された。

これら職階の発展を経て、平成二九年三月三一日、学教法等が改正され、翌四月一日より「事務をつかさどる」ようになった。

チーム学校、働き方改革等の中教審答申を受けて出された令和二年標準的職務通知は「事務職員が学校組織における唯一の総務・財務等に通ずる専門職として、校務運営への参画を一層拡大し、より主体的・積極的に参画することを趣旨として示している」ことを繰り返し説明しており、事務職員とそれを活用する者の一層の資質向上が求められている。

（雲尾　周）

11 大学の組織編制と運営

(1) 学問の自由と大学

日本国憲法は「学問の自由は、これを保障する」（二三条）と定めており、大学における学問の自由を保障するために、伝統的に大学の自治が認められてきた。深く真理を探究して新たな知見を生み出す作業は、本来、外部からの干渉や影響を受けずに自由に自主的に行われる必要がある。そのため、大学の自治には研究の自由、成果発表の自由、教授の自由等が含まれると解され、教育研究に関する大学の自主的な決定が尊重されている。

なお、昭和二二年に制定された旧教育基本法には大学に関する規定は存在せず、学校教育法に掲げられた目的規定が根拠とされてきた。しかし、平成一八年の改正において新たに大学の条項が設けられ、「大学は、学術の中心として、高い教養と専門的能力を培うとともに、深く真理を探求して新たな知見を創造し、これらの成果を広く社会に提供することにより、社会の発展に寄与するものとする」（七条一項）と規定された。さらに、「大学については、自主性、自律性その他の大学における教育及び研究の特性が尊重されなければならない」（七条二項）と記されている。

(2) 教授会

学教法は、大学に配置すべき職種として学長、教授、准教授、助教、助手及び事務職員を必置とし、この他に副学長、学部長、講師、技術職員その他必要な職員を置くことができると定めている（九二条一項・二項）。また、同法は「大学に、教授会を置く」とし、教授会を必置の機関と規定している（九三条一項）。教授会は、原則として教授をもって構成されるが、准教授その他の職員を加えることができる（九三条四項）。

教授会は、大学の教育研究に関する自治ないし自主性・自律性を保障するために必要な審議機関である。しかし、一方で、伝統的な教授会中心の自治が学部を超えた合理的で責任のある大学運営体制の構築を阻んでいるとの批判もあり、その在り方が議論されてきた。

平成二六年二月の中央教育審議会大学分科会「大学のガバナンス改革の推進について（審議まとめ）」を受けて、同年六月に行われた学教法の改正（平成二七年四月施行）では、これまで単に「重要な事項を審議する」と規定されてきた教授会の権限を見直し、「教授会は、学長が次に掲げる事項について決定を行うに当たり意見を述べるものとする。一　学生の入学、卒業及び課程の修了、二　学位の授与、三　前二号に掲げるもののほか、教育研究に関する重要な事項で、教授会の意見を聴くことが必要なものとして学長が定めるもの」（九三条二項）とされた。この改正により、教授会の権限は教育研究に関する事項であることが明確化された。

(3) 評議会等

評議会は、従来、主として国公立の複数学部などを置く大学の全学的な審議機関として設置され、大学全体の意思決定上、重要な地位を占めてきた。

国立大学については、法人化以前は国立学校設置法に基づき評議会が設置され、学長の採用の選考や学長及び教員の懲戒処分の審査、大学運営に関わる事項、教育研究の方針に関わる事項等について全学的な観点から審議を行っていた。法人化以後は、国立大学法人法に基づき法人の運営に関する重要事項については経営協議会が、教育研究に関する重要事項については教育研究評議会がそれぞれ審議を行うことが規定された（国立大学法人法第二〇・二一条）。なお、各国立大学法人には役員として学長、理事、監事が置かれる。国立大学法人が二つ以上の国立大学を設置する場合には、理事長、学長としての職務を行う大学総括理事、理事、監事が置かれる（同十条一項・二項・三項）。学長は学教法第九二条第三項に規定する学長の職務を行うとともに、国立大学法人の代表として業務を総理するため、教学面と経営面の双方の権限を有している。学長の任命は、学長選考・監察会議の選考に基づく各大学の申し出により文部科学大臣が行う（同十二条）。

公立大学については、地方独立行政法人法により、平成一六年四月より地方公共団体の選択による公立大学の法人化（公立大学法人の設置）が可能となった。公立大学法人の理事長は法人が設置する大学の学長となるが、学長を理事長と別に任命することも可能である（七一条）。理事長の任命は選考機関の選考による申し出に基づき設立団体の長が行う。また、経営に関する重要事項を審議する経営審議機関および教育研究に関する重要事項を審議する教育研究審議機関が置かれている（七七条）。

なお、私立大学については、理事会が学校法人の業務の決定機関であり（私立学校法三六条一項）、理事長は学校法人を代表して業務を総理し、理事は理事長を補佐して学校法人の業務を掌理する（三七条一、二項）。一方、監事は学校法人の業務、財産、理事の業務執行の状況を監査する（三七条三項）。また、「学校法人に、評議員会を置く」（四一条一項）と規定されており、予算・借入金・重要な資産の処分に関する事項、事業計画、寄附行為の変更、合併、解散、収益事業に関する重要事項等について、理事長はあらかじめ評議員会の意見を聞かなければならない（四二条）。また、理事長は、決算及び事業の実績について評議員会に報告し、その意見を求めなければならない（四六条）。評議員会は、学校法人の業務や財産の状況、役員の業務執行の状況について、役員に対して意見を述べたり、その諮問に答えたり、役員から報告を徴することができる（四三条）。

(4)　大学のガバナンス改革

令和四年三月、大学設置・学校法人審議会学校法人分科会学校法人制度改革特別委員会は「学校法人制度改革の具体的方策について」を公表した。学校法人をめぐる不祥事事案が続発するなか、有識者のみならず広く私立学校関係団体等からの意見も踏まえた本報告書では、理事会、評議員会、監事の役割の明確化と分離を行い、建設的な協働とけん制関係の確立を図ることを通じて学校法人の円滑な業務執行と逸脱した業務執行の防止・是正を図ることが目指された。具体的には、大学を有する学校法人は重要事項の変更にあたり理事会の決定のみならず評議員会の決議（承認）を必要とすること、理事長の選定・解職を理事会の権限として法定すること、理事の選任機関として評議員会その他の機関を寄附行為で明確化すること、これまで認められてきた理事と評議員の兼職を禁ずること、評議員会の構成は評議員の属性に応じた上限割合を設けること、監事の選任は理事長ではなく評議員会が行うこと、役員近親者の監事就任を禁ずること、等である。本報告書を踏まえ、私立学校法の改正が行われ、令和七年四月より施行が予定されている。

〈参考文献〉
早田幸政（編者代表）『大学関係六法』エイデル研究所、二〇一〇年。国立大学法人法制研究会『国立大学法人法コンメンタール改訂版』ジアース教育新社、二〇一七年。
（吉田　香奈）

⑫ 学校教育の目的・目標

(1)　義務教育の目的・目標

教育基本法一・二条で規定された教育全般の目的・目標に対し、同法五条二項では義務教育の目的として「各個人の有する能力を伸ばしつつ社会において自立的に生きる基礎を培い、また、国家及び社会の形成者として必要とされる基本的な資質を養うことを目的として行われる」ことが規定され、学校教育法二十一条では「義務教育として行われる普通教育は、教育基本法五条二項に規定する目的を実現するため」、一〇の目標が掲げられている。これらの規定は二〇〇六（平成一八）年の教育基本法改正、ならびに二〇〇七（平成一九）年の学校教育法改正によって整備されたものである。

(2)　学校の目的

幼稚園の目的は学校教育法二十二条で「義務教育及びその後の教育の基礎を培うものとして、幼児を保育し、幼児の健やかな成長のために適当な環境を与えて、その心身の発達を助長することを目的とする」と規定されている。また、幼保連携型認定こども園については就学前の子どもに関する教育、保育等の総合的な提供の推進に関する法律二条七項において「義務教育及びその後の教育の基礎を培うものとしての満三歳以上の子どもに対する教育並びに保育を必要とする子どもに対する保育を一体的に行い、これらの子どもの健やかな成長が図られるよう適当な環境を与えて、その心身の発達を助長するとともに、保護者に対する子育ての支援を行うことを目的」とする旨が掲げられている。

小学校は学校教育法二十九条に「心身の発達に応じて、義務教育として行われる普通教育のうち基礎的なものを施すことを目的とする」、中学校は同法四十五条に「小学校における教育の基礎の上に、心身の発達に応じて、義務教育として行われる普通教育を施すことを目的とする」、義務教育学校は同法四十九条の六に「心身の発達に応じて、義務教育として行われる普通教育を基礎的なものから一貫して施すことを目的とする」ことが示されている。

対して高等学校では同法五十条で「中学校における教育の基礎の上に、心身の発達及び進路に応じて、高度な普通教育及び専門教育を施すことを目的とする」ことが、中等教育学校では同法六十三条に「小学校における教育の基礎の上に、心身の発達及び進路に応じて、義務教育として行われる普通教育並びに高度な普通教育及び専門教育を一貫して施すことを目的とする」と規定されている。さらに特別支援学校は同法七十二条において「視覚障害者、聴覚障害者、知的障害者、肢体不自由者又は病弱者（身体虚弱者を含む。以下同じ。）に対して、幼稚園、小学校、中学校又は高等学校に準ずる教育を施すとともに、障害による学習上又は生活上の困難を克服し自立を図るために必要な知識技能を授けることを目的とする」と示されている。

大学については同法八十三条に「学術の中心として、広く知識を授けるとともに、深く専門の学芸を教授研究し、知的、道徳的及び応用的能力を展開させることを目的とする」との規定がある。

(3)　学校の目標

幼稚園の目標は学校教育法二十三条において、基本的な生活習慣や規範意識・思考力・表現力の芽生えを養う等の五つの目標が規定されている。認定こども園については就学前の子どもに関する教育、保育等の総合的な提供の推進に関する法律九条において、「児童福祉施設としての保育並びにその実施する保護者に対する子育て支援事業の相互の有機的な連携を図りつつ、」達成を目指すべき六つの目標が掲げられている。幼稚園の五つの目標に加え、快適な生活環境の実現や子どもと保育教諭その他の職員との信頼関係の構築等が加えられている。

義務教育については、小学校が学校教育法三十条、中学校が同法四十六条、義務教育学校が同法四十九条の三にそれぞれ目標が規定されている。いずれも「前条に規定する目的を実現するために」「第二十一条各号に掲げる目標を達成するよう行われる」点は共通しているが、小学校（義務教育学校前期課程）においては「必要な程度において」との前提が付されている。

高等学校は同法五十一条に三つの目標が示され、個性に応じて将来の進路を決定させることや健全な批判力を養うこと等の規定が設けられている。中等教育学校においても同法六十四条に同様の目標が掲げられている。

〈参考文献〉
高見茂・開沼太郎・宮村裕子編『教育法規スタートアップ・ネクストVer.2.0』昭和堂、二〇二三年。
（開沼　太郎）

13 学校の教育課程の編成

(1) 教育課程の編成権と学習指導要領

教育課程とは、「学校教育の目的や目標を達成するために、教育の内容を児童生徒の心身の発達に応じ、授業時数との関連において総合的に組織した各学校の教育計画」（学習指導要領解説（総則編））であり、その編成権限は各学校（具体的には校長）にある。

この「学校教育の目的や目標」は、教育基本法や学校教育法に規定されている。具体的には、教育基本法において、学校教育や社会教育などを含めた広い意味での教育の目的（一条）と目標（二条）を定め、また、義務教育の目的（五条二項）を規定している。その上で、学校教育法において義務教育の目標を定めている（二十二条）。これらの規定を踏まえ、学校教育法は、小学校の目的と目標を二十九条と三十条で、中学校の目的と目標を四十五条と四十六条で、高等学校の目的と目標を五十条と五十一条でそれぞれ規定するという構造になっている。

法律は、国民の代表者で構成される国会の議決に基づいて制定されたものであり、いわば国民の意思である。したがって、国民は、教育基本法五条二項の規定により、我が国の義務教育に対して、①「社会において自立的に生きる基礎」を培うこと、②「国家及び社会の形成者として必要とされる基本的な資質」を養うことを負託していると言えよう。

この国民の負託を踏まえ、公教育においては、全国的に一定の教育水準を確保し、全国どこの学校においても同水準の教育を受けることができる機会を保障することが必要である。そのために、学校教育法は「小学校の教育課程に関する事項は、二十九条（＝小学校の目的）及び三十条（＝小学校教育の目標）の規定に従い、文部科学大臣が定める」（三十三条）と規定している（中学校や高等学校、特別支援学校等も同様）。この規定により、文部科学大臣が、法規としての性格を有するものとして公示した告示であって、教科等の目標や内容などについて必要かつ合理的な事項を大綱的に示した教育課程の全国的な基準が学習指導要領である。

したがって、学校が教育課程を編成し実施する際に、学習指導要領に示している内容はすべての児童生徒に指導しなければならない（例えば、宗教上の理由で「生物の多様性と進化」を教えず、子どもたちの学びの機会を提供しないということはできない）。他方、学習指導要領は大綱的基準であるため、学校や教師は、学習指導要領が示したもの以外の内容を加えて指導したり、単元のまとまりを見通して特定の内容に思い切って重点を置いて指導したり指導の順序を組み替えたりするなど児童生徒の実態に即した創意工夫が可能である。これらの創意工夫は教育課程編成権を持つ学校の裁量で行われるものであり、効果的な教育活動にとってこれらの裁量を活用した創意工夫が重要であることは言うまでもない。さらに、文部科学省に申請することにより、学校や地域の特色を生かしたり、不登校の児童生徒に配慮したりした特別の教育課程を編成して実施することもできる（学校教育法施行規則五十五条の二（教育課程特例校）、五十六条（学びの多様化学校））。

このように、学校において「教育の質の全国的な確保という共通性」と「地域や児童生徒に応じた創意工夫に基づく多様性」を両立させるための仕組みが、学習指導要領である。

(2) 学習指導要領の展開と二〇一七年改訂

経験主義的な戦後新教育は一～二学年分の学力低下をまねいていると批判され、一九五八年に学習指導要領を公示し系統主義に基づく基礎学力重視に転換するが、一九六八年改訂の学習指導要領は逆にあまりに過密で「詰め込み教育」と批判された。一九七七年改訂が「ゆとりと充実」を掲げ授業時数を一割削減したことを皮切りに一九八九年改訂、一九九八年改訂とゆとり路線を進んだが、OECD（経済協力開発機構）が二〇〇三年に実施したPISA調査において我が国の子どもたちの学力が有意に低下していることが明らかになったことなどで、激しい「ゆとり教育」批判を招いた。

二〇〇八年改訂では、国語、算数・数学、社会、理科及び外国語の授業時数は一九六八年改訂時の八五％程度と一九七七年改訂とほぼ同じ水準に回復（特に、中学校理科の授業時数は一九九八年改訂から三三％増加）した上で、①高校の指導内容になっていた「二次方程式の解の公式」や「遺伝の規則性と遺伝子」などを中学校に戻し、教科の内容の体系性や系統性を回復するとともに、②各教科等で「言語活動」に取り組み、発達の段階に応じて思考力等を着実に育成する具体的な手立ての確立が図られた。

二〇一七年改訂においては、二〇〇八年改訂に基づく学校の教育実践に対する社会的信頼を前提に、すべての教科等を①知識及び技能、②思考力、判断力、表現力等、③学びに向かう力、人間性等の三つの資質・能力の柱で整理の上、主体的・対話的で深い学びを重視している。習得・活用・探究といった学習プロセスのなかで、小・中学校においては、総合的な学習の時間をはじめとする各教科等において探究的な学びが重視され、高等学校においては総合的な学習の時間が「総合的な探究の時間」と改称の上その質的転換が目指されている。

(3) 今後の教育課程の展望

このような学びの質的転換を加速する観点から、二〇一九年から義務教育において一人一台の情報端末を整備するGIGAスクール構想が実現し、高校においても情報環境の整備が進められている。情報端末を活用し、学校外のNPOや企業、大学など様々なアクターと連携しながら、個別最適な学びと協働的な学びを一体的に推進する上で、二〇一七年改訂が打ち出した「カリキュラム・マネジメント」や「社会に開かれた教育課程」をより一層重視した教育課程編成が求められている。

さらに数か月単位で世界が激変する時代のなか、二〇二二年末から世界中を席捲している GPT-4 といった生成人工知能（AI）は社会に大きなインパクトを与えている。二〇一七年の学習指導要領改訂は、改訂の前年の二〇一六年にDeepMind 社のAIである Alfa-GO が囲碁のチャンピオンに勝ったことに大きな影響を受けたが、当時は文章を作ることについてはなお人の優位性が高いと言われていた。しかし、プロンプトを工夫して大規模言語モデルを駆使すれば、感想文、レポート、プレゼン資料のたたき台を作成する生成AIは、インターネットやトランジスタのように社会構造や人々の思考に変化をもたらすことが見込まれている。

理化学研究所の中川裕志リーダーが指

摘するように、これからの社会において求められるのは、生成AIが紡ぐ文章の誤りや偏りを見出すリテラシーや問いを立てる力、身体性に基づく思考や対話のなかで知性を見出す力である。したがって、学校教育においては各教科等で学ぶ知識や文章を読み解く力、物事を批判的に考察する力、自分自身の問題意識を持ち、問いを立てることなどがこれまで以上に重要になる（文部科学省ガイドライン）。そのなかで、AIはアルゴリズム、数学そのものであるなど教科の学びの本質的な意義はより明確になっていると同時に、体験を通じて、言葉のみに依存しないで見たり、感じたり、直感を働かせたり、美しいと思ったり、違和感を持ったり、バランスを保ったりといった感覚を育んできた日本の教育の蓄積が重要になっていることは論を俟たない。デジタルを活かして、子どもの特性や関心に応じた個別性の高い学びと自他の違いを尊重し多様な他者と共生する作法としての基礎学力の習得の双方が両立する学びの転換が不可欠である。

そのため、「骨太方針二〇二三」（二〇二三年六月一六日閣議決定）には、四年後を目途に行われる見込みの次の学習指導要領改訂に向け、標準化されたシステムとしての学校制度や教員免許制度といった教育制度の根本の見直しとともに、教員の給与体系の改善や三五人学級などの指導体制の構築、国策として推進するGIGAスクール構想の一人一台端末の着実な更新などの公教育への投資の拡充を一体的・横断的に推進することが盛り込まれた。その具体的な方策については、現在中央教育審議会において審議が行われている。

〈参考文献〉

中川裕志「『仕事』の再定義必要に　生成AIが変える社会」（日本経済新聞二〇二三年五月八日朝刊）

文部科学省「初等中等教育段階における生成AIの利用に関する暫定的なガイドライン」（二〇二三年七月四日）

（合田　哲雄）

14 学校の授業・休業・学年

小学校の教育課程は各教科、特別の教科としての道徳（道徳科）、外国語活動、総合的な学習の時間、特別活動によって編成され、中学校では各教科、特別の教科としての道徳（道徳科）、総合的な学習の時間および特別活動によって、高等学校では各教科に属する科目、特別活動および総合的な学習の時間で構成される（学校教育法施行規則五〇、七二、八三）。各教科及び領域の最低授業時間数および総授業時間数は学校教育法施行規則附則の別表として示されている。

また、教育課程編成は、校長の監督の下、教育基本法等の法令および学習指導要領に基づいて各学校ごとに行われ、地域や学校の実態と児童生徒の心身の発達の段階や特性を十分考慮して編成される（学習指導要領総則）。

次に休業日とは、授業を行わない日であり、公立の学校の夏季、冬季、学年末、農繁期等の休業日、さらに、家庭及び地域における体験的な学習活動その他の学習活動のための休業日（体験的学習活動等休業日）は、当該学校を設置する市町村または都道府県の教育委員会が決定する（学教法施令二九）。

その他の休業日は原則、国民の祝日に関する法律に規定する日、土曜日および日曜日であるが学校を設置する教育委員会の判断で授業を行うことが可能である。私立学校における休業日は、当該学校の学則で定められる（学教法施規六一、六二）。近年では授業時間数を充実させるため、月に一回程度土曜日に授業を行う自治体が増えている。

また、非常変災その他急迫の事情があるときは、校長は臨時に授業を行なわないことができるが、この場合、公立学校では教育委員会に、私立学校は知事に報告することになっている（学教法施規六三）。

なお、学年は四月一日に始まり、翌年三月三一日に終わることになっているが（学教法施規五九）、学期は、大学および高等専門学校を除き、公立学校では、学校の設置者である都道府県の教育委員会又は市町村の教育委員会が定める（学教法施令二九）。

（平田　敦義）

15 学校の入学・退学・卒業

入学には公立の義務教育諸学校への義務入学と、その他の学校への志願入学・試験入学とに大別できる。一般に入学とは、学校に被教育者として就学すること、法的には一定の有資格者が一定の手続きを経て園児、児童、生徒または学生としての身分を得ることであるとされるが、「身分から契約へ」の近代法の原則によれば、入学も附従契約による被教育者としての資格取得と説明できる。

国・公立学校への入学の場合は、営造物利用関係、したがって特別権力関係が成立すると解釈する見解が久しく有力であったが、契約ととらえる考え方が有力となってきている。なお、義務教育段階の公立への入学（在学）について、これを契約関係とみなさない見解もあることを付言しておく。

退学とは、入学した被教育者（在学者）が卒業前に当該学校の被教育者としての身分を失うことで、本人の自発的意思で退学する場合（依願退学または希望退学）と、懲戒による強制退学、および高校・大学では授業料滞納等による自動的退学（除籍）がある。退学は卒業前に学校を退くのであるから、すべて中途退学であるが、他の同段階の学校への転入学する場合の転退学と、他の上級学校へ進学する場合の進学退学がある。国・公立学校からの退学では営造物利用関係は消滅する。退学には校長（学長）の許可または命令が必要である。

卒業は、被教育者が所定の全課程を修了したと校長（学長）が認定した場合に生ずる被教育者としての身分の消滅である。

入学・卒業の資格や手続きの認定には、学校種別ごとに異なった一定の法的共通基準があるが、細部においては各学校ごとに異なる。

○小・中学校

学齢児童生徒の義務教育諸学校への入学は保護者の「就学させる義務」（義務入学）とされ、その修了、卒業の認定は平素の成績の評価に基づいて校長が行なう。なお、欠席が著しく多いなどの理由での原級留置は可能である一方、公立の義務教育諸学校においては停学または退学は認められない。➡事項別二18 20

○高等学校

法的には、中学校もしくはそれに準ずる学校の卒業者または同等以上の学力ある者について、調査書その他必要書類および学力検査による選抜に基づいて校長が入学者を決定する。修了および卒業については、学教法施規六九により七四単位以上修得した者について校長が認定する。

○大学等

入学資格は、高等学校卒業者、中等教育学校卒業者、もしくは十二年以上の学校教育修了者、または、これと同等以上の学力ある者、大学院の場合は、大学卒業またはそれと同等以上の学力ある者とされ（学校教育法第九十条、百二条）、卒業については三年（短大は二年）以上在学し、必要単位を修得した者について、教授会の議を経て学長が定める。大学院の修了は修業年限二年（修士課程）と五年（博士課程）を標準とし、卒業要件として修得すべき単位を修得している場合認定される。　（平田　敦義）

16 学校の指導要録・調査書・通知票

(1) 指導要録

指導要録とは、児童等の学習及び健康の状況を記録した書類の原本であり、学校において備えなければならない表簿にあたる（学教法施行規則二十四条一項、二十八条一項四号）。内容は「学籍に関する記録」と「指導に関する記録」で構成され、保存期間については前者が二〇年、後者が五年と定められている（二十八条二項）。作成義務は校長にある。文部科学省が参考様式を提示しているものの、実際の様式、記入要領及び取り扱い要領の決定については、公立学校の場合は学校設置者である教育委員会が行う。

指導要録のうち「学籍に関する記録」は、原則として学齢簿の記載に基づいて作成され、校長および学級担任者の氏名と押印も含まれる。一方、「指導に関する記録」に関しては、出欠、各教科の学習、特別の教科　道徳、外国語活動（小学校）、総合的な学習の時間、特別活動、行動の記録、総合所見及び指導上参考となる諸事項等が含まれる。

指導要録は法的な公簿であるとともに、児童等の継続的な指導に資する原簿としての役割があり、また、外部に対する証明等の原簿としての役割を有する。校長は児童等が進学（転学）する場合、当該児童等の指導要録の抄本または写しを作成し、進学（転学）先の校長に送付しなければならない（学教法施行規則二十四条二項、三項）。

近年は、教員の勤務負担の軽減の観点から、書面の作成、保存、送付に情報通信技術を活用し、指導要録等に係る事務の改善を図ることが推進されている。

(2) 調査書

調査書は、入学者選抜の判定資料として活用される文書の一つである。法令用語としての調査書という呼称の他に、一般的には内申書とも称される。高等学校の入学者選抜は、基本的に中学校から送付された調査書その他必要な書類、選抜のための学力検査の成績等を資料として行われる（学教法施行規則九十条一項）。そのため、中学校の校長は高等学校等に進学しようとする生徒がある場合、調査書を生徒が進学を希望する学校の校長に送付することが規定されている（ただし、例外的に調査書を入学者選抜の資料としない場合には、送付の必要はない。学教法施行規則七十八条一項）。

入学者選抜に調査書が用いられる背景には、一回限りの学力検査のみで生徒を判断するのではなく、当該生徒の長期にわたる学習成績や人格総体を総合して選抜すべきとの意図がある。調査書の様式や取り扱いについては、高等学校の設置者である教育委員会が入学者選抜実施要項等において示している。しかし、調査書の内容をどの程度の比重で選抜の資料として活用するかといったことは高校ごとに異なる。

調査書は指導要録を原簿として作成され、対外的な評価文書としての性格を有する。指導要録同様に、開示要求もなされる傾向があるため、作成にあたっては、多くの自治体が校長を委員長とした調査書作成委員会等を設けて客観性と信頼性を高めるように求めている。

(3) 通知票

通知票に関しては、法令上の規定はなく、通信簿・通知表等さまざまに呼称される文書で、通知票がない学校もある。各学校（校長）の任意で作成される文書で、通知票がない学校もある。

通知票は、児童等の個々の学習指導の成果、学校生活の状況、健康状況等を保護者に連絡し、保護者が児童等の学校生活の状況を知るための連絡簿にあたる。目的としては、当該児童等の努力の成果を明らかにして次学期への一層の努力を促すとともに、児童等の教育について保護者の理解と協力を求めることにある。

（鞍馬　裕美）

17 学校の教科書と補助教材

(1) 教科書

「『教科書』とは、小学校、中学校、義務教育学校、高等学校、中等教育学校及びこれらに準ずる学校において、教育課程の構成に応じて組織排列された教科の主たる教材として、教授の用に供せられる児童又は生徒用図書であって、文部科学大臣の検定を経たもの又は文部科学省が著作の名義を有するものをいう」（教科書の発行に関する臨時措置法（以下、教科書発行法）二条一項）。また、学校教育法（以下、学教法）は、前述の学校において当該教科用図書の使用を法的に義務づけている（三十四条）。

教科書の検定については、教科用図書検定規則及び教科用図書検定基準に沿って行われ、教科書の採択については、地教行法二十一条六及び「義務教育諸学校の教科用図書の無償措置に関する法律」（以下、教科書無償措置法）三章に、教科書の発行・供給については、教科書発行法及び教科書無償措置法四章にそれぞれ規定されている。

○教科書の検定

検定とは、民間で編集著作された教科書を国が調査し、認定することであり、文部科学大臣が別に定める教科用図書検定基準に基づいて行う（検定規則三条）。手続き的には、著作者又は発行者の申請に始まり、文部科学省の常勤職員である教科書調査官が事前調査に当たり、その調査結果に基づいて教科用図書検定調査審議会が審査を行い、その答申を基礎として文部科学大臣が検定の合否を決定する。この調査・審査は、教科用図書検定基準に照らして行われるが、同基準は、おおよそ以下のように定められている。

まず、基本条件として、図書の内容が「教基法に示す教育の目的、目標並びに学教法及び学習指導要領に示す目標」に基づくことである。次に、学習指導要領に沿った「範囲及び程度」であること、また当該学年の児童生徒の心身の発達段階に適応していること、である。さらに、各教科共通の条件として、図書の「選択・扱い及び構成・配列」について一八項目にわたって具体的な条件が付され、「正確性及び表記・表現」に関しても五つの条件が示されている。そして最後に各教科固有の条件が詳細にわたって設定されている。

これらの条件を欠いた図書は基本的に不合格となるが、「必要な修正を行った後に再度審査を行うことが適当である場合には、決定を留保して検定意見を申請者に通知」し、申請者が修正を行うことを可能にしている（規則七条、十二条）。また、不合格の場合も、申請者は事前にその理由を通知され、反論書の提出を行う機会を与えられるとともに、所定期間内に必要な修正を加えて再申請することも可能である（規則八条、十二条）。

○教科書の採択

教科書の採択とは、「発行されている複数の教科書の中から、その地域、学校、児童生徒に最も適した教科書を一種に選択決定する行為」を指し、教科書の採択権は、公立学校にあっては所管の教育委員会、国立学校（国立大学法人の附属学校）や私立学校にあっては当該学校長にある（初中局長回答昭三五・五・一一委初一〇九）。なお、公立高等学校の教科書採択に関しては、法令上、所轄の教育委員会が採択することになるが、実際には学校ごとに調査、選定したものを当該教育委員会へ内申し、内申通りに教育委員会が採択することが通例となっている。

義務教育諸学校の場合、文科大臣に対して発行者から届出のあった検定済教科書の目録が作成され、これが都道府県教委会を通じて市町村教委会へ送付される。同時に、発行者は教科書の見本を都道府県教委会、市町村教委会、国・私立学校長に送付する。

市町村立小・中学校の教科書の採択権限は、前述の通り市町村教委会にあるものの、実際の採択は、「広域採択制」により都道府県教委会が設定した採択地区ごとに地区内の市町村教委会が協議して種目ごとに同一の教科書を採択することになっている（教科書無償措置法十二条、第十三条）。また、それら採択に先立ち、各都道府県教委会は、採択業務を支援するために教科用図書選定審議会を設置して採択対象となる教科書を調査研究し、採択権者である市町村教委会等に指導・助言することになっている（同法十条、十一条）。同時に、都道府県教委会は、教科書センター等において教科書展示会を開催し、採択関係者や現場教員の調査・研究のための条件を整備している。なお、一度採択された教科書は通常四年間は変更が許されない（同法施行令十五条）。

○教科書の発行（供給）

教科書の発行とは、「教科書を製造供給すること」（教科書発行法二条二項）をいい、発行者は「教科書を各学校に供給するまで、発行の責任を負う」（同法十条二項）。義務教育諸学校の教科書の発行に関しては、文科大臣による発行者の指定制度がとられている。

○教科書の無償給与

供給される教科書は、「義務教育諸学校の教科用図書の無償に関する法律」及び「教科書無償措置法」に基づき、国公私立の義務教育諸学校の全児童生徒の全教科を対象に無償で給与される。学年の途中で転校した児童生徒の対しては、転校後において使用する教科書が転校前と異なる場合、新たに給与される。

○デジタル教科書

デジタル教科書については、特別な配慮を必要とする児童生徒の学習上の困難低減、さらには二〇二〇（令和二）年度から実施の新学習指導要領を踏まえた授業改善のためのために、二〇一九（平成三一）年四月より紙の教科書だけではなく、学習者用デジタル教科書も併用できるようになった（学教法三十四条二項）。学習者用デジタル教科書とは、紙の教科書の内容の全部をそのまま記録した電磁的記録である教材を指し、近年ギガスクール構想の一層の進展を図るべくその効果的な活用が求められている。ただ、その莫大な経費負担をどうするのかは大きな課題である。

(2)　補助教材

補助教材とは、教科書発行法が規定する各学校において、児童生徒が使用する「教科書以外の図書その他の教材（学習帳、問題練習帳、解説書その他学習参考書を含む）」をいう（初中局長回答昭三九・三・七文初初一二七）。

学教法は、教科書以外の図書その他の教材で有益適切なものは、これを使用することができる（三十四条四項）と規定している一方で、地教行法は、教委会に対し補助教材の使用に関して「あらかじめ教育委員会に届出させ、又は教育委員会の承認を受けさせること」（三十三条二項）を規定しており、補助教材の使用についても教育委員会による一定の関与が明示されている。そのため、教材の内容やその使用に適格性を欠く場合、当該補助教材の使用は認められない。さらに、補助教材は無償ではないため、その購入に際して「保護者等に経済的負担が生じる場合、その負担が加重とならないよう留意すること」も示達されている（初中局長通知二六文科第一二五七号）。

（古賀　一博）

18　学校への就学

(1)　就学の意義

就学とは、一般に義務教育諸学校に入学して義務教育を受けること（在学）である。しかし、一般の入学・在学と就学とは区別され、厳密にいえば、学齢児童生徒を義務教育諸学校に入学させて、九年間の普通教育を受け（在学）させること、児童生徒の側からいえば、入学し、教育を受ける環境に入ることである。なお、私立の義務教育諸学校への入学は、多くは志願入学、ないし試験入学の形をとるが、児童生徒の側からいえば、公立義務教育諸学校への就学と同様である。

(2)　就学義務

①意　義

現行法制上、就学義務とは、就学する義務でなく保護者が就学させる義務、すなわち学齢児童生徒を国・公・私立の義務教育諸学校に入学させて、九年間の普通教育を受けさせる保護者の義務をいい、これに伴う教育委員会や学校の事務が就学事務である。

②法的・教育的意義

法的には、就学とは学齢児童生徒にとっては、国民としての教育を受ける権利（憲法二六）の行使であり、国・地方公共団体にとってはその保障（行政事務）である。就学義務とは、学齢児童を監護・教育する親権としての教育権（民法八二〇）をもつ保護者またはその法的代理人の義務教育を受けさせる義務（憲法二六、教基法四・五）の履行である。

③就学（させる）義務を負う者

就学させる義務者は保護者である。保護者とはⓐ子女に対して親権を行う者、ⓑ親権を行う者がないときは後見人、ⓒ親権を行う者もしくは後見人がないときは、児童福祉施設の長がなる場合もある（学教法一六、児童福祉法四七、四八）。ⓓなお「子女を使用する者」は、その子女が義務教育を受けることを妨げてはならない義務を負う（学教法二〇）。

④就学義務の内容

就学させる義務者（保護者）の負う就学義務とは次のとおりである。すなわち「子の満六歳に達した日の翌日以後における最初の学年の初めから満一二歳に達した日の属する学年の終りまで、これを小学校、義務教育学校の前期課程又は特別支援学校の小学部に就学させる義務」（学教法一七）および「子が小学校又は特別支援学校の小学部の課程を修了した日の翌日以後における最初の学年の初めから、満一五歳に達した日の属する学年の終りまで、これを中学校、義務教育学校の後期課程、中等教育学校の前期課程又は特別支援学校の中学部に就学させる義務」（学教法一七②）である。

この学齢児童生徒の年齢計算については、「年齢計算ニ関スル法律」（明三五年法五〇）による。

⑤就学義務違反

就学（させる）義務者がその義務を履行しない場合は、一〇万円以下の罰金に処せられる（学教法一四四）。また、子女を使用する者が義務教育を受けることを妨げた場合の罰金も一〇万円以下である（学教法一四五）。

⑥外国籍の子どもの就学

外国籍の労働者の増加に伴い、その子どもの未就学問題が顕在化している。憲法第二六条では義務教育の対象を国民と規定しているが、実務上、外国籍の子どもの就学を各市町村教育委員会、各学校で受け入れが行われている。また、国連人権規約と児童の権利条約ではすべての子どもを就学させることが規定されており、日本国憲法では国際条規の順守義務（日本国憲法第九八条）を定めていることから、国内にいる外国籍の子どもについて、国籍を問わず就学させる取り組みをする義務が教育行政機関にあると解釈することができる。

(3)　就学事務

就学事務を広義に解すれば、義務教育を整備・遂行するための教育行政の全般、たとえば法的整備、財政保障、教員の養成と配置、学校の設置・管理、児童生徒の編制、教育課程等をも含むことになるが、通常は狭義に解して、就学（入学・在学）を具体的に処理するための教育委員会と学校および保護者の事務とされている。その内容は以下のとおりである。

①学齢簿の作成と保管

学齢簿とは同一年度内の就学予定者（学齢児童生徒）名簿であり、かつ就学者（在学者）名簿である。この作成者・保管者は市町村教育委員会である。市町村教育委員会は、毎年一〇月一日現在でその市町村内に居住し、翌年四月一日に小学校（中学校）に就学すべき児童（生徒）を住民票に基づいて調査し、一〇月末日までに文部省令で定められた様式によって学齢簿を作成し、必要な加除訂正を行ないつつ、記載学齢者の学齢の修了まで保管しなければならないことになっている。保護者は、このことについて、その保護する子女のうち学齢児童生徒の住所に変更があった場合には、すみやかに新住所の市町村教育委員会に届け出なければならない（学教法施令一～四）。

②入学期日等の通知、学校の指定・変更

市町村教育委員会は、就学予定者の保護者に対して、翌学年の初めから二月前（一月末日）までに入学期日を通知しなければならない。また、その市町村の設置する小・中学校が二校以上ある場合には、その就学予定者が入学すべき小・中学校を指定しなければならない。これと同時に、その児童生徒を就学させるべき小・中学校の校長に対し、その児童生徒の氏名および入学期日を通知しなければならない。この場合、市町村教育委員会が、相当と認めるときは、保護者の申立てにより、その指定した学校を変更することができる。

このように指定した学校を変更する場合には、その変更を保護者および前指定校と新指定校の校長に対して、通知しなければならない。

③区域外就学

義務教育においては、保護者はその子女の居住する市町村の設置する小・中学校のうちその教育委員会が指定する学校に就学させることを原則とする。しかし、義務教育諸学校にも国・公・私立の別があり、保護者にはこれらの学校を自由に選択する権利がある。この権利によって親権者がその保護する児童生徒の居住する市町村の区域以外の学校（区域外学校）に就学させようとする場合を区域外就学という。この場合、保護者は就学先（市町村立学校の場合はその所轄の教育委員会、私立の学校の場合はその承諾権者）の就学承諾書を添えて、その旨を居住地の市町村教育委員会に届け出なければならない。

市町村教育委員会は、この承諾書を与えようとする場合には（私立学校就学は問題ないが）、あらかじめ児童生徒の住居地の市町村教育委員会と協議しなければならないことになっている。この協議は、児童生徒の通学上の便宜や保護者の教育上の立場と義務教育の公共性の立場等を総合的に考慮して一致することが望ましい。

近年は、いじめや不登校、その他家庭の事情等に柔軟に対応するため、この通学制度を弾力化する取り組みが生じてきている。各市町村教育委員会が地域の実状や保護者の意向に配慮すること、学校指定の変更や区域外就学を認める理由は、児童生徒の具体的な事情に即して弾力的な取り扱いをすること、学校と市町村教育委員会における就学に関する相談体制を充実させること、などが行われている。また、近年、学校を保護者や地域住民にとって魅力あるものに改善する方策のひとつとして、市町村内の小中学校で学校選択を認める自治体もみられる。

④特別支援学校等への就学

特別支援学校への入学対象者は、学校教育法第七五条に規定する視覚障害者、聴覚障害者、知的障害者、肢体不自由者又は病弱者である。その程度については、学校教育法施行令第二二条の三に規定されている。この基準は従来、特別支援学校に就学する「就学基準」として位置付けられていたが、平成二五年の学校教育法施行令改正により、障害の状態に加えて、教育的ニーズ、学校や地域の状況、保護者や専門家の意見等を総合的に勘案し、障害のある児童生徒の就学先を個別に判断・決定する仕組みに改正された。

特別支援学校に就学するか小学校・中学校へ就学するかの最終決定は、市町村教育委員会が行うが、それに際し、就学予定者・保護者に十分な情報提供をし、就学予定者や保護者の意見を最大限尊重し、就学予定者・保護者、市町村教育委員会、学校等が合意形成を行うことを原則としている。

特別支援学校への就学が適当と判断された場合、前年度の一二月末までに、市町村教育委員会は都道府県教育委員会に氏名と特別支援学校に就学させるべき旨を通知し（学校教育法施行令第一一条）、都道府県教育委員会は当該就学予定者の保護者に対し、小学校・中学校と同様、前年度の一月末までに、特別支援学校への就学通知を送付することになっている（学校教育法施行令第一四条）同時に、都道府県教育委員会は、特別支援学校の校長に対し、就学予定者の氏名等通知することになっている（学校教育法施行令第一五条）。

⑤就学の猶予・免除

特定の場合、就学義務が猶予または免除されることがある（学教法一八、同施規三四、三五）。就学義務が猶予・免除される特定の場合とは、学齢児童・生徒が⒜病弱であって就学困難と認められる場合　ⓑ発育不完全であって就学困難と認められる場合　ⓒその他就学困難と認められるやむをえない事由がある場合、たとえば、㋐子女が失踪してゆくえ不明の場合(イ)児童自立支援施設や少年院に入院した場合(ウ)帰国児童生徒の日本語の能力が養われるまでの一定期間、適当な機関で日本語の教育を受ける等日本語の能力を養うのに適当と認められる措置が講ぜられている場合、(エ)重国籍者が家庭事情等から客観的に将来外国の国籍を選択する可能性が強いと認められ、かつ、他に教育を受ける機会が確保されていると認められる事由があるとき、(オ)低出生体重児等であって、市町村の教育委員会が、当該児童生徒の教育上及び医学上の見地等の総合的な観点から、小学校及び特別支援学校への就学を猶予又は免除することが適当と判断する場合、などが挙げられる。

この手続きは、その保護する子女を義務教育諸学校に就学させる義務を負う保護者が、医師の証明書その他の証明書等、事由を証するに足る書類を添えて、就学義務の猶予または免除を市町村教育委員会に願い出ることになっている。

令和二年度の学校基本調査によると、就学免除者は二六九七人、就学猶予者は一二九八人である。

⑥就学の猶予期間と免除

これについては現行法上は規定がない。旧国民学校令施行規則では、その年の四月において学齢が始期に達する児童については一年とし、すでに年齢が就学の後期に達している児童については一年以下とするとしていた。したがって、この期間を過ぎても猶予の事由がなくならない場合は就学免除となることが多かった。現在、就学義務を猶予した場合、就学義務を延長するというようには取り扱われないので、満一五歳に達した日の属する学年の終わりまでが就学義務期間であるから、自動的に就学免除と同じ扱いとなる。

⑦就学猶予・免除の問題点

ⓐ現行の就学猶予・免除制度は「教育を受ける権利」の積極的保障ではなく、その否定であり、義務教育からの実質的排除、切捨てではないかと問題視する見解がある。

ⓑ就学猶予・免除の事由が、失踪の場合はやむをえないとしても、病弱や発育不全の場合には、心身の障害の状況に対応した養護学校または訪問教師制度による在宅就学や病院教室（分校）等の設置によって義務教育を保障しようという提案があり、一部実現に向かっている。

ⓒまた就学義務者（保護者）に対する啓蒙や社会教育における、障害者教育や就学奨励によって、就学猶予・免除者、未就学者をなくそうという運動が進められている。

⑧未就学者対策

未就学者（就学猶予・免除者、長期欠席者）対策としては、関係官庁の対策要綱で詳細に示されている。その要点はⓐ関係機関・関係者（学校、教育委員会等の教育機関や教師、児童委員、児童相談所、福祉事務所等の児童福祉・生活保護実施機関や関係者、労働関係機関等）の強力な協力活動、ⓑ早期発見、実態把握、ⓒ事前予防措置、ⓓ教育と福祉の提携、医療と経済援助、労働対策等であるが、ⓔ根本的には、学校の教育活動を充実するための条件づくり、たとえば、㋐授業担当教師のほかに訪問教師やスクールカウンセラー等の専任職員の設置と、㋑より基本的には「学校嫌い」を作らせないような教師の指導力の改善充実、そのための研修の奨励、直接的には、㋒心身の状況に応じて就学を適正に指導するために都道府県教育委員会では、医師、心理学者等を委員とする「就学（診断・指導）適正委員会」を設置してその推進を図ることや、なお、㋓夜間中学の問題がある。これは法律上は認められていないが、東京や大阪の大都市中心に独自に運営されている。義務教育段階での夜間課程は望ましくはないが、義務教育不就学者（未修了者）に対するやむをえない措置として整備すべきであろう。

⑨就学の督促と出席停止

就学の督促も未就学者対策の一つである。学齢児童生徒が休業日を除いて引続き七日以上欠席したり、出席状況が良好でない場合、病気などの正当な理由が認められない場合、校長は、所轄の市町村教育委員会に通知しなければならない。市町村教育委員会は校長からこの通知を受けた場合、または保護者が就学義務を怠っていると認めたときは、その保護者に対して子女の出席を督促しなければならない。

このように就学の督促には、ⓐ校長から通知があった場合と、ⓑ教育委員会が転校により必要と認めた場合との二通りある。

性行不良のため他の児童生徒の教育に妨げがあると認めたとき、市町村教育委員会はその保護者にその児童生徒の出席停止を命じることができる（学教法三五）。これは他の児童生徒の教育を受ける権利を保障するためである。

(4)　学校の就学事務

義務教育制度が完全に実施されるためには、学校側の受入れ態勢や出席簿、指導要録の作成、出席の点検・督促等が必要である。

校長は、教育委員会から就学予定者の氏名、入学期日等の通知を受けた場合、これを確認して出席簿を作成しなければならない。公立学校は所轄の教育委員会が指定した期日を入学年月日とし（私立学校は学校が指定して保護者に通知した期日）、入学後は指導要録を作成しなければならない。

①出席簿

学校に入学し、在学する児童生徒の出席状況を記録しておく公簿が出席簿である。出席状況の調査と記録は、児童生徒指導の基本的資料の一つとして必要であるから、この作成と保存（五年間）が義務づけられている（学教法施規二八）。

②指導要録

児童生徒の学習および身体状況を記録した書類の原本で、出席簿と同様、重要な学校の表簿、法定公簿である（学教法施規二四）。作成者は校長と規定されている。詳細は、別項「指導要録」を参照のこと。

（平田　敦義）

19 障害のある児童生徒の教育法制

(1)　社会参加権と教育を受ける権利

一九九三年障害者基本法施行を受け、障害者の自立と社会参加の促進を図り社会的包摂を目指すことを基本理念とした障害者施策が国内で推進されることとなった。障害のある幼児児童生徒の教育については、一九九四年のインクルーシブ教育の推進を旨としたサラマンカ宣言の流れを受け、二〇〇六年国連で採択された障害者の権利に関する条約（二〇〇八年発効）二十四条において、「障害者を包容するあらゆる段階の教育制度」（インクルーシブ教育システム）が提唱され、「一般的な教育制度から排除されないこと」「個人に必要とされる合理的配慮が提供されること」等を規定し、障害者の教育への完全かつ平等な参加、社会への完全かつ平等な参加がうたわれた。

これらを受け、我が国の特殊教育の在り方も見直しが進み、二〇〇七年学校教育法一部改正による特別支援教育制度のスタートとなった。

二〇〇六年教育基本法改正では四条二項が新たに追加され、「国及び地方公共団体は、障害のある者が、その障害の状態に応じ、十分な教育を受けられるよう、教育上必要な支援を講じなければならない」と規定された。

従来の特殊教育は障害の種別や程度により就学先の場を固定化してきたため、通常学級に特別な教育的ニーズのある児童生徒が在籍することは想定されていなかったが、一九九三（平成五）年の通級による指導の開始に続き、通常学級に在籍する発達障害のある児童生徒も含めた個別の教育的ニーズに応じた支援をより柔軟に考える特別ニーズ教育へと舵（かじ）をきった。特別支援教育では、障害の状態等に応じた個別の教育的ニーズを重視しつつ、障害のある児童生徒の完全な社会参加を可能にするようなインクルーシブな環境が保障されていることが肝要である。二〇一六（平成二八）年に施行された「障害を理由とする差別の解消の推進に関する法律」では、具体的な状況における合理的配慮や基礎的環境整備等の義務を自治体や学校等が負うことが明確にされ、今後一層の進展が見込まれる。

(2) 合理的配慮と基礎的環境整備

インクルーシブ教育は、障害による不利益の要因を直接個人の疾病に起因するとみなす因果論ではなく、個々人の障害の状態とその社会の在り方との相互作用の結果にあるとみなす相互作用論に立つ。そのため個人の「治療」や「訓練」によって通常の状態に近づくこと（障害自体の克服）のみを目標にするのではなく、障害がある個々人に不利益をもたらす社会的な障壁を除去することでこの不利益をなくしていくことが必要であると考える。

この考えに立てば、個別の教育的ニーズに応じて教育課程の内容や方法等に変更が生じることは必然であり、このような特別な取り扱いは合理的配慮と呼ばれる。また前提として必要となる環境整備、例えば車椅子用のスロープの設置等は、法整備や財政措置により保障されなければならない基礎的環境整備にあたる。二〇二一（令和三）年の改正バリアフリー法施行により、公立小中学校等施設にもバリアフリー化の努力義務が課せられ、二〇二五（令和七）年度までの整備目標が定められた。

(3) 就学先の決定

学校教育法施行令二十二条の三の基準（就学基準）該当者については、二〇〇二（平成一四）年以来、「特別な事情があると認められる場合」に限り小学校・中学校に就学させることが可能であり、これを「認定就学者」としていたが、二〇一三（平成二五）年同令一部改正により、「就学基準」に該当する障害のある子どもは特別支援学校に原則就学するという従来の就学先決定の仕組みを改め、障害の状態、本人の教育的ニーズ、本人・保護者の意見、教育学、医学、心理学等専門的見地からの意見、学校や地域の状況等を踏まえた総合的な視点から就学先を決定」することとなり、特別支援学校に就学する者を認定特別支援学校就学者と位置づけることとなった。この改正により市町村の教育委員会が設置する教育支援委員会等においても、本人・保護者の意見を踏まえた就学先の決定方法に変わってきている。

(4) 通級による指導の拡充

一九九三（平成五）年から実施されている通級による指導は、それまでの特殊学校や特殊学級に籍を置くことを条件とする特殊教育の在り方から、通常の学級に在籍したままで必要な特別の指導を通級指導教室等で受けることができるとしたものである。二〇一八（平成三〇）年からは高等学校及び中等教育学校後期課程においても通級による指導が開始され、後期中等教育段階においても、特別の教育課程による指導ができるようになった。障害に応じた特別の指導を年間七単位を上限として課程の修了に必要な単位数に加えることができる（二八文科初第一〇三八号）。通級の指導の形態としては、自校通級、他校通級、巡回指導がある。

特別支援のニーズのある高校生数の増加傾向を踏まえ、今後は生徒の特性等の多様性に対応する進路指導やキャリア教育の推進にも目を向けていく必要がある。また現在は対象に含まれない知的障害のある児童生徒に対する通級による指導の検討が始まっている。

(5) ICTの活用による遠隔授業

二〇一八（平成三〇）年からは、病気療養児に対する同時双方向型の授業配信について、小・中学校においても、リアルタイムでの配信や同時双方向的なやりとりという一定の条件のもと指導要録上「出席」とし、評価に反映できることとなった（三〇文科初第八三七号）。

高等学校については二〇一五（平成二七）年に遠隔教育が制度化されているが（二七文科初第二八九号）、二〇一九（令和元）年の文科省通知により、同時双方向型の授業の際、受信側に教員がいることは必ずしも必要ないとされている（元文科初第一一一四号）。

(6) 個別最適な学びと特別支援教育

新学習指導要領では「個別最適な学び」が提唱されているが、外国人児童生徒や特異な才能のある児童生徒等、特別な教育的ニーズが高いとされながら、「障害」というカテゴリーでは対応が難しい者にも支援が求められている。

日本語運用能力が不十分なため通常の学級での授業内容に理解が追いつかず不適応となる場合もある外国人児童生徒等に対する日本語指導の需要の高まりを受け、二〇一三（平成二五）年より、日本語の能力に応じた特別の指導について特別の教育課程を編成・実施できることとなった（二五文科初第九二八）。

学力的に秀でた部分がありながら学級や学校への適応が難しく、指導上の困難を抱える児童生徒については、ADHD等発達障害を併せ持つ2E（＝Twice Exceptional：二重に特別な）児童生徒として特別支援教育の対象となることはあるが、インクルーシブ教育の理念に従えば、諸外国のようにより広い範囲で特別な教育的ニーズを認め、これらに対する支援を充実させていく方略が求められよう。

（谷村　綾子）

〈参考文献〉

松井亮輔・川島聡編『概説 障害者権利条約』法律文化社、二〇一〇年。

20 性行不良による出席停止

性行不良に基づく出席停止は、本人に対する懲戒という観点からではなく、学校の秩序を維持し、他の児童生徒の義務教育を受ける権利を保障するという観点から設けられた制度である。対象となるのは、市町村立の小学校、中学校、義務教育学校に籍を置く児童生徒である。

○性行不良の定義

学校教育法には、制定当初から性行不良に基づく出席停止に関する規定が存在していた。しかし、「性行不良」の定義については何ら規定されていなかったため、児童生徒の行為が「性行不良」にあたると判断することが困難な状況であった。

この課題を解決すべく、二〇〇〇（平成一二）年、教育改革国民会議最終報告「教育を変える一七の提案」では、「問題を起こすこどもによって、そうでない子どもたちの教育が乱されないようにする」、「問題を起こす子どもに対して出席停止など適切な措置をとる」必要性が指摘された。

これを受けて、学校教育法の一部を改正する法律（平成一三年法律第一〇五号）が成立し、二〇〇二（平成一四）年一月一日から施行されている。この改正で、①他の児童生徒に傷害、心身の苦痛又は財産上の損失を与える行為、②職員に傷害又は心身の苦痛を与える行為、③施設又は設備を損壊する行為、④授業その他の教育活動の実施を妨げる行為を問題行動とし、これら行為のうち、一又は二以上を「繰り返し」行うことをもって、「性行不良」に該当するとしている。（学校教育法三五条一項）。

○性行不良に基づく出席停止の手続き

市町村教育委員会は、性行不良であって他の児童生徒の教育に妨げがあると認める場合、児童生徒の保護者に対し、出席停止を命ずることができる（学校教育法三五条一項）。

出席停止措置をとろうとする場合、市町村教育委員会には、①あらかじめ保護者の意見を聴取すること、②理由、期間を記載した文書を交付することが義務づけられている（三五条二項）。意見聴取については、緊急の場合等を除き、保護者と直接対面して行い、今後の指導の方針などの説明を併せて行うことが望ましく、命令の伝達については、文書主義が採用されており、口頭のみで行うことは認められていないことに留意する必要がある（文部科学省「出席停止制度の運用の在り方について（通知）」（平成一三年一一月六日付一三文科初七二五）。

出席停止措置が現実に行われる際には、市町村教育委員会は、その対象となっている児童生徒の学習を十全なものとするために、必要な支援措置を講じなければならない（三五条四項）。

二〇一三（平成二五）年に成立したいじめ防止対策推進法においても、いじめ問題への対応をめぐり、市町村の教育委員会は、いじめを行った児童生徒の保護者に対して、児童生徒の出席停止を命ずる等、「いじめを受けた児童等その他の児童等が安心して教育を受けられるようにするために必要な措置」を速やかに講ずるものとされている（二六条）。

なお、出席停止措置がいじめ等の問題行動に毅然として対応する一方策であることに鑑み、児童生徒が充実した学校生活を送るため、市町村教育委員会及び学校が出席停止制度の運用を図る上で参考となる手続きや留意点等をまとめた出席停止に関するマニュアルを作成している教育委員会が存在している。

（黒川　雅子）

▽**参考**

□出席停止制度の運用の在り方について〔抄〕

平成一三年一一月六日
文科初七二五号

各都道府県教育委員会教育長あて
文部科学省初等中等教育局長通知

一　制度の運用の基本的な在り方について

㈠　制度の趣旨・意義

出席停止の制度は、本人に対する懲戒という観点からではなく、学校の秩序を維持し、他の児童生徒の義務教育を受ける権利を保障するという観点から設けられた制度である。（中略）出席停止制度の運用に当たっては、他の児童生徒の安全や教育を受ける権利を保障すると同時に、出席停止の期間において当該児童生徒に対する学習の支援など教育上必要な措置を講ずることが必要である。

㈡　市町村教育委員会の権限と責任

出席停止の措置は、国民の就学義務とも関わる重要な措置であることにかんがみ、市町村教育委員会の権限と責任において行われるものとされている。（中略）市町村教育委員会において、出席停止を命ずる権限を校長に委任することや、校長の専決によって出席停止を命ずることについては、慎重である必要がある。もとより、校長は、学校の実態を把握し、その安全管理や教育活動について責任を負う立場にあることから、市町村教育委員会が出席停止制度を運用する際には、校長の意見を十分尊重することが望ましい。

㈢　事前の指導の在り方

児童生徒の問題行動に対応するためには、日ごろからの生徒指導を充実することが、まずもって必要であり、学校が最大限の努力を行っても解決せず、他の児童生徒の教育が妨げられている場合に、出席停止の措置が講じられることになる。（中略）深刻な問題行動を起こす児童生徒については、前述の対応や個別の指導・説諭を行うほか、必要と認められる場合には、学校や児童生徒の実態に応じて十分に配慮しつつ、一定期間、校内において他の児童生徒と異なる場所で特別の指導計画を立てて指導すること。さらに、児童生徒に対する指導の過程において、家庭との連携を図り、保護者への適切な指導・助言・援助を行うこと。

二　要件について（略）

三　事前の手続について（略）

四　期間中の対応について（略）

五　期間後の対応について（略）

六　教育委員会規則の整備等（略）

21 児童生徒等の懲戒

○学校における懲戒

学校教育法十一条は、「校長及び教員は、教育上必要があると認めるときは、文部科学大臣の定めるところにより、児童、生徒及び学生に懲戒を加えることができる」と規定している。これが、学校における児童・生徒等に対する懲戒の法的根拠である。

懲戒とは、「親権者、少年院長、教員のように子女の保護、教育、監護の責にある特定の者が、その責に任ずる必要上加える一定の制裁」（鈴木二〇二二、一〇五頁）とされる。学校における懲戒は、制裁としての性格を有するが、学校の教育目的を達成するために行われ、教育作用の一環である。それゆえ、「校長及び教員が児童等に懲戒を加えるに当っては、児童等の心身の発達に応ずる等教育上必要な配慮をしなければならない」とされている（学校教育法施行規則二六条一項）。

○懲戒の内容

懲戒は、講学上、「法的な懲戒」と「事実行為としての懲戒」に大別される。本稿では、「法的な懲戒」について、学校教育法施行規則二十六条二項に定められている退学、停学、訓告の三種類と定義する。一方、「事実行為としての懲戒」とは、退学、停学、訓告以外の懲戒をいう。例えば、宿題をしない児童・生徒や校則を守らない児童・生徒に対し、注意や叱責をする、別室指導をする、罰当番を課すなど、学校において日常的に行われている懲戒のことである。

「法的な懲戒」を行う権限を有しているのは、校長（大学にあっては、学長の委任を受けた学部長を含む）のみである（学校教育法施行規則二六条二項）。一方、「事実行為としての懲戒」は、校長に加えて教員も行うことができる。

なお、文部科学省「生徒指導提要（改訂版）」のように、児童・生徒の教育を受ける地位や権利に変動をもたらす懲戒という意味で、「法的な懲戒」を退学、停学の二種類とし、訓告を「事実行為としての懲戒」に分類する方法も存在する。これは、懲戒の「法的効果」の違いに着目した分類と言える。

○退学、停学の要件

「法的な懲戒」の中でも最も重い「退学」は、市町村立の小学校、中学校（学校教育法七一条の規定により高等学校における教育と一貫した教育を施すもの（併設型中学校）を除く）、若しくは義務教育学校又は公立の特別支援学校に在学する学齢児童又は学齢生徒に対しては、行うことができない（学校教育法施行規則二十六条三項）。これらの学校では、義務教育の「最後の砦」的性格を重視し、退学が禁じられている。国立・私立の小・中学校に通う学齢児童・学齢生徒や、公立の中等教育学校前期課程に通う学齢児童・学齢生徒は、これらの学校を退学となっても、市町村立の小学校・中学校等に通うことが保障されているため、退学が可能とされている。

これに対し、停学は、国公私立を問わず、学齢児童又は学齢生徒に対しては行うことが認められていない（学校教育法施行規則二十六条四項）。義務教育を受ける権利を保障する観点から設けられた制限である。

さらに「退学」は、児童・生徒等を学外に追放する処分であることから、その要件が厳格に定められている。すなわち、退学を行うことができるのは、①性行不良で改善の見込がないと認められる者、②学力劣等で成業の見込がないと認められる者、③正当の理由がなくて出席常でない者、④学校の秩序を乱し、その他学生又は生徒としての本分に反した者、のいずれかに該当する児童・生徒等に対してのみである（学校教育法施行規則二六条三項一号〜四号）。

○体罰の禁止

学校教育法十一条は、校長及び教員に対し、児童・生徒に懲戒を加えることを認める一方、「体罰を加えることはできない」と規定している。これが、学校における体罰禁止の法的根拠である。

体罰禁止規定の歴史は、明治の教育令まで遡る。教育令（明治十二年太政官布告第四十号）では、「凡学校ニ於テハ生徒ニ体罰殴チ或ハ縛スルノ類ヲ加フヘカラス」と定められていた（四十六条）。その後、この規定は変遷しつつ、戦後は学校教育法に体罰禁止規定が設けられた。

しかし、現在においても、体罰により懲戒処分等を受ける教員は後を絶たない。文部科学省の調査によれば、二〇二一（令和三）年度に体罰により懲戒処分を受けた公立学校の教育職員は九〇人であり、「訓告」等を含めると、三四三人にのぼっている（令和三年度公立学校教職員の人事行政状況調査について）。法令と実態の乖離が著しい学校病理の一つと言える。

○体罰の解釈

「体罰」が具体的にいかなる行為を指すかについては、学校教育法その他法令に定めがない。それゆえ、懲戒と体罰の境界はどこにあるのか、という点が古くから問題となってきた。

これに対し、過去には、「児童懲戒権の限界について」（昭和二三年一二月二二日付法務庁法務調査意見長官回答）において、「身体に対する侵害を内容とする懲戒―なぐる・けるの類―がこれに該当することはいうまでもないが、さらに被罰者に肉体的苦痛を与えるような懲戒もまたこれに該当する」として、「端坐・直立等、特定の姿勢を長時間にわたって保持させるというような懲戒は体罰の一種と解せられなければならない」と示されたことがある。

近年では、文部科学省が「体罰の禁止及び児童生徒理解に基づく指導の徹底について（通知）」（平成二五年三月一三日付二四文科初第一二六九号）を発出し、「懲戒、体罰に関する解釈・運用については、今後、本通知による」ことを明らかにしている。

同通知では、懲戒と体罰の区別について、「教員等が児童生徒に対して行った懲戒行為が体罰に当たるかどうかは、当該児童生徒の年齢、健康、心身の発達状況、当該行為が行われた場所的及び時間的環境、懲戒の態様等の諸条件を総合的に考え、個々の事案ごとに判断する必要がある。この際、単に、懲戒行為をした教員等や、懲戒行為を受けた児童生徒・保護者の主観のみにより判断するのではなく、諸条件を客観的に考慮して判断すべき」との考え方が示されている。そして、「その懲戒の内容が身体的性質のもの、すなわち、身体に対する侵害を内容とするもの（殴る、蹴る等）、児童生徒に肉体的苦痛を与えるようなもの（正座・直立等特定の姿勢を長時間にわたって保持させる等）に当たると判断された場合は、体罰に該当する」としている。

〈参考文献〉

鈴木勲『逐条　学校教育法（第9次改訂版）』学陽書房、二〇二二年。

（山田　知代）

22 生徒指導とその主要関係法令

(1)　生徒指導の進め方

中学校、高等学校段階の学校には、「校長の監督を受け、生徒指導に関する事項をつかさどり、当該事項について連絡調整及び指導、助言に当たる」（学校教育法施行規則七十条四項）生徒指導主事を置くものとされている（七十条一項、七十九条の八第一項、百四条一項、百十三条一項、百三十五条四項・五項）。生徒指導主事は、「指導教諭又は教諭をもって」充てる（七十条三項）。ただし、「生徒指導主事の担当する校務を整理する主幹教諭を置くときその他特別の事情のあるときは、生徒指導主事を置かないことができる」（七十条二項）。

生徒指導主事は、校務分掌上の生徒指導の組織である生徒指導部の中心として位置づけられる。生徒指導部の主な役割としては、①生徒指導の取組の企画・運営、②全ての児童生徒への指導・援助、③問題行動の早期発見・対応、④関係者等への連絡・調整などである（文部科学省『生徒指導提要』（令和四年一二月）。

(2)　不登校

○不登校の定義と捉え方

文部科学省は、毎年度不登校児童生徒数を調査している。調査上、不登校児童生徒とは、何らかの心理的、情緒的、身体的、あるいは社会的要因・背景により、児童生徒が登校しない、あるいはしたくともできない状況にある者（ただし、「病気」や「経済的理由」による者を除く。）であり、年度間に連続又は断続して三〇日以上欠席している者を指す。

一九九二（平成四）年、学校不適応対策調査研究協力者会議は、「登校拒否（不登校）問題について」を報告し、不登校は特定の子どもに特有の問題があることによって起こることではなく「誰にでもおこりうる」ものであると指摘した。さらに、この報告を踏まえて旧文部省から発表された「登校拒否問題への対応について」（平成四年九月二四日付け文初中三三〇）においては、「登校拒否はどの児童生徒にも起こりうるものであるという視点に立ってこの問題をとらえていく必要がある」ことが示された。これ以降、登校拒否から、不登校へと用語が変更されていくこととなった。

○不登校児童生徒の対応

二〇一六（平成二八）年、不登校児童生徒の対応に関わり、義務教育の段階における普通教育に相当する教育の機会の確保等に関する法律が公布された。同法の規定に基づき、文部科学省は、教育機会の確保等に関する施策を総合的に推進するための基本的な指針を策定するとともに、不登校に関する調査研究協力者会議、フリースクール等に関する検討会議、夜間中学設置推進・充実協議会において同法の施行状況の検討を行い、二〇一九（令和元）年六月二一日、「義務教育の段階における普通教育に相当する教育の機会の確保等に関する法律の施行状況に関する議論のとりまとめ」を発表した。

この議論のとりまとめの過程においては、過去の不登校施策に関する通知における不登校児童生徒の指導要録上の出席扱いに係る記述について、法や基本指針の趣旨との関係性について誤解を生じるおそれがあることが指摘されていた。それゆえ、文部科学省は、これまでの不登校施策に関する通知について改めて整理を行い、「不登校児童生徒への支援の在り方について」と題する通知を発表している（令和元年一〇月二五日付け元文科初第六九八号）。

通知では、不登校児童生徒への支援の視点として、「学校に登校する」という結果のみを目標に行うのではなく、児童生徒が、自らの進路を主体的に捉え、社会的に自立することを目指す必要があることが示されている。また、不登校の時期が、児童生徒にとって休養の時期であったり、自分を見つめ直す時間となったりすることがある一方で、学びから遠ざかる期間が出来ることにより学業に遅れが生じたり、進路選択をする上での不利益や社会的自立へのリスクが存在することを考慮した支援が必要となることが記載されている。

学校に求められる取り組みとしては、第一に、「児童生徒理解・支援シート」を活用した組織的・計画的支援の必要性が述べられている。個人情報の取り扱いに十分留意しながら関係機関において情報を共有することにより、不登校支援を効果的に実施することが求められる。第二に、不登校が生じないような学校づくりとして、具体的には、①いじめ、暴力行為等問題行動を許さない学校づくり、②児童生徒の学習状況等に応じた指導・配慮の構築、③将来の社会的自立に向けた生活習慣づくり等が示されている。この他、不登校児童生徒に対する多様な教育機会の確保や中学校等卒業後の支援の在り方等についても述べられている。

(3)　いじめ問題

○いじめ防止対策推進法の制定

二〇一三（平成二五）年六月二八日、いじめ防止対策推進法が成立した。本法律の成立により、いじめ問題に特化した法律が誕生することとなった。

同法の目的は、いじめが、被害児童等の「教育を受ける権利を著しく侵害し、その心身の健全な成長及び人格の形成に重大な影響を与えるのみならず、その生命又は身体に重大な危険を生じさせるおそれがあることに鑑み」、いじめの防止等のための対策を総合的かつ効果的に推進することにある（一条）。同法は、いじめを児童等（小学校、中学校、義務教育学校、高等学校、中等教育学校、特別支援学校〈幼稚部を除く〉に在籍する児童又は生徒）に対して、「当該児童等が在籍する学校に在籍している等当該児童等と一定の人的関係にある他の児童等が行う心理的又は物理的な影響を与える行為（インターネットを通じて行われるものを含む。）であって、当該行為の対象となった児童等が心身の苦痛を感じているもの」と定義している（二条）。

同法での「いじめの防止等」とは、いじめ問題への対応について、①いじめの防止、②いじめの早期発見、③いじめへの対処という三つの観点を指す（一条）。まず、学校は、いじめ問題に対応するために、「学校いじめ防止基本方針」を策定する義務を負う（十三条）。国公私立学校を問わず、すべての学校がこの責務を負っている。そして、この基本方針を校内で実行していくために、いじめ問題に対応するための組織を常設で設置する義務を負う（二十二条）。構成員は、複数の教職員のほか、心理、福祉等の専門的な知識を有する者等その他関係者が考えられている。

また、いじめの早期発見に関わり、学校設置者、学校には、定期的な調査その他の必要な措置を行うことが義務づけられている（十六条一項）。そして、いじめが疑われる事案について把握した際には、それに対処していくことが必要となる（二十三条）。

さらに、いじめ問題が深刻化し、重大事態へと発展している場合の対処方法についての規定も存在する。重大事態とは、「いじめにより当該学校に在籍する児童等の生命、心身又は財産に重大な被害が生じた疑いがあると認めるとき」、もしくは、「いじめにより当該学校に在籍する児童等が相当の期間学校を欠席することを余儀なくされている疑いがあると認めるとき」である（二十八条一項）。この場合、学校設置者又は学校は、重大事態に対処し、同種の事態が繰り返し発生することを防止するための組織を設置し、事実関係を明らかにする調査を実施しなければならない（二十八条一項）。

（黒川　雅子）

23　道徳教育

(1)　道徳教育の変遷

太平洋戦争終了時まで教えられていた「修身」という科目は、一九四五年十二月三十一日、占領軍からの「修身・日本歴史及び地理停止に関する件」という指令によって停止され、道徳教育は、教育活動の全体を通じて行うという「全面主義」がとられることとなった。その後、一九五八（昭和三三）年に、教育活動全体を通じて行う道徳教育に加えて「道徳の時間」が特設され、教科ではないものの、道徳授業が年度途中の九月より始まった。

二〇一五（平成二七）年三月には学習

指導要領が一部改正され、「特別の教科　道徳」が始まった。その後移行期間を経て、小学校では二〇一八年度から、中学校では、二〇一九年度から完全実施されることとなった。

教科であることの要件は、法的に規定されているわけではない。しかし、教科書があるということ、当該教科の教員免許状が発行されるということ、厳密な評価を行うということの三点が必要だといわれている。この三つの要件のうち「特別の教科　道徳」が明確に満たしているのは、検定教科書があるだけである。

この「特別の教科　道徳」への転換の際に、文科省から「考え、議論する道徳」への転換ということが唱えられた。文科省が作成した『小学校学習指導要領（平成二九年告示）解説　特別の教科　道徳編』には、「発達の段階に応じ、答えが一つではない道徳的な課題を一人一人の児童が自分自身の問題と捉え、向き合う『考える道徳』、『議論する道徳』へと転換を図るものである」と記されている。

とはいえ、戦後の道徳教育において行われてきた道徳的価値を教えるということがなくなったわけではない。現行の学習指導要領にも、道徳的価値は列挙されているし、道徳科の目標の中には「道徳的諸価値についての理解を基に」という言葉も記されている。

(2)　道徳教育の現状

道徳的価値は、「特別の教科　道徳」で教えるべき「内容」であるが、現行の小中学校の学習指導要領では、大きく四つに区分されている。「A主として自分自身に関すること」「B主として人との関わりに関すること」「C主として集団や社会とのかかわりに関すること」「D主として生命や自然、崇高なものとの関わりに関すること」である。それぞれの区分のもとに、「善悪の判断、自律、自由と責任」、「友情、信頼」、「規則の尊重」、「感動、畏敬の念」など、合計して二十二の項目が示されている。一組の内容項目の中に、複数の道徳的価値が含まれている場合もあるので、低学年では教えない内容項目もあるとはいえ、各学年の授業で取り上げられる道徳的価値の数は、もっと多い。

小学校の高学年では、「国際理解、国際親善」の項目で、「日本人としての自覚をもって国際親善に努める」ことが求められているが、これだけ国際化が進み、地方の学校でも外国にルーツのある子どもたちが増えている中で、「日本人としての自覚」という表現が妥当かどうかについてはさまざまな意見がある。

こうした点を考えると、学習指導要領で示されている道徳的価値がこれでよいのかどうかは、まだ議論の余地があるように思われる。

道徳的価値を教えるという点では変わらないにしても、授業方法は大きく変化したといえる。従来の道徳教育では、主人公の気持ちを追いかける心情主義的な授業展開が多かった。それに対して、「特別の教科　道徳」では、子どもたち自身が、考え、議論することに力を入れることになった。学習指導要領でも、「問題解決的な学習、道徳的行為に関する体験的な学習等を適切に取り入れるなど、指導方法を工夫すること」と、うたわれている。

教科であることの要件の一つに評価があった。道徳科では、これまでも、また現在も、「数値などによる評価は行わない」と学習指導要領に規定されている。しかし、一方で、「児童の学習状況や道徳性に係る成長の様子を継続的に把握し、指導に生かすよう努める必要がある」とも記されている。

近年では、他の教科でも、観点別評価になっており、ペーパーテストだけで点数を付けていた時代とは変化しているが、しかし、道徳科については、観点別評価も用いないことになっている。

道徳科の評価は、学期や年間を通した「大くくりなまとまりを踏まえた評価」や、他者との比較ではない「励ます個人内評価」、また点数や評定などではなく文章による「記述式の評価」が求められている。

以上述べてきたことは、小中学校における道徳教育に関することであるが、高校では、道徳科の授業は行われていない。しかし、「道徳教育の全体計画」を作成し、「道徳教育推進教師」を置いて、道徳教育を展開することが、高等学校学習指導要領の総則においても示されている。

〈参考文献〉

林泰成『道徳教育の方法—理論と実践』左右社、二〇一八年。　（林　泰成）

24 校則、生徒心得

『生徒指導提要』によれば、校則とは、「児童生徒が遵守すべき学習上、生活上の規律」であり、「児童生徒が健全な学校生活を送り、よりよく成長・発達していくために設けられるもの」である（文部科学省『生徒指導提要』二〇二二）。しかし、その法的な根拠規定については極めて曖昧であり、上記の『生徒指導提要』自体も「校則の在り方は、特に法令上は規定されていない」と述べている。そのためもあってか、校則の呼称も様々であり、生徒心得、生徒規則等と呼ばれることも多い。

校則が、「児童生徒が遵守すべき学習上、生活上の規律」である以上、その内容は様々であるが、時に児童生徒の有する自由を制限する場合が生じることは不可避である。例えば、多くの校則に見られる頭髪や服装に関わる規定など、これまでもその有効性をめぐって裁判で争われてきた。そもそも、学校に校則を制定する権限があるのかという問題について、大学による学生の退学処分をめぐる裁判の中で、最高裁判所は、次のように述べ、それを肯定したと考えられる。

「大学は、国公立であると私立であるとを問わず、学生の教育と学術の研究を目的とする公共的な施設であり、法律に格別の規定がない場合でも、その設置目的を達成するために必要な事項を学則等により一方的に制定し、これによって在学する学生を規律する包括的権能を有する」。ただし、その「包括的権能は無制限なものではありえず、在学関係設定の目的と関連し、かつ、その内容が社会通念に照らして合理的と認められる範囲においてのみ是認される」。しかし、「具体的に学生のいかなる行動についていかなる程度、方法の規制を加えることが適切であるとするかは、それが教育上の措置に関するものであるだけに、必ずしも画一的に決することはできず、各学校の伝統ないし校風や教育方針によっておのずから異なることを認めざるをえない」（昭和女子大学事件・最高裁判所昭和四九年七月一九日判決）。

この事件は大学に関するものであるが、基本的な考え方は、高校以下の学校にも当てはまると考えられる。冒頭に挙げた『生徒指導提要』でも、校則は、「社会通念上合理的と認められる範囲において、教育目標の実現という観点から、校長が定める」とされている。

そのうえで、「社会通念上合理的と認められる範囲」について、例えば、公立中学校が男子生徒に対して「丸刈、長髪禁止」と定めた校則について争われた裁判では、「丸刈の社会的許容性や本件校則の運用に照らすと、丸刈を定めた本件校則の内容が著しく不合理であると断定することはできない」とされた（熊本地方裁判所昭和六〇年一一月一三日判決）。また、私立高校がバイクの免許を取らない、乗らない、買わないという「三ない原則」を定めた校則について争われた裁判でも、バイク規制の全国的動向や父兄からの要望等から「社会通念上不合理であるとはいえない」と判断されている（最高裁判所平成三年九月三日判決）。

校則は、学校が子どもを管理する手段として、体罰や内申書とともに大きな社会問題として批判の対象とされた時期もあったが、それに対して、政府も校則の見直しを進めてきた。まず、一九八六（昭和六一）年に臨時教育審議会が「教育改革に関する第二次答申」において次のように指摘した。「一部学校に見られる外面的に服装を細かく規制するなどの過度に形式主義的・瑣末主義的な事例の背景には、地域の状況、児童・生徒の実態、父母の意向など種々の要因があるが、このような教育は、児童・生徒の内面の自己抑制能力向上をもたらすことができず、情操豊かな人格の完成を妨げ、創造力・考える力・表現力の低下をもたらすものであり、徳育とはいえない。こうした極端な管理教育や体罰等を是正し、学校に自由と規律の毅然とした気風を回復するよう努力しなければならない」。

これを受けて、文部省（当時）は、校則の見直しを各学校に要請し、一九九一（平成三）年にその状況を調査している。その時の通知（文部省初等中等教育局高等学校課長・中学校課長通知「校則見直し状況等の調査結果について」平成三年四月一〇日付）によれば、「校則内容の見直しは、継続して取り組むことが大切」であり、また「一度見直したからそれでよいというものではない。学校を取り巻く状況や生徒の状況も変化する。その意味でも校則の内容はたえず積極的に見直さなければならない」。そして、「見直しの結果、校内の状況変化に関しては数多くの学校でプラスの評価が与えられている」から、「学校は校則見直しを思い切って進めてよい」とされている。同様の調査は、一九九八（平成一〇）年にも行われており、「引き続き校則の見直しを図り、校則及び校則指導が適切なものとなるよう」に、各教育委員会等に改めて要請がなされた（文部省初等中等教育局中学校課長・高等学校課長通知「校則見直し状況等の調査結果について」平成一〇年九月二二日付）。さらに二〇二一（令和三）年には、「ブラック校則」が社会問題化する中で、文部科学省は実際の見直し事例を添えて、「引き続き、学校や地域の実態に応じて、校則の見直し等に取り組」むことを各教育委員会等に求めた（文部科学省初等中等教育局児童生徒課事務連絡「校則の見直し等に関する取組事例について」令和三年六月八日付）。

『生徒指導提要』においても、校則の「教育的意義」とともに、「絶えず積極的に見直しを行っていくこと」の重要性が述べられている。（田中　洋）

〈参考文献〉

黒川雅子・山田知代『生徒指導・進路指導』学事出版、二〇一四年。文部科学省『生徒指導提要』二〇二二年。

㉕ 規範教育

(1)　規範意識の育成

規範意識の育成に関連し、『児童生徒の規範意識を育むための教師用指導資料（非行防止教室を中心とした取組）』（文部科学省・警察庁、平成一八年）では、「規範」を「人間が行動したり判断したりする時に従うべき価値判断の基準」とし、「規範意識」を「そのような規範を守り、それに基づいて判断したり行動しようとする意識」と説明している。

改訂版『生徒指導提要』（文部科学省、令和四年）では、「学級・ホームルーム経営と生徒指導」として、「一人一人の児童生徒が発達課題を通して自己実現するためには、児童生徒自身による規範意識を醸成することも大切」、「児童生徒が規範意識を身に付けることが、児童生徒にとって安全・安心な居場所づくりへとつながるから」と示している。また、非行の未然防止の観点からも、「全ての児童生徒を対象に、問題行動が生じる前に、規範意識の醸成」の必要性が唱えられている。

道徳教育においては、中央教育審議会答申（平成二〇年）の「子どもたちに、（中略）社会生活を送る上で人間としてもつべき最低限の規範意識を、発達の段階に応じた指導や体験を通じ、確実に身に付けさせることが重要である」との指摘を受け、同年告示の小学校学習指導要領で、「基本的な生活習慣、社会生活上のきまりを身に付け、善悪を判断し、人間としてしてはならないことをしないようにする」など規範意識の育成が強調された（『小学校学習指導要領解説　道徳編』文部科学省、平成二〇年）。

さらに、二〇一七（平成二九）年告示の小・中学校学習指導要領では、「道徳教育においては人間尊重の精神と生命に対する畏敬の念を前提に、人が互いに尊重し協働して社会を形づくっていく上で共通に求められるルールやマナーを学び、規範意識などを育むとともに、（中略）自らの生き方を育んでいくことが求められる」などとして、新たに「特別の教科　道徳」が位置付けられた（小学校平成三〇年、中学校平成三一年から実施）。（『小（中）学校学習指導要領解説　道徳編』平成二九年）

(2)　ゼロトレランス

ゼロトレランス（Zero-Tolerance）とは、「寛容（Tolerance）のない（Zero）」生徒指導となる。校則や生徒心得等の規則を厳密に規定し、罰則を明示し、違反者には「オルタナティブスクール」への転校や、退学を含めた厳格な対応を求めるものである。アメリカ合衆国／連邦教育省は、一九九〇年、国家教育目標の一つに「安全で規律ある、麻薬のない学校」の実現を掲げ、その後、「二一世紀におけるアメリカ教育のための大統領クリントンの呼びかけ」（一九九七年）において、「学校から武器や暴力や麻薬をなくすこと」、「このような事態に対応できる教員を養成すること」等とともに、「ゼロトレランス」の導入を求めた。（加藤十八『アメリカの事例から学ぶ学校再生の決め手』学事出版、二〇〇〇年）

「生徒指導体制の在り方についての調査研究報告書―規範意識の醸成を目指して―」（国立教育政策研究所生徒指導研究センター、平成一八年）では、アメリカで広く実践されているゼロトレランスと深く関わるとして、「安全で規律ある学習環境」を構築するという明確な目的のもと、小さな問題行動に対して学校が指導基準にしたがって毅然とした態度で対応する「段階的指導」の事例を紹介している。

大阪市教育委員会は、「あらかじめルールを明示することにより、子どもたちがしてはいけないことを自覚したうえで、自らを律することができるよう促すことを目的」とし、問題行動を三段階に区分して段階に応じて指導する「学校安心ルール」（スタンダードモデル）を策定している。

(3)　法教育

アメリカ合衆国では、司法教育と区別した、一般市民のための法に関する教育を「法教育」として位置づけ、法教育法(Law-Related Education Act of 1978)を制定した。日本の法教育は、「Law-Related Education」に由来する用語であって、法律専門家ではない一般の人々が、法や司法制度、これらの基礎になっている価値を理解し、法的なものの考え方を身に付けるための教育」とし、「法の背景にある価値観、意義を考える思考型教育」、「法やルールをつくる、利用する等社会参加型教育」を特色としている（『法教育研究会「報告書」』法務省法教育研究会、平成一六年）。

平成二〇年告示中学校学習指導要領では、社会・公民的分野「民主主義と政治参加」において「国民の権利を守り社会の秩序を維持するために、法に基づく公正な裁判の保障があることについて理解させる」ことに関連し「裁判員制度についても触れること」が補足された。

また、教育再生実行会議「第一次提言」（平成二五年）では、いじめの問題等への対応と関連し、「互いの人格や権利を尊重し合い、自らの義務や責任を果たし、平穏な社会関係を形成するための方策や考え方を身に付ける教育（法教育）」の重視について言及している。

改訂版『生徒指導提要』（文部科学省、令和四年）では、いじめ防止の視点から、「発達段階に応じた法教育を通じて、「誰もが法によって守られている」、「法を守ることによって社会の安全が保たれる」という意識を高めるとともに、学校に市民社会のルールを持ち込むことも必要」と示している。　（蜂須賀　洋一）

26　進路指導

(1)　進路指導をめぐる法制度

進路指導とよばれる教員の教育活動は幅広い。我が国では義務教育の九年を修了した時点で、または高等学校卒業にあたって進学か就職を決定しなければならない。各学校の教員は、教科指導や生活指導のみならず、進路をめぐる学習についても生徒をエンパワーし、将来に向けた方向付けをサポートしていく必要がある。その時になってから考えるのではなく、早くから進路について学習しておくことが必要であるため、改正後の学校教育法では義務教育の目標として、「進路を選択する能力」の育成が明記された（学教法第二十一条十「職業についての基礎的な知識と技能、勤労を重んずる態度及び個性に応じて将来の進路を選択する能力を養うこと」）。

進路指導を行うにあたっては、高等学校及び中等教育学校、中学校に進路指導主事を置くこととなっている。進路指導主事は「校長の監督を受け、生徒の職業選択の指導その他の進路の指導に関する事項をつかさどり、当該事項について連絡調整及び指導、助言に当たる」こととされる（学教法施行規則七十一条、百四条、百十三条、百三十五条）。

近年の若年層の就労状況としてニートやフリーターの増加などが課題となったことを受けて、教育基本法では、教育の目標に「職業及び生活との関連を重視し、勤労を重んずる態度を養うこと」が規定された（二条二）。また「主体的に社会の形成に参画し、その発展に寄与する態度を養うこと」も併せて規定され（二条三）、職業選択という狭い視野にとらわれず、若者の積極的かつ勤勉な社会参画が企図されているところである。

(2)　義務教育後の進路の状況

令和四年度の学校基本調査では高校進学率が九八%を超え、中学校における進路指導は、高校への進学指導とほぼ同義になっている。少数ではあっても就職希望者や専修学校等への進学希望者もおり、見過ごされることなく適切な指導を受けられる体制が必要とされている。

また近年高校制度改革の進展により多様化が進み、生徒も親も、教師も学校の情報を熟知したうえでの進学先決定がかえって難しくなっている面が指摘される。高校の多様化は、画一的な偏差値主義からの離脱を狙ったものであったはずが、複雑になりすぎかえって単一の尺度に回帰せざるを得ないような、一極集中型の学校間の序列化が進み、中学校段階における進路指導を単調な成績至上主義、テスト主義にしている面がある。学校での指導は表向き「個性の尊重」や「行けるところより行きたいところ」という本人の選考や意思決定を重視する対応になることで、結果的に生徒や保護者の自己責任性が強まり、より確実な情報を求めて学習塾や偏差値に頼った進路選択行動をとっている面もある。

また不登校児童生徒数が増加する中、日頃学校生活や教員に直接コミットする機会の少ない生徒や保護者の進路相談について、誰がどのようにどのタイミングで関わっていくのか、についても現場の対応に任されており、今日的な課題として大きなものである。不登校児童生徒数が二十四万人を超え、なかでも中学校での不登校生徒数は五%に上るというデータをみれば、決して看過できない状況である。

さらに高校中退率は下がっているとはいえ、中学校では卒業生のうち高校中途退学者（や中途退職者）に対する進路指導は組織的には行われていない。一度のバーンアウトで、その後どこにも社会的な接続ポイントがないという状況が生まれているともいえ、若年層支援としてはこれも取り組まねばならない課題であろう。

(3)　高等学校における進路指導

令和四年度の学校基本調査によると高校から大学等進学率（通信課程含む）は五七・四%で、専修学校（専門課程）進学率は一七・三%、高校卒業後の就職者（パートタイム含む）は、一五・七%で一六万人程度である。そして四万五千人程度が進学や就職にあてはまらない、いわゆるニートとなって卒業している。主要な進路が進学となる中で、様々な理由から上級学校への進学を進路先としない生徒が一定数在籍する進路多様校が一部地域に偏る傾向もうかがえ、教員の進路指導経験の隔たりも大きくなっている。高等学校の進路指導においても、就職希望者や進学という選択肢を希望しない、できない生徒への指導が手薄になる状況が生まれている。

かつて高卒就職者が主流であった時代高校内で行われていた就職指導の慣行を見直す必要も指摘されているが、経験も知識も未熟な若年層が自由競争市場に放り出され振り回されることのないよう、現実的に破綻のない職業生活に導くサポートが必要とされている。

(4)　学校が行う職業紹介

学校における進路指導の一環として職業安定法に基づく職業紹介がある。職業安定法の規定では、学生生徒等の職業紹介については、公共職業安定所は学校と協力して、適切な求人開拓や能力に適合した職業のあっせんに努めなければならないとされる（二十六条学生生徒等の職業紹介等）。また職業を体験する機会または職業能力開発促進法三十条の三に規定するキャリアコンサルタントによる相談の機会の付与その他の職業の選択についての学生又は生徒の関心と理解を深めるために必要な措置を講ずるものとされる（二十六条③）。学校長は、公共職業安定所の業務の一部を分担することができるが、「学校の教育課程に適切でない職業に関する求人又は求職の申込みを受理しないこと」ができる（二十七条学校による公共職業安定所業務の分担）。

このように若年就労者を一定保護しつつ、適切な職業生活に入れるように学校が責任をもって窓口となる体制がとられている。

〈参考文献〉
日本キャリア教育学会編『キャリア教育概説』東洋館出版社、二〇〇八年。

（谷村　綾子）

27 キャリア教育

(1) 教育基本法とキャリア教育

政府は若年層の雇用・就労問題（ニートやフリーター志向）の顕在化に対して、平成一五年四月、文部科学省、厚生労働省、経済産業省及び内閣府の関係四大臣による「若者自立・挑戦戦略会議」を発足させ、同年六月に「若者自立・挑戦プラン」を取りまとめた。本プランは「教育段階から職場定着に至るキャリア形成及び就職支援」を具体的政策の筆頭に掲げ、「学校の教育活動の全体を通じ、子どもの発達段階を踏まえた組織的・系統的なキャリア教育を推進する」と明記している。

その後平成一八年に改正された教育基本法では、「職業及び生活との関連を重視し、勤労を重んずる態度を養うこと（二条）」を教育目標の一つとし、続く学校教育法の改正では義務教育の目標に進路選択能力の育成を組み入れた（二十一条「職業についての基礎的な知識と技能、勤労を重んずる態度及び個性に応じて将来の進路を選択する能力を養うこと」）。

平成二三年中教審答申（「今後の学校におけるキャリア教育・職業教育の在り方について」）では幼児期の教育から高等教育までを通したキャリア教育の在り方がまとめられ、同二五年六月閣議決定の第二期教育振興基本計画においても「幼児期の教育から高等教育まで各学校段階を通じた体系的・系統的なキャリア教育を充実し、特に、高等学校普通科におけるキャリア教育を推進すること」および「職場体験活動・インターンシップ等の体験活動や外部人材の活用など地域・社会や産業等と連携・協働した取組みを推進する」ことが基本施策として示され、就学前からの継続的なキャリア教育の構想が立ち現れた。

(2) 学習指導要領とキャリア教育

平成二九年、三〇年改訂の小学校・中学校・高等学校学習指導要領では、「特別活動を要としつつ各教科等の特質に応じて、キャリア教育の充実を図ること」とされた。

文部科学省は令和五年三月に「中学校・高等学校キャリア教育の手引き」（平成二九年、三〇年学習指導要領準拠）を発表している。社会構造や雇用環境が予測不能であるこれからの社会に、受け身になることなく主体的に向き合う姿勢を求めているが、キャリア教育において育むべき基礎的・汎用的能力を「人間関係形成・社会形成能力」「自己理解・自己管理能力」「課題対応能力」「キャリアプランニング能力」の四つの能力に整理している。また「キャリア・パスポート」（小学校、中学校、高等学校、特別支援学校等での一二年間の学びの記録を蓄積することを目的としたいわゆるポートフォリオ形式の個人記録）を用いたキャリア・カウンセリングなどを通して、日常生活で児童生徒の「気付き」を促し、主体的に考えさせ、児童生徒の行動や意識の変容につなげることを意図して働きかけることの大切さを説いている。

「キャリア・パスポート」の発想自体は平成三〇年頃からキャリア教育支援ツールとして文部科学省が推奨してきたものだが、令和二年四月より、全ての小学校、中学校、高等学校、特別支援学校で実施することとなった。「キャリア・パスポート」の引継ぎは学年間では教員が、校種間では児童生徒自身が行うことになっている（文部科学省初等中等教育局児童生徒課「『キャリア・パスポート』の学年・校種間の引き継ぎについて」令和三年二月一九日事務連絡）。現在、現場での浸透度や活用度が高いというわけではなく、本手引きで今後もてこ入れをしていく方向性をうかがわせている。

(3) 学校における組織体制

文部科学省はキャリア教育推進のために校内組織の整備を強く求めてきた。校長はキャリア教育の教育的意義や教育課程における位置づけなどについての考えを全教職員に示し、キャリア教育推進委員会等（校長、教頭、キャリア教育担当教員、教務主任、研究主任、生徒指導担当教員や、キャリア教育と内容的につながりの深い特別活動、総合的な学習の時間、道徳の担当教員等が想定されている）の校内組織を整えることが求められている（同手引き）。また職場体験活動などに際しては地域の企業等との連絡調整も必要であり、学校外の様々な人や施設、団体等と協働してキャリア教育を進めていく必要がある。教員だけの対応に任せず、キャリア教育コーディネーターなど民間資格取得者を支援員として置くなどして、地域・産業界と学校のネットワーク構築と連携を円滑にすすめ、外部資源を活用した授業実践やカリキュラム・プログラム作成支援を進める動きもみられる。

(5) 大学におけるキャリア教育

大学等進学率が五〇％を上回る現在、若年層の過半数にとって就職先決定時期は大学卒業時以降になっている。高校までの進路指導では学力試験に反映される能力に重きを置いた進学指導を受けてきた学生にとっては、社会に参画するという意味でのキャリア教育は大学生という時期まで持ち越されているともいえよう。大学に入学してからの四年間（短大の場合は二年間）で学生のキャリア形成支援をどのようなプログラムにおいて行うか、いかにして学生の就職意欲や社会参画意欲を高め充実したキャリアパスへとつなげるかは大学教育にとっての大きな課題になっている。

また就職後の離職率の高さも指摘される。厚生労働省が公表している新規学卒就職者の離職状況（令和三年十月）によると、令和二年の新規大卒の就職者離職率（三年以内離職者）は三一・二％であり、新規高卒就職者の離職率三六・九％

より低いものの、就職先とのミスマッチ等による早期離職を防ぐためにも、義務教育段階からの現場体験活動等を有効に機能させるようなキャリア形成支援が求められているといえよう。

〈参考文献〉

日本キャリア教育学会編『キャリア教育概説』東洋館出版社、二〇〇八年。

（谷村　綾子）

28 学生のボランティア

学生によるボランティア活動は、大地震や風水害、火山噴火、大規模火災等によって被害を受けた地域への救援活動としての長い歴史を持つ。近年では、児童生徒の学習や部活動支援等といった学校教育活動のサポートや地域清掃活動、高齢者の介護、さらには海外の貧困地域における学習支援といった活動を中心に展開されている。こうした活動に加えて、災害ボランティアとしての活動が多くみられるようになった。特に大学では、全国各地で引き続いて起きた大地震や豪雨の被害が甚大な地域に学生が赴き、ライフラインが途切れ極めて不自由な生活を強いられる住民へ直接的な支援を提供することが多い。被災住民には比較的高齢者が多く、地域の力だけではいかんともし難い状況がみられるため、貴重な人的資源としての役割がますます高まっている。こうした学生ボランティアには、災害が起こった際に学内でボランティアを募り大学から公的に派遣されるケースのほか、日常的に支援体制を整備しノウハウを蓄積している学生ボランティア組織が主体となった活動がある。前者は被災者支援を目的とする一時的な組織であるが、後者は国際協力、環境保護等に恒常的に取り組む組織である。両者ともに災害救援にあたっては物的支援や被災者の受け入れを直接的に意図するものではなく、被災地域の復旧・復興活動に従事する人的支援を中心としている。

阪神・淡路大震災が起きた平成七年をボランティア元年と呼ぶ。そして、平成二三年三月一一日の東日本大震災に際して、学生たちによる被災家屋内の清掃、瓦礫の撤去、住宅地街や諸工場での清掃、地元大学の学生ボランティアとの交流等もみられた。ただし、こうした活動が活発になると予期せぬ二次災害や学生自身の疾病も懸念されるため、実際に活動する前にはボランティア保険に加入することが推奨される。現在、（財）日本国際教育支援協会、社会福祉法人全国社会福祉協議会、（財）スポーツ安全協会等の公的保険の他に、国内旅行総合保険を取り扱う民間会社も用意するようになった。文部科学省も「東北地方太平洋沖地震に伴う学生のボランティア活動について（通知）」（平成二三年四月一日）において、ボランティア活動のための修学上の配慮及びボランティア活動に関する安全確保及び情報提供を各大学に促した。こうした促進効果もあって、平成二八年四月に震度七を連続して観測した熊本地震直後には、学校や地域の甚大な被害状況を受けて、学生ボランティアが個人、集団を問わず迅速に結集され、復旧・復興活動にあたった。台風や集中豪雨等の災害時において日本財団等の支援を受けて託児所やフリースペースの確保に精力的に取り組んでいる学生ボランティア団体も多く見られる。

なお、令和二年からの新型コロナウイルスの影響により、学生ボランティア活動に制限がかかっているケースもみられる。活動にあたっては、各地域に所在するボランティアセンターや社会福祉協議会が整理する留意事項等についての正しい理解がいっそう求められるようになっている。

〈参考文献〉

天笠茂編著『東日本大震災と学校』学事出版　二〇一三年。

（高妻　紳二郎）

29 プログラミング教育の導入と情報教育の推進

(1)　学習指導要領の改訂

情報化社会の急速な進展をふまえ、中央教育審議会答申（平成二八年一二月）は、「将来の予測が難しい社会においては、情報や情報技術を受け身で捉えるのではなく、手段として主体的に活用していく力が求められる。そのためには、発達の段階に応じて、情報活用能力を体系的に育んでいくことが重要になる」として、教育内容、すなわち学習指導要領の改訂内容に、小学校段階から「情報技術を手段として活用する力やプログラミング的思考の育成」を加えるよう提言した。

これらをうけて、改訂学習指導要領（平成二九年三月）では、小学校段階から「コンピュータでの文字入力等の習得、プログラミング的思考の育成」を、算数、理科、総合的な学習の時間などで取り組むように指示されている。（文部科学省「小学校プログラミング教育の手引」（令和2年2月）を確認しておきたい。https://www.mext.go.jp/a_menu/shotou/zyouhou/detail/1375607.htm）

また、中学校では、技術・家庭の〔技術分野〕において、内容の大項目「D　情報に関する技術」を、「D　情報の技術」とかえて、プログラミングや情報セキュリティについて充実すること、知的財産を創造・保護・活用する態度や技術にかかわる倫理観の育成等が指示されている。

高等学校学習指導要領（平成三〇年三月）では、「情報科」に共通必履修科目として「情報Ⅰ」を設定し、「情報社会の問題解決」「コミュニケーションと情報デザイン」「コンピュータとプログラミング」「情報通信ネットワークとデータの活用」などを通し、情報技術を活用して問題の発見・解決を行う学習活動を行い、情報社会に主体的に参画する資質・能力を育成することとされた。（文部科学省「情報教育の推進」を確認しておきたい。https://www.mext.go.jp/a_menu/shotou/zyouhou/detail/1369613.htm）

(2)　プライバシーと名誉毀損

政府は、平成九年七月四日に「人権教育のための国連一〇年に関する国内行動計画」を、平成一四年三月一五日には「人権教育・啓発に関する基本計画」を決定した。この五年間の間に、基本計画で新たに盛り込まれた項目が、「インターネットによる人権侵害」である。「発信者に匿名性があり、情報発信が技術的・心理的に容易にできる」インターネット上では、「他人を誹謗中傷する表現や差別を助長する表現等の個人や集団にとって有害な情報の掲載、少年被疑者の実名・顔写真の掲載など、人権にかかわる問題が発生している」など、具体的な問題状況が説明されている。

インターネット上のHP掲示板に名誉毀損行為（刑法第二三十条）にあたる内容を書き込まれた者が、自らの社会的地位の評価を著しく害されたとして訴えるケースは珍しくない（平成一四・一一・一二福岡地裁）。

掲示板の管理運営者に対して名誉毀損行為者の発信者情報開示を命じた判決（平成一五・三・三一東京地裁）では、匿名性による違法行為を抑制し、管理者の責任の限界を明示したプロバイダ責任制限法（特定電気通信役務提供者の損害賠償責任の制限及び発信者情報の開示に関する法律」第四条第一項「権利が侵害されたことが明らかであるとき（権利侵害要件）」と第二項「発信者情報の開示を受けるべき正当な理由があるとき（正当理由要件）」を理由に請求を認められ、その後も同様の判決が続いている。

電子掲示板に名誉を毀損する匿名の発言が書き込まれ、発言を削除する義務を怠ったとして掲示板管理運営を訴えた損害賠償・記事削除請求事件の判決では、一般に閲覧する者は、その書き込みが「すべて根拠のないものと認識するものではなく、幾分かの真実も含まれているものと考える」から、「対象とされた者の社会的評価が低下させられる危険が生じる」、「匿名性のゆえに規範意識の鈍麻した者によって無責任に他人の権利を侵害する発言が書き込まれる危険性が少なからずある」などと指摘し、賠償金の支払い等を命じた（平成一四・一二・二五東京高裁）。

なお、プロバイダ責任制限法は、令和三年の改正（令和三年四月二八日法律第二七号：令和四年一〇月一日施行）により、「インターネット上の誹謗中傷」などの権利侵害からの円滑な被害者救済を図るための「発信者情報開示について新たな裁判手続（非訟手続）」を創設するなどの制度的見直しが行われた。（総務省：https://www.soumu.go.jp/main_sosiki/joho_tsusin/d_syohi/ihoyugai.html）

(3)　「情報モラル」の育成

小学校及び中学校学習指導要領（平成二九年改訂版）、高等学校学習指導要領（平成三〇年改訂版）は、「総則」に、「学習の基盤となる資質・能力」として、「情報活用能力（情報モラルを含む。）」と位置付け、「特別の教科道徳」（『中校学習指導要領解説　特別の教科　道徳編』）では、「遵法精神」「公徳心」に関わる内容項目で、「インターネット上のルールや著作権など法やきまりに触れること」と例示されている。

「情報モラル」に関わる参考事例は、著作権法のような、インターネットを直接想定した条項を含む法律に抵触する事例と、名誉毀損罪のように刑法等の条文に抵触する事例に大別できる。前者に関しては、「不正アクセス行為の禁止等に関する法律」や「インターネット異性紹介事業を利用して児童を誘引する行為の規制等に関する法律（出会い系サイト規制法）」等があげられ、インターネットを対象とした独自の法整備が、今後とも進められていくものと思われる。

文部科学省が毎年実施しているいじめに関する調査「児童生徒の問題行動・不登校等生徒指導上の諸課題に関する調査結果について」では、「本調査において、個々の行為が『いじめ』に当たるか否かの判断は、表面的・形式的に行うことなく、いじめられた児童生徒の立場に立って行う」とし、「いじめの定義」について、「児童生徒に対して、当該児童生徒が在籍する学校に在籍している等当該児童生徒と一定の人的関係のある他の児童生徒が行う心理的又は物理的な影響を与える行為（インターネットを通じて行われるものを含む。）であって、当該行為の対象となった児童生徒が心身の苦痛を感じているもの。」「起こった場所は学校の内外を問わない。」とされている。

現実にも報告されたいじめ行為の態様のうち、「パソコンや携帯電話等で、ひぼう・中傷や嫌なことをされる」の認知件数は、小学校で九六九〇件／五五万一九四四件（一・八%）、中学校一万一四〇四／一一万一四〇四（一〇・二%）、高等学校二五六四／一万五五六八（一六・五%）、特別支援学校二六二／三〇三二（八・六%）、全体では、二万三九二〇／六八万一九四八（三・五%）となっている。

※数字部分は、本態様の件数／態様全体の総数（割合）

件数としては全体・各校種段階ともに前年度調査より漸増傾向にあり、特に中学校で多く報告されている（前年度九七八二件）。また割合では高校で高い傾向が続いている（前年度一七・三%）。（文部科学省「令和四年度児童生徒の問題行動・不登校等生徒指導上の諸課題に関する調査結果について」（令和五年十月四日））。

なお、近年では、学校関係におけるSNSを介した裁判例も確認されるようになり（福岡地裁小倉支部令和三年三月二日判決、さいたま地裁令和三年七月一四日判決など）、教育委員会等においても、SNSの利用に焦点をあてたいじめ問題への対応等が取り組まれている（たとえば『新潟県SNS教育プログラム（小中学校編：令和四年三月・高等学校編：令和三年三月、新潟県教育委員会」など）。https://www.ijimetaisaku.pref.niigata.lg.jp/download/kyoin/manual.html

（梅野　正信）

30　GIGAスクール構想

(1)　概要

GIGA（Global and Innovation Gateway for ALL）スクール構想とは、二〇一九（令和元）年一二月に閣議決定された『安心と成長の未来を拓く総合経済対策』において「初等中等教育において、Society 5.0という新たな時代を担う人材の教育や、特別な支援を必要とするなどの多様な子供たちを誰一人取り残すことのない一人一人に応じた個別最適化学習にふさわしい環境を速やかに整備するため、学校における高速大容量のネットワーク環境（校内LAN）の整備を推進するとともに、特に、義務教育段階において、令和五年度までに、全学年の児童生徒一人ひとりがそれぞれ端末を持ち、十分に活用できる環境の実現を目指すこととし、事業を実施する地方公共団体に対し、国として継続的に財源を確保し、必要な支援を講ずることとする。あわせて、教育人材や教育内容といったソフト面でも対応を行う。」との方針に基づき、学校現場におけるICT活用の推進に必要な財政支援を行うものである。

(2)　背景

「教育用コンピュータ整備計画（第一次）」（一九九〇～一九九四）では、小学校三台（児童用一台、教員用二台）、中学校二二台（生徒二人に一台、教員用二台）、普通科高等学校二三台（生徒二人に一台、教員用二台、校務用一台）、特別支援学校五台（生徒二人に一台、教員用二台）を数値目標として策定され、当初は「教育用コンピュータ整備補助金」により必要経費を一部補助する形であった。「教育用コンピュータ整備計画（第二次）」（一九九五～一九九九）では、小学校二二台（児童二人に一台、教員用二台）、中学校四二台（生徒一人に一台、教員用二台）、普通科高等学校四二台（生徒一人に一台、教員用二台）、特別支援学校八台（児童・生徒一人に一台、教員用二台）を目標に、地方交付税等による財政措置となった。さらに「教育用コンピュータ整備計画（第三次）」（二〇〇〇～二〇〇五）では、第二次と比べて小学校 四二台（児童一人に一台、教員用二台）に目標が修正された。

二〇〇六（平成一八）年の教育基本法改正に伴い二〇〇八年に策定された「第

一期教育振興基本計画」（二〇〇八～二〇一二）では、校内LAN整備率一〇〇%（二〇一〇年まで）、教育用コンピュータ一台当たりの児童生徒数三・六人、超高速インターネット接続率一〇〇%、校務用コンピュータ教員一人一台の整備、学校CIOの配置などの指標が設定された。二〇一四年に策定された「第二期教育振興基本計画」（二〇一三～二〇一七）を受け規定された「教育のIT化に向けた環境整備四か年計画」（二〇一四～二〇一七年度）においては、教育用コンピュータ一台当たりの児童生徒数三・六人（コンピュータ教室四〇台、各普通教室一台、特別教室六台、設置場所を限定しない可動式コンピュータ四〇台）、電子黒板・実物投影機の整備（一学級当たり一台）、超高速インターネット及び無線LAN整備率一〇〇%、校務用コンピュータ教員一人一台を実現するための地方財政措置が講じられた。二〇一八年の「第三期教育振興基本計画」において規定された測定指標をもとに策定された「教育のICT化に向けた環境整備五か年計画」（二〇一八～二〇二二年度）では、学習者用コンピュータの三クラスに一クラス分程度整備、指導者用コンピュータの授業を担任する教師一人一台整備、大型提示装置・実物投影機の一〇〇%整備、各普通教室一台、特別教室用として六台（実物投影機は小学校及び特別支援学校に整備）、超高速インターネット及び無線LANの一〇〇%整備、統合型校務支援システム一〇〇%整備、ICT支援員の四校に一人配置等が目標設定された。GIGAスクール構想は本計画の推進を要件に含むものである。

(3)　内容

学校教育法第五条の「設置者負担主義」の原則にもあるように、学校におけるICT環境の整備の責任主体は設置者である地方公共団体である。したがって、予算措置は原則として地方財政措置を通じて行われてきたが、本構想においてはこの基盤の上に、公立学校情報機器整備費補助金（一人一台端末整備）や公立学校情報通信ネットワーク環境施設整備費補助金（校内通信ネットワーク整備）等の国庫補助を活用したものである。内容については、主に以下の三点に整理可能である。

①児童生徒一人一台コンピュータ環境を実現するため、一台当たり上限四・五万円を補助（国公立は定額、私立は二分の一補助）し、二〇二三（令和五）年度までに、小中全学年での達成をはかる。「教育のICT化に向けた環境整備五か年計画」に基づく配備を除く、義務教育機関の「端末三クラスに一クラス分の配備」が対象となる。

②高速大容量の通信ネットワークを整備するため、二〇二〇（令和二）年度までに、全ての小・中・高校・特別支援学校等で校内ネットワークを完備する（国立は定額、公立私立は二分の一補助）。校内LANについては希望するすべての初等中等教育機関が対象で、電源キャビネットについては端末整備との関連性から義務教育機関が対象となっている。

③全国の自治体や学校が、より容易に、より効率的・効果的な調達ができるよう支援するために、モデル仕様書の提示や都道府県レベルでの共同調達の推進等に関する施策を展開する。例えば、学習者用端末のモデル仕様書については「新時代の学びを支える先端技術活用推進方策」の考え方に基づき、「Microsoft Windows」「Google Chrome OS」「iPadOS」の三OSについて提示している。その他、AIドリルなど先端技術を活用した実証の充実（「先端技術利活用ガイドライン」の策定）や、デジタル教科書の今後のあり方に関する検討等が掲げられている。

(4)　新型コロナ問題への対応に伴う変更点と今後の展望

新型コロナウイルス感染症の流行に伴うオンライン教育へのニーズが高まる等の影響により、令和二年度補正予算において、「GIGAスクール構想の加速による学びの保障」として、下記の施策が実施されることとなった。

①当初二〇二三（令和五）年に達成する見込みであった端末整備を前倒しで支援し、令和元年度の措置対象の小五・小六・中一）に加え、残りの小一～四年ならびに中二・中三生すべてを措置対象とする。

②障がいのある児童・生徒のための入出力支援装置を整備する。

③ICT関係企業OB等のICT技術者をGIGAスクールサポーターとして配置する際経費支援を行う。

④Wi-Fi環境が整っていない家庭に対するモバイルルーター（LTE通信環境）の無償貸与に係る経費を支援する。

⑤教員用のカメラやマイクを整備して遠隔授業を可能にするICT環境の整備を支援する。

⑥「学びの保障」オンライン学習システムの導入に向けた調査研究を行う。

本構想は、国が提示する標準仕様書に基づく都道府県単位を基本とした広域・大規模調達計画等の点で従来の施策とは一線を画すものである。

学校における教育の情報化の実態等に関する調査によれば、二〇二〇（令和二）年三月時点での教育用コンピュータ一台あたり児童生徒数は平均四・九人であったが、二〇二三（令和五）年三月時点では平均〇・九人と大幅に整備が進み、統計上は一人一台端末環境が実現する状況となった。

『安心と成長の未来を拓く総合経済対策』では本構想に加え「EdTech導入実証事業（経済産業省）」「教育現場の課題解決に向けたローカル5Gの活用モデル構築（総務省）」といった事業を通じて推進をはかる旨が示されている。省庁横断的な取り組みを通じた役割分担と協力のあり方が問われている。

（開沼　太郎）

31　著作権法・個人情報保護法と学校の責務

(1)　著作権法と学校における特例

著作権法（昭和四五年五月六日法律第四八号）は、著作権に含まれる権利として、複製権（二十一条）、公衆送信権等（二十三条）、展示権（二十五条）、頒布権（二十六条）、譲渡権（二十六条の二）、貸与権（二十六条の三）、翻訳権・翻案権等（二十七条）、二次的著作物の利用に関する原著作者の権利（二十八条）をあげている。

著作権は、原則として著作者の死後（共同著作物では、最後に死亡した著作者の死後）七〇年（「TPP11：環太平洋パートナーシップ協定」にもとづき二〇一八年一二月三〇日に発効）を経過するまで存続する（五十一条二項）。（無名又は変名の著作物〔五十二条〕、団体名義の著作物〔五十三条〕、映画の著作物〔五十四条〕は、著作物の公表から七〇年〔著作者没後から七〇年を経過した場合はその時まで〕を経過するまでの間）

インターネット上では容易にコピー等が可能であるが、限られた範囲の複製（三十条）、教育機関における複製（三十五条）などの場合（⑷で詳しく述べる）を除き、著作者の許諾を得ない複製は禁じられており、その場合でも著作者人格権としての公表権（同十八条）、氏名表示権（同十九条）、同一性保持権（同第二十条）を侵害してはならず、厳格に尊重しなければならない。自分以外の者の著作物をインターネット上に掲げるだけで、公衆送信権（同十条ならびに二十三条）の侵害になる可能性がある。

電子掲示板に匿名でかかれた文章の一部を転載して書籍の作成、出版、頒布した行為について損害賠償を命じた判決が出されている（平成一四・一〇・二九東京地裁）。他の著作物を断りなくＨＰ上に掲示する行為は、著作権者の公衆送信権、自動的公衆送信権、送信可能化権を侵害する行為と見なされかねない。教師の指導による教育成果（作品や行事の記録、写真やビデオ等）の公表等についても、一般に、教師の依頼を断り難い関係を考えれば、児童生徒、保護者から安易に了解を得ることを含め、慎重を期すことが求められる。

⑵　著作権の制限

著作物については、一定の条件の下で、著作権者の了解を得ることなく、複製等が許される場合がある（著作権の制限）。「著作権の制限」は、著作権法第三十条から第四七条に示されている。

・私的使用のための複製（第三十条）
・図書館等における複製（第三一条）
・引用（第三二条）
・教科用図書等への掲載（第三三条）
・学校教育番組の放送等（第三四条）
・学校その他の教育機関における複製（第三五条）
・試験問題としての複製（第三十六条）
・点字による複製等（第三七条）
・聴覚障害者のための自動公衆送信（第三七条の二）
・営利を目的としない上演等（第三八条）
・時事問題に関する論説の転載等（第三九条）
・政治上の演説等の利用（第四十条）
・時事の事件の報道のための利用（第四一条）
・裁判手続等における複製（第四一条の二）
・行政機関情報公開法等による開示のための利用（第四二条の三）
—第四三条～四七の一まで省略—
・プログラムの著作物の複製物の所有者による複製等（第四七条の三）

教育関係者が特に理解しておく必要がある条文について説明する。

第三十条（私的使用のための複製）は、「個人的に又は家庭内その他これに準ずる限られた範囲内において使用すること」を条件に複製を認めている。「限られた範囲内」でも、技術的保護手段の回避（コピープロテクトの除去又は改変）による場合は著作権者の許可が必要（第三十条第一項二）であるし、デジタル方式の録音や録画は、「相当な額の補償金を著作権者に支払わなければならない。」（第三十条第二項　記録媒体の販売価格に含まれる旨明記されている事が多い）。

自動複製機器（コピー機）を用いて複製する場合は「著作権の制限」対象から除くとしている（第三十条第一項一）が、附則で「専ら文書又は図画の複製に供するものを含まないものとする」との経過措置をとり、これを許容している。

第三二条（引用）は、自分の論文等の文章に他人の著作物の一部を挿入する場合、報道、批評、研究その他の目的上正当な範囲で、引用者の文章が主で引用文が従であることが明らかであり、かつ、引用の範囲と出典を明記すること等を条件に、著作権者に断り無く引用することを認めている。

第三三条（教科用図書等への掲載）は、「学校教育の目的上必要と認められる限度」において、教科用図書に掲載することを認めている。（著作者に通知し、「文化庁長官が毎年定める額の補償金」を著作権者に支払わなければならない。）

⑶　学校教育における特例

第三五条（学校その他の教育機関における複製等）は、学校関係者に最も関係の深い条文である。

「第三五条　学校その他の教育機関（営利を目的として設置されているものを除く。）において教育を担任する者は、その授業の過程における使用に供することを目的とする場合には、必要と認められる限度において、公表された著作物を複製することができる。ただし、当該著作物の種類及び用途並びにその複製の部数及び態様に照らし著作権者の利益を不当に害することとなる場合は、この限りでない。」

第三五条は、教師に対し、「その授業の過程における使用に供することを目的とする場合」で、なおかつ「著作権者の利益を不当に害する」ことにならない限りにおいて、①「必要と認められる限度」において、②使用する教師もしくは児童生徒自身が、公表された著作物を複製や公衆送信を目的として、③授業の中で、複写と使用を認めている。これによりインターネットから著作物をダウンロードして印刷、複製し、これを用いて教材作成を行い、教材として複製し、配布して使うことができる。

なお、大学を含む学校教育等において普及・一般化してきた、公衆送信（インターネット送信等）の利用については、「対面授業の様子を遠隔地に同時中継する場合以外の公衆送信」（平成三〇年改正著作権法による『授業目的公衆送信補償金制度』の施行ついて」令和二年四月二四日、各都道府県知事、教育委員会、大学学長等あて、文化庁次長通知）を対象として、第二項（前項の規定により公衆送信を行う場合には同項の教育機関を設置する者は、相当な額の補償金を著作権者に支払わなければならない。）が加えられ、補償金の徴取については、令和三年度から運用が始まった。

この「授業目的公衆送信補償金制度」により、対面授業及び同時中継授業（「同期型」授業）の授業中における著作物の利用は、これまでどおり「許諾不要」「無償」（第三五条第一項及び第三項）となるが、対面授業や同時中継授業であっても、授業の前後（「異時」）に著作物をメール等で送信、アップロードする行為、あるいは、オンデマンド授業や受講者のいないスタジオ等から同時配信する授業において著作物を送信する行為等は、「許諾不要」ではあるが、「有償」すなわち本補償金制度の対象（同条第二項）となった。学校設置者である教育委員会、学校法人等による通知、説明等を確認しておきたい。

一般に、授業の中での活用は著作権者の了解無く利用することが許されるが、授業以外の場（展覧会や学校行事、研究会など第三者の目に触れるような場合）での利用、授業の中であっても、販売目的で作製された副読本やドリルなどの著作物は、「著作権者の利益を不当に害する」規定に抵触するため、許されない。

「試験問題としての複製」（第三六条）は、「入学試験その他人の学識技能に関する試験又は検定の目的上必要と認められる限度において」複製することができるが、「営利を目的」とする場合は、通常の使用料の額に相当する額の補償金を著作権者に支払わなければならない。

「プログラムの著作物の複製物の所有者による複製等」（第四七条の三）では、購入したソフトウエアについて、破損等に備えての複製はできるが、認められた以上の、複数の機器に使用するための複製をしてはならないと定められている。

第五〇条は、以上の「著作権の制限」について、「著作者人格権に影響を及ぼすものと解釈してはならない」と明示している。著作者人格権としての「公表権」（第十八条）、「氏名表示権」（第十九条）、「同一性保持権」（第二三条）を不当に侵害することのないよう留意することが必要である（文化庁「著作権なるほど質問箱」が事例をもとに解説している。http://chosakuken. bunka. go. jp/naruhodo/）。

(4)　個人情報保護法と学校の責務

個人情報の利用と不正利用による被害が拡大する中、個人情報の濫用を防止するため、「個人の権利利益」を保護するルールの法整備が課題となった。個人情報の保護に関する法律（平成一五年五月三〇日法律第五七号）は、多数の児童生徒、保護者の、現在及び過去に関わる膨大な情報を、収集・管理・活用する学校及び教師にとって、最も密接に関与し責任を課される法の一つである。

なお、公立学校が保有する個人情報の取扱いに関しては、当該公立学校が所在する各地方公共団体が定める個人情報の保護に関する条例が、私立学校の場合には個人情報保護法が、適用される。

①（個人情報の定義）　個人情報とは、「生存する個人に関する情報」であって、「当該情報に含まれる氏名、生年月日その他の記述等により特定の個人を識別することができるもの（他の情報と容易に照合することができ、それにより特定の個人を識別することができることとなるものを含む。）」（第二条第一項）と定義されている。児童生徒、保護者の氏名、性別、生年月日、住所、年齢、職業、続柄等の事実に関する情報、さらには、個人の身体、財産、職種、肩書、学暦（学校の在籍記録、学籍番号、科目履修表、学業成績、人物評価）などがあげられる。また、公刊物等によって公にされている情報、映像や音声による情報（写真やビデオ等に記録したものなど）も含まれる。いずれも教職員間で日常的に確認したり、利用し、話題となることの多い情報である。児童生徒と保護者に関するこれらの情報を、氏名等と相まって「特定の個人を識別することができる」状態で、自らの権限を越えて活用することは、許されない。

同条には、ほかにも、「要配慮個人情報」（第二条第三項：本人の人種、信条、社会的身分、病歴、犯罪の経歴、犯罪により害を被った事実その他本人に対する不当な差別、偏見その他の不利益が生じないようにその取扱いに特に配慮を要するものとして政令で定める記述等が含まれる個人情報）、「個人情報データベース等」（第二条四：個人情報を含む情報の集合物で、特定の個人情報を電子計算機を用いて検索することができるように体系的に構成したもの、及び特定の個人情報を容易に検索することができるように体系的に構成したものとして政令で定めるもの」、「個人データ」（第二条六：個人情報データベース等を構成する個人情報）等の説明が付されている。とりわけ、児童生徒の「要配慮個人情報」を取得する機会の少なくない教育関係者には、「あらかじめ本人の同意を得ないで、要配慮個人情報を取得してはならない」（第十八条）こと等、取り扱いについて、厳に慎重であるべきことなど、十全の理解が必要である。

②（利用目的の特定）「個人情報を取り扱うに当たっては、その利用の目的をできる限り特定しなければならない」とされている。（第十七条第一項）授業評価アンケートの収集や卒業生の就職状況の整理、外部団体への提供などに際しては、収集する個人情報に関するデータ（個人データ）の利用目的や趣旨を厳格に特定し、情報の提供先を具体的に特定し、これらを明示した上で、収集しなければならない。

③（正確性の確保）　個人データは、常に情報を最新かつ正確に保つ義務があり（第二二条）、本人などから求められる開示、内容の訂正、追加又は削除、利用の停止、消去及び第三者への提供の停止に応じることが求められる。

④（第三者提供の制限）　要配慮個人情報に限らず、個人データであっても、あらかじめ本人の同意を得ないまま、第三者に提供することはできない（第二七条第一項）し、安全管理の側面から、「本人又は第三者の生命、身体、財産その他の権利利益を害するおそれがある場合」（第二一条第四項一、第二五条第一項一）は、細心の注意をもって対応することが求められる。なお、例外的に、あらかじめ特定された利用目的の範囲を超えて個人情報を取り扱うことのできる事例として、防災等の緊急時など、「人の生命、身体又は財産の保護のために必要がある場合であって、本人の同意を得ることが困難であるとき」（第一八条第三項二、第二七条第一項二）などの規定がおかれている。

⑤（安全管理）　個人データの漏洩による権利利益の侵害は甚大であるだけでなく、回復困難な被害であることが少なくない。「個人データの漏えい、滅失又はき損の防止その他の個人データの安全管理のために必要かつ適切な措置を講じなければならない」（第二十三条）ことは、当然である。

学校及び教職員は、将来ある児童生徒の人生、保護者や地域社会の人間関係をも左右しかねない情報を保管、管理、活用していることを十分に自覚しておくことが必要である。

学校等に関する本法の適用や留意点については、個人情報保護法の改正（平成二九年）により、個人情報保護委員会（行政委員会）へと監督権限が一元化され、「個人情報の保護に関する法律についてのガイドライン（通則編）」等が公表されている。

なお、本法は、個人情報の保護・強化と利活用を見すえた改正（令和二年六月一二日公布、令和四年四月一日施行）などが行われている。「『個人情報の保護に関する法律についてのガイドライン』及び『個人データの漏えい等の事案が発生した場合等の対応について』に関するQ&A」（個人情報保護委員会）を確認しておきたい。　https://www.ppc.go.jp/personalinfo/legal/#APPI（梅野　正信）

32 通信教育

(1)　概要

通信教育は、印刷物や放送をはじめとしたメディアを介して行われる教育である。いわゆる通信制の教育課程のように一定のカリキュラムや計画に基づいて実施される教育を指す場合が多いが、教育者と学習者が異なる時間や場所で教育活動を行う遠隔教育の一形態と捉える向きもある。インターネットの普及や新型コロナウイルス感染症の流行に伴うオンライン教育へのニーズ等の高まりに伴い、通信教育のあり方にも変化が生じている。

教育基本法三条に「あらゆる機会に、あらゆる場所において学習」できる社会の実現が求められているように、通信教育は時間や空間の拘束を受けない手段として重要な役割が期待される。法令に基づく通信教育としては、学校教育法を根拠とした学校通信教育と社会教育法を根拠とした社会通信教育に大別可能である。

(2)　学校通信教育

学校通信教育は高等学校（特別支援学校高等部を含む）並びに大学（短期大学・大学院を含む）に関する規定が主となる。学校教育法五十四条には、一項で「高等学校には、全日制の課程又は定時制の課程のほか、通信制の課程を置くことができる」、二項で「高等学校には、通信制の課程のみを置くことができる」との規定がある。この規定に基づいて設置される学校を一般に「通信制高等学校」と称する。さらに三項では、当該高等学校の所在する都道府県の区域内に住所を有する者のほか、全国的に他の都道府県の区域内に住所を有する者を併せて生徒とする「広域の通信制の課程」に関する定めがある。学校教育法施行規則百一条には「通信制の課程の設備、編制その他に関し必要な事項は、この章に定めるもののほか、高等学校通信教育規程（昭和三七年文部省令第三二号）の定めるところによる」との規定があり、学校教育法三条に規定する学校設置基準とは別に「高等学校の通信制の課程において教育を行うために必要な最低の基準」（高等学校通信教育規程一条二項）が設けられている。本規程には、二条において「高等学校の通信制の課程で行なう教育（以下「通信教育」という。）は、添削指導、面接指導及び試験の方法により行なうものとする」（一項）、「通信教育においては、前項に掲げる方法のほか、放送その他の多様なメディアを利用した指導等の方法を加えて行なうことができる」（二項）、「通信教育においては、生徒に通信教育用学習図書その他の教材を使用して学習させるものとする」（三項）といった教育方法に関する定めをはじめ、収容定員（四条に原則二百四十名以上と規定）や教職員、校舎の面積や設備等の規定がある。また、定時制教育との共通点や相違点が規定された「高等学校の定時制教育及び通信教育振興法」には、「働きながら学ぶ青年に対し、教育の機会均等を保障」する目的が示されている。

大学・大学院に関する規定としては、学校教育法八十四条で「大学は、通信による教育を行うことができる」、百一条では「大学院を置く大学には、夜間において授業を行う研究科又は通信による教育を行う研究科を置くことができる」とあり、「大学通信教育設置基準」「短期大学通信教育設置基準」が省令として設けられている。大学通信教育設置基準三条には、「授業は、印刷教材その他これに準ずる教材を送付若しくは指定し、主としてこれにより学修させる授業（以下「印刷教材等による授業」という。）、主として放送その他これに準ずるものの視聴により学修させる授業（以下「放送授業」という。）、大学設置基準二十五条一項の方法による授業（以下「面接授業」という。）若しくは同条二項の方法による授業（以下「メディアを利用して行う授業」という。）のいずれかにより又はこれらの併用により行うものとする」、二項には「印刷教材等による授業及び放送授業の実施に当たつては、添削等による指導を併せ行うものとする」と教育方法に関する定めがある。また、同基準五条には「各授業科目の単位数は、一単位の授業科目を四十五時間の学修を必要とする内容をもつて構成することを標準とし、「印刷教材等による授業については、四十五時間の学修を必要とする印刷教材等の学修をもつて一単位」「放送授業については、十五時間の放送授業をもつて一単位」「面接授業及びメディアを利用して行う授業については、大学設置基準第二十一条第二項各号の定めるところ」と位置付けている。この規定は一九九八（平成一〇）年に改正されたものであり、「メディアを利用して行う授業」を「面接授業」の代替として活用する形で大学の卒業要件の一二四単位の修得が可能となった。

特に大学通信教育においてはオンライン授業の需要が高まっており、二〇一二年にアメリカで始まった「大規模公開オンライン講座（MOOC = Massive Open Online Course）」と呼ばれる通信教育プログラムが普及しつつあり、日本でも一般社団法人 JMOOC（日本オープンオンライン教育推進協議会）が二〇一四（平成二六）年に設立された。

二〇二三（令和五）年度の学校基本調査によると、通信制高等学校は二八八校（独立校・併置校）あり、協力校が三一〇校存在する。在籍者数は約二六万人であり、近年増加傾向にある。高等教育機関の学校数・在籍者数をみると、大学は四六校・約二二万人、短期大学は一一校・約二万人、大学院が二七校・約七〇〇〇人となっている。

対して、特に義務教育では学校教育法附則八条の規定により尋常小学校卒業者及び国民学校初等科修了者に中学校の通信教育を認めた「中学校通信教育規程」がある。また、学校教育法一条に規定する「一条校」以外の教育機関における通信教育としては、専修学校設置基準五条に「昼間学科又は夜間等学科を置く基本組織には、通信による教育を行う学科を置くことができる」との定めがある。

(3)　社会通信教育

社会通信教育は、社会教育法四十九条にあるように学校通信教育以外の通信教育を指す。同法五十条には、社会通信教育の定義として「通信の方法により一定の教育計画の下に、教材、補助教材等を受講者に送付し、これに基き、設問解答、添削指導、質疑応答等を行う教育をいう」との規定がある。同法五十一条には「文部科学大臣は、学校又は一般社団法人若しくは一般財団法人の行う通信教育で社会教育上奨励すべきものについて、通信教育の認定を与えることができる」との規定があり、この条項に基づいて文部科学大臣が認定したものを「認定社会通信教育（文部科学省認定社会通信教育）」と称する。認定にあたっては社会教育法をはじめ、「社会通信教育規程」及び「社会通信教育基準」の規定に基づく審査が行われる。認定社会通信教育には実施要領の策定や講座に係わる第四種郵便物の適用などの定めがあり、令和五年九月現在で二四団体一〇五課程が設置され、事務系三六課程、技術系二九課程、生活技術・教養系四〇課程で行われている。

認定社会通信教育以外に一般の社会通信教育も広く行われており、民間企業による通信講座などの多くはこちらに該当する。厚生労働省所管の教育訓練給付制度指定講座など、文部科学省以外の省庁や公的機関が認定する講座も多数存在している。

（開沼　太郎）

33 専修学校・各種学校

(1) 専修学校

専修学校は、昭和五〇年の学校教育法の一部改正により設けられたもので、いわゆる一条校（同法一条で規定される学校）以外の教育施設で、「職業若しくは実際生活に必要な能力を育成し、又は教養の向上を図ること」を目的とする組織的な教育を行う教育施設である（同法百二十四条）。実践的な職業教育ならびに専門的な技術教育を行うことに特徴があり、工業、農業、医療、衛生、教育・社会福祉、商業実務、服飾・家政、文化・教養といった領域におけるスペシャリストの育成を担っている。

専修学校は、後述する各種学校を整備改善したもので、一定の基準（修業年限が一年以上、授業時数が文部科学大臣の定める授業時数以上、教育を受ける者が常時四十人以上）を満たすことが求められる。これらの基準ならびに専修学校設置基準に定める各種基準（組織編制、教育課程、教員、施設・設備等）を満たしている場合に、所轄庁である都道府県知事の認可を受けて設置される。

専修学校には高等課程、専門課程、一般課程の三課程があり、高等課程は中学校卒業者等を、専門課程は高等学校卒業者等を対象とした教育を、一般課程はこれら以外の教育を行う（同法百二十五条）。そして、高等課程を置く専修学校は高等専修学校、専門課程を置く専修学校は専門学校とそれぞれ称することができる（同法百二十六条）。

平成六年からは、一定の要件（①修業年限が二年以上、②総授業時数が一七〇〇時間（六二単位）以上、③試験等により成績評価を行い、その評価に基づいて課程修了の認定を行っていること）を満たした課程で、文部科学大臣が認めた専門学校の修了者に対しては、「専門士」の称号が付与されることとなった。また、平成一〇年の学校教育法等の改正により、「専門士」の称号が付与される課程を修了した者は、大学への編入学資格が認められるようになった。平成一七年には、一定の要件（①修業年限が四年以上、②総授業時数が三四〇〇時間（一二四単位）以上、③体系的に教育課程が編成されていること、④試験等により成績評価を行い、その評価に基づいて課程修了の認定を行っていること）を満たした課程で、文部科学大臣が認めた専門学校の修了者に対しては、「高度専門士」の称号が付与されることとなった。

平成二六年には、専修学校の専門課程における職業教育の水準の維持向上を図ることを目的として、「職業実践専門課程」が設けられた。これは、専門学校のうち、職業に必要な実践的かつ専門的な能力を育成するために、専攻分野における実務に関する知識、技術及び技能について組織的な教育を行うものを文部科学大臣が認定して奨励するものであり、企業等と密接に連携して、最新の実務の知識・技術・技能を身につけられる実践的な職業教育に取り組む学科である。

なお、令和四年度学校基本調査によれば、専修学校数は三〇五一校、生徒数は約六四万人となっている。

(2) 各種学校

各種学校は、学校教育法百三十四条（平成一九年改正法）に規定される教育施設である。同条文は「第一条に掲げるもの以外のもので、学校教育に類する教育を行うもの（当該教育を行うにつき他の法律に特別の規定があるもの及び第百二十四条に規定する専修学校の教育を行うものを除く。）は、各種学校とする。」と定めている。それは、明治一二年の教育令に起源があるとされ、和洋裁、簿記、珠算、自動車整備、調理・栄養、看護師、保健師、理容、美容、タイプ、英会話、工業など多種多様な教育内容が提供されている。

各種学校としての必要事項は各種学校規程に定められており、これを満たしている場合に所轄庁である都道府県知事の認可を受けて設置される。基準の大要は次のとおりである。①修業期間は一年以上。ただし、簡易に修得できる課程については三月以上一年未満とすることができる。②授業時数は、修業期間が一年以上の場合は年間六八〇時間以上を基準とする。一年未満の場合はその修業期間に応じて時数を減ずる。③生徒の収容定員は、教員数、施設および設備その他の条件を考慮して適当な数を定める。特別の事由がある場合を除き、同時に授業を行う生徒数は四〇人以下とする。④校長のほか、課程および生徒数に応じて必要な数の教員（三人を下ることができない）を置く。⑤教育の目的を実現するため必要な校地、校舎、校具、その他の施設設備を備えなければならない。⑥校舎面積は、原則として、一一五・七〇平方メートル以上とし、かつ、同時に授業を行う生徒一人当り二・三一平方メートル以上とする。⑦課程・生徒数に応じ必要な種類と数の校具、教具、図書その他の設備を備えなければならない。

なお、「予備校」は、ほとんどが各種学校であり、また外国人学校は、法令の規定上明示されているように、すべて各種学校である。他方、学校教育法以外の他の法律に根拠を有する教育施設として、職業能力開発促進法に基づく職業能力開発総合大学校、児童福祉法に基づく保育所、防衛省設置法に基づく防衛大学校、防衛医科大学校等があるが、これらは専修学校・各種学校には該当しない。

（服部　憲児）

34 生活・総合的な学習の時間

(1) 生活

一九八七（昭和六二）年の教育課程審議会答申において、「低学年の児童の心身の発達状況に即した学習指導が展開できるようにする観点から、新教科として生活科を設定し、体験的な学習を通して総合的な指導を一層推進するのが適当である」とする提言がされた。これを受け、一九八九（平成元）年告示の学習指導要領では、小学校低学年（一、二年生）に、従来の「社会」と「理科」を廃止し、「具体的な活動や体験を通して、自分自身や自分の生活について考えさせるとともに、その過程において生活上必要な習慣や技能を身に付けさせ、自立への基礎を養うことを目標」とする「生活」が新設された。（『小学校指導書　生活編』文部省、平成元年）

二〇一七（平成二九）年告示の学習指導要領では、「幼児期の教育とのつながりや小学校低学年における各教科等における学習との関係性、中学年以降の学習とのつながりも踏まえ、具体的な活動や体験を通して育成する資質・能力が具体的になるよう」見直された。そして、目標として、「具体的な活動や体験を通じて、身近な生活に関わる見方・考え方を生かし、自立し生活を豊かにしていくための資質・能力を育成することを目指す」ものであることを明確化した。また、学習内容を「学校、家庭及び地域の生活に関する内容」「身近な人々、社会及び自然と関わる活動に関する内容」「自分自身の生活や成長に関する内容」の三つに整理している。(『小学校学習指導要領解説　生活編』文部科学省、平成二九年)

(2)　総合的な学習の時間

一九九八（平成一〇）年の教育課程審議会答申において、「各学校が創意工夫を生かして、特色ある教育活動を展開できるような時間を確保すること」「自ら学び自ら考える力など［生きる力］は全人的な力であることを踏まえ、国際化や情報化をはじめ社会の変化に主体的に対応できる資質や能力を育成するために教科等の枠を超えた横断的・総合的な学習をより円滑に実施するための時間を確保すること」の趣旨から、「総合的な学習の時間」を創設する提言がされた。これを受け、一九九八（平成一〇）年告示の小・中学校学習指導要領（高等学校は平成一一告示）に位置づけられた（小学校三年生から高等学校に至る）。

二〇〇八（平成二〇）年告示の小・中学校（高等学校は平成二一年告示）学習指導要領においては、総則中の一項目から独立して一つの章となり、『学習指導要領解説』が刊行された。そこでは、「総合的な学習の時間は、変化の激しい社会に対応して、自ら課題を見付け、自ら学び、自ら考え、主体的に判断し、よりよく問題を解決する資質や能力を育てることなどをねらいとすることから、思考力・判断力・表現力等が求められる「知識基盤社会」の時代においてますます重要な役割を果たすもの」とされ、「探究的な学習」を行うことや、「協同的」に取り組む態度を育てることなどが重視された。(『小学校学習指導要領解説　総合的な学習の時間編』文部科学省、平成二〇年)

二〇一七（平成二九）年告示の小・中学校学習指導要領においては、「探究的な学習の過程を一層重視し、各教科等で育成する資質・能力を相互に関連付け、実社会・実生活において活用できるものとするとともに、各教科等を越えた学習の基盤となる資質・能力を育成する」ことを基本的な考えとして改訂された。そして、目標の改善として、「探究的な見方・考え方を働かせ、横断的・総合的な学習を行うことを通して、よりよく課題を解決し、自己の生き方を考えていくための資質・能力を育成することを目指す」ものであることを明確化した。

また、学習指導要領の「第一章　総則」では、「各学校の教育目標を明確にすること、その際、総合的な学習の時間で定める目標との関連を図ること」が規定され、「第五章　総合的な学習の時間」では、総合的な学習の時間の目標を設定するにあたり、各学校における教育目標を踏まえて、育成を目指す資質・能力を設定することが示された。総合的な学習の時間においては、これまで以上に学校の教育目標を踏まえ、教科等横断的なカリキュラム・マネジメントが行われることが求められている。

さらに、学習内容、学習指導の改善・充実として、「教科等を越えた全ての学習の基盤となる資質・能力を育成するため、課題を探究する中で、協働して課題を解決しようとする学習活動や、言語により分析し、まとめたり表現したりする学習活動、コンピュータ等を活用して、情報を収集・整理・発信する学習活動が行われる」ことなどが示されている。(『小学校学習指導要領解説　総合的な学習の時間編』文部科学省、平成二九年)

二〇一八（平成三〇）年告示の高等学校学習指導要領からは、「総合的な探求の時間」となり、「各教科・科目等の特質に応じた「見方・考え方」を総合的・統合的に働かせることに加えて、自己の在り方生き方に照らし、自己のキャリア形成の方向性と関連付けながら「見方・考え方」を組み合わせて統合させ、働かせながら、自ら問いを見いだし探究する力」を育成するようにしている。(『高等学校学習指導要領解説　総合的な探究の時間編』文部科学省、平成三〇年)

（蜂須賀　洋一）

35 放送大学

放送大学は、学校法人放送大学学園により設置され、放送により授業を行い、広く社会人に大学教育を受ける機会を提供するために設置された私立大学である。同大学の設置経緯は、一九八一年成立の放送大学学園法に基づき、まず、一九八一年に放送大学学園が設立され、続いて同学園により一九八三年に放送大学が設置された。この大学の目的は、「各専門分野における学術研究を通じて新しい教養の理念を追求し、放送を活用して大学教育を行い、併せて広く生涯学習の要望に応えること」（放送大学学則）とされており、発達した放送メディアを活用した新しい高等教育システムを用い、生涯学習社会の進展に応えるため設置されたのである。

学部として教養学部教養学科が置かれ、さらに、大学院では修士課程の文化科学研究科文化科学専攻が置かれ、さらに、大学院博士後期課程も設置されている。修業年限は学部四年、修士課程二年である。

放送大学の特色は、その授業形態である。本部は千葉市に置かれているが、学生は全国五七か所に置かれた学習センターとサテライトベースで面接授業を受けるとともに、通常の授業は、印刷教材と放送（テレビ、ラジオ、インターネット）により受講する。各授業の中では通信指導がなされ、最終的な単位認定は各学習センターで実施される単位認定試験により行われている。

放送大学を設置する放送大学学園の法的位置づけは当初、特殊法人として設立されたが、二〇〇二年に放送大学学園法が改正され、「放送大学学園は、大学を設置し、当該大学において、放送等による授業を行うとともに、全国各地の学習者の身近な場所において面接による授業等を行うことを目的とする学校法人（私立学校法（昭和二四年法律第二七〇号）三条に規定する学校法人をいう。）とする」（放送大学学園法三条）と規定され、学校法人としての法的位置づけをえることとなった。この変更は、特殊法人等整理合理化計画（平成一三年一二月一九日閣議決定）に基づき実施されたものであり、財務、会計、人事面における規制が少なくなり、大学の自主・自律性に基づいた運営が可能となった。

（平田　敦義）

36 学校・家庭・地域社会の連携

学校・家庭・地域社会による連携の必要性は、子どもや大人を取り巻く学校・家庭・地域社会の教育力の課題として認識されてきた。具体的には、学校施設の開放を通じた連携から、教育機能を活用する連携へ、そして一方向的な連携から、相互の協働に力点を置いた関係へと展開されつつある。

○学校開放

学校の保有する施設・教職員・情報などを地域社会に開放して地域住民の利用

に供することを学校開放という。学校教育上支障のない限り、管理機関の許可のもとで、学校施設を社会教育のために利用させることができる。学校施設の地域社会への開放は、学校教育法および社会教育法で規定されており、地域住民の体育活動や文化活動の推進に一定の役割を果たしてきた。

○「開かれた学校」づくり

一九八七年の臨時教育審議会（第三次答申）は、従来の学校開放の範囲をこえた「開かれた学校と管理・運営の確立」を提唱し、学校・家庭・地域社会による有機的な連携の必要性を指摘した。一九九六年の中央教育審議会「二一世紀を展望した我が国の教育の在り方について（第一次答申）」は、子どもの育成は学校・家庭・地域社会との連携・協力なしには成し得ないとして、学校が開かれたものとなることを重視した。

そして、一九九八年の中央教育審議会答申「今後の地方教育行政の在り方について」の提言を受けて、二〇〇〇年四月に学校教育法施行規則が改正され、学校評議員制度が導入された。さらに、二〇〇四年の中央教育審議会答申「今後の学校の管理運営の在り方について」等を踏まえた「地方教育行政の組織及び運営に関する法律」の一部改正により、学校運営協議会が制度化された。また、学校評価に関する二〇〇七年の学校教育法の改正で、学校運営の状況に関する情報を保護者等に積極的に提供することが規定された。こうして保護者・地域住民の声を学校運営に反映させ、参画を可能とする仕組みづくりが進められた。

○「地域とともにある学校」へ

二〇〇二年度から導入された完全学校週五日制や「総合的な学習の時間」を契機として、地域素材のカリキュラムへの活用や、保護者・地域住民による体験活動への協力など、家庭や地域社会の協力を得ながら「生きる力」を育むために教育力を充実させる取り組みが増加した。

その後、教育基本法に十三条（学校、家庭及び地域住民等の相互の連携協力）が新設されたことを受けて、学校支援地域本部、放課後子供教室、土曜学習応援団、地域未来塾等の事業や、地域において家庭教育を支援する取り組みが各地で進められた。

そして、二〇一五年の中央教育審議会「新しい時代の教育や地方創生の実現に向けた学校と地域の連携・協働の在り方と今後の推進方策について（答申）」において、全公立学校に学校運営協議会の導入を目指すことが明記され、二〇一七年の地教行法の改正によって設置が努力義務化された。同年には改正社会教育法も施行されて、「地域学校協働活動推進事業」が制度化された。同答申は、「これからの学校と地域の連携・協働の姿」として次の三点を挙げている。

①地域住民等と目標やビジョンを共有し、地域と一体となって子供たちを育む「地域とともにある学校」への転換

②地域の様々な機関や団体等がネットワーク化を図りながら、学校、家庭及び地域が相互に協力し、地域全体で学びを展開していく「子供も大人も学び合い育ち合う教育体制」の構築

③学校を核とした協働の取組を通じて、地域の将来を担う人材を育成し、自立した地域社会の基盤の構築を図る「学校を核とした地域づくり」の推進

今日では「社会に開かれた教育課程」の実現が学習指導要領の理念であり、学校・家庭・地域住民が当事者意識をもって参画し、熟議を通じてビジョンを共有し、ともに連携・協働することが求められている。そのためにも、学校と地域の双方で連携・協働を推進するための組織的・継続的な仕組みの構築が必要である。

〈参考文献〉
文部科学省ホームページ（二〇二三年八月三一日参照）。（宮村　裕子）

37 日本人学校・補習授業校

○定義と経緯

海外に在留する日本人の子どもたちに、国内の学校教育に準じた教育を実施することを目的とした在外教育施設。

第二次世界大戦後、海外子女ための学校として最も早く設立されたのは一九五三（昭和二八）年開校の台北日本人学校である。その後一九五六（昭和五六）年には在外公館がはじめて公式にかかわったバンコク日本人学校が設立された。

一九六〇年代に入ると、海外子女数が増加し、世界各地に日本人学校・補習授業校が設置されていく。日本人学校の多くが、アジア、中南米地域に設置され、補習授業校は北米や欧州の大都市を中心に設置されていった。七〇年代には日本人学校が欧米地域にも設置されるようになり、八〇年代になると海外子女が更に増加し、日本人学校、補習授業校は世界各地に設置されるに至った。

海外子女教育は在外にあるが故に法的また教育行政上大きな問題を抱えてきた。わが国における教育行政は、国民の「教育を受ける権利」を保障するために営まれている。「教育を受ける権利」の法的根拠は、いうまでもなく憲法第二十六条にある。この憲法の条項を受け、教育基本法の第三条は「およそ日本国民たるものは何人といえども、いかなる理由、いかなる原因によっても差別されることなく、教育を受ける機会が均等に保障されている」と明記している。第四条では、子女に九年間の義務教育を受けさせる国民の義務を記している。しかし一時的に海外に在留する子女のための教育には、日本の法令に明記された教育を受ける権利と義務は及ばない。

在外での教育は相手国の方針に従わざるを得ない。この冷厳な現実は海外子女のための教育に様々な規制を加えている。日本人学校、補習授業校はすべて私立学校であり、一校といえども日本の国公立学校はない。また日本人学校、補習授業校のステータスは在外公館附属施設、公認の私立学校、文化協会、無認可塾など相手国の政策により異なり、その位置づけにより学校の活動にも制限がある。

一九六〇年代後半の海外子女の大きな問題は、日本人学校の現地での法的地位が正規と認定されていないと、学校教育法施行規則第六十三条に示された外国の学校で「九年間の課程を修了した者」とは認められず、国内の高等学校入学資格が得られないことにあった。そこで、一九七二（昭和四七）年には、日本人学校卒業者が、帰国後日本の高校に入学を希望する場合の措置が明確にされた。学校教育法施行規則第六十三条の一部を改定し、「文部大臣が中学校の課程に相当する課程を有するものとして指定した在外教育施設の当該課程を修了した者」の一項目が新たに加えられた。これにより、生徒の出身日本人学校の現地国における法的地位はどうあれ、国内高等学校への入学資格が保障されたのである。やがて私立在外教育施設も指定され、国内高等学校・大学への入学資格が付与されるようになった。

一九七五（昭和五〇）年一〇月、「海外子女教育の推進の基本的施策に関する研究協議会」が設けられ、翌年四月には文部大臣に対して「海外子女教育の推進に関する基本施策について」と題する報

告書を提出した。この報告書は、現地に開かれた日本人学校への指向、優れた派遣教員の確保と指導体制の確立、帰国子女の受け入れ体制の整備等、以後の海外子女教育の根幹となる提言を行った。

一九八八年（昭和六三）年五月、文部省は「海外子女教育の推進に関する研究協議会」を設置し、八九年（平成元年）一〇月に報告を受けた。この報告書は、海外子女教育推進の基本的方向として「海外における教育という特性を生かし、異なる文化への理解を深め、世界とのかかわりの中で日本人としての自覚をもって生きる国際性豊かな日本人育成という観点をより重視し、その推進を図っていく必要がある」と記した。

新推進協の報告を具体的に生かすため、文部省は「海外子女教育に関する調査研究会」を設けた。この調査会での検討を受け、一九九一年一一月学校教育法施行規則等の一部を改正して「在外教育施設文部大臣認定制度」が発足した。認定制度では、入学資格の付与に加え小学部も対象とし、在外教育施設を国内の学校と同等に取り扱うようにした。またこの文部大臣認定制度は、在外教育施設における弾力的な教育課程編成・実施への道を拓き、国際理解や現地理解に関する教科、現地の言語に関する教科の開設、授業の一部の外国語による実施など、国際性の涵養を図る教育や所在国の実情を踏まえた教育を積極的に展開できるようにした。

その後、一九九二年（平成二）「海外子女教育に関する調査研究会」が設置され、九二年に補習授業校、九三年に帰国子女教育、九五年には日本人学校に関する「充実方策」を報告した。また一九九六年（平成八）の中央教育審議会報告書「二一世紀を展望したわが国の教育のあり方について」においても、海外子女教育の改善・充実の方向が提言された。

文部科学省は二〇〇四年（平成一六）「初等中等教育における国際教育推進検討会」を設置した。二〇〇五年八月に提出された報告書には、海外での成果を日本の学校教育に生かす、また実態やニーズを把握し海外子女教育・帰国子女教育を充実させる方向が提言された。

政府からの在外教育施設への教員派遣は一九六二（昭和三七）年のバンコク日本人学校への派遣を第一号とする。その後、国立大学の附属小・中学教員を派遣する世話大学方式の時期を経て、一九六六年からは公立学校からの応募方式となった。文部省は一九七四（昭和四九）年、「在外日本人学校等教育志望者登録制度」を発足させ、七八年（昭和五一）年には「在外教育施設派遣教員確保交付金」により国が自治体の経費を負担することとなった。一九八八（昭和六三）年私立学校からの派遣教員にも公付金が出されるようになった。二〇〇七（平成一九）年にはシニア教員の派遣が開始された。二〇二一（令和三）年、日本人学校九四校、補習授業校二三四校、私立在外教育施設七校が設置されている。

二〇二三（令和五）年、海外子女教育振興財団では、在外教育施設のネットワーク化、グローバル社会に対応した人間育成のための学習方法の改革などの方針を提示し、具体化への取り組みを開始した。　（多田　孝志）

〈参考文献〉

佐藤学他『持続可能性の教育』教育出版、二〇一五年、多田孝之・和井田清司・黒田友紀編著『グローバル時代の学校教育』三恵社、二〇一三年。

38 国際理解教育

(1)　目的と定義

国際理解教育は、国際化・グローバル化した現代の世界／社会の中で生きていくために必要となるさまざまな資質能力を育成することを目的とした教育である。具体的には、次の四つの視点から定義できる（日本国際理解教育学会、二〇一五年、二〇二二年）。

○ナショナルな視点

国家や民族間の文化や社会についての相互理解（他国理解・自国理解）のための教育であり、自国の社会や文化の継承を目的とする教育活動である。

現在の我が国の学習指導要領の考え方に近い定義で、国民形成のための知識理解を中心にすえた教育などが該当する。

○グローバルな視点

平和や環境、開発や人権など人類共通の課題を通して世界を理解していくための教育であり、地球社会を形成していこうとする価値を身につけるための教育活動である。

グローバル教育や日本国際理解教育学会の考え方に近い定義で、地球市民として生きていくための普遍的価値（例えば平和や人権、多文化や共生等）の獲得をめざす教育などが該当する。

○ローカルな視点

さまざまな歴史や文化背景をもち、地域で交流し、暮らす人々の相互理解と共生をはかる教育活動である。

開発教育の考え方に近い定義である。ここでいう「地域」とは行政区分における地域ではなく、人・モノ・情報・カネがボーダレスに動く中で世界（地球社会）と直に接するようになった地域を意味する。この視点から実践される教育は、いわば「足元からはじめる」国際理解教育といえる。

○インディビジュアルな視点

多様な文化的背景をもった学習者個々人の言語や非言語によるコミュニケーション・対話であり、学びのための教育活動である。

ニューサイエンスの世界観や構築主義の学習観など教育学一般に共通する新しい考え方にもとづく定義である。自己と世界、「人間―社会―自然」の相互関連の文脈における学びの獲得と変容をめざす教育などが該当する。

(2)　経緯と動向

国際理解教育は、先の大戦の惨禍に対する深い反省の下、「心の中に平和の砦を築く」というユネスコ憲章の理念にもとづき提唱された。つまりその原点は平和のための教育にある。

我が国の国際理解教育は戦後まもない占領期に始まり、一九七〇年代前半までユネスコの影響を強く受けつつ展開された。この時期には人権尊重や他国・多民族・他地域の理解等が主たる目標とされ、ユネスコ協同学校を中心に推進されていた。

一九七四（昭和四九）年は、我が国の国際理解教育の大きな転換点となった。この年、「国際社会に生きる日本人の育成」を重点施策とする中央教育審議会（以下、中教審）の答申が出されたとともに、国内のユネスコ活動を支えてきた日本ユネスコ国内委員会事務局が旧文部省学術国際局に吸収されたのである。その結果、国際化対応の教育施策とユネスコ活動の推進の両方が同局の所掌となり、国際理解教育の目標・内容もユネスコ活動の推進を中心としたものから我が国の教育施策に沿ったものへとシフトしていった。

一方、同じ年にユネスコは「国際理解、国際協力及び国際平和のための教育並びに人権及び基本的自由についての教育に関する勧告」（以下、七四年勧告）を採択。人権尊重や他国・多民族・他地域の理解等の目標に加え、国際的な連帯・協力の必要を理解し自らが生きる社会や世界の諸課題の解決に参加できる人間の育成を掲げた。しかし、こうした新たな国際理解教育のビジョンは、当時我が国がめざした国際理解教育のあり方と多くの点で異なっていた。このため我が国の施策は七四年勧告と距離をとるようになり、ユネスコ協同学校も休眠状態に陥った。

二〇〇一（平成一三）年、文部科学省の設置により初等中等教育局の中に国際教育課が新設された。同課は国際理解教育をはじめ、海外・帰国子女教育や外国人児童生徒の適応指導など国際化対応に関する教育施策と関連業務を一括で所掌した（現在は総合教育政策局国際教育課が所掌）。また省内に別途、ユネスコ活動の振興等を担当し日本ユネスコ国内委員会事務総長をつとめる国際統括官のポストが新設され、日本ユネスコ国内委員会事務局もその下におかれた。こうして、一九七四年に統合された国際化対応のための教育施策の推進機構とユネスコ活動の推進機構は再び分離された。

その後の日本ユネスコ国内委員会の努力により、二〇〇八（平成二〇）年にユネスコ協同学校は「持続可能な開発のための教育」（ESD）の推進拠点と位置づけられ、名称もユネスコスクールへと改められた。二〇二三（令和五）年時点で国内のユネスコスクール加盟校は一、一一五校あり、全世界の加盟校の約一割を占めている。

以上のように、戦後まもなく国際平和や人類共通の福祉といったユネスコの理念を実現すべく始まった我が国の国際理解教育は、一九七〇年代後半以降国際化対応に重点を置くものに転換していった。近年では「グローバル人材の育成」に焦点をあてた国際理解教育施策が推進されるなど、ナショナリスティックな傾向はさらに強まっているようにみえる。だが現在、ウクライナ情勢等を背景に、平和な共生社会の構築が国際社会の喫緊の課題となっている。この課題に対応するためにも、地域社会の形成者／国家の形成者／国際社会の形成者といった多元的アイデンティティをもつ市民の育成をめざす国際理解教育の推進が期待される。

(3)　学習指導要領との関係

学習指導要領との関係で国際理解教育が取り上げられるようになったのは、一九八〇年代後半以降である。一九八七（昭和六二）年、教育課程の基準改善におけるねらいの一つとして「国際理解を深め、我が国の文化と伝統を尊重する態度の育成を重視すること」（教育課程審議会答申）が挙げられた。

一九九六（平成八）年には国際化対応のために「国際理解教育の充実」（中教審答申）が提案され、一九九八（平成一〇）年の学習指導要領改訂で新設された「総合的な学習の時間」で「国際理解」が課題の一つとして示された。

二〇〇〇年代に入るとESDや「持続可能な開発目標」（SDGs）の視点が学習指導要領に盛り込まれ、国際理解教育を通じて児童生徒を「持続可能な社会の創り手」に育成することがめざされるようになった。

以上のように、学習指導要領の中で国際理解教育の視点は漸次強化されてきたが、同時にナショナリスティックな傾向も強化されてきた。国際理解教育に関する記述は一九八〇年代末を境に、「国際協調」や「世界平和」を基調としたものから、「国際社会に生きる日本人の育成」といったものへとシフトしてきたのである。また、学習指導要領が教科・領域ごとに構成されているため、学校での国際理解教育には全体的な体系性が欠けているという指摘もある。今後の学校における国際理解教育では、偏狭なナショナリズムに陥らず、教科・領域の枠にとらわれない、体系的で継続的な実践が期待される。

〈参考文献〉

日本国際理解教育学会編著『国際理解教育ハンドブック』明石書店、二〇一五年。日本国際理解教育学会編著『国際理解教育を問い直す』明石書店、二〇二一年。日本国際理解教育学会編著『現代国際理解教育事典〔改訂新版〕』明石書店、二〇二二年。

（石川　裕之）

39　グローバル教育

○グローバル人材育成の提唱

グローバル教育の定義はさまざまであるが、ここでは日本におけるグローバル化対応の教育政策、とりわけ「グローバル人材の育成」に焦点をあてる。

グローバル人材の育成は、二〇〇〇年代以降に高まりをみせた産業界（経済団体連合会、経済同友会等）からの要請に端を発する。政府レベルでの取り組みが本格化するのは、二〇〇七年の経済産業省における「産学人材育成パートナーシップ」の創設による。報告書『今後の取り組みの方向性について』（二〇〇九年八月）では、グローバルな視点による人材育成が課題として挙げられた。この取り組みを引き継いだ「グローバル人材育成委員会」の報告書『産学官でグローバル人材の育成を』（二〇一〇年四月）においては、グローバル人材の人材像として「グローバル化が進展している世界の中で、主体的に物事を考え、多様なバックグラウンドをもつ同僚、取引先、顧客等に自分の考えを分かりやすく伝え、文化的・歴史的なバックグラウンドに由来する価値観や特性の差異を乗り越えて、相手の立場に立って互いを理解し、更にはそうした差異からそれぞれの強みを引き出して活用し、相乗効果を生み出して、新しい価値を生み出すことができる人材」としている。また、グローバル人材に共通して求められる能力として、①社会人基礎力、②外国語でのコミュニケーション能力、③異文化理解・活用力を挙げている。

その後、民主党政権下で設置された「グローバル人材育成推進会議」の審議まとめ『グローバル人材育成戦略』（二〇一二年六月）においては、グローバル人材の概念整理において「Ⅰ：語学力・コミュニケーション能力、Ⅱ：主体性・積極性、チャレンジ精神、協調性・柔軟性、責任感・使命感、Ⅲ：異文化に対する理解と日本人としてのアイデンティティ」という三つの要素を示した。

○高等教育におけるグローバル人材育成

高等教育におけるグローバル人材の育成に関して、文部科学省における「産学連携によるグローバル人材育成推進会議」の報告書『産学官によるグローバル人材の育成のための戦略』（二〇一一年四月）では、グローバル人材を「世界的な競争と共生が進む現代社会において、日本人としてのアイデンティティを持ちながら、広い視野に立って培われる教養と専門性、異なる言語、文化、価値を乗り越えて関係を構築するためのコミュニケーション能力と協調性、新しい価値を創造する能力、次世代までも視野に入れた社会貢献の意識などを持った人間」とし、「グローバル人材を育成するためには、大学自体が世界に開かれた大学となり、その上で日本人学生の海外留学や外国人留学生の受入れのための体制を整備する必要がある」とした。その基本的な方針として、①大学の教育力を磨きつつ世界展開力を強化する、②世界的な学習フィールドで日本人学生を育てる、③日本の高等教育を世界に発信する、④グローバル人材育成に合った社会環境に変革するという四点を示した。

○初等中等教育におけるグローバル人材育成

初等中等教育におけるグローバル人材の育成に向けた諸課題として、グローバル人材育成推進会議『グローバル人材育成戦略』（二〇一二年六月）においては、①実践的な英語教育の強化、②高校留学等の促進、③教員の資質・能力の向上が指摘された。このうち②に関して、「高校卒業時に国際バカロレア資格を取得可能な、又はそれに準じた教育を行う学校を五年以内に二〇〇校程度へ増加させる」ことが示された。これら諸課題への対応は、教育再生実行会議『これからの大学教育等の在り方について（第三次提言）』（二〇一三年五月）においても盛り込まれ、「グローバル化に対応した教育環境づくりを進める」という項目において、初等中等教育段階からグローバル化に対応した教育を充実させることが提起された。以下では、国際バカロレアに着目して施策を整理する。

○国際バカロレアのプログラム

国際バカロレア（IB）は、国際バカロレア機構が提供する国際的な教育プログラムである。初等教育プログラム（PYP、三〜一二歳対象）、中等教育プログラム（MYP、一一〜一六歳対象）、ディプロマ・プログラム（DP、一六〜一九歳対象）、キャリア関連プログラム（CP、一六〜一九歳対象）の四つのプログラムがある。このうち、ディプロマ・プログラム（DP）では国際的に通用する大学入学資格「国際バカロレア資格（IB Diploma）」が取得可能である。教育プログラムの中核には「IBの使命」が据えられており、「IBの学習者像」を示すことによって国際的な視野（international-mindedness）の育成を目指している。文部科学省IB教育推進コンソーシアムのホームページによれば、二〇二三年六月三〇日時点で、日本における国際バカロレアの認定校等数は二一一校あり、そのうち学校教育法第一条に規定されている学校（一条校）は七三校である。

○日本におけるIB導入の課題

日本におけるIB導入はさまざまな課題をかかえている。「国際バカロレア日本アドバイザリー委員会」の報告書『国際バカロレアの日本における導入推進に向けた提言』（二〇一四年四月）は、IB導入校に対する支援等にかかる今後の対応方策として、①IBのカリキュラムと学習指導要領との対応関係の整理、②外国人指導者に対する教員免許状の円滑な授与、③国内におけるIB教員養成等の充実を挙げている。

このうち①については、二〇一五年八月に「学校教育法施行規則の一部を改正する省令（平成二七年文部科学省令第二八号）」及び「国際バカロレア・ディプロマ・プログラム認定校における教育課程の基準の特例（平成二七年文部科学省告示第一二七号）」が制定された。このことにより、学校設定科目として設置されたDP科目については卒業に必要な単位数に算入できる上限が二〇単位から三六単位へと拡大された。

なお、二〇一七年五月には「国際バカロレアを中心としたグローバル人材育成を考える有識者会議」による『中間取りまとめ』が公表され、国際バカロレア導入校に対する支援等、今後のIBの推進方策が示された。中間取りまとめの提言を受け、二〇一八年五月に文部科学省IB教育推進コンソーシアムが設立されている。（菊地　かおり）

〈参考文献〉

吉田文「『グローバル人材の育成』と日本の大学教育―議論のローカリズムをめぐって―」『教育學研究』八一（二）二〇一四年、福田誠治『国際バカロレアとこれからの大学入試改革―知を創造するアクティブ・ラーニング―』亜紀書房二〇一五年、岩崎久美子編著『国際バカロレアの挑戦―グローバル時代の世界標準プログラム―』明石書店　二〇一八年。

40 人権教育・人権啓発

(1)　人権と人権教育

「人権教育・啓発に関する基本計画」（平成一四年閣議決定、以下「基本計画」）では、人権について、「人間の尊厳に基づいて各人が持っている固有の権利であり、社会を構成する全ての人々が個人としての生存と自由を確保し社会において幸福な生活を営むために欠かすことのできない権利」と説明されている。

人権教育は、「人権教育及び人権啓発の推進に関する法律」（平成一二年、以下「人権教育・啓発推進法」）において、「人権尊重の精神の涵養を目的とする教育活動」と定義される。（二条）

日本国憲法における「基本的人権」には、自由権、平等権、社会権、参政権、受益権に加え、「新しい人権」と称される環境権、知る権利、プライバシーの権利等を含むものとされている。

また、「人権教育・啓発推進法」に基づく年次報告である『令和五年版人権教育・啓発白書』（法務省・文部科学省、令和五年）には、人権課題に対する取組として以下が掲載されている。(一)女性、(二)子ども、(三)高齢者、(四)障害のある人、(五)部落差別（同和問題）、(六)アイヌの人々、(七)外国人、(八)感染者、(九)ハンセン病患者・元患者・その家族、(十)刑を終えて出所した人やその家族、(十一)犯罪被害者やその家族等、(十二)インターネット上の人権侵害等、(十三)北朝鮮当局によって拉致された被害者等、(十四)令和四年度啓発活動強調事項に掲げた人権課題として、(1)ホームレスの人権及びホームレスの自立の支援等、(2)性的マイノリティに関する人権、(3)人身取引（性的サービスや労働の強要等）事犯への適切な対応、(4)東日本大震災に伴う人権問題。

そして、近年、人権に関する以下の法律が施行されている。「障害を理由とする差別の解消の推進に関する法律」、「本邦外出身者に対する不当な差別的言動の解消に向けた取組の推進に関する法律」、「部落差別の解消の推進に関する法律」（いずれも平成二八年）、「アイヌの人々の誇りが尊重される社会を実現するための施策の推進に関する法律」（令和元年）、「教育職員等による児童生徒性暴力等の防止等に関する法律」（令和四年）「こども基本法」（令和五年）等である。人権尊重の機運が社会的にも高まる中、人権尊重の精神の涵養を目的とする人権教育の充実がさらに求められている。

(2)　人権啓発

人権啓発は、「人権教育・啓発推進法」において、「国民の間に人権尊重の理念を普及させ、及びそれに対する国民の理解を深めることを目的とする広報その他の啓発活動（人権教育を除く。）をいう。」と定義されている。（二条）

「基本計画」においては、「人権啓発は、その内容はもとより実務の方法においても、国民から幅広く理解と共感が得られるものであることが肝要」と指摘した上で、三つの課題、①人権に関する基本的な知識の習得、②生命の尊さ、③個性の尊重を掲げている。また、これに加えて、自尊（個人の尊厳、個性の尊重）の感情や意識とともに、互尊（自分と共に他者の存在と個性を理解し、尊重すること）の感情や意識を向上させることが、人権啓発の重要な取組課題となっている。

(3)　国連における人権教育の推進

一九九五年に始まった「人権教育のための国連一〇年」（～二〇〇四年）は、その後も、国連を中心として、初等中等教育の推進に重点をおいた「人権教育のための世界計画第一フェーズ」（二〇〇五～二〇〇九年）、高等教育や、教員、公務員を対象とする人権教育に重点をおく「世界計画第二フェーズ」（二〇一〇～二〇一四）、メディア専門家とジャーナリストへの人権研修をテーマとした「世界計画第三フェーズ」（二〇一五～二〇一九）、青少年のための人権教育をテーマとした「世界計画第四フェーズ」（二〇二〇～二〇二四）の取組が国際的に進められている。

また、二〇一一年には、国連において「人権教育及び研修に関する国連宣言」が採択された。さらに、二〇一五年には、国連サミットで、人権の保護について重視している「持続可能な開発のための二〇三〇アジェンダ」が採択されている。

(4)　人権感覚の涵養

人権教育については、平成一五年より、文部科学省に人権教育の指導方法等に関する調査研究会議が設置され、平成二〇年に「人権教育の指導方法等の在り方について［第三次とりまとめ］」（文部科学省、以下［第三次とりまとめ］）が公表され、日本における人権教育の公的なガイドブックとして活用されている。

［第三次とりまとめ］では、人権教育を①知識的側面、②価値的側面・態度的側面、③技能的側面から捉え、知的理解とあわせて、「参加的」「体験的」「協力的」な学習を積極的に組み入れ、「人権感覚」を豊かに育成するよう求めている。

人権感覚とは、「人権が擁護され、実現されている状態を感知して、これを望ましいものと感じ、反対に、これが侵害されているとするような、価値志向的な感覚」であり、「人権感覚が知的理解とも結びついて、問題状況を変えようとする人権意識又は意欲や態度になり、自分の人権とともに他者の人権を守るような実践行動に連なる」と説明される。学校教育では参加的・体験的・協力的な学習を組み入れた、人権感覚を育成する取組が期待されている。

近年、文部科学省より発出された文書や通知の中に、「人権」の語が多く見出されることは、人権教育が学校教育の基盤であることを示すものといえる。例えば、「運動部活動での指導のガイドライン」（平成二五年）、「性同一性障害に係る児童生徒に対するきめ細かな対応の実施等について」（平成二七年）改訂版『生徒指導提要』（令和四年）等である。

また、人権教育の指導方法等の在り方について「［第三次とりまとめ］補足資料」（令和五年改訂）を発表し、学校における人権教育のより一層の推進を求めている。

（蜂須賀　洋一）

41　学校設置形態の多様化

学校教育法二条において、学校の設置主体としては、国、地方公共団体及び学校法人に限定されているが、二〇〇三（平成一五）年七月、構造改革特別区域（特区）において、地方公共団体が特別なニーズがあると認める場合に、株式会社ならびに不登校児童生徒等の教育を行うNPO法人で一定の実績等を有するものが学校を設置することができるようになった。設置の際には、学校の公共性・継続性・安定性を確保するため、情報公開、評価の実施、セーフティネットの構築などが求められている。

学校運営への株式会社等の参入は、医療分野と並んで総合規制改革会議の戦略的課題に位置づけられた。その趣旨は、多様な事業者が参入して同じ条件で競争することによって、①市場競争による質の向上、②多様なサービスの提供、③新規事業者の参入による雇用の拡大、④財政上の制約なしに専門的なサービス産業の発展が期待できる、というものである。構造改革特区の第三次募集より学校設置会社による学校の設置申請が認められ、計一三件が特区に認定された。平成一六年四月には岡山県に初の株式会社立の中学校（朝日学園朝日塾中学校）が開校した。

文部科学省は、教育の質・水準を維持・向上させていくためには何より学校の設置主体としての公共性・継続性・安定性が必要であるとの考えから、株式会社立学校には当初から反対しており、実際にも経営が不安定で教育や研究に問題がある学校が少なくないことから、平成二四年には、これを全国で解禁しない方針を発表した。以後、株式会社立学校は縮小に向かい、令和四年度現在、全国で一八校あるが、私学助成金が受けられないなど財政的に不利な条件にあるため、一五校が通信制高等学校である。なお朝日塾中学校は、平成二三年度からは学校法人による運営に移行し、中等教育学校となった。

総合規制改革会議はまた、特区において、学校の「公設民営方式」を解禁するよう主張した。公設民営方式とは、地方公共団体等が設置した学校を株式会社やNPO等に包括的に管理・運営委託させる方式である。文部科学省は、これについても、委託によって公教育の水準が低下し、設置者としての責任を果たすことができないという結果を招いてはならない、と抵抗し、平成一六年三月の中教審答申「今後の学校の管理運営の在り方について」は、特区に限って幼稚園と高校に限定して民間委託する道を開くという見解を示した。委託先については「原則として、学校法人など安定的な経営基礎と学校教育に関する十分な実績を有するものが適当」とし、株式会社等は除外された。

これら政府系会議の一連の主張は、多様な供給主体の学校間が競争することによって児童・生徒、保護者のニーズに応じた質の高い教育を行うことができるという考えに基づいているが、教育の専門性や公共性の点から問題も多く、文部科学省は反対の立場に立ってきた。

その後政権交代により議論は沈静化していたが、第二次安倍政権下の二〇一三（平成二五）年一〇月には、産業競争力会議で新設する国家戦略特区において学校の公設民営方式を導入することを決定した。これは、国際バカロレアの普及拡大を通じたグローバル人材の育成やスポーツ・体育の充実などの必要性が増していることから規制改革事項として認められたものである。具体的な制度設計は、地方自治体からの提案を待って検討されることとなっており、平成二九年に愛知県で全国初の公設民営高校が誕生した。専門高校の専攻科において、給与や教員免許などの関係で、公立学校ではこれまで難しかった企業の技術者らが生徒に教え、製造業の現場を担う人材を育成することを狙いとしている。二〇一九（平成三一）年四月には、大阪府立水都国際中学校・高等学校が公設民営の中高一貫教育校として開設され、運営管理は学校法人ＹＭＣＡが担っている。

（藤井　佐知子）

42 学校運営への保護者等の参画

保護者は以前から学校行事やＰＴＡ活動に参加しており、また最近では授業等の教育活動に協力する者も増えてきている。「開かれた学校」というスローガンの下で地域や家庭と連携した学校づくりを行っている学校も見られるようになった。しかし近年、こうした参加・協力の形態から一歩進めて、保護者等が学校運営などに「参画」する必要性が提唱されるようになり、段階的に制度化が進められている。

○ＰＴＡとは

ＰＴＡ（Parent-Teacher Association）は、戦後、アメリカの指導の下で生まれた、学校ごとにおかれる親と教師の協力組織の総称である。任意の社会教育団体であり法律上明確な根拠はないが、ほとんどの学校に置かれており、各種行事の実施や広報活動、子どもの安全確保などの面で大きな役割を果たしている。活動の停滞や形骸化が指摘される傾向にあるが、学校と家庭・地域の連携強化が叫ばれる昨今、両者を結ぶ太いパイプ役になっている。ただし、ＰＴＡは教育活動の内容や学校運営に関しては口に出さないことが不文律として確立しており、互助会的な位置づけが一般的である。

○学校評議員制度の導入

保護者・地域住民の意向を学校運営に反映させる仕組みとして、二〇〇〇（平成一二）年四月より学校評議員制度が発足した。学校評議員は設置者の判断により学校に置かれ、人数や任期など具体の在り方は設置者が定める。その役割は「校長の求めに応じ、学校運営に関し意見を述べること」であり、当該学校の「職員以外の者で教育に関する理解及び識見を有する者のうちから、校長の推薦により」当該学校の設置者が委嘱する。また学校評議員は、校長の学校運営に関する権限と責任を前提として意見を述べるものであり、意見を求める事項は校長が判断する。その意見は評議員一人一人がそれぞれの責任において述べるものであるが、必要に応じて学校評議員が一堂に会して意見交換を行うこともできる。

○校長の諮問機関としての学校評議員制度

欧米諸国では、学校協議会や学校理事会など、地域住民や保護者の代表が学校運営に参画する仕組みを有しているところが多く、それらは学校の意思決定機関として教育課程編成や予算の使途など学校の重要な事項を審議する機関として位置付いている。これらに比すると、我が国の学校評議員制度の特徴は、①意思決定機関ではなく校長の求めに応じて意見を述べることができる諮問機関であること、②合議制ではなく、一人ひとりが意見を述べるものであること、③諸外国では生徒が構成員に含まれているが、我が国では児童生徒を委嘱することは想定していないこと、にある。これらの点から学校評議員制度は不徹底であるとの指摘もあり、学校運営への保護者・住民の参画を拡大する方途が模索されていた。

○コミュニティ・スクールの学校運営協議会

こうした参画の道の拡大は、平成一六年九月から施行された学校運営協議会制度において実現されることになった。学校運営協議会とは、保護者や地域住民が一定の権限と責任を持って運営に直接参加する協議組織であり、平成一七年度から開設可能となったコミュニティ・スクールに置かれる。コミュニティ・スクールは、アメリカのチャータースクールをヒントに教育改革国民会議が提案した構想を法制化したものであり、平成一六年六月の「地方教育行政の組織及び運営に関する法律」（地教行法）の改正によって設けられた新しいタイプの公立学校である。

地教行法によれば、コミュニティ・スクールはすべての公立学校に一律に求められるものではなく、市町村教育委員会が既設の公立学校の中から地域の状況を考慮して指定する。同学校では、保護者や地域住民等が市町村教育委員会から委員の任命を受けて学校運営協議会を組織し、学校運営に関して協議する。そして「指定学校の校長は、当該学校の運営に関して、教育課程の編成その他教育委員会規則で定める事項について基本的な方針を作成し、当該指定学校の学校運営協議会の承認を得なければならない。」

また、「学校運営協議会は、当該指定学校の職員の採用その他の任用に関する事項について、当該職員の任命権者に対して意見を述べることができる。」つまり、学校運営協議会は、校長の教育課程編成方針等の承認権と教職員人事への具申権等を持つ。この点で、諮問機関である学校評議員制度とは法的性格が大きく異なっている。なお委員は、当該指定学校の所在する地域の住民、当該指定学校に在籍する生徒・児童又は幼児の保護者その他教育委員会が必要と認める者が任命される。

学校運営協議会は、学校運営への保護者・地域住民の参画を制度的に保障するための仕組みであり、意見表明だけにとどまっていたこれまでの参画の在り方を大幅に拡大するものである。第二期教育振興基本計画（平成二五年六月閣議決定）は、「コミュニティ・スクールを公立小中学校の一割（約三、〇〇〇校）に拡大する」ことを成果目標に掲げ、平成二七年一二月の中教審答申「新しい時代の教育や地方創生の実現に向けた学校と地域の連携・協働の在り方と今後の推進方策について」ではさらに進めて、「全ての公立学校がコミュニティ・スクールを目指すべき」と提言した。これを踏まえ、学校運営協議会の設置の努力義務化や委員に「地域学校協働活動推進員」を加えるなどを内容とする地教行法の改正が行われ、平成二九年四月一日より施行された。この法改正以降、コミュニティ・スクールの設置が急速に進み、二〇二二（令和四）年五月一日現在でコミュニティ・スクールとして教育委員会の指定を受けている学校は全国で一五、二二一校（全国の公立学校の四二・九％）となっている。

○コミュニティ・スクールの成果とさらなる推進

文部科学省は、法改正時に、施行後五年を目途として学校運営協議会の在り方について検討を加えることを定め、二〇二一（令和三）年四月に「コミュニティ・スクールの在り方等に関する検討会議」を立ち上げ、令和四年三月には「最終まとめ～学校と地域が協働する新しい時代の学びの日常に向けた対話と信頼に基づく学校運営の実現～」が公表された。最終まとめでは、コミュニティ・スクールの導入により、学校と地域が育てたい子ども像や学校が抱える課題等を共有し、協議を重ねることで、教育課程の改善・充実や特色ある学校づくりのほか、地域づくり等にも効果が発揮されている、として十項目にわたって成功事例が示されている。そのうえで、コミュニティ・スクールが十分な成果をあげていることから、改めてその趣旨や目的、必要性や有用性について関係者に十分な理解を求めながら、すべての学校への導入を迅速かつ着実に進めるべきであるとしている。

（藤井　佐知子）

43 いじめ問題対策連絡協議会

いじめ問題対策連絡協議会は、いじめ防止対策推進法第一四条第一項に基づいて、地方公共団体が、いじめ防止について、地域の関係機関、団体の連携を図るために、条例に基づいて設置する組織である。その構成員は、地域に実情に応じて決定される。例えば、学校、教育長、私立学校主管部局、児童相談所、法務局又は地方法務局、都道府県警察、専門家（弁護士、医師、臨床心理士など）等の職能団体、民間団体などが想定される。いじめ問題対策連絡協議会は、必置ではない（努力義務）が、すでに多くの都道府県、市町村が条例によって設置しており、いじめの未然防止、早期発見、対処のための対策及び関係機関・団体の連携の在り方等について協議を行っている。

法に定めるいじめ問題対策連絡協議会は、条例で設置されるものであるが、機動的な運営に必要な場合などには、条例を根拠とせず、任意に、地域の関係機関、団体の連携のための会議体を設置することもできる。

（佐々木　幸寿）

44 教育特区

教育特区とは、二〇〇二（平成一四）年一二月に施行された構造改革特別区域法に基づいて指定を受けた教育分野を対象にした特別区域を意味する通称である。特区は全国一律の規制を緩和し、税制面での優遇をすることなどにより、産業に刺激を与え、地域の活性化を図ることを目的としており、構造改革特区、総合特区、国家戦略特区の三つの制度がある。教育関係の規制改革事項は総合特区、国家戦略特区にもみられるが、平成一四年（二〇〇二）一二月に施行された構造改革特別区域法に基づいて指定を受けた教育関連分野のうち、特例措置の所管省庁が文部科学省であるものを指して教育特区と言われることが多い。

構造改革特別区域法は第一条でその目的を次のように定めている。

「地方公共団体の自発性を最大限に尊重した構造改革特別区域を設定し、当該地域の特性に応じた規制の特例措置の適用を受けて地方公共団体が特定の事業を実施し又はその実施を促進することにより、教育、物流、研究開発、農業、社会福祉その他の分野における経済社会の構造改革を推進するとともに地域の活性化を図り、もって国民生活の向上及び国民経済の発展に寄与することを目的とする。」

本法は、小泉内閣の構造改革によって成立したものであり、特定地域における構造改革の成功事例を示すことにより、十分な評価を通じ、全国的な構造改革へと波及させ、我が国全体の経済の活性化を実現すること、また、地域特性を顕在化し、その特性に応じた産業の集積や新規産業の創出等により、地域の活性化につなげることを目指している。

地方公共団体は特例措置を活用した事業に関する特別計画を作成・申請し、内閣総理大臣が認定する。申請の際は、特区の名称、対象区域の範囲、計画の概要、規制の特例措置の名称・番号などが必要となる。認定後、地方公共団体は特例措置による事業を実施することになるが、構造改革特別区域推進本部に置かれた評価・調査委員会は、地域を限定した規制の特例措置を全国化するかどうかの可否を検討する。全国化が可能と判断すれば、関係法令を改正するなどして、全国実施できるように措置されるのが基本である。

現在、構造改革特区における教育特区の規制特例措置には、株式会社が学校を設置することを可能とする「学校設置会社による学校設置事業」、不登校児童生徒やＬＤ（学習障害）、ＡＤＨＤ（注意欠陥／多動性障害）といった教育上特別に配慮を要する児童等に対する教育に実績があるＮＰＯ法人が学校を設置することを可能とする「学校設置非営利法人による学校設置事業」、地方公共団体が民間と協力して高等学校又は幼稚園を設立する場合、所轄庁による資産要件の審査を不要とする「公私協力学校設置事業」などがある。

（佐々木　司）

45 通学区域の弾力化・学校選択制

市町村教育委員会は、域内に小学校及び義務教育学校（中学校及び義務教育学校）が二校以上ある場合、就学予定者が就学すべき小学校等を指定しなければならない（学校教育法施行令五条二項）。この指定は通常、住民基本台帳とあらかじめ設定された通学区域に基づいて行われる。

学校指定は比較的厳格に行われてきたが、一九八〇年代の終わりから弾力的な運用が進んだ。背景には、地域の実情に即し、可能な限り、子どもに適した教育を受けさせたいという保護者の希望を生かすために、親の意向の事前聴取・不服申し立ての仕組みの整備など多様な方法を工夫することを提言した臨時教育審議会「教育改革に関する第三次答申」の存在がある。

加えて九〇年代なかばには、行政改革推進のために政府が設置した行政改革委員会が次のような意見を出し、さらなる弾力化を促した。すなわち、子どもが自己を確立しながら多様な価値を認め合い、のびのびと学習するためには、特色ある学校づくりと個性ある教育課程の編成に取り組むことなどに加え、教育を受ける側が何を求め、何を評価するかを重視していく必要がある。指定された学校以外の選択は困難という硬直した状況から、自らの意思で多様な価値の中から選択できる状況になるということは、選ぶ側の意識を柔軟にするとともに責任感を生じさせる。

現在、学校指定に先立ちあらかじめ保護者の意見を聴取すること（学校教育法施行規則三十二条一項）、指定された就学校が保護者の意向や子どもの状況に合致しない場合等において市町村教育委員会が相当と認めるときは、保護者の申立により市町村内の他の学校に変更すること（同法施行令八条）、関係市町村間の協議を経て、受入れ校を設置する市町村教育委員会が承認した場合には、住所を有する市町村以外の市町村の学校に就学させることが可能である（同法施行令九条）。

（佐々木　司）

46 学校統廃合

憲法二十六条で保障された教育を受ける権利を保障するために、保護者は、学校教育法十七条一項、二項に基づき就学義務が課されている。この就学義務は、学校教育法一条に定めるいわゆる一条校に保護者がその保護する子を就学させる義務であり、いわば就「学校」義務というべきものである。この就「学校」義務を保護者が果たすために、市町村は義務教育段階の小学校、中学校（義務教育学校に代えることができる）の設置義務が課せられている（学教法三十八条及び四十九条）。

市町村が学校を設置するにあたって、学校規模の標準が定められており、学校教育法施行規則四十一条に「小学校の学級数は、十二学級以上十八学級以下を標準とする」（中学校は、同法七十九条により準用）とされている。ただし、この規定には、「地域の実態その他により特別の事情」がある場合は、この標準によらないことができる。そのため、この標準を下回る学級数の学校や複式学級編成の学校が存在する。

しかしながら、少子高齢化・人口減少や地方財政の逼迫（ひっぱく）等を背景として、上述の標準規模を下回る小規模校を中心に学校統廃合が進んでいる。その際、複数の小中学校を統合した小中一貫校や義務教育学校が設置される場合もある。一方、学校運営協議会設置の努力義務化や地域学校協働活動の推進など、地域（づくり）における学校の存在意義を重視する政策も推進されている。また、人口減少地域おいては、学校の存廃は地域の存続に大きく影響することもあり、政治問題化する場合もある。こうしたなかでの新型コロナ・ウイルス感染症の拡大は、ICT・オンライン等を通じた新たな教育機会保障を広く現実のものとする契機となった。今後は、特定学校への「通学」を前提とした就「学校」義務、普通教育機会保障だけではなく、ICT・オンライン等の教育環境整備を進めるなかで、学校間の連携や地域との協働を基盤とした学校の適正配置（学校統廃合）を検討、構想することも可能となっている。

（参考文献）

滝沢潤「『就学』と『通学』の分離による普通教育機会保障制度の再構築」日本教育学会『教育学研究』八八巻四号、二〇二一年、二～一四頁。

（滝沢　潤）

47 義務教育学校

義務教育学校は、九年間の系統性を確保した教育課程を編成し、義務教育として行われる普通教育を基礎的なものから一貫して施すことを目的とする学校である。学校教育法改正により、二〇一六（平成二八）年に制度化された。修業年限は九年で、六年の前期課程と三年の後期課程に区分される。基本的に小学校・中学校の学習指導要領が準用され、教育課程上の特例は設置者の判断による。前期課程と後期課程の施設の設置形態により、①前期課程と後期課程の校舎が一体になって設置される施設一体型と、②隣接または離れた敷地にそれぞれ校舎が設置される施設分離型に分類される。

（濱口　輝士）

48 中高一貫教育校（中等教育学校）

(1)　中高一貫教育とは

中高一貫教育とは、義務教育である前期中等教育の中学校と非義務教育である後期中等教育の高等学校とが六年間一貫して教育を施すものである。

(2)　形態と制度概要

中高一貫教育を施す形態として次の三つの形態がある。

○中等教育学校

中等教育学校は、一つの学校として一体的に中高一貫教育を行うものとされ、平成一一年より設置可能となった学校種である。学教法一条に「幼稚園、小学校、中学校、義務教育学校、高等学校、中等教育学校（以下略）」の順で挙げられている。

中等教育学校の目的は、「小学校における教育の基礎の上に、心身の発達及び進路に応じて、義務教育として行われる普通教育並びに高度な普通教育及び専門教育を一貫して施すこと」と規定されている（学教法六十三条）。また、目標については次の三つが挙げられている。第一に、豊かな人間性、創造性及び健やかな身体を養い、国家及び社会の形成者として必要な資質を養うこと。第二に、社会において果たさなければならない使命の自覚に基づき、個性に応じて将来の進路を決定させ、一般的な教養を高め、専門的な知識、技術及び技能を習得させること。第三に、個性の確立に努めるとともに、社会について、広く深い理解と健全な批判力を養い、社会の発展に寄与する態度を養うこと（同法六十四条）。

修業年限は六年で（同法六十五条）、前期三年の前期課程及び後期三年の後期課程に区分する（同法六十六条）。前期課程では、「小学校における教育の基礎の上に、心身の発達に応じて、義務教育として行われる普通教育を施すことを実現するため、二十一条各号に掲げる目標を達成するよう行われるもの」と規定されている（同法六十七条一項）。後期課程では、「心身の発達及び進路に応じて、高度な普通教育及び専門教育を施すことを実現するため、第六十四条各号に掲げる目標を達成するよう行われるもの」と規定されている（同条二項）。後述するように、両課程において一貫教育を施すために教育課程基準の特例も設けられている。

中等教育学校の教員の所有する免許状については、「中学校の教員の免許状及び高等学校の教員の免許状を有するものでなければならない」と規定されている（教育職員免許法三条五項）。一方の学校種の免許状を有する場合は、中学校教諭の免許状であれば前期課程の、高等学校教諭の免許状であれば後期課程の教科を担任することは可能である（同法附則十六項）。

入学者選抜については、学校教育法施行規則百十条二項により、公立の中等教育学校については、学力検査は行わないとされている。中学校と同様に義務教育段階に当たるため、授業料は、公立の中等教育学校の前期課程においては、徴収することはできない。

○併設型中高一貫教育校

高等学校の入学者選抜を行わずに、同一の設置者による中学校と高等学校を接続するものであり、中等教育学校に準じて教育を施す。学校種としては、中学校と高等学校に該当する。併設型中学校への入学については、公立の併設型中学校においては、学力検査を行わない（学教法施行規則百十七条）。また、併設型高等学校においては、当該高等学校に係る併設型中学校の生徒については入学者の選抜を行わない（同施行規則百十六条）。

○連携型中高一貫教育校

異なる設置者による「高等学校又は中学校における教育との一貫性に配慮した教育」を連携して施すことができる（同施行規則八十七条一・二項）。学校種としては、併設型中高一貫校と同様に、中学校と高等学校に該当する。連携型高等学校における入学者の選抜は、連携型中学校の生徒については、調査書及び学力検査の成績以外の資料により行うことができ（同施行規則九十条四項）、「簡便な入試」とされている。

(3)　制度導入の経緯・意義・利点

中高一貫教育は、「二一世紀を展望した我が国の教育の在り方について」（中央教育審議会第二次答申、平成九年六月）を踏まえ、「子どもたちや保護者などの選択の幅を広げ、学校制度の複線化構造を進める観点から、中学校と高等学校の六年間を接続し、六年間の学校生活の中で計画的・継続的な教育課程を展開することにより、生徒の個性や創造性を伸ばすことを目的として」、平成一一年度から選択的に導入された。上述の通り、中等教育学校はむろん併設型中高一貫校に「高校入試」はないため、ゆとりある学校生活も期待されている（連携型中高一貫校では簡便な高校入試がある）。なお、両校ともに入学者選抜の学力検査は行わないとされているが、適性検査等は行われている。「中等教育の多様化を一層進めようとするもので」あり、「中高一貫教育校が受験準備に偏した教育を行う、いわゆる『受験エリート校』になったり、受験競争の低年齢化が生じたりするようなことは、教育改革に逆行するものであり、あってはならない」との見解を文部科学省は示している。

中高一貫教育校においては、指導内容は中学校と高等学校の学習指導要領が適用されるが、中学校と高等学校とは異なる教育課程編成が可能になることが利点である。例えば、中等教育学校前期課程及び併設型中学校と中等教育学校後期課程及び併設型高等学校において、「各教科や各教科に属する科目の内容のうち相互に関連するものの一部を入れ替えて指導すること」が可能となるほか、中等教育学校前期課程及び併設型中学校において、高等学校段階に指導内容を移行することも可能である。逆に、中等教育学校後期課程及び併設型高等学校において、中学校段階に指導内容を移行する〝先取り学習〟も可能である。

(4)　今日の設置状況

令和四年度「学校基本調査」によれば、中高一貫教育校の設置状況は、中等教育学校が五七校（国立：四校、公立：三五校、私立：一八校）で公立が多くを占める。未設置の府県は二三ある。併設型中高一貫校は全都道府県に設置されており、併設型中学校は五三〇校（国立：一校、公立：一〇四校、私立：四二五校）、併設型高等学校は五三二校（国立：一校、公立：一〇五校、私立：四二六校）である。したがってほとんどが〝一中一高〟で併設型中高一貫校が編成され、私立が多くを占めている。連携型中高一貫校の連携型中学校は一五八校（国立：一校、公立：一五四校、私立：三校）、連携型高等学校は八四校（公立：八〇校、私立：四校）であるので、併設型中高一貫校とは異なり、〝二中一高〟のように複数中学校と一つの高校とが連携しているケースも少なくない。なお、圧倒的に公立が多くを占めているが、一四府県において未設置である。

創設以来、個々の中高一貫校において特色ある学校づくりが行われ、①地域基盤型、②進学重点型、③特色型というように類型化することもでき（大脇、二〇一一）、多様化が進みつつある。

〈参考文献〉

文部科学省ホームページ「中高一貫教育Q&A」。大脇康弘「中高一貫教育制度の認識枠組―三類型化による考察」『高校教育像第2集　中高一貫教育制度の構造的変化―高校教育改革の研究―』二〇一一年、一～七頁。（川口　有美子）

49　総合制高校・単位制高校

(1)　総合制高校

総合制高校（以下、高等学校は「高校」とする）とは、戦後の学制改革の際に新制高校の基本方針とされた三つの原則、いわゆる「高校三原則」の一つに基づいて構想されたものであり、普通科と職業科をあわせた高校を指す（文部省『学制百年史』Web版）。

「高校三原則」は学区制、男女共学制、総合制の三つからなり、戦前の旧制中学校や高等女学校、実業学校等の学校制度によって生じていた教育機会の格差等を是正することが目的とされていた。その中で総合制は、生徒の進学や就職等の希望や個性に応じることができる課程を構想しており、普通科と職業科を併置した新制高校の設置が進められていった。

しかしながら一九四九年六月には教育刷新委員会により「職業教育振興方策」が出され、一九五一年六月の「産業教育振興法」の制定により、一転して職業教育に重点を置く単独校の設置が促進された。その結果、総合制の実現は大きく後退することとなった。

ところで、「高校三原則」の総合制は、アメリカの総合制高校をモデルとしている。アメリカの高校は、一九世紀後半以降の教育の機会均等と希望するすべての生徒の無選抜・無償での入学を目指す公立学校運動の中で発展した。また、一九一七年のスミス・ヒューズ法の制定により、高校の教育課程には普通教育だけでなく職業教育も導入され、生徒の進路や希望に応じて多様な科目選択ができる制度へと変化していった。アメリカにおける総合制高校の考え方は、階級制による分岐型学校制度から脱却し民主的な制度を確立するものとして、イギリスやヨーロッパ諸国にも波及していったが、一方で、実質的には学校内に差別化されたコースやトラッキングによる固定化があるとして問題視されている（宮地一九八四、大脇二〇〇二等）。

戦後、わが国における総合制高校の設置は進まなかったものの、一九八〇年代に設置され始めた総合選択制高校や、一九九四年度に設置が認められた総合学科の出現により、「高校三原則」の総合制は一部の高校で実現されたということができる。

前者の総合選択制高校は普通科または専門学科の中で、所属する学科の学習を基本としつつ、総合選択の時間において所属学科に関係なく生徒の進路希望や興味・関心に応じた教科・科目を選択することができる学校である。

後者の総合学科は、「普通教育及び専門教育を選択履修を旨として総合的に施す学科」（高等学校設置基準五条）であり、普通科や専門学科ではない、第三の学科として一九九四年度から設置が認められた。無学年制の単位制を採用しているほか（後述の「単位制高校」参照）、「産業社会と人間」等において社会人講師の授業を取り入れる（文初職第二〇三号平成五年三月二二日文部省初等中等教育局長通知「総合学科について」）等の特徴がある。

総合選択制高校や総合学科の設置が認められるようになった背景には、高校進学率上昇によって、多様なニーズや能力・適性、興味・関心をもつ生徒たちが高校へ進学するようになり、生徒一人一人の個性を伸ばす高校教育の在り方が問われるようになったためであるといえる。特に、総合学科は、様々な教科・科目の中から生徒の希望する進路や興味・関心に基づいて選択し学ぶことができるため、生徒が主体的に選択し、将来の進路や個性を生かすことのできる学習活動の実現が期待される。

(2)　単位制高校

単位制高校とは、学年による教育課程の区分を設けず、決められた単位を修得することによって卒業が認められる学校を指す（学教法施規百三条二項、単位制高等学校教育規程）。一九八八年度から定時制・通信制課程において、一九九三年度から全日制課程において設置が可能となった。

高校における教育課程は、多くの場合、学年制の単位制を採用している。学年制とは学年による教育課程の区分を設けることであり、これにより各学年の課程の修了の認定を行う必要がある（学教法施規百四条で高校に準用される五十七条）。また、単位制は一単位当たりの授業時数が定められており、高等学校学習指導要領に定められた標準単位数等に基づいて各教科・科目や総合的な探究の時間等の授業時数の配当を行うことが必要となる。そのため、学年制の単位制を採用する学校の場合には各学年に割り当てられた科目（単位）を一科目でも未修得になってしまった場合、原級留置（留年）となってしまう問題もある。

これに対し、単位制高校の場合には、無学年制（学年制を採用しない）の単位制を採用しており、各学科で修得が必要となる科目やその他開講する科目を生徒それぞれのペースで履修することが可能となる。学年制の単位制を採用する高校と異なり、一科目でも未履修になることで生じる原級留置がないため、それぞれの生徒が考えるペースで学習を進めることや興味・関心、希望進路に関わるところから修得することができる。先に述べた「総合学科」においても無学年制の単位制を採用しており、総合学科の場合にはより幅広い教科・科目の中から選択することができる。なお、高校の卒業認定のためには、七四単位以上の修得が必要であり、生徒自身が卒業に必要な単位数をどれぐらいのペースで修得していくか、主体的に計画を立てられることも単位制高校の魅力であるといえる。

一九七四年度に高校進学率が初めて九〇％を超え、一般的には高校は「準義務教育学校」であるといえる状況になって久しい。一九七〇年代以前には想定されていなかった層の生徒が高校に入学するようになり、高校教育の在り方は問われ続けている。高校への進学者の内訳は、必ずしも高等教育機関への進学や専門的な職種への就職に意欲的で、順調に義務教育期間を過ごしてきた生徒だけに限らない。義務教育の内容を十分に習得できていない生徒、あるいは特定の分野について個性的な能力を発揮する生徒、明確な目標を見つけることができないまま周囲の勧めで高校に進学してきた生徒等、高校教育に対する生徒のニーズは多様化してきている。先にあげた総合学科や単位制高校は、多様な生徒のニーズに応えることのできる高校教育の一つの選択肢ということができる。

〈参考文献〉

大脇康弘「アメリカ総合制高校の構造的特質に関する事例的研究－地域格差を中心に―」『大阪教育大学紀要　第Ⅳ部門』第五〇巻第二号、二三七－二五一頁、二〇〇二年。宮地誠哉『アメリカの中等教育－ハイ・スクールの成立と発展』学事出版、一九八四年。（小野　まどか）

50　学校評価

学校評価については、二〇〇二（平成一四）年施行の小学校設置基準等で学校の自己評価を実施し、その結果を公表に努めることが規定された。そして平成一九年に学校教育法並びに同法施行規則が改正され、各学校は法令上「教職員による自己評価を実施しその結果を公表すること」「保護者などによる学校関係者評価を実施しその結果を公表するよう努めること」そしてそれらの結果を設置者に報告することが必要となった。その過程において保護者や地域にも積極的に情報提供することが定められている。

幼稚園、中学校、義務教育学校、高等学校、中等教育学校、特別支援学校等にもそれぞれ準用される学校教育法の規程は次の通りである。

第四十二条　小学校は、文部科学大臣の定めるところにより当該小学校の教育活動その他の学校運営の状況について評価を行い、その結果に基づき学校運営の改善を図るため必要な措置を講ずることにより、その教育水準の向上に努めなければならない。

右の「文部科学大臣の定めるところ」については同法施行規則に次のように定めている。

第六十六条　小学校は、当該小学校の教育活動その他の学校運営の状況について、自ら評価を行い、その結果を公表するものとする。

二　前項の評価を行うに当たつては、小学校は、その実情に応じ、適切な項目を設定して行うものとする。

第六十七条　小学校は、前条第一項の規定による評価の結果を踏まえた当該小学校の児童の保護者その他の当該小学校の関係者（当該小学校の職員を除く。）による評価を行い、その結果を公表するよう努めるものとする。

第六十八条　小学校は、第六十六条第一項の規定による評価の結果及び前条の規定により評価を行つた場合はその結果を、当該小学校の設置者に報告するものとする。

これらの法令上の規定にのっとり、各学校は適切に学校評価を実施し説明責任を果たすことが求められている。文部科学省は平成一八年に、全国的に一定水準の教育の質を保証しその向上を図るために「義務教育諸学校における学校評価ガイドライン」を策定し、どのような方法や仕組みで学校評価を実施すればいいのかを例示した。その後平成二〇年に「学校評価ガイドライン〔平成二二年改訂〕」、平成二八年に「学校評価ガイドライン〔平成二八年改訂〕」が公表された。

学校評価は必ずしも最新のガイドラインに沿って実施しなければならないものではなく、各学校は先進的な取組事例や有識者等の議論を参照しながら、学校改善に継続的に取り組むことが期待されている。このように、平成一四年の義務化以降、学校評価は各学校の主要な取り組み課題となった。

学校評価は管理職の仕事ではなく、全教職員の参加を得てより良い学校にすることを目指して適切にPDCAサイクルを機能させることが不可欠である。その取組を徒労に終わらせないためには、校長の掲げる経営ビジョンが全教職員で共有されるとともに、一か月程度の短期サイクルと学期・一年単位の中長期的なサイクルを適切に組み合わせ計画する必要がある。また、学校改善に資するデータ収集についても集計が簡便に行えるツールを活用する等、効率的な工夫も求められる。

〈参考文献〉

福本みちよ編『学校評価システムの展開に関する実証的研究』玉川大学出版部、二〇一三年。木岡一明『新しい学校評価と組織マネジメント』第一法規、二〇〇三年。

（髙妻　紳二郎）

三　学校教育奨励編　事項別解説

1 就学援助・修学支援

(1)　奨学の措置

教育基本法は「国及び地方公共団体は、能力があるにもかかわらず、経済的理由によって修学が困難な者に対して、奨学の措置を講じなければならない。」（四条三項）と定めている。奨学の措置とはすなわち経済的支援を指すが、その方法は義務教育段階とそれ以降で大きく異なっている。義務教育段階では市町村に就学援助を行う義務が課されているが、高校生等に対しては国の就学支援金制度や奨学給付金制度等を通じて、また大学生等に対しては奨学金や授業料等減免制度を通じて経済的負担の軽減が図られている。

(2)　就学援助

学校教育法は「経済的理由によって、就学困難と認められる学齢児童生徒の保護者に対しては、市町村は、必要な援助を与えなければならない。」（十九条）と定めており、市町村による就学援助が実施されている。その対象は、①生活保護法六条二項に規定する要保護者、②要保護者に準ずる程度に困窮する準要保護者、である。要保護者とは、現に生活保護を受けているといないとにかかわらず、保護を必要とする状態にある者をいう（生活保護法六条二項）。このうち、生活保護世帯の小中学生については教育扶助として学用品費、学校給食費、通学費等が支給される。一方、保護を必要とする状態にあるにもかかわらず教育扶助を受けていない要保護者や市町村に認定された準要保護者については、市町村教育委員会より就学援助費が支給される。このとき、要保護者については「就学困難な児童及び生徒に係る就学奨励についての国の援助に関する法律」に基づき国庫補助が支出される。一方、準要保護者については二〇〇五（平成一七）年度より税源移譲・地方財政措置を行った上で国の補助は廃止されている。

(3)　高校生等への修学支援

○高等学校等就学支援金制度

高校生等に対する修学支援のうち、国が授業料の一部または全部を支援する制度は高等学校等就学支援金制度と呼ばれる。これは二〇一四（平成二六）年に制定された「高等学校等就学支援金の支給に関する法律」に基づいて実施されている。本制度の前身は二〇一〇（平成二二）年に創設された公立高等学校の授業料不徴収制度ならびに私立高等学校の授業料負担軽減のための就学支援金制度であった。現在、両者は就学支援金制度に統一され、さらに所得制限（年収約九一〇万円未満）が導入されている。支援の対象は国公私立の高等学校（全日制、定時制、通信制）、中等教育学校後期課程、特別支援学校高等部、高等専門学校一～三年生、専修学校高等課程等、の生徒である。就学支援金は生徒本人や保護者が直接受け取るのではなく、学校設置者（都道府県や学校法人）が受給し、それを授業料に充てる仕組みとなっている。授業料と就学支援金の差額については生徒本人・保護者が負担する必要がある。なお、二〇二〇（令和二）年四月より年収約五九〇万円未満世帯については、就学支援金の支給上限額が全国の私立学校の平均授業料を勘案した水準にまで引き上げられた。

○高校生等奨学給付金制度

高校生等に対する修学支援のうち、授業料以外の学用品費等の費用負担を軽減する制度は高校生等奨学給付金制度と呼ばれる。これは都道府県が実施する高校生等への奨学のための給付金事業に対して、国がその経費を補助する制度である。各都道府県では国の補助を受けて本制度が実施されており、生活保護世帯ならびに住民税所得割非課税世帯を対象に給付金が支給されている。

なお、各都道府県では本制度とは別に独自の給付金制度や給付型・貸与型奨学金制度等が実施されている場合もある。

(4)　大学生等への修学支援

○奨学金制度

現在、日本では大学生の約半数が何らかの奨学金を受給している。この奨学金事業の中心を担うのは日本学生支援機構（以下「機構」という）である。機構は二〇〇四（平成一六）年に設立された文部科学省所管の独立行政法人であり、その前身は一九四三（昭和一八）年に大日本育英会として創設され、昭和二八年に名称変更された日本育英会である。長らく無利子奨学金の貸与（第一種奨学金）のみが行われてきたが、昭和五九年に有利子貸与（第二種奨学金）が導入されると、その事業の中心は有利子貸与へと大きくシフトした。二〇二〇（令和二）年度には約一二〇万人の学生に対して約九千億円が貸与されたが、このうち有利子貸与は貸与人員の六割、貸与金額の七割弱を占めている。

なお、七〇年以上にわたって貸与型のみであった国の奨学金制度に大きな変化が訪れたのは二〇一七（平成二九）年の給付型奨学金の創設であった。これは極めて困難な状況にある低所得世帯の生徒の大学等への進学を支援することを目的として創設されたものである。二〇一九（令和元）年度には約三万七千人に対して約一三九億円が給付されたが、翌年度には次に述べる国の修学支援制度のもとでその規模は飛躍的に拡大した。

○修学支援制度

二〇二〇（令和二）年四月に施行された「大学等における修学の支援に関する法律」に基づき、低所得世帯の学生向けの新しい経済支援制度が開始された。これは住民税非課税世帯およびそれに準ずる世帯の学生に対して学費支給金（給付型奨学金）の支給と大学等の授業料・入学金の減免を組み合わせて実施するものである。支援の対象は大学、高等専門学校、専修学校専門課程（専門学校）の学生である。例えば私立大学の自宅外生で住民税非課税世帯の場合、年間約九一万円の給付型奨学金が支給される。また、非課税世帯に準ずる世帯の学生に対しては三分の二または三分の一の額が支給される。同年度には約二七万人の学生に約一、二〇〇億円の給付奨学金が支給された。なお、給付型奨学金の受給者は入学金・授業料減免についても認定される。例えば私立大学生の場合、入学金約二六万円（一回限り）、授業料約七〇万円（年額）が減免の上限となる。非課税世帯に準ずる世帯の学生に対しては給付奨学金と同様に三分の二または三分の一の額が減免される。減免に要する費用は国または地方公共団体によって支弁される。なお、本制度は二〇一九（令和元）年一〇月より実施された消費税率一〇％への引き上げによる財源が活用されている。

〈参考文献〉

日本学生支援機構『ＪＡＳＳＯ年報』令和二年度、二〇二一年一二月。日本学生支援機構「令和二年度学生生活調査結果」二〇二二年三月。

（吉田　香奈）

2 教育振興

(1) 公による教育の振興

日本国憲法二十六条では、全ての国民が教育を受ける権利を有するとされており、基本的人権の一つとして教育を受ける権利が位置づけられる。ところで、基本的人権は、歴史的には王権や国家（公）からの自由を保障する自由権的基本権の獲得を目指すことが先行した。その後、国家（公）によって人々の幸福を保障することの必要性が認識されるようになり、社会権的基本権として生存権や労働基本権が整備されることとなった。教育を受ける権利も社会権的基本権の一つに分類され、したがって、それを保障することは国や都道府県、市町村の責務とされ、ゆえに様々な教育振興策が採られてきた。

一方で、社会の発展や産業競争力の向上を図る政策を展開する場合にも教育振興という言葉が用いられてきた。この場合、教育の人材育成という側面を強調するもので、人々に現在または近い将来に社会において必要とされる知識や技能を獲得させ、有為な人材を輩出し、もって社会発展や産業競争力の向上を目指すものであり、教育を受ける権利の保障とは異なる理念となる。

戦後の我が国の教育振興策は、量的拡大への対応を先んじるものが多かった。これには、ベビーブーム世代の学齢期到達、産業社会化に伴う人口移動、高校・大学進学者の増加等が背景にあった。例えば、一九五八（昭和三三）年に制定した公立義務教育諸学校の学級編成及び教職員定数の標準に関する法律や昭和三六年の公立高等学校の適正配置及び教職員定数の標準等に関する法律によって、ベビーブーム世代の入学や高校進学率の上昇に対応してきた。その後、数次にわたる改善計画を通じて、学級定数の縮小や加配教員の増加を図ってきた。そして、二〇二一（令和三）年度からは小学校における三五人学級への引き下げが令和七年度の完成に向けて実行中である。

(2) 個別の「教育振興」法

戦後の我が国では、「教育振興」という言葉が用いられた法律が複数制定された。これらの法律は、いずれも昭和二〇年代後半に成立したものであり、サンフランシスコ平和条約締結を経ての主権回復により、国や地方公共団体が積極的な財政支出を通じて時下の課題に対応するものであった。それと同時に、後の高度経済成長を支える人材の育成にも寄与することにもなった。

○産業教育振興法

産業教育振興法は、一九五一（昭和二六）年、産業教育を通じて、勤労に対する正しい信念を確立し、産業技術を習得させるとともに工夫創造の能力を養い、もつて経済自立に貢献する有為な国民を育成するために制定された。同法にもとづき、高等学校等で実施する産業教育にかかる費用の一部について国は都道府県に補助することとなった。産業教育に対する国庫補助は、二〇〇六（平成一八）年の三位一体の改革により、補助対象から外され、代わって地方交付税交付金によって賄われることとなった。

○理科教育振興法

理科教育振興法は、一九五三（昭和二八）年、理科教育を通じて、科学的な知識、技能及び態度を習得させるとともに、工夫創造の能力を養い、もって日常生活を合理的に営み、且つ、わが国の発展に貢献しうる有為な国民を育成するために制定された。同法にもとづく理科教育設備整備費等補助金制度により、国は、公立および私立の初等・中等学校（特別支援学校を含む）設置者に対して、理科設備ならびに算数・数学設備を整備するにあたっての費用の一部を補助している。

○高等学校の定時制教育及び通信教育振興法

本法は、昭和二八年に、勤労青年教育の重要性にかんがみ、働きながら学ぶ青年に対し、教育の機会均等を保障し、勤労と修学に対する正しい信念を確立させ、もつて国民の教育水準と生産能力の向上に寄与するために制定された。

○へき地教育振興法

へき地に所在する学校は、都市部の学校に比べて交通条件及び自然的・経済的・文化的諸条件に恵まれない傾向にあり、教員の確保や施設・設備の整備等においても困難な条件を背負っている。へき地教育振興法は、このような地域的格差を是正し、教育水準の向上を図ることを目的として昭和二九年に制定された。

(3) 私学振興

一九六三（昭和三八）年以降の高等学校、昭和四一年以降の大学・短期大学への入学志願者増加期を支えるにあたり、私立学校が果たした役割は大きい。私学に対する財政援助は、税の減免、融資、財政補助というかたちで実施された。税の減免については、学校法人に対して収益事業にかかわるものを除くほとんどが非課税とされており、また、学校法人への寄付金についても寄付者に対して税の減免措置が講じられている。融資については、過去には一九五二（昭和二七）年の私立学校振興会法にもとづいて設立された私立学校振興会を通じた融資が実施され、一部で財政投融資資金を借り入れての貸し付けも行われていた。また、財政補助についても、施設設備の充実のための補助が実施されてきたが、後に人件費の上昇と学費値上げの限界から、昭和四五年には私立大学経常費補助制度が創設されることとなった。

このような中、一九七五（昭和五〇）年には私立学校振興助成法が成立した。これにより、先に開始されていた私立大学経常費補助制度に加えて、私立高等学校等経常費助成費補助金制度も創設され、都道府県等が実施する私立学校への補助金に対する助成として国からの財政措置が講じられるようになった。

(4) 教育振興基本計画

二〇〇六（平成一八）年の教育基本法改正により、政府は、教育の振興に関する施策についての基本的な方針及び講ずべき施策その他必要な事項について、基本的な計画を定め、国会に報告し、公表することが義務づけられた。これを受けて、中期的な教育計画として、教育振興基本計画が策定されることとなった。

教基法によって教育振興基本計画の作成を規定したことの意義は、「政府は、……」（十七条一項）とあるように、教育の振興を政府全体の計画として策定することを明示したことである。これにより、教育振興は文部科学省のみならず全省庁で取り組み、責任を共有する事項となった。しかしながら、このことは、学級定員・教員定員についての文科省と財務省との政策調整（対立）に象徴されるように、他省庁による文教施策への関与の増大や官邸主導による教育政策策定の余地拡大にもなり、文部科学省による教育政策形成に変容をもたらすことが考えられる。

〈参考文献〉

佐藤史人「高校職業教育行財政制度の展開における現実と課題」『職業とキャリアの教育学』二一号、二〇一六年、四三－五四頁。文部省『学制百年史』帝国地方行政学会、一九七六年。（文部科学省ウェブサイト：https://www.mext.go.jp/b_menu/hakusho/html/others/detail/1317552.htm）

（市田　敏之）

四　保健・健康・スポーツ・給食・図書編　事項別解説

1 学校保健安全

(1)　学校保健法前史

明治期は、児童の個人衛生としての身体・環境に対する医学的関与が中心の医学的学校衛生の時代であった。大正期は、国民生活の窮乏化にともなう欠食や虚弱による感染症（トラホームや結核）などへの対応、果ては学校において散髪、洗濯まで行うような社会的学校衛生の時期であり、昭和期は、アメリカの教育思潮が学校衛生分野にも及んだ教育的学校衛生の時代とされる。

制度的には、一八九八（明治三一）年に学校医制度の発足、学校生徒身体検査規程の制定などが行われた。また、トラホームの流行に対して一九〇五年、岐阜県の小学校で洗眼、点眼の部屋が設置され看護婦が配置された。このようなトラホーム治療、身体検査、応急手当、検便駆除などにあたる治療室・看護婦の設置が拡大し、一九二三（大正一二）年に学校看護婦執務指針がだされ、一九三四（昭和九）年には小学校令施行細則に「小学校に衛生室を設けること」と定められた。一九四一年には学校看護婦が養護訓導、すなわち教育職に職種変更された。

戦後の一九四七年制定の学教法には、「学校においては、学生、生徒、児童及び幼児並びに職員の健康増進を図るため、身体検査を行い、及び適当な衛生養護の施設を設けなければならない。身体検査及び衛生養護の施設に関する事項は、監督庁が、これを定める」（旧十二条）と規定され、学校身体検査規程（一九四九文部省令七）が制定されたが、戦前の学校伝染病予防規程（一九二四文部省令一八）、学校歯科医職務規程（一九三二文部省令二）、学校医職務規程（一九三二文部省令三）も有効であった。学校清潔方法（一九四八・四・一四文部省訓令二）では、毎日の清掃方法、学期ごとの清掃方法、災害・伝染病発生などの際の清掃方法が示された。一九五三年の学教法施規一部改正（一九五三・一一・二七文部省令二五）により学校に保健室が必置となり、翌年にはその設備基準が定められた（一九五四・一・一九文初保九四二）。

(2)　学校保健法の制定

これら諸法令と行政官庁の指導では学校保健の水準向上が望めないため、学教法十二条が「学校においては、別に法律で定めるところにより、学生、生徒、児童及び幼児並びに職員の健康増進を図るため、健康診断を行い、その他その保健に必要な措置を講じなければならない」と改正され、これに基づき学校保健法（一九五八・四・一〇法五六）が制定された。

そこでは「学校における保健管理及び安全管理に関し必要な事項を定め、児童、生徒学生及び幼児並びに職員の健康の保持増進を図り、もつて学校教育の円滑な実施とその成果の確保に資することを目的」（一条）とし、学校は保健安全計画を立て、その環境衛生・環境の安全の維持・改善を図らなければならない（二条～三条）。総則の後、健康診断及び健康相談（四条～十一条）、伝染病の予防（十二条～十四条）、学校保健技師並びに学校医、学校歯科医及び学校薬剤師（十五条、十六条）、地方公共団体の援助及び国の補助（十七条、十八条）及び雑則（十九条～二十二条）の六章と附則からなっていた。

就学時健康診断（四条）が制度化され、それに基づく治療勧告・助言、就学指導が行われる（五条）。在学者は毎学年定期健康診断があり（六条）、職員もそうである（八条）。法律に定める学校及び専修学校の校長は、伝染病に罹っている・罹っている疑いがある・罹るおそれのある幼児・児童・生徒・学生に出席を停止させることができる。また伝染病予防のために学校の臨時休業が可能である（十三条）。

「学校には、健康診断、健康相談、救急処置等を行うため、保健室を設けるものとする」（十九条）とされ、「児童の養護をつかさどる」（学教法旧二十八条七項、現三十七条十二項）養護教諭を、学校に置かなければならない（学教法旧二十八条、現三十七条等）。いじめ、不登校、薬物乱用や性の逸脱行動など児童生徒の問題行動が多発する中、養護教諭の重要性は高まり、一九九三年には三学級以上の学校で養護（助）教諭の複数配置（義務教育標準法八条）、一九九五年には養護教諭が保健主事になることができるようになり（学教法施規旧二十二条の四・二項、現四十五条三項）、「保健」の授業担当への要請も強い。

(3)　学校保健安全法への改編

二〇〇八年六月一八日法七三により、学校保健法は学校保健安全法となった（翌年四月一日施行）。「学校における児童生徒等及び職員の健康の保持増進を図るため、学校における保健管理に関し必要な事項を定めるとともに、【学校における教育活動が安全な環境において実施され、児童生徒等の安全の確保が図られるよう、】学校における安全管理に関し必要な事項を定め、もつて学校教育の円滑な実施とその成果の確保に資することを目的」（学保安法一条。【 】筆者）とするものである。学保法では健康の保持増進について、保健管理及び安全管理両方に関係していたが、学保安法では保健管理に係るものとし、安全管理に係ることとして【 】部を加えた。「第一章　総則」は一条（目的）のあと、二条（定義：「学校」、「児童生徒等」）、三条（国及び地方公共団体の責務）を定めている。

「第二章　学校保健」は、「第一節　学校の管理運営等」として、「学校保健計画の策定等」（五条）、「学校環境衛生基準」（六条）などを規定し、学保法では十九条であった保健室について七条と早々に規定している（保健指導も追記）。「第二節　健康相談等」は健康相談（八条）、保健指導（九条）、地域の医療機関等との連携（十条）、「第三節　健康診断」では、就学時（十一条、十二条）・児童生徒等（十三条、十四条）・職員（十五条、十六条）の健康診断、健康診断の方法及び技術的基準等（十七条）、保健所との連絡（十八条）、「第四節　感染症の予防」では、出席停止（十九条）、臨時休業（二十条）等を定め、「第五節　学校保健技師並びに学校医、学校歯科医及び学校薬剤師」及び「第六節　地方公共団体の援助及び国の補助」としている。

「第三章　学校安全」が新設され、第四章　雑則」には、学校の設置者の事務の校長への委任（三十一条）、専修学校の保健管理の努力義務・準用（三十二条）が規定されている。

各学校において求められる特筆すべき責務は、変わらず、五条の学校保健計画の策定等（児童生徒等及び職員の心身の健康の保持増進を図るため、児童生徒等及び職員の健康診断、環境衛生検査、児童生徒等に対する指導その他保健に関する事項について計画を策定し、これを実施しなければならない」と、新設の、二十七条の学校安全計画の策定等（児童生徒等の安全の確保を図るため、当該学校の施設及び設備の安全点検、児童生徒等に対する通学を含めた学校生活その他の日常生活における安全に関する指導、職員の研修その他学校における安全に関する事項について計画を策定し、これを実施しなければならない）である。

（参考文献）
数見隆生『教育保健学への構図』大修館書店、一九九四年。高木英明編『教育法規』佛教大学通信教育部、二〇〇〇年。

（雲尾　周）

② 学校環境衛生

(1) 学校保健安全法の規定

学校保健安全法五条には、学校保健計画の策定等として、「学校においては、児童生徒等及び職員の心身の健康の保持増進を図るため、児童生徒等及び職員の健康診断、環境衛生検査、児童生徒等に対する指導その他保健に関する事項について計画を策定し、これを実施しなければならない」と定められている。この環境衛生検査に関わって、続く六条において学校環境衛生基準について「文部科学大臣は、学校における換気、採光、照明、保温、清潔保持その他環境衛生に係る事項（学校給食法（昭和二九年法律第一六〇号）九条第一項（夜間課程を置く高等学校における学校給食に関する法律（昭和三一年法律第一五七号）第七条及び特別支援学校の幼稚部及び高等部における学校給食に関する法律（昭和三二年法律第一一八号）六条において準用する場合を含む）に規定する事項を除く）について、児童生徒等及び職員の健康を保護する上で維持されることが望ましい基準（以下この条において「学校環境衛生基準」という）を定めるものとする」としている。これを受け同条二項では「学校の設置者は、学校環境衛生基準に照らしてその設置する学校の適切な環境の維持に努めなければならない」、同条三項では「校長は、学校環境衛生基準に照らし、学校の環境衛生に関し適正を欠く事項があると認めた場合には、遅滞なく、その改善のために必要な措置を講じ、又は当該措置を講ずることができないときは、当該学校の設置者に対し、その旨を申し出るものとする」としている。

(2) 学校環境衛生基準

学保安法六条に基づき、学校環境衛生基準（二〇〇九年三月三一日文科告示六〇）が定められた。以下に掲げた第一～第五のものに係る学校衛生基準として検査項目及びその基準を、「第六　雑則」に臨時検査を定めている。

第一　教室等の環境（1換気及び保温等⑴換気⑵温度⑶相対湿度⑷浮遊粉じん⑸気流⑹一酸化炭素⑺二酸化窒素⑻揮発性有機化合物⑼ダニ又はダニアレルゲン　2採光及び照明⑽照度⑾まぶしさ　3騒音⑿騒音レベル）

第二　飲料水等の水質及び施設・設備（1水質⑴水道水を水源とする飲料水⑵井戸水等を水源とする飲料水⑶井戸水等を水源とする飲料水の原水⑷雑用水　2施設・設備⑸飲料水⑹雑用水）

第三　学校の清潔、ネズミ、衛生害虫等及び教室等の備品（1学校の清潔⑴大掃除の実施⑵雨水の排水溝等⑶排水の施設・設備　2ネズミ、衛生害虫等⑷ネズミ、衛生害虫等　3教室等の備品の管理⑸黒板面の色彩）

第四　水泳プール（1水質⑴遊離残留塩素⑵pH値⑶大腸菌⑷一般細菌⑸有機物等（過マンガン酸カリウム消費量）⑹濁度⑺総トリハロメタン⑻循環ろ過装置の処理水　2施設・設備の衛生状態⑼プール本体の衛生状況等⑽浄化設備及びその管理状況⑾消毒設備及びその管理状況⑿屋内プール）

第五　日常における環境衛生（1教室等の環境⑴換気⑵温度⑶明るさとまぶしさ⑷騒音　2飲料水等の水質及び施設・設備⑸飲料水の水質⑹雑用水の水質⑺飲料水等の施設・設備　3学校の清潔及びネズミ、衛生害虫等⑻学校の清潔⑼ネズミ、衛生害虫等　4水泳プールの管理⑽プール水等⑾附属施設・設備等）

制定以来、一〇年近く変更がなかったが、二〇一八年度、二一年度、二二年度と近年頻繁に改正施行されている。学校環境衛生基準（二〇一八年三月三一日文科告示六〇）の主な改正点は、教室環境の温度の基準（「一〇度以上、三〇度以下であることが望ましい」→「一七度以上、二八度以下であることが望ましい」）や、照度の基準（「コンピューター教室等の机上の照度」→「コンピューターを使用する教室等の机上の照度」）、その他簡略化された手順などである。

学校環境衛生基準（二〇二〇年一二月一五日文科告示一三八）の改正点は、シックハウス症候群の発生要因ともなるキシレン（教室⑻揮発性有機化合物内に規定）についての変更（「870μg／㎥以下であること」→「200μg／㎥以下であること」）他である。

学校環境衛生基準（二〇二二年三月三一日文科告示六〇）の改正点は、温度の基準の下限を一七度から一八度に、および一酸化炭素の基準の上限を10ppmから6ppmに見直したことである。

(3) 学校環境衛生管理マニュアル

学保安法は附則（二〇〇八年六月一八日法律第九六号）二条に「政府は、この法律の施行後五年を経過した場合において、この法律による改正後の規定の施行の状況について検討を加え、必要があると認めるときは、その結果に基づいて所要の措置を講ずるものとする」と定めている。これに基づき、環境衛生に関する新たな知見や児童生徒等の学習環境等の変化を踏まえて検討が行われ、上述の二〇一八年度学校環境衛生基準改正が行われた。この改正を踏まえ、二〇〇四年三月に作成し、二〇一〇年三月に改訂された「学校環境衛生管理マニュアル」を、文部科学省に設置した「学校環境衛生管理マニュアル改訂委員会」において更に改訂し、文部科学省『学校環境衛生管理マニュアル　「学校環境衛生基準」の理論と実践』［二〇一八年度改訂版］が作成された。

このマニュアルについて、同書「まえがき」では以下のように説明している。本書では、今回改正された学校環境衛生基準を詳しく解説したほか、幼稚園や幼保連携型認定こども園で環境衛生検査を行うことを踏まえて解説しています。また、学校の教職員が本書を活用しやすいようにできる限りわかりやすい表記に心掛け、検査項目ごとに「検査項目及び基準値の設定根拠等の解説」、「検査方法等の解説」、「事後措置」をまとめて記載するようにしました。

この内容は第Ⅱ章で展開されているが、第Ⅰ章では概論的に、学校環境衛生活動の法的根拠、学校環境衛生基準の考え方、学校環境衛生活動における学校関係者の役割なども解説されている。

同マニュアル発刊後、学校環境衛生基準は二回改正されているが、各学校等がこのマニュアルを頼りに学校環境衛生活動を行うことに変わりはないだろう。

（雲尾　周）

③ 学校安全

学校における教育活動が効果的に行なわれるためには、その前提として児童生徒の「安全」が確保されることが不可欠である。しかし、大阪教育大学附属池田小学校外部侵入者児童殺傷事件や東日本大震災大川小学校津波事件等の影響もあり、日本社会において広く共有されてきたいわゆる「学校の安全神話」は大きく後退した。二〇〇八（平成二〇）年の学校保健法の一部改正における、学校保健安全法への名称変更、学校安全関係の規定の充実は、学校安全に対する社会認識の変化を象徴する出来事である。

(1) 学校安全の推進に関する計画

学校保健安全法は、国に対し、「各学校における安全に係る取組を総合的かつ効果的に推進するため、学校安全の推進に関する計画の策定その他所要の措置を講ずる」ことを求めている（三条二項）。この規定に基づき、二〇一二（平成二四）年には「第一次学校安全の推進に関する計画」、二〇一七（平成二九）年には「第二次学校安全の推進に関する計画」が策定された。そして、二〇二二（令和四）年三月には、「第三次学校安全の推進に関する計画」が閣議決定された。

「第三次学校安全の推進に関する計画」では、①学校安全に関する組織的取組の推進、②家庭、地域、関係機関等との連携・協働による学校安全の推進、③学校における安全に関する教育の充実、④学校における安全管理の取組の充実、⑤学校安全の推進方策に関する横断的な事項等、という五つの推進方針を設定し、学校安全に関する社会全体の意識の向上を図る、としている。

(2) 学校保健安全法に見る安全管理

○学校設置者の責務

学校の設置者は、児童生徒等の安全の確保を図るため、その設置する学校において、事故、加害行為、災害等により児童生徒等に生ずる危険を防止し、及び事故等により児童生徒等に危険又は危害が現に生じた場合において適切に対処することができるよう、当該学校の施設及び設備並びに管理運営体制の整備充実その他の必要な措置を講ずるよう努めなければならない（学校保健安全法二六条）。学校における安全確保義務に関する根本規定である。

○学校、校長等の責務

学校保健安全法二六条の規定の下、学校においては、児童生徒等の安全の確保を図るため、当該学校の施設及び設備の安全点検、児童生徒等に対する通学を含めた学校生活その他の日常生活における安全に関する指導、職員の研修その他学校における安全に関する事項について計画を策定し、これを実施しなければならない（「学校安全計画の策定・実施義務」二七条）。学校では、この計画に沿って施設設備の安全点検や児童生徒等に対する安全教育、教職員研修等が行われることになる。

文部科学省「学校安全の推進に関する計画に係る取組状況調査（平成三〇年度実績）」によると、「学校安全計画を策定している学校」は、小学校では九九・九%、中学校では九八・八%、高等学校では九五・五%といずれも一〇〇%に近い。これに対し、幼稚園では八八・九%、幼保連携型認定こども園では九〇・八%と九〇%前後の状況にある。

また、「定期的又は必要に応じて学校安全計画の見直しを行った学校」は、小学校では九八・六%、中学校では九六・七%、高等学校では九二・五%であるが、幼稚園では八四・九%、幼保連携型認定こども園でも八四・九%にとどまっている。学校安全計画の策定に関わって、幼稚園、幼保連携型認定こども園に課題が存在することが分かる。

安全点検の結果を受けて、校長は、学校の施設又は設備について、児童生徒等の安全の確保を図る上で支障となる事項があると認めた場合には、遅滞なく、その改善を図るために必要な措置を講じる義務を負う。予算その他の理由によりこれが不可能な場合は、学校の設置者に対し、その旨を申し出ることが求められている。校長の学校環境の安全確保義務である（学校保健安全法二八条）。

○危険等発生時対処要領

学校は、学校保健安全法上、児童生徒等の安全の確保を図るため、当該学校の実情に応じて、危険等発生時において当該学校の職員がとるべき措置の具体的内容及び手順を定めた対処要領を作成することを求められている（「危険等発生時対処要領」二九条一項）。いわゆる「危機管理マニュアル」、「安全マニュアル」等の整備規定である。

「危険等発生時対処要領」に関しては、東日本大震災を契機にその未整備や内容に不備がある学校の存在がクローズアップされることになった。文部科学省「学校安全の推進に関する計画に係る取組状況調査（令和三年度実績）」によると、「危機管理マニュアルの作成状況」について見ていくと、作成していないとの回答は、小学校では〇・二%、中学校では〇・一%、高等学校では〇・六%であるのに対し、幼稚園は三・八%、幼保連携型認定こども園は一・五%となっている。

また、「危機管理マニュアルの見直しを行った学校」は、小学校では九七・二%、中学校では九四・六%、高等学校では八八・四%であるが、幼稚園では八四・五%、幼保連携型認定こども園では八五・一%である。作成はしたものの、見直しを行っていない園が他校種と比べて多い。幼稚園、幼保連携型認定こども園の安全管理上の課題が、ここでも浮き彫りになった形である。

(3) 学校事故への対応

学校安全の推進に関する計画が示すとおり、教員は、教育活動を行うに当たって事故ゼロを目指している。だが、そもそも学校の教育活動の中には、理科の実験や体育の授業のように、それ自体に一定の危険を内包するものが存在する。したがって、学校事故をゼロにすることは事実上不可能であり、教育実践は常に事故発生のリスクを伴っていると言って過言ではない。

○学校事故対応に関する指針

現実の学校運営、教育実践においては、事故発生のリスクが存在することを前提として、どのようにしてそのリスクを低減させるか、そして万が一事故が発生した場合、その被害をどのようにして最小化するかという点が課題となる。その際、文部科学省が二〇一六（平成二八）年に公にした、「学校事故対応に関する指針」が重要な役割を果たす。

指針は、「事前」「発生時」「事後」に分けて学校事故への対応を整理している。まず、「事故発生の未然防止のための取組」である。①教職員の研修の充実、②児童生徒等の安全教育の充実、③学校保健安全法に基づく安全点検の実施、④マニュアルの見直し・整備、⑤独立行政法人日本スポーツ振興センターの「学校事故事例検索データベース」等を活用した事故事例の収集、⑥ヒヤリハット事例の教職員間での共有、⑦緊急時対応の体制整備、⑧日常的な家庭、地域、関係機関等との連携等がその内容である。

次に、「事故発生後の取組」である。まず「事故発生直後」には、①応急手当の実施、②被害児童生徒等の保護者への可能な限り迅速な連絡、③死亡事故や重篤な事故の場合の学校設置者等への報告等が示されている。そして、「調査」である。事実関係を整理する「基本調査」と、必要な場合に事故に至る過程や原因の分析を行なう「詳細調査」の二段階にわたって実施することになる。

(4)　災害共済給付制度

学校の管理下で事故が発生した場合、最も追及される可能性が高いのは、医療費や逸失利益等の民事責任といわれている。その第一段階として中心的役割を果たしているのが、独立行政法人日本スポーツ振興センターによる災害共済給付制度である。

災害共済給付は、学校の管理下における児童生徒の災害（負傷、疾病、障害、死亡）について、学校設置者が、児童生徒の保護者の同意を得て、独立行政法人日本スポーツ振興センターとの間に締結する災害共済給付契約に基づいて行われる（独立行政法人日本スポーツ振興センター法一六条一項）。だが、保護者等には法的に同意する義務は存在せず、いわゆる「任意加入主義」が採用されている。

そのため、教職員が、児童生徒の保護者から災害共済給付の加入同意書をとる作業がまず必要になる。その後、学校設置者に加入希望者数が報告され、設置者がセンターとの間で災害共済給付契約を締結することになる。

災害共済給付制度の対象となるのは、義務教育諸学校（義務教育学校、中等教育学校の前期課程、特別支援学校の小学部及び中学部を含む）、高等学校（中等教育学校の後期課程及び特別支援学校の高等部を含む）、高等専門学校、幼稚園、幼保連携型認定こども園及び保育所等であり、公立、私立、国立等の区別を問わない。

(5)　学校の管理下

災害共済給付が行われるのは、児童生徒等が「学校の管理下」にある間、負傷、疾病、障害、死亡といった災害に見舞われた場合である。

独立行政法人日本スポーツ振興センター法施行令五条二項によれば、まず第一に、「法令の規定により学校が編成した教育課程に基づく授業を受けている場合」がこれにあたるとされている。具体的には、各教科（科目）、特別の教科道徳、自立活動、総合的な学習の時間、特別活動（学級活動、ホームルーム、児童生徒会活動、クラブ活動、儀式、学芸会、運動会、遠足、修学旅行、大掃除など）等がこれに該当する。

第二に、「児童生徒等が学校の教育計画に基づいて行われる課外指導を受けている場合」である。部活動、林間学校、臨海学校、夏休み中の水泳指導、生徒指導、進路指導などが考えられる。

第三に、「児童生徒等が休憩時間中に学校にある場合その他校長の指示又は承認に基づいて学校にある場合」である。始業前、業間休み、昼休み、放課後、登校日が代表的なものである。

そして、第四に、「児童生徒等が通常の経路及び方法により通学する場合」がある。一般に、通学とは、学校教育を受けるために、児童生徒等が住居と学校との間を往復する行為を意味するが、「通常の経路及び方法」という文言を厳格に解すると、いわゆる「道草」中の災害等が対象外となる可能性がある。そこで、実務においては、子どもの特性を考慮し、この点を広く解し、児童生徒等が単純な遊戯や悪戯等を行った場合等は、学校の管理下に含まれると考えている。

この他、文部科学大臣が規定する場合として、児童生徒等が学校の寄宿舎にあるとき、学校外で授業等が行われる場合における、その場所、集合・解散場所と住居・寄宿舎との間の合理的な経路、方法による往復中や高等学校の定時制の課程又は通信制の課程に在学する生徒が、学校教育法の規定により技能教育のための施設で教育を受けているときも含まれる（独立行政法人日本スポーツ振興センターに関する省令二六条）。

(6)　安全教育

安全教育は、日常生活における安全確保のために必要な事項を実践的に理解し、自他の生命尊重を基盤として、生涯を通じて安全な生活を送る基礎を培うとともに、進んで安全で安心な社会づくりに参加し貢献できるような資質や能力を養うことを目標とする。安全管理とともに学校安全に関わる車の両輪として機能している。

具体的には、日常生活における事故の現状、原因及び防止方法について理解を深め、現在及び将来に直面する安全の課題に対して、的確な思考・判断に基づく意思決定や行動選択ができるようにすること、日常生活の中に潜む様々な危険を予測し、自主的に安全な行動をとるともに、自ら危険な環境を改善することができるようにすること、自他の生命を尊重し、安全な社会づくりの重要性を認識して、学校、家庭及び地域社会の安全活動に進んで参加・協力できるようにすること等が求められることになる（文部科学省「「生きる力」をはぐくむ学校での安全教育」平成三一年三月）。

また、特に防災教育に関わっては、自然災害等の現状、原因及び減災等について理解を深め、現在及び将来に直面する災害に対して、的確な思考・判断に基づく適切な意志決定や行動選択ができるようにすること、地震、台風の発生等に伴う危険を理解・予測し、自らの安全を確保するための行動ができるようにするとともに、日常的な備えができるようにすること、自他の生命を尊重し、安全で安心な社会づくりの重要性を認識して、学校、家庭及び地域社会の安全活動に進んで参加・協力し、貢献できるようにすること、の三点が、安全教育に準じてその目標とされている（文部科学省「「生きる力」を育む防災教育の展開」平成二五年三月）。

（坂田　仰）

4　大規模災害時の学校における避難所運営

昭和二二年教育基本法（法第二五号）において、「法律に定める学校の教員は、全体の奉仕者であって」（第六条第二項）と記され、平成七年阪神淡路大震災や平成一六年中越地震等では、避難所設置、運営にあたって教職員の献身的な取組が見られた。その後、平成一八年に改正された教育基本法では、「全体の奉仕者」という文言は削除された。それと同時に、大規模災害発生時での教職員の役割は、児童生徒等の安全確保、安否確認、学校教育活動の早期正常化に向けて取り組むことであり、避難所の運営については、市町村の防災担当部局が責任を負うことになり、災害時の教員の役割は、かなり緩和されたと言える。

しかし、平成二三年に発生した東日本大震災以降も、平成二八年熊本地震、鳥取県中部地震、さらには平成二五年から運用開始された特別警報時の学校の役割を振り返ると、発災直後には防災担当部局が避難所運営の体制を整えることが困難であること等により、一定期間は教職員が避難所運営の協力を行うことが見られ、それらが効果的であったことが明確になった。つまり、教職員が避難所運営に協力し、円滑に防災担当部局、住民の自主運営へと移行すれば、早期の学校再開につながり、児童生徒等が日常生活を早く取り戻すことができる。

そこで、平成二九年一月には、文科省初等中等教育局長から、各都道府県教育委員会・各指定都市教育委員会に「大規模災害時の学校における避難所運営の協力に関する留意事項について」の通知がされた。

東日本大震災後、文科省では、学校保健安全法に基づき、平成二四年四月、「学校安全の推進に関する計画」を策定した（平成二四年四月二七日閣議決定）。さらに、平成二九年三月には「第２次学校安全の推進に関する計画」が、令和四年三月には「第三次学校安全の推進に関する計画」が閣議決定された。

文科省は学校の避難所運営について、留意事項を取りまとめた。その主な内容を次に示す。

○学校が避難所になった場合の運営方策

学校の避難所運営・方策の検証・整備について、教育委員会は、学校が当該方策を検証・整備する際に必要な事項等を示すことや、防災担当部局に協力を依頼したりすること等、必要な支援を行い、これは、市町村が作成している避難所運営マニュアルや第二次報告、文部科学省が作成した「学校防災マニュアル（地震・津波災害）作成の手引き」等も参考にしながら、次の各事項についても十分な内容であるか確認する。

「教職員の具体的な参集・配備の在り方や役割分担」「学校が避難所になった場合の開設や組織の立ち上げについての方法」「教育活動の円滑な再開を見据えた、避難所としての学校施設の利用計画」「学校施設・設備の被害状況の把握方法」「避難者の把握方法」「高齢者、障害者、妊婦等の配慮を要する者やペットを連れた避難者への対応」「水や食料等の確保や備蓄品の配分方針及び方法」「防災担当部局や教育委員会との情報連絡の在り方」「地域の自治組織やボランティア等との連絡・調整及び避難者との情報共有の在り方」

○学校の組織体制の整備

災害発災時には先述の学校防災マニュアルや学校避難所運営方策に基づき、全教職員は児童生徒等と教職員の安全確保、安否確認、避難所運営への協力や教育活動再開の準備等の対応に組織として取り組む。そのため、発災時の学校の組織体制の在り方と校長を責任者として核となる教職員を中心に学校安全や防災を推進する体制を検証・整備し、役割分担を明確にする。

○災害時の教職員の避難所運営の協力業務と教職員の意識の醸成

大規模災害の発生時、市町村の防災担当部局が学校に避難所を運営することは困難なこともある。そのため、発災から一定期間は教職員が避難所運営の協力を行う場合に備え、必要な取組等を進めていく。

教育委員会は、事前の準備や発災時における避難所運営に関する業務のうち、教職員が学校現場の判断として実施することが可能な範囲を明確化すること等を、防災担当部局が中心となった関係機関との調整・検討によって行うことを促す。また、防災担当部局と共同して、防災に係る研修等の中に避難所運営の協力業務のための訓練を取り入れる等の工夫を行う。

教育委員会は、研修等を通じて、改めて防災意識や危機管理意識の醸成を図るよう努める。特に、校長をはじめとした管理職を対象として、大規模災害時に学校組織のリーダーとして十分に対応できるように必要な研修等を行う。

○教職員が避難所運営の協力業務に従事した場合の服務上の取扱いについて

災害時に、教職員が避難所運営の協力業務に安全かつ安心して取り組むためには、教職員が当該業務に携わった場合についての服務上の取扱いを整理・明確化しておく。

災害時における避難所運営の協力業務については、公立の義務教育諸学校等の教育職員を正規の勤務時間を超えて勤務させる場合等の基準を定める政令（平成一五年政令第四八四号）における「非常災害の場合、児童又は生徒の指導に関し緊急の措置を必要とする場合その他やむを得ない場合に必要な業務」に該当する。

ただ、教育委員会及び学校は、教職員に過重な負担を強いることのないよう、勤務時間の割り振り変更や週休日の振替等について十分に配慮する。

○防災担当部局との連携・協力体制の構築

学校が避難所となった場合は、市町村の防災担当部局が責任者となり、運営されるため、事前に当該部局と必要な調整等を行うことが重要である。教職員が避難所運営の協力業務を行った場合、防災担当部局に引き継げるようにしておく。

また、教育委員会は、防災担当部局を中心とした体制の下、学校ごとに、学校施設の利用計画や整備すべき施設設備、非常用物資等の備蓄の在り方等について防災担当部局と共有し、取組を進める。

○地域との連携・協力体制の構築

大規模災害時、避難所運営が長期化する場合には地域住民の自主的な活動が重要である。教育委員会は、コミュニティ・スクール等を活用して、防災も含めて学校と地域の連携・協力体制の構築を進めるよう努めること。併せて、教育委員会は、防災担当部局と協力して、学校が地域の自治組織等からなる自主防災組織等と協議・連携できるような場の設定等について支援を行うことが考えられる。

○教育委員会間の連携・協力体制の構築

学校が避難所になった場合、教職員は、児童生徒等の安全確保等様々な対応を行う。その際、人的な支援は必要不可欠であるが、学校教育活動に知見・理解のある人材の支援は、当該学校に所属する教職員に安心感を与えるとともに、教育活動の再開のために大いに役立つ。そのため、都道府県教育委員会と市町村教育委員会、同一都道府県内の市町村教育委員会間、他の都道府県教育委員会との間における連携・協力を積極的に図ることが必要である。

○教育活動の再開

教育委員会及び学校は、児童生徒等の居住地、健康状況の把握、教科書・教材の有無の確認、授業再開、学校給食再開の見通しの確認等、段階的対応をまとめたチェックリストを作成し、再開を判断するにあたり児童生徒等の安全確保等に遺漏のないように配慮をする。

○避難所における新型コロナウイルス感染症への対応について

教育委員会及び学校は、防災担当部局を中心とした体制の下、学校が避難所になった場合における、あらかじめ備えるべき施設設備の整備、感染症に対応するためのマスク、消毒液等の衛生品やパーティーション等の備蓄スペースの確保、教室の活用を含めた学校施設の利用方法等の調整について、防災担当部局と連携して対応すること。

夏期においては、避難所における熱中症防止も考えられ、必要な物資等（扇風機・移動式エアコン等）の整備についての検討が必要になることから、教育委員会及び学校は、学校の空調設備の整備状況について、必要に応じて情報提供するなど、防災担当部局等に協力すること。

（藤岡　達也）

〈参考文献〉

文科省「大規模災害時における避難所運営委の協力に関する留意事項について（通知）」（平成二九年一月）、文科省「避難所となる学校施設の防災機能に関する事例集」（令和二年三月）。

5 学校給食

(1) 義務教育諸学校の学校給食

○学校給食の目的・目標

現行の「義務教育諸学校」を対象とする「学校給食法」は、一九五四年に日本初の「学校給食法」が制定されて以来、半世紀を経て法改正されたものである。

当時の学校給食は、教育の一環として、食事についての正しい理解や望ましい習慣を育むこと、学校生活を豊かにし、明るい社交性を養い、生活の合理化、栄養の改善および健康の増進、食糧の生産・配分・消費について正しい理解に導くことを目的として実施された。

しかし、食生活を取り巻く社会環境の変化に伴い、偏った栄養摂取、朝食欠食など子供の食生活の乱れや肥満傾向などの状況を踏まえ、二〇〇八年に「学校給食法」は大幅に改正されることとなった。改正された同法は、「学校給食が児童及び生徒の心身の健全な発達に資するものであり、かつ、児童及び生徒の食に関する正しい理解と適切な判断力を養う上で重要な役割を果たすものであることにかんがみ、学校給食及び学校給食を活用した食に関する指導の実施に関し必要な事項を定め、もって学校給食の普及充実及び学校における食育の推進を図ること」（一条）を目的とし、食育を推進する上での学校給食の意義や役割をより明確にしている。

さらに、同法は、学校給食の目標（二条）を具体的に以下のように定めている。

① 適切な栄養の摂取による健康の保持増進を図ること。

② 日常生活における食事について正しい理解を深め、健全な食生活を営むことができる判断力を培い、及び望ましい食習慣を養うこと。

③ 学校生活を豊かにし、明るい社交性及び協同の精神を養うこと。

④ 食生活が自然の恩恵の上に成り立つものであることについての理解を深め、生命及び自然を尊重する精神並びに環境の保全に寄与する態度を養うこと。

⑤ 食生活が食にかかわる人々の様々な活動に支えられていることについての理解を深め、勤労を重んずる態度を養うこと。

⑥ 我が国や各地域の優れた伝統的な食文化についての理解を深めること。

⑦ 食料の生産、流通及び消費について、正しい理解に導くこと。

○学校給食栄養管理者

次に、同法では七条において、「義務教育諸学校又は共同調理場において学校給食の栄養に関する専門的事項をつかさどる職員（第十条第三項において「学校給食栄養管理者」という。）は、教育職員免許法（昭和二十四年法律第百四十七号）第四条第二項に規定する栄養教諭の免許状を有する者又は栄養士法（昭和二十二年法律第二百四十五号）第二条第一項の規定による栄養士の免許を有する者で学校給食の実施に必要な知識若しくは経験を有するものでなければならない」と定められ、栄養教諭について新たに明記された。この点は、同法改正上最大の特徴の一つである。

○学校給食実施基準

さらに、八条において「文部科学大臣は、児童又は生徒に必要な栄養量その他の学校給食の内容及び学校給食を適切に実施するために必要な事項について維持されることが望ましい基準を定めるものとし、学校給食を実施する義務教育諸学校の設置者は、当該基準に照らして適切な学校給食の実施に努めるものとすることを定めた。

○学校給食衛生管理基準

また、同九条関係においては、学校給食衛生管理基準として、次の三点が規定されている。

1　文部科学大臣は、学校給食の適切な衛生管理を図る上で必要な事項について維持されることが望ましい基準を定めること。

2　学校給食を実施する義務教育諸学校の設置者は、当該基準に照らして適切な衛生管理に努めること。

3　義務教育諸学校の校長又は共同調理場の長は、学校給食衛生管理の基準に照らし、適正を欠く事項があると認めた場合には、遅滞なく、改善に必要な措置を講じ、又は当該設置者に対し、その旨を申し出ること。

○学校給食実施者

学校給食実施者に関しては、同四条において、学校給食の実施責任者は、義務教育諸学校の設置者と定められているが、実際は教育委員会の指導助言により当該学校長が計画・管理し、職員を指揮監督して行うのが通例である。

○学校給食の実施

さらに、同法は六条において、学校給食の調理は「二以上の義務教育諸学校の学校給食の実施に必要な施設（以下「共同調理場」という。）を設けることができる」と定めており、学校給食は、それぞれの学校で準備される単独校調理場方式、または必要に応じて共同調理場方式で行うことができるようになっている。

○学校給食を活用した食に関する指導

現行「学校給食法」の大きな特徴の一つに「食に関する指導」があるが、同法十条は、学校給食を活用した食に関する指導を図るため、栄養教諭の職務・役割について、児童生徒が健全な食生活を自ら営むことができる知識及び態度を養うことを目指し、①学校給食で摂取する食品と健康の保持増進との関連性についての指導、②食に関して特別の配慮を必要とする児童・生徒に対する個別的な指導、③学校給食を活用した食に関する実践的な指導を行うこと、を定めている。

さらには、栄養教諭による指導が効果的に行われるよう、学校給食と関連付けながら、学校における食に関する指導の全体的な計画を作成することなどの措置を講じることも校長に求めている。

○学校給食に対する国・地方公共団体の援助

加えて、同法は、第一条、十二条において、義務教育諸学校の設置者が、学校給食の実施に必要な施設・設備に要する経費、運営に要する経費のうち、給食関係職員の人件費（都道府県の負担費を除く）と施設修繕費を負担し、それ以外の学校給食費は保護者が負担することとしている。ただし、学校設置者は、生活保護法に規定する要保護者およびこれに準ずる困窮者に対しては、学校給食費の全部または一部を補助することができ、国は、学校設置者が負担する施設・設備に要する経費と、学校給食費の一部を補助することができることとされている。

(2)　特別支援学校の幼稚部及び高等部の学校給食

前文の「学校給食法」における実施対象である「義務教育諸学校」に含まれなかった特別支援学校の幼稚部及び高等部に対して、一九五七年に制定された「特別支援学校の幼稚部及び高等部における学校給食に関する法律」により学校給食を実施することになった。その目的は一条、二条において「特別支援学校における教育の特殊性」にかんがみ、「学ぶ幼児及び生徒の心身の健全な発達」に資することを示した上で、「国民の食生活の改善」に寄与すること、及び学校給食の実施・普及充実を図ることである。

設置者は当該学校の学校給食が実施されるように努めなければならないと示され、その普及と健全な発達を図るように努めなければならないと明記されている。

また、学校給食の実施に必要な施設及び設備に要する経費並びにその運営に要する経費について、五条により「特別支援学校の設置者」が負担をし、経費以外の学校給食に要する経費は学校給食を受ける幼児又は生徒の保護者等が負担することになっている。

(3)　夜間課程を置く高等学校の学校給食

夜間課程を置く高等学校も学校給食を提供することになっている。一九五六年に制定された「夜間課程を置く高等学校における学校給食に関する法律」により、「勤労青年教育の重要性にかんがみ、働きながら高等学校（中等教育学校の後期課程を含む）の夜間課程において学ぶ青年の身体の健全な発達に資し、かつ「あわせて国民の食生活の改善」に寄与するために、夜間学校給食の実施・普及充実を図ることとなっている。

夜間学校給食の定義には、同法二条において、「夜間において授業を行う課程を置く高等学校」に「授業日の夕食時」に、「当該夜間課程において行う教育を受ける生徒」に対し実施される給食であると定めており、その実施・普及に関しては、三条により夜間課程を置く高等学校の設置者の任務とされ、四条により国及び地方公共団体は夜間学校給食の普及と健全な発達を図るように努めなければならないとされている。

また、夜間学校給食の実施に関わる経費や補助について、同法の五条において、「実施に必要な施設及び設備」に要する経費、並びに「夜間学校給食の運営に要する経費」のうち政令で定めるものは夜間課程を置く高等学校の設置者の負担とする上で、それ以外の実施・運営に関わる関係経費は夜間学校給食を受ける生徒の負担としている。加えて、国は政令で定めるところにより、予算の範囲内において、夜間学校給食の開設に必要な施設又は設備に要する経費の一部を補助することができると同六条に定めている。

(4)　幼稚園・保育所の学校給食

就学前の幼稚園・保育所での食事の提供に関して、まず幼稚園の給食について、二〇一三年に告示された「幼稚園における給食の適切な実施について」により「適切な給食の実施」に努めるよう明示されている。次に一九四八年に制定された「児童福祉施設の設備及び運営に関する基準」の三十二条において、原則として「調理室」を設けることになったが、現在は自園調理場方式以外に外部委託、外部搬入等の提供方式が採用されている。食育推進の観点からは、幼稚園や保育所の給食は幼児又は児童の心身の健康を養うために重要であるが、現状は調理員の資格、栄養士の配置等が義務付けられていない状況である。

〈参考文献〉

文部科学省『食に関する指導の手引―第二次改訂版―』平成三十一年三月。張磊「食育を推進する学校給食制度の在り方に関する一考察―食育基本法案の国会審議に注目して―」『教育行政学研究』三三号、二〇一二年、一一八頁。

（張　磊）

6　学校図書館

(1)　学校図書館の設置義務

小・中・高等学校、義務教育学校、中等教育学校、特別支援学校には、学校図書館を設けなければならないとされている（学図法三条）。その目的は、「図書、視覚聴覚教育の資料その他学校教育に必要な資料（以下「図書館資料」という。）を収集し、整理し、及び保存し、これを児童又は生徒及び教員の利用に供することによって学校の教育課程の展開に寄与するとともに、児童又は生徒の健全な教養を育成すること」である（学図法二条）。学校図書館は、「図書館法」（昭二五・四・三〇、法律一一八）に基づく社会教育施設としての図書館とは別個のものであり、また大学・高等専門学校の図書館は含まれない。

学校図書館は、学校教育において欠くことのできない基礎的な設備であるから、学校の設置者は、名目的に学校図書館を設けるにとどまらず、その設置する学校図書館の整備・充実を図るよう努めなければならない（学図法七条）。国も、また、学校司書の養成をも含めた総合的な計画をたてるとともに、学校図書館の設置・運営に関し、専門的・技術的な指導・勧告及び必要な措置を講じるよう努めなければならないとされている（学図法八条）。

国は、「子どもの読書活動の推進に関する法律」（平一三・一二・一二、法律一五四）八条一項に基づき、子どもの読書活動の推進に関する施策の総合的かつ計画的な推進を図るため、「子どもの読書活動の推進に関する基本的な計画」を定めることになっている（現行の計画は、令和五年三月二八日に閣議決定）。この計画において、学校図書館の整備・充実等を図ることが盛り込まれている。

また、「視覚障害者等の読書環境の整備の推進に関する法律」（令元・六・二八、法律四九）七条一項に基づき、学校図書館も含めた「視覚障害者等の読書環境の整備の推進に関する基本的な計画」を定め（現行の計画は、令和二年七月一四日に文部科学大臣及び厚生労働大臣が定めて公表）、読書バリアフリーの一層の推進を図っている。

(2)　図書館運営と司書教諭・学校司書

　各学校は、㈠図書館資料の収集、㈡分類排列・目録の整備、㈢読書会・研究会・鑑賞会・映写会・展示会等の開催・実施、㈣児童生徒の利用指導、㈤他の学校図書館・図書館・博物館・公民館等との連絡および協力を通して、学校図書館を児童生徒・教員の利用に供することとされている（学図法四条一項）。そのほか、学校図書館は、その目的を達成するのに支障のない限り、一般公衆にも利用させることができる（同条二項）。

　国は、「学校図書館ガイドライン」（平二八・一一・二九、文科初一一七二）を定め、学校図書館の運営上の重要な事項についてその望ましい在り方を示している。ガイドラインは、（一）学校図書館の目的・機能、（二）学校図書館の運営、（三）学校図書館の利活用、（四）学校図書館に携わる教職員等、（五）学校図書館における図書館資料、（六）学校図書館の施設、（七）学校図書館の評価の七項目から構成されている。各学校では、ガイドラインに沿って学校図書館運営を進めることが望まれる。

　学校には、学校図書館の専門的職務の担当者として司書教諭を置かなければならない（学図法五条一項）。ただし、学図法附則の規定により「当分の間」司書教諭を置かないことができるとされてきたが、平成一五年四月一日からは、政令で定める規模以下の学校を除いて、司書教諭は必置と改められた。政令で定める規模とは「学校図書館法附則第二項の学校の規模を定める政令」（平九・六・一一、政令一八九）の定めによる規模のことであり、一一学級以下とされている。一一学級以下の学校においては現在も「当分の間」司書教諭を置かないことができるとされている。

　司書教諭は文部科学大臣の委嘱を受けた大学等の行う司書教諭の講習を受けた主幹教諭（養護または栄養の指導及び管理をつかさどる主幹教諭を除く。）、指導教諭、教諭をもって充てる（学図法五条二項）。講習に関する事項は、「学校図書館司書教諭講習規程」（昭二九・八・六、文部省令二一）で定めている。この規程によれば、司書教諭の資格を得るには、五科目一〇単位を修得する必要がある。

　また、学校には、司書教諭のほかに学校司書を置くよう努めなければならない（学図法六条一項）。学校司書は、「学校図書館の運営の改善及び向上を図り、児童又は生徒及び教員による学校図書館の利用の一層の促進に資するため、専ら学校図書館の職務に従事する職員」のことである。学校司書に相当する職員を置く学校は以前から存在したものの法的根拠が曖昧であったため、平成二六年六月の学図法一部改正に伴って、同法六条に学校司書の規定が新設された（平成二七年四月一日施行）。学校司書の養成は、国が定めた「学校司書のモデルカリキュラム」（平二八・一一・二九、文科初一一七二）により、大学等において行う。モデルカリキュラムでは、一〇科目二〇単位が示されており、すべて必修科目となっている。

　なお、「文字・活字文化振興法」（平一七・七・二九、法律九一）においても、国及び地方公共団体は、学校教育における言語力の涵養に資する環境の整備充実を図るために、司書教諭及び学校図書館に関する業務を担当するその他の職員（学校司書のことを指す）の充実など人的体制の整備に関し必要な施策を講じるものとされている（八条二項）。

(3)　国の負担等

　国は、学校図書館の整備・充実に必要な措置（学図法八条）の一つとして、小学校、中学校、特別支援学校の小学部・中学部における学校図書館の図書の整備を図る際の目標冊数を示した「学校図書館図書標準」（平一九・四・二、文科初一二七二）を設定している。この目標冊数を達成するための財政措置として、令和四年度から令和八年度まで「学校図書館図書整備等五か年計画」を実施している。この計画によって、毎年度一九九億円、五か年で総額九九五億円が学校図書館図書整備費として地方財政措置される。また、この計画では、新聞の配備についても、毎年度三八億円、五か年で総額一九〇億円を地方財政措置する。令和三年七月に文部科学省が公表した「令和二年度学校図書館の現状に関する調査」の結果によると、前述の目標冊数の達成率は、小学校七一・二%、中学校六一・一%となっている。

　各学校では図書および設備の台帳を整備し、現品の表記等も明確にしておくことが必要である。　（野口　武悟）

〈参考文献〉
野口武悟・前田稔編著『改訂二版　学校経営と学校図書館』放送大学教育振興会、二〇二三年。

7　スポーツ振興とスポーツ振興くじ

(1)　スポーツ基本計画

　二〇一〇（平成二三）年に制定された「スポーツ基本法」においては、スポーツは、世界共通の人類の文化であり、国民が生涯にわたり心身共に健康で文化的な生活を営む上で不可欠なものであるとともに、スポーツを通じて幸福で豊かな生活を営むことは全ての人々の権利であるとされている。また、スポーツは、青少年の健全育成や、地域社会の再生、心身の健康の保持増進、社会・経済の活力の創造、我が国の国際的地位の向上など、国民生活において多面にわたる役割を果たすものとされている。

　同法に基づく「スポーツ基本計画」は、文部科学大臣がスポーツに関する施策の総合的・計画的な推進を図るために定めるものであり、国、地方公共団体及びスポーツ団体等の関係者が一体となってスポーツ立国の実現を目指す上での重要な指針となるものである。二〇二二（令和四）年三月に策定された「第三期スポーツ基本計画」（以下「第三期計画」という。）では、二〇二〇年東京オリンピック競技大会・東京パラリンピック競技大会（以下「東京二〇二〇大会」という。）のスポーツ・レガシーの発展に向けて、真に「する」「みる」「ささえる」ことを実現できる社会を目指すため、以下の三つの「新たな視点」において具体的な施策を位置づけていくことが必要であると示している。

①　社会の変化や状況に応じて、既存の仕組みにとらわれずに柔軟に見直し・改善し、最適な手法・ルールを考え、作り出す、スポーツを「つくる／はぐくむ」という視点

②　様々な立場・背景・特性を有した人・組織が集まり、課題の対応や活動の実施を図る、スポーツに「あつまり、ともに、つながる」という視点

③　性別や年齢、障害、経済・地域事情等の違いによって、スポーツ活動の開始や継続に差が生じないような社会の実現や機運の醸成を図る、スポーツに「誰もがアクセスできる」

という視点

さらに、第三期計画では、今後五年間に総合的かつ計画的に取り組む以下のような一二の施策群を示している。

まず、スポーツの振興を図るための施策として㈠「多様な主体におけるスポーツの機会創出」、㈡「スポーツ界におけるDXの推進」、㈢「国際競技力の向上」、㈣「スポーツの国際交流・協力」を提示している。

次に、スポーツによる社会活性化・社会課題の解決を図るための施策として、㈤「スポーツによる健康増進」、㈥「スポーツの成長産業化」、㈦「スポーツによる地方創生、まちづくり」、㈧「スポーツを通じた共生社会の実現」を提示している。

最後に、上記の施策を実現するための必要となる基盤や体制を確保するための施策として、㈨「担い手となるスポーツ団体のガバナンス改革・経営力強化」、㈩「スポーツの推進に不可欠な「ハード」「ソフト」「人材」」、(十一)「スポーツを実施する者の安全・安心の確保」、(十二)「スポーツ・インテグリティの確保」を掲示している。

スポーツ庁は第三期計画に基づき、全ての人々がスポーツの力で輝き、前向きで活力のある社会、絆の強い世界、豊かな未来の実現を目指して、スポーツ行政に取り組むこととしている。

(2)　東京オリンピック・パラリンピックの開催

東京二〇二〇大会は、一九六四（昭和三九）年に開催された東京オリンピック・パラリンピック競技大会やラグビーワールドカップ二〇一九日本大会などをはじめとする様々な経緯を踏まえつつ、開催に向けて着実に準備が進められてきたが、新型コロナウイルス感染症の世界的な感染拡大の影響により、史上初めて開催が一年延期されることとなった。

このようななか、安全・安心を最優先に大会の成功に向けた取組が進められてきた。大会史上初の延期や大会参加者の感染症対策など、非常に困難な課題に直面したが、関係者一丸となった取組により、第三二回オリンピック競技大会（以下「東京オリンピック競技大会」という。）は令和三年七月二三日から八月八日まで、東京二〇二〇パラリンピック競技大会（以下「東京パラリンピック競技大会」という。）は同年八月二四日から九月五日まで開催された。

東京オリンピック競技大会は、三三競技・三三九種目が四二会場で行われ、二〇五か国・地域の国内オリンピック委員会（NOC）及び難民選手団から過去最多の一万一四二〇人の選手、我が国からは過去最多となる五八三名の選手が参加した。日本代表選手団は、金メダル二七個、銀メダル一四個、銅メダル一七個の計五八個を獲得し、金メダル数、総メダル数ともに過去最多を更新したほか、八位以上の入賞者も近年の大会と比べ大幅に増加した。加えて、金メダル及びメダル獲得の史上最年少記録の更新など若い世代の活躍や、女子種目における過去最多のメダル獲得など女性アスリートの活躍も目立った。

東京パラリンピック競技大会は、二二競技・五三九種目が二一会場で行われ、一六一か国・地域の国内パラリンピック委員会（NPC）及び難民選手団から過去最多の四、四〇三人の選手、我が国からは過去最多となる二五四名の選手が参加した。日本代表選手団は、金メダル一三個、銀メダル一五個、銅メダル二三個を獲得し、過去最多に匹敵する計五一個のメダル獲得や入賞者の大幅増など優秀な成績を収めたほか、世界記録を含む数々の記録更新や、史上最年少メダリスト及び史上最年長金メダリストの誕生など幅広い世代が活躍した。

また、世界の注目が日本に集まるこの機会を国全体で最大限に生かし、被災地が復興を成し遂げつつある姿を世界に発信するなど、「復興オリンピック・パラリンピック」に関する取組を進めたほか、東京二〇二〇大会を契機とした日本文化の魅力の発信や共生社会の実現に向けた取組も進められた。

(3)　スポーツ振興くじ

スポーツ振興投票は、誰もが身近にスポーツに親しめる環境の整備、将来性を有する競技者の発掘・育成等のための財源の確保を目的として、超党派のスポーツ議員連盟により提案され、平成一〇年五月に議員立法として成立した「スポーツ振興投票の実施等に関する法律」により創設された。

従来、サッカーの試合結果（勝敗・得点）を対象として、購入者が自分で予想を行う商品（予想系の「toto」）と、コンピュータがランダムで試合結果を選択する商品（非予想系の「BIG」）の大きく分けて二種類の商品を販売してきた。

令和元年度に、更なる売上の増加を目指し、一等最高当せん金一二億円の「MEGABIG」の販売を開始した。

また、令和二年度に法改正が行われ、バスケットボールが対象競技に追加されるとともに、単一試合投票、順位予想投票が導入できるようになり、令和四年九月から、対象となる新商品「WINNER」が販売されている。

こうした中、令和四年度のスポーツ振興投票の売上は約一、一一四億円となっている。

スポーツ振興投票の実施により得られる収益は、我が国のスポーツの振興のために使われることとなっており、令和四年度は、約一四八億円配分している。また、前述の法改正により、スポーツレガシーの実現に向けた取組を助成対象とできるよう、収益の使途が拡大された。

これからも、スポーツ振興投票の売上を拡大し、その収益によって日本のスポーツがますます発展するように取り組むこととされている。

〈参考文献〉

令和三年度、令和四年度『文部科学白書』文部科学省。

（橋田　裕）

8　スポーツ行政

(1)　スポーツ基本法

二〇一一（平成二三）年六月一七日、「スポーツ基本法」が成立し、同年八月二四日施行された。一九六一（昭和三六）年六月一六日に「スポーツ振興法」が公布されて以来、五〇年ぶりの全面改正となった。我が国のスポーツの振興は、「スポーツ振興法」に基づき施策を推進してきた。しかし、少子高齢化や情報化の進展に伴う様々な社会問題が顕在化し、スポーツ振興の重要性が増すなかにあって、「スポーツ振興法」は、

- 従来の主要施策である地域のスポーツクラブの育成、ドーピング防止活動支援、競技者育成などに関する規定がない
- スポーツ権の概念やスポーツ仲裁についての言及がない
- プロスポーツを対象としていない

など、スポーツの現状や新しい課題に十分に対応しきれなくなっているのではないか、との指摘がなされ、スポーツの振興のための新たな法律を制定する必要性がクローズアップされるようになってきた。

このようななか、平成二三年五月には、超党派の国会議員連盟により、「スポーツ基本法案」が取りまとめられた。同法案は、同月には八会派の共同提案として衆議院に提出され、衆議院（六月九日）、参議院（六月一七日）において、いずれも全会一致で可決・成立した。

「スポーツ基本法」は、スポーツに関し、基本理念を定め、国・地方公共団体の責務やスポーツ団体などの努力などを明らかにするとともに、スポーツに関する施策の基本となる事項を定め、施策を総合的・計画的に推進し、国民の心身の健全な発達、明るく豊かな国民生活の形成、活力ある社会の実現及び国際社会の調和ある発展に寄与することを目的としている。また、「スポーツを通じて幸福で豊かな生活を営むことが人々の権利である」ことや、「スポーツ立国戦略」で盛り込まれた考え方である地域スポーツとトップスポーツの「好循環」について盛り込まれている。さらに、プロスポーツを正面から対象とすること、ドーピングやスポーツに関する紛争処理の規定を盛り込むことなど、「スポーツ振興法」には規定されていなかった内容が新たに盛り込まれている。

(2)　スポーツ庁の発足

東京二〇二〇大会やラグビーワールドカップ二〇一九日本大会を前に、我が国のスポーツ振興の機運はますます高まっていた。また、スポーツを通じた健康増進など、スポーツをより一層社会の発展に活用する必要性も高まっていた。このような中、スポーツ施策を総合的に推進するため、二〇一五（平成二七）年一〇月一日、文部科学省の外局としてスポーツ庁が発足した。

スポーツ庁は、スポーツ基本法の趣旨を踏まえ、スポーツを通じて「国民が生涯にわたり心身ともに健康で文化的な生活を営む」ことができる社会の実現を目指すものである。また、スポーツに関する基本的な政策の企画及び立案並びに推進や、関係行政機関の事務の調整を行うことにより、政府のスポーツ施策の中核を担うことが期待されている。

スポーツ行政に係る体制について、従来の「文部科学省スポーツ・青少年局」は、スポーツ行政だけでなく、学校健康教育や青少年教育なども所掌しており、同局でスポーツの振興を所掌としていたのは、三つの課と一人の参事官だった。スポーツ庁では、この体制を大幅に強化し、長官・次長・審議官の下に、五つの課と二人の参事官を置いた。

(3)　スポーツ庁の任務と組織等

スポーツ庁の任務は、「スポーツの振興その他のスポーツに関する施策の総合的な推進を図ること」とされ、その所掌事務は、「スポーツに関する基本的な政策の企画及び立案並びに推進に関すること」「スポーツに関する関係行政機関の事務の調整に関すること」「心身の健康の保持増進に資するスポーツの機会の確保に関すること」「スポーツに関する競技水準の向上に関すること」等とされている（文部科学省設置法一五、一六条）。

さらに、東京二〇二〇大会後のレガシー（遺産）として、Sport in Life の実現やスポーツを通じた健康増進、共生社会、経済・地域の活性化、国際貢献等を推進するための組織体制の整備を図るとともに、運動部活動の地域移行をはじめ地域のスポーツ活動推進のための環境整備を推進するため、二〇二二（令和四）年四月にスポーツ庁の組織を改組した。

スポーツ庁は、長官の下、次長及び審議官が置かれ、現在、四つの課（政策課、健康スポーツ課、地域スポーツ課、競技スポーツ課）と三人の参事官（国際担当、地域振興担当、民間スポーツ担当）が置かれている（文部科学省組織令八三～九〇条）。さらに、スポーツ庁長官の諮問に応じてスポーツの振興その他のスポーツに関する施策の総合的な推進に関する重要事項を調査審議等するスポーツ審議会が置かれている。（文部科学省組織令九一条）。

地方のスポーツ行政組織について、地方教育行政の組織及び運営に関する法律では、都道府県及び市区町村等に設置される教育委員会の職務権限として、スポーツに関する事務を管理・執行することとされている（同法二一条）。併せて、その特例として、条例の定めるところにより、当該地方公共団体の長が、スポーツに関する事務（学校における体育に関する事務を除く）を管理・執行することができることになっている（同法二三条）。

〈参考文献〉
平成二三年度、二七年度『文部科学白書』文部科学省。

（橋田　裕）

9 国民の健康増進

(1)　健康長寿社会の実現に向けて

厚生労働省の資料によると、二〇二二（令和四）年の日本人の平均寿命は、男性八一・〇五歳、女性八七・〇九歳である。主な死因は、悪性新生物（腫瘍）、心疾患、老衰等である。近年の新型コロナウイルス感染症による死亡率の変化が平均寿命を若干縮めたものの、日本は世界有数の長寿国であり、さらに今後は超高齢社会を迎える。二〇四〇（令和二二）年時点で六五歳となる人のうち、男性の約四割が九〇歳まで、女性の二割が一〇〇歳まで生きると推計されており、「人生一〇〇年時代」が射程にある。一人ひとりが心豊かに生き生きと過ごすためにも、健康寿命の延伸と健康長寿社会の実現が最重要課題となっている。現行の「健康寿命」の指標には、「日常生活に制限のない期間の平均」と「自分が健康であると自覚している期間の平均」の二つが算出されている。

(2)　健康の意義および健康増進の必要性

「健康」について世界保健機関（WHO）憲章（昭和二三年四月七日発効）は、「健康とは、肉体的、精神的及び社会的に完全に良好な状態であり、単に疾病又は病弱の存在しないことではない。」と定義している。同憲章は、「到達しうる最高基準の健康を享有することは、人種、宗教、政治的信念又は経済的若しくは社会的条件の差別なしに万人の有する基本的権利の一つである。」、「ある国が健康の増進と保護を達成することは、全ての国に対して価値を有する。」ともうたっている。健康増進は個人のみならず国家においても重要であり、人々の協力を得て健康増進のための社会的施策を行うことの必要性が示されている。

また、国連で採択された二〇三〇（令和一二）年までに達成すべき「持続可能な開発目標（SDGs）」においても、「すべての人に健康と福祉を」が目標の一つに挙げられている。

我が国では、日本国憲法の二十五条一項において、「すべて国民は、健康で文化的な最低限度の生活を営む権利を有する。」と規定している。二〇〇二（平成一四）年には、国民の栄養改善を目的とする栄養改善法を廃止して、国民の健康増進を総合的に推進するための基本事項を定めた健康増進法（平成一四・八・二、法律一〇三号）が制定された。その二条で、「国民は、健康な生活習慣の重要性に対する関心と理解を深め、生涯にわたって、自らの健康状態を自覚するとともに、健康の増進に努めなければならない。」と国民の責務が規定されている。国・地方公共団体・健康増進事業実施者・医療機関等に対しては、国民の健康増進に向けて相互に連携・協力することを努力義務としている。

○受動喫煙の防止

健康増進法は、「望まない受動喫煙」の防止についても規定している。例えば、学校・児童福祉施設・病院・行政機関の庁舎等では敷地内禁煙（ただし、「特定屋外喫煙場所」の設置は可能）と定めている。

二〇二〇（令和二）年四月一日に全面施行された改正健康増進法では、飲食店に対しても受動喫煙防止義務が課され、原則、屋内禁煙（所定の要件に適合すれば各種喫煙室の設置は可能）となった。違反すると最大五〇万円以下の罰金の対象となる。

(3)　健康増進のための施策

明治から戦後にかけて、海外から流入したコレラ等の急性感染症への対策や、慢性感染症として流行した結核の予防等、衛生水準の向上が図られた。戦時下には、一九三七（昭和一二）年から保健所が、翌一九三八年には厚生省が設置された。戦後の疾病構造の変化に伴い、いわゆる成人病が死因の上位を占めるようになる。一九六一（昭和三六）年には、高い保健医療水準を支える「国民皆保険」が実現した。

国民に対して積極的な健康増進対策が図られた契機は、一九六四（昭和三九）年のオリンピック東京大会である。政府の閣議決定「国民の健康・体力増強対策について」（昭和三九・一二・一八）において、①「保健・栄養を改善する」、②「体育・スポーツ・レクリエーションを普及する」、③「強固な精神力（根性）を養い育てる」を重点的に図るものとされ、「体力つくり国民運動」が提唱・推進された。

その後、乳児死亡率や栄養状態、身体発育状況が改善された一方で、高度経済成長期における国民の健康を取り巻く情勢の変化に伴い、より積極的な健康増進対策への転換が求められた。

○「国民健康づくり対策」

一九七八（昭和五三）年から「第一次国民健康づくり対策」、一九八八（昭和六三）年から「第二次国民健康づくり対策」が、それぞれ十か年計画で実施された。「自分の健康は自分で守る」という自覚と認識を持つことが重要との考え方に立ち、①「生涯を通じる健康づくりの推進」、②「健康づくりの基盤整備」、③「健康づくりの普及啓発」を基本施策として、国民の健康を守るための環境整備や健康づくりの普及啓発が推進された。

○「健康日本21」の推進

二〇〇〇（平成一二）年には、「第三次国民健康づくり対策」となる「二十一世紀における国民健康づくり運動（健康日本21）」が策定された。同年には、高齢者をすべての国民で支え合う介護保険制度が創設されている。二〇〇一年には中央省庁再編によって厚生労働省が発足し、二〇〇三年には健康増進法が施行された。二〇〇八（平成二〇）年には、四〇歳以上七五歳未満の医療保険加入者を対象として、メタボリックシンドローム（内臓脂肪症候群）に着目した「特定健康診査・特定保健指導」が導入された。

「健康日本21」は、健康寿命の延伸や生活の質の向上の実現を目的として、九分野からなる具体的な目標を設定して、国民の健康意識の向上や取り組みを促すものである（①栄養・食生活、②身体活動・運動、③休養・こころの健康づくり、④たばこ、⑤アルコール、⑥歯の健康、⑦糖尿病、⑧循環器病「脳卒中を含む」、⑨がん）。二〇一三（平成二五）年からは「健康日本21（第二次）」（第四次国民健康づくり対策）が始まった。「全ての国民が共に支え合い、健やかで心豊かに生活できる活力ある社会の実現」を目指して、「健康寿命の延伸と健康格差の縮小」、「健康を支え、守るための社会環境の整備」等の五つの基本的な方向を定め、実行可能性を踏まえた目標が設定された。

政府の閣議決定「日本再興戦略」（平成二五・六・一四）においても、「国民の健康寿命が延伸する社会」を目指すと掲げており、そのための国民運動「スマート・ライフ・プロジェクト」が展開されている。

これまでの法制度や枠組みによって健康増進に対する機運の醸成が図られ、地方公共団体や企業においても様々な取り組みが進んできた。健康寿命は着実に延伸しつつあるが、新型コロナウイルス感染症の拡大を機に健康格差が拡大しているとの指摘もあり、生活習慣の変化等を踏まえたさらなる健康増進施策が求められている。

二〇二四（令和六）年度からは、第五次国民健康づくり対策である「健康日本21（第三次）」が開始される。「全ての国民が健やかで心豊かに生活できる持続可能な社会の実現」というビジョンのもと、①「誰一人取り残さない健康づくりの展開」、②「より実効性をもつ取組の推進」が目指されている。

〈参考文献〉

厚生労働省『厚生労働白書』各年度。
厚生労働省ホームページ（二〇二二年八月三〇日参照）。

（宮村　裕子）

五　私立学校編　事項別解説

1 私学行政制度

私学法は、私学の特性に鑑みて、私学の自主性を尊重し、公共性を高めるとともに、公費助成の法的基礎を確立することで、私学の健全な発達を図ることを目的として制定された。

戦後改革においては、私立学校に対する教育行政の基本原則は、私学の自主性を重んじ、公共性を高めることに重点が置かれ、私学行政の民主化が図られた。これは戦前の監督庁が広範な権限（安寧秩序・風俗を乱す場合等の学校閉鎖命令権、業務・財産状況の検査権、事業計画・収支予算の変更命令権、校長・教員の採用認可・罷免権など）を有し、私立学校令下の私学行政は統制的・監督的側面が強かったという認識が関係者間で共有されていたためである。

謙抑的な私学行政の理念の実質化を図る措置としては、①所轄庁権限（学校の設置廃止等の認可、設置者変更の認可、学校の閉鎖命令に関する特別規定など）の制限列挙（同法旧五条二項、私学法五条）、②学校の設備、授業その他の事項に関する法令違反時等の変更命令権（学教法十四条）の適用除外（同法五条）、③所轄庁が権限を行使する際の私立学校審議会等への諮問の義務化（同法八条、学教法施行令四十三条）などがある。

○私立学校の所轄庁権限

第一に、所轄庁は学校法人の収益事業の停止命令（同法六十一条）や解散命令（同法六十二条）などの権限を有しており、権限行使時には、私立学校審議会等への諮問が義務付けられている。

第二に、私立学校審議会の権限、委員（委員数・任命方法・任期・会長の任命方法・解任など）、議事参与の制限、委員の費用弁償、運営の細目に関しては、私学法九条〜十七条に規定がある。

第三に、教育の調査、統計その他に関する「報告書の提出を求める」権限がある（同法六条）。報告書の提出は、所轄の全ての学校だけではなく、特定の学校に対して求めることも可能であると解されている（茨城県総務部長あて文部省管理局振興課長回答昭三七・一一・一七）。また、報告書の提出は、様式にこだわることなく、口頭報告や資料提出を求めても差し支えない。さらに、国の補助金を受けた学校法人の設置する私立学校には、立入り検査もできるものとされている（補助金適正化法二十三条一項）。

なお、所轄庁の権限は、文言上は「私立学校」に対するものとなっているが、その範囲は「教育課程とか教材或は設備等、直接、教育にかかるものの調査に限るべきではなく、学校経営にかかる収入支出状況とか、父兄の経済状況等も含めて、広く学校教育上必要とされる調査等」も含まれ、その対象には私立学校のみならず学校法人をも含むと解されている。

（荒井　英治郎）

2 学校法人制度

○学校法人制度の変遷

学校法人制度は、私立学校の設置主体である組織とその運営の整備を通じて、私学の自主性の確保と公共性の高揚を図ることを目的として、私立学校法により財団法人に代わる特別な法人として創設された。財団法人と異なる制度設計として、役員人数、同族制限、収益事業、監事と評議員会の必置化などがある。その後、私学をめぐる環境の変化、不祥事の発生、公益法人の改革等の影響を受けて、制度が変更されてきた。二〇〇四（平成一六）年の私立学校法改正では、理事制度と監事制度等の改善がなされ、二〇一九（令和元）年の法改正では、役員の職務及び責任の明確化などが規定された。二〇二三（令和五）年の法改正（以下、「最新の法改正」という）では、理事・理事会、監事及び評議員・評議員会の権限分配が見直され、役員等の資格・選解任の手続きと各機関の職務・運営等が大きく変更となった。役員等による特別背任罪、贈収賄罪等の罰則も新たに加えられた。

○学校法人制度に関する規定の概要

最新の法改正では、条項が整理され、条文が大幅に追加された。学校法人に関する規定は第三章にあるが、大臣所轄学校法人と知事所轄法人の規模に応じて規定内容と適用時期等が区分され、大臣所轄学校法人等については第四章に特例が付加された。

第三章の第一節の「通則」では、学校法人の運営基盤の強化、教育の質の向上及び運営の透明性の確保が三つの責務として定められ、設置者負担主義（学教法五条）に基づき施設設備を保有すべきことが示され、理事、理事会、監事、評議員会及び評議員並びに理事選任機関を学校法人の機関として設置が義務づけられた。収益事業を行うことができる旨の規定は継続している（私学法十六条〜十九条）。

第二節の「設立」では、学校法人の寄附行為の記載事項と認可、閲覧等が定められている（同法二十三条〜二十八条）。

第三節の「機関」では、理事会及び理事、監事、評議員会及び評議員、会計監査人について、選解任及び職務等の規定が置かれている。役員、評議員又は会計監査人の学校法人又は第三者に対する損害賠償責任とその免除に関する定めも設けられている（同法二十九条〜九十七条）。

第四節から第九節には、学校法人の予算及び事業計画等、会計並びに計算書類等及び財産目録等、寄附行為の変更、解散及び清算並びに合併、助成及び監督、訴訟等の規定が置かれている（同法九十八条〜百四十二条）。

第四章では、大臣所轄学校法人等の特例として、会計監査人の設置、常勤の監事の選定、理事の構成及び報告義務の特例、評議員会及び評議員の特例、内部統制体制の整備及び中期事業計画の作成等、計算書類等の閲覧の特例、情報の公表の特例等が定められている（同法百四十三条〜百五十一条）。

○基本規程である寄附行為

「寄附行為」は学校法人の基本規程である。学校法人設立に際しては「寄附行為」を作成して所轄庁の認可を得なければならない。学校法人の目的、名称、私立学校の名称及び学部等の種類、事務所の所在地、理事・監事・評議員の定数と任期、選解任方法等、理事会・評議員会・理事選任機関等に関する事項、会計監査人に関する事項、資産及び会計に関する事項、収益事業に関する事項、解散に関する事項、寄附行為の変更に関する事項、公告の方法が寄附行為の必要的記載事項である。電磁的記録によって作成することも可能である。

寄附行為は、学校法人の主たる事務所に備え置き、債権者はいつでも書面又は電磁的記録に記録された事項の閲覧及び謄抄本の交付の請求ができ、債権者以外の者は閲覧の請求ができ、学校法人は正当な理由がある場合を除いてこれを拒んではならない（同法二十三条〜二十七条）。

なお、各学校法人の寄附行為変更等の際の参考となるように、所轄庁は「寄附行為作成例」を示している。

○学校法人の理事及び理事会

理事及び理事会に関しては最新の法改正で次の事項が変更追加された。

第一に、理事の選任については、寄附行為の定めにより、理事選任機関があらかじめ評議員会の意見を聴いて、私立学校経営に必要な知識又は経験及び学校法人の適正な運営に必要な識見並びに社会的信望を有する者のうちから理事を選任することとなった。

第二に、評議員と理事の兼務が禁止された。理事に含まれる者として、学校法人の設置校の学校長、外部役員（就任の際に当該法人又は子法人等の役員等でない者）が示されている。理事と特別利害関係（配偶者又は三親等以内の親族その他特別の利害関係として省令で定める者）にある理事又は評議員は二人を越えていないこと、また、理事総数の三分の一を越えていないことが定められた。理事の任期及び解任等についても細かく法定された。

第三に、理事会の職務として、学校法人の業務決定、理事等の業務執行監督等、寄附行為等による決議等が示され、個別理事に委任できない事項として、校長等の選解任、内部統制体制の整備、予算及び事業計画の作成又は変更、その他の重要事項が規定されている。これらの決定には評議員会の事前の意見聴取が必要となっている。

第四に、最新の法改正では、執行と監視・監督の分離の考え方から、理事会は学校法人の業務の執行機関として位置づけられ、評議員会は、諮問機関であるとともに監督機関としての役割を持つことになった。理事会が重要事項の決定を行う際には評議員会の決議又は意見聴取が必要となる。両者の決定が分かれた場合には、『寄附行為作成例』にあるように、理事・評議員協議会を開催し、その決議を尊重して理事会・評議員会で再決議する方法、又は理事長及び全理事が出席した評議員会での説明を尊重して評議員会で再決議する方法のいずれかによることとなる。両機関の建設的な協働と相互けん制が期待されている。

第五に、理事会の職務等、理事長等の選定、代表権限、理事の理事会及び評議員会への報告義務などが規定された。一般社団・財団法人法が準用されて理事長等による第三者への損害賠償責任、競業及び利益相反取引の制限、理事の監事への報告義務なども定められている（同法二十九条～四十四条）。

○学校法人の監事

監事は二人以上で、学校運営その他の学校法人の業務又は財務管理について識見を有する者のうちから、寄附行為をもって定めるところにより、評議員会の決議によって選任される。監事の職務は、学校法人の業務及び財産の状況並びに理事の職務の執行の状況を監査し、その状況を理事会及び評議員会等に報告することなどである。監事監査の重要性に鑑み、理事会及び評議員会への監事報告の提出、不正行為等に係る理事会及び評議員会並びに所轄庁への報告、理事の行為の差止め請求など、監事監査の実効性を強化するため広範な権限が認められている（同法四十五条～六十条）。

○学校法人の評議員及び評議員会

最新の法改正では、評議員の定数は六人以上で、理事の定数を上回る数を寄附行為で定めることとなった（同法十八条三項）。

評議員には、私立学校の教育又は研究の特性を理解し、学校法人の適正な運営に必要な識見を有する者のうちから、年齢、性別、職業等に著しい偏りが生じないように配慮して、寄附行為の定めにより選任することとなる。評議員に含まれなければならない者として、評議員総数の三分の一以内の当該学校法人の職員、及び卒業生で二十五年以上の者が示されている。二人以上の評議員と特別利害関係を有するものであってはならないこと、理事会等が選任する評議員の数は総数の二分の一以内であること、役員又は評議員と特別利害関係にある者並びに子法人の役員及びその使用人である評議員の合計数が総数の六分の一以内であることが求められている（同法六十一条～六十二条五項）。

評議員の職務に関しては、役員に対して意見を述べ、又はその諮問に答えることなどが規定されている。評議員会の意見聴取又は決議を要することとされた事項については寄附行為でそれに反する旨を定めることはできない（同法六十六条）。評議員会は、理事の解任を選任機関に求め（同法三十三条）、理事の行為の差止請求（同法六十七条）又は理事又は監事の責任追及（同法百四十条）を行うことができる。

評議員会の招集の時期・手続き・請求等、評議員の総数の三分の一以上による議案の提出、決議の方法・議決の範囲等、議事録の作成と債権者による閲覧の請求等の運営の手続きなどが法定されている（同法六十九条～七十九条）。

以上、役員と理事会に対するチェック機能を高めるため、評議員や評議員会の役割と権限が見直され、理事会の業務執行に対する監督権や役員の選解任の権限が付加された。これらによって私立学校の不祥事を抑制して、適正なガバナンスの確立が期待されている。

○学校法人の会計監査人

最新の法改正により、会計監査人は学校法人の機関として制度化され、監事監査との連携やガバナンス機能の強化が望まれている。公認会計士又は監査法人の監査は助成法監査から私学法監査に移行することになる。監査人の選解任の資格が法定され、帳簿等の閲覧等の請求、理事・職員からの報告、子法人の会計などの調査、定時評議員会での陳述など、所要の監査権限が定められている（同法八十条～八十七条）。

《参考文献》

○私立学校法　二〇二三（令和五）年の改正に準拠

https://www.mext.go.jp/a_menu/koutou/shiritsu/mext_00001.html

文部科学省『私立学校法の改正に関する説明資料』二〇二三年八月一日現在。文部科学省『寄附行為作成例（文部科学大臣所轄学校法人向け）』二〇二三年八月二三日。

○私立学校法　二〇二三（令和五）年以前の改正に準拠

俵正市『解説　私立学校法（新訂三版）』法友社、二〇一五年。小野元之『私立学校法講座（令和二年改訂版）』学校経理研究会、二〇二〇年。松坂浩史『逐条解説　私立学校法（三訂版）』学校経理研究会、二〇二〇年。（西井　泰彦）

３　私学振興制度

私学振興は、学校法人に対する助成に限定されるべきではなく、私学教職員の身分・待遇の改善や福利厚生の充実、在学生等に対する助成など、様々な方法が想定されるが、以下、学校法人に対する助成を中心に概括する。

「助成」という用語は、昭和五〇年法律六一号改正の前の私学法五十九条一項に規定された内容、すなわち、国または地方公共団体が「学校法人に対し、補助金を支出し、又は通常の条件よりも学校法人に有利な条件で、貸付金をし、その他の財産を譲渡し、若しくは貸し付けること」を意味すると解されてきた（私学法旧五十九一項）。

第一に、私学振興助成法には、経常的経費の補助に関する規定（四条、九条）がある。四条では、大学または高等専門学校を設置する学校法人に対し、国が「当該学校における教育又は研究に係る経常的経費について、その二分の一以内を補助することができる」とある。私学振興助成法施行令によると、経常的経費の範囲および補助の割合は、専任教員等の給与費の一〇分の五、専任職員の給与費の一〇分の五、学生の教育および専任教員等の研究費の一〇分の五、ならびに専任の教員等・職員および学校法人の専任の役員の海外研究費で文部科学大臣の指定・算定した額となっている（同施行令一～三条）。

第二に、同法九条には、学教法一条に規定する高等学校以下の学校を設置する学校法人に経常的経費を補助する都道府県に対して、その経費の一部を補助することができる旨が規定されている。同施行令には、各学校の区分ごとの補助金額が定められているが（同施行令四条）、高等学校以下を設置する学校法人に対しては都道府県を通じた間接補助、大学および高等専門学校を設置する学校法人に対する経常的経費の補助に関しては日本私立学校振興・共済事業団を通じた間接補助となっている（私学振興助成法十一条、振興事業団法二十三条一項一号）。

第三に、貸付金に関しては、私学振興助成法八条に、学校法人が設置する学校の「学生又は生徒を対象として行う学資の貸与の事業について、資金の貸付けその他必要な援助」の規定があり、同法十条には、その他の補助金のほか通常の条件より有利な条件で貸付金をし、「その他の財産を譲渡し、若しくは貸し付けることができる」旨が定められている。

なお、日本私立学校振興・共済事業団法二十三条一項三号には、事業団の業務の一つとして、「私立学校教育の振興上必要と認められる事業を行う学校法人、準学校法人その他の者に対し、その事業について助成金を交付すること」とあるが、これは事業団の利益処分として行われる一種の補助金を指し、私学共済と私学研修福祉会に交付されている。

第四に、この他私学振興と関わる立法例として、理振法九条二項、産振法十九条、夜間課程給食法六条、私立大学の研究設備に対する国の補助に関する法律二条、スポーツ振興法二十条二項、激甚災害法十七条等がある。

第五に、所轄庁は、①業務・会計状況に関する報告徴収・質問検査権、②学則に定める収容定員超過の是正命令権、③予算の変更勧告権 ④役員の解職勧告権といった四つの権限を有する（私学振興助成法十二条）。助成を受ける対象者は学校法人であるが、学教法附則六条により、当分の間、私立の幼稚園を設置する学校法人以外の者も含まれる（私学振興助成法附則二条）。

第六に、学校法人に対する税制上の優遇措置も、間接的な助成として位置付けられ、現行法上、寄附者等にかかる優遇措置がある。

なお、在学生等に対する助成をめぐっては、学校の設置者に対する助成と異なり憲法第八十九条が規定する「公金支出の制限」と関わる私学助成の合憲性の問題は生じないと解されている。

〈参考文献〉

俵正市『解説　私立学校法（新訂三版）』法友社、二〇一七年。小野元之『私立学校法講座（令和二年改訂版）』学校経理研究会、二〇二〇年。松坂浩史『逐条解説　私立学校法（三訂版）』学校経理研究会、二〇二〇年。荒井英治郎「教育基本法第八条（私立学校）」「私立学校に関する法律概説」荒牧重人・小川正人・窪田眞二・西原博史編『新基本法コンメンタール　教育関係法（別冊法学セミナー）』日本評論社、二〇一五年。

（荒井　英治郎）

六　教育職員・勤務条件・教員免許編　事項別解説

1 公務員の定義

公務員とは、広義には国または地方公共団体等の公務に従事することを職務とする者の総称である。従って、その選任がいかなる形態（任命、嘱託、選挙等）であれ、また立法、司法、行政のどの部門に属していても、公務員とみなされる。日本国憲法十五条に規定する公務員は、この意味であり、一般職及び特別職の国家公務員・地方公務員はいうに及ばず、国会議員や地方議会議員、さらには公共企業体その他の公法人の役職員等も、公務に従事する限り公務員となる。

なお、従来の国立大学の教職員は、平成一五年成立の国立大学法人法により、国家公務員としての身分を失ったが、同法十九条で「みなし公務員」と規定され、公務員に適用される刑法上の規定の一部が依然適用対象とされている。

○一般職と特別職

国家公務員や地方公務員の中で、裁判官や国会議員・地方議会議員などの特殊な職域の公務員は特別職の公務員であり、特別な法的取扱を受ける。具体的には、国家公務員法や地方公務員法が原則として適用されず、特別職給与法などを除き、一般的な法律の定めがない。これに対して、一般職の公務員は、国家公務員法及び地方公務員法の適用を受ける一切の職に従事する者を指す。ただし、一般職の中には、その職務の特殊性ゆえ、別の法律等で特例が定められ、その適用を受ける職（外務公務員、教育公務員等）もある。

○教育公務員

教育公務員とは、一般職の公務員のうち、教特法二条で定められた「学校の教職員と教育行政職員の一部の者」をいう。なお、幼保連携型認定こども園の教員も含まれる。教育公務員は、地方公務員としての身分を有し、これとは別に教育公務員という特別の身分が存在するわけではない。それゆえ、必然的に地方公務員法の適用を受けることになるが、教育公務員の職務と責任の特殊性に基づき、特にその任免、分限、懲戒、服務、研修については、教特法の適用対象となっている。

○県費負担教職員

教育公務員である公立学校の教職員の給与は、「当該学校を設置する地方公共団体が負担する」のが原則ではある（学教法五条）。しかし、例外的に市町村立（指定都市を除く）の小学校、中学校、義務教育学校、中等教育学校前期課程、特別支援学校の教職員給与は、都道府県が負担することになっている（市町村立学校職員給与負担法一条）。これを県費負担教職員制度という。その理由は、域内市町村間の財政能力の差により、教職員給与の格差が生じることを防止し、併せてそれら市町村立学校教職員の任免権を都道府県が行使すること（地教行法三十七条）によって（広域人事）、①教職員の給与水準の確保と一定水準の教職員の確保を図り、教育水準の維持向上を図るため、また②教職員の適正配置と人事交流を図るため、である。

なお、平成二九年三月までは、指定都市の教職員の任免は当該指定都市が行使するものの、その給与負担については都道府県が行うという変則的な状態が長らく続いていたが、同年四月より指定都市の教職員給与は指定都市自身が負担するように変更され、このねじれ現象は解消された。

○特別権力関係と一般権力関係

一般権力関係の下では、法治主義の原則から法律の根拠がなければ、命令強制したり、自由や権利を制限し、又は懲戒処分を下したりすることはできないが、特別権力関係の下では、包括的な支配権を背景にそれらの行為が可能とされてきた。伝統的に公務員の勤務関係や国公立学校の在学関係は、特別権力関係の例として説明されてきたが、近年はこの考え方自体否定的に捉えられ、公立学校の在学関係においても在学契約論的な理解が定着しつつある。とはいえ、特別権力関係論は、裁判所の判決において採用又は援用されることもあり、完全に払拭されたとは言い難い状況にある。

〈参考文献〉若井彌一著『教育法規の理論と実践』（改訂版）、樹村房、一九九八年。結城忠著『教育法規・重要用語三〇〇の基礎知識』明治図書出版、二〇〇〇年。

（古賀　一博）

2 教職員の職種

○教職員設置の法的基準

教育施設である学校において、不可欠な構成要素となるのが人的施設としての教職員である。学教法は、その七条において、「学校には、校長及び相当数の教員を置かなければならない」と原則を規定したうえで、学校種別に置くべき教職員の種類、職務内容について定めている。同法の規定は国・公・私立を問わず、すべての学校に適用される。また教職員以外の学校の人的施設として、学保法が学校医等を置くことを規定している。

「教員」は通常、学校の職員のうち、事務又は技術に従事する職員（いわゆる「事務職員」及び「技術職員」）に対して、教育に従事する職員の総称として用いられる。「教職員」は、地公法では校長及び教員のほかに事務職員を含み（五十七条）、女子教職員の出産に際しての補助教職員の確保に関する法律では、校長及び教員のほかに、実習助手、寄宿舎指導員、学校栄養職員及び事務職員を含む（二条二項）とされる。教育系職員（校長・教諭等）と事務・技術系職員（事務職員・技術職員・用務員等）の総称として慣用されることも多い。

○教職員の種類

学教法が規定する学校に置くべき教職員の種類のうち、初等・中等教育の教職員の種類を整理したものが、表一である。これを見ると、実習助手、技術職員が幼・小・中・義務教育学校に置かれないことと、特別支援学校で必置とされる寄宿舎指導員が他の学校種に設置されないことを除いて、置くべき職種に大きな違いはない。（幼稚園は、校長が園長、副校長が副園長と職名が一部異なるほかは同様。大学・高等専門学校は、学長／校長、教授、准教授、助教、助手、事務職員と職名はかなり異なる。）

必置の態様についても、①必置職員、②特別の事情がある場合は置かないことができる職員、③教諭、養護教諭に代えて置かれる職員、④任意設置の職員において、学校種別に若干の違いがある程度である。

ただし近年は教育課題の高度化・複雑化、教職員の「働き方改革」等に対応するために、任意設置とされる職種が増えており、その設置の有無によって、自治体や学校間の取り組みに特色が生じつつある。

○教職員設置数の基準

学校に置くべき教職員の数については、校長など必ず一人置かなければなら

表　教職員の種類

	幼稚園	小・中学校・義務教育学校	高等学校	中等教育学校	特別支援学校	根拠規定
校（園）長	○	○	○	○	○	法27①④,37①④,49,49の8,60①,62,69①,70①,82
副校（園）長						法27②⑤,37②⑤⑥,49,49の8,60②,62,69②,70①,82
教頭	△	△	△	△	△	法27①③⑥,37①③⑦⑧,49,49の8,60①③,62,69①③,70①,82
主幹教諭						法27②⑦,37②⑨,49,49の8,60②,62,69②,70①,82
指導教諭						法27②⑧,37②⑩,49,49の8,60②,62,69②,70①,82
教諭	○	○	○	○	○	法27①⑨,37①⑪,49,49の8,60①,62,69①,70①,82
養護教諭		△		△	○	法27②,37①③⑫,49,49の8,60②,62,69①③,70①,82
栄養教諭						法27②,37②⑬,49,49の8,60②,62,69②,70①,82
助教諭	◇	◇	◇	◇	◇	法27⑩,37⑮⑱,49,49の8,60⑤,62,69④,70①,82
養護助教諭		◇		◇	◇	法27②,37⑰⑱,49,49の8,60②,62,69④,70①,82
講師	◇	◇	◇	◇	◇	法27⑩,37⑯⑱,49,49の8,60⑤,62,69④,70①,82
実習助手	—	—				法60②④,69②,82
寄宿舎指導員	—	—	—	—	○（寄宿舎を設けている場合）	法79
事務職員		△	○	○	○	法27②,37①③⑭,49,49の8,60①,62,69①,70①,82
技術職員	—	—				法60②⑥,69②,82
学校用務員						法施規39,65,79,79の8①,104①,113①,135①
医療的ケア看護職員						法施規39,65の2,79,79の8①,104①,113①,135①
スクールカウンセラー						法施規39,65の3,79,79の8①,104①,113①,135
スクールソーシャルワーカー						法施規39,65の4,79,79の8①,104①,113①,135①
情報通信技術支援員						法施規39,65の5,79,79の8①,104①,113①,135①
特別支援教育支援員						法施規39,65の6,79,79の8①,104①,113,135①
教員業務支援員						法施規39,65の7,79,79の8①,104①,113①,135①
部活動指導員	—					法施規78の2,79の8②,104①,113②,135④⑤
学校司書	—					学校図書館法6
学校医	○	○	○	○	○	学校保健安全法23，学校保健安全法施規22
学校歯科医	○	○	○	○	○	学校保健安全法23，学校保健安全法施規23
学校薬剤師	○	○	○	○	○	学校保健安全法23，学校保健安全法施規24
学校栄養職員	—		—			学校給食法7

注1　表中「法」とは学校教育法、「法施規」とは学校教育法施行規則。○は必置職員、△は特別の事情がある場合は置かないことができる職員、◇は教諭、養護教諭に代えて置かれる職員、無印は任意設置の職員。
注2　大学、高等専門学校は省略している。
注3　認定こども園法が規定する幼保連携型認定こども園も省略した。幼稚園との主な違いとしては、必置職員が園長，保育教諭であること、任意設置職員に、主幹保育教諭などの職員が付け加えられていることがある。

ないもののほかは、学教法上の規定はない。それに代わり学校種別の設置基準が、教職員数と児童生徒数との比率の観点等から教育の最低水準を保障している。このほか、公立義務教育諸学校については、義務教育標準法等でとくに教職員配当基準を綿密に定めて、市町村立学校職員給与負担法・義務教育費国庫負担法等による財源保障と連動することにより、全国的にほぼ一定水準を確保している。同様に、公立の高等学校および特別支援学校の高等部については、高校標準法等を定め、地方交付税交付金制度の運用を通ずる財源措置と連動させる制度となっている。

○学校設置者の教職員設置行為

公立学校に関しては、全国的準則としての法律（地教行法三十一条一項など）にのっとって、各地方公共団体（県費負担教職員については都道府県）が条例や教育委員会規則により、教職員の設置および定数を定めている。標準法等が、各都道府県・指定都市ごとの公立学校に置くべき教職員定数の標準を示しているが、実際の教職員の配置は各都道府県・指定都市の判断で行われる。

私立学校に関しては、通常、学校法人の理事会がこれらの諸事項を決定する。国立学校に関しては、国は教職員設置の基本を国立学校設置法で、細目と定員を同法施規等で定めていたが、平成一五年に同法は廃止された。これに伴い、教職員の設置の細目と定員については、法人法とそれに基づく各法人の規則で定められることになった。

〈参考文献〉

学校管理運営法令研究会編著『新学校管理読本』第一法規、二〇一八年。角田禮次郎ほか編『法令用語辞典』第一〇次改訂版、学陽書房、二〇一六年。

（平井　貴美代）

3 教職員の職務

(1) 教職員の職務規定

教職員の職務は、学校教育法三十七条等で規定されている（準用規定は四十九条、四十九条八項、六十二条、七十条、八十二条）。ただし、その職務規定は、概括的・抽象的に職務の性格を示したものであるため、具体的な職務の内容や範囲については一定の解釈が必要となる。

学教法三十七条では、「つかさどる」という表現が繰り返し用いられている。「つかさどる」とは、一般に公の機関やその職員が職務として一定の事務を処理することを指すものであるが、規定によっては意味合いが異なっている。例えば、「教諭は、児童の教育をつかさどる」という場合は担当するという意味合いで用いられている。一方、「校長は、校務をつかさどり」という場合には管理するという意味合いも含まれていると考えられる。

また、教諭等の職務規定には「教育」という概念が含まれる。教育概念については、児童・生徒の教育活動に限定されるものではなく、学校運営にかかわる校務も含むものと解されている（東京高裁判決昭四二・九・二九）。教育活動を行う職であっても、学校組織の一員としての役割も当然に担うことが期待されているといえる。

(2) 校長・副校長・教頭の職務

校長の職務は、学教法三十七条四項に定められている。この規定では、「校務をつかさどり、所属職員を監督する」とされ、学校の統括責任者として校務掌理権と、所属職員監督権が示されている。校務については学校に配置される様々な教職員で分担し遂行するが、校務掌理権を持つ校長が最終的な責任者であることを明確に規定している。

所属職員監督権とは、当該学校に所属するすべての教職員に対して、職務上の義務と身分上の義務に関する監督権限を有することであり、必要に応じて教職員への指導・助言が行われる。また、校長が、教職員の指導監督のために教室を見廻り、授業を参観できるものであるから、授業中に教室に入って生徒に質問等をしても直ちに教員の授業を妨害し、その地位を侵害し、名誉を傷つけたものとはいえないという教育活動を監督する権限もあると解されている（東京高裁判決昭三六・八・七）。

副校長の職務は、学教法三十七条五項で「校長を助け、命を受けて校務をつかさどる」とあり、教頭同様に校長を補佐する役割が定められている一方で、予め校長の命令があれば、副校長自身の専決権が明示されている点が特徴的である。また、六項には「校長に事故があるときはその職務を代理し、校長が欠けたときはその職務を行う」とされ、校長の職務代理・代行権もある。

教頭の職務は、学教法三十七条七項で「校長（副校長を置く学校の場合は校長及び副校長）を助け、校務を整理し」とあり、主たる職務は、副校長と同様に、校長を補佐する役割と校長の職務代理・代行権がある。また、校務の遂行に関する企画や調整を行う校務整理権が規定されている。一方で、副校長の職務には規定されていない副次的職務として「必要に応じ児童の教育をつかさどる」とあり、教育活動に従事することも教頭の役割として求められている。

(3) 主幹教諭・指導教諭・教諭の職務

主幹教諭・指導教諭は、副校長とともに二〇〇七（平成一九）年の学教法改正により新設された職である。新設の理由は効率的な組織運営を図るために、民間企業のような「ピラミッド（垂直）型」への転換を目指したとされる。ただし、学校設置者による任意配置の職であるため、配置するかどうかは各自治体に委ねられている。

主幹教諭の職務は、「校長及び教頭を助け、命を受けて校務の一部を整理し、並びに児童の教育をつかさどる」（学教法三十七条九項）とある。教頭に近い管理職の補佐役であるとともに、教育活動においても中核として従事することが求められている職である。

指導教諭は、学教法三十七条十項で「児童の教育をつかさど」ることに加え、「教諭その他の職員に対して、教育指導の改善及び充実のために必要な指導及び助言を行う」ことが規定されている。この規定により、教諭等への指導職として役割が求められており、学校組織の階層化を図るものといえる。

教諭の職務は、学教法三十七条十一項に「児童の教育をつかさどる」と規定している。前述したように、教育概念は校務も含むものとして解釈するのが一般的である。教諭の主たる職務が教育活動であることは言うまでもないが、校務分掌で割り当てられた職務に加え、児童・生徒の成績処理、保護者や地域住民との連絡・調整、校内の施設や設備の管理など、その職務内容は学校の実態に応じて多様化している。

(4)　養護教諭・栄養教諭の職務

養護教諭の職務は「児童の養護をつかさどる」（学教法三十七条十二項）ことである。二〇〇八（平成二〇）年の中央教育審議会答申では、養護教諭の職務内容として、救急処置、健康診断、疾病予防などの保健管理、保健教育、健康相談活動、保健室経営、保健組織活動などを挙げている。また、平成二一年四月施行の学校保健安全法九条では、児童・生徒の心身の状況を把握した上で必要な指導を行うなど、保健指導の役割も求められている。

栄養教諭の職務は「児童の栄養の指導及び管理をつかさどる」（学教法三十七条十三項）ことである。栄養教諭は平成一七年度から学校における食育の中核的役割を担う存在として新設された職である。「栄養の指導及び管理」とは、児童・生徒に対する栄養に関する個別的な相談指導や、学校給食を教材として活用することを前提とした給食管理などである。

(5)　主任等の職務

主任制度は、一九七五（昭和五〇）年一二月に学教法施規の改正を受け、その設置と職務が規定された。教務主任・学年主任の職務規定は、学教法施規の四十四条四、五項にそれぞれ定められている。どちらも校長の監督の下で、教務主任は「教育計画の立案その他の教務に関する事項」、学年主任は「当該学年の教育活動に関する事項」について「連絡調整及び指導、助言に当たる」ことが求められている。旧文部省は、主任は中間管理職ではないこと、校長や教頭の指示を円滑に実施するための教育指導を充実させることがねらいという見解を示している。

他に、保健主事（学教法施規四十五条四項）、生徒指導主事（施規七十条四項）、進路指導主事（施規七十一条三項）等が規定されている。

なお、主任や主事に関しては、指導教諭や教諭をもって「充てる」職である（保健主事は養護教諭の充当職でもある）。すなわち、本来の職務に加え、特別の職務を付加するものであり、独立した職位ではないことは留意する必要がある。

（参考文献）
窪田眞二・澤田千秋『教育法規便覧　令和五年版』学陽書房、二〇二三年。坂田仰他『新訂第四版 図解・表解 教育法規』教育開発研究所、二〇二一年。

（藤本　駿）

4　教職員の任用

(1)　任用の意味と方法

地方公務員の身分を有する地方公務員の身分を有する公立学校教職員を例にとると、任用とは、任命権者が特定の人物を特定の職に就けることを言う。任用は、職員の職に欠員を生じた場合に、採用：職員以外の者を職員の職に任命すること（臨時的任用を除く）、昇任：職員を、現に任命されている職より上位の職に任命すること、降任：現に任命されている職より下位の職に任命すること、転任：昇任・降任以外での、現に任命されている職以外の職員の職に任命すること、のいずれかの方法により行われる（地公法十七条一項）。

教育委員会の所管に属する公立学校の教職員の任命権者は、当該教育委員会であることが定められているが（地公法六条・地教行法三十四条）、市町村立学校の県費負担教職員の任命権者は、特例的に都道府県教育委員会となる（地教行法三十七条一項。ただし政令指定都市については指定都市教育委員会が任命を行う）。任命権者は、職員の任命、人事評価、休職、免職及び懲戒等を行う権限を有する。

(2)　任用の根本基準

地公法十五条は、職員の任用と関わって「受験成績、人事評価その他の能力の実証に基づいて行わなければならない」と能力実証に基づく成績主義を明定している。採用や採用後の任用行為に能力実証を貫徹することで、人事の公正の確保や人材の確保・育成、公務能率の追求が指向されている。これと関連して、平成二六年の同法改正では、任命権者に職種・職制上の段階にかかる「標準職務遂行能力」（標準的な職（職員の職に限る。）の職務を遂行する上で発揮することが求められる能力）の策定を新たに求めており（地公法十五条の二第一項五号）、任用人事評価における基準となっている。

なお、教特法二十二条の二においては、「校長及び教員としての資質の向上に関する指標」（以下「育成指標」）の定めがある（平成二八年同法改正で規定）。この育成指標は、教員等の資質の向上を目的として、将来的に身につけていくべき資質を規定するもので、能力評価に用いられる標準職務遂行能力とは（一部文言が近似する場合もあるとしても）性質を異にすることを注記しておく。

(3)　教職員の採用

○採用

一般の行政職員の採用は、基本的には人事委員会の行う「競争試験」によることとされている（地公法十七条の二第一項）。しかし、公立学校の校長及び教員の採用（昇任）の場合は、競争試験以外の能力の実証の方法として、「選考」によることが定められている（教特法十一条）。これは、教員免許等資格要件（による能力の適格保障）や教職の特殊性を遠景に置く措置と捉えられている。

任命権者である教育委員会の教育長が選考を行い、採用候補者名簿を作成する。各自治体において教員採用試験が実施されているが、これは以上の選考の資料として供されるものであり、試験自体も筆記試験・実技試験・面接試験等の人物重視で多面的な方法が指向されている。なお、教員の欠格条項（学教法九条）に該当する者は法律に定める学校の校長又は教員となることができず、教員免許状も授与されない。

加えて、令和三年成立・公布「教育職員等による児童生徒性暴力等の防止等に関する法律」七条一項の規定により、任命権者（この場合国公立の別なく）の教育職員任用に際しては、児童生徒性暴力等を事由とする特定免許状失効者等の氏名等に関するデータベース（文科省が構築、令和五年四月稼働）を活用することになっている。

○条件付採用

地公法は、職員の採用は、全て条件付とすることを規定している（地公法二十二条）。これを条件付採用と言い、任用における能力実証の重視（採用後の職務遂行に基づく能力実証）の趣旨に基づくものである。一般の行政職員の場合、職員が採用後六月を勤務し、その間、職務を良好な成績で遂行したときに正式採用となることが定められているが、条件付採用の期間は人事委員会規則の定めにより一年を超えない範囲で延長することができる。教育公務員の場合は、教職及び学校教育の特殊性から、条件付採用の期間は一年とされている（教特法十二条一項）。この特例は、任命権者が採用後の条件付採用期間の教諭等（臨時的任用の者を除く）に対して一年間実施する初任者研修の制度と連動している。

○臨時的任用・会計年度任用（職員）

臨時的任用職員とは、常時勤務を要する職に欠員が生じた場合（介護、産前産後休暇及び休職代替等）で、①緊急のとき②臨時の職に関するとき③採用候補者名簿がないときに、任命権者が六月を超えない期間（六月を超えない期間で一度の更新が可能）で任用する職員を指す（地公法二十二条の三第一項）。これにより任用された職員は常勤職員と同様の基準で給料・手当が支給される。

一方、会計年度任用職員は、一会計年度内に任期を定めて任用される非常勤の一般職公務員を指す（地公法二十二条の二第一項）。会計年度任用職員は、一週あたり勤務時間が常勤職員と同一（フルタイム）／短時間（パートタイム）の職員に分岐する。会計年度任用職員は、任期ごとに客観的な能力実証に基づく任用を要し、基本的に地方公務員法上の服務規定が適用されるとともに、フルタイム職員は給料、旅費、手当の支給対象となる。会計年度任用職員制度は、臨時・非常勤職員の任用の適正化（特別職・臨時的任用の要件厳格化）を図った平成二九年地公法等改正により導入され、非常勤講師やスクールカウンセラー等が同制度での任用となった。

(4)　教職員の転任

職員の転任は、任命権者が、人事評価その他能力の実証に基づき、任命しようとする職に係る標準職務遂行能力や適性を有すると認められる者の中から行う（地公法二十一条の五第二項）。ただし、政令指定都市を除く市町村立学校の県費負担教職員の場合、任命権者（都道府県教育委員会）による転任人事（任免その他進退）は、市町村教育委員会の内申をまって行うこと（地教行法三十八条一項）、上記学校の校長は市町村教育委員会に所属教職員の任免その他進退に関する意見の申出ができることが定められている（地教行法三十九条）。また、学校運営協議会は、当該学校の職員の採用その他の任用について教育委員会規則の定めに基づき、任命権者に意見を述べることができる（地教行法四十七条の五第七項。なお、県費負担教職員の場合は、市町村教育委員会を経由する。）。

校長の意見具申権や市町村教育委員会の内申権は限定的なものであり、法論理上任命権者の裁量を拘束できない。しかし、平成一九年地教行法等改正により、市町村教育委員会の内申が県費負担教職員の同一市町村内の転任に係るものの場合、任命権者は原則的にこれに基づく転任人事を行う旨の規定（地教行法三十八条二項）が追加される等、教職員の任用に係る地方の裁量拡大が漸次的に進展している。

〈参考文献〉

荒牧重人・小川正人・窪田眞二・西原博史編『新基本法コンメンタール教育関係法』日本評論社、二〇一五年。篠原清昭編『教育のための法学』ミネルヴァ書房、二〇一三年。

（大野　裕己）

5　教職員の分限

分限とは、公務員の身分に関する法律上の地位又は資格を意味する用語である。分限に関する事項、すなわち、免職・休職・降任・降給は公正でなければならない（地公法二十七条一項）。

公務員たる職員は、国民全体の奉仕者として、公共の利益のために、地方公共団体の行政が民主的・能率的に運営されるよう勤務しなければならない職責を負っている。したがってそのために大別すれば分限に伴う二つの措置がある。一つは、職員がその職責を十分に果たすことができない場合の分限処分と、もう一つは逆に職務を良好に遂行している限り、本人の意に反して不利益な処分をうけることがないという意味における身分保障の制度である。

地公法では、分限の基準を設けて、職員の身分保障のたてまえから、公正取扱いの原則（地公法二十七条一項）、分限事由法定の原則（地公法二十七条二項）をかかげており、分限処分に際して、任命権者の行う裁量が恣意にわたることがないよう義務づけている。

○職員の分限に関する手続きおよび効果に関する条例

地公法二十七条二項では、分限処分はこの法律または条例によらなければならないことを規定しており、同法二十八条では分限処分ができる場合の該当事項をかかげている。しかし、分限処分は職員にとって重大な身分上の変動を伴う不利益処分であるから、特に地方公共団体の制定する条例によることが適当であるという趣旨から、同法二十八条三項は、職員の意に反する降任・免職・休職および降給に対して、その手続きと効果については、法律に特別の定めがある場合を除くほか、条例で定めなければならないと規定している。これを受けて、地教行法四三条三項では都道府県の条例で定めるとしている。これは県費負担教職員の任命権者が市町村教育委員会ではなく都道府県教育委員会であることによるものである。

○県費負担教職員に関する市町村教育委員会の内申

県費負担教職員の任命権者は都道府県教育委員会であるが、県費負担教職員の任免や分限処分を行う場合は、直接に県費負担教職員の服務を監督する各市町村教育委員会の内申を重視し、原則的にその内申があってはじめて任命行為が発動する（地教行法三八）。

○条件附採用期間および臨時的任用期間の分限について

これらの職員については、不利益処分に関する不服申立てが認められていない（地公法二十九条の二）。これらの職員についての分限は条例で定めることになっている。

○免　職

免職事由については地公法二十八条に規定されている。地公法二十八条一項三号でいう「その職に必要な適格性を欠く場合」とは、国家公務員の事例ではあるが、裁判例（大阪地判昭二七・五・六）では次のように示されている。「当人の素質、能力、性格等から言つて、国家公務員たるに適しない色彩ないし、しみの附着している場合でそれが簡単には矯正することのできない持続性を持つている場合でなければならない。換言すればある一定の行為が同人の公務員としての不適格性の徴表と見られる場合でなければならない」。

地公法二八条一項四号でいう「職制若しくは定数の改廃又は予算の減少により廃職又は過員を生じた場合」の基準は、国家公務員についてではあるが、「勤務成績、勤務年数その他の事実に基づき、公正に判断して定める」こととされている（人事院規則一一—四第七条第五項）。

地公法二八条の分限処分に関する一般的な規定とは別に、平成一三年には地教行法の一部改正が行われ、いわゆる指導力不足の教員の免職及び当該都道府県の他の職への再任用をセットで運用する旨の規定が追加された（四七条の二）。

○休　職

休職事由についての根拠規定は地公法二八条であるが、分限処分の手続きおよび効果については地方公共団体の条例で定められている。公立学校の校長及び教員については、結核性疾患の場合、休職期間は満二年、特に必要がある場合は予算の範囲内で満三年まで延長できる（教特法一四条一項）。

○降　任

降任とは、職制上、上下の別が判定される上位の職から下位の職に下げることをいう。

○降　給

降給とは定められた給与より低い額の給与にすることをいうが、降任に伴う給与の格下げや、職務の変更に伴う給与の格下げはこれ（降給）とは区別される。

（若井　彌一・山田　知代）

6 教職員の懲戒

懲戒処分は、任命権者が職員の義務違反に対する制裁として科する処罰であって、分限処分とはその趣旨が異なる。その種類には、戒告・減給・停職・免職がある。

処分を行うにあたっては、公正であること、その事由が法定によることという原則がある（地公法二七条一項、三項）。具体的に、処分の事由は、①地公法もしくは同法五七条に規定する特例を定めた法律（教特法）、またはこれに基づく条例、地方公共団体の規則、もしくは地方公共団体の機関の定める規程に違反した場合、②職務上の義務に違反し、または職務を怠った場合、③全体の奉仕者たるにふさわしくない非行のあった場合、のいずれか一つに該当する場合である（地公法二九条一項）。

地公法二九条四項では、懲戒処分の手続きおよび効果については、法律に特別の定めがある場合のほかは条例で定めなければならないとしている。また、県費負担教職員の懲戒に際しては、任命権者である都道府県教育委員会は、原則として直接の服務監督権者である市町村教育委員会の内申があってはじめて処分の行使ができることとなっている。

（若井　彌一・山田　知代）

7 教職員の服務

服務とは、公務員としての地位に基づき、服さなければならない義務の総体をいう。服務義務には、服務の宣誓、法令等及び上司の職務上の命令に従う義務・職務に専念する義務（以上、職務上の義務）、信用失墜行為の禁止・秘密を守る義務・政治的行為の制限・争議行為等の禁止・営利企業への従事等の制限（以上、身分上の義務）などがある。

○服務の根本基準

地公法三十条は、服務の根本基準として、「すべて職員は、全体の奉仕者として公共の利益のために勤務し、且つ、職務の遂行に当つては、全力を挙げてこれに専念しなければならない」と規定している。これは憲法十五条の「すべて公務員は、全体の奉仕者であつて一部の奉仕者ではない」を受けたものである。

教職員の場合は、さらに教基法九条の規定を受ける。また教特法で研修、政治的行為の制限、兼職・兼業について特例が規定されている。

なお、一般的に服務監督権者は、その任命権者である。県費負担教職員の場合、その任命権は指定都市を除いて都道府県教育委員会にあるが、本来、市町村の職員であるため、服務監督権者は市町村教育委員会とされている。

○服務の宣誓

地公法三十一条は、職員の服務宣誓義務を規定している。この宣誓は、一般の雇用関係とは異なる規律に服することを受諾して公務員関係に入った職員が住民に対して行うものである。宣誓の内容や手続きは条例等で定められる。

○法令等及び上司の職務上の命令に従う義務

地公法三十二条は、職員が法令等及び上司の職務上の命令に従う義務について規定している。すなわち、公共の利益の具体的な表現である法令、条例、地方公共団体の規則、および地方公共団体の機関の定める規程に従わなければならないとともに、上司の職務命令に忠実に従わなければならないとされている。

職務命令が有効に成立するためには、①権限ある上司の発した命令であること、②職員の職務に関する命令であること、③実行可能な命令であること、などの要件を満たす必要がある。

なお、県費負担教職員にとって上司は、市町村教育委員会や校長等である（地教行法四十三、昭和三一・一一・五　委初二　初中局長回答）。

○職務に専念する義務

職員が全力をあげて職務に専念しなければならないことは、地公法三十条に服務の根本基準として示されているが、同三十五条では具体的に服務義務として、「職員は、法律又は条例に特別の定がある場合を除く外、その勤務時間及び職務上の注意力のすべてをその職責遂行のために用い、当該地方公共団体がなすべき責を有する職務にのみ従事しなければならない」と規定している。ここからわかるように、職務専念義務には例外があり、法律又は条例によって免除される場合がある（いわゆる「職専免」）。法律に基づく職専免には、承認を得た勤務場所外の研修や兼職・兼業（以上、教特法）のほか、休職、停職、適法な交渉への参加、組合の専従休職（以上、地公法）、年次有給休暇、産前産後の休暇（以上、労基法）などがある。

○信用失墜行為の禁止

地公法三十三条は「職員は、その職の信用を傷つけ、又は職員の職全体の不名誉となるような行為をしてはならない」と規定している。これは、職員が全体の奉仕者として公共の利益のために勤務するものであるという性格から、当然住民の信頼を裏切るような行為をしてはならないことを律したものである。

信用失墜行為の具体例にはさまざまなものが予想されるが、特に教職員には社会通念上、他の職種と比較して高い倫理性が求められることから、本規定が重要な意味をもつという自覚が必要である。

○秘密を守る義務

地公法三十四条は秘密を守る義務（守秘義務）を規定している。職員は職務上知り得た秘密を漏らしてはならないとともに、退職後も同様とされており、違反すれば罰則が適用される（地公法六十、六十二）。さらに、法令による証人、鑑定人等となり、職務上の秘密に属する事項を発表する場合には、任命権者の許可を受けなければならない。

「秘密」とは、一般的に了知されていない事実であって、それを一般に了知せしめることが一定の利益の侵害になると客観的に考えられるものをいう。「職務上知り得た秘密」とは職務執行上知り得た秘密を、「職務上の秘密」とは職員の職務上の所管に属する秘密をさすものと解されている（昭三〇・二・一八　自庁公発二三　自治庁公務員課長回答）。

○政治的行為の制限

地公法三十六条は職員の政治的行為の制限について規定している。そのねらいは、職員の政治的中立性を保障することにより、国や地方公共団体の行政の公正な運営を確保することである。教育職員の場合はさらに、教基法十四条、教特法十八条等にも関連規定がある。

政治的行為の制限は、憲法上保障されている国民の政治的自由の権利に一定の規制を加えるものであり、これをめぐってはさまざまな議論がある。しかし現行法は、これを職員の職務の特殊性から、逆に、その自由を制限することによってその本来の職務の遂行が可能となり、もって国民全体の利益のために供するという論理をとっている。

公立学校の教育公務員の場合は、特例として、その政治的行為の制限は当分の間地公法三十六条の規定にかかわらず、国家公務員の例によるとされている（教特法十八）。すなわち、教職員が勤務する地方公共団体の区域の内外を問わず、全国にわたって政治的行為が制限されており、一般の地方公務員の場合よりも厳しく規制されている。制限の対象となる政治的行為については、国公法百二条及びこれに基づく人事院規則一四-七に具体的に規定されている。

○教員の選挙運動について

教育公務員の政治的行為の制限は教特法に定めがあるが、選挙運動については公選法にも規定がある。公選法では、公務員等の地位利用による選挙運動を禁じており（公選法百三十六の二）、また、教育者（学校教育法に規定する学校等の長及び教員）が、学校の児童・生徒等に対する教育上の地位を利用して選挙運動をすることはできないとしている（公選法百三十七）。

選挙運動禁止規定に違反する行為については、公務員の服務義務違反として懲戒処分の対象となるばかりでなく、刑事罰の対象にもなる（公選法二百三十九①1及び二百三十九の二②）。

○争議行為等の禁止

地公法三七条は職員の争議行為等の禁止を規定している。すなわち、同盟罷業、怠業その他の争議行為が禁止されているとともに、これらの行為を企てたり、共謀したり、そそのかしたり、あおったりすることが禁止されている。この規定に違反した場合、不利益処分を受けても救済をうけることができない。

争議行為の禁止については、憲法二八条で保障されている団結権、団体交渉権、団体行動権の規定に違反するのではないかという議論がかねてから存在し、法廷でも争われてきた。これについて最高裁は「全農林警職法事件判決」（昭和四八・四・二五）において合憲と判示している。公務員が争議行為に及ぶことは、その地位の特殊性及び職務の公共性と相容れないというのがその理由である。

○営利企業への従事等の制限

「全体の奉仕者」である公務員は公共の利益のために勤務するものであり、一部の利益を追求する営利企業に関与することは本来のあり方に反する。そこで、地公法三八条では営利企業への従事等の制限を規定している。すなわち職員は、任命権者の許可を受けなければ、営利企業の役員等の地位を兼ねることや、自ら営利企業を営むこと、報酬を得て何らかの事業、事務に従事することが禁じられている。

ただし、教育公務員の場合は、教特法一七条によって特例が認められており、本務に支障をきたさないかぎり、任命権者の許可を得て、教育に関する他の職を兼ね、または教育に関する他の事業もしくは事務に従事することができる。このような特例が認められている理由の一つとして、教育に関する兼職・兼業は本来の職務の熟達に繋がり、研修の一種と見なし得ることが挙げられる。

○教職員の不祥事

公立学校の教職員が不祥事を起こした場合、すなわち、全体の奉仕者として相応しくない非行や違法行為（＝非違行為）等を行った場合は懲戒処分（免職・停職・減給・戒告）の対象になる（地公法二十九①）。教職員の不祥事にはさまざまなものがあり、懲戒処分の事由として多いのは、「体罰」、「わいせつ行為等」、「交通法規違反・交通事故」である。この他に、「個人情報の不適切な取り扱い」（個人情報の紛失・流出、秘密の漏洩等）、「公金等の不正処理」（公金・公物の横領等）、「一般非行」（傷害・暴行・窃盗等）などがあり、不祥事の多くは、地公法三十二条「法令等及び上司の職務上の命令に従う義務」や同三十三条「信用失墜行為の禁止」違反になる。

（藤田　祐介）

8 教職員の勤務時間

勤務時間とは、職員が上司の監督の下にその職務に従事することを拘束される時間をいう。就業時間（憲法二十七②）または労働時間（労基法三十二）も同じ意味である。勤務時間はいわゆる勤務条件の一つであり（地公法二十四⑤）、その基準は法律で定めることとされている（憲法二十七②）。

○公立学校の場合

地方公務員である公立学校の教職員の勤務時間については、労基法や地公法の規定が適用される。

まず労基法では、労働者に休憩時間を除き一週間について四〇時間、一日について八時間を超えて労働させてはならないとしている（労基法三十二）。ただし、一ヶ月以内の一定の期間を平均して、一週間の労働時間が四〇時間を超えなければ、特定の日において八時間又は特定の週において四〇時間を超えて労働させることも例外的に認められている（＝変形労働時間制）（労基法三十二の二）。

また、地公法は、「職員の勤務時間その他職員の給与以外の勤務条件を定めるに当っては、国及び他の地方公共団体の職員との間に権衡を失しないように適当な考慮が払われなければならない」（地公法二十四④）とし、勤務時間は条例で定めると規定している（地公法二十四⑤）。なお、県費負担教職員の勤務時間については都道府県の条例で定められる（地教行法四二）。この条例は、労基法や国家公務員の勤務時間を規定した「一般職の職員の勤務時間、休暇等に関する法律」等に基づいて定められているのが通例である。

国家公務員の場合、勤務時間は「休憩時間を除き、一週間当たり三十八時間四十五分」と定められている（「一般職の職員の勤務時間、休暇等に関する法律」五①）。そして、「月曜日から金曜日までの五日間において、一日につき七時間四十五分の勤務時間を割り振る」とされている（同法六②）。これは、「職員の勤務時間を民間と均衡させるべき」とした平成二〇年八月の人事院勧告に基づくものである。人事院勧告は、地方公務員に対して直接影響を及ぼすものではないが、地方自治体の多くは人事院勧告に準じて勤務時間に関する条例を定めており、地方公務員である公立学校教員の勤務時間も国家公務員と同様に短縮されているケースが少なくない。

条例で定められた勤務時間をそれぞれの教職員について具体的に定めるのが、勤務時間の割振りである。割振りとは、何曜日に何時間勤務するというように時間を割りあてることをいい、その権限は教育委員会（公立小・中学校の場合は服務監督権者である市町村教育委員会）にある。実際には、各学校の実情等を考慮する必要があるため、校長に割振りを委任あるいは専決させている場合が多い。

割振りの内容としては、勤務日と週休日の決定や、勤務日について勤務時間、勤務終始時刻、休憩時間の決定がある。

なお、公立学校の教育職員を正規の勤務時間を超えて勤務させる場合は、政令で定める基準に従い条例で定める場合に限るとされている（教職給与特別法六）。

政令では、正規の勤務時間の割振りを適正に行い、原則として時間外勤務は命じないものとされているが、時間外勤務を命ずる場合は、①校外実習その他生徒の実習に関する業務、②修学旅行その他学校の行事に関する業務、③職員会議（設置者の定めるところにより学校に置かれるものをいう。）に関する業務、④非常災害の場合、児童等又は生徒の指導に関し緊急の措置を必要とする場合その他やむを得ない場合に必要な業務（いわゆる「超勤四項目」）に従事する場合であって臨時又は緊急のやむを得ない必要がある時に限る、とされている（平一五・一二・三　政令四八四「公立の義務教育諸学校等の教育職員を正規の勤務時間を超えて勤務させる場合等の基準を定める政令」）。

つまり、部活動指導や各種の事務作業など、「超勤四項目」以外の業務は教員の自発的行為とされ、時間外勤務として認められていない。そのため残業代の支給はなく、代わりに「公立の義務教育諸学校等の教育職員の給与等に関する特別措置法（給特法）」により、教員の基本給の四％を「教職調整額」として一律に支給している。

しかし、この仕組みは教員の長時間勤務の温床になっているという指摘もある。二〇一八（平成三〇）年九月、埼玉県の公立小学校教員が、勤務時間外に行う登校指導等は「超勤四項目」に該当しない業務であり、残業代が支給されないのは違法であるとして、同県に未払い賃金等の支払いを求めて提訴した。

二〇二一（令和三）年一〇月、さいたま地裁は原告である教員の請求を棄却したものの、原告が示した「超勤四項目」以外の一部の時間外勤務が労基法三二条に規定する「労働時間」にあたると認定した（ただし、国賠法上の違法性があるとは認定せず）。また、給特法について、「もはや教育現場の実情に適合していないのではないか」と指摘するとともに、教員の働き方や給与の改善を求めた。

教員の勤務時間管理に関しては、二〇一九（平成三一）年三月一八日付で各都道府県知事・教育長等宛に文部事務次官通知「学校における働き方改革に関する取組の徹底について」（文科初第一四九七号）が発出されている。同通知では、各学校（校長）や教育委員会による教職員の勤務時間管理の徹底、文部科学省策定の「公立学校の教師の勤務時間の上限に関するガイドライン」を踏まえた取組の推進などを求めている。

○私立学校及び国立大学法人の場合

私立学校の教職員、附属学校を含む国立大学法人の教職員は公務員の身分を有しないので、公務員に関する法律の適用はなく、労基法が適用される。同法三十二条の規定を受けて、各学校の就業規則で労働時間等の詳細が規定されている。

教員の働き方改革については、公立学校だけでなく、私立学校等にも求められる。前述の文部事務次官通知（文科初第一四九七号）は公立学校での取組を念頭に置いたものであるが、私立学校等での取組を実施する上でも参考になる内容を含んでいる。各学校ではこの通知を踏まえて勤務時間管理の徹底を図っていく必要がある。

（藤田　祐介）

9 教職員の勤務条件

勤務条件とは広く給与、勤務時間など、勤務に関するあらゆる条件をいう。勤労条件あるいは労働条件ともいわれる。憲法ではこれに関する根本的な定めがなされており、「賃金、就業時間、休息その他の勤労条件に関する基準は、法律でこれを定める」（憲法二十七②）と規定している。ここでいう法律とは労基法等のことであり、地方公務員の場合は、これに加えて地公法等をさす。

本来、地方公務員に対しては労基法の適用があるので（地公法五十八③）、労基法規定の勤務条件に関する事項は公立学校教員にも適用される。また、地公法では、「職員の勤務時間その他職員の給与以外の勤務条件を定めるに当つては、国及び他の地方公共団体の職員との間に権衡を失しないように適当な考慮が払われなければならない」（地公法二十四④）とし、給与、勤務時間その他の勤務条件は条例で定めると規定している（地公法二四⑤）。民間企業の場合、勤務条件の具体的内容は労使間の交渉で決定されるのに対し、「全体の奉仕者」である公務員の勤務条件については、議会制民主主義の原則に基づき、法律や条例で決められることになっているのである。

公立学校教員のうち、県費負担教職員の勤務条件は、都道府県の条例で定めるとしている（地教行法四十二）。教特法では、公立学校の校長及び教員の給与について「これらの者の職務と責任の特殊性に基づき条例で定めるものとする」と規定されている（教特法十三条）。

なお、勤務条件については、その維持・改善を目的として、職員団体と当局（公立学校の教職員で組織する団体の場合、教育委員会）の交渉が可能であり（地公法五十五①）、職員は勤務条件に関し措置の要求ができる（地公法四十六〜四十八）。ただし、勤務評定は管理運営事項であり、勤務条件には含まれないので、交渉対象にはならない。

（藤田　祐介）

10 教職員の研修

一般に教職員という用語には、教員以外の学校関係職員も含まれるが、本項では特に教員に限定して論及する。

○定義

「教員研修」とは、「すでに教員としての身分を保有している者が、その資質能力を向上させるため、個々の自発性または所属機関の命令に従って行う専門的あるいは教養的な研究と修養の所為」である。

○法令上の位置づけ

一般公務員の研修の場合、地公法三十九条に「職員には、その勤務能率の発揮及び増進のために、研修を受ける機会が与えられなければならない」、また同条二項に「前項の研修は、任命権者が行うものとする」と規定され（国家公務員の場合は、国公法七十条の五）、職員への研修機会の保障とともに、任命権者にのみ研修実施の責任が求められている。

これに対して、教員の研修は、従来から教特法二十一条において「教育公務員は、その職責を遂行するために絶えず研究と修養に努めなければならない」と定められ、一般公務員以上に教員一人ひとりの主体的な取組みが努力義務として法定されている。さらに、平成一八年の教基法の改正により、同法九条には「法律に定める学校の教員」にも同様の規定が定められ、国公私立を問わず、すべての教員にこの努力義務が課されることとなった。教員研修の必要性・重要性がより一層強く求められるようになった証左といえよう。

さらに教特法二十一条は、任命権者に対して「教育公務員の研修について（中略）計画を樹立し、その実施に努めなければならない」とし、教員個人の責務に止まらず、任命権者に対しても教員研修のための環境整備を努力義務化して、教員研修の実効性を高めるように求めている。加えて、同法二十二条二項では「教員は授業に支障がない限り、本属長の承認を受けて、勤務場所を離れて研修を行うことができる」とされるとともに、同条三項では「任命権者の定めるところにより、現職のままで長期にわたる研修を受けることができる」と規定されている。つまり、教員のより主体的で自発的な研修の機会が制度上保障されており、他の一般公務員には与えられていない権利としてまさに刮目すべき点であるといえよう。

学問研究や科学技術の進展が顕著で、社会の変化が急激な今日的状況下、教育内容の改変も比較的短い期間（学習指導要領もほぼ一〇年に一度改訂）で実施されているが、個々の教員がこれに対応した教育内容に精通していなければ、学校教育が十分な成果を上げることなど期待すべくもない。その意味で、教員にはこのような主体的で積極的な研修への取組が強く求められるのである。

さらに、教特法二十二条の二は、文科省に教員の資質能力向上のための「指針」策定を義務付けるとともに、同法二十二条の三は、任命権者である教育委員会に前記「指針」を受けた「指標」の策定を義務づけ、併せて独立行政法人教職員支援機構に対してその指標作成に関する専門的な助言を行うよう求めており、教員研修の強化充実に向けた動きが一層加速している。加えて、同法二十二条の四では、任命権者に対して「教員研修計画」の作成義務が課され、二十二条の七において、これら指標策定に際して、大学等の協力のもと「協議会」を設置し、教員の資質能力向上施策を「養成に関わる大学と採用・研修に関わる教育行政機関」が一丸となって取り組む体制を求めているといえよう。

ところで、教員研修として従来法定されてきた主な研修は、教特法二十三条の「初任者研修」、二十四条の「中堅教諭等資質向上研修」（旧来の十年経験者研修に相当）、二十五条の「指導改善研修」（指導が不適切な教員対象）の三つが挙げられる。初任者研修に関しては、条件附き任用期間と連動して一年の研修期間が設定されているが、研修結果に基づいた正式任用の可否が形骸化しているのではないかとの指摘が従来からある。また、中堅教諭等資質向上研修に関しては、十年一度のサイクルで受講が義務化されていた教員免許の更新講習（二〇二二年廃止）との関連から、一部重複した役割・機能が指摘されていた。指導改善研修に関しては、紙幅の都合上、別項を参照されたい。これら三つの研修以外にも大学院修学休業制度を活用した研修（二十六条）や、各都道府県や指定都市の教育委員会の判断に基づいた大学院派遣研修や社会体験研修、管理職研修、課題別研修といった校外研修、さらには校内研修など様々な研修が存在している。

なお、大学院修学休業制度は、「任命権者の許可を受けて、三年を越えない範囲で」大学院や専攻科もしくは外国の大学に在籍して修学できる制度であり、基本的に大学院レベルにおける専修免許状取得促進を目的としている。休業中は、地方公務員としての身分は保有したまま職務に従事しないが、同時に給与も支給されない（二十七条）。

○研修の種別

教員研修は、その職務との関係に着目すると、①職務として行われるもの、②職務に直接・間接に資するものとして服務監督権者（一般に本属長）が判断し職務専念義務を免除して行われるもの、③勤務時間外を利用して行われるものあるいは勤務時間内であっても手続き上休暇を取って行われるもの、の三つに類別される。①はいわゆる職務命令研修であり、②は職務専念義務免除研修（通称「職専免研修」）、③は自主的研修である。自主的研修は、教育行政機関が企画実施するいわゆる「行政研修」に対して、教員個々の研修ニーズに基づいた自主的な研修という意味で用いられることもある。既述の法的位置づけからも明らかなように、教員の主体的な研修への取組は尊重されなければならないが、それだけでは、今日学校に対して強く求められているアカウンタビリティ（説明責任／結果責任）を十分に果たし、国民の納得と信頼を獲得することは至難であり、また教員個々の理想的な職能発達を実現することも不可能ではないだろうか。自主的な研修の積極的な意義を認めつつも、同時に行政研修を対立的な意味合いから解き放ち、両者を相互補完的な関係に位置付けて運用することこそが肝要である。二〇一二年の中教審答申でも提唱されている「学び続ける教員像」とも通底するものであり、教員研修の本来的な姿であろう。

〈参考文献〉若井彌一「教員研修」『現代学校教育大事典』ぎょうせい、二〇〇二年。

（古賀　一博）

11 教職員管理職の研修

従来、管理職の研修は、一般教員に対する初任者研修や中堅教員等資質向上研修のような法定研修としての義務化はされておらず、各教育委員会の裁量の下、それぞれ実施されていた。ところが、平成二八年の教特法の一部改正で、「文部科学大臣は、校長や教員の計画的かつ効果的な資質の向上を図る」ため、「指標の策定に関する指針」を定めなければならなくなり、連動して、校長及び教員の任命権者は「その指針を参酌し、その地域の実情に応じ、当該校長及び教員の職責、経験及び適性に応じて向上を図るべき校長及び教員としての資質に関する「指標」の策定が義務化された。さらに、教特法は、任命権者に対して、この「指標」を踏まえて、校長や教員の研修について、毎年度、体系的かつ効果的に実施するための計画（教員研修計画）の策定も義務化している。これら一連の規定により、今後は、任命権者である教育委員会は、管理職の研修もこの制度的枠組みに基づいて行われなければならなくなった。

実際の管理職研修は、対象別に、教頭研修、校長研修、それらの合同研修などに区分される。管理職ではないものの、教育委員会の指導主事が参加する場合もある。また、校長研修や教頭研修には、初任となった年の新任校長研修あるいは新任教頭研修（悉皆研修）の他に、任意の希望・選択研修もある。

研修内容は、従来、法定されている校長や教頭の職務内容に関するものが中心であり、具体には学校運営に必要な法令知識や教養、リーダーシップ、教職員の服務監督などが多かった。ところが、近年では、学校管理職の経営感覚を高める狙いから「組織マネジメント能力」、さらには、学校の直面する今日的課題に対する対応能力や人事評価能力など、様々な実務能力が求められている。

12 勤務評定と人事評価制度

（廣瀬 裕一・古賀 一博）

(1) 勤務評定

教員の人事評価制度は、これまでに幾つかの変更が加えられている。一九五〇年代から実施された勤務評定に始まり、現行では二〇一四年の地方公務員法の一部改正を受け、これまでの勤務評定に変わり、新たな人事評価制度が実施されている。

勤務評定は、地方公務員法「任命権者は、職員の執務について定期的に勤務成績の評定を行い、その評定の結果に応じた措置を講じなければならない。」（四十条一項）を法的根拠に、職員の「能率の発揮及び増進を図る」ことと人事異動の資料とするための制度として、実施された。職員の勤務成績を評定することで人事管理を公正で科学的に志向したシステム、職階制の導入を前提とし、評定結果は表彰、研修、配置換えなどの人事に活かし、職員の「能率の発揮及び増進」を図り「職場の能率向上」に生かすことが目的とされた。教育公務員の場合、任命権者である都道府県教育委員会が計画し、服務監督権者である市町村教育委員会が行うこととされた。

しかし、勤務評定に関しては、教員の自主性や自由を奪い、管理体制を強めるものであると日教組や学術団体から強い批判を受けた。特に、日教組と文部省の対立は深刻で、日教組から「非常事態宣言」が出されるなど、勤評闘争が展開された。教員組合からの強い反発を受け、勤務評定の処遇への反映は行われず、結果として勤務評定の形骸化が進んだ。

(3) 人事考課制度

二〇〇〇年代に入り、東京都に導入された人事考課制度をモデルに、新しい人事評価制度が全国展開される。東京都は、勤務評定の形骸化を解決することを企図して、人事管理や人材育成に活用することを目的として、人事考課制度を導入した。この動きをきっかけに、二〇〇〇年一二月に設置された教育改革国民会議では、「教育を変える一七の提案」において「教師の意欲や努力が報われ評価される体制をつくること」が提案された。また、二〇〇一年一二月に閣議決定された「公務員制度改革大綱」では、「現行の勤務評定制度に替え、能力評価と業績評価からなる新たな評価制度」の導入が提案された。新たな評価制度では、民間で行われている人事考課のひとつである「目標管理」と呼ばれる手法を用いて業績を評価し、その結果を業績手当てへと反映することが目指された。

また、二〇〇二年に中央教育審議会答申「今後の教員免許制度の在り方について」では、教員の資質向上に向けて「信頼される学校づくりのために新しい教員評価システムの導入」が提案された。教員がその資質能力を向上させながら、それを最大限発揮するためには、教員一人一人の能力や実績等が適正に評価され、それが配置や処遇、研修等に適切に結び付けられることが必要であることが示された。これら一連の改革を受け、新しい人事評価制度は、評価結果の処遇への反映を想定した「自己申告による目標管理」と勤務評定の二本立てを柱とする制度として整備・展開された。

文科省によって平成二七年に公表された「教職員評価システムの取組状況」によると、処遇への反映を想定された新しい人事評価制度は、試行実施も含めると全ての都道府県、指定都市で実施されていたが、評価結果の反映については、昇給・降給への反映が一八県市、勤勉手当への反映は一六県市に止まっていた。

(4) 新たな人事評価制度

人事評価制度に新たな動きがみられるのは二〇一四年の地方自治体に人事評価制度の導入を義務づける地方公務員法の改正（二〇一六年四月施行）による。同法では、「職員がその職務を遂行するに当たり発揮した能力及び挙げた業績を把握した上で行われる人事評価制度」の導入が示された。ここで示された人事評価制度は、「能力評価」と「業績評価」で構成されている。能力評価とは、「職員の職務上の行動等を通じて顕在化した能力を把握して評価」とされ、業績評価は、「職員が果たすべき職務をどの程度達成したかを把握して評価」とされている。

新たな人事評価制度導入のねらいは、国家公務員を含む公務員の処遇と仕事のあり方を根本的に変えることにあったとされる。総務大臣による「通知」文書によると、人事評価とは「職員がその職務を遂行するに当たり発揮した能力及び挙げた業績を把握した上で行われる勤務成績の評価」のことであり、それを「昇任、降任、転任、免職の際に利用しなければならない」としている。また、今回の改正で、自治体に対し、「人事評価」を職員の人事労務管理の基本資料として使うことが義務づけられた。つまり、二〇〇〇年以降実施されていた人事評価制度と比べ、評価結果の処遇等への活用が義務づけられた点に大きな特徴がある。

令和三年に公表された「教職員評価システムの取組状況」では、昇任へ反映が四一県市、昇給・降給への反映が五九県市、勤勉手当への反映五九県市とほとんどの自治体が、評価結果の処遇等への反映を行っていることが分かる。また、これら以外にも、表彰や条件附採用期間の判定、指導改善研修の認定など、評価結果が多様に活用されている。

〈参考文献〉

苅谷剛彦ほか『「教員評価」―検証 地方分権化時代の教育改革―』（岩波ブックレット）岩波書店、二〇〇九年。川上泰彦「教員評価」日本教育経営学会編集『講座　現代の教育経営5　教育経営ハンドブック』学文社、二〇一八年。八尾坂修編著『教員人事評価と職能開発』風間書房、二〇〇五年。

（藤村 祐子）

13 指導が不適切な教員と指導改善研修

(1) 指導が不適切な教員

指導が不適切な教員については、平成一二年一二月の教育改革国民会議「教育改革国民会議 報告―教育を変える一七の提案―」において、「指導等が改善されないと判断された教諭等について、他職種への配置換えを可能にする途を拡げ、最終的には免職等の措置を講じること」が提言された。さらに、平成一九年三月の中央教育審議会答申「教育基本法の改正を受けて緊急に必要とされる教育制度の改正について」における指導が不適切な教員の人事管理の厳格化に関する提言を受け、平成一九年六月、教育職員免許法及び教育公務員特例法の一部を改正する法律が成立した。そこで、「公立の小学校、中学校、義務教育学校、高等学校、中等教育学校、特別支援学校、幼稚園及び幼保連携型認定こども園（以下「小学校等」という。）の教諭、助教諭、保育教諭、助保育教諭及び講師（以下「教諭等」という。）の任命権者である教育委員会は、児童、生徒又は幼児（以下「児童等」という。）に対する「指導が不適切である」と認定した教諭等に対して、指導改善研修を実施することが義務付けられた。同法の成立により、指導が不適切と認定された教員は指導改善研修を受けることとされ、改善されない場合は、免職されうることが示された。

「指導が不適切である」教諭とは、「知識、技術、指導方法その他教員として求められる資質能力に課題があるため、日常的に児童等への指導を行わせることが適当ではない教諭等のうち、研修によって指導の改善が見込まれる者であって、直ちに後述する分限処分等の対象とはならない者」と定義されている。さらに、その具体例として、平成一九年七月三一日付け、一九文科初第五四一号の「教育職員免許法及び教育公務員特例法の一部を改正する法律について（通知）」において、次のように示されている。

一　教科に関する専門的知識、技術等が不足しているため、学習指導を適切に行うことができない場合（教える内容に誤りが多かったり、児童等の質問に正確に答え得ることができない等）

二　指導方法が不適切であるため、学習指導を適切に行うことができない場合（ほとんど授業内容を板書するだけで、児童等の質問を受け付けない等）

三　児童等の心を理解する能力や意欲に欠け、学級経営や生徒指導を適切に行うことができない場合（児童等の意見を全く聞かず、対話もしないなど、児童等とのコミュニケーションをとろうとしない等）

(2)　指導が不適切な教員に対する人事システム

平成一九年改正法を受け、文部科学省において、その趣旨に則った適切な人事管理システムを整備し、公正かつ適正に運用するためのガイドライン（指導が不適切な教員に対する人事管理システムのガイドライン（平成二〇年、令和四年改訂））が策定された。同ガイドラインのねらいとは、「指導が不適切である」教諭等の認定について、その把握及び報告・申請の段階から研修後の措置までを一連の人事管理システムと捉え、その各段階において、人事管理システムが公正かつ適正に実施され、「指導が不適切である」教諭等に適切な措置がなされることを目的とするものとされた。

具体的に、以下の四点がガイドラインにおける重要な点として示された。①「指導が不適切である」教諭等を的確に把握・認定し、より的確な対応が行えるようにするため、対象となる教諭等の定義や認定手続等を明確化すること。②学校と教育委員会は、報告・申請を一体となって行うなど必要な連携を十分行うこと。特に、教育委員会が積極的に校長を支援し、校長が報告・申請を行いやすい環境をつくること。③学校や教育委員会は、「指導が不適切である」教諭等に対し、早期に対応するとともに、研修内容を充実させ、対象となる教諭等の現場復帰を促進すること。④指導改善研修の終了時における指導の改善の程度により、免職その他必要な措置を講ずることとなることを明確にすること。

(2)　指導改善研修

指導が不適切な教員の認定は、任命権者である都道府県、政令都市教育委員会が行い、指導が不適切であると認定を受けた教員は、指導改善研修を受けることが義務づけられている。指導改善研修の実施主体は、任命権者である教育委員会である。教特法二十五条三項に基づき指導改善研修を受ける者の能力、適性等に応じて、また、当該教諭等の研修履歴を踏まえて、個別に計画書を作成しなければならない。その際、教諭等本人に自らが指導が不適切な状態にあることを気づかせることが重要であるとされている。

研修期間は、研修を開始した日から一年を超えない範囲内（延長しても二年を超えない範囲内）で、任命権者が定める。教特法二十五条四項に基づき、指導改善研修修了時において、任命権者である教育委員会は、「指導の改善の程度に関する認定」を行わなければならない。認定の際には、専門家などからの意見聴取を踏まえることとされる。また、指導の改善の程度に関する認定を行う際には、指導改善研修を受講する教諭等から書面又は口頭により意見を聴取する機会が確保される。

指導改善後の措置については、未だ「指導が不適切である」と認定された教諭等に対しては、教特法二十五条の二に基づき、指導改善研修後の措置として、分限免職処分や地方教育行政の組織及び運営に関する法律四十七条の二に基づく県費負担教職員の免職及び都道府県の職への採用等の措置が取られる。

〈参考文献〉

高妻紳二郎編著『第2版　新・教育制度論』ミネルヴァ書房、二〇二三年。文部科学省『指導が不適切な教員に対する人事管理システムのガイドライン』二〇〇八年。

（藤村祐子）

14 行政措置の要求および不利益処分の審査請求

(1)　措置要求

地方公務員法上、職員は「給与、勤務時間その他の勤務条件に関し、人事委員会又は公平委員会に対して、地方公共団体の当局により適当な措置が執られるべきことを要求する」（地公法四十六条）権利が認められている（措置要求）。「地方公務員法が職員に対し労働組合法の適用を排除し、団体協約を締結する権利を認めず、また争議行為をなすことを禁止し、労働委員会に対する救済申立の途をとざしたことに対応し、職員の勤務条件の適正を確保するために、職員の勤務条件につき人事委員会または公平委員会の適法な判定を要求し得べきことを職員の権利乃至法的利益として保障」（最高裁判所第三小法廷判決昭和三六年三月二八日）しようとしたものである。

申立てを受けた人事委員会等は、事案について審査を行い、判定を下し、その結果に基づき、自らの権限に属する事項は自ら実行し、その他の事項については、権限を有する地方公共団体の機関に対して実行に必要な勧告を行わなければならない（同四十七条）。対象となるのは、「給与、勤務時間その他の勤務条件」（同四十六条）に関わる事項である。ここでいう勤務条件とは、一般に「職員が地方公共団体に対し勤務を提供するについて存する諸条件」であり、「職員が自己の勤務を提供し、又はその提供を継続するかどうかの決心をするにあたり」、考慮の対象とする「利害関係事項」を指す（法制意見［昭和三三年法制局一発第一九号内閣法制局長官］）。ただし、地方公共団体の事務組織に関する「管理運営事項」は、一般的には措置要求の対象外となっている。人事異動に関する事項等がその典型にあたる。管理運営事項が対象外とされたのは、もっぱら当該機関が自己の判断と責任において決定すべき事項であると考えられているからである。

(2)　審査請求

行政不服審査法は、「行政庁の違法又

は不当な処分その他公権力の行使に当たる行為に関し、国民が簡易迅速かつ公正な手続の下で広く行政庁に対する不服申立てをすることができるための制度を定めることにより、国民の権利利益の救済を図るとともに、行政の適正な運営を確保すること」（一条）を目的とした法律である。審査請求は、同法が定める不服申し立ての一種である。

審査請求とは、不服申立ての対象となる処分を行った行政庁（原処分庁）以外の行政庁に対してなされる不服の申立てをいう。行政不服審査法は、審査請求を不服申立ての原則とする審査請求中心主義を採用している。審査請求中心主義が採用されている理由は、一度判断を下した原処分庁はその判断を覆すことに消極的になる場合が多いと考えられるからである。その点、審査請求は、直接原処分にタッチしていない上級庁、又は、第三者的立場の行政庁に対して行われる。そのため、客観的な立場から再検討することが可能となると考えられている。

したがって、不服申立ての対象となる処分を行った行政庁に上級庁が存在する場合、上級庁が存在しない場合でも、審査請求先について法令に特別の規定が存在する場合は、審査請求を行うことが原則となる。ただし、法律に特別の規定が存在する場合は、審査請求の前に処分庁に対してする再調査の請求や、審査請求の裁決後に当該個別法に定める行政庁に対してする再審査請求が認められている。

審査請求を行えるのは、処分によって、直接的に自己の権利や利益を侵害された者である。直接的に自己の権利や利益を侵害された者であれば、処分の当事者以外の第三者であっても行うことが可能である。しかし、自己の利益と関係のない立場の者が、国民の利益（公益）などのために不服申立てを行うことは認められていない。

なお、審査請求は、原則として処分があったことを知った日の翌日から起算して3月以内で、当該処分があった日の翌日から起算して1年以内に行わなければならない（行政不服審査法十八条一項、二項）。処分のあったことを知った日とは、処分が行われたことを現実に知った日を指す。しかし、社会通念からみて処分の存在を知ることができる状態になれば、その時に処分の存在を知ったと推定される場合がある。処分を知らせる通知が届いたが開封しなかった場合や、本人の旅行中に同居している家族が代わって受け取ったというような場合が、これにあたる。

（坂田　仰）

15 職員団体

(1) 労働組合と職員団体

職員団体を説明するにあたり、労働組合について説明する必要がある。労働組合とは、「労働者が主体となって自主的に労働条件の維持改善とその他経済的地位の向上を図ることを主たる目的として組織する団体又はその連合団体」（労働組合法二条）のことである。戦後における日本の公務員は労働組合に関する規定の適用解釈が非常に難しく、現在は職員団体として位置づけられている。

戦後当初、「勤労者の団結する権利」（憲法二十八条）は公務員もその保障の範囲にあるとされ、公務員は一般の労働者と同様に労働組合法上の労働組合を結成することができた。しかし、昭和二二年のゼネスト（二・一ストともいう。このストライキにより公務員のストライキが禁止されることになった）、昭和二三年発布の政令二〇一号により公務員は全体の奉仕者であることから、公務員に労働組合法は適用されないと解釈されるようになった。そして、公務員法の制定により、公務員は「勤務条件の維持改善を図ること」を目的として労働基本権が制約された「職員団体」（国公法百八条の二、地公法五十二条）を組織することになった。

現行の公務員法によると、争議行為の禁止（地公法三十七条）、団体交渉の結果としての労働協約（労組法十四条～十八条）の締結権を認めていない（地公法五十五条の二）。地方公務員の職員団体に限り法令・条例の範囲内で「書面協定」の締結が認められ、履行義務が課せられている。公務員に争議権が禁止されているのは、勤務条件も法令・条例に定められているためである。なお、団結権は認められている（地公法五十二条）。

職員団体は人事院または人事・公平委員会に登録の申請ができ、これによって行政当局と交渉できるようになる（地公法五十二条）。交渉の対象には勤務条件のほか、福利厚生的事業を含めることができるが、国や地方公共団体の事務の管理・運営に関する事項は交渉対象とならない（地公法五十五条の三）。

地方公務員の教職員の場合、教職員定数の増減等が勤務時間等に影響することもあり、管理・運営事項と勤務条件との明確な区分が困難な場合がある。例えば、教職員の職員団体である日本教職員組合は、国の文教行政と対立しストライキを含めた激しい反対闘争を展開してきた。

昭和三〇年代には、勤務評定の実施阻止闘争等がある。しかし、日教組は労働条件だけでなく、道徳教育を含む学習指導要領の改正に対する反対闘争、全国学力調査反対闘争などの文教施策そのものの反対闘争を行ってきたことに特徴がある。

労働条件に関しては、昭和四九年四月一一日に日教組は、春闘の統一行動として、スト権奪還、賃金引上げ等の目的を掲げて全国規模の約三〇万人参加の全一日ストライキを行った。結果、検察・警察当局は、違法行為をあおる等の行為であると解し、組合幹部を地方公務員法六十一条の四（争議行為のあおり行為規定、現行法では削除）に該当するとして逮捕した。

裁判においては、公務員の争議行為をめぐる憲法上の解釈をめぐって最高裁判所の判例上の変遷があり、公務員の職務の公共性と争議行為の態様とを勘案して罰則を適用する必要があるとの限定解釈説を採る最高裁判決等もある。

なお、私立学校における教職員は労働組合法に基づく労働組合を結成できる。

(2) 職員団体の構成

職員団体は、「職員がその勤務条件の維持改善を図ることを目的として組織する団体又はその連合体」（地公法五十二）のことをいう。職員は、職員団体の結成や加入については自由である。「職員団体との関係において当局の立場に立って遂行すべき職務を担当する職員」である「管理職員等」とその他の職員とを共に含んで組織することはできない（地公法五十二条の二）。これは民間の労働組合が「使用者の利益を代表する者」を構成員から除外していること（労組法二条）に相応する。

教職員の場合、人事委員会・公平委員会規則で定めるとされる管理職員等は校長・副校長・教頭・事務長等であるが、主任は含まれないと解されている。管理職員がみずからの勤務条件の向上を図るための職員団体を教職員とは別に結成することは可能である。

職員以外の者が職員団体の役員となることは可能であるが、職員団体の業務に職員が従事する在籍専従制度は原則禁止であるが、任命権者の許可により例外的に認められている。

(3) 教職員団体の実態

教職員団体全体の加入率（令和四年時点で二九・二%：二九六、八五四人）・新採加入率の推移は、年々減少傾向にある。昭和三三年では九四・三%あり、昭和五四年に六〇%台となり、平成三年に五〇%台となった。平成一五年に四〇%台となり、平成二四年から三〇%台となった。二〇%台となったのは、令和四年からである。

現在、教職員団体の全国別組織加入状況によると主な教職員団体としては、最大組織である日本教職員組合（日教組：二〇・一%）、一九八九年に日教組から分裂した全日本教職員組合（全教：二・八%）、日本高等学校教職員組合（日高教：〇・七%）、全日本教職員連盟（全日教連：一・七%）がある。

教職員団体として、労働条件の整備・改善、働きやすい職場づくりだけでなく、教育に関する研究や子どもの未来と社会づくりのための提言活動も行っている。このような実体から、教職員団体は、労働組合（職員団体）としての位置づけとともに職能団体としての位置づけもあると解す場合がある。ここでの職能団体とは、専門職としての技能習得や向上に向けた取り組みである。例えば、日教組では教研集会をはじめとする教育啓蒙活動を行ってきた。

日本教職員組織としては、本部と各地方の都道府県の単組（単位組合）が加盟して成立している。

〈参考文献〉

文部省『学制百二十年史』ぎょうせい、一九九二年。広田照幸編『歴史としての日教組 上』名古屋大学出版会、二〇二〇年。文部科学省「令和四年度 教職員団体への加入状況に関する調査結果について」https://www.mext.go.jp/a_menu/shotou/jinji/1413032_00009.htm（最終閲覧日：二〇二三年九月一三日）

（田中 真秀）

16 不当労働行為

(1) 不当労働行為とは

労働組合法（以下「労組法」という）七条は、使用者に対し、同条一号ないし四号に掲げる行為をすることを禁止しており、これら各号に掲げる行為を総称して「不当労働行為」としている。

(2) 不当労働行為の類型

労組法上の「労働者」は、「職業の種類を問わず、賃金、給料その他これに準ずる収入によって生活する者」と定義されており（労組法三条）、労働基準法や労働契約法上の労働者よりも広い概念である。

労組法七条一号は、①労働者が労働組合の組合員であること、②労働組合に加入しようとしたこと、③労働組合を結成しようとしたこと、若しくは④労働組合の正当な行為をしたこと、を理由とする解雇その他の不利益な取り扱いをすること、又は⑤労働者が労働組合に加入せず、若しくは⑥労働組合から脱退することを雇用条件とすることを禁止し、同法同条二号は、使用者が雇用する労働者の代表者と団体交渉をすることを正当な理由がなく拒むことを禁止している。また、同法同条三号は、労働者が労働組合を結成し、若しくは運営することを支配し、若しくはこれに介入すること、又は労働組合の運営のための経費の支払につき経理上の援助を与えること、を禁止し、同法同条四号は、労働者が労働委員会に対し使用者が不当労働行為を行った旨の申立てをしたこと等を理由とする解雇その他の不利益取扱いを禁止している。

不当労働行為が認定できるか否かの判断が難しいこともあり、私立学校において労働組合の正当な行為といえるか否か、団体交渉の拒否に正当な理由があるか否か、不利益な取り扱いが組合員であることを理由としたものであるか否か、などが激しく争われた例も存在する（最高裁判決平成六年一二月二〇日民集四八巻八号一四九六号）。

(3) 不当労働行為に対する救済

労働組合又は労働者は、使用者による不当労働行為について、労働委員会に救済申立てを行うことができ（労組法二十七条一項）、都道府県労働委員会において調査等をして事実認定を行い、不当労働行為に該当するか否かを判断することとなる。救済申立ての全部又は一部を認める場合には、労働委員会は救済命令を発し、全部棄却する場合には、棄却命令を発することとなる（同法二十七条の十二・一項）。

都道府県労働委員会の発する命令に不服がある使用者又は労働組合若しくは労働者は、中央労働委員会に対して再審査の申立てを行うことができ（同法二十七条の十五）、中央労働委員会において再審査の申立てに理由がないと認める場合には、再審査申立ての棄却命令を発し、申立てに理由があると認める場合には、都道府県労働委員会の発した命令に対する取消し、変更などの命令を発することとなる。

労働委員会は、労使関係についての専門知識経験を有するため、個々の事案に応じた適切な是正措置を決定し、これを命ずる権限が委ねられており（最高裁判決昭和五二年二月二三日民集三一巻一号九三頁）、解雇に対する現職復帰命令や団体交渉拒否に対する誠実交渉命令、不当労働行為を繰り返さない旨の文書を掲示させるポスト・ノーティス命令など、裁判所での訴訟においては困難な救済が実現できることがある。

もっとも、労働委員会の命令も行政庁の処分として、裁判所における取消訴訟の対象となり、裁量権の逸脱又は濫用がある場合には取り消される（行政事件訴訟法三十条）こととなる。

(4) 不当労働行為と教員

そもそも一般職の地方公務員である教員に対しては、労働組合法の適用が除外されており（地公法五十八条一項）、これまで述べた不当労働行為とこれに対する救済の対象となる教員は、私立学校、国立学校（国立大学法人の運営する学校）の教員などに限られている。

教員の大部分を占める公立学校（地方公共団体が設置者である学校）の教員については、地方公務員法による職員団体に関する保護（同法五十五条、五十六条）を受け、不利益処分を受けた場合の人事委員会への審査請求（同法四十九条の二）を行うことができることとなる。

〈参考文献〉

水町勇一郎『労働法 第九版』有斐閣、二〇二二年。

（小美野 達之）

17 教職員の給与

給与とは、提供した労働に対する反対給付ないし対価を意味し、俸給、給料、賃金、報酬、手当などあらゆるものを含む総称である。給与は、勤務時間、休憩時間、休日、休暇などと並んで勤務条件（労働条件）を構成する一つであり、その基準は法律で定めることになっている（憲法二七②）。以下、公立学校の教員の給与を中心に述べる。

○教員給与制度の基本構造

公立学校の教員は地方公務員としての身分を有することから、その給与については当該地方公共団体の条例により定められるという給与条例主義をとっている（地方自治法二百四条三項、地公法二十四条五項）。ただし、市町村立学校の県費負担教職員の給与については、その勤務する学校の設置である市町村の条例ではなく、その給与を負担する都道府県の条例で定められることとされている（地教行法四十二条、給与負担法一～二条）。これは、設置者負担主義（学教法五条）の例外として、財政状況の異なる市町村による差異をなくし、給与水準を一定のものとすることによって、必要な教職員の確保とその質的水準の維持向上を図るために、県費負担教職員の給与については都道府県が負担するものとされていることによる。さらに、県費負担教職員の給与については、全国的な義務教育水準の維持向上と教育の機会均等を保障するため、その三分の一を国庫で負担するという義務教育費国庫負担制度が導入されている（教育費負担法二条）。なお、その負担割合は平成一八年度からそれまでの二分の一から三分の一に変更されている。

○国立学校準拠制の廃止と給与の自主決定

公立学校の教員の給与については、国立学校が法人化される平成一五年度までは、「国立学校の教育公務員の給与の種類及びその額を基準として定める」（教特法旧二十五条の五 一項）という国立学校準則制のもとで、各都道府県の条例において、国立学校教員と同様の給料、諸手当の支給内容や額が定められていた。この制度と義務教育費国庫負担制度によって、地域間格差をなくした全国均一の教員給与体制が構築されていた。

しかし、平成一六年度からは国立学校の法人化に伴い、国立学校準則制を廃止（該当条文を削除）し、新たに「公立の小学校等の校長及び教員の給与は、これらの者の職務と責任の特殊性に基づき条例で定めるものとする」（教特法一三①）規定が設けられた。これによって、各都道府県が地方公務員の人事行政に関する中立的・専門的な機関である人事委員会の勧告等に基づき、地域の実情に応じて教員の給料や諸手当の額を主体的に定めることができるようになった。

○人確法等による優遇措置

昭和四九年に制定された「学校教育の水準の維持向上のための義務教育諸学校の教育職員の人材確保に関する特別措置法」（人確法）は、「義務教育諸学校の教育職員の給与について特別の措置を定めることにより、すぐれた人材を確保し、もって学校教育の水準の維持向上に資することを目的とする」ものであり、その三条では「義務教育諸学校の教育職員の給与については、一般の公務員の給与水準に比較して必要な優遇措置が講じられなければならない」と定め、学校教育の場に優れた人材を確保することを給与面から支えることを規定している。国立学校準拠制が廃止された後も、この規定が適用されていることや、地方公務員一般の原則として、教員も含めた一般職公務員の給与は、国や他の地方公務員の給与等を考慮して定めなければならない（地公法二十四条二項）とされており、国立学校準拠制廃止前と比較して引き続き必要な水準が保たれ、都道府県ごとの教育水準の格差が発生しないような仕組みとなっている。

また、教員の給与はその職務と責任の特殊性に基づいて定めることから、行政職等の他の職の給料表とは別個に教員に特有の給料表が定められ、校長、教頭、教諭などその職務と責任に応じた級に分類されることや、教員に特有の職務や勤務等に対しては、行政職等他の職の公務員に支給される手当とは別個に、もしくは別の支給要件に基づいて、その職務や勤務の複雑性・困難性に見合う手当が支給されるべきことなど、関係法令の改正により、各都道府県における教員の給与については、引き続き必要な水準が保たれる措置がとられている。

○教職調整額の支給

教員給与の特例として、昭和四六年に制定された「公立の義務教育諸学校等の教育職員の給与等に関する特別措置法」（教職給与特別法）において、教員に時間外勤務を命ずる場合を制限するとともに、教員の職務を勤務時間の内外を問わず包括的に評価して俸給月額の四％に相当する額を「教職調整額」として支給する制度が導入された。その結果、超過勤務手当及び休日給の制度は適用されないことになり、課題を残すことになった。例えば、平成二八年度に文部科学省が実施した教員の勤務実態調査で、教員の時間外労働の深刻化が改めて明らかとなり、教員に一律に支給されている教職調整額の在り方については、実態を踏まえた新たな制度設計を含めた抜本的見直しが指摘されていた。この点について、令和五年五月に中教審に対し、教職調整額の在り方や時間外勤務手当の支給の考え方など教員の処遇改善に向けた検討が諮問され、その動向が注目されている。

○私立学校及び国立大学法人の場合

私立学校の教職員および附属学校を含む国立大学法人の教職員は、公務員の身分を有しないことから、公務員に関する法律の適用はなく、労基法のみが適用される。給与については、労基法の規定（二四～二八条）に基づき、各学校の就業規則あるいは労働協約で詳細が規定されるという制度のもとで展開されている。

〈参考文献〉

学校管理運営法令研究会編著『第五次全訂新学校管理読本』第一法規　二〇〇九年、小川正人『現代の教育改革と教育行政』放送大学教育振興会　二〇一〇年、清原正義編著『21世紀学校事務事典〈4〉財務と給与・旅費・福利厚生』学事出版　二〇〇三年。（北神　正行）

18 共済組合

(1)　共済制度

一般に共済制度は、同種の職業又は同一の事業等に従事する者の相互扶助制度であり、組合員又はその被扶養者の病気、負傷、死亡、災害等に関して適切な給付を行う社会保険制度の一つである。組合員は、同制度の下で様々な給付を受ける代わりに、給付に対する掛金を毎月の給料から負担する。同時に、使用者側も一定の割合で給付にかかる費用を負担する。

共済制度の具体的な関連法としては、国家公務員共済組合法、地方公務員等共済組合法（以下、地共法という）、私立学校教職員共済法等が挙げられるが、ここでは、地共法を中心に解説する。

○地方公務員共済制度

本制度は、地方公務員の病気、負傷、出産、休業、災害、退職、障害若しくは死亡又はその被扶養者の病気、負傷、出産、死亡若しくは災害に関して適切な給付を行うため、相互救済を目的とする制度であり、地方公務員及び遺族の生活の安定と福祉の向上に寄与するとともに、公務の能率的運営に資することを目的としている（地共法一条）。

事業内容としては、①短期給付事業（健康保険制度に相当する公的医療保険事業、雇用保険制度の育児休業給付・介護休業給付に相当する事業）、②長期給付事業（公的年金事業）、③福祉事業（医療施設・宿泊施設の設置運営、特定健診等の保健事業、組合員への貸付事業等）がある。

(2)　共済組合の組織と組合員

地方公務員共済組合には、①都道府県の職員等が加入する地方職員共済組合、②公立学校の職員等が加入する公立学校共済組合、③都道府県警察の職員及び警察庁職員が加入する警察共済組合、④東京都の職員及び特別区の職員が加入する都職員共済組合、⑤指定都市の職員が加入する指定都市職員共済組合、⑥市町村の職員が加入する市町村職員共済組合、⑦北海道都市、仙台市、愛知県都市の職員が加入する都市職員組合、がある。これら七種の組合（合計六四組合）は、地方公務員共済組合連合会を組織しており、その総組合員数は三〇二万五千人に上る（令和五年度推計値）。

○組合員の資格

地共法二条で規定されている職員となった者は、職員となった日から組合員資格を取得するが、この場合、職員の意思に関係なく、自動的に強制加入である。また、組合員が死亡または退職した場合、その翌日から組合員の資格を喪失する。また、一つの組合の組合員が別の組合が組織する職員となった場合は、その日から前の組合員資格を喪失し、後の組合員資格を取得する。この場合も、一方的に資格の得喪がなされる。

(3)　被扶養者

一般に、共済組合員の被扶養者は、配偶者、子、父母、孫、祖父母、兄弟姉妹であり、これらは、当然、給付金受給対象者である。しかし、給付の範囲には制限があり、地共法二条一項二号ロによると、組合員との関係が三親等外の場合、被扶養者としての資格を有さない。また、その一方、組合員の配偶者で届出をしていないが、事実上婚姻関係と同様の事情にあるものの父母及び子並びに当該配偶者の死亡後におけるその父母及び子で、組合員と同一の世帯に属するものは被扶養者とされている。

(4)　短期給付

短期給付は、法定給付と附加給付に分けられる。

○法定給付

法定給付には、保険給付、休業給付、災害給付の三つがある。

保険給付の具体は、療養の給付、療養費、出産費、育児手当金、埋葬料等があり、被扶養者に対しても支給される。休業給付は、組合員が公務によらないで病気にかかり、又は負傷し、療養のために引き続き勤務に服することができない場合に支給され、その具体は、傷病手当金、出産手当金、休業手当金である。災害給付は、組合員又はその被扶養者が非常災害により死亡した時、あるいは組合員の住居又は家財に損害を受けた時に支給されるものであり、家族弔慰金、災害見舞金と呼ばれている。

○附加給付

附加給付とは、政令に基づき、各共済組合が個別に自己の財源事情により各組合の定款に従って、前記の各法定給付に併せて、これに準ずる短期給付である（地共法五十四条）。

(5)　長期給付

長期給付は、厚生年金保険給付と退職等年金給付に分けられ（地共法七十四条）、前者は厚生年金保険法三十二条に規定する①老齢厚生年金、②障害厚生年金及び障害手当金、③遺族厚生年金からなる（地共法七十五条）。また、後者は、①退職年金、②公務障害年金、③公務遺族年金の三つである（地共法七十六条）。

○老齢厚生年金

老齢厚生年金は、一ヶ月以上の厚生年金被保険者期間を有し、組合員期間等（厚生年金等を合算したすべての公的年金期間）が一〇年以上ある者が退職したときに六五歳から支給される。ただし、生年月日に応じた年金支給開始年齢から六四歳までは、一年以上の厚生年金被保険者期間を有し、組合員期間等が一〇年以上あるときに特別支給の老齢厚生年金が支給される。

○障害厚生年金及び障害手当金

障害厚生年金は、組合員である間に初診日がある傷病により、障害等級が一級、二級又は三級の程度に該当する障害の状態になった時に支給される。一級、二級の場合は、原則として日本年金機構から障害基礎年金も支給される。また、老齢厚生年金と障害厚生年金の両方の権利があるときは、どちらか有利な方を選択できる。

障害手当金は、組合員である間に初診日のある公務によらない傷病により、初診日から五年以内に障害厚生年金の対象とならない程度の軽度の障害の状態になった時、支給される。

○遺族厚生年金

遺族厚生年金は、組合員が在職中または退職後に死亡したときに、遺族に対して支給される。その額は、老齢基礎年金の報酬比例部分と同様の計算を行い、四分の三の水準となる。また、子のある配偶者の場合、日本年金機構より遺族基礎年金も支給される。逆に、子のない四〇歳以上六五歳未満の妻の場合、遺族厚生年金に加えて中高齢寡婦加算が支給される。ただし、六五歳に達すると、これは打ち切られ、妻自身の老齢基礎年金が支給される。

○退職年金

退職年金は、一年以上続く組合員期間を有する者が退職後に六五歳に達した時、又は六五歳に達した日以降に退職した時に受給することになる。年金の二分の一を終身退職年金として、残りの二分の一を有期退職年金（二〇年、一〇年）として受給する。有期退職年金は、一時金での受給も可能である。

○公務障害年金

公務障害年金は、組合員期間内に初診日がある公務による病気又は負傷により、障害厚生年金の一級から三級までの障害等級に該当する障害状態になったときに受給する。ただし、通勤災害は対象とはならない。

○公務遺族年金

公務遺族年金は、次のいずれかに該当したときに遺族が受給する。ただし、通勤災害は対象とはならない。①組合員が公務による病気又は負傷に係る傷病により死亡した時、②組合員が退職後、組合員期間中の初診日がある公務傷病により、初診日から五年以内に死亡したとき、③一級または二級の「公務障害年金」の受給権者が「公務障害年金」の受給権発生の原因となった公務傷病により死亡したとき。

（若井　彌一・古賀　一博）

19 公務災害補償・通勤災害補償

(1) 災害補償制度の目的と特徴

本制度は、公務員が公務上の災害（負傷、疾病、障害又は死亡）や通勤による災害を受けた場合に、その災害によって生じた損害を補償し、必要な福祉事業を行い、もって公務員及びその遺族の生活の安定と福祉の向上に寄与することを目的としている（地方公務員災害補償法、国家公務員災害補償法）。

同制度の特徴は、公務上の災害について使用者（国、地方公共団体等）の無過失責任主義をとっていることであり、使用者に過失がなくとも補償義務が発生するものとされている点である。民法上の損害賠償は原則として過失責任主義をとっており、この点が大きく異なる。また、同制度は、一部に年金制が採用されるとともに、補償を超えた福祉事業も行うこととされており、被災職員とその遺族の生活の安定と被災職員の社会復帰の促進を考慮している点も、賠償責任保険とは大きく異なっており、手厚い補償が用意されているといえる。

○補償の認定とその基準

補償の認定上、最も重要な点は、職務遂行中の「公務起因性」があるかどうかであり、本人の故意や素因、あるいは天災地変などの場合は公務上の災害とは認定されない。この原則を踏まえて、より具体的な認定の基準が定められている。

○平均給与額の算定方法

公務災害補償は、定率補償方式が採用され、その算定の基礎となるのが平均給与額であり、給料・各種の手当は含まれるが、期末・勤勉手当や児童手当は含まれない。算定に際しては、複数の算定方式があり、最も高額となったものを平均給与額として決定することになっており、被災職員の不利益性の排除にも配慮されている。

(2) 補償の種類

○療養補償

療養補償とは、職員が公務又は通勤により負傷し、又は疾病にかかった場合に、それが治るまで、必要な療養を行い、又は必要な療養の費用を支給することである。

○休業補償

休業補償とは、職員が公務又は通勤により負傷し、又は疾病にかかり、療養のため勤務することができない場合で、給与を受けない時に、その勤務することができない期間一日につき平均給与額の百分の六〇に相当する額が補償されることである。

○傷病補償

傷病補償とは、職員が公務又は通勤により負傷し、又は疾病にかかり、療養の開始後一年六ヶ月を経過した日又はその日後において、①負傷又は疾病が治っていないこと、②負傷又は疾病による障害の程度が各々の公務災害補償法の定める傷病等級に該当すること、のいずれにも当てはまるときになされる補償である。

○障害補償

障害補償とは、職員が公務又は通勤により負傷し、又は疾病にかかり、当該負傷又は疾病が治った時に、障害が残っている場合に、その障害の程度に応じ、障害補償年金又は障害補償一時金を支給することを指す。

○介護補償

介護補償は、疾病等級第二級以上の疾病補償年金受給権者又は障害等級第二級以上の障害補償年金受給権者のうち、当該年金の支給事由となった一定の障害により、常時又は随時介護を要する状態（要介護状態）にあり、かつ常時又は随時介護を受けている場合に支給される。ただし、病院や診療所、その他法律の定める施設（例えば介護老人保健施設や特別養護老人ホーム等）に入院または入所している場合は対象外である。

○遺族補償

遺族補償とは、職員が公務又は通勤により死亡した場合に、その遺族が受けた損害を補償し、遺族の保護を図る目的で、その遺族に対して支給されるものであり、遺族補償年金と遺族補償一時金がある。

○葬祭補償

葬祭補償とは、職員が公務又は通勤により死亡した場合において、葬祭を行う者に対して、通常葬祭に要する費用を考慮して支給される補償である。なお、葬祭補償は葬祭を行う者を対象としているため、遺族以外も対象となり得る。

（若井　彌一・古賀　一博）

20 教職員の資格および免許

(1) 校長、教頭及び教員の資格

校長の資格は、教諭の専修免許状又は一種免許状（高等学校及び中等教育学校の校長は専修免許状）を有し（平成元年三月二二日文部省令第三号附則4及び5により、当分の間の特例規定あり）、かつ同条各号に掲げる「教育に関する職」に五年以上あったこととされている（学教法施規二十条一項一号）。ここに、平成一二年の学教法施規の一部改正により、これらの免許状の有無にかかわらず「教育に関する職に十年以上あったこと」（学教法施規二十条一項二号）が加わった。さらに同施規一部改正により、校長の資格の特例として、国立もしくは公立の学校の校長の任命権者または私立学校の設置者は「学校の運営上特に必要がある場合」には、「資格を有する者と同等の資質を有すると認める者」を校長に任命し、採用することできる（学教法施規二十二条）となったが、これがいわゆる「民間人校長」の登用の根拠法である。

なお、私立学校に関しては従来から、特別の事情のある場合には「五年以上教育に関する職又は教育、学術に関する業務に従事し、かつ、教育に関し高い識見を有する者」であれば校長として採用することができる特例を定めていた（学教法施規二十一条）。

教頭は「国民学校令」（昭和一六年）に規定されたが、終戦後しばらくは法制化されていなかった。その後、教諭をもって充てる職（昭和三二年）とされ、さらに昭和四九年の学教法の一部改正により独立の職となり、これに伴って学教法施規に教頭の資格が規定された。平成一二年の学教法施規一部改正により資格の内容は前記校長の規定が準用されることとなり、副校長についても同様である（学教法施規二十三条）。なお、副校長、教頭は、教特法上の「教員」であるが（教特法二条二項）、「校長及び教員の資格」を問う場合は、副校長、教頭は、校長に類する「学校管理職」とし、「教員」とは対比的に捉えることが妥当といえる。

教員は、教育職員免許法において「教育職員」、すなわち学教法一条に規定される「一条校」（幼稚園、小学校、中学校、義務教育学校、高等学校、中等教育学校及び特別支援学校）並びに「幼保連携型こども園」の主幹教諭、指導教諭、教諭、助教諭、養護教諭、養護助教諭、栄養教諭、主幹保育教諭、指導保育教

諭、保育教諭、助保育教諭及び講師をいう（免許法二条）。そして同法により授与する各相当の免許状を有しなければならない（免許法三条一項）。校長及び教頭と異なり、教員に関しては特に資格に関する規定はない。よって、教員については、教育職員免許状を有することを積極的資格要件と解してよかろう。

なお、校長・教員の欠格条項については、まず学校法九条の各号で規定している。また免許状の授与についての欠格条項は、免許法五条一項の各号に規定されている。さらに公立学校の教職員であれば、地方公務員であるため、地公法十六条もあわせて適用される。

(2)　免許状の種類

免許状の種類は普通免許状、特別免許状、臨時免許状の三種類である（免許法四条）。

普通免許状は、学校（義務教育学校、中等教育学校及び幼保連携型認定こども園を除く）の種類ごとの教諭の免許状、養護教諭の免許状及び栄養教諭の免許状で、それぞれ専修、一種、二種（高等学校の場合、専修と一種）に区分する（免許法四条二項）。普通免許状は、基礎資格としての大学等における修得すべき学位や最低単位数等の要件等（別表第一）、養護教諭等に係る基礎資格としての学位等の要件等（別表第二）、栄養教諭等に係る同様の要件等（別表第二の二）を満たした者、又はその免許状を授与するために行う教育職員検定に合格した者に授与される（免許法五条一項）。そのほか、特例として、「普通免許状の種類に応じて文部科学大臣または文部科学大臣が委嘱する大学の行う試験（教員資格認定試験）に合格した者に授与される（免許法一六条一項）。なお、教員で、その有する相当の免許状が二種免許状であるものは、相当の一種免許状の授与を受けるように努めなければならない（免許法九の二条）。

特別免許状は、社会人登用のため昭和六三年の法改正により新たに設けられたもので、学校（幼稚園、義務教育学校、中等教育学校及び幼保連携型認定こども園を除く）の種類ごとの教諭の免許状である（免許法四条三項）。特別免許状は、教育職員検定に合格した者に授与する。（免許法五条二項）また、その効力は「免許状を授与した授与権者の置かれる都道府県においてのみ効力を有する」（免許法九条二項）。

臨時免許状は「普通免許状を有する者を採用することができない場合に限り」、「教育職員検定に合格したものに授与」（免許法五条五項）される学校（義務教育学校、中等教育学校及び幼保連携型認定こども園を除く）の種類ごとの助教諭の免許状及び養護助教諭の免許状である。ただし、高等学校助教諭の臨時免許状については、短期大学士の学位等を有する者あるいはこれと同等以上の資格等の条件がある（免許法五条六項一号）。また、その免許状を授与した授与権者の置かれる都道府県においてのみ効力を有し、その期間は授与したときから三年間である（免許法九条三項）。

(3)　免許状の失効と取上げ処分

免許状を有する者が、次の条件に該当する場合には、免許状はその効力を失う。まず、禁錮以上の刑に処せられたとき、政府を暴力で破壊することを主張する団体に加入したとき等（免許法十条一項一号）である。また、平成一四年の法改正で、現職教員が懲戒免職の処分を受けたときは、免許状はその効力を失う（免許法十条一項二号）とされ、私立学校の教員等についても、これに相当する事由により解雇されたと認められるときは、免許管理者は、その免許状を取り上げなければならないとされた（免許法十一条一項）。さらに平成一九年の法改正で、公立学校教員が地方公務員法第二八条第一号又は第三号、すなわち「人事評価又は勤務の状況を示す事実に照らして、勤務実績がよくない場合」又は「適格性を欠く場合」として分限免職の処分を受けたとき、その免許状はその効力を失う（免許法十条一項三号）とされ、国立学校、公立学校（公立大学法人の設置に限る）又は、私立学校の教員が、公立学校の教員の懲戒処分に相当する事由により解雇されたと認められるときは、免許管理者は、その免許状を取り上げなければならないとされた（免許法十一条二項）。また、教育職員以外の者で免許状を有する者については「法令の規定に故意に違反し、又は教育職員たるにふさわしくない非行があって、その情状が重いと認められるときは、免許管理者は、その免許状を取り上げることができる」（免許法十一条三項）。免許状取上げの処分を行ったときは、免許管理者は、その旨を直ちにその者に通知しなければならない。この場合、当該免許状は、その効力を失う（免許法十一条四項）。

令和三年六月に「教育職員等による児童生徒性暴力等の防止等に関する法律」が公布された。「特定免許状失効者等」については、免許状の失効又は取上げの原因となった性暴力等の内容等を踏まえ、「改善更生の状況その他その後の事情により再び免許状を授与するのが適当であると認められる場合に限り、再び免許状を授与することができる」とされた（わいせつ教員対策法二十二条）。その場合、「都道府県教育職員免許状再授与審査会」（二十三条）の意見を聴かなければならない（二十二条二項）。

(4)　教員免許更新制の創設と廃止

平成一八年七月の中教審答申「今後の教員養成・免許制度の在り方について」における提言等を受け、平成一九年六月の免許法一部改正により教員免許更新制が導入され、平成二一年度から本格実施された。十数年あまりの実施を経て、令和四年五月十一日、「教育公務員特例法及び教育職員免許法の一部を改正する法律」（令和四年法律第四〇号）が成立、五月一八日に公布された。この法改正により、令和四年七月一日から教員免許更新制は廃止された。

（加藤　崇英）

21　教職課程認定

(1)　教職課程認定とは

我が国では、幼・小・中・義務教育・高・中等教育・特別支援の各学校の教員となるためには、教員免許状を有することが求められている（免許状主義）が、教員免許状希望者は、大学において、教職課程を履修しなければならない。この場合、国・公・私のいずれの大学・学部でも教職課程を置いて教員を養成することが可能である（「開放制の原則」）。「課程認定制度」とは、開放制教員養成制度の中で、大学における教職課程の質と標準性を一定程度担保することを目的として行われる制度である。教員免許状制度が、教員個々人の資質能力を保証する制度であるのに対し、課程認定制度は、その基礎となる大学の教職課程の質を保証することをねらいとしている。

課程認定のプロセスは、以下のようになっている。まず、教職課程を新たに設けようとする国公私立大学は、文部科学大臣に教職課程の申請を行う。文部科学大臣は、これを中央教育審議会（教員養成部会）に諮問する。中央教育審議会は、課程認定委員会に審査を付託し、課程認定委員会は、審査を行いその結果を中央教育審議会に報告する。中央教育審議会は、その結果を基に文部科学大臣に答申を行い、申請を行った大学の教職課程を認定することになる。課程認定委員会において行われる課程認定の審査では、中央教育審議会等の教員養成改革の動向を踏まえつつ、教職課程認定基準に基づき、以下の点を中心に実施する。①認定を受けようとする学科等の目的・性格と免許状の相当関係、②教育課程及びその履修方法、③教員組織、④施設・設備（図書等を含む）、⑤教育実習の実施計画等、⑥学則。

なお、教職課程認定基準は、「教職課程の認定を受けるのに必要な最低の基準」（同基準一(2)）であり、「大学は、この基準より低下した状態にならないようにすることはもとより、その水準の向上を図ることに努めなければならない」（同基準一(3)）とされている。そこで、各大学の認定された教職課程に関して、認定時の水準が維持され、その向上に努めているかどうかを確認することを目的として、完成年度以降に、課程認定を受けた大学等への実地視察が行われる。

(2)　教職課程の再課程認定

平成二七年一二月に、中央教育審議会により答申『これからの学校教育を担う教員の資質能力の向上について』が出され、これに基づいて、全国の大学等に置かれている教職課程の内容が大幅に改正されることになった。そこで、平成三一年度から全国一斉に新しい教職課程をスタートさせるため、平成三〇年四月一日にすでに認定を得ている教職課程が平成三一年四月一日以降も引き続き教職課程を有するための認定（「再課程認定」）が行われことになった。

今回の再課程認定のポイントは、第一に、実践的指導力のある教員を養成することを目的として、教育職員免許法及び教育職員免許法施行規則が改訂されたことである。具体的には、教育職員免許法の改正により、従来の「教科に関する科目」（大学レベルの学問的・専門的内容）と「教職に関する科目」（児童生徒への指導法等）の科目区分がなくなり、教科の専門的内容と指導法を一体的に学ぶことを可能にする「教科及び教職に関する科目」に大括り化された。また、施行規則上の科目区分の大括り化も行われ、従来の八つの科目が五つに再編された。また、学習指導要領が改正されたことを踏まえ、現在の学校現場で必要とされる知識や資質を養成課程で履修できるよう、教職課程に、「総合的な学習の時間の指導法」、「アクティブ・ラーニングの視点に立った授業改善」、等の項目が追加された。

再課程認定のポイントの第二は、開放制教員養成制度の中で、カリキュラムの共通性を強めることで教員養成の質の向上を図るため「教職コアカリキュラム」及び「英語コアカリキュラム」が作成されたことである。これによって、教職関連科目及び英語教育について、共通の目標が示された。コアカリキュラムは、教職課程の各事項について、当該事項を履修することによって学生が習得する資質能力を「全体目標」、全体目標を内容のまとまりごとに分化させた「一般目標」、学生が一般目標に到達するために達成すべき個々の基準を「到達目標」として示したものである。これを踏まえて、各大学の担当者は、自らの担当科目のシラバスに、到達目標を必ず加えることが要求されることとなり、各大学がコアカリキュラム対応表によってシラバスの確認を行った上で申請を行うこととなった。

(3)　我が国における教職課程認定制度の課題

第一に、実施主体の問題である。大学における教員養成課程の質を保障するための課程認定制度は、我が国のみならず、諸外国においても行われているが、その実施主体については二種類ある。一つは、政府によるものであり、他の一つは、専門職団体によるものである。例えば、アメリカでは、州教育当局による認定制度と専門職団体による認証評価制度（アクレディテーション）が存在する。我が国においても、今後、従来の教職課程認定に加えて、あるいは、教職課程認定の代替えとなるような、自律的質保証の仕組みを導入すべきかどうか検討することが必要である。これに関して、文科省は、中教審教員養成部会に設けられた「教職課程の基準に関するワーキンググループ」でその導入可能性を検討した。その結果、二〇二〇年二月、「評価に係る事務負担を過度に増大させることにならないよう」、現在学校教育法に基づいて行われている自己点検、評価の中で教職課程も扱うこととする、との報告書が出された。これによって、教職課程のみを対象とする新しい第三者評価の仕組みは断念された。

その結果、令和三年五月に「教育職員免許法施行規則等の一部を改正する省令」が出され、令和四年度より教職課程の質の向上・内部質保証のために、各大学は、教職課程に関する「全学的な組織体制の整備」及び「自己点検・評価」を行うことが求められたのである。

第二に、コアカリキュラムについてである。コアカリキュラムは、教職課程認定に導入することにより、全国の大学の教職課程における共通性を高めて質を向上させることを目的としていた。しかし、近年行われた全国調査によれば、コアカリキュラムの有効性に対する疑問や大学の自由に対する侵害ではないかとの声もあり、さらに、その作成プロセスへの批判も多い。それだけに、作成にあたっては、大学関係者の合意と学会との連携が必要であり、特に、今後予定されている英語以外の教科に関するコアカリキュラム作成にあたっては、学会等との十分な協議が必要となろう。

（牛渡　淳）

〈参考文献〉

牛渡淳・牛渡亮『教師教育におけるスタンダード政策の再検討—社会的公正、多様性、自主性の視点から—』東信堂、二〇二三年。日本教師教育学会編『教師教育研究ハンドブック』学文社　二〇一七年、佐藤仁『現代米国における教員養成評価制度の研究』多賀出版　二〇一二年。

七　教育行政編　事項別解説

1 中央の教育行政組織

(1)　文部科学省

文部科学省（以下、文科省）は二〇〇一年の中央省庁等改革で文部省と科学技術庁を統合して設置された。文科省には文部科学大臣が置かれ、文部科学副大臣二名、文部科学政務官二名とともに政務三役を担う。文科省の組織は文部科学省設置法で定められており、教育、文化、スポーツ、科学技術・学術について、九七項目にわたる幅広い所掌事務がある（四条）。

①文科省の組織

文科省は大きく分けて本省と外局に分かれる。本省には省全体のとりまとめを担う大臣官房のほか、総合教育政策局、初等中等教育局、高等教育局、科学技術・学術政策局、研究振興局、研究開発局の六局が置かれる。外局はスポーツ庁、文化庁である。定員は文科省全体で二一六二人、本省一七五二人、スポーツ庁一一〇人、文化庁三〇〇人である（二〇二三年四月時点）。また、文科省には他省庁のように出先機関である地方支分部局は置かれておらず、定員面でも組織面でも中央省庁のなかで小規模である。

旧文部省の流れをくむのが総合教育政策局、初等中等教育局、高等教育局であり、これを「教育三局」と呼ぶ。他の三局は旧科学技術庁の流れをくみ、「研究三局」と呼ぶ。

設置以来大きな改組は二回あった。二〇一五年にはスポーツ庁が設置され、二〇一八年には生涯学習政策局を総合教育政策局とした。この改組では、教員の養成・採用・研修の一体化のため初等中等教育局と高等教育局に分かれていた業務を総合教育政策局に一本化した。また二〇二三年の文化庁京都移転に先立ち二〇一八年と二〇二〇年に行われた。

②中央教育審議会

教育政策を審議するのが中央教育審議会（以下、中教審）である。二〇〇一年の中央省庁等改革に伴い、文部省時代の生涯学習審議会、理科教育及び産業教育審議会、教育課程審議会、教育職員養成審議会、大学審議会、保健体育審議会が中教審の各分科会に統合された。中教審は総会のもとに分科会が設置されている。教員に関する分科会は「初等中等教育分科会」であり、そこに教員養成部会が置かれている。このほか二〇二二年度時点で「質の高い教師の確保特別部会」が設置されている。文部省時代は教育政策の立案は中教審が独占的に担っていたが、文科省になってからは官邸主導のもとで中教審の性格は変容した。すなわち、教育政策の方向性を示すのは官邸に設置された会議体となり、中教審はその具体策を立案する場となってきた。

(2)　官邸・内閣府・デジタル庁

二一世紀に入ってから、官邸主導の制度化に伴い教育政策も文科省・中教審だけで立案・実施されることはなくなった。官邸に設置される会議体が教育政策の大方針を立てるようになった。二〇二三年度時点では内閣官房に教育未来創造会議（七-3参照）が設置されている。それ以前には教育改革国民会議、教育再生会議、教育再生懇談会、教育再生実行会議が設置されていた。

中央省庁等改革以降、文科省以外の主体が教育政策に関わる傾向も強まっている。二〇二三年度時点ではこども家庭庁が内閣府の外局として設置され、他省庁に勧告権をもつ特命担当大臣が置かれた。このほか、内閣府には大学改革を担う科学技術・イノベーション推進事務局が置かれている。さらに、二〇二一年に設置されたデジタル庁も教育に関わる。内閣府とデジタル庁は首相をトップとする内閣直轄組織として、他省庁より「一段高い」立場から仕事を行っている。

(3)　経済産業省・総務省・その他の省

経済産業省は教育政策に深く関わっている。産業人材の観点からキャリア教育に、サービス業振興の観点から「未来の教室」とEdTech（エドテック）に、産学官連携の観点から大学改革に組織的に関わっている。

総務省は母体の一つであった郵政省が通信技術を担当していたことから、教育の情報化の推進を行っている。

このほかにも環境省（環境教育）、農林水産省（食育）、財務省（財政教育、税教育）などが教育政策に関わりをもっている。

〈参考文献〉

青木栄一『文部科学省』中央公論新社、二〇二一年。

（青木　栄一）

2 教育関係審議会

教育関係審議会とは、個別、特定の審議会をいうのではなく、さまざまな審議会のうちで、特に教育に関係する審議会、すなわち教育制度、教育行財政、教育課程、教職員、生涯学習などにかかわる審議会をいう。また、これを広く解して、教育のみならず文化・宗教等に関する審議会を含むものとして理解することもできる。

教育関係審議会は、国および地方公共団体に設置されている。国においては法律に基づく審議会（文部科学省設置法による科学技術・学術審議会、文化審議会等）、政令に基づく審議会（文部科学省組織令による中央教育審議会、教科用図書検定調査審議会、大学設置・学校法人審議会等）などが置かれ、地方公共団体にも法律や条例に基づいて各種の審議会が設置されている。そのほか、法令に基づかない任意の審議機関が設置される場合もある。

〇教育関係審議会の法的根拠

審議会の設置根拠は、国の場合は国家行政組織法に求められる。すなわち同法八条は、行政機関には「法律の定める所掌事務の範囲内で、法律又は政令の定めるところにより、重要事項に関する調査審議、不服審査その他学識経験を有する者等の合議により処理することが適当な事務をつかさどらせるための合議制の機関を置くことができる」と定めている。

また、地方公共団体においては、地方自治法の「法律又は条例の定めるところにより、執行機関の附属機関として自治紛争処理委員、審査会、審議会、調査会その他の調停、審査、諮問又は調査のための機関を置くことができる」（百三十八条の四、三項）という規定に基づいて置かれる。

国の教育関係審議会のうちで最も重要な役割を果たしている中央教育審議会は、文部科学省組織令第七十五条に基づいて設置されている。それは、平成一三年一月の中央省庁再編に伴う審議会等の整理合理化によって、それまでの中央教育審議会、教育課程審議会、教育職員養成審議会、大学審議会、生涯学習審議会、理科教育及び産業教育審議会、保健体育審議会の機能を統合して新たな中央教育審議会が設置されたものである。この中央教育審議会の組織、所掌事務等については政令（中央教育審議会令）で定められている。

○教育関係審議会の位置と性格

国家行政組織法の規定からも明らかなように、審議会は各行政機関に附属して置かれる合議制の機関であるが、実際には協議会、調査会、審議会など、各種の名称が付されている。ただし、教育関係審議会の場合、多くは審議会の名称を付している。

審議会は行政官庁や機関に対して附属的性格を持つものであるが、一定の独立性を持つ機関である。もちろん各大臣など行政機関の長はそれを統括するが、直接に訓令などによる指導監督を受けることはなく、その点で審議会は行政官庁の補助機関あるいは下部機関とは異なる。審議会は、通常、諮問機関と参与機関とに分類されるが、後者においては特にその独立性が強いとされる。いずれにしても、審議会は行政官庁に対して附属的性格を持つもの（附属機関）ではあるが、それ自体の意思決定に関しては一定の独立性を持っている。

教育関係審議会は、そのほとんど全てが文部科学大臣や文化庁長官、スポーツ庁長官の諮問に応じて調査審議し、意見を述べる（答申）諮問機関としての性格を持つものであり、その答申は法的拘束力を持ってはいない。

○教育関係審議会の機能・役割

審議会の機能あるいは役割（存在理由）は、一般的には、行政の民主化（行政への国民、住民参加）、専門的知識の導入、利害の調整、公正の確保等であると考えられている。教育関係審議会においてもこのような目的、趣旨をもって設置され、そのように機能することが期待され、現実に程度の差はあるにしても一定の役割を果たしてきたと思われる。

審議会がこのような存在理由を持つこと、あるいは役割を果たすことが期待されるのは、現代国家ないしそこにおける行政機能の本質的性格に由来する。すなわち、現代国家の職能は増大し、結果として行政機能は肥大化せざるを得ず、立法者の価値判断を補充する形で実質的に政策決定を行わざるを得なくなっている。このような状況における行政機関の意思決定は、具体的な意思決定に相応して、一定の合理性、あるいは権威を必要とする。審議会は、このような要請を充足するものとして把握できる。行政機能の量的拡大と質的専門化に対応して、そこに行政過程の民主化（参加）が求められるのであり、同時にまた、複雑多様化した行政過程の専門化が必要とされるのである。審議会を通しての行政の意思決定への国民の参加、利害関係者の意思の反映、外部の専門的知識や技術の導入によって、少くともそれが行われなかった場合よりは、一定の合理性なり権威を得て、その意思決定は社会的安定性を確保できる。また、審議会は委員の構成等、一定の条件をみたすことにより、その審議を通して行政に公正、中立を確保することができよう。

○中央教育審議会等

中央教育審議会は、教育関係審議会の中で最も中心的な位置を占め、その答申において数多くの教育改革の提言を行い、その多くが実行されてきた。紙面の関係で過去一〇年についてみると、教育委員会制度改革、義務教育学校の制度化、大学入試改革、教育体制の整備（アクティブ・ラーニングやカリキュラム・マネジメントなど）、家庭や地域さらには専門家・機関との連携・協力による教育の充実などについて提言がなされてきた。

近年の主な中教審答申としては、今後の高等教育の方向性を示した「二〇四〇年に向けた高等教育のグランドデザイン」（平成三〇年一一月二六日）、教員の働き方改革の在り方を提言した「新しい時代の教育に向けた持続可能な学校指導・運営体制の構築のための学校における働き方改革に関する総合的な方策について」（平成三一年一月二五日）、従来の日本型学校教育を発展させた「令和の日本型学校教育」の実現を提言した「『令和の日本型学校教育』の構築を目指して」（令和三年一月二六日）などがある。

なお、近年においては、教育政策に対する首相直属の諮問会議の影響力にも注目する必要がある。四次にわたる答申を行い、教育改革に大きな影響を与えた臨時教育審議会は、臨時教育審議会設置法（昭和五九年、三年間）に基づき設置された、内閣総理大臣の諮問機関であった。平成になってからは、教育改革国民会議（平成一二年設置）、教育再生会議（平成一八年設置）、それを引き継いだ教育再生懇談会（平成二〇年設置）が設置された。そして、第二次安倍内閣において設置された教育再生実行会議は一二の提言を公表し、この間の教育改革を主導した。直近では令和三年一二月に教育未来創造会議の開催が閣議決定され、令和四年五月には第一次提言が出されている（V-07-3教育未来創造会議の項参照）。

（服部　憲児）

3 教育未来創造会議

○教育未来創造会議の開催の趣旨等

教育未来創造会議は、我が国の未来を担う人材を育成するためには、高等教育をはじめとする教育の在り方について、国としての方向性を明確にするとともに誰もが生涯にわたって学び続け学び直しができるよう、教育と社会との接続の多様化・柔軟化を推進する必要があるとの観点から、令和三年一二月三日の閣議決定「教育未来創造会議の開催について」において開催が決定された。

○第一次提言の概要等

教育未来創造会議においては、令和四年五月一〇日に「我が国の未来をけん引する大学等と社会の在り方について（第一次提言）」を取りまとめ、我が国の未来を担う大学等と社会の在り方に関し、①未来を支える人材を育む大学等の機能強化、②新たな時代に対応する学びの支援の充実、③学び直し（リカレント教育）を促進するための環境整備について、今後取り組むべき具体的方策等を示している。また、これらの取組が着実に実行に移されるよう、実施に向けた具体的なスケジュールや方策を含めて、令和四年九月二日に工程表が公表されている。

○第二次提言の具体的内容等

教育未来創造会議は、現在、内閣総理大臣を議長、内閣官房長官及び文部科学大臣兼教育未来創造担当大臣を議長代理とし、さらに、法務大臣、外務大臣、財務大臣、厚生労働大臣、農林水産大臣、経済産業大臣、国土交通大臣、環境大臣と一三名の有識者を構成員としている。

第二次提言に向け、令和四年九月より同会議及びワーキング・グループにおいて精力的な議論が積み重ねられ、令和五年四月二七日に第二次提言「未来を創造する若者の留学促進イニシアティブ〈J-MIRAI〉」が取りまとめられた。

㈠　第二次提言の位置づけと基本的な考え方

第二次提言は、これまでの留学生の受入れや日本人学生の海外派遣に関する計画等の進捗や検証を踏まえつつ、コロナ後のグローバル社会を見据えた人への投資の在り方について検討を行い、これらの計画に継ぐ新たな留学生派遣・受入れ計画として策定されたものである。

また、基本的な考え方として、①新しい資本主義を実現するためには、人への投資を進めることが重要、②世界最先端の分野で活躍する高度人材から地域の成長・発展を支える人材まで厚みのある多様な人材を育成・確保し、多様性と包摂性のある持続可能な社会を構築することにより、国際競争力を高めるとともに、世界の平和と安定に貢献していくことが必要不可欠、③留学生交流について量を重視するこれまでの視点に加え、日本人学生の海外派遣の拡大や有望な留学生の受入れを進めるために、質の向上をより図る視点も重視、④今後、より強力に高等教育段階の人的交流を促進、⑤高度外国人材の受入れ制度について、世界に伍する水準への改革を進めるとともに、海外留学した日本人学生の就職の円滑化や外国人留学生の国内定着を促進することなどが示されている。

㈡　今後の方向性

次に、今後の方向性として、①日本人学生の派遣について、中長期留学者の数と割合の向上を図り、特に、大学院生の学位取得を推進、②外国人留学生の受入れについて、受入れ地域についてより多様化を図るとともに、留学生比率の低い学部段階や高校段階における受入れを進める、③留学生の卒業後の活躍のための環境整備として、海外派遣後の日本人留学生の就職円滑化を推進、外国人留学生の卒業後の定着に向けた企業等での受入れや起業を推進、④教育の国際化について、多様な文化的背景に基づく価値観をもった者が集い、理解し合う場が創出される教育研究環境や、高度外国人材が安心して来日できる子供の教育環境の実現などが示されている。

㈢　新たな指標の設定

さらに、第二次提言では、新たに二〇三三年までの留学生の派遣・受入れに関する目標が掲げられている。具体的には、日本人学生の派遣のうち、学位取得を目的とする留学生について、非英語圏のドイツ・フランスと同等の水準となる一五万人を目指すとともに、中短期や高校段階も含め、全体でコロナ禍前に二二・二万人であった日本人学生の海外留学者数について、倍増の五〇万人を目指すこととしている。また、外国人留学生の受入れについても、高校段階での大幅な増加を図ることにより、受入れ数四〇万人を目指すとともに、卒業後の国内就職率六割を目指すこととしている。このほか、教育の国際化に関する指標等も示された。

㈣　具体的方策

第一に、コロナ後の新たな留学生派遣・受入れ方策として、日本人学生の派遣方策について、①高校段階から大学院段階までを通じて、協定派遣（授業料相互免除）増に向けた取組推進、給付型奨学金の着実な拡充、官民協働による「トビタテ！留学JAPAN」の発展的推進、博士人材等派遣の促進、②初等中等教育段階における英語四技能の育成、海外とのオンライン交流の促進等を図ることとしている。

また、外国人留学生の受入れ方策については、①優秀な学生の早期からの獲得強化に向けたプログラム構築、国費留学生制度の地域・分野重点化などの見直し、②DX化促進による渡日前入学者選抜の促進、③留学生の授業料設定柔軟化や定員管理の弾力化、キャンパスの質及び魅力の向上、④在籍管理非適正大学等の大学等名の公表、在留資格「留学」の付与停止、私学助成の厳格な対応等を図ることが示されている。

さらに、国際交流の推進については、「アジア架け橋プロジェクト」の充実強化等を図ることとされている。

第二に、留学生の卒業後の活躍に向けた環境整備について、日本人学生の就職の円滑化に向けた環境整備として、帰国後の通年・秋季採用やインターンシップ等による多様な選考機会の提供促進等を図ることとされた。

また、外国人留学生等の高度外国人材の定着率の向上として、①「高度外国人材活躍地域コンソーシアム」の設立、「高度外国人材活躍促進プラットフォーム」における伴走型支援、②企業の採用方針の明確化、社内制度の見直し、③特別高度人材制度及び特定活動における未来創造人材制度の創設、質の高い専門学校の認定制度を創設、在留資格の運用見直しを図ることとされた。

第三に、教育の国際化については、①徹底した国際化やグローバル人材育成に大学が継続的に取り組むような環境整備、国際化を先導する大学の認定制度の創設、②国際的な中等教育機関の整備推進・運営支援、日本語教育機関の認定制度創設等による質の維持・向上等が掲げられている。

㈤　工程表の策定とフォローアップ

第二次提言で示された具体的取組が着実に実行に移されるよう、実施に向けた具体的なスケジュールや方策を含めて、政府において令和五年九月五日に工程表が策定・公表され、引き続き、そのフォローアップがなされる見込みである。

〈参考文献〉高見英樹「教育未来創造会議第二次提言『未来を創造する若者の留学促進イニシアティブ（J-MIRAI）』について」『IDE現代の高等教育』No.六五三、二〇二三年八—九月号

（橋田　裕）

4　地方教育行政組織

(1)　地方公共団体

戦前においては、教育事務は、すべて国の事務とされ、その一部分が地方公共団体に委任されている委任事項であるとするのが通説であったが、現在では国が直接執行する事務及び法令で規定された法定受託事務以外は、すべて地方公共団体の自治事務であるとされている。

普通地方公共団体である都道府県および市町村は、学校、研究所、試験場、図書館、公民館、博物館、体育館、美術館等の教育・学術・文化に関する施設を設置しもしくは管理し、またはこれらを使用する権利を規制し、その他教育・学術・文化に関する事務を行なうことができる。

(2)　議　会

議会は地方公共団体の議決機関であり、地方教育行政にも密接な関係を有する。議会は、教育委員会の報告を請求して事務の管理、議決の執行および出納を検査し、またその事務に関して説明を求め、意見を述べることができる。さらに、議会の教育関係常任委員会は教育事務に関する調査を行なうことができ、また教育長は説明のため議長から出席を求められたときは、議場に出席しなければならない。なお議会は、採択した請願のうち適切なものを教育委員会に送付することができる。

(3)　知事・市町村長

地方公共団体の長である知事・市町村長は、当該地方公共団体を統轄し、これを代表するとともに、事務を管理し、これを執行する。

地方公共団体の長の管理し執行する教育事務としては、①大学に関すること、②私立学校に関すること、③教育財産を取得し、及び処分すること、④教育委員会の所掌に係る事項に関する予算を執行することがある。なお、平成一九年の地教行法の改正によって、条例の定めにより、スポーツに関すること、文化に関することは、長が管理・執行できることとされた。また、平成二六年の地教行法改正により、長は、総合教育会議を通じて、大綱の策定等について教育委員会と協議・調整を行うこととされた。

（佐々木　幸寿）

5 教育委員会の組織と権限

(1) 教育委員会制度の導入と変遷

○戦前の地方教育行政組織

戦前においては、教育は国家の管掌すべき事柄とされ、文部省を中心とした強力な中央集権的な教育行政が行なわれた。したがって、地方教育行政官庁であった地方長官（北海道長官および府県知事）は、中央教育行政官庁である文部大臣の統制監督のもとに、その管内の教育行政事務をつかさどった。地方長官のもとに学務部が置かれ、書記官、視学官、社会教育主事、学校衛生技師などが配置されていた。

市町村段階では、市町村長が地方長官や文部大臣の監督をうけ、市町村の固有事務または委任事務である教育行政事務を執行した。また市町村には、地方学事通則の規定により、学務委員を必ず置かなくてはならなかった。学務委員は、市町村長や区長を補助し、その諮問にこたえて意見を述べることをその役割とした。

以上のように、戦前の地方教育行政は一般行政の一部として行われ、国の強力な統制監督のもとにおかれていた。

○教育委員会制度の導入と変遷

しかし、わが国の地方教育行政組織は、戦後来日した米国教育使節団の勧告の方針のもとに根本的に改革され、昭和二三年七月、「教育委員会法」が公布された。この法律によって都道府県および市町村に設置された教育委員会は、次の三つのねらいをもっていた。その第一は、教育行政の民主化であり、住民の公選によって選出された公選制教育委員により、教育を管理運営しようとするものであった。第二は、教育行政の地方分権であり、地方の実情に即した教育の管理運営を行なうことを目的とした。第三は、教育行政の自主性の確保であり、教育行政を一般行政から独立させ、教育行政の安定性と一貫性を維持しようとした。

しかし、この教育委員会制度は、その実施後、設置単位の規模、委員選出の方法、文部大臣や地方公共団体の長との権限関係などの問題が指摘され、かくして、昭和三一年六月、知事、市町村長の任命による任命制の教育委員会制度が大幅に改正され、地方教育行政の組織及び運営に関する法律が公布された。その後、地方分権の動きが本格化すると、同法は平成一一年に改正され、措置要求制度が廃止されるなど国の地方への関与の縮減が図られている。また、教育基本法の改正や中教審答申、高校における未履修問題の発生等を踏まえ、平成一九年六月に同法の大幅な改正が行われ、教育委員会の責任の明確化や教育委員会の体制の充実、教育における地方分権の推進、教育における国の責任の果たし方、私立学校に関する教育行政に関する規定等が改正された。特に、教育委員会に対し活動状況を点検・評価し議会に提出し公表することを義務づけたこと、教育委員への保護者の選任を義務化したこと、県費負担教職員の同一市町村内の転任について市町村教育委員会の内申に基づき都道府県教育委員会が行うとしたこと、知事が必要と認める時は私立学校に関する事務について都道府県教育委員会に対し学校教育の専門的事項について助言や援助を求めることができるとしたことなどが大きな変更点となっている。

その後、教育委員会制度について、責任の所在が分かりにくい、いじめ等の問題に迅速に対応できない、地域の民意が十分に反映されていないなどの問題が指摘され、教育委員会制度の廃止を含めて中央教育審議会等で制度改革の議論が展開された。その結果、平成二六年六月に地教行法が大幅に改正された。その結果、合議制執行機関としての教育委員会制度は維持されたものの、従来の教育委員長と教育長を新教育長に一本化するなどして地方教育行政における責任体制を明確化するとともに、総合教育会議の設置によって地方公共団体の長と教育委員会との連携を強化し、また、緊急時に文部科学大臣が教育委員会に対して是正の指示ができることを明確にするなど大幅な規定の改正が行われた。

(2) 教育委員会の組織

教育委員会制度は、合議制執行機関である教育委員会と事務局を基本的な構成要素としている。教育委員会は、教育委員会の代表者である教育長と四人の委員で組織される（都道府県又は市の教育委員会等では教育長と五人以上の委員、町村等の教育委員会では教育長と二人以上の委員で組織できる）。その選任方法は、昭和三一年の地教行法の制定により公選制から任命制に変わり、その際に、委員は長が議会の同意を得て任命されることとなり、任期は四年で再任されることができることとされた。その後、平成一九年の地教行法改正によって委員に保護者が含まれるようにすることが義務付けられた。

教育長については、従来、都道府県では文部科学大臣の承認を得て教育委員会が任命し、市町村では教育委員のうちから都道府県教育委員会の承認を得て教育委員会が任命することとされていた。平成一一年の地教行法の改正によりこの任命承認制が廃止されるとともに、都道府県教育長も市町村と同様に委員の中から任命されることに変更された。

その後、平成二六年の地教行法改正によって、従来の教育委員長と教育長が一本化されて新たな教育長が置かれた。教育長は、長が議会の同意を得て、直接任命・罷免を行うこととされ、任期は三年に短縮された（委員は、四年のまま）。

教育長は、教育委員会の会務を総理し、教育委員会を代表することとされた。「会務を総理」するとは、教育委員会の会議を主宰すること、教育委員会の権限に属する事務をつかさどること、事務局の事務を統括し、所属の職員を指揮監督することを意味する。教育長は、執行機関である教育委員会の補助機関ではなく、教育委員会の構成員であり、代表者であることから、教育委員会による教育長への指揮監督権は規定されていないが、教育委員会は引き続き合議体の執行機関であるため、教育長は教育委員会の意思決定に基づき事務をつかさどる立場にある（教育委員会の意思決定に反する事務執行を行うことはできない）。

(3) 教育委員会の職務権限

教育委員会は、当該地方公共団体が処理する教育に関する事務（自治事務）、及び法律又はこれに基づく政令によって受託された教育事務（法定受託事務）を管理し、執行する。

その職務権限を具体的に見ると、その所管に属する学校その他の教育機関の設置・管理・廃止、学校その他の教育機関の用に供する財産の管理、教職員等の人事、学校の組織編成・教育課程・学習指導・生徒指導・職業指導に関すること、教科書その他の教材の取扱い、校舎その他の施設・設備の整備、教育関係職員の研修、教育関係職員・幼児児童生徒の保健・安全・厚生・福利、教育機関の環境衛生、学校給食、社会教育、スポーツ、文化財保護、ユネスコ活動、教育に関する法人、統計、広報・相談など、その権限は広範に及んでいる。

その一方で、長は、大学に関すること、私立学校に関すること、教育財産の取得・処分、教育委員会の所掌に係る事項に関する契約、教育委員会の所掌に係る事項に関する予算執行を管理、執行することとされている。平成二六年の地教行法改正により、長は、これらの権限に加えて、長と教育委員会により構成される総合教育会議を設置・招集し、大綱等について教育委員会と協議等ができることとされた。総合教育会議において、長は教育委員会と協議し、教育基本法第一七条に規定する基本的な方針を参酌して教育の振興に関する大綱を策定するとともに、大綱の作成、教育条件の整備等重点的に講ずべき施策、緊急の場合に講ずべき措置について協議・調整を行うことができる。

なお、文部科学大臣は都道府県又は市町村に対し、また都道府県教育委員会は市町村に対し、教育に関する事務の適正な処理を図るために、必要な指導・助言・援助を行うことができる。その他、文部科学大臣は、地方公共団体の長又は教育委員会に対し、その事務の管理及び執行について、自治事務については是正の要求等（地方自治法第二四五条の五）、法定受託事務については是正の指示等（地方自治法第二四五条の七）を行うことができる。また、必要があるときは、地方公共団体の長又は教育委員会が管理執行する教育に関する事務について、必要な調査をすることができる。平成二六年の地教行法改正によって、五〇条（是正の指示）が見直され、いじめによる自殺防止等、児童生徒等の生命又は身体の被害の拡大又は発生を防止する緊急の必要がある場合に、文部科学大臣が教育委員会に指示できることがより明確にされた。

(4)　総合教育会議の運営

総合教育会議は、長が設置し、招集する（教育委員会の側も、協議が必要であると思料するときは、招集を求めることができる）。総合教育会議においては、①大綱の策定の協議、②教育を行うための諸条件の整備その他の地域の実情に応じた教育、学術及び文化の振興を図るため重点的に講ずるべき施策についての協議、③児童、生徒等の生命又は身体に現に被害が生じ、又はまさに被害が生ずるおそれがあると見込まれる場合等の緊急の場合に講ずるべき措置についての協議、そして、これらに関する構成員の事務の調整を行うこととされた。ただし、教育委員会制度を設けた趣旨に鑑み、教科書採択、個別の教職員人事等、特に政治的中立性の要請が高い事項については総合教育会議の協議題とするべきでないとされている。

なお、総合教育会議において事務の調整が行われた事項は、構成員はその調整結果を尊重しなければならないこととされているが、調整のついていない事項については、長と教育委員会の執行権限に基づいて、それぞれが判断することとされている。また、会議は原則公開とされ、議事録の作成及び公表が努力義務とされている。

（佐々木　幸寿）

〈参考文献〉

文部科学大臣初中局長通知「地方教育行政の組織及び運営に関する法律の一部を改正する法律について（通知）」（平成二六年七月一七日）

6　公立の教育機関

(1)　教育機関の定義及び種類

教育機関とは、法的には、教育基本法一条に掲げられる教育の目的の実現のため設置された、教育的機能を有する機関であり、具体的には、「学校」（六条一項及び「社会教育施設」（十二条二項　国及び地方公共団体は、図書館、博物館、公民館その他の社会教育施設の設置（略）によって社会教育の振興に努めなければならない）等の機関を指す。「公立の教育機関」は、このうち、地方公共団体によって設置された機関を指す。

「地方教育行政の組織及び運営に関する法律」（以下地方教育行政法）は、「地方公共団体は、法律で定めるところにより、学校、図書館、博物館、公民館その他の教育機関を設置するほか、条例で、教育に関する専門的、技術的事項の研究又は教育関係職員の研修、保健若しくは福利厚生に関する施設その他の必要な教育機関を設置することができる」（三十条）と定めるが、ここでいう学校は、学校教育法が定める範囲の学校、すなわち、「幼稚園、小学校、中学校、義務教育学校、高等学校、中等教育学校、特別支援学校、大学及び高等専門学校」（一条）を指している。このほか、公立の専修学校・各種学校は、学校教育法十一章及び十二章に教育機関として位置づけられているが、児童福祉法に基づく保育所などの児童福祉施設や、職業安定法に基づく職業能力開発校などの職業訓練施設は、ここでいう教育機関には入らない。

なお、保育所については、同年齢の子どもが対象となる実態に即し、幼稚園教育要領、保育所保育指針ともに、幼児教育の指針としての整合性が図られている。

また、条例により設置することのできる機関としては、青年の家、美術館、体育館、教育研究所、教員研修所、教員保養所などを、あげることができる。

(2)　教育機関の設置・管理・廃止

地方公共団体がこれらの教育機関を設置する場合は、学校は学校教育法、図書館は図書館法、博物館は博物館法、公民館は社会教育法など、法律の定める必要な手続きに従って設置しなければならない。

学校に関しては、学校の種類に応じ、文部科学大臣の定める設備、編制その他に関する設置基準に従い設置しなければならない。（学校教育法三条）。また、学校の設置及び廃止については、「公立又は私立の大学及び高等専門学校」については文部科学大臣の、「市町村の設置する高等学校、中等教育学校及び特別支援学校は、都道府県の教育委員会」及び「私立の幼稚園、小学校、中学校、義務教育学校、高等学校、中等教育学校及び特別支援学校」については、都道府県知事の、それぞれ認可を受けなければならない。

地方公共団体の設置する教育機関の所管に関しては、「大学及び幼保連携型認定こども園」は地方公共団体の長が、その他の学校は教育委員会が所管するものと定められている。（地方教育行政法三十二条）。学校等の管理に関しては、「その所管に属する学校その他の教育機関の施設、設備、組織編制、教育課程、教材の取扱いその他の管理運営の基本的事項について、必要な教育委員会規則を定めるものとする」（同法三十三条）となっている。

(3)　教育機関の職員

教育機関の職員に関して、地方教育行政法三十一条には、「前条に規定する学校に、法律で定めるところにより、学長、校長、園長、教員、事務職員、技術職員その他の所要の職員を置く」、「学校以外の教育機関に、法律又は条例で定めるところにより、事務職員、技術職員その他の所要の職員を置く」、「職員の定数は、この法律に特別の定がある場合を除き、当該地方公共団体の条例で定めなければならない。ただし、臨時又は非常勤の職員については、この限りでない」と定められている。

社会教育施設において、公立図書館に館長並びに当該図書館を設置する地方公共団体の教育委員会が必要と認める専門的職員、事務職員及び技術職員を置いている（図書館法十三条）。ここでいう図書館に置かれる専門的職員は、司書及び司書補と称している（同法第四条）。また、博物館には、館長及び専門的職員として学芸員等を置いている（博物館法第四条）。

（梅野正信・蜂須賀洋一）

7　学校の管理

(1)　設置者及び管理機関

教育基本法は、「法律に定める学校」は、「公の性質を有するもの」であり、「国、地方公共団体及び法律に定める法人のみ」（六条一項）に、設置を認めている。国立、公立、私立を問わず、学校教育法に定める学校は、「公の性質を有する」教育機関に位置づけられる。

学校を設置することができるのは、国（国立大学法人及び独立行政法人国立高等専門学校機構を含む）、地方公共団体（公立大学法人を含む）及び私立学校法三条に規定する学校法人である（学校教育法二条一項）。ただし、「私立の幼稚園は、二条一項の規定にかかわらず、当分の間、学校法人によって設置されることを要しない」（学校教育法附則第六条）としている。なお、構造改革特別区域法に基づく、学校教育法二条一項の特例として、同区域内においては、株式会社及び特定非営利活動法人（NPO法人）による学校の設置が認められている。（構造改革特別区域法一二条及び一三条）

学校の設置者は、「文部科学大臣の定める設備、編制その他に関する設置基準に従い」（学校教育法三条）設置するよう義務付けられている。設置基準は、幼稚園設置基準、小学校設置基準、中学校設置基準、高等学校設置基準、大学設置基準等、文部科学省令で定められている。

学校を適法かつ適正に管理する機関を、学校の管理機関とよぶ。学校教育法は、「学校の設置者は、その設置する学校を管理」し、「経費を負担する」（五条）としており、学校の設置者が管理機関とされている。管理機関は、初等中等教育にあっては、国立学校は国立大学法人、公立学校は学校を所管する教育委員会、私立学校では学校法人となる。

(2)　管理運営

初等中等学校における学校管理の内容は、学校職員の任免、服務、懲戒等の人的管理、学校の施設、設備等の物的管理、教育課程、児童生徒、保健衛生等運営管理に大別される。

公立学校の管理機関である教育委員会は、所管に属する学校の校長（園長）、教員、事務職員、技術職員その他の職員の任命権者であり、「法令又は条例に違反しない限度」において、所管する学校その他の教育機関の「施設、設備、組織編制、教育課程、教材の取扱その他学校その他の教育機関の管理運営の基本的事項」について、必要な教育委員会規則を定めている。また、「学校における教科書以外の教材の使用について、あらかじめ、教育委員会に届け出させ、又は教育委員会の承認を受けさせる」等の定めを設けている。このような、管理機関である教育委員会が定める規則を「学校管理規則」とよぶ（地方教育行政の組織及び運営に関する法律一五条及び三十三条）。

なお、学校には「校長及び相当数の教員を置かねばならず」（学校教育法七条）、校長は「校務をつかさどり、所属職員を監督」するよう、定められている。（同法三十七条四項）

（梅野正信・蜂須賀洋一）

8　学校の目的外使用

(1)　法令の規定に基づく使用

学校の施設については「学校が学校教育の目的に使用する場合を除く外、使用してはならない」と定められ、原則として「目的外使用」は禁止されている。ただし、「一　法律又は法律に基く命令の規定に基いて使用する場合」「二　管理者又は学校の長の同意を得て使用する場合」については、例外として学校の施設を使用することが認められている。（学校施設の確保に関する政令三条）

「一　法律又は法律に基く命令の規定に基いて使用する場合」としては、「公職選挙法に基づく使用」や、「消防法、水防法、河川法、道路法、災害救助法等に基づく使用」が、また、「管理者又は学校の長の同意に基づく使用」は、学校教育上支障のない限りにおいて、社会教育その他公共のための利用があげられている。

(2)　法律又は法律に基づく命令の規定に基づく使用

○公職選挙法に基づく使用

投票所及び開票所は、「市役所、町村役場又は市町村の選挙管理委員会の指定した場所に設ける」（公職選挙法三十九条及び六十三条）と定められており、実際には学校の体育館や公民館など公営の施設が指定されることが少なくない。また、「公職の候補者、候補者届出政党及び衆議院名簿届出政党等」は、学校及び公民館、地方公共団体の管理に属する公会堂等を使用して、「個人演説会、政党演説会又は政党等演説会を開催することができる」と定められている（同法百六十一条一項）。ただし、個人演説会等については、「学校にあってはその授業、研究又は諸行事、その他の施設にあっては業務又は諸行事に支障がある場合」は、使用できないとされている。（同法施行令百十六条）

○消防法、水防法、河川法、道路法、災害救助法等に基づく使用

災害時等には、学校施設は地域住民の応急的あるいは比較的長期にわたる避難所としての役割を担っている。また、その他消防・水防等のため緊急やむをえない場合にも、学校の施設が使用されることがある。これらは、公共の利益が了解できることから、校長または管理者の同意がなくても、該当する法に従い、知事、消防吏員、水防団長等によって一方的な学校施設の使用、あるいは処分が、認められている。

(3) 管理者又は学校の長の同意に基づく使用

学校教育法では学校の施設は、「学校教育上支障のない限り」、「社会教育に関する施設を附置」し、「社会教育その他公共のために、利用させる」ことができる。(百三十七条)と定め、社会教育法では、「学校の管理機関は、学校教育上支障がないと認める限り、学校の施設を社会教育のために利用に供するように努めなければならない」(四十四条一項)とされ、スポーツ基本法では、国・公立学校の設置者は、「設置する学校の教育に支障のない限り、学校のスポーツ施設を一般のスポーツのための利用に供するよう努めなければならない」(十三条)と定められている。

「学校の教育に支障のない」ことを見定め、安全等の管理責任を十分に確認したうえでの、社会教育に資する積極的な利用が期待されている。

(梅野正信・蜂須賀洋一)

9 学校調査と学力調査

政策形成における数的情報の重要性がますます高まるなか、行政機関が実施する統計調査は、総務大臣が管轄する統計法の下、省庁横断的な管理体制とともに実施されている。この下に、文部科学大臣が作成する「基幹統計」として、学校基本統計、学校保健統計、学校教員統計、社会教育統計が指定されている。この他、文部科学省に関連の深いものとして、科学技術研究統計(作成者総務大臣)もある。

学校基本統計としての学校基本調査においては、学校数、在学者数、教職員数、学校施設、学校経費、卒業後の進路状況等について、五月一日付けの情報が、都道府県知事から文部科学大臣に提出される。その歴史は古く、従前の業務報告式が、現行の調査式に改められたのは一九四八年になる。

教育政策の在り方に重大な影響を及ぼす学力という点においては、学力・学習状況調査が二〇〇七年から実施されている。それ以前には、文部省による全国調査が一九五六年から一九六六年まで行われた。一九五六年には抽出調査として小学六年生、中学三年生の他、高校三年生、四年生(定時制)も対象とし、一九六一年から一九六四年は中学校は悉皆調査、対象科目も年度によって異なるなど、様式は安定していなかった。予算との関連の他、教育条件整備、高校入試制度など、喫緊の政策論の影響を受けていた。一九八一年から二〇〇五年までは、学習指導要領の改訂スケジュールに合わせて教育課程実施調査が行われた。

〈参考文献〉
文部省『文部時報』一九五七年二月号。戸澤幾子「『全国学力調査』をめぐる議論」『レファレンス』国立国会図書館、二〇〇九年五月。

(本図　愛実)

10 学力調査(日米の比較から)

○全国学力・学習状況調査の概要と成果

文部科学省は、国・公・私立学校の小学校六年生と中学校三年生を対象とする「全国学力・学習状況調査」を平成一九年度より実施している。

平成一九年度~二一年度は悉皆調査、平成二二年度と二四年度は抽出調査及び希望利用方式、平成二三年度は東日本大震災のための見送り、平成二五年度は、教科に関する調査や質問紙調査は全数調査となった。その際、経年変化分析のための調査(同一問題による経年変化分析)、保護者アンケート調査が加わり、これらは抽出調査となった。

調査実施要領によれば、その目的は①義務教育の機会均等とその水準の維持向上の観点から、全国的な児童生徒の学力や学習状況を把握・分析し、教育施策の成果と課題を検証し、その改善を図る、②そのような取組を通じて、教育に関する継続的な検証改善サイクルを確立する、③学校における児童生徒への教育指導の充実や学習状況の改善等に役立てる、である。教科に関する調査では、「知識」と「活用」に関する問題が出題されている。これは学校教育法第三〇条第二項に規定された学力観に基づいている。

学習状況について、児童生徒に対しては、学習意欲、学習方法、学習環境、生活の諸側面等、学校に対しては、学校における指導方法に関する取組や学校における人的・物的な教育条件の整備の状況等が質問紙調査として実施されている。

○実施の背景

こうした国による全国学力調査は、四三年ぶりの実施であった。昭和二〇年代後半から三〇年代にかけ、冷戦下の対立構造の影響が教育界にも及ぶなかで、学力低下が社会的に問題視され、国による学力調査へと至った。その際、抽出調査が悉皆調査となったことから、道徳や教員勤務評定の導入と相俟って、学力調査実施をめぐる闘争が生じ、法廷でそれらの合法性が争われることになった。

平成一九年度からの調査実施においても、学力低下論の惹起が実施の背景となっている。二〇〇〇(平成一二)年、二〇〇三(平成一五)年のＯＥＣＤによるＰＩＳＡなどの国際テストの結果に端を発し、平成一〇年度改訂学習指導要領に新設された「総合的な学習の時間」による教科の時間の削減が学力低下をもたらしているとの議論が起きた。そこで、平成一四年一月に遠山文部科学大臣(当時)による、「確かな学力の向上のための二〇〇二アピール　学びのすすめ」により、学力向上のための特色ある学校づくりの推進等、五つの重点施策が提示された他、発展的な学習などを盛り込み、学習指導要領の一部改正が平成一五年に行われるなどした。さらに、平成一九年の学校教育法改正では、第三〇条二項において、基礎力、活用する力、意欲を三要素とする学力観が規定された。

○拡大する国際調査

教育の成果を測定し、一覧化しようとする国際的な動きは拡大傾向にある。ＯＥＣＤは、ＰＩＳＡ調査による中等教育の学力測定に加え、成人の読解力、数的思考力、ＩＴを活用した問題解決能力を測定しようとする「国際成人力調査」(ＰＩＡＡＣ)、卒業直前の大学生が大学を通して得た能力を測定しようとする「高等教育における学習成果調査」(ＡＨＥＬＯ)、「国際幼年期の学習と福祉調査」(ＩＥＬＳ)などの実施を推進してきた。学力向上に取り組む意欲など、情動面についても、国際調査に格上げしようとの動きも積極的に進められている。「社会情動的スキルに関する調査」(ＳＳＥＳ)も進められており、その第一歩として、二〇二一年には、十か国の各一都市の参加者データを基にした、社会情動的スキルと個人・家庭・学校との相関に関する調査報告書が公表されている。さらにＰＩＳＡに関して、生徒の学力向上に資する教師の力の測定が二〇一三年より「国際教員指導環境調査」(ＴＡＬＩＳ)として行われるようになった。すなわち、幼年期から中等教育、高等教育、成人について、社会経済の担い手として適切な知識とスキルを身につけているか、さらにはそのための教授を担う教員の働きが測定され、国際比較に付されるようになっている。

〇アメリカにおける学力テストの実施と結果の公表

アメリカでは、八〇年代に、『危機に立つ国家』の一九八三年の刊行を嚆矢として、国家をあげての大々的な教育改革が展開された。その際の教育改革が必要であるとされた理由の一つは、大学入試に必要な民間テストの得点低下に現れた、ハイスクール生徒の著しい学力低下であった。一九九〇年（平成二年）からは、連邦政府によるテスト事業（NAEP, National Assessment of Educational Progress）として、事業参加州の第四、第八、第一二学年の生徒における、基礎、習熟、優秀レベルに達している割合等が示され、二〇〇二年（平成一四年）からはこれに特定の都市学区が加わった。その後、アメリカの生徒全体の学力低下には一定の改善がみられるとの総括がなされ、人種・民族間の学力格差がとりわけ問題視されるようになっていった。

それまでの政権と同様、教育改革推進を重要政策と掲げたブッシュ（第四三代大統領）政権は、二〇〇二年（平成一四年）一月、「一人も落ちこぼれをださない法」（NCLB）を制定し、アメリカ全州における学力テストの実施を強化した。全ての州に二〇一三年（平成二五年）度までに州が定義する「習熟」レベルに全ての生徒が達することが求められた。また、全ての学校と学区は、先の下位集団が「習熟」レベルに達するための「年度別到達目標」を作成すべきとされ、それに達しなかった学校には「要改善学校」として段階的に厳しくなる制裁も設定された。

こうした連邦政府が主導するテスト推進は、公教育の質の向上や信頼回復に寄与したとはいいがたい面がある。NAEPで示される「習熟」レベルより各州が定義する「習熟」レベルは低い傾向にある。また、アメリカの全生徒が「習熟」レベルに達することが課された二〇一三年度を前に、オバマ政権では、NCLB改正に議会同意が得られなかったため、NCLB免除規定を設けざるをえず、多くの州がその適用を受けている。免除規定では、学力テストの結果と教員評価を連関させることが要件の一つとなっていた。二〇一五年一二月には、NCLBの後継としてEvery Student Succeeds Actが制定され、連邦政府によるテスト得点の過度な重視はやや抑制されることとなった。こうした混乱もあり、今日のバイデン政権においては、連邦政府による教育改革への関わりは限定的である。

（本図　愛実）

11 行政上の不服申立て、行政訴訟

(1)　行政上の不服申立て

行政上の不服申立てに関する一般法として、行政不服審査法（平成二六年法律第六八号）がある。同法は、行政庁の処分等によって不利益を受けた国民が不服を申し立て、これを行政庁が審査する手続について定めている。

不服申立ての種類は、「審査請求」が原則である（行政不服審査法二条、三条）。従前は、不服申立てには「異議申立て」と「審査請求」の二種類が存在したが、二〇一四（平成二六）年に行われた行政不服審査法の全部改正により、「審査請求」に一元化された。例外的に、法律が特に定める場合に限り、再調査の請求、再審査請求という不服申立てをすることができる（五条、六条）。

地方公務員の場合、懲戒処分等の不利益処分を受け、これに不服がある者は、人事委員会又は公平委員会に対してのみ審査請求をすることができる（地方公務員法四十九条の二）。ただし、条件附採用期間中の職員及び臨時的に任用された職員については、行政不服審査法の規定を適用しないこととされているので（地方公務員法二十九条の二第一項）、これらの職員は審査請求をすることができない。

なお、行政不服審査法には適用除外規定があり、例えば、「学校…において、教育…の目的を達成するために、学生、生徒、児童若しくは幼児若しくはこれらの保護者…に対してされる処分」がこれに該当する（七条一項八号）。それゆえ、公立学校における児童・生徒に対する懲戒処分等については審査請求をすることができない。

(2)　行政訴訟

行政訴訟についての一般法として、行政事件訴訟法（昭和三七年法律第一三九号）がある。同法が定める行政事件訴訟には、抗告訴訟、当事者訴訟、民衆訴訟、機関訴訟がある（二条）。このうち、抗告訴訟とは、「行政庁の公権力の行使に関する不服の訴訟をいう」（三条一項）。抗告訴訟の典型的な類型としては、処分の取消しの訴え、裁決の取消しの訴え、無効等確認の訴え等がある（三条二～七項）。

なお、地方公務員が懲戒処分等の不利益処分を受けた時は、人事委員会又は公平委員会に対して審査請求をすることができる場合は、人事委員会又は公平委員会の裁決を経た後でなければ、その取消しの訴えを提起することはできない（地方公務員法五十一条の二）。

〈参考文献〉

宇賀克也『行政法概説Ⅱ 行政救済法〔第7版〕』有斐閣、二〇二一年。

（山田　知代）

12 情報公開制度

(1)　情報公開制度とは

情報公開には、「政府の裁量により行われる情報提供制度、私人の開示請求権の行使を前提とせずに情報公表が義務づけられている情報公表義務制度、開示請求権の行使に応じて行われる情報開示請求制度が含まれる。」（宇賀克也『新・情報公開法の逐条解説（第八版）』有斐閣、二〇一八年、一頁）とされている。

本稿では、「情報公開制度」として上記の意味での「情報開示請求制度」のみを取り上げ、その中でも国の行政機関を対象とする行政機関情報公開法又は地方公共団体の機関を対象とする各自治体の情報公開条例（以下「情報公開法・条例」という。）に基づく情報公開制度並びに国及び地方公共団体の機関を対象とする個人情報の保護に関する法律（以下「個人情報保護法」という。）に基づく個人情報開示制度についてのみ述べることとする。

(2)　情報公開制度の展開

国や地方公共団体が保有する情報について、憲法上、直ちにその開示を求めることができる権利が存在すれば、情報公開法・条例や個人情報保護法、地方公共団体の個人情報保護条例（以下「個人情報保護法・条例」という。）が制定されていなくとも、その開示を請求することができることとなる。この点について、

最高裁判決平成一三（二〇〇一）年一二月一八日民集五五巻七号一六〇三頁は、「地方公共団体が公文書の公開に関する条例を制定するに当たり、どのような請求権を認め、その要件や手続をどのようなものとするかは、基本的には当該地方公共団体の立法政策にゆだねられている」としており、これを否定的に解しているようである。

　したがって、国や地方公共団体が保有する情報について開示を請求するためには、情報公開法・条例や個人情報保護法・条例の制定を待たなければならなかった。地方公共団体については、一九八〇年代から情報公開条例、個人情報保護条例が制定されるようになり、一九九一年には個人情報保護条例に基づき公立中学校の調査書の開示を求め、これが拒否されると非開示処分の取り消しを求めて訴訟を提起するという事案も発生している（大阪高裁判決平成八（一九九六）年九月二七日判タ九三五号八四頁、大阪地裁判決平成六（一九九四）年一二月二〇日判タ八八三号一四八頁）。国については、二〇〇一年に行政機関の保有する情報の公開に関する法律、二〇〇三年に行政機関の保有する個人情報の保護に関する法律が制定されているが、個人情報の保護に関しては、二〇二一年の法改正により、国の行政機関、民間事業者、地方公共団体等を包括する個人情報保護法による規律がなされるようになった。

　現在では、地方公共団体のほぼすべてが情報公開条例を制定しており、国、地方公共団体のいずれについても情報公開や個人情報開示を求める手続が存在する。

（3）　情報公開制度の仕組み

　国については、行政機関の保有する情報の公開に関する法律（以下「行政機関情報公開法」という。）が存在し、「行政機関」が定義されている（二条一項）が、本書との関係では文部科学省が同項三号により行政機関に含まれていることが重要である。また、「行政文書」も定義されている（同条二項）。この法律により開示の対象となるのは、「情報」そのものではなく情報が記載又は記録された文書、図画、電磁的記録であること、行政機関の職員が組織的に用いるものであり、かつ、保有するものに限られることに注意が必要である。行政文書は、「何人も」開示を請求することができ（三条）、開示請求があった場合には、個人情報（五条一号）、国の機関等相互間の審議等の情報であり、公にすることにより率直な意見の交換等が不当に損なわれるおそれがあるもの（同条四号）、国の機関等が行う事務又は事業に関する情報であり、事務又は事業の適正な遂行に支障を及ぼすおそれがあるもの（同条五号）などに該当する情報が記録されている場合を除き、開示請求者に当該行政文書を開示しなければならない（同条柱書）。

　行政文書が不開示とされた場合には、審査請求を行うことができ、この場合には、原則として情報公開・個人情報保護審査会に諮問がされたうえで、審査請求に対する判断がなされる（十九条）。審査請求とは別途、裁判所に取り消しを求めて訴訟を提起することも可能である。

　地方公共団体については、それぞれの地方公共団体の情報公開条例により制度が作られており、その内容は地方公共団体ごとに微妙に異なる。地方公共団体の条例では、「行政機関」ではなく「実施機関」という概念が用いられることが多いが、本書との関係ではほとんどの場合、教育委員会が実施機関に含まれることが重要である。情報公開条例では開示請求を行うことができる者として、「何人も」とする場合、当該地方公共団体の住民等に限る場合があり、後者の場合には、住民等でなければ情報公開請求を行うことができないこととなる。その他の情報公開制度の基本的な構造や開示がなされない場合等については、国の情報公開制度と似たものであることが多い。

　個人情報保護法における、「個人情報」の定義は、生存する個人に関する情報であり、当該情報に含まれる氏名、生年月日その他の記述等により特定の個人を識別することができるもの（他の情報と容易に照合でき、これにより識別できるものを含む。）、個人識別符号を含むものとされている（同条一項）。同法における「行政機関」の定義は、行政機関情報公開法と同じであり（二条八項）、地方公共団体の機関（議会を除く）等と合わせて「行政機関等」と定義されている（同条一一項）。また、「保有個人情報」の定義も存在する（六〇条一項）が、そこには行政機関の職員が組織的に用い、現に保有し、行政機関情報公開法二条二項にいう「行政文書」等に記録されているものといった限定が付されている。保有個人情報については、「何人も」自己を本人とする場合には、開示を請求することができ（七十六条一項）、未成年者の法定代理人は、本人に代わって開示の請求をすることができる（同条二項）とされており、開示請求があった場合には、開示請求者の生命、健康、生活又は財産を害するおそれのある情報（七十八条一項一号）、開示請求者以外の個人情報等（同項二号）、国の機関等相互間における審議等の情報であり、開示することにより、率直な意見の交換等が不当に損なわれるおそれ等のあるもの（同項六号）、国の機関等が行う事務又は事業に関する情報であり、事務又は事業の適正な遂行に支障を及ぼすおそれがあるもの（同条七号）などが含まれる場合を除き、開示請求者に当該保有個人情報を開示しなければならない（同条柱書）。

　保有個人情報が不開示とされた場合にも、審査請求、裁判所への訴訟の提起を行うことができ、この点は情報公開請求の場合と同様である。

〈参考文献〉

　宇賀克也『情報公開の理論と実務』有斐閣、二〇〇五年。塩野宏『行政法Ⅰ―行政法総論―』（第六版）有斐閣、二〇一五年。

（小美野　達之）

八　教育財政編　事項別解説

1 教育費

(1) 公教育費と私教育費

日本における教育費は、公教育費と私教育費に大きく分けられる。公教育費とは国や地方公共団体が支出し、負担されるものである。私教育費は、保護者や公の機関以外の個人が負担するものである。ただし、公教育費と私教育費は二つのカテゴリーに明確に分けることができるわけではなく、その境界は曖昧なものとなっている。例えば、日本における義務教育は無償となっているが、その範囲は授業料と教科書の負担が主となっており、学校給食費や学用品費、修学旅行費などは教育を受ける個人が負担するものとなっている。公教育費の範囲や取り扱いにかかわってはさまざまな議論がなされている。とりわけ、近年は、学校給食費の負担のあり方は、社会問題にもなっている。

(2) 教育費の仕組み

日本の教育費について、公が負担・支出している公教育費の構造について確認する。

米国をはじめとした諸外国の教育に関する費用調達は当該国の税制度における「教育税」として国民から徴収し、徴収された「教育税」を税源として運用する仕組みとなっている。「教育税」を徴収することによって教育に関する独自の財源を確保することができ、教育を実施するための費用支出を一定の流れのもとで安定的に実施できるようにすることが可能となる。しかしながら、日本では「教育税」という教育に関する税徴収の仕組みを有しておらず、国家予算の一部として教育費が支出されている。

(3) 国の教育費の構造

国による教育費の構造は、国家予算の規模から読み取ることができる。

財務省による令和五年度一般会計歳出、文部科学省による令和五年度文部科学省所管一般会計予算から、国家予算と教育費について確認する。

財務省の令和五年度一般会計歳出では、一般会計歳出総額として一一四兆三、八一二億円が支出され、その内訳は社会保障三六兆八、八八九億円（三二・三%）、公共事業六兆六〇〇億円（五・三%）、文教及び科学振興五兆四、一五八億円（四・七%）、防衛関係費六兆七、八八〇億円（五・九%）、新型コロナ及び原油価格・物価高騰対策予備費四兆億円（三・五%）、地方交付税交付金等一六兆三、九九二億円（一四・三%）、国債費二五兆二、五〇三億円（二二・一%）、等から構成されている。これらのうち、教育にかかわる費用は「文教及び科学振興」として示され、国家予算の四・七%を占めている。これは、公共事業や防衛、新型コロナ及び原油価格・物価高騰対策予備費とならぶ割合となっている。国家予算の一部として組み込まれている「文教及び科学振興」は文部科学省所管予算にあたるものである。なお、「文教及び科学振興」の一部には内閣府や総務省等が所管している費用が含まれているが、大半は文部科学省が所管している費用である。

令和五年度文部科学省所管一般会計予算は総額五兆二、九四一億円の規模となっている。内訳としては、義務教育費国庫負担金一兆五、二一六億円（二八・七%）、公立学校施設整備六八七億円（一・三%）、高校生等への修学支援四、二八三億円（八・一%）、国立大学法人運営費交付金一兆七八四億円（二〇・四%）、国立大学法人等施設整備三六三億円（〇・七%）、国立高専機構運営費六二八億円（一・二%）、私学助成関係予算四、〇八六億円（七・七%）、無利子奨学金一、〇〇三億円（一・九%）、科学技術予算九、七八〇億円（一八・五%）、スポーツ関係予算三五九億円（〇・六%）、文化芸術関係予算一、〇七六億円（二・〇%）、人件費等二、三六四億円（四・五%）、その他教育関係予算二、三五〇億円（四・四%）から構成されている。

(4) 地方の教育費の構造

地方における教育費については、国の財源保障制度から確認することができる。具体的には支出額に焦点を当て、総務省および文部科学省による調査結果をもとに、その構造について捉える。

総務省による『令和　五年版『地方財政の状況』の概要（令和三年度決算）』を参照すると、令和三年度の決算額合計は一二三兆三、六七七億円であり、その中でも二番目の割合を占めているのが教育費一七兆七、八九六億円（一四・四%）である。令和三年度の地方経費において最も割合が高い費目が民生費三一兆三、一三〇億円（二五・四%）であり、その他には総務費一二兆四、三一八億円（一〇・一%）、衛生費一一兆三、七五一億円（九・二%）、労働二、八三二億円（〇・二%）、農林水産業費三兆三、〇四五億円（二・七%）、商工費一四兆九、八〇二億円（一二・一%）、土木費一二兆六、八五八億円（一〇・三%）、消防費二兆四〇億円（一・六%）、警察費三兆二、九二三億円（二・七%）、公債費一二兆六、六五〇億円（一〇・三%）、その他五、三七〇億円（〇・四%）となっている。地方財政からみる教育費は、さまざまな費目が支出されている中でもその規模の大きさを確認することができる。

地方における教育費について、文部科学省による「令和四年度地方教育費調査（令和三会計年度）中間報告の公表」を通して詳しく見ることができる。令和三年度の地方教育費総額は一六兆二、〇五六億円であり、分野別の支出状況は、学校教育費一三兆六、三五八億円、社会教育費一兆五、〇七一億円、教育行政費一兆六二七億円となっている。各分野の中でも学校教育にかかわる費用である学校教育費を学校種類別にみると、小学校費は六兆一二七億円、中学校は三兆三、七六七億円、高等学校（全日制）が二兆五、四三五億円となっている。その他学校種類別として、幼稚園、幼保連携型認定こども園、義務教育学校、特別支援学校、中等教育学校、専修学校、各種学校、高等専門学校に支出されている。学校教育費全体のうち小学校費は全体の四四・〇%、中学校費が二四・七%、高等学校（全日制課程）費が一八・六%をそれぞれ占めており、学校教育費全体の約八割が初等中等教育段階に支出されていることが看取される。このような費用支出となっている背景として、「学校の設置者は、その設置する学校を管理し、法令に特別の定のある場合を除いては、その学校の経費を負担する」（学教法五条）とする設置者負担主義に関する規定がある。公立小学校の設置者は地方公共団体であり、公立小学校、中学校、高等学校の設置者である都道府県または市町村が財政負担を行い、各学校段階の財政保障を行っていることを示している。

このような地方教育費を財源別に確認すると、国庫補助金一兆九、四六五億円、都道府県支出金七兆二、六七六億円、市町村支出金六兆一、四四八億円、地方債八、二七七億円、寄附金一九一億円となっている。地方教育費の構成比は、国庫補助金が一二・〇%、都道府県支出金が四四・八%、市町村支出金が三七・九%、地方債五・一%、寄附金〇・一%となっており、全体の約八割が地方から支出されていることが特徴的である。地方教育費の多くは地方自治体によって負担されており、その主要財源は地方税である。しかしながら、地方自治体には財政力に格差がみられるため、地方税のみを財源とすることは各自治体が提供する教育水準にも影響を与えかねない。このようなことから、学教法五条の設置者負担主義の例外規定として、地方財政法十条で「地方公共団体が法令に基づいて実施しなければならない事務であつて、国と地方公共団体相互の利害に関係がある事務のうち、その円滑な運営を期するためには、なお、国が進んで経費を負担する必要がある次に掲げるものについては、国が、その経費の全部又は一部を負担する」とされている経費について定められている。さらに、地方教育費の財源調整として、地方交付税がある。地方交付税は地方公共団体の財源調整、財政保障、地方自治の強化を目的とし、使途を特定せずに一般税源として国から地方公共団体に交付されるものである。地方自治体では他分野との調整を経て支出されるものであるが、地方の教育財源を調整する機能としては重要な役割を果たしている。

〈参考文献〉

財務省「令和五年度予算のポイント」二〇二三年。文部科学省「令和五年度予算のポイント」二〇二三年。総務省『令和 五年版『地方財政の状況』の概要（令和三年度決算）』二〇二三年。文部科学省「令和四年度地方教育費調査（令和三会計年度）中間報告の公表」二〇二三年。

（小早川　倫美）

２ 教育財産

(1)　教育財産の範囲

教育財産については地方教育行政の組織及び運営に関する法律二十一条一項二号において、「教育委員会の所管に属する学校その他の教育機関の用に供する財産」と規定されている。教育機関の用に供する財産は、現行の教育機関で使用される財産ならびに、継続して将来にわたって教育機関で使用される財産のことを指している。なお、現金や消耗品は教育財産には含まれない。

具体的な教育財産とは、学校教育法施行規則一条において「学校には、その学校の目的を実現するために必要な校地、校舎、校具、運動場、図書館又は図書室、保健室その他の設備を設けなければならない」と規定される校舎等の物的要素が該当する。

(2)　教育財産の取得・処分

教育財産の取得・処分に関しては、地方教育行政の組織及び運営に関する法律第三章において、教育委員会の職務権限および地方公共団体の長の職務権限として規定されている。

教育財産については、地教行法二十二条「地方公共団体の長は、大綱の策定に関する事務のほか、次に掲げる教育に関する事務を管理し、及び執行する」地方公共団体の長の職務権限として、「教育財産を取得し、及び処分すること」が定められている。

教育財産の取得・処分は地方公共団体の長の職務権限とされている根拠として、地教行法二十八条「教育財産は、地方公共団体の長の総括の下に、教育委員会が管理するものとする」規定があり、地方財政の運営を行う長がその役割を担うこととされている。地方公共団体の長は、「教育委員会の申出をまつて、教育財産の取得を行うものとする」（地教行法二十八条二項）とされている。また、地方公共団体の長は「教育財産を取得したときは、すみやかに教育委員会に引き継がなければならない」（地教行法二十八条三項）ことに加え、教育委員会が教育財産の用途を廃止した場合は「普通地方公共団体の委員会若しくは委員又はこれらの管理に属する機関で権限を有するものは、その管理に属する行政財産の用途を廃止したときは、直ちにこれを当該普通地方公共団体の長に引き継がなければならない」（地方自治法二百三十八条の二三項）とされている。

(3)　教育財産の管理

教育財産の管理にかかわっては、その権限は教育委員会にあり、教育委員会は教育財産の保存、利用、改良を行うものとされる。

教育財産は、「地方公共団体の長の総括の下に、教育委員会が管理するもの」（地教行法二十八条）とされ、地方公共団体の長の総括とは「公有財産の効率的運用を図るため必要があると認めるときは、委員会若しくは委員又はこれらの管理に属する機関で権限を有するものに対し、公有財産の取得又は管理について、報告を求め、実地について調査し、又はその結果に基づいて必要な措置を講ずべきことを求めることができる」（地方自治法二三八条の二）とする長の総合調整権のことを指す。

(4)　教育財産の目的外使用

教育財産は、「学校が学校教育の目的に使用する場合を除く外、使用してはならない」（学校施設の確保に関する政令三条）とする目的外使用が認められていない。しかし、①「法律又は法律に基く命令の規定に基いて使用する場合」（同政令三条一号）、②「管理者又は学校の長の同意を得て使用する場合」（同政令三条一項二号）に限り、例外として認められている。

（小早川　倫美）

３ 教育財産の維持・管理

(1)　定義

教育財産の維持・管理とは、校地、校舎、運動場、図書館または図書室、保健室などといった学校の物的要素を維持・管理することをいう。教育財産は常に良好の状態で管理され、「指導上、保健衛生上、安全上及び管理上適切なものでなければならない」（学校設置基準）とされている。

○設置者管理主義

「学校の設置者は、その設置する学校を管理し」（学教法五条）することになっている。このことを設置者管理主義という。国立学校では国が、公立学校では地方公共団体が、私立学校では学校法人が、それぞれ管理者となる。具体的な管理権の行使者について、国においては文部科学大臣、地方公共団体では、大学は地方公共団体の長、大学以外の公立学校は教育委員会、学校法人ではその理事会となっている。

教育財産を維持・管理する責務を負っているのは学校の設置者だけではない。後述のように、学校もその責務を負っている。

(2) 学校の設置者の責務

児童生徒の安全の確保を図るため、学校の設置者には学校の施設及び設備並びに管理運営体制の整備充実その他の必要な措置を講ずる努力義務が課されている(学保法二十六条)。また、教育財産の適切な維持・管理をねらいとして、建築基準法や消防法では学校の設置者が実施すべき維持・管理のあり方が定められている。

○建築基準法に基づく法定点検等の実施

建築物の所有者、管理者または占有者には、その建築物の敷地、構造、建設設備を常時適法な状態に維持するように努める義務が課されている(建築基準法八条)。その具体的な義務が検査と報告である。学校の設置者には、建築物の敷地、構造、建設設備について、「定期に、一級建築士若しくは二級建築士又は建築物調査員資格者証の交付を受けている者にその状況の調査(これらの建築物の敷地及び構造についての損傷、腐食その他の劣化の状況の点検を含み、これらの建築物の建築設備及び防火戸その他の政令で定める防火設備についての第三項の検査を除く。)をさせて、その結果を特定行政庁に報告」する義務が課せられている(建基法十二条)。

この規定を受けて、学校の設置者の別や学校施設の所在地を所管する特定行政庁(各地域において、建築基準法の事務をつかさどる地方公共団体の長のことをいうが、慣例的にはその地方公共団体のことを指す)が学校を定期点検の対象にしているかどうかによって、義務付けられる点検の有無や内容が区分されている。

第一に、都道府県または建築主事を置く市町村が所有・管理する公立学校で、特定行政庁が学校を定期点検の対象にしている場合、定期点検の実施義務が生じる。定期点検の内容は建築物の劣化・損傷の状況の点検とされ、その時期は三年以内毎とされている。

第二に、国立学校、私立学校そして第一以外の公立学校で、特定行政庁が学校を定期点検の対象にしている場合、定期調査の実施及び特定行政庁への報告義務が生じる。定期点検の内容は建築物の劣化・損傷の状況および基準への適合性等の点検・調査とされ、その時期は三年以内毎で特定行政庁が定める時期とされている。なお、特定行政庁が学校を定期点検の対象に指定していなかった場合であっても、文部科学省は点検の実施義務がない学校の設置者に対して、点検の実施義務がある場合と同様に、建築基準法や関係告示を参考として有資格者による専門的な点検を定期に実施するよう要請している(平成二七年一〇月三〇日付け二七文科施第三七五号「学校施設の維持・管理の徹底について(通知)」)。

○消防法に基づく法定点検等の実施

学校の管理について権原を有する者は防災管理者に対して、「当該防火対象物について消防計画の作成、当該消防計画に基づく消火、通報及び避難の訓練の実施、消防の用に供する設備、消防用水又は消火活動上必要な施設の点検及び整備、火気の使用又は取扱いに関する監督、避難又は防火上必要な構造及び設備の維持・管理並びに収容人員の管理その他防火管理上必要な業務」を行わせることになっている(消防法八条)。

この規定を受けて、消防法十七条一項及び同法十七条の三の三で定期点検について定められている。具体的には、全ての学校の設置者に対して、消防設備の種類に応じて六か月～一年以内毎に点検し、三年毎に消防長または消防署長への報告を行うことが義務付けられている。

(3) 学校の責務

児童生徒の安全の確保を図るため、学校には「学校の施設及び設備の安全点検、児童生徒等に対する通学を含めた学校生活その他の日常生活における安全に関する指導、職員の研修その他学校における安全に関する事項について計画を策定し、これを実施」する義務が課されている(学保法二十七条)。安全点検は毎学期一回以上、児童生徒等が通常使用する施設及び設備の異常の有無について系統的に行う必要がある(学保法施規二十八条)他、設備等について日常的な点検を行い、環境の安全の確保を図ることが求められている(同施規二十九条)。

また、校長には、施設及び設備に支障があると認めた場合、遅滞なく、その改善を図るために必要な措置を講じるとともに、当該措置を講ずることができないときは、当該学校の設置者に申し出ることが義務付けられている(学保法二十八条)。

(吉田 武大)

4 学校経費の負担

(1) 設置者負担主義の原則

学校経費の負担については、学教法五条に「学校の設置者は、……法令に特別の定のある場合を除いては、その学校の経費を負担する。」と定められており、これを設置者負担主義の原則という。つまり原則として、国立学校の経費は国が、都道府県立学校の経費は都道府県が、市町村立学校の経費は市町村が、そして私立学校の経費は当該学校法人が、それぞれ負担することになっている。

○経費負担をめぐる位置づけの変化

戦前において、学校の管理は国の事務として観念され、地方は学校の管理権を有しなかったにもかかわらず、経費負担の義務を負っていた。これに対して戦後になると、教育行政の地方分権という理念のもと、学校の管理は地方の事務となり、それゆえにこそ地方がその経費を負担するという位置づけとなった。

○学校経費の負担の範囲

学校経費の負担の範囲については、特に制限が設けられているわけではない。そのため、教職員の給与等といった人件費、学校の施設設備費、教材費、管理運営費等が広く含められている。

(2) 設置者負担主義の特例

(1)項で述べたように、国立学校の経費は国が、都道府県立学校の経費は都道府県が、市町村立学校の経費は市町村が、そして私立学校の経費は当該学校法人が、それぞれ負担することになっている。しかし、市町村や都道府県についてはこの原則が貫徹されているわけではない。後述のように、国が市町村や都道府県に対して負担金や補助金を交付するとともに、市町村立学校の経費の一部については都道府県が負担している。その主な理由として、市町村や都道府県の間には財政力の点で大きな格差が存在しており、その格差による教育行政の不均衡を是正し、全国的な教育水準の維持と教育の機会均等を保障する必要があることが挙げられる。

こうした理由に基づいて設定されている設置者負担主義の特例、つまり学教法五条で規定する「法令に特別の定のある場合」とは、主に次の通りとなっている。

第一に負担金である。地財法十条では、「地方公共団体が法令に基づいて実施しなければならない事務であって、国と地方公共団体相互の利害に関係がある事務のうち、その円滑な運営を期するためには、なお、国が進んで経費を負担する必要がある次に掲げるものについては、国が、その経費の全部又は一部を負担する。」と定められている。具体的には⑴義務教育職員の給与（退職手当、退職年金及び退職一時金並びに旅費を除く。）に要する経費（同条一）、⑵義務教育諸学校の建物の建築に要する経費（同条三）、⑶特別支援学校への就学奨励に要する経費（同条二十五）、⑷高等学校等就学支援金の支給に要する経費（同条二十九）が挙げられる。また、同条の三の七では災害に係る事務の経費として、学校の災害復旧に要する経費が規定されている。なお、⑴については都道府県も負担している。

第二に補助金である。地財法十六条では「国は、その施策を行うため特別の必要があると認めるとき又は地方公共団体の財政上特別の必要があると認めるときに限り、当該地方公共団体に対して、補助金を交付することができる。」と規定されている。これを受けて、産振法、理振法、学図法、へき振法、給食法、教科書無償措置法等といった各種の法規が定められている。

これら種々の国庫負担金・補助金制度及び都道府県の負担制度等によって、市町村立学校や都道府県立学校の運営が支えられている。以下では、これらのうち、主な制度を取り上げていこう。

○公立学校教職員給与

公立学校の教職員の給与に要する経費については、本来であれば当該地方公共団体が負担することになっている。しかし、地方公共団体間で財政力をめぐる格差が存在するため、市町村立学校の教職員（いわゆる県費負担教職員）の給与については、都道府県が負担することとなっている（給与負担法一条）。さらにその給与の三分の一については、教育費負担法二条に基づいて国が負担することになっている。

○公立学校施設整備費

公立学校施設は児童生徒等の学習・生活の場であり、公教育を支える基本的施設である。また、地域のコミュニティの拠点であり、災害発生時には地域の避難所としての役割も果たす重要な施設となっている。そこで国は、施設費負担法や災害復旧負担法等の規定に基づいて国庫負担金・補助金を交付するとともに、予算補助という方式で負担や補助も行っている。前者の場合、先述の規定の他、「公立学校施設費国庫負担金等に関する関係法令等の運用細目」で示されている算定方法や補助基準、手続き、施設基準等に従って経費が支出される。後者は法令に基づいていないため、「公立学校施設整備費国庫補助要項」において規定されている補助対象、補助割合、経費の種目、算定方法等に則って経費が支出される。

○教科書

学校教育を受けるためには教科書や教材、図書等の購入費等、様々な経費が必要となる。そこで義務教育無償制と完全就学を実現するために、昭和二六年に先駆的な規定として「昭和二六年度に入学する児童に対する教科用図書の給与に関する法律」が制定された。しかし、これに要する経費が国と地方公共団体との折半であったこと等の問題があり、昭和二七年には「新たに入学する児童に対する教科用図書の給与に関する法律」へと改められた。しかし、同法も昭和二八年限りで廃止され、その後は要保護・準要保護の児童生徒にのみ給与されることとなった。その後、義務教育の教科書を無償にすべきとの声の高まりを受けて昭和三七年に教科書無償措置法が成立し、ここに教科書の無償給与が実現するに至った。

⑶　国又または地方公共団体が負担すべき経費の住民への負担転嫁の禁止

設置者負担主義の原則により、学校の経費は、法令に定めのある場合を除いて、当該学校の設置者が負担することとされている。

この規定を実質化するために、地財法四条の五では「国は地方公共団体又はその住民に対し、地方公共団体は他の地方公共団体又は住民に対し、直接であると間接であるとを問わず、寄附金（これに相当する物品等を含む。）を割り当てて強制的に徴収（これに相当する行為を含む。）するようなことをしてはならない。」と定められている。

また、同法二十七条の四において、「市町村は、法令の規定に基づき当該市町村の負担に属するものとされている経費で政令で定めるものについて、住民に対し、直接であると間接であるとを問わず、その負担を転嫁してはならない。」と規定されている。ここでいう「政令で定めるもの」とは、㈠市町村の職員の給与に要する経費と、㈡市町村立の小学校、中学校及び義務教育学校の建物の維持及び修繕に要する経費とされている（地財法施令五十二条）。

○住民への負担転嫁の禁止をめぐる問題

既にみてきた通り、公立学校の経費は設置者負担主義の原則のもと、当該地方公共団体が負担することになっている。しかし現実には、施設整備費がPTAによる寄付でまかなわれている場合がある等、住民に負担が転嫁されている問題がみられる。こうした問題を解消すべく、国や地方公共団体による負担金や補助金の充実化をいかに図るかが課題とされている。

〈参考文献〉

井深雄二「学校教育財政と設置者負担主義」『名古屋工業大学紀要』四八巻、一九九七年。小川正人編著『教育財政の政策と法制度―教育財政入門―』エイデル研究所、一九九六年。（吉田　武大）

5　収支に関する制度

⑴　会計年度およびその独立の原則等

収支に関する制度は、国の場合、財政法、会計法等の諸法規に定められている。地方公共団体の場合、これらの内容が自治法九章（財務）に統合的に規定されている。ここでは、地方公共団体の収支に関する制度を中心にとりあげる。収支に関する制度の基本は、会計年度およびその独立の原則と、会計区分からなる。

○会計年度とその独立の原則

普通地方公共団体の会計年度は国の場合と同じく、毎年四月一日に始まり、翌年三月三一日に終わる（財政法一一、自治法二〇八）。これは、学年（学教法施規五九）とも一致する。各会計年度の歳出は、その年度の歳入をもってこれに充てることとされている（財政法一二、自治法二〇八②）。このことを、会計年度独立の原則という。歳入および歳出の計算区分を整理し、その関係を明確にするための制度である。

○例　外

ただし、例外として、継続費、繰越明許費、事故繰越、過年度収入および過年度支出、歳計剰余金の繰越しおよび翌年度歳入の繰上げ充用が自治法（二一二、

二一三、二二〇、二四三の五）に定められている。

○会計の区分

会計の区分としては、一般会計と特別会計とがある（財政法一三、自治法二〇九）。国の場合、昭和三九年度から国立学校の経費については国立学校特別会計法が施行されていた。しかし国立大学の法人化に伴い、平成一五年度限りで国立学校特別会計は廃止された。各国立大学法人は、企業会計制度をベースに、教育研究機関に相応しい形に工夫された国立大学法人会計基準に沿って会計処理が行われている。地方公共団体の場合、教育経費はすべて一般会計に属する。しかし、地方公共団体における公会計改革に伴い、複式簿記の導入と財務諸表の調整が進められる中で、教育部門会計の位置づけは注目されるところである。

(2)　予　算

予算は、一会計年度における歳入と歳出の予定書で、議会によって議決されなければならない。予算は、議会に対する地方公共団体の長の活動承諾要求書であると同時に、後者に対する前者の活動規制書である。

○総計予算主義

一会計年度における一切の収入と支出は、すべて歳入歳出予算に編入しなければならない（自治法二一〇）。これを総計予算主義の原則という。

○予算と議会の議決

予算は、年度開始前に議会の議決を経ることを要する（自治法二一一）。なお、教育関係では、地方公共団体の長は歳入歳出予算のうち、教育に関する事務にかかわる部分等の議案を作成する場合においては、教育委員会の意見をきかなければならないとされている（地教行法二九）。

○予算の内容

予算の内容は、①歳入歳出予算、②継続費、③繰越明許費、④債務負担行為、⑤地方債、⑥一時借入金、⑦歳出予算の各項の経費の金額の流用となっている（自治法二一五）。

以上のほか、予算に関しては、予備費、補正予算・暫定予算等、予算の執行および事故繰越し、予算を伴う条例・規則等についての制限等（自治法二一七、二一八、二二〇、二二二）についての定めがある。教育委員会は、学校その他の教育機関の管理運営の基本的事項について必要な教育委員会規則を定めるものとされているが、この場合において、その実施のために新たに予算を伴うこととなるものについては、教育委員会は、あらかじめ当該地方公共団体の長に協議しなければならないとされている（地教行法三三）。

(3)　収入・支出

予算は執行されなければならない。地方公共団体の収入および支出に関しては、自治法九章三節（収入）と四節（支出）に定めがあり、出納事務の執行者については、同法一六八～一七一に会計管理者（副知事、副市町村長）、出納員、会計職員等についての定めがある。

○収　入

収入に関しては、自治法九章三節に、①地方税、②分担金、③使用料、④旧慣使用の使用料および加入金、⑤手数料、⑥地方債等が定められている（二二三～二三〇）。とくに地方税は、租税法定主義（憲法三〇、八四）に基づき、地方税法に詳細な規定がある。

○支　出

支出に関しては、自治法九章四節に、①経費支弁等、②寄附または補助、③支出負担行為、④支出の方法等が定められている（同法二三二～二四三）。会計管理者は、地方公共団体の長の支出命令があり、かつ、当該支出行為が法令または予算に違反していないこと、および当該支出負担行為にかかわる債務が確定していることを確認したうえでなければ、支出をすることができない（同法二三二の四）。

○教育委員会の所掌にかかわる予算の執行

教育財産の取得・処分とともに、教育委員会の所掌にかかわる事項に関する予算を執行することは、地方公共団体の長の職務権限とされている（地教行法二四）。

▽参　考

教育委員会法（旧法）

旧法では「教育委員会の所掌に係る歳入歳出予算等に関すること」（法四九11）は教育委員会の事務とされており、「教育委員会は、その所掌に係る予算について、その配当の範囲内で、支出を出納長又は収入役に命令する」（法六〇）ものと定められていた。（高見　茂）

〈参考文献〉

財政会計法規編集室編『財政小六法　令和六年版』学陽書房　二〇二三年。

6　補助金の適正化

(1)　地方事務費自己負担主義

一般に、地方公共団体の事務を行うために要する経費は、当該地方公共団体が全額これを負担することが原則とされている（地財法九）。地方事務費自己負担主義とよばれる。しかし、現実には、その例外が多い。

○地方事務費自己負担主義

「学校の設置者は……法令に特別の定がある場合を除いては、その学校の経費を負担する」こととされている（学教法五条）。設置者負担主義についての定めである。これは、地方事務費自己負担主義を、とくに学校の経費について宣明したものとされている。

設置者負担主義の原則によれば、国立学校の経費は国が、都道府県立学校の経費は都道府県が、市町村立学校の経費は市町村が、私立学校の経費は当該学校法人が、それぞれ負担することになるが、公立学校の場合、すでにその経費の財源には地方交付税という依存財源が組みいれられ、私立学校についても、私学助成が行われているので、事実上国が経費の一部を負担しているといえる。

○設置者負担主義の例外

設置者負担主義あるいは地方事務費自己負担主義にもかかわらず、「法令に特別の定のある場合」（学教法五条）あるいは、「自治法十条から十条の四までに規定する事務を行うために要する経費についてはこの限りではない」（地財法九）とする例外規定が多い。

例外が認められる「法令に特別の定のある場合」の法的根拠として、給与負担法、教育費負担法、施設負担法等をはじめ多数のものがある。「自治法十条から十条の四までに規定する事務を行うために要する経費」については、(a)国がその全部または一部を負担する法令に基づいて実施しなければならない事務に要する経費（地財法一〇、三四には法令に特別の定めのある場合が含まれる）、(b)国がその全部または一部を負担する建設事業に要する経費（地財法一〇の二）、(c)国がその一部を負担する災害に係る事務に要する経費（地財法一〇の三）、(d)地方公共団体が負担する義務を負わない経費（地財法一〇の四）がある。

○負担金・補助金の区別

負担金と補助金との区別はかならずし

も明確ではないが、前者は「地方公共団体又は地方公共団体の機関が法令に基いて実施しなければならない事務であって、国と地方公共団体相互の利害に関係がある事務のうち、その円滑な運営を期するためには、なお、国が進んで経費を負担する必要がある」（地財法一〇）ものとされ、後者は「国は、その施策を行うため特別の必要があると認めるときに又は地方公共団体の財政上特別の必要があると認めるときに限り、当該地方公共団体に対して……交付」（地財法一六）されるものとされている。なお、補助金には法令に根拠のある補助金（法律補助）、と予算上の補助金（予算補助）があり、その種類が多い。

(2)　教育費国庫負担金・補助金

教育費国庫負担金・補助金等の国庫支出金はその種類が多く、それらの予算の執行の適正化が期されている。

また小泉内閣で推進された、「三位一体改革」の中で、教育関係補助金・負担金の縮減・税財源の地方への移譲をめぐって活発な議論が展開された。

さらに民主党の地域主権調査会は、国が使途を定める投資関係の「ひも付き補助金」を廃止し、地方自治体の裁量で効率的に使えるようにする「一括交付金化（地域自主戦略交付金）」に向けての提言をまとめた。それによると平成二三年度は、「相当程度を目標に一括交付金化する」とされ、道路・河川とともに公立学校施設整備負担金（五〇〇〇億円）もその対象とされることになった。

しかし、平成二四年一二年の政権交代によって地方分権政策にも変化が生じ地方裁量の大きい一括交付金は廃止された。その後、安倍内閣の地方創生戦略の打ち出しに伴い、石破茂地方創生担当相は、地方が使途を自由に選択できる非公共事業限定の「一括交付金」の必要性を提言し、地方創生推進交付金が導入された。

○教育費国庫負担金

教育費負担法、施設負担法、災害復旧費負担法、産振法、学図法、特別支援就学奨励法等による国庫負担金がある。

このうち、義務教育費国庫負担金の扱いをめぐっては、全知事会など地方六団体が、平成一八年度までに中学校教員給与費分八五〇〇億円分および平成一九年度から三ケ年以内に小学校分の廃止による一般財源化を求めた。このことは、負担金制度維持と、義務教育に対する国の責任を主張して譲らない文部科学省・文教族議員と地方六団体・総務省との意見の対立を招いた。平成一七年度については暫定措置として少人数学級など追加配置した給与費一七〇〇億円の削減で決着した。しかし「三位一体の改革」全体像の中に、平成一八年度までの中学校分八五〇〇億円削減の方向性が明記され、削減内容については、平成一七年秋の中央教育審議会の結論を待つこととなった。

中央教育審議会答申では、負担率二分の一の堅持が明示されたが地方側も譲らず、議論は平行線を辿った。最終的には、地方六団体が求めた八五〇〇億円の削減と税源移譲を認めつつ、中学校分の国庫負担は廃止せず、小中学校全体の負担率を三分の一に引き下げ、国庫負担制度の骨格を残すことで決着した。

○教育費国庫補助金

理振法、へき振法、給食法、就学奨励法等による法律補助のほか、多種にわたる予算補助がある。

(3)　補助金等の適正化

「補助金等」というのは、(a)補助金、(b)負担金、(c)利子補給金、(d)その他相当の反対給付を受けない給付金であって政令で定めたもの、をいう（補助金適正化法二）。「補助金等」に関する、第一七回国会における参院予算委の「予算の不正・不当支出防止に関する決議」を契機に、昭和三〇年に補助金等に係る予算の執行の適正化に関する法律が制定された。

○法律の目的

この法律の目的は、「補助金等」の交付の申請・決定等に関する事項その他「補助金等」にかかわる予算の執行に関する基本的事項を規定することにより、(a)「補助金等」の交付の不正な申請とその不正な使用の防止、(b)「補助金等」にかかわる予算の執行とその決定の適正化を図ることにある。

○法律の内容

この法律は、(a)総則、(b)補助金等の交付の申請および決定、(c)補助事業等の遂行等、(d)補助金等の返還等、(e)雑則、(f)罰則、を内容としている。とくに罰則について定められているのは、この法律の主な目的が「補助金等」の不正・不当な支出防止にあることによる。

特に学校法人においては、法人税収益事業、消費税、源泉税等の税務調査が行われるが、その支出において「認定役員賞与」と認定された場合、補助金不正流用、横領、すなわち法令違反となる場合があり、注意が必要である。

〈参考文献〉

佐藤主光『地方財政論入門』新世社二〇一一年、井堀利宏『財政学』新世社二〇〇六年。

（高見　茂）

7　授業料等の学校納付金

学校による教育サービスの使用料をいう。法律的概念としての授業料は学校という教育機関の利用について利用者が学校の設置者に払うべき使用料であり、設置者が供与する利益に対する反対給付である。

かつては、設置者によって若干性格が異なるものとされていた。国公立学校の授業料は「公共用営造物」もしくは「公の施設」の使用料であるが、設置者が公法人であるため公法上の収入であり、その納入は公法上の義務とされていた。これに対して、私立学校の授業料は設置者が私法人（公益法人）であるため私法上の収入であり、その納入は在学契約に基づく民法上の債務であると解されていた。しかし、今日では国立大学の法人化により、こうした設置者による法的性格の区分をする実益は乏しい。

授業料という用語が指し示す範囲は必ずしも一定しておらず、設置者により、また時代によって異なる。たとえば、今日では私立学校の学生・生徒納付金には授業料のほか、入学金、実験実習料、施設設備拡充費などが含まれるのが普通だが、国公立学校でこれに相当するのは授業料と入学金だけであり、私立も戦前はそうであった。また、国・公・私立を通じて、戦前に比べると入学金の額が相対的に著しく大きくなった。これから分かるように、授業料とその他の学納金との区別はあいまいであり、実質的には学納金全体が授業料の性格を帯びている。他方、経済的概念としての授業料は、家計など支払い側からみれば教育サービス購入代金であり、逆に設置者など供給側からみれば売却代金である。

こうした事情とも相まって、私立大学への入学辞退者による前納金返還訴訟が相次いだ。これは、平成一三年四月に、民法より消費者を手厚く保護する消費者契約法（消契法）の施行によるところが大きいとされる。司法判断としては、消契法施行後の受験生については前納金のうち授業料等の返還を認める方向性が定着したが、入学金の取扱いについては地裁レベルの判断は分かれていた。文部科学省も平成一四年に私立大学に入学金を除く前納金の返還を徹底する旨の通達を出した。

　このように、大学前納金の返還をめぐっては受験生、大学双方から様々な論点が提起されてきた。それは、昨今の入試制度の多様化や入学辞退時期等によって様々なケースが生じることにも起因する。平成一八年一〇月二〇日の最高裁第二小法廷は、ＡＯ入試に合格しながら入学手続をしなかった受験生については、入学金・授業料返還請求を棄却した。また一般入試の受験生については三月中に入学辞退を申し出たケースは授業料のみ返還が認められた。他方一般入試受験生で、四月下旬に退学届を提出したケースについては、入学金、授業料とも返還は認められなかった。この判決で、以下のことが確定したといえる。すなわち、入学金については、①入試制度、入学辞退時期・理由に関わらず一切返還は認めない。授業料については、①一般入試で入学前に辞退を申し出た場合のみ返還を認める、②ＡＯ入試の場合は、一切返還を認めない、ということである。

　また授業料は教育サービスの生産費用を下回ることが多いが、その差額はユーザー以外の第三者ないしは社会一般に帰属する外部便益に見合うものと解され、公共負担によって賄われる。国公立と私立で授業料の金額が異なるのは、この公共負担の違いが主因であるが、外部便益を比較した場合、現状が果たして妥当かどうかが問われている。さらに近年の経済環境の中、家計の学校納付金負担能力は限界に近付きつつあるとされる。そのため競争的資金をはじめとする外部資金の導入、資産運用収入の確保等、多元的な財源調達手法が導入され、家計の学校納付金負担の軽減が図られている。

　さらに平成二二年四月より「公立高等学校に係る授業料の不徴収及び高等学校等就学支援金の支給に関する法律」に基づき、高校授業料の負担軽減が図られた。公立高校の授業料は不徴収となる一方、国立・私立高校等については、高等学校等就学支援金が支給されることになった。

　しかし、平成二四年一二月の政権交代に伴い所得制限の導入等、無償制度の見直しが実施された。その結果、公立高等学校に係る授業料の不徴収制度と、私立高等学校等に係る就学支援金制度の二本立てとなっていた制度は就学支援金制度に一本化された。令和六年度概算要求では、高等学校等就学支援金等として、四、一三〇億円が、また高校生等奨学給付金として一五三億円がそれぞれ計上され、高校生等への修学支援の充実が図られている。

　また、消費税の増税分二兆円の配分見直しも相まって就学前教育、高等教育の無償化が重要な政策イシューとして取上げられることになった。これらの施策は当時の政権の重点施策の一つである「人づくり革命」の枠組の中で推進されたのである。就学前教育にあっては、令和元年一〇月からの全面的な無償化措置が実施されることになった。また高等教育にあっては、令和二年度に「返済が不要な給付型奨学金」が拡充され、食費や住居・光熱費などをまかなう生活費を学生本人に支給することとなった。

　令和六年度概算要求では、国公立大学・短大・専門学校にあっては、自宅生約三五万円、自宅外生約八〇万円、国公立高等専門学校にあっては、自宅生約二一万円、自宅外生約四二万円、私立大学・短大・専門学校にあっては、自宅生約四六万円、自宅外生約九一万円、私立高等専門学校にあっては、自宅生約三二万円、自宅外約五二万円となっている。いずれも年額で、住民税非課税世帯が対象である。令和六年度より、高等教育の修学新制度の多子世帯や、理工農系の学生の中間層への支援の拡大や、大学院修士課程段階における授業後払い制度の創設、貸与型奨学金における減額返済制度の年収要件等の柔軟化による拡充を実施する予定である。

　令和四年五月の「教育未来創造会議」の第一次提言では、所得連動型返済方式の奨学金の創設や、授業料減免、生活補助を中間世帯にも拡大することが提言された。

〈参考文献〉

丸山文裕『私立大学の授業料規定要因に関する日米比較研究』広島大学大学院教育センター　一九九四年、市川昭午『教育サービスと行財政』ぎょうせい　一九八三年。

（高見　茂）

九　社会教育・生涯学習編　事項別解説

1 社会教育行政

○社会教育法制の整備

学校教育に並ぶ分野として一九四九年に制定された社会教育法は、我が国の社会教育行政に法的根拠を与えた法律である。社会教育に関する国や地方公共団体の任務を明らかにすることを目的としており、社会教育関係団体、社会教育委員、公民館、学校施設の利用、通信教育等について、社会教育と社会教育行政との関係を規定している。図書館と博物館については単独の法律が制定されている。

○社会教育行政の役割

社会教育行政の基本は、教育基本法十二条にも規定されているが、国および地方公共団体の任務が社会教育法三条に規定されている。その本質は、「すべての国民があらゆる機会、あらゆる場所を利用して、自ら実際生活に即する文化的教養を高め得るような環境を醸成するように努めなければならない」ことにある。

国および地方公共団体には、国民の自発的な学習を基礎として行われる社会教育を促進・援助して、学習者の教育的ニーズを満たし、個人の幸福と社会の発展を図ることが求められている。社会教育は国や地方公共団体によって奨励され、振興に努められなければならない。社会教育行政の役割は環境の醸成、つまり助成作用を通じて学習者に間接的に働きかけることであって、規制作用や実施作用（教育の実施自体を主たる目的とするもの）ではない。

○社会教育行政の組織

社会教育行政の組織は、市町村、都道府県、国の三つの段階で、それぞれ関係法令において規定されている（社会教育法、地教行法、文部科学省設置法等）。具体的には、教育委員会や文部科学省が社会教育の振興や補助に関する事務を担当する。市町村では学習者の最も身近なところで各種の事業を行い、都道府県は市町村に対する援助や広域的な事務を担当する。国は、地方公共団体に対して指導・助言・援助を行うことができる。

これまで文部科学省では、組織の再編が図られてきた。戦時中の教化的性格を改め、戦後の民主化において人々の自発的な学習活動を基盤とする社会教育を振興するため、一九四五年、文部省に「社会教育局」が復活したが、ユネスコによる提唱を受けて臨時教育審議会が「生涯学習体系への移行」を打ち出すと、一九八八年に「生涯学習局」に改組され、二〇〇一年の中央省庁再編に伴って「生涯学習政策局」となった。二〇一八年には「総合教育政策局」のもとで三つの課にわたって生涯学習・社会教育政策を担当する形に再編されている。地方公共団体においても、社会教育課から生涯学習課への置換・併存の両方が見られる。

社会教育行政は、生涯学習政策との関連のもとで捉える必要がある。変化の激しい社会の状況に伴って生じる地域課題について、地縁性や社会教育行政固有の施設・職員等に固執することなく、社会教育活動を通じて解決を図ることが目指されている。そのため、社会教育行政は多様な領域との交流や地域資源の相互活用等を通じて、生涯学習の観点からネットワーク化を図ることが求められている。

また、地方公共団体の長（首長部局）が社会教育を所管する方法や、民間事業者に実際の管理運営を委ねる指定管理者制度のような官民連携も可能である。学校教育領域に比べて、地域の実情や課題に応じて地方公共団体の自主性を発揮することができる点が特徴である。

○社会教育施設

社会教育を振興するため、社会教育活動を行う社会教育施設が設置される。公民館、図書館、博物館は、学校と同様に地方公共団体が設置（公民館は市町村のみが設置）する教育機関であり、各施設の目的にそった事業が行われる（社会教育法、図書館法、博物館法）。その他、青少年教育施設や社会体育施設、女性教育施設等も地方公共団体の条例によって設置される。近年、社会教育施設等の利用については地域における文化芸術活動の場としても充実が図られつつある（文化芸術基本法）。さらに、地方公共団体においては住民のニーズに応じて複合施設として整備されることもある。

○社会教育関係職員

社会教育主事は、教育委員会事務局に置かれる専門的教育職員である。職務や資格等については社会教育法に規定があるほか、省令である社会教育主事講習等規程に示されている。この省令は二〇二〇年に一部改正されて講習内容の改善が図られ、修了者は社会教育主事の発令を受けていなくても「社会教育士」と称することができるようになった。社会教育主事の発令が減少する中で、今後は地域で様々な人や課題に働きかける専門人材としての社会教育士への期待が高まりつつある。

社会教育施設の職員には、図書館の司書、博物館の学芸員、公民館の主事、その他の社会教育施設の指導系職員や社会教育指導員等がある。司書および学芸員の資格については、それぞれ図書館法と博物館法に規定されている。

さらに、都道府県および市町村には社会教育委員を置くことができ、教育委員会によって委嘱される。社会教育計画の立案等について民間の立場から意見を述べるとともに、地方公共団体が社会教育関係団体に補助金を交付する際には社会教育委員の会議の意見を聴かなければならないことが社会教育法に規定されている。

○社会教育と学校・家庭・地域の連携

教育基本法の改正により、生涯学習の理念（教基法三条）、家庭教育（同法十条）、社会教育（同法十二条）、学校、家庭及び地域住民等の相互の連携協力（同法十三条）等が規定された。その後も、二〇一五年の中央教育審議会「新しい時代の教育や地方創生の実現に向けた学校と地域の連携・協働の在り方と今後の推進方策について（答申）」を受けて、二〇一七年、社会教育法に「地域学校協働活動」に関する規定等が加わった。社会教育行政における学校・家庭・地域との連携に関わる主な規定には以下のようなものがある。

①国・地方公共団体は、社会教育が学校・家庭・地域住民その他関係者相互間の連携・協力の促進に資するよう努めること。社会教育における学習成果を地域において活用する教育活動の機会を提供する事業を教育委員会の事務として行うこと。家庭教育に関する情報提供に関する事務を行うこと。（社教法三条、五条関係）

②社会教育主事となる資格を得るために必要な実務経験に、学校や社会教育施設等における一定の職に三年以上あったことが含まれる。（同法九条の四関係）

③社会教育主事は、学校が社会教育関係団体等の関係者の協力を得て教育活動

を行う場合には、その求めに応じて助言を行うことができる。（同法九条の三）

④教育委員会が地域学校協働活動の機会を提供する事業を実施する場合に、地域住民等と学校との連携協力体制の整備や普及啓発等の措置を講ずる。地域学校協働活動推進員を委嘱することができる。（同法五条二項、六条二項、九条の七）。

〈参考文献〉
文部科学省ホームページ（二〇二三年八月三一日参照）。
（宮村　裕子）

２ 社会教育の種類・形態

(1)　社会教育の特徴と種類

○社会教育とは

社会教育とは、「個人の要望や社会の要請にこたえ、社会において行われる教育」（教基法十二条）である。社会教育には、学校の教育課程として行われる教育活動を除く組織的な教育活動（社教法二条）の全般が含まれる。例えば学校教育の場合、その学校種や設置者が限定されており、学校の設置においてはその設置基準に従わなくてはならない（学教法一・二・三条）。対する社会教育は、社会のあらゆる場所で行われ、乳幼児から高齢者までのすべての年齢の学習者を含み、その目的や方法も多種多様である。

社会教育は「社会において行われる教育」であるがゆえに、学習者の就労時間も余暇時間も含めて、社会に存在するあらゆる場面にその範囲が及んでいる。国や地方公共団体は、社会教育施設の設置等により社会教育の振興に努めなければならないが（教基法十二条）、社会教育の事業や活動は、教育委員会その他の行政機関に頼らずとも、個人や任意の団体によって自由に行うことができる。

つまりここには、大きく二種類の社会教育が存在している。一つは国や地方公共団体によって推進・実施される社会教育（社会教育施設の設置など）、もう一つは「公の支配」に属さず、国民や住民が自由に行う社会教育（社会教育関係団体など）である。

○社会教育の役割

社会教育は、各時代の社会的要請に応じた役割も担う。中央教育審議会の議論には、「人生一〇〇年時代、Society5.0の到来、DXの急速な進展など、急速な変化を続ける社会においては、生涯学習・社会教育の役割も、従来の枠にとどまらず、時代・社会の変化に見合ったものに変化していくことが求められている」とある。この議論の中で「社会教育は、個人の教養の向上や生活文化の振興のみならず、人々の生活基盤を形成する『学び』の実践を核とした地域づくりのための営みという性格を強く持って」おり、「住民自治を支える社会教育は、持続的な地域コミュニティを形成する、社会全体の基盤である」と言及されている。

○社会教育と学校教育

学校教育、家庭教育と社会教育も含めて、「教育は、人格の完成を目指し、平和で民主的な国家及び社会の形成者として必要な資質を備えた心身ともに健康な国民の育成を期して」（教基法一条）行われるべきである。その中でも社会教育は、学校教育とは異なり、学習者や学習内容が広範である点に加えて、学習形態の多様性にも特徴がある。ただし、学校施設内で社会教育活動が行われ、学校教育を支援する目的で行われる社会教育活動（ＰＴＡ、放課後子ども教室事業など）も多く存在するなど、両者は多くの点で重なる要素を有している。

歴史的な経緯を見ると、近現代における社会教育は、学校制度との関係性の中で、相互に影響を及ぼし合い発達してきた。宮原誠一による整理に依拠すると、これまでの日本の社会教育には、第一に学校教育を補うもの（学習塾など）、第二に学校教育を拡張したもの（大学が行う生涯学習講座など）がある。そして第三に、学校教育では担えない役割を社会教育が担ってきた（不登校児童生徒への学習支援、勤労青年向けの学習機会提供など）面も重要である。

(2)　社会教育の形態・方法

現代の社会教育として行われている事業・活動の主な方法としては、①講座、研修会、集会、ワークショップ等の開催、②自主的な団体活動と、それらに対する中間支援、③スポーツやレクリエーションに関するイベントの開催、④Webメディア（SNS等）を活用した情報発信・教育普及活動などが挙げられる。

○講座・講習会・集会の開催など

講座の開設、講習会や集会、ワークショップの開催という方法は、社会教育の活動の中でも中心的なものである。これらは社会教育施設（公民館・博物館など）やその他の生涯学習施設、あるいは民間の施設等を利用して、盛んに行われている。またその方法として、通信教育やオンライン講座なども活発に行われている。社教法で「通信教育」とは、「通信の方法により一定の教育計画の下に、教材、補助教材等を受講者に送付し、これに基き、設問解答、添削指導、質疑応答等を行う教育」（社教法五十条）とされる。

社会教育の講座の開設について、地方公共団体の長や教育委員会は、管轄する公立学校等に対し、文化講座や専門講座等（大学や高等学校等において開設）、あるいは社会学級講座（小学校・中学校・義務教育学校において開設）の開設を求めることができる（同法四十八条）。

○社会教育における団体活動

「社会教育関係団体」とは、社会教育に関する事業を行うことを主たる目的とし、「法人であると否とを問わず、公の支配に属しない団体」（同法十条）である。国や地方公共団体は、「社会教育関係団体に対し、いかなる方法によっても、不当に統制的支配を及ぼし、又はその事業に干渉を加えてはならない」（同法十二条）とされる。そして、国や地方公共団体が社会教育関係団体に対し補助金を交付しようとする場合には、あらかじめ、審議会や社会教育委員の会議等の意見を聴いて行わなければならない（同法十三条）。このように国や地方公共団体が「公の支配に属しない」（憲法八十九条）社会教育関係団体の活動に対し不当な干渉を行ってはならない理由は、社会教育関係団体が国や地方公共団体に影響されず自由に活動できる状況を確保するためである。

○Webメディアによる情報発信

社会教育の新たな方法と言えるのが、Webメディアを活用した情報発信活動である。近年では、個人としてのみならず、様々な機関・組織（公的機関や民間企業等）が、YouTubeなどのWebメディアを通して、組織的に情報発信と教育・啓発活動を行っている。

〈参考文献〉
宮原誠一「社会教育本質論」全日本社会教育連合会『教育と社会』一九四九年十月号。宮原誠一「社会教育の再解釈」全日本社会教育連合会『社会教育』一九五〇年三月号。寺中作雄『社会教育法解説／公民館の建設』国土社、一九九五年。中央教育審議会「第十一期中央教育

審議会生涯学習分科会における議論の整理」二〇二二年。　（佐藤　智子）

3 学校施設等利用と関係公共機関

(1) 学校の施設利用

学校の施設は、学校教育上支障のない限り、社会教育その他の公共のための利用に供するよう努めなければならない（学教法百三十七条、社教法四十四条）。例えば、学校の設置者は当該学校のスポーツ施設（体育館、運動場、プールなど）を一般のスポーツ利用に供するよう努め、国及び地方公共団体は、その利用を容易にし、利便性の向上を図るために必要な施策を講ずるよう努めなければならない（スポーツ基本法十三条）。スポーツ庁によれば、学校のスポーツ施設の有効活用を推進する目的には、身近なスポーツの場を充実させるためだけでなく、地域住民の健康増進や、学校がコミュニティの核としての機能を高めるといった点も含まれている。一方の留意点として、それぞれの学校・施設種別の特性を踏まえた有効活用を図っていくことや、学校開放事業を前提とした施設水準の確保、改修・改築等に向けて官民連携（PPP/PFI）の導入を検討すべき点などが示唆されている。

学校の施設利用に関連して、何よりも学校は安心して学べる場でなければならず、防犯対策は重要な課題である。学校敷地内で起こる重大犯罪の発生事例を踏まえ、文部科学省を中心として、学校の防犯対策や監視・通報システムの導入等が進められてきている。防犯を徹底するためには学校を対外的に閉鎖すべきとの考え方もあり得る。しかし、閉鎖することで地域との連携が阻害され、学校に外部からの目が一切届かなくなることは、学校教育に対する弊害となる。学校の施設利用を効果的に推進していくためにも、利用の利便性を図ると同時に、関係者間の連携・協働を基盤とした防犯対策の徹底が求められている。

学校施設利用の利便性を向上させるためには、施設のバリアフリー化も喫緊の課題である。これは、障害のある児童・生徒が不自由なく学校生活を送るためだけでなく、学校が地域コミュニティの拠点として機能していくためにも不可欠となる。令和二年度に「高齢者、障害者等の移動等の円滑化の促進に関する法律」（バリアフリー法）が改正され、当該法上の「特別特定建築物」に公立小中学校等が追加された。これにより、公立小中学校等施設にも所定の基準を満たすバリアフリー化が求められることとなっている。

学校施設は、地域に不可欠の防災拠点にもなる。災害時には避難所等となり、住民の生命と生活を守る役割を担う。そのためには、学校施設の耐震化を推進すると同時に、すべての関係者が連携・協働して防災機能や災害時への備えを強化する取組を行っていく必要もある。

(2) 学校と関係する公共機関

○公民館・コミュニティ施設等

学校の近隣には、公民館その他の生涯学習施設、あるいはコミュニティ施設が存在する。これらの施設は、社教法上の「公民館」として設置されている場合もあれば、その他の生涯学習施設あるいはコミュニティ施設として設置されている場合もある。これらの施設では、一般的に、市民向けの教育プログラム（講座やワークショップなど）が提供されていたり、市民の自主的な学習活動の支援（活動場所の提供など）が行われていたりする。学校とは異なり、基本的には在住・在勤を問わずあらゆる人々の利用に開かれている。施設によっては就学児童生徒のための学習室や、子ども・若者のための専用スペースを備えている例もある。これらの施設は、学校同様に、防災等を含めた地域コミュニティの拠点としての役割を担っている。

○図書館

「図書館」とは、「図書、記録その他必要な資料を収集し、整理し、保存して、一般公衆の利用に供し、その教養、調査研究、レクリエーション等に資することを目的とする施設」である（図書館法二条）。

学校には学校図書館が設置されるが、図書館と学校図書館は法令上の位置づけが異なる。学校図書館については「学校図書館法」があり、学校図書館は「他の学校の学校図書館、図書館、博物館、公民館等と緊密に連絡し、及び協力すること」や、「学校図書館は、その目的を達成するのに支障のない限度において、一般公衆に利用させることができる」と定められている（学校図書館法四条一項五号・二項）。

多くの図書館では、学校あるいは学校図書館との連携が積極的に進められている。例えば、学校図書館に所蔵されている図書の分類や資料整理を図書館が支援している事例や、学校で活動する読み聞かせボランティアへの支援、子どもの年齢や学習内容に合わせた図書教材の推薦、調べ学習の支援なども行われている。

○博物館

博物館には、一般に「博物館」と呼ばれている施設のみならず、科学館、美術館、動物園、水族館等が含まれる。これらの施設を含めた博物館とは、歴史、芸術、民俗、産業、自然科学等に関する資料を収集し、保管／育成し、展示して教育的な利用に供し、関連する調査研究をすることを目的とした機関である（博物館法二条）。ただし、このうち「登録」（博物法第二章）を受けたもののみが法令上の「博物館」（登録博物館）とされ、他に「博物館相当施設」（博物館に相当する施設として指定されたもの）や「博物館類似施設」（登録も指定も受けていないもの）が存在する。

学校が博物館と連携して教育を行っている例は多い。例えば、学校教育のために博物館が所有する資料を利用する例や、学校が博物館の支援を得て現地でのフィールドワークを行うこともある。このような連携により、児童生徒にとっては学芸員等の専門家から直接学ぶ機会となり、学校にとっては学校単独では実現できない教育を可能にする手段となる。

○青少年教育施設

国立の青少年教育施設として、東京都にある「国立オリンピック記念青少年総合センター」に加え、「青少年交流の家」「青少年自然の家」と呼ばれる施設が全国に合わせて二十八施設ある。他にも公立の青少年教育施設が全国に数多く存在する。これらの施設は宿泊施設や研修施設を備えており（ただし公立の施設には非宿泊型施設もある）、山・川・海などの自然環境を活用した教育プログラムが提供されている。

〈参考文献〉

スポーツ庁「学校体育施設の有効活用に関する手引き」二〇二〇年。

（佐藤　智子）

4 生涯教育・生涯学習

「生涯教育」は一九六五年、ユネスコ成人教育局課長P・ラングランが急激な社会変化に対応して提起した教育改革論

(「生涯教育論」)に由来する。学校教育や学齢期に限らず、「誕生から死に至るまでの人間の一生を通じて教育の機会を提供する」との考え方は、世界に大きな影響を及ぼした。

日本で「生涯教育」が初めて公文書に登場したのは、一九七一年の社会教育審議会答申「急激な社会構造の変化に対処する社会教育のあり方について」である。高度経済成長期以降の地域社会・家庭生活の変化を念頭に、家庭教育・学校教育・社会教育を「生涯教育の観点から体系化」することが提唱され、以後、社会教育行政は再編・拡充された。他方、「自由な学習者」(free-learner)を掲げる臨時教育審議会第四次答申(一九八七年)では「これからの学習」を「学校教育の基盤の上に各人の自発的意思に基づき、必要に応じて、自己に適した手段・方法を自らの責任において自由に選択し、生涯を通じて行われるべき」ものとする学習観が示され、以後「生涯学習」が普及した。人々の学習ニーズが多様化・高度化した一九八〇年代には、社会教育法(一九四九年)で規定された社会教育施設(公民館、博物館、図書館)に加え、民間教育文化産業(カルチャーセンター等)、生涯学習センター、一九八三年開学の放送大学、各種の通信教育、専門学校、大学等の公開講座や高等教育機関の社会人入学なども発展した。さらに一九九〇年の国際識字年、一九九五年の北京女性会議でのNGO(Non-Governmental Organization)の組織化、一九九五年の阪神淡路大震災の救済・復興段階での膨大なボランティアの活躍とネットワーク化が、以後の広範な民間活動の先鞭をつけた。一九九八年の特定非営利活動促進法は、財政的・法的支援でNPO(Non-Profit Organization)を後押しした。

一九九〇年には、生涯学習に関わる初の法律として「生涯学習の振興のための施策の推進体制等の整備に関する法律」(「生涯学習振興法」)が施行された。同法は、①都道府県教育委員会の事業、②生涯学習審議会、③地域生涯学習振興基本構想などの施策が規定され、地域レベルの生涯学習推進体制の整備が目指された。

『平成三〇年度 文部科学白書』によれば、生涯学習社会とは「人々が、生涯のいつでも、自由に学習機会を選択し学ぶことができ、その成果が適切に評価される社会」である。その構築は「教育振興基本計画」において「自立」「協働」「創造」を実現するものとされてきたが、「第三期」計画(二〇一八年六月)ではさらに、「人生一〇〇年時代」「超スマート社会(Society 5.0)」の到来に向けた、生涯にわたる一人一人の「可能性」と「チャンス」の最大化が、教育政策の中核とされた。同白書では、Ⅰ「国民一人一人の生涯を通じた学習の支援」、Ⅱ「現代的・社会的な課題に対応した学習の推進」、Ⅲ「社会教育の振興と地域全体で子供を育む環境づくり」の三分野で、現代的課題に応じた具体策が提示されている。

生涯学習の現代的意義は、二〇〇六年に教育基本法に項目「生涯学習の理念」が新設されたことに顕著である。「国民一人一人が、自己の人格を磨き、豊かな人生を送ることができるよう、その生涯にわたって、あらゆる機会に、あらゆる場所において学習することができ、その成果を適切に生かすことのできる社会の実現」(三条)は、「教育の機会均等」(四条)と相まって、すべての人が生涯を通じて学ぶ権利の保障が喫緊の課題であることを明示している。

〈参考文献〉

渡邊洋子「日本における『生涯学習』概念の検討」『生涯学習体系化と社会教育』東洋館出版社、一九九二年。文部科学省『平成三〇年度 文部科学白書』第三章、二〇一九年。文部科学省「生涯学習振興の経緯等について(参考資料一―二)」二〇二一年。

(渡邊 洋子)

5 学童保育

学童保育とは、保護者が共働きや疾病などの理由から適切な保育を行えない家庭の学齢児童に対して、放課後や長期休業期間に提供する保育事業のことをいう。

学童保育が初めて法定化されたのは、平成九年六月の児童福祉法改正によって、「放課後児童健全育成事業」とされたときである。その後、この事業は、平成二四年八月に成立した子ども・子育て支援法において、「地域子ども・子育て支援事業」に位置づけられ、増加する待機児童に対応することが期待された。

現在、学童保育は放課後児童クラブで行われている。法規上、保育所も保育を必要とする児童を保育することができるが(児童福祉法第三九条第二項)、保育所における学童保育はほとんど実施されていないため、「放課後児童健全育成事業」は放課後児童クラブを指すものとして扱われている。

こうした学童保育の施設・設備や保育内容、および指導員に関する基準は、児童福祉法改正を受けて出された平成二六年厚生労働省令「放課後児童健全育成事業の設備及び運営に関する基準」および「放課後児童クラブ運営指針」をもって通知された。これによると、学童保育の指導者とされる「放課後児童支援員」の基準は、児童福祉や教育に関する資格取得者やその事業に二年以上携わるなどの基礎資格をもち、都道府県知事が行う研修を修了した者とされる。そして、この支援員は、支援の単位(子ども四〇人以下)ごとに二人以上の配置が必要であり、そのうち一人は補助員に代えることができるとされている。

開所時間は、学校の休業日は一日につき八時間以上、休業日以外の日は一日につき三時間以上の開所を原則とし、一年につき二五〇日以上を開所することを原則としている。近年の動向としては、平成三〇年九月の「新・放課後子ども総合プラン」において、向こう五年間の待機児童解消の推進や、全ての児童を対象とした安全・安心な居場所の確保を図ること等が計画されている。

この流れは令和五年四月に設置されたこども家庭庁に引き継がれ、障害児を対象とした放課後等デイサービスも含めた、放課後児童施策が検討されている。

〈参考文献〉

秋川陽一「学童保育制度の全体構造に関する考察(1)」『関西福祉大学発達教育学部研究紀要』第2巻第一号、二〇一六年。全国学童保育連絡協議会「こども家庭庁 こども家庭審議会 こどもの居場所部会 ヒアリング資料」二〇二三年六月一三日。

(中嶋 一恵)

6 国民の祝日・行事

国民の祝日に関する法律(昭和二三年法律第一七八号)の二条に具体的な「国民の祝日」の月日の指定あるいは要件が示され、三条に「国民の祝日」を休日とすること等が記されている。学校教育法施行規則(昭和二二年文部省令第一一号)六十一条は、公立小学校の休業日として、第一に「国民の祝日に関する法律」に規定する日、第二に日曜日及び土曜日、第三に「学校教育法施行令第二十九条第一項」の規定により教育委員会が定める日とある。（公立中学校、高等学校等に準用）。このほか、自治体によっては、小、学校管理規則等で条例等による休業日を指定している。

　同法二条に示された「国民の祝日」のうち、「元日」「建国記念の日」「昭和の日」「憲法記念日」「みどりの日」「こどもの日」「山の日」「文化の日」「勤労感謝の日」は、月日を指定する祝日である。

　「憲法記念日」と「文化の日」は、日本国憲法の公布（一九四六年一一月三日）と施行（一九四七年五月三日）を根拠とする。

　「建国記念の日」は、「建国記念の日となる日を定める政令（昭和四一年政令第三七六号）により二月一一日と定められた。二月一一日は、戦前は日本書紀等の記述と暦法の変遷をふまえて「紀元節」（明治六年太政官布告第三四四号）と定められていたが、戦後は学術的議論をふまえて「建国記念の日」とされた。（一九六七年二月一一日から実施）。

　「天皇誕生日」は、平成天皇の退位（二〇一九年四月三〇日）をふまえ、「天皇の退位等に関する皇室典範特例法」（平成二九年法律第六三号）附則十条にもとづき、二〇二〇年（令和二年）から二月二三日となった。また、昭和天皇の誕生日（四月二九日）は、昭和天皇の逝去（一九八九年一月七日）にともない、「みどりの日」とする改正祝日法が施行され、平成一九年（二〇〇七年）に「昭和の日」と改められた。

　なお、「みどりの日」は、五月三日と五日の間を連休とする形で存続している。このほか、「成人の日」「海の日」「敬老の日」「スポーツの日」は月曜日と定められ、休日を連続させる役割を果たしている。

　「春分の日」「秋分の日」は、天文学上の「春分日」「秋分日」とされるため、前年の暦要項により確定する。

　以上をふまえ、令和六年（二〇二三年）の国民の祝日は以下のようになる。（内閣府公表資料に曜日を加えている。https:// www 8.cao.go.jp / chosei / shukujitsu / gaiyou.html）

※は、「国民の祝日に関する法律」第三条第二項（「国民の祝日」が日曜日に当たるときは、その日後においてその日に最も近い「国民の祝日」でない日を休日とする）による休日である。

一月一日（月）元日
一月八日（月）成人の日
二月一一日（日）建国記念の日
二月一二日（月）法第三条第二項による振替休日（以下※）
二月二三日（金）天皇誕生日
三月二〇日（水）春分の日
四月二九日（月）昭和の日
五月三日（金）憲法記念日
五月四日（土）みどりの日
五月五日（日）こどもの日
五月六日（月）※
七月一五日（月）海の日
八月一一日（日）山の日
八月一二日（月）※同
九月一六日（月）敬老の日
九月二二日（日）秋分の日
九月二三日（月）※
一〇月一四日（月）スポーツの日
一一月三日（日）文化の日
一一月四日（月）※
一一月二三日（土）勤労感謝の日

　学校教育に関連しては、「みどりの日」について、「児童生徒、一般社会人に対し、植樹等の緑化活動や植物園の無料公開などの自然に親しむとともに自然を大切にする心を育む行事を実施するなど、学校や地域の実情に応じた適切な方法により、その趣旨の普及に努める」よう通知（平成元年四月一二日文部事務次官通知）が出されるなど、「国民の祝日」とされた各休日の趣旨を適切に説明し、理解を促す機会が期待されている。

（梅野　正信）

7 学校週五日制と家庭教育

(1) 公立学校の休業日

　休業日とは、「授業を行わない日」（学校教育法施行規則四条）のことである。公立学校の休業日は、学校教育法施行規則六十一条で、①国民の祝日に関する法律に規定する日、②日曜日および土曜日、③学校教育法施行令二十九条一項の規定により教育委員会が定める日、と定められている。ただし、③（夏季等の休業日等）を除き、教育委員会が必要と認める場合は休業日としないことが規定されている。

　このように、土曜日は原則休業日と位置付けられている（完全学校週五日制）が、設置者の判断によって土曜日に何らかの教育活動を行うことが可能となっている。

(2) 学校週五日制の実施とねらい

　土曜日を休業日とする「学校週五日制」は、まず一九九二（平成四）年九月から、第二土曜日を休業日とする月一回の形で導入された。その後、文部省は調査研究協力校での研究成果を踏まえて、一九九五（平成七）年度から、第二・第四土曜日を休業日とする月二回の学校週五日制を実施することを決定した。

　背景には、昭和五十年代頃から一般社会で広く労働時間短縮の動きが進んだことや、一九八六（昭和六一）年の臨時教育審議会第二次答申で、「子どもの立場を中心に家庭、学校、地域の役割を改めて整理し見直す視点から、学校の負担の軽減や学校の週五日制への移行について検討する」と提言されたこと等がある。

　文部省は、一九八九（平成元）年八月から「社会の変化に対応した新しい学校運営等に関する調査研究協力者会議」を設けて検討を開始した。調査研究協力校による試行を踏まえて学校週五日制の段階的実施が提言されたことを受けて、学校教育法施行規則の改正が行われた。

　その後、一九九六（平成八）年の中央教育審議会第一次答申（「二一世紀を展望した我が国の教育の在り方について」）が、家庭や地域社会での生活時間を増やすことで子どもたちに「ゆとり」を確保し、「生きる力」を育むことを掲げて、「完全学校週五日制」の必要性を提言した。

　併せて、これは長年の学校教育の仕組みを大幅に変更するものであり、授業時数の削減および教育内容の厳選が求められることから、学習指導要領の改訂が行われた（小学校・中学校・特別支援学校は平成一〇年告示、高等学校は平成一一年告示）。こうして二〇〇二（平成一四）年度から、新学習指導要領の全面実施のもとで完全学校週五日制が開始された。

　新学習指導要領では、教科等の授業時数を削減し、主体的な学びや体験活動等を重視する「総合的な学習の時間」が新設された。これに先立ち文部科学省は同年一月、「確かな学力の向上のための二〇〇二アピール『学びのすすめ』」を公表した。「ゆとり教育」によって「児童生徒の学力が低下するのではないか」との社会的な懸念に対して、「生きる力」の育成をねらいとして基礎・基本の定着および個に応じた指導の充実を図るものであることを説明した。

学校教育法施行規則に示された時間数の変遷（中学校第一学年）

学習指導要領の告示	平成元年	平成一〇年	平成二〇年	平成二九年
各教科	八四〇	八一〇	八九五	八九五
選択教科等	一〇五～一四〇	〇～三〇		
道徳の時間	三五	三五	三五	
特別の教科 道徳				三五
総合的な学習の時間		七〇～一〇〇	五〇	五〇
特別活動	三五～七〇	三五	三五	三五
総授業時数	一〇五〇	九八〇	一〇一五	一〇一五

※平成元年告示における第一学年「選択教科等」の外国語の時間は一〇五～一四〇時間。
※平成一〇年告示以降は外国語の時間は各教科の時間に含まれている。

しかし、その後の学力調査等で「学力低下」に対する批判が生じ、以後の学習指導要領改訂では「総合的な学習の時間」の時間数を削減し、総時間数も引き上げられた。

(3)　家庭・地域社会における教育

完全学校週五日制の実施にあたり、文部科学省は、家庭や地域社会における児童等の活動の場や機会の整備について積極的な推進を求めた（文部科学事務次官通知「完全学校週五日制の実施について」、平成一四年三月）。例えば、①家庭教育の向上、②体験活動等の充実、③児童等が利用できる場所の確保、④児童等の安全確保、⑤地域全体で児童等を育てる環境づくり、⑥民間団体が実施する事業の情報提供と奨励、⑦関係機関との連携・協力、等である。

また、家庭や地域社会の教育機能が十分に発揮されるよう、保護者・地域住民の意識の啓発に努めることや、過度の塾通いにつながらないよう、保護者や学習塾関係者に対して理解と自粛が求められた。

これを受けて、子どもが主体的に学校外活動を行うための、いわゆる地域における「受け皿」としての居場所づくりを通して、「地域の教育力」の向上が図られた。例えば、文部科学省が一九九九（平成一一）年度から展開してきた「全国子どもプラン」や二〇〇二（平成一四）年度からの「新子どもプラン」等による体験活動の充実、二〇〇四（平成一六）年度からの「地域子ども教室推進事業」、さらに二〇〇七（平成一九）年度からの「放課後子どもプラン」等である。

また、教育基本法の改正（二〇〇六年）によって、「家庭教育」や「学校、家庭及び地域住民等の相互の連携協力」の条文が新設されたことも、家庭・地域社会における教育の重要性への関心を高め、地域コミュニティ再生の動きへとつながった。

○土曜日の教育活動

その後の文部科学省の調査により、土曜日に多様な経験を積んでいる子どもが存在する一方で、「土曜日を必ずしも有意義に過ごせていない」子も少なからず存在することが判明した。また、学習指導要領の改訂（平成二十年告示）において授業時数や教育内容の充実などの改善が行われ、地域の実情に応じて外部人材を活用しながら「土曜授業」を実施する学校も存在することが明らかになった。

文部科学省は、二〇一三（平成二五）年三月、「土曜授業に関する検討チーム」を立ち上げて検討を進め、完全学校週五日制の原則は維持しながらも、土曜日の教育活動を積極的に推進する施策を打ち出した。

具体的には、①教育課程内の学校教育活動を「土曜授業」、②学校が主体でも教育課程外で希望者を対象に行うものを「土曜の課外授業」、③教育委員会やNPO等、学校外部が主体となって行うものを「土曜学習」と分類されている。

〈参考文献〉

磯田文雄編著『新しい教育行政―自立と共生の社会をめざして―』ぎょうせい、二〇〇六年。文部科学省ホームページ（二〇二二年八月三〇日参照）。

（宮村　裕子）

一〇　児童福祉・少年司法編　事項別解説

1 就学前教育・保育

(1) 就学前教育・保育を担う施設の性格・種類

○教育基本法における規定

教育基本法（以下「教基法」という。）十一条に幼児期の教育として、「幼児期の教育は、生涯にわたる人格形成の基礎を培う重要なものであること」から、国及び地方公共団体は、その振興に努めなければならないことが規定されている。なお、この「幼児期の教育」が意味する範囲としては、国会における政府答弁において「本法律案第十一条に規定する幼児期の教育は、幼稚園、保育所等で行われる教育のみならず、就学前の幼児に対し家庭や地域で幅広く行われる教育を含めた教育を意味しております。」（平成一八年六月八日・衆議院教育基本法に関する特別委員会）とされている。

○就学前教育・保育を担う施設の種類

就学前教育・保育を担う施設の種類としては、大きくは三つに分かれる。

・幼稚園

幼稚園は、学校教育法（以下「学教法」という。）一条において、正規の学校、いわゆる「一条校」の一つとして規定されている。従前、学教法においては小学校から順に中学校、高等学校などが規定され、最後に幼稚園が規定されていた。平成一八年の教基法の改正（以下「教基法改正」という。）により、同法六条二項において、法律に定める学校においては、「教育を受ける者の心身の発達に応じて、体系的な教育が組織的に行われなければならない。」と規定されたことなどを受け、平成一九年の学教法の改正（以下「学教法改正」という。）により、幼稚園の規定は小学校の規定よりも前に置かれることとなった。

幼稚園の目的は、学教法二十二条で「義務教育及びその後の教育の基礎を培うこと」と規定され、同法二十三条で健康、安全で幸福な生活のために必要な基本的な習慣を養うことや、自主、自律及び協同の精神、規範意識の芽生えを養うことなどの目標を達成するよう教育を行うこととされている。また、教基法改正により教基法十条二項として「国及び地方公共団体は、（中略）保護者に対する学習の機会及び情報の提供その他の家庭教育を支援するために必要な措置を講ずるよう努めなければならない」と規定されたことなどを受け、学教法改正により、学教法二十四条として「幼稚園は家庭及び地域における幼児期の教育の支援に努める」ことが規定された。

・保育所

保育所は、児童福祉法（以下「児福法」という。）七条に規定する児童福祉施設の一つとして定められている。同法二十四条において、「市町村は、（中略）保護者の労働又は疾病その他の事由により、その監護すべき乳児、幼児その他の児童について保育を必要とする場合において、（中略）保育所において保育しなければならない」と規定されている。そのため、保育所に通所できるのは、保護者が労働や疾病等により、乳幼児を保育できないと市町村により認定された場合に限られる。

・認定こども園

平成一八年、社会構造や就業構造が大きく変化する中、小学校就学前の子どもに対する教育・保育並びに保護者に対する子育て支援の総合的な提供を推進するため、「就学前の子どもに関する教育、保育等の総合的な提供の推進に関する法律」（以下「認定こども園法」という。）が成立した。この法律により、幼稚園や保育所としての位置づけは維持しつつ、幼児教育・保育を一体的に実施し、地域における子育て支援を行うという機能を都道府県が認定する仕組みとして認定こども園制度が創設された。

その後、認定こども園制度について二重行政や財政支援が不十分であること等の課題が指摘され、その解決のため、平成二四年に認定こども園法が改正され、「幼保連携型認定こども園」について、学校及び児童福祉施設としての法的位置付けを持つ単一の施設として、認可・指導監督権限を一本化することとされた。この新たな「幼保連携型認定こども園」は、教基法六条に基づく学校としての位置づけを有するが、児童福祉施設としての位置づけも有するため学教法の規定の多くが適用できないことから、「一条校」としては位置づけられていない。なお、認定こども園は、この「幼保連携型認定こども園」以外に三つの類型がある。幼稚園が教育時間終了後に在園する子どものうち保育を必要とする子どもに対して教育を行う「幼稚園型認定こども園」、保育所が保育を必要とする子ども以外の三歳以上の子どもを保育する「保育所型認定こども園」、保育所以外の保育機能施設等が保育を必要とする子ども以外の子どもも受け入れるなど、幼稚園的な機能を備えている「地方裁量型認定こども園」である。

(2) 就学前教育・保育を担う施設における教育・保育内容

・幼稚園

幼稚園における教育課程、保育内容については、学教法二十五条により文部科学大臣が定めることとなっており、学校教育法施行規則三十八条により教育課程その他の保育内容の基準として文部科学大臣が別に公示する「幼稚園教育要領」によるとされている。

昭和二三年に幼稚園のみならず保育所や家庭における保育の手引書としての性格を有する試案として文部省より「保育要領」が刊行された。その後、昭和三一年に、もっぱら幼稚園の教育課程の基準を示すものとして「保育要領」が「幼稚園教育要領」として全面改訂された。この「幼稚園教育要領」は、昭和三九年、平成元年、平成一〇年、平成二〇年、平成二九年に改訂されている。

平成二九年の改訂では、幼稚園教育において育みたい資質・能力の明確化や教育課程に基づき組織的・計画的に教育活動の質の向上を図ること、幼児理解に基づいた評価の実施などについて明示されている。

・保育所

児福法四十五条に基づき児童福祉施設の最低基準として、厚生労働省令の「児童福祉施設の設備及び運営に関する基準」が定められており、同基準三十五条において「保育所における保育は、（中略）その内容については、厚生労働大臣が定める指針に従う」とされている。この規定により厚生労働省告示として「保育所保育指針」が定められている。

幼稚園教育要領と保育所保育指針については、これまで教育内容の整合性を図ってきている。平成二〇年の改訂にあたっては、それまで別の日程で公示されていたものを同日に公示し、平成二九年の改訂では、より一層の内容の整合性を図っている。

令和四年にこども家庭庁設置法が成立した。同法改正に合わせて、学教法及び児福法が改正され、幼稚園教育要領及び保育所保育指針を改訂する際には、相互に協議を行うこととされ、内容の整合性を図ることが制度的に位置付けられた。

・幼保連携型認定こども園

認定こども園法の十条一項に基づき、「教育課程その他の教育及び保育の内容に関する事項は（中略）主務大臣が定める」とされており、この規定に基づき内閣府、文部科学省及び厚生労働省の告示として「幼保連携型認定こども園教育・保育要領」が定められている。この要領についても、幼稚園教育要領や保育所保育指針との内容の整合性が図られている。（藤岡　謙一）

2 児童・生徒の福祉

(1) 児童・生徒の福祉の意義

児童・生徒の福祉（以下「子ども家庭福祉」という。）は、社会福祉の一領域として、児童と家庭に関する福祉問題を取り扱う領域である。それは、子ども家庭福祉の歴史、現状、意義を考えるとき、特別な重要性を有する。教育問題を考察するためばかりではなく、子ども・子育て支援社会を建設する上でも、子ども家庭福祉が重要な意義を有することに相違ない。

社会福祉の起源は、生活困窮者の救済であった。この生活困窮者の中に子どもが含まれていた。当初は全ての生活困窮者が一つの施設に混合収容されていた。その後、施設の分化が進み、子ども家庭福祉固有の発展が看取されるようになる。

わが国を代表する社会事業家、石井十次（一八六五―一九一四）、石井亮一（一八六七―一九三七）、留岡幸助（一八六四―一九三四）等により、児童関連施設が創始され、そこを拠点にして福祉事業が開拓された。また、太平洋戦争後（以下「戦後」という。）のわが国では、福祉国家を建設するため、生活保護法（以下「生保法」という。）の基本対策に引き続き、児童福祉法（以下「児福法」という。）が制定され、子ども家庭福祉は戦後の喫緊の課題としての位置を占めることが確認されることになる。

(2) 児童・生徒の福祉の制度

全ての児童・生徒が、その置かれている環境のいかんにかかわらず、危険有害労働や酷使等の悲惨な状況に陥ることなく、健やかに育成・愛護されるためには、その条件を充実するための制度的保障が必要であり、特に種々の理由から生活上の困難のある児童・生徒には、その解決・緩和のための保護措置が必要となる。以上のような特別保護措置を講ずるための諸制度を大別すると、次の二つに分類できよう。

第一は、諸々の困難を持つ児童・生徒を発見・援助・保護し、彼らの健全育成を図る機関・施設の設置運営に関するものである。児福法をはじめ、社会福祉法、民生委員法、健康保険法、保健所法、障害者総合支援法、障害者差別禁止法、身体障害者福祉法、知的障害者福祉法、障害者の雇用の促進等に関する法律、精神保健及び精神障害者福祉に関する法律、母子及び父子並びに寡婦福祉法（以下「母子福祉法」という。）等にその具体的規定が設けられている。

第二は、特に児童・生徒の経済上の困難を解決・緩和しようとするものである。児福法の他、生活保護法、児童扶養手当法、特別児童扶養手当等の支給に関する法律、児童手当法、母子福祉法、厚生年金法、国民年金法、雇用保険法、その他の法律にその具体的規定が設けられている。

(3) 子ども家庭福祉のための機関と施設

児童福祉機関には、児童福祉審議会、児童委員―民生委員、児童相談所―児童福祉司、福祉事務所―社会福祉主事、保健所等がある。また、児童福祉施設、つまり助産施設、乳児院、母子生活支援施設、保育所、幼保連携型認定こども園、児童厚生施設、児童養護施設、障害児入所施設、児童発達支援センター、児童心理治療施設、児童自立支援施設、児童家庭支援センターが存置されている（児福法七条）。

児童福祉諸機関の中で最も中心的機能を果たすべく期待されているのは、都道府県・指定都市必置の児童相談所であり（児福法十五条）、令和五年二月現在全国に二三〇か所が設置されている。児童相談所には、児童福祉司、心理判定員等の専門職員が置かれ（児福法十二、十二の二、十二の三、十三、十四、十五）、児童に関するあらゆる種類の相談に応じ、調査・判定・指導を行い、必要性がある場合には、一時保護、里親委託、児童福祉諸施設への入所、家庭裁判所への送致等の措置を行うことになっている。

児童委員は、市町村の各区域に置かれ、民生委員が兼ねることになっているが、平成六年には、主任児童委員制度が創設され、児童福祉のみを担当する独自性が確保されることになった。常に児童・妊産婦の生活、環境状態を詳らかにし、その保護・援助・指導を行い、児童相談所の児童福祉司、社会福祉のより一般的・基本的機関である福祉事務所の社会福祉主事等の行う職務に協力する（児福法十六以下）。問題のある児童の発見・通告、里親・保護委託者の発見等も彼らの任務とされている。

(4) 子ども家庭福祉における各種金銭給付

元々、児童の養育に要する金銭給付について、児福法は何ら規定を持たなかった。そこで、昭和三五年頃から、それぞれ異なる法的根拠を有する社会手当が導入された。現行制度として、児童扶養手当、特別児童扶養手当、児童手当が存在する。第一の児童扶養手当は、ひとり親家庭の子育てを支援するものである。これまでは母子家庭のみを対象にして支給していたが、平成二二年八月から、父子家庭にも支給されることになった。なお、同手当の支給には所得制限がある。また、各種公的年金との併給制限が行われることもある。第二の特別児童扶養手当としては、精神又は身体に障害を有する児童に「特別児童扶養手当」、精神又は身体に重度の障害を有する児童に「障害児福祉手当」、精神又は身体に著しく重度の障害を有する者に「特別障害者手当」が支給される。以上を実施することにより、当該児童の「福祉の増進を図ること」が目的である。その支給要件は、「障害児の父若しくは母がその障害児を監護するとき」であり、または「父母がないか若しくは父母が監護しない場合において、当該障害児の父母以外の者がその障害児を養育するとき」である。第三の児童手当は、平成二四年四月以降廃止となった「子ども手当」に代わり、支給された。同手当の目的は、次代の社会を担う子どもの健やかな育ちを支援することである。一五歳到達後最初の三月三一日までの児童を養育している者に支給され、平成二四年六月からは、所得制限が設けられた。また、同手当から、給食費や保育料を差し引くことができる。

《参考文献》

柏女霊峰『現代児童福祉論』誠信書房二〇〇四年。高橋重宏『子ども家庭福祉論』建帛社、二〇〇一年。山縣文治『よくわかる子ども家庭福祉』ミネルヴァ書房、二〇〇七年。　（小田桐　忍）

3 青少年の保護

(1) 青少年保護制度の概要

わが国の場合、青少年の保護制度は、狭義の教育制度、年少労働者の保護制度等と深い関連性を保ちながら、それとは一応別個の様々な制度が重層的に設置され、相互に交錯している。それらを大別すれば、予防保護制度（前者）と治療制度（後者）に二分できる。

前者は、更に狭義の教育制度以外に、ⓐ児福法、生保法、社会福祉法、精神保健法、優生保護法、身体障害者福祉法等の諸法規に基づく社会福祉制度の一部を形成するもの、ⓑ労基法、職能法、職業安定法、雇用保険法等に基づく年少労働者保護制度と重複するもの、ⓒ刑法、風営法、未成年者喫煙禁止法、未成年者飲酒禁止法、性病予防法、覚醒剤取締法等に基づく警察行政制度の一部を形成するもの、ⓓ民法、家事審判法等に基づく司法行政制度の一部を形成するもの等に分けられ、それぞれが厚生・労働・警察・司法等の諸制度の一環として相互交錯的重層的に運用されている。これらの諸制度により、多くの青少年が非行や犯罪に着手する前に、予防的に保護されることになる。

後者は、既に問題があると判断されるに至った青少年に対し、治療教育的な処置を行ない、その更生を図る制度である。ⓐ児福法に基づく厚生労働省所管のものと、ⓑ少年法に基づく法務省所管のものとに分けられる。ⓐは、一八歳未満の児童を対象とし（児福法四）、不良行為をなし、またはなす虞れのある児童（児福法四十四）等個々人の福祉を守ることを眼目とし、その保護の方法も、本人及び保護者の意思に反しないことを原則としている（児福法二十七、四十七）。ⓑは、二〇歳未満の者を対象とし（少年法二）、刑罰法令に触れる行為をするか、またはその虞れのある少年（少年法三）の治療保護を目的とするが、その場合に採用される立場は、ⓐの場合と比べ、犯罪から社会及び公共の福祉を守る側面が強く、保護の仕方も、本人及び保護者の意思に反するものであり得るとされ、両者には立場の相違が認められる。それぞれの代表的施設は、ⓐが児童自立支援施設、ⓑが四種類の少年院（初等、中等、特別、医療）である。

(2) 予防保護制度の一例としての二十歳未満の者の禁煙・禁酒制度

「何人も、次に掲げる行為をしてはならない」（児福法三十四）は、この予防保護制度の包括的規定の一つとして読み替えることができる。ここでは、二十歳未満ノ者ノ喫煙ノ禁止ニ関スル法律（以下「喫煙禁止法」という。）及び二十歳未満ノ者ノ飲酒ノ禁止ニ関スル法律（以下「飲酒禁止法」という。）を取り上げ、検討してみたい。

二〇歳未満の者の喫煙・飲酒は、法により厳しく禁止されている（喫煙禁止法・飲酒禁止法一）。ここで特に注意を要する点は、単に二〇歳未満の者本人の喫煙・飲酒が禁じられているだけではなく、親権者等に二〇歳未満の者の喫煙・飲酒を知ったとき、これを止めさせることが義務づけられ、また営業者には二〇歳未満の者の喫煙・飲酒に供することを知りながら、これらを販売することが禁じられ、それぞれにつき違反した場合の罰則規定が設けられていることであろう（喫煙禁止法・飲酒禁止法三、四）。これらの法文の存在から、成人には青少年を非行・犯罪から未然に守るための予防保護義務が課せられていることは明らかである。なお、平成二〇年七月から、成人識別ICカード「taspo（タスポ）」が全国で稼働開始し、二〇歳未満の者による自動販売機からのたばこの購入防止に役立っている。

(3) 青少年の非行・犯罪及びその虞れのある者の発見とその後の措置

①児福法による場合：保護者のない児童または保護者に監督させることが不適当である児童を発見した者は、これを福祉事務所、児童相談所、（ただし、罪を犯した満一四歳に満たない児童の場合は家庭裁判所）に通告しなければならない（児福法二十五）。通告を受けた福祉事務所、児童相談所（家庭裁判所については後述する）の長は、相談、調査の上、社会福祉主事、児童福祉司、児童委員等に指導させるか、都道府県知事に報告し、知事を通じて命令の定めるところに従い、児童または保護者に訓戒を加えるか、誓約書を書かせるか、里親・保護受託者に委託するか、児童自立支援施設その他の児童福祉施設に入所させるか、家庭裁判所に送致するか、いずれかの措置を講じなければならない（児福法二十五、二十五の二、二十六、二十七）。

②少年法による場合：少年法は、その対象となる少年を、ⓐ犯罪少年（一四歳以上二〇歳未満の罪を犯した少年）、ⓑ触法少年（一四歳未満で刑罰法令に触れる行為をした少年）、ⓒ虞犯少年（一定の事由があり、その性格または環境に照らし、将来、罪を犯し、または刑罰法令に触れる行為をする虞れのある少年）の三者に区分している（少年法三）。

以上三者の少年を発見した者（この中には一般成人、家庭裁判所調査官、警察官、検察官、児童相談所長、都道府県知事が含まれる）は、これを家庭裁判所に通告または報告、送致しなければならず（少年法六、七、八、四十一、四十二、児福法二十五、二十六）、通告を受けた家庭裁判所は、家庭裁判所調査官に調査を命じ（少年法八）、調査官は、専門的知識を活用し、問題があるため通告された青少年の性格や環境等について調査を行い、必要があると認められたときは、彼らを少年鑑別所に収容し、精密な鑑別を行うことになる（少年法九）。以上の調査結果に基づき、家庭裁判所は、児童相談所送致、検察官送致、不処分、審判不開始、審判結果に基づく保護処分のいずれかの決定をしなければならない（少年法十八〜二十四）。審判の結果、保護処分と決定したときは、ⓐ保護観察所の保護観察、ⓑ児童自立支援施設または児童養護施設送致、ⓒ少年院送致、以上のいずれかをしなければならない。ただし、処分決定に当たり必要があると認められるときは、相当の期間、家庭裁判所調査官の試験観察に付することもできる（少年法二十四、二十五）。

以上から明らかになるように、青少年の監護と教育の権利義務を有する親権を行う者（民法八百二十）等が、何らかの理由でその権利義務を十分に履行し得ない場合、問題の青少年たちは、一定の手続を経た上で、児童福祉司、社会福祉主事、児童委員、里親、保護受託者、児童養護施設または児童自立支援施設等の児童福祉施設（以上厚生労働省所管）、並びに保護観察所、少年院、少年刑務所（以上法務省所管）等の専門諸機関及び諸施設の手に委ねられ、治療教育的保護を受けるよう仕組まれている。

〈参考文献〉

岩本健一『児童自立支援施設の実践理論』関西学院大学出版会、二〇〇七年。奥平康弘『青少年保護条例・公安条例』学陽書房、一九八一年。法務省矯正研修所『少年院法』矯正協会、一九七八年。

（小田桐　忍）

4 児童虐待の防止

(1) 児童虐待防止法成立の背景と経緯

都市化、核家族化、少子化の進行は、二〇世紀後半、子どもを取り巻く社会環境のみならず、子どもを持つ親にまで深刻な悪影響を及ぼしつつあった。そうした悪影響の一つが児童虐待である。厚生労働省によれば、全国の児童相談所で対応した児童虐待の相談対応件数（速報値）は、令和四年度の場合、二一万九、一七〇件を数えて、平成二年度（一、一〇一件）の約一九九倍に達している。育児に不慣れな親が孤立化し、育児不安に陥り、児童虐待を惹起したものと思われる。

従来、児童虐待は児福法に規定されていたため、抜本的な改正が行われることはなかった。しかし、それでは年々深刻化する問題に対応しきれないとする批判も根強く、平成一二年五月、児童虐待の防止等に関する法律（通称「児童虐待防止法」、以下「防止法」という。）が制定されることになったのである。

(2) 児童虐待の定義と法律の運用

児童虐待とは、保護者がその監護する児童に対し、①身体的虐待（「児童の身体に外傷が生じ、または生じるおそれのある暴行を加えること」）、②性的虐待（「児童にわいせつな行為をすること又は児童をしてわいせつな行為をさせること」）、③ネグレクト（「児童の心身の正常な発達を妨げるような著しい減食又は長時間の放置、保護者以外の同居人による前二号又は次号に掲げる行為と同様の行為の放置その他の保護者としての監護を著しく怠ること」）、④心理的虐待（「児童に対する著しい暴言又は著しく拒絶的な対応、児童が同居する家庭における配偶者に対する暴力（配偶者の身体に対する不法な攻撃であって生命又は身体に危害を及ぼすもの及びこれに準ずる心身に有害な影響を及ぼす言動をいう。）その他の児童に著しい心理的外傷を与える言動を行うこと」）、以上のような行為をすることを言う（防止法二）。

何人も児童を虐待してはならない（防止法三）。「児童虐待を受けた児童を発見した者」は、児福法の規定（児福法二五）に従い、通告しなければならない（防止法六）。また、「児童虐待が行われているおそれがあると認めるときは」児童委員等が児童の家庭に「立ち入り、必要な調査又は質問」をすることができる（防止法九）。なお、このとき職務上の必要性があれば、「警察署長に対し援助」を求めることも可能である（防止法十）。更に、親権者に対しては、親権の濫用が禁止され（防止法十四）、民法上の親権喪失制度の適切な運用も義務づけられている（防止法十五）。

(3) 児童の権利に関する条約との関連性

平成元年一一月に採択された、児童の権利に関する条約（以下「条約」という。）をわが国は平成六年四月に批准した。このことの有する国内法的意義は大きい。なぜなら、わが国も締約国として「この条約において認められる児童の権利」を国内的に実現し、更に国際協力までも促進する法的義務を負ったからに他ならない（条約四）。「締約国は、児童が父母、法定保護者又は児童を監護する他の者による監護を受けている間において、あらゆる形態の身体的若しくは精神的な暴力、傷害若しくは虐待、放置若しくは怠慢な取扱い、不当な取扱い又は搾取からその児童を保護するため全ての適当な立法上、行政上、社会上及び教育上の措置をとる」（条約十九）ことを受ける形で、防止法は審議され成立した。

今後の課題としては、「児童の権利」を最大限に尊重する社会建設の視点から、防止法それ自体の不備を指摘することも重要であるように思われる。「児童虐待を発見しやすい立場にある」者、つまり教員、医師、保健師等（防止法五）による通告を実効力あるものにするために、①罰則規定を設ける、②児童相談所の権限を強化するなど、有識者が指摘するのは、その一例と言えよう。

〈参考文献〉

吉田恒雄『児童虐待防止法制度』尚学社、二〇〇三年。児童虐待防止法令編集委員会『児童虐待防止法令ハンドブック』中央法規出版、二〇〇九年。

（小田桐　忍）

5 子ども家庭福祉の課題

(1) 育児介護休業制度

急速な少子高齢化への対応策が焦眉の社会問題として論じられる中、平成三年五月に、育児休業、介護休業等育児又は家族介護を行う労働者の福祉に関する法律（以下「育介法」という。）が制定された。育介法は、育児または家族の介護を容易にするため、勤務時間等について事業主が講ずべき措置を定める他、育児または家族の介護を行う労働者に対する支援措置を講じることにより、当該労働者の職業生活と家庭生活との両立が図られるよう支援することによって、その者の福祉を増進するとともに、わが国の経済及び社会の発展に資することを目的とする（育介法一）。

育児休業制度（育介法五～九）では、原則として子が一歳に達するまでの間、男女労働者は申し出ることにより、育児休業をすることができる。一定の範囲の期間雇用者も、①同一の事業主に引き続き雇用された期間が一年以上である、②子が一歳に達する日（誕生日の前日）を超えて引き続き雇用されることが見込まれる、①と②のいずれにも該当する場合、育児休業を取得することができる。日々雇用される者は、育児休業制度の対象にならない。休業期間は、原則として一人の子につき一回であり、子が出生した日から子が一歳に達する日（誕生日の前日）までの間で労働者が申し出た期間である。ただし、①保育所に入所を希望しているが、入所できない場合、②子の養育を行っている配偶者であって、一歳以降子を養育する予定であった者が、死亡、負傷、疾病等の事情により、子を養育することが困難になった場合、①か②のいずれかの事情がある場合、子が一歳六か月に達するまで育児休業ができる。

介護休業制度（育介法十一～十五）で

は、要介護状態にある対象家族を介護する男女労働者は、介護休業をすることができる。一定の範囲の期間雇用者も、①同一の事業主に引き続き雇用された期間が一年以上である、②介護休業開始予定日から九三日を経過する日を超えて引き続き雇用されることが見込まれる、①と②のいずれにも該当する場合、介護休業を取得することができる。日々雇用される者は、介護休業制度の対象にならない。休業期間は、対象家族一人につき、要介護状態に至るごとに一回、通算九三日までの間で労働者が申し出た期間である。なお、当該制度における「要介護状態」とは、負傷、疾病または身体上もしくは精神上の障害により、二週間以上の期間にわたり、常時介護を必要とする状態を、また「対象家族」とは、配偶者、父母、子、配偶者の父母、労働者が同居しかつ扶養している祖父母、兄弟姉妹及び孫を意味する。

子の看護休暇制度では、小学校就学前の子を養育する労働者は、申し出ることにより、一年に五日まで、病気・けがをした子のために、看護休暇を取得することができる。この場合の申出は口頭でも認められる。また、事業主は業務の繁忙等を理由に子の看護休暇の申出を拒むことができない。ただし、勤続六か月未満の労働者及び週の所定労働日数が二日以下の労働者は、労使協定の締結により、当該制度の対象外とすることができる。

(2)　認定こども園の設置

急速な少子化の進行、家庭及び地域を取り巻く環境の変化によって、小学校就学前の子どもの教育及び保育に対する需要が多様化した。そこで、地域の創意及び工夫を活用し、地域において子どもが健やかに育成される環境を整備するという目的から、就学前の子どもに関する教育、保育等の総合的な提供の推進に関する法律（以下「こども園法」という。）が平成一八年六月に制定された。

認定こども園（以下「こども園」という。）とは、こども園法によれば、第一に、小学校就学前の子どもを、保護者の就労の有無にかかわらず受け入れ、幼児教育及び保育を一体的に提供する機能、第二に、地域における子育て支援事業を行う機能、以上のような二つの機能を備え、都道府県知事の認定を受けた施設のことを言う。こども園に関する事務については、内閣府の子ども・子育て本部が一元的に対応する。これにより、こども園は、既存の幼稚園（学校教育法）、保育所（児童福祉法）との連携が図られ、それぞれ『幼保連携型認定こども園教育・保育要領』、『幼稚園教育要領』、『保育所保育指針』によって提供する教育・保育の内容が明確にされた。令和三年七月現在、こども園は全国に八、〇一六園設置されている。

こども園は、既存の幼稚園や保育所が相互に機能を付加することにより認定を受ける制度であるため、構成する施設により、①幼保連携型、②幼稚園型、③保育所型、④地方裁量型、以上の四つの形態に分類される。

第一の幼保連携型は、認可幼稚園と認可保育所とが連携した、一体的な運営を行うことにより、こども園としての機能を果たす。第二の幼稚園型は、認可幼稚園が、保育に欠ける子どもの保育時間を確保するなど、保育所的な機能を備えることにより、こども園としての機能を果たす。第三の保育所型は、認可保育所が、保育に欠ける子ども以外の子どもも受け入れるなど、幼稚園的な機能を備えることにより、こども園としての機能を果たす。第四の地方裁量型は、幼稚園・保育所いずれの認可もない地域の教育・保育施設が、こども園としての必要な機能を果たす。

(3)　子どもの貧困

一見すると、豊かさの中で何不自由なく暮らしているかに映る子どもたちではあるが、子どもの貧困が止まらない。それ故、子どもの貧困は、現代社会における喫緊の課題の一つと目されている。厚生労働省の平成三一年国民生活基礎調査によれば、「子どもの貧困率」（平均的な可処分所得の半分を下回る世帯で暮らす一八歳未満の子どもの割合）は、令和三年時点で約一一・五%（八・七人に一人）だった。この数値は、前回調査（三年前）に比べ、雇用状況等が良くなった結果、改善傾向にあるとは言え、先進国中でなお高水準であり、特にシングルマザーなどひとり親家庭を取り巻く状況が厳しいと考えられている。貧困は親から子どもに連鎖し易いため、引き続ききめ細かい実態把握と対策が求められよう。

平成二五年には「子どもの貧困対策の推進に関する法律」が制定された。今後、私たちは、同法の目的を受けて、子どもの貧困を解決し、「子どもの将来がその生まれ育った環境によって左右されることのない社会」（同法第二条）の建設を目指さなければならない。（小田桐　忍）

〈参考文献〉

労働法令協会『わかりやすい改正育児、介護休業法の解説』労働法令　二〇一〇年、全国認定こども園協会『認定こども園の未来』フレーベル館　二〇一三年、日本学校ソーシャルワーク学会『スクールソーシャルワーカー養成テキスト』中央法規出版　二〇〇八年。

6　家庭教育

(1)　家庭教育の役割と現状

一般的に家族とは、夫婦を中心として、親子・きょうだいなどを主要な構成員とする、婚姻と血縁によって結ばれている集団を意味する。そして、集団としての家族が生活を営む場が家庭である。家庭教育とは、学校教育、社会教育と並ぶ教育機能の一つであり、家庭において親などが子どもに対して行う教育を総称する。家庭教育は、学校教育と社会教育とは異なる性質を持つ。教育という営みは、意図的、計画的、組織的なものと、無意図的、非計画的、非組織的なものとに大別されるが、家庭教育は後者に属するものである。

子どもの成育における家庭の役割は大きい。子どもにとって家庭とは、「運命」的に生まれ、家族を取り巻く諸条件を受容して、その集団の中で保護・教育される環境である。子どもは言語を習得し、基本的行動様式や習慣を身に付け、情操あるいは倫理観を獲得し、家庭を取り巻く地域特有の文化を理解し、自立・社会化への基礎づくりを成す。また、家族との関係深い生活を通じて、同化と反発を繰り返して人格を形成していく。特に乳幼児期のしつけは、基本的生活習慣の形成や社会性・道徳性の発達を促し、生涯にわたる教育の基礎を培うものになる。

家庭教育とは、保護者による子どもに対する教育のことであるが、心身ともに調和のとれた発達を促すなど、その範囲の広さから全人的な教育活動と言えよう。こうした重要な役割を担っているため、「父母その他の保護者は、子の教育について第一義的責任を有する」（教育基本法第十条）と謳うのである。また、民法第八百二十条（平成二三年六月改正）も「親権を行う者は、子の利益のために子の監護及び教育をする権利を有し、義務を負う」と定めている。このように、子どもの福祉・教育のために義務が課せられている。

ところで、以前から家庭の教育力が低下していると指摘されている。近年の調査においても、保護者が子育てに不安を抱えており、自信を持ち得ていない傾向が垣間見える。令和三年度文部科学省委託調査「家庭教育の総合的推進に関する調査研究～「家庭教育」に関する国民の意識調査～」によれば、「子育てについての悩みの不安の程度」について「いつも感じる」「たまに感じる」を合わせると六七・八%という割合を示している。具体的には「子供の行動・気持ちが分からない」三一・二%、「しつけの仕方が分からない」二五・四%、「子供の生活習慣の乱れについて悩みや不安がある」二五・四%、「子供の健康や発達について不安がある」二四・〇%などである。子ども理解を深められず、しつけの方法などにも戸惑いながらわが子に接している保護者の姿が浮かび上がっている。

児童虐待の認知件数が増加傾向にある（全国の児童相談所における児童虐待に関する相談対応件数について、令和三年度は二〇七、六五九件で過去最多）。児童虐待の実態を見ると心理的虐待、身体的虐待、性的虐待、ネグレクトがある。児童福祉施設に収容されたり、非行少年として家庭裁判所で保護処分を受ける子どもには家庭環境に複雑な問題をかかえている場合が多い。家庭を支援し、その教育力を取り戻すことが不可欠である。そして、子どもの権利・利益を保障する施策が必要である。

(2) 家庭教育の支援施策

家庭教育の支援は、従来から社会教育の一環として行われてきた。社会教育法第五条一項七号（平成二三年八月改正）によれば、市町村教育委員会の事務として「家庭教育に関する学習の機会を提供するための講座の開設及び集会の開催並びに家庭教育に関する情報の提供並びにこれらの奨励に関すること」を定めている。教育基本法の改正（平成一八年）を受け、後段の家庭教育に関する情報提供とその奨励が付け加えられた。市町村における家庭教育の奨励施策の中心は、家庭教育学級・講座である。主要テーマは、子どもの心身の発達、家庭環境、社会環境等に関するものである。

子育ての問題が多くの家庭を巻き込む重大な社会問題となっているため、現代では家庭教育の「奨励」ではなく「支援」と表現されるように、法制度上、行政は以前よりも積極的に家庭教育を支援している。平成二八年度には、文部科学省に「家庭教育支援の推進方策に関する検討委員会」が設置された。その後、「地域における家庭教育支援基盤構築事業」により、身近な地域の多様な人材を活用した支援体制が構築されてきた。各地に「家庭教育支援チーム」が組織され、保護者への学習機会や情報の提供、相談対応などの支援の基盤整備のほか、課題を抱えた家庭に対する寄り添い届ける支援（アウトリーチ型支援）の充実を図ることとしている（『家庭教育支援チーム』の手引書』（平成三〇年一一月）に詳細がまとめられている）。

厚生労働省では、子育て親子が気軽に集まって相談や交流を行う「地域子育て支援拠点」を整備して、交流の場と機会を設けて、地域の子育て情報の提供や相談・援助に取り組んでいる。内閣府は一一月の第三日曜日を「家族の日」、その前後一週間を「家族の週間」と定め、この期間を中心に関係府省や地方公共団体、関係団体と連携して、家族・地域の大切さや絆を確認かつ啓発する活動（フォーラム、作品コンクールなど）を実施している。

令和二年には「少子化社会対策大綱」が策定された（五月二九日閣議決定）。男女共に仕事と子育てを両立できる環境の整備、多様化する子育て家庭の様々なニーズに応える支援にかかる総合的な施策を展開する方針が示されている。

地方公共団体について、都道府県は市町村の事業との重複を避けながら、家庭の教育力の向上を企図し、家庭教育支援事業の基盤整備に取り組んでいるところが多い。日常的に家庭教育の支援を行っている機関としては、幼稚園、保育所、幼保連携型認定こども園があげられる。これらは保護者や地域の人々に機能や施設の開放、幼児期の保育に関する相談や情報提供、未就園児の親子登園、保護者同士の交流の機会を設けるなど、多様な活動を通じて地域における子育て支援のセンターとしての役割を果たしている。

令和五年度、「こども家庭庁」が発足した。内閣府、厚生労働省、警察庁などが管轄してきた子どもにかかる行政事務を集約して、関連する事業を展開している。子どもの保護や教育の問題は、家庭・家族の問題を背景に抱えているため対応や解決は容易でないが、行政機関から実践の現場に至る支援体制づくりは問題解決の可能性を秘めている。しかし、現実問題として、事業の整備拡充、人材の確保、予算措置、地域社会における教育力の質的向上など、家庭教育を充実させるために解決すべき課題は山積している。家庭や子どもにかかる諸問題が善処されていくことを期待したい。

〈参考文献〉

文部科学省『令和四年度 文部科学白書』日経印刷株式会社、二〇二三年。内閣府『令和四年版 子供・若者白書』日経印刷株式会社、二〇二二年。恩賜財団母子愛育会愛育研究所編『日本子ども資料年鑑二〇二三』KTC中央出版、二〇二三年。

（井上 兼一）

7 少年非行の動向

(1) 重大な少年犯罪と少年法改正

近年の重大な少年犯罪の発生に伴い、少年法は三度の改正が行われた。その一つは平成九年に神戸で起きた「酒鬼薔薇聖斗」と名乗る少年による児童連続殺傷事件を端緒とした改正である。この事件は犯罪少年が一四歳未満であったことから、大きな衝撃を与えた。この事件を契機に凶悪な少年犯罪に対する適切な対応を求める声が強まり、その結果、政府は平成一二年一一月二八日に少年法を以下のように一部改正した。①「一六歳以上」の刑事罰対象年齢を「一四歳以上」にまで引き下げる。②一六歳以上の少年が故意の犯罪行為で死亡させた場合、原則として刑事処分手続きにかける。③家庭裁判所の判断で少年審判への検察官の立会いを認め、複数の裁判官による合議制の導入も可能とする。④一八歳未満の少年の罪が成年の無期刑に相当する場合は、減刑せずに無期刑を科することもできる。⑤被害者等は申出により事件の記録の閲覧及び謄写をすること、また家庭裁判所に意見陳述ができることになった。少年法の改正はほぼ五〇年ぶりであったが、改正の要点は、①、②と④は刑事罰対象の年齢の引き下げと厳罰化、③は非行事実の認定の強化と少年審判への適正手続の導入、⑤は被害者への配慮の観点の導入であった。

しかし、平成一五年の長崎・幼児誘拐殺害事件、平成一六年の佐世保・同級生殺害事件とその後も重大な少年犯罪が続いた。こうした状況のなかで政府は、平成一九年六月二七日に少年法を改正した。主な改正点は以下の通りである。①「触法少年」の行為に対して警察に押収、捜索・検証という「調査」をする権限が与えられた。②少年院への送致年齢の下限が「十四歳以上」から「おおむね十二歳以上」に引き下げられた。③保護観察中の少年が守るべき事項を繰り返し違反したら少年院に送る処分が可能になった。④重大事件で身柄を拘束されている少年に公費で弁護士（付添人）が付けられるようになった。以上の改正点は、平成一二年の厳罰化傾向をさらに強めるものとなっている。これらの改正点について、厳罰化によって少年犯罪が減少するものかどうか疑問の声も出された。

さらに、平成二〇年六月一八日に少年法が改正された。主な改正点は以下の通りである。①家庭裁判所は殺人事件等一定の重大事件の被害者等から申出がある場合に、少年の年齢や心身の状態等の事情を考慮して、少年の健全な育成を妨げる恐れがなく相当と認めるときは、少年審判の傍聴を許すことができる。②家庭裁判所は被害者等に対して審判の状況を説明する。③少年犯罪の被害者等には、原則として、記録の閲覧・謄写を認めることとするとともに、閲覧・謄写の対象となる記録の範囲を拡大し、非行事実に係る部分以外の一定の記録についても、その対象とする。④被害者等の申出による意見の聴取の対象者を拡大し、被害者の心身に重大な故障がある場合に、被害者に代わり、被害者の配偶者、直系の親族または兄弟姉妹が意見を述べることができる。以上の改正点から、被害者や遺族への配慮を一段と強める内容となっていることが分かる。

(2)　少年非行の内容と推移

少年犯罪の実態はどのようなものであるのか。少年法では少年犯罪を刑罰行為に相当する犯罪だけではなく、もっと広い行為を含めて「少年非行」と定義している（少年法一、三）。そしてその非行の態様によって非行少年を、犯罪少年（一四歳以上二〇歳未満）、触法少年（一四歳未満）、虞犯少年（二〇歳未満）の三種に区分している（少年法三）。実際には犯罪行為をしていないのにその虞れがある少年を非行のなかに分類し、必要と認められているときには保護処分をするのは少年の「健全な育成を期」する少年法ならではの特徴である。

警察庁生活安全局少年課の『令和四年中における少年の補導及び保護の概況』によれば、令和四年中における刑法犯少年の検挙人員は一万四、八八七人であり、平成二五年の四分の一程度にまで減少した。また、触法少年についても減少傾向にある。その内訳は、凶悪犯四九五人、粗暴犯二、八四四人、窃盗犯七、五〇三人、知能犯七五〇人、風俗犯四七七人、その他の刑法犯二、八一八であった。凶悪犯の罪種別では、殺人が四九人であり、前年（令和三）より一四人増加した。強盗二三五人、放火三八人、強制性交等一七三人である。こうした刑法犯とは別に、『令和四年版犯罪白書』（法務省）によれば、犯罪少年の薬物犯罪について、覚醒剤取締法違反は、昭和五七年（二七五〇人）及び平成九年（一五九六人）をピークとする波が見られた後、平成一〇年以降は大きく減少し、令和三年は一一四人（前年比一八人増）であった。大麻取締法違反は、平成六年（二九七人）をピークとする波が見られた後、増減を繰り返していたが、平成二六年から八年連続で増加し、令和三年は九五五人（前年比一〇二人（一二・〇％）増）であった。麻薬取締法違反は、昭和五〇年以降、おおむね横ばいないし僅かな増減に留まっていたが、平成二九年から増加傾向にある。薬物犯罪は、少年の健康まで蝕む現代的な犯罪として注意しなければならない。

少年非行の検挙数は、時代によって変動がある。『犯罪白書』は、戦後から今日まで次のような三つの波があると指摘をしている。すなわち、昭和二六年の一六万六、四三三人をピークとする第一の波、昭和三九年の二三万八、八三〇人をピークとする第二の波、昭和五八年の三一万七、四三八人をピークとする第三の波である。しかしながら、その後、減少傾向にあった検挙数は平成八年から増加し始め、平成一〇年にピーク（約一五万人）に達している。このためこのピークをもって「第四の波」と呼ぶ識者もいる。そして、その後、減少したものの平成一三年から再び増加傾向に転じ、一五年の検挙数は前のピーク時の一〇年の検挙数を超えて約一五万五、〇〇〇人となっている。平成一六年には減少に転じているが、少年人口比で必ずしも低下傾向にあるとはいえない。また近年は増減のサイクルが短くなっており、そのことはとりもなおさず、少年非行は多くの場所でいつでも起こりうる状況にあるといえよう。また、最近の少年非行でとりわけ指摘されているのが理解困難な少年が多くなっているという事実である。平成一七年版『犯罪白書』によれば、少年院教官の七二・七％が「処遇困難な非行少年」が増えたと回答している。こうしたことが現代の少年非行の問題の理解と対応を一層困難なものにしている。

（小田桐　忍）

〈参考文献〉

警察庁『少年の補導及び保護の概況』最新版。法務省『犯罪白書』最新版。

8　非行少年の処遇手続

少年非行の対処は、非行少年の発見から始まり、家庭裁判所による調査と審判を経て非行少年の処遇が決定される。非行少年の処遇手続の特徴的な点は、以下に示すところにある。

(1)　全件送致主義と児童相談所への通告

少年法はその目的として、「少年の健全な育成を期し、非行のある少年に対して性格の矯正及び環境の調整に関する保護処分を行うとともに、少年の刑事事件について特別の措置を講ずる」（少年法一）ことを明示している。すなわち、少年法は少年の健全な育成の観点から、少年に対する保護と特別措置を講ずることを目的として制定された法律であり、刑罰を科することを目的とする成人に対する刑罰法令とは異なる。そうした少年法の目的には、少年は成長過程にあり、刑罰に相当する罪を犯してもそれを反省して矯正可能であり、それゆえ非行少年に刑罰を科するよりも保護や教育によって彼らの社会復帰を目指すことが必要であるという考え方がある。こうしたことから少年法は刑事政策と福祉政策の両面を兼ね備えた法律であると言われている。

少年法のこうした理念を処遇手続の面において示しているのが、少年の保護事件に関して、事件を家庭裁判所に送致する全件送致主義の原則あるいは児童相談所への通告の規定である。全件送致主義の原則と児童相談所への通告は非行少年の種別によって異なる。すなわち、犯罪少年の事件は全て家庭裁判所に送致される（少年法四一、四二）。触法少年の事件は児童福祉法の措置が優先され、児童相談所長から送致された場合に限り家庭裁判所へ送致される（少年法三②、以下マル付数字は同条の項を表す）。また、虞犯少年の事件は年齢によって異なり、一四歳未満の虞犯少年は触法少年と同じ手続きであり、一四歳以上一八歳未満の虞犯少年については家庭裁判所に送致するか児童相談所に通告するかの選択があり、一八歳以上二〇歳未満の虞犯少年については家庭裁判所に送致することが定められている（少年法六②）。全件送致主義に関していえば、成人の事件については、たとえば微罪の場合には警察限りの処分となり裁判所送致になることはほとんどないが、少年の事件については原則的には全ての事件が家庭裁判所に送られることに特徴があると言えよう。そしてそこには家庭裁判所が非行少年に対して健全な育成を図るために援助をするという制度理念がある。なお、軽微な少年事件については警察が事件を一月ごとにまとめて家庭裁判所に送致する簡易送致が採用されている（犯罪捜査規範二一四）。少年事件を児童相談所に通告することについては、それが少年に特有な事件であることを配慮した措置であることはいうまでもない。

(2)　調査前置主義

同じく少年の処遇手続において少年法の理念を示しているのが、調査前置主義である。審判に先立って行われる調査が重視される。少年法第八条は調査前置主義を表明している。つまり、少年保護に関する事件を受理した家庭裁判所は、「審判に付すべき少年があると思料したときは、事件について調査しなければならら」（少年法八①）ず、また、「家庭裁判所調査官に命じて、少年、保護者又は参考人の取調その他必要な調査を行わせることができる」（同八②）。審判に先立って行われるこれらの条文のうち、第一項は裁判官が行う「法的調査」であり、第二項は家庭裁判所裁判官が行う「社会的調査」である。「法的調査」は、事件記録に基づいて審判条件及び非行事実の存否について法律的な側面から行われる調査である。他方、「社会的調査」は、非行の人格的環境的要因を調査して少年の要保護性を検討する調査である。家庭裁判所調査官は、要保護性の調査において、科学的専門的な知識や技術に基づいて非行事実の社会的心理的事実を明らかにするという重大な役割を担っている。それ故、その役割はケースワーク的機能あるいは福祉的機能を果たすものと言われている。かくて、八条は、「法律の専門家と少年関係の専門家の協調・協同作業によって少年に対する最適な処遇を追求する少年審判の理念の端的な表れ」（田宮・廣瀬編『参考文献参照』）と見なされる。

なお、少年法においては八条に規定する調査以外にも、いくつかの調査が定められている。第一は、家庭裁判所調査官自らの職務に基づいて行うもので、調査官は審判に付すべき少年を発見したときは家庭裁判所に報告する前に少年及び保護者についての事情調査をすることができる（少年法七②）。第二は、家庭裁判所が、保護処分を決定するために、終局処分を一定期間留保して調査官に命じて行わせる試験観察である（少年法二十五）。これも調査の一種といえよう。第三は、少年鑑別所における資質鑑別である。家庭裁判所は、少年審判に必要があるときは、観護措置の決定をして、少年を少年鑑別所に収容して資質鑑別を行わせる（少年法二十六の二）。鑑別所では、医学、精神医学、心理学、教育学、社会学等の観点から、少年の資質、経歴、環境、人格についての調査を行う（少年鑑別所処遇規則十七、十八）。

こうした調査は、要保護性の観点から行われるものであり、迅速で的確な審判が行われることが期待される。

〈参考文献〉

澤登俊雄『少年法入門 第六版』有斐閣、二〇一五年。田宮裕・廣瀬健二編『注釈少年法 第四版』有斐閣、二〇一七年。

（小田桐　忍）

9 少年審判の方式

少年審判の方式にも少年法の理念が示されている。そうしたことは、以下のような点に示されている。

(1)　「懇切で和やか」な審判方式

少年法は、少年審判の方式として、第一に、審判は「懇切を旨として、和やかに行われなければならない」（少年法二十二）と定めている。これにより、少年審判が少年の年齢や性格、あるいは心理などを考慮して少年に分かりやすく、少年の心を開くような雰囲気や人間関係の下で進められるべきことを定めていると解せられる。なお、少年法関連法令には、審判方式について、この非方式性の原則以外のことは詳細に規定されていない。従って、審判の方式は、裁判官の裁量に委ねられるところが大きいものとなっている。

(2)　審判の非公開

日本国憲法は「裁判の公開性」（憲法三十七）を原則としているが、少年法は、少年審判が非公開で行われるべきことを定めている（少年法二十二②）。家庭裁判所での少年審判が非公開で行われるべきことの理由として挙げられるのは、第一に、人格が未熟で発達途中にある少年を保護しなければならない。もし法廷において衆人監視の下で裁判が行われるとすれば、少年は萎縮して心を閉ざすか、あるいは真意とは異なる偽りの陳述をするかもしれない。第二に、少年審判においては、少年の人格・環境等に関するさまざまな事柄が審判の対象になるため、裁判を公開にすれば、少年のプライバシーが侵害されることになる。第三に、以上のこととも関連して、裁判を公開すれば、少年の将来の社会復帰の妨げになる。さらに、少年法では、少年の利益を保護するために、裁判の非公開に加えて、少年の氏名、年齢、職業、住所、容ぼう等について報道機関による事件報道に対して非公表の原則を定めている（少年法六十一）。

(3)　職権主義的審問構造

少年審判においては、刑事裁判のように、検察官対被告人といった当事者主義や対審構造を採用することなく、裁判官が少年の審判に関する決定を職責に基づいて決定することになっている。そして、通常、審判廷は、裁判所側から、裁判官、裁判所書記官、家庭裁判所調査官が、少年の側からは少年（少年が不出頭では審判を行えない）、保護者・付添人（不出頭でも審判は行える）、そして裁判所の許可があれば少年の親族、教員などの関係人が列席する。少年事件について、こうした職権主義的審問構造が採用されるのは、事件の適正迅速な審理が、特に少年の場合に要請されているからである。このような職権主義的審問構造においては裁判官の裁量が大きい。平成一二年一一月二八日の少年法改正によってこの職権主義的審問構造に修正が加えられ、対審構造が一部導入された。すなわち、犯罪少年に係る事件で「故意の犯罪行為により被害者を死亡させた場合」あるいは「死刑又は無期若しくは短期二年以上の懲役若しくは禁錮に当たる罪」の場合には家庭裁判所の決定により検察官の関与が認められたのである。そして検察官が関与する場合には、裁判所は、少年に（弁護士である付添人がいないときは）国選弁護人を付添人として付さなければならないことが定められたのである。（少年法二十二の三）。この法改正により、非行事実の認定強化と少年審判の適正手続の保障が図れることになった。

〈参考文献〉

植村立郎『骨太少年法講義』法曹会、二〇一六年。団藤重光『新版少年法講義第二版』有斐閣、一九八四年。

（小田桐　忍）

10 処分の決定と保護処分

(1) 処分の決定

家庭裁判所は、非行を犯した少年を改善・更生させ、再び社会に迷惑をかけることのないように、処分の決定を行う。具体的には、①保護処分決定（保護観察・少年院送致・児童自立支援施設等送致）、②検察官送致、③都道府県知事送致、児童相談所長送致、④不処分、審判不開始（教育的措置）、⑤試験観察（直ちに処分を決めず、一定の期間、家庭裁判所調査官に少年の行動を観察させ、その経過を見た上で処分を決める）がある。なお検察官送致は犯罪事件についてのみ行われる措置であり、それには二つの場合がある。第一は、調査の結果、本人が二〇歳以上であることが判明した場合（年齢超過）（少年法十九2）であり、第二は、調査の結果、罪責・情状に照らして刑事処分が相当と認められる場合である（少年法二〇）。後者は通常、「逆送」といわれる措置である。少年法改正により、逆送について故意の犯罪行為で他人を死亡させた一六歳以上の少年は原則逆送されることになった。刑事処分については、成人に比して軽減措置が採用される。（少年法五十一、五十二）。

(2) 保護処分

処分決定のなかの一つである保護処分については、保護観察、児童自立支援施設収容、少年院収容のいずれかの処分が決定される。保護観察は少年に通常の社会生活を続けさせながら指導観察・補導援護を行うものである。児童自立支援施設収容は生活指導を中心にして少年の自立を支援するところである。また少年院収容は少年に対して矯正教育（生活指導・教科教育・職業補導・医療措置）を施すことである。また、そうした保護処分とは別に、懲役または禁錮の処分を受けた二〇歳未満の少年に対する不定期刑執行のために設けられた監獄として少年刑務所がある（少年法五十六）。

〈参考文献〉

服部朗『少年法における司法福祉の展開』成文堂、二〇〇六年、本庄武『少年法に対する慶事処分』現代人文社、二〇一四年。

（小田桐　忍）

11 少年司法の課題

少年非行が増大傾向にあり、しかも少年による重大な凶悪事件が相次ぎ、社会的不安を巻き起こしている中で少年司法に課される課題も重大である。ここでは少年司法の課題として三つの点をあげておきたい。

第一は、平成一二年と平成二〇年の少年法改正に関わる課題である。それについての課題をいくつか挙げると、①適正な少年審判の運営とは何か。単独の裁判官の裁量による審判方式には恣意的な判断の入り込む余地もあり、必ずしも適正な少年の保護にならないこともありえよう。その意味で審判に検察官を関与させ、非行事実の認定の強化と適正手続を図る改正は納得のゆくものである。ただし、適正手続の一つの方法とはいえ、対審構造的な審判が少年審判として妥当なものであるかどうか、特に検察官の抗告審の申立を認めること（少年法三二の四）による対決的な対審構造は少年審判の方式として妥当なものかどうかという論争はあろう。②刑事処分年齢の引下げや厳罰化によって少年非行、とりわけ凶悪な少年犯罪が防止できるのか。法改正によって家庭裁判所から検察官への逆送致が増えていることは確かであるが、これにより少年犯罪を防止しうるのか、さらに少年の更生につながるのか。少年の更生についていえば、少年の処遇が形式的で必ずしも適正ではないと指摘されている児童自立支援施設や少年院での処遇を改善する必要もある。③被害者等への配慮が必要である。法改正により被害者等は申出により事件の記録の閲覧や謄写をすること（少年法五の二）及び家庭裁判所に意見陳述をすること（少年法九の二）、少年審判を傍聴すること（少年法二十二の四①）などができるようになった。これらにより法改正以前に比べると被害者等への配慮が一段と進んだが、被害者等は少年審判にもっと関与を求めており、その対応や制度の在り方が今後ますます議論されなければいけない。

第二は、保護者に関することである。多くの少年院教官は「指導力に問題のある保護者が増えている」と証言している。親子関係の歪みが少年非行の大きな原因の一つになっていることを考えると、保護者対策にも取り組むことが必要になってきている。

第三は、再犯防止である。平成九年以降、とくに強盗や恐喝など凶悪な犯罪の非行率が上昇しており、再発防止に効果的な措置が求められている。平成二二年版の『犯罪白書』は、その措置として、「規範意識のかん養・更生意欲の喚起と本人の資質の改善に向けた処遇の必要性」、「就労の確保及び維持のための指導・支援の重要性」、「不良交友からの離脱支援とこれに代わる人間関係構築の必要性」、「家族による監督の強化とこれを補完する支援の必要性」、「処遇の一貫性」などが挙げられている。

〈参考文献〉

内田博文『法に触れた少年の未来のために』みすず書房、二〇一八年。廣瀬健二『子どもの法律入門〔第3版〕』金剛出版、二〇一七年。

（小田桐　忍）

一一　主要諸国編　事項別解説

1 アメリカ合衆国の教育法制と教員政策

(1)　教育法制

○連邦政府

アメリカ合衆国は連邦制国家であり、連邦政府の権限は基本的には合衆国憲法による権限の委任から導かれる。同憲法には教育について明示的規定はなく、連邦政府は教育に関して明示的権限を持たない。教育は各州の権限事項の一つとされ、教育制度は各州で整備されてきた。

しかし、合衆国憲法第一条第八節の一般福祉条項などを根拠に、多くの連邦議会立法を通じて、連邦政府が各州の教育に密接に関わってきたことも事実である。一九六〇年代以降の重要な連邦法に、初等中等教育法（一九六五年）、二言語教育法（一九六八年）、障がい者教育法（一九九〇年）、どの子も置き去りにしない法（二〇〇二年）などがあり、たとえばどの子も置き去りにしない法の下では、国庫補助を通じて成果に対して厳しいアカウンタビリティを求める政策が進められた。

連邦政府の教育行政を担うのが連邦教育省であり、連邦保健教育福祉省に包摂されていたものが、一九八〇年に独立の省として設置された。連邦教育省の役割に、財政援助を通じての各種の教育プログラムの実施、教育に関する情報の収集、教育統計の作成と刊行、研究開発などがある。また、以上の立法・行政部門の活動とともに、司法部門である連邦最高裁も、その憲法解釈を通じてアメリカの教育に多大な影響を与えてきた。平等保障と関わって人種分離学校の是非が争点となったブラウン対トペカ市教育委員会事件判決（一九五四年）や、マイノリティ文化の保護などと関わって就学義務制と親の教育の自由が争点となったウィスコンシン州対ヨーダー事件判決（一九七二年）などがそうである。

○州政府・学区

このように連邦政府が強い影響を与えてきたとはいえ、先に示したように教育は基本的に州の権限事項とされている。各州により状況は異なるが、一般に、州憲法により公教育に関する州議会の責任を示し、州議会法によって制度の概要を定め、州の教育行政を執行するために州教育委員会や州教育長を置いている。教育委員会が政策立案機能を、教育長が執行機能を担うが、教育長は専門的観点から政策立案に助言などを通じて関わる。また、州教育委員会や教育長は、州法の下で公教育を実施していくための規則等を定める準立法機能や、教育紛争の解決にあたる準司法機能も有している。

学区は日本の通学区とは異なり教育行政の単位であり、おもに意思決定にあたる学区教育委員会や、その執行にあたる学区教育長が置かれている。各州により状況は異なるが、州は実際の学校運営に関する多くの権限を学区に委ねており、学区もまた準立法機能や準司法機能を有している。

学校の設置管理は以上の州法や教育委員会規則などの下に行われる。したがって、各州、各学区で大きな相違があり、学校体系を取り上げても、六・三・三制、五・三・四制、四・四・四制、八・四制など多様である。

高等教育については、州教育委員会が高等教育を所管している場合もあるが、一般的には高等教育局など別個の機関が設けられている。また、大学には理事会などの管理機関が置かれ、州立大学にあっても、州憲法によって法人格を付与された大学など、広範な自律性を持つものもある。

(2)　教員政策

○養成・免許

教員の養成は基本的に大学で行われる。各大学が養成プログラムを策定し実施するが、そのプログラムの認定権は州にある。この州行政当局による認定とともに、アメリカ合衆国においてはアクレディテーションと呼ばれる認証システムが発達している。これは民間の非営利組織によるものであり、教員養成に関わる認証機関に教育者養成アクレディテーション協議会（Council for the Accreditation of Educator Preparation, CAEP）や教育者養成質向上協会（Association for Advancing Quality in Educator Preparation, AAQEP）がある。ただし、一般に、大学での養成課程の修了はそのままでは教員免許状の取得を意味しない。ほとんどの州が免許状の取得にあたって試験を課しているからであり、州自らこの試験を実施している場合もあるが、教育テスト事業団（ETS）の「プラクシス」と呼ばれる試験を用いている州もある。

しかし、大学での教員養成課程を経ないで、教員資格が付与される場合も多い。オルタナティブ・ルートと呼ばれているものであり、学区や専門職団体などにより提供されている。教員不足への対応とともに、教職への多様な人材の登用、マイノリティ教員の確保などが、その目的とされている。州により異なるが、学士号取得者に対して、インターンとして勤務させながら、一定期間の研修などを通じて正規の資格を付与するものである。

教育免許状には更新制や上級免許状への上進制がとられている。たとえばマサチューセッツ州では、学士号の取得、州により認定された養成プログラムの履修、マサチューセッツ教員免許試験の合格で初期免許状（Initial License）が付与されるが、その有効期間は五年で更新は一回である。上級免許状である専門職免許状（Professional License）も五年ごとの更新が必要である。

○評価

教員評価は、教員の人事や給与などへの反映や資質能力の向上など多様な目的で行われている。人事や処遇面については個々の教員にインセンティブを与えることにより、あるいは能力や適性を欠く教員を解雇につなげることによって、資質能力の向上については個々の教員の職能成長を促すことによって、学校全体の教育力を高めることに寄与するものとされている。また、校長などによる評価だけでなく、同僚評価を取り入れているところもある。

今日の成果重視の改革のなかで、教員評価においても成果、特に生徒の学業成績に対する教員のアカウンタビリティが強く求められるようになっており、生徒の成績を教員評価と結びつける動きが強くなっている。

（大桃　敏行）

〈参考文献〉

北野秋男・吉良直・大桃敏行編著『アメリカ教育改革の最前線─頂点への競争─』学術出版会、二〇一二年、ネイサン・エセックス（星野豊編著・監訳、スクール・ロー研究会訳・著）『スクール・ロー』学事出版、二〇〇九年。

アメリカの学校系統図

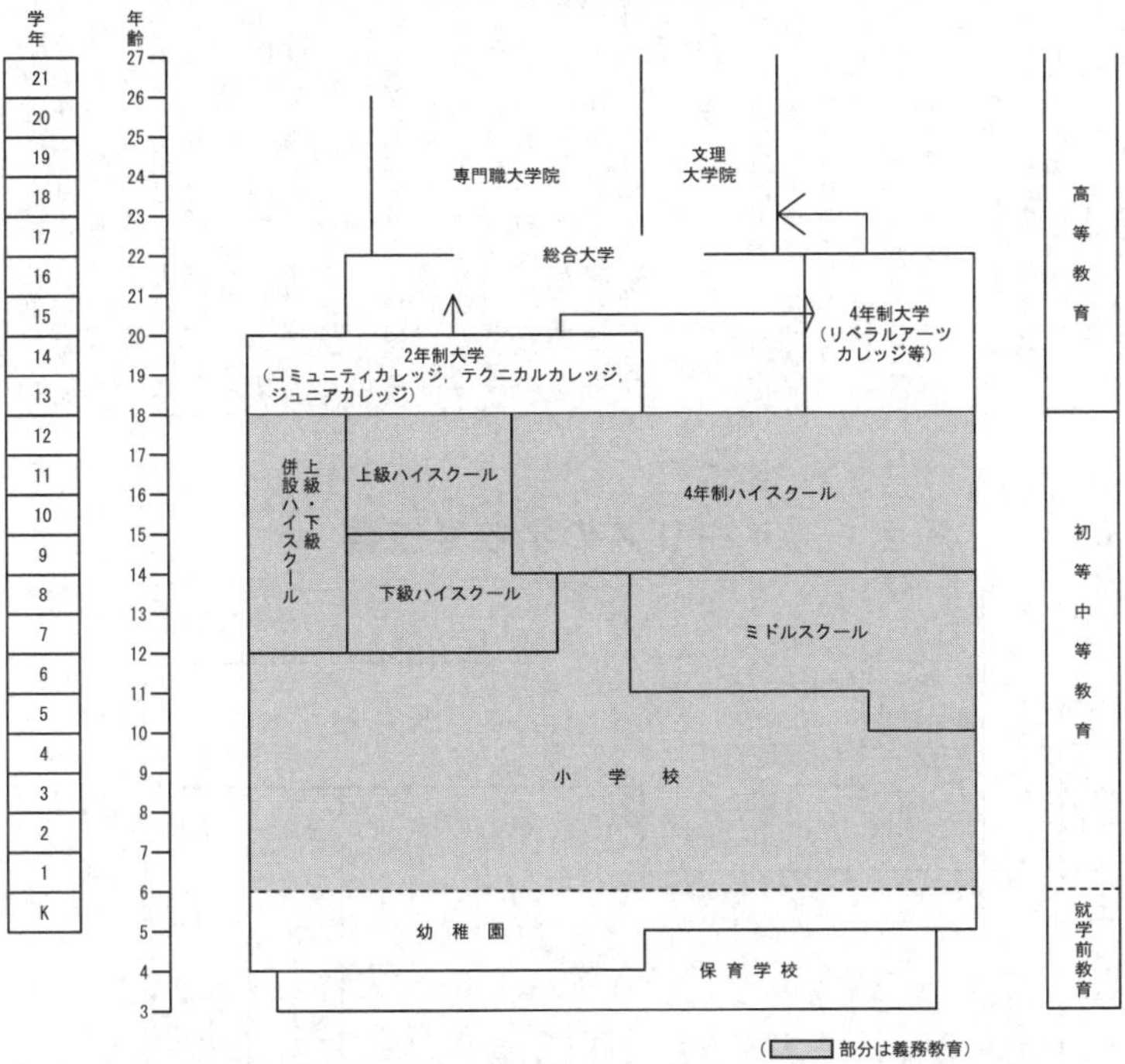

学年　年齢
21〜1, K　27〜3
専門職大学院
文理大学院
総合大学
4年制大学（リベラルアーツカレッジ等）
2年制大学（コミュニティカレッジ，テクニカルカレッジ，ジュニアカレッジ）
上級・下級併設ハイスクール
上級ハイスクール
下級ハイスクール
4年制ハイスクール
ミドルスクール
小　学　校
幼　稚　園
保　育　学　校
高等教育
初等中等教育
就学前教育
（▭部分は義務教育）

（出典：文部科学省「諸外国の教育統計」令和５（2023）年度版
https://www.mext.go.jp/b_menu/toukei/data/syogaikoku/1415074_00019.htm）

2 イギリスの教育法制と教員政策

本稿で、イギリスとは、全人口の約八割を占めるイングランドをさす。イギリスでは、パブリックスクールに象徴される私立学校の独自性や多様性の伝統を残す教育法制や教員政策の特徴をみることができる。

(1)　教育法制

現代の学校教育のあり方を基本的に定めているのは、一九八八年教育（改革）法である。

一九八八年教育法は、国の権力や伝統を重視する新保守主義と自由主義経済を指向する新自由主義の産物といわれる。ナショナルカリキュラム（教育課程基準）に象徴される国家の教育課程管理の原則や、地方教育当局が握っていた予算権や人事権を個々の学校の理事会（ガバナー制度）に委譲する自律的学校経営（Local Management of Schools, LMS）の考え方が導入された。一九七〇年代まで、例えば、労働党政権下で中等学校の総合制化を強制する法律（一九七六年教育法）が成立したかと思えば、保守党政権になって一九七九年教育法でそれが廃止されるなど、政権が変わるごとに教育改革の方向性が制度として変わるということが少なくなかった。しかし、一九八八年教育法以降、行政と学校の関係は一定の方向性をもって構築され、その関係構造のなかで個々の学校の教育活動が行われることとなったのである。

こうした教育改革の流れは、二〇一〇年五月に発足した戦後初の保守・自民連立政権や今日の保守党政権でも基本的に変わっていない。ただし、アカデミー法の成立（二〇一〇年七月）やフリースクール政策など教育課程管理・学校運営の規制緩和が急である。

一九九二年教育法によって、教育水準局（ＯＦＳＴＥＤ）による学校評価が六年おきに行われるようになり（現在は評価結果に応じて三年から五年おき）、学力の達成度とともに、学校改善の姿勢が外部から評価されるという仕組みになっている。

特に学力の達成状況は、一九八〇年代以降、規制緩和された通学区制度のもとで、児童・生徒の就学の判断材料になっている。実際に国の補助金は児童・生徒数によって算定されるので、予算権、人事権をもった個々の学校の理事会は、そうした現実的な評価に基づいて、学校の教育方法や教員人事のあり方を検討することになるのである。なお、教員の給与及び勤務条件については、学校教員給与及び勤務条件法に基づいて、学校教育検討委員会（ＳＴＲＢ）の諮問、議会での承認に基づいて、毎年、具体的な基準が教育大臣から公表されることになっている（School Teachers' Pay and Conditions Document）。

(2)　教員政策

イギリスの教員政策は、一九八〇年代からの新自由主義的な市場化、競争原理という国家的な動きと教員不足という慢性的な社会課題にかかわって、多様な経験や資格を持った人材が多様なルートで教員になることができるという基本的な方向性をもっている。

その一方で、ＱＴＳという有資格教員の確立、そして、教員の専門職としての資質能力向上は常に課題とされ、二〇〇七年に「教員の専門職基準（Professional Standards for Teacher）」が策定され、それをもとに二〇一一年に改訂された「教員スタンダード（Teacher Standards）」が教員養成、教

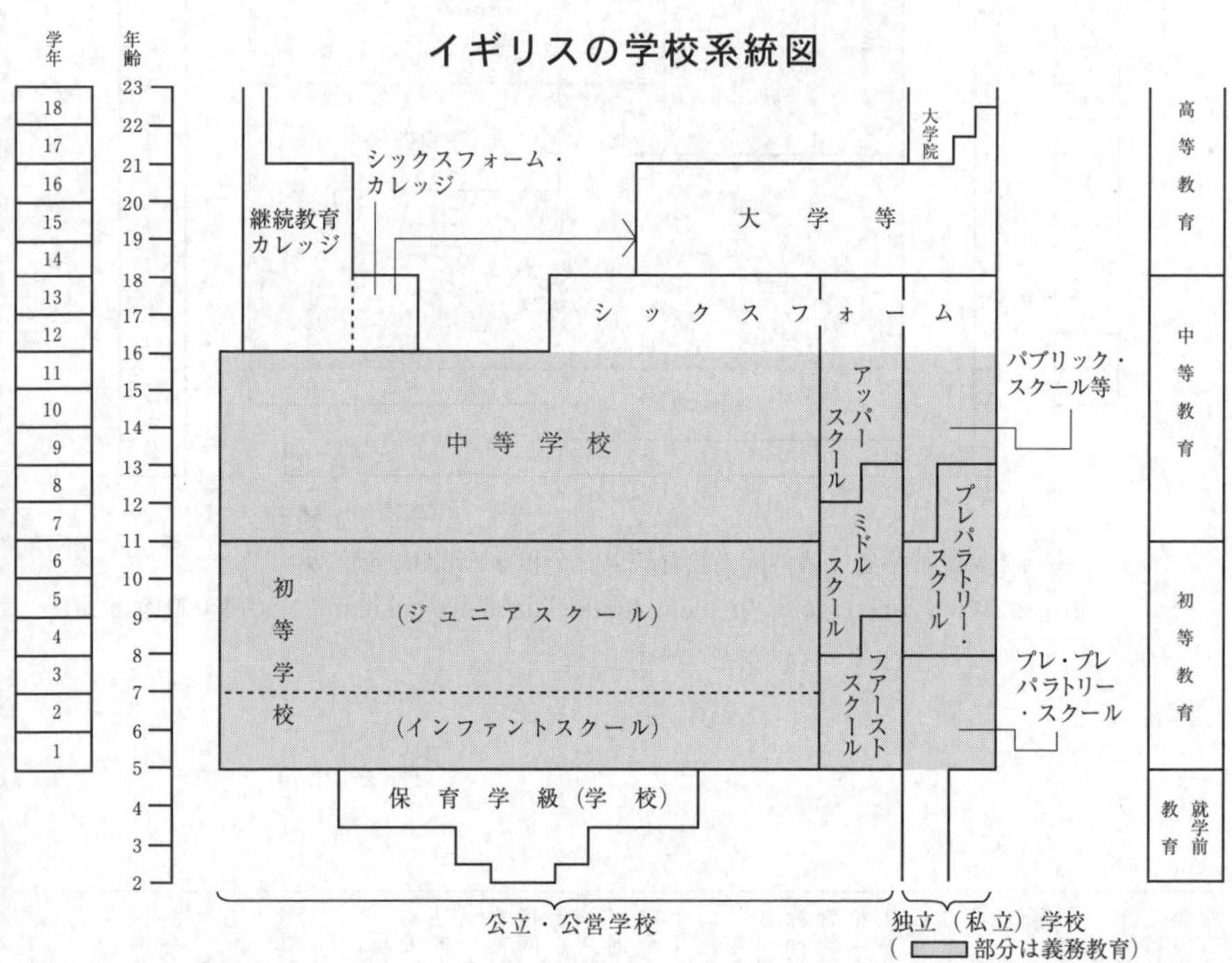

（出典：文部科学省「諸外国の教育統計」令和５（2023）年度版
https://www.mext.go.jp/b_menu/toukei/data/syogaikoku/1415074_00019.htm）

※イギリスでは、レセプションクラスとして、多くの小学校に４歳児のコースが併設されるようになり、カリキュラムの連続性が図られている。

員研修、教員評価などの基準として多面的に活用されている。

○有資格教員（ＱＴＳ）

現在は、公立初等・中等学校いずれにおいても、教職につくには有資格教員（ＱＴＳ）の認定を受けていることが必要になった。ＱＴＳ（Qualified Teacher Status）は、教育大臣によって、regulations のもとで授与される。その点、資格授与ということに関しては、イギリスの教員養成は国家管理のもとにおかれているといってよい。しかし、アカデミー法による規制緩和等に関わってフリースクールや一部の私立学校ではＱＴＳがなくても教員になっている。

○教員養成

有資格教員の認定を受けるには、基本的には、大学教育学部（学科）を卒業し、教育学士（B. Ed）を取得するか、大学を卒業後、通常一年間の卒業後課程（ＰＧＣＥ）で資格を取得するかどちらかの方法による。さらに、ナショナルカリキュラムの導入以後、基幹三教科、基礎一〇教科に対する質の高い教員を確保したい（一方で、国内において、その関係の教員が集まらないという状況がある）という指向や大学教員養成が偏向しているという批判などを背景にして、大学の教員養成課程と離れた形での幾つかの養成ルート（例えば、海外から専門的能力を持った人材を採用する Overseas Trained Teacher Scheme、成績が優秀な学生を学校で集中的に養成する Teach First など学校での養成）が積極的に認められるようになった。

労働党政権において修士化も含めた教職の高度化が図られたが、連立政権においては、ＳＣＩＴＴ（School-Centred Initial Teacher Training）、School Direct, Teach First など学校主導の教員養成に重きがおかれ、大学における教員養成のあり方そのものが問われている。

○教員評価

ナショナルカリキュラムの導入とともに教員評価（Teacher Appraisal）も制度化されたが、一九九一年七月に制定された教員評価規則によって導入された当時の教員評価と能力給が導入された今日の教員評価（業績評価―performance review―）とは明らかな質的な乖離がある。

教員評価が、給与（能力給）と結びつくきっかけは、一九九八年一二月政府文書『変革に臨む教員』や政府による専門職としての教師団体「全国教員協議会（GTC：General Teaching Council）」の創設提案などによる。こうした提案は、専門職としての教員の地位の確保、また、慢性状況にある教員不足を背景にしていたが、ある意味で、教員の「質」の向上を図る職能成長モデルさえ曖昧にしていたそれまでの教員評価の改善を迫るものでもあった。一九九八年の政府提案は、実際には、二〇〇〇年九月から始まった能力給、すなわち優秀（上級）教員として認められた場合（Threshold Assessment による認定）は、従来の給与表とは別の給与表で支給されるという制度と結びついて、いわゆる能力主義的教員評価として機能している。

一方、不適格教員の審査手続きについては、「教育水準・学校の枠組みに関する法律：School Standards and Framework Act 1998」によって、学校や理事会に対して教職員の人事管理を効果的に行うことが求められ、その延長線上に、旧教育雇用省が「教員の適格審査手続き」を作成している。二〇〇〇年七月に公表した文書（Press Notice: Government Publishes Guidance to Help Schools Deal With Under Performing Teachers）がある。

（堀井　啓幸）

3 ドイツの教育法制と教員政策

(1) 教育法制

ドイツは一六の州からなる連邦国家である。教育に関する事項は、州の権限である。このため、ドイツには一六の教育法制があるといえる。例えば学習指導要領も州毎に作成されている。

ドイツ全体の教育政策にある程度の共通性を持たせるために、各州の文部大臣で構成される常設各州文部大臣会議（ＫＭＫ）が設置されている。例えば、中等教育段階における各教科の時数、教員養成における履修の大枠等は、ＫＭＫにより決議され、各州がこれに沿った法律を作成し、州政府が実施に移すという形になる。

各州には文部省に該当する省が置かれているが、幾つかの州では、教育関係を所管する省と高等教育や学術振興を所管する省とに分かれている。州文部省は州法、州政府の方針に従い、行政規則や告示を発して教育行政を遂行する。州によっては、地域毎の出先機関の中に教育行政関係者を配置し、管下の町村の教育行政を所管している。

ドイツの学校制度をみてみると、原則六歳で入学する基礎学校（四年間）はすべての児童に共通である。生徒はその後、(1)大学進学準備を中心とするギムナジウム（八又は九年制）、実科学校（六年制）、ハウプトシューレ（五又は六年制）に分かれる三分岐型学校制度が基本であった。しかし近年は生徒数の減少等もあり、総合制学校等のような複数のタイプの教育課程を設置する学校が増加している。ドイツ全体の前期中等教育段階の通学率では、ギムナジウム四三％、多課程制学校三一％、実科学校一八％、ハウプトシューレ八％等となっている（二〇二〇／二一年）。

ドイツは、日本と同様に親権者に就学義務を課している。就学義務は全日制が九年（一部の州で十年）、定時制が三年である。

(2) 教員政策

○教員免許

教員免許の種類は、初等教育段階、前期中等教育段階、後期中等教育段階と水平的に区分している州が多い。

基礎学校の教員免許は、すべての教科を教えることを前提としている。これに対して中等教育段階の教員免許は、学校種別（例：ギムナジウム、職業教育諸学校等）であれ、教育段階別であれ、科目別（例えば、物理、化学、公民、歴史等）となっている。日本と異なるのは、ドイツでは通例二科目の教員として養成することである。例えば「ドイツ語」と「物理」といった二科目教員として養成されている。音楽、体育等は専科教員として養成される。

○教員養成

ドイツの教員養成は、(1)大学教育と、(2)試補制度の二段階で行われる。大学における教員養成は、一九九九年以降のボローニャ・プロセスによって大きく変わってきた。従来は、国家試験によって学修課程が終了する形での教員養成が一般的であったが、二〇一七年度時点で一〇州がバチェラー課程（ＢＡ）及びマスター課程（ＭＡ）による大学での二段階型を実施している。六州は、従来からの国家試験で終了する教員養成課程を実施している。

教員養成の統一基準として、ＫＭＫは、教員養成の共通スタンダートを作成している。大学の学部終了までの教育科

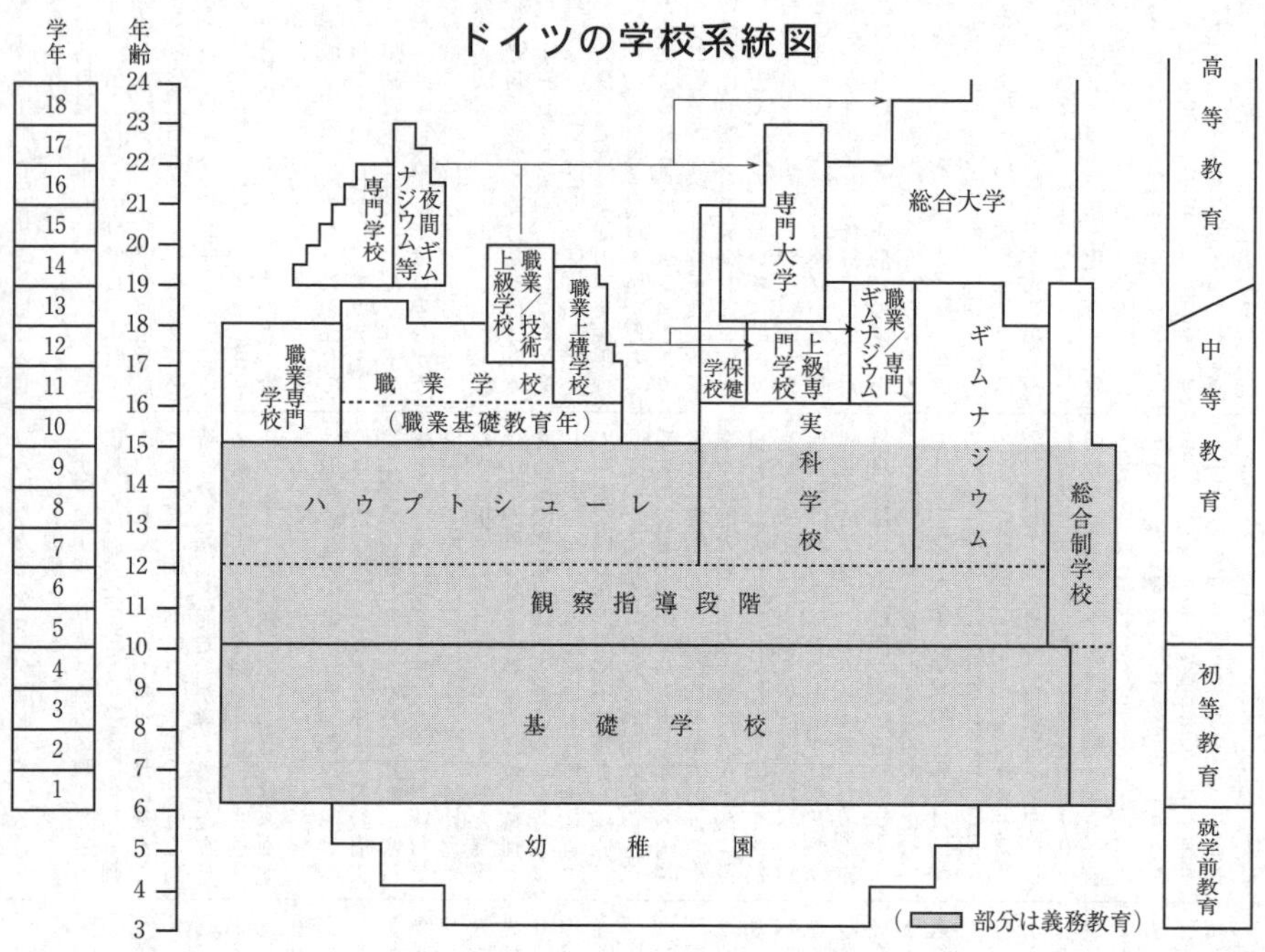

（出典：文部科学省「諸外国の教育統計」令和５（2023）年度版
https://www.mext.go.jp/b_menu/toukei/data/syogaikoku/1415074_00019.htm）

学スタンダード（二〇〇四年）は、一一の重点（教育制度の歴史、教員の専門性、教育方法、学習・発達・社会化、学習動機、多様性、診断、コミュニケーション、メディア教育、学校開発、教育研究）を設定している。この他に専門科学と教科指導法のスタンダード（二〇〇八年）、更に試補制度終了時のスタンダード（二〇一二年）が作成されている。

二段階型教員養成を実施しているノルトライン・ヴェストファーレン州では、すべての学校種の教員養成をＢＡ六学期（三年）、ＭＡ四学期（二年）の合計五年、更に試補制度三学期（一年半）で行っている。基礎学校の教員養成課程を例にみてみると、言語、算数、教授法が各五五単位、実習を含む教育学が六四単位、実習学期二五単位等でＢＡ及びＭＡ合わせて三〇〇単位となっている（一単位は二五―三〇時間で日本の1単位の三分の二に相当）。教員養成において実習が重視される傾向にあるのは日本でもドイツでも同じである。大学入学前後に実施される適性実習（二〇日間）、ＢＡで実施される入門実習（一ヶ月、五単位）と分野別実習（四週間、五単位）、そしてＭＡでは実践実習（実習学期五ヶ月、二五単位のうち最低一三単位）が行われる。

こうして、同州の大学における教員養成は、ボローニャ・プロセスにおいて学修期間が五年となった。これは従来の標準学修期間よりも長い。その結果、大学卒業後に実施される試補制度は、最低一年以上と短縮された（従来は四学期で二年）。試補制度では、実習校とゼミナール（同州では学校実践教員養成センター、州の機関）の二カ所で行われる。教員としての国家試験は、試補勤務期間中に実施される。

○教員の勤務条件

試補勤務は第二次国家試験で修了する。合格すると、原則としてその州の教員となる。身分は一般に州の公務員であり、厚い身分保障を受けている。

学校への配置は原則として州が行う。しかし学校が条件を提示して公募し、実質的に学校が教員を選ぶ州も増えてきた。

教員の勤務時間は、一般に授業時数で決められている。基礎学校で週二八時間程度、中等教育諸学校で週二六時間程度である。ドイツの学校にも職員室はあるが、教員毎の机がなく、休憩室という雰囲気である。宿題の点検や授業の準備は自宅で行われることが多い。このため、授業が終わるとすぐに学校から帰ってしまう教員が多い。一般に勤務時間中学校にいることを義務づけられているのは、校長等の管理職だけである。

俸給は原則として各州の俸給表によって支給される。給与は州が負担する。

○教員政策の課題

ドイツにおける教員の労働市場についての見通しは明るくない。必要な教員数よりも養成される者が多い。つまり統計的には教員になりたくてもなれない者が生じる可能性がある。ギムナジウムの教員を例にみてみると、二〇三〇年には八千人程の教員が必要となるが、養成されるのは一万二千人を超えると推計されている（ＫＭＫ資料）。ただし基礎学校や一部の科目では教員不足も生じている。

教員不足の要因の一つとして、教員の給与が他の大学卒業の職と比較すると高くないことが挙げられる。基礎学校や前期中等教育段階の学校の教員給与は、ほとんどの州で公務員の大学卒業者のランク（Ａ一三）よりも一ランク下（Ａ一二）に位置づけられている。

ＫＭＫは二〇二〇年に研修についての共通枠組みを公表した。幾つかの州では研修が職務として位置づけられ、義務化されるようになってきた。また、学校の自主性・自律性を尊重する政策により、授業以外の仕事が増え、多忙化している。

このように、教員を取りまく環境は厳しさを増している。

〈参考文献〉

坂野慎二『統一ドイツ教育の多様性と質保証』東信堂、二〇一七年。久田敏彦『ＰＩＳＡ後のドイツにおける学力向上政策と教育方法改革』八千代出版、二〇一九年。前原健二『現代ドイツの教育改革』世織書房、二〇二三年。結城忠『ドイツの学校法制と学校法学』信山社、二〇一九年。

（坂野　慎二）

4 フランスの教育法制と教員政策

(1)　教育法制

従来のフランスの学校は、客観的知識・技術の伝達をその役割としており、専門家が作成する国家的基準による全国的管理（教育課程の統一的基準）を大枠として、独自の教育方法を駆使する専門家たる教員の主導性が発揮されてきた。当然学校、そして教員の役割も客観的知識・技術の伝達を通して生徒の理性の育成に特化したもの（ここから、昔の学校のカリキュラムには道徳及び宗教教育はなく、体育・芸術等は重視されず、教科外活動もほとんどなかった。さらに、現在でも普通教育の系統と技術・職業教育の系統はそれぞれ独立のものとして扱われる）であった。こうした歴史的背景もあって、フランスの教員資格・試験は実に多様・多種であり、現在次の七つがある。①初等教育教員試験（le Concours de Recrutement au Professorat des ecoles:CRPE）、②リセとコレージュで教えるための中等教育教員適格証（le Certificat d'aptitude au professorat de l'enseignement du second degré : CAPES）、③技術教育リセで教えるための技術教育教員適格証（le Certificat d'aptitude au professorat de l'enseignement technique :CAPET）、④職業教育リセで教えるための職業教育教員適格証（le Certificat d' aptitude au professorat de lycée professionnel : CAPLP）、⑤体育・スポーツ教育を教えるための体育・スポーツ教育教員適格証（le Certificat d'aptitude au professorat de l'enseignment physique et sportif : CAPEPS）、⑥教育指導主事採用試験（le Concours de Recrutement des Conseillers Principaux d' Education : CRCPE）、⑦私立中等学校の契約教員で②、③、④、⑤と同等の試験・判定を受ける中等教育契約教員適格証（Certificat d'Aptitude aux Fonctions de maitre ou de documentaliste dans les classes du second degré sous contrat :CAFEP）である。

ところが、近年このフランス教育の大枠と言うべきシステムを従来と異なった方向へ改革・政策転換しようとすることが行われている。その中身は、授業外指導の欠如を中心とする個々の学びに対する支援活動の不十分性であり、市民教育をはじめとする教科外活動・指導の不十分性である。そして、学校の役割としては、人格形成、学習指導、社会的・職業的技能の形成の諸側面を含んだ多様なもの、生活実践の場への転換が試みられている。

現在では、如何に一人一人に成功を与えるかが学校の課題であるとされ、法的にも教育の公役務は生徒及び学生を中心に構想され組織されると規定されており、学校教育時間の編成は、地方ごと学校ごとの自由に任せる方針が採られている。また、これまで、自らの分担領域の知育に専念してきた教員による個業的教育から、教育方法等における複数の教員の協力が得られることになっている。

フランスの教育政策の基調をなすもう一つの面が多民族状況の進展等による市民層の分断状況に対応すること、及び従来の失敗を基準とした学校教育（学業成績本位）に依る切り捨てを見直していく面である。これにより、従来の、統一した知の基準とそれに基づく多くの試験に依る、教員が専門性に基づいて行う学習、進路指導のみが学校の指導であり、知育以外の部分（例えば、しつけ、情操

フランスの学校系統図

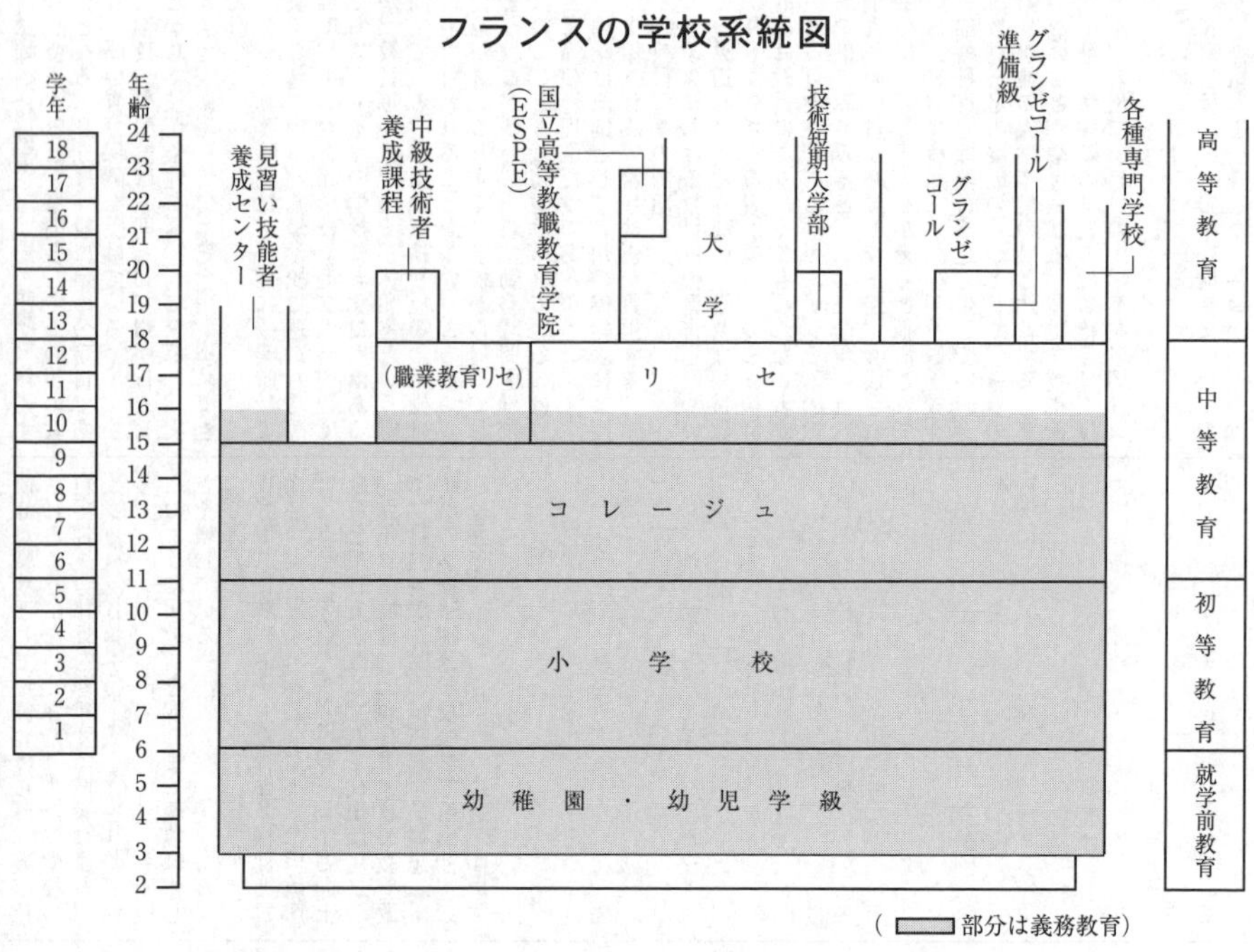

（出典：文部科学省「諸外国の教育統計」令和５（2023）年度版
https://www.mext.go.jp/b_menu/toukei/data/syogaikoku/1415074_00019.htm）

教育等）や学校教育の結果については、学校は責任を負わない、という状況に変化をもたらし、学校における道徳・市民教育や個に応じた進路指導が重要視されてきている。「進路選択に関する助言を受ける権利及び教育と職業に関する情報提供を受ける権利は教育への権利の一部である」という法規程の下、進路選択にあたっても、適切な援助と情報を提供する進路指導心理相談員と情報・進路指導センターの役割が強調されている。

全体として、フランスの教育政策をめぐる議論は、子どもの主体性や活動を重視する政策が、相対的に知識の獲得の位置を下げ、「最低基準にあわせた平等化」「教育学的放任主義」とも言われる学力の低下を招いたという批判と従来の主知主義的フランス教育批判との狭間で展開されており、我が国の今後の教育政策を考える上で極めて興味深い素材を提供している。いずれにせよ、個人にあわせた教育・学びの保障（学力段階だけでなく、人種や宗教、文化の多様性に応じた）に依る「全ての者の社会的昇進」と特に優秀な部分の選別とその者に対する教育の質の確保は両方ともに政策的に実現していかなければならない課題であり、多様で柔軟な法制整備が要請されている。

(2)　教員政策

近年、フランスでは、教員政策、とりわけ、教員養成政策が大きく揺れている。前項でみたとおりの、フランスにおける教育政策・方針に関する、教育学・心理学重視か、伝統的な主知主義かをめぐる論争がその背景にあることも確かだが、それに加え、欧州統合との関係による、教員資格の整合性の確保の要請も重要な背景として指摘できる。

ここから導かれた改革がその後長年に

わたる混沌（後述のとおり、今も収束されたとは言えないが）を招くこととなった。

この混沌を解消するものとして二〇一三年度始めから、高等教職教育学院（Les Ecoles Superieures du Proffessorat et de l'Education:ESPE）を修了した教員が導入されることとなった。ＥＳＰＥは、リサンス（大学入学から最短三年で取得可能な修了証、いわゆる学士）修了後二年の修士課程教育（Ｍ１―Ｍ２）を要件とするものである。

しかし、このＥＳＰＥの導入によっても、長年フランスが苦しんできた一年目は大学教員が中心となって指導し、学生は学科中心で教員という仕事への意識が低く、二年目は視学・現場が主導する形での採用試験集中（教職中心）になってしまうという分離の問題は十分解決できたとは言えなかった。これに対し、教育省は二〇一九年から新たな改革を導入しており、リサンス二年目に①教科等に必要な知識五五％、②教職教養二〇％などの教育に加え、教員チューターの元での授業観察、校務への部分的参加、三年目には①四五％、②三〇％などの教育に加え、教員との授業や校務についての協働、Ｍ１では教員のサポートを受けた授業担任等を行うとしている（この他、Ｍ１で学校インターンシップをする道もあるとしている）。この後、Ｍ２終了後に採用試験が実施（二〇二二年から）される（但し、Ｍ２で教職を兼職することも可能である）。

この他、教員養成制度に関して、フランスには、知のヒエラルキーに依る、大学教授を筆頭とした教職に関するヒエラルキーが厳として存在していることも見逃すことはできない。例えば、後期中等教育機関であるリセの教員資格であることに加えて、高等教育機関の教員になる第一段階として位置づけられている、国家資格であるアグレガシオン（Agrégation）がある。この試験の合格者については、学科＝教科知識に関する証明は十分であるとの考えから、教職教養修得が求められるに過ぎない。このように、後期中等教育以降の分野では、伝統的な主知主義が依然として強力であり、フランスで教員になるということの意味は、まだ議論の対象である。

教員研修については、「教員の教育の自由」（la liberté pédagogique de l'enseignant）の観点から、従来、教育内容さえ決めてしまえばあとは教員個々の腕にまかせるという考えがあり、研修は資格取得やそれに連動する昇進のため、あるいは、内容・技術伝達のための「上から」の強いリーダーシップに依る研修であった。近年、こうした動向に、同僚的意思、形成的評価、非指示的過程、参加者の選択の自由、を伴う共同的研修も広がりつつあり、その中で、日本の授業研究（la formation par la recherche sur des analyses de pratiques enseignants, l'étude de leçon）も取り入れられつつある。二〇一七年からは、リセ（つまりアグレガシオン取得者も含めて）までも含むすべての二年目からの教員について新評価システムが導入され、視学の三回の観察に基づく上級段階への異動が九段階を経て行われることとなっている。

以上の政策につき現在大きく問題視されているのは、教員教育に登録する複雑さ、採用数の削減、教員という仕事の難しさ、教員になるための真の訓練の欠如についての学生の不安、による教員採用の危機の問題であり、今後も教員制度は揺れ動くことになろう。当面は、二〇二二年以降の動向に注目していく必要がある。

（石村　雅雄）

5 ロシア連邦の教育法制と教員政策

(1)　教育法制

ロシア連邦は、共和国や州等の連邦構成主体から成る連邦制国家であり、諸領域で連邦構成主体に一定の権限が与えられている。教育行政については、「ロシア連邦憲法」（一九九三年）により、連邦と連邦構成主体が共同で管轄する事項と定められている。

ロシア連邦では、ソ連邦時代の国家独占教育権主義から国民教育権主義への転換がなされ、これを反映した教育制度の創出が主要な政策課題に位置づけられている。その大枠は、教育に関する基本法である「ロシア連邦教育法」（一九九二年）によって明らかにされている。この「ロシア連邦教育法」は、連邦として統一された教育制度の大枠を直接に定めた法律であることに加え、連邦構成主体の権限・責任に関する事項については、連邦構成主体のための「立法の基礎」といった性格を有している。

「ロシア連邦教育法」において教育とは「公共の福祉に基づき、個人、社会及び国家の利益のために目的をもって組織される訓育と教授の統一的なプロセスであり、獲得されるべき知識、技能、習熟、価値観、活動経験及び一定のコンピテンシーの総体であり、個人の知的、精神的・道徳的、創造的、身体的及び（又は）職業的な発達と、教育的な要求や関心を充足させる複合体である」と定義されている。この概念は、教育に関する個人の権利と自由を実現していくためには、国家が「教育分野における様々な社会的関係」を調整していく責任と役割を担うことをあらわしている。別な言い方をすれば、教育に関する個人の権利と自由は、他者、社会及び国家の利益との関係から一定の制約を免れないものの、そこで生じる矛盾・衝突が、実質的公平の原理に則って調整されることにより、制約を受ける個人の利益にも還元されることを意味している。そのため、教育政策の基本方針として、「個人に対する教育への権利の保障並びに教育分野における差別の禁止」とともに、「教育に人道的な性格をもたせ、全人類に普遍的な価値、個人の生活・健康並びに人格の自由な発達―市民性、労働愛、個人の権利と自由に対する尊敬の念、身のまわりの自然・祖国・家族に対する愛情を育むことを優先する」こと等が掲げられている。

教育内容は、連邦政府が作成する「連邦国家教育スタンダード」と呼ばれる教育課程基準によって明らかにされる。そこでは、国民の基本的価値（伝統・文化など）や科学的知識の基礎を身につけるだけでなく、「普遍的学習行為」を発達させることが重視されている。「普遍的学習行為」とは、「広い意味では、学習する能力であり、未知の社会的経験を意識的・能動的に獲得することによって自らを成長・向上させる主体としての力量」と捉えられている。この「普遍的学習行為」は、人格的、調整的、認識的及び伝達的な行為に区分され、学習者が、他者や外的環境との相互作用を通じ、知識等を内化・獲得していく学習プロセスを示している。なお、連邦国家教育スタンダードに基づく基本教科課程は、ロシア語を教授言語とする学校、ロシア語を教授言語としつつ民族語を学習する学校又は母語（非ロシア語）を教授言語とする学校を対象とした三種類が提示された。これは、教育内容・方法の決定にかかる連邦の関与の一方で、教育制度の維持を通じて、地域の特色に応じた教育・発展

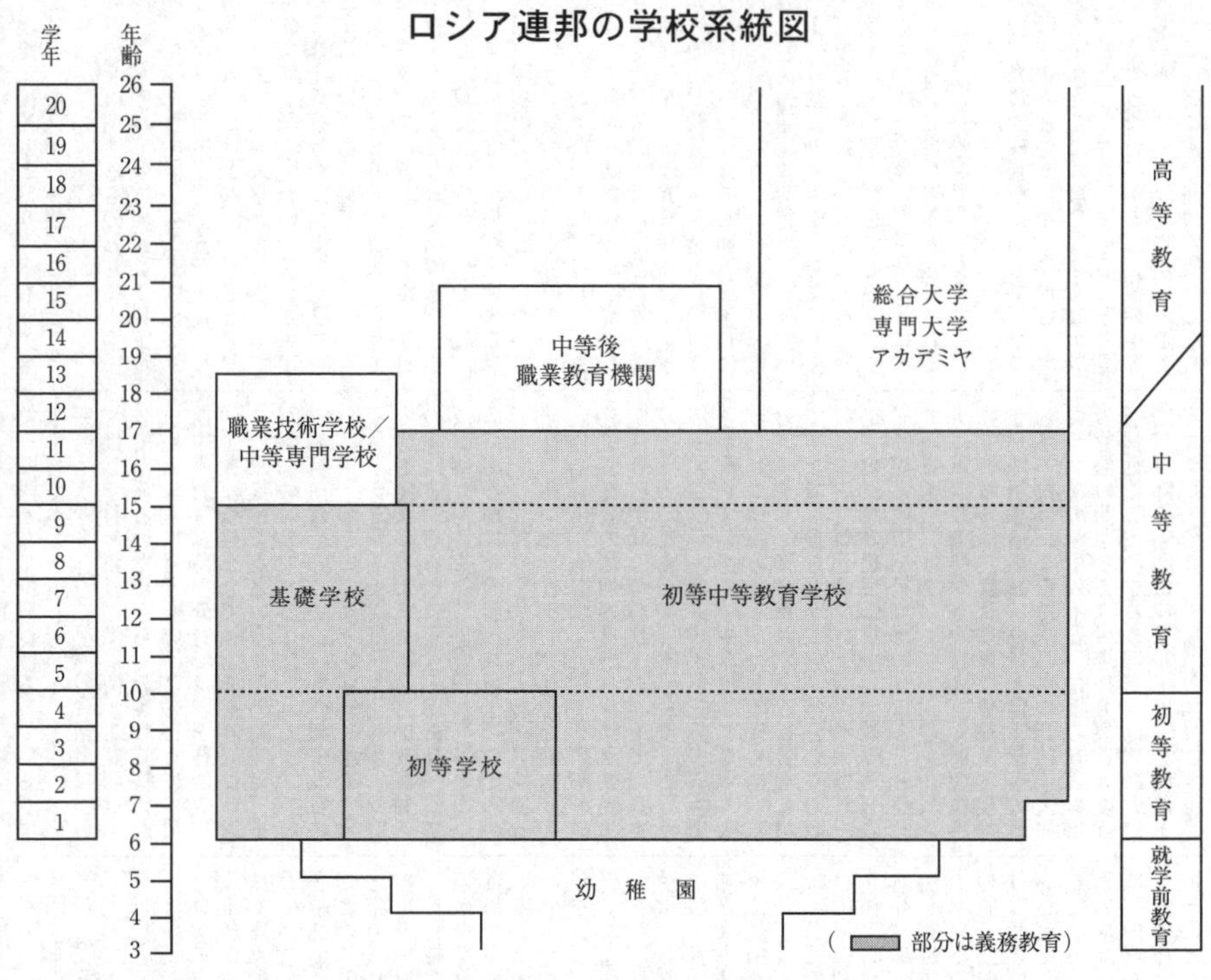

（出典：文部科学省「世界の学校体系（ウェブサイト版）」
https://www.mext.go.jp/b_menu/shuppan/sonota/detail/1396836.htm）

させることに配慮したものといえる。教育課程は、普通教育と職業教育に大別される。普通教育は、教育段階に応じて、就学前教育、初等教育、基礎普通教育、中等普通教育に区分される。職業教育は、その水準によって、中堅技能者を養成する初級職業教育、実践的な専門家を養成する中級職業教育、高等教育の定義である上級職業教育、大学院に相当する高等後職業教育に分類される。さらに、これらには、それぞれ「市民、社会及び国家の教育ニーズを全面的に満たす」ための補充教育が含まれる。特に、職業教育における補充教育は、労働者、職員及び専門家の継続的な資質向上を目指したリカレント教育を基本的な役割としている。つまり、「ロシア連邦教育法」は、就学前教育から成人教育に至る生涯学習体系の構築を目指している。

ロシア連邦市民には、憲法で保障された基本的で侵すことのできない権利のひとつである「教育への権利」を前提とした教育の機会均等が保障される。「教育への権利」とは、学習者の「教育を受ける権利」だけでなく、学習者や保護者の「教育を受ける形態を選択する権利」や「学校の管理運営に参加する権利」などが含まれる。そのため、連邦と連邦構成主体には、社会的-経済的な理由によって「教育への権利」が妨げられないよう適切に対処する責任が課せられている。特に、これを実現する具体的な施策として、次のような教育制度の義務性と無償性の原則が掲げられている。

義務教育は、普通教育と定められ、一一年間が標準である。ただし、学習者や親（保護者）には、教育を受ける機関だけでなく、「家庭教育、自己教育及び検定」といった教育を受ける形態を選択することを認めている。したがって、市民に求められる「義務」の実質的な中身は、教育を受ける形態に関わりなく、市民の学習成果が後期中等普通教育の水準に到達することであり、具体的には、大学入学試験を兼ねる国家統一試験に合格することに限られている。

　無償性の原則については、「国公立教育機関において当該段階の教育を初めて受ける場合、初等教育、基礎普通教育、中等普通教育及び初級職業教育はすべて無償であり、中級職業教育、上級職業教育及び高等後職業教育は選抜試験の結果に応じて無償である」と定められている。この規定により、ロシア連邦の市民は、一一年間の義務教育を修了した後も、希望する初級職業教育を無償で受けることが可能となっている。また、中級職業教育、上級職業教育及び高等後職業教育も、当該の教育機関が実施する試験に合格し、入学が認められれば無償とされ、ソ連邦時代より続く教育の無償性の原則がすべての教育段階で維持されている。

(2)　教員政策

　ロシア連邦の教員資格は、教育専門学校又は教育大学・総合大学など所定の中級職業教育（後期中等教育）又は上級職業教育（高等教育）を修了した者に与えられる。教育大学・総合大学における教員養成は、四年間を基本とする学士課程であり、教育財政の効率化を進める観点から、複数の教員資格を取得させることのできる教職課程の実現が、連邦の方針として示されている。その際、教員の資質能力の向上が課題とされており、「ロシア連邦教育法」は、相当する専攻・資格課程を含む高等教育（又は中等専門教育）を受けていない教員が、教育活動に従事することを禁じている（たとえば、従来は、ディプロマに「英語通訳の資格を有する」と記載されていれば初等学校及び中等学校で英語の授業を担当することが可能であった）。こうした中、教育大学・総合大学についても、複数の専攻・資格課程を学修することができる五年間の学士課程の設置が促進されている。つまり、複数の専攻・資格課程の学修を相互に結びつけながら理解していくプロセスを確保することで、養成する教員の資質能力を高めていく方向性が示されている。ただし、これに伴って、教員養成にかかる単科大学である教育大学の多くが地域の総合大学に統合され、中等教育段階の教科担当教員の養成が学問領域の別に設けられる一般学部の役割となる傾向が見られる。

　また、教員の資質向上と給与水準の引き上げを意図し、一部の優秀な教員に対し、給与や労働条件について厚遇を得ることのできる「二級教員」「一級教員」「上級教員」といった上位資格を与える制度が導入された。これらは、資格審査に合格してから五年間の期限付きで認められる上位資格であり、その期限内であれば、別の学校に勤務する場合でも、引き続き給与や労働条件について厚遇を得ることが保障されている。上位資格の取得には、専門知識、職務能力及び教育成果にかかる相応の資質・能力を有することが求められており、上位資格取得を希望する教員の自発的な申請に基づき、連邦構成主体が設置する資格審査委員会による審査（アテスターツィア）に合格しなければならない。委員会は、申請教員の勤務校の校長や同僚教員、教員組合や教授法研究を行う教員グループの代表者のほか、当該地域の教育行政機関や様々な学術-研究団体の代表者等より構成される。

　さらに、教員には、三年に一回以上の頻度で追加的な教師教育を受ける権利が保障されるなど、教職生活を通じた資質向上が意図されている。

（髙瀬　淳）

6　中国の教育法制と教員政策

(1)　教育法制

　中国（中華人民共和国）は、一九四九年一〇月一日に建国され、行政区分上、二三の省（中国が実効支配していない台湾を含む）、五つの自治区、四つの直轄市、二つの特別行政区（香港・マカオ）から構成されている。また、中国の地方行政は、省、市、県・区、郷鎮という四層の垂直行政区構造である。中国政府は、特別行政区が独自に法律を制定、保持することを認めているため、中国の教育法制は、一般的に台湾及び香港、マカオ以外の二二省、五自治区、四直轄市の教育に関する法律・制度を指す。

　中国の教育行政機関は、中央政府に教育部（日本の文部科学省に相当する）が置かれ、教育全般を統括している。その下には、中央政府の各部・委員会があり、それぞれが所管する業務に関係する専門教育機関を管理している。さらに、地方の省・自治区・直轄市及び市、県の各レベルに教育委員会（地域により教育庁又は教育局を設置することもある）が設けられている。教育部は、教育の基本方針・政策、諸基準を制定し、中央各部委員会及び地方を指導する。

　この組織体系に基づき、中国は全国統一の教育制度を実施している。

　中国の教育に関する根本的・基礎的な法律である「中華人民共和国教育法」は一九九五年に公布され、二〇〇九年、二〇一五年、および二〇二一年に改正を経ている。この教育法において教育は「社会主義現代化建設の基礎」であり、「人民の総合的な素質の向上、個人の全面的な発展の促進、中華民族の活力の革新・創造の引き出し」及び「中華民族の偉大なる復興の実現」に「決定的な意義」があると記されている。このような教育の方向性からは、教育の目的に関して「個人」の発展と「国家」の発展が強く関係していることが示されている。「国家は教育事業の優先的発展を保障する」一方で、「教育は社会主義現代化建設に貢献しなければならない」とされている。つまり、中国の社会主義の教育は、国家が人民に教育を受けさせる条件を保障するとともに人民が教育を受けることを国家に対する「義務」としている。

(2)　教員政策

○教員の資格

　中国では、教員資格の種類は主として、①幼稚園「教員」資格、②小学校教員資格、③初級中学教員資格、④高級中学教員資格、⑤中等職業学校（職業中学・技術労働者学校）教員資格、⑥中等職業学校実習指導教員資格、⑦高等学校教員資格に区分されている。中国で幼稚園「教員」資格試験はあるが、学校には区分されていない。また、教員資格試験が必要とされ、かつ試験受験者数が増加傾向にあるのが小学校・初級中学・高級中学教員資格である。一九九三年に公布された「教師法」（全称　中華人民共和国教師法）により、学歴条件としては、小学校教員資格は中等師範学校（後期中等教育三―四年）卒業以上、初等中学教員資格は、師範専科学校又は他の大学・専科学校の専科（高等教育二―三年）卒業以上、高級中学教員資格は、師範大学又は他の大学の本科（高等教育四―五年）卒業以上と定められている。その資格の取得には、それぞれの資格に対応した教員養成課程を設置した教育機関において当該課程を修了することが必要とさ

中国の学校系統図

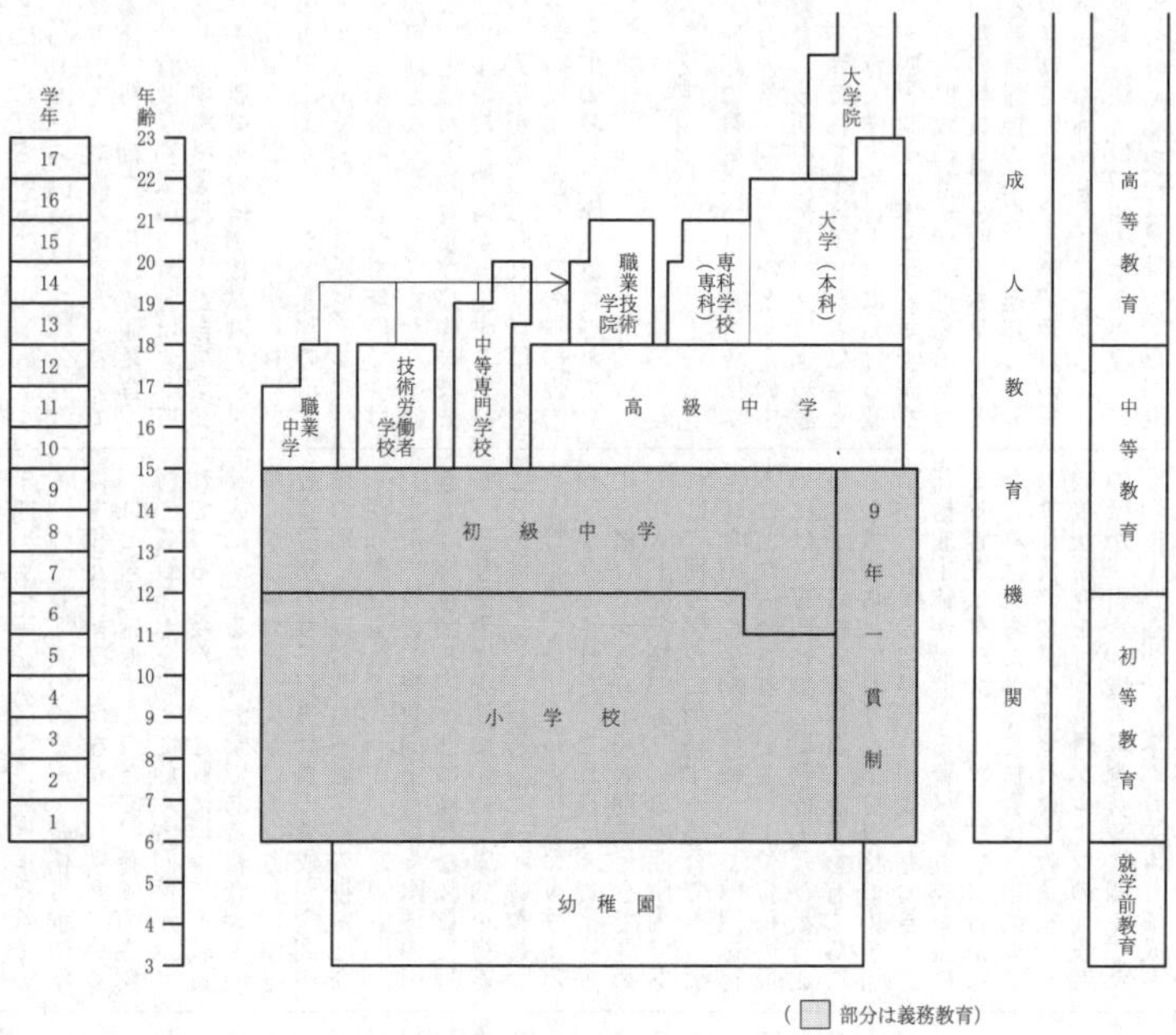

（出典：文部科学省「諸外国の教育統計」令和５（2023）年度版
https://www.mext.go.jp/b_menu/toukei/data/syogaikoku/1415074_00019.htm）

れる。教員養成課程は、後期中等教育段階と高等教育段階の各種の学校に置かれている。中等師範学校及び師範専科学校には教員養成課程のみが置かれているが、師範大学には教員養成課程が多数設置されている。その他、大学や専科学校にも教員養成課程が置かれている。これらの学校を卒業した者は、上記の学歴要件を満たした後、県レベル以上の教育行政機関である教育委員会又は教育局などの機関で資格認定を受けることで教員資格を得ることとなっている。認定に際しては、必要な学歴の他に①一定の標準語能力、②身体検査への合格、③人物評価証明等の証明書の提出が求められる。資格が認定されれば、国家資格である「教員資格証書」が発行される。

○教員の級別

中国では、初等・中等教員の専門的資質・能力を向上させ、職務能力を高めるために、教員の能力、経験、学歴などにより四段階の級別区分がある。級別区分は小学校、初級・高級中学ともに「三級」「二級」「一級」「高級」に分かれ、級別ごとの職務内容及びその資格要件も異なっている。主な職務について、小学校教員の場合、「三級」「二級」「一級」「高級」にかかわらず、学校が割り当てた任務を担当することと、授業準備、授業、補習指導、課題添削、児童の成績評価などを行うこと以外に、「三級」教員は「高級」あるいは「一級」教員の指導の下学校職務を行うこととされている。その他は、教育研究活動について、「三級」教員は参加する、「二級」教員は従事する、「一級」教員は請負う、実施する、「高級」は指導し、教員を育成する任務を請負うことが明示されている。

資格要件について、「三級」教員は、勤務歴一年以上で担当教科の教材、教授法を掌握し、与えられた教授活動を遂行する能力があること、「二級」は、中等師範学校を卒業し一年間の試用期間を終了している、又は三級教員として三年以上勤務しており基礎的な専門知識、能力を備えていること、「一級」は、二級教員として三年以上勤務しているか、又は師範専科学校か大学専科を卒業し、一年間の試用期間を終了しており、十分な能力を備えていること、「高級」は、一級教員を五年以上勤務しているか、又は師範大学か他の大学の本科を卒業し、一年の試用期間を終了し、高度な教授能力を備えていること、とそれぞれ規定されている。

　初級・高級中学校教員の場合、職務内容について、「二級」教員は①初級中学で一科目を担当し、授業準備、授業、補習指導、課題添削、児童の成績評価を行い、②「高級」教員あるいは「一級」教員の指導の下授業内外で思想品徳教育を行い、学級担任を担当し、③教育研究活動に参加する。「一級」教員は、①高級あるいは初級中学で一科目を担当し、授業準備、授業、補習指導、課題添削、児童の成績評価を行い、②授業内外で思想品徳教育を行い、学級担任となるか、生徒の課外活動を組織・指導し、③教育活動に従事する。「一級」教員は、「二級」教員の①と②の職務を行う他、③教育研究活動を請負い・実施する、④「二級」教員・「三級」教員を指導し、新任教員の育成を請負い、「高級」教員は、①学校が割り当てた任務を請負い、教育研究・授業研究を指導する、②教育科学研究活動を実施する、③「一級」「二級」「三級」教員の教育活動を指導するか、教員を育成する任務を請負うと定められている。

　他の資格要件については、「三級」教員は師範専科学校か大学専科を卒業し、一年間の試用期間を終了しており、初級中学の一教科について教授能力を備えていること、「二級」教員は師範大学か他の大学の本科を卒業し、一年間の試用期間を終了、または「三級」教員として二年以上勤務しており、初級・高級中学の一教科について教授能力を備えていることとされている。「一級」教員は「二級」教員として四年以上勤務しているか、修士の学位を取得しており、高度な教授能力を備えていること、「高級」は「一級」教員として五年以上勤務しているか、博士の学位を取得しており、高度な教授能力及び教育研究能力を持ち、一定水準の論文・著作があることと定められている。

　このように、小学校、初級・高級中学教員は、学歴や勤務年数、実績などによって「三級」「二級」「一級」「高級」として任用され、給与などの待遇にも大きく影響している。

○教員の養成

　中国では初等・中等教員資格が取得学歴とつながっているため、教育養成もそれに応じた教育段階で実施されている。小学校、初級中学、高級中学と学校種類別に異なる専門の養成課程で実施している。教員養成課程は、基本的に中等師範学校、師範専科学校、師範大学に置かれている。規定された養成課程を修了すれば、教員としての資格が認められる。

　具体的には、小学校教員は、後期中等教育レベルの中等師範学校で養成される。中等師範学校は省、自治区、県などの各地方政府が設置・管理している。修業年限は、各地方や学校の実情により三年または四年である。入学試験は省の統一試験で行われる。初級中学教員は、師範専科学校で養成される。師範専科学校は、基本的に地方の省が設置・管理している。修業年限は学校・専攻によって、二年または三年である。高級中学教員は師範大学で養成される。修業年限は基本的に四年である。高等教育機関である師範専科学校及び師範大学の入学者は、通常一般の高等教育機関と同様、全国統一入試によって選抜される。なお、従来は師範大学や師範学校のみで教員養成が行われていたが、現在はこれらの学校以外の一般の高等教育機関にも教員養成課程が設けられ、そこで教員養成が行われているところもあるが、教員養成課程以外の一般課程では教員養成は行われていない。

〈参考文献〉

　文部科学省『諸外国の教育改革の動向』、二〇〇〇年—二〇一九年度版。仲田陽一『知られざる中国の教育改革—超格差社会の子ども・学校の実像—』かもがわ出版、二〇一四年。

（張　磊）

7 韓国の教育法制と教員政策

(1) 教育法制

大韓民国憲法（一九四八年七月一七日制定、同日施行、以下「韓国憲法」）は、これまで九回の一部又は全部改正が行われた。一九八七年一〇月二九日に全部改正（一九八八年二月二五日施行）された韓国憲法は、国民の教育を受ける権利等を、次のように規定している。

第三一条　①すべての国民は、能力に応じて、均等に教育を受ける権利を有する。

②すべての国民は、その保護する子女に、少なくとも初等教育及び法律が定める教育を受けさせる義務を負う。

③義務教育は、無償とする。

④教育の自主性、専門性、政治的中立性及び大学の自律性は、法律の定めるところにより、これを保障する。

⑤国は、平生教育を振興しなければならない。

⑥学校教育及び平生教育を含む教育制度並びにその運営、教育財政及び教員の地位に関する基本的事項は、法律の定めるところによるものとする。

　また学問の自由等について、次の規定が見られる。

第二二条　①すべての国民は、学問及び芸術の自由を有する。

②著作者、発明家、科学技術者及び芸術家の権利は、法律により保護される。

(2) 教育基本法等の法的整備

　韓国の教育基本法（一九九七年一二月一三日制定、一九九八年三月一日施行）は、一九九七年に廃止された教育法（一九四九年一二月三一日制定、同日施行）

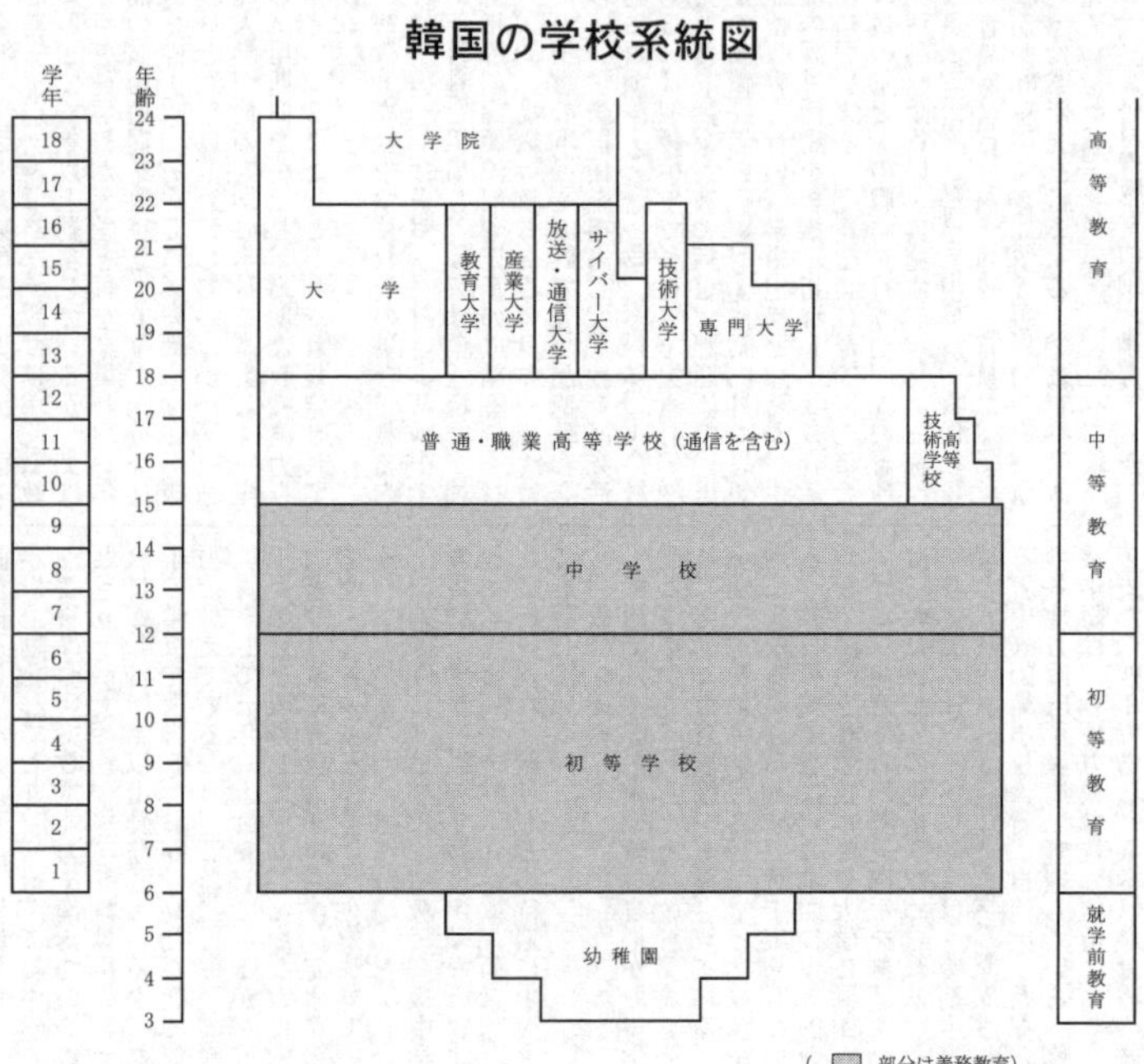

（出典：文部科学省「諸外国の教育統計」令和５（2023）年度版
https://www.mext.go.jp/b_menu/toukei/data/syogaikoku/1415074_00019.htm）

に代わるものとして新規制定された。これまで二〇回の一部又は全部改正が行われ、現在、二〇二二年三月二五日に一部改正された教育基本法が二〇二二年三月二五日より施行されている。

本法は、本則二九ケ条から構成されており、本則一八ケ条から構成されている日本の教育基本法に比して、やや具体的事項まで規定している点が特徴的である。

本則は、第一章　総則（第一条～第十一条）、第二章　教育の当事者（第十二条～第十七条）、第三章　教育の振興（第十七条二項～第二十九条）で構成されている。

総則は、この法律の目的、教育理念、学習権、教育の機会均等、教育の自主性等、教育の中立性、教育財政、義務教育、学校教育、平生教育（日本の「生涯教育」に相当）、学校等の設立に関する諸条項である。

続く第二章は、学習者、保護者、教員、教員団体、学校等の設立者・経営者、国家及び地方自治体に関する諸条項である。

第三章は、両性平等教育の増進、学習倫理の確立、健全な性意識の涵養、安全事故の予防、平和的統一の志向、特殊教育（日本の「特別支援教育」に相当）、英才教育、幼児教育、職業教育、科学・技術教育、気候変動環境教育、学校体育、教育の情報化、学校及び教育行政機関業務の電子化、学生情報の保護原則、学術文化の振興、私立学校の育成、評価及び認証制度、教育関連情報の公開、教育関連の統計調査、保健及び福祉の増進、奨学制度等、国際教育に関する諸条項である。

憲法と教育基本法の趣旨を具体化するための主な法律として、学校教育に関しては初・中等教育法（一九九七年一二月一三日制定、一九九八年三月一日施行)、高等教育法(一九九七年一二月一三日制定、一九九八年三月一日施行)が制定されており、また、社会教育に関しては一九八二年制定の社会教育法を全面改正した平生教育法(二〇〇〇年三月一日施行)が一九九九年八月三一日に制定されている。

(3)　教員政策

韓国における初等学校(日本の小学校に相当)の教育を担う教員の養成は、一〇(ソウル、京仁、春川、清州、公州、全州、光州、大邱、釜山、晋州)の教育大学校(大学校は、日本の四年制大学に相当)で行われており、他にも、幼稚園から高等学校までの教員養成を目的とする韓国教員大学校や、総合大学の内に初等学校の教員養成課程を置く大学校(済州大学校、梨花女子大学校など)においても行われている。

中等教育の教員養成は、多くの場合、四年制大学校の単科大学(日本の学部に相当、以下「学部」)として教育系の学部(原文、師範大学)を設置して行われる場合と、教育系の学部以外の学部に「教職課程」を設置して行われる場合とがある。他にも、前述した韓国教員大学校のように教員養成を主たる目的として設立された大学校でも行われている。

韓国における教員の採用試験は、「教育公務員任用候補者選定競争試験」(通称、任用試験)と呼ばれ、その受験資格として、教員養成機関において所定の課程を修了し、教員免許を取得した者であること、また、韓国史能力検定試験に受験し、韓国史資格(三級以上)を取得することが求められる。公立学校教員の採用試験は、市道(日本の都道府県に相当)の教育庁が管轄し、一次試験(教育学と専攻科目の筆記試験)と二次試験(模擬授業や面接等)で構成されている。一次試験は、韓国教育課程評価院が出題する全国統一の試験となっているが、二次試験の場合、受験する自治体によって異なる内容となっている。私立学校の教員の採用においては、学校独自の採用試験が行われているが、教員採用における公平性と透明性を確保することを目的として、「私立学校教員新規任用委託選抜」が二〇一一年(二〇一二学年度)から施行されている。これは、私立学校の教員採用試験のうち、一次試験を公立学校の任用試験と同じく全国統一の筆記試験に代替し、第二次試験を学校独自の方法で行うというものである。二〇二一学年度ソウル市教育庁への教員の委託選抜を申し込んでいる私立学校は、四八の学校法人(七四校、計一八四名の教員選抜)であり、施行以来最多となった。

教育基本法における教員の社会的地位や待遇等に関して言うと、教員の専門性の尊重、経済的・社会的地位の優待(第一四条第一項)といった保護規定が明記されているが、一方で、教育者としての品性と倫理観、資質向上に向けた努力、一定の政治的行為の制限(同条第二項～第四項)についても規定されている。また、教員の「任用・服務、報酬、年金等」に関しては、公立学校の教員の場合は、国家公務員法から派生された教育公務員法により資格、任用、給与、研修等の諸規定が適用される。

〈参考文献〉

ソウル市教育庁中等教育課「報道資料：二〇二二学年度私立学校の教員委託採用の施行」二〇二一年。ソウル市教育庁『ソウル教育便り』(https://enews.sen.go.kr/news/view.do?bbsSn=172812&step1=3&step2=1#none、二〇二三年八月五日アクセス)。

(全　京和)

8 フィンランドの教育法制と教員政策

(1)　教育法制

フィンランドにおいて、教育に関する法律の基盤となるのがフィンランド共和国憲法(一九九九/七三一)である。同法第一六条は、教育に関する権利を次のように定めている。

すべての国民は無償で基礎教育を受ける権利を有している。教育を受ける義務については、別に定める。

公的機関は、すべての国民に、経済状況にかかわらず、能力や特別なニーズに応じた教育サービスを受ける平等な機会を保障する。その詳細は別に定める。

科学・芸術・学問の自由を保障する。

憲法に示された価値のもと、学校種別に別途基本となる法律が定められている。基礎教育(初等教育段階及び前期中等教育段階)を提供する基礎学校については基礎教育法(一九九八/六二八)及び基礎教育法施行規則(一九九八/八五二)、後期中等教育段階の普通教育を提供するルキオ(高校)についてはルキオ法(二〇一八/七一四)及びルキオ教育に関する政令(二〇一八/八一〇)、職業教育(後期中等教育段階及び中等後教育段階)を提供する教育機関については職業学校法(二〇一七/五三一)及び職業学校に関する政令(二〇一七/六七三)、高等教育のうち大学については大学法(二〇〇九/五五八)、専門大学については専門大学法(二〇一四/九三二)がこれに当たる。さらに、二〇二〇年に義務教育法(二〇二〇/一二一四)が定められ、その目的と期間、責任の主体等が規定された。これに基づき、二〇二一年度から義務教育が一八歳までに延長されている。

現行の法律は、一九六〇年代から一九七〇年代にかけて構築されたフィンランドの教育制度に大きな変化をもたらした。例えば、基礎教育法は、基礎教育における九年一貫制の導入や分権的な教育行政など、一九九〇年代に進められた教育改革を法的に規定するものである。一九九八年の制定後も、制度改革や政策を反映する形で一部改正が継続的に行われてきている。就学前教育の制度化及びその後の義務化、始業前・放課後事業(学童保育)の制度化、インクルーシブ教育の制度化、「柔軟な基礎教育」と呼ばれるオルタナティブ教育の制度化、移民子弟の準備教育の制度化、児童・生徒のウエルビーイングの強化、ガイダンスや進路指導の重視などが盛り込まれたことは、その一例である。

ルキオ法は、一九九八年に制定されたものが二〇一八年に全面改正されているが、これは、後期中等教育改革を受けたものであり、科目(コース)制から単位制への移行、後期中等教育段階における特別支援の制度化などが法的に規定されることとなった。さらに、二〇二一年より義務教育制度が延長され、後期中等教育を含む形になったことから、それに伴う制度改変、それを踏まえた法令改正が実施されている。具体的には、生徒が負う責任や規律、罰則など、問題行動の厳罰化や生徒の義務と権利にかかわる記述などが加えられている。

直近の改訂では、基礎教育法及びルキオ法ともに、「計画・編成(実施)・決定に際して、子どもの最善の利益を考慮すべきこと」が加えられている。これもまた、義務教育制度改革を踏まえたものである。大学法は、旧法を全面改正する形で二〇〇九年に定められたものであり、国立大学の法人化・財団化（実質的な私学化）、及びこれに基づく新たな大学の管理運営及び諸活動を法的に規定するものである。

その他、教育に関する重要な法令として、校長及び教員の資格について定めた教育職員資格規則（一九九八／九八六）、基礎教育法及び基礎教育法施行規則が定めた教科や総授業時間数の最低基準などに基づき全国基礎教育課程基準の基盤となる教育目標及び授業時数配分を規定した「基礎教育における国家目標と授業時数に関する政令」（二〇一二／四二二）などがある。

(2)　教員政策

フィンランドの教員養成は大学で行われる。大学では、学士・修士・博士の三種類のプログラムが提供されているが、基本学位は修士号とされている。教員養成課程も例外ではないことから、フィンランドの教員には資格要件として修士号の取得が求められている。

修士課程レベルで実施される教員養成の歴史は長く、一九七〇年代に遡る。師範学校で行われてきた教員養成を大学で実施することを定めた「教員養成法」（一九七一年）、大学の学位全体を見直し修士号を基本学位とする方針のもとで定められた「教育学に関する学位と課程に関する政令」（一九七八年）により現行制度が成立した。このことは、欧州で進む高等教育改革であるボローニャ・プロセスにより学位制度が見直された際にも（二〇〇四年）改められていない。但し、職業教育の教員については、専門大学にも教員養成課程が置かれている。

フィンランドの学校教育段階における教員には、主に、「学級担当教員」と呼ばれる初等教育教員と「教科担当教員」と呼ばれる中等教育教員の二種類がある。このうち、初等教育教員は、教育学部等の教員養成課程において、三年間の学士課程と二年間の修士課程から構成される五年相当の学修を経て養成される。一方、中等教育教員は、教員養成系以外の学部の学生であっても、一年間相当の教職課程を履修することにより、資格を取得することができる。

現行の教員養成課程のカリキュラムは、教育職員免許規則において国が規定した枠組に即しつつ、大学が独自の裁量で編成している。一九九五年と二〇〇四年の学位制度改革により、カリキュラムの柔軟性が高まった結果、各大学は、地域のニーズを反映させたり、大学の強みを活かしたりと、独自色を打ち出すことが可能となった。

教員研修については、年に三―五日間の研修を受けることが権利として保証されているが法的に義務化されているわけではない。但し、校長については教育行政及び管理運営に関する研修を受けることが資格要件として求められており、教育職員免許規則に明文化されている。

（渡邊　あや）

〈参考文献〉

二宮晧編著『世界の学校―グローバル化する教育と学校生活のリアル―』学事出版、二〇二三年、文部科学省『諸外国の教育行財政』ジアース教育新社　二〇一四年、文部科学省『諸外国の初等中等教育』明石書店、二〇一六年。

Ⅵ 統計・組織図等

1. 幼稚園・小学校・中学校・高等学校の校数・教員数・在学者数の変遷

年 次	幼稚園（1970年以前は沖縄県を含まず。以下同じ）		
	園 数	教 員 数	園 児 数
1920 (大9)	728(465)	2,089(1,192)	61,973(30,605)
1930 (昭5)	1,509(1,029)	4,644(2,991)	121,740(64,174)
1940 (15)	2,079(1,426)	6,634(4,371)	191,569(109,711)
1950 (25)	3,426(2,104)	16,796(11,603)	519,750(305,868)
1960 (35)	7,055(4,562)	31,330(23,178)	742,367(510,922)
1970 (45)	10,639(6,808)	66,569(51,890)	1,674,625(1,272,581)
1980 (55)	14,893(8,781)	100,960(73,160)	2,407,113(1,767,504)
1990 (平2)	15,076(8,769)	100,935(75,413)	2,008,069(1,568,018)
2000 (12)	14,451(8,479)	106,067(80,444)	1,773,682(1,402,942)
2010 (22)	13,392(8,236)	110,580(86,070)	1,605,912(1,306,001)
2015 (27)	11,674(7,304)	101,497(79,850)	1,402,448(1,158,902)
2019 (令1)	10,069(6,538)	93,593(75,375)	1,145,574(972,294)
2020 (2)	9,697(6,398)	91,789(74,737)	1,078,499(927,905)
2021 (3)	9,420(6,268)	90,173(74,393)	1,009,008(875,544)
2022 (4)	9,121(6,152)	87,761(73,043)	923,089(807,572)
2023 (5)	8,837(6,044)	85,421(71,437)	841,795(739,416)

年 次	小学校（1970年以前の校数は本校のみ。以下同じ）		
	校 数	教 員 数	児 童 数
1920 (大9)	25,639(143)	185,348(825)	8,632,871(33,593)
1930 (昭5)	25,673(95)	234,799(849)	10,112,226(28,117)
1940 (15)	20,860(99)	287,368(1,068)	12,334,199(31,527)
1950 (25)	22,080(93)	307,170(1,135)	11,191,401(25,065)
1960 (35)	22,701(161)	360,660(1,964)	12,590,680(49,198)
1970 (45)	24,444(161)	367,941(2,380)	9,493,485(54,845)
1980 (55)	24,945(166)	467,931(2,669)	11,826,574(59,735)
1990 (平2)	24,827(168)	444,203(2,892)	9,373,195(63,790)
2000 (12)	24,106(172)	407,598(3,236)	7,366,079(67,526)
2010 (22)	22,000(213)	419,776(4,445)	6,993,376(79,042)
2015 (27)	20,601(227)	417,152(4,935)	6,543,104(77,082)
2019 (令1)	19,738(237)	421,936(5,262)	6,368,545(78,181)
2020 (2)	19,526(240)	422,543(5,340)	6,300,735(78,939)
2021 (3)	19,336(241)	422,864(5,404)	6,223,394(79,522)
2022 (4)	19,161(243)	423,345(5,505)	6,151,310(79,882)
2023 (5)	18,979(244)	424,155(5,578)	6,049,503(80,057)

年　次	中　学　校		
	校　数	教 員 数	生 徒 数
1920 (大９)	1,558(　239)	21,006(4,263)	464,802(95,423)
1930 (昭５)	2,508(　602)	43,657(11,823)	973,301(233,957)
1940 (15)	3,144(　744)	57,602(14,470)	1,578,121(444,250)
1950 (25)	12,363(　677)	192,497(6,907)	5,332,515(269,218)
1960 (35)	12,210(　601)	205,988(6,115)	5,899,973(207,903)
1970 (45)	10,717(　538)	224,546(7,344)	4,716,833(142,198)
1980 (55)	10,779(　547)	251,274(6,029)	5,094,402(149,740)
1990 (平２)	11,275(　609)	286,061(9,369)	5,369,157(202,600)
2000 (12)	11,209(　680)	257,605(12,270)	4,103,717(234,647)
2010 (22)	10,815(　758)	250,899(14,770)	3,558,166(255,507)
2015 (27)	10,484(　774)	253,704(15,131)	3,465,215(243,390)
2019 (令１)	10,222(　781)	246,835(15,354)	3,218,115(239,106)
2020 (２)	10,143(　782)	246,788(15,524)	3,211,237(242,113)
2021 (３)	10,076(　778)	248,253(15,701)	3,229,698(245,245)
2022 (４)	10,012(　780)	247,247(15,725)	3,205,226(246,337)
2023 (５)	9,944(　781)	247,373(15,989)	3,177,547(247,623)

年　次	高等学校（1947年以前は旧制。新制高校の生徒数には専攻科，別科を含む）		
	校　数	教 員 数	生 徒 数
1920 (大９)	32(　4)	1,375(　144)	20,283(　2,337)
1930 (昭５)	3,575(　849)	86,083(19,730)	1,203,791(　241,108)
1940 (15)	3,294(　893)	111,616(18,338)	2,951,882(　511,769)
1950 (25)	4,082(1,184)	193,524(48,985)	5,073,882(1,665,232)
1960 (35)	4,252(1,213)	204,543(47,893)	4,178,327(1,288,127)
1970 (45)	4,862(1,231)	213,431(49,599)	4,201,223(1,291,759)
1980 (55)	5,208(1,240)	243,629(54,400)	4,616,345(1,298,237)
1990 (平２)	5,504(1,312)	285,915(65,060)	5,623,135(1,611,841)
2000 (12)	5,478(1,318)	269,027(62,190)	4,165,434(1,226,315)
2010 (22)	5,116(1,321)	238,929(58,919)	3,368,693(1,002,654)
2015 (27)	4,939(1,320)	234,970(60,914)	3,319,114(1,042,329)
2019 (令１)	4,887(1,322)	231,342(62,301)	3,168,262(1,027,778)
2020 (２)	4,874(1,322)	229,244(62,440)	3,092,351(1,017,771)
2021 (３)	4,856(1,320)	226,721(62,640)	3,008,172(1,010,631)
2022 (４)	4,824(1,320)	224,724(62,552)	2,956,909(1,015,164)
2023 (５)	4,791(1,321)	223,251(62,389)	2,918,486(1,013,218)

※カッコ内は私立学校で内数。

出典：文部科学省「学校基本調査令和５年（速報）」

2. 高等学校卒業生の進路状況の推移

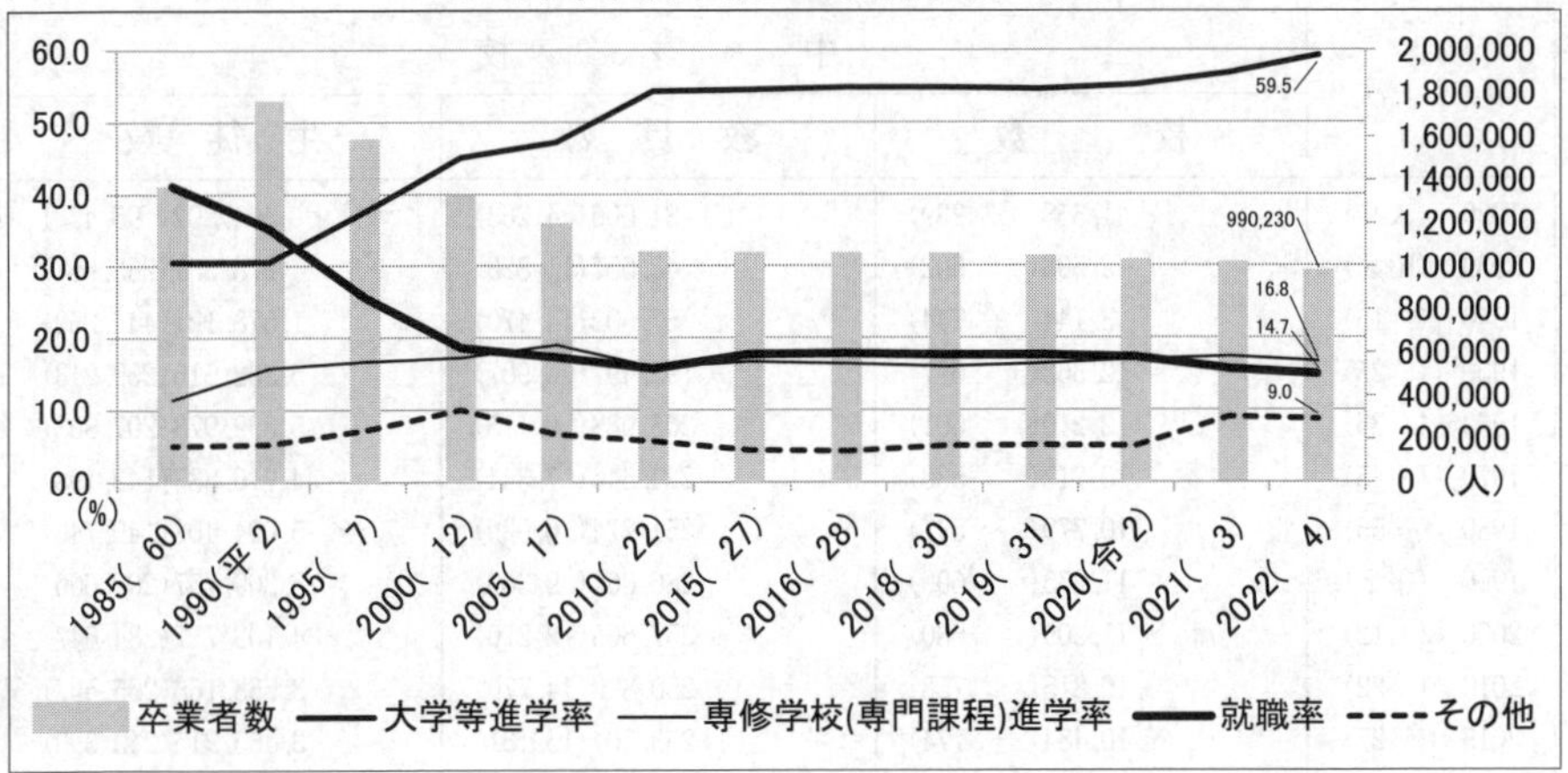

卒業者数　(単位：人)

年次	卒業者数
1985(昭60)	1,373,713
1990(平２)	1,766,917
1995(　７)	1,590,720
2000(　12)	1,328,940
2005(　17)	1,203,251
2010(　22)	1,071,422
2015(　27)	1,068,989
2016(　28)	1,064,352
2017(　29)	1,074,655
2018(　30)	1,061,565
2019(令１)	1,055,807
2020(　２)	1,037,284
2021(　３)	1,012,007
2022(　４)	990,230

構成比　(単位：%)

年次	大学等進学率	専修学校(専門課程)進学率	就職率	その他
1985(昭60)	30.5	11.4	41.1	5.0
1990(平２)	30.5	15.8	35.2	5.2
1995(　７)	37.5	16.7	25.6	7.1
2000(　12)	45.1	17.2	18.6	10.0
2005(　17)	47.2	19.0	17.3	6.6
2010(　22)	54.3	15.9	15.7	5.6
2015(　27)	54.6	16.7	17.7	4.4
2016(　28)	54.8	16.3	17.8	4.3
2017(　29)	54.8	16.2	17.7	4.7
2018(　30)	54.8	15.9	17.5	5.0
2019(令１)	54.8	16.3	17.6	5.1
2020(　２)	55.8	16.9	17.5	5.0
2021(　３)	57.3	17.3	15.7	9.7
2022(　４)	59.5	16.8	14.7	9.0

(注) ※就職者には就職進学者は含まれない。
※就職者は自営業主等及び常用労働者（無期雇用労働者、有期雇用労働者）

出典：文部科学省「学校基本調査令和４年」

3. 学　校　数（2023年）

区　　分		計	国　立	公　立	私　立
幼稚園	計	8,837	49	2,744	6,044
	本園	8,826	49	2,736	6,041
	分園	11	–	8	3
幼保連携型認定こども園	計	6,982	–	947	6,035
	本園	6,800	–	947	5,853
	分園	182	–	–	182
小学校	計	18,979	67	18,668	244
	本校	18,845	67	18,534	244
	分校	134	–	134	–
中学校	計	9,944	68	9,095	781
	本校	9,864	68	9,015	781
	分校	80	–	80	–
義務教育学校	計	207	5	201	1
	本校	206	5	200	1
	分校	1	–	1	–
高等学校	計	4,791	15	3,455	1,321
	本校	4,715	15	3,381	1,319
	分校	76	–	74	2
中等教育学校	計	57	4	35	18
	本校	57	4	35	18
	分校	–	–	–	–
特別支援学校	計	1,178	45	1,118	15
	本校	1,056	45	996	15
	分校	122	–	122	–
専修学校	計	3,020	8	182	2,830
	本校	3,019	8	182	2,829
	分校	1	–	–	1
各種学校	計	1,015	–	5	1,010
	本校	993	–	5	988
	分校	22	–	–	22

（注）高等学校には，このほかに通信制独立校１３１校（公立６校，私立１２５校）がある。

4. 学　級　数（2023年）

区　　分		計	国　立	公　立	私　立
幼稚園		44,873	219	7,110	37,544
幼保連携型認定こども園		30,771	–	4,267	26,504
小学校	計	273,983	1,130	269,945	2,908
	単式学級	214,942	1,089	210,993	2,860
	複式学級	4,417	28	4,359	30
	特別支援学級	54,624	13	54,593	18
中学校	計	119,834	761	111,546	7,527
	単式学級	96,302	750	88,038	7,514
	複式学級	153	–	149	4
	特別支援学級	23,379	11	23,359	9
義務教育学校	計	3,957	131	3,817	9
	単式学級	2,944	120	2,815	9
	複式学級	82	–	82	–
	特別支援学級	931	11	920	–
高等学校	単式学級	56,301	…	56,301	…
中等教育学校					
（前期課程）	計	515	39	342	134
	単式学級	515	39	342	134
	複式学級	–	–	–	–
	特別支援学級	–	–	–	–
（後期課程）		334	…	334	…
特別支援学校		37,577	490	36,940	147

出典：文部科学省「学校基本調査令和５年（速報）」

5．在園／在学者数（2023年）

区　　分		計	国　　立	公　　立	私　　立
幼稚園	計	841,795	4,490	97,889	739,416
	3　歳	247,094	1,157	21,336	224,601
	4　歳	281,131	1,568	33,361	246,202
	5　歳	313,570	1,765	43,192	268,613
幼保連携型認定こども園	計	843,261	−	98,286	744,975
	0　歳	30,181	−	2,494	27,687
	1　歳	97,995	−	9,916	88,079
	2　歳	113,303	−	12,182	101,121
	3　歳	194,645	−	22,314	172,331
	4　歳	200,230	−	24,749	175,481
	5　歳	206,907	−	26,631	180,276
小学校	計	6,049,503	35,721	5,933,725	80,057
	1学年	962,467	5,919	943,243	13,305
	2学年	997,146	5,936	977,769	13,441
	3学年	1,005,444	5,936	986,021	13,487
	4学年	1,015,462	5,980	996,060	13,422
	5学年	1,026,551	5,974	1,007,227	13,350
	6学年	1,042,433	5,976	1,023,405	13,052
中学校	計	3,177,547	27,004	2,902,920	247,623
	1学年	1,052,365	9,028	958,683	84,654
	2学年	1,054,413	9,014	963,042	82,357
	3学年	1,070,769	8,962	981,195	80,612
義務教育学校	計	76,045	3,773	72,048	224
	1学年	7,922	375	7,519	28
	2学年	8,545	370	8,147	28
	3学年	8,422	380	8,012	30
	4学年	8,552	365	8,156	31
	5学年	8,636	376	8,237	23
	6学年	8,518	377	8,119	22
	7学年	8,374	535	7,819	20
	8学年	8,554	496	8,033	25
	9学年	8,522	499	8,006	17
高等学校	計	2,918,486	8,004	1,897,264	1,013,218
	本科 計	2,909,688	8,004	1,894,134	1,007,550
	本科 1学年	999,864	2,694	649,170	348,000
	本科 2学年	970,143	2,723	628,974	338,446
	本科 3学年	929,722	2,587	606,141	320,994
	本科 4学年	9,959	−	9,849	110
	専攻科	8,665	−	2,997	5,668
	別科	133	−	133	−
中等教育学校	計	33,817	2,863	23,678	7,276
	前期課程 計	18,005	1,422	12,636	3,947
	前期課程 1学年	6,091	463	4,250	1,378
	前期課程 2学年	6,051	475	4,309	1,267
	前期課程 3学年	5,863	484	4,077	1,302
	後期課程 計	15,812	1,441	11,042	3,329
	後期課程 本科 計	15,812	1,441	11,042	3,329
	後期課程 本科 1学年	5,498	483	3,806	1,209
	後期課程 本科 2学年	5,334	488	3,735	1,111
	後期課程 本科 3学年	4,980	470	3,501	1,009
	後期課程 本科 4学年	−	−	−	−
	後期課程 専攻科	−	−	−	−
	後期課程 別科	−	−	−	−
特別支援学校	計	151,358	2,856	147,604	898
	幼稚部	1,189	53	1,101	35
	小学部	51,115	851	50,102	162
	中学部	33,409	811	32,480	118
	高等部	65,645	1,141	63,921	583
専修学校		607,944	243	21,887	585,814
各種学校		108,169	−	374	107,795

(注1) 高等学校の生徒数は，全日制と定時制を合計したもの。
(注2) 5. 6.の出典：文部科学省「学校基本調査令和5年（速報）」

6. 都道府県別小学校の学校数、学級数、児童数、教員数および職員数(2023年)

区　　分	学 校 数	学 級 数	児 童 数	教 員 数	職 員 数
計	18,979	273,983	6,049,503	424,155	59,445
北海道	949	11,730	221,221	18,666	3,213
青森	249	2,800	52,437	4,357	709
岩手	271	2,871	52,972	4,441	729
宮城	361	4,953	108,637	7,940	935
秋田	174	1,944	36,478	2,945	771
山形	223	2,506	46,867	3,792	844
福島	390	4,301	83,340	6,510	1,003
茨城	449	6,380	130,570	9,607	631
栃木	336	4,295	90,969	6,761	1,158
群馬	303	4,281	89,890	6,704	2,683
埼玉	803	13,893	355,456	21,431	1,841
千葉	756	12,377	299,819	18,642	1,879
東京	1,323	21,935	623,632	36,462	3,444
神奈川	881	17,764	439,962	26,752	3,193
新潟	436	5,226	99,137	8,035	1,500
富山	178	2,230	46,089	3,661	703
石川	202	2,543	55,181	4,024	960
福井	191	1,941	37,597	3,117	589
山梨	176	2,095	37,448	3,247	633
長野	359	4,794	98,334	7,131	737
岐阜	351	4,501	96,495	7,157	745
静岡	493	7,423	175,775	11,358	2,001
愛知	967	16,856	395,820	25,531	2,181
三重	363	4,288	86,500	6,743	1,493
滋賀	219	3,596	78,073	5,655	669
京都	365	5,240	116,346	8,398	1,244
大阪	983	19,144	410,466	29,280	3,102
兵庫	737	11,554	270,738	18,407	2,232
奈良	188	3,094	62,281	4,801	696
和歌山	240	2,396	42,164	3,971	801
鳥取	114	1,523	27,232	2,333	601
島根	196	1,919	32,449	2,999	257
岡山	375	4,684	94,614	7,497	1,001
広島	463	6,585	141,946	10,040	1,580
山口	296	3,140	61,935	4,930	648
徳島	184	1,908	33,085	2,980	655
香川	160	2,328	47,498	3,493	498
愛媛	279	3,158	63,576	4,718	788
高知	222	2,053	30,103	2,864	474
福岡	714	12,031	274,420	18,139	2,411
佐賀	163	2,280	42,834	3,536	543
長崎	318	3,571	66,615	5,395	635
熊本	330	4,522	94,257	6,991	1,245
大分	260	2,800	54,625	4,292	995
宮崎	232	2,776	57,196	4,322	714
鹿児島	491	5,040	85,954	7,512	1,967
沖縄	266	4,714	100,470	6,588	1,114

7．公立学校教育職員の懲戒処分等の状況（令和３年度）

懲戒等処分数

（単位：人）

処分事由	懲戒処分，訓告等	
	合 計	内，懲戒処分
交通違反・交通事故	2,368	160
体罰	343	90
性犯罪・性暴力等	216(94)	192(94)
その他	1,747	260
合計	4,674	702

懲戒処分等の種類

（単位：人）

	懲戒処分の種類				合計	訓告等	総計
	免職	停職	減給	戒告			
交通違反・交通事故	19	32	38	71	160	2,208	2,368
体罰	1	11	37	41	90	253	343
性犯罪・性暴力等	119(89)	50(5)	21(0)	2(0)	192(94)	24(0)	216(94)
その他	34	69	80	77	260	1,487	1,747
合計	173	162	176	191	702	3,972	4,674

（注） 性犯罪・性暴力等の（ ）は、児童生徒等に対する性犯罪・性暴力による件数で内数。

分限処分の種類

（単位：人）

降任	免職	休職			その他	降給	合計
		起訴休職	病気休職				
			合計	内，精神性疾患			
0	9	25	8,314	5,897	54	0	8,402

（注） 監督責任により懲戒処分等を受けた者を含む。

出典：文部科学省「令和３年度公立学校教職員の人事行政状況調査について」

8．文部科学省による児童生徒の問題行動・不登校等生徒指導上の諸課題に関する調査（令和四年度）―調査結果の要旨〔抄〕

1．暴力行為の状況

小・中・高等学校における暴力行為の発生件数は九五、四二六件（前年度七六、四四一件）、児童生徒一、〇〇〇人当たりの発生件数は七・五件（同六・〇件）である。

① 暴力行為の発生件数は小学校六一、四五五件（同四八、一三八件）、児童一、〇〇〇人当たりの発生件数は九・九件（同七・七件）。中学校二九、六九九件（同二四、四五〇件）、生徒一、〇〇〇人当たりの発生件数は九・二件（同七・五件）。高等学校四、二七二件（同三、八五三件）、生徒一、〇〇〇人当たりの発生件数は一・三件（同一・二件）。

② 対象別では対教師暴力一一、九七三件（同九、四二六件）、児童生徒間暴力六九、五八〇件（同五六、〇二四件）、対人暴力一、一七八件（同九四三件）、器物損壊一二、六九五件（同一〇、〇四八件）。

③ 加害児童生徒数は小学校四五、五三九人（同三六、三三二人）、中学校二七、九一六人（同二三、三八二人）、高等学校四、九五四人（同四、三二五人）、計七八、四〇九人（同六四、〇三九人）。

④ 加害児童生徒に対する措置状況では、学校が退学・停学等の措置をとった児童生徒は小学校五三人（同四二人）、中学校二四五人（同一三八人）、高等学校三、〇四七人（同二、六八七人）、計三、三四五人（同二、八六七人）。

暴力行為発生件数の推移

	23年度	24年度	25年度	26年度	27年度	28年度	29年度	30年度	R元年度	R2年度	R3年度	R4年度
小学校	7,175	8,296	10,896	11,472	17,078	22,841	28,315	36,536	43,614	41,056	48,138	61,455
中学校	39,251	38,218	40,246	35,683	33,073	30,148	28,702	29,320	28,518	21,293	24,450	29,699
高等学校	9,431	9,322	8,203	7,091	6,655	6,455	6,308	7,084	6,655	3,852	3,853	4,272
合計	55,857	55,836	59,345	54,246	56,806	59,444	63,325	72,940	78,787	66,201	76,441	95,426

（注１）　公立小・中・高等学校を対象として、学校外の暴力行為についても調査。
（注２）　国私立学校も調査。
（注３）　平成25年度からは高等学校に通信制課程を含める。
（注４）　小学校には義務教育学校前期課程、中学校には義務教育学校後期課程及び中等教育学校前期課程、高等学校には中等教育学校後期課程を含める。
出典：令和四年度児童生徒の問題行動・不登校等生徒指導上の諸課題に関する調査（文部科学省）

2. いじめの状況

小・中・高等学校及び特別支援学校におけるいじめの認知件数は六八一、九四八件（前年度六一五、三五一件）、児童生徒一、〇〇〇人当たりの認知件数は五三・三件（同四七・七件）である。

① 校種別のいじめの認知件数は小学校五五一、九四四件（同五〇〇、五六二件）、児童一、〇〇〇人当たりの認知件数八九・一件（同七九・九件）。中学校一一一、四〇四件（同九七、九三七件）、生徒一、〇〇〇人当たりの認知件数三四・三件（同三〇・〇件）。高等学校一五、五六八件（同一四、一五七件）、生徒一、〇〇〇人当たりの認知件数四・九件（同四・四件）。特別支援学校三、〇三二件（同二、九六五件）、児童生徒一、〇〇〇人当たりの認知件数二〇・七件（同一八・四件）。

② いじめを認知した学校数は二九、八四二校（同二九、二一〇校）、全学校数に占める割合は八二・一％（同七九・九％）。

③ いじめの現在の状況として「解消しているもの」の割合は八〇・一％（同七七・四％）。

④ いじめの発見のきっかけは「アンケート調査など学校の取組により発見」が五一・四％（同五四・二％）、「本人からの訴え」が一九・二％（同一七・六％）、「当該児童生徒（本人）の保護者からの訴え」が一一・八％（同一〇・七％）、「学級担任が発見」が九・六％（同九・五％）。

⑤ いじめられた児童生徒の相談の状況は「学級担任に相談」が八二・二％（同八二・三％）と最も多い。

⑥ いじめの態様のうち「パソコンや携帯電話等を使ったいじめ」は二三、九二〇件（同二一、九〇〇件）で、総認知件数に占める割合は三・五％（同三・六％）。

⑦ いじめ防止対策推進法第二八条第一項に規定する重大事態の発生件数は九二三件（同七〇五件）。

いじめの認知学校数の推移

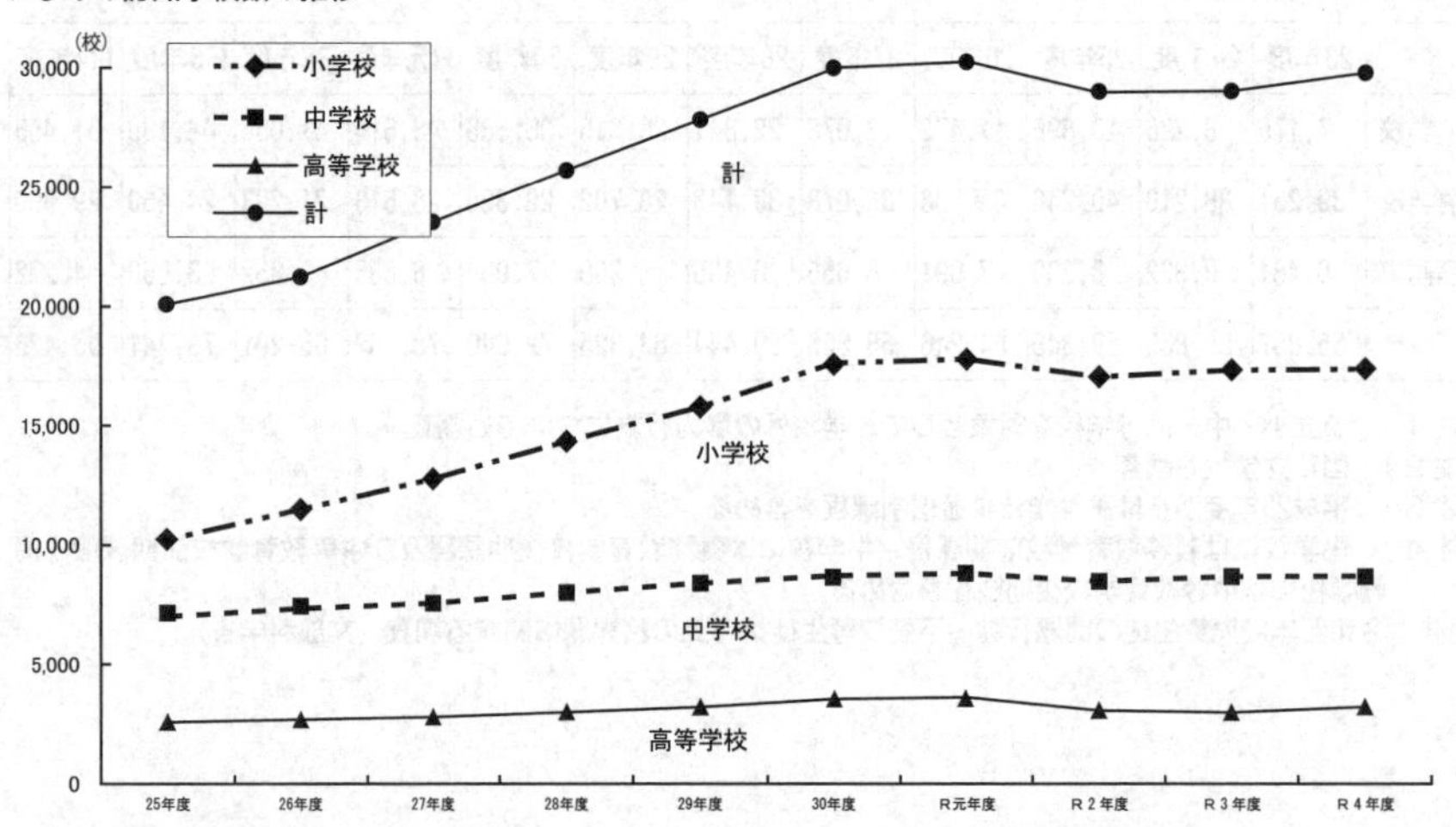

	H25年度	26年度	27年度	28年度	29年度	30年度	R元年度	R２年度	R３年度	R４年度
小学校	10, 231	11, 537	12, 785	14, 334	15, 791	17, 145	17, 485	16, 971	17, 163	17, 420
中学校	6, 999	7, 162	7, 580	8, 014	8, 407	8, 862	8, 945	8, 485	8, 557	8, 723
高等学校	2, 554	2, 686	2, 884	3, 003	3, 215	3, 556	3, 632	3, 080	2, 995	3, 207
特別支援学校（特殊教育諸学校）	220	258	308	349	409	486	521	465	495	492
計	20, 004	21, 643	23, 557	25, 700	27, 822	30, 049	30, 583	29, 001	29, 210	29, 842

（注１） 平成25年度からは高等学校に通信制課程を含める。
（注２） 小学校には義務教育学校前期課程、中学校には義務教育学校後期課程及び中等教育学校前期課程、高等学校には中等教育学校後期課程を含める。

いじめの認知件数の推移

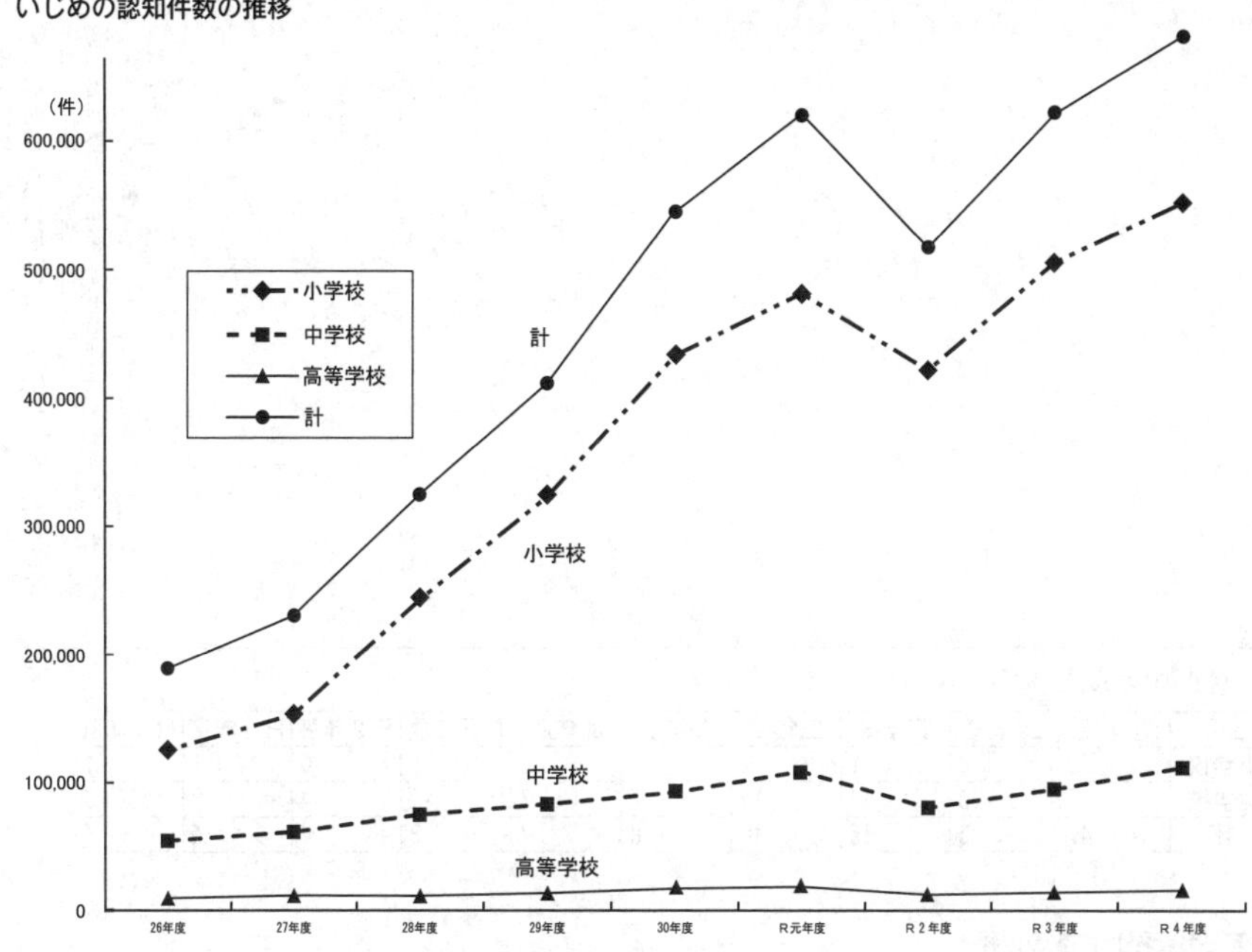

	26年度	27年度	28年度	29年度	30年度	R元年度	R 2 年度	R 3 年度	R 4 年度
小学校	122, 734	151, 692	237, 256	317, 121	425, 844	484, 545	420, 897	500, 562	551, 944
中学校	52, 971	59, 502	71, 309	80, 424	97, 704	106, 524	80, 877	97, 937	111, 404
高等学校	11, 404	12, 664	12, 874	14, 789	17, 709	18, 352	13, 126	14, 157	15, 568
特別支援学校	963	1, 274	1, 704	2, 044	2, 676	3, 075	2, 263	2, 695	3, 032
計	188, 072	225, 132	323, 143	414, 378	543, 933	612, 496	517, 163	615, 351	681, 948

（注１） 平成25年度からは高等学校に通信制課程を含める。
（注２） 小学校には義務教育学校前期課程、中学校には義務教育学校後期課程及び中等教育学校前期課程、高等学校には中等教育学校後期課程を含める。

３．出席停止の状況

① 出席停止の措置件数は小学校一件（昨年度一件）、中学校四件（同三件）。

② 出席停止の期間は小中計一～三日が一件、四～六日が二軒、七～一三日が一件、二一日以上が一件。

出席停止の件数の推移

区分	25年度	26年度	27年度	28年度	29年度	30年度	R元年度	R２年度	R３年度	R４年度
小学校	0	0	1	4	1	0	1	0	1	1
中学校	47	25	14	14	7	7	2	4	3	3
計	47	25	15	18	8	7	3	4	4	4

学年別出席停止件数の推移

区分		25年度	26年度	27年度	28年度	29年度	30年度	R元年度	R２年度	R３年度	R４年度
小学校	１年生	0	0	0	2	0	0	0	0	0	0
	２年生	0	0	0	0	0	0	0	0	0	0
	３年生	0	0	0	0	0	0	0	0	0	0
	４年生	0	0	0	0	0	0	0	0	0	0
	５年生	0	0	0	1	0	0	0	0	0	1
	６年生	0	0	1	1	1	0	1	0	1	0
	計	0	0	1	4	1	0	1	0	1	1
中学校	１年生	7	0	1	4	2	3	0	0	2	1
	２年生	22	7	7	8	1	2	1	3	0	3
	３年生	18	18	6	2	4	2	1	1	1	0
	計	47	25	14	14	7	7	2	4	3	4
合計		47	25	15	18	8	7	3	4	4	5

4. 小・中学校の長期欠席（不登校等）の状況

① 小・中学校における長期欠席者数は、小学校一九六、六七六人（前年度一八〇、八七五人）、うち不登校児童数は一〇五、一一二人（同八一、四九八人）、在籍者に占める割合は一・七％（同一・三％）。中学校二六三、九七二人（同二三二、八七五人）、うち不登校生徒数は一九三、九三六人（同一六三、四四二人）、在籍者に占める割合は六・〇％（同五・〇％）。計四六〇、六四八人（同四一三、七五〇人）、うち不登校児童生徒数は二九九、〇四八人（同二四四、九四〇人）、不登校児童生徒の割合は二・六％（同二・六％）。

② 不登校児童生徒のうち、九〇日以上欠席している者は小学校四六、八九四人（同三六、〇一〇人）、不登校児童に占める割合は四四・六一％（同四三・八％）。中学校一一八、七七五人（同九八、六四五人）、不登校生徒に占める割合は六一・二四％（同四二・四％）。計一六五、六六九人（同一三四、六五五人）、不登校児童生徒に占める割合は五五・三九％（同三二・五％）。

③ 不登校の主たる要因は「無気力・不安」五一・八％、「生活リズムの乱れ・あそび・非行」一一・四％、「いじめを除く友人関係をめぐる問題」九・二％、新型コロナウイルスの感染回避〇・二五等。

④ 学校内外の施設や機関等で相談・指導等を受けた不登校児童生徒では、学校外の機関等で相談・指導等を受けた児童生徒一〇三、三三九人（同八八、三三二人）、不登校児童生徒に占める割合は三四・六％（同三六・一％）。学校内の機関等で相談・指導等を受けた児童生徒一三一、一四一人（同一一〇、九〇八人）、不登校児童生徒に占める割合は四三・九％（同四五・三％）。いずれの機関でも相談・指導等を受けていない児童生徒は一一四、二一七人（同八八、九三一人）、不登校児童生徒に占める割合は三八・二％（同三六・三％）。

不登校児童生徒数の推移

区　分	小学校			中学校			計		
	Ⓐ全児童数（人）	Ⓑ不登校児童数（人）カッコ内（B/A ×100）（%）	不登校児童数の増減率（%）	Ⓐ全生徒数（人）	Ⓑ不登校生徒数（人）カッコ内（B/A ×100）（%）	不登校生徒数の増減率（%）	Ⓐ全児童生徒数（人）	Ⓑ不登校児童生徒数の合計（人）カッコ内（B/A ×100）（%）	不登校児童生徒数の増減率（%）
29年度	6,483,416	35,032 (0.54)	15.1	3,357,435	108,999 (3.25)	5.6	9,820,851	144,031 (1.47)	7.7
30年度	6,451,187	44,841 (0.70)	28.0	3,279,186	119,687 (3.65)	9.8	9,730,373	164,528 (1.69)	14.2
R元年度	6,395,842	53,350 (0.83)	19.0	3,248,093	127,922 (3.94)	6.9	9,643,935	181,272 (1.88)	10.2
R２年度	6,333,716	63,350 (1.00)	18.7	3,244,958	132,777 (4.09)	3.8	9,578,674	196,127 (2.05)	8.2
R３年度	6,262,256	81,498 (1.30)	28.6	3,266,896	163,442 (5.00)	23.1	9,529,152	244,940 (2.57)	24.9
R４年度	6,196,688	98,444 (1.59)	20.8	3,245,395	193,936 (5.98)	18.7	9,442,083	292,380 (3.10)	19.4

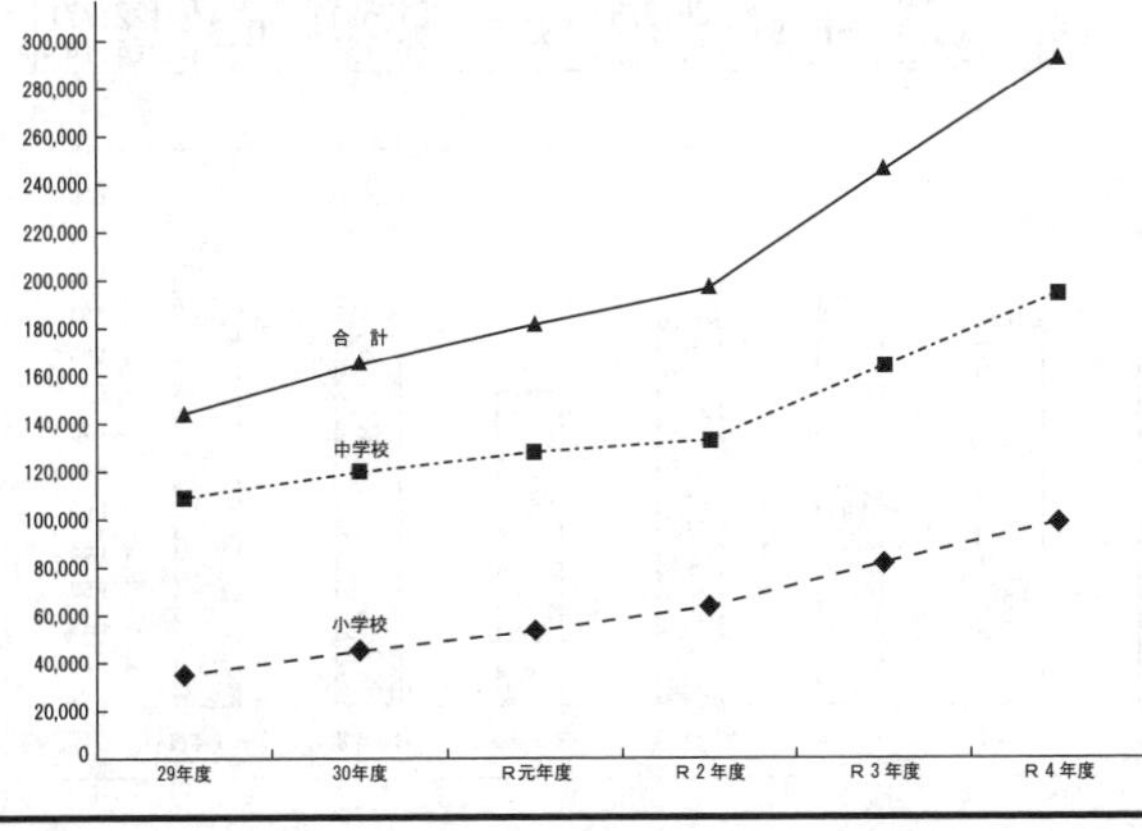

5. 高等学校の長期欠席（不登校等）の状況

① 高等学校における長期欠席者数は一二二、七七一人（前年度一一八、二三二人）、うち不登校生徒数は六〇、五七五人（同五〇、九八五人）、在籍者に占める割合は二・〇四％（同一・七％）。

② 不登校生徒のうち、九〇日以上欠席している者は一〇、四三〇人（同八、九四八人）で、不登校生徒に占める割合は一七・二％（同一七・六％）。不登校生徒のうち中途退学に至った者は一〇、四九二人（同八、九四〇人）で、不登校生徒に占める割合は一七・三％（同一七・五％）。不登校生徒のうち原級留置となった者は三、三七四人（同三、〇〇六人）で、不登校生徒に占める割合は五・六％（同五・九％）。

③ 不登校の主たる要因は「無気力・不安」二七、九四三人、四六・一％、「生活リズムの乱れ・あそび・非行」一一、九七〇人、一九・七％、「入学・転編入学、進級時の不適応」六、一三四人、一〇・二％、「いじめを除く友人関係をめぐる問題」六、八七一人、一一・三％等。

④ 学校内外の施設や機関等で相談・指導等を受けた不登校生徒では、「学校内の機関等で相談・指導等を受けた」二六、〇七一人（同二二、三八〇人）。学校外の機関等で相談・指導等を受けたのは一二、三〇一（同一一、〇八八人）。いずれの機関でも相談・指導等を受けていないのは二四、六九七人（同二〇、六七七人）。

高等学校における理由別長期欠席者数の推移

年度	Ⓐ在籍者数（人）	理由別長期欠席者数									
		不登校		経済的理由		病気		その他		計	
		Ⓑ生徒数 カッコ内（B/A×100）（%）	増減率（%）	Ⓑ生徒数 カッコ内（B/A×100）（%）	増減率（%）	Ⓑ生徒数 カッコ内（B/A×100）（%）	増減率（%）	Ⓑ生徒数 カッコ内（B/A×100）（%）	増減率（%）	Ⓑ生徒数 カッコ内（B/A×100）（%）	増減率（%）
27年度	3,325,301	49,563 (1.49)	-6.8	1,606 (0.05)	-21.4	14,266 (0.43)	11.3	13,922 (0.42)	10.6	79,357 (2.39)	-1.6
28年度	3,315,453	48,565 (1.46)	-2.0	1,263 (0.04)	-21.4	14,394 (0.43)	0.9	15,169 (0.46)	9.0	79,391 (2.39)	0.0
29年度	3,286,529	49.643 (1.51)	2.2	1,036 (0.03)	-18.0	15,632 (0.48)	8.6	14,002 (0.43)	-7.7	80,313 (2.44)	1.2
30年度	3,242,065	52,723 (1.63)	6.2	764 (0.02)	-26.3	15,812 (0.49)	1.2	11,453 (0.35)	-18.2	80,752 (2.49)	0.5
R元年度	3,174,668	50,100 (1.58)	-5.0	644 (0.02)	-15.7	16,358 (0.52)	3.5	9,673 (0.30)	-15.5	76,775 (2.42)	-4.9
R２年度	3,098,203	43,051 (1.39)	-14.1	429 (0.01)	-33.4	16,52 (0.53)	1	11,144 (0.36)	15.2	80,527 (2.60)	4.9
R３年度	3,014,194	50,985 (1.69)	18.4	385 (0.01)	-10.3	22,864 (0.76)	38.4	31,610 (1.05)	183.7	118,232 (3.92)	46.8
R４年度	2,963,517	60,575 (2.04)	18.8	343 (0.01)	-10.9	30,976 (1.05)	35.5	21,621 (0.73)	-31.6	122,771 (4.14)	3.8

不登校生徒数の推移

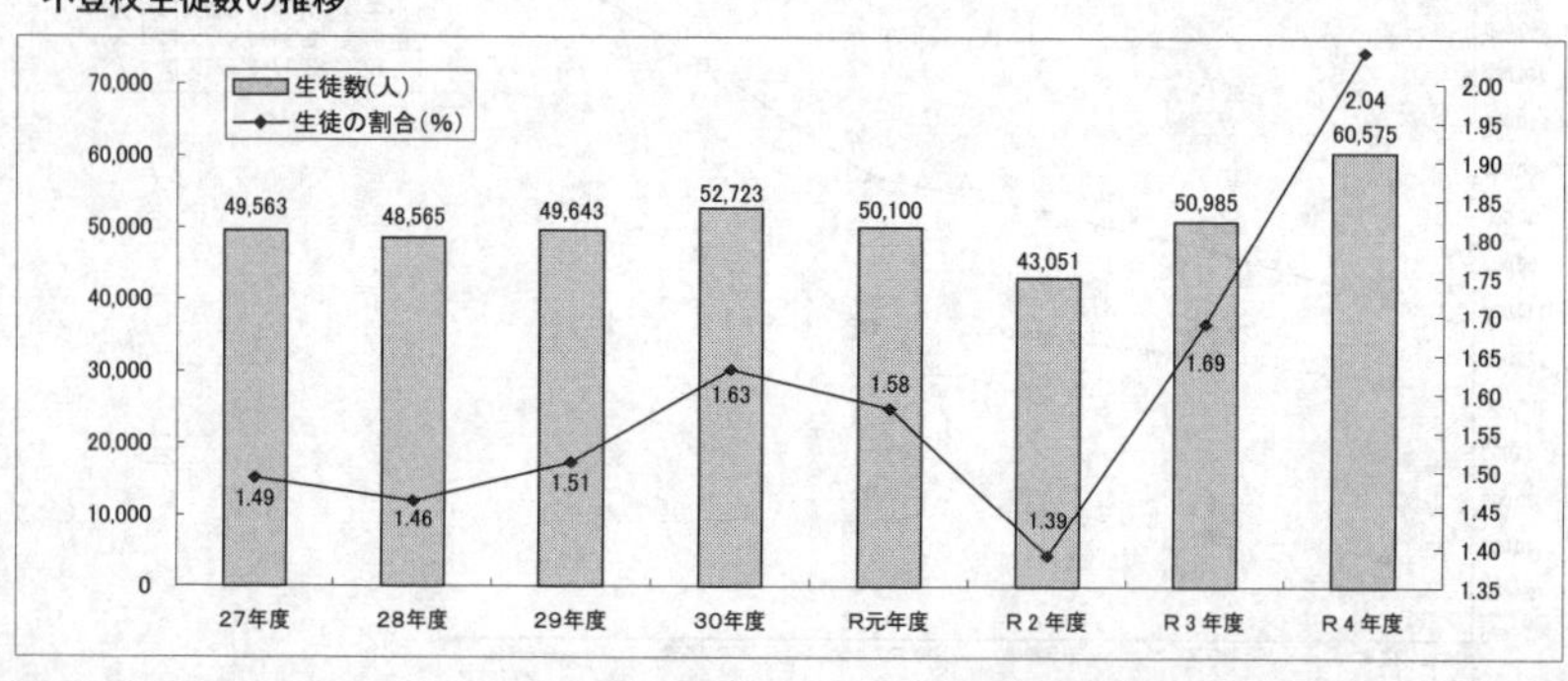

6．高等学校中途退学の状況

①　中途退学者数は四三、四〇一人（前年度三八、九二八人）で、在籍者数に占める割合は一・四％（同一・二％）。

②　中途退学事由は進路変更四三・九％（同四四・二％）、学校生活・学業不適応三二・八％（同三〇・五％）、学業不振六・〇％（同六・六％）、経済的理由一・四％（同一・四％）等。

③　懲戒による退学は三一八人（同三一六人）。

7．自殺の状況

①　小・中・高等学校から報告のあった自殺した児童生徒数は小学校一九人（同八人）、中学校一二三人（同一〇九人）、高等学校二六九人（同二五一人）。

②　自殺した児童生徒が置かれていた状況として「いじめの問題」があった児童生徒は五人（同六人）。

高等学校中途退学率・中途退学者数の推移

	22年度	23年度	24年度	25年度	26年度	27年度	28年度	29年度	30年度	令元年度	令2年度	令3年度	令4年度
中途退学者数（人）	55,415	53,869	51,781	59,923	53,391	49,263	47,249	46,802	48,594	42,882	34,965	38,928	43,401
国立	43	56	40	34	43	44	43	51	42	44	51	54	64
公立	38,372	37,483	35,966	38,602	33,982	31,083	29,531	28,929	28,513	25,038	20,283	20,607	22,631
私立	17,000	16,330	15,775	21,287	19,366	18,136	17,675	17,822	20,039	17,800	14,631	18,267	20,706
中途退学率（%）	1.6	1.6	1.5	1.7	1.5	1.4	1.4	1.3	1.4	1.3	1.0	1.2	1.4
国立	0.4	0.6	0.4	0.3	0.4	0.4	0.4	0.5	0.4	0.4	0.5	0.6	0.7
公立	1.6	1.6	1.5	1.6	1.4	1.3	1.3	1.3	1.3	1.1	0.9	1.0	1.1
私立	1.7	1.6	1.5	1.9	1.7	1.6	1.5	1.5	1.7	1.5	1.2	1.6	1.7

（注1）　平成25年度からは高等学校通信課程も調査。
（注2）　中途退学率は、在籍者数に占める中途退学者数の割合。
（注3）　高等学校には中等教育学校後期課程を含む。

自殺した児童生徒が置かれていた状況

校種 項目	小学校		中学校		高等学校		計	
	人数（人）	構成比（%）	人数（人）	構成比（%）	人数（人）	構成比（%）	人数（人）	構成比（%）
家庭不和	2	10.5	20	16.3	21	7.8	43	10.5
父母等の叱責	1	5.3	22	7.9	11	4.1	34	8.3
学業等不振	0	0.0	19	15.4	3	1.1	22	5.4
進路問題	0	0.0	18	14.6	19	7.1	37	9.0
教職員との関係での悩み	1	5.3	0	0.9	2	0.8	3	0.5
友人関係での悩み（いじめを除く）	1	5.3	14	11.4	17	6.3	32	7.8
いじめの問題	1	5.3	4	3.3	0	0	5	1.2
病弱等による悲観	0	0.0	5	4.1	7	2.6	12	2.9
えん世	0	0.0	6	4.9	8	3.0	14	3.4
恋愛関係での悩み	0	0.0	3	2.4	6	2.2	9	2.2
精神障害	2	10.5	6	4.9	18	6.7	26	6.3
不明	14	73.7	72	58.3	169	62.8	255	62.0
その他	1	5.3	7	5.7	7	5.6	23	5.6

（注１）調査対象：国公私立小・中・高等学校
（注２）複数回答可とする。
（注３）構成比は、各区分における自殺した児童生徒数に対する割合。
（注４）小学校には義務教育学校前期課程、中学校には義務教育学校後期課程及び中等教育学校前期課程、高等学校には中等教育学校後期課程を含む。
（注５）当該項目は、自殺した児童生徒が置かれていた状況について、自殺の理由に関係なく、学校が事実として把握しているもの以外でも、警察等の関係機関や保護者、他の児童生徒等の情報があれば、該当する項目を全て選択するものとして調査。
（注６）それぞれの項目については、以下の具体例が参考。

① 家庭不和：父母や兄弟等との関係がうまくいかずに悩んでいた。 等
② 父母等の叱責：父母等から叱られ落ち込んでいた。 等
③ 学業等不振：成績が以前と比べて大幅に落ち込んでいた。
授業や部活動についていけず悩んでいた。 等
④ 進路問題：卒業後の進路について悩んでいた。
受験や就職試験に失敗した。
面接等で志望校への受験が困難である旨を告げられた。 等
⑤ 教職員との関係での悩み：学級担任との関係がうまくいかずに悩んでいた。
教職員からセクシャルハラスメントを受けた。等
⑥ 友人関係での悩み（いじめを除く）：友人とけんかをし、その後、関係がうまくいかずに悩んでいた。
クラスになじむことができずに悩んでいた。 等
⑦ いじめの問題：いじめられ、つらい思いをしていた。
保護者から自殺した児童生徒に対していじめがあったのではないかとの訴えがあった。
自殺した児童生徒に対するいじめがあったと他の児童生徒が証言していた。 等
⑧ 病弱等による悲観：病気や病弱であることについて悩んでいた。 等
⑨ えん世：世の中を嫌なもの、価値のないものと思って悩んでいた。 等
⑩ 恋愛関係での悩み：恋愛関係の問題について悩んでいた。 等
⑪ 精神障害：精神障害で専門家による治療を受けていた。 等
⑫ 不明：周囲から見ても普段の生活の様子と変わらず、特に悩みを抱えている様子も見られなかった。 等

8．教育相談の状況

① 都道府県・指定都市教育委員会が所管する機関は二〇四箇所（前年度二〇七箇所）あり、相談員数は一、六八八人（同一、六八五人）、教育相談件数は二六一、九四五件（同二五八、五一一件）。市町村（指定都市を除く）教育委員会が所管する機関は一、七〇五箇所（同一、六七七箇所）あり、相談員数は五、六四〇人（同五、四〇三人）、教育相談件数は件数九〇三、三二五件（同八二八、五六五件）。

② 教育相談の内容・校種別件数は下表のとおり。

都道府県・指定都市における小学生、中学生及び高校生に関する教育相談件数

区分			小学生(件)	中学生(件)	高校生(件)	その他(件)	合計(件)
来所相談件数	教育相談総件数		16,457	22,811	6,556	2,559	48,383
	内数	いじめに関する相談件数	159	140	34	6	339
		不登校に関する相談件数	11,315	19,932	4,580	926	36,753
		いじめを除く友人関係に関する相談件数	508	320	213	40	1,081
		教職員との関係をめぐる相談件数	202	87	35	6	330
		学業・進路に関する相談件数	2,272	1,100	501	929	4,802
		家庭に関する相談件数	900	596	373	434	2,303
電話・訪問・巡回・SNS等を活用した相談件数	教育相談総件数		40,269	40,690	35,902	45,825	162,686
	内数	いじめに関する相談件数	3,306	2,510	2,300	971	9,087
		不登校に関する相談件数	17,389	24,341	5,806	1,325	48,861
		いじめを除く友人関係に関する相談件数	5,760	5,471	4,692	2,572	18,495
		教職員との関係をめぐる相談件数	5,712	3,797	3,589	1,513	14,611
		学業・進路に関する相談件数	3,548	5,838	6,166	2,607	18,159
		家庭に関する相談件数	7,164	6,118	6,458	5,093	24,833
相談内容別件数合計		いじめに関する相談件数	3,465	2,650	2,334	977	9,426
		不登校に関する相談件数	28,704	44,273	10,386	2,251	85,614
		いじめを除く友人関係に関する相談件数	6,268	5,791	4,905	2,612	19,576
		教職員との関係をめぐる相談件数	5,914	3,884	3,624	1,519	14,941
		学業・進路に関する相談件数	5,820	6,938	6,667	3,536	22,961
		家庭に関する相談件数	8,064	6,714	6,831	5,527	27,136

（注１）複数の内容に関する教育相談を併せて行った場合は，そのいずれの内容の件数にも計上。

9. OECD 生徒の学習到達度調査（PISA2022）結果の抜粋

1. 平均得点及び順位の推移

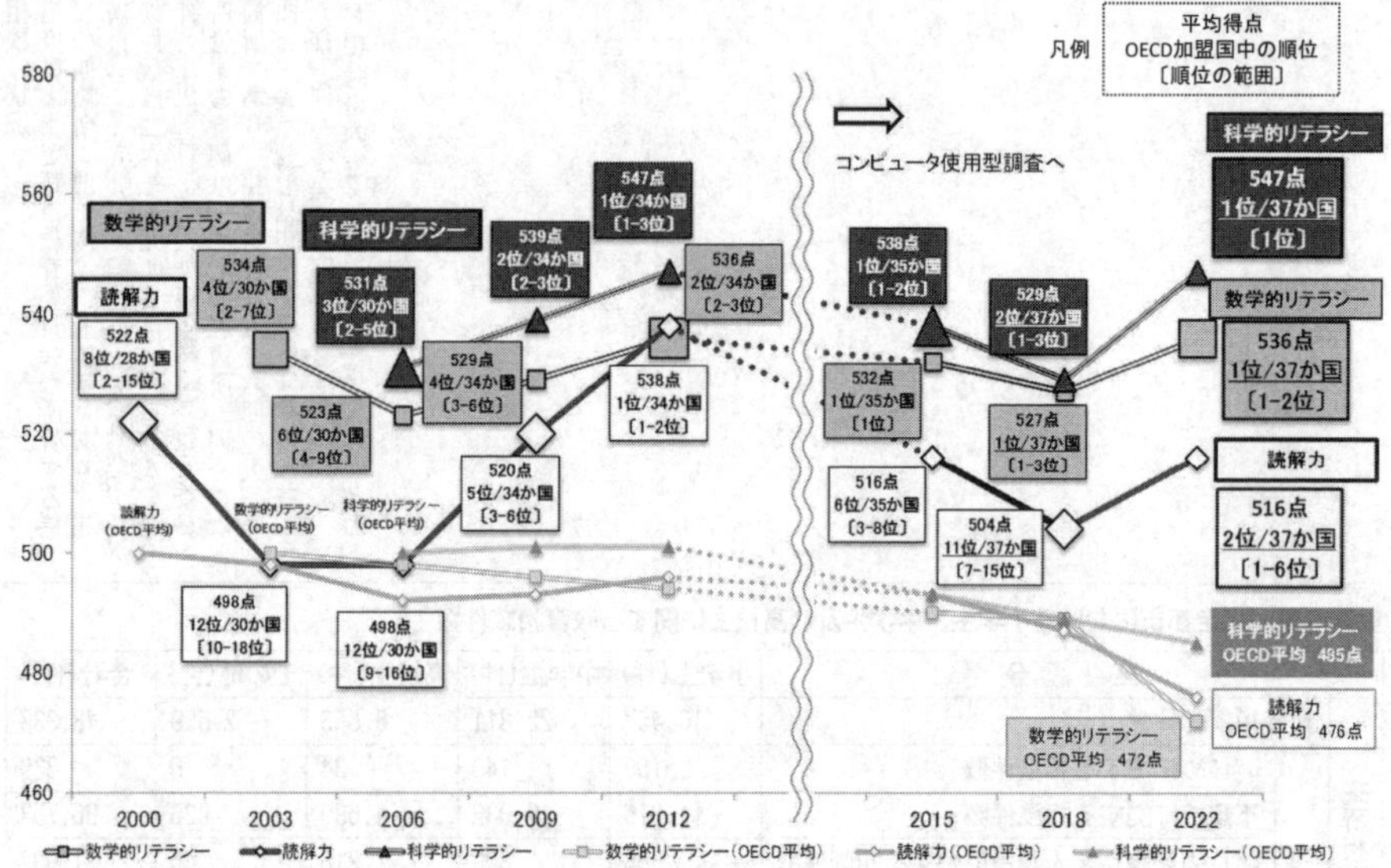

2. 全参加国・地域（81 カ国・地域）における比較

[破線枠] は日本の平均得点と統計的な有意差がない国

	数学的リテラシー	平均得点	読解力	平均得点	科学的リテラシー	平均得点
1	シンガポール	575	シンガポール	543	シンガポール	561
2	マカオ	552	アイルランド*	516	日本	547
3	台湾	547	日本	516	マカオ	543
4	香港*	540	韓国	515	台湾	537
5	日本	536	台湾	515	韓国	528
6	韓国	527	エストニア	511	エストニア	526
7	エストニア	510	マカオ	510	香港*	520
8	スイス	508	カナダ*	507	カナダ*	515
9	カナダ*	497	アメリカ*	504	フィンランド	511
10	オランダ*	493	ニュージーランド*	501	オーストラリア*	507
	信頼区間※（日本）：530-541		信頼区間（日本）：510-522		信頼区間（日本）：541-552	

国名の後に「」が付されている国・地域は、PISA サンプリング基準を一つ以上満たしていないことを示す。
※信頼区間は調査対象者となる生徒全員（母集団）の平均値が存在すると考えられる得点の幅を表す。PISA 調査は標本調査であるため一定の幅をもって平均値を考える必要がある。

3. PISA2022の結果（詳細）

(1) 数学的リテラシー（PISA2022の中心分野）

◆数学的リテラシーの定義

数学的に推論し、現実世界の様々な文脈の中で問題を解決するために数学を定式化し、活用し、解釈する個人の能力のことである。それは、事象を記述、説明、予測するために数学的な概念、手順、事実、ツールを使うことを含む。

この能力は、現実社会において数学が果たす役割に精通し、建設的で積極的かつ思慮深い21世紀の市民に求められる、十分な根拠に基づく判断や意思決定をする助けとなるものである。

①数学的リテラシーの得点・習熟度レベル

○日本の数学的リテラシーの平均得点(536点)は、引き続き世界トップレベル。OECD加盟国中1位（順位の範囲：1-2位）。

○2018年調査からOECDの平均得点は大きく低下した。一方、日本は高水準で安定している。

○日本は、「各プロセスの平均得点」「各内容知識の平均得点」を見ても、国際的に高い。

○日本は、OECD平均と比べて、習熟度レベル５以上の高得点層が多く、習熟度レベル１以下の低得点層が少ない傾向が、引き続き見られる。また、習熟度レベル５以上の高得点層の割合が、2018年調査から有意に増加している。

(i) 数学的リテラシーの平均得点の推移

(注) 白丸はPISA2022年の平均得点を統計的に有意に上回ったり下回ったりしない平均得点を示す。

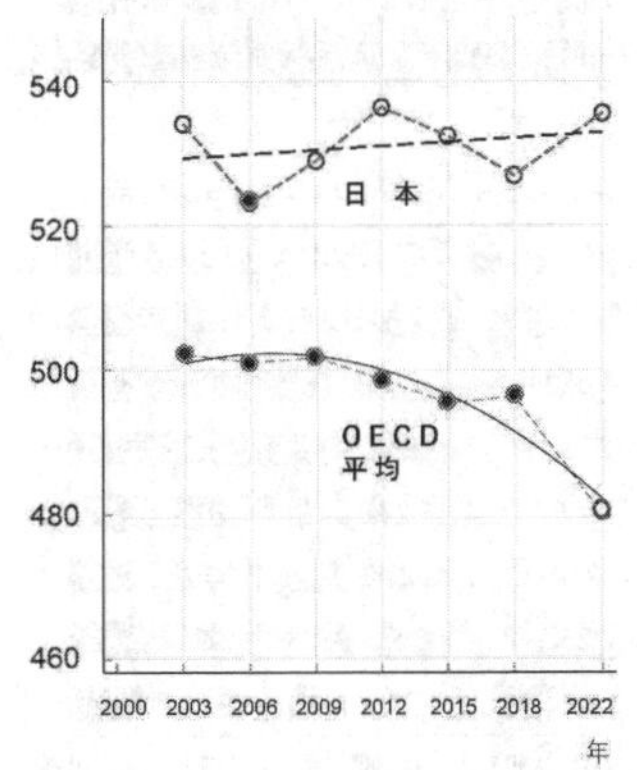

(ii) 数学的リテラシーの下位尺度の平均得点

国名	平均得点	各プロセスの平均得点 定式化	活用	解釈	推論
日本	536	536	536	544	534
OECD平均	472	469	472	474	473

各内容知識の平均得点 変化と関係	量	空間と形	不確実性とデータ
533	535	541	540
470	472	471	474

(iii) 習熟度レベル別の生徒の割合（経年変化）（数学的リテラシー）

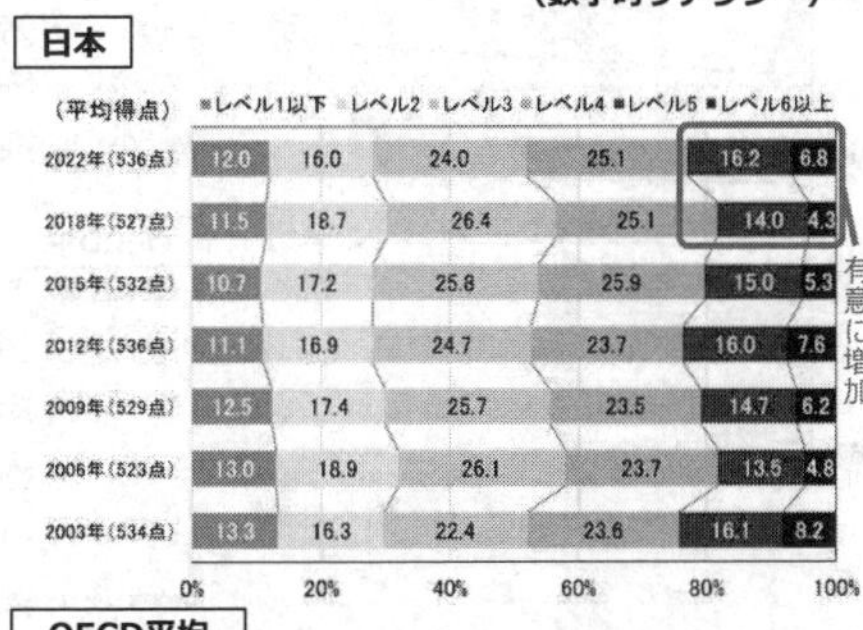

OECD平均

(平均得点)	レベル1以下	レベル2	レベル3	レベル4	レベル5	レベル6以上
2022年(472点)	31.1	23.3	22.0	14.9	6.7	2.0
2018年(489点)	24.0	22.2	24.4	18.5	8.5	2.4
2015年(490点)	23.4	22.5	24.8	18.6	8.4	2.3
2012年(494点)	23.0	22.5	23.7	18.2	9.3	3.3
2009年(496点)	22.0	22.0	24.3	18.9	9.6	3.1
2006年(498点)	21.3	21.9	24.3	19.1	10.0	3.3
2003年(500点)	21.4	21.1	23.7	19.1	10.6	4.0

0% 20% 40% 60% 80% 100%

(2) 読解力

◆読解力の定義

自らの目標を達成し、自らの知識と可能性を発展させ、社会に参加するために、テキストを理解し、利用し、評価し、熟考し、これに取り組むこと。

＜測定する能力＞「①情報を探し出す」「②理解する」「③評価し、熟考する」

○読解力の平均得点(516点)は、OECD加盟国中2位（順位の範囲：1-6位）。前回2018年調査(504 点)から有意に上昇し、前々回2015年調査（516点）と同水準。

○OECD平均は平均得点の長期トレンドが下降しているが、日本は平坦型（平均得点のトレンドに統計的に有意な変化がない）。

○日本は習熟度レベル１以下の低得点層の割合が前回調査に比べて有意に減少している。

（ｉ）読解力の平均得点の推移

(注) 白丸はPISA2022年の平均得点を統計的に有意に上回ったり下回ったりしない平均得点を示す。

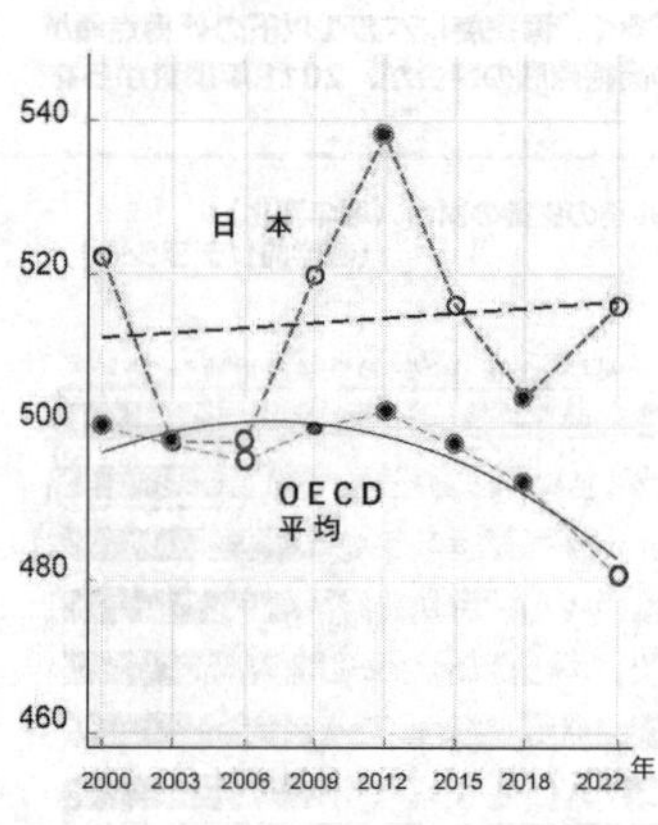

（ⅱ）習熟度レベル別の生徒の割合（経年変化）（読解力）

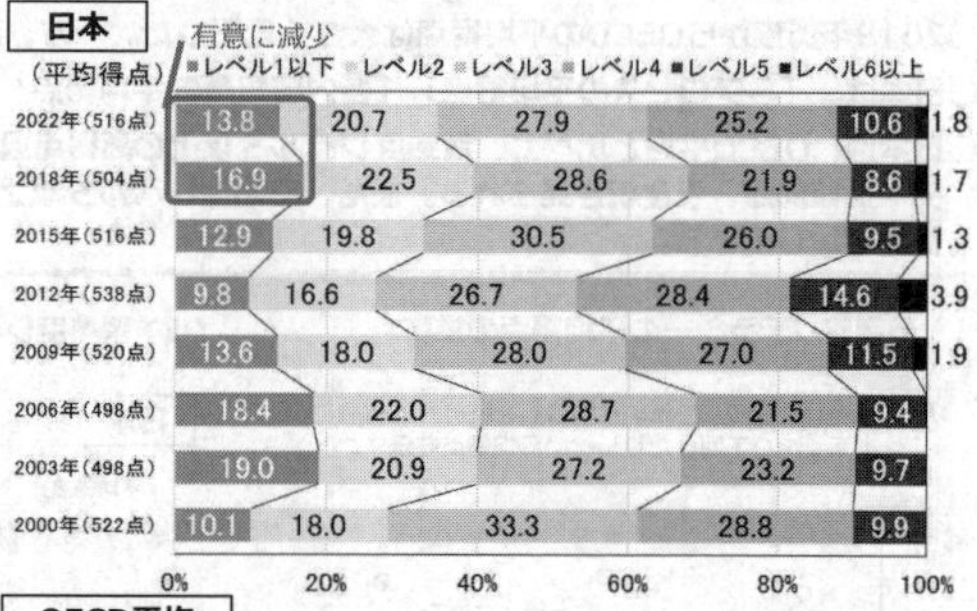

OECD平均

（平均得点）	レベル1以下	レベル2	レベル3	レベル4	レベル5	レベル6以上
2022年（476点）	26.3	24.4	25.3	16.9	6.0	1.2
2018年（487点）	22.7	23.8	26.1	18.8	7.3	1.3
2015年（493点）	20.1	23.2	27.9	20.5	7.2	1.1
2012年（496点）	18.0	23.5	29.1	21.0	7.3	1.1
2009年（493点）	18.8	24.0	28.9	20.7	6.8	0.8
2006年（492点）	20.1	22.7	27.8	20.7	8.6	
2003年（494点）	19.1	22.8	28.7	21.3	8.3	
2000年（500点）	17.9	21.7	28.7	22.3	9.5	

0%　20%　40%　60%　80%　100%

前回調査で課題が見られた問題の今回調査での状況

○前回2018年調査では、ある商品について、販売元の企業とオンライン雑誌という異なる立場から発信された複数の課題文から必要な情報を探し出したり、それぞれの意図を考えながら、主張や情報の質と信ぴょう性を評価した上で、自分がどう対処するかを説明したりする大問において、特に問4・問6の正答率がOECD平均より低い状況が見られた。

○今回調査では、この大問の正答率が全体的に微増する傾向が見られた。※今回は正答率のOECD平均は公表されていない。

(3) 科学的リテラシー

◆科学的リテラシーの定義

思慮深い市民として、科学的な考えを持ち、科学に関連する諸問題に関与する能力。

<測定する能力>「①現象を科学的に説明する」
「②科学的探究を評価して計画する」
「③データと証拠を科学的に解釈する」

○日本の科学的リテラシーの平均得点(547点)は、引き続き世界トップレベル。OECD加盟国中１位（順位の範囲：1位）。前回2018年調査(529 点)から有意に上昇。
○OECD平均は平均得点の長期トレンドが下降しているが、日本は高水準で安定している。
○日本は習熟度レベル１以下の低得点層の割合が前回調査に比べて有意に減少し、習熟度レベル５以上の高得点層の割合が有意に増加。

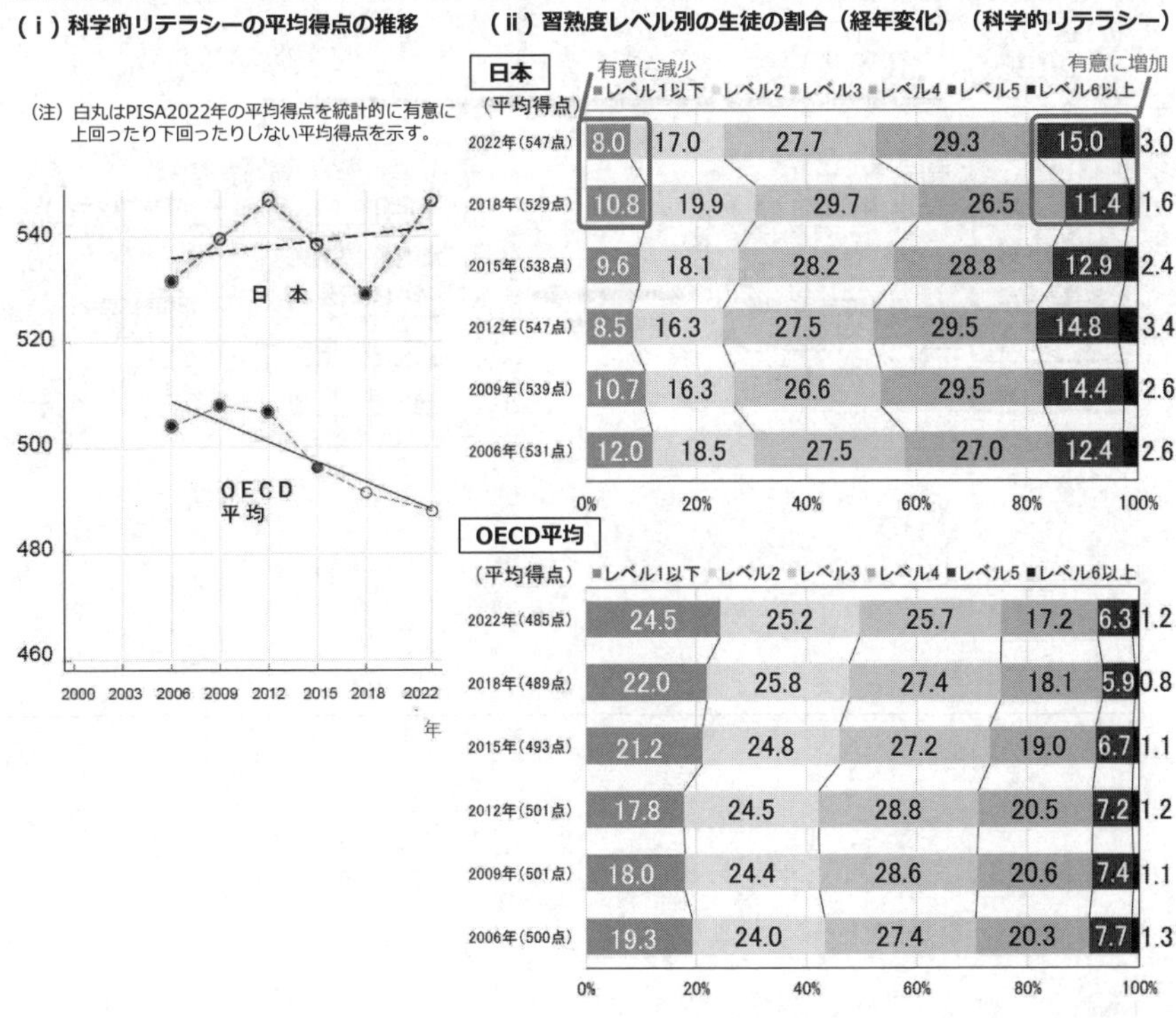

10. 文部科学行政機構図 (令和２年11月30日現在)

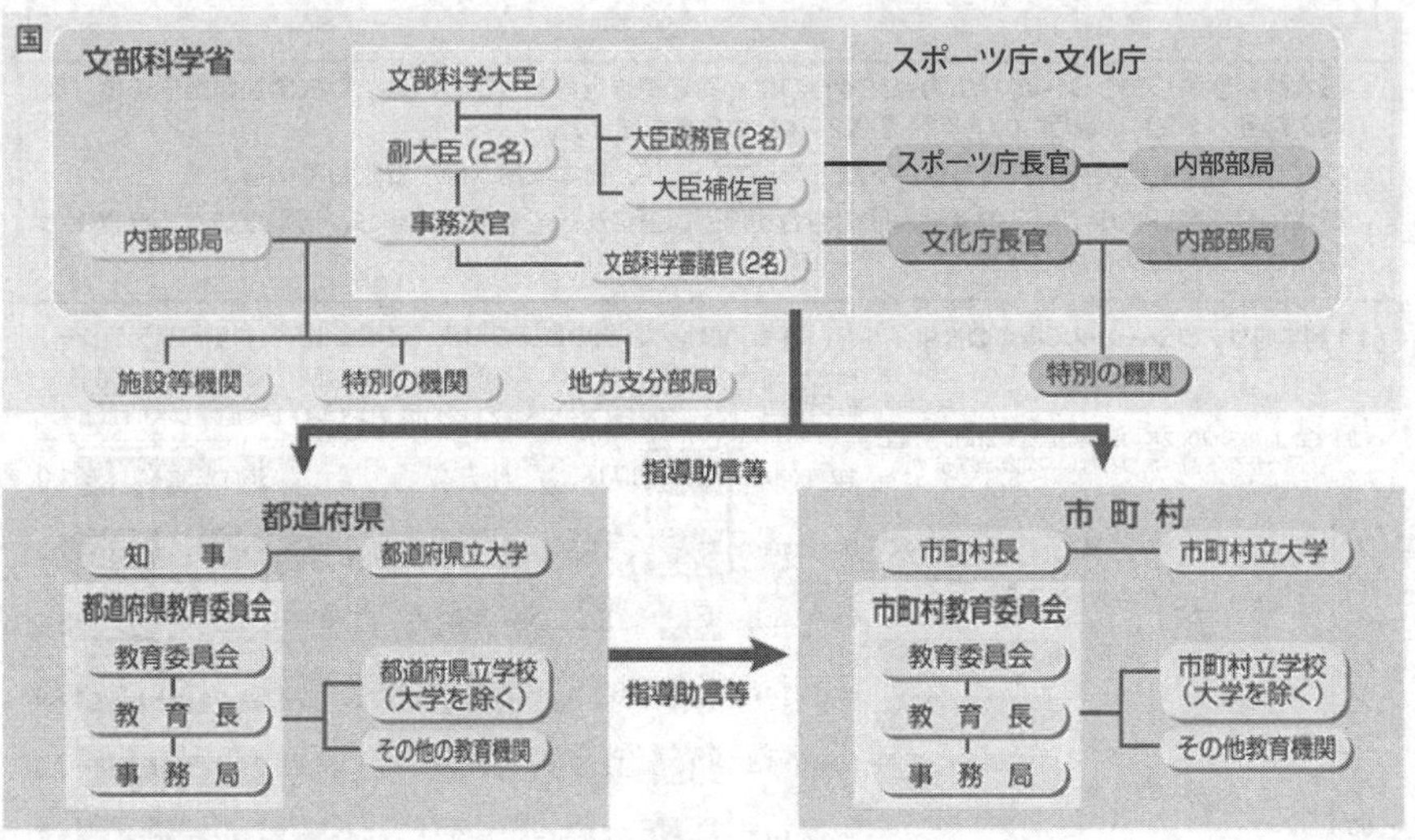

11. 文部科学省組織図（令和４年10月１日現在）

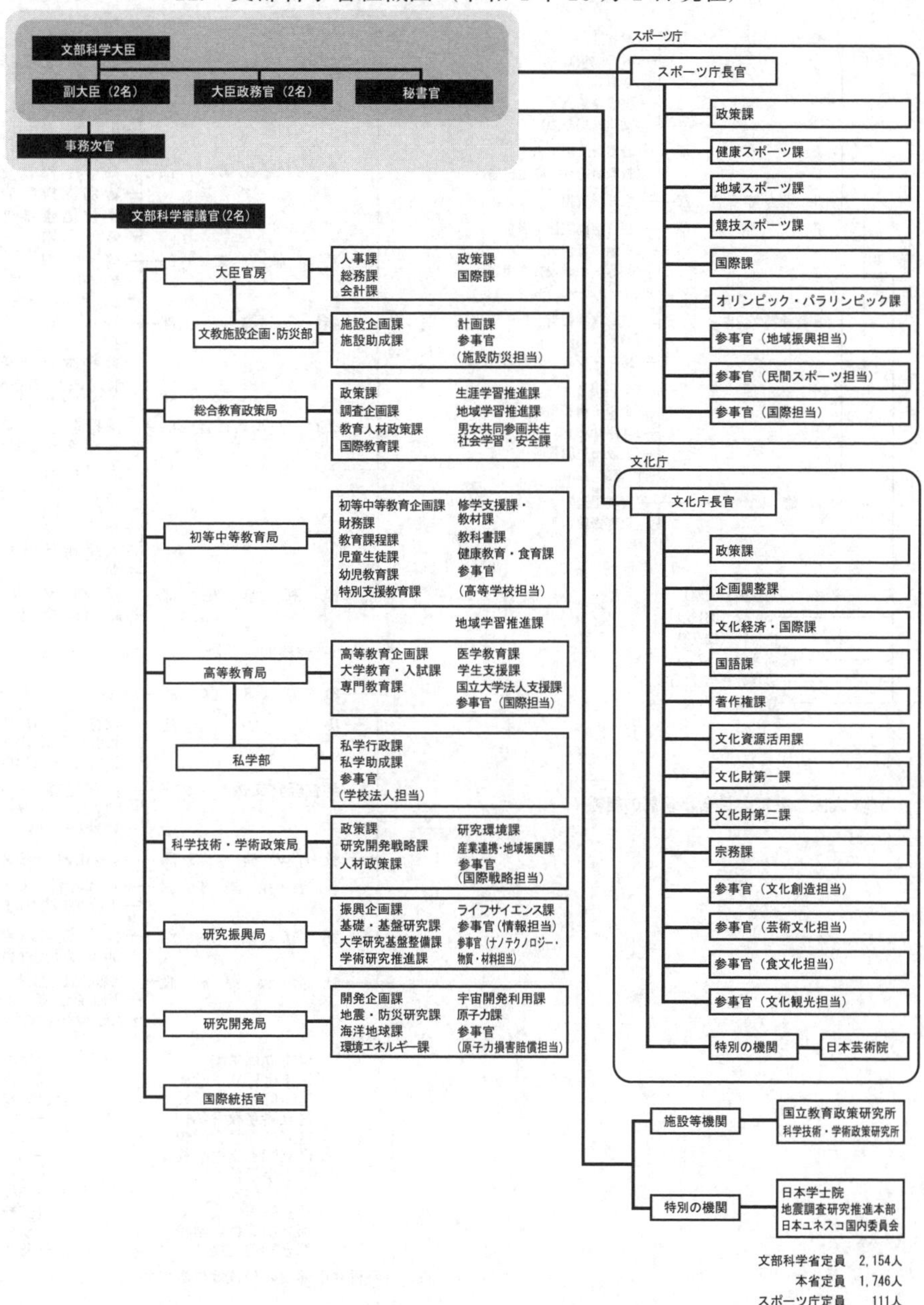

出典：文部科学省組織図の紹介

13. 大阪市教育委員会事務局組織図(令和4年5月6日現在)

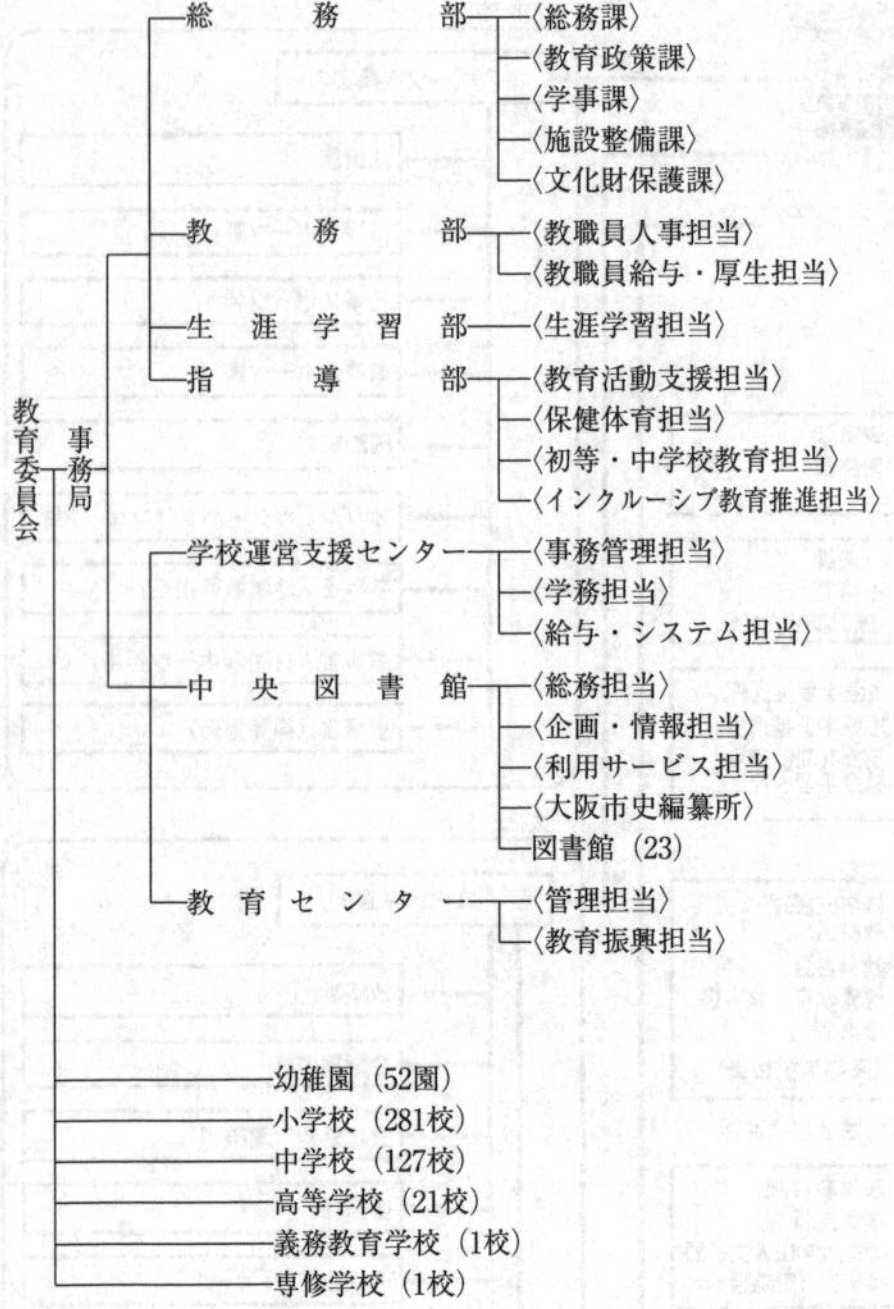

出典:大阪市教育委員会事務局の組織

12. 東京都教育委員会組織図(令和5年4月1日現在)

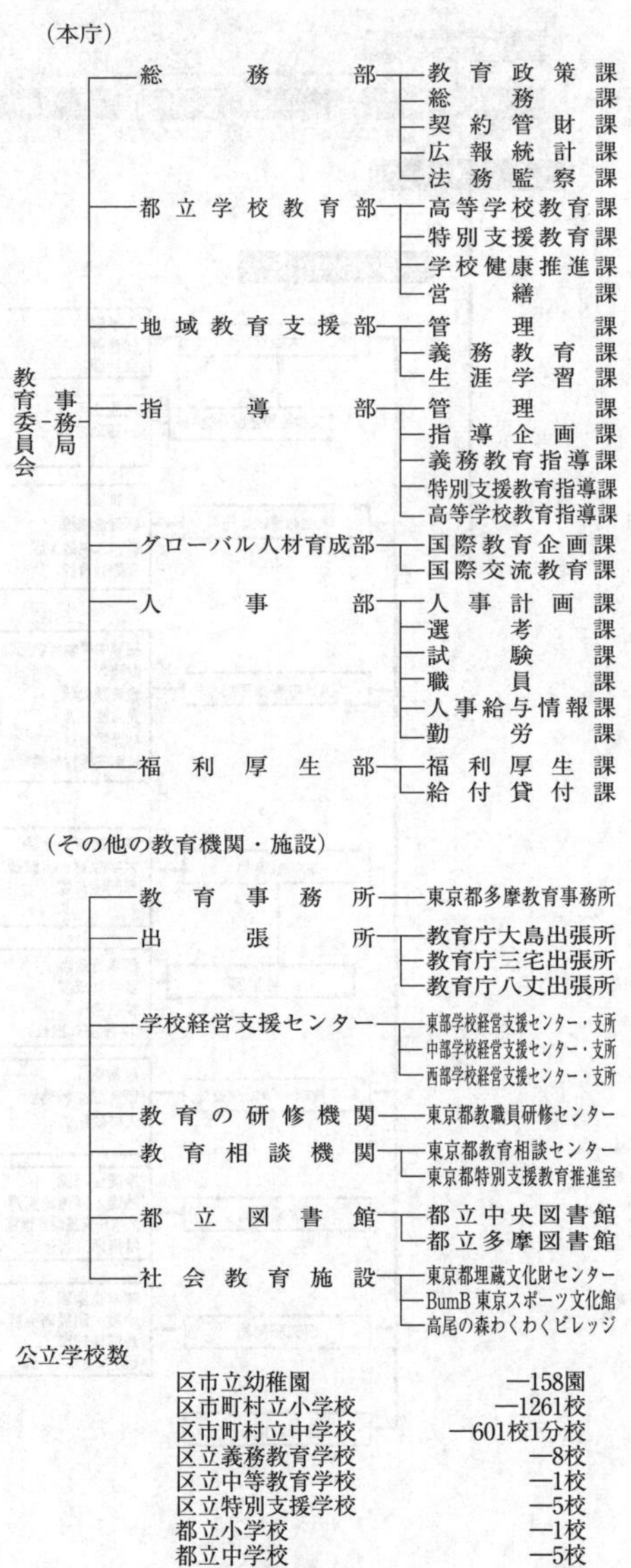

公立学校数

区市立幼稚園	—158園
区市町村立小学校	—1261校
区市町村立中学校	—601校1分校
区立義務教育学校	—8校
区立中等教育学校	—1校
区立特別支援学校	—5校
都立小学校	—1校
都立中学校	—5校
都立高等学校	—186校
都立中等教育学校	—5校
都立特別支援学校	—58校

※区市町村立中学校の分校は外数である。

出典:東京都教育庁(事務局)の組織

14. 日本の学校系統図

明治６年

（学制による制度）

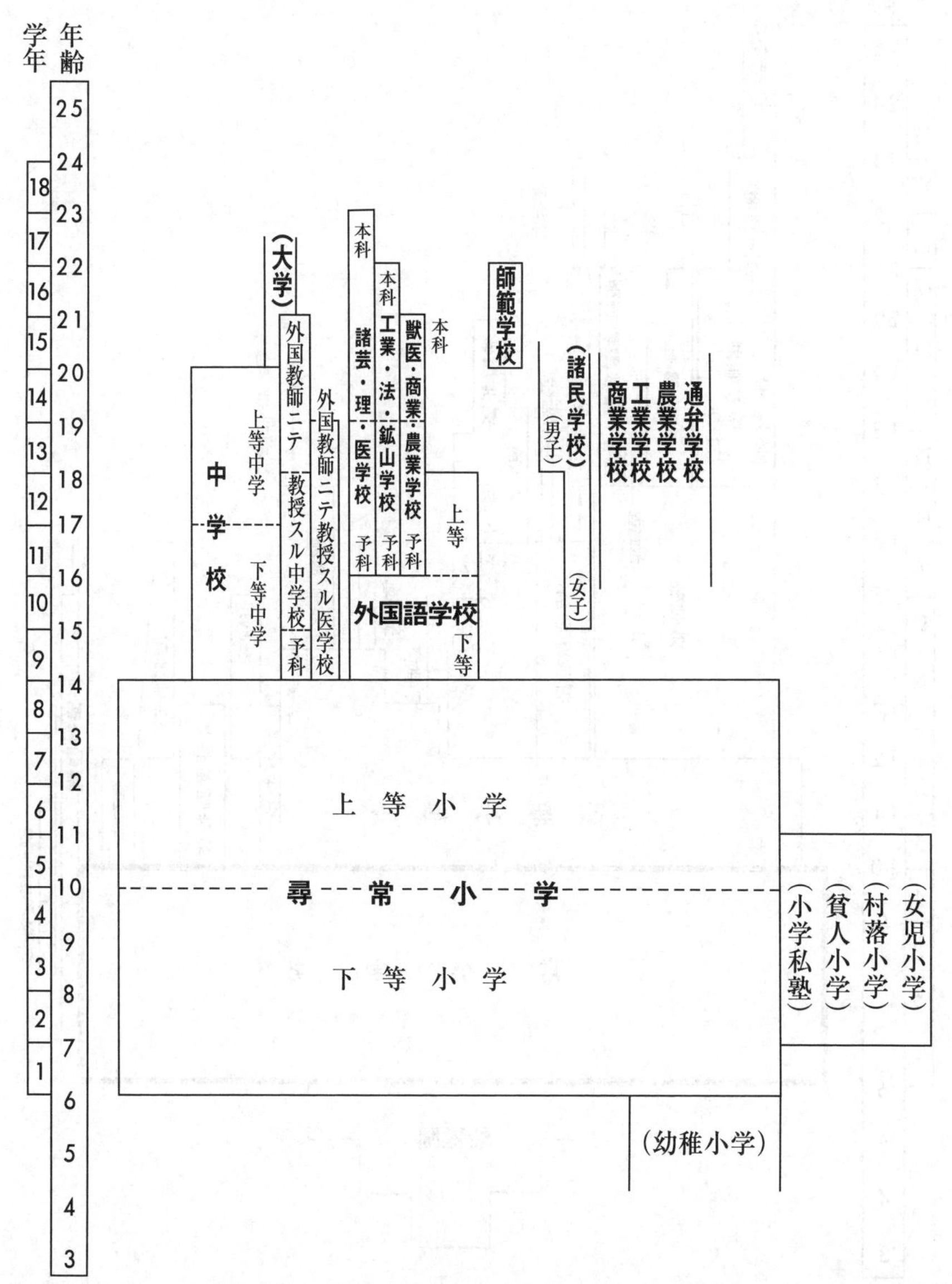

明治33年

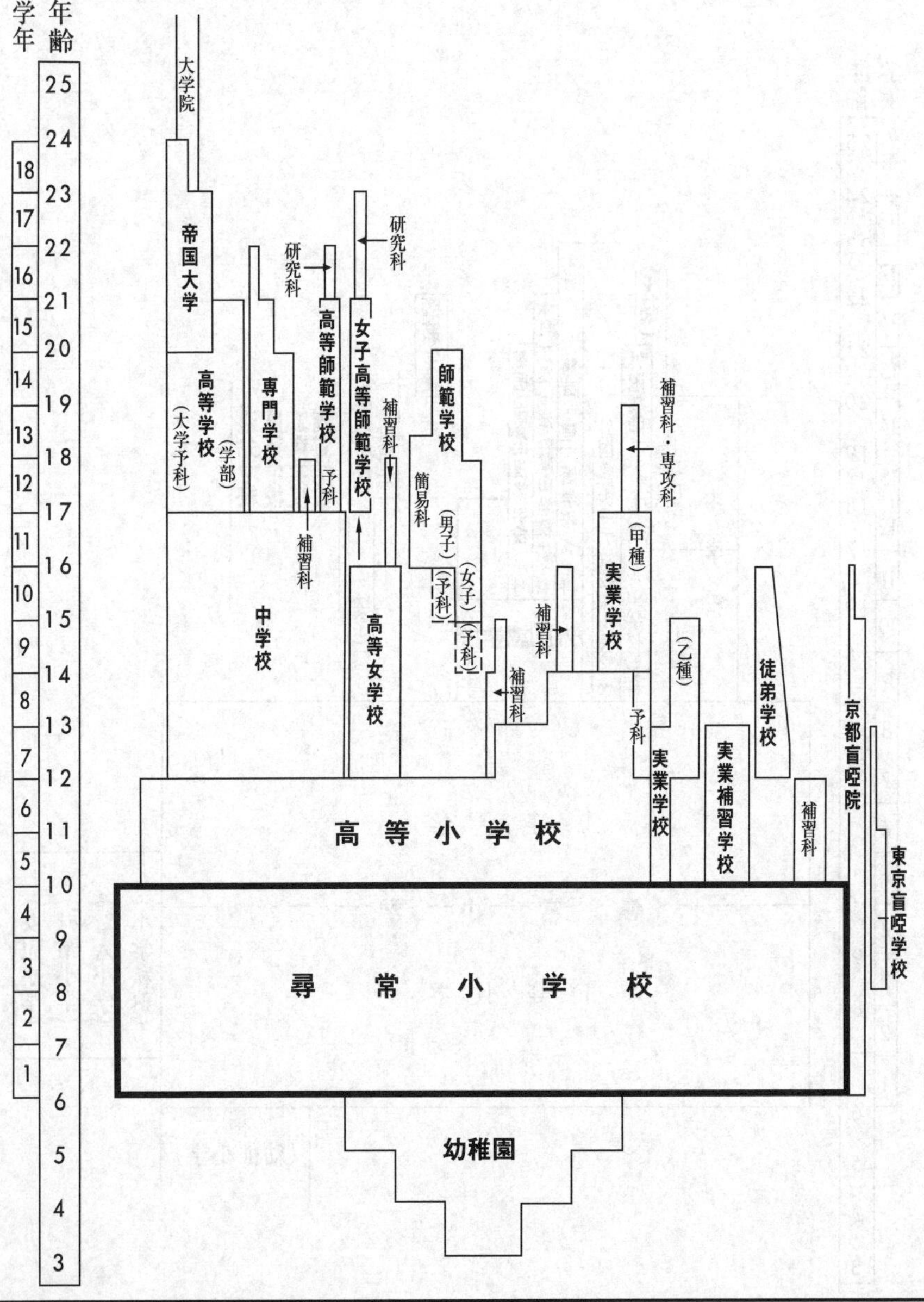
学年
年齢
25
24
23
22
21
20
19
18
17
16
15
14
13
12
11
10
9
8
7
6
5
4
3
18
17
16
15
14
13
12
11
10
9
8
7
6
5
4
3
2
1
大学院
帝国大学
高等学校
(大学予科)
(学部)
専門学校
研究科
高等師範学校
予科
補習科
女子高等師範学校
研究科
補習科
師範学校
簡易科
(男子)
(予科)
(女子)
(予科)
中学校
高等女学校
補習科
補習科
補習科・専攻科
(甲種)
実業学校
(乙種)
予科
実業学校
実業補習学校
徒弟学校
補習科
京都盲唖院
東京盲唖学校
高等小学校
尋常小学校
幼稚園

大正8年

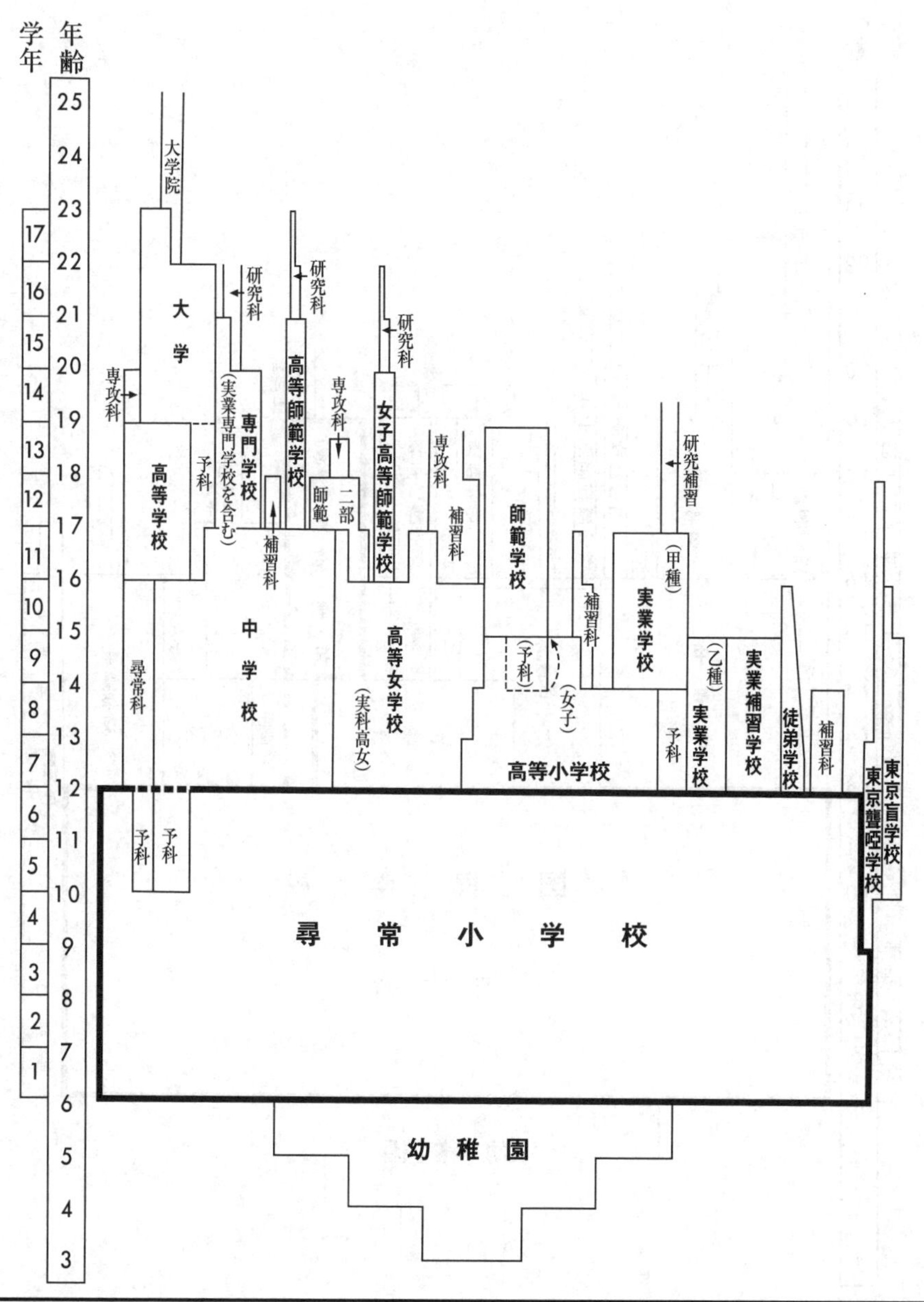
学年
年齢
大学院
大学
専攻科
高等学校
尋常科
予科
予科
研究科
(実業専門学校を含む)
専門学校
予科
中学校
補習科
研究科
高等師範学校
専攻科
師範
二部
研究科
女子高等師範学校
高等女学校
(実科高女)
専攻科
補習科
師範学校
(予科)
(女子)
補習科
研究補習
(甲種)
実業学校
高等小学校
予科
(乙種)
実業学校
実業補習学校
徒弟学校
補習科
東京聾唖学校
東京盲学校
尋常小学校
幼稚園

昭和19年

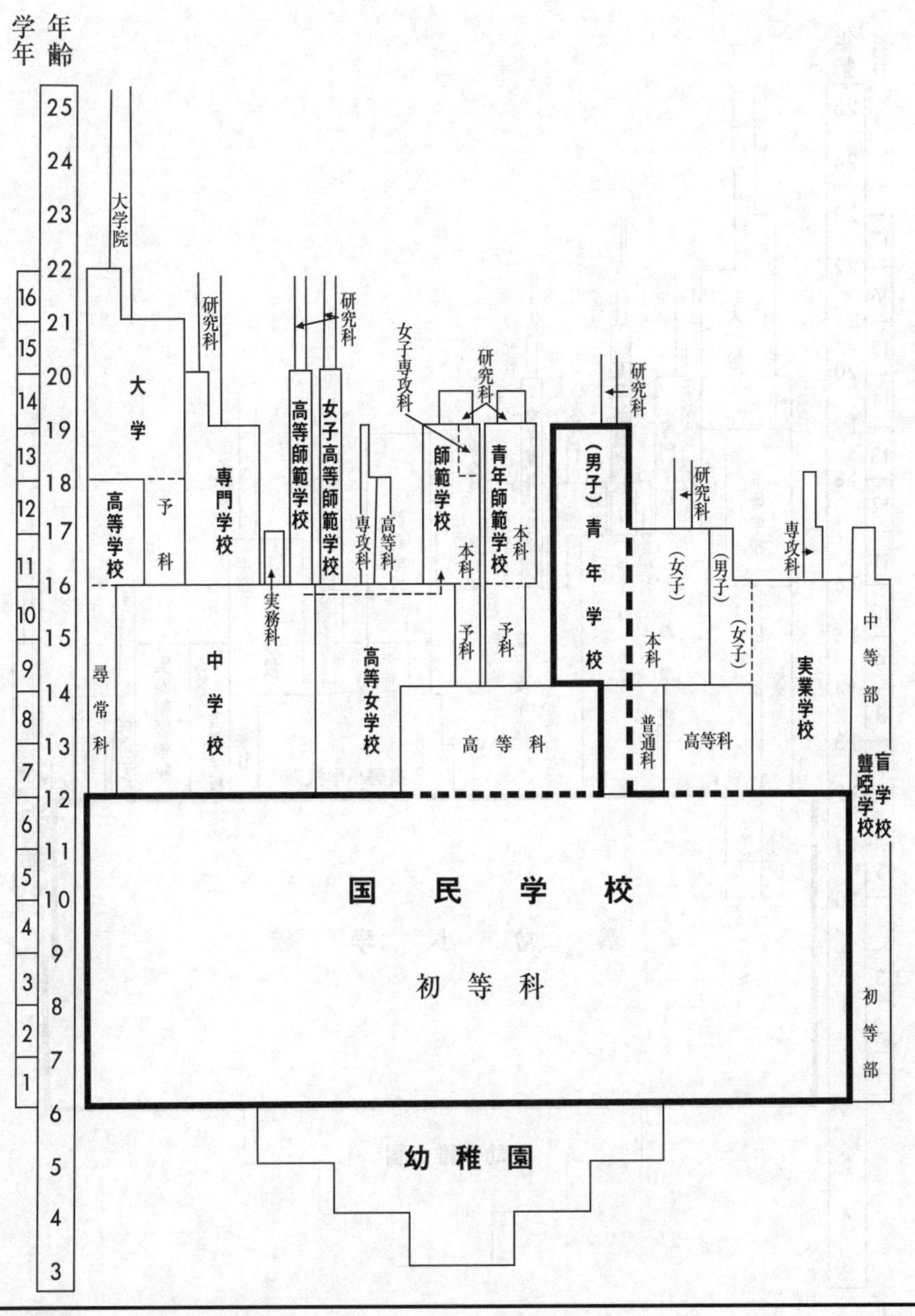
学年
年齢
25
24
23
22
21
20
19
18
17
16
15
14
13
12
11
10
9
8
7
6
5
4
3
16
15
14
13
12
11
10
9
8
7
6
5
4
3
2
1
大学院
大学
高等学校
予科
尋常科
研究科
専門学校
中学校
実務科
高等師範学校
女子高等師範学校
研究科
専攻科
高等科
高等女学校
女子専攻科
研究科
師範学校
本科
予科
青年師範学校
本科
予科
高等科
(男子)青年学校
研究科
(女子)
本科
普通科
(男子)
(女子)
高等科
研究科
専攻科
実業学校
中等部
盲学校
聾唖学校
初等部
国民学校
初等科
幼稚園

令和5年

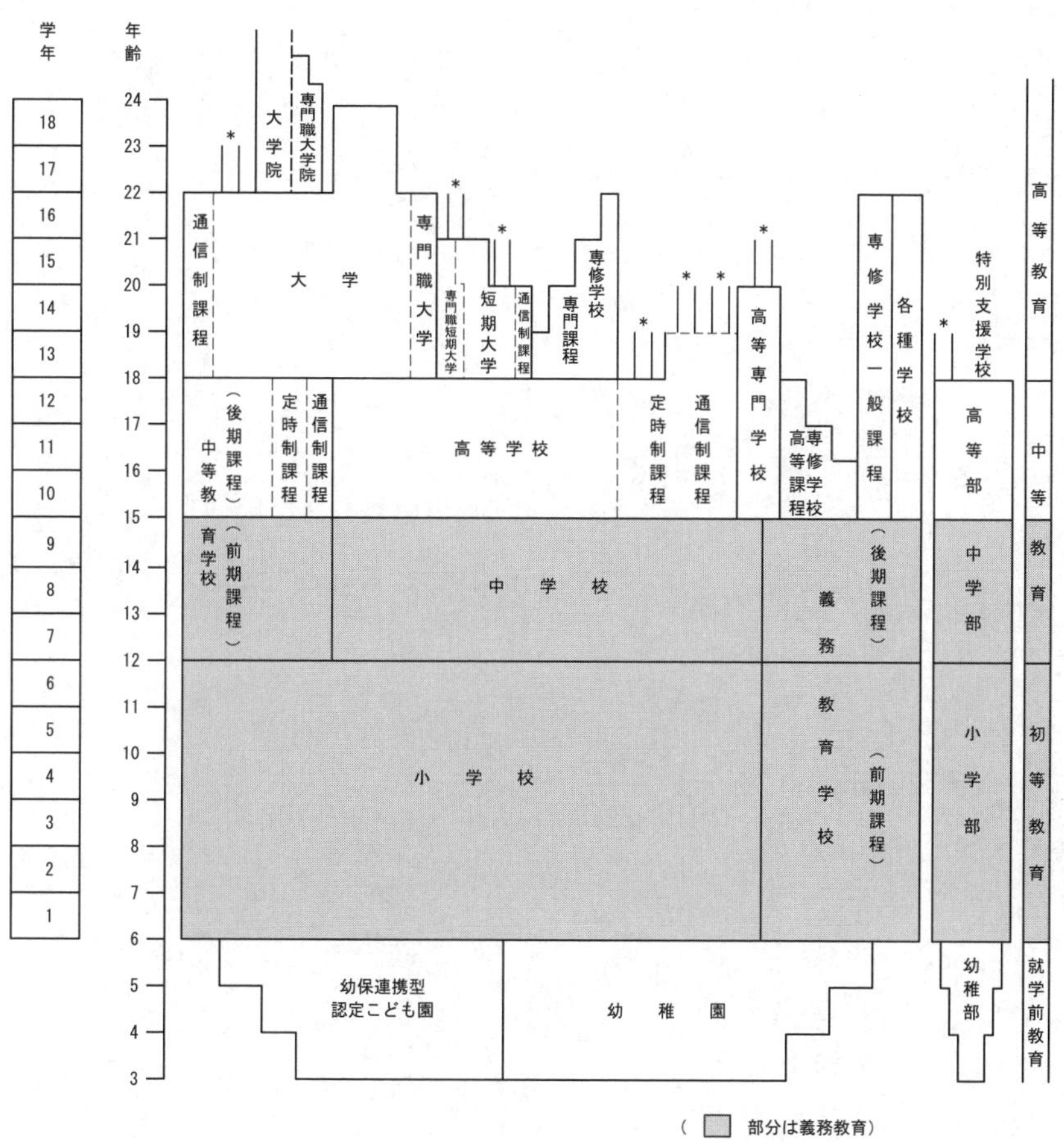

(注)

1. * 印は専攻科を示す。
2. 高等学校，中等教育学校後期課程，大学，短期大学，特別支援学校高等部には修業年限1年以上の別科を置くことができる。
3. 幼保連携型認定こども園は，学校かつ児童福祉施設であり0～2歳児も入園することができる。
4. 専修学校の一般課程と各種学校については年齢や入学資格を一律に定めていない。

出典：文部科学省「諸外国の教育統計」令和5（2023）年度版

Ⅶ　教育法制史

教育法制史（戦前）

この年表には、明治以降の近代日本百年余の教育法制を中心とした主な出来事を記載した。明治五年までは太陰暦による月・日。＊は『教職六法』に収録しているものを指す。

年	教育法規関係	教育一般・一般
1868（慶応4・明治1）	慶応三・一二・九朝廷「王政復古」の大号令を出す。 九・八明治と改元、一世一元の制を定める。	閏四月福沢諭吉、蘭学塾を芝に移し慶応義塾と改称。 六・二九昌平学校を設置。
1869（明治2）	三・二三小学校の設置を府県に令す。 七・八大学校の官制を定める。	三・二八東京遷都。 五・二一京都上京第二十七番小学校創立（この年六四校開設）。 六・一五昌平学校を大学校（教育行政をも兼ねる）と改め、医学所を医学校に、開成所を開成学校と改称。 一二・一七大学校が大学となる。開成学校を大学南校、医学校を大学東校と改称。
1870（明治3）		六・八東京府下に六小学校開設。 九・四東京府下に中学校開設。 一二・七京都府下に中学校開設。
1871（明治4）	七・一八大学を廃し文部省設置、文部大輔として**江藤新平**が任命。 九月京都府、身分の別なく子弟を小学校へ入学させ、小学校費を出すべきことを諭達。	七・一四廃藩置県。 九・五大学東校、南校を東校、南校と改称し、文部省所轄とする。 一〇・一四熊本洋学校開設。 一〇・二九名古屋に「義校」（初等学校）開設。 一一・一名古屋に女学校開設。 一二・一文部省、東京に共立女学校設立を布達。 一二・二三文部省、東京に共立小学校（六校）・洋学校（一校）の開設を布達。
1872（明治5）	八・二太政官「学事奨励に関する被仰出書」布告。 八・三「＊学制」頒布。 九・八文部省「小学教則」「中学教則略」制定。	二・一東京に官立の女学校設立。 三月福沢諭吉『学問のすゝめ』刊。 九月東京に師範学校設立。
1873（明治6）	二・一五東京府、各区小学校設立方法を定め、六歳以上男女を就学させる。	六・一三文部省最高顧問としてダビッド・モルレー来日。 八・一八大阪、宮城に師範学校設置。 一一・四東京外国語学校設立。
1874（明治7）	七・二五小学教員（訓導）の免許規則制定。	二・一九全国に七官立師範学校設置。 三・一三東京女子師範学校設置。
1875（明治8）	一・八文部布達第一号により小学学齢が満六歳から一四歳までとなる。	一一・二九新島襄京都に同志社英学校創立。

1876（明治９）	1877（明治10）	1878（明治11）	1879（明治12）	1880（明治13）	1881（明治14）
	六月学監モルレー、「学制」改正案「学監考案日本教育法」を文部省に提出。	九・一〇文部省、公立学校開設認可を地方官に委任し、教則および府県編制の管内学事規則は文部省に伺い出ることとする。私学開業許可の書式を廃止、地方の適宜に任せる。	八月天皇教学聖旨を提示。九・二九「＊学制」を廃して「教育令」制定。	四・五集会条例公布（教員生徒の政治結社、集会参加を禁止）。一二・一八文部省、府県に対し「国安ヲ妨害シ風俗ヲ紊乱スルカ如キ事項ヲ記載セル書籍」を教科書に採用しないよう指示。一二・二八「教育令」改正。	五・四「小学校教則綱領」（初等科三年中等科三年高等科二年制）制定。六・一八小学校教員心得を制定。
十月不平士族の反乱相次ぐ。一一・一四東京女子師範学校附属幼稚園開設。	二・一東京女子師範学校附属小学校設置。二・一五西南の役起こる（九・二四降伏）。四・一二東京開成学校・医学校を合併して東京大学創立。	七・二二「郡区町村編制法」制定。	二月東京法学社（法政大学の前身）創立。四・四沖縄県を設置。	三・九文部省に教則取調掛設置、教科書内容調査。三・二五文部省に編纂局をおき、小中学校教科書編集。一〇・二五宮内省式部寮「君が代」を作曲（エッケルト編曲）。	

1882（明治15）	1883（明治16）	1884（明治17）	1885（明治18）	1886（明治19）	1887（明治20）	1889（明治22）
六・一〇集会条例改正（六・三）により、文部省、学生生徒の学術講演禁止を直轄学校へ内達（七・三府県にも達示）。	七・三一府県が小・中・師範学校の教科書を選定、変更する場合文部大臣に伺い出るべきことを布達。		八・一二「教育令」再改正（地方教育費削減、小学校で授業料徴収）。	三・二「帝国大学令」公布（東京大学を帝国大学と改称、大学院設置）。四・一〇「小学校令」公布。「師範学校令」「中学校令」公布。「諸学校通則」制定。	五・七師範学校・中・小学校の「教科用図書検定規則」を定める。五・二一「学位令」公布。	一二・二〇小学校およびその他普通学校の教員の集会、政治活動取締まりに関する省令を制定。
一〇・二一東京専門学校（早稲田大学の前身）創立。	八・一八小学校教員監督機関として督業訓導設置を府県に指示。	三・二六商法講習所を東京商業学校（一橋大学の前身）と改称。四・一七学習院、宮内省直轄の官立学校となる。	一二・二二太政官制を廃止、内閣制の採用（初代総理大臣伊藤博文、文部大臣**森有礼**）。	二・二七各省官制の公布（文部省内に視学官等を置く）。四・二九東京師範学校を高等師範学校に改組。	一・九ドイツ人ハウスクネヒト、帝国大学文科大学に着任（ヘルバルト教育学を紹介）。	二・一一「＊大日本帝国憲法」の発布。二・一一森文相刺さる（翌日死去）。

年	教育法制	関連事項
1890（明治23）	一〇・七「小学校令」改正。一〇・三〇「＊教育ニ関スル勅語」発布。	三・二五高等師範学校女子部を分離し、女子高等師範学校とする。一一・二五第一回帝国議会招集。
1891（明治24）	五・八小学校正教員、準教員の別を定める。一一・一七「小学校教則大綱」制定。天皇・皇后の「御真影」と「教育勅語」を一定場所に奉安するよう訓令。	一・九一高で内村鑑三の不敬事件起こる。九月井上哲次郎、教育勅語の解説書『勅語衍義』を刊行。
1892（明治25）	四・一小学校で四月学年始まりが適用。	一二・一五国立教育期成同盟、小学校教育費国庫補助を帝国議会に請願。
1893（明治26）	八・一一「帝国大学令」改正、「帝国大学官制」公布（講座制創設）。	八・一二文部省祝日大祭日の儀式用唱歌の歌詞、楽譜を決定（「君が代」等）。
1894（明治27）	四・六「高等師範学校規程」制定（文・理科の二科制）。六・二五「高等学校令」公布。	八・一日清戦争起こる。
1895（明治28）	一・二九「高等女学校規程」制定。	四・一七下関条約（日清戦争講和）。六・一二文部省、高等女学校教科書検定制度を制定。
1896（明治29）	二・四貴族院、小学校修身教科書国費編纂を決議。	一二・一八文部大臣の諮詢機関「高等教育会議」を設置。
1897（明治30）	一〇・九「師範教育令」公布（女子師範独立認められる）。	六・二二帝国大学を東京帝国大学と改称、京都帝国大学設立。

年	教育法制	関連事項
1898（明治31）	八・一一文部大臣、集会条例違反者の教職禁止令、教員・学生らの政治活動を禁止した諸訓令、内訓等を廃止。	六・三〇**尾崎行雄**文部大臣に就任（一〇・二四共和演説事件で辞職）。
1899（明治32）	二・七「中学校令」改正（尋常中学校を中学校と改称）。「実業学校令」公布。二・八「高等女学校令」公布。八・三「私立学校令」公布。文部省訓令「＊一般ノ教育ヲ宗教ノ外ニ特立セシムル件」で宗教教育、宗教儀式禁止。	六・一五「地方官官制」改正（道府県視学官、視学、郡視学をおく）。
1900（明治33）	三・一六「市町村立小学校教育費国庫補助法」公布。三・三一教員免許令公布。八・二〇「小学校令」改正（四年制に統一、義務教育授業料徴収せずの原則）。	四月文部省内に修身教科書調査委員会設置。七・二六津田梅子、女子英学塾（津田塾大学の前身）創立。
1902（明治35）	二・六「中学校教授要目」制定。	三・二八広島高等師範学校を設置。この年小学校就学率九〇%をこえる。
1903（明治36）	三・二七「専門学校令」公布。三・二七「実業学校令」改正。四・一三「小学校令」改正（国定教科書制度が完成）。	五・二九衆議院、教科書事件に関し、文部大臣問責決議案を可決（七・一七菊池文部大臣引責辞職）。
1904（明治37）		二・一〇日露戦争おこる。四月国定教科書を全国に採用。

1905（明治38）	1907（明治40）	1908（明治41）	1909（明治42）	1910（明治43）	1911（明治44）	1912（明治45・大正1）
一二・二七文部省、地方青年団の設置奨励を地方長官に通達。	三・二一「小学校令」改正（尋常科六年、高等科二～三年とし、義務教育年限を六年に延長。翌年四月施行）。 七・一三地方官官制の改正（府県の教育に関する事項は内務部所掌となる）			五・三一「師範学校教授要目」制定。 一〇・二六「高等女学校令」改正。	七・三一「小学校令」改正（高等小学校随意科農業・商業の一を必修とする）。 八・二四「朝鮮教育令」公布。	三・二八朝鮮公立小学校官制、高等女学校官制公布。
九・五日露講和条約（ポーツマス条約）に調印。	四・一七文部省、各府県師範学校の附属小学校で盲聾唖・心身発育不全児童のための特別学級を設けるよう勧奨。 五・二七国庫補助と同額の府県費を市町村立小学校教育費の補助として支出することを命じる。	九・五文部省「教科用図書調査委員会」設置。	四・七文部省、東京盲唖学校と別に東京盲学校を新設、盲唖学校は東京聾唖学校となる。	八・二二韓国併合に関する日韓条約調印。	この年就学率九八％。	

1913（大正2）	1914（大正3）	1915（大正4）	1916（大正5）	1917（大正6）	1918（大正7）
七・一六「小学校令」一部改正（全国有効の教員免許状を府県で授与する）。	三・三一「実業教育費国庫補助法」改正（私学にも補助を与える）。 一二・一二教育基金令を改正（教育基金の一部を国に保留）。	一・二七「公立学校職員分限令」制定。	三・二九「教員検定ニ関スル規程」改正（中等教員検定試験の受験資格範囲を広げる）。	一・二九「公立学校職員制」制定（中等以上公立学校の初めての職員制）。 九・二一臨時教育会議官制公布。	三・二七「市町村義務教育費国庫負担法」公布。 一二・六「大学令」公布（公立、私立、単科を認め、予科をおくことができるとする）。「高等学校令」公布。
六・一三宗教に関する事務を内務省から文部省に移管（神社行政は内務省に残る）。	一・一四京大沢柳事件で法科大学全員辞表（四・二八沢柳総長依願免官で落着）。 七・二八第一次世界大戦おこる。 八・二三日本、ドイツに対し宣戦布告。	一・一八中国に二十一ヶ条要求を提出。	二・一沢柳政太郎、帝国教育会会長に就任し、各地の教育会連合して帝国連合教育会結成。	四・四沢柳政太郎、成城小学校設立。新教育実験校となる。	

年		
1919（大正８）	一・四「台湾教育令」公布。 二・七「小学校令」「中学校令」改正。「帝国大学令」改正（分科大学を学部とする）。 五・二三臨時教育会議を廃し「臨時教育委員会官制」公布（高等教育機関の拡充を審議）。	八・四下中弥三郎ら埼玉教員中心に「啓明会」結成（翌年九月「日本教員組合啓明会」と改称）。
1920（大正９）	四・二八「教科書調査会官制」公布（教科用図書調査委員会を廃止）。 五・六文部省、地方学務課に社会教育主事をおくことを通牒。 七・六「高等女学校令」改正（国民道徳、婦徳養成を強調）。 一一・一〇「朝鮮教育令」改正。 一二・一六「実業学校令」改正（実業補習学校の普及、水産学校の独立、徒弟学校の工業高校への吸収など）。	二・五慶応義塾大、早稲田大、大学令による初の私立大学認可（大正一五まで計二〇校認可）。
1921（大正10）	一・一三「職業学校規程」制定（初めて職業学校成立）。	四・一九京城に師範学校設置。 四月羽仁もと子、自由学園設立。 八・一八大教育主張講演会。 一一・一信濃自由大学開設。
1922（大正11）	二・六「台湾教育令」「朝鮮教育令」改正（日本人との共学を基本とする）。 四・一七「少年法」「矯正院法」公布。	三・三一満州医科大学設立。 一一・七学生連合会（日本学生社会科学連合会、ＦＳ）結成。
1923（大正12）	三・二八「市町村義務教育費国庫負担法」改正。 八・二八「盲学校及聾唖学校令」公布。	四・一郡制廃止。 九・一関東大震災。 九・二第二次山本内閣成立 一〇・三〇文部省、成人教育講座を大阪で開催（毎年各地で開催）。
1924（大正13）		一・七清浦奎吾内閣成立 四・一〇野口援太郎、下中弥三郎ら池袋に「児童の村」創設。 五・二京城帝国大学設立。 五・一五赤井米吉、明星学園設立（新教育運動を実践）。 六・一一加藤高明内閣成立
1925（大正14）	四・一「師範学校規程」改正。 四・一三「教練教授要目」制定。	四・二二「治安維持法」公布。
1926（大正15・昭和１）	四・二二「幼稚園令」公布。 五・二九文部省、学生の社会科学研究禁止を通達。	一・一五京都学連事件（学生運動の中心人物を治安維持法違反容疑で全国一斉大量検挙）。 一・三〇第一次若槻禮次郎内閣成立 六・二四府県制・市制・町村制・北海道会法を改正（普通選挙制採用、自治権拡張）。
1927（昭和２）	一一・二五「児童生徒ノ個性尊重及職業指導ニ関スル件」訓令。	四・一兵役法制定。 四・二〇田中義一内閣成立 四・二九全国一五〇万処女会統一して大日本女子青年団創立。

年	教育法制	関連事項
1928（昭和３）	一・二〇「専門学校令」改正（目的に人格の陶冶と国体観念の養成を加え、文部大臣の監督権強化）。 四・一七文部省、思想問題に関し訓令。 一〇・四「学齢児童就学奨励規程」訓令で貧困児童の学校給食実施。	三・一七台北帝国大学設立。 四・一算術教科書にメートル法採用。
1929（昭和４）	九・一〇文部省「教化動員ニ関スル件」訓令（国民精神作興）。	四・八小原国芳、玉川学園創設。 六月成田忠久ら秋田で北方教育社結成、生活綴方運動おこる。 一〇月小学校教員連盟結成。 一〇・二四世界大恐慌はじまる。
1930（昭和５）	四・八実業学校諸規程を改正（尋常小卒を入学資格とする二箇年の実業学校を認める）。	一一月非合法に日本教育労働者組合結成。
1931（昭和６）	一・一〇「中学校令施行規則」改正（柔・剣道必修）、「師範学校規則」改正で、中学校、師範学校に公民科設置。	六・二三文部省に学生思想問題調査委員会設置。 九・一八満州事変おこる。
1932（昭和７）	二・一九高等女学校、実科女学校「教授要目」改正（公民科設置）。 九・六「市町村立尋常小学校費臨時国庫補助法」制定（貧困町村に補助金支出）。	一二・二八日本学術振興会設立。

年	教育法制	関連事項
1933（昭和８）	四・一「児童虐待防止法」公布。 五・五「少年教護法」公布。	四・二二鳩山文相、京都帝国大学滝川幸辰教授の辞職要求（京都帝国大学滝川事件）、五・二六休職処分、法学部教授ら三九人辞表提出。 四月国定教科書大改訂、「国語読本」（サクラ読本）色刷り。
1934（昭和９）	一二・一八文部省、学校建築物の営繕並びに保全に関し訓令（校舎建築の基準等を示す）。	四・三全国小学校教員精神作興大会三万五千人宮城前で開催、天皇臨幸国民道徳振興に関する勅語下賜。
1935（昭和10）	四・一「青年学校令」公布。 四・一〇文部省、天皇機関説に関連し、「建国ノ大義ニ基キ日本精神作興等ニ関シ教育関与者ノ任務達成方」を訓令。	二・一八菊池武夫、貴族院で美濃部達吉の天皇機関説を攻撃。 四・九美濃部達吉、不敬罪で起訴され、三著作発禁。 八・三政府、国体明徴の重大声明（一〇・一五第二次声明）。 一〇・一青年学校開校。
1936（昭和11）	六・三「学校体操教授要目」改正、内閣に有力な諮問機関設置を建議（昭一二・一二・一〇教育審議会設置）。	七・四文部省、義務教育八年制の学制改革案決定。
1937（昭和12）		三・二七文部省、中学校、高等実科学校、実業学校、師範学校、高等学校の教授要目を国体明徴の観点から改定。 五・三一文部省、『国体ノ本義』全国に発送。 七・七日中戦争おこる。 八・二四閣議「国民精神総動員実施要綱」決定。 一二・一三日本軍南京を占領（南京事件）。

1938（昭和13）	1939（昭和14）	1940（昭和15）	1941（昭和16）	1942（昭和17）
一・二九学籍簿改定（一〇点法、操行を優良可に統一）。 六・九文部省「集団的勤労作業運動実施ニ関スル件」通牒（勤労動員始まる）。	四・二六「青年学校令」改正（一二～一九歳未満の男子就学義務制）。 五・二二「青少年学徒ニ賜ハリタル勅語」下賜（勅語の聖旨奉戴を訓令）。 五・二九「小学校武道指導要目」制定（小学校五、六年、高等科に武道を課す）。	三・二九「義務教育費国庫負担法」公布（教員給与半額国庫負担）。	三・一「小学校令」を改正し「国民学校令」公布。 三・二六「台湾教育令」改正。 三・三一朝鮮総督府、国民学校規程公布（朝鮮語学習廃止）。 一一・二二「国民勤労報国協力令」公布（勤労奉仕義務法制化。翌年一・九学徒出動命令）。	七・八文部省、高等女学校外国語教育を随意科目とし週三時間以内と通牒。
四・一「国家総動員法」公布。 七月内務省警保局図書課、児童読物の浄化に着手。	一・二八平賀譲東京帝国大学総長、河合栄治郎（一・三一休職）と土方成美（一・一三休職）両教授の休職を上申（平賀粛学）。	二・一〇津田左右吉の著書発禁（三・八起訴）。 六・二〇文部省、野外演習、集団勤労等を除き修学旅行制限（昭一八以降全面禁止）。	一・一六「大日本青少年団」結成。 四月国民学校新教科書『ヨイコドモ』『ヨミカタ』『カズノホン』等使用開始。 六・一六日本教育学会創立。 一二・八太平洋戦争宣戦布告。	一・二四文部省に国民錬成所設置。

1943（昭和18）	1944（昭和19）	1945（昭和20）
一・二一「大学令」「高等学校令」「専門学校令」改正（修業年限の短縮等）、「中等学校令」公布。 三・八「師範教育令」改正（官立とし、専門学校と同程度に昇格、各県一校以上設置等）。 六・二五「学徒戦時動員体制確立要綱」閣議決定。 一〇・一〇「戦時国民思想確立ニ関スル基本方策要綱」閣議決定。 一〇・一二「教育ニ関スル戦時非常措置方策」閣議決定。	一・一八「緊急学徒勤労動員方策要綱」閣議決定。 二・一六「国民学校令等戦時特例」公布（就学義務を満一二歳までとする）。 二・一七「師範教育令」改正（各県に官立青年師範学校設置。文部省、特例により軍人、官吏等を無試験で教員に採用）。 八・二三「学徒勤労令」公布。	三・一五「学童集団疎開強化要綱」閣議決定。 五・二二「戦時教育令」・同法施行規則公布。 八・一五文部省「終戦ニ関スル件」訓令。
九・二二文科系学生の徴兵猶予制停止（一二・一学徒出陣はじまる）。 一〇・一八大日本育英会創立。	八月学童疎開開始。 八・二二対馬丸沈没、沖縄から本土への疎開児童一五〇〇名以上が死亡。	七・二六＊ポツダム宣言発表。 八・一五日本＊ポツダム宣言受諾、終戦の詔書録音放送。

教育法制史（戦後）

＊は『教職六法』に収録しているものを指す。

	教育法規関係	政治・社会・教育・文化
1945 （昭和20）	八・一六**文部大臣松村謙三** 八・一八**文部大臣前田多門** 一〇・二民間情報教育局（CIE）を連合国軍最高司令官司令部（GHQ）内に設置 一〇・六戦時教育令廃止 一〇・九**文部大臣前田多門（留任）** 一〇・一一GHQ学校教育民主化など五大改革を指令 一〇・一五「私立学校ニ於ケル宗教教育に関スル件」訓令 一〇・二二GHQ「日本教育制度ニ対スル管理政策」 一〇・三〇GHQ「教育及ビ教育関係官ノ調査、除外、認可ニ関スル件」 一二・一五GHQ、「国家神道、神社神道ニ対スル政府ノ保証、支援、保全、監督並ビニ弘布ノ廃止ニ関スル件」（学校教育から神道教育排除） 一二・二二労働組合法公布 一二・三一GHQ、「修身、日本歴史及ビ地理停止ニ関スル件」	八・一五＊ポツダム宣言受諾、終戦の詔書放送 八・一七東久邇稔彦内閣成立 九・二ミズーリ号艦上で降伏文書に調印 九・五文部省機構改革（科学教育局新設、学徒動員局廃止して体育局復活） 九・二七天皇、マッカーサーを訪問 一〇・九幣原喜重郎内閣成立 一〇・一五前田文部大臣、新教育方針を声明 一一・六GHQ、財閥解体を指令 一一・一六＊ユネスコ憲章、連合国教育文化会議で採択 一二・一全日本教職員組合（全教）結成
1946 （昭和21）	一・四GHQ、教育使節団派遣を要請 一・一三**文部大臣安倍能成** 二・一三GHQ、憲法改正草案を日本政府に公布 四・七＊米国教育使節団報告書（第一次）提出 五・二二**文部大臣田中耕太郎** 八・一〇教育刷新委員会官制公布（教育刷新委員会設置） 一一・三＊**日本国憲法公布** 一一・一六当用漢字表、現代かなづかいについて内閣訓令・告示	一・一天皇、神格化否定の詔書 一・四GHQ、軍国主義者の公職追放 二・一九天皇、神奈川県巡幸、以後東京都等各地巡幸 三・六第一次米国教育使節団来日 四・一〇新選挙法による第一回総選挙 五・三極東国際軍事裁判（東京裁判）開廷 五・三日本教職員組合、全日本教育労働組合（全教労）と改称 五・二二第一次吉田茂内閣成立 七・七教員組合全国連盟（教全連）結成
1947 （昭和22）	一・三一**文部大臣高橋誠一郎** 三・二〇学習指導要領一般編（試案）発表 三・三一＊**教育基本法公布（即日施行）** 三・三一＊**学校教育法公布（四・一施行）** 四・一新制中学校発足（六・三制義務教育開始）（学校教育法該当部分施行） 四・七＊労働基準法公布（児童労働を禁止） 四・一一GHQ、日本教育制度改革に関する極東委員会指令発表 四・一七＊地方自治法公布（五・三施行） 五・三＊**日本国憲法施行**	一・三一マッカーサー、二・一ゼネスト中止を指令 四・二五衆議院選挙 五・二四片山哲内閣成立（社会・民主・国民協同の三党連立） 六・八日本教職員組合（日教組）結成 七・二一教員養成に関する研究集会（ワークショップ）開始 八・二二GHQ、教職追放一万人発表 九・二九国語審議会、義務教育用漢字八八一文字（当用漢字別表）を答申（翌四八・二・一六内閣訓令告示） 一二・二二＊民法改正（家制度の廃止）

	1948（昭和23）
五・二四片山哲総理大臣、文部大臣兼任 六・一**文部大臣森戸辰男** 九・一社会科の授業開始 一〇・二一＊国家公務員法公布 一二・一二＊児童福祉法公布	一・二七＊高等学校設置基準制定 二・二三＊大学設置委員会、「大学設置基準」答申 三・一〇**文部大臣森戸辰男（留任）** 四・一新制高校発足（学校教育法当該部分施行） 四・七盲学校・聾学校の就学義務・設置義務に関する政令公布 六・一九＊衆参両院、教育勅語等の排除に関する決議 七・一〇＊市町村立学校職員給与負担法公布 七・一〇＊教科書発行に関する臨時措置法公布 七・一五文部省、「地方における社会教育団体の組織について」公布（社会教育への公費援助の禁止） 七・一五＊教育委員会法公布 七・一五＊改正少年法公布（上限を二〇歳に延長） 七・一五＊少年院法公布 一〇・一五吉田茂総理大臣、文部大臣兼任 一〇・一九**文部大臣下条康麿**
一二・三一内務省廃止	二・九国立国会図書館法公布（六・五開館） 三・一〇芦田均内閣成立（民主・社会・国民協同の三党連立） 三・一五民主自由党結成（総裁吉田茂） 五・一＊軽犯罪法公布 七・一五文部省、「地方における社会教育団体の組織について」公布（社会教育への公費援助の禁止） 七・二〇＊国民の祝日に関する法律公布 一〇・四教育指導者講習（IFEL）開催（教育長・指導主事等を対象、五二年まで） 一〇・五第一回教育委員選挙（一一月に各都道府県、一部市町村で教育委員会発足） 一〇・一五第二次吉田内閣成立 一一・一二極東軍事裁判所、二五被告に有罪判決（うち七名絞首刑） 一二・一〇国連総会、＊世界人権宣言を採択 一二・一八GHQ、日本経済安定九原則を指示

	1949（昭和24）	
一一・三〇＊国家公務員法一部改正（人事院設置、公務員の罷業禁止等）	一・一二＊**教育公務員特例法、同法施行令公布（即日施行）** 二・一学校施設の確保に関する政令公布 二・一〇大学設置委員会、新制大学七九校を決定答申（三・一八追加により計九四校） 二・一六**文部大臣高瀬荘太郎** 五・一八＊**学校教育法一部改正（短期大学成立）** 五・三一＊文部省設置法公布 五・三一＊教育職員免許法公布〔九・一施行〕 五・三一国立学校設置法公布（新制国立大学九六校設置） 六・一教育刷新委員会を教育刷新審議会と改称 六・一〇＊**社会教育法公布** 六・一一**文部省、＊教育基本法第八条の解釈について通達**（教員の政治活動の限界を指示） 九・二二＊学校教育法施行規則一部改正（学校の秩序を乱した学生生徒の退学処分を規定） 一二・一五＊**私立学校法公布**	三・三〇盲学校及び聾学校の就学義務に関する政令公布 四・一＊生活保護法改正（教育費扶助実施） 四・三一般職の職員の給与に
	一・一家庭裁判所発足 二・一六第三次吉田内閣成立 三・七ドッジ米国公使、日本経済安定策を明示（ドッジ・ライン） 四・二三GHQ指令により一ドル三六〇円の為替レート設定 五・五第一回こどもの日（五・八第一回母の日） 六・一労働組合法公布 九・一五GHQ、シャウプ使節団税制改革報告書を政府に伝達（シャウプ勧告） 九・一九人事院規則制定（公務員の政治的行為の制限） 一〇・一中華人民共和国成立 一一・三湯川秀樹、ノーベル物理学賞を受賞	三・一自由党結成（総裁吉田茂） 六・二五朝鮮戦争始まる 七・二四GHQによるレッド・パージ始まる

1950 （昭和25）	1951 （昭和26）	
関する法律公布 四・三〇＊図書館法公布 五・六**文部大臣天野貞祐** 五・三〇文化財保護法公布 五・三〇地方財政平衡交付金法公布 五・三〇＊地方交付税法公布 一二・一三＊地方公務員法公布（政治活動・争議行為を禁止）	三・一二＊社会教育法一部改正（社会教育主事の設置、職務・資格などを規定） 五・五＊児童憲章制定 六・二＊教育公務員特例法一部改正 六・一一＊産業教育振興法公布 六・二二教職員追放令改正、教職員適格再審査会令公布 七・一〇学習指導要領一般編（試案）改訂発行 一二・一＊博物館法公布	二・二八琉球教育法公布（教育諸法を統合、教育基本法前文は含まず） 三・二七私立学校振興会法 五・二一文部省、「幼稚園基準」を通達 六・六中央教育審議会令制定
八・一〇警察予備隊令公布 八・一四文部省、新学期から完全給食の実施を発表 八・二七第二次米国教育使節団来日 九・一閣議、公務員のレッドパージの基本方針を決定 一〇・一七天野文相、国旗掲揚、「君が代」斉唱を勧める談話発表 一一・七天野文相、全国教育長会議で修身科復活を説く 一一・一〇第二回教育委員選挙	一・二四日教組、「教え子を再び戦場に送るな」のスローガン決定 九・八対日平和条約調印（ソ連・ポーランド・チェコは拒否） 九・八日米安全保障条約調印 一一・一六政令改正諮問委員会、「教育制度の改革に関する答申」を決定（職業教育強化、標準教科書作成、教育委員任命制など）	四・二一公職追放令廃止 四・二八対日平和条約・日米安全保障条約発効、GHQ廃止 五・一メーデー事件（皇居前広場でデモ隊と警官隊衝突） 七・二一破壊活動防止法・公安調査庁設置法公布（六月に各

1952 （昭和27）	1953 （昭和28）
八・八＊義務教育費国庫負担法公布（給与の半額、教材費の一部を国庫負担） 八・一二**文部大臣岡野清豪** 一〇・三〇＊教科用図書検定基準告示	三・二六国立大学設置法一部改正（一二国立大学に新制大学院設置） 五・二一**文部大臣大達茂雄** 八・五＊学校教育法一部改正（文部大臣の教科書検定権明示） 八・八＊理科教育振興法公布 八・八＊学校図書館法公布 八・一三大日本育英会法を日本育英会法と改題 八・一八一般職の職員の給与に関する法律一部改正（大学・高校・小中の三本立て給与に） 八・一八高等学校の定時制教育及び通信教育振興法公布 八・二七＊公立学校施設災害復旧費国庫負担法公布 一〇・三一＊学校教育法施行令公布
地の大学で破壊活動防止法反対の運動がおこる） 一〇・五第三回教育委員選挙 一〇・一四日本PTA全国協議会結成 一〇・一七日教組、文教政策基本大綱発表（政令改正諮問委員会答申を批判） 一〇・三〇第四次吉田内閣成立 一一・一市町村教育委員会、全国一斉に発足	一・一三政府、義務教育費の全額国庫負担方針を決定（全国知事会・日教組など中央集権化をもたらすと反対） 五・二一第五次吉田内閣成立（三・一四「バカヤロー解散」による総選挙） 六・三山口日記事件（岩国市教委、平和問題等に関する記述を不当として山口県教組編『小学生日記』『中学生日記』の回収を決定） 六・四文部省、教育上特別な取扱を要する児童生徒の判別基準について通達（特殊教育の対象と教育的措置を定める） 七・八文部省、教育の中立性維持に関し次官通達 七・二七朝鮮戦争停戦、事実上の終結 八・七教育課程審議会、社会科改訂を答申（道徳・地理教育を強調）

年	教育法制	教育・社会の動き
		一一・二九日本自由党結成 一二・二五文部省、『わが国の教育の現状について』発表（初の「教育白書」） 一二・二五奄美群島、本土復帰
1954 （昭和29）	六・一＊へき地教育振興法公布 六・一＊盲学校・聾学校及び養護学校への就学奨励に関する法律公布 六・三＊**義務教育諸学校における教育の政治的中立の確保に関する臨時措置法**、＊教育公務員特例法の一部を改正する法律公布（地方教育公務員の政治活動の制限を国家公務員並みに強化） 六・三＊教育職員免許法改正（校長・教育長・指導主事の免許状を廃止） 九・一九＊教育職員免許法施行令公布 一〇・二七＊教育職員免許法施行規則公布 一二・一〇**文部大臣安藤正純**	一・一八中教審、教育の中立性維持について答申 三・二〇旭丘中学事件（京都市教委、市立旭丘中学五教師の転任を内示、五・四に三名の懲戒免職発令、市教委と組合が分裂して授業を行う） 五・一五地方交付税法公布（平衡交付金を地方交付税と改める） 六・三教育二法（中確法、教特法一部改正）採決の際に国会に警察官が導入 八・一〇世界教員憲章採択 一〇・四東京都教委、都立朝鮮人学校に対し、五五年三月以降の廃止を通達（のち五五年三月、学校法人東京朝鮮学園として認可） 一一・二四日本民主党結成（総裁鳩山一郎） 一二・一〇第一次鳩山一郎内閣成立
	三・一九**文部大臣松村謙三** 八・五女子教育職員の産前産後の休暇中における学校教育の正常な実態の確保に関する法律公布 八・八日本学校給食会法公布	三・一九第二次鳩山内閣成立 五・一一宇高連絡船紫雲丸沈没事故 八・一三日本民主党『うれうべき教科書の問題』第一集を刊行
1955 （昭和30）	〔一〇・一日本学校給食会発足〕 九・二〇「小・中学校、児童・生徒指導要録の改訂」通達 一一・二二**文部大臣清瀬一郎** 一二・五高等学校学習指導要領（一般編）改訂発行（「試案」の文字が削除）	一〇・一四文部省、高等学校の改訂社会科の内容について通達（社会・日本史・世界史・人文地理の四科目とする） 一〇・二九地方制度調査会、教育委員会の廃止などを含む地方財政対策を答申 一一・一五自由党・日本民主党合同、自由民主党結成（保守合同） 一一・二二第三次鳩山内閣成立
1956 （昭和31）	二・七文部省、＊幼稚園教育要領制定（保育要領廃止） 三・一二教科書法案を国会に提出（のち廃案） 三・三〇就学困難な児童のための教科用図書の給与に対する国の補助に関する法律公布 三・三〇＊学校給食法一部改正（要保護及び準要保護児童の給食費に対する国の補助を規定） 六・一四公立養護学校整備特別措置法公布 六・三〇＊**地方教育行政の組織及び運営に関する法律（地方教育行政法）公布**〔一〇・一任命制教育委員会発足〕 一〇・二二＊大学設置基準制定 一二・五各種学校規程制定 一二・一三＊幼稚園設置基準制定 一二・二三**文部大臣灘尾弘吉**	一・一六自民党文教制度調査特別委員会、教育委員会制度改正要綱を発表（教育委員の公選制廃止、教員任命権を県教育委員会に移すなど） 二・一清瀬文部大臣、教育基本法の改正を主張 四・五自民党大会、初代総裁に鳩山一郎を選出 五・一水俣病が公式に発見される 五・一〇日本高等学校教職員組合（日高教）結成 五・一九科学技術庁発足 六・二参議院で警官五〇〇人を動員し地方教育行政法を強行可決 八・一〇全国都道府県教育長協議会、「地方教育行政法」に基づく学校管理規則案を作成 九・二八文部省、全国抽出学力調査を初めて実施 一〇・一〇文部省、教科書調

	1957 （昭和32）	
	二・二五文部大臣灘尾弘吉（留任） 三・二沖縄で「教育法」公布 三・三〇私立大学の研究設備に対する国の補助に関する法律公布 三・三〇就学困難な児童のための教科用図書の給与に対する国の補助に関する法律一部改正（中学校生徒にも拡大） 三・三〇＊学校給食法一部改正（給食費補助を中学校生徒にも拡大） 六・一＊学校教育法一部改正（養護学校への就学を就学義務の履行とみなす） 七・一〇**文部大臣松永東** 一二・四＊学校教育法施行規則改正（教頭の職制化）	一・八民立法により沖縄に「教育基本法」「学校教育法」「社会教育法」「教育委員会法」公布
査官を設置 一一・一愛媛県教育委員会、勤務評定（勤評）による教職員の昇給昇格の実施を決定（勤務評定問題） 一一・九日経連、「新時代の要請に対応する技術教育に関する意見」発表 一二・一八国連総会、日本の国際連合加入可決 一二・二三石橋湛山内閣成立	二・一四佐賀県教組、教員定員減に反対し休暇闘争を実施 二・二五第一次岸信介内閣成立 三・三〇愛媛県教育委員会「勤評」による人事発令、四・三、三四名校長処分 七・二七日教組、国民教育研究所を設立 一〇・四ソ連、初の人工衛星スプートニック号打ち上げに成功 一一・二九文部省、科学技術教育振興方策を発表 一二・二二日教組、臨時大会で勤評闘争強化決議、「非常事態宣言」発表	三・一八文部省、「小学校・中学校道徳の実施要領」を通達 四・二三東京都教委「勤評」実施を決定、都教組「勤評」反

1958 （昭和33）	1959 （昭和34）
四・一〇＊学校保健法公布 四・二五＊義務教育諸学校施設費国庫負担法公布（学校建築費の二分の一または三分の一を国が負担） 五・一＊公立義務教育諸学校の学級編制及び教職員定数の標準に関する法律（義務標準法）公布（学級編制基準五〇名となる［昭和三四年度から実施］） 六・一二**文部大臣灘尾弘吉** 七・九＊市町村立学校職員給与負担法一部改正法公布（校長に管理職手当支給） 八・二八＊学校教育法施行規則一部改正（学習指導要領を教育課程の基準とするなど） 八・二八文部省、小・中学校学習指導要領道徳編を告示 一〇・一文部省、小・中学校学習指導要領を官報に告示（基準性・拘束性強化） 一一・一〇文部省設置法施行規則一部改正（教科調査官・視学委員を設置） 一二・一二文部省、教科用図書検定基準を告示 一二・三一**文部大臣橋本竜伍**	二・二〇科学技術会議（首相の諮問機関）設置 四・三〇＊社会教育法一部改正（市町村に社会教育主事を必置、社会教育への補助禁止規定の廃止など） 六・一八**文部大臣松田竹千代**
対一〇割休暇闘争（福岡、和歌山、高知なども休暇闘争、全国で勤評反対闘争激化） 六・一二第二次岸内閣成立 七・二八中教審「教員養成制度の改善方策について」答申 九・六文部省、道徳教育指導者地区別講習会を始める。 九・一五日教組・日高教、勤評阻止全国統一運動を実施 一〇・八政府、警察官職務執行法（警職法）改正案を提出（審議未了で廃案）	三・一七衆議院、「専科大学設置に関する法案」可決（参議院で審議未了、廃案） 七・一一「送りがなのつけ方」を内閣告示 八・二一都道府県教育長協議会、組合専従者の制限、校長の

	1960 (昭和35)	
一二・二八公民館の設置および運営に関する基準告示	一・三〇＊公立義務教育諸学校の学級編制及び教職員定数の標準に関する法律施行令改正（公立小学校の一学級児童数を最高五八人から五六人とする） 二・六文部省、盲・ろう学校高等部学習指導要領（一般編）を通達［昭和三五年度から実施］ 三・三一精神薄弱者福祉法公布 四・一＊東京都立学校の管理運営に関する規則 四・三〇＊地方財政法、地方財政再建促進特別措置法一部改正（公立小中学校の建物維持・修繕費の住民転嫁禁止） 七・一九**文部大臣荒木万寿夫** 一〇・一五文部省、高等学校学習指導要領を官報に告示 一二・八**文部大臣荒木万寿夫（留任）**	二・一三文部省、小中学校指導要録改訂通達
非組合員化、教育長専任化等についての立法措置要求を決定 八・三一日本教育学会、国際教育学会議開催（〜九・八） 一一・二〇＊児童の権利宣言、国連総会で採択（一二・一六参院にて支持決議）	一・一九新日米安保条約・行政協定調印 四・一教頭にも管理職手当を支給 六・一五新安保阻止デモ隊国会構内で警官隊と衝突、東大女子学生死亡 六・一九国会で新安保条約・協定自然承認 七・一九第一次池田勇人内閣成立 八・荒木文部大臣、教育基本法改正を主張 一〇・一二浅沼社会党委員長、立会演説会で右翼少年に刺殺される 一〇・一九東京地裁、「朝日訴訟」で現行の生活保護水準に違憲判決 一一・一経済審議会「国民所得倍増計画による長期教育拡充計画」を首相に答申 一二・八第二次池田内閣成立 一二・二七政府、国民所得倍増計画を決定	九・一文部省、科学技術系学生増募計画を一万六千人から二

1961 (昭和36)	1962 (昭和37)
三・二五盲学校、聾学校及び養護学校への就学奨励に関する法律一部改正（学用品費等への補助） 三・二五＊就学困難な児童及び生徒に係る就学奨励についての国の援助に関する法律公布 四・一小学校新学習指導要領（昭和三三年告示）による教育課程を全面実施 六・一六＊スポーツ振興法公布 六・一七学校教育法一部改正（昭和三七年度より五年制高等専門学校の設置） 八・三〇高等専門学校設置基準公布 一一・六＊公立高等学校の設置、適正配置及び教職員定数の標準等に関する法律公布（普通科等の学級編制基準を五〇人に） 一一・九＊女子教職員の出産に際しての補助教育職員の確保に関する法律公布（産休補助教員の法的位置を明確化） 一一・二九児童扶養手当法公布	一・三一＊公立義務教育諸学校の学級編制及び教職員定数の標準に関する法律施行令一部改正 三・三一＊義務教育諸学校の教科用図書の無償に関する法律（教科書無償法）公布
万人に改訂し、目標年次を昭和三九年度に繰り上げる 一〇・二六文部省、中学二・三年生全員に五教科全国一斉学力テスト実施。日教組、「学テ」反対の早朝集会統一行動 一一・八昭和女子大学で政治的暴力行為防止法反対署名運動により登校停止、担当講師解雇（昭和女子大学事件）	一・二五第一回日米教育文化会議（昭和四五年まで五回） 四・一一工業高等専門学校発足 五・一〇新産業都市建設促進法公布 七・一一文部省、全国一斉学力調査（小・中）実施、学テ反

	1963 （昭和38）	
四・一社会通信教育規程制定 四・一中学校新学習指導要領（昭和三三年告示）による教育課程を全面実施 四・四学校法人紛争の調停等に関する法律公布 九・一高等学校通信教育規程全面改正 九・八地方公務員共済組合法公布	四・一高等学校新学習指導要領による教育課程全面実施 七・一八**文部大臣灘尾弘吉** 八・二三＊学校教育法施行規則一部改正（公立高等学校の入学者選抜は志願者が定員を超過しなくても行うことを原則とする） 一二・九**文部大臣灘尾弘吉（留任）** 一二・二一＊義務教育諸学校の教科用図書の無償措置に関する法律公布（広域採択・検定強化等）＊公立義務教育諸学校の学級編制及び教職員定数の標準に関する法律一部改正（養護学校を同法の適用範囲に加え、小・中学校の一学級児童生徒数を最高四五人とする等）	二・三＊義務教育諸学校の教科用図書の無償措置に関する法律施行令公布 三・二三＊改訂幼稚園教育要領告示
対闘争激化	一・一四経済審議会、「経済発展における人的能力開発の課題と対策」答申（「能力主義」強調） 三・一六全国ＰＴＡ協会発足 四・一日本放送協会学園高校（ＮＨＫ学園）発足 五・二二最高裁、東大ポポロ事件判決（学生は大学自治の主体者ではなく営造物利用者または消費者であると判断、上告を棄却） 一〇・一〇東京オリンピック開催 一〇・二八「幼稚園と保育所との関係について」文部省・厚生省共同通達 一二・九第三次池田内閣成立	一・二五文部省、特殊教育振興方策を発表（養護学校の設置を都道府県に義務付ける等） 二・一八文部省、国立大学学寮経費の負担区分につき通達

1964 （昭和39）	1965 （昭和40）
四・三国立大学特別会計法公布 六・一九＊学校教育法一部改正（短大を恒久制度化） 七・二私立学校振興会の資金貸付けの対象となる各種学校の課程を定める政令公布 七・一八**文部大臣愛知揆一** 八・一＊東京都青少年の健全な育成に関する条例 八・二四高等学校教員資格試験規程 九・八義務教育費国庫負担金の最高限度を定める政令（限度政令）一部改正（教職員定数を圧迫すると問題化） 一一・九**文部大臣愛知揆一（留任）**	三・三一国立養護教諭養成所設置法公布 四・九オリンピック記念青少年総合センター法公布 六・三**文部大臣中村梅吉** 一二・二八文部省、「朝鮮人のみを収容する教育施設の取り扱いについて」通達（学校教育法第一条の学校として不認可等） 一二・二八文部省、「在日韓国人の法的地位における教育関係事項の実施について」通達（日韓条約に基づく教育措置）
（受益者負担を打ち出す） 二・二六＊最高裁、教科書無償事件判決（義務教育の無償は授業料無償を意味し、教科書代の保護者負担は違憲でない） 六・二三文部省、全国中学校一斉学力調査実施 一〇・一四文部省、全国学力調査を悉皆調査から二〇パーセント抽出に改めると発表 一一・九第一次佐藤栄作内閣成立 一二・一五東北大学評議会、教育学部教員養成課程の分離を決議（六五年四月、宮城教育大学発足）	一・二八慶大生、学費値上げ反対で全学ストライキ（その後も各大学でスト相次ぐ） 三・三一大学基準等研究協議会、大学設置基準改善要綱を答申 四・一五ＩＬＯ、「教員の地位に関する勧告」を各国政府に送付 五・一六参議院、ＩＬＯ八七号条約を可決成立 六・九文部省、ＩＬＯ勧告を国情に沿わないと発表（日教組は全面支持） 六・一二家永三郎、教科書検定を違憲として国に対し賠償請求に民事訴訟を提訴（第一次訴

年	教育法制	関連事項
		訟） 六・二二日韓基本条約調印、日韓国交樹立 八・一一＊同和対策審議会答申 一〇・一〇「教科書検定訴訟を支援する全国連絡会」（遠山茂樹・宮原誠一ら）結成 一〇・二一朝永振一郎にノーベル物理学賞 一二・一一日韓基本条約など参議院で可決成立
1966 （昭和41）	六・一四ILO八七号条約発効（教員の地位に関する勧告） 七・一就学義務猶予免除の中学校卒業程度認定規則 七・九公立学校職員等の範囲について通達 七・一五重度精神薄弱児扶養手当法を特別児童扶養手当法に改正 八・一**文部大臣有田喜一** 一〇・四＊教員の地位に関する勧告（ILO・ユネスコ）採択 一二・三**文部大臣剱木亨弘**	四・五「学芸大学」「学芸学部」を「教育大学」「教育学部」に改める 九・二八東京都教委、「東京都立高等学校の通学区域及び学校群に関する規則」制定 一〇・三一**中教審「期待される人間像」答申** 一一・二二文部省、昭和四二年度より全国一斉学力テスト中止を決定
1967 （昭和42）	一・一三文部省、「建国記念の日について」通達 一・二五琉球立法院、地方公務員法、教育公務員特例法採択（二・二四デモで本会議流会、一一・二二廃案） 二・一七**文部大臣剱木亨弘（留任）** 八・一日本学術振興会法公布	二・一七第二次佐藤内閣成立 三・三文部省、私立大学生奨学金特別枠の設定など私学振興方策を決定 三・一二青年医師連合（三六大学二四〇〇人）、インターン制度に反対して医師国家試験ボイコット 三・二九文部省、高校体育に

年	教育法制	関連事項
	（日本学術振興会を特殊法人に） 一一・二五**文部大臣灘尾弘吉**	おける弓道・レスリング・なぎなた等の指導を認める旨通達 五・二四最高裁、朝日訴訟判決（健康で文化的生活の裁量権は厚生大臣にあるとする） 六・一〇東京教育大評議会、筑波移転を強行決定
1968 （昭和43）	二・一二警視庁、「警官の学内立ち入り基準」（非常時は要請なしでも学内に入れる）通達 三・一二政府、外国人学校法案、学校教育法改正案、教育公務員特例法改正案を国会に提出（五・一二廃案） 六・一〇許可、認可等の整理に関する法律公布（教員免許状の授与権限を都道府県教委に統一） 七・一一小学校学習指導要領告示 一一・三〇**文部大臣坂田道太**	一・二九東大医学部生、登録医制度に反対し無期限スト（東大紛争始まる） 四・九文部省、初の私学白書「わが国の私立学校」発表 一〇・一七川端康成にノーベル文学賞 一一・一九大阪高裁、京都旭丘中学校事件で市教委側勝訴の判決 一二・二九東大・東教大四学部、入試中止決定
1969 （昭和44）	四・一四中学校学習指導要領告示（昭和四七年度から実施） 七・一〇同和対策事業特別措置法公布（対象地域の住民に対する学校教育及び社会教育の充実を図るため、進学の奨励、社会教育施設の整備等の措置」を講ずることを定める） 八・七大学の運営に関する臨時措置法公布（大学紛争の事態収拾策を定める）	一・四＊あらゆる形態の人種差別の撤廃に関する国際条約発効 一・一〇東大紛争で大学代表団、七学部学生代表団と「確認書」に署名 一・一八東大、機動隊を導入し安田講堂占拠の学生を排除（この年、東大入試中止） 二・一九仙台高裁、岩手学テ事件で被告全員無罪の判決 四・二最高裁大法廷、都教組勤評事件に全員無罪の判決

（1969 続き）

四・三〇中教審、「当面する大学教育の課題に対応するための方策について」答申
七・二〇アメリカの有人宇宙船アポロ一一号、人類初の月面着陸成功
一〇・三一文部省、「高等学校における政治的教養と政治活動について」通知

1970（昭和45）

一・一四**文部大臣坂田道太（留任）**
五・六＊著作権法公布
五・一八日本私学振興財団法公布（私立学校振興会廃止）
五・二一＊心身障害者対策基本法公布（平成五年に障害者基本法と改題）
五・二五勤労青少年福祉法公布
六・一交通安全対策基本法公布
九・一文部省、＊大学設置基準改正（一般教育の履修要件緩和等）
一〇・一五高等学校学習指導要領告示（昭和四八年度実施）

一・一一ＯＥＣＤ派遣教育調査団来日
一・一二中教審、「高等教育の改革に関する基本構想試案」発表
一・一四第三次佐藤内閣成立
四・八福岡地裁、福岡教育大附小の入学汚職事件で元教頭ら二人に収賄罪で実刑判決
五・二八中教審、「高等教育の改革に関する基本構想」「初等教育の改革に関する基本構想試案」発表
七・一七**東京地裁、教科書検定処分取消訴訟（第二次訴訟）に対して原告勝利の判決（杉本良吉裁判長、七・二四文部省控訴）**
一〇・二三教育課程審議会、「盲学校・ろう学校および養護学校の教育課程の改善について」（養護・訓練の新設等）
一一・二〇国立大学協会、総会で共通一次試験の実施方針を報告

1971（昭和46）

二・二七小・中学校の指導要録を改訂
三・一三盲学校・聾学校・養護学校学習指導要領告示
五・二七児童手当法公布
五・二八＊公立の義務教育諸学校等の教育職員の給与等に関する特別措置法公布（教職調整額を支給）
七・五**文部大臣高見三郎**

四・一小学校教育課程全面実施
六・一一中教審、「今後における学校教育の総合的な拡充整備のための基本施策」答申（四六答申、「第三の教育改革」とよばれる）
七・一環境庁発足
七・一六筑波新大学創設準備委員会「筑波新大学のあり方について」
一二・九文部省、「職業指導主事」を「進路指導主事」に改称する省令制定

1972（昭和47）

二・一〇＊学校教育法施行規則一部改正（海外の日本人学校卒業生に高校入学資格付与）
三・一八文部省、「単位の互換制度」をまとめ＊大学設置基準改正
七・七**文部大臣稲葉修**
一〇・二七文部省、「小・中・高校等の指導要領の一部改正ならびに運用について」
一二・二二**文部大臣奥野誠亮**

二・一九連合赤軍五人、軽井沢の浅間山荘に籠城（二・二八破壊作業）
三・二四東京地裁、勤務評定書不提出にかかる懲戒免職処分の取消請求を棄却
四・一新中学校学習指導要領全面実施
四・一自治医科大学開学
四・二八大阪地裁、日の丸掲揚反対で公務執行妨害に問われた元府高教組副委員長に無罪判決
五・一五沖縄の施政権返還、沖縄県発足
七・七第一次田中角栄内閣成立
九・二九日中共同声明に調印、日中国交正常化
一二・二二第二次田中内閣成立

1973（昭和48）	1974（昭和49）	
六・二二＊義務教育諸学校施設費国庫負担法改正（急増地域負担率三分の二となる） 七・二〇＊教育職員免許法施行規則改正（必修から削除された「日本国憲法」を従来通り履修させるよう通達） 九・二五「筑波大学法」成立（自民党単独賛成）	二・二五＊学校教育の水準の維持向上のための義務教育諸学校の教育職員の人材確保に関する特別措置法（教員人材確保法）公布（教員給与の改善など） 五・二七＊学校教育法一部改正（教頭職法制化） 六・三文部省設置法一部改正（大学学術局を大学局と学術国際局に分離） 六・七国立学校設置法施行規則の一部改正 一一・一一**文部大臣三原朝雄** 一二・九**文部大臣永井道雄**	四・二八短期大学設置基準公布 七・一一＊私立学校振興助成
二・一〇大阪府教委、小中学校の指導要録を三段階絶対評価と決定 二・一九文部省、「高等学校生徒指導要録の改訂について」通知 三・二二最高裁、ポポロ事件再上告棄却判決、被告有罪確定 一〇・三一学術審議会、「学術振興に関する当面の基本的な施策について」答申 一一・一六政府、障害児の養護学校を七九・四月から義務化決定	三・一八人事院、＊教員人材確保法により小中九パーセント、高五パーセントの給与引き上げを勧告 七・一六**東京地裁、教科書裁判第一次訴訟に対し、検定制度合憲の判決（「高津判決」）、原告被告とも控訴** 一〇・四文部省初等中等局長、内申抜きの教員処分に関する通達 一〇・八佐藤栄作にノーベル平和賞 一二・九三木武夫内閣成立 一二・一〇最高裁、京都旭丘中学事件の再上告審で原告の上告棄却	四・一九国立大学協会、国立大学共通一次試験に関する調査報告書を発表

1975（昭和50）	1976（昭和51）	
法公布（私立学校に対する国の財政援助を規定） 七・一一＊学校教育法一部改正（専修学校制度化） 七・一一義務教育諸学校等の女子教育職員及び医療施設、社会福祉施設等の看護婦、保母等の育児休業に関する法律（育児休業法）公布 一二・二六＊学校教育法施行規則改正（主任制制度化）［七六・三・一施行］	一・一一専修学校設置基準公布 二・一〇学校給食法施行規則改正（米飯給食導入のため） 五・一〇文部省、学習指導要領によらず実験可能の学教法特例を告示 五・一九＊学校教育法一部改正（独立大学院設置など） 一二・二四**文部大臣海部俊樹**	四・二二国立学校設置法一部改正（大学入試センター設置な
四・三〇南ヴェトナム無条件降伏、ヴェトナム戦争終結 六・一六教育の「正常化」推進などを掲げる社団法人「日本教育会」が結成大会（会長森戸辰男） 一二・二〇東京高裁、教科書裁判第二次訴訟控訴審で憲法判断を避け、国側の控訴棄却を内容とする判決	一・二文部省、放送大学基本計画報告公表 一・一三文部省、都道府県・指定都市教委に対し主任制実施に関して指導通達 五・二一**＊最高裁大法廷、「旭川学力テスト反対闘争事件」と「岩手県教組学力テスト反対闘争事件」判決（原判決を破棄、被告有罪。学習指導要領の法的拘束力を認める）** 六・二五河野洋平ら自民党離党、新自由クラブ結成 九・八文部省、都道府県教委に「学校における業者テストの取り扱い等について」通達 一二・一八教育課程審議会、「教育課程の基準の改善について」最終答申 一二・二四福田赳夫内閣成立	一・八全国知事会、「公立高等学校新増設計画に関する調

1977 （昭和52）	1978 （昭和53）	1979 （昭和54）
ど） 七・一国立婦人教育会館発足 七・二三小中学校新学習指導要領告示（教育内容削減、「君が代」国歌化） 九・二二文部省、教科書検定規則公布、検定基準改訂（教科書検定の運用を改善） 一一・二八**文部大臣砂田重民** 一二・二一「主任手当」を制度化した給与法成立	五・一二＊女子教職員出産時補助教育職員確保法一部改正（産休代替法）公布 六・一国立学校設置法一部改正（教育大学の設置など） 八・三〇高等学校新学習指導要領告示 一二・七**文部大臣内藤誉三郎**	五・二五東京・中野区「教育委員準公選条例」公布 六・六元号法案可決、元号が法制化 七・二盲・ろう・養護学校新学習指導要領告示 一一・九大平総理大臣、文部大臣兼任 一一・二〇**文部大臣谷垣専一**
査」結果発表 三・一一文部省、初の「学習塾調査」（児童生徒の学校外学習活動に関する実態調査）発表 三・一五＊最高裁、富山大学単位認定等違法確認訴訟判決（学生側の上告を棄却） 一一・二八福田改造内閣成立 一二・二四共通一次試験試行テスト実施	六・一六中教審、「教員の資質能力の向上について」答申 七・三立教大学法学部、初の社会人入試実施発表 一〇・二三教育課程審議会「盲・ろう・養護学校の小学部・中学部及び高等部の教育課程の基準の改善について」答申 一二・七第一次大平正芳内閣成立	一・一三国公立共通一次学力試験実施 四・一養護学校義務制実施 四・七文部省通達「児童・生徒の運動競技について」で小・中学校対外運動競技基準を緩和 八・二二文部省、第五次教職員定数改善計画案発表（四〇人学級実現に向けた計画など） 一〇・一六関西経済同友会、「教育改革への提言」発表 一一・九第二次大平内閣発足

1980 （昭和55）	1981 （昭和56）
三・三一国立学校設置法の一部改正 四・二五＊公立義務教育諸学校の学級編制及び教職員定数の標準に関する法律一部改正（四〇人学級一二年計画開始） 七・一七**文部大臣田中龍夫**	四・九国立学校設置法一部改正（鳴門教育大新設等） 六・四放送大学学園法成立 一〇・二九大学通信教育設置基準公布 一一・三〇**文部大臣小川平二**
一・二二自民党機関誌「自由新報」で国語・社会科教科書批判「いま教科書は」を展開 二・二九文部省、都道府県教委に対し小中学校指導要録の改正通知、新指導要録の参考案提示 四・一小学校新教育課程全面実施 七・一七鈴木善幸内閣成立 七・二八東京高裁、「摂津訴訟」判決（控訴を棄却） 八・二二文部省、翌年度からの新学力調査実施を決定 一〇・七岐阜県議会、教育基本法改正を求める決議	二・二五中野区で教育委員選出のための区民投票が実施（三・三、三名の委員を任命） 三・二三国語審議会、「常用漢字表」を答申（一〇・一内閣告示） 三・二四沖縄県教委、主任制度化を実施 四・一中学校新教育課程完全実施 六・一一中教審、「生涯教育について」答申 一〇・一九福井謙一にノーベル化学賞 一一・二七行財政改革関連特別法が成立（四〇人学級計画抑制等を含む） 一一・二七 福岡高裁、内申抜き処分懲戒事件判決

1982（昭和57）	1983（昭和58）	
六・二二日本学校健康会法公布（日本学校安全会法及び日本学校給食会法廃止） 九・一国立又は公立の大学における外国人教員の任用等に関する特別措置法公布 一一・二四＊教科用図書検定基準改正告示（近隣諸国への配慮を規定） 一一・二七**文部大臣瀬戸山三男**	一二・二七**文部大臣森喜朗**	六・二八文部省組織令全文改正
四・一高等学校新教育課程実施 四・八最高裁、教科書検定裁判第二次訴訟で東京高裁に差し戻し判決 七・二六教科書検定による歴史記述変更とのマスコミ報道に関し、中国外交部より申入れ 八・二六教科書検定問題に関し、「政府の責任において是正する」との政府見解発表 一一・二七第一次中曽根康弘内閣成立	三・一四第二次臨時行政調査会、「行政改革に関する第五次答申」を中曽根首相に提出（文教費抑制を要求） 四・一放送大学開学 六・二文部省、「出席停止等の状況調査」「校内暴力の発生状況と発生校に関する調査」発表 六・三〇中教審、「教科書の在り方について」答申 一一・二二教育職員養成審議会、「教員の養成及び免許制度の改善について」答申 一二・二四福岡高裁、伝習館高校事件判決（懲戒免職は適法とし控訴棄却） 一二・二七第二次中曽根内閣成立（新自由クラブと連立）	一・一九家永三郎、第三次教科書訴訟を提訴

1984（昭和59）	1985（昭和60）	1986（昭和61）
六・二八国立学校設置法施行令公布 八・七日本育英会法の全部改正法公布（奨学金の有利子化など） 八・八臨時教育審議会設置法公布 一一・一**文部大臣松永光**	二・五＊大学設置基準、短大設置基準の一部改正（教員資格条件の弾力化） 三・三〇＊学校教育法施行令、私学共済組合法施行令、国立学校設置法施行令など一部改正政令公布 五・一七補助金等の整理及び合理化並びに臨時特例に関する法律公布（義務教育教材費の国庫負担廃止など） 一二・六日本体育・学校健康センター法公布 一二・二八**文部大臣海部俊樹**	二・一八学校給食栄養基準改正告示 四・一八国立大学設置法一部改正 七・二二**文部大臣藤尾正行** 九・九**文部大臣塩川正十郎** 一二・二六地方公共団体の執行機関が国の機関として行う事務の整理及び合理化に関する法
三・五文部省、中野区長に教育委員準公選中止を勧告 三・一三「世界を考える京都座会」（松下幸之助座長）、「学校教育活性化のための七つの提言」公表 九・五臨時教育審議会第一回総会	三・一七国際科学技術博覧会「科学万博つくば'85」開幕 五・一七男女雇用機会均等法成立 七・一＊女子に対するあらゆる形態の差別の撤廃に関する条約 八・一五中曽根首相、靖国神社公式参拝（アジア諸国から批判） 九・五文部省、「特別活動の実施状況に関する調査」結果発表（国旗・国歌の取り扱いが不徹底と都道府県教委に通知） 一一・一三熊本地裁、「丸刈り訴訟」判決（長髪禁止の校則は違憲・違法ではない）	二・一東京・中野富士見中でいじめを苦に生徒が自殺 三・一三最高裁、「内申抜き処分取り消し訴訟」上告審で処分を受けた五人の上告を棄却 四・二三臨教審、「教育改革に関する第二次答申」提出（生涯学習体系への移行を提唱） 七・七日本を守る国民会議作

	1987（昭和62）	1988（昭和63）
律公布	九・一〇＊学校教育法、＊私立学校法一部改正（大学審議会設置） 一一・六**文部大臣中島源太郎**	五・一八国立学校設置法改正（大学入試センター改組など） 五・三一＊教育公務員特例法改正公布（初任者研修制度化）［八九・四・一施行］ 七・一文部省、機構改革によ
成教科書「新編日本史」教科書検定合格 七・二二第三次中曽根内閣成立 九・八『文藝春秋』一〇月号での藤尾文相発言で文相罷免 一〇・二〇教育課程審議会「教育課程の基準の改善に関する基本方向について」（中間まとめ）公表	四・一臨教審、「教育改革に関する第三次答申」を提出 四・一初任者研修制度試行 八・七臨教審、「教育改革に関する第四次答申（最終答申）」を提出（八・二〇解散式） 一〇・一二利根川進にノーベル医学・生理学賞 一〇・三〇＊千葉地裁、東京学館高校バイク事件で判決 一一・六竹下登内閣成立 一二・一八教育職員養成審議会「教員の資質能力の向上について」答申 一二・二四教育課程審議会「幼稚園、小学校、中学校及び高等学校の教育課程の基準の改善について」答申	四・一単位制高校制度化（岩手・石川・長野で発足） 七・一五＊最高裁、中学校生徒内申書訴訟判決（原告敗訴確定）

	1989（昭和64・平成元）	1990（平成２）
り生涯学習局新設 一一・一五＊学校教育法改正（高等学校定時制・通信制修業年限の弾力化） 一二・二七**文部大臣西岡武夫** 一二・二八＊教育職員免許法改正（免許状の種類、必要単位数改正）	三・一五小学校・中学校・高等学校学習指導要領、幼稚園教育要領告示 四・一小学校で初任者研修制度開始 四・四文部省、＊教科用図書検定規則公布 六・二**文部大臣西岡武夫（留任）** 八・九**文部大臣石橋一弥** 九・一大学院設置基準改正（大学院制度弾力化） 一〇・二四盲・ろう・養護学校学習指導要領告示	二・二八**文部大臣保利耕輔** 六・二九＊生涯学習の振興のための施策の推進体制等の整備に関する法律（生涯学習振興法）公布（都道府県教委の役割を規定、生涯学習審議会の設置など） 九・二＊児童（子ども）の権利に関する条約発効（子どもの権利を包括的に規定）
	一・七昭和天皇没 二・一五中野区、第三回教育委員準公選実施 三・二八前文部事務次官高石邦男、リクルート事件での収賄容疑で逮捕 六・三宇野宗佑内閣成立 八・一〇第一次海部俊樹内閣成立 一一・一七全日本教職員組合協議会（全教）結成	一・一八＊最高裁、伝習館高校事件判決（自主教材授業を行った教員三名の免職決定） 一・三〇中教審、「生涯学習の基盤整備について」答申 二・二八第二次海部内閣成立 三・二七厚生省、「保育所保育指針」通知 七・六兵庫県立高塚高校校門圧死事件 一〇・三東西ドイツ統一

年	法制	関連事項
1991 （平成３）	三・二六国立学校設置法、＊学校教育法等一部改正（学位授与機関の創設など） 六・三＊大学設置基準改正公示（授業科目区分および履修単位数の規定を廃止し大綱化） 一一・五**文部大臣鳩山邦夫** 一二・二四＊地方公務員の育児休業等に関する法律公布（昭和五〇年制定の育児休業法は廃止）	三・二〇文部省、小中学校指導要録改訂通知（絶対評価重視など） 三・二七東京地裁、「いじめ」自殺事件で損害賠償請求一部認容 四・一〇＊福岡高裁、教育行政情報開示事件判決（福岡県教委の控訴を棄却） 四・一九中教審答申「新しい時代に対応する教育の諸制度の改革について」答申 九・三最高裁、＊バイク事件判決（バイク事件に伴う退学勧告を合憲とする） 一一・五宮澤喜一内閣成立 一二・二五ソ連邦解体 一二・二五文部省、登校拒否史上最高と発表
1992 （平成４）	三・二三＊学校教育法施行規則一部改正（学校五日制実施） 六・一九学校環境衛生の新基準公表 九・一二学校五日制実施 一二・一二**文部大臣森山真弓**	三・一九東京高裁、修徳高校バイク退学処分事件判決（退学処分は違法として確定） 五・一国家公務員完全週休二日制実施 六・一二大阪府箕面市教委、大学生に幼稚園から中学までの指導要録全面開示決定 一〇・一三埼玉県教委、公立中学校に業者テスト結果を私立高校に提供しないよう要請（業者テスト追放）
1993 （平成５）	一・二八＊学校教育法施行規則一部改正（通級指導導入） 一二・六川崎市教委、全国で初めて指導要録全面開示制度化 三・一〇文部科学省令改正（総合学科など高校制度改革） 八・九**文部大臣赤松良子**	二・一〇神戸地裁、高塚高校校門圧死事件で有罪判決 二・一六中野区、第四回教育委員準公選実施 二・二二文部省、業者テスト締め出しの高校入試実施について事務次官通知 三・一六＊**最高裁、第一次家永教科書訴訟判決（家永氏敗訴確定、教科書検定を合憲とする）** 八・九細川護熙内閣（非自民連立政権）成立 一一・一九＊環境基本法公布
1994 （平成６）	四・二八**文部大臣赤松良子（留任）** 五・一六＊児童（子ども）の権利条約を批准承認 五・一六国立学校設置法一部改正（教養部改組など） 六・一五＊一般職の職員の勤務時間、休暇等に関する法律公布（給与と勤務時間・休暇に関する法律を別に制定） 六・二一専修学校設置基準改正公布（「専門士」称号新設） 六・三〇**文部大臣与謝野馨** 一一・二四＊学校教育法施行規則一部改正（翌年度から月二回土曜休業）	一・三一中野区議会、教育委員準公選の廃止決定 四・二八羽田孜内閣成立 五・二〇＊東京高裁、中野区立富士見中学校いじめ事件判決（いじめの存在を認定） 六・三〇村山富市内閣成立 一〇・一三大江健三郎、ノーベル文学賞 一〇・一三東京高裁、東久留米市指導要録全面開示請求事件判決（開示請求を棄却） 一二・二二大阪高裁、エホバの証人生徒退学事件判決（地裁判決を取消、退学は違法であるとの判決）
1995 （平成７）	二・八＊学校教育法施行規則、＊幼稚園設置基準一部改正（一学級の幼児数を原則三五人に引下げなど） 三・二八教育職員免許法施行規則一部改正 六・九＊育児休業、介護休業等育児又は家族介護を行う労働	一・一七阪神淡路大震災発生 三・一三文部省いじめ対策緊急会議、出席停止措置など提言 三・二〇地下鉄サリン事件発生 四・一九経済同友会、教育改革提言「学校から『合校』へ」発表

	1996 （平成８）	1997 （平成９）
者の福祉に関する法律公布（介護休業制度を規定） 八・八**文部大臣島村宜伸** 一二・二六＊学校教育法施行規則一部改正	一・一一**文部大臣奥田幹生** 一一・七**文部大臣小杉隆** 一二・二六人権擁護施策推進法公布［九七・三・二五施行］（人権擁護推進審議会を法務省に設置など）	三・二二＊学校教育法施行規則一部改正（不登校生徒の中学校卒業認定試験を弾力化） 六・六大学の教員等の任期に関する法律成立 六・一一＊児童福祉法一部改正（教護院を児童自立支援施設に名称変更する等） 六・一一＊学校図書館法一部改正、＊学校図書館法附則第二項の学校の規模を定める政令公布（平成一五年度以降、一二学級以上の学校は司書教諭を必置とする）
	一・一一第一次橋本龍太郎内閣成立 三・八＊最高裁、エホバの証人学生退学事件判決、退学処分取消が確定 四・五文部省協力者会議、教員採用試験の改善に関する報告 七・一六児童生徒の問題行動等に関する調査研究協力者会議報告「いじめ問題に関する総合的な取組について」 七・一九中教審、「二一世紀を展望した我が国の教育の在り方について」第一次答申 一一・七第二次橋本内閣成立	一・二四文部省「教育改革プログラム」を橋本首相に報告 一・二七文部省通知「通学区域制度の弾力的運用について」 六・二六中教審、「二一世紀を展望した我が国の教育の在り方について」第二次答申 八・一千葉大学工学部、一九九八年度入試から「飛び入学」導入決定

	1998 （平成10）	
六・一八＊小学校及び中学校の教諭の普通免許状授与に係る教育職員免許法の特例等に関する法律公布［九八・四・一施行］（小・中教員志望者に介護体験を義務づける） 七・三一文部科学省令改正（「飛び入学」制度化） 九・一一**文部大臣町村信孝**	五・二〇スポーツ振興投票の実施に関する法律（サッカーくじ法案）公布 六・一〇＊教育職員免許法一部改正（教職科目単位数引き上げ等） 六・一二＊学校教育法一部改正（中等教育学校制度化） 七・九東京都教育委員会、管理運営規則改正（職員会議を校長の補助機関に） 七・三〇**文部大臣有馬朗人** 一〇・二感染症の予防及び感染症の患者に対する医療に関する法律公布［一九九九・四・一施行］ 一一・一七＊学校教育法施行規則一部改正（学力検査・調査書なしの高校入試可能に） 一二・一四小・中学校学習指導要領、幼稚園教育要領告示	一・一三文部省、教科書検定規則改正（検定意見文書化など） 一・一四**文部大臣有馬朗人**
	二・二四町村文相、完全学校週五日制実施を二〇〇二年度から実施と発表 六・九中央省庁等改革基本法成立 六・三〇中教審、「幼児期からの心の教育の在り方について」答申 七・二一理科教育及び産業教育審議会、専門高校の在り方に関する答申を提出 七・二九中教審、「幼稚園、小学校、中学校。高等学校、盲学校、聾学校及び養護学校の教育課程の基準の改善について」答申を提出 七・三〇小渕恵三内閣成立 九・二一中教審、「今後の地方教育行政の在り方について」答申	二・二八広島県立世羅高校長、日の丸・君が代をめぐる対立で自殺 五・一四広島県教委、入学式

1999 （平成11）	**（留任・科学技術庁長官を兼務）** 三・二九高等学校学習指導要領、盲・ろう・養護学校学習指導要領告示 五・二六＊児童買春、児童ポルノに係る行為等の規制及び処罰並びに児童の保護等に関する法律公布 七・八地方分権一括法、中央省庁改革関連法公布［二〇〇〇・四・一施行］ 八・一三＊**国旗及び国歌に関する法律公布（即日施行）（日の丸・君が代を国旗・国歌として法制化）** 八・一三＊国家公務員倫理法公布（利害関係者からの金銭等の授受を禁止） 一〇・五**文部大臣中曽根弘文（科学技術庁長官を兼務）**	で日の丸・君が代斉唱を行わなかった市町村立小中学校長六八名処分 五・一四＊行政機関の保有する情報の公開に関する法律公布 五・二八周辺事態に際して我が国の平和及び安全を確保するための措置に関する法律公布 六・二三＊男女共同参画社会基本法公布 七・二三社会生産性本部、「選択・責任・連帯の教育改革」発表 一二・一六中教審「初等中等教育と高等教育との接続の改善について」答申
2000 （平成12）	一・二一＊学校教育法施行規則一部改正（職員会議の補助機関化、学校評議員制度の創設、校長及び教頭の資格弾力化） 三・三一＊教育職員免許法一部改正（高校の免許教科に情報・福祉など追加）公布 四・一地方分権一括法施行（＊地方教育行政法一部改正など） 四・一＊保育所保育指針施行 四・二八＊教育公務員特例法一部改正（大学院修学休業制度創設）公布 五・二四＊児童虐待の防止に関する法律公布（児童虐待の内容を法制化、児童相談所の権限強化など） 七・七**文部大臣大島理森（科学技術庁長官を兼務）** 一二・五**文部大臣町村信孝（科学技術庁長官を兼務）** 一二・六＊人権教育及び人権啓発の推進に関する法律公布（国や自治体の責務などを規定） 一二・一二＊少年法一部改正（刑事罰の対象年齢を一六歳以上から一四歳以上に引き下げ）	四・一主要八カ国（G8）教育担当大臣による初の教育サミット開催 四・五第一次森喜朗内閣成立 四・一七中央教育審議会、「少子化と教育について」報告 五・一九教職員配置の在り方等に関する調査研究協力者会議が、「今後の学級編成及び教職員配置について」報告（少人数指導や非常勤の活用など提言） 五・二四＊ストーカー行為等の規制等に関する法律公布 七・四第二次森内閣成立 九・二二教育改革国民会議中間報告（教育基本法改正など、「教育を変える一七の提案」を発表、一二・二二最終報告） 一二・四教育課程審議会、「児童生徒の学習と教育課程の実施状況の評価の在り方について」答申（絶対評価・個人内評価重視を打ち出す）
2001 （平成13）	一・六文部科学省発足（文部省と科学技術庁が統合）統合前の各種審議会は中央教育審議会に統合。**文部科学大臣町村信孝** 三・三一＊公立義務教育諸学校の学級編制及び教職員定数の標準に関する法律一部改正公布（少人数指導や四〇人を下回る学級編制基準を都道府県の判断で設定可能に） 四・二六**文部科学大臣遠山敦子** 六・二〇＊地方教育行政の組織及び運営に関する法律一部改正公布（教育委員の構成多様化、指導力不足教員の免職と他職種への再任用など） 七・一一＊学校教育法一部改正公布（ボランティア活動等重視、出席停止要件の明確化な	一・六中央省庁再編、一府一二省庁体制に 一・二五文科省、「二一世紀教育新生プラン（レインボープラン）」を決定 二・九愛媛県立宇和島水産高校の実習船「えひめ丸」がハワイで米原子力潜水艦に衝突され沈没、九名が死亡・行方不明に 四・三教科書検定で扶桑社版教科書が合格、中国・韓国の反発激化 四・一三＊配偶者からの暴力の防止及び被害者の保護に関する法律公布 四・二六第一次小泉純一郎内閣成立 六・八大阪教育大学附属池田小学校で児童が侵入者に襲われ八名死亡

	ど） 七・一一＊社会教育法一部改正公布（地域社会におけるボランティア活動等体験活動の促進など） 一一・二七＊学校教育法施行規則一部改正公布（大学・大学院入学資格の弾力化） 一二・七文化芸術振興基本法公布 一二・一二＊子どもの読書活動の推進に関する法律公布
	六・二〇 最悪の形態の児童労働の禁止及び撤廃のための即時の行動に関する条約発効 九・一一アメリカ・ニューヨークで同時多発テロ発生 一〇・一〇野依良治、ノーベル化学賞受賞

2002（平成14）
三・二九＊小・中・高校設置基準公布、＊幼稚園設置基準公布（自己点検・評価を義務化など） 四・一完全学校週五日制実施 四・一新学習指導要領完全実施 四・一九＊人権教育・啓発に関する基本計画告示 四・二四＊学校教育法施行令公布（認定就学者制度など） 六・五＊教育公務員特例法一部改正（十年経験者研修） 六・一二＊教育職員免許法一部改正（免許制度の弾力的運用） 九・三〇**文部科学大臣遠山敦子（留任）** 一一・二二＊学校教育法一部改正（専門職大学院設置、大学への第三者評価義務づけなど） 一二・一三＊独立行政法人日本スポーツ振興センター法公布
一・一七遠山文科相、「確かな学力の向上のための二〇〇二アピール（学びのすすめ）」発表 二・一五山形県、全公立小学校で三三人学級実施計画を発表 二・二一中教審、新しい時代の教養教育についてなど三答申を提出 四・一＊学校保健法施行規則改正（児童虐待を配慮した記述可能に） 五・三一日韓ワールドカップ開催 七・二九中教審、「青少年奉仕活動・体験活動の推進方策等について」答申 一〇・八小柴昌俊がノーベル物理学賞受賞 一〇・九田中耕一がノーベル化学賞受賞

2003（平成15）
一・一七＊学校保健法施行規則改正（ツベルクリン検査中止） 三・二八＊義務教育費国庫負担法一部改正（国庫負担を一部削減） 三・三一公立小・中の学校選択制を省令で規定 三・三一＊専門職大学院設置基準制定 四・一高等学校学習指導要領、学年進行で実施に 四・一六国立学校設置法改正（国立大学統合） 五・三〇＊構造改革特別区域法改正（株式会社などの学校設置が可能に） 六・一二＊著作権法改正（インターネットでの無断再送信防止） 六・一八＊独立行政法人日本学生支援機構法公布 七・九＊国立大学法人法など関係六法案可決成立（国立大学の法人化） 七・二五＊環境の保全のための意欲の推進及び環境教育の推進に関する法律公布（平成二三年に環境教育等による環境保全の取組の推進に関する法律と改題） 七・三〇少子化社会対策基本法成立 九・二二**文部科学大臣河村建夫** 一一・一九**文部科学大臣河村建夫（留任）** 一二・三＊公立の義務教育諸
三・二〇中教審、「新しい時代にふさわしい教育基本法と教育振興基本計画の在り方について」提出 三・二八特別支援教育の在り方に関する調査研究協力者会議が、「今後の特別支援教育の在り方について（最終報告）」を提出 四・二一構造改革特区第一号認定、教育特区は二一件 五・三〇＊個人情報の保護に関する法律公布 六・二七政府、骨太の方針（第三弾）閣議決定（義務教育費国庫負担金の削減、公設民営学校の実現など） 七・一七文科省、ＣＯＥプログラム一三三件採択 一〇・七中教審、小・中・高校学習指導要領の一部見直しを求める答申 一一・一一＊最高裁、大田区公文書非開示決定処分取消請求事件判決（指導要録の一部開示を認める） 一一・一九第二次小泉内閣成立

年	法令・行政	事項
	学校等の教育職員を正規の勤務時間を超えて勤務させる場合等の基準を定める政令公布 一二・二六小・中・高校学習指導要領一部改正（ゆとり路線の一部見直し）	
2004（平成16）	二・一七＊高校設置基準改訂（教員の兼務制限弾力化） 四・一国立大学法人化 四・一義務教育費国庫負担金制度に総額裁量制導入 四・七＊児童虐待防止法一部改正（警察署長に対する援助要請などを規定） 五・一四＊学校教育法一部改正（栄養教諭制度導入） 六・九＊地方教育行政の組織及び運営に関する法律一部改正（学校運営協議会新設） 九・二七**文部科学大臣中山成彬**	一・八政府与党、教育基本法改正案国会提出を断念 一・二〇中教審、「食に関する指導体制の整備について」答申（栄養教諭創設を提言） 三・四中教審、「今後の学校の管理運営の在り方について」答申 六・一長崎県佐世保市の小学校で、六年生の女子児童が同級生に殺害される 一二・七ＯＥＣＤ、生徒の学力到達度調査（ＰＩＳＡ）の二〇〇三年国際調査結果発表
2005（平成17）	四・一＊義務教育費国庫負担法等の一部改正（平成一七年度限りの暫定措置として四二五〇億円削減） 六・一七＊食育基本法公布 七・一五＊学校教育法一部改正（短大卒業者への学位付与、助教授・助手の名称見直し） 九・二一**文部科学大臣中山成彬（再任）** 一〇・三一**文部科学大臣小坂憲次** 一一・七障害者自立支援法公	二・一中央教育審議会教育制度分科会地方教育行政部会、「地方分権時代における教育委員会の在り方について」の部会まとめを発表（教育委員会制度の弾力化） 八・四大学入試資格検定試験（大検）に代わる「高校卒業程度認定試験」が初実施。 九・二一第三次小泉内閣成立 一〇・二六中教審、「新しい時代の義務教育を創造する」答申

年	法令・行政	事項
	布	一一・三〇義務教育費国庫負担金の負担率を二分の一から三分の一に引き下げる政府・与党合意が成立 一二・八中教審、「特別支援教育を推進するための制度の在り方について」答申
2006（平成18）	四・一＊学校教育法施行規則一部改正（教頭の資格要件緩和）。 四・一＊義務教育費国庫負担法一部改正（国庫負担三分の一に） 四・一＊市町村立学校職員給与負担法一部改正（市町村独自の教職員任用が可能に） 四・一＊義務教育諸学校施設費国庫負担法等一部改正（一部交付金の一括化） 九・二六**文部科学大臣伊吹文明** 一〇・一＊就学前の子どもに関する教育、保育等の総合的な提供の推進に関する法律施行（幼保一元化した「認定子ども園」を創設） 一〇・一〇政府、「教育再生会議」の設置を閣議決定。座長に野依良治・理化学研究所理事長 一二・一五＊教育基本法の改正法案、参議院で可決成立（一二・二二公布・施行）	一・一七文科大臣、「教育改革のための重点行動計画」を発表 一・二二センター試験で初の英語リスニング実施 二・二四愛知県犬山市、全国学力調査に不参加を表明 四・七品川区、区立全校で四・三・二制の小中一貫教育を開始 五・一九最初の新司法試験が行われる。 六・一四早大教授が国の研究費を不正受給していた問題が明らかになる 七・七「骨太の方針二〇〇七」が発表、争点の教委設置義務撤廃は見送り 九・二一東京地裁、入学式・卒業式での国旗への起立・国歌斉唱の強制を違憲とする判決 九・二六安倍晋三内閣成立 一〇・二四富山県の高校で必修科目の未履修が発覚、その後全国で七万名以上の生徒が単位不足であることが判明

2007
（平成19）

四・一独立行政法人国立博物館法一部改正（国立博物館と文化財研究所を統合）
四・一＊学校教育法・＊教育職員免許法一部改正（特別支援学校の制度化など）
六・一＊児童虐待の防止等に関する法律・＊児童福祉法一部改正〔二〇・四・一施行〕（家庭への強制立入調査が可能に）
六・二七＊学校教育法一部改正公布（各学校種の目的・目標の見直し、副校長・主幹教諭・指導教諭の新設など）
六・二七＊地方教育行政の組織及び運営に関する法律一部改正公布（文科大臣の教委への是正・指示規定新設、文化・スポーツ事務を首長が担当可能に）
六・二七＊教育職員免許法・＊教育公務員特例法改正公布（教員免許更新制導入〔二一・四・一施行〕）
九・二六**文部科学大臣渡海紀三朗**
十・一＊国立大学法人法一部改正（大阪大・大阪外語大の統合）

一・二四教育再生会議第一次報告（ゆとり教育見直し、教委制度改革を提言）

二・五文科省通知「問題行動を起こす児童生徒に対する指導について」で、体罰に関する運用のガイドラインを示す。

二・二七最高裁、入学式での君が代伴奏を命じた職務命令を合憲とする判決。

三・一〇中教審、「教育基本法の改正を受けて緊急に必要とされる教育制度の改正について」答申（教員免許更新制導入、国の関与強化など）

三・三〇教科書検定で沖縄戦集団自決の記述に修正意見が付いたことが明らかに。

四・二四全国学力調査が四三年ぶりに実施。

六・一教育再生会議第二次報告（ゆとり教育見直しの具体策、大学・大学院改革など）

六・二〇教育改革関連三法（学校教育法、地教行法、教育職員免許法の改正）が可決成立。

六・二〇東京地裁、国旗への起立・国歌斉唱の職務命令に反した教職員の再雇用取り消しを合憲とする判決。

九・二六福田康夫内閣成立。

一一・一五文科省の問題行動等調査でいじめの定義が変更され、〇六年度のいじめ認知件数が前年比六倍増の約一二万件に増加。

一二・二五教育再生会議第三次報告（理数系を中心とした学力向上策、徳育教科化など。）

2008
（平成20）

三・二八　＊幼稚園教育要領、＊小学校学習指導要領、＊中学校学習指導要領告示。
六・一一　＊社会教育法・＊図書館法・＊博物館法一部改正（社会教育に関する国・自治体の任務と教育委員会の事務を規定、専門職員の資格要件見直しなど）
六・一八　＊学校保健法・＊学校給食法一部改正公布〔二一・四・一施行〕（学校保健安全法に改称、国・自治体・学校設置者の責務を規定、学校給食を活用した食育の充実など）
六・一八　地震防災対策特別支援措置法一部改正（学校の耐震補強工事への国庫補助率引き上げ）
八・二　**文部科学大臣鈴木恒夫**
九・二四　**文部科学大臣塩谷立**
一二・三　＊児童福祉法一部改正公布〔平成二一・四・一施行（一部除く）〕（子育て支援サービスの創設、里親制度の改正など）

一・一七　中教審、「幼稚園、小学校、中学校、高等学校及び特別支援学校の学習指導要領等の改善について」答申（次期学習指導要領の在り方についての方針を示す）。
一・三一　教育再生会議最終報告（道徳の教科化等を提言）
二・七　東京地裁、国旗への起立・国歌斉唱の職務命令に反した教職員の再雇用拒否を裁量権の濫用とする判決（高裁で判決取り消し、請求を棄却、二三・五・三〇　最高裁で上告棄却）
二・一九　中教審、「新しい時代を切り拓く生涯学習の振興方策について」答申（社会教育関係三法の改正、放課後子どもプラン推進等）
二・二八　京都地裁、指導力不足を理由に分限免職処分を受けた元教員の処分取り消しを命じる判決。
三・二五　教育再生懇談会（教育再生会議の後継組織）、首相官邸で初会合。
四・一　全国十九大学で教職大学院が発足
五・二六　教育再生懇談会第一次報告（携帯電話の取り扱い、小学校英語必修化拡大、留学生

2009
（平成21）

三・九　高等学校、特別支援学校学習指導要領告示
三・三一　独立行政法人に係る改革を推進するための文部科学省関係法律の整備等に関する法律（国立高等専門学校の再編など）
六・一九　＊著作権法一部改正〔平成二二・一・一施行（一部除く）〕（インターネットを利用した著作物等への対応を規定）
七・八　＊子ども・若者育成支援推進法公布〔平成二二・四・一施行〕（子ども・若者育成支援施策のための枠組を整備）
七・一〇　沖縄科学技術大学院大学学園法公布〔三年以内に施行〕（設置及び運営に関し必

三十万人計画等）
六・一四　大分県で教員採用巡り贈収賄、小学校長など四人逮捕（九月に不正合格者二十名の採用を取り消し、不合格者を救済）
七・一　教育振興基本計画を閣議決定。
八・二　福田改造内閣発足
九・二四　麻生太郎内閣発足
一〇・七　南部陽一郎・小林誠・益川敏英の三氏がノーベル物理学賞を受賞
一二・一八　教育再生懇談会第二次報告（小・中学生の携帯電話の原則持ち込み禁止、教科書ページ数倍増等）

二・九　教育再生懇談会第三次報告（大学全入時代の教育、教育委員会制度の在り方など）
三・一二　東京地裁、東京都立七生養護学校の性教育をめぐる都議会議員の行動について「不当な支配」であるとの判決（二二・二・二三　最高裁で元校長への処分取消確定）
四・二一　はじめて全市町村が全国学力調査に参加、私立の参加率は五割を切る
五・二八　教育再生懇談会第四次報告（教育安心社会の実現、スポーツ立国など）
七・二七　東京地裁、日教組の集会使用を拒否したプリンスホテルに約三億円の賠償を命じる判決（プリンス側は控訴）

2010
（平成22）

要な事項を整備）
七・一〇　国立国会図書館法一部改正公布〔平成二二・四・一施行〕（インターネット上の情報等の収集を規定）
九・一六　**文部科学大臣川端達夫**

三・三一　＊公立高等学校に係る授業料の不徴収及び高等学校等就学支援金の支給に関する法律公布〔二二・四・一施行〕（公立高校の授業料無償化と私立高校の授業料補助を創設）
三・三一　平成二十二年度における子ども手当の支給に関する法律公布〔中学生以下の子ども一人につき月一三〇〇〇円を支給〕
六・八　**文部科学大臣川端達夫（留任）**
九・一七　**文部科学大臣高木義明**

四・二二　＊公立義務教育諸学校の学級編制及び教職員定数

八・三〇　総選挙で民主党圧勝、政権交代
九・七　鳥取県、全国学力調査の学校別成績を開示
九・一六　鳩山由紀夫内閣発足
一〇・二　鳥取地裁、鳥取県に対して〇七年度全国学力テストの非開示処分を取り消し、開示を命じる判決（鳥取県教委は控訴断念）
一一・一七　閣議決定により教育再生懇談会など廃止

三・三〇　最高裁、四月以降の入学辞退に関して授業料返還を認めないとする判決（大学側の逆転勝訴）
四・二　文科省、「生徒指導提要」を公表
四・二〇　全国学力調査実施。今年度から抽出方式に変更。
六・四　菅直人内閣発足
八・二七　文科省、公立義務教育諸学校教職員定数改善計画案を公表。少人数学級をめざすことを明記。
九・一六　文科省、都道府県教委などに免許更新制の受講徹底を求める通知。更新制継続へ。
九・一七　菅改造内閣発足
一一・三〇　常用漢字表改定、一九六字が新たに追加

三・一一　東日本大震災が発生、死者・行方不明者合わせて

2011（平成23）

の標準に関する法律一部改正、＊地方教育行政の組織及び運営に関する法律一部改正（小一の学級編制標準を三五人に引き下げ、市町村教委による学級編制を都道府県教委への事後届出で可能とする）

六・二四　＊スポーツ基本法公布（基本理念、国及び地方公共団体の責務等を規定）

八・三〇　平成二十三年度における子ども手当の支給等に関する特別措置法公布（年齢・出生順により月額一～一・五万円を支給）（二三・一〇・一施行）

九・二　**文部科学大臣中川正春**

約二〇〇〇〇人の大惨事

福島第一原発の事故により大量の放射線が外部に放出

四月　震災の影響により、全国学力調査が実施延期に（二〇一一年度は中止に）

六・三　大阪府、公立学校教員に国歌斉唱を義務づける全国初の条例を可決

七・四　最高裁、国歌斉唱時に起立を命じた校長の職務命令を合憲とする判決

九・二　野田佳彦内閣発足

九・一六　沖縄県八重山採択地区協議会において教科書採択を一本化できず、その後も事態は平行線に

2012（平成24）

一・一三　**文部科学大臣平野博文**

三・三一　児童手当法改正公布（四・一施行）（子ども手当に代わり児童手当に）

六・四　**文部科学大臣平野博文（留任）**

八・二二　子ども・子育て関連三法（子ども・子育て支援法、同整備法、認定こども園法一部改正）公布（幼保連携型認定こども園の改善、子ども・子育て会議の創設など）

一〇・一　**文部科学大臣田中真紀子**

一二・二六　**文部科学大臣下村博文**

一・一三　野田第一次改造内閣発足

一・一六　＊最高裁、「君が代」を斉唱せず懲戒処分を受けた東京都立学校教職員の停職・減給処分を取消（戒告処分は認める）。

三・二三　大阪府教育行政基本条例が可決成立（首長の教育行政への権限を強化。四・二五に大阪市でも同様の条例可決）

六・四　野田第二次改造内閣発足

七月　滋賀県大津市立中で起こったいじめ自殺事件で、アンケート結果を公表していなかった市教委の対応に批判が集まる

八・二八　中教審、「教職生活の全体を通じた教員の資質能力の総合的な向上方策について」「新たな未来を築くための大学教育の質的転換に向けて」答申（教員免許制度改革、学士課程教育の質的転換を提言）

一〇・一　野田第三次改造内閣発足

一〇・八　山中伸弥京都大学教授がノーベル医学・生理学賞受賞

一一・二二　文科省の緊急調査により、全国の公立学校で半年間に一四万件以上のいじめが起こっていることが判明。

一二・一六　総選挙で自民党圧勝、政権交代

一二・二六　第二次安倍晋三内閣発足

2013（平成25）

六・二六　＊子どもの貧困対策の推進に関する法律公布（政府が大綱を定めることを義務づける）

六・二八　＊いじめ防止対策推進法公布（九・二八施行）（基本理念、いじめ防止の措置、関係者の責務等を規定）

一二・四　＊公立高等学校に係る授業料の不徴収及び高等学校等就学支援金の支給に関する法律一部改正公布（二六・四・一施行）（所得制限を導入）

二・二六　政府の教育再生実行会議が第一次提言を発表（道徳の教科化、いじめ対策法制化など）

三・一五　東京大学が平成二八年度入試から推薦入試を実施することを発表

三・二八　文科省、創造学園大学などを運営する学校法人堀越学園（群馬県）に、在校生のいる法人では初めての解散命令。

四・一五　政府の教育再生実行会議が第二次提言を発表（教育長を教育行政の責任者とすべきと提言）

四・二四　全国学力調査を四

年振りに悉皆方式で実施（都道府県格差が縮小）
六・一四　＊政府、第二期教育振興基本計画を閣議決定（公教育財政出の数値目標は「参考」にとどまる）
七・二一　参議院選挙で自民党圧勝、「ねじれ国会」は解消
九・七　東京が二〇二〇年オリンピック開催都市に決定
一〇・一八　文科省、教科書無償措置法に違反しているとして沖縄県竹富町教委に対して初の是正要求

2014
（平成26）

四・二　＊私立学校法一部改正（法令違反等に対する措置命令等の規定の整備）
四・一六　＊義務教育諸学校の教科用図書の無償措置に関する法律の一部改正（採択地区の単位を市郡から市町村に変更など）
四・一八　＊少年法一部改正〔五・八施行〕（少年の刑事事件に関する処分の規定の見直しなど）
五・一四　＊著作権法一部改正〔二七・一・一施行〕（電子書籍に対応した出版権の整備など）
六・二〇　＊学校図書館法一部改正〔二七・四・一施行〕（学校司書の法制化および配置の努力義務化）
六・二〇　＊地方教育行政の組織及び運営に関する法律の一部改正公布〔二七・四・一施行〕（教育長と教育委員長の一本化、総合教育会議の設置など）
六・二五　＊児童買春、児童ポルノに係る行為等の処罰及び児童の保護等に関する法律の一部改正〔七・一五施行〕
六・二七　＊学校教育法及び国立大学法人法一部改正公布〔二七・四・一施行〕（学長の権限強化など）
九・三　文部科学大臣下村博文（留任）

一・二八　文科省、中学校・高等学校の学習指導要領解説を改訂、尖閣諸島と竹島を我が国固有の領土と明記。その後、小学校社会科では全教科書が明記。
二・一四　文科省、新たな道徳教材「私たちの道徳」を公表
三・二六　文科省、学校給食での事故防止のため、アレルギーのある子どもの保護者に医師の診断書提出などを義務づけるよう通知
五・二一　沖縄県竹富町が八重山教科書採択地区協議会から離脱することが決定、教科書採択問題は終結に
六・一三　文科省、全国六〇〇名余りの児童生徒が性同一性障害とみられるとの調査結果を発表
六・二五　ＯＥＣＤ（経済協力開発機構）「国際教員指導環境調査」（ＴＡＬＩＳ）の結果公表、日本の中学校教員の労働時間が参加国中最長と判明
七・三　政府の教育再生実行会議が第五次提言を発表（小中一貫教育、幼児教育の段階的無償化など）
八・二九　政府、「子供の貧困対策に関する大綱」を閣議決定
九・三　第二次安倍改造内閣発足
一〇・二一　中教審「道徳に係る教育課程の改善等について」答申（道徳を特別な教科とすることを提言）

五・一三　＊文部科学省設置法一部改正〔平成二七年一〇月一日施行〕（スポーツ庁の創設）
六・一七　＊公職選挙法一部改正〔平成二八年六月施行〕（選挙権年齢を「十八歳以上」に引き下げ）
六・一七　＊学校教育法一部改正〔平成二八年四月一日施行〕（九年制の小中一貫教育校「義務教育学校」の創設）
一〇・七　文部科学大臣馳浩

一・二七　文科省、「公立小中学校の適正規模・適正配置等に関する手引き」を策定し、教委等に通知（学校統廃合等の指針を五九年ぶりに改定）
三・四　政府の教育再生実行会議が第六次提言を発表（生涯学習の推進、「地方創生」の推進など）
三・二七　文科省、学習指導要領の一部改訂を告示（「特別の教科　道徳」を新設し、小学校は平成三〇年度、中学校は平成三一年度から完全実施）
三・三一　文科省、児童生徒の安全確保の指針を教委等に通知（三日連続欠席なら安全確認等）

2015
（平成27）

四・六　文科省、平成二八年度から使用の中学校用教科書の検定結果を発表（平成二六年に改訂された新検定基準の適用で、社会科の全教科書が尖閣諸島と竹島を日本の領土と明記）

四・二一　平成二七年度全国学力・学習状況調査を実施（三年ぶりに理科も調査を実施。「理科離れ」に改善は見られず）

四・三〇　文科省、「性同一性障害に係る児童生徒に対するきめ細かな対応の実施等について」を教委等に通知（性同一性障害の児童生徒の学校生活に支障が出ないよう配慮を求める）

五・一四　政府の教育再生実行会議が第七次提言を発表（教員採用試験の全国共通化など）

六・八　文科省、教員養成系と人文社会科学系学部・大学院の廃止や見直しを検討するよう国立大学に通知

七・三　文科省、「特別の教科　道徳」の学習指導要領解説を公表

九・三〇　文科省、「特別の教科　道徳」の教科書検定基準を告示

一〇・五　大村智北里大学特別栄誉教授がノーベル生理学・医学賞を受賞

一〇・六　梶田隆章東京大学教授がノーベル物理学賞を受賞

一〇・七　第三次安倍改造内閣発足

一〇・二九　文科省、選挙権年齢の引き下げを受け、高校生の政治活動について通知（全面禁止の昭和四四年通知を廃止し、学業優先などの条件つきで学校外での集会やデモ参加を容認）

一二・二一　＊中教審が「これからの学校教育を担う教員の資質向上について」「チームとしての学校の在り方と今後の改善方策について」「新しい時代の教育や地方創生実現に向けた学校と地域の連携・協働の在り方と今後の推進方策について」の三答申を提出。

四・一　＊障害者差別解消法が施行（障害者への「合理的な配慮」を国公立学校に義務付け。私学は努力義務）。

四・一　＊改正学校教育法施行（義務教育学校の創設）。

五・二五　＊発達障害者支援法改正法案が成立。〔八・一施行〕（定義の変更、個別の教育支援計画及び個別の指導に関する計画の作成の推進）

六・一九　＊改正公職選挙法施行（選挙権年齢を「一八歳以上」に）。

八・三　**文部科学大臣松野博一**

一一・一八　教育公務員特例法の一部を改正する法律が成立〔施行日は、二九・四・一〕（教員の資質の向上に関する指標の整備、十年経験者研修を中

一・二五　馳文科相が、前年一二月の中教審三答申の具体化に向けた「『次世代の学校・地域』創生プラン」を発表。

三・三一　文科省の高大接続システム改革会議が大学入試改革の最終報告を公表。

五・二〇　政府の教育再生実行会議が「全ての子供たちの能力を伸ばし可能性を開花させる教育へ（第九次提言）」を提出。

五・三〇　中教審が答申「個人の能力と可能性を開花させ、全員参加による課題解決社会を実現するための教育の多様化と質保証の在り方について」を提出（実践的専門教育を行う「専門職業大学」の創設）。

六・一　文科省、一八歳選挙権を定めた改正公職選挙法の施行

2016
（平成28）

堅教諭等資質向上研修に改める、等）

一二・七 ＊義務教育の段階における普通教育に相当する教育の機会の確保等に関する法律が成立（フリースクール等で学習する児童生徒への支援を定める）。

を前に、「教職員等の選挙運動の禁止等について」通知。

六・二 「まち・ひと・しごと早生基本方針」閣議決定（文化庁の京都への移転）。

七・二九 文科省の「次世代の学校指導体制強化のためのタスクフォース」が、基礎定数の充実など教職員定数の見直しを求めた最終報告をまとめる。

七・二九 文科省が「教育の情報化加速化プラン」公表。

八・三 第三次安倍改造内閣発足。

九・二 政府が、災害共済給付に関する政令改正を閣議決定（いじめを理由としたとされる自殺の見舞金の対象を高校生にも拡大）。

九・一四 文科省が、「不登校児童生徒への支援の在り方について」通知。

一〇・三 大隅良典東京工業大学栄誉教授がノーベル医学・生理学賞を受賞。

一一・二九 文部科学省「学校図書館ガイドライン」を策定。

一一・三〇 国際数学理科教育動向調査（ＴＩＭＳＳ２０１５）結果公表。すべての教科で平均得点が上昇。

一二・六 経済協力開発機構（ＯＥＣＤ）が国際学習到達度調査（ＰＩＳＡ２０１５）結果公表。日本の順位は、科学的リテラシー、数学的リテラシーは上昇したが、読解力は低下した。

一二・二一 中教審、次期学習指導要領改訂に向けた「幼稚園、小学校、中学校、高等学校及び特別支援学校の学習指導要領等の改善及び必要な方策等について」を答申（小学校高学年での英語の必修教科化。「カリキュラム・マネジメント」、「主体的・対話的で深い学び」の視点の導入。高校の教科・科目の大幅な再編など）。

三・一四 学校教育法施行規則の一部を改正する省令公布（中学校における部活動指導員の設置）。

三・二七 改正義務教育標準法が成立（通級指導が基礎定数化）。

三・三一 ＊改正日本学生支援機構法が成立（給付型奨学金の導入）。

四・一九 第七次地方分権一括法が成立（認定こども園の認定権限を都道府県から政令市に移譲）。

五・一二 改正福島復興再生特別措置法成立（原発事故避難者の子供に対するいじめの防止等）。

五・二四 ＊改正学校教育法が成立（高度な職業教育を行う専門職大学を新設）。

六・一六 改正青少年インターネット環境整備法成立

一・六 文科省、スポーツ庁と連名で全国の中学校・高校で、部活動の「休養日」を適切に設置するよう通知。

三・一六 いじめ防止対策協議会、いじめ防止基本方針を改定（「重大事態」に対する調査方針の新設等）。

三・三一 文科省、小学校、中学校、特別支援学校の次期学習指導要領を告示

四・一八 文科省、全国学力・学習状況調査を実施。

六・一 教育再生実行会議、第十次提言を提出。

七・一三 文科省、大学入試センター試験に代わる「大学入学共通テスト」及び「高校生のための学びの基礎診断」の実施方針を決定（二〇二〇年から実施予定）。

八・三 第三次安倍内閣の第三次改造内閣が発足。

2017（平成29）

八・三　**文部科学大臣林芳正**
九・八　政府、＊学校教育法施行令改正を閣議決定（長期休業の一部を平日に振り替え、学校休業日の分散化を図る「キッズウィーク」の導入等）。

八・二九　中教審、「学校における働き方改革に係る緊急提言」を提出。
九・二一　文部科学省、次期学習指導要領の移行措置の実施に向け、小学校高学年用の新英語教材を公表。
一〇・一一　文科省、「検定事業者による自己評価・情報公開・第三者評価ガイドライン」を公表。
一一・一七　教職課程コアカリキュラムの在り方に関する検討会「教職課程コアカリキュラム」を公表。
一一・二一　OECD（経済協力開発機構）、二〇一五年に実施した「協同問題解決能力調査」の結果を公表（日本は調査参加五二か国・地域中二位。OECD加盟三二か国中一位）。
一二・二二　中央教育審議会・学校における働き方改革特別部会、「新しい時代の教育に向けた持続可能な学校指導・運営体制の構築のための学校における働き方改革に関する総合的な方策について（中間まとめ）」を公表。
一二・二六　文科省、中教審特別部会中間まとめに基づき、「学校における働き方改革に関する緊急対策」を公表。

2018（平成30）

二・九　文部科学大臣、「学校における働き方改革に関する緊急対策の策定並びに学校における業務改善及び勤務時間管理等の取組の徹底について」通知。
五・一八　改正著作権法が成立（学校等の授業や予習・復習用に、教員が他人の著作物を用いて作成した教材を生徒の端末に送信する際の許諾を不要に）。
五・二五　改正学校教育法が成立（通常の紙の検定教科書に代えてデジタル教科書を使用可能に）。
六・一三　改正民法が成立（成人年齢を二〇歳から一八歳に引き下げ）。
六・二九　働き方改革関連法が成立（罰則付きで残業時間に上限を設ける）。
一〇・二　**文部科学大臣柴山昌彦。**

三・二　林文科相、「人口減少時代の新しい地域づくりに向けた社会教育の振興方策について」中央教育審議会に諮問。
三・八　中央教育審議会、「第三期教育振興基本計画について」を林文科相に答申。
三・一九　スポーツ庁、「運動部活動の在り方に関する総合的なガイドライン」を策定。
三・二七　文科省、二〇一九年から使用される中学校「特別の教科　道徳」教科書と高等学校の各教科書の検定結果を公表。
三・三〇　文科省、高等学校の新学習指導要領を告示。
四・一七　文科省、「二〇一八年度全国学力・学習状況調査」を実施（三年ぶりに理科を実施。英語の予備調査も実施）。
四・二〇　政府、第四次「子供の読書活動の推進に関する基本的な計画」を閣議決定。
六・一五　政府、「第三期教育振興基本計画」を閣議決定。
六・一五　政府、「経済財政運営と改革の基本方針二〇一八」を閣議決定（幼児教育及び高等教育の無償化）。
七・一七　文科省、高等学校次期学習指導要領の「解説」を公表。
七・二四　政府、「過労死等の防止のための対策に関する大綱」を閣議決定。
七・三一　文科省、四月に実施した「二〇一八年度全国学力・学習状況調査」の結果を公表。

八・七　文科省、「学校の夏季における休業日に関する児童生徒等の健康確保に向けた対応等について」依頼。
九・一八　文科省、高等学校教科書検定基準の改正を告示。
一〇・一　本庶佑京都大学特別教授がノーベル医学・生理学賞を受賞。
一〇・二　第四次安倍改造内閣が発足。
一一・二六　中教審、「2040年に向けた高等教育のグランドデザイン」答申。
一一・二六　柴山文科相、「新時代の学びを支える先端技術のフル活用に向けて」公表。
一二・二一　中教審、「人口減少時代の新しい地域づくりに向けた社会教育の振興方策について」答申。

五・一〇　大学等修学支援法（大学等における修学の支援に関する法律）が成立（低所得世帯の学生に対する経済負担の軽減）。
五・二四　＊学校教育法等の一部を改正する法律成立。
六・一九　改正＊児童虐待防止関連法成立（児童相談所の機能として「介入」と「支援」の違いを明確化、親の体罰の禁止の明記等）。
六・二一　視覚障害者等の読書環境の整備の推進に関する法律

一・二五　中教審、「新しい時代の教育に向けた持続可能な学校指導・運営体制の構築のための学校における働き方改革に関する総合的な方策について」答申。
一・二五　文科省、「公立学校の教師の勤務時間の上限に関するガイドライン」策定。
二・一　柴山文科相、「高等教育機関における教育・研究改革の一体的推進（高等教育・研究改革イニシアティブ）」公表。
四・一九　文科省、「二〇一九

2019
(平成31・令和1)

（読書バリアフリー法）成立（学校図書館において、視覚障害者等が利用しやすい書籍等の充実と、円滑な利用のための支援が行われるよう、国及び地方公共団体が必要な施策を講ずる）。
九・一一　**文部科学大臣萩生田光一**
一二・四　公立の義務教育諸学校等の教育職員の給与等に関する特別措置法の一部を改正する法律が成立（変形労働時間制の選択的導入等）。

年度全国学力・学習状況調査」を実施（中三で初めて英語を実施。国語、算数・数学はこれまでのA問題とB問題を一体化して出題）。
四・二七　柴山文科相、中教審に対し「新しい時代の初等中等教育のあり方について」諮問（小学校における教科担任制の拡大、外国人児童生徒への教育等）。
五・九　文科省、「学校・教育委員会向け虐待対応の手引き」公表。
五・一七　教育再生実行会議、「技術の進展に応じた教育の革新、新時代に対応した高等学校改革について（第十一次提言）」公表。
六・一九　ＯＥＣＤ（経済協力開発機構）、「国際教員指導環境調査（ＴＡＬＩＳ）２０１８」の結果を公表（小中学校とも、日本の教員の勤務時間が最長）。
七・三一　文科省、「二〇一九年度全国学力・学習状況調査」の結果を公表。
九・一一　第四次安倍第二次改造内閣発足。
一〇・一七　文科省、「平成三〇年度　児童生徒の問題行動・不登校等生徒指導上の諸課題に関する調査結果について」公表（いじめ認知件数が過去最多の五四万件、重大事態も＊いじめ防止対策推進法施行後最多）。

2020（令和2）

九・一六　**文部科学大臣萩生田光一（留任）**

一二・三　ＯＥＣＤ（経済協力開発機構）、ＰＩＳＡ（国際学力到達度調査）二〇一八調査結果公表（「読解力」の平均得点が前回二〇一五調査から一二点下がり、順位は過去最低の一五位に後退）。

二・二八　安倍首相、新型コロナウイルス感染症対策のため、学校の臨時休校を要請。

四・七　安倍首相、七都県に、新型インフルエンザ等対策特別措置法に基づく緊急事態宣言を発令（四・一六に対象を全国に拡大、五・二五に全面解除）。

五・一五　文科省、「新型コロナウイルス感染症の影響を踏まえた学校教育活動等の実施における「学びの保障」の方向性等について」通知。

五・二二　文科省、「学校における新型コロナウイルス感染症に関する衛生管理マニュアル～「学校の新しい生活様式」～」発出。

五・二七　文科省、「新型コロナウイルス感染症に対応した小学校、中学校、高等学校及び特別支援学校等における教育活動の再開後の児童生徒に対する生徒指導上の留意事項について」通知（児童生徒の自殺や不登校の防止、感染症に関連した差別等への注意喚起）。

六・五　文科省、「新型コロナウイルス感染症に対応した持続的な学校運営のためのガイドライン及び新型コロナウイルス感染症対策に伴う児童生徒の『学びの保障』総合対策パッケージについて」通知（臨時休業に伴う学習の遅れへの対応策）。

九・一六　菅義偉内閣発足。

九・二五　文科省、デジタル化推進本部を設置。

一二・八　国際教育到達度評価学会（ＩＥＡ）、二〇一九年に実施した国際数学・理科教育動向調査（ＴＩＭＳＳ）の結果を公表（日本は、小中ともに各教科五位以内を維持、中二の数学で過去最高を更新）。

2021（令和3）

三・三一　改正＊公立義務教育諸学校の学級編制及び教職員定数の標準に関する法律成立（小学校における三五人学級の導入）。

七・三〇　文部科学大臣、授業時数特例校制度実施要項を公表（学校の裁量で各教科の授業時数を弾力的に編成することを認める）。

九・二四　＊特別支援学校設置基準公布。

一〇・一　未払いの残業代等を求めた埼玉超勤訴訟で、さいたま地裁は原告の請求を退けるとともに、「もはや学校の実情に適合していない」として見直しの必要性を付言。

一・二六　中教審、「『令和の日本型学校教育』の構築を目指して」答申（外国語、理科、算数について小学校高学年への教科担任制の導入等）。

三・一二　萩生田文科相、「『令和の日本型学校教育』を担う教師の養成・採用・研修等の在り方について」諮問（教員免許更新制の見直し等）。

六・三　教育再生実行会議、「ポストコロナ期における新たな学びの在り方について」提言（中学校における三五人学級の導入等）。

七・二三　東京オリンピック大会開催

八・二七　東京パラリンピック

一〇・四　**文部科学大臣末松信介**

三・二五　第三次学校安全の推進に関する計画
四・一　改正＊民法施行（成人年齢を一八歳に）。
五・一一　＊教育公務員特例法改正（校長及び教員の資質向上のための施策をより合理的かつ効果的に実施するため、公立の小学校等の校長及び教員の任命権者等による研修などに関する記録の作成並びに資質の向上に関する指導及び助言に関する規定を整備）
五・一一　＊教育職員免許法改正（教員免許更新制を廃止し，普通免許状及び特別免許状の有効期限を撤廃。七・一施行）
六・一五　＊こども基本法、＊こども家庭庁設置法成立
八・一〇　**文部科学大臣永岡桂**

大会開催
一〇・四　岸田文雄内閣発足
一〇・五　真鍋淑郎プリンストン大学上席研究員がノーベル物理学賞を受賞。
一〇・一三　文科省、「令和二年度 児童生徒の問題行動・不登校等生徒指導上の諸課題に関する調査結果について」公表（いじめ認知七年ぶり減、不登校過去最多）。
一二・二二　二〇二二年度予算において、小学校での教科担任制推進のための教員増が閣僚折衝で合意。

二・一〇　文科省、同日に「新型コロナウイルス感染症対策の基本的対処方針」が変更されたことに伴い，同方針に基づく対策の徹底について依頼。
二・二五　文科省、「令和の日本型学校教育」の具体的な進め方等、教育進化のための改革方針として「教育進化のための改革ビジョン」を公表。
三・三　文科省、「GIGAスクール構想の下で整備された学校における一人一台端末等のICT環境の活用に関する方針について」通知。
五・一〇　教育未来創造会議「我が国の未来をけん引する大学等と社会の在り方について（第一次提言）」
五・二三　政府、新型コロナ対

2022（令和4）

子

策の指針「基本的対処方針」を改定（学校の体育の授業では、マスク着用の必要がないことを盛り込む）。
六・六　スポーツ庁・運動部活動の地域移行に関する検討会議、「運動部活動の地域移行に関する検討会議提言」提出（公立中学校の運動部活動の指導を、学校から地域のスポーツクラブなどに委託）。
七・二八　文科省、四月に実施された「全国学力・学習状況調査」の結果を公表（四年ぶりに実施された理科で，中学の平均正答率が前回調査から約一七パーセント低下）。
八・九　文化庁・文化部活動の地域移行に関する検討会議、「文化部活動の地域移行に関する検討会議提言」提出（二〇二三年度からの三年間を「改革集中期間」とし、休日の活動の移行を進めるよう求める提言）。
八・一〇　第二次岸田改造内閣発足
八・一九　文科省、「学校で児童生徒等や教職員の新型コロナウイルスの感染が確認された場合の対応ガイドライン」改定。
九・二六　文科省・特定分野に特異な才能のある児童生徒に対する学校における指導・支援の在り方等に関する有識者会議が審議のまとめを公表。
一〇・二七　文科省、「令和三

年度 児童生徒の問題行動・不登校等生徒指導上の諸課題に関する調査結果について」公表（いじめ、不登校過去最多）
一二・〇七 文科省、「生徒指導提要」改訂
一二・一九 中教審、「『令和の日本型学校教育』を担う教師の養成・採用・研修等の在り方について」答申

四・一 こども家庭庁発足
四・二六 私立学校法改正（理事・理事会、監事及び評議員・評議員会の権限分配を整理）
六・一六 新たな教育振興基本計画を閣議決定
七・一三 刑法改正に伴い、教育職員等による児童生徒性暴力等の防止等に関する法律の一部改正・施行（「児童生徒性暴力等」の定義等）
七・一三 教育職員等による児童生徒性暴力等の防止等に関する基本的な指針改訂
九・一三 **文部科学大臣盛山和仁**

二・一〇 文科省、卒業式において児童生徒や教職員にマスク着用を求めない旨通知
三・八 中教審、「次期教育振興基本計画について」答申
三・二八 文科省、小学校で二〇二四年度から使用される教科書の検定結果を公表（全教科の教科書にQRコードが掲載、「フェイクニュース」や「ファクトチェック」等情報モラルに関する記述の増加等）
四・一四 新型コロナウイルスに感染した児童生徒に対する出席停止措置期間を五日間に短縮
四・一八 文科省、全国学力・学習状況調査実施（中三英語を初のオンライン方式で実施）
五・八 政府、新型コロナウイルス感染症の感染症法上の位置づけを五類に移行
五・二二 永岡文科相、「『令和の日本型学校教育』を担う質の高い教師の確保のための環境整備に関する総合的な方策について」諮問（質の高い教員人材の確保のための処遇改善等）
六・二 こどもの自殺対策に関する関係省庁連絡会議「こどもの自殺対策緊急強化プラン」公表
七・四 文科省、「初等中央教育段階における生成AIの利用に関する暫定的なガイドライン」公表
七・三一 文科省、四月に行われた全国学力・学習状況調査の結果を公表（四年ぶり調査の中三英語で、四技能のうち「話す」の平均正答率は一二・四％で、六三・一％が全問不正解）
八・二八 中教審特別部会、「教師を取り巻く環境整備について緊急的に取り組むべき施策」を提言（学校、教員が担う業務の適正化の一層の推進等）
九・一三 第二次岸田第二次改造内閣発足
一二・五 OECD（経済協力開発機構）の実施したPISA2022の結果公表（読解力で大幅に順位を上げるなど、三領域とも世界トップレヴェルを維持）
一二・二二 文科省、「令和四年度公立学校教職員の人事行政状況調査について」公表（精神疾患による病気休職者が過去最多）

2023（令和5）

（植竹 丘）

三　学校生活を豊かにし，明るい社交性及び（　ウ　）を養うこと。

四　食生活が自然の恩恵の上に成り立つものであるということについての理解を深め，（　エ　）を尊重する精神並びに環境の保全に寄与する態度を養うこと。

五　食生活が食にかかわる人々の様々な活動に支えられていることについての理解を深め，勤労を重んずる態度を養うこと。

六　我が国や各地域の優れた（　オ　）食文化についての理解を深めること。

七　食料の生産，流通及び消費について，正しい理解に導くこと。

① ア　自立　イ　適切な　ウ　協同の精神　エ　生命及び自然　オ　伝統的な

② ア　保持増進　イ　適切な　ウ　協働の精神　エ　生命及び自然　オ　日本の

③ ア　保持増進　イ　健全な　ウ　協働の精神　エ　生命及び自由　オ　伝統的な

④ ア　自立　イ　適切な　ウ　協同の精神　エ　生命及び自由　オ　日本の

⑤ ア　保持増進　イ　健全な　ウ　協同の精神　エ　生命及び自然　オ　伝統的な

（2024年度京都市）

【解答】

【1】 ④
【2】 ④
【3】 ③
【4】 ①
【5】 4
【6】 3
【7】 6
【8】 a ①　b ③　c ①　d ①　e ④　f ③
【9】 ④ ⑥
【10】 (1) ⑤　(2) ③
【11】 3
【12】 ④
【13】 5
【14】 2
【15】 2
【16】 3
【17】 （語句，法令名）
(1) 地方公共団体，学校教育法
(2) 一部の奉仕者，日本国憲法
(3) 10年，教育職員免許法
(4) 秘密，地方公務員法
(5) 生涯，教育基本法
【18】 (1) ①　(2) ⑤　(3) ②　(4) ⑤　(5) ⑤　(6) ③
【19】 5
【20】 ① オ　② シ　③ ケ　④ カ　⑤ ウ
【21】 問1 ア　問2 イ
【22】 a ①　b ③　c ②　d ②　e ④　f ①
【23】 4
【24】 ④
【25】 3
【26】 ①
【27】 3
【28】 ⑤
【29】 (1) ②　(2) ①
【30】 ③
【31】 ア F　イ E　ウ J　エ G　オ C
【32】 ア G　イ A　ウ D　エ C　オ J
【33】 ④
【34】 ①
【35】 ⑥
【36】 ③
【37】 ①
【38】 ③
【39】 1
【40】 ⑤

当該学校に在籍する児童，生徒等に対し，各人がかけがえのない個人として共に尊重し合いながら生きていくことについての意識の涵養等に資する教育又は啓発，困難な事態，強い心理的負担を受けた場合等における（　a　）を身に付ける等のための教育又は啓発その他当該学校に在籍する児童，生徒等の心の健康の保持に係る教育又は啓発を行うよう努めるものとする。

①　学習の方法　　②　克服の仕方
③　対処の仕方　　④　命を守る方法

（2024年度広島県・広島市）

【37】次の文は，学校保健安全法及び同法施行令に関するものである。誤っているものを①～⑤から一つ選べ。

①　出席停止の期間は，感染症の種類等に応じて，学校設置者の定める基準による。

②　学校の設置者は，感染症の予防上必要があるときは，臨時に，学校の全部又は一部の休業を行うことができる。

③　学校においては，毎学年定期に，児童生徒等（通信による教育を受ける学生を除く。）の健康診断を行わなければならない。

④　学校には，健康診断，健康相談，保健指導，救急処置その他の保健に関する措置を行うため，保健室を設けるものとする。

⑤　校長は，感染症にかかつており，かかつている疑いがあり，又はかかるおそれのある児童生徒等があるときは，政令で定めるところにより，出席を停止させることができる。

（2024年度島根県）

【38】次の文は，服務に関するものである。地方公務員法に照らして正しいものを①～⑤から一つ選べ。

①　職員は，その職務を遂行するに当って，法令，条例，地方公共団体の規則及び地方公共団体の機関の定める規程に従い，且つ，任命権者の身分上の命令に忠実に従わなければならない。

②　職員は，職務上知り得た秘密を漏らしてはならない。ただし，その職を退いた後は，この限りではない。

③　職員は，法律又は条例に特別の定がある場合を除く外，その勤務時間及び職務上の注意力のすべてをその職責遂行のために用い，当該地方公共団体がなすべき責を有する職務にのみ従事しなければならない。

④　職員は，その職全体の信頼を毀損し，又は職員の不利益となるような行為をしてはならない。

⑤　職員は，法律の定めるところにより，服務の宣誓をしなければならない。

（2024年度島根県）

【39】次の各文は，「人権教育及び人権啓発の推進に関する法律」の条文であるが，下線部については誤りの含まれているものがある。下線部A～Dの語句のうち，正しいものを○，誤っているものを×とした場合，正しい組合せはどれか。1～5から一つ選べ。

第1条　この法律は，人権の尊重の緊要性に関する認識の高まり，$_A$社会的身分，門地，人種，信条又は性別による不当な差別の発生等の人権侵害の現状その他人権の擁護に関する内外の情勢にかんがみ，人権教育及び人権啓発に関する施策の推進について，$_B$学校，地域，家庭及び関係諸機関の役割を明らかにするとともに，必要な措置を定め，もって人権の擁護に資することを目的とする。

第2条　この法律において，人権教育とは，人権尊重の精神の涵養を目的とする教育活動をいい，人権啓発とは，$_C$国民の間に人権尊重の理念を普及させ，及びそれに対する国民の理解を深めることを目的とする広報その他の啓発活動（人権教育を除く。）をいう。

第3条　国及び地方公共団体が行う人権教育及び人権啓発は，学校，地域，家庭，職域その他の様々な場を通じて，国民が，$_D$その社会の中での立場や職業に応じ，人権尊重の理念に対する理解を深め，これを体得することができるよう，多様な機会の提供，効果的な手法の採用，国民の自主性の尊重及び実施機関の中立性の確保を旨として行われなければならない。

	A	B	C	D
1	○	×	○	×
2	○	×	×	○
3	×	○	○	×
4	×	×	○	○
5	×	○	×	○

（2024年度大阪府・大阪市・堺市・豊能地区）

【40】次の文は，「学校給食法　第1章　総則　第2条　学校給食の目標」（昭和29年法律第160号）より抜粋した内容である。（　ア　）～（　オ　）に当てはまる語句の組合せとして正しいものはどれか，①～⑤から一つ選んで番号で答えなさい。

【学校給食の目標】

第2条　学校給食を実施するに当たつては，義務教育諸学校における教育の目的を実現するために，次に掲げる目標が達成されるよう努めなければならない。

一　適切な栄養の摂取による健康の（　ア　）を図ること。

二　日常生活における食事について正しい理解を深め，（　イ　）食生活を営むことができる判断力を培い，及び望ましい食習慣を養うこと。

児童生徒性暴力等をした教育職員等に対する(エ)等について，適正かつ厳格な実施の徹底を図るための措置がとられることを旨として行われなければならない。

5 教育職員等による児童生徒性暴力等の防止等に関する施策は，国，地方公共団体，学校，医療関係者その他の関係者の(オ)の下に行われなければならない。

A 根絶 B 安全 C 懲戒処分
D 迅速 E 分限処分 F 合意
G 重大 H 予防 I 明白
J 連携

(2024年度愛媛県)

【33】次の文は「発達障害者支援法(平成16年法律第167号)」の一部を示そうとしたものである。文中のX，Y，Zの( )内にあてはまる語句の組合せとして正しいものは，以下の①～⑥のうちのどれか。一つ選んで，その番号を書け。

(定義)

第2条 この法律において「発達障害」とは，自閉症，アスペルガー症候群その他の広汎性発達障害，学習障害，注意欠陥多動性障害その他これに類する脳機能の障害であってその症状が通常低年齢において発現するものとして政令で定めるものをいう。

2 この法律において「発達障害者」とは，発達障害がある者であって発達障害及び(X)により日常生活又は社会生活に制限を受けるものをいい，「発達障害児」とは，発達障害者のうち(Y)未満のものをいう。

(基本理念)

第2条の2 発達障害者の支援は，全ての発達障害者が(Z)の機会が確保されること及びどこで誰と生活するかについての選択の機会が確保され，地域社会において他の人々と共生することを妨げられないことを旨として，行われなければならない。

2 発達障害者の支援は，(X)の除去に資することを旨として，行われなければならない。

① X－合理的配慮 Y－20歳 Z－社会参加
② X－合理的配慮 Y－18歳 Z－意思決定
③ X－合理的配慮 Y－20歳 Z－意思決定
④ X－社会的障壁 Y－18歳 Z－社会参加
⑤ X－社会的障壁 Y－20歳 Z－社会参加
⑥ X－社会的障壁 Y－18歳 Z－意思決定

(2024年度香川県)

【34】「子どもの権利条約(児童の権利に関する条約)」は，世界中全ての子どもの基本的人権を保障するために定められた条約である。この条約の基本的な考え方は，4つの原則で表されている。「差別の禁止(差別のないこと)」，「子どもの最善の利益(子どもにとって最もよいこと)」，「生命，生存及び発達に対する権利(命を守られ成長できること)」とあと一つは何か。次の①～④から一つ選んで，その番号を書け。

① 子どもの意見の尊重(意見を表明し参加できること)
② 勤労の権利(勤労の権利を有すること)
③ 虐待の禁止(虐待を受けず，虐待があれば保護されること)
④ 戦争に巻き込まれず平和に生きる権利(平和に生活できること)

(2024年度香川県)

【35】次の条文は，個人情報の保護に関する法律第1条です。空欄(a)～(c)にあてはまる言葉は何ですか。以下の①～⑥の中から，正しい組合せを1つ選び，その記号を答えなさい。

この法律は，(a)社会の進展に伴い個人情報の利用が著しく拡大していることに鑑み，個人情報の適正な取扱いに関し，基本理念及び政府による基本方針の作成その他の個人情報の保護に関する施策の基本となる事項を定め，(b)の責務等を明らかにし，個人情報を取り扱う事業者及び行政機関等につてこれらの特性に応じて遵守すべき義務等を定めるとともに，個人情報保護委員会を設置することにより，行政機関等の事務及び事業の適正かつ円滑な運営を図り，並びに個人情報の適正かつ効果的な活用が新たな産業の創出並びに活力ある経済社会及び豊かな国民生活の実現に資するものであることその他の個人情報の有用性に配慮しつつ，個人の(c)を保護することを目的とする。

① a：デジタル b：個人及び法人 c：安全な生活
② a：高齢 b：個人及び法人 c：安全な生活
③ a：高齢 b：国及び地方公共団体 c：安全な生活
④ a：デジタル b：個人及び法人 c：権利利益
⑤ a：高齢 b：国及び地方公共団体 c：権利利益
⑥ a：デジタル b：国及び地方公共団体 c：権利利益

(2024年度広島県・広島市一部改題)

【36】次の条文は，自殺対策基本法第17条第3項です。空欄(a)にあてはまる言葉は何ですか。以下の①～④の中から，正しいものを1つ選び，その記号を答えなさい。

学校は，当該学校に在籍する児童，生徒等の保護者，地域住民その他の関係者との連携を図りつつ，って，あらゆる(　ア　)に，あらゆる(　イ　)において学習することができ，その成果を適切に生かすことのできる社会の実現が図られなければならない。

① ア　機会　　イ　場所
② ア　年齢　　イ　方法
③ ア　機会　　イ　方法
④ ア　年齢　　イ　場所

(2024年度神戸市)

【30】次の文は「こども基本法」(令和４年法律第77号)の条文の一部を抜粋したものである。文中の下線部ア～オについて，正しいものを○，誤っているものを×としたとき，正しい組合せを選びなさい。

第３条　こども施策は，次に掲げる事項を基本理念として行われなければならない。

一　全てのこどもについて，個人として尊重され，そのア基本的人権が保障されるとともに，差別的取扱いを受けることがないようにすること。

二　全てのこどもについて，適切に養育されること，その生活を保障されること，愛され保護されること，その健やかな成長及び発達並びにその自立が図られることその他の福祉に係る権利が等しく保障されるとともに，イ学校教育法の精神にのっとり教育を受ける機会が等しく与えられること。

三　全てのこどもについて，その年齢及び発達の程度に応じて，自己に直接関係する全ての事項に関して意見を表明する機会及び多様なウ社会的活動に参画する機会が確保されること。

四　全てのこどもについて，その年齢及び発達の程度に応じて，その意見が尊重され，そのエ個人の尊厳が優先して考慮されること。

五　こどもの養育については，家庭を基本として行われ，父母その他の保護者が第一義的責任を有するとの認識の下，これらの者に対してこどもの養育に関し十分な支援を行うとともに，家庭での養育が困難なこどもにはできる限り家庭と同様のオ養育環境を確保することにより，こどもが心身ともに健やかに育成されるようにすること。

	ア	イ	ウ	エ	オ
①	○	○	×	○	×
②	×	×	○	○	×
③	○	×	○	×	○
④	×	○	×	×	○
⑤	○	×	×	○	○

(2024年度福岡県・福岡市・北九州市)

【31】次の文は，こども基本法(令和４年法律第77号)の一部である。文中の(　ア　)～(　オ　)に当てはまる言葉を以下のＡ～Ｊから一つずつ選び，その記号を書け。

第３条　こども施策は，次に掲げる事項を基本理念として行われなければならない。

一　全てのこどもについて，(　ア　)として尊重され，その基本的人権が保障されるとともに，(　イ　)を受けることがないようにすること。

二　全てのこどもについて，適切に養育されること，その生活を保障されること，愛され保護されること，その健やかな成長及び発達並びにその自立が図られることその他の福祉に係る(　ウ　)が等しく保障されるとともに，教育基本法(平成18年法律第120号)の精神にのっとり教育を受ける機会が等しく与えられること。

三　全てのこどもについて，その年齢及び発達の程度に応じて，自己に直接関係する全ての事項に関して意見を(　エ　)する機会及び多様な社会的活動に参画する機会が確保されること。

四　全てのこどもについて，その年齢及び発達の程度に応じて，その意見が尊重され，その(　オ　)の利益が優先して考慮されること。

Ａ　聴取　Ｂ　将来　Ｃ　最善
Ｄ　国民　Ｅ　差別的取扱い　Ｆ　個人
Ｇ　表明　Ｈ　サービス　Ｉ　理不尽な要求
Ｊ　権利

(2024年度愛媛県)

【32】次の文は，教育職員等による児童生徒性暴力等の防止等に関する法律(令和３年法律第57号)の一部である。文中の(　ア　)～(　オ　)に当てはまる言葉を以下のＡ～Ｊから一つずつ選び，その記号を書け。

第４条　教育職員等による児童生徒性暴力等の防止等に関する施策は，教育職員等による児童生徒性暴力等が全ての児童生徒等の心身の健全な発達に関係する(　ア　)な問題であるという基本的認識の下に行われなければならない。

２　教育職員等による児童生徒性暴力等の防止等に関する施策は，児童生徒等が安心して学習その他の活動に取り組むことができるよう，学校の内外を問わず教育職員等による児童生徒性暴力等を(　イ　)することを旨として行われなければならない。

３　教育職員等による児童生徒性暴力等の防止等に関する施策は，被害を受けた児童生徒等を適切かつ(　ウ　)に保護することを旨として行われなければならない。

４　教育職員等による児童生徒性暴力等の防止等に関する施策は，教育職員等による児童生徒性暴力等が懲戒免職の事由(解雇の事由として懲戒免職の事由に相当するものを含む。)となり得る行為であるのみならず，児童生徒等及びその保護者からの教育職員等に対する信頼を著しく低下させ，学校教育の信用を傷つけるものであることに鑑み，共団体の区域外であれば，特定の政党その他の政治的団体を支持し，又はこれに反対する目的をもって，署名運動を企画し，又は主宰する等これに積極的に関与することができる。

5 常勤の教育公務員は，本務の遂行に支障があると任命権者において認める場合でも，給与を受けなければ，教育に関する他の職を兼ね，又は教育に関する他の事業若しくは事務に従事することができる。

(2023年度東京都)

【26】次の記述は，「障害を理由とする差別の解消の推進に関する法律」(令和3年6月改正)の条文の一部である。空欄[　ア　]～[　エ　]に当てはまるものの組合せとして最も適切なものを，以下の①～⑤のうちから選びなさい。

第1条　この法律は，障害者基本法(昭和45年法律第84号)の基本的な理念にのっとり，全ての障害者が，障害者でない者と等しく，[　ア　]を享有する個人としてその[　イ　]が重んぜられ，その[　イ　]にふさわしい生活を保障される権利を有することを踏まえ，障害を理由とする差別の解消の推進に関する基本的な事項，行政機関等及び事業者における障害を理由とする差別を解消するための措置等を定めることにより，障害を理由とする差別の解消を推進し，もって全ての国民が，障害の有無によって分け隔てられることなく，相互に[　ウ　]を尊重し合いながら[　エ　]する社会の実現に資することを目的とする。

① ア　基本的人権　イ　尊厳
　ウ　人格と個性　エ　共生
② ア　自由と権利　イ　能力
　ウ　生命と自由　エ　活躍
③ ア　自由と権利　イ　尊厳
　ウ　生命と自由　エ　共生
④ ア　基本的人権　イ　能力
　ウ　人格と個性　エ　活躍
⑤ ア　基本的人権　イ　能力
　ウ　生命と自由　エ　共生

(2023年度神奈川県)

【27】下の文は、「教育職員等による児童生徒性暴力等の防止等に関する法律」(令和３年法律第57号)の条文の一部である。文中の（　a　）～（　d　）に当てはまる語句の正しい組合せはどれか。下の１～６から１つ選べ。

第一条　この法律は、教育職員等による児童生徒性暴力等が児童生徒等の権利を著しく侵害し、児童生徒等に対し（　a　）にわたって回復し難い（　b　）その他の心身に対する重大な影響を与えるものであることに鑑み、児童生徒等の（　c　）を保持するため、児童生徒性暴力等の禁止について定めるとともに、教育職員等による児童生徒性暴力等の防止等に関し、基本理念を定め、国等の責務を明らかにし、基本指針の策定、教育職員等による児童生徒性暴力等の防止に関する措置並びに教育職員等による児童生徒性暴力等の早期発見及び児童生徒性暴力等への対処に関する措置等について定め、あわせて、特定免許状失効者等に対する教育職員免許法（昭和二十四年法律第百四十七号）の特例等について定めることにより、教育職員等による児童生徒性暴力等の防止等に関する施策を推進し、もって児童生徒等の権利（　d　）の擁護に資することを目的とする。

1　a－長期　b－心身の疾患　c－尊厳
　d－利益
2　a－長期　b－心身の疾患　c－学校生活
　d－生命
3　a－生涯　b－心理的外傷　c－尊厳
　d－利益
4　a－長期　b－心理的外傷　c－学校生活
　d－利益
5　a－生涯　b－心理的外傷　c－学校生活
　d－利益
6　a－生涯　b－心身の疾患　c－尊厳
　d－生命

(2023年度奈良県)

【28】次の文章は，地方教育行政の組織及び運営に関する法律の一部である。文中の[　　]にあてはまる語を，以下の①から⑤までの中から一つずつ選び，記号で答えよ。

第43条　市町村委員会は，県費負担教職員の[　　]を監督する。

①　勤務　②　職務
③　職責の遂行　④　業務
⑤　服務

(2023年度沖縄県一部改題)

【29】以下に答えなさい。

(1)　次の文は，日本国憲法第26条の一部である。(　ア　)(　イ　)にあてはまる語句の適切な組合せを①～④から選び，番号で答えよ。

第26条２　すべて国民は，法律の定めるところにより，その保護する子女に(　ア　)教育を受けさせる義務を負ふ。(　イ　)教育は，これを無償とする。

①　ア　普通　イ　初等　②　ア　普通　イ　義務
③　ア　学校　イ　初等　④　ア　学校　イ　義務

(2)　次の文は，教育基本法第３条である。(　ア　)(　イ　)にあてはまる語句の適切な組合せを①～④から選び，番号で答えよ。

第３条　国民一人一人が，自己の人格を磨き，豊かな人生を送ることができるよう，その生涯にわたはまる語句を以下の①～④から1つずつ選びなさい。
(基本理念)

第3条　学校教育の情報化の推進は，情報通信技術の特性を生かして，個々の児童生徒の能力，特性等に応じた教育，双方向性のある教育(児童生徒の主体的な学習を促す教育をいう。)等が学校の教員による(　a　)を通じて行われることにより，各教科等の指導等において，(　b　)を主体的に選択し，及びこれを活用する能力の体系的な育成その他の知識及び技能の習得等(心身の発達に応じて，基礎的な知識及び技能を習得させるとともに，これらを活用して課題を解決するために必要な思考力，判断力，表現力その他の能力を育み，主体的に学習に取り組む態度を養うことをいう。)が効果的に図られるよう行われなければならない。

2　学校教育の情報化の推進は，デジタル教科書その他のデジタル教材を活用した学習その他の情報通信技術を活用した学習とデジタル教材以外の教材を活用した学習，(　c　)等とを適切に組み合わせること等により，多様な方法による学習が推進されるよう行われなければならない。

3　学校教育の情報化の推進は，全ての児童生徒が，その(　d　)，(　e　)，(　f　)等にかかわらず，等しく，学校教育の情報化の恵沢を享受し，もって教育の機会均等が図られるよう行われなければならない。

a　①　適切な指導　　②　教育活動全体
　③　総合的な指導　　④　十分な研修
b　①　資料及び映像　　②　視聴覚教材や情報機器
　③　情報及び情報手段
　④　コンピュータやインターネット
c　①　通常行っている学習　②　体験学習
　③　問題解決的な学習
　④　教科等横断的な学習
d　①　校種　　②　家庭の経済的な状況
　③　セキュリティの状況　④　学校の教育目標
e　①　能力の差　　②　端末の種類
　③　年齢　　④　居住する地域
f　①　障害の有無　　②　性別
　③　通信環境　　④　興味関心の有無

(2023年度青森県)

【23】次の文は，教育公務員特例法第23条で定める「初任者研修」の条文の一部である。文中の(　a　)～(　c　)にあてはまる語句の組合せとして正しいものを，以下の1～4のうちから1つ選びなさい。

公立の小学校等の教諭等の(　a　)は，当該教諭等に対して，その採用の日から(　b　)の教諭又は保育教諭の職務の遂行に必要な事項に関する(　c　)な研修を実施しなければならない。

1　a　所属長　　b　6か月間　c　基本的
2　a　任命権者　b　6か月間　c　実践的
3　a　所属長　　b　1年間　c　基本的
4　a　任命権者　b　1年間　c　実践的

(2023年度宮城県)

【24】「子どもの貧困対策の推進に関する法律」(令和元年改正)の「第2条」の「基本理念」に関する内容として，適当でないものを選びなさい。

①　子どもの貧困対策は，子どもの貧困の背景に様々な社会的な要因があることを踏まえ，推進されなければならない。

②　子どもの貧困対策は，社会のあらゆる分野において，子どもの年齢及び発達の程度に応じて，その意見が尊重され，その最善の利益が優先して考慮され，子どもが心身ともに健やかに育成されることを旨として，推進されなければならない。

③　子どもの貧困対策は，子ども等に対する教育の支援，生活の安定に資するための支援，職業生活の安定と向上に資するための就労の支援，経済的支援等の施策を，子どもの現在及び将来がその生まれ育った環境によって左右されることのない社会を実現することを旨として，子ども等の生活及び取り巻く環境の状況に応じて包括的かつ早期に講ずることにより，推進されなければならない。

④　子どもの貧困対策は，子どもが人生を切り拓いていく力をつけることを目標に，子どもへの教育に特化して推進されなければならない。

⑤　子どもの貧困対策は，国及び地方公共団体の関係機関相互の密接な連携の下に，関連分野における総合的な取組として行われなければならない。

(2023年度千葉県)

【25】公立学校の教育公務員の服務に関する記述として，法令等に照らして適切なものは，次の1～5のうちのどれか。

1　教育公務員は，その職務を遂行するに当って，法令，条例，地方公共団体の規則及び地方公共団体の機関の定める規程に従い，重大かつ明白な瑕疵を有するときでも上司の職務上の命令に忠実に従わなければならない。

2　教育公務員は，その職の信用を傷つけ，又は職員の職全体の不名誉となるような行為をしてはならないが，勤務時間外における職場外の行為については懲戒処分の対象とならない。

3　教育公務員は，法令による証人，鑑定人等となり，職務上の秘密に属する事項を発表する場合においては，任命権者の許可を受けなければならない。退職者については，その退職した職又はこれに相当する職に係る任命権者の許可を受けなければならない。

4　教育公務員は，当該教育公務員の属する地方公

(2022年度熊本県)

【19】児童の権利に関する条約の第29条第１項で「締約国は，児童の教育が次のことを指向すべきことに同意する」として掲げている５つの事項にあてはまらないものを，次の１～５のうちから一つ選べ。

1　児童の人格，才能並びに精神的及び身体的な能力をその可能な最大限度まで発達させること。

2　人権及び基本的自由並びに国際連合憲章にうたう原則の尊重を育成すること。

3　児童の父母，児童の文化的同一性，言語及び価値観，児童の居住国及び出身国の国民的価値観並びに自己の文明と異なる文明に対する尊重を育成すること。

4　すべての人民の間の，種族的，国民的及び宗教的集団の間の並びに原住民である者の理解，平和，寛容，両性の平等及び友好の精神に従い，自由な社会における責任ある生活のために児童に準備させること。

5　職業についての基礎的な知識と技能，勤労を重んずる態度及び個性に応じて将来の進路を選択する能力を養うこと。

(2022年度大分県)

【20】次の条文は，「学校教育法」の一部抜粋である。①～⑤に入る語句として正しいものを，以下のア～シからそれぞれ一つずつ選び，記号で答えよ。

第72条　特別支援学校は，視覚障害者，(　①　)，知的障害者，肢体不自由者又は病弱者(身体虚弱者を含む。以下同じ。)に対して，幼稚園，小学校，中学校又は高等学校に準ずる教育を施すとともに，障害による学習上又は生活上の困難を克服し(　②　)を図るために必要な知識技能を授けることを目的とする。

第74条　特別支援学校においては，第72条に規定する目的を実現するための教育を行うほか，幼稚園，小学校，中学校，義務教育学校，高等学校又は中等教育学校の要請に応じて，第81条第１項に規定する幼児，児童又は生徒の教育に関し必要な(　③　)を行うよう努めるものとする。

第81条第２項　小学校，中学校，義務教育学校，高等学校及び中等教育学校には，次の各号のいずれかに該当する児童及び生徒のために，(　④　)を置くことができる。

一　知的障害者

二　肢体不自由者

三　身体虚弱者

四　弱視者

五　(　⑤　)

六　その他障害のある者で，(　④　)において教育を行うことが適当なもの

ア　社会参加　　イ　学習障害者　　ウ　難聴者

エ　通級指導教室　　オ　聴覚障害者

カ　特別支援学級　　キ　言語障害者

ク　注意欠陥多動性障害者　　ケ　助言又は援助

コ　指導及び支援　　サ　合理的配慮　　シ　自立

(2022年度鹿児島県)

【21】次の文は，「学校保健安全法」(昭和33年法律第56号)の一部である。これを読んで問1，問2に答えなさい。

第5条　学校においては，児童生徒等及び職員の心身の健康の保持増進を図るため，児童生徒等及び職員の[　1　]，環境衛生検査，児童生徒等に対する指導その他保健に関する事項について計画を策定し，これを実施しなければならない。

第20条　[　2　]は，感染症の予防上必要があるときは，臨時に，学校の全部又は一部の休業を行うことができる。

問1　空欄1，空欄2に当てはまる適切な語句の組合せを選びなさい。

ア　1－健康診断　　2－学校の設置者

イ　1－健康診断　　2－校長

ウ　1－健康診断　　2－教頭

エ　1－健康教育　　2－学校の設置者

オ　1－健康教育　　2－校長

問2　下線部に関する措置として，学校保健安全法(昭和33年法律第56号)，学校保健安全法施行令(昭和33年政令第174号)，学校保健安全法施行規則(昭和33年文部省令第18号)に示されている内容として，適切なものの組合せを選びなさい。

①　学校医は，感染症の予防に関し，必要な指導及び助言を行い，並びに学校における感染症及び食中毒の予防処置に従事すること。

②　養護教諭は，感染症にかかっており，かかっている疑いがあり，又はかかるおそれのある児童生徒等があるときは，出席を停止させることができる。

③　風疹にあっては，発しんが消失するまでの期間を出席停止の期間の基準とする。ただし，病状により，医師において感染のおそれがないと認めたときはその限りでない。

④　校長は，感染症による出席停止があった場合，出席を停止させた理由と期間，及び児童生徒等の氏名を学校医に報告しなければならない。

⑤　校長は，学校内に，感染症の病毒に汚染し，又は汚染した疑いがある物件があるときは，消毒その他適当な処置をするものとする。

ア　①②③　　イ　①③⑤　　ウ　①④⑤

エ　②③④　　オ　②④⑤

(2023年度北海道)

【22】次の文は，学校教育の情報化の推進に関する法律(令和元年6月施行)の一部である。a～fにあて

第２条　この法律において，人権教育とは，人権尊重の精神の（　Ｃ　）を目的とする教育活動をいい，人権啓発とは，国民の間に人権尊重の理念を普及させ，及びそれに対する国民の理解を深めることを目的とする広報その他の啓発活動（人権教育を除く。）をいう。

第３条　国及び地方公共団体が行う人権教育及び人権啓発は，学校，地域，家庭，職域その他の様々な場を通じて，国民が，その（　Ｄ　）に応じ，人権尊重の理念に対する理解を深め，これを体得することができるよう，多様な機会の提供，効果的な手法の採用，国民の自主性の尊重及び実施機関の中立性の確保を旨として行われなければならない。

第６条　国民は，人権尊重の精神の（　Ｃ　）に努めるとともに，人権が尊重される（　Ｅ　）に寄与するよう努めなければならない。

	A	B	C	D	E
1．	年齢	責務	形成	生活環境	社会の実現
2．	性別	責務	涵養	発達段階	社会の実現
3．	年齢	役割	涵養	生活環境	社会の実現
4．	性別	役割	形成	生活環境	持続可能な取組
5．	年齢	責務	形成	発達段階	持続可能な取組

（2022年度岡山市）

【16】学校教育法（昭和22年法律第26号）では，学齢児童は満６歳に達した日の翌日以後における最初の学年の初めから，満12歳に達した日の属する学年の終わりまでの者とされているが，「児童」の定義は法律によって異なる。では，児童福祉法（昭和22年法律第164号）における「児童」の定義として，正しいものはどれか。１～４から１つ選びなさい。

1．満14歳に満たない者
2．満16歳に満たない者
3．満18歳に満たない者
4．満20歳に満たない者

（2022年度徳島県）

【17】次の⑴～⑸は，ある法令の条文を記したものである。各条文の（　　）に入る語句を書きなさい。また，各条文が記載されている法令名を略さずに書きなさい。

⑴　学校は，国，（　　）及び私立学校法第3条に規定する学校法人のみが，これを設置することができる。

⑵　すべて公務員は，全体の奉仕者であつて（　　）ではない。

⑶　普通免許状は，その授与の日の翌日から起算して（　　）を経過する日の属する年度の末日まで，すべての都道府県において効力を有する。

⑷　職員は，職務上知り得た（　　）を漏らしてはならない。その職を退いた後も，また，同様とする。

⑸　国民一人一人が，自己の人格を磨き，豊かな人生を送ることができるよう，その（　　）にわたって，あらゆる機会に，あらゆる場所において学習することができ，その成果を適切に生かすことのできる社会の実現が図られなければならない。

（2022年度佐賀県）

【18】次の⑴～⑹は，法令の条文の一部である。各文中の空欄［　　］に当てはまる語句を，以下の①～⑤からそれぞれ１つずつ選び，番号で答えなさい。

⑴　教育委員会は，教育委員会規則で定めるところにより，その所管に属する学校ごとに，当該学校の運営及び当該運営への必要な支援に関して協議する機関として，［　　］を置くように努めなければならない。　［関係法令：地方教育行政の組織及び運営に関する法律第47条の５］

①　学校運営協議会　②　運営委員会
③　衛生委員会　④　学校評議員会
⑤　企画委員会

⑵　本条の規定は，職員の政治的［　　］を保障することにより，地方公共団体の行政及び特定地方独立行政法人の業務の公正な運営を確保するとともに職員の利益を保護することを目的とするものであるという趣旨において解釈され，及び運用されなければならない。　［関係法令：地方公務員法第36条］

①　独自性　②　独立性　③　公正性
④　公平性　⑤　中立性

⑶　学校には，校長及び相当数の［　　］を置かなければならない。　［関係法令：学校教育法第7条］

①　教諭　②　教員　③　職員　④　教職員
⑤　教育職員

⑷　高等学校は，［　　］が別に定めるところにより，授業を，多様なメディアを高度に利用して，当該授業を行う教室等以外の場所で履修させることができる。　［関係法令：学校教育法施行規則第88条の3］

①　教育委員会　②　教育庁　③　教育長
④　知事　⑤　文部科学大臣

⑸　公立の小学校等の校長及び教員の給与は，これらの者の職務と責任の［　　］に基づき条例で定めるものとする。　［関係法令：教育公務員特例法第13条］

①　水準　②　重要性　③　範囲
④　特異性　⑤　特殊性

⑹　学校においては，児童生徒等の心身の健康に関し，［　　］を行うものとする。　［関係法令：学校保健安全法第8条］

①　健康観察　②　健康診断　③　健康相談
④　健康調査　⑤　保健指導

義務教育学校，中等教育学校の前期課程又は特別支援学校の小学部及び中学部における義務教育については，これを徴収することができない。

エ　公立の小学校等の教諭等の任命権者は，当該教諭等に対して，その採用の日から一年間の教諭又は保育教諭の職務の遂行に必要な事項に関する実践的な研修を実施しなければならない。

オ　学校には，学校図書館の専門的職務を掌らせるため，司書教諭を置かなければならない。

①　ア　イ　　②　ア　オ　　③　イ　ウ
④　ウ　エ　　⑤　エ　オ

(2022年度群馬県)

【11】次の文は，地方公務員法の条文の一部である。[　①　]～[　③　]に当てはまる語句の組合せとして適切なものは，以下の１～５のうちどれか。

第31条　職員は，[　①　]の定めるところにより，服務の宣誓をしなければならない。

第33条　職員は，その職の[　②　]を傷つけ，又は職員の職全体の不名誉となるような行為をしてはならない。

第39条　職員には，その[　③　]の発揮及び増進のために，研修を受ける機会が与えられなければならない。

1　①　条例　　②　尊厳　　③　能力
2　①　地方公共団体の規則　　②　信用　　③　勤務能率
3　①　条例　　②　信用　　③　勤務能率
4　①　地方公共団体の規則　　②　尊厳　　③　能力
5　①　条例　　②　信用　　③　能力

(2022年度新潟県)

【12】次の文は「性同一性障害者の性別の取扱いの特例に関する法律」の第２条である。(　ア　)～(　エ　)にあてはまる語句の適切な組合せを①～④から選び，番号で答えよ。

この法律において「性同一性障害者」とは，(　ア　)には性別が明らかであるにもかかわらず，(　イ　)にはそれとは別の性別(以下「他の性別」という。)であるとの持続的な確信を持ち，かつ，自己を(　ウ　)及び(　エ　)に他の性別に適合させようとする意思を有する者であって，そのことについてその診断を的確に行うために必要な知識及び経験を有する二人以上の医師の一般に認められている医学的知見に基づき行う診断が一致しているものをいう。

	ア	イ	ウ	エ
①	生物学的	身体的	心理的	社会的
②	身体的	生物学的	心理的	行動的
③	身体的	心理的	生物学的	行動的
④	生物学的	心理的	身体的	社会的

(2022年度神戸市)

【13】学校教育法第37条は，小学校に置かなければならない教職員を定めている。置かなければならない教職員の正しい組み合わせを，次の１～５の中から１つ選べ。なお，この条文は中学校，義務教育学校，特別支援学校にも準用されており，中等教育学校でも第69条で同様に定めている。

1．校長　副校長　教諭　栄養教諭　事務職員
2．校長　副校長　教諭　事務職員　労務職員
3．校長　教頭　教諭　養護教諭　栄養教諭
4．校長　教頭　教諭　事務職員　労務職員
5．校長　教頭　教諭　養護教諭　事務職員

(2022年度和歌山県)

【14】次の文章は，障害を理由とする差別の解消の推進に関する法律(平成25年法律第65号)の一部である。(　A　)～(　E　)に当てはまる語句の組合せとして正しいものはどれか。

第７条　(　A　)等は，その事務又は事業を行うに当たり，障害を理由として障害者でない者と不当な差別的取扱いをすることにより，障害者の(　B　)を侵害してはならない。

２　(　A　)等は，その事務又は事業を行うに当たり，障害者から現に(　C　)の除去を必要としている旨の意思の表明があった場合において，その実施に伴う負担が過重でないときは，障害者の(　B　)を侵害することとならないよう，当該障害者の(　D　)，年齢及び障害の状態に応じて，(　C　)の除去の実施について必要かつ(　E　)をしなければならない。

	A	B	C	D	E
1.	学校	権利利益	心理的障壁	国籍	合理的な配慮
2.	行政機関	権利利益	社会的障壁	性別	合理的な配慮
3.	行政機関	知的財産権	心理的障壁	国籍	十分な支援
4.	学校	知的財産権	社会的障壁	国籍	合理的な配慮
5.	学校	権利利益	心理的障壁	性別	十分な支援

(2022年度岡山県)

【15】次の文は，「人権教育及び人権啓発の推進に関する法律」(平成12年法律第147号)の一部である。(　A　)～(　E　)に当てはまる語句の組合せとして正しいものはどれか。

第１条　この法律は，人権の尊重の緊要性に関する認識の高まり，社会的身分，門地，人種，信条又は(　A　)による不当な差別の発生等の人権侵害の現状その他人権の擁護に関する内外の情勢にかんがみ，人権教育及び人権啓発に関する施策の推進について，国，地方公共団体及び国民の(　B　)を明らかにするとともに，必要な措置を定め，もって人権の擁護に資することを目的とする。

れるいじめを認識しながらこれを放置することがないようにするため，いじめが児童等の心身に及ぼす影響その他のいじめの問題に関する児童等の(b)を深めることを旨として行われなければならない。

(学校及び学校の教職員の責務)

第８条　学校及び学校の教職員は，基本理念にのっとり，当該学校に在籍する児童等の保護者，地域住民，児童相談所その他の関係者との連携を図りつつ，学校全体でいじめの防止及び早期発見に取り組むとともに，当該学校に在籍する児童等がいじめを受けていると思われるときは，適切かつ(c)にこれに対処する責務を有する。

(いじめの早期発見のための措置)

第16条　学校の設置者及びその設置する学校は，当該学校におけるいじめを早期に発見するため，当該学校に在籍する児童等に対する(d)な調査その他の必要な措置を講ずるものとする。

(中略)

3　学校の設置者及びその設置する学校は，当該学校に在籍する児童等及びその保護者並びに当該学校の教職員がいじめに係る相談を行うことができる体制(次項において「相談体制」という。)を整備するものとする。

4　学校の設置者及びその設置する学校は，相談体制を整備するに当たっては，家庭，地域社会等との連携の下，いじめを受けた児童等の(e)その他の権利利益が擁護されるよう配慮するものとする。

(インターネットを通じて行われるいじめに対する対策の推進)

第19条　学校の設置者及びその設置する学校は，当該学校に在籍する児童等及びその保護者が，発信された情報の高度の流通性，発信者の匿名性その他のインターネットを通じて送信される情報の特性を踏まえて，インターネットを通じて行われるいじめを防止し，及び効果的に対処することができるよう，これらの者に対し，必要な(f)を行うものとする。

a　①　安心　②　協力　③　安堵　④　賛同
b　①　判断　②　関心　③　理解　④　善意
c　①　迅速　②　的確　③　急速　④　簡潔
d　①　定期的　②　継続的　③　自主的　④　積極的
e　①　生命に対する権利　②　基本的人権　③　意見を表明する権利　④　教育を受ける権利
f　①　教育　②　指導　③　啓発活動　④　助言

(2021年度青森県)

【9】次は，ある法規の条文の一部である。あてはまる法規名をＡ群から，文中の(ア)～(ウ)にあてはまる語句の正しい組合せをＢ群からそれぞれ一つずつ選べ。

第三十条　すべて職員は，全体の奉仕者として公共の(ア)のために勤務し，且つ，職務の遂行に当つては，全力を挙げてこれに(イ)しなければならない。

第三十四条　職員は，職務上知り得た(ウ)を漏らしてはならない。その職を退いた後も，また，同様とする。

2，3 (略)

Ａ群　①　学校教育法施行令　②　学校教育法施行規則
　③　教育公務員特例法　④　地方公務員法

Ｂ群　⑤　ア　福祉　イ　従事　ウ　秘密
　⑥　ア　利益　イ　専念　ウ　秘密
　⑦　ア　福祉　イ　専念　ウ　情報
　⑧　ア　利益　イ　従事　ウ　情報

(2022年度秋田県)

【10】次の(1)，(2)の問いに答えなさい。答えは①～⑤のうちから１つ選びなさい。

(1)　次の文は，教育基本法第４条の条文である。空欄(ア)～(エ)に当てはまる語句の組合せとして，正しいものはどれか。

第４条　すべて国民は，ひとしく，その(ア)に応じた教育を受ける機会を与えられなければならず，人種，信条，性別，社会的身分，経済的地位又は(イ)によって，教育上差別されない。

2　国及び地方公共団体は，障害のある者が，その障害の状態に応じ，十分な教育を受けられるよう，教育上必要な(ウ)を講じなければならない。

3　国及び地方公共団体は，(ア)があるにもかかわらず，経済的理由によって修学が困難な者に対して，(エ)の措置を講じなければならない。

①　ア　能力　イ　出身地　ウ　支援　エ　給付
②　ア　意欲　イ　門地　ウ　対策　エ　給付
③　ア　意欲　イ　出身地　ウ　対策　エ　奨学
④　ア　意欲　イ　門地　ウ　支援　エ　給付
⑤　ア　能力　イ　門地　ウ　支援　エ　奨学

(2)　次のア～オの中で，学校教育法に規定されている内容として，正しいものの組合せはどれか。

ア　学校には，健康診断，健康相談，保健指導，救急処置その他の保健に関する措置を行うため，保健室を設けるものとする。

イ　保護者は，子の満６歳に達した日の翌日以後における最初の学年の初めから，満12歳に達した日の属する学年の終わりまで，これを小学校，義務教育学校の前期課程又は特別支援学校の小学部に就学させる義務を負う。

ウ　学校においては，授業料を徴収することができる。ただし，国立又は公立の小学校及び中学校，

（第84条）

高等学校の教育課程については，この章に定めるもののほか，教育課程の（　ア　）として（　イ　）が別に公示する高等学校学習指導要領によるものとする。

①　ア　基準　　イ　文部科学大臣
②　ア　目標　　イ　文部科学大臣
③　ア　基準　　イ　都道府県教育委員会
④　ア　目標　　イ　都道府県教育委員会

（2021年度神戸市）

【5】次は，「地方教育行政の組織及び運営に関する法律　第一条の三」の一部です。［　①　］，［　②　］に入る語句の組み合わせとして正しいものを，下の1～4の中から1つ選びなさい。

［　①　］は，教育基本法第十七条第一項に規定する基本的な方針を参酌し，その地域の実情に応じ，当該地方公共団体の教育，学術及び文化の振興に関する総合的な施策の［　②　］（以下単に「［　②　］」という。）を定めるものとする。

1　①教育委員会　　　②規則
2　①教育委員会　　　②大綱
3　①地方公共団体の長　　②規則
4　①地方公共団体の長　　②大綱

（2021年度埼玉県）

【6】次のA～Eの文は，「教育公務員特例法」（昭和24年法律第1号）の条文の一部である。正しいものを○，誤っているものを×としたとき，その組合せとして正しいものはどれか。

A　教育公務員は，その職責を遂行するために，絶えず研究と修養に努めなければならない。

B　文部科学大臣は，教育公務員の研修について，それに要する施設，研修を奨励するための方途その他研修に関する計画を樹立し，その実施に努めなければならない。

C　教員は，授業に支障のない限りは，本属長の承認を受けなくとも，勤務場所を離れて研修を行うことができる。ただし，研修後の報告義務がある。

D　文部科学大臣は，公立の小学校等の校長及び教員の計画的かつ効果的な資質の向上を図るため，次条第一項に規定する指標の策定に関する指針（以下「指針」という。）を定めなければならない。

E　公立の小学校等の校長及び教員の任命権者は，指標を踏まえ，当該校長及び教員の研修について，毎年度，個々の能力，適性に応じて実施するための計画（以下この条において「教員研修計画」という。）を定めるものとする。

	A	B	C	D	E
1．	×	○	○	×	×
2．	○	○	×	○	×
3．	○	×	×	×	○
4．	×	○	○	×	○
5．	○	×	×	○	×

（2021年度岡山市）

【7】次の⑴～⑶は，「いじめ防止対策推進法」（平成28年5月改正）の条文の一部を基にしたものである。（　a　）～（　c　）内に当てはまるものを語群から選ぶとき，正しい組合せとなるものを解答群から一つ選び，番号で答えよ。

⑴　学校は，当該学校におけるいじめの防止等に関する（　a　）を実効的に行うため，当該学校の複数の教職員，心理，福祉等に関する専門的な知識を有する者その他の関係者により構成されるいじめの防止等の対策のための組織を置くものとする。　（第22条）

⑵　学校は，いじめが（　b　）として取り扱われるべきものであると認めるときは所轄警察署と連携してこれに対処するものとし，当該学校に在籍する児童等の生命，身体又は財産に重大な被害が生じるおそれがあるときは直ちに所轄警察署に通報し，適切に援助を求めなければならない。
（第23条第6項）

⑶　校長及び教員は，当該学校に在籍する児童等がいじめを行っている場合であって教育上必要があると認めるときは，学校教育法第11条の規定に基づき，適切に，当該児童等に対して（　c　）を加えるものとする。　（第25条）

【語　群】　ア　研修　　イ　措置　　ウ　犯罪行為
　　　　　　エ　危険行為　　オ　指導　　カ　懲戒

【解答群】
1　a－ア　b－ウ　c－オ
2　a－ア　b－ウ　c－カ
3　a－ア　b－エ　c－オ
4　a－ア　b－エ　c－カ
5　a－イ　b－ウ　c－オ
6　a－イ　b－ウ　c－カ
7　a－イ　b－エ　c－オ
8　a－イ　b－エ　c－カ

（2021年度愛知県）

【8】次の文は，いじめ防止対策推進法（平成25年9月施行）の一部である。（　a　）～（　f　）にあてはまる語句を下の①～④から1つずつ選びなさい。

（基本理念）

第3条　いじめの防止等のための対策は，いじめが全ての児童等に関係する問題であることに鑑み，児童等が（　a　）して学習その他の活動に取り組むことができるよう，学校の内外を問わずいじめが行われなくなるようにすることを旨として行われなければならない。

2　いじめの防止等のための対策は，全ての児童等がいじめを行わず，及び他の児童等に対して行わ

教員採用試験問題

ここには2021～2024年度教員採用試験で出題された教育法規の問題のうち，出題頻度が高く，かつ重要な法令に関する法令問題を選んだ。

【1】次は，「日本国憲法」の条文である。(　)に入る正しい言葉の組み合わせを選びなさい。

第41条　国会は，国権の最高機関であって，国の唯一の(　ア　)機関である。

第62条　両議院は，各々(　イ　)に関する調査を行ひ，これに関して，証人の出頭及び証言並びに記録の提出を要求することができる。

第96条　この憲法の改正は，各議院の総議員の(　ウ　)以上の賛成で，国会が，これを発議し，国民に提案してその承認を経なければならない。この承認には，特別の(　エ　)又は国会の定める選挙の際行はれる投票において，その過半数の賛成を必要とする。

第99条　天皇又は摂政及び国務大臣，国会議員，裁判官その他の(　オ　)は，この憲法を尊重し擁護する義務を負ふ。

① ア　立法　イ　国政　ウ　過半数　エ　国民投票　オ　首長
② ア　行政　イ　国政　ウ　三分の二　エ　国会審査　オ　公務員
③ ア　行政　イ　裁判　ウ　過半数　エ　国民投票　オ　公務員
④ ア　立法　イ　国政　ウ　三分の二　エ　国民投票　オ　公務員
⑤ ア　立法　イ　裁判　ウ　過半数　エ　国会審査　オ　首長

(2021年度長野県)

【2】次の文の空欄［　ア　］～［　エ　］に入る語句の組み合わせとして適切なものを，①～⑥の中から1つ選んで番号で答えなさい。

教育基本法が目指す教育の目的や目標に基づき，先に見た子供たちの現状や課題を踏まえつつ，2030年とその先の社会の在り方を見据えながら，学校教育を通じて子供たちに育てたい姿を描くとすれば，以下のような在り方が考えられる。

・［　ア　］に自立した人間として，我が国や郷土が育んできた伝統や文化に立脚した広い視野を持ち，理想を実現しようとする高い志や意欲を持って，［　イ　］に向かい，必要な情報を判断し，自ら知識を深めて個性や能力を伸ばし，人生を切り拓いていくことができること。
・対話や議論を通じて，自分の考えを根拠とともに伝えるとともに，他者の考えを理解し，自分の考えを広げ深めたり，集団としての考えを発展させたり，他者への思いやりを持って，多様な人々と［　ウ　］したりしていくことができること。
・変化の激しい社会の中でも，感性を豊かに働かせながら，よりよい人生や社会の在り方を考え，試行錯誤しながら問題を発見・解決し，［　エ　］していくとともに，新たな問題の発見・解決につなげていくことができること。

① ア：社会的　イ：自主的に学び　ウ：新たな価値を創造　エ：協働
② ア：社会的　イ：主体的に学び　ウ：新たな価値を創造　エ：協働
③ ア：社会的　イ：自主的に学び　ウ：協働　エ：新たな価値を創造
④ ア：社会的・職業的　イ：主体的に学び　ウ：協働　エ：新たな価値を創造
⑤ ア：社会的・職業的　イ：自主的に学び　ウ：協働　エ：新たな価値を創造
⑥ ア：社会的・職業的　イ：主体的に学び　ウ：新たな価値を創造　エ：協働

(2021年度福井県一部改題)

【3】次は，「学校教育法」第42条の条文である。下線部の中で誤っているものはいくつありますか。

第42条　小学校は，設置者の定めるところにより当該小学校の教育活動その他の学校運営の状況について調査を行い，その結果に基づき学校運営の改善を図るため必要な措置を講ずることにより，その教育水準の維持に努めなければならない。

①1つ　②2つ　③3つ　④4つ　⑤5つ

(2021年度長野県)

【4】次の文は学校教育法施行規則第52条及び第74条並びに第84条である。(　ア　)，(　イ　)にあてはまる語句の適切な組合せを①～④から選び，番号で答えよ。

(第52条)

小学校の教育課程については，この節に定めるもののほか，教育課程の(　ア　)として(　イ　)が別に公示する小学校学習指導要領によるものとする。

(第74条)

中学校の教育課程については，この章に定めるもののほか，教育課程の(　ア　)として(　イ　)が別に公示する中学校学習指導要領によるものとする。

こ

く

け

き

法 令 索 引 （五十音順）

1. 略記号および法令名略称は，それぞれ凡例，裏表紙見返しを参照。
2. 「——」の部分は直前の事項と同一であることを示す。
3. 「——法1②[3]」は，——法の第一条第二項第三号を示す。

S

T

W

て

と

な

に

ね

の

は

ひ

す

せ

さ

し

き

総合事項索引 （五十音順）

1. この「総合事項索引」には「V　事項別解説」のほか、巻頭の「教育法規学習の手引」及び「VI　統計・組織図等」の項目も含まれている。
2. 学習上の便宜を図るため、特定分野の項目ができるだけ同一箇所に集まるように編集してある。

あ

い

え

お

か

9. 地方自治法

10. 地方財政法

11. 児童福祉法

12. 子ども・子育て支援法

13. 児童虐待の防止等に関する法律

14. 著作権法

15. 障害者虐待の防止、障害者の養護者に対する支援等に関する法律

16. 障害を理由とする差別の解消の推進に関する法律

ＱＲコード一覧： e-Gov 法令検索 URL

1. 学校教育法施行規則

5. 教育公務員特例法

2. 私立学校法

6. 育児休業、介護休業等育児又は家族介護を行う労働者の福祉に関する法律

3. 国家公務員法

7. 教育職員免許法施行規則

4. 地方公務員法

8. 個人情報の保護に関する法律

2025年度版 必携教職六法

令和6(2024)年2月16日　　発行

監　修	高　見　　茂
上席編集委員	若　井　彌　一
編集委員	青　木　栄　一
	梅　野　正　信
	古　賀　一　博
	坂　田　　仰
発 行 者	小　貫　輝　雄

発行所　**協同出版株式会社**

〒101-0054 東京都千代田区神田錦町2－5
電話 03(3295)6291(編集)·03(3295)1341(営業)

乱丁・落丁本はお取替えいたします。
定価は，表紙に表示してあります。

組版／セントラル情報処理システムズ
印刷／奥村印刷

主な法令名略称一覧